ACCESO GRATIS *a la Lectura en la Nube*

Para visualizar el libro electrónico en la nube de lectura envíe junto a su nombre y apellidos una fotografía del código de barras situado en la contraportada del libro y otra del ticket de compra a la dirección:

ebooktirant@tirant.com

En un máximo de 72 horas laborables le enviaremos el código de acceso con sus instrucciones.

La visualización del libro en **NUBE DE LECTURA** excluye los usos bibliotecarios y públicos que puedan poner el archivo electrónico a disposición de una comunidad de lectores. Se permite tan solo un uso individual y privado.

COMENTARIOS AL REGLAMENTO (UE) 2022/2554

Del Parlamento Europeo y del Consejo de 14 de diciembre de 2022

COMITÉ CIENTÍFICO DE LA EDITORIAL TIRANT LO BLANCH

María José Añón Roig
Catedrática de Filosofía del Derecho de la Universidad de Valencia

Ana Cañizares Laso
Catedrática de Derecho Civil de la Universidad de Málaga

Jorge A. Cerdio Herrán
Catedrático de Teoría y Filosofía del Derecho Instituto Tecnológico Autónomo de México

José Ramón Cossío Díaz
Ministro en retiro de la Suprema Corte de Justicia de la Nación y miembro de El Colegio Nacional

María Luisa Cuerda Arnau
Catedrática de Derecho Penal de la Universidad Jaume I de Castellón

Manuel Díaz Martínez
Catedrático de Derecho Procesal de la UNED

Carmen Domínguez Hidalgo
Catedrática de Derecho Civil de la Pontificia Universidad Católica de Chile

Eduardo Ferrer Mac-Gregor Poisot
Juez de la Corte Interamericana de Derechos Humanos Investigador del Instituto de Investigaciones Jurídicas de la UNAM

Owen Fiss
Catedrático emérito de Teoría del Derecho de la Universidad de Yale (EEUU)

José Antonio García-Cruces González
Catedrático de Derecho Mercantil de la UNED

José Luis González Cussac
Catedrático de Derecho Penal de la Universidad de Valencia

Luis López Guerra
Catedrático de Derecho Constitucional de la Universidad Carlos III de Madrid

Ángel M. López y López
Catedrático de Derecho Civil de la Universidad de Sevilla

Marta Lorente Sariñena
Catedrática de Historia del Derecho de la Universidad Autónoma de Madrid

Javier de Lucas Martín
Catedrático de Filosofía del Derecho y Filosofía Política de la Universidad de Valencia

Víctor Moreno Catena
Catedrático de Derecho Procesal de la Universidad Carlos III de Madrid

Francisco Muñoz Conde
Catedrático de Derecho Penal de la Universidad Pablo de Olavide de Sevilla

Angelika Nussberger
Catedrática de Derecho Constitucional e Internacional en la Universidad de Colonia (Alemania). Miembro de la Comisión de Venecia

Héctor Olasolo Alonso
Catedrático de Derecho Internacional de la Universidad del Rosario (Colombia) y Presidente del Instituto Ibero-Americano de La Haya (Holanda)

Luciano Parejo Alfonso
Catedrático de Derecho Administrativo de la Universidad Carlos III de Madrid

Consuelo Ramón Chornet
Catedrática de Derecho Internacional Público y Relaciones Internacionales de la Universidad de Valencia

Tomás Sala Franco
Catedrático de Derecho del Trabajo y de la Seguridad Social de la Universidad de Valencia

Ignacio Sancho Gargallo
Magistrado de la Sala Primera (Civil) del Tribunal Supremo de España

Elisa Speckman Guerra
Directora del Instituto de Investigaciones Históricas de la UNAM

Ruth Zimmerling
Catedrática de Ciencia Política de la Universidad de Mainz (Alemania)

Fueron miembros de este Comité:
Emilio Beltrán Sánchez, Rosario Valpuesta Fernández y Tomás S. Vives Antón

Procedimiento de selección de originales, ver página web:
www.tirant.net/index.php/editorial/procedimiento-de-seleccion-de-originales

COMENTARIOS AL REGLAMENTO (UE) 2022/2554

Del Parlamento Europeo y del Consejo de 14 de diciembre de 2022

JAVIER PUYOL MONTERO
CARLOS FRANCO

tirant lo blanch
Valencia, 2025

Copyright ® 2025

Todos los derechos reservados. Ni la totalidad ni parte de este libro puede reproducirse o transmitirse por ningún procedimiento electrónico o mecánico, incluyendo fotocopia, grabación magnética, o cualquier almacenamiento de información y sistema de recuperación sin permiso escrito de los autores y del editor.

En caso de erratas y actualizaciones, la Editorial Tirant lo Blanch publicará la pertinente corrección en la página web www.tirant.com.

DIRECTOR DE COLECCIÓN

Javier Puyol Montero

© Javier Puyol Montero
Carlos Franco

© TIRANT LO BLANCH
EDITA: TIRANT LO BLANCH
C/ Artes Gráficas, 14 - 46010 - Valencia
TELFS.: 96/361 00 48 - 50
FAX: 96/369 41 51
Email: tlb@tirant.com
www.tirant.com
Librería virtual: www.tirant.es
DEPÓSITO LEGAL: V-2307-2025
ISBN: 978-84-1095-938-5
MAQUETA: Innovatext

Si tiene alguna queja o sugerencia, envíenos un mail a: *atencioncliente@tirant.com*. En caso de no ser atendida su sugerencia, por favor, lea en *www.tirant.net/index.php/empresa/politicas-de-empresa* nuestro procedimiento de quejas.

Responsabilidad Social Corporativa: http://www.tirant.net/Docs/RSCTirant.pdf

Índice

1. Introducción

El Reglamento (UE) 2022/2554, conocido como Reglamento DORA (Digital Operational Resilience Act), es el resultado de una necesidad urgente de regular la resiliencia operativa digital en el sector financiero de la Unión Europea (UE). Este Reglamento surge en un contexto donde la digitalización y la dependencia de las Tecnologías de la Información y la Comunicación (TIC) han transformado profundamente los procesos financieros, exponiendo a las instituciones a nuevas vulnerabilidades y riesgos.

Los antecedentes del Reglamento están marcados por una combinación de factores históricos, tecnológicos y regulatorios que han influido en su concepción, convirtiéndolo en una de las iniciativas más relevantes para reforzar la seguridad y la estabilidad del sistema financiero europeo.

En las últimas décadas, el sector financiero ha sido protagonista de una revolución digital que ha cambiado por completo la forma en que opera. Las tecnologías avanzadas, como la computación en la nube, la inteligencia artificial, el aprendizaje automático, el Big Data y la tecnología Blockchain, han permitido a las instituciones financieras optimizar sus operaciones, mejorar la experiencia del cliente y desarrollar nuevos productos y servicios. Sin embargo, esta transformación también ha traído consigo una creciente dependencia de las TIC, lo que ha incrementado significativamente la exposición a riesgos tecnológicos y cibernéticos.

El Reglamento DORA constituye un cambio estructural profundo en el sector financiero de la Unión Europea. Este marco normativo introduce estándares armonizados para garantizar la resiliencia operativa digital, respondiendo a los riesgos tecnológicos emergentes y consolidando un enfoque preventivo, reactivo y proactivo frente a los crecientes desafíos de ciberseguridad.

Su implementación transforma cada faceta del sector financiero, impactando las operaciones diarias, la gobernanza corporativa, las relaciones con proveedores externos y la interacción con consumidores e inversores. A medida que los sistemas financieros se vuelven más complejos y dependientes de las tecnologías de la información y la comunicación, el Reglamento DORA actúa como un baluarte para proteger la estabilidad económica, reforzar la confianza en los mercados financieros, y facilitar la innovación de manera controlada y segura.

El impacto de DORA debe entenderse como un elemento integral de una estrategia más amplia de la UE para modernizar su infraestructura normativa y fortalecer su posición en un entorno financiero global altamente competitivo. En las últimas décadas, el sector financiero europeo ha experimentado una transformación digital sin precedentes, lo que ha generado importantes beneficios en términos de eficiencia, accesibilidad y capacidad de innovación. Sin embargo, este proceso también ha expuesto al sector a riesgos tecnológicos significativos, desde ciberataques hasta fallos sistémicos en infraestructuras críticas.

El Reglamento DORA surge precisamente como una respuesta a estas vulnerabilidades, abordando lagunas regulatorias, mejorando las capacidades de las instituciones para gestionar riesgos, y estableciendo un marco coherente para promover la confianza en el sistema financiero.

Uno de los principales puntos de partida para evaluar el impacto de DORA es su visión integral de la resiliencia operativa digital. Esta visión reconoce que las amenazas tecnológicas no solo afectan a las operaciones individuales de las instituciones financieras, sino que también tienen el potencial de desestabilizar mercados completos, amplificar el riesgo sistémico y erosionar la confianza de los consumidores. Por lo tanto, el Reglamento tiene como objetivo garantizar que todas las entidades financieras, independientemente de su tamaño, sean capaces de anticiparse, resistir, responder y recuperarse de incidentes relacionados con las TIC. Este enfoque abarca tanto los elementos técnicos, como la ciberseguridad y la continuidad operativa, como los aspectos organizativos y culturales, como la gobernanza corporativa y la formación del personal.

Las operaciones financieras críticas, como los pagos, la negociación de valores, la gestión de riesgos y los servicios de seguros, ahora dependen casi por completo de sistemas tecnológicos complejos e interconectados. Esto ha hecho que cualquier interrupción en las infraestructuras TIC pueda tener un impacto desproporcionado en el sector financiero, afectando a millones de consumidores y empresas. La interconexión global de los sistemas financieros también ha amplificado la propagación de riesgos, ya que una disrupción en una entidad puede propagarse rápidamente a otras, generando efectos en cadena que podrían desestabilizar mercados enteros.

El sector financiero se ha convertido en uno de los principales objetivos de los ciberataques debido a la naturaleza crítica y sensible de los datos que maneja, así como al potencial impacto financiero de un ataque exitoso.

Los ciberdelincuentes, motivados por el lucro económico o incluso por razones geopolíticas, han desarrollado tácticas cada vez más sofisticadas para comprometer la seguridad de las instituciones financieras.

Por ello, uno de los impactos más significativos del Reglamento DORA es la transformación radical de la gestión de riesgos tecnológicos en el sector financiero.

Este Reglamento establece estándares obligatorios que todas las instituciones financieras deben seguir para identificar, evaluar, mitigar y gestionar riesgos tecnológicos. A diferencia del enfoque fragmentado que prevalecía antes del Reglamento DORA, donde cada Estado miembro aplicaba sus propios criterios regulatorios, el Reglamento introduce un marco único y armonizado que aplica las mismas reglas en toda la UE. Este cambio tiene profundas implicaciones en cómo las entidades financieras gestionan sus operaciones tecnológicas y aseguran la continuidad de sus servicios críticos.

En este sentido, la resiliencia operativa digital es la capacidad de las entidades financieras para anticiparse, resistir, adaptarse y recuperarse de cualquier disrupción operativa derivada de problemas tecnológicos, ciberataques o fallos sistémicos, tal como se ha expuesto anteriormente.

Este concepto central en el Reglamento DORA refleja la creciente dependencia del sector financiero de las tecnologías de la información y comunicación, y el impacto que los incidentes digitales pueden tener en los consumidores, las operaciones y los mercados financieros.

De este modo, el entorno digital expone al sector financiero a riesgos constantes y dinámicos:

a) Ciberataques sofisticados: las instituciones financieras son un objetivo prioritario para grupos organizados debido a la cantidad de datos sensibles y activos económicos que manejan.

b) Fallos tecnológicos internos: sistemas antiguos o mal integrados pueden fallar bajo presión, afectando la prestación de servicios esenciales.

c) Dependencia tecnológica: la externalización de servicios TIC, como almacenamiento en la nube, genera vulnerabilidades adicionales.

Por ejemplo, en el año 2021, un importante proveedor global de servicios en la nube sufrió un apagón, interrumpiendo las operaciones de múltiples instituciones financieras, lo que evidenció cómo una sola falla puede desencadenar consecuencias significativas.

En el Reglamento DORA se establecen las medidas relativas a la gestión de riesgos derivados de las TIC, donde todas las entidades financieras deben implementar un marco detallado para identificar, evaluar y mitigar los riesgos digitales incluyendo planes de recuperación y continuidad.

Las políticas deben adaptarse al tamaño y complejidad de cada entidad. Por ejemplo, mientras un banco global necesitará sistemas avanzados de monitoreo en tiempo real, una microempresa podrá optar por controles simplificados.

Las instituciones deben desarrollar planes específicos para responder a incidentes digitales graves. Estos planes no solo garantizan la recuperación de los sistemas, sino también la comunicación efectiva con reguladores y clientes afectados.

Un banco que utilice servicios en la nube para gestionar pagos podría desarrollar un plan específico para garantizar la continuidad de este servicio incluso durante un ataque de denegación de servicio distribuido (DDoS). Este plan incluiría medidas como la redundancia geográfica de los datos y un equipo de respuesta rápida.

Con un sector financiero más resiliente, los consumidores tendrán acceso continuo a servicios esenciales, incluso durante interrupciones graves. Asimismo, la implementación de estos controles reduce el impacto económico de los incidentes y protege la confianza en las instituciones financieras.

La estabilidad financiera es uno de los pilares fundamentales del sistema económico de la UE, por lo que cualquier disrupción de cierta magnitud en una entidad o infraestructura crítica puede tener un efecto dominó, afectando a otras instituciones y mercados conectados.

El Reglamento DORA exige que todas las entidades implementen un marco de gestión de riesgos TIC que sea integral y dinámico. Este marco debe cubrir todas las fases del ciclo de vida de los incidentes, desde la prevención y detección hasta la respuesta y recuperación. Por ejemplo, una institución financiera debe realizar análisis regulares para identificar vulnerabilidades en sus sistemas, como puntos débiles en su infraestructura tecnológica, dependencias críticas de terceros y posibles errores humanos. También debe implementar controles proactivos, como firewalls, sistemas de detección de intrusiones y autenticación multifactor, para reducir la probabilidad de incidentes tecnológicos.

Entre los tipos de ataques más comunes se encuentran el ransomware, el phishing, el acceso no autorizado a bases de datos sensibles, y los ataques de denegación de servicio distribuido (DDo'S). Por ejemplo, en los últimos años, los ataques de ransomware han paralizado operaciones de instituciones financieras de todo el mundo, exigiendo rescates multimillonarios a cambio de liberar los sistemas afectados. Además, las brechas de datos han expuesto información sensible de clientes, generando daños reputacionales y sanciones regulatorias.

Un caso emblemático que subraya la gravedad de estas amenazas fue el ataque al Banco Central de Bangladesh en 2016, donde los ciberdelincuentes utilizaron vulnerabilidades en el sistema SWIFT (un sistema crítico para transacciones financieras internacionales) para intentar robar 1.000 millones de dólares, logrando sustraer finalmente 81 millones. Este incidente expuso la fragilidad de los sistemas financieros interconectados y subrayó la necesidad de regulaciones más estrictas para abordar los riesgos tecnológicos y cibernéticos.

El Reglamento DORA también introduce la obligación de realizar pruebas regulares de resiliencia operativa digital, que incluyen simulaciones de ciberataques basadas en amenazas reales. Estas pruebas, conocidas como TIBER-EU (Threat Intelligence-based Ethical Red Teaming), son esenciales para evaluar la preparación de las entidades financieras frente a ataques complejos. Por ejemplo, una institución puede descubrir a través de estas pruebas que su sistema de backup no es lo suficientemente robusto para manejar un ataque de ransomware, lo que le permite tomar medidas correctivas antes de enfrentar un incidente real. Este enfoque proactivo mejora la resiliencia de las instituciones individuales reforzando la estabilidad del sistema financiero en su conjunto, al reducir la probabilidad de disrupciones sistémicas.

Además, el Reglamento DORA promueve una gobernanza más robusta de los riesgos tecnológicos. La alta dirección de las instituciones financieras es directamente responsable de supervisar la implementación del marco de gestión de riesgos TIC y garantizar que se asignen los recursos necesarios para cumplir con los requisitos del Reglamento. Este cambio cultural es especialmente importante, ya que eleva la ciberseguridad y la resiliencia operativa a una prioridad estratégica, en lugar de considerarlos meros aspectos técnicos.

Otro aspecto determinante del impacto del Reglamento DORA es su enfoque en la supervisión de terceros proveedores de servicios TIC, que son esenciales para el funcionamiento de muchas instituciones financieras modernas.

La externalización de funciones tecnológicas, como almacenamiento en la nube, análisis de datos y soluciones de ciberseguridad, ha permitido a las entidades financieras reducir costos y mejorar su eficiencia operativa. Sin embargo, esta dependencia de proveedores externos también introduce riesgos significativos, ya que un fallo o ataque en un proveedor puede tener consecuencias catastróficas para múltiples instituciones que dependen de sus servicios.

Antes de la entrada en vigor del Reglamento DORA, la regulación de los riesgos tecnológicos en el sector financiero era fragmentada y carecía de un enfoque integral.

Cada Estado miembro de la UE tenía su propio marco regulatorio, lo que generaba una falta de coherencia y aumentaba los costos de cumplimiento para las instituciones financieras que operaban en múltiples jurisdicciones.

Además, las regulaciones existentes no siempre abordaban de manera específica los riesgos tecnológicos y cibernéticos. Muchas normativas se centraban en la estabilidad financiera general, pero no incluían disposiciones detalladas sobre la gestión de riesgos TIC, la supervisión de proveedores externos o la notificación de incidentes cibernéticos. Esto dejaba a las entidades financieras vulnerables a las crecientes amenazas digitales.

El Reglamento DORA fue diseñado para abordar estas lagunas, estableciendo un marco único y armonizado para la gestión de riesgos tecnológicos en toda la UE. Este enfoque no solo mejora la seguridad del sistema financiero, sino que también facilita la operación transfronteriza de las entidades financieras, eliminando barreras regulatorias.

El impacto del Reglamento DORA también se extiende, como ya se ha comentado, al nivel sistémico, ya que el presente Reglamento está diseñado para proteger la estabilidad del sistema financiero europeo frente a amenazas tecnológicas. En un entorno donde los mercados financieros están altamente interconectados y dependen de infraestructuras compartidas, como sistemas de pago y plataformas de negociación, cualquier disrupción tecnológica puede tener un efecto en cadena con consecuencias significativas. Por ejemplo, un ciberataque que comprometa un sistema de liquidación de pagos podría interrumpir millones de transacciones, afectando a bancos, empresas y consumidores en toda la UE.

A través del Reglamento DORA se pretende mitigar estos riesgos mediante estándares uniformes de resiliencia operativa para todas las entidades financieras e infraestructuras críticas. La obligatoriedad de notificar rápidamente los incidentes tecnológicos graves permite a las autoridades coordinar una respuesta efectiva y minimizar el impacto de las disrupciones. Por ejemplo, si una infraestructura crítica como TARGET2 (utilizada para la liquidación de pagos en euros) sufre un ataque, las medidas del Reglamento DORA garantizarían que las autoridades puedan intervenir rápidamente para restaurar la operatividad del sistema y evitar un colapso financiero.

El Reglamento DORA incorpora asimismo lecciones aprendidas durante la pandemia, subrayando la necesidad de que las entidades financieras estén preparadas para enfrentar situaciones de crisis y garantizar la continuidad de sus operaciones críticas.

Desde una perspectiva económica, el Reglamento DORA tiene un impacto significativo tanto en los costos de cumplimiento como en la competitividad del sector financiero. La implementación de los requisitos del Reglamento implica inversiones considerables en infraestructura tecnológica, capacitación del personal y desarrollo de procesos internos.

Estas inversiones pueden ser particularmente desafiantes para las pequeñas y medianas entidades financieras, que a menudo tienen recursos limitados. Sin embargo, el Reglamento DORA introduce principios de proporcionalidad que permiten a estas entidades adaptar los requisitos a su tamaño y perfil de riesgo, minimizando el impacto financiero.

A largo plazo, las inversiones en resiliencia operativa digital también generan beneficios significativos, al reducir el costo de los incidentes tecnológicos y mejorar la reputación de las instituciones financieras. Por ejemplo, una entidad que implemente con éxito los requisitos establecidos por el Reglamento DORA no solo estarán mejor preparada para enfrentar ciberataques, sino que también se posicionará como un actor confiable y seguro en el mercado con capacidad de atraer a más clientes e inversores.

Continuando con el desarrollo más extenso del impacto del Reglamento DORA en el sector financiero, profundizaremos en aspectos específicos de sus implicaciones prácticas, estratégicas y económicas, así como en el análisis de los efectos a largo plazo en la estabilidad financiera, la confianza de los consumidores y las dinámicas de innovación tecnológica.

Este análisis considera no solo el impacto inmediato de las medidas, sino también cómo estas están remodelando el ecosistema financiero europeo y preparándolo para un futuro donde las amenazas digitales son cada vez más sofisticadas y generalizadas.

Uno de los impactos clave del Reglamento DORA es su influencia en la innovación tecnológica dentro del sector financiero. Las instituciones financieras se enfrentan al reto constante de adoptar nuevas tecnologías para mejorar su competitividad, eficiencia y experiencia del cliente.

Sin embargo, la adopción de tecnologías disruptivas como la inteligencia artificial, el Blockchain, la computación en la nube y el Internet de las Cosas (IOT) introduce nuevos riesgos operativos y de ciberseguridad. El Reglamento DORA establece un marco que no solo mitiga estos riesgos, sino que también proporciona a las instituciones un entorno regulatorio claro y estable para implementar estas tecnologías de manera segura.

El impacto del Reglamento DORA en la innovación es bidimensional. Por un lado, el Reglamento impone requisitos estrictos de evaluación de riesgos y pruebas de resiliencia antes de adoptar nuevas tecnologías. Por ejemplo, una institución financiera que desee implementar una solución basada en inteligencia artificial para la detección de fraudes deberá asegurarse de que esta tecnología cumpla con los estándares de seguridad, transparencia y confiabilidad establecidos por el Reglamento DORA.

Por otro lado, al armonizar las normativas en toda la UE, el Reglamento DORA reduce las barreras regulatorias para la innovación transfronteriza, fomentando un mercado único donde las instituciones pueden implementar soluciones tecnológicas de manera más eficiente. Por ejemplo, un banco que opera en varios países de la UE ya no necesita adaptar sus sistemas a diferentes requisitos regulatorios permitiendo dedicar más recursos a la investigación y el desarrollo de nuevas tecnologías.

Además, el Reglamento fomenta la colaboración entre instituciones financieras, reguladores y proveedores tecnológicos para abordar desafíos comunes de ciberseguridad. Este enfoque colaborativo no solo mejora la capacidad de las instituciones para enfrentar amenazas emergentes, sino que también crea un ecosistema donde la innovación puede prosperar sin comprometer la seguridad operativa.

El Reglamento DORA tiene un impacto directo en los consumidores e inversores, en su condición de principales beneficiarios de las medidas destinadas a mejorar la resiliencia operativa y la ciberseguridad del sector financiero. En un contexto donde las transacciones financieras digitales son cada vez más comunes, la seguridad y la confiabilidad de estos servicios son esenciales para mantener la confianza pública.

Una de las áreas donde este impacto es más evidente es en la protección de los datos personales y financieros de los consumidores. Las brechas de seguridad y los ciberataques no solo comprometen la información confidencial de los clientes, sino que también pueden generar pérdidas financieras y daños reputacionales para las instituciones afectadas.

El Reglamento DORA aborda este problema al exigir a las entidades financieras que implementen controles estrictos para garantizar la confidencialidad, integridad y disponibilidad de los datos. Por ejemplo, las instituciones deben adoptar tecnologías avanzadas de encriptación y establecer políticas claras para la gestión de accesos, minimizando el riesgo de que información sensible sea expuesta o comprometida.

Además, el Reglamento refuerza la transparencia y la responsabilidad corporativa al exigir que las instituciones notifiquen rápidamente a los clientes sobre cualquier incidente que pueda afectar sus datos o servicios. Este requisito mejora la capacidad de las entidades para gestionar incidentes al mismo tiempo que fortalece la confianza de los consumidores en su compromiso con la seguridad. Por ejemplo, si un banco detecta un ciberataque que compromete las cuentas de sus clientes, el Reglamento DORA garantiza que los afectados sean informados de manera clara y oportuna, lo que les permite tomar medidas para proteger sus intereses.

Otro aspecto importante del impacto del Reglamento DORA en los consumidores es la mejora de la continuidad de los servicios financieros. Las interrupciones en los sistemas tecnológicos, como las que ocurren durante los ciberataques o fallos técnicos, pueden dejar a los clientes sin acceso a sus cuentas, pagos y otros servicios esenciales.

El Reglamento DORA exige a las instituciones financieras que desarrollen planes de continuidad operativa y recuperación ante desastres que minimicen el tiempo de inactividad y aseguren que los clientes puedan acceder a los servicios críticos incluso en circunstancias adversas.

A largo plazo, estas medidas generan un impacto positivo en la confianza pública en el sistema financiero. Los consumidores e inversores saben que las instituciones están sujetas a estrictos estándares de seguridad y resiliencia, lo que refuerza su percepción de estabilidad y fiabilidad. Esto es especialmente importante en un contexto donde las amenazas tecnológicas son cada vez más frecuentes y sofisticadas, y donde cualquier incidente grave puede tener repercusiones globales.

Por lo tanto, con la entrada en vigor del Reglamento DORA, todas las entidades financieras de la UE están sujetas a un conjunto único de reglas que abordan de manera integral la gestión de riesgos TIC y la resiliencia operativa reduciendo costes en cumplimiento normativo, sino que también facilita la integración del mercado único financiero, promoviendo un nivel de competencia más equitativo entre las instituciones. Por ejemplo, un banco que opera en varios países ya no necesita adaptar sus políticas y sistemas a diferentes regulaciones nacionales, lo que le permite concentrar sus recursos en mejorar sus servicios y expandir su alcance.

Además, la armonización normativa mejora la capacidad de las autoridades reguladoras para supervisar y coordinar la respuesta a incidentes tecnológicos a nivel europeo. Al establecer procedimientos uniformes para la notificación de incidentes, el Reglamento DORA permite una mayor colaboración entre los Estados miembros y garantiza que las instituciones reciban apoyo oportuno y efectivo en caso de crisis. Esto es especialmente importante en un entorno donde las amenazas tecnológicas no respetan fronteras y pueden propagarse rápidamente entre mercados interconectados.

Desde una perspectiva económica, el Reglamento DORA tiene un impacto significativo en la competitividad y sostenibilidad del sector financiero europeo. La implementación de los requisitos del Reglamento, como las pruebas de resiliencia operativa y la supervisión de terceros proveedores, implica inversiones considerables en infraestructura tecnológica, capacitación del personal y desarrollo de procesos internos. Aunque estos costos pueden ser un desafío para las pequeñas y medianas instituciones, el Reglamento DORA introduce principios de proporcionalidad que permiten adaptar los requisitos al tamaño y perfil de riesgo de cada entidad, minimizando el impacto financiero.

A largo plazo, estas inversiones generan beneficios sustanciales, al reducir el costo de los incidentes tecnológicos y mejorar la reputación de las instituciones financieras. Por ejemplo, una entidad que cumpla con los estándares del Reglamento DORA no solo estará mejor preparada para enfrentar ciberataques, sino que también se posicionará como un actor confiable y seguro en el mercado, lo que puede atraer a más clientes e inversores.

Asimismo, el Reglamento DORA fomenta un enfoque sostenible para la innovación tecnológica, al garantizar que las instituciones adopten nuevas tecnologías de manera responsable y segura. Esto no solo protege la estabilidad del sistema financiero, sino que también promueve un entorno donde la tecnología puede prosperar como un motor clave para el crecimiento y la competitividad.

El Reglamento DORA, como instrumento legislativo vinculante y de aplicación directa a una variedad de entidades del sector financiero europeo también incorpora disposiciones que trascienden a sectores que interactúan con el mundo financiero, especialmente en el ámbito tecnológico. Esta perspectiva integral refleja la necesidad de abordar la interdependencia de los actores en el sistema financiero moderno, donde los riesgos tecnológicos en una entidad o proceso pueden repercutir en todo el sistema. En primer lugar, el Reglamento DORA se aplica a las instituciones financieras tradicionales. Estas incluyen bancos, aseguradoras, empresas de inversión, fondos de pensiones, gestores de fondos de inversión, proveedores de servicios de pago, entidades de dinero electrónico, y otras organizaciones reguladas por normativas financieras europeas. Todas estas entidades están sujetas a los mismos estándares básicos de resiliencia operativa digital, aunque la aplicación práctica de estos estándares puede variar en función del tamaño y la complejidad de cada institución. Por ejemplo, un banco internacional con operaciones en múltiples jurisdicciones tendrá que implementar sistemas avanzados de monitoreo y pruebas de resiliencia, mientras que una pequeña entidad de pago podrá adoptar medidas más sencillas que se ajusten a su perfil de riesgo.

Un aspecto determinante del alcance del Reglamento DORA es su inclusión de infraestructuras críticas del mercado financiero, tales como sistemas de pago, compensación, liquidación y plataformas de negociación. Estas infraestructuras son fundamentales para el funcionamiento del sistema financiero, ya que facilitan la transferencia de fondos, la ejecución de operaciones y la gestión de activos financieros en tiempo real. El Reglamento DORA introduce requisitos específicos para estas infraestructuras, incluyendo pruebas regulares de resiliencia, análisis de impacto en caso de interrupciones y planes detallados de continuidad operativa que aseguren que puedan seguir funcionando incluso en situaciones de estrés extremo. La interrupción de una infraestructura de este tipo podría tener consecuencias sistémicas, afectando a millones de transacciones y a una amplia gama de actores financieros y económicos.

Además, el alcance del Reglamento se extiende a las pequeñas y medianas entidades financieras mediante la introducción de un enfoque basado en la proporcionalidad. Esto significa que los requisitos del Reglamento DORA se adaptan al tamaño, la complejidad y el perfil de riesgo de cada entidad, evitando la imposición de cargas desproporcionadas que puedan afectar negativamente a la viabilidad económica de las organizaciones más pequeñas.

Con el fin de desarrollar un análisis todavía más profundo y completo sobre las novedades del Reglamento DORA en comparación con las regulaciones anteriores requiere desglosar de manera aún más detallada cada innovación y comprender sus implicaciones estratégicas, operativas y sistémicas. Además, es importante considerar cómo estas novedades abordan desafíos específicos del pasado, qué brechas regulatorias intentan cerrar y cómo establecen un nuevo estándar en la gobernanza de la resiliencia digital. Este desarrollo completo abordará cada elemento novedoso con un nivel de detalle significativo, ilustrando sus aplicaciones prácticas y su impacto transformador.

En este sentido, el Reglamento DORA representa un marco regulatorio pionero en el ámbito financiero europeo, diseñado para abordar de manera sistemática los riesgos tecnológicos en un contexto donde las amenazas digitales son cada vez más frecuentes y sofisticadas. Las regulaciones anteriores, como las disposiciones específicas de las Directivas MiFID II (Directiva sobre Mercados de Instrumentos Financieros), PSD2 (Directiva de Servicios de Pago), el RGPD (Reglamento General de Protección de Datos) o la Directiva NIS2 (Seguridad de las Redes y los Sistemas de Información), se centraban en aspectos particulares del ecosistema financiero, como la protección de datos, la seguridad de las transacciones o los marcos de ciberseguridad para sectores clave. Si bien estos instrumentos legales supusieron avances significativos en sus respectivos ámbitos, no proporcionaron un enfoque integral para abordar los riesgos operativos digitales en el sector financiero. El Reglamento DORA, en cambio, se posiciona como una solución holística y armonizada que abarca todos los aspectos relacionados con la resiliencia operativa digital en un sector que depende profundamente de las Tecnologías de la Información y la Comunicación.

Por otro lado, la gestión de riesgos relacionados con las Tecnologías de la Información y la Comunicación es el eje sobre el cual pivota el Reglamento DORA, marcando un hito regulatorio en la Unión Europea que redefine las reglas del juego en la protección operativa del sector financiero frente a las amenazas tecnológicas. En un entorno financiero profundamente transformado por la digitalización, la gestión de riesgos TIC no es una función operativa secundaria, sino un componente estratégico fundamental para garantizar la continuidad de los servicios críticos, la seguridad de los datos, la confianza de los consumidores y la estabilidad del sistema financiero en su conjunto. El Reglamento DORA reconoce que los riesgos tecnológicos tienen implicaciones no solo para las entidades financieras individuales, sino también para el ecosistema financiero en su totalidad, debido a la interconexión y la dependencia creciente de infraestructuras digitales y proveedores tecnológicos. En consecuencia, el Reglamento introduce un marco obligatorio que armoniza los estándares en toda la Unión Europea y aborda de manera integral, dinámica y proactiva los riesgos tecnológicos.

La gestión de riesgos TIC, según el Reglamento DORA, se entiende como el conjunto de políticas, procesos, controles y procedimientos implementados por las entidades financieras para identificar, analizar, mitigar, monitorear y gestionar los riesgos asociados a las TIC. Este enfoque es holístico y reconoce que las amenazas tecnológicas pueden tener múltiples orígenes, desde ciberataques y errores humanos hasta fallos técnicos y disrupciones en los servicios de terceros proveedores. A diferencia de las normativas previas, que en muchos casos trataban los riesgos tecnológicos como cuestiones puramente técnicas y fragmentadas, el Reglamento DORA establece que estos riesgos deben ser abordados de manera transversal, afectando tanto a la gobernanza corporativa como a los procesos operativos y estratégicos de las entidades financieras. Este marco regulatorio no solo se centra en la reacción frente a incidentes, sino que prioriza la prevención, la preparación y la adaptación continua a un entorno tecnológico en constante evolución.

Uno de los aspectos más significativos del enfoque del Reglamento DORA hacia la gestión de riesgos TIC es su énfasis en la integralidad. El Reglamento establece que los riesgos tecnológicos deben gestionarse en todas las áreas y procesos de la organización, sin limitarse exclusivamente a los sistemas internos de TI. Esto incluye infraestructuras críticas, sistemas operativos, relaciones con terceros proveedores, procesos de negocio y gobernanza corporativa. Este enfoque integral reconoce que las vulnerabilidades tecnológicas pueden originarse en múltiples puntos y propagarse rápidamente, generando impactos desproporcionados. Por ejemplo, un ataque cibernético dirigido a una infraestructura crítica de pagos podría afectar simultáneamente a múltiples instituciones financieras, interrumpiendo transacciones, comprometiendo datos sensibles y afectando la confianza del público. El Reglamento DORA exige que las entidades identifiquen todas sus interdependencias tecnológicas y adopten un enfoque de gestión de riesgos que cubra todos los elementos críticos de sus operaciones.

Dentro de este enfoque integral, el Reglamento DORA introduce el principio de proporcionalidad, que asegura que las medidas de gestión de riesgos TIC sean adecuadas al tamaño, la complejidad y el perfil de riesgo de cada entidad. Esto es determinante para garantizar que las pequeñas y medianas empresas (PYMES) no enfrenten cargas regulatorias desproporcionadas, mientras se asegura que todas las entidades cumplan con estándares mínimos de resiliencia operativa. Por ejemplo, un gran banco internacional con operaciones en múltiples jurisdicciones deberá implementar sistemas avanzados de monitoreo en tiempo real, realizar simulaciones de ciberataques y mantener un equipo dedicado exclusivamente a la ciberseguridad. En contraste, una cooperativa de crédito local puede cumplir con los requisitos mediante controles más simples, como auditorías periódicas y sistemas de protección de datos estándar. Este enfoque adaptativo permite que el Reglamento DORA sea aplicable a una amplia gama de entidades sin comprometer la efectividad del marco regulatorio.

El principio de prevención y proactividad también ocupa un lugar central en la gestión de riesgos TIC bajo el Reglamento DORA. Este principio establece que las entidades financieras deben adoptar medidas preventivas para identificar y mitigar las vulnerabilidades antes de que puedan ser explotadas, en lugar de limitarse a reaccionar después de que ocurra un incidente.

El principio de proporcionalidad, otro pilar fundamental de la gestión de riesgos TIC en el Reglamento DORA, asegura que los requisitos sean adaptables al tamaño, la complejidad y el perfil de riesgo de cada entidad. Este enfoque diferenciador es esencial para garantizar que las microempresas y las entidades más pequeñas no enfrenten cargas desproporcionadas, al tiempo que se asegura que todas las instituciones cumplan con los estándares básicos de resiliencia. Por ejemplo, un gran banco multinacional con operaciones globales y una alta dependencia de sistemas tecnológicos avanzados tendrá que implementar controles robustos, como sistemas de monitoreo en tiempo real, pruebas de resiliencia basadas en amenazas reales y equipos dedicados de ciberseguridad. Por otro lado, una pequeña entidad de pago que opera a nivel local podrá cumplir con los requisitos mediante controles más simples pero adecuados para su nivel de riesgo, como auditorías periódicas y sistemas básicos de protección de datos. Este enfoque permite que el Reglamento DORA sea aplicable a un amplio espectro de entidades, sin comprometer la efectividad de sus disposiciones.

El Reglamento DORA también introduce el principio de dinamicidad, que reconoce que los riesgos tecnológicos son inherentemente cambiantes debido a la rápida evolución de las amenazas, las innovaciones tecnológicas y los cambios en el entorno operativo. Este principio establece que la gestión de riesgos TIC debe ser un proceso continuo y dinámico, que permita a las entidades adaptarse rápidamente a nuevas circunstancias. Por ejemplo, una institución financiera que adopte tecnologías emergentes como la Inteligencia Artificial o el Blockchain deberá revisar y actualizar regularmente sus controles de seguridad para abordar las vulnerabilidades específicas asociadas a estas tecnologías. Del mismo modo, las entidades deben realizar evaluaciones de riesgos periódicas para identificar nuevas amenazas y ajustar sus políticas y procedimientos en consecuencia. Este enfoque dinámico garantiza que la gestión de riesgos TIC no se quede obsoleta, sino que evolucione constantemente para enfrentar los desafíos del futuro.

El principio de prevención y proactividad subraya la importancia de adoptar un enfoque anticipativo en la gestión de riesgos TIC. A diferencia de las normativas anteriores, que a menudo se centraban en la respuesta a incidentes después de que estos ya habían ocurrido, el Reglamento DORA enfatiza la necesidad de identificar y mitigar las vulnerabilidades antes de que puedan ser explotadas. Este principio se refleja en la introducción de pruebas avanzadas de resiliencia operativa digital, como las simulaciones basadas en inteligencia de amenazas reales (TIBER-EU). Estas pruebas permiten a las entidades evaluar la efectividad de sus controles de seguridad frente a ataques simulados que replican los métodos utilizados por actores maliciosos reales. Por ejemplo, una simulación de un ataque de ransomware podría revelar que los sistemas de respaldo de una entidad no están adecuadamente protegidos, lo que le permitiría implementar medidas correctivas antes de enfrentarse a un ataque real. Este enfoque preventivo no solo mejora la resiliencia de las entidades individuales, sino que también contribuye a reducir el riesgo sistémico al minimizar la probabilidad de disrupciones importantes.

El principio de transparencia y colaboración también desempeña un papel central en la gestión de riesgos TIC bajo el Reglamento DORA. Este principio exige que las entidades trabajen en estrecha colaboración con los reguladores, los terceros proveedores y otros actores del sector para compartir información sobre amenazas, incidentes y mejores prácticas. Esto incluye la obligación de notificar rápidamente cualquier incidente relacionado con las TIC que pueda comprometer la continuidad operativa o la seguridad de los datos. Por ejemplo, si una entidad detecta un ataque dirigido a su infraestructura crítica, debe informar a las autoridades competentes de manera oportuna, lo que permite coordinar respuestas efectivas y basadas en datos. Además, la colaboración entre entidades y reguladores es esencial para identificar tendencias emergentes y desarrollar soluciones conjuntas que refuercen la resiliencia del sistema financiero en su conjunto.

Las medidas preventivas y los controles técnicos que establece el Reglamento DORA son elementos fundamentales dentro del marco de gestión de riesgos relacionados con las Tecnologías de la Información y la Comunicación. Estas medidas están diseñadas para proteger a las entidades financieras frente a amenazas tecnológicas cada vez más complejas y en constante evolución, asegurando la continuidad operativa, la seguridad de los datos y la resiliencia digital en un sector que depende profundamente de infraestructuras tecnológicas críticas y sistemas interconectados. En este sentido, el enfoque preventivo del Reglamento DORA no solo se limita a reducir la probabilidad de que ocurran incidentes tecnológicos, sino también a minimizar su impacto cuando inevitablemente suceden, garantizando que las entidades puedan recuperarse rápidamente y mantener su funcionamiento sin interrupciones significativas. Esta estrategia preventiva combina controles técnicos avanzados con procesos organizativos, capacitación del personal, pruebas regulares y una supervisión continua que permite a las entidades anticiparse a las amenazas y mitigar eficazmente los riesgos tecnológicos.

El Reglamento DORA exige a todas las entidades financieras reguladas implementar una serie de medidas preventivas proporcionales a su tamaño, complejidad y perfil de riesgo, asegurando que estas sean capaces de responder a los desafíos específicos que enfrentan en su entorno operativo particular. Esto significa que tanto un banco multinacional con operaciones globales como una pequeña cooperativa de crédito local deben cumplir con estándares mínimos de seguridad y resiliencia digital, aunque las medidas específicas que adopten puedan variar en función de su nivel de exposición al riesgo. Por ejemplo, mientras que un gran banco puede estar obligado a implementar sistemas avanzados de monitoreo en tiempo real, simulaciones de ciberataques y una infraestructura de recuperación distribuida geográficamente, una entidad más pequeña puede cumplir con los requisitos adoptando herramientas de ciberseguridad básicas, realizando auditorías regulares y asegurándose de que sus datos estén respaldados de manera segura. Este principio de proporcionalidad permite que el Reglamento sea flexible y adaptable, al tiempo que garantiza que todas las entidades, independientemente de su tamaño, contribuyan a la estabilidad del sistema financiero en su conjunto.

Un aspecto clave de las medidas preventivas establecidas en el Reglamento DORA es la implementación de controles de acceso estrictos y avanzados para proteger los sistemas y los datos frente a accesos no autorizados. Estos controles son esenciales para garantizar la confidencialidad, la integridad y la disponibilidad de la información crítica, que son los pilares fundamentales de la seguridad de la información. Por ejemplo, las entidades deben implementar herramientas de autenticación multifactor que combinen algo que el usuario sabe (como una contraseña), algo que el usuario tiene (como un dispositivo de autenticación) y algo que el usuario es (como una huella digital o reconocimiento facial). Estas medidas reducen significativamente el riesgo de que actores maliciosos puedan acceder a los sistemas mediante el robo de credenciales. Además, las entidades deben adoptar políticas claras para la gestión de identidades y accesos (IAM, por sus siglas en inglés), asegurándose de que solo las personas con las autorizaciones adecuadas puedan acceder a los sistemas o realizar cambios críticos. Por ejemplo, un banco podría implementar un sistema de segmentación de redes que limite el acceso de los empleados a solo aquellas áreas de los sistemas que sean necesarias para cumplir con sus responsabilidades laborales específicas, reduciendo así la exposición de los datos sensibles a riesgos innecesarios.

Otra medida preventiva determinante es la protección activa de los datos críticos mediante tecnologías avanzadas de cifrado y control de integridad. El Reglamento DORA exige que las entidades financieras adopten prácticas sólidas de encriptación para garantizar que los datos sensibles estén protegidos tanto en tránsito como en reposo. Por ejemplo, una entidad que envíe datos de clientes a través de una red pública debe asegurarse de que estos datos estén cifrados utilizando protocolos robustos, como TLS (Transport Layer Security), para evitar que puedan ser interceptados por actores maliciosos. Además, las entidades deben implementar controles para garantizar la integridad de los datos, como la firma digital y los algoritmos de hash, que permiten verificar que los datos no han sido manipulados o alterados durante su transmisión o almacenamiento. Por ejemplo, un sistema de pago que procese transacciones electrónicas debe utilizar estas tecnologías para garantizar que la información sobre las transacciones sea precisa y no haya sido modificada de manera malintencionada.

El Reglamento exige la monitorización continua de los sistemas y la detección temprana de amenazas mediante herramientas avanzadas de supervisión y análisis. Estas herramientas permiten a las entidades identificar rápidamente actividades sospechosas, anomalías o intentos de intrusión que podrían indicar la presencia de un ataque en curso. Por ejemplo, un sistema de detección de intrusos (IDS) puede alertar a una entidad financiera si detecta un intento de acceso no autorizado desde una dirección IP sospechosa o si identifica un aumento inusual en el tráfico de red que podría ser indicativo de un ataque de denegación de servicio (DDoS). Además, las entidades deben implementar soluciones de gestión de eventos e información de seguridad (SIEM, por sus siglas en inglés), que recopilan y analizan datos de diferentes sistemas para proporcionar una visión integral de las amenazas y facilitar una respuesta coordinada. Por ejemplo, una solución SIEM podría correlacionar datos de los registros de acceso, las alertas de los firewalls y las anomalías en el tráfico de red para identificar un ataque sofisticado y activar automáticamente los protocolos de respuesta.

El Reglamento DORA también subraya la importancia de capacitar y sensibilizar al personal como una medida preventiva clave para reducir los riesgos asociados con los errores humanos, que son una de las principales causas de incidentes tecnológicos. Las entidades están obligadas a implementar programas de formación regulares que enseñen a los empleados a reconocer amenazas comunes, como los correos electrónicos de phishing, y a seguir las mejores prácticas para garantizar la seguridad de los sistemas y datos. Por ejemplo, un programa de formación podría incluir ejercicios prácticos en los que los empleados tengan que identificar correos electrónicos falsos o responder a simulaciones de incidentes cibernéticos. Esta capacitación no solo fortalece la capacidad de las entidades para prevenir incidentes, sino que también asegura que todos los empleados estén preparados para responder de manera efectiva en caso de un incidente real.

Las pruebas de resiliencia operativa son uno de los elementos más relevantes y exhaustivos dentro del marco de gestión de riesgos relacionados con las Tecnologías de la Información y la Comunicación que establece el Reglamento DORA. Estas pruebas son consideradas herramientas críticas para garantizar que las entidades financieras no solo puedan identificar sus vulnerabilidades tecnológicas, sino también evaluar su capacidad para resistir, adaptarse y recuperarse de incidentes disruptivos, como ciberataques, interrupciones operativas y fallos sistémicos.

En un sector financiero altamente interconectado y dependiente de las tecnologías digitales, donde las amenazas cibernéticas son cada vez más sofisticadas y persistentes, las pruebas de resiliencia operativa proporcionan a las entidades un mecanismo estructurado para anticiparse a los riesgos y fortalecer sus defensas. Además, estas pruebas no solo protegen a las entidades individuales, sino que también contribuyen a la estabilidad general del sistema financiero europeo, reforzando su capacidad para responder colectivamente a amenazas que pueden tener implicaciones a nivel sistémico.

El Reglamento DORA establece un marco obligatorio y estandarizado para la realización de pruebas de resiliencia operativa, exigiendo que todas las entidades reguladas las lleven a cabo de manera regular como parte integral de su estrategia de gestión de riesgos TIC. Estas pruebas tienen como objetivo evaluar la robustez de los sistemas tecnológicos, los procesos operativos y los controles de seguridad implementados por las entidades, identificando puntos débiles que podrían ser explotados por atacantes malintencionados o que podrían fallar en situaciones de estrés tecnológico. El enfoque adoptado por el Reglamento DORA en relación con las pruebas de resiliencia operativa se basa en la personalización, la regularidad, la inclusión de escenarios realistas y la utilización de metodologías avanzadas, asegurando que cada prueba esté adaptada a las características únicas de la entidad y refleje las amenazas tecnológicas más relevantes.

Uno de los principios clave que guía la implementación de las pruebas de resiliencia operativa según el Reglamento DORA es el enfoque basado en el perfil de riesgo de la entidad. Esto significa que las pruebas deben ser proporcionales a la naturaleza, la complejidad y el alcance de las operaciones de cada organización, teniendo en cuenta factores como su tamaño, los sistemas críticos que utiliza, sus interdependencias tecnológicas y el nivel de exposición a riesgos específicos. Por ejemplo, una institución financiera de gran tamaño que opera en múltiples jurisdicciones y depende de una infraestructura tecnológica compleja debe realizar pruebas avanzadas que evalúen su capacidad para gestionar escenarios de alto impacto, como interrupciones simultáneas en diferentes regiones o ciberataques coordinados dirigidos a sus sistemas críticos de pagos o a su red global de servidores.

Estas pruebas pueden incluir simulaciones complejas que involucren múltiples actores, tanto internos como externos, y que evalúen no solo los aspectos técnicos de la resiliencia operativa, sino también la capacidad de la entidad para coordinarse con sus proveedores, socios comerciales y autoridades regulatorias.

En contraste, una cooperativa de crédito local, aunque más pequeña, debe igualmente llevar a cabo pruebas rigurosas, pero adaptadas a su propio entorno operativo, como la evaluación de su capacidad para restaurar sus sistemas internos de gestión de cuentas o para mantener los servicios básicos a sus clientes en caso de una interrupción tecnológica.

2. Comentarios a la parte expositiva

1. En la era digital, las tecnologías de la información y la comunicación (TIC) son el soporte de sistemas complejos utilizados en actividades cotidianas. Mantienen nuestras economías en marcha en sectores clave como el sector financiero, y mejoran el funcionamiento del mercado interior. El aumento de la digitalización y la interconexión también amplifica el riesgo relacionado con las TIC, y hace que la sociedad en su conjunto, y el sistema financiero en particular, sea más vulnerable a las ciberamenazas o a las perturbaciones de las TIC. Si bien el uso generalizado de los sistemas de TIC y la alta digitalización y conectividad son hoy en día características fundamentales de las actividades de las entidades financieras de la Unión, sigue siendo necesario abordar e integrar mejor su resiliencia digital en sus marcos operativos más amplios.

El primer considerando expone un análisis inicial sobre el impacto de las tecnologías de la información y la comunicación en la operativa del sector financiero, subrayando tanto su relevancia estratégica como los riesgos asociados. En primer lugar, destaca que las TIC constituyen un soporte esencial para la complejidad de los sistemas utilizados en las actividades cotidianas, lo que refleja su papel vertebrador en la estructura operativa de las entidades financieras. Su función no solo optimiza el funcionamiento interno de estas organizaciones, sino que también facilita la integración y el correcto desarrollo del mercado interior. Esto tiene implicaciones prácticas en términos de eficiencia, reducción de costos transaccionales y promoción de la competitividad en un entorno digitalizado.

Sin embargo, la creciente digitalización y la interconexión inherentes a las actividades financieras modernas generan un aumento proporcional en los riesgos relacionados con las TIC. Estos riesgos incluyen no solo ciberamenazas, como ataques de ransomware, phishing o violaciones de datos, sino también perturbaciones técnicas relacionadas con fallos sistémicos o errores humanos. Tales amenazas tienen el potencial de interrumpir la estabilidad operativa, comprometer la confidencialidad de los datos financieros, exponer a las entidades a responsabilidades legales y erosionar la confianza de los consumidores. Por lo tanto, las implicaciones jurídicas y de cumplimiento normativo son significativas, requiriendo a las entidades financieras la adopción de políticas y controles preventivos robustos.

Desde la perspectiva del cumplimiento normativo, se enfatiza la necesidad de integrar la resiliencia digital dentro de los marcos operativos de las entidades financieras. Esto implica un enfoque proactivo que trascienda la mera reacción a incidentes, obligando a las organizaciones a establecer mecanismos de identificación, evaluación y mitigación de riesgos digitales. La implementación práctica de esta resiliencia puede incluir auditorías periódicas de seguridad, simulacros de ciberseguridad, formación continua para el personal y la adopción de tecnologías avanzadas como inteligencia artificial para la detección temprana de amenazas.

Adicionalmente, este marco requiere una coordinación entre las medidas internas de las entidades y los estándares regulatorios de la Unión Europea, como los establecidos en el Reglamento 2022/2554 sobre la resiliencia operativa digital. Este marco normativo impone una obligación de diligencia debida en la gestión de riesgos tecnológicos, promoviendo la cooperación entre las instituciones financieras, las autoridades nacionales y los proveedores de servicios críticos para garantizar una respuesta eficaz ante incidentes disruptivos.

El reconocimiento de la vulnerabilidad del sistema financiero frente a las ciberamenazas subraya la necesidad de adoptar estrategias de cumplimiento integral que refuercen la seguridad digital como elemento central del marco operativo. Esta resiliencia no solo es un imperativo para proteger los activos de las entidades, sino también para salvaguardar el interés público al garantizar la estabilidad y el correcto funcionamiento del sistema financiero en su conjunto. En términos prácticos, las entidades deben evaluar continuamente su exposición al riesgo, actualizar sus protocolos de respuesta a incidentes y garantizar que sus políticas de cumplimiento estén alineadas con los principios de proporcionalidad y eficacia que rigen la normativa comunitaria en materia de TIC.

(2) ***El uso de las TIC ha adquirido en las últimas décadas un papel fundamental en la prestación de servicios financieros, hasta el punto de que ahora tiene una importancia fundamental en la ejecución de las funciones cotidianas típicas de todas las entidades financieras. La digitalización abarca ahora, por ejemplo, los pagos, para los que se utilizan, cada vez más, soluciones digitales, en vez de métodos basados en efectivo y papel, así como la compensación y liquidación de valores, la negociación electrónica y algorítmica, las operaciones de préstamo y financiación, la financiación entre particulares, la calificación crediticia, la gestión de siniestros y las operaciones administrativas. El uso de las TIC también ha transformado el sector de los seguros, desde la aparición de intermediarios de seguros que ofrecen sus servicios en línea y desarrollan su actividad con tecnología***

aplicada al sector de los seguros (InsurTech) hasta la suscripción de seguros por medios digitales. No solo se ha digitalizado en gran medida todo el sector financiero, sino que la digitalización también ha profundizado las interconexiones y las dependencias tanto dentro del sector financiero como en relación con proveedores terceros de infraestructuras y servicios.

El segundo considerando subraya la profunda transformación que ha experimentado el sector financiero debido a la adopción masiva de las tecnologías de la información y la comunicación. En la práctica, las TIC han pasado de ser herramientas auxiliares para convertirse en el eje central de la operativa financiera cotidiana, abarcando una amplia gama de funciones que van desde las transacciones más básicas hasta las más complejas. Entre estas funciones se destacan los pagos electrónicos, que han desplazado progresivamente a los métodos tradicionales basados en efectivo o papel, marcando una tendencia hacia una economía digitalizada. Este cambio no solo ha optimizado los procesos en términos de eficiencia y velocidad, sino que también ha generado nuevas oportunidades y retos regulatorios, especialmente en la protección de datos personales, la lucha contra el fraude y el cumplimiento de las normativas de prevención de blanqueo de capitales.

Además, el impacto de la digitalización se observa claramente en otros aspectos clave del sector, como la compensación y liquidación de valores, que ahora se realizan mediante sistemas automatizados que reducen riesgos y mejoran la transparencia. Asimismo, el desarrollo de la negociación electrónica y algorítmica ha ampliado significativamente la velocidad y el volumen de las operaciones en los mercados financieros, lo que exige una supervisión más estricta para prevenir abusos de mercado y garantizar la equidad. Por otro lado, la digitalización de actividades como las operaciones de préstamo y financiación, la financiación entre particulares y la calificación crediticia ha facilitado el acceso a servicios financieros para un público más amplio, pero también ha introducido desafíos relacionados con la evaluación del riesgo crediticio, la responsabilidad algorítmica y la mitigación de sesgos tecnológicos.

El sector de los seguros también ha sido objeto de una transformación significativa a través de la InsurTech, que ha permitido la creación de nuevos modelos de negocio basados en la suscripción digital, la automatización de procesos y el análisis de grandes volúmenes de datos. Esto no solo ha mejorado la accesibilidad de los productos de seguros, sino que también ha planteado interrogantes sobre la seguridad de la información, el cumplimiento normativo en la prestación transfronteriza de servicios y la gestión de riesgos asociados al uso de tecnologías avanzadas.

La digitalización, sin embargo, no solo ha cambiado los procesos internos del sector financiero, sino que ha intensificado las interconexiones y dependencias entre las distintas entidades financieras y con los proveedores externos de infraestructura y servicios tecnológicos. En la práctica, esta dependencia de terceros introduce riesgos operativos significativos, como interrupciones en la cadena de suministro digital, vulnerabilidades en la seguridad cibernética y una posible falta de supervisión adecuada sobre estos proveedores. Desde una perspectiva de cumplimiento normativo, este aspecto requiere que las entidades financieras implementen medidas de diligencia debida rigurosas en la selección y supervisión de sus socios tecnológicos, así como contratos que contemplen cláusulas de cumplimiento alineadas con las exigencias regulatorias de la Unión Europea.

En términos prácticos, las entidades financieras deben desarrollar un enfoque integral para gestionar los riesgos asociados a la digitalización y la dependencia de terceros. Esto incluye la adopción de marcos de gestión de riesgos tecnológicos que identifiquen, evalúen y mitiguen las amenazas potenciales, garantizando al mismo tiempo la continuidad operativa y la resiliencia frente a incidentes. Asimismo, se requiere una coordinación estrecha con las autoridades regulatorias para garantizar que los procesos y sistemas implementados cumplan con las normativas aplicables, como el Reglamento 2022/2554. La digitalización ha elevado el estándar de las obligaciones de cumplimiento, obligando a las entidades a mantener un equilibrio entre la innovación tecnológica y la preservación de la seguridad, la estabilidad y la confianza en el sistema financiero.

(3) ***La Junta Europea de Riesgo Sistémico (JERS) reafirmó en un informe de 2020 sobre el ciber riesgo sistémico que el elevado nivel actual de interconexión entre entidades financieras, mercados financieros e infraestructuras de los mercados financieros, y en particular las interdependencias de sus sistemas de TIC, podría constituir una vulnerabilidad sistémica, ya que desde cualquiera de las aproximadamente 22 000 entidades financieras de la Unión podrían propagarse rápidamente a todo el sistema financiero ciber incidentes localizados, sin que los límites geográficos supongan un obstáculo. Las vulneraciones graves relacionadas con las TIC que tienen lugar en el sector financiero no afectan únicamente a las entidades financieras de forma aislada. También allanan el camino para la propagación de vulnerabilidades localizadas a través de los canales de transmisión financieros y pueden provocar consecuencias negativas para la estabilidad del sistema financiero de la Unión, por ejemplo, fugas de liquidez y una pérdida general de confianza en los mercados financieros.***

El presente considerando plantea un análisis fundamental sobre el ciber riesgo sistémico en el sector financiero, destacando cómo el elevado nivel de interconexión y las interdependencias tecnológicas entre entidades financieras, mercados e infraestructuras representan una vulnerabilidad estructural de amplias repercusiones. Según lo indicado por la Junta Europea de Riesgo Sistémico (JERS) en su informe de 2020, el uso extensivo y compartido de sistemas de TIC en un entorno altamente interconectado facilita que cualquier ciber incidente localizado pueda propagarse de manera rápida y transfronteriza, superando los límites geográficos tradicionales. Este fenómeno refleja la naturaleza globalizada del sistema financiero, donde las dependencias operativas y tecnológicas actúan como canales de transmisión eficientes para amenazas que podrían originarse en un único punto de fallo.

En términos prácticos, esta interconexión conlleva un riesgo acumulativo significativo, ya que no solo se comprometen las operaciones de una entidad aislada, sino que también se abre la posibilidad de un contagio sistémico. Dicho contagio podría manifestarse mediante interrupciones operativas en servicios financieros críticos, pérdida de acceso a infraestructuras del mercado, o incluso a través de fallos en los proveedores tecnológicos esenciales para múltiples actores del sector. Este tipo de incidentes podría tener un impacto desproporcionado en la estabilidad del sistema financiero, agravando la fuga de liquidez, generando incertidumbre en los mercados y debilitando la confianza de los inversores, consumidores y contrapartes. La pérdida de confianza, en particular, tiene un efecto amplificador, ya que puede desencadenar reacciones irracionales o masivas como el retiro acelerado de depósitos, la liquidación de activos o la interrupción de flujos de financiación.

El reconocimiento de que las vulnerabilidades relacionadas con las TIC pueden convertirse en riesgos sistémicos exige una respuesta normativa y operativa sofisticada. En el contexto del Reglamento 2022/2554 sobre resiliencia operativa digital, las entidades financieras están obligadas a implementar medidas integrales que incluyan la identificación de dependencias críticas en sus infraestructuras tecnológicas y la evaluación continua de sus proveedores externos. Además, se requiere que los marcos internos de gestión del riesgo contemplen escenarios de propagación de ciber incidentes, estableciendo planes de contingencia y pruebas periódicas de resistencia que permitan evaluar la capacidad de respuesta de la organización frente a eventos disruptivos de gran escala.

Desde la perspectiva del cumplimiento normativo, este tipo de vulnerabilidades también obliga a las entidades a priorizar la cooperación y el intercambio de información sobre ciberamenazas con otras organizaciones y autoridades regulatorias, promoviendo un enfoque coordinado que permita detectar y mitigar riesgos de manera temprana. Asimismo, la supervisión de las entidades debe ajustarse a las particularidades de la interconexión digital, exigiendo a los reguladores un enfoque holístico que contemple no solo los riesgos individuales, sino también su impacto acumulativo y sus implicaciones sistémicas.

En términos de aplicación práctica, las entidades financieras deben fortalecer su capacidad de supervisión y control de sus sistemas TIC mediante la adopción de tecnologías avanzadas para la detección de anomalías, la segmentación de redes para prevenir propagaciones internas, y la realización de análisis de impacto en el negocio en caso de incidentes críticos. Asimismo, es fundamental que los órganos de gobernanza de las entidades prioricen la ciber resiliencia como una cuestión estratégica, asignando los recursos necesarios para garantizar la continuidad operativa y la estabilidad financiera incluso en escenarios adversos. La capacidad de contener y gestionar un ciber incidente no solo es una cuestión de cumplimiento, sino también un factor determinante para la protección del sistema financiero de la Unión Europea, y la preservación de su credibilidad en un entorno globalizado y digitalizado.

(4) ***En los últimos años, los responsables políticos, los reguladores y los organismos de normalización internacionales, de la Unión y nacionales han abordado el riesgo relacionado con las TIC, en un intento de aumentar la resiliencia digital, establecer normas y coordinar el trabajo de regulación o supervisión. A escala internacional, el Comité de Supervisión Bancaria de Basilea, el Comité de Pagos e Infraestructuras del Mercado, el Consejo de Estabilidad Financiera y el Instituto de Estabilidad Financiera, así como el G7 y el G20, procuran proporcionar a las autoridades competentes y a los operadores del mercado de varias jurisdicciones herramientas para reforzar la resiliencia de sus sistemas financieros. Esta labor también se ha visto impulsada por la necesidad de tener debidamente en cuenta el riesgo relacionado con las TIC en el contexto de un sistema financiero mundial altamente interconectado y de tratar de reforzar la coherencia de las mejores prácticas pertinentes.***

En el presente apartado se destaca los esfuerzos realizados en los últimos años por responsables políticos, reguladores y organismos internacionales para abordar el riesgo relacionado con las TIC en el sector financiero, subrayando la importancia de establecer un marco normativo y operativo que refuerce la resiliencia digital. En este contexto, se evidencia que el enfoque hacia la regulación de los riesgos tecnológicos ha evolucionado desde una perspectiva meramente nacional hacia una dimensión global, impulsada por la interconexión de los sistemas financieros y la necesidad de respuestas coordinadas frente a amenazas compartidas.

La creciente relevancia de estos riesgos ha llevado a actores como el Comité de Supervisión Bancaria de Basilea, el Comité de Pagos e Infraestructuras del Mercado, el Consejo de Estabilidad Financiera y el Instituto de Estabilidad Financiera a desarrollar herramientas y directrices destinadas a fortalecer la resiliencia del sistema financiero frente a los ciber incidentes.

A nivel internacional, la labor del G7 y el G20 ha sido determinante para fomentar la cooperación entre jurisdicciones, promoviendo la implementación de estándares comunes y mejores prácticas en la gestión del riesgo relacionado con las TIC. Estas iniciativas buscan garantizar que las autoridades competentes y los operadores del mercado tengan acceso a enfoques armonizados y efectivos para prevenir y mitigar las consecuencias de ciberataques o fallos tecnológicos. Este trabajo también tiene como objetivo reforzar la coherencia entre las distintas normativas nacionales y regionales, evitando duplicidades o lagunas regulatorias que puedan ser explotadas en un entorno globalizado. En este sentido, la coordinación internacional no solo mejora la eficacia de las medidas adoptadas, sino que también reduce la fragmentación regulatoria y promueve la estabilidad financiera mundial.

Desde una perspectiva práctica, estos esfuerzos se reflejan en la necesidad de que las entidades financieras adopten un enfoque integral en la gestión de riesgos tecnológicos, alineándose con los estándares y directrices internacionales. Esto implica, por ejemplo, la implementación de sistemas robustos de ciberseguridad, la realización de pruebas de estrés relacionadas con las TIC y la adopción de marcos de gobernanza específicos para supervisar los riesgos digitales. Asimismo, las autoridades nacionales deben garantizar que su regulación y supervisión sean coherentes con los principios internacionales, permitiendo una respuesta coordinada ante incidentes transfronterizos y mejorando la interoperabilidad de los sistemas financieros en diferentes jurisdicciones.

El reconocimiento del riesgo relacionado con las TIC como un elemento clave en el contexto de un sistema financiero mundial altamente interconectado subraya la necesidad de incorporar la resiliencia digital como un pilar fundamental de la estrategia de cumplimiento normativo de las entidades financieras. Esto no solo implica la adopción de medidas técnicas y operativas, sino también la capacitación constante del personal, la sensibilización de los órganos de gobierno y el establecimiento de canales efectivos de cooperación con otras entidades y autoridades. Además, las repercusiones prácticas incluyen la obligación de las entidades de monitorear y evaluar constantemente su exposición a las amenazas digitales, actualizando sus controles y procedimientos para mantenerse al día con un panorama de riesgos en constante evolución.

En última instancia, la coordinación internacional en esta materia refuerza la capacidad del sector financiero para responder a las amenazas digitales de manera eficiente y uniforme, garantizando la estabilidad sistémica y fomentando la confianza en los mercados. Para las entidades financieras, cumplir con estos estándares representa no solo un requisito normativo, sino también una ventaja competitiva en términos de reputación y fiabilidad frente a clientes e inversores en un entorno económico donde la seguridad y la resiliencia tecnológica son elementos fundamentales para la sostenibilidad operativa.

(5) ***A pesar de las iniciativas estratégicas y legislativas específicas de la Unión y nacionales, el riesgo relacionado con las TIC sigue representando un desafío para la resiliencia operativa, el rendimiento y la estabilidad del sistema financiero de la Unión. Las reformas que siguieron a la crisis financiera de 2008 reforzaron fundamentalmente la resiliencia financiera del sector financiero de la Unión y tuvieron por objeto salvaguardar la competitividad y la estabilidad de la Unión desde los puntos de vista económico, prudencial y de conducta del mercado. Pese a que la resiliencia digital y la seguridad de las TIC forman parte del riesgo operativo, han recibido menos atención en la agenda normativa posterior a la crisis financiera y se han desarrollado únicamente en algunos ámbitos de la política y el panorama normativo de la Unión en el ámbito de los servicios financieros, o solo en unos pocos Estados miembros.***

El considerando destaca la persistencia del riesgo relacionado con las TIC como un desafío estructural para la resiliencia operativa, el rendimiento y la estabilidad del sistema financiero de la Unión, a pesar de las iniciativas estratégicas y legislativas emprendidas tanto a nivel nacional como comunitario. Este tipo de riesgo, aunque forma parte del riesgo operativo, no ha recibido un tratamiento suficientemente exhaustivo en la agenda normativa posterior a la crisis financiera de 2008, lo que ha generado una protección desigual y, en algunos casos, insuficiente en el ámbito de los servicios financieros dentro de la Unión. La fragmentación en el desarrollo normativo, limitada a ciertos Estados miembros o a ámbitos específicos de la política financiera, ha debilitado la respuesta coordinada frente a los riesgos tecnológicos, exponiendo al sistema financiero a vulnerabilidades acumulativas que trascienden las fronteras nacionales.

Asimismo, también se resalta que las reformas posteriores a la crisis de 2008 se centraron en reforzar la resiliencia financiera desde perspectivas económicas, prudenciales y de conducta del mercado, dejando en un segundo plano la seguridad digital y la gestión del riesgo relacionado con las TIC. Esto tuvo sentido en su contexto histórico, dado que la prioridad inmediata era prevenir nuevos colapsos financieros mediante el fortalecimiento del capital, la liquidez y la regulación de las conductas de mercado. Sin embargo, este enfoque ha demostrado ser insuficiente en el contexto de una economía cada vez más digitalizada, donde las TIC son fundamentales no solo para la operativa de las entidades financieras, sino también para la confianza del mercado y la continuidad de los servicios críticos.

Desde una perspectiva práctica, la limitada atención normativa al riesgo digital ha creado inconsistencias regulatorias entre los Estados miembros, lo que afecta la armonización del mercado interior y debilita la capacidad del sistema financiero de la Unión para resistir y recuperarse de ciber incidentes y fallos tecnológicos. Estas lagunas regulatorias dificultan el establecimiento de estándares uniformes de seguridad y gestión de riesgos tecnológicos, lo que aumenta la probabilidad de que un ciberataque o un fallo sistémico en un Estado miembro tenga repercusiones transfronterizas que afecten a toda la Unión. Además, la insuficiencia de un marco normativo homogéneo puede crear incentivos perversos, como la subinversión en ciberseguridad por parte de entidades en jurisdicciones con menores exigencias regulatorias, incrementando el riesgo sistémico.

El reconocimiento de estas deficiencias en el marco normativo de la Unión Europea subraya la necesidad de adoptar un enfoque más integral y coordinado hacia la resiliencia digital. El Reglamento 2022/2554, que tiene como objetivo abordar estas deficiencias, establece un marco normativo específico para gestionar los riesgos relacionados con las TIC en el sector financiero. Este Reglamento no solo obliga a las entidades financieras a implementar medidas técnicas y organizativas adecuadas, sino que también fomenta la cooperación entre autoridades nacionales, europeas y actores del sector, creando una red de supervisión más cohesionada. En términos prácticos, esto implica que las entidades deberán actualizar sus políticas internas, invertir en tecnologías de prevención y detección de ciberamenazas, y garantizar una formación continua para su personal en materia de seguridad digital.

La implementación efectiva de este marco normativo tiene repercusiones directas en la estabilidad financiera de la Unión Europea, ya que refuerza la capacidad de las entidades para resistir ciberataques y mitigar su propagación. Asimismo, contribuye a preservar la confianza de los consumidores, inversores y contrapartes en un entorno financiero que depende cada vez más de las TIC. Para las entidades financieras, el cumplimiento de estas disposiciones también representa un desafío operativo, ya que deben equilibrar las inversiones en ciberseguridad con sus objetivos comerciales, especialmente en un mercado altamente competitivo. Sin embargo, el coste de no adoptar medidas robustas de resiliencia digital podría ser significativamente mayor, dado el impacto potencial de los incidentes tecnológicos en la continuidad del negocio y la reputación corporativa.

En conclusión, el considerando refleja la necesidad urgente de integrar la resiliencia digital como un componente central de la regulación financiera en la Unión Europea, con el objetivo de garantizar la estabilidad sistémica en un entorno global interconectado. Esto no solo requiere una acción normativa más coordinada y uniforme, sino también un cambio cultural dentro de las entidades financieras, en el que la seguridad tecnológica se considere un elemento estratégico y no meramente operativo. La adopción de marcos normativos como el Reglamento 2022/2554 es un paso decisivo en esta dirección, pero su éxito dependerá de una implementación rigurosa y del compromiso de todos los actores del sector financiero.

(6) ***En su Comunicación de 8 de marzo de 2018titulada «Plan de acción en materia de tecnología financiera: por un sector financiero europeo más competitivo e innovador», la Comisión puso de relieve la importancia capital de hacer que el sector financiero de la Unión sea más resiliente, también desde una perspectiva operativa, para garantizar su seguridad tecnológica y su buen funcionamiento, así como su rápida recuperación de los incidentes y vulneraciones relacionadas con las TIC, lo que permitirá en última instancia que los servicios financieros se presten de manera eficaz y fluida en toda la Unión, también en situaciones de tensión, al tiempo que se preserva la confianza de los consumidores y del mercado.***

El considerando analiza la relevancia de la Comunicación de 8 de marzo de 2018 de la Comisión Europea, titulada «Plan de acción en materia de tecnología financiera», que aborda la necesidad de fortalecer la resiliencia del sector financiero de la Unión Europea desde una perspectiva operativa, con un énfasis particular en la seguridad tecnológica y la capacidad de recuperación ante incidentes relacionados con las TIC. Este enfoque refleja la creciente importancia de las tecnologías de la información y la comunicación como pilares del funcionamiento del sector financiero y subraya que su estabilidad y capacidad operativa son esenciales no solo para la continuidad de los servicios, sino también para la confianza de los consumidores, los mercados y las instituciones.

La Comisión establece que la resiliencia operativa, entendida como la capacidad de anticipar, resistir, adaptarse y recuperarse de incidentes disruptivos, debe ser un objetivo clave en la estrategia de digitalización del sector financiero. Esto implica que las entidades financieras deben garantizar no solo la continuidad en la prestación de servicios críticos durante situaciones de tensión, como ciberataques o fallos tecnológicos, sino también su rápida recuperación, minimizando el impacto para los clientes, contrapartes y mercados en general. Este objetivo, según la Comunicación, es un prerrequisito para que los servicios financieros funcionen de manera eficiente en toda la Unión Europea, en un entorno en el que la interconexión de infraestructuras y la dependencia de terceros tecnológicos amplifican los riesgos operativos.

Desde una perspectiva práctica, el enfoque planteado por la Comisión requiere que las entidades financieras desarrollen e implementen estrategias integrales de resiliencia digital. Estas estrategias deben abarcar mecanismos de prevención, detección, respuesta y recuperación ante incidentes relacionados con las TIC. En concreto, se espera que las entidades adopten medidas técnicas avanzadas, como la segmentación de redes, la criptografía, las auditorías de ciberseguridad y la supervisión continua de las amenazas. Igualmente, resulta imprescindible que integren estas medidas en sus marcos de gobernanza, asegurando que los órganos de decisión prioricen la seguridad operativa y asignen los recursos adecuados para mitigar riesgos tecnológicos. La rápida recuperación de los incidentes, mencionada como una prioridad en la Comunicación, requiere además que las entidades realicen simulacros periódicos, actualicen continuamente sus planes de continuidad de negocio y establezcan protocolos claros para la comunicación interna y externa durante situaciones de crisis.

Otro aspecto fundamental es la preservación de la confianza de los consumidores y del mercado, un elemento crítico para la estabilidad del sector financiero en su conjunto. Los ciber incidentes, si no se gestionan adecuadamente, tienen el potencial de erosionar la credibilidad de las entidades financieras y de los sistemas en los que operan. Esto podría traducirse en retiros masivos de fondos, interrupciones de la liquidez o, en el caso de mercados financieros, una volatilidad exacerbada. En este sentido, las entidades no solo deben implementar medidas de resiliencia, sino también garantizar la transparencia y la comunicación efectiva hacia sus clientes y contrapartes, para evitar la propagación de rumores o percepciones negativas que puedan agravar los impactos de un incidente.

La Comunicación de la Comisión subraya además la importancia de adoptar este enfoque a nivel de la Unión Europea para garantizar la prestación fluida de servicios financieros en todo el mercado interior, incluso durante escenarios de tensión. Esto resalta la necesidad de un marco normativo armonizado que reduzca las disparidades entre Estados miembros en la gestión de los riesgos tecnológicos. En este sentido, normativas como el Reglamento 2022/2554 sobre resiliencia operativa digital son la respuesta normativa directa para implementar las directrices señaladas en esta Comunicación, al establecer requisitos mínimos uniformes para la gestión de riesgos relacionados con las TIC, reforzar la cooperación entre entidades y autoridades, y fomentar la supervisión eficaz del cumplimiento.

En conclusión, se pone de manifiesto que el fortalecimiento de la resiliencia operativa del sector financiero no solo es esencial para la seguridad tecnológica y la continuidad de los servicios, sino también para preservar la confianza de los consumidores y garantizar la estabilidad del mercado en un entorno de creciente digitalización. Las entidades financieras deben interpretar este objetivo como un imperativo estratégico, invirtiendo en sistemas, procesos y personal capacitado para gestionar riesgos tecnológicos de forma proactiva. Al mismo tiempo, las autoridades y reguladores deben asegurar que el marco normativo europeo facilite la implementación de estas medidas, promoviendo un enfoque coordinado y homogéneo que proteja al sistema financiero de la Unión Europea de las amenazas digitales en evolución. La resiliencia operativa, en este contexto, se configura como un requisito indispensable para la sostenibilidad a largo plazo del sector financiero en una economía interconectada y digitalizada.

(7) ***En abril de 2019, la Autoridad Europea de Supervisión (Autoridad Bancaria Europea, ABE) creada mediante el Reglamento (UE) número 1093/2010 del Parlamento Europeo y del Consejo, la Autoridad Europea de Supervisión (Autoridad Europea de Seguros y Pensiones de Jubilación, AESPJ) creada mediante el Reglamento (UE) número 1094/2010 del Parlamento Europeo y del Consejo y la Autoridad Europea de Supervisión (Autoridad Europea de Valores y Mercados, AEVM) creada mediante el Reglamento (UE) número 1095/2010 del Parlamento Europeo y del Consejo (conocidas colectivamente como «Autoridades Europeas de Supervisión») emitieron conjuntamente dictámenes técnicos en los que pedían un enfoque coherente del riesgo relacionado con las TIC en el ámbito financiero y recomendaban reforzar, de manera proporcionada, la resiliencia operativa digital del sector de los servicios financieros a través de una iniciativa sectorial de la Unión.***

El considerando señala un hito relevante en la evolución de la regulación financiera de la Unión Europea en materia de riesgos tecnológicos, haciendo referencia a los dictámenes técnicos emitidos en abril de 2019 por las tres Autoridades Europeas de Supervisión (ABE, AESPJ y AEVM). En dichos dictámenes, se subraya la necesidad de adoptar un enfoque coherente y armonizado para abordar el riesgo relacionado con las TIC en el sector financiero, así como de reforzar la resiliencia operativa digital mediante una iniciativa normativa sectorial a nivel de la Unión Europea. Esta recomendación refleja el reconocimiento institucional de que los riesgos tecnológicos, si bien no son nuevos, han adquirido una importancia crítica en un sistema financiero profundamente interconectado y dependiente de las tecnologías de la información y la comunicación.

La coordinación entre estas tres Autoridades Europeas de Supervisión resulta especialmente significativa, ya que cada una regula sectores específicos del sistema financiero -banca, seguros y valores-, los cuales están expuestos a riesgos tecnológicos con características similares, pero impactos potenciales distintos. La emisión conjunta de los dictámenes pone de manifiesto que el riesgo relacionado con las TIC debe ser gestionado como un desafío transversal, superando las diferencias sectoriales y nacionales en los enfoques regulatorios. Esto es particularmente importante en un entorno en el que las interdependencias operativas y la creciente externalización a proveedores tecnológicos comunes hacen que los riesgos de un sector puedan rápidamente propagarse a otros, comprometiendo la estabilidad sistémica de la Unión Europea.

El llamado a un enfoque coherente y proporcionado tiene repercusiones prácticas inmediatas para las entidades financieras. En primer lugar, subraya la necesidad de que estas adopten marcos de gestión del riesgo relacionados con las TIC que sean consistentes con los estándares europeos y que aborden aspectos como la prevención, la detección temprana, la respuesta y la recuperación ante ciber incidentes. Esto incluye, por ejemplo, la implementación de auditorías regulares, la realización de pruebas de estrés específicas para escenarios tecnológicos y el establecimiento de protocolos claros de comunicación tanto interna como externa durante incidentes tecnológicos. Además, el principio de proporcionalidad implica que las medidas adoptadas deben ajustarse al tamaño, la complejidad y el perfil de riesgo de cada entidad, evitando cargas regulatorias desproporcionadas para actores más pequeños o con actividades menos críticas.

La recomendación de desarrollar una iniciativa sectorial a nivel de la Unión Europea ha encontrado su concreción en la adopción de normativas como el Reglamento 2022/2554 sobre resiliencia operativa digital. Este Reglamento da respuesta directa a los dictámenes emitidos por las Autoridades Europeas de Supervisión, al establecer un marco normativo uniforme que obliga a las entidades financieras de todos los sectores a cumplir con estándares mínimos de seguridad tecnológica. Entre los aspectos clave del Reglamento se encuentran los requisitos para gestionar riesgos de terceros proveedores, realizar pruebas de resistencia cibernética, reportar incidentes significativos y cooperar con las autoridades de supervisión en el intercambio de información sobre ciberamenazas.

Desde una perspectiva práctica, la adopción de este marco uniforme tiene un impacto significativo en la operativa de las entidades. Por un lado, elimina las inconsistencias regulatorias que antes podían generar confusión o cargas adicionales para las entidades que operaban en múltiples Estados miembros. Por otro lado, exige una mayor inversión en capacidades tecnológicas, recursos humanos especializados y formación continua, ya que la resiliencia digital debe integrarse como un componente estratégico dentro de la estructura de gobernanza corporativa. Además, al establecer un enfoque común, facilita la cooperación entre entidades y sectores, promoviendo una respuesta más coordinada y eficiente ante incidentes tecnológicos de alcance transfronterizo.

En conclusión, los dictámenes emitidos por las Autoridades Europeas de Supervisión en 2019 marcaron un punto de inflexión en la gestión del riesgo relacionado con las TIC en el sector financiero de la Unión Europea. Al recomendar un enfoque coherente y proporcionado, sentaron las bases para la adopción de un marco normativo unificado que refuerza la resiliencia operativa digital como un elemento clave de la estabilidad sistémica. Para las entidades financieras, estos desarrollos implican la necesidad de priorizar la seguridad tecnológica no solo como una cuestión de cumplimiento normativo, sino como un factor esencial para garantizar la continuidad de sus operaciones, preservar la confianza de sus clientes y cumplir con las expectativas de los reguladores en un entorno financiero cada vez más digitalizado e interdependiente.

(8) ***El sector financiero de la Unión está regulado por un código normativo único y regido por un sistema europeo de supervisión financiera. No obstante, las disposiciones que abordan la resiliencia operativa digital y la seguridad de las TIC no están todavía plena o coherentemente armonizadas, pese a que la resiliencia operativa digital es vital para garantizar la estabilidad financiera y la integridad del mercado en la era digital y no es menos importante que, por ejemplo, las normas comunes prudenciales o de conducta de mercado. Por consiguiente, deben desarrollarse el código normativo único y el sistema de supervisión para que abarquen también la resiliencia operativa digital, reforzando los mandatos de las autoridades competentes para que puedan supervisar la gestión del riesgo relacionado con las TIC en el sector financiero con el objetivo de proteger la integridad y la eficiencia del mercado interior y facilitar su correcto funcionamiento.***

El considerando expone una cuestión crítica relacionada con la regulación del sector financiero en la Unión Europea, señalando que, a pesar de estar regido por un código normativo único y un sistema europeo de supervisión financiera, aún no existe una armonización plena y coherente de las disposiciones relativas a la resiliencia operativa digital y la seguridad de las TIC. Este vacío normativo contrasta con la importancia de la resiliencia operativa digital, que es esencial para preservar la estabilidad financiera, la integridad del mercado y la continuidad de los servicios financieros en un entorno cada vez más digitalizado. En este sentido, se plantea la necesidad de ampliar el alcance del código normativo único y del sistema de supervisión financiera, incorporando de manera estructural la gestión del riesgo relacionado con las TIC como un elemento clave del marco regulatorio y supervisión en la Unión Europea.

La falta de armonización en este ámbito genera riesgos significativos tanto para las entidades financieras individuales como para el sistema financiero en su conjunto. Por un lado, las disparidades regulatorias entre los Estados miembros pueden dar lugar a un mosaico normativo que dificulta la implementación de medidas uniformes de ciberseguridad y gestión de riesgos tecnológicos. Esto afecta directamente a las entidades que operan de forma transfronteriza, ya que se enfrentan a requisitos heterogéneos que pueden aumentar los costos de cumplimiento y generar lagunas en la protección frente a ciberamenazas. Por otro lado, la ausencia de un enfoque común dificulta la respuesta coordinada a ciber incidentes de alcance transnacional, lo que aumenta la probabilidad de un contagio sistémico en caso de incidentes graves.

La afirmación de que la resiliencia operativa digital debe considerarse tan fundamental como las normas prudenciales o de conducta de mercado tiene importantes repercusiones prácticas. En primer lugar, subraya la necesidad de que las entidades financieras traten la gestión del riesgo relacionado con las TIC como una prioridad estratégica y no meramente técnica. Esto implica la incorporación de la ciber resiliencia en sus marcos de gobernanza, garantizando que los órganos de decisión estén directamente involucrados en la supervisión de las políticas y medidas implementadas para gestionar dichos riesgos. Asimismo, refuerza la obligación de las entidades de invertir en infraestructuras tecnológicas robustas, procesos de detección temprana de amenazas y programas de formación continua para el personal, con el objetivo de mitigar posibles vulnerabilidades.

Desde la perspectiva de las autoridades competentes, se resalta la importancia de reforzar sus mandatos y capacidades de supervisión en materia de riesgos tecnológicos. Esto incluye dotarlas de herramientas adecuadas para evaluar y supervisar eficazmente la gestión de los riesgos relacionados con las TIC por parte de las entidades financieras, así como para garantizar su cumplimiento con los estándares mínimos establecidos. Además, se plantea la necesidad de promover la cooperación entre las autoridades nacionales y europeas, facilitando el intercambio de información sobre ciberamenazas y la adopción de respuestas coordinadas en caso de incidentes que afecten a múltiples jurisdicciones.

El desarrollo normativo y supervisión propuesto por el presente considerando se materializa, entre otras medidas, en el Reglamento 2022/2554 sobre resiliencia operativa digital, que busca precisamente cerrar las brechas señaladas. Este Reglamento introduce un marco armonizado para la gestión de riesgos relacionados con las TIC, estableciendo obligaciones específicas para las entidades financieras en aspectos como la supervisión de terceros proveedores, la realización de pruebas periódicas de resistencia cibernética y la notificación de incidentes significativos a las autoridades competentes. Estas disposiciones no solo refuerzan la estabilidad del sistema financiero de la Unión Europea, sino que también mejoran la confianza de los consumidores y los mercados al garantizar que las entidades están preparadas para enfrentar amenazas digitales.

En términos prácticos, las entidades financieras deben anticiparse a estos desarrollos normativos adoptando medidas que no solo cumplan con los requisitos mínimos establecidos, sino que también vayan más allá para garantizar una ventaja competitiva en términos de seguridad tecnológica y operativa. Esto incluye la implementación de sistemas avanzados de monitorización y respuesta a incidentes, el fortalecimiento de los controles internos y la adopción de tecnologías emergentes como la inteligencia artificial para la detección y mitigación de riesgos. Por su parte, las autoridades reguladoras deben garantizar que los marcos normativos no solo sean técnicamente sólidos, sino también proporcionales y adaptables a un panorama de riesgos tecnológicos en constante evolución.

Con todo ello, se pone de manifiesto la necesidad de integrar plenamente la resiliencia operativa digital en el marco normativo y de supervisión financiera de la Unión Europea, equiparándola en importancia a las normas prudenciales y de conducta de mercado. Este enfoque no solo fortalecerá la estabilidad del sistema financiero, sino que también garantizará que las entidades puedan operar de manera segura y eficiente en un entorno cada vez más digitalizado e interconectado. La implementación de estas medidas exige un esfuerzo conjunto de las entidades financieras, las autoridades competentes y los legisladores para asegurar que el mercado interior de servicios financieros funcione correctamente y esté protegido frente a las amenazas digitales.

(9) ***Las disparidades legislativas y unos enfoques de regulación o de supervisión nacionales desiguales por lo que respecta al riesgo relacionado con las TIC generan obstáculos al funcionamiento del mercado interior de los servicios financieros, lo que dificulta el correcto ejercicio de la libertad de establecimiento y la prestación de servicios por parte de las entidades financieras que operan a escala transfronteriza. La competencia entre el mismo tipo de entidades financieras que operan en diferentes Estados miembros también podría verse falseada. Esto sucede, en particular, en ámbitos en los que la armonización a escala de la Unión ha sido muy limitada (como las pruebas de resiliencia operativa digital) o inexistente (como el seguimiento del riesgo de relacionado con las TIC derivado de terceros). Las disparidades derivadas de la evolución prevista a escala nacional podrían generar nuevos obstáculos al funcionamiento del mercado interior en detrimento de los participantes en el mercado y la estabilidad financiera.***

El considerando expone los efectos adversos que las disparidades legislativas y los enfoques desiguales en la regulación y supervisión del riesgo relacionado con las TIC generan para el funcionamiento eficiente del mercado interior de servicios financieros en la Unión Europea. Estas desigualdades normativas dificultan el ejercicio pleno de la libertad de establecimiento y la prestación transfronteriza de servicios por parte de las entidades financieras, ya que las diferencias en los requisitos regulatorios y supervisores entre los Estados miembros imponen cargas adicionales y generan incertidumbre jurídica. Además, la falta de armonización provoca un entorno competitivo desequilibrado, en el que entidades similares, pero operantes en diferentes jurisdicciones, pueden enfrentarse a obligaciones regulatorias dispares, alterando las condiciones de igualdad en el mercado.

En términos prácticos, uno de los problemas más evidentes es la fragmentación en áreas específicas como las pruebas de resiliencia operativa digital y el seguimiento de los riesgos relacionados con las TIC derivados de terceros. La armonización limitada o inexistente en estos aspectos resulta especialmente preocupante dado el papel central que desempeñan las TIC en la operativa financiera. Por ejemplo, la realización de pruebas de resiliencia operativa, como simulacros de ciberseguridad, puede estar sujeta a normativas divergentes entre Estados miembros, lo que obliga a las entidades transfronterizas a adaptar sus procedimientos a diferentes estándares. Esto no solo incrementa los costos de cumplimiento, sino que también dificulta la interoperabilidad y la capacidad de respuesta coordinada ante incidentes de carácter transnacional.

El seguimiento del riesgo relacionado con las TIC derivado de terceros plantea otro desafío crítico. La creciente externalización de funciones esenciales a proveedores de servicios tecnológicos, como servicios en la nube, implica que las entidades financieras dependen de infraestructuras y sistemas que no están bajo su control directo. Sin embargo, la falta de un marco normativo armonizado a nivel de la Unión Europea para supervisar y gestionar estos riesgos genera brechas significativas.

En algunos Estados miembros, pueden existir requisitos específicos para la supervisión de terceros, mientras que, en otros, la regulación sobre este tema es inexistente o insuficiente. Esta disparidad puede comprometer la seguridad operativa de las entidades y, en última instancia, la estabilidad financiera de toda la Unión, especialmente si un fallo o incidente en un proveedor tecnológico afecta simultáneamente a múltiples entidades o jurisdicciones.

Además, las diferencias normativas nacionales proyectadas en el futuro podrían intensificar estos problemas. Si los Estados miembros avanzan de manera descoordinada en la regulación de los riesgos tecnológicos, es probable que se generen nuevos obstáculos al funcionamiento del mercado interior, creando un entorno aún más fragmentado. Esto no solo perjudicaría a los participantes del mercado, al aumentar sus costos operativos y riesgos de cumplimiento, sino que también afectaría negativamente a la estabilidad financiera, al dificultar la cooperación y respuesta conjunta ante ciberamenazas transfronterizas.

La superación de estos obstáculos exige una intervención normativa a nivel de la Unión Europea que garantice un enfoque coherente, uniforme y armonizado en la gestión de los riesgos relacionados con las TIC. El Reglamento 2022/2554 sobre resiliencia operativa digital se posiciona como una respuesta a estas deficiencias, al establecer estándares mínimos obligatorios que aplican a todas las entidades financieras de la Unión Europea, independientemente de su ubicación geográfica. Este Reglamento aborda específicamente aspectos como las pruebas de resiliencia operativa digital y la supervisión de los riesgos derivados de terceros, promoviendo un entorno normativo más homogéneo que facilite la igualdad de condiciones y la interoperabilidad en el mercado interior.

En términos prácticos, la implementación de un marco armonizado como el establecido en el Reglamento 2022/2554 requiere que las entidades financieras adapten sus sistemas y procesos internos para cumplir con los nuevos requisitos, lo que incluye la realización periódica de pruebas de estrés cibernético, la mejora de sus capacidades de monitoreo y control de riesgos tecnológicos, y el establecimiento de acuerdos contractuales robustos con proveedores de servicios tecnológicos. Asimismo, las autoridades nacionales deben ajustar sus enfoques de supervisión para alinearse con el marco europeo, garantizando una supervisión eficaz y consistente en toda la Unión Europea.

Por lo tanto, se destaca cómo las disparidades normativas en la gestión del riesgo relacionado con las TIC comprometen tanto la funcionalidad del mercado interior como la estabilidad del sistema financiero. Estas diferencias generan barreras para la operativa transfronteriza, distorsionan la competencia y aumentan los riesgos sistémicos en un entorno altamente interconectado. La adopción de medidas de armonización a escala de la Unión Europea, como las contempladas en el Reglamento 2022/2554, es fundamental para abordar estas deficiencias, reforzar la resiliencia operativa digital y garantizar un mercado financiero más seguro, eficiente e integrado. Las entidades financieras deben interpretar estas reformas como una oportunidad para fortalecer sus capacidades operativas y tecnológicas, mientras que las autoridades reguladoras deben fomentar una supervisión uniforme y cooperativa que refuerce la confianza en el sistema financiero de la Unión Europea.

(10) ***Actualmente, dado que las disposiciones sobre el riesgo relacionado con las TIC se han abordado solo parcialmente a escala de la Unión, existen lagunas o solapamientos en ámbitos importantes, como la notificación de incidentes relacionados con las TIC y las pruebas de resiliencia operativa digital, e incoherencias provocadas por la aparición de normas nacionales divergentes o la aplicación ineficaz a efecto de los costes de normas que se solapan. Esto es especialmente perjudicial para quienes hacen un uso intensivo de las TIC, como es el caso del sector financiero, ya que los riesgos tecnológicos no tienen fronteras y el sector financiero ofrece sus servicios a escala ampliamente transfronteriza dentro y fuera de la Unión. Las entidades financieras que operan a escala transfronteriza o que poseen varias autorizaciones (por ejemplo, una misma entidad financiera puede tener una licencia bancaria, una licencia de empresa de servicios de inversión y una licencia de entidad de pago, cada una expedida por una autoridad competente diferente en uno o varios Estados miembros) se enfrentan a retos operativos a la hora de abordar el riesgo relacionado con las TIC y mitigar las repercusiones negativas de los incidentes relacionados con las TIC de manera autónoma, coherente y eficaz en términos de costes.***

El considerando destaca las deficiencias normativas actuales en la gestión del riesgo relacionado con las TIC en el sector financiero de la Unión

Europea, señalando la existencia de lagunas, solapamientos e incoherencias derivadas de la regulación parcial a nivel comunitario y del surgimiento de normas divergentes a escala nacional. Estas limitaciones son especialmente problemáticas en un sector como el financiero, que depende intensivamente de las TIC y opera de forma ampliamente transfronteriza, lo que agrava los riesgos tecnológicos debido a la falta de fronteras en su propagación y la interconexión de las infraestructuras. Las deficiencias en áreas clave como la notificación de incidentes relacionados con las TIC y las pruebas de resiliencia operativa digital generan efectos adversos tanto a nivel operativo como económico, impactando la capacidad de las entidades financieras para responder eficazmente a los riesgos tecnológicos de manera uniforme y coordinada.

La falta de un marco normativo armonizado a nivel de la Unión Europea resulta en un entorno fragmentado en el que las entidades financieras que operan transfronterizamente deben cumplir con diferentes requisitos en función de los Estados miembros en los que desarrollan su actividad. Esto es especialmente complicado para las entidades que poseen múltiples licencias, como licencias bancarias, de empresas de servicios de inversión o de entidades de pago, expedidas por diferentes autoridades competentes. La coexistencia de normas nacionales divergentes y, en algunos casos, solapadas, no solo genera un aumento significativo en los costos de cumplimiento, sino que también complica la implementación de estrategias de gestión de riesgos coherentes y eficaces. En la práctica, las entidades financieras se enfrentan a retos operativos que pueden incluir duplicación de esfuerzos, falta de claridad en los procedimientos de notificación de incidentes y dificultades para coordinar su respuesta a ciber incidentes con múltiples reguladores.

La problemática de la notificación de incidentes relacionados con las TIC es particularmente destacable. La ausencia de criterios uniformes y procedimientos estandarizados para la notificación de ciber incidentes dificulta una supervisión eficaz y el intercambio de información entre entidades y autoridades. Esto puede provocar retrasos en la detección de patrones de ataques sistémicos o en la implementación de medidas preventivas coordinadas a nivel europeo. Además, las entidades financieras que operan en varios Estados miembros pueden verse obligadas a notificar el mismo incidente a diferentes autoridades competentes, con requisitos y formatos distintos, lo que incrementa la carga administrativa y complica la gestión del incidente en tiempo real.

En cuanto a las pruebas de resiliencia operativa digital, las incoherencias derivadas de normas nacionales divergentes también plantean retos significativos. Las pruebas de resistencia son esenciales para evaluar la capacidad de las entidades financieras de prevenir, resistir y recuperarse de incidentes relacionados con las TIC, pero la falta de un enfoque armonizado limita su eficacia. Por ejemplo, una entidad financiera que opera en múltiples jurisdicciones podría verse obligada a realizar pruebas de resiliencia bajo diferentes metodologías o estándares, lo que no solo genera costos adicionales, sino que también dificulta la comparación y evaluación de los resultados. Esto pone en riesgo la capacidad del sector financiero para identificar vulnerabilidades sistémicas y desarrollar una respuesta coordinada a nivel de la Unión Europea.

Desde una perspectiva práctica, las entidades financieras se ven obligadas a abordar el riesgo relacionado con las TIC de manera autónoma, lo que, en ausencia de un marco normativo armonizado, puede resultar ineficaz en términos de costos y menos consistente a nivel operativo. Esto no solo afecta su capacidad para mitigar las repercusiones negativas de los incidentes tecnológicos, sino que también tiene implicaciones para la estabilidad financiera de la Unión Europea, ya que los incidentes relacionados con las TIC pueden propagarse rápidamente a través de las infraestructuras interconectadas del sector financiero.

El Reglamento 2022/2554 sobre resiliencia operativa digital responde directamente a estas carencias normativas, estableciendo un marco armonizado que aborda tanto la notificación de incidentes relacionados con las TIC como las pruebas de resiliencia operativa digital. En términos de notificación, el Reglamento introduce procedimientos uniformes que garantizan que los incidentes se informen de manera eficiente y coherente a las autoridades competentes, reduciendo la carga administrativa para las entidades y mejorando la capacidad de supervisión y respuesta a nivel europeo. En cuanto a las pruebas de resiliencia, el Reglamento establece estándares mínimos comunes para garantizar que todas las entidades financieras estén sujetas a evaluaciones consistentes y comparables de sus capacidades tecnológicas, facilitando la identificación de riesgos sistémicos y promoviendo una mayor cooperación entre las partes interesadas.

Por ello, se pone de relieve cómo la falta de armonización normativa en la gestión del riesgo relacionado con las TIC genera obstáculos operativos y económicos que afectan tanto a las entidades financieras como a la estabilidad del sistema financiero en su conjunto. La implementación de un marco normativo uniforme, como el establecido en el Reglamento 2022/2554, no solo es necesaria para eliminar lagunas y solapamientos, sino también para garantizar una respuesta eficaz y coordinada a los riesgos tecnológicos en un entorno financiero altamente interconectado. Las entidades financieras deben adaptarse a estas nuevas exigencias fortaleciendo sus capacidades de ciber resiliencia y optimizando sus procesos internos, mientras que las autoridades competentes deben garantizar una supervisión coherente y eficiente que refuerce la confianza en el mercado interior de servicios financieros.

(11) ***Dado que el código normativo único no ha ido acompañado de un marco global del riesgo operativo o relacionado con las TIC, es necesaria una mayor armonización de los requisitos clave de resiliencia operativa digital para todas las entidades financieras. El desarrollo de las capacidades en materia de TIC y la resiliencia general por las entidades financieras, sobre la base de estos requisitos clave, con vistas a hacer frente a las interrupciones operativas, contribuiría a preservar la estabilidad e integridad de los mercados financieros de la Unión y, de este modo, a garantizar un elevado nivel de protección de los inversores y consumidores de la Unión. Puesto que el objetivo del presente Reglamento es contribuir al buen funcionamiento del mercado interior, debe basarse en las disposiciones del artículo 114 del Tratado de Funcionamiento de la Unión Europea (TFUE), interpretadas de conformidad con la jurisprudencia reiterada del Tribunal de Justicia de la Unión Europea (en lo sucesivo, «Tribunal de Justicia»).***

El considerando destaca la insuficiencia del código normativo único de la Unión Europea en cuanto a la incorporación de un marco global que regule el riesgo operativo y, en particular, el relacionado con las TIC. Esta carencia subraya la necesidad de avanzar hacia una mayor armonización de los requisitos clave de resiliencia operativa digital aplicables a todas las entidades financieras. En un contexto en el que las interrupciones operativas, ya sean causadas por ciberataques, fallos tecnológicos o errores humanos, pueden comprometer la estabilidad de los mercados financieros, resulta imperativo establecer normas uniformes que refuercen las capacidades tecnológicas y la resiliencia de las entidades. Esta armonización no solo beneficiará a las entidades financieras al proporcionarles un marco claro y coherente para gestionar los riesgos tecnológicos, sino que también contribuirá a proteger los derechos de los consumidores e inversores, promoviendo la confianza en el sistema financiero.

La falta de un marco global ha permitido que la regulación del riesgo relacionado con las TIC haya evolucionado de manera fragmentada en los Estados miembros, lo que dificulta la implementación de medidas uniformes y la coordinación eficaz ante incidentes transfronterizos. Al imponer requisitos clave de resiliencia operativa digital a todas las entidades financieras, se garantiza que estas adopten medidas preventivas y correctivas basadas en estándares comunes. Estas medidas incluyen la capacidad de anticipar, resistir, mitigar y recuperarse de interrupciones, lo que es fundamental para preservar la estabilidad e integridad de los mercados financieros de la Unión Europea. Asimismo, la armonización reduce las disparidades normativas que pueden falsear la competencia y obstaculizar el buen funcionamiento del mercado interior.

Simultáneamente, también destaca el objetivo de garantizar un elevado nivel de protección para los inversores y consumidores, quienes son especialmente vulnerables a las consecuencias de interrupciones operativas en el sector financiero. Los ciber incidentes o fallos operativos pueden dar lugar a la pérdida de datos personales, la interrupción del acceso a servicios financieros esenciales o incluso pérdidas económicas directas. La adopción de un marco armonizado de resiliencia digital refuerza la confianza de los consumidores al establecer garantías mínimas de seguridad y continuidad operativa en toda la Unión Europea, independientemente de la jurisdicción en la que opere una entidad financiera.

La base jurídica para esta armonización se encuentra en el artículo 114 del Tratado de Funcionamiento de la Unión Europea (TFUE), que permite la adopción de medidas destinadas a garantizar el establecimiento y el funcionamiento del mercado interior. El Tribunal de Justicia de la Unión Europea ha interpretado de manera reiterada este artículo como fundamento para establecer disposiciones que reduzcan las diferencias normativas entre los Estados miembros y aseguren un entorno regulatorio coherente y eficiente. En este caso, la resiliencia operativa digital no solo es una cuestión técnica, sino un requisito fundamental para el correcto funcionamiento del mercado interior, ya que las fallas tecnológicas o los ciberataques pueden generar efectos en cascada que afecten a múltiples Estados miembros, comprometiendo la estabilidad sistémica.

En términos prácticos, el desarrollo de capacidades en materia de TIC por parte de las entidades financieras, en cumplimiento de los requisitos clave establecidos por el Reglamento, tendrá múltiples implicaciones. Las entidades deberán invertir en infraestructura tecnológica robusta, implementar políticas avanzadas de ciberseguridad y realizar pruebas de resistencia para evaluar su preparación frente a incidentes disruptivos. También deberán reforzar sus sistemas de gobernanza, asegurándose de que la gestión del riesgo tecnológico sea una prioridad estratégica supervisada por los niveles más altos de la organización. Estas medidas implican un esfuerzo económico y operativo significativo, pero son esenciales para garantizar la continuidad de los servicios y la confianza en el sistema financiero.

Para las autoridades competentes, este marco armonizado les otorgará un mandato más claro para supervisar y garantizar el cumplimiento de los requisitos de resiliencia digital, permitiéndoles coordinar sus esfuerzos a nivel transfronterizo y compartir información sobre ciberamenazas y mejores prácticas. Esto refuerza la capacidad de respuesta colectiva frente a incidentes tecnológicos y reduce la fragmentación que actualmente debilita la capacidad del sector financiero de la Unión Europea para gestionar los riesgos relacionados con las TIC de manera eficaz.

En conclusión, se pone de relieve la importancia de establecer un marco armonizado de resiliencia operativa digital como un componente esencial del código normativo único, con el objetivo de preservar la estabilidad e integridad de los mercados financieros de la Unión Europea y garantizar la protección de inversores y consumidores. Al basarse en el artículo 114 del TFUE, esta iniciativa no solo refuerza el funcionamiento del mercado interior, sino que también asegura un enfoque uniforme y coherente frente a los riesgos tecnológicos, mitigando las diferencias normativas entre los Estados miembros. Para las entidades financieras, este marco implica un desafío en términos de inversión y cumplimiento, pero también representa una oportunidad para fortalecer su posición en un entorno cada vez más digitalizado y competitivo, mientras que para las autoridades reguladoras supone un avance hacia una supervisión más eficiente y coordinada.

(12) ***El presente Reglamento tiene por objeto consolidar y actualizar los requisitos relativos al riesgo relacionado con las TIC como parte de los requisitos en materia de riesgo operativo que se han abordado hasta la fecha por separado en distintos actos jurídicos de la Unión. Si bien esos actos abarcaron las principales categorías de riesgo financiero (por ejemplo, riesgo de crédito, riesgo de mercado, riesgo de crédito de contraparte y riesgo de liquidez, riesgo de conducta de mercado), no abordaron de manera global, en el momento de su adopción, todos los componentes de la resiliencia operativa. Las normas en materia de riesgo operativo, cuando se desarrollaron más en estos actos jurídicos de la Unión, a menudo se decantaron por un enfoque cuantitativo tradicional para abordar el riesgo (a saber, establecer un requisito de capital para cubrir el riesgo relacionado con las TIC) en vez de por normas cualitativas específicas con respecto a las capacidades de protección, detección, contención, recuperación y reparación frente a incidentes relacionados con las TIC o en lo relativo a las capacidades de notificación y relativas a las pruebas digitales. El objetivo principal de dichos actos era recoger y actualizar normas esenciales sobre supervisión prudencial, integridad del mercado o conducta. La consolidación y la actualización de las distintas normas sobre el riesgo relacionado con las TIC deben permitir reunir por primera vez de manera coherente en un único acto legislativo todas las disposiciones que abordan el riesgo***

digital en el sector financiero. Así pues, el presente Reglamento colma las lagunas o subsana las incoherencias de algunos de los actos jurídicos anteriores, también en relación con la terminología utilizada en ellos, y hace referencia explícita al riesgo relacionado con las TIC a través de normas específicas sobre las capacidades de gestión de este riesgo, la notificación de incidentes, las pruebas de resiliencia operativa y el seguimiento del riesgo relacionado con las TIC derivado de terceros. Por consiguiente, el presente Reglamento debe también sensibilizar respecto al riesgo relacionado con las TIC y reconocer que los incidentes relacionados con las TIC y la falta de resiliencia operativa pueden poner en peligro la solidez de las entidades financieras.

El presente considerando subraya el propósito del Reglamento de consolidar y actualizar los requisitos relativos al riesgo relacionado con las TIC, integrándolos plenamente en el marco más amplio de los requisitos de riesgo operativo en el sector financiero de la Unión Europea. Este enfoque responde a las carencias históricas de los actos jurídicos anteriores, que si bien abordaron los principales riesgos financieros tradicionales -como el riesgo de crédito, de mercado, de liquidez o de contraparte-, no ofrecieron un tratamiento global y específico para los componentes de la resiliencia operativa digital. Esta omisión refleja cómo, en el momento de su adopción, las normativas se centraron principalmente en los riesgos cuantificables y en medidas prudenciales, dejando al margen aspectos cualitativos fundamentales, como la preparación frente a ciber incidentes, la capacidad de recuperación o los mecanismos de notificación.

La insuficiencia de un marco cualitativo específico en los actos jurídicos previos se evidencia en la prevalencia de un enfoque tradicional basado en requisitos de capital para cubrir el riesgo operativo, incluyendo el relacionado con las TIC. Este modelo, aunque esencial para absorber pérdidas financieras derivadas de interrupciones operativas, no aborda de manera directa las capacidades prácticas necesarias para gestionar, mitigar y responder a ciber incidentes o fallos tecnológicos. Por ejemplo, no se habían desarrollado normativas exhaustivas que exigieran a las entidades contar con sistemas avanzados para la detección y contención de amenazas, protocolos claros de recuperación o procedimientos estandarizados para la notificación de incidentes a las autoridades competentes. La ausencia de estos elementos limitó la capacidad de las entidades financieras para responder proactivamente a un entorno digital en rápida evolución y cada vez más expuesto a ciberamenazas.

El Reglamento, al reunir de manera coherente en un único acto legislativo las disposiciones relativas al riesgo relacionado con las TIC, introduce un enfoque integral que subsana las lagunas normativas y corrige las incoherencias presentes en la regulación anterior. Entre las innovaciones más destacadas, se incluyen normas específicas que exigen a las entidades financieras desarrollar capacidades robustas de gestión de riesgos tecnológicos, implementando medidas para protegerse, detectar, contener, recuperar y reparar los daños derivados de incidentes relacionados con las TIC. Asimismo, se establecen requisitos detallados en materia de notificación de incidentes, pruebas de resiliencia operativa y supervisión de los riesgos derivados de terceros proveedores, consolidando un marco que, además de normativo, es operativo y práctico.

La unificación de estas disposiciones no solo proporciona claridad jurídica a las entidades financieras, sino que también mejora significativamente la coherencia terminológica y conceptual en la regulación del riesgo digital. Esto es particularmente relevante en un contexto en el que las inconsistencias terminológicas en los actos jurídicos anteriores generaban confusión y dificultaban la aplicación uniforme de las normas. La explicitación del riesgo relacionado con las TIC en este Reglamento sensibiliza tanto a las entidades financieras como a las autoridades competentes respecto a la gravedad de los ciber incidentes y la importancia de garantizar una resiliencia operativa adecuada. En términos de supervisión, este marco normativo ofrece a los reguladores herramientas más específicas para evaluar las capacidades de las entidades, fomentando una supervisión más consistente y efectiva.

Desde una perspectiva práctica, las entidades financieras están ahora obligadas a adaptar sus marcos internos de gestión del riesgo operativo para incluir estrategias específicas y actualizadas frente a riesgos relacionados con las TIC. Esto implica inversiones significativas en tecnología avanzada de ciberseguridad, la realización de simulacros de ciber resiliencia, la formación continua de su personal y la integración de políticas de gestión de riesgos de terceros en los contratos con proveedores tecnológicos. La implementación de sistemas que cumplan con los nuevos estándares también refuerza su capacidad de recuperación y continuidad operativa, lo que resulta crítico no solo para su estabilidad interna, sino también para la confianza de los consumidores e inversores.

Por otro lado, el Reglamento refuerza la responsabilidad de las autoridades competentes en la supervisión de estos riesgos, otorgándoles un marco normativo homogéneo que les permite actuar de manera coordinada y eficaz. Esto es fundamental para abordar la naturaleza transfronteriza de los riesgos relacionados con las TIC, que, debido a la interconexión digital del sector financiero, pueden propagarse rápidamente entre Estados miembros y generar efectos sistémicos. Además, el énfasis en la notificación de incidentes mejora la capacidad de las autoridades para monitorear amenazas emergentes y coordinar respuestas preventivas o reactivas.

En conclusión, este Reglamento representa un avance decisivo al consolidar y actualizar las normas sobre el riesgo relacionado con las TIC, integrándolas como parte esencial del marco regulatorio del riesgo operativo en el sector financiero de la Unión Europea. Al hacerlo, no solo subsana las lagunas normativas del pasado, sino que también establece un estándar claro y unificado que fortalece la resiliencia operativa digital. Para las entidades financieras, su implementación supone tanto un desafío, en términos de adaptación tecnológica y organizativa, como una oportunidad para mejorar su capacidad de respuesta frente a las amenazas digitales y garantizar su sostenibilidad en un entorno financiero altamente interconectado. Al mismo tiempo, refuerza la estabilidad y la integridad del sistema financiero, promoviendo un entorno de confianza y seguridad para consumidores e inversores.

(13) ***Las entidades financieras deben seguir el mismo enfoque y las mismas normas basadas en principios a la hora de abordar el riesgo relacionado con las TIC teniendo en cuenta su tamaño y su perfil de riesgo general, así como la naturaleza, escala y complejidad de sus servicios, actividades y operaciones. La coherencia contribuye a aumentar la confianza en el sistema financiero y a preservar su estabilidad, especialmente en tiempos de elevada dependencia de los sistemas, plataformas e infraestructuras de TIC, que conlleva un mayor riesgo digital. El respeto de una ciberhigiene básica también debe evitar la imposición de costes elevados a la economía a través de la minimización de las repercusiones y los costes de las perturbaciones de las TIC.***

El el presente apartado se establece un enfoque normativo basado en principios para la gestión del riesgo relacionado con las TIC en el sector financiero, destacando la importancia de que las entidades financieras adopten un marco común y coherente que sea proporcional a su tamaño, perfil de riesgo y la naturaleza, escala y complejidad de sus actividades. Este planteamiento permite garantizar la adecuación de las medidas de gestión de riesgos a las características particulares de cada entidad, evitando tanto la imposición de cargas desproporcionadas a las organizaciones más pequeñas como la falta de controles suficientes en aquellas con actividades más complejas o de mayor impacto sistémico. Al mismo tiempo, este enfoque armonizado contribuye a reforzar la confianza de los participantes en el sistema financiero y a preservar su estabilidad frente a la creciente dependencia de infraestructuras digitales.

La referencia explícita a la proporcionalidad es especialmente relevante en el contexto actual, caracterizado por una elevada heterogeneidad entre las entidades financieras en términos de tamaño, estructura y operaciones. Por ejemplo, una entidad bancaria global con operaciones transfronterizas y alta dependencia tecnológica requiere un enfoque mucho más exhaustivo en la gestión de los riesgos relacionados con las TIC que una pequeña entidad de crédito que opera a nivel local. Sin embargo, el establecimiento de principios comunes asegura que todas las entidades, independientemente de su complejidad, implementen estándares mínimos de gestión de riesgos tecnológicos, garantizando un nivel básico de protección en todo el sector.

El considerando subraya asimismo la necesidad de respetar una "ciberhigiene básica", concepto que implica la implementación de prácticas fundamentales de seguridad digital para prevenir incidentes y reducir su impacto. Estas medidas incluyen, entre otras, la gestión adecuada de contraseñas, la actualización regular de sistemas, la protección frente a malware, el control de accesos, la supervisión de vulnerabilidades y la formación básica del personal en ciberseguridad. Estas acciones, aunque puedan parecer elementales, son esenciales para mitigar riesgos comunes y reducir la probabilidad de incidentes disruptivos que puedan escalar en gravedad y afectar no solo a la entidad afectada, sino también al sistema financiero en su conjunto.

La coherencia en la aplicación de normas basadas en principios, junto con la promoción de una ciberhigiene básica, tiene importantes repercusiones prácticas. En primer lugar, refuerza la resiliencia del sector financiero frente a perturbaciones digitales al garantizar que todas las entidades operen bajo un marco común de protección frente a riesgos tecnológicos. Esto es determinante en un entorno marcado por la interdependencia de sistemas tecnológicos, donde un fallo o ataque en una entidad puede tener efectos en cascada a través de la red financiera. Además, al estandarizar las prácticas básicas de seguridad, se reducen las asimetrías regulatorias entre jurisdicciones y se limita el riesgo de que ciertas entidades o Estados miembros se conviertan en eslabones débiles dentro del sistema financiero de la Unión Europea.

Otro aspecto destacado es la referencia al impacto económico de las perturbaciones relacionadas con las TIC. La falta de medidas básicas de seguridad tecnológica puede generar costes elevados para las entidades afectadas, tanto en términos de pérdida de datos y reputación como de interrupciones operativas. Sin embargo, estas repercusiones no se limitan a las entidades directamente implicadas, ya que los efectos negativos pueden extenderse a través del sistema financiero, afectando a consumidores, inversores y la economía en general. La implementación de una ciberhigiene básica minimiza estos riesgos, reduciendo tanto las probabilidades de incidentes como los costes asociados a su gestión y recuperación.

Desde la perspectiva del cumplimiento normativo, las entidades financieras deben desarrollar políticas y procedimientos internos que reflejen estos principios y garanticen la proporción adecuada de recursos y controles de seguridad digital en función de su perfil de riesgo. Esto incluye la realización de evaluaciones periódicas para identificar vulnerabilidades, la adopción de tecnologías de prevención y detección de ciberamenazas, y la capacitación del personal para fomentar una cultura de seguridad tecnológica. Además, la proporcionalidad en la implementación de estas medidas debe ser supervisada por las autoridades competentes, quienes deben garantizar que las entidades no adopten un enfoque meramente formalista, sino que alineen sus esfuerzos de seguridad digital con los riesgos reales de su operativa.

En conclusión, se refleja la importancia de establecer un enfoque armonizado y basado en principios para la gestión del riesgo relacionado con las TIC, adaptado a las características específicas de cada entidad financiera. Este marco no solo refuerza la confianza en el sistema financiero y mejora su estabilidad en un entorno digitalizado, sino que también minimiza los costes asociados a perturbaciones tecnológicas mediante la promoción de una ciberhigiene básica. Para las entidades financieras, esto implica un compromiso continuo con la implementación de medidas de seguridad proporcionadas, mientras que las autoridades reguladoras deben garantizar que estas prácticas se apliquen de manera efectiva y coherente en toda la Unión Europea. La aplicación uniforme de estos principios es fundamental para proteger la integridad del sistema financiero y fomentar un entorno resiliente y competitivo en la era digital.

(14) ***Un Reglamento contribuye a reducir la complejidad normativa, fomenta la convergencia en materia de supervisión y aumenta la seguridad jurídica y, además, contribuye a limitar los costes de cumplimiento, especialmente para las entidades financieras que operan a escala transfronteriza, y a reducir los falseamientos de la competencia. Por lo tanto, elegir un Reglamento para el establecimiento de un marco común para la resiliencia operativa digital de las entidades financieras es la manera más adecuada de garantizar una aplicación homogénea y coherente de todos los componentes de la gestión del riesgo relacionado con las TIC por parte del sector financiero de la Unión.***

El considerando enfatiza la idoneidad de un Reglamento como instrumento legislativo para establecer un marco común de resiliencia operativa digital en el sector financiero de la Unión Europea. A diferencia de otras herramientas normativas, como las directivas, los Reglamentos tienen un carácter vinculante en todos sus elementos y son directamente aplicables en los Estados miembros sin necesidad de transposición al ordenamiento jurídico nacional. Esto reduce significativamente la complejidad normativa y elimina las diferencias que podrían surgir de la interpretación o adaptación nacional, garantizando así una aplicación uniforme y coherente de las disposiciones relativas a la gestión del riesgo relacionado con las TIC.

La elección de un Reglamento tiene efectos directos sobre la convergencia en materia de supervisión. Al proporcionar un conjunto único de normas aplicables en todos los Estados miembros, facilita la labor de las autoridades competentes al establecer un estándar común para evaluar el cumplimiento por parte de las entidades financieras. Esto no solo mejora la eficacia de la supervisión, sino que también promueve un enfoque más coordinado y colaborativo entre las distintas autoridades, lo que resulta especialmente relevante en un sector financiero altamente interconectado donde los riesgos tecnológicos tienen una dimensión transfronteriza.

Desde una perspectiva práctica, la aplicación homogénea de las normas a través de un Reglamento reduce los costes de cumplimiento, en particular para las entidades financieras que operan en múltiples Estados miembros. Estas entidades suelen enfrentarse a requisitos regulatorios divergentes en función de la jurisdicción, lo que incrementa su carga administrativa y dificulta la implementación de estrategias integradas de gestión de riesgos. Al establecer un marco uniforme, el Reglamento elimina la necesidad de cumplir con normativas nacionales fragmentadas, simplificando los procesos internos y optimizando los recursos destinados al cumplimiento normativo. Esto resulta especialmente beneficioso para grandes grupos financieros que tienen actividades transfronterizas significativas, ya que pueden adoptar una estrategia centralizada para gestionar los riesgos relacionados con las TIC.

Además, el Reglamento contribuye a reducir los falseamientos de la competencia dentro del mercado interior. Las diferencias normativas entre Estados miembros pueden crear desequilibrios competitivos, ya que las entidades que operan en jurisdicciones con requisitos menos estrictos pueden beneficiarse de menores costos de cumplimiento, en detrimento de aquellas que deben cumplir con estándares más elevados. Al establecer un nivel de exigencia uniforme, el Reglamento garantiza condiciones de igualdad para todas las entidades financieras, fomentando una competencia justa y equilibrada basada en la calidad de los servicios y la innovación, en lugar de en diferencias regulatorias.

El impacto positivo del Reglamento se extiende a la seguridad jurídica. Al proporcionar un marco claro y preciso sobre las obligaciones en materia de resiliencia operativa digital, reduce las incertidumbres para las entidades financieras, que pueden planificar e implementar sus estrategias de cumplimiento con mayor confianza. La seguridad jurídica es esencial para atraer inversiones y fomentar la estabilidad del sector financiero, ya que tanto las entidades como los inversores necesitan operar en un entorno regulatorio predecible y confiable.

En cuanto al ámbito específico de la resiliencia operativa digital, el Reglamento garantiza que todos los componentes de la gestión del riesgo relacionado con las TIC sean abordados de manera coherente. Esto incluye aspectos como la prevención de ciber incidentes, la capacidad de detección temprana, los mecanismos de respuesta y recuperación, la notificación de incidentes y la supervisión de los riesgos asociados a terceros proveedores. La uniformidad en estos aspectos no solo mejora la capacidad del sector financiero para resistir y recuperarse de perturbaciones tecnológicas, sino que también refuerza la confianza de los consumidores y los mercados en la estabilidad del sistema financiero de la Unión Europea.

La elección de un Reglamento para establecer el marco común de resiliencia operativa digital es una decisión adecuada y estratégica que aborda de manera eficaz las necesidades del sector financiero en un entorno digitalizado e interconectado. Este instrumento normativo reduce la fragmentación regulatoria, fomenta la convergencia en la supervisión, mejora la seguridad jurídica y limita los costes de cumplimiento, especialmente para las entidades con operaciones transfronterizas. Al mismo tiempo, garantiza condiciones de igualdad competitiva y fortalece la capacidad del sector financiero para gestionar los riesgos relacionados con las TIC, contribuyendo así a la estabilidad y al correcto funcionamiento del mercado interior de la Unión Europea. Para las entidades financieras, esto implica no solo la necesidad de adaptarse a las disposiciones del Reglamento, sino también la oportunidad de optimizar sus procesos internos y fortalecer su resiliencia operativa frente a un panorama tecnológico en constante evolución.

(15) ***La Directiva (UE) 2016/1148 del Parlamento Europeo y del Consejo fue el primer marco horizontal de ciberseguridad establecido a escala de la Unión, y se aplica también a tres tipos de entidades financieras, a saber, las entidades***

de crédito, los centros de negociación y las entidades de contrapartida central. Sin embargo, dado que la Directiva (UE) 2016/1148 estableció un mecanismo de identificación a escala nacional de los operadores de servicios esenciales, solo determinadas entidades de crédito, centros de negociación y entidades de contrapartida central que han sido identificados por los Estados miembros, han entrado, en la práctica, en su ámbito de aplicación, y se les ha exigido por lo tanto que cumplan los requisitos de notificación de incidentes y seguridad relacionados con las TIC establecidos en dicha Directiva. La Directiva (UE) 2022/2555 del Parlamento Europeo y del Consejo establece un criterio uniforme para determinar qué entidades entran en su ámbito de aplicación (norma sobre el tamaño máximo), al tiempo que mantiene los tres tipos de entidades financieras en su ámbito de aplicación.

El presente considerando analiza la evolución normativa en el ámbito de la ciberseguridad aplicada al sector financiero en la Unión Europea, señalando las limitaciones del marco inicial establecido por la Directiva (UE) 2016/1148, conocida como Directiva NIS, y su evolución hacia un enfoque más uniforme mediante la Directiva (UE) 2022/2555, denominada NIS 2. La Directiva 2016/1148 fue un hito al ser el primer marco horizontal de ciberseguridad a escala de la Unión Europea, aplicable también a entidades financieras clave, como las entidades de crédito, los centros de negociación y las entidades de contrapartida central. No obstante, el mecanismo de identificación nacional de operadores de servicios esenciales introducido por la Directiva NIS resultó en una implementación fragmentada y limitada, ya que solo las entidades designadas por los Estados miembros quedaban sujetas a los requisitos de notificación de incidentes y seguridad relacionados con las TIC.

El mecanismo de identificación a escala nacional generó importantes disparidades en la aplicación de la Directiva NIS entre los Estados miembros. Dado que cada país tenía discrecionalidad para determinar qué entidades eran consideradas operadores de servicios esenciales, la inclusión de las entidades financieras en el ámbito de aplicación dependía de criterios y procedimientos nacionales que no siempre eran uniformes. Esto derivó en que ciertas entidades de crédito, centros de negociación o entidades de contrapartida central quedaran fuera del ámbito de aplicación de la Directiva en algunos Estados miembros, mientras que, en otros, entidades con características similares sí fueron incluidas. Esta falta de coherencia creó un entorno regulatorio desigual, donde la aplicación de los requisitos de ciberseguridad y notificación de incidentes variaba considerablemente entre jurisdicciones, afectando la armonización y generando incertidumbre normativa para las entidades financieras que operan de manera transfronteriza.

La introducción de la Directiva (UE) 2022/2555, NIS 2, aborda estos problemas al establecer un criterio uniforme para determinar las entidades que quedan sujetas a sus disposiciones. Este criterio, conocido como "norma sobre el tamaño máximo", elimina la necesidad de que los Estados miembros identifiquen operadores de servicios esenciales, asegurando que las entidades financieras relevantes se incluyan automáticamente en el ámbito de aplicación si cumplen con los umbrales de tamaño establecidos. Al mantener los tres tipos de entidades financieras previamente reguladas bajo la NIS, NIS 2 no solo conserva el enfoque sobre las instituciones críticas del sector financiero, sino que también mejora la claridad y la coherencia en la aplicación de los requisitos de ciberseguridad y notificación de incidentes en toda la Unión Europea.

Desde una perspectiva práctica, este cambio normativo tiene implicaciones significativas para las entidades financieras. En primer lugar, garantiza que los requisitos de ciberseguridad se apliquen de manera uniforme a todas las entidades que cumplan con los criterios de tamaño, independientemente de la jurisdicción en la que operen. Esto reduce las disparidades regulatorias entre los Estados miembros y crea un marco más predecible y armonizado para las entidades que operan a escala transfronteriza. Las entidades financieras deberán adaptar sus sistemas y procedimientos internos para garantizar el cumplimiento de las disposiciones de NIS 2, lo que incluye implementar medidas de seguridad tecnológica robustas, desarrollar capacidades avanzadas de detección y respuesta a incidentes, y establecer procedimientos claros para notificar ciber incidentes a las autoridades competentes.

Además, la inclusión automática basada en criterios uniformes refuerza la confianza en la protección de los sistemas financieros críticos de la Unión Europea, asegurando que todas las entidades relevantes estén sujetas a un nivel mínimo de protección y supervisión. Esto también aumenta la capacidad de las autoridades nacionales y europeas para coordinar respuestas ante ciber incidentes significativos, ya que la notificación de incidentes se realizará de manera estandarizada, mejorando la detección de amenazas y la implementación de medidas preventivas.

En el caso específico de los tres tipos de entidades financieras mencionadas, la Directiva NIS 2 subraya la importancia de proteger las infraestructuras críticas que respaldan las operaciones del sector financiero. Las entidades de crédito, como principales intermediarias financieras, y los centros de negociación y las entidades de contrapartida central, como pilares de los mercados financieros, representan objetivos estratégicos para los ciberataques. La inclusión de estas entidades bajo un marco normativo uniforme garantiza que estas instituciones adopten medidas adecuadas para mitigar riesgos y preservar la estabilidad del sistema financiero frente a amenazas digitales en evolución.

Por último, la transición hacia un enfoque basado en criterios uniformes bajo NIS 2 también tiene implicaciones para las autoridades competentes, ya que les exige ajustar sus procesos de supervisión para alinearse con los nuevos criterios y garantizar un monitoreo eficiente y consistente del cumplimiento normativo. Esto incluye desarrollar herramientas y metodologías comunes para evaluar los riesgos relacionados con las TIC y coordinarse con otras autoridades en la supervisión transfronteriza, asegurando una respuesta eficaz y sincronizada frente a las amenazas tecnológicas que afectan al sector financiero de la Unión.

(16) ***No obstante, dado que el presente Reglamento eleva el nivel de armonización de los distintos componentes de la resiliencia digital mediante la introducción de requisitos en materia de gestión del riesgo relacionado con las TIC y de notificación de incidentes relacionados con las TIC más estrictos que los establecidos en el Derecho vigente de la Unión en materia de servicios financieros, este nivel más elevado constituye una mayor armonización también en comparación con los requisitos establecidos en la Directiva (UE) 2022/2555. Por consiguiente, el presente Reglamento constituye una lex specialis con respecto a la Directiva (UE) 2022/2555. Al mismo tiempo, es fundamental mantener una estrecha relación entre el sector financiero y el marco horizontal de ciberseguridad de la Unión tal como se establece actualmente en la Directiva (UE) 2022/2555 para garantizar la coherencia con las estrategias de ciberseguridad adoptadas por los Estados miembros y para permitir que los supervisores financieros tengan conocimiento de los ciber incidentes que afecten a otros sectores cubiertos por dicha Directiva.***

El considerando aborda la posición del presente Reglamento en el marco normativo de la Unión Europea en materia de ciberseguridad y servicios financieros, destacando su carácter como lex specialis respecto a la Directiva (UE) 2022/2555 (NIS 2) al establecer requisitos más estrictos y específicos en lo relativo a la resiliencia digital del sector financiero. Este Reglamento eleva el nivel de armonización de las normas aplicables al sector financiero al introducir disposiciones detalladas sobre la gestión del riesgo relacionado con las TIC y la notificación de incidentes tecnológicos, superando los estándares establecidos en el Derecho vigente, incluidas las normas generales de ciberseguridad de NIS 2. Este enfoque refuerza la especificidad y adaptabilidad del marco normativo financiero frente a los riesgos tecnológicos, reconociendo la singularidad y la criticidad de las infraestructuras del sector financiero en comparación con otros sectores cubiertos por NIS 2.

El carácter de lex specialis del Reglamento implica que las disposiciones específicas aplicables al sector financiero prevalecen sobre las normas generales de la Directiva NIS 2 en aquellos aspectos donde exista un solapamiento normativo. Esto garantiza que las particularidades del sector financiero, como su alta interconexión, su exposición a riesgos sistémicos y su dependencia de proveedores tecnológicos críticos, sean abordadas de manera más exhaustiva y con un nivel de protección más elevado. Por ejemplo, mientras que NIS 2 establece criterios generales de ciberseguridad aplicables a múltiples sectores, el Reglamento introduce requisitos específicos adaptados a las operaciones financieras, como las pruebas de resiliencia operativa digital y la supervisión de riesgos derivados de terceros proveedores. Estas disposiciones garantizan un enfoque más riguroso y alineado con las necesidades operativas del sector financiero.

También se subraya la importancia de mantener una relación estrecha entre el sector financiero y el marco horizontal de ciberseguridad establecido en NIS 2 para asegurar la coherencia con las estrategias nacionales de ciberseguridad. Esta conexión es fundamental porque, aunque el Reglamento es específico para el sector financiero, la ciberseguridad no puede abordarse de forma aislada debido a la naturaleza interconectada de las infraestructuras críticas en la Unión Europea. Los ciber incidentes en otros sectores regulados por NIS 2, como la energía o el transporte, pueden tener un impacto indirecto pero significativo en el sector financiero, lo que requiere una coordinación efectiva entre supervisores financieros y autoridades responsables de la ciberseguridad en otros sectores.

Desde una perspectiva práctica, la interacción entre el Reglamento y NIS 2 genera diversas implicaciones operativas tanto para las entidades financieras como para los supervisores. Para las entidades financieras, el nivel más alto de exigencia establecido en el Reglamento implica la necesidad de desarrollar capacidades avanzadas de gestión de riesgos relacionados con las TIC, con medidas específicas de prevención, detección, respuesta y recuperación adaptadas al sector financiero. Esto incluye la obligación de realizar simulacros de ciber resiliencia, establecer acuerdos contractuales robustos con proveedores tecnológicos y notificar ciber incidentes de acuerdo con los procedimientos más estrictos establecidos por el Reglamento. Al mismo tiempo, las entidades financieras deben mantenerse alineadas con las estrategias nacionales de ciberseguridad y colaborar con otros sectores en el intercambio de información sobre ciberamenazas y mejores prácticas.

Para los supervisores financieros, el Reglamento refuerza sus competencias al proporcionar un marco normativo claro y más detallado que permite una supervisión más efectiva de los riesgos tecnológicos en el sector financiero. Sin embargo, también plantea el reto de coordinarse con las autoridades responsables de NIS 2 para garantizar una respuesta integral frente a ciber incidentes de gran escala que puedan afectar a múltiples sectores. Esto incluye el intercambio de información sobre incidentes y la alineación de procedimientos de notificación y respuesta para evitar duplicidades o lagunas en la supervisión.

La exigencia de coherencia entre el Reglamento y NIS 2 también refuerza la importancia de las estrategias nacionales de ciberseguridad, que deben tener en cuenta las interdependencias entre el sector financiero y otros sectores críticos. En este sentido, las autoridades nacionales deben garantizar que las políticas de ciberseguridad adoptadas en el marco de NIS 2 sean complementarias y no contradictorias con las disposiciones específicas del Reglamento, promoviendo así un enfoque integrado para abordar los riesgos tecnológicos en la Unión Europea. Además, los Estados miembros deben facilitar la cooperación entre sus autoridades de supervisión financiera y las autoridades de ciberseguridad para garantizar que los ciber incidentes se gestionen de manera coordinada y eficaz en todos los sectores afectados.

(17) ***De conformidad con el artículo 4, apartado 2, del Tratado de la Unión Europea, y sin perjuicio del control judicial por parte del Tribunal de Justicia, el presente Reglamento no debe afectar a la responsabilidad de los Estados miembros relativa a las funciones esenciales del Estado que afectan a la seguridad pública, la defensa y la salvaguardia de la seguridad nacional, por ejemplo, en casos en los que facilitar información sería contrario a la salvaguardia de la seguridad nacional.***

El considerando señala los límites del presente Reglamento en relación con las competencias fundamentales de los Estados miembros en áreas que afectan a la seguridad pública, la defensa y la salvaguardia de la seguridad nacional, de conformidad con el artículo 4, apartado 2, del Tratado de la Unión Europea (TUE). Estas áreas se consideran funciones esenciales del Estado, que quedan fuera del alcance del Derecho de la Unión, salvo en casos en los que exista una normativa específica que permita una intervención limitada. En este sentido, el Reglamento respeta la soberanía de los Estados miembros en estos ámbitos, reconociendo que cuestiones relacionadas con la seguridad nacional no pueden ser supeditadas a obligaciones regulatorias que puedan entrar en conflicto con los intereses estratégicos de los Estados.

Este principio es particularmente relevante en contextos en los que el cumplimiento de ciertas disposiciones del Reglamento, como la notificación de incidentes relacionados con las TIC o la facilitación de información sobre ciberamenazas, pudiera entrar en contradicción con la seguridad nacional o comprometer operaciones esenciales para la defensa y la integridad del Estado. Por ejemplo, la revelación de incidentes relacionados con infraestructuras críticas gestionadas por entidades financieras podría exponer vulnerabilidades que pongan en riesgo no solo la estabilidad financiera, sino también la seguridad estratégica de un país. En tales casos, se garantiza que los Estados miembros conserven la discrecionalidad necesaria para decidir cuándo y cómo proteger la información sensible en aras de su seguridad nacional.

La exclusión de estas funciones esenciales del Estado también refleja el equilibrio entre las competencias de la Unión y las de los Estados miembros, tal como establece el artículo 4 del TUE. El control judicial por parte del Tribunal de Justicia de la Unión Europea se limita a verificar que no exista abuso de este principio por parte de los Estados miembros, garantizando que su invocación no sea arbitraria ni desproporcionada en relación con las disposiciones del Reglamento. Este control judicial es fundamental para evitar que los Estados utilicen la seguridad nacional como pretexto para eludir sus obligaciones legales en situaciones que no lo justifiquen.

Desde una perspectiva práctica, esta disposición tiene implicaciones directas para la implementación del Reglamento por parte de las entidades financieras y las autoridades nacionales competentes. Las entidades financieras deben cumplir con las obligaciones impuestas por el Reglamento en la medida en que no entren en conflicto con los intereses de seguridad nacional del Estado en el que operan. Esto incluye adaptar los procedimientos internos de gestión de riesgos tecnológicos y de notificación de ciber incidentes para asegurar que, en casos excepcionales, se respete la confidencialidad requerida por las autoridades nacionales. Por su parte, las autoridades de supervisión deben establecer mecanismos claros para identificar situaciones en las que la divulgación de información pudiera comprometer la seguridad nacional, garantizando al mismo tiempo que esta excepción no socave la coherencia ni la eficacia del marco regulatorio.

La interacción entre el Reglamento y las competencias de los Estados en materia de seguridad pública y nacional también requiere una coordinación efectiva entre las autoridades de ciberseguridad, las autoridades financieras y las entidades gubernamentales responsables de la defensa y la seguridad nacional. Esto es especialmente relevante en escenarios de ciberataques que afecten simultáneamente a infraestructuras críticas de diferentes sectores, incluidas las financieras, en los que la respuesta debe ser integrada y alineada con los objetivos de seguridad nacional. En estos casos, la cooperación entre las autoridades competentes a nivel nacional y europeo es determinante para garantizar que las medidas adoptadas sean proporcionales y respeten tanto los objetivos de seguridad nacional como los principios de un mercado financiero seguro y estable.

Además, la exclusión de estas funciones estatales esenciales refuerza la necesidad de que las entidades financieras desarrollen medidas internas de resiliencia operativa que sean suficientemente robustas para minimizar la dependencia de intervenciones externas en contextos de crisis. Esto incluye la implementación de tecnologías avanzadas de ciberseguridad, protocolos de contención de incidentes y sistemas de recuperación que reduzcan el riesgo de que las vulnerabilidades puedan tener repercusiones a nivel nacional. Sin embargo, estas entidades también deben ser conscientes de las posibles limitaciones en la cooperación con las autoridades en situaciones en las que la seguridad nacional sea prioritaria, y ajustar sus políticas en consecuencia para garantizar la compatibilidad con los intereses estratégicos del Estado.

(18) ***Para permitir el aprendizaje intersectorial y aprovechar eficazmente las experiencias de otros sectores a la hora de hacer frente a las ciber*amenazas, las entidades financieras a que se refiere la Directiva (UE) 2022/2555 deben seguir formando parte del «ecosistema» de dicha Directiva [por ejemplo, el Grupo de Cooperación y los equipos de respuesta a incidentes de seguridad informática (CSIRT)]. Las Autoridades Europeas de Supervisión y las autoridades nacionales competentes deben poder participar en los debates estratégicos y en los trabajos técnicos del Grupo de Cooperación con arreglo a dicha Directiva e intercambiar información y seguir cooperando con los puntos de contacto únicos designados o establecidos de conformidad con dicha Directiva. Las autoridades competentes con arreglo al presente Reglamento deben consultar a los CSIRT y cooperar con ellos. Las autoridades competentes también deben poder solicitar dictámenes técnicos a las autoridades competentes designadas o establecidas de conformidad con la Directiva (UE) 2022/2555 y establecer acuerdos de cooperación encaminados a garantizar unos mecanismos de coordinación eficaces y rápidos.**

El considerando enfatiza la necesidad de que las entidades financieras y las autoridades responsables de su supervisión sigan siendo una parte integral del ecosistema establecido por la Directiva (UE) 2022/2555 (NIS 2) para abordar de manera coordinada y eficiente las ciberamenazas, fomentando el aprendizaje intersectorial y la cooperación entre diferentes sectores críticos. Este enfoque busca aprovechar las experiencias y conocimientos adquiridos en otros sectores regulados por la Directiva NIS 2, reconociendo que las ciberamenazas no se limitan a un sector específico, sino que suelen tener un impacto transversal debido a la interdependencia de las infraestructuras críticas.

La integración de las entidades financieras en el ecosistema de NIS 2 permite que estas se beneficien del trabajo estratégico y técnico realizado en el marco del Grupo de Cooperación y de los equipos de respuesta a incidentes de seguridad informática (CSIRT). El Grupo de Cooperación, compuesto por representantes de los Estados miembros, la Comisión Europea y la Agencia de la Unión Europea para la Ciberseguridad (ENISA), desempeña un papel clave en la definición de estrategias de ciberseguridad, el intercambio de buenas prácticas y el desarrollo de enfoques comunes para gestionar los riesgos tecnológicos. La participación activa de las entidades financieras y las autoridades competentes en estos debates estratégicos fortalece la capacidad del sector financiero para anticipar, resistir y recuperarse de ciberamenazas, al tiempo que permite la incorporación de perspectivas financieras en las estrategias generales de ciberseguridad de la Unión.

Asimismo, el considerando subraya la importancia de la cooperación con los CSIRT, que son responsables de la gestión operativa de ciber incidentes y desempeñan funciones esenciales como la detección de amenazas, la respuesta técnica a incidentes y el asesoramiento en materia de mitigación de riesgos. La consulta y colaboración con estos equipos permite que las autoridades competentes en el marco del presente Reglamento accedan a conocimientos técnicos especializados y puedan gestionar los incidentes relacionados con las TIC de manera más eficaz y coordinada. Esta interacción es especialmente valiosa en el caso de ciberataques complejos que afectan a múltiples sectores, ya que los CSIRT actúan como nodos centrales de intercambio de información y coordinación operativa.

Por otro lado, también se reconoce la necesidad de establecer mecanismos formales de cooperación entre las autoridades competentes en el marco del presente Reglamento y las designadas de conformidad con la Directiva NIS 2. Esto incluye la posibilidad de solicitar dictámenes técnicos sobre ciberamenazas específicas o incidentes de seguridad, lo que fortalece la capacidad de las autoridades financieras para tomar decisiones informadas y basadas en evidencias técnicas. Además, los acuerdos de cooperación buscan garantizar que los mecanismos de coordinación sean no solo eficaces, sino también rápidos, un aspecto crítico en la gestión de ciber incidentes, donde la capacidad de respuesta inmediata puede marcar la diferencia entre un incidente contenido y una crisis de gran escala.

Desde una perspectiva práctica, esta integración y cooperación entre los marcos del Reglamento y de la Directiva NIS 2 genera beneficios tanto para las entidades financieras como para el sistema de supervisión en su conjunto. Para las entidades financieras, formar parte del ecosistema de NIS 2 significa tener acceso a recursos compartidos, como alertas tempranas, análisis de amenazas y buenas prácticas desarrolladas en otros sectores críticos. Esto mejora su capacidad para identificar y mitigar riesgos relacionados con las TIC, alineando sus estrategias con las mejores prácticas a nivel europeo. Al mismo tiempo, las entidades deben garantizar que sus procedimientos internos sean compatibles con los mecanismos de coordinación intersectorial, lo que puede requerir ajustes en sus políticas de notificación de incidentes, comunicación de riesgos y respuesta a amenazas.

En el caso de las autoridades competentes, la participación en los trabajos técnicos y estratégicos del Grupo de Cooperación y la colaboración con los CSIRT fortalecen su capacidad para supervisar el cumplimiento de las disposiciones del Reglamento y para responder de manera eficaz a ciber incidentes que puedan comprometer la estabilidad del sector financiero. La interacción con los puntos de contacto únicos designados por los Estados miembros en el marco de NIS 2 también permite a las autoridades financieras obtener información crítica sobre amenazas y vulnerabilidades que puedan tener implicaciones transversales, mejorando su capacidad de prevenir y gestionar riesgos sistémicos.

La interoperabilidad entre el Reglamento y la Directiva NIS 2 exige también un enfoque integrado por parte de los Estados miembros, quienes deben garantizar que sus estrategias nacionales de ciberseguridad fomenten la colaboración entre sectores y promuevan la alineación entre las autoridades financieras y las de ciberseguridad. Este enfoque integrado refuerza la resiliencia general de las infraestructuras críticas de la Unión, incluidas las financieras, frente a ciberamenazas complejas y de alcance transnacional.

(19) ***Habida cuenta de las fuertes interrelaciones entre la resiliencia digital y la resiliencia física de las entidades financieras, el presente Reglamento y la Direc-***

tiva (UE) 2022/2557 del Parlamento Europeo y del Consejo deben adoptar un enfoque coherente por lo que respecta a la resiliencia de las entidades críticas. Dado que las obligaciones de gestión del riesgo relacionado con las TIC y de notificación contempladas en el presente Reglamento abordan de manera global la resiliencia física de las entidades financieras, las obligaciones establecidas en los Capítulos III y IV de la Directiva (UE) 2022/2557 no deben aplicarse a las entidades financieras que entran en el ámbito de aplicación de dicha Directiva.

El presente considerando destaca la relación intrínseca entre la resiliencia digital y la resiliencia física en las entidades financieras, subrayando la necesidad de un enfoque coherente entre el presente Reglamento y la Directiva (UE) 2022/2557, que regula la resiliencia de las entidades críticas en la Unión Europea. Esta perspectiva reconoce que la resiliencia operativa de las entidades financieras no puede separarse de su capacidad para enfrentar riesgos tanto digitales como físicos, ya que ambos están estrechamente interconectados en el contexto de infraestructuras críticas. Sin embargo, también establece que, debido al alcance global y específico del presente Reglamento en la gestión del riesgo relacionado con las TIC, así como a sus disposiciones sobre notificación de incidentes, las obligaciones previstas en los Capítulos III y IV de la Directiva 2022/2557 no se aplicarán a las entidades financieras que entren dentro de su ámbito de regulación.

Esta exclusión se basa en la premisa de que el Reglamento aborda de manera integral la resiliencia operativa de las entidades financieras, cubriendo tanto los riesgos digitales como sus posibles repercusiones en la infraestructura física y los servicios esenciales. Por ejemplo, un ciberataque que afecte a los sistemas tecnológicos de una entidad financiera puede tener un impacto directo en su operativa física, como la interrupción de cajeros automáticos, redes de pago o servicios de atención al cliente. El Reglamento incorpora requisitos específicos diseñados para gestionar estos riesgos combinados, estableciendo estándares que obligan a las entidades a implementar mecanismos de prevención, contención y recuperación que abarcan tanto los sistemas digitales como los procesos físicos interrelacionados. En consecuencia, no resulta necesario aplicar las obligaciones de la Directiva 2022/2557 en materia de resiliencia física a las entidades financieras, ya que ello duplicaría normativas y esfuerzos.

Desde una perspectiva práctica, esta diferenciación normativa tiene importantes implicaciones tanto para las entidades financieras como para las autoridades competentes. Para las entidades financieras, el hecho de quedar excluidas de los Capítulos III y IV de la Directiva 2022/2557 simplifica significativamente su carga de cumplimiento normativo. En lugar de tener que responder a dos marcos regulatorios distintos para riesgos similares, las entidades pueden concentrar sus recursos y esfuerzos en cumplir con las disposiciones del presente Reglamento, que ya contempla un enfoque integral y especializado para el sector financiero. Esto evita la duplicación de procesos, como auditorías, informes y pruebas de resiliencia, que de otro modo podrían generar costos adicionales y fragmentar la gestión del riesgo.

Por otro lado, para las autoridades competentes, esta exclusión clarifica las responsabilidades de supervisión y elimina posibles conflictos entre diferentes marcos regulatorios. Al centrarse exclusivamente en el cumplimiento de los requisitos del presente Reglamento para las entidades financieras, las autoridades pueden aplicar un enfoque más focalizado y eficiente en la evaluación de la resiliencia operativa. Esto facilita una supervisión coherente y evita la fragmentación que podría derivarse de aplicar normativas superpuestas.

El enfoque integrado del Reglamento en la gestión del riesgo relacionado con las TIC y su interrelación con la resiliencia física también tiene un impacto directo en la preparación operativa de las entidades. Por ejemplo, el Reglamento exige que las entidades financieras realicen evaluaciones completas de sus vulnerabilidades operativas, lo que incluye la identificación de puntos de fallo tanto digitales como físicos. Además, obliga a estas entidades a establecer planes de continuidad del negocio que consideren la interdependencia entre sus sistemas tecnológicos y sus instalaciones físicas, asegurando que puedan mantener operaciones críticas incluso en situaciones de crisis que afecten ambos aspectos.

La exclusión de los Capítulos III y IV de la Directiva 2022/2557 también fomenta un mayor grado de especialización en la normativa aplicable al sector financiero, reconociendo que las características y riesgos de estas entidades requieren un tratamiento normativo diferenciado. Esto refuerza la lógica del presente Reglamento como lex specialis en el ámbito de la resiliencia operativa de las entidades financieras, asegurando que las normas aplicables sean proporcionales, específicas y adaptadas a las particularidades del sector.

La interacción entre el Reglamento y la Directiva 2022/2557 refuerza la importancia de la coordinación entre las estrategias nacionales de ciberseguridad y las políticas de resiliencia de infraestructuras críticas. Las autoridades responsables de la supervisión financiera y de la resiliencia de las entidades críticas deben garantizar que las medidas adoptadas bajo ambos marcos normativos sean complementarias y no contradictorias, fomentando un enfoque integrado que aborde de manera efectiva los riesgos intersectoriales. Este enfoque resulta especialmente relevante en escenarios de crisis que puedan afectar simultáneamente a diferentes sectores críticos, donde la capacidad de coordinación y respuesta integrada es esencial para garantizar la estabilidad operativa y la seguridad en la Unión Europea.

(20) ***Los proveedores de servicios de computación en nube son una categoría de infraestructura digital cubierta por la Directiva (UE) 2022/2555. El marco de supervisión de la Unión (en lo sucesivo, «marco de supervisión») establecido por el presente Reglamento se aplica a todos los proveedores terceros esenciales de servicios de TIC, incluidos los proveedores de servicios de computación en nube que prestan servicios de TIC a entidades financieras, y debe considerarse complementario de la supervisión en virtud de la Directiva (UE) 2022/2555. Además, en ausencia de un marco horizontal de la Unión que establezca una autoridad de supervisión digital, el marco de supervisión establecido por el presente Reglamento debe abarcar a los proveedores de servicios de computación en nube.***

El presente considerando aborda la inclusión de los proveedores de servicios de computación en la nube como una categoría esencial dentro del marco de supervisión del presente Reglamento, destacando su complementariedad con la supervisión prevista en la Directiva (UE) 2022/2555 (NIS 2). Reconoce la importancia crítica de estos proveedores dentro del ecosistema digital, especialmente en el sector financiero, donde su papel como facilitadores de servicios tecnológicos clave los convierte en un elemento central de la resiliencia operativa digital. En este contexto, el Reglamento establece un marco específico de supervisión para proveedores terceros esenciales, incluidos los de computación en nube, que busca garantizar una mayor seguridad y fiabilidad en los servicios de TIC proporcionados a las entidades financieras.

La regulación de los proveedores de servicios de computación en nube bajo el presente Reglamento responde a la creciente dependencia del sector financiero de estos servicios para operaciones esenciales, como el almacenamiento de datos, el análisis de grandes volúmenes de información y la prestación de servicios en tiempo real. Esta dependencia amplifica los riesgos tecnológicos, ya que un fallo o ataque cibernético que afecte a un proveedor de nube puede tener repercusiones masivas en múltiples entidades financieras de forma simultánea, comprometiendo la estabilidad financiera y la confianza en los mercados. Al incluirlos en el marco de supervisión, el Reglamento refuerza la capacidad de las autoridades competentes para evaluar y mitigar estos riesgos, imponiendo controles más estrictos sobre la calidad y seguridad de los servicios ofrecidos.

Asimismo, se destaca que, en ausencia de un marco horizontal de la Unión que contemple una autoridad de supervisión digital centralizada, el presente Reglamento asume la responsabilidad de regular y supervisar a los proveedores de servicios de computación en nube en el ámbito financiero. Esta disposición refleja la necesidad de abordar las lagunas existentes en la regulación de las infraestructuras digitales críticas a nivel de la Unión, particularmente en sectores donde los riesgos relacionados con las TIC tienen un impacto sistémico. Al hacerlo, el Reglamento complementa las disposiciones generales de la Directiva NIS 2, que también cubre a los proveedores de servicios en la nube como infraestructura digital crítica, pero sin un enfoque sectorial tan detallado como el que introduce el Reglamento para el sector financiero.

Desde una perspectiva práctica, la inclusión de los proveedores de computación en nube en el marco de supervisión tiene implicaciones directas para las entidades financieras, los propios proveedores y las autoridades de supervisión. Para las entidades financieras, esta regulación refuerza la necesidad de realizar una diligencia debida exhaustiva en la selección de proveedores de servicios en la nube, asegurando que estos cumplan con los requisitos establecidos en el Reglamento. Esto incluye evaluar aspectos como la robustez de las medidas de seguridad, la capacidad de recuperación ante incidentes y el cumplimiento con los estándares de protección de datos. Asimismo, las entidades deben formalizar acuerdos contractuales que incluyan cláusulas específicas para la supervisión de los servicios prestados, alineándose con las disposiciones del Reglamento.

Para los proveedores de servicios de computación en nube, el marco de supervisión introduce obligaciones adicionales que impactan directamente en su operativa. Estas obligaciones incluyen la necesidad de someterse a auditorías regulares, implementar controles de seguridad más estrictos y garantizar la transparencia en sus operaciones. Los proveedores esenciales de TIC deben estar preparados para cooperar con las autoridades competentes, proporcionando acceso a información relevante y permitiendo inspecciones que evalúen su cumplimiento con los requisitos del Reglamento. Este nivel de escrutinio incrementa los costos de cumplimiento para los proveedores, pero también mejora la confianza de las entidades financieras en los servicios ofrecidos.

En lo que respecta a las autoridades competentes, el marco de supervisión les otorga herramientas específicas para evaluar y supervisar a los proveedores de computación en nube que trabajan con entidades financieras. Esto incluye la capacidad de realizar inspecciones directas, exigir la implementación de medidas correctivas en caso de incumplimientos y, en última instancia, adoptar sanciones si los proveedores no cumplen con los estándares establecidos. Además, las autoridades deben coordinarse con los puntos de contacto designados en virtud de la Directiva NIS 2 para garantizar que los mecanismos de supervisión sean complementarios y no redundantes, evitando duplicidades que puedan afectar la eficacia de la regulación.

El enfoque integrado del Reglamento y la Directiva NIS 2 tiene beneficios adicionales, ya que fomenta la coherencia en la regulación de los proveedores de servicios en la nube en todos los sectores críticos, al tiempo que permite un tratamiento especializado para el sector financiero. Este equilibrio es esencial en un entorno donde las interdependencias digitales entre sectores son cada vez más profundas, y un incidente en un proveedor de nube puede tener un impacto transversal en múltiples sectores. Por ello, el marco de supervisión del Reglamento no solo protege a las entidades financieras, sino que también contribuye a reforzar la resiliencia general de las infraestructuras digitales de la Unión Europea frente a riesgos tecnológicos y ciberamenazas.

(21) ***Para mantener el pleno control del riesgo relacionado con las TIC, las entidades financieras necesitan disponer de capacidades globales para permitir una gestión del riesgo relacionado con las TIC sólida y eficaz, así como de mecanismos y políticas específicos para gestionar todos los incidentes relacionados con las TIC y notificar los incidentes graves relacionados con estas. Del mismo modo, las entidades financieras deben contar con políticas para la realización de pruebas de sistemas, controles y procesos relacionados con las TIC, así como para gestionar el riesgo relacionado con las TIC derivado de terceros. Debe elevarse el nivel de referencia en cuanto a la resiliencia operativa digital para las entidades financieras, al tiempo que se permite una aplicación proporcionada de los requisitos para determinadas entidades financieras, en particular las microempresas, así como las entidades financieras sujetas a un marco simplificado de gestión del riesgo relacionado con las TIC. Para facilitar un control eficaz de los fondos de pensiones de empleo que sea proporcionado y responda a la necesidad de reducir las cargas administrativas de las autoridades competentes, las disposiciones nacionales pertinentes en materia de control aplicables a dichas entidades financieras deben tener en cuenta el tamaño y el perfil de riesgo general de estas, así como la naturaleza, escala y complejidad de sus servicios, actividades y operaciones, también cuando se superen los umbrales pertinentes establecidos en el artículo 5 de la Directiva (UE) 2016/2341 del Parlamento Europeo y del Consejo. En particular, las actividades de control deben centrarse principalmente en la necesidad***

de abordar los riesgos graves asociados a la gestión del riesgo relacionado con las TIC de una entidad concreta.

Asimismo, las autoridades competentes deben llevar a cabo de manera atenta pero proporcionada la supervisión de los fondos de pensiones de empleo que, de conformidad con el artículo 31 de la Directiva (UE) 2016/2341, externalizan a proveedores de servicios una parte considerable de su actividad principal, como la gestión de activos, los cálculos actuariales, la contabilidad y la gestión de datos.

Se detallan los requisitos necesarios para que las entidades financieras mantengan un control efectivo sobre los riesgos relacionados con las TIC, subrayando la importancia de contar con capacidades globales y políticas específicas que permitan gestionar dichos riesgos de manera sólida y eficaz. Esto incluye la implementación de mecanismos que garanticen no solo la identificación y mitigación de riesgos tecnológicos, sino también la capacidad de gestionar y notificar los incidentes graves relacionados con las TIC. Además, se establece la necesidad de que las entidades financieras desarrollen políticas para realizar pruebas periódicas de sus sistemas, controles y procesos vinculados a las TIC, asegurando que estos sean resilientes frente a ciberamenazas o fallos tecnológicos. Otro aspecto fundamental es la gestión del riesgo relacionado con las TIC derivado de terceros, que requiere medidas específicas para supervisar y minimizar las vulnerabilidades que puedan surgir de la dependencia de proveedores externos.

El considerando también resalta la obligación de elevar el nivel de referencia en cuanto a la resiliencia operativa digital para las entidades financieras, al tiempo que se introduce una aplicación proporcional de los requisitos, particularmente para aquellas entidades consideradas microempresas o aquellas sujetas a un marco simplificado de gestión del riesgo relacionado con las TIC. Este enfoque proporcional busca equilibrar la necesidad de proteger la estabilidad y la seguridad del sistema financiero con la realidad operativa y los recursos limitados de las entidades más pequeñas. Estas entidades deben cumplir con estándares básicos de resiliencia digital, pero sin imponerles cargas excesivas que puedan comprometer su viabilidad económica o generar desproporcionalidad en los costos de cumplimiento.

En lo que respecta a los fondos de pensiones de empleo, se establece que el control normativo sobre estas entidades debe ser proporcionado y tener en cuenta su tamaño, perfil de riesgo y la naturaleza, escala y complejidad de sus actividades. Esta disposición es particularmente relevante para evitar imponer requisitos excesivos a entidades cuyo impacto sistémico puede ser limitado en comparación con otras instituciones financieras.

No obstante, cuando estas entidades superan los umbrales establecidos en el artículo 5 de la Directiva (UE) 2016/2341, las actividades de supervisión deben intensificarse y centrarse principalmente en abordar los riesgos graves asociados a su gestión del riesgo relacionado con las TIC. Esto implica que las autoridades competentes deben priorizar la identificación y mitigación de aquellos riesgos tecnológicos que puedan comprometer la seguridad de los datos, la continuidad de las operaciones o los intereses de los beneficiarios de los fondos de pensiones.

Otro aspecto destacado es la referencia específica a la externalización por parte de los fondos de pensiones de empleo de actividades clave, como la gestión de activos, los cálculos actuariales, la contabilidad y la gestión de datos, según lo establecido en el artículo 31 de la Directiva (UE) 2016/2341. La externalización de funciones críticas a proveedores de servicios introduce riesgos adicionales, como la pérdida de control directo sobre procesos esenciales o la dependencia de terceros que podrían no estar sujetos a las mismas normas regulatorias. En este sentido, se subraya que las autoridades competentes deben supervisar de manera atenta pero proporcionada estas actividades, asegurando que las entidades externas cumplan con estándares adecuados de seguridad y resiliencia operativa. Este enfoque es determinante para garantizar que la externalización no se traduzca en vulnerabilidades que puedan poner en riesgo la estabilidad de los fondos de pensiones o los derechos de los beneficiarios.

Desde una perspectiva práctica, estas disposiciones tienen implicaciones significativas para las entidades financieras, los fondos de pensiones de empleo y las autoridades competentes. Las entidades financieras deben desarrollar y mantener capacidades sólidas de gestión de riesgos relacionados con las TIC, lo que implica inversiones continuas en infraestructura tecnológica, personal especializado y auditorías regulares para garantizar la eficacia de sus sistemas y procesos. Además, deben establecer mecanismos claros para notificar incidentes graves a las autoridades competentes, asegurándose de cumplir con los plazos y procedimientos establecidos en la normativa. En el caso de las microempresas y las entidades sujetas a marcos simplificados, se requiere una evaluación cuidadosa de sus capacidades para cumplir con los requisitos regulatorios de manera proporcionada, garantizando al mismo tiempo un nivel mínimo de resiliencia operativa.

Para los fondos de pensiones de empleo, la supervisión regulatoria implica la necesidad de establecer controles internos adecuados para gestionar los riesgos tecnológicos, particularmente cuando externalizan actividades esenciales. Esto requiere una evaluación rigurosa de los proveedores externos, incluyendo la formalización de acuerdos contractuales que contemplen estándares de seguridad, continuidad operativa y cumplimiento normativo. Las entidades deben estar preparadas para demostrar a las autoridades competentes que cuentan con mecanismos efectivos para supervisar a los proveedores y gestionar los riesgos asociados a la externalización.

Por parte de las autoridades competentes, la supervisión proporcional exige un enfoque basado en el riesgo, priorizando aquellas entidades o actividades que representen mayores amenazas para la estabilidad del sistema financiero o los derechos de los consumidores. Esto incluye realizar inspecciones dirigidas, exigir informes regulares y establecer canales efectivos de comunicación con las entidades supervisadas. En el caso de los fondos de pensiones de empleo, las autoridades deben garantizar que las actividades externalizadas sean objeto de una supervisión adecuada, incluyendo la evaluación de los riesgos inherentes a los proveedores de servicios externos y la capacidad de los fondos para mitigar dichos riesgos.

(22) ***Los umbrales de notificación y las taxonomías de incidentes relacionados con las TIC varían considerablemente a escala nacional. Si bien es cierto que se puede alcanzar una base común mediante la labor pertinente emprendida por la Agencia de la Unión Europea para la Ciberseguridad (ENISA) establecida por el Reglamento (UE) 2019/881 del Parlamento Europeo y del Consejo y el Grupo de Cooperación a las que se aplica la Directiva (UE) 2022/ 2555, para las demás entidades financieras todavía existen, o pueden surgir, enfoques divergentes sobre el establecimiento de los umbrales y el uso de taxonomías. Debido a dichas divergencias, existen múltiples requisitos que deben cumplir las entidades financieras, especialmente cuando operan en varios Estados miembros y cuando forman parte de un grupo financiero. Además, tales divergencias pueden obstaculizar la creación de nuevos mecanismos uniformes o centralizados de la Unión que aceleren el proceso de notificación y apoyen un intercambio rápido y fluido de información entre las autoridades competentes, lo cual es determinante para hacer frente al riesgo relacionado con las TIC en caso de ataques a gran escala con posibles consecuencias sistémicas.***

El considerando resalta las dificultades derivadas de la falta de armonización en los umbrales de notificación y las taxonomías de incidentes relacionados con las TIC entre los Estados miembros de la Unión Europea. Estas diferencias generan una fragmentación normativa que afecta especialmente a las entidades financieras que operan de manera transfronteriza o que forman parte de grupos financieros internacionales. La ausencia de criterios uniformes en el establecimiento de umbrales de notificación y la clasificación de incidentes dificulta el cumplimiento normativo, incrementa las cargas administrativas y, lo que es más relevante, retrasa y complica la respuesta coordinada frente a ciberamenazas, especialmente aquellas de alcance sistémico.

En términos prácticos, los umbrales de notificación se refieren a los criterios que determinan qué incidentes deben ser reportados a las autoridades competentes. Cuando estos umbrales varían entre Estados miembros, una entidad financiera que opera en varias jurisdicciones puede enfrentarse a la obligación de reportar un mismo incidente bajo criterios diferentes, lo que no solo aumenta la carga administrativa, sino que también genera incertidumbre sobre qué información debe ser recopilada, analizada y transmitida. Esto se agrava en el caso de los grupos financieros, donde las entidades pertenecientes al mismo grupo pueden estar sujetas a requisitos distintos en función de la ubicación de sus operaciones. Estas divergencias no solo dificultan la gestión interna de los incidentes relacionados con las TIC, sino que también pueden generar incoherencias en la información compartida con las autoridades, comprometiendo la eficacia de la supervisión.

Por otro lado, las taxonomías de incidentes, que son las clasificaciones utilizadas para describir y categorizar los incidentes relacionados con las TIC, también varían a nivel nacional. Esta falta de uniformidad en la terminología y categorización puede obstaculizar la comprensión mutua entre las autoridades de diferentes Estados miembros, dificultando el intercambio de información y la coordinación en situaciones de crisis. Además, sin una taxonomía común, las autoridades competentes pueden interpretar los incidentes de maneras diferentes, lo que puede afectar la coherencia en la respuesta a amenazas de gran escala y ralentizar la adopción de medidas colectivas para mitigar sus efectos.

Aunque la Agencia de la Unión Europea para la Ciberseguridad (ENISA) y el Grupo de Cooperación establecido en virtud de la Directiva (UE) 2022/2555 han trabajado para desarrollar bases comunes en materia de notificación y taxonomía, estas iniciativas no han logrado aún cubrir de manera uniforme a todas las entidades financieras. Para aquellas que no están plenamente integradas en el marco de NIS 2, persisten las divergencias en las normativas nacionales que regulan los incidentes relacionados con las TIC, lo que genera inconsistencias significativas. Esta situación puede entorpecer la creación de mecanismos centralizados a nivel de la Unión, que son esenciales para agilizar el proceso de notificación y permitir un intercambio rápido de información entre las autoridades competentes.

La falta de uniformidad también tiene implicaciones críticas para la respuesta a ciberataques de gran escala con posibles consecuencias sistémicas. En escenarios de ataques masivos, como los dirigidos a infraestructuras críticas financieras, la capacidad de las autoridades para compartir información en tiempo real y coordinar una respuesta conjunta resulta fundamental para mitigar el impacto. Sin embargo, las divergencias en los umbrales de notificación y las taxonomías pueden ralentizar el flujo de información, dificultar la identificación de patrones comunes en los ataques y comprometer la implementación de medidas preventivas o correctivas a nivel supranacional.

Desde una perspectiva operativa, estas dificultades subrayan la necesidad urgente de establecer criterios armonizados a nivel de la Unión para la notificación de incidentes y el uso de taxonomías. La estandarización de los umbrales garantizaría que los incidentes sean reportados bajo criterios uniformes, independientemente de la jurisdicción en la que ocurrieron, reduciendo las cargas administrativas y mejorando la coherencia en los datos reportados. Asimismo, el desarrollo de una taxonomía común facilitaría una mejor comprensión y comparación de los incidentes entre Estados miembros, promoviendo una respuesta más coordinada y eficiente.

En términos prácticos, la armonización permitiría a las entidades financieras implementar sistemas internos estandarizados para la gestión y notificación de incidentes, optimizando recursos y asegurando un cumplimiento normativo más efectivo. Para las autoridades competentes, un marco uniforme mejoraría la capacidad de supervisión, al facilitar el análisis de datos comparables y permitir la identificación de tendencias y patrones en los ciberataques. Además, crearía las condiciones necesarias para el establecimiento de plataformas centralizadas a nivel de la Unión que puedan gestionar la notificación y el intercambio de información en tiempo real, fortaleciendo la resiliencia del sistema financiero frente a ciberamenazas de gran escala.

Este desafío normativo también pone de relieve la importancia del trabajo conjunto entre la ENISA, las autoridades financieras y los Estados miembros para avanzar hacia la convergencia en los enfoques de notificación y taxonomía. Solo a través de una cooperación estrecha y continua se podrá garantizar que las entidades financieras, especialmente aquellas con operaciones transfronterizas, puedan operar en un entorno regulatorio más armonizado, seguro y eficiente frente a los riesgos relacionados con las TIC.

(23) ***A fin de reducir la carga administrativa y las obligaciones de notificación que podrían constituir una duplicación para determinadas entidades financieras, la obligación de notificar incidentes en virtud de la Directiva (UE) 2015/2366 del Parlamento Europeo y del Consejo debe dejar de aplicarse a los proveedores de servicios de pago que entran en el ámbito de aplicación del presente Reglamento. Por consiguiente, las entidades de crédito, las entidades de dinero electrónico, las entidades de pago y los proveedores de servicios de información sobre cuentas a que se refiere el artículo 33, apartado 1, de dicha Directiva deben notificar a partir de la fecha de aplicación del presente Reglamento, en virtud del presente Reglamento, todos los incidentes operativos o de seguridad relacionados con los pagos que se hayan notificado previamente en virtud de dicha Directiva, con independencia de que dichos incidentes estén o no relacionados con las TIC.***

El considerando establece un cambio significativo en el régimen de notificación de incidentes para determinados proveedores de servicios financieros, como las entidades de crédito, las entidades de dinero electrónico, las entidades de pago y los proveedores de servicios de información sobre cuentas, que hasta ahora estaban sujetos a la obligación de notificar incidentes operativos o de seguridad en virtud de la Directiva (UE) 2015/2366 (PSD2). Con la entrada en vigor del presente Reglamento, estas obligaciones de notificación se integran en el nuevo marco normativo, eliminando la duplicidad de reportes y reduciendo la carga administrativa para dichas entidades. Este cambio busca racionalizar el proceso de notificación y garantizar que todas las entidades financieras relevantes operen bajo un único régimen normativo para la gestión y comunicación de incidentes.

La supresión de la obligación de notificación en virtud de la Directiva PSD2 tiene un impacto directo sobre los proveedores de servicios de pago, que deberán notificar todos los incidentes operativos o de seguridad relacionados con los pagos exclusivamente en virtud del presente Reglamento. Este cambio tiene una repercusión práctica significativa al centralizar las obligaciones de notificación en un marco normativo unificado, que no solo cubre incidentes relacionados con las TIC, sino también aquellos de carácter operativo o de seguridad que puedan afectar a los servicios de pago. Esto permite un enfoque más coherente y amplio en la supervisión de incidentes, al tiempo que reduce el riesgo de solapamientos normativos que podrían generar confusión o cargas innecesarias para las entidades.

El nuevo enfoque normativo tiene como objetivo garantizar que las notificaciones de incidentes sean consistentes y se alineen con los requisitos específicos establecidos por el Reglamento, proporcionando a las autoridades competentes una visión más integral de los riesgos operativos y tecnológicos que enfrentan las entidades financieras. Para las entidades afectadas, esto supone la necesidad de revisar y actualizar sus procedimientos internos de notificación para garantizar que cumplen con los nuevos requisitos. En particular, deberán asegurar que todos los incidentes relevantes se clasifiquen, documenten y notifiquen de acuerdo con los estándares del Reglamento, lo que puede implicar la adaptación de sus sistemas tecnológicos, protocolos de comunicación y equipos responsables de la gestión de riesgos.

Desde una perspectiva operativa, esta unificación normativa también facilita la supervisión por parte de las autoridades competentes, que ahora recibirán notificaciones bajo un único marco regulador, eliminando la fragmentación de reportes y mejorando la capacidad de análisis y respuesta ante incidentes. Al concentrar la notificación de incidentes en el marco del Reglamento, las autoridades pueden obtener datos más uniformes y comparables, lo que les permite identificar patrones de riesgo, supervisar de manera más eficaz a las entidades y coordinar mejor las respuestas ante amenazas sistémicas o incidentes de gran escala. Además, el Reglamento, al cubrir tanto incidentes relacionados con las TIC como otros de carácter operativo o de seguridad, asegura un enfoque más integral para la resiliencia operativa de las entidades.

Sin embargo, la transición al nuevo marco regulador también plantea desafíos para las entidades financieras afectadas. En primer lugar, deben garantizar una transición fluida entre los regímenes normativos, asegurando que no se produzcan vacíos en la notificación de incidentes durante el período de adaptación. Esto requerirá una coordinación estrecha con las autoridades competentes para comprender plenamente las nuevas obligaciones y adaptar sus sistemas internos en consecuencia. Además, dado que el Reglamento establece requisitos más detallados y estrictos en relación con la gestión de riesgos relacionados con las TIC, las entidades tendrán que asegurarse de que sus capacidades operativas y tecnológicas estén alineadas con estos estándares más exigentes.

Por otra parte, el hecho de que el Reglamento abarque incidentes no relacionados directamente con las TIC, pero que afectan a los servicios de pago, amplía el alcance de supervisión, lo que obliga a las entidades a adoptar un enfoque más amplio y preventivo en la gestión de riesgos operativos y de seguridad. Esto incluye, por ejemplo, la implementación de controles internos robustos para detectar y mitigar fallos operativos, así como la capacitación del personal en la gestión de incidentes y la mejora de la infraestructura tecnológica para garantizar la continuidad de los servicios de pago.

En lo que respecta a los proveedores de servicios de información sobre cuentas, su inclusión en el marco del Reglamento refleja la creciente importancia de estos actores en el ecosistema de pagos digitales y la necesidad de garantizar que estén sujetos a los mismos estándares de resiliencia operativa que otras entidades financieras clave. Esto es especialmente relevante dado el rol de estos proveedores en la agregación y el procesamiento de datos financieros sensibles, lo que los convierte en objetivos potenciales de ciberataques o fallos operativos que podrían tener repercusiones significativas para los consumidores y la estabilidad del sistema financiero.

Finalmente, al consolidar las obligaciones de notificación en un único marco normativo, el Reglamento contribuye a una mayor coherencia entre los Estados miembros, reduciendo las disparidades normativas nacionales que podían surgir bajo la aplicación de la Directiva PSD2. Esto beneficia particularmente a las entidades con operaciones transfronterizas, que ahora pueden operar bajo un conjunto uniforme de reglas, facilitando la estandarización de sus procesos internos y reduciendo la complejidad de cumplimiento en múltiples jurisdicciones.

(24) ***Para que las autoridades competentes puedan desempeñar funciones de control obteniendo una perspectiva completa de la naturaleza, frecuencia, importancia y repercusiones de los incidentes relacionados con las TIC y a fin de mejorar el intercambio de información entre las autoridades públicas pertinentes, incluidas las autoridades policiales y las autoridades de resolución, el presente Reglamento debe establecer un régimen de notificación de incidentes relacionados con las TIC que sea sólido y cuyos requisitos pertinentes colmen las lagunas que actualmente existen en el Derecho en materia de servicios financieros y eliminen los solapamientos y duplicaciones existentes para reducir los costes. Es esencial armonizar el régimen de notificación de incidentes relacionados con las TIC exigiendo a todas las entidades financieras que informen a sus autoridades competentes a través del marco simplificado único que se establece en el presente Reglamento. Además, las Autoridades Europeas de Supervisión deben estar facultadas para especificar en mayor medida los elementos pertinentes para el marco de notificación de incidentes relacionados con las TIC, como la taxonomía, los plazos, los conjuntos de datos, las plantillas y los umbrales aplicables. Para garantizar la plena coherencia con la Directiva (UE) 2022/2555, las entidades financieras deben poder notificar, de manera voluntaria, ciberamenazas importantes a la autoridad competente pertinente cuando consideren que la ciberamenaza es relevante para el sistema financiero, los usuarios del servicio o los clientes.***

El considerando establece un régimen robusto y armonizado de notificación de incidentes relacionados con las TIC, con el objetivo de que las autoridades competentes puedan obtener una visión completa de la naturaleza, frecuencia, importancia y repercusiones de dichos incidentes, así como mejorar la coordinación y el intercambio de información entre autoridades públicas, incluidas las policiales y de resolución. Este marco pretende abordar las lagunas existentes en el Derecho aplicable a los servicios financieros, eliminando redundancias y duplicaciones normativas que actualmente incrementan los costos de cumplimiento para las entidades financieras. La creación de un régimen único de notificación es un paso esencial para consolidar la gestión de riesgos relacionados con las TIC y fortalecer la capacidad de respuesta del sector financiero frente a ciber incidentes.

El marco establecido en el Reglamento determina que todas las entidades financieras informen a sus autoridades competentes a través de un sistema simplificado y unificado. Esta obligación elimina la fragmentación normativa que existía previamente, donde diferentes Estados miembros aplicaban distintos umbrales, taxonomías y plazos para la notificación de incidentes, lo que resultaba en una carga administrativa desproporcionada para las entidades, especialmente aquellas con operaciones transfronterizas. Al centralizar y armonizar este proceso, las entidades financieras ahora cuentan con un procedimiento claro y uniforme que reduce la complejidad y facilita el cumplimiento normativo.

El papel de las Autoridades Europeas de Supervisión (EBA, ESMA y EIOPA) es clave en este régimen de notificación, ya que tienen la facultad de especificar elementos fundamentales del marco, como las taxonomías para clasificar los incidentes, los plazos para realizar las notificaciones, los conjuntos de datos que deben ser incluidos, las plantillas para estructurar la información y los umbrales que determinan la obligación de reportar un incidente. Estas especificaciones son esenciales para garantizar que el proceso de notificación sea consistente y comparable entre las distintas jurisdicciones y tipos de entidades financieras. La intervención de las Autoridades Europeas de Supervisión también asegura que las autoridades nacionales competentes apliquen un enfoque uniforme en la evaluación y gestión de los incidentes reportados, mejorando la coherencia y eficacia de la supervisión en toda la Unión Europea.

También se introduce una disposición voluntaria que permite a las entidades financieras notificar ciberamenazas importantes a las autoridades competentes cuando consideren que estas tienen relevancia para el sistema financiero, los usuarios o los clientes. Esta medida refleja un enfoque proactivo para abordar riesgos emergentes que, aunque no se hayan materializado como incidentes, podrían representar una amenaza significativa para la estabilidad financiera o la seguridad de los servicios. Este mecanismo voluntario complementa el régimen obligatorio y fomenta una mayor colaboración y transparencia entre las entidades financieras y las autoridades, fortaleciendo la capacidad colectiva para anticipar y mitigar riesgos tecnológicos. También permite que las autoridades recopilen información valiosa sobre posibles amenazas en evolución, lo que es determinante para adoptar medidas preventivas o coordinar respuestas a nivel supranacional.

Desde una perspectiva práctica, la implementación de este régimen unificado de notificación requiere que las entidades financieras revisen y adapten sus procedimientos internos para garantizar el cumplimiento de los nuevos requisitos. Esto incluye la configuración de sistemas de monitorización capaces de detectar, clasificar y reportar incidentes relacionados con las TIC de manera eficiente y dentro de los plazos establecidos. Las entidades también deberán formar a su personal en el uso de las plantillas y conjuntos de datos requeridos, asegurando que las notificaciones se presenten de manera precisa y completa. La centralización de las notificaciones bajo un marco unificado también puede implicar la actualización de las infraestructuras tecnológicas y la asignación de recursos adicionales para gestionar el proceso.

Para las autoridades competentes, este régimen armonizado mejora significativamente su capacidad para supervisar los riesgos relacionados con las TIC en el sector financiero. La estandarización de los datos reportados y los procedimientos de notificación facilita el análisis de tendencias, la identificación de patrones de ataque y la evaluación del impacto acumulativo de los incidentes reportados. Además, el intercambio de información entre las autoridades nacionales y las instituciones europeas permite una respuesta más coordinada y eficiente frente a incidentes de gran escala o ciberamenazas sistémicas, reduciendo los riesgos de contagio en el sistema financiero.

La coherencia con la Directiva (UE) 2022/2555 también es fundamental, ya que garantiza que las disposiciones del Reglamento se alineen con los principios generales de ciberseguridad aplicables a otros sectores críticos. Esta alineación no solo evita duplicidades normativas, sino que también facilita la interoperabilidad y el intercambio de información entre las autoridades financieras y las de otros sectores regulados por la Directiva NIS 2. Dado que las ciberamenazas suelen ser transversales y afectar a múltiples sectores, esta coherencia normativa es clave para garantizar una protección integrada y efectiva de las infraestructuras críticas de la Unión Europea.

En conjunto, este marco fortalece la resiliencia operativa del sector financiero al proporcionar a las autoridades una visión más completa y estructurada de los riesgos relacionados con las TIC, al tiempo que reduce las cargas administrativas y mejora la capacidad de respuesta frente a amenazas tecnológicas en constante evolución. Además, la disposición voluntaria de notificar ciberamenazas importantes fomenta un enfoque preventivo y colaborativo, lo que es esencial en un entorno digital interconectado y altamente dinámico.

(25) ***Los requisitos de las pruebas de resiliencia operativa digital se han desarrollado en determinados subsectores financieros y establecen marcos que no siempre están plenamente armonizados. Esto da lugar a una posible duplicación de costes para las entidades financieras transfronterizas y hace que el reconocimiento mutuo de los resultados de las pruebas de resiliencia operativa digital sea complejo, lo que, a su vez, puede fragmentar el mercado interior.***

El considerando identifica una problemática central relacionada con los requisitos de las pruebas de resiliencia operativa digital en el sector financiero, señalando que los marcos aplicables a ciertos subsectores financieros no están plenamente armonizados. Esta falta de armonización genera consecuencias significativas para las entidades financieras, especialmente aquellas que operan de manera transfronteriza, al imponerles costos adicionales y dificultar el reconocimiento mutuo de los resultados de dichas pruebas entre los distintos Estados miembros. La ausencia de un enfoque uniforme no solo aumenta la carga administrativa y operativa de las entidades, sino que también tiene el potencial de fragmentar el mercado interior al establecer barreras normativas y operativas para la integración financiera en la Unión Europea.

Las pruebas de resiliencia operativa digital son una herramienta esencial para garantizar que las entidades financieras sean capaces de resistir, recuperarse y adaptarse frente a ciber incidentes y otras perturbaciones relacionadas con las TIC. Estas pruebas evalúan la capacidad de las entidades para detectar vulnerabilidades, gestionar incidentes y asegurar la continuidad de los servicios críticos, aspectos fundamentales para preservar la confianza de los consumidores y la estabilidad del sistema financiero. Sin embargo, la falta de armonización en los marcos aplicables a estas pruebas significa que las entidades financieras que operan en múltiples jurisdicciones pueden estar sujetas a requisitos duplicados, inconsistentes o contradictorios.

Desde una perspectiva práctica, esta fragmentación normativa obliga a las entidades transfronterizas a realizar pruebas de resiliencia operativa digital en diferentes Estados miembros bajo marcos regulatorios y metodologías que no siempre son compatibles. Esto no solo incrementa los costos operativos, sino que también dificulta la gestión de riesgos a nivel corporativo, ya que los resultados de las pruebas no siempre pueden ser comparados ni utilizados de manera uniforme en todas las jurisdicciones donde opera la entidad. Además, la duplicación de esfuerzos puede desviar recursos que podrían destinarse a fortalecer las capacidades internas de resiliencia o a implementar medidas preventivas basadas en los resultados de dichas pruebas.

El reconocimiento mutuo de los resultados de las pruebas de resiliencia operativa digital es un desafío particular en este contexto. La ausencia de estándares armonizados significa que las autoridades competentes de un Estado miembro pueden no aceptar o considerar válidos los resultados obtenidos en otro Estado miembro, incluso cuando ambos evalúan los mismos riesgos operativos. Esto crea un obstáculo para las entidades financieras, que deben demostrar su resiliencia operativa digital varias veces bajo distintos criterios regulatorios, generando redundancias innecesarias. Asimismo, esta falta de reconocimiento mutuo puede socavar la confianza entre las autoridades competentes, dificultando la coordinación y la supervisión conjunta de los riesgos transfronterizos.

La fragmentación también tiene implicaciones para el mercado interior, ya que crea un entorno regulatorio desigual que puede desincentivar a las entidades financieras a expandir sus operaciones transfronterizas debido al aumento de los costos de cumplimiento. Esto contradice el objetivo de integración del mercado financiero europeo y puede limitar la competitividad de las entidades financieras europeas en comparación con aquellas de otras jurisdicciones internacionales, donde los marcos regulatorios son más uniformes y menos onerosos en términos de costos administrativos.

Una posible solución para abordar estas deficiencias sería la armonización de los requisitos aplicables a las pruebas de resiliencia operativa digital a nivel de la Unión Europea. La introducción de un marco común, con estándares mínimos y metodologías reconocidas por todas las autoridades competentes, facilitaría el reconocimiento mutuo de los resultados y reduciría significativamente los costos asociados para las entidades financieras. Esto permitiría a las entidades transfronterizas realizar pruebas únicas que sean aceptadas en todas las jurisdicciones donde operan, optimizando recursos y aumentando la coherencia en la gestión de riesgos. Además, un marco armonizado fomentaría una supervisión más eficiente y colaborativa entre las autoridades nacionales, reforzando la estabilidad del sistema financiero europeo frente a riesgos tecnológicos.

La implementación de un marco armonizado también mejoraría la calidad y comparabilidad de los resultados de las pruebas, proporcionando a las autoridades competentes una visión más clara y consistente de las vulnerabilidades y fortalezas de las entidades supervisadas. Esto facilitaría la identificación de riesgos sistémicos comunes y la adopción de medidas preventivas a nivel supranacional. Asimismo, la armonización reforzaría la confianza de los consumidores y los inversores en la capacidad del sector financiero europeo para gestionar los riesgos relacionados con las TIC de manera eficaz y coordinada.

Por último, este enfoque armonizado también beneficiaría a las entidades financieras de menor tamaño o complejidad operativa, que actualmente pueden enfrentarse a requisitos desproporcionados en ciertos Estados miembros. La adopción de un marco único y proporcional garantizaría que todas las entidades cumplan con un nivel básico de resiliencia operativa digital sin imponerles cargas regulatorias innecesarias, permitiéndoles competir en igualdad de condiciones dentro del mercado interior.

(26) ***Además, cuando no se requieren pruebas de TIC, las vulnerabilidades no se detectan y acaban exponiendo a la entidad financiera al riesgo relacionado con las TIC y, en última instancia, engendran un riesgo mayor para la estabilidad y la integridad del sector financiero. Sin la intervención de la Unión, las pruebas de resiliencia operativa digital seguirían siendo incoherentes y carecerían de un sistema de reconocimiento mutuo de los resultados de las pruebas de TIC en diferentes países y territorios. Asimismo, dado que es poco probable que otros subsectores financieros adopten sistemas de pruebas a una escala significativa, desaprovecharían las ventajas potenciales de un marco de pruebas en cuanto a la revelación de vulnerabilidades y riesgos relacionados con las TIC y la prueba de las capacidades de defensa y la continuidad de la actividad, el cual contribuye a aumentar la confianza de los clientes, los proveedores y los socios comerciales. Para poner remedio a esos solapamientos, divergencias y lagunas, es necesario establecer normas con el fin de coordinar el régimen de pruebas y facilitar así el reconocimiento mutuo de pruebas avanzadas para las entidades financieras que cumplen los criterios establecidos en el presente Reglamento.***

El considerando aborda la importancia de implementar un régimen coordinado de pruebas de resiliencia operativa digital en el sector financiero, destacando las consecuencias negativas de la ausencia de dichas pruebas, como la falta de detección de vulnerabilidades críticas que podrían exponer a las entidades financieras a riesgos tecnológicos significativos. Este déficit no solo afecta la seguridad y continuidad operativa de las entidades individuales, sino que también tiene el potencial de comprometer la estabilidad y la integridad del sector financiero en su conjunto, especialmente en un entorno interconectado y digitalizado como el actual.

Cuando no se llevan a cabo pruebas de TIC, las entidades financieras pierden la oportunidad de identificar fallos en sus sistemas y procesos que podrían ser explotados por ciberataques, fallos tecnológicos o errores humanos. La falta de detección de estas vulnerabilidades genera un entorno de riesgo acumulativo, donde pequeñas debilidades en los sistemas pueden escalar rápidamente y provocar interrupciones graves, tanto a nivel interno como en el sistema financiero más amplio. Estas vulnerabilidades no detectadas pueden dar lugar a pérdidas financieras, interrupciones en servicios críticos, deterioro de la confianza del mercado y, en casos extremos, riesgos sistémicos que afecten la estabilidad del sector financiero de la Unión Europea.

El considerando señala asimismo que, sin la intervención normativa a nivel de la Unión, las pruebas de resiliencia operativa digital seguirían siendo incoherentes, fragmentadas y sin un sistema de reconocimiento mutuo de los resultados entre Estados miembros. Esta falta de coordinación genera importantes repercusiones prácticas para las entidades financieras, especialmente aquellas con operaciones transfronterizas. Al no existir un marco uniforme, las entidades están sujetas a diferentes estándares y metodologías en función de las jurisdicciones donde operan, lo que no solo aumenta los costos y la carga administrativa, sino que también dificulta la integración efectiva del mercado interior. Además, la falta de reconocimiento mutuo de los resultados de las pruebas significa que una entidad puede verse obligada a repetir evaluaciones similares en distintos países, duplicando esfuerzos y desperdiciando recursos que podrían destinarse a la implementación de medidas correctivas.

Otra preocupación relevante es que, en ausencia de un marco armonizado, ciertos subsectores financieros podrían no adoptar sistemas de pruebas en una escala significativa. Esto sería una oportunidad perdida para revelar vulnerabilidades específicas de cada subsector y evaluar las capacidades de defensa frente a ciberamenazas o interrupciones operativas. Las pruebas de resiliencia operativa digital no solo permiten identificar debilidades, sino que también sirven para validar las estrategias de continuidad del negocio, medir la capacidad de respuesta ante incidentes y garantizar que las entidades puedan recuperarse rápidamente de perturbaciones imprevistas. Sin un marco común, muchos subsectores financieros seguirían operando con estándares dispares y carecerían de incentivos claros para realizar pruebas avanzadas de sus sistemas tecnológicos.

El establecimiento de normas coordinadas, como se propone en el considerando, permitiría superar estos problemas al facilitar el reconocimiento mutuo de los resultados de pruebas avanzadas y establecer un nivel básico de cumplimiento uniforme para todas las entidades financieras. Un marco común para las pruebas de TIC aseguraría que todas las entidades financieras, independientemente del subsector o la jurisdicción en la que operen, estén sujetas a un estándar mínimo de evaluación de su resiliencia operativa digital. Esto no solo reduciría la fragmentación normativa, sino que también mejoraría la eficiencia operativa de las entidades al eliminar la necesidad de duplicar pruebas y cumplir con múltiples regulaciones nacionales.

El reconocimiento mutuo de los resultados de las pruebas avanzadas es particularmente determinante para fomentar la confianza entre las autoridades de supervisión y las entidades financieras. Este sistema garantizaría que los resultados obtenidos en una jurisdicción sean aceptados en otras, eliminando redundancias y promoviendo una mayor cooperación transfronteriza. Además, facilitaría una supervisión más coherente y coordinada por parte de las autoridades competentes, permitiéndoles identificar patrones de riesgo comunes y coordinar respuestas colectivas frente a amenazas sistémicas.

Desde una perspectiva más amplia, el marco de pruebas armonizado también beneficiaría a las entidades financieras al mejorar su reputación y la confianza de los clientes, proveedores y socios comerciales. Las pruebas avanzadas de resiliencia operativa digital demuestran que las entidades están comprometidas con la seguridad de sus sistemas y la continuidad de sus operaciones, lo que refuerza la confianza en su capacidad para gestionar riesgos tecnológicos de manera eficaz. Este compromiso también contribuye a fortalecer la confianza general en el sistema financiero, un elemento clave para garantizar su estabilidad y sostenibilidad a largo plazo.

Por último, las normas propuestas también incentivarán a los subsectores financieros más rezagados a adoptar prácticas de pruebas avanzadas, promoviendo un enfoque más proactivo en la gestión de riesgos relacionados con las TIC. Esto no solo elevará el nivel general de resiliencia operativa digital en la Unión Europea, sino que también garantizará una mayor protección frente a ciberamenazas y otros riesgos tecnológicos, reduciendo la exposición del sistema financiero a interrupciones críticas y mejorando la capacidad colectiva para enfrentar incidentes de gran escala.

(27) ***La dependencia del uso de servicios de TIC por parte de las entidades financieras se debe en parte a su necesidad de adaptarse a una economía mundial digital competitiva emergente, de aumentar su eficiencia empresarial y de satisfacer la demanda de los consumidores. La naturaleza y el alcance de dicha dependencia han estado en constante evolución en los últimos años, haciendo bajar los costes de la intermediación financiera, permitiendo expandirse a las empresas y ampliar las actividades financieras, y ofreciendo al mismo tiempo una amplia gama de herramientas de TIC para gestionar procesos internos complejos.***

El considerando analiza la creciente dependencia de las entidades financieras respecto a los servicios de TIC, vinculándola a la necesidad de adaptarse a una economía digital global competitiva, mejorar la eficiencia empresarial y responder a las demandas de los consumidores. Este fenómeno refleja una transformación estructural en el sector financiero, donde las tecnologías de la información y la comunicación no solo facilitan la prestación de servicios tradicionales, sino que también impulsan la innovación y el desarrollo de nuevos productos y modelos de negocio.

La dependencia de los servicios de TIC ha generado múltiples beneficios para las entidades financieras. Por un lado, ha contribuido a reducir los costos de la intermediación financiera al automatizar procesos, agilizar transacciones y eliminar barreras físicas. Esto se traduce en menores costos operativos y en la posibilidad de ofrecer servicios financieros más accesibles y asequibles a un público más amplio. Por ejemplo, los sistemas de pagos digitales, los servicios de banca en línea y las plataformas de inversión automatizadas son algunos de los avances tecnológicos que han transformado la relación entre las entidades financieras y sus clientes, permitiendo un acceso más rápido y eficiente a productos y servicios.

Por otro lado, el uso intensivo de las TIC ha permitido a las entidades financieras expandirse más allá de sus mercados tradicionales y diversificar sus actividades. Las herramientas tecnológicas han facilitado la gestión de procesos internos complejos, como el análisis de datos a gran escala, la personalización de servicios basada en inteligencia artificial y la integración de sistemas de gestión del riesgo. Estas capacidades han ayudado a las entidades a mejorar su toma de decisiones, aumentar su competitividad y responder de manera más ágil a las dinámicas cambiantes del mercado global.

Sin embargo, esta creciente dependencia de los servicios de TIC también ha introducido nuevos desafíos y riesgos. En particular, la digitalización ha incrementado la exposición de las entidades financieras a riesgos tecnológicos, como ciberataques, fallos en sistemas críticos, vulnerabilidades en la infraestructura tecnológica y problemas relacionados con la externalización de servicios esenciales a proveedores terceros. La interrupción de los servicios de TIC puede tener consecuencias graves, no solo para las operaciones de las entidades individuales, sino también para la estabilidad del sistema financiero en su conjunto, especialmente en un entorno altamente interconectado. Por ejemplo, un fallo en un proveedor de servicios en la nube podría afectar simultáneamente a múltiples entidades financieras, generando un impacto sistémico.

Además, la integración de las TIC en los procesos internos de las entidades ha planteado desafíos de gobernanza, ya que la gestión de estos riesgos requiere una planificación estratégica, inversiones significativas en ciberseguridad y una supervisión constante por parte de los órganos de gobierno. La creciente complejidad de los sistemas tecnológicos y su interdependencia con las operaciones empresariales dificultan la identificación, evaluación y mitigación de riesgos, lo que obliga a las entidades financieras a desarrollar marcos de gestión del riesgo relacionados con las TIC robustos y adaptables. Asimismo, deben cumplir con un número creciente de requisitos regulatorios en materia de seguridad tecnológica y resiliencia operativa digital, lo que incrementa las cargas de cumplimiento.

Desde la perspectiva de los consumidores, el uso intensivo de las TIC por parte de las entidades financieras ha elevado las expectativas respecto a la calidad, velocidad y personalización de los servicios financieros. Los clientes exigen plataformas seguras, intuitivas y siempre disponibles que les permitan realizar operaciones financieras de manera eficiente. Sin embargo, la dependencia de las TIC también plantea riesgos para los consumidores, como la exposición a fraudes, pérdida de datos personales y problemas de accesibilidad en caso de interrupciones tecnológicas. Por ello, las entidades financieras deben equilibrar la innovación tecnológica con la protección de los derechos y los intereses de los consumidores, asegurando que sus sistemas cumplan con altos estándares de seguridad y privacidad.

El impacto de esta dependencia también se extiende al ámbito regulatorio. Las autoridades competentes deben abordar los riesgos asociados con la digitalización del sector financiero mediante la implementación de marcos normativos que garanticen la resiliencia operativa de las entidades y la protección de los usuarios. Esto incluye requisitos específicos relacionados con la gestión de riesgos tecnológicos, la realización de pruebas de resiliencia operativa digital y la supervisión de los proveedores de servicios tecnológicos críticos. Además, las autoridades deben fomentar la cooperación internacional para abordar los riesgos transfronterizos asociados a la globalización de las TIC, asegurando que las entidades financieras puedan operar en un entorno seguro y competitivo.

En última instancia, se refleja cómo la dependencia de las TIC ha transformado el sector financiero, impulsando tanto oportunidades como desafíos. Si bien las tecnologías han permitido reducir costos, expandir actividades y mejorar la eficiencia operativa, también han incrementado la vulnerabilidad de las entidades financieras frente a riesgos tecnológicos. Esto exige que las entidades, los reguladores y los consumidores adopten un enfoque equilibrado y colaborativo para garantizar que los beneficios de la digitalización se materialicen sin comprometer la estabilidad financiera, la seguridad de los sistemas ni la confianza del público en los servicios financieros.

(28) ***Ese amplio uso de los servicios de TIC se pone de manifiesto en acuerdos contractuales complejos, reflejo de las dificultades que a menudo encuentran las entidades financieras a la hora de negociar condiciones contractuales adaptadas a las normas prudenciales u otros requisitos reglamentarios a los que están sujetas, o a la hora de hacer valer derechos específicos, como los derechos de acceso o auditoría, aun cuando estos últimos estén consagrados en sus acuerdos contractuales. Además, muchos de dichos acuerdos contractuales no ofrecen suficientes salvaguardias que permitan el seguimiento completo de los procesos de subcontratación, privando así a la entidad financiera de su capacidad para evaluar los riesgos asociados. Por otra parte, dado que los proveedores terceros de servicios de TIC a menudo prestan servicios estándar a distintos tipos de clientes, tales acuerdos contractuales no siempre satisfacen adecuadamente las necesidades particulares o específicas de los agentes del sector financiero.***

El considerando expone un problema crítico relacionado con la creciente dependencia de las entidades financieras de los servicios de TIC: la complejidad y, en muchos casos, la insuficiencia de los acuerdos contractuales celebrados con proveedores terceros de estos servicios. Estos acuerdos son reflejo de las dificultades que enfrentan las entidades financieras para negociar condiciones contractuales que se alineen con las exigencias prudenciales y los requisitos regulatorios específicos del sector financiero. Esta problemática tiene implicaciones significativas tanto en la gestión de riesgos tecnológicos como en el cumplimiento normativo, impactando directamente la resiliencia operativa y la estabilidad del sector financiero.

Uno de los puntos clave es la dificultad de las entidades financieras para hacer valer derechos contractuales esenciales, como los derechos de acceso y auditoría. Estos derechos, aunque suelen estar formalmente estipulados en los acuerdos, no siempre son ejecutables en la práctica, lo que limita la capacidad de las entidades para supervisar adecuadamente los servicios prestados por los proveedores. El derecho de acceso, por ejemplo, permite a las entidades verificar el cumplimiento de los estándares de seguridad y normativos por parte de los proveedores, mientras que el derecho de auditoría les permite evaluar y mitigar riesgos asociados a los servicios externalizados. Sin estas herramientas, las entidades carecen de visibilidad sobre las operaciones de sus proveedores, lo que aumenta su exposición a riesgos no identificados o no controlados.

Además, se destaca que muchos de estos acuerdos no proporcionan salvaguardias adecuadas para un seguimiento completo de los procesos de subcontratación. Esto es particularmente problemático en un contexto donde los proveedores de servicios de TIC a menudo externalizan partes de sus operaciones a terceros, generando cadenas de subcontratación que pueden ser opacas para la entidad financiera contratante. La falta de transparencia en estos procesos dificulta que las entidades identifiquen y evalúen los riesgos asociados, lo que puede derivar en vulnerabilidades significativas. Por ejemplo, un fallo o una brecha de seguridad en un subcontratista desconocido puede tener consecuencias graves para la entidad financiera, afectando su capacidad operativa, la protección de datos sensibles y, en última instancia, su reputación.

Otra cuestión relevante es que los proveedores de TIC suelen ofrecer servicios estándar diseñados para una base amplia de clientes de distintos sectores, lo que significa que sus acuerdos contractuales no siempre satisfacen las necesidades particulares de las entidades financieras. Este desajuste entre los servicios contratados y los requisitos específicos del sector financiero se traduce en una falta de flexibilidad para abordar riesgos únicos, como el cumplimiento con normativas estrictas de seguridad, protección de datos y continuidad operativa. Por ejemplo, una entidad financiera puede necesitar garantías específicas sobre la ubicación de los datos o protocolos avanzados de respuesta ante incidentes, requerimientos que no siempre están contemplados en los servicios estándar ofrecidos por los proveedores.

Desde una perspectiva práctica, estas deficiencias contractuales tienen importantes repercusiones para las entidades financieras. En primer lugar, limitan su capacidad para cumplir con los requisitos regulatorios aplicables, como los establecidos en normativas relacionadas con la resiliencia operativa digital o la gestión de riesgos de terceros. Las entidades financieras están obligadas a garantizar que los servicios externalizados no comprometan su seguridad operativa ni su cumplimiento normativo, pero esta responsabilidad se ve dificultada por la incapacidad de exigir y verificar adecuadamente las condiciones pactadas en los contratos. Esto puede dar lugar a sanciones regulatorias, pérdida de confianza de los consumidores o incluso a fallos sistémicos si las vulnerabilidades no se gestionan adecuadamente.

Por otra parte, estas dificultades incrementan los riesgos operativos de las entidades, especialmente en un entorno financiero cada vez más dependiente de los servicios tecnológicos críticos. La incapacidad de supervisar y controlar los servicios externalizados puede dar lugar a interrupciones operativas, brechas de seguridad y otros incidentes que afecten la continuidad del negocio. Además, en caso de que un proveedor no cumpla con sus obligaciones contractuales o que un incidente afecte a un subcontratista, la entidad financiera puede enfrentar retos significativos para recuperar el control de sus operaciones o mitigar el impacto del incidente.

Para los proveedores de servicios de TIC, este desajuste contractual también tiene implicaciones. A medida que los reguladores financieros exigen mayores estándares de resiliencia operativa, los proveedores se enfrentan a la presión de adaptar sus servicios y acuerdos para cumplir con las expectativas específicas del sector financiero. Esto podría requerir ajustes en sus modelos operativos, como el desarrollo de servicios más personalizados, la mejora de las garantías contractuales y el fortalecimiento de las políticas de subcontratación. Además, los proveedores que no se adapten a estas demandas podrían perder competitividad frente a aquellos que ofrezcan soluciones mejor alineadas con los requisitos del sector financiero.

En cuanto a las autoridades competentes, estas deben desempeñar un papel activo en el establecimiento de marcos regulatorios que mitiguen estas deficiencias contractuales. Esto incluye exigir a las entidades financieras que realicen una debida diligencia exhaustiva antes de contratar servicios de TIC, garantizando que los acuerdos incluyan derechos de acceso y auditoría efectivos, así como salvaguardias para supervisar los procesos de subcontratación. Asimismo, las autoridades pueden promover estándares mínimos para los acuerdos contractuales en el sector financiero, facilitando un entorno más transparente y coherente que mejore la supervisión de los servicios externalizados.

En última instancia, la relación contractual entre las entidades financieras y los proveedores de servicios de TIC debe evolucionar para reflejar las exigencias del entorno regulatorio y operativo actual. Esto incluye no solo garantizar el cumplimiento normativo, sino también fortalecer la resiliencia operativa de las entidades frente a los riesgos tecnológicos y de subcontratación, asegurando que puedan operar de manera segura y eficiente en un entorno digital cada vez más complejo.

(29) ***Aunque el Derecho de la Unión en materia de servicios financieros contiene determinadas normas generales sobre externalización, el seguimiento de la dimensión contractual no está plenamente establecido en el Derecho de la Unión. A falta de normas claras y específicas de la Unión aplicables a los acuerdos contractuales celebrados con los proveedores terceros de servicios de TIC, no se aborda de manera global la fuente externa de riesgo relacionado con las TIC. Por consiguiente, es necesario establecer determinados principios clave para orientar la gestión por parte de las entidades financieras del riesgo relacionado con las TIC derivado de terceros, que son de especial importancia cuando las entidades financieras recurren a proveedores terceros de servicios de TIC para sustentar funciones esenciales o importantes. Dichos principios deben ir acompañados de un conjunto de derechos contractuales básicos en relación con varios elementos de la ejecución y terminación de acuerdos contractuales, con vistas a ofrecer determinadas salvaguardias mínimas con el fin de reforzar la capacidad de las entidades financieras de hacer efectivamente un seguimiento de todos los riesgos relacionados con las TIC que surjan en el nivel de los proveedores terceros de servicios. Dichos principios son complementarios al Derecho sectorial aplicable a la externalización.***

El considerando señala una carencia en el marco normativo de la Unión Europea en materia de servicios financieros: la falta de regulación clara y específica que aborde de manera integral la dimensión contractual en los acuerdos celebrados entre las entidades financieras y los proveedores terceros de servicios de TIC. Aunque el Derecho de la Unión contiene normas generales sobre externalización, estas no son suficientes para gestionar adecuadamente los riesgos tecnológicos externos que surgen de estos acuerdos, especialmente cuando los servicios subcontratados son críticos para las funciones esenciales o importantes de las entidades financieras. Esto genera un vacío normativo que incrementa la exposición de las entidades a riesgos relacionados con las TIC y subraya la necesidad de establecer principios clave y derechos contractuales básicos que permitan una gestión más robusta de estos riesgos.

El recurso a proveedores terceros de servicios de TIC ha crecido de manera exponencial debido a la digitalización del sector financiero y a la creciente dependencia de las tecnologías de la información. Sin embargo, esta tendencia ha generado un conjunto de riesgos asociados a la externalización, como la falta de control directo sobre los sistemas y procesos críticos, la dependencia de proveedores que no siempre cumplen con los mismos estándares normativos y la vulnerabilidad a interrupciones o fallos en las cadenas de subcontratación. En este contexto, la falta de normas claras y específicas para regular los acuerdos contractuales con proveedores de TIC dificulta que las entidades financieras puedan mitigar de manera eficaz estos riesgos, comprometiendo su resiliencia operativa y su capacidad para cumplir con las obligaciones regulatorias.

El considerando propone la introducción de principios clave que sirvan como guía para la gestión del riesgo relacionado con las TIC derivado de terceros. Estos principios serían fundamentales para garantizar que las entidades financieras puedan identificar, evaluar y mitigar los riesgos asociados a los proveedores externos, en particular cuando estos servicios sustentan funciones esenciales o importantes. En la práctica, estos principios deberían incluir elementos como la obligación de realizar una debida diligencia previa exhaustiva, la identificación de los riesgos inherentes a la relación contractual y la implementación de mecanismos de monitoreo continuo que permitan evaluar el desempeño del proveedor y su capacidad para cumplir con los estándares requeridos.

Asimismo, el considerando aboga por la introducción de un conjunto de derechos contractuales básicos para fortalecer las salvaguardias que protegen a las entidades financieras en sus relaciones con los proveedores de servicios de TIC. Estos derechos deben abordar aspectos fundamentales de la ejecución y la terminación de los acuerdos contractuales, con el objetivo de garantizar que las entidades puedan gestionar adecuadamente los riesgos que surjan durante toda la vigencia del contrato. Entre estos derechos destacan el acceso a la información relevante sobre los servicios prestados, la capacidad de realizar auditorías regulares para verificar el cumplimiento de los estándares acordados, el derecho a rescindir el contrato en caso de incumplimientos graves y la exigencia de planes claros de salida o transición para minimizar el impacto de la terminación del acuerdo.

Estas disposiciones contractuales básicas son especialmente importantes en el caso de proveedores terceros que gestionan funciones esenciales o importantes para las entidades financieras, como sistemas de pagos, gestión de datos sensibles o servicios en la nube. Sin estas salvaguardias, las entidades pueden enfrentarse a escenarios en los que no tienen control suficiente sobre procesos críticos, lo que las deja expuestas a interrupciones operativas, brechas de seguridad o fallos de cumplimiento normativo. Por ejemplo, en situaciones en las que un proveedor no proporciona información transparente sobre su desempeño o subcontrata servicios a terceros sin el conocimiento de la entidad financiera, esta última puede quedar en una posición de vulnerabilidad que comprometa tanto su operativa como la protección de los datos de sus clientes.

El enfoque propuesto también incluye la complementariedad de estos principios y derechos contractuales básicos con el Derecho sectorial aplicable a la externalización. Esto significa que, aunque ya existen marcos regulatorios sectoriales, como los relacionados con la supervisión prudencial y la gestión del riesgo operativo, los principios propuestos reforzarían y detallarían las obligaciones específicas relacionadas con la externalización de servicios de TIC. De esta manera, se lograría un marco regulatorio más coherente y completo que permita a las entidades financieras gestionar eficazmente los riesgos derivados de las TIC, al tiempo que se alinea con las disposiciones regulatorias existentes.

Desde una perspectiva práctica, la implementación de estos principios y derechos contractuales básicos tendría varias repercusiones para las entidades financieras, los proveedores terceros y las autoridades competentes. Las entidades financieras tendrían que revisar y adaptar sus procesos de selección y gestión de proveedores, asegurándose de incluir cláusulas contractuales que reflejen las nuevas salvaguardias mínimas. Esto podría implicar una renegociación de acuerdos existentes o una mayor atención a la fase de negociación inicial para garantizar que los contratos incluyan disposiciones claras sobre auditorías, accesibilidad a la información y planes de contingencia. Además, las entidades deberían reforzar sus capacidades internas para monitorear de manera continua el cumplimiento por parte de los proveedores y responder rápidamente a cualquier desviación o incidente.

Para los proveedores de servicios de TIC, estas disposiciones podrían representar un aumento en las exigencias de cumplimiento y transparencia, obligándolos a adaptar sus modelos operativos para satisfacer las expectativas específicas del sector financiero. Esto podría incluir la implementación de sistemas más robustos de gestión de riesgos, la provisión de informes regulares a las entidades contratantes y la disposición a someterse a auditorías independientes. Aunque estas exigencias podrían incrementar los costos operativos para los proveedores, también ofrecerían una ventaja competitiva al proporcionar mayor confianza a las entidades financieras que buscan socios tecnológicos confiables y alineados con los estándares regulatorios.

Finalmente, para las autoridades competentes, estos principios y derechos contractuales proporcionarían una base más sólida para supervisar las relaciones de externalización en el sector financiero. Esto les permitiría garantizar que las entidades financieras gestionen adecuadamente los riesgos asociados con los proveedores terceros y cumplan con los estándares de resiliencia operativa. Asimismo, la existencia de principios claros y derechos contractuales armonizados a nivel de la Unión reduciría las disparidades regulatorias entre Estados miembros, promoviendo un mercado interior más integrado y coherente en la gestión de riesgos tecnológicos.

(30) ***En la actualidad es evidente cierta falta de homogeneidad y convergencia en lo relativo al seguimiento del riesgo relacionado con las TIC derivado de terceros y a las dependencias de terceros en el ámbito de las TIC. A pesar de los esfuerzos para abordar la externalización, como las Directrices sobre externalización de la ABE de 2019 y las Directrices sobre la externalización de servicios a proveedores de servicios en nube de la AEVM de 2021, el Derecho de la Unión no aborda de forma suficiente la cuestión más amplia de contrarrestar el riesgo sistémico que puede desencadenar la exposición del sector financiero a un número limitado de proveedores terceros esenciales de servicios de TIC. La falta de normas a escala de la Unión se ve agravada por la ausencia de normas nacionales sobre mandatos e instrumentos que permitan a los supervisores financieros adquirir una buena comprensión de las dependencias de terceros en el ámbito de las TIC y hacer un seguimiento adecuado de los riesgos derivados de la concentración de las dependencias de terceros en el ámbito de las TIC.***

El considerando subraya un problema crítico en el sector financiero relacionado con la falta de homogeneidad y convergencia normativa respecto al seguimiento del riesgo vinculado a las TIC derivado de terceros, así como a las dependencias hacia estos proveedores. Aunque se han adoptado directrices importantes, como las Directrices sobre externalización de la Autoridad Bancaria Europea (ABE) de 2019 y las Directrices sobre la externalización de servicios a proveedores en la nube de la Autoridad Europea de Valores y Mercados (AEVM) de 2021, estas iniciativas no han sido suficientes para abordar de manera integral los riesgos derivados de las dependencias estructurales hacia un número limitado de proveedores críticos de servicios de TIC. Este vacío normativo es particularmente preocupante, ya que pone de relieve el riesgo sistémico que puede desencadenarse si estos proveedores enfrentan interrupciones operativas o incidentes de seguridad.

La concentración de dependencias en un número reducido de proveedores esenciales de servicios de TIC, como los proveedores de servicios en la nube, plantea riesgos significativos para la estabilidad del sistema financiero. En muchos casos, estas empresas son actores globales que ofrecen servicios estandarizados a un amplio número de clientes en distintos sectores, lo que implica que un fallo en sus sistemas podría generar un impacto simultáneo en múltiples entidades financieras. Este fenómeno, conocido como riesgo de concentración, amplifica el riesgo sistémico, ya que cualquier interrupción o vulnerabilidad en estos proveedores puede propagarse rápidamente a través del sector financiero, afectando la operatividad de las entidades, la confianza de los consumidores y, en última instancia, la estabilidad del mercado.

El considerando destaca que el Derecho de la Unión no ha logrado abordar adecuadamente este problema. Aunque las directrices emitidas por la ABE y la AEVM proporcionan orientaciones valiosas sobre la externalización, estas no tienen fuerza vinculante y no abarcan de manera exhaustiva los riesgos sistémicos asociados a la dependencia de terceros en el ámbito de las TIC. Además, estas directrices se centran en aspectos operativos y de cumplimiento de las relaciones contractuales, pero no abordan la dimensión más amplia del riesgo sistémico que puede derivarse de la exposición del sector financiero a un número limitado de proveedores esenciales. Esto genera un vacío regulatorio que limita la capacidad de las autoridades para identificar, supervisar y mitigar estos riesgos de manera efectiva.

La situación se ve agravada por la ausencia de normas nacionales claras que doten a los supervisores financieros de mandatos e instrumentos adecuados para comprender y gestionar las dependencias hacia terceros en el ámbito de las TIC. Sin estas herramientas, las autoridades tienen dificultades para realizar un seguimiento efectivo de los riesgos de concentración, identificar las interdependencias críticas entre las entidades financieras y sus proveedores, y garantizar que las entidades implementen medidas efectivas para mitigar estos riesgos. Esta falta de supervisión integrada puede dar lugar a una subestimación de los riesgos sistémicos, lo que deja al sector financiero expuesto a interrupciones inesperadas y potencialmente devastadoras.

Desde una perspectiva práctica, esta falta de homogeneidad normativa tiene implicaciones significativas para las entidades financieras, los proveedores de servicios de TIC y las autoridades de supervisión. Para las entidades financieras, la ausencia de un marco normativo claro significa que deben gestionar estos riesgos de manera autónoma, lo que puede generar disparidades en la calidad y eficacia de las estrategias adoptadas. Algunas entidades pueden no ser conscientes de la magnitud de los riesgos de concentración a los que están expuestas, especialmente si no tienen visibilidad sobre la cadena de subcontratación de sus proveedores de TIC. Esto puede dificultar la implementación de controles efectivos, como la diversificación de proveedores, los planes de continuidad del negocio o la realización de auditorías regulares para evaluar la resiliencia de sus proveedores.

Para los proveedores de servicios de TIC, la falta de normativas específicas puede resultar en una supervisión fragmentada y poco consistente entre los Estados miembros. Esto no solo crea incertidumbre para los proveedores, sino que también dificulta su capacidad para satisfacer las expectativas regulatorias de manera uniforme. Además, en un contexto en el que los proveedores esenciales suelen operar a escala global, la ausencia de normas armonizadas en la Unión Europea complica aún más su interacción con las entidades financieras y las autoridades de supervisión.

Desde la perspectiva de las autoridades competentes, la falta de mandatos claros para gestionar los riesgos derivados de las dependencias de terceros en el ámbito de las TIC limita su capacidad para actuar de manera preventiva frente a amenazas sistémicas. Sin un marco normativo que establezca estándares mínimos de supervisión, las autoridades carecen de la capacidad para recopilar datos relevantes sobre las dependencias de las entidades hacia sus proveedores, evaluar la concentración de riesgos a nivel sectorial o imponer medidas correctivas cuando se identifiquen vulnerabilidades críticas. Esto también dificulta la cooperación y el intercambio de información entre las autoridades nacionales, lo que es esencial para abordar riesgos transfronterizos en un sector financiero altamente interconectado.

La introducción de normas claras y específicas a nivel de la Unión Europea podría abordar estas deficiencias. Esto incluiría el establecimiento de requisitos para que las entidades financieras identifiquen y gestionen proactivamente los riesgos de concentración relacionados con sus proveedores de TIC, así como la obligación de que los proveedores esenciales proporcionen información transparente sobre su capacidad operativa, sus cadenas de subcontratación y las medidas de seguridad que tienen implementadas. Además, un marco normativo armonizado permitiría a las autoridades competentes recopilar y analizar datos agregados sobre las dependencias del sector financiero, identificando posibles puntos de fallo sistémico y desarrollando estrategias coordinadas para mitigar estos riesgos.

La armonización también fomentaría una supervisión más coherente y efectiva, facilitando la cooperación entre Estados miembros y reduciendo las disparidades regulatorias que actualmente obstaculizan la gestión de los riesgos tecnológicos. Al mismo tiempo, fortalecería la resiliencia operativa del sector financiero frente a los riesgos relacionados con las TIC, aumentando la confianza de los consumidores y promoviendo la estabilidad del sistema financiero en su conjunto.

(31) ***Teniendo en cuenta el posible riesgo sistémico que suponen el aumento de las prácticas de externalización y la concentración de terceros en el sector de las TIC, así como la insuficiencia de los mecanismos nacionales a la hora de ofrecer a los supervisores financieros instrumentos adecuados para cuantificar, calificar y corregir las consecuencias de los riesgos relacionados con las TIC derivados de proveedores terceros esenciales de servicios de TIC, es necesario establecer un marco de supervisión adecuado que permita hacer un seguimiento continuo de las actividades de los proveedores terceros de servicios de TIC que sean esenciales para las entidades financieras, garantizando al mismo tiempo la confidencialidad y seguridad de los clientes que no sean entidades financieras. Si bien la prestación intragrupo de servicios de TIC conlleva riesgos y beneficios específicos, no debe considerarse automáticamente menos arriesgada que la prestación de servicios de TIC por parte de proveedores ajenos a un grupo financiero y debe por lo tanto estar sujeta al mismo marco normativo. Sin embargo, cuando los servicios de TIC se prestan dentro del mismo grupo financiero, las entidades financieras podrían tener un mayor nivel de control sobre los proveedores intragrupo, lo que debería tenerse en cuenta en la evaluación global de riesgos.***

El considerando aborda la necesidad de establecer un marco de supervisión adecuado para gestionar los riesgos relacionados con las TIC derivados de la creciente externalización y concentración de proveedores terceros esenciales en el sector financiero. La dependencia cada vez mayor de servicios externalizados de TIC por parte de las entidades financieras, combinada con la alta concentración de estos servicios en un número limitado de proveedores esenciales, plantea un riesgo sistémico significativo que puede comprometer la estabilidad del sector financiero en su conjunto. El considerando también subraya la insuficiencia de los mecanismos nacionales actuales, que no proporcionan a los supervisores financieros las herramientas necesarias para identificar, evaluar y mitigar eficazmente los riesgos asociados con estos proveedores.

La externalización de servicios de TIC, aunque proporciona beneficios operativos y económicos, introduce riesgos específicos derivados de la pérdida de control directo sobre procesos críticos y de la posible falta de transparencia en las cadenas de subcontratación. Estos riesgos se ven amplificados cuando un pequeño número de proveedores esenciales concentra una parte sustancial de los servicios tecnológicos del sector financiero, ya que un fallo, ataque cibernético o interrupción en uno de estos proveedores podría desencadenar un efecto en cascada, afectando simultáneamente a múltiples entidades financieras y comprometiendo la estabilidad del sistema financiero. Este fenómeno, conocido como riesgo de concentración, es particularmente relevante en el caso de servicios en la nube y otras infraestructuras digitales críticas, donde la dependencia de pocos actores globales es especialmente pronunciada.

El considerando destaca que los mecanismos nacionales actuales no son suficientes para abordar estos desafíos. Las autoridades de supervisión financiera carecen de herramientas estandarizadas para cuantificar y calificar los riesgos relacionados con las TIC que provienen de proveedores terceros, así como para imponer medidas correctivas cuando se detectan vulnerabilidades críticas. La falta de un marco común a nivel de la Unión Europea limita la capacidad de las autoridades para supervisar de manera consistente y eficiente a los proveedores esenciales, lo que genera lagunas en la identificación y mitigación de riesgos. Además, esta ausencia de herramientas adecuadas dificulta la cooperación y el intercambio de información entre las autoridades nacionales, que resulta esencial para gestionar los riesgos transfronterizos asociados a la globalización de los servicios de TIC.

El considerando también enfatiza la importancia de garantizar la confidencialidad y la seguridad de los clientes que no son entidades financieras dentro del marco de supervisión. Esto refleja la necesidad de equilibrar la supervisión de los proveedores esenciales con la protección de los datos sensibles de los usuarios finales, ya que cualquier vulnerabilidad o fallo en los servicios de TIC podría poner en peligro la privacidad y la seguridad de los consumidores. Las entidades financieras tienen la responsabilidad de garantizar que los proveedores terceros cumplan con estándares estrictos de seguridad y privacidad, lo que implica una supervisión constante y mecanismos contractuales claros que permitan una rápida respuesta en caso de incidentes.

Por otra parte, se aborda la prestación intragrupo de servicios de TIC, destacando que, aunque esta modalidad conlleva riesgos y beneficios específicos, no debe ser automáticamente considerada como menos arriesgada que la externalización a proveedores externos. Los riesgos asociados con los proveedores intragrupo incluyen la posible falta de independencia en la gesción del riesgo, la dependencia de infraestructuras comunes dentro del grupo y la posibilidad de que una vulnerabilidad en un componente del grupo se propague a otras entidades. Por esta razón, el considerando aboga por someter la prestación intragrupo al mismo marco normativo que se aplica a los proveedores externos. Este enfoque garantiza que todas las relaciones de externalización, independientemente de su naturaleza, estén sujetas a un estándar uniforme de supervisión y gestión de riesgos.

Sin embargo, también se reconoce que la prestación intragrupo puede ofrecer ciertas ventajas en términos de control y supervisión. Las entidades financieras pueden tener un acceso más directo a los proveedores intragrupo, lo que facilita la implementación de políticas de gobernanza, el seguimiento de las operaciones y la alineación de los estándares de seguridad. Este mayor nivel de control debe ser tenido en cuenta en la evaluación global de riesgos, permitiendo a las autoridades de supervisión ajustar sus enfoques de acuerdo con las características específicas de cada relación contractual. No obstante, este nivel de control no elimina completamente los riesgos asociados, especialmente en grupos financieros con operaciones complejas y altamente interconectadas.

Desde una perspectiva práctica, la implementación de un marco de supervisión adecuado para los proveedores terceros de servicios de TIC implica una serie de implicaciones tanto para las entidades financieras como para las autoridades competentes. Las entidades financieras deberán adoptar medidas proactivas para garantizar que sus relaciones con proveedores ya sean externos o intragrupo, cumplan con los nuevos estándares normativos. Esto incluye la realización de evaluaciones de riesgos más detalladas, la incorporación de cláusulas contractuales que permitan auditorías y el monitoreo continuo del desempeño de los proveedores. Además, las entidades deberán diversificar sus proveedores cuando sea posible para mitigar el riesgo de concentración y garantizar la continuidad del negocio en caso de interrupciones.

Para las autoridades competentes, este marco proporcionará herramientas específicas para supervisar las actividades de los proveedores terceros esenciales, permitiéndoles recopilar datos relevantes, realizar evaluaciones de riesgos sistémicos y adoptar medidas correctivas cuando sea necesario. También facilitará una mayor cooperación entre las autoridades nacionales y europeas, promoviendo un enfoque más coordinado para abordar los riesgos tecnológicos en el sector financiero. Esto es especialmente determinante en el contexto de riesgos transfronterizos, donde la interdependencia entre entidades financieras y proveedores globales requiere una supervisión integrada y coherente.

(32) ***Dado que el riesgo relacionado con las TIC es cada vez más y más complejo y sofisticado, la eficacia de las medidas de detección y prevención de dicho riesgo depende en gran medida del intercambio periódico de información sobre amenazas y vulnerabilidades entre las entidades financieras. El intercambio de información contribuye a una mayor concienciación sobre las ciberamenazas. Esto mejora, a su vez, la capacidad de las entidades financieras para evitar que las ciberamenazas se conviertan en incidentes reales relacionados con las TIC y les permite contener de forma más eficaz las repercusiones de tales incidentes y recuperarse con más rapidez. A falta de orientaciones a escala de la Unión, varios factores parecen haber impedido ese intercambio de información, en particular la incertidumbre sobre su compatibilidad con las normas de protección de datos, de defensa de la competencia y de responsabilidad.***

El considerando pone de manifiesto la importancia crítica del intercambio periódico de información entre las entidades financieras sobre amenazas y vulnerabilidades relacionadas con las TIC, en un contexto donde los riesgos tecnológicos son cada vez más complejos y sofisticados. Este intercambio no solo fomenta una mayor concienciación sobre las ciberamenazas, sino que también mejora la capacidad colectiva del sector financiero para prevenir, contener y recuperarse de posibles incidentes relacionados con las TIC. Sin embargo, el texto también identifica obstáculos significativos que han dificultado este intercambio, como la falta de orientaciones claras a nivel de la Unión Europea y la incertidumbre sobre la compatibilidad del intercambio de información con ciertas normativas, particularmente en las áreas de protección de datos, defensa de la competencia y responsabilidad.

El intercambio de información es un mecanismo esencial en la gestión de riesgos relacionados con las TIC, ya que permite a las entidades financieras compartir conocimientos y experiencias sobre ciberamenazas, técnicas de ataque, vulnerabilidades detectadas y estrategias de mitigación. Este flujo de información fortalece la capacidad preventiva del sector financiero al proporcionar a las entidades un conocimiento más amplio y actualizado sobre las amenazas emergentes. Además, fomenta una respuesta más coordinada y efectiva ante incidentes que podrían tener implicaciones sistémicas, como ciberataques masivos o interrupciones críticas en infraestructuras tecnológicas compartidas. Por ejemplo, si una entidad detecta una nueva vulnerabilidad explotada por actores maliciosos, compartir esta información con otras entidades y autoridades competentes puede prevenir que la amenaza se propague y limite su impacto.

A pesar de sus claros beneficios, el considerando señala varios factores que han dificultado el intercambio de información en el sector financiero. Uno de los obstáculos principales es la incertidumbre en cuanto a la compatibilidad del intercambio de información con las normas de protección de datos. En el caso de ciber incidentes, los datos compartidos pueden incluir información personal, como detalles de transacciones o credenciales de acceso. Las entidades financieras temen que compartir esta información pueda contravenir el Reglamento General de Protección de Datos, exponiéndolas a sanciones legales y riesgos reputacionales. Esto ha llevado a una reticencia en el intercambio de datos, incluso cuando estos son fundamentales para prevenir incidentes mayores.

Otro factor limitante es el marco de defensa de la competencia. Las entidades financieras pueden dudar en compartir información sensible sobre vulnerabilidades o estrategias de mitigación, ya que temen que esto pueda interpretarse como una infracción de las normas de competencia, especialmente si el intercambio de información se percibe como una práctica que distorsione el mercado. Esta preocupación es especialmente relevante en un sector tan competitivo como el financiero, donde las entidades buscan proteger sus ventajas competitivas y evitar que la cooperación se perciba como una colusión. Sin un marco normativo claro que delimite las condiciones en las que se puede realizar el intercambio de información sin infringir las normas de competencia, las entidades pueden abstenerse de participar en iniciativas colectivas que mejorarían la ciberseguridad a nivel sectorial.

Asimismo, el temor a posibles responsabilidades legales actúa como un freno adicional. Las entidades financieras pueden preocuparse por las implicaciones legales de compartir información que luego resulte inexacta o incompleta, especialmente si esa información es utilizada por otras entidades para tomar decisiones operativas. Este riesgo percibido de responsabilidad genera una cultura de aversión al intercambio de datos, lo que debilita la capacidad del sector financiero para actuar de manera proactiva frente a las ciberamenazas.

La falta de orientaciones claras a escala de la Unión Europea ha exacerbado estos problemas, dejando a las entidades financieras sin un marco regulatorio unificado que facilite y promueva el intercambio seguro y efectivo de información. Esto ha dado lugar a enfoques divergentes entre los Estados miembros, donde algunas jurisdicciones han implementado iniciativas nacionales o sectoriales, mientras que en otras no existen mecanismos claros para el intercambio de información sobre ciberamenazas. Esta fragmentación limita la eficacia del sector financiero para enfrentar amenazas transfronterizas, que son particularmente comunes en un entorno digital interconectado.

Desde una perspectiva práctica, superar estas barreras requiere la implementación de un marco normativo armonizado a nivel de la Unión que regule el intercambio de información entre las entidades financieras. Este marco debería abordar de manera específica las preocupaciones sobre protección de datos, defensa de la competencia y responsabilidad, proporcionando garantías legales a las entidades que participen en el intercambio. Por ejemplo, el marco podría establecer que el intercambio de información sobre ciberamenazas con fines de seguridad no constituye una infracción de las normas de competencia y que dicha información debe limitarse estrictamente a datos necesarios y relevantes para prevenir incidentes relacionados con las TIC.

Asimismo, las orientaciones deberían incluir salvaguardias específicas para cumplir con el RGPD, como mecanismos de anonimización o pseudonimización de los datos compartidos, así como procedimientos claros para garantizar la proporcionalidad y la finalidad del intercambio de información. Estas medidas reducirían el riesgo de sanciones legales y aumentarían la confianza de las entidades financieras en la seguridad jurídica del proceso.

El marco también debería fomentar la creación de plataformas o foros seguros donde las entidades financieras puedan intercambiar información de manera estructurada y en tiempo real. Estas plataformas podrían ser gestionadas por autoridades competentes o por organismos especializados, como la Agencia de la Unión Europea para la Ciberseguridad (ENISA), y deberían estar diseñadas para proteger la confidencialidad de la información compartida y garantizar su uso exclusivo con fines de ciberseguridad. Además, dichas plataformas podrían facilitar la colaboración entre el sector financiero y otros sectores críticos, ya que muchas ciberamenazas tienen un carácter transversal que afecta a múltiples industrias.

Por último, las autoridades competentes deben desempeñar un papel activo en la promoción del intercambio de información, proporcionando incentivos claros para que las entidades financieras participen y desarrollando programas de sensibilización que destaquen los beneficios colectivos de este enfoque. Este esfuerzo colaborativo no solo fortalecería la resiliencia del sector financiero frente a los riesgos relacionados con las

TIC, sino que también promovería una cultura de seguridad compartida que es esencial en un entorno digital dinámico y en constante evolución.

(33) ***Además, las dudas sobre el tipo de información que puede compartirse con otros participantes en el mercado o con autoridades que no son responsables de controlar (como la ENISA, en el caso de la información analítica, o Europol, con fines policiales) hacen que no se comparta información útil. Así pues, en la actualidad, el intercambio de información sigue estando limitado y fragmentado en términos cualitativos y cuantitativos, ya que los intercambios en la materia son principalmente locales (a través de iniciativas nacionales) y no existen acuerdos sistemáticos de intercambio de información a escala de la Unión adaptados a las necesidades de un sistema financiero integrado. Por lo tanto, es importante reforzar esos canales de comunicación.***

El considerando subraya una problemática clave en el sector financiero: la falta de claridad respecto al tipo de información que puede ser compartida tanto entre participantes del mercado como con autoridades que no tienen una función directa de supervisión, como la ENISA en el ámbito de análisis cibernético o Europol con fines policiales. Esta incertidumbre normativa genera una reticencia a compartir información útil sobre amenazas, vulnerabilidades o incidentes relacionados con las TIC, lo que limita significativamente la efectividad de los esfuerzos colectivos para prevenir y gestionar riesgos en un entorno financiero cada vez más interconectado y expuesto a ciberamenazas transfronterizas.

La ambigüedad sobre qué información es adecuada para compartir y en qué contexto puede hacerlo, afecta tanto la calidad como la cantidad de los datos intercambiados. Esto incluye incertidumbres sobre si ciertos datos, como análisis técnicos, tendencias de ciberamenazas o indicadores de compromiso, pueden compartirse con organismos como la ENISA para fortalecer la seguridad cibernética a nivel europeo, o si información sobre incidentes concretos puede ser transmitida a Europol para apoyar investigaciones relacionadas con delitos cibernéticos. La falta de directrices claras sobre cómo manejar estas interacciones genera un entorno de fragmentación, en el que las entidades financieras optan por no compartir información para evitar posibles conflictos legales o regulatorios, lo que reduce las oportunidades de aprendizaje colectivo y respuesta coordinada.

Además, el considerando destaca que el intercambio de información sobre riesgos relacionados con las TIC sigue siendo limitado y fragmentado en la práctica. En términos cualitativos, la información compartida a menudo carece de la profundidad o relevancia necesarias para abordar eficazmente las amenazas cibernéticas. En términos cuantitativos, el volumen de datos intercambiados es insuficiente para cubrir el alcance real de los riesgos, dado que muchas entidades financieras participan en iniciativas locales o nacionales sin conexión sistemática con un marco a escala de la Unión Europea. Esta desconexión se produce en un contexto en el que el sector financiero europeo está profundamente integrado, y en el que las amenazas cibernéticas rara vez se limitan a las fronteras nacionales, lo que hace que un enfoque exclusivamente local sea inadecuado.

Desde una perspectiva práctica, esta fragmentación y falta de coordinación tiene importantes implicaciones para la resiliencia operativa del sistema financiero europeo. Las iniciativas nacionales, aunque útiles en su ámbito, no ofrecen una respuesta coherente frente a ciberataques de gran escala o incidentes que afectan a múltiples jurisdicciones. Esto significa que la capacidad de las entidades financieras para anticiparse y responder a ciberamenazas se ve restringida por la falta de acceso a datos completos y oportunos, lo que las deja vulnerables frente a incidentes que podrían haberse prevenido mediante un intercambio de información más eficiente y estandarizado. Por ejemplo, la detección temprana de un tipo de ataque en un país podría beneficiar a otras entidades en diferentes Estados miembros si la información se compartiera de manera rápida y efectiva a través de canales europeos.

La ausencia de acuerdos sistemáticos de intercambio de información a nivel de la Unión también limita la capacidad de las autoridades competentes y de otros organismos relevantes para desempeñar un papel proactivo en la gestión de riesgos relacionados con las TIC. Por ejemplo, sin acceso a datos consolidados, la ENISA enfrenta dificultades para identificar tendencias a nivel europeo, desarrollar análisis estratégicos o emitir directrices que reflejen las realidades del mercado financiero. Del mismo modo, Europol podría tener un acceso más limitado a datos que podrían ser determinantes para rastrear redes de ciberdelincuencia responsables de ataques contra infraestructuras financieras críticas.

El considerando resalta la necesidad de reforzar los canales de comunicación y establecer acuerdos más estructurados para el intercambio de información adaptados a las necesidades de un sistema financiero integrado. Esto implica la creación de un marco normativo claro que defina qué información puede ser compartida, en qué condiciones y con qué entidades, tanto dentro del sector financiero como con autoridades competentes. Dicho marco debería abordar explícitamente preocupaciones legales, como la protección de datos personales y la confidencialidad de la información compartida, para eliminar las barreras que actualmente dificultan el intercambio.

Además, el marco debería incluir directrices específicas para fomentar la colaboración con organismos europeos como la ENISA y Europol, asegurando que estos actores puedan desempeñar un papel activo en el fortalecimiento de la ciberseguridad en el sector financiero. Esto podría incluir la creación de plataformas o foros seguros gestionados a nivel europeo, donde las entidades financieras puedan compartir datos relevantes de manera estructurada y en tiempo real, minimizando los riesgos de mal uso de la información y maximizando los beneficios colectivos. Estas plataformas deberían estar diseñadas para proteger la confidencialidad y seguridad de la información compartida, asegurando que solo se utilice con fines específicos, como la prevención de ciberamenazas o la persecución de delitos cibernéticos.

El fortalecimiento de estos canales de comunicación también requiere un cambio cultural dentro del sector financiero, promoviendo una mayor confianza entre las entidades y las autoridades competentes. Esto podría lograrse a través de programas de sensibilización y formación que resalten los beneficios del intercambio de información, tanto a nivel individual como colectivo, y que refuercen la importancia de la colaboración para mitigar los riesgos sistémicos asociados con las ciberamenazas.

Finalmente, es fundamental garantizar que el marco europeo de intercambio de información esté alineado con las iniciativas locales y nacionales, para evitar duplicidades y fomentar una integración efectiva de los datos a nivel transfronterizo. Esto permitiría una respuesta más coherente y coordinada frente a las amenazas cibernéticas, fortaleciendo la resiliencia del sector financiero europeo en su conjunto. La creación de acuerdos sistemáticos y claros no solo mejoraría la prevención y respuesta ante incidentes, sino que también fomentaría una mayor confianza en la seguridad del sistema financiero por parte de consumidores, inversores y otras partes interesadas.

(34) ***Debe alentarse a las entidades financieras a intercambiar entre ellas información e inteligencia sobre ciberamenazas y a aprovechar colectivamente sus conocimientos particulares y su experiencia práctica a nivel estratégico, táctico y operativo, con el fin de mejorar sus capacidades para evaluar y hacer un seguimiento de las ciberamenazas, defenderse de ellas y responder a las mismas, todo ello de forma adecuada, participando en acuerdos de intercambio de información. Por lo tanto, es necesario permitir la aparición a escala de la Unión de mecanismos para los acuerdos voluntarios de intercambio de información que, cuando***

se apliquen en entornos de confianza, ayuden a la comunidad del sector financiero a prevenir las ciberamenazas y responder colectivamente a las mismas limitando rápidamente la propagación del riesgo relacionado con las TIC e impidiendo el posible contagio a través de los canales financieros. Esos mecanismos deben respetar las normas aplicables del Derecho de la competencia de la Unión que se establecen en la Comunicación de la Comisión de 14 de enero de 2011«Directrices sobre la aplicabilidad del artículo 101 del Tratado de Funcionamiento de la Unión Europea a los acuerdos de cooperación horizontal», así como las normas de la Unión en materia de protección de datos, en particular el Reglamento (UE) 2016/679 del Parlamento Europeo y del Consejo. Deben funcionar partiendo del uso de una o varias de las bases jurídicas que se establecen en el artículo 6 de dicho Reglamento, como en el contexto del tratamiento de datos personales que es necesario para la satisfacción de intereses legítimos perseguidos por el responsable del tratamiento o por un tercero, tal como se contempla en su artículo 6, apartado 1, letra f), así como en el contexto del tratamiento de datos personales que es necesario para el cumplimiento de una obligación legal aplicable al responsable del tratamiento o que es necesario para el cumplimiento de una misión realizada en interés público o en el ejercicio de poderes públicos conferidos al responsable del tratamiento, tal como se contempla en el artículo 6, apartado 1, letras c) y e), respectivamente, de dicho Reglamento.

El considerando enfatiza la importancia de fomentar acuerdos voluntarios de intercambio de información e inteligencia sobre ciberamenazas entre las entidades financieras dentro de la Unión Europea. Estos acuerdos tienen como objetivo principal mejorar las capacidades colectivas del sector financiero para identificar, evaluar, prevenir y responder a ciberamenazas de manera más efectiva. La cooperación estratégica, táctica y operativa entre las entidades financieras permite no solo un entendimiento más profundo de las amenazas existentes, sino también una respuesta coordinada que puede limitar rápidamente la propagación del riesgo y prevenir el contagio a través de los canales financieros, reduciendo así el impacto sistémico de los incidentes relacionados con las TIC.

El intercambio de información ofrece numerosos beneficios prácticos. Al compartir conocimientos específicos y experiencias prácticas, las entidades financieras pueden identificar patrones de ataque, nuevas vulnerabilidades y técnicas empleadas por actores maliciosos, mejorando sus defensas de manera proactiva. Además, este enfoque colectivo permite una distribución más equitativa de recursos y conocimientos, ayudando particularmente a entidades más pequeñas que pueden carecer de los medios necesarios para desarrollar capacidades avanzadas de ciberseguridad de manera independiente. Por ejemplo, una entidad que detecte un nuevo tipo de malware puede alertar al resto de las participantes, lo que permite implementar medidas preventivas antes de que la amenaza se propague.

El considerando también señala la necesidad de crear mecanismos a escala de la Unión Europea que faciliten estos acuerdos de intercambio en un entorno de confianza. La creación de estos mecanismos es esencial para superar las limitaciones actuales, como la fragmentación de las iniciativas nacionales o las barreras legales y culturales que dificultan la cooperación entre entidades. Estos mecanismos deben ofrecer plataformas seguras y estructuradas para el intercambio de información, garantizando la confidencialidad y la protección de los datos compartidos. Además, deben incluir protocolos claros para regular la naturaleza de los datos que pueden compartirse, los fines para los que se utilizarán y las responsabilidades de las partes involucradas.

Uno de los aspectos centrales es la necesidad de que estos mecanismos respeten las normativas aplicables de la Unión Europea, en particular el Derecho de la competencia y las normas de protección de datos. En el ámbito de la competencia, es esencial que el intercambio de información no se interprete como una colusión o práctica restrictiva que podría violar el artículo 101 del Tratado de Funcionamiento de la Unión Europea (TFUE). Para ello, se hace referencia a las Directrices de la Comisión de 2011 sobre acuerdos de cooperación horizontal, que proporcionan un marco para garantizar que la cooperación entre entidades no distorsione la competencia ni comprometa la integridad del mercado financiero.

En cuanto a la protección de datos, se enfatiza la necesidad de que el intercambio de información cumpla con el Reglamento General de Protección de Datos, particularmente en lo que respecta al tratamiento de datos personales. Se menciona explícitamente que los acuerdos deben basarse en una o varias de las bases legales establecidas en el artículo 6 del RGPD. Por ejemplo, el tratamiento de datos personales puede justificarse cuando sea necesario para la satisfacción de intereses legítimos (artículo 6.1.f), para el cumplimiento de una obligación legal (artículo 6.1.c) o para la realización de una misión de interés público (artículo 6.1.e). Esto proporciona una base jurídica clara que protege a las entidades participantes contra posibles sanciones regulatorias mientras asegura que el intercambio de información respete los derechos fundamentales de los individuos.

En términos prácticos, la implementación de estos acuerdos plantea varios desafíos operativos y legales. Las entidades financieras deben establecer procedimientos internos que les permitan identificar y compartir información relevante de manera eficiente, garantizando al mismo tiempo que el tratamiento de datos personales cumpla con el RGPD. Esto puede requerir la adopción de tecnologías avanzadas, como herramientas de anonimización o pseudonimización, para minimizar los riesgos asociados al intercambio de datos. Además, las entidades deberán capacitar a su personal para que comprenda las obligaciones legales y técnicas relacionadas con estos acuerdos.

Desde la perspectiva de las autoridades competentes, la creación de estos mecanismos requiere un marco regulatorio que ofrezca directrices claras sobre cómo deben estructurarse los acuerdos de intercambio de información. Esto incluye especificar qué tipos de datos pueden compartirse, cómo deben protegerse y cómo garantizar que los acuerdos no infrinjan las normas de competencia ni de protección de datos. Las autoridades también pueden desempeñar un papel activo en la supervisión de estos mecanismos, asegurándose de que operen en un entorno de confianza y que promuevan una cooperación efectiva sin comprometer la integridad del mercado ni los derechos de los ciudadanos.

Un aspecto relevante del considerando es la referencia al entorno de confianza como condición para el éxito de estos acuerdos. Esto implica no solo la existencia de garantías legales, sino también un cambio cultural dentro del sector financiero para promover una colaboración más abierta y transparente. Las entidades financieras, tradicionalmente competitivas, deben entender que la cooperación en materia de ciberseguridad beneficia a todo el sector, fortaleciendo la resiliencia colectiva frente a amenazas comunes.

En última instancia, la implementación de acuerdos voluntarios de intercambio de información a escala de la Unión Europea puede transformar la forma en que el sector financiero gestiona los riesgos relacionados con las TIC. Al promover un enfoque colaborativo y regulado, se fomenta una respuesta más ágil y coordinada frente a ciberamenazas, lo que no solo protege a las entidades individuales, sino que también refuerza la estabilidad y seguridad del sistema financiero en su conjunto. Estos acuerdos no solo deben abordar las amenazas actuales, sino también sentar las bases para una cooperación más profunda y estructurada que permita al sector adaptarse a un entorno digital en constante evolución.

(35) ***A fin de mantener un elevado nivel de resiliencia operativa digital para todo el sector financiero y, al mismo tiempo, seguir el ritmo de los avances tecnológicos, el presente Reglamento debe abordar los riesgos derivados de todos los tipos de servicios de TIC. A tal fin, la definición de servicios de TIC en el contexto del presente Reglamento debe entenderse de una manera amplia, que***

abarque los servicios digitales y de datos prestados a través de sistemas de TIC a uno o varios usuarios internos o externos de forma continua. Esa definición debe incluir, por ejemplo, los denominados servicios de transmisión libre, que entran dentro de la categoría de servicios de comunicaciones electrónicas. Debe excluir únicamente la categoría limitada de servicios telefónicos analógicos tradicionales que se clasifican como servicios de red telefónica pública conmutada (RTPC), servicios de línea terrestre, servicios de telefonía convencional (POTS) o servicios de telefonía fija.

El considerando establece que el presente Reglamento debe adoptar una definición amplia y adaptativa de los servicios de TIC para abordar los riesgos relacionados con la evolución constante de la tecnología y garantizar un nivel elevado de resiliencia operativa digital en todo el sector financiero. Esta definición tiene como objetivo cubrir un espectro amplio de servicios digitales y de datos prestados a través de sistemas de TIC, asegurando que el marco regulatorio sea lo suficientemente inclusivo como para abarcar las innovaciones tecnológicas y los modelos operativos emergentes que impactan directamente en las operaciones financieras.

La amplitud de la definición de servicios de TIC en este Reglamento permite incluir servicios esenciales para las operaciones financieras modernas, como el almacenamiento en la nube, la transmisión de datos, las plataformas de comunicación digital y las infraestructuras de soporte digital, entre otros. Esta inclusión es fundamental, ya que muchos de estos servicios representan la columna vertebral tecnológica sobre la cual las entidades financieras realizan sus actividades diarias, como transacciones, pagos, análisis de datos y gestión de riesgos. Al considerar todos estos servicios dentro del ámbito del Reglamento, se busca establecer un enfoque integral para la gestión de riesgos relacionados con las TIC, garantizando que ninguna tecnología crítica quede fuera del control regulatorio.

El considerando subraya que la definición también debe incluir "servicios de transmisión libre" pertenecientes a la categoría de servicios de comunicaciones electrónicas. Estos servicios, como las redes de mensajería instantánea o las plataformas de comunicación en tiempo real, han adquirido una importancia creciente en el sector financiero debido a su capacidad para facilitar la conectividad y la interacción entre empleados, clientes y otras partes interesadas. No obstante, también representan puntos de vulnerabilidad, ya que pueden ser objetivos de ciberataques o interrupciones técnicas que afecten la continuidad de las operaciones. Al incluirlos en el ámbito del Reglamento, las entidades financieras estarán obligadas a garantizar que estos servicios se gestionen con los mismos estándares de seguridad y resiliencia que otros sistemas críticos.

En contraste, el considerando establece una exclusión específica para los servicios telefónicos analógicos tradicionales, clasificados como servicios de red telefónica pública conmutada (RTPC) o servicios de telefonía fija convencional. Esta exclusión refleja la realidad tecnológica de que estos sistemas, aunque todavía en uso, tienen una relevancia operativa mucho menor en comparación con los servicios de TIC modernos. Además, dado que los servicios analógicos no suelen estar directamente implicados en la infraestructura tecnológica avanzada del sector financiero, su exclusión evita imponer requisitos regulatorios innecesarios que podrían distraer los esfuerzos de supervisión de los sistemas realmente críticos. No obstante, es importante destacar que la exclusión de estos servicios no significa que no deban gestionarse de manera responsable, sino que simplemente no estarán sujetos a las disposiciones específicas del Reglamento en materia de TIC.

Desde una perspectiva práctica, la inclusión amplia de servicios de TIC en el Reglamento tiene varias repercusiones importantes para las entidades financieras y las autoridades competentes. Para las entidades financieras, significa que deberán adoptar un enfoque más exhaustivo en la gestión de riesgos tecnológicos, extendiendo las evaluaciones de resiliencia y las medidas de seguridad a una gama más amplia de servicios tecnológicos. Esto incluye la realización de auditorías periódicas, la implementación de medidas preventivas contra ciberamenazas y la inclusión de cláusulas contractuales específicas en los acuerdos con proveedores que garanticen el cumplimiento normativo y la continuidad operativa en caso de incidentes.

Además, las entidades financieras tendrán que desarrollar capacidades internas para monitorear y gestionar la interacción entre los diferentes servicios de TIC que utilizan, asegurando que su interdependencia no genere vulnerabilidades sistémicas. Por ejemplo, si una entidad depende simultáneamente de servicios en la nube y plataformas de transmisión de datos para sus operaciones, deberá garantizar que ambos sistemas estén sincronizados y protegidos frente a interrupciones o ataques que puedan tener efectos en cascada.

Desde la perspectiva de los proveedores de servicios de TIC, el enfoque amplio del Reglamento implicará mayores responsabilidades en términos de cumplimiento normativo. Los proveedores que ofrezcan servicios críticos al sector financiero, incluidos los servicios de transmisión libre, deberán garantizar que sus infraestructuras y operaciones cumplan con los estándares regulatorios establecidos en el Reglamento. Esto incluye la adopción de medidas de ciberseguridad avanzadas, la provisión de transparencia en sus operaciones y la disposición para someterse a auditorías y supervisión por parte de las entidades financieras y las autoridades competentes. Aunque esto podría aumentar los costos operativos para los proveedores, también representa una oportunidad para posicionarse como socios confiables dentro de un mercado financiero altamente regulado.

Para las autoridades competentes, la definición amplia de servicios de TIC proporciona una base sólida para la supervisión de riesgos tecnológicos en el sector financiero. Permite a las autoridades abordar de manera proactiva las amenazas emergentes derivadas de tecnologías nuevas o en evolución, evitando lagunas regulatorias que podrían ser explotadas por actores maliciosos o derivar en fallos operativos no previstos. Sin embargo, este enfoque también plantea desafíos, como la necesidad de desarrollar capacidades técnicas especializadas para supervisar un espectro tan amplio de servicios y la coordinación entre las diferentes jurisdicciones para garantizar una aplicación coherente del Reglamento.

Finalmente, la amplitud de la definición asegura que el Reglamento sea resiliente frente a los avances tecnológicos futuros, permitiendo su aplicación continua a medida que surgen nuevos tipos de servicios de TIC que podrían no estar previstos en el momento de su redacción. Esto garantiza que el marco regulatorio permanezca relevante y efectivo en un entorno tecnológico en constante cambio, protegiendo tanto a las entidades financieras como al sistema financiero en su conjunto frente a los riesgos relacionados con las TIC. Al mismo tiempo, la exclusión deliberada de servicios analógicos evita una sobrerregulación innecesaria, concentrando los recursos regulatorios en los sistemas tecnológicos que realmente importan en el contexto operativo y de seguridad del sector financiero moderno.

(36) ***No obstante, la amplia cobertura prevista en el presente Reglamento, en la aplicación de las normas de resiliencia operativa digital se deben tener en cuenta las importantes diferencias que existen entre entidades financieras por cuanto se refiere a su tamaño y perfil de riesgo general. Como principio general, al distribuir recursos y capacidades para la aplicación del marco de gestión de riesgos relacionados con las TIC, las entidades financieras deben buscar un equilibrio adecuado entre sus necesidades en materia de TIC y su tamaño y perfil de riesgo general, así como la naturaleza, escala y complejidad de sus servicios, actividades y operaciones, mientras que las autoridades competentes deben seguir evaluando y revisando el enfoque de dicha distribución.***

El considerando establece la importancia de considerar las diferencias estructurales y operativas entre las entidades financieras al aplicar las normas de resiliencia operativa digital previstas en el Reglamento. Este enfoque, basado en el principio de proporcionalidad, reconoce que las entidades financieras varían significativamente en términos de tamaño, perfil de riesgo, naturaleza, escala y complejidad de sus servicios y operaciones, y que estas diferencias deben reflejarse en la distribución de recursos y capacidades para gestionar los riesgos relacionados con las TIC. Este principio es esencial para garantizar que las normas regulatorias sean efectivas, adaptables y sostenibles en un sector financiero diverso, evitando cargas desproporcionadas para las entidades más pequeñas o menos complejas.

El principio de proporcionalidad mencionado en el considerando tiene una doble función. Por un lado, busca que las entidades financieras ajusten sus esfuerzos y recursos de acuerdo con sus características específicas. Por ejemplo, las entidades grandes, con una amplia gama de operaciones transfronterizas y una elevada exposición a riesgos tecnológicos, estarán obligadas a implementar sistemas de gestión del riesgo relacionados con las TIC más robustos, incluyendo capacidades avanzadas de detección, prevención, recuperación y resiliencia frente a ciberamenazas. Por el contrario, las entidades pequeñas o menos complejas podrán limitarse a adoptar medidas básicas de ciberhigiene y continuidad operativa, en consonancia con la escala y criticidad de sus operaciones. Este enfoque diferenciado asegura una gestión adecuada de los riesgos, sin imponer una carga innecesaria sobre las entidades con recursos más limitados.

Por otro lado, el considerando subraya el papel esencial de las autoridades competentes en la evaluación y supervisión de cómo las entidades financieras aplican este principio de proporcionalidad. Las autoridades deben garantizar que las entidades no subestimen sus riesgos ni empleen el principio de proporcionalidad como excusa para implementar medidas insuficientes. Esto implica que las autoridades deben realizar una supervisión continua y ajustada al perfil de cada entidad, evaluando si las medidas adoptadas son efectivas y coherentes con la naturaleza de los riesgos enfrentados. Por ejemplo, una entidad financiera de tamaño mediano que actúe como intermediaria en sistemas de pagos críticos no podrá limitarse a cumplir con medidas mínimas de ciberseguridad, ya que un incidente en su operativa podría tener repercusiones sistémicas en el mercado financiero.

La aplicación práctica de este principio requiere que las entidades financieras realicen una autoevaluación exhaustiva para identificar y clasificar los riesgos relacionados con las TIC a los que están expuestas. Esta autoevaluación debe considerar factores clave, como la dependencia de los servicios de TIC externos, la sensibilidad de los datos manejados, el grado de interconexión con otras entidades y mercados, y el historial de incidentes relacionados con las TIC. A partir de esta evaluación, las entidades podrán distribuir sus recursos de manera proporcional, priorizando las áreas de mayor criticidad y adoptando medidas específicas según la naturaleza de sus operaciones. Por ejemplo, una entidad con alta dependencia de servicios en la nube deberá asegurarse de que sus contratos con proveedores incluyan cláusulas que refuercen la seguridad, mientras que una entidad de menor escala podría centrarse en reforzar la capacitación de su personal para prevenir errores humanos.

El principio de proporcionalidad también fomenta la eficiencia en la asignación de recursos dentro del sector financiero. Al permitir que las entidades adapten sus estrategias y recursos a sus necesidades específicas, se evita la imposición de un enfoque único que podría resultar costoso e ineficaz para muchas entidades, especialmente las más pequeñas. Este enfoque flexible es fundamental para mantener la competitividad y viabilidad operativa de las entidades de menor escala, al tiempo que garantiza que las entidades de mayor tamaño y complejidad implementen medidas más exigentes para protegerse frente a los riesgos tecnológicos.

Desde la perspectiva de las autoridades competentes, la supervisión de este enfoque proporcional plantea desafíos prácticos. Las autoridades deben desarrollar criterios claros para evaluar la idoneidad de las medidas adoptadas por cada entidad, asegurando que estas sean proporcionadas, pero también adecuadas para mitigar los riesgos identificados. Asimismo, las autoridades deben mantenerse actualizadas sobre los avances tecnológicos y las tendencias de ciberamenazas para ajustar sus enfoques de supervisión a las dinámicas cambiantes del entorno digital. Por ejemplo, una autoridad puede requerir que una entidad revise sus medidas de resiliencia operativa si se identifica un aumento en la frecuencia de ciberataques dirigidos a un tipo específico de infraestructura tecnológica.

El considerando también destaca la importancia de un enfoque dinámico en la supervisión por parte de las autoridades competentes, quienes deben revisar de manera continua la distribución de recursos y capacidades realizada por las entidades. Este monitoreo constante permite identificar posibles deficiencias en la gestión del riesgo, así como detectar cambios en el perfil de riesgo de las entidades que puedan requerir ajustes en sus estrategias de gestión. Por ejemplo, si una entidad amplía significativamente su portafolio de servicios o adopta nuevas tecnologías, las autoridades deben evaluar si las medidas previamente implementadas siguen siendo adecuadas o si es necesario reforzarlas.

En última instancia, este enfoque proporcional también tiene implicaciones positivas para el sector financiero en su conjunto. Al permitir que las entidades adapten sus esfuerzos a sus características individuales, el Reglamento no solo refuerza la resiliencia operativa de cada entidad, sino que también contribuye a la estabilidad general del sistema financiero. Esto se debe a que las entidades más expuestas a riesgos sistémicos estarán obligadas a implementar medidas de protección más estrictas, reduciendo la probabilidad de fallos operativos con efectos en cascada. Al mismo tiempo, las entidades más pequeñas podrán mantener su operatividad sin enfrentar cargas regulatorias desproporcionadas, fomentando la diversidad y la innovación dentro del sector financiero.

(37) ***Los proveedores de servicios de información sobre cuentas a que se refiere el artículo 33, apartado 1, de la Directiva (UE) 2015/2366 están explícitamente incluidos en el ámbito de aplicación del presente Reglamento, teniendo en cuenta la naturaleza específica de sus actividades y los riesgos derivados de ellas. Además, las entidades de dinero electrónico y las entidades de pago exentas en virtud del artículo 9, apartado 1, de la Directiva 2009/110/CE del Parlamento Europeo y del Consejo y del artículo 32, apartado 1, de la Directiva (UE) 2015/2366 están incluidas en el ámbito de aplicación del presente Reglamento, aunque no hayan recibido autorización de conformidad con la Directiva 2009/110/CE para emitir dinero electrónico, o si no han recibido autorización de conformidad con la Directiva (UE) 2015/2366 para prestar y ejecutar servicios de pago. Sin embargo, las instituciones de giro postal a que se refiere el artículo 2, apartado 5, punto 3, de la Directiva 2013/36/UE del Parlamento Europeo y del Consejo quedan excluidas del ámbito de aplicación del presente Reglamento. La autoridad competente de las entidades de pago exentas en virtud de la Directiva (UE) 2015/2366, las entidades de dinero electrónico exentas en virtud de la Directiva 2009/110/CE y los proveedores de servicios de información sobre cuentas a que se refiere el artículo 33, apartado 1, de la Directiva (UE) 2015/2366 debe ser la autoridad competente designada de conformidad con el artículo 22 de la Directiva (UE) 2015/2366.***

El presente considerando define el ámbito de aplicación del Reglamento en relación con diversas categorías de entidades y servicios dentro del sector financiero, especificando su inclusión o exclusión según su naturaleza, actividades y riesgos inherentes. En primer lugar, se confirma que los proveedores de servicios de información sobre cuentas, regulados en el artículo 33, apartado 1, de la Directiva (UE) 2015/2366 (PSD2), están explícitamente incluidos en el ámbito del Reglamento debido a la especificidad de sus actividades y los riesgos relacionados con ellas. Este reconocimiento es fundamental, ya que estos proveedores operan como intermediarios en la agregación y procesamiento de datos financieros sensibles de los usuarios, lo que los convierte en un objetivo potencial para ciberamenazas y fallos tecnológicos que podrían comprometer tanto la seguridad de los datos como la confianza del mercado en los servicios financieros digitales.

La inclusión de las entidades de dinero electrónico y las entidades de pago exentas en virtud de los artículos 9, apartado 1, de la Directiva 2009/110/CE y 32, apartado 1, de la Directiva (UE) 2015/2366, respectivamente, amplía el ámbito de aplicación del Reglamento a entidades que, aunque no estén formalmente autorizadas para emitir dinero electrónico o prestar servicios de pago, llevan a cabo actividades relacionadas que conllevan riesgos similares a los de las entidades autorizadas. Esta inclusión tiene como objetivo cerrar lagunas regulatorias que podrían ser explotadas en ausencia de una supervisión adecuada, asegurando que todas las entidades que participan en la cadena de valor de los servicios financieros digitales estén sujetas a los mismos estándares de resiliencia operativa digital.

En contraste, el considerando excluye del ámbito de aplicación a las instituciones de giro postal reguladas en el artículo 2, apartado 5, punto 3, de la Directiva 2013/36/UE. Esta exclusión parece fundamentarse en la naturaleza específica de las actividades de estas instituciones, que probablemente no impliquen el mismo nivel de exposición a los riesgos tecnológicos y cibernéticos que las entidades incluidas en el Reglamento. Sin embargo, esta diferenciación requiere un monitoreo continuo para garantizar que las actividades de estas instituciones no evolucionen hacia modelos operativos que justifiquen su inclusión en el futuro.

El considerando también aborda la designación de las autoridades competentes responsables de supervisar a las entidades incluidas en el ámbito del Reglamento. En el caso de las entidades de pago y dinero electrónico exentas, así como de los proveedores de servicios de información sobre cuentas, se designa como autoridad competente a la establecida en el artículo 22 de la Directiva (UE) 2015/2366. Esto asegura una coherencia en la supervisión regulatoria, permitiendo que las mismas autoridades que ya tienen experiencia en la regulación y supervisión de estas entidades en el marco de la PSD2 asuman las responsabilidades adicionales relacionadas con la resiliencia operativa digital. Este enfoque minimiza la fragmentación regulatoria y facilita una transición más fluida hacia el cumplimiento de los requisitos establecidos por el Reglamento.

Desde una perspectiva práctica, la inclusión de estas categorías de entidades tiene implicaciones significativas para su gestión del riesgo relacionado con las TIC. Las entidades incluidas en el ámbito del Reglamento deberán implementar políticas y procedimientos robustos para identificar, mitigar y gestionar los riesgos tecnológicos, incluyendo la protección de datos sensibles, la continuidad operativa y la respuesta a incidentes. Para los proveedores de servicios de información sobre cuentas, esto implica garantizar que sus sistemas de agregación de datos sean resilientes frente a ciberataques y que cuenten con mecanismos efectivos para notificar incidentes relacionados con las TIC a las autoridades competentes.

En el caso de las entidades de pago y dinero electrónico exentas, estas deberán ajustar sus operaciones para cumplir con los estándares de resiliencia operativa digital, lo que puede requerir inversiones significativas en infraestructura tecnológica y ciberseguridad. Dado que estas entidades no están formalmente autorizadas bajo las directivas mencionadas, podrían carecer de la experiencia previa en el cumplimiento de requisitos regulatorios similares, lo que subraya la necesidad de proporcionarles orientación clara y apoyo por parte de las autoridades competentes.

La designación de una autoridad competente única para supervisar estas entidades también tiene repercusiones prácticas. Por un lado, centraliza la supervisión y facilita la coherencia en la aplicación de las normas del Reglamento. Por otro lado, impone una carga adicional a las autoridades designadas, que deberán ampliar su ámbito de supervisión para incluir aspectos específicos de la resiliencia operativa digital. Esto requerirá una capacitación adecuada del personal supervisor y una colaboración más estrecha con otras autoridades y organismos relevantes, como la Agencia de la Unión Europea para la Ciberseguridad (ENISA), para abordar de manera efectiva los desafíos emergentes.

Para las entidades excluidas, como las instituciones de giro postal, la exclusión del Reglamento no implica una ausencia total de supervisión. Estas entidades seguirán sujetas a los marcos regulatorios específicos aplicables a sus actividades, aunque la exclusión puede generar cierta preocupación sobre posibles lagunas en la gestión de riesgos tecnológicos si estas instituciones expanden sus operaciones hacia servicios financieros digitales más complejos.

En conjunto, el considerando refuerza la necesidad de un enfoque inclusivo y adaptativo en la regulación de la resiliencia operativa digital, asegurando que las entidades con riesgos significativos estén adecuadamente supervisadas, al tiempo que se evita imponer cargas regulatorias innecesarias a aquellas cuyas actividades no justifican su inclusión. Este enfoque equilibra la protección de la estabilidad del sistema financiero con la sostenibilidad operativa y el desarrollo de un entorno competitivo y seguro para la prestación de servicios financieros digitales.

(38) ***Dado que las entidades financieras de mayor tamaño podrían disponer de recursos más amplios y movilizar rápidamente fondos para desarrollar estructuras de gobernanza y establecer diversas estrategias empresariales, solo las entidades financieras que no sean microempresas en el sentido del presente Reglamento deben estar obligadas a establecer mecanismos de gobernanza más complejos. Dichas entidades están mejor preparadas, en particular, para establecer funciones de gestión específicas encaminadas a supervisar los acuerdos con proveedores terceros de servicios de TIC o a abordar la gestión de crisis, para organizar su gestión de riesgos relacionados con las TIC con arreglo al modelo de tres líneas de defensa o para establecer un modelo interno de control y gestión de riesgos, y para someter a auditorías internas su marco de gestión de riesgos relacionados con las TIC.***

El considerando destaca una diferenciación importante en la aplicación de las obligaciones de gobernanza en materia de resiliencia operativa digital, basada en el tamaño de las entidades financieras. Reconoce que las entidades de mayor tamaño disponen de más recursos y capacidad para desarrollar estructuras de gobernanza avanzadas y gestionar de manera más efectiva los riesgos relacionados con las TIC. Por este motivo, las microempresas quedan exentas de implementar mecanismos de gobernanza complejos, mientras que las entidades financieras que no califican como microempresas deben cumplir con estas exigencias avanzadas, alineando sus capacidades organizativas con la magnitud y complejidad de los riesgos que enfrentan.

Para las entidades financieras que no son microempresas, el considerando establece la obligación de implementar estructuras específicas destinadas a gestionar los riesgos relacionados con las TIC. Estas incluyen la creación de funciones de gestión específicas para supervisar los acuerdos con proveedores terceros de servicios de TIC, una tarea especialmente relevante dada la creciente dependencia del sector financiero de estos proveedores para la prestación de servicios críticos. Estas funciones de supervisión deben garantizar que los contratos con los proveedores incluyan cláusulas claras sobre seguridad, resiliencia y cumplimiento normativo, y que exista un monitoreo continuo para evaluar el desempeño y las posibles vulnerabilidades asociadas con dichos acuerdos.

Además, estas entidades están obligadas a desarrollar capacidades para gestionar crisis relacionadas con incidentes tecnológicos. Esto implica la elaboración de planes de respuesta ante incidentes y de continuidad operativa, con protocolos claros para contener y mitigar los efectos de ciberataques o fallos tecnológicos significativos. Estos planes deben ser regularmente probados y actualizados para reflejar las amenazas y vulnerabilidades emergentes, asegurando que la entidad esté preparada para responder eficazmente a eventos disruptivos.

El considerando también enfatiza la necesidad de que las entidades no consideradas microempresas organicen su gestión de riesgos según el modelo de tres líneas de defensa. Este modelo, ampliamente reconocido como una buena práctica en gestión de riesgos, divide las responsabilidades de supervisión y control en tres niveles: la primera línea, compuesta por los equipos operativos que gestionan los riesgos en su día a día; la segunda línea, que proporciona supervisión y dirección estratégica, generalmente a través de funciones como la gestión de riesgos y cumplimiento normativo; y la tercera línea, formada por la auditoría interna, que asegura la independencia en la evaluación de la efectividad de los controles establecidos. Este enfoque garantiza que los riesgos relacionados con las TIC sean identificados, gestionados y supervisados de manera integral y estructurada.

Otro requisito señalado es la implementación de un modelo interno de control y gestión de riesgos, diseñado para integrar las estrategias de gestión de riesgos relacionados con las TIC en la estructura organizativa de la entidad. Este modelo debe ser proporcional a la naturaleza y complejidad de las operaciones de la entidad y estar alineado con sus objetivos empresariales. Entre las prácticas recomendadas se incluyen la identificación y evaluación de riesgos tecnológicos, la definición de tolerancias al riesgo, la asignación de responsabilidades claras y la incorporación de métricas para monitorear la efectividad de los controles.

Las auditorías internas también se mencionan como un componente clave del marco de gobernanza para las entidades que no son microempresas. Estas auditorías deben evaluarse periódicamente para verificar la adecuación y eficacia de las políticas, procedimientos y controles implementados para gestionar los riesgos relacionados con las TIC. El objetivo es identificar áreas de mejora, garantizar el cumplimiento normativo y proporcionar a la alta dirección y al consejo de administración una visión clara sobre el estado de la resiliencia operativa digital de la entidad. Para garantizar su independencia y objetividad, las auditorías deben ser realizadas por equipos internos especializados o por terceros con experiencia relevante.

Desde una perspectiva práctica, estas exigencias representan un desafío significativo para las entidades que no son microempresas, ya que requieren inversiones sustanciales en recursos humanos, tecnológicos y financieros. La implementación de estructuras de gobernanza avanzadas, como las mencionadas en el considerando, implica la contratación de personal especializado, la adquisición de herramientas tecnológicas para monitorear y gestionar riesgos, y la capacitación continua de los equipos responsables. Asimismo, estas entidades deben garantizar que los procedimientos establecidos sean adaptativos, permitiendo ajustes rápidos ante cambios en el entorno de amenazas o en la regulación aplicable.

Para las microempresas, la exención de estas obligaciones más complejas es un reconocimiento de su menor capacidad operativa y de su exposición limitada a riesgos sistémicos. Esto evita imponerles cargas desproporcionadas que podrían comprometer su viabilidad operativa, mientras que aún están sujetas a requisitos básicos de gestión de riesgos relacionados con las TIC. No obstante, estas entidades deben seguir adoptando medidas proporcionadas para garantizar un nivel adecuado de resiliencia operativa, como la implementación de controles básicos de ciberseguridad y planes mínimos de respuesta ante incidentes.

Las autoridades competentes tienen un papel determinante en la supervisión de estos mecanismos de gobernanza para garantizar su implementación efectiva y proporcional. Esto incluye la evaluación continua de la adecuación de las estructuras y estrategias de gestión de riesgos de las entidades que no son microempresas, asegurándose de que estén alineadas con las mejores prácticas y los requisitos normativos. Las autoridades también deben proporcionar directrices claras y realizar inspecciones regulares para evaluar la efectividad de los mecanismos implementados, ofreciendo retroalimentación que permita a las entidades mejorar continuamente su resiliencia operativa.

Finalmente, este enfoque basado en el tamaño y los recursos de las entidades contribuye a un equilibrio regulatorio que refuerza la resiliencia del sistema financiero sin imponer barreras innecesarias a la operación de las entidades más pequeñas. Al exigir a las entidades más grandes y complejas que asuman mayores responsabilidades en la gestión de riesgos relacionados con las TIC, el Reglamento asegura una protección más robusta frente a ciberamenazas y fallos tecnológicos, promoviendo al mismo tiempo la sostenibilidad operativa de todas las entidades que componen el sector financiero.

(39) ***Algunas entidades financieras se benefician de exenciones o están sujetas a un marco regulador poco estricto con arreglo al Derecho sectorial pertinente de la Unión. Entre esas entidades financieras se encuentran los gestores de fondos de inversión alternativos a que se refiere el artículo 3, apartado 2, de la Directiva 2011/61/UE del Parlamento Europeo y del Consejo, las empresas de seguros y reaseguros a que se refiere el artículo 4 de la Directiva 2009/138/CE del Parlamento Europeo y del Consejo, y los fondos de pensiones de empleo que gestionen planes de pensiones que, en conjunto, no tengan más de quince partícipes en total. A la luz de esas exenciones, sería desproporcionado incluir a dichas entidades financieras en el ámbito de aplicación del presente Reglamento. Además, el presente Reglamento reconoce las especificidades de la estructura del mercado de la intermediación de seguros, con la consecuencia de que los intermediarios de seguros, los intermediarios de reaseguros y los intermediarios de seguros complementarios considerados microempresas o pequeñas o medianas empresas no deben estar sujetos al presente Reglamento.***

El considerando aborda la exclusión de ciertas entidades financieras del ámbito de aplicación del Reglamento, fundamentada en razones de proporcionalidad y especificidad del sector al que pertenecen. Estas exclusiones reflejan un enfoque regulador adaptado a la naturaleza, tamaño y riesgos operativos de las entidades, garantizando que las obligaciones impuestas sean coherentes con su perfil y que no se generen cargas innecesarias que puedan comprometer su operatividad. Entre las entidades excluidas se encuentran los gestores de fondos de inversión alternativos sujetos a ciertas exenciones bajo la Directiva 2011/61/UE (AIFMD), empresas de seguros y reaseguros cubiertas por disposiciones específicas de la Directiva 2009/138/CE (Solvencia II) y fondos de pensiones de empleo con planes muy limitados en cuanto a su número de partícipes.

La exclusión de los gestores de fondos de inversión alternativos con exenciones bajo el artículo 3, apartado 2, de la AIFMD se justifica porque estas entidades, al no alcanzar ciertos umbrales de activos gestionados, no están sujetas al pleno marco regulador de dicha Directiva. Al operar a una escala reducida, su perfil de riesgo en términos de impactos sistémicos o exposición a ciberamenazas es significativamente menor que el de los gestores plenamente autorizados. Imponerles las exigencias del presente Reglamento sería desproporcionado, dado que estas entidades tienen un alcance operativo limitado y menos dependencias críticas de los servicios de TIC.

De manera similar, la exclusión de ciertas empresas de seguros y reaseguros bajo el artículo 4 de la Directiva Solvencia II responde al hecho de que estas empresas pueden operar bajo regímenes simplificados debido a su tamaño reducido o especificidad de actividades. Estas entidades, que a menudo tienen una exposición tecnológica limitada, no representarían un riesgo significativo para la estabilidad del sistema financiero en caso de interrupciones operativas relacionadas con las TIC. En consecuencia, incluirlas en el ámbito del Reglamento podría imponerles cargas regulatorias desproporcionadas respecto a su capacidad operativa y recursos disponibles.

En el caso de los fondos de pensiones de empleo con un máximo de quince partícipes, la exclusión reconoce su naturaleza extremadamente limitada, tanto en términos de tamaño como de impacto operativo. Estas entidades son pequeñas por definición y, generalmente, no dependen de infraestructuras tecnológicas complejas para la gestión de sus operaciones. Por lo tanto, su inclusión en el Reglamento no aportaría beneficios significativos en términos de resiliencia operativa digital, mientras que sí representaría una carga administrativa desproporcionada para ellas.

El considerando también introduce un enfoque diferenciado para la intermediación de seguros, al reconocer las particularidades de este mercado. Los intermediarios de seguros, reaseguros y seguros complementarios que califican como microempresas o pequeñas y medianas empresas (PYME) quedan fuera del ámbito de aplicación del Reglamento. Este reconocimiento responde a la estructura fragmentada de este mercado, compuesto mayoritariamente por actores de pequeño tamaño que operan con modelos de negocio menos dependientes de infraestructuras tecnológicas avanzadas. La exclusión de estas entidades evita imponerles requisitos que no se ajusten a su capacidad operativa ni a su perfil de riesgo, permitiéndoles concentrar recursos en áreas críticas para su operatividad diaria sin verse afectadas por obligaciones regulatorias que podrían ser excesivas.

Desde una perspectiva práctica, las exclusiones mencionadas permiten que el Reglamento se centre en las entidades cuyo perfil operativo, tamaño y complejidad tecnológica justifiquen su inclusión. Esto asegura una aplicación eficiente de las normas de resiliencia operativa digital, permitiendo que las autoridades competentes concentren su supervisión en los actores que representan un mayor riesgo potencial para la estabilidad financiera y la seguridad operativa del sector.

No obstante, estas exclusiones también plantean ciertos desafíos. Las entidades excluidas podrían seguir enfrentando riesgos relacionados con las TIC, aunque en menor medida, lo que requiere que adopten medidas básicas para gestionar dichos riesgos. Por ejemplo, un gestor de fondos de inversión alternativos exento o una microempresa de intermediación de seguros aún puede ser objeto de un ciberataque o sufrir interrupciones operativas que afecten a su capacidad de cumplir con las obligaciones hacia sus clientes. Por ello, aunque no estén sujetas al Reglamento, deben implementar controles mínimos de ciberseguridad y establecer procedimientos básicos de continuidad operativa para mitigar los riesgos tecnológicos.

Desde el punto de vista de las autoridades competentes, las exclusiones requieren un monitoreo continuo para garantizar que las condiciones que justifican la no aplicación del Reglamento no cambien con el tiempo. Por ejemplo, si un fondo de pensiones inicialmente excluido amplía significativamente su número de partícipes o complejidad operativa, o si un intermediario de seguros PYME comienza a depender de sistemas de TIC avanzados, las autoridades deben evaluar si estas entidades debiesen estar sujetas a un régimen regulador más estricto. Esto implica la necesidad de establecer mecanismos efectivos para detectar cambios en el perfil de riesgo de estas entidades y, en su caso, ajustar las normas aplicables.

Por otro lado, la exclusión también fomenta la eficiencia operativa y la competitividad de las entidades más pequeñas, al evitar imponerles cargas regulatorias que podrían desincentivar su participación en el mercado. Esto es especialmente relevante en sectores como la intermediación de seguros, donde las microempresas y las PYME desempeñan un papel determinante en la prestación de servicios personalizados y accesibles para clientes individuales y pequeñas empresas. Al eximirlas del Reglamento, se les permite operar con mayor flexibilidad, adaptándose mejor a las demandas del mercado sin enfrentarse a barreras regulatorias desproporcionadas.

En términos generales, el considerando refuerza un enfoque basado en la proporcionalidad, que busca equilibrar la necesidad de resiliencia operativa digital con la sostenibilidad operativa de las entidades más pequeñas y menos expuestas a riesgos tecnológicos. Al hacerlo, asegura que el Reglamento se aplique de manera eficiente y efectiva, concentrándose en aquellos actores cuyo perfil de riesgo y complejidad tecnológica justifiquen plenamente su inclusión, sin comprometer la viabilidad de las entidades excluidas.

(40) ***Dado que las entidades a que se refiere el artículo 2, apartado 5, puntos 4 a 23, de la Directiva 2013/36/UE están excluidas del ámbito de aplicación de dicha Directiva, los Estados miembros deben poder optar por eximir de la***

aplicación del presente Reglamento a dichas entidades situadas en sus respectivos territorios.

El considerando establece que los Estados miembros pueden optar por eximir de la aplicación del Reglamento a las entidades financieras mencionadas en el artículo 2, apartado 5, puntos 4 a 23, de la Directiva 2013/36/UE (CRD IV), las cuales ya están excluidas del ámbito de aplicación de dicha Directiva. Esta disposición reconoce la diversidad y especificidad de ciertas entidades financieras y permite a los Estados miembros decidir, de acuerdo con las características de sus mercados nacionales, si estas entidades deben estar sujetas o no a las obligaciones establecidas en el Reglamento.

La lista de entidades señaladas en el artículo 2, apartado 5, puntos 4 a 23, de la CRD IV incluye instituciones que, por su naturaleza, estructura y operaciones, no se consideran bancos o entidades de crédito típicas y, por tanto, no están sujetas al marco general de supervisión prudencial de la CRD IV. Entre estas entidades se incluyen organismos públicos encargados de gestionar la deuda pública, bancos centrales nacionales y ciertas instituciones de desarrollo regional o local que operan con un propósito público específico y que no compiten directamente en el mercado financiero. Al permitir que los Estados miembros eximan a estas entidades del Reglamento, se refleja la intención de evitar la imposición de obligaciones regulatorias que podrían ser desproporcionadas o innecesarias, dado el perfil operativo y los riesgos específicos de estas entidades.

Desde un punto de vista práctico, esta posibilidad de exención tiene varias implicaciones importantes. En primer lugar, otorga flexibilidad a los Estados miembros para evaluar si la inclusión de estas entidades en el ámbito del Reglamento es necesaria o adecuada en función de su relevancia en el contexto del sistema financiero nacional. Por ejemplo, un banco público que gestiona exclusivamente programas de desarrollo local y que tiene una limitada dependencia de los servicios de TIC podría no necesitar cumplir con las exigencias de resiliencia operativa digital del Reglamento, ya que el impacto de un incidente relacionado con las TIC en dicha entidad podría ser manejable y no generar riesgos sistémicos.

Además, la posibilidad de exención permite a los Estados miembros adaptar el marco regulatorio a las realidades locales, promoviendo un enfoque más equilibrado que tenga en cuenta las particularidades del entorno financiero y operativo de las entidades excluidas de la CRD IV. Esto es particularmente relevante en jurisdicciones donde estas entidades desempeñan funciones públicas específicas, como la financiación de proyectos de infraestructura o el apoyo a pequeñas empresas, y donde el cumplimiento de las obligaciones del Reglamento podría generar cargas desproporcionadas que interfieran con su misión principal.

Sin embargo, esta flexibilidad también presenta ciertos desafíos. La decisión de eximir a estas entidades del Reglamento podría generar disparidades entre los Estados miembros, lo que llevaría a una falta de uniformidad en la gestión de los riesgos relacionados con las TIC dentro de la Unión Europea. Por ejemplo, una entidad excluida en un Estado miembro podría estar sujeta a requisitos de resiliencia operativa digital en otro, lo que podría complicar las operaciones transfronterizas o generar desequilibrios en términos de competitividad y seguridad entre entidades similares. Esta fragmentación también podría dificultar la cooperación y el intercambio de información entre autoridades nacionales, especialmente en casos de incidentes relacionados con las TIC que afecten a varias jurisdicciones.

Otro aspecto importante es la necesidad de un enfoque supervisado y coordinado para garantizar que las entidades eximidas no representen un riesgo significativo para la estabilidad del sistema financiero. Aunque estas entidades no están sujetas al marco prudencial de la CRD IV, algunas pueden desempeñar funciones críticas dentro de sus economías nacionales o estar conectadas con entidades del sector financiero que sí están sujetas al Reglamento. Por ejemplo, un organismo público encargado de gestionar la deuda soberana podría estar vinculado a sistemas de TIC interconectados con bancos comerciales, lo que implica que un incidente relacionado con las TIC podría tener repercusiones más amplias de lo previsto.

Para mitigar estos riesgos, los Estados miembros que decidan aplicar la exención deben realizar evaluaciones detalladas del perfil de riesgo de las entidades en cuestión, considerando factores como su nivel de dependencia de los servicios de TIC, la criticidad de sus operaciones y su grado de interconexión con otros actores del sector financiero. Este análisis debe ser transparente y revisado periódicamente para garantizar que la exención sigue siendo adecuada y no compromete la resiliencia operativa del sistema financiero en su conjunto.

Además, sería recomendable que los Estados miembros proporcionen un marco alternativo para supervisar y gestionar los riesgos relacionados con las TIC en las entidades eximidas. Aunque estas entidades no estén sujetas a todas las disposiciones del Reglamento, podrían beneficiarse de requisitos básicos de ciberseguridad y resiliencia operativa adaptados a su perfil y actividades. Esto no solo contribuiría a minimizar riesgos potenciales, sino que también alinearía las prácticas de estas entidades con los estándares generales de seguridad y continuidad operativa esperados en el sector financiero.

Desde la perspectiva de las autoridades competentes, la posibilidad de exención implica una carga adicional en términos de evaluación y monitoreo. Estas autoridades deben garantizar que las decisiones de exención se tomen de manera justificada y que no generen lagunas regulatorias que puedan ser explotadas por actores maliciosos o que resulten en riesgos no mitigados para la estabilidad financiera. Esto requiere un enfoque basado en el riesgo, así como mecanismos efectivos para reevaluar las exenciones cuando cambien las circunstancias operativas o de riesgo de las entidades afectadas.

En última instancia, esta disposición destaca el equilibrio que busca el Reglamento entre la necesidad de proteger la resiliencia operativa digital del sector financiero y la importancia de no imponer cargas regulatorias innecesarias a entidades cuyo impacto potencial en la estabilidad financiera y los riesgos relacionados con las TIC son limitados.

(41) ***Del mismo modo, a fin de adaptar el presente Reglamento al ámbito de aplicación de la Directiva 2014/65/UE del Parlamento Europeo y del Consejo, también conviene excluir del ámbito de aplicación del presente Reglamento a las personas físicas y jurídicas a que se refieren los artículos 2 y 3 de dicha Directiva que estén autorizadas a prestar servicios de inversión sin tener que obtener una autorización con arreglo a la Directiva 2014/65/UE. No obstante, el artículo 2 de la Directiva 2014/65/UE también excluye del ámbito de aplicación de dicha Directiva a las entidades que puedan considerarse entidades financieras a efectos del presente Reglamento, como los depositarios centrales de valores, las instituciones de inversión colectiva o las empresas de seguros y de reaseguros. La exclusión del ámbito de aplicación del presente Reglamento de las personas y entidades a que se refieren los artículos 2 y 3 de dicha Directiva no debe abarcar a esos depositarios centrales de valores, instituciones de inversión colectiva o empresas de seguros y de reaseguros.***

El considerando establece criterios de exclusión y precisión sobre el ámbito de aplicación del Reglamento en relación con las personas y entidades mencionadas en los artículos 2 y 3 de la Directiva 2014/65/UE (Mifid II), asegurando su coherencia con las disposiciones de esta Directiva. Por un lado, se excluyen del Reglamento las personas físicas y jurídicas autorizadas para prestar servicios de inversión sin necesidad de obtener una autorización bajo Mifid II. Por otro lado, se matiza esta exclusión al aclarar que no se extiende a ciertos actores específicos, como los depositarios centrales de valores, las instituciones de inversión colectiva y las empresas de seguros y reaseguros, que, aunque excluidos del ámbito de MiFID II, pueden ser considerados entidades financieras bajo el Reglamento.

La exclusión de las personas y entidades mencionadas en los artículos 2 y 3 de MiFID II responde a la necesidad de armonizar el ámbito de aplicación del Reglamento con el de esta Directiva. MiFID II excluye ciertos actores de su alcance por la naturaleza limitada de sus actividades o porque sus servicios no tienen un impacto significativo en el mercado financiero. Por ejemplo, los proveedores de servicios de inversión que operan en un ámbito reducido o bajo regímenes simplificados no están obligados a cumplir con los estrictos requisitos de autorización y supervisión de MiFID II. De manera consistente, el Reglamento los excluye, reconociendo que la escala y naturaleza de sus operaciones no justifican la aplicación de los estándares de resiliencia operativa digital establecidos.

Sin embargo, el considerando especifica que esta exclusión no debe extenderse a los depositarios centrales de valores, las instituciones de inversión colectiva ni a las empresas de seguros y reaseguros. Estas entidades, aunque excluidas del ámbito de MiFID II, desempeñan funciones críticas en el sistema financiero y están sujetas a marcos regulatorios específicos que las califican como entidades financieras a los efectos del Reglamento. Por ejemplo, los depositarios centrales de valores son actores clave en la infraestructura de los mercados financieros, gestionando el registro, compensación y liquidación de valores. Dado su papel central, una interrupción operativa en estas entidades podría tener un impacto significativo en la estabilidad del mercado, justificando su inclusión en el Reglamento para asegurar que cumplan con estándares de resiliencia operativa digital adecuados.

Asimismo, las instituciones de inversión colectiva y las empresas de seguros y reaseguros también están expuestas a riesgos relacionados con las TIC que pueden afectar la estabilidad financiera o la protección de los consumidores. Por ejemplo, una brecha de seguridad en una institución de inversión colectiva podría comprometer datos sensibles de los inversores, mientras que un incidente en una empresa de seguros podría interrumpir la gestión de siniestros o pagos a clientes. Al incluir a estas entidades en el ámbito del Reglamento, se garantiza que adopten medidas adecuadas para identificar, gestionar y mitigar los riesgos relacionados con las TIC, alineándose con las expectativas regulatorias aplicables a otros actores financieros.

Desde una perspectiva práctica, esta distinción tiene implicaciones significativas para las entidades incluidas y excluidas. Las entidades excluidas, al no estar sujetas al Reglamento, no tendrán la obligación de implementar las medidas de resiliencia operativa digital que este exige, como la realización de pruebas avanzadas de resiliencia, la notificación de incidentes TIC o la supervisión de terceros proveedores críticos. Esto les evita cargas regulatorias potencialmente desproporcionadas, pero también las deja fuera del marco uniforme de gestión de riesgos relacionados con las TIC que el Reglamento pretende establecer. No obstante, estas entidades deberán seguir cumpliendo con las normativas específicas aplicables a su actividad, lo que podría incluir ciertos requisitos básicos de ciberseguridad.

Por otro lado, las entidades que, pese a estar excluidas de MiFID II, se incluyen en el ámbito del Reglamento, deberán adoptar un enfoque más robusto para gestionar los riesgos relacionados con las TIC. Esto implica implementar marcos de gestión de riesgos alineados con los estándares del Reglamento, realizar auditorías internas, notificar incidentes significativos y garantizar la resiliencia de sus sistemas frente a ciberamenazas. En el caso de los depositarios centrales de valores, las instituciones de inversión colectiva y las empresas de seguros y reaseguros, esto puede requerir inversiones adicionales en infraestructura tecnológica y en la capacitación del personal, así como la adaptación de sus políticas y procedimientos internos.

Para las autoridades competentes, esta disposición introduce un nivel adicional de complejidad en la supervisión. Será necesario establecer criterios claros para identificar a las entidades que, aunque excluidas de MiFID II, deben cumplir con el Reglamento, asegurando que estas últimas sean debidamente supervisadas para garantizar su cumplimiento. Esto también exige una coordinación estrecha entre las autoridades responsables de la aplicación de MiFID II y aquellas encargadas de supervisar el cumplimiento del Reglamento, especialmente en casos donde una entidad pueda operar en sectores regulados por ambos marcos normativos.

En el contexto del mercado financiero de la Unión Europea, esta disposición también refuerza la consistencia regulatoria al garantizar que los actores más relevantes en términos de impacto sistémico y exposición a riesgos tecnológicos estén sujetos a los mismos estándares de resiliencia operativa digital. Al mismo tiempo, evita imponer requisitos innecesarios a entidades cuya inclusión en el Reglamento no aportaría beneficios significativos para la estabilidad financiera o la protección de los consumidores.

En definitiva, este considerando refleja un enfoque regulador basado en la proporcionalidad y en la identificación precisa de los riesgos asociados a diferentes tipos de entidades financieras. Al hacerlo, busca equilibrar la necesidad de proteger el sistema financiero frente a riesgos relacionados con las TIC con la importancia de no imponer cargas regulatorias innecesarias a actores que no representan un riesgo significativo en este ámbito.

(42) ***Con arreglo al Derecho sectorial de la Unión, algunas entidades financieras están sujetas a requisitos o exenciones menos estrictos por motivos relacionados con su tamaño o con los servicios que prestan. Entre esta categoría de entidades financieras se encuentran las empresas de servicios de inversión pequeñas y no interconectadas, los fondos de pensiones de empleo pequeños que pueden quedar excluidos con arreglo a la Directiva (UE) 2016/2341 en las condiciones establecidas en el artículo 5 de dicha Directiva por el Estado miembro de que se trate y que gestionan planes de pensiones que, en conjunto, no tengan más de cien partícipes, así como las entidades exentas en virtud de la Directiva 2013/36/UE. Por consiguiente, de conformidad con el principio de proporcionalidad y con el fin de preservar el espíritu del Derecho sectorial de la Unión, también conviene someter a dichas entidades financieras a un marco simplificado de gestión del riesgo relacionado con las TIC con arreglo al presente Reglamento. El carácter proporcionado del marco de gestión del riesgo relacionado con las TIC que abarca a esas entidades financieras no debe verse alterado por las normas técnicas de regulación que deben desarrollar las Autoridades Europeas de Supervisión. Además, de conformidad con el principio de proporcionalidad, conviene someter también a las entidades de pago a que se refiere el artículo 32, apartado 1, de la Directiva (UE) 2015/2366 y a las entidades de dinero electrónico a que se refiere el artículo 9 de la Directiva 2009/110/CE, exentas de conformidad con el Derecho nacional por el que se transpongan estos actos jurídicos de la Unión a un marco simplificado de gestión del riesgo relacionado con las TIC con arreglo al presente Reglamento, mientras que las entidades de pago y las entidades de dinero electrónico que no hayan sido eximidas de conformidad con su respectivo Derecho nacional por el que se transponga el Derecho sectorial de la Unión deben cumplir el marco general establecido en el presente Reglamento.***

El considerando aborda la aplicación de un enfoque proporcional para la gestión de riesgos relacionados con las TIC en ciertas entidades financieras que, debido a su tamaño, naturaleza o alcance limitado, están sujetas a requisitos menos estrictos o exentas de cumplimiento bajo el Derecho sectorial de la Unión. Estas entidades incluyen pequeñas empresas de servicios de inversión no interconectadas, fondos de pensiones de empleo pequeños con hasta cien partícipes que puedan ser excluidos conforme a la Directiva (UE) 2016/2341, y entidades exentas bajo la Directiva 2013/36/UE (CRD IV). También se incluyen las entidades de pago y de dinero electrónico exentas según los artículos 32 y 9 de sus respectivas directivas

(PSD2 y la Directiva 2009/110/CE). Para estas entidades, el Reglamento establece un marco simplificado de gestión del riesgo relacionado con las TIC, garantizando que las obligaciones regulatorias sean proporcionales a sus características y limitaciones operativas.

La creación de un marco simplificado tiene como objetivo principal equilibrar la necesidad de resiliencia operativa digital con la sostenibilidad operativa de estas entidades. Reconoce que, debido a su menor escala y riesgo operativo limitado, someter a estas entidades a las mismas exigencias que las grandes instituciones financieras sería desproporcionado. Por ejemplo, exigir a un fondo de pensiones con menos de cien partícipes o a una pequeña empresa de servicios de inversión no interconectada que implemente sistemas avanzados de ciberseguridad, pruebas de resiliencia digital o auditorías internas frecuentes podría generar costos excesivos, comprometiendo su viabilidad operativa y competitividad.

El considerando también subraya que las normas técnicas de regulación que deben desarrollar las Autoridades Europeas de Supervisión (EBA, ESMA y EIOPA) no deben alterar el carácter proporcional del marco simplificado. Esto garantiza que la implementación de los requisitos a nivel técnico preserve la intención del Reglamento de no imponer cargas innecesarias a estas entidades. Las normas técnicas deberán, por tanto, establecer requisitos adaptados a las capacidades operativas y financieras de estas entidades, como controles básicos de seguridad, políticas mínimas de gestión de riesgos y notificaciones simplificadas de incidentes relacionados con las TIC.

Además, el considerando distingue entre las entidades de pago y de dinero electrónico exentas bajo el Derecho nacional que transpone la PSD2 y la Directiva 2009/110/CE, y aquellas que no están exentas. Las primeras están sujetas al marco simplificado del Reglamento, mientras que las segundas deben cumplir con el marco general. Esta diferenciación refleja una adaptación a las características operativas y regulatorias de estas entidades. Por ejemplo, una entidad de pago que opera bajo un régimen exento probablemente tiene un alcance más limitado, con menos transacciones y menor exposición a riesgos sistémicos, lo que justifica un tratamiento regulatorio más flexible. En cambio, las entidades de pago no exentas suelen tener operaciones más amplias, con mayores interdependencias tecnológicas y un mayor riesgo de impacto en la estabilidad financiera en caso de incidentes relacionados con las TIC, lo que justifica su inclusión en el marco general.

Desde una perspectiva práctica, el marco simplificado permitirá que estas entidades gestionen los riesgos relacionados con las TIC sin incurrir en costos desproporcionados. Esto incluye medidas básicas como la identificación y evaluación de riesgos tecnológicos, la implementación de controles mínimos de ciberseguridad, y el establecimiento de procedimientos básicos para notificar incidentes significativos. Por ejemplo, un pequeño fondo de pensiones podría cumplir sus obligaciones mediante la adopción de un plan de continuidad operativa y la contratación de servicios tecnológicos externos que garanticen la seguridad de los datos y sistemas, en lugar de desarrollar capacidades internas avanzadas.

El enfoque proporcional también tiene un impacto significativo en la competitividad y sostenibilidad de estas entidades. Les permite operar en igualdad de condiciones con entidades similares dentro del mercado de la Unión Europea, evitando que las cargas regulatorias actúen como barreras de entrada o provoquen su retirada del mercado. Esto es especialmente importante para las pequeñas empresas de servicios de inversión y los fondos de pensiones, que a menudo desempeñan un papel determinante en el apoyo a clientes locales o nichos específicos.

Sin embargo, este enfoque también plantea desafíos regulatorios y de supervisión. Las autoridades competentes deben asegurarse de que el marco simplificado sea suficiente para mitigar los riesgos relacionados con las TIC en estas entidades, sin que su simplificación comprometa la protección de los consumidores o la estabilidad operativa. Esto requiere un monitoreo continuo para evaluar si las medidas adoptadas por estas entidades son efectivas y si su exclusión del marco general sigue siendo adecuada. Además, las autoridades deben proporcionar orientación clara a las entidades sobre cómo cumplir con los requisitos simplificados, asegurando que entiendan sus obligaciones y puedan implementarlas de manera efectiva.

La diferenciación entre el marco simplificado y el marco general también introduce un grado de complejidad en la supervisión, ya que las autoridades deberán aplicar criterios distintos según el tipo de entidad y su estatus regulatorio. Esto requiere una coordinación estrecha entre las autoridades nacionales y las Autoridades Europeas de Supervisión para garantizar una aplicación uniforme y coherente de los requisitos, evitando disparidades regulatorias entre Estados miembros que puedan afectar el nivel de protección o la competitividad del mercado.

En última instancia, el marco simplificado permite que las entidades más pequeñas y menos complejas gestionen sus riesgos tecnológicos de manera proporcional, mientras que las entidades más grandes y expuestas asumen mayores responsabilidades para garantizar la resiliencia operativa digital en el sector financiero. Este enfoque equilibra la protección del sistema financiero frente a los riesgos relacionados con las TIC con la viabilidad operativa de las entidades más vulnerables a cargas regulatorias desproporcionadas.

(43) ***De modo similar, las entidades financieras que se consideran microempresas o que están sujetas al marco simplificado de gestión del riesgo relacionado con las TIC con arreglo al presente Reglamento no deben estar obligadas a crear un cargo para el seguimiento de los acuerdos celebrados con proveedores terceros de servicios de TIC sobre el uso de servicios de TIC; a designar a un miembro de la alta dirección para que sea responsable de supervisar la exposición al riesgo correspondiente y la documentación pertinente; a asignar la responsabilidad de la gestión y supervisión del riesgo relacionado con las TIC a una función de control y garantizar un nivel adecuado de independencia de dicha función de control para evitar conflictos de intereses; a documentar y revisar al menos una vez al año el marco de gestión del riesgo relacionado con las TIC; a someter a auditoría interna periódicamente el marco de gestión del riesgo relacionado con las TIC; a llevar a cabo evaluaciones exhaustivas tras cambios importantes en los procesos y las infraestructuras de su red y sistemas de información; a realizar periódicamente análisis de riesgos sobre los sistemas de TIC heredados; a someter a auditorías internas independientes la ejecución de los planes de respuesta y recuperación en materia de TIC; a disponer de una función de gestión de crisis; a ampliar las pruebas sobre los planes de continuidad de la actividad y de respuesta y recuperación para reflejar los escenarios de conmutación entre la infraestructura primaria de TIC y las instalaciones redundantes; a comunicar a las autoridades competentes que lo soliciten una estimación de los costes y pérdidas anuales agregados provocados por incidentes graves relacionados con las TIC, a mantener capacidades de TIC redundantes; a comunicar a las autoridades nacionales competentes los cambios ejecutados a raíz de revisiones realizadas tras incidentes relacionados con las TIC; a hacer un seguimiento continuo de los avances tecnológicos pertinentes; a establecer un programa completo de pruebas de resiliencia operativa digital como parte integrante del marco de gestión del riesgo relacionado con las TIC establecido en el presente Reglamento, o a adoptar y revisar periódicamente una estrategia relativa al riesgo relacionado con las TIC derivado de terceros. Además, se debe obligar a las microempresas a que evalúen la necesidad de mantener estas capacidades de TIC redundantes únicamente sobre la base de su perfil de riesgo. Las microempresas deben beneficiarse de un régimen más flexible en lo que respecta a los programas de pruebas de resiliencia operativa digital. A la hora de considerar el tipo y la frecuencia de las pruebas que han de realizarse, deben buscar un equilibrio adecuado entre el objetivo de mantener una elevada resiliencia operativa digital,***

los recursos disponibles y su perfil de riesgo general. Las microempresas y las entidades financieras sujetas al marco simplificado de gestión del riesgo relacionado con las TIC con arreglo al presente Reglamento deben quedar exentas del requisito de realizar pruebas avanzadas de herramientas, sistemas y procesos de TIC sobre la base de pruebas de penetración basadas en amenazas, ya que solo las entidades financieras que cumplen los criterios establecidos en el presente Reglamento deben estar obligadas a llevar a cabo dichas pruebas. Habida cuenta de sus limitadas capacidades, las microempresas deben poder acordar con el proveedor tercero de servicios de TIC la delegación de los derechos de acceso, inspección y auditoría de la entidad financiera en un tercero independiente, que nombrará el proveedor tercero de servicios de TIC, siempre que la entidad financiera pueda solicitar, en cualquier momento, toda la información y garantías pertinentes sobre el rendimiento del proveedor tercero de servicios de TIC al tercero independiente respectivo.

El considerando desarrolla un enfoque detallado y flexible para la aplicación de los requisitos del Reglamento a las microempresas y a las entidades sujetas al marco simplificado de gestión del riesgo relacionado con las TIC. Este enfoque reconoce que estas entidades, debido a su menor tamaño, recursos limitados y menor complejidad operativa, no deben estar sujetas a las mismas exigencias que las entidades financieras más grandes o interconectadas. En este sentido, se establecen exenciones específicas para una serie de obligaciones que serían desproporcionadas para estas entidades, equilibrando la necesidad de garantizar un nivel básico de resiliencia operativa digital con la realidad de sus capacidades y recursos.

Entre las obligaciones de las que se exime a las microempresas y a las entidades sujetas al marco simplificado, destacan la creación de funciones de control avanzadas, como la designación de un miembro de la alta dirección responsable de supervisar los riesgos relacionados con las TIC o la implementación de una función de control independiente dedicada exclusivamente a la gestión de estos riesgos. La eliminación de estos requisitos refleja la estructura simplificada de las microempresas, que no cuentan con los recursos necesarios para sostener funciones de control especializadas ni para establecer una separación completa entre funciones operativas y de supervisión, como lo exige el modelo de tres líneas de defensa aplicado a entidades más grandes.

El considerando también menciona la exención de las microempresas de documentar y revisar anualmente su marco de gestión del riesgo relacionado con las TIC, así como de realizar auditorías internas periódicas o evaluaciones exhaustivas tras cambios significativos en los sistemas y procesos de TIC. Estas disposiciones reconocen que la naturaleza limitada de las operaciones de las microempresas reduce la necesidad de estos procedimientos formales y continuos, permitiéndoles priorizar recursos en medidas más básicas, pero igualmente efectivas para garantizar su resiliencia operativa.

Otro punto clave es la exclusión de las microempresas del requisito de mantener capacidades de TIC redundantes, como sistemas de respaldo o infraestructuras alternativas, salvo cuando su perfil de riesgo indique la necesidad de dichas capacidades. Este enfoque basado en el riesgo permite que las microempresas adapten sus inversiones tecnológicas a su realidad operativa, evitando imponerles costos innecesarios asociados con la duplicación de infraestructuras, a menos que exista un riesgo específico que lo justifique.

El régimen simplificado también se refleja en las exenciones relacionadas con las pruebas de resiliencia operativa digital. Las microempresas no están obligadas a llevar a cabo pruebas avanzadas, como las pruebas de penetración basadas en amenazas, que están reservadas para entidades con mayores niveles de complejidad operativa y exposición al riesgo. En cambio, se les permite adoptar programas de pruebas más básicos, ajustados a sus recursos y perfil de riesgo, con la condición de que estas pruebas sean suficientes para garantizar un nivel mínimo de preparación ante incidentes relacionados con las TIC.

El considerando también permite que las microempresas deleguen ciertos derechos de auditoría, inspección y acceso relacionados con los proveedores terceros de servicios de TIC a terceros independientes designados por dichos proveedores. Este enfoque tiene varias ventajas prácticas, ya que libera a las microempresas de la carga de realizar auditorías directas, que a menudo requieren conocimientos técnicos especializados que no poseen, al tiempo que asegura que la supervisión de los proveedores sea realizada por expertos cualificados. Sin embargo, esta delegación no exime a las microempresas de su responsabilidad final, ya que deben poder solicitar información y garantías relevantes sobre el desempeño del proveedor en cualquier momento. Esto asegura que las microempresas mantengan un nivel adecuado de control sobre los riesgos derivados de terceros, sin comprometer su capacidad operativa.

Desde una perspectiva práctica, estas exenciones y ajustes específicos proporcionan un marco regulatorio que protege a las microempresas de cargas desproporcionadas mientras asegura que implementen medidas mínimas de gestión de riesgos relacionados con las TIC. Por ejemplo, en lugar de realizar pruebas avanzadas, las microempresas podrían optar por pruebas básicas de sus sistemas de TIC, como simulaciones de interrupciones o evaluaciones de vulnerabilidades, que les permitan identificar y mitigar riesgos sin incurrir en costos elevados.

El enfoque también tiene implicaciones para los proveedores terceros de servicios de TIC, que deberán adaptarse a estas disposiciones al facilitar la delegación de derechos de auditoría a terceros independientes y al proporcionar información relevante a las microempresas de manera oportuna. Esto podría requerir que los proveedores ajusten sus políticas de cumplimiento y reporten información de manera más accesible, lo que beneficiará a las microempresas al reducir las barreras técnicas y administrativas asociadas con la supervisión de terceros.

Para las autoridades competentes, este régimen diferenciado implica una supervisión adaptada al tamaño y perfil de riesgo de las entidades. Esto incluye garantizar que las microempresas y las entidades sujetas al marco simplificado cumplan con los requisitos básicos establecidos, como mantener controles mínimos de ciberseguridad y realizar evaluaciones de riesgos proporcionales, sin imponer expectativas que excedan sus capacidades. Al mismo tiempo, las autoridades deben supervisar que las microempresas no subestimen su exposición al riesgo, especialmente en casos donde la dependencia de servicios digitales o la interconexión con terceros pueda aumentar significativamente su vulnerabilidad.

Finalmente, el considerando refuerza el principio de proporcionalidad en la regulación de la resiliencia operativa digital, asegurando que las microempresas y las entidades sujetas al marco simplificado puedan operar de manera sostenible dentro del mercado financiero sin quedar excluidas por requisitos regulatorios excesivos. Esto fomenta un entorno más inclusivo, al tiempo que preserva un nivel adecuado de resiliencia y estabilidad en el sistema financiero en su conjunto.

(44) ***Dado que solo las entidades financieras identificadas a efectos de las pruebas avanzadas de resiliencia digital deben estar obligadas a llevar a cabo pruebas de penetración basadas en amenazas, los procesos administrativos y los costes financieros derivados de la realización de dichas pruebas deben recaer en un pequeño porcentaje de entidades financieras.***

El considerando establece que únicamente un porcentaje limitado de entidades financieras, aquellas identificadas específicamente para llevar a cabo pruebas avanzadas de resiliencia digital, estarán obligadas a realizar pruebas de penetración basadas en amenazas. Este enfoque refleja el principio de proporcionalidad y tiene como objetivo concentrar los recursos regulatorios y operativos en las entidades que presentan un mayor riesgo sistémico o tecnológico. Al limitar la aplicación de estas pruebas a un subconjunto reducido de entidades, se busca garantizar que los procesos administrativos y los costes financieros asociados no impongan una carga excesiva sobre el sector financiero en su conjunto.

Las pruebas de penetración basadas en amenazas, también conocidas como pruebas de TIBER-EU en el contexto de la Unión Europea, son una herramienta avanzada que permite evaluar la resiliencia de los sistemas de TIC frente a ciberataques simulados, utilizando escenarios específicos y realistas basados en amenazas actuales. Estas pruebas requieren la participación de expertos externos, tanto para diseñar los escenarios como para ejecutar los simulacros, así como una revisión detallada de los resultados para identificar vulnerabilidades críticas y áreas de mejora. Por su naturaleza, las pruebas implican un esfuerzo técnico y financiero significativo, lo que justifica su aplicación limitada a aquellas entidades cuya interrupción operativa podría tener consecuencias graves para la estabilidad financiera o el funcionamiento del mercado.

El considerando señala que los costes y los esfuerzos administrativos relacionados con estas pruebas recaerán en un pequeño porcentaje de entidades financieras. Esto significa que las entidades identificadas para cumplir con esta obligación serán generalmente aquellas que desempeñan un papel clave en el sistema financiero, como bancos sistémicos, grandes empresas de servicios de pago, infraestructuras de mercados financieros o entidades con un alto grado de interconexión tecnológica. Estas entidades suelen manejar grandes volúmenes de datos sensibles, procesar transacciones críticas o proporcionar servicios esenciales cuya interrupción podría desencadenar efectos en cascada en el sistema financiero. Por tanto, la realización de pruebas de penetración basadas en amenazas está alineada con la necesidad de proteger los puntos más críticos del sistema financiero contra riesgos tecnológicos y cibernéticos.

Desde una perspectiva práctica, este enfoque tiene implicaciones importantes para las entidades financieras obligadas a realizar estas pruebas. En primer lugar, estas entidades deberán invertir en recursos especializados, tanto internos como externos, para cumplir con los requisitos técnicos y operativos de las pruebas. Esto incluye la contratación de empresas certificadas para ejecutar los escenarios de prueba, la capacitación del personal interno para gestionar los procesos relacionados y la implementación de mejoras tecnológicas basadas en los resultados obtenidos. Aunque estos costes pueden ser significativos, son proporcionales al nivel de exposición y responsabilidad de estas entidades dentro del sistema financiero.

Además, estas pruebas implican un nivel elevado de coordinación con las autoridades competentes, que desempeñan un papel determinante en la supervisión del diseño y la ejecución de los escenarios, así como en la evaluación de los resultados. Esto refuerza la colaboración entre el sector privado y los reguladores, asegurando que las pruebas se realicen de manera transparente y que los hallazgos se utilicen para fortalecer la resiliencia del sector financiero en su conjunto. Las autoridades también deben garantizar que los procesos administrativos asociados con estas pruebas sean claros y consistentes, reduciendo al mínimo las posibles incertidumbres regulatorias.

Para las entidades que no están obligadas a realizar pruebas de penetración basadas en amenazas, este enfoque reduce significativamente la carga regulatoria y financiera, permitiéndoles centrarse en medidas de resiliencia digital más básicas, pero igualmente esenciales. Por ejemplo, estas entidades podrían adoptar evaluaciones de riesgos periódicas, pruebas internas más simples o simulaciones de incidentes tecnológicos que estén alineadas con su tamaño, perfil de riesgo y recursos disponibles. Esto asegura que todas las entidades del sector financiero participen en algún nivel de fortalecimiento de la resiliencia digital, pero sin imponer requisitos desproporcionados a aquellas con menor capacidad o impacto sistémico.

Desde la perspectiva de las autoridades competentes, la identificación de las entidades sujetas a estas pruebas avanzadas debe basarse en criterios claros y objetivos, como el tamaño, la interconexión tecnológica, la relevancia sistémica o el volumen de datos manejados por la entidad. Esto asegura que los recursos regulatorios se concentren en las áreas de mayor riesgo, optimizando el impacto de las pruebas de resiliencia digital en la estabilidad del sistema financiero. Asimismo, las autoridades deben proporcionar orientación específica y detallada sobre los requisitos de estas pruebas, minimizando las barreras técnicas o administrativas que puedan enfrentar las entidades obligadas a cumplir con ellas.

En términos generales, este enfoque segmentado también tiene un impacto positivo en la cooperación internacional. Al concentrar las pruebas de penetración basadas en amenazas en un subconjunto reducido de entidades críticas, se facilita la armonización con marcos similares aplicados en otras jurisdicciones, como Estados Unidos o Asia, donde las pruebas avanzadas de resiliencia digital también están dirigidas a actores clave del sistema financiero. Esto promueve una respuesta más coordinada frente a los riesgos tecnológicos globales, especialmente en un entorno financiero cada vez más interconectado.

Finalmente, el considerando subraya la importancia de mantener un equilibrio entre los beneficios esperados de las pruebas avanzadas y los costes asociados a su implementación. Este equilibrio garantiza que los recursos del sector financiero se utilicen de manera eficiente, concentrándose en fortalecer la resiliencia de las entidades con mayor exposición al riesgo, mientras que las demás entidades pueden operar bajo marcos simplificados que sean proporcionales a su perfil de riesgo. Este enfoque diferenciado refuerza la estabilidad general del sistema financiero, asegurando que todas las entidades contribuyan a su resiliencia de acuerdo con sus capacidades y responsabilidades específicas.

(45) ***Para garantizar la plena armonización y la coherencia general entre las estrategias empresariales de las entidades financieras, por una parte, y la gestión del riesgo relacionado con las TIC, por otra, debe exigirse a los órganos de dirección de las entidades financieras que desempeñen un papel central y activo en la dirección y adaptación del marco de gestión del riesgo relacionado con las TIC y de la estrategia de resiliencia digital general. El enfoque que adopten los órganos de dirección no solo debe centrarse en los medios para garantizar la resiliencia de los sistemas de TIC, sino que también debe abarcar a las personas y los procesos a través de un conjunto de políticas que promuevan, en cada nivel corporativo y para todo el personal, una fuerte concienciación sobre los riesgos de ciberseguridad y el compromiso de respetar una estricta ciberhigiene a todos los niveles. La responsabilidad última del órgano de dirección en la gestión del riesgo relacionado con las TIC de una entidad financiera debe ser un principio fundamental de ese enfoque global, que se traducirá además en la implicación continua del órgano de dirección en el control del seguimiento de la gestión del riesgo relacionado con las TIC.***

El considerando subraya la necesidad de un enfoque integral y armonizado para la gestión del riesgo relacionado con las TIC en las entidades financieras, situando al órgano de dirección como el eje central de estas actividades. Este enfoque busca garantizar que las estrategias empresariales de las entidades estén alineadas con sus esfuerzos en resiliencia operativa digital, reconociendo que la gestión de riesgos relacionados con las TIC no es únicamente un desafío técnico, sino un elemento estratégico que debe integrarse en todos los niveles de la organización.

El considerando establece que los órganos de dirección deben desempeñar un papel activo en la dirección y adaptación del marco de gestión del riesgo relacionado con las TIC, así como en la definición y ejecución de la estrategia de resiliencia digital general. Este requisito refleja la importancia de la gobernanza en la gestión de riesgos tecnológicos, donde las decisiones estratégicas y la asignación de recursos deben ser tomadas al más alto nivel para garantizar que las entidades estén preparadas para prevenir, responder y recuperarse de incidentes relacionados con las TIC. El papel del órgano de dirección incluye no solo aprobar las políticas y procedimientos relacionados con la ciberseguridad, sino también supervisar su implementación efectiva y revisar regularmente su eficacia en función de los cambios en el entorno de amenazas y las operaciones de la entidad.

El considerando enfatiza que el enfoque de los órganos de dirección debe ir más allá de los aspectos técnicos y abarcar también las personas y los procesos. Esto implica que la ciberseguridad debe ser vista como una responsabilidad compartida en toda la organización, promoviendo políticas y prácticas que refuercen la concienciación sobre los riesgos de ciberseguridad y fomenten una cultura de ciberhigiene a todos los niveles. Este enfoque holístico requiere que los órganos de dirección implementen programas de formación regulares, diseñados para equipar a todo el personal con las habilidades y conocimientos necesarios para identificar y mitigar riesgos cibernéticos en su ámbito de trabajo. Además, estas políticas deben garantizar que la ciberseguridad no sea percibida únicamente como una responsabilidad del departamento de tecnología, sino como una prioridad estratégica en toda la estructura organizativa.

La atribución de la responsabilidad última en la gestión del riesgo relacionado con las TIC al órgano de dirección tiene varias implicaciones prácticas. En primer lugar, exige que los miembros del órgano de dirección posean o adquieran un conocimiento suficiente sobre los riesgos tecnológicos y sus posibles impactos en las operaciones y la estabilidad financiera de la entidad. Esto puede requerir capacitación especializada o la incorporación de expertos en ciberseguridad al consejo de administración o a comités específicos, como el comité de auditoría o el de riesgos.

Además, la implicación continua del órgano de dirección en el control del seguimiento de la gestión del riesgo relacionado con las TIC requiere la implementación de mecanismos adecuados de monitoreo y reporte. Las entidades deben establecer indicadores clave de rendimiento (KPI) y de riesgo (KRI) que permitan a los órganos de dirección evaluar el estado de su resiliencia digital y tomar decisiones informadas sobre las inversiones y estrategias necesarias para mitigar vulnerabilidades o mejorar la protección. Por ejemplo, los reportes regulares sobre la cantidad y severidad de incidentes cibernéticos, los resultados de auditorías internas y externas, y los hallazgos de las pruebas de resiliencia operativa digital pueden proporcionar información crítica para la toma de decisiones estratégicas.

El considerando también apunta a la necesidad de que los órganos de dirección lideren con el ejemplo en términos de compromiso con la ciberseguridad. Esto incluye garantizar que ellos mismos cumplan con las políticas de ciberhigiene establecidas, como la protección adecuada de dispositivos personales utilizados para actividades corporativas y la adopción de prácticas seguras de gestión de contraseñas. Este liderazgo visible no solo refuerza la cultura de ciberseguridad dentro de la organización, sino que también aumenta la credibilidad del órgano de dirección al promover el cumplimiento entre el resto del personal.

Para las autoridades competentes, la centralidad del órgano de dirección en la gestión del riesgo relacionado con las TIC presenta desafíos y oportunidades en términos de supervisión. Las autoridades deben evaluar no solo los controles técnicos y operativos implementados por las entidades, sino también la efectividad de su gobernanza en este ámbito. Esto puede incluir revisar las actas de las reuniones del consejo de administración para verificar que los riesgos tecnológicos están siendo discutidos a nivel estratégico, así como evaluar si las decisiones del órgano de dirección reflejan una comprensión adecuada de los riesgos relacionados con las TIC. Asimismo, las autoridades pueden exigir que las entidades demuestren cómo el órgano de dirección supervisa y mide el impacto de las políticas de ciberseguridad y resiliencia digital.

Desde una perspectiva más amplia, la implicación activa del órgano de dirección también contribuye a la estabilidad del sistema financiero en su conjunto. Las decisiones estratégicas y la supervisión adecuada de los riesgos relacionados con las TIC en las principales entidades financieras reducen la probabilidad de incidentes cibernéticos con efectos sistémicos, como interrupciones en infraestructuras críticas de mercado o fugas masivas de datos que puedan erosionar la confianza en el sector financiero. Este enfoque también fomenta la colaboración entre las entidades financieras y las autoridades regulatorias, al establecer una línea clara de rendición de cuentas y responsabilidad en la gestión de riesgos tecnológicos.

Finalmente, al destacar la importancia de integrar la gestión del riesgo relacionado con las TIC en la estrategia empresarial general, el considerando refuerza la necesidad de que las entidades financieras adopten un enfoque proactivo en lugar de reactivo frente a los desafíos de la ciberseguridad. Esto significa que la planificación estratégica debe incluir la consideración de cómo las inversiones en tecnología, la transformación digital y la gestión de terceros impactan en los riesgos tecnológicos, asegurando que las decisiones empresariales no comprometan la resiliencia operativa digital de la organización. Al exigir que los órganos de dirección desempeñen un papel activo y central en este proceso, el Reglamento establece un estándar que no solo protege a las entidades individuales, sino que también refuerza la resiliencia general del sistema financiero europeo frente a las amenazas digitales en constante evolución.

(46) ***Además, el principio de la responsabilidad plena y última del órgano de dirección sobre la gestión del riesgo relacionado con las TIC de la entidad financiera va acompañado de la necesidad de garantizar un nivel de inversiones relacionadas con las TIC y un presupuesto global para la entidad financiera que permita que esta alcance un elevado nivel de resiliencia operativa digital.***

El considerando establece la responsabilidad plena y última del órgano de dirección de una entidad financiera en la gestión del riesgo relacionado con las TIC, añadiendo que dicha responsabilidad debe ir acompañada de la obligación de garantizar un nivel adecuado de inversiones en tecnologías de la información y la comunicación y un presupuesto global suficiente para alcanzar un elevado nivel de resiliencia operativa digital. Este planteamiento refleja un enfoque estratégico y proactivo hacia la ciberseguridad y la gestión de riesgos tecnológicos, subrayando la importancia de los recursos financieros como un elemento clave para lograr la resiliencia.

La exigencia de que el órgano de dirección asegure un nivel adecuado de inversiones y presupuesto en TIC implica, en primer lugar, un cambio en la cultura corporativa de las entidades financieras, en la que la ciberseguridad y la gestión del riesgo tecnológico deben ser reconocidas como una prioridad estratégica. Esto requiere que los miembros del órgano de dirección no solo comprendan la importancia de la ciberseguridad en el contexto actual, sino que también integren estas consideraciones en la planificación financiera de la entidad, alineándolas con los objetivos generales de negocio. Dado que los riesgos tecnológicos están en constante evolución, el presupuesto asignado debe ser revisado y ajustado regularmente para responder de manera eficaz a nuevas amenazas y vulnerabilidades.

En términos prácticos, garantizar un nivel adecuado de inversiones en TIC significa que el órgano de dirección debe priorizar el financiamiento de medidas críticas como la actualización y mantenimiento de infraestructuras tecnológicas, la implementación de soluciones avanzadas de ciberseguridad, y la formación continua del personal en ciberhigiene y concienciación sobre riesgos digitales. Por ejemplo, las entidades financieras deben destinar recursos para adquirir tecnologías como sistemas de detección y prevención de intrusiones, herramientas de monitorización en tiempo real y soluciones de cifrado avanzado para proteger los datos sensibles. Además, deben invertir en pruebas de resiliencia operativa digital, incluidas simulaciones de ataques cibernéticos y ejercicios de continuidad del negocio.

El requisito de asignar un presupuesto global suficiente para alcanzar un elevado nivel de resiliencia operativa digital tiene repercusiones importantes para las entidades financieras, especialmente en términos de planificación y asignación de recursos. Esto implica que el órgano de dirección debe establecer mecanismos claros para evaluar el retorno de la inversión en TIC, no solo en términos de eficiencia operativa, sino también en la mitigación de riesgos potenciales. Por ejemplo, una inversión en redundancia tecnológica puede parecer inicialmente costosa, pero es determinante para garantizar la continuidad operativa en caso de fallos críticos del sistema.

Desde la perspectiva de las autoridades competentes, este considerando introduce un criterio adicional para la supervisión y evaluación de las entidades financieras. Las autoridades no solo deben verificar que las entidades cumplen con las políticas y procedimientos de gestión del riesgo relacionado con las TIC, sino también que los recursos financieros asignados son suficientes y están alineados con el perfil de riesgo de la entidad. Esto puede requerir que las entidades presenten informes detallados sobre sus presupuestos en TIC, sus prioridades de inversión y la justificación de estas decisiones en función de los riesgos identificados. Además, las autoridades pueden exigir indicadores específicos, como la proporción del presupuesto global destinada a la ciberseguridad, para evaluar si las inversiones están en línea con las mejores prácticas del sector.

El principio de responsabilidad plena y última del órgano de dirección también implica que este debe estar preparado para justificar las decisiones relacionadas con el presupuesto y las inversiones en TIC, tanto ante las autoridades competentes como ante los accionistas y otras partes interesadas. Esto refuerza la necesidad de un enfoque basado en la transparencia y la rendición de cuentas, en el que el órgano de dirección demuestre cómo las decisiones financieras contribuyen a fortalecer la resiliencia operativa de la entidad. Por ejemplo, un informe anual sobre el estado de la resiliencia operativa digital, que incluya detalles sobre las inversiones realizadas y los resultados obtenidos, puede ser una herramienta valiosa para garantizar esta rendición de cuentas.

Además, el considerando tiene implicaciones prácticas significativas para las entidades financieras más pequeñas o con recursos limitados. Estas entidades, aunque deben cumplir con el principio de garantizar inversiones adecuadas, podrían enfrentar dificultades para asignar presupuestos significativos a las TIC debido a restricciones financieras. En estos casos, es determinante que el órgano de dirección priorice las inversiones más críticas, buscando soluciones escalables y rentables que les permitan cumplir con los estándares mínimos de resiliencia operativa. Por ejemplo, podrían optar por externalizar ciertos servicios de ciberseguridad a proveedores especializados, reduciendo los costos iniciales asociados con el desarrollo de capacidades internas.

Finalmente, el considerando refuerza la idea de que las inversiones en TIC no son un gasto opcional o secundario, sino un componente esencial para la sostenibilidad y competitividad de las entidades financieras. En un entorno cada vez más digitalizado, donde las ciberamenazas representan riesgos significativos para la continuidad del negocio, la protección de los datos y la confianza de los clientes, garantizar un nivel adecuado de inversiones en TIC no solo protege a las entidades individuales, sino que también contribuye a la estabilidad del sistema financiero en su conjunto. Este enfoque asegura que las entidades estén preparadas para enfrentar los desafíos tecnológicos actuales y futuros, minimizando los riesgos asociados con incidentes relacionados con las TIC y fortaleciendo la resiliencia global del sector.

(47) ***Inspirándose en las pertinentes buenas prácticas, directrices, recomendaciones y enfoques internacionales, nacionales y sectoriales en relación con la gestión del riesgo cibernético, el presente Reglamento promueve una serie de principios que facilitan la estructura general de la gestión del riesgo relacionado con las TIC. Por consiguiente, mientras las principales capacidades que las entidades financieras ponen en práctica aborden las distintas funciones de la gestión del riesgo relacionado con las TIC (identificación, protección y prevención, detección, respuesta y recuperación, aprendizaje y evolución y comunicación) establecidas en el presente Reglamento, las entidades financieras deben seguir teniendo libertad para utilizar modelos de gestión del riesgo relacionado con las TIC que se enmarquen o categoricen de manera diferente.***

El considerando destaca que el Reglamento, al basarse en buenas prácticas, directrices, recomendaciones y enfoques internacionales, nacionales y sectoriales, promueve principios clave para la gestión del riesgo relacionado con las TIC, proporcionando una estructura general para que las entidades financieras implementen sus modelos de gestión. Este enfoque busca equilibrar la armonización regulatoria con la flexibilidad operativa, permitiendo a las entidades adaptar sus modelos de gestión del riesgo tecnológico a sus necesidades y particularidades, siempre que cumplan con las funciones esenciales de gestión del riesgo establecidas en el Reglamento.

Las funciones fundamentales mencionadas-identificación, protección y prevención, detección, respuesta y recuperación, aprendizaje y evolución, y comunicación-constituyen el núcleo de la gestión del riesgo relacionado con las TIC según el Reglamento. Estas etapas reflejan un ciclo continuo de gestión que permite a las entidades financieras no solo prevenir incidentes, sino también detectarlos rápidamente, mitigar sus impactos y aprender de ellos para mejorar continuamente su resiliencia. Este marco está alineado con estándares internacionales como el NIST Cybersecurity Framework, lo que facilita la integración del Reglamento en las estrategias globales de las entidades que operan a nivel transfronterizo.

La etapa de identificación implica que las entidades financieras deben realizar un mapeo exhaustivo de sus activos tecnológicos, incluidas infraestructuras, aplicaciones y datos críticos, así como de las amenazas y vulnerabilidades que podrían afectarlos. Esta función permite a las entidades priorizar sus esfuerzos de protección en las áreas de mayor riesgo. La protección y prevención, por su parte, se centra en implementar controles y políticas de seguridad que limiten la exposición a riesgos tecnológicos. Esto incluye medidas como el cifrado de datos, la autenticación multifactorial y la segmentación de redes, que son esenciales para minimizar la probabilidad de incidentes cibernéticos.

La detección es fundamental para identificar rápidamente posibles incidentes relacionados con las TIC, lo que requiere la adopción de tecnologías avanzadas, como herramientas de monitorización en tiempo real y sistemas de detección de intrusiones. Una respuesta rápida y eficaz, junto con la recuperación, permite a las entidades mitigar el impacto de los incidentes y restaurar sus operaciones con la menor interrupción posible. Estas etapas requieren planes bien diseñados de respuesta y recuperación, probados regularmente para asegurar su efectividad.

El aprendizaje y la evolución son aspectos que destacan la importancia de la mejora continua en la gestión del riesgo relacionado con las TIC. Esto implica analizar las lecciones aprendidas de incidentes pasados y actualizar los marcos y estrategias de gestión en función de los cambios en el entorno de amenazas y las innovaciones tecnológicas. La comunicación, finalmente, subraya la necesidad de mantener informadas a las partes interesadas, incluidas las autoridades competentes, sobre los incidentes y las medidas adoptadas para mitigarlos, asegurando la transparencia y reforzando la confianza en la entidad.

El considerando permite a las entidades financieras mantener flexibilidad en el diseño de sus modelos de gestión, siempre que cumplan con las funciones esenciales definidas en el Reglamento. Esta flexibilidad es clave, ya que permite a las entidades adaptar sus marcos de gestión según su tamaño, complejidad, perfil de riesgo y recursos disponibles. Por ejemplo, una entidad financiera pequeña puede optar por un modelo simplificado que combine varias funciones en un único enfoque operativo, mientras que una entidad grande y compleja puede implementar un marco más sofisticado y segmentado para abordar las diferentes funciones de manera individualizada.

Esta libertad también facilita la integración de los modelos existentes en el marco del Reglamento, evitando la necesidad de una reestructuración completa. Por ejemplo, una entidad que ya utilice un marco basado en estándares como ISO 27001 o el ya mencionado NIST puede alinearlo fácilmente con las funciones establecidas en el Reglamento, adaptándolo según sea necesario para cumplir con las exigencias específicas.

Desde una perspectiva práctica, esta flexibilidad permite a las entidades financieras optimizar la asignación de recursos en la gestión del riesgo relacionado con las TIC. Pueden centrarse en fortalecer las áreas más críticas según su perfil de riesgo, mientras utilizan metodologías y herramientas que se adapten mejor a sus necesidades. Esto también fomenta la innovación en el diseño de modelos de gestión, ya que las entidades tienen la libertad de adoptar enfoques novedosos o personalizar las estrategias existentes.

Las autoridades competentes, por su parte, tienen la responsabilidad de supervisar que las entidades financieras cumplan con las funciones esenciales definidas en el Reglamento, independientemente del modelo de gestión adoptado. Esto implica evaluar si los marcos implementados son adecuados para mitigar los riesgos tecnológicos y asegurar la resiliencia operativa. Las autoridades también deben garantizar que la flexibilidad otorgada no se traduzca en una relajación de los estándares mínimos, verificando que los modelos de gestión estén alineados con los objetivos generales del Reglamento y que sean efectivos en la práctica.

En términos de armonización regulatoria, este enfoque flexible también beneficia a las entidades que operan a nivel transfronterizo, permitiéndoles implementar marcos de gestión consistentes en múltiples jurisdicciones. Al no imponer un modelo único, el Reglamento facilita la integración con otras normativas nacionales e internacionales, reduciendo la duplicación de esfuerzos y los costos asociados al cumplimiento regulatorio.

Por último, el considerando fomenta un enfoque dinámico en la gestión del riesgo relacionado con las TIC, alentando a las entidades a evolucionar continuamente en respuesta a un entorno tecnológico en constante cambio. Esto asegura que las entidades financieras no solo cumplan con las obligaciones regulatorias actuales, sino que también estén preparadas para afrontar desafíos futuros, fortaleciendo así la resiliencia del sistema financiero en su conjunto.

(49) ***Para seguir el ritmo de la evolución del panorama de las ciberamenazas, las entidades financieras deben mantener sistemas de TIC actualizados que sean fiables y capaces, no solo de garantizar el tratamiento de datos necesario para sus servicios, sino también de asegurar una resiliencia tecnológica suficiente que les permita ocuparse adecuadamente de las necesidades de tratamiento adicionales debidas al tensionamiento del mercado o a otras situaciones adversas.***

El considerando subraya la importancia de que las entidades financieras mantengan sistemas de TIC actualizados, fiables y resilientes para abordar eficazmente tanto sus operaciones cotidianas como las exigencias adicionales que puedan surgir en escenarios de tensión en los mercados o en situaciones adversas. Este enfoque resalta que la resiliencia tecnológica no es solo una cuestión de seguridad, sino también de capacidad operativa y continuidad del negocio, elementos fundamentales para garantizar la estabilidad del sector financiero.

El requisito de mantener sistemas de TIC actualizados refleja la necesidad de que las entidades financieras estén al día con los avances tecnológicos y las mejores prácticas en ciberseguridad. Los sistemas desactualizados suelen contener vulnerabilidades conocidas que pueden ser explotadas por actores malintencionados, aumentando el riesgo de incidentes cibernéticos. Por ello, las entidades deben implementar procesos regulares de actualización y mantenimiento de sus infraestructuras tecnológicas, que incluyan la instalación de parches de seguridad, la renovación de hardware obsoleto y la evaluación continua de la efectividad de sus sistemas.

La fiabilidad de los sistemas de TIC es otro aspecto clave destacado en el considerando. Para las entidades financieras, cuya operativa depende en gran medida de la tecnología, los sistemas deben ser capaces de procesar datos de manera precisa, eficiente y segura en todo momento. Esto implica garantizar que las plataformas tecnológicas utilizadas para gestionar pagos, transferencias, operaciones bursátiles y otras actividades críticas estén diseñadas para manejar grandes volúmenes de datos y transacciones, especialmente en momentos de alta demanda, como en situaciones de volatilidad del mercado.

Además de la fiabilidad, el considerando enfatiza la resiliencia tecnológica, definida como la capacidad de los sistemas de TIC para continuar operando o recuperarse rápidamente en caso de interrupciones. Esto incluye no solo la capacidad de resistir ataques cibernéticos, sino también de superar fallos técnicos, desastres naturales u otras contingencias. Las entidades financieras deben desarrollar e implementar planes de continuidad del negocio y recuperación ante desastres, que incluyan la redundancia de sistemas, pruebas regulares de escenarios adversos y estrategias claras para restaurar los servicios críticos con la menor interrupción posible.

La referencia a las necesidades adicionales de tratamiento de datos en situaciones de tensión del mercado o escenarios adversos tiene implicaciones prácticas importantes. En estos contextos, como una crisis financiera, una pandemia o un ataque cibernético a gran escala, las entidades suelen enfrentar un aumento significativo en las transacciones, consultas de clientes y necesidades de análisis de datos. Para abordar estos picos de demanda, los sistemas de TIC deben ser escalables, es decir, capaces de aumentar su capacidad operativa rápidamente. Esto puede lograrse mediante tecnologías como la computación en la nube, que permite a las entidades acceder a recursos adicionales de manera flexible y eficiente.

Desde una perspectiva operativa, el mantenimiento de sistemas actualizados y resilientes también requiere que las entidades financieras adopten herramientas avanzadas de monitorización y gestión de riesgos. Estas herramientas permiten detectar problemas en tiempo real, analizar patrones de comportamiento anómalos y responder de manera proactiva a potenciales amenazas. Por ejemplo, un sistema de inteligencia artificial puede identificar un incremento inesperado en las transacciones y activar medidas preventivas para evitar un fallo del sistema.

El considerando también implica que las inversiones en tecnología deben ser una prioridad estratégica para las entidades financieras. Mantener sistemas de TIC actualizados y fiables requiere un presupuesto continuo para infraestructura, software, formación de personal y contratación de expertos en ciberseguridad. Estas inversiones no solo protegen a las entidades contra riesgos, sino que también mejoran su capacidad para competir en un mercado cada vez más digitalizado, donde la eficiencia y la confianza del cliente son fundamentales.

Desde la perspectiva de las autoridades competentes, este considerando refuerza la necesidad de supervisar no solo la seguridad de los sistemas de TIC, sino también su capacidad para operar de manera efectiva en condiciones adversas. Esto incluye evaluar si las entidades están invirtiendo adecuadamente en tecnología, si han implementado procesos de actualización y mantenimiento efectivos, y si sus planes de continuidad y recuperación son suficientes para garantizar la resiliencia operativa. Las autoridades también pueden promover la adopción de estándares comunes y mejores prácticas para asegurar la fiabilidad y actualización de los sistemas en todo el sector.

En términos de impacto sistémico, la actualización y resiliencia de los sistemas de TIC son esenciales para proteger la estabilidad del sistema financiero en su conjunto. Dado que las entidades financieras están interconectadas a través de mercados, plataformas de pagos y otras infraestructuras críticas, un fallo en los sistemas de una entidad puede tener efectos en cascada que afecten a múltiples actores. Por ejemplo, un ataque cibernético que interrumpa el procesamiento de pagos en un banco de importancia sistémica podría generar problemas de liquidez en toda la economía. Al garantizar que los sistemas de TIC sean actualizados y resilientes, las entidades no solo protegen sus operaciones, sino que también contribuyen a la seguridad colectiva del sector.

Finalmente, el considerando destaca que la gestión de los sistemas de TIC debe ser un proceso dinámico, adaptado a la evolución del panorama de amenazas y a las necesidades cambiantes del mercado. Esto requiere que las entidades financieras adopten un enfoque proactivo, basado en la anticipación de riesgos y la mejora continua, en lugar de limitarse a reaccionar ante incidentes una vez que estos ocurren. Este enfoque asegura que las entidades estén preparadas no solo para gestionar los desafíos actuales, sino también para adaptarse a un entorno tecnológico y de ciberseguridad en constante cambio.

(50) ***Si bien el presente Reglamento permite a las entidades financieras determinar de manera flexible sus objetivos de tiempo de recuperación y punto de recuperación y, por tanto, fijar tales objetivos teniendo plenamente en cuenta la naturaleza y el carácter esencial de las funciones pertinentes y cualesquiera necesidades empresariales específicas, al determinar dichos objetivos les debe exigir, no obstante, la realización de una evaluación del posible impacto global en la eficiencia del mercado.***

El considerando establece un equilibrio entre la flexibilidad otorgada a las entidades financieras para establecer sus objetivos de tiempo de recuperación (RTO, por sus siglas en inglés) y punto de recuperación (RPO, por sus siglas en inglés) y la obligación de considerar el impacto potencial de dichas decisiones en la eficiencia del mercado. Esta disposición subraya que, aunque las entidades financieras tienen autonomía para fijar estos parámetros técnicos según sus necesidades específicas, deben hacerlo dentro de un marco de responsabilidad que tenga en cuenta no solo sus propias operaciones, sino también la estabilidad y el funcionamiento del mercado en su conjunto.

Los objetivos de tiempo de recuperación (RTO) representan el intervalo máximo aceptable de tiempo en el que una función o sistema puede permanecer inactivo antes de que se cause un daño significativo a la entidad o a sus clientes. Por su parte, el punto de recuperación (RPO) define la cantidad máxima de datos que una entidad está dispuesta a perder en caso de un incidente, medido desde el momento de la última copia de seguridad. Estos parámetros son esenciales para planificar estrategias de resiliencia operativa y recuperación ante desastres, ya que determinan las capacidades tecnológicas, los recursos y los procesos necesarios para minimizar el impacto de los incidentes relacionados con las TIC.

La flexibilidad mencionada permite que las entidades adapten estos objetivos a su naturaleza, tamaño, perfil de riesgo y criticidad de las funciones. Por ejemplo, una entidad que opera una infraestructura crítica, como un sistema de compensación y liquidación, podría establecer un RTO muy bajo, ya que incluso una breve interrupción podría tener un impacto desproporcionado en el sistema financiero. En cambio, una pequeña entidad con operaciones limitadas podría tolerar tiempos de recuperación más largos y mayores pérdidas de datos, ajustando sus objetivos a sus capacidades y recursos disponibles.

Sin embargo, la obligación de realizar una evaluación del impacto global en la eficiencia del mercado introduce un elemento de responsabilidad sistémica en la definición de estos objetivos. Esto implica que las entidades no solo deben considerar sus necesidades internas, sino también evaluar cómo sus decisiones podrían afectar a otros participantes del mercado, a los consumidores y a la estabilidad financiera en general. Por ejemplo, si una entidad establece un RTO demasiado alto para una función que es esencial para la cadena de pagos, podría generar interrupciones significativas que afecten a otros actores financieros y, en última instancia, al mercado en su conjunto.

Esta evaluación del impacto global también refuerza la importancia de la colaboración entre las entidades financieras y las autoridades competentes. Las entidades deben ser transparentes sobre los parámetros establecidos para sus objetivos de recuperación, proporcionando a las autoridades información detallada sobre cómo se han definido y los criterios utilizados en su evaluación. Las autoridades, a su vez, deben supervisar que estos objetivos sean razonables, consistentes con la criticidad de las funciones afectadas y alineados con los estándares mínimos necesarios para proteger la eficiencia del mercado.

Desde una perspectiva práctica, la exigencia de realizar esta evaluación del impacto global implica que las entidades financieras deben desarrollar metodologías robustas para analizar el efecto potencial de sus decisiones en el entorno del mercado. Esto podría incluir la realización de simulaciones y análisis de escenarios que consideren, por ejemplo, el efecto dominó de una interrupción en una infraestructura crítica o el impacto de una pérdida prolongada de datos en la confianza de los clientes. Estas metodologías deben estar respaldadas por datos precisos y actualizados, lo que subraya la necesidad de contar con sistemas de monitorización y análisis avanzados.

La obligación de considerar la eficiencia del mercado también tiene implicaciones significativas para las estrategias de recuperación de las entidades. Por ejemplo, las entidades financieras podrían verse obligadas a invertir en tecnologías y recursos adicionales para reducir sus RTO y RPO, incluso si estos objetivos más estrictos no son estrictamente necesarios desde una perspectiva interna. Esto podría incluir la adopción de soluciones avanzadas de respaldo y recuperación de datos, como almacenamiento en la nube con replicación geográfica, o el establecimiento de acuerdos de contingencia con proveedores terceros para garantizar la continuidad operativa en caso de fallos.

Por otro lado, la flexibilidad en la definición de estos objetivos puede generar ciertas discrepancias entre entidades, especialmente en sectores donde los actores tienen diferentes niveles de recursos o capacidades tecnológicas. Esto podría dar lugar a desigualdades en la resiliencia operativa dentro del mercado, lo que subraya la importancia de que las autoridades competentes establezcan directrices claras sobre los niveles mínimos aceptables de recuperación, particularmente para funciones críticas o esenciales.

La evaluación del impacto global también tiene una dimensión reputacional. Si una entidad no considera adecuadamente cómo sus objetivos de recuperación afectan al mercado, podría enfrentarse a críticas o sanciones en caso de que su incapacidad para responder a un incidente genere daños significativos a terceros o a la confianza en el sistema financiero. Por ello, esta disposición fomenta una cultura de responsabilidad y anticipación dentro de las entidades financieras, alentándolas a adoptar un enfoque más amplio y colaborativo en la gestión de su resiliencia operativa.

Finalmente, el considerando refleja una integración entre los objetivos individuales de las entidades y las necesidades colectivas del mercado, reconociendo que la estabilidad del sistema financiero depende de la resiliencia de cada uno de sus componentes. Al exigir que las entidades evalúen el impacto global de sus decisiones, el Reglamento refuerza la cohesión del sistema financiero y fomenta un enfoque de gestión de riesgos que va más allá del interés individual, protegiendo la integridad del mercado y la confianza de los participantes. Este enfoque asegura que los objetivos de recuperación establecidos por las entidades sean proporcionales no solo a sus propios riesgos, sino también a su relevancia dentro del sistema financiero en su conjunto.

(51) ***Los propagadores de ciberataques tienden a perseguir la obtención de beneficios financieros directamente en la fuente, exponiendo así a las entidades financieras a consecuencias importantes. Para impedir que los sistemas de TIC pierdan integridad o dejen de estar disponibles y evitar así que se vulneren datos y que sufran daños las infraestructuras físicas de TIC, debe mejorarse y racionalizarse significativamente la notificación de incidentes graves relacionados con las TIC por parte de las entidades financieras. La notificación de incidentes relacionados con las TIC debe armonizarse mediante la introducción del requisito de que todas las entidades financieras informen directamente a sus autoridades competentes pertinentes. Cuando una entidad financiera esté sujeta a la supervisión de más de una autoridad nacional competente, los Estados miembros deben designar a una única autoridad competente como destinataria de dicha información. Las entidades de crédito clasificadas como significativas de conformidad con el artículo 6, apartado 4, del Reglamento (UE) número 1024/2013 del Consejo deben presentar dicha información a las autoridades nacionales competentes, que deben transmitir posteriormente el informe al Banco Central Europeo (BCE).***

El considerando aborda la creciente exposición de las entidades financieras a ciberataques con motivaciones económicas y destaca la necesidad de fortalecer y armonizar los procesos de notificación de incidentes graves relacionados con las TIC. Los propagadores de ciberataques buscan vulnerar la integridad, disponibilidad y confidencialidad de los sistemas de TIC de las entidades financieras, lo que puede generar pérdidas financieras directas, comprometer infraestructuras críticas y dañar la confianza de los consumidores. En este contexto, se introducen medidas para garantizar una respuesta coordinada y efectiva a nivel nacional y europeo, simplificando y estandarizando los procedimientos de notificación.

Asimismo, se reconoce que las notificaciones actuales de incidentes relacionados con las TIC suelen ser fragmentadas, con requisitos divergentes entre jurisdicciones y múltiples autoridades competentes. Esto genera duplicidades, ineficiencias y retrasos que dificultan la evaluación y la respuesta efectiva a incidentes graves. Para abordar este problema, el Reglamento establece que todas las entidades financieras deben informar directamente a sus autoridades competentes sobre los incidentes graves. Este requisito de notificación directa asegura que las autoridades relevantes reciban información precisa y oportuna, lo que facilita la coordinación de medidas para mitigar los impactos del incidente y prevenir su propagación.

En los casos en que una entidad financiera esté sujeta a la supervisión de más de una autoridad nacional competente, el considerando exige que los Estados miembros designen una única autoridad como destinataria principal de la información. Este enfoque evita la duplicación de esfuerzos y asegura que las notificaciones sean gestionadas de manera centralizada, lo que mejora la claridad en las líneas de comunicación y reduce las cargas administrativas para las entidades financieras. La autoridad designada actúa como un punto de contacto único, responsable de coordinar la respuesta al incidente y, si es necesario, de compartir la información con otras autoridades relevantes.

Para las entidades de crédito clasificadas como significativas según el artículo 6, apartado 4, del Reglamento (UE) n.º 1024/2013 (Reglamento del Mecanismo Único de Supervisión), el artículo establece que las notificaciones de incidentes graves deben ser remitidas a las autoridades nacionales competentes, que posteriormente trasladarán la información al Banco Central Europeo (BCE). Este procedimiento asegura que el BCE, en su calidad de supervisor de las entidades de crédito significativas dentro del marco del Mecanismo Único de Supervisión, reciba información actualizada sobre los incidentes que puedan tener implicaciones sistémicas, permitiendo una supervisión centralizada y una respuesta coordinada a nivel de la zona euro.

Desde una perspectiva práctica, la armonización de las notificaciones de incidentes tiene varias repercusiones. En primer lugar, las entidades financieras deben establecer procedimientos internos claros y eficientes para identificar y reportar incidentes graves relacionados con las TIC. Esto incluye definir criterios precisos para determinar qué incidentes deben ser notificados, designar responsables dentro de la organización para gestionar el proceso de notificación, y garantizar que la información presentada sea completa, precisa y cumpla con los requisitos regulatorios. Las entidades también deben invertir en tecnologías de monitorización y detección que les permitan identificar rápidamente los incidentes y evaluar su impacto.

La designación de una única autoridad competente como destinataria de las notificaciones es especialmente beneficiosa para las entidades transfronterizas, que a menudo operan bajo la supervisión de múltiples reguladores en diferentes jurisdicciones. Este enfoque reduce la complejidad de los requisitos de cumplimiento y facilita la interacción entre las entidades financieras y las autoridades. Sin embargo, requiere que los Estados miembros coordinen cuidadosamente la designación de las autoridades responsables y aseguren que estas cuenten con los recursos necesarios para gestionar las notificaciones y responder eficazmente a los incidentes.

El papel del BCE en la supervisión de las entidades de crédito significativas refuerza la dimensión europea de la gestión de incidentes relacionados con las TIC, asegurando que los riesgos con implicaciones sistémicas sean tratados de manera coherente en toda la zona euro. El BCE puede utilizar la información proporcionada por las autoridades nacionales para evaluar tendencias a gran escala, identificar posibles vulnerabilidades sistémicas y coordinar medidas preventivas o correctivas a nivel supranacional.

Para las autoridades competentes implica la necesidad de desarrollar capacidades técnicas y organizativas para recibir, analizar y gestionar las notificaciones de incidentes graves. Esto incluye la creación de plataformas tecnológicas para facilitar la presentación y el intercambio de información, así como la formación de personal especializado en ciberseguridad. Además, las autoridades deben establecer mecanismos de cooperación con otras entidades regulatorias, tanto a nivel nacional como europeo, para garantizar una respuesta coordinada a los incidentes, especialmente en casos con potencial de contagio entre sectores o países.

En términos de impacto más amplio, la armonización y centralización de las notificaciones fortalece la resiliencia general del sistema financiero. Al permitir que las autoridades competentes y el BCE accedan rápidamente a información detallada sobre incidentes graves, se facilita la identificación de tendencias emergentes y la implementación de medidas preventivas para evitar futuros ataques. Asimismo, la claridad y eficiencia en los procedimientos de notificación refuerzan la confianza de los consumidores y del mercado en la capacidad del sector financiero para gestionar riesgos tecnológicos.

Finalmente, las medidas establecidas son coherentes con el objetivo del Reglamento de garantizar una resiliencia operativa digital robusta y una respuesta eficaz a las amenazas cibernéticas. La introducción de un enfoque armonizado y eficiente en la notificación de incidentes no solo protege a las entidades individuales, sino que también contribuye a la estabilidad y la seguridad del sistema financiero en su conjunto.

(52) ***La notificación directa debe posibilitar que los supervisores financieros tengan acceso inmediato a información sobre incidentes graves relacionados con las TIC. Los supervisores financieros deben a su vez transmitir los detalles de incidentes graves relacionados con las TIC a las autoridades no financieras públicas (como las autoridades competentes y los puntos de contacto únicos con arreglo a la Directiva (UE) 2022/2555, las autoridades nacionales de protección de datos y las autoridades policiales en caso de incidentes graves relacionados con las TIC que tengan carácter delictivo) a fin de mejorar el conocimiento que dichas autoridades tienen de tales incidentes y, en el caso de los equipos de respuesta a incidentes de seguridad informática, facilitar la asistencia rápida que pueda prestarse a las entidades financieras, según proceda. Además, los Estados miembros deben poder determinar que las propias entidades financieras faciliten dicha información a las autoridades públicas fuera del ámbito de los servicios financieros. Dichos flujos de información deben permitir a las entidades financieras beneficiarse rápidamente de cualquier aportación técnica pertinente, asesoramiento sobre medidas correctoras y seguimiento posterior por parte de dichas autoridades. La información sobre incidentes graves relacionados con las TIC debe comunicarse recíprocamente: los supervisores financieros deben proporcionar a la entidad financiera todas las observaciones u orientaciones necesarias, mientras que las Autoridades Europeas de Supervisión deben compartir datos anonimizados sobre ciberamenazas y vulnerabilidades relacionadas con un determinado incidente, con el fin de contribuir a una defensa colectiva más amplia.***

El considerando establece un marco integral para la notificación, el intercambio y el tratamiento de información sobre incidentes graves relacionados con las TIC, destacando la necesidad de cooperación y flujo bidireccional de información entre las entidades financieras, los supervisores financieros y otras autoridades públicas relevantes. Este enfoque no solo busca mejorar la capacidad de respuesta inmediata ante incidentes, sino también fomentar una defensa colectiva más sólida frente a ciberamenazas en el ámbito del sistema financiero.

La exigencia de notificación directa a los supervisores financieros asegura que estos tengan acceso inmediato a información crítica sobre incidentes graves relacionados con las TIC, permitiéndoles evaluar rápidamente el impacto potencial y coordinar una respuesta adecuada. Este requisito tiene como objetivo reducir los tiempos de reacción y garantizar que las autoridades competentes estén informadas en tiempo real, lo que resulta esencial en un entorno en el que los ciberataques pueden propagarse rápidamente y generar efectos en cascada. Para las entidades financieras, este proceso implica la necesidad de implementar sistemas y procedimientos internos que permitan identificar, clasificar y notificar incidentes de manera precisa y oportuna.

La transmisión de detalles de los incidentes a autoridades no financieras, como las autoridades competentes según la Directiva (UE) 2022/2555 (Directiva NIS2), autoridades de protección de datos y autoridades policiales en casos de delitos cibernéticos, subraya el carácter multifacético de los riesgos relacionados con las TIC. Estos incidentes no solo afectan a la estabilidad financiera, sino también a la seguridad de los datos personales, la confianza del consumidor y, en casos graves, al orden público. La cooperación entre supervisores financieros y estas autoridades permite una respuesta más coordinada y efectiva, asegurando que los aspectos financieros, legales y tecnológicos de los incidentes sean abordados de manera integral.

El considerando también prevé que los Estados miembros puedan permitir que las entidades financieras notifiquen directamente a las autoridades públicas fuera del ámbito de los servicios financieros. Esto refuerza la transparencia y la agilidad en la gestión de incidentes, especialmente en situaciones donde los tiempos de respuesta son críticos. Sin embargo, esta disposición requiere que las entidades financieras desarrollen una comprensión clara de las diferentes jurisdicciones y responsabilidades de las autoridades implicadas, asegurando que la información proporcionada sea relevante y cumpla con los requisitos normativos aplicables.

La asistencia técnica y el asesoramiento proporcionados por las autoridades públicas a las entidades financieras tras una notificación son otro aspecto clave. Estos aportes pueden incluir la identificación de vulnerabilidades específicas, recomendaciones para implementar medidas correctoras y apoyo técnico directo por parte de equipos especializados, como los CSIRT (equipos de respuesta a incidentes de seguridad informática). Este intercambio no solo fortalece la resiliencia operativa de la entidad afectada, sino que también ayuda a prevenir incidentes similares en el futuro.

El flujo bidireccional de información entre los supervisores y las entidades financieros también es fundamental. Por un lado, los supervisores deben proporcionar observaciones y orientaciones claras sobre los incidentes notificados, asegurando que las entidades comprendan los pasos necesarios para mitigar los riesgos y cumplir con sus obligaciones regulatorias. Por otro lado, el intercambio de datos anonimizados sobre ciberamenazas y vulnerabilidades por parte de las Autoridades Europeas de Supervisión fomenta la creación de una base de conocimiento colectiva que beneficia a todo el sector financiero, facilitando la identificación de patrones de ataque y la anticipación de futuras amenazas.

Desde una perspectiva práctica, este considerando introduce varias obligaciones y beneficios para las entidades financieras. En términos operativos, las entidades deben contar con mecanismos robustos de detección y notificación de incidentes, asegurando que la información proporcionada sea precisa, relevante y entregada dentro de los plazos establecidos. Además, deben estar preparadas para cooperar con múltiples autoridades, lo que puede requerir recursos adicionales y una mayor coordinación interna. Sin embargo, el acceso a asistencia técnica y orientación por parte de estas autoridades también proporciona un apoyo valioso, ayudando a las entidades a gestionar los incidentes de manera más eficiente y a fortalecer su resiliencia a largo plazo.

Para los supervisores financieros y otras autoridades públicas, el considerando implica la necesidad de desarrollar capacidades técnicas y organizativas para recibir, analizar y actuar sobre la información de manera efectiva. Esto incluye la creación de plataformas seguras para la notificación y el intercambio de datos, la formación de personal especializado y el establecimiento de mecanismos de cooperación interinstitucional. Las autoridades también deben garantizar que la información proporcionada a las entidades financieras sea oportuna, clara y alineada con las mejores prácticas internacionales en ciberseguridad.

El intercambio de datos anonimizados sobre ciberamenazas por parte de las Autoridades Europeas de Supervisión tiene un impacto significativo en la resiliencia colectiva del sistema financiero. Este enfoque permite a las entidades y supervisores identificar tendencias emergentes, aprender de los incidentes en otras jurisdicciones y adoptar medidas preventivas más efectivas. Además, refuerza la confianza y la colaboración entre las partes interesadas, promoviendo un entorno en el que la ciberseguridad sea vista como una responsabilidad compartida.

En términos de impacto más amplio, el considerando refuerza la cohesión entre el sector financiero y otros sectores críticos, estableciendo un modelo de gestión de incidentes que es a la vez integrado y adaptativo. Este enfoque no solo protege a las entidades individuales, sino que también contribuye a la estabilidad del sistema financiero en su conjunto y a la seguridad económica y social de la Unión Europea.

(53) ***Aunque debe exigirse a todas las entidades financieras que notifiquen los incidentes, no se espera que todas ellas se vean afectadas de la misma manera por este requisito. En efecto, los umbrales de importancia relativa, así como los plazos***

de notificación, deben ajustarse debidamente en el contexto de los actos delegados basados en las normas técnicas de regulación que deben desarrollar las Autoridades Europeas de Supervisión, con el fin de cubrir únicamente los incidentes graves relacionados con las TIC. Además, deben tenerse en cuenta las particularidades de las entidades financieras a la hora de establecer plazos para las obligaciones de notificación.

El considerando establece un enfoque diferenciado y adaptativo para la notificación de incidentes graves relacionados con las TIC por parte de las entidades financieras. Aunque el requisito de notificación es obligatorio para todas las entidades, el nivel de exigencia y los plazos asociados se ajustarán según la importancia del incidente y las características particulares de cada entidad. Este planteamiento busca equilibrar la obligación general de notificación con la proporcionalidad y la especificidad de cada situación, garantizando que los recursos regulatorios y empresariales se concentren en incidentes que representen un riesgo significativo.

La diferenciación en los umbrales de importancia relativa implica que no todos los incidentes relacionados con las TIC deben ser notificados. Solo aquellos que sean calificados como "graves" en función de su impacto potencial o real estarán sujetos al requisito de notificación. Este enfoque evita la sobrecarga tanto para las entidades financieras, que podrían enfrentarse a la obligación de reportar un número elevado de incidentes menores, como para las autoridades competentes, que deben priorizar su atención en los eventos con mayor relevancia sistémica o repercusión en la confianza del mercado.

Los umbrales de gravedad serán definidos en los actos delegados y normas técnicas de regulación elaborados por las Autoridades Europeas de Supervisión (AES), lo que asegura una interpretación uniforme en toda la Unión Europea. Estos umbrales probablemente incluirán criterios específicos, como la duración del incidente, el alcance de los datos afectados, el impacto en las operaciones críticas de la entidad, las posibles repercusiones para los consumidores y los efectos en la estabilidad financiera general. Por ejemplo, un incidente que comprometa la integridad de una plataforma de pagos podría considerarse grave, mientras que un problema menor en un sistema interno de soporte técnico podría no alcanzar el umbral de notificación.

La flexibilidad en los plazos para notificar los incidentes también es un aspecto determinante. Las normas técnicas deberán especificar plazos proporcionales al tipo de entidad y al incidente reportado. Por ejemplo, una gran institución financiera con operaciones internacionales y alta exposición tecnológica podría estar obligada a reportar incidentes graves en un plazo más corto, dada su relevancia sistémica y el potencial impacto de sus fallos en el mercado financiero global. En cambio, una pequeña entidad financiera con operaciones locales y bajo perfil de riesgo podría disponer de plazos más largos para cumplir con esta obligación, adaptándose a sus recursos y capacidades.

Este enfoque diferenciado tiene implicaciones prácticas importantes para las entidades financieras. En primer lugar, deben desarrollar sistemas internos que les permitan evaluar con precisión la gravedad de los incidentes relacionados con las TIC, basándose en los umbrales definidos por las AES. Esto incluye la implementación de herramientas avanzadas de monitorización y clasificación de incidentes, así como la capacitación del personal para identificar y reportar los eventos que cumplen con los criterios establecidos. Además, las entidades deben establecer procesos claros y eficientes para recopilar y comunicar la información requerida dentro de los plazos establecidos, asegurando que las notificaciones sean completas y precisas.

La flexibilidad en los plazos también implica que las entidades financieras deben adaptar sus planes de respuesta a incidentes a los requisitos específicos de notificación. Esto puede incluir la creación de protocolos de emergencia para acelerar la recopilación de datos y la toma de decisiones en caso de incidentes graves, así como la asignación de roles claros dentro de la organización para gestionar la comunicación con las autoridades competentes. Por ejemplo, una entidad podría designar un equipo especializado en respuesta a incidentes que sea responsable de evaluar la situación y preparar la notificación dentro de los plazos requeridos.

Para las autoridades competentes, este considerando plantea la necesidad de establecer criterios claros y aplicables que permitan determinar si un incidente cumple con los umbrales de notificación y evaluar la adecuación de las notificaciones recibidas. Las autoridades deben contar con personal capacitado y recursos tecnológicos que les permitan procesar y analizar la información proporcionada por las entidades, priorizando los incidentes más relevantes y coordinando la respuesta con otras autoridades o actores involucrados, según corresponda. También es esencial que las autoridades supervisen de manera eficaz el cumplimiento de las obligaciones de notificación, asegurándose de que las entidades reporten los incidentes en tiempo y forma.

Desde una perspectiva más amplia, el enfoque descrito en el considerando refuerza la coherencia y la eficiencia del sistema de notificación de incidentes graves relacionados con las TIC en toda la Unión Europea. Al establecer umbrales claros y plazos diferenciados, el Reglamento evita la fragmentación regulatoria y asegura que todas las entidades financieras estén sujetas a estándares uniformes y adaptados a sus características. Esto también beneficia a las autoridades competentes, que pueden enfocar sus esfuerzos en los incidentes más significativos y gestionar los recursos de manera más efectiva.

Finalmente, este enfoque adaptativo fortalece la resiliencia general del sistema financiero al garantizar que los incidentes graves se notifiquen y gestionen de manera adecuada, mientras se minimizan las cargas administrativas innecesarias para las entidades financieras y las autoridades. Además, fomenta la colaboración y el aprendizaje continuo entre las partes interesadas, permitiendo que el sistema financiero se adapte de manera dinámica a un panorama de amenazas tecnológicas en constante evolución.

(54) ***El presente Reglamento debe exigir a las entidades de crédito, a las entidades de pago, a los proveedores de servicios de información sobre cuentas y a las entidades de dinero electrónico que notifiquen todos los incidentes operativos o de seguridad relacionados con los pagos -previamente notificados con arreglo a la Directiva (UE) 2015/2366- con independencia de si la naturaleza del incidente está relacionada con las TIC.***

El considerando establece que las entidades de crédito, las entidades de pago, los proveedores de servicios de información sobre cuentas y las entidades de dinero electrónico deben notificar todos los incidentes operativos o de seguridad relacionados con los pagos, independientemente de si su origen está vinculado o no a las TIC. Esto amplía el alcance de la notificación más allá de los incidentes exclusivamente tecnológicos y garantiza una supervisión más completa de los riesgos que puedan afectar al sistema de pagos en la Unión Europea.

La inclusión de todos los incidentes operativos o de seguridad relacionados con los pagos refleja el reconocimiento de que los riesgos en este ámbito no siempre tienen una naturaleza tecnológica. Los incidentes operativos pueden abarcar una gama más amplia de problemas, como errores humanos, fallos en los procesos internos o interrupciones físicas que afecten la capacidad de una entidad para procesar pagos. Asimismo, los incidentes de seguridad pueden incluir aspectos como fraudes o accesos no autorizados que no necesariamente derivan de fallos en los sistemas de TIC, pero que pueden comprometer la integridad, disponibilidad o confidencialidad de las transacciones de pago.

El considerando armoniza esta obligación con los requisitos ya establecidos en la Directiva (UE) 2015/2366 (PSD2), que regula los servicios de pago en la Unión. Al requerir que las entidades reporten los mismos tipos de incidentes bajo este Reglamento, se evita una duplicación de procesos y se garantiza la consistencia en la recopilación de información por parte de las autoridades competentes. Esto simplifica las obligaciones de cumplimiento para las entidades, ya que pueden integrar los procesos de notificación en un marco único que cumpla tanto con los requisitos de PSD2 como con los del Reglamento.

Desde una perspectiva práctica, el considerando implica que las entidades deben establecer sistemas de monitoreo y notificación capaces de capturar tanto los incidentes relacionados con las TIC como aquellos que tengan un origen operativo o de seguridad no tecnológico. Esto requiere una visión holística del riesgo, en la que las entidades evalúen de manera continua no solo sus sistemas de TIC, sino también sus procesos, controles internos y prácticas de seguridad. Además, las entidades deben asegurarse de que sus procedimientos internos permitan identificar y clasificar rápidamente los incidentes que deben ser reportados, garantizando que la información relevante se recopile y comunique a las autoridades competentes de manera oportuna.

El requisito de notificar independientemente de la naturaleza del incidente también refuerza la importancia de adoptar un enfoque transversal para la gestión de riesgos. Esto incluye integrar equipos de tecnología, operaciones y cumplimiento en los procesos de respuesta a incidentes, asegurando que todos los aspectos del incidente sean abordados de manera coordinada. Por ejemplo, un fallo en un sistema de pagos debido a un error humano podría requerir tanto medidas técnicas para restaurar el servicio como cambios en los procesos operativos para prevenir su repetición.

Para las autoridades competentes, este enfoque más amplio proporciona una visión completa de los riesgos que afectan al ecosistema de pagos. La recopilación de datos sobre todos los incidentes operativos o de seguridad relacionados con los pagos permite a las autoridades identificar patrones, tendencias y áreas de vulnerabilidad que pueden no ser evidentes si solo se notifican los incidentes relacionados con las TIC. Esto es particularmente importante en un sector como el de los pagos, que está sujeto a una rápida evolución tecnológica y a un entorno regulatorio complejo.

La ampliación del ámbito de notificación también beneficia al sistema financiero en su conjunto al fomentar una mayor transparencia y cooperación entre las entidades y las autoridades. Las entidades pueden aprender de los incidentes reportados por sus pares y adoptar mejores prácticas para fortalecer su propia resiliencia operativa. Además, las autoridades pueden utilizar la información recopilada para desarrollar guías y recomendaciones que aborden las causas subyacentes de los incidentes más comunes, contribuyendo a reducir el riesgo a nivel sistémico.

Desde el punto de vista de los consumidores, este enfoque mejora la confianza en el sistema de pagos al garantizar que los incidentes que puedan afectar la disponibilidad o seguridad de los servicios de pago se gestionen de manera rápida y efectiva. La obligación de notificar todos los incidentes también refuerza la percepción de que las entidades están sujetas a una supervisión estricta, lo que contribuye a aumentar la seguridad y estabilidad del sistema financiero.

Finalmente, la obligación de reportar todos los incidentes relacionados con los pagos también tiene implicaciones para la interoperabilidad y la colaboración internacional. En un contexto donde muchas entidades operan en múltiples jurisdicciones, garantizar que los incidentes se reporten de manera uniforme facilita la coordinación entre reguladores y supervisores a nivel europeo y global, fortaleciendo la resiliencia general del sistema de pagos frente a riesgos tanto tecnológicos como operativos.

(55) ***Debe encargarse a las Autoridades Europeas de Supervisión que evalúen la viabilidad y las condiciones para una posible centralización de los informes de incidentes relacionados con las TIC a escala de la Unión. Dicha centralización puede consistir en un centro único de la UE para la notificación de incidentes graves relacionados con las TIC que reciba directamente los informes pertinentes y los notifique automáticamente a las autoridades nacionales competentes, o que simplemente centralice los informes pertinentes transmitidos por las autoridades nacionales competentes y desempeñe de este modo una función de coordinación. Debe encargarse a las Autoridades Europeas de Supervisión que elaboren, en consulta con el BCE y la ENISA, un informe conjunto en el que se estudie la viabilidad de crear un centro único de la UE.***

El considerando establece la tarea de evaluar la viabilidad y condiciones para centralizar la notificación de incidentes graves relacionados con las TIC a nivel de la Unión Europea, confiando esta responsabilidad a las Autoridades Europeas de Supervisión (AES). Esta evaluación deberá realizarse en coordinación con el Banco Central Europeo (BCE) y la Agencia de la Unión Europea para la Ciberseguridad (ENISA), instituciones clave en la supervisión financiera y la ciberseguridad. Se contempla la posibilidad de crear un centro único de la UE para la gestión de estos informes, cuya función podría variar desde recibir directamente las notificaciones de las entidades financieras hasta centralizar y coordinar los informes transmitidos por las autoridades nacionales competentes.

El planteamiento responde a la necesidad de mejorar la coordinación y la eficiencia en la notificación y gestión de incidentes relacionados con las TIC en el sector financiero europeo, considerando el creciente número y complejidad de estos incidentes y su potencial impacto sistémico. Un sistema centralizado tiene como objetivo reducir redundancias, garantizar una respuesta más rápida y homogénea, y fomentar una mayor colaboración entre las autoridades nacionales y europeas en la gestión de ciber incidentes que puedan tener repercusiones transfronterizas.

Una posible centralización que implique un centro único de la UE con capacidad para recibir directamente los informes de las entidades financieras presentaría ventajas significativas. En primer lugar, permitiría un acceso inmediato a información crítica, lo que agilizaría la evaluación de riesgos y la coordinación de respuestas a incidentes graves. Esto sería particularmente valioso en casos de ciberataques sistémicos que afecten simultáneamente a múltiples entidades o mercados. Además, al recibir los informes directamente, el centro podría estandarizar los formatos y procedimientos de notificación, reduciendo las cargas administrativas para las entidades financieras, especialmente aquellas que operan en varios Estados miembros.

Otra opción considerada en el considerando es un modelo de centralización que funcione como un repositorio de informes transmitidos por las autoridades nacionales competentes, desempeñando una función de coordinación. Este enfoque permitiría a las autoridades nacionales mantener su papel de contacto directo con las entidades financieras, mientras el centro único de la UE consolidaría y analizaría los datos recopilados. Esto podría facilitar la identificación de tendencias a nivel europeo, el intercambio de información sobre ciberamenazas y la emisión de alertas o recomendaciones para todo el sector financiero.

La participación del BCE y la ENISA en la elaboración del informe conjunto es esencial, ya que ambas instituciones aportan perspectivas y conocimientos complementarios. El BCE, como supervisor principal de las entidades de crédito significativas en el marco del Mecanismo Único de Supervisión, tiene una visión privilegiada de los riesgos sistémicos y las vulnerabilidades del sistema financiero. Por su parte, la ENISA aporta su experiencia técnica en ciberseguridad y en la gestión de incidentes, así como su conocimiento de las tendencias emergentes en el ámbito de las amenazas digitales. La colaboración entre las AES, el BCE y la ENISA garantiza que el análisis tenga un enfoque integral, abarcando tanto los aspectos regulatorios como los técnicos.

Desde una perspectiva práctica, la creación de un centro único de la UE podría implicar varios desafíos. Por un lado, sería necesario definir claramente las competencias y responsabilidades de este centro, asegurando que no genere solapamientos con las autoridades nacionales competentes ni diluya su papel en la supervisión directa de las entidades financieras. Por otro lado, la centralización requeriría una infraestructura tecnológica robusta y segura para gestionar grandes volúmenes de datos sensibles, así como un marco legal que garantice la protección de la información y la interoperabilidad entre los Estados miembros.

Para las entidades financieras, un sistema centralizado de notificación podría simplificar sus obligaciones regulatorias al proporcionar un único punto de contacto para la presentación de informes. Sin embargo, también podría implicar ajustes en sus sistemas internos de notificación y en la formación de su personal para cumplir con los nuevos requisitos. Además, la posibilidad de que el centro único comparta información sobre ciber incidentes con otras entidades o instituciones plantea interrogantes sobre la confidencialidad y la protección de datos sensibles.

Desde la perspectiva de las autoridades nacionales, la creación de un centro único podría implicar cambios en sus procesos operativos y en su relación con las entidades supervisadas. Aunque el modelo de centralización podría aliviar algunas cargas administrativas al transferir parte de la responsabilidad de coordinación al nivel europeo, también requeriría una estrecha colaboración con el centro único para garantizar una respuesta eficaz a nivel nacional.

A nivel sistémico, un centro único de la UE podría fortalecer la resiliencia del sector financiero al proporcionar una visión más clara y completa de los riesgos relacionados con las TIC. Al consolidar y analizar datos de toda la Unión, el centro podría detectar patrones emergentes de amenazas, compartir buenas prácticas y coordinar respuestas a nivel supranacional. Esto no solo beneficiaría a las entidades financieras, sino también a los consumidores y al mercado en general, al reducir los tiempos de respuesta ante incidentes graves y minimizar sus impactos.

Finalmente, la viabilidad de este proyecto dependerá de la calidad del informe conjunto elaborado por las AES, el BCE y la ENISA, que deberá abordar cuestiones clave como la interoperabilidad con los sistemas nacionales existentes, la financiación del centro, la gobernanza y las garantías de protección de datos. Este análisis permitirá determinar si la centralización puede implementarse de manera efectiva y si sus beneficios superan los posibles costos y desafíos asociados.

(56) ***Con el fin de lograr un nivel elevado de resiliencia operativa digital, y en consonancia tanto con las normas internacionales pertinentes (por ejemplo, los Elementos Fundamentales del G7 para las pruebas de penetración basadas en amenazas) como con los marcos aplicados en la Unión, como el TIBER-EU, las entidades financieras deben someter a pruebas periódicas a sus sistemas de TIC y a su personal con responsabilidades relacionadas con las TIC en lo que respecta a la efectividad de sus capacidades de prevención, detección, respuesta y recuperación, a fin de descubrir y abordar posibles vulnerabilidades de las TIC. Para reflejar las diferencias que existen entre los distintos subsectores financieros y dentro de ellos en relación con el nivel de preparación de las entidades financieras en materia de ciberseguridad, las pruebas deben incluir una amplia variedad de herramientas y acciones, que van desde la evaluación de los requisitos básicos (por ejemplo, evaluaciones y exploraciones de vulnerabilidad, análisis del código abierto, evaluaciones de la seguridad de la red, análisis de carencias, revisiones de seguridad física, cuestionarios y soluciones de software de exploración, revisiones del código fuente cuando sea posible, pruebas basadas en escenarios, pruebas de compatibilidad, pruebas de rendimiento o pruebas de extremo a extremo) hasta pruebas más avanzadas a través de pruebas de penetración basadas en amenazas. Estas pruebas avanzadas solo deben exigirse a las entidades financieras que sean suficientemente maduras desde la perspectiva de las TIC para llevarlas a cabo razonablemente. Las pruebas de resiliencia operativa digital exigidas por el presente Reglamento deben, por tanto, ser más exigentes para las entidades financieras significativas (como grandes entidades de crédito, bolsas de valores, depositarios centrales de valores, entidades de contrapartida central, etc.) que para otras entidades financieras. Al mismo tiempo, las pruebas de resiliencia operativa digital por medio de pruebas de penetración basadas en amenazas deben ser más pertinentes para las entidades financieras que operen en subsectores esenciales de los servicios financieros y que desempeñen un papel sistémico (por ejemplo, pagos, banca, compensación y liquidación) y menos pertinentes para otros subsectores (por ejemplo, gestores de activos, agencias de calificación crediticia, etc.).***

El considerando aborda la importancia de las pruebas de resiliencia operativa digital para garantizar que las entidades financieras puedan prevenir, detectar, responder y recuperarse de incidentes relacionados con las TIC, subrayando la necesidad de adoptar enfoques diferenciados y adaptados a la naturaleza, tamaño y función de cada entidad dentro del sistema financiero. Este enfoque, alineado con estándares internacionales como los Elementos Fundamentales del G7 y marcos europeos como TIBER-EU, establece una estructura flexible que permite a las entidades realizar pruebas proporcionales a sus capacidades y relevancia sistémica.

El requisito de realizar pruebas periódicas asegura una evaluación constante de las vulnerabilidades en los sistemas de TIC y en las prácticas del personal con responsabilidades relacionadas con la tecnología. Esto refleja la realidad dinámica de las ciberamenazas, donde las tácticas de los atacantes evolucionan rápidamente y las entidades deben mantenerse preparadas para enfrentar nuevos desafíos. Las pruebas permiten identificar deficiencias antes de que sean explotadas y garantizar que las medidas de ciberseguridad sean efectivas y actualizadas.

El considerando reconoce las diferencias entre los subsectores financieros y las propias entidades, ajustando las exigencias en función del nivel de preparación en materia de ciberseguridad y de la criticidad de sus operaciones. Para las entidades financieras significativas, como grandes bancos, bolsas de valores y depositarios centrales de valores, las pruebas deben ser más rigurosas, ya que cualquier fallo en su operativa podría tener implicaciones sistémicas, afectando la estabilidad financiera y la confianza del mercado. Esto incluye pruebas avanzadas, como las pruebas de penetración basadas en amenazas, que simulan ataques reales para evaluar la robustez de los sistemas y las capacidades de respuesta. Estas pruebas avanzadas requieren una alta madurez tecnológica, y, por tanto, solo se exigen a las entidades que cuentan con los recursos y la experiencia necesarios para realizarlas de manera efectiva.

En contraste, para las entidades de menor impacto sistémico o que operan en subsectores financieros menos críticos, como los gestores de activos o las agencias de calificación crediticia, el Reglamento prevé requisitos menos exigentes. Estas entidades pueden centrarse en pruebas más básicas, como evaluaciones de vulnerabilidades, análisis de carencias o revisiones de seguridad física. Esto asegura que las obligaciones regulatorias sean proporcionales, evitando imponer cargas desmesuradas a entidades con un menor nivel de exposición o relevancia sistémica.

El considerando también establece un enfoque amplio e inclusivo en cuanto a las herramientas y acciones disponibles para las pruebas de resiliencia digital. Estas abarcan desde métodos básicos, como análisis de compatibilidad y pruebas de rendimiento, hasta enfoques avanzados, como las pruebas de extremo a extremo y las revisiones del código fuente. Esta diversidad permite que las entidades adapten sus programas de pruebas a sus necesidades específicas, optimizando los recursos y asegurando que las áreas más críticas sean evaluadas con rigor.

La diferenciación en los requisitos según la función y el papel sistémico de las entidades también tiene implicaciones prácticas para las autoridades competentes. Estas deben supervisar y garantizar que las entidades cumplan con las pruebas adecuadas a su perfil, evaluando no solo los resultados, sino también la calidad y pertinencia de las pruebas realizadas. Por ejemplo, una gran entidad de crédito que desempeñe un criterio fundamental en el sistema de pagos debe ser capaz de demostrar que sus pruebas incluyen escenarios realistas de ataques dirigidos, mientras que una entidad más pequeña puede enfocarse en garantizar la seguridad de sus sistemas internos básicos.

La aplicación de pruebas avanzadas como las de penetración basadas en amenazas (threat-led penetration testing, TIBER) es particularmente relevante para entidades que operan en sectores críticos, como los sistemas de pagos, la compensación y liquidación, o las infraestructuras del mercado financiero. Estas pruebas son herramientas efectivas para simular ataques sofisticados y evaluar la capacidad de la entidad para defenderse de ellos, especialmente en un entorno donde un fallo puede tener efectos en cascada sobre el sistema financiero. Sin embargo, estas pruebas son costosas y requieren recursos significativos, por lo que no son prácticas ni necesarias para todas las entidades.

Por otro lado, la incorporación del personal en las pruebas de resiliencia destaca la importancia del factor humano en la ciberseguridad. Capacitar y probar regularmente al personal responsable de las TIC asegura que estén preparados para detectar y responder a incidentes de manera eficiente. Esto incluye desde la formación en ciberhigiene básica hasta ejercicios avanzados que simulen escenarios de crisis.

Para las entidades financieras, este considerando implica la necesidad de implementar programas de pruebas estructurados, integrados en sus marcos de gestión de riesgos relacionados con las TIC. Las entidades deben identificar qué herramientas y acciones son más relevantes para su perfil de riesgo y asegurarse de que las pruebas sean realizadas por profesionales capacitados, ya sea personal interno o proveedores externos. Además, las entidades significativas deben establecer procesos internos para gestionar y aplicar las recomendaciones derivadas de las pruebas avanzadas, mejorando continuamente su resiliencia.

En el plano regulatorio, las autoridades competentes deben desarrollar criterios claros y consistentes para evaluar el cumplimiento de las pruebas, adaptándolos a las características de cada entidad. Esto requiere la creación de directrices específicas y la colaboración con instituciones como el

BCE y la ENISA para garantizar una implementación uniforme en toda la Unión Europea. Además, las autoridades pueden utilizar los resultados de estas pruebas para identificar tendencias comunes de vulnerabilidades y desarrollar políticas más efectivas de prevención y respuesta a nivel sistémico.

En términos de impacto sistémico, este enfoque fortalece la resiliencia general del sector financiero frente a las ciberamenazas, asegurando que los actores más críticos estén mejor preparados para evitar y gestionar incidentes. También fomenta una cultura de mejora continua, donde las entidades aprenden de sus vulnerabilidades y adoptan mejores prácticas. Este marco no solo protege a las entidades individuales, sino que también refuerza la estabilidad y confianza del sistema financiero en su conjunto, asegurando que las infraestructuras críticas y los servicios esenciales puedan operar de manera segura y confiable.

(57) ***Las entidades financieras que participen en actividades transfronterizas y que ejerzan la libertad de establecimiento o prestación de servicios en la Unión deben cumplir un único conjunto de requisitos de pruebas avanzadas (por ejemplo, pruebas de penetración basadas en amenazas) en su Estado miembro de origen, el cual debe incluir las infraestructuras de TIC en todos los países o territorios en los que el grupo financiero transfronterizo opere dentro de la Unión, permitiendo así que los grupos financieros transfronterizos solo soporten los costes de las pruebas relacionadas con las TIC en un país o territorio.***

El considerando establece un marco armonizado para las pruebas avanzadas de resiliencia operativa digital, como las pruebas de penetración basadas en amenazas, dirigido a entidades financieras que operan en varios Estados miembros de la Unión Europea. Estas entidades deben cumplir con un único conjunto de requisitos de pruebas en su Estado miembro de origen, cubriendo todas las infraestructuras de TIC en los países donde el grupo financiero transfronterizo tenga actividades. Este enfoque busca reducir la fragmentación regulatoria y los costes asociados con la duplicación de pruebas en múltiples jurisdicciones, promoviendo la eficiencia operativa y fortaleciendo la coherencia en la gestión de riesgos relacionados con las TIC.

La disposición tiene un impacto directo en los grupos financieros transfronterizos al simplificar sus obligaciones de cumplimiento en relación con las pruebas avanzadas. Al concentrar las pruebas en el Estado miembro de origen, las entidades pueden diseñar e implementar un programa único que abarque todas sus operaciones dentro de la Unión, evitando la necesidad de adaptarse a requisitos divergentes en cada país donde operan. Esto no solo reduce los costes administrativos y financieros asociados con la realización de pruebas en múltiples jurisdicciones, sino que también facilita una visión consolidada de los riesgos relacionados con las TIC a nivel del grupo, permitiendo una gestión más eficaz y coordinada.

Desde una perspectiva técnica, el enfoque armonizado implica que las pruebas avanzadas realizadas en el Estado miembro de origen deben ser lo suficientemente completas para abarcar todas las infraestructuras críticas y procesos operativos del grupo en la Unión. Esto requiere que las entidades financieras identifiquen y evalúen de manera exhaustiva los activos tecnológicos y las interdependencias en todas sus operaciones transfronterizas, asegurando que las pruebas incluyan escenarios que reflejen la diversidad y complejidad de sus operaciones. Por ejemplo, una entidad que opera sistemas de pagos en varios Estados miembros debe garantizar que las pruebas evalúen tanto la resiliencia de sus infraestructuras locales como las interconexiones entre diferentes jurisdicciones.

El considerando también beneficia a las autoridades competentes al reducir la duplicación de esfuerzos en la supervisión de pruebas avanzadas. En lugar de supervisar de manera independiente las pruebas realizadas en cada país, las autoridades nacionales pueden confiar en los resultados de las pruebas realizadas en el Estado miembro de origen, siempre que estas cumplan con los estándares y requisitos definidos por el Reglamento. Esto promueve una mayor cooperación y confianza entre las autoridades nacionales, facilitando el intercambio de información y la coordinación en la supervisión transfronteriza de los riesgos relacionados con las TIC.

La centralización de las pruebas avanzadas en el Estado miembro de origen también tiene implicaciones prácticas significativas para la gobernanza interna de los grupos financieros. Estos deberán garantizar que su función de gestión de riesgos relacionados con las TIC ya sea centralizada o distribuida, esté alineada con los requisitos del Estado miembro de origen y tenga la capacidad de supervisar y coordinar las actividades de pruebas en toda la Unión. Esto puede requerir la creación de equipos especializados que actúen como puntos de contacto únicos para las autoridades competentes y aseguren la coherencia en la implementación de las pruebas.

Sin embargo, este enfoque también presenta ciertos desafíos. La realización de pruebas avanzadas que abarcan infraestructuras y operaciones en múltiples jurisdicciones requiere una planificación meticulosa y la colaboración entre equipos locales y centrales. Las entidades deben asegurarse de que las pruebas sean técnicamente viables, respeten las normativas locales en materia de protección de datos y privacidad, y consideren las particularidades de cada jurisdicción. Por ejemplo, un sistema de TIC en un país puede estar sujeto a diferentes requisitos legales o técnicos que deben integrarse en el alcance general de las pruebas.

En cuanto a los costes, si bien el considerando busca reducir la carga financiera al consolidar las pruebas, las entidades deben ser conscientes de que las pruebas avanzadas de este alcance suelen ser complejas y costosas debido a su escala y profundidad. Las entidades deben equilibrar estos costes con los beneficios de obtener una evaluación integral y uniforme de su resiliencia operativa digital en toda la Unión.

Para las autoridades competentes, este marco requiere la implementación de mecanismos claros para supervisar y validar los resultados de las pruebas realizadas en el Estado miembro de origen. Esto incluye garantizar que las pruebas cumplan con los estándares mínimos establecidos por el Reglamento y que aborden adecuadamente los riesgos específicos de cada jurisdicción donde opera el grupo financiero. Además, las autoridades deben coordinarse entre sí para compartir información relevante y evitar redundancias en la supervisión, asegurando que los riesgos transfronterizos sean gestionados de manera eficaz.

Desde la perspectiva sistémica, el enfoque armonizado fortalece la resiliencia del sistema financiero de la Unión al garantizar que los grupos financieros transfronterizos adopten un enfoque consistente y coordinado para la gestión de riesgos relacionados con las TIC. Al permitir que las pruebas abarquen todas las operaciones dentro de la Unión, el Reglamento fomenta una comprensión más profunda de las interdependencias tecnológicas y los riesgos asociados, lo que contribuye a prevenir incidentes con impactos en cascada que puedan comprometer la estabilidad financiera.

Finalmente, la coordinación entre las autoridades nacionales y la aceptación mutua de los resultados de las pruebas avanzadas realizadas en el Estado miembro de origen refuerzan el espíritu del mercado interior de la Unión Europea. Este enfoque elimina barreras regulatorias y fomenta la integración del sector financiero, garantizando que los grupos transfronterizos puedan operar de manera eficiente mientras cumplen con altos estándares de resiliencia operativa digital.

(58) ***A fin de aprovechar los conocimientos especializados ya adquiridos por determinadas autoridades competentes, en particular en lo que se refiere a la aplicación del marco TIBER-EU, el presente Reglamento debe permitir que los Estados miembros designen a una única autoridad pública como responsable en el sector financiero, a escala nacional, para todas las cuestiones relacionadas con las pruebas de penetración basadas en amenazas, o que las autoridades competentes deleguen, a***

falta de dicha designación, el ejercicio de las tareas relacionadas con las pruebas de penetración basadas en amenazas en otra autoridad financiera nacional competente.

El considerando destaca la importancia de aprovechar la experiencia ya acumulada por ciertas autoridades competentes en relación con las pruebas de penetración basadas en amenazas, particularmente bajo el marco TIBER-EU (Threat Intelligence-Based Ethical Red Teaming), permitiendo a los Estados miembros asignar o delegar la responsabilidad sobre estas tareas a una única autoridad pública o financiera a nivel nacional. Este planteamiento busca centralizar y especializar la gestión de las pruebas de penetración basadas en amenazas, optimizando los recursos disponibles y mejorando la eficacia del proceso.

La referencia al marco TIBER-EU subraya el carácter técnico y complejo de estas pruebas, que simulan ciberataques avanzados y dirigidos a los sistemas y procesos críticos de las entidades financieras. Estas pruebas requieren un conocimiento profundo de las tácticas, técnicas y procedimientos utilizados por actores maliciosos sofisticados, así como la capacidad de coordinar equipos altamente especializados en ciberseguridad. La designación de una única autoridad responsable o la delegación de las tareas en una autoridad competente ya experimentada permite capitalizar este conocimiento y asegurar que las pruebas sean llevadas a cabo con los más altos estándares técnicos y éticos.

Desde una perspectiva práctica, la designación de una única autoridad pública responsable para todas las cuestiones relacionadas con las pruebas de penetración basadas en amenazas tiene varias ventajas. En primer lugar, centraliza el proceso de supervisión y coordinación de estas pruebas, garantizando la coherencia en su aplicación dentro del territorio del Estado miembro. Esto es especialmente relevante en sistemas financieros donde múltiples autoridades nacionales supervisan diferentes tipos de entidades, como bancos, aseguradoras y gestores de activos. Al contar con una única autoridad responsable, se evita la duplicación de esfuerzos y se promueve una mayor eficiencia operativa.

En segundo lugar, la centralización facilita el desarrollo y la aplicación de directrices uniformes para la ejecución de las pruebas de penetración basadas en amenazas. Esto incluye la definición de criterios técnicos, la identificación de activos críticos que deben ser probados y la evaluación de los resultados de las pruebas. La autoridad designada puede actuar como un centro de excelencia, proporcionando orientación técnica, compartiendo mejores prácticas y asegurando que las pruebas se lleven a cabo de manera consistente con los objetivos del Reglamento y las normas internacionales.

La posibilidad de que las autoridades competentes deleguen las tareas relacionadas con estas pruebas en otra autoridad financiera nacional competente añade flexibilidad al marco regulatorio. Esta opción permite a los Estados miembros aprovechar la experiencia existente en aquellas autoridades que ya han desarrollado capacidades avanzadas en este ámbito. Por ejemplo, una autoridad bancaria nacional que ya haya implementado el marco TIBER-EU podría asumir la responsabilidad de supervisar las pruebas de penetración basadas en amenazas para otras entidades financieras, como aseguradoras o gestores de activos, garantizando un nivel uniforme de experiencia técnica y supervisión.

La centralización o delegación de responsabilidades también tiene repercusiones prácticas importantes para las entidades financieras. Al interactuar con una única autoridad responsable, las entidades pueden beneficiarse de un enfoque más claro y estructurado en la planificación, ejecución y supervisión de las pruebas de penetración. Esto reduce la complejidad administrativa y asegura que las entidades reciban una orientación consistente, independientemente de su tamaño o sector. Por ejemplo, una entidad con operaciones en múltiples sectores financieros dentro de un Estado miembro puede coordinar todas sus pruebas avanzadas a través de un único punto de contacto, optimizando recursos y tiempo.

Sin embargo, este enfoque también presenta ciertos desafíos. La autoridad designada o competente debe contar con los recursos necesarios para gestionar eficazmente el volumen de pruebas avanzadas que se llevarán a cabo en el Estado miembro, especialmente en sistemas financieros grandes o complejos. Esto incluye la necesidad de personal especializado, acceso a herramientas avanzadas de ciberseguridad y la capacidad de coordinarse con otras autoridades nacionales e internacionales. Además, debe garantizarse que la autoridad actúe de manera imparcial y cumpla con los más altos estándares éticos en la supervisión de las pruebas.

La experiencia acumulada por las autoridades en la aplicación del marco TIBER-EU proporciona una base sólida para abordar estos desafíos. Este marco, que ya ha sido implementado en varios Estados miembros, ofrece un enfoque estructurado para las pruebas de penetración basadas en amenazas, incluyendo la participación de equipos especializados y la simulación de ataques realistas. Al confiar estas tareas a autoridades familiarizadas con TIBER-EU, los Estados miembros aseguran que las pruebas se lleven a cabo de manera eficaz y conforme a las mejores prácticas internacionales.

Finalmente, este enfoque también promueve la convergencia regulatoria y técnica a nivel de la Unión Europea. Al designar autoridades especializadas en cada Estado miembro y fomentar el uso de marcos como TIBER-EU, se crea una base común para la ejecución de pruebas avanzadas en toda la Unión, facilitando la cooperación y el intercambio de información entre las autoridades nacionales. Esto no solo refuerza la resiliencia operativa de las entidades individuales, sino que también contribuye a la estabilidad y seguridad del sistema financiero europeo en su conjunto.

(59) ***Dado que el presente Reglamento no exige que las entidades financieras abarquen todas las funciones esenciales o importantes en una única prueba de penetración basada en amenazas, las entidades financieras deben tener libertad para determinar las funciones esenciales o importantes que deben incluirse en el ámbito de aplicación de tal prueba y cuántas de dichas funciones.***

El considerando otorga a las entidades financieras la libertad de determinar qué funciones esenciales o importantes serán incluidas en el alcance de una prueba de penetración basada en amenazas, así como la cantidad de funciones a probar. Esta disposición introduce flexibilidad en la implementación de las pruebas avanzadas, permitiendo a las entidades priorizar aquellas áreas que consideran más críticas para sus operaciones y la seguridad del sistema financiero.

La posibilidad de no incluir todas las funciones esenciales o importantes en una única prueba de penetración tiene varias implicaciones prácticas. En primer lugar, permite a las entidades financieras gestionar mejor los recursos dedicados a estas pruebas, que suelen ser técnicamente complejas y costosas. Al segmentar las pruebas en diferentes ciclos o áreas, las entidades pueden distribuir la carga de trabajo y los costos asociados, sin comprometer la eficacia de la evaluación de sus sistemas de resiliencia operativa digital. Este enfoque es especialmente beneficioso para grandes entidades con una amplia gama de funciones esenciales, como bancos internacionales o infraestructuras críticas de mercado, cuyas operaciones abarcan múltiples jurisdicciones y sistemas interconectados.

Desde una perspectiva técnica, la libertad para seleccionar las funciones esenciales o importantes a incluir en una prueba permite a las entidades enfocarse en aquellas áreas que presentan mayores riesgos o vulnerabilidades potenciales. Por ejemplo, una entidad podría priorizar funciones relacionadas con el procesamiento de pagos, la compensación y liquidación, o la gestión de activos críticos, basándose en evaluaciones previas de riesgos o incidentes recientes. Esto asegura que las pruebas sean pertinentes y efectivas, ya que abordan los puntos más sensibles de la operación de la entidad.

El considerando también fomenta un enfoque estratégico en la planificación y ejecución de las pruebas de penetración basadas en amenazas. Las entidades financieras deben evaluar cuidadosamente qué funciones son prioritarias en cada ciclo de prueba, considerando factores como su criticidad para la continuidad del negocio, su exposición a amenazas externas y su relevancia sistémica dentro del sector financiero. Por ejemplo, una infraestructura de mercado clave podría ser priorizada debido a su importancia para la estabilidad financiera, mientras que sistemas secundarios podrían programarse para pruebas en ciclos posteriores.

La flexibilidad también permite adaptar las pruebas a las particularidades de cada entidad. Por ejemplo, una entidad de menor tamaño con un conjunto limitado de funciones esenciales podría cubrir todas sus funciones en una única prueba, mientras que una entidad más compleja podría distribuir las pruebas en función de sus recursos y capacidades internas. Este enfoque diferenciado asegura que las obligaciones del Reglamento sean proporcionales y no impongan cargas innecesarias a las entidades, especialmente a aquellas con menor impacto sistémico.

Desde el punto de vista de la supervisión, la libertad otorgada a las entidades financieras plantea la necesidad de una supervisión robusta por parte de las autoridades competentes. Estas deben asegurarse de que las entidades seleccionen las funciones a probar de manera adecuada, con base en una evaluación razonada de sus riesgos y vulnerabilidades. Las autoridades también deben garantizar que, aunque las pruebas puedan distribuirse en diferentes ciclos, todas las funciones esenciales o importantes sean eventualmente evaluadas dentro de un marco temporal razonable.

Además, la segmentación de las pruebas debe ir acompañada de una documentación clara y detallada por parte de las entidades financieras, explicando la lógica detrás de la selección de funciones y la priorización de las áreas incluidas en cada prueba. Esto asegura la transparencia del proceso y permite a las autoridades evaluar si las decisiones tomadas están alineadas con los objetivos del Reglamento y las mejores prácticas en ciberseguridad.

La libertad para determinar el alcance de las pruebas también tiene un impacto positivo en términos de innovación y aprendizaje. Al enfocarse en funciones específicas en diferentes ciclos de prueba, las entidades pueden desarrollar metodologías y enfoques adaptados a cada área, generando conocimientos más profundos y específicos sobre sus sistemas y procesos. Esto refuerza la capacidad de las entidades para responder a las amenazas cibernéticas y mejora la resiliencia operativa de manera continua.

Por último, el considerando permite a las entidades alinear las pruebas de penetración basadas en amenazas con sus estrategias y ciclos internos de gestión de riesgos. Esto incluye coordinar las pruebas con auditorías internas, evaluaciones de cumplimiento o proyectos de modernización tecnológica, maximizando los beneficios de estas evaluaciones y asegurando una integración efectiva de los resultados en la estrategia general de ciberseguridad de la entidad.

En términos sistémicos, esta flexibilidad contribuye a un uso más eficiente de los recursos tanto por parte de las entidades financieras como de las autoridades supervisores. Al centrarse en funciones críticas de manera prioritaria, las pruebas avanzadas pueden generar un impacto significativo en la seguridad y resiliencia del sistema financiero, reduciendo los riesgos de incidentes cibernéticos con efectos en cascada y reforzando la confianza en la estabilidad del sector.

(60) ***Se autorizan las pruebas conjuntas en el sentido del presente Reglamento -en las que varias entidades financieras participan en una prueba de penetración basada en amenazas y para las cuales un proveedor tercero de servicios de TIC puede celebrar directamente acuerdos contractuales con un probador externo- solo en aquellos casos en los que cabe esperar razonablemente que se vean afectadas negativamente la calidad o la seguridad de los servicios prestados por el proveedor tercero de servicios de TIC a clientes que son entidades excluidas del ámbito de aplicación del presente Reglamento, o la confidencialidad de los datos relacionados con tales servicios. Las pruebas conjuntas también deben estar sujetas a salvaguardias (dirección a cargo de una entidad financiera designada, determinación del número de entidades financieras participantes) a fin de garantizar el rigor de la prueba para que las entidades financieras implicadas cumplan los objetivos de la prueba de penetración basada en amenazas en virtud del presente Reglamento.***

El considerando regula la autorización de pruebas conjuntas de penetración basadas en amenazas, estableciendo condiciones específicas y salvaguardias para su realización. Estas pruebas permiten que varias entidades financieras participen de manera conjunta en una evaluación de seguridad, especialmente cuando comparten servicios críticos proporcionados por un mismo proveedor tercero de TIC. Este enfoque busca optimizar recursos y garantizar una evaluación integral de los riesgos en entornos interdependientes, minimizando el impacto negativo en la calidad, seguridad y confidencialidad de los servicios prestados por el proveedor tercero.

La autorización de pruebas conjuntas responde a la creciente interdependencia tecnológica en el sector financiero, donde múltiples entidades utilizan servicios proporcionados por un número limitado de proveedores terceros esenciales, como plataformas de computación en la nube o sistemas de procesamiento de pagos. En este contexto, las pruebas conjuntas permiten evaluar de manera coordinada los riesgos y vulnerabilidades en los servicios compartidos, asegurando que las medidas de mitigación sean efectivas para todas las entidades participantes.

El considerando establece que estas pruebas solo son autorizadas cuando existe un riesgo razonable de que la calidad o seguridad de los servicios prestados por el proveedor tercero a clientes no cubiertos por el Reglamento, o la confidencialidad de los datos relacionados con esos servicios, pueda verse comprometida. Este enfoque protege a los clientes no financieros y a aquellos que no están dentro del ámbito de aplicación del Reglamento, asegurando que las pruebas conjuntas no interfieran con la prestación de servicios ni pongan en peligro datos sensibles que no son relevantes para el sector financiero.

La disposición de salvaguardias es fundamental para garantizar el rigor y la efectividad de las pruebas conjuntas. La dirección de la prueba debe estar a cargo de una entidad financiera designada, que actúa como coordinadora y punto de contacto principal con el probador externo y el proveedor tercero. Esta entidad tiene la responsabilidad de asegurar que la prueba cumpla con los objetivos establecidos, gestione las interacciones con el probador y el proveedor, y supervise el cumplimiento de las normas de confidencialidad y seguridad. La determinación del número de entidades participantes permite controlar la complejidad de la prueba y asegurar que los objetivos técnicos y estratégicos no se vean comprometidos por una participación excesiva.

Desde una perspectiva práctica, la realización de pruebas conjuntas requiere una planificación meticulosa. Las entidades participantes deben colaborar para definir el alcance de la prueba, identificar las infraestructuras y servicios críticos a evaluar, y establecer criterios claros para medir la efectividad de la prueba. Esto incluye la identificación de los riesgos compartidos, la definición de protocolos de comunicación entre las partes y la gestión de cualquier posible conflicto de intereses entre las entidades participantes y el proveedor tercero.

La figura del proveedor tercero de TIC es central en este tipo de pruebas. Al permitir que el proveedor celebre acuerdos contractuales directamente con el probador externo, el considerando facilita la ejecución de las pruebas conjuntas, asegurando que los requisitos técnicos y de seguridad del proveedor sean respetados. Sin embargo, esta relación contractual requiere un marco legal claro que defina las responsabilidades del probador externo, garantice la protección de la información confidencial y evite cualquier interrupción no deseada en los servicios.

El impacto positivo de las pruebas conjuntas incluye una evaluación más coordinada y eficiente de los riesgos relacionados con las TIC en entornos interdependientes, lo que resulta en una mejor comprensión de las vulnerabilidades compartidas y una respuesta más coherente a los riesgos identificados. Además, al compartir los costos de las pruebas entre las entidades participantes, este enfoque reduce la carga financiera individual, lo que puede ser particularmente beneficioso para las entidades más pequeñas que dependen de los mismos servicios que las grandes instituciones.

Desde la perspectiva de supervisión, las autoridades competentes deben garantizar que las pruebas conjuntas cumplan con los estándares del Reglamento y que las salvaguardias establecidas sean respetadas. Esto incluye la evaluación de los acuerdos entre las entidades financieras, el probador externo y el proveedor tercero, así como la supervisión de los resultados de las pruebas para asegurar que los riesgos identificados sean gestionados adecuadamente. Las autoridades también deben fomentar la transparencia y la cooperación entre las entidades participantes, promoviendo el intercambio de información sobre los resultados de las pruebas y las mejores prácticas en la gestión de riesgos compartidos.

La coordinación entre las entidades participantes también puede presentar desafíos prácticos. Las diferencias en los niveles de preparación técnica, los recursos disponibles y las prioridades estratégicas de cada entidad pueden dificultar la definición de objetivos comunes y la ejecución eficiente de la prueba. Para superar estos desafíos, las entidades deben establecer acuerdos claros que definan las responsabilidades individuales y colectivas, y garantizar una comunicación efectiva durante todo el proceso.

En términos sistémicos, las pruebas conjuntas refuerzan la resiliencia operativa digital del sector financiero al abordar de manera integrada los riesgos en las infraestructuras compartidas. Este enfoque reduce la probabilidad de incidentes que afecten a múltiples entidades simultáneamente, protege la estabilidad del sistema financiero y fortalece la confianza en los servicios críticos proporcionados por los proveedores terceros. Asimismo, las pruebas conjuntas promueven una cultura de colaboración y aprendizaje entre las entidades financieras, lo que resulta en una mejor preparación colectiva frente a las ciberamenazas.

(61) ***Con el fin de aprovechar los recursos internos disponibles a escala corporativa, el presente Reglamento debe permitir el recurso a probadores internos para llevar a cabo pruebas de penetración basadas en amenazas, siempre que se cuente con la aprobación de las autoridades de control, no existan conflictos de interés y se alterne periódicamente el recurso a probadores internos y externos (cada tres pruebas), al tiempo que se exige que el proveedor de inteligencia sobre amenazas en dichas pruebas de penetración sea siempre externo a la entidad financiera. La responsabilidad de llevar a cabo las pruebas de penetración basadas en amenazas debe seguir recayendo plenamente en la entidad financiera. Las validaciones proporcionadas por las autoridades deben tener como única finalidad el reconocimiento mutuo y no deben impedir ninguna acción de seguimiento necesaria para abordar el riesgo en materia de TIC al que esté expuesta la entidad financiera, ni deben considerarse como una confirmación por parte de las autoridades de control de las capacidades de gestión y mitigación del riesgo de TIC de una entidad financiera.***

El considerando establece un marco equilibrado que permite a las entidades financieras utilizar probadores internos para llevar a cabo pruebas de penetración basadas en amenazas, con condiciones estrictas que aseguren la imparcialidad, la eficacia y la calidad de las pruebas. Al mismo tiempo, delimita claramente las responsabilidades de las entidades y de las autoridades de control en relación con dichas pruebas.

La posibilidad de recurrir a probadores internos representa una ventaja significativa para las entidades financieras, ya que les permite aprovechar los conocimientos específicos y la familiaridad con los sistemas internos de sus propios equipos. Esto puede resultar en pruebas más ajustadas a las particularidades operativas de la entidad, reduciendo tiempos y costes asociados a la contratación de probadores externos. Sin embargo, el considerando establece que esta práctica debe estar sujeta a salvaguardias específicas, como la aprobación previa de las autoridades de control, la alternancia periódica con probadores externos y la garantía de que el proveedor de inteligencia sobre amenazas sea externo a la entidad financiera.

La exigencia de alternar el uso de probadores internos y externos, cada tres pruebas, asegura un balance entre el conocimiento interno y la objetividad externa. Los probadores externos aportan una perspectiva independiente y pueden identificar vulnerabilidades que podrían pasar desapercibidas para los equipos internos, especialmente en sistemas o procesos donde los empleados tienen una mayor familiaridad y, por ende, posibles sesgos. Este requisito refuerza la credibilidad y la eficacia de las pruebas, al tiempo que fomenta un aprendizaje continuo para los equipos internos, quienes pueden adoptar las mejores prácticas identificadas por los probadores externos.

El proveedor de inteligencia sobre amenazas, que debe ser siempre externo, desempeña un papel determinante en el éxito de las pruebas de penetración basadas en amenazas. Este proveedor garantiza que las pruebas se diseñen en base a escenarios realistas y actuales, reflejando las tácticas, técnicas y procedimientos utilizados por actores maliciosos en el entorno global de ciberamenazas. Al ser externo, se minimiza el riesgo de conflictos de interés y se asegura una evaluación imparcial de los riesgos relacionados con las TIC.

El considerando también recalca que la responsabilidad última de las pruebas recae plenamente en la entidad financiera, lo que refuerza su obligación de garantizar la calidad, la imparcialidad y el cumplimiento de las pruebas, independientemente de si estas son realizadas por probadores internos o externos. Esto implica que las entidades deben establecer controles internos rigurosos para supervisar el proceso, garantizar la integridad de los resultados y adoptar medidas correctivas basadas en los hallazgos.

En cuanto al papel de las autoridades de control, el considerando establece que sus validaciones se limitan a fines de reconocimiento mutuo, es decir, garantizar que las pruebas realizadas cumplan con los estándares definidos por el Reglamento y sean reconocidas por otras jurisdicciones en caso de operaciones transfronterizas. Sin embargo, estas validaciones no eximen a las entidades financieras de su responsabilidad en la gestión de los riesgos relacionados con las TIC ni deben interpretarse como una certificación de su capacidad para mitigar dichos riesgos. Este enfoque evita que las autoridades asuman un papel operativo que podría diluir su función supervisora, manteniendo la responsabilidad sobre la resiliencia digital dentro del ámbito corporativo de la entidad.

La exclusión de las validaciones como confirmación de las capacidades de gestión y mitigación del riesgo tiene importantes implicaciones prácticas. En primer lugar, asegura que las entidades no interpreten estas validaciones como una aprobación general de su marco de ciberseguridad, evitando un falso sentido de seguridad. En segundo lugar, obliga a las entidades a continuar invirtiendo en sus capacidades internas de gestión del riesgo, independientemente de la validación otorgada por las autoridades. Esto fomenta una mejora continua en la gestión de riesgos relacionados con las TIC, alineada con las mejores prácticas internacionales y las necesidades específicas del entorno operativo.

Desde una perspectiva operativa, las entidades financieras que deseen utilizar probadores internos deben garantizar que no existan conflictos de interés. Esto implica que los equipos encargados de realizar las pruebas deben ser independientes de las áreas responsables del diseño, desarrollo y mantenimiento de los sistemas y procesos evaluados. Además, las entidades deben establecer políticas claras para documentar y justificar el uso de probadores internos, incluyendo evidencia de su imparcialidad y competencia técnica.

El requisito de alternar probadores internos y externos también tiene implicaciones financieras y logísticas para las entidades. Aunque permite reducir costes al utilizar recursos internos, estas deben presupuestar y planificar periódicamente la contratación de probadores externos, lo que requiere una gestión cuidadosa de los recursos y los calendarios de pruebas. Asimismo, deben garantizar que los proveedores externos seleccionados cumplan con los estándares técnicos y éticos requeridos por el Reglamento.

Desde el punto de vista de las autoridades de control, la supervisión del uso de probadores internos requiere un enfoque equilibrado que combine el respeto por la autonomía corporativa de las entidades con la necesidad de garantizar la calidad y fiabilidad de las pruebas. Esto incluye revisar las políticas y procedimientos internos de las entidades, evaluar la independencia de los equipos internos y validar que las pruebas realizadas cumplen con los estándares establecidos. Las autoridades también deben colaborar con las entidades para fomentar el intercambio de mejores prácticas y garantizar que el uso de probadores internos contribuya a mejorar la resiliencia operativa digital.

En términos generales, la posibilidad de utilizar probadores internos, combinada con salvaguardias específicas y la alternancia con probadores externos, proporciona un marco flexible y eficiente que permite a las entidades financieras adaptar sus programas de pruebas a sus necesidades específicas. Al mismo tiempo, se mantiene un alto nivel de rigor y objetividad, asegurando que las pruebas de penetración basadas en amenazas sigan siendo una herramienta efectiva para fortalecer la resiliencia del sector financiero frente a ciberamenazas.

(62) ***Para garantizar un seguimiento sólido del riesgo relacionado con las TIC derivado de terceros en el sector financiero, es necesario establecer un conjunto de normas basadas en principios para orientar a las entidades financieras a la hora de hacer un seguimiento de los riesgos que surgen en el contexto de las funciones externalizadas a proveedores terceros de servicios de TIC, en particular para ser-***

vicios de TIC que den apoyo a funciones esenciales o importantes, así como, de manera más general, en el contexto de todas las dependencias de terceros relacionadas con las TIC.

El considerando subraya la necesidad de crear un marco normativo basado en principios para que las entidades financieras puedan gestionar de manera efectiva los riesgos relacionados con las TIC derivados de terceros, especialmente en el contexto de la externalización de funciones esenciales o importantes y otras dependencias críticas relacionadas con las TIC. Esta disposición responde a la creciente complejidad y dependencia tecnológica en el sector financiero, donde los proveedores terceros de servicios de TIC desempeñan un papel determinante en las operaciones cotidianas de las entidades.

La referencia a normas basadas en principios implica un enfoque flexible y adaptativo que permite a las entidades ajustar sus estrategias de gestión de riesgos según su tamaño, naturaleza, escala y complejidad. En lugar de imponer reglas rígidas y prescriptivas, estas normas establecen directrices generales que proporcionan a las entidades financieras el marco necesario para identificar, evaluar, mitigar y supervisar los riesgos relacionados con las TIC. Esto asegura que las medidas adoptadas sean proporcionales a los riesgos específicos de cada entidad, promoviendo al mismo tiempo un enfoque coherente en todo el sector financiero.

El considerando pone un énfasis particular en las funciones esenciales o importantes externalizadas. Estas funciones son aquellas que, de verse interrumpidas, podrían comprometer la continuidad operativa de la entidad, la prestación de servicios financieros a los clientes o la estabilidad del sistema financiero en su conjunto. Los servicios de TIC que apoyan estas funciones, como las infraestructuras de procesamiento de pagos, las plataformas de computación en la nube o los sistemas de gestión de riesgos son especialmente sensibles a los fallos técnicos, ciberataques o interrupciones del proveedor. Por lo tanto, el seguimiento de los riesgos asociados con estas dependencias es fundamental para garantizar la resiliencia operativa.

El considerando también aborda las dependencias más generales de terceros relacionadas con las TIC, reconociendo que los riesgos no se limitan a las funciones externalizadas esenciales. Incluso los servicios secundarios o no críticos pueden generar riesgos acumulativos si no se gestionan adecuadamente, especialmente en un contexto de creciente interconexión digital. Por ejemplo, un proveedor menor de TIC podría ser el punto de entrada para un ataque que comprometa a una entidad financiera más grande. Por tanto, las normas basadas en principios deben cubrir todas las relaciones con terceros, asegurando una evaluación integral de los riesgos.

Desde una perspectiva práctica, el establecimiento de estas normas exige que las entidades financieras implementen políticas y procedimientos robustos para gestionar el ciclo completo de la relación con proveedores terceros. Esto incluye:

1. Identificación y evaluación de riesgos: Las entidades deben mapear todas las relaciones con terceros, identificar las funciones esenciales o importantes soportadas por servicios externalizados y evaluar los riesgos asociados, incluyendo la posible concentración de dependencias en un número limitado de proveedores clave.
2. Selección de proveedores: Durante la contratación, las entidades deben asegurarse de que los proveedores terceros cumplen con estándares técnicos, de seguridad y de cumplimiento normativo acordes con los riesgos involucrados.
3. Contratos sólidos: Los acuerdos contractuales deben incluir disposiciones claras sobre derechos de acceso, auditoría, notificación de incidentes y resolución de problemas. También deben prever la continuidad del servicio en caso de incumplimiento o interrupción por parte del proveedor.
4. Monitorización continua: Una vez contratados, los proveedores deben ser objeto de un seguimiento constante para garantizar que mantienen los niveles de servicio y seguridad acordados. Esto puede incluir evaluaciones periódicas, revisiones de auditoría y pruebas de resiliencia.
5. Planes de contingencia: Las entidades deben desarrollar estrategias claras para gestionar interrupciones en los servicios de TIC proporcionados por terceros, incluyendo la capacidad de cambiar rápidamente a proveedores alternativos o soluciones internas.

Para las autoridades competentes, el considerando plantea la necesidad de supervisar la implementación de estas normas y garantizar que las entidades financieras gestionen adecuadamente sus relaciones con proveedores terceros. Esto incluye evaluar si las políticas y procedimientos establecidos por las entidades son suficientes para mitigar los riesgos identificados, así como fomentar la adopción de mejores prácticas y garantizar la transparencia en la gestión de dependencias críticas.

El considerando tiene un impacto significativo en los proveedores terceros de servicios de TIC, que deben adaptarse a los requisitos más estrictos establecidos por las entidades financieras para cumplir con las normas basadas en principios. Esto podría incluir invertir en infraestructuras de seguridad más robustas, implementar medidas de cumplimiento más estrictas y colaborar estrechamente con las entidades financieras para cumplir con las auditorías y otros requisitos contractuales.

Desde una perspectiva sistémica, este enfoque contribuye a reforzar la resiliencia general del sector financiero. Al gestionar de manera proactiva los riesgos relacionados con las TIC derivados de terceros, las entidades no solo protegen sus operaciones individuales, sino que también reducen la probabilidad de interrupciones en cascada que puedan afectar la estabilidad del sistema financiero en su conjunto. Asimismo, las normas basadas en principios fomentan un entorno más transparente y colaborativo entre las entidades financieras y sus proveedores, fortaleciendo la confianza en las infraestructuras críticas de TIC.

Finalmente, el establecimiento de este marco normativo también tiene implicaciones estratégicas para la evolución tecnológica del sector financiero. Al garantizar que los riesgos relacionados con las TIC sean gestionados adecuadamente, se facilita una adopción más segura de innovaciones tecnológicas, como la computación en la nube, la inteligencia artificial y los servicios de análisis de datos, lo que refuerza la competitividad y la sostenibilidad del sector a largo plazo.

(63) ***Para abordar la complejidad de las diversas fuentes de riesgo relacionado con las TIC, teniendo en cuenta al mismo tiempo la multitud y diversidad de proveedores de soluciones tecnológicas que hacen posible una prestación fluida de los servicios financieros, el presente Reglamento debe abarcar una amplia variedad de proveedores terceros de servicios de TIC, incluidos los proveedores de servicios de computación en nube, software, servicios de análisis de datos y los proveedores de servicios de centros de datos. Del mismo modo, dado que las entidades financieras deben determinar y gestionar de manera efectiva y coherente todos los tipos de riesgo, también en el contexto de los servicios de TIC adquiridos dentro de un grupo financiero, debe aclararse que las empresas que forman parte de un grupo financiero y prestan servicios de TIC principalmente a su sociedad matriz, o a filiales o sucursales de su empresa matriz, así como las entidades financieras que prestan servicios de TIC a otras entidades financieras, también deben considerarse proveedores terceros de servicios de TIC de conformidad con el presente Reglamento. Por último, a la luz de la evolución del mercado de servicios de pago, cada vez más dependiente de soluciones técnicas complejas, y en vista de los nuevos***

tipos de servicios de pago y soluciones relacionadas con los pagos, los participantes en el ecosistema de servicios de pago que presten actividades de procesamiento de pagos o gestionen infraestructuras también deben considerarse proveedores terceros de servicios de TIC con arreglo al presente Reglamento, a excepción de los bancos centrales cuando gestionen sistemas de pago o de liquidación de valores y las autoridades públicas cuando presten servicios relacionados con las TIC en el contexto del desempeño de funciones estatales.

El considerando amplía el alcance del Reglamento al incluir una variedad de proveedores terceros de servicios de TIC que desempeñan un papel determinante en la prestación de servicios financieros, reconociendo la complejidad y diversidad de las relaciones entre las entidades financieras y sus proveedores tecnológicos. Este enfoque garantiza que todos los tipos de riesgos relacionados con las TIC, incluidas las interdependencias en infraestructuras críticas y la evolución de los servicios financieros digitales, sean gestionados de manera efectiva y coherente.

La inclusión explícita de proveedores como los de computación en nube, software, análisis de datos y servicios de centros de datos refleja la creciente dependencia tecnológica del sector financiero. Estas categorías de proveedores son esenciales para garantizar la disponibilidad, integridad y seguridad de las operaciones financieras. Sin embargo, también representan puntos críticos de vulnerabilidad, ya que una interrupción o un fallo en sus servicios puede generar efectos sistémicos. Al incluirlos dentro del ámbito del Reglamento, se establece un marco para gestionar los riesgos asociados, promoviendo la resiliencia operativa tanto a nivel individual como sistémico.

El considerando también aborda la necesidad de considerar como proveedores terceros a las empresas dentro de un grupo financiero que prestan servicios de TIC a la sociedad matriz, filiales o sucursales del mismo grupo. Esto es particularmente relevante, ya que las relaciones intragrupo a menudo no son objeto del mismo nivel de supervisión que las relaciones con proveedores externos, a pesar de que los riesgos asociados pueden ser igualmente significativos. Al exigir que estas empresas se gestionen como proveedores terceros, el Reglamento asegura que las entidades financieras no subestimen los riesgos relacionados con las TIC en el contexto de servicios adquiridos internamente. Esto incluye la necesidad de aplicar medidas como la evaluación de riesgos, auditorías internas y planes de contingencia, incluso dentro del propio grupo.

Asimismo, el considerando incorpora a los participantes del ecosistema de servicios de pago, especialmente aquellos que gestionan actividades de procesamiento de pagos o infraestructuras relacionadas. Este enfoque responde a la creciente sofisticación del mercado de pagos, donde soluciones técnicas avanzadas, como las plataformas de pago instantáneo y las redes de blockchain, se están convirtiendo en elementos centrales. La inclusión de estos actores en el ámbito del Reglamento asegura que las entidades financieras evalúen y gestionen los riesgos asociados con estas soluciones tecnológicas innovadoras, particularmente en términos de ciberseguridad, resiliencia operativa y cumplimiento normativo.

No obstante, el considerando excluye de la definición de proveedores terceros de servicios de TIC a los bancos centrales cuando gestionen sistemas de pago o de liquidación de valores y a las autoridades públicas cuando presten servicios relacionados con las TIC en el contexto de funciones estatales. Esta exclusión reconoce el carácter único y soberano de estas instituciones, así como su función en la estabilidad del sistema financiero y su sometimiento a marcos regulatorios específicos que ya imponen estrictos estándares de seguridad y resiliencia.

Desde una perspectiva práctica, la aplicación de este considerando requiere que las entidades financieras adopten una visión integral de sus relaciones con los proveedores de TIC, teniendo en cuenta tanto los servicios adquiridos externamente como los proporcionados internamente dentro del grupo. Esto implica establecer políticas y procedimientos para identificar, evaluar y mitigar los riesgos asociados con todos los proveedores, independientemente de su ubicación organizativa o su naturaleza jurídica. Por ejemplo, una entidad financiera que utilice servicios en la nube proporcionados por una empresa hermana debe garantizar que se apliquen los mismos estándares de seguridad y resiliencia que para un proveedor externo.

Además, el considerando refuerza la importancia de la diligencia debida en la selección de proveedores de TIC, incluidos aquellos que participan en el ecosistema de pagos. Esto incluye evaluar la capacidad de los proveedores para cumplir con los requisitos normativos, garantizar la continuidad del servicio y proteger los datos confidenciales. Las entidades financieras deben establecer acuerdos contractuales sólidos que incluyan disposiciones sobre auditorías, notificación de incidentes y resolución de problemas, especialmente cuando los servicios de TIC sean esenciales para funciones críticas.

Para las autoridades competentes, el considerando implica la necesidad de supervisar un rango más amplio de relaciones entre las entidades financieras y sus proveedores de TIC, incluidas las relaciones intragrupo y los participantes en el mercado de pagos. Esto requiere recursos adicionales y la capacidad de coordinarse con otras autoridades, especialmente en el caso de proveedores que operan en múltiples jurisdicciones. También es determinante que las autoridades fomenten la transparencia y la cooperación entre las entidades financieras y sus proveedores, promoviendo mejores prácticas en la gestión de riesgos relacionados con las TIC.

El impacto sistémico de este enfoque es significativo. Al incluir una amplia variedad de proveedores de TIC en el ámbito del Reglamento, se refuerza la resiliencia operativa del sistema financiero en su conjunto, mitigando los riesgos asociados con interrupciones o fallos en servicios críticos. También se promueve un entorno más seguro para la adopción de tecnologías innovadoras, como los pagos digitales avanzados, contribuyendo a la estabilidad y competitividad del sector financiero europeo.

En términos estratégicos, este considerando establece una base sólida para abordar los desafíos de la transformación digital en el sector financiero, asegurando que las entidades gestionen de manera proactiva los riesgos asociados con sus dependencias tecnológicas. Esto fomenta la confianza en los servicios financieros digitales y refuerza la estabilidad del mercado en un entorno cada vez más interconectado y dinámico.

(64) ***Una entidad financiera debe seguir siendo en todo momento plenamente responsable del cumplimiento de las obligaciones que respecto de ella se establecen en el presente Reglamento. Las entidades financieras deben aplicar un enfoque proporcionado al seguimiento de los riesgos que surjan a nivel de los proveedores terceros de servicios de TIC teniendo debidamente en cuenta la naturaleza, la escala, la complejidad y la importancia de sus dependencias relacionadas con las TIC, el carácter esencial o la importancia de los servicios, procesos o funciones sujetos a los acuerdos contractuales y, en última instancia, sobre la base de una evaluación cuidadosa de cualquier posible consecuencia para la continuidad y calidad de los servicios financieros a escala particular y de grupo, según proceda.***

El considerando establece un principio fundamental de responsabilidad inalienable de las entidades financieras en relación con el cumplimiento de las obligaciones derivadas del Reglamento, incluso cuando externalicen servicios relacionados con las TIC a proveedores terceros. Esto implica que, aunque la entidad delegue la ejecución de ciertas funciones, no puede transferir la responsabilidad última por la gestión de los riesgos asociados a dichas dependencias. Este enfoque asegura que las entidades financieras mantengan un control integral sobre los riesgos que puedan afectar la continuidad y calidad de los servicios financieros.

El requisito de aplicar un enfoque proporcionado en el seguimiento de los riesgos derivados de los proveedores terceros de TIC introduce flexibilidad y adaptabilidad en la gestión de estas relaciones, lo que permite a las entidades ajustar sus estrategias de supervisión en función de las características específicas de cada dependencia. Factores como la naturaleza, la escala y la complejidad de la relación contractual, así como la criticidad de los servicios o funciones externalizados, son determinantes para calibrar el nivel de supervisión necesario. Este enfoque evita la aplicación de medidas uniformes e inflexibles, permitiendo un uso eficiente de los recursos y asegurando que se preste mayor atención a las dependencias que representan riesgos significativos.

El considerando también subraya la necesidad de realizar una evaluación cuidadosa de las posibles consecuencias de los riesgos para la continuidad y calidad de los servicios financieros. Esto implica que las entidades financieras deben identificar y analizar el impacto potencial de cualquier interrupción o fallo en los servicios externalizados, no solo a nivel operativo, sino también en términos de reputación, confianza de los clientes y estabilidad financiera. La evaluación debe considerar tanto la perspectiva particular de la entidad como su posición dentro de un grupo financiero, abordando las interdependencias que puedan amplificar los riesgos en el contexto corporativo más amplio.

El carácter esencial o la importancia de los servicios externalizados es un criterio clave en la evaluación y gestión de los riesgos relacionados con las TIC. Las funciones esenciales, como el procesamiento de pagos, la gestión de datos sensibles o el acceso a sistemas de negociación, requieren un nivel más elevado de supervisión debido a su impacto directo en la operación de la entidad y en el sistema financiero en general. Por el contrario, los servicios no críticos pueden ser objeto de una supervisión menos intensiva, siempre que su interrupción no comprometa significativamente la prestación de servicios financieros.

Desde una perspectiva práctica, este enfoque requiere que las entidades financieras desarrollen políticas y procedimientos sólidos para la gestión de los riesgos relacionados con las TIC. Estos deben incluir:

1. Identificación y clasificación de riesgos: Las entidades deben mapear todas sus relaciones con proveedores terceros, identificando las funciones o servicios que son esenciales para sus operaciones y evaluando los riesgos asociados.

2. Monitoreo continuo y adaptativo: Las entidades deben implementar mecanismos para supervisar el desempeño de los proveedores

terceros, incluyendo auditorías, revisiones periódicas y herramientas de seguimiento de riesgos. La intensidad de este monitoreo debe ajustarse en función de la criticidad de los servicios externalizados y la evolución del riesgo.

3. Gestión contractual: Los contratos con proveedores terceros deben incluir cláusulas claras sobre derechos de acceso, auditoría y terminación, así como disposiciones para la continuidad del servicio en caso de interrupciones. Esto garantiza que las entidades mantengan un control adecuado sobre los servicios externalizados.

4. Planes de contingencia y recuperación: Las entidades deben estar preparadas para gestionar interrupciones en los servicios proporcionados por terceros, incluyendo la implementación de soluciones alternativas y la coordinación con las autoridades competentes en caso de incidentes graves.

5. Gobernanza y rendición de cuentas: La gestión de los riesgos relacionados con las TIC debe integrarse en el marco general de gobernanza de riesgos de la entidad, asegurando que el órgano de dirección esté plenamente informado y asuma la responsabilidad última de las decisiones estratégicas relacionadas con estos riesgos.

Para las autoridades competentes, el considerando implica la necesidad de supervisar de manera rigurosa si las entidades financieras están cumpliendo con su obligación de gestionar proactivamente los riesgos derivados de los proveedores terceros. Esto incluye evaluar las políticas y procedimientos implementados por las entidades, verificar la adecuación de las cláusulas contractuales y revisar los resultados de las auditorías internas o externas realizadas a los proveedores.

El considerando también plantea desafíos y responsabilidades para los proveedores terceros de TIC, que deben estar preparados para cumplir con las exigencias de las entidades financieras en términos de auditorías, notificación de incidentes y estándares de seguridad. Para los proveedores que prestan servicios a múltiples entidades financieras, esto podría implicar una mayor carga administrativa y la necesidad de demostrar de manera consistente su cumplimiento con los requisitos normativos.

Desde una perspectiva sistémica, este enfoque contribuye a reforzar la resiliencia operativa del sector financiero al garantizar que las entidades gestionen de manera eficaz los riesgos asociados con sus dependencias tecnológicas. Al mantener la responsabilidad última sobre los riesgos relacionados con las TIC, las entidades financieras protegen no solo sus operaciones individuales, sino también la estabilidad y confianza del sistema financiero en su conjunto. Este marco fomenta una gestión proactiva de los riesgos y asegura que las entidades estén preparadas para afrontar los desafíos de un entorno digital cada vez más interconectado y complejo.

(65) ***La realización de dicho seguimiento debe seguir un enfoque estratégico para el riesgo relacionado con las TIC derivado de terceros formalizado mediante la adopción por parte del órgano de dirección de la entidad financiera de una estrategia de riesgos relacionados con las TIC derivados de terceros específica, basada en un examen continuo de todas las dependencias de terceros relacionadas con las TIC. Para aumentar la sensibilización entre las autoridades de control sobre las dependencias de terceros en el sector de las TIC, y con vistas a apoyar en mayor medida el trabajo desarrollado en el contexto del marco de supervisión establecido por el presente Reglamento, debe exigirse a todas las entidades financieras que mantengan un registro de información con todos los acuerdos contractuales relativos al uso de servicios de TIC prestados por proveedores terceros de servicios de TIC. Los supervisores financieros deben poder solicitar el registro completo o solicitar secciones específicas de este, y así obtener información esencial para adquirir una mayor comprensión de las dependencias relacionadas con las TIC de las entidades financieras.***

El considerando establece la necesidad de que las entidades financieras adopten un enfoque estratégico y formalizado para la gestión de los riesgos relacionados con las TIC derivados de terceros, a través de una estrategia específica aprobada por su órgano de dirección. Este enfoque implica un compromiso estructural y continuo para identificar, evaluar y mitigar los riesgos que surgen de las dependencias tecnológicas de terceros, lo que refuerza la importancia de la supervisión a nivel de alta dirección en la gestión de estos riesgos.

La formalización de una estrategia específica por parte del órgano de dirección subraya su responsabilidad última en la gestión de los riesgos relacionados con las TIC. Esta estrategia debe estar basada en un análisis continuo de todas las dependencias de terceros, abarcando desde los proveedores que sustentan funciones esenciales hasta aquellos que prestan servicios auxiliares, pero potencialmente críticos. Al exigir que esta estrategia esté alineada con las prioridades y objetivos generales de la entidad, se garantiza que los riesgos relacionados con las TIC sean tratados con el mismo nivel de importancia que otros riesgos estratégicos o financieros.

El requisito de mantener un registro exhaustivo de los acuerdos contractuales con proveedores terceros de TIC tiene importantes repercusiones prácticas. Este registro debe incluir información detallada sobre los servicios externalizados, los proveedores responsables y los términos clave de los contratos. Su propósito es proporcionar a las entidades un panorama integral de sus dependencias tecnológicas, facilitando la identificación de riesgos, como la concentración excesiva en un número reducido de proveedores o la falta de alternativas viables para ciertos servicios críticos.

Desde la perspectiva de las autoridades de control, la posibilidad de acceder al registro completo o a partes específicas permite una supervisión más informada y eficiente. Esto les otorga una visión más clara de las interdependencias tecnológicas entre las entidades financieras y los proveedores de TIC, identificando posibles puntos de vulnerabilidad sistémica. Por ejemplo, si varias entidades financieras dependen de un único proveedor para una función crítica, las autoridades pueden evaluar el impacto potencial de un fallo en ese proveedor y tomar medidas para mitigar el riesgo a nivel sectorial.

El requisito del registro también facilita el cumplimiento normativo al estandarizar la recopilación de información sobre los acuerdos con terceros. Las entidades financieras deben establecer procesos claros para recopilar, actualizar y gestionar esta información, asegurando su precisión y accesibilidad para las autoridades cuando sea necesario. Este registro se convierte en una herramienta clave para la gobernanza de riesgos, permitiendo a las entidades monitorizar sus relaciones con los proveedores y priorizar las áreas de supervisión y auditoría.

Además, la introducción de este registro fomenta la transparencia en las relaciones entre las entidades financieras y sus proveedores terceros. Las entidades deben garantizar que los contratos incluyan disposiciones que les permitan recopilar la información necesaria para cumplir con este requisito. Esto podría incluir cláusulas sobre acceso a datos, auditorías periódicas y notificación de incidentes, elementos que refuerzan la capacidad de las entidades para gestionar proactivamente los riesgos relacionados con las TIC.

El considerando también tiene implicaciones para la planificación estratégica de las entidades financieras. La revisión continua de las dependencias de terceros permite a las entidades identificar oportunidades para diversificar sus proveedores, reducir la concentración de riesgos y adoptar medidas para garantizar la resiliencia operativa. Por ejemplo, si un análisis del registro muestra una alta dependencia de un proveedor específico para una función crítica, la entidad podría buscar alternativas o desarrollar capacidades internas como parte de su estrategia de gestión de riesgos.

Desde el punto de vista operativo, el desarrollo de una estrategia formalizada y la creación del registro requieren la colaboración de múltiples áreas dentro de la entidad, incluyendo TI, cumplimiento normativo, compras y gestión de riesgos. Esto fomenta un enfoque integral y coordinado para abordar los riesgos relacionados con las TIC, alineando las acciones tácticas con los objetivos estratégicos de la entidad.

El enfoque estratégico exigido por el considerando refuerza la cultura de responsabilidad y concienciación dentro de las entidades financieras en relación con los riesgos tecnológicos. La implicación directa del órgano de dirección asegura que estas cuestiones se traten como prioridades corporativas, promoviendo la asignación adecuada de recursos y la implementación de controles efectivos.

Finalmente, el registro y la supervisión de las dependencias de terceros mejoran la capacidad de las autoridades para abordar riesgos sistémicos en el sector financiero. Al disponer de información consolidada y actualizada sobre las relaciones entre entidades financieras y proveedores de TIC, los supervisores pueden anticiparse a posibles interrupciones, diseñar estrategias de mitigación y coordinar acciones en casos de crisis, fortaleciendo la estabilidad y resiliencia del sistema financiero en su conjunto.

(66) ***La celebración formal de acuerdos contractuales debe fundarse e ir precedida de un análisis exhaustivo previo a la contratación, centrado en particular en elementos como el carácter esencial o la importancia de los servicios cubiertos por el contrato de TIC previsto, las aprobaciones de las autoridades de control necesarias u otras condiciones, el posible riesgo de concentración que conlleva, aplicando asimismo la diligencia debida en el proceso de selección y evaluación de los proveedores terceros de servicios de TIC y evaluando los posibles conflictos de intereses. En lo que respecta a los acuerdos contractuales relativos a funciones esenciales o importantes, las entidades financieras deben tener en cuenta el uso por parte de los proveedores terceros de servicios de TIC de los estándares más actualizados y estrictos en materia de seguridad de la información. La terminación de los contratos puede estar motivada como mínimo, por una serie de circunstancias que pongan de manifiesto deficiencias a nivel del proveedor tercero de servicios de TIC, en particular incumplimientos importantes de leyes o de cláusulas contractuales, circunstancias que revelen una posible alteración en el desempeño de las funciones contempladas en el contrato, pruebas de deficiencias del proveedor tercero de servicios de TIC en su gestión global de riesgos de TIC, o circunstancias que indiquen la incapacidad de la autoridad competente pertinente para supervisar eficazmente la entidad financiera.***

El considerando establece un marco riguroso y detallado para la gestión de las relaciones contractuales entre las entidades financieras y los proveedores terceros de servicios de TIC, subrayando la importancia de un análisis exhaustivo previo a la contratación, la aplicación de estándares estrictos en materia de seguridad de la información y la posibilidad de terminar los contratos bajo ciertas circunstancias. Este enfoque normativo tiene como objetivo fortalecer la gestión de los riesgos relacionados con las TIC, garantizar la continuidad operativa y proteger la estabilidad del sistema financiero.

El análisis previo a la contratación constituye un elemento central del proceso. Este análisis debe considerar aspectos clave, como el carácter esencial o la importancia de los servicios que el proveedor prestará, asegurando que las funciones críticas sean gestionadas bajo las condiciones más estrictas. También deben evaluarse las posibles aprobaciones regulatorias necesarias, como la autorización de las autoridades competentes, que podrían estar vinculadas a proveedores que tengan un impacto sistémico. Este paso es determinante para garantizar que los acuerdos cumplan con los requisitos normativos aplicables y que las entidades puedan gestionar adecuadamente los riesgos asociados.

La identificación y mitigación de los riesgos de concentración son igualmente prioritarias. Estos riesgos surgen cuando múltiples entidades financieras dependen de un número limitado de proveedores terceros para servicios esenciales, lo que puede generar vulnerabilidades sistémicas si alguno de ellos experimenta un fallo. El análisis previo debe identificar estas concentraciones y, en su caso, prever estrategias para diversificar los proveedores o desarrollar capacidades internas que mitiguen el impacto de una interrupción.

El considerando destaca la necesidad de realizar una diligencia debida exhaustiva durante la selección y evaluación de los proveedores. Este proceso implica analizar aspectos como la capacidad técnica del proveedor, su historial de cumplimiento normativo, su solvencia financiera y su experiencia en la prestación de servicios a entidades financieras. Además, la diligencia debida debe incluir una evaluación de posibles conflictos de interés, como situaciones en las que el proveedor pueda tener intereses contrapuestos que comprometan su capacidad para prestar servicios de manera imparcial y confiable.

En el contexto de las funciones esenciales o importantes, las entidades financieras deben exigir que los proveedores utilicen los estándares más actualizados y estrictos en materia de seguridad de la información. Esto refuerza la resiliencia operativa al asegurar que los servicios externalizados cumplen con los niveles más altos de protección frente a ciberamenazas, fallos técnicos y accesos no autorizados. El uso de estos estándares también proporciona un marco objetivo para evaluar la calidad y seguridad de los servicios prestados, permitiendo a las entidades comparar a los proveedores en función de criterios técnicos sólidos.

En lo que respecta a la terminación de los contratos, el considerando establece un marco mínimo para identificar las circunstancias que podrían justificar la finalización de la relación contractual. Estas circunstancias incluyen incumplimientos importantes de leyes o cláusulas contractuales, que pueden comprometer la capacidad del proveedor para prestar los servicios de manera conforme a las expectativas y requisitos normativos. También se menciona la posible alteración en el desempeño de las funciones contempladas en el contrato, como interrupciones recurrentes o una disminución significativa en la calidad del servicio.

Las deficiencias en la gestión de riesgos de TIC por parte del proveedor constituyen otro motivo de terminación. Esto incluye la incapacidad del proveedor para identificar, gestionar o mitigar los riesgos asociados a sus servicios, lo que puede aumentar la vulnerabilidad de la entidad financiera a incidentes cibernéticos o interrupciones operativas. Asimismo, la incapacidad de la autoridad competente para supervisar eficazmente a la entidad financiera debido a deficiencias en el contrato o en la relación con el proveedor también se considera una causa legítima para la terminación. Esto refuerza la necesidad de contratos claros y detallados que garanticen la transparencia y el cumplimiento normativo.

En términos prácticos, este considerando implica que las entidades financieras deben desarrollar capacidades internas sólidas para gestionar todas las etapas del ciclo de vida de los contratos con proveedores terceros. Esto incluye equipos especializados que puedan llevar a cabo el análisis previo, realizar auditorías y supervisar el cumplimiento contractual de manera continua. Además, las entidades deben establecer mecanismos de monitoreo y revisión periódica de los contratos para garantizar que se adapten a los cambios en el entorno regulatorio o en los riesgos operativos.

Para los proveedores terceros, este marco normativo implica mayores exigencias en términos de transparencia, cumplimiento normativo y adopción de estándares técnicos. Deben estar preparados para someterse a procesos rigurosos de evaluación y supervisión, así como para abordar cualquier deficiencia que pueda comprometer su relación contractual con las entidades financieras.

Desde el punto de vista de las autoridades competentes, el considerando refuerza su papel en la supervisión de las relaciones contractuales entre las entidades financieras y los proveedores terceros. Esto incluye evaluar la calidad del análisis previo a la contratación, garantizar que los contratos cumplan con los requisitos normativos y, cuando sea necesario, intervenir para mitigar riesgos sistémicos asociados a proveedores críticos. Las autoridades también deben fomentar el intercambio de mejores prácticas y guías sobre la gestión de estos contratos, asegurando una aplicación uniforme de los principios establecidos en el Reglamento.

En el plano sistémico, este enfoque fortalece la resiliencia general del sector financiero frente a los riesgos relacionados con las TIC. Al exigir un análisis previo exhaustivo, la adopción de estándares avanzados de seguridad y un marco claro para la terminación de contratos, el Reglamento reduce las probabilidades de interrupciones significativas y promueve un entorno más seguro y confiable para la prestación de servicios financieros.

(67) ***Para abordar las repercusiones sistémicas del riesgo de concentración de terceros en el ámbito de las TIC, el presente Reglamento promueve una solución equilibrada mediante la adopción de un enfoque flexible y gradual en lo que respecta a dicho riesgo de concentración, ya que la imposición de unos techos rígidos o unas limitaciones estrictas podría obstaculizar la actividad empresarial y restringir la libertad contractual. Las entidades financieras deben evaluar exhaustivamente los acuerdos contractuales que tienen previstos para determinar la probabilidad de que aparezca dicho riesgo, también mediante análisis en profundidad de los acuerdos de subcontratación, en particular cuando se celebren con proveedores terceros de servicios de TIC establecidos en un tercer país. En esta fase, y con el fin de lograr un equilibrio justo entre el imperativo de preservar la libertad contractual y el de garantizar la estabilidad financiera, no se considera apropiado establecer normas sobre techos y límites estrictos a las exposiciones frente a terceros en el ámbito de las TIC. En el contexto del marco de supervisión, un supervisor principal nombrado en virtud del presente Reglamento debe, en relación con los proveedores terceros esenciales de servicios de TIC, prestar especial atención a comprender plenamente la magnitud de las interdependencias, descubrir los casos específicos en los que un alto grado de concentración de proveedores terceros esenciales de servicios de TIC en la Unión pueda poner bajo presión la estabilidad e integridad del sistema financiero de la Unión y mantener un diálogo con los proveedores terceros esenciales de servicios de TIC cuando se detecte ese riesgo específico.***

El considerando aborda de manera detallada el desafío del riesgo de concentración de terceros en el ámbito de las TIC, adoptando un enfoque equilibrado que reconoce tanto la necesidad de mitigar los riesgos sistémicos como de preservar la libertad contractual y la actividad empresarial de las entidades financieras. Este planteamiento es especialmente relevante en el contexto actual, donde un número limitado de proveedores tecnológicos concentra una gran parte de los servicios esenciales para el sector financiero, generando interdependencias que pueden poner en riesgo la estabilidad del sistema.

El considerando subraya la importancia de que las entidades financieras realicen evaluaciones exhaustivas de los acuerdos contractuales previstos, incluyendo un análisis detallado de los riesgos asociados a la subcontratación. Este análisis debe incluir la identificación de posibles riesgos de concentración, prestando especial atención a los proveedores establecidos en terceros países, donde las normativas locales y las barreras geográficas o legales pueden dificultar el control y la supervisión de los riesgos relacionados con las TIC. Este enfoque preventivo permite a las entidades anticipar vulnerabilidades potenciales y tomar decisiones informadas antes de firmar contratos con terceros.

La decisión de no imponer techos rígidos o limitaciones estrictas a las exposiciones frente a terceros responde a la necesidad de mantener un equilibrio entre la mitigación de riesgos y la preservación de la flexibilidad operativa y contractual. Techos estrictos podrían obstaculizar la capacidad de las entidades para acceder a servicios de TIC especializados y de alta calidad, particularmente en sectores donde hay pocos proveedores calificados. Este enfoque evita una regulación excesiva que podría restringir la innovación tecnológica y la competitividad del sector financiero.

En lugar de límites estrictos, el considerando promueve la supervisión activa y el diálogo como herramientas principales para abordar los riesgos de concentración. En este sentido, el marco de supervisión establecido por el Reglamento incluye la figura de un supervisor principal, cuya función es clave para garantizar un control adecuado sobre los proveedores terceros esenciales. Este supervisor debe profundizar en la comprensión de las interdependencias generadas por estos proveedores, identificar casos específicos de concentración que puedan amenazar la estabilidad financiera y mantener un diálogo directo con los proveedores esenciales cuando se detecten riesgos críticos.

La asignación de esta responsabilidad al supervisor principal tiene implicaciones prácticas significativas. Este supervisor deberá recopilar y analizar información detallada sobre las relaciones contractuales entre las entidades financieras y los proveedores esenciales, evaluando la magnitud de las dependencias y las posibles repercusiones sistémicas de un fallo o interrupción en los servicios. Asimismo, el supervisor deberá coordinarse con otras autoridades nacionales y europeas para garantizar un enfoque coherente en la gestión de estos riesgos, especialmente en casos donde los proveedores operen en múltiples jurisdicciones.

El considerando también tiene un impacto directo en los proveedores terceros esenciales de servicios de TIC. Estos deberán estar preparados para participar en un diálogo continuo con los supervisores y proporcionar la información necesaria para evaluar los riesgos de concentración e interdependencia. Esto incluye datos sobre sus capacidades operativas, planes de continuidad, localización de infraestructuras críticas y relaciones con otros proveedores o subcontratistas. Este nivel de transparencia puede representar un desafío para algunos proveedores, especialmente aquellos establecidos en terceros países, donde los requisitos regulatorios pueden ser menos estrictos.

Desde la perspectiva de las entidades financieras, el enfoque flexible y gradual requiere que implementen sistemas sólidos para monitorizar sus dependencias y evaluar periódicamente los riesgos de concentración. Esto implica no solo identificar los riesgos inherentes en los contratos con terceros, sino también adoptar medidas para diversificar sus proveedores cuando sea posible. Por ejemplo, una entidad que dependa significativamente de un único proveedor para servicios de computación en la nube podría explorar opciones para distribuir su carga operativa entre varios proveedores o desarrollar soluciones internas como medida de contingencia.

En términos de supervisión, el enfoque adoptado refuerza la necesidad de una colaboración estrecha entre las autoridades competentes y las entidades financieras. El supervisor principal debe actuar como un intermediario que facilita la comunicación entre las partes interesadas, identificando posibles puntos de vulnerabilidad y promoviendo soluciones que mitiguen los riesgos sin comprometer la eficiencia operativa ni la innovación tecnológica.

Desde un punto de vista sistémico, este enfoque equilibra los riesgos asociados con la concentración de proveedores de TIC esenciales con la necesidad de mantener un entorno competitivo y flexible. Al evitar la imposición de límites rígidos, se fomenta la capacidad del sector financiero para adaptarse a las dinámicas del mercado tecnológico, mientras que la supervisión activa y el diálogo directo con los proveedores permiten una intervención oportuna en caso de detectar riesgos significativos.

El considerando también incentiva la adopción de mejores prácticas y estándares más estrictos entre los proveedores esenciales, quienes estarán motivados a demostrar su capacidad para gestionar riesgos y mantener la resiliencia operativa. Esto fortalece el ecosistema tecnológico del sector financiero y refuerza la confianza en los servicios ofrecidos por estos actores clave.

En última instancia, el enfoque propuesto permite una gestión efectiva de los riesgos de concentración sin imponer restricciones innecesarias que puedan frenar el desarrollo del sector financiero y tecnológico. Este equilibrio es fundamental para garantizar la estabilidad financiera en un entorno altamente interconectado y dependiente de las TIC.

El considerando establece la necesidad de armonizar ciertos elementos contractuales esenciales en las relaciones entre las entidades financieras y los proveedores terceros de servicios de TIC, con el objetivo de permitir un seguimiento efectivo y continuo de los riesgos relacionados con las TIC que puedan afectar la resiliencia operativa digital de las entidades. Este enfoque normativo subraya la importancia de los contratos como instrumentos fundamentales para gestionar las dependencias tecnológicas y garantizar la estabilidad, funcionalidad, disponibilidad y seguridad de los servicios de TIC.

La armonización de los elementos contractuales tiene como finalidad crear un estándar mínimo que garantice que todos los acuerdos con proveedores de TIC incluyan disposiciones específicas que fortalezcan la capacidad de las entidades financieras para supervisar los riesgos asociados. Entre los ámbitos clave que deben incluirse en estos contratos se encuentran:

1. Estabilidad y funcionalidad de los servicios: Los contratos deben definir los niveles de servicio (SLA's) que el proveedor se compromete a garantizar, incluyendo tiempos de respuesta, tiempos de recuperación y disponibilidad mínima. Estos términos permiten a las entidades monitorear y evaluar el desempeño del proveedor, asegurando que los servicios sean estables y funcionales bajo todas las condiciones operativas.
2. Disponibilidad de los servicios: Es esencial que los contratos incluyan cláusulas sobre continuidad del negocio y recuperación ante desastres (BCP y DRP). Esto asegura que los proveedores dispongan de planes y capacidades suficientes para minimizar interrupciones en los servicios críticos y restablecer su operación en caso de incidentes.
3. Seguridad de la información: Los contratos deben exigir el cumplimiento de estándares internacionales y normativas específicas en materia de ciberseguridad, incluyendo la protección de datos

sensibles, la gestión de accesos, la implementación de controles de seguridad y la notificación oportuna de incidentes.

4. Derechos de acceso y auditoría: Los contratos deben garantizar a las entidades financieras el derecho de auditar al proveedor para evaluar el cumplimiento de los términos del contrato y verificar la gestión adecuada de los riesgos relacionados con las TIC. Esto incluye auditorías in situ, revisiones documentales y la posibilidad de acceder a las infraestructuras críticas del proveedor.

5. Gestión de subcontratistas: Los acuerdos deben regular explícitamente la subcontratación de servicios por parte del proveedor, exigiendo que estos subcontratistas cumplan con los mismos estándares de calidad y seguridad definidos en el contrato principal. Además, las entidades deben ser notificadas y dar su consentimiento previo para cualquier subcontratación.

6. Notificación de incidentes: Los contratos deben estipular requisitos claros para la notificación de incidentes relacionados con las TIC, incluyendo los plazos, el contenido de los informes y las medidas correctivas que deben tomarse. Esto permite a las entidades reaccionar de manera oportuna y minimizar el impacto de los incidentes.

La armonización de estos elementos contractuales garantiza que las entidades financieras tengan una base sólida para evaluar y controlar la capacidad de los proveedores terceros de servicios de TIC. Este marco permite a las entidades identificar y mitigar riesgos de manera proactiva, fortaleciendo su resiliencia digital y asegurando la continuidad de sus operaciones en un entorno cada vez más dependiente de las TIC.

Desde la perspectiva de los proveedores terceros, esta armonización implica la necesidad de adaptar sus prácticas y operaciones para cumplir con los estándares exigidos en los contratos. Esto puede incluir la inversión en tecnologías más seguras, la implementación de sistemas de monitoreo más avanzados, la mejora de sus políticas internas de gestión de riesgos y la capacitación de su personal en aspectos relacionados con la resiliencia operativa.

Para las entidades financieras, la implementación de estos requisitos contractuales plantea ciertos desafíos prácticos. Primero, deben contar con equipos legales y técnicos especializados capaces de negociar y monitorear contratos que cumplan con estos estándares. Segundo, deben establecer mecanismos internos para evaluar periódicamente el cumplimiento de los términos contractuales por parte de los proveedores, incluyendo auditorías, revisiones de desempeño y pruebas de resiliencia.

En términos de supervisión, este considerando refuerza el papel de las autoridades competentes, que deben garantizar que las entidades financieras cumplan con estas disposiciones en sus relaciones contractuales. Las autoridades pueden requerir acceso a los contratos para evaluar si incluyen los elementos esenciales armonizados y si estos son adecuados para gestionar los riesgos relacionados con las TIC. También podrían intervenir en casos donde se detecten deficiencias significativas, emitiendo recomendaciones o sanciones según sea necesario.

Desde una perspectiva sistémica, la armonización de los elementos contractuales fortalece la estabilidad del sistema financiero al reducir la probabilidad de interrupciones en cascada derivadas de fallos en los servicios de TIC proporcionados por terceros. Al exigir que todas las entidades financieras adopten un enfoque consistente en la gestión de sus relaciones contractuales, se promueve un estándar común de resiliencia operativa digital en toda la Unión Europea.

Finalmente, este enfoque crea un entorno de mayor transparencia y confianza entre las entidades financieras y sus proveedores de TIC. Al establecer expectativas claras desde el principio, los contratos armonizados facilitan una colaboración más efectiva entre las partes, lo que resulta en una mejor gestión de los riesgos relacionados con las TIC y un fortalecimiento de la infraestructura tecnológica del sector financiero.

(68) ***Para evaluar y controlar periódicamente la capacidad del proveedor tercero de servicios de TIC para prestar servicios de forma segura a la entidad financiera sin que ello produzca efectos adversos para la capacidad de resiliencia operativa digital de esta, deben armonizarse varios elementos contractuales fundamentales con los proveedores terceros de servicios de TIC. Dicha armonización debe cubrir ámbitos mínimos que son determinantes para que la entidad financiera pueda hacer un seguimiento completo de los riesgos que podrían derivarse del proveedor tercero de servicios de TIC desde la perspectiva de la necesidad de una entidad financiera de garantizar su resiliencia digital por depender en gran medida de la estabilidad, la funcionalidad, la disponibilidad y la seguridad de los servicios de TIC recibidos.***

El considerando subraya la importancia de armonizar elementos contractuales clave entre las entidades financieras y los proveedores terceros de servicios de TIC para garantizar que estos últimos presten servicios de manera segura, sin comprometer la capacidad de resiliencia operativa digital de las entidades. La necesidad de armonización responde al carácter crítico de los servicios de TIC en las operaciones financieras, así como a los riesgos significativos que pueden surgir en caso de interrupciones, fallos de seguridad o incumplimientos contractuales. La estabilidad, funcionalidad, disponibilidad y seguridad de los servicios contratados son aspectos fundamentales que deben ser garantizados mediante disposiciones claras y uniformes en los contratos. Esto permite a las entidades mantener un control efectivo sobre los riesgos asociados y supervisar continuamente las capacidades de los proveedores.

El considerando enfatiza que los contratos deben proporcionar a las entidades financieras las herramientas necesarias para gestionar su dependencia de los servicios de TIC de manera proactiva y eficiente. Esto incluye la posibilidad de monitorear el desempeño del proveedor, establecer niveles mínimos de servicio (SLA's) y garantizar planes de continuidad operativa que permitan mitigar cualquier interrupción que afecte la prestación de servicios críticos. Además, las disposiciones contractuales deben abordar la implementación de estándares avanzados de seguridad de la información, con el fin de proteger la confidencialidad, integridad y disponibilidad de los datos y sistemas de las entidades.

La necesidad de incluir mecanismos de seguimiento periódico en los contratos también es destacada en el considerando. Esto implica que las entidades financieras deben poder evaluar regularmente el cumplimiento de las obligaciones por parte de los proveedores, incluyendo auditorías, revisiones de desempeño y pruebas de resiliencia. Dichos mecanismos no solo fortalecen la capacidad de las entidades para identificar y gestionar riesgos, sino que también refuerzan la rendición de cuentas de los proveedores en relación con los servicios prestados.

El enfoque en la armonización contractual tiene repercusiones prácticas significativas. Por un lado, las entidades financieras deben contar con equipos especializados capaces de negociar contratos que cumplan con los requisitos establecidos en el Reglamento. Por otro lado, los proveedores terceros deben ajustar sus prácticas internas y sus estructuras operativas para cumplir con las disposiciones contractuales, incluyendo la implementación de controles adicionales y la mejora de sus políticas de seguridad y resiliencia. La relación contractual entre las entidades financieras y los proveedores se convierte, por tanto, en un eje central para garantizar que los servicios de TIC contribuyan a la estabilidad operativa del sector financiero.

El marco propuesto también tiene implicaciones regulatorias. Las autoridades competentes deben supervisar que las entidades financieras incluyan los elementos contractuales armonizados en sus acuerdos con proveedores terceros y que estos contratos sean efectivos para gestionar los riesgos asociados. La capacidad de las autoridades para revisar y evaluar los términos contractuales y su implementación práctica será fundamental para garantizar el cumplimiento normativo y la resiliencia operativa a nivel sectorial. Además, la armonización fomenta un enfoque uniforme en toda la Unión, reduciendo las divergencias en las prácticas contractuales y facilitando una supervisión más consistente de los riesgos relacionados con las TIC.

En un contexto de alta dependencia tecnológica y creciente complejidad de los servicios financieros, la armonización de los elementos contractuales permite a las entidades financieras afrontar los desafíos relacionados con los proveedores terceros de TIC de manera más estructurada y eficiente. Esto fortalece la capacidad del sector para adaptarse a las dinámicas cambiantes del mercado, mientras se protege la estabilidad y confianza en los servicios financieros a través de un marco de resiliencia operativa robusto y bien definido.

(69) ***Al renegociar los acuerdos contractuales para conformarlos con los requisitos establecidos en el presente Reglamento, las entidades financieras y los proveedores terceros de servicios de TIC deben garantizar que quedan cubiertas las cláusulas contractuales fundamentales contempladas en el presente Reglamento.***

El considerando destaca la importancia de que las entidades financieras y los proveedores terceros de servicios de TIC renegocien los acuerdos contractuales existentes para alinearlos con los requisitos establecidos en el Reglamento, asegurando que dichos contratos incluyan las cláusulas fundamentales necesarias para una gestión adecuada de los riesgos relacionados con las TIC. Este proceso de renegociación busca garantizar que las relaciones contractuales existentes cumplan con los estándares establecidos, promoviendo la resiliencia operativa digital y asegurando la continuidad y seguridad de los servicios prestados.

La obligación de cubrir las cláusulas contractuales fundamentales contempla aspectos esenciales que permiten a las entidades financieras gestionar eficazmente los riesgos derivados de su dependencia de los servicios de TIC. Esto incluye disposiciones sobre niveles de servicio (SLA's), mecanismos de supervisión y auditoría, planes de continuidad operativa y recuperación ante desastres, notificación de incidentes y estándares de seguridad de la información. Al incluir estas cláusulas en los contratos renegociados, las entidades financieras obtienen las herramientas necesarias para monitorear y mitigar riesgos, así como para garantizar que los proveedores cumplan con los estándares técnicos y regulatorios exigidos.

El considerando refuerza la corresponsabilidad entre las entidades financieras y los proveedores terceros en el proceso de renegociación, subrayando que ambos deben colaborar para asegurar que las cláusulas contractuales sean claras, ejecutables y adecuadas a los riesgos específicos asociados con los servicios externalizados. Esto implica una relación contractual más equilibrada, en la que los proveedores deben adaptarse a las nuevas exigencias regulatorias, mientras que las entidades financieras deben garantizar que los contratos reflejen fielmente los requisitos del Reglamento.

Desde una perspectiva práctica, la renegociación de los contratos plantea desafíos tanto para las entidades financieras como para los proveedores terceros. Las entidades deben realizar un análisis exhaustivo de sus contratos existentes para identificar posibles deficiencias en relación con las disposiciones del Reglamento. Este proceso puede ser complejo, especialmente para grandes instituciones con una amplia red de proveedores, ya que requiere la revisión detallada de numerosos contratos y la priorización de aquellos que cubren funciones esenciales o importantes. Para los proveedores terceros, este proceso puede implicar modificaciones significativas en sus términos y condiciones estándar, así como la adaptación de sus políticas internas para garantizar el cumplimiento de las cláusulas renegociadas.

El considerando también tiene implicaciones para la gestión del tiempo y los recursos. La renegociación de contratos puede ser un proceso largo y costoso, que requiere la colaboración de equipos legales, técnicos y de gestión de riesgos en ambas partes. Además, es probable que algunos proveedores, especialmente los más pequeños o aquellos con una base de clientes diversificada, enfrenten dificultades para ajustarse rápidamente a los nuevos requisitos, lo que podría retrasar la implementación de las cláusulas necesarias o incluso llevar a la rescisión de contratos en caso de no alcanzarse un acuerdo.

Desde el punto de vista de las autoridades competentes, la supervisión del proceso de renegociación es fundamental para garantizar que las entidades financieras cumplan con sus obligaciones. Esto incluye revisar los contratos renegociados para verificar que incluyan las cláusulas fundamentales contempladas en el Reglamento y evaluar si estas son adecuadas para gestionar los riesgos relacionados con las TIC. Las autoridades también deben estar preparadas para intervenir en casos donde las renegociaciones se estanquen, proporcionando orientación adicional o exigiendo medidas correctivas para garantizar el cumplimiento.

El considerando fomenta la creación de estándares homogéneos en las relaciones contractuales entre entidades financieras y proveedores terceros, lo que reduce la fragmentación normativa y facilita la supervisión a nivel europeo. Asimismo, promueve un marco más transparente y equilibrado que refuerza la resiliencia operativa del sector financiero al garantizar que todas las partes comprendan y asuman sus responsabilidades en la gestión de riesgos tecnológicos.

La renegociación de contratos también puede ser vista como una oportunidad para mejorar las relaciones entre las entidades financieras y los proveedores terceros, estableciendo una base más sólida para la colaboración futura. Al actualizar las cláusulas contractuales, ambas partes pueden incorporar no solo las exigencias regulatorias, sino también las mejores prácticas del sector, fortaleciendo la seguridad y confiabilidad de los servicios de TIC en un entorno cada vez más interdependiente y complejo. Esto beneficia no solo a las partes contratantes, sino también al sistema financiero en su conjunto, al reducir las vulnerabilidades derivadas de relaciones contractuales desactualizadas o insuficientes frente a los riesgos actuales.

(70) ***La definición de «función esencial o importante» establecida en el presente Reglamento engloba la definición de «funciones esenciales» del artículo 2, apartado 1, punto 35, de la Directiva 2014/59/UE del Parlamento Europeo y del Consejo. De este modo, las funciones que se consideran esenciales en virtud de la citada Directiva se incluyen en la definición de funciones esenciales o importantes en el sentido del presente Reglamento.***

El considerando establece un vínculo normativo entre la definición de "función esencial o importante" en el Reglamento y la definición de "funciones esenciales" contenida en el artículo 2, apartado 1, punto 35, de la Directiva 2014/59/UE. Este enfoque busca alinear ambos conceptos, garantizando coherencia en el tratamiento de estas funciones en distintos marcos regulatorios de la Unión Europea, en particular en lo que respecta a su gestión, supervisión y protección frente a riesgos relacionados con las TIC.

La inclusión de las funciones esenciales definidas en la Directiva 2014/59/UE dentro del ámbito del presente Reglamento amplía su aplicabilidad a aquellas funciones cuya interrupción podría afectar significativamente la estabilidad financiera o la prestación de servicios esenciales en el mercado. Este alineamiento resulta especialmente relevante en el contexto de la regulación financiera, ya que ambas normativas tienen como objetivo común garantizar la resiliencia operativa de las entidades y la estabilidad del sistema financiero. La coordinación entre los marcos regulatorios evita lagunas normativas o interpretaciones divergentes que podrían comprometer la gestión de riesgos a nivel sectorial.

Desde un punto de vista práctico, esta integración facilita que las entidades financieras adopten un enfoque unificado para identificar y gestionar las funciones esenciales o importantes. Al compartir una definición común, las entidades pueden utilizar criterios consistentes para determinar qué servicios, procesos o actividades son críticos para su operación y, en consecuencia, deben estar sujetos a medidas más estrictas de supervisión y control. Esto incluye la implementación de planes de continuidad del negocio, la realización de pruebas de resiliencia operativa y la incorporación de cláusulas específicas en los contratos con proveedores terceros de servicios de TIC que respalden dichas funciones.

Para las autoridades competentes, la armonización de definiciones simplifica las labores de supervisión y evaluación de riesgos, permitiéndoles aplicar criterios homogéneos en distintos contextos normativos. Esto no solo facilita la identificación de interdependencias críticas entre entidades financieras, sino que también mejora la capacidad de las autoridades para anticiparse a posibles interrupciones sistémicas y coordinar respuestas efectivas.

La inclusión de las funciones esenciales en el marco del presente Reglamento tiene implicaciones prácticas significativas para la gestión de riesgos relacionados con las TIC. Estas funciones suelen estar asociadas a servicios tecnológicos fundamentales, como infraestructuras de pago, sistemas de compensación y liquidación, servicios de custodia o acceso a mercados financieros. La dependencia de estas funciones respecto de servicios de TIC ya sea proporcionada internamente o por terceros, implica que cualquier interrupción podría tener repercusiones severas tanto para la entidad como para el sistema financiero en su conjunto. Por lo tanto, las entidades deben priorizar la identificación y protección de estas funciones mediante controles reforzados, pruebas periódicas y una supervisión continua.

Además, el considerando subraya la necesidad de que las entidades evalúen las interrelaciones entre sus funciones esenciales o importantes y las de otros actores del sector financiero. Esto es particularmente relevante en el contexto de la creciente interdependencia digital, donde fallos en una entidad o proveedor crítico pueden desencadenar efectos en cascada que comprometan la estabilidad del sistema financiero. La alineación de definiciones fomenta una evaluación más completa de estos riesgos interconectados, promoviendo la colaboración y el intercambio de información entre las entidades y las autoridades supervisores.

Desde la perspectiva de los proveedores terceros de servicios de TIC, este considerando refuerza su rol en la gestión de funciones esenciales o importantes. Los proveedores que respaldan estas funciones deben estar preparados para cumplir con estándares más estrictos de seguridad, disponibilidad y resiliencia, así como para someterse a auditorías más frecuentes y proporcionar informes detallados a las entidades financieras. Esto puede requerir inversiones adicionales en infraestructura, capacitación y cumplimiento normativo, especialmente para aquellos proveedores que no operaban previamente bajo estas exigencias.

La conexión con la Directiva 2014/59/UE también asegura que los proveedores de servicios de TIC y las entidades financieras puedan alinearse con las expectativas regulatorias relacionadas con la resolución de entidades en situaciones de crisis. En este contexto, las funciones esenciales definidas en la Directiva tienen un impacto directo en los planes de resolución, lo que refuerza la importancia de garantizar que los servicios asociados a estas funciones se mantengan operativos incluso en circunstancias adversas. La integración de esta perspectiva en el presente Reglamento asegura que los riesgos relacionados con las TIC sean gestionados de manera coherente en todos los escenarios operativos, incluidas las crisis.

En términos generales, la armonización de definiciones facilita una respuesta más coordinada a los riesgos relacionados con las TIC, mejorando la capacidad de las entidades financieras para proteger sus operaciones críticas y contribuir a la estabilidad del sistema financiero. También promueve la transparencia y la coherencia regulatoria, asegurando que las entidades comprendan claramente sus responsabilidades y puedan cumplir con ellas de manera eficiente en un entorno normativo cada vez más integrado. Esto fortalece la resiliencia operativa no solo a nivel individual, sino también a nivel sistémico, mitigando el impacto de posibles interrupciones y reforzando la confianza en el sector financiero.

(71) ***Independientemente del carácter esencial o de la importancia de la función sustentada por los servicios de TIC, los acuerdos contractuales deben especificar, en particular, las descripciones completas de las funciones y servicios, de los lugares en los que se presten tales funciones y en los que se procesarán los datos, así como una indicación de las descripciones de los niveles de servicio. Otros elementos esenciales para permitir el seguimiento por parte de la entidad financiera del riesgo relacionado con las TIC derivado de terceros son las disposiciones contractuales que especifiquen el modo en que el proveedor tercero de servicios de TIC garantiza la accesibilidad, la disponibilidad, la integridad, la seguridad y la protección de los datos personales; las disposiciones que establecen las garantías***

pertinentes para permitir el acceso, la recuperación y la restitución de los datos en caso de insolvencia, resolución o interrupción de las operaciones comerciales del proveedor tercero de servicios de TIC, así como las disposiciones que obligan al proveedor tercero de servicios de TIC a prestar asistencia en caso de incidentes relacionados con las TIC vinculados a los servicios prestados, sin coste adicional o con un coste determinado con anterioridad; las disposiciones relativas a la obligación del proveedor tercero de servicios de TIC de cooperar plenamente con las autoridades competentes y las autoridades de resolución de la entidad financiera; y las disposiciones relativas a los derechos de terminación y los correspondientes plazos mínimos de notificación para la terminación de los acuerdos contractuales, con arreglo a las expectativas de las autoridades competentes y de las autoridades de resolución.

El considerando establece los elementos esenciales que deben incluirse en los acuerdos contractuales entre las entidades financieras y los proveedores terceros de servicios de TIC, con el fin de gestionar de manera adecuada los riesgos asociados a estos servicios, independientemente del carácter esencial o la importancia de la función que sustenten. Este marco contractual refuerza la capacidad de las entidades para monitorear, gestionar y mitigar los riesgos relacionados con las TIC, garantizando la continuidad operativa y la resiliencia digital.

El considerando enfatiza que los contratos deben especificar descripciones completas de las funciones y servicios que se prestarán, los lugares en los que se realizarán estas funciones y el tratamiento de datos, así como descripciones detalladas de los niveles de servicio. Esto proporciona claridad y transparencia sobre las expectativas y obligaciones tanto para la entidad financiera como para el proveedor, asegurando que ambas partes comprendan plenamente el alcance y los requisitos del acuerdo. La indicación de los niveles de servicio (SLA's) permite a las entidades medir el desempeño del proveedor, identificar posibles incumplimientos y exigir las acciones correctivas necesarias.

El considerando también subraya la importancia de incluir disposiciones contractuales que garanticen la accesibilidad, disponibilidad, integridad, seguridad y protección de los datos personales. Estas cláusulas son críticas para proteger la información sensible y cumplir con las normativas aplicables, como el Reglamento General de Protección de Datos (RGPD). Además, permiten que las entidades financieras reduzcan los riesgos asociados con la pérdida, corrupción o acceso no autorizado a los datos, que podrían tener graves repercusiones operativas y reputacionales.

Las disposiciones que garantizan el acceso, recuperación y restitución de los datos en caso de insolvencia, resolución o interrupción de las operaciones comerciales del proveedor son esenciales para preservar la continuidad de las funciones críticas. Estas cláusulas refuerzan la capacidad de la entidad para mantener sus operaciones incluso en escenarios adversos, como la quiebra del proveedor o interrupciones significativas en los servicios. Esto incluye prever mecanismos técnicos y jurídicos que permitan a la entidad acceder a los datos sin interrupciones, asegurando su migración o almacenamiento seguro según sea necesario.

La obligación del proveedor de prestar asistencia en caso de incidentes relacionados con las TIC es otro elemento clave, ya que garantiza que la entidad financiera reciba el apoyo necesario para gestionar y resolver cualquier problema técnico o de seguridad que afecte a los servicios prestados. La especificación de que esta asistencia debe proporcionarse sin coste adicional o con un coste previamente definido aporta predictibilidad financiera y evita conflictos derivados de costes imprevistos en situaciones críticas.

El considerando destaca la necesidad de que los proveedores terceros cooperen plenamente con las autoridades competentes y las autoridades de resolución de la entidad financiera. Esta cooperación es vital para facilitar la supervisión y garantizar que las autoridades puedan evaluar adecuadamente el cumplimiento normativo y la gestión de riesgos del proveedor. Las disposiciones contractuales deben incluir garantías de acceso a información relevante y la colaboración en auditorías o investigaciones, lo que refuerza la transparencia y la rendición de cuentas del proveedor.

En lo que respecta a los derechos de terminación y los plazos mínimos de notificación, el considerando establece que estos deben alinearse con las expectativas de las autoridades competentes y de resolución. Esto asegura que las entidades financieras puedan finalizar contratos de manera ordenada y sin comprometer la continuidad operativa, especialmente en casos donde el proveedor no cumpla con sus obligaciones contractuales o represente un riesgo significativo para la entidad. Los plazos de notificación adecuados permiten a las entidades planificar la transición a nuevos proveedores o implementar medidas de contingencia sin interrupciones en los servicios críticos.

Desde una perspectiva práctica, este marco contractual requiere que las entidades financieras dediquen recursos sustanciales a la redacción, negociación y monitoreo de los contratos con los proveedores terceros. Los contratos deben ser revisados periódicamente para garantizar que sigan siendo adecuados a los riesgos identificados y que reflejen las actualizaciones regulatorias o cambios en los servicios contratados. Asimismo, las entidades deben implementar mecanismos internos para supervisar el cumplimiento de las disposiciones contractuales y gestionar cualquier incumplimiento de manera oportuna.

Para los proveedores terceros de servicios de TIC, el cumplimiento de estos requisitos contractuales puede implicar inversiones adicionales en infraestructura, capacitación y sistemas de gestión de riesgos. Los proveedores también deben estar preparados para cooperar con las entidades financieras y las autoridades en auditorías, revisiones y la resolución de incidentes, lo que podría aumentar su carga administrativa y operativa.

Desde la perspectiva de las autoridades competentes, el considerando proporciona un marco claro para supervisar las relaciones contractuales entre entidades financieras y proveedores terceros. Las autoridades deben asegurarse de que los contratos cumplan con los requisitos establecidos y de que las disposiciones sean adecuadas para gestionar los riesgos relacionados con las TIC. Esto incluye la revisión de contratos durante las inspecciones, la emisión de directrices sobre mejores prácticas contractuales y la intervención en casos donde se detecten deficiencias significativas.

El considerando refuerza la resiliencia operativa del sector financiero al exigir estándares claros y uniformes en los contratos, independientemente del carácter esencial o la importancia de las funciones sustentas por los servicios de TIC. Esto reduce la probabilidad de interrupciones o fallos sistémicos derivados de deficiencias en las relaciones contractuales y fortalece la capacidad de las entidades para gestionar eficazmente sus dependencias tecnológicas en un entorno cada vez más complejo y digitalizado.

(72) ***Además de estas disposiciones contractuales, y con vistas a garantizar que las entidades financieras mantengan el pleno control de todos los acontecimientos que se produzcan a nivel de terceros que puedan perjudicar su seguridad en materia de TIC, los contratos para la prestación de servicios de TIC que sustenten funciones esenciales o importantes también deben establecer lo siguiente: la especificación de las descripciones completas del nivel de servicio, con objetivos de rendimiento cuantitativos y cualitativos precisos, para permitir, sin demora indebida, la adopción de medidas correctoras adecuadas cuando no se alcancen los niveles de servicio acordados; los plazos de notificación y las obligaciones de información pertinentes de los proveedores terceros de servicios de TIC en caso de cambios que puedan tener consecuencias importantes para la capacidad del proveedor tercero de servicios de TIC de prestar efectivamente sus servicios de TIC respectivos; la obligación para el proveedor tercero de servicios de TIC de aplicar y someter a prueba los planes de contingencia empresariales y disponer de medidas, herra-***

mientas y políticas de seguridad de las TIC que permitan la prestación segura de servicios, y de participar y cooperar plenamente en la prueba de penetración basada en amenazas llevada a cabo por la entidad financiera.

El considerando establece requisitos adicionales en los contratos celebrados entre entidades financieras y proveedores terceros de servicios de TIC que sustenten funciones esenciales o importantes, para garantizar que las entidades mantengan un control completo sobre los riesgos y puedan reaccionar de manera eficaz frente a posibles interrupciones o fallos en la prestación de servicios. Estas disposiciones fortalecen la resiliencia operativa digital al exigir estándares claros y medidas específicas de seguridad, continuidad y colaboración.

La exigencia de descripciones completas del nivel de servicio, con objetivos de rendimiento cuantitativos y cualitativos precisos, es fundamental para garantizar la claridad en las expectativas y la responsabilidad del proveedor. Al establecer metas objetivas, las entidades financieras pueden medir el desempeño del proveedor de manera efectiva y detectar rápidamente cualquier incumplimiento. Esto también facilita la implementación de medidas correctoras sin demora indebida, minimizando el impacto de los fallos en el nivel de servicio en las operaciones críticas de la entidad. La inclusión de objetivos cualitativos y cuantitativos asegura un enfoque integral que no solo evalúa los resultados técnicos, sino también la calidad del soporte, la capacidad de respuesta y otros aspectos operativos clave.

La disposición relativa a los plazos de notificación y las obligaciones de información pertinentes del proveedor en caso de cambios con posibles consecuencias importantes refuerza la capacidad de las entidades financieras para anticiparse a riesgos y adaptarse a nuevos escenarios. Esto incluye la obligación del proveedor de informar sobre cambios en su estructura organizativa, condiciones financieras, subcontratistas o infraestructura técnica que puedan afectar la prestación de servicios. Al garantizar la transparencia, las entidades pueden tomar medidas preventivas, como renegociar términos contractuales, implementar planes de contingencia o considerar la transición a nuevos proveedores si es necesario.

La obligación de los proveedores terceros de aplicar y someter a prueba planes de contingencia empresarial y contar con medidas, herramientas y políticas de seguridad de las TIC es determinante para mitigar los riesgos asociados a fallos tecnológicos, ciberataques o interrupciones operativas. Estas pruebas aseguran que los proveedores estén preparados para responder eficazmente a incidentes, minimizando las interrupciones en los servicios prestados a las entidades financieras. Asimismo, refuerzan la confianza en la capacidad del proveedor para gestionar riesgos y cumplir con los estándares de seguridad requeridos por la normativa.

La participación de los proveedores terceros en las pruebas de penetración basadas en amenazas llevadas a cabo por las entidades financieras es otro elemento esencial para garantizar la seguridad y resiliencia de los servicios. Estas pruebas simulan ataques cibernéticos reales para identificar vulnerabilidades en los sistemas y evaluar la capacidad del proveedor para detectar, prevenir y responder a amenazas. Al exigir la cooperación plena del proveedor, las entidades pueden abordar posibles debilidades en la infraestructura de TIC y fortalecer su postura de ciberseguridad de manera proactiva.

Desde una perspectiva práctica, el considerando exige que las entidades financieras desarrollen capacidades internas para negociar, monitorear y evaluar el cumplimiento de estos requisitos contractuales. Esto incluye la asignación de recursos para supervisar el desempeño de los proveedores, realizar auditorías regulares y coordinar las pruebas de resiliencia. Las entidades también deben asegurarse de que los contratos incluyan cláusulas claras y ejecutables que permitan una respuesta inmediata a los incumplimientos, incluidas penalizaciones financieras o la posibilidad de rescindir el contrato si el proveedor no cumple con sus obligaciones.

Para los proveedores terceros, estos requisitos contractuales representan un aumento significativo en las expectativas operativas y de seguridad. Los proveedores deben invertir en infraestructura, capacitación y pruebas para cumplir con las disposiciones establecidas, asegurando que sus servicios sean confiables, seguros y resilientes frente a incidentes. Esto puede ser particularmente desafiante para proveedores más pequeños o aquellos que no están acostumbrados a trabajar con el sector financiero, donde los estándares de seguridad y continuidad son más estrictos.

Desde el punto de vista de las autoridades competentes, el considerando refuerza su papel en la supervisión de la relación entre las entidades financieras y sus proveedores de TIC. Las autoridades deben asegurarse de que las disposiciones contractuales incluyan estas obligaciones adicionales y de que las entidades cumplan con sus responsabilidades de supervisión y control. Además, la capacidad de las autoridades para auditar los contratos y evaluar su implementación efectiva será fundamental para garantizar el cumplimiento normativo y la estabilidad operativa.

El impacto sistémico de estas disposiciones es significativo, ya que refuerzan la resiliencia no solo de las entidades financieras individuales, sino también del sistema financiero en su conjunto. Al exigir medidas específicas para gestionar riesgos y garantizar la continuidad operativa, se reduce la probabilidad de interrupciones sistémicas causadas por fallos en los servicios de TIC. Esto es especialmente relevante en un entorno donde la interdependencia digital y la exposición a ciberamenazas están en constante aumento. Además, las disposiciones fomentan una mayor colaboración y transparencia entre las entidades financieras y sus proveedores, promoviendo un entorno más seguro y confiable para la prestación de servicios financieros.

(73) ***Los contratos para la prestación de servicios de TIC que sustenten funciones esenciales o importantes deben contener también disposiciones que estipulen derechos de acceso, inspección y auditoría por parte de la entidad financiera o de un tercero designado, y el derecho de hacer copias, como instrumentos determinantes para las entidades financieras a la hora de hacer un seguimiento permanente del rendimiento del proveedor tercero de servicios de TIC, junto con la plena cooperación de este último durante las inspecciones. Del mismo modo, la autoridad competente de la entidad financiera debe tener el derecho de inspeccionar y auditar, previa notificación, al proveedor tercero de servicios de TIC, a reserva de la protección de la información confidencial.***

El considerando establece la obligación de incluir en los contratos de prestación de servicios de TIC para funciones esenciales o importantes cláusulas que otorguen derechos claros de acceso, inspección y auditoría a las entidades financieras, así como a terceros designados por estas, y a las autoridades competentes. Estas disposiciones son fundamentales para que las entidades financieras puedan ejercer un seguimiento continuo y efectivo sobre el rendimiento, la seguridad y la calidad de los servicios prestados por los proveedores terceros de TIC, al tiempo que refuerzan la supervisión regulatoria en este ámbito.

Los derechos de acceso, inspección y auditoría permiten a las entidades financieras monitorear el cumplimiento de las obligaciones contractuales por parte del proveedor, lo que es esencial para identificar posibles deficiencias o incumplimientos antes de que se conviertan en riesgos operativos graves. Estos derechos también posibilitan la evaluación de la infraestructura tecnológica, los procesos de seguridad y la capacidad del proveedor para gestionar los riesgos relacionados con las TIC. Esto incluye la revisión de políticas de ciberseguridad, pruebas de resiliencia operativa, procedimientos de recuperación ante desastres y el análisis de las medidas adoptadas frente a incidentes pasados.

La posibilidad de designar a terceros para llevar a cabo estas inspecciones y auditorías amplía la flexibilidad de las entidades financieras al permitirles recurrir a expertos externos con conocimientos técnicos especializados. Esto resulta especialmente útil en áreas complejas como pruebas avanzadas de penetración, análisis de vulnerabilidades o auditorías de seguridad. La inclusión del derecho de hacer copias asegura que la entidad financiera pueda conservar evidencias documentales sobre las inspecciones y auditorías realizadas, lo que facilita el seguimiento de hallazgos y la implementación de medidas correctivas.

El requisito de plena cooperación por parte del proveedor tercero de servicios de TIC durante las inspecciones es una condición indispensable para que estas sean efectivas. Esto incluye proporcionar acceso a los datos, sistemas, infraestructuras y personal relevantes, garantizando que la entidad financiera o su designado puedan evaluar el entorno tecnológico del proveedor de manera completa y sin restricciones indebidas. Este nivel de colaboración también asegura que las entidades puedan verificar que los servicios de TIC cumplen con los estándares acordados y que los riesgos están siendo gestionados adecuadamente.

Por otro lado, el considerando refuerza el papel de las autoridades competentes en la supervisión de los riesgos relacionados con los proveedores terceros de TIC al otorgarles el derecho de inspeccionar y auditar a dichos proveedores. Este derecho, sujeto a notificación previa y a la protección de la información confidencial, permite a las autoridades evaluar el cumplimiento normativo y la resiliencia de los servicios prestados, además de verificar que las entidades financieras gestionen adecuadamente sus dependencias tecnológicas. Estas auditorías regulatorias son esenciales para identificar vulnerabilidades sistémicas, como riesgos de concentración o deficiencias en la gestión de los servicios externalizados.

Desde una perspectiva práctica, el considerando impone varias obligaciones tanto a las entidades financieras como a los proveedores terceros de TIC. Las entidades financieras deben establecer equipos o procesos internos para realizar auditorías regulares, monitorear el cumplimiento y coordinar con terceros designados para llevar a cabo inspecciones técnicas especializadas. También deben asegurarse de que sus contratos incluyan disposiciones claras sobre los derechos de acceso y auditoría, así como sobre los procedimientos que regirán dichas inspecciones, incluyendo los plazos y las medidas para proteger la confidencialidad de la información.

Para los proveedores terceros, las disposiciones establecen la necesidad de prepararse para cumplir con las inspecciones y auditorías de manera efectiva. Esto incluye implementar sistemas y procesos que permitan responder rápidamente a las solicitudes de acceso, mantener registros completos y actualizados, y garantizar que su personal esté capacitado para colaborar con las auditorías. Los proveedores también deben estar preparados para proteger la información confidencial de otros clientes y su propia propiedad intelectual durante las inspecciones, mientras cumplen con las obligaciones contractuales.

El derecho de inspección y auditoría por parte de las autoridades competentes también tiene implicaciones importantes. Las autoridades deben establecer criterios claros sobre cuándo y cómo ejercerán este derecho, asegurando que las auditorías sean proporcionadas y enfocadas en los riesgos más críticos. Además, deben garantizar que la información confidencial recopilada durante las auditorías se maneje de manera segura y conforme a las normativas aplicables.

Estas disposiciones contractuales también refuerzan la transparencia y la confianza en las relaciones entre las entidades financieras y los proveedores terceros. Al incluir cláusulas claras sobre derechos de acceso y auditoría, las entidades pueden reducir la incertidumbre y los riesgos asociados con la dependencia tecnológica, mientras que los proveedores pueden demostrar su compromiso con la resiliencia operativa y la seguridad. Desde un punto de vista sistémico, el presente considerando contribuye a mejorar la estabilidad y la integridad del sistema financiero al garantizar que los riesgos relacionados con los servicios de TIC sean gestionados de manera efectiva y que las autoridades puedan supervisar de cerca las dependencias tecnológicas del sector.

(74) ***Dichos acuerdos contractuales deben estipular también estrategias específicas de salida que permitan establecer, en particular períodos transitorios obligatorios durante los cuales los proveedores terceros de servicios de TIC deben seguir proporcionando los servicios pertinentes con vistas a reducir el riesgo de perturbaciones a nivel de la entidad financiera, o para permitir que esta última cambie de modo efectivo de proveedores terceros de servicios de TIC o, alternativamente, opte por soluciones internas, en consonancia con la complejidad del servicio de TIC prestado. Además, las entidades financieras incluidas en el ámbito de aplicación de la Directiva 2014/59/UE deben garantizar que los contratos de servicios de TIC pertinentes sean sólidos y plenamente aplicables en caso de resolución de dichas entidades financieras. Por consiguiente, en consonancia con las expectativas de las autoridades de resolución, estas entidades financieras deben garantizar***

que los contratos de servicios de TIC correspondientes sean resilientes a las resoluciones. Mientras sigan cumpliendo sus obligaciones de pago, estas entidades financieras deben garantizar, entre otros requisitos, que los contratos pertinentes de servicios de TIC contengan cláusulas de no terminación, no suspensión y no modificación por motivos de reestructuración o resolución.

El considerando subraya la necesidad de que los contratos de servicios de TIC incluyan estrategias específicas de salida para garantizar la continuidad operativa de las entidades financieras en escenarios donde se requiera cambiar de proveedor o adoptar soluciones internas, así como su adaptabilidad y resiliencia frente a procesos de resolución. Estas disposiciones tienen como objetivo mitigar los riesgos de interrupción en los servicios esenciales o importantes, proteger la estabilidad del sistema financiero y asegurar que los contratos sean plenamente aplicables en situaciones de crisis.

Las estrategias de salida establecen mecanismos que permiten a las entidades financieras manejar transiciones de manera ordenada y minimizar el impacto operativo de la sustitución o cese de los servicios de un proveedor tercero de TIC. Estas estrategias son particularmente importantes en contratos que cubren funciones críticas, donde las interrupciones pueden afectar significativamente la continuidad del negocio, la confianza de los clientes y la estabilidad financiera. Los períodos transitorios obligatorios incluidos en estas estrategias permiten a los proveedores terceros seguir prestando servicios durante un tiempo determinado, lo que da a las entidades tiempo suficiente para implementar soluciones alternativas sin comprometer la operación de sus funciones esenciales.

El considerando también contempla la opción de que las entidades financieras opten por soluciones internas como parte de estas estrategias de salida. Esto puede implicar el desarrollo o fortalecimiento de capacidades internas para gestionar las funciones que anteriormente dependían de un proveedor tercero. Aunque esta alternativa puede requerir inversiones significativas en tecnología, infraestructura y personal, ofrece una mayor autonomía operativa y reduce la exposición a riesgos relacionados con la externalización.

En el caso de las entidades financieras incluidas en el ámbito de la Directiva 2014/59/UE, el considerando añade un nivel adicional de exigencia al requerir que los contratos de servicios de TIC sean plenamente aplicables y operativos en escenarios de resolución. Esto responde a la necesidad de garantizar que las entidades financieras puedan continuar prestando servicios críticos incluso en situaciones de crisis, como la reestructuración o liquidación. Para ello, los contratos deben contener cláusulas específicas que refuercen su resiliencia ante estos escenarios, en consonancia con las expectativas de las autoridades de resolución.

Las cláusulas de no terminación, no suspensión y no modificación son elementos clave de los contratos que respaldan la resiliencia durante procesos de resolución. Estas disposiciones aseguran que los proveedores terceros de servicios de TIC no puedan cancelar, interrumpir o modificar los términos del contrato debido a eventos de reestructuración o resolución de la entidad financiera, siempre que esta cumpla con sus obligaciones de pago. Esto protege la continuidad operativa de la entidad, evita la escalada de riesgos en momentos críticos y reduce las posibilidades de contagio sistémico en el sector financiero.

Desde un punto de vista práctico, este considerando impone responsabilidades significativas tanto a las entidades financieras como a los proveedores terceros de servicios de TIC. Las entidades deben desarrollar planes de contingencia detallados que incluyan estrategias de salida viables y adaptadas a la complejidad de los servicios contratados. Esto implica negociar cláusulas contractuales que garanticen períodos transitorios adecuados y prever los recursos necesarios para implementar soluciones alternativas de manera efectiva. También deben revisar periódicamente sus contratos para asegurarse de que permanecen actualizados y cumplen con las expectativas regulatorias y operativas.

Para los proveedores terceros de servicios de TIC, estas disposiciones representan un compromiso adicional en términos de flexibilidad y continuidad. Los proveedores deben estar preparados para mantener la prestación de servicios durante períodos transitorios y garantizar que sus contratos incluyan las cláusulas necesarias para cumplir con los requisitos de no terminación, no suspensión y no modificación. Esto puede requerir inversiones adicionales en infraestructura y la adopción de procedimientos que aseguren la resiliencia contractual en escenarios de resolución.

El considerando también refuerza el papel de las autoridades de resolución en la supervisión de los contratos de servicios de TIC. Estas autoridades deben evaluar si las disposiciones contractuales son adecuadas para garantizar la continuidad operativa durante procesos de resolución, incluyendo la revisión de las cláusulas de no terminación y de las estrategias de salida. Además, deben proporcionar directrices claras para orientar a las entidades financieras en la negociación y aplicación de estos requisitos.

Desde una perspectiva sistémica, este enfoque fortalece la estabilidad del sistema financiero al garantizar que los servicios de TIC críticos permanezcan operativos incluso en circunstancias adversas. Al proteger las funciones esenciales de las entidades financieras frente a interrupciones derivadas de cambios de proveedor o procesos de resolución, estas disposiciones contribuyen a mitigar riesgos que podrían tener repercusiones más amplias en el mercado y en la confianza de los inversores y consumidores.

Las estrategias de salida y las cláusulas de resiliencia en los contratos de TIC también promueven un entorno de mayor confianza y previsibilidad en las relaciones entre entidades financieras y proveedores terceros. Al establecer términos claros y predecibles para escenarios de transición o resolución, se reducen las incertidumbres contractuales, facilitando la cooperación y asegurando que los servicios críticos se mantengan operativos en cualquier circunstancia. Esto, a su vez, mejora la preparación y capacidad de respuesta del sector financiero frente a eventos disruptivos.

(75) ***Además, la inclusión voluntaria de cláusulas contractuales tipo desarrolladas por autoridades públicas o instituciones de la Unión, en particular la inclusión de cláusulas contractuales desarrolladas por la Comisión para los servicios de computación en nube, puede ofrecer mayor confianza a las entidades financieras y a los proveedores terceros de servicios de TIC al aumentar su nivel de seguridad jurídica en lo concerniente al uso de servicios de computación en nube en el sector financiero, respetando plenamente los requisitos y expectativas establecidos en el Derecho de la Unión en materia de servicios financieros. El desarrollo de cláusulas contractuales tipo se basa en las medidas ya previstas en el Plan de Acción en materia de Tecnología Financiera de 2018, que anunciaba la intención de la Comisión de fomentar y facilitar el desarrollo de cláusulas contractuales tipo para la externalización de servicios de computación en nube por parte de las entidades financieras, basándose en los esfuerzos intersectoriales de las partes interesadas del ámbito de los servicios de computación en nube, que la Comisión ha facilitado con la ayuda de la participación del sector financiero.***

El considerando subraya la importancia de la inclusión voluntaria de cláusulas contractuales tipo desarrolladas por autoridades públicas o instituciones de la Unión Europea, destacando su capacidad para ofrecer mayor confianza y seguridad jurídica tanto a las entidades financieras como a los proveedores terceros de servicios de TIC. En particular, estas cláusulas son relevantes en el contexto de la computación en nube, un ámbito crítico en la transformación digital del sector financiero debido a la creciente dependencia de estas tecnologías para la prestación de servicios esenciales.

La posibilidad de utilizar cláusulas contractuales tipo desarrolladas por la Comisión Europea u otras autoridades de la Unión facilita la adopción de estándares comunes que respeten plenamente las exigencias del Derecho de la Unión en materia de servicios financieros. Estas cláusulas proporcionan un marco uniforme que puede ser adaptado a los contratos específicos entre entidades financieras y proveedores de servicios en la nube, reduciendo las incertidumbres relacionadas con el cumplimiento normativo y la gestión de riesgos tecnológicos. Al basarse en esfuerzos intersectoriales, estas cláusulas reflejan un consenso entre los actores del mercado, lo que refuerza su aceptación y aplicabilidad en diferentes jurisdicciones y contextos contractuales.

La referencia al Plan de Acción en materia de Tecnología Financiera de 2018 como fundamento de esta iniciativa subraya el compromiso de la Comisión Europea de fomentar la innovación tecnológica en el sector financiero, al tiempo que garantiza un enfoque regulatorio equilibrado. Este plan reconocía la necesidad de proporcionar herramientas prácticas para que las entidades financieras pudieran aprovechar los beneficios de la computación en nube, como la escalabilidad, la eficiencia de costos y el acceso a tecnologías avanzadas, sin comprometer la seguridad ni la resiliencia operativa.

La inclusión de estas cláusulas en los contratos tiene importantes repercusiones prácticas. Para las entidades financieras, las cláusulas tipo proporcionan un punto de partida claro y estandarizado para negociar acuerdos con proveedores de servicios en la nube. Esto reduce el tiempo y los costos asociados con la redacción de contratos desde cero y facilita la comparación de ofertas entre diferentes proveedores. Además, el uso de estas cláusulas puede ser percibido como una garantía de que el contrato cumple con los requisitos regulatorios aplicables, lo que simplifica la supervisión interna y externa del cumplimiento normativo.

Desde la perspectiva de los proveedores de servicios en la nube, las cláusulas tipo ayudan a armonizar las expectativas contractuales de sus clientes financieros, lo que puede reducir la complejidad operativa al proporcionar un marco uniforme para sus relaciones contractuales en toda la Unión Europea. Esto también fomenta una mayor confianza entre los proveedores y sus clientes financieros, al demostrar que los servicios ofrecidos cumplen con las normas establecidas en el sector.

Para las autoridades competentes, el desarrollo y promoción de estas cláusulas tipo facilitan la supervisión del cumplimiento normativo en el ámbito de la computación en nube. La utilización de un marco estandarizado permite a las autoridades evaluar más fácilmente si los contratos cumplen con las expectativas regulatorias y contribuye a identificar de manera más eficiente posibles brechas en la gestión de riesgos tecnológicos.

El impacto sistémico de estas cláusulas contractuales tipo es significativo. Al promover un enfoque armonizado en la contratación de servicios de computación en nube, se reducen las divergencias entre los contratos utilizados por distintas entidades financieras y se mejora la interoperabilidad entre los sistemas tecnológicos del sector. Esto es especialmente importante en un contexto en el que las entidades financieras dependen cada vez más de proveedores globales de servicios en la nube, lo que plantea riesgos de concentración y vulnerabilidades compartidas. Un marco contractual uniforme también contribuye a mitigar estos riesgos al establecer estándares claros para la resiliencia operativa, la seguridad de los datos y la continuidad del negocio.

Además, las cláusulas tipo refuerzan la seguridad jurídica al proporcionar soluciones predefinidas para cuestiones contractuales complejas, como los derechos de acceso y auditoría, las responsabilidades en caso de incumplimiento, los requisitos de localización de datos y las disposiciones para la terminación del contrato. Esto beneficia tanto a las entidades financieras como a los proveedores, al reducir el riesgo de disputas contractuales y facilitar la resolución de conflictos en caso de que surjan.

En el contexto de la transformación digital del sector financiero, el uso de cláusulas contractuales tipo también fomenta la confianza en la adopción de tecnologías emergentes. Las entidades financieras, al contar con un marco contractual claro y seguro, pueden adoptar soluciones de computación en nube con mayor certeza y rapidez, lo que impulsa la innovación y la competitividad en el sector. Asimismo, los proveedores de servicios en la nube tienen la oportunidad de demostrar su compromiso con los estándares del sector financiero, mejorando su reputación y ampliando su acceso a este mercado estratégico.

En general, la posibilidad de incluir cláusulas contractuales tipo refleja un enfoque práctico y colaborativo para abordar los desafíos regulatorios y operativos asociados con la externalización de servicios de computación en nube. Al basarse en un marco desarrollado con la participación activa de las partes interesadas, estas cláusulas no solo refuerzan la resiliencia operativa del sector financiero, sino que también contribuyen a crear un entorno más transparente, seguro y competitivo para la adopción de tecnologías avanzadas.

(76) ***Los proveedores terceros esenciales de servicios de TIC deben estar sujetos a un marco de supervisión con vistas a promover la convergencia y la eficiencia en relación con los enfoques de supervisión a la hora de afrontar el riesgo relacionado con las TIC derivado de terceros en el sector financiero, así como para reforzar la***

resiliencia operativa digital de las entidades financieras que dependen de proveedores terceros esenciales de servicios de TIC para la prestación de servicios de TIC que sustentan la prestación de servicios financieros, y contribuir así a preservar la estabilidad del sistema financiero de la Unión y la integridad del mercado único de servicios financieros. Si bien el establecimiento del marco de supervisión se justifica por el valor añadido de la adopción de medidas a escala de la Unión y por el papel inherente y las especificidades del uso de los servicios de TIC en la prestación de servicios financieros, debe recordarse, al mismo tiempo, que esta solución parece adecuada únicamente en el contexto del presente Reglamento, que aborda específicamente la resiliencia operativa digital en el sector financiero. No obstante, este marco de supervisión no debe considerarse como un nuevo modelo para la supervisión por la Unión en otros ámbitos de los servicios y actividades financieros.

El considerando establece que los proveedores terceros esenciales de servicios de TIC estarán sujetos a un marco de supervisión específico, diseñado para abordar de manera eficiente y convergente el riesgo derivado de su uso en el sector financiero. Este marco de supervisión tiene como objetivo principal reforzar la resiliencia operativa digital de las entidades financieras que dependen de estos proveedores para la prestación de servicios esenciales o importantes, al tiempo que contribuye a la estabilidad del sistema financiero y la integridad del mercado único de servicios financieros de la Unión Europea.

La inclusión de los proveedores terceros esenciales en un marco supervisado es una medida crítica para abordar los riesgos relacionados con las TIC en un sector donde la dependencia de estos servicios es cada vez mayor. Las entidades financieras confían en servicios proporcionados por terceros, como computación en nube, análisis de datos, software y ciberseguridad, que son fundamentales para sus operaciones. Sin embargo, esta dependencia también conlleva riesgos significativos, como interrupciones de servicios, ciberataques, fallos técnicos y la posible falta de cumplimiento normativo por parte de los proveedores. La supervisión busca garantizar que estos riesgos sean gestionados de manera adecuada, no solo por las entidades financieras, sino también por los proveedores terceros esenciales.

El marco de supervisión promueve la convergencia en los enfoques regulatorios y reduce la fragmentación normativa entre los Estados miembros, lo que facilita una gestión más uniforme y coherente de los riesgos relacionados con las TIC. Esto es especialmente importante en un contexto donde los proveedores esenciales suelen operar en múltiples jurisdicciones y donde la falta de armonización puede generar duplicaciones, brechas normativas y costos adicionales para las entidades financieras. La creación de un marco único a nivel de la Unión también asegura que las medidas adoptadas por las autoridades nacionales sean consistentes con las expectativas regulatorias europeas.

El considerando también subraya el impacto del marco de supervisión en la resiliencia operativa digital del sector financiero. Al exigir a los proveedores esenciales estándares más estrictos de seguridad, disponibilidad, integridad y continuidad, el marco fortalece la capacidad de las entidades financieras para enfrentar interrupciones y preservar la prestación de servicios críticos. Esto no solo beneficia a las entidades individuales, sino que también contribuye a la estabilidad sistémica, al reducir el riesgo de propagación de interrupciones a través de las interdependencias tecnológicas del sector.

La delimitación del alcance del marco de supervisión al contexto específico del presente Reglamento subraya que esta solución no debe considerarse un precedente para la supervisión por parte de la Unión en otros ámbitos de los servicios financieros. Esto reconoce la singularidad de los riesgos relacionados con las TIC en el sector financiero y la necesidad de un enfoque especializado para gestionarlos. Al mismo tiempo, evita que esta iniciativa se interprete como una ampliación generalizada de las competencias de supervisión de la Unión Europea en otros aspectos del mercado financiero, manteniendo el equilibrio regulatorio entre la supervisión a nivel nacional y europeo.

Desde un punto de vista práctico, el marco de supervisión tiene implicaciones significativas tanto para las autoridades como para los proveedores terceros esenciales. Para las autoridades competentes, la implementación del marco requiere desarrollar capacidades técnicas y operativas para supervisar eficazmente a estos proveedores, lo que incluye realizar inspecciones, evaluar el cumplimiento de los estándares y coordinarse con otras autoridades europeas. Esto implica también un esfuerzo adicional para garantizar que la supervisión sea proporcionada, respetando los principios de subsidiariedad y proporcionalidad.

Para los proveedores terceros esenciales, el marco de supervisión establece mayores exigencias en términos de cumplimiento normativo, transparencia y cooperación con las autoridades y las entidades financieras. Esto puede incluir inversiones en infraestructura de seguridad, políticas de gestión de riesgos, auditorías independientes y la adopción de estándares internacionales. Aunque estas medidas pueden generar costos adicionales, también ofrecen beneficios al mejorar la confianza del mercado en estos proveedores y al reducir su exposición a riesgos reputacionales y legales.

El marco también refuerza la relación entre las entidades financieras y los proveedores esenciales, estableciendo una mayor claridad en las expectativas regulatorias y operativas. Las entidades financieras se benefician de un entorno más seguro y predecible, donde los riesgos relacionados con las TIC son gestionados de manera más eficaz, lo que les permite centrarse en sus actividades principales sin asumir cargas adicionales asociadas con la supervisión de terceros. Al mismo tiempo, los proveedores esenciales tienen una guía clara sobre los requisitos necesarios para operar en el sector financiero, lo que facilita su integración y crecimiento en este mercado estratégico.

A nivel sistémico, el marco contribuye a la estabilidad y seguridad del sistema financiero europeo, al asegurar que los proveedores esenciales cumplan con estándares uniformes y consistentes en toda la Unión. Esto refuerza la confianza en el sector financiero, fomenta la innovación tecnológica bajo condiciones seguras y asegura la integridad del mercado único de servicios financieros.

(77) ***El marco de supervisión debe aplicarse únicamente a los proveedores terceros esenciales de servicios de TIC. Por consiguiente, debe existir un mecanismo de designación que tenga en cuenta la dimensión y la naturaleza de la dependencia del sector financiero de dichos proveedores terceros de servicios de TIC. Dicho mecanismo debe comportar un conjunto de criterios cuantitativos y cualitativos para establecer los parámetros para determinar el carácter esencial como base para la inclusión en el marco de supervisión. A fin de garantizar la exactitud de dicha evaluación, y con independencia de la estructura corporativa del proveedor tercero de servicios de TIC, tales criterios, en el caso de un proveedor tercero de servicios de TIC que forme parte de un grupo más amplio, deben tener en cuenta toda la estructura del grupo del proveedor tercero de servicios de TIC. Por una parte, los proveedores terceros esenciales de servicios de TIC que no sean designados automáticamente en virtud de la aplicación de estos criterios deben tener la posibilidad de participar voluntariamente en el marco de supervisión, mientras que, por otra parte, los proveedores terceros de servicios de TIC que ya estén sujetos a marcos del mecanismo de supervisión que apoyan el desempeño de las tareas del Sistema Europeo de Bancos Centrales a que se refiere el artículo 127, apartado 2, del TFUE, deben quedar exentos.***

El considerando establece los parámetros fundamentales para la aplicación del marco de supervisión dirigido exclusivamente a los proveedores terceros esenciales de servicios de TIC, definiendo un enfoque basado en la evaluación de la dependencia del sector financiero de estos proveedores y la identificación de aquellos que son críticos para la resiliencia operativa del sistema financiero. Este mecanismo busca garantizar que solo los proveedores que representan un riesgo significativo sean objeto de supervisión, al tiempo que evita la sobrecarga regulatoria para los que no alcanzan este nivel de criticidad.

Asimismo, indica que la designación de proveedores terceros esenciales debe basarse en un mecanismo que combine criterios cuantitativos y cualitativos. Los criterios cuantitativos pueden incluir factores como el volumen de servicios prestados al sector financiero, la cantidad de entidades financieras dependientes de sus servicios o el alcance geográfico de su influencia. Los criterios cualitativos, por su parte, pueden abordar la criticidad de las funciones soportadas, la sensibilidad de los datos gestionados o el grado de integración de los servicios en las operaciones diarias de las entidades financieras. Este enfoque híbrido asegura una evaluación más precisa y equitativa, teniendo en cuenta tanto datos mensurables como características específicas de los servicios.

El considerando también señala que la evaluación debe considerar la estructura corporativa completa del proveedor, especialmente en el caso de aquellos que forman parte de un grupo más amplio. Este enfoque integral es determinante, ya que muchos grandes proveedores de TIC operan a través de múltiples filiales o divisiones. Evaluar únicamente una parte del grupo podría llevar a subestimar su influencia y los riesgos que representa para el sector financiero. Incorporar la estructura completa del grupo en la evaluación asegura que los riesgos asociados a cualquier unidad del proveedor sean identificados y gestionados de manera efectiva.

La posibilidad de que los proveedores que no sean designados automáticamente como esenciales puedan participar voluntariamente en el marco de supervisión añade flexibilidad al sistema y fomenta la cooperación proactiva con las autoridades regulatorias. Esta opción puede ser atractiva para proveedores que deseen demostrar su compromiso con los estándares regulatorios, fortalecer su posición en el mercado o ganar la confianza de las entidades financieras mediante la transparencia y el cumplimiento voluntario.

Por otro lado, el considerando exime a los proveedores que ya están sujetos a marcos de supervisión relacionados con las funciones del Sistema Europeo de Bancos Centrales (SEBC). Esta exención evita duplicidades regulatorias y reconoce la existencia de mecanismos de supervisión especializados que ya gestionan adecuadamente los riesgos asociados a estos proveedores en el contexto de las funciones del SEBC. Este enfoque evita la redundancia y facilita una supervisión más eficiente.

Desde una perspectiva práctica, el mecanismo de designación tiene importantes implicaciones tanto para las autoridades regulatorias como para los proveedores y las entidades financieras. Las autoridades deben desarrollar metodologías claras y robustas para aplicar los criterios cuantitativos y cualitativos, asegurando transparencia y coherencia en el proceso de designación. También deben establecer procedimientos para revisar periódicamente la designación de proveedores esenciales, ya que la criticidad de un proveedor puede cambiar con el tiempo debido a factores como el crecimiento del mercado, la innovación tecnológica o la reconfiguración de las dependencias en el sector financiero.

Para los proveedores terceros, el marco de supervisión supone un incentivo para evaluar y, si es necesario, mejorar sus capacidades de gestión de riesgos, seguridad y resiliencia operativa. Aquellos que sean designados como esenciales deberán cumplir con los requisitos establecidos en el marco, lo que puede implicar inversiones en infraestructura, la implementación de controles internos más rigurosos y la mejora de su cooperación con las entidades financieras y las autoridades regulatorias. Los proveedores que opten por participar voluntariamente en el marco tendrán la oportunidad de posicionarse como actores confiables y alineados con los estándares más altos del sector.

En cuanto a las entidades financieras, el mecanismo de designación les ofrece una herramienta adicional para evaluar y seleccionar proveedores terceros de TIC. La supervisión formal de los proveedores esenciales puede aumentar la confianza en sus capacidades y minimizar los riesgos asociados con la externalización de servicios críticos. Además, las entidades pueden beneficiarse de un mayor nivel de transparencia y responsabilidad por parte de los proveedores que participan en el marco de supervisión.

En el ámbito sistémico, este enfoque contribuye significativamente a la estabilidad del sistema financiero de la Unión Europea. Al centrarse en los proveedores que representan los riesgos más significativos, el marco permite una asignación eficiente de los recursos regulatorios y una supervisión más efectiva de las dependencias tecnológicas críticas. Además, la combinación de criterios objetivos y cualitativos garantiza que el sistema sea flexible y adaptable, reflejando con precisión las dinámicas cambiantes del sector financiero y la tecnología.

(78) ***Del mismo modo, las entidades financieras que prestan servicios de TIC a otras entidades financieras, aunque pertenezcan a la categoría de proveedores terceros de servicios de TIC con arreglo al presente Reglamento, también deben quedar exentas del marco de supervisión, puesto que ya están sujetas a mecanismos de***

control establecidos por el Derecho de la Unión aplicable en materia de servicios financieros. Cuando proceda, las autoridades competentes deben tener en cuenta, en el contexto de sus actividades de control, el riesgo relacionado con las TIC que plantean para las entidades financieras las entidades financieras que prestan servicios de TIC. Del mismo modo, debido a los mecanismos de seguimiento de riesgos existentes a escala de grupo, debe introducirse la misma exención para los proveedores terceros de servicios de TIC que presten servicios predominantemente a las entidades de su propio grupo. Los proveedores terceros de servicios de TIC que presten servicios de TIC únicamente en un Estado miembro a entidades financieras que solo operen en ese Estado también deben quedar exentos del mecanismo de designación debido al carácter limitado de sus actividades y a la ausencia de consecuencias transfronterizas.

El considerando establece tres exenciones específicas del marco de supervisión para proveedores terceros de servicios de TIC en función de sus características operativas y su grado de integración con las entidades financieras o grupos a los que prestan servicios. Estas exenciones responden al objetivo de garantizar que el marco de supervisión se concentre en los proveedores que representan riesgos significativos y potenciales consecuencias transfronterizas, optimizando así los recursos regulatorios y evitando redundancias.

La primera exención aplica a las entidades financieras que también actúan como proveedores de servicios de TIC para otras entidades financieras. Aunque estas entidades entran en la categoría de proveedores terceros de servicios de TIC conforme al Reglamento, su exclusión del marco de supervisión se justifica porque ya están sujetas a los mecanismos de control y supervisión establecidos en el Derecho de la Unión aplicable a los servicios financieros. Este enfoque evita la duplicidad en la supervisión regulatoria, asegurando que las normas específicas que ya rigen sus actividades financieras y tecnológicas sean adecuadas para gestionar los riesgos relacionados con las TIC. En el contexto práctico, las autoridades competentes deben considerar el impacto del riesgo relacionado con las TIC que estas entidades puedan plantear, integrando estas evaluaciones en sus actividades de supervisión general, lo que permite un control indirecto y eficaz sin imponer requisitos adicionales a través del marco de supervisión.

La segunda exención se refiere a los proveedores terceros de servicios de TIC que prestan servicios exclusivamente dentro de su propio grupo corporativo. Estos proveedores, debido a la integración organizativa y a los mecanismos de seguimiento de riesgos existentes a escala de grupo, no representan riesgos significativos desde una perspectiva sistémica o transfronteriza. Esta exención reconoce que las relaciones intra-grupo tienden a ser gestionadas con un mayor nivel de control interno, lo que reduce la necesidad de supervisión externa adicional. En términos prácticos, esta disposición fomenta la eficiencia operativa dentro de los grupos financieros, permitiéndoles gestionar sus riesgos de TIC a través de estructuras de gobernanza corporativa, mientras las autoridades competentes se enfocan en proveedores externos con un impacto potencial más amplio.

La tercera exención cubre a los proveedores terceros de servicios de TIC que operan exclusivamente dentro de un Estado miembro y prestan servicios a entidades financieras que también limitan sus actividades a ese territorio. Estos proveedores quedan excluidos del mecanismo de designación debido al carácter limitado de sus operaciones y a la ausencia de implicaciones transfronterizas. Esta disposición asegura que el marco de supervisión no sobrecargue a proveedores de alcance exclusivamente local, que por su naturaleza tienen un impacto limitado en la estabilidad y la integridad del sistema financiero a nivel de la Unión Europea. Sin embargo, esta exención también implica que las autoridades nacionales deben asumir la responsabilidad de supervisar estos proveedores para mitigar los riesgos dentro de sus jurisdicciones, asegurando que las normativas locales sean suficientes para gestionar los riesgos relacionados con las TIC.

Desde una perspectiva práctica, estas exenciones generan beneficios significativos tanto para los proveedores como para las entidades financieras. Para los proveedores, la exclusión del marco de supervisión reduce la carga regulatoria y los costos asociados con el cumplimiento de requisitos adicionales. Esto es particularmente importante para los proveedores pequeños, locales o integrados en grupos financieros, que pueden carecer de los recursos necesarios para cumplir con las exigencias del marco. Para las entidades financieras, estas exenciones facilitan la colaboración con proveedores específicos al evitar la complejidad regulatoria innecesaria, especialmente cuando los riesgos asociados pueden ser gestionados a través de otros mecanismos ya existentes.

Para las autoridades competentes, el enfoque propuesto permite concentrar los recursos regulatorios en los proveedores terceros de servicios de TIC que presentan mayores riesgos sistémicos y transfronterizos. Esto no solo optimiza la eficiencia de la supervisión, sino que también garantiza que las autoridades puedan mantener un enfoque más detallado y proactivo en aquellos proveedores cuyo impacto potencial es más significativo. Sin embargo, las autoridades deben asegurarse de que las exenciones no generen lagunas normativas, especialmente en el caso de los proveedores locales, y deben mantener mecanismos adecuados para monitorear su desempeño y gestionar cualquier riesgo emergente.

A nivel sistémico, estas exenciones refuerzan la proporcionalidad y el enfoque dirigido del marco de supervisión, asegurando que no se extienda innecesariamente a proveedores que no representan un riesgo significativo. Esto evita la sobrerregulación y fomenta un entorno operativo más favorable para los proveedores y las entidades financieras, al tiempo que mantiene la estabilidad y la seguridad del sistema financiero en su conjunto. La distinción entre proveedores con impacto potencial sistémico y aquellos con un alcance limitado asegura que el marco sea flexible y adaptable a las necesidades reales del sector financiero y tecnológico en la Unión Europea.

(79) ***La transformación digital experimentada en los servicios financieros ha dado lugar a un nivel de uso y dependencia de los servicios de TIC que no tiene precedentes. Dado que hoy en día resulta inconcebible prestar servicios financieros sin el uso de servicios de computación en nube, soluciones de software y servicios relacionados con datos, el ecosistema financiero de la Unión ha pasado a ser intrínsecamente codependiente de determinados servicios de TIC prestados por proveedores de servicios de TIC. Algunos de estos proveedores, innovadores en el desarrollo y la aplicación de tecnologías basadas en las TIC, desempeñan un papel importante en la prestación de servicios financieros o se han integrado en la cadena de valor de los servicios financieros. Por lo tanto, se han convertido en fundamentales para la estabilidad y la integridad del sistema financiero de la Unión. Esta dependencia generalizada de los servicios prestados por proveedores terceros esenciales de servicios de TIC, combinada con la interdependencia de los sistemas de información de diversos operadores del mercado, crea un riesgo directo y potencialmente grave para el sistema de servicios financieros de la Unión y para la continuidad de la prestación de servicios financieros en caso de que los proveedores terceros esenciales de servicios de TIC se vean afectados por perturbaciones operativas o por Ciber incidentes graves. Los Ciber incidentes tienen una capacidad particular para multiplicarse y propagarse por todo el sistema financiero a un ritmo considerablemente más rápido que otros tipos de riesgos sujetos a seguimiento en el sector financiero y pueden extenderse a otros sectores y más allá de las fronteras geográficas. Tienen el potencial de dar lugar a una crisis sistémica, en la que la confianza en el sistema financiero se vea erosionada debido a la perturbación de las funciones que dan apoyo a la economía real, o a pérdidas financieras sustanciosas, alcanzando un nivel que el sistema financiero no pueda soportar o que requiera el despliegue de medidas importantes de amortiguación de choques. Para evitar que se produzcan estos escenarios, que ponen en peligro la estabilidad financiera y la integridad de la Unión, es fundamental lograr la***

convergencia de las prácticas de supervisión sobre los riesgos relacionados con las TIC derivados de terceros en el sector financiero, en particular mediante nuevas normas que permitan la supervisión por parte de la Unión de los proveedores terceros esenciales de servicios de TIC.

El considerando aborda el impacto de la transformación digital en el sector financiero de la Unión Europea, destacando la creciente dependencia de los servicios de TIC proporcionados por proveedores terceros esenciales y las repercusiones sistémicas que esto puede tener en términos de estabilidad financiera y confianza del mercado. Este análisis establece un vínculo directo entre la integración de servicios de computación en nube, soluciones de software y servicios relacionados con datos en las operaciones financieras y los riesgos emergentes asociados con su interrupción o vulneración.

La transformación digital ha convertido a los servicios de TIC en una piedra angular para la prestación de servicios financieros. Estos servicios no solo permiten la automatización, eficiencia y escalabilidad de las operaciones, sino que también facilitan la adopción de tecnologías innovadoras, como inteligencia artificial, análisis de datos y blockchain, que redefinen la cadena de valor del sector. Sin embargo, esta misma integración ha creado una fuerte dependencia de los proveedores terceros, algunos de los cuales son actores clave en el ecosistema financiero debido a su capacidad para ofrecer soluciones tecnológicas avanzadas y escalables. Esta dependencia ha llevado a que dichos proveedores sean fundamentales para el funcionamiento continuo y eficiente del sistema financiero, aumentando su importancia para la estabilidad e integridad del mercado.

El considerando destaca que esta dependencia tecnológica generalizada, combinada con la interdependencia entre las entidades financieras que operan en un sistema digitalizado, genera riesgos significativos que no pueden ser ignorados. Los Ciber incidentes, en particular, tienen el potencial de causar interrupciones que se propagan rápidamente a través del ecosistema financiero debido a la interconexión de los sistemas de TIC. Este fenómeno de propagación acelerada distingue los riesgos tecnológicos de otros tipos de riesgos financieros más localizados, como los riesgos de crédito o de mercado. La capacidad de un Ciber incidente para trascender fronteras geográficas y afectar a múltiples sectores amplifica aún más su gravedad.

La posibilidad de que los Ciber incidentes generen una crisis sistémica constituye una preocupación crítica. La perturbación de funciones esenciales para la economía real, como los sistemas de pago, la compensación y liquidación de valores o la gestión de activos, podría erosionar la confianza en el sistema financiero. Esto no solo afectaría la percepción de estabilidad, sino que también podría resultar en pérdidas financieras significativas, comprometiendo la capacidad del sistema para absorber los choques. En escenarios extremos, tales perturbaciones podrían requerir intervenciones extraordinarias, como rescates financieros o medidas regulatorias de emergencia, lo que subraya la necesidad de una supervisión adecuada.

El considerando también destaca la importancia de lograr la convergencia en las prácticas de supervisión para gestionar estos riesgos. La falta de un enfoque armonizado puede dar lugar a inconsistencias regulatorias, exponiendo al sistema financiero a brechas en la gestión de riesgos de TIC. Por ejemplo, mientras que algunos Estados miembros pueden contar con mecanismos sólidos para supervisar a los proveedores terceros esenciales, otros pueden carecer de los recursos o la capacidad para implementar controles efectivos, lo que crea vulnerabilidades que pueden ser explotadas por ciberamenazas.

En este contexto, el establecimiento de nuevas normas para permitir la supervisión a nivel de la Unión Europea de los proveedores terceros esenciales es una medida fundamental. Este enfoque centralizado garantiza que los riesgos asociados con estos proveedores sean evaluados y gestionados de manera uniforme en toda la Unión, fortaleciendo la resiliencia del sistema financiero frente a amenazas comunes. Además, la supervisión a nivel de la Unión permite aprovechar las economías de escala y la experiencia técnica acumulada, asegurando una respuesta más coordinada y efectiva frente a incidentes que puedan tener repercusiones transfronterizas.

Desde una perspectiva práctica, las medidas propuestas tendrán implicaciones significativas para todas las partes interesadas. Las entidades financieras deben garantizar que sus relaciones con los proveedores terceros esenciales cumplan con los estándares establecidos en el marco normativo de la Unión, lo que incluye evaluar y mitigar los riesgos asociados con la externalización de funciones críticas. Esto puede requerir inversiones adicionales en auditorías de seguridad, capacidades de monitoreo y sistemas de respaldo.

Para los proveedores terceros esenciales, la supervisión a nivel de la Unión implica el cumplimiento de estándares más estrictos en términos de seguridad, resiliencia y transparencia. Estos proveedores deberán estar preparados para someterse a auditorías regulares, proporcionar informes detallados sobre su desempeño y colaborar estrechamente con las autoridades competentes. Aunque esto puede generar costos adicionales, también ofrece la oportunidad de consolidar su posición como socios confiables en el ecosistema financiero, fortaleciendo su reputación y asegurando su integración en un mercado regulado.

Por último, para las autoridades regulatorias, la implementación de un marco de supervisión centralizado implica coordinar esfuerzos con las autoridades nacionales, definir criterios claros para la designación de proveedores esenciales y desarrollar capacidades técnicas para evaluar los riesgos asociados con estos actores. Además, las autoridades deberán garantizar que las normas propuestas sean proporcionadas y efectivas, evitando imponer cargas regulatorias innecesarias mientras se protege la estabilidad del sistema financiero.

En términos sistémicos, las medidas propuestas refuerzan la capacidad de la Unión Europea para responder a los riesgos relacionados con las TIC de manera integral y proactiva. La convergencia de las prácticas de supervisión y la centralización de la supervisión de proveedores esenciales establecen una base sólida para gestionar las interdependencias tecnológicas del sector financiero, protegiendo su integridad y estabilidad en un entorno digital cada vez más complejo.

(80) ***El marco de supervisión depende en gran medida del grado de colaboración entre el supervisor principal y el proveedor tercero esencial de servicios de TIC que presta a entidades financieras servicios que afectan a la prestación de servicios financieros. El éxito de la supervisión depende, entre otras cosas, de la capacidad del supervisor principal para llevar a cabo efectivamente misiones e inspecciones de seguimiento a fin de evaluar las normas, los controles y los procesos utilizados por los proveedores terceros esenciales de servicios de TIC, así como para evaluar el posible efecto acumulado de sus actividades en la estabilidad financiera y la integridad del sistema financiero. Al mismo tiempo, es fundamental que los proveedores terceros esenciales de servicios de TIC sigan las recomendaciones del supervisor principal y atiendan sus preocupaciones. Dado que una falta de cooperación por parte de un proveedor tercero esencial de servicios de TIC que preste servicios que afecten a la prestación de servicios financieros, como la negativa a conceder acceso a sus locales o a facilitar información, privaría en definitiva al supervisor principal de sus herramientas esenciales para evaluar el riesgo relacionado con las TIC derivado de terceros y podría afectar negativamente a la estabilidad financiera y a la integridad del sistema financiero, es necesario también establecer un régimen sancionador acorde.***

El considerando destaca la importancia de la cooperación entre el supervisor principal y los proveedores terceros esenciales de servicios de TIC para garantizar la eficacia del marco de supervisión y proteger la estabilidad financiera y la integridad del sistema financiero. Esta relación colaborativa es esencial para que el supervisor principal pueda evaluar los riesgos relacionados con las TIC y su impacto acumulativo en el sistema financiero, así como para garantizar que los proveedores cumplen con las normas, controles y procesos establecidos.

El éxito de la supervisión radica en la capacidad del supervisor principal para realizar inspecciones y misiones de seguimiento de manera efectiva. Esto incluye revisar las medidas de seguridad, los procedimientos de recuperación ante desastres, los controles internos y los procesos utilizados por los proveedores esenciales. Estas inspecciones no solo evalúan el cumplimiento normativo, sino también la resiliencia operativa del proveedor y su capacidad para mitigar los riesgos asociados con la prestación de servicios a entidades financieras. El enfoque en el efecto acumulativo de las actividades de los proveedores permite al supervisor principal identificar riesgos sistémicos que puedan surgir de la interdependencia tecnológica y la concentración de servicios en unos pocos proveedores.

El considerando resalta la necesidad de que los proveedores terceros esenciales sigan las recomendaciones del supervisor principal y aborden las preocupaciones planteadas durante las inspecciones. Esta cooperación activa es determinante para garantizar que cualquier vulnerabilidad o deficiencia identificada sea corregida oportunamente, lo que refuerza la resiliencia operativa no solo del proveedor, sino también de las entidades financieras que dependen de sus servicios. Al abordar las preocupaciones del supervisor, los proveedores demuestran su compromiso con la seguridad y la estabilidad del ecosistema financiero.

Sin embargo, el considerando también advierte de las graves repercusiones que puede tener una falta de cooperación por parte de un proveedor tercero esencial. La negativa a conceder acceso a locales o a proporcionar información priva al supervisor de las herramientas necesarias para evaluar el riesgo relacionado con las TIC. Esto puede generar lagunas en la supervisión, dificultando la identificación de riesgos críticos y comprometiendo la capacidad de las autoridades para proteger la estabilidad del sistema financiero. En escenarios extremos, esta falta de cooperación podría facilitar la aparición de vulnerabilidades sistémicas, aumentando el riesgo de Ciber incidentes o fallos operativos con potenciales consecuencias graves.

Para abordar esta problemática, el considerando subraya la necesidad de establecer un régimen sancionador adecuado. Dicho régimen debe ser proporcional, disuasorio y efectivo, asegurando que los proveedores esenciales tengan incentivos claros para cooperar plenamente con el supervisor principal. Las sanciones podrían incluir multas significativas, restricciones operativas o, en casos extremos, la exclusión del proveedor del mercado financiero. Este enfoque sancionador no solo protege la integridad del sistema de supervisión, sino que también refuerza la confianza en la capacidad de las autoridades para gestionar los riesgos asociados con la dependencia tecnológica.

Desde una perspectiva práctica, este marco regulatorio impone obligaciones tanto al supervisor principal como a los proveedores terceros esenciales. Para el supervisor, es fundamental desarrollar capacidades técnicas y operativas que le permitan realizar inspecciones exhaustivas y evaluar riesgos complejos. Esto incluye el acceso a personal capacitado, herramientas tecnológicas avanzadas y recursos suficientes para llevar a cabo su labor de manera eficiente. Asimismo, el supervisor debe mantener un enfoque transparente y coherente en sus interacciones con los proveedores, asegurando que las recomendaciones y preocupaciones se comuniquen de manera clara y oportuna.

Para los proveedores terceros esenciales, el marco exige el establecimiento de mecanismos internos que faciliten la cooperación con el supervisor principal. Esto incluye la designación de personal responsable para gestionar las interacciones regulatorias, la preparación de la documentación requerida y la implementación de medidas que permitan responder rápidamente a las solicitudes del supervisor. Los proveedores también deben estar preparados para abordar las recomendaciones del supervisor mediante planes de acción concretos y medibles, garantizando que las deficiencias identificadas se resuelvan de manera efectiva.

A nivel sistémico, el considerando refuerza la importancia de la colaboración público-privada en la gestión de riesgos relacionados con las TIC. La cooperación entre el supervisor y los proveedores esenciales no solo protege la resiliencia operativa de las entidades financieras, sino que también contribuye a la estabilidad y confianza en el sistema financiero en su conjunto. Al mismo tiempo, el establecimiento de un régimen sancionador asegura que todos los actores involucrados asuman su responsabilidad en la protección del ecosistema financiero frente a riesgos tecnológicos y operativos.

(81) ***En este contexto, la necesidad de que el supervisor principal imponga multas coercitivas para obligar a los proveedores terceros esenciales de servicios de TIC a cumplir las obligaciones en materia de transparencia y acceso establecidas en el presente Reglamento no debe verse comprometida por las dificultades plan-***

teadas por la ejecución de dichas multas coercitivas en relación con los proveedores terceros esenciales de servicios de TIC establecidos en terceros países. A fin de garantizar que puedan ejecutarse dichas multas y que se implanten rápidamente procedimientos que respeten los derechos de defensa de los proveedores terceros esenciales de servicios de TIC en el contexto del mecanismo de designación y la formulación de recomendaciones, debe exigirse a dichos proveedores terceros esenciales de servicios de TIC que prestan servicios a entidades financieras que afectan a la prestación de servicios financieros que mantengan una presencia empresarial adecuada en la Unión. Debido a la naturaleza de la supervisión y a la ausencia de mecanismos comparables en otros países o territorios, no existe ningún otro mecanismo adecuado que garantice este objetivo mediante una cooperación eficaz con los supervisores financieros de terceros países en lo relativo al seguimiento de la repercusión de los riesgos operativos digitales planteados por proveedores terceros sistémicos de servicios de TIC considerados proveedores terceros esenciales de servicios de TIC establecidos en terceros países. Por tanto, para continuar prestando servicios de TIC a las entidades financieras en la Unión, un proveedor tercero de servicios de TIC establecido en un tercer país designado como esencial con arreglo al presente Reglamento debe tomar, en un plazo de 12 meses a partir de dicha designación, todas las medidas necesarias para garantizar su constitución como sociedad en la Unión mediante el establecimiento de una empresa filial, tal como se define en todo el acervo de la Unión, en concreto en la Directiva 2013/34/UE del Parlamento Europeo y del Consejo.

El considerando aborda la necesidad de garantizar la eficacia de las multas coercitivas y la supervisión sobre los proveedores terceros esenciales de servicios de TIC establecidos en terceros países, estableciendo medidas específicas para asegurar su cumplimiento con el marco normativo de la Unión Europea. Para ello, introduce la obligación de que estos proveedores, tras ser designados como esenciales, constituyan una filial dentro de la Unión Europea en un plazo de 12 meses, con el fin de facilitar la supervisión y la ejecución de sanciones cuando sea necesario.

La medida se fundamenta en la dificultad práctica de imponer y ejecutar sanciones, como multas coercitivas, sobre entidades que carecen de presencia empresarial dentro de la Unión Europea. Sin una filial en la Unión, cualquier acción coercitiva podría enfrentar barreras legales y jurisdiccionales significativas, lo que podría comprometer la capacidad de las autoridades para garantizar el cumplimiento de las obligaciones de acceso, transparencia y cooperación establecidas en el Reglamento. Al exigir una presencia empresarial en la Unión, el marco normativo refuerza el control regulatorio y asegura que los proveedores estén sujetos plenamente a la jurisdicción europea, facilitando la implementación efectiva de las medidas de supervisión.

La constitución de una filial dentro de la Unión Europea también permite a los supervisores interactuar directamente con una entidad jurídica local, lo que mejora la transparencia y la capacidad de respuesta a las inspecciones y auditorías. Además, esta medida asegura que los derechos de defensa de los proveedores estén protegidos dentro del contexto jurídico de la Unión, ya que estarán sujetos a las mismas normas y procedimientos que los proveedores establecidos originalmente en la Unión.

La ausencia de mecanismos de supervisión comparables en otros países subraya la necesidad de esta medida. Dado que los riesgos derivados de los proveedores terceros esenciales de servicios de TIC pueden tener un impacto sistémico en el sistema financiero de la Unión, depender de mecanismos de cooperación con supervisores financieros de terceros países podría no ofrecer garantías suficientes de que los riesgos sean gestionados de manera efectiva. Los regímenes regulatorios en terceros países pueden carecer de la especificidad o la armonización necesarias para abordar los riesgos operativos digitales en el contexto del sector financiero de la Unión, lo que justifica la necesidad de una supervisión directa por parte de las autoridades europeas.

Desde una perspectiva práctica, esta medida impone obligaciones significativas a los proveedores terceros de servicios de TIC establecidos fuera de la Unión. La constitución de una filial implica costos administrativos y legales, así como la necesidad de desarrollar capacidades locales para interactuar con las entidades financieras de la Unión y las autoridades de supervisión. Sin embargo, esta obligación también puede fortalecer la relación de los proveedores con el mercado europeo al demostrar su compromiso con el cumplimiento normativo y su disposición para adaptarse a las expectativas regulatorias.

Para las entidades financieras de la Unión que dependen de estos proveedores, la constitución de una filial dentro del territorio europeo ofrece un nivel adicional de seguridad jurídica y operativa. Al interactuar con una entidad sujeta directamente al marco regulatorio de la Unión, las entidades financieras pueden estar más confiadas en que los servicios de TIC contratados cumplirán con los estándares establecidos y que cualquier incidente será gestionado dentro de un marco supervisado y predecible.

En términos de supervisión, la medida fortalece la capacidad de las autoridades europeas para controlar y mitigar los riesgos relacionados con los proveedores terceros esenciales. La posibilidad de imponer sanciones efectivas y de realizar inspecciones y auditorías sin restricciones jurisdiccionales asegura una mayor capacidad para gestionar los riesgos asociados con la prestación de servicios de TIC en el sector financiero. Además, la presencia de una filial dentro de la Unión facilita la recopilación de información y la coordinación de esfuerzos entre diferentes autoridades nacionales y europeas.

Desde una perspectiva sistémica, la obligación de establecer una filial refuerza la resiliencia del sistema financiero europeo al asegurar que los riesgos relacionados con los proveedores terceros esenciales de TIC sean gestionados dentro de un marco normativo robusto y supervisado. Esto es particularmente relevante dado el carácter global de muchos proveedores de TIC, cuyo impacto en el sistema financiero trasciende las fronteras nacionales. Al garantizar que estos proveedores operen bajo las reglas de la Unión, se refuerza la integridad del mercado único de servicios financieros y se protege la estabilidad del sistema frente a riesgos operativos digitales que puedan comprometer su funcionamiento.

(82) ***El requisito de establecer una empresa filial en la Unión no debe impedir que el proveedor tercero esencial de servicios de TIC preste servicios de TIC y asistencia técnica relacionada con estos desde instalaciones e infraestructuras situadas fuera de la Unión. El presente Reglamento no impone una obligación en materia de localización de datos, ya que no exige que el almacenamiento o el tratamiento de los datos se realice en la Unión.***

El considerando establece una distinción determinante entre el requisito de constitución de una empresa filial en la Unión Europea y la localización física de las instalaciones, infraestructuras y datos de los proveedores terceros esenciales de servicios de TIC. Aunque se exige la creación de una entidad jurídica en la Unión, esta obligación no limita la capacidad del proveedor para operar desde instalaciones situadas fuera de su territorio ni impone restricciones sobre la localización de los datos que almacena o procesa.

Esta disposición tiene implicaciones importantes para garantizar un equilibrio entre el control regulatorio y la flexibilidad operativa. Al exigir la creación de una filial, el Reglamento asegura que los proveedores estén sujetos al marco normativo y de supervisión de la Unión, facilitando la interacción con las autoridades competentes y asegurando la posibilidad de aplicar sanciones y mecanismos coercitivos. Sin embargo, al permitir que los servicios de TIC y el tratamiento de datos se realicen fuera de la Unión, se evita la imposición de requisitos onerosos o barreras artificiales al funcionamiento global de los proveedores, preservando así la competitividad del sector financiero europeo y su acceso a soluciones tecnológicas avanzadas.

Desde la perspectiva de los proveedores terceros esenciales, esta disposición les permite mantener una estructura operativa global al tiempo que cumplen con las exigencias regulatorias de la Unión. Esto incluye la posibilidad de aprovechar economías de escala y ubicaciones estratégicas para sus infraestructuras de TIC, como centros de datos y equipos técnicos, que puedan estar situados en terceros países. Además, los proveedores pueden continuar ofreciendo servicios a entidades financieras de la Unión sin necesidad de duplicar completamente sus infraestructuras dentro del territorio europeo, lo que reduce significativamente los costos operativos asociados al cumplimiento.

Para las entidades financieras que dependen de estos proveedores, se garantiza la continuidad de acceso a tecnologías globales y a servicios especializados que puedan no estar disponibles a nivel local. Esto permite a las entidades financieras europeas beneficiarse de los avances tecnológicos y la capacidad innovadora de los proveedores internacionales, mientras se aseguran de que estos últimos operen dentro de un marco de supervisión que salvaguarde los riesgos relacionados con las TIC.

Al no imponer un requisito de localización de datos, el Reglamento evita las restricciones normativas que podrían obstaculizar la interoperabilidad y la eficiencia operativa en un entorno globalizado. Los datos pueden almacenarse y procesarse en ubicaciones óptimas desde una perspectiva técnica, económica o de seguridad, lo que resulta beneficioso tanto para los proveedores como para las entidades financieras. Esto también fomenta una mayor competencia entre los proveedores de servicios de TIC al no limitar su capacidad para ofrecer soluciones de calidad y costo competitivo basadas en la ubicación de sus infraestructuras.

No obstante, esta flexibilidad debe equilibrarse con mecanismos adecuados para garantizar la seguridad y la protección de los datos, especialmente en casos donde estos se almacenan o procesan fuera de la Unión. Las entidades financieras deben asegurarse de que los acuerdos contractuales con los proveedores cumplan con las normas de la Unión en materia de protección de datos, como el Reglamento General de Protección de Datos (RGPD), y de que los datos estén sujetos a medidas de seguridad apropiadas, independientemente de su ubicación física. Asimismo, las autoridades de supervisión deben prestar especial atención a las posibles vulnerabilidades derivadas del almacenamiento o tratamiento de datos en terceros países, en particular aquellos que no ofrezcan un nivel adecuado de protección.

Desde un punto de vista regulatorio, el enfoque adoptado por el referido considerando evita conflictos con las normas de comercio internacional y refuerza la posición de la Unión como un mercado abierto y competitivo para los servicios financieros y tecnológicos. Al no imponer requisitos de localización de datos, el Reglamento reduce la posibilidad de tensiones comerciales con terceros países que podrían ver estas restricciones como barreras al comercio. Al mismo tiempo, se asegura de que los proveedores que prestan servicios críticos al sector financiero europeo estén debidamente supervisados a través de su filial en la Unión.

En términos sistémicos, esta disposición protege la estabilidad financiera de la Unión al garantizar un control normativo suficiente sobre los proveedores esenciales de servicios de TIC sin imponer barreras innecesarias al acceso de las entidades financieras a soluciones tecnológicas globales. La flexibilidad operativa fomenta la innovación y el desarrollo tecnológico en el sector financiero europeo, al tiempo que refuerza la resiliencia operativa y la seguridad de los servicios críticos. Al asegurar que los proveedores estén plenamente integrados en el marco de supervisión de la Unión, se mitigan los riesgos asociados con la dependencia tecnológica de actores globales, lo que contribuye a preservar la integridad del sistema financiero en su conjunto.

(83) ***Los proveedores terceros esenciales de servicios de TIC deben poder prestar servicios de TIC desde cualquier lugar del mundo, no deben necesariamente estar ubicados en la Unión ni prestar servicios únicamente desde locales situados en la Unión. Las actividades de supervisión deben llevarse a cabo en primer lugar en locales situados en la Unión e interactuando con entidades situadas en la Unión, incluidas las empresas filiales establecidas por proveedores terceros esenciales de servicios de TIC con arreglo al presente Reglamento. Sin embargo, estas acciones en la Unión podrían ser insuficientes para que el supervisor principal pueda desempeñar plena y eficazmente sus funciones con arreglo al presente Reglamento. El supervisor principal debe, por lo tanto, poder ejercer sus competencias de supervisión pertinentes en terceros países. El ejercicio de dichas competencias en terceros países debe permitir al supervisor principal examinar las instalaciones desde las que el proveedor tercero esencial de servicios de TIC presta o gestiona realmente servicios de TIC o servicios de asistencia técnica, y debe brindarle un conocimiento completo y operativo de la gestión del riesgo relacionado con las TIC del proveedor tercero esencial de servicios de TIC. La posibilidad de que el supervisor principal, como agencia de la Unión, ejerza sus competencias fuera del territorio de la Unión debe estar debidamente enmarcada con las condiciones pertinentes, en particular el consentimiento del proveedor tercero esencial de servicios de TIC de que se trate. Del mismo modo, las autoridades pertinentes del tercer país deben ser informadas***

del ejercicio en su propio territorio de las actividades del supervisor principal y no deben haberse opuesto a ello. No obstante, para garantizar una aplicación eficaz, y sin perjuicio de las potestades respectivas de las instituciones de la Unión y de los Estados miembros, dichas competencias también deben estar firmemente establecidas mediante la celebración de acuerdos de cooperación administrativa con las autoridades pertinentes del tercer país de que se trate. Por tanto, el presente Reglamento debe permitir a las Autoridades Europeas de Supervisión celebrar acuerdos de cooperación administrativa con las autoridades pertinentes de terceros países que no deben crear de ningún otro modo obligaciones jurídicas con respecto a la Unión y sus Estados miembros.

El considerando aborda la supervisión de los proveedores terceros esenciales de servicios de TIC que operan fuera del territorio de la Unión Europea, estableciendo un marco para garantizar el control efectivo de sus actividades en terceros países sin imponer restricciones a su localización. Esta regulación equilibra la flexibilidad operativa de los proveedores con la necesidad de garantizar la seguridad, resiliencia y supervisión adecuada de los servicios de TIC que sustentan funciones esenciales del sector financiero europeo.

Asimismo, subraya que los proveedores terceros esenciales pueden prestar servicios desde cualquier parte del mundo, lo que refleja un enfoque pragmático en un mercado globalizado. Esto asegura que las entidades financieras de la Unión puedan seguir accediendo a las mejores soluciones tecnológicas disponibles, sin limitaciones geográficas que podrían restringir su competitividad o innovación. Sin embargo, al permitir esta flexibilidad, el Reglamento refuerza las herramientas de supervisión necesarias para evaluar y gestionar los riesgos que puedan derivarse de la prestación de servicios desde ubicaciones fuera de la Unión.

El establecimiento de empresas filiales en la Unión, como se prevé en el Reglamento, crea un punto de contacto local para la supervisión. Esto facilita las actividades del supervisor principal, que puede llevar a cabo inspecciones y evaluaciones iniciales en los locales situados en la Unión. Sin embargo, el considerando reconoce que estas medidas pueden no ser suficientes para garantizar una supervisión completa, especialmente cuando los servicios de TIC o la asistencia técnica se gestionan desde infraestructuras ubicadas en terceros países. Por ello, se otorga al supervisor principal la posibilidad de ejercer competencias directamente en estos territorios, lo que es fundamental para obtener un conocimiento operativo integral sobre la gestión de riesgos relacionados con las TIC por parte de los proveedores.

El ejercicio de estas competencias extraterritoriales plantea desafíos prácticos y jurídicos que el Reglamento aborda cuidadosamente. En primer lugar, el consentimiento del proveedor tercero esencial es un requisito esencial para que el supervisor principal pueda realizar inspecciones en instalaciones fuera de la Unión. Este consentimiento asegura la cooperación del proveedor y evita conflictos legales derivados de acciones unilaterales. Asimismo, las autoridades del tercer país deben ser notificadas previamente y no deben oponerse al ejercicio de las competencias de supervisión en su territorio, lo que garantiza el respeto a la soberanía del tercer país y fomenta un marco de cooperación internacional.

El considerando también destaca la importancia de los acuerdos de cooperación administrativa entre las Autoridades Europeas de Supervisión y las autoridades pertinentes de terceros países. Estos acuerdos, aunque no generan obligaciones legales para la Unión o sus Estados miembros, son instrumentos clave para facilitar la supervisión efectiva. Permiten coordinar las actividades entre jurisdicciones, definir procedimientos claros y garantizar que las inspecciones y evaluaciones se realicen de manera eficiente y respetuosa con las normativas locales. Además, estos acuerdos pueden fortalecer las relaciones regulatorias internacionales y fomentar un enfoque armonizado para la gestión de riesgos relacionados con las TIC en el ámbito global.

Desde una perspectiva práctica, este marco tiene implicaciones significativas tanto para los supervisores como para los proveedores terceros esenciales. Para los supervisores, el ejercicio de competencias fuera de la Unión requiere recursos adicionales y la capacidad de operar en entornos regulatorios extranjeros. Esto incluye la formación de personal especializado, la capacidad de negociar y gestionar acuerdos de cooperación administrativa, y la implementación de procedimientos que respeten las leyes locales y, al mismo tiempo, cumplan con los objetivos del Reglamento.

Para los proveedores terceros esenciales, el marco exige un compromiso con la transparencia y la cooperación activa. Además del establecimiento de una filial en la Unión, los proveedores deben garantizar que sus instalaciones y procesos en terceros países cumplan con los estándares regulatorios europeos y que estén preparados para facilitar inspecciones y auditorías. Esto puede requerir inversiones en infraestructura, seguridad y formación de personal, así como la revisión de contratos y políticas internas para garantizar el cumplimiento.

En términos sistémicos, el enfoque regulatorio establecido en el considerando refuerza la resiliencia operativa digital del sector financiero de la

Unión al asegurar que los riesgos relacionados con las TIC sean supervisados de manera efectiva, independientemente de la ubicación geográfica de los proveedores. Este marco también protege la integridad del sistema financiero frente a posibles interrupciones o vulnerabilidades que puedan surgir de dependencias tecnológicas globales. Al mismo tiempo, promueve la cooperación internacional en la supervisión de riesgos relacionados con las TIC, sentando un precedente para la gestión colaborativa de desafíos tecnológicos en el sector financiero a nivel global.

(84) ***A fin de facilitar la comunicación con el supervisor principal y garantizar una representación adecuada, los proveedores terceros esenciales de servicios de TIC que formen parte de un grupo deben designar a una persona jurídica como su punto de coordinación.***

El considerando establece la obligación de que los proveedores terceros esenciales de servicios de TIC, cuando formen parte de un grupo corporativo, designen una persona jurídica que actúe como punto de coordinación frente al supervisor principal. Este requisito busca optimizar la interacción entre el supervisor y el proveedor, garantizando una comunicación fluida, una representación adecuada y un enfoque centralizado en la gestión de las responsabilidades derivadas del marco normativo.

La designación de un punto de coordinación dentro del grupo corporativo es una medida que responde a la complejidad estructural y operativa de muchos proveedores terceros esenciales de servicios de TIC. Estos grupos suelen estar compuestos por múltiples filiales y divisiones, cada una con funciones específicas y ubicaciones geográficas distintas. Sin un punto único de contacto, la interacción con el supervisor principal podría fragmentarse, dificultando la supervisión efectiva y aumentando los riesgos de incumplimientos o demoras en la implementación de las medidas correctivas necesarias.

Al centralizar la comunicación a través de una única entidad jurídica, el Reglamento facilita el acceso del supervisor principal a la información relevante, como auditorías, informes de cumplimiento y respuestas a solicitudes específicas. Esto no solo reduce la carga administrativa para ambas partes, sino que también asegura que las instrucciones del supervisor se transmitan de manera coherente dentro del grupo corporativo, evitando malentendidos y garantizando que las medidas regulatorias se apliquen de manera uniforme y efectiva en todo el grupo.

Desde la perspectiva de los proveedores terceros esenciales, este requisito les permite gestionar de manera más eficiente sus interacciones con el supervisor principal. La entidad designada como punto de coordinación puede concentrar recursos especializados en supervisión regulatoria, garantizando que las solicitudes del supervisor se gestionen con prontitud y precisión. Además, este enfoque centralizado facilita la supervisión interna del cumplimiento normativo dentro del grupo, ayudando a identificar y mitigar riesgos relacionados con las TIC de manera proactiva.

Para el supervisor principal, la existencia de un punto de coordinación designado simplifica considerablemente la supervisión, especialmente en casos donde las actividades del proveedor se extienden a través de múltiples jurisdicciones. La entidad designada actúa como intermediaria entre el supervisor y las diversas filiales del grupo, asegurando que todas las entidades involucradas cumplan con las obligaciones normativas sin necesidad de que el supervisor interactúe directamente con cada una de ellas. Esto es particularmente útil en situaciones de auditorías complejas o investigaciones sobre incidentes graves relacionados con las TIC, donde un punto único de contacto puede proporcionar una visión consolidada y rápida de las operaciones del grupo.

Desde una perspectiva operativa, la designación de un punto de coordinación también tiene repercusiones positivas en la eficiencia y la transparencia. Al centralizar la interacción, se establece una línea clara de responsabilidad, lo que reduce el riesgo de duplicación de esfuerzos o de respuestas inconsistentes a las solicitudes del supervisor. Además, permite al proveedor coordinar mejor sus recursos internos para abordar los requisitos regulatorios, desde la recopilación de datos hasta la implementación de medidas correctivas.

En términos prácticos, los proveedores terceros esenciales deberán seleccionar cuidadosamente la entidad jurídica que actuará como punto de coordinación, asegurándose de que tenga la capacidad técnica, administrativa y legal para cumplir con las responsabilidades asignadas. Esto incluye contar con personal cualificado, sistemas de información adecuados y procesos internos claros para gestionar las interacciones regulatorias. Asimismo, el punto de coordinación deberá mantener una comunicación constante con las demás entidades del grupo para garantizar que toda la información requerida por el supervisor sea precisa, completa y actualizada.

Desde el punto de vista del marco normativo, este requisito refuerza la eficacia del sistema de supervisión al garantizar que los supervisores puedan acceder fácilmente a la información necesaria para evaluar el cumplimiento y los riesgos relacionados con las TIC. También proporciona una capa adicional de responsabilidad dentro del grupo corporativo, asegurando que las entidades que forman parte del proveedor tercero esencial estén alineadas con los objetivos regulatorios.

A nivel sistémico, esta disposición contribuye a la resiliencia operativa digital del sector financiero de la Unión al garantizar una supervisión más eficiente y efectiva de los proveedores terceros esenciales. La claridad en la comunicación y la representación adecuada de los proveedores ayudan a mitigar los riesgos asociados con las dependencias tecnológicas, fortaleciendo la confianza en el marco regulatorio y en la capacidad de las autoridades para proteger la estabilidad financiera frente a las amenazas cibernéticas y operativas.

(85) ***El marco de supervisión debe entenderse sin perjuicio de la potestad de los Estados miembros para llevar a cabo sus propias misiones de supervisión o seguimiento con respecto a los proveedores terceros de servicios de TIC no designados como esenciales con arreglo al presente Reglamento, pero considerados importantes a escala nacional.***

El considerando establece que el marco de supervisión previsto por el Reglamento no limita la capacidad de los Estados miembros para supervisar o realizar un seguimiento de los proveedores terceros de servicios de TIC que, aunque no sean designados como esenciales en el ámbito de la Unión Europea, se consideren importantes a nivel nacional. Este enfoque asegura que los Estados miembros puedan abordar riesgos específicos que sean relevantes en sus jurisdicciones, complementando así el marco de supervisión europeo con medidas adaptadas a las características locales del mercado financiero y del ecosistema tecnológico.

La disposición reconoce que los proveedores que no alcanzan el umbral para ser considerados esenciales en toda la Unión pueden, sin embargo, desempeñar un papel crítico en ciertos Estados miembros debido a factores como la concentración de mercado, la dependencia tecnológica de las entidades financieras locales o la naturaleza específica de los servicios prestados. Esto refuerza el principio de subsidiariedad, permitiendo a los Estados miembros adoptar un enfoque más granular y directo en la gestión de los riesgos relacionados con las TIC dentro de su jurisdicción.

Desde una perspectiva práctica, esta disposición ofrece a los Estados miembros la flexibilidad necesaria para implementar mecanismos de supervisión y seguimiento adicionales que complementen el marco europeo. Esto es especialmente relevante en mercados nacionales donde ciertos proveedores terceros de servicios de TIC tienen una posición dominante o donde el impacto de una interrupción en los servicios podría tener consecuencias significativas para la estabilidad financiera local. Al permitir que los Estados miembros actúen de manera independiente en estos casos, el Reglamento fomenta una respuesta más efectiva y específica ante riesgos potenciales.

Para los proveedores terceros de servicios de TIC, la disposición implica que, aunque no sean designados como esenciales a nivel europeo, podrían estar sujetos a supervisión en los Estados miembros donde sus servicios sean considerados importantes. Esto requiere que los proveedores mantengan un nivel adecuado de preparación para cumplir con las normativas nacionales y responder a las solicitudes de información o inspecciones de las autoridades locales. Además, deben coordinar sus esfuerzos de cumplimiento tanto a nivel europeo como nacional para evitar inconsistencias en su enfoque regulatorio.

Desde el punto de vista de las entidades financieras, esta disposición refuerza la protección frente a riesgos locales relacionados con las TIC. Los mecanismos de supervisión nacionales pueden abordar riesgos específicos que podrían no ser plenamente captados por el marco europeo, proporcionando una capa adicional de seguridad y resiliencia operativa. Esto es particularmente importante para entidades financieras que operan predominantemente a nivel nacional y cuya dependencia de ciertos proveedores locales puede ser crítica.

Para las autoridades de supervisión nacionales, la disposición les otorga la capacidad de actuar de manera proactiva y focalizada en función de las características de su mercado. Esto incluye la posibilidad de establecer criterios nacionales para determinar la importancia de los proveedores de servicios de TIC y diseñar marcos de supervisión adaptados a las necesidades locales. Sin embargo, las autoridades también deben asegurarse de que sus medidas estén alineadas con los principios generales del marco europeo para evitar la fragmentación normativa y garantizar la coherencia en la gestión de riesgos relacionados con las TIC.

A nivel sistémico, la posibilidad de supervisión nacional complementa el enfoque europeo, fortaleciendo la resiliencia operativa digital tanto a nivel local como regional. Esto crea un equilibrio entre la armonización que busca el Reglamento y la necesidad de adaptarse a las realidades locales, garantizando que los riesgos relacionados con las TIC sean gestionados de manera integral en toda la Unión.

(86) ***Para aprovechar la arquitectura institucional de múltiples niveles en el ámbito de los servicios financieros, el Comité Mixto de las Autoridades Europeas de Supervisión debe seguir garantizando la coordinación intersectorial general***

en relación con todos los asuntos relativos al riesgo relacionado con las TIC, de conformidad con sus funciones en materia de ciberseguridad. Debe contar con el apoyo de un nuevo subcomité (Foro de Supervisión) que lleve a cabo trabajos preparatorios tanto para decisiones particulares dirigidas a proveedores terceros esenciales de servicios de TIC como para la formulación de recomendaciones colectivas, en particular en relación con la evaluación comparativa de los programas de supervisión de proveedores terceros esenciales de servicios de TIC, y que determine las buenas prácticas para abordar las cuestiones relativas al riesgo de concentración de TIC.

El considerando establece la necesidad de coordinar esfuerzos en el ámbito de la supervisión del riesgo relacionado con las TIC mediante el aprovechamiento de la arquitectura institucional existente, en particular el Comité Mixto de las Autoridades Europeas de Supervisión (AES). Este órgano tiene el mandato de garantizar la coordinación intersectorial general en materia de ciberseguridad y gestión de riesgos relacionados con las TIC, con el apoyo de un nuevo subcomité denominado Foro de Supervisión. Esta estructura refuerza el enfoque colectivo y armonizado para abordar los desafíos que plantea la dependencia tecnológica en el sector financiero.

El papel central del Comité Mixto de las AES asegura que la supervisión de los riesgos relacionados con las TIC se realice de manera coherente en todos los sectores financieros, evitando lagunas regulatorias o incoherencias entre las autoridades competentes. Esto es determinante en un entorno donde las interdependencias entre sectores financieros, como la banca, los seguros y los mercados de valores, aumentan la vulnerabilidad ante ciberamenazas y fallos operativos. La coordinación intersectorial permite compartir conocimientos, evitar duplicaciones en las actividades de supervisión y garantizar que los marcos regulatorios de cada sector sean complementarios.

El establecimiento del Foro de Supervisión dentro del Comité Mixto aporta un nivel adicional de especialización técnica y operativa. Este subcomité se encargará de trabajos preparatorios para decisiones específicas dirigidas a los proveedores terceros esenciales de servicios de TIC, lo que asegura un enfoque técnico detallado y basado en evidencias en la supervisión de estos actores. Entre sus funciones clave, el Foro de Supervisión incluirá la evaluación comparativa de los programas de supervisión aplicados a estos proveedores, lo que permitirá identificar discrepancias, armonizar estándares y promover la adopción de prácticas óptimas a nivel de la Unión.

La capacidad del Foro para formular recomendaciones colectivas refuerza la integración de los enfoques regulatorios y su capacidad para responder a desafíos emergentes. Por ejemplo, las recomendaciones pueden abordar temas como la evolución tecnológica, los riesgos específicos de determinados sectores o los efectos acumulativos del riesgo relacionado con las TIC en el sistema financiero. Además, el Foro tendrá un papel fundamental en la identificación de buenas prácticas para abordar el riesgo de concentración en el ámbito de las TIC, un aspecto especialmente relevante dado que un número limitado de proveedores esenciales puede concentrar servicios críticos que sustentan una gran parte del sistema financiero.

Desde una perspectiva práctica, esta estructura permite a las Autoridades Europeas de Supervisión y al Comité Mixto actuar como un punto focal para la supervisión estratégica y técnica de los riesgos relacionados con las TIC. Los Estados miembros y las autoridades nacionales competentes se beneficiarán de un marco de referencia unificado y de directrices claras, facilitando su capacidad para implementar medidas coherentes en sus respectivas jurisdicciones. Asimismo, la evaluación comparativa y las recomendaciones colectivas pueden servir como base para adaptar las normativas locales y los programas de supervisión a los estándares más elevados.

Para los proveedores terceros esenciales de servicios de TIC, la coordinación intersectorial y las actividades del Foro representan tanto una oportunidad como un desafío. Por un lado, este enfoque garantiza un tratamiento coherente y predecible en todos los sectores financieros, lo que reduce la fragmentación normativa y los costos asociados al cumplimiento de múltiples marcos regulatorios. Por otro lado, los proveedores estarán sujetos a un escrutinio más riguroso, particularmente en lo que respecta a su capacidad para gestionar el riesgo de concentración y garantizar la resiliencia operativa en todos los sectores que dependen de sus servicios.

Desde el punto de vista sistémico, este enfoque promueve una supervisión más robusta de los riesgos relacionados con las TIC y refuerza la estabilidad del sistema financiero de la Unión. La integración de un subcomité especializado como el Foro de Supervisión dentro del marco existente refleja la necesidad de abordar los desafíos tecnológicos de manera coordinada y multidimensional. Esto es especialmente relevante en un entorno financiero globalizado, donde las ciberamenazas y las fallas operativas pueden propagarse rápidamente a través de múltiples sectores y jurisdicciones.

En última instancia, la interacción entre el Comité Mixto de las AES y el Foro de Supervisión refuerza la resiliencia operativa digital del sistema financiero al garantizar que los riesgos relacionados con las TIC se gestionen de manera proactiva, informada y armonizada. Este enfoque colaborativo entre las autoridades de supervisión no solo mejora la capacidad de respuesta a los desafíos actuales, sino que también prepara al sistema financiero para adaptarse a futuras evoluciones tecnológicas y riesgos emergentes.

(87) ***A fin de garantizar que los proveedores terceros esenciales de servicios de TIC sean objeto de una supervisión apropiada y efectiva a escala de la Unión el presente Reglamento establece que cualquiera de las tres Autoridades Europeas de Supervisión podría ser designada como supervisor principal. La asignación particular de un proveedor tercero esencial de servicios de TIC a una de las tres Autoridades Europeas de Supervisión debe ser el resultado de una evaluación de la preponderancia de las entidades financieras que operan en los sectores financieros sobre los que dicha Autoridad Europea de Supervisión tiene responsabilidades. Este enfoque debe conducir a una distribución equilibrada de tareas y responsabilidades entre las tres Autoridades Europeas de Supervisión en el contexto del ejercicio de las funciones de supervisión y debe hacer el mejor uso posible de los recursos humanos y los conocimientos técnicos especializados disponibles en cada una de ellas.***

El considerando aborda el mecanismo para la designación de una de las tres Autoridades Europeas de Supervisión (AES) como supervisor principal de los proveedores terceros esenciales de servicios de TIC, destacando la importancia de una distribución eficiente y equilibrada de las responsabilidades de supervisión. Este enfoque busca garantizar que la supervisión a nivel de la Unión sea efectiva y adecuada, al tiempo que se optimiza el uso de los recursos disponibles en las AES.

La designación de una AES como supervisor principal para cada proveedor esencial se basa en el principio de preponderancia, es decir, en una evaluación del sector financiero en el que operan mayoritariamente las entidades financieras que dependen de los servicios del proveedor. Este criterio asegura que el supervisor principal designado tenga una comprensión profunda del contexto sectorial y regulatorio específico en el que opera la mayoría de los usuarios del proveedor, lo que resulta esencial para evaluar eficazmente los riesgos relacionados con las TIC y garantizar una supervisión alineada con las características y necesidades del sector.

Este mecanismo también fomenta la especialización y la eficiencia en el ejercicio de las funciones de supervisión. Cada AES está equipada con conocimientos técnicos y experiencia relevantes para los sectores financieros sobre los que tiene competencias específicas: la Autoridad Bancaria Europea (ABE) para la banca, la Autoridad Europea de Valores y Mercados (AEVM) para los mercados de valores y la Autoridad Europea de Seguros y Pensiones de Jubilación (AESPJ) para el sector de los seguros y las pensiones. Al asignar las responsabilidades de supervisión basándose en esta especialización, se garantiza un análisis más riguroso y contextualizado de los riesgos, así como una gestión más eficaz de los incidentes relacionados con las TIC.

Desde una perspectiva práctica, la designación de una AES como supervisor principal aporta claridad y estructura al marco de supervisión. Para los proveedores terceros esenciales, esta designación establece un punto de contacto claro con la autoridad que supervisará sus operaciones, facilitando las interacciones y reduciendo la incertidumbre regulatoria. Esto también permite a los proveedores ajustar sus procedimientos internos de cumplimiento para alinearse mejor con las expectativas de la AES designada.

Para las entidades financieras, este enfoque asegura que la supervisión de los proveedores esenciales sea realizada por una autoridad que comprenda el impacto de los servicios de TIC en sus operaciones específicas. Esto refuerza la confianza en el marco regulatorio al garantizar que los supervisores estén capacitados para identificar y abordar los riesgos que podrían afectar directamente a la estabilidad y resiliencia del sector financiero en el que operan estas entidades.

El énfasis en una distribución equilibrada de las tareas entre las AES es otro aspecto determinante, debido al aumento en la dependencia de los servicios de TIC en el sector financiero y la complejidad asociada a la supervisión de proveedores esenciales, una carga de trabajo desproporcionada para una sola AES podría comprometer la eficacia de la supervisión. Al garantizar una asignación equitativa de responsabilidades, el Reglamento busca evitar la sobrecarga de recursos y asegurar que todas las AES puedan cumplir sus funciones de manera óptima.

El considerando también tiene implicaciones para la gobernanza y la coordinación entre las AES. Aunque cada autoridad actúa como supervisor principal en su ámbito de competencia, la cooperación intersectorial sigue siendo esencial, especialmente en el caso de proveedores cuyos servicios abarcan múltiples sectores financieros. Esto refuerza la importancia de los mecanismos de coordinación establecidos por el Comité Mixto de las AES y el Foro de Supervisión, que desempeñan un papel clave en la armonización de enfoques y la resolución de posibles solapamientos o lagunas regulatorias.

A nivel sistémico, este enfoque contribuye a fortalecer la resiliencia operativa digital del sector financiero de la Unión. Al asignar responsabilidades de supervisión basándose en criterios claros y al garantizar una distribución equilibrada de tareas, el Reglamento refuerza la capacidad de las AES para gestionar los riesgos relacionados con las TIC de manera efectiva. Esto protege no solo la estabilidad financiera, sino también la confianza en el mercado único europeo, al asegurar que los riesgos asociados con los proveedores esenciales de servicios de TIC sean supervisados con rigor y profesionalismo en todos los sectores financieros.

(88) ***Deben otorgarse a los supervisores principales las competencias necesarias para llevar a cabo investigaciones, para realizar inspecciones in situ y fuera de locales y ubicaciones de proveedores terceros esenciales de servicios de TIC, y para obtener información completa y actualizada. Dichas competencias deben permitir al supervisor principal hacerse una idea precisa del tipo, la dimensión y la repercusión del riesgo relacionado con las TIC derivado de terceros al que se enfrentan las entidades financieras y, en última instancia, el sistema financiero de la Unión. Encomendar a las Autoridades Europeas de Supervisión la función de supervisión principal es un requisito indispensable para comprender y abordar la dimensión sistémica del riesgo relacionado con las TIC en el ámbito financiero. La repercusión de los proveedores terceros esenciales de servicios de TIC en el sector financiero y los problemas que puede ocasionar el consiguiente riesgo de concentración de TIC exigen un enfoque colectivo aplicado a escala de la Unión. El ejercicio simultáneo de varios derechos de acceso y auditorías, desarrollado por separado por numerosas autoridades competentes con una coordinación escasa o nula, impediría a los supervisores financieros obtener una visión general completa y exhaustiva del riesgo relacionado con las TIC derivado de terceros en la Unión, al tiempo que también crearía redundancias, cargas y complejidad para los proveedores terceros esenciales de servicios de TIC en caso de ser objeto de numerosas solicitudes de seguimiento e inspección.***

El considerando establece la importancia de dotar a los supervisores principales de competencias amplias y efectivas para realizar investigaciones, inspecciones y recopilar información de manera completa y actualizada sobre los proveedores terceros esenciales de servicios de TIC. Estas competencias son fundamentales para que el supervisor principal pueda comprender y gestionar los riesgos relacionados con las TIC a los que se enfrentan tanto las entidades financieras individuales como el sistema financiero de la Unión en su conjunto.

El considerando destaca que las investigaciones e inspecciones deben abarcar tanto actividades "in situ" como fuera de las ubicaciones físicas de los proveedores terceros esenciales. Esto es determinante dado que muchas operaciones de los proveedores de servicios de TIC pueden llevarse a cabo de manera remota o en infraestructuras distribuidas, como servicios de computación en nube o centros de datos ubicados en múltiples jurisdicciones. La capacidad de realizar inspecciones más allá de los locales físicos asegura que los supervisores puedan evaluar todas las actividades relevantes del proveedor, incluyendo aquellas que no están directamente localizadas en la Unión Europea.

Estas competencias también permiten al supervisor principal obtener una visión precisa del tipo, magnitud e impacto del riesgo relacionado con las TIC. Esto es esencial no solo para identificar vulnerabilidades individuales, sino también para comprender cómo estos riesgos pueden acumularse y afectar al sistema financiero en su conjunto, en particular en caso de que surjan incidentes relacionados con las TIC o ciberataques de naturaleza sistémica. La capacidad de evaluar estos riesgos en una dimensión sistémica refuerza la resiliencia del sector financiero frente a amenazas complejas y en constante evolución.

La función de las Autoridades Europeas de Supervisión como supervisores principales garantiza un enfoque centralizado y coordinado, que es indispensable para gestionar riesgos relacionados con las TIC que trascienden fronteras y sectores financieros. Dada la interconexión del sistema financiero de la Unión y la dependencia de numerosos actores de un número limitado de proveedores terceros esenciales, cualquier interrupción o fallo significativo podría tener repercusiones amplias y desestabilizadoras. En este contexto, la concentración de competencias en un único supervisor principal asegura una respuesta coordinada y estratégica que permite abordar de manera efectiva tanto los riesgos individuales como los sistémicos.

El considerando también señala los problemas que podrían surgir en ausencia de esta centralización. Si las entidades financieras y los proveedores terceros esenciales estuvieran sujetas a múltiples auditorías y solicitudes de información descoordinadas por parte de diferentes autoridades nacionales, esto generaría redundancias, cargas administrativas innecesarias y posibles conflictos en los enfoques regulatorios. Para los proveedores, esto no solo aumentaría los costos de cumplimiento, sino que también podría obstaculizar su capacidad para responder de manera eficiente a las preocupaciones regulatorias. Desde la perspectiva de los supervisores, una falta de coordinación podría conducir a una visión fragmentada y poco completa del riesgo, lo que comprometería la capacidad de tomar decisiones informadas y efectivas.

La asignación de competencias amplias a los supervisores principales, combinada con la centralización de la supervisión a nivel de la Unión, reduce estas ineficiencias y simplifica la interacción entre los proveedores terceros esenciales y las autoridades regulatorias. Esto no solo alivia la carga para los proveedores, sino que también asegura que el sistema financiero de la Unión esté protegido frente a riesgos relacionados con las TIC mediante un enfoque integrado y coordinado.

Desde una perspectiva práctica, las competencias de los supervisores principales incluyen el derecho a acceder a información crítica sobre los sistemas y operaciones de los proveedores, así como a realizar inspecciones in situ en instalaciones clave, como centros de datos, oficinas y sedes operativas. Estas actividades permiten a los supervisores evaluar el cumplimiento normativo, identificar vulnerabilidades y emitir recomendaciones específicas para mitigar riesgos. Adicionalmente, el acceso a información actualizada asegura que los supervisores puedan monitorear continuamente la evolución de los riesgos relacionados con las TIC y responder rápidamente a cualquier incidente emergente.

En términos sistémicos, estas competencias refuerzan la capacidad del marco regulatorio para gestionar los riesgos relacionados con las TIC a nivel de toda la Unión, fomentando la estabilidad financiera y la confianza en el mercado. Además, al centralizar la supervisión en las Autoridades Europeas de Supervisión, se crea un modelo eficiente que asegura que los riesgos relacionados con las TIC se aborden de manera uniforme en todos los Estados miembros, evitando desigualdades regulatorias y fortaleciendo la integridad del sistema financiero europeo.

(89) ***Debido a la importante repercusión que tiene la designación como esencial, el presente Reglamento debe garantizar que los derechos de los proveedores terceros esenciales de servicios de TIC se respeten en toda la aplicación del marco de supervisión. Antes de ser designados como esenciales, dichos proveedores deben, por ejemplo, tener derecho a presentar al supervisor principal una declaración motivada que contenga cualquier información pertinente a efectos de la evaluación relacionada con esa designación. Dado que el supervisor principal debe estar facultado para presentar recomendaciones sobre cuestiones relativas al riesgo relacionado con las TIC y medidas correctoras adecuadas, entre ellas la potestad de oponerse a determinados acuerdos contractuales que afecten en última instancia a la estabilidad de la entidad financiera o del sistema financiero, debe darse asimismo a los proveedores terceros esenciales de servicios de TIC la oportunidad de presentar, antes de ultimar dichas recomendaciones, explicaciones sobre el efecto esperado de las soluciones previstas en las recomendaciones para los clientes que sean entidades excluidas en el ámbito de aplicación del presente Reglamento, así como de plantear soluciones para mitigar los riesgos. Los proveedores terceros esenciales de servicios de TIC que no estén de acuerdo con las reco-***

mendaciones también deben presentar una explicación razonada de su intención de no refrendar la recomendación. Si dicha explicación razonada no se presenta o se considera insuficiente, el supervisor principal debe publicar un aviso en el que se describa brevemente el incumplimiento.

El considerando establece una serie de disposiciones destinadas a garantizar que los derechos de los proveedores terceros esenciales de servicios de TIC se respeten en todas las fases de aplicación del marco de supervisión. Esto incluye mecanismos para que los proveedores participen activamente en el proceso de designación como esenciales y en la implementación de medidas correctoras o recomendaciones emitidas por el supervisor principal. Estas garantías procesales refuerzan la transparencia, la equidad y el respeto a los principios de defensa y colaboración entre las partes involucradas.

La posibilidad de que los proveedores presenten una declaración motivada antes de ser designados como esenciales constituye una medida clave para asegurar que el proceso de designación sea exhaustivo y fundamentado. Este derecho permite a los proveedores aportar información adicional que el supervisor principal puede no haber considerado previamente, como datos sobre su posición en el mercado, la naturaleza de sus servicios o la relevancia de sus actividades en el sector financiero. Este enfoque participativo no solo mejora la calidad de la evaluación, sino que también reduce la posibilidad de errores en la designación que podrían derivar en cargas regulatorias innecesarias o en la exclusión de proveedores que deberían estar sujetos al marco de supervisión.

La participación activa de los proveedores también se extiende a las recomendaciones emitidas por el supervisor principal. Estas recomendaciones, que incluyen medidas correctoras y la potestad de oponerse a determinados acuerdos contractuales, pueden tener implicaciones significativas no solo para los proveedores, sino también para las entidades financieras que dependen de sus servicios. Al permitir que los proveedores presenten explicaciones sobre el impacto esperado de estas medidas y propongan soluciones para mitigar los riesgos, el Reglamento fomenta un enfoque colaborativo que busca equilibrar los objetivos regulatorios con las necesidades operativas y comerciales de los proveedores y sus clientes.

La posibilidad de que los proveedores discrepen de las recomendaciones del supervisor principal y presenten explicaciones razonadas en caso de desacuerdo refuerza los principios de justicia y proporcionalidad en la supervisión. Este mecanismo permite a los proveedores cuestionar recomendaciones que consideren desproporcionadas, inviables o perjudiciales para sus operaciones o para las entidades financieras a las que prestan servicios. Sin embargo, este derecho está condicionado a la presentación de argumentos sólidos y fundamentados, lo que incentiva un diálogo constructivo entre las partes y minimiza el riesgo de oposiciones infundadas o dilatorias.

El considerando también introduce una medida disuasoria en caso de incumplimiento de las recomendaciones: la publicación de un aviso por parte del supervisor principal en el que se describa brevemente el incumplimiento. Esta medida tiene varias repercusiones prácticas. Por un lado, genera un incentivo para que los proveedores cooperen activamente con el supervisor principal y busquen soluciones consensuadas. Por otro lado, refuerza la transparencia al informar al público, incluyendo a las entidades financieras y otras partes interesadas, sobre la falta de cumplimiento. Este enfoque puede influir significativamente en la reputación de los proveedores y, por ende, en sus relaciones comerciales y posición en el mercado.

Desde el punto de vista de los proveedores terceros esenciales, estas disposiciones les otorgan un grado de participación y defensa en un marco que podría imponerles obligaciones significativas. Al mismo tiempo, estas garantías procesales requieren que los proveedores desarrollen capacidades internas para interactuar con los supervisores, incluyendo equipos jurídicos y técnicos capaces de preparar declaraciones, evaluaciones de impacto y propuestas alternativas de mitigación de riesgos. Esto implica un esfuerzo adicional en términos de recursos, pero también refuerza la relación de confianza entre los proveedores y las autoridades de supervisión.

Para las entidades financieras, estas medidas representan una doble garantía. Por un lado, aseguran que las recomendaciones emitidas por el supervisor principal estén debidamente fundamentadas y sean viables desde el punto de vista de los proveedores, reduciendo el riesgo de interrupciones o cambios abruptos en los servicios de TIC críticos. Por otro lado, la transparencia generada por la publicación de avisos de incumplimiento fortalece la confianza en el sistema regulatorio y permite a las entidades financieras tomar decisiones informadas sobre su relación con los proveedores.

Desde la perspectiva del supervisor principal, estas disposiciones aumentan la complejidad del proceso de supervisión, ya que requieren una interacción más detallada y un análisis cuidadoso de las explicaciones presentadas por los proveedores. Sin embargo, este enfoque participativo también mejora la calidad de la supervisión al garantizar que las medidas adoptadas sean proporcionales, efectivas y adecuadas para abordar los riesgos relacionados con las TIC.

En términos sistémicos, el considerando refuerza la legitimidad y la eficacia del marco de supervisión al equilibrar los derechos de los proveedores con la necesidad de garantizar la estabilidad financiera y la resiliencia operativa digital. La participación activa de los proveedores y la posibilidad de evaluar el impacto de las recomendaciones en el sistema financiero en su conjunto contribuyen a un enfoque regulatorio más inclusivo, adaptado a las complejidades de un sector altamente interconectado y dependiente de la tecnología.

(90) ***Las autoridades competentes deben incluir debidamente la tarea de verificar el cumplimiento material de las recomendaciones formuladas por el supervisor principal entre sus funciones en relación con la supervisión prudencial de las entidades financieras. Las autoridades competentes deben poder exigir a las entidades financieras que adopten medidas adicionales para hacer frente a los riesgos señalados en las recomendaciones del supervisor principal y, a su debido tiempo, deben emitir notificaciones a tal efecto. Cuando el supervisor principal dirija recomendaciones a proveedores terceros esenciales de servicios de TIC supervisados con arreglo a la Directiva (UE) 2022/2555, las autoridades competentes deben poder consultar, de forma voluntaria y antes de adoptar medidas adicionales, a las autoridades competentes con arreglo a dicha Directiva a fin de propiciar un enfoque coordinado con respecto al tratamiento de los proveedores terceros esenciales de servicios de TIC en cuestión.***

El considerando aborda el papel determinante de las autoridades competentes nacionales en la supervisión del cumplimiento de las recomendaciones formuladas por el supervisor principal en relación con los proveedores terceros esenciales de servicios de TIC y las entidades financieras que dependen de ellos. La disposición refuerza la integración entre la supervisión prudencial de las entidades financieras y la gestión de riesgos relacionados con las TIC, al tiempo que promueve un enfoque coordinado cuando estos proveedores también estén supervisados bajo el marco de la Directiva (UE) 2022/2555.

La inclusión de la tarea de verificar el cumplimiento material de las recomendaciones del supervisor principal dentro de las funciones de las autoridades competentes es esencial para asegurar que las medidas sugeridas se traduzcan en acciones concretas. Dado que las recomendaciones del supervisor principal están diseñadas para abordar riesgos relacionados con las TIC que pueden afectar a la estabilidad financiera y operativa de las entidades, la supervisión de su implementación es un componente clave para garantizar la eficacia del marco regulatorio. Esto obliga a las autoridades competentes a desarrollar capacidades específicas para monitorear y evaluar la respuesta de las entidades financieras a dichas recomendaciones.

El considerando también faculta a las autoridades competentes para exigir a las entidades financieras que adopten medidas adicionales frente a los riesgos identificados en las recomendaciones del supervisor principal. Esta capacidad es fundamental en casos en que las recomendaciones iniciales no hayan sido suficientes o no hayan sido completamente implementadas. Al tener la potestad de emitir notificaciones para instar a las entidades financieras a tomar medidas adicionales, las autoridades competentes pueden actuar de manera proactiva para mitigar riesgos potenciales antes de que se materialicen.

La disposición incluye un mecanismo de consulta voluntaria entre las autoridades competentes bajo el presente Reglamento y las autoridades responsables bajo la Directiva (UE) 2022/2555, que regula los proveedores de servicios esenciales en materia de ciberseguridad. Este mecanismo es particularmente relevante cuando las recomendaciones del supervisor principal se dirigen a proveedores terceros esenciales que también están sujetos a la supervisión de la Directiva (UE) 2022/2555. Dado que estos proveedores suelen prestar servicios a sectores más amplios que el financiero, la coordinación entre las autoridades competentes de ambos marcos regulatorios es fundamental para evitar duplicidades, conflictos normativos o enfoques contradictorios que puedan comprometer la efectividad de las medidas adoptadas.

Desde la perspectiva de las entidades financieras, esta disposición refuerza su responsabilidad de implementar las recomendaciones emitidas por el supervisor principal y de cooperar plenamente con las autoridades competentes. Las entidades deben estar preparadas para demostrar el cumplimiento de las recomendaciones, así como para responder a posibles requerimientos adicionales de las autoridades. Esto implica mantener sistemas internos robustos de gestión de riesgos relacionados con las TIC, junto con procesos claros para monitorear y reportar el progreso en la implementación de las medidas correctoras.

Para los proveedores terceros esenciales de servicios de TIC supervisados bajo la Directiva (UE) 2022/2555, la coordinación entre las autoridades competentes de ambos marcos normativos ofrece cierta previsibilidad y coherencia en la aplicación de las medidas correctoras. Sin embargo, también puede generar desafíos, ya que estos proveedores deberán asegurarse de que cumplen con los requisitos específicos de ambos regímenes regulatorios, lo que podría implicar la necesidad de adaptar sus procesos internos y ampliar sus recursos dedicados al cumplimiento.

Para las autoridades competentes nacionales, esta disposición refuerza su rol en la supervisión del riesgo relacionado con las TIC, no solo desde una perspectiva sectorial, sino también como parte de su función más amplia de supervisión prudencial. La capacidad de exigir medidas adicionales les permite actuar con flexibilidad y adaptarse a situaciones cambiantes, como la aparición de nuevos riesgos tecnológicos o el incumplimiento parcial por parte de las entidades financieras. Sin embargo, también aumenta su carga de trabajo, ya que deberán coordinarse tanto con el supervisor principal como con las autoridades responsables bajo la Directiva (UE) 2022/2555, lo que requiere recursos adicionales y competencias técnicas específicas.

A nivel sistémico, este enfoque integrado fortalece la resiliencia operativa digital del sector financiero y su capacidad para gestionar riesgos complejos relacionados con las TIC. Al garantizar que las recomendaciones del supervisor principal se implementen de manera efectiva y que las autoridades competentes puedan intervenir cuando sea necesario, el marco regulatorio reduce las probabilidades de que los riesgos relacionados con las TIC afecten la estabilidad financiera. La coordinación con la Directiva (UE) 2022/2555 también refuerza la protección de infraestructuras críticas y evita inconsistencias en la supervisión de proveedores clave que operan en múltiples sectores, contribuyendo así a la seguridad y estabilidad del sistema financiero y tecnológico de la Unión Europea.

(91) ***El ejercicio de la supervisión debe guiarse por tres principios operativos que buscan garantizar: a) una estrecha coordinación entre las Autoridades Europeas de Supervisión en sus funciones de supervisor principal, mediante una Red de Supervisión Conjunta; b) la coherencia con el marco establecido por la Directiva (UE) 2022/2555 (mediante una consulta voluntaria de los organismos con arreglo a dicha Directiva para evitar la duplicación de las medidas dirigidas a proveedores terceros esenciales de servicios de TIC), y c) la aplicación de medidas de diligencia para reducir al mínimo el posible riesgo de perturbación de los servicios prestados por los proveedores terceros esenciales de servicios de TIC a clientes que sean entidades excluidas del ámbito de aplicación del presente Reglamento.***

El considerando establece los principios operativos que deben guiar el ejercicio de la supervisión en el marco del presente Reglamento, enfocándose en la coordinación interinstitucional, la coherencia regulatoria y la minimización de riesgos para los clientes no cubiertos por el ámbito de aplicación del Reglamento. Estos principios son fundamentales para asegurar que la supervisión de los proveedores terceros esenciales de servicios de TIC sea eficaz, integrada y equilibrada, protegiendo tanto la estabilidad del sector financiero como los intereses de otros sectores o entidades afectadas indirectamente.

El primer principio operativo destaca la necesidad de una estrecha coordinación entre las Autoridades Europeas de Supervisión (AES) en sus funciones como supervisores principales, mediante la creación de una Red de Supervisión Conjunta. Esta red tiene como objetivo garantizar que las AES trabajen de manera alineada en la supervisión de proveedores terceros esenciales que puedan estar relacionados con entidades financieras de diferentes sectores regulados. Dado que los riesgos relacionados con las TIC pueden afectar simultáneamente a la banca, los seguros y los mercados de valores, la Red de Supervisión Conjunta asegura un enfoque integrado y evita enfoques fragmentados o inconsistentes entre las diferentes AES. En términos prácticos, esta coordinación implica el intercambio de información, la armonización de criterios de evaluación y la adopción de decisiones conjuntas, promoviendo la eficacia de las medidas regulatorias y la reducción de redundancias en la supervisión.

El segundo principio operativo subraya la importancia de mantener la coherencia con el marco establecido por la Directiva (UE) 2022/2555, que regula la ciberseguridad en infraestructuras esenciales. La consulta voluntaria entre las AES y los organismos responsables de supervisar a los proveedores terceros esenciales bajo esta Directiva busca evitar duplicidades y conflictos regulatorios. Esto es particularmente relevante para proveedores que operan en múltiples sectores, como las telecomunicaciones o la energía, y que también prestan servicios críticos al sector financiero. Este principio garantiza que las medidas adoptadas por el supervisor principal en virtud del presente Reglamento sean compatibles y complementarias con las medidas aplicadas bajo la Directiva (UE) 2022/2555, evitando sobrecargar a los proveedores con requisitos contradictorios o redundantes, lo que podría dificultar su cumplimiento efectivo.

El tercer principio operativo aborda la necesidad de aplicar medidas de diligencia para minimizar los riesgos que podrían afectar a los clientes de los proveedores terceros esenciales que no estén cubiertos por el ámbito de aplicación del presente Reglamento. Este aspecto es crítico, ya que los proveedores de servicios de TIC suelen atender a una amplia gama de clientes, incluidos sectores o entidades no financieras que podrían verse indirectamente afectados por las medidas adoptadas en virtud del Reglamento. Este principio busca evitar que las acciones regulatorias destinadas a proteger al sector financiero generen perturbaciones innecesarias en los servicios prestados a otras partes, como pequeñas empresas, infraestructuras críticas no financieras o entidades públicas. Por ejemplo, la interrupción de servicios para estos clientes podría desencadenar efectos secundarios que repercutan negativamente en la economía en general.

Desde una perspectiva práctica, estos principios operativos requieren que las AES y los supervisores principales desarrollen mecanismos efectivos para implementar las medidas regulatorias de manera equilibrada. En el caso del principio de coordinación, esto implica la creación de procedimientos claros para la comunicación y toma de decisiones conjuntas dentro de la Red de Supervisión Conjunta. Para el principio de coherencia con la Directiva (UE) 2022/2555, se necesitan protocolos específicos para consultas Inter reguladoras, asegurando que las medidas adoptadas bajo ambos marcos sean complementarias y eficaces. Finalmente, en cuanto al principio de diligencia, los supervisores deben evaluar cuidadosamente las implicaciones potenciales de sus decisiones sobre los clientes no financieros de los proveedores, estableciendo salvaguardias para evitar impactos negativos no previstos.

Los proveedores terceros esenciales de servicios de TIC también enfrentan implicaciones significativas debido a estos principios. Deben estar preparados para interactuar simultáneamente con múltiples supervisores y cumplir con normativas tanto sectoriales como horizontales, como las derivadas de la Directiva (UE) 2022/2555. Además, deben implementar procesos internos que les permitan identificar y mitigar posibles efectos colaterales de las medidas regulatorias sobre sus clientes no financieros. Esto podría implicar una mayor inversión en recursos técnicos, administrativos y de cumplimiento para gestionar las crecientes demandas regulatorias.

Para las entidades financieras, estos principios ofrecen un marco de supervisión más cohesionado y eficaz que aborda los riesgos relacionados con las TIC de manera integral. La coordinación entre las AES y la alineación con la Directiva (UE) 2022/2555 refuerzan la confianza en la capacidad del sistema regulador para gestionar amenazas complejas y transversales. Al mismo tiempo, el enfoque en minimizar las perturbaciones para otros clientes de los proveedores asegura que las medidas adoptadas no generen efectos adversos que puedan repercutir indirectamente en la estabilidad del sector financiero.

En términos sistémicos, estos principios fortalecen la resiliencia operativa digital del sector financiero al garantizar que los riesgos relacionados con las TIC se gestionen de manera integrada y coordinada en toda la

Unión. Además, la consideración de los efectos secundarios sobre otros sectores y clientes no financieros refuerza la estabilidad y la confianza en el marco regulador, promoviendo un enfoque equilibrado que protege tanto los intereses financieros como los no financieros dentro del ecosistema digital interconectado.

(92) ***El marco de supervisión no debe sustituir, en modo alguno ni en ninguna parte, al requisito de que las entidades financieras gestionen ellas mismas los riesgos que entraña el recurso a proveedores terceros de servicios de TIC, incluida la obligación de mantener un seguimiento permanente de los acuerdos contractuales celebrados con proveedores terceros esenciales de servicios de TIC. Asimismo, el marco de supervisión no debe afectar a la plena responsabilidad de las entidades financieras en el cumplimiento y la liberación de todas las obligaciones establecidas en el presente Reglamento y en el Derecho aplicable en materia de servicios financieros.***

El considerando establece con claridad que el marco de supervisión para los proveedores terceros esenciales de servicios de TIC no exime a las entidades financieras de su responsabilidad directa en la gestión de los riesgos asociados a estos proveedores. Esto incluye la obligación de supervisar continuamente los acuerdos contractuales y de garantizar el cumplimiento de las obligaciones derivadas tanto del presente Reglamento como del marco jurídico aplicable en materia de servicios financieros. La disposición refuerza el principio de responsabilidad última de las entidades financieras y subraya la complementariedad entre el marco de supervisión y la gestión interna de riesgos de las entidades supervisadas.

La primera parte del considerando señala que las entidades financieras deben gestionar de manera autónoma los riesgos derivados de su relación con proveedores terceros de servicios de TIC. Esto incluye evaluar y mitigar los riesgos inherentes a las funciones externalizadas, como posibles interrupciones operativas, riesgos de ciberseguridad o fallos en el cumplimiento normativo por parte del proveedor. Para ello, las entidades deben mantener sistemas robustos de gobernanza, políticas de evaluación de riesgos y mecanismos de control interno que permitan un seguimiento continuo y detallado de las actividades del proveedor. Este enfoque refuerza la necesidad de que las entidades financieras no deleguen completamente la responsabilidad de gestionar los riesgos relacionados con las TIC en el supervisor principal o en el marco de supervisión establecido.

En cuanto a la supervisión de los acuerdos contractuales con proveedores terceros esenciales, el considerando recalca la importancia de que las entidades financieras mantengan un seguimiento continuo de dichos acuerdos. Esto implica garantizar que los contratos reflejen adecuadamente las obligaciones acordadas, incluyendo cláusulas sobre la prestación de servicios, derechos de auditoría, planes de contingencia y medidas de seguridad. Además, este seguimiento permite a las entidades reaccionar de manera oportuna ante posibles incumplimientos o cambios en las condiciones del contrato que puedan afectar su operativa o aumentar los riesgos relacionados con las TIC.

La disposición también aclara que el marco de supervisión no afecta la plena responsabilidad de las entidades financieras en el cumplimiento de sus obligaciones normativas. Esto significa que, aunque el supervisor principal tenga facultades para emitir recomendaciones y supervisar a los proveedores terceros esenciales, la entidad financiera sigue siendo responsable de garantizar que cumple con los requisitos establecidos en el Reglamento y en el marco jurídico general aplicable al sector financiero. Esta responsabilidad incluye tanto la implementación de las medidas de gestión de riesgos como el cumplimiento de los estándares de resiliencia operativa digital.

Desde una perspectiva práctica, el considerando exige que las entidades financieras mantengan sistemas internos de gestión de riesgos suficientemente desarrollados y personal capacitado para supervisar a los proveedores terceros esenciales. Esto requiere inversiones en recursos tecnológicos y humanos, como herramientas de monitoreo de contratos, equipos especializados en la evaluación de riesgos relacionados con las TIC y procesos claros de comunicación con los proveedores. Además, la obligación de mantener un seguimiento permanente de los acuerdos contractuales puede implicar la necesidad de renegociar contratos existentes para garantizar su alineación con las expectativas regulatorias.

Para los proveedores terceros esenciales de servicios de TIC, el considerando refuerza la importancia de la relación contractual con las entidades financieras. Los proveedores deben garantizar que cumplen con los términos establecidos en los contratos, particularmente en lo que respecta a la calidad y continuidad del servicio, la seguridad de la información y la cooperación con las auditorías. Además, esta disposición destaca que, aunque el marco de supervisión incluya un control externo sobre sus actividades, los proveedores estarán sujetos a un escrutinio constante por parte de las entidades financieras, lo que puede incrementar la demanda de transparencia y capacidad de respuesta.

Para las autoridades competentes, este apartado subraya que el marco de supervisión no pretende sustituir las obligaciones de las entidades financieras, sino complementarlas. Esto asegura que las autoridades puedan concentrarse en la supervisión estratégica de los proveedores terceros esenciales sin asumir responsabilidades que recaen directamente sobre las entidades financieras. Sin embargo, también implica que las autoridades deben garantizar que las entidades supervisadas cuenten con los sistemas y procesos necesarios para cumplir con sus obligaciones de gestión de riesgos, mediante inspecciones, auditorías y la emisión de directrices claras.

En términos sistémicos, se refuerza la integridad del marco de gestión de riesgos en el sector financiero, asegurando que cada actor-entidades financieras, proveedores terceros esenciales y supervisores-cumpla con su respectivo rol. Al mantener a las entidades financieras como responsables finales de la gestión de los riesgos relacionados con las TIC, se evita una dependencia excesiva del marco de supervisión y se fomenta una cultura de responsabilidad interna en las organizaciones financieras. Esto no solo fortalece la resiliencia operativa individual de las entidades, sino que también contribuye a la estabilidad y seguridad del sistema financiero en su conjunto.

(93) ***Para evitar duplicaciones y solapamientos, las autoridades competentes deben abstenerse de adoptar a título particular cualquier medida destinada a hacer un seguimiento de los riesgos de los proveedores terceros esenciales de servicios de TIC y, a ese respecto, deben basarse en la evaluación del supervisor principal correspondiente. Toda medida debe, en cualquier caso, coordinarse y acordarse previamente con el supervisor principal en el contexto de la ejecución de las tareas en el marco de supervisión.***

El presente considerando subraya la importancia de evitar duplicidades y solapamientos en la supervisión de los riesgos relacionados con los proveedores terceros esenciales de servicios de TIC. Este principio busca garantizar que las actividades de supervisión se desarrollen de manera coordinada y eficiente, minimizando cargas innecesarias tanto para los proveedores como para las entidades financieras. La disposición establece que las autoridades competentes nacionales no deben adoptar medidas individuales respecto al seguimiento de estos riesgos, sino que deben apoyarse en las evaluaciones realizadas por el supervisor principal y coordinar cualquier acción con este.

La obligación de las autoridades competentes de abstenerse de realizar seguimientos independientes refuerza la centralidad del supervisor principal en el marco regulatorio. Este enfoque asegura que la supervisión de los proveedores terceros esenciales sea coherente, uniforme y estratégica, evitando conflictos regulatorios que podrían surgir si varias autoridades nacionales actuasen de forma descoordinada. La unificación del control en una única autoridad supervisora facilita una visión integral de los riesgos relacionados con las TIC, especialmente en un contexto donde los proveedores suelen operar de manera transfronteriza y prestar servicios a múltiples sectores financieros.

Desde una perspectiva práctica, esta disposición tiene varias repercusiones importantes. Para las autoridades competentes nacionales, significa que deben limitar sus intervenciones directas en el seguimiento de los riesgos de estos proveedores y confiar en las evaluaciones y medidas adoptadas por el supervisor principal. Esto reduce posibles redundancias y evita que los proveedores se enfrenten a múltiples auditorías o requerimientos regulatorios que podrían aumentar innecesariamente su carga administrativa y de cumplimiento. Sin embargo, este enfoque también requiere que las autoridades competentes mantengan una comunicación constante con el supervisor principal para estar al tanto de las evaluaciones y medidas adoptadas, garantizando que sus propias funciones regulatorias no se vean comprometidas.

El considerando impone asimismo la necesidad de coordinar cualquier medida entre las autoridades competentes y el supervisor principal. Esto significa que, incluso cuando una autoridad competente identifique riesgos específicos en su jurisdicción, debe acordar previamente con el supervisor principal cualquier acción que desee tomar. Este requisito de coordinación promueve un enfoque integrado y asegura que todas las medidas sean consistentes con las estrategias y evaluaciones generales del marco de supervisión. Para garantizar esta coordinación, las autoridades competentes deberán establecer protocolos claros de comunicación y colaboración con el supervisor principal, lo que puede implicar la adopción de procesos administrativos más complejos y estructurados.

Para los proveedores terceros esenciales de servicios de TIC, se introducen beneficios significativos al limitar el número de autoridades con las que deben interactuar directamente y centralizar la supervisión en el supervisor principal, de modo que los proveedores pueden gestionar más eficientemente sus obligaciones regulatorias. Esto reduce la probabilidad de recibir solicitudes contradictorias o múltiples inspecciones que podrían dificultar sus operaciones. No obstante, los proveedores deberán asegurarse de cumplir plenamente con las demandas del supervisor principal, ya que este se convierte en el único punto de contacto directo en lo relativo al seguimiento de los riesgos relacionados con las TIC.

Para las entidades financieras, este marco coordinado ofrece mayor claridad y previsibilidad en la supervisión de los proveedores terceros esenciales. Al confiar en un enfoque único y centralizado, se asegura que las medidas adoptadas para gestionar los riesgos relacionados con las TIC sean coherentes en toda la Unión. Esto beneficia especialmente a las entidades que operan en múltiples jurisdicciones, ya que no tendrán que adaptarse a requisitos divergentes de las distintas autoridades competentes nacionales.

Desde un punto de vista sistémico, esta disposición contribuye a la estabilidad y seguridad del sistema financiero al garantizar que la supervisión de los proveedores terceros esenciales sea eficaz y uniforme. Al evitar solapamientos y redundancias, se mejora la eficiencia del marco regulatorio, permitiendo que los recursos regulatorios se utilicen de manera óptima. Además, al establecer una clara división de responsabilidades entre el supervisor principal y las autoridades competentes nacionales, se refuerza la confianza en el marco de supervisión, asegurando que todas las partes trabajen de manera coordinada hacia el objetivo común de mitigar los riesgos relacionados con las TIC en el sector financiero.

(94) ***A fin de promover la convergencia a nivel internacional por cuanto se refiere al recurso a las buenas prácticas en la revisión y el seguimiento de la gestión de riesgos digitales por parte de proveedores terceros de servicios de TIC, debe alentarse a las Autoridades Europeas de Supervisión a que celebren acuerdos de cooperación con las autoridades pertinentes de terceros países en materia de supervisión y regulación.***

El considerando resalta la importancia de fomentar la convergencia internacional en la gestión de riesgos digitales vinculados a proveedores terceros de servicios de TIC, mediante la promoción de acuerdos de cooperación entre las Autoridades Europeas de Supervisión (AES) y las autoridades de terceros países. Este enfoque reconoce la naturaleza global y transnacional de los servicios de TIC y su papel determinante en el ecosistema financiero, donde las entidades financieras de la Unión Europea dependen frecuentemente de proveedores con sede o actividades significativas en jurisdicciones fuera de la Unión.

La promoción de acuerdos de cooperación refleja el reconocimiento de que los riesgos relacionados con las TIC no se limitan a las fronteras nacionales ni al ámbito de la Unión. Estos riesgos tienen un carácter global, dado que los servicios de TIC suelen involucrar infraestructuras, datos y operaciones distribuidas en múltiples jurisdicciones. La cooperación internacional es, por tanto, esencial para garantizar una supervisión efectiva y armonizada que permita abordar riesgos compartidos y adoptar estrategias preventivas basadas en buenas prácticas reconocidas a nivel mundial.

Los acuerdos de cooperación entre las AES y las autoridades de terceros países tienen el potencial de facilitar el intercambio de información, la coordinación en el desarrollo de normativas y la alineación de estándares en materia de gestión de riesgos digitales. Este intercambio de información es especialmente relevante para monitorear a proveedores terceros que operan tanto dentro como fuera de la Unión, permitiendo una supervisión más completa y precisa. Además, la armonización de estándares contribuye a reducir las diferencias regulatorias que podrían ser explotadas por los proveedores para evitar obligaciones o dificultar el control efectivo de sus actividades.

Desde una perspectiva práctica, este enfoque beneficia a las AES al ampliar su acceso a información clave sobre la gestión de riesgos digitales de los proveedores terceros en terceros países. Esto resulta determinante para evaluar riesgos asociados a operaciones transfronterizas y para diseñar medidas preventivas y correctoras basadas en un conocimiento más integral del entorno operativo de los proveedores. Asimismo, la cooperación internacional permite a las AES obtener información sobre buenas prácticas y marcos regulatorios avanzados implementados en otras jurisdicciones, que podrían servir como referencia para optimizar las políticas de supervisión de la Unión.

Para los proveedores terceros de servicios de TIC, esta convergencia internacional representa tanto un desafío como una oportunidad. Por un lado, deben estar preparados para cumplir con un conjunto más uniforme de estándares internacionales, lo que puede implicar ajustes en sus políticas de cumplimiento y mayores inversiones en seguridad y gestión de riesgos. Por otro lado, la armonización normativa puede reducir la fragmentación regulatoria y simplificar sus operaciones, especialmente para aquellos proveedores que operan en múltiples jurisdicciones. Esto podría disminuir sus costos de cumplimiento al enfrentarse a marcos regulatorios más coherentes y previsibles.

Las entidades financieras de la Unión también se benefician de esta convergencia. Una mayor cooperación internacional puede aumentar la transparencia y la fiabilidad de los proveedores terceros, fortaleciendo la resiliencia operativa de las entidades que dependen de sus servicios. Asimismo, al establecer estándares globales, se reduce el riesgo de que diferencias regulatorias entre la Unión y terceros países generen vulnerabilidades que puedan ser explotadas por actores malintencionados, como ciber atacantes.

A nivel sistémico, estos acuerdos de cooperación fortalecen la estabilidad financiera global al reducir las posibilidades de que riesgos relacionados con las TIC se propaguen de una jurisdicción a otra sin un marco adecuado de supervisión y respuesta coordinada. También promueven un enfoque proactivo y preventivo frente a las amenazas digitales, al permitir que las autoridades compartan información sobre incidentes, vulnerabilidades y estrategias de mitigación. En este contexto, la colaboración internacional no solo mejora la seguridad operativa del sector financiero, sino que también refuerza la confianza en la capacidad de los reguladores para abordar desafíos complejos y dinámicos en un entorno cada vez más digitalizado e interconectado.

(95) ***Para aprovechar las competencias, capacidades técnicas y conocimientos específicos del personal especializado en riesgos operativos y relacionados con las TIC de las autoridades competentes, las tres Autoridades Europeas de Supervisión y, a título voluntario, las autoridades competentes con arreglo a la Directiva (UE) 2022/2555, el supervisor principal debe servirse de las capacidades y conocimientos nacionales en materia de supervisión y crear equipos de examinadores para cada proveedor tercero esencial de servicios de TIC, agrupando equipos multidisciplinares para apoyar tanto la preparación como la ejecución de las actividades de supervisión, incluidas las investigaciones generales y las inspecciones de proveedores terceros esenciales de servicios de TIC, así como para cualquier seguimiento que sea necesario.***

El considerando pone de manifiesto la importancia de la colaboración y el aprovechamiento de las capacidades técnicas y conocimientos especializados de las autoridades competentes nacionales y europeas en el ámbito de los riesgos operativos y relacionados con las TIC. Esto se materializa en la creación de equipos multidisciplinares de examinadores bajo la dirección del supervisor principal, cuyo objetivo es fortalecer la supervisión de los proveedores terceros esenciales de servicios de TIC. Este enfoque busca garantizar una supervisión más efectiva, eficiente y coordinada, basada en la experiencia acumulada y en las competencias específicas de las diversas autoridades involucradas.

El supervisor principal tiene la facultad de aprovechar las competencias disponibles en las autoridades nacionales y europeas, incluyendo las tres Autoridades Europeas de Supervisión (AES) y, de forma voluntaria, las autoridades competentes bajo la Directiva (UE) 2022/2555, que regula la ciberseguridad en infraestructuras esenciales. Esta cooperación es esencial, dado que los riesgos relacionados con las TIC son complejos y transversales, afectando a múltiples sectores y jurisdicciones. Al reunir expertos de diferentes áreas, se asegura un enfoque integral que aborda todos los aspectos técnicos, operativos y legales de los riesgos relacionados con las TIC.

La creación de equipos multidisciplinares tiene un impacto práctico significativo en la calidad y eficacia de la supervisión. Estos equipos están diseñados para apoyar tanto la preparación como la ejecución de actividades de supervisión, que incluyen investigaciones generales e inspecciones de proveedores terceros esenciales, así como el seguimiento posterior. Las investigaciones generales permiten identificar riesgos potenciales o áreas de mejora en la gestión de los riesgos relacionados con las TIC por parte de los proveedores, mientras que las inspecciones específicas sirven para evaluar el cumplimiento de los estándares establecidos y la implementación de las recomendaciones emitidas por el supervisor principal.

La composición multidisciplinar de estos equipos asegura que las actividades de supervisión aborden todos los aspectos críticos del riesgo relacionado con las TIC, desde la ciberseguridad y la continuidad operativa hasta la gestión contractual y la evaluación de riesgos de concentración. Este enfoque integrado permite identificar no solo vulnerabilidades técnicas, sino también deficiencias en la gobernanza, en los procedimientos de mitigación de riesgos y en las capacidades de recuperación ante incidentes. Además, la diversidad de competencias en los equipos facilita la implementación de medidas correctoras más específicas y adaptadas a las circunstancias de cada proveedor.

Para las autoridades nacionales, la participación en estos equipos ofrece la oportunidad de contribuir con su experiencia local y beneficiarse de la colaboración con otros reguladores. Esto fortalece su capacidad para abordar los riesgos relacionados con las TIC a nivel nacional y mejora su comprensión de las dinámicas transfronterizas y sistémicas en el sector financiero. Además, la participación en estas actividades refuerza la coherencia y la alineación de las estrategias de supervisión entre las distintas autoridades nacionales y europeas.

Desde la perspectiva de los proveedores terceros esenciales de servicios de TIC, esta supervisión multidisciplinar implica un escrutinio más profundo y especializado de sus operaciones, lo que podría generar tanto beneficios como desafíos. Por un lado, el enfoque integral y la alta cualificación de los equipos de examinadores pueden ofrecer recomendaciones valiosas para mejorar sus sistemas y procesos. Por otro lado, los proveedores deberán estar preparados para cumplir con estándares elevados de supervisión, lo que podría requerir inversiones adicionales en ciberseguridad, gestión de riesgos y cumplimiento normativo.

Para las entidades financieras, este modelo refuerza la confianza en la capacidad de los supervisores para garantizar que los proveedores terceros esenciales cumplan con los requisitos necesarios para mitigar los riesgos relacionados con las TIC. Al tener acceso a servicios de TIC más seguros y resilientes, las entidades pueden concentrarse en sus propias actividades principales con una menor exposición a interrupciones operativas o Ciber incidentes derivados de fallos en los proveedores.

En términos sistémicos, el considerando contribuye a reforzar la resiliencia operativa digital del sector financiero al establecer un modelo de supervisión basado en la colaboración y la especialización técnica. La inclusión de expertos de múltiples disciplinas y jurisdicciones en los equipos de supervisión asegura que se consideren todas las dimensiones de los riesgos relacionados con las TIC, promoviendo un enfoque preventivo y coordinado frente a amenazas potenciales. Este enfoque no solo beneficia a la estabilidad del sistema financiero, sino que también establece un precedente de cooperación y armonización que puede extenderse a otros ámbitos regulatorios en el futuro.

(96) ***Mientras que los costes derivados de las tareas de supervisión se financiarían íntegramente con las tasas cobradas a los proveedores terceros esenciales de servicios de TIC, es probable, sin embargo, que las Autoridades Europeas de Supervisión incurran, antes del inicio del marco de supervisión, en gastos para la implantación de sistemas de TIC específicos en apoyo a la próxima supervisión, ya que sería necesario desarrollar y poner en marcha de antemano sistemas de TIC específicos. Por lo tanto, el presente Reglamento establece un modelo de financiación híbrido, en virtud del cual el marco de supervisión como tal se financiaría íntegramente con las tasas, mientras que el desarrollo de los sistemas de TIC de las Autoridades Europeas de Supervisión se financiaría con las contribuciones de la Unión y de las autoridades nacionales competentes.***

El considerando aborda el modelo de financiación del marco de supervisión de los proveedores terceros esenciales de servicios de TIC, estableciendo una combinación de fuentes de ingresos que equilibra las tasas impuestas a dichos proveedores con contribuciones públicas. Este enfoque híbrido responde a la necesidad de garantizar la sostenibilidad económica del marco de supervisión, al tiempo que permite a las Autoridades Europeas de Supervisión (AES) desarrollar las infraestructuras y capacidades necesarias antes de que este entre en funcionamiento. El diseño de este modelo refleja un compromiso entre la carga financiera de los actores supervisados y la necesidad de dotar de recursos adecuados a las autoridades encargadas de la supervisión.

El considerando establece que los costes operativos derivados de las tareas de supervisión serán cubiertos íntegramente mediante tasas cobradas a los proveedores terceros esenciales de servicios de TIC. Este principio asegura que la financiación de las actividades de supervisión recaiga directamente sobre los sujetos supervisados, promoviendo un sistema más justo y alineado con el principio de quien se beneficia o genera costes contribuye a su financiación. Desde una perspectiva práctica, esto significa que los proveedores estarán obligados a abonar tasas específicas que reflejen el alcance y la complejidad de las actividades de supervisión necesarias en su caso.

Sin embargo, antes de que el marco de supervisión pueda ponerse en marcha, las AES deberán incurrir en gastos significativos para desarrollar y poner en funcionamiento sistemas de TIC específicos destinados a respaldar las futuras actividades de supervisión. Esto incluye la creación de plataformas para la recopilación y análisis de datos, herramientas para la gestión de riesgos y sistemas de comunicación segura con los proveedores y las autoridades nacionales competentes. Dado que estas inversiones iniciales no pueden ser financiadas inmediatamente a través de las tasas, el Reglamento prevé que dichos costes se cubran mediante contribuciones de la Unión Europea y de las autoridades nacionales competentes, lo que garantiza que las AES dispongan de los recursos necesarios para cumplir con sus nuevas responsabilidades.

La introducción de un modelo híbrido de financiación tiene varias repercusiones prácticas. Para las AES, proporciona un flujo de ingresos inicial para cubrir los gastos de implantación antes de que las tasas cobradas a los proveedores puedan entrar en vigor. Esto permite una planificación más efectiva de las inversiones necesarias y asegura que las capacidades de supervisión estén plenamente operativas desde el primer día de aplicación del marco. Al mismo tiempo, las contribuciones públicas iniciales refuerzan la colaboración entre las AES y las autoridades nacionales competentes, que participan tanto en la financiación como en la implementación de los sistemas de supervisión.

Desde la perspectiva de los proveedores terceros esenciales de servicios de TIC, el considerando implica que, aunque serán responsables de financiar las actividades de supervisión a largo plazo, no se les exigirá financiar los gastos iniciales de desarrollo de los sistemas de TIC. Esto puede aliviar la carga financiera inmediata sobre los proveedores, permitiéndoles prepararse mejor para cumplir con los requisitos del marco de supervisión. Sin embargo, el sistema de tasas impuesto una vez que el marco esté operativo podría suponer un coste recurrente significativo, dependiendo de la estructura tarifaria y del alcance de las actividades de supervisión requeridas en cada caso.

Para las entidades financieras que dependen de los servicios de estos proveedores, se aseguran que las actividades de supervisión estén adecuadamente financiadas y respaldadas por infraestructuras modernas y eficaces. Esto refuerza la confianza en la capacidad de las AES para gestionar los riesgos relacionados con las TIC de manera proactiva y proteger la estabilidad operativa del sector financiero. Sin embargo, existe el riesgo de que los proveedores trasladen parte del coste de las tasas a sus clientes, lo que podría aumentar indirectamente los costes operativos de las entidades financieras.

A nivel sistémico, este modelo híbrido de financiación garantiza que el marco de supervisión pueda desarrollarse sin retrasos debido a la falta de recursos iniciales, promoviendo una implementación más fluida y efectiva. Al asignar los costes operativos recurrentes a los proveedores supervisados, se refuerza la sostenibilidad financiera del sistema, asegurando que las AES puedan mantener sus capacidades de supervisión a lo largo del tiempo sin depender exclusivamente de los presupuestos públicos. Además, este enfoque híbrido fomenta una colaboración más estrecha entre las autoridades nacionales, las AES y los proveedores, contribuyendo a la eficiencia y al equilibrio del marco regulatorio en su conjunto.

(97) ***Las autoridades competentes deben disponer de todas las competencias en materia de supervisión, investigación y sanción requeridas para garantizar el correcto ejercicio de sus obligaciones con arreglo al presente Reglamento. En principio, deben publicar los anuncios de las sanciones administrativas que impongan. Dado que las entidades financieras y los proveedores terceros de servicios de TIC pueden estar establecidos en diferentes Estados miembros y ser controlados por diferentes autoridades competentes, la aplicación del presente Reglamento debe facilitarse, por una parte, mediante una estrecha cooperación entre las autoridades competentes pertinentes, incluido el BCE en relación con las tareas específicas que le encomienda el Reglamento (UE) número 1024/2013, y, por otra parte, mediante la consulta con las Autoridades Europeas de Supervisión a través del intercambio recíproco de información y la prestación de asistencia en el contexto de las actividades de control pertinentes.***

El considerando aborda los principios fundamentales para la implementación efectiva del presente Reglamento, destacando la importancia de dotar a las autoridades competentes de las competencias necesarias para supervisar, investigar y sancionar, así como la relevancia de la transparencia en la publicación de las sanciones administrativas. Asimismo, subraya la necesidad de cooperación y coordinación entre las autoridades nacionales competentes, el Banco Central Europeo (BCE) y las Autoridades Europeas de Supervisión (AES), dada la complejidad transfronteriza inherente al sector financiero y a los proveedores terceros de servicios de TIC.

La primera parte del considerando establece que las autoridades competentes deben contar con facultades suficientes para supervisar el cumplimiento del Reglamento, investigar posibles infracciones y aplicar sanciones administrativas adecuadas. Estas competencias son esenciales para garantizar la efectividad del marco regulatorio y disuadir conductas que puedan poner en riesgo la resiliencia operativa digital. La capacidad de sancionar refuerza el cumplimiento normativo y asegura que tanto las entidades financieras como los proveedores terceros de servicios de TIC asuman sus responsabilidades. En este contexto, la publicación de las sanciones administrativas promueve la transparencia, fomenta la confianza en el sistema regulador y sirve como elemento disuasorio frente a incumplimientos similares por parte de otros actores.

El considerando también reconoce las complejidades derivadas de la naturaleza transfronteriza del sector financiero y de los proveedores de servicios de TIC. Las entidades financieras y los proveedores terceros pueden estar establecidos en diferentes Estados miembros, lo que exige una estrecha cooperación entre las autoridades nacionales competentes para garantizar una aplicación coherente del Reglamento. Esta coordinación es fundamental para evitar lagunas regulatorias, conflictos de competencias o duplicidades en las actividades de supervisión e investigación. Además, el papel del BCE en las tareas específicas que le encomienda el Reglamento (UE) n.º 1024/2013 refuerza la supervisión centralizada de las entidades financieras significativas, complementando los esfuerzos de las autoridades nacionales.

La consulta y el intercambio de información con las AES constituyen un elemento clave para garantizar la uniformidad en la aplicación del Reglamento. Las AES pueden proporcionar directrices, buenas prácticas y asistencia técnica, promoviendo una interpretación armonizada de las disposiciones regulatorias. Este intercambio recíproco de información no solo fortalece la supervisión transfronteriza, sino que también facilita la identificación de riesgos sistémicos relacionados con las TIC que puedan requerir medidas coordinadas a nivel de la Unión.

Desde una perspectiva práctica, el considerando tiene varias repercusiones importantes. Para las autoridades nacionales competentes, implica la necesidad de establecer protocolos claros de cooperación con otras autoridades y con el BCE, así como de participar activamente en los mecanismos de consulta e intercambio de información con las AES. Esto puede requerir la adopción de herramientas tecnológicas avanzadas para facilitar la comunicación y el intercambio seguro de datos, así como la asignación de recursos humanos especializados para gestionar casos transfronterizos complejos.

Para los proveedores terceros de servicios de TIC refuerza la importancia de garantizar el cumplimiento de sus obligaciones normativas, ya que la publicación de sanciones administrativas puede afectar significativamente su reputación. Además, los proveedores deben estar preparados para colaborar con múltiples autoridades de diferentes Estados miembros y demostrar su capacidad para cumplir con los requisitos regulatorios en un entorno transfronterizo.

Para las entidades financieras, este enfoque coordinado asegura que las medidas regulatorias sean coherentes y uniformes, lo que reduce la incertidumbre y facilita el cumplimiento normativo. Sin embargo, también implica que las entidades deben gestionar cuidadosamente sus relaciones con los proveedores terceros de servicios de TIC para garantizar que estos cumplen con los estándares requeridos, ya que las sanciones y las investigaciones pueden tener repercusiones operativas y reputacionales para las entidades financieras.

Desde una perspectiva sistémica, el considerando fortalece la resiliencia operativa digital del sector financiero al garantizar una supervisión eficaz y coordinada, incluso en un contexto transfronterizo. La cooperación entre las autoridades nacionales, el BCE y las AES permite abordar de manera integrada los riesgos relacionados con las TIC y fomenta la estabilidad del sistema financiero de la Unión. Al mismo tiempo, la publicación de sanciones promueve la rendición de cuentas y refuerza la confianza del mercado en la capacidad de los reguladores para garantizar el cumplimiento normativo y proteger la integridad del sistema financiero.

(98) ***A fin de cuantificar y calificar en mayor medida los criterios de designación a proveedores terceros de servicios de TIC como esenciales y de armonizar las tasas de supervisión, deben delegarse en la Comisión los poderes para adoptar actos con arreglo al artículo 290 del TFUE para completar el presente Reglamento mediante una mayor especificación de la repercusión sistémica que un fallo o una interrupción operativa de un proveedor tercero de servicios de TIC podría tener en las entidades financieras a las que presta servicios de TIC, el número de entidades de importancia sistémica mundial (EISM) u otras entidades de importancia sistémica (OEIS) que dependen del proveedor tercero de servicios de TIC***

correspondiente, el número de proveedores terceros de servicios de TIC activos en un mercado dado, los costes de migración de datos y cargas de trabajo de TIC a otros proveedores terceros de servicios de TIC, así como la cuantía de las tasas de supervisión y las modalidades de pago. Reviste especial importancia que la Comisión lleve a cabo las consultas oportunas durante la fase preparatoria, también a nivel de expertos, y que esas consultas se realicen de conformidad con los principios establecidos en el Acuerdo interinstitucional de 13 de abril de 2016 sobre la mejora de la legislación. En particular, a fin de garantizar una participación equitativa en la preparación de los actos delegados, el Parlamento Europeo y el Consejo deben recibir toda la documentación al mismo tiempo que los expertos de los Estados miembros, y sus expertos deben tener acceso sistemáticamente a las reuniones de los grupos de expertos de la Comisión que se ocupen de la preparación de actos delegados.

El considerando aborda la necesidad de delegar en la Comisión Europea la adopción de actos delegados, conforme al artículo 290 del TFUE, para desarrollar aspectos técnicos y operativos del marco regulatorio relativos a la designación de proveedores terceros de servicios de TIC como esenciales y a la armonización de las tasas de supervisión. Este enfoque busca asegurar la flexibilidad y capacidad de adaptación del Reglamento ante la evolución tecnológica y las particularidades del mercado, al tiempo que garantiza una participación adecuada de las instituciones de la Unión y de los Estados miembros en el proceso de preparación de los actos delegados.

La delegación de poderes a la Comisión permite especificar y ajustar los criterios de designación de proveedores terceros como esenciales, teniendo en cuenta factores como la repercusión sistémica que un fallo o interrupción operativa podría tener en las entidades financieras que dependen de dichos proveedores. También se tienen en cuenta la dependencia de entidades de importancia sistémica mundial (EISM) u otras entidades de importancia sistémica (OEIS), el nivel de concentración del mercado de servicios de TIC, los costes asociados a la migración de datos y cargas de trabajo entre proveedores y las implicaciones de estos elementos en la estabilidad del sistema financiero. Este nivel de especificación es fundamental para identificar de manera precisa a los proveedores cuya interrupción podría tener un impacto significativo y garantizar que la supervisión se concentre en actores clave para la resiliencia operativa del sistema financiero.

La armonización de las tasas de supervisión y la definición de sus modalidades de pago también forman parte de los poderes delegados a la Comisión. Esto asegura que las tasas sean proporcionales y equitativas, evitando disparidades entre Estados miembros que puedan generar cargas desiguales para los proveedores o dificultades en la implementación del marco de supervisión. Además, la definición clara de las modalidades de pago facilita la transparencia y previsibilidad, tanto para los proveedores como para las autoridades encargadas de gestionar los recursos generados por dichas tasas.

El considerando enfatiza la importancia de un proceso consultivo amplio y participativo en la preparación de los actos delegados. La Comisión está obligada a llevar a cabo consultas con expertos y otras partes interesadas, en línea con los principios del Acuerdo interinstitucional de 2016 sobre la mejora de la legislación. Esto refuerza la legitimidad del proceso, garantiza la inclusión de perspectivas técnicas y sectoriales relevantes y facilita la identificación de posibles problemas antes de la adopción de los actos delegados. La participación activa del Parlamento Europeo y del Consejo en las fases preparatorias asegura que estos tengan acceso a la documentación y a las reuniones de los grupos de expertos, promoviendo un equilibrio institucional y fortaleciendo la supervisión democrática del proceso.

Desde una perspectiva práctica, el referido considerando tiene varias repercusiones significativas. Para los proveedores terceros de servicios de TIC, los criterios más específicos para la designación como esenciales implican que puedan anticipar mejor su inclusión en el marco de supervisión y ajustar sus operaciones en consecuencia. Esto también fomenta una mayor transparencia en el proceso de designación, ya que los proveedores pueden entender claramente las razones detrás de su inclusión o exclusión como esenciales. Además, la armonización de tasas le proporciona una mayor certeza financiera respecto al coste de la supervisión.

Para las entidades financieras, los criterios claros y armonizados para la designación de proveedores esenciales refuerzan la confianza en el sistema de supervisión. Esto garantiza que los recursos regulatorios se concentren en los proveedores cuya interrupción podría representar mayores riesgos para la estabilidad financiera, mejorando la protección de las entidades y sus clientes frente a incidentes relacionados con las TIC. Asimismo, la supervisión efectiva de los proveedores esenciales fortalece la resiliencia operativa del ecosistema financiero en su conjunto.

A nivel institucional, el proceso consultivo previsto asegura que las decisiones sobre la designación de proveedores esenciales y la estructura de tasas reflejen un consenso amplio entre las partes interesadas, incluidas las instituciones de la Unión, los Estados miembros y los expertos técnicos.

Esto reduce el riesgo de conflictos políticos o técnicos en la implementación del Reglamento y mejora la calidad de los actos delegados adoptados.

En términos sistémicos, el considerando contribuye a un marco regulatorio más flexible y adaptado a la realidad del mercado. La especificación técnica y la armonización de tasas refuerzan la coherencia del sistema de supervisión, mientras que la inclusión de múltiples partes interesadas en el proceso decisorio promueve un enfoque equilibrado y transparente. Esto fortalece la capacidad de la Unión para abordar los riesgos relacionados con las TIC de manera eficiente y sostenible, protegiendo la estabilidad del sistema financiero y promoviendo un mercado único más seguro y competitivo.

(99) ***Debe garantizarse una armonización coherente de los requisitos establecidos en el presente Reglamento mediante normas técnicas de regulación. Como parte de su función como organismos dotados de conocimientos altamente especializados, las Autoridades Europeas de Supervisión deben elaborar proyectos de normas técnicas de regulación que no conlleven opciones estratégicas, para su presentación a la Comisión. Deben elaborarse normas técnicas de regulación en los ámbitos de la gestión del riesgo relacionado con las TIC, la notificación de incidentes graves relacionados con las TIC, la realización de pruebas, así como en lo relativo a los requisitos clave para un seguimiento adecuado del riesgo relacionado con las TIC derivado de terceros. La Comisión y las Autoridades Europeas de Supervisión deben garantizar que todas las entidades financieras puedan aplicar esas normas y esos requisitos de manera proporcionada a su tamaño y perfil de riesgo general, así como a la naturaleza, escala y complejidad de sus servicios, actividades y operaciones. Se deben otorgar a la Comisión poderes para adoptar dichas normas técnicas de regulación mediante actos delegados con arreglo al artículo 290 del TFUE y de conformidad con los artículos 10 a 14 del Reglamento (UE) número 1093/2010, los artículos 10 a 14 del Reglamento (UE) número 1094/2010 y los artículos 10 a 14 del Reglamento (UE) número 1095/2010.***

El considerando destaca la importancia de garantizar una armonización coherente y técnica de los requisitos establecidos en el presente Reglamento mediante la elaboración de normas técnicas de regulación (NTR) por parte de las Autoridades Europeas de Supervisión (AES). Estas normas, de carácter técnico y no estratégico, son esenciales para proporcionar claridad, uniformidad y previsibilidad en la aplicación de los requisitos relacionados con la gestión del riesgo de las TIC, la notificación de incidentes graves, la realización de pruebas y el seguimiento de los riesgos derivados de terceros.

El considerando subraya que la responsabilidad de elaborar los proyectos de NTR recae en las AES, dado su alto grado de especialización técnica y su conocimiento profundo de las dinámicas y riesgos del sector financiero. Estas normas deben ser posteriormente adoptadas por la Comisión mediante actos delegados, conforme a los procedimientos establecidos en el artículo 290 del TFUE y en los Reglamentos que regulan las competencias de las AES. Este proceso asegura una revisión técnica robusta por parte de las AES y una validación política y jurídica por parte de la Comisión, reforzando la legitimidad y eficacia del marco regulatorio.

El ámbito de las NTR incluye varios aspectos clave: la gestión del riesgo relacionado con las TIC, la notificación de incidentes graves, las pruebas de resiliencia operativa digital y los requisitos esenciales para el seguimiento del riesgo de terceros. Este enfoque integral abarca todos los elementos necesarios para fortalecer la resiliencia operativa digital de las entidades financieras y garantizar una supervisión adecuada de los riesgos asociados a los proveedores terceros de servicios de TIC.

Uno de los aspectos prácticos destacados es la necesidad de garantizar que las normas y requisitos sean aplicables de manera proporcionada. Tanto las AES como la Comisión deben velar por que las entidades financieras puedan cumplir con estas normas teniendo en cuenta su tamaño, perfil de riesgo, naturaleza, escala y complejidad de sus operaciones. Esto es especialmente relevante para evitar cargas desproporcionadas en pequeñas y medianas entidades financieras, promoviendo un marco regulatorio equilibrado que no comprometa la competitividad de las entidades más pequeñas.

Para las AES, la elaboración de NTR implica un trabajo técnico detallado que requiere la colaboración de expertos, el análisis de las mejores prácticas internacionales y la consulta con las partes interesadas. Este proceso permite que las normas sean técnicamente sólidas y operativamente viables, reflejando las necesidades específicas del sector financiero de la Unión. Al delegar esta tarea en las AES, el Reglamento asegura que las NTR se desarrollen con un enfoque práctico y especializado, evitando ambigüedades o interpretaciones divergentes en su aplicación.

Para las entidades financieras, las NTR proporcionan un marco claro y uniforme que facilita la comprensión y el cumplimiento de los requisitos regulatorios. Esto es especialmente importante en áreas complejas como la gestión del riesgo de las TIC y la notificación de incidentes, donde la falta de claridad podría generar incertidumbre operativa. Además, al aplicar el principio de proporcionalidad, las NTR permiten que las entidades ajusten sus estrategias de cumplimiento a sus características particulares, promoviendo una mayor eficacia y eficiencia en la implementación de las normas.

Desde la perspectiva de los proveedores terceros de servicios de TIC, las NTR también tienen un impacto significativo, ya que establecen estándares claros para la gestión de riesgos y la interacción con las entidades financieras. Esto fomenta la transparencia y la consistencia en las expectativas regulatorias, permitiendo que los proveedores planifiquen y adapten sus operaciones en consecuencia.

A nivel sistémico, el desarrollo de NTR contribuye a la estabilidad financiera de la Unión al garantizar que todos los actores del sector financiero cumplan con estándares uniformes y técnicamente sólidos. Esto refuerza la resiliencia operativa digital del sistema, minimiza los riesgos de fragmentación regulatoria y promueve la confianza en el marco normativo. Además, al delegar en la Comisión la adopción formal de estas normas, se asegura que las NTR sean coherentes con los objetivos generales de la política de la Unión y se alineen con otros instrumentos regulatorios relevantes.

(100) ***A fin de facilitar la comparabilidad de las notificaciones sobre incidentes graves relacionados con las TIC e incidentes operativos o de seguridad graves relacionados con los pagos, así como de garantizar la transparencia de los acuerdos contractuales para el uso de servicios de TIC prestados por proveedores terceros de servicios de TIC, las Autoridades Europeas de Supervisión deben elaborar proyectos de normas técnicas de ejecución que establezcan plantillas, formularios y procedimientos normalizados para la notificación por las entidades financieras de incidentes graves relacionados con las TIC y de incidentes graves operativos o de seguridad relacionados con los pagos, así como plantillas normalizadas para el registro de información. A la hora de elaborar dichas normas, las Autoridades Europeas de Supervisión deben tener en cuenta el tamano y el perfil de riesgo general de la entidad financiera, así como la naturaleza, escala y complejidad de sus servicios, actividades y operaciones. Deben conferirse a la Comisión competencias para adoptar dichas normas técnicas de ejecución mediante actos de ejecución con arreglo al artículo 291 del TFUE y de conformidad con el artículo 15 del Reglamento (UE) número 1093/2010, el artículo 15 del Reglamento (UE) número 1094/2010 y el artículo 15 del Reglamento (UE) número 1095/2010.***

El considerando establece la importancia de estandarizar los procedimientos y formatos relacionados con la notificación de incidentes graves y la transparencia en los acuerdos contractuales de servicios de TIC mediante la elaboración de normas técnicas de ejecución (NTE). Estas normas, desarrolladas por las Autoridades Europeas de Supervisión (AES) y adoptadas formalmente por la Comisión mediante actos de ejecución, buscan garantizar la comparabilidad, eficiencia y claridad en las interacciones entre entidades financieras, proveedores terceros de servicios de TIC y autoridades competentes.

La unificación de plantillas, formularios y procedimientos para la notificación de incidentes graves relacionados con las TIC e incidentes operativos o de seguridad relacionados con los pagos es esencial para facilitar el análisis y la gestión de estos incidentes. Esta estandarización permite a las autoridades competentes evaluar de manera uniforme la naturaleza y el alcance de los incidentes, identificando patrones o vulnerabilidades sistémicas que podrían requerir una intervención regulatoria o técnica. Además, un marco común reduce la carga administrativa para las entidades financieras, que pueden emplear procesos simplificados y coherentes independientemente del Estado miembro en el que operen.

En cuanto a la transparencia en los acuerdos contractuales con proveedores terceros de servicios de TIC, el uso de plantillas normalizadas para el registro de información fomenta una supervisión más efectiva de los riesgos asociados. Estas plantillas proporcionan una estructura clara para documentar aspectos críticos de los acuerdos, como los niveles de servicio, las medidas de seguridad y las disposiciones de contingencia. Esto permite a las entidades financieras realizar un seguimiento más eficiente de sus contratos y facilita la tarea de las autoridades competentes al revisar las dependencias críticas de las entidades respecto de sus proveedores.

El considerando también subraya la necesidad de que las AES consideren las características específicas de cada entidad financiera al elaborar las NTE. Esto incluye factores como el tamaño, el perfil de riesgo general, la naturaleza, la escala y la complejidad de sus operaciones. Este enfoque proporcional garantiza que las normas sean aplicables y razonables para todos los tipos de entidades, desde pequeñas microempresas hasta grandes instituciones de importancia sistémica mundial (EISM). La proporcionalidad evita imponer requisitos excesivos a entidades más pequeñas o menos complejas, promoviendo al mismo tiempo un nivel adecuado de resiliencia operativa y cumplimiento normativo.

La concesión de competencias a la Comisión para adoptar las NTE mediante actos de ejecución asegura un marco de gobernanza sólido y alineado con los principios del artículo 291 del TFUE y los artículos pertinentes de los Reglamentos de las AES. Este proceso proporciona una base jurídica clara para la implementación de las normas y refuerza la transparencia y legitimidad del proceso regulatorio. Además, garantiza la coherencia con otros actos legislativos de la Unión, evitando duplicidades o conflictos normativos.

En términos prácticos, la implementación de las NTE tiene múltiples repercusiones. Para las entidades financieras, la existencia de plantillas y procedimientos estandarizados reduce la complejidad y los costes asociados a la notificación de incidentes y al cumplimiento de las obligaciones relacionadas con los proveedores terceros de servicios de TIC. Esto mejora la eficiencia operativa y asegura que las entidades puedan concentrarse en la gestión efectiva de los incidentes y riesgos en lugar de enfrentar procedimientos fragmentados o inconsistentes.

Para las autoridades competentes, las NTE facilitan el análisis de los datos recibidos, permitiendo una evaluación más rápida y precisa de los incidentes graves y las dependencias contractuales. Esto mejora su capacidad para identificar tendencias y responder a riesgos emergentes, fortaleciendo así la resiliencia operativa del sector financiero en su conjunto. Además, la normalización fomenta la cooperación transfronteriza, ya que todas las partes interesadas trabajan con formatos y procedimientos compatibles.

En cuanto a los proveedores terceros de servicios de TIC, las plantillas normalizadas aportan claridad respecto a las expectativas contractuales y facilitan la preparación de la información necesaria para sus clientes financieros y las autoridades competentes. Esto contribuye a mejorar la colaboración entre proveedores y entidades financieras, al tiempo que refuerza la supervisión de los riesgos derivados de la externalización de servicios críticos.

Desde una perspectiva sistémica, el considerando refuerza la estabilidad y la integridad del sistema financiero de la Unión al establecer un marco uniforme y eficiente para la notificación y gestión de incidentes graves, así como para el control de los riesgos asociados a los proveedores terceros de servicios de TIC. La estandarización y la proporcionalidad garantizan que las medidas regulatorias sean efectivas y adaptables, promoviendo la confianza en la capacidad de la Unión para gestionar los riesgos relacionados con las TIC de manera coherente y coordinada.

(101) ***Dado que ya se han especificado requisitos adicionales mediante actos delegados y de ejecución basados en normas técnicas de regulación y de ejecución en virtud de los Reglamentos (CE) número 1060/2009, (UE) número 648/2012, (UE) número 600/2014 y (UE) número 909/2014 del Parlamento Europeo y del Consejo, procede encomendar a las Autoridades Europeas de Supervisión que***

presenten a la Comisión, ya sea a título particular o conjuntamente a través del Comité Mixto, normas técnicas de regulación y de ejecución para la adopción de actos delegados y de ejecución que incorporen y actualicen las actuales normas de gestión del riesgo relacionado con las TIC.

El considerando aborda la actualización y ampliación de las normas de gestión del riesgo relacionado con las TIC en el marco regulatorio de la Unión Europea, aprovechando los precedentes establecidos por otros Reglamentos financieros clave, como el Reglamento (CE) número 1060/2009 sobre agencias de calificación crediticia, el Reglamento (UE) número 648/2012 sobre derivados extrabursátiles, el Reglamento (UE) número 600/2014 sobre mercados de instrumentos financieros y el Reglamento (UE) número 909/2014 sobre la mejora de la liquidación de valores. En este contexto, se encomienda a las Autoridades Europeas de Supervisión (AES) la tarea de elaborar normas técnicas de regulación (NTR) y de ejecución (NTE) para ser adoptadas por la Comisión mediante actos delegados y de ejecución. Este enfoque refuerza la coherencia regulatoria y asegura que los marcos existentes evolucionen de manera integrada para abordar los riesgos específicos relacionados con las TIC en el sector financiero.

La delegación de esta tarea a las AES refleja su experiencia técnica en la elaboración de normas detalladas que no impliquen decisiones estratégicas, pero que sean esenciales para la correcta implementación del marco regulatorio. Esta metodología permite adaptar y actualizar los requisitos actuales de gestión del riesgo relacionado con las TIC de manera específica, asegurando que sean coherentes con los objetivos del Reglamento y con los cambios tecnológicos y del mercado. Al encomendar esta responsabilidad a las AES, se garantiza que las normas desarrolladas estén fundamentadas en el conocimiento experto del sector y en las mejores prácticas internacionales.

El considerando reconoce que los Reglamentos citados ya han establecido normas relacionadas con la gestión del riesgo operativo, lo que incluye aspectos como la seguridad de las infraestructuras críticas y la gestión de riesgos derivados de dependencias externas. En este sentido, la incorporación de las disposiciones actuales y su actualización para incluir normas específicas sobre riesgos relacionados con las TIC asegura que los marcos regulatorios existentes no solo se mantengan actualizados, sino que también se alineen con las necesidades emergentes en términos de ciberseguridad y resiliencia operativa digital. Esta integración evita la fragmentación normativa y fomenta un enfoque holístico en la gestión del riesgo relacionado con las TIC.

La referencia explícita al Comité Mixto de las AES como posible vehículo para la presentación conjunta de NTR y NTE refuerza la importancia de la coordinación intersectorial. Dado que los riesgos relacionados con las TIC afectan a todos los sectores financieros, es esencial un enfoque armonizado que permita a las distintas AES trabajar conjuntamente para abordar los desafíos comunes y garantizar la coherencia regulatoria en toda la Unión. Esta colaboración intersectorial también refuerza la capacidad de las AES para identificar riesgos sistémicos que puedan surgir debido a la interdependencia de las infraestructuras de TIC en diferentes sectores financieros.

Desde una perspectiva práctica, el considerando tiene implicaciones relevantes tanto para las AES como para las entidades financieras. Para las AES, supone un aumento en la carga de trabajo técnico, ya que deben analizar y proponer normas detalladas que reflejen las necesidades del sector y se ajusten a los desarrollos tecnológicos. Esto requiere la asignación de recursos especializados y la realización de consultas con expertos y partes interesadas para garantizar que las normas propuestas sean viables y efectivas.

Para las entidades financieras, la actualización de las normas de gestión del riesgo relacionado con las TIC a través de NTR y NTE proporciona un marco claro y actualizado que facilita el cumplimiento normativo. Sin embargo, estas actualizaciones también podrían implicar ajustes significativos en sus políticas y sistemas internos para cumplir con los nuevos estándares. Esto es especialmente relevante para las entidades que dependen en gran medida de servicios de TIC de terceros, ya que las normas actualizadas probablemente incluirán requisitos más estrictos para la supervisión y gestión de riesgos asociados.

A nivel sistémico, la integración de las normas sobre riesgos relacionados con las TIC en los marcos existentes refuerza la resiliencia operativa del sector financiero de la Unión. Al abordar los riesgos tecnológicos de manera específica y actualizada, el considerando contribuye a minimizar las vulnerabilidades que podrían afectar la estabilidad del sistema financiero. Asimismo, la armonización de las normas en toda la Unión facilita la cooperación transfronteriza y reduce las inconsistencias que podrían surgir de interpretaciones divergentes en los Estados miembros.

Finalmente, la adopción de actos delegados y de ejecución por parte de la Comisión asegura que las normas técnicas propuestas por las AES sean implementadas de manera coherente y uniforme en toda la Unión. Este enfoque promueve la seguridad jurídica y refuerza la confianza de los participantes del mercado en la capacidad de la Unión para gestionar los riesgos relacionados con las TIC de manera efectiva y coordinada. Al mismo tiempo, proporciona un marco flexible que permite adaptarse rápidamente a los cambios en el panorama de riesgos y en la tecnología, garantizando que las normas sigan siendo relevantes y efectivas.

(102) ***Dado que el presente Reglamento, junto con la Directiva (UE) 2022/2556 del Parlamento Europeo y del Consejo, implica una consolidación de las disposiciones en materia de gestión del riesgo relacionado con las TIC de varios Reglamentos y directivas del acervo de la Unión sobre servicios financieros, incluidos los Reglamentos (CE) número 1060/2009, (UE) número 648/2012, (UE) número 600/2014 y (UE) número 909/2014 y el Reglamento (UE) 2016/1011 del Parlamento Europeo y del Consejo, con el fin de garantizar la plena coherencia se deben modificar dichos Reglamentos para aclarar que el presente Reglamento establece las disposiciones aplicables en materia de riesgo relacionado con las TIC.***

El considerando aborda la necesidad de consolidar y armonizar las disposiciones en materia de gestión del riesgo relacionado con las TIC dentro del marco normativo de la Unión Europea sobre servicios financieros. Esta consolidación incluye la integración de disposiciones relacionadas con las TIC contenidas en varios Reglamentos del acervo de la Unión, como el Reglamento (CE) n.º 1060/2009 sobre agencias de calificación crediticia, el Reglamento (UE) n.º 648/2012 sobre derivados extrabursátiles, el Reglamento (UE) n.º 600/2014 sobre mercados de instrumentos financieros, el Reglamento (UE) n.º 909/2014 sobre liquidación de valores y el Reglamento (UE) 2016/1011 sobre índices de referencia. Con el fin de garantizar la coherencia y evitar duplicidades, el presente Reglamento establece un marco unificado y especializado para las disposiciones aplicables al riesgo relacionado con las TIC.

La modificación de estos Reglamentos para reconocer explícitamente la preeminencia del presente Reglamento en materia de gestión del riesgo relacionado con las TIC es fundamental para evitar solapamientos normativos y garantizar que exista un único marco normativo aplicable a estos riesgos. Esta claridad jurídica es esencial para que las entidades financieras y los reguladores puedan operar dentro de un marco normativo transparente, eliminando la posibilidad de interpretaciones divergentes o conflictos entre diferentes disposiciones normativas.

La consolidación normativa también simplifica el cumplimiento regulatorio para las entidades financieras, ya que estas no tendrán que interpretar ni aplicar disposiciones dispares sobre el riesgo relacionado con las TIC que se encuentren dispersas en varios Reglamentos. Al concentrar todas las disposiciones relacionadas con las TIC en un único Reglamento especializado, se facilita la gestión del cumplimiento, especialmente en áreas técnicas como la ciberseguridad, las notificaciones de incidentes graves y la supervisión de proveedores terceros de servicios de TIC. Esto beneficia particularmente a las entidades que operan en varios Estados miembros, ya que reduce las complejidades derivadas de la fragmentación normativa y fomenta una aplicación uniforme en toda la Unión.

Desde la perspectiva de los supervisores financieros, la armonización permite un enfoque más efectivo y coordinado en la supervisión del riesgo relacionado con las TIC. Con un único Reglamento que regula estos riesgos, las autoridades competentes pueden evitar esfuerzos duplicados y concentrar sus recursos en el monitoreo y la mitigación de riesgos bajo un marco claro y consistente. Esto también fortalece la cooperación transfronteriza, ya que todos los Estados miembros y sus supervisores trabajan con el mismo conjunto de normas aplicables.

En términos prácticos, el considerando refuerza la posición del presente Reglamento como lex specialis en materia de gestión del riesgo relacionado con las TIC. Esto significa que cualquier disposición relativa a estos riesgos contenida en los Reglamentos previamente mencionados será subsumida por las normas más específicas y actualizadas establecidas en este Reglamento. Esta jerarquía normativa no solo garantiza la coherencia del sistema jurídico de la Unión, sino que también asegura que las normas sobre riesgos relacionados con las TIC sean suficientemente detalladas y técnicas para abordar los desafíos contemporáneos del entorno digital.

Además, esta consolidación es particularmente relevante en un contexto en el que los riesgos relacionados con las TIC han adquirido una importancia crítica para la estabilidad financiera. Los Ciber incidentes y las perturbaciones relacionadas con las TIC tienen un impacto transversal en los distintos sectores financieros regulados por los Reglamentos mencionados. Al unificar las disposiciones en un único marco normativo, el considerando facilita una respuesta más coordinada y efectiva a los riesgos que afectan a diferentes sectores, reduciendo la posibilidad de lagunas regulatorias.

La referencia explícita a la necesidad de modificar los Reglamentos mencionados también subraya el compromiso de la Unión Europea con la mejora continua de su marco normativo en materia de servicios financieros. Esto incluye no solo la actualización de las disposiciones sobre riesgos relacionados con las TIC, sino también la adopción de un enfoque flexible que permita adaptarse a los rápidos cambios tecnológicos y a la evolución del panorama de riesgos en el sector financiero.

Finalmente, para los proveedores terceros de servicios de TIC que interactúan con múltiples entidades financieras, esta consolidación también tiene implicaciones significativas. Un marco normativo unificado proporciona claridad sobre las expectativas regulatorias y reduce la carga de cumplir con requisitos fragmentados establecidos en diferentes Reglamentos. Esto fomenta un entorno más transparente y predecible, permitiendo a los proveedores planificar y estructurar sus servicios de manera que cumplan con las normas aplicables a nivel de la Unión.

(103) ***Por consiguiente, debe delimitarse el ámbito de aplicación de los artículos pertinentes relacionados con el riesgo operativo en virtud de los cuales se encomendaban la adopción de actos delegados y de ejecución en las habilitaciones establecidas en los Reglamentos (CE) número 1060/2009, (UE) número 648/2012, (UE) número 600/2014, (UE) número 909/2014 y (UE) 2016/1011, con el fin de incorporar al presente Reglamento todas las disposiciones relativas a los aspectos de la resiliencia operativa digital que forman actualmente parte de dichos Reglamentos.***

El considerando establece la necesidad de redefinir el alcance de los artículos relativos al riesgo operativo en diversos Reglamentos financieros clave de la Unión Europea, como los Reglamentos (CE) número 1060/2009, (UE) número 648/2012, (UE) número 600/2014, (UE) número 909/2014 y (UE) 2016/1011.

El objetivo principal es trasladar al presente Reglamento todas las disposiciones relacionadas con la resiliencia operativa digital que anteriormente formaban parte de dichos Reglamentos, consolidándolas en un marco normativo único y específico. Este enfoque busca centralizar y armonizar la regulación de los riesgos operativos digitales dentro del sector financiero, abordando de manera integral y coherente los desafíos relacionados con la tecnología y las TIC.

La delimitación del ámbito de aplicación de los artículos pertinentes en los Reglamentos anteriores implica una revisión de las habilitaciones otorgadas para la adopción de actos delegados y de ejecución en esas normativas. Esto asegura que dichas habilitaciones, cuando se refieren a aspectos de la resiliencia operativa digital, estén plenamente integradas en el presente Reglamento. Al hacerlo, se elimina la dispersión normativa y se garantiza que todas las cuestiones relacionadas con los riesgos digitales se gestionen bajo un marco especializado y técnicamente actualizado.

Esta centralización tiene importantes repercusiones prácticas para las entidades financieras y las autoridades de supervisión. Para las entidades financieras, representa una mayor claridad en la normativa aplicable, ya que unifica en un solo instrumento legal las disposiciones relacionadas con la resiliencia operativa digital. Esto simplifica los procesos de cumplimiento normativo, evitando interpretaciones contradictorias o duplicidades en los requisitos que podrían derivarse de regulaciones fragmentadas. También facilita a las entidades financieras la implementación de estrategias coherentes de gestión del riesgo operativo digital, dado que cuentan con un marco normativo uniforme que abarca todas las áreas relacionadas con las TIC.

Para las autoridades de supervisión, la consolidación refuerza la eficacia del control regulatorio al permitir un enfoque más coordinado y centralizado en la supervisión de los riesgos digitales. Este enfoque reduce la complejidad derivada de la aplicación de normativas diversas y proporciona un marco común que facilita la cooperación entre supervisores nacionales y europeos. Además, asegura que los riesgos digitales, que pueden tener efectos transversales en el sistema financiero, se aborden de manera uniforme y sistemática en toda la Unión Europea.

Desde el punto de vista sistémico, la transferencia de las disposiciones relacionadas con la resiliencia operativa digital al presente Reglamento fortalece la capacidad de la Unión para enfrentar los desafíos tecnológicos en un entorno financiero cada vez más digitalizado e interconectado. Al concentrar estas disposiciones en un solo Reglamento, se asegura que los riesgos relacionados con las TIC, incluidos los ciberataques y las interrupciones operativas, se gestionen de acuerdo con las mejores prácticas y estándares internacionales en un marco especializado.

La delimitación del ámbito de aplicación de los artículos pertinentes también tiene implicaciones para el desarrollo futuro de la regulación financiera en la Unión Europea. Al establecer que las disposiciones relativas a la resiliencia operativa digital se rigen exclusivamente por el presente Reglamento, se crea un precedente que permite una mayor flexibilidad para actualizar y adaptar las normas en función de la evolución tecnológica y del panorama de riesgos. Esto asegura que la regulación pueda responder de manera ágil a nuevas amenazas digitales o a cambios en las infraestructuras tecnológicas utilizadas por las entidades financieras.

En términos prácticos, esta integración también beneficia a los proveedores terceros de servicios de TIC, que ahora podrán operar bajo un marco normativo único y especializado. Esto reduce las incertidumbres y facilita el cumplimiento de los requisitos regulatorios por parte de los proveedores que prestan servicios a múltiples entidades financieras en diferentes sectores. Asimismo, fomenta una mayor transparencia y consistencia en las relaciones contractuales entre las entidades financieras y sus proveedores de servicios de TIC.

Por último, la unificación normativa refuerza la estabilidad del sistema financiero de la Unión Europea al asegurar que todos los actores del mercado operen bajo un conjunto uniforme de reglas diseñadas específicamente para abordar los riesgos digitales. Al mismo tiempo, mejora la confianza de los participantes del mercado y de los consumidores en la capacidad de la Unión para gestionar de manera efectiva los desafíos relacionados con la tecnología y las TIC en el ámbito financiero.

(104) ***El posible riesgo de ciberseguridad sistémico asociado al uso de infraestructuras de TIC que permiten el funcionamiento de los sistemas de pago y la realización de actividades de procesamiento de pagos debe abordarse debidamente a escala de la Unión mediante normas armonizadas en materia de resiliencia digital. A tal efecto, la Comisión debe evaluar rápidamente la necesidad de revisar el ámbito de aplicación del presente Reglamento, ajustando al mismo tiempo dicha revisión al resultado de la evaluación completa que se contempla con arreglo a la Directiva (UE) 2015/2366. Numerosos ataques a gran escala durante el último decenio demuestran hasta qué punto los sistemas de pago han quedado expuestos a ciberamenazas. Situados en el centro de la cadena de servicios de pago e interconectados firmemente con el sistema financiero general, los sistemas de pago y las actividades de procesamiento de pagos han adquirido una importancia determinante para el funcionamiento de los mercados financieros de la Unión. Los ciberataques a estos sistemas pueden provocar perturbaciones graves de la actividad con repercusiones directas en funciones económicas clave, como la facilitación de los pagos, y efectos indirectos en los procesos económicos conexos. Hasta que se establezcan a escala de la Unión un régimen armonizado y la supervisión de los operadores de sistemas de pago y entidades de procesamiento, los Estados miembros, con vistas a aplicar prácticas de mercado similares, podrán inspirarse en los requisitos de resiliencia operativa digital establecidos en el presente Reglamento al aplicar normas a los operadores de sistemas de pago y a las entidades de procesamiento controlados en sus propias jurisdicciones.***

El considerando subraya la necesidad de abordar de manera integral y armonizada a escala de la Unión el riesgo de ciberseguridad sistémico vinculado al uso de infraestructuras de TIC que sustentan sistemas de pago y actividades de procesamiento de pagos. Estos sistemas, que desempeñan un papel central en la cadena de servicios financieros, están expuestos a ciberamenazas significativas debido a su alta interconexión con el sistema financiero general y su importancia para el funcionamiento de los mercados financieros de la Unión. Los ciberataques contra estos sistemas pueden desencadenar perturbaciones operativas graves con repercusiones inmediatas en funciones económicas esenciales, como la facilitación de pagos, y efectos indirectos en sectores económicos relacionados.

La importancia de este tema radica en la creciente frecuencia y sofisticación de los ataques cibernéticos dirigidos a sistemas de pago, como lo demuestran numerosos incidentes a gran escala durante la última década. Estos incidentes han evidenciado las vulnerabilidades inherentes a los sistemas de TIC que respaldan las transacciones financieras, subrayando la necesidad de una regulación más sólida y coordinada para proteger la integridad y estabilidad del sistema financiero de la Unión. Al situarse en el núcleo de las actividades financieras diarias, los sistemas de pago son un objetivo atractivo para los atacantes, lo que aumenta el potencial de daños económicos y la pérdida de confianza del mercado en caso de una interrupción significativa.

El considerando reconoce la urgencia de establecer normas armonizadas de resiliencia digital que aborden estos riesgos a nivel de la Unión. En este sentido, la Comisión es instada a evaluar con rapidez si es necesario revisar el ámbito de aplicación del presente Reglamento, teniendo en cuenta la evaluación más amplia prevista en la Directiva (UE) 2015/2366. Esta revisión permitiría integrar plenamente a los operadores de sistemas de pago y a las entidades de procesamiento de pagos en el marco normativo armonizado del Reglamento, asegurando que estén sujetos a los mismos estándares de resiliencia operativa digital que otras entidades financieras críticas.

Mientras se desarrolla este régimen armonizado a escala de la Unión, el considerando ofrece una solución intermedia al permitir que los Estados miembros se inspiren en los requisitos establecidos en el presente Reglamento al regular los operadores de sistemas de pago y las entidades de procesamiento en sus propias jurisdicciones. Este enfoque fomenta una cierta uniformidad en las prácticas del mercado, aunque deja margen para variaciones entre Estados miembros. Aunque esta medida puede ser útil como solución provisional, también puede generar ciertos desafíos, como la posible fragmentación regulatoria y la falta de un enfoque completamente coordinado en todo el mercado único, lo que podría dificultar la supervisión y la mitigación de riesgos transfronterizos.

Desde un punto de vista práctico, la armonización de los requisitos de resiliencia digital tendría varias repercusiones beneficiosas. Para los operadores de sistemas de pago y las entidades de procesamiento, un marco normativo uniforme proporcionaría claridad sobre las expectativas regulatorias, reduciría la carga de cumplir con diferentes normativas nacionales y mejoraría su capacidad para gestionar los riesgos relacionados con las TIC de manera efectiva. Además, al alinearse con el presente Reglamento, estas entidades podrían beneficiarse de un marco normativo probado que prioriza la gestión del riesgo digital y la resiliencia operativa.

Para los supervisores financieros, la integración de estos operadores en el marco armonizado permitiría una supervisión más eficaz y coordinada de los riesgos asociados, facilitando la detección y gestión de vulnerabilidades sistémicas. También fortalecería la cooperación entre los supervisores nacionales y europeos, garantizando que los riesgos transfronterizos se aborden de manera integral.

A nivel sistémico, la armonización de las normas aplicables a los sistemas de pago y las entidades de procesamiento de pagos contribuiría significativamente a la estabilidad financiera de la Unión. Al tratarse de infraestructuras críticas para la economía, la resiliencia de estos sistemas es esencial para evitar interrupciones operativas que podrían tener efectos de contagio en el sistema financiero y más allá. La adopción de un régimen armonizado fortalecería la confianza de los mercados y los consumidores en la seguridad y fiabilidad de los servicios financieros de la Unión.

En conclusión, el considerando enfatiza la necesidad de una acción coordinada y urgente para abordar los riesgos de ciberseguridad asociados con los sistemas de pago y las actividades de procesamiento de pagos, destacando tanto las vulnerabilidades actuales como los beneficios de una regulación armonizada que integre plenamente a estos actores en el marco normativo de resiliencia digital de la Unión.

(105) ***Dado que el objetivo del presente Reglamento, a saber, conseguir un alto nivel de resiliencia operativa digital para las entidades financieras reguladas, no puede ser alcanzado de manera suficiente por los Estados miembros, pues requiere la armonización de algunas normas diferentes del Derecho de la Unión y nacional, sino que, debido a su dimensión y efectos, puede alcanzarse mejor a escala de la Unión, esta última puede adoptar medidas de acuerdo con el principio de subsidiariedad establecido en el artículo 5 del Tratado de la Unión Europea. De conformidad con el principio de proporcionalidad establecido en ese mismo artículo, el presente Reglamento no excede de lo necesario para alcanzar dicho objetivo.***

El considerando aborda la justificación normativa y jurídica del presente Reglamento en virtud de los principios de subsidiariedad y proporcionalidad establecidos en el artículo 5 del Tratado de la Unión Europea (TUE). La finalidad del Reglamento es alcanzar un alto nivel de resiliencia operativa digital para las entidades financieras reguladas en la Unión, objetivo que, debido a su naturaleza transnacional y a las implicaciones sistémicas de los riesgos tecnológicos, no puede lograrse de manera suficiente a través de las acciones aisladas de los Estados miembros. En consecuencia, se argumenta que la intervención a nivel de la Unión es necesaria y proporcionada para garantizar la armonización normativa y la eficacia en la gestión de riesgos relacionados con las TIC en todo el mercado único.

El principio de subsidiariedad sostiene que la Unión debe intervenir únicamente cuando los objetivos de una medida no puedan ser alcanzados de manera adecuada por los Estados miembros y, en cambio, puedan lograrse mejor a escala de la Unión. En este caso, los riesgos relacionados con las TIC, como ciberataques y fallos tecnológicos, son intrínsecamente transfronterizos. Las entidades financieras operan a menudo en múltiples jurisdicciones, y las infraestructuras de TIC de las que dependen suelen estar interconectadas y repartidas a través de diferentes Estados miembros e incluso fuera de la Unión. Esto implica que las acciones a nivel nacional, sin una coordinación supranacional, son insuficientes para abordar eficazmente estos riesgos, ya que no pueden garantizar una respuesta coherente ni mitigar el impacto potencial de las ciberamenazas o interrupciones operativas que trascienden las fronteras.

El principio de proporcionalidad, por otro lado, establece que cualquier medida adoptada por la Unión no debe exceder de lo necesario para alcanzar sus objetivos. En este caso, el presente Reglamento se limita a establecer un marco armonizado y específico para la gestión del riesgo relacionado con las TIC, sin imponer requisitos desproporcionados o innecesarios a las entidades financieras o a los Estados miembros. Al hacerlo, asegura un equilibrio adecuado entre la necesidad de proteger la estabilidad financiera y la integridad del mercado único, por un lado, y la minimización de las cargas regulatorias para las entidades financieras, por otro. Esto se refleja en las disposiciones que permiten la proporcionalidad en la aplicación de las normas, adaptando los requisitos a la naturaleza, escala, complejidad y perfil de riesgo de las entidades financieras afectadas.

Desde una perspectiva práctica, la intervención de la Unión a través de un Reglamento, en lugar de una directiva o medidas nacionales, garantiza una aplicación uniforme y directa en todos los Estados miembros, eliminando las posibles discrepancias en la transposición o interpretación de las normas a nivel nacional. Esto es particularmente importante en el contexto de los riesgos relacionados con las TIC, donde las lagunas normativas o la falta de coherencia en los enfoques nacionales podrían comprometer la resiliencia operativa de las entidades financieras y del sistema financiero en su conjunto.

Para las entidades financieras, el enfoque armonizado reduce la complejidad regulatoria y los costes de cumplimiento, especialmente para aquellas que operan a escala transfronteriza. Un marco único evita la duplicidad de esfuerzos para cumplir con normativas nacionales divergentes y facilita la implementación de políticas y procedimientos estandarizados para gestionar los riesgos relacionados con las TIC. Asimismo, fomenta la confianza de las entidades en que los riesgos se gestionan de manera coherente en todo el mercado único, lo que mejora su capacidad para planificar y operar de manera eficiente.

Para los supervisores financieros, el Reglamento proporciona un marco claro y coherente que facilita la supervisión efectiva de los riesgos tecnológicos en todas las jurisdicciones de la Unión. Esto fortalece la cooperación y coordinación entre las autoridades nacionales y las Autoridades Europeas de Supervisión, garantizando que se aborden adecuadamente las vulnerabilidades sistémicas y las amenazas transfronterizas. Además, el marco armonizado mejora la capacidad de la Unión para responder colectivamente a incidentes cibernéticos graves, promoviendo una defensa común contra amenazas que afectan a múltiples entidades y Estados miembros.

A nivel sistémico, la intervención de la Unión asegura que el mercado único de servicios financieros siga siendo seguro, estable e integrado en un entorno digital cada vez más complejo. Al garantizar un alto nivel de resiliencia operativa digital, el Reglamento contribuye a mantener la confianza de los consumidores, inversores y otros participantes del mercado en la capacidad del sistema financiero de resistir perturbaciones y continuar prestando servicios críticos en situaciones de crisis. Esto es esencial para la estabilidad económica de la Unión y su competitividad global en el sector financiero.

(106) ***El Supervisor Europeo de Protección de Datos, al que se consultó de conformidad con el artículo 42, apartado 1, del Reglamento (UE) 2018/1725 del Parlamento Europeo y del Consejo, emitió su dictamen el 10 de mayo de 2021.***

El considerando menciona la participación del Supervisor Europeo de Protección de Datos (SEPD) en el proceso de elaboración del presente Reglamento, en cumplimiento del artículo 42, apartado 1, del Reglamento (UE) 2018/1725, que regula la protección de datos personales por parte de las instituciones, órganos y organismos de la Unión. Este dictamen, emitido el 10 de mayo de 2021, refuerza la legitimidad y adecuación del Reglamento en lo que respecta al cumplimiento de las normas de protección de datos, aspecto esencial en un marco que regula la gestión del riesgo relacionado con las TIC y aborda cuestiones relacionadas con incidentes operativos, ciberamenazas y dependencias de proveedores terceros de servicios de TIC.

La consulta al SEPD es una salvaguardia fundamental en el desarrollo de normativa de la Unión, especialmente en un contexto como el presente, en el que el tratamiento de datos personales puede ser crítico debido a la naturaleza de las actividades reguladas. El Reglamento impacta directamente en el flujo, procesamiento y almacenamiento de datos personales y financieros sensibles, particularmente en lo relativo a la notificación de incidentes relacionados con las TIC, el seguimiento de dependencias tecnológicas y las auditorías a proveedores terceros de servicios de TIC. Por lo tanto, garantizar que las disposiciones del Reglamento cumplen plenamente con los estándares de protección de datos es esencial para salvaguardar los derechos fundamentales de las personas físicas, conforme al artículo 16 del Tratado de Funcionamiento de la Unión Europea (TFUE) y al Reglamento General de Protección de Datos (RGPD).

Desde un punto de vista práctico, el dictamen del SEPD puede haber abordado múltiples cuestiones clave para garantizar la coherencia con las normativas de protección de datos vigentes. Estas cuestiones incluyen la minimización del tratamiento de datos personales en las actividades de supervisión, auditoría y notificación; la adecuación de los procedimientos de intercambio de información entre entidades financieras, autoridades competentes y proveedores terceros; y las medidas técnicas y organizativas necesarias para garantizar la seguridad de los datos. Además, el SEPD probablemente evaluó si el Reglamento establece una base jurídica adecuada y específica para las actividades de tratamiento de datos personales necesarias para cumplir con sus disposiciones.

Para las entidades financieras, este dictamen aporta claridad y seguridad jurídica respecto a la interacción entre el cumplimiento de las obligaciones del Reglamento y las disposiciones del RGPD. Esto es particularmente relevante en áreas como la notificación de incidentes graves relacionados con las TIC, donde el intercambio de datos podría involucrar información sensible sobre clientes o empleados. Las entidades pueden confiar en que las obligaciones impuestas por el Reglamento se alinean con los requisitos de protección de datos, lo que facilita la implementación de procedimientos conformes tanto con la normativa financiera como con el marco de protección de datos.

Para las autoridades competentes, el dictamen del SEPD garantiza que los mecanismos de supervisión, incluyendo la recopilación de datos de las entidades supervisadas y la interacción con proveedores terceros de servicios de TIC, se diseñen y operen de manera que respeten los principios de legalidad, proporcionalidad y limitación de finalidad establecidos en el RGPD y el Reglamento (UE) 2018/1725. Esto es esencial para evitar conflictos normativos y asegurar que las actividades de supervisión no vulneren los derechos de las personas físicas.

A nivel sistémico, la integración de consideraciones de protección de datos en el desarrollo del Reglamento refuerza la confianza en el marco regulador de la Unión. La alineación con los principios de protección de datos no solo protege los derechos fundamentales de los ciudadanos, sino que también mejora la transparencia y credibilidad del sistema financiero europeo. Esto es especialmente relevante en un contexto en el que la confianza en las tecnologías digitales y en los proveedores terceros de servicios de TIC puede ser cuestionada por preocupaciones sobre la privacidad y la seguridad de los datos.

Finalmente, el dictamen del SEPD subraya la importancia de un enfoque interinstitucional en la elaboración de normativas complejas como el presente Reglamento. Este enfoque garantiza que las políticas de la Unión sean coherentes, transversales y respetuosas con los principios fundamentales, fortaleciendo la legitimidad y efectividad de la regulación en el ámbito financiero y tecnológico.

3. Comentario al Articulado del Reglamento

CAPÍTULO I
Disposiciones generales

Artículo 1. Objeto

1. A fin de lograr un elevado nivel común de resiliencia operativa digital, el presente Reglamento establece requisitos uniformes relativos a la seguridad de las redes y los sistemas de información que sustentan los procesos empresariales de las entidades financieras como sigue:

a) requisitos aplicables a las entidades financieras en relación con:

i) la gestión del riesgo en el ámbito de las tecnologías de la información y la comunicación (TIC),

ii) la notificación a las autoridades competentes de incidentes graves relacionados con las TIC y, con carácter voluntario, de ciberamenazas importantes,

iii) la notificación a las autoridades competentes de incidentes operativos o de seguridad graves relacionados con los pagos por parte de las entidades financieras a las que se hace referencia en el artículo 2, apartado 1, letras a) a d),

iv) las pruebas de resiliencia operativa digital,

v) el intercambio de información e inteligencia en relación con las ciberamenazas y las vulnerabilidades cibernéticas,

vi) las medidas para la buena gestión del riesgo relacionado con las TIC derivado de terceros.

El Reglamento Europeo 2022/2554, que regula la resiliencia operativa digital del sector financiero, constituye un instrumento legislativo fundamental para enfrentar los riesgos derivados de la creciente dependencia del sector financiero de las tecnologías de la información y la comunicación (TIC). Este Reglamento establece un marco jurídico uniforme en toda la Unión Europea, con el fin de garantizar que las entidades financieras sean capaces de resistir, responder y recuperarse de los incidentes cibernéticos y operativos que puedan amenazar la continuidad de sus operaciones, la estabilidad del mercado financiero y, en última instancia, la confianza de los consumidores y usuarios en el sistema financiero. Su alcance y profundidad exigen un análisis detallado de los requisitos que impone a las entidades financieras, así como de las repercusiones prácticas que derivan de su cumplimiento.

En primer lugar, el Reglamento establece requisitos específicos relativos a la gestión del riesgo en el ámbito de las TIC. Este apartado tiene como base la necesidad de que las entidades financieras adopten un enfoque estratégico y preventivo para identificar, evaluar, gestionar y mitigar los riesgos relacionados con el uso de las TIC. En términos prácticos, esto implica la obligación de desarrollar marcos internos de gobernanza y políticas integrales que incluyan no solo medidas técnicas para proteger los sistemas y datos, sino también aspectos organizativos relacionados con la asignación de responsabilidades, la formación del personal y la supervisión por parte de los órganos de dirección. Las entidades deben establecer procesos continuos de evaluación del riesgo, en los que se analicen las vulnerabilidades internas y las amenazas externas, teniendo en cuenta no solo factores tecnológicos, sino también operativos y organizativos. Este enfoque dinámico y adaptativo refuerza la capacidad de las entidades para hacer frente a un entorno en constante cambio, caracterizado por el aumento en la sofisticación y frecuencia de los ciberataques.

El Reglamento impone la obligación de notificar a las autoridades competentes cualquier incidente grave relacionado con las TIC. Este requisito no solo subraya la importancia de la transparencia en la gestión de incidentes, sino que también tiene una dimensión práctica que afecta de manera directa la operativa de las entidades financieras. La obligación de notificación requiere que las entidades establezcan mecanismos internos que les permitan identificar incidentes graves en tiempo real, evaluarlos conforme a los criterios establecidos por el Reglamento y transmitir la información relevante a las autoridades en los plazos previstos. Este aspecto implica, además, la necesidad de contar con personal especializado y con herramientas tecnológicas que posibiliten la monitorización constante de los sistemas. Por otra parte, el carácter voluntario de la notificación de ciberamenazas significativas fomenta la cooperación entre entidades y autoridades, generando una visión más integral de las amenazas emergentes y posibilitando la adopción de medidas preventivas a nivel sectorial. Sin embargo, en la práctica, esta notificación voluntaria plantea desafíos relacionados con la confidencialidad y la protección de datos sensibles, aspectos que las entidades deben gestionar cuidadosamente para evitar riesgos legales o reputacionales.

Respecto a los incidentes operativos o de seguridad graves relacionados con los pagos, el Reglamento hace especial hincapié en la importancia de este sector específico dentro del marco de la resiliencia operativa digital. Las entidades financieras que operan en el ámbito de los pagos deben diseñar procedimientos internos que permitan identificar rápidamente incidentes que puedan poner en riesgo la seguridad o continuidad de sus servicios. Esto es particularmente relevante dado el impacto inmediato que los problemas en los sistemas de pago pueden tener en los consumidores y en la confianza general en el sistema financiero. La notificación de estos incidentes debe incluir detalles precisos sobre el alcance, las causas y las medidas adoptadas para mitigar el impacto, lo que a su vez exige la implementación de protocolos de respuesta que prioricen tanto la gestión técnica del problema como la comunicación oportuna con las partes interesadas, incluyendo los usuarios finales, las autoridades regulatorias y otras entidades financieras potencialmente afectadas.

Un aspecto fundamental del Reglamento es la obligación de realizar pruebas de resiliencia operativa digital de manera regular. Estas pruebas son esenciales para evaluar la capacidad de las entidades financieras de prevenir, resistir y recuperarse de posibles incidentes disruptivos. Las pruebas incluyen ejercicios que van desde simulaciones internas hasta pruebas avanzadas de penetración realizadas por terceros cualificados. El objetivo de estas pruebas no se limita a identificar vulnerabilidades técnicas, sino que también incluye evaluar la eficacia de los procedimientos de respuesta, la coordinación entre diferentes departamentos y la capacidad de comunicación en situaciones de crisis. En términos prácticos, estas pruebas representan un desafío operativo y financiero significativo, ya que requieren recursos especializados, tecnología avanzada y una planificación detallada. Sin embargo, su realización periódica proporciona beneficios tangibles al permitir que las entidades identifiquen debilidades antes de que estas se conviertan en problemas reales, fortaleciendo así la estabilidad del sistema financiero en su conjunto.

Otro elemento clave del Reglamento es el fomento del intercambio de información e inteligencia en relación con las ciberamenazas y las vulnerabilidades cibernéticas. Este enfoque busca crear un entorno de colaboración en el que las entidades financieras compartan información sobre patrones de ataque, amenazas emergentes y estrategias de mitigación. Si bien este intercambio puede mejorar significativamente la preparación del sector financiero para hacer frente a amenazas cibernéticas, también plantea desafíos en cuanto a la confidencialidad de los datos y el establecimiento de protocolos que aseguren un flujo de información eficiente y seguro. En la práctica, las entidades deben equilibrar la necesidad de cooperación con la protección de su propia información sensible, lo que puede requerir inversiones en infraestructura tecnológica y jurídica para garantizar el cumplimiento de las normativas aplicables, incluidas las de protección de datos personales.

Finalmente, el Reglamento aborda de manera exhaustiva la gestión del riesgo relacionado con las TIC derivado de terceros. Este punto tiene una importancia creciente dado que muchas entidades financieras dependen de proveedores externos para la prestación de servicios críticos, como el alojamiento de datos, las plataformas de pago o la gestión de infraestructuras tecnológicas. En este contexto, el Reglamento exige que las entidades financieras incluyan cláusulas contractuales específicas en sus acuerdos con terceros, estableciendo requisitos de seguridad, acceso a la información y mecanismos de auditoría. Además, las entidades deben realizar evaluaciones periódicas del desempeño y la seguridad de sus proveedores, lo que implica la necesidad de establecer procedimientos internos para la supervisión y el control de riesgos derivados de estas relaciones. En términos prácticos, esto representa un esfuerzo significativo en términos de recursos humanos y financieros, pero es esencial para garantizar la continuidad de los servicios críticos y proteger a las entidades frente a interrupciones o incidentes derivados de fallos en la cadena de suministro.

En suma, el Reglamento 2022/2554 no solo introduce un marco normativo uniforme para la gestión del riesgo en el ámbito de las TIC, sino que también transforma profundamente las prácticas operativas y de gobernanza de las entidades financieras en la Unión Europea. Su implementación requiere una inversión considerable en recursos, tecnología y formación, así como un cambio cultural que priorice la prevención y la cooperación. Desde una perspectiva práctica, estas medidas tienen el potencial de fortalecer significativamente la resiliencia del sector financiero, mejorando su capacidad para hacer frente a las amenazas cibernéticas y operativas y garantizando la estabilidad y confianza en un entorno financiero cada vez más digitalizado.

b) Requisitos en relación con los acuerdos contractuales celebrados entre proveedores terceros de servicios de TIC y entidades financieras;

El Reglamento Europeo 2022/2554 establece un marco normativo detallado para regular los acuerdos contractuales entre las entidades financieras y sus proveedores terceros de servicios de tecnologías de la información y la comunicación (TIC), reconociendo el papel determinante que estos proveedores desempeñan en el funcionamiento de las actividades financieras y, al mismo tiempo, el riesgo inherente que puede derivarse de dicha dependencia. En un contexto financiero que depende cada vez más de soluciones tecnológicas avanzadas como la computación en la nube, los servicios de infraestructura digital y los sistemas de ciberseguridad, el Reglamento busca abordar los riesgos operativos, estratégicos y sistémicos asociados a la externalización de servicios esenciales. La normativa establece disposiciones específicas para que las entidades financieras gestionen, controlen y mitiguen los riesgos derivados de estas relaciones contractuales, teniendo en cuenta tanto los riesgos individuales de cada entidad como los posibles efectos sistémicos en el sector financiero. Este enfoque tiene implicaciones prácticas y jurídicas significativas que exigen un análisis exhaustivo de los requisitos y de las estrategias que las entidades deben adoptar para cumplir con las exigencias regulatorias.

El principal objetivo del Reglamento en este ámbito es garantizar que los acuerdos contractuales con proveedores terceros de servicios TIC estén diseñados para fortalecer la resiliencia operativa de las entidades financieras. Esto implica que las entidades no solo deben identificar los riesgos relacionados con los proveedores, sino también incluir en sus contratos cláusulas específicas que permitan abordar dichos riesgos de manera efectiva. En la práctica, esto representa una transformación en la manera en que se estructuran las relaciones contractuales entre las entidades financieras y sus proveedores, ya que obliga a las primeras a adoptar una postura más activa y preventiva en la gestión de estas relaciones. Uno de los aspectos fundamentales es la obligación de asegurar que los contratos incluyan disposiciones que establezcan claramente los derechos y obligaciones de ambas partes en materia de seguridad de los datos, continuidad del servicio, auditorías, acceso a información y gestión de incidentes. Este nivel de detalle contractual tiene como objetivo proporcionar a las entidades financieras los medios necesarios para mantener el control sobre sus operaciones y garantizar la continuidad de los servicios esenciales incluso en situaciones de interrupción.

En primer lugar, el Reglamento pone especial énfasis en la necesidad de establecer disposiciones claras sobre la seguridad de los datos y de las infraestructuras utilizadas por los proveedores. Los contratos deben incluir requisitos que garanticen que los proveedores adopten medidas técnicas y organizativas adecuadas para proteger los datos de las entidades financieras y de sus clientes frente a accesos no autorizados, pérdida, destrucción o alteración. Además, los proveedores deben garantizar que sus infraestructuras cumplan con estándares de seguridad reconocidos a nivel internacional y que estén diseñadas para resistir ciberataques u otros incidentes operativos. Desde una perspectiva práctica, esto requiere que las entidades financieras lleven a cabo una evaluación previa de los proveedores para verificar que cumplen con los estándares exigidos y que incluyan en los contratos mecanismos para supervisar el cumplimiento de estos requisitos de manera continua. Esta supervisión puede incluir la realización de auditorías periódicas, la revisión de informes de cumplimiento proporcionados por el proveedor y la exigencia de certificaciones externas que demuestren que las medidas de seguridad aplicadas son efectivas.

Otro aspecto relevante del Reglamento es la necesidad de prever mecanismos contractuales que garanticen la continuidad del servicio en caso de interrupciones. Esto incluye disposiciones relativas a la disponibilidad de los sistemas, la recuperación de datos y la gestión de situaciones de emergencia. Los contratos deben especificar los niveles de servicio mínimos que el proveedor debe garantizar, así como las medidas que se tomarán en caso de incumplimiento. Por ejemplo, en el caso de servicios críticos como los sistemas de pagos o las plataformas de negociación, los contratos pueden exigir que el proveedor implemente redundancias en su infraestructura para minimizar el impacto de posibles fallos. Asimismo, los contratos deben incluir planes detallados de recuperación ante desastres (disaster recovery) y de continuidad del negocio (business continuity), los cuales deben ser probados periódicamente para garantizar su eficacia. En la práctica, esto supone que las entidades financieras deberán invertir en la colaboración con los proveedores para desarrollar y evaluar estos planes, asegurándose de que se adapten a las necesidades específicas de cada servicio y que cumplan con las exigencias regulatorias.

El Reglamento establece la obligación de incluir en los contratos cláusulas que permitan a las entidades financieras realizar auditorías y evaluaciones del proveedor. Estas auditorías tienen como objetivo verificar que el proveedor cumple con los términos contractuales y con los requisitos legales y regulatorios aplicables. Las entidades deben tener acceso a la información relevante sobre los sistemas, procesos y controles del proveedor, y los contratos deben prever el derecho de las entidades o de terceros designados a realizar inspecciones in situ si fuera necesario. En la práctica, este requisito plantea varios desafíos. Por un lado, las entidades financieras deben asegurarse de que disponen de personal capacitado o de acceso a expertos externos para llevar a cabo estas auditorías de manera efectiva. Por otro lado, puede haber tensiones con los proveedores en cuanto al alcance de las auditorías y al acceso a información confidencial o protegida por derechos de propiedad intelectual. Para abordar estos problemas, las entidades deben negociar cuidadosamente las cláusulas contractuales y establecer protocolos claros para la realización de las auditorías, que respeten tanto las necesidades del proveedor como las obligaciones de supervisión impuestas por el Reglamento.

Un elemento clave de los acuerdos contractuales, según el Reglamento, es la gestión del riesgo de concentración. Este riesgo surge cuando una entidad financiera depende excesivamente de un único proveedor o de un pequeño grupo de proveedores para la prestación de servicios críticos, lo que puede aumentar su vulnerabilidad ante fallos o interrupciones en dichos proveedores. Para mitigar este riesgo, el Reglamento exige que las entidades financieras evalúen de manera continua el grado de dependencia de sus proveedores y adopten medidas para diversificar sus relaciones. En términos prácticos, esto implica que las entidades deben realizar análisis detallados de sus relaciones contractuales y de la estructura del mercado de proveedores, identificando posibles alternativas o planes de contingencia en caso de interrupción. Además, las entidades deben considerar el impacto sistémico que el fallo de un proveedor crítico podría tener en el sector financiero en su conjunto, especialmente cuando el proveedor presta servicios a múltiples entidades en la misma jurisdicción o en diferentes países de la Unión Europea.

El Reglamento impone obligaciones específicas en relación con los planes de salida o "exit plans". Estos planes son esenciales para garantizar que las entidades financieras puedan transferir los servicios a otro proveedor o reinternalizarlos en caso de que la relación contractual termine, ya sea por incumplimiento del proveedor, por decisión estratégica de la entidad o por una orden de las autoridades competentes. Los contratos deben incluir disposiciones que regulen este proceso de transición, asegurando que se lleve a cabo de manera ordenada y sin interrupciones significativas en los servicios. En la práctica, los planes de salida deben abordar cuestiones como la transferencia de datos, la continuidad de los sistemas durante el periodo de transición y la asignación de responsabilidades entre las partes. Estos planes suelen requerir una planificación previa detallada y pueden implicar costos significativos, pero son fundamentales para garantizar la resiliencia operativa de las entidades.

Por último, el Reglamento introduce un marco de supervisión regulatoria que refuerza la importancia de los acuerdos contractuales con proveedores de servicios TIC. Las autoridades competentes tienen la facultad de supervisar las relaciones entre las entidades financieras y sus proveedores, incluyendo la revisión de los contratos y la evaluación del desempeño de los proveedores en el contexto de los riesgos asociados. En caso de detectar incumplimientos o riesgos significativos, las autoridades pueden exigir a las entidades que adopten medidas correctivas, que incluyan la renegociación de contratos, la implementación de controles adicionales o, en casos extremos, la terminación de la relación con el proveedor. Este nivel de supervisión obliga a las entidades financieras a mantener una documentación exhaustiva y actualizada de sus relaciones contractuales y de las evaluaciones realizadas, lo que aumenta la carga administrativa y operativa, pero garantiza una mayor transparencia y control sobre los riesgos derivados de la externalización.

El Reglamento 2022/2554 establece un enfoque integral para regular los acuerdos contractuales entre las entidades financieras y sus proveedores terceros de servicios TIC, con el objetivo de fortalecer la resiliencia operativa del sector financiero frente a los riesgos de externalización. Su aplicación práctica requiere que las entidades adopten una postura proactiva en la negociación, supervisión y gestión de sus contratos, asegurando que estos cumplan con los requisitos regulatorios y que incluyan mecanismos efectivos para mitigar riesgos como el de concentración, la interrupción de servicios o la pérdida de datos. Aunque estas exigencias implican un esfuerzo significativo en términos de recursos y planificación, su cumplimiento no solo refuerza la estabilidad operativa de las entidades individuales, sino que también contribuye a la protección de la estabilidad y la confianza en el sistema financiero en su conjunto.

c) Normas para el establecimiento y aplicación del marco de supervisión de los proveedores terceros esenciales de servicios de TIC cuando presten servicios a entidades financieras;

El Reglamento Europeo 2022/2554 establece un marco normativo robusto y detallado para la supervisión de los proveedores terceros esenciales de servicios de tecnologías de la información y la comunicación (TIC) que prestan servicios a entidades financieras, reconociendo su papel determinante en la infraestructura operativa del sector financiero y los riesgos inherentes que ello implica. Esta normativa surge en respuesta a la creciente dependencia de las entidades financieras de proveedores externos para la prestación de servicios críticos, como la computación en la nube, la ciberseguridad, la gestión de datos y las plataformas digitales que soportan las operaciones diarias del sector. Si bien esta dependencia permite que las entidades financieras adopten soluciones tecnológicas avanzadas y escalen sus operaciones de manera eficiente, también introduce vulnerabilidades sistémicas, ya que una disrupción en los servicios de un proveedor esencial puede tener efectos catastróficos en las operaciones de múltiples entidades financieras y, por extensión, en la estabilidad del sistema financiero en su conjunto.

El marco de supervisión establecido en el Reglamento tiene como objetivo abordar estos riesgos mediante la imposición de normas específicas y armonizadas que aseguren que los proveedores terceros esenciales de servicios TIC sean capaces de operar con los más altos estándares de seguridad y resiliencia. Este enfoque busca prevenir fallos operativos y ciberataques que puedan poner en riesgo tanto a las entidades financieras como al sistema financiero europeo en general. La supervisión de estos proveedores, que operan muchas veces a nivel transnacional, se regula a través de un enfoque coordinado entre los Estados miembros y las autoridades competentes, garantizando un control adecuado y efectivo, adaptado a la criticidad de los servicios que prestan.

El primer paso esencial del marco de supervisión es la identificación de los proveedores terceros esenciales. Esta designación no se realiza automáticamente, sino que se basa en criterios estrictos establecidos por el Reglamento. Las autoridades competentes deben evaluar, entre otros factores, el impacto potencial que una disrupción en los servicios de un proveedor podría tener en las entidades financieras, la criticidad de los servicios ofrecidos, el número y tipo de entidades que dependen del proveedor, la complejidad técnica de los servicios y la posibilidad de sustituir al proveedor en un tiempo razonable. El objetivo de este proceso de identificación es garantizar que solo aquellos proveedores cuya interrupción pueda tener un efecto significativo sobre la estabilidad financiera o las operaciones críticas del sector sean clasificados como esenciales y, por ende, sometidos al marco de supervisión reforzado.

Desde una perspectiva práctica, la identificación de proveedores esenciales requiere que tanto las entidades financieras como las autoridades competentes realicen un análisis exhaustivo de los riesgos asociados a las relaciones contractuales con los proveedores tecnológicos. Esto incluye la recopilación de información detallada sobre los servicios prestados, la evaluación de la dependencia crítica y la capacidad del proveedor para garantizar la continuidad de los servicios en caso de incidentes disruptivos. Las entidades financieras tienen un papel activo en este proceso, ya que deben proporcionar a las autoridades competentes los datos necesarios para evaluar la criticidad de los servicios de los proveedores, lo que implica un esfuerzo significativo en términos de gobernanza, monitorización de riesgos y cooperación con las autoridades.

Una vez que un proveedor ha sido designado como esencial, este queda sujeto a una serie de obligaciones específicas que buscan garantizar la seguridad, la continuidad y la resiliencia de los servicios prestados a las entidades financieras. Entre estas obligaciones destaca la implementación de medidas técnicas y organizativas adecuadas para la gestión de riesgos operativos y de seguridad. Esto incluye la adopción de protocolos avanzados de ciberseguridad, la segregación de sistemas críticos, la redundancia operativa, el cifrado de datos sensibles y la creación de infraestructuras resilientes capaces de soportar fallos y ataques cibernéticos. Además, los proveedores esenciales están obligados a realizar pruebas periódicas de resiliencia, incluyendo simulaciones de incidentes y pruebas de recuperación ante desastres, con el objetivo de evaluar su capacidad para mantener los servicios en situaciones adversas.

Una obligación fundamental de los proveedores esenciales es la de notificar incidentes graves que puedan afectar a las operaciones de las entidades financieras que dependen de sus servicios. Esta notificación debe realizarse de manera oportuna y debe incluir información detallada sobre la naturaleza del incidente, el alcance del impacto, las medidas adoptadas para contenerlo y los pasos previstos para prevenir su recurrencia. Desde una perspectiva operativa, esto requiere que los proveedores implementen sistemas internos de detección y respuesta a incidentes, así como mecanismos efectivos de comunicación con las entidades financieras y las autoridades competentes. Estas notificaciones no solo permiten una gestión más efectiva de los incidentes, sino que también ayudan a las autoridades a identificar patrones de riesgo y a desarrollar estrategias preventivas para el sector en su conjunto.

El Reglamento otorga a las autoridades competentes amplias facultades de supervisión sobre los proveedores esenciales, con el objetivo de garantizar que cumplen con las obligaciones establecidas. Estas facultades incluyen el derecho a solicitar información relevante sobre los sistemas, controles y operaciones de los proveedores, así como a realizar auditorías e inspecciones in situ. En caso de que se identifiquen deficiencias o incumplimientos, las autoridades tienen la potestad de imponer medidas correctivas que pueden incluir multas, restricciones operativas e incluso la prohibición de prestar servicios a entidades financieras en la Unión Europea. Esta capacidad de supervisión y sanción asegura que los proveedores esenciales sean responsables de la calidad, seguridad y resiliencia de los servicios que ofrecen, incentivándolos a mantener altos estándares operativos.

Un aspecto central del marco de supervisión es la cooperación transfronteriza entre las autoridades competentes de los diferentes Estados miembros, dado que muchos de los proveedores esenciales operan a nivel global y prestan servicios a múltiples entidades financieras en distintas jurisdicciones de la Unión. Para facilitar esta supervisión coordinada, el Reglamento prevé la creación de "colegios de supervisores", que son foros de cooperación que agrupan a las autoridades competentes relevantes y están coordinados por la Autoridad Europea de Supervisión (AES) correspondiente, como la Autoridad Bancaria Europea (EBA). Estos colegios permiten a las autoridades compartir información, planificar auditorías conjuntas y adoptar decisiones coordinadas sobre medidas correctivas, asegurando un enfoque armonizado que evite duplicidades y conflictos jurisdiccionales. Desde una perspectiva práctica, la implementación de estos colegios requiere la definición de protocolos claros para el intercambio de información, la asignación de responsabilidades y la resolución de posibles disputas entre las autoridades involucradas.

Otro elemento clave del marco de supervisión es la obligación de los proveedores esenciales de desarrollar planes de continuidad del negocio y recuperación ante desastres que garanticen la capacidad de mantener o restablecer los servicios en caso de interrupciones. Estos planes deben estar alineados con los estándares de mejores prácticas internacionales y deben ser probados periódicamente para verificar su eficacia. Además, los proveedores deben garantizar que sus infraestructuras sean suficientemente resilientes frente a una amplia gama de amenazas, incluyendo ciberataques, desastres naturales y fallos técnicos. Para las entidades financieras, esto implica la necesidad de evaluar de manera rigurosa las capacidades de sus proveedores en términos de resiliencia operativa antes de contratarlos, así como de supervisar de manera continua su desempeño durante la relación contractual.

Desde la perspectiva de los proveedores esenciales, el cumplimiento de estas normas representa un desafío significativo, ya que implica adaptarse a un marco de supervisión más riguroso que el aplicable a otros sectores. Esto puede requerir inversiones sustanciales en tecnología, formación de personal y procesos de cumplimiento, así como la reestructuración de contratos y políticas internas para alinearse con los requisitos regulatorios. Además, los proveedores deben estar preparados para gestionar las complejidades asociadas a la supervisión transfronteriza, incluyendo la necesidad de interactuar con múltiples autoridades competentes en diferentes jurisdicciones.

Para las entidades financieras, el marco de supervisión establecido por el Reglamento refuerza su responsabilidad en la gestión de los riesgos asociados a los proveedores terceros esenciales. Esto incluye la obligación de evaluar la criticidad de los servicios prestados, negociar cláusulas contractuales que permitan supervisar y controlar los riesgos asociados, y mantener un monitoreo continuo del desempeño de los proveedores. Además, las entidades deben colaborar activamente con las autoridades competentes en la identificación de proveedores esenciales y en la supervisión de sus actividades, proporcionando la información necesaria para garantizar una supervisión efectiva.

El marco de supervisión de los proveedores terceros esenciales de servicios TIC establecido en el Reglamento 2022/2554 representa un avance fundamental en la regulación del sector financiero europeo, al abordar los riesgos sistémicos asociados a la dependencia tecnológica y al establecer normas específicas para garantizar la resiliencia operativa de los servicios críticos. Este marco refuerza la seguridad, la estabilidad y la confianza en un sector financiero cada vez más interconectado y dependiente de las tecnologías digitales, pero también plantea desafíos significativos para los proveedores esenciales, las entidades financieras y las autoridades competentes en términos de cumplimiento, supervisión y cooperación. Su correcta implementación es esencial para proteger la estabilidad del sistema financiero europeo frente a las amenazas y riesgos emergentes del entorno digital globalizado.

d) Normas sobre cooperación entre autoridades competentes y normas sobre control y ejecución por parte de las autoridades competentes en relación con todos los asuntos cubiertos por el presente Reglamento.

El Reglamento Europeo 2022/2554, en su disposición relativa a las normas sobre cooperación entre autoridades competentes y sobre control y ejecución, introduce un marco robusto y coordinado destinado a garantizar la eficacia de la supervisión de la resiliencia operativa digital en el sector financiero de la Unión Europea. Este conjunto de normas aborda la necesidad de una cooperación sólida entre las autoridades de los distintos Estados miembros y establece mecanismos efectivos para el control y la ejecución de las disposiciones del Reglamento, teniendo en cuenta la interdependencia de los sistemas financieros, la naturaleza transnacional de los riesgos cibernéticos y operativos, y la complejidad de las infraestructuras tecnológicas que sustentan el sector. La cooperación y el control regulatorio bajo este Reglamento no solo se limitan a las entidades financieras, sino que también se extienden a los proveedores terceros esenciales de servicios TIC, cuyo impacto en la estabilidad y continuidad de los servicios financieros se considera fundamental. Esto exige un análisis detallado y pormenorizado de las disposiciones, así como de las implicaciones prácticas que estas tienen para todas las partes interesadas.

El principio rector del Reglamento en este ámbito es que las autoridades competentes deben actuar de manera coordinada y colaborativa para supervisar la aplicación de las disposiciones del Reglamento, prevenir riesgos sistémicos y mitigar posibles amenazas que afecten la resiliencia operativa digital del sector financiero. Esta necesidad de cooperación surge principalmente de la naturaleza transfronteriza de los servicios financieros y tecnológicos, así como de la interconexión de los sistemas de TIC en toda la Unión Europea. Las entidades financieras y los proveedores tecnológicos a menudo operan en múltiples jurisdicciones, lo que hace que las amenazas operativas o cibernéticas puedan propagarse rápidamente más allá de las fronteras nacionales. Ante este panorama, el Reglamento busca evitar enfoques fragmentados que puedan debilitar la respuesta regulatoria y promover en su lugar un sistema armonizado y eficiente de supervisión.

En primer lugar, el Reglamento establece mecanismos específicos para el intercambio de información entre las autoridades competentes de los Estados miembros, con el fin de garantizar una supervisión coherente y una respuesta ágil frente a incidentes y riesgos operativos o cibernéticos. Este intercambio de información incluye datos relativos a los incidentes graves notificados por las entidades financieras, la evaluación de los riesgos derivados de proveedores terceros esenciales de servicios TIC, y los resultados de las auditorías y pruebas de resiliencia operativa digital realizadas por las entidades supervisadas. Para facilitar este flujo de información, el Reglamento prevé la utilización de plataformas centralizadas y protocolos de comunicación seguros, supervisados por las Autoridades Europeas de Supervisión (AES), como la Autoridad Bancaria Europea (EBA), la Autoridad Europea de Seguros y Pensiones de Jubilación (EIOPA) y la Autoridad Europea de Valores y Mercados (ESMA). Estas plataformas no solo permiten a las autoridades compartir información en tiempo real, sino que también facilitan la identificación de patrones de riesgo comunes y la coordinación de medidas de supervisión y control.

La cooperación entre autoridades competentes también se extiende a la supervisión de proveedores terceros esenciales de servicios TIC, dado que muchos de estos operan a nivel global y prestan servicios a entidades financieras en múltiples Estados miembros. El Reglamento prevé la creación de "colegios de supervisores" para los proveedores esenciales que tienen actividades significativas en varias jurisdicciones. Estos colegios de supervisores son foros de cooperación compuestos por las autoridades competentes de los Estados miembros afectados y coordinados por la AES correspondiente, y su objetivo es garantizar un enfoque uniforme en la supervisión de estos proveedores. Entre las funciones de estos colegios se incluyen la planificación y realización de auditorías conjuntas, la evaluación de los planes de continuidad del negocio y recuperación ante desastres de los proveedores, y la adopción de decisiones coordinadas sobre medidas correctivas en caso de incumplimiento. Desde una perspectiva práctica, la creación y funcionamiento de estos colegios requiere una planificación exhaustiva, la designación de responsabilidades claras y la resolución de posibles conflictos jurisdiccionales o normativos que puedan surgir en el proceso.

El Reglamento enfatiza la necesidad de cooperación entre las autoridades competentes y otras entidades regulatorias relevantes, como las autoridades de protección de datos y las agencias responsables de la ciberseguridad en los Estados miembros. Dado que la resiliencia operativa digital está intrínsecamente ligada a cuestiones de privacidad, seguridad de los datos y protección de infraestructuras críticas, la colaboración entre estos organismos es esencial para garantizar una supervisión integral y evitar duplicidades o conflictos normativos. Por ejemplo, en caso de un incidente cibernético que implique la pérdida de datos personales, las autoridades competentes en materia de resiliencia operativa deben coordinarse con las autoridades de protección de datos para garantizar que las entidades afectadas cumplan tanto con las disposiciones del Reglamento 2022/2554 como con las obligaciones establecidas en el Reglamento General de Protección de Datos (RGPD). Esta coordinación requiere la definición de protocolos claros para la comunicación y la actuación conjunta, así como la asignación de competencias específicas entre las distintas autoridades involucradas.

En cuanto al control y la ejecución, el Reglamento otorga amplias facultades a las autoridades competentes para supervisar el cumplimiento de las disposiciones y adoptar medidas correctivas en caso de incumplimiento. Estas facultades incluyen la capacidad de solicitar información detallada a las entidades financieras y proveedores esenciales, realizar auditorías e inspecciones, y exigir la implementación de medidas específicas para abordar deficiencias identificadas en la gestión de riesgos o en la resiliencia operativa. Las autoridades también tienen la potestad de imponer sanciones administrativas, como multas, advertencias formales o restricciones operativas, cuando se detecten incumplimientos graves. En casos extremos, las autoridades pueden incluso limitar o prohibir que una entidad financiera o un proveedor esencial continúe operando en el mercado, si consideran que representa un riesgo significativo para la estabilidad financiera o para la seguridad de los consumidores. Desde una perspectiva práctica, estas facultades imponen a las autoridades la obligación de desarrollar procedimientos claros y consistentes para la identificación, evaluación y resolución de incumplimientos, garantizando que las sanciones sean proporcionales y que se respeten los derechos de defensa de las entidades supervisadas.

Un aspecto importante del enfoque de control y ejecución del Reglamento es su carácter dinámico y adaptativo, diseñado para responder a la evolución constante de las tecnologías y de las amenazas operativas y cibernéticas. Las autoridades competentes están obligadas a monitorear de manera continua el panorama de riesgos y a adaptar sus enfoques de supervisión en función de los cambios en el entorno. Esto incluye la adopción de tecnologías avanzadas, como herramientas de inteligencia artificial y análisis de big data, para identificar patrones emergentes de riesgo y anticipar posibles vulnerabilidades. También implica la revisión periódica de los marcos de supervisión y la incorporación de las lecciones aprendidas de incidentes pasados y de las mejores prácticas internacionales en materia de resiliencia operativa. Este enfoque proactivo es esencial para garantizar que el sistema de supervisión sea eficaz en un entorno tecnológico en rápida evolución y para reforzar la capacidad de las entidades financieras y los proveedores esenciales de responder a los desafíos emergentes.

Desde la perspectiva de las entidades financieras, las normas sobre cooperación, control y ejecución tienen importantes implicaciones prácticas. Las entidades deben garantizar que sus sistemas y procesos internos sean capaces de cumplir con los requisitos regulatorios, incluyendo la preparación para auditorías e inspecciones por parte de las autoridades competentes. Esto implica, entre otras cosas, la implementación de marcos robustos de gestión de riesgos, la realización de pruebas periódicas de resiliencia operativa y la notificación oportuna de incidentes graves relacionados con las TIC. Además, las entidades deben colaborar activamente con las autoridades y otros actores relevantes, proporcionando información precisa y completa sobre sus operaciones y cooperando en la implementación de medidas correctivas cuando sea necesario.

Por su parte, los proveedores terceros esenciales de servicios TIC también están sujetos a requisitos estrictos bajo el marco de supervisión establecido por el Reglamento. Estos proveedores deben garantizar que sus sistemas, procesos y controles cumplen con los estándares de seguridad y resiliencia operativa exigidos, y deben estar preparados para cooperar plenamente con las autoridades competentes en el marco de auditorías, inspecciones y solicitudes de información. En la práctica, esto puede requerir inversiones significativas en tecnología, capacitación y recursos humanos, así como la adopción de políticas y procedimientos específicos para gestionar las interacciones con las autoridades regulatorias.

Las normas sobre cooperación entre autoridades competentes y sobre control y ejecución establecidas por el Reglamento 2022/2554 representan un componente esencial del marco regulatorio diseñado para fortalecer la resiliencia operativa digital del sector financiero europeo. Estas disposiciones promueven un enfoque coordinado y armonizado de la supervisión, garantizando que las entidades financieras y los proveedores esenciales cumplan con los requisitos establecidos y que los riesgos operativos y cibernéticos se gestionen de manera efectiva. Aunque su implementación plantea desafíos significativos en términos de recursos, coordinación y adaptación, estas normas son fundamentales para proteger la estabilidad financiera, reforzar la confianza de los consumidores y garantizar la seguridad de un sistema financiero cada vez más interconectado y dependiente de la tecnología. Su correcta aplicación dependerá de la capacidad de las autoridades, las entidades financieras y los proveedores esenciales de trabajar juntos para abordar los riesgos y desafíos del entorno digital actual y futuro.

2. En relación con las entidades financieras identificadas como entidades esenciales o importantes en virtud de las normas nacionales de transposición del artículo 3 de la Directiva (UE) 2022/2555, el presente Reglamento se considerará un acto jurídico sectorial de la Unión a efectos del artículo 4 de dicha Directiva.

El artículo 2 del Reglamento 2022/2554 introduce una disposición normativa determinante que conecta este Reglamento con la Directiva (UE) 2022/2555 (Directiva NIS 2), integrando ambas normativas en el marco regulatorio de la Unión Europea en materia de ciberseguridad y resiliencia operativa digital. En concreto, el artículo dispone que, para las entidades financieras identificadas como esenciales o importantes en virtud de las normas nacionales de transposición del artículo 3 de la Directiva NIS 2, el Reglamento se considerará un "acto jurídico sectorial" de la Unión a los efectos del artículo 4 de la misma Directiva. Esta conexión tiene implicaciones profundas tanto para las entidades financieras, como para los proveedores tecnológicos, las autoridades nacionales competentes y el marco regulador europeo en su conjunto, al establecer un sistema jurídico interdependiente que refuerza la especificidad y efectividad de las normas aplicables a los diferentes sectores estratégicos de la Unión. A través de esta disposición, el Reglamento 2022/2554 asume un papel de preeminencia como instrumento normativo específico para el sector financiero, permitiendo que sus disposiciones prevalezcan sobre las normas horizontales de la Directiva NIS 2, siempre que estas últimas sean menos estrictas o adaptadas a las características particulares del sector financiero.

La Directiva NIS 2 establece un marco normativo horizontal diseñado para reforzar la ciberseguridad en sectores estratégicos clave, incluyendo los servicios financieros y las infraestructuras del mercado financiero. En virtud de su artículo 3, los Estados miembros están obligados a identificar a las entidades esenciales e importantes dentro de estos sectores. Este proceso de identificación se realiza atendiendo a criterios como el impacto potencial de un incidente en las operaciones de la entidad, su importancia para la sociedad y la economía, el tamaño y alcance de sus operaciones y la posibilidad de sustituir sus servicios. En este sentido, las entidades financieras que cumplen con estos criterios y son designadas como esenciales o importantes se incluyen automáticamente en el ámbito de aplicación de la Directiva NIS 2, quedando sujetas a sus requisitos generales de gestión de riesgos y notificación de incidentes. Sin embargo, el artículo 4 de la misma Directiva establece que, en caso de existir actos jurídicos sectoriales de la Unión que impongan requisitos equivalentes o más estrictos que los de la Directiva, las disposiciones de dichos actos prevalecerán y se aplicarán exclusivamente a las entidades reguladas por ellos.

En este contexto, el Reglamento 2022/2554 se posiciona como un acto jurídico sectorial específico que regula, de forma exhaustiva y especializada, la resiliencia operativa digital en el sector financiero. Sus disposiciones, más detalladas y estrictas que las normas generales de la Directiva NIS 2, incluyen la gestión de riesgos TIC, la notificación de incidentes graves relacionados con las TIC, la realización de pruebas de resiliencia operativa digital, el intercambio de información e inteligencia sobre ciberamenazas y vulnerabilidades, y la regulación de las relaciones con proveedores terceros esenciales de servicios TIC. Al ser considerado un acto jurídico sectorial bajo el artículo 4 de la Directiva NIS 2, el Reglamento 2022/2554 se aplica de manera exclusiva a las entidades financieras designadas como esenciales o importantes, excluyendo la aplicación directa de las normas generales de la Directiva NIS 2 en estos casos. Esta exclusividad tiene un impacto práctico significativo en términos de simplificación normativa, especificidad sectorial y alineación regulatoria.

En primer lugar, esta disposición elimina el riesgo de duplicidad normativa para las entidades financieras, al establecer que estas no estarán sujetas simultáneamente a los requisitos de la Directiva NIS 2 y del Reglamento 2022/2554. Esto es particularmente relevante porque, aunque ambos instrumentos persiguen objetivos similares de mejora de la ciberseguridad y la resiliencia operativa, sus enfoques y niveles de detalle difieren considerablemente. La Directiva NIS 2 establece un marco general aplicable a múltiples sectores estratégicos, mientras que el Reglamento 2022/2554 está específicamente diseñado para abordar las necesidades y riesgos particulares del sector financiero, proporcionando un nivel de detalle y especificidad que no se encuentra en la normativa horizontal. Al excluir la aplicación simultánea de ambas normativas, se reduce la carga administrativa y se evita la confusión regulatoria para las entidades financieras, que pueden centrar sus esfuerzos de cumplimiento en un único marco normativo especializado.

Desde una perspectiva práctica, esta exclusividad también implica que las entidades financieras identificadas como esenciales o importantes deben cumplir con los requisitos más estrictos del Reglamento 2022/2554. Esto incluye, por ejemplo, la obligación de realizar pruebas avanzadas de resiliencia operativa digital, incluyendo pruebas de penetración basadas en inteligencia de amenazas (Threat-Led Penetration Testing, TLPT), que van más allá de los requisitos de evaluación de riesgos establecidos en la Directiva NIS 2. Asimismo, las entidades financieras están sujetas a un régimen más detallado de notificación de incidentes graves relacionados con las TIC, que incluye plazos específicos para la notificación inicial y actualizaciones posteriores, así como una mayor colaboración con las autoridades competentes para investigar y mitigar los efectos de los incidentes. Esto significa que, aunque las entidades financieras no están sujetas a las normas generales de la Directiva NIS 2, el cumplimiento del Reglamento 2022/2554 impone un nivel de exigencia considerablemente más alto, lo que requiere una planificación y asignación de recursos adecuada por parte de las entidades.

Otro aspecto relevante de esta conexión normativa es el impacto que tiene en la relación entre las autoridades competentes responsables de supervisar la aplicación de la Directiva NIS 2 y del Reglamento 2022/2554. En virtud del artículo 4 de la Directiva, las autoridades competentes designadas para supervisar las entidades financieras bajo el Reglamento asumen la responsabilidad exclusiva de la supervisión de estas entidades en relación con los aspectos de resiliencia operativa digital. Esto requiere una coordinación estrecha entre las autoridades encargadas de la implementación de la Directiva NIS 2 y las autoridades financieras nacionales, para garantizar que no existan solapamientos ni conflictos en la supervisión de las entidades designadas como esenciales o importantes. En la práctica, esta coordinación puede incluir el intercambio de información sobre incidentes cibernéticos, la colaboración en auditorías conjuntas y el desarrollo de enfoques comunes para abordar riesgos sistémicos que puedan afectar tanto al sector financiero como a otros sectores estratégicos.

Además, las autoridades competentes encargadas de la supervisión del Reglamento 2022/2554 deben garantizar que los requisitos específicos del Reglamento se implementen de manera consistente en toda la Unión Europea, alineándose al mismo tiempo con los objetivos generales de la Directiva NIS 2 en términos de fortalecimiento de la ciberseguridad y la resiliencia digital a nivel de la Unión. Esto incluye la supervisión de las relaciones contractuales entre las entidades financieras y sus proveedores terceros esenciales de servicios TIC, que pueden incluir tanto proveedores locales como globales. Dado que muchos de estos proveedores también prestan servicios a entidades reguladas bajo la Directiva NIS 2, es fundamental que las autoridades competentes trabajen en colaboración para garantizar un enfoque armonizado en la supervisión de estos proveedores, minimizando las cargas regulatorias duplicadas y asegurando que las disposiciones del Reglamento se apliquen de manera efectiva.

Desde la perspectiva de los proveedores terceros de servicios TIC, la consideración del Reglamento 2022/2554 como un acto jurídico sectorial bajo el artículo 4 de la Directiva NIS 2 implica que deben cumplir con los estándares más altos establecidos por el Reglamento cuando presten servicios a entidades financieras designadas como esenciales o importantes. Esto puede incluir requisitos adicionales en términos de seguridad de datos, redundancia operativa, planes de continuidad del negocio y auditorías de cumplimiento. En la práctica, esto significa que los proveedores que trabajan con entidades financieras bajo el Reglamento deben adoptar medidas proactivas para alinearse con los requisitos específicos del sector financiero, lo que puede implicar inversiones significativas en infraestructura tecnológica, capacitación y certificación. Además, deben estar preparados para cooperar plenamente con las autoridades competentes en el marco de auditorías, inspecciones y solicitudes de información.

La disposición del artículo 2 del Reglamento 2022/2554 que lo considera un acto jurídico sectorial para las entidades financieras esenciales o importantes identificadas bajo la Directiva NIS 2 refuerza la especificidad y coherencia del marco regulatorio de la Unión Europea en materia de ciberseguridad y resiliencia operativa. Al establecer que el Reglamento prevalece sobre las disposiciones generales de la Directiva NIS 2 para estas entidades, se proporciona un marco normativo más adaptado a las características del sector financiero, que aborda sus riesgos específicos de manera más rigurosa y detallada. Esta conexión normativa tiene implicaciones prácticas significativas para las entidades financieras, las autoridades competentes y los proveedores tecnológicos, y requiere un enfoque coordinado y eficiente para garantizar su correcta implementación. En última instancia, esta disposición contribuye a fortalecer la resiliencia operativa digital del sector financiero europeo y a garantizar la estabilidad y seguridad de un sistema cada vez más interconectado y dependiente de la tecnología.

3. El presente Reglamento se entenderá sin perjuicio de la responsabilidad de los Estados miembros en lo concerniente a las funciones esenciales del Estado que afectan a la seguridad pública, la defensa y la seguridad nacional de conformidad con el Derecho de la Unión.

El presente apartado establece una disposición esencial que determina que este Reglamento debe interpretarse de manera que no afecte ni interfiera con las competencias soberanas de los Estados miembros en lo relativo a la seguridad pública, la defensa y la seguridad nacional, en conformidad con el Derecho de la Unión. Esta cláusula se enmarca dentro de un principio fundamental del Derecho de la Unión Europea: el respeto por las competencias exclusivas de los Estados miembros en ámbitos esenciales de soberanía estatal, consagradas, entre otros, en el artículo 4, apartado 2, del Tratado de Funcionamiento de la Unión Europea (TFUE). Este apartado tiene implicaciones jurídicas, políticas y prácticas de gran alcance, ya que delimita el alcance del Reglamento y establece límites claros respecto a áreas consideradas críticas para la estabilidad y la autonomía de los Estados miembros.

El punto de partida de esta disposición radica en la naturaleza de las funciones esenciales del Estado, como la seguridad nacional, la defensa y la seguridad pública. Estas áreas son intrínsecas a la soberanía estatal y no forman parte de las competencias transferidas a la Unión Europea, lo que significa que los Estados miembros conservan plena autonomía para decidir y ejecutar políticas relacionadas con estas materias. La seguridad nacional, en particular, es un concepto amplio que abarca no solo la defensa contra amenazas externas, sino también la protección frente a riesgos internos que puedan comprometer la estabilidad del Estado, como el terrorismo, los ciberataques a infraestructuras críticas o las emergencias nacionales. En este contexto, el Reglamento reconoce explícitamente que no debe interpretarse de manera que interfiera con la capacidad de los Estados miembros para proteger estos intereses vitales.

Desde una perspectiva práctica, esta disposición tiene un impacto directo en la aplicación del Reglamento 2022/2554 a las entidades financieras y a los proveedores terceros esenciales de servicios TIC. Aunque el Reglamento establece un marco armonizado para la resiliencia operativa digital en el sector financiero, los Estados miembros conservan la potestad de adoptar medidas adicionales o excepcionales cuando lo consideren necesario para garantizar su seguridad pública o nacional. Por ejemplo, un Estado miembro podría imponer restricciones sobre el uso de ciertos proveedores tecnológicos extranjeros si considera que representan un riesgo para la seguridad nacional, incluso si dichos proveedores cumplen con los requisitos generales del Reglamento. Asimismo, podrían exigirse medidas adicionales de localización de datos o almacenamiento en territorio nacional para proteger información sensible relacionada con infraestructuras financieras críticas. Estas medidas pueden coexistir con las disposiciones del Reglamento, siempre que no contradigan sus principios básicos ni obstaculicen el funcionamiento del mercado interior.

Una de las implicaciones más relevantes es la posibilidad de que los Estados miembros adopten normativas nacionales específicas para abordar riesgos que consideren prioritarios en el ámbito de la seguridad nacional. Estas normativas pueden incluir requisitos más estrictos para las entidades financieras en términos de ciberseguridad, protección de datos sensibles o gestión de incidentes. Por ejemplo, en el contexto de un ciberataque que afecte tanto a la resiliencia operativa de las entidades financieras como a la seguridad nacional, los Estados miembros podrían activar protocolos nacionales de emergencia que permitan la intervención directa de agencias gubernamentales especializadas, como las agencias de ciberseguridad o de inteligencia, para gestionar la crisis. En este tipo de situaciones, las entidades financieras estarían sujetas tanto a las disposiciones del Reglamento como a las directrices nacionales específicas, lo que podría generar complejidades en la implementación y cumplimiento de los requisitos aplicables.

Además, se subraya la importancia de la coordinación entre las autoridades competentes designadas para supervisar el cumplimiento del Reglamento y las autoridades responsables de la seguridad pública y nacional en los Estados miembros. Esta coordinación es esencial para garantizar que las medidas adoptadas en el marco del Reglamento sean coherentes con las estrategias nacionales de seguridad y defensa. Por ejemplo, en el caso de una amenaza cibernética que afecte a infraestructuras críticas del sector financiero, las autoridades financieras responsables de la aplicación del Reglamento deben trabajar en estrecha colaboración con las agencias nacionales de ciberseguridad para garantizar una respuesta integrada y eficaz. Esta colaboración puede implicar el intercambio de información confidencial, la realización de auditorías conjuntas y la implementación de medidas preventivas o correctivas que aborden tanto los riesgos operativos como los riesgos de seguridad nacional.

Un aspecto clave es su interacción con otras normativas de la Unión Europea y nacionales que también regulan aspectos relacionados con la seguridad pública y nacional. Por ejemplo, el Reglamento General de Protección de Datos (RGPD) y la Directiva NIS 2 establecen disposiciones específicas sobre la protección de datos y la ciberseguridad que pueden tener implicaciones en contextos relacionados con la seguridad nacional. En este sentido, se garantiza que sus disposiciones no se interpretarán de manera que entren en conflicto con las competencias de los Estados miembros en estas áreas. Sin embargo, también plantea la necesidad de armonizar los enfoques regulatorios para evitar solapamientos, conflictos normativos o lagunas en la supervisión. Esto es especialmente relevante en el caso de incidentes cibernéticos que trascienden las fronteras nacionales y que requieren una coordinación a nivel de la Unión Europea, como los ataques a sistemas de pagos transfronterizos o a plataformas tecnológicas utilizadas por múltiples entidades financieras.

Desde la perspectiva de las entidades financieras, el apartado 3 introduce un grado adicional de complejidad en el cumplimiento de sus obligaciones regulatorias. Aunque el Reglamento establece un marco uniforme a nivel de la Unión Europea, las entidades deben ser conscientes de que los Estados miembros pueden imponer requisitos adicionales o medidas excepcionales relacionadas con la seguridad pública o nacional. Esto puede incluir, por ejemplo, la obligación de colaborar con las autoridades nacionales en investigaciones relacionadas con ciberataques o la implementación de controles adicionales sobre el acceso a sistemas y datos críticos. Para las entidades que operan a nivel transnacional, estas diferencias en las normativas nacionales pueden generar desafíos significativos en términos de cumplimiento y gobernanza, ya que deben adaptarse a requisitos específicos en cada jurisdicción mientras mantienen la coherencia de sus operaciones globales.

Desde el punto de vista de los proveedores terceros esenciales de servicios TIC, el presente apartado también tiene implicaciones prácticas importantes. Estos proveedores, especialmente aquellos que operan a nivel global, deben estar preparados para cumplir con normativas nacionales adicionales relacionadas con la seguridad pública o nacional, además de las disposiciones del Reglamento 2022/2554. Por ejemplo, un proveedor de servicios en la nube que trabaje con entidades financieras en varios Estados miembros podría enfrentarse a requisitos específicos sobre la localización de datos, la implementación de medidas de ciberseguridad avanzadas o la realización de auditorías adicionales por parte de las autoridades nacionales. Esto puede requerir inversiones significativas en infraestructura tecnológica, recursos humanos y certificaciones de cumplimiento, así como la adopción de políticas específicas para gestionar las interacciones con las autoridades nacionales en diferentes jurisdicciones.

En términos estratégicos, refuerza el principio de subsidiariedad y el respeto por la soberanía de los Estados miembros en áreas críticas para su estabilidad y seguridad. Sin embargo, también pone de manifiesto la necesidad de encontrar un equilibrio entre las competencias exclusivas de los Estados miembros y los objetivos de armonización y coordinación a nivel de la Unión Europea. Este equilibrio es esencial para garantizar que las medidas adoptadas en el marco del Reglamento no entren en conflicto con las estrategias nacionales de seguridad, pero al mismo tiempo contribuyan a reforzar la resiliencia operativa y la estabilidad del sector financiero europeo en su conjunto.

Asimismo, se establece una limitación clara y necesaria en cuanto al alcance del Reglamento, al garantizar que no interfiera con las competencias exclusivas de los Estados miembros en materia de seguridad pública, defensa y seguridad nacional. Esta disposición tiene implicaciones prácticas significativas para las entidades financieras, los proveedores tecnológicos y las autoridades competentes, al introducir un grado de flexibilidad que permite a los Estados miembros adoptar medidas adicionales o excepcionales cuando sea necesario para proteger sus intereses soberanos. Al mismo tiempo, plantea desafíos relacionados con la coordinación entre las normativas nacionales y europeas, la supervisión de riesgos transfronterizos y la armonización de enfoques regulatorios. En última instancia, este apartado refuerza el equilibrio entre la autonomía de los Estados miembros y los objetivos de la Unión Europea, contribuyendo a garantizar la resiliencia operativa del sector financiero mientras se protegen los intereses fundamentales de la seguridad nacional y pública.

Artículo 2. Ámbito de aplicación

1. Sin perjuicio de lo dispuesto en los apartados 3 y 4, el presente Reglamento se aplicará a las siguientes entidades:

a) entidades de crédito;

b) entidades de pago, incluidas las entidades de pago exentas en virtud de la Directiva (UE) 2015/2366;

c) proveedores de servicios de información sobre cuentas;

d) entidades de dinero electrónico, incluidas las entidades de dinero electrónico exentas en virtud de la Directiva 2009/110/CE;

e) empresas de servicios de inversión;

f) proveedores de servicios de criptoactivos autorizados en virtud de un Reglamento del Parlamento Europeo y del Consejo relativo a los mercados de criptoactivos y por el que se modifican los Reglamentos (UE) número 1093/2010 y (UE) número 1095/2010 y las Directivas 2013/36/UE y (UE) 2019/1937 (en lo sucesivo, «Reglamento relativo a los mercados de criptoactivos»), y emisores de fichas referenciadas a activos;

g) depositarios centrales de valores;

h) entidades de contrapartida central;

i) centros de negociación;

j) registros de operaciones;

k) gestores de fondos de inversión alternativos;

l) sociedades de gestión;

m) proveedores de servicios de suministro de datos;

n) empresas de seguros y de reaseguros;

o) intermediarios de seguros, intermediarios de reaseguros e intermediarios de seguros complementarios;

p) fondos de pensiones de empleo;

q) agencias de calificación crediticia;

r) administradores de índices de referencia determinantes;

s) proveedores de servicios de financiación participativa;

t) registros de titulizaciones;

*u) **proveedores terceros de servicios de TIC.***

El artículo 2 del Reglamento Europeo 2022/2554 establece el ámbito de aplicación material y subjetivo de la norma, determinando con precisión las categorías de entidades a las que se aplica. Este listado incluye una amplia gama de actores del sector financiero, así como proveedores terceros de servicios de tecnologías de la información y la comunicación (TIC), reflejando la intención del legislador europeo de abarcar de manera exhaustiva a todos los agentes cuya actividad puede tener un impacto significativo en la resiliencia operativa digital del sistema financiero. La norma busca establecer un marco armonizado y uniforme que garantice la seguridad, estabilidad y continuidad de las operaciones financieras en un entorno digital cada vez más interconectado y complejo. En este análisis, se examinan las implicaciones prácticas y jurídicas de esta disposición para cada tipo de entidad, así como las repercusiones de su implementación en el sector financiero europeo.

El ámbito subjetivo del Reglamento es amplio y detallado, cubriendo un espectro diverso de entidades financieras y no financieras que participan en el ecosistema financiero de la Unión Europea. En primer lugar, se incluye a las entidades de crédito (a), que son actores centrales en el sistema financiero y cuya operación depende de sistemas tecnológicos avanzados para gestionar transacciones, depósitos, créditos y otros servicios financieros esenciales. Las entidades de crédito enfrentan riesgos tecnológicos significativos, incluyendo ciberataques y fallos operativos, que podrían tener un impacto directo en los consumidores y en la estabilidad financiera. Al incluirlas en el ámbito de aplicación del Reglamento, se garantiza que estén sujetas a requisitos estrictos en cuanto a la gestión de riesgos TIC, notificación de incidentes y pruebas de resiliencia operativa.

En segundo lugar, el Reglamento se aplica a las entidades de pago (b) y a los proveedores de servicios de información sobre cuentas (c), que operan en un entorno altamente digitalizado y desempeñan un papel determinante en los sistemas de pagos electrónicos y la agregación de datos financieros. Estas entidades, incluidas aquellas exentas bajo la Directiva (UE) 2015/2366, están particularmente expuestas a riesgos tecnológicos debido a la naturaleza de los servicios que prestan, que requieren una conectividad constante y una infraestructura robusta para procesar transacciones en tiempo real. Los requisitos del Reglamento aseguran que estas entidades implementen medidas adecuadas para proteger la integridad, confidencialidad y disponibilidad de los datos y servicios que gestionan.

Asimismo, el Reglamento abarca a las entidades de dinero electrónico (d), incluidas aquellas exentas bajo la Directiva 2009/110/CE. Estas entidades desempeñan un papel creciente en la provisión de alternativas digitales al dinero físico, lo que las hace vulnerables a riesgos relacionados con la protección de datos, interrupciones operativas y ciberataques. La inclusión de estas entidades en el ámbito del Reglamento refleja el reconocimiento de que las disrupciones en su operativa pueden tener efectos adversos significativos en los consumidores y en la confianza en el sistema financiero.

El alcance del Reglamento se extiende a las empresas de servicios de inversión (e), que son responsables de proporcionar servicios de intermediación, asesoramiento y gestión de carteras a clientes institucionales y minoristas. La complejidad y la naturaleza crítica de los servicios que prestan estas empresas las exponen a riesgos significativos derivados de la dependencia de sistemas tecnológicos avanzados, así como de la amenaza de ciberataques dirigidos a los datos sensibles que manejan. El cumplimiento de los requisitos del Reglamento por parte de estas empresas es fundamental para garantizar que los riesgos tecnológicos sean gestionados de manera efectiva y que sus operaciones puedan continuar de manera ininterrumpida incluso en escenarios de crisis.

Un grupo de especial relevancia en el ámbito del Reglamento son los proveedores de servicios de criptoactivos (f), los emisores de fichas referenciadas a activos y los actores regulados bajo el futuro Reglamento relativo a los mercados de criptoactivos. Este sector emergente ha ganado importancia rápidamente, pero también ha demostrado ser particularmente vulnerable a incidentes cibernéticos, fraudes y problemas de seguridad tecnológica. La inclusión de estos actores en el ámbito del Reglamento refuerza la necesidad de un marco normativo que asegure la resiliencia operativa en un sector que opera predominantemente en el entorno digital y que es susceptible a ataques sofisticados.

El Reglamento cubre a actores clave del mercado financiero, como los depositarios centrales de valores (g), las entidades de contrapartida central (h), los centros de negociación (i) y los registros de operaciones (j). Estas infraestructuras financieras críticas son fundamentales para garantizar el correcto funcionamiento de los mercados de valores, la compensación y liquidación de operaciones, y la transparencia en las transacciones financieras. Un fallo operativo en cualquiera de estas entidades podría desencadenar un efecto dominó con repercusiones sistémicas. Por ello, su inclusión en el ámbito del Reglamento asegura que implementen medidas avanzadas de resiliencia operativa, redundancia y capacidad de recuperación ante incidentes.

Otros actores relevantes incluidos en el ámbito del Reglamento son los gestores de fondos de inversión alternativos (k), las sociedades de gestión (l) y los proveedores de servicios de suministro de datos (m). Estas entidades son responsables de gestionar activos significativos y de proporcionar datos críticos que influyen en las decisiones de inversión, lo que las convierte en objetivos atractivos para ciberataques y otras amenazas tecnológicas. Las normas del Reglamento garantizan que estas entidades adopten las mejores prácticas en gestión de riesgos tecnológicos, lo que es esencial para proteger los intereses de los inversores y la estabilidad de los mercados financieros.

El sector asegurador también está incluido en el ámbito del Reglamento, cubriendo a las empresas de seguros y reaseguros (n), así como a los intermediarios de seguros y reaseguros (o). Estas entidades manejan grandes volúmenes de datos personales y financieros, lo que las hace especialmente vulnerables a riesgos tecnológicos. La inclusión de estas entidades asegura que implementen medidas adecuadas para proteger la confidencialidad y disponibilidad de los datos, así como para garantizar la continuidad de los servicios en caso de incidentes.

En el ámbito de las pensiones, el Reglamento se aplica a los fondos de pensiones de empleo (p), reflejando la importancia de proteger los datos y activos de los beneficiarios frente a riesgos tecnológicos. Del mismo modo, se incluyen actores como las agencias de calificación crediticia (q), los administradores de índices de referencia determinantes (r) y los proveedores de servicios de financiación participativa (s), que desempeñan funciones críticas en la evaluación del riesgo, la fijación de precios de activos y la financiación de proyectos, respectivamente. La inclusión de estos actores asegura que sus operaciones sean resilientes frente a interrupciones tecnológicas.

Finalmente, el Reglamento se aplica a los registros de titulizaciones (t) y a los proveedores terceros de servicios TIC (u). Los registros de titulizaciones son fundamentales para la transparencia y la supervisión del mercado de titulizaciones, mientras que los proveedores terceros de servicios TIC son esenciales para garantizar la seguridad y continuidad de los servicios tecnológicos que sustentan el sector financiero. La inclusión de estos últimos refuerza la necesidad de supervisar de manera efectiva a los proveedores tecnológicos que desempeñan un papel crítico en las operaciones financieras.

En términos prácticos, el amplio ámbito de aplicación del Reglamento tiene varias implicaciones. Por un lado, asegura que todas las entidades cuya operativa tiene un impacto significativo en la estabilidad financiera estén sujetas a un marco normativo uniforme en materia de resiliencia operativa digital. Por otro lado, plantea desafíos para las entidades reguladas, que deben adaptar sus sistemas y procesos para cumplir con los estrictos requisitos del Reglamento, incluyendo la gestión de riesgos TIC, la notificación de incidentes, la realización de pruebas de resiliencia y la cooperación con las autoridades competentes. Además, las autoridades de supervisión deben coordinarse para garantizar la aplicación efectiva del Reglamento, especialmente en el caso de entidades transnacionales y proveedores terceros esenciales.

El artículo 2 del Reglamento 2022/2554 establece un ámbito de aplicación amplio y exhaustivo que refleja la diversidad y la interdependencia del ecosistema financiero europeo. La inclusión de una variedad tan amplia de actores asegura que el marco normativo sea efectivo para abordar los riesgos tecnológicos que enfrentan tanto las entidades financieras como las infraestructuras y proveedores que las sustentan. Sin embargo, su implementación requiere un esfuerzo significativo por parte de las entidades reguladas, los proveedores tecnológicos y las autoridades competentes, lo que subraya la importancia de un enfoque coordinado y eficaz para garantizar la resiliencia operativa digital en toda la Unión Europea.

2. A efectos del presente Reglamento, las entidades a que se refiere el apartado 1, letras a) a t), se denominarán colectivamente «entidades financieras».

El segundo apartado establece que las entidades enumeradas en el artículo 2, apartado 1, letras a) a t), serán denominadas colectivamente "entidades financieras" a efectos del Reglamento. Esta disposición constituye un elemento fundamental en la arquitectura jurídica del Reglamento, ya que delimita con claridad el grupo de sujetos a los que se aplican sus disposiciones, unificando bajo un término único a un conjunto diverso de actores que operan en el ecosistema financiero europeo. Esta categorización no solo permite abordar de manera coherente los riesgos tecnológicos y cibernéticos que afectan al sector financiero, sino que también asegura que las normas del Reglamento se interpreten y apliquen de manera uniforme en toda la Unión Europea, garantizando la armonización y la igualdad en su implementación.

La relevancia de este artículo radica en la diversidad de entidades que son consideradas "entidades financieras" bajo el Reglamento. Este término abarca desde instituciones tradicionales como las entidades de crédito y las empresas de seguros, hasta actores más recientes como los proveedores de servicios de criptoactivos y los proveedores terceros de servicios TIC. En su conjunto, estas entidades forman la columna vertebral del sistema financiero europeo y, en muchos casos, están interconectadas de manera compleja, lo que aumenta su exposición a riesgos compartidos. El artículo 2 unifica estas categorías bajo una denominación común, permitiendo que el Reglamento aplique sus normas a todas ellas de manera equitativa y evitando lagunas regulatorias que podrían surgir en un entorno financiero en constante evolución.

Desde una perspectiva práctica, la definición de "entidades financieras" tiene múltiples implicaciones. En primer lugar, establece un marco claro para la identificación de los sujetos obligados por el Reglamento, eliminando ambigüedades y asegurando que las normas se apliquen a todas las entidades que desempeñan funciones críticas en el sistema financiero. Esto incluye no solo a las instituciones financieras más conocidas, como las entidades de crédito (a) o las empresas de seguros (n), sino también a actores cuya importancia ha crecido en los últimos años debido a la digitalización y la innovación tecnológica, como los proveedores de servicios de criptoactivos (f), los administradores de índices de referencia determinantes (r) y los proveedores de servicios de financiación participativa (s). La inclusión de estos actores asegura que el Reglamento esté alineado con los cambios estructurales y tecnológicos del sector financiero, abarcando tanto a las entidades tradicionales como a las emergentes.

El término "entidades financieras" también facilita la coherencia en la redacción y aplicación del Reglamento. Al utilizar una denominación única para referirse a un grupo diverso de actores, el legislador europeo evita la necesidad de enumerar continuamente a cada una de estas entidades en todas las disposiciones del Reglamento. Esto simplifica el texto normativo, permitiendo que las obligaciones y responsabilidades impuestas por el Reglamento sean entendidas y aplicadas de manera uniforme. Por ejemplo, cuando el Reglamento establece obligaciones de gestión de riesgos tecnológicos, pruebas de resiliencia operativa o notificación de incidentes graves, dichas obligaciones se aplican automáticamente a todas las "entidades financieras", garantizando una cobertura homogénea de los requisitos regulatorios en todo el sector.

Además, esta categorización permite a las autoridades competentes adoptar un enfoque unificado en la supervisión de las entidades reguladas. Al agrupar a todas estas entidades bajo un mismo término, las autoridades pueden desarrollar estrategias de supervisión coherentes que aborden los riesgos comunes y específicos que afectan a las "entidades financieras". Esto es especialmente importante en el contexto de la resiliencia operativa digital, donde los riesgos tecnológicos y cibernéticos suelen ser transversales y afectan a múltiples tipos de entidades de manera simultánea. Por ejemplo, un ciberataque dirigido a un proveedor de servicios TIC podría afectar tanto a entidades de crédito como a empresas de seguros, gestoras de fondos de inversión y proveedores de criptoactivos, todos los cuales están interconectados a través de infraestructuras tecnológicas compartidas. La definición de "entidades financieras" permite que las autoridades adopten un enfoque coordinado para abordar estos riesgos, asegurando que todas las entidades afectadas estén sujetas a los mismos estándares de supervisión y cumplimiento.

Desde el punto de vista normativo, la inclusión de un término colectivo como "entidades financieras" también refuerza el propósito del Reglamento de establecer un marco armonizado para la resiliencia operativa digital en toda la Unión Europea. Al unificar a todos los actores relevantes bajo una misma definición, el Reglamento evita fragmentaciones regulatorias y asegura que las normas se apliquen de manera consistente en todos los Estados miembros. Esto es particularmente relevante en un entorno financiero globalizado, donde muchas "entidades financieras" operan a nivel transnacional y dependen de infraestructuras tecnológicas que cruzan fronteras. La armonización de las normas permite que estas entidades implementen estrategias de gestión de riesgos y resiliencia operativa que sean válidas en todas las jurisdicciones de la Unión, reduciendo la complejidad regulatoria y promoviendo una mayor eficiencia.

El presente apartado también tiene implicaciones significativas para los proveedores terceros de servicios TIC, que son mencionados explícitamente en el artículo 1, letra u), pero no están incluidos en la definición de "entidades financieras". Aunque los proveedores terceros no son considerados "entidades financieras" en el sentido técnico del Reglamento, su interacción con estas entidades significa que están directamente afectados por las disposiciones del Reglamento. Esto incluye, por ejemplo, la obligación de las "entidades financieras" de supervisar y gestionar los riesgos asociados a sus relaciones con proveedores terceros, asegurando que estos cumplan con los estándares de seguridad y resiliencia operativa exigidos por el Reglamento. En la práctica, esto implica que los proveedores terceros deben adaptar sus operaciones y procesos para cumplir con los requisitos regulatorios de las "entidades financieras" con las que trabajan, lo que puede incluir auditorías, certificaciones y la implementación de medidas avanzadas de ciberseguridad.

Otra implicación importante de la definición de "entidades financieras" es su papel en la promoción de la cooperación y coordinación entre las autoridades competentes. Dado que el término abarca una amplia gama de actores con diferentes perfiles y riesgos, las autoridades encargadas de supervisar el cumplimiento del Reglamento deben trabajar de manera conjunta para garantizar una aplicación coherente y eficaz de las normas. Esto es especialmente importante en el caso de las "entidades financieras" que operan en múltiples Estados miembros o que dependen de proveedores terceros esenciales que tienen presencia transnacional. La definición de "entidades financieras" facilita esta cooperación al proporcionar un marco claro y uniforme para identificar a los sujetos obligados y coordinar las actividades de supervisión entre las autoridades nacionales y las Autoridades Europeas de Supervisión (AES).

Desde la perspectiva de las "entidades financieras" mismas, la definición prevista tiene un impacto directo en sus responsabilidades y obligaciones bajo el Reglamento. Al ser categorizadas como "entidades financieras", estas entidades están sujetas a la totalidad de los requisitos del Reglamento, lo que incluye la gestión de riesgos tecnológicos, la notificación de incidentes graves relacionados con las TIC, la realización de pruebas de resiliencia operativa digital y la cooperación con las autoridades competentes. Esto requiere que las entidades adapten sus sistemas, procesos y políticas internas para garantizar el cumplimiento, lo que puede implicar inversiones significativas en tecnología, personal y capacitación. Además, las entidades deben ser conscientes de que su inclusión bajo la definición de "entidades financieras" las somete a la supervisión de las autoridades competentes, que tienen amplias facultades para realizar auditorías, solicitar información y adoptar medidas correctivas en caso de incumplimiento.

En términos estratégicos, la definición de "entidades financieras" también refleja la intención del legislador europeo de abordar de manera integral los riesgos tecnológicos y cibernéticos que afectan al sector financiero en su conjunto. Al incluir tanto a actores tradicionales como a emergentes, el Reglamento reconoce que la resiliencia operativa digital es un desafío que afecta a todos los participantes del ecosistema financiero, independientemente de su tamaño, tipo de actividad o modelo de negocio. Esta visión holística es esencial para garantizar que las medidas de seguridad y resiliencia sean efectivas a nivel sistémico, abordando las interdependencias y vulnerabilidades que caracterizan al sector financiero moderno.

El presente apartado se refiere colectivamente como "entidades financieras" a las categorías de actores enumerados en el artículo 1, apartado 1, letras a) a t). Esta definición unifica bajo un término único a una amplia gama de sujetos que desempeñan funciones críticas en el sistema financiero europeo, asegurando que las normas del Reglamento se apliquen de manera uniforme y armonizada. Desde una perspectiva práctica, esta categorización simplifica la interpretación y aplicación del Reglamento, facilita la supervisión y coordinación entre las autoridades competentes, y refuerza la capacidad del sector financiero para gestionar los riesgos tecnológicos y cibernéticos de manera integral. Al mismo tiempo, plantea desafíos significativos para las "entidades financieras", los proveedores tecnológicos y las autoridades supervisoras, que deben trabajar de manera conjunta para garantizar la correcta implementación de las disposiciones del Reglamento y la protección del ecosistema financiero frente a amenazas emergentes. Esta definición no solo contribuye a la resiliencia operativa de las entidades individuales, sino que también refuerza la estabilidad y seguridad del sistema financiero en su conjunto.

3. El presente Reglamento no se aplicará a:

a) los gestores de fondos de inversión alternativos tal como se contemplan en el artículo 3, apartado 2, de la Directiva 2011/61/UE;

La exclusión del ámbito de aplicación del Reglamento (UE) 2022/2554 de los gestores de fondos de inversión alternativos (GFIA) contemplados en el artículo 3, apartado 2, de la Directiva 2011/61/UE obedece a una diferenciación normativa basada en la proporcionalidad y en la necesidad de evitar cargas regulatorias desproporcionadas. La Directiva 2011/61/UE, conocida como la Directiva sobre Gestores de Fondos de Inversión Alternativos (AIFMD, por sus siglas en inglés), establece un régimen específico para los GFIA, diferenciándolos en función de su tamaño y la naturaleza de los fondos que gestionan.

El artículo 3, apartado 2, de la AIFMD exonera a ciertos GFIA del cumplimiento total de la Directiva, estableciendo un umbral cuantitativo para su exclusión del régimen general. En términos generales, estos umbrales se fijan en 100 millones de euros si el fondo utiliza apalancamiento y en 500 millones de euros si no lo utiliza, siempre que los inversores no tengan derecho a reembolso durante al menos cinco años. La exención permite que estos gestores operen sin necesidad de obtener una autorización plena conforme a la AIFMD, aunque deben cumplir con requisitos mínimos de registro e información.

Desde una perspectiva práctica, la exclusión de estos GFIA del Reglamento sobre resiliencia operativa digital implica que no estarán sujetos a las obligaciones de gestión de riesgos relacionados con las TIC establecidas en dicho Reglamento. Esto significa que no estarán obligados a cumplir con requisitos específicos en cuanto a gestión de ciberseguridad, pruebas de resiliencia digital, supervisión de proveedores de TIC ni notificación de incidentes relacionados con las TIC. En consecuencia, estos gestores de fondos mantienen un grado de flexibilidad operativa que les permite diseñar sus propias estrategias de gestión de riesgos sin la carga regulatoria añadida que implicaría su inclusión en el ámbito de aplicación del Reglamento.

Sin embargo, esta exclusión también conlleva ciertos riesgos desde la perspectiva del ecosistema financiero. Aunque los GFIA excluidos pueden no ser sistémicamente relevantes a nivel individual, una acumulación de vulnerabilidades tecnológicas en múltiples gestores pequeños podría generar riesgos agregados para el sistema financiero. La ausencia de un marco normativo armonizado en materia de resiliencia operativa digital para estos gestores podría traducirse en disparidades en la implementación de medidas de seguridad y en la capacidad de respuesta ante ciberincidentes.

Para los supervisores financieros, la exclusión de estos GFIA supone una limitación en cuanto a la capacidad de evaluación y mitigación de riesgos derivados del uso de las TIC en el sector de la gestión de activos. Si bien estos gestores pueden estar sujetos a requisitos generales de seguridad informática impuestos por otras normativas, la falta de una supervisión específica en materia de resiliencia operativa digital puede generar vacíos regulatorios que, en un contexto de creciente sofisticación de las amenazas cibernéticas, podrían comprometer la estabilidad financiera.

Desde el punto de vista de los inversores, la exclusión de estos gestores del Reglamento puede generar una menor transparencia en cuanto a los riesgos tecnológicos asociados a la operativa de los fondos. A diferencia de los gestores de fondos sujetos plenamente a la AIFMD, que deben cumplir con requisitos de seguridad más estrictos, los inversores en GFIA excluidos deben confiar en las políticas internas de cada gestor para garantizar la protección de sus activos frente a posibles ciberataques o fallos operativos digitales.

A nivel contractual y operativo, esta exclusión significa que los GFIA que se benefician de esta exención no estarán obligados a aplicar controles estrictos en la subcontratación de servicios de TIC, ni a realizar evaluaciones de proveedores de TIC bajo el marco del Reglamento 2022/2554. Esto podría derivar en un mayor nivel de riesgo en la cadena de suministro de servicios financieros, ya que estos gestores pueden depender de proveedores sin estar sujetos a las mismas exigencias regulatorias en materia de seguridad digital que otras entidades financieras.

En el contexto de la evolución de la regulación financiera en la Unión Europea, esta exclusión puede ser objeto de futuras revisiones. La creciente digitalización del sector financiero y la importancia crítica de la ciberseguridad podrían justificar la extensión de ciertos requisitos de resiliencia operativa digital a los GFIA en la actualidad excluidos, especialmente, si se considera que los ciberataques pueden afectar a cualquier actor del ecosistema financiero, independientemente de su tamaño o relevancia sistémica.

b) las empresas de seguros y de reaseguros tal como se contemplan en el artículo 4 de la Directiva 2009/138/CE;

El artículo 2, apartado 3, letra b), del Reglamento 2022/2554 excluye expresamente de su ámbito de aplicación a las empresas de seguros y de reaseguros que se encuentran reguladas por el artículo 4 de la Directiva 2009/138/CE, también conocida como Directiva Solvencia II. Esta exclusión tiene implicaciones significativas tanto en el marco regulatorio europeo como en el tratamiento de los riesgos tecnológicos y cibernéticos que afectan a este sector específico. La decisión de no incluir a estas empresas bajo el ámbito del Reglamento responde a una delimitación normativa que reconoce la existencia de un régimen sectorial propio y detallado en la Directiva Solvencia II, el cual ya establece normas específicas para la gestión de riesgos, la solvencia y la supervisión de estas entidades. Sin embargo, esta exclusión no implica que las empresas de seguros y reaseguros estén exentas de abordar los riesgos relacionados con la resiliencia operativa digital, ya que dichos riesgos también están sujetos a regulación y supervisión bajo otros marcos normativos sectoriales o generales aplicables en la Unión Europea.

El artículo 2 de la Directiva 2009/138/CE define el ámbito de aplicación de dicha normativa, que regula a las empresas de seguros y de reaseguros establecidas en la Unión Europea. Solvencia II proporciona un marco normativo integral que se centra en garantizar la estabilidad financiera de las empresas de seguros y la protección de los tomadores de seguros mediante el establecimiento de requisitos en materia de capital, gobernanza y gestión de riesgos. Aunque la Directiva aborda de manera general la importancia de gestionar riesgos operativos, no contiene disposiciones específicas relacionadas con los riesgos tecnológicos y cibernéticos, a pesar de que estos se han vuelto cada vez más relevantes en el sector asegurador debido a la creciente digitalización y la dependencia de las tecnologías de la información.

La exclusión de las empresas de seguros y de reaseguros del ámbito del Reglamento 2022/2554 puede interpretarse como una decisión legislativa que busca evitar la superposición normativa y respetar la autonomía de los marcos regulatorios sectoriales ya existentes, como es el caso de Solvencia II. Esta exclusión también refuerza el principio de subsidiariedad, ya que permite que los riesgos relacionados con la resiliencia operativa digital en el sector asegurador se aborden dentro de su propio marco regulatorio o mediante normativas específicas en caso de que sea necesario. Desde esta perspectiva, el enfoque del legislador europeo permite una mayor especialización y adaptación a las particularidades del sector asegurador, evitando la aplicación uniforme de un marco diseñado principalmente para otras categorías de entidades financieras.

Sin embargo, la exclusión de las empresas de seguros y reaseguros del ámbito del Reglamento plantea cuestiones prácticas y jurídicas relacionadas con la gestión de riesgos tecnológicos en este sector. A pesar de no estar sujetas al Reglamento, estas empresas no están exentas de abordar los riesgos asociados con la resiliencia operativa digital. Los supervisores nacionales y europeos, como la Autoridad Europea de Seguros y Pensiones de Jubilación (EIOPA), han reconocido la importancia de fortalecer la gestión de riesgos tecnológicos y cibernéticos en el sector asegurador, y han emitido directrices y recomendaciones específicas para garantizar que las empresas de seguros implementen medidas adecuadas en estas áreas. Por ejemplo, la EIOPA ha publicado directrices sobre seguridad de las TIC y gobernanza de los riesgos cibernéticos, que establecen requisitos específicos para las empresas de seguros y reaseguros, incluyendo la implementación de políticas de ciberseguridad, la gestión de riesgos tecnológicos y la notificación de incidentes cibernéticos.

En términos prácticos, esta exclusión significa que las empresas de seguros y reaseguros deben seguir abordando los riesgos tecnológicos en el marco de las normas existentes bajo Solvencia II y de las directrices emitidas por la EIOPA, en lugar de estar sujetas a los requisitos específicos del Reglamento 2022/2554. Esto puede implicar que las empresas de seguros y reaseguros adopten enfoques personalizados para gestionar los riesgos tecnológicos, alineándose con las expectativas de sus supervisores nacionales y con las mejores prácticas del sector. Por ejemplo, bajo el marco de Solvencia II, estas empresas deben evaluar los riesgos operativos como parte de su proceso de evaluación interna de riesgos y solvencia (ORSA, por sus siglas en inglés), lo que incluye la identificación y gestión de los riesgos tecnológicos y cibernéticos que puedan afectar su solvencia o continuidad operativa. Además, deben implementar sistemas de gobernanza robustos que incluyan controles internos y políticas diseñadas para abordar estos riesgos de manera eficaz.

Una de las posibles implicaciones de esta exclusión es que las empresas de seguros y reaseguros podrían enfrentar requisitos diferentes en materia de resiliencia operativa digital en comparación con otras entidades financieras que sí están sujetas al Reglamento 2022/2554. Esto podría generar ciertas inconsistencias en la forma en que se abordan los riesgos tecnológicos en el sector financiero en su conjunto, especialmente en un entorno donde las interconexiones entre diferentes tipos de entidades financieras son cada vez más frecuentes. Por ejemplo, las aseguradoras suelen colaborar con bancos, gestores de fondos y otras entidades financieras en áreas como la transferencia de riesgos, la gestión de activos y los seguros vinculados a productos financieros, lo que podría exponerlas a riesgos compartidos que están sujetos a distintos marcos normativos.

Otra repercusión práctica de la exclusión de las empresas de seguros y reaseguros del ámbito del Reglamento es la posible dependencia de estas entidades de proveedores terceros de servicios TIC que sí están regulados por el Reglamento 2022/2554. Los proveedores tecnológicos que trabajan con empresas de seguros estarán sujetos a las disposiciones del Reglamento si también prestan servicios a otras entidades financieras incluidas en su ámbito de aplicación. Esto puede llevar a situaciones en las que las aseguradoras deban alinearse indirectamente con los requisitos del Reglamento para garantizar que los servicios prestados por estos proveedores cumplan con los estándares exigidos. Por ejemplo, las aseguradoras podrían verse obligadas a negociar cláusulas contractuales específicas con los proveedores tecnológicos para garantizar la resiliencia operativa de los servicios contratados, incluso si dichas cláusulas no son requeridas explícitamente por Solvencia II.

Desde una perspectiva de supervisión, la exclusión de las empresas de seguros y reaseguros del Reglamento 2022/2554 también plantea desafíos para las autoridades nacionales y europeas encargadas de supervisar el cumplimiento de los requisitos en materia de resiliencia operativa digital. Dado que estas empresas no están sujetas a un marco normativo armonizado como el establecido por el Reglamento, los supervisores nacionales tienen la responsabilidad de garantizar que las aseguradoras implementen medidas adecuadas para abordar los riesgos tecnológicos bajo el marco de Solvencia II y otras normativas aplicables. Esto podría dar lugar a enfoques divergentes entre los Estados miembros, dependiendo de cómo cada supervisor interprete y aplique las disposiciones relacionadas con la resiliencia operativa digital en el sector asegurador.

En términos estratégicos, la exclusión de las empresas de seguros y reaseguros del Reglamento 2022/2554 subraya la importancia de desarrollar enfoques sectoriales específicos para abordar los riesgos tecnológicos y cibernéticos en diferentes partes del sistema financiero. Aunque el Reglamento proporciona un marco detallado y armonizado para muchas entidades financieras, su enfoque general podría no ser adecuado para sectores como el asegurador, que ya están sujetos a regímenes normativos sectoriales altamente desarrollados. Sin embargo, esto no exime al sector asegurador de la necesidad de adaptarse a las crecientes amenazas cibernéticas y a la dependencia de las TIC, especialmente en un entorno donde los ciberataques y las interrupciones tecnológicas se han convertido en riesgos críticos.

El presente apartado excluye a las empresas de seguros y de reaseguros reguladas bajo la Directiva 2009/138/CE, lo que refleja una decisión deliberada de no duplicar normativas y respetar el marco sectorial existente de Solvencia II. Aunque esta exclusión significa que las aseguradoras no están sujetas directamente a los requisitos del Reglamento, estas siguen teniendo la obligación de gestionar los riesgos tecnológicos y cibernéticos bajo Solvencia II y las directrices de la EIOPA. Desde una perspectiva práctica, esto plantea desafíos relacionados con la coordinación entre diferentes marcos normativos, la interacción con proveedores terceros regulados por el Reglamento y la supervisión de los riesgos tecnológicos en el sector asegurador. Sin embargo, también refuerza la importancia de adaptar las normas a las particularidades de cada sector, garantizando un enfoque equilibrado que proteja tanto la resiliencia operativa de las empresas aseguradoras como la estabilidad del sistema financiero en su conjunto.

c) Los fondos de pensiones de empleo que gestionen planes de pensiones que, en conjunto, no tengan más de quince partícipes en total;

El artículo 2, apartado 3, letra c), del Reglamento 2022/2554 excluye expresamente de su ámbito de aplicación a los fondos de pensiones de empleo que gestionen planes de pensiones con un total de quince partícipes o menos. Esta disposición representa una decisión deliberada del legislador europeo basada en el principio de proporcionalidad, con el objetivo de no imponer las estrictas obligaciones del Reglamento sobre entidades cuya naturaleza, tamaño y complejidad operativa no justifiquen su inclusión en un marco normativo diseñado para abordar riesgos más significativos y sistémicos en el sector financiero. A través de esta exclusión, el Reglamento busca equilibrar la necesidad de garantizar la resiliencia operativa digital en el sector financiero europeo con la reducción de cargas innecesarias para pequeños actores cuya operativa limitada no representa un riesgo material para la estabilidad financiera ni para la seguridad de los sistemas tecnológicos del sector.

La base de esta exclusión radica en el umbral cuantitativo de quince partícipes. Este número establece una distinción clara entre los fondos de pensiones de empleo de pequeña escala, que típicamente operan en un contexto reducido y privado, y los fondos más grandes que gestionan planes de pensiones con un impacto considerable tanto a nivel financiero como tecnológico. Los fondos de pensiones de empleo con quince partícipes o menos suelen estar asociados a pequeños grupos de empleados, como trabajadores de una microempresa, asociaciones profesionales, organizaciones locales o incluso fondos privados de empresas familiares. Debido a su tamaño reducido, estos fondos generalmente no están expuestos a los mismos riesgos tecnológicos y cibernéticos que los grandes fondos de pensiones, ni cuentan con la infraestructura tecnológica compleja que los haría vulnerables a ciberataques masivos o interrupciones operativas de gran alcance. De ahí que el legislador haya considerado innecesario someterlos al mismo nivel de regulación que a los grandes fondos que sí están dentro del ámbito del Reglamento.

Desde el punto de vista práctico, la exclusión de estos fondos de pensiones pequeños significa que no están obligados a cumplir con las exigencias del Reglamento en áreas como la gestión de riesgos de tecnologías de la información y la comunicación, las pruebas de resiliencia operativa digital, la notificación de incidentes graves a las autoridades competentes, o la supervisión de relaciones contractuales con proveedores terceros esenciales de servicios TIC. Esta exclusión proporciona un alivio regulatorio significativo para los fondos pequeños, que de otro modo se verían obligados a destinar recursos considerables para implementar medidas tecnológicas y organizativas avanzadas que podrían resultar desproporcionadas respecto a su tamaño, volumen de operaciones y nivel de actividad. En este sentido, la exclusión les permite centrar sus esfuerzos en la gestión ordinaria de sus planes de pensiones sin incurrir en costos administrativos, tecnológicos u operativos innecesarios.

No obstante, el hecho de que estos fondos queden excluidos del Reglamento no implica que estén completamente exentos de gestionar los riesgos tecnológicos y cibernéticos asociados a su actividad. Aunque el Reglamento 2022/2554 no se aplique a ellos, estos fondos siguen sujetos a otras normativas nacionales y europeas que pueden imponer obligaciones relevantes en términos de protección de datos, gobernanza, seguridad tecnológica y continuidad operativa. Por ejemplo, el Reglamento General de Protección de Datos impone estrictas obligaciones para garantizar la confidencialidad, integridad y disponibilidad de los datos personales de los partícipes de los fondos, incluyendo medidas de seguridad adecuadas para proteger estos datos frente a accesos no autorizados, pérdidas o daños. De igual manera, las normativas nacionales sobre pensiones o empleo pueden contener requisitos específicos relacionados con la gobernanza operativa y la gestión de riesgos de estas entidades.

Desde la perspectiva de los partícipes, la exclusión de estos fondos del ámbito del Reglamento podría generar preocupaciones relacionadas con la protección frente a riesgos tecnológicos. Aunque el número reducido de partícipes y la simplicidad operativa de estos fondos limitan la probabilidad de incidentes significativos, no los exime completamente de estar expuestos a ciberataques, fallos en sus sistemas tecnológicos o interrupciones operativas. La falta de una obligación reglamentaria directa para implementar medidas de resiliencia operativa digital puede dejar a estos fondos menos preparados para gestionar incidentes tecnológicos, lo que podría afectar negativamente a los partícipes en caso de que se produzca una interrupción en la prestación de servicios o una brecha de seguridad que comprometa la información sensible de los beneficiarios.

En términos operativos, estos fondos pequeños deberían adoptar voluntariamente medidas básicas de seguridad tecnológica y de continuidad operativa, incluso si no están obligados a hacerlo por el Reglamento. Entre estas medidas se podrían incluir la adopción de sistemas de gestión de datos seguros, la realización de evaluaciones periódicas de vulnerabilidades tecnológicas, la implementación de políticas internas de ciberseguridad y la preparación de planes de respuesta ante incidentes que permitan garantizar la continuidad del servicio en caso de que ocurra una interrupción. Si bien estas medidas no tienen el carácter de obligatoriedad derivada del Reglamento, representan buenas prácticas que fortalecen la confianza de los partícipes y garantizan una mayor seguridad en las operaciones del fondo.

Desde el punto de vista de la supervisión, la exclusión de los fondos pequeños implica que las autoridades competentes no están obligadas a realizar un seguimiento exhaustivo de estas entidades en virtud del Reglamento 2022/2554. Esto reduce la carga administrativa para los supervisores, permitiéndoles concentrar sus recursos en la supervisión de fondos más grandes y complejos, cuya operativa presenta mayores riesgos tecnológicos y cuya importancia sistémica es más significativa. Sin embargo, esto no significa que las autoridades puedan desentenderse completamente de los fondos pequeños. Los supervisores nacionales deben continuar monitoreando este segmento del mercado y proporcionar orientación o asistencia técnica a los gestores de estos fondos, especialmente en áreas relacionadas con la seguridad tecnológica, la protección de datos y la continuidad operativa. Asimismo, podrían considerarse programas de formación o campañas de concienciación para garantizar que los gestores de los fondos pequeños estén al tanto de los riesgos tecnológicos relevantes y las mejores prácticas para gestionarlos.

Otra implicación importante de esta exclusión es la necesidad de que los fondos pequeños monitoreen constantemente el tamaño de su base de partícipes, dado que superar el umbral de quince beneficiarios supondría su inclusión automática en el ámbito del Reglamento 2022/2554. Esto implica que los gestores de estos fondos deben estar preparados para adaptarse rápidamente a los requisitos del Reglamento en caso de que su situación cambie, lo que puede ocurrir debido al crecimiento de la empresa patrocinadora o al aumento en el número de empleados cubiertos por el plan de pensiones. Por lo tanto, aunque estén excluidos inicialmente, estos fondos deberían considerar la adopción de sistemas y procedimientos escalables que les permitan cumplir con las exigencias del Reglamento si llegan a superar el umbral establecido.

Desde una perspectiva estratégica, la exclusión de los fondos pequeños también plantea cuestiones relacionadas con la equidad y la uniformidad regulatoria. Si bien el objetivo del legislador es evitar imponer cargas desproporcionadas, la exclusión podría dar lugar a diferencias en los niveles de protección entre los fondos grandes y pequeños, lo que podría percibirse como una desventaja para los partícipes de los fondos más pequeños. Estos últimos podrían no beneficiarse de las mismas garantías en términos de resiliencia operativa digital, transparencia y supervisión, lo que podría generar una percepción de menor seguridad en comparación con los partícipes de fondos sujetos al Reglamento. Para abordar esta posible desigualdad, sería recomendable que las autoridades competentes y las asociaciones del sector promovieran la adopción de estándares mínimos de seguridad para todos los fondos, independientemente de su tamaño.

Un aspecto adicional que considerar es la interacción entre los fondos pequeños y los proveedores terceros de servicios TIC. Aunque estos fondos no están regulados directamente por el Reglamento, es probable que trabajen con proveedores tecnológicos que sí están sujetos a esta normativa, especialmente si dichos proveedores también prestan servicios a otras entidades financieras dentro del ámbito del Reglamento. Esto podría generar situaciones en las que los fondos pequeños deban cumplir indirectamente con algunos de los requisitos del Reglamento a través de las condiciones contractuales impuestas por sus proveedores tecnológicos. Por ejemplo, los contratos con estos proveedores podrían incluir cláusulas sobre auditorías, notificación de incidentes o cumplimiento de estándares de seguridad que, aunque no sean exigidas directamente al fondo por el Reglamento, serían necesarias para garantizar la continuidad y calidad de los servicios tecnológicos contratados.

La exclusión de los fondos de pensiones de empleo que gestionen planes con quince partícipes o menos del ámbito del Reglamento 2022/2554 refleja un enfoque pragmático y proporcionado diseñado para evitar cargas regulatorias innecesarias sobre entidades de pequeña escala y bajo impacto sistémico. Aunque esta exclusión ofrece un alivio normativo significativo, plantea desafíos relacionados con la protección de los partícipes, la gestión de riesgos tecnológicos y la preparación de estos fondos para posibles cambios en su tamaño o alcance. Para mitigar estos desafíos, es esencial que los fondos pequeños adopten voluntariamente medidas de seguridad y resiliencia proporcionadas a su tamaño, y que las autoridades competentes proporcionen orientación y apoyo en la gestión de riesgos tecnológicos. Al mismo tiempo, esta exclusión subraya la importancia de un enfoque flexible y adaptativo en la regulación del sector financiero, que equilibre la necesidad de proteger la resiliencia operativa con la minimización de cargas para las entidades más pequeñas.

d) Las personas físicas o jurídicas exentas en virtud de los artículos 2 y 3 de la Directiva 2014/65/UE;

El artículo 2, apartado 3, letra d), del Reglamento 2022/2554 establece una exclusión fundamental al delimitar que este Reglamento no será aplicable a las personas físicas o jurídicas que estén exentas en virtud de los artículos 2 y 3 de la Directiva 2014/65/UE (MiFID II). Esta disposición responde a una lógica regulatoria basada en el principio de proporcionalidad, que busca evitar la imposición de obligaciones normativas excesivas a aquellas entidades cuya naturaleza, escala o tipo de actividad no representan un riesgo significativo para la estabilidad operativa y financiera del sistema. Esta exclusión tiene implicaciones prácticas y estratégicas relevantes tanto para las entidades exentas como para el marco regulador en general, pues plantea interrogantes sobre cómo se gestionan los riesgos tecnológicos y cibernéticos en este segmento, a pesar de quedar fuera del alcance del Reglamento.

Los artículos 2 y 3 de MiFID II definen las exenciones aplicables a personas físicas y jurídicas. El artículo 2 de la Directiva establece una lista exhaustiva de actividades, personas y entidades que no están sujetas a las disposiciones generales de MiFID II. Estas incluyen, entre otras, a personas o entidades que no prestan servicios de inversión de manera profesional o que realizan actividades de inversión como parte de sus funciones principales, pero que no constituyen su actividad principal (por ejemplo, empresas que gestionan sus propios activos). También se excluyen instituciones públicas y bancos centrales que ejecutan actividades relacionadas con la política monetaria o la gestión de la deuda pública, así como entidades cuya actividad de inversión está relacionada exclusivamente con la negociación por cuenta propia y no prestan servicios a terceros. Por su parte, el artículo 3 permite a los Estados miembros establecer exenciones adicionales, particularmente para pequeñas empresas que cumplan criterios específicos, como un alcance limitado de sus actividades, naturaleza local o volúmenes de operación reducidos.

Desde un punto de vista normativo, la exclusión de estas entidades en el marco del Reglamento 2022/2554 tiene como propósito evitar que las estrictas obligaciones en materia de resiliencia operativa digital recaigan sobre personas o entidades cuya operativa no alcanza el umbral de criticidad o relevancia sistémica establecido en otros marcos regulatorios europeos. Esto se alinea con el principio de proporcionalidad, que exige que las medidas regulatorias sean adecuadas al nivel de riesgo que representan las entidades reguladas. Al excluir a las entidades exentas bajo MiFID II, el Reglamento reconoce que estas no suelen ser interdependientes con el sistema financiero en una escala tal que su disrupción operativa represente un riesgo significativo para el sector financiero o para la estabilidad de los mercados financieros de la Unión.

Desde una perspectiva práctica, las implicaciones para las entidades exentas son significativas. La exclusión significa que estas entidades no estarán sujetas a las exigencias del Reglamento en materia de resiliencia operativa digital, tales como la obligación de implementar sistemas avanzados de gestión de riesgos TIC, realizar pruebas de resiliencia operativa, notificar incidentes graves a las autoridades competentes, o supervisar las relaciones con proveedores terceros esenciales de servicios TIC. Para estas entidades, esto representa un alivio normativo considerable, ya que se les exime de la carga administrativa y los costos asociados al cumplimiento de estas obligaciones. Esto es particularmente relevante para aquellas entidades de menor tamaño o con actividades limitadas, que carecen de la infraestructura, recursos financieros y personal especializado necesario para cumplir con un marco tan exigente como el que establece el Reglamento.

No obstante, esta exclusión no implica que las entidades exentas estén completamente desligadas de las obligaciones relacionadas con la gestión de riesgos tecnológicos y cibernéticos. Aunque no están sujetas a las disposiciones específicas del Reglamento 2022/2554, estas entidades deben cumplir con otras normativas relevantes a nivel nacional y europeo. Por ejemplo, el Reglamento General de Protección de Datos (RGPD) les impone la obligación de proteger los datos personales que manejan, incluyendo la implementación de medidas técnicas y organizativas adecuadas para garantizar su seguridad frente a accesos no autorizados, pérdidas o robos. Asimismo, los marcos normativos nacionales que implementan MiFID II pueden imponerles requisitos mínimos en materia de gobernanza, gestión de riesgos operativos y protección de los intereses de los clientes, dependiendo de las actividades concretas que realicen.

Desde la perspectiva operativa, esto significa que, aunque estas entidades estén excluidas del Reglamento, no pueden ignorar completamente los riesgos relacionados con su resiliencia operativa digital. En un entorno financiero cada vez más digitalizado, incluso las entidades pequeñas o con actividades limitadas están expuestas a amenazas cibernéticas y riesgos tecnológicos. Por ejemplo, un ciberataque que comprometa los sistemas de una entidad exenta podría generar interrupciones significativas en sus operaciones, afectar la confianza de sus clientes y exponerla a responsabilidades legales derivadas de la pérdida de datos o la falta de continuidad en sus servicios. Por ello, sería prudente que estas entidades adoptaran medidas básicas de resiliencia digital, como la implementación de políticas de ciberseguridad, la realización de auditorías internas y la preparación de planes de respuesta ante incidentes, incluso si no están obligadas a hacerlo por el Reglamento.

Desde el punto de vista de las autoridades de supervisión, la exclusión de estas entidades del ámbito del Reglamento tiene implicaciones mixtas. Por un lado, al no estar sujetas al Reglamento, las autoridades no están obligadas a supervisar directamente el cumplimiento de sus disposiciones en relación con estas entidades, lo que reduce la carga administrativa y permite que los recursos de supervisión se concentren en las entidades más grandes y críticas desde el punto de vista sistémico. Por otro lado, esto también implica que los supervisores deben encontrar otros mecanismos para garantizar que las entidades exentas gestionen adecuadamente los riesgos tecnológicos y operativos en virtud de otras normativas aplicables. Esto podría incluir la emisión de directrices específicas o la promoción de buenas prácticas en el ámbito de la seguridad digital y la resiliencia operativa.

Un aspecto determinante relacionado con esta exclusión es la posible interacción entre las entidades exentas y los proveedores terceros de servicios TIC que sí están regulados por el Reglamento 2022/2554. Dado que muchas de estas entidades dependen de proveedores tecnológicos externos para la prestación de servicios críticos, podrían verse indirectamente afectadas por las exigencias del Reglamento, especialmente si sus proveedores están sujetos a sus disposiciones. Por ejemplo, los proveedores podrían exigir que las entidades exentas cumplan con ciertos estándares de seguridad como condición para la prestación de sus servicios, o incluir cláusulas contractuales que reflejen las obligaciones impuestas por el Reglamento, como la notificación de incidentes o la realización de auditorías de cumplimiento. Esto podría generar una situación en la que las entidades exentas deban cumplir indirectamente con algunos de los requisitos del Reglamento a través de las relaciones contractuales con sus proveedores tecnológicos.

Desde una perspectiva estratégica, la exclusión de estas entidades plantea desafíos relacionados con la uniformidad y la coherencia del marco regulatorio en su conjunto. Si bien el legislador europeo busca garantizar que las obligaciones regulatorias sean proporcionadas al nivel de riesgo de las entidades afectadas, la exclusión de ciertos actores podría dar lugar a diferencias en los niveles de protección frente a riesgos tecnológicos entre distintos segmentos del sector financiero. Esto podría ser problemático en un entorno donde las interconexiones tecnológicas entre entidades reguladas y no reguladas son cada vez más comunes, lo que significa que una vulnerabilidad en una entidad exenta podría tener implicaciones indirectas para otras entidades dentro del sistema financiero.

El artículo 3, apartado 3, letra d), del Reglamento 2022/2554 excluye del ámbito de aplicación a las personas físicas y jurídicas exentas en virtud de los artículos 2 y 3 de MiFID II, reflejando un enfoque regulatorio basado en la proporcionalidad que busca evitar imponer cargas normativas desproporcionadas a entidades cuya naturaleza y escala no justifican su inclusión en el régimen de resiliencia operativa digital. Aunque esta exclusión representa un alivio significativo para estas entidades, también plantea desafíos relacionados con la gestión de riesgos tecnológicos, la interacción con proveedores regulados y la coherencia del marco normativo en general. Para mitigar estos desafíos, es esencial que las entidades exentas adopten voluntariamente medidas adecuadas de resiliencia operativa digital y que las autoridades supervisen indirectamente su gestión de riesgos tecnológicos en virtud de otras normativas aplicables. Esto garantizaría un nivel mínimo de seguridad y continuidad operativa, protegiendo tanto a las entidades exentas como al ecosistema financiero más amplio en el que operan.

e) Los intermediarios de seguros, los intermediarios de reaseguros y los intermediarios de seguros complementarios que sean microempresas o pequeñas o medianas empresas;

El artículo 2, apartado 3, letra e), del Reglamento 2022/2554 establece que este no será aplicable a los intermediarios de seguros, intermediarios de reaseguros y los intermediarios de seguros complementarios que sean microempresas o pequeñas y medianas empresas, según lo dispuesto en la Recomendación 2003/361/CE de la Comisión Europea. Esta exclusión tiene como finalidad reducir las cargas regulatorias desproporcionadas para las entidades más pequeñas del sector asegurador y reasegurador, teniendo en cuenta que su tamaño, alcance operativo y perfil de riesgo no justifican su inclusión en el riguroso marco de resiliencia operativa digital que el Reglamento impone a otras entidades financieras más grandes y complejas. Esta decisión normativa, fundamentada en el principio de proporcionalidad, tiene múltiples implicaciones en términos de supervisión, gestión de riesgos tecnológicos, protección de los clientes, y la coherencia del marco regulador del sector financiero europeo.

El punto de partida para comprender esta exclusión radica en la definición de microempresas y PYMES establecida por la Recomendación 2003/361/CE. Según este instrumento, una microempresa es aquella con menos de 10 empleados y un volumen de negocio anual o balance general inferior a 2 millones de euros. Una pequeña empresa cuenta con menos de 50 empleados y un volumen de negocio anual o balance general inferior a 10 millones de euros, mientras que una mediana empresa tiene menos de 250 empleados y un volumen de negocio anual inferior a 50 millones de euros o un balance general anual inferior a 43 millones de euros. Estas definiciones proporcionan un marco objetivo para delimitar a las entidades exentas del ámbito del Reglamento, asegurando que solo aquellas empresas de menor tamaño y alcance queden excluidas. Esta segmentación también refleja la diversidad del ecosistema asegurador europeo, donde las microempresas y PYMES desempeñan un papel fundamental, especialmente en mercados locales y regionales, donde actúan como el principal punto de contacto para los clientes en la distribución de productos aseguradores y de reaseguros.

La exclusión de estas entidades se basa en una evaluación de su perfil de riesgo. Los intermediarios de seguros, reaseguros y seguros complementarios que califican como microempresas o PYMES suelen operar en mercados limitados y manejan volúmenes reducidos de datos e interacciones financieras, lo que disminuye su exposición a los riesgos operativos y tecnológicos de gran escala que enfrentan las grandes aseguradoras, reaseguradoras y corredores globales. Estas entidades, al no estar interconectadas con múltiples actores críticos del sector financiero ni gestionar volúmenes significativos de datos personales o financieros, no representan un riesgo sistémico para la estabilidad operativa ni financiera del sector. Por lo tanto, someterlas a las estrictas disposiciones del Reglamento, que incluyen exigencias avanzadas de gestión de riesgos tecnológicos, pruebas de resiliencia operativa y notificación de incidentes graves, sería desproporcionado e innecesario, ya que las cargas regulatorias derivadas podrían superar ampliamente los recursos disponibles para estas empresas.

Desde el punto de vista operativo, esta exclusión implica que los intermediarios de seguros, reaseguros y seguros complementarios que califican como microempresas o PYMES no están obligados a cumplir con las exigencias del Reglamento 2022/2554. Esto incluye la implementación de sistemas avanzados de gestión de riesgos de tecnologías de la información y la comunicación, la realización periódica de pruebas de resiliencia operativa, la notificación de incidentes graves a las autoridades competentes y el establecimiento de controles detallados sobre las relaciones con proveedores terceros esenciales de servicios TIC. Este alivio regulatorio permite a estas entidades evitar los costos administrativos, técnicos y operativos asociados al cumplimiento del Reglamento, lo que resulta particularmente relevante para las microempresas, cuyos recursos financieros y humanos son limitados.

Sin embargo, es importante destacar que esta exclusión no significa que estas entidades estén completamente exentas de gestionar los riesgos tecnológicos y cibernéticos inherentes a su actividad. Aunque no están sujetas al Reglamento, siguen estando obligadas a cumplir con otras normativas europeas y nacionales aplicables. Por ejemplo, el Reglamento General de Protección de Datos impone obligaciones estrictas para garantizar la seguridad y confidencialidad de los datos personales de los clientes, que son fundamentales en el sector asegurador. El RGPD exige que las empresas implementen medidas técnicas y organizativas adecuadas para proteger los datos personales frente a accesos no autorizados, pérdida o destrucción. Asimismo, las normativas nacionales sobre seguros y reaseguros, así como las leyes de comercio electrónico o protección al consumidor, pueden imponer requisitos adicionales relacionados con la seguridad operativa, la continuidad del servicio y la protección de los clientes.

Desde una perspectiva práctica, la exclusión de estas entidades del Reglamento plantea varios desafíos. Aunque no estén obligadas a cumplir con las exigencias de resiliencia operativa digital establecidas por el Reglamento, las microempresas y PYMES del sector asegurador y reasegurador siguen siendo vulnerables a amenazas tecnológicas y cibernéticas, como ciberataques, fallos de sistemas o interrupciones en los servicios tecnológicos. Estas vulnerabilidades pueden ser particularmente preocupantes en un entorno donde la digitalización es cada vez más prevalente y las operaciones comerciales dependen en gran medida de sistemas tecnológicos, como plataformas de emisión de pólizas, sistemas de gestión de datos de clientes o herramientas de comunicación con aseguradoras y reaseguradoras. Por lo tanto, es determinante que estas entidades adopten medidas básicas y proporcionales de seguridad y resiliencia operativa, incluso si no están obligadas a hacerlo por el Reglamento.

Entre las medidas que estas entidades pueden implementar se incluyen políticas internas de ciberseguridad, como la instalación de sistemas antivirus, el uso de contraseñas robustas, la autenticación multifactorial y la actualización regular de software. También podrían desarrollar planes de continuidad del negocio, aunque sean de menor escala, que les permitan responder rápidamente a interrupciones tecnológicas o incidentes cibernéticos y garantizar la continuidad de sus servicios. Además, las microempresas y PYMES del sector asegurador deberían considerar la formación de su personal en la detección y prevención de riesgos cibernéticos, así como la adopción de herramientas básicas de monitorización de amenazas. Aunque estas medidas no tienen el mismo nivel de sofisticación que las exigidas por el Reglamento, son esenciales para proteger sus operaciones y los datos de sus clientes frente a amenazas emergentes.

Desde la perspectiva de los clientes y partícipes del mercado asegurador, la exclusión de estas entidades podría generar preocupaciones relacionadas con los niveles de protección frente a riesgos tecnológicos. Aunque las microempresas y PYMES no representan un riesgo sistémico significativo, manejan datos sensibles y desempeñan funciones críticas para sus clientes, como la intermediación de seguros, la asesoría en reaseguros o la gestión de pólizas complementarias. Una interrupción operativa o un ciberataque que afecte a estas entidades podría comprometer la continuidad del servicio o la seguridad de los datos personales de los clientes. Por ello, es fundamental que estas entidades adopten voluntariamente medidas adecuadas de seguridad y resiliencia operativa, no solo para protegerse a sí mismas, sino también para garantizar la confianza de sus clientes y preservar la reputación del mercado asegurador en su conjunto.

Desde la perspectiva de las autoridades competentes, la exclusión de estas entidades alivia la carga regulatoria y permite concentrar los recursos de supervisión en las entidades de mayor tamaño y complejidad, que representan un mayor nivel de riesgo sistémico. Sin embargo, esto no significa que las autoridades puedan ignorar completamente los riesgos tecnológicos asociados a las microempresas y PYMES del sector asegurador. Es fundamental que las autoridades nacionales promuevan buenas prácticas en ciberseguridad y resiliencia operativa, especialmente mediante la emisión de directrices específicas y simplificadas para estas entidades. También podrían organizar programas de formación y sensibilización sobre riesgos tecnológicos, así como establecer mecanismos de apoyo técnico y financiero para ayudar a las microempresas y PYMES a implementar medidas básicas de seguridad.

Otro aspecto importante que considerar es la posible interacción de estas entidades con proveedores tecnológicos externos que sí están sujetos al Reglamento 2022/2554. Muchas microempresas y PYMES del sector asegurador dependen de servicios tecnológicos externos, como plataformas de gestión de datos, almacenamiento en la nube o sistemas de emisión de pólizas. Aunque estas entidades estén excluidas del Reglamento, sus proveedores tecnológicos pueden estar sujetos a sus disposiciones, lo que podría generar obligaciones indirectas para las microempresas y PYMES a través de sus relaciones contractuales. Por ejemplo, los contratos con proveedores podrían incluir cláusulas relacionadas con la seguridad de los datos, la notificación de incidentes o la realización de auditorías de cumplimiento, que reflejen las exigencias del Reglamento. En este sentido, es fundamental que las microempresas y PYMES del sector asegurador gestionen cuidadosamente sus relaciones con proveedores tecnológicos y negocien contratos que incluyan garantías adecuadas de seguridad y continuidad.

Desde una perspectiva estratégica, la exclusión de estas entidades plantea interrogantes sobre la coherencia del marco regulador del sector asegurador y financiero. Aunque la intención del legislador es evitar la imposición de cargas desproporcionadas, la exclusión de ciertos actores podría dar lugar a diferencias en los niveles de protección frente a riesgos tecnológicos entre las distintas entidades del mercado. Esto podría ser problemático en un entorno donde las interconexiones entre entidades reguladas y no reguladas son cada vez más frecuentes, y donde una vulnerabilidad en una entidad pequeña podría tener implicaciones indirectas para otras entidades dentro del sistema financiero.

La exclusión de los intermediarios de seguros, reaseguros y seguros complementarios que sean microempresas o PYMES del ámbito del Reglamento 2022/2554 refleja un enfoque regulatorio equilibrado que busca evitar cargas desproporcionadas para las entidades más pequeñas del sector. Sin embargo, esta exclusión no exime a estas entidades de gestionar los riesgos tecnológicos y cibernéticos inherentes a su actividad, que siguen siendo relevantes para proteger sus datos, garantizar la continuidad de sus servicios y mantener la confianza de sus clientes. Es esencial que estas entidades adopten voluntariamente medidas de seguridad y resiliencia operativa proporcionales a su tamaño y recursos, y que las autoridades competentes promuevan buenas prácticas en este ámbito. Asimismo, las entidades deben ser conscientes de las posibles obligaciones indirectas derivadas de sus relaciones con proveedores tecnológicos regulados, lo que refuerza la importancia de una gestión proactiva de sus riesgos operativos y tecnológicos. Al garantizar que estas entidades, aunque estén excluidas del Reglamento, gestionen adecuadamente sus riesgos, se contribuye a la estabilidad y seguridad del mercado asegurador y reasegurador europeo en su conjunto.

f) Las oficinas de cheques postales tal como se contemplan en el artículo 2, apartado 5, punto 3, de la Directiva 2013/36/UE.

El artículo 2, apartado 3, letra f), del Reglamento 2022/2554 excluye de su ámbito de aplicación a las oficinas de cheques postales, tal como se contempla en el artículo 2, apartado 5, punto 3, de la Directiva 2013/36/UE (CRD IV). Esta exclusión responde a un enfoque regulatorio que prioriza el principio de proporcionalidad y el análisis de riesgo. Las oficinas de cheques postales, debido a su naturaleza operativa, su alcance limitado y su perfil de riesgos reducidos, son consideradas entidades con una relevancia sistémica baja o prácticamente nula en el contexto del sistema financiero europeo. Esta exclusión, no obstante, tiene múltiples implicaciones normativas, operativas y estratégicas, tanto para estas oficinas como para el marco regulatorio en general, que deben analizarse en detalle para comprender su impacto y sus consecuencias prácticas.

El marco normativo de referencia, la Directiva 2013/36/UE, define a las oficinas de cheques postales en su artículo 2, apartado 5, punto 3, como aquellas entidades que prestan servicios financieros específicos vinculados a la gestión de cuentas corrientes y la emisión de cheques, a menudo asociadas a servicios postales o gestionadas por organismos públicos. Estas oficinas tienen como objetivo principal la prestación de servicios básicos de pago, que suelen estar circunscritos a un ámbito local o nacional. En general, no están organizadas como instituciones financieras tradicionales y, por tanto, no están sometidas al mismo nivel de regulación que los bancos o las entidades de crédito. La actividad de las oficinas de cheques postales se limita principalmente a la gestión de operaciones simples, como la emisión de cheques y la prestación de servicios básicos de cuentas corrientes para personas físicas o pequeñas empresas, lo que las diferencia claramente de las instituciones financieras complejas y altamente interconectadas que sí están reguladas por el Reglamento 2022/2554.

La exclusión de las oficinas de cheques postales del Reglamento se basa en una evaluación razonada de su perfil de riesgos. Estas entidades no participan en actividades complejas de intermediación financiera ni están integradas en redes interconectadas que podrían amplificar los efectos de una interrupción operativa o un ciberataque. Su limitada operativa tecnológica y su bajo volumen de transacciones reducen significativamente su exposición a los riesgos asociados a las tecnologías de la información y la comunicación, en comparación con las instituciones financieras que operan a gran escala y gestionan grandes volúmenes de datos sensibles. Además, las oficinas de cheques postales no suelen tener un impacto transnacional en el sistema financiero, ya que sus actividades suelen estar restringidas a contextos locales o nacionales, lo que limita su relevancia desde el punto de vista sistémico.

Desde el punto de vista normativo, la exclusión de las oficinas de cheques postales del Reglamento 2022/2554 se fundamenta en el principio de proporcionalidad, uno de los pilares del Derecho de la Unión Europea. Este principio establece que las medidas regulatorias deben ser adecuadas, necesarias y proporcionadas al objetivo perseguido, evitando imponer cargas excesivas o desproporcionadas a entidades cuyo impacto en el sistema financiero es limitado. En este caso, someter a las oficinas de cheques postales a las exigencias del Reglamento, como la implementación de complejos sistemas de gestión de riesgos TIC, la notificación de incidentes graves a las autoridades competentes, la realización de pruebas de resiliencia operativa y la supervisión detallada de relaciones con proveedores terceros esenciales, resultaría desproporcionado en relación con el tamaño, el alcance y los riesgos asociados a estas entidades.

Desde una perspectiva operativa, la exclusión tiene implicaciones prácticas significativas para las oficinas de cheques postales. Al no estar obligadas a cumplir con las disposiciones del Reglamento, estas entidades no tienen que implementar los rigurosos requisitos en materia de resiliencia operativa digital que este impone. Esto incluye, entre otras cosas, la obligación de establecer marcos avanzados de gestión de riesgos tecnológicos, realizar evaluaciones periódicas de resiliencia, garantizar la interoperabilidad segura con proveedores externos y notificar incidentes graves relacionados con las TIC a las autoridades supervisoras. La exclusión de estas obligaciones reduce significativamente los costos operativos y administrativos para las oficinas de cheques postales, lo que es especialmente relevante considerando que estas entidades suelen operar con márgenes financieros reducidos y en entornos de bajo nivel tecnológico.

No obstante, la exclusión del Reglamento no significa que las oficinas de cheques postales estén completamente exentas de abordar los riesgos tecnológicos y operativos. Aunque estas oficinas no están sujetas a las disposiciones específicas del Reglamento 2022/2554, deben cumplir con otras normativas europeas y nacionales relevantes, como el Reglamento General de Protección de Datos, que impone obligaciones estrictas para garantizar la seguridad y protección de los datos personales que gestionan. Además, dependiendo de la jurisdicción, pueden estar sujetas a normativas nacionales específicas en materia de gobernanza, ciberseguridad o continuidad del negocio, diseñadas para garantizar la protección de los usuarios y la estabilidad de los servicios básicos que prestan.

Desde una perspectiva de riesgos, la exclusión de estas oficinas plantea ciertos desafíos. Aunque estas entidades tienen una operativa limitada, no están completamente aisladas de los riesgos tecnológicos, especialmente en un entorno financiero cada vez más digitalizado. Por ejemplo, las oficinas de cheques postales que utilizan sistemas electrónicos para la gestión de cuentas corrientes o la emisión de cheques están expuestas a riesgos como ciberataques, accesos no autorizados, interrupciones en los servicios tecnológicos o fallos en sus sistemas de información. Estos riesgos, aunque menores en comparación con los enfrentados por las grandes instituciones financieras, pueden tener un impacto significativo a nivel local, afectando la prestación de servicios básicos a los clientes, especialmente en comunidades rurales o regiones donde estas oficinas desempeñan un papel importante como proveedoras de servicios financieros esenciales.

En términos prácticos, las oficinas de cheques postales deberían considerar la adopción voluntaria de medidas de seguridad y resiliencia operativa, incluso si no están obligadas por el Reglamento. Estas medidas podrían incluir la implementación de políticas básicas de ciberseguridad, como el uso de sistemas de autenticación robustos, la instalación de software antivirus actualizado, y la capacitación del personal en la detección y prevención de riesgos tecnológicos. Asimismo, sería recomendable que estas oficinas desarrollen planes básicos de continuidad del negocio y recuperación ante incidentes, que les permitan garantizar la continuidad de sus servicios en caso de fallos tecnológicos o incidentes cibernéticos. Aunque estas medidas no son obligatorias bajo el Reglamento, representan buenas prácticas que pueden fortalecer la seguridad operativa y proteger los intereses de los clientes.

Desde el punto de vista de los clientes, la exclusión de las oficinas de cheques postales del Reglamento podría generar preocupaciones relacionadas con la uniformidad de los niveles de protección frente a riesgos tecnológicos. Aunque estas oficinas tienen un perfil de riesgo bajo, manejan datos sensibles y proporcionan servicios esenciales que son críticos para sus usuarios. Una interrupción operativa o una brecha de seguridad que afecte a estas oficinas podría generar inconvenientes significativos para los clientes, especialmente si no existen alternativas locales accesibles para la prestación de servicios financieros básicos. Por ello, es fundamental que las oficinas de cheques postales adopten medidas proactivas para garantizar la seguridad de los datos y la continuidad de sus operaciones, incluso si no están obligadas a hacerlo por el Reglamento.

Desde la perspectiva de las autoridades competentes, la exclusión de las oficinas de cheques postales del ámbito del Reglamento reduce la carga de supervisión, ya que no están obligadas a monitorear su cumplimiento con las disposiciones del Reglamento. Sin embargo, esto no significa que las autoridades puedan desentenderse completamente de los riesgos tecnológicos que puedan surgir en estas entidades. Es esencial que las autoridades nacionales supervisen el cumplimiento de las oficinas de cheques postales con otras normativas relevantes, como el RGPD y las disposiciones nacionales aplicables en materia de seguridad y gobernanza. Además, las autoridades podrían considerar la emisión de directrices específicas para ayudar a estas oficinas a gestionar los riesgos tecnológicos y operativos de manera proporcional a su tamaño y alcance.

Un aspecto adicional que considerar es la interacción de las oficinas de cheques postales con proveedores tecnológicos externos. Aunque estas oficinas no están reguladas por el Reglamento, es probable que dependan de servicios proporcionados por terceros, como plataformas de gestión de datos o sistemas electrónicos de pago, que sí están sujetos al Reglamento 2022/2554. Esto podría generar obligaciones contractuales indirectas para las oficinas de cheques postales, como la necesidad de garantizar la seguridad de los datos compartidos con sus proveedores o de adoptar medidas de mitigación de riesgos sugeridas por estos últimos. Por ello, es fundamental que las oficinas gestionen cuidadosamente sus relaciones con proveedores tecnológicos, asegurándose de que los contratos incluyan disposiciones claras sobre ciberseguridad y continuidad operativa.

Desde una perspectiva estratégica, la exclusión de las oficinas de cheques postales plantea cuestiones sobre la coherencia del marco regulatorio europeo. Aunque la exclusión está justificada por el principio de proporcionalidad, podría generar diferencias en los niveles de protección entre distintos actores del sistema financiero, lo que podría ser problemático en un entorno cada vez más interconectado. Esto subraya la importancia de desarrollar un enfoque regulatorio flexible que permita a las oficinas de cheques postales gestionar eficazmente sus riesgos sin imponerles cargas innecesarias.

La exclusión de las oficinas de cheques postales del ámbito del Reglamento 2022/2554 refleja un enfoque regulatorio equilibrado que busca evitar la imposición de obligaciones desproporcionadas a entidades con un perfil de riesgo reducido. Sin embargo, esta exclusión no exime a estas oficinas de gestionar los riesgos tecnológicos y operativos inherentes a su actividad, que son fundamentales para garantizar la continuidad de los servicios y la protección de los datos de sus clientes. Es esencial que estas oficinas adopten medidas proactivas de seguridad y resiliencia, y que las autoridades supervisen su cumplimiento con otras normativas relevantes, contribuyendo así a la seguridad y estabilidad del ecosistema financiero europeo en su conjunto.

4. Los Estados miembros podrán excluir del ámbito de aplicación del presente Reglamento a las entidades a que se refiere el artículo 2, apartado 5, puntos 4 a 23, de la Directiva 2013/36/UE que estén situadas en sus respectivos territorios. Cuando un Estado miembro haga uso de esta posibilidad, informará de ello a la Comisión, así como de cualquier modificación posterior al respecto. La Comisión hará pública esta información en su sitio web o por otros medios fácilmente accesibles.

El apartado 4 del artículo 3 del Reglamento 2022/2554 introduce una disposición que otorga a los Estados miembros la facultad de excluir del ámbito de aplicación del Reglamento a ciertas entidades enumeradas en el artículo 2, apartado 5, puntos 4 a 23, de la Directiva 2013/36/UE (CRD IV), siempre que dichas entidades operen dentro de sus territorios. Esta cláusula, fundamentada en el principio de subsidiariedad y proporcionalidad, permite a los Estados miembros adaptar la normativa en función de las características específicas de su sistema financiero, el perfil de riesgo de las entidades y su relevancia sistémica. No obstante, el ejercicio de esta facultad está sujeto a obligaciones claras de notificación y transparencia: los

Estados miembros deben informar a la Comisión Europea sobre cualquier exclusión realizada y sus modificaciones posteriores, y esta, a su vez, debe publicar dicha información de manera accesible. Esta disposición, aunque dotada de flexibilidad, tiene profundas implicaciones normativas, operativas y estratégicas, que afectan tanto al marco regulatorio europeo como a las entidades potencialmente excluidas.

El artículo 2, apartado 5, puntos 4 a 23, de la Directiva 2013/36/UE define un conjunto de entidades que, aunque participan en actividades financieras o relacionadas, no están sujetas al régimen general aplicable a las instituciones de crédito bajo la CRD IV. Entre estas entidades se encuentran las cajas de ahorro que operan bajo un régimen jurídico especial, cooperativas de crédito con actividades limitadas, instituciones públicas que persiguen objetivos específicos como el desarrollo local o la financiación de infraestructuras, fondos de pensiones ocupacionales con funciones específicas y empresas que ofrecen servicios financieros de manera marginal o accesoria. Estas entidades suelen compartir características comunes, como un alcance operativo limitado, una relevancia local o regional, un bajo nivel de interconexión sistémica y un perfil de riesgo reducido, lo que las diferencia de los bancos comerciales, las gestoras de activos y otras entidades financieras tradicionales. Estas características subyacen a la razón por la cual estas entidades pueden ser excluidas del ámbito del Reglamento 2022/2554, que se centra en garantizar la resiliencia operativa digital de entidades financieras cuya disrupción podría tener un impacto sistémico.

El Reglamento 2022/2554 establece un marco normativo avanzado para la gestión de riesgos relacionados con las tecnologías de la información y la comunicación en el sector financiero, abordando amenazas crecientes como ciberataques, interrupciones operativas y fallos tecnológicos. Las obligaciones que impone incluyen la implementación de sistemas de gestión de riesgos TIC, la notificación de incidentes graves, la realización de pruebas de resiliencia operativa digital y el control exhaustivo de las relaciones con proveedores terceros esenciales de servicios TIC. Estas medidas están diseñadas para proteger la estabilidad operativa de las entidades financieras, garantizar la continuidad del servicio y preservar la confianza de los clientes. Sin embargo, la aplicación de estas exigencias a las entidades mencionadas en el artículo 2, apartado 5, puntos 4 a 23, de la CRD IV podría resultar desproporcionada en relación con su perfil de riesgo, su operativa restringida y su relevancia limitada en el sistema financiero europeo. Por ello, el artículo 4 del Reglamento otorga flexibilidad a los Estados miembros para decidir si estas entidades deben ser excluidas.

Desde una perspectiva normativa, la facultad de exclusión otorgada a los Estados miembros refleja una aplicación práctica del principio de subsidiariedad. Este principio establece que, en áreas donde no es necesario un enfoque uniforme a nivel de la Unión Europea, los Estados miembros tienen libertad para adaptar las normativas a las condiciones locales, siempre que estas decisiones no comprometan los objetivos generales de la Unión. La disposición del artículo 4 permite a los Estados miembros realizar un análisis específico de las entidades potencialmente excluidas, considerando factores como su tamaño, alcance operativo, relevancia sistémica y capacidad para gestionar riesgos tecnológicos. Sin embargo, esta flexibilidad no implica discrecionalidad absoluta, ya que los Estados miembros deben justificar sus decisiones de exclusión y garantizar que estas no generen lagunas regulatorias que puedan comprometer la estabilidad del sistema financiero.

Además, el presente apartado introduce un mecanismo de transparencia y supervisión. Los Estados miembros que decidan excluir entidades deben notificar a la Comisión Europea sobre dichas exclusiones y cualquier modificación posterior. Esta notificación no solo fomenta la rendición de cuentas, sino que también permite que la Comisión evalúe la coherencia de las decisiones adoptadas a nivel nacional. Asimismo, la obligación de la Comisión de publicar esta información en su sitio web o por otros medios accesibles asegura que las exclusiones sean del conocimiento público, lo que permite un escrutinio adecuado por parte de otros Estados miembros, instituciones europeas, mercados financieros y actores interesados. Este mecanismo contribuye a la coherencia regulatoria y evita que las exclusiones sean percibidas como arbitrarias o contrarias a los objetivos del Reglamento.

Desde una perspectiva operativa, la exclusión tiene implicaciones prácticas significativas para las entidades afectadas. Las entidades excluidas del ámbito del Reglamento no estarán obligadas a cumplir con sus estrictas disposiciones en materia de resiliencia operativa digital. Esto incluye la exención de implementar marcos avanzados de gestión de riesgos TIC, realizar pruebas periódicas de resiliencia, notificar incidentes graves y supervisar relaciones con proveedores terceros esenciales de servicios TIC. Para muchas de estas entidades, que a menudo operan en mercados locales con recursos financieros y humanos limitados, este alivio regulatorio es fundamental para garantizar su viabilidad operativa y su capacidad para centrarse en su actividad principal sin enfrentar cargas regulatorias desproporcionadas.

Sin embargo, la exclusión también plantea desafíos relacionados con la gestión de riesgos tecnológicos. Aunque las entidades excluidas no son consideradas sistémicamente relevantes, no están completamente exentas de riesgos cibernéticos u operativos. Por ejemplo, una cooperativa de crédito local, una caja de ahorro o una institución pública de financiación podría ser objeto de un ciberataque, sufrir un fallo en sus sistemas tecnológicos o enfrentar interrupciones operativas que afecten a sus clientes y usuarios. Por ello, es esencial que los Estados miembros, al decidir sobre estas exclusiones, evalúen no solo el perfil de riesgo sistémico de las entidades, sino también su capacidad para gestionar los riesgos tecnológicos y garantizar la continuidad de sus servicios. Esto implica que las entidades excluidas deberían adoptar medidas voluntarias de seguridad y resiliencia operativa, como la implementación de políticas básicas de ciberseguridad, la realización de auditorías internas, y la preparación de planes de continuidad del negocio y recuperación ante incidentes.

Desde la perspectiva de las autoridades nacionales, la facultad de exclusión también introduce responsabilidades adicionales. Los Estados miembros deben garantizar que las entidades excluidas sigan cumpliendo con otras normativas aplicables, como el Reglamento General de Protección de Datos, las leyes nacionales sobre seguridad cibernética y gobernanza, o cualquier otra normativa relevante. Además, las autoridades nacionales deben monitorear de manera continua las actividades de las entidades excluidas, asegurándose de que las condiciones que justificaron su exclusión sigan siendo válidas. Si las circunstancias cambian, las autoridades deben estar preparadas para revisar o revocar las exclusiones. Este enfoque garantiza que las decisiones de exclusión sean dinámicas y reflejen el entorno operativo y de riesgo en constante evolución.

Desde una perspectiva estratégica, la posibilidad de exclusión plantea cuestiones relacionadas con la coherencia regulatoria a nivel europeo. Aunque la intención del legislador es permitir un enfoque proporcionado y adaptado a las particularidades nacionales, existe el riesgo de que las exclusiones realizadas por diferentes Estados miembros den lugar a disparidades significativas en la implementación del Reglamento. Esto podría generar desigualdades competitivas entre las entidades excluidas y las que no lo están, así como diferencias en los niveles de protección frente a riesgos tecnológicos. Por ello, es fundamental que la Comisión Europea supervise de cerca las decisiones de exclusión y promueva la coherencia entre los Estados miembros, fomentando el intercambio de mejores prácticas y garantizando que las exclusiones no comprometan los objetivos generales del Reglamento.

Asimismo, se otorga a los Estados miembros una flexibilidad significativa para excluir del ámbito de aplicación del Reglamento a ciertas entidades que, debido a su perfil de riesgo reducido y su relevancia limitada, no requieren ser sometidas a sus estrictas disposiciones en materia de resiliencia operativa digital. Sin embargo, esta facultad de exclusión está condicionada a la transparencia, la supervisión y la coherencia, lo que garantiza que las decisiones adoptadas sean justificadas y no comprometan los objetivos generales del Reglamento. Aunque las entidades excluidas se benefician de un alivio regulatorio importante, también enfrentan el desafío de gestionar eficazmente sus riesgos tecnológicos y operativos para proteger a sus clientes y garantizar la continuidad de sus servicios. Por tanto, es esencial que los Estados miembros y las autoridades nacionales aborden estas exclusiones con un enfoque riguroso y equilibrado, asegurando que las entidades excluidas contribuyan a la estabilidad y seguridad del sistema financiero europeo, incluso en ausencia de una obligación directa derivada del Reglamento. Este equilibrio entre flexibilidad, supervisión y resiliencia refuerza la eficacia del marco normativo europeo en su conjunto.

Artículo 3. Definiciones

A efectos del presente Reglamento, se entenderá por:

1) «resiliencia operativa digital»: la capacidad de una entidad financiera para construir, asegurar y revisar su integridad y fiabilidad operativas asegurando, directa o indirectamente mediante el uso de servicios prestados por proveedores terceros de servicios de TIC, toda la gama de capacidades relacionadas con las TIC necesarias para preservar la seguridad de las redes y los sistemas de información que utiliza una entidad financiera y que sustentan la prestación continuada de servicios financieros y su calidad, incluso en caso de perturbaciones;

El concepto de «resiliencia operativa digital» definido en el Reglamento 2022/2554 constituye uno de los pilares fundamentales para garantizar la estabilidad y seguridad del sector financiero europeo en un entorno marcado por la creciente dependencia de las tecnologías de la información y la comunicación y los riesgos asociados a su uso. De acuerdo con el artículo, la resiliencia operativa digital se entiende como la capacidad de una entidad financiera para construir, mantener y revisar su integridad y fiabilidad operativas mediante la implementación de las capacidades necesarias para preservar la seguridad de las redes y los sistemas de información que utiliza, incluso en casos de perturbaciones. Esta definición pone de manifiesto la necesidad de que las entidades financieras aseguren la continuidad y calidad de los servicios financieros prestados, ya sea directamente o a través de servicios proporcionados por proveedores terceros de servicios TIC.

El concepto de resiliencia operativa digital, tal como se formula en el Reglamento, abarca varios aspectos esenciales. Por un lado, incluye la capacidad de prevenir, detectar, mitigar, gestionar y recuperarse de perturbaciones que puedan afectar las operaciones críticas de una entidad financiera. Estas perturbaciones pueden tener diversas causas, como ciberataques, fallos tecnológicos, desastres naturales, errores humanos, interrupciones en la cadena de suministro tecnológico o incluso eventos geopolíticos. Por otro lado, el concepto exige no solo la protección de los sistemas y redes contra dichas amenazas, sino también la capacidad de garantizar la continuidad de las operaciones y la calidad de los servicios financieros que dependen de estas infraestructuras tecnológicas. Este enfoque proactivo y reactivo subraya que la resiliencia operativa digital no se limita a la seguridad tecnológica, sino que incluye la capacidad de respuesta y recuperación ante incidentes.

Desde una perspectiva normativa, la definición de resiliencia operativa digital en el Reglamento 2022/2554 establece un marco obligatorio que afecta a todas las entidades financieras reguladas bajo este instrumento, y tiene profundas implicaciones en la gobernanza, la gestión de riesgos y el cumplimiento regulatorio. En primer lugar, implica que las entidades financieras deben adoptar un enfoque integral y basado en el riesgo para gestionar su resiliencia operativa digital. Esto significa que deben evaluar constantemente los riesgos tecnológicos y cibernéticos a los que están expuestas y diseñar estrategias para mitigarlos, priorizando los recursos en función de la criticidad de los sistemas y procesos afectados. Por ejemplo, los sistemas que gestionan pagos, transacciones, datos sensibles de clientes o funciones esenciales para la operativa diaria de los mercados financieros deben ser objeto de mayores niveles de protección que otros sistemas menos críticos.

En segundo lugar, la definición establece la obligación de las entidades financieras de supervisar no solo sus propias capacidades internas, sino también las de los proveedores terceros de servicios TIC de los que dependen. Esta dependencia es una de las mayores vulnerabilidades del sector financiero moderno, dado el creciente uso de servicios en la nube, soluciones de ciberseguridad externalizadas, plataformas de análisis de datos, y otras tecnologías esenciales proporcionadas por terceros. El Reglamento, al incluir explícitamente la referencia a los proveedores terceros, subraya que la resiliencia operativa digital de una entidad no puede considerarse de manera aislada, sino que debe incluir el control y la supervisión de toda la cadena tecnológica en la que se basa la prestación de sus servicios. Esto exige la implementación de políticas de selección y contratación de proveedores que garanticen que estos cumplan con los estándares de seguridad, continuidad y resiliencia exigidos por el Reglamento. Asimismo, obliga a las entidades a incluir cláusulas contractuales que les permitan auditar los sistemas de sus proveedores, realizar pruebas de estrés conjuntas y establecer protocolos claros para gestionar interrupciones o incidentes tecnológicos.

Desde una perspectiva técnica, la resiliencia operativa digital abarca tres dimensiones fundamentales: la confidencialidad, la integridad y la disponibilidad de los sistemas y datos. Esto significa que las entidades financieras deben proteger sus redes y sistemas de información contra accesos no autorizados o ciberataques (confidencialidad), garantizar que los datos no sean alterados o manipulados de manera indebida (integridad), y asegurar que los servicios tecnológicos estén disponibles para los usuarios y clientes cuando los necesiten (disponibilidad). Para cumplir con estos principios, las entidades deben implementar una amplia gama de medidas de ciberseguridad y gestión de riesgos TIC, como sistemas de detección y prevención de intrusiones, cifrado de datos, autenticación multifactorial, políticas de control de acceso, segmentación de redes y mecanismos de monitorización continua de amenazas.

Además, la resiliencia operativa digital exige que las entidades financieras sean capaces de realizar pruebas periódicas de su capacidad para resistir y recuperarse de perturbaciones. Esto incluye la realización de simulaciones de ciberataques, ejercicios de continuidad del negocio, pruebas de recuperación ante desastres y evaluaciones de resistencia de sus sistemas tecnológicos. Estas pruebas permiten a las entidades identificar vulnerabilidades en sus sistemas, evaluar la eficacia de sus planes de contingencia y asegurar que sus empleados, proveedores y otras partes interesadas estén preparados para actuar de manera coordinada durante una crisis. El Reglamento establece que estas pruebas deben ser documentadas, auditables y revisadas regularmente para garantizar su adecuación a las amenazas y riesgos emergentes.

Desde una perspectiva operativa, la resiliencia operativa digital no solo requiere la implementación de medidas técnicas, sino también un cambio en la cultura organizacional de las entidades financieras. Esto implica que la alta dirección y los órganos de administración deben asumir un papel activo en la supervisión de los riesgos tecnológicos y operativos, integrando la resiliencia digital en su estrategia general de gobernanza. Además, las entidades deben asegurarse de que todos sus empleados, desde los niveles más altos hasta los operativos, comprendan su papel en la protección de los sistemas y datos de la organización. Esto incluye la formación continua en ciberseguridad, la implementación de políticas internas claras sobre el uso de tecnologías y la concienciación sobre los riesgos asociados al phishing, el malware y otras tácticas utilizadas por los ciberdelincuentes.

El impacto estratégico del concepto de resiliencia operativa digital es significativo, ya que refuerza la importancia de la estabilidad tecnológica para la confianza del público en el sistema financiero. Los clientes, inversores y otras partes interesadas esperan que las entidades financieras sean capaces de garantizar la continuidad de sus servicios incluso en situaciones de crisis tecnológica. Un fallo en la resiliencia operativa de una entidad financiera ya sea debido a un ciberataque, una interrupción tecnológica o un incidente operativo, no solo puede generar pérdidas financieras directas, sino también un daño reputacional significativo que afecte la confianza en el sistema financiero en su conjunto. Por ello, garantizar la resiliencia operativa digital no solo es una obligación regulatoria, sino también un imperativo comercial y reputacional.

Desde la perspectiva de las autoridades de supervisión, la definición de resiliencia operativa digital proporciona un marco claro para evaluar la preparación de las entidades financieras frente a los riesgos tecnológicos. Esto incluye la revisión de sus planes de continuidad del negocio, la calidad de las pruebas de resiliencia realizadas, la gestión de riesgos relacionados con proveedores terceros, y la capacidad de notificar y responder a incidentes graves. Las autoridades deben garantizar que las entidades financieras cumplan con estas exigencias de manera rigurosa, aplicando sanciones en caso de incumplimiento y promoviendo buenas prácticas en el sector. Además, las autoridades pueden utilizar la información recopilada a través de las notificaciones de incidentes para identificar tendencias en el panorama de riesgos tecnológicos y desarrollar respuestas coordinadas a nivel sectorial.

El concepto de «resiliencia operativa digital» en el Reglamento 2022/2554 establece un estándar exigente y holístico para las entidades financieras, abarcando la prevención, gestión y recuperación frente a riesgos tecnológicos y cibernéticos. Este concepto no solo tiene implicaciones técnicas, como la implementación de medidas de ciberseguridad y pruebas de resistencia, sino también implicaciones organizacionales, estratégicas y normativas que exigen un enfoque integral y adaptativo.

Las entidades financieras deben garantizar que su resiliencia operativa digital no solo protege sus propios sistemas y datos, sino también la confianza de sus clientes y la estabilidad del sistema financiero europeo en su conjunto. Al mismo tiempo, las autoridades supervisoras tienen la responsabilidad de garantizar que este estándar se cumpla de manera uniforme, transparente y efectiva, contribuyendo así a la seguridad y estabilidad de un sector clave para la economía de la Unión Europea.

2) «red y sistema de información»: una red y un sistema de información según se definen en el artículo 6, punto 1, de la Directiva (UE) 2022/2555;

El concepto de «red y sistema de información» en el contexto del Reglamento 2022/2554 se define en alineación con el artículo 6, punto 1, de la Directiva (UE) 2022/2555 (Directiva NIS2) que expone: a) una red de comunicaciones electrónicas tal como se definen en el artículo 2, punto 1, de la Directiva (UE) 2018/1972; b) todo dispositivo o grupo de dispositivos interconectados o relacionados entre sí en el que uno o varios de ellos realizan, conforme a un programa, el tratamiento automático de datos digitales, o c) los datos digitales almacenados, tratados, recuperados o transmitidos mediante elementos contemplados en las letras a) y b) para su funcionamiento, utilización, protección y mantenimiento. Esta definición abarca todos los elementos tecnológicos, tanto físicos como virtuales, que conforman la infraestructura de tecnologías de la información y la comunicación utilizada por las entidades financieras.

Desde un punto de vista normativo, el término incluye redes, sistemas, dispositivos, componentes y procedimientos tecnológicos interrelacionados que sustentan las operaciones financieras y son esenciales para garantizar la continuidad de los servicios, la seguridad de los datos y la protección frente a riesgos cibernéticos. Esta definición no solo es amplia, sino que también subraya la interconexión e interdependencia de las infraestructuras tecnológicas, incorporando tanto los recursos internos de las entidades como los servicios proporcionados por terceros, incluyendo servicios en la nube, plataformas digitales y otras soluciones externalizadas.

Desde un punto de vista técnico, las «redes» son sistemas que permiten la transmisión de datos, información y comandos entre diferentes dispositivos y ubicaciones. Esto incluye tanto redes físicas, como cables de fibra óptica, líneas telefónicas y otras infraestructuras, como redes inalámbricas y sistemas de transmisión por satélite. Por su parte, los «sistemas de información» hacen referencia a los componentes que procesan, almacenan y analizan la información, tales como servidores, bases de datos, dispositivos de almacenamiento, aplicaciones de software y herramientas analíticas.

Esta definición también cubre el software operativo, los entornos virtuales y las arquitecturas basadas en la nube, que son cada vez más comunes en el ecosistema financiero. Así, la definición no se limita a componentes tecnológicos estáticos, sino que también abarca los flujos de información y las interacciones entre distintos sistemas, dispositivos y usuarios.

La amplitud de esta definición refleja el enfoque integral del Reglamento 2022/2554 hacia la resiliencia operativa digital, ya que todas las medidas de seguridad, prevención, detección y recuperación contempladas en este marco normativo están diseñadas para proteger estas infraestructuras críticas. Esto tiene profundas implicaciones prácticas para las entidades financieras, ya que las obliga a adoptar una visión holística de sus activos tecnológicos y a implementar medidas de protección en todas las capas de sus redes y sistemas de información. No basta con asegurar un solo componente o sistema: la resiliencia operativa debe abarcar la totalidad del ecosistema tecnológico de una entidad, incluyendo la interacción entre sus componentes internos y externos.

Desde una perspectiva normativa, la inclusión de esta definición en el Reglamento 2022/2554 resalta la intención del legislador de armonizar las normas de resiliencia operativa digital con las directrices de la Directiva NIS2, asegurando una mayor consistencia entre los distintos instrumentos regulatorios de la Unión Europea relacionados con la seguridad de las TIC. Este enfoque unificado tiene como objetivo fortalecer la capacidad de respuesta del sistema financiero europeo frente a los riesgos cibernéticos y las perturbaciones tecnológicas, garantizando un nivel común de protección en todos los Estados miembros. La referencia cruzada con la Directiva NIS2 también subraya la importancia de abordar la resiliencia operativa digital no solo desde la perspectiva de las entidades financieras individuales, sino también como un elemento esencial de la estabilidad y seguridad del ecosistema financiero en su conjunto.

Desde una perspectiva operativa, la definición de «red y sistema de información» implica que las entidades financieras deben proteger estos elementos frente a una amplia gama de amenazas y riesgos. Estos incluyen, entre otros:

1. Ciberataques dirigidos: tales como ransomware, ataques de denegación de servicio distribuido (DDoS), phishing avanzado o intrusiones maliciosas en redes internas.

2. Errores humanos: como configuraciones incorrectas, accesos accidentales no autorizados o malas prácticas en la gestión de credenciales.

3. Fallos tecnológicos: incluidos problemas de hardware, interrupciones en los sistemas operativos o errores en el software crítico.
4. Dependencia de terceros: como interrupciones en servicios en la nube, fallos en plataformas tecnológicas contratadas o vulnerabilidades en proveedores externos que afectan a los servicios prestados por la entidad.
5. Desastres físicos o ambientales: como incendios, inundaciones, terremotos u otros eventos que puedan dañar los componentes físicos de las redes y sistemas de información.

En este contexto, las entidades financieras tienen la obligación de implementar medidas técnicas, organizativas y estratégicas que les permitan prevenir, detectar, gestionar y recuperarse de estos riesgos. Esto incluye la adopción de herramientas avanzadas de ciberseguridad, como firewalls de última generación, sistemas de detección y prevención de intrusiones (IDS/IPS), autenticación multifactorial y encriptación de datos tanto en tránsito como en reposo. Asimismo, deben establecer políticas de seguridad robustas, como segmentación de redes, acceso basado en privilegios mínimos y actualizaciones periódicas de software para mitigar vulnerabilidades conocidas.

Un aspecto crítico de la definición es su referencia a la interdependencia entre las redes y sistemas de información internos de las entidades financieras y los servicios proporcionados por terceros. En la actualidad, muchas entidades financieras dependen de proveedores tecnológicos externos para gestionar componentes críticos de sus infraestructuras, como servicios en la nube, plataformas de análisis de datos, soluciones de ciberseguridad o herramientas de gestión empresarial. Esta dependencia crea una vulnerabilidad adicional, ya que cualquier fallo o interrupción en los servicios prestados por estos terceros puede tener un impacto directo en la operativa de las entidades financieras. Por lo tanto, el Reglamento exige que las entidades financieras gestionen de manera efectiva sus relaciones con proveedores externos, estableciendo contratos claros que incluyan requisitos de seguridad y resiliencia, realizando auditorías periódicas y desarrollando planes de contingencia que les permitan mitigar el impacto de posibles interrupciones en estos servicios.

Desde una perspectiva de cumplimiento regulatorio, la definición también tiene implicaciones directas en las obligaciones de notificación de incidentes establecidas por el Reglamento. Las entidades financieras están obligadas a informar a las autoridades competentes sobre cualquier incidente que afecte significativamente la operativa de sus redes y sistemas de información, o que pueda comprometer la prestación de servicios financieros esenciales. Esto incluye incidentes como ciberataques de gran escala, interrupciones prolongadas en los servicios tecnológicos o fallos en sistemas críticos que tengan un impacto material en los clientes o en la estabilidad financiera. La definición de redes y sistemas de información proporciona un marco claro para identificar los incidentes que deben ser notificados, garantizando que las autoridades tengan visibilidad sobre los riesgos tecnológicos y puedan coordinar respuestas efectivas.

Desde una perspectiva estratégica, el término «red y sistema de información» pone de relieve la creciente interconexión y dependencia tecnológica del sector financiero. En un entorno caracterizado por la digitalización masiva y la rápida evolución de las tecnologías, las redes y sistemas de información representan no solo una herramienta operativa, sino un activo estratégico cuyo funcionamiento continuo es esencial para la sostenibilidad y la competitividad de las entidades financieras. Esto implica que la gestión de riesgos tecnológicos debe integrarse en las políticas generales de gobernanza y estrategia empresarial de las entidades, involucrando a la alta dirección y los órganos de administración en la supervisión de estos riesgos. Además, las entidades deben fomentar una cultura organizacional que valore la ciberseguridad, asegurándose de que todos los empleados comprendan su papel en la protección de las redes y sistemas de información.

Desde la perspectiva de las autoridades supervisoras, la definición proporciona un marco claro para evaluar la preparación de las entidades financieras frente a los riesgos tecnológicos. Esto incluye la revisión de sus políticas de seguridad, la calidad de las pruebas de resiliencia operativa realizadas, la supervisión de las relaciones con proveedores externos y la capacidad de notificar y gestionar incidentes de manera efectiva. Además, las autoridades pueden utilizar la información recopilada a través de las notificaciones de incidentes para identificar tendencias emergentes en el panorama de riesgos cibernéticos y desarrollar respuestas coordinadas a nivel sectorial.

La definición de «red y sistema de información» en el Reglamento 2022/2554 abarca todos los componentes físicos y digitales esenciales para la operativa de las entidades financieras, reflejando la importancia estratégica de estas infraestructuras en un entorno digital altamente interconectado. Este término no solo refuerza la necesidad de adoptar un enfoque integral y basado en el riesgo para gestionar la seguridad y la resiliencia tecnológica, sino que también subraya la importancia de supervisar las interdependencias con proveedores externos y de garantizar la capacidad de respuesta y recuperación ante incidentes. La definición establece un marco normativo sólido que conecta los objetivos del Reglamento con la Directiva NIS2, promoviendo una mayor armonización y coherencia en las normativas de resiliencia operativa digital en toda la Unión Europea. Este enfoque asegura que las entidades financieras estén preparadas para enfrentar los desafíos tecnológicos del futuro, protegiendo la estabilidad del sistema financiero europeo y la confianza de los clientes en un entorno cada vez más dependiente de las TIC.

3) «sistema de TIC heredado»: un sistema de TIC que ha alcanzado el final de su ciclo de vida (final de vida útil) y que por razones tecnológicas o comerciales no admite actualizaciones o correcciones, o para el que su proveedor o un proveedor tercero de servicios de TIC ya no presta asistencia técnica, pero que sigue utilizándose y sustenta las funciones de la entidad financiera;

El concepto de «sistema de TIC heredado» introducido en el Reglamento 2022/2554 abarca sistemas tecnológicos que han alcanzado el final de su ciclo de vida útil y que, por razones tecnológicas o comerciales, no son susceptibles de recibir actualizaciones, correcciones de seguridad ni soporte técnico por parte del proveedor original o de un tercero, pero que, sin embargo, continúan siendo utilizados por la entidad financiera para sustentar funciones críticas. Este reconocimiento normativo de los sistemas heredados subraya la realidad operativa de muchas entidades financieras que dependen de estas infraestructuras tecnológicas obsoletas debido a su integración en procesos esenciales, su alto coste de reemplazo o las complejidades técnicas y comerciales de su modernización.

La inclusión de esta definición en el Reglamento pone de relieve la importancia de abordar los riesgos y desafíos asociados al uso continuado de sistemas de TIC heredados en un contexto financiero altamente interconectado y dependiente de la tecnología. Si bien estos sistemas pueden seguir funcionando dentro de parámetros aceptables para ciertos propósitos, su antigüedad, obsolescencia y falta de actualizaciones los convierten en puntos vulnerables en términos de ciberseguridad, resiliencia operativa y cumplimiento normativo. En un entorno en el que las amenazas cibernéticas son cada vez más sofisticadas y las exigencias regulatorias más estrictas, los sistemas heredados representan un riesgo significativo para las entidades financieras, sus clientes y, en última instancia, la estabilidad del sistema financiero europeo.

Desde un punto de vista técnico, un sistema de TIC heredado puede incluir una amplia variedad de infraestructuras y tecnologías, como servidores físicos antiguos, sistemas operativos desactualizados, aplicaciones que no han sido migradas a versiones modernas, bases de datos que carecen de soporte activo y hardware incompatible con las herramientas tecnológicas contemporáneas. Estos sistemas son particularmente comunes en entidades financieras con una larga trayectoria operativa, donde pueden haberse integrado profundamente en procesos críticos, como el procesamiento de pagos, la gestión de datos de clientes, la intermediación financiera o la ejecución de transacciones en mercados financieros. Sin embargo, su obsolescencia tecnológica presenta limitaciones importantes. La falta de parches de seguridad y actualizaciones los hace vulnerables a ciberataques, mientras que su incompatibilidad con sistemas modernos dificulta su integración en estrategias más amplias de transformación digital y ciberseguridad.

Desde una perspectiva normativa, la definición de sistemas de TIC heredados en el Reglamento 2022/2554 establece un marco claro para que las entidades financieras identifiquen y gestionen los riesgos asociados a estas infraestructuras. Aunque el Reglamento no impone una prohibición absoluta sobre su uso, establece la obligación de que las entidades gestionen proactivamente estos riesgos como parte de su estrategia de resiliencia operativa digital. Esto significa que las entidades deben realizar un inventario detallado de los sistemas heredados que utilizan, evaluando su criticidad en relación con las funciones operativas que sustentan y el impacto potencial de su fallo o compromiso. Esta evaluación debe incluir un análisis exhaustivo de los riesgos cibernéticos, operativos y de cumplimiento asociados, así como las medidas necesarias para mitigarlos.

Uno de los aspectos más importantes de la gestión de los sistemas heredados es la implementación de medidas de seguridad adicionales que compensen las vulnerabilidades inherentes a estos sistemas. Entre estas medidas se incluyen el aislamiento de los sistemas heredados mediante la segmentación de redes, el uso de firewalls avanzados y sistemas de detección de intrusiones, la aplicación de controles estrictos de acceso y autenticación, y la monitorización continua de actividades sospechosas. Además, las entidades deben desarrollar planes de contingencia que les permitan garantizar la continuidad operativa en caso de fallo de un sistema heredado, incluyendo redundancias tecnológicas, backups regulares de datos y procedimientos de recuperación ante incidentes.

Desde una perspectiva operativa, los sistemas de TIC heredados representan un desafío significativo para las entidades financieras, ya que a menudo son esenciales para la continuidad de las operaciones, pero al mismo tiempo son fuentes de riesgo y de costes elevados. Estos sistemas suelen requerir un mantenimiento constante, que puede ser costoso y difícil de gestionar debido a la falta de soporte técnico y piezas de repuesto. Además, la dependencia de sistemas heredados puede limitar la capacidad de una entidad para adoptar nuevas tecnologías o cumplir con las crecientes expectativas de los clientes en cuanto a la velocidad, la seguridad y la personalización de los servicios financieros. Por ejemplo, un sistema heredado utilizado para gestionar cuentas de clientes puede carecer de las capacidades necesarias para integrarse con aplicaciones móviles modernas o plataformas de banca digital.

Desde una perspectiva estratégica, la gestión de sistemas de TIC heredados también tiene implicaciones importantes para la sostenibilidad y competitividad de las entidades financieras. En un entorno financiero caracterizado por la transformación digital, las entidades que dependen de tecnologías obsoletas corren el riesgo de quedarse rezagadas frente a competidores que han adoptado infraestructuras más modernas, flexibles y seguras. Además, el uso continuado de sistemas heredados puede afectar negativamente la confianza de los clientes, inversores y otras partes interesadas, especialmente si estos sistemas son percibidos como inseguros o propensos a fallos. Por tanto, las entidades financieras deben equilibrar la necesidad de mantener la operatividad de los sistemas heredados con la necesidad de avanzar hacia tecnologías más avanzadas y sostenibles.

Desde la perspectiva de las autoridades de supervisión, la definición de sistemas de TIC heredados proporciona un marco para evaluar la preparación de las entidades financieras frente a los riesgos asociados a estas infraestructuras. Las autoridades deben asegurarse de que las entidades identifiquen, evalúen y gestionen adecuadamente sus sistemas heredados, implementando medidas de mitigación proporcionadas al nivel de riesgo y a la criticidad de las funciones que sustentan. Además, deben supervisar si las entidades tienen planes realistas para la modernización o reemplazo de estos sistemas a largo plazo, especialmente cuando los riesgos asociados no puedan ser mitigados de manera efectiva. Las autoridades también pueden requerir a las entidades que proporcionen información detallada sobre sus estrategias de gestión de sistemas heredados, incluidas las inversiones planificadas y los plazos previstos para su modernización.

Desde una perspectiva económica, la modernización de los sistemas heredados puede representar una inversión significativa para las entidades financieras, tanto en términos de costes directos como de tiempo y recursos. La migración de datos, la reconfiguración de procesos y la integración de nuevas tecnologías pueden ser complejas y disruptivas, especialmente en organizaciones grandes con estructuras tecnológicas heterogéneas. Sin embargo, los beneficios a largo plazo de reemplazar los sistemas heredados suelen superar los costes iniciales, ya que las infraestructuras modernas no solo ofrecen mayores niveles de seguridad y eficiencia, sino que también son más escalables, interoperables y capaces de adaptarse a los cambios regulatorios y del mercado.

Un aspecto adicional que considerar es la interacción entre los sistemas heredados y los proveedores terceros de servicios TIC. En muchos casos, las entidades financieras dependen de proveedores externos para gestionar o mantener sus sistemas heredados, lo que introduce un nivel adicional de complejidad y riesgo. Por ejemplo, si un proveedor decide cesar el soporte para un sistema heredado, la entidad financiera puede enfrentar una situación de vulnerabilidad crítica. Por ello, las entidades deben incluir consideraciones sobre la continuidad de los servicios en sus contratos con proveedores y desarrollar planes de contingencia para gestionar la transición a nuevos sistemas o proveedores en caso de interrupciones.

El concepto de «sistema de TIC heredado» en el Reglamento 2022/2554 reconoce una realidad operativa crítica en el sector financiero, pero también subraya la necesidad de gestionar los riesgos asociados a estas infraestructuras tecnológicas obsoletas de manera proactiva y estratégica. Aunque el Reglamento no exige la eliminación inmediata de los sistemas heredados, establece una clara obligación para las entidades financieras de identificar, evaluar y mitigar los riesgos que presentan, mientras desarrollan planes a largo plazo para su modernización o reemplazo. Esto incluye la implementación de medidas de seguridad adicionales, el desarrollo de planes de contingencia y la integración de la gestión de sistemas heredados en la estrategia general de resiliencia operativa digital de la entidad. Al mismo tiempo, las autoridades supervisoras tienen un papel fundamental en garantizar que estas obligaciones se cumplan de manera efectiva, contribuyendo así a la estabilidad, seguridad y confianza en el sistema financiero europeo en su conjunto. La gestión adecuada de los sistemas heredados no solo es esencial para cumplir con las exigencias regulatorias, sino también para garantizar la sostenibilidad y competitividad de las entidades financieras en un entorno cada vez más digitalizado y complejo.

4) «seguridad de las redes y sistemas de información»: la seguridad de las redes y sistemas de información según se define en el artículo 6, punto 2, de la Directiva (UE) 2022/2555;

El concepto de «seguridad de las redes y sistemas de información», tal como se define en el Reglamento 2022/2554, hace referencia a la capacidad de estas infraestructuras tecnológicas para resistir cualquier evento o incidente que pueda comprometer su disponibilidad, autenticidad, integridad o confidencialidad. Esta definición, que se deriva del artículo 6, punto 2, de la Directiva (UE) 2022/2555 (Directiva NIS2), es de aplicación directa en el sector financiero, donde las redes y sistemas de información son esenciales para la prestación de servicios críticos, la gestión de datos sensibles y la operativa diaria de las entidades financieras. Su inclusión en el Reglamento destaca la necesidad de adoptar un enfoque sistemático, preventivo y reactivo en la gestión de riesgos tecnológicos, en un entorno caracterizado por la creciente digitalización, la complejidad de las infraestructuras tecnológicas y la sofisticación de las amenazas cibernéticas.

El término seguridad de las redes y sistemas de información se estructura en torno a cuatro dimensiones fundamentales que garantizan la fiabilidad operativa y la protección de los sistemas tecnológicos: disponibilidad, autenticidad, integridad y confidencialidad. Cada una de estas dimensiones tiene implicaciones técnicas, organizativas y regulatorias que requieren un análisis exhaustivo y una gestión integral por parte de las entidades financieras:

La disponibilidad implica que las redes y sistemas de información deben estar operativos y accesibles para los usuarios autorizados en todo momento, incluso durante incidentes disruptivos o periodos de alta demanda. Esto requiere la implementación de redundancias tecnológicas, la planificación de la capacidad para soportar picos de uso y la adopción de estrategias de continuidad operativa que minimicen las interrupciones. Desde un punto de vista financiero, garantizar la disponibilidad es crítico, ya que la interrupción de sistemas esenciales como los de procesamiento de pagos o gestión de cuentas puede causar impactos significativos en los clientes y en la estabilidad del sistema financiero.

La autenticidad asegura que solo los usuarios, procesos o dispositivos autorizados puedan acceder a los sistemas y redes de información, reduciendo el riesgo de accesos no autorizados o manipulaciones maliciosas. Esto implica la implementación de controles de acceso estrictos, el uso de autenticación multifactorial, y la monitorización continua de los intentos de acceso para detectar y prevenir actividades sospechosas. En el contexto financiero, la autenticidad es esencial para garantizar la confianza en las transacciones, la seguridad de los datos y la protección frente al fraude.

La integridad garantiza que los datos y sistemas no sean alterados, manipulados o dañados de manera no autorizada, asegurando que la información sea precisa y confiable en todo momento. Esto es especialmente relevante en el sector financiero, donde la manipulación de datos puede tener consecuencias graves, como errores en los balances, transacciones incorrectas o compromisos de datos sensibles de clientes. Las medidas técnicas que protegen la integridad incluyen el uso de algoritmos de hash, la implementación de registros de auditoría y la adopción de protocolos de cifrado de extremo a extremo.

La confidencialidad se refiere a la protección de la información contra accesos no autorizados, garantizando que solo las personas o sistemas debidamente autorizados puedan acceder a los datos sensibles. Esto es especialmente importante en el sector financiero, donde las entidades manejan grandes volúmenes de datos confidenciales de clientes, transacciones financieras y operaciones estratégicas. Las medidas para garantizar la confidencialidad incluyen el uso de encriptación avanzada, la segmentación de redes para proteger áreas críticas y la capacitación continua del personal en la gestión segura de datos.

Desde una perspectiva normativa, la adopción de esta definición en el Reglamento 2022/2554 refleja un esfuerzo claro por armonizar las normativas europeas en materia de ciberseguridad, alineando el marco de resiliencia operativa digital del sector financiero con las disposiciones generales de la Directiva NIS2. Este enfoque busca garantizar un nivel común de seguridad en toda la Unión Europea, reconociendo la interdependencia entre las infraestructuras tecnológicas de distintos sectores y la necesidad de protegerlas frente a riesgos cibernéticos cada vez más sofisticados. En el contexto financiero, esta armonización es especialmente relevante debido a la alta interconexión del sistema financiero europeo, donde una vulnerabilidad en las redes o sistemas de una entidad puede tener efectos de propagación que impacten a otras entidades y mercados.

Desde una perspectiva práctica, garantizar la seguridad de las redes y sistemas de información implica que las entidades financieras adopten medidas preventivas, detectivas y reactivas para proteger sus infraestructuras tecnológicas frente a una amplia gama de amenazas y riesgos. Esto incluye ciberataques dirigidos, como ransomware, phishing avanzado o ataques de denegación de servicio distribuido (DDoS); errores humanos, como configuraciones incorrectas o accesos accidentales no autorizados; fallos tecnológicos, como interrupciones en servidores o errores en el software; y riesgos asociados a proveedores externos, como interrupciones en servicios en la nube o vulnerabilidades en plataformas contratadas. Para mitigar estos riesgos, las entidades deben implementar una combinación de herramientas tecnológicas y prácticas organizativas, como:

- Sistemas avanzados de ciberseguridad: Firewalls, sistemas de detección y prevención de intrusiones (IDS/IPS), soluciones de gestión de eventos de seguridad (SIEM) y tecnologías basadas en inteligencia artificial para detectar patrones anómalos en las redes.
- Políticas de control de acceso: Limitación de privilegios, autenticación multifactorial y segmentación de redes para minimizar el riesgo de accesos no autorizados y prevenir movimientos laterales dentro de la infraestructura.
- Pruebas regulares de vulnerabilidades: Simulaciones de ciberataques (como pruebas de penetración), auditorías de seguridad y evaluaciones de riesgos tecnológicos para identificar y corregir debilidades antes de que sean explotadas.
- Planificación de continuidad operativa: Desarrollo de planes de recuperación ante desastres, redundancia en sistemas críticos y procedimientos claros para la gestión de incidentes que permitan a las entidades reanudar sus operaciones rápidamente tras una interrupción.

Un aspecto determinante de la definición es su aplicabilidad tanto a las redes y sistemas internos de las entidades financieras como a los servicios proporcionados por terceros. En un entorno donde muchas entidades dependen de proveedores externos para gestionar componentes críticos de sus infraestructuras tecnológicas, el Reglamento determina que las entidades supervisen proactivamente estas relaciones, asegurándose de que los proveedores cumplan con estándares de seguridad equivalentes. Esto incluye la negociación de contratos que incluyan cláusulas específicas de seguridad, la realización de auditorías periódicas y el desarrollo de planes de contingencia para gestionar interrupciones o fallos en los servicios proporcionados por terceros.

Desde una perspectiva de gobernanza, la seguridad de las redes y sistemas de información debe integrarse en las políticas generales de gestión de riesgos de las entidades financieras. Esto implica que la alta dirección y los órganos de administración deben estar directamente involucrados en la supervisión de los riesgos tecnológicos, asegurándose de que las inversiones necesarias en seguridad se alineen con los objetivos estratégicos de la entidad. Además, las entidades deben fomentar una cultura organizacional que valore la ciberseguridad, asegurándose de que todos los empleados comprendan su papel en la protección de las redes y sistemas de información y reciban formación continua en buenas prácticas.

Desde una perspectiva estratégica, garantizar la seguridad de las redes y sistemas de información es fundamental para la sostenibilidad y competitividad de las entidades financieras. En un entorno digitalizado y altamente interconectado, las fallas en la seguridad tecnológica no solo tienen un impacto operativo, sino también reputacional, afectando la confianza de los clientes, inversores y otras partes interesadas. Las entidades financieras deben adoptar un enfoque proactivo, priorizando la innovación tecnológica y la ciberseguridad como elementos clave para mantenerse competitivas y protegidas frente a un panorama de amenazas en constante evolución.

Desde la perspectiva de las autoridades supervisoras, la definición de seguridad de las redes y sistemas de información proporciona un marco claro para evaluar la preparación de las entidades frente a los riesgos tecnológicos. Las autoridades deben garantizar que las entidades implementen medidas de seguridad avanzadas, supervisen sus relaciones con proveedores externos y tengan la capacidad de gestionar y notificar incidentes de manera efectiva. Además, las autoridades pueden utilizar la información recopilada a través de las notificaciones de incidentes para identificar tendencias en el panorama de riesgos cibernéticos y desarrollar respuestas coordinadas a nivel sectorial.

El concepto de «seguridad de las redes y sistemas de información» en el Reglamento 2022/2554 establece un estándar integral y exigente para garantizar la protección, fiabilidad y continuidad de las infraestructuras tecnológicas en el sector financiero. Su aplicación práctica requiere que las entidades financieras adopten medidas de ciberseguridad avanzadas, gestionen proactivamente los riesgos asociados a sus infraestructuras internas y proveedores externos, y desarrollen una cultura organizacional centrada en la ciberseguridad. Este enfoque no solo es una obligación regulatoria, sino también un elemento estratégico clave para garantizar la sostenibilidad, la competitividad y la confianza en el sistema financiero europeo en un entorno cada vez más digitalizado y amenazado por riesgos tecnológicos.

5) «riesgo relacionado con las TIC»: cualquier circunstancia razonablemente identificable en relación con el uso de redes y sistemas de información que, si se materializa, puede comprometer la seguridad de las redes y sistemas de informa-

ción, de cualquier herramienta o proceso dependiente de la tecnología, de las operaciones y los procesos o de la prestación de servicios, al provocar efectos adversos en el entorno digital o físico;

El concepto de «riesgo relacionado con las TIC», tal como se define en el Reglamento 2022/2554, es fundamental para establecer un enfoque amplio y uniforme para la gestión de los riesgos tecnológicos en el sector financiero europeo. El término se refiere a cualquier circunstancia razonablemente identificable en relación con el uso de redes y sistemas de información que, al materializarse, pueda comprometer la seguridad de dichos sistemas, así como cualquier herramienta, proceso, operación o prestación de servicios que dependa de la tecnología. El alcance de esta definición es deliberadamente amplio, ya que busca capturar la multiplicidad de riesgos que pueden surgir del uso de las tecnologías de la información y la comunicación (TIC) en un entorno digital complejo, interconectado y en constante evolución. Además, reconoce que estos riesgos no solo afectan el entorno digital, sino que también pueden generar efectos adversos en el ámbito físico, lo que amplía aún más su relevancia y complejidad.

Desde una perspectiva normativa, la definición subraya el enfoque preventivo y anticipativo que el Reglamento 2022/2554 busca promover en la gestión de riesgos relacionados con las TIC. Al hacer referencia a "cualquier circunstancia razonablemente identificable", el Reglamento introduce un estándar de diligencia que obliga a las entidades financieras a anticipar posibles amenazas, incluso aquellas que aún no se han materializado, pero que pueden identificarse mediante un análisis riguroso y proactivo de sus entornos operativos y tecnológicos. Este enfoque preventivo no solo refuerza la necesidad de gestionar riesgos ya conocidos, sino también de prever nuevos riesgos derivados de innovaciones tecnológicas, cambios regulatorios y tendencias emergentes en el panorama de las amenazas cibernéticas. Además, la definición establece un vínculo claro entre la gestión de riesgos relacionados con las TIC y los objetivos más amplios de resiliencia operativa digital, destacando que estos riesgos deben ser gestionados de manera integral y alineada con las estrategias globales de gobernanza y continuidad operativa de las entidades.

Desde una perspectiva técnica, el concepto de riesgo relacionado con las TIC abarca un amplio espectro de amenazas y vulnerabilidades que pueden comprometer las redes y sistemas de información utilizados por las entidades financieras. Entre las amenazas más relevantes se incluyen:

1. Ciberataques dirigidos y generalizados: Estos incluyen ataques de ransomware, phishing, denegación de servicio distribuido (DDoS), explotación de vulnerabilidades en sistemas desactualizados, y amenazas persistentes avanzadas (APT), que buscan infiltrarse de manera sostenida en las redes y sistemas de una entidad.
2. Fallos tecnológicos internos: Pueden abarcar errores en el software, problemas de compatibilidad tecnológica, fallos en hardware como servidores y dispositivos de almacenamiento, y defectos en las configuraciones de sistemas críticos.
3. Errores humanos: Incluyen fallos operativos, configuraciones incorrectas, uso negligente de credenciales, clics en enlaces maliciosos y otras acciones inadvertidas que comprometen la seguridad de los sistemas.
4. Sistemas heredados**:** Los sistemas de TIC que han alcanzado el final de su ciclo de vida útil representan riesgos significativos debido a la falta de actualizaciones de seguridad y soporte técnico, lo que los hace vulnerables a ciberataques y fallos operativos.
5. Interdependencias con terceros: Los riesgos derivados de la dependencia de proveedores externos de servicios TIC, como plataformas en la nube, soluciones de ciberseguridad y software especializado, son particularmente preocupantes debido a la posible falta de control directo sobre estos servicios.
6. Eventos físicos o ambientales: Los desastres naturales, incendios, inundaciones, sabotajes o ataques físicos contra infraestructuras críticas pueden comprometer tanto las redes y sistemas digitales como los procesos físicos que dependen de ellos.

La amplitud técnica de esta definición implica que las entidades financieras deben adoptar herramientas y prácticas avanzadas para gestionar los riesgos relacionados con las TIC en todas sus manifestaciones. Esto incluye la implementación de tecnologías de ciberseguridad avanzadas, como firewalls de última generación, sistemas de detección y prevención de intrusiones (IDS/IPS), soluciones de gestión de eventos e información de seguridad (SIEM), y tecnologías basadas en inteligencia artificial para detectar y responder a amenazas en tiempo real. Además, las entidades deben realizar auditorías técnicas periódicas, pruebas de vulnerabilidad y simulaciones de ciberataques para identificar puntos débiles en sus sistemas y procesos antes de que puedan ser explotados.

Desde una perspectiva operativa, la definición implica que las entidades financieras deben implementar estrategias efectivas para identificar, evaluar, mitigar y supervisar los riesgos relacionados con las TIC en todas las áreas de su operativa. Estas estrategias incluyen:

- Evaluaciones regulares de riesgos: Las entidades deben realizar análisis detallados para identificar y priorizar los riesgos tecnológicos más críticos, considerando tanto su probabilidad de ocurrencia como su impacto potencial en términos de operatividad, seguridad y reputación.
- Planes de mitigación de riesgos: Una vez identificados, los riesgos deben ser abordados mediante la implementación de controles técnicos, organizativos y procedimentales. Esto puede incluir la segmentación de redes, la actualización constante de software y hardware, y la implementación de controles de acceso y autenticación robustos.
- Gestión de riesgos derivados de proveedores externos: Dado que muchas entidades financieras dependen de proveedores tecnológicos para servicios críticos, deben establecer contratos claros que incluyan cláusulas sobre ciberseguridad, realizar auditorías periódicas y desarrollar planes de contingencia para gestionar interrupciones o fallos en los servicios proporcionados.
- Planes de continuidad operativa y recuperación ante desastres: La definición también subraya la importancia de que las entidades estén preparadas para gestionar y recuperarse de incidentes relacionados con las TIC. Esto incluye el desarrollo de planes de recuperación ante desastres, la creación de redundancias tecnológicas y la realización de simulacros para garantizar que los equipos estén capacitados para responder de manera efectiva a los incidentes.

Desde una perspectiva estratégica, el concepto de «riesgo relacionado con las TIC» resalta la necesidad de que las entidades financieras adopten una visión a largo plazo para garantizar la resiliencia de sus redes y sistemas de información. Esto incluye inversiones continuas en infraestructura tecnológica, ciberseguridad y formación del personal, así como la incorporación de los riesgos tecnológicos en los procesos de toma de decisiones estratégicas. La capacidad de anticipar, gestionar y recuperarse de incidentes relacionados con las TIC se ha convertido en un elemento clave para la competitividad en el sector financiero, ya que los clientes, inversores y otras partes interesadas valoran cada vez más la capacidad de las entidades para garantizar la seguridad y la continuidad de sus servicios.

Desde una perspectiva de gobernanza, el Reglamento exige que la gestión de los riesgos relacionados con las TIC sea una parte integral de la estructura organizativa y de los modelos de gobernanza de las entidades financieras. Esto significa que los órganos de administración y la alta dirección deben asumir un papel activo en la supervisión de estos riesgos, garantizando que los recursos asignados sean proporcionales a la criticidad de los sistemas, procesos y servicios afectados. Además, las entidades deben fomentar una cultura organizacional que valore la ciberseguridad y la resiliencia tecnológica, asegurándose de que todos los empleados comprendan su papel en la identificación y mitigación de riesgos tecnológicos.

Desde la perspectiva del cumplimiento regulatorio, la definición establece una conexión directa con las obligaciones de notificación de incidentes establecidas por el Reglamento. Las entidades financieras están obligadas a informar a las autoridades competentes sobre cualquier incidente significativo relacionado con las TIC que pueda afectar la seguridad de sus redes y sistemas, la prestación de servicios esenciales o la confianza del público. Esta obligación no solo refuerza la transparencia y la rendición de cuentas, sino que también permite a las autoridades monitorear el panorama de riesgos tecnológicos y coordinar respuestas a nivel sectorial.

Desde la perspectiva de las autoridades supervisoras, la definición de «riesgo relacionado con las TIC» proporciona un marco claro para evaluar la preparación de las entidades frente a riesgos tecnológicos. Las autoridades deben garantizar que las entidades implementen políticas y procedimientos adecuados para gestionar estos riesgos, y deben supervisar el cumplimiento de las disposiciones del Reglamento mediante auditorías, inspecciones y revisiones periódicas. Además, las autoridades pueden utilizar la información recopilada a través de las notificaciones de incidentes para identificar tendencias emergentes y desarrollar respuestas coordinadas que mitiguen los riesgos a nivel sistémico.

La definición de «riesgo relacionado con las TIC» en el Reglamento 2022/2554 establece un marco integral para la gestión de los riesgos tecnológicos en el sector financiero, abarcando todas las amenazas y vulnerabilidades que puedan comprometer la seguridad, la operatividad y la confianza en el sistema financiero europeo.

Este concepto refuerza la necesidad de que las entidades adopten un enfoque holístico, basado en el riesgo y alineado con sus estrategias de resiliencia operativa digital. Al mismo tiempo, subraya la responsabilidad de las autoridades supervisoras de garantizar que las entidades cumplan con estas exigencias y contribuyan a la estabilidad, seguridad y confianza en el sistema financiero europeo en un entorno digital cada vez más complejo y dinámico. Este marco no solo responde a las exigencias regulatorias, sino que también posiciona a las entidades para enfrentar los desafíos tecnológicos del futuro, consolidando su sostenibilidad y competitividad en el mercado financiero global.

6) «activo de información»: un compendio de información, tangible o intangible, que conviene proteger;

El concepto de «activo de información», tal como lo define el Reglamento 2022/2554, abarca cualquier tipo de información, ya sea tangible o intangible, que por su valor intrínseco para la entidad financiera requiere medidas específicas de protección. Esta definición introduce un marco amplio y flexible que refleja la centralidad de los datos y la información en la operativa diaria, la estrategia y la gobernanza de las entidades financieras. Asimismo, subraya que la protección de los activos de información es esencial para garantizar la seguridad, la resiliencia y la sostenibilidad de las operaciones de las entidades en un entorno caracterizado por la digitalización, la interconexión y la sofisticación de los riesgos tecnológicos y cibernéticos.

El término incluye una gama muy diversa de recursos informativos, como datos financieros de clientes, registros contables, información sensible relacionada con transacciones, algoritmos y modelos matemáticos para análisis de riesgos o estrategias de inversión, claves criptográficas para asegurar operaciones digitales, documentación interna sobre procesos críticos, propiedad intelectual, y conocimiento institucional acumulado. También se extiende a documentos físicos o electrónicos, y al flujo de información que sustenta la toma de decisiones, la prestación de servicios y el cumplimiento de los requisitos regulatorios. Al incluir tanto elementos tangibles como intangibles, esta definición garantiza que ningún aspecto relevante de la información que sustenta las actividades de una entidad quede desprotegido.

Desde una perspectiva técnica, la protección de los activos de información se relaciona estrechamente con los principios fundamentales de seguridad: la confidencialidad, la integridad y la disponibilidad. Estos principios deben aplicarse de manera integral a los activos para garantizar que estén protegidos frente a riesgos internos y externos. La confidencialidad implica que solo las personas, sistemas o procesos autorizados puedan acceder a la información, lo que se logra mediante mecanismos como el cifrado, la autenticación multifactorial y políticas de acceso basadas en privilegios mínimos. La integridad se refiere a la protección de los activos de información contra alteraciones no autorizadas, ya sea por errores, ataques malintencionados o fallos tecnológicos, y se garantiza mediante el uso de tecnologías como algoritmos de hash, registros de auditoría y sistemas de detección de cambios no autorizados. Por su parte, la disponibilidad asegura que los activos de información estén accesibles para los usuarios autorizados en el momento en que se necesiten, lo que requiere la implementación de medidas de redundancia, sistemas de respaldo y estrategias de recuperación ante desastres.

Una dimensión crítica en la gestión técnica de los activos de información es su clasificación y categorización según su sensibilidad y criticidad. Las entidades financieras deben identificar cuáles son los activos más relevantes para la continuidad de sus operaciones y para el cumplimiento de sus obligaciones regulatorias, y aplicarles medidas de protección proporcionales a su importancia. Por ejemplo, los datos de identificación personal de los clientes deben estar sujetos a los más altos niveles de protección, en cumplimiento de normativas como el Reglamento General de Protección de Datos (RGPD), mientras que la información operativa de menor impacto puede gestionarse con controles más básicos. Esta diferenciación permite a las entidades asignar recursos de manera eficiente, centrándose en proteger los activos más críticos.

Desde una perspectiva operativa, la definición implica que las entidades financieras deben adoptar un enfoque proactivo y sistemático para gestionar sus activos de información. Esto incluye la creación de inventarios detallados que identifiquen los activos, sus ubicaciones, las personas responsables de su gestión y los riesgos asociados a ellos. También requiere el establecimiento de políticas y procedimientos claros para el manejo de la información a lo largo de su ciclo de vida, desde su creación o adquisición hasta su almacenamiento, uso, transferencia y eventual eliminación o archivo seguro. Las entidades deben garantizar que todos los empleados, desde los niveles operativos hasta la alta dirección, comprendan sus responsabilidades en relación con la protección de los activos de información, y que cumplan con las políticas internas diseñadas para mitigar riesgos como accesos no autorizados, errores humanos o la divulgación indebida de información sensible.

Un aspecto clave de la definición es que no se limita a los activos de información gestionados directamente por la entidad, sino que también abarca aquellos que son almacenados, procesados o gestionados por terceros en nombre de la entidad. Esto refleja la realidad operativa de muchas entidades financieras, que dependen de proveedores externos para servicios tecnológicos como almacenamiento en la nube, análisis de datos, ciberseguridad y plataformas transaccionales. El Reglamento exige que las entidades supervisen de manera activa estas relaciones, estableciendo acuerdos contractuales que incluyan cláusulas específicas para garantizar la protección de los activos de información, y realizando auditorías periódicas para verificar el cumplimiento de estas disposiciones. También deben desarrollar planes de contingencia para mitigar el impacto de posibles compromisos de seguridad o interrupciones en los servicios proporcionados por terceros.

Desde una perspectiva de gobernanza, la gestión de los activos de información debe integrarse en el marco general de gobernanza y gestión de riesgos de la entidad. Esto implica que los órganos de administración y la alta dirección deben asumir la responsabilidad de supervisar la protección de estos activos, asegurándose de que las políticas, los procedimientos y los recursos asignados sean proporcionales a su importancia estratégica y operativa. También requiere que las entidades implementen mecanismos de supervisión interna, como auditorías regulares y reportes a la alta dirección, para garantizar que la protección de los activos de información sea efectiva y cumpla con los estándares regulatorios aplicables.

Desde una perspectiva estratégica, los activos de información representan uno de los recursos más valiosos de las entidades financieras en un entorno altamente competitivo y digitalizado. La capacidad de proteger estos activos no solo es una obligación regulatoria, sino también un factor clave para mantener la confianza de los clientes, inversores y otras partes interesadas. Los compromisos de información, ya sea debido a ciberataques, fallos tecnológicos o errores humanos, pueden tener consecuencias graves, incluyendo pérdidas financieras, daños reputacionales y sanciones regulatorias. Por ello, las entidades deben considerar la protección de los activos de información como una prioridad estratégica, y deben invertir en tecnologías avanzadas, formación de personal y mejoras continuas en sus procesos de gestión de información para garantizar su resiliencia a largo plazo.

Desde la perspectiva del cumplimiento regulatorio, la protección de los activos de información está directamente vinculada con las obligaciones de notificación de incidentes establecidas por el Reglamento. Las entidades financieras están obligadas a informar a las autoridades competentes sobre cualquier incidente que comprometa la seguridad, disponibilidad o integridad de los activos de información críticos, especialmente si estos incidentes afectan la prestación de servicios esenciales o tienen un impacto significativo en los clientes o en la estabilidad del sistema financiero. Estas notificaciones permiten a las autoridades supervisar el cumplimiento de las normativas y coordinar respuestas sectoriales para mitigar el impacto de los riesgos tecnológicos y cibernéticos.

Desde la perspectiva de las autoridades supervisoras, el concepto de «activo de información» proporciona un marco claro para evaluar la preparación de las entidades frente a los riesgos asociados a sus datos e información críticos. Las autoridades deben asegurarse de que las entidades implementen políticas adecuadas para proteger estos activos, que incluyan medidas de identificación, clasificación y protección, así como controles internos para supervisar su efectividad. Además, las autoridades pueden utilizar la información recopilada a través de auditorías y notificaciones de incidentes para identificar tendencias emergentes en el panorama de riesgos y desarrollar respuestas coordinadas que mejoren la seguridad del sistema financiero en su conjunto.

El concepto de «activo de información» en el Reglamento 2022/2554 destaca la centralidad de los datos y la información en la operativa, la estrategia y la gobernanza de las entidades financieras, y subraya la necesidad de proteger estos activos frente a riesgos internos y externos. Las entidades financieras deben adoptar un enfoque integral, proactivo y basado en el riesgo para garantizar la seguridad, la disponibilidad y la integridad de los activos de información, tanto internos como gestionados por terceros. Este enfoque no solo responde a las exigencias regulatorias, sino que también refuerza la competitividad y sostenibilidad de las entidades en un entorno globalizado y altamente digitalizado. Al mismo tiempo, las autoridades supervisoras tienen un papel fundamental en garantizar que las entidades cumplan con estas obligaciones y contribuyan a la estabilidad, seguridad y confianza en el sistema financiero europeo, protegiendo los datos e información que son esenciales para el funcionamiento y la confianza en el sector.

7) «activo de TIC»: un activo de software o hardware en las redes y sistemas de información utilizados por la entidad financiera;

El concepto de "activo de TIC", definido en el Reglamento Europeo 2022/2554 como cualquier activo de software o hardware presente en las redes y sistemas de información utilizados por una entidad financiera, constituye un pilar fundamental para la regulación de la resiliencia operativa digital en el sector financiero. Su alcance es amplio y comprende todos los componentes tecnológicos que permiten a las entidades ejecutar sus operaciones diarias, gestionar sus servicios financieros y asegurar la integridad de su infraestructura digital. Esta definición no solo reconoce la relevancia de los activos tecnológicos en el contexto de las actividades financieras, sino que también los posiciona como elementos críticos para la estabilidad y continuidad del sistema financiero en su conjunto.

En la práctica, las entidades financieras deben adoptar un enfoque sistemático y exhaustivo para la identificación de sus activos de TIC. Este ejercicio incluye tanto activos físicos, como servidores, estaciones de trabajo, routers, firewalls y dispositivos de almacenamiento, como activos intangibles, tales como aplicaciones informáticas, licencias de software, sistemas operativos, bases de datos y herramientas de gestión empresarial. La identificación debe ir acompañada de un proceso de clasificación basado en la criticidad del activo para la operación de la entidad, considerando factores como la dependencia operativa, el impacto potencial de su fallo y su nivel de exposición a riesgos. Un inventario preciso y actualizado de activos de TIC no solo es necesario para cumplir con los requisitos del Reglamento, sino que también resulta indispensable para la toma de decisiones estratégicas en materia de seguridad y resiliencia.

La gestión de estos activos se encuentra en el núcleo del sistema de gobernanza de riesgos tecnológicos que exige el Reglamento. Las entidades financieras deben implementar controles robustos para proteger sus activos de TIC contra riesgos inherentes y emergentes, tales como ciberamenazas, fallos técnicos, errores humanos, y fenómenos externos, como catástrofes naturales. Estos controles incluyen, entre otros, la realización de análisis de riesgos específicos para cada activo, la instalación de mecanismos de protección, como antivirus, sistemas de detección de intrusiones y cortafuegos, así como la aplicación de políticas de mantenimiento, actualizaciones regulares y parches de seguridad. Adicionalmente, las entidades deben establecer procedimientos claros para la gestión del ciclo de vida de los activos, abarcando desde su adquisición hasta su retirada o eliminación segura, garantizando en todo momento la protección de la información y la mitigación de riesgos derivados de la obsolescencia tecnológica.

Otro aspecto fundamental relacionado con los activos de TIC es su conexión directa con las obligaciones de notificación de incidentes contempladas en el Reglamento. Dado que un incidente grave puede originarse por la disrupción de un activo de TIC, las entidades están obligadas a contar con sistemas de monitorización capaces de identificar, registrar y notificar de manera oportuna cualquier incidente que afecte a dichos activos y que pueda tener un impacto significativo en la continuidad del negocio, en los servicios ofrecidos a los clientes o en la estabilidad del mercado. La trazabilidad de los incidentes, la capacidad de realizar análisis forenses sobre los activos afectados y la documentación detallada de los eventos relacionados son elementos esenciales para cumplir con las exigencias normativas y garantizar la transparencia hacia las autoridades competentes.

En términos de resiliencia operativa, los activos de TIC se integran como piezas fundamentales en los planes de continuidad del negocio y recuperación ante desastres. La normativa exige que las entidades realicen evaluaciones periódicas para identificar vulnerabilidades específicas de sus activos frente a posibles escenarios de interrupción, tales como ciberataques, fallos de hardware, sabotajes o eventos climáticos extremos. A partir de estas evaluaciones, deben diseñarse estrategias de mitigación que permitan restablecer los servicios críticos en plazos definidos y que minimicen los impactos en los clientes y contrapartes. En este sentido, la implementación de redundancias, la externalización a proveedores de servicios en la nube, la realización de copias de seguridad regulares y la validación periódica de los planes de recuperación son prácticas recomendadas para garantizar la resiliencia de los activos de TIC.

El Reglamento aborda la interdependencia de los activos de TIC de las entidades financieras con los servicios proporcionados por terceros proveedores críticos. Esta dependencia plantea retos adicionales en la gestión de riesgos, ya que los activos que forman parte de la infraestructura tecnológica de los proveedores también deben ser considerados dentro del marco de resiliencia de la entidad financiera. La normativa obliga a evaluar de manera continua los riesgos asociados a la subcontratación de servicios tecnológicos, asegurando que los contratos con terceros incluyan cláusulas específicas sobre protección de datos, medidas de seguridad, acceso a la información y capacidad de respuesta ante incidentes. En caso de que los activos de TIC estén vinculados a servicios en la nube, las entidades deben garantizar la interoperabilidad y portabilidad de los datos, así como establecer acuerdos que permitan la continuidad del servicio ante eventuales incumplimientos o fallos del proveedor.

Por último, la noción de "activo de TIC" tiene implicaciones en los procesos de auditoría interna y externa que las entidades financieras deben llevar a cabo para verificar el cumplimiento del Reglamento. Estas auditorías incluyen la evaluación de la gestión de los activos tecnológicos, la revisión de los controles implementados, la validación de los procedimientos de monitoreo y respuesta a incidentes, y la revisión de los contratos con terceros. Las deficiencias detectadas en la gestión de los activos de TIC pueden derivar en sanciones administrativas, daños reputacionales y riesgos adicionales para la entidad, por lo que es imprescindible mantener altos estándares de control y supervisión.

La definición y tratamiento de los activos de TIC bajo el Reglamento Europeo 2022/2554 no solo destaca su relevancia estratégica para el sector financiero, sino que también establece un marco robusto para su gestión, protección y resiliencia. La correcta implementación de las disposiciones relacionadas con estos activos requiere un enfoque multidisciplinar, que combine aspectos tecnológicos, organizativos y legales, garantizando así la capacidad de las entidades financieras para enfrentar los desafíos del entorno digital y cumplir con los requisitos regulatorios de manera efectiva.

8) «incidente relacionado con las TIC»: un único suceso o una serie de sucesos interrelacionados no previstos por la entidad financiera que pone en peligro la seguridad de las redes y sistemas de información y tiene repercusiones negativas en la disponibilidad, autenticidad, integridad o confidencialidad de los datos o en los servicios prestados por la entidad financiera;

El concepto de "incidente relacionado con las TIC", tal y como lo define el Reglamento Europeo 2022/2554, se refiere a un suceso único o a una serie de sucesos interrelacionados no previstos por la entidad financiera que comprometen la seguridad de las redes y sistemas de información, generando repercusiones negativas en la disponibilidad, autenticidad, integridad o confidencialidad de los datos o en los servicios prestados por dicha entidad. Este concepto es especialmente relevante en un entorno financiero altamente digitalizado, donde las infraestructuras tecnológicas se han convertido en el núcleo de las operaciones y donde cualquier disrupción puede tener consecuencias sistémicas en el mercado y en los derechos de los consumidores. En consecuencia, el tratamiento adecuado de estos incidentes bajo el marco normativo tiene implicaciones profundas, tanto para la gestión interna de las entidades como para su relación con las autoridades supervisoras, los clientes y el ecosistema financiero en general.

Desde una perspectiva operativa, los incidentes relacionados con las TIC pueden adoptar diversas formas, incluyendo ataques cibernéticos (como phishing, ransomware, denegación de servicio distribuida -DDo-, o acceso no autorizado a sistemas), fallos técnicos derivados de defectos en hardware o software, errores humanos durante la configuración o gestión de sistemas, sabotajes internos o externos, y desastres naturales que afecten la infraestructura tecnológica. La materialización de estos incidentes pone en peligro la continuidad de las operaciones críticas de las entidades financieras, lo que no solo puede generar pérdidas económicas significativas, sino también erosionar la confianza de los clientes y del mercado en general. Para mitigar estos riesgos, el Reglamento determina a las entidades financieras implementar sistemas de monitorización que no solo detecten anomalías en tiempo real, sino que también permitan analizar su causa raíz y coordinar una respuesta rápida y eficaz.

El impacto práctico de un incidente relacionado con las TIC se mide a través de su efecto sobre la disponibilidad, autenticidad, integridad o confidencialidad de los datos y servicios. En términos de disponibilidad, un incidente puede interrumpir la operatividad de servicios esenciales, como las transacciones bancarias, la gestión de inversiones o los sistemas de compensación y liquidación, lo que puede generar un efecto en cadena en otras instituciones financieras y en los mercados. En lo que respecta a la autenticidad e integridad, cualquier alteración o corrupción de los datos almacenados o procesados por la entidad financiera puede comprometer decisiones comerciales, generar incumplimientos normativos y dar lugar a litigios por parte de clientes u otras partes interesadas. En el ámbito de la confidencialidad, la exposición no autorizada de información sensible ya sea de clientes o de la propia entidad, plantea riesgos adicionales de tipo reputacional, sancionador y operacional, incluyendo posibles infracciones de normativas de protección de datos como el Reglamento General de Protección de Datos.

El Reglamento establece una serie de requisitos vinculados a la prevención y gestión de los incidentes relacionados con las TIC, destacando la necesidad de integrar esta dimensión en el marco general de gobernanza de riesgos de cada entidad financiera. Las medidas preventivas incluyen la realización de evaluaciones de riesgos recurrentes para identificar vulnerabilidades en las redes y sistemas de información, el establecimiento de controles técnicos como sistemas de detección de intrusos, segmentación de redes, autenticación multifactor y cifrado de datos, y la implementación de procedimientos de mantenimiento regular de los sistemas, incluyendo actualizaciones de software y aplicación de parches de seguridad. Además, las entidades deben invertir en la formación continua de su personal, sensibilizando a los empleados sobre las amenazas cibernéticas y fortaleciendo las capacidades internas para responder a incidentes de manera eficaz.

En lo que respecta a la fase reactiva, el Reglamento subraya la importancia de contar con procedimientos estructurados para la gestión de incidentes. Esto incluye la identificación temprana del incidente, la categorización de su nivel de gravedad, la asignación de responsabilidades a equipos especializados y la adopción de medidas inmediatas para contener y mitigar sus efectos. La rapidez en la respuesta es determinante para limitar el alcance del daño, especialmente en incidentes que afectan múltiples sistemas o que tienen un carácter transfronterizo, dado que muchas entidades financieras operan en varios países y están sujetas a marcos regulatorios distintos pero interrelacionados. Además, el Reglamento exige que las entidades establezcan mecanismos de comunicación interna y externa que permitan informar de manera clara y precisa a las partes interesadas, incluidas las autoridades supervisoras, los proveedores afectados y los clientes, sobre la naturaleza del incidente, las medidas adoptadas y los plazos estimados para el restablecimiento de los servicios.

Un aspecto clave del tratamiento normativo de los incidentes relacionados con las TIC es la obligación de notificación a las autoridades competentes. Las entidades financieras deben informar cualquier incidente grave que tenga un impacto significativo en la continuidad de sus operaciones, en los derechos de los clientes o en la estabilidad del sistema financiero. Esta obligación incluye la presentación de informes iniciales y posteriores que detallen el alcance del incidente, las causas identificadas, las medidas de contención implementadas y los pasos planificados para su resolución definitiva. El incumplimiento de esta obligación no solo puede dar lugar a sanciones regulatorias, sino que también puede deteriorar la confianza entre la entidad y las autoridades, comprometiendo su capacidad para operar en condiciones normales.

El concepto de incidente relacionado con las TIC también tiene implicaciones prácticas en la gestión de terceros proveedores críticos. Muchas entidades financieras dependen de servicios externos para operar sus sistemas tecnológicos, como soluciones de almacenamiento en la nube, plataformas de banca digital o servicios de procesamiento de datos. En estos casos, un incidente en los sistemas del proveedor puede repercutir directamente en la capacidad operativa de la entidad financiera, lo que plantea retos adicionales de gestión y coordinación. Para mitigar este riesgo, el Reglamento exige que las entidades establezcan acuerdos contractuales con sus proveedores que incluyan cláusulas específicas sobre la gestión y notificación de incidentes, la cooperación durante su resolución, y la recuperación de datos y servicios afectados. La supervisión continua del desempeño de estos proveedores y la realización de evaluaciones periódicas de sus controles de seguridad son esenciales para garantizar su alineación con los estándares del Reglamento.

Desde el punto de vista de la resiliencia operativa, los incidentes relacionados con las TIC también ponen a prueba los planes de continuidad de negocio y recuperación ante desastres de las entidades financieras. El Reglamento determina que dichos planes sean diseñados con un enfoque específico en los riesgos tecnológicos, asegurando que las entidades sean capaces de restaurar la operatividad de sus servicios críticos dentro de plazos predefinidos. Esto requiere la inclusión de procedimientos detallados para la recuperación de datos, la priorización de sistemas esenciales y la coordinación de esfuerzos entre múltiples equipos y proveedores. Además, la realización de simulaciones regulares, como pruebas de "juego de guerra" o escenarios basados en amenazas reales, permite identificar posibles fallos en los planes y fortalecer las capacidades de respuesta de la entidad.

En términos de cumplimiento normativo, los incidentes relacionados con las TIC deben ser documentados de manera exhaustiva. Esto incluye la recopilación de información sobre las causas del incidente, los pasos tomados para contenerlo y resolverlo, los impactos en los sistemas y servicios afectados, y las lecciones aprendidas que puedan aplicarse para prevenir incidentes futuros. La trazabilidad de esta documentación es fundamental no solo para cumplir con los requisitos regulatorios, sino también para demostrar la diligencia de la entidad en la gestión de sus riesgos operativos. Adicionalmente, las auditorías internas y externas incluirán una revisión detallada de la gestión de incidentes, lo que exige a las entidades mantener altos estándares de control y supervisión en este ámbito.

El concepto de "incidente relacionado con las TIC" en el Reglamento Europeo 2022/2554 refleja la importancia de adoptar un enfoque integral y proactivo para la gestión de riesgos tecnológicos en el sector financiero. Su tratamiento normativo abarca todas las fases del ciclo de vida del incidente, desde la prevención hasta la recuperación, y subraya la necesidad de una coordinación efectiva entre los diferentes actores involucrados, incluyendo las autoridades, los proveedores y los propios clientes. Las repercusiones prácticas de este concepto no solo implican la implementación de soluciones tecnológicas avanzadas, sino también el fortalecimiento de las capacidades organizativas, legales y operativas de las entidades, asegurando así su capacidad para resistir y adaptarse a un entorno digital cada vez más complejo y dinámico.

9) «incidente operativo o de seguridad relacionado con los pagos»: un único suceso o una serie de sucesos interrelacionados no previstos por las entidades financieras a que se refiere el artículo 2, apartado 1, letras a) a d), estén o no relacionados con las TIC, que tiene repercusiones negativas en la confidencialidad, disponibilidad, integridad o autenticidad de los datos relacionados con los pagos o en los servicios relacionados con los pagos prestados por la entidad financiera;

El concepto de "incidente operativo o de seguridad relacionado con los pagos", tal como se define en el Reglamento Europeo 2022/2554, engloba un único suceso o una serie de sucesos interrelacionados que no han sido previstos por las entidades financieras a las que se refiere el artículo 2, apartado 1, letras a) a d), y que, independientemente de si están relacionados o no con las tecnologías de la información y las comunicaciones (TIC), tienen repercusiones negativas en la confidencialidad, disponibilidad, integridad o autenticidad de los datos relacionados con los pagos o en los servicios de pago prestados por dichas entidades. Este concepto se inserta en un contexto regulatorio que reconoce la criticidad de los sistemas de pago en el funcionamiento del sector financiero y en la estabilidad del mercado en general, dado que cualquier interrupción o afectación en estos servicios puede tener consecuencias graves y sistémicas para los consumidores, las empresas y las economías en su conjunto.

Desde una perspectiva práctica, este concepto abarca una diversidad de incidentes que pueden ir desde fallos puramente tecnológicos hasta disrupciones operativas más amplias. En cuanto a los fallos tecnológicos, se incluyen ataques cibernéticos dirigidos a sistemas de pago, como ataques de ransomware que inutilizan los sistemas, denegaciones de servicio distribuidas (DDoS) que paralizan infraestructuras críticas, intrusiones no autorizadas que buscan alterar o robar datos de pagos, o la explotación de vulnerabilidades en plataformas digitales utilizadas para gestionar transacciones electrónicas. Estos eventos son cada vez más frecuentes en un entorno digitalizado, y su sofisticación está en constante aumento, lo que plantea un desafío significativo para las entidades financieras en términos de prevención, detección y respuesta. No obstante, el concepto no se limita únicamente a los incidentes tecnológicos, sino que también abarca fallos operativos, como errores humanos en el manejo de sistemas de pago, problemas de interoperabilidad entre diferentes proveedores de servicios de pago, interrupciones en la cadena de suministro de tecnología, o desastres naturales que afecten físicamente la infraestructura subyacente a los servicios de pago.

El impacto de estos incidentes es profundo y multifacético. En términos de disponibilidad, pueden impedir que los usuarios accedan a servicios básicos, como la transferencia de fondos, el uso de tarjetas de débito o crédito, o la realización de pagos en línea, generando interrupciones significativas en las actividades económicas de individuos y empresas. La falta de acceso a estos servicios puede derivar en consecuencias graves, como el incumplimiento de obligaciones contractuales por parte de los usuarios, la pérdida de oportunidades comerciales o incluso el colapso temporal de flujos de efectivo en sectores clave de la economía. En lo que respecta a la integridad y autenticidad de los datos relacionados con los pagos, un incidente puede llevar a la alteración o manipulación de registros transaccionales, lo que no solo afecta la confianza en los sistemas de pago, sino que también puede derivar en problemas legales y financieros, como reclamaciones de clientes, disputas contractuales o litigios. En el ámbito de la confidencialidad, un incidente puede implicar la exposición de datos sensibles, como números de tarjetas de crédito, credenciales de acceso a cuentas bancarias o datos personales asociados a transacciones, lo cual genera no solo un impacto reputacional para la entidad, sino también un riesgo financiero directo para los usuarios afectados, quienes pueden ser víctimas de fraudes y robos de identidad.

El Reglamento Europeo 2022/2554 impone a las entidades financieras obligaciones claras y específicas para gestionar este tipo de incidentes de manera eficaz. En primer lugar, se exige la implementación de medidas preventivas destinadas a reducir la probabilidad de que estos incidentes ocurran. Estas medidas incluyen la realización de evaluaciones periódicas de riesgos que permitan identificar vulnerabilidades específicas en los sistemas y procesos de pago, la adopción de controles tecnológicos robustos, como la autenticación multifactorial, el cifrado extremo a extremo de los datos relacionados con los pagos, la segmentación de redes y la implementación de soluciones avanzadas de detección de anomalías y monitorización continua. Además, el Reglamento subraya la importancia de mantener los sistemas actualizados mediante la instalación de parches de seguridad y la realización de auditorías técnicas regulares para identificar y remediar cualquier posible brecha de seguridad. No menos importante, se destaca la necesidad de sensibilizar y formar al personal de las entidades financieras para que puedan reconocer y responder eficazmente a incidentes de seguridad relacionados con los pagos.

En la fase de respuesta a incidentes, las entidades deben contar con procedimientos estructurados y bien definidos para abordar cualquier incidente operativo o de seguridad que afecte los servicios de pago. Estos procedimientos deben incluir protocolos para la identificación inmediata del incidente, la evaluación de su impacto potencial, la activación de planes de contingencia y la asignación de responsabilidades específicas dentro de equipos multidisciplinarios de respuesta a incidentes. La capacidad de contener y mitigar rápidamente los efectos del incidente es fundamental, especialmente en un entorno financiero donde incluso breves interrupciones pueden tener repercusiones significativas. Los planes de gestión de incidentes también deben contemplar mecanismos de comunicación efectiva tanto interna como externa. Esto implica informar a los equipos directivos, a los socios comerciales, a los proveedores de servicios tecnológicos y, en casos de gran envergadura, a los clientes y contrapartes afectadas, asegurando que la información proporcionada sea clara, precisa y útil para mitigar los posibles daños.

Una de las obligaciones más relevantes derivadas del Reglamento es la notificación de incidentes. Las entidades financieras están obligadas a informar a las autoridades competentes de cualquier incidente operativo o de seguridad relacionado con los pagos que tenga un impacto significativo en sus servicios o en los derechos de los usuarios. Esta notificación debe realizarse en un plazo breve y debe incluir información detallada sobre la naturaleza del incidente, los sistemas afectados, el alcance del impacto, las medidas adoptadas para contener el incidente y las acciones planificadas para restaurar la normalidad. Además, si el incidente implica una violación de datos personales, las entidades pueden estar sujetas a las disposiciones del Reglamento General de Protección de Datos (RGPD), lo que implica la necesidad de notificar también a las autoridades de protección de datos y, en algunos casos, a los propios afectados.

El impacto de los incidentes operativos o de seguridad relacionados con los pagos también se extiende a los terceros proveedores críticos con los que las entidades financieras trabajan. En un entorno financiero caracterizado por una creciente externalización de servicios tecnológicos y operativos, las entidades deben garantizar que sus proveedores cumplan con estándares de seguridad y resiliencia equivalentes a los exigidos por el Reglamento. Esto incluye la obligación de incorporar cláusulas específicas en los contratos con proveedores que regulen la gestión de incidentes, la cooperación en su resolución y la notificación oportuna de cualquier evento que afecte la prestación de servicios de pago. La supervisión activa de los proveedores y la realización de auditorías periódicas para verificar el cumplimiento de estas disposiciones son elementos esenciales para asegurar la continuidad de los servicios de pago y proteger los intereses de los usuarios.

Desde una perspectiva de resiliencia operativa, el Reglamento requiere que las entidades financieras integren los riesgos asociados a los incidentes operativos o de seguridad relacionados con los pagos en sus planes de continuidad de negocio y recuperación ante desastres. Estos planes deben prever la posibilidad de interrupciones graves en los servicios de pago y establecer estrategias claras para garantizar su restauración en plazos razonables. Las entidades deben priorizar la recuperación de los sistemas críticos, coordinar esfuerzos con terceros y garantizar la disponibilidad de recursos técnicos y humanos suficientes para enfrentar los desafíos que surjan durante la recuperación. La realización de simulaciones regulares, como ejercicios de "juego de guerra", permite evaluar la preparación de las entidades para gestionar estos incidentes y ajustar los planes en función de las lecciones aprendidas.

El concepto de "incidente operativo o de seguridad relacionado con los pagos" en el Reglamento Europeo 2022/2554 destaca la importancia de garantizar la seguridad, la continuidad y la resiliencia de los servicios de pago en un entorno financiero altamente digitalizado. La regulación impone a las entidades financieras obligaciones rigurosas en términos de prevención, detección, gestión y notificación de estos incidentes, exigiendo un enfoque integral que abarque tanto los aspectos tecnológicos como los organizativos y legales. Las repercusiones prácticas de esta normativa van más allá del cumplimiento regulatorio, pues afectan directamente la confianza de los consumidores, la estabilidad de los mercados y la capacidad de las entidades para operar de manera eficiente y segura en un entorno cada vez más complejo. Su correcta implementación no solo protege a los usuarios y al sistema financiero, sino que también refuerza la capacidad de las entidades para adaptarse y responder a los desafíos de un panorama digital en constante evolución.

10) «incidente grave relacionado con las TIC»: un incidente relacionado con las TIC con graves repercusiones negativas en las redes y sistemas de información que sustentan funciones esenciales o importantes de la entidad financiera;

El concepto de "incidente grave relacionado con las TIC", definido en el Reglamento Europeo 2022/2554, hace referencia a un incidente que afecta gravemente las redes y sistemas de información que sustentan las funciones esenciales o importantes de una entidad financiera, causando repercusiones negativas significativas en su capacidad operativa, en los servicios ofrecidos o en la estabilidad del sistema financiero. Este tipo de incidente no solo implica una disrupción de carácter técnico, sino que también puede generar riesgos sistémicos, exponiendo a los clientes, contrapartes y mercados a consecuencias adversas que trascienden el ámbito individual de la entidad afectada. Por tanto, su correcta gestión y prevención constituye uno de los pilares fundamentales del marco normativo del Reglamento, que tiene como objetivo garantizar la resiliencia operativa digital en un sector financiero altamente dependiente de las TIC.

Los "incidentes graves relacionados con las TIC" son aquellos cuya magnitud o consecuencias afectan infraestructuras tecnológicas críticas de la entidad, tales como sistemas de pagos, plataformas de banca electrónica, sistemas de negociación y liquidación, servicios de inversión, bases de datos de clientes o cualquier otro componente que sustente las funciones esenciales o importantes definidas en el marco normativo. Este tipo de incidentes puede tener múltiples orígenes, desde ciberataques sofisticados como ransomware, ataques de denegación de servicio distribuido (DDoS) o accesos no autorizados a sistemas, hasta fallos técnicos severos, interrupciones en la cadena de suministro tecnológica, errores humanos o incluso eventos naturales que afecten físicamente las infraestructuras tecnológicas. Por ejemplo, una disrupción en los sistemas de pagos puede provocar la incapacidad de procesar transacciones durante un período prolongado, afectando tanto a clientes minoristas como a empresas y generando una pérdida de confianza generalizada en los servicios financieros de la entidad.

El impacto de un incidente grave relacionado con las TIC puede dividirse en diferentes dimensiones críticas. En términos de disponibilidad, estos incidentes pueden interrumpir total o parcialmente la operatividad de los sistemas que sustentan servicios esenciales, afectando la capacidad de la entidad para cumplir con sus obligaciones contractuales o regulatorias. Este tipo de disrupción puede dar lugar a un efecto cascada, en el que las contrapartes y otros actores del mercado financiero se ven indirectamente perjudicados, especialmente en servicios interconectados como los sistemas de compensación y liquidación. En cuanto a la confidencialidad, un incidente de este tipo puede implicar la exposición no autorizada de datos sensibles, como información financiera de clientes, estrategias comerciales de la entidad o credenciales críticas de acceso, lo que puede derivar en pérdidas financieras, litigios legales y sanciones regulatorias, especialmente en el contexto del Reglamento General de Protección de Datos (RGPD). Por su parte, en lo que respecta a la integridad y autenticidad, un incidente grave puede generar alteraciones en los datos almacenados o procesados, como errores en los balances contables, registros transaccionales manipulados o datos de clientes corrompidos, comprometiendo la confianza en la entidad y aumentando el riesgo de sanciones o reclamaciones por parte de clientes y contrapartes.

El Reglamento Europeo 2022/2554 establece un marco robusto para que las entidades financieras gestionen este tipo de incidentes a través de medidas preventivas, de gestión y de notificación. En el ámbito de la prevención, se exige que las entidades desarrollen una gestión integral de los riesgos asociados a sus infraestructuras TIC, incorporando controles avanzados de seguridad y estrategias de resiliencia tecnológica que protejan las funciones críticas. Esto implica realizar evaluaciones regulares de riesgos para identificar vulnerabilidades en los sistemas esenciales, implementar soluciones técnicas como sistemas de detección y respuesta ante intrusiones (EDR y SIEM), cifrado de datos en tránsito y en reposo, segmentación de redes y autenticación multifactorial. También incluye garantizar el cumplimiento de los estándares de seguridad en todos los niveles de la infraestructura tecnológica, desde el hardware hasta el software. La importancia de estas medidas radica en evitar que un incidente aislado pueda escalar hasta convertirse en un incidente grave que afecte de manera sistémica a la operativa de la entidad.

En el ámbito de la gestión de incidentes, el Reglamento exige que las entidades financieras dispongan de procedimientos y equipos especializados para responder de manera inmediata y eficaz ante incidentes graves relacionados con las TIC. Estos procedimientos deben incluir mecanismos para la detección temprana de anomalías, la activación de planes de contingencia y la gestión coordinada de las acciones necesarias para mitigar el impacto del incidente. La respuesta debe contemplar una evaluación inicial de la magnitud del incidente, la identificación de los sistemas y funciones afectados, y la asignación de recursos adecuados para contener la disrupción. Además, es esencial mantener líneas claras de comunicación interna para asegurar que todos los equipos involucrados, desde los técnicos hasta los directivos, estén informados y puedan coordinar las acciones necesarias. En términos externos, la comunicación debe incluir notificaciones a las partes interesadas, tales como clientes, contrapartes y proveedores críticos, así como a las autoridades competentes. Estas notificaciones deben realizarse con prontitud, garantizando que la información proporcionada sea precisa y que permita a las autoridades evaluar el impacto potencial del incidente en el mercado financiero y en la estabilidad sistémica.

La notificación de incidentes graves relacionados con las TIC es uno de los elementos centrales del Reglamento. Las entidades están obligadas a informar a las autoridades competentes tan pronto como identifiquen un incidente de esta naturaleza, proporcionando información detallada sobre su origen, alcance, impacto y las medidas adoptadas para contenerlo. Este proceso de notificación no solo permite a las autoridades supervisar el cumplimiento normativo, sino que también tiene como objetivo mitigar posibles riesgos sistémicos mediante la adopción de medidas preventivas a nivel sectorial. En muchos casos, la notificación de un incidente grave puede requerir también la colaboración con otras entidades financieras y proveedores externos que estén involucrados en la resolución del problema. La transparencia en esta comunicación es determinante para garantizar una respuesta coordinada y minimizar las consecuencias negativas del incidente.

El Reglamento pone énfasis en los riesgos asociados a los servicios externalizados. En un contexto en el que muchas entidades financieras dependen de terceros proveedores para operar sus sistemas críticos, como servicios en la nube, plataformas de pagos o infraestructuras tecnológicas, la ocurrencia de un incidente grave en dichos proveedores puede tener un impacto directo en la entidad financiera. Por ello, el Reglamento determina que las entidades gestionen cuidadosamente sus relaciones con proveedores críticos, asegurándose de que los contratos incluyan disposiciones claras sobre la gestión de incidentes, la cooperación en la resolución de problemas y la notificación de eventos. Además, las entidades deben supervisar de manera continua el desempeño de estos proveedores, realizando auditorías regulares y asegurándose de que cumplen con los estándares de seguridad exigidos por la normativa.

Desde una perspectiva de resiliencia operativa, los incidentes graves relacionados con las TIC son un escenario crítico que pone a prueba la capacidad de una entidad financiera para mantener la continuidad de sus operaciones y recuperar sus sistemas en caso de una disrupción severa. El Reglamento exige que las entidades desarrollen y mantengan planes de continuidad de negocio y recuperación ante desastres que estén específicamente diseñados para afrontar este tipo de incidentes. Estos planes deben incluir estrategias para restaurar rápidamente los sistemas críticos, garantizar la disponibilidad de recursos de respaldo (tanto tecnológicos como humanos) y priorizar las funciones esenciales para minimizar el impacto en los clientes y en el mercado. La realización de simulaciones y ejercicios de crisis, incluyendo escenarios específicos de ciberataques o fallos tecnológicos graves, es fundamental para evaluar la eficacia de estos planes y mejorar la preparación de la entidad.

En términos de cumplimiento normativo, la ocurrencia de un incidente grave relacionado con las TIC requiere una documentación exhaustiva. Las entidades deben registrar todos los eventos relacionados con el incidente, las decisiones tomadas durante su gestión, las acciones correctivas implementadas y las lecciones aprendidas. Esta documentación no solo es esencial para responder a posibles auditorías regulatorias, sino que también constituye una herramienta clave para mejorar los procesos internos y reducir la probabilidad de futuros incidentes. Además, las auditorías internas y externas incluirán una evaluación detallada de la gestión de estos incidentes, lo que exige a las entidades demostrar su capacidad para cumplir con los requisitos del Reglamento y garantizar la resiliencia de sus operaciones.

El concepto de "incidente grave relacionado con las TIC" en el Reglamento Europeo 2022/2554 destaca la importancia de gestionar eficazmente los riesgos tecnológicos que afectan funciones esenciales o importantes en el sector financiero. Las repercusiones prácticas de este concepto abarcan la necesidad de implementar medidas preventivas avanzadas, establecer procedimientos claros para la gestión y notificación de incidentes, garantizar la supervisión de proveedores críticos y fortalecer los planes de continuidad operativa. La adecuada gestión de estos incidentes no solo protege a las entidades y sus clientes, sino que también contribuye a la estabilidad del sistema financiero y a la confianza en los mercados. Este enfoque integral refuerza la resiliencia del sector frente a las amenazas tecnológicas crecientes, asegurando su capacidad para adaptarse y prosperar en un entorno cada vez más digitalizado y complejo.

11) «incidente operativo o de seguridad grave relacionado con los pagos»: un incidente operativo o de seguridad relacionado con los pagos con graves repercusiones negativas en los servicios relacionados con los pagos prestados;

El concepto de "incidente operativo o de seguridad grave relacionado con los pagos", tal como lo define el Reglamento Europeo 2022/2554, se refiere a un incidente, de carácter operativo o de seguridad, que genera graves repercusiones negativas en los servicios relacionados con los pagos que presta una entidad financiera. Este tipo de incidente es particularmente crítico debido a la función esencial que desempeñan los servicios de pago en la economía, al ser una de las principales herramientas que sustentan las transacciones económicas cotidianas, la actividad empresarial, y los flujos financieros tanto a nivel nacional como internacional. El impacto de un incidente de esta naturaleza puede extenderse más allá de la propia entidad afectada, provocando disrupciones significativas en la confianza de los consumidores, en la estabilidad del sistema financiero y en las actividades económicas generales, de ahí la importancia de su tratamiento en el marco del Reglamento.

Un incidente operativo o de seguridad grave relacionado con los pagos puede originarse por múltiples causas, tanto internas como externas. Entre las causas internas, se incluyen fallos técnicos en los sistemas de pago, como errores en el software, interrupciones en la infraestructura de TI o configuraciones incorrectas que afectan la operatividad de los servicios. Los errores humanos, como fallos en la conciliación de transacciones, implementación incorrecta de actualizaciones o errores en la gestión de procesos de pago, también son un origen común de incidentes operativos graves. Por otro lado, las causas externas pueden incluir ataques cibernéticos sofisticados, como ransomware que cifra los sistemas de pagos y exige un rescate, denegaciones de servicio distribuidas (DDoS) que inhabilitan plataformas de pago, o ataques de suplantación de identidad (phishing) dirigidos a los sistemas de autenticación de usuarios. Adicionalmente, desastres naturales, interrupciones en la red eléctrica o fallos en los servicios de telecomunicaciones también pueden desencadenar incidentes graves que interrumpen los servicios de pago.

El impacto de estos incidentes se manifiesta en varias dimensiones críticas que afectan la continuidad y la calidad de los servicios de pago. Desde el punto de vista de la disponibilidad, un incidente grave puede provocar la interrupción total o parcial de los servicios, impidiendo que los usuarios realicen transacciones financieras, accedan a sus cuentas o utilicen métodos de pago electrónicos como tarjetas de débito o crédito, transferencias electrónicas o aplicaciones de pago móvil. Este tipo de interrupción puede ser particularmente perjudicial para empresas que dependen de los sistemas de pago para su flujo de caja diario, para los consumidores que necesitan realizar transacciones esenciales, y para instituciones gubernamentales que procesan subsidios o pagos de pensiones. En lo que respecta a la integridad y la autenticidad, un incidente puede comprometer la exactitud de los datos relacionados con los pagos, dando lugar a errores en los registros de transacciones, duplicidad de cobros, alteraciones en los saldos de las cuentas o discrepancias en la conciliación de pagos. Estos problemas generan reclamaciones legales, disputas contractuales y una pérdida significativa de confianza en la entidad afectada. Por otro lado, en términos de confidencialidad, un incidente puede implicar la exposición de datos sensibles de los clientes, como números de tarjetas de crédito, credenciales de acceso a cuentas o información personal, aumentando el riesgo de fraudes, robo de identidad y sanciones regulatorias, especialmente bajo el Reglamento General de Protección de Datos.

El Reglamento Europeo 2022/2554 establece un marco normativo riguroso que impone a las entidades financieras la adopción de medidas preventivas, la gestión estructurada de incidentes y la notificación inmediata de aquellos que alcancen la categoría de "graves". En el ámbito de la prevención, el Reglamento exige a las entidades implementar medidas robustas de seguridad tecnológica y organizativa destinadas a proteger sus sistemas de pago contra disrupciones y ataques. Esto incluye la realización de evaluaciones de riesgos periódicas que permitan identificar vulnerabilidades específicas en las infraestructuras tecnológicas y en los procesos de pago, y el diseño de controles adaptados al nivel de criticidad de los servicios afectados. Entre estos controles se encuentran el cifrado de extremo a extremo para proteger la confidencialidad de los datos, la autenticación multifactorial para prevenir accesos no autorizados, la segmentación de redes para limitar la propagación de ataques, y la implementación de sistemas de detección y respuesta ante intrusiones (SIEM, SOC) que permitan una monitorización constante de los sistemas de pago. También se recomienda realizar pruebas regulares de penetración y ejercicios de simulación que evalúen la preparación de la entidad frente a escenarios de incidentes graves.

En lo que respecta a la gestión de incidentes, el Reglamento exige que las entidades financieras dispongan de procedimientos formalizados y equipos especializados en la respuesta ante incidentes graves relacionados con los pagos. Estos procedimientos deben abarcar desde la detección inicial del incidente hasta la resolución completa del mismo, incluyendo la identificación de las causas, la evaluación de su impacto, y la implementación de medidas de contención para evitar una mayor propagación o escalada. La gestión eficaz de estos incidentes requiere una respuesta rápida y coordinada que movilice recursos técnicos y humanos adecuados, y que priorice la restauración de los servicios esenciales para minimizar el impacto en los usuarios y en el mercado. Además, la comunicación es un elemento determinante durante la gestión de estos incidentes. Las entidades deben establecer canales internos que faciliten la coordinación entre los equipos involucrados, así como canales externos para informar de manera transparente a las partes interesadas, incluidos los clientes afectados, los proveedores de servicios de pago interconectados, y las autoridades regulatorias. Una comunicación clara y oportuna contribuye a reducir la incertidumbre y a mantener la confianza en la entidad afectada.

La notificación de incidentes graves relacionados con los pagos es una obligación clave impuesta por el Reglamento. Las entidades financieras deben informar a las autoridades competentes tan pronto como identifiquen un incidente que tenga graves repercusiones negativas en los servicios de pago, proporcionando detalles claros sobre la naturaleza del incidente, los sistemas y servicios afectados, el alcance del impacto, el número estimado de usuarios perjudicados, y las medidas adoptadas para contener y resolver el incidente. Esta notificación debe realizarse en un plazo breve, según lo establecido por la normativa, y debe actualizarse periódicamente a medida que se avance en la resolución del incidente. Además, si el incidente involucra una violación de datos personales, las entidades están obligadas a cumplir con los requisitos del RGPD, incluyendo la notificación a las autoridades de protección de datos y, en algunos casos, a los usuarios afectados. Esta doble obligación refuerza la transparencia y permite una supervisión más efectiva por parte de las autoridades, así como la posibilidad de coordinar acciones a nivel sectorial si el incidente tiene un impacto sistémico.

La externalización de servicios críticos de pago a terceros proveedores añade una capa adicional de complejidad en la gestión de incidentes graves. En muchos casos, las entidades financieras dependen de proveedores externos, como plataformas de procesamiento de pagos, servicios en la nube o proveedores de software, para operar sus sistemas de pago. Si el incidente tiene su origen en un fallo de un proveedor, la entidad sigue siendo responsable de garantizar la continuidad de los servicios afectados y de cumplir con las obligaciones regulatorias de notificación y gestión. Por ello, el Reglamento determina que las entidades gestionen cuidadosamente sus relaciones con terceros proveedores, estableciendo cláusulas contractuales claras que regulen la gestión de incidentes, la cooperación en su resolución y la notificación inmediata de cualquier evento que afecte los servicios externalizados. Además, las entidades deben realizar auditorías periódicas de sus proveedores para asegurarse de que cumplen con los estándares de seguridad y resiliencia exigidos por la normativa.

Desde la perspectiva de la resiliencia operativa, los incidentes graves relacionados con los pagos representan un desafío crítico para los planes de continuidad de negocio y recuperación ante desastres de las entidades financieras. El Reglamento exige que dichos planes incluyan estrategias específicas para garantizar la recuperación rápida y eficaz de los servicios de pago en caso de disrupciones graves, priorizando la restauración de las funciones esenciales para minimizar el impacto en los usuarios y en el mercado. Estas estrategias deben incluir redundancias tecnológicas, infraestructuras de respaldo y procedimientos claros para gestionar la transición hacia sistemas alternativos en caso de interrupciones prolongadas. La realización de simulaciones y ejercicios de crisis que incluyan escenarios específicos relacionados con incidentes de pago permite evaluar la preparación de la entidad y mejorar la eficacia de sus planes de recuperación.

El concepto de "incidente operativo o de seguridad grave relacionado con los pagos" en el Reglamento Europeo 2022/2554 subraya la importancia de proteger la continuidad, la seguridad y la resiliencia de los servicios de pago en un entorno financiero digitalizado e interconectado. Este tipo de incidentes tiene repercusiones prácticas significativas que exigen a las entidades financieras adoptar un enfoque integral que abarque la prevención, la gestión eficaz y la notificación transparente de los incidentes, así como la supervisión de los riesgos asociados a los proveedores críticos. La correcta implementación de estas disposiciones no solo asegura el cumplimiento de los estándares regulatorios, sino que también refuerza la confianza de los consumidores, la estabilidad del mercado y la capacidad del sistema financiero para adaptarse y responder a las crecientes amenazas tecnológicas. La gestión adecuada de estos incidentes no es solo una cuestión de cumplimiento normativo, sino un elemento esencial para garantizar la sostenibilidad y la fiabilidad del ecosistema financiero en su conjunto.

12) «ciberamenaza»: una ciberamenaza tal como se define en el artículo 2, punto 8, del Reglamento (UE) 2019/881;

El concepto de "ciberamenaza", adoptado por el Reglamento Europeo 2022/2554, se remite a la definición establecida en el artículo 2, punto 8, del Reglamento (UE) 2019/881 (Reglamento sobre la Ciberseguridad), que lo describe como "cualquier situación potencial, hecho o acción que pueda dañar, perturbar o afectar desfavorablemente de otra manera las redes y los sistemas de información, a los usuarios de tales sistemas y a otras personas". Este concepto subraya la naturaleza dinámica, persistente y evolutiva de los riesgos asociados al uso de tecnologías de la información y las comunicaciones, así como su capacidad para amenazar la integridad, disponibilidad, confidencialidad y autenticidad de los datos y sistemas que sustentan la operativa de las entidades financieras.

Las ciberamenazas se manifiestan a través de una variedad de vectores que abarcan desde ataques cibernéticos altamente sofisticados, como malware avanzado, ransomware, ataques de denegación de servicio distribuido (DDoS), phishing y explotación de vulnerabilidades en software, hasta riesgos más indirectos, como errores humanos, desconfiguración de sistemas, accesos no autorizados, sabotajes internos y la manipulación de datos. En el ámbito financiero, el impacto de estas ciberamenazas es especialmente crítico, dado que las redes y sistemas de información de las entidades financieras no solo son esenciales para la prestación de servicios, sino que también están interconectados con otros actores del mercado, como proveedores de servicios tecnológicos, sistemas de pago y contrapartes internacionales, lo que amplifica el alcance y las posibles repercusiones de cualquier incidente derivado de una ciberamenaza.

El Reglamento Europeo 2022/2554, en línea con el marco establecido por el Reglamento (UE) 2019/881, adopta un enfoque preventivo y proactivo frente a las ciberamenazas, exigiendo a las entidades financieras que fortalezcan sus capacidades de ciberseguridad y resiliencia operativa mediante la implementación de controles técnicos, organizativos y procedimentales avanzados. Estas medidas incluyen la identificación, evaluación y monitorización continua de las ciberamenazas relevantes para sus operaciones. Este proceso debe comenzar con un análisis exhaustivo de riesgos que permita identificar las posibles amenazas a las que están expuestas las redes y sistemas de información de la entidad, así como su probabilidad de ocurrencia y su impacto potencial. La evaluación debe considerar tanto amenazas internas, como posibles ataques desde dentro de la organización o fallos en los sistemas propios, como amenazas externas, que incluyen tanto ataques dirigidos como amenazas no específicas relacionadas con actores maliciosos que buscan explotar vulnerabilidades conocidas.

En la práctica, la gestión de las ciberamenazas implica la adopción de herramientas tecnológicas específicas que permitan detectar y mitigar riesgos de manera temprana. Estas herramientas incluyen sistemas avanzados de detección y respuesta ante amenazas (EDR y XDR), soluciones de monitorización de redes (SIEM), firewalls de última generación, segmentación de redes, autenticación multifactorial y técnicas de cifrado robustas para proteger la confidencialidad de los datos. Además, las entidades deben establecer procesos para realizar pruebas de penetración regulares y auditorías de seguridad, lo que permite identificar vulnerabilidades técnicas antes de que puedan ser explotadas por actores maliciosos. También resulta fundamental la actualización constante de los sistemas de software y hardware, mediante la aplicación de parches de seguridad, para protegerse contra las amenazas emergentes, así como la implementación de protocolos para la gestión del ciclo de vida de los activos tecnológicos.

El Reglamento subraya también la importancia de la formación y sensibilización en materia de ciberseguridad como una herramienta clave para mitigar las ciberamenazas, ya que muchos ataques cibernéticos aprovechan el error humano como vector de entrada. Las entidades financieras están obligadas a formar a sus empleados para que puedan identificar intentos de phishing, accesos no autorizados y otras tácticas comunes utilizadas por los ciberdelincuentes. La creación de una cultura organizacional de ciberseguridad dentro de las entidades financieras es indispensable para aumentar la eficacia de los controles técnicos y organizativos implementados.

Una de las repercusiones prácticas más relevantes de las ciberamenazas es su conexión directa con los incidentes relacionados con las TIC, los incidentes graves y los incidentes operativos o de seguridad en los pagos, ya que una ciberamenaza que no se gestione adecuadamente puede evolucionar y convertirse en un incidente que afecte la continuidad de los servicios financieros esenciales. Por ello, el Reglamento exige a las entidades financieras que integren la gestión de las ciberamenazas dentro de sus planes de continuidad de negocio y recuperación ante desastres. Estos planes deben prever escenarios específicos relacionados con ciberamenazas, tales como ciberataques masivos, sabotajes internos, o la explotación de vulnerabilidades tecnológicas. Los planes deben incluir estrategias claras para responder a estos eventos, garantizando la restauración de los sistemas críticos en plazos razonables y la minimización de las disrupciones para los usuarios y contrapartes. La realización de ejercicios de simulación, como juegos de guerra cibernéticos, es una práctica cada vez más recomendada para evaluar la preparación de las entidades frente a ciberamenazas y mejorar su capacidad de respuesta.

Otro aspecto fundamental de la gestión de ciberamenazas en el marco del Reglamento es la supervisión de las relaciones con terceros proveedores críticos. En un entorno financiero digitalizado, las entidades financieras dependen en gran medida de proveedores externos para operar sistemas tecnológicos clave, como soluciones de procesamiento de pagos, servicios de almacenamiento en la nube o plataformas de software. Estas interdependencias introducen nuevos vectores de ciberamenazas, ya que un fallo en los controles de seguridad de un proveedor puede traducirse en un ataque exitoso contra la entidad financiera. Por ello, el Reglamento exige que las entidades financieras evalúen continuamente los riesgos asociados a sus proveedores críticos, estableciendo contratos que incluyan cláusulas específicas sobre la gestión de ciberamenazas, la notificación de incidentes y la cooperación durante la recuperación. Además, las entidades deben realizar auditorías periódicas de los controles de seguridad implementados por sus proveedores para garantizar que cumplen con los estándares requeridos.

En términos de cumplimiento normativo, el Reglamento impone a las entidades financieras la obligación de notificar a las autoridades competentes cualquier incidente significativo relacionado con una ciberamenaza que tenga un impacto en sus operaciones. Esta obligación de notificación permite a las autoridades supervisar las tendencias emergentes en materia de ciberamenazas, evaluar los riesgos potenciales para el sistema financiero en su conjunto y coordinar acciones conjuntas para mitigar las consecuencias de incidentes a gran escala. Además, la documentación de las ciberamenazas identificadas, las medidas adoptadas para gestionarlas y los incidentes relacionados es esencial para demostrar el cumplimiento de los requisitos del Reglamento durante las auditorías internas y externas.

El concepto de "ciberamenaza", tal como se recoge en el Reglamento Europeo 2022/2554, refleja la necesidad de abordar de manera proactiva los riesgos dinámicos y complejos asociados a las tecnologías de la información y las comunicaciones en el sector financiero. Las ciberamenazas representan no solo un desafío técnico, sino también un riesgo operativo, estratégico y reputacional para las entidades financieras, cuya adecuada gestión requiere la adopción de un enfoque integral que abarque desde la prevención y la detección temprana hasta la respuesta y la recuperación. Este enfoque debe combinar la implementación de controles tecnológicos avanzados, la supervisión de proveedores críticos, la formación de empleados y la integración de la gestión de ciberamenazas en los planes de continuidad y resiliencia operativa. Las repercusiones prácticas de este concepto no solo están orientadas a proteger los sistemas y datos de las entidades, sino también a garantizar la estabilidad del sistema financiero y la confianza de los consumidores en un entorno digital en constante evolución. La correcta implementación de estas medidas es esencial para fortalecer la resiliencia cibernética del sector financiero frente a un panorama de amenazas cada vez más sofisticado y globalizado.

13) «ciberamenaza importante»: una ciberamenaza cuyas características técnicas indican que podría dar lugar a un incidente grave relacionado con las TIC o a un incidente operativo o de seguridad grave relacionado con los pagos;

El concepto de "ciberamenaza importante", definido en el Reglamento Europeo 2022/2554, se refiere a cualquier ciberamenaza cuyas características técnicas sugieren que podría evolucionar y causar un "incidente grave relacionado con las TIC" o un "incidente operativo o de seguridad grave relacionado con los pagos". Este término representa un elemento determinante dentro del marco normativo diseñado para garantizar la resiliencia operativa digital del sector financiero, pues pone de relieve la necesidad de identificar, evaluar y gestionar proactivamente aquellas amenazas con un potencial significativo de disrupción que puedan afectar tanto la continuidad de las operaciones de las entidades financieras como la estabilidad del sistema financiero en su conjunto. Al enfocar este concepto en la probabilidad de escalamiento hacia incidentes graves, el Reglamento subraya la importancia de adoptar un enfoque preventivo y de anticipación frente a riesgos tecnológicos que puedan derivar en eventos catastróficos.

Una "ciberamenaza importante" no se limita a amenazas inminentes o ataques directos ya en curso, sino que también abarca aquellas amenazas cuya evolución futura podría derivar en un impacto grave. Entre los ejemplos más comunes de ciberamenazas importantes se encuentran las variantes de ransomware dirigidas a infraestructuras críticas, los ataques de denegación de servicio distribuidos (DDoS) de gran escala diseñados para paralizar servicios esenciales, la explotación de vulnerabilidades conocidas en software o hardware de uso generalizado en las entidades financieras, los intentos avanzados de intrusión con técnicas de persistencia y lateralización dentro de redes corporativas, así como los intentos de manipulación o sabotaje de sistemas de pago o bases de datos que contengan información sensible. Además, las amenazas derivadas de actores maliciosos organizados, como ciberdelincuentes altamente sofisticados o atacantes patrocinados por estados, tienen una relevancia particular en este contexto, debido a su capacidad para ejecutar campañas prolongadas y dirigidas contra entidades financieras. No obstante, las ciberamenazas importantes también pueden surgir de factores internos, como errores humanos, negligencia en la configuración de sistemas críticos o fallos en la gestión del ciclo de vida de los activos tecnológicos.

El impacto de una ciberamenaza importante se define no solo por el daño directo que pueda causar en un momento específico, sino también por su capacidad para desencadenar consecuencias más amplias y severas, comprometiendo la integridad, confidencialidad, autenticidad o disponibilidad de los sistemas y servicios críticos. En términos de disponibilidad, una ciberamenaza importante puede amenazar con la interrupción de servicios esenciales, como sistemas de pago, plataformas de banca electrónica o infraestructuras de negociación y liquidación, afectando no solo a los clientes de la entidad, sino también a contrapartes y mercados interconectados. Desde la perspectiva de la confidencialidad, estas amenazas pueden dirigirse hacia el robo o la exposición de datos sensibles, incluyendo información financiera de clientes, credenciales de acceso y datos transaccionales, lo que no solo tiene implicaciones regulatorias bajo el Reglamento General de Protección de Datos (RGPD), sino que también aumenta el riesgo de fraude y pérdida de confianza en la entidad afectada. En cuanto a la integridad, una ciberamenaza importante puede derivar en la alteración de datos o procesos críticos, como la manipulación de registros transaccionales o la modificación de algoritmos en sistemas automatizados, comprometiendo la precisión y fiabilidad de los servicios financieros.

El Reglamento Europeo 2022/2554 establece un marco normativo que exige a las entidades financieras la identificación, evaluación, mitigación y, en caso necesario, notificación de las ciberamenazas importantes. La identificación de estas amenazas requiere la implementación de sistemas avanzados de monitorización y detección que permitan analizar en tiempo real el tráfico de redes, las actividades en los sistemas y los indicadores de compromiso que puedan sugerir la presencia de una amenaza significativa. Esto incluye el uso de tecnologías como sistemas de información de seguridad y gestión de eventos (SIEM), soluciones de detección y respuesta de endpoints (EDR/XDR), y herramientas de inteligencia de amenazas (Threat Intelligence Platforms) que ayuden a correlacionar datos internos con tendencias globales de amenazas. La capacidad de identificar de manera oportuna una ciberamenaza importante es esencial para evitar su escalamiento hacia un incidente grave.

La evaluación de una ciberamenaza importante implica analizar sus características técnicas y su posible impacto en las redes, sistemas e infraestructuras críticas de la entidad. Este análisis debe considerar factores como el nivel de sofisticación de la amenaza, su capacidad para propagarse o evadir controles de seguridad, el alcance de los activos que podría afectar y las posibles repercusiones en los servicios financieros prestados. Las entidades financieras deben integrar esta evaluación en su marco de gestión de riesgos, clasificando la amenaza en función de su criticidad y estableciendo prioridades claras para su mitigación. Además, es necesario considerar los riesgos indirectos, como la posibilidad de que la amenaza afecte a proveedores críticos o a otras entidades del ecosistema financiero, generando un efecto en cascada que amplifique su impacto.

La mitigación de ciberamenazas importantes requiere la implementación de medidas preventivas y reactivas específicas, adaptadas a la naturaleza de la amenaza. Estas medidas pueden incluir el despliegue inmediato de parches de seguridad para corregir vulnerabilidades explotables, la segmentación de redes para contener el posible impacto de un ataque, la restricción de accesos mediante autenticación multifactorial, y la activación de sistemas de respaldo y recuperación para garantizar la disponibilidad de los servicios esenciales en caso de una disrupción. Las entidades también deben realizar pruebas de penetración y simulaciones de escenarios específicos para evaluar la eficacia de los controles implementados frente a amenazas importantes, asegurándose de que los procedimientos de respuesta estén alineados con los requisitos del Reglamento.

Una ciberamenaza importante también tiene implicaciones significativas para la notificación a las autoridades competentes. Si bien estas amenazas aún no se han materializado en incidentes graves, el Reglamento determina que las entidades informen a las autoridades sobre aquellas amenazas cuya evolución podría comprometer servicios críticos o funciones esenciales. Esta notificación temprana permite a las autoridades supervisar el entorno de ciberseguridad, evaluar riesgos sistémicos y coordinar acciones preventivas a nivel sectorial. Las entidades deben proporcionar información detallada sobre las características de la amenaza, los sistemas y activos potencialmente afectados, y las medidas adoptadas para gestionarla. Esta transparencia no solo refuerza la colaboración entre los reguladores y las entidades, sino que también contribuye a proteger el sistema financiero en su conjunto frente a riesgos emergentes.

En el ámbito de la resiliencia operativa, las ciberamenazas importantes subrayan la necesidad de integrar la gestión de riesgos cibernéticos en los planes de continuidad de negocio y recuperación ante desastres de las entidades financieras. Estos planes deben incluir estrategias específicas para hacer frente a ciberamenazas que podrían evolucionar hacia incidentes graves, garantizando que los servicios esenciales puedan mantenerse o restaurarse rápidamente en caso de disrupción. Esto incluye la implementación de infraestructuras redundantes, la realización de simulaciones periódicas de escenarios de crisis cibernética y la priorización de los recursos para proteger los activos más críticos. Además, las entidades deben coordinarse con sus proveedores críticos para garantizar que sus capacidades de respuesta sean consistentes con los estándares requeridos por el Reglamento.

Desde el punto de vista del cumplimiento normativo, la gestión de las ciberamenazas importantes implica una documentación exhaustiva de las amenazas identificadas, las decisiones tomadas para mitigar su impacto y las acciones correctivas implementadas. Esta documentación es esencial no solo para demostrar el cumplimiento de las disposiciones del Reglamento, sino también para identificar áreas de mejora en los procesos internos de gestión de riesgos. Adicionalmente, las auditorías internas y externas evaluarán si las entidades han adoptado un enfoque integral frente a estas amenazas, considerando tanto las medidas técnicas como organizativas, así como su capacidad para prevenir y responder de manera eficaz.

El concepto de "ciberamenaza importante" en el Reglamento Europeo 2022/2554 refleja la creciente sofisticación y complejidad de las amenazas cibernéticas en el sector financiero, destacando la importancia de anticiparse a riesgos que puedan derivar en incidentes graves. Este enfoque preventivo exige a las entidades financieras implementar sistemas avanzados de monitorización y detección, establecer procedimientos claros de evaluación y mitigación, garantizar la coordinación interna y externa, y fortalecer la resiliencia operativa a través de planes de continuidad y recuperación específicos. Al abordar las ciberamenazas importantes de manera integral, las entidades no solo cumplen con los requisitos regulatorios, sino que también fortalecen su capacidad para proteger sus activos, garantizar la continuidad de sus servicios y preservar la estabilidad del sistema financiero en un entorno de amenazas cibernéticas cada vez más dinámico y globalizado. La gestión eficaz de estas amenazas es, por tanto, un pilar fundamental de la resiliencia operativa digital.

14) «ciberataque»: un incidente malintencionado relacionado con las TIC provocado mediante una tentativa, perpetrada por cualquier agente de riesgo, de destruir, revelar, alterar, desactivar o robar un activo, de obtener acceso no autorizado a ese activo o de hacer uso no autorizado de él;

El concepto de "ciberataque", tal como se define en el Reglamento Europeo 2022/2554, se refiere a un incidente malintencionado relacionado con las TIC, provocado mediante una tentativa de cualquier agente de riesgo de destruir, revelar, alterar, desactivar o robar un activo, de obtener acceso no autorizado a ese activo o de hacer uso no autorizado de él. Este término resulta determinante en el ámbito de la resiliencia operativa digital del sector financiero, ya que describe de manera precisa la naturaleza intencional y dañina de determinadas acciones que tienen como objetivo comprometer la seguridad, integridad, disponibilidad o confidencialidad de los sistemas, redes y datos de las entidades financieras. La definición incluye tanto los ataques exitosos como los intentos frustrados que puedan haber sido detectados antes de causar daños, poniendo énfasis en la intención maliciosa del agente que ejecuta o intenta ejecutar el ataque.

Un ciberataque puede originarse de múltiples fuentes, que abarcan desde ciberdelincuentes motivados por intereses económicos hasta actores estatales que buscan desestabilizar sistemas financieros críticos o acceder a información estratégica. También incluye amenazas internas, como empleados desleales o negligentes que actúan con la intención de causar daño. Los ciberataques suelen materializarse a través de diversos vectores de ataque, incluyendo malware avanzado como ransomware, spyware o troyanos diseñados para infiltrarse y dañar sistemas; ataques de denegación de servicio distribuido (DDoS) que saturan servidores para hacerlos inoperativos; explotación de vulnerabilidades técnicas en software y hardware; intentos de acceso no autorizado mediante técnicas como fuerza bruta o ingeniería social, y ataques de suplantación de identidad (phishing) diseñados para robar credenciales o información sensible. En el ámbito financiero, donde los sistemas TIC manejan activos valiosos, como datos de clientes, sistemas de pago, plataformas de inversión y otras infraestructuras críticas, el impacto potencial de un ciberataque es especialmente elevado.

El Reglamento establece que las entidades financieras deben adoptar un enfoque integral y proactivo frente a los ciberataques, que abarque la prevención, detección, respuesta y recuperación. Este enfoque exige la implementación de sistemas y procedimientos avanzados que permitan mitigar el riesgo de ciberataques y minimizar su impacto en caso de que lleguen a materializarse. Desde la perspectiva de la prevención, las entidades están obligadas a proteger sus activos TIC mediante la implementación de controles técnicos como firewalls avanzados, herramientas de detección y prevención de intrusiones (IDS/IPS), segmentación de redes, cifrado de datos en tránsito y en reposo, y autenticación multifactorial para garantizar que solo los usuarios autorizados puedan acceder a los sistemas. También deben realizar evaluaciones regulares de vulnerabilidades, pruebas de penetración y auditorías técnicas para identificar y corregir debilidades en sus sistemas antes de que puedan ser explotadas por agentes maliciosos.

La detección temprana de ciberataques es esencial para mitigar su impacto y evitar que evolucionen hacia incidentes graves. Para ello, las entidades deben contar con sistemas avanzados de monitorización en tiempo real, como soluciones de gestión de eventos e información de seguridad (SIEM) y herramientas de detección y respuesta de endpoints (EDR/XDR), que permitan identificar patrones anómalos, indicadores de compromiso y otras señales de actividad maliciosa en sus redes y sistemas. La inteligencia de amenazas también desempeña un papel determinante, ya que permite a las entidades anticiparse a ciberataques al analizar tendencias globales y compartir información sobre tácticas, técnicas y procedimientos (TTP) utilizados por actores maliciosos. Este intercambio de información, fomentado por el Reglamento, fortalece la capacidad del sector financiero para responder de manera coordinada y eficaz a amenazas comunes.

En el ámbito de la respuesta a ciberataques, las entidades deben estar preparadas para actuar de manera rápida y efectiva para contener el ataque, minimizar su impacto y restaurar la operatividad de los sistemas afectados. Esto incluye la activación de equipos especializados de respuesta a incidentes de seguridad informática (CSIRT), que son responsables de identificar el alcance del ataque, aislar los sistemas comprometidos, eliminar cualquier acceso no autorizado y evaluar los daños causados. La comunicación es un componente esencial de la respuesta, ya que las entidades deben informar de manera clara y oportuna a todas las partes interesadas, incluidos clientes, proveedores y autoridades competentes, sobre la naturaleza del ataque y las medidas adoptadas para resolverlo. En casos de ataques que afecten servicios esenciales o funciones críticas, la coordinación con las autoridades supervisoras y agencias de ciberseguridad es fundamental para garantizar una respuesta eficaz a nivel sectorial.

Una de las obligaciones más relevantes impuestas por el Reglamento en relación con los ciberataques es la notificación de incidentes. Si un ciberataque se materializa en un incidente grave relacionado con las TIC o un incidente operativo o de seguridad grave relacionado con los pagos, la entidad está obligada a notificarlo a las autoridades competentes dentro de los plazos establecidos. Esta notificación debe incluir detalles sobre la naturaleza del ataque, los sistemas y activos afectados, las medidas adoptadas para contener el impacto y los planes para restaurar la normalidad. Además, si el ciberataque implica la violación de datos personales, la entidad también estará sujeta a las disposiciones del Reglamento General de Protección de Datos, lo que puede implicar la notificación adicional a las autoridades de protección de datos y, en algunos casos, a los afectados. La notificación de ciberataques no solo permite a las autoridades evaluar los riesgos sistémicos asociados al incidente, sino que también fomenta la transparencia y fortalece la colaboración entre las entidades y los reguladores.

En términos de resiliencia operativa, los ciberataques representan una prueba crítica para los planes de continuidad de negocio y recuperación ante desastres de las entidades financieras. El Reglamento exige que dichos planes estén diseñados para abordar escenarios específicos de ciberataques, garantizando la capacidad de la entidad para mantener o restaurar rápidamente sus operaciones esenciales. Esto incluye la implementación de sistemas redundantes y estrategias de respaldo que permitan minimizar las interrupciones en caso de ataques exitosos, así como la realización de ejercicios de simulación, como juegos de guerra cibernéticos, para evaluar la preparación de los equipos y sistemas frente a ataques reales. La resiliencia no solo se centra en la capacidad de recuperación técnica, sino también en la capacidad de la entidad para gestionar las consecuencias legales, reputacionales y financieras asociadas con los ciberataques.

El Reglamento pone énfasis en la supervisión de los riesgos asociados a terceros proveedores, ya que muchos ciberataques se originan o se propagan a través de cadenas de suministro tecnológicas. Las entidades financieras deben garantizar que sus proveedores críticos cumplan con estándares de seguridad equivalentes a los exigidos por el Reglamento, incluyendo la implementación de controles técnicos adecuados, la notificación de ciberataques que puedan afectar los servicios externalizados y la cooperación durante la respuesta a incidentes. La supervisión de los proveedores incluye la realización de auditorías periódicas, la evaluación de los riesgos de ciberseguridad asociados a cada proveedor y la inclusión de cláusulas contractuales específicas sobre la gestión de ciberataques y la notificación de incidentes.

Desde el punto de vista del cumplimiento normativo, las entidades financieras deben documentar exhaustivamente todos los aspectos relacionados con la gestión de ciberataques, incluyendo los eventos detectados, las medidas adoptadas para mitigarlos, las lecciones aprendidas y las mejoras implementadas en los sistemas y procedimientos. Esta documentación no solo es necesaria para responder a posibles auditorías regulatorias, sino que también permite identificar áreas de mejora en la gestión de riesgos y fortalecer la resiliencia de la entidad frente a futuros ataques. Adicionalmente, las auditorías internas y externas evaluarán si las entidades han adoptado un enfoque integral frente a los ciberataques, considerando tanto los controles técnicos como las capacidades organizativas, la gestión de riesgos y la coordinación con las autoridades.

El concepto de "ciberataque" en el Reglamento Europeo 2022/2554 refleja la creciente amenaza que representan los ataques malintencionados en el entorno digital del sector financiero. La adecuada gestión de estos ataques requiere la implementación de un enfoque integral que abarque la prevención, detección, respuesta y recuperación, así como la coordinación con terceros proveedores y autoridades competentes. Las repercusiones prácticas de esta normativa subrayan la importancia de anticiparse a los riesgos, fortalecer los sistemas de defensa y garantizar la resiliencia operativa frente a un panorama de amenazas cada vez más sofisticado y globalizado. La gestión eficaz de los ciberataques no solo asegura el cumplimiento normativo, sino que también protege la confianza de los clientes, la estabilidad del sistema financiero y la sostenibilidad a largo plazo de las entidades financieras en un entorno de creciente interdependencia tecnológica.

15) «inteligencia sobre amenazas»: información que se ha agregado, transformado, analizado, interpretado o enriquecido para proporcionar el contexto necesario para la toma de decisiones y permitir una comprensión pertinente y suficiente para mitigar las repercusiones de un incidente relacionado con las TIC o de una ciberamenaza, incluidos los detalles técnicos de un ciberataque, los responsables del ataque, su modus operandi y sus motivaciones;

El concepto de "inteligencia sobre amenazas", definido en el Reglamento Europeo 2022/2554, se refiere a la información que ha sido recopilada, agregada, transformada, analizada, interpretada o enriquecida con el propósito de proporcionar un contexto claro y relevante para la toma de decisiones estratégicas, tácticas y operativas en relación con ciberamenazas e incidentes relacionados con las TIC. Esta inteligencia permite comprender de manera suficiente y pertinente las características de una amenaza para mitigar las posibles repercusiones de un incidente, e incluye detalles técnicos sobre un ciberataque, información sobre los responsables, su modus operandi y sus motivaciones. Este concepto es de vital importancia dentro del marco de resiliencia operativa digital del sector financiero, ya que reconoce que la capacidad de anticipación y respuesta eficaz ante amenazas tecnológicas depende de la capacidad de las entidades para transformar datos fragmentados y dispersos en información procesable y útil.

La inteligencia sobre amenazas tiene como objetivo principal proporcionar una comprensión profunda del entorno de ciberseguridad en el que operan las entidades financieras, incluyendo no solo las amenazas actuales que puedan estar activas, sino también las tendencias emergentes y los riesgos potenciales. Este conocimiento permite tomar decisiones basadas en información concreta y anticiparse a posibles ataques, implementando medidas de protección y mitigación antes de que las amenazas se materialicen. En esencia, la inteligencia sobre amenazas transforma datos aislados en un análisis contextualizado que informa estrategias y acciones concretas, lo cual es esencial en un entorno donde las amenazas cibernéticas son dinámicas, sofisticadas y en constante evolución.

La inteligencia sobre amenazas abarca un amplio rango de información, que incluye detalles técnicos sobre las herramientas y tácticas utilizadas en los ciberataques, los indicadores de compromiso (IOC) que pueden ayudar a detectar actividades maliciosas, las vulnerabilidades explotadas, las características de los agentes maliciosos responsables, sus patrones de comportamiento, sus objetivos y las motivaciones detrás de sus acciones. Esta información no solo se centra en los ataques que ya se han producido, sino también en la predicción de posibles amenazas futuras basadas en análisis de tendencias globales y datos históricos. Por ejemplo, si una inteligencia detecta un aumento en el uso de un tipo específico de malware dirigido contra plataformas de pagos, las entidades pueden ajustar sus controles de seguridad para protegerse de manera proactiva contra este vector de ataque.

La inteligencia sobre amenazas tiene aplicaciones prácticas en todas las áreas de la gestión de riesgos tecnológicos. Desde el punto de vista de la prevención, las entidades financieras pueden utilizar esta inteligencia para identificar vulnerabilidades en sus sistemas antes de que sean explotadas, priorizando la aplicación de parches de seguridad, ajustando configuraciones de seguridad y reforzando los controles en áreas específicas que podrían ser objeto de ataques. Por ejemplo, si se detecta que un grupo de ciberdelincuentes está utilizando técnicas avanzadas de phishing dirigidas a empleados del sector financiero, la inteligencia sobre amenazas puede guiar la implementación de medidas preventivas como campañas de concienciación para los empleados, ajustes en los sistemas de filtrado de correos electrónicos y mejoras en los sistemas de autenticación. Asimismo, la inteligencia permite identificar patrones emergentes, como nuevos tipos de ransomware dirigidos específicamente a infraestructuras críticas, lo que ayuda a las entidades a ajustar sus estrategias de defensa en tiempo real.

En el ámbito de la detección y respuesta, la inteligencia sobre amenazas es clave para identificar actividades maliciosas de manera temprana y mitigar su impacto. La inteligencia proporciona indicadores de compromiso específicos, como direcciones IP sospechosas, dominios asociados con actividades maliciosas, hashes de archivos maliciosos y patrones de comportamiento anómalos, que pueden ser utilizados por las herramientas de monitorización y detección de las entidades para identificar posibles amenazas en sus redes. Una vez detectada una amenaza, la inteligencia sobre amenazas puede guiar la respuesta, ayudando a los equipos de ciberseguridad a comprender el alcance del ataque, anticipar las próximas acciones del atacante y priorizar las medidas de contención y recuperación. Por ejemplo, si la inteligencia revela que un ataque está asociado con un grupo conocido de atacantes, los equipos pueden utilizar información sobre su modus operandi para prevenir la escalada del incidente.

Además, la inteligencia sobre amenazas desempeña un papel fundamental en la gestión post-incidente y el análisis forense. Después de un ciberataque, la inteligencia ayuda a determinar cómo ocurrió el ataque, qué vulnerabilidades fueron explotadas, cuáles fueron las herramientas utilizadas y qué datos o sistemas se vieron comprometidos. Este análisis es esencial para identificar las lecciones aprendidas, fortalecer las defensas de la entidad y prevenir futuros ataques similares. También es determinante para cumplir con las obligaciones de notificación de incidentes graves relacionadas con las TIC que establece el Reglamento, ya que las autoridades competentes suelen exigir información detallada sobre el origen y las características del ataque, aspectos que son resultado directo del análisis de inteligencia.

El Reglamento destaca la importancia del intercambio de inteligencia sobre amenazas entre entidades financieras, proveedores tecnológicos y autoridades competentes. Este intercambio fomenta la creación de un ecosistema de ciberseguridad más sólido y coordinado, ya que permite a las entidades beneficiarse del conocimiento colectivo sobre amenazas comunes. Por ejemplo, si una entidad detecta un nuevo tipo de ataque dirigido a plataformas de pagos, compartir esta información con otras entidades puede ayudarlas a prepararse antes de ser atacadas. Este enfoque colaborativo es particularmente relevante en el caso de amenazas sistémicas o ciberataques de gran escala que afectan a múltiples actores dentro del sistema financiero. Sin embargo, este intercambio debe realizarse bajo estrictos protocolos de confidencialidad y protección de datos para garantizar que la información compartida no exponga a las entidades a nuevos riesgos.

Desde el punto de vista organizativo, la integración de la inteligencia sobre amenazas en las operaciones de una entidad financiera requiere la adopción de herramientas avanzadas de análisis y el establecimiento de procesos internos claros. Las entidades deben contar con plataformas de inteligencia de amenazas (Threat Intelligence Platforms) que permitan recopilar datos de múltiples fuentes, tanto internas como externas, correlacionarlos con datos históricos y generar análisis procesables en tiempo real. Estas plataformas deben estar integradas con los sistemas de detección y respuesta de la entidad, como soluciones SIEM (gestión de eventos e información de seguridad) y EDR (detección y respuesta de endpoints), para garantizar que la inteligencia generada pueda ser utilizada directamente para mitigar riesgos. Además, las entidades deben establecer equipos especializados o colaboraciones con proveedores externos que puedan realizar el análisis y enriquecimiento de la inteligencia, asegurando que esta sea comprensible y utilizable por los responsables de la toma de decisiones.

El Reglamento reconoce que la inteligencia sobre amenazas es fundamental para mejorar la resiliencia operativa de las entidades. Durante la planificación de la continuidad de negocio y la recuperación ante desastres, la inteligencia sobre amenazas puede ser utilizada para anticipar posibles escenarios de ciberataques y diseñar estrategias específicas para proteger los sistemas críticos. Esto incluye identificar activos prioritarios, analizar posibles vectores de ataque y definir procedimientos de contingencia basados en las amenazas más probables. Durante los ejercicios de simulación y pruebas de estrés, la inteligencia sobre amenazas puede ser utilizada para diseñar escenarios realistas que reflejen las tácticas, técnicas y procedimientos utilizados por actores maliciosos, mejorando así la preparación de los equipos y sistemas de la entidad.

Desde el punto de vista del cumplimiento normativo, las entidades financieras deben documentar cómo utilizan la inteligencia sobre amenazas en sus procesos de gestión de riesgos y en la respuesta a incidentes. Esta documentación incluye detalles sobre las fuentes de inteligencia, los datos procesados, las decisiones basadas en la inteligencia y las acciones implementadas. Además, las auditorías internas y externas evaluarán si las entidades han integrado adecuadamente la inteligencia sobre amenazas en sus operaciones, y si están utilizando esta inteligencia de manera eficaz para mitigar riesgos y cumplir con las obligaciones regulatorias. La falta de una implementación adecuada de la inteligencia sobre amenazas puede derivar en sanciones regulatorias, así como en un aumento de los riesgos operativos.

El concepto de "inteligencia sobre amenazas" en el Reglamento Europeo 2022/2554 resalta la importancia de contar con información procesada y enriquecida que permita a las entidades financieras anticiparse a las ciberamenazas, mitigar riesgos y gestionar de manera eficaz los incidentes relacionados con las TIC. Este enfoque basado en inteligencia no solo mejora las capacidades de prevención, detección y respuesta de las entidades, sino que también promueve la colaboración y la resiliencia a nivel sectorial, fortaleciendo la estabilidad y la confianza en el sistema financiero en su conjunto. La implementación adecuada de la inteligencia sobre amenazas es un elemento esencial para proteger los activos, servicios y datos de las entidades frente a un panorama de amenazas cada vez más sofisticado y en constante evolución.

16) «vulnerabilidad»: una debilidad, susceptibilidad o defecto de un activo, sistema, proceso o control que puede ser explotado;

El concepto de "vulnerabilidad", según el Reglamento Europeo 2022/2554, se refiere a cualquier debilidad, susceptibilidad o defecto presente en un activo, sistema, proceso o control que puede ser explotado, ya sea intencionada o accidentalmente, para comprometer la seguridad, integridad, disponibilidad o confidencialidad de los datos, redes y sistemas de información. Este término es fundamental en el contexto de la resiliencia operativa digital del sector financiero, ya que constituye el punto de partida de muchos riesgos tecnológicos. Las vulnerabilidades son, en esencia, puertas de entrada potenciales que pueden ser aprovechadas por agentes malintencionados o desencadenar fallos operativos que afecten la continuidad de los servicios esenciales prestados por las entidades financieras. Identificar, gestionar y mitigar estas vulnerabilidades es una obligación clave para garantizar la protección de los sistemas financieros y la confianza de los clientes.

Las vulnerabilidades pueden manifestarse en diferentes formas y en distintos niveles de las operaciones tecnológicas de una entidad financiera. En el ámbito técnico, las vulnerabilidades más comunes incluyen fallos en el software o hardware, como errores de programación, configuraciones incorrectas, sistemas desactualizados, falta de parches de seguridad, protocolos de comunicación inseguros, o debilidades en las medidas de autenticación y autorización. En el ámbito operativo, las vulnerabilidades pueden encontrarse en procesos internos, como la falta de supervisión adecuada, procedimientos ineficaces o ausencia de controles en la gestión de cambios. También existen vulnerabilidades relacionadas con el factor humano, como la falta de formación en ciberseguridad, la susceptibilidad de los empleados a técnicas de ingeniería social como el phishing o el acceso indebido a sistemas por parte de personal interno. En un nivel más amplio, las entidades financieras también enfrentan vulnerabilidades asociadas a sus relaciones con terceros, especialmente proveedores de servicios críticos, que pueden introducir riesgos adicionales debido a fallos en sus propias medidas de seguridad.

El Reglamento Europeo 2022/2554 obliga a las entidades financieras a gestionar de manera estructurada y exhaustiva las vulnerabilidades que puedan afectar a sus redes, sistemas de información y procesos críticos. Este proceso comienza con la identificación y evaluación de vulnerabilidades, lo que implica realizar auditorías y análisis de seguridad de manera periódica para detectar debilidades en la infraestructura tecnológica, los procesos operativos y los controles existentes. Estas auditorías incluyen la realización de pruebas de penetración y escaneos automatizados de vulnerabilidades, que permiten detectar puntos débiles antes de que puedan ser explotados. Asimismo, es fundamental que las entidades mantengan un inventario actualizado de sus activos tecnológicos, ya que cada activo representa un posible punto de entrada para amenazas externas o internas.

Una vez identificadas, las vulnerabilidades deben ser evaluadas en términos de su criticidad, lo que implica analizar el impacto potencial de su explotación y la probabilidad de que sean aprovechadas. Esta evaluación debe considerar factores como la sensibilidad de los activos afectados, su interconexión con otros sistemas, el nivel de exposición al entorno externo y la existencia de amenazas específicas que puedan aprovechar dichas vulnerabilidades. Por ejemplo, una vulnerabilidad en un sistema de pagos críticos tendría una mayor prioridad de remediación que una debilidad en un sistema secundario, ya que el impacto de su explotación podría ser significativamente mayor. La priorización de vulnerabilidades es esencial para que las entidades puedan asignar recursos de manera eficiente y centrarse en mitigar los riesgos más relevantes.

El Reglamento establece que las entidades financieras deben implementar medidas proactivas para mitigar las vulnerabilidades detectadas. Estas medidas pueden incluir la aplicación de parches de seguridad, la actualización de software y hardware, la reconfiguración de sistemas para eliminar configuraciones inseguras, la implementación de controles adicionales como autenticación multifactorial, y la segmentación de redes para limitar el alcance de posibles incidentes. En el caso de vulnerabilidades que no puedan ser mitigadas de manera inmediata, las entidades deben establecer medidas de contención temporales para reducir el riesgo mientras se implementan soluciones permanentes. Por ejemplo, si una vulnerabilidad crítica no puede ser parcheada debido a restricciones técnicas o dependencias con otros sistemas, la entidad podría limitar el acceso al sistema afectado o reforzar los controles de monitoreo para detectar posibles intentos de explotación.

La gestión de vulnerabilidades no se limita únicamente a las acciones técnicas, sino que también incluye la necesidad de establecer procedimientos y políticas claras para supervisar este proceso de manera continua. Esto implica asignar responsabilidades específicas dentro de la organización para la identificación, evaluación y remediación de vulnerabilidades, así como garantizar la participación de los equipos de gestión de riesgos, cumplimiento normativo y ciberseguridad. Además, las entidades deben fomentar una cultura de seguridad entre sus empleados, proporcionándoles formación periódica sobre cómo identificar y reportar posibles debilidades, especialmente aquellas relacionadas con el factor humano, como el phishing o los intentos de ingeniería social.

El Reglamento subraya la importancia de supervisar las vulnerabilidades asociadas a los terceros proveedores con los que las entidades financieras trabajan. Dado que muchas operaciones críticas dependen de servicios externalizados, cualquier vulnerabilidad presente en los sistemas de un proveedor puede tener un impacto directo en la entidad financiera. Por ello, las entidades deben realizar evaluaciones regulares de seguridad de sus proveedores, exigiendo que implementen controles adecuados para gestionar sus propias vulnerabilidades y cumplan con los estándares de seguridad aplicables. Esta supervisión debe incluir la revisión de los contratos con proveedores, asegurando que estos contemplen cláusulas específicas sobre la notificación de vulnerabilidades y la cooperación en su remediación.

Otra repercusión práctica de las vulnerabilidades es su conexión directa con los ciberataques y los incidentes relacionados con las TIC. Una vulnerabilidad no gestionada adecuadamente puede ser explotada por actores maliciosos para llevar a cabo ataques que comprometan la integridad, confidencialidad o disponibilidad de los sistemas afectados. Por esta razón, el Reglamento exige que las entidades financieras monitoricen continuamente sus sistemas en busca de signos de actividad maliciosa que pueda indicar intentos de explotación de vulnerabilidades. Este monitoreo debe estar respaldado por herramientas avanzadas de detección, como sistemas de gestión de eventos e información de seguridad (SIEM) y soluciones de detección y respuesta de endpoints (EDR), que permitan identificar patrones anómalos en tiempo real.

Desde el punto de vista del cumplimiento normativo, el Reglamento exige que las entidades financieras documenten de manera exhaustiva todo el proceso de gestión de vulnerabilidades, incluyendo la identificación de debilidades, su evaluación, las medidas adoptadas para mitigarlas y los resultados obtenidos. Esta documentación es esencial no solo para demostrar el cumplimiento de los requisitos regulatorios, sino también para informar las auditorías internas y externas que evalúan la efectividad de los controles implementados. Además, las entidades deben mantener registros actualizados sobre las vulnerabilidades detectadas y las acciones emprendidas, ya que esta información es fundamental para fortalecer los sistemas de seguridad y prevenir futuros incidentes.

En términos de resiliencia operativa, la gestión de vulnerabilidades debe integrarse en los planes de continuidad de negocio y recuperación ante desastres de las entidades. Durante la planificación, las entidades deben identificar cuáles son las vulnerabilidades más críticas que podrían comprometer la capacidad de la organización para operar en caso de un incidente y definir estrategias específicas para abordarlas. Esto incluye prever escenarios en los que una vulnerabilidad sea explotada y establecer medidas de contingencia para garantizar la continuidad de los servicios esenciales mientras se resuelve el problema. Asimismo, los ejercicios de simulación y las pruebas de estrés deben incorporar escenarios basados en la explotación de vulnerabilidades conocidas, lo que permite evaluar la preparación de la entidad y mejorar sus capacidades de respuesta.

El concepto de "vulnerabilidad" en el Reglamento Europeo 2022/2554 resalta la importancia de identificar, evaluar y mitigar de manera proactiva las debilidades que puedan ser explotadas en los sistemas, procesos y controles de las entidades financieras. La gestión efectiva de estas vulnerabilidades es esencial para prevenir ciberataques, garantizar la continuidad de los servicios financieros y proteger la integridad del sistema financiero frente a un entorno de amenazas en constante evolución. Las repercusiones prácticas de este concepto abarcan desde la implementación de controles técnicos y la supervisión de proveedores hasta la integración de la gestión de vulnerabilidades en los planes de resiliencia operativa y la documentación de las acciones emprendidas. Al abordar las vulnerabilidades de manera integral y estructurada, las entidades no solo cumplen con los requisitos normativos, sino que también fortalecen su capacidad para enfrentar los desafíos tecnológicos y preservar la confianza de sus clientes y contrapartes.

17) «pruebas de penetración basadas en amenazas»: un marco que imita las tácticas, técnicas y procedimientos de agentes de amenazas reales que se considera presentan una auténtica ciberamenaza, que permite someter a prueba (equipo rojo) de forma controlada, a medida y en función de la inteligencia los sistemas de producción activos esenciales de la entidad financiera;

El concepto de "pruebas de penetración basadas en amenazas", definido en el Reglamento Europeo 2022/2554, se refiere a un marco estructurado y controlado que imita las tácticas, técnicas y procedimientos utilizados por agentes de amenazas reales, considerados como ciberamenazas auténticas, para evaluar la seguridad de los sistemas de producción activos esenciales de una entidad financiera. Este enfoque, también conocido como simulación de equipo rojo (red teaming), busca replicar el comportamiento de atacantes avanzados con el objetivo de identificar vulnerabilidades, evaluar la eficacia de los controles existentes y fortalecer la resiliencia de la entidad frente a posibles ciberataques. Estas pruebas se basan en inteligencia sobre amenazas específica y actualizada, lo que permite que las simulaciones sean personalizadas y realistas, adaptadas al contexto particular de la entidad y a las amenazas más relevantes para sus sistemas y operaciones críticas.

Las pruebas de penetración basadas en amenazas no se limitan a los tradicionales escaneos de vulnerabilidades o evaluaciones de seguridad general. Por el contrario, se centran en recrear escenarios reales de ataques sofisticados, replicando las tácticas y herramientas empleadas por actores maliciosos, como grupos de ciberdelincuentes, atacantes patrocinados por estados o amenazas internas. Estas simulaciones buscan poner a prueba de manera exhaustiva las capacidades defensivas de la entidad financiera, incluyendo tanto sus medidas técnicas como sus procesos organizativos, sus capacidades de detección y respuesta, y la eficacia de sus equipos de ciberseguridad. Por su carácter exhaustivo y su enfoque en las amenazas más relevantes, estas pruebas son un componente crítico dentro del marco de resiliencia operativa digital exigido por el Reglamento, especialmente para entidades que desempeñan funciones esenciales o importantes dentro del sistema financiero.

Desde una perspectiva técnica, las pruebas de penetración basadas en amenazas requieren la participación de un "equipo rojo" (red team), compuesto por expertos en ciberseguridad cuya misión es simular el comportamiento de los atacantes. Este equipo utiliza inteligencia sobre amenazas actualizada para diseñar escenarios específicos, definiendo vectores de ataque, objetivos y tácticas que reflejen las prácticas reales de los agentes de amenaza más relevantes para la entidad. Las tácticas pueden incluir, por ejemplo, la explotación de vulnerabilidades en aplicaciones críticas, el uso de técnicas de phishing dirigidas para obtener credenciales de acceso, la manipulación de configuraciones inseguras o la introducción de malware en sistemas de producción. El equipo rojo interactúa con los sistemas reales de la entidad, pero dentro de un entorno cuidadosamente controlado para evitar interrupciones en las operaciones normales y garantizar que los riesgos asociados a las pruebas sean mínimos.

El objetivo principal de estas pruebas es identificar vulnerabilidades no detectadas, brechas en los controles de seguridad y áreas de mejora en las capacidades de detección y respuesta. Esto incluye evaluar la capacidad de los sistemas de defensa para identificar los intentos de intrusión, la rapidez y eficacia con la que los equipos de ciberseguridad responden a los incidentes simulados, y la capacidad de los procesos organizativos para contener y mitigar el impacto de los ataques. Por ejemplo, una prueba podría revelar que ciertos sistemas no están adecuadamente segmentados, lo que permite a un atacante moverse lateralmente dentro de la red una vez que obtiene acceso inicial. Del mismo modo, podría identificarse que los sistemas de detección no están configurados para identificar ciertas actividades sospechosas, como intentos de escalamiento de privilegios o transferencias masivas de datos fuera de la red.

Una característica clave de las pruebas de penetración basadas en amenazas es su personalización y enfoque basado en inteligencia. Esto significa que no se trata de simulaciones genéricas, sino que están diseñadas específicamente para abordar las amenazas más relevantes para la entidad. La inteligencia sobre amenazas desempeña un papel fundamental en este proceso, proporcionando información sobre las tácticas, técnicas y procedimientos utilizados por actores maliciosos que podrían atacar la entidad. Por ejemplo, si la inteligencia indica que un grupo de ciberdelincuentes ha estado explotando una vulnerabilidad específica en sistemas de pago, las pruebas de penetración pueden incluir un escenario que simule este tipo de ataque para evaluar si los sistemas de la entidad son vulnerables. De este modo, las pruebas no solo fortalecen las defensas técnicas, sino que también ayudan a mejorar la preparación frente a amenazas específicas.

El Reglamento subraya que estas pruebas deben realizarse de manera controlada y medida, lo que implica que deben diseñarse cuidadosamente para garantizar que no interrumpan las operaciones normales ni comprometan la integridad de los sistemas de producción. Esto requiere una planificación detallada, que incluye la definición de los objetivos de la prueba, la selección de los sistemas y procesos a evaluar, y la coordinación con los equipos internos para garantizar que todas las partes relevantes estén informadas y preparadas. Además, las pruebas deben incluir mecanismos de registro y documentación exhaustivos que permitan analizar los resultados, identificar lecciones aprendidas y diseñar planes de mejora específicos.

Una vez completadas las pruebas, los resultados deben ser analizados de manera exhaustiva para identificar las vulnerabilidades detectadas, las debilidades en los controles de seguridad y las oportunidades de mejora. Este análisis debe traducirse en un informe detallado que incluya recomendaciones específicas para fortalecer las defensas de la entidad. Por ejemplo, si las pruebas revelan que los sistemas de detección no identificaron ciertos patrones de comportamiento anómalo, el informe podría recomendar ajustes en la configuración de las herramientas de monitoreo o la implementación de nuevas reglas de detección. Asimismo, si las pruebas muestran que los procesos de respuesta a incidentes fueron lentos o ineficaces, podrían recomendarse cambios organizativos, como la capacitación adicional del personal o la simplificación de los procedimientos.

El Reglamento establece que los resultados de estas pruebas deben ser utilizados no solo para mejorar las capacidades internas de la entidad, sino también para informar a las autoridades competentes y, cuando sea necesario, a otros actores del sistema financiero. Esta transparencia es esencial para garantizar una supervisión efectiva y fomentar la colaboración en la gestión de riesgos cibernéticos. Por ejemplo, si las pruebas identifican una vulnerabilidad que podría ser explotada a nivel sectorial, compartir esta información con otras entidades y autoridades puede ayudar a mitigar riesgos sistémicos y proteger la estabilidad del sistema financiero en su conjunto.

Desde el punto de vista de cumplimiento normativo, las pruebas de penetración basadas en amenazas son una herramienta fundamental para demostrar la capacidad de la entidad para gestionar riesgos tecnológicos y garantizar la resiliencia operativa. El Reglamento determina que las entidades documenten de manera exhaustiva el diseño, ejecución y resultados de estas pruebas, así como las acciones tomadas en respuesta a las vulnerabilidades detectadas. Esta documentación no solo es esencial para responder a auditorías internas y externas, sino que también constituye una base para la mejora continua de las estrategias de seguridad de la entidad.

En términos de implementación práctica, la realización de pruebas de penetración basadas en amenazas requiere una combinación de recursos internos y externos. Aunque algunas entidades pueden contar con equipos internos capacitados para llevar a cabo estas pruebas, muchas optan por colaborar con proveedores externos especializados que ofrecen experiencia y herramientas avanzadas para diseñar y ejecutar simulaciones realistas. En ambos casos, es fundamental garantizar que el equipo rojo actúe de manera ética y dentro de los límites establecidos, respetando las normativas aplicables y minimizando los riesgos asociados a las pruebas.

Las "pruebas de penetración basadas en amenazas", según el Reglamento Europeo 2022/2554, son un componente esencial para garantizar la seguridad y la resiliencia operativa de las entidades financieras. Al replicar de manera controlada las tácticas de agentes maliciosos reales, estas pruebas permiten identificar vulnerabilidades, evaluar la eficacia de los controles de seguridad y mejorar las capacidades de detección y respuesta frente a ciberamenazas. Su enfoque personalizado y basado en inteligencia garantiza que las simulaciones sean relevantes y efectivas, adaptadas al contexto específico de cada entidad. Además, las repercusiones prácticas de estas pruebas abarcan desde el fortalecimiento de las defensas técnicas hasta la mejora de los procesos organizativos, la preparación frente a amenazas específicas y el cumplimiento de las obligaciones regulatorias. La implementación adecuada de estas pruebas no solo protege a las entidades frente a posibles ciberataques, sino que también contribuye a la estabilidad y la confianza en el sistema financiero en su conjunto.

18) «riesgo relacionado con las TIC derivado de terceros»: el riesgo relacionado con las TIC al que puede verse expuesta una entidad financiera en razón de su uso de servicios de TIC prestados por proveedores terceros de servicios de TIC o por subcontratistas de estos últimos, a través, entre otros, de acuerdos de externalización;

El concepto de "riesgo relacionado con las TIC derivado de terceros", tal como lo define el Reglamento Europeo 2022/2554, abarca aquellos riesgos relacionados con las tecnologías de la información y las comunicaciones a los que puede estar expuesta una entidad financiera debido al uso de servicios prestados por terceros proveedores de TIC o por subcontratistas de estos, generalmente a través de acuerdos de externalización.

Este concepto refleja la dependencia cada vez mayor de las entidades financieras en servicios tecnológicos externalizados, como infraestructura en la nube, soluciones de software, servicios de mantenimiento de sistemas y plataformas de procesamiento de datos, que son fundamentales para la operativa diaria del sector financiero. Si bien esta externalización puede ofrecer importantes ventajas operativas, económicas y de especialización, también introduce riesgos significativos que las entidades financieras deben gestionar de manera rigurosa para garantizar la continuidad de sus operaciones y la seguridad de sus datos e infraestructuras críticas.

El riesgo relacionado con las TIC derivado de terceros se materializa cuando un proveedor o un subcontratista falla en el cumplimiento de sus obligaciones, lo que puede comprometer la seguridad, disponibilidad, integridad o confidencialidad de los sistemas y datos de la entidad financiera. Entre las causas más comunes de este tipo de riesgos se encuentran incidentes relacionados con ciberataques dirigidos a los sistemas del proveedor, interrupciones en los servicios debido a fallos técnicos, incumplimientos normativos por parte del proveedor, falta de controles de seguridad adecuados o vulnerabilidades introducidas por los subcontratistas que participan en la prestación del servicio. Por ejemplo, si un proveedor crítico de servicios en la nube sufre un ataque de ransomware, la entidad financiera que depende de esa infraestructura podría enfrentarse a interrupciones graves en sus operaciones, comprometiendo su capacidad para prestar servicios esenciales a los clientes.

El Reglamento Europeo 2022/2554 impone a las entidades financieras la obligación de gestionar de manera proactiva los riesgos relacionados con las TIC derivados de terceros, estableciendo controles específicos y medidas de supervisión para minimizar el impacto potencial de estos riesgos. La gestión comienza con un análisis exhaustivo de los riesgos asociados a los servicios externalizados, que debe incluir una evaluación detallada de la criticidad de los sistemas o procesos afectados, la sensibilidad de los datos que se manejarán y la capacidad del proveedor para cumplir con los estándares de seguridad exigidos. Este análisis debe realizarse antes de formalizar cualquier acuerdo de externalización y debe actualizarse periódicamente durante la vigencia del contrato, especialmente si cambian las condiciones del servicio o el entorno de amenazas.

La selección y contratación de proveedores críticos de TIC deben estar sujetas a estrictos procesos de diligencia debida, que incluyan la evaluación de la capacidad técnica y organizativa del proveedor, la revisión de sus políticas y prácticas de seguridad, y la verificación de su historial en la gesción de incidentes relacionados con las TIC. Además, las entidades deben asegurarse de que los contratos con estos proveedores incluyan cláusulas específicas relacionadas con la gestión de riesgos, tales como la obligación de notificar incidentes de seguridad de manera inmediata, la cooperación en la resolución de problemas, el cumplimiento de estándares normativos y la auditoría periódica de los sistemas y controles del proveedor. Estas cláusulas deben también extenderse a los subcontratistas del proveedor, ya que estos pueden introducir riesgos adicionales que no son evidentes en la relación directa entre la entidad y el proveedor principal.

El Reglamento subraya la importancia de establecer mecanismos de supervisión continua sobre los servicios externalizados. Esto implica realizar auditorías regulares de los sistemas del proveedor para garantizar que cumplen con los estándares de seguridad exigidos, monitorizar los indicadores clave de desempeño y riesgo, y evaluar la efectividad de los controles implementados por el proveedor para prevenir incidentes relacionados con las TIC. Por ejemplo, si un proveedor gestiona datos sensibles de clientes, la entidad financiera debe asegurarse de que estos datos estén cifrados tanto en tránsito como en reposo, y que el proveedor cuente con sistemas de detección de intrusiones y medidas de autenticación robustas para proteger los accesos. Además, las entidades deben estar informadas de cualquier cambio significativo en las operaciones del proveedor, como la inclusión de nuevos subcontratistas, fusiones o adquisiciones, que puedan afectar la seguridad o la continuidad del servicio.

El riesgo relacionado con las TIC derivado de terceros también tiene implicaciones críticas para la continuidad de negocio y la resiliencia operativa de las entidades financieras. El Reglamento exige que las entidades incluyan en sus planes de continuidad escenarios específicos que contemplen la interrupción de servicios proporcionados por terceros, asegurando que cuentan con medidas de contingencia para mantener la operatividad de los sistemas críticos en caso de fallos del proveedor. Estas medidas pueden incluir la duplicación de servicios con proveedores alternativos, la implementación de sistemas redundantes internos o la capacidad de recuperar datos y servicios críticos de manera autónoma sin depender del proveedor afectado. Por ejemplo, si un proveedor de servicios en la nube enfrenta una interrupción masiva, la entidad debe poder migrar sus operaciones críticas a otro entorno en un plazo razonable, minimizando así el impacto en los clientes y en el mercado.

Un aspecto particularmente relevante del riesgo relacionado con las TIC derivado de terceros es su conexión con los ciberataques y las vulnerabilidades. Los proveedores de servicios TIC suelen ser objetivos atractivos para los atacantes, ya que su compromiso puede permitir acceder no solo a los datos y sistemas de un cliente, sino también a los de múltiples entidades que dependen de sus servicios. Por esta razón, el Reglamento determina que las entidades financieras trabajen de manera conjunta con sus proveedores para identificar y mitigar vulnerabilidades, asegurándose de que los proveedores implementen controles técnicos avanzados y respondan de manera eficaz a cualquier indicio de actividad maliciosa. Además, en el caso de un ciberataque que afecte a un proveedor, la entidad financiera debe estar preparada para actuar rápidamente, notificando a las autoridades competentes si el incidente tiene un impacto significativo en sus operaciones.

El Reglamento establece que las entidades financieras deben integrar la gestión de los riesgos derivados de terceros en su marco general de gestión de riesgos relacionados con las TIC. Esto implica que los riesgos asociados a los proveedores deben ser tratados con el mismo rigor que los riesgos internos, incluyendo su monitorización continua, la evaluación de su impacto potencial en los objetivos estratégicos y operativos de la entidad, y la inclusión de medidas correctivas en caso de identificar deficiencias en los controles del proveedor. Asimismo, las entidades deben establecer una gobernanza clara para la gestión de estos riesgos, asignando responsabilidades específicas dentro de la organización para supervisar las relaciones con los proveedores críticos y garantizar el cumplimiento de los requisitos normativos.

Desde el punto de vista de cumplimiento normativo, la gestión de los riesgos relacionados con las TIC derivados de terceros requiere una documentación exhaustiva de todos los aspectos de la relación con los proveedores, incluyendo los contratos, las auditorías realizadas, las evaluaciones de riesgo y las medidas implementadas para mitigar los riesgos identificados. Esta documentación es fundamental para responder a auditorías regulatorias y demostrar que la entidad cumple con las disposiciones del Reglamento. Además, las entidades deben mantener registros claros sobre los incidentes relacionados con proveedores, incluyendo los detalles del incidente, las acciones adoptadas para resolverlo y las medidas implementadas para prevenir incidentes futuros.

El concepto de "riesgo relacionado con las TIC derivado de terceros" en el Reglamento Europeo 2022/2554 destaca la importancia de gestionar de manera rigurosa los riesgos asociados a la dependencia de servicios tecnológicos externalizados. Las repercusiones prácticas de este concepto abarcan desde la selección y supervisión de proveedores críticos, la negociación de contratos con cláusulas de seguridad específicas, la monitorización continua de los servicios externalizados, la integración de estos riesgos en los planes de continuidad operativa y la preparación para responder a incidentes que afecten a los proveedores. La implementación adecuada de estas medidas no solo garantiza el cumplimiento de las obligaciones normativas, sino que también fortalece la resiliencia de las entidades financieras frente a un entorno tecnológico cada vez más complejo e interconectado. La correcta gestión de estos riesgos es esencial para proteger la estabilidad del sistema financiero, garantizar la seguridad de los datos y sistemas, y mantener la confianza de los clientes en un sector altamente dependiente de las TIC.

19) «proveedor tercero de servicios de TIC»: una empresa que presta servicios de TIC;

El concepto de "proveedor tercero de servicios de TIC", definido en el Reglamento Europeo 2022/2554, se refiere a cualquier empresa que presta servicios relacionados con las tecnologías de la información y las comunicaciones. Este término abarca una amplia gama de actores que proporcionan servicios críticos o de soporte tecnológico a las entidades financieras, incluyendo proveedores de infraestructura en la nube, empresas de desarrollo y mantenimiento de software, servicios de almacenamiento y procesamiento de datos, soluciones de ciberseguridad, sistemas de pago, plataformas de inteligencia artificial o blockchain, y proveedores de hardware. En el contexto del Reglamento, este concepto es clave debido al grado de dependencia que el sector financiero ha desarrollado respecto a los servicios tecnológicos externalizados, que se han convertido en un componente esencial para garantizar la continuidad de las operaciones y la prestación de servicios a clientes y contrapartes.

Los proveedores terceros de servicios de TIC desempenan un papel crítico en el ecosistema financiero, ya que sus servicios no solo permiten a las entidades financieras optimizar procesos operativos y reducir costos, sino que también habilitan la innovación tecnológica necesaria para competir en un entorno de digitalización creciente. Sin embargo, esta relación también introduce riesgos significativos, dado que cualquier fallo, incumplimiento o vulnerabilidad en los sistemas de un proveedor puede repercutir directamente en las operaciones de la entidad financiera y, potencialmente, en la estabilidad del sistema financiero en su conjunto. Por esta razón, el Reglamento impone a las entidades financieras la obligación de gestionar de manera rigurosa las relaciones con sus proveedores terceros de servicios de TIC, integrando estas relaciones en su marco de gestión de riesgos tecnológicos y asegurando que los servicios externalizados cumplan con los estándares de seguridad y resiliencia exigidos.

La selección de un proveedor tercero de servicios de TIC debe estar basada en un proceso exhaustivo de diligencia debida, en el que la entidad evalúe la capacidad del proveedor para cumplir con sus necesidades operativas, normativas y de seguridad. Esto incluye la revisión de su experiencia en el sector, su historial en la prestación de servicios similares, sus políticas de ciberseguridad, sus procedimientos de gestión de riesgos y su capacidad para cumplir con las normativas aplicables, como el Reglamento General de Protección de Datos (RGPD). Asimismo, las entidades deben analizar el nivel de criticidad de los servicios que serán externalizados, ya que aquellos relacionados con funciones esenciales o importantes, como los sistemas de pagos, la gestión de inversiones o la banca electrónica, requieren un nivel más alto de supervisión y control. Este análisis permite a las entidades clasificar a los proveedores en función de su relevancia para la continuidad de las operaciones, definiendo así las medidas de supervisión que deben aplicarse en cada caso.

Una vez seleccionado el proveedor, las entidades deben formalizar la relación a través de contratos claros y detallados que incluyan cláusulas específicas sobre la gestión de riesgos relacionados con las TIC. Estas cláusulas deben abordar aspectos como las obligaciones del proveedor en materia de seguridad, la notificación de incidentes, el cumplimiento de estándares regulatorios, la posibilidad de realizar auditorías periódicas, y la gestión de subcontratistas que puedan participar en la prestación del servicio. Además, los contratos deben prever mecanismos de resolución de conflictos y condiciones para la finalización del acuerdo, incluyendo disposiciones sobre la recuperación de datos y la continuidad del servicio en caso de rescisión del contrato. Por ejemplo, si un proveedor crítico de almacenamiento en la nube decide finalizar su relación con la entidad, el contrato debe garantizar que los datos almacenados puedan ser transferidos de manera segura a otro proveedor sin interrupciones en las operaciones de la entidad.

El Reglamento destaca la importancia de establecer mecanismos de supervisión continua sobre los proveedores terceros de servicios de TIC, especialmente aquellos que prestan servicios relacionados con funciones críticas o importantes. Esta supervisión debe incluir la realización de auditorías regulares para evaluar el cumplimiento del proveedor con las cláusulas contractuales y los estándares de seguridad establecidos. También es necesario monitorizar el desempeño del proveedor a través de indicadores clave de riesgo (KRI) e indicadores clave de desempeño (KPI), que permitan detectar de manera temprana cualquier signo de deterioro en la calidad del servicio o de aumento en los riesgos asociados. Por ejemplo, si un proveedor comienza a experimentar interrupciones frecuentes en sus servicios o a reportar incidentes de seguridad recurrentes, la entidad financiera debe estar preparada para tomar medidas correctivas, como renegociar el contrato, reforzar los controles implementados o, en casos extremos, buscar un proveedor alternativo.

Otro aspecto crítico relacionado con los proveedores terceros de servicios de TIC es la gestión de los riesgos de ciberseguridad. Los proveedores suelen ser objetivos atractivos para los atacantes, ya que comprometer sus sistemas puede proporcionar acceso a los datos y sistemas de múltiples entidades financieras que dependen de sus servicios. Por esta razón, las entidades financieras deben trabajar estrechamente con sus proveedores para garantizar que implementan controles de seguridad robustos, como el cifrado de datos, la autenticación multifactorial, la segmentación de redes, y sistemas avanzados de detección y respuesta ante amenazas. Además, los proveedores deben estar obligados a notificar de manera inmediata cualquier incidente relacionado con las TIC que pueda afectar a los servicios prestados, permitiendo a las entidades actuar rápidamente para mitigar el impacto.

El Reglamento determina que las entidades financieras consideren la posibilidad de que un proveedor subcontrate parte de los servicios externalizados a otros terceros. Esta práctica, conocida como subcontratación en cascada, puede introducir riesgos adicionales, ya que la entidad no tiene una relación directa con los subcontratistas y, por lo tanto, puede carecer de visibilidad sobre sus prácticas de seguridad. Para mitigar este riesgo, las entidades deben exigir a los proveedores que asuman la responsabilidad total por la gestión de sus subcontratistas y que incluyan en sus contratos con ellos cláusulas equivalentes a las acordadas con la entidad financiera. Además, las entidades deben tener derecho a auditar los sistemas y controles de los subcontratistas, especialmente si estos manejan datos sensibles o participan en procesos críticos.

En términos de resiliencia operativa, el Reglamento establece que las entidades deben integrar la gestión de los riesgos relacionados con los proveedores terceros de servicios de TIC en sus planes de continuidad de negocio y recuperación ante desastres. Esto incluye prever escenarios en los que un proveedor crítico deje de prestar servicios debido a interrupciones técnicas, ciberataques, problemas financieros o cualquier otra causa. Las entidades deben estar preparadas para garantizar la continuidad de sus operaciones a través de medidas como la duplicación de servicios con proveedores alternativos, la implementación de sistemas redundantes o la capacidad de recuperar datos y servicios de manera autónoma. Por ejemplo, si un proveedor de servicios en la nube sufre un ataque de denegación de servicio distribuido (DDoS) que afecta la disponibilidad de sus sistemas, la entidad debe poder redirigir sus operaciones críticas a otra infraestructura sin interrumpir los servicios a los clientes.

Desde el punto de vista del cumplimiento normativo, el Reglamento determina que las entidades financieras documenten de manera exhaustiva todos los aspectos relacionados con la selección, contratación, supervisión y gestión de los proveedores terceros de servicios de TIC. Esto incluye los resultados de las evaluaciones de riesgos, las auditorías realizadas, los contratos firmados y las acciones tomadas en respuesta a incidentes o deficiencias detectadas. Esta documentación es fundamental para responder a auditorías regulatorias y demostrar que la entidad cumple con los requisitos establecidos en el Reglamento. Además, la supervisión de los proveedores debe estar alineada con el marco general de gestión de riesgos tecnológicos de la entidad, asegurando una visión integral y coordinada de los riesgos relacionados con las TIC.

El concepto de "proveedor tercero de servicios de TIC" en el Reglamento Europeo 2022/2554 subraya la importancia de gestionar de manera rigurosa las relaciones con los proveedores tecnológicos en un sector financiero cada vez más dependiente de la externalización. Las repercusiones prácticas de este concepto abarcan desde la selección y contratación de proveedores, la supervisión continua de sus servicios, la gestión de los riesgos asociados a la subcontratación, la integración de estos riesgos en los planes de continuidad operativa y la preparación para responder a incidentes de seguridad. La correcta implementación de estas medidas no solo garantiza el cumplimiento de las obligaciones normativas, sino que también fortalece la resiliencia de las entidades frente a un entorno tecnológico en constante evolución y protege la estabilidad del sistema financiero en su conjunto.

20) «proveedor intragrupo de servicios de TIC»: una empresa que forma parte de un grupo financiero y presta principalmente servicios de TIC a entidades financieras del mismo grupo o a entidades financieras que pertenecen al mismo sistema institucional de protección, también a sus sociedades matrices, filiales o sucursales o a otras entidades que compartan propiedad o control;

El concepto de "proveedor intragrupo de servicios de TIC", definido en el Reglamento Europeo 2022/2554, hace referencia a una empresa que forma parte de un grupo financiero y cuya actividad principal consiste en prestar servicios relacionados con las tecnologías de la información y las comunicaciones a otras entidades financieras dentro del mismo grupo o sistema institucional de protección. Estos proveedores también pueden ofrecer servicios a las sociedades matrices, filiales, sucursales u otras entidades que compartan propiedad o control con el grupo financiero. Este tipo de relación de prestación de servicios intragrupo introduce una particularidad en la gestión de riesgos relacionados con las TIC, ya que, aunque las partes están vinculadas por una estructura común de propiedad o control, las obligaciones, responsabilidades y supervisión de los servicios no dejan de ser esenciales para garantizar la seguridad, la continuidad operativa y el cumplimiento normativo de las entidades involucradas.

El uso de proveedores intragrupo de servicios de TIC es una práctica común en el sector financiero, ya que permite a los grupos centralizar recursos tecnológicos, optimizar costos, estandarizar procesos, y garantizar la interoperabilidad de los sistemas entre las diferentes entidades del grupo. Por ejemplo, una empresa matriz puede establecer un centro de datos centralizado o una plataforma de banca electrónica que preste servicios a todas las entidades financieras del grupo, garantizando así una mayor eficiencia operativa. Sin embargo, este modelo también introduce riesgos específicos, como una mayor dependencia de los sistemas compartidos, una posible falta de independencia en la gestión de riesgos y la posibilidad de que un fallo en el proveedor intragrupo afecte a todas las entidades que dependen de sus servicios.

El Reglamento Europeo 2022/2554 establece que los riesgos relacionados con los proveedores intragrupo de servicios de TIC deben gestionarse con el mismo rigor que los riesgos derivados de proveedores externos. Esto significa que, aunque exista una relación corporativa cercana, las entidades financieras deben garantizar que los servicios prestados por el proveedor intragrupo cumplan con los mismos estándares de seguridad, resiliencia y cumplimiento normativo que se exigen a los proveedores externos. Esto incluye la necesidad de realizar evaluaciones de riesgos detalladas, establecer contratos claros que definan las responsabilidades de ambas partes, y supervisar de manera continua los servicios prestados para garantizar su calidad y seguridad.

Una de las principales obligaciones derivadas del uso de proveedores intragrupo de servicios de TIC es la realización de una evaluación de riesgos exhaustiva. Las entidades financieras deben identificar los posibles riesgos asociados a la relación intragrupo, considerando factores como la criticidad de los servicios prestados, la sensibilidad de los datos manejados, la dependencia tecnológica de los sistemas del proveedor y la capacidad del proveedor para gestionar incidentes relacionados con las TIC. Por ejemplo, si un proveedor intragrupo gestiona una plataforma centralizada de pagos, un fallo en esta plataforma podría afectar la capacidad de todas las entidades del grupo para procesar transacciones, lo que podría tener consecuencias graves para los clientes y la estabilidad del mercado. Esta evaluación de riesgos debe actualizarse periódicamente, especialmente si cambian las condiciones operativas o el entorno de amenazas.

El contrato o acuerdo intragrupo entre la entidad financiera y el proveedor de servicios de TIC debe incluir cláusulas claras y específicas que definan las obligaciones de ambas partes. Aunque no se trate de un proveedor externo, el acuerdo debe establecer responsabilidades relacionadas con la seguridad de los sistemas, la notificación de incidentes, la implementación de controles de resiliencia, y el cumplimiento de los requisitos normativos aplicables. Además, el contrato debe garantizar que las entidades financieras tengan acceso a los datos y sistemas gestionados por el proveedor intragrupo, incluso en escenarios de contingencia o interrupción del servicio. Por ejemplo, si el proveedor intragrupo enfrenta dificultades financieras o técnicas, el contrato debe prever mecanismos que permitan a las entidades afectadas mantener el acceso a los datos y continuar sus operaciones críticas sin interrupciones significativas.

El Reglamento subraya la importancia de la supervisión continua de los proveedores intragrupo de servicios de TIC. Esta supervisión debe incluir auditorías regulares de los sistemas y controles implementados por el proveedor, para garantizar que cumplen con los estándares de seguridad y resiliencia exigidos. Aunque la relación intragrupo puede implicar un nivel de confianza más alto que en el caso de proveedores externos, esto no exime a las entidades financieras de su responsabilidad de verificar que los servicios prestados son seguros y cumplen con las normativas aplicables. Por ejemplo, si el proveedor intragrupo utiliza subcontratistas para prestar parte de los servicios, las entidades deben garantizar que estos subcontratistas cumplan con los mismos estándares de seguridad y que sus actividades sean supervisadas adecuadamente.

La gestión de los riesgos relacionados con los proveedores intragrupo de servicios de TIC también debe integrarse en los planes de continuidad de negocio y recuperación ante desastres de las entidades financieras. Dado que los proveedores intragrupo suelen gestionar servicios críticos compartidos, cualquier fallo o interrupción en sus operaciones podría tener un impacto sistémico en todas las entidades que dependen de sus servicios. Por ello, los planes de continuidad deben incluir estrategias específicas para mitigar el impacto de posibles interrupciones, como la duplicación de servicios en infraestructuras alternativas, la capacidad de recuperar datos de manera autónoma y la realización de ejercicios de simulación para evaluar la preparación de las entidades frente a escenarios de interrupción. Por ejemplo, si el proveedor intragrupo gestiona una base de datos centralizada, las entidades deben tener acceso a copias de seguridad actualizadas y contar con procedimientos claros para restaurar el acceso a los datos en caso de fallo.

En términos de ciberseguridad, los proveedores intragrupo de servicios de TIC deben implementar controles robustos para proteger los datos y sistemas que gestionan, así como para prevenir ciberataques que puedan comprometer la seguridad de las entidades del grupo. Esto incluye el uso de técnicas avanzadas de cifrado, la autenticación multifactorial para el acceso a sistemas sensibles, la segmentación de redes, y la monitorización continua para detectar actividades anómalas. Además, los proveedores intragrupo deben estar obligados a notificar de manera inmediata cualquier incidente de seguridad que pueda afectar a los servicios prestados, permitiendo a las entidades financieras actuar rápidamente para mitigar el impacto.

Desde el punto de vista del cumplimiento normativo, las entidades financieras deben documentar de manera detallada todos los aspectos relacionados con la relación con el proveedor intragrupo de servicios de TIC. Esto incluye los acuerdos firmados, las evaluaciones de riesgos realizadas, las auditorías llevadas a cabo y las medidas adoptadas para mitigar los riesgos identificados. Esta documentación es esencial para responder a auditorías regulatorias y demostrar que la entidad cumple con las disposiciones del Reglamento. Además, las autoridades competentes pueden requerir información sobre los proveedores intragrupo y su impacto en las operaciones de las entidades del grupo, especialmente en casos de incidentes relacionados con las TIC que afecten a múltiples entidades.

El Reglamento reconoce que los proveedores intragrupo pueden representar un riesgo sistémico si gestionan servicios críticos para múltiples entidades dentro de un grupo financiero. Por ejemplo, un fallo en un proveedor intragrupo que gestione una plataforma de pagos centralizada podría afectar no solo a las entidades del grupo, sino también a los clientes, contrapartes y mercados con los que interactúan estas entidades. Por ello, las entidades financieras deben asegurarse de que los riesgos asociados a estos proveedores sean gestionados de manera proactiva y transparente, colaborando con las autoridades competentes para prevenir y mitigar posibles impactos sistémicos.

El concepto de "proveedor intragrupo de servicios de TIC" en el Reglamento Europeo 2022/2554 subraya la importancia de gestionar de manera rigurosa los riesgos asociados a la prestación de servicios tecnológicos dentro de un grupo financiero. Aunque los proveedores intragrupo ofrecen ventajas operativas y económicas, también introducen riesgos significativos que deben ser gestionados con el mismo nivel de exigencia que los proveedores externos. Las repercusiones prácticas de este concepto abarcan la evaluación de riesgos, la formalización de acuerdos claros, la supervisión continua de los servicios prestados, la integración de estos riesgos en los planes de continuidad operativa y la preparación para responder a incidentes de seguridad. La implementación adecuada de estas medidas no solo garantiza el cumplimiento de las obligaciones normativas, sino que también fortalece la resiliencia operativa de las entidades financieras y protege la estabilidad del sistema financiero en su conjunto.

21) «servicios de TIC»: los servicios digitales y de datos prestados a través de los sistemas de TIC a uno o varios usuarios internos o externos de forma continua, incluidos el hardware como servicio y los servicios de hardware que incluyen la prestación de asistencia técnica a través de actualizaciones de software o firmware por parte del proveedor de hardware y excluidos los servicios telefónicos analógicos tradicionales;

El concepto de "servicios de TIC", definido en el Reglamento Europeo 2022/2554, se refiere a los servicios digitales y de datos que se prestan a través de sistemas de tecnologías de la información y las comunicaciones a uno o varios usuarios internos o externos de manera continua. Estos servicios incluyen tanto el hardware como servicio (HaaS) como los servicios de hardware que incorporan asistencia técnica, actualizaciones de software y firmware proporcionadas por el proveedor de hardware. Sin embargo, se excluyen específicamente los servicios telefónicos analógicos tradicionales, subrayando el enfoque del Reglamento en tecnologías modernas y digitalizadas que sustentan los sistemas críticos del sector financiero. Este concepto es amplio y abarca un conjunto diverso de servicios tecnológicos que son esenciales para la operativa diaria de las entidades financieras, desde servicios de almacenamiento en la nube, procesamiento de datos y plataformas de software, hasta la infraestructura física que soporta estas tecnologías, como servidores, equipos de red y dispositivos específicos.

En el contexto del Reglamento Europeo 2022/2554, los "servicios de TIC" tienen una importancia crítica porque constituyen la base operativa de las entidades financieras y el soporte para sus actividades esenciales. Estos servicios están profundamente integrados en sistemas clave, como plataformas de pagos, gestión de inversiones, negociación de valores, sistemas de banca electrónica y canales de interacción con clientes. La dependencia de estos servicios significa que cualquier interrupción, vulnerabilidad o fallo en los mismos puede generar un impacto significativo no solo en la entidad afectada, sino también en el sistema financiero en su conjunto. Además, la interconexión global del sector financiero implica que los servicios de TIC pueden estar expuestos a una amplia gama de riesgos tecnológicos, ciberataques y desafíos operativos que deben ser gestionados de manera proactiva y rigurosa.

El Reglamento establece que las entidades financieras tienen la obligación de gestionar los riesgos asociados a los servicios de TIC de manera integral, abarcando tanto los aspectos técnicos como organizativos. Esta gestión comienza con la identificación y evaluación de los servicios de TIC críticos para la entidad, considerando su importancia para la continuidad de las operaciones y la sensibilidad de los datos que manejan. Por ejemplo, un servicio de almacenamiento en la nube que aloja datos de clientes o un sistema de pago electrónico que procesa transacciones en tiempo real serían considerados servicios críticos que requieren controles de seguridad y supervisión más estrictos. Este análisis de criticidad permite a las entidades priorizar los recursos y las medidas de mitigación de riesgos, centrándose en los servicios que tienen el mayor impacto potencial en caso de un fallo o incidente.

Una de las características distintivas de los servicios de TIC, según el Reglamento, es su naturaleza continua, lo que implica que deben estar disponibles y operativos en todo momento para garantizar que las entidades financieras puedan cumplir con sus obligaciones y prestar servicios esenciales a sus clientes y contrapartes. Por esta razón, las entidades financieras deben establecer acuerdos claros con los proveedores de servicios de TIC que definan los niveles de servicio requeridos (SLA, por sus siglas en inglés) en términos de disponibilidad, tiempo de respuesta y calidad del soporte técnico. Estos acuerdos también deben abordar aspectos relacionados con la actualización y el mantenimiento de los sistemas, asegurando que el hardware, el software y el firmware utilizados se mantengan actualizados y protegidos contra vulnerabilidades conocidas. Por ejemplo, un proveedor que ofrezca servicios de hardware como servicio debe garantizar que las actualizaciones de firmware se implementen de manera regular y segura, sin interrupciones significativas en las operaciones.

La seguridad es otro aspecto fundamental en la gestión de los servicios de TIC. Dado que estos servicios suelen manejar datos sensibles y procesos críticos, las entidades financieras deben implementar controles de seguridad robustos para protegerlos contra ciberataques, accesos no autorizados y otras amenazas. Esto incluye medidas técnicas, como el cifrado de datos, la autenticación multifactorial, la segmentación de redes y el uso de herramientas avanzadas de detección y respuesta a amenazas (EDR y SIEM). Además, los proveedores de servicios de TIC deben estar obligados a cumplir con estándares de seguridad reconocidos y a notificar de manera inmediata cualquier incidente relacionado con las TIC que pueda comprometer la seguridad, la integridad o la disponibilidad de los servicios prestados. Por ejemplo, si un proveedor de almacenamiento en la nube detecta un intento de intrusión en sus sistemas, debe informar a la entidad afectada para que esta pueda tomar medidas de mitigación oportunas.

El Reglamento pone énfasis en la supervisión continua de los servicios de TIC y en la capacidad de las entidades financieras para responder a incidentes que los afecten. Esto incluye la monitorización en tiempo real del desempeño y la seguridad de los servicios, así como la realización de auditorías regulares para evaluar su cumplimiento con los acuerdos contractuales y los estándares normativos aplicables. Por ejemplo, una auditoría podría evaluar si un proveedor de servicios en la nube está implementando correctamente las medidas de cifrado de datos acordadas o si un proveedor de hardware está cumpliendo con los plazos establecidos para las actualizaciones de firmware. Estas auditorías son fundamentales para identificar posibles deficiencias y garantizar que los servicios de TIC se mantengan alineados con las necesidades y requisitos de la entidad financiera.

Otro aspecto relevante del concepto de servicios de TIC es su relación con la resiliencia operativa de las entidades financieras. El Reglamento determina que las entidades integren los riesgos asociados a estos servicios en sus planes de continuidad de negocio y recuperación ante desastres, asegurándose de que puedan mantener sus operaciones críticas incluso en caso de interrupciones en los servicios de TIC. Esto puede implicar la duplicación de sistemas en diferentes ubicaciones geográficas, la implementación de sistemas de respaldo automáticos, y la capacidad de migrar operaciones a proveedores alternativos en caso de fallos graves. Por ejemplo, si un proveedor de servicios de TIC sufre una interrupción masiva debido a un ataque de denegación de servicio distribuido (DDoS), la entidad financiera debe contar con mecanismos para redirigir sus operaciones a una infraestructura alternativa sin afectar la continuidad de los servicios a sus clientes.

La gestión de los servicios de TIC también incluye la externalización de servicios tecnológicos. En muchos casos, las entidades financieras dependen de terceros para la provisión de servicios como almacenamiento en la nube, plataformas de software o hardware como servicio. Si bien esta externalización puede ofrecer ventajas operativas y económicas, también introduce riesgos adicionales que deben ser gestionados. El Reglamento exige que las entidades realicen un análisis exhaustivo de los riesgos asociados a los proveedores de servicios de TIC, evaluando su capacidad técnica, su historial de cumplimiento normativo y su solidez financiera. Además, los contratos con estos proveedores deben incluir cláusulas específicas sobre la gestión de riesgos, la notificación de incidentes, la realización de auditorías y el acceso a los datos en caso de interrupciones o finalización del contrato.

En términos de cumplimiento normativo, las entidades financieras deben documentar de manera exhaustiva todos los aspectos relacionados con la gestión de los servicios de TIC, incluyendo los acuerdos contractuales, las auditorías realizadas, los incidentes reportados y las medidas adoptadas para mitigarlos. Esta documentación es esencial para responder a auditorías regulatorias y para demostrar que la entidad cumple con las disposiciones del Reglamento. Además, las entidades deben garantizar que sus proveedores de servicios de TIC cumplan con las normativas aplicables, como el Reglamento General de Protección de Datos (RGPD), especialmente en lo que respecta a la protección de los datos personales que puedan manejar.

El concepto de "servicios de TIC" en el Reglamento Europeo 2022/2554 refleja la importancia de gestionar de manera rigurosa los servicios tecnológicos que son fundamentales para la operativa diaria y la resiliencia de las entidades financieras. Las repercusiones prácticas de este concepto incluyen la identificación y evaluación de los servicios críticos, la formalización de acuerdos contractuales claros, la implementación de controles de seguridad robustos, la supervisión continua del desempeño de los servicios, y la integración de los riesgos asociados en los planes de continuidad operativa. La correcta gestión de estos servicios no solo garantiza el cumplimiento de las obligaciones normativas, sino que también fortalece la capacidad de las entidades para afrontar desafíos tecnológicos, proteger la confianza de sus clientes y contribuir a la estabilidad del sistema financiero en un entorno de creciente digitalización e interconexión.

22) «función esencial o importante»: una función cuya perturbación afectaría significativamente al rendimiento financiero de una entidad financiera o a la solidez o continuidad de sus servicios y actividades o cuya interrupción o ejecución defectuosa o fallida afectaría significativamente al cumplimiento continuado de una entidad financiera con las condiciones y obligaciones de su autorización, o con sus demás obligaciones con arreglo al Derecho aplicable en materia de servicios financieros;

El concepto de "función esencial o importante", definido en el Reglamento Europeo 2022/2554, hace referencia a aquellas funciones cuya perturbación, interrupción o ejecución defectuosa podría afectar de manera significativa el rendimiento financiero de una entidad financiera, la solidez o continuidad de sus servicios y actividades, o su capacidad para cumplir con las condiciones y obligaciones establecidas en su autorización o con otras normativas aplicables en materia de servicios financieros. Este concepto es fundamental en el marco del Reglamento, ya que permite identificar las áreas y operaciones críticas de una entidad que requieren medidas específicas de supervisión, gestión de riesgos y resiliencia operativa, dada su importancia para el funcionamiento de la entidad y su impacto en la estabilidad del sistema financiero en su conjunto.

Una función se considera esencial o importante cuando su interrupción puede comprometer la capacidad de la entidad para cumplir con sus compromisos hacia los clientes, contrapartes, reguladores y otras partes interesadas. Por ejemplo, la interrupción de un sistema de pagos electrónicos que gestione transacciones en tiempo real podría tener un efecto significativo no solo en la entidad financiera, sino también en los clientes que dependen de ese servicio para sus operaciones diarias. De igual forma, el fallo en un sistema de gestión de inversiones podría afectar negativamente los resultados financieros de los clientes y la reputación de la entidad, generando pérdidas financieras y problemas de cumplimiento normativo.

La identificación de las funciones esenciales o importantes es un paso clave en la implementación del marco de resiliencia operativa digital que establece el Reglamento. Este proceso implica realizar un análisis exhaustivo de las operaciones de la entidad para determinar cuáles son aquellas funciones cuya interrupción podría tener consecuencias significativas. Este análisis debe considerar tanto factores internos como externos, incluyendo la criticidad de los servicios para las operaciones de la entidad, su dependencia de proveedores externos, la sensibilidad de los datos asociados y la probabilidad e impacto de posibles incidentes que afecten estas funciones. Por ejemplo, un banco que dependa de una plataforma digital para ofrecer servicios de banca en línea debe clasificar esta plataforma como una función esencial, ya que su interrupción podría afectar directamente la capacidad de los clientes para acceder a sus cuentas y realizar transacciones.

Una vez identificadas, las funciones esenciales o importantes deben ser objeto de medidas específicas de gestión de riesgos y resiliencia operativa. Estas medidas incluyen la implementación de controles técnicos, organizativos y procedimentales que garanticen la continuidad y seguridad de estas funciones incluso en caso de incidentes relacionados con las TIC o de eventos disruptivos. Por ejemplo, las entidades financieras deben implementar redundancias en sus sistemas críticos, como servidores duplicados ubicados en diferentes regiones geográficas, para garantizar que una interrupción local no afecte la disponibilidad global del servicio. Asimismo, deben establecer protocolos claros para la gestión de incidentes, que incluyan la detección temprana de problemas, la activación de planes de contingencia y la comunicación efectiva con todas las partes interesadas.

El Reglamento determina que las funciones esenciales o importantes sean integradas en los planes de continuidad de negocio y recuperación ante desastres de la entidad. Estos planes deben prever escenarios específicos de interrupción, como ciberataques, fallos técnicos, desastres naturales o problemas con proveedores externos, y definir las estrategias necesarias para restaurar rápidamente las operaciones críticas. Por ejemplo, si una función esencial depende de un proveedor externo, el plan debe incluir acuerdos contractuales que garanticen la recuperación del servicio en un plazo razonable, así como opciones alternativas, como el cambio a otro proveedor o el uso de sistemas internos de respaldo. Además, las entidades deben realizar simulaciones y ejercicios de prueba para evaluar la eficacia de estos planes y asegurarse de que están preparados para responder a eventos disruptivos.

El concepto de "función esencial o importante" también tiene implicaciones significativas en la gestión de las relaciones con terceros proveedores de servicios, ya que muchas entidades financieras externalizan funciones críticas a empresas especializadas en TIC, procesamiento de pagos, almacenamiento de datos y otras áreas. El Reglamento establece que las entidades deben supervisar cuidadosamente a los proveedores que gestionan funciones esenciales o importantes, exigiendo que cumplan con estándares de seguridad y resiliencia equivalentes a los de la entidad. Por ejemplo, si un proveedor externo administra la infraestructura de nube que soporta un sistema de pagos, la entidad debe asegurarse de que el proveedor implemente controles de ciberseguridad robustos, notifique de manera oportuna cualquier incidente y permita la realización de auditorías periódicas.

Además, el Reglamento impone obligaciones de notificación específicas en relación con las funciones esenciales o importantes. Si una función de este tipo se ve afectada por un incidente grave relacionado con las TIC o por cualquier otro evento que comprometa su continuidad, la entidad está obligada a notificarlo a las autoridades competentes en un plazo establecido. Esta notificación debe incluir información detallada sobre el impacto del incidente, las medidas adoptadas para mitigar sus efectos y el tiempo estimado para la restauración de la función. Este requisito no solo garantiza la transparencia, sino que también permite a las autoridades evaluar el riesgo sistémico asociado al incidente y coordinar acciones preventivas a nivel sectorial si es necesario.

En términos de ciberseguridad, las funciones esenciales o importantes deben estar protegidas por controles avanzados que minimicen la probabilidad de incidentes y mitiguen su impacto en caso de que ocurran. Esto incluye la implementación de sistemas de detección y respuesta ante amenazas (EDR y SIEM), el cifrado de datos sensibles, la autenticación multifactorial, la segmentación de redes para limitar el movimiento lateral de atacantes y la realización de pruebas regulares de penetración basadas en amenazas. Por ejemplo, un sistema que gestiona transferencias bancarias debe ser monitoreado constantemente para identificar actividades anómalas, como intentos de acceso no autorizados o transferencias sospechosas, y debe contar con mecanismos automáticos para bloquear dichas actividades.

Desde el punto de vista de cumplimiento normativo, las entidades financieras deben documentar de manera exhaustiva todos los aspectos relacionados con la gestión de las funciones esenciales o importantes, incluyendo su identificación, las medidas de mitigación implementadas, los incidentes registrados y las acciones tomadas para resolverlos. Esta documentación es fundamental para demostrar el cumplimiento de las disposiciones del Reglamento durante auditorías internas y externas, y para responder a cualquier requerimiento de información por parte de las autoridades competentes. Además, las entidades deben actualizar esta documentación de manera regular para reflejar cambios en sus operaciones, en el entorno de amenazas o en las normativas aplicables.

El incumplimiento de las obligaciones relacionadas con las funciones esenciales o importantes puede tener consecuencias graves para las entidades financieras, tanto desde una perspectiva operativa como regulatoria. Por ejemplo, la interrupción de una función esencial sin medidas adecuadas de contingencia podría resultar en pérdidas financieras significativas, daños a la reputación de la entidad y sanciones regulatorias. Asimismo, la falta de supervisión de los proveedores que gestionan funciones críticas podría exponer a la entidad a riesgos de ciberseguridad y problemas de cumplimiento normativo.

El concepto de "función esencial o importante" en el Reglamento Europeo 2022/2554 subraya la necesidad de gestionar de manera rigurosa las áreas críticas de operación de las entidades financieras para garantizar la continuidad, la resiliencia y el cumplimiento normativo. Las repercusiones prácticas de este concepto incluyen la identificación y priorización de funciones críticas, la implementación de controles de seguridad y resiliencia, la integración de estas funciones en los planes de continuidad operativa, la supervisión de proveedores externos y la notificación de incidentes a las autoridades competentes. La gestión adecuada de las funciones esenciales o importantes no solo asegura el cumplimiento de las obligaciones normativas, sino que también protege a las entidades frente a interrupciones que podrían comprometer su rendimiento financiero, la confianza de los clientes y la estabilidad del sistema financiero en su conjunto.

23) «proveedor tercero esencial de servicios de TIC»: un proveedor tercero de servicios de TIC designado como esencial de conformidad con el artículo 31;

El concepto de "proveedor tercero esencial de servicios de TIC", definido en el Reglamento Europeo 2022/2554, se refiere a un proveedor tercero de servicios de tecnologías de la información y las comunicaciones que ha sido designado como esencial conforme a los criterios establecidos en el artículo 31 del mismo Reglamento. Este concepto está diseñado para identificar a aquellos proveedores cuya relevancia es crítica para la operativa de las entidades financieras y para la estabilidad del sistema financiero en su conjunto. La designación implica que los servicios prestados por dicho proveedor son indispensables para la continuidad de las funciones esenciales o importantes de las entidades financieras, y que cualquier interrupción, fallo o defecto en esos servicios podría generar impactos graves tanto a nivel individual como sistémico. Por tanto, esta designación conlleva un régimen de supervisión más estricto y obligaciones específicas tanto para las entidades financieras como para los proveedores designados.

La identificación de un proveedor como tercero esencial no es arbitraria, sino que se basa en un análisis exhaustivo de su criticidad, realizado por las autoridades competentes conforme a los criterios establecidos en el artículo 31 del Reglamento. Entre los factores considerados se encuentran el número de entidades financieras que dependen de los servicios del proveedor, la naturaleza y alcance de las funciones esenciales o importantes que soportan dichos servicios, la sensibilidad de los datos que se gestionan, y la interconexión del proveedor con otras infraestructuras críticas. Asimismo, se evalúa el impacto potencial de un fallo en los servicios del proveedor sobre la operativa de las entidades y sobre el sistema financiero en su conjunto. Por ejemplo, un proveedor que gestione plataformas de almacenamiento en la nube utilizadas por la mayoría de los bancos de un país podría ser designado como esencial debido a su rol central en garantizar la disponibilidad y seguridad de datos críticos.

La designación de un proveedor tercero como esencial tiene importantes repercusiones prácticas tanto para el proveedor como para las entidades financieras que dependen de sus servicios. Para el proveedor, esta designación lo somete a un régimen de supervisión reforzado por parte de las autoridades competentes y lo obliga a cumplir con estrictos estándares de seguridad, resiliencia y notificación de incidentes. Para las entidades financieras, la relación con un proveedor tercero esencial requiere la implementación de medidas adicionales de gestión de riesgos y supervisión, así como la inclusión de dicha relación en sus planes de continuidad de negocio y recuperación ante desastres.

Desde la perspectiva de las entidades financieras, la gestión de los riesgos relacionados con un proveedor tercero esencial comienza con la identificación de los servicios críticos que presta dicho proveedor. Esto implica un análisis exhaustivo de las funciones esenciales o importantes de la entidad que dependen de los servicios del proveedor, así como de los riesgos asociados a la interrupción o fallo de esos servicios. Por ejemplo, si un proveedor esencial gestiona una plataforma de pagos en línea que representa un alto porcentaje de las transacciones realizadas por los clientes de la entidad, cualquier interrupción en esa plataforma podría generar no solo pérdidas financieras significativas, sino también daños reputacionales y problemas de cumplimiento normativo. En este caso, la entidad debe clasificar la relación con el proveedor como de alta criticidad y priorizar la implementación de medidas de mitigación.

Una vez identificado el riesgo, las entidades financieras están obligadas a formalizar su relación con el proveedor tercero esencial a través de contratos detallados y específicos que incluyan cláusulas sobre la seguridad, la resiliencia operativa y la notificación de incidentes. Estos contratos deben establecer las responsabilidades del proveedor en términos de protección de datos, continuidad del servicio y cumplimiento normativo. Asimismo, deben incluir disposiciones sobre auditorías, cooperación en la gestión de incidentes y acceso a datos críticos en caso de interrupciones. Por ejemplo, el contrato podría estipular que el proveedor implemente sistemas de cifrado avanzado para proteger la confidencialidad de los datos, que notifique cualquier incidente de seguridad en un plazo máximo de 24 horas, y que proporcione acceso inmediato a los datos almacenados en sus sistemas en caso de que la entidad decida finalizar el contrato o migrar a otro proveedor.

La supervisión continua del proveedor tercero esencial es una obligación muy importante para las entidades financieras. Esto implica la realización de auditorías periódicas para evaluar el cumplimiento del proveedor con los estándares de seguridad y resiliencia establecidos en el Reglamento, así como la monitorización constante de su desempeño mediante indicadores clave de desempeño (KPI) y de riesgo (KRI). Por ejemplo, la entidad puede establecer un sistema de supervisión que mida la disponibilidad del servicio, los tiempos de respuesta ante incidentes, y la efectividad de las medidas de protección de datos implementadas por el proveedor. Si se detectan deficiencias o incumplimientos, la entidad debe trabajar con el proveedor para corregirlas, y, en casos extremos, considerar la posibilidad de cambiar a un proveedor alternativo para garantizar la continuidad de sus operaciones críticas.

Desde la perspectiva del proveedor tercero esencial, la designación conlleva la obligación de cumplir con estándares avanzados de seguridad y resiliencia operativa. Esto incluye la implementación de controles técnicos y organizativos robustos para prevenir y mitigar incidentes relacionados con las TIC. Por ejemplo, el proveedor debe implementar sistemas avanzados de detección y respuesta a amenazas (SIEM, EDR), cifrado de datos en tránsito y en reposo, autenticación multifactorial para el acceso a sistemas críticos, y segmentación de redes para limitar la propagación de ciberataques. Además, el proveedor está obligado a notificar de manera inmediata cualquier incidente que pueda afectar la seguridad, la disponibilidad o la integridad de los servicios prestados, permitiendo a las entidades financieras y a las autoridades competentes actuar rápidamente para mitigar el impacto.

Otro aspecto importante de la designación como proveedor tercero esencial es la gestión de los subcontratistas. Si el proveedor utiliza subcontratistas para prestar parte de los servicios, debe garantizar que estos cumplan con los mismos estándares de seguridad y resiliencia exigidos por el Reglamento. Esto incluye la obligación de supervisar a los subcontratistas, realizar auditorías regulares de sus sistemas, y garantizar que las actividades de los subcontratistas no introduzcan riesgos adicionales para las entidades financieras. Por ejemplo, si un subcontratista gestiona la infraestructura física de un proveedor esencial, este último debe asegurarse de que dicha infraestructura esté protegida contra ciberataques, accesos no autorizados y otros riesgos operativos.

En términos de resiliencia operativa, las entidades financieras deben integrar la relación con los proveedores terceros esenciales en sus planes de continuidad de negocio y recuperación ante desastres. Esto implica prever escenarios específicos en los que los servicios prestados por el proveedor se vean interrumpidos, y definir estrategias para garantizar la continuidad de las operaciones críticas. Estas estrategias pueden incluir la duplicación de servicios con otros proveedores, la implementación de sistemas internos de respaldo, y la capacidad de migrar rápidamente los datos y operaciones a un entorno alternativo. Por ejemplo, si un proveedor esencial de servicios en la nube experimenta una interrupción masiva debido a un ciberataque, la entidad debe poder activar un sistema de respaldo que permita mantener la operativa sin interrupciones significativas.

Desde el punto de vista del cumplimiento normativo, las entidades financieras deben documentar de manera exhaustiva todos los aspectos relacionados con la gestión de los riesgos asociados a los proveedores terceros esenciales. Esto incluye los contratos firmados, las evaluaciones de riesgos realizadas, las auditorías llevadas a cabo, y las medidas adoptadas para mitigar los riesgos identificados. Además, las entidades deben mantener registros detallados de cualquier incidente que afecte a los servicios prestados por el proveedor, incluyendo las acciones tomadas para resolver el incidente y las lecciones aprendidas. Esta documentación es esencial para responder a auditorías regulatorias y para demostrar el cumplimiento con las disposiciones del Reglamento.

El incumplimiento de las obligaciones relacionadas con los proveedores terceros esenciales puede tener consecuencias graves tanto para las entidades financieras como para los propios proveedores. Por ejemplo, si una entidad no supervisa adecuadamente a un proveedor esencial y este último sufre un incidente grave que afecta a los servicios críticos, la entidad podría enfrentarse a sanciones regulatorias, pérdidas financieras y daños a su reputación. Asimismo, los proveedores esenciales que no cumplan con las obligaciones impuestas por el Reglamento podrían ser objeto de medidas correctivas por parte de las autoridades competentes, incluyendo la imposición de sanciones económicas o la revocación de su designación como esenciales.

El concepto de "proveedor tercero esencial de servicios de TIC" en el Reglamento Europeo 2022/2554 subraya la necesidad de identificar y gestionar de manera rigurosa a aquellos proveedores externos cuya relevancia estratégica para el sector financiero justifica un régimen de supervisión reforzada. Las repercusiones prácticas de este concepto incluyen la gestión proactiva de los riesgos asociados, la formalización de contratos específicos, la supervisión continua del desempeño de los proveedores, y la integración de su relación en los planes de resiliencia operativa de las entidades financieras. Por su parte, los proveedores esenciales están obligados a cumplir con estrictos estándares de seguridad y resiliencia, y a colaborar de manera transparente con las entidades financieras y las autoridades competentes. La correcta implementación de estas medidas es fundamental para garantizar la continuidad de los servicios críticos, proteger la estabilidad del sistema financiero, y cumplir con las obligaciones normativas establecidas por el Reglamento.

24) «proveedor tercero de servicios de TIC establecido en un tercer país»: un proveedor tercero de servicios de TIC que sea una persona jurídica establecida en un tercer país que haya celebrado un acuerdo contractual con una entidad financiera para la prestación de servicios de TIC;

El concepto de "proveedor tercero de servicios de TIC establecido en un tercer país", definido en el Reglamento Europeo 2022/2554, se refiere a cualquier persona jurídica constituida fuera del Espacio Económico Europeo que, mediante un acuerdo contractual, preste servicios relacionados con las tecnologías de la información y las comunicaciones a una entidad financiera establecida dentro de la Unión Europea. Este concepto es especialmente relevante en un contexto globalizado, donde las entidades financieras dependen cada vez más de proveedores internacionales para servicios críticos como almacenamiento en la nube, plataformas de software, ciberseguridad, análisis de datos, infraestructura tecnológica y mantenimiento de sistemas. Si bien estos proveedores pueden ofrecer soluciones tecnológicas avanzadas, su localización fuera de la UE introduce desafíos y riesgos específicos que deben ser gestionados para garantizar la seguridad, la continuidad operativa y el cumplimiento normativo de las entidades financieras.

La contratación de un proveedor tercero de servicios de TIC establecido en un tercer país plantea una serie de implicaciones legales, operativas y regulatorias que las entidades financieras deben abordar de manera rigurosa. En primer lugar, estas relaciones están sujetas a un mayor escrutinio debido a las diferencias en los marcos jurídicos, regulatorios y de ciberseguridad entre la Unión Europea y los países de origen de los proveedores. Estas diferencias pueden afectar la protección de los datos, la privacidad, la capacidad de supervisión por parte de las autoridades europeas, y la resiliencia operativa de los servicios prestados. Por ejemplo, un proveedor establecido en un país donde la normativa de protección de datos no es equivalente al Reglamento General de Protección de Datos (RGPD) podría introducir riesgos significativos para la confidencialidad y seguridad de los datos personales gestionados por la entidad financiera.

El Reglamento Europeo 2022/2554 exige a las entidades financieras que contraten servicios de TIC a proveedores establecidos en terceros países que implementen medidas adicionales para garantizar que dichos proveedores cumplan con los estándares de seguridad, resiliencia y cumplimiento normativo aplicables en la Unión Europea. Estas medidas comienzan con un proceso exhaustivo de diligencia debida, en el que la entidad debe evaluar la capacidad técnica y organizativa del proveedor, su historial de cumplimiento normativo, sus políticas de ciberseguridad, su capacidad para gestionar incidentes y sus prácticas de continuidad operativa. Por ejemplo, si una entidad financiera contrata a un proveedor en un tercer país para gestionar una plataforma de pagos electrónicos, debe verificar que el proveedor cuente con controles robustos para proteger los datos de las transacciones, sistemas redundantes para garantizar la disponibilidad del servicio, y mecanismos claros para notificar incidentes de seguridad.

La formalización contractual de la relación con un proveedor tercero establecido en un tercer país es otro aspecto crítico. El contrato debe incluir cláusulas específicas que garanticen el cumplimiento de las obligaciones impuestas por el Reglamento, incluso cuando el proveedor esté ubicado fuera de la jurisdicción de la UE. Estas cláusulas deben abordar aspectos como la protección de datos, la seguridad de los sistemas, la notificación de incidentes, la realización de auditorías y el acceso a los datos y sistemas en caso de interrupciones o finalización del contrato. Además, cuando el proveedor gestione datos personales, el contrato debe incluir disposiciones que cumplan con las normas de transferencia internacional de datos establecidas por el RGPD, como la utilización de cláusulas contractuales tipo aprobadas por la Comisión Europea o la implementación de mecanismos equivalentes que garanticen un nivel adecuado de protección. Por ejemplo, si el proveedor se encuentra en un país que no cuenta con una decisión de adecuación por parte de la UE, la entidad debe asegurarse de que las transferencias de datos personales estén debidamente protegidas mediante estas salvaguardas contractuales.

La supervisión continua de los proveedores establecidos en terceros países es una obligación esencial para las entidades financieras. Dada la distancia geográfica y las diferencias regulatorias, las entidades deben implementar mecanismos robustos para monitorizar el desempeño y la seguridad de los servicios prestados por estos proveedores. Esto incluye la realización de auditorías periódicas, la monitorización de indicadores importantes de desempeño (KPI) y de riesgo (KRI), y el establecimiento de canales de comunicación efectivos para abordar cualquier problema que pueda surgir. Por ejemplo, si un proveedor en un tercer país gestiona servicios de almacenamiento en la nube, la entidad debe realizar auditorías remotas o in situ para verificar que el proveedor cumple con los estándares de cifrado, autenticación y redundancia acordados. Además, las entidades deben supervisar la evolución del entorno normativo y político del tercer país, ya que cambios en la legislación o en las relaciones internacionales pueden afectar la prestación de servicios o la protección de datos.

El Reglamento exige que las entidades financieras incluyan los riesgos asociados a los proveedores establecidos en terceros países en su marco de gestión de riesgos tecnológicos. Esto implica identificar y evaluar los riesgos específicos asociados a la localización del proveedor, como la exposición a ciberataques, la falta de acceso a recursos legales en caso de disputas, y la posibilidad de interrupciones en los servicios debido a factores políticos, económicos o normativos en el país de origen. Por ejemplo, un proveedor ubicado en una región con alta inestabilidad política podría representar un riesgo significativo para la continuidad operativa, lo que obligaría a la entidad a implementar medidas de mitigación adicionales, como el establecimiento de sistemas de respaldo o la diversificación de proveedores.

La resiliencia operativa es otro aspecto fundamental en la gestión de proveedores establecidos en terceros países. Las entidades financieras deben asegurarse de que estos proveedores implementen controles avanzados para garantizar la continuidad de los servicios en caso de interrupciones, ya sean causadas por fallos técnicos, ciberataques o desastres naturales. Además, las entidades deben incluir escenarios específicos relacionados con estos proveedores en sus planes de continuidad de negocio y recuperación ante desastres. Por ejemplo, si un proveedor en un tercer país gestiona una función esencial para la entidad, el plan de continuidad debe prever la posibilidad de migrar los servicios a otro proveedor o de activar sistemas internos de respaldo en caso de interrupción. Asimismo, las entidades deben realizar simulaciones y ejercicios de prueba para evaluar su capacidad de respuesta frente a incidentes que afecten a proveedores en terceros países.

La notificación de incidentes es otra obligación crítica para los proveedores terceros establecidos en terceros países. Estos proveedores están obligados a informar de manera inmediata cualquier incidente relacionado con las TIC que pueda afectar la seguridad, disponibilidad o integridad de los servicios prestados. Las entidades financieras, a su vez, deben trasladar esta obligación a sus contratos con los proveedores y garantizar que cuentan con los mecanismos necesarios para recibir y gestionar estas notificaciones. Por ejemplo, si un proveedor en un tercer país sufre un ciberataque que compromete la seguridad de los datos de los clientes, debe notificar a la entidad de manera inmediata para que esta pueda tomar las medidas necesarias, incluidas las notificaciones a las autoridades competentes y a los clientes afectados, cuando sea requerido.

Desde el punto de vista de cumplimiento normativo, las entidades financieras deben documentar de manera exhaustiva todos los aspectos relacionados con la relación con proveedores terceros establecidos en terceros países. Esta documentación debe incluir los contratos firmados, las evaluaciones de riesgos realizadas, las auditorías llevadas a cabo, y las medidas adoptadas para mitigar los riesgos identificados. Además, las entidades deben mantener registros claros de cualquier incidente que afecte a los servicios prestados por estos proveedores, incluyendo las acciones tomadas para resolver el incidente y las lecciones aprendidas. Esta documentación es esencial para responder a auditorías regulatorias y para demostrar el cumplimiento con las disposiciones del Reglamento.

El incumplimiento de las obligaciones relacionadas con los proveedores terceros establecidos en terceros países puede tener consecuencias graves tanto para las entidades financieras como para los propios proveedores. Por ejemplo, si una entidad no supervisa adecuadamente a un proveedor en un tercer país y este último sufre un incidente que afecta a los servicios críticos, la entidad podría enfrentarse a sanciones regulatorias, daños reputacionales y pérdidas financieras significativas. Asimismo, los proveedores que no cumplan con las obligaciones contractuales o regulatorias podrían ver restringido su acceso al mercado financiero de la UE.

El concepto de "proveedor tercero de servicios de TIC establecido en un tercer país" en el Reglamento Europeo 2022/2554 subraya la necesidad de gestionar de manera rigurosa las relaciones con proveedores internacionales, garantizando que cumplen con los estándares de seguridad, resiliencia y cumplimiento normativo aplicables en la UE. Las repercusiones prácticas de este concepto incluyen la evaluación exhaustiva de los riesgos asociados, la formalización de contratos específicos, la supervisión continua de los servicios prestados, y la integración de estos riesgos en los planes de resiliencia operativa de las entidades financieras. La correcta implementación de estas medidas es fundamental para garantizar la continuidad de los servicios críticos, proteger la estabilidad del sistema financiero y cumplir con las obligaciones normativas establecidas por el Reglamento.

25) «filial»: una empresa filial en el sentido del artículo 2, punto 10, y del artículo 22 de la Directiva 2013/34/UE;

El concepto de "filial", tal como se define en el Reglamento Europeo 2022/2554, remite a la definición establecida en el artículo 2, punto 10, y el artículo 22 de la Directiva 2013/34/UE. Según esta normativa, una filial es una empresa controlada por una sociedad matriz, incluidas las empresas filiales de una empresa matriz de mayor jerarquía, entendiendo el control como la capacidad de ejercer una influencia decisiva sobre las políticas financieras y operativas de la empresa filial. Este control puede derivarse de la propiedad mayoritaria de los derechos de voto, la capacidad de nombrar o destituir a la mayoría de los miembros del órgano de administración, o mediante acuerdos o disposiciones legales que otorguen dicha influencia decisiva. En el contexto del Reglamento Europeo 2022/2554, la referencia a las filiales adquiere una relevancia especial en la implementación de las medidas de resiliencia operativa digital y la gestión de riesgos relacionados con las TIC, especialmente en grupos financieros con estructuras corporativas complejas y operaciones transnacionales.

El papel de las filiales dentro de un grupo financiero es determinante, ya que a menudo desempeñan funciones esenciales o importantes que son necesarias para el funcionamiento del grupo en su conjunto. Por ejemplo, una filial puede encargarse de gestionar plataformas tecnológicas específicas, prestar servicios de procesamiento de datos, desarrollar software interno o proporcionar infraestructura crítica a otras entidades del grupo. Sin embargo, esta interdependencia también introduce riesgos significativos, ya que cualquier disrupción o fallo en una filial puede repercutir en las operaciones de la sociedad matriz o de otras entidades dentro del grupo. Por esta razón, el Reglamento determina que las entidades financieras supervisen y gestionen los riesgos relacionados con sus filiales de manera integral, asegurando que estas cumplen con los estándares de seguridad, resiliencia y continuidad operativa exigidos.

Una de las principales obligaciones que se derivan del Reglamento es la integración de las filiales en el marco general de gestión de riesgos relacionados con las TIC del grupo financiero. Esto implica que las sociedades matrices deben identificar, evaluar y mitigar los riesgos asociados a las actividades y operaciones de sus filiales, especialmente cuando estas gestionan funciones esenciales o importantes. Por ejemplo, si una filial proporciona servicios de almacenamiento en la nube para el grupo, la matriz debe garantizar que la filial implementa controles de ciberseguridad avanzados, cumple con las normativas aplicables y está preparada para responder a incidentes relacionados con las TIC. Esta integración es esencial para garantizar la resiliencia operativa del grupo en su conjunto y para prevenir efectos en cascada que puedan comprometer la estabilidad del sistema financiero.

En términos de supervisión, las sociedades matrices tienen la responsabilidad de garantizar que las filiales adoptan las mismas prácticas y estándares de seguridad, resiliencia y cumplimiento que se aplican a la matriz. Esto incluye la implementación de políticas uniformes de ciberseguridad, la realización de auditorías internas regulares, y la monitorización continua del desempeño y los riesgos asociados a las operaciones de las filiales. Por ejemplo, si una filial está ubicada en un tercer país con un entorno regulatorio diferente, la sociedad matriz debe supervisar de manera más rigurosa sus actividades para garantizar que cumplen con los estándares europeos, especialmente en lo que respecta a la protección de datos, la seguridad de los sistemas y la notificación de incidentes.

La relación entre la matriz y sus filiales también tiene implicaciones significativas en la gestión de la continuidad operativa. Dado que las filiales suelen desempeñar funciones críticas para el grupo financiero, cualquier interrupción en sus operaciones puede tener un impacto sistémico. Por ello, las sociedades matrices deben incluir a las filiales en sus planes de continuidad de negocio y recuperación ante desastres, asegurándose de que estas cuentan con medidas específicas para garantizar la continuidad de las funciones esenciales o importantes que gestionan. Por ejemplo, si una filial opera un centro de datos que soporta las plataformas digitales del grupo, la matriz debe garantizar que el centro de datos cuenta con redundancias, sistemas de respaldo y protocolos claros para la recuperación en caso de incidentes. Además, es fundamental realizar simulaciones y pruebas conjuntas entre la matriz y las filiales para evaluar la eficacia de estos planes y la capacidad del grupo para responder a eventos disruptivos.

Desde la perspectiva de cumplimiento normativo, las sociedades matrices tienen la obligación de garantizar que las filiales cumplen con las disposiciones del Reglamento y otras normativas aplicables en materia de servicios financieros, ciberseguridad y protección de datos. Esto incluye la implementación de controles adecuados para gestionar los riesgos tecnológicos, la notificación de incidentes a las autoridades competentes y la cooperación en las auditorías regulatorias. Además, las filiales que operan en terceros países deben cumplir con las disposiciones de transferencia internacional de datos establecidas por el Reglamento General de Protección de Datos y otras normativas relevantes. Por ejemplo, si una filial trata datos personales de clientes europeos en un tercer país, la matriz debe garantizar que las transferencias de datos cumplen con las salvaguardas legales requeridas, como las cláusulas contractuales tipo o las decisiones de adecuación.

La interacción entre las filiales y los proveedores externos es otro aspecto crítico que debe ser gestionado bajo el marco del Reglamento. En muchos casos, las filiales externalizan parte de sus actividades tecnológicas a terceros proveedores, lo que introduce riesgos adicionales para el grupo financiero. Las sociedades matrices deben supervisar estas relaciones de manera indirecta, asegurándose de que las filiales evalúan y gestionan adecuadamente los riesgos asociados a los proveedores externos. Por ejemplo, si una filial subcontrata el mantenimiento de sus sistemas a un proveedor en un tercer país, la matriz debe asegurarse de que esta relación contractual incluye cláusulas sobre ciberseguridad, notificación de incidentes y auditorías, alineadas con los requisitos normativos del Reglamento.

El Reglamento establece que las filiales deben colaborar activamente con la matriz en la implementación de medidas de resiliencia operativa, compartiendo información sobre riesgos, incidentes y vulnerabilidades, y adoptando las políticas y procedimientos establecidos a nivel grupal. Esta colaboración es especialmente importante en grupos financieros con operaciones transnacionales, donde las filiales pueden estar sujetas a diferentes marcos regulatorios o enfrentar desafíos específicos en función de su ubicación geográfica. Por ejemplo, una filial ubicada en una región con alta exposición a ciberataques debe compartir información sobre las amenazas locales con la matriz, para que esta pueda ajustar sus políticas de seguridad y resiliencia en consecuencia.

Otro aspecto importante relacionado con las filiales es la notificación de incidentes relacionados con las TIC. El Reglamento exige que las entidades financieras notifiquen a las autoridades competentes cualquier incidente grave que afecte a sus operaciones, incluidas aquellas gestionadas por sus filiales. Por ello, las filiales deben estar preparadas para identificar, reportar y gestionar incidentes de manera oportuna, siguiendo los procedimientos establecidos por la matriz. Por ejemplo, si una filial sufre un ciberataque que compromete la seguridad de los datos de clientes, debe notificar inmediatamente a la matriz, que a su vez debe informar a las autoridades competentes y tomar las medidas necesarias para mitigar el impacto.

Desde el punto de vista del gobierno corporativo, las filiales deben estar sujetas a un marco claro de supervisión y control por parte de la matriz, que garantice la alineación de sus actividades con los objetivos estratégicos y regulatorios del grupo. Esto incluye la designación de responsables específicos para la gestión de riesgos tecnológicos, la creación de comités conjuntos para supervisar la resiliencia operativa y la integración de las filiales en el sistema de auditoría interna del grupo. Por ejemplo, un comité conjunto de riesgos podría revisar periódicamente las actividades de las filiales para identificar posibles vulnerabilidades y garantizar que estas están gestionadas de manera adecuada.

El concepto de "filial" en el Reglamento Europeo 2022/2554 subraya la importancia de gestionar de manera rigurosa las relaciones y actividades de las empresas que forman parte de un grupo financiero, asegurando que cumplen con los estándares de seguridad, resiliencia y cumplimiento normativo aplicables. Las repercusiones prácticas de este concepto incluyen la supervisión continua de las filiales, su integración en los planes de continuidad operativa, la gestión de riesgos relacionados con proveedores externos, la colaboración en la notificación de incidentes y la implementación de políticas uniformes de ciberseguridad y resiliencia a nivel grupal. La correcta gestión de estas relaciones no solo garantiza el cumplimiento de las obligaciones normativas, sino que también fortalece la capacidad del grupo para enfrentar riesgos tecnológicos y proteger la estabilidad del sistema financiero en su conjunto.

26) «grupo»: un grupo tal como se define en el artículo 2, punto 11, de la Directiva 2013/34/UE;

El concepto de "grupo", según lo establece el Reglamento Europeo 2022/2554, remite a la definición contenida en el artículo 2, punto 11, de la Directiva 2013/34/UE, que describe un "grupo" como una sociedad matriz y la totalidad de sus empresas filiales. Este control puede manifestarse de varias formas, tales como la titularidad de la mayoría de los derechos de voto en otra entidad, la capacidad de nombrar a la mayoría de los miembros de su órgano de administración, o mediante la influencia significativa en sus políticas financieras y operativas, ya sea a través de acuerdos contractuales, disposiciones legales o estructurales. Este concepto de grupo se encuentra particularmente asociado a las estructuras empresariales y financieras que, aunque compuestas por entidades legalmente separadas, actúan de manera coordinada en términos operativos y estratégicos bajo la dirección de una matriz.

En el contexto del Reglamento Europeo 2022/2554, el concepto de "grupo" adquiere especial relevancia al establecer las obligaciones de resiliencia operativa digital en grupos financieros o empresariales que operan de forma integrada y compartida. Estas estructuras suelen caracterizarse por una alta interconexión de sistemas, procesos y servicios de tecnologías de la información y las comunicaciones, lo que puede ofrecer ventajas operativas, pero también amplifica los riesgos relacionados con ciberataques, interrupciones tecnológicas, fallos sistémicos y problemas de cumplimiento normativo. Los riesgos relacionados con las TIC no suelen estar limitados a una sola entidad del grupo, sino que tienden a propagarse rápidamente a través de las entidades interconectadas, comprometiendo la resiliencia operativa no solo de las filiales afectadas, sino también de la sociedad matriz y, potencialmente, del grupo en su conjunto. En consecuencia, la gestión de estos riesgos exige un enfoque integral, coordinado y supervisado a nivel grupal.

Uno de los principales aspectos de la aplicación del Reglamento a nivel grupal es la necesidad de establecer un marco de gestión de riesgos tecnológicos unificado y coordinado que abarque a todas las entidades del grupo. La sociedad matriz, como entidad que ejerce control, tiene la responsabilidad de definir, implementar y supervisar un marco común para la identificación, evaluación, gestión y mitigación de riesgos relacionados con las TIC en todas las filiales y unidades del grupo. Este marco debe estar alineado con los requisitos establecidos por el Reglamento y debe adaptarse a la naturaleza y complejidad operativa de cada entidad. Por ejemplo, una filial que opere en un tercer país puede enfrentar riesgos regulatorios y de ciberseguridad diferentes a los de las entidades ubicadas en la Unión Europea, lo que requiere un enfoque de gestión de riesgos específico. Sin embargo, todas las evaluaciones de riesgos individuales deben integrarse en una visión consolidada para que la sociedad matriz pueda supervisar y coordinar las acciones de mitigación de manera efectiva.

El Reglamento establece que las sociedades matrices tienen la responsabilidad de garantizar que las políticas, procedimientos y controles relacionados con las TIC sean consistentes y se implementen de manera uniforme en todas las entidades del grupo. Esto incluye la adopción de políticas grupales de ciberseguridad, estándares comunes de resiliencia operativa, y procedimientos coordinados para la gestión de incidentes, la continuidad de negocio y la recuperación ante desastres. Por ejemplo, un grupo financiero que utilice una infraestructura tecnológica compartida debe garantizar que todas las entidades del grupo implementen controles equivalentes para proteger dicha infraestructura, incluyendo medidas como la autenticación multifactorial, el cifrado de datos, la segmentación de redes, y sistemas avanzados de detección y respuesta a ciberamenazas. Además, las políticas grupales deben ser revisadas y actualizadas periódicamente para reflejar los cambios en el entorno tecnológico, las amenazas emergentes y las exigencias regulatorias.

La gestión de incidentes relacionados con las TIC a nivel grupal es otro aspecto crítico en la implementación del Reglamento. Las sociedades matrices deben establecer procedimientos claros para identificar, gestionar y notificar incidentes que afecten a las entidades del grupo, especialmente aquellos que puedan tener un impacto significativo en funciones esenciales o importantes. Esto incluye la centralización de la información sobre incidentes en un sistema grupal de reporte y la designación de responsables específicos para coordinar la respuesta a nivel grupal. Por ejemplo, si un ciberataque afecta a una filial que gestiona una plataforma tecnológica compartida, la matriz debe coordinar la respuesta para mitigar el impacto en todas las entidades afectadas y garantizar la notificación oportuna a las autoridades competentes. Este enfoque centralizado no solo facilita la gestión eficaz de los incidentes, sino que también permite a la matriz supervisar las lecciones aprendidas y ajustar las políticas y controles grupales para prevenir incidentes similares en el futuro.

En cuanto a la resiliencia operativa, el Reglamento determina que los grupos financieros incluyan a todas sus filiales y unidades en los planes de continuidad de negocio y recuperación ante desastres, asegurando que estos planes estén coordinados y alineados a nivel grupal. Esto es especialmente importante en estructuras donde las operaciones críticas dependen de infraestructuras, sistemas o servicios compartidos. Por ejemplo, si una filial opera un centro de datos que soporta funciones esenciales para otras entidades del grupo, el plan de continuidad debe prever la posibilidad de fallos en dicho centro de datos y definir estrategias para garantizar la continuidad de los servicios, como la migración a un centro de datos alternativo o la activación de sistemas de respaldo. Además, las sociedades matrices deben organizar simulaciones y ejercicios de prueba que involucren a todas las entidades del grupo para evaluar la eficacia de los planes de continuidad y la preparación de cada entidad para responder a eventos disruptivos.

El Reglamento subraya la importancia de supervisar y gestionar las relaciones con proveedores externos que presten servicios tecnológicos a múltiples entidades del grupo. En muchos casos, los grupos financieros contratan servicios de TIC a proveedores externos que gestionan infraestructuras críticas, como almacenamiento en la nube, plataformas de software o servicios de ciberseguridad, lo que introduce riesgos adicionales. Las sociedades matrices deben garantizar que los contratos con estos proveedores incluyan cláusulas específicas sobre seguridad, resiliencia, notificación de incidentes, y auditorías, y que los riesgos asociados sean gestionados de manera integral a nivel grupal. Por ejemplo, si un proveedor externo gestiona una plataforma de pagos utilizada por varias entidades del grupo, la matriz debe supervisar que dicho proveedor implemente controles de seguridad adecuados, cumpla con las disposiciones del Reglamento, y notifique cualquier incidente que pueda afectar a las operaciones del grupo.

El cumplimiento normativo es un aspecto fundamental en la gestión de riesgos tecnológicos a nivel grupal. Las sociedades matrices tienen la responsabilidad de garantizar que todas las entidades del grupo cumplan con las disposiciones del Reglamento y con otras normativas aplicables, como el Reglamento General de Protección de Datos (RGPD). Esto incluye la documentación exhaustiva de todas las actividades relacionadas con la gestión de riesgos tecnológicos, incluyendo las evaluaciones de riesgos, las auditorías realizadas, los incidentes reportados, y las medidas adoptadas para mitigarlos. Además, las sociedades matrices deben garantizar que las filiales ubicadas en terceros países cumplan con las disposiciones europeas en materia de transferencia internacional de datos y protección de la privacidad. Por ejemplo, si una filial gestiona datos personales de clientes europeos en un tercer país, la matriz debe garantizar que las transferencias de datos están debidamente protegidas mediante cláusulas contractuales tipo u otras salvaguardas legales reconocidas.

El incumplimiento de las obligaciones relacionadas con la gestión de riesgos tecnológicos a nivel grupal puede tener consecuencias graves para las sociedades matrices y las filiales. Por ejemplo, una deficiencia en los controles de ciberseguridad implementados por una filial podría ser aprovechada por atacantes para comprometer infraestructuras compartidas o datos sensibles del grupo, generando pérdidas financieras, daños reputacionales y sanciones regulatorias. Asimismo, la falta de supervisión adecuada de los proveedores externos que presten servicios a múltiples entidades del grupo podría dar lugar a interrupciones sistémicas si dichos proveedores no cumplen con los estándares de seguridad exigidos.

El concepto de "grupo" en el Reglamento Europeo 2022/2554 subraya la necesidad de gestionar de manera integral y coordinada los riesgos relacionados con las TIC en estructuras corporativas interconectadas. Las repercusiones prácticas de este concepto incluyen la implementación de marcos grupales de gestión de riesgos, la supervisión continua de las filiales, la coordinación en la notificación de incidentes, la integración de las filiales en los planes de continuidad operativa, y la gestión centralizada de las relaciones con proveedores externos. La correcta implementación de estas medidas no solo garantiza el cumplimiento de las obligaciones normativas, sino que también fortalece la resiliencia operativa del grupo, protege la estabilidad del sistema financiero, y refuerza la confianza de clientes y contrapartes en un entorno tecnológico cada vez más complejo e interdependiente.

27) «sociedad matriz»: una sociedad matriz en el sentido del artículo 2, punto 9, y del artículo 22 de la Directiva 2013/34/UE;

El concepto de "sociedad matriz", definido en el Reglamento Europeo 2022/2554 y vinculado al artículo 2, punto 9, y el artículo 22 de la Directiva 2013/34/UE, establece que una sociedad matriz es aquella que controla una o varias empresas filiales. Este control puede manifestarse a través de la titularidad de la mayoría de los derechos de voto, la capacidad de nombrar o destituir a la mayoría de los miembros del órgano de administración, o mediante acuerdos contractuales, legales o estructurales que otorguen influencia decisiva sobre las políticas financieras y operativas de las filiales. En este contexto, la sociedad matriz no solo ejerce un control organizativo, sino que también tiene una responsabilidad central en la coordinación, supervisión y cumplimiento de las medidas de resiliencia operativa digital en todo el grupo.

El Reglamento Europeo 2022/2554, en línea con su objetivo de fortalecer la resiliencia operativa digital del sector financiero, asigna a la sociedad matriz un papel de liderazgo y supervisión en la gestión de los riesgos relacionados con las tecnologías de la información y las comunicaciones dentro del grupo. Dado que las sociedades matrices suelen actuar como el eje central en estructuras corporativas interconectadas, su capacidad para coordinar las estrategias de resiliencia, estandarizar políticas y garantizar el cumplimiento normativo en todas las entidades del grupo es fundamental para mitigar los riesgos y proteger la estabilidad operativa del grupo en su conjunto. Esto incluye no solo la supervisión directa de las filiales, sino también la gestión de riesgos asociados a las infraestructuras tecnológicas compartidas, los proveedores externos y las funciones críticas que sostienen las operaciones grupales.

Una de las principales responsabilidades de la sociedad matriz es la implementación de un marco de gestión de riesgos relacionados con las TIC integrado y coordinado que abarque a todas las entidades del grupo. Este marco debe permitir la identificación, evaluación y mitigación de los riesgos tecnológicos de manera uniforme, adaptándose a las particularidades de cada filial o unidad operativa, pero asegurando al mismo tiempo que todas operen bajo los mismos principios estratégicos. Por ejemplo, una filial que opere en un tercer país podría estar expuesta a normativas locales menos estrictas o a un entorno de ciberamenazas más activo, lo que requiere medidas de mitigación adicionales. La sociedad matriz debe garantizar que estas particularidades se gestionen dentro de un marco grupal que ofrezca una visión consolidada de los riesgos y asegure que todas las entidades del grupo estén alineadas con las disposiciones del Reglamento y las mejores prácticas de seguridad.

La supervisión y auditoría continua de las filiales es otro de los pilares esenciales de las obligaciones de la sociedad matriz. Esto incluye garantizar que todas las entidades del grupo implementen los controles de seguridad, resiliencia y ciberseguridad necesarios para cumplir con las disposiciones del Reglamento. La sociedad matriz debe supervisar aspectos como la implementación de sistemas de detección de amenazas, la aplicación de actualizaciones de seguridad y la preparación para responder a incidentes relacionados con las TIC. Además, debe coordinar auditorías periódicas en las filiales para evaluar su cumplimiento con las políticas grupales y las normativas aplicables. Por ejemplo, si una filial es responsable de gestionar una plataforma tecnológica utilizada por otras entidades del grupo, la sociedad matriz debe auditar tanto la seguridad de dicha plataforma como la eficacia de los protocolos de respuesta a incidentes asociados.

El Reglamento exige que la sociedad matriz asuma un papel central en la gestión de incidentes relacionados con las TIC a nivel grupal. Esto incluye establecer procedimientos centralizados para la identificación, reporte y respuesta a incidentes que puedan afectar a las entidades del grupo o a sus operaciones compartidas. Por ejemplo, si un ciberataque compromete un sistema tecnológico utilizado por varias filiales, la sociedad matriz debe coordinar la respuesta, garantizando que se adopten medidas de contención, que se informe a las autoridades competentes y que se implemente un plan de recuperación para restablecer la operatividad de los sistemas afectados. La sociedad matriz también tiene la responsabilidad de asegurar que todas las lecciones aprendidas de los incidentes sean documentadas y utilizadas para mejorar las políticas y controles grupales, reduciendo así la probabilidad de futuros incidentes similares.

La resiliencia operativa del grupo es otro ámbito crítico de responsabilidad para la sociedad matriz. Dado que muchas operaciones críticas dentro de los grupos financieros dependen de infraestructuras compartidas, como centros de datos, plataformas de pagos o sistemas de gestión de riesgos, la matriz debe garantizar que estas infraestructuras sean robustas y estén protegidas contra interrupciones. Esto incluye la implementación de redundancias, sistemas de respaldo y planes de continuidad de negocio que abarquen a todas las entidades del grupo. Por ejemplo, si un grupo financiero utiliza un centro de datos centralizado para alojar sus sistemas de banca en línea, la sociedad matriz debe garantizar que dicho centro de datos cuente con medidas para garantizar la disponibilidad continua de los servicios, como servidores duplicados en diferentes ubicaciones geográficas y protocolos para la recuperación rápida en caso de fallo.

Los proveedores externos representan otro aspecto crítico de la gestión de riesgos de la sociedad matriz, especialmente cuando prestan servicios tecnológicos a múltiples entidades del grupo. La matriz debe supervisar estas relaciones de manera centralizada, garantizando que los contratos con los proveedores incluyan cláusulas específicas sobre ciberseguridad, auditorías, notificación de incidentes y acceso a datos. Además, debe garantizar que los riesgos asociados a estos proveedores se gestionen de forma integral y que las medidas de seguridad implementadas sean adecuadas para proteger las operaciones del grupo. Por ejemplo, si un proveedor externo gestiona una plataforma de almacenamiento en la nube utilizada por varias filiales, la matriz debe asegurarse de que dicho proveedor implemente controles de cifrado avanzados, que cumpla con los estándares de seguridad europeos y que esté preparado para responder a cualquier incidente que pueda afectar a las operaciones del grupo.

El cumplimiento normativo es otra área básica en la que la sociedad matriz desempeña un papel fundamental. La matriz debe garantizar que todas las filiales cumplan con las disposiciones del Reglamento y con otras normativas aplicables, como el Reglamento General de Protección de Datos (RGPD). Esto incluye la implementación de políticas grupales de ciberseguridad, la gestión de transferencias internacionales de datos, y la documentación exhaustiva de todas las actividades relacionadas con la gestión de riesgos tecnológicos. Además, la matriz debe supervisar que las filiales ubicadas en terceros países cumplan con los requisitos europeos en materia de privacidad y protección de datos, lo que puede requerir la implementación de medidas adicionales, como el uso de cláusulas contractuales tipo o la adopción de mecanismos de adecuación. Por ejemplo, si una filial gestiona datos personales de clientes europeos en un tercer país, la matriz debe garantizar que estas transferencias de datos estén protegidas mediante salvaguardas legales reconocidas.

La notificación de incidentes es otra de las responsabilidades clave de la sociedad matriz. El Reglamento determina que las entidades financieras informen a las autoridades competentes sobre los incidentes graves relacionados con las TIC, incluidos aquellos que puedan afectar a las operaciones del grupo. La sociedad matriz debe coordinar este proceso, asegurándose de que las notificaciones sean completas, precisas y realizadas dentro de los plazos establecidos. Por ejemplo, si un incidente afecta a una infraestructura compartida por varias filiales, la matriz debe recopilar información sobre el impacto en cada entidad afectada y garantizar que las notificaciones se realicen de manera centralizada y conforme a los requisitos del Reglamento.

El incumplimiento de estas responsabilidades por parte de la sociedad matriz puede tener graves consecuencias para el grupo. Por ejemplo, una gestión inadecuada de los riesgos relacionados con las TIC podría dar lugar a ciberataques exitosos, interrupciones de servicios críticos, pérdidas financieras significativas, daños reputacionales y sanciones regulatorias. Además, la falta de supervisión adecuada de las filiales o de los proveedores externos podría comprometer la estabilidad operativa del grupo y generar riesgos sistémicos que afecten no solo al grupo, sino también al sector financiero en su conjunto.

El concepto de "sociedad matriz" en el Reglamento Europeo 2022/2554 subraya la importancia del liderazgo y la coordinación en la gestión de riesgos tecnológicos a nivel grupal. Las responsabilidades de la matriz incluyen la implementación de un marco de gestión de riesgos integrado, la supervisión continua de las filiales, la coordinación de la respuesta a incidentes, la garantía de la resiliencia operativa del grupo y la gestión centralizada de las relaciones con proveedores externos. La correcta implementación de estas medidas no solo garantiza el cumplimiento normativo, sino que también fortalece la capacidad del grupo para enfrentar los riesgos tecnológicos, protege la estabilidad operativa y refuerza la confianza de clientes, contrapartes y reguladores en un entorno cada vez más digitalizado e interconectado.

28) «subcontratista de TIC establecido en un tercer país»: un subcontratista de TIC que sea una persona jurídica establecida en un tercer país y que haya celebrado un acuerdo contractual con un proveedor tercero de servicios de TIC o con un proveedor tercero de servicios de TIC establecido en un tercer país;

El concepto de "subcontratista de TIC establecido en un tercer país", tal como lo define el Reglamento Europeo 2022/2554, se refiere a una persona jurídica constituida fuera del Espacio Económico Europeo que presta servicios relacionados con las tecnologías de la información y las comunicaciones mediante un acuerdo contractual con un proveedor tercero de servicios de TIC. Este proveedor puede estar establecido tanto en la Unión Europea como en un tercer país, lo que introduce una relación de subcontratación en la cadena de suministro tecnológica de las entidades financieras europeas. Este tipo de relación contractual amplía la complejidad de la gestión de riesgos, dado que añade un nivel adicional de dependencia y un mayor distanciamiento respecto de las entidades financieras, que no tienen una relación directa con el subcontratista, pero dependen de sus servicios a través de los acuerdos con los proveedores principales. En este contexto, el Reglamento busca garantizar que las entidades financieras gestionen eficazmente los riesgos inherentes a estas estructuras de subcontratación, con un énfasis particular en los riesgos tecnológicos, cibernéticos, normativos y operativos.

La externalización en la cadena de suministro tecnológica es una práctica habitual en el sector financiero, motivada por la especialización, la eficiencia y la reducción de costos. Sin embargo, el uso de subcontratistas establecidos en terceros países introduce riesgos adicionales que requieren medidas específicas de mitigación. Estos riesgos pueden derivarse de múltiples factores, como la falta de supervisión directa por parte de las entidades financieras, la debilidad de los marcos regulatorios en el tercer país, la exposición a ciberamenazas, la falta de transparencia en la cadena de subcontratación y los riesgos geopolíticos asociados a la ubicación del subcontratista. Por ejemplo, un subcontratista ubicado en un país con normativas laxas de ciberseguridad podría ser más vulnerable a ataques de actores maliciosos, lo que podría comprometer la seguridad y disponibilidad de los servicios prestados a las entidades financieras europeas.

El Reglamento Europeo 2022/2554 impone a las entidades financieras la responsabilidad de gestionar los riesgos asociados a los subcontratistas de TIC establecidos en terceros países de manera exhaustiva, incluso cuando no exista una relación contractual directa entre la entidad y el subcontratista. Esto se traduce en una serie de obligaciones prácticas que abarcan desde la diligencia debida y la supervisión hasta la formalización contractual y la integración de estos riesgos en los planes de continuidad operativa. Estas medidas tienen como objetivo garantizar que los subcontratistas cumplen con los estándares de seguridad, resiliencia y cumplimiento normativo aplicables dentro del marco jurídico de la Unión Europea, protegiendo así la integridad operativa y la estabilidad del sector financiero.

La diligencia debida es el primer paso en la gestión de los riesgos asociados a los subcontratistas de TIC en terceros países. Las entidades financieras deben identificar todos los subcontratistas involucrados en la prestación de servicios críticos o importantes, incluso si operan en niveles más bajos de la cadena de subcontratación. Este proceso incluye evaluar la capacidad técnica y organizativa de los subcontratistas, su historial de cumplimiento normativo, su exposición a riesgos geopolíticos, y la solidez de sus medidas de seguridad y resiliencia operativa. Por ejemplo, si un subcontratista en un tercer país gestiona servidores que alojan datos sensibles de clientes europeos, la entidad financiera debe asegurarse de que el subcontratista implementa medidas como el cifrado de datos, controles de acceso y mecanismos de respuesta a incidentes.

Un aspecto particularmente importante de la diligencia debida es la evaluación del entorno regulatorio y político del tercer país donde opera el subcontratista. Algunos países pueden no ofrecer un nivel adecuado de protección de datos, seguridad cibernética o continuidad operativa, lo que incrementa los riesgos para las entidades financieras. Por ejemplo, un subcontratista en un país con alta inestabilidad política podría enfrentar interrupciones operativas debido a conflictos o sanciones internacionales, lo que podría afectar la prestación de servicios críticos.

La relación contractual entre el proveedor tercero de servicios de TIC y el subcontratista debe incluir cláusulas específicas que reflejen los estándares de seguridad, resiliencia y cumplimiento normativo exigidos por el Reglamento. Aunque la entidad financiera no tenga una relación directa con el subcontratista, debe asegurarse de que el proveedor principal asuma la plena responsabilidad de supervisar y garantizar que el subcontratista cumple con los requisitos normativos y operativos aplicables. Por ejemplo, el contrato entre el proveedor y el subcontratista debe estipular que este último implemente controles avanzados de ciberseguridad, notifique de manera inmediata cualquier incidente relacionado con las TIC, y permita la realización de auditorías por parte del proveedor o, indirectamente, por la entidad financiera.

Las entidades financieras deben establecer mecanismos para supervisar de manera continua el desempeño y los riesgos asociados a los subcontratistas, incluso si esta supervisión se lleva a cabo a través del proveedor principal. Esto incluye exigir al proveedor que implemente sistemas de monitoreo y reporte que permitan identificar posibles incumplimientos, vulnerabilidades o incidentes en las actividades del subcontratista. Por ejemplo, si un subcontratista en un tercer país gestiona la infraestructura tecnológica de una plataforma de pagos, el proveedor principal debe monitorizar constantemente el desempeño del subcontratista, asegurándose de que cumple con los niveles de servicio establecidos y que aplica medidas de seguridad adecuadas.

El Reglamento exige que cualquier incidente relacionado con las TIC que pueda afectar a los servicios prestados a una entidad financiera europea sea notificado de manera inmediata a las autoridades competentes. En el caso de subcontratistas de TIC en terceros países, esta obligación de notificación se extiende indirectamente a través del proveedor tercero de servicios de TIC. Las entidades financieras deben garantizar que los acuerdos contractuales entre el proveedor y el subcontratista incluyan disposiciones claras sobre la notificación de incidentes y que existan mecanismos efectivos para transmitir esta información a la entidad financiera de manera rápida y completa. Por ejemplo, si un subcontratista sufre un ciberataque que compromete la seguridad de los sistemas utilizados para prestar servicios a una entidad financiera, el proveedor debe informar inmediatamente a la entidad, y esta, a su vez, debe notificar a las autoridades competentes dentro de los plazos establecidos.

La integración de los riesgos relacionados con los subcontratistas en terceros países en los planes de continuidad de negocio y recuperación ante desastres es fundamental para garantizar la resiliencia operativa de las entidades financieras. Esto implica prever escenarios en los que los subcontratistas no puedan cumplir con sus obligaciones debido a interrupciones operativas, ciberataques, problemas financieros o conflictos políticos en el tercer país donde operan. Las entidades financieras deben trabajar con los proveedores para garantizar que existen planes de contingencia que permitan mantener la continuidad de los servicios críticos incluso si el subcontratista falla. Por ejemplo, si un subcontratista gestiona una parte esencial de la infraestructura tecnológica de un proveedor, este último debe tener la capacidad de transferir las operaciones a otro subcontratista o a una infraestructura alternativa en caso de fallo.

Los subcontratistas de TIC en terceros países deben cumplir con las normativas europeas aplicables, especialmente en lo que respecta a la protección de datos personales según el Reglamento General de Protección de Datos. Esto incluye garantizar que las transferencias internacionales de datos cumplan con las disposiciones legales aplicables, como el uso de cláusulas contractuales tipo, decisiones de adecuación o mecanismos equivalentes. Las entidades financieras deben asegurarse de que los acuerdos contractuales entre el proveedor y el subcontratista incluyan cláusulas que garanticen un nivel adecuado de protección de los datos personales. Por ejemplo, si un subcontratista almacena datos de clientes europeos en un tercer país, debe implementar medidas técnicas y organizativas para proteger estos datos contra accesos no autorizados y pérdidas accidentales.

El concepto de "subcontratista de TIC establecido en un tercer país" en el Reglamento Europeo 2022/2554 pone de manifiesto la complejidad y los riesgos asociados a las cadenas de suministro tecnológicas globales. Las entidades financieras deben gestionar estos riesgos de manera integral, mediante la implementación de medidas que incluyan la diligencia debida, la formalización contractual, la supervisión continua, la integración de riesgos en los planes de continuidad operativa y la garantía de cumplimiento normativo. La correcta implementación de estas medidas es esencial para proteger la resiliencia operativa de las entidades financieras, garantizar la continuidad de los servicios críticos y cumplir con las obligaciones normativas establecidas por el Reglamento. Al hacerlo, las entidades no solo mitigan los riesgos inherentes a la subcontratación en terceros países, sino que también fortalecen su posición en un entorno tecnológico global cada vez más complejo e interconectado.

29) «riesgo de concentración de TIC»: una exposición a uno o múltiples proveedores terceros esenciales de servicios de TIC relacionados que cree tal grado de dependencia de dichos proveedores que la indisponibilidad, fallo u otro tipo de deficiencia de estos últimos pueda poner en peligro la capacidad de una entidad financiera para desempeñar funciones esenciales o importantes o causarle otro tipo de efectos adversos, incluidas grandes pérdidas, o poner en peligro la estabilidad financiera de la Unión en su conjunto;

El concepto de "riesgo de concentración de TIC", definido en el Reglamento Europeo 2022/2554, alude a la dependencia excesiva de una entidad financiera respecto de uno o más proveedores terceros esenciales de servicios de tecnologías de la información y las comunicaciones cuya indisponibilidad, fallo o deficiencia podría poner en peligro no solo la capacidad de la entidad para desempeñar funciones esenciales o importantes, sino también la estabilidad financiera de la Unión Europea en su conjunto. Este riesgo se materializa cuando las entidades financieras establecen relaciones con proveedores terceros esenciales sin considerar el impacto agregado de esta concentración, y es particularmente relevante en un entorno financiero donde los servicios tecnológicos se externalizan cada vez más hacia un número limitado de actores esenciales que ofrecen infraestructuras críticas, como servicios en la nube, almacenamiento de datos, ciberseguridad o plataformas de procesamiento de pagos.

El "riesgo de concentración de TIC" es, en esencia, un riesgo sistémico que excede la dimensión de una entidad individual y tiene el potencial de afectar a múltiples actores dentro del ecosistema financiero. Este fenómeno se agrava debido a que un número reducido de proveedores tecnológicos domina el mercado global de TIC, generando una dependencia transversal en el sector financiero. Por ejemplo, proveedores globales de servicios en la nube, como Amazon Web Services, Microsoft Azure o Google Cloud, concentran gran parte de las operaciones de almacenamiento y procesamiento de datos del sistema financiero europeo. Una interrupción en sus servicios podría afectar simultáneamente a múltiples entidades, generando un efecto dominó que amenace la estabilidad financiera de la Unión. El Reglamento busca abordar este problema al exigir a las entidades financieras identificar, evaluar y mitigar los riesgos de concentración en sus relaciones con proveedores terceros esenciales, protegiendo así tanto sus operaciones individuales como el sistema financiero en su conjunto.

El primer paso para gestionar este riesgo es la identificación de las relaciones de dependencia que una entidad financiera mantiene con sus proveedores terceros esenciales de TIC. Esta identificación no solo debe centrarse en los contratos directos entre la entidad y el proveedor, sino también en las relaciones indirectas derivadas de la cadena de subcontratación. Por ejemplo, un proveedor esencial puede subcontratar ciertos servicios a otro actor, lo que introduce riesgos adicionales, especialmente si dicho subcontratista opera en un tercer país con normativas de seguridad menos estrictas. Asimismo, es fundamental identificar casos de interconexión entre proveedores. En muchas ocasiones, diferentes proveedores que parecen operar de manera independiente pueden compartir infraestructuras críticas o subcontratistas comunes, amplificando el riesgo de concentración.

En esta etapa, también debe analizarse la criticidad de las funciones o servicios dependientes de cada proveedor. Por ejemplo, un proveedor que gestiona la infraestructura tecnológica de una plataforma de pagos o un sistema de banca electrónica será identificado como crítico debido al impacto significativo que tendría una interrupción en sus servicios sobre las operaciones de la entidad y sus clientes. Esta criticidad debe evaluarse considerando no solo el impacto financiero directo, sino también el impacto reputacional, normativo y en la continuidad del negocio.

La evaluación del riesgo de concentración implica un análisis exhaustivo de la probabilidad e impacto de incidentes que puedan afectar la disponibilidad, seguridad o calidad de los servicios prestados por los proveedores esenciales. Este análisis debe considerar factores como la estabilidad financiera del proveedor, la solidez de sus controles de seguridad, su capacidad de recuperación ante desastres, y los riesgos derivados de su ubicación geográfica o entorno político. Por ejemplo, un proveedor establecido en una región con alta inestabilidad política o expuesto a sanciones internacionales puede presentar un riesgo adicional, incluso si sus capacidades técnicas son sólidas.

El análisis debe incluir también escenarios de interrupción prolongada en los servicios del proveedor, considerando eventos como fallos técnicos masivos, ciberataques, quiebras financieras, desastres naturales o interrupciones en la cadena de suministro. Por ejemplo, si una entidad financiera depende de un único proveedor para sus servicios de almacenamiento en la nube, debe evaluar cómo un fallo técnico en los centros de datos del proveedor impactaría la disponibilidad de sus servicios digitales y qué medidas debería adoptar para mitigar dicho impacto.

Otro aspecto importante de la evaluación es el análisis del riesgo sistémico. Las entidades deben considerar no solo el impacto de una interrupción en sus propias operaciones, sino también cómo esta interrupción podría amplificarse si el proveedor presta servicios a múltiples actores del sector financiero. Por ejemplo, si un proveedor esencial gestiona infraestructuras críticas para varios bancos, un fallo en sus servicios podría generar un efecto en cascada que afecte simultáneamente a múltiples instituciones, con consecuencias potencialmente catastróficas para la estabilidad financiera.

La mitigación del riesgo de concentración de TIC requiere la implementación de estrategias proactivas que reduzcan la dependencia de una entidad respecto de un único proveedor o de un grupo reducido de proveedores interconectados. Una de las principales estrategias es la diversificación de los proveedores tecnológicos, lo que implica establecer relaciones con múltiples proveedores para reducir la exposición a fallos o interrupciones en un único actor. Por ejemplo, una entidad que utilice un proveedor de servicios en la nube para alojar su plataforma de banca electrónica podría contratar a un segundo proveedor para manejar otras funciones críticas o como respaldo, garantizando así la continuidad de sus operaciones en caso de fallo en el primer proveedor.

Otra medida fundamental es la implementación de redundancias tecnológicas. Esto incluye el desarrollo de sistemas internos de respaldo y la replicación de datos y procesos críticos en infraestructuras alternativas que puedan activarse rápidamente en caso de interrupción. Por ejemplo, una entidad podría mantener copias de seguridad en tiempo real de sus datos críticos en un centro de datos diferente al gestionado por su proveedor principal, asegurando que dichos datos permanezcan accesibles incluso si el proveedor sufre una interrupción.

El establecimiento de contratos robustos con los proveedores esenciales también es fundamental para mitigar el riesgo de concentración. Estos contratos deben incluir cláusulas específicas sobre la redundancia de servicios, los tiempos máximos de recuperación (RTO, Recovery Time Objective), las pruebas regulares de continuidad operativa y la notificación inmediata de incidentes. Por ejemplo, un contrato podría exigir al proveedor que mantenga centros de datos redundantes en diferentes ubicaciones geográficas y que realice pruebas anuales de recuperación ante desastres, asegurando que los servicios puedan restablecerse rápidamente en caso de interrupción.

El Reglamento determina que las entidades financieras supervisen de manera continua las relaciones con sus proveedores esenciales para garantizar que los riesgos de concentración se gestionen adecuadamente. Esto incluye la monitorización del desempeño de los proveedores, la revisión periódica de las medidas de mitigación implementadas y la actualización de los planes de contingencia según sea necesario. Por ejemplo, si un proveedor esencial comienza a experimentar interrupciones frecuentes o enfrenta problemas financieros, la entidad debe reevaluar su dependencia de dicho proveedor y considerar medidas correctivas, como la diversificación o la renegociación de los términos contractuales.

La supervisión también debe extenderse al cumplimiento normativo y la seguridad de los subcontratistas utilizados por los proveedores esenciales. Las entidades deben asegurarse de que estos subcontratistas cumplan con los mismos estándares de seguridad y resiliencia exigidos a los proveedores principales, y que no introduzcan riesgos adicionales en la cadena de suministro tecnológica.

Además, las entidades deben documentar de manera exhaustiva todos los aspectos relacionados con la gestión del riesgo de concentración, incluyendo las evaluaciones de riesgos realizadas, las medidas de mitigación implementadas y los incidentes registrados. Esta documentación es esencial para responder a auditorías regulatorias y para demostrar el cumplimiento con las disposiciones del Reglamento.

El riesgo de concentración de TIC tiene implicaciones que trascienden a las entidades individuales y afectan a la estabilidad del sistema financiero en su conjunto. Las autoridades competentes desempeñan un papel determinante en la supervisión de este riesgo a nivel sectorial, evaluando las dependencias existentes entre las entidades financieras y sus proveedores esenciales, identificando posibles vulnerabilidades sistémicas y coordinando medidas para mitigar estos riesgos. Por ejemplo, las autoridades pueden requerir que ciertos proveedores esenciales adopten medidas adicionales de seguridad y resiliencia, o que las entidades financieras diversifiquen sus relaciones con los proveedores para reducir su exposición a riesgos sistémicos.

El concepto de "riesgo de concentración de TIC" en el Reglamento Europeo 2022/2554 subraya la importancia de gestionar de manera rigurosa las dependencias tecnológicas en el sector financiero. Las entidades deben identificar y evaluar sus relaciones con los proveedores esenciales, implementar estrategias de mitigación como la diversificación y las redundancias, y supervisar continuamente el desempeño y la seguridad de estos proveedores. Al mismo tiempo, las autoridades deben adoptar un enfoque coordinado para abordar las vulnerabilidades sistémicas derivadas de la concentración tecnológica, protegiendo la estabilidad financiera de la Unión Europea. Una gestión adecuada de este riesgo no solo asegura el cumplimiento normativo, sino que también fortalece la resiliencia operativa de las entidades y del sistema financiero en su conjunto frente a un entorno cada vez más digitalizado e interdependiente.

30) «órgano de dirección»: un órgano de dirección tal como se define en el artículo 4, apartado 1, punto 36, de la Directiva 2014/65/UE, el artículo 3, apartado 1, punto 7, de la Directiva 2013/36/UE, el artículo 2, apartado 1, letra s), de la Directiva 2009/65/CE del Parlamento Europeo y del Consejo, el artículo 2, apartado 1, punto 45, del Reglamento (UE) número 909/2014, el artículo 3, apartado 1, punto 20, del Reglamento (UE) 2016/1011 y las disposiciones pertinentes del Reglamento relativo a los mercados de criptoactivos, o las personas equivalentes que dirijan efectivamente la entidad o desempeñen funciones clave de conformidad con el Derecho de la Unión o nacional pertinente;

El concepto de "órgano de dirección", tal como se define en el artículo 30 del Reglamento Europeo 2022/2554, representa un elemento esencial en la gobernanza y supervisión estratégica de las entidades financieras en relación con la resiliencia operativa digital. Este término incluye al órgano de dirección definido en diversas normativas europeas específicas, como el artículo 4, apartado 1, punto 36 de la Directiva 2014/65/UE (MiFID II), el artículo 3, apartado 1, punto 7 de la Directiva 2013/36/UE (CRD IV), el artículo 2, apartado 1, letra s) de la Directiva 2009/65/CE (sobre OICVM), el artículo 2, apartado 1, punto 45 del Reglamento (UE) 909/2014 (sobre los depósitos centrales de valores), el artículo 3, apartado 1, punto 20 del Reglamento (UE) 2016/1011 (sobre índices de referencia), y las disposiciones del Reglamento relativo a los mercados de criptoactivos (MiCA). Además, abarca a las personas equivalentes que desempeñan funciones clave en la dirección efectiva de la entidad conforme a las normativas de la Unión o nacionales aplicables. El Reglamento establece que este órgano es el máximo responsable de garantizar que las entidades financieras cumplan con los requisitos de resiliencia operativa digital, supervisando su implementación y asegurando la integración de estos aspectos dentro de la estrategia general de la organización.

En este sentido, la Directiva 2014/65 define el órgano de dirección como el órgano u órganos de una empresa de servicios de inversión, de un organismo rector del mercado o de un proveedor de servicios de suministro de datos, nombrados de conformidad con el Derecho nacional, habilitados para fijar los objetivos estratégicos y el gobierno en general de la entidad y que supervisan y controlan el proceso de toma de decisiones en materia de gestión e incluyen a las personas que efectivamente dirigen las actividades de la entidad.

Por su parte, la Directiva 2013/36 define el órgano de dirección como el órgano u órganos de una entidad nombrados de conformidad con el Derecho nacional, que están facultados para fijar la estrategia, los objetivos y la orientación general de la entidad, y que se ocupan de la vigilancia y control del proceso de adopción de decisiones de dirección. Incluye a quienes dirigen de forma efectiva la actividad de la entidad.

Asimismo, el Reglamento (UE) número 909/2014 lo define como el órgano u órganos de un DCV, constituido de conformidad con el Derecho nacional, que está facultado para fijar la estrategia, los objetivos y la orientación general del DCV (Depositario Central de Valores), y que se ocupa de la vigilancia y control del proceso de toma de decisiones de la dirección. Deberá incluir a personas que dirijan de hecho la actividad del DCV.

Finalmente, el Reglamento (UE) 2016/1011 lo define como el órgano u órganos de un administrador u otra entidad supervisada nombrados de conformidad con el Derecho nacional, facultados para fijar la estrategia, los objetivos y la orientación general del administrador u otra entidad supervisada, y que supervisen y controlen el proceso de toma de decisiones en materia de gestión e incluyan a las personas que efectivamente dirigen las actividades del administrador u otra entidad supervisada.

En este sentido, sobre órgano de dirección recae la responsabilidad de liderar la preparación, supervisión y gestión de riesgos tecnológicos, asegurando la continuidad de las funciones esenciales o importantes de las entidades financieras. Este liderazgo implica tomar decisiones estratégicas, supervisar la gestión operativa y asignar los recursos necesarios para cumplir con los objetivos de resiliencia operativa digital. Además, el órgano de dirección debe integrar estas cuestiones en el marco de gobernanza de la entidad, garantizando que sean abordadas de manera sistemática y con la suficiente prioridad.

El órgano de dirección tiene la responsabilidad de garantizar que la entidad financiera adopte un enfoque estratégico frente a los riesgos relacionados con las tecnologías de la información y las comunicaciones. Esto implica desarrollar, aprobar y supervisar la implementación de una estrategia de resiliencia operativa digital que esté alineada con los objetivos generales de la entidad y con las disposiciones del Reglamento. Esta estrategia debe incluir políticas claras para la gestión de riesgos tecnológicos, la supervisión de proveedores terceros esenciales, la respuesta a incidentes relacionados con las TIC, y la continuidad de las operaciones críticas.

El órgano de dirección debe fomentar una cultura organizativa que priorice la resiliencia operativa y la seguridad tecnológica. Esto implica establecer expectativas claras en cuanto a los estándares de ciberseguridad, la gestión de riesgos y la respuesta a incidentes, así como supervisar que estas expectativas se traduzcan en prácticas operativas concretas. Por ejemplo, el órgano de dirección podría promover la formación continua en ciberseguridad para todo el personal de la entidad, garantizando que los empleados estén preparados para identificar y responder a amenazas tecnológicas.

Una de las funciones más críticas del órgano de dirección es supervisar el marco de gestión de riesgos relacionados con las TIC, asegurando que este sea robusto, eficaz y alineado con los requisitos normativos. Este marco debe incluir procesos para identificar, evaluar, mitigar y supervisar los riesgos tecnológicos que puedan afectar a las funciones esenciales o importantes de la entidad. Por ejemplo, el órgano de dirección debe garantizar que se realicen evaluaciones regulares de los riesgos cibernéticos y tecnológicos, considerando tanto las amenazas internas como externas, y que se adopten medidas para minimizar su impacto.

El órgano de dirección también debe garantizar que la entidad implemente controles adecuados para mitigar los riesgos tecnológicos. Estos controles pueden incluir sistemas de detección y respuesta ante amenazas (EDR), el cifrado de datos, la autenticación multifactorial, la segmentación de redes, y el uso de herramientas avanzadas para la supervisión de sistemas críticos. Además, el órgano debe supervisar que se realicen auditorías internas y externas para evaluar la efectividad de estos controles y que se implementen las recomendaciones derivadas de dichas auditorías.

El órgano de dirección tiene la responsabilidad de supervisar las relaciones de la entidad con los proveedores terceros esenciales de servicios de TIC.

Esto incluye la aprobación de la estrategia de externalización, la revisión de los contratos con los proveedores, y la supervisión de los riesgos asociados, como el riesgo de concentración de TIC. Por ejemplo, si la entidad depende de un único proveedor para servicios críticos como el almacenamiento en la nube, el órgano de dirección debe evaluar los riesgos asociados a esta dependencia y garantizar que se adopten medidas para mitigar el riesgo, como la diversificación de proveedores o la implementación de sistemas de respaldo.

Además, el órgano de dirección debe asegurarse de que los contratos con los proveedores esenciales incluyan cláusulas específicas sobre ciberseguridad, notificación de incidentes, redundancia de infraestructuras, y recuperación ante desastres. Estas cláusulas son fundamentales para garantizar que los proveedores cumplan con los estándares de resiliencia operativa exigidos por el Reglamento y que estén preparados para responder a incidentes de manera efectiva.

El Reglamento asigna al órgano de dirección la responsabilidad de supervisar la gestión de incidentes relacionados con las TIC, asegurando que la entidad cuente con protocolos claros y eficaces para detectar, responder y notificar dichos incidentes. Esto incluye garantizar que la entidad disponga de sistemas para monitorear sus redes y sistemas en tiempo real, identificar actividades sospechosas y activar planes de respuesta en caso de incidentes.

En caso de un incidente grave, el órgano de dirección debe supervisar que se adopten medidas inmediatas para mitigar el impacto, restaurar las operaciones críticas y proteger los datos de los clientes. Además, debe garantizar que se cumplan las obligaciones de notificación establecidas por el Reglamento, informando a las autoridades competentes dentro de los plazos exigidos y proporcionando toda la información relevante sobre el incidente, incluyendo su naturaleza, alcance y las medidas adoptadas.

El órgano de dirección debe garantizar que la entidad cuente con un plan de continuidad operativa y recuperación ante desastres que sea efectivo y esté alineado con las disposiciones del Reglamento. Este plan debe incluir estrategias específicas para garantizar la continuidad de las funciones esenciales o importantes en caso de interrupciones tecnológicas, como ciberataques, fallos técnicos o desastres naturales.

El órgano de dirección debe supervisar que este plan sea probado regularmente mediante simulaciones y ejercicios de estrés, que involucren tanto a los sistemas internos de la entidad como a sus proveedores terceros esenciales. Por ejemplo, el órgano podría exigir la realización de simulaciones de ciberataques para evaluar la capacidad de la entidad de detectar, contener y responder a las amenazas.

El órgano de dirección es el máximo responsable de garantizar que la entidad cumpla con las disposiciones del Reglamento y con otras normativas aplicables, como el Reglamento General de Protección de Datos. Esto incluye la supervisión de la implementación de políticas y procedimientos internos, la revisión de los informes de cumplimiento y auditoría, y la adopción de medidas correctivas cuando sea necesario.

Además, el órgano de dirección debe ser capaz de demostrar a las autoridades competentes que ha cumplido con sus responsabilidades de supervisión y que ha adoptado todas las medidas razonables para garantizar la resiliencia operativa de la entidad. Por ejemplo, en caso de una inspección regulatoria, el órgano debe poder proporcionar evidencia de que ha supervisado activamente la gestión de riesgos tecnológicos, la relación con los proveedores esenciales y la respuesta a incidentes.

El incumplimiento de las responsabilidades del órgano de dirección puede tener graves consecuencias tanto para la entidad como para los propios miembros del órgano. Las entidades pueden enfrentar sanciones regulatorias, pérdidas financieras significativas y daños reputacionales, mientras que los miembros del órgano pueden ser considerados personalmente responsables por negligencia en el cumplimiento de sus deberes. Por ejemplo, si el órgano de dirección no aprueba un plan de continuidad operativa adecuado y la entidad sufre una interrupción significativa que afecta a sus clientes, las autoridades podrían imponer sanciones y exigir medidas correctivas inmediatas.

El concepto de "órgano de dirección" en el Reglamento Europeo 2022/2554 subraya la importancia de la supervisión estratégica y la rendición de cuentas en la gestión de la resiliencia operativa digital. Este órgano es responsable de liderar la estrategia de resiliencia, supervisar la gestión de riesgos tecnológicos, garantizar la continuidad operativa y responder eficazmente a los incidentes relacionados con las TIC. La correcta ejecución de estas responsabilidades no solo asegura el cumplimiento normativo, sino que también fortalece la capacidad de la entidad para enfrentar los desafíos de un entorno digital cada vez más complejo e interdependiente, protegiendo su reputación, sus clientes y la estabilidad del sistema financiero en su conjunto.

31) «entidad de crédito»: una entidad de crédito tal como se define en el artículo 4, apartado 1, punto 1, del Reglamento (UE) número 575/2013 del Parlamento Europeo y del Consejo

El concepto de "entidad de crédito", definido en el artículo 4, apartado 1, punto 1, del Reglamento (UE) n.º 575/2013, se refiere a una empresa cuya actividad consista en recibir del público depósitos u otros fondos reembolsables y en conceder créditos por cuenta propia. Estas entidades desempeñan un papel central en el sistema financiero, ya que facilitan la intermediación financiera, la canalización del crédito y la gestión de pagos, actuando como un engranaje esencial en la economía moderna. En el contexto del Reglamento Europeo 2022/2554, las entidades de crédito adquieren una importancia crítica debido a su alta dependencia de las tecnologías de la información y las comunicaciones para llevar a cabo sus funciones esenciales y su interconexión con otras instituciones financieras y mercados. Este Reglamento establece un marco normativo obligatorio para reforzar la resiliencia operativa digital de las entidades de crédito, con el objetivo de proteger tanto su estabilidad operativa como la del sistema financiero en su conjunto frente a los crecientes riesgos tecnológicos, cibernéticos y operativos.

El Reglamento 2022/2554 reconoce que las entidades de crédito son especialmente vulnerables a incidentes relacionados con las TIC debido a la naturaleza de su actividad, que incluye la gestión de grandes volúmenes de datos sensibles, la operación de sistemas de pago críticos y la dependencia de infraestructuras tecnológicas avanzadas para prestar servicios a clientes y contrapartes. Los riesgos tecnológicos a los que se enfrentan estas entidades van desde ciberataques, fallos técnicos y errores humanos hasta interrupciones en los servicios prestados por proveedores terceros esenciales. Dado su rol sistémico, cualquier interrupción en las operaciones de una entidad de crédito puede tener un impacto significativo no solo en su propio desempeño, sino también en sus clientes, contrapartes y en la estabilidad financiera general. Por lo tanto, el Reglamento establece un conjunto de obligaciones específicas que las entidades de crédito deben cumplir para garantizar la continuidad de sus funciones esenciales y mitigar los riesgos tecnológicos de manera efectiva.

El Reglamento exige a las entidades de crédito implementar un enfoque integral y proactivo para gestionar los riesgos relacionados con las TIC, que abarque desde la identificación y evaluación de riesgos hasta la mitigación, supervisión y respuesta a incidentes. Este enfoque debe integrarse en el marco general de gobernanza y gestión de riesgos de la entidad, asegurando que la resiliencia operativa digital sea una prioridad estratégica. El órgano de dirección de la entidad tiene una responsabilidad básica en este proceso, ya que debe garantizar la asignación de recursos adecuados, la supervisión efectiva y el cumplimiento con los requisitos establecidos por el Reglamento.

El Reglamento determina a las entidades de crédito desarrollar un marco sólido de gestión de riesgos relacionados con las TIC que esté alineado con sus objetivos estratégicos y operativos. Este marco debe permitir a la entidad identificar, evaluar y mitigar los riesgos que puedan afectar sus funciones esenciales o importantes. Por ejemplo, una entidad de crédito debe evaluar regularmente sus infraestructuras críticas, como sistemas de banca en línea, plataformas de pagos y redes internas, para identificar vulnerabilidades y priorizar las medidas necesarias para abordarlas.

El marco de gestión de riesgos debe considerar tanto los riesgos internos como externos. Entre los riesgos internos se incluyen fallos en los sistemas tecnológicos, errores humanos y vulnerabilidades en los procesos operativos. Los riesgos externos abarcan ciberataques, interrupciones en los servicios de los proveedores terceros esenciales y eventos como desastres naturales o inestabilidad geopolítica que puedan afectar a los subcontratistas ubicados en terceros países. Por ejemplo, una entidad de crédito que externalice servicios de almacenamiento de datos a un proveedor en un tercer país debe evaluar cómo los riesgos geopolíticos o normativos en dicho país podrían afectar la disponibilidad y seguridad de sus datos.

El Reglamento establece que las entidades de crédito deben garantizar la resiliencia de las funciones esenciales o importantes mediante la implementación de controles técnicos y organizativos adecuados. Esto incluye garantizar la continuidad de los servicios críticos incluso en caso de interrupciones tecnológicas, ciberataques o fallos operativos. Por ejemplo, una entidad de crédito que gestione una plataforma de pagos electrónicos debe implementar redundancias tecnológicas, como sistemas de respaldo y centros de datos alternativos, para garantizar que las transacciones puedan continuar procesándose incluso si su infraestructura principal falla.

Además, las entidades deben desarrollar planes de continuidad de negocio y recuperación ante desastres que sean efectivos y estén alineados con los requisitos del Reglamento. Estos planes deben incluir estrategias específicas para garantizar la recuperación rápida de los sistemas críticos y la minimización del impacto en los clientes y contrapartes. Por ejemplo, una entidad de crédito podría establecer un plan que priorice la restauración de su sistema de banca en línea en caso de interrupción, garantizando que los clientes puedan acceder a sus cuentas y realizar transacciones en un plazo mínimo.

Dado que muchas entidades de crédito dependen de proveedores terceros esenciales para la prestación de servicios críticos, el Reglamento exige una supervisión rigurosa de estos proveedores. Esto incluye evaluar los riesgos asociados a las relaciones con los proveedores, supervisar su desempeño y garantizar que cumplen con los estándares de seguridad y resiliencia operativa establecidos en el Reglamento. Por ejemplo, una entidad de crédito que utilice un proveedor de servicios en la nube para alojar su infraestructura tecnológica debe garantizar que dicho proveedor implemente controles avanzados de ciberseguridad, notifique cualquier incidente de manera oportuna y permita auditorías periódicas.

El Reglamento aborda el riesgo de concentración relacionado con los proveedores terceros esenciales, exigiendo a las entidades de crédito diversificar sus relaciones con los proveedores para evitar una dependencia excesiva de un único actor. Por ejemplo, una entidad de crédito podría contratar a varios proveedores para gestionar diferentes aspectos de su infraestructura tecnológica, reduciendo así el impacto de un fallo en cualquiera de ellos.

El Reglamento establece que las entidades de crédito deben contar con protocolos claros y efectivos para gestionar incidentes relacionados con las TIC. Estos protocolos deben incluir procedimientos para detectar y reportar incidentes, así como para mitigar su impacto y restaurar las operaciones críticas. Por ejemplo, si una entidad de crédito sufre un ataque de ransomware que afecta la disponibilidad de sus sistemas, debe activar su protocolo de respuesta al incidente, que podría incluir desconectar los sistemas afectados, notificar a las autoridades competentes y restaurar los datos desde copias de seguridad.

Además, las entidades están obligadas a notificar a las autoridades competentes cualquier incidente grave relacionado con las TIC en los plazos establecidos por el Reglamento. Esta notificación debe incluir detalles sobre la naturaleza y el alcance del incidente, así como las medidas adoptadas para abordarlo. Por ejemplo, si un ciberataque compromete los datos de los clientes, la entidad debe informar de inmediato a las autoridades, garantizar la protección de los datos afectados y comunicar a los clientes las medidas tomadas.

El Reglamento determina que las entidades de crédito realicen pruebas periódicas de su resiliencia operativa digital para evaluar su capacidad de detectar, responder y recuperarse de incidentes relacionados con las TIC. Estas pruebas pueden incluir simulaciones de ciberataques, ejercicios de continuidad de negocio y pruebas de recuperación de sistemas críticos. Por ejemplo, una entidad de crédito podría organizar un ejercicio en el que simule un ataque de denegación de servicio distribuido (DDoS) para evaluar la capacidad de sus sistemas de manejar picos de tráfico y garantizar la disponibilidad continua de los servicios.

El órgano de dirección de las entidades de crédito tiene la responsabilidad final de supervisar la implementación de las disposiciones del Reglamento. Esto incluye aprobar las políticas de resiliencia operativa digital, asignar recursos adecuados para su implementación, supervisar la gestión de riesgos relacionados con las TIC y garantizar que los empleados reciban la formación necesaria. Además, el órgano de dirección debe revisar periódicamente los informes sobre riesgos tecnológicos, auditorías internas y resultados de las pruebas de resiliencia para tomar decisiones informadas.

El incumplimiento de las obligaciones establecidas en el Reglamento puede tener consecuencias graves para las entidades de crédito, incluyendo sanciones regulatorias, daños reputacionales y pérdidas financieras. Por ejemplo, si una entidad de crédito no implementa medidas adecuadas para proteger sus sistemas críticos y sufre un ciberataque que afecta a sus clientes, podría enfrentar multas significativas, así como una pérdida de confianza por parte del público y del mercado.

El concepto de "entidad de crédito" en el contexto del Reglamento Europeo 2022/2554 pone de manifiesto la importancia de garantizar la resiliencia operativa digital de estos actores esenciales en el sistema financiero. Las entidades de crédito deben implementar marcos robustos de gestión de riesgos tecnológicos, supervisar de manera efectiva a sus proveedores terceros esenciales, garantizar la continuidad de las operaciones críticas y estar preparadas para responder a incidentes relacionados con las TIC. Al hacerlo, no solo cumplen con sus obligaciones normativas, sino que también protegen la confianza de sus clientes y contribuyen a la estabilidad del sistema financiero de la Unión Europea. Este enfoque integral y proactivo es esencial en un entorno digital cada vez más complejo y expuesto a riesgos emergentes.

32) «entidad exenta en virtud de la Directiva 2013/36/UE»: una entidad a que se refiere el artículo 2, apartado 5, puntos 4 a 23, de la Directiva 2013/36/UE;

El concepto de "entidad exenta en virtud de la Directiva 2013/36/UE" alude a aquellas instituciones que, conforme al artículo 2, apartado 5, puntos 4 a 23, de dicha Directiva, están eximidas del marco de regulación prudencial y supervisión aplicable a las entidades de crédito bajo la Directiva CRD IV. Estas exenciones se justifican en función de la naturaleza específica de las entidades, su ámbito de operación limitado o su carácter público o cooperativo, lo que implica que no presentan los mismos riesgos sistémicos que las entidades de crédito convencionales. Entre estas entidades exentas se encuentran organismos como los bancos centrales, instituciones públicas dedicadas a la gestión de deuda pública, cooperativas de crédito con alcance territorial restringido, fondos de garantía, o ciertas entidades de nicho con actividades especializadas y no masivas en el mercado financiero. Sin embargo, aunque estas entidades no se someten al régimen completo de requisitos prudenciales, el Reglamento Europeo 2022/2554 sobre la resiliencia operativa digital las incluye dentro de su ámbito de aplicación con un enfoque adaptado, reconociendo que su resiliencia operativa tiene implicaciones importantes en su entorno local y, en algunos casos, en la estabilidad del sector financiero.

La inclusión de estas entidades en el marco del Reglamento 2022/2554 se basa en el reconocimiento de que, independientemente de su tamaño o del alcance de sus operaciones, todas las instituciones financieras dependen crecientemente de las tecnologías de la información y las comunicaciones (TIC) para el desarrollo de sus actividades, lo que las expone a riesgos similares en términos de ciberseguridad, fallos tecnológicos e interrupciones operativas. Además, los fallos en estas entidades pueden tener efectos adversos significativos en sus comunidades, socios y contrapartes, generando interrupciones en los servicios básicos y debilitando la confianza en los servicios financieros locales o sectoriales. Por tanto, el Reglamento impone a las entidades exentas un conjunto de obligaciones adaptadas y proporcionales para garantizar su resiliencia operativa digital y la continuidad de sus funciones esenciales o importantes.

El artículo 2, apartado 5, de la Directiva 2013/36/UE enumera las categorías de entidades exentas de su aplicación plena, cuyos números 4 a 23 incluyen:

4) en Bélgica, al «Institut de Réescompte et de Garantie/Her disconte-ring- en Waarborginstituut»,

5) en Dinamarca, al «Eksport Kredit Fonden», al «Eksport Kre dit Fonden A/S», al «Danmarks Skibskredit A/S» y al «Kom muneKredit»,

6) en Alemania, a la «Kreditanstalt für Wiederaufbau», los organismos que en virtud de la «Wohnungsgemeinnützig keitsgesetz» son reconocidos como órganos de la política nacional en materia de vivienda y cuyas operaciones ban carias no constituyen la actividad preponderante, así como los organismos que, en virtud de dicha Ley, se reconocen como organismos de vivienda sin ánimo de lucro,

7) en Estonia, a las «hoiu-laenuühistud», como empresas coo perativas reconocidas en virtud de la «hoiu-laenuühistu sea dus»,

8) en Irlanda, a las «credit unions» y a las «friendly societies»,

9) en Grecia, a la «Ταμείο Παρακαταθηκών και Δανείων» (Tamio Parakatathikon kai Danion),

10) en España, al Instituto de Crédito Oficial, 11) en Francia, a la «Caisse des dépôts et consignations»,

12) en Italia, a la «Cassa depositi e prestiti»,

13) en Letonia, a las «krājaizdevu sabiedrības», empresas reconocidas en virtud de los «Krājaizdevu sabiedrību likums» como empresas cooperativas que prestan servicios financie ros únicamente a sus miembros,

14) en Lituania, a las «kredito unijos», exceptuado el «Centrinė kredito unija»,

15) en Hungría, al «MFB Magyar Fejlesztési Bank Zártkörűen Működő Részvénytársaság» y al «Magyar Export-Import Bank Zártkörűen Működő Részvénytársaság»,

16) en los Países Bajos, al «Nederlandse Investeringsbank voor Ontwikkelingslanden NV», a la «NV Noordelijke Ontwikke lingsmaatschappij», al «NV Industriebank Limburgs Instituut voor Ontwikkeling en Financiering» y a la «Overijsselse Ontwikkelingsmaatschappij NV»,

17) en Austria, a las empresas reconocidas como asociaciones de construcción de interés público y al «Österreichische Kontrollbank AG»,

18) en Polonia, al «Spółdzielcze Kasy Oszczędnościowo - Kredytowe» y al «Bank Gospodarstwa Krajowego»,

19) en Portugal, a las «Caixas Económicas» existentes a 1 de enero de 1986, excepto las que tengan estructura de socie dad anónima y la «Caixa Económica Montepio Geral»,

20) en Eslovenia, al «SID-Slovenska izvozna in razvojna banka, d.d. Ljubljana», 21) en Finlandia, a la «Teollisen yhteistyön rahasto Oy/Fonden för industriellt samarbete Ab» y la «Finnvera Oyj/Finnvera Abp»,

22) en Suecia, a la «Svenska Skeppshypotekskassan»,

23) en el Reino Unido, al «National Savings Bank», a la «Com monwealth Development Finance Company Ltd», a la «Agricultural Mortgage Corporation Ltd», a la «Scottish Agricultural Securities Corporation Ltd», a los «Crown Agents for overseas governments and administrations», a las «credit unions» y a los «municipal banks».

A pesar de estas exenciones, el Reglamento 2022/2554 busca garantizar que estas entidades gestionen adecuadamente los riesgos tecnológicos y operativos, dado que una interrupción en sus operaciones podría generar efectos adversos significativos, incluso a nivel local.

Aunque el Reglamento adopta un enfoque proporcional, adaptado a la naturaleza, tamaño y ámbito de las entidades exentas, les impone obligaciones específicas para garantizar un nivel adecuado de resiliencia operativa digital. Estas obligaciones incluyen la gestión de riesgos relacionados con las TIC, la preparación para incidentes tecnológicos, y la adopción de planes de continuidad y recuperación, todo ello en consonancia con el principio de proporcionalidad. Las entidades deben cumplir estas exigencias, no solo para proteger sus operaciones, sino también para garantizar que su actividad no se convierta en un factor de vulnerabilidad dentro del ecosistema financiero.

El Reglamento exige que las entidades exentas implementen un marco básico de gestión de riesgos relacionados con las TIC, que permita identificar, evaluar, mitigar y supervisar los riesgos que puedan comprometer la continuidad de sus operaciones. Este marco debe ser proporcional a la naturaleza y complejidad de sus actividades, pero lo suficientemente robusto como para garantizar la protección frente a ciberamenazas y fallos tecnológicos. Por ejemplo, una cooperativa de crédito local debe analizar los riesgos asociados a sus sistemas de banca digital o gestión de datos de clientes, evaluando vulnerabilidades como accesos no autorizados, fallos en los sistemas o ataques de ransomware.

En el caso de estas entidades, el Reglamento permite un enfoque simplificado, pero no menos riguroso, en la identificación de riesgos. Las entidades exentas deben evaluar las amenazas tanto internas como externas, incluyendo el impacto de incidentes tecnológicos en sus operaciones críticas. Por ejemplo, una institución pública que gestione fondos de garantía debe garantizar que sus bases de datos están protegidas frente a accesos no autorizados o pérdidas accidentales, implementando medidas de respaldo de datos y cifrado.

El Reglamento obliga a las entidades exentas a desarrollar planes de continuidad de negocio y recuperación ante desastres que sean adecuados para su tamaño y ámbito de operaciones. Estos planes deben incluir estrategias específicas para garantizar que las funciones críticas puedan continuar en caso de interrupciones, ya sea por ciberataques, fallos técnicos o eventos externos como desastres naturales.

Por ejemplo, una cooperativa de crédito local que gestione cuentas de ahorro y préstamos debe garantizar que sus sistemas de gestión de clientes puedan seguir operando incluso si su infraestructura tecnológica principal falla. Esto podría lograrse mediante la implementación de sistemas de respaldo, como servidores secundarios, o acuerdos con terceros que permitan la recuperación de datos y sistemas en un tiempo mínimo.

El Reglamento subraya la necesidad de que las entidades exentas supervisen a los proveedores terceros esenciales que puedan desempeñar un papel crítico en sus operaciones. Aunque estas entidades pueden depender en mayor medida de proveedores externos debido a sus recursos limitados, deben asegurarse de que dichos proveedores cumplen con los estándares de seguridad y resiliencia establecidos por el Reglamento.

Por ejemplo, si una entidad exenta externaliza la gestión de su infraestructura tecnológica a un proveedor de servicios en la nube, debe garantizar que el contrato incluya cláusulas específicas sobre notificación de incidentes, redundancia de servicios y auditorías periódicas. Además, debe supervisar regularmente el desempeño del proveedor para asegurarse de que cumple con los niveles de servicio acordados.

El Reglamento determina que las entidades exentas implementen protocolos claros para gestionar incidentes tecnológicos, asegurando que estos sean detectados, reportados y mitigados de manera oportuna. Estos protocolos deben incluir procedimientos para la notificación de incidentes graves a las autoridades competentes, garantizando que las entidades cumplan con los plazos y requisitos establecidos.

Por ejemplo, si una institución pública encargada de la gestión de deuda pública sufre un ciberataque que compromete sus sistemas de información, debe notificar de inmediato el incidente a las autoridades, proporcionando detalles sobre su impacto y las medidas adoptadas para contenerlo.

El Reglamento establece que las entidades exentas deben realizar pruebas periódicas para evaluar su capacidad de recuperación frente a incidentes relacionados con las TIC. Estas pruebas, aunque simplificadas en comparación con las exigidas a las entidades de mayor tamaño, deben ser suficientes para identificar vulnerabilidades y mejorar la preparación de la entidad frente a eventos adversos.

Por ejemplo, una entidad exenta podría realizar simulaciones de interrupciones en sus sistemas de gestión de cuentas o pagos, evaluando su capacidad para restaurar los servicios afectados en un tiempo razonable y con el menor impacto posible en sus clientes.

El principio de proporcionalidad es central en la aplicación del Reglamento a las entidades exentas. Este principio asegura que las obligaciones impuestas sean adecuadas y no generen cargas desproporcionadas en función del tamaño, la complejidad y la naturaleza de sus operaciones. Por ejemplo, una cooperativa de crédito con un ámbito local no estará obligada a implementar sistemas de ciberseguridad avanzados que solo serían viables para grandes bancos internacionales, pero sí deberá garantizar que sus sistemas básicos estén protegidos frente a accesos no autorizados y fallos críticos.

El concepto de "entidad exenta en virtud de la Directiva 2013/36/UE" en el contexto del Reglamento Europeo 2022/2554 refleja un enfoque equilibrado que busca garantizar que incluso las instituciones financieras más pequeñas y especializadas gestionen adecuadamente los riesgos tecnológicos y operativos. A través de un marco adaptado y proporcional, estas entidades deben implementar medidas básicas de resiliencia operativa, supervisar a sus proveedores esenciales, preparar planes de continuidad y responder eficazmente a incidentes relacionados con las TIC. Al cumplir con estas obligaciones, no solo protegen sus propias operaciones y clientes, sino que también contribuyen a la estabilidad del sistema financiero en su ámbito de influencia. Este enfoque asegura que el Reglamento cumpla su objetivo de fortalecer la resiliencia operativa digital en toda la estructura financiera de la Unión Europea, independientemente del tamaño o alcance de las entidades reguladas.

33) «empresa de servicios de inversión»: una empresa de servicios de inversión tal como se define en el artículo 4, apartado 1, punto 1, de la Directiva 2014/65/UE;

El concepto de "empresa de servicios de inversión", definido en el artículo 4, apartado 1, punto 1, de la Directiva 2014/65/UE (MiFID II), incluye a toda persona jurídica cuya profesión o actividad habituales consisten en prestar uno o más servicios de inversión o en realizar una o más actividades de inversión con carácter profesional a terceros. Entre los servicios de inversión que prestan estas empresas se encuentran actividades básicas para los mercados financieros, como la recepción y transmisión de órdenes de clientes, la ejecución de órdenes, la gestión de carteras, el asesoramiento en materia de inversiones, la colocación de instrumentos financieros, la negociación por cuenta propia y la operación de sistemas multilaterales de negociación (MTF) y sistemas organizados de contratación (OTF). En este contexto, las empresas de servicios de inversión no solo desempeñan un papel esencial en la intermediación financiera, sino que también actúan como actores clave para la estabilidad, liquidez y transparencia de los mercados financieros de la Unión Europea.

El Reglamento Europeo 2022/2554 sobre resiliencia operativa digital aplica plenamente a estas empresas debido a su alto grado de dependencia tecnológica, su exposición a riesgos cibernéticos y tecnológicos, y su interconexión con el resto del sistema financiero. Estas empresas operan en un entorno altamente digitalizado en el que la mayoría de sus actividades dependen de infraestructuras TIC avanzadas, como plataformas de negociación electrónicas, sistemas de procesamiento de datos y herramientas algorítmicas de ejecución de órdenes. Esta dependencia las hace especialmente vulnerables a interrupciones operativas, fallos tecnológicos y ciberataques, los cuales no solo podrían afectar a sus operaciones internas, sino que también tendrían consecuencias directas sobre sus clientes, contrapartes y los mercados financieros en general. Por tanto, el Reglamento establece un marco normativo robusto que obliga a estas empresas a gestionar de manera integral los riesgos relacionados con las TIC, garantizar la continuidad de sus operaciones críticas y proteger la estabilidad financiera del sistema en su conjunto.

Las empresas de servicios de inversión se enfrentan a un conjunto específico de riesgos tecnológicos derivados de su operativa. Su actividad principal, que incluye la negociación de instrumentos financieros, la provisión de asesoramiento y la gestión de carteras, está directamente vinculada a la infraestructura TIC. Estas empresas procesan grandes volúmenes de transacciones y datos en tiempo real, lo que las convierte en un objetivo atractivo para ciberataques y amenazas tecnológicas. Además, el uso de tecnologías avanzadas, como la negociación algorítmica y las plataformas digitales, introduce riesgos adicionales, como errores en los algoritmos, sobrecargas en los sistemas y fallos en la conectividad. Por ejemplo, un fallo en una plataforma de negociación puede llevar a una interrupción en el mercado, afectando no solo a los clientes de la empresa, sino también a la liquidez y la estabilidad de los instrumentos negociados.

El Reglamento aborda estos riesgos al exigir a las empresas de servicios de inversión implementar un marco integral de gestión de riesgos relacionados con las TIC que abarque la identificación, evaluación, mitigación y supervisión continua de los riesgos tecnológicos. Este marco debe estar alineado con las características y el modelo operativo de cada empresa, considerando factores como el volumen de transacciones, la sensibilidad de los datos gestionados y el grado de dependencia de proveedores externos.

El Reglamento establece una serie de responsabilidades específicas para las empresas de servicios de inversión, todas ellas diseñadas para abordar las particularidades de su operativa y garantizar su resiliencia operativa digital. Estas obligaciones incluyen:

El Reglamento exige que las empresas de servicios de inversión desarrollen e implementen un marco que les permita identificar, gestionar y mitigar los riesgos relacionados con las TIC de manera eficaz. Este marco debe cubrir tanto los riesgos internos como externos y abordar aspectos como ciberataques, fallos técnicos, errores humanos y riesgos asociados a proveedores terceros. Por ejemplo, una empresa que gestione sistemas multilaterales de negociación debe evaluar periódicamente la vulnerabilidad de sus plataformas electrónicas frente a ciberataques, asegurándose de que dispone de medidas de mitigación, como firewalls avanzados, herramientas de detección de intrusos y sistemas de autenticación robustos.

El Reglamento exige que las empresas consideren la naturaleza dinámica de los riesgos tecnológicos, adaptando su marco de gestión de riesgos a medida que surjan nuevas amenazas o cambien las condiciones operativas. Por ejemplo, el creciente uso de inteligencia artificial y aprendizaje automático en la negociación algorítmica podría introducir nuevas vulnerabilidades que deben ser abordadas dentro del marco.

Las empresas de servicios de inversión deben desarrollar planes de continuidad de negocio y recuperación ante desastres que les permitan mantener sus funciones críticas incluso en caso de interrupciones tecnológicas. Estos planes deben incluir estrategias específicas para restaurar las operaciones en el menor tiempo posible, minimizando el impacto en sus clientes y en los mercados financieros. Por ejemplo, una empresa que gestione carteras de inversión debe garantizar que, en caso de un fallo en sus sistemas tecnológicos, los clientes puedan seguir accediendo a la información sobre sus inversiones y realizar operaciones críticas, como liquidar activos.

Estos planes también deben prever redundancias tecnológicas, como centros de datos alternativos y sistemas de respaldo, para garantizar la disponibilidad de los servicios críticos. Por ejemplo, una empresa podría establecer acuerdos con un proveedor de servicios en la nube que le permita replicar sus datos y sistemas en múltiples ubicaciones geográficas, protegiéndose así frente a desastres locales.

El Reglamento determina que las empresas de servicios de inversión implementen protocolos claros para la detección, notificación y respuesta a incidentes tecnológicos. Estos protocolos deben garantizar que los incidentes se identifiquen y gestionen de manera oportuna, minimizando su impacto y evitando que se propaguen a otras áreas de la empresa o al sistema financiero en general.

Un aspecto fundamental de esta obligación es la notificación de incidentes graves a las autoridades competentes, conforme a los plazos establecidos por el Reglamento. Por ejemplo, si una empresa sufre un ciberataque que compromete los datos de sus clientes o interrumpe su plataforma de negociación, debe informar del incidente a las autoridades regulatorias, proporcionando detalles sobre su naturaleza, alcance y las medidas adoptadas para contenerlo.

Muchas empresas de servicios de inversión dependen de proveedores terceros para la prestación de servicios críticos, como almacenamiento en la nube, gestión de datos y desarrollo de software. El Reglamento subraya la importancia de supervisar a estos proveedores, asegurándose de que cumplen con los estándares de seguridad y resiliencia operativa exigidos.

Por ejemplo, una empresa que utilice un proveedor externo para operar su plataforma de negociación debe garantizar que dicho proveedor implemente medidas de seguridad robustas, como cifrado de datos, auditorías regulares y protocolos de recuperación ante desastres. Además, la empresa debe incluir cláusulas específicas en los contratos con los proveedores, exigiendo la notificación inmediata de incidentes y el cumplimiento de los niveles de servicio acordados.

El Reglamento establece que las empresas de servicios de inversión deben realizar pruebas periódicas para evaluar su capacidad de recuperación frente a incidentes relacionados con las TIC. Estas pruebas pueden incluir simulaciones de ciberataques, ejercicios de recuperación de sistemas y análisis de fallos hipotéticos.

Por ejemplo, una empresa podría realizar un ejercicio de simulación en el que se interrumpa el acceso a su plataforma de negociación durante un período crítico del mercado, evaluando su capacidad para restaurar el servicio rápidamente y comunicarse de manera efectiva con sus clientes y contrapartes.

El órgano de dirección de las empresas de servicios de inversión tiene la responsabilidad de supervisar la implementación de las disposiciones del Reglamento y garantizar que la gestión de riesgos relacionados con las TIC esté integrada en el marco general de gobernanza de la empresa. Esto incluye aprobar las políticas de resiliencia operativa digital, supervisar las auditorías internas y externas, y asignar los recursos necesarios para cumplir con las obligaciones normativas.

Por ejemplo, el órgano de dirección debe asegurarse de que la empresa invierta en tecnología de última generación para la detección y prevención de ciberamenazas, así como en la formación continua de los empleados en materia de ciberseguridad.

Dado el papel central que desempeñan las empresas de servicios de inversión en los mercados financieros, cualquier interrupción en sus operaciones puede tener un impacto significativo en la estabilidad del sistema financiero. Por ejemplo, un fallo en la plataforma de negociación de una empresa podría afectar la liquidez y la formación de precios en el mercado, perjudicando a los inversores y a otras contrapartes.

El incumplimiento de las disposiciones del Reglamento puede tener graves consecuencias para estas empresas, incluyendo sanciones regulatorias, daños reputacionales y pérdidas financieras. Por ejemplo, si una empresa no implementa medidas adecuadas para proteger sus sistemas y sufre un ciberataque que compromete los datos de sus clientes, podría enfrentarse a multas significativas y a la pérdida de confianza por parte de sus inversores y socios.

El concepto de "empresa de servicios de inversión" en el contexto del Reglamento Europeo 2022/2554 pone de manifiesto la importancia de fortalecer la resiliencia operativa digital de estas instituciones, dado su papel central en los mercados financieros y su alta dependencia de la tecnología. El cumplimiento de las obligaciones establecidas por el Reglamento no solo protege a estas empresas de los riesgos tecnológicos, sino que también refuerza la confianza en los mercados financieros, protege a los inversores y contribuye a la estabilidad del sistema financiero europeo. La correcta implementación de estas medidas es esencial para garantizar que estas empresas puedan operar de manera segura, eficiente y confiable en un entorno digital cada vez más complejo e interconectado.

34) «empresa de servicios de inversión pequeña y no interconectada»: una empresa de servicios de inversión que cumple las condiciones establecidas en el artículo 12, apartado 1, del Reglamento (UE) 2019/2033 del Parlamento Europeo y del Consejo

El concepto de "empresa de servicios de inversión pequeña y no interconectada", definido en el artículo 12, apartado 1, del Reglamento (UE) 2019/2033, se refiere a aquellas empresas de servicios de inversión que cumplen ciertos criterios específicos que las excluyen del régimen más estricto de requisitos prudenciales aplicable a las grandes empresas de servicios de inversión o a aquellas que están profundamente interconectadas con el sistema financiero. Estas empresas suelen tener operaciones limitadas en términos de volumen, alcance y riesgos sistémicos, lo que justifica un marco regulador adaptado a su menor escala y perfil de riesgo. En este contexto, la categoría busca equilibrar la proporcionalidad regulatoria con la necesidad de garantizar la resiliencia operativa de estas empresas frente a riesgos tecnológicos, cibernéticos y operativos.

A los efectos del Reglamento (UE) 2019/2033, Una empresa de servicios de inversión se considerará pequeña y no interconectada a efectos del presente Reglamento si cumple todas las condiciones siguientes:

a) los AUM, valorados de conformidad con el artículo 17, son inferiores a 1 200 millones EUR;

b) las COH, valoradas de conformidad con el artículo 20, son inferiores a:

   i) 100 millones EUR /día para las operaciones al contado, o

   ii) 1 000 millones EUR /día para los derivados;

c) los ASA, valorados de conformidad con el artículo 19, son iguales a cero;

d) el CMH, valorado de conformidad con el artículo 18, es igual a cero;

e) el DTF, valorado de conformidad con el artículo 33, es igual a cero;

f) el NPR o el CMG, valorados de conformidad con los artículos 22 y 23, son iguales a cero;

g) el TCD, valorado de conformidad con el artículo 26, es igual a cero;

h) el importe total del balance y de las cuentas de fuera de balance de la empresa de servicios de inversión es inferior a 100 millones EUR;

i) los ingresos totales brutos anuales procedentes de los servicios y actividades de inversión de la empresa de servicios de inversión son inferiores a 30 millones EUR, calculados como una media sobre la base de las cifras anuales del período de dos años inmediatamente anterior al ejercicio financiero de que se trate.

Los criterios que definen a una empresa de servicios de inversión como “pequeña y no interconectada” incluyen, entre otros, que no gestionen grandes volúmenes de activos, no mantengan posiciones sustanciales de negociación por cuenta propia, no tengan acceso directo a sistemas de liquidación, no ofrezcan servicios de custodia de instrumentos financieros, y no sean participantes significativos en los mercados financieros desde la perspectiva del riesgo sistémico. Estas características limitan su impacto potencial en el sistema financiero en caso de fallo operativo o incidente relacionado con las tecnologías de la información y las comunicaciones. Sin embargo, la digitalización creciente y la dependencia tecnológica de todas las empresas de servicios de inversión, independientemente de su tamaño, han llevado al Reglamento Europeo 2022/2554 sobre resiliencia operativa digital a incluirlas dentro de su ámbito de aplicación con un enfoque ajustado a sus características específicas.

El Reglamento 2022/2554 reconoce que las empresas de servicios de inversión pequeñas y no interconectadas, aunque no representan un riesgo sistémico significativo, deben gestionar adecuadamente los riesgos relacionados con las TIC para garantizar la continuidad de sus operaciones, proteger a sus clientes y preservar la confianza en los servicios financieros que ofrecen. Estas empresas dependen cada vez más de herramientas digitales y plataformas tecnológicas para prestar servicios de asesoramiento, gestión de carteras, ejecución de órdenes o colocación de instrumentos financieros. Por ello, están igualmente expuestas a ciberataques, fallos tecnológicos y otros riesgos operativos que pueden comprometer su actividad o la seguridad de los datos de sus clientes. El Reglamento establece obligaciones proporcionales para estas empresas, asegurando que implementen medidas razonables y adecuadas a su tamaño y complejidad, sin imponerles cargas regulatorias excesivas.

El Reglamento exige que las empresas de servicios de inversión pequeñas y no interconectadas implementen un marco de gestión de riesgos relacionados con las TIC que sea proporcional a su naturaleza, tamaño y perfil de riesgos. Este marco debe permitirles identificar, evaluar y mitigar los riesgos tecnológicos que puedan comprometer sus operaciones o afectar negativamente a sus clientes. Aunque el alcance y la sofisticación del marco pueden ser menores en comparación con el de las grandes empresas de servicios de inversión, debe ser lo suficientemente robusto como para abordar las amenazas más relevantes.

Por ejemplo, una empresa pequeña que ofrezca servicios de asesoramiento financiero a través de una plataforma digital debe garantizar que sus sistemas están protegidos contra accesos no autorizados, malware y otras amenazas cibernéticas. Esto puede incluir medidas como el uso de firewalls, herramientas de detección de intrusos, y autenticación de doble factor para el acceso de los clientes a la plataforma.

El marco de gestión de riesgos también debe incluir la evaluación de los riesgos asociados a los proveedores tecnológicos externos que estas empresas puedan utilizar. Dado que muchas empresas pequeñas dependen de proveedores externos para servicios tecnológicos críticos, como el alojamiento en la nube o el desarrollo de software, el Reglamento exige que supervisen la seguridad y la resiliencia operativa de estos proveedores. Por ejemplo, una empresa que utilice un proveedor externo para gestionar su infraestructura tecnológica debe asegurarse de que el proveedor cumple con estándares adecuados de ciberseguridad, como el cifrado de datos y la realización de auditorías periódicas.

Continuidad operativa y recuperación ante desastres

El Reglamento establece que las empresas de servicios de inversión pequeñas y no interconectadas deben contar con planes básicos de continuidad operativa y recuperación ante desastres. Aunque estos planes pueden ser menos complejos que los exigidos a las grandes empresas, deben ser suficientes para garantizar que las operaciones críticas puedan continuar en caso de interrupciones tecnológicas o incidentes relacionados con las TIC. Esto incluye la implementación de sistemas de respaldo de datos y procedimientos claros para la recuperación de sistemas en caso de fallo.

Por ejemplo, una empresa que gestione carteras de inversión para un grupo reducido de clientes debe asegurarse de que sus datos están respaldados regularmente en un sistema seguro y que puede restaurar el acceso a los mismos en caso de que su infraestructura principal falle. Esto podría incluir el uso de un proveedor de servicios en la nube que ofrezca redundancia geográfica para garantizar la disponibilidad continua de los datos.

El Reglamento determina que las empresas de servicios de inversión pequeñas y no interconectadas implementen procedimientos para la detección, gestión y notificación de incidentes tecnológicos. Aunque estos procedimientos pueden ser menos complejos que los de las grandes empresas, deben garantizar que los incidentes se gestionan de manera eficiente y que las autoridades competentes se notifican de los incidentes graves dentro de los plazos establecidos.

Por ejemplo, si una empresa pequeña experimenta un ataque de phishing que compromete las credenciales de acceso de algunos de sus clientes, debe activar su protocolo de respuesta al incidente, informar a los clientes afectados y notificar a las autoridades competentes si el incidente tiene un impacto significativo en la seguridad o la continuidad de sus servicios.

El Reglamento establece que estas empresas deben realizar pruebas periódicas de resiliencia operativa digital para evaluar su preparación frente a incidentes relacionados con las TIC. Estas pruebas pueden incluir simulaciones de ciberataques o ejercicios de recuperación de datos, adaptados a la escala de la empresa y la complejidad de sus operaciones. Por ejemplo, una empresa podría realizar una simulación en la que se interrumpa el acceso a su plataforma de asesoramiento digital para evaluar su capacidad de restaurar el servicio rápidamente y minimizar el impacto en sus clientes.

El órgano de dirección de las empresas de servicios de inversión pequeñas y no interconectadas tiene la responsabilidad de supervisar la implementación de las disposiciones del Reglamento y garantizar que los riesgos relacionados con las TIC se gestionen adecuadamente. Esto incluye la aprobación de las políticas de gestión de riesgos tecnológicos, la asignación de recursos suficientes para la resiliencia operativa y la supervisión de los proveedores tecnológicos. Por ejemplo, el órgano de dirección debe asegurarse de que la empresa invierta en herramientas básicas de ciberseguridad y que los empleados reciban formación sobre cómo prevenir y gestionar incidentes cibernéticos.

El Reglamento aplica el principio de proporcionalidad a las empresas de servicios de inversión pequeñas y no interconectadas, reconociendo que sus riesgos y su impacto potencial en el sistema financiero son significativamente menores que los de las grandes empresas. Por ello, las obligaciones impuestas están diseñadas para garantizar un nivel adecuado de resiliencia operativa sin imponerles cargas regulatorias excesivas. Por ejemplo, estas empresas no están obligadas a realizar pruebas de penetración avanzadas o a implementar sistemas tecnológicos complejos que puedan ser prohibitivamente costosos, pero sí deben adoptar medidas razonables para proteger sus sistemas y datos.

Aunque estas empresas tienen un impacto limitado en el sistema financiero, el incumplimiento de las disposiciones del Reglamento puede tener consecuencias graves para su operativa, reputación y clientes. Por ejemplo, un ciberataque exitoso contra una empresa pequeña que no haya implementado medidas básicas de seguridad podría resultar en la pérdida de datos de clientes, interrupciones en los servicios y sanciones regulatorias. Además, la confianza de los clientes en los servicios financieros ofrecidos por estas empresas podría verse gravemente afectada.

El concepto de "empresa de servicios de inversión pequeña y no interconectada" dentro del Reglamento Europeo 2022/2554 refleja un enfoque regulador adaptado y proporcional que busca garantizar la resiliencia operativa digital de estas empresas sin imponerles cargas desproporcionadas. Estas empresas deben implementar marcos básicos de gestión de riesgos tecnológicos, garantizar la continuidad de sus operaciones críticas, supervisar a sus proveedores externos, gestionar eficazmente los incidentes tecnológicos y realizar pruebas de resiliencia operativa. Al cumplir con estas obligaciones, no solo protegen a sus clientes y sus operaciones, sino que también contribuyen a la confianza y estabilidad del sistema financiero, incluso desde su posición de menor escala e interconexión. La correcta aplicación de estas medidas asegura que estas empresas puedan operar de manera segura y eficiente en un entorno digital cada vez más complejo y expuesto a riesgos emergentes.

35) «entidad de pago»: una entidad de pago tal como se define en el artículo 4, punto 4, de la Directiva (UE) 2015/2366;

El concepto de "entidad de pago", según el artículo 4, punto 4, de la Directiva (UE) 2015/2366 (PSD2), se refiere a una persona jurídica a la cual se haya otorgado autorización, de conformidad con el artículo 11, para prestar y ejecutar servicios de pago en toda la Unión. Las entidades de pago actúan como intermediarios clave en el sistema financiero, facilitando operaciones como transferencias electrónicas, domiciliaciones bancarias, pagos con tarjetas, emisión de instrumentos de pago, servicios de iniciación de pagos (PIS) y servicios de información sobre cuentas (AIS). Estas entidades han ganado una relevancia crítica en el ecosistema financiero debido al incremento exponencial de los pagos digitales y electrónicos, que son fundamentales para el comercio moderno y las transacciones financieras. En el contexto del Reglamento Europeo 2022/2554 sobre resiliencia operativa digital, las entidades de pago están plenamente incluidas, no solo por su alta dependencia de las tecnologías de la información y las comunicaciones, sino también por el papel esencial que desempeñan en la infraestructura de pagos y su impacto potencial en la estabilidad financiera.

Las entidades de pago son un pilar fundamental de la economía digital, procesando grandes volúmenes de transacciones diarias, muchas de ellas en tiempo real, y manejando datos sensibles de clientes, como información bancaria y personal. Esta naturaleza digitalizada las hace altamente vulnerables a incidentes relacionados con las TIC, como ciberataques, fallos tecnológicos o interrupciones operativas, que pueden generar efectos adversos tanto en los consumidores como en los comerciantes y en el sistema financiero en su conjunto. Por ello, el Reglamento 2022/2554 impone un conjunto de requisitos obligatorios diseñados para fortalecer la resiliencia operativa digital de estas entidades, asegurando que puedan gestionar eficazmente los riesgos tecnológicos y responder adecuadamente a incidentes que comprometan la continuidad de sus servicios.

El crecimiento de los pagos digitales ha situado a las entidades de pago en el centro del ecosistema financiero, pero también ha aumentado su exposición a riesgos tecnológicos y operativos. La prestación de servicios como la emisión de instrumentos de pago, los servicios de iniciación de pagos (PIS) o los servicios de información sobre cuentas (AIS) implica una alta dependencia de sistemas tecnológicos avanzados, como plataformas digitales de pago, soluciones de autenticación y almacenamiento de datos en la nube. Además, la interconexión con múltiples partes interesadas, incluidos bancos, comerciantes y consumidores, amplifica el impacto potencial de cualquier interrupción en sus operaciones.

Un fallo operativo en una entidad de pago no solo afecta a los usuarios directos de sus servicios, sino que también puede tener repercusiones en cascada en todo el sistema de pagos, causando interrupciones en las transacciones electrónicas, retrasos en las liquidaciones y pérdida de confianza en los servicios financieros digitales. Por ejemplo, una interrupción en los sistemas de una entidad de pago podría impedir que los consumidores realicen pagos en comercios electrónicos o físicos, afectando a las actividades comerciales y generando consecuencias económicas adversas.

El Reglamento establece un marco normativo detallado que obliga a las entidades de pago a gestionar los riesgos relacionados con las TIC, garantizar la continuidad de sus operaciones críticas y proteger la seguridad de los datos y transacciones de sus clientes. Estas obligaciones están diseñadas para abordar las particularidades de su actividad y para reforzar la confianza en la infraestructura de pagos.

El Reglamento exige a las entidades de pago implementar un marco integral de gestión de riesgos relacionados con las TIC que les permita identificar, evaluar, mitigar y supervisar los riesgos tecnológicos que puedan comprometer sus operaciones. Este marco debe incluir medidas específicas para proteger la confidencialidad, integridad y disponibilidad de los sistemas y datos de la entidad. Por ejemplo, una entidad de pago que ofrezca servicios de pagos en línea debe garantizar que sus plataformas están protegidas contra accesos no autorizados mediante el uso de controles avanzados como la autenticación multifactorial, el cifrado de extremo a extremo y herramientas de detección de intrusos.

El marco de gestión de riesgos también debe abordar las amenazas derivadas de ciberataques, que son una preocupación creciente para las entidades de pago. Los ataques de ransomware, las amenazas internas (insider threats) y los ataques de denegación de servicio distribuido (DDoS) son ejemplos de riesgos que pueden afectar gravemente la continuidad de los servicios. Una entidad de pago debe implementar medidas proactivas, como el monitoreo continuo de sus redes, la segmentación de sus sistemas críticos y la realización de análisis de vulnerabilidades para identificar y mitigar posibles puntos débiles.

El Reglamento establece que las entidades de pago deben desarrollar planes de continuidad de negocio y recuperación ante desastres para garantizar que puedan mantener sus operaciones críticas incluso en caso de interrupciones tecnológicas. Estos planes deben incluir estrategias específicas para restaurar los servicios esenciales en un tiempo razonable y con un impacto mínimo para los clientes. Por ejemplo, una entidad de pago que gestione una plataforma de pagos electrónicos debe contar con sistemas de respaldo en tiempo real y centros de datos redundantes ubicados en diferentes regiones geográficas para garantizar la disponibilidad continua de sus servicios.

Además, los planes de continuidad deben prever la respuesta a una amplia gama de escenarios, incluidos fallos en los sistemas tecnológicos, interrupciones en los servicios de los proveedores externos y desastres naturales. Por ejemplo, una entidad de pago que dependa de un proveedor de servicios en la nube para almacenar sus datos debe garantizar que el proveedor tenga medidas de recuperación ante desastres y que estas estén alineadas con los requisitos de la entidad.

El Reglamento determina a las entidades de pago que implementen procedimientos claros para la detección, notificación y gestión de incidentes tecnológicos. Estos procedimientos deben garantizar que los incidentes se identifiquen y gestionen de manera oportuna para minimizar su impacto y evitar que se propaguen a otras áreas de la entidad o al sistema financiero en general. Por ejemplo, si una entidad de pago detecta un acceso no autorizado a su plataforma, debe activar inmediatamente su plan de respuesta al incidente, que podría incluir la desconexión de los sistemas afectados, la notificación a los clientes y la coordinación con las autoridades competentes.

Un aspecto que considerar de esta obligación es la notificación de incidentes graves a las autoridades competentes dentro de los plazos establecidos. Por ejemplo, si una entidad de pago sufre un ciberataque que compromete la información sensible de sus clientes, debe informar del incidente a las autoridades regulatorias y proporcionar detalles sobre la naturaleza del ataque, su impacto y las medidas adoptadas para mitigar el daño.

Muchas entidades de pago dependen de proveedores terceros para la prestación de servicios tecnológicos críticos, como el procesamiento de pagos, el almacenamiento de datos y la ciberseguridad. El Reglamento exige que las entidades supervisen de manera efectiva a estos proveedores, asegurándose de que cumplen con los estándares de seguridad y resiliencia operativa. Por ejemplo, una entidad que utilice un proveedor externo para gestionar su infraestructura tecnológica debe garantizar que este implemente medidas adecuadas de ciberseguridad, como auditorías periódicas, segmentación de redes y cifrado de datos.

El Reglamento aborda el riesgo de concentración derivado de la dependencia de un número limitado de proveedores críticos, exigiendo a las entidades que diversifiquen sus relaciones con los proveedores y adopten medidas para mitigar los riesgos asociados.

El Reglamento establece que las entidades de pago deben realizar pruebas periódicas de su resiliencia operativa digital, incluyendo simulaciones de ciberataques y ejercicios de recuperación de sistemas. Estas pruebas permiten identificar vulnerabilidades en los sistemas, evaluar la preparación de la entidad frente a incidentes tecnológicos y mejorar sus planes de respuesta y continuidad. Por ejemplo, una entidad podría realizar un ejercicio en el que simule un fallo masivo en su plataforma de autenticación de pagos para evaluar su capacidad de restaurar el servicio y minimizar el impacto en los clientes.

El órgano de dirección de las entidades de pago tiene la responsabilidad última de garantizar el cumplimiento del Reglamento y supervisar la implementación de las medidas necesarias para gestionar los riesgos relacionados con las TIC. Esto incluye la aprobación de políticas de resiliencia operativa, la asignación de recursos adecuados y la supervisión de los informes sobre incidentes y auditorías internas. Por ejemplo, el órgano de dirección debe asegurarse de que la entidad invierta en tecnologías avanzadas de detección y prevención de amenazas y que sus empleados reciban formación periódica en ciberseguridad.

El incumplimiento de las disposiciones del Reglamento puede tener graves consecuencias para las entidades de pago, incluyendo sanciones regulatorias, daños reputacionales y pérdidas financieras. Por ejemplo, si una entidad no implementa medidas adecuadas para proteger sus sistemas y sufre un ciberataque que interrumpe sus servicios, podría enfrentarse a multas significativas, así como a la pérdida de confianza por parte de sus clientes y contrapartes. Además, las autoridades competentes podrían imponer medidas correctivas, como la exigencia de mejorar los controles de seguridad o la suspensión temporal de ciertos servicios.

El concepto de "entidad de pago" en el marco del Reglamento Europeo 2022/2554 subraya la importancia de garantizar la resiliencia operativa digital de estas instituciones, dado su papel crítico en los sistemas de pago y su alta exposición a riesgos tecnológicos. Las entidades de pago deben implementar medidas robustas para gestionar los riesgos relacionados con las TIC, garantizar la continuidad de sus operaciones críticas, supervisar a sus proveedores externos, gestionar eficazmente los incidentes tecnológicos y realizar pruebas periódicas de resiliencia. Al cumplir con estas obligaciones, no solo protegen a sus clientes y sus operaciones, sino que también contribuyen a la estabilidad y confianza en el sistema financiero en su conjunto. La correcta aplicación de estas medidas es esencial para garantizar que las entidades de pago puedan operar de manera segura y eficiente en un entorno digital cada vez más complejo e interconectado.

36) «entidad de pago exenta en virtud de la Directiva (UE) 2015/2366»: una entidad de pago exenta en virtud del artículo 32, apartado 1, de la Directiva (UE) 2015/2366;

El concepto de "entidad de pago exenta en virtud de la Directiva (UE) 2015/2366" se refiere a aquellas entidades que, conforme al artículo 32, apartado 1, de dicha Directiva (PSD2), están exentas de la obtención de una autorización completa para prestar servicios de pago, debido a que cumplen con ciertos criterios que las excluyen del régimen general de autorización. Estas entidades operan dentro de umbrales regulatorios específicos y bajo condiciones restrictivas, como un volumen limitado de operaciones y un ámbito de actividad circunscrito a un único Estado miembro. Aunque no están obligadas a someterse a la autorización completa que se exige a las entidades de pago tradicionales, estas entidades deben registrarse ante la autoridad competente y cumplir con ciertos requisitos mínimos para garantizar la protección de los usuarios y la estabilidad del sistema financiero. En el contexto del Reglamento Europeo 2022/2554 sobre resiliencia operativa digital, estas entidades están incluidas dentro de su ámbito de aplicación, con un enfoque adaptado y proporcional que toma en consideración su tamaño, naturaleza y modelo operativo.

La exención otorgada a estas entidades se basa en su menor escala y su impacto reducido en el sistema financiero, siempre que cumplan con las condiciones establecidas en el artículo 32, apartado 1, de la PSD2. Estas condiciones incluyen, entre otras, operar únicamente dentro de las fronteras de un único Estado miembro, no gestionar un volumen de transacciones que supere los 3 millones de euros mensuales, y no manejar fondos significativos de los usuarios. Además, estas entidades deben proporcionar pruebas suficientes de que sus servicios no representan un riesgo significativo para los usuarios ni para la estabilidad del sistema financiero. A pesar de estas limitaciones, las entidades de pago exentas están sujetas a requisitos de registro, supervisión y cumplimiento con ciertas disposiciones básicas de la PSD2, como la protección de los fondos de los usuarios y la implementación de medidas de seguridad para proteger los datos sensibles.

El Reglamento 2022/2554 extiende su aplicación a estas entidades debido a que, aunque operan a menor escala, dependen de sistemas tecnológicos para prestar sus servicios y están expuestas a riesgos tecnológicos, operativos y cibernéticos. Un fallo operativo en una entidad de pago exenta puede afectar directamente a los usuarios que dependen de sus servicios y, en algunos casos, puede tener repercusiones más amplias si dicha entidad está interconectada con otras instituciones o servicios de pago. Por ello, el Reglamento busca garantizar que estas entidades adopten medidas adecuadas para gestionar los riesgos relacionados con las tecnologías de la información y las comunicaciones (TIC), garantizando la continuidad de sus operaciones y protegiendo la confianza de los usuarios en los servicios financieros.

Condiciones y limitaciones de las entidades de pago exentas bajo la PSD2

El artículo 32, apartado 1, de la PSD2 establece un régimen de exención para las entidades de pago que cumplan con las siguientes condiciones esenciales:

1. Su actividad de servicios de pago está limitada al territorio de un único Estado miembro.
2. El volumen total de operaciones de pago ejecutadas no supera un promedio mensual de 3 millones de euros.
3. No manejan fondos de los usuarios más allá de lo estrictamente necesario para la prestación del servicio de pago.
4. Deben demostrar que sus servicios no presentan riesgos significativos para los usuarios, incluyendo riesgos operativos y de seguridad.

Estas condiciones reflejan la naturaleza limitada de estas entidades y su menor impacto potencial en el sistema financiero en comparación con las entidades de pago plenamente autorizadas. Sin embargo, las crecientes amenazas tecnológicas y cibernéticas, así como la dependencia tecnológica de estas entidades, justifican la aplicación del Reglamento 2022/2554 para garantizar su resiliencia operativa.

El Reglamento impone un conjunto de obligaciones a las entidades de pago exentas, adaptadas a su menor tamaño y alcance, pero suficientes para garantizar un nivel básico de resiliencia operativa digital. Estas obligaciones se estructuran en torno a la gestión de riesgos relacionados con las TIC, la continuidad operativa, la supervisión de proveedores y la respuesta a incidentes.

Las entidades de pago exentas deben implementar un marco básico de gestión de riesgos relacionados con las TIC que les permita identificar, evaluar y mitigar los riesgos tecnológicos que puedan afectar sus operaciones. Este marco debe ser proporcional a su tamaño y modelo de negocio, pero debe garantizar que se aborden las amenazas más relevantes, como ciberataques, fallos técnicos y vulnerabilidades en los sistemas.

Por ejemplo, una entidad de pago exenta que ofrezca servicios de transferencia de dinero en un único Estado miembro debe proteger sus sistemas de procesamiento de pagos mediante controles básicos de seguridad, como el uso de firewalls, autenticación multifactorial y herramientas de detección de malware. Además, debe realizar evaluaciones regulares de riesgos para identificar posibles puntos débiles en su infraestructura tecnológica y adoptar medidas correctivas.

El Reglamento requiere que las entidades evalúen los riesgos asociados a su dependencia de proveedores externos, especialmente si dichos proveedores gestionan funciones críticas como el almacenamiento de datos o el procesamiento de transacciones.

El Reglamento determina que las entidades de pago exentas desarrollen planes de continuidad de negocio y recuperación ante desastres adaptados a su escala operativa. Estos planes deben garantizar que las funciones críticas puedan continuar o restablecerse rápidamente en caso de interrupciones tecnológicas o incidentes relacionados con las TIC.

Por ejemplo, una entidad de pago exenta que gestione una plataforma digital de pagos debe garantizar que sus datos estén respaldados regularmente y almacenados en sistemas seguros que puedan ser recuperados en caso de fallo. Esto puede incluir el uso de soluciones de almacenamiento en la nube con redundancia geográfica y procedimientos claros para la restauración de sistemas.

Las entidades de pago exentas deben contar con procedimientos para la detección, gestión y notificación de incidentes relacionados con las TIC. Aunque estos procedimientos pueden ser menos complejos que los de las grandes entidades de pago, deben ser suficientes para garantizar una respuesta eficaz a los incidentes y minimizar su impacto en los usuarios.

Por ejemplo, si una entidad de pago exenta detecta un acceso no autorizado a su sistema, debe activar su protocolo de respuesta al incidente, que puede incluir la desconexión del sistema afectado, la notificación a los usuarios y la coordinación con las autoridades competentes si el incidente tiene un impacto significativo.

El Reglamento establece que las entidades deben notificar a las autoridades competentes cualquier incidente grave relacionado con las TIC dentro de los plazos establecidos, proporcionando información detallada sobre la naturaleza del incidente, su impacto y las medidas adoptadas para mitigarlo.

Dado que muchas entidades de pago exentas dependen de proveedores externos para la prestación de servicios tecnológicos, el Reglamento exige que estas entidades supervisen a sus proveedores para garantizar que cumplen con los estándares de seguridad y resiliencia operativa. Por ejemplo, una entidad que utilice un proveedor externo para procesar transacciones debe asegurarse de que el proveedor implemente controles de seguridad básicos, como el cifrado de datos y la realización de auditorías periódicas.

El Reglamento subraya la necesidad de abordar el riesgo de concentración derivado de la dependencia de un único proveedor crítico. Una entidad exenta debería evaluar este riesgo y considerar la diversificación de proveedores para reducir su exposición a interrupciones.

El Reglamento requiere que las entidades de pago exentas realicen pruebas periódicas de resiliencia operativa digital, adaptadas a su tamaño y modelo de negocio. Estas pruebas pueden incluir simulaciones de interrupciones en los sistemas y ejercicios de recuperación de datos para evaluar su capacidad de respuesta ante incidentes.

Por ejemplo, una entidad podría realizar un ejercicio en el que simule un fallo en su sistema de autenticación de usuarios para evaluar la eficacia de sus procedimientos de respaldo y recuperación.

El principio de proporcionalidad es fundamental en la aplicación del Reglamento a las entidades de pago exentas. Reconociendo su menor escala y alcance, el Reglamento adapta las obligaciones para evitar cargas regulatorias innecesarias, al tiempo que garantiza un nivel adecuado de protección para los usuarios y la resiliencia operativa de estas entidades. Por ejemplo, mientras que las grandes entidades pueden estar obligadas a realizar pruebas avanzadas de penetración, las entidades exentas solo deben realizar evaluaciones básicas que sean proporcionadas a su infraestructura tecnológica.

El incumplimiento de las disposiciones del Reglamento puede tener graves consecuencias para las entidades de pago exentas, incluyendo sanciones regulatorias, pérdida de confianza por parte de los usuarios y daños reputacionales. Por ejemplo, si una entidad no implementa medidas adecuadas para proteger sus sistemas y sufre un ciberataque que interrumpe sus servicios, podría enfrentarse a multas y a la imposición de medidas correctivas por parte de las autoridades competentes.

El concepto de "entidad de pago exenta en virtud de la Directiva (UE) 2015/2366" dentro del marco del Reglamento Europeo 2022/2554 subraya la importancia de garantizar un nivel adecuado de resiliencia operativa digital para estas entidades, incluso cuando operan a menor escala y con un impacto limitado en el sistema financiero. Al implementar medidas proporcionales para gestionar los riesgos relacionados con las TIC, garantizar la continuidad de sus operaciones críticas, supervisar a sus proveedores externos y gestionar eficazmente los incidentes tecnológicos, estas entidades no solo protegen a sus usuarios y operaciones, sino que también contribuyen a la estabilidad y confianza en el sistema financiero en su conjunto. La correcta aplicación de estas medidas asegura que las entidades de pago exentas puedan operar de manera segura y eficiente en un entorno digital caracterizado por riesgos crecientes y alta interconexión.

37) «proveedor de servicios de información sobre cuentas»: un proveedor de servicios de información sobre cuentas a que se refiere el artículo 33, apartado 1, de la Directiva (UE) 2015/2366;

El concepto de "proveedor de servicios de información sobre cuentas", definido en el artículo 33, apartado 1, de la Directiva (UE) 2015/2366 (PSD2), se refiere a aquellas entidades autorizadas a prestar servicios de acceso y consolidación de información financiera de una o más cuentas de pago mantenidas en distintos proveedores de servicios de pago, como bancos o entidades financieras. Su función principal es proporcionar a los usuarios, a través de interfaces tecnológicas, una visión consolidada y en tiempo real de la información de sus cuentas, lo que facilita la gestión de sus finanzas personales o empresariales. Este servicio no implica la tenencia de fondos ni la ejecución de transacciones, sino únicamente el acceso a datos relacionados con las cuentas de los usuarios. A pesar de no manejar dinero directamente, estas entidades tratan con datos financieros altamente sensibles y, por lo tanto, son consideradas actores clave en el ecosistema de servicios de pago digital. En el marco del Reglamento Europeo

2022/2554 sobre resiliencia operativa digital, los proveedores de servicios de información sobre cuentas son plenamente aplicables, dado su papel en el ecosistema financiero y su alta dependencia tecnológica.

La importancia de los proveedores de servicios de información sobre cuentas se ha incrementado significativamente con la implementación de la PSD2, que fomenta la apertura de datos bancarios mediante el uso de interfaces de programación de aplicaciones (APIs). Estos proveedores permiten a los usuarios acceder a su información financiera desde múltiples entidades de pago en un solo punto de acceso, promoviendo la innovación, la transparencia y la competencia en el mercado financiero. Sin embargo, el acceso a estas APIs también introduce riesgos importantes relacionados con la ciberseguridad, la privacidad de los datos y la continuidad operativa. Cualquier interrupción en los servicios prestados por estas entidades, o un fallo en la protección de los datos que gestionan, podría tener consecuencias graves para los usuarios y para la confianza general en los servicios financieros digitales. Por ello, el Reglamento 2022/2554 establece un marco normativo obligatorio para que estas entidades gestionen adecuadamente los riesgos relacionados con las tecnologías de la información y las comunicaciones (TIC), protejan los datos de los usuarios y garanticen la continuidad de sus servicios.

Los proveedores de servicios de información sobre cuentas desempeñan un papel estratégico en el ecosistema financiero digital, al actuar como intermediarios entre los usuarios y los proveedores de cuentas (bancos y entidades de pago). Este modelo les permite acceder, bajo el consentimiento explícito de los usuarios, a los datos financieros mantenidos en cuentas bancarias u otros instrumentos de pago, para ofrecer servicios como la agregación de saldos, el análisis de gastos y la gestión presupuestaria. Estos servicios son esenciales para facilitar la planificación financiera y mejorar la experiencia del usuario en el manejo de sus finanzas.

No obstante, la naturaleza de los servicios prestados implica un manejo constante de datos personales y financieros sensibles. Los proveedores de servicios de información sobre cuentas no solo deben garantizar la seguridad de las conexiones a las APIs de los bancos, sino también proteger la información de los usuarios frente a accesos no autorizados, ciberataques o manipulaciones. Además, al depender de infraestructuras digitales para la prestación de sus servicios, están expuestos a una amplia gama de riesgos tecnológicos y operativos que pueden afectar la continuidad y seguridad de sus operaciones.

Por ejemplo, si un proveedor sufre un fallo en la conexión con una API bancaria, los usuarios podrían perder temporalmente el acceso a sus datos financieros consolidados, lo que afectaría su capacidad para tomar decisiones financieras informadas. Asimismo, un ciberataque que comprometa la seguridad de los datos financieros gestionados por el proveedor podría generar daños reputacionales significativos y socavar la confianza del público en los servicios de pago digital.

El Reglamento establece un conjunto de requisitos específicos para garantizar que los proveedores de servicios de información sobre cuentas gestionen adecuadamente los riesgos relacionados con las TIC, protejan los datos sensibles de los usuarios y mantengan la continuidad de sus servicios. Estas obligaciones están diseñadas para abordar las particularidades de su actividad y los riesgos inherentes a la misma.

El Reglamento determina que los proveedores de servicios de información sobre cuentas implementen un marco integral de gestión de riesgos relacionados con las TIC. Este marco debe permitirles identificar, evaluar, mitigar y supervisar los riesgos tecnológicos que puedan comprometer la seguridad de sus sistemas o afectar la integridad y confidencialidad de los datos de los usuarios. Entre los riesgos más relevantes se encuentran los ciberataques, los fallos en las conexiones con las APIs de los bancos, los errores humanos y las vulnerabilidades en la infraestructura tecnológica.

Por ejemplo, un proveedor debe implementar controles de acceso estrictos para garantizar que solo las partes autorizadas puedan acceder a los datos financieros de los usuarios. Esto incluye el uso de autenticación multifactorial para los usuarios finales, el cifrado de los datos en tránsito y en reposo, y la segmentación de redes para minimizar el impacto de posibles intrusiones.

El Reglamento subraya la importancia de la evaluación continua de riesgos. Esto implica que los proveedores deben realizar pruebas de penetra ción regulares, análisis de vulnerabilidades y simulaciones de ciberataques para identificar posibles debilidades en sus sistemas y adoptar medidas correctivas de manera proactiva.

El Reglamento establece que los proveedores de servicios de información sobre cuentas deben desarrollar planes de continuidad de negocio y recuperación ante desastres que les permitan mantener sus operaciones críticas en caso de interrupciones tecnológicas. Estos planes deben prever escenarios como fallos en las conexiones con las APIs bancarias, interrupciones en los sistemas de almacenamiento de datos o ciberataques que afecten la disponibilidad de sus servicios.

Por ejemplo, un proveedor podría implementar sistemas de respaldo en tiempo real que permitan restaurar el acceso a los datos de los usuarios en caso de un fallo en la infraestructura principal. Además, los planes de continuidad deben incluir procedimientos claros para la comunicación con los usuarios durante las interrupciones, garantizando que estén informados sobre el estado de los servicios y las medidas adoptadas para resolver el problema.

El Reglamento exige que los proveedores de servicios de información sobre cuentas implementen procedimientos claros para la detección, notificación y gestión de incidentes relacionados con las TIC. Estos procedimientos deben garantizar que los incidentes se gestionen de manera oportuna para minimizar su impacto en los usuarios y en las operaciones del proveedor.

Por ejemplo, si un proveedor detecta una violación de datos que afecta la información financiera de los usuarios, debe activar su protocolo de respuesta al incidente, que podría incluir la desconexión temporal de los sistemas afectados, la notificación inmediata a los usuarios y la comunicación con las autoridades competentes. La notificación de incidentes graves debe realizarse dentro de los plazos establecidos por el Reglamento, proporcionando información detallada sobre la naturaleza del incidente, su impacto y las medidas adoptadas para mitigarlo.

Dado que muchos proveedores de servicios de información sobre cuentas dependen de terceros para gestionar funciones críticas, como el almacenamiento de datos o el desarrollo de plataformas tecnológicas, el Reglamento determina que supervisen de manera efectiva a estos proveedores. Esto incluye la realización de auditorías periódicas, la inclusión de cláusulas específicas sobre ciberseguridad en los contratos y la evaluación de los riesgos asociados a la dependencia de proveedores únicos.

Por ejemplo, un proveedor que utilice un servicio en la nube para almacenar los datos de los usuarios debe garantizar que el proveedor de la nube implemente medidas de seguridad robustas, como el cifrado de datos, la segmentación de redes y la detección de intrusos. Además, el proveedor debe establecer acuerdos de nivel de servicio (SLA) claros que garanticen la disponibilidad y seguridad de los datos en todo momento.

El Reglamento establece que los proveedores de servicios de información sobre cuentas deben realizar pruebas periódicas para evaluar su capacidad de recuperación frente a incidentes tecnológicos. Estas pruebas pueden incluir simulaciones de ciberataques, ejercicios de recuperación de sistemas y pruebas de continuidad de negocio.

Por ejemplo, un proveedor podría realizar un ejercicio en el que simule un ataque de denegación de servicio distribuido (DDoS) contra su plataforma para evaluar la eficacia de sus medidas de mitigación y su capacidad para mantener la disponibilidad del servicio.

El órgano de dirección de los proveedores de servicios de información sobre cuentas tiene la responsabilidad última de garantizar el cumplimiento del Reglamento y supervisar la implementación de las medidas necesarias para gestionar los riesgos relacionados con las TIC. Esto incluye la aprobación de políticas de gestión de riesgos, la asignación de recursos adecuados y la supervisión de los informes sobre incidentes y auditorías internas.

Por ejemplo, el órgano de dirección debe asegurarse de que el proveedor invierta en tecnologías avanzadas de ciberseguridad y que sus empleados reciban formación periódica sobre cómo prevenir y gestionar incidentes tecnológicos.

El incumplimiento de las disposiciones del Reglamento puede tener consecuencias graves para los proveedores de servicios de información sobre cuentas, incluyendo sanciones regulatorias, daños reputacionales y pérdida de confianza por parte de los usuarios. Por ejemplo, si un proveedor no implementa medidas adecuadas para proteger los datos de los usuarios y sufre un ciberataque que compromete esta información, podría enfrentarse a multas significativas, así como a la pérdida de clientes y socios comerciales.

El concepto de "proveedor de servicios de información sobre cuentas" en el contexto del Reglamento Europeo 2022/2554 refleja la necesidad de garantizar la resiliencia operativa digital de estas entidades, dado su papel fundamental en la gestión de datos financieros y su alta dependencia tecnológica. Los proveedores deben implementar medidas robustas para gestionar los riesgos relacionados con las TIC, garantizar la continuidad de sus operaciones, supervisar a sus proveedores externos y gestionar eficazmente los incidentes tecnológicos. Al cumplir con estas obligaciones, no solo protegen a sus usuarios y operaciones, sino que también contribuyen a la estabilidad y confianza en el ecosistema de servicios de pago digital. La correcta aplicación de estas medidas es esencial para garantizar que estas entidades puedan operar de manera segura y eficiente en un entorno cada vez más interconectado y expuesto a riesgos tecnológicos emergentes.

38) «entidad de dinero electrónico»: una entidad de dinero electrónico tal como se define en el artículo 2, punto 1, de la Directiva 2009/110/CE;

El concepto de "entidad de dinero electrónico", definido en el artículo 2, punto 1, de la Directiva 2009/110/CE, se refiere a toda persona jurídica a la cual se haya otorgado autorización, de conformidad con el título II, para emitir dinero electrónico. El dinero electrónico, según lo definido en la misma normativa, es un valor monetario almacenado electrónicamente, emitido a cambio de fondos recibidos, y destinado a ser utilizado como medio de pago aceptado por terceros. Estas entidades desempeñan un criterio fundamental en el ecosistema financiero digital al facilitar el acceso a servicios de pago electrónicos y ofrecer alternativas a los instrumentos financieros tradicionales, como el dinero en efectivo o las tarjetas bancarias. En el contexto del Reglamento Europeo 2022/2554 sobre resiliencia operativa digital, las entidades de dinero electrónico están plenamente incluidas debido a su dependencia tecnológica, la gestión de datos financieros sensibles y su relevancia en la economía digital moderna.

El modelo de negocio de las entidades de dinero electrónico está intrínsecamente vinculado a las tecnologías de la información y las comunicaciones (TIC). Estas entidades operan plataformas digitales que permiten a los usuarios almacenar y transferir valor monetario de manera instantánea y eficiente, lo que fomenta la inclusión financiera y la adopción de los pagos digitales. Sin embargo, esta misma dependencia tecnológica las expone a una serie de riesgos significativos, como ciberataques, fallos técnicos, interrupciones operativas y vulnerabilidades en la protección de datos. Además, debido a que estas entidades manejan fondos de los usuarios y actúan como emisores de medios de pago aceptados ampliamente por terceros, cualquier interrupción en sus operaciones o fallo en la seguridad de sus sistemas podría tener consecuencias sistémicas para el sector financiero y la confianza de los usuarios en los servicios de pago digital.

El Reglamento Europeo 2022/2554 aborda estos riesgos mediante la imposición de un marco normativo obligatorio que garantiza que las entidades de dinero electrónico implementen medidas adecuadas para gestionar los riesgos tecnológicos, proteger los fondos y datos de los usuarios, y garantizar la continuidad de sus servicios en caso de incidentes relacionados con las TIC. Estas medidas no solo buscan mitigar los riesgos inherentes a la naturaleza tecnológica de estas entidades, sino también reforzar la estabilidad del sistema financiero en su conjunto y la confianza de los usuarios en el ecosistema digital.

Las entidades de dinero electrónico juegan un papel determinante en la digitalización de los servicios financieros y en la promoción de los pagos electrónicos como alternativa al dinero en efectivo. A través de sus plataformas, los usuarios pueden realizar pagos, transferencias y recargas de valor de forma inmediata, ya sea en el ámbito local o transfronterizo.

Estas soluciones son esenciales para facilitar la inclusión financiera, especialmente en contextos donde el acceso a servicios bancarios tradicionales es limitado. Además, las entidades de dinero electrónico son actores fundamental en el ecosistema de comercio electrónico, al proporcionar a los consumidores y comerciantes opciones de pago rápidas y seguras.

Sin embargo, la naturaleza digital de los servicios prestados por estas entidades conlleva una serie de riesgos inherentes. Por ejemplo, los sistemas de almacenamiento y transferencia de dinero electrónico son objetivos atractivos para los ciberdelincuentes, que buscan explotar vulnerabilidades en la infraestructura tecnológica para acceder a fondos o datos sensibles. Asimismo, las interrupciones operativas, ya sea por fallos técnicos o por ciberataques, pueden generar pérdidas financieras para los usuarios y afectar la reputación de las entidades. Estos riesgos son amplificados por la interconexión de estas entidades con otros actores del sistema financiero, como bancos, procesadores de pagos y comerciantes, lo que puede dar lugar a un efecto en cascada en caso de incidentes graves.

El Reglamento impone un conjunto de obligaciones específicas a las entidades de dinero electrónico para garantizar su resiliencia operativa digital. Estas obligaciones abarcan la gestión de riesgos relacionados con las TIC, la continuidad operativa, la supervisión de proveedores externos y la respuesta a incidentes tecnológicos. Estas medidas están diseñadas para abordar los riesgos inherentes a su actividad y proteger tanto a los usuarios como al sistema financiero en su conjunto.

El Reglamento exige que las entidades de dinero electrónico implementen un marco integral de gestión de riesgos relacionados con las TIC, adaptado a su modelo de negocio y escala operativa. Este marco debe permitirles identificar, evaluar, mitigar y supervisar los riesgos tecnológicos que puedan afectar la continuidad de sus operaciones o comprometer la seguridad de los fondos y datos de los usuarios. Entre los riesgos más relevantes se encuentran los ciberataques, los fallos en los sistemas tecnológicos, las vulnerabilidades en las plataformas de pago y los errores humanos.

Por ejemplo, una entidad de dinero electrónico que opere una plataforma de monedero digital debe garantizar que su infraestructura tecnológica esté protegida mediante controles de seguridad robustos, como la autenticación multifactorial, el cifrado de extremo a extremo de las transacciones y la segmentación de redes críticas. Además, debe realizar evaluaciones periódicas de riesgos para identificar posibles vulnerabilidades en sus sistemas y adoptar medidas correctivas de manera proactiva.

El Reglamento establece que las entidades deben gestionar los riesgos derivados de su dependencia de proveedores externos que presten servicios críticos, como almacenamiento en la nube, procesamiento de pagos o ciberseguridad. Esto incluye evaluar la capacidad de los proveedores para cumplir con los estándares de seguridad exigidos y supervisar su desempeño de manera continua.

El Reglamento determina que las entidades de dinero electrónico desarrollen planes de continuidad de negocio y recuperación ante desastres que les permitan mantener sus operaciones críticas en caso de interrupciones tecnológicas o incidentes relacionados con las TIC. Estos planes deben prever escenarios como ciberataques, fallos en los sistemas tecnológicos, interrupciones en los servicios de los proveedores y desastres naturales.

Por ejemplo, una entidad de dinero electrónico que gestione una plataforma de pago internacional debe garantizar que sus datos estén respaldados en tiempo real en sistemas redundantes ubicados en distintas regiones geográficas. Esto permite restaurar rápidamente el acceso a los fondos de los usuarios en caso de interrupción. Además, los planes de continuidad deben incluir procedimientos para la comunicación con los usuarios y socios durante las interrupciones, asegurando que estén informados sobre el estado de los servicios y las medidas adoptadas para resolver el problema.

El Reglamento establece que las entidades de dinero electrónico deben implementar procedimientos claros para la detección, notificación y gestión de incidentes relacionados con las TIC. Estos procedimientos deben garantizar que los incidentes se gestionen de manera oportuna para minimizar su impacto en los usuarios y en las operaciones de la entidad.

Por ejemplo, si una entidad detecta un ciberataque que compromete la seguridad de los datos de los usuarios, debe activar inmediatamente su protocolo de respuesta al incidente, que podría incluir la desconexión temporal de los sistemas afectados, la notificación a los usuarios y la coordinación con las autoridades competentes. Además, el Reglamento exige que las entidades notifiquen a las autoridades cualquier incidente grave dentro de los plazos establecidos, proporcionando información detallada sobre la naturaleza del incidente, su impacto y las medidas adoptadas para mitigarlo.

Dado que muchas entidades de dinero electrónico dependen de proveedores externos para la prestación de servicios críticos, el Reglamento determina que supervisen de manera efectiva a estos proveedores. Esto incluye la realización de auditorías periódicas, la inclusión de cláusulas contractuales específicas sobre ciberseguridad y la evaluación de los riesgos asociados a la dependencia de proveedores únicos.

Por ejemplo, una entidad que utilice un proveedor externo para procesar sus transacciones debe garantizar que dicho proveedor implemente medidas de seguridad robustas, como el cifrado de datos y la detección de intrusos. Además, debe establecer acuerdos de nivel de servicio (SLA) que garanticen la disponibilidad y seguridad de los servicios en todo momento.

El Reglamento establece que las entidades de dinero electrónico deben realizar pruebas periódicas de su resiliencia operativa digital, incluyendo simulaciones de ciberataques y ejercicios de recuperación de sistemas. Estas pruebas permiten identificar vulnerabilidades y evaluar la preparación de la entidad frente a incidentes tecnológicos.

Por ejemplo, una entidad podría realizar un ejercicio en el que simule un ataque de denegación de servicio distribuido (DDoS) contra su plataforma de pago para evaluar la eficacia de sus medidas de mitigación y su capacidad para mantener la disponibilidad del servicio.

El órgano de dirección de las entidades de dinero electrónico tiene la responsabilidad última de garantizar el cumplimiento del Reglamento y supervisar la implementación de las medidas necesarias para gestionar los riesgos relacionados con las TIC. Esto incluye la aprobación de políticas de gestión de riesgos, la asignación de recursos adecuados y la supervisión de los informes sobre incidentes y auditorías internas.

Por ejemplo, el órgano de dirección debe asegurarse de que la entidad invierta en tecnologías avanzadas de ciberseguridad y que los empleados reciban formación periódica sobre cómo prevenir y gestionar incidentes tecnológicos.

El incumplimiento de las disposiciones del Reglamento puede tener consecuencias graves para las entidades de dinero electrónico, incluyendo sanciones regulatorias, pérdida de confianza por parte de los usuarios y daños reputacionales. Por ejemplo, si una entidad no implementa medidas adecuadas para proteger los fondos y datos de los usuarios y sufre un ciberataque que compromete esta información, podría enfrentarse a multas significativas, así como a la pérdida de clientes y socios comerciales.

El concepto de “entidad de dinero electrónico” en el contexto del Reglamento Europeo 2022/2554 subraya la importancia de garantizar la resiliencia operativa digital de estas entidades, dado su papel central en la digitalización de los servicios financieros y su alta exposición a riesgos tecnológicos. Las entidades deben implementar medidas robustas para gestionar los riesgos relacionados con las TIC, garantizar la continuidad de sus operaciones, supervisar a sus proveedores externos y gestionar eficazmente los incidentes tecnológicos. Al cumplir con estas obligaciones, no solo protegen a sus usuarios y operaciones, sino que también contribuyen a la estabilidad y confianza en el sistema financiero en su conjunto. La correcta aplicación de estas medidas es esencial para garantizar que las entidades de dinero electrónico puedan operar de manera segura y eficiente en un entorno digital cada vez más interconectado y expuesto a riesgos emergentes.

39) «entidad de dinero electrónico exenta en virtud de la Directiva 2009/110/CE»: una entidad de dinero electrónico que se beneficia de una exención a tenor del artículo 9, apartado 1, de la Directiva 2009/110/CE;

El concepto de "entidad de dinero electrónico exenta en virtud de la Directiva 2009/110/CE" se refiere a aquellas entidades que, conforme al artículo 9, apartado 1, de dicha Directiva, están eximidas de cumplir con el régimen completo de autorización aplicable a las entidades de dinero electrónico tradicionales debido a su naturaleza limitada, su tamaño o el alcance reducido de sus operaciones. Estas entidades se benefician de un marco regulatorio simplificado, diseñado para evitarles cargas administrativas desproporcionadas cuando sus actividades no representen un riesgo significativo para los usuarios o el sistema financiero. A pesar de esta exención, dichas entidades deben cumplir con ciertos requisitos básicos y operar bajo la supervisión de las autoridades competentes. En el contexto del Reglamento Europeo 2022/2554 sobre resiliencia operativa digital, estas entidades están incluidas dentro de su ámbito de aplicación, reconociendo que, aunque su escala es menor, su dependencia tecnológica y su función dentro del ecosistema financiero requieren la implementación de medidas de resiliencia adecuadas y proporcionadas.

El artículo 9, apartado 1, de la Directiva 2009/110/CE establece que los Estados miembros pueden permitir que una entidad que emita dinero electrónico quede exenta de la autorización completa si cumple con ciertas condiciones específicas, como operar únicamente dentro de las fronteras de un único Estado miembro y mantener un volumen limitado de operaciones que no exceda los umbrales establecidos por las autoridades nacionales. Además, estas entidades no deben representar un riesgo sistémico y su actividad debe estar diseñada de manera que no comprometa la estabilidad del mercado financiero ni los derechos de los usuarios. Estas condiciones reflejan el enfoque proporcional que busca equilibrar la necesidad de supervisión con las características limitadas de estas entidades.

A pesar de estar exentas del régimen completo de autorización, las entidades de dinero electrónico exentas desempeñan un papel importante en el ecosistema financiero, especialmente en mercados locales o de nicho, donde facilitan el acceso a servicios de pago y promueven la inclusión financiera. Sin embargo, su actividad está intrínsecamente vinculada al uso de tecnologías de la información y las comunicaciones (TIC), lo que las expone a riesgos tecnológicos, cibernéticos y operativos. Estos riesgos pueden afectar no solo a los usuarios de sus servicios, sino también, en menor medida, al ecosistema financiero más amplio, especialmente si dichas entidades no implementan medidas básicas de resiliencia operativa. Por ello, el Reglamento 2022/2554 exige que las entidades exentas adopten medidas proporcionales para gestionar los riesgos relacionados con las TIC, garantizar la continuidad de sus operaciones y proteger la seguridad de los fondos y datos de los usuarios.

El artículo 9, apartado 1, establece un régimen de exención que puede aplicarse a entidades de dinero electrónico que cumplan las siguientes condiciones:

1. Operar únicamente dentro de un único Estado miembro.
2. No superar los límites establecidos en términos de volumen de operaciones de dinero electrónico emitido, determinados por las autoridades nacionales.
3. Demostrar que sus actividades no generan riesgos significativos para la estabilidad del sistema financiero ni para la protección de los usuarios.
4. No realizar actividades de emisión de dinero electrónico que puedan comprometer los derechos de los consumidores o la integridad del mercado.

Estas condiciones subrayan la naturaleza limitada de estas entidades y justifican la exención del régimen completo de autorización aplicable a las entidades de mayor escala. Sin embargo, la creciente digitalización de los servicios financieros y la dependencia de las TIC en sus operaciones hacen que sea esencial que estas entidades adopten medidas para garantizar su resiliencia operativa digital, de acuerdo con las disposiciones del Reglamento 2022/2554.

El Reglamento establece un conjunto de requisitos adaptados a las entidades de dinero electrónico exentas, reconociendo su menor escala y complejidad, pero asegurando al mismo tiempo que implementen medidas básicas para gestionar los riesgos relacionados con las TIC y proteger a sus usuarios. Estas obligaciones incluyen la gestión de riesgos tecnológicos, la continuidad operativa, la supervisión de proveedores externos y la gestión de incidentes.

El Reglamento exige que las entidades de dinero electrónico exentas implementen un marco de gestión de riesgos relacionado con las TIC proporcional a su tamaño y modelo de negocio. Este marco debe permitirles identificar, evaluar y mitigar los riesgos tecnológicos que puedan afectar sus operaciones o comprometer la seguridad de los fondos y datos de los usuarios. Entre los riesgos más relevantes se encuentran los ciberataques, los fallos técnicos y los errores humanos.

Por ejemplo, una entidad de dinero electrónico exenta que opere una plataforma local de monedero digital debe garantizar que sus sistemas estén protegidos mediante medidas como la autenticación multifactorial para los usuarios, el cifrado de las transacciones y el monitoreo continuo de sus sistemas para detectar posibles amenazas. Además, debe realizar evaluaciones periódicas de riesgos para identificar vulnerabilidades en su infraestructura tecnológica y adoptar medidas correctivas cuando sea necesario.

El Reglamento determina que estas entidades desarrollen planes básicos de continuidad de negocio y recuperación ante desastres para garantizar la continuidad de sus operaciones críticas en caso de interrupciones tecnológicas. Estos planes deben incluir estrategias para restaurar rápidamente el acceso a los servicios en caso de fallos en los sistemas, ciberataques o interrupciones en los servicios de los proveedores externos.

Por ejemplo, una entidad que gestione una plataforma de dinero electrónico local debe garantizar que sus datos estén respaldados regularmente en un sistema seguro y que pueda restaurar rápidamente el acceso a los fondos de los usuarios en caso de interrupción. Esto podría incluir la utilización de servidores redundantes y el establecimiento de acuerdos con proveedores externos para la recuperación de sistemas.

El Reglamento establece que las entidades de dinero electrónico exentas deben contar con procedimientos claros para la detección, notificación y gestión de incidentes relacionados con las TIC. Estos procedimientos deben garantizar que los incidentes se gestionen de manera eficaz para minimizar su impacto en los usuarios y en las operaciones de la entidad.

Por ejemplo, si una entidad detecta un ciberataque que afecta la disponibilidad de su plataforma de dinero electrónico, debe activar su protocolo de respuesta al incidente, informar a los usuarios afectados y notificar a las autoridades competentes si el incidente tiene un impacto significativo. La capacidad de respuesta oportuna es clave para proteger la confianza de los usuarios y garantizar la continuidad de los servicios.

Dado que muchas entidades de dinero electrónico exentas dependen de proveedores externos para la prestación de servicios tecnológicos críticos, como el procesamiento de pagos o el almacenamiento de datos, el Reglamento exige que supervisen a estos proveedores para garantizar que cumplen con los estándares de seguridad y resiliencia operativa. Esto incluye la evaluación de los riesgos asociados, la realización de auditorías periódicas y la definición de cláusulas contractuales específicas sobre ciberseguridad.

Por ejemplo, una entidad que utilice un proveedor externo para gestionar su infraestructura tecnológica debe garantizar que dicho proveedor implemente medidas de seguridad adecuadas, como el cifrado de datos y la segmentación de redes. Además, debe establecer acuerdos de nivel de servicio (SLA) que garanticen la disponibilidad y seguridad de los servicios.

El Reglamento requiere que las entidades de dinero electrónico exentas realicen pruebas periódicas de resiliencia operativa digital para evaluar su capacidad de recuperación frente a incidentes relacionados con las TIC. Estas pruebas pueden incluir simulaciones de interrupciones en los sistemas y ejercicios de recuperación de datos, adaptados al tamaño y alcance de la entidad.

Por ejemplo, una entidad podría realizar un ejercicio en el que simule un fallo en su sistema de autenticación de usuarios para evaluar la eficacia de sus procedimientos de respaldo y recuperación.

El principio de proporcionalidad es fundamental en la aplicación del Reglamento a las entidades de dinero electrónico exentas. Reconociendo su menor escala y el impacto limitado de sus operaciones en el sistema financiero, las obligaciones impuestas son adaptadas para evitar cargas regulatorias excesivas. Por ejemplo, estas entidades no están obligadas a implementar sistemas tecnológicos avanzados ni a realizar pruebas de penetración sofisticadas, pero deben garantizar que sus medidas de resiliencia sean suficientes para proteger a sus usuarios y garantizar la continuidad de sus servicios.

El incumplimiento de las disposiciones del Reglamento puede tener consecuencias graves para las entidades de dinero electrónico exentas, incluyendo sanciones regulatorias, pérdida de confianza por parte de los usuarios y daños reputacionales. Por ejemplo, si una entidad no implementa medidas adecuadas para proteger sus sistemas y sufre un ciberataque que compromete los fondos o datos de los usuarios, podría enfrentarse a multas significativas y a la pérdida de clientes.

El concepto de "entidad de dinero electrónico exenta en virtud de la Directiva 2009/110/CE" en el marco del Reglamento Europeo 2022/2554 subraya la importancia de garantizar la resiliencia operativa digital incluso en entidades de menor escala. Estas entidades deben implementar medidas proporcionadas para gestionar los riesgos relacionados con las TIC, garantizar la continuidad de sus operaciones y proteger los fondos y datos de los usuarios. Al hacerlo, no solo protegen sus operaciones, sino que también contribuyen a la confianza en el sistema financiero y a la estabilidad del ecosistema digital en su conjunto. La correcta aplicación de estas medidas asegura que estas entidades puedan operar de manera segura y eficiente, incluso en un entorno caracterizado por riesgos tecnológicos crecientes e interconexión.

40) «entidad de contrapartida central»: una entidad de contrapartida central tal como se define en el artículo 2, punto 1, del Reglamento (UE) número 648/2012;

El concepto de "entidad de contrapartida central", definido en el artículo 2, punto 1, del Reglamento (UE) n.º 648/2012 (Reglamento EMIR), hace referencia a una persona jurídica que intermedia entre las contrapartes de los contratos negociados en uno o varios mercados financieros, actuando como compradora frente a todo vendedor y como vendedora frente a todo comprador. Las entidades de contrapartida central (ECC) desempeñan un papel esencial en la infraestructura del sistema financiero, especialmente en los mercados de derivados, valores y otros instrumentos financieros, al reducir el riesgo de contrapartes mediante la compensación de transacciones. Su función principal es garantizar que las obligaciones derivadas de los contratos negociados entre partes se cumplan, incluso si una de las partes incumple. En el contexto del Reglamento Europeo 2022/2554 sobre resiliencia operativa digital, las ECC están plenamente incluidas debido a su relevancia sistémica, su alta dependencia tecnológica y el impacto potencial que una interrupción en sus operaciones podría tener en la estabilidad del sistema financiero europeo.

Las ECC se encuentran en el núcleo del mercado financiero, asegurando la estabilidad y eficiencia de los mercados al minimizar el riesgo de contraparte y promover la transparencia en las transacciones financieras. Al garantizar que ambas partes de una operación cumplan con sus obligaciones, las ECC proporcionan una estructura crítica para la gestión de riesgos en los mercados financieros. Sin embargo, su papel central también las convierte en un punto único de fallo en la infraestructura financiera. Esto significa que cualquier interrupción en sus operaciones, ya sea debido a un fallo tecnológico, un ciberataque o una vulnerabilidad operativa, podría desencadenar efectos adversos de gran magnitud, afectando no solo a las partes directamente involucradas en las transacciones, sino también a la estabilidad de los mercados financieros en su conjunto.

El Reglamento Europeo 2022/2554 reconoce esta vulnerabilidad inherente y, por ello, impone un conjunto de requisitos rigurosos diseñados para fortalecer la resiliencia operativa digital de las ECC. Estos requisitos están orientados a garantizar que las ECC puedan gestionar eficazmente los riesgos relacionados con las tecnologías de la información y las comunicaciones, garantizar la continuidad de sus operaciones en todo momento y proteger la estabilidad del sistema financiero. La naturaleza crítica de las ECC dentro del sistema financiero implica que sus obligaciones bajo el Reglamento son amplias y detalladas, con un enfoque específico en la prevención de incidentes tecnológicos, la recuperación rápida de operaciones y la mitigación de riesgos sistémicos.

Las ECC son fundamentales para la estabilidad del sistema financiero al reducir los riesgos de contrapartida y de crédito mediante la compensación centralizada de operaciones. En términos prácticos, una ECC intermedia entre dos partes en una transacción financiera, garantizando que ambas cumplan con sus respectivas obligaciones contractuales. En los mercados de derivados, por ejemplo, esto significa que la ECC asegura el pago de las liquidaciones incluso si una de las contrapartes no cumple con su obligación. Al proporcionar esta función, las ECC actúan como una red de seguridad crítica, especialmente en mercados altamente apalancados o volátiles.

Además, las ECC también desempeñan un papel fundamental en la reducción del riesgo sistémico mediante la implementación de mecanismos robustos de gestión de riesgos, como los márgenes iniciales y las llamadas de margen. Estos mecanismos aseguran que las contrapartes mantengan garantías suficientes para cubrir sus exposiciones, reduciendo así el riesgo de contagio financiero en caso de incumplimientos.

Sin embargo, la centralización del riesgo en las ECC también las convierte en actores sistémicamente importantes. Si una ECC sufre una interrupción en sus operaciones, los efectos pueden propagarse rápidamente a través del sistema financiero, afectando a los participantes del mercado, a las instituciones financieras y, potencialmente, a la estabilidad económica general. Por ejemplo, un fallo en una ECC que opera en mercados de derivados de gran volumen podría provocar interrupciones significativas en las cadenas de liquidez y afectar la confianza en los mercados financieros. Esto subraya la importancia de garantizar que las ECC sean resilientes frente a incidentes tecnológicos, operativos y cibernéticos.

El Reglamento impone un conjunto de obligaciones específicas y rigurosas a las ECC, diseñadas para abordar los riesgos asociados con su función crítica en el sistema financiero. Estas obligaciones se centran en la gestión de riesgos tecnológicos, la continuidad operativa, la supervisión de proveedores externos, la respuesta a incidentes y la protección de la estabilidad del sistema financiero.

El Reglamento determina que las ECC implementen un marco integral de gestión de riesgos relacionados con las TIC, diseñado para identificar, evaluar, mitigar y supervisar los riesgos tecnológicos que puedan comprometer sus operaciones o la estabilidad del sistema financiero. Este marco debe abordar una amplia gama de riesgos, incluidos los ciberataques, los fallos técnicos, los errores humanos y las vulnerabilidades en los sistemas tecnológicos.

Por ejemplo, una ECC debe garantizar que sus sistemas de compensación estén protegidos contra accesos no autorizados mediante el uso de controles avanzados de seguridad, como la autenticación multifactorial, el cifrado de extremo a extremo y la segmentación de redes críticas. Además, debe realizar pruebas regulares de penetración y simulaciones de ciberataques para identificar posibles vulnerabilidades y mejorar su capacidad de respuesta.

El Reglamento exige que las ECC gestionen los riesgos derivados de la dependencia de proveedores externos que prestan servicios críticos, como infraestructura en la nube o sistemas de procesamiento de datos. Esto incluye evaluar la capacidad de los proveedores para cumplir con los estándares de seguridad exigidos y supervisar su desempeño de manera continua.

El Reglamento establece que las ECC deben desarrollar planes detallados de continuidad de negocio y recuperación ante desastres para garantizar que sus operaciones críticas puedan continuar o restablecerse rápidamente en caso de interrupciones. Estos planes deben incluir estrategias para gestionar una amplia gama de escenarios, como ciberataques, fallos en los sistemas tecnológicos, desastres naturales y fallos en los servicios de los proveedores externos.

Por ejemplo, una ECC debe garantizar que sus datos y sistemas estén respaldados en tiempo real en infraestructuras redundantes ubicadas en diferentes regiones geográficas. Esto permite restaurar rápidamente sus operaciones en caso de una interrupción significativa. Además, los planes de continuidad deben incluir procedimientos claros para la comunicación con los participantes del mercado y las autoridades durante una interrupción, asegurando que todos los interesados estén informados sobre el estado de las operaciones y las medidas adoptadas para resolver el problema.

El Reglamento requiere que las ECC implementen procedimientos claros para la detección, notificación y gestión de incidentes relacionados con las TIC. Estos procedimientos deben garantizar que los incidentes se gestionen de manera oportuna y eficaz para minimizar su impacto en las operaciones y en la estabilidad del sistema financiero.

Por ejemplo, si una ECC detecta un ciberataque que afecta su capacidad de procesar transacciones, debe activar inmediatamente su protocolo de respuesta al incidente, desconectar los sistemas afectados, notificar a las autoridades competentes y coordinar con los participantes del mercado para mitigar los efectos del incidente. La notificación de incidentes graves debe realizarse dentro de los plazos establecidos por el Reglamento, proporcionando información detallada sobre la naturaleza del incidente, su impacto y las medidas adoptadas para contenerlo.

Dado que muchas ECC dependen de proveedores externos para servicios tecnológicos críticos, el Reglamento determina que supervisen de manera efectiva a estos proveedores. Esto incluye realizar auditorías periódicas, establecer acuerdos contractuales claros sobre ciberseguridad y evaluar los riesgos asociados con la dependencia de proveedores únicos.

Por ejemplo, una ECC que utilice un proveedor externo para gestionar su infraestructura tecnológica debe garantizar que dicho proveedor implemente medidas de seguridad robustas, como el cifrado de datos, la detección de intrusos y la segmentación de redes. Además, debe establecer acuerdos de nivel de servicio (SLA) que garanticen la disponibilidad y seguridad de los servicios en todo momento.

El Reglamento establece que las ECC deben realizar pruebas periódicas de su resiliencia operativa digital, incluyendo simulaciones de ciberataques y ejercicios de recuperación de sistemas. Estas pruebas son esenciales para identificar vulnerabilidades, evaluar la preparación de la ECC frente a incidentes tecnológicos y garantizar la eficacia de sus planes de continuidad operativa.

Por ejemplo, una ECC podría realizar un ejercicio en el que simule un ataque de denegación de servicio distribuido (DDoS) contra su plataforma de compensación para evaluar la eficacia de sus medidas de mitigación y su capacidad para mantener la disponibilidad del servicio.

El incumplimiento de las disposiciones del Reglamento puede tener consecuencias graves para las ECC, incluyendo sanciones regulatorias, pérdida de confianza por parte de los participantes del mercado y daños reputacionales. Además, una interrupción en las operaciones de una ECC podría tener efectos en cascada en los mercados financieros, afectando la estabilidad económica general. Por ejemplo, si una ECC no implementa medidas adecuadas para proteger sus sistemas y sufre un ciberataque que interrumpe sus servicios, las contrapartes podrían enfrentar retrasos en la liquidación de transacciones, lo que podría generar pérdidas financieras significativas y afectar la confianza en el sistema financiero.

El concepto de "entidad de contrapartida central" en el marco del Reglamento Europeo 2022/2554 destaca la importancia de garantizar la resiliencia operativa digital de estas entidades, dado su papel crítico en la infraestructura del sistema financiero y su exposición a riesgos tecnológicos. Las ECC deben implementar medidas rigurosas para gestionar los riesgos relacionados con las TIC, garantizar la continuidad de sus operaciones, supervisar a sus proveedores externos y gestionar eficazmente los incidentes tecnológicos. Al cumplir con estas obligaciones, no solo protegen sus propias operaciones, sino que también contribuyen a la estabilidad y confianza en el sistema financiero en su conjunto. La correcta aplicación de estas medidas es esencial para garantizar que las ECC puedan operar de manera segura y eficiente en un entorno digital cada vez más complejo e interconectado.

41) «registro de operaciones»: un registro de operaciones tal como se define en el artículo 2, punto 2, del Reglamento (UE) número 648/2012;

El concepto de "registro de operaciones", definido en el artículo 2, punto 2, del Reglamento (UE) n.º 648/2012 (Reglamento EMIR), se refiere a una persona jurídica que recopila y conserva de forma centralizada las inscripciones de derivados. Los registros de operaciones actúan como repositorios de datos que consolidan y conservan información esencial sobre las operaciones realizadas entre contrapartes financieras y no financieras. Estos datos incluyen detalles sobre el valor, las características, las partes implicadas, los riesgos y las condiciones contractuales de cada transacción.

Su objetivo es mejorar la transparencia en los mercados financieros, reforzar la supervisión por parte de las autoridades competentes y reducir los riesgos sistémicos asociados a la opacidad en el mercado de derivados extrabursátiles (OTC). En el contexto del Reglamento Europeo 2022/2554 sobre resiliencia operativa digital, los registros de operaciones están plenamente incluidos debido a su papel determinante como repositorios de datos críticos y a los riesgos tecnológicos y operativos asociados a su actividad.

Los registros de operaciones son una piedra angular en la infraestructura de los mercados financieros. Su función principal es proporcionar a las autoridades reguladoras y a los participantes del mercado acceso a información estandarizada y centralizada sobre transacciones, lo que permite una supervisión más eficaz, una gestión adecuada de los riesgos y una mayor transparencia. Además, la recopilación y almacenamiento de datos en estos registros es obligatoria para todas las contrapartes que realizan transacciones de derivados, tanto en mercados organizados como en mercados OTC, lo que subraya la importancia de su correcto funcionamiento. Sin embargo, debido a la naturaleza tecnológica de su operativa, los registros de operaciones están altamente expuestos a riesgos relacionados con las tecnologías de la información y las comunicaciones, como ciberataques, fallos técnicos o interrupciones operativas, que podrían comprometer la disponibilidad, integridad y confidencialidad de los datos que gestionan.

El Reglamento Europeo 2022/2554 reconoce que los registros de operaciones son entidades críticas dentro de la infraestructura del sistema financiero, ya que su funcionamiento adecuado es fundamental para la estabilidad del mercado, la confianza de los inversores y la supervisión efectiva por parte de las autoridades. Por ello, impone a estas entidades un conjunto de obligaciones destinadas a garantizar su resiliencia operativa digital, con el fin de que puedan gestionar eficazmente los riesgos tecnológicos y garantizar la continuidad de sus operaciones, incluso frente a incidentes graves.

Los registros de operaciones son esenciales para la estabilidad y transparencia de los mercados financieros, especialmente en el contexto de los derivados, que son instrumentos complejos y en muchos casos opacos. Antes de la implementación del Reglamento EMIR, el mercado de derivados OTC carecía de la transparencia necesaria para que las autoridades supervisaran los riesgos de manera adecuada. La creación de registros de operaciones como repositorios centralizados de datos abordó esta deficiencia al proporcionar un marco estructurado para el seguimiento de las transacciones y el análisis de los riesgos.

Estos registros permiten a las autoridades competentes obtener una visión completa del volumen, las características y las exposiciones de los contratos de derivados, facilitando la identificación de riesgos sistémicos y el desarrollo de medidas preventivas para mitigar dichos riesgos. Además, actúan como una fuente de información crítica para los participantes del mercado, que pueden acceder a los datos registrados para gestionar sus propias exposiciones y cumplir con las obligaciones regulatorias. Sin embargo, debido a su papel central como custodios de datos financieros sensibles, los registros de operaciones también son puntos únicos de fallo dentro del sistema financiero. Cualquier interrupción o fallo en sus sistemas puede tener consecuencias significativas, afectando la confianza en los mercados y la capacidad de las autoridades para supervisar los riesgos de manera efectiva.

El Reglamento impone a los registros de operaciones una serie de obligaciones específicas para garantizar su resiliencia operativa digital y mitigar los riesgos asociados a su actividad. Estas obligaciones abarcan la gestión de riesgos tecnológicos, la continuidad operativa, la supervisión de proveedores externos y la respuesta a incidentes tecnológicos.

El Reglamento exige que los registros de operaciones implementen un marco robusto de gestión de riesgos relacionados con las TIC, diseñado para identificar, evaluar, mitigar y supervisar los riesgos tecnológicos que puedan comprometer la integridad, confidencialidad o disponibilidad de los datos que gestionan. Entre los riesgos más relevantes se encuentran los ciberataques, los fallos técnicos en los sistemas de almacenamiento y procesamiento de datos, y las vulnerabilidades en las interfaces tecnológicas utilizadas para la recopilación y transmisión de datos.

Por ejemplo, un registro de operaciones debe garantizar que sus sistemas están protegidos contra accesos no autorizados mediante la implementación de controles de seguridad avanzados, como la autenticación multifactorial, el cifrado de extremo a extremo de los datos y el monitoreo continuo de redes para detectar actividades sospechosas. También debe realizar evaluaciones periódicas de riesgos para identificar vulnerabilidades en su infraestructura tecnológica y adoptar medidas proactivas para mitigarlas.

El Reglamento establece que los registros deben gestionar los riesgos asociados a la dependencia de proveedores externos que presten servicios críticos, como infraestructura en la nube o soluciones de ciberseguridad. Esto incluye la evaluación de la capacidad de los proveedores para cumplir con los estándares de seguridad exigidos y la supervisión continua de su desempeño.

El Reglamento exige que los registros de operaciones desarrollen planes detallados de continuidad de negocio y recuperación ante desastres para garantizar que puedan seguir operando en caso de interrupciones tecnológicas o incidentes relacionados con las TIC. Estos planes deben prever una amplia gama de escenarios, como ciberataques, fallos técnicos, desastres naturales y fallos en los servicios de los proveedores externos.

Por ejemplo, un registro de operaciones debe garantizar que sus datos están respaldados en tiempo real en sistemas redundantes ubicados en diferentes regiones geográficas. Esto permite restaurar rápidamente el acceso a los datos en caso de una interrupción significativa. Además, los planes de continuidad deben incluir procedimientos claros para la comunicación con las autoridades reguladoras y los participantes del mercado durante una interrupción, asegurando que todos los interesados estén informados sobre el estado de los servicios y las medidas adoptadas para resolver el problema.

El Reglamento establece que los registros de operaciones deben contar con procedimientos claros para la detección, notificación y gestión de incidentes relacionados con las TIC. Estos procedimientos deben garantizar que los incidentes se gestionen de manera oportuna para minimizar su impacto en las operaciones y en la confianza de los participantes del mercado.

Por ejemplo, si un registro de operaciones detecta un ciberataque que compromete la confidencialidad de los datos almacenados, debe activar inmediatamente su protocolo de respuesta al incidente, desconectar los sistemas afectados, notificar a las autoridades competentes y coordinar con los participantes del mercado para mitigar los efectos del incidente. La notificación de incidentes graves debe realizarse dentro de los plazos establecidos por el Reglamento, proporcionando información detallada sobre la naturaleza del incidente, su impacto y las medidas adoptadas para contenerlo.

Dado que muchos registros de operaciones dependen de proveedores externos para la gestión de su infraestructura tecnológica, el Reglamento determina que supervisen de manera efectiva a estos proveedores. Esto incluye la realización de auditorías periódicas, la definición de cláusulas contractuales específicas sobre ciberseguridad y la evaluación de los riesgos asociados con la dependencia de proveedores únicos.

Por ejemplo, un registro que utilice un proveedor externo para gestionar sus sistemas de almacenamiento de datos debe garantizar que dicho proveedor implemente medidas de seguridad adecuadas, como el cifrado de datos y la detección de intrusos. Además, debe establecer acuerdos de nivel de servicio (SLA) que garanticen la disponibilidad y seguridad de los servicios en todo momento.

El Reglamento establece que los registros de operaciones deben realizar pruebas periódicas de su resiliencia operativa digital, incluyendo simulaciones de ciberataques y ejercicios de recuperación de sistemas. Estas pruebas son esenciales para identificar vulnerabilidades, evaluar la preparación del registro frente a incidentes tecnológicos y garantizar la eficacia de sus planes de continuidad operativa.

Por ejemplo, un registro podría realizar un ejercicio en el que simule un fallo masivo en su sistema de almacenamiento para evaluar su capacidad de recuperación y la eficacia de sus procedimientos de respaldo.

El incumplimiento de las disposiciones del Reglamento puede tener consecuencias graves para los registros de operaciones, incluyendo sanciones regulatorias, pérdida de confianza por parte de los participantes del mercado y daños reputacionales. Por ejemplo, si un registro no implementa medidas adecuadas para proteger sus sistemas y sufre un ciberataque que compromete los datos de las transacciones, podría enfrentarse a multas significativas y a la pérdida de credibilidad ante los reguladores y los participantes del mercado.

El concepto de "registro de operaciones" en el marco del Reglamento Europeo 2022/2554 destaca la importancia de garantizar la resiliencia operativa digital de estas entidades, dado su papel crítico en la transparencia y estabilidad de los mercados financieros. Los registros deben implementar medidas rigurosas para gestionar los riesgos relacionados con las TIC, garantizar la continuidad de sus operaciones, supervisar a sus proveedores externos y gestionar eficazmente los incidentes tecnológicos. Al cumplir con estas obligaciones, no solo protegen sus propias operaciones, sino que también contribuyen a la confianza en el sistema financiero y a la estabilidad de los mercados en su conjunto. La correcta aplicación de estas medidas es esencial para garantizar que los registros de operaciones puedan operar de manera segura y eficiente en un entorno digital cada vez más complejo e interconectado.

42) «depositario central de valores»: un depositario central de valores tal como se define en el artículo 2, apartado 1, punto 1, del Reglamento (UE) número 909/2014;

El concepto de "depositario central de valores", según el artículo 2, apartado 1, punto 1, del Reglamento (UE) n.º 909/2014 (Reglamento sobre la mejora de la liquidación de valores en la Unión Europea y sobre los depositarios centrales de valores, conocido como "Reglamento CSDR"), hace referencia a una persona jurídica que gestione un sistema de liquidación de valores conforme a lo que se recoge en el anexo, sección A, punto 3, y que preste al menos otro de los servicios básicos enumerados en el anexo, sección A. Su función principal es operar un sistema de liquidación de valores (Securities Settlement System, SSS), gestionar la emisión inicial de valores, garantizar su custodia centralizada y facilitar la liquidación de las transacciones realizadas en los mercados financieros. Los depositarios centrales de valores (CSD, por sus siglas en inglés) desempeñan un papel crítico en la infraestructura del sistema financiero, ya que actúan como intermediarios clave para asegurar el correcto funcionamiento y la estabilidad de los mercados de valores. En el contexto del Reglamento Europeo 2022/2554 sobre resiliencia operativa digital, los CSD están plenamente incluidos debido a su naturaleza sistémica, su alta dependencia tecnológica y el impacto potencial de cualquier interrupción en sus operaciones en la estabilidad del sistema financiero y la confianza de los participantes del mercado.

Los depositarios centrales de valores son esenciales para la eficiencia y seguridad de los mercados financieros al proporcionar servicios fundamentales como el registro y custodia de valores, la reconciliación de posiciones y la liquidación de transacciones. Actúan como garantes de la integridad del sistema financiero, asegurando que las transferencias de valores entre compradores y vendedores se realicen de manera segura, precisa y oportuna. Además, los CSD desempeñan un papel fundamental en la reducción de riesgos, ya que centralizan la custodia de valores y proporcionan un marco estructurado para la liquidación de transacciones. Sin embargo, esta centralización también los convierte en puntos únicos de fallo dentro del sistema financiero. Cualquier interrupción en sus operaciones, ya sea por ciberataques, fallos tecnológicos o vulnerabilidades operativas, podría tener consecuencias sistémicas, afectando la estabilidad de los mercados financieros, la confianza de los inversores y la capacidad de las instituciones para cumplir con sus obligaciones.

El Reglamento Europeo 2022/2554 reconoce la importancia crítica de los CSD y los riesgos asociados a su actividad. Por ello, establece un conjunto de requisitos rigurosos destinados a garantizar su resiliencia operativa digital, asegurando que puedan gestionar eficazmente los riesgos tecnológicos, proteger la continuidad de sus operaciones y mitigar los efectos de cualquier incidente. Estas obligaciones son especialmente relevantes dado el papel central que desempeñan los CSD en el ecosistema financiero y su interacción con una amplia gama de actores, incluidos emisores de valores, bancos, casas de bolsa y otros intermediarios financieros.

Los CSD son pilares de la infraestructura financiera, ya que proporcionan servicios críticos que sustentan el funcionamiento de los mercados de valores. Uno de sus roles más importantes es la custodia centralizada de valores, lo que significa que registran y mantienen los derechos de propiedad sobre los valores emitidos, asegurando que los inversores puedan confiar en la validez y precisión de los registros. También desempeñan un papel fundamental en la liquidación de transacciones de valores, que implica la transferencia de los valores entre las cuentas de los participantes en el mercado, junto con el correspondiente pago.

Además, los CSD garantizan la integridad del proceso de emisión de valores, actuando como intermediarios entre los emisores y los inversores. Esto incluye la gestión de la distribución inicial de los valores y el mantenimiento de registros actualizados sobre su propiedad. Asimismo, los CSD pueden ofrecer servicios adicionales, como la administración de eventos corporativos (pagos de dividendos, amortizaciones de bonos, derechos de suscripción) y la provisión de garantías para mitigar riesgos de liquidación.

El papel de los CSD es particularmente crítico en el contexto de los mercados financieros globalizados, donde las transacciones transfronterizas son cada vez más comunes. Los CSD facilitan la interoperabilidad entre sistemas de liquidación de diferentes jurisdicciones, promoviendo la eficiencia y reduciendo los riesgos asociados a las operaciones internacionales. Sin embargo, esta centralización e interconexión también los hace vulnerables a una amplia gama de riesgos tecnológicos y cibernéticos que pueden tener un impacto significativo en la estabilidad del sistema financiero.

El Reglamento impone a los CSD un conjunto de obligaciones específicas para garantizar su resiliencia operativa digital. Estas obligaciones están diseñadas para abordar los riesgos asociados a su actividad crítica y asegurar que puedan continuar operando de manera segura y eficiente, incluso frente a incidentes graves relacionados con las TIC. Las principales áreas de enfoque incluyen la gestión de riesgos tecnológicos, la continuidad operativa, la supervisión de proveedores externos y la gestión de incidentes.

El Reglamento exige que los CSD implementen un marco robusto de gestión de riesgos relacionados con las TIC, adaptado a la complejidad y el alcance de sus operaciones. Este marco debe permitir a los CSD identificar, evaluar, mitigar y supervisar los riesgos tecnológicos que puedan afectar la integridad, disponibilidad o confidencialidad de sus sistemas y datos. Entre los riesgos más relevantes se encuentran los ciberataques, los fallos técnicos, los errores humanos y las vulnerabilidades en las interfaces utilizadas para la liquidación y custodia de valores.

Por ejemplo, un CSD debe garantizar que sus sistemas de liquidación estén protegidos contra accesos no autorizados mediante controles avanzados de seguridad, como la autenticación multifactorial, el cifrado de extremo a extremo y la segmentación de redes críticas. También debe realizar evaluaciones periódicas de riesgos para identificar posibles vulnerabilidades en su infraestructura tecnológica y adoptar medidas proactivas para mitigarlas.

El Reglamento establece que los CSD deben gestionar los riesgos asociados a la dependencia de proveedores externos que prestan servicios críticos, como infraestructura en la nube, soluciones de ciberseguridad o sistemas de procesamiento de datos. Esto incluye la evaluación de la capacidad de los proveedores para cumplir con los estándares de seguridad exigidos y la supervisión continua de su desempeño.

El Reglamento establece que los CSD deben desarrollar planes de continuidad de negocio y recuperación ante desastres que les permitan mantener sus operaciones críticas en caso de interrupciones tecnológicas o incidentes relacionados con las TIC. Estos planes deben prever una amplia gama de escenarios, como ciberataques, fallos técnicos, desastres naturales y fallos en los servicios de los proveedores externos.

Por ejemplo, un CSD debe garantizar que sus datos y sistemas estén respaldados en tiempo real en infraestructuras redundantes ubicadas en diferentes regiones geográficas. Esto permite restaurar rápidamente el acceso a los servicios en caso de una interrupción significativa. Además, los planes de continuidad deben incluir procedimientos claros para la comunicación con los participantes del mercado y las autoridades durante una interrupción, asegurando que todos los interesados estén informados sobre el estado de las operaciones y las medidas adoptadas para resolver el problema.

El Reglamento requiere que los CSD implementen procedimientos claros para la detección, notificación y gestión de incidentes relacionados con las TIC. Estos procedimientos deben garantizar que los incidentes se gestionen de manera oportuna y eficaz para minimizar su impacto en las operaciones y en la estabilidad del sistema financiero.

Por ejemplo, si un CSD detecta un ciberataque que afecta su capacidad de liquidar transacciones, debe activar inmediatamente su protocolo de respuesta al incidente, desconectar los sistemas afectados, notificar a las autoridades competentes y coordinar con los participantes del mercado para mitigar los efectos del incidente. La notificación de incidentes graves debe realizarse dentro de los plazos establecidos por el Reglamento, proporcionando información detallada sobre la naturaleza del incidente, su impacto y las medidas adoptadas para contenerlo.

Dado que muchos CSD dependen de proveedores externos para la gestión de su infraestructura tecnológica, el Reglamento exige que supervisen de manera efectiva a estos proveedores. Esto incluye la realización de auditorías periódicas, la definición de cláusulas contractuales específicas sobre ciberseguridad y la evaluación de los riesgos asociados con la dependencia de proveedores únicos.

Por ejemplo, un CSD que utilice un proveedor externo para gestionar sus sistemas de custodia de valores debe garantizar que dicho proveedor implemente medidas de seguridad robustas, como el cifrado de datos y la segmentación de redes. Además, debe establecer acuerdos de nivel de servicio (SLA) que garanticen la disponibilidad y seguridad de los servicios en todo momento.

El Reglamento establece que los CSD deben realizar pruebas periódicas de su resiliencia operativa digital, incluyendo simulaciones de ciberataques y ejercicios de recuperación de sistemas. Estas pruebas son esenciales para identificar vulnerabilidades, evaluar la preparación del CSD frente a incidentes tecnológicos y garantizar la eficacia de sus planes de continuidad operativa.

Por ejemplo, un CSD podría realizar un ejercicio en el que simule un fallo masivo en su sistema de liquidación para evaluar su capacidad de recuperación y la eficacia de sus procedimientos de respaldo.

El incumplimiento de las disposiciones del Reglamento puede tener consecuencias graves para los CSD, incluyendo sanciones regulatorias, pérdida de confianza por parte de los participantes del mercado y daños reputacionales. Además, una interrupción en las operaciones de un CSD podría tener efectos en cascada en los mercados financieros, afectando la confianza de los inversores y la estabilidad económica general.

El concepto de "depositario central de valores" en el marco del Reglamento Europeo 2022/2554 subraya la importancia de garantizar la resiliencia operativa digital de estas entidades, dado su papel crítico en la infraestructura del sistema financiero y su exposición a riesgos tecnológicos. Los CSD deben implementar medidas rigurosas para gestionar los riesgos relacionados con las TIC, garantizar la continuidad de sus operaciones, supervisar a sus proveedores externos y gestionar eficazmente los incidentes tecnológicos. Al cumplir con estas obligaciones, no solo protegen sus propias operaciones, sino que también contribuyen a la confianza en el sistema financiero y a la estabilidad de los mercados en su conjunto. La correcta aplicación de estas medidas es esencial para garantizar que los CSD puedan operar de manera segura y eficiente en un entorno digital cada vez más complejo e interconectado.

43) «centro de negociación»: un centro de negociación tal como se define en el artículo 4, apartado 1, punto 24, de la Directiva 2014/65/UE;

El concepto de "centro de negociación", tal como se define en el artículo 4, apartado 1, punto 24, de la Directiva 2014/65/UE (MiFID II), hace referencia a cualquier mercado regulado, SMN o SOC en el que se lleve a cabo la negociación de instrumentos financieros. Esto incluye tres categorías principales: mercados regulados (MR), sistemas multilaterales de negociación (SMN o MTF, por sus siglas en inglés) y sistemas organizados de negociación (SON o OTF, por sus siglas en inglés). Los centros de negociación son plataformas fundamentales para el funcionamiento de los mercados financieros, ya que facilitan la compra y venta de instrumentos financieros como acciones, bonos, derivados y otros productos, proporcionando transparencia, eficiencia y protección a los participantes del mercado. En el marco del Reglamento Europeo 2022/2554 sobre resiliencia operativa digital, los centros de negociación están plenamente incluidos debido a su papel central en la infraestructura financiera, su alta dependencia tecnológica y el impacto potencial de cualquier interrupción en sus operaciones sobre la estabilidad de los mercados financieros y la confianza de los inversores.

Los centros de negociación actúan como intermediarios en los mercados financieros, proporcionando un entorno estructurado donde los compradores y vendedores pueden interactuar para ejecutar transacciones. Estas plataformas operan bajo estrictos estándares regulatorios que garantizan la equidad, la transparencia y la protección contra abusos de mercado. Además, al centralizar la negociación de instrumentos financieros, los centros de negociación contribuyen a la formación de precios fiables, a la reducción de costos de transacción y a la mejora de la liquidez del mercado. Sin embargo, esta centralización también los convierte en puntos únicos de fallo, lo que significa que cualquier interrupción en sus operaciones, ya sea por ciberataques, fallos técnicos o incidentes operativos, puede tener consecuencias graves para los participantes del mercado y para la estabilidad del sistema financiero en general.

El Reglamento Europeo 2022/2554 reconoce la importancia crítica de los centros de negociación y los riesgos asociados a su actividad. Por ello, establece un marco normativo detallado que obliga a estas plataformas a implementar medidas específicas para garantizar su resiliencia operativa digital. Estas medidas están diseñadas para abordar los riesgos tecnológicos, garantizar la continuidad de las operaciones y proteger la confianza de los inversores y la estabilidad de los mercados financieros.

Los centros de negociación desempeñan un papel fundamental en el ecosistema financiero, ya que son el núcleo donde se realizan las transacciones de instrumentos financieros. Su importancia deriva no solo de su capacidad para facilitar la negociación, sino también de su contribución a la transparencia y a la formación eficiente de precios. Al centralizar la negociación de valores y otros instrumentos financieros, estas plataformas permiten a los inversores acceder a un mercado ordenado y regulado, donde pueden comprar y vender activos con la confianza de que las reglas del mercado son equitativas y transparentes.

Los mercados regulados (MR), como las bolsas de valores tradicionales, operan bajo un marco normativo estricto y son responsables de la negociación de instrumentos financieros estandarizados. Los sistemas multilaterales de negociación (SMN o MTF) son plataformas electrónicas que también permiten la negociación de instrumentos financieros entre múltiples participantes, pero con un nivel de flexibilidad mayor que los mercados regulados. Por último, los sistemas organizados de negociación (SON o OTF) están diseñados específicamente para la negociación de instrumentos no estandarizados, como los derivados o ciertos bonos.

La dependencia tecnológica de los centros de negociación es total, ya que sus operaciones están basadas en sistemas digitales complejos que procesan grandes volúmenes de transacciones en tiempo real. Esto los hace altamente vulnerables a una serie de riesgos tecnológicos, como ciberataques, fallos en los sistemas de TI, interrupciones en las redes de comunicación y errores operativos. Una interrupción en las operaciones de un centro de negociación puede tener consecuencias significativas, como la pérdida de liquidez, la distorsión en la formación de precios, la interrupción de la ejecución de órdenes y la generación de incertidumbre en los participantes del mercado. Por esta razón, el Reglamento 2022/2554 se enfoca en garantizar que los centros de negociación adopten medidas efectivas para mitigar estos riesgos y garantizar la continuidad de sus servicios.

El Reglamento impone una serie de obligaciones específicas a los centros de negociación, diseñadas para garantizar su resiliencia operativa digital y mitigar los riesgos asociados a su actividad crítica. Estas obligaciones incluyen la gestión de riesgos tecnológicos, la continuidad operativa, la supervisión de proveedores externos, la gestión de incidentes tecnológicos y la realización de pruebas de resiliencia.

El Reglamento determina que los centros de negociación implementen un marco integral de gestión de riesgos relacionados con las TIC, adaptado a la complejidad y el alcance de sus operaciones. Este marco debe permitir identificar, evaluar, mitigar y supervisar los riesgos tecnológicos que puedan comprometer la integridad, disponibilidad o confidencialidad de sus sistemas y datos. Entre los riesgos más relevantes se encuentran los ciberataques, los fallos en los sistemas de negociación, los errores humanos y las vulnerabilidades en las redes de comunicación.

Por ejemplo, un centro de negociación debe garantizar que sus sistemas de negociación están protegidos contra accesos no autorizados mediante controles de seguridad avanzados, como la autenticación multifactorial, el cifrado de extremo a extremo y la segmentación de redes críticas. También debe implementar herramientas de monitoreo continuo para detectar actividades sospechosas y responder de manera oportuna a cualquier intento de intrusión.

El Reglamento subraya la importancia de realizar evaluaciones regulares de riesgos para identificar posibles vulnerabilidades en la infraestructura tecnológica de los centros de negociación y adoptar medidas proactivas para mitigarlas. Esto incluye la realización de auditorías internas y externas, así como pruebas de estrés para evaluar la capacidad de los sistemas frente a escenarios de alta volatilidad o cargas de trabajo extremas.

El Reglamento establece que los centros de negociación deben desarrollar planes detallados de continuidad de negocio y recuperación ante desastres para garantizar que sus operaciones críticas puedan continuar o restablecerse rápidamente en caso de interrupciones. Estos planes deben prever una amplia gama de escenarios, como ciberataques, fallos técnicos, desastres naturales y fallos en los servicios de los proveedores externos.

Por ejemplo, un centro de negociación debe garantizar que sus sistemas y datos estén respaldados en tiempo real en infraestructuras redundantes ubicadas en diferentes regiones geográficas. Esto permite restaurar rápidamente el acceso a los servicios en caso de una interrupción significativa. Además, los planes de continuidad deben incluir procedimientos claros para la comunicación con los participantes del mercado y las autoridades durante una interrupción, asegurando que todos los interesados estén informados sobre el estado de las operaciones y las medidas adoptadas para resolver el problema.

El Reglamento requiere que los centros de negociación implementen procedimientos claros para la detección, notificación y gestión de incidentes relacionados con las TIC. Estos procedimientos deben garantizar que los incidentes se gestionen de manera oportuna y eficaz para minimizar su impacto en las operaciones y en la confianza de los participantes del mercado.

Por ejemplo, si un centro de negociación detecta un ciberataque que afecta la disponibilidad de sus sistemas de negociación, debe activar inmediatamente su protocolo de respuesta al incidente, desconectar los sistemas afectados, notificar a las autoridades competentes y coordinar con los participantes del mercado para mitigar los efectos del incidente. La notificación de incidentes graves debe realizarse dentro de los plazos establecidos por el Reglamento, proporcionando información detallada sobre la naturaleza del incidente, su impacto y las medidas adoptadas para contenerlo.

Dado que muchos centros de negociación dependen de proveedores externos para la gestión de su infraestructura tecnológica, el Reglamento exige que supervisen de manera efectiva a estos proveedores. Esto incluye la realización de auditorías periódicas, la definición de cláusulas contractuales específicas sobre ciberseguridad y la evaluación de los riesgos asociados con la dependencia de proveedores únicos.

Por ejemplo, un centro de negociación que utilice un proveedor externo para gestionar sus sistemas de negociación debe garantizar que dicho proveedor implemente medidas de seguridad robustas, como el cifrado de datos, la detección de intrusos y la segmentación de redes. Además, debe establecer acuerdos de nivel de servicio (SLA) que garanticen la disponibilidad y seguridad de los servicios en todo momento.

El Reglamento establece que los centros de negociación deben realizar pruebas periódicas de su resiliencia operativa digital, incluyendo simulaciones de ciberataques y ejercicios de recuperación de sistemas. Estas pruebas son esenciales para identificar vulnerabilidades, evaluar la preparación del centro frente a incidentes tecnológicos y garantizar la eficacia de sus planes de continuidad operativa.

Por ejemplo, un centro de negociación podría realizar un ejercicio en el que simule un fallo masivo en su sistema de negociación para evaluar su capacidad de recuperación y la eficacia de sus procedimientos de respaldo.

El incumplimiento de las disposiciones del Reglamento puede tener consecuencias graves para los centros de negociación, incluyendo sanciones regulatorias, pérdida de confianza por parte de los participantes del mercado y daños reputacionales. Además, una interrupción en las operaciones de un centro de negociación podría tener efectos en cascada en los mercados financieros, afectando la liquidez, la formación de precios y la confianza de los inversores.

El concepto de "centro de negociación" en el marco del Reglamento Europeo 2022/2554 destaca la importancia de garantizar la resiliencia operativa digital de estas entidades, dado su papel central en la infraestructura de los mercados financieros y su alta exposición a riesgos tecnológicos. Los centros de negociación deben implementar medidas rigurosas para gestionar los riesgos relacionados con las TIC, garantizar la continuidad de sus operaciones, supervisar a sus proveedores externos y gestionar eficazmente los incidentes tecnológicos. Al cumplir con estas obligaciones, no solo protegen sus propias operaciones, sino que también contribuyen a la confianza en el sistema financiero y a la estabilidad de los mercados en su conjunto. La correcta aplicación de estas medidas es esencial para garantizar que los centros de negociación puedan operar de manera segura y eficiente en un entorno digital cada vez más complejo e interconectado.

44) «gestor de fondos de inversión alternativos»: un gestor de fondos de inversión alternativos tal como se define en el artículo 4, apartado 1, letra b), de la Directiva 2011/61/UE;

El concepto de "gestor de fondos de inversión alternativos" (GFIA), definido en el artículo 4, apartado 1, letra b), de la Directiva 2011/61/UE (AIFMD, por sus siglas en inglés), hace referencia a toda persona jurídica cuya actividad habitual consista en gestionar uno o varios FIA. Los FIA son vehículos de inversión colectiva que no se regulan bajo la Directiva 2009/65/CE relativa a los organismos de inversión colectiva en valores mobiliarios (OICVM), y que incluyen una amplia variedad de estrategias de inversión como fondos de capital riesgo, fondos de deuda privada, hedge funds, fondos inmobiliarios, fondos de infraestructuras y otros esquemas no tradicionales. El GFIA se encarga de la gestión de estas estrategias, lo que implica actividades como la gestión de carteras, la administración de riesgos, la distribución y la toma de decisiones estratégicas relacionadas con los activos de los fondos. En el contexto del Reglamento Europeo 2022/2554 sobre resiliencia operativa digital, los gestores de fondos de inversión alternativos están plenamente incluidos debido a su alta dependencia tecnológica y a los riesgos asociados a la gestión de grandes volúmenes de datos y activos financieros, los cuales pueden tener implicaciones significativas para los inversores y los mercados financieros en su conjunto.

Los GFIA desempeñan un papel clave en los mercados financieros al canalizar capital hacia activos e inversiones menos líquidos o más especializados, desempeñando un papel determinante en el financiamiento de proyectos innovadores, empresas emergentes y sectores de alta demanda de capital, como las infraestructuras. No obstante, su modelo de negocio está fuertemente basado en el uso de tecnologías avanzadas para la administración de datos, el análisis financiero, la ejecución de operaciones y la comunicación con los inversores. Esta alta dependencia tecnológica, combinada con la naturaleza sensible de los datos financieros que manejan, los expone a una serie de riesgos relacionados con las tecnologías de la información y las comunicaciones (TIC), como ciberataques, fallos en los sistemas de TI, interrupciones operativas y vulnerabilidades en los procesos digitales. Asimismo, debido a la interconexión entre los gestores de fondos, los inversores y las plataformas tecnológicas, cualquier interrupción en las operaciones de un GFIA puede tener repercusiones negativas no solo en los propios fondos que administra, sino también en los mercados financieros y en la confianza de los inversores.

El Reglamento Europeo 2022/2554 establece un conjunto de obligaciones específicas para los GFIA destinadas a garantizar su resiliencia operativa digital y mitigar los riesgos tecnológicos y operativos inherentes a su actividad. Estas obligaciones reflejan la necesidad de proteger tanto a los inversores como a los mercados financieros, y se centran en la gestión de riesgos relacionados con las TIC, la continuidad operativa, la supervisión de proveedores externos, la respuesta a incidentes tecnológicos y la realización de pruebas de resiliencia digital.

Los GFIA gestionan fondos que invierten en una amplia gama de activos no tradicionales, lo que los diferencia de los fondos regulados bajo la Directiva OICVM. Esto incluye activos como empresas privadas, bienes raíces, proyectos de infraestructura, derivados complejos y otros instrumentos financieros que suelen estar fuera del alcance de los inversores minoristas. Los FIA, debido a su flexibilidad regulatoria y su capacidad para adoptar estrategias de inversión no convencionales, desempeñan un papel esencial en el ecosistema financiero al cubrir necesidades de financiamiento que no son atendidas por los fondos tradicionales.

Sin embargo, esta flexibilidad y especialización también presentan desafíos regulatorios y operativos. Por un lado, los GFIA manejan grandes volúmenes de datos confidenciales relacionados con los inversores, las estrategias de inversión y los activos subyacentes, lo que los convierte en objetivos atractivos para los ciberdelincuentes. Por otro lado, su dependencia de plataformas tecnológicas avanzadas para la gestión de riesgos, la valoración de activos y la comunicación con los inversores los hace vulnerables a interrupciones tecnológicas y fallos operativos. Además, debido a su conexión con múltiples actores, como bancos depositarios, auditores, asesores externos e inversores institucionales, cualquier incidente relacionado con las TIC que afecte a un GFIA puede tener un efecto en cascada en el sistema financiero.

El Reglamento Europeo 2022/2554 impone una serie de obligaciones específicas a los GFIA para garantizar su resiliencia operativa digital y mitigar los riesgos relacionados con las TIC. Estas obligaciones están diseñadas para proteger la continuidad de sus operaciones, salvaguardar los datos financieros sensibles y garantizar la confianza de los inversores.

El Reglamento exige que los GFIA implementen un marco integral de gestión de riesgos relacionados con las TIC que les permita identificar, evaluar, mitigar y supervisar los riesgos tecnológicos que puedan comprometer sus operaciones o la seguridad de los datos que gestionan. Este marco debe estar adaptado a la complejidad y el tamaño de las operaciones del gestor, teniendo en cuenta factores como la cantidad de activos bajo gestión, el número de fondos administrados y el nivel de interconexión tecnológica con terceros.

Por ejemplo, un GFIA que administre un fondo de inversión en capital riesgo debe garantizar que los datos relacionados con las inversiones, los inversores y las estrategias estén protegidos mediante el uso de controles de seguridad avanzados, como el cifrado de datos, la autenticación multifactorial y el monitoreo continuo de redes para detectar actividades sospechosas. Además, debe realizar evaluaciones periódicas de riesgos para identificar posibles vulnerabilidades en su infraestructura tecnológica y adoptar medidas proactivas para mitigarlas.

El Reglamento establece que los GFIA deben gestionar los riesgos asociados a la dependencia de proveedores externos que presten servicios críticos, como infraestructura en la nube, sistemas de análisis de datos o soluciones de ciberseguridad. Esto incluye la evaluación de la capacidad de los proveedores para cumplir con los estándares de seguridad exigidos y la supervisión continua de su desempeño.

El Reglamento determina que los GFIA desarrollen planes detallados de continuidad de negocio y recuperación ante desastres para garantizar que sus operaciones críticas puedan continuar o restablecerse rápidamente en caso de interrupciones tecnológicas o incidentes relacionados con las TIC. Estos planes deben prever una amplia gama de escenarios, como ciberataques, fallos técnicos, desastres naturales y fallos en los servicios de los proveedores externos.

Por ejemplo, un GFIA que administre un fondo inmobiliario debe garantizar que los datos y sistemas relacionados con la gestión de propiedades, los contratos de arrendamiento y las transacciones estén respaldados en tiempo real en infraestructuras redundantes. Además, los planes de continuidad deben incluir procedimientos claros para la comunicación con los inversores y las autoridades durante una interrupción, asegurando que todos los interesados estén informados sobre el estado de las operaciones y las medidas adoptadas para resolver el problema.

El Reglamento establece que los GFIA deben contar con procedimientos claros para la detección, notificación y gestión de incidentes relacionados con las TIC. Estos procedimientos deben garantizar que los incidentes se gestionen de manera eficaz para minimizar su impacto en las operaciones y en la confianza de los inversores.

Por ejemplo, si un GFIA detecta un ciberataque que afecta la confidencialidad de los datos de los inversores, debe activar inmediatamente su protocolo de respuesta al incidente, desconectar los sistemas afectados, notificar a las autoridades competentes y coordinar con los inversores y otros interesados para mitigar los efectos del incidente. La notificación de incidentes graves debe realizarse dentro de los plazos establecidos por el Reglamento, proporcionando información detallada sobre la naturaleza del incidente, su impacto y las medidas adoptadas para contenerlo.

Dado que muchos GFIA dependen de proveedores externos para la gestión de su infraestructura tecnológica, el Reglamento exige que supervisen de manera efectiva a estos proveedores. Esto incluye la realización de auditorías periódicas, la definición de cláusulas contractuales específicas sobre ciberseguridad y la evaluación de los riesgos asociados con la dependencia de proveedores únicos.

Por ejemplo, un GFIA que utilice un proveedor externo para gestionar sus sistemas de análisis financiero debe garantizar que dicho proveedor implemente medidas de seguridad adecuadas, como el cifrado de datos y la detección de intrusos. Además, debe establecer acuerdos de nivel de servicio (SLA) que garanticen la disponibilidad y seguridad de los servicios en todo momento.

El Reglamento establece que los GFIA deben realizar pruebas periódicas de su resiliencia operativa digital, incluyendo simulaciones de ciberataques y ejercicios de recuperación de sistemas. Estas pruebas son esenciales para identificar vulnerabilidades, evaluar la preparación del GFIA frente a incidentes tecnológicos y garantizar la eficacia de sus planes de continuidad operativa.

Por ejemplo, un GFIA podría realizar un ejercicio en el que simule un fallo masivo en su sistema de gestión de datos para evaluar su capacidad de recuperación y la eficacia de sus procedimientos de respaldo.

El incumplimiento de las disposiciones del Reglamento puede tener consecuencias graves para los GFIA, incluyendo sanciones regulatorias, pérdida de confianza por parte de los inversores y daños reputacionales. Además, una interrupción en las operaciones de un GFIA podría afectar negativamente a los fondos que administra y a los mercados financieros en general, especialmente si los activos gestionados tienen un impacto sistémico.

El concepto de "gestor de fondos de inversión alternativos" en el marco del Reglamento Europeo 2022/2554 subraya la importancia de garantizar la resiliencia operativa digital de estas entidades, dado su aspecto fundamental en la gestión de activos no tradicionales y su alta exposición a riesgos tecnológicos. Los GFIA deben implementar medidas rigurosas para gestionar los riesgos relacionados con las TIC, garantizar la continuidad de sus operaciones, supervisar a sus proveedores externos y gestionar eficazmente los incidentes tecnológicos. Al cumplir con estas obligaciones, no solo protegen a los inversores y sus propios fondos, sino que también contribuyen a la estabilidad y confianza en los mercados financieros en su conjunto. La correcta aplicación de estas medidas es esencial para garantizar que los GFIA puedan operar de manera segura y eficiente en un entorno digital cada vez más interconectado y expuesto a riesgos emergentes.

45) «sociedad de gestión»: una sociedad de gestión tal como se define en el artículo 2, apartado 1, letra b), de la Directiva 2009/65/CE;

El concepto de "sociedad de gestión", definido en el artículo 2, apartado 1, letra b), de la Directiva 2009/65/CE (Directiva OICVM), se refiere a toda sociedad cuya actividad habitual consista en la gestión de OICVM constituidos en forma de fondos comunes de inversión o de sociedades de inversión (gestión de carteras colectivas de OICVM). Estas entidades son responsables de actividades clave relacionadas con los fondos de inversión, como la gestión de carteras, la administración de fondos, la distribución y comercialización de participaciones o acciones, así como la gestión de riesgos. Las sociedades de gestión desempeñan un papel esencial en la industria de fondos de inversión al permitir a los inversores individuales y colectivos acceder a mercados financieros diversificados, bajo un marco regulatorio que garantiza la transparencia, la protección de los inversores y la estabilidad financiera. En el contexto del Reglamento Europeo 2022/2554 sobre resiliencia operativa digital, las sociedades de gestión están incluidas debido a su alta dependencia tecnológica y a la necesidad de garantizar la continuidad de sus operaciones en un entorno cada vez más digitalizado y vulnerable a riesgos tecnológicos y cibernéticos.

Las sociedades de gestión son intermediarios fundamentales en el ecosistema financiero, ya que permiten a los inversores delegar la administración de sus fondos a expertos en inversiones que actúan en su nombre. Esto incluye tanto la selección y gestión de activos dentro de los OICVM como la ejecución de estrategias de inversión alineadas con los objetivos de los fondos y las expectativas de los inversores. Además, las sociedades de gestión deben garantizar el cumplimiento de estrictos requisitos regulatorios, incluidos los relacionados con la protección de datos, la transparencia en la distribución de fondos, la gestión del riesgo y la salvaguarda del capital de los inversores. Sin embargo, la naturaleza digital de sus operaciones las expone a riesgos significativos relacionados con las tecnologías de la información y las comunicaciones, que pueden comprometer tanto la seguridad de los datos de los inversores como la continuidad de las operaciones de los fondos que gestionan.

El Reglamento Europeo 2022/2554 impone un conjunto de obligaciones específicas a las sociedades de gestión para garantizar su resiliencia operativa digital. Estas medidas están diseñadas para abordar los riesgos asociados a la digitalización de sus operaciones, proteger la seguridad de los datos financieros que manejan y garantizar la continuidad de los servicios prestados a los inversores. La inclusión de las sociedades de gestión en el ámbito del Reglamento refleja su importancia sistémica y la necesidad de salvaguardar su capacidad para operar de manera segura y eficiente en un entorno financiero cada vez más complejo e interconectado.

Las sociedades de gestión operan en un entorno caracterizado por una alta digitalización, lo que les permite administrar grandes volúmenes de activos y datos financieros en tiempo real. Utilizan sistemas tecnológicos avanzados para la gestión de carteras, la evaluación de riesgos, la administración de participaciones y la comunicación con los inversores. Estas herramientas tecnológicas son esenciales para garantizar la eficiencia, la transparencia y la competitividad de los fondos que gestionan. Sin embargo, esta dependencia de las TIC también las expone a una serie de riesgos que pueden afectar negativamente su funcionamiento y la confianza de los inversores.

Por un lado, las sociedades de gestión manejan datos confidenciales de los inversores, como información financiera, identificadores personales y detalles relacionados con sus participaciones en fondos. Esto las convierte en objetivos atractivos para los ciberdelincuentes, que buscan explotar vulnerabilidades en los sistemas tecnológicos para obtener acceso a estos datos o interrumpir sus operaciones. Por otro lado, debido a la interconexión con otros actores del ecosistema financiero, como depositarios, auditores, distribuidores y plataformas de inversión, cualquier incidente relacionado con las TIC que afecte a una sociedad de gestión puede tener un efecto en cascada en el sistema financiero.

El Reglamento Europeo 2022/2554 impone una serie de obligaciones específicas para garantizar la resiliencia operativa digital de las sociedades de gestión. Estas obligaciones incluyen la gestión de riesgos tecnológicos, la continuidad operativa, la supervisión de proveedores externos, la gestión de incidentes tecnológicos y la realización de pruebas de resiliencia operativa. Estas medidas buscan garantizar que las sociedades de gestión puedan operar de manera segura y continua, incluso frente a incidentes relacionados con las TIC.

El Reglamento exige que las sociedades de gestión implementen un marco integral de gestión de riesgos relacionados con las TIC, adaptado a su tamaño, complejidad y modelo de negocio. Este marco debe permitirles identificar, evaluar, mitigar y supervisar los riesgos tecnológicos que puedan comprometer la integridad, disponibilidad o confidencialidad de los datos y sistemas que gestionan. Entre los riesgos más relevantes se encuentran los ciberataques, los fallos técnicos, los errores humanos y las vulnerabilidades en las plataformas utilizadas para la administración de fondos.

Por ejemplo, una sociedad de gestión que administre varios OICVM debe garantizar que sus sistemas de gestión de carteras estén protegidos mediante controles de seguridad avanzados, como el cifrado de datos, la autenticación multifactorial y la segmentación de redes críticas. Además, debe implementar herramientas de monitoreo continuo para detectar y responder de manera oportuna a posibles amenazas cibernéticas.

El Reglamento subraya la importancia de realizar evaluaciones periódicas de riesgos para identificar vulnerabilidades en los sistemas tecnológicos de la sociedad de gestión y adoptar medidas proactivas para mitigarlas. Esto incluye la realización de auditorías internas y externas, así como la actualización regular de las políticas y procedimientos de seguridad.

El Reglamento establece que las sociedades de gestión deben desarrollar planes de continuidad de negocio y recuperación ante desastres para garantizar que sus operaciones críticas puedan continuar o restablecerse rápidamente en caso de interrupciones tecnológicas. Estos planes deben prever una amplia gama de escenarios, como ciberataques, fallos técnicos, desastres naturales y fallos en los servicios de los proveedores externos.

Por ejemplo, una sociedad de gestión debe garantizar que los datos relacionados con los fondos y los inversores estén respaldados en tiempo real en sistemas redundantes ubicados en diferentes regiones geográficas. Esto permite restaurar rápidamente el acceso a los sistemas y servicios en caso de una interrupción significativa. Además, los planes de continuidad deben incluir procedimientos claros para la comunicación con los inversores y las autoridades durante una interrupción, asegurando que todos los interesados estén informados sobre el estado de las operaciones y las medidas adoptadas para resolver el problema.

El Reglamento determina que las sociedades de gestión implementen procedimientos claros para la detección, notificación y gestión de incidentes relacionados con las TIC. Estos procedimientos deben garantizar que los incidentes se gestionen de manera oportuna y eficaz para minimizar su impacto en las operaciones y en la confianza de los inversores.

Por ejemplo, si una sociedad de gestión detecta un ciberataque que afecta la confidencialidad de los datos de los inversores, debe activar inmediatamente su protocolo de respuesta al incidente, desconectar los sistemas afectados, notificar a las autoridades competentes y coordinar con los inversores y otros interesados para mitigar los efectos del incidente. La notificación de incidentes graves debe realizarse dentro de los plazos establecidos por el Reglamento, proporcionando información detallada sobre la naturaleza del incidente, su impacto y las medidas adoptadas para contenerlo.

Dado que muchas sociedades de gestión dependen de proveedores externos para la gestión de su infraestructura tecnológica, el Reglamento exige que supervisen de manera efectiva a estos proveedores. Esto incluye la realización de auditorías periódicas, la definición de cláusulas contractuales específicas sobre ciberseguridad y la evaluación de los riesgos asociados con la dependencia de proveedores únicos.

Por ejemplo, una sociedad de gestión que utilice un proveedor externo para gestionar su sistema de distribución de fondos debe garantizar que dicho proveedor implemente medidas de seguridad robustas, como el cifrado de datos y la detección de intrusos. Además, debe establecer acuerdos de nivel de servicio (SLA) que garanticen la disponibilidad y seguridad de los servicios en todo momento.

El Reglamento establece que las sociedades de gestión deben realizar pruebas periódicas de su resiliencia operativa digital, incluyendo simulaciones de ciberataques y ejercicios de recuperación de sistemas. Estas pruebas son esenciales para identificar vulnerabilidades, evaluar la preparación de la sociedad frente a incidentes tecnológicos y garantizar la eficacia de sus planes de continuidad operativa.

Por ejemplo, una sociedad de gestión podría realizar un ejercicio en el que simule un fallo masivo en su sistema de gestión de carteras para evaluar su capacidad de recuperación y la eficacia de sus procedimientos de respaldo.

El incumplimiento de las disposiciones del Reglamento puede tener consecuencias graves para las sociedades de gestión, incluyendo sanciones regulatorias, pérdida de confianza por parte de los inversores y daños reputacionales. Además, una interrupción en las operaciones de una sociedad de gestión podría afectar negativamente a los fondos que administra y a la estabilidad del mercado financiero en general.

El concepto de "sociedad de gestión" en el marco del Reglamento Europeo 2022/2554 subraya la importancia de garantizar la resiliencia operativa digital de estas entidades, dado su papel clave en la gestión de fondos de inversión colectiva y su alta exposición a riesgos tecnológicos. Las sociedades de gestión deben implementar medidas rigurosas para gestionar los riesgos relacionados con las TIC, garantizar la continuidad de sus operaciones, supervisar a sus proveedores externos y gestionar eficazmente los incidentes tecnológicos. Al cumplir con estas obligaciones, no solo protegen a los inversores y los fondos que administran, sino que también contribuyen a la estabilidad y confianza en los mercados financieros en su conjunto. La correcta aplicación de estas medidas es esencial para garantizar que las sociedades de gestión puedan operar de manera segura y eficiente en un entorno digital.

46) «proveedor de servicios de suministro de datos»: un proveedor de servicios de suministro de datos en el sentido del Reglamento (UE) número 600/2014, a que se refiere su artículo 2, apartado 1, puntos 34 a 36;

El concepto de "proveedor de servicios de suministro de datos", en el sentido del Reglamento (UE) n.º 600/2014 (Reglamento MiFIR), hace referencia a entidades que desempeñan un criterio fundamental en la recopilación, consolidación y distribución de datos financieros. Según el artículo 2, apartado 1, puntos 34 a 36 de dicho Reglamento, se incluyen tres tipos específicos de proveedores de servicios de suministro de datos:

34) «agentes de publicación autorizados» o «APA»: los agentes de publicación autorizados según la definición del artículo 4, apartado 1, punto 52, de la Directiva 2014/65/UE;

35) «proveedor de información consolidada» o «PIC»: un proveedor de información consolidada según la definición del artículo 4, apartado 1, punto 53, de la Directiva 2014/65/UE;

36) «sistema de información autorizado» o «SIA»: un sistema de información autorizado según la definición del artículo 4, apartado 1, punto 54 de la Directiva 2014/65/UE;

Estas entidades son fundamentales para garantizar la transparencia en los mercados financieros, ya que proporcionan información precisa, oportuna y consolidada sobre las operaciones, lo que facilita la supervisión, la formación de precios y la toma de decisiones por parte de los inversores y las autoridades regulatorias. En el contexto del Reglamento Europeo 2022/2554 sobre resiliencia operativa digital, los proveedores de servicios de suministro de datos están plenamente incluidos debido a su importancia sistémica, su alta dependencia de tecnologías avanzadas y su papel crítico en el funcionamiento y estabilidad de los mercados financieros.

Los proveedores de servicios de suministro de datos facilitan el acceso a información esencial sobre transacciones financieras, incluyendo precios, volúmenes, datos históricos y detalles sobre la ejecución de operaciones. En un mercado financiero cada vez más globalizado e interconectado, su función es garantizar que los participantes del mercado, incluidos los reguladores, los inversores y las instituciones financieras, puedan acceder a información precisa y confiable en tiempo real. Sin embargo, debido a su papel central como intermediarios tecnológicos, estas entidades son vulnerables a riesgos relacionados con las tecnologías de la información y las comunicaciones (TIC), como ciberataques, interrupciones operativas y fallos en los sistemas. Una interrupción o inexactitud en los datos proporcionados por estas entidades puede tener un impacto directo en la confianza de los mercados, en la estabilidad financiera y en la capacidad de las autoridades para supervisar y gestionar riesgos sistémicos.

El Reglamento Europeo 2022/2554 reconoce estos riesgos y establece un marco normativo para garantizar que los proveedores de servicios de suministro de datos implementen medidas efectivas para proteger la integridad, disponibilidad y continuidad de los servicios que prestan. Estas medidas incluyen la gestión de riesgos relacionados con las TIC, la supervisión de proveedores externos, la preparación frente a incidentes tecnológicos y la realización de pruebas de resiliencia operativa.

El Reglamento MiFIR clasifica a los proveedores de servicios de suministro de datos en tres categorías principales:

1. Proveedores de mecanismos de publicación autorizados (APA): Estas entidades publican información sobre operaciones extrabursátiles (OTC) ejecutadas por empresas de servicios de inversión. Su función es garantizar que estas operaciones se reporten de manera precisa y oportuna, contribuyendo a la transparencia en los mercados OTC.
2. Proveedores de sistemas de información consolidada (CTP): Estas entidades recopilan información de múltiples centros de negociación y la consolidan en una fuente única de datos, proporcionando una visión integral y agregada de los mercados financieros. Esto facilita a los inversores y participantes del mercado comparar precios y volúmenes en diferentes plataformas.
3. Proveedores de mecanismos de autorización de transacciones (ARM): Estas entidades recopilan datos sobre transacciones de empresas de servicios de inversión y los transmiten a las autoridades competentes para cumplir con las obligaciones de reporte regulatorio. Su función es garantizar que las autoridades tengan acceso a datos precisos y completos sobre las operaciones en los mercados financieros.

Los proveedores de servicios de suministro de datos desempeñan un papel central en la infraestructura del mercado financiero al garantizar que la información fluya de manera eficiente y transparente entre los participantes del mercado y las autoridades regulatorias. Su actividad es crítica para la formación de precios, la evaluación de riesgos y la supervisión de las operaciones. Por ejemplo, los CTP permiten a los inversores acceder a información consolidada sobre precios y volúmenes de transacciones en tiempo real, lo que mejora la eficiencia y la competitividad de los mercados. Asimismo, los APA y ARM garantizan que las operaciones extrabursátiles y los datos regulatorios sean reportados de manera precisa y oportuna.

Sin embargo, debido a la naturaleza digital de su actividad y a la sensibilidad de los datos que manejan, estas entidades enfrentan una serie de riesgos tecnológicos y operativos. Por ejemplo, un fallo en los sistemas de un CTP podría provocar la publicación de datos inexactos o incompletos, lo que afectaría la confianza de los inversores y podría generar decisiones de inversión erróneas. Del mismo modo, un ciberataque contra un ARM podría comprometer la confidencialidad de los datos de transacciones y dificultar la supervisión por parte de las autoridades.

El Reglamento impone una serie de obligaciones específicas para garantizar la resiliencia operativa digital de los proveedores de servicios de suministro de datos. Estas obligaciones se centran en la gestión de riesgos relacionados con las TIC, la continuidad operativa, la supervisión de proveedores externos, la gestión de incidentes y la realización de pruebas de resiliencia operativa.

El Reglamento exige que los proveedores de servicios de suministro de datos implementen un marco integral de gestión de riesgos relacionados con las TIC. Este marco debe permitir identificar, evaluar, mitigar y supervisar los riesgos tecnológicos que puedan afectar la integridad, disponibilidad y confidencialidad de los datos que manejan. Entre los riesgos más relevantes se encuentran los ciberataques, los fallos técnicos y las vulnerabilidades en los sistemas de recopilación y distribución de datos.

Por ejemplo, un CTP debe garantizar que sus sistemas están protegidos contra accesos no autorizados mediante controles de seguridad avanzados, como la autenticación multifactorial, el cifrado de extremo a extremo y la segmentación de redes críticas. También debe realizar evaluaciones periódicas de riesgos para identificar posibles vulnerabilidades en su infraestructura tecnológica y adoptar medidas proactivas para mitigarlas.

El Reglamento establece que los proveedores de servicios de suministro de datos deben desarrollar planes de continuidad de negocio y recuperación ante desastres para garantizar que puedan seguir operando en caso de interrupciones tecnológicas o incidentes relacionados con las TIC. Estos planes deben prever una amplia gama de escenarios, como ciberataques, fallos técnicos, desastres naturales y fallos en los servicios de los proveedores externos.

Por ejemplo, un APA debe garantizar que sus sistemas de publicación de datos estén respaldados en tiempo real en infraestructuras redundantes ubicadas en diferentes regiones geográficas. Esto permite restaurar rápidamente el acceso a los servicios en caso de una interrupción significativa.

El Reglamento determina que los proveedores de servicios de suministro de datos implementen procedimientos claros para la detección, notificación y gestión de incidentes relacionados con las TIC. Estos procedimientos deben garantizar que los incidentes se gestionen de manera eficaz para minimizar su impacto en las operaciones y en la confianza de los participantes del mercado.

Por ejemplo, si un ARM detecta un ciberataque que afecta la confidencialidad de los datos de transacciones, debe activar inmediatamente su protocolo de respuesta al incidente, desconectar los sistemas afectados, notificar a las autoridades competentes y coordinar con otros interesados para mitigar los efectos del incidente.

Dado que muchos proveedores de servicios de suministro de datos dependen de proveedores externos para la gestión de su infraestructura tecnológica, el Reglamento exige que supervisen de manera efectiva a estos proveedores. Esto incluye la realización de auditorías periódicas, la definición de cláusulas contractuales específicas sobre ciberseguridad y la evaluación de los riesgos asociados con la dependencia de proveedores únicos.

El Reglamento establece que los proveedores de servicios de suministro de datos deben realizar pruebas periódicas de resiliencia operativa digital, incluyendo simulaciones de ciberataques y ejercicios de recuperación de sistemas.

El incumplimiento puede generar sanciones regulatorias, pérdida de confianza del mercado y efectos en la supervisión regulatoria.

Los proveedores de servicios de suministro de datos son esenciales para la transparencia y estabilidad de los mercados financieros. El Reglamento Europeo 2022/2554 refuerza su resiliencia operativa digital mediante medidas que garantizan la continuidad, seguridad y precisión de los datos. Su correcta implementación es fundamental para proteger la confianza en los mercados y la capacidad de supervisión regulatoria.

47) «empresa de seguros»: una empresa de seguros tal como se define en el artículo 13, punto 1, de la Directiva 2009/138/CE;

El concepto de "empresa de seguros", definido en el artículo 13, punto 1, de la Directiva 2009/138/CE (Directiva Solvencia II), se refiere a una empresa de seguros directos de vida o distintos del seguro de vida que haya recibido autorización. Estas empresas operan bajo un marco regulatorio que regula su solvencia, gobernanza y la gestión de riesgos, lo que garantiza la protección de los asegurados y la estabilidad del mercado de seguros en la Unión Europea. En el contexto del Reglamento Europeo 2022/2554 sobre resiliencia operativa digital, las empresas de seguros están plenamente incluidas debido a su alta dependencia de las tecnologías de la información y las comunicaciones (TIC) para llevar a cabo actividades críticas, como la suscripción de pólizas, la gestión de siniestros, el cálculo de primas, la evaluación de riesgos, la interacción con los asegurados y el cumplimiento de las obligaciones regulatorias. Además, su papel como actores esenciales en el sistema financiero y en la economía en general las convierte en entidades esenciales cuya interrupción operativa podría tener repercusiones significativas en la confianza pública y en la estabilidad económica.

Las empresas de seguros no solo se encargan de proteger a los asegurados contra riesgos específicos a través de contratos de seguro, sino que también actúan como inversores institucionales significativos al gestionar grandes volúmenes de activos financieros para respaldar sus obligaciones. Su modelo de negocio implica el manejo constante de datos altamente sensibles, incluidos datos personales, médicos, financieros y contractuales de los asegurados, lo que las convierte en objetivos atractivos para los ciberdelincuentes. Además, su operativa depende en gran medida de sistemas tecnológicos avanzados para la recopilación y procesamiento de datos, la automatización de procesos, la interacción digital con los clientes y la prestación de servicios a través de plataformas en línea. Esto las expone a una serie de riesgos relacionados con las TIC, como ciberataques, fallos en los sistemas, interrupciones operativas y vulnerabilidades en los sistemas de gestión de datos. Cualquier incidente que afecte la operativa de una empresa de seguros puede tener un impacto significativo no solo en los asegurados, sino también en otros sectores económicos, dado el papel determinante que desempeñan estas entidades en la gestión de riesgos y en la inversión de capital.

El Reglamento Europeo 2022/2554 reconoce la importancia crítica de las empresas de seguros en la economía y los riesgos inherentes a su dependencia tecnológica. Por ello, establece un marco normativo que les obliga a implementar medidas específicas para garantizar su resiliencia operativa digital. Estas medidas están diseñadas para abordar los riesgos tecnológicos y cibernéticos, garantizar la continuidad de las operaciones y proteger la integridad de los datos de los asegurados. El objetivo principal del Reglamento es asegurar que las empresas de seguros puedan operar de manera segura y eficiente en un entorno digital cada vez más complejo y expuesto a riesgos emergentes.

Las empresas de seguros son pilares fundamentales de la economía, ya que su actividad garantiza la transferencia y gestión de riesgos a través de contratos de seguro que ofrecen protección contra eventos adversos, como accidentes, catástrofes naturales, enfermedades, fallecimientos o interrupciones comerciales. Además, estas empresas desempeñan un criterio fundamental como inversores institucionales, canalizando capital hacia los mercados financieros y apoyando el crecimiento económico. Por ejemplo, las empresas de seguros invierten en bonos gubernamentales, acciones, proyectos de infraestructura y otros activos, lo que contribuye a la estabilidad financiera.

Sin embargo, la digitalización de sus operaciones ha transformado el sector asegurador, aumentando su eficiencia y capacidad de ofrecer servicios innovadores, pero también exponiéndolas a nuevos riesgos tecnológicos. Entre estos riesgos destacan los ciberataques dirigidos a los sistemas de gestión de pólizas y siniestros, los fallos en las plataformas de interacción con los clientes, las interrupciones en los sistemas de cálculo actuarial y las vulnerabilidades en los procesos automatizados de suscripción de pólizas. Por ejemplo, un ciberataque que comprometa los datos personales de los asegurados podría generar una pérdida de confianza significativa, sanciones regulatorias y costes económicos asociados a la recuperación y la compensación. Además, cualquier interrupción en las operaciones de una empresa de seguros podría afectar la capacidad de los asegurados para presentar reclamaciones o acceder a la cobertura, con posibles repercusiones legales y reputacionales.

El Reglamento Europeo 2022/2554 impone a las empresas de seguros una serie de obligaciones específicas para garantizar su resiliencia operativa digital y mitigar los riesgos asociados a su actividad. Estas obligaciones incluyen la gestión de riesgos tecnológicos, la continuidad operativa, la supervisión de proveedores externos, la gestión de incidentes tecnológicos y la realización de pruebas de resiliencia operativa.

El Reglamento exige que las empresas de seguros implementen un marco integral de gestión de riesgos relacionados con las TIC que les permita identificar, evaluar, mitigar y supervisar los riesgos tecnológicos que puedan comprometer la integridad, disponibilidad o confidencialidad de sus sistemas y datos. Este marco debe ser proporcional al tamaño y complejidad de la empresa y debe abordar una amplia gama de riesgos, incluidos los ciberataques, los fallos técnicos, los errores humanos y las vulnerabilidades en los sistemas de interacción con los asegurados.

Por ejemplo, una empresa de seguros que administre pólizas de salud debe garantizar que sus sistemas de gestión de datos médicos estén protegidos mediante controles de seguridad avanzados, como el cifrado de datos, la autenticación multifactorial y la segmentación de redes críticas. Además, debe implementar herramientas de monitoreo continuo para detectar y responder de manera oportuna a posibles amenazas cibernéticas.

El Reglamento establece que las empresas de seguros deben desarrollar planes de continuidad de negocio y recuperación ante desastres para garantizar que sus operaciones críticas puedan continuar o restablecerse rápidamente en caso de interrupciones tecnológicas o incidentes relacionados con las TIC. Estos planes deben prever una amplia gama de escenarios, como ciberataques, fallos técnicos, desastres naturales y fallos en los servicios de los proveedores externos.

Por ejemplo, una empresa de seguros que ofrezca servicios en línea a través de una plataforma digital debe garantizar que sus sistemas estén respaldados en tiempo real en infraestructuras redundantes ubicadas en diferentes regiones geográficas. Esto permite restaurar rápidamente el acceso a los servicios en caso de una interrupción significativa. Además, los planes de continuidad deben incluir procedimientos claros para la comunicación con los asegurados y las autoridades durante una interrupción, asegurando que todos los interesados estén informados sobre el estado de las operaciones y las medidas adoptadas para resolver el problema.

El Reglamento determina que las empresas de seguros implementen procedimientos claros para la detección, notificación y gestión de incidentes relacionados con las TIC. Estos procedimientos deben garantizar que los incidentes se gestionen de manera eficaz para minimizar su impacto en las operaciones y en la confianza de los asegurados.

Por ejemplo, si una empresa de seguros detecta un ciberataque que afecta la confidencialidad de los datos personales de los asegurados, debe activar inmediatamente su protocolo de respuesta al incidente, desconectar los sistemas afectados, notificar a las autoridades competentes y coordinar con los asegurados para mitigar los efectos del incidente. La notificación de incidentes graves debe realizarse dentro de los plazos establecidos por el Reglamento, proporcionando información detallada sobre la naturaleza del incidente, su impacto y las medidas adoptadas para contenerlo.

Dado que muchas empresas de seguros dependen de proveedores externos para la gestión de su infraestructura tecnológica, el Reglamento exige que supervisen de manera efectiva a estos proveedores. Esto incluye la realización de auditorías periódicas, la definición de cláusulas contractuales específicas sobre ciberseguridad y la evaluación de los riesgos asociados con la dependencia de proveedores únicos.

Por ejemplo, una empresa de seguros que utilice un proveedor externo para gestionar su plataforma de siniestros debe garantizar que dicho proveedor implemente medidas de seguridad adecuadas, como el cifrado de datos y la detección de intrusos. Además, debe establecer acuerdos de nivel de servicio (SLA) que garanticen la disponibilidad y seguridad de los servicios en todo momento.

El Reglamento establece que las empresas de seguros deben realizar pruebas periódicas de su resiliencia operativa digital, incluyendo simulaciones de ciberataques y ejercicios de recuperación de sistemas. Estas pruebas son esenciales para identificar vulnerabilidades, evaluar la preparación de la empresa frente a incidentes tecnológicos y garantizar la eficacia de sus planes de continuidad operativa.

El incumplimiento de las disposiciones del Reglamento puede tener consecuencias graves para las empresas de seguros, incluyendo sanciones regulatorias, pérdida de confianza por parte de los asegurados y daños reputacionales. Además, una interrupción en las operaciones de una empresa de seguros podría afectar su capacidad para cumplir con sus obligaciones contractuales y regulatorias, con posibles repercusiones legales y financieras.

El concepto de "empresa de seguros" en el marco del Reglamento Europeo 2022/2554 subraya la importancia de garantizar la resiliencia operativa digital de estas entidades, dado su papel crítico en la protección de los riesgos de los asegurados y su alta exposición a riesgos tecnológicos. Las empresas de seguros deben implementar medidas rigurosas para gestionar los riesgos relacionados con las TIC, garantizar la continuidad de sus operaciones, supervisar a sus proveedores externos y gestionar eficazmente los incidentes tecnológicos. Al cumplir con estas obligaciones, no solo protegen a sus asegurados y operaciones, sino que también contribuyen a la estabilidad y confianza en el sistema financiero y en la economía en su conjunto. La correcta aplicación de estas medidas es esencial para garantizar que las empresas de seguros puedan operar de manera segura y eficiente en un entorno digital cada vez más complejo e interconectado.

48) «empresa de reaseguros»: una empresa de reaseguros tal como se define en el artículo 13, punto 4, de la Directiva 2009/138/CE;

El concepto de "empresa de reaseguros", definido en el artículo 13, punto 4, de la Directiva 2009/138/CE (Directiva Solvencia II), se refiere a una empresa que haya recibido autorización con arreglo al artículo 14 para desarrollar actividades de reaseguro. El reaseguro consiste en un mecanismo mediante el cual una empresa de seguros (cedente) transfiere parte de los riesgos asumidos en sus contratos de seguro a otra entidad, denominada empresa de reaseguros. Este proceso permite que las aseguradoras diversifiquen y reduzcan los riesgos de su cartera, protegiéndose contra posibles pérdidas excesivas derivadas de eventos catastróficos, grandes siniestros o acumulación de riesgos. En el contexto del Reglamento Europeo 2022/2554 sobre resiliencia operativa digital, las empresas de reaseguros están incluidas debido a su papel esencial en la estabilidad del sector asegurador, su alta dependencia de las tecnologías de la información y las comunicaciones y la naturaleza crítica de los datos y operaciones que gestionan. La interrupción de sus actividades podría tener repercusiones significativas en la estabilidad financiera general y en la capacidad de las aseguradoras para cumplir con sus obligaciones contractuales.

Las empresas de reaseguros son actores fundamentales en el ecosistema financiero y asegurador, ya que aportan estabilidad y resiliencia al mercado al absorber parte de los riesgos asumidos por las aseguradoras directas. Este papel las convierte en una pieza básica para gestionar riesgos catastróficos globales, como desastres naturales, pandemias o crisis económicas. Además, el reaseguro contribuye a la sostenibilidad del sector asegurador al proporcionar capacidad adicional de suscripción y al reducir la exposición individual de las aseguradoras a eventos de gran magnitud. Sin embargo, la actividad de las empresas de reaseguros depende en gran medida de sistemas tecnológicos avanzados para gestionar grandes volúmenes de datos, calcular primas y reservas, evaluar riesgos y coordinarse con aseguradoras cedentes a nivel global. Esto las expone a una serie de riesgos relacionados con las TIC, como ciberataques, interrupciones operativas, fallos en los sistemas de análisis y vulnerabilidades en las plataformas digitales de comunicación y transferencia de datos.

El Reglamento Europeo 2022/2554 establece un marco normativo riguroso para garantizar que las empresas de reaseguros implementen medidas adecuadas de resiliencia operativa digital. Este marco está diseñado para abordar los riesgos específicos asociados a la actividad de reaseguro y proteger la continuidad de sus operaciones, la integridad de los datos y la confianza de las aseguradoras cedentes. Las medidas establecidas en el Reglamento son esenciales para garantizar que las empresas de reaseguros puedan operar de manera segura y eficiente, incluso frente a incidentes tecnológicos graves o ciberataques, y para evitar impactos negativos en el sector asegurador y en la economía en general.

Las empresas de reaseguros desempeñan un papel fundamental en la transferencia y gestión de riesgos a nivel global, actuando como una red de seguridad financiera para las aseguradoras. Su actividad implica la recopilación, procesamiento y análisis de grandes volúmenes de datos relacionados con siniestros, primas, exposiciones y eventos catastróficos, lo que les permite evaluar el perfil de riesgo de las aseguradoras y diseñar contratos de reaseguro personalizados. Estos datos son esenciales no solo para el funcionamiento de las empresas de reaseguros, sino también para la estabilidad del mercado asegurador en su conjunto.

El uso intensivo de tecnologías avanzadas para el análisis actuarial, la modelización de riesgos y la gestión de contratos de reaseguro convierte a estas empresas en objetivos atractivos para los ciberdelincuentes. Por ejemplo, un ciberataque que comprometa la integridad de los datos utilizados para calcular reservas o modelar riesgos podría tener un impacto directo en la solvencia de la empresa y en la confianza de las aseguradoras cedentes. Asimismo, la interrupción de los sistemas tecnológicos que soportan la operativa de reaseguro podría retrasar la transferencia de riesgos y dificultar la capacidad de las aseguradoras para gestionar sus exposiciones, lo que afectaría a los asegurados finales y al sistema financiero en su conjunto.

El Reglamento Europeo 2022/2554 impone a las empresas de reaseguros un conjunto de obligaciones específicas para garantizar su resiliencia operativa digital. Estas medidas incluyen la gestión de riesgos tecnológicos, la continuidad operativa, la supervisión de proveedores externos, la gestión de incidentes relacionados con las TIC y la realización de pruebas de resiliencia operativa. Estas obligaciones están diseñadas para mitigar los riesgos asociados a su actividad y garantizar la estabilidad del mercado asegurador.

El Reglamento exige que las empresas de reaseguros implementen un marco integral de gestión de riesgos relacionados con las TIC que les permita identificar, evaluar, mitigar y supervisar los riesgos tecnológicos que puedan comprometer sus operaciones o la seguridad de los datos que gestionan. Este marco debe estar adaptado a la complejidad de la empresa y a la naturaleza global de su actividad, teniendo en cuenta factores como la dependencia de sistemas interconectados, la exposición a ciberataques y la criticidad de los datos que manejan.

Por ejemplo, una empresa de reaseguros que utilice plataformas digitales para la transferencia de datos con aseguradoras cedentes debe garantizar que estas plataformas estén protegidas mediante controles de seguridad avanzados, como el cifrado de extremo a extremo, la autenticación multifactorial y la segmentación de redes críticas. Además, debe realizar evaluaciones periódicas de riesgos para identificar vulnerabilidades en su infraestructura tecnológica y adoptar medidas proactivas para mitigarlas.

El Reglamento establece que las empresas de reaseguros deben desarrollar planes detallados de continuidad de negocio y recuperación ante desastres para garantizar que sus operaciones críticas puedan continuar o restablecerse rápidamente en caso de interrupciones tecnológicas o incidentes relacionados con las TIC. Estos planes deben prever escenarios como ciberataques, fallos técnicos, desastres naturales y fallos en los servicios de los proveedores externos.

Por ejemplo, una empresa de reaseguros debe garantizar que los datos relacionados con los contratos de reaseguro y las exposiciones de las aseguradoras cedentes estén respaldados en tiempo real en infraestructuras redundantes ubicadas en diferentes regiones geográficas. Esto permite restaurar rápidamente el acceso a los servicios en caso de una interrupción significativa. Además, los planes de continuidad deben incluir procedimientos claros para la comunicación con las aseguradoras cedentes y las autoridades durante una interrupción, asegurando que todos los interesados estén informados sobre el estado de las operaciones y las medidas adoptadas para resolver el problema.

El Reglamento determina que las empresas de reaseguros implementen procedimientos claros para la detección, notificación y gestión de incidentes relacionados con las TIC. Estos procedimientos deben garantizar que los incidentes se gestionen de manera eficaz para minimizar su impacto en las operaciones y en la confianza de las aseguradoras cedentes.

Por ejemplo, si una empresa de reaseguros detecta un ciberataque que afecta la confidencialidad de los datos de las aseguradoras cedentes, debe activar inmediatamente su protocolo de respuesta al incidente, desconectar los sistemas afectados, notificar a las autoridades competentes y coordinar con las aseguradoras cedentes para mitigar los efectos del incidente. La notificación de incidentes graves debe realizarse dentro de los plazos establecidos por el Reglamento, proporcionando información detallada sobre la naturaleza del incidente, su impacto y las medidas adoptadas para contenerlo.

Dado que muchas empresas de reaseguros dependen de proveedores externos para la gestión de su infraestructura tecnológica, el Reglamento exige que supervisen de manera efectiva a estos proveedores. Esto incluye la realización de auditorías periódicas, la definición de cláusulas contractuales específicas sobre ciberseguridad y la evaluación de los riesgos asociados con la dependencia de proveedores únicos.

El Reglamento establece que las empresas de reaseguros deben realizar pruebas periódicas de su resiliencia operativa digital, incluyendo simulaciones de ciberataques y ejercicios de recuperación de sistemas. Estas pruebas son esenciales para identificar vulnerabilidades, evaluar la preparación de la empresa frente a incidentes tecnológicos y garantizar la eficacia de sus planes de continuidad operativa.

El incumplimiento de las disposiciones del Reglamento puede tener consecuencias graves para las empresas de reaseguros, incluidas sanciones regulatorias, pérdida de confianza por parte de las aseguradoras cedentes y daños reputacionales. Además, una interrupción en sus operaciones podría afectar la capacidad de las aseguradoras para gestionar sus riesgos, con posibles repercusiones sistémicas en el mercado asegurador y financiero.

El concepto de "empresa de reaseguros" en el marco del Reglamento Europeo 2022/2554 subraya la importancia de garantizar la resiliencia operativa digital de estas entidades, dado su papel crítico en la estabilidad del sector asegurador y su alta exposición a riesgos tecnológicos. Las empresas de reaseguros deben implementar medidas rigurosas para gestionar los riesgos relacionados con las TIC, garantizar la continuidad de sus operaciones, supervisar a sus proveedores externos y gestionar eficazmente los incidentes tecnológicos. Al cumplir con estas obligaciones, no solo protegen a las aseguradoras cedentes y a sus propias operaciones, sino que también contribuyen a la estabilidad y confianza en el sistema financiero y en la economía en su conjunto. La correcta aplicación de estas medidas es esencial para garantizar que las empresas de reaseguros puedan operar de manera segura y eficiente en un entorno digital cada vez más complejo e interconectado.

49) «intermediario de seguros»: un intermediario de seguros tal como se define en el artículo 2, apartado 1, punto 3, de la Directiva (UE) 2016/97 del Parlamento Europeo y del Consejo

El concepto de "intermediario de seguros", definido en el artículo 2, apartado 1, punto 3, de la Directiva (UE) 2016/97 (Directiva sobre la distribución de seguros, conocida como IDD), se refiere a toda persona física o jurídica, distinta de una empresa de seguros o de reaseguros y de sus empleados, y distinta asimismo de un intermediario de seguros complementarios, que, a cambio de una remuneración, emprenda o realice una actividad de distribución de seguros. Estas actividades incluyen asesorar, proponer, intermediar o realizar otros trabajos preparatorios para la celebración de contratos de seguros, o ayudar en la gestión y ejecución de los mismos, en particular en caso de siniestros. Los intermediarios de seguros desempeñan un papel determinante en la cadena de valor del sector asegurador, ya que actúan como punto de contacto entre los consumidores y las empresas de seguros, facilitando la contratación de productos adaptados a las necesidades de los clientes. En el contexto del Reglamento Europeo

2022/2554 sobre resiliencia operativa digital, los intermediarios de seguros están plenamente incluidos debido a su alta dependencia tecnológica para realizar actividades clave y la importancia de garantizar la continuidad de sus servicios en un entorno digitalizado y expuesto a riesgos tecnológicos y cibernéticos.

Los intermediarios de seguros, como corredores y agentes, desempeñan un papel fundamental en el mercado de seguros al garantizar que los clientes comprendan los productos que están contratando y reciban asesoramiento adecuado. También son responsables de recopilar datos personales y financieros de los clientes, lo que les permite personalizar las soluciones de seguros según las necesidades específicas de cada asegurado. Sin embargo, la naturaleza digital de sus operaciones y el manejo constante de datos confidenciales los expone a riesgos tecnológicos significativos, como ciberataques, fallos en los sistemas de TI, interrupciones en los procesos de asesoramiento y contratación, y vulnerabilidades en las plataformas de comunicación digital. Cualquier interrupción en las actividades de los intermediarios de seguros podría tener un impacto negativo en los consumidores y en la confianza en el sector asegurador en su conjunto.

El Reglamento Europeo 2022/2554 establece un marco normativo que obliga a los intermediarios de seguros a implementar medidas específicas para garantizar su resiliencia operativa digital. Estas medidas están diseñadas para abordar los riesgos asociados a su actividad, proteger la confidencialidad e integridad de los datos de los clientes y garantizar la continuidad de sus servicios, incluso en casos de incidentes relacionados con las TIC. Este enfoque busca salvaguardar tanto a los intermediarios como a los consumidores y contribuir a la estabilidad del mercado asegurador.

Los intermediarios de seguros son esenciales para el funcionamiento del mercado de seguros, ya que facilitan la contratación de productos de seguros al asesorar a los consumidores sobre las opciones disponibles, intermediar en las negociaciones y garantizar el cumplimiento de los requisitos legales y contractuales. Por ejemplo, un corredor puede analizar las necesidades de un cliente, identificar los productos de seguros más adecuados ofrecidos por diversas empresas y negociar las condiciones más favorables en nombre del cliente. Esta función requiere el manejo constante de datos sensibles, como información personal, financiera y médica de los asegurados.

En el entorno digital actual, los intermediarios de seguros dependen en gran medida de sistemas tecnológicos avanzados para recopilar, procesar y almacenar estos datos, así como para interactuar con las empresas de seguros y los clientes a través de plataformas en línea. Esto los expone a una serie de riesgos tecnológicos, como ciberataques dirigidos a obtener acceso no autorizado a los datos de los clientes, interrupciones en los sistemas de TI que dificulten la prestación de servicios, y fallos en las plataformas digitales utilizadas para la comunicación y la contratación. Por ejemplo, un ciberataque que comprometa los sistemas de un corredor de seguros podría dar lugar al robo de datos confidenciales de los clientes, lo que no solo afectaría a la confianza de los consumidores, sino que también podría dar lugar a sanciones regulatorias y responsabilidades legales.

El Reglamento Europeo 2022/2554 impone a los intermediarios de seguros una serie de obligaciones específicas para garantizar su resiliencia operativa digital y mitigar los riesgos asociados a su actividad. Estas obligaciones incluyen la gestión de riesgos tecnológicos, la continuidad operativa, la supervisión de proveedores externos, la gestión de incidentes relacionados con las TIC y la realización de pruebas de resiliencia operativa. Estas medidas están diseñadas para proteger tanto a los intermediarios como a los consumidores y garantizar la estabilidad del mercado asegurador.

El Reglamento exige que los intermediarios de seguros implementen un marco integral de gestión de riesgos relacionados con las TIC, adaptado a su tamaño, complejidad y modelo de negocio. Este marco debe permitir identificar, evaluar, mitigar y supervisar los riesgos tecnológicos que puedan comprometer sus operaciones o la seguridad de los datos de los clientes. Entre los riesgos más relevantes se encuentran los ciberataques, los fallos técnicos, los errores humanos y las vulnerabilidades en las plataformas digitales utilizadas para la interacción con los clientes.

Por ejemplo, un corredor de seguros que utilice una plataforma digital para la recopilación de datos y la contratación de pólizas debe garantizar que esta plataforma esté protegida mediante controles de seguridad avanzados, como el cifrado de datos, la autenticación multifactorial y el monitoreo continuo de redes para detectar actividades sospechosas. Además, debe realizar evaluaciones periódicas de riesgos para identificar posibles vulnerabilidades en su infraestructura tecnológica y adoptar medidas proactivas para mitigarlas.

El Reglamento establece que los intermediarios de seguros deben desarrollar planes de continuidad de negocio y recuperación ante desastres para garantizar que sus operaciones críticas puedan continuar o restablecerse rápidamente en caso de interrupciones tecnológicas o incidentes relacionados con las TIC. Estos planes deben prever una amplia gama de escenarios, como ciberataques, fallos técnicos, desastres naturales y fallos en los servicios de los proveedores externos.

Por ejemplo, un intermediario que ofrezca servicios en línea debe garantizar que sus datos y sistemas estén respaldados en tiempo real en infraestructuras redundantes ubicadas en diferentes regiones geográficas. Esto permite restaurar rápidamente el acceso a los servicios en caso de una interrupción significativa. Además, los planes de continuidad deben incluir procedimientos claros para la comunicación con los clientes y las autoridades durante una interrupción, asegurando que todos los interesados estén informados sobre el estado de las operaciones y las medidas adoptadas para resolver el problema.

El Reglamento determina que los intermediarios de seguros implementen procedimientos claros para la detección, notificación y gestión de incidentes relacionados con las TIC. Estos procedimientos deben garantizar que los incidentes se gestionen de manera eficaz para minimizar su impacto en las operaciones y en la confianza de los clientes.

Por ejemplo, si un intermediario detecta un ciberataque que afecta la confidencialidad de los datos de los clientes, debe activar inmediatamente su protocolo de respuesta al incidente, desconectar los sistemas afectados, notificar a las autoridades competentes y coordinar con los clientes para mitigar los efectos del incidente. La notificación de incidentes graves debe realizarse dentro de los plazos establecidos por el Reglamento, proporcionando información detallada sobre la naturaleza del incidente, su impacto y las medidas adoptadas para contenerlo.

Dado que muchos intermediarios de seguros dependen de proveedores externos para la gestión de su infraestructura tecnológica, el Reglamento exige que supervisen de manera efectiva a estos proveedores. Esto incluye la realización de auditorías periódicas, la definición de cláusulas contractuales específicas sobre ciberseguridad y la evaluación de los riesgos asociados con la dependencia de proveedores únicos.

Por ejemplo, un intermediario que utilice un proveedor externo para gestionar su plataforma de contratación de seguros debe garantizar que dicho proveedor implemente medidas de seguridad adecuadas, como el cifrado de datos y la segmentación de redes. Además, debe establecer acuerdos de nivel de servicio (SLA) que garanticen la disponibilidad y seguridad de los servicios en todo momento.

El Reglamento establece que los intermediarios de seguros deben realizar pruebas periódicas de su resiliencia operativa digital, incluyendo simulaciones de ciberataques y ejercicios de recuperación de sistemas. Estas pruebas son esenciales para identificar vulnerabilidades, evaluar la preparación del intermediario frente a incidentes tecnológicos y garantizar la eficacia de sus planes de continuidad operativa.

El incumplimiento de las disposiciones del Reglamento puede tener consecuencias graves para los intermediarios de seguros, incluyendo sanciones regulatorias, pérdida de confianza por parte de los clientes y daños reputacionales. Además, una interrupción en sus operaciones podría afectar negativamente la capacidad de los consumidores para contratar o gestionar sus seguros, lo que podría tener implicaciones legales y financieras.

El concepto de "intermediario de seguros" en el marco del Reglamento Europeo 2022/2554 subraya la importancia de garantizar la resiliencia operativa digital de estas entidades, dado su criterio fundamental en la distribución de seguros y su alta exposición a riesgos tecnológicos. Los intermediarios de seguros deben implementar medidas rigurosas para gestionar los riesgos relacionados con las TIC, garantizar la continuidad de sus operaciones, supervisar a sus proveedores externos y gestionar eficazmente los incidentes tecnológicos. Al cumplir con estas obligaciones, no solo protegen a los consumidores y a sus propias operaciones, sino que también contribuyen a la confianza en el mercado asegurador y a la estabilidad del sector financiero en general. La correcta aplicación de estas medidas es esencial para garantizar que los intermediarios de seguros puedan operar de manera segura y eficiente en un entorno digital cada vez más complejo e interconectado.

50) «intermediario de seguros complementarios»: un intermediario de seguros complementarios tal como se define en el artículo 2, apartado 1, punto 4, de la Directiva (UE) 2016/97;

El concepto de "intermediario de seguros complementarios", definido en el artículo 2, apartado 1, punto 4, de la Directiva (UE) 2016/97 (Directiva sobre la distribución de seguros, conocida como IDD), hace referencia a cualquier persona física o jurídica distinta de una empresa de seguros, una empresa de reaseguros o un intermediario de seguros, que, a cambio de una remuneración, ejerce actividades de distribución de seguros de manera complementaria a su actividad principal. Estas actividades incluyen la prestación de asesoramiento, la preparación de contratos de seguros o la ayuda en la gestión y ejecución de los mismos, siempre que el seguro ofrecido esté relacionado con un bien o servicio proporcionado como parte de su actividad principal. Por ejemplo, este concepto se aplica a minoristas que venden seguros asociados a productos como electrodomésticos, vehículos o viajes, o a empresas que ofrecen seguros para cubrir la pérdida, el robo o los daños de bienes adquiridos por sus clientes. En el contexto del Reglamento Europeo 2022/2554 sobre resiliencia operativa digital, los intermediarios de seguros complementarios están incluidos debido a su creciente dependencia de tecnologías digitales para la distribución de productos aseguradores y la gestión de datos personales y financieros, lo que los expone a riesgos tecnológicos y cibernéticos que pueden afectar tanto a los consumidores como a las empresas aseguradoras.

Los intermediarios de seguros complementarios desempeñan un papel importante en el ecosistema del mercado asegurador al facilitar la contratación de seguros asociados a bienes o servicios adquiridos por los consumidores. Estos seguros suelen ser de bajo valor y están diseñados para cubrir riesgos específicos relacionados con el producto o servicio principal. Un ejemplo típico sería un seguro de viaje contratado al comprar un billete de avión, o un seguro de daño accidental ofrecido al adquirir un teléfono móvil o un electrodoméstico. Aunque estas actividades representan un complemento a la actividad principal del intermediario, su papel es relevante porque permiten ampliar el acceso de los consumidores a productos de seguros específicos. Sin embargo, dado que estos intermediarios manejan información personal y financiera de los clientes y suelen depender de sistemas digitales para sus operaciones, están expuestos a riesgos significativos relacionados con las tecnologías de la información y las comunicaciones (TIC), como ciberataques, fallos en los sistemas y vulnerabilidades en las plataformas digitales.

El Reglamento Europeo 2022/2554 establece obligaciones específicas para los intermediarios de seguros complementarios, con el objetivo de garantizar su resiliencia operativa digital y mitigar los riesgos asociados a su actividad. Estas medidas son esenciales para proteger la confidencialidad e integridad de los datos de los consumidores, garantizar la continuidad de los servicios de distribución de seguros y evitar impactos negativos en la confianza del mercado asegurador.

Los intermediarios de seguros complementarios, como concesionarios de automóviles, minoristas de electrónica o agencias de viajes, facilitan la contratación de seguros adaptados a las necesidades específicas de los consumidores en el momento de la adquisición de bienes o servicios. Este modelo de distribución, conocido como "seguro accesorio", se basa en la oferta de productos de seguros que están directamente relacionados con el producto o servicio principal ofrecido. Por ejemplo, un concesionario puede ofrecer un seguro de coche junto con la compra del vehículo, o una agencia de viajes puede ofrecer un seguro de cancelación junto con la reserva de un paquete turístico.

El funcionamiento de estos intermediarios depende cada vez más de tecnologías digitales para la interacción con los clientes, la recopilación de datos, la gestión de pólizas y la comunicación con las aseguradoras. Estas herramientas tecnológicas, que incluyen plataformas en línea, aplicaciones móviles y sistemas de gestión de datos, mejoran la eficiencia y la accesibilidad de los servicios ofrecidos por los intermediarios. Sin embargo, también los exponen a una serie de riesgos tecnológicos y cibernéticos. Entre los riesgos más relevantes se encuentran los ciberataques dirigidos a obtener acceso no autorizado a los datos personales y financieros de los clientes, los fallos técnicos en las plataformas de contratación de seguros y las vulnerabilidades en los sistemas utilizados para transferir datos entre los intermediarios y las aseguradoras. Por ejemplo, un ataque a la plataforma de un minorista que ofrezca seguros de viaje podría comprometer datos confidenciales de los consumidores, como números de tarjetas de crédito, información de pasaportes y detalles de las reservas de viajes.

Cualquier interrupción en las actividades de los intermediarios de seguros complementarios puede tener un impacto significativo en los consumidores, ya que podría dificultar la contratación de productos de seguros o la gestión de reclamaciones. Además, los problemas de seguridad o disponibilidad de los sistemas tecnológicos de estos intermediarios pueden afectar la reputación de las aseguradoras con las que trabajan, generando desconfianza en el mercado asegurador.

El Reglamento Europeo 2022/2554 impone a los intermediarios de seguros complementarios una serie de obligaciones específicas para garantizar su resiliencia operativa digital. Estas medidas están diseñadas para proteger la continuidad de sus operaciones, salvaguardar los datos de los consumidores y garantizar la confianza en los productos de seguros que distribuyen.

El Reglamento exige que los intermediarios de seguros complementarios implementen un marco adecuado de gestión de riesgos relacionados con las TIC, adaptado a la naturaleza y el alcance de sus actividades. Este marco debe permitir identificar, evaluar, mitigar y supervisar los riesgos tecnológicos que puedan comprometer la seguridad de los datos de los clientes o la continuidad de los servicios ofrecidos. Entre los riesgos más relevantes se encuentran los ciberataques, los fallos técnicos y las vulnerabilidades en las plataformas de contratación y gestión de seguros.

Por ejemplo, un minorista que ofrezca seguros de daño accidental para productos electrónicos debe garantizar que los sistemas utilizados para recopilar y procesar los datos de los clientes estén protegidos mediante medidas de seguridad adecuadas, como el cifrado de datos, la autenticación multifactorial y el monitoreo continuo de redes. Además, debe realizar evaluaciones periódicas de riesgos para identificar posibles vulnerabilidades en su infraestructura tecnológica y adoptar medidas proactivas para mitigarlas.

El Reglamento establece que los intermediarios de seguros complementarios deben desarrollar planes de continuidad de negocio y recuperación ante desastres para garantizar que sus operaciones críticas puedan continuar o restablecerse rápidamente en caso de interrupciones tecnológicas o incidentes relacionados con las TIC. Estos planes deben prever una amplia gama de escenarios, como ciberataques, fallos técnicos y desastres naturales.

Por ejemplo, un intermediario que utilice una plataforma digital para la contratación de seguros debe garantizar que los datos y sistemas estén respaldados en tiempo real en infraestructuras redundantes. Esto permite restaurar rápidamente el acceso a los servicios en caso de una interrupción significativa. Además, los planes de continuidad deben incluir procedimientos claros para la comunicación con los clientes y las aseguradoras durante una interrupción, asegurando que todos los interesados estén informados sobre el estado de las operaciones y las medidas adoptadas para resolver el problema.

El Reglamento determina que los intermediarios de seguros complementarios implementen procedimientos claros para la detección, notificación y gestión de incidentes relacionados con las TIC. Estos procedimientos deben garantizar que los incidentes se gestionen de manera eficaz para minimizar su impacto en las operaciones y en la confianza de los clientes.

Por ejemplo, si un intermediario detecta un ciberataque que afecta la confidencialidad de los datos de los clientes, debe activar inmediatamente su protocolo de respuesta al incidente, desconectar los sistemas afectados, notificar a las autoridades competentes y coordinar con las aseguradoras para mitigar los efectos del incidente. La notificación de incidentes graves debe realizarse dentro de los plazos establecidos por el Reglamento, proporcionando información detallada sobre la naturaleza del incidente, su impacto y las medidas adoptadas para contenerlo.

Dado que muchos intermediarios de seguros complementarios dependen de proveedores externos para la gestión de su infraestructura tecnológica, el Reglamento exige que supervisen de manera efectiva a estos proveedores. Esto incluye la realización de auditorías periódicas, la definición de cláusulas contractuales específicas sobre ciberseguridad y la evaluación de los riesgos asociados con la dependencia de proveedores únicos.

El Reglamento establece que los intermediarios de seguros complementarios deben realizar pruebas periódicas de su resiliencia operativa digital, incluyendo simulaciones de ciberataques y ejercicios de recuperación de sistemas.

El incumplimiento de las disposiciones del Reglamento puede tener consecuencias graves para los intermediarios de seguros complementarios, incluyendo sanciones regulatorias, pérdida de confianza por parte de los clientes y daños reputacionales.

El concepto de "intermediario de seguros complementarios" en el marco del Reglamento Europeo 2022/2554 destaca la importancia de garantizar la resiliencia operativa digital de estas entidades, dado su papel en la distribución de productos aseguradores y su exposición a riesgos tecnológicos. Al implementar medidas de gestión de riesgos relacionados con las TIC, garantizar la continuidad de las operaciones y supervisar a sus proveedores externos, estos intermediarios no solo protegen sus propias actividades, sino que también contribuyen a la confianza en el mercado asegurador y a la protección de los consumidores.

51) «intermediario de reaseguros»: un intermediario de reaseguros tal como se define en el artículo 2, apartado 1, punto 5, de la Directiva (UE) 2016/97;

El concepto de "intermediario de reaseguros", definido en el artículo 2, apartado 1, punto 5, de la Directiva (UE) 2016/97 (Directiva sobre la distribución de seguros, conocida como IDD), se refiere a toda persona física o jurídica, distinta de una empresa de reaseguros y de sus empleados, que, a cambio de una remuneración, emprenda o realice una actividad de distribución de reaseguros. Estas actividades incluyen la asesoría, intermediación, preparación, negociación y ejecución de contratos de reaseguro entre aseguradoras o entre aseguradoras y reaseguradoras, así como la asistencia en la gestión y ejecución de dichos contratos. En el contexto del Reglamento Europeo 2022/2554 sobre resiliencia operativa digital, los intermediarios de reaseguros están plenamente incluidos debido a su función determinante en la cadena de transferencia de riesgos del mercado asegurador, su alta dependencia tecnológica para gestionar sus operaciones y su exposición a riesgos tecnológicos que podrían tener un impacto significativo en el sistema financiero y en la estabilidad del mercado de seguros y reaseguros.

Los intermediarios de reaseguros desempeñan un papel fundamental en el sector asegurador al actuar como facilitadores en la transferencia y diversificación de riesgos entre las aseguradoras y las reaseguradoras. Estas entidades operan como intermediarios especializados que evalúan y negocian los términos de los contratos de reaseguro, permitiendo que las aseguradoras cedentes reduzcan su exposición a grandes pérdidas o a eventos catastróficos. Además, los intermediarios de reaseguros aportan valor al mercado al proporcionar análisis de riesgos, acceso a mercados internacionales y soluciones personalizadas de reaseguro. Sin embargo, la naturaleza técnica y globalizada de sus operaciones, así como el manejo constante de datos sensibles y estratégicos, los expone a riesgos relacionados con las tecnologías de la información y las comunicaciones (TIC), como ciberataques, fallos en los sistemas de gestión y vulnerabilidades en las plataformas digitales que utilizan para interactuar con sus contrapartes. La interrupción de las actividades de un intermediario de reaseguros podría afectar tanto a las aseguradoras cedentes como a las reaseguradoras, dificultando la transferencia de riesgos y generando inestabilidad en el mercado asegurador.

El Reglamento Europeo 2022/2554 reconoce la importancia sistémica de los intermediarios de reaseguros y establece un marco normativo que les obliga a implementar medidas específicas para garantizar su resiliencia operativa digital. Estas medidas tienen como objetivo mitigar los riesgos tecnológicos y operativos inherentes a su actividad, garantizar la continuidad de sus operaciones y proteger la integridad de los datos que manejan. En última instancia, estas obligaciones buscan salvaguardar la confianza en el mercado de reaseguros y en el sector asegurador en su conjunto.

Los intermediarios de reaseguros son actores esenciales en el mercado asegurador, ya que facilitan la conexión entre aseguradoras y reaseguradoras, permitiendo la transferencia de riesgos de manera eficiente y estructurada. Por ejemplo, un intermediario puede ayudar a una aseguradora que enfrenta una exposición significativa a riesgos catastróficos, como huracanes o terremotos, a encontrar una reaseguradora adecuada que asuma parte de esos riesgos mediante un contrato de reaseguro proporcional o no proporcional. Este proceso requiere un análisis detallado de los riesgos, la negociación de términos contractuales y el uso de herramientas tecnológicas avanzadas para modelar escenarios y evaluar exposiciones.

Dado el carácter global y complejo del mercado de reaseguros, los intermediarios dependen en gran medida de tecnologías digitales para recopilar, procesar y analizar datos de riesgos, así como para coordinarse con múltiples contrapartes en diferentes jurisdicciones. Por ejemplo, utilizan plataformas digitales para intercambiar información sobre exposiciones, siniestros y condiciones contractuales, así como para automatizar procesos relacionados con la suscripción y la gestión de contratos. Sin embargo, esta dependencia tecnológica también los expone a una serie de riesgos relacionados con las TIC. Entre estos riesgos destacan los ciberataques dirigidos a acceder a datos sensibles sobre exposiciones y siniestros, los fallos en los sistemas de gestión de contratos que podrían retrasar la transferencia de riesgos, y las vulnerabilidades en las plataformas utilizadas para la comunicación con aseguradoras y reaseguradoras. Por ejemplo, un ataque a la plataforma de un intermediario de reaseguros podría comprometer datos confidenciales de las aseguradoras cedentes, afectando su capacidad para gestionar riesgos y cumplir con sus obligaciones regulatorias.

El Reglamento Europeo 2022/2554 impone a los intermediarios de reaseguros una serie de obligaciones específicas diseñadas para garantizar su resiliencia operativa digital y mitigar los riesgos asociados a su actividad. Estas medidas incluyen la gestión de riesgos tecnológicos, la continuidad operativa, la supervisión de proveedores externos, la gestión de incidentes relacionados con las TIC y la realización de pruebas de resiliencia operativa. Estas obligaciones son esenciales para proteger tanto a los intermediarios como a las aseguradoras y reaseguradoras con las que interactúan, y para garantizar la estabilidad del mercado de reaseguros.

El Reglamento exige que los intermediarios de reaseguros implementen un marco robusto de gestión de riesgos relacionados con las TIC, adaptado a su tamaño, complejidad y modelo de negocio. Este marco debe permitir identificar, evaluar, mitigar y supervisar los riesgos tecnológicos que puedan comprometer la seguridad de los datos, la continuidad de las operaciones y la confianza de las contrapartes. Entre los riesgos más relevantes se encuentran los ciberataques, los fallos técnicos y las vulnerabilidades en los sistemas utilizados para la gestión y comunicación de contratos de reaseguro.

Por ejemplo, un intermediario de reaseguros que utilice una plataforma digital para la negociación de contratos debe garantizar que esta plataforma esté protegida mediante controles de seguridad avanzados, como el cifrado de datos, la autenticación multifactorial y el monitoreo continuo de redes para detectar actividades sospechosas. Además, debe realizar evaluaciones periódicas de riesgos para identificar posibles vulnerabilidades en su infraestructura tecnológica y adoptar medidas proactivas para mitigarlas.

El Reglamento establece que los intermediarios de reaseguros deben desarrollar planes detallados de continuidad de negocio y recuperación ante desastres para garantizar que sus operaciones críticas puedan continuar o restablecerse rápidamente en caso de interrupciones tecnológicas o incidentes relacionados con las TIC. Estos planes deben prever una amplia gama de escenarios, como ciberataques, fallos técnicos, desastres naturales y fallos en los servicios de los proveedores externos.

Por ejemplo, un intermediario de reaseguros debe garantizar que los datos relacionados con las exposiciones y los contratos de reaseguro estén respaldados en tiempo real en infraestructuras redundantes ubicadas en diferentes regiones geográficas. Esto permite restaurar rápidamente el acceso a los sistemas y servicios en caso de una interrupción significativa. Además, los planes de continuidad deben incluir procedimientos claros para la comunicación con aseguradoras y reaseguradoras durante una interrupción, asegurando que todas las partes interesadas estén informadas sobre el estado de las operaciones y las medidas adoptadas para resolver el problema.

El Reglamento determina que los intermediarios de reaseguros implementen procedimientos claros para la detección, notificación y gestión de incidentes relacionados con las TIC. Estos procedimientos deben garantizar que los incidentes se gestionen de manera eficaz para minimizar su impacto en las operaciones y en la confianza de las contrapartes.

Por ejemplo, si un intermediario detecta un ciberataque que afecta la confidencialidad de los datos de las aseguradoras cedentes, debe activar inmediatamente su protocolo de respuesta al incidente, desconectar los sistemas afectados, notificar a las autoridades competentes y coordinar con las aseguradoras y reaseguradoras para mitigar los efectos del incidente. La notificación de incidentes graves debe realizarse dentro de los plazos establecidos por el Reglamento, proporcionando información detallada sobre la naturaleza del incidente, su impacto y las medidas adoptadas para contenerlo.

Dado que muchos intermediarios de reaseguros dependen de proveedores externos para la gestión de su infraestructura tecnológica, el Reglamento exige que supervisen de manera efectiva a estos proveedores. Esto incluye la realización de auditorías periódicas, la definición de cláusulas contractuales específicas sobre ciberseguridad y la evaluación de los riesgos asociados con la dependencia de proveedores únicos.

El Reglamento establece que los intermediarios de reaseguros deben realizar pruebas periódicas de su resiliencia operativa digital, incluyendo simulaciones de ciberataques y ejercicios de recuperación de sistemas. Estas pruebas son esenciales para identificar vulnerabilidades, evaluar la preparación del intermediario frente a incidentes tecnológicos y garantizar la eficacia de sus planes de continuidad operativa.

El incumplimiento de las disposiciones del Reglamento puede tener consecuencias graves para los intermediarios de reaseguros, incluyendo sanciones regulatorias, pérdida de confianza por parte de las aseguradoras y reaseguradoras, y daños reputacionales. Además, una interrupción en sus operaciones podría afectar la capacidad de las aseguradoras para transferir riesgos, con posibles repercusiones sistémicas en el mercado de reaseguros y el sector asegurador.

El concepto de "intermediario de reaseguros" en el marco del Reglamento Europeo 2022/2554 subraya la importancia de garantizar la resiliencia operativa digital de estas entidades, dado su papel clave en la transferencia de riesgos y su alta exposición a riesgos tecnológicos. Al implementar medidas de gestión de riesgos relacionados con las TIC, garantizar la continuidad de sus operaciones, supervisar a sus proveedores externos y gestionar eficazmente los incidentes tecnológicos, los intermediarios de reaseguros protegen no solo sus propias actividades, sino también la estabilidad del mercado asegurador y la confianza de las contrapartes con las que interactúan. La correcta aplicación de estas medidas es esencial para garantizar que puedan operar de manera segura y eficiente en un entorno digital cada vez más interconectado y expuesto a riesgos emergentes.

52) «fondo de pensiones de empleo»: un fondo de pensiones de empleo tal como se define en el artículo 6, punto 1, de la Directiva (UE) 2016/2341;

El concepto de "fondo de pensiones de empleo", tal como se define en el artículo 6, punto 1, de la Directiva (UE) 2016/2341 (conocida como Directiva IORP II), hace referencia a toda institución con independencia de su forma jurídica, que opere mediante sistemas de capitalización, sea jurídicamente independiente de la empresa promotora o sector y cuya actividad consista en proporcionar prestaciones de jubilación en el contexto de una actividad laboral sobre la base de un acuerdo o contrato suscrito. Estas instituciones son creadas para acumular y administrar activos con el fin de proporcionar beneficios de pensión en función de las relaciones laborales entre un empleador y los empleados, o entre un grupo de empleadores y sus empleados. En esencia, los fondos de pensiones de empleo son instrumentos clave en la gestión de las prestaciones de jubilación, diseñados para asegurar una fuente estable de ingresos durante la jubilación de los trabajadores. En el contexto del Reglamento Europeo 2022/2554 sobre resiliencia operativa digital, los fondos de pensiones de empleo están plenamente incluidos debido a su relevancia en la estabilidad financiera, su alta dependencia tecnológica para la gestión de activos y datos sensibles, y la necesidad de garantizar la continuidad y seguridad de sus operaciones en un entorno digital cada vez más expuesto a riesgos tecnológicos y cibernéticos.

Los fondos de pensiones de empleo representan un elemento determinante en los sistemas de seguridad social y en la planificación financiera a largo plazo tanto para individuos como para empleadores. Estos fondos, además de su función social, son actores relevantes en los mercados financieros, ya que manejan grandes volúmenes de activos que se invierten en diversos instrumentos financieros. Esto los convierte en inversores institucionales significativos que contribuyen a la estabilidad y el desarrollo de los mercados de capital. Sin embargo, el correcto funcionamiento de los fondos de pensiones de empleo depende en gran medida de sistemas tecnológicos avanzados para la gestión de datos, el cálculo de beneficios, la administración de aportaciones y la comunicación con los participantes y empleadores. Esta dependencia tecnológica los expone a una serie de riesgos relacionados con las tecnologías de la información y las comunicaciones (TIC), como ciberataques, fallos técnicos, interrupciones operativas y vulnerabilidades en las plataformas digitales utilizadas para la administración de los esquemas de pensión.

El Reglamento Europeo 2022/2554 reconoce la importancia crítica de los fondos de pensiones de empleo y establece un marco normativo que les obliga a implementar medidas específicas para garantizar su resiliencia operativa digital. Estas medidas están diseñadas para abordar los riesgos inherentes a su actividad, proteger la seguridad de los datos personales y financieros que gestionan, garantizar la continuidad de los servicios prestados y salvaguardar la confianza de los beneficiarios, empleadores y otras partes interesadas.

Los fondos de pensiones de empleo son esenciales para garantizar la seguridad económica de los trabajadores durante su jubilación, proporcionando beneficios que complementan las pensiones públicas o estatales. Estos fondos funcionan bajo un esquema basado en las aportaciones realizadas por los empleadores y, en muchos casos, también por los empleados, que se invierten en una variedad de activos financieros con el objetivo de generar rendimientos a largo plazo. Además de su importancia social, los fondos de pensiones de empleo son pilares fundamentales en los mercados de inversión, ya que actúan como inversores institucionales con un horizonte temporal amplio, invirtiendo en bonos, acciones, inmuebles y otros activos.

El funcionamiento de estos fondos depende de sistemas tecnológicos avanzados para administrar aportaciones, calcular beneficios y gestionar activos. Por ejemplo, utilizan plataformas digitales para procesar las aportaciones de los empleadores, calcular los derechos de pensión acumulados de los empleados, monitorear las inversiones realizadas y garantizar la transparencia en la gestión del fondo. Sin embargo, esta digitalización también los expone a riesgos significativos relacionados con las TIC. Entre los riesgos más relevantes se encuentran los ciberataques dirigidos a obtener acceso no autorizado a los datos de los participantes o a los activos gestionados, los fallos técnicos que interrumpen las operaciones del fondo, y las vulnerabilidades en las plataformas digitales utilizadas para interactuar con los empleadores y los participantes.

Por ejemplo, un ciberataque que comprometa los datos personales y financieros de los participantes podría generar una pérdida de confianza significativa en el fondo, así como sanciones regulatorias y daños reputacionales. Asimismo, una interrupción en los sistemas de cálculo y administración de beneficios podría retrasar la provisión de las pensiones o generar errores en los pagos, afectando directamente a los beneficiarios. Dado el volumen de activos gestionados y la sensibilidad de los datos involucrados, cualquier incidente tecnológico en un fondo de pensiones de empleo podría tener repercusiones importantes tanto a nivel individual como sistémico.

El Reglamento Europeo 2022/2554 impone a los fondos de pensiones de empleo una serie de obligaciones específicas diseñadas para garantizar su resiliencia operativa digital y mitigar los riesgos asociados a su actividad. Estas medidas son esenciales para proteger tanto a los participantes como a los empleadores que contribuyen al fondo, así como para garantizar la estabilidad y confianza en los sistemas de pensiones.

El Reglamento exige que los fondos de pensiones de empleo implementen un marco robusto de gestión de riesgos relacionados con las TIC, adaptado a su tamaño, complejidad y modelo de negocio. Este marco debe permitir identificar, evaluar, mitigar y supervisar los riesgos tecnológicos que puedan comprometer la seguridad de los datos, la continuidad de las operaciones y la confianza de los beneficiarios y empleadores. Entre los riesgos más relevantes se encuentran los ciberataques, los fallos técnicos y las vulnerabilidades en los sistemas utilizados para administrar aportaciones, calcular beneficios y gestionar activos.

Por ejemplo, un fondo de pensiones de empleo que utilice una plataforma digital para la gestión de datos de los participantes debe garantizar que esta plataforma esté protegida mediante controles de seguridad avanzados, como el cifrado de datos, la autenticación multifactorial y el monitoreo continuo de redes para detectar actividades sospechosas. Además, debe realizar evaluaciones periódicas de riesgos para identificar posibles vulnerabilidades en su infraestructura tecnológica y adoptar medidas proactivas para mitigarlas.

El Reglamento establece que los fondos de pensiones de empleo deben desarrollar planes detallados de continuidad de negocio y recuperación ante desastres para garantizar que sus operaciones críticas puedan continuar o restablecerse rápidamente en caso de interrupciones tecnológicas o incidentes relacionados con las TIC. Estos planes deben prever una amplia gama de escenarios, como ciberataques, fallos técnicos y desastres naturales.

Por ejemplo, un fondo de pensiones de empleo debe garantizar que los datos relacionados con las aportaciones y beneficios de los participantes estén respaldados en tiempo real en infraestructuras redundantes ubicadas en diferentes regiones geográficas. Esto permite restaurar rápidamente el acceso a los sistemas y servicios en caso de una interrupción significativa. Además, los planes de continuidad deben incluir procedimientos claros para la comunicación con los participantes y empleadores durante una interrupción, asegurando que todas las partes interesadas estén informadas sobre el estado de las operaciones y las medidas adoptadas para resolver el problema.

El Reglamento determina que los fondos de pensiones de empleo implementen procedimientos claros para la detección, notificación y gestión de incidentes relacionados con las TIC. Estos procedimientos deben garantizar que los incidentes se gestionen de manera eficaz para minimizar su impacto en las operaciones y en la confianza de los beneficiarios y empleadores.

Por ejemplo, si un fondo de pensiones detecta un ciberataque que afecta la confidencialidad de los datos de los participantes, debe activar inmediatamente su protocolo de respuesta al incidente, desconectar los sistemas afectados, notificar a las autoridades competentes y coordinar con los empleadores y otros interesados para mitigar los efectos del incidente. La notificación de incidentes graves debe realizarse dentro de los plazos establecidos por el Reglamento, proporcionando información detallada sobre la naturaleza del incidente, su impacto y las medidas adoptadas para contenerlo.

Dado que muchos fondos de pensiones de empleo dependen de proveedores externos para la gestión de su infraestructura tecnológica, el Reglamento exige que supervisen de manera efectiva a estos proveedores. Esto incluye la realización de auditorías periódicas, la definición de cláusulas contractuales específicas sobre ciberseguridad y la evaluación de los riesgos asociados con la dependencia de proveedores únicos.

El Reglamento establece que los fondos de pensiones de empleo deben realizar pruebas periódicas de su resiliencia operativa digital, incluyendo simulaciones de ciberataques y ejercicios de recuperación de sistemas. Estas pruebas son esenciales para identificar vulnerabilidades, evaluar la preparación del fondo frente a incidentes tecnológicos y garantizar la eficacia de sus planes de continuidad operativa.

El incumplimiento de las disposiciones del Reglamento puede tener consecuencias graves para los fondos de pensiones de empleo, incluyendo sanciones regulatorias, pérdida de confianza por parte de los participantes y empleadores, y daños reputacionales. Además, una interrupción en sus operaciones podría afectar negativamente la provisión de beneficios de pensión, lo que tendría un impacto directo en los beneficiarios.

El concepto de "fondo de pensiones de empleo" en el marco del Reglamento Europeo 2022/2554 subraya la importancia de garantizar la resiliencia operativa digital de estas instituciones, dado su papel crítico en la seguridad económica de los trabajadores y su alta exposición a riesgos tecnológicos. Al implementar medidas de gestión de riesgos relacionados con las TIC, garantizar la continuidad de sus operaciones, supervisar a sus proveedores externos y gestionar eficazmente los incidentes tecnológicos, los fondos de pensiones de empleo no solo protegen sus propias actividades, sino que también contribuyen a la estabilidad y confianza en los sistemas de pensiones y en los mercados financieros en general. La correcta aplicación de estas medidas es esencial para garantizar que puedan operar de manera segura y eficiente en un entorno digital cada vez más complejo y desafiante.

53) «fondo de pensiones de empleo pequeño»: un fondo de pensiones de empleo que gestiona planes de pensiones que cuentan con menos de 100 partícipes en total;

El concepto de "fondo de pensiones de empleo pequeño" se refiere a una institución que gestiona planes de pensiones de empleo y que cuenta con menos de 100 partícipes en total. Aunque estos fondos tienen un tamaño reducido en comparación con los fondos de pensiones de empleo tradicionales, su función dentro del sistema de seguridad social y la planificación de la jubilación sigue siendo esencial. Estos fondos están diseñados para proporcionar beneficios de pensión a un grupo limitado de empleados, generalmente en el marco de pequeños empleadores o asociaciones específicas. En el contexto del Reglamento Europeo 2022/2554 sobre resiliencia operativa digital, los fondos de pensiones de empleo pequeños están incluidos debido a la importancia de garantizar la continuidad de sus servicios, la protección de los datos de los partícipes y la estabilidad de las operaciones, aunque estén menos expuestos a los riesgos sistémicos que los fondos más grandes. No obstante, su tamaño no los excluye de enfrentar riesgos tecnológicos significativos, dado el grado de digitalización que puede estar presente incluso en pequeñas operaciones.

Los fondos de pensiones de empleo pequeños, aunque manejan volúmenes más limitados de activos y datos en comparación con fondos más grandes, desempeñan un papel determinante para garantizar la seguridad económica de los trabajadores durante su jubilación. Estos fondos suelen operar en un entorno más simplificado, pero también pueden carecer de los recursos tecnológicos, financieros y humanos necesarios para gestionar de manera efectiva los riesgos tecnológicos. En muchos casos, dependen en gran medida de soluciones tecnológicas externas o de terceros para la gestión de activos, la administración de aportaciones y la comunicación con los partícipes. Esta dependencia, junto con la falta de infraestructura tecnológica robusta que a menudo caracteriza a estas instituciones, puede aumentar su vulnerabilidad a ciberataques, fallos en los sistemas y otros incidentes relacionados con las TIC.

El Reglamento Europeo 2022/2554 reconoce que los fondos de pensiones de empleo pequeños también están expuestos a riesgos tecnológicos, aunque en una escala más limitada. Por ello, establece requisitos proporcionados que les permiten abordar estos riesgos de manera eficaz sin imponer cargas desproporcionadas. Estas disposiciones tienen como objetivo garantizar que estos fondos puedan operar de manera segura y continua, incluso frente a incidentes tecnológicos, protegiendo así los derechos y beneficios de los partícipes.

Los fondos de pensiones de empleo pequeños están diseñados para atender las necesidades de jubilación de grupos reducidos de trabajadores, generalmente empleados en pequeñas empresas, asociaciones o entidades que no cuentan con los recursos necesarios para establecer planes de pensiones más grandes o complejos. A pesar de su tamaño, estos fondos desempeñan un papel vital al ofrecer beneficios de pensión que complementan o sustituyen las pensiones públicas, lo que contribuye a la seguridad financiera de los partícipes en su etapa de jubilación.

El funcionamiento de estos fondos suele estar altamente digitalizado, ya que recurren a sistemas tecnológicos para gestionar las aportaciones de los empleadores y los empleados, calcular los derechos acumulados de los partícipes y administrar los beneficios. También dependen de plataformas digitales para mantener la comunicación con los partícipes y los empleadores, garantizar la transparencia en la gestión de los fondos y cumplir con las obligaciones regulatorias. Sin embargo, esta dependencia tecnológica también los expone a una serie de riesgos. Entre los riesgos más comunes se encuentran los ciberataques dirigidos a acceder a datos personales y financieros de los partícipes, los fallos técnicos que interrumpen la administración del fondo, y las vulnerabilidades en las plataformas utilizadas para procesar y almacenar información. Por ejemplo, un ataque cibernético que comprometa los sistemas de un fondo de pensiones de empleo pequeño podría afectar la confidencialidad de los datos de los partícipes, generar sanciones regulatorias y erosionar la confianza de los beneficiarios.

Además, debido a su tamaño, estos fondos a menudo carecen de los recursos financieros y humanos necesarios para implementar medidas de seguridad avanzadas o para responder de manera adecuada a incidentes tecnológicos. En muchos casos, dependen de proveedores externos para la gestión de su infraestructura tecnológica, lo que introduce un riesgo adicional relacionado con la supervisión de terceros.

El Reglamento Europeo 2022/2554 establece un conjunto de obligaciones específicas para los fondos de pensiones de empleo pequeños, adaptadas a su tamaño y capacidad operativa, con el fin de garantizar su resiliencia operativa digital. Estas medidas están diseñadas para proteger tanto a los partícipes como a los empleadores que contribuyen a estos fondos, y para garantizar la continuidad de sus servicios en caso de incidentes relacionados con las TIC.

El Reglamento exige que los fondos de pensiones de empleo pequeños implementen un marco adecuado de gestión de riesgos relacionados con las TIC, proporcional a su tamaño y complejidad operativa. Este marco debe permitir identificar, evaluar, mitigar y supervisar los riesgos tecnológicos que puedan comprometer la seguridad de los datos de los partícipes, la continuidad de las operaciones y la confianza de los beneficiarios.

Por ejemplo, un fondo de pensiones de empleo pequeño que utilice una plataforma digital para administrar las aportaciones de los empleadores debe garantizar que dicha plataforma esté protegida mediante controles de seguridad básicos pero efectivos, como la autenticación de usuarios, el cifrado de datos y el monitoreo periódico de los sistemas. Además, debe realizar evaluaciones regulares de riesgos para identificar posibles vulnerabilidades en su infraestructura tecnológica y adoptar medidas proactivas para mitigarlas.

El Reglamento establece que los fondos de pensiones de empleo pequeños deben desarrollar planes de continuidad de negocio y recuperación ante desastres, adaptados a su tamaño y recursos, para garantizar que sus operaciones puedan continuar o restablecerse rápidamente en caso de interrupciones tecnológicas. Estos planes deben prever escenarios como ciberataques, fallos técnicos y desastres naturales.

Por ejemplo, un fondo pequeño debe asegurarse de que los datos relacionados con las aportaciones y beneficios de los partícipes estén respaldados de manera segura y accesible en caso de una interrupción. Esto puede lograrse mediante copias de seguridad automatizadas y redundancia de datos en servidores externos confiables. Además, debe establecer procedimientos claros para la comunicación con los partícipes y empleadores durante una interrupción, asegurando que estén informados sobre el estado del fondo y las medidas adoptadas para resolver el problema.

El Reglamento determina que los fondos de pensiones de empleo pequeños implementen procedimientos básicos para la detección, notificación y gestión de incidentes relacionados con las TIC. Estos procedimientos deben garantizar que los incidentes se gestionen de manera eficaz para minimizar su impacto en las operaciones y en la confianza de los partícipes.

Por ejemplo, si un fondo pequeño detecta un intento de acceso no autorizado a sus sistemas, debe activar inmediatamente su protocolo de respuesta al incidente, desconectar los sistemas afectados, notificar a las autoridades competentes y coordinar con los proveedores tecnológicos para mitigar el impacto del incidente. La notificación de incidentes graves debe realizarse dentro de los plazos establecidos por el Reglamento, proporcionando información clara y detallada sobre el incidente y las medidas adoptadas para contenerlo.

Dado que los fondos de pensiones de empleo pequeños suelen depender de proveedores externos para la gestión de su infraestructura tecnológica, el Reglamento exige que supervisen de manera adecuada a estos proveedores. Esto incluye la evaluación de su capacidad para cumplir con los requisitos de seguridad exigidos y la inclusión de cláusulas contractuales que garanticen la protección de los datos y sistemas del fondo.

El Reglamento establece que los fondos de pensiones de empleo pequeños realicen pruebas periódicas de su resiliencia operativa digital, incluyendo simulaciones de posibles incidentes tecnológicos. Estas pruebas, aunque menos complejas que las realizadas por fondos más grandes, son esenciales para identificar vulnerabilidades y garantizar que el fondo esté preparado para responder a incidentes.

El incumplimiento de las disposiciones del Reglamento puede tener consecuencias significativas incluso para los fondos de pensiones de empleo pequeños, incluyendo sanciones regulatorias, pérdida de confianza por parte de los partícipes y daños reputacionales. Además, una interrupción en sus operaciones podría afectar la provisión de beneficios, generando inseguridad económica para los beneficiarios.

El concepto de "fondo de pensiones de empleo pequeño" en el marco del Reglamento Europeo 2022/2554 resalta la importancia de garantizar la resiliencia operativa digital de estas entidades, a pesar de su tamaño reducido. Al implementar medidas proporcionales de gestión de riesgos tecnológicos, supervisión de proveedores y continuidad operativa, estos fondos protegen tanto los derechos de los partícipes como la confianza en los sistemas de pensiones. La correcta aplicación de estas medidas es fundamental para asegurar que los fondos de pensiones de empleo pequeños puedan operar de manera segura y eficiente en un entorno digital cada vez más expuesto a riesgos emergentes.

54) «agencia de calificación crediticia»: una agencia de calificación crediticia tal como se define en el artículo 3, apartado 1, letra b), del Reglamento (CE) número 1060/2009;

El concepto de "agencia de calificación crediticia", definido en el artículo 3, apartado 1, letra b), del Reglamento (CE) n.º 1060/2009, se refiere a una persona jurídica cuya ocupación incluya la emisión de calificaciones crediticias con carácter profesional. Estas calificaciones son opiniones relativas a la solvencia crediticia de una entidad, deuda o instrumento financiero, y tienen como propósito informar a los participantes del mercado sobre los riesgos de crédito asociados a emisores o instrumentos específicos. En el contexto del Reglamento Europeo 2022/2554 sobre resiliencia operativa digital, las agencias de calificación crediticia están incluidas debido a su papel determinante en los mercados financieros, su alta dependencia de tecnologías avanzadas para procesar datos y emitir calificaciones, y su exposición a riesgos tecnológicos que podrían afectar significativamente la estabilidad del sistema financiero.

Las agencias de calificación crediticia desempeñan una función central en los mercados financieros al proporcionar información básica, que permite a inversores, instituciones financieras y reguladores evaluar los riesgos de crédito. Estas calificaciones influyen en decisiones de inversión, la estructura de capital de las empresas y los costos de financiamiento. Además, su impacto se extiende a la supervisión regulatoria, ya que las calificaciones crediticias se utilizan en el cálculo de los requisitos de capital de las entidades financieras. Sin embargo, esta relevancia las convierte en puntos críticos dentro del sistema financiero, lo que aumenta la importancia de garantizar la continuidad, integridad y seguridad de sus operaciones.

El funcionamiento de una agencia de calificación crediticia depende de sistemas tecnológicos avanzados para recopilar, procesar y analizar grandes volúmenes de datos financieros, económicos y de mercado. Estos sistemas son esenciales para modelar el riesgo crediticio y emitir calificaciones que sean precisas, oportunas y confiables. Sin embargo, esta dependencia de las tecnologías de la información y las comunicaciones (TIC) las expone a riesgos significativos, como ciberataques dirigidos a manipular o robar datos sensibles, fallos técnicos que puedan retrasar la emisión de calificaciones, y vulnerabilidades en los sistemas que afectan la transparencia y la confianza en sus evaluaciones. Por ejemplo, un ataque cibernético que altere la metodología o los datos utilizados para emitir una calificación podría tener consecuencias graves, no solo para la agencia, sino también para los inversores y los mercados financieros en su conjunto.

El Reglamento Europeo 2022/2554 establece un marco normativo riguroso para garantizar que las agencias de calificación crediticia implementen medidas efectivas de resiliencia operativa digital. Estas medidas están diseñadas para abordar los riesgos tecnológicos inherentes a su actividad, garantizar la continuidad de sus operaciones críticas y proteger la confianza del mercado en las calificaciones que emiten.

Las agencias de calificación crediticia son fundamentales para el correcto funcionamiento de los mercados financieros, ya que aportan transparencia y reducen las asimetrías de información entre los participantes del mercado. Sus evaluaciones influyen en decisiones esenciales de inversión, desde la selección de activos hasta la asignación de carteras, y afectan directamente al acceso al financiamiento por parte de emisores de deuda, como gobiernos, empresas y entidades financieras. Además, las calificaciones son utilizadas por las autoridades regulatorias en el cálculo de los requisitos de capital y en la supervisión del riesgo sistémico.

El entorno digital actual ha transformado la forma en que estas agencias operan, aumentando su capacidad para procesar grandes volúmenes de datos y emitir calificaciones de manera más rápida y eficiente. Sin embargo, esta digitalización también ha incrementado su exposición a riesgos tecnológicos y cibernéticos. Entre los riesgos más relevantes se encuentran los ciberataques dirigidos a manipular las calificaciones o interrumpir los sistemas de la agencia, los fallos técnicos que puedan retrasar la emisión de calificaciones en momentos críticos, y las vulnerabilidades en las plataformas utilizadas para comunicar las calificaciones al mercado. Por ejemplo, un ciberataque que comprometa la integridad de los datos utilizados para emitir calificaciones podría generar inexactitudes que afecten la confianza de los inversores y la estabilidad del mercado.

Además, debido a la interconexión global de los mercados financieros, cualquier interrupción en las operaciones de una agencia de calificación crediticia puede tener efectos en cascada, afectando a múltiples sectores e instituciones financieras. Esto subraya la necesidad de garantizar que estas entidades adopten medidas de resiliencia operativa digital para proteger sus sistemas y datos, mitigar los riesgos tecnológicos y garantizar la continuidad de sus servicios.

El Reglamento Europeo 2022/2554 impone a las agencias de calificación crediticia una serie de obligaciones específicas destinadas a garantizar su resiliencia operativa digital. Estas medidas incluyen la gestión de riesgos tecnológicos, la continuidad operativa, la supervisión de proveedores externos, la gestión de incidentes relacionados con las TIC y la realización de pruebas de resiliencia operativa. Estas obligaciones son fundamentales para proteger tanto a las agencias como a los mercados financieros en los que operan

El Reglamento exige que las agencias de calificación crediticia implementen un marco integral de gestión de riesgos relacionados con las TIC, adaptado a la complejidad y el alcance de sus operaciones. Este marco debe permitir identificar, evaluar, mitigar y supervisar los riesgos tecnológicos que puedan comprometer la integridad, confidencialidad y disponibilidad de los datos y sistemas utilizados para emitir calificaciones. Entre los riesgos más relevantes se encuentran los ciberataques, los fallos técnicos y las vulnerabilidades en los sistemas de análisis y comunicación.

Por ejemplo, una agencia que utilice plataformas digitales para recopilar y analizar datos financieros debe garantizar que estas plataformas estén protegidas mediante controles de seguridad avanzados, como el cifrado de datos, la autenticación multifactorial y el monitoreo continuo de redes para detectar actividades sospechosas. Además, debe realizar evaluaciones periódicas de riesgos para identificar posibles vulnerabilidades en su infraestructura tecnológica y adoptar medidas proactivas para mitigarlas.

El Reglamento establece que las agencias de calificación crediticia deben desarrollar planes detallados de continuidad de negocio y recuperación ante desastres para garantizar que sus operaciones críticas puedan continuar o restablecerse rápidamente en caso de interrupciones tecnológicas o incidentes relacionados con las TIC. Estos planes deben prever una amplia gama de escenarios, como ciberataques, fallos técnicos, desastres naturales y fallos en los servicios de los proveedores externos.

Por ejemplo, una agencia debe garantizar que los datos y sistemas utilizados para emitir calificaciones estén respaldados en tiempo real en infraestructuras redundantes ubicadas en diferentes regiones geográficas. Esto permite restaurar rápidamente el acceso a los sistemas y servicios en caso de una interrupción significativa. Además, los planes de continuidad deben incluir procedimientos claros para la comunicación con los participantes del mercado y las autoridades durante una interrupción, asegurando que todos los interesados estén informados sobre el estado de las operaciones y las medidas adoptadas para resolver el problema.

El Reglamento determina que las agencias de calificación crediticia implementen procedimientos claros para la detección, notificación y gestión de incidentes relacionados con las TIC. Estos procedimientos deben garantizar que los incidentes se gestionen de manera eficaz para minimizar su impacto en las operaciones y en la confianza del mercado.

Por ejemplo, si una agencia detecta un ciberataque que afecta la confidencialidad de los datos utilizados para emitir calificaciones, debe activar inmediatamente su protocolo de respuesta al incidente, desconectar los sistemas afectados, notificar a las autoridades competentes y coordinar con los participantes del mercado para mitigar los efectos del incidente. La notificación de incidentes graves debe realizarse dentro de los plazos establecidos por el Reglamento, proporcionando información detallada sobre la naturaleza del incidente, su impacto y las medidas adoptadas para contenerlo.

Dado que muchas agencias de calificación crediticia dependen de proveedores externos para la gestión de su infraestructura tecnológica, el Reglamento exige que supervisen de manera efectiva a estos proveedores. Esto incluye la realización de auditorías periódicas, la definición de cláusulas contractuales específicas sobre ciberseguridad y la evaluación de los riesgos asociados con la dependencia de proveedores únicos.

El Reglamento establece que las agencias de calificación crediticia deben realizar pruebas periódicas de resiliencia operativa digital, incluyendo simulaciones de ciberataques y ejercicios de recuperación de sistemas. Estas pruebas son esenciales para identificar vulnerabilidades, evaluar la preparación de la agencia frente a incidentes tecnológicos y garantizar la eficacia de sus planes de continuidad operativa.

El incumplimiento de las disposiciones del Reglamento puede tener consecuencias graves para las agencias de calificación crediticia, incluyendo sanciones regulatorias, pérdida de confianza por parte de los participantes del mercado y daños reputacionales. Además, una interrupción en sus operaciones podría afectar la estabilidad del mercado financiero, especialmente si las calificaciones emitidas son utilizadas como referencia para decisiones de inversión o regulaciones.

El concepto de "agencia de calificación crediticia" en el marco del Reglamento Europeo 2022/2554 subraya la importancia de garantizar la resiliencia operativa digital de estas entidades, dado su papel central en los mercados financieros y su alta exposición a riesgos tecnológicos. Al implementar medidas rigurosas para gestionar los riesgos relacionados con las TIC, garantizar la continuidad de sus operaciones, supervisar a sus proveedores externos y gestionar eficazmente los incidentes tecnológicos, las agencias de calificación crediticia no solo protegen sus propias actividades, sino que también contribuyen a la estabilidad y confianza en el sistema financiero global. La correcta aplicación de estas medidas es esencial para garantizar que puedan operar de manera segura y eficiente en un entorno digital cada vez más complejo e interconectado.

55) «proveedor de servicios de criptoactivos»: un proveedor de servicios de criptoactivos tal como se define en las disposiciones pertinentes del Reglamento relativo a los mercados de criptoactivos;

El concepto de "proveedor de servicios de criptoactivos", tal como se define en las disposiciones pertinentes del Reglamento relativo a los mercados de criptoactivos (Reglamento MiCA), se refiere a cualquier persona física o jurídica cuya actividad profesional consista en la prestación de uno o más servicios relacionados con criptoactivos a terceros a cambio de una remuneración. Este tipo de servicios incluye actividades como la custodia y administración de criptoactivos en nombre de terceros, el intercambio de criptoactivos por moneda fiduciaria u otros criptoactivos, la operación de plataformas de negociación de criptoactivos, la ejecución de órdenes relacionadas con criptoactivos, el asesoramiento sobre criptoactivos y la emisión de ofertas iniciales de criptoactivos. En el contexto del Reglamento Europeo 2022/2554 sobre resiliencia operativa digital, los proveedores de servicios de criptoactivos están plenamente incluidos debido a su creciente importancia en los mercados financieros, su dependencia de infraestructuras digitales avanzadas y su exposición a riesgos tecnológicos y cibernéticos que pueden tener un impacto significativo en la confianza de los usuarios y en la estabilidad del ecosistema financiero.

Los proveedores de servicios de criptoactivos han emergido como actores fundamentales en la economía digital al facilitar el acceso a una nueva clase de activos basada en tecnologías de registro distribuido, como blockchain. Estos proveedores no solo actúan como intermediarios para la compra, venta e intercambio de criptoactivos, sino que también desempeñan un papel central en la custodia de estos activos, la provisión de liquidez y la conexión entre los usuarios y el ecosistema de criptoactivos. Sin embargo, el modelo de negocio de los proveedores de servicios de criptoactivos depende casi exclusivamente de infraestructuras digitales, lo que los hace altamente vulnerables a riesgos relacionados con las tecnologías de la información y las comunicaciones (TIC). Entre estos riesgos se encuentran los ciberataques, los fallos técnicos en las plataformas de negociación, las vulnerabilidades en los sistemas de custodia y la interrupción de servicios esenciales como el procesamiento de transacciones o el acceso a billeteras digitales. Dado que los criptoactivos no están respaldados por entidades emisoras tradicionales ni están sujetos al mismo nivel de garantías legales que otros instrumentos financieros, cualquier incidente relacionado con los proveedores de estos servicios puede tener un impacto significativo en la confianza de los usuarios y en la estabilidad de los mercados de criptoactivos.

El Reglamento Europeo 2022/2554 establece un marco normativo riguroso para garantizar la resiliencia operativa digital de los proveedores de servicios de criptoactivos. Este marco está diseñado para mitigar los riesgos tecnológicos inherentes a su actividad, proteger la seguridad de los usuarios y garantizar la continuidad de los servicios ofrecidos. Dado el carácter global y digital de los criptoactivos, estas medidas son esenciales para fomentar un entorno regulatorio que permita el desarrollo seguro e innovador de este sector, minimizando los riesgos para los usuarios y el sistema financiero en general.

Los proveedores de servicios de criptoactivos desempeñan un papel determinante en la economía digital al permitir el acceso de los usuarios a criptoactivos y tecnologías subyacentes como blockchain. A través de estas plataformas, los usuarios pueden adquirir, vender, intercambiar y almacenar criptoactivos como Bitcoin, Ethereum y stablecoins, así como acceder a nuevos modelos de financiación, como las ofertas iniciales de criptoactivos (ICOs) y las finanzas descentralizadas (DeFi). Además, los proveedores de servicios de criptoactivos han sido fundamentales para la expansión de los mercados de criptoactivos, que representan una alternativa innovadora al sistema financiero tradicional.

Sin embargo, esta innovación viene acompañada de riesgos tecnológicos significativos. La naturaleza digital de los criptoactivos y su dependencia de tecnologías descentralizadas como blockchain hacen que estos mercados sean particularmente vulnerables a ciberataques y fraudes. Por ejemplo, los hackers pueden dirigirse a plataformas de intercambio para robar criptoactivos almacenados en billeteras digitales, comprometer claves privadas o explotar vulnerabilidades en contratos inteligentes. Además, los proveedores de servicios de criptoactivos están expuestos a interrupciones en sus sistemas tecnológicos, lo que puede impedir a los usuarios realizar transacciones, acceder a sus activos o recibir información precisa sobre los precios de mercado. Estas interrupciones no solo afectan a los usuarios, sino que también pueden generar volatilidad en los precios de los criptoactivos y erosionar la confianza en el mercado.

La complejidad y rapidez con la que evolucionan los mercados de criptoactivos presentan desafíos adicionales para los proveedores de servicios. Estos actores deben adaptarse constantemente a las innovaciones tecnológicas y a las crecientes expectativas de los usuarios en cuanto a seguridad, privacidad y rapidez de las transacciones. Asimismo, la interconexión global de los mercados de criptoactivos significa que cualquier incidente en una plataforma importante puede tener efectos en cascada en todo el ecosistema, destacando la necesidad de adoptar medidas rigurosas de resiliencia operativa digital.

El Reglamento Europeo 2022/2554 establece una serie de obligaciones específicas para los proveedores de servicios de criptoactivos, diseñadas para garantizar su resiliencia operativa digital y mitigar los riesgos asociados a su actividad. Estas medidas son esenciales para proteger a los usuarios, mantener la confianza en los mercados de criptoactivos y garantizar la estabilidad del sistema financiero.

El Reglamento exige que los proveedores de servicios de criptoactivos implementen un marco integral de gestión de riesgos relacionados con las TIC, adaptado a su tamaño, complejidad y modelo de negocio. Este marco debe permitir identificar, evaluar, mitigar y supervisar los riesgos tecnológicos que puedan comprometer la seguridad de los activos digitales, la continuidad de las operaciones y la confianza de los usuarios.

Por ejemplo, un proveedor que ofrezca servicios de custodia de criptoactivos debe garantizar que las claves privadas de los usuarios estén protegidas mediante mecanismos avanzados, como el almacenamiento en frío (cold storage), la segregación de activos y el uso de autenticación multifactorial. Además, debe realizar evaluaciones periódicas de riesgos para identificar posibles vulnerabilidades en su infraestructura tecnológica y adoptar medidas proactivas para mitigarlas.

El Reglamento establece que los proveedores de servicios de criptoactivos deben desarrollar planes detallados de continuidad de negocio y recuperación ante desastres para garantizar que sus operaciones críticas puedan continuar o restablecerse rápidamente en caso de interrupciones tecnológicas. Estos planes deben prever escenarios como ciberataques, fallos técnicos y desastres naturales.

Por ejemplo, un proveedor que opere una plataforma de intercambio debe garantizar que los datos de las transacciones y los saldos de los usuarios estén respaldados en tiempo real en infraestructuras redundantes ubicadas en diferentes regiones geográficas. Esto permite restaurar rápidamente el acceso a los sistemas y servicios en caso de una interrupción significativa. Además, los planes de continuidad deben incluir procedimientos claros para la comunicación con los usuarios durante una interrupción, asegurando que estén informados sobre el estado de sus activos y las medidas adoptadas para resolver el problema.

El Reglamento determina que los proveedores de servicios de criptoactivos implementen procedimientos claros para la detección, notificación y gestión de incidentes relacionados con las TIC. Estos procedimientos deben garantizar que los incidentes se gestionen de manera eficaz para minimizar su impacto en las operaciones y en la confianza de los usuarios.

Por ejemplo, si un proveedor detecta un intento de acceso no autorizado a sus sistemas, debe activar inmediatamente su protocolo de respuesta al incidente, desconectar los sistemas afectados, notificar a las autoridades competentes y coordinar con sus equipos de seguridad para mitigar el impacto del incidente. La notificación de incidentes graves debe realizarse dentro de los plazos establecidos por el Reglamento, proporcionando información clara y detallada sobre la naturaleza del incidente y las medidas adoptadas para contenerlo.

Dado que muchos proveedores de servicios de criptoactivos dependen de terceros para la gestión de su infraestructura tecnológica, el Reglamento exige que supervisen de manera efectiva a estos proveedores. Esto incluye la evaluación de su capacidad para cumplir con los requisitos de seguridad exigidos y la inclusión de cláusulas contractuales específicas sobre ciberseguridad.

El Reglamento establece que los proveedores de servicios de criptoactivos deben realizar pruebas periódicas de resiliencia operativa digital, incluyendo simulaciones de ciberataques y ejercicios de recuperación de sistemas. Estas pruebas son esenciales para identificar vulnerabilidades y garantizar que las plataformas estén preparadas para responder a incidentes tecnológicos.

El incumplimiento de las disposiciones del Reglamento puede tener consecuencias graves para los proveedores de servicios de criptoactivos, incluyendo sanciones regulatorias, pérdida de confianza por parte de los usuarios y daños reputacionales. Además, cualquier interrupción significativa en sus operaciones podría afectar negativamente la estabilidad del mercado de criptoactivos y la seguridad de los activos digitales de los usuarios.

El concepto de "proveedor de servicios de criptoactivos" en el marco del Reglamento Europeo 2022/2554 resalta la importancia de garantizar la resiliencia operativa digital de estas entidades, dado su criterio fundamental en los mercados de criptoactivos y su alta exposición a riesgos tecnológicos. Al implementar medidas rigurosas de gestión de riesgos relacionados con las TIC, supervisión de proveedores externos, continuidad operativa y respuesta a incidentes, los proveedores no solo protegen sus propias operaciones, sino que también contribuyen a la confianza en el ecosistema de criptoactivos y a la protección de los usuarios. La correcta aplicación de estas medidas es esencial para garantizar que los mercados de criptoactivos puedan desarrollarse de manera segura y sostenible en un entorno digital cada vez más desafiante e interconectado.

56) «emisor de fichas referenciadas a activos»: un emisor de fichas referenciadas a activos tal como se definen en las disposiciones pertinentes del Reglamento relativo a los mercados de criptoactivos;

El concepto de "emisor de fichas referenciadas a activos", tal como se define en las disposiciones pertinentes del Reglamento relativo a los mercados de criptoactivos (Reglamento MiCA), se refiere a una entidad legal responsable de emitir fichas (tokens) cuyo valor está vinculado a una cesta de activos subyacentes, que puede incluir monedas fiduciarias, valores, materias primas u otros activos. Estas fichas están diseñadas para mantener un valor relativamente estable en relación con los activos subyacentes que respaldan su emisión y, por lo tanto, desempeñan un papel similar al de instrumentos financieros estabilizadores. Este tipo de fichas es utilizado frecuentemente como medio de intercambio, reserva de valor o para facilitar pagos en ecosistemas digitales. En el contexto del Reglamento Europeo 2022/2554 sobre resiliencia operativa digital, los emisores de fichas referenciadas a activos están incluidos debido a su creciente relevancia en los mercados financieros y digitales, su dependencia tecnológica para gestionar los activos subyacentes y las transacciones, y su exposición a riesgos tecnológicos y cibernéticos que pueden tener un impacto significativo en los usuarios y en la estabilidad del sistema financiero.

Los emisores de fichas referenciadas a activos han surgido como protagonistas esenciales dentro del ecosistema de criptoactivos, al ofrecer instrumentos que combinan la innovación de la tecnología blockchain con características de estabilidad asociadas a los activos tradicionales. Estas fichas son particularmente atractivas para los usuarios debido a su capacidad para reducir la volatilidad típica de otros criptoactivos, como Bitcoin o Ethereum. Por ejemplo, una ficha referenciada a activos podría estar respaldada por una combinación de monedas fiduciarias como el dólar estadounidense y el euro, junto con activos financieros como bonos soberanos o materias primas como el oro. Sin embargo, para mantener la confianza de los usuarios, los emisores deben garantizar que las fichas estén debidamente respaldadas y que la paridad con los activos subyacentes sea precisa, lo que requiere una infraestructura tecnológica sólida y confiable.

El modelo operativo de los emisores de fichas referenciadas a activos depende casi exclusivamente de sistemas digitales para emitir, administrar y garantizar el respaldo de las fichas. Esto incluye la integración de plataformas blockchain, la gestión de reservas de activos subyacentes, la supervisión de transacciones y la comunicación con los usuarios. Sin embargo, esta dependencia de las tecnologías de la información y las comunicaciones (TIC) los expone a riesgos significativos, como ciberataques dirigidos a comprometer las reservas o manipular las fichas, fallos técnicos que puedan afectar la emisión o redención de las fichas, y vulnerabilidades en los contratos inteligentes utilizados para automatizar ciertas funciones. Dado el impacto potencial que un incidente relacionado con estas fichas podría tener en la confianza de los usuarios y en la estabilidad de los mercados de criptoactivos, el Reglamento Europeo 2022/2554 establece un conjunto de obligaciones específicas para garantizar la resiliencia operativa digital de los emisores.

Los emisores de fichas referenciadas a activos desempeñan un papel determinante en los mercados financieros y digitales al proporcionar instrumentos que combinan características de los activos tradicionales y de los criptoactivos. Estas fichas son particularmente útiles en escenarios que requieren una baja volatilidad, como en pagos transfronterizos, aplicaciones en finanzas descentralizadas (DeFi) o para facilitar la liquidez en mercados digitales. Su capacidad para atraer usuarios radica en la confianza en que el valor de las fichas está respaldado por activos subyacentes suficientes y que las operaciones se llevan a cabo de manera segura y eficiente.

Sin embargo, esta confianza depende directamente de la capacidad de los emisores para gestionar de manera efectiva los riesgos asociados a las TIC. Entre los riesgos más relevantes se encuentran los ciberataques dirigidos a los sistemas que administran las reservas de activos subyacentes o que procesan las transacciones de las fichas. Por ejemplo, un ataque que comprometa la reserva de activos que respalda las fichas podría desestabilizar su valor y generar una pérdida masiva de confianza por parte de los usuarios. Otros riesgos incluyen fallos técnicos que dificulten la emisión o redención de las fichas, errores en los contratos inteligentes que permitan la manipulación de las transacciones, y la dependencia de proveedores externos para la gestión de las infraestructuras tecnológicas.

Dado que estas fichas pueden tener un alcance global y son utilizadas por una amplia variedad de usuarios, cualquier interrupción en las operaciones de los emisores puede generar efectos en cascada, afectando a usuarios individuales, empresas y mercados enteros. Por ejemplo, si un emisor importante no puede garantizar la estabilidad del valor de sus fichas debido a un incidente tecnológico, esto podría desencadenar una venta masiva de criptoactivos y afectar la confianza en otros emisores y mercados relacionados.

El Reglamento Europeo 2022/2554 impone a los emisores de fichas referenciadas a activos un conjunto de obligaciones específicas diseñadas para garantizar su resiliencia operativa digital. Estas medidas son esenciales para proteger a los usuarios, mantener la confianza en las fichas y en los mercados de criptoactivos, y garantizar la estabilidad del sistema financiero.

El Reglamento exige que los emisores implementen un marco integral de gestión de riesgos relacionados con las TIC, adaptado a la naturaleza y complejidad de su modelo de negocio. Este marco debe permitir identificar, evaluar, mitigar y supervisar los riesgos tecnológicos que puedan comprometer la seguridad de los activos subyacentes, la estabilidad de las fichas y la continuidad de las operaciones.

Por ejemplo, un emisor debe garantizar que las reservas de activos subyacentes estén protegidas mediante medidas de seguridad avanzadas, como el almacenamiento en cuentas segregadas, el uso de custodios confiables y el monitoreo continuo de las transacciones. Además, debe implementar herramientas de monitoreo en tiempo real para detectar actividades sospechosas, como intentos de manipulación en los sistemas de emisión o redención de fichas.

El Reglamento establece que los emisores de fichas referenciadas a activos deben desarrollar planes detallados de continuidad de negocio y recuperación ante desastres para garantizar que sus operaciones críticas puedan continuar o restablecerse rápidamente en caso de interrupciones tecnológicas. Estos planes deben prever escenarios como ciberataques, fallos técnicos y desastres naturales.

Por ejemplo, un emisor debe garantizar que los datos relacionados con las reservas de activos y las transacciones de las fichas estén respaldados en tiempo real en infraestructuras redundantes. Esto permite restaurar rápidamente el acceso a los sistemas y servicios en caso de una interrupción significativa. Además, los planes de continuidad deben incluir procedimientos claros para la comunicación con los usuarios y las autoridades reguladoras durante una interrupción.

El Reglamento determina que los emisores implementen procedimientos claros para la detección, notificación y gestión de incidentes relacionados con las TIC. Estos procedimientos deben garantizar que los incidentes se gestionen de manera eficaz para minimizar su impacto en las operaciones y en la confianza de los usuarios.

Por ejemplo, si un emisor detecta un ciberataque que compromete las reservas de activos subyacentes, debe activar inmediatamente su protocolo de respuesta al incidente, desconectar los sistemas afectados, notificar a las autoridades competentes y coordinar con los usuarios para mitigar el impacto del incidente. La notificación de incidentes graves debe realizarse dentro de los plazos establecidos por el Reglamento, proporcionando información detallada sobre la naturaleza del incidente, su impacto y las medidas adoptadas para contenerlo.

Dado que muchos emisores dependen de proveedores externos para la gestión de su infraestructura tecnológica, el Reglamento exige que supervisen de manera efectiva a estos proveedores. Esto incluye la realización de auditorías periódicas, la inclusión de cláusulas contractuales específicas sobre ciberseguridad y la evaluación de los riesgos asociados con la dependencia de proveedores únicos.

El Reglamento establece que los emisores deben realizar pruebas periódicas de resiliencia operativa digital, incluyendo simulaciones de ciberataques y ejercicios de recuperación de sistemas. Estas pruebas son esenciales para identificar vulnerabilidades y garantizar que los sistemas estén preparados para responder a incidentes tecnológicos.

El incumplimiento de las disposiciones del Reglamento puede tener consecuencias graves para los emisores, incluyendo sanciones regulatorias, pérdida de confianza por parte de los usuarios y daños reputacionales. Además, cualquier interrupción en sus operaciones podría afectar la estabilidad del valor de las fichas y generar volatilidad en los mercados de criptoactivos.

El concepto de "emisor de fichas referenciadas a activos" en el marco del Reglamento Europeo 2022/2554 subraya la importancia de garantizar la resiliencia operativa digital de estas entidades, dado su papel clave en los mercados de criptoactivos y su alta exposición a riesgos tecnológicos. Al implementar medidas rigurosas de gestión de riesgos relacionados con las TIC, supervisión de proveedores externos, continuidad operativa y respuesta a incidentes, los emisores no solo protegen sus propias operaciones, sino que también contribuyen a la confianza en los mercados de criptoactivos y a la protección de los usuarios. La correcta aplicación de estas medidas es esencial para garantizar que las fichas referenciadas a activos puedan cumplir su propósito de proporcionar estabilidad y confianza en un entorno financiero digitalizado y dinámico.

57) «administrador de índices de referencia determinante es»: un administrador de «índices de referencia determinantes» tal como se definen en el artículo 3, apartado 1, punto 25, del Reglamento (UE) 2016/1011;

El concepto de "administrador de índices de referencia determinantes", tal como se define en el artículo 3, apartado 1, punto 25, del Reglamento (UE) 2016/1011 (Reglamento sobre índices de referencia, también conocido como Reglamento BMR), se refiere a una entidad responsable de la administración de índices de referencia que son clasificados como determinantes. Estos índices de referencia son fundamentales para la economía de la Unión Europea, ya que su interrupción o manipulación podría tener un impacto significativo en los mercados financieros, la estabilidad financiera o la economía real. En este sentido, los índices determinantes suelen ser utilizados como referencia para una amplia gama de productos financieros, contratos, o cálculos de valor, como las tasas interbancarias (por ejemplo, el Euribor), los índices de precios y otros indicadores básicos en los mercados financieros. La función del administrador consiste en desarrollar, calcular, publicar y mantener el índice de referencia, asegurando su integridad, transparencia y fiabilidad.

En el contexto del Reglamento Europeo 2022/2554 sobre resiliencia operativa digital, los administradores de índices de referencia determinantes están incluidos debido a su papel esencial en la infraestructura financiera y su alta dependencia de tecnologías avanzadas para garantizar el correcto cálculo, la publicación y la accesibilidad continua de los índices. Dado que estos índices tienen un impacto directo en decisiones de inversión, contratos financieros y la economía en general, cualquier interrupción en su gestión podría causar inestabilidad en los mercados financieros, afectar la confianza de los inversores y tener repercusiones en la estabilidad macroeconómica.

El funcionamiento de los administradores de índices determinantes depende en gran medida de sistemas tecnológicos avanzados que procesan y analizan grandes volúmenes de datos aportados por múltiples contribuyentes, como bancos, empresas y otros participantes del mercado. Estos datos son esenciales para calcular índices de referencia precisos y representativos. Sin embargo, esta dependencia de las tecnologías de la información y las comunicaciones (TIC) expone a los administradores a una serie de riesgos, como ciberataques dirigidos a manipular o interrumpir los cálculos, fallos técnicos que puedan retrasar la publicación de los índices, y vulnerabilidades en las plataformas digitales utilizadas para recopilar y procesar los datos. Dado el impacto sistémico que un incidente relacionado con un índice determinante podría tener en los mercados financieros y en la economía en general, el Reglamento Europeo 2022/2554 establece medidas específicas para garantizar la resiliencia operativa digital de estos administradores.

Importancia de los administradores de índices de referencia determinantes y riesgos asociados en el entorno digital

Los índices de referencia determinantes son pilares fundamentales de los mercados financieros, ya que proporcionan una base objetiva y transparente para calcular el valor de una amplia gama de instrumentos financieros y contratos. Por ejemplo, el Euribor y el Libor son utilizados como referencias para determinar los tipos de interés aplicables a préstamos, hipotecas, bonos y derivados financieros, mientras que otros índices pueden ser utilizados para medir el rendimiento de mercados o sectores específicos. Su integridad y disponibilidad son esenciales para garantizar la confianza de los participantes del mercado, así como para facilitar una asignación eficiente de recursos financieros.

El cálculo y mantenimiento de estos índices requiere la integración de tecnologías avanzadas para recopilar datos de contribuyentes, procesar la información, calcular los valores del índice y publicarlos en tiempo real. Sin embargo, esta dependencia tecnológica también los hace vulnerables a riesgos significativos. Entre los riesgos más relevantes se encuentran los ciberataques dirigidos a alterar los datos utilizados para el cálculo del índice o a interrumpir su publicación, los fallos técnicos que impidan la actualización del índice en los plazos establecidos, y las vulnerabilidades en las plataformas utilizadas para comunicar los resultados a los mercados. Por ejemplo, un ataque cibernético que manipule los datos de entrada del Euribor podría distorsionar los tipos de interés aplicados a millones de contratos financieros, generando incertidumbre en los mercados y pérdida de confianza por parte de los inversores.

Además, los administradores de índices determinantes operan en un entorno altamente interconectado, donde múltiples actores, como bancos y otros contribuyentes, dependen de su información para tomar decisiones estratégicas. Cualquier interrupción o error en el cálculo de los índices podría generar efectos en cascada, afectando no solo a los participantes directos del mercado, sino también a la economía en general.

El Reglamento Europeo 2022/2554 establece un conjunto de obligaciones específicas para los administradores de índices de referencia determinantes, diseñadas para garantizar su resiliencia operativa digital y mitigar los riesgos asociados a su actividad. Estas medidas son esenciales para proteger la confianza en los índices, garantizar su integridad y evitar impactos negativos en los mercados financieros.

El Reglamento exige que los administradores implementen un marco integral de gestión de riesgos relacionados con las TIC, adaptado a la naturaleza y complejidad de su actividad. Este marco debe permitir identificar, evaluar, mitigar y supervisar los riesgos tecnológicos que puedan comprometer la integridad, disponibilidad y confidencialidad de los índices de referencia determinantes.

Por ejemplo, un administrador debe garantizar que los sistemas utilizados para recopilar datos de los contribuyentes estén protegidos mediante medidas de seguridad avanzadas, como el cifrado de datos, la autenticación multifactorial y el monitoreo continuo de redes. Además, debe realizar evaluaciones periódicas de riesgos para identificar posibles vulnerabilidades en su infraestructura tecnológica y adoptar medidas proactivas para mitigarlas.

El Reglamento establece que los administradores de índices de referencia determinantes deben desarrollar planes detallados de continuidad de negocio y recuperación ante desastres para garantizar que sus operaciones críticas puedan continuar o restablecerse rápidamente en caso de interrupciones tecnológicas. Estos planes deben prever escenarios como ciberataques, fallos técnicos y desastres naturales.

Por ejemplo, un administrador debe garantizar que los datos necesarios para el cálculo del índice estén respaldados en tiempo real en infraestructuras redundantes ubicadas en diferentes regiones geográficas. Esto permite restaurar rápidamente el acceso a los sistemas y servicios en caso de una interrupción significativa. Además, los planes de continuidad deben incluir procedimientos claros para la comunicación con los contribuyentes y los usuarios del índice durante una interrupción, asegurando que todos los interesados estén informados sobre el estado de las operaciones y las medidas adoptadas para resolver el problema.

El Reglamento determina que los administradores implementen procedimientos claros para la detección, notificación y gestión de incidentes relacionados con las TIC. Estos procedimientos deben garantizar que los incidentes se gestionen de manera eficaz para minimizar su impacto en las operaciones y en la confianza de los mercados financieros.

Por ejemplo, si un administrador detecta un ciberataque que afecta los datos utilizados para calcular un índice determinante, debe activar inmediatamente su protocolo de respuesta al incidente, desconectar los sistemas afectados, notificar a las autoridades competentes y coordinar con los contribuyentes para mitigar los efectos del incidente. La notificación de incidentes graves debe realizarse dentro de los plazos establecidos por el Reglamento, proporcionando información clara y detallada sobre la naturaleza del incidente, su impacto y las medidas adoptadas para contenerlo.

Dado que muchos administradores dependen de proveedores externos para la gestión de su infraestructura tecnológica, el Reglamento exige que supervisen de manera efectiva a estos proveedores. Esto incluye la realización de auditorías periódicas, la inclusión de cláusulas contractuales específicas sobre ciberseguridad y la evaluación de los riesgos asociados con la dependencia de proveedores únicos.

El Reglamento establece que los administradores de índices de referencia determinantes deben realizar pruebas periódicas de resiliencia operativa digital, incluyendo simulaciones de ciberataques y ejercicios de recuperación de sistemas. Estas pruebas son esenciales para identificar vulnerabilidades, evaluar la preparación del administrador frente a incidentes tecnológicos y garantizar la eficacia de sus planes de continuidad operativa.

El incumplimiento de las disposiciones del Reglamento puede tener consecuencias graves para los administradores de índices de referencia determinantes, incluyendo sanciones regulatorias, pérdida de confianza por parte de los mercados y daños reputacionales. Además, cualquier interrupción o error en sus operaciones podría tener un impacto significativo en los mercados financieros y en la economía en general.

El concepto de "administrador de índices de referencia determinantes" en el marco del Reglamento Europeo 2022/2554 subraya la importancia de garantizar la resiliencia operativa digital de estas entidades, dado su papel fundamental en la infraestructura financiera y su alta exposición a riesgos tecnológicos. Al implementar medidas rigurosas de gestión de riesgos relacionados con las TIC, supervisión de proveedores externos, continuidad operativa y respuesta a incidentes, los administradores no solo protegen sus propias operaciones, sino que también contribuyen a la estabilidad y confianza en los mercados financieros. La correcta aplicación de estas medidas es esencial para garantizar que los índices de referencia determinantes puedan cumplir su función de manera segura, confiable y eficiente en un entorno digital cada vez más desafiante.

58) «proveedor de servicios de financiación participativa»: un proveedor de servicios de financiación participativa tal como se define en el artículo 2, apartado 1, letra e), del Reglamento (UE) 2020/1503 del Parlamento Europeo y del Consejo

El concepto de "proveedor de servicios de financiación participativa", definido en el artículo 2, apartado 1, letra e), del Reglamento (UE) 2020/1503, se refiere a toda persona jurídica que preste servicios de financiación participativa, a través de una plataforma digital, conecte a inversores con proyectos empresariales, permitiendo la financiación de estos últimos mediante préstamos, emisión de valores u otros instrumentos de inversión. Este tipo de servicios, también conocido como crowdfunding, ha ganado relevancia en los últimos años como una alternativa innovadora a las formas tradicionales de financiamiento empresarial, especialmente para pequeñas y medianas empresas (pymes) y startups. En el contexto del Reglamento Europeo 2022/2554 sobre resiliencia operativa digital, los proveedores de servicios de financiación participativa están incluidos debido a su dependencia tecnológica inherente, el manejo de datos sensibles y su papel creciente en el ecosistema financiero. La seguridad, la continuidad y la confianza en estas plataformas son esenciales para proteger a los inversores, a los promotores de proyectos y al funcionamiento adecuado del mercado de financiación participativa.

Los proveedores de servicios de financiación participativa operan casi exclusivamente en un entorno digital, utilizando plataformas tecnológicas para facilitar la interacción entre los inversores y los proyectos que buscan financiamiento. Estas plataformas permiten a los inversores evaluar oportunidades, analizar riesgos, realizar transacciones y monitorear el rendimiento de sus inversiones. Por otro lado, los promotores de proyectos utilizan estas plataformas para recaudar fondos y presentar información básica sobre sus iniciativas. Sin embargo, este modelo de negocio basado en tecnologías de la información y las comunicaciones (TIC) los expone a riesgos significativos, como ciberataques, fallos técnicos, interrupciones del servicio y vulnerabilidades en la protección de datos personales y financieros. Cualquier incidente relacionado con estas plataformas puede tener consecuencias graves, no solo para los usuarios individuales, sino también para la confianza en el sistema financiero y el mercado de financiación participativa en general.

El Reglamento Europeo 2022/2554 establece un marco normativo riguroso que obliga a los proveedores de servicios de financiación participativa a implementar medidas de resiliencia operativa digital. Estas disposiciones tienen como objetivo garantizar la continuidad de sus operaciones, proteger la seguridad de los datos y activos de los usuarios, y mitigar los riesgos tecnológicos que puedan comprometer su integridad y funcionamiento.

Los proveedores de servicios de financiación participativa han transformado el acceso al financiamiento, permitiendo que pymes, startups y emprendedores recauden capital de una amplia base de inversores de manera más directa, rápida y transparente. Este modelo beneficia tanto a los promotores de proyectos, que acceden a nuevas fuentes de financiamiento, como a los inversores, que pueden diversificar sus carteras y participar en proyectos innovadores con potencial de crecimiento.

El funcionamiento de estas plataformas depende de sistemas tecnológicos avanzados que gestionan datos sensibles de los usuarios, incluyendo información personal, financiera y comercial. Además, estos sistemas facilitan transacciones en tiempo real, calculan rendimientos y gestionan la relación entre inversores y promotores. Sin embargo, esta digitalización también las hace vulnerables a una serie de riesgos relacionados con las

TIC. Entre los riesgos más comunes se encuentran los ciberataques dirigidos a robar datos personales y financieros, la interrupción de servicios debido a fallos técnicos, el fraude digital y las vulnerabilidades en los sistemas de pago y procesamiento de transacciones. Por ejemplo, un ciberataque que comprometa la base de datos de una plataforma de financiación participativa podría exponer información confidencial de miles de usuarios, erosionando la confianza de los inversores y promotores y generando consecuencias legales y regulatorias para el proveedor.

Además, debido a la naturaleza global e interconectada de las plataformas de financiación participativa, cualquier interrupción en una plataforma importante puede tener efectos en cascada, afectando la confianza de los inversores y la estabilidad del ecosistema de financiación participativa. Esto subraya la necesidad de que estos proveedores adopten medidas rigurosas de seguridad y resiliencia operativa digital para proteger sus sistemas y datos, garantizar la continuidad de los servicios y salvaguardar la confianza en sus operaciones.

El Reglamento Europeo 2022/2554 establece una serie de obligaciones específicas para los proveedores de servicios de financiación participativa, diseñadas para garantizar su resiliencia operativa digital y mitigar los riesgos asociados a su actividad. Estas medidas son esenciales para proteger a los usuarios de las plataformas, garantizar la confianza en el mercado de financiación participativa y evitar impactos negativos en el sistema financiero.

El Reglamento exige que los proveedores de servicios de financiación participativa implementen un marco integral de gestión de riesgos relacionados con las TIC, adaptado a la naturaleza y complejidad de sus operaciones. Este marco debe permitir identificar, evaluar, mitigar y supervisar los riesgos tecnológicos que puedan comprometer la seguridad de los datos de los usuarios, la continuidad de las operaciones y la confianza en las plataformas.

Por ejemplo, un proveedor debe garantizar que los sistemas utilizados para gestionar las transacciones y los datos de los usuarios estén protegidos mediante medidas de seguridad avanzadas, como el cifrado de datos, la autenticación multifactorial y el monitoreo continuo de redes para detectar actividades sospechosas. Además, debe realizar evaluaciones periódicas de riesgos para identificar posibles vulnerabilidades en su infraestructura tecnológica y adoptar medidas proactivas para mitigarlas.

El Reglamento establece que los proveedores de servicios de financiación participativa deben desarrollar planes detallados de continuidad de negocio y recuperación ante desastres para garantizar que sus operaciones críticas puedan continuar o restablecerse rápidamente en caso de interrupciones tecnológicas. Estos planes deben prever escenarios como ciberataques, fallos técnicos y desastres naturales.

Por ejemplo, un proveedor debe garantizar que los datos de los usuarios y las transacciones estén respaldados en tiempo real en infraestructuras redundantes ubicadas en diferentes regiones geográficas. Esto permite restaurar rápidamente el acceso a los sistemas y servicios en caso de una interrupción significativa. Además, los planes de continuidad deben incluir procedimientos claros para la comunicación con los inversores y promotores durante una interrupción, asegurando que estén informados sobre el estado de las operaciones y las medidas adoptadas para resolver el problema.

El Reglamento determina que los proveedores implementen procedimientos claros para la detección, notificación y gestión de incidentes relacionados con las TIC. Estos procedimientos deben garantizar que los incidentes se gestionen de manera eficaz para minimizar su impacto en las operaciones y en la confianza de los usuarios.

Por ejemplo, si un proveedor detecta un intento de acceso no autorizado a sus sistemas, debe activar inmediatamente su protocolo de respuesta al incidente, desconectar los sistemas afectados, notificar a las autoridades competentes y coordinar con sus equipos de seguridad para mitigar el impacto del incidente. La notificación de incidentes graves debe realizarse dentro de los plazos establecidos por el Reglamento, proporcionando información detallada sobre la naturaleza del incidente, su impacto y las medidas adoptadas para contenerlo.

Dado que muchos proveedores de servicios de financiación participativa dependen de terceros para la gestión de su infraestructura tecnológica, el Reglamento exige que supervisen de manera efectiva a estos proveedores. Esto incluye la evaluación de su capacidad para cumplir con los requisitos de seguridad exigidos y la inclusión de cláusulas contractuales específicas sobre ciberseguridad.

El Reglamento establece que los proveedores de servicios de financiación participativa deben realizar pruebas periódicas de resiliencia operativa digital, incluyendo simulaciones de ciberataques y ejercicios de recuperación de sistemas. Estas pruebas son esenciales para identificar vulnerabilidades y garantizar que las plataformas estén preparadas para responder a incidentes tecnológicos.

El incumplimiento de las disposiciones del Reglamento puede tener consecuencias graves para los proveedores, incluyendo sanciones regulatorias, pérdida de confianza por parte de los usuarios y daños reputacionales. Además, cualquier interrupción significativa en sus operaciones podría afectar negativamente a los inversores y promotores, perjudicando la confianza en el mercado de financiación participativa.

El concepto de "proveedor de servicios de financiación participativa" en el marco del Reglamento Europeo 2022/2554 resalta la importancia de garantizar la resiliencia operativa digital de estas entidades, dado su papel determinante en el ecosistema financiero digital y su alta exposición a riesgos tecnológicos. Al implementar medidas rigurosas de gestión de riesgos relacionados con las TIC, supervisión de proveedores externos, continuidad operativa y respuesta a incidentes, estos proveedores no solo protegen sus propias operaciones, sino que también contribuyen a la confianza en el mercado de financiación participativa y a la protección de los usuarios. La correcta aplicación de estas medidas es esencial para garantizar que las plataformas puedan operar de manera segura, eficiente y confiable en un entorno digital cada vez más complejo y desafiante.

59) «registro de titulizaciones»: un registro de titulizaciones tal como se define en el artículo 2, punto 23, del Reglamento (UE) 2017/2402 del Parlamento Europeo y del Consejo

El concepto de "registro de titulizaciones", definido en el artículo 2, punto 23, del Reglamento (UE) 2017/2402, se refiere a una persona jurídica que recopila y conserva de forma centralizada el historial de las titulizaciones. Las titulizaciones son instrumentos financieros complejos que agrupan activos como préstamos hipotecarios, préstamos para automóviles o créditos al consumo, y los transforman en valores negociables que pueden ser adquiridos por los inversores. Estos instrumentos desempeñan un criterio fundamental en la financiación de la economía al liberar capital para los prestamistas y proporcionar oportunidades de inversión. En este contexto, los registros de titulizaciones son esenciales para garantizar la transparencia, facilitar el acceso a la información y permitir la supervisión de los riesgos asociados a las operaciones de titulización.

En el marco del Reglamento Europeo 2022/2554 sobre resiliencia operativa digital, los registros de titulizaciones son actores críticos debido a su función central en la infraestructura financiera y a su dependencia tecnológica para gestionar grandes volúmenes de datos financieros complejos. Los registros recopilan, procesan y almacenan información que incluye datos sobre los activos subyacentes, las condiciones de los valores emitidos, las características de las operaciones y las métricas de desempeño de las titulizaciones. Esta información es esencial para que los inversores evalúen los riesgos asociados, para que las autoridades supervisen la estabilidad del sistema financiero y para que los participantes del mercado cumplan con sus obligaciones legales. Sin embargo, esta dependencia de sistemas tecnológicos avanzados los hace vulnerables a riesgos significativos relacionados con las tecnologías de la información y las comunicaciones (TIC), como ciberataques, interrupciones operativas y errores en el procesamiento de datos. Dada la relevancia de la información que gestionan, cualquier interrupción en los registros de titulizaciones podría tener un impacto negativo en la confianza de los inversores, en la transparencia del mercado y en la estabilidad financiera.

El Reglamento Europeo 2022/2554 establece un marco normativo que obliga a los registros de titulizaciones a implementar medidas específicas para garantizar su resiliencia operativa digital. Estas medidas están diseñadas para abordar los riesgos inherentes a su actividad, proteger la integridad y confidencialidad de los datos que gestionan, garantizar la continuidad de sus servicios y salvaguardar la confianza en el mercado de titulizaciones.

Los registros de titulizaciones desempeñan un papel fundamental en el sistema financiero al garantizar la transparencia de las operaciones de titulización y facilitar el acceso a información determinante para los inversores, las autoridades y otros participantes del mercado. Por ejemplo, un inversor que evalúe la compra de valores respaldados por hipotecas necesita información detallada sobre los activos subyacentes, como la calidad crediticia de los prestatarios, las tasas de interés asociadas y las tasas de morosidad. Los registros de titulizaciones centralizan esta información, permitiendo un análisis detallado y fomentando la confianza en el mercado.

El funcionamiento de los registros depende de sistemas tecnológicos avanzados que recopilan y procesan datos de múltiples fuentes, garantizando su exactitud, integridad y accesibilidad. Sin embargo, esta dependencia tecnológica también introduce riesgos significativos. Entre los riesgos más relevantes se encuentran los ciberataques dirigidos a alterar o robar datos financieros sensibles, las interrupciones en los sistemas que afectan la disponibilidad de la información, y los errores en el procesamiento de datos que pueden generar inexactitudes en los informes. Por ejemplo, un ataque que comprometa los datos de un registro de titulizaciones podría dificultar la evaluación del riesgo por parte de los inversores, generar desconfianza en el mercado y afectar la estabilidad financiera general.

Además, la naturaleza global de las operaciones de titulización y la interconexión de los mercados financieros amplifican el impacto potencial de cualquier interrupción en un registro de titulizaciones. Cualquier problema técnico o de seguridad que afecte a uno de estos registros podría tener efectos en cascada, generando incertidumbre en los mercados y dificultando la supervisión regulatoria.

El Reglamento Europeo 2022/2554 establece una serie de obligaciones específicas para los registros de titulizaciones, diseñadas para garantizar su resiliencia operativa digital y mitigar los riesgos asociados a su actividad. Estas medidas son esenciales para proteger la integridad y disponibilidad de los datos financieros, garantizar la continuidad de los servicios y mantener la confianza en los mercados de titulizaciones.

El Reglamento exige que los registros de titulizaciones implementen un marco robusto de gestión de riesgos relacionados con las TIC, adaptado a la naturaleza y complejidad de su actividad. Este marco debe permitir identificar, evaluar, mitigar y supervisar los riesgos tecnológicos que puedan comprometer la seguridad de los datos, la continuidad de las operaciones y la confianza de los usuarios.

Por ejemplo, un registro debe garantizar que los sistemas utilizados para recopilar y almacenar datos financieros estén protegidos mediante medidas de seguridad avanzadas, como el cifrado de datos, la autenticación multifactorial y el monitoreo continuo de redes. Además, debe realizar evaluaciones periódicas de riesgos para identificar posibles vulnerabilidades en su infraestructura tecnológica y adoptar medidas proactivas para mitigarlas.

El Reglamento establece que los registros de titulizaciones deben desarrollar planes detallados de continuidad de negocio y recuperación ante desastres para garantizar que sus operaciones críticas puedan continuar o restablecerse rápidamente en caso de interrupciones tecnológicas. Estos planes deben prever escenarios como ciberataques, fallos técnicos y desastres naturales.

Por ejemplo, un registro debe garantizar que los datos relacionados con las titulizaciones estén respaldados en tiempo real en infraestructuras redundantes ubicadas en diferentes regiones geográficas. Esto permite restaurar rápidamente el acceso a los sistemas y servicios en caso de una interrupción significativa. Además, los planes de continuidad deben incluir procedimientos claros para la comunicación con los participantes del mercado durante una interrupción, asegurando que estén informados sobre el estado de las operaciones y las medidas adoptadas para resolver el problema.

El Reglamento determina que los registros implementen procedimientos claros para la detección, notificación y gestión de incidentes relacionados con las TIC. Estos procedimientos deben garantizar que los incidentes se gestionen de manera eficaz para minimizar su impacto en las operaciones y en la confianza del mercado.

Por ejemplo, si un registro detecta un ciberataque que compromete los datos financieros de las titulizaciones, debe activar inmediatamente su protocolo de respuesta al incidente, desconectar los sistemas afectados, notificar a las autoridades competentes y coordinar con sus equipos de seguridad para mitigar el impacto del incidente. La notificación de incidentes graves debe realizarse dentro de los plazos establecidos por el Reglamento, proporcionando información clara y detallada sobre la naturaleza del incidente y las medidas adoptadas para contenerlo.

Dado que muchos registros de titulizaciones dependen de proveedores externos para la gestión de su infraestructura tecnológica, el Reglamento exige que supervisen de manera efectiva a estos proveedores. Esto incluye la evaluación de su capacidad para cumplir con los requisitos de seguridad exigidos y la inclusión de cláusulas contractuales específicas sobre ciberseguridad.

El Reglamento establece que los registros de titulizaciones deben realizar pruebas periódicas de resiliencia operativa digital, incluyendo simulaciones de ciberataques y ejercicios de recuperación de sistemas. Estas pruebas son esenciales para identificar vulnerabilidades y garantizar que los registros estén preparados para responder a incidentes tecnológicos.

El incumplimiento de las disposiciones del Reglamento puede tener consecuencias graves para los registros de titulizaciones, incluyendo sanciones regulatorias, pérdida de confianza por parte de los inversores y daños reputacionales. Además, cualquier interrupción significativa en sus operaciones podría afectar la transparencia y estabilidad de los mercados de titulizaciones, dificultando la supervisión regulatoria y la evaluación de riesgos.

El concepto de "registro de titulizaciones" en el marco del Reglamento Europeo 2022/2554 subraya la importancia de garantizar la resiliencia operativa digital de estas entidades, dado su papel esencial en la transparencia y estabilidad de los mercados financieros. Al implementar medidas rigurosas de gestión de riesgos relacionados con las TIC, supervisión de proveedores externos, continuidad operativa y respuesta a incidentes, los registros no solo protegen sus propias operaciones, sino que también contribuyen a la confianza en los mercados de titulizaciones y a la estabilidad del sistema financiero. La correcta aplicación de estas medidas es esencial para garantizar que los registros de titulizaciones puedan cumplir su función de manera segura, eficiente y confiable en un entorno digital cada vez más complejo e interconectado.

60) «microempresa»: una entidad financiera distinta de un centro de negociación, una entidad de contrapartida central, un registro de operaciones o un depositario central de valores, que emplea a menos de diez personas y cuyo volumen de negocios o balance anuales total es igual o inferior a 2 millones EUR;

El concepto de “microempresa”, en el marco del Reglamento Europeo 2022/2554 sobre resiliencia operativa digital, se refiere a una entidad financiera que emplea a menos de diez personas y cuyo volumen de negocios anual o balance total no supera los 2 millones de euros. Esta definición excluye a ciertas entidades del sector financiero, como los centros de negociación, las entidades de contrapartida central, los registros de operaciones y los depositarios centrales de valores, debido a su relevancia sistémica o a su tamaño, pero incluye a otras pequeñas entidades financieras que operan en mercados específicos. Las microempresas desempeñan un papel importante en el ecosistema financiero al atender segmentos de mercado especializados, ofrecer servicios financieros adaptados a las necesidades de nichos específicos y, en algunos casos, facilitar la inclusión financiera en regiones o sectores donde las grandes entidades no tienen presencia significativa.

El tratamiento de las microempresas en el Reglamento 2022/2554 tiene en cuenta su limitado tamaño, recursos y capacidad operativa, por lo que busca equilibrar las obligaciones regulatorias con las necesidades específicas de estas entidades. Aunque están sujetas a las disposiciones del Reglamento, se les aplican criterios proporcionados y simplificados en comparación con entidades financieras más grandes. Esto es determinante para evitar que las cargas regulatorias excesivas comprometan su sostenibilidad operativa o su capacidad para competir en el mercado. No obstante, dada su naturaleza financiera, las microempresas también están expuestas a riesgos tecnológicos y operativos que pueden afectar su resiliencia, la seguridad de sus operaciones y la confianza de sus clientes.

El principal desafío para las microempresas en el contexto del Reglamento es lograr la resiliencia operativa digital en un entorno donde su tamaño y recursos limitados dificultan la implementación de medidas avanzadas de seguridad y continuidad operativa. Muchas microempresas dependen en gran medida de proveedores externos para gestionar sus infraestructuras tecnológicas, lo que las expone a riesgos asociados con la dependencia de terceros, como interrupciones en los servicios de TI, ciberataques o fallos en las plataformas tecnológicas que utilizan. A pesar de su tamaño, cualquier interrupción o incidente en una microempresa puede tener un impacto significativo en su capacidad para operar y en la confianza de sus clientes, lo que resalta la importancia de implementar un marco adecuado de gestión de riesgos relacionados con las TIC.

La inclusión de las microempresas en el Reglamento tiene implicaciones prácticas en términos de supervisión y cumplimiento normativo. Si bien las autoridades regulatorias deben garantizar que estas entidades adopten las medidas necesarias para gestionar los riesgos tecnológicos y operativos, también deben considerar su capacidad limitada para cumplir con obligaciones complejas y costosas. En este sentido, el Reglamento promueve un enfoque proporcionado que permite a las microempresas cumplir con los requisitos básicos de resiliencia operativa digital sin imponer cargas desproporcionadas que puedan obstaculizar su funcionamiento.

Las microempresas financieras desempeñan un papel importante en el sector financiero al ofrecer servicios especializados y adaptados a las necesidades de clientes específicos. Estas entidades pueden incluir, por ejemplo, pequeñas gestoras de fondos, asesores financieros independientes, plataformas de pago locales o proveedores de microcréditos. Su tamaño reducido les permite ser ágiles y atender segmentos de mercado que las grandes instituciones pueden considerar menos rentables o estratégicos.

Sin embargo, su funcionamiento en un entorno altamente digitalizado las hace vulnerables a riesgos tecnológicos significativos. Entre los riesgos más comunes se encuentran los ciberataques dirigidos a comprometer datos de clientes, interrupciones en los sistemas tecnológicos debido a fallos en la infraestructura o en los servicios de terceros, y la falta de medidas adecuadas para gestionar incidentes relacionados con las TIC. Por ejemplo, una microempresa que ofrezca servicios de asesoramiento financiero en línea podría enfrentar un ataque cibernético que comprometa los datos de sus clientes o interrumpa el acceso a su plataforma, afectando tanto su reputación como su capacidad para operar.

Además, muchas microempresas carecen de los recursos financieros y humanos necesarios para implementar medidas avanzadas de ciberseguridad o para desarrollar planes de continuidad operativa sofisticados. Esto las hace especialmente dependientes de proveedores externos de servicios de TI, lo que introduce un riesgo adicional relacionado con la supervisión y gestión de estos proveedores. Por ejemplo, un fallo en la plataforma tecnológica de un proveedor externo podría interrumpir las operaciones de la microempresa y generar repercusiones negativas en sus clientes.

El Reglamento 2022/2554 establece un marco normativo que aplica a las microempresas, pero lo hace de manera proporcional a su tamaño y capacidad operativa. Esto permite que estas entidades gestionen los riesgos tecnológicos y operativos sin enfrentarse a cargas regulatorias excesivas que puedan comprometer su sostenibilidad. Sin embargo, las microempresas siguen estando obligadas a implementar medidas básicas para garantizar su resiliencia operativa digital y proteger la seguridad de los datos y activos de sus clientes.

El Reglamento exige que las microempresas implementen un marco básico de gestión de riesgos relacionados con las TIC, adaptado a su tamaño y complejidad operativa. Este marco debe permitir identificar, evaluar, mitigar y supervisar los riesgos tecnológicos que puedan comprometer su seguridad y continuidad operativa.

Por ejemplo, una microempresa que ofrezca servicios de pago debe garantizar que sus sistemas estén protegidos mediante medidas básicas de seguridad, como el cifrado de datos, la autenticación de usuarios y la protección contra software malicioso. Además, debe realizar evaluaciones periódicas de riesgos para identificar posibles vulnerabilidades en su infraestructura tecnológica y adoptar medidas para mitigarlas.

El Reglamento establece que las microempresas deben desarrollar planes simplificados de continuidad de negocio y recuperación ante desastres para garantizar que puedan restablecer sus operaciones rápidamente en caso de interrupciones tecnológicas. Estos planes deben ser proporcionales a su tamaño y a la naturaleza de los servicios que ofrecen.

Por ejemplo, una microempresa puede respaldar regularmente sus datos críticos en servidores en la nube para garantizar que puedan ser recuperados en caso de un fallo técnico. Además, debe establecer procedimientos básicos para la comunicación con sus clientes durante una interrupción, asegurando que estén informados sobre el estado de las operaciones y las medidas adoptadas para resolver el problema.

El Reglamento determina que las microempresas implementen procedimientos básicos para la detección, notificación y gestión de incidentes relacionados con las TIC. Estos procedimientos deben ser simples pero efectivos, permitiendo minimizar el impacto de los incidentes en las operaciones y en la confianza de los clientes.

Por ejemplo, si una microempresa detecta un intento de acceso no autorizado a sus sistemas, debe activar un protocolo de respuesta al incidente, notificar a las autoridades competentes y tomar medidas inmediatas para proteger los datos de sus clientes.

Dado que muchas microempresas dependen de proveedores externos para la gestión de su infraestructura tecnológica, el Reglamento exige que supervisen de manera adecuada a estos proveedores. Esto incluye garantizar que los contratos con proveedores incluyan cláusulas básicas sobre ciberseguridad y disponibilidad del servicio.

El incumplimiento de las disposiciones del Reglamento puede tener consecuencias graves para las microempresas, incluyendo sanciones regulatorias, pérdida de confianza por parte de los clientes y daños reputacionales. Además, cualquier interrupción en sus operaciones podría afectar negativamente a los usuarios de sus servicios, especialmente en mercados locales o especializados donde estas empresas tienen un papel relevante.

El concepto de "microempresa" en el marco del Reglamento Europeo 2022/2554 destaca la importancia de garantizar la resiliencia operativa digital de estas entidades, considerando su tamaño y capacidad limitada. Aunque se les aplican criterios proporcionales, las microempresas deben implementar medidas básicas para gestionar los riesgos tecnológicos, garantizar la continuidad de sus operaciones y proteger la confianza de sus clientes. Estas medidas no solo fortalecen su capacidad para operar en un entorno digital, sino que también contribuyen a la estabilidad y confianza en el ecosistema financiero en general. La correcta implementación de estas disposiciones es esencial para asegurar que las microempresas puedan seguir desempeñando su papel en el mercado financiero de manera eficiente y segura.

61) «supervisor principal»: la Autoridad Europea de Supervisión nombrada de conformidad con el artículo 31, apartado 1, letra b), del presente Reglamento;

El término "supervisor principal", según lo dispuesto en el artículo 31, apartado 1, letra b), del Reglamento Europeo 2022/2554, se refiere a la Autoridad Europea de Supervisión designada para supervisar a los proveedores terceros esenciales de servicios de TIC que operen en el sector financiero en la Unión Europea. Este concepto establece un mecanismo de supervisión centralizado en el que una autoridad específica, ya sea la Autoridad Europea de Valores y Mercados (AEVM), la Autoridad Bancaria Europea (ABE) o la Autoridad Europea de Seguros y Pensiones de Jubilación (AESPJ), es responsable de garantizar que los proveedores terceros esenciales cumplan con las obligaciones relacionadas con la resiliencia operativa digital y los estándares de seguridad establecidos en el Reglamento. La designación del supervisor principal depende del alcance y naturaleza de los servicios proporcionados por dichos terceros y de las entidades financieras que dependan de ellos.

La introducción del concepto de "supervisor principal" en el Reglamento responde a la necesidad de reforzar la supervisión y coordinación en un entorno financiero cada vez más digitalizado y dependiente de proveedores tecnológicos externos, especialmente aquellos considerados críticos para la continuidad operativa de las entidades financieras. Estos proveedores pueden incluir empresas que ofrecen servicios de computación en la nube, gestión de datos, plataformas de pago, infraestructura tecnológica y otros servicios digitales esenciales. Debido a la concentración del mercado y la interdependencia tecnológica entre las entidades financieras y los proveedores terceros, cualquier fallo o incidente en los sistemas de estos últimos podría tener un impacto significativo no solo en las entidades que los contratan, sino también en la estabilidad del sistema financiero en su conjunto.

El supervisor principal es fundamental para garantizar un enfoque armonizado y coherente en la supervisión de estos proveedores críticos a nivel de la Unión Europea. Su labor incluye la evaluación de los riesgos relacionados con las TIC que estos proveedores presentan, la verificación de su cumplimiento con las obligaciones del Reglamento y la coordinación con las autoridades nacionales competentes para garantizar que las medidas de supervisión sean eficaces. Esto resulta especialmente relevante en un entorno donde los proveedores terceros esenciales operan a menudo en múltiples jurisdicciones, lo que podría generar inconsistencias o brechas en la supervisión si esta quedara exclusivamente en manos de las autoridades nacionales.

El establecimiento de un supervisor principal centraliza y fortalece la supervisión de los proveedores terceros básicos, lo que tiene varias implicaciones prácticas para las entidades financieras, los proveedores supervisados y el sistema financiero en general. Este enfoque permite una mayor coherencia en la aplicación de las normas, evita duplicidades en las auditorías y controles, y mejora la capacidad de respuesta ante incidentes que puedan afectar a múltiples entidades y jurisdicciones.

El papel del supervisor principal incluye, entre otros, las siguientes funciones esenciales:

1. Supervisión del cumplimiento normativo: El supervisor principal es responsable de verificar que los proveedores terceros esencia-

les cumplan con las obligaciones establecidas en el Reglamento 2022/2554, como la implementación de medidas de seguridad relacionadas con las TIC, la gestión de riesgos tecnológicos, la continuidad operativa y los requisitos de notificación de incidentes. Esto incluye evaluar las políticas de ciberseguridad de los proveedores, sus sistemas de gestión de riesgos y su capacidad para garantizar la resiliencia operativa.

2. Evaluación de riesgos sistémicos: Los proveedores terceros fundamentales, debido a su alcance y relevancia, pueden representar un riesgo sistémico para el sistema financiero si no operan con los estándares adecuados de seguridad y resiliencia. El supervisor principal está encargado de identificar y evaluar estos riesgos, considerando tanto el impacto potencial en las entidades financieras individuales como en la estabilidad financiera en su conjunto.

3. Coordinación con autoridades nacionales: Aunque la supervisión de los proveedores terceros esenciales recae en el supervisor principal, este debe trabajar en estrecha colaboración con las autoridades nacionales competentes de los Estados miembros. Esto garantiza una supervisión eficaz y alineada, especialmente en casos donde los proveedores esenciales tienen contratos con entidades financieras en múltiples jurisdicciones de la Unión Europea.

4. Supervisión de contratos críticos: El supervisor principal tiene la responsabilidad de supervisar los acuerdos de externalización que las entidades financieras celebran con proveedores terceros esenciales, asegurando que estos contratos incluyan cláusulas adecuadas para mitigar los riesgos relacionados con las TIC, garantizar la continuidad del servicio y permitir la supervisión efectiva por parte de las autoridades.

5. Revisión de la designación como proveedor esencial: El supervisor principal también tiene el mandato de revisar y, en su caso, actualizar la designación de un proveedor tercero como esencial. Esto incluye la evaluación periódica de si el proveedor sigue cumpliendo los criterios para ser considerado esencial, en función de su impacto potencial en las entidades financieras y en el sistema financiero.

El enfoque en los proveedores terceros esenciales responde a riesgos específicos relacionados con la concentración del mercado y la dependencia tecnológica. Por ejemplo, la interrupción en los servicios de un proveedor de computación en la nube que presta servicios a múltiples bancos podría generar un fallo en cascada que afecte la disponibilidad de servicios financieros críticos. Además, los ciberataques dirigidos a proveedores esenciales pueden comprometer no solo sus sistemas, sino también los datos y operaciones de las entidades financieras que dependen de ellos.

El supervisor principal, en este contexto, actúa como una capa adicional de protección al garantizar que estos proveedores adopten medidas adecuadas para mitigar los riesgos. Esto incluye la implementación de sistemas de seguridad robustos, planes de continuidad operativa y procedimientos de notificación de incidentes que permitan una respuesta rápida y coordinada en caso de incidentes relacionados con las TIC.

Para las entidades financieras, la figura del supervisor principal tiene implicaciones prácticas significativas. En primer lugar, aporta claridad y coherencia en la supervisión de los proveedores terceros esenciales, lo que reduce la carga administrativa y la duplicación de auditorías. En segundo lugar, la intervención del supervisor principal refuerza la confianza de las entidades financieras en que los proveedores esenciales están sujetos a controles rigurosos, lo que facilita la toma de decisiones en relación con la externalización de servicios críticos.

Para los proveedores terceros esenciales, el supervisor principal representa un punto de contacto único en términos de supervisión regulatoria, lo que les permite interactuar de manera más eficiente con las autoridades. Sin embargo, también implica mayores responsabilidades, ya que deben cumplir con las exigencias de seguridad y resiliencia operativa establecidas en el Reglamento, someterse a evaluaciones periódicas y garantizar que sus sistemas sean capaces de resistir ciberataques y otros riesgos tecnológicos.

El incumplimiento de las disposiciones establecidas por el Reglamento puede tener consecuencias graves tanto para los proveedores terceros esenciales como para las entidades financieras que dependen de ellos. Estas consecuencias incluyen sanciones regulatorias, pérdida de confianza en el proveedor, interrupciones en los servicios financieros y, en casos extremos, riesgos para la estabilidad del sistema financiero. El supervisor principal tiene la autoridad para imponer medidas correctivas y sanciones en caso de incumplimiento, asegurando que los proveedores esenciales tomen en serio sus obligaciones.

El concepto de "supervisor principal" en el Reglamento Europeo 2022/2554 refuerza la supervisión de los proveedores terceros esenciales, garantizando un enfoque armonizado y coherente en toda la Unión Europea. Este mecanismo es determinante para mitigar los riesgos asociados con la dependencia tecnológica y la concentración del mercado, y para proteger la estabilidad del sistema financiero. Al supervisar de manera centralizada a estos proveedores, el supervisor principal no solo contribuye a la resiliencia operativa digital, sino que también refuerza la confianza de las entidades financieras y los inversores en un entorno digital cada vez más complejo y dependiente de infraestructuras tecnológicas. La correcta implementación de esta figura es esencial para garantizar la seguridad y continuidad de los servicios financieros en la Unión Europea.

62) «Comité Mixto»: el comité a que se refiere el artículo 54 del Reglamento (UE) número 1093/2010, el artículo 54 del Reglamento (UE) número 1094/2010 y el artículo 54 del Reglamento (UE) número 1095/2010;

El "Comité Mixto" al que se refiere el artículo 62 del Reglamento Europeo 2022/2554 sobre resiliencia operativa digital es un órgano establecido en virtud del artículo 54 de los Reglamentos (UE) números 1093/2010, 1094/2010 y 1095/2010, que corresponden, respectivamente, a las bases jurídicas que crearon la Autoridad Bancaria Europea (ABE), la Autoridad Europea de Seguros y Pensiones de Jubilación (AESPJ) y la Autoridad Europea de Valores y Mercados (AEVM). Este Comité Mixto actúa como un foro de cooperación y coordinación entre las tres Autoridades Europeas de Supervisión (AES) en asuntos que afectan transversalmente a varios sectores financieros o que requieren una respuesta conjunta. Su objetivo principal es promover la coherencia y la convergencia en la supervisión regulatoria de la Unión Europea, particularmente en áreas donde las actividades de las entidades financieras y los riesgos asociados son intersectoriales y no se limitan a un único ámbito de supervisión.

El concepto de Comité Mixto, tal como se establece en el Reglamento 2022/2554, adquiere especial relevancia debido a la naturaleza transversal de los riesgos tecnológicos y operativos en el sector financiero. El Reglamento pone un fuerte énfasis en la resiliencia operativa digital de todas las entidades financieras, independientemente de su área específica de actividad (banca, seguros, mercados de valores), lo que hace indispensable la coordinación entre las AES para garantizar un enfoque armonizado y coherente. El Comité Mixto se convierte en el mecanismo clave para abordar cuestiones de supervisión intersectorial relacionadas con la tecnología de la información y las comunicaciones (TIC), como ciberseguridad, externalización tecnológica, supervisión de proveedores terceros esenciales y respuesta coordinada a incidentes relacionados con las TIC que afecten a múltiples sectores financieros.

El Comité Mixto también desempeña un papel crítico en el desarrollo de normas técnicas y directrices relacionadas con la resiliencia operativa digital, asegurando que las reglas aplicables a los distintos sectores sean coherentes y estén alineadas con las mejores prácticas. Esto incluye la emisión de guías conjuntas sobre ciberseguridad, continuidad operativa, gestión de riesgos tecnológicos y supervisión de proveedores externos, así como la coordinación en la respuesta a incidentes de gran escala que puedan afectar a varias entidades o sectores.

La inclusión del Comité Mixto en el Reglamento 2022/2554 responde a la creciente interconexión entre los distintos sectores financieros y a la naturaleza transversal de los riesgos digitales en el entorno financiero moderno. Las actividades de los bancos, aseguradoras y actores de los mercados de valores están cada vez más entrelazadas, lo que significa que un incidente relacionado con las TIC en un sector puede tener repercusiones en los demás. Por ejemplo, un ataque cibernético dirigido a un proveedor tercero esencial que presta servicios a bancos, aseguradoras y plataformas de negociación de valores podría generar disrupciones en toda la cadena financiera, afectando la continuidad de los servicios y la confianza del mercado.

El Comité Mixto actúa como un puente entre las tres AES, permitiendo una supervisión coordinada y evitando enfoques fragmentados que podrían dar lugar a lagunas o solapamientos regulatorios. Además, este órgano facilita la identificación temprana de riesgos intersectoriales, lo que permite adoptar medidas preventivas y coordinar respuestas rápidas y efectivas en caso de incidentes.

Entre las funciones clave del Comité Mixto en el contexto del Reglamento 2022/2554 se encuentran:

1. Coordinación en la supervisión de riesgos intersectoriales relacionados con las TIC: El Comité Mixto facilita la colaboración entre las AES para garantizar que los riesgos tecnológicos y operativos que afectan a múltiples sectores financieros se aborden de manera coherente y efectiva. Esto incluye riesgos asociados con ciberataques, fallos tecnológicos y dependencias de proveedores externos que prestan servicios a diversas entidades financieras.

2. Supervisión de proveedores terceros esenciales: Dado que muchos proveedores tecnológicos prestan servicios críticos a entidades en varios sectores (por ejemplo, servicios en la nube utilizados por bancos, aseguradoras y mercados de valores), el Comité Mixto desempeña un papel determinante en garantizar que la supervisión de estos proveedores sea coherente y alineada entre las AES. Esto evita duplicidades en los esfuerzos de supervisión y garantiza un enfoque uniforme.

3. Desarrollo de normas técnicas y directrices conjuntas: El Comité Mixto colabora en la elaboración de normas técnicas de regulación y de ejecución, así como de directrices y recomendaciones conjuntas relacionadas con la resiliencia operativa digital. Esto incluye, por ejemplo, la emisión de normas sobre notificación de incidentes, requisitos de ciberseguridad y pruebas de resiliencia operativa, asegurando que las reglas sean consistentes y aplicables en todos los sectores financieros.
4. Respuesta coordinada a incidentes relacionados con las TIC: En caso de un incidente cibernético o tecnológico de gran escala que afecte a múltiples sectores financieros, el Comité Mixto actúa como un punto central de coordinación para garantizar una respuesta unificada y eficaz. Esto incluye la recopilación y análisis de información, la comunicación con las partes interesadas y la supervisión de las medidas correctivas adoptadas por las entidades afectadas.
5. Intercambio de información y mejores prácticas: El Comité Mixto facilita el intercambio de información entre las AES sobre tendencias emergentes, amenazas cibernéticas, vulnerabilidades tecnológicas y lecciones aprendidas de incidentes pasados. Esto permite una supervisión más informada y una mejora continua en las políticas de resiliencia operativa.

La existencia del Comité Mixto tiene implicaciones prácticas significativas para las entidades financieras, los proveedores terceros esenciales y las autoridades nacionales competentes:

Para las entidades financieras, el Comité Mixto garantiza que los requisitos relacionados con la resiliencia operativa digital sean consistentes en todos los sectores, lo que facilita el cumplimiento normativo y reduce la carga administrativa. Por ejemplo, una entidad que opera en varios sectores (como un grupo financiero que incluye un banco, una aseguradora y una gestora de activos) se beneficia de un marco regulatorio armonizado y de directrices conjuntas, en lugar de enfrentarse a requisitos dispares en cada sector.

Para los proveedores terceros esenciales, el Comité Mixto asegura que la supervisión sea coherente y centralizada, lo que minimiza la duplicación de auditorías y evaluaciones por parte de las distintas AES. Esto es especialmente relevante para proveedores que prestan servicios a múltiples entidades en diferentes sectores, como las grandes empresas de tecnología en la nube.

Para las autoridades nacionales competentes, el Comité Mixto actúa como un punto de referencia para la coordinación y el intercambio de información, asegurando que las medidas adoptadas a nivel nacional estén alineadas con las políticas y directrices europeas. Esto refuerza la capacidad de las autoridades nacionales para supervisar eficazmente a las entidades financieras y responder a incidentes tecnológicos.

El incumplimiento de las disposiciones relacionadas con la supervisión y coordinación intersectorial establecidas por el Comité Mixto puede tener consecuencias graves para las entidades y el sistema financieros en general. La falta de coordinación en la supervisión o respuesta a incidentes podría generar lagunas regulatorias, inconsistencias en las medidas adoptadas y una respuesta ineficaz a riesgos tecnológicos de gran escala. Esto, a su vez, podría afectar la estabilidad del sistema financiero, la confianza de los inversores y la protección de los consumidores.

El "Comité Mixto", tal como se establece en el Reglamento Europeo 2022/2554, es un mecanismo esencial para garantizar la coherencia y la coordinación en la supervisión de la resiliencia operativa digital en los sectores financiero, asegurador y de mercados de valores. Su papel como foro de colaboración entre las Autoridades Europeas de Supervisión permite abordar eficazmente los riesgos intersectoriales relacionados con las TIC, desarrollar normas y directrices conjuntas, y coordinar respuestas a incidentes de gran escala. La correcta implementación y funcionamiento del Comité Mixto es determinante para reforzar la seguridad, la estabilidad y la confianza en el sistema financiero de la Unión Europea en un entorno digital cada vez más complejo e interconectado.

63) «pequeña empresa»: una entidad financiera que emplea a 10 o más personas, pero menos de 50 y cuyo volumen de negocios anual o balance anual total es superior a 2 millones EUR pero igual o inferior a 10 millones EUR;

El concepto de "pequeña empresa" definido en el artículo 63 del Reglamento Europeo 2022/2554 sobre resiliencia operativa digital se refiere a una entidad financiera que emplea a un mínimo de 10 personas, pero menos de 50, y cuyo volumen de negocios anual o balance total es superior a 2 millones de euros pero igual o inferior a 10 millones de euros. Este marco, basado en parámetros de tamaño y recursos financieros, permite clasificar a las pequeñas empresas dentro del ecosistema financiero para aplicarles un enfoque normativo proporcionado que tenga en cuenta sus capacidades operativas y recursos limitados, sin eximirlas de sus obligaciones fundamentales en materia de resiliencia operativa digital. La distinción entre "microempresas" y "pequeñas empresas" busca garantizar que las medidas regulatorias sean adecuadas al tamaño, complejidad y alcance de las actividades de cada entidad, a fin de no imponer cargas desproporcionadas que dificulten su sostenibilidad.

Las pequeñas empresas desempeñan un papel relevante en el sector financiero, ya que suelen operar en mercados especializados, atender a nichos específicos o proporcionar servicios financieros adaptados a necesidades particulares de sus clientes. Esto incluye actividades como asesoramiento financiero, gestión de pequeñas carteras de inversión, plataformas de pago locales, concesión de microcréditos y otras iniciativas orientadas a apoyar a las pymes y consumidores individuales. Aunque su impacto sistémico puede ser menor en comparación con entidades más grandes, su correcto funcionamiento es esencial para la estabilidad y confianza en los mercados financieros locales y especializados. Además, al operar en un entorno digitalizado, las pequeñas empresas enfrentan riesgos significativos relacionados con las tecnologías de la información y las comunicaciones (TIC), que deben gestionar de manera eficaz para garantizar la continuidad de sus operaciones y proteger a sus clientes.

La regulación específica para pequeñas empresas en el Reglamento 2022/2554 es un reconocimiento de las particularidades de estas entidades, tanto en términos de recursos como de exposición a riesgos tecnológicos. Si bien están obligadas a implementar medidas de resiliencia operativa digital, estas medidas se diseñan de manera proporcional a su tamaño y complejidad, permitiendo que cumplan con los requisitos regulatorios de forma eficiente sin comprometer su viabilidad operativa. Esta proporcionalidad es fundamental para garantizar que las pequeñas empresas puedan participar activamente en el mercado financiero y responder de manera adecuada a los desafíos del entorno digital.

Las pequeñas empresas financieras cumplen funciones clave dentro del sistema financiero, especialmente en sectores o regiones donde las grandes entidades no tienen una presencia significativa o no pueden ofrecer servicios personalizados. Estas empresas suelen ser más ágiles que las grandes entidades, adaptándose rápidamente a las necesidades cambiantes de sus clientes y aprovechando tecnologías innovadoras para mejorar la calidad de sus servicios. Por ejemplo, una pequeña empresa puede desarrollar plataformas digitales de pago o servicios de crédito específicos para comunidades locales o segmentos demográficos específicos.

Sin embargo, esta digitalización también las hace vulnerables a riesgos tecnológicos que podrían afectar gravemente su capacidad operativa y la confianza de sus clientes. Entre los riesgos más comunes se encuentran los ciberataques dirigidos a obtener acceso a datos financieros o personales sensibles, interrupciones en los sistemas tecnológicos debido a fallos en la infraestructura o dependencias de terceros, y errores en la configuración de sistemas de seguridad. Por ejemplo, una vulnerabilidad en la plataforma de pagos de una pequeña empresa podría permitir a los atacantes robar información confidencial de los clientes o interrumpir las transacciones, lo que afectaría tanto a los usuarios como a la reputación de la empresa.

Además, las pequeñas empresas suelen carecer de los recursos financieros y humanos necesarios para implementar medidas avanzadas de ciberseguridad, desarrollar planes de continuidad operativa sofisticados o responder eficazmente a incidentes tecnológicos. Esto las hace especialmente dependientes de proveedores externos de servicios tecnológicos, lo que introduce riesgos adicionales relacionados con la supervisión y gestión de estos proveedores. La falta de recursos también puede dificultar la capacidad de estas empresas para mantenerse al día con las amenazas cibernéticas en evolución y cumplir con las crecientes expectativas regulatorias.

El Reglamento 2022/2554 establece una serie de obligaciones específicas para las pequeñas empresas, diseñadas para garantizar su resiliencia operativa digital sin imponerles cargas excesivas. Estas medidas permiten a las pequeñas empresas gestionar los riesgos relacionados con las TIC, proteger los datos y activos de sus clientes, y garantizar la continuidad de sus operaciones en caso de incidentes tecnológicos. Aunque estas obligaciones son menos estrictas que las impuestas a las entidades financieras más grandes, reflejan la importancia de adoptar un enfoque equilibrado que permita a las pequeñas empresas cumplir con los requisitos regulatorios de manera eficiente.

El Reglamento exige que las pequeñas empresas implementen un marco de gestión de riesgos relacionados con las TIC adaptado a su tamaño y complejidad. Este marco debe permitir identificar, evaluar, mitigar y supervisar los riesgos tecnológicos que puedan comprometer la seguridad de sus operaciones, la protección de los datos de los clientes y la confianza en sus servicios.

Por ejemplo, una pequeña empresa que gestione una plataforma de pagos debe garantizar que sus sistemas estén protegidos mediante medidas de seguridad básicas pero efectivas, como la autenticación multifactorial, el cifrado de datos y el monitoreo continuo de redes para detectar actividades sospechosas. Además, debe realizar evaluaciones regulares de riesgos para identificar vulnerabilidades en su infraestructura tecnológica y adoptar medidas para mitigarlas.

El Reglamento establece que las pequeñas empresas deben desarrollar planes simplificados de continuidad de negocio y recuperación ante desastres, diseñados para garantizar que puedan restablecer sus operaciones rápidamente en caso de interrupciones tecnológicas. Estos planes deben ser proporcionales a su tamaño y a la naturaleza de los servicios que ofrecen, pero deben abordar escenarios como ciberataques, fallos técnicos y dependencias de terceros.

Por ejemplo, una pequeña empresa puede utilizar servicios en la nube para respaldar sus datos críticos, garantizando que puedan recuperarse rápidamente en caso de un fallo en los sistemas locales. También debe establecer procedimientos claros para la comunicación con los clientes durante una interrupción, asegurando que estén informados sobre el estado de las operaciones y las medidas adoptadas para resolver el problema.

El Reglamento determina que las pequeñas empresas implementen procedimientos para la detección, notificación y gestión de incidentes relacionados con las TIC. Estos procedimientos deben permitir una respuesta rápida y efectiva a los incidentes, minimizando su impacto en las operaciones y la confianza de los clientes.

Por ejemplo, si una pequeña empresa detecta un intento de acceso no autorizado a sus sistemas, debe activar un protocolo de respuesta al incidente, notificar a las autoridades competentes según lo exige el Reglamento, y tomar medidas inmediatas para proteger los datos de los clientes y mitigar el impacto del incidente.

Dado que muchas pequeñas empresas dependen de proveedores externos para gestionar sus infraestructuras tecnológicas, el Reglamento exige que supervisen adecuadamente a estos proveedores. Esto incluye garantizar que los contratos con proveedores incluyan cláusulas básicas sobre ciberseguridad y disponibilidad del servicio, y que los proveedores cumplan con los estándares de seguridad requeridos.

El incumplimiento de las disposiciones del Reglamento puede tener consecuencias significativas para las pequeñas empresas, incluyendo sanciones regulatorias, pérdida de confianza por parte de los clientes y daños reputacionales. Además, cualquier interrupción en sus operaciones podría afectar negativamente a los usuarios de sus servicios, especialmente en mercados locales o especializados donde estas empresas desempeñan un papel importante.

El concepto de “pequeña empresa” en el marco del Reglamento Europeo 2022/2554 subraya la necesidad de equilibrar la resiliencia operativa digital con la capacidad limitada de estas entidades para implementar medidas complejas. Al adoptar un enfoque proporcionado, el Reglamento permite a las pequeñas empresas gestionar eficazmente los riesgos tecnológicos, proteger los datos y activos de sus clientes, y garantizar la continuidad de sus operaciones. Estas medidas no solo refuerzan la seguridad y la confianza en los servicios financieros ofrecidos por las pequeñas empresas, sino que también contribuyen a la estabilidad general del sistema financiero, permitiendo que estas entidades sigan desempeñando su papel clave en el ecosistema financiero europeo. La correcta implementación de estas disposiciones es esencial para garantizar que las pequeñas empresas puedan operar de manera eficiente y segura en un entorno digital cada vez más desafiante.

64) «mediana empresa»: una entidad financiera distinta de una pequeña empresa, que emplea a menos de 250 personas y cuyo volumen de negocios anual es igual o inferior a 50 millones EUR o cuyo balance anual es igual o inferior a 43 millones EUR;

El concepto de "mediana empresa" definido en el artículo 64 del Reglamento Europeo 2022/2554 sobre resiliencia operativa digital se refiere a una entidad financiera que no califica como una pequeña empresa, pero que emplea a menos de 250 personas y cuyo volumen de negocios anual no supera los 50 millones de euros o cuyo balance anual total es igual o inferior a 43 millones de euros. Esta definición utiliza criterios objetivos establecidos a nivel de la Unión Europea para clasificar las empresas según su tamaño y recursos financieros, lo que permite aplicar un enfoque regulatorio proporcionado en función de la capacidad operativa y las necesidades específicas de estas entidades.

Las medianas empresas financieras desempeñan un papel determinante en el ecosistema financiero, ya que a menudo combinan la flexibilidad y especialización de las pequeñas empresas con una mayor capacidad de inversión y alcance operativo. Estas empresas suelen operar en segmentos de mercado estratégicos, ofreciendo servicios financieros especializados, innovadores o adaptados a sectores específicos de la economía. Aunque no tienen el mismo impacto sistémico que las grandes entidades financieras, las medianas empresas son fundamentales para el dinamismo del sistema financiero, ya que fomentan la competencia, la innovación y la inclusión financiera. No obstante, su tamaño y recursos limitados en comparación con las grandes entidades financieras también las hace más vulnerables a ciertos riesgos tecnológicos y operativos, especialmente en un entorno cada vez más digitalizado.

El Reglamento 2022/2554 establece obligaciones específicas para las medianas empresas, reconociendo que, si bien no tienen el mismo nivel de exposición o impacto que las grandes instituciones, su tamaño y la complejidad de sus operaciones requieren medidas adecuadas para garantizar su resiliencia operativa digital. Estas disposiciones están diseñadas para proteger su capacidad de operar de manera segura, mitigar los riesgos tecnológicos, y salvaguardar la confianza de los clientes y del mercado en general. Al mismo tiempo, el Reglamento aplica un enfoque proporcional que busca no imponer cargas regulatorias desproporcionadas, respetando las limitaciones propias de estas entidades.

Las medianas empresas financieras son esenciales para garantizar la diversificación y la competencia en el sistema financiero. Estas entidades suelen operar en áreas de especialización que complementan las actividades de las grandes instituciones financieras, ofreciendo servicios personalizados y adaptados a las necesidades de sus clientes. Por ejemplo, pueden incluir gestoras de activos con carteras especializadas, aseguradoras enfocadas en sectores específicos, plataformas de financiación participativa de mayor escala o empresas de tecnología financiera (Fintech) que desarrollan soluciones innovadoras para pagos o préstamos.

El funcionamiento de las medianas empresas está altamente digitalizado, ya que dependen de sistemas tecnológicos avanzados para gestionar operaciones, interactuar con clientes, analizar datos y cumplir con sus obligaciones regulatorias. Sin embargo, esta dependencia tecnológica también las expone a una serie de riesgos que pueden comprometer su resiliencia operativa y la seguridad de sus servicios. Entre los riesgos más comunes se encuentran los ciberataques dirigidos a acceder a datos sensibles o interrumpir las operaciones, fallos técnicos en sus sistemas internos, y vulnerabilidades asociadas a la dependencia de proveedores tecnológicos externos. Por ejemplo, un ataque ransomware que afecte a los sistemas de una aseguradora mediana podría bloquear el acceso a los datos de las pólizas, interrumpir la prestación de servicios y generar daños reputacionales y económicos significativos.

Aunque las medianas empresas suelen tener más recursos que las pequeñas para abordar estos riesgos, también enfrentan limitaciones en términos de presupuesto y personal especializado, lo que puede dificultar la implementación de medidas avanzadas de ciberseguridad y la respuesta eficaz a incidentes tecnológicos. Esto hace que la gestión de riesgos relacionados con las TIC sea un desafío estratégico para estas entidades, especialmente en un entorno normativo que exige cada vez mayores estándares de resiliencia operativa digital.

El Reglamento 2022/2554 establece un marco normativo específico para las medianas empresas, adaptado a su tamaño, complejidad y capacidad operativa. Estas obligaciones tienen como objetivo garantizar que las medianas empresas sean capaces de gestionar los riesgos tecnológicos, proteger la seguridad de los datos y activos de sus clientes, y garantizar la continuidad de sus operaciones en caso de incidentes relacionados con las TIC. El enfoque proporcional del Reglamento permite a estas entidades cumplir con sus obligaciones regulatorias sin enfrentarse a cargas excesivas que puedan comprometer su competitividad o sostenibilidad.

El Reglamento exige que las medianas empresas implementen un marco robusto de gestión de riesgos relacionados con las TIC, adaptado a la naturaleza y complejidad de sus operaciones. Este marco debe permitir identificar, evaluar, mitigar y supervisar los riesgos tecnológicos que puedan comprometer la seguridad de las operaciones, la protección de los datos de los clientes y la confianza en los servicios ofrecidos.

Por ejemplo, una gestora de activos mediana debe garantizar que sus sistemas de gestión de carteras estén protegidos contra accesos no autorizados mediante medidas de ciberseguridad avanzadas, como el cifrado de datos, la autenticación multifactorial y el monitoreo continuo de redes para detectar actividades sospechosas. También debe realizar evaluaciones periódicas de riesgos para identificar vulnerabilidades en sus sistemas y adoptar medidas proactivas para mitigarlas.

El Reglamento establece que las medianas empresas deben desarrollar planes de continuidad de negocio y recuperación ante desastres que les permitan restablecer rápidamente sus operaciones en caso de interrupciones tecnológicas. Estos planes deben ser proporcionales a la complejidad de sus operaciones, pero deben abordar escenarios como ciberataques, fallos técnicos y desastres naturales.

Por ejemplo, una empresa Fintech mediana puede implementar soluciones de respaldo de datos en la nube y sistemas redundantes para garantizar la disponibilidad continua de sus plataformas de pago. También debe establecer procedimientos claros para la comunicación con los clientes y las autoridades reguladoras durante una interrupción, asegurando que todos los interesados estén informados sobre el estado de las operaciones y las medidas adoptadas para resolver el problema.

El Reglamento determina que las medianas empresas implementen procedimientos para la detección, notificación y gestión de incidentes relacionados con las TIC. Estos procedimientos deben garantizar una respuesta rápida y eficaz a los incidentes, minimizando su impacto en las operaciones y la confianza de los clientes.

Por ejemplo, si una aseguradora mediana detecta un intento de acceso no autorizado a sus sistemas, debe activar un protocolo de respuesta al incidente, notificar a las autoridades competentes de acuerdo con los plazos establecidos por el Reglamento, y tomar medidas inmediatas para mitigar el impacto del incidente y proteger los datos de los clientes.

Dado que muchas medianas empresas dependen de proveedores externos para gestionar sus infraestructuras tecnológicas, el Reglamento exige que supervisen adecuadamente a estos proveedores. Esto incluye garantizar que los contratos incluyan cláusulas específicas sobre ciberseguridad, continuidad del servicio y cumplimiento normativo, así como realizar auditorías periódicas para evaluar su desempeño.

El Reglamento establece que las medianas empresas deben realizar pruebas periódicas de resiliencia operativa digital, como simulaciones de ciberataques y ejercicios de recuperación de sistemas. Estas pruebas son esenciales para identificar vulnerabilidades en sus sistemas y garantizar que estén preparadas para responder eficazmente a incidentes tecnológicos.

El incumplimiento de las disposiciones del Reglamento puede tener consecuencias significativas para las medianas empresas, incluyendo sanciones regulatorias, pérdida de confianza de los clientes y daños reputacionales. Además, cualquier interrupción en sus operaciones podría afectar negativamente a los usuarios de sus servicios, especialmente si operan en mercados estratégicos o especializados.

El concepto de "mediana empresa" en el marco del Reglamento Europeo 2022/2554 subraya la importancia de garantizar la resiliencia operativa digital de estas entidades, reconociendo su papel clave en el sistema financiero y los riesgos específicos a los que están expuestas. Al adoptar un enfoque proporcional, el Reglamento permite que las medianas empresas implementen medidas adecuadas para gestionar los riesgos tecnológicos, proteger los datos y activos de sus clientes, y garantizar la continuidad de sus operaciones. Estas disposiciones no solo refuerzan la seguridad y la confianza en los servicios financieros ofrecidos por las medianas empresas, sino que también contribuyen a la estabilidad y la competitividad del sistema financiero europeo en su conjunto. La correcta implementación de estas medidas es esencial para asegurar que las medianas empresas puedan operar de manera eficiente, segura y confiable en un entorno digital dinámico y exigente.

65) «autoridad pública»: cualquier gobierno u otra entidad de la administración pública, incluidos los bancos centrales nacionales.

El concepto de "autoridad pública", según el artículo 65 del Reglamento Europeo 2022/2554 sobre resiliencia operativa digital, abarca a cualquier gobierno u otra entidad de la administración pública, incluidos los bancos centrales nacionales. Esta definición amplia incluye no solo a las autoridades nacionales, como ministerios, agencias gubernamentales y entidades reguladoras, sino también a instituciones públicas que desempeñan funciones esenciales en el ámbito financiero, como los bancos centrales, que tienen un papel destacado en la estabilidad monetaria, financiera y económica. El propósito de incluir a las autoridades públicas dentro del alcance del Reglamento es garantizar que estas instituciones, que forman parte integral del sistema financiero y que a menudo interactúan directamente con entidades financieras, adopten medidas adecuadas para gestionar los riesgos tecnológicos y garantizar la continuidad de los servicios esenciales.

La inclusión de las autoridades públicas en este Reglamento responde a la interconexión entre los actores públicos y privados en el ecosistema financiero. Las autoridades públicas, incluidos los bancos centrales, gestionan sistemas críticos que son fundamentales para el funcionamiento del sistema financiero en su conjunto, como sistemas de pago, cámaras de compensación y otras infraestructuras de mercado financiero. Su operativa depende en gran medida de las tecnologías de la información y las comunicaciones (TIC), lo que las expone a riesgos tecnológicos que podrían tener consecuencias sistémicas si no se gestionan adecuadamente. Por ejemplo, un fallo en los sistemas tecnológicos de un banco central que administre un sistema de pagos nacional podría causar interrupciones significativas en las transacciones financieras, afectando tanto a entidades financieras como a la economía real.

Además, las autoridades públicas actúan como supervisores y reguladores de las entidades financieras, lo que las coloca en una posición muy importante para garantizar la correcta implementación del Reglamento. En este sentido, deben liderar con el ejemplo, adoptando estándares rigurosos de resiliencia operativa digital que sean consistentes con los requisitos impuestos a las entidades financieras bajo su supervisión. Esto no solo fortalece la confianza en las instituciones públicas, sino que también contribuye a la estabilidad y seguridad del sistema financiero.

Las autoridades públicas, incluidas las entidades de la administración y los bancos centrales, desempeñan funciones esenciales en el sistema financiero y en la economía en general. Estas funciones incluyen la supervisión de las entidades financieras, la regulación del mercado, la administración de sistemas de pago y liquidación, y la provisión de servicios esenciales como la emisión de moneda y la gestión de reservas monetarias. Por ejemplo, los bancos centrales supervisan infraestructuras críticas como los sistemas de liquidación de pagos interbancarios, que permiten el funcionamiento fluido de las transacciones financieras.

Sin embargo, la creciente digitalización de los sistemas y operaciones de las autoridades públicas también las hace vulnerables a riesgos tecnológicos significativos. Entre estos riesgos se encuentran los ciberataques, los fallos técnicos en los sistemas críticos y las interrupciones en los servicios esenciales. Por ejemplo, un ataque de denegación de servicio (DDoS) dirigido a un sistema de pagos operado por un banco central podría interrumpir las transacciones financieras a nivel nacional o regional, generando incertidumbre en los mercados y afectando la confianza de los participantes del sistema financiero.

Además, las autoridades públicas suelen gestionar grandes volúmenes de datos confidenciales, incluyendo información financiera, económica y personal, lo que las convierte en objetivos atractivos para actores malintencionados. Por ejemplo, una brecha de seguridad en los sistemas tecnológicos de una agencia reguladora podría comprometer datos sensibles de las entidades supervisadas, afectando su reputación y generando riesgos legales y regulatorios.

La dependencia de las autoridades públicas de proveedores externos para la gestión de sus infraestructuras tecnológicas introduce un nivel adicional de riesgo. Por ejemplo, un fallo en los sistemas de un proveedor de servicios en la nube utilizado por una autoridad pública podría afectar la disponibilidad de servicios críticos o comprometer la seguridad de los datos almacenados en la nube.

El Reglamento 2022/2554 establece una serie de obligaciones y principios que también son aplicables a las autoridades públicas, incluidas aquellas que gestionan infraestructuras críticas del sistema financiero. Estas disposiciones tienen como objetivo garantizar la resiliencia operativa digital de estas instituciones y mitigar los riesgos tecnológicos que podrían afectar no solo a su funcionamiento, sino también al sistema financiero y a la economía en general.

Las autoridades públicas están obligadas a implementar un marco de gestión de riesgos relacionados con las TIC que sea proporcional a la naturaleza y complejidad de sus funciones. Este marco debe permitir identificar, evaluar, mitigar y supervisar los riesgos tecnológicos que puedan comprometer la seguridad de sus operaciones y la continuidad de los servicios esenciales que ofrecen.

Por ejemplo, un banco central que administre un sistema de pagos interbancarios debe garantizar que sus sistemas estén protegidos mediante medidas de seguridad avanzadas, como el cifrado de datos, la autenticación multifactorial y el monitoreo continuo de redes para detectar actividades sospechosas. Además, debe realizar evaluaciones periódicas de riesgos para identificar posibles vulnerabilidades en su infraestructura tecnológica y adoptar medidas proactivas para mitigarlas.

El Reglamento exige que las autoridades públicas desarrollen planes detallados de continuidad de negocio y recuperación ante desastres, diseñados para garantizar que puedan restablecer sus operaciones críticas en caso de interrupciones tecnológicas. Estos planes deben abordar escenarios como ciberataques, fallos técnicos y desastres naturales.

Por ejemplo, un banco central debe garantizar que los datos relacionados con las transacciones en su sistema de pagos estén respaldados en tiempo real en infraestructuras redundantes. Esto permite restaurar rápidamente el acceso a los sistemas y servicios en caso de una interrupción significativa. Además, los planes de continuidad deben incluir procedimientos claros para la comunicación con las entidades financieras y los participantes del mercado durante una interrupción, asegurando que estén informados sobre el estado de las operaciones y las medidas adoptadas para resolver el problema.

El Reglamento determina que las autoridades públicas implementen procedimientos para la detección, notificación y gestión de incidentes relacionados con las TIC. Estos procedimientos deben garantizar una respuesta rápida y efectiva a los incidentes, minimizando su impacto en las operaciones y en la confianza de los participantes del sistema financiero.

Por ejemplo, si una autoridad pública detecta un ciberataque que compromete la seguridad de su infraestructura tecnológica, debe activar un protocolo de respuesta al incidente, notificar a las autoridades competentes y coordinar con los actores afectados para mitigar el impacto del incidente. La notificación de incidentes graves debe realizarse dentro de los plazos establecidos por el Reglamento, proporcionando información detallada sobre la naturaleza del incidente y las medidas adoptadas para contenerlo.

Dado que las autoridades públicas a menudo dependen de proveedores externos para la gestión de sus infraestructuras tecnológicas, el Reglamento exige que supervisen adecuadamente a estos proveedores. Esto incluye garantizar que los contratos con proveedores incluyan cláusulas específicas sobre ciberseguridad, disponibilidad del servicio y cumplimiento normativo, así como realizar auditorías periódicas para evaluar su desempeño.

El incumplimiento de las disposiciones del Reglamento por parte de las autoridades públicas podría tener consecuencias graves no solo para estas instituciones, sino también para el sistema financiero y la economía en general. Por ejemplo, una interrupción en los sistemas tecnológicos de un banco central podría afectar la estabilidad del sistema financiero, dificultar las transacciones y generar incertidumbre en los mercados. Además, cualquier brecha de seguridad en los sistemas de una autoridad pública podría comprometer datos confidenciales, generando riesgos legales y reputacionales.

El concepto de "autoridad pública", tal como se define en el Reglamento Europeo 2022/2554, subraya la importancia de garantizar la resiliencia operativa digital de las instituciones públicas, incluidas aquellas que desempeñan funciones críticas en el sistema financiero, como los bancos centrales. Al exigir que estas entidades implementen medidas adecuadas para gestionar los riesgos tecnológicos, garantizar la continuidad de los servicios esenciales y responder eficazmente a incidentes relacionados con las TIC, el Reglamento no solo protege su capacidad de operar de manera segura, sino que también contribuye a la estabilidad y confianza en el sistema financiero en su conjunto. La correcta implementación de estas disposiciones es esencial para garantizar que las autoridades públicas puedan liderar con el ejemplo y desempeñar su papel en un entorno digital cada vez más complejo e interconectado.

Artículo 4. Principio de proporcionalidad

1. Las entidades financieras aplicarán las normas establecidas en el Capítulo II de conformidad con el principio de proporcionalidad, teniendo en cuenta su tamaño y perfil de riesgo general, así como la naturaleza, escala y complejidad de sus servicios, actividades y operaciones.

El artículo 4 del Reglamento Europeo 2022/2554 sobre resiliencia operativa digital establece el principio de proporcionalidad como un eje central para la aplicación de las normas contenidas en el Capítulo II, que regula los requisitos de gestión de riesgos relacionados con las tecnologías de la información y las comunicaciones. Según este principio, las entidades financieras deben adaptar las medidas y controles que implementen en función de su tamaño, perfil de riesgo general, y la naturaleza, escala y complejidad de sus servicios, actividades y operaciones. Este enfoque busca equilibrar la efectividad de las normas con la capacidad de las entidades para cumplir con ellas, evitando la imposición de cargas desproporcionadas a las empresas más pequeñas o menos complejas, al tiempo que se garantiza un nivel adecuado de resiliencia operativa en toda la Unión Europea.

El principio de proporcionalidad tiene como objetivo abordar la diversidad del ecosistema financiero, en el que coexisten entidades de diferentes tamaños, modelos de negocio y niveles de exposición a riesgos tecnológicos. Una gran entidad financiera con operaciones globales, múltiples líneas de negocio y una infraestructura tecnológica compleja enfrenta riesgos sustancialmente diferentes a los de una microempresa o una pequeña empresa que opera en un ámbito local con recursos limitados. Por tanto, exigir el mismo nivel de cumplimiento a ambas sería ineficaz y contraproducente. Este principio permite que las entidades financieras más pequeñas o menos complejas adopten medidas proporcionadas a su perfil de riesgo y capacidades, mientras que las entidades más grandes y complejas están obligadas a implementar controles más rigurosos y sofisticados que reflejen su mayor exposición y riesgo sistémico.

La aplicación del principio de proporcionalidad también responde a la necesidad de fomentar la competitividad en el sector financiero, evitando que las obligaciones regulatorias supongan una carga excesiva para las pequeñas y medianas empresas. Estas entidades, aunque no suelen tener un impacto sistémico en el sistema financiero en su conjunto, desempeñan un papel determinante en la diversificación del mercado, la promoción de la innovación y la prestación de servicios adaptados a necesidades específicas. Al mismo tiempo, el principio asegura que las grandes instituciones, que tienen una interconexión significativa con el sistema financiero global, adopten medidas robustas para gestionar los riesgos relacionados con las TIC y garantizar la estabilidad del mercado.

El principio de proporcionalidad tiene varias implicaciones prácticas para las entidades financieras, las autoridades de supervisión y el mercado en general. En primer lugar, establece que las entidades deben realizar una autoevaluación de su tamaño, perfil de riesgo y complejidad operativa para determinar el nivel de control y las medidas de resiliencia operativa digital que deben implementar. Esto requiere un enfoque basado en el riesgo, en el que cada entidad identifique los riesgos específicos a los que está expuesta y desarrolle medidas adecuadas para mitigarlos, en lugar de adoptar un enfoque único que podría ser inadecuado para sus circunstancias particulares.

Por ejemplo, una gran entidad bancaria con una infraestructura tecnológica compleja y múltiples puntos de interconexión con el sistema financiero global deberá implementar medidas avanzadas, como simulaciones regulares de ciberataques (pruebas de penetración basadas en amenazas), monitoreo continuo de redes, y planes de recuperación y continuidad operativa altamente sofisticados. Estas medidas son necesarias para garantizar que pueda gestionar los riesgos relacionados con su tamaño y su papel sistémico en el mercado.

Por otro lado, una pequeña plataforma de financiación participativa con operaciones locales y una infraestructura tecnológica limitada puede adoptar medidas menos complejas, pero igualmente efectivas para su contexto. Esto podría incluir la implementación de controles básicos de ciberseguridad, como autenticación multifactorial, cifrado de datos, y la realización de copias de seguridad periódicas para garantizar la recuperación de datos en caso de incidentes. Aunque estas medidas son menos sofisticadas que las requeridas para una gran entidad, cumplen con el objetivo de garantizar la resiliencia operativa de acuerdo con la naturaleza y el alcance de las operaciones de la entidad.

El principio de proporcionalidad también permite a las autoridades de supervisión adaptar su enfoque de supervisión a las características específicas de las entidades bajo su jurisdicción. Esto significa que los supervisores deben tener en cuenta el tamaño, perfil de riesgo y complejidad de las entidades al evaluar su cumplimiento con las disposiciones del Reglamento. Por ejemplo, una autoridad supervisora puede adoptar un enfoque más ligero y basado en guías para pequeñas entidades, mientras que para las grandes instituciones financieras puede requerir auditorías más frecuentes, evaluaciones más detalladas de riesgos y pruebas de resiliencia operativa.

Además, el principio fomenta la eficiencia regulatoria al garantizar que los recursos de supervisión se asignen de manera proporcional al nivel de riesgo que representa cada entidad. Esto es especialmente importante en el contexto de la supervisión de proveedores terceros esenciales de servicios TIC, donde las autoridades deben priorizar la supervisión de los proveedores que tienen el mayor impacto potencial en la estabilidad del sistema financiero.

El principio de proporcionalidad tiene un impacto significativo en la forma en que las entidades financieras gestionan los riesgos relacionados con las TIC. Este principio fomenta un enfoque basado en el riesgo, en el que las entidades priorizan las áreas críticas y asignan recursos de manera eficiente para proteger sus activos más importantes y garantizar la continuidad de sus servicios. Esto incluye la identificación de los activos tecnológicos esenciales, la evaluación de las amenazas y vulnerabilidades específicas, y la implementación de medidas de mitigación adecuadas.

Por ejemplo, una entidad que depende en gran medida de sistemas tecnológicos para realizar transacciones financieras debe priorizar la protección de estos sistemas mediante la adopción de medidas como el monitoreo continuo, la segmentación de redes y la implementación de planes de recuperación ante desastres. En cambio, una entidad cuya dependencia tecnológica sea limitada puede enfocarse en medidas más básicas, como el uso de software actualizado, la capacitación de los empleados en ciberseguridad y la realización de pruebas de recuperación de datos.

El principio de proporcionalidad también tiene implicaciones en la notificación de incidentes relacionados con las TIC. Las grandes entidades financieras, debido a su impacto sistémico, están obligadas a notificar a las autoridades cualquier incidente grave que pueda afectar la estabilidad del sistema financiero, mientras que las pequeñas y medianas empresas pueden tener criterios de notificación más flexibles, dependiendo de la naturaleza y el impacto del incidente.

Aunque el principio de proporcionalidad ofrece una mayor flexibilidad para las entidades financieras y promueve la eficiencia regulatoria, también presenta ciertos desafíos. Uno de los principales retos es garantizar que las entidades interpreten y apliquen correctamente este principio, evitando que se adopten medidas insuficientes que puedan comprometer su resiliencia operativa. Esto requiere una supervisión efectiva por parte de las autoridades competentes, así como la emisión de directrices claras que ayuden a las entidades a comprender sus obligaciones bajo el principio de proporcionalidad.

Por otro lado, los beneficios del principio son claros. Permite una implementación más efectiva y realista de las normas, reduce las cargas regulatorias para las entidades más pequeñas y fomenta una asignación más eficiente de recursos tanto para las entidades como para las autoridades de supervisión. También promueve la innovación al permitir que las pequeñas y medianas empresas se centren en desarrollar sus servicios sin verse abrumadas por requisitos regulatorios excesivos.

El artículo 4 del Reglamento Europeo 2022/2554 establece el principio de proporcionalidad como un elemento clave para la aplicación de las normas relacionadas con la resiliencia operativa digital. Este principio reconoce la diversidad del sector financiero y garantiza que las medidas regulatorias se adapten al tamaño, perfil de riesgo, y la naturaleza, escala y complejidad de las operaciones de las entidades financieras. Al fomentar un enfoque basado en el riesgo, el principio de proporcionalidad permite a las entidades asignar recursos de manera eficiente, proteger sus activos más importantes y garantizar la continuidad de sus servicios. Al mismo tiempo, asegura que las autoridades supervisen de manera eficaz y proporcionada, contribuyendo a la estabilidad y confianza en el sistema financiero. La correcta implementación de este principio es esencial para lograr un equilibrio entre la protección contra riesgos tecnológicos y la competitividad del sector financiero en un entorno digital cada vez más complejo.

2. Además, la aplicación por parte de las entidades financieras de los Capítulos III y IV y el Capítulo V, sección I, será proporcional a su tamaño y perfil de riesgo general, así como a la naturaleza, escala y complejidad de sus servicios, actividades y operaciones, tal como se establece específicamente en las normas pertinentes de dichos Capítulos.

El apartado 2 del artículo 4 del Reglamento Europeo 2022/2554 sobre resiliencia operativa digital refuerza la aplicación del principio de proporcionalidad, estableciendo que las obligaciones contenidas en los Capítulos III, IV y en la Sección I del Capítulo V deben ser cumplidas por las entidades financieras de manera proporcional a su tamaño, perfil de riesgo general, naturaleza, escala y complejidad de sus servicios, actividades y operaciones. Este apartado complementa el principio general de proporcionalidad señalado en el apartado 1 del mismo artículo, pero extiende su alcance más allá de los requisitos de gestión de riesgos tecnológicos regulados en el Capítulo II, abarcando también las disposiciones relacionadas con la notificación de incidentes, las pruebas de resiliencia operativa digital y las normas sobre la gestión de relaciones con proveedores terceros de servicios TIC.

El propósito principal de esta norma es garantizar que las entidades financieras puedan cumplir con sus obligaciones regulatorias de manera eficiente y adaptada a su capacidad operativa y perfil de riesgo, evitando que las cargas regulatorias se conviertan en una barrera desproporcionada, especialmente para las pequeñas y medianas empresas. Al mismo tiempo, este principio asegura que las entidades más grandes y complejas, cuya operativa tiene un mayor impacto sistémico, adopten medidas más rigurosas para garantizar su resiliencia operativa y minimizar los riesgos tecnológicos que puedan afectar al sistema financiero en su conjunto.

El Capítulo III del Reglamento se centra en la notificación de incidentes relacionados con las TIC, el Capítulo IV aborda las pruebas de resiliencia operativa digital, y la sección I del Capítulo V regula las relaciones con proveedores terceros de servicios TIC. Al aplicar el principio de proporcionalidad en estos Capítulos, se reconoce que las entidades financieras enfrentan riesgos tecnológicos y operativos diversos, y que su capacidad para implementar controles varía en función de su tamaño y modelo de negocio. Este enfoque flexible fomenta la efectividad regulatoria al permitir que cada entidad adopte medidas que sean adecuadas para su perfil específico, al tiempo que garantiza que se cumplan los objetivos generales del Reglamento.

El principio de proporcionalidad aplicado a los Capítulos mencionados afecta diversos aspectos de la gestión de riesgos relacionados con las TIC, la resiliencia operativa y las relaciones con terceros, cada uno con sus implicaciones prácticas para las entidades financieras.

En cuanto al Capítulo III, relacionado con la notificación de incidentes relacionados con las TIC, la proporcionalidad garantiza que las obligaciones de notificación se adapten a la relevancia de la entidad financiera y al impacto de los incidentes. Por ejemplo, una gran entidad bancaria cuya interrupción de operaciones podría generar efectos sistémicos debe contar con procedimientos detallados para notificar incidentes de manera oportuna y precisa a las autoridades competentes, dado el potencial impacto de dichos eventos en la estabilidad del sistema financiero. Esto incluye proporcionar informes detallados que incluyan la naturaleza del incidente, su alcance, las medidas adoptadas y los posibles efectos en los servicios financieros. En contraste, una pequeña empresa que preste servicios financieros especializados puede tener criterios de notificación menos estrictos, siempre que cumpla con el objetivo de garantizar la transparencia y la protección de sus clientes.

En el Capítulo IV, que regula las pruebas de resiliencia operativa digital, el principio de proporcionalidad permite a las entidades financieras adaptar la naturaleza y frecuencia de estas pruebas en función de su tamaño y perfil de riesgo. Por ejemplo, una entidad financiera de gran tamaño y alta complejidad debe realizar pruebas de penetración basadas en amenazas con regularidad, simulando ataques cibernéticos sofisticados para identificar vulnerabilidades en sus sistemas y evaluar la eficacia de sus controles de seguridad. Estas pruebas son esenciales para garantizar que sus sistemas puedan resistir ataques reales y continuar operando incluso en escenarios adversos. Por otro lado, una mediana o pequeña empresa puede limitarse a pruebas más básicas, como evaluaciones de vulnerabilidades y simulaciones de recuperación ante desastres, que sean proporcionales a su infraestructura tecnológica y recursos disponibles.

En lo que respecta a la sección I del Capítulo V, que regula las relaciones con proveedores terceros de servicios TIC, la proporcionalidad permite a las entidades financieras ajustar el nivel de supervisión y control en función de la criticidad de los servicios externalizados y del perfil de riesgo del proveedor. Por ejemplo, una entidad financiera que dependa de un proveedor tercero esencial para servicios críticos, como la gestión de sistemas de pago o almacenamiento en la nube, debe realizar auditorías regulares y garantizar que los contratos incluyan cláusulas específicas sobre continuidad operativa, ciberseguridad y supervisión. Sin embargo, una entidad más pequeña que externalice servicios menos críticos puede implementar controles menos exigentes, siempre que estos sean suficientes para mitigar los riesgos asociados a la externalización.

La aplicación del principio de proporcionalidad en los Capítulos III, IV y la sección I del Capítulo V tiene importantes repercusiones prácticas para las entidades financieras. En primer lugar, permite que las entidades adapten sus políticas y procedimientos a su realidad operativa, evitando la imposición de medidas innecesarias o desproporcionadas que puedan comprometer su viabilidad económica. Esto es especialmente relevante para las pequeñas y medianas empresas, que a menudo tienen recursos limitados y no pueden permitirse implementar controles tan sofisticados como las grandes instituciones financieras.

En segundo lugar, fomenta un enfoque basado en el riesgo, en el que las entidades financieras priorizan sus esfuerzos en las áreas más críticas de su operación. Por ejemplo, una entidad que gestione datos sensibles de clientes o dependa de sistemas tecnológicos avanzados debe centrar sus esfuerzos en proteger estos activos clave, mientras que una entidad con una infraestructura tecnológica más simple puede adoptar un enfoque menos complejo, pero igualmente efectivo para su contexto.

En tercer lugar, facilita la supervisión por parte de las autoridades competentes, ya que permite un enfoque diferenciado y eficiente en función del tamaño y perfil de riesgo de las entidades supervisadas. Esto asegura que los recursos de supervisión se asignen de manera efectiva, con un mayor énfasis en las entidades que tienen un impacto potencialmente mayor en el sistema financiero.

A pesar de sus beneficios, la aplicación del principio de proporcionalidad también plantea desafíos. Uno de los principales retos es garantizar que las entidades financieras interpreten y apliquen correctamente este principio, evitando una implementación insuficiente de las medidas requeridas. Esto puede ser especialmente problemático para las pequeñas y medianas empresas, que podrían subestimar los riesgos tecnológicos o adoptar controles inadecuados. Para abordar este desafío, las autoridades de supervisión deben proporcionar directrices claras que expliquen cómo aplicar el principio de proporcionalidad en la práctica, así como realizar evaluaciones regulares para garantizar el cumplimiento adecuado.

Otro desafío es la necesidad de equilibrar la flexibilidad proporcionada por el principio de proporcionalidad con la coherencia regulatoria. Si bien las medidas pueden variar según el tamaño y perfil de riesgo de las entidades, es importante que todas las entidades cumplan con un nivel mínimo de resiliencia operativa para proteger el sistema financiero en su conjunto.

El apartado 2 del artículo 4 del Reglamento Europeo 2022/2554 refuerza la aplicación del principio de proporcionalidad al extenderlo a las disposiciones contenidas en los Capítulos III, IV y la sección I del Capítulo V. Este enfoque permite a las entidades financieras adaptar sus medidas de notificación de incidentes, pruebas de resiliencia operativa y gestión de relaciones con terceros en función de su tamaño, perfil de riesgo, y la naturaleza, escala y complejidad de sus operaciones. La implementación efectiva de este principio garantiza un equilibrio entre la efectividad regulatoria y la sostenibilidad operativa de las entidades financieras, fomentando la protección del sistema financiero y la competitividad del sector en su conjunto. La correcta interpretación y aplicación de este principio es esencial para asegurar que las entidades gestionen los riesgos tecnológicos de manera adecuada y proporcional, contribuyendo a la estabilidad y confianza en el entorno financiero europeo.

3. Las autoridades competentes tendrán en cuenta la aplicación del principio de proporcionalidad por parte de las entidades financieras al revisar la coherencia del marco de gestión del riesgo relacionado con las TIC a partir de los informes presentados a petición de las autoridades competentes en virtud del artículo 6, apartado 5, y al artículo 16, apartado 2.

El apartado 3 del artículo 4 del Reglamento Europeo 2022/2554 sobre resiliencia operativa digital establece que las autoridades competentes deben considerar la aplicación del principio de proporcionalidad por parte de las entidades financieras al evaluar la coherencia del marco de gestión del riesgo relacionado con las tecnologías de la información y las comunicaciones (TIC). Esta evaluación se realiza, entre otros elementos, a partir de los informes que las entidades financieras deben presentar a petición de las autoridades, conforme a lo dispuesto en el artículo 6, apartado 5, y en el artículo 16, apartado 2, del mismo Reglamento. Este apartado subraya la importancia de un enfoque proporcionado no solo para las entidades financieras al implementar las medidas del Reglamento, sino también para las autoridades al supervisar su cumplimiento, garantizando una supervisión adecuada y eficiente basada en el tamaño, perfil de riesgo, naturaleza, escala y complejidad de las operaciones de cada entidad.

El principio de proporcionalidad es central en la relación entre las entidades financieras y las autoridades competentes, ya que busca equilibrar las exigencias regulatorias con las capacidades y características de las entidades supervisadas. Este equilibrio permite a las entidades más pequeñas o menos complejas implementar medidas de gestión de riesgos que sean proporcionales a sus necesidades y recursos, mientras que las entidades más grandes o con mayor exposición a riesgos tecnológicos deben adoptar medidas más sofisticadas y rigurosas. Para garantizar que este principio se aplique correctamente, las autoridades competentes tienen la responsabilidad de revisar y verificar que las entidades financieras han adaptado sus marcos de gestión de riesgos relacionados con las TIC de manera coherente con su perfil y características.

La referencia a los informes mencionados en los artículos 6 y 16 del Reglamento es clave, ya que estos proporcionan a las autoridades competentes información detallada sobre las políticas, procedimientos y medidas adoptadas por las entidades para gestionar los riesgos tecnológicos y garantizar su resiliencia operativa. En el artículo 6, apartado 5, se establece que las autoridades pueden requerir a las entidades financieras informes detallados sobre su marco de gestión de riesgos relacionados con las TIC, mientras que el artículo 16, apartado 2, regula la presentación de informes relacionados con las pruebas de resiliencia operativa digital. Estos informes son fundamentales para que las autoridades supervisen la implementación efectiva del Reglamento y evalúen si las entidades están cumpliendo con sus obligaciones de manera proporcional.

La obligación de las autoridades competentes de considerar el principio de proporcionalidad en su evaluación tiene varias implicaciones prácticas, tanto para las entidades financieras como para los supervisores. En primer lugar, fomenta un enfoque supervisión basado en el riesgo, en el que las autoridades priorizan los recursos y esfuerzos en función del tamaño, perfil de riesgo y relevancia sistémica de las entidades supervisadas. Esto permite que las autoridades adopten un enfoque más intensivo para supervisar a las grandes entidades financieras o aquellas con operaciones complejas, mientras que para las pequeñas y medianas entidades pueden aplicar un enfoque menos invasivo, aunque siempre proporcional al impacto potencial de sus actividades.

Por ejemplo, una gran entidad financiera que gestione sistemas de pago interbancarios críticos debe demostrar a través de sus informes que ha implementado controles avanzados para proteger sus sistemas frente a ciberataques y garantizar la continuidad operativa en caso de interrupciones. Estos informes pueden incluir detalles sobre pruebas de resiliencia, políticas de ciberseguridad, y medidas de mitigación adoptadas. En contraste, una pequeña empresa que opere a nivel local y utilice una infraestructura tecnológica menos compleja puede presentar informes más simplificados, centrados en medidas básicas de ciberseguridad y gestión de riesgos tecnológicos, siempre que sean suficientes para garantizar su resiliencia operativa.

La evaluación de la coherencia del marco de gestión de riesgos también implica que las autoridades deben verificar que las entidades han realizado una autoevaluación adecuada para identificar sus riesgos específicos y adoptar medidas proporcionales para gestionarlos. Esto requiere que las entidades financieras no solo implementen controles técnicos y operativos, sino que también documenten sus decisiones y justifiquen cómo han aplicado el principio de proporcionalidad. Por ejemplo, una entidad debe ser capaz de explicar por qué ha decidido realizar ciertas pruebas de resiliencia operativa con menor frecuencia o por qué ha optado por externalizar ciertos servicios tecnológicos a proveedores externos, demostrando que estas decisiones son consistentes con su tamaño y perfil de riesgo.

Además, las autoridades competentes deben tener en cuenta el principio de proporcionalidad al interpretar los resultados de las pruebas de resiliencia operativa digital y al evaluar los planes de acción que las entidades presenten para abordar posibles deficiencias. Por ejemplo, si una prueba de penetración basada en amenazas realizada por una gran institución financiera revela vulnerabilidades significativas en sus sistemas, las autoridades pueden exigirle medidas correctivas inmediatas y detalladas, como la implementación de controles adicionales o la repetición de la prueba. En cambio, si una entidad más pequeña detecta deficiencias menos críticas en sus pruebas de recuperación ante desastres, las autoridades pueden adoptar un enfoque más flexible y permitir que las medidas correctivas se implementen en un plazo más largo.

Para las entidades financieras, el principio de proporcionalidad implica que deben documentar y justificar cómo han adaptado sus marcos de gestión de riesgos a sus características específicas. Esto incluye realizar una autoevaluación exhaustiva de su tamaño, perfil de riesgo y complejidad operativa, y demostrar que las medidas adoptadas son coherentes con estos factores. Además, las entidades deben estar preparadas para responder a las solicitudes de información de las autoridades competentes y presentar informes claros y detallados que permitan a los supervisores evaluar la efectividad y proporcionalidad de sus marcos de gestión de riesgos.

Para las autoridades competentes, el principio de proporcionalidad requiere un enfoque supervisión flexible y basado en el riesgo, que tenga en cuenta las diferencias entre las entidades financieras. Esto significa que las autoridades deben evaluar los informes presentados por las entidades en el contexto de su tamaño y perfil de riesgo, evitando la aplicación de estándares uniformes que puedan ser inapropiados o desproporcionados para ciertas entidades. Por ejemplo, una supervisión excesiva de las pequeñas entidades podría desincentivar la innovación o generar una carga operativa innecesaria, mientras que una supervisión insuficiente de las grandes instituciones podría aumentar el riesgo de fallos sistémicos.

Las autoridades también deben asegurarse de que las directrices y requisitos que imponen a las entidades sean claros y consistentes con el principio de proporcionalidad. Esto incluye proporcionar orientación específica sobre cómo las entidades pueden cumplir con sus obligaciones de manera proporcional y garantizar que las expectativas regulatorias sean razonables y alcanzables para todas las entidades, independientemente de su tamaño o complejidad.

El incumplimiento del principio de proporcionalidad por parte de las entidades financieras o de las autoridades competentes puede tener consecuencias significativas. Para las entidades, una implementación inadecuada de este principio podría dar lugar a medidas regulatorias insuficientes que no gestionen adecuadamente los riesgos tecnológicos, o a la adopción de controles excesivos que afecten su competitividad y sostenibilidad. Para las autoridades, no tener en cuenta el principio de proporcionalidad podría dar lugar a una supervisión ineficaz, ya sea por dedicar recursos insuficientes a entidades de alto riesgo o por imponer cargas desproporcionadas a las entidades más pequeñas.

El apartado 3 del artículo 4 del Reglamento Europeo 2022/2554 refuerza la importancia del principio de proporcionalidad al requerir que las autoridades competentes lo consideren al evaluar los marcos de gestión de riesgos relacionados con las TIC de las entidades financieras. Este enfoque asegura que las medidas adoptadas sean adecuadas y coherentes con el tamaño, perfil de riesgo, naturaleza, escala y complejidad de cada entidad, fomentando una supervisión eficiente y basada en el riesgo. La correcta aplicación de este principio beneficia tanto a las entidades financieras, al permitirles cumplir con sus obligaciones regulatorias de manera adaptada a su realidad operativa, como a las autoridades competentes, al optimizar los recursos de supervisión y garantizar la resiliencia del sistema financiero en su conjunto. La clave para el éxito de este enfoque radica en una comunicación clara entre las entidades y los supervisores, la documentación adecuada de las decisiones y la implementación de medidas proporcionadas que gestionen eficazmente los riesgos tecnológicos sin comprometer la sostenibilidad operativa.

CAPÍTULO II

Gestión del riesgo relacionado con las TIC

Sección I

Artículo 5 Gobernanza y organización

1. A fin lograr un nivel elevado de resiliencia operativa digital, las entidades financieras dispondrán de un marco interno de gobernanza y control que garantice una gestión efectiva y prudente del riesgo relacionado con las TIC, de conformidad con el artículo 6, apartado 4.

El artículo 5, apartado 1, del Reglamento Europeo 2022/2554 sobre resiliencia operativa digital establece que las entidades financieras deben implementar un marco interno de gobernanza y control con el objetivo de lograr un nivel elevado de resiliencia operativa digital. Este marco debe garantizar una gestión efectiva y prudente de los riesgos relacionados con las tecnologías de la información y las comunicaciones (TIC), en alineación con las disposiciones específicas del artículo 6, apartado 4, del mismo Reglamento. La inclusión de este mandato refuerza la importancia de una estructura organizativa sólida y bien definida para gestionar los riesgos tecnológicos, que se han convertido en una amenaza crítica para la continuidad operativa y la estabilidad del sistema financiero en un entorno digitalizado.

La gobernanza y organización interna de las entidades financieras son elementos clave para garantizar que las medidas de gestión de riesgos relacionados con las TIC se implementen de manera coherente, eficiente y alineada con la naturaleza, escala y complejidad de sus actividades. Este marco debe ser capaz de integrar la resiliencia operativa digital en todos los niveles de la entidad, desde la alta dirección y el consejo de administración hasta las funciones operativas específicas. Al garantizar que los riesgos tecnológicos se gestionen de manera proactiva y efectiva, el Reglamento busca prevenir incidentes que puedan comprometer la seguridad, disponibilidad, integridad y confidencialidad de los datos y sistemas, así como minimizar el impacto de cualquier interrupción en las operaciones de la entidad.

El artículo 5, apartado 1, resalta que la gobernanza en materia de riesgos TIC no es únicamente una cuestión técnica, sino un elemento esencial de la gestión empresarial que debe ser liderado desde la alta dirección. Esto implica que el consejo de administración y los altos directivos deben asumir la responsabilidad última de garantizar que la entidad esté adecuadamente preparada para gestionar los riesgos tecnológicos y responder a incidentes. Además, el marco de gobernanza debe incluir mecanismos claros para la supervisión, control y revisión continua de las medidas implementadas, asegurando que estas sean eficaces y estén actualizadas frente a las amenazas emergentes.

La obligación de establecer un marco interno de gobernanza y control para la gestión de riesgos relacionados con las TIC tiene varias implicaciones prácticas para las entidades financieras. En primer lugar, exige que las entidades adopten una estructura organizativa clara y bien definida que asigne responsabilidades específicas para la gestión de los riesgos tecnológicos. Esto incluye el nombramiento de personal especializado en ciberseguridad y gestión de riesgos TIC, así como la designación de roles y responsabilidades en toda la organización para garantizar que todas las áreas relevantes estén alineadas con los objetivos de resiliencia operativa digital.

Por ejemplo, una entidad financiera debe asignar a su consejo de administración y alta dirección la responsabilidad de supervisar las políticas y estrategias relacionadas con los riesgos TIC. Esto incluye la aprobación de planes de continuidad operativa, la asignación de recursos adecuados para la gestión de riesgos tecnológicos y la supervisión de los informes periódicos sobre el estado de la resiliencia operativa digital de la entidad. Al mismo tiempo, las funciones de gestión de riesgos y auditoría interna deben encargarse de monitorear la implementación de las medidas y evaluar su eficacia, informando directamente a la alta dirección sobre cualquier deficiencia identificada.

En segundo lugar, el marco de gobernanza debe garantizar que las decisiones relacionadas con la gestión de riesgos TIC estén basadas en una comprensión clara y completa de los riesgos a los que está expuesta la entidad. Esto requiere la realización de evaluaciones periódicas de riesgos tecnológicos, en las que se identifiquen y prioricen las amenazas más relevantes, como ciberataques, fallos en los sistemas tecnológicos, interrupciones en los servicios de los proveedores externos y vulnerabilidades en las infraestructuras críticas. Estas evaluaciones deben servir como base para el diseño e implementación de medidas de mitigación adecuadas.

En tercer lugar, el artículo subraya la necesidad de que el marco de gobernanza y control sea dinámico y adaptativo, permitiendo a las entidades responder de manera efectiva a un entorno de riesgos en constante evolución. Esto incluye la actualización regular de las políticas y procedimientos en función de las lecciones aprendidas de incidentes pasados, los cambios en el entorno tecnológico y regulatorio, y las nuevas amenazas identificadas. Por ejemplo, si una entidad financiera experimenta un ciberataque dirigido a su infraestructura de banca en línea, su marco de gobernanza debe incluir mecanismos para revisar y mejorar las medidas de seguridad existentes a fin de prevenir incidentes similares en el futuro.

El artículo 6, apartado 4, complementa esta disposición al requerir que las entidades financieras adopten políticas, procedimientos y herramientas para garantizar la gestión efectiva y prudente de los riesgos relacionados con las TIC. Este artículo establece que dichas políticas deben ser coherentes con el marco de gobernanza establecido en el artículo 5 y alineadas con los objetivos generales de resiliencia operativa digital. Esto refuerza la necesidad de que el marco de gobernanza no solo sea sólido en términos de diseño organizativo, sino también eficaz en la implementación de controles técnicos y operativos para mitigar los riesgos tecnológicos.

Para las entidades financieras, la implementación del artículo 5, apartado 1, implica la adopción de un enfoque integral y estructurado para gestionar los riesgos relacionados con las TIC. Esto incluye la asignación de recursos suficientes para desarrollar y mantener el marco de gobernanza, así como la integración de la resiliencia operativa digital en su estrategia empresarial. Además, las entidades deben asegurarse de que su personal esté adecuadamente capacitado para identificar y gestionar los riesgos tecnológicos, lo que puede requerir inversiones en formación y desarrollo profesional.

Otra implicación importante es la necesidad de mantener una comunicación clara y efectiva entre los diferentes niveles de la organización.

Esto incluye garantizar que la alta dirección y el consejo de administración estén informados sobre los riesgos tecnológicos y las medidas adoptadas para mitigarlos, así como establecer canales para que los empleados puedan reportar posibles vulnerabilidades o problemas relacionados con las TIC.

Para las autoridades competentes, este artículo implica la necesidad de supervisar y evaluar la eficacia de los marcos de gobernanza de las entidades financieras en relación con los riesgos TIC. Esto incluye revisar los informes presentados por las entidades, realizar inspecciones in situ cuando sea necesario, y exigir medidas correctivas en caso de identificar deficiencias. Además, las autoridades deben proporcionar directrices claras para ayudar a las entidades a implementar marcos de gobernanza que cumplan con los requisitos del Reglamento, teniendo en cuenta el principio de proporcionalidad para adaptar las expectativas a las características específicas de cada entidad.

El incumplimiento de esta disposición puede tener consecuencias graves tanto para las entidades financieras como para el sistema financiero en general. Una gobernanza deficiente en la gestión de riesgos relacionados con las TIC puede aumentar la probabilidad de incidentes tecnológicos, lo que puede generar interrupciones operativas, pérdidas financieras, daños reputacionales y sanciones regulatorias. Además, la falta de un marco de gobernanza efectivo puede dificultar la capacidad de una entidad para cumplir con otras obligaciones del Reglamento, como la notificación de incidentes y la realización de pruebas de resiliencia operativa.

El artículo 5, apartado 1, del Reglamento Europeo 2022/2554 subraya la importancia de un marco interno de gobernanza y control para la gestión efectiva y prudente de los riesgos relacionados con las TIC. Este marco es esencial para garantizar que las entidades financieras puedan lograr un alto nivel de resiliencia operativa digital, protegiendo sus sistemas y datos frente a amenazas tecnológicas y minimizando el impacto de los incidentes en sus operaciones. La implementación efectiva de esta norma requiere el compromiso de la alta dirección, la asignación de recursos adecuados y una cultura organizativa que priorice la gestión de riesgos tecnológicos. Al mismo tiempo, las autoridades competentes tienen un papel determinante en supervisar y garantizar que las entidades cumplan con sus obligaciones, contribuyendo así a la estabilidad y seguridad del sistema financiero en un entorno digital cada vez más complejo.

2. El órgano de dirección de la entidad financiera definirá, aprobará y supervisará todas las disposiciones relacionadas con el marco de gestión del riesgo rela-

cionado con las TIC a que se refiere el artículo 6, apartado 1, y será responsable de su aplicación.

A efectos del párrafo primero, el órgano de dirección:

a) asumirá la responsabilidad última de gestionar el riesgo relacionado con las TIC de la entidad financiera;

b) adoptará políticas encaminadas a garantizar el mantenimiento de unos niveles elevados de disponibilidad, autenticidad, integridad y confidencialidad de los datos;

c) definirá claramente los cometidos y responsabilidades por lo que respecta a todas las funciones relacionadas con las TIC y establecerá mecanismos de gobernanza adecuados para garantizar una comunicación, cooperación y coordinación efectivas y oportunas entre dichas funciones;

d) asumirá la responsabilidad general de establecer y aprobar la estrategia de resiliencia operativa digital a que se refiere el artículo 6, apartado 8, lo que incluye determinar el nivel adecuado de tolerancia al riesgo relacionado con las TIC de la entidad financiera a que se refiere el artículo 6, apartado 8, letra b);

e) aprobará, supervisará y revisará periódicamente la aplicación de la política de continuidad de la actividad en materia de TIC y de los planes de respuesta y recuperación en materia de TIC de la entidad financiera a que se refiere, respectivamente, el artículo 11 apartados 1 y 3, que podrán ser adoptados como una política específica que forme parte integrante de la política global de continuidad de la actividad y del plan de respuesta y recuperación de la entidad financiera;

f) aprobará y revisará periódicamente los planes de auditoría internos de TIC y las auditorías de TIC de la entidad financiera, así como sus modificaciones significativas;

g) asignará y revisará periódicamente el presupuesto adecuado para satisfacer las necesidades de resiliencia operativa digital de la entidad financiera con respecto a todos los tipos de recursos, incluidos los programas de sensibilización en materia de seguridad de las TIC y las actividades de formación sobre resiliencia operativa digital pertinentes a que se refiere el artículo 13, apartado 6, y las capacidades en materia de TIC para todo el personal;

h) aprobará y revisará periódicamente la política de la entidad financiera sobre los acuerdos relativos al uso de servicios de TIC prestados por proveedores terceros de servicios de TIC;

i) ***establecerá, a escala corporativa, canales de comunicación que le permitan estar debidamente informado de lo siguiente:***

i) ***de los acuerdos celebrados con proveedores terceros de servicios de TIC sobre el uso de servicios de TIC,***

ii) ***de cualquier cambio sustancial pertinente previsto en relación con los proveedores terceros de servicios de TIC,***

iii) ***de las posibles repercusiones de tales cambios en las funciones esenciales o importantes reguladas por dichos acuerdos, incluido un resumen del análisis de riesgos para evaluar las repercusiones de dichos cambios, y al menos de los incidentes graves relacionados con las TIC y sus repercusiones, así como de las medidas de respuesta, recuperación y corrección.***

El artículo 5, apartado 2, del Reglamento Europeo 2022/2554 sobre resiliencia operativa digital impone una serie de obligaciones exhaustivas y estratégicas al órgano de dirección de las entidades financieras, las cuales son fundamentales para garantizar un alto nivel de resiliencia operativa digital. Estas disposiciones destacan la responsabilidad directa y última del órgano de dirección en la definición, aprobación y supervisión del marco de gestión de riesgos relacionados con las tecnologías de la información y las comunicaciones (TIC). Asimismo, subrayan la necesidad de adoptar una estrategia integral y dinámica que contemple todos los aspectos relevantes para la protección de las operaciones y la continuidad de los servicios frente a amenazas tecnológicas. El papel del órgano de dirección no se limita a aprobar políticas formales, sino que implica un liderazgo activo en la implementación y supervisión de medidas prácticas y eficaces que aseguren la seguridad, integridad y sostenibilidad de la entidad en un entorno digital cada vez más desafiante.

El artículo se estructura en una serie de responsabilidades concretas (apartados a-i) que reflejan las múltiples dimensiones de la resiliencia operativa digital. Estas abarcan desde la responsabilidad última en la gestión de riesgos relacionados con las TIC, hasta la supervisión de políticas clave como la continuidad de negocio, la interacción con proveedores terceros y la gestión de auditorías internas. Cada una de estas obligaciones refuerza la importancia de un enfoque holístico y estratégico para la resiliencia operativa digital, asegurando que el órgano de dirección tenga una visión completa de los riesgos y adopte medidas proporcionales para mitigarlos.

El cumplimiento efectivo de estas responsabilidades es esencial no solo para proteger la operativa de la entidad financiera, sino también para salvaguardar la confianza de los clientes, inversores y reguladores, y garantizar la estabilidad del sistema financiero en su conjunto. Los siguientes puntos analizan de manera detallada y profunda cada una de las responsabilidades establecidas en el artículo 5, apartado 2, y sus repercusiones prácticas.

1. Responsabilidad última sobre la gestión del riesgo relacionado con las TIC (letra a): El órgano de dirección asume la responsabilidad final de gestionar los riesgos relacionados con las TIC. Esto significa que debe ser el principal garante de que los riesgos tecnológicos sean identificados, evaluados, mitigados y monitorizados de manera adecuada en toda la organización. La responsabilidad última implica que el consejo de administración y la alta dirección no solo deben aprobar políticas, sino también supervisar su correcta implementación y funcionamiento. Este enfoque refuerza la rendición de cuentas a nivel directivo, lo que es fundamental para garantizar que la resiliencia operativa digital se trate como una prioridad estratégica. En la práctica, el órgano de dirección debe recibir informes regulares y detallados sobre los riesgos tecnológicos, el estado de las medidas de mitigación y los incidentes significativos que puedan haber ocurrido, permitiéndole tomar decisiones informadas y oportunas.

2. Aprobación de políticas que garanticen la seguridad de los datos (letra b): El órgano de dirección debe adoptar políticas específicas para garantizar altos niveles de disponibilidad, autenticidad, integridad y confidencialidad de los datos. Estas políticas deben reflejar las mejores prácticas internacionales en ciberseguridad y estar alineadas con normativas como el Reglamento General de Protección de Datos. Por ejemplo, esto puede incluir el uso de cifrado avanzado para proteger datos sensibles, controles de acceso estrictos basados en roles y la implementación de medidas de autenticación multifactorial. Además, estas políticas deben ser revisadas periódicamente para asegurar su pertinencia frente a las amenazas emergentes.

3. Definición de funciones y mecanismos de gobernanza (letra c): El órgano de dirección tiene la responsabilidad de definir claramente los cometidos y responsabilidades de todas las funciones relacionadas con las TIC. Esto incluye establecer mecanismos de gobernanza efectivos para garantizar una comunicación, cooperación y coordinación adecuadas entre estas funciones. En términos prácticos, esto podría implicar la creación de comités internos especializados en resiliencia operativa digital o en la gestión de ciberseguridad, así como el nombramiento de un responsable de seguridad de la in-

formación (CISO, por sus siglas en inglés) que actúe como enlace entre la alta dirección y las operaciones técnicas. La existencia de una estructura clara de responsabilidades ayuda a evitar silos organizativos, mejorando la capacidad de la entidad para responder de manera coordinada a incidentes relacionados con las TIC.

4. Establecimiento de la estrategia de resiliencia operativa digital y tolerancia al riesgo (letra d): El órgano de dirección debe establecer y aprobar la estrategia de resiliencia operativa digital de la entidad, incluyendo la definición del nivel de tolerancia al riesgo relacionado con las TIC. La tolerancia al riesgo establece los límites aceptables para la entidad en términos de exposición a amenazas tecnológicas, lo que permite priorizar recursos y esfuerzos en áreas críticas. Por ejemplo, una entidad con operaciones globales y una alta dependencia de la tecnología podría tener una tolerancia al riesgo muy baja, lo que requeriría la implementación de medidas de ciberseguridad avanzadas y pruebas frecuentes de resiliencia. En contraste, una pequeña entidad con operaciones limitadas podría adoptar un enfoque más básico, pero igualmente proporcional a sus riesgos.

5. Supervisión de políticas de continuidad de la actividad y planes de recuperación (letra e): El órgano de dirección debe aprobar y supervisar los planes de continuidad de negocio y recuperación ante incidentes relacionados con las TIC. Estos planes son esenciales para garantizar que la entidad pueda responder eficazmente a interrupciones operativas, restaurar sistemas críticos y minimizar el impacto en los clientes. En la práctica, esto incluye la realización de simulaciones regulares de recuperación ante desastres (DRP) y pruebas de continuidad operativa (BCP) para validar la eficacia de los planes y garantizar que el personal esté preparado para actuar en situaciones de crisis.

6. Supervisión de auditorías internas de TIC (letra f): El órgano de dirección debe aprobar los planes de auditoría interna relacionados con las TIC y supervisar su implementación. Estas auditorías son fundamentales para evaluar la eficacia de los controles de seguridad, identificar posibles vulnerabilidades y garantizar el cumplimiento normativo. Además, las auditorías deben ser revisadas periódicamente para adaptarse a los cambios en el entorno tecnológico y regulatorio.

7. Asignación de presupuesto para resiliencia operativa digital (letra g): El órgano de dirección tiene la responsabilidad de asignar recursos financieros y humanos adecuados para implementar medidas de resiliencia operativa digital. Esto incluye inversiones en tecnologías de ciberseguridad, formación del personal y programas de sensibilización en seguridad. La falta de asignación de recursos suficientes puede comprometer la capacidad de la entidad para gestionar riesgos tecnológicos, lo que podría tener consecuencias graves para su operativa y reputación.
8. Supervisión de políticas de proveedores terceros (letra h): El órgano de dirección debe aprobar las políticas relacionadas con el uso de servicios de TIC proporcionados por terceros. Esto incluye garantizar que los contratos con proveedores incluyan cláusulas claras sobre ciberseguridad, continuidad del servicio y supervisión. También es esencial que los proveedores sean evaluados regularmente para garantizar que cumplan con los estándares de seguridad requeridos.
9. Establecimiento de canales de comunicación efectivos (letra i): El órgano de dirección debe asegurarse de que existan canales de comunicación adecuados para supervisar los acuerdos con proveedores, cambios sustanciales en estos acuerdos y los incidentes graves relacionados con las TIC. Esto permite una toma de decisiones informada y oportuna, minimizando el impacto de los incidentes en las operaciones de la entidad.

El incumplimiento de estas disposiciones puede acarrear consecuencias significativas, incluidas sanciones regulatorias, pérdida de confianza de los clientes e inversores, y daños reputacionales. Además, una gestión deficiente de los riesgos relacionados con las TIC puede aumentar la probabilidad de ciberataques y otras interrupciones operativas, comprometiendo la estabilidad financiera y operativa de la entidad.

El artículo 5, apartado 2, del Reglamento Europeo 2022/2554 establece un marco detallado y robusto para el papel del órgano de dirección en la gestión de riesgos relacionados con las TIC. Estas disposiciones garantizan que la resiliencia operativa digital sea una prioridad estratégica, liderada desde los niveles más altos de la organización. La implementación efectiva de estas responsabilidades es esencial para proteger a las entidades financieras frente a amenazas tecnológicas, garantizar la continuidad de sus operaciones y fortalecer la confianza en el sistema financiero en su conjunto. Al adoptar un enfoque proactivo y estratégico, el órgano de dirección puede garantizar que su entidad esté preparada para enfrentar los desafíos de un entorno digital cada vez más complejo e interconectado.

3. Las entidades financieras que no sean microempresas crearán un cargo para el seguimiento de los acuerdos celebrados con proveedores terceros de servicios de TIC sobre el uso de servicios de TIC o designarán a un miembro de la alta dirección como responsable de supervisar la exposición al riesgo correspondiente y la documentación pertinente.

El artículo 5, apartado 3, del Reglamento Europeo 2022/2554 establece que todas las entidades financieras, excepto las microempresas, deben designar a un responsable para el seguimiento de los acuerdos celebrados con proveedores terceros de servicios de tecnologías de la información y las comunicaciones (TIC) o, alternativamente, asignar dicha responsabilidad a un miembro de la alta dirección. Esta disposición subraya la importancia de una supervisión adecuada y específica sobre las relaciones con proveedores tecnológicos externos, considerando que la externalización de servicios TIC y la dependencia de terceros son elementos críticos en el ecosistema financiero actual. El propósito de esta norma es garantizar que las entidades financieras gestionen de manera eficaz los riesgos relacionados con la dependencia de proveedores terceros, así como los riesgos inherentes a los servicios externalizados, tales como la continuidad del servicio, la ciberseguridad y el cumplimiento normativo.

La obligación impuesta a las entidades de nombrar un responsable específico o de designar a un miembro de la alta dirección tiene una serie de implicaciones prácticas importantes. Por un lado, reconoce que los proveedores terceros de servicios TIC desempeñan un papel esencial en el funcionamiento diario de las entidades financieras y, por lo tanto, cualquier fallo o interrupción en sus servicios puede tener consecuencias significativas para la operativa de estas entidades. Por otro lado, refuerza la necesidad de que la supervisión de estos acuerdos sea una función estratégica dentro de la organización, con un nivel de responsabilidad y autoridad suficiente para abordar riesgos críticos y garantizar que los proveedores cumplan con los requisitos de seguridad y resiliencia operativa establecidos en el Reglamento.

La norma responde a la creciente dependencia de las entidades financieras de proveedores externos para la provisión de servicios tecnológicos esenciales, como la computación en la nube, la gestión de datos, la ciberseguridad y otros servicios TIC. Esta dependencia, si bien permite a las entidades acceder a tecnologías avanzadas y optimizar recursos, también introduce riesgos específicos que deben ser gestionados de manera efectiva. Entre estos riesgos se incluyen:

1. Riesgos de interrupción del servicio: Un fallo en los sistemas de un proveedor puede interrumpir las operaciones de la entidad financiera, afectando la disponibilidad de servicios críticos como sistemas de pago, plataformas de banca digital o gestión de datos financieros. Por ejemplo, si un proveedor de servicios en la nube experimenta una interrupción, esto puede dejar inoperativos los sistemas principales de la entidad.
2. Riesgos de ciberseguridad: Los proveedores terceros pueden convertirse en un vector de ataque para ciberamenazas que busquen acceder a los sistemas y datos de la entidad financiera. Por ejemplo, una vulnerabilidad en los sistemas de un proveedor puede ser explotada para comprometer la confidencialidad o integridad de los datos de la entidad.
3. Riesgos regulatorios y de cumplimiento: La externalización de servicios TIC también introduce desafíos en términos de cumplimiento normativo, ya que las entidades financieras son responsables de garantizar que los proveedores cumplan con los estándares legales y regulatorios aplicables. Esto incluye normativas sobre protección de datos, ciberseguridad y resiliencia operativa.
4. Riesgos de concentración: Cuando múltiples entidades financieras dependen de un número limitado de proveedores tecnológicos, se crea un riesgo de concentración, donde cualquier fallo o incidente que afecte a un proveedor puede tener un impacto sistémico en el mercado financiero.

El artículo 5, apartado 3, establece dos opciones para las entidades financieras que no sean microempresas: crear un cargo específico para el seguimiento de los acuerdos con proveedores terceros o designar a un miembro de la alta dirección para esta función. Ambas opciones tienen como objetivo garantizar que exista una supervisión clara, responsable y estratégica de las relaciones con terceros.

1. Creación de un cargo específico para el seguimiento de acuerdos con proveedores terceros: La primera opción exige que la entidad financiera cree un puesto dedicado exclusivamente al seguimiento de los acuerdos con proveedores tecnológicos. Este cargo debe ser ocupado por un profesional con las competencias técnicas y de gestión necesarias para supervisar el cumplimiento de los acuerdos

contractuales, evaluar los riesgos asociados y coordinar las respuestas a cualquier problema o incidente relacionado con los servicios proporcionados. En la práctica, esta opción es más adecuada para entidades de mayor tamaño o complejidad, donde la dependencia de proveedores externos es más significativa y los riesgos asociados son mayores.

El responsable de este cargo tendría que:

- Monitorear de manera continua el rendimiento y cumplimiento de los proveedores en relación con los acuerdos contractuales.
- Evaluar regularmente los riesgos asociados con los servicios externalizados, incluyendo la realización de análisis de impacto y pruebas de resiliencia operativa.
- Coordinar auditorías y evaluaciones periódicas de los proveedores para verificar el cumplimiento de las cláusulas contractuales, especialmente en materia de ciberseguridad y continuidad del servicio.
- Establecer una comunicación directa con los proveedores para abordar cambios en los acuerdos, incidentes o necesidades específicas de la entidad.

2. Designación de un miembro de la alta dirección como responsable: La segunda opción permite a la entidad financiera asignar esta responsabilidad a un miembro de la alta dirección. Esta alternativa asegura que la supervisión de los riesgos asociados con proveedores terceros se gestione a un nivel estratégico dentro de la organización, con una visión integral de los impactos potenciales en las operaciones y la resiliencia de la entidad. Este enfoque puede ser más adecuado para entidades de menor tamaño o complejidad, donde la externalización de servicios TIC es limitada y puede gestionarse de manera efectiva a nivel de alta dirección.

   El miembro de la alta dirección designado tendría que:

   - Informar regularmente al consejo de administración sobre el estado de los acuerdos con proveedores terceros, los riesgos asociados y las medidas adoptadas para mitigarlos.
   - Supervisar directamente las relaciones con los proveedores más críticos para la operativa de la entidad, asegurando que los acuerdos estén alineados con los objetivos estratégicos y los requisitos normativos.

- Tomar decisiones informadas sobre la continuidad, modificación o rescisión de acuerdos con proveedores en función de los riesgos identificados.

La supervisión de los acuerdos con proveedores terceros debe incluir los siguientes elementos, que son críticos para garantizar la resiliencia operativa digital de la entidad financiera:

- Evaluación y gestión de riesgos: Se debe realizar una evaluación inicial y periódica de los riesgos asociados con cada proveedor, considerando factores como su nivel de dependencia, la criticidad de los servicios prestados y su historial de cumplimiento.
- Cumplimiento contractual: Los responsables deben asegurarse de que los contratos con proveedores incluyan cláusulas específicas sobre ciberseguridad, continuidad operativa, notificación de incidentes y supervisión por parte de las autoridades.
- Monitoreo de cambios y actualizaciones: La supervisión debe incluir la evaluación de cualquier cambio sustancial en los acuerdos con proveedores, como modificaciones en las condiciones contractuales, la estructura de propiedad del proveedor o su capacidad técnica.
- Respuesta a incidentes: Los responsables deben coordinar las respuestas a incidentes relacionados con los servicios TIC proporcionados por terceros, asegurándose de que las medidas de mitigación y recuperación se implementen de manera oportuna y efectiva.

El incumplimiento de esta norma puede generar riesgos significativos para las entidades financieras, incluyendo interrupciones operativas, incumplimientos normativos y pérdida de confianza por parte de los clientes y reguladores. Además, una supervisión inadecuada de los proveedores terceros podría aumentar la exposición de la entidad a ciberataques y otros incidentes tecnológicos, lo que podría resultar en sanciones regulatorias y daños reputacionales.

El artículo 5, apartado 3, del Reglamento Europeo 2022/2554 subraya la importancia de una supervisión adecuada y estratégica de los acuerdos con proveedores terceros de servicios TIC. Al exigir la creación de un cargo específico o la designación de un miembro de la alta dirección, esta norma refuerza la necesidad de gestionar eficazmente los riesgos asociados con la externalización de servicios tecnológicos, garantizando la continuidad operativa y la resiliencia digital de las entidades financieras. La correcta implementación de esta disposición es esencial para proteger a las entidades frente a los riesgos tecnológicos y operativos, salvaguardar la confianza de los clientes y contribuir a la estabilidad del sistema financiero en su conjunto.

4. Los miembros del órgano de dirección de la entidad financiera mantendrán al día de manera activa conocimientos y capacidades suficientes para comprender y evaluar el riesgo relacionado con las TIC y sus repercusiones en las operaciones de la entidad financiera, también siguiendo periódicamente una formación específica que sea acorde al riesgo relacionado con las TIC que se esté gestionando.

El artículo 5, apartado 4, del Reglamento Europeo 2022/2554 establece una obligación específica para los miembros del órgano de dirección de las entidades financieras: mantener un nivel adecuado y actualizado de conocimientos y capacidades en materia de riesgos relacionados con las tecnologías de la información y las comunicaciones (TIC). Esta obligación incluye la necesidad de comprender y evaluar estos riesgos y sus repercusiones en las operaciones de la entidad financiera, lo cual debe lograrse mediante la realización periódica de formaciones específicas adaptadas a la naturaleza y complejidad de los riesgos gestionados. Esta disposición es de suma relevancia en el marco del Reglamento, ya que subraya que la gestión de riesgos relacionados con las TIC no puede ser delegada exclusivamente a áreas técnicas o de TI, sino que debe ser un tema central en el nivel más alto de la gobernanza corporativa.

La norma tiene como objetivo garantizar que el órgano de dirección desempeñe un papel activo, informado y estratégico en la supervisión de los riesgos relacionados con las TIC. Dado que el órgano de dirección es el máximo responsable de las decisiones estratégicas de la entidad, su capacidad para evaluar y gestionar eficazmente los riesgos tecnológicos es determinante para proteger la continuidad operativa, la seguridad de los datos, y la confianza de los clientes, inversores y reguladores. En un entorno financiero altamente digitalizado, donde los riesgos relacionados con las TIC, como los ciberataques, fallos técnicos y dependencias de proveedores externos, pueden tener consecuencias devastadoras, esta obligación busca elevar el nivel de competencia técnica del órgano de dirección para que pueda desempeñar su función de manera efectiva.

El cumplimiento de esta disposición implica una serie de elementos que deben ser considerados tanto por las entidades financieras como por los propios miembros del órgano de dirección:

1. Actualización activa de conocimientos y capacidades: La norma requiere que los miembros del órgano de dirección mantengan sus conocimientos y capacidades relacionados con los riesgos TIC al día

de manera activa. Esto significa que no basta con contar con un conocimiento básico adquirido en el pasado; los directivos deben actualizarse continuamente para mantenerse al tanto de las amenazas emergentes, las nuevas tecnologías, los marcos regulatorios en evolución y las mejores prácticas en gestión de riesgos tecnológicos. Este enfoque activo es esencial debido a la naturaleza dinámica y rápida evolución del panorama de amenazas digitales, donde las técnicas de ataque y las vulnerabilidades pueden cambiar rápidamente.

En la práctica, esto puede incluir la asistencia a seminarios, talleres, conferencias y programas de certificación en temas como ciberseguridad, continuidad operativa, gestión de riesgos tecnológicos, y cumplimiento normativo. Por ejemplo, un miembro del órgano de dirección podría completar una certificación básica en gestión de ciberseguridad, como el curso "Cybersecurity for Executives" ofrecido por instituciones internacionales de renombre.

2. Formación periódica adaptada al riesgo gestionado: La disposición exige que los miembros del órgano de dirección sigan formaciones específicas de manera periódica. Estas formaciones deben estar alineadas con el perfil de riesgo de la entidad, la naturaleza de sus operaciones y la complejidad de los servicios TIC que utiliza. Por ejemplo, en una entidad financiera que depende significativamente de servicios en la nube, las formaciones podrían centrarse en los riesgos asociados con la computación en la nube, como la gestión de accesos, la protección de datos sensibles y la respuesta a interrupciones en los servicios de los proveedores. En cambio, en una entidad más pequeña con un menor nivel de digitalización, las formaciones podrían enfocarse en medidas básicas de ciberseguridad, como la gestión de contraseñas, el phishing y la seguridad de las redes.

Estas formaciones deben incluir módulos prácticos y teóricos que permitan a los directivos no solo comprender los riesgos tecnológicos, sino también interpretar los informes técnicos que reciben, cuestionar a los expertos internos y externos de manera efectiva, y tomar decisiones informadas sobre la gestión de estos riesgos.

3. Comprensión de las repercusiones de los riesgos TIC en las operaciones de la entidad:

Es fundamental que los miembros del órgano de dirección comprendan no solo los riesgos TIC en abstracto, sino también cómo estos pueden impactar específicamente a las operaciones y servicios de la entidad financiera. Esto incluye entender cómo un ciberataque, una interrupción en los servicios de un proveedor externo o un fallo en los sistemas internos podría afectar la continuidad operativa, la confianza de los clientes y la posición competitiva de la entidad. Por ejemplo, un ataque ransomware que bloquee el acceso a los sistemas de banca en línea podría causar no solo pérdidas financieras, sino también daños reputacionales irreparables.

En este sentido, los miembros del órgano de dirección deben estar capacitados para analizar escenarios de riesgo, revisar planes de continuidad de negocio y recuperación, y evaluar la efectividad de las medidas de mitigación implementadas. También deben ser capaces de liderar la respuesta a incidentes significativos, asegurando que las decisiones tomadas estén alineadas con los objetivos estratégicos de la entidad.

4. Integración del conocimiento en la estrategia de gobernanza:

El conocimiento adquirido por los miembros del órgano de dirección debe integrarse en la estrategia de gobernanza de la entidad. Esto implica que los directivos utilicen su comprensión de los riesgos TIC para supervisar de manera efectiva las políticas y estrategias relacionadas con la resiliencia operativa digital. Por ejemplo, deben ser capaces de evaluar si los recursos asignados a la ciberseguridad y la continuidad operativa son suficientes, si los acuerdos con proveedores externos incluyen las garantías necesarias, y si las pruebas de resiliencia realizadas son adecuadas para identificar y mitigar vulnerabilidades.

La implementación efectiva de esta disposición tiene importantes repercusiones prácticas para las entidades financieras:

1. Creación de programas de formación específicos: Las entidades deben desarrollar o contratar programas de formación en riesgos TIC diseñados específicamente para miembros del órgano de dirección. Estos programas deben estar adaptados al perfil de la entidad y ser actualizados regularmente para reflejar las amenazas y regulaciones emergentes.

2. Asignación de recursos para la capacitación: La obligación de formación específica implica que las entidades deben asignar recursos financieros y de tiempo para garantizar que los miembros del órgano de dirección puedan participar en estas formaciones sin afectar sus otras responsabilidades.

3. Evaluación del nivel de conocimiento de los directivos: **Las** entidades deben establecer mecanismos para evaluar periódicamente el nivel de conocimiento de los miembros del órgano de dirección en materia de riesgos TIC. Esto podría incluir la realización de autoevaluaciones, cuestionarios o incluso auditorías internas.
4. Fortalecimiento de la cultura de resiliencia operativa: La formación periódica del órgano de dirección contribuye a fomentar una cultura organizativa centrada en la resiliencia operativa digital. Cuando los directivos comprenden plenamente los riesgos TIC, están en una posición mejor para promover esta cultura en toda la organización.

El incumplimiento de esta disposición puede tener consecuencias significativas tanto para los miembros del órgano de dirección como para la entidad financiera. Por un lado, la falta de conocimientos adecuados por parte de los directivos puede llevar a decisiones mal informadas, que a su vez pueden aumentar la exposición de la entidad a ciberataques, fallos tecnológicos y otros riesgos relacionados con las TIC. Por otro lado, las autoridades competentes pueden considerar la falta de formación como una violación de las obligaciones del Reglamento, lo que podría dar lugar a sanciones regulatorias, daños reputacionales y pérdida de confianza por parte de los clientes y otras partes interesadas.

El artículo 5, apartado 4, del Reglamento Europeo 2022/2554 subraya la importancia de que los miembros del órgano de dirección mantengan un conocimiento actualizado y suficiente sobre los riesgos relacionados con las TIC y sus repercusiones en las operaciones de la entidad financiera. Esta disposición refuerza la idea de que la gestión de riesgos tecnológicos debe ser una prioridad estratégica liderada desde los niveles más altos de la organización. Para cumplir con esta obligación, las entidades deben implementar programas de formación específicos, asignar recursos adecuados y fomentar una cultura de resiliencia operativa digital. La correcta implementación de esta norma no solo mejora la capacidad de la entidad para gestionar riesgos tecnológicos, sino que también contribuye a la estabilidad del sistema financiero en su conjunto, protegiendo la confianza de los clientes y fortaleciendo la posición de la entidad en un entorno digital cada vez más desafiante.

Sección II

Artículo 6. Marco de gestión del riesgo relacionado con las TIC

1. Las entidades financieras contarán con un marco de gestión del riesgo relacionado con las TIC sólido, completo y bien documentado como parte de su siste-

ma global de gestión de riesgos, que les permita hacer frente al riesgo relacionado con las TIC de forma rápida, eficiente y exhaustiva y asegurar un alto nivel de resiliencia operativa digital.

El artículo 6, apartado 1, del Reglamento Europeo 2022/2554 sobre resiliencia operativa digital establece la obligación para las entidades financieras de disponer de un marco de gestión del riesgo relacionado con las tecnologías de la información y las comunicaciones que sea sólido, completo y bien documentado. Este marco debe integrarse dentro del sistema global de gestión de riesgos de la entidad y tiene como objetivo permitirle hacer frente a los riesgos relacionados con las TIC de manera rápida, eficiente y exhaustiva, garantizando así un alto nivel de resiliencia operativa digital. La norma refuerza la idea de que la gestión de los riesgos tecnológicos no puede tratarse como un aspecto aislado o secundario dentro de la entidad financiera, sino como una pieza fundamental e integrada en su estrategia global de gestión de riesgos, dado el impacto transversal de las TIC en todas las áreas operativas y estratégicas de las entidades.

El marco de gestión del riesgo relacionado con las TIC debe ser lo suficientemente robusto como para identificar, evaluar, mitigar, monitorizar y responder a los riesgos tecnológicos que puedan comprometer la operativa, los datos y los servicios de la entidad. Esto incluye, entre otros aspectos, la protección frente a ciberataques, la gestión de interrupciones en los sistemas tecnológicos, la supervisión de proveedores terceros de servicios TIC, y la recuperación de las operaciones en caso de incidentes. El artículo subraya la importancia de la documentación completa de este marco, lo que asegura que las políticas, procedimientos y controles sean transparentes, comprensibles, y estén a disposición de las partes interesadas internas y externas, incluidas las autoridades de supervisión.

La obligación establecida en este apartado implica varios elementos que deben ser implementados y mantenidos por las entidades financieras para cumplir con los requisitos del Reglamento:

1. Solidez del marco de gestión del riesgo relacionado con las TIC: El marco debe estar diseñado para ser robusto y resiliente, lo que significa que debe incluir medidas preventivas, de detección, de mitigación y de respuesta adaptadas al perfil de riesgo de la entidad. Para garantizar esta solidez, el marco debe basarse en estándares reconocidos internacionalmente, como el marco NIST (National Institute of Standards and Technology) de ciberseguridad, o la norma ISO/IEC 27001 sobre sistemas de gestión de la seguridad de la información. En

la práctica, esto implica que las entidades financieras deben realizar evaluaciones periódicas para identificar las amenazas tecnológicas y adaptar su marco a las nuevas realidades del entorno digital.

Por ejemplo, una entidad debe incluir controles de seguridad avanzados, como el monitoreo continuo de redes para detectar actividades sospechosas, el cifrado de datos críticos, y la implementación de autenticación multifactorial para acceder a sistemas sensibles. Además, debe garantizar que todos los empleados comprendan su papel en la gestión de riesgos relacionados con las TIC, promoviendo una cultura organizativa de seguridad.

2. Carácter completo del marco: El marco debe abarcar todos los aspectos del riesgo relacionado con las TIC, desde la protección de los sistemas y datos hasta la gestión de proveedores externos y la recuperación operativa. Esto implica un enfoque integral que tenga en cuenta tanto los riesgos internos como los externos, así como las interdependencias entre los diferentes sistemas y procesos de la entidad. En la práctica, esto significa que las entidades deben identificar no solo las amenazas cibernéticas, como malware o ataques ransomware, sino también otros riesgos tecnológicos, como fallos de hardware, interrupciones en el suministro eléctrico, o dependencias de servicios de proveedores externos.

Un marco completo también debe incluir mecanismos para realizar pruebas regulares de resiliencia operativa, como simulaciones de ciberataques, pruebas de recuperación ante desastres y evaluaciones de impacto de posibles interrupciones en los servicios. Estas pruebas permiten a la entidad evaluar la efectividad de sus controles y planes de respuesta, y realizar ajustes cuando sea necesario.

3. Documentación del marco: La norma exige que el marco esté bien documentado, lo que implica que todas las políticas, procedimientos, controles y responsabilidades relacionadas con la gestión de riesgos TIC deben ser formalizadas y accesibles para las partes relevantes dentro de la entidad. Esto garantiza la transparencia y la coherencia en la implementación del marco, y facilita la supervisión tanto interna como externa. Por ejemplo, la documentación debe incluir mapas de riesgos tecnológicos, procedimientos para la gestión de incidentes, roles y responsabilidades específicas, y registros de las pruebas de resiliencia realizadas.

Además, la documentación adecuada es esencial para cumplir con los requisitos de supervisión establecidos en el Reglamento. Las autoridades competentes pueden requerir acceso a esta documentación para evaluar si la entidad cumple con sus obligaciones regulatorias y si su marco de gestión de riesgos TIC es efectivo y adecuado a su perfil de riesgo.

4. Integración en el sistema global de gestión de riesgos: El artículo 6, apartado 1, subraya que el marco de gestión de riesgos TIC debe ser una parte integral del sistema global de gestión de riesgos de la entidad financiera. Esto significa que no puede gestionarse de manera aislada, sino que debe estar alineado con las estrategias y procesos generales de gestión de riesgos de la entidad, como la gestión de riesgos financieros, operativos y reputacionales. En la práctica, esto requiere que la gestión de riesgos TIC esté integrada en las decisiones estratégicas de la entidad, como la planificación de inversiones tecnológicas, la selección de proveedores externos, y la definición de planes de continuidad operativa.

Por ejemplo, si la entidad está considerando la externalización de servicios tecnológicos a un proveedor en la nube, el marco de gestión de riesgos TIC debe incluir una evaluación detallada de los riesgos asociados, como la ubicación de los servidores, la dependencia de un único proveedor, y las garantías de seguridad ofrecidas por este.

5. Capacidad de respuesta rápida, eficiente y exhaustiva: El marco debe permitir a la entidad responder de manera ágil y efectiva a los incidentes relacionados con las TIC. Esto incluye la detección temprana de amenazas, la activación de planes de respuesta y recuperación, y la comunicación con las partes interesadas. En la práctica, esto significa que la entidad debe contar con sistemas de monitoreo en tiempo real, equipos dedicados a la gestión de incidentes (como un centro de operaciones de seguridad o SOC), y procedimientos claros para coordinar la respuesta a incidentes entre los diferentes departamentos y niveles de la organización.

Por ejemplo, en caso de un ciberataque que comprometa los sistemas de pago de la entidad, el marco debe garantizar que se tomen medidas inmediatas para contener el ataque, proteger los datos de los clientes, notificar a las autoridades competentes y restablecer los servicios lo antes posible.

6. Asegurar un alto nivel de resiliencia operativa digital: El objetivo final del marco es garantizar que la entidad pueda mantener sus operaciones críticas incluso en caso de incidentes tecnológicos significativos. Esto implica no solo la prevención de riesgos, sino también la capacidad de recuperarse rápidamente de cualquier interrupción y minimizar el impacto en los clientes y la operativa. En la práctica,

esto significa que la entidad debe priorizar sus activos tecnológicos más críticos, como los sistemas de pago y las bases de datos de clientes, y asegurarse de que estos estén protegidos con medidas de seguridad avanzadas y redundancias operativas.

El incumplimiento de esta obligación puede tener consecuencias graves tanto para la entidad financiera como para el sistema financiero en general. Una gestión inadecuada de los riesgos TIC puede aumentar la probabilidad de ciberataques, interrupciones operativas y pérdida de datos, lo que puede resultar en daños financieros, reputacionales y regulatorios significativos. Además, las autoridades competentes pueden imponer sanciones a las entidades que no cumplan con los requisitos del Reglamento, incluidas multas y restricciones operativas.

El artículo 6, apartado 1, del Reglamento Europeo 2022/2554 establece un marco claro y exigente para la gestión de los riesgos relacionados con las TIC en las entidades financieras. Al exigir un marco sólido, completo y bien documentado, integrado en el sistema global de gestión de riesgos, esta norma busca garantizar que las entidades estén preparadas para enfrentar las amenazas tecnológicas y mantener un alto nivel de resiliencia operativa digital. La correcta implementación de esta disposición requiere un enfoque estratégico y proactivo, inversiones en tecnología y formación, y un compromiso continuo de la alta dirección. Su cumplimiento no solo protege a la entidad frente a riesgos tecnológicos, sino que también contribuye a la estabilidad y confianza en el sistema financiero en su conjunto.

2. El marco de gestión del riesgo relacionado con las TIC incluirá al menos las estrategias, las políticas, los procedimientos, y los protocolos y herramientas de TIC que sean necesarios para proteger debida y adecuadamente todos los activos de información y activos de TIC, incluidos el software, el hardware y los servidores, así como para proteger todos los componentes e infraestructuras físicos pertinentes, como locales, centros de datos y zonas sensibles designadas, a fin de garantizar que todos los activos de información y activos de TIC estén adecuadamente protegidos de los riesgos, incluidos los daños y el acceso o uso no autorizados.

El artículo 6, apartado 2, del Reglamento Europeo 2022/2554 sobre resiliencia operativa digital establece una obligación fundamental para las entidades financieras al especificar los elementos mínimos que debe incluir el marco de gestión del riesgo relacionado con las tecnologías de la información y las comunicaciones (TIC). Este apartado exige que dicho marco contemple estrategias, políticas, procedimientos, protocolos y herramientas diseñadas para garantizar la protección adecuada de todos los activos de información y TIC, incluyendo el software, hardware, servidores, infraestructuras físicas como centros de datos, y otras áreas sensibles. El objetivo es que todos estos activos estén protegidos frente a riesgos, como daños físicos o digitales, accesos no autorizados, uso indebido o cualquier otro tipo de amenaza que pueda comprometer la resiliencia operativa de la entidad.

El artículo refleja la importancia de abordar de manera integral la protección de los activos tecnológicos y físicos de las entidades financieras, considerando que estos constituyen la base para la prestación de servicios financieros críticos y la gestión de datos sensibles. En un entorno digitalizado y sujeto a amenazas cada vez más sofisticadas, garantizar la seguridad de los activos TIC es esencial no solo para prevenir interrupciones operativas, sino también para proteger la confidencialidad, integridad y disponibilidad de los datos, así como para preservar la confianza de los clientes, inversores y reguladores.

La norma introduce varios aspectos esenciales que deben ser implementados en el marco de gestión de riesgos TIC, los cuales tienen implicaciones prácticas importantes para las entidades financieras:

1. Incorporación de estrategias, políticas, procedimientos y protocolos: El marco debe incluir estrategias claras que definan los objetivos y enfoques generales para la gestión de los riesgos relacionados con las TIC. Estas estrategias deben ser respaldadas por políticas específicas que establezcan las normas y directrices para la protección de los activos TIC, así como por procedimientos y protocolos que detallen las acciones concretas que deben seguirse en situaciones normales y en caso de incidentes. Por ejemplo, la estrategia puede definir un objetivo de “tolerancia cero” frente a accesos no autorizados, mientras que las políticas y procedimientos especificarán cómo se controla el acceso, cómo se responde a una brecha de seguridad y cómo se investigan posibles vulnerabilidades.
2. Protección de activos de información y activos TIC: El artículo exige que el marco garantice la protección de todos los activos de información (como bases de datos, registros financieros y datos personales) y de los activos TIC (como software, hardware y servidores). Esto implica que las entidades deben identificar y clasificar todos sus activos críticos, evaluar los riesgos a los que están expuestos y adoptar medidas específicas para protegerlos. Por ejemplo, el software debe estar actualizado y protegido contra vulnerabilidades conocidas mediante parches regulares; el hardware debe estar sujeto a controles

de acceso físico, como tarjetas de seguridad o sistemas biométricos; y los servidores deben estar protegidos mediante cifrado, firewalls y herramientas de monitoreo continuo.

3. Protección de componentes e infraestructuras físicas: Además de los activos digitales, el marco debe incluir medidas específicas para proteger las infraestructuras físicas relacionadas con los activos TIC, como centros de datos, oficinas y zonas sensibles designadas. Estas áreas deben estar sujetas a controles de acceso físico estrictos para evitar intrusiones no autorizadas. Por ejemplo, los centros de datos deben contar con medidas como cámaras de vigilancia, sistemas de autenticación multifactorial para el acceso y controles ambientales que protejan los equipos frente a incendios, inundaciones o fallos eléctricos.

4. Gestión de riesgos asociados a daños y accesos no autorizados: El marco debe abordar de manera específica los riesgos de daños físicos o digitales y de accesos no autorizados. Esto incluye la implementación de medidas de seguridad física y lógica, como cifrado de datos, detección de intrusos, segmentación de redes, autenticación multifactorial y análisis de registros de acceso. Por ejemplo, si un empleado intenta acceder a una zona del sistema a la que no tiene autorización, el sistema debe generar una alerta inmediata y registrar el intento para su análisis posterior. Asimismo, los activos físicos deben ser protegidos frente a desastres naturales, sabotajes o fallos en el suministro eléctrico mediante la implementación de sistemas redundantes, generadores de energía de respaldo y planes de recuperación.

5. Uso de herramientas específicas para la gestión de riesgos: La norma hace referencia explícita al uso de herramientas de TIC necesarias para garantizar la protección de los activos. Esto incluye la implementación de tecnologías avanzadas de ciberseguridad, como sistemas de detección y prevención de intrusos (IDS/IPS), soluciones de gestión de identidad y acceso (IAM), herramientas de monitoreo de seguridad (SIEM) y soluciones de copia de seguridad y recuperación ante desastres (DRP). Estas herramientas permiten a las entidades detectar amenazas en tiempo real, responder rápidamente a incidentes y garantizar la continuidad operativa en caso de interrupciones.

6. Documentación y revisión continua del marco: El marco de gestión de riesgos TIC, incluidas las estrategias, políticas y procedimientos,

debe estar documentado de manera clara y ser revisado periódicamente para garantizar su efectividad frente a amenazas emergentes. Esto permite a la entidad ajustar sus medidas en función de los cambios en el entorno de riesgo, como nuevas vulnerabilidades tecnológicas o tendencias en los ataques cibernéticos. Por ejemplo, si una nueva variante de ransomware se convierte en una amenaza significativa, la entidad debe actualizar sus políticas de seguridad para abordar este riesgo y asegurarse de que las herramientas y medidas implementadas sean capaces de detectarlo y mitigarlo.

La implementación de esta disposición implica varias acciones concretas para las entidades financieras, tales como:

- Clasificación y priorización de activos: Las entidades deben identificar y clasificar sus activos en función de su criticidad y valor para las operaciones. Esto permite priorizar los recursos y medidas de protección hacia los activos más sensibles, como bases de datos de clientes, sistemas de pago y servidores de alta disponibilidad.

- Evaluación de riesgos: Las entidades deben realizar evaluaciones regulares de los riesgos a los que están expuestos sus activos TIC e infraestructuras físicas, considerando amenazas internas y externas, como ciberataques, errores humanos y desastres naturales. Esto incluye simulaciones de escenarios para identificar posibles puntos débiles.

- Implementación de controles de seguridad: Basándose en las evaluaciones de riesgos, las entidades deben implementar controles de seguridad adaptados a las necesidades específicas de cada activo. Esto incluye medidas preventivas, como firewalls y sistemas de autenticación, y medidas reactivas, como planes de recuperación y análisis forenses.

- Monitoreo continuo: Las entidades deben implementar sistemas para monitorear continuamente los activos TIC e infraestructuras físicas en busca de amenazas o actividades inusuales. Por ejemplo, un sistema de monitoreo puede detectar intentos de acceso no autorizado y activar automáticamente medidas de bloqueo y notificación.

- Formación del personal: Las entidades deben garantizar que todos los empleados comprendan las políticas y procedimientos relacionados con la protección de activos TIC, promoviendo una cultura organizativa de seguridad. Esto incluye formación periódica en temas como el phishing, la gestión de contraseñas y la respuesta a incidentes.

El incumplimiento de esta disposición puede tener consecuencias graves tanto para las entidades financieras como para el sistema financiero en general. La falta de un marco robusto y completo puede aumentar la exposición a ciberataques, interrupciones operativas y pérdida de datos, lo que puede resultar en daños financieros, sanciones regulatorias y pérdida de confianza por parte de los clientes. Además, cualquier fallo en la protección de activos críticos puede tener un impacto sistémico, especialmente en el caso de grandes entidades o infraestructuras financieras interconectadas.

El artículo 6, apartado 2, del Reglamento Europeo 2022/2554 establece los requisitos mínimos que deben cumplir las entidades financieras para garantizar la protección integral de sus activos TIC e infraestructuras físicas asociadas. La correcta implementación de esta disposición requiere un enfoque estratégico y proactivo, que incluya la adopción de estrategias, políticas, procedimientos y herramientas avanzadas de ciberseguridad, así como la realización de evaluaciones regulares de riesgos y la formación continua del personal. Este marco es esencial no solo para garantizar la resiliencia operativa de las entidades, sino también para proteger la estabilidad del sistema financiero en su conjunto frente a un entorno de amenazas tecnológicas en constante evolución. La documentación, revisión y mejora continua del marco son elementos indispensables para su efectividad con la finalidad de cumplir con las expectativas regulatorias y del mercado.

3. De conformidad con el marco de gestión del riesgo relacionado con las TIC, las entidades financieras minimizarán las consecuencias de dicho riesgo mediante el despliegue de estrategias, políticas, procedimientos, protocolos y herramientas de TIC adecuados. Proporcionarán a las autoridades competentes que lo soliciten información completa y actualizada sobre el riesgo relacionado con las TIC y sobre su marco de gestión de dicho riesgo.

El artículo 6, apartado 3, del Reglamento Europeo 2022/2554 sobre resiliencia operativa digital establece una doble obligación para las entidades financieras en relación con la gestión de riesgos relacionados con las tecnologías de la información y las comunicaciones. Por un lado, exige que las entidades minimicen las consecuencias de los riesgos relacionados con las TIC mediante el uso de estrategias, políticas, procedimientos, protocolos y herramientas tecnológicas adecuadas. Por otro lado, las entidades deben estar preparadas para proporcionar a las autoridades competentes, cuando estas lo soliciten, información completa y actualizada sobre los riesgos relacionados con las TIC y sobre el marco de gestión que tienen implementado para abordar dichos riesgos. Esta disposición tiene como objetivo garantizar que las entidades no solo implementen medidas efectivas para gestionar los riesgos tecnológicos, sino que también mantengan una relación de transparencia y cooperación con las autoridades de supervisión.

Este artículo pone de relieve la necesidad de un enfoque integral y dinámico para la gestión de los riesgos relacionados con las TIC, centrado en la minimización de las posibles consecuencias adversas de dichos riesgos sobre las operaciones y la estabilidad financiera de la entidad. Además, refuerza la importancia de la supervisión por parte de las autoridades competentes, quienes tienen un criterio fundamental en la evaluación y control de la resiliencia operativa digital del sistema financiero en su conjunto.

El cumplimiento de esta disposición implica varios elementos que tienen un impacto directo en la estrategia de gestión de riesgos TIC de las entidades financieras:

1. Minimización de las consecuencias de los riesgos relacionados con las TIC: El artículo establece que las entidades financieras deben implementar medidas específicas para minimizar el impacto de los riesgos relacionados con las TIC. Esto implica no solo la prevención de incidentes, sino también la capacidad de mitigar sus consecuencias una vez que ocurren, garantizando la continuidad de las operaciones y la protección de los activos críticos. Las estrategias, políticas, procedimientos, protocolos y herramientas de TIC adecuados deben estar diseñados para abordar tanto amenazas internas como externas, incluyendo ciberataques, fallos técnicos, errores humanos, y vulnerabilidades en los servicios proporcionados por terceros.

   En la práctica, minimizar las consecuencias de los riesgos TIC requiere un enfoque multidimensional. Por ejemplo:

   - Las estrategias deben definir los objetivos generales de gestión de riesgos TIC, como garantizar la continuidad operativa incluso en caso de interrupciones importantes.
   - Las políticas deben establecer las normas específicas para la protección de activos TIC, como requisitos de cifrado de datos, controles de acceso y procedimientos de notificación de incidentes.
   - Los procedimientos y protocolos deben detallar los pasos específicos que deben seguirse en caso de un incidente, como la

activación de planes de recuperación y la comunicación con las partes interesadas.

- Las herramientas deben incluir soluciones tecnológicas avanzadas, como sistemas de detección de intrusos, monitoreo continuo de redes, soluciones de respaldo y recuperación de datos, y plataformas de gestión de identidad y acceso.

Por ejemplo, si una entidad financiera experimenta un ataque de ransomware que bloquea el acceso a sus sistemas, las herramientas de respaldo deben permitir la restauración rápida de los datos críticos, mientras que los procedimientos de respuesta deben garantizar que el incidente se contenga rápidamente y se comuniquen las acciones necesarias a las autoridades y los clientes afectados.

2. Información completa y actualizada para las autoridades competentes: El artículo exige que las entidades estén preparadas para proporcionar a las autoridades de supervisión, a solicitud, información completa y actualizada sobre los riesgos relacionados con las TIC y el marco implementado para su gestión. Esto incluye detalles sobre los riesgos identificados, las medidas de mitigación adoptadas, las pruebas realizadas para evaluar la resiliencia operativa y cualquier incidente significativo relacionado con las TIC que haya afectado a la entidad.

   En términos prácticos, las entidades deben mantener registros claros y detallados que incluyan:

- Una descripción de los riesgos relacionados con las TIC a los que está expuesta la entidad, junto con su clasificación en función de su criticidad y probabilidad.
- Documentación sobre las políticas, procedimientos y controles implementados para gestionar estos riesgos, incluyendo las herramientas tecnológicas utilizadas.
- Resultados de las evaluaciones de riesgos y pruebas de resiliencia operativa realizadas, como simulaciones de ciberataques o pruebas de recuperación ante desastres.
- Información sobre incidentes relacionados con las TIC, incluyendo su naturaleza, impacto, medidas adoptadas y lecciones aprendidas.

La capacidad de proporcionar esta información de manera rápida y precisa no solo cumple con las obligaciones reglamentarias, sino que también fortalece la relación de confianza entre la entidad y las autoridades competentes. Además, permite a las autoridades evaluar de manera efectiva la capacidad de la entidad para gestionar los riesgos tecnológicos y contribuir a la estabilidad del sistema financiero.

3. Adaptabilidad y actualización continua del marco de gestión de riesgos TIC: Para cumplir con la obligación de proporcionar información actualizada, las entidades deben asegurarse de que su marco de gestión de riesgos TIC sea dinámico y evolutivo, capaz de adaptarse a los cambios en el entorno de amenazas y en las exigencias regulatorias. Esto incluye la actualización periódica de las estrategias, políticas y herramientas para reflejar las nuevas vulnerabilidades, las lecciones aprendidas de incidentes pasados y las mejores prácticas emergentes en la industria.

Por ejemplo, si una nueva técnica de ataque, como el "deepfake phishing", comienza a ser utilizada por actores maliciosos, la entidad debe ajustar sus políticas de ciberseguridad y herramientas de detección para abordar esta amenaza específica. Asimismo, cualquier cambio en el marco regulatorio, como nuevas obligaciones de notificación de incidentes, debe incorporarse rápidamente en el marco de gestión de riesgos TIC de la entidad.

4. Coordinación interna y asignación de responsabilidades: El artículo refuerza la necesidad de una coordinación efectiva dentro de la entidad para implementar y mantener un marco de gestión de riesgos TIC que minimice las consecuencias de los riesgos y garantice la capacidad de proporcionar información adecuada a las autoridades. Esto incluye asignar responsabilidades claras a diferentes funciones y niveles de la organización, desde el consejo de administración hasta los equipos técnicos.

Por ejemplo, el órgano de dirección debe supervisar la implementación del marco de gestión de riesgos TIC y garantizar que los recursos asignados sean adecuados, mientras que los equipos técnicos deben encargarse de implementar las medidas específicas, como la configuración de herramientas de ciberseguridad y la realización de pruebas de resiliencia operativa.

El incumplimiento de las disposiciones del artículo 6, apartado 3, puede tener consecuencias significativas tanto para la entidad como para el sistema financiero en general. Si una entidad no logra minimizar adecuadamente las consecuencias de los riesgos TIC, puede enfrentarse a interrupciones operativas, pérdida de datos y daños reputacionales. Además, la falta de preparación para proporcionar información completa y actualizada a las autoridades competentes puede dar lugar a sanciones regulatorias y a una pérdida de confianza por parte de los supervisores, clientes y otras partes interesadas.

Por ejemplo, si una entidad no puede proporcionar a las autoridades detalles precisos sobre un incidente significativo relacionado con las TIC, esto puede interpretarse como una falta de transparencia y preparación, lo que podría resultar en sanciones económicas o restricciones operativas.

El artículo 6, apartado 3, del Reglamento Europeo 2022/2554 establece obligaciones críticas para las entidades financieras en relación con la gestión de los riesgos relacionados con las TIC. Al exigir la minimización de las consecuencias de estos riesgos y la capacidad de proporcionar información detallada a las autoridades competentes, la norma busca garantizar que las entidades adopten un enfoque proactivo, integral y transparente en la gestión de riesgos tecnológicos. Su correcta implementación requiere la adopción de estrategias, políticas, procedimientos y herramientas adaptados a la naturaleza y complejidad de la entidad, así como la documentación y actualización continua de todos los aspectos del marco de gestión de riesgos TIC. Cumplir con estas disposiciones no solo protege a la entidad frente a amenazas tecnológicas, sino que también refuerza la confianza en el sistema financiero en un entorno digital cada vez más desafiante.

4. Las entidades financieras que no sean microempresas encomendarán a una función de control la gestión y la supervisión del riesgo relacionado con las TIC y garantizarán un nivel adecuado de independencia de dicha función para evitar conflictos de intereses. Las entidades financieras garantizarán una separación e independencia adecuadas de las funciones de gestión del riesgo relacionado con las TIC, las funciones de control y las funciones de auditoría interna, con arreglo al modelo de tres líneas de defensa o a un modelo interno de gestión y control de riesgos.

El artículo 6, apartado 4, del Reglamento Europeo 2022/2554 establece una serie de obligaciones específicas para las entidades financieras, excepto las microempresas, en relación con la gestión, supervisión y control del riesgo relacionado con las tecnologías de la información y las comunicaciones (TIC). Estas obligaciones incluyen la asignación de una función de control específica para la gestión de estos riesgos, la garantía de independencia de dicha función para evitar conflictos de intereses, y la separación adecuada entre las funciones de gestión del riesgo, las funciones de control y las de auditoría interna, conforme al modelo de tres líneas de defensa o un modelo equivalente de gestión de riesgos. Este artículo refuerza la necesidad de adoptar estructuras organizativas claras y efectivas que permitan gestionar y supervisar de manera eficaz los riesgos tecnológicos, minimizando la posibilidad de conflictos de intereses y asegurando la integridad del sistema de control interno de la entidad.

La importancia de esta disposición radica en el creciente papel de las TIC en el sector financiero y en el impacto potencial que los riesgos tecnológicos pueden tener sobre la operativa de las entidades y la estabilidad del sistema financiero. La implementación de una función de control independiente y la separación adecuada de responsabilidades son esenciales para garantizar que los riesgos relacionados con las TIC sean gestionados de manera objetiva y efectiva, sin interferencias indebidas de otras áreas de la organización.

El cumplimiento de esta norma requiere que las entidades financieras implementen varias medidas organizativas y operativas, las cuales tienen implicaciones significativas para su estructura interna y sus procesos de gestión de riesgos.

1. Asignación de una función de control específica para la gestión y supervisión del riesgo TIC: El artículo establece que las entidades financieras deben encomendar la gestión y supervisión de los riesgos relacionados con las TIC a una función de control específica. Esta función debe ser responsable de identificar, evaluar, monitorizar y mitigar los riesgos tecnológicos, así como de garantizar que se implementen medidas adecuadas para proteger los activos de información, los sistemas TIC y las infraestructuras físicas relacionadas. La función de control también debe supervisar la eficacia de las políticas, procedimientos y controles implementados, y reportar sus hallazgos a la alta dirección y al consejo de administración.

En la práctica, esto puede implicar la creación de un equipo o departamento específico de gestión de riesgos tecnológicos, liderado por un profesional con experiencia en ciberseguridad, continuidad operativa y gestión de riesgos TIC. Este equipo debe tener acceso a herramientas avanzadas de monitoreo y análisis de riesgos, así como a los recursos necesarios para implementar y supervisar controles efectivos.

2. Garantía de independencia de la función de control: La norma exige que la función de control goce de un nivel adecuado de independencia para evitar conflictos de intereses. Esto significa que la función de control no debe estar subordinada a las áreas operativas responsables de los sistemas TIC o a cualquier otra área que pueda influir en sus decisiones o evaluaciones. La independencia es fundamental para garantizar que la función de control pueda realizar su labor de manera objetiva e imparcial, y para evitar situaciones en

las que los intereses de las áreas operativas puedan comprometer la gestión efectiva de los riesgos tecnológicos.

En términos prácticos, la independencia puede lograrse asegurando que la función de control reporte directamente al consejo de administración o al comité de riesgos, en lugar de depender jerárquicamente de los responsables operativos de las TIC. Además, la función de control debe tener la autoridad necesaria para cuestionar las decisiones de las áreas operativas y para exigir la implementación de medidas correctivas cuando sea necesario.

3. Separación de funciones según el modelo de tres líneas de defensa o un modelo equivalente: El artículo también establece la necesidad de una separación adecuada entre las funciones de gestión del riesgo TIC, las funciones de control y las funciones de auditoría interna. Esto puede lograrse siguiendo el modelo de tres líneas de defensa, que es ampliamente reconocido como una buena práctica en la gestión de riesgos en el sector financiero. Según este modelo:

    - La primera línea de defensa está compuesta por las áreas operativas, que son responsables de la gestión directa de los riesgos en sus actividades diarias y de la implementación de los controles establecidos.

    - La segunda línea de defensa está representada por las funciones de control, como la gestión de riesgos y la supervisión de cumplimiento normativo, que tienen la responsabilidad de diseñar políticas, supervisar la efectividad de los controles y garantizar que los riesgos sean gestionados adecuadamente.

    - La tercera línea de defensa está compuesta por la auditoría interna, que es independiente tanto de las áreas operativas como de las funciones de control, y que tiene la responsabilidad de evaluar de manera objetiva la eficacia del sistema de control interno y de emitir recomendaciones para su mejora.

    En el contexto de los riesgos TIC, esto significa que:

    - Las áreas operativas responsables de los sistemas TIC deben implementar medidas técnicas y operativas para proteger los activos y gestionar los riesgos tecnológicos.

    - La función de control debe supervisar estas medidas, evaluar su eficacia y proponer mejoras cuando sea necesario.

    - La auditoría interna debe revisar de manera independiente tanto la gestión de los riesgos TIC como la labor de la función de control, garantizando que el sistema de gestión de riesgos sea adecuado y efectivo.

Si una entidad financiera utiliza un modelo interno de gestión y control de riesgos distinto al de tres líneas de defensa, debe asegurarse de que este modelo cumpla con los mismos principios de separación de funciones, independencia y supervisión efectiva.

4. Garantía de recursos adecuados para la función de control: La implementación efectiva de esta disposición requiere que las entidades asignen los recursos necesarios para la función de control, incluyendo personal cualificado, herramientas tecnológicas y acceso a la información relevante. Esto es especialmente importante en un entorno donde las amenazas tecnológicas son cada vez más sofisticadas y requieren conocimientos especializados para su gestión.

La implementación de este artículo tiene varias implicaciones prácticas para las entidades financieras, incluyendo:

- Rediseño de la estructura organizativa: Las entidades deben revisar su estructura organizativa para asegurarse de que las responsabilidades relacionadas con los riesgos TIC estén claramente asignadas y sean consistentes con los principios de separación e independencia establecidos en el Reglamento.
- Asignación de roles y responsabilidades: Las entidades deben definir claramente las funciones y responsabilidades de las áreas operativas, la función de control y la auditoría interna, asegurándose de que no haya solapamientos ni conflictos de intereses.
- Capacitación y especialización del personal: La función de control y las áreas de auditoría interna deben estar compuestas por profesionales con experiencia en ciberseguridad, gestión de riesgos tecnológicos y auditoría de sistemas, lo que puede requerir inversiones en formación y contratación.
- Fortalecimiento de los sistemas de reporte: Las entidades deben establecer canales de comunicación efectivos para que la función de control y la auditoría interna puedan reportar sus hallazgos y recomendaciones directamente al consejo de administración o al comité de riesgos.

El incumplimiento de estas disposiciones puede tener consecuencias graves tanto para la entidad como para el sistema financiero en su conjunto. La falta de independencia o separación adecuada de las funciones de gestión y control puede llevar a una gestión ineficaz de los riesgos TIC, aumentando la vulnerabilidad de la entidad a ciberataques, fallos tecnológicos y otros incidentes que puedan afectar su operativa y reputación. Además, las autoridades competentes pueden imponer sanciones regulatorias a las entidades que no cumplan con los requisitos del Reglamento, lo que podría incluir multas, restricciones operativas y daños reputacionales.

El artículo 6, apartado 4, del Reglamento Europeo 2022/2554 refuerza la importancia de la independencia y la separación de funciones en la gestión de los riesgos relacionados con las TIC. Al exigir la implementación de una función de control específica, independiente y separada de las áreas operativas y de auditoría interna, esta disposición garantiza que los riesgos tecnológicos sean gestionados de manera objetiva, efectiva y transparente. Su correcta implementación requiere un enfoque estratégico por parte de las entidades, incluyendo el rediseño de estructuras organizativas, la asignación de recursos adecuados y la promoción de una cultura de control y supervisión. Este enfoque no solo protege a las entidades frente a riesgos tecnológicos, sino que también contribuye a la estabilidad y resiliencia del sistema financiero en su conjunto.

5. El marco de gestión del riesgo relacionado con las TIC se documentará y revisará al menos una vez al año, o periódicamente en el caso de las microempresas, así como cuando se produzcan incidentes graves relacionados con las TIC, y siguiendo las instrucciones de supervisión o conclusiones derivadas de los procesos pertinentes de prueba o auditoría de la resiliencia operativa digital. Se mejorará continuamente sobre la base de las enseñanzas derivadas de la aplicación y el seguimiento. Se presentará a la autoridad competente que lo solicite un informe sobre la revisión del marco de gestión del riesgo relacionado con las TIC.

El artículo 6, apartado 5, del Reglamento Europeo 2022/2554 establece requisitos específicos y detallados en relación con la documentación, revisión, mejora continua y supervisión del marco de gestión del riesgo relacionado con las tecnologías de la información y las comunicaciones (TIC). Este apartado subraya la importancia de mantener un marco dinámico, actualizado y en constante mejora, que permita a las entidades financieras adaptarse a las amenazas emergentes, a los incidentes graves relacionados con las TIC y a las recomendaciones o instrucciones de las autoridades competentes. Además, introduce la obligación de proporcionar a las autoridades, cuando estas lo soliciten, un informe detallado sobre la revisión realizada del marco de gestión de riesgos TIC, lo que refuerza la transparencia y el enfoque basado en la supervisión continua.

Esta norma no solo refuerza la necesidad de que las entidades financieras tengan un marco bien estructurado y completo, sino que también exige que dicho marco sea revisado periódicamente y mejorado en función de las lecciones aprendidas. La disposición refleja la importancia de que la gestión de riesgos tecnológicos sea un proceso dinámico y no estático, reconociendo que las amenazas tecnológicas y los entornos operativos cambian constantemente, y que las entidades deben ajustar sus estrategias y controles para mantenerse resilientes.

La aplicación de esta norma implica una serie de obligaciones y prácticas que son esenciales para garantizar la eficacia del marco de gestión de riesgos TIC y su alineación con los objetivos del Reglamento. A continuación, se analizan los aspectos más relevantes:

1. Documentación del marco de gestión de riesgos TIC: El artículo exige que el marco de gestión de riesgos TIC esté completamente documentado. Esto incluye todas las estrategias, políticas, procedimientos, protocolos, herramientas utilizadas, análisis de riesgos, controles implementados y planes de respuesta. La documentación adecuada es fundamental para garantizar que el marco sea comprensible, accesible y pueda ser revisado y supervisado de manera efectiva tanto por las autoridades competentes como por los responsables internos.

En la práctica, esto significa que las entidades deben establecer sistemas de registro claros y organizados, asegurándose de que todos los elementos del marco estén actualizados y reflejen los cambios realizados tras revisiones o incidentes. Por ejemplo, cualquier actualización en las políticas de ciberseguridad, como la incorporación de nuevas herramientas de monitoreo, debe reflejarse de inmediato en la documentación del marco.

2. Revisión anual y basada en eventos: El artículo establece que el marco debe revisarse al menos una vez al año en el caso de las entidades financieras que no sean microempresas. Para las microempresas, se permite una periodicidad adaptada a su tamaño y perfil de riesgo. Además, el marco debe ser revisado cada vez que se produzcan incidentes graves relacionados con las TIC o cuando las autoridades competentes lo instruyan, o como resultado de procesos de prueba o auditoría que identifiquen deficiencias.

Esta obligación implica que las entidades deben establecer un calendario formal para las revisiones anuales y, al mismo tiempo, garantizar que existan mecanismos para realizar revisiones adicionales cuando sea necesario. Por ejemplo, si una entidad sufre un ciberataque significativo que interrumpe sus operaciones, el marco debe revisarse para identificar las vulnerabilidades explotadas, evaluar la efectividad de las medidas existentes y establecer nuevas acciones para prevenir incidentes similares en el futuro. Del mismo modo, si un proceso de auditoría identifica controles ineficaces, estos deben ser corregidos de inmediato.

3. Mejora continua basada en las lecciones aprendidas: El artículo enfatiza que el marco de gestión de riesgos TIC debe mejorarse continuamente, incorporando las lecciones aprendidas de su aplicación práctica, del monitoreo de incidentes, y de los resultados de auditorías, pruebas de resiliencia operativa y evaluaciones internas. Este enfoque de mejora continua es esencial para garantizar que el marco evolucione junto con el entorno de riesgos y las amenazas tecnológicas.

En la práctica, esto significa que las entidades deben implementar un ciclo de retroalimentación en el que las experiencias pasadas (como incidentes o simulaciones de ciberataques) se analicen y utilicen para ajustar las estrategias y controles. Por ejemplo, si una simulación de recuperación ante desastres revela deficiencias en los procedimientos de respaldo de datos, la entidad debe corregir estos problemas y actualizar su marco para reflejar las mejoras implementadas.

4. Presentación de informes a las autoridades competentes: El artículo requiere que las entidades estén preparadas para presentar a las autoridades competentes, cuando estas lo soliciten, un informe sobre la revisión del marco de gestión de riesgos TIC. Este informe debe ser detallado y reflejar todos los cambios realizados, las razones detrás de las actualizaciones, los resultados de las pruebas realizadas y las acciones adoptadas para abordar deficiencias identificadas.

En términos prácticos, las entidades deben establecer procesos internos para generar y mantener estos informes, asegurándose de que estén listos para ser compartidos con las autoridades en cualquier momento. Esto también implica que las revisiones del marco deben estar adecuadamente documentadas, incluyendo registros de reuniones, decisiones tomadas y evidencias de las medidas implementadas.

5. Supervisión por parte de las autoridades competentes: La obligación de presentar informes a las autoridades competentes refuerza el papel de la supervisión en la gestión de riesgos TIC. Las autoridades utilizarán estos informes para evaluar si el marco de gestión de riesgos de la entidad es adecuado y cumple con los requisitos del Reglamento, y para identificar áreas que requieran mejoras adicio-

nales. Esto implica que las entidades deben mantener un enfoque transparente y cooperativo en su relación con los supervisores.

La implementación de esta disposición tiene varias implicaciones prácticas para las entidades financieras, incluyendo:

- Establecimiento de procesos formales de revisión: Las entidades deben implementar procedimientos claros para realizar las revisiones anuales obligatorias del marco, así como revisiones adicionales en respuesta a incidentes, instrucciones de supervisión o hallazgos de auditorías. Esto incluye la asignación de responsabilidades, la programación de las revisiones y la definición de los pasos a seguir durante el proceso de revisión.
- Creación de un sistema de gestión de la documentación: La obligación de documentar el marco y los cambios realizados requiere que las entidades adopten un enfoque sistemático para la gestión de la documentación, asegurándose de que esté organizada, actualizada y accesible. Esto puede implicar el uso de herramientas tecnológicas, como sistemas de gestión de documentos, para facilitar el almacenamiento y recuperación de información.
- Capacitación del personal: Las revisiones y mejoras del marco requieren la participación de personal con conocimientos especializados en ciberseguridad, gestión de riesgos TIC y auditoría. Por lo tanto, las entidades deben invertir en la capacitación de su personal o en la contratación de expertos externos cuando sea necesario.
- Monitoreo continuo y evaluación proactiva: Para identificar de manera oportuna las necesidades de revisión y mejora, las entidades deben implementar sistemas de monitoreo continuo que les permitan detectar incidentes, evaluar la efectividad de los controles existentes y anticipar amenazas emergentes.

El incumplimiento de esta norma puede tener consecuencias graves para las entidades financieras. La falta de revisiones regulares o de documentación adecuada puede dar lugar a deficiencias en el marco de gestión de riesgos TIC, lo que aumenta la exposición a ciberataques, fallos tecnológicos y otros riesgos relacionados. Además, las autoridades competentes pueden imponer sanciones regulatorias, como multas o restricciones operativas, a las entidades que no cumplan con sus obligaciones. También existe el riesgo de pérdida de confianza por parte de los clientes, inversores y otras partes interesadas si la entidad no demuestra un enfoque adecuado para gestionar los riesgos tecnológicos.

El artículo 6, apartado 5, del Reglamento Europeo 2022/2554 refuerza la necesidad de que las entidades financieras adopten un enfoque dinámico y proactivo en la gestión de riesgos relacionados con las TIC. Al exigir la documentación, revisión periódica, mejora continua y presentación de informes del marco de gestión de riesgos TIC, esta disposición garantiza que las entidades estén preparadas para enfrentar un entorno de amenazas tecnológicas en constante evolución. Su correcta implementación requiere un compromiso continuo por parte de la alta dirección, inversiones en recursos y herramientas adecuadas, y una cultura organizativa orientada a la resiliencia operativa digital. Además, la transparencia y la cooperación con las autoridades competentes son esenciales para garantizar la confianza y la estabilidad del sistema financiero en su conjunto.

6. El marco de gestión del riesgo relacionado con las TIC de las entidades financieras que no sean microempresas será objeto de auditoría interna llevada a cabo por auditores con carácter periódico en consonancia con el plan de auditoría de las entidades financieras. Dichos auditores poseerán conocimientos, capacidades y pericia suficientes en materia de riesgo relacionado con las TIC, y gozarán de la independencia adecuada. La frecuencia y el enfoque de las auditorías de TIC serán acordes con el riesgo relacionado con las TIC de la entidad financiera.

El artículo 6, apartado 6, del Reglamento Europeo 2022/2554 sobre resiliencia operativa digital establece la obligación de someter el marco de gestión del riesgo relacionado con las tecnologías de la información y las comunicaciones a auditorías internas periódicas para garantizar su efectividad y adecuación. Este requisito aplica a todas las entidades financieras, salvo las microempresas, y tiene como finalidad proporcionar una evaluación objetiva, independiente y especializada sobre la implementación, gestión y efectividad del marco de riesgos TIC. Para cumplir con este mandato, las auditorías deben ser realizadas por profesionales cualificados que posean los conocimientos, capacidades y experiencia necesarias en riesgos relacionados con las TIC, así como un nivel adecuado de independencia para evitar conflictos de intereses. Además, la frecuencia y el enfoque de estas auditorías deben adaptarse a la naturaleza y complejidad de los riesgos tecnológicos que enfrenta la entidad.

Esta disposición tiene como objetivo principal garantizar que las entidades financieras mantengan un nivel elevado de control y supervisión sobre su marco de gestión de riesgos TIC. En un entorno donde los riesgos tecnológicos, como los ciberataques, los fallos de sistemas o las vulnerabilidades en la infraestructura tecnológica, pueden tener un impacto significativo en la operativa y en la confianza de los clientes, la auditoría interna juega un papel esencial para identificar posibles deficiencias y áreas de mejora en el marco de gestión.

La implementación efectiva de esta disposición requiere la consideración de varios aspectos fundamentales, cada uno con implicaciones prácticas para las entidades financieras:

1. Sujeción del marco de gestión del riesgo TIC a auditorías internas periódicas: El artículo obliga a que el marco de gestión de riesgos TIC sea objeto de auditorías internas realizadas de manera periódica, en alineación con el plan de auditoría global de la entidad. Estas auditorías deben evaluar todos los aspectos del marco, incluidos su diseño, implementación, efectividad y cumplimiento con las normativas aplicables. En términos prácticos, esto significa que el equipo de auditoría interna debe incluir la evaluación del marco de riesgos TIC como una prioridad en su plan de trabajo anual, asegurando que se realicen revisiones regulares de todos los elementos del marco.

Por ejemplo, una auditoría podría incluir la revisión de las políticas de ciberseguridad, los controles de acceso a los sistemas, la efectividad de las herramientas de monitoreo y detección de amenazas, y la adecuación de los planes de recuperación ante incidentes tecnológicos. Estas revisiones deben identificar deficiencias o vulnerabilidades que puedan comprometer la resiliencia operativa de la entidad, así como proponer medidas para mitigarlas.

2. Calificación y competencia de los auditores: El artículo exige que las auditorías sean realizadas por profesionales con conocimientos, capacidades y experiencia específicos en riesgos relacionados con las TIC. Esto implica que los auditores internos deben contar con formación especializada en áreas como ciberseguridad, continuidad operativa, gestión de riesgos tecnológicos y normativas aplicables al sector financiero. En la práctica, esto puede requerir que las entidades financieras inviertan en la formación y certificación de su equipo de auditoría interna o, en caso necesario, contraten expertos externos con las competencias adecuadas.

Por ejemplo, un auditor interno que evalúe el marco de riesgos TIC podría necesitar certificaciones reconocidas internacionalmente, como Certified Information Systems Auditor (CISA), Certified Information Security Manager (CISM) o Certified Ethical Hacker (CEH). Estas certificaciones garantizan que el auditor posea un conocimiento profundo de los riesgos tecnológicos y de las mejores prácticas para su evaluación y gestión.

3. Independencia del equipo de auditoría: El artículo subraya la importancia de que los auditores internos tengan un nivel adecuado de independencia, lo que significa que deben estar libres de cualquier influencia o presión por parte de las áreas operativas responsables de los sistemas TIC. La independencia es esencial para garantizar que las evaluaciones realizadas sean objetivas e imparciales, y para evitar conflictos de intereses que puedan comprometer la integridad del proceso de auditoría.

En términos prácticos, la independencia de los auditores puede garantizarse estableciendo una estructura de reporte clara, donde el equipo de auditoría interna informe directamente al consejo de administración o al comité de auditoría de la entidad. Además, los auditores no deben participar en el diseño o implementación de las medidas de gestión de riesgos TIC, ya que esto podría comprometer su capacidad para evaluarlas de manera objetiva.

4. Frecuencia y enfoque de las auditorías basados en el riesgo: La norma establece que la frecuencia y el enfoque de las auditorías internas deben adaptarse al nivel de riesgo TIC al que está expuesta la entidad financiera. Esto implica que las entidades deben realizar una evaluación de riesgos para determinar qué áreas del marco de gestión requieren una supervisión más frecuente y detallada. Por ejemplo, una entidad que depende en gran medida de sistemas críticos, como plataformas de pago en tiempo real o servicios de banca digital, puede necesitar auditorías más frecuentes y exhaustivas en estas áreas.

En la práctica, esto significa que las entidades deben adoptar un enfoque basado en el riesgo para planificar sus auditorías, priorizando las áreas de mayor criticidad y exposición. Por ejemplo, un enfoque de auditoría puede centrarse en:

- Evaluar la efectividad de los controles implementados para prevenir ciberataques y detectar actividades sospechosas.
- Revisar los acuerdos con proveedores externos de servicios TIC, asegurando que incluyan cláusulas adecuadas de seguridad y continuidad operativa.
- Analizar los resultados de pruebas de recuperación ante desastres para garantizar que los planes sean efectivos y puedan ejecutarse en caso de interrupciones.

5. Resultados de las auditorías y medidas correctivas: El objetivo final de las auditorías internas es identificar posibles deficiencias en el

marco de gestión de riesgos TIC y proponer medidas correctivas para abordarlas. Por lo tanto, las entidades deben garantizar que los hallazgos de las auditorías sean documentados de manera clara y que las recomendaciones propuestas sean implementadas de manera oportuna. Esto también incluye la supervisión del progreso en la implementación de las medidas correctivas y la evaluación de su efectividad en auditorías posteriores.

La implementación de esta norma requiere que las entidades financieras adopten una serie de medidas prácticas, tales como:

- Desarrollo de capacidades internas: Las entidades deben invertir en la formación y especialización de su equipo de auditoría interna para garantizar que cuente con las competencias necesarias para evaluar los riesgos TIC de manera efectiva.
- Contratación de expertos externos: En casos donde las capacidades internas sean insuficientes, las entidades pueden contratar auditores externos especializados para realizar evaluaciones específicas del marco de riesgos TIC.
- Actualización del plan de auditoría: Las entidades deben revisar y actualizar su plan de auditoría para incluir revisiones periódicas del marco de riesgos TIC, asegurándose de que la frecuencia y el enfoque estén alineados con el nivel de riesgo identificado.
- Implementación de sistemas de seguimiento: Las entidades deben establecer sistemas para monitorear la implementación de las recomendaciones de auditoría y garantizar que las deficiencias identificadas sean corregidas de manera oportuna.

El incumplimiento de esta norma puede tener consecuencias significativas para las entidades financieras. La falta de auditorías internas adecuadas puede dar lugar a la identificación tardía de vulnerabilidades o deficiencias en el marco de gestión de riesgos TIC, lo que aumenta la probabilidad de ciberataques, fallos tecnológicos y otros incidentes que comprometan la operativa de la entidad. Además, las autoridades competentes pueden imponer sanciones regulatorias, como multas o restricciones operativas, a las entidades que no cumplan con sus obligaciones de auditoría. También existe un riesgo reputacional significativo, ya que la falta de controles efectivos puede erosionar la confianza de los clientes e inversores.

El artículo 6, apartado 6, del Reglamento Europeo 2022/2554 refuerza la importancia de la auditoría interna como una herramienta esencial para garantizar la efectividad del marco de gestión de riesgos TIC en las entidades financieras. Al exigir auditorías periódicas realizadas por profesionales cualificados e independientes, esta disposición garantiza que las entidades puedan identificar y abordar de manera proactiva las deficiencias en su gestión de riesgos tecnológicos. Su correcta implementación requiere un compromiso continuo por parte de la alta dirección, inversiones en recursos humanos y tecnológicos, y un enfoque basado en el riesgo que permita priorizar las áreas de mayor criticidad. Además, los resultados de las auditorías deben utilizarse como base para mejorar continuamente el marco de gestión, contribuyendo así a la resiliencia operativa y a la confianza en el sistema financiero.

7. A partir de las conclusiones de la auditoría interna, las entidades financieras establecerán un proceso formal de seguimiento que incluirá normas para la oportuna verificación y corrección de los resultados problemáticos de la auditoría de TIC.

El artículo 6, apartado 7, del Reglamento Europeo 2022/2554 establece la obligación de que las entidades financieras, tras obtener las conclusiones de las auditorías internas relacionadas con las tecnologías de la información y las comunicaciones (TIC), implementen un proceso formal de seguimiento. Este proceso debe incluir normas específicas que aseguren la verificación oportuna y la corrección de los resultados problemáticos identificados en dichas auditorías. Esta disposición subraya la importancia de que las auditorías internas no solo se limiten a identificar deficiencias o áreas de mejora en el marco de gestión de riesgos TIC, sino que también se traduzcan en acciones concretas y efectivas para abordar las vulnerabilidades y problemas detectados. Con ello, se busca fortalecer continuamente la resiliencia operativa digital de las entidades financieras y garantizar una supervisión activa y proactiva de los riesgos relacionados con las TIC.

La norma refuerza el principio de mejora continua, esencial en la gestión de riesgos tecnológicos, y vincula directamente las conclusiones de las auditorías con un mecanismo estructurado y reglado que permite corregir las deficiencias de manera oportuna y con el debido rigor. Esto asegura que las auditorías internas no se conviertan en ejercicios meramente formales, sino que tengan un impacto tangible en la gestión y mitigación de los riesgos relacionados con las TIC.

1. Establecimiento de un proceso formal de seguimiento: El artículo exige que las entidades financieras desarrollen e implementen un proceso formal y documentado para dar seguimiento a los hallazgos de las auditorías internas relacionadas con los riesgos TIC. Este

proceso debe establecer normas claras que definan las responsabilidades, los plazos y los procedimientos para verificar y corregir los problemas identificados. En términos prácticos, esto implica que la entidad debe diseñar un marco estructurado que permita:

- Asignar responsabilidades específicas para abordar cada uno de los hallazgos identificados.
- Establecer plazos razonables y específicos para implementar las acciones correctivas.
- Monitorear y reportar el progreso de las correcciones a las instancias responsables, como el comité de auditoría o el órgano de dirección.

Por ejemplo, si una auditoría interna identifica que los controles de acceso a ciertos sistemas críticos son inadecuados, el proceso formal debe incluir acciones como la revisión de las políticas de acceso, la actualización de las configuraciones de seguridad y la realización de pruebas para verificar la eficacia de las medidas implementadas.

2. Normas para la verificación oportuna: El artículo requiere que las entidades establezcan normas específicas que aseguren la verificación de los problemas identificados dentro de un plazo razonable. Esto implica que las acciones correctivas no solo deben implementarse, sino que también deben ser verificadas para garantizar que han abordado efectivamente los problemas detectados y que los controles implementados son adecuados y sostenibles.

En la práctica, esto puede incluir la realización de pruebas adicionales, revisiones de los cambios realizados y auditorías de seguimiento para confirmar que los problemas han sido resueltos. Por ejemplo, si una auditoría revela fallos en las políticas de cifrado de datos, las normas de seguimiento deben incluir una evaluación para verificar que el cifrado se ha implementado correctamente en todos los sistemas afectados y que cumple con los estándares de seguridad requeridos.

3. Corrección de resultados problemáticos: El artículo subraya la necesidad de corregir los resultados problemáticos de manera efectiva. Esto implica que las entidades deben asignar los recursos necesarios, tanto humanos como tecnológicos, para implementar las medidas correctivas necesarias. Además, las correcciones deben ser proporcionales a la criticidad de los problemas identificados y alineadas con el perfil de riesgo de la entidad.

Por ejemplo, si se identifica una vulnerabilidad crítica en un sistema de pago que podría permitir un acceso no autorizado, la entidad debe priorizar la implementación de medidas correctivas inmediatas, como la actualización del software, el fortalecimiento de los controles de acceso y la realización de pruebas de penetración para garantizar que la vulnerabilidad ha sido eliminada.

4. Documentación del proceso de seguimiento: El Reglamento implícitamente exige que el proceso de seguimiento esté documentado de manera clara y detallada. Esto incluye mantener un registro de los hallazgos de las auditorías, las acciones correctivas implementadas, los plazos cumplidos y los resultados de las verificaciones realizadas. La documentación es esencial tanto para la supervisión interna como para demostrar a las autoridades competentes que la entidad cumple con sus obligaciones de gestión de riesgos TIC.

Por ejemplo, la entidad debe mantener un registro centralizado donde se detallen todos los hallazgos de auditoría, las acciones tomadas para abordarlos, los responsables asignados, las fechas de finalización y cualquier evidencia de la corrección de los problemas.

5. Vinculación con la mejora continua: La disposición también refuerza el principio de mejora continua en la gestión de riesgos TIC. Las entidades deben utilizar las lecciones aprendidas del proceso de seguimiento para fortalecer su marco de gestión de riesgos TIC y prevenir la recurrencia de problemas similares en el futuro. Esto incluye ajustar políticas, procedimientos y controles en función de los hallazgos de las auditorías.

Por ejemplo, si una auditoría identifica una deficiencia recurrente en la gestión de contraseñas por parte de los empleados, la entidad podría actualizar su política de contraseñas, implementar soluciones de autenticación multifactorial y reforzar la capacitación del personal en ciberseguridad.

6. Supervisión y reporte al órgano de dirección: El artículo implica que el órgano de dirección o el comité de auditoría deben supervisar el progreso del proceso de seguimiento para garantizar que las acciones correctivas se implementen de manera adecuada y oportuna. Esto refuerza la importancia de la gobernanza en la gestión de riesgos TIC, asegurando que la alta dirección esté informada sobre los problemas identificados y las medidas adoptadas para resolverlos.

En términos prácticos, esto puede incluir la presentación de informes periódicos al consejo de administración, detallando el estado de los hallazgos de auditoría, las acciones tomadas y cualquier problema pendiente de resolución.

La implementación de esta disposición tiene varias implicaciones prácticas importantes para las entidades financieras:

- Asignación de responsabilidades claras: Las entidades deben establecer quiénes serán responsables de implementar las acciones correctivas y verificar su efectividad, asegurándose de que estas responsabilidades estén claramente definidas y comunicadas.
- Priorización de los hallazgos: Los hallazgos de las auditorías deben clasificarse en función de su criticidad, de manera que los problemas más graves o que representen mayores riesgos para la entidad sean abordados de manera prioritaria.
- Establecimiento de plazos razonables: Las entidades deben definir plazos específicos para corregir los problemas identificados, asegurándose de que sean realistas pero lo suficientemente rápidos como para minimizar la exposición al riesgo.
- Desarrollo de mecanismos de monitoreo: Las entidades deben implementar herramientas y procesos para monitorear el progreso de las acciones correctivas y garantizar que se cumplan los plazos establecidos.

El incumplimiento de esta disposición puede tener consecuencias graves tanto para la entidad como para sus partes interesadas. La falta de un proceso formal de seguimiento puede dar lugar a que los problemas identificados en las auditorías no se resuelvan de manera oportuna, lo que aumenta la exposición de la entidad a riesgos tecnológicos, como ciberataques, fallos operativos y pérdida de datos. Además, las autoridades competentes podrían considerar este incumplimiento como una violación de las obligaciones reglamentarias, lo que podría dar lugar a sanciones, restricciones operativas o pérdida de confianza por parte de los clientes y otras partes interesadas.

El artículo 6, apartado 7, del Reglamento Europeo 2022/2554 establece un mecanismo esencial para garantizar que los hallazgos de las auditorías internas en materia de riesgos TIC no queden sin abordar y que se traduzcan en acciones correctivas efectivas y verificadas. Este proceso formal de seguimiento no solo refuerza la resiliencia operativa de las entidades financieras, sino que también asegura la mejora continua y la transparencia en la gestión de riesgos tecnológicos. Su implementación efectiva requiere un enfoque estructurado, con normas claras, asignación adecuada de responsabilidades, monitoreo continuo y supervisión activa por parte de la alta dirección. Al cumplir con esta disposición, las entidades no solo protegen sus operaciones y activos frente a riesgos tecnológicos, sino que también fortalecen la confianza de los reguladores, los clientes y el mercado en su capacidad para gestionar de manera efectiva su resiliencia digital.

8. El marco de gestión del riesgo relacionado con las TIC incluirá una estrategia de resiliencia operativa digital que establezca cómo se aplicará el marco. A tal fin, la estrategia de resiliencia operativa digital incluirá métodos para hacer frente al riesgo relacionado con las TIC y alcanzar los objetivos específicos en materia de TIC, para lo cual:

- *a)* ***explicará cómo apoya el marco de gestión del riesgo relacionado con las TIC la estrategia y los objetivos empresariales de la entidad financiera;***
- *b)* ***establecerá el nivel de tolerancia al riesgo relacionado con las TIC, de acuerdo con la propensión al riesgo de la entidad financiera, y analizará la tolerancia al impacto de las perturbaciones de las TIC;***
- *c)* ***establecerá objetivos claros en materia de seguridad de la información, incluidos indicadores clave de rendimiento y parámetros clave de medición del riesgo;***
- *d)* ***explicará la arquitectura de referencia de TIC y cualquier cambio necesario para alcanzar objetivos empresariales específicos;***
- *e)* ***esbozará los diferentes mecanismos establecidos para detectar incidentes relacionados con las TIC, prevenir su impacto y protegerse de sus efectos;***
- *f)* ***hará constar la situación actual de la resiliencia operativa digital sobre la base del número de incidentes graves relacionados con las TIC notificados y la eficacia de las medidas preventivas;***
- *g)* ***efectuará pruebas de resiliencia operativa digital, de conformidad con el Capítulo IV del presente Reglamento;***
- *h)* ***esbozará una estrategia de comunicación en caso de aquellos incidentes relacionados con las TIC que sea obligatorio divulgar conformidad con el artículo 14.***

El artículo 6, apartado 8, del Reglamento Europeo 2022/2554 establece la obligación de que el marco de gestión del riesgo relacionado con las TIC de las entidades financieras incorpore una estrategia de resiliencia operativa digital. Esta estrategia debe detallar cómo se aplicará el marco, alineándose con los objetivos empresariales y definiendo un enfoque integral para gestionar los riesgos TIC de manera proactiva. El artículo establece una serie de elementos esenciales que deben formar parte de la estrategia, incluyendo la definición de tolerancia al riesgo, los métodos de detección y prevención de incidentes, la evaluación de la resiliencia actual, la realización de pruebas y la implementación de mecanismos de comunicación. Estas disposiciones tienen como finalidad garantizar que las entidades sean capaces de anticiparse, responder y recuperarse frente a perturbaciones relacionadas con las TIC, contribuyendo así a la continuidad operativa y a la protección de los intereses de los clientes y del sistema financiero en su conjunto.

1. Inclusión de una estrategia de resiliencia operativa digital en el marco de gestión del riesgo TIC: El artículo exige que cada entidad financiera desarrolle una estrategia específica de resiliencia operativa digital como parte de su marco de gestión de riesgos TIC. Esta estrategia debe ser el elemento articulador que traduzca los objetivos generales del marco en medidas prácticas, garantizando que las entidades puedan gestionar de forma integral y efectiva los riesgos tecnológicos. En este sentido, no se trata de un simple componente complementario, sino de un instrumento fundamental que guía las acciones y decisiones relacionadas con la seguridad y la resiliencia tecnológica.

En términos prácticos, esto requiere que las entidades adopten un enfoque estructurado y formalizado, integrando la estrategia de resiliencia en su planificación empresarial. Por ejemplo, una entidad que planea expandir sus servicios digitales debe garantizar que su estrategia de resiliencia contemple los riesgos asociados con el aumento de la exposición a ciberataques, el crecimiento del volumen de datos procesados y la dependencia de proveedores tecnológicos externos.

2. Vinculación entre el marco de gestión de riesgos TIC y los objetivos empresariales (letra a): La estrategia debe explicar cómo el marco de gestión de riesgos TIC apoya los objetivos estratégicos y operativos de la entidad financiera. Esto implica que la gestión de riesgos TIC no puede abordarse de forma aislada, sino que debe estar alineada con las metas corporativas, como la expansión del mercado, la digitalización de los servicios, el cumplimiento normativo y la protección de los clientes.

Por ejemplo, una entidad que basa gran parte de su operativa en servicios de banca en línea debe asegurarse de que su marco de riesgos TIC esté diseñado para proteger la disponibilidad, confidencialidad e integridad de sus plataformas digitales. Esto podría incluir la implementación de arquitecturas de alta disponibilidad, sistemas de recuperación ante desastres y medidas de protección de datos sensibles.

3. Definición del nivel de tolerancia al riesgo TIC y análisis del impacto de las perturbaciones (letra b): La estrategia debe establecer el nivel de tolerancia al riesgo TIC, que refleja la cantidad de riesgo que la entidad está dispuesta a aceptar en función de su perfil de riesgo y objetivos estratégicos. Esto debe incluir un análisis detallado de la capacidad de la entidad para soportar el impacto de perturbaciones tecnológicas, considerando tanto aspectos operativos como financieros y reputacionales.

En la práctica, el nivel de tolerancia debe traducirse en parámetros específicos, como el tiempo máximo de inactividad permitido para un sistema crítico (RTO) o el nivel aceptable de pérdida de datos (RPO). Por ejemplo, una entidad que administra pagos internacionales puede tener una tolerancia al riesgo extremadamente baja en lo que respecta a interrupciones de servicio, lo que requeriría la implementación de redundancias tecnológicas y pruebas regulares de continuidad operativa.

4. Objetivos claros en materia de seguridad de la información (letra c): La estrategia debe incluir objetivos específicos relacionados con la seguridad de la información, respaldados por indicadores clave de rendimiento (KPI) e indicadores clave de riesgo (KRI) que permitan medir la efectividad de las medidas implementadas. Estos objetivos deben cubrir aspectos como la prevención de accesos no autorizados, la protección contra ciberataques y la integridad de los datos.

Por ejemplo, un KPI podría ser el porcentaje de incidentes tecnológicos detectados y gestionados dentro de un tiempo definido, mientras que un KRI podría ser el número de vulnerabilidades críticas no corregidas en un plazo determinado. La entidad debe revisar regularmente estos indicadores para evaluar si sus controles de seguridad están logrando los resultados esperados.

5. Descripción de la arquitectura de referencia de TIC (letra d): La estrategia debe detallar la arquitectura tecnológica de la entidad, incluyendo los sistemas críticos, las interdependencias entre componentes y las infraestructuras clave, como centros de datos o servicios en la nube. Además, debe identificar los cambios necesarios en esta

arquitectura para alcanzar los objetivos empresariales y fortalecer la resiliencia.

En la práctica, esto significa que las entidades deben mapear sus activos tecnológicos y evaluar cómo los cambios planificados, como la migración a entornos en la nube, pueden afectar su perfil de riesgo TIC. Por ejemplo, una entidad que planea adoptar servicios de nube híbrida debe garantizar que su estrategia incluya medidas de seguridad específicas para proteger los datos almacenados y transferidos entre sistemas internos y externos.

6. Mecanismos para detectar, prevenir y protegerse de incidentes TIC (letra e): La estrategia debe esbozar los mecanismos diseñados para detectar incidentes TIC, prevenir su impacto y protegerse de sus efectos. Esto incluye herramientas tecnológicas, como sistemas de monitoreo continuo, detección de intrusos y firewalls, así como procedimientos organizativos, como la capacitación del personal en ciberseguridad.

Por ejemplo, una entidad puede incluir en su estrategia el despliegue de tecnologías avanzadas de inteligencia artificial para identificar patrones anómalos en las redes y activar respuestas automáticas frente a posibles amenazas.

7. Evaluación de la resiliencia actual basada en indicadores (letra f): La estrategia debe evaluar la situación actual de la resiliencia operativa digital de la entidad, utilizando indicadores como el número de incidentes graves notificados y la efectividad de las medidas preventivas. Esto permite a la entidad identificar brechas en su resiliencia y priorizar áreas de mejora.

Por ejemplo, si una entidad identifica un aumento en el número de intentos de acceso no autorizado, esto puede indicar la necesidad de reforzar sus controles de acceso y monitoreo.

8. Realización de pruebas de resiliencia operativa digital (letra g): La estrategia debe incluir pruebas regulares de resiliencia operativa digital, como simulaciones de ciberataques y ejercicios de recuperación ante desastres, para evaluar la capacidad de la entidad para responder a incidentes y garantizar la continuidad operativa.

Por ejemplo, una entidad puede realizar simulaciones de ataques ransomware para probar la efectividad de sus sistemas de respaldo y recuperación, asegurándose de que pueda restaurar datos críticos sin pagar un rescate.

9. Estrategia de comunicación en caso de incidentes (letra h): La estrategia debe esbozar un plan de comunicación para incidentes TIC que deban ser divulgados conforme al artículo 14 del Reglamento. Este plan debe identificar las partes interesadas relevantes, los plazos de notificación y el contenido de las comunicaciones.

Por ejemplo, en caso de una brecha de datos que afecte a los clientes, la estrategia debe incluir procedimientos para notificar rápidamente a las autoridades competentes, a los clientes afectados y al público en general, garantizando la transparencia y minimizando el impacto reputacional.

El incumplimiento de estas disposiciones puede tener consecuencias graves para las entidades financieras, incluyendo una mayor vulnerabilidad a ciberataques, interrupciones operativas significativas, pérdida de datos sensibles y daños reputacionales. Además, las autoridades competentes pueden imponer sanciones regulatorias, como multas o restricciones operativas, a las entidades que no implementen estrategias adecuadas de resiliencia operativa digital.

El artículo 6, apartado 8, del Reglamento Europeo 2022/2554 establece un enfoque integral y estructurado para que las entidades financieras gestionen su resiliencia operativa digital de manera proactiva y alineada con sus objetivos empresariales. La estrategia de resiliencia operativa digital no solo debe abordar los riesgos relacionados con las TIC, sino también garantizar que las entidades estén preparadas para detectar, prevenir y responder a incidentes, protegiendo sus operaciones y la confianza de sus clientes. La implementación efectiva de esta estrategia requiere el compromiso activo de la alta dirección, la integración de la resiliencia digital en la planificación estratégica y la adopción de tecnologías avanzadas y mejores prácticas de ciberseguridad. Esto no solo fortalece la protección de las entidades frente a riesgos tecnológicos, sino que también contribuye a la estabilidad y confianza en el sistema financiero en su conjunto.

9. Las entidades financieras podrán, en el contexto de la estrategia de resiliencia operativa digital a que se refiere el apartado 8, definir una estrategia global multiproveedor en materia de TIC a nivel de grupo o entidad, que muestre las dependencias clave de los proveedores terceros de servicios de TIC y explique los motivos subyacentes a la contratación de una combinación de proveedores terceros de servicios de TIC.

El artículo 6, apartado 9, del Reglamento Europeo 2022/2554 introduce la posibilidad de que las entidades financieras, en el marco de la estrategia de resiliencia operativa digital definida en el apartado 8, desarrollen una estrategia global multiproveedor en materia de TIC. Esta estrategia debe estar alineada con los objetivos generales de la entidad o del grupo financiero y tiene como finalidad gestionar las dependencias clave de los proveedores terceros de servicios de TIC, explicando de manera estructurada las razones subyacentes a la combinación y contratación de dichos proveedores. Este enfoque reconoce la creciente interdependencia de las entidades financieras con terceros proveedores de TIC, quienes desempeñan un papel fundamental en el soporte de sistemas críticos, el procesamiento de datos y la infraestructura tecnológica. Al mismo tiempo, aborda los riesgos de concentración y dependencia excesiva de un solo proveedor o de un número reducido de proveedores, que podrían comprometer la resiliencia operativa en caso de fallos o interrupciones.

La inclusión de este apartado permite a las entidades financieras diseñar estrategias específicas que respondan a sus características, tamaño y necesidades tecnológicas, maximizando la resiliencia frente a incidentes tecnológicos mientras se mitigan los riesgos derivados de la subcontratación. El enfoque multiproveedor no solo busca garantizar la continuidad operativa en caso de fallos en un proveedor, sino también fomentar la competencia entre los proveedores y reducir riesgos sistémicos que puedan derivarse de una dependencia excesiva de proveedores clave en el sector financiero.

1. Integración en la estrategia de resiliencia operativa digital: El desarrollo de una estrategia multiproveedor debe ser parte integral de la estrategia de resiliencia operativa digital definida en el artículo 6, apartado 8. Esto significa que debe estar alineada con el marco de gestión de riesgos TIC de la entidad y contribuir a los objetivos generales de la resiliencia operativa, como la disponibilidad, integridad, confidencialidad y autenticidad de los datos y sistemas. En la práctica, las entidades deben incorporar esta estrategia como un subcomponente dentro de su marco más amplio, garantizando que los riesgos derivados de la subcontratación sean gestionados de manera coherente con los demás riesgos tecnológicos.

Por ejemplo, una entidad financiera que utiliza múltiples proveedores en la nube para alojar sistemas críticos debe incluir en su estrategia mecanismos para coordinar las responsabilidades de cada proveedor, minimizar las posibles brechas entre sus servicios y garantizar la interoperabilidad de las plataformas utilizadas.

2. Definición de una estrategia global multiproveedor: La norma permite a las entidades definir una estrategia global multiproveedor a nivel de grupo o de entidad individual, lo que significa que las decisiones sobre la combinación de proveedores pueden ser cen-

tralizadas (en el caso de grupos financieros con múltiples filiales) o específicas para cada entidad, dependiendo de su estructura organizativa. La estrategia debe identificar las dependencias clave de los proveedores terceros de servicios de TIC, explicando las razones subyacentes a la contratación de cada proveedor y las decisiones relacionadas con la combinación de proveedores.

En la práctica, esto implica que las entidades deben realizar un análisis detallado de sus proveedores actuales y planificados, evaluando factores como la criticidad de los servicios ofrecidos, la ubicación geográfica, la redundancia disponible, los acuerdos de nivel de servicio (SLA), la capacidad de recuperación ante desastres y la relación costo-beneficio. Por ejemplo, una entidad podría decidir contratar a un proveedor especializado en ciberseguridad para complementar los servicios básicos ofrecidos por un proveedor de nube principal, justificando esta decisión con base en la necesidad de proteger datos sensibles y fortalecer los controles de seguridad.

3. Identificación y gestión de dependencias clave: La estrategia debe mostrar de manera clara las referidas dependencias de los proveedores terceros, lo que incluye identificar qué servicios y sistemas críticos están vinculados a cada proveedor, así como los riesgos asociados con estas dependencias. En este contexto, las entidades deben evaluar los riesgos de concentración (dependencia de un solo proveedor para múltiples funciones críticas) y los riesgos de interrupciones en la cadena de suministro tecnológica.

Por ejemplo, una entidad financiera que depende exclusivamente de un proveedor de servicios en la nube para alojar sus sistemas de banca en línea debe considerar los riesgos asociados con esta dependencia, como interrupciones en los servicios del proveedor, problemas regulatorios en la jurisdicción del proveedor, o la incapacidad del proveedor para cumplir con las obligaciones de notificación de incidentes. La estrategia multiproveedor puede abordar este riesgo mediante la diversificación, contratando a un segundo proveedor de nube para funciones de respaldo o recuperación ante desastres.

4. Justificación de la combinación de proveedores: El artículo exige que la estrategia explique los motivos subyacentes a la combinación de proveedores. Esto incluye justificar por qué se ha seleccionado cada proveedor y cómo la combinación de proveedores contribuye a la resiliencia operativa y a los objetivos estratégicos de la entidad. Esta justificación debe basarse en un análisis detallado de las capacidades de cada proveedor, su fiabilidad, cumplimiento normativo, y la capacidad de colaborar eficazmente con otros proveedores.

Por ejemplo, una entidad puede justificar la contratación de múltiples proveedores de ciberseguridad para complementar sus servicios de monitoreo y análisis de amenazas, asegurándose de que cada proveedor aporta capacidades específicas que fortalecen la seguridad general. Asimismo, la estrategia podría detallar cómo la diversificación de proveedores minimiza el riesgo de interrupciones generalizadas en caso de fallos o incidentes que afecten a un único proveedor.

5. Mitigación de riesgos de concentración: Uno de los principales objetivos de una estrategia multiproveedor es mitigar los riesgos asociados con la concentración de proveedores, que pueden aumentar la vulnerabilidad de la entidad frente a interrupciones o fallos en un proveedor clave. Esto es especialmente relevante en el caso de proveedores esenciales de TIC que gestionan sistemas críticos o que tienen una alta interconexión con otras infraestructuras financieras.

En la práctica, esto implica que las entidades deben distribuir sus servicios críticos entre diferentes proveedores, estableciendo redundancias y asegurándose de que los acuerdos contractuales incluyan cláusulas que permitan la transferencia rápida de servicios a otro proveedor en caso de fallos. Por ejemplo, una entidad que utiliza un proveedor de nube primaria podría establecer acuerdos con un proveedor secundario para garantizar la continuidad operativa en caso de incidentes.

6. Implicaciones para grupos financieros: En el caso de grupos financieros, la estrategia multiproveedor puede ser definida a nivel de grupo, permitiendo una gestión centralizada de las dependencias de proveedores y una mayor coherencia en las políticas de subcontratación. Esto puede incluir negociaciones centralizadas de contratos con proveedores clave, el desarrollo de plataformas compartidas y la implementación de controles uniformes en todas las filiales.

Por ejemplo, un grupo financiero con presencia internacional podría desarrollar una estrategia global que estandarice el uso de proveedores de servicios en la nube, garantizando que cada filial tenga acceso a los mismos niveles de servicio y seguridad, al tiempo que se optimizan los costos y se reducen los riesgos de concentración.

7. Beneficios y riesgos de la estrategia multiproveedor: Una estrategia multiproveedor bien diseñada puede ofrecer varios beneficios, como una mayor redundancia, flexibilidad, capacidad de negociación y mitigación de riesgos. Sin embargo, también puede introducir complejidades adicionales, como la necesidad de gestionar múl-

tiples relaciones contractuales, asegurar la interoperabilidad entre sistemas de diferentes proveedores y coordinar las respuestas ante incidentes.

En este contexto, las entidades deben evaluar cuidadosamente los beneficios y riesgos asociados con la adopción de un enfoque multiproveedor, considerando factores como la capacidad interna para gestionar relaciones complejas, los costos adicionales y la integración tecnológica.

El incumplimiento de esta disposición puede exponer a las entidades a riesgos significativos, incluyendo una mayor vulnerabilidad a interrupciones en los servicios TIC, pérdida de datos, dificultades para transferir servicios a otros proveedores en caso de incidentes, y sanciones regulatorias por la falta de un enfoque estructurado para gestionar las dependencias de proveedores. Además, una estrategia inadecuada o la falta de diversificación puede aumentar el riesgo sistémico en el sector financiero.

El artículo 6, apartado 9, del Reglamento Europeo 2022/2554 refuerza la importancia de gestionar de manera estructurada las relaciones con proveedores terceros de TIC mediante la adopción de una estrategia global multiproveedor. Esta estrategia permite a las entidades financieras diversificar sus dependencias, mitigar riesgos de concentración y garantizar la resiliencia operativa frente a incidentes relacionados con las TIC. Su implementación requiere un análisis exhaustivo de las capacidades de los proveedores, la identificación de dependencias clave, y la integración de esta estrategia en el marco general de resiliencia operativa digital. Una correcta aplicación no solo protege a las entidades frente a fallos tecnológicos, sino que también contribuye a la estabilidad del sistema financiero en su conjunto.

10. Las entidades financieras podrán externalizar, de conformidad con el Derecho sectorial de la Unión y nacional, a empresas externas o de su mismo grupo las tareas de verificación del cumplimiento de los requisitos de gestión del riesgo relacionado con las TIC. En los casos en que se produzca tal externalización, la entidad financiera seguirá siendo plenamente responsable de la verificación del cumplimiento de los requisitos en materia de gestión del riesgo relacionado con las TIC.

El artículo 6, apartado 10, del Reglamento Europeo 2022/2554 establece que las entidades financieras tienen la posibilidad de externalizar a empresas externas o intragrupo las tareas relacionadas con la verificación del cumplimiento de los requisitos de gestión del riesgo relacionado con las tecnologías de la información y las comunicaciones (TIC). Sin embargo, la norma enfatiza que la entidad financiera no puede delegar su responsabilidad última sobre el cumplimiento de dichos requisitos. Esto significa que, aunque las tareas específicas puedan ser realizadas por un tercero o por una entidad del mismo grupo, la obligación de supervisar y garantizar que estas tareas se realicen de manera adecuada recae plenamente en la entidad financiera que externaliza dichas funciones. Este artículo refleja un principio esencial de la regulación financiera: la externalización de funciones no implica la externalización de responsabilidades.

Esta norma responde a la creciente tendencia de las entidades financieras a depender de terceros para gestionar funciones técnicas y especializadas, como la verificación del cumplimiento de los requisitos en materia de riesgos TIC. En un entorno tecnológico cada vez más complejo, la externalización puede ofrecer ventajas significativas, como acceso a expertos en ciberseguridad, reducción de costos y aumento de la eficiencia operativa. Sin embargo, también introduce riesgos adicionales, como la pérdida de control directo, la exposición a fallos del proveedor y los riesgos de incumplimiento normativo, que deben gestionarse de manera proactiva.

1. Posibilidad de externalización de las tareas de verificación del cumplimiento: El artículo permite a las entidades financieras externalizar las tareas específicas de verificación del cumplimiento de los requisitos de gestión del riesgo TIC. Esto incluye actividades como auditorías técnicas, pruebas de penetración, revisiones de ciberseguridad, análisis de vulnerabilidades, y evaluaciones del cumplimiento con los marcos regulatorios aplicables. La externalización puede realizarse tanto a empresas externas especializadas como a entidades del mismo grupo financiero, como proveedores intragrupo.

En la práctica, esta posibilidad resulta especialmente útil para entidades que no cuentan con capacidades internas suficientes o que desean beneficiarse de la experiencia técnica y los recursos especializados de un tercero. Por ejemplo, una entidad financiera podría contratar a una empresa de ciberseguridad para realizar auditorías periódicas de su infraestructura tecnológica o pruebas de penetración avanzadas, lo que le permite identificar y mitigar vulnerabilidades de manera más efectiva.

2. Conformidad con el Derecho sectorial de la Unión y nacional: El artículo exige que la externalización se lleve a cabo de conformidad con la normativa sectorial de la Unión Europea y nacional aplicable. Esto implica que las entidades financieras deben asegurarse de que los acuerdos de externalización cumplen con las disposiciones establecidas en marcos normativos como la Directiva 2013/36/UE

(CRD IV), el Reglamento 2019/2033 para empresas de inversión (IFR), y otras normativas relevantes.

En la práctica, esto significa que las entidades deben realizar una evaluación previa de los riesgos asociados con la externalización, asegurarse de que los proveedores cumplan con los estándares regulatorios aplicables y establecer cláusulas contractuales claras que definan las obligaciones del proveedor, las medidas de seguridad requeridas, y las disposiciones relacionadas con la supervisión y el acceso a la información por parte de las autoridades competentes.

3. Responsabilidad última de la entidad financiera: El elemento central del artículo es que, incluso cuando las tareas de verificación del cumplimiento sean externalizadas, la responsabilidad última sigue siendo de la entidad financiera que externaliza. Esto refuerza el principio de que la externalización no exime a la entidad de su obligación de supervisar adecuadamente la gestión de los riesgos TIC y de garantizar el cumplimiento normativo.

   En la práctica, esto implica que las entidades deben:

   - Supervisar de manera continua las actividades realizadas por el proveedor externo o intragrupo.
   - Evaluar periódicamente el desempeño del proveedor para asegurarse de que las tareas externalizadas se están llevando a cabo de manera adecuada.
   - Establecer mecanismos para monitorear el cumplimiento de las obligaciones contractuales y para exigir medidas correctivas cuando sea necesario.

Por ejemplo, si una entidad financiera externaliza las pruebas de resiliencia operativa a un proveedor especializado, debe asegurarse de recibir informes detallados sobre los resultados, revisarlos internamente y tomar medidas basadas en las conclusiones de dichas pruebas.

4. Selección de proveedores y gestión de contratos: La externalización requiere que las entidades financieras seleccionen cuidadosamente a los proveedores a través de un proceso de evaluación que garantice que estos tienen las capacidades técnicas, recursos y experiencia necesarios para cumplir con las obligaciones asumidas. Asimismo, los contratos con los proveedores deben incluir disposiciones específicas que garanticen:

   - La protección de los datos y activos de la entidad financiera.

- La capacidad del proveedor para cumplir con las normativas aplicables.
- La supervisión continua por parte de la entidad financiera y el acceso a la información relevante para las autoridades competentes.
- Cláusulas de resolución en caso de incumplimiento por parte del proveedor.

Por ejemplo, un contrato con un proveedor externo para realizar pruebas de penetración podría incluir cláusulas que exijan la eliminación segura de los datos una vez completadas las pruebas, la obligación de notificar incidentes relacionados con las pruebas y la posibilidad de auditar las prácticas del proveedor.

5. Gestión de riesgos asociados a la externalización: La externalización introduce riesgos específicos que deben ser gestionados de manera proactiva por la entidad financiera. Estos riesgos incluyen la pérdida de control directo sobre las actividades externalizadas, la dependencia del proveedor, los riesgos de incumplimiento normativo por parte del proveedor y los riesgos de continuidad operativa en caso de fallo o interrupción del proveedor.

En la práctica, las entidades deben incluir los riesgos asociados con la externalización en su marco general de gestión de riesgos TIC. Esto incluye realizar evaluaciones regulares de riesgos, establecer planes de contingencia para abordar interrupciones en los servicios del proveedor, y realizar auditorías periódicas para garantizar que los controles implementados por el proveedor son efectivos.

6. Supervisión de las autoridades competentes: La norma no exime a las entidades financieras de sus obligaciones de supervisión frente a las autoridades competentes. Esto significa que, incluso en caso de externalización, las entidades deben estar preparadas para proporcionar a las autoridades la información necesaria sobre las actividades externalizadas y garantizar que los proveedores cumplan con las normativas aplicables.

Por ejemplo, si una autoridad solicita información sobre los resultados de una auditoría de ciberseguridad realizada por un proveedor externo, la entidad debe tener acceso a estos resultados y garantizar que se cumplen los estándares regulatorios exigidos.

El incumplimiento de esta norma puede tener consecuencias significativas tanto para la entidad financiera como para el sistema financiero en su conjunto. Si la entidad no supervisa adecuadamente las actividades externalizadas o no asume la responsabilidad última por el cumplimiento de los requisitos, puede enfrentarse a:

- Sanciones regulatorias, incluyendo multas y restricciones operativas.
- Pérdida de confianza por parte de los clientes y otras partes interesadas debido a fallos en la gestión de los riesgos TIC.
- Exposición a incidentes de ciberseguridad o interrupciones operativas derivadas de fallos en los servicios del proveedor.

Además, la falta de supervisión puede generar riesgos sistémicos, especialmente si los proveedores externalizados tienen una alta interdependencia con otras entidades del sector financiero.

El artículo 6, apartado 10, del Reglamento Europeo 2022/2554 permite a las entidades financieras externalizar las tareas de verificación del cumplimiento de los requisitos de gestión del riesgo TIC, pero deja claro que la responsabilidad última por el cumplimiento permanece en la entidad que externaliza. Esta disposición ofrece a las entidades la flexibilidad necesaria para aprovechar la experiencia técnica de terceros, al tiempo que refuerza su obligación de supervisar y controlar las actividades externalizadas. La implementación efectiva de esta norma requiere un enfoque estructurado que combine la selección cuidadosa de proveedores, la gestión activa de contratos, la supervisión continua y la integración de los riesgos de externalización en el marco general de gestión de riesgos TIC. Cumplir con esta disposición no solo protege a las entidades frente a riesgos tecnológicos, sino que también fortalece la confianza en su capacidad para garantizar la resiliencia operativa y el cumplimiento normativo en un entorno cada vez más complejo y dependiente de terceros.

Artículo 7. Sistemas, protocolos y herramientas de TIC

1. Con el fin de abordar y gestionar los riesgos relacionados con las TIC, las entidades financieras utilizarán y mantendrán actualizados sistemas, protocolos y herramientas de TIC que:

a) sean adecuados a la magnitud de las operaciones que sustentan la realización de sus actividades, de conformidad con el principio de proporcionalidad a que se refiere el artículo 4;

b) ***sean fiables;***

c) ***dispongan de capacidad suficiente para tratar con exactitud los datos necesarios para llevar a cabo las actividades y prestar los servicios a tiempo, y para hacer frente a los volúmenes máximos de pedidos, mensajes u operaciones, según sea necesario, también en caso de introducción de nuevas tecnologías;***

d) ***sean tecnológicamente resilientes a fin de hacer frente adecuadamente a las necesidades adicionales de tratamiento de la información que surjan en condiciones de tensión del mercado u otras situaciones adversas.***

El artículo 7, apartado 1, del Reglamento Europeo 2022/2554 establece obligaciones claras y detalladas para que las entidades financieras utilicen y mantengan sistemas, protocolos y herramientas de TIC que sean adecuados, fiables, suficientes y tecnológicamente resilientes. Estas disposiciones buscan garantizar que las infraestructuras tecnológicas de las entidades sean capaces de soportar la realización de sus actividades y servicios de forma segura, eficiente y sin interrupciones, incluso en condiciones de estrés o adversidad. Este artículo refuerza la necesidad de que las entidades financieras adopten un enfoque estratégico y proactivo en la gestión de sus infraestructuras tecnológicas, alineándolas con los principios de proporcionalidad, eficiencia operativa y resiliencia, con el objetivo de proteger tanto la continuidad de sus operaciones como la confianza de los clientes y la estabilidad del sistema financiero.

El cumplimiento de estas obligaciones no solo implica la implementación de tecnologías avanzadas, sino también la adopción de prácticas de gestión tecnológica adecuadas que aseguren el correcto funcionamiento y la actualización continua de las herramientas utilizadas.

1. Adecuación de los sistemas TIC a la magnitud de las operaciones (letra a)**:** La norma exige que las herramientas tecnológicas utilizadas por las entidades financieras sean proporcionales a la magnitud de sus operaciones, tal como establece el principio de proporcionalidad en el artículo 4. Esto significa que los sistemas TIC deben estar diseñados e implementados teniendo en cuenta el tamaño, la naturaleza, la escala y la complejidad de las actividades y servicios ofrecidos por la entidad. Por ejemplo, una pequeña entidad de pago no necesitará la misma capacidad tecnológica que una gran institución financiera que gestiona miles de operaciones por segundo.

En la práctica, esto implica que las entidades deben realizar una evaluación exhaustiva de sus operaciones y necesidades tecnológicas, asegurándose de que sus sistemas sean lo suficientemente robustos para manejar sus cargas de trabajo actuales y futuras. Además, deben garantizar que las soluciones tecnológicas seleccionadas puedan escalar en línea con el crecimiento de la entidad o con la introducción de nuevos servicios. Por ejemplo, si una entidad planea expandir sus operaciones a mercados internacionales, debe asegurarse de que sus sistemas TIC puedan manejar mayores volúmenes de transacciones y cumplir con los requisitos regulatorios en distintas jurisdicciones.

2. Fiabilidad de los sistemas TIC (letra b): La fiabilidad de los sistemas tecnológicos es un requisito fundamental, ya que asegura que los sistemas funcionen correctamente y proporcionen resultados consistentes y predecibles. Esto incluye la capacidad de los sistemas para operar sin interrupciones, detectar y corregir errores, y proteger los datos de accesos no autorizados o pérdidas.

En la práctica, garantizar la fiabilidad implica realizar pruebas periódicas de los sistemas, implementar controles de calidad en el desarrollo y mantenimiento del software, y adoptar medidas de redundancia para minimizar el riesgo de fallos. Por ejemplo, una entidad financiera que utiliza sistemas para procesar pagos debe asegurarse de que dichos sistemas tengan altos niveles de disponibilidad y un tiempo de inactividad mínimo, implementando redundancias como centros de datos secundarios y procedimientos de conmutación por error.

3. Capacidad suficiente para tratar datos y gestionar volúmenes máximos (letra c): El artículo establece que los sistemas TIC deben disponer de una capacidad suficiente para procesar con precisión los datos necesarios, permitiendo a la entidad cumplir con sus obligaciones de manera oportuna y eficiente. Esto incluye la capacidad para manejar volúmenes máximos de pedidos, mensajes u operaciones, especialmente en momentos de alta demanda o estrés operativo, así como la capacidad para adaptarse a la introducción de nuevas tecnologías.

En la práctica, esto implica que las entidades deben realizar análisis de capacidad y pruebas de estrés para identificar posibles limitaciones en sus sistemas y garantizar que puedan manejar picos en el volumen de operaciones. Por ejemplo, durante periodos de alta demanda, como en días de liquidación financiera o eventos de mercado significativos, los sistemas deben ser capaces de procesar rápidamente grandes cantidades de datos sin errores ni retrasos. Además, la introducción de nuevas tecnologías, como soluciones de inteligencia artificial o blockchain, requiere que las entidades evalúen el impacto en su infraestructura tecnológica y realicen las actualizaciones necesarias para integrar estas innovaciones sin comprometer la calidad del servicio.

4. Resiliencia tecnológica frente a situaciones adversas (letra d): La resiliencia tecnológica es un componente esencial del marco de gestión de riesgos TIC, ya que garantiza que los sistemas puedan continuar operando o recuperarse rápidamente en caso de interrupciones, fallos o condiciones adversas. Esto incluye la capacidad de los sistemas para gestionar necesidades adicionales de procesamiento de información que puedan surgir en condiciones de tensión del mercado, como fluctuaciones extremas en los precios, aumentos repentinos en la actividad de los clientes o ciberataques.

En la práctica, esto implica que las entidades deben implementar medidas como:

- Infraestructuras redundantes: Tener sistemas de respaldo y centros de datos alternativos para garantizar la continuidad operativa en caso de fallos en la infraestructura principal.
- Pruebas regulares de recuperación ante desastres: Simular escenarios adversos para evaluar la capacidad de los sistemas para responder y recuperarse.
- Soluciones avanzadas de ciberseguridad: Proteger los sistemas frente a amenazas externas, como ataques de denegación de servicio (DDoS), malware y accesos no autorizados.

Por ejemplo, una entidad que gestiona sistemas de negociación electrónica debe asegurarse de que estos puedan continuar operando en caso de un ciberataque dirigido a su infraestructura tecnológica, implementando medidas como segmentación de redes, sistemas de detección de intrusos y copias de seguridad en tiempo real.

El incumplimiento de estas obligaciones puede tener consecuencias graves para las entidades financieras, sus clientes y el sistema financiero en general. Las principales repercusiones incluyen:

- Riesgos operativos: Fallos en los sistemas TIC pueden interrumpir las operaciones de la entidad, causando retrasos en el procesamiento de transacciones, pérdida de datos y daños reputacionales.
- Exposición a ciberataques: Sistemas que no son fiables ni resilientes están más expuestos a vulnerabilidades de seguridad, aumentando el riesgo de ciberataques y accesos no autorizados.

- Sanciones regulatorias: Las autoridades competentes pueden imponer sanciones a las entidades que no cumplan con los requisitos establecidos en el Reglamento, incluyendo multas, restricciones operativas y requisitos adicionales de supervisión.
- Pérdida de confianza: Los clientes y socios comerciales pueden perder la confianza en una entidad que no pueda garantizar la seguridad y la continuidad de sus servicios tecnológicos, afectando su competitividad en el mercado.

El artículo 7, apartado 1, del Reglamento Europeo 2022/2554 establece requisitos fundamentales para que las entidades financieras adopten sistemas, protocolos y herramientas TIC adecuados, fiables, suficientes y resilientes. Estas disposiciones son esenciales para garantizar que las infraestructuras tecnológicas sean capaces de soportar la realización de actividades financieras de manera segura y eficiente, incluso en condiciones de estrés o adversidad. La implementación efectiva de estas obligaciones requiere un enfoque estratégico que combine la evaluación continua de las necesidades tecnológicas, la adopción de medidas de seguridad y resiliencia, y la realización de pruebas regulares para garantizar la capacidad y fiabilidad de los sistemas. Al cumplir con estos requisitos, las entidades no solo protegen su continuidad operativa y la confianza de sus clientes, sino que también contribuyen a la estabilidad y resiliencia del sistema financiero en su conjunto.

Artículo 8. Identificación

1. Como parte del marco de gestión del riesgo relacionado con las TIC a que se refiere el artículo 6, apartado 1, las entidades financieras identificarán, clasificarán y documentarán adecuadamente todas las funciones, cometidos y responsabilidades empresariales sustentados por las TIC, los activos de información y activos de TIC que sustenten dichas funciones, y sus cometidos y dependencias en relación con el riesgo relacionado con las TIC. Las entidades financieras revisarán en caso necesario, y al menos una vez al año, la idoneidad de esta clasificación y de cualquier documentación pertinente.

El artículo 7, apartado 1, del Reglamento Europeo 2022/2554 establece una obligación específica para las entidades financieras en el marco de la gestión del riesgo relacionado con las TIC, conforme a lo dispuesto en el artículo 6, apartado 1. En particular, se requiere que las entidades identifiquen, clasifiquen y documenten todas las funciones, cometidos y responsabilidades empresariales que dependen de las TIC, así como los activos de información y TIC que los sustentan, y que detallen las dependencias y relaciones de dichos activos con el riesgo relacionado con las TIC. Además, la norma establece la obligación de revisar la idoneidad de esta clasificación y documentación, al menos una vez al año o cuando sea necesario, asegurando así que la gestión de riesgos esté actualizada y alineada con los cambios en la operativa o en el entorno tecnológico de la entidad.

Este artículo refleja la importancia de una gestión rigurosa y estructurada de los activos tecnológicos y de información, que constituyen la base para garantizar la resiliencia operativa digital de las entidades financieras. La identificación, clasificación y documentación de funciones y activos es esencial para comprender las interdependencias críticas, evaluar adecuadamente los riesgos, establecer controles específicos y garantizar la continuidad operativa frente a posibles incidentes relacionados con las TIC.

1. Identificación de funciones, cometidos y responsabilidades empresariales sustentados por las TIC: El artículo exige que las entidades financieras identifiquen todas las funciones empresariales que dependen de las TIC, así como las responsabilidades asociadas. Esto incluye funciones críticas como procesamiento de pagos, gestión de inversiones, servicios de banca en línea, cumplimiento normativo, y cualquier otra actividad operativa que utilice sistemas tecnológicos.

En la práctica, esto implica un mapeo exhaustivo de todas las operaciones de la entidad para identificar qué funciones están soportadas por las TIC. Por ejemplo, el procesamiento de transacciones en tiempo real en una plataforma de banca digital es una función crítica que debe ser identificada, ya que una interrupción en los sistemas TIC que la soportan podría tener repercusiones graves para los clientes y para la entidad.

2. Clasificación de funciones y activos TIC: El artículo exige que las entidades clasifiquen las funciones empresariales, los activos de información y los activos de TIC en función de su criticidad y relación con el riesgo relacionado con las TIC. La clasificación debe reflejar la importancia relativa de cada función o activo en la operativa de la entidad y su impacto en caso de interrupción o fallo.

   En la práctica, las entidades pueden utilizar una metodología de clasificación que considere factores como:

   - Criticidad operativa: Qué tan fundamental es la función o el activo para la continuidad del negocio.
   - Impacto potencial: Los efectos financieros, reputacionales y regulatorios de una interrupción.

- Interdependencias: La relación entre funciones y activos, y cómo un fallo en un sistema podría afectar a otros.

Por ejemplo, una base de datos que contiene información confidencial de los clientes tendría una clasificación alta en términos de criticidad, ya que una brecha en su seguridad podría exponer a la entidad a sanciones regulatorias y pérdida de confianza por parte de los clientes.

3. Documentación adecuada de funciones, activos y sus dependencias: El artículo requiere que toda la información sobre funciones empresariales, activos de TIC y dependencias asociadas sea documentada de manera adecuada. La documentación debe ser clara, precisa y accesible, permitiendo a la entidad comprender la relación entre los activos tecnológicos y las funciones empresariales, así como los riesgos asociados.

   En términos prácticos, esta documentación podría incluir:

   - Una descripción detallada de cada función empresarial y de los activos TIC que la sustentan.
   - Mapeos de interdependencias entre funciones y sistemas tecnológicos.
   - Identificación de controles existentes para mitigar riesgos relacionados con las TIC.
   - Planes de recuperación específicos para funciones críticas.

Por ejemplo, en el caso de un sistema de pagos internacionales, la documentación debería incluir los servidores utilizados, las aplicaciones que gestionan las transacciones, los puntos de integración con otros sistemas y los procedimientos de respaldo en caso de interrupciones.

4. Revisión periódica de la clasificación y documentación: La norma establece que las entidades deben revisar la idoneidad de la clasificación y documentación, al menos una vez al año, o con mayor frecuencia si hay cambios significativos en la operativa, infraestructura tecnológica o entorno de riesgos. Esto asegura que la gestión de riesgos esté alineada con la realidad operativa de la entidad y con las amenazas emergentes.

   En la práctica, esto implica que las entidades deben establecer un proceso formal de revisión que incluya:

   - Evaluaciones regulares para identificar cambios en las funciones empresariales o en los activos TIC.

- Actualización de las clasificaciones y la documentación para reflejar nuevas dependencias o riesgos.
- Validación de la precisión de la información documentada, por ejemplo, a través de auditorías internas o simulaciones de interrupciones.

Por ejemplo, si una entidad implementa una nueva solución en la nube para gestionar datos de clientes, debe revisar y actualizar la clasificación y documentación de los activos TIC relacionados, considerando los riesgos asociados con la subcontratación y la transferencia de datos a un proveedor externo.

El incumplimiento de las obligaciones establecidas en este artículo puede tener varias repercusiones negativas para las entidades financieras:

- Deficiencias en la gestión de riesgos: La falta de una identificación y documentación adecuada de las funciones y activos TIC puede dificultar la evaluación de riesgos, dejando a la entidad expuesta a incidentes que podrían haberse evitado o mitigado.
- Interrupciones operativas: Sin un conocimiento claro de las dependencias entre funciones y activos TIC, las entidades podrían enfrentarse a interrupciones significativas en sus operaciones, afectando tanto a los clientes como a la estabilidad de la entidad.
- Sanciones regulatorias: Las autoridades competentes pueden imponer sanciones a las entidades que no cumplan con los requisitos de identificación, clasificación y documentación establecidos en el Reglamento.
- Pérdida de confianza: Los fallos en la gestión de riesgos TIC pueden dañar la reputación de la entidad, afectando su relación con los clientes y su posición en el mercado.

El artículo 7, apartado 1, del Reglamento Europeo 2022/2554 establece un requisito fundamental para las entidades financieras: la identificación, clasificación y documentación adecuada de todas las funciones empresariales sustentadas por las TIC, los activos tecnológicos relacionados y las dependencias asociadas al riesgo TIC. Este enfoque permite a las entidades comprender mejor su entorno operativo, evaluar y mitigar los riesgos, y garantizar la continuidad de sus operaciones incluso en caso de incidentes relacionados con las TIC. La revisión periódica de estas clasificaciones y documentación asegura que la gestión de riesgos esté alineada con los cambios en la operativa y con las amenazas emergentes.

El cumplimiento de esta norma requiere la implementación de procesos estructurados para el mapeo de funciones y activos, la adopción de metodologías de clasificación basadas en la criticidad y el impacto, y el mantenimiento de una documentación actualizada y accesible. Al hacerlo, las entidades no solo protegen sus operaciones y la confianza de sus clientes, sino que también cumplen con sus obligaciones regulatorias y contribuyen a la resiliencia y estabilidad del sistema financiero en su conjunto.

2. Las entidades financieras identificarán de forma continua todas las fuentes de riesgo relacionado con las TIC, en particular la exposición al riesgo para con otras entidades financieras y derivada de otras entidades financieras, y evaluarán las ciberamenazas y vulnerabilidades en materia de TIC pertinentes para sus funciones empresariales sustentadas por TIC, activos de información y activos de TIC. Las entidades financieras revisarán periódicamente, y al menos una vez al año, los escenarios de riesgo que les afecten.

La disposición contenida en el artículo 7 del Reglamento Europeo 2022/2554 impone a las entidades financieras la obligación de realizar una identificación continua y sistemática de todas las fuentes de riesgo relacionadas con las tecnologías de la información y las comunicaciones (TIC). Esta obligación incluye, de manera específica, la evaluación de los riesgos derivados de la exposición a otras entidades financieras y los riesgos generados por otras entidades financieras, así como la evaluación de ciberamenazas y vulnerabilidades que puedan afectar las funciones empresariales sustentadas por TIC, los activos de información y los activos tecnológicos. Asimismo, se requiere que las entidades revisen periódicamente, y al menos una vez al año, los escenarios de riesgo a los que están expuestas, asegurando que estas evaluaciones reflejen de manera actualizada el entorno dinámico de riesgos tecnológicos y operativos.

Esta norma subraya la importancia de adoptar un enfoque dinámico y proactivo en la gestión del riesgo relacionado con las TIC, reconociendo que las amenazas cibernéticas y las vulnerabilidades evolucionan constantemente y que las interdependencias en el sector financiero amplifican el potencial impacto de un incidente tecnológico. La identificación continua y la revisión periódica permiten a las entidades anticiparse a los riesgos, mejorar su capacidad de respuesta y tomar medidas preventivas para mitigar posibles impactos adversos.

1. Identificación continua de todas las fuentes de riesgo relacionado con las TIC: El Reglamento requiere que las entidades financieras realicen una identificación constante y detallada de las fuentes de

riesgo relacionadas con las TIC. Esto incluye tanto riesgos internos, como fallos en sistemas, errores humanos o vulnerabilidades en los procesos tecnológicos, como riesgos externos, tales como ciberamenazas, ataques dirigidos, interrupciones en la cadena de suministro y dependencias de terceros.

En la práctica, esto implica que las entidades deben implementar procesos y herramientas de monitoreo continuo que les permitan detectar y evaluar fuentes de riesgo en tiempo real. Por ejemplo, un sistema de monitoreo de seguridad puede identificar intentos de acceso no autorizado a los servidores de la entidad, mientras que herramientas de análisis de vulnerabilidades pueden detectar configuraciones incorrectas o software desactualizado que podrían ser explotados por atacantes.

2. Evaluación de la exposición al riesgo en relación con otras entidades financieras: El artículo destaca la necesidad de evaluar específicamente los riesgos relacionados con la exposición a otras entidades financieras, tanto desde la perspectiva de los riesgos que puedan derivarse de estas entidades como de los riesgos que la entidad pueda generar hacia otras. Este requisito responde al alto grado de interconexión del sector financiero, donde un incidente en una entidad puede propagarse rápidamente y afectar a múltiples participantes del mercado.

En términos prácticos, las entidades deben mapear sus interdependencias con otras entidades financieras, identificando las conexiones tecnológicas y operativas críticas. Por ejemplo, una entidad que utiliza una plataforma común para la compensación y liquidación de transacciones debe evaluar los riesgos asociados con la posible interrupción de esta plataforma y los impactos en su capacidad para cumplir con sus obligaciones.

3. Evaluación de ciberamenazas y vulnerabilidades en materia de TIC: La norma exige que las entidades evalúen las ciberamenazas y vulnerabilidades que puedan afectar sus funciones empresariales, activos de información y activos TIC. Esto incluye la identificación de amenazas específicas, como ransomware, phishing, ataques de denegación de servicio (DDoS) y malware avanzado, así como la evaluación de vulnerabilidades en la infraestructura tecnológica, como software desactualizado, configuraciones débiles o falta de controles de acceso adecuados.

En la práctica, esto requiere que las entidades realicen actividades regulares de análisis de amenazas y evaluaciones de vulnerabilidades. Por ejemplo, una entidad puede utilizar inteligencia sobre amenazas para identificar patrones de ataque emergentes en su sector y realizar pruebas de penetración para evaluar si sus sistemas son susceptibles a estos ataques. Además, las evaluaciones deben tener en cuenta tanto vulnerabilidades conocidas como posibles nuevas debilidades introducidas por cambios tecnológicos, como la adopción de servicios en la nube o la integración de nuevos sistemas.

4. Revisión periódica de los escenarios de riesgo: El Reglamento establece que las entidades deben revisar sus escenarios de riesgo al menos una vez al año o con mayor frecuencia si las circunstancias lo requieren. Esta revisión debe considerar cambios en el entorno operativo, tecnológico o regulatorio, así como nuevas amenazas y vulnerabilidades identificadas.

En la práctica, esto implica que las entidades deben desarrollar escenarios detallados que reflejen posibles incidentes relacionados con las TIC y sus impactos. Por ejemplo, un escenario de riesgo podría contemplar un ataque de ransomware que cifre los datos críticos de la entidad, impidiendo el acceso a los sistemas operativos principales. En este contexto, la revisión anual debe evaluar si los controles existentes son adecuados para mitigar el impacto de dicho escenario y si es necesario implementar medidas adicionales.

5. Enfoque dinámico y adaptativo para la gestión del riesgo: El requisito de identificación continua y revisión periódica refuerza la necesidad de un enfoque dinámico en la gestión del riesgo relacionado con las TIC. Las amenazas cibernéticas evolucionan rápidamente, y las entidades financieras deben estar preparadas para adaptarse a este entorno cambiante. Esto incluye la actualización constante de las evaluaciones de riesgo, la incorporación de nuevas tecnologías de monitoreo y análisis, y la capacitación regular del personal en prácticas de seguridad.

En la práctica, un enfoque adaptativo podría incluir la implementación de un centro de operaciones de seguridad (SOC) que monitoree continuamente la infraestructura tecnológica de la entidad y utilice herramientas de inteligencia artificial para identificar y responder a amenazas en tiempo real. Asimismo, las entidades deben establecer procesos de aprendizaje continuo para incorporar las lecciones aprendidas de incidentes pasados, tanto propios como de otras entidades del sector.

El incumplimiento de las obligaciones establecidas en este artículo puede exponer a las entidades financieras a una serie de riesgos y consecuencias negativas, incluyendo:

- Aumento de la vulnerabilidad frente a ciberataques: La falta de identificación y evaluación de riesgos puede dejar a las entidades expuestas a amenazas que podrían haberse mitigado con medidas preventivas.
- Interrupciones operativas: Sin una adecuada evaluación de escenarios de riesgo, las entidades pueden no estar preparadas para responder a incidentes tecnológicos, lo que podría causar interrupciones significativas en sus operaciones.
- Sanciones regulatorias: Las autoridades competentes pueden imponer multas, restricciones operativas u otras sanciones a las entidades que no cumplan con los requisitos de gestión de riesgos TIC establecidos en el Reglamento.
- Pérdida de confianza y reputación: Los clientes y otras partes interesadas pueden perder la confianza en una entidad que no pueda garantizar la seguridad de sus sistemas y la continuidad de sus servicios.

El artículo 7 del Reglamento Europeo 2022/2554 establece requisitos fundamentales para la identificación y evaluación continua de las fuentes de riesgo relacionadas con las TIC, la exposición a otras entidades financieras, y las ciberamenazas y vulnerabilidades que puedan afectar a las funciones empresariales y activos tecnológicos de las entidades financieras. Asimismo, la obligación de revisar periódicamente los escenarios de riesgo garantiza que la gestión de riesgos se mantenga actualizada y alineada con el entorno dinámico de amenazas tecnológicas.

El cumplimiento de esta norma requiere la implementación de procesos robustos de monitoreo, análisis de riesgos y revisión de escenarios, apoyados por herramientas avanzadas de detección de amenazas y evaluaciones de vulnerabilidades. Las entidades también deben fomentar un enfoque dinámico y adaptativo en su gestión de riesgos, asegurando que sus controles y medidas preventivas evolucionen en línea con las amenazas emergentes. Al cumplir con estas obligaciones, las entidades no solo protegen sus operaciones y a sus clientes, sino que también contribuyen a la estabilidad del sistema financiero en su conjunto.

3. Las entidades financieras que no sean microempresas llevarán a cabo una evaluación del riesgo cada vez que se produzca un cambio importante en la infraestructura de las redes y los sistemas de información, en los procesos o procedimientos que afecten a sus funciones empresariales sustentadas por TIC, activos de información o activos de TIC.

El artículo 7, apartado 3, del Reglamento Europeo 2022/2554 establece que las entidades financieras, con excepción de las microempresas, deberán realizar una evaluación del riesgo cada vez que ocurra un cambio significativo en su infraestructura tecnológica, en sus procesos o en sus procedimientos que afecten a las funciones empresariales sustentadas por TIC, a los activos de información o a los activos tecnológicos relacionados. Esta obligación tiene como objetivo garantizar que las entidades identifiquen y gestionen de manera proactiva los riesgos derivados de cambios que puedan tener implicaciones importantes para la seguridad, continuidad operativa y resiliencia de las tecnologías que sustentan sus operaciones.

El artículo destaca la importancia de abordar los riesgos no solo desde una perspectiva estática, sino también dinámica, reconociendo que los cambios en la infraestructura tecnológica o en los procesos operativos pueden introducir nuevos riesgos o alterar las interdependencias existentes. La norma también subraya la necesidad de que las entidades realicen evaluaciones específicas para cada cambio importante, adoptando un enfoque adaptativo y basado en riesgos que permita anticiparse a posibles vulnerabilidades, fallos o impactos adversos.

1. Aplicación específica a entidades que no sean microempresas: La norma excluye explícitamente a las microempresas de esta obligación, en línea con el principio de proporcionalidad establecido en el artículo 4 del Reglamento. Esto se debe a que las microempresas, debido a su tamaño reducido y la menor complejidad de sus operaciones, suelen enfrentar riesgos tecnológicos más limitados en comparación con entidades más grandes. Sin embargo, para las demás entidades, la obligación de realizar evaluaciones del riesgo en respuesta a cambios importantes refleja la necesidad de una gestión más rigurosa y estructurada del riesgo TIC, dado el mayor impacto potencial de cualquier fallo o vulnerabilidad.

En la práctica, esto significa que las pequeñas, medianas y grandes entidades financieras deben implementar procesos específicos para identificar, evaluar y gestionar los riesgos asociados con cualquier cambio importante en su infraestructura o procedimientos.

2. Definición de cambios importantes: El artículo no define explícitamente qué constituye un "cambio importante", lo que implica que las entidades deben desarrollar criterios internos para identificar dichos cambios. En general, un cambio puede considerarse importante si tiene el potencial de afectar de manera significativa la seguridad, disponibilidad, integridad o confidencialidad de los sis-

temas TIC, los activos de información o las funciones empresariales críticas.

En la práctica, esto puede incluir:

- Cambios tecnológicos: Migraciones a la nube, actualizaciones importantes de software, instalación de nuevos sistemas o equipos, implementación de nuevas tecnologías como inteligencia artificial o blockchain, y desmantelamiento de sistemas heredados.
- Cambios en los procesos: Rediseño de flujos de trabajo, automatización de tareas críticas o cambios en la gestión de datos sensibles.
- Cambios en la infraestructura: Reubicación de centros de datos, integración de sistemas tras una fusión o adquisición, o subcontratación de servicios tecnológicos a terceros.

Por ejemplo, una entidad financiera que decide migrar sus operaciones a un proveedor de nube pública deberá realizar una evaluación exhaustiva del riesgo para identificar posibles vulnerabilidades relacionadas con la transferencia de datos, el cumplimiento normativo, la continuidad operativa y la seguridad del proveedor.

3. Objetivo de la evaluación del riesgo: El principal objetivo de la evaluación del riesgo es identificar, analizar y mitigar los riesgos potenciales asociados con el cambio, asegurando que las medidas de control y protección existentes sean suficientes o, en su defecto, implementando controles adicionales para gestionar los nuevos riesgos identificados. Esto incluye evaluar tanto los riesgos internos, como la exposición a vulnerabilidades tecnológicas, como los riesgos externos, tales como posibles ciberamenazas que puedan aprovecharse de las nuevas configuraciones o cambios.

   En la práctica, esta evaluación debe incluir:

   - Identificación de riesgos: Analizar cómo el cambio afecta la infraestructura, los sistemas y los datos críticos de la entidad.
   - Análisis de impacto: Evaluar las posibles consecuencias de los riesgos identificados, tanto a nivel operativo como financiero y reputacional.
   - Definición de controles: Proponer medidas de mitigación específicas, como configuraciones de seguridad, pruebas de sistemas y controles de acceso, para gestionar los riesgos detectados.

Por ejemplo, si una entidad implementa un sistema de autenticación biométrica para sus clientes, deberá evaluar los riesgos asociados, como posibles ataques dirigidos al sistema biométrico, errores en la identificación o la pérdida de datos biométricos, y establecer medidas de mitigación como cifrado avanzado y pruebas de resiliencia.

4. Proceso de evaluación como parte del marco general de gestión de riesgos: La evaluación del riesgo relacionada con cambios importantes debe integrarse en el marco general de gestión de riesgos TIC de la entidad, tal como se exige en el artículo 6 del Reglamento. Esto asegura que las evaluaciones sean coherentes con las políticas y procedimientos de gestión de riesgos existentes y que se realicen de manera sistemática y documentada.

   En términos prácticos, las entidades deben establecer un proceso estructurado que contemple:

   - Detección temprana de cambios importantes: Mecanismos para identificar y clasificar cambios en la infraestructura, procesos o procedimientos.
   - Planificación de la evaluación del riesgo: Asignación de responsables, recursos y cronogramas para realizar la evaluación.
   - Revisión y aprobación: Validación de los resultados de la evaluación y de las medidas de mitigación propuestas por parte del órgano de dirección o de la función de gestión de riesgos.

Por ejemplo, antes de implementar una nueva herramienta de inteligencia artificial para análisis de datos, una entidad debe realizar una evaluación de riesgos para analizar posibles problemas relacionados con la precisión de los algoritmos, el manejo de datos confidenciales y la interoperabilidad con otros sistemas tecnológicos.

5. Documentación y registro de las evaluaciones de riesgo: La norma exige implícitamente que las evaluaciones del riesgo sean documentadas de manera adecuada, permitiendo a la entidad demostrar que ha cumplido con esta obligación en caso de ser requerida por las autoridades competentes. La documentación debe incluir detalles sobre el cambio evaluado, los riesgos identificados, las medidas de mitigación adoptadas y los resultados finales de la evaluación.

   En la práctica, esto implica mantener registros formales de todas las evaluaciones realizadas, que incluyan:

   - Descripción detallada del cambio importante.

- Identificación de los riesgos asociados y su impacto potencial.
- Controles implementados para gestionar los riesgos.
- Resultados de pruebas posteriores al cambio, si corresponde.

Por ejemplo, una entidad que externaliza parte de sus servicios tecnológicos a un proveedor tercero deberá documentar todos los riesgos asociados con esta decisión, incluyendo el análisis de seguridad del proveedor, las cláusulas contractuales de mitigación de riesgos y los procedimientos de monitoreo continuo.

6. Frecuencia y disparadores de las evaluaciones: El artículo establece que la evaluación debe realizarse cada vez que se produzca un cambio importante, lo que implica que estas evaluaciones no están sujetas a un cronograma fijo, sino que dependen de los eventos o decisiones que introduzcan cambios significativos en la infraestructura tecnológica o los procedimientos de la entidad.

En la práctica, esto exige que las entidades implementen procesos de monitoreo continuo que les permitan identificar oportunamente los cambios que podrían requerir una evaluación del riesgo. Por ejemplo, un comité de tecnología podría revisar periódicamente los proyectos tecnológicos en curso y determinar cuáles califican como "cambios importantes" que desencadenan la obligación de evaluación.

El incumplimiento de esta norma puede exponer a las entidades financieras a varios riesgos y consecuencias negativas, tales como:

- Vulnerabilidades no detectadas: La falta de evaluación del riesgo puede dejar a la entidad expuesta a fallos, ciberataques o interrupciones operativas derivadas de cambios importantes.
- Sanciones regulatorias: Las autoridades competentes pueden imponer multas o restricciones operativas a las entidades que no realicen las evaluaciones requeridas.
- Impactos financieros y reputacionales: Un fallo en la infraestructura tecnológica o en los procesos puede generar pérdidas económicas significativas, pérdida de confianza de los clientes y daños a la reputación de la entidad.

El artículo 7, apartado 3, del Reglamento Europeo 2022/2554 establece una obligación esencial para las entidades financieras, excepto las microempresas, de realizar evaluaciones del riesgo cada vez que se produzcan cambios importantes en la infraestructura tecnológica, los procesos o los procedimientos que afecten sus funciones empresariales, activos de información o TIC. Estas evaluaciones son fundamentales para garantizar que los riesgos asociados con los cambios sean identificados y gestionados de manera proactiva, minimizando la exposición a incidentes y garantizando la continuidad operativa.

El cumplimiento efectivo de esta norma requiere que las entidades implementen procesos de detección de cambios importantes, realicen evaluaciones de riesgos detalladas y documentadas, y adopten medidas de mitigación específicas para abordar los riesgos identificados. Al hacerlo, no solo protegen sus operaciones y a sus clientes, sino que también aseguran el cumplimiento normativo y refuerzan su capacidad para responder a un entorno tecnológico y operativo en constante evolución.

4. Las entidades financieras identificarán todos los activos de información y activos de TIC, incluidos los que se encuentren en emplazamientos remotos, recursos de red y equipos de hardware, y cartografiarán aquellos considerados esenciales. Cartografiarán la configuración de los activos de información y activos de TIC y los vínculos e interdependencias entre los distintos activos de información y activos de TIC.

El artículo 7, apartado 4, del Reglamento Europeo 2022/2554 establece que las entidades financieras tienen la obligación de identificar exhaustivamente todos sus activos de información y activos de tecnologías de la información y las comunicaciones (TIC), incluidos aquellos localizados en emplazamientos remotos, recursos de red y equipos de hardware. Asimismo, las entidades deben realizar un cartografiado de los activos esenciales y de su configuración, así como de los vínculos e interdependencias entre los distintos activos. Esta norma subraya la importancia de contar con una visión integral y actualizada de los componentes tecnológicos e informáticos que sustentan las operaciones de la entidad, con el fin de gestionar de manera eficaz los riesgos relacionados con las TIC, garantizar la continuidad operativa y reforzar la resiliencia frente a incidentes tecnológicos.

La disposición reconoce que, en el entorno financiero contemporáneo, las entidades gestionan infraestructuras tecnológicas cada vez más complejas, distribuidas y, en muchos casos, subcontratadas a terceros. Esto plantea el desafío de mantener un control riguroso sobre todos los activos tecnológicos y de información, especialmente aquellos que son críticos para la operativa diaria. La obligación de identificar y cartografiar estos activos no solo fortalece la capacidad de las entidades para proteger sus operaciones, sino que también contribuye a una gestión más proactiva y estructurada del riesgo tecnológico.

1. Identificación exhaustiva de los activos de información y activos TIC: El Reglamento exige que las entidades financieras identifiquen todos los activos tecnológicos e informáticos bajo su control, incluyendo aquellos que se encuentren en emplazamientos remotos. Los activos de información incluyen bases de datos, documentos digitales, registros de clientes y cualquier otro recurso de información utilizado por la entidad, mientras que los activos TIC abarcan software, hardware, sistemas de red, servidores, dispositivos de almacenamiento y recursos de comunicación.

En la práctica, esta obligación implica la creación de un inventario detallado que documente cada activo, su ubicación, su función dentro de la organización y su nivel de criticidad. Por ejemplo, una entidad financiera debe incluir en su inventario los servidores físicos y virtuales que albergan bases de datos de clientes, los sistemas de gestión de transacciones y los dispositivos móviles utilizados por el personal para acceder a sistemas corporativos.

2. Inclusión de activos en emplazamientos remotos: La obligación de identificar activos ubicados en emplazamientos remotos refleja la realidad de que muchas entidades financieras operan en entornos distribuidos, ya sea mediante oficinas satélite, centros de datos externos, servicios en la nube o dispositivos utilizados en modelos de trabajo remoto. Estos activos pueden ser igualmente críticos para la continuidad de las operaciones y deben ser considerados dentro del marco de gestión de riesgos TIC.

En la práctica, esto implica que las entidades deben identificar y gestionar no solo los activos localizados en sus oficinas principales, sino también aquellos ubicados en centros de datos externos, servicios en la nube contratados con terceros y dispositivos personales utilizados bajo políticas de "trae tu propio dispositivo" (BYOD). Por ejemplo, un banco que almacena datos de clientes en un servicio de nube pública debe incluir este recurso en su inventario y garantizar que se gestionen adecuadamente los riesgos asociados.

3. Cartografiado de activos esenciales: El Reglamento determina que las entidades identifiquen y cartografíen los activos considerados esenciales para sus operaciones. Los activos esenciales son aquellos que sustentan funciones críticas, cuya interrupción o pérdida podría tener un impacto significativo en la operativa de la entidad, la protección de los datos de los clientes o el cumplimiento normativo. El cartografiado de estos activos debe proporcionar una represen-

tación visual o lógica que detalle cómo se interrelacionan y cómo apoyan las funciones empresariales.

En la práctica, esto podría incluir la elaboración de diagramas o mapas de interdependencias que muestren cómo los sistemas de gestión de pagos, las bases de datos de clientes y los servidores de almacenamiento interactúan para soportar las operaciones diarias. Por ejemplo, una entidad que gestiona servicios de pago en línea puede crear un mapa que detalle cómo el servidor de la pasarela de pagos interactúa con los sistemas de autenticación y las bases de datos que almacenan información de las tarjetas de los clientes.

4. Cartografiado de la configuración de los activos y de los vínculos e interdependencias: Además de identificar los activos, las entidades deben documentar su configuración y los vínculos e interdependencias entre ellos. Esto incluye detalles técnicos sobre cómo están configurados los activos (por ejemplo, políticas de acceso, sistemas operativos y software instalado) y cómo dependen unos de otros para cumplir con las funciones empresariales.

En términos prácticos, esta obligación permite a las entidades comprender cómo un fallo en un activo puede propagarse y afectar a otros activos o sistemas. Por ejemplo, un fallo en un sistema de autenticación podría bloquear el acceso a sistemas críticos, interrumpiendo operaciones importantes. Mediante el cartografiado de las interdependencias, la entidad puede identificar puntos de fallo único y priorizar medidas de mitigación, como redundancias o sistemas de respaldo.

5. Importancia de un inventario dinámico y actualizado: Dado que los activos TIC y de información pueden cambiar con frecuencia debido a actualizaciones, adquisiciones de nuevos sistemas o eliminación de activos obsoletos, es esencial que el inventario y el cartografiado sean dinámicos y se mantengan actualizados. Esto permite a las entidades adaptarse a cambios en su infraestructura tecnológica y a amenazas emergentes, asegurando que la gestión de riesgos esté alineada con la realidad operativa.

En la práctica, esto requiere la implementación de procesos automatizados o semiautomatizados para detectar y registrar cambios en los activos TIC. Por ejemplo, herramientas de gestión de activos pueden integrarse con sistemas de monitoreo para identificar automáticamente la incorporación de nuevos dispositivos o aplicaciones y actualizar el inventario en consecuencia.

6. Relevancia para la continuidad operativa y la gestión de incidentes: La identificación y el cartografiado de activos son fundamentales para garantizar la continuidad operativa y responder eficazmente a incidentes relacionados con las TIC. Al contar con una visión clara de sus activos esenciales y de las interdependencias entre ellos, las entidades pueden diseñar planes de recuperación más efectivos y minimizar el tiempo de inactividad en caso de interrupciones.

Por ejemplo, en caso de un ataque de ransomware que afecte una base de datos crítica, un mapa actualizado de los activos puede ayudar a identificar rápidamente las dependencias afectadas, permitiendo a la entidad priorizar los esfuerzos de recuperación y restaurar los sistemas en el menor tiempo posible.

El incumplimiento de las obligaciones establecidas en este artículo puede generar una serie de consecuencias negativas para las entidades financieras:

- Riesgos operativos: La falta de un inventario y cartografiado adecuados puede dificultar la identificación de activos críticos y aumentar la vulnerabilidad a fallos, ciberataques o interrupciones.
- Ineficiencia en la respuesta a incidentes: Sin una visión clara de los activos y sus interdependencias, las entidades pueden enfrentar retrasos significativos al intentar resolver incidentes, lo que puede prolongar el tiempo de inactividad y aumentar los daños financieros y reputacionales.
- Sanciones regulatorias: Las autoridades competentes pueden imponer multas o restricciones operativas a las entidades que no cumplan con los requisitos de identificación y cartografiado de activos.
- Impactos financieros y reputacionales: Los fallos en la gestión de activos pueden dar lugar a interrupciones de los servicios, pérdida de datos sensibles y pérdida de confianza por parte de los clientes.

El artículo 7, apartado 4, del Reglamento Europeo 2022/2554 establece una obligación fundamental para las entidades financieras: identificar, documentar y cartografiar todos los activos de información y activos TIC, incluidos los que se encuentran en emplazamientos remotos, así como sus configuraciones, vínculos e interdependencias. Esta disposición es esencial para garantizar una gestión eficaz de los riesgos tecnológicos, proteger los activos críticos y garantizar la resiliencia operativa frente a posibles incidentes relacionados con las TIC.

Cumplir con esta norma requiere que las entidades implementen procesos y herramientas de gestión de activos robustos, adopten un enfoque dinámico para mantener actualizada la información sobre sus infraestructuras tecnológicas y prioricen la protección de los activos esenciales y sus interdependencias. Al hacerlo, las entidades no solo fortalecen su capacidad para gestionar riesgos y responder a incidentes, sino que también cumplen con sus obligaciones regulatorias y contribuyen a la estabilidad del sistema financiero en su conjunto.

5. Las entidades financieras identificarán y documentarán todos los procesos que dependan de proveedores terceros de servicios de TIC, e identificarán las interconexiones con proveedores terceros de servicios de TIC que presten servicios que sustenten funciones esenciales o importantes.

El artículo 7, apartado 5, del Reglamento Europeo 2022/2554 establece la obligación para las entidades financieras de identificar y documentar todos los procesos operativos que dependan de proveedores terceros de servicios de tecnologías de la información y las comunicaciones. Además, impone la obligación de identificar las interconexiones con dichos proveedores, particularmente aquellos que prestan servicios que sustentan funciones esenciales o importantes para la entidad. Este artículo tiene como objetivo garantizar que las entidades financieras comprendan completamente su dependencia de terceros, las interacciones entre los sistemas y procesos internos y externos, y los riesgos que estas relaciones pueden generar, especialmente en el caso de servicios críticos para la operativa o el cumplimiento normativo.

La relevancia de esta norma radica en el creciente uso de servicios tecnológicos subcontratados por parte de las entidades financieras, como soluciones en la nube, plataformas de gestión de datos o sistemas de ciberseguridad. Aunque estas relaciones con terceros pueden aportar importantes beneficios en términos de eficiencia, innovación y costos, también introducen riesgos significativos relacionados con la pérdida de control, la exposición a fallos o interrupciones de los proveedores, y la posibilidad de incumplimientos normativos. Este artículo refuerza la importancia de que las entidades gestionen de forma estructurada y proactiva los riesgos relacionados con las dependencias de terceros.

1. Identificación de los procesos que dependen de proveedores terceros de servicios de TIC: El artículo exige que las entidades financieras identifiquen todos los procesos operativos que dependen de servicios proporcionados por terceros. Esto incluye procesos directamente vinculados con las operaciones de la entidad, como la

gestión de pagos, el almacenamiento de datos, la autenticación de usuarios, y procesos de soporte, como la gestión de recursos humanos o la capacitación en línea.

En la práctica, esta identificación implica mapear los procesos internos de la entidad y establecer claramente cuáles de ellos están soportados parcial o totalmente por servicios de terceros. Por ejemplo, si una entidad utiliza una plataforma en la nube para alojar su base de datos de clientes, debe identificar este proceso como dependiente de un proveedor tercero. De igual manera, si un proveedor externo administra el sistema de gestión de transacciones en tiempo real, este proceso debe ser identificado y documentado.

2. Documentación de las dependencias de proveedores terceros: Además de identificar los procesos, la norma exige que estas dependencias sean documentadas de manera adecuada. La documentación debe detallar qué proveedores están involucrados, los servicios específicos que prestan, los sistemas afectados y la relación entre los servicios externos y las operaciones internas de la entidad. Este nivel de detalle es determinante para comprender el impacto potencial de un fallo o interrupción en los servicios de un proveedor.

   En términos prácticos, esta documentación debe incluir:

   - Nombre del proveedor: Identificación clara del proveedor tercero.
   - Descripción del servicio: Detalles sobre los servicios proporcionados y los sistemas o procesos que sustentan.
   - Niveles de criticidad: Clasificación de los servicios en función de su importancia para las operaciones de la entidad.
   - Acuerdos contractuales: Información sobre los acuerdos de nivel de servicio (SLA), responsabilidades del proveedor y medidas de mitigación de riesgos.

Por ejemplo, una entidad financiera que utiliza un proveedor de servicios de recuperación ante desastres debe documentar la capacidad del proveedor para garantizar la continuidad operativa en caso de interrupciones, incluyendo los plazos de recuperación y las garantías contractuales acordadas.

3. Identificación de interconexiones con proveedores de servicios críticos: El artículo pone especial énfasis en la identificación de las interconexiones con proveedores terceros que prestan servicios que sustentan funciones esenciales o importantes. Las funciones esenciales o

importantes son aquellas cuya interrupción podría tener un impacto significativo en la capacidad de la entidad para operar o cumplir con sus obligaciones regulatorias, como la gestión de pagos, la negociación de valores o el cumplimiento de normativas de seguridad.

En la práctica, esto implica analizar cómo los sistemas y procesos de la entidad interactúan con los sistemas del proveedor y cómo un fallo en estas interconexiones podría afectar las operaciones. Por ejemplo, si una entidad utiliza una plataforma de pago proporcionada por un tercero para procesar transacciones de sus clientes, debe identificar las interdependencias técnicas y operativas entre sus propios sistemas y la plataforma del proveedor, considerando aspectos como el flujo de datos, los protocolos de seguridad y las medidas de recuperación en caso de interrupción.

4. Gestión de los riesgos derivados de las dependencias de terceros: La identificación y documentación de los procesos e interconexiones permite a las entidades gestionar de manera más efectiva los riesgos asociados con los proveedores terceros. Estos riesgos pueden incluir:
   - Fallos o interrupciones del proveedor: La indisponibilidad de un servicio crítico podría interrumpir las operaciones de la entidad, con consecuencias financieras y reputacionales.
   - Ciberamenazas: Los proveedores pueden ser un punto de entrada para ataques cibernéticos dirigidos a la entidad.
   - Cumplimiento normativo: La subcontratación de servicios tecnológicos no exime a la entidad de sus responsabilidades regulatorias, por lo que debe garantizar que los proveedores cumplan con las normativas aplicables.

En términos prácticos, la gestión de estos riesgos implica realizar evaluaciones de riesgos periódicas para los proveedores críticos, establecer controles específicos para mitigar riesgos (como auditorías de seguridad y cláusulas contractuales de cumplimiento) y desarrollar planes de contingencia para garantizar la continuidad operativa en caso de fallos. Por ejemplo, una entidad podría exigir a un proveedor de nube la implementación de cifrado de datos de extremo a extremo y la realización de pruebas regulares de recuperación ante desastres.

5. Revisión y actualización continua de la identificación y documentación: Dado que las relaciones con proveedores terceros pueden evolucionar con el tiempo, la identificación y documentación de las dependencias debe revisarse y actualizarse de manera continua. Esto asegura que los cambios en los servicios prestados, las condicio-

nes contractuales o las interdependencias sean reflejados adecuadamente en el marco de gestión de riesgos de la entidad.

En la práctica, esto requiere que las entidades implementen procesos de monitoreo para detectar cambios relevantes en sus relaciones con terceros. Por ejemplo, si un proveedor amplía su alcance para incluir nuevos servicios o tecnologías, la entidad debe evaluar cómo estos cambios afectan los riesgos y actualizar su documentación en consecuencia.

6. Preparación para la supervisión y cumplimiento regulatorio: La documentación detallada de las dependencias de terceros no solo es esencial para la gestión interna de riesgos, sino que también permite a las entidades cumplir con sus obligaciones regulatorias. Las autoridades competentes pueden requerir información sobre las dependencias de la entidad con proveedores terceros, especialmente en el caso de proveedores esenciales, para evaluar la resiliencia operativa de la entidad y su capacidad para gestionar riesgos tecnológicos.

Por ejemplo, en una inspección regulatoria, una entidad podría ser requerida a proporcionar un inventario detallado de todos los proveedores que sustentan funciones esenciales, junto con evaluaciones de riesgos, acuerdos de nivel de servicio y pruebas realizadas para verificar la eficacia de los controles implementados.

El incumplimiento de las obligaciones establecidas en este artículo puede tener diversas repercusiones negativas:

- Exposición a riesgos operativos: La falta de identificación y documentación de las dependencias con terceros puede dificultar la gestión de incidentes, aumentando la vulnerabilidad de la entidad a fallos, interrupciones y ciberataques.

- Sanciones regulatorias: Las autoridades competentes pueden imponer sanciones económicas, restricciones operativas u otras medidas correctivas a las entidades que no cumplan con los requisitos establecidos.

- Impactos financieros y reputacionales: Un fallo en los servicios de un proveedor crítico puede generar pérdidas económicas significativas, incumplimientos contractuales y pérdida de confianza por parte de los clientes.

El artículo 7, apartado 5, del Reglamento Europeo 2022/2554 establece una obligación fundamental para las entidades financieras de identificar y documentar todos los procesos dependientes de proveedores terceros de servicios TIC, así como las interconexiones relacionadas con funciones esenciales o importantes. Este enfoque permite a las entidades gestionar de manera más efectiva los riesgos asociados con las dependencias de terceros, garantizar la continuidad operativa y cumplir con sus responsabilidades regulatorias.

Para cumplir con esta norma, las entidades deben implementar procesos estructurados de identificación y documentación, realizar evaluaciones de riesgos específicas para los proveedores críticos, y actualizar periódicamente la información sobre sus dependencias. Al hacerlo, las entidades no solo fortalecen su resiliencia operativa, sino que también protegen a sus clientes y contribuyen a la estabilidad del sistema financiero en su conjunto.

6. A los efectos de los apartados 1, 4 y 5, las entidades financieras mantendrán los inventarios pertinentes y los actualizarán periódicamente y cada vez que se produzcan los cambios importantes a que se refiere el apartado 3.

El artículo 7, apartado 6, del Reglamento Europeo 2022/2554 establece la obligación para las entidades financieras de mantener inventarios pertinentes que incluyan información sobre los aspectos cubiertos en los apartados 1, 4 y 5 del mismo artículo. Estos inventarios deben ser actualizados periódicamente, así como cada vez que se produzcan cambios importantes en la infraestructura, procesos o procedimientos tecnológicos, según lo previsto en el apartado 3. Esta disposición refuerza la importancia de disponer de una visión clara, actualizada y estructurada de los activos tecnológicos, las funciones empresariales que dependen de ellos y las relaciones con proveedores terceros. Además, garantiza que la gestión de riesgos tecnológicos se base en información precisa y actualizada, permitiendo a las entidades responder de manera proactiva a los riesgos y adaptarse a un entorno operativo en constante cambio.

Los inventarios, al ser un registro sistemático de los activos, interconexiones y dependencias, constituyen una herramienta esencial para la gestión de riesgos relacionados con las tecnologías de la información y las comunicaciones (TIC). La periodicidad de las actualizaciones y la obligación de revisarlos tras cambios significativos son factores tendentes a asegurar que los inventarios reflejen la realidad operativa de las entidades y respalden la toma de decisiones informada.

1. Obligación de mantener inventarios pertinentes: El artículo establece que las entidades financieras deben mantener inventarios pertinentes en relación con:

- El apartado 1: La identificación, clasificación y documentación de funciones empresariales sustentadas por TIC, activos de información y activos TIC, incluyendo sus dependencias en relación con los riesgos tecnológicos.
- El apartado 4: La identificación de todos los activos de información y activos TIC, incluidos aquellos en emplazamientos remotos, así como la cartografía de los activos esenciales, su configuración, vínculos e interdependencias.
- El apartado 5: La identificación y documentación de los procesos que dependen de proveedores terceros de servicios TIC y las interconexiones con dichos proveedores, particularmente cuando sustentan funciones esenciales o importantes.

Estos inventarios deben proporcionar una visión completa y estructurada de los elementos tecnológicos críticos para la operativa de la entidad y servir como base para la gestión de riesgos relacionados con las TIC.

En la práctica, esto implica que las entidades deben implementar sistemas de gestión de activos y procesos para recopilar, organizar y almacenar la información pertinente en un formato accesible y útil para la toma de decisiones. Por ejemplo, un inventario puede incluir información detallada sobre cada activo tecnológico, su ubicación, propietario, configuración, función operativa, nivel de criticidad y riesgos asociados.

2. Periodicidad de las actualizaciones: La norma establece que los inventarios deben ser actualizados periódicamente. Esto implica que las entidades financieras deben establecer intervalos regulares para revisar y actualizar sus registros, garantizando que la información sea precisa y refleje cualquier cambio en el entorno tecnológico, las operaciones o los riesgos. La periodicidad puede depender del tamaño, complejidad y perfil de riesgo de cada entidad, pero debe ser lo suficientemente frecuente como para evitar obsolescencias en los datos.

En la práctica, muchas entidades optan por actualizar sus inventarios de forma trimestral o semestral, dependiendo de la velocidad de cambio en sus operaciones tecnológicas. Por ejemplo, una entidad con un alto grado de digitalización o que utilice múltiples servicios subcontratados puede necesitar actualizaciones más frecuentes para reflejar las modificaciones en su infraestructura tecnológica.

3. Actualización tras cambios importantes: El artículo también establece la obligación de actualizar los inventarios cada vez que se pro-

duzcan cambios importantes en la infraestructura tecnológica, los procesos o los procedimientos, según lo indicado en el apartado 3 del Reglamento. Estos cambios incluyen, entre otros, migraciones a nuevos sistemas, implementación de nuevas tecnologías, cambios en los proveedores tecnológicos, reubicación de centros de datos y rediseño de procesos críticos.

En la práctica, esto implica que las entidades deben contar con procesos automatizados o semiautomatizados para detectar cambios en su infraestructura tecnológica y asegurarse de que dichos cambios sean reflejados en los inventarios de manera oportuna. Por ejemplo, si una entidad decide externalizar su gestión de bases de datos a un proveedor en la nube, debe actualizar su inventario para incluir información sobre el nuevo proveedor, los servicios contratados y las dependencias relacionadas.

4. Elementos mínimos que deben incluir los inventarios: Los inventarios deben ser lo suficientemente detallados como para cumplir con las obligaciones establecidas en los apartados 1, 4 y 5 del artículo 7. Esto incluye:

- Para el apartado 1: Información sobre las funciones empresariales, activos de información y TIC, clasificación de su criticidad y dependencias en relación con los riesgos.
- Para el apartado 4: Información sobre todos los activos identificados, incluyendo ubicación, configuración, vínculos e interdependencias, así como la identificación de activos esenciales.
- Para el apartado 5: Información sobre los procesos dependientes de terceros, proveedores involucrados, interconexiones y acuerdos contractuales relevantes.

En la práctica, un inventario adecuado puede incluir:

- Una lista detallada de servidores, bases de datos, aplicaciones, sistemas operativos y dispositivos de hardware utilizados por la entidad.
- Diagramas de interdependencias que muestren cómo los diferentes sistemas interactúan entre sí.
- Información sobre los proveedores terceros, incluyendo nombres, servicios prestados, acuerdos de nivel de servicio (SLA) y medidas de mitigación de riesgos.

5. Herramientas y tecnologías para la gestión de inventarios: Para cumplir con esta obligación, las entidades financieras deben adoptar herramientas tecnológicas que les permitan gestionar sus inventarios de manera eficiente, especialmente en contextos donde la infraestructura tecnológica es compleja y dinámica. Las soluciones de gestión de activos TIC y las plataformas de monitoreo de redes son particularmente útiles para automatizar la recopilación de datos y mantener los inventarios actualizados en tiempo real.

Por ejemplo, una entidad puede utilizar un sistema de gestión de configuración (CMS) para rastrear automáticamente los cambios en sus activos tecnológicos, identificar nuevas dependencias y generar alertas cuando se detecten modificaciones importantes. Estas herramientas también permiten generar reportes en tiempo real que pueden ser utilizados para cumplir con los requerimientos de supervisión por parte de las autoridades competentes.

6. Importancia para la resiliencia operativa y la gestión de riesgos: Mantener inventarios actualizados es determinante para garantizar la resiliencia operativa de las entidades financieras. Estos inventarios no solo permiten a las entidades comprender mejor su entorno tecnológico, sino que también les ayudan a:

   - Responder eficazmente a incidentes: Los inventarios actualizados facilitan la identificación de activos afectados en caso de un incidente relacionado con las TIC y permiten priorizar las medidas de recuperación.
   - Mitigar riesgos de terceros: La documentación de las interconexiones con proveedores terceros permite identificar posibles puntos de fallo único y desarrollar planes de contingencia.
   - Cumplir con requisitos regulatorios: Los inventarios detallados demuestran el cumplimiento de las obligaciones normativas y fortalecen la confianza de las autoridades competentes en la capacidad de gestión de riesgos de la entidad.

Por ejemplo, si una entidad sufre un ciberataque dirigido a su sistema de gestión de pagos, un inventario actualizado permitirá identificar rápidamente los servidores afectados, las interdependencias con otros sistemas y las medidas de respaldo disponibles.

El incumplimiento de las obligaciones establecidas en este artículo puede generar diversas consecuencias negativas:

- Exposición a riesgos operativos: La falta de inventarios actualizados puede dificultar la identificación y mitigación de riesgos, aumentando la vulnerabilidad a incidentes relacionados con las TIC.
- Ineficiencia en la gestión de incidentes: Sin inventarios actualizados, las entidades pueden enfrentar retrasos en la resolución de incidentes, lo que puede agravar el impacto operativo, financiero y reputacional.
- Sanciones regulatorias: Las autoridades competentes pueden imponer sanciones económicas o medidas restrictivas a las entidades que no cumplan con los requisitos de mantener y actualizar sus inventarios.
- Pérdida de confianza: Los clientes, socios comerciales y otras partes interesadas pueden perder la confianza en la entidad si esta no puede garantizar una gestión adecuada de sus activos tecnológicos.

El artículo 7, apartado 6, del Reglamento Europeo 2022/2554 establece la obligación para las entidades financieras de mantener inventarios detallados y actualizados que cubran las funciones empresariales sustentadas por TIC, los activos tecnológicos e informáticos, y las dependencias con proveedores terceros. Esta disposición es esencial para garantizar una gestión eficaz de los riesgos relacionados con las TIC, asegurar la resiliencia operativa y cumplir con las responsabilidades regulatorias.

Cumplir con esta norma requiere que las entidades implementen sistemas y procesos estructurados para gestionar sus inventarios, establezcan mecanismos de actualización periódica y reaccionen rápidamente a cambios importantes en su infraestructura tecnológica o en sus operaciones. Al hacerlo, las entidades no solo fortalecen su capacidad para gestionar riesgos y responder a incidentes, sino que también contribuyen a la estabilidad y confianza en el sistema financiero en su conjunto.

7. Las entidades financieras que no sean microempresas llevarán a cabo periódicamente, y al menos una vez al año, una evaluación específica del riesgo relacionado con las TIC en todos los sistemas de TIC heredados y, en cualquier caso, antes y después de conectar tecnologías, aplicaciones o sistemas.

El artículo 7, apartado 7, del Reglamento Europeo 2022/2554 establece la obligación para las entidades financieras, excluyendo a las microempresas, de realizar evaluaciones específicas del riesgo relacionado con las tecnologías de la información y las comunicaciones (TIC) en los sistemas TIC heredados. Estas evaluaciones deben llevarse a cabo de forma periódica, al menos una vez al año, y adicionalmente antes y después de conectar nuevas tecnologías, aplicaciones o sistemas. Este artículo refleja la necesidad de abordar de manera rigurosa los riesgos inherentes a los sistemas tecnológicos que, debido a su antigüedad, arquitectura o falta de compatibilidad con tecnologías modernas, pueden presentar vulnerabilidades significativas para las operaciones y la seguridad de las entidades financieras.

El concepto de sistemas TIC heredados, también conocidos como "legacy systems", se refiere a infraestructuras tecnológicas, aplicaciones o sistemas que han estado en uso durante un período prolongado y que, aunque pueden seguir cumpliendo funciones críticas, presentan desafíos en términos de mantenimiento, actualización, integración con nuevas tecnologías y capacidad para enfrentar ciberamenazas modernas. La evaluación específica de riesgos de estos sistemas es esencial para identificar vulnerabilidades, garantizar su compatibilidad con tecnologías actuales y proteger la resiliencia operativa de las entidades financieras.

1. Obligación de realizar evaluaciones específicas del riesgo en sistemas TIC heredados: El artículo establece que las entidades deben realizar evaluaciones específicas para identificar los riesgos relacionados con sus sistemas TIC heredados. Esto incluye vulnerabilidades técnicas, falta de compatibilidad con nuevas tecnologías, obsolescencia de hardware o software, y riesgos asociados con la seguridad y la integridad de los datos.

En la práctica, estas evaluaciones requieren un análisis exhaustivo de cada sistema heredado, considerando aspectos como su estado actual, las dependencias con otros sistemas, su criticidad para las operaciones de la entidad y los riesgos que pueden surgir de su mantenimiento o integración con nuevas tecnologías. Por ejemplo, un sistema de gestión de cuentas que utiliza una base de datos obsoleta podría presentar riesgos elevados de ciberseguridad debido a la falta de actualizaciones de seguridad del proveedor.

2. Periodicidad de las evaluaciones: La norma exige que estas evaluaciones se realicen al menos una vez al año, garantizando que los riesgos relacionados con los sistemas TIC heredados se revisen y actualicen de manera regular. Esto permite a las entidades monitorear continuamente la evolución de los riesgos y tomar medidas preventivas para mitigar posibles impactos.

En la práctica, esto significa que las entidades deben incluir estas evaluaciones en su calendario anual de gestión de riesgos TIC, asegurándose de que se realicen de manera estructurada y con la participación de expertos técnicos y de seguridad. Por ejemplo, una entidad podría programar una revisión anual de todos sus sistemas heredados, priorizando aquellos que sustentan funciones críticas para las operaciones.

3. Evaluaciones antes y después de conectar nuevas tecnologías, aplicaciones o sistemas: Además de la revisión anual, la norma requiere que las evaluaciones de riesgo se realicen específicamente antes y después de conectar nuevas tecnologías, aplicaciones o sistemas a los sistemas TIC heredados. Esta disposición reconoce que las integraciones con nuevas tecnologías pueden introducir vulnerabilidades adicionales o aumentar los riesgos existentes, especialmente si los sistemas heredados no están diseñados para interactuar con tecnologías modernas.

En la práctica, las evaluaciones previas a la conexión deben analizar los posibles impactos de la integración en términos de seguridad, compatibilidad y rendimiento. Por ejemplo, antes de conectar una solución de inteligencia artificial a un sistema heredado de gestión de datos, una entidad debe evaluar si el sistema heredado puede manejar los volúmenes de datos y los requerimientos de procesamiento de la nueva solución sin comprometer su estabilidad o seguridad.

Por otro lado, las evaluaciones posteriores a la conexión deben verificar si la integración se realizó correctamente, si se cumplieron las expectativas en términos de funcionalidad y seguridad, y si surgieron nuevos riesgos no previstos durante la evaluación previa. Por ejemplo, después de conectar una nueva aplicación de gestión de clientes a un sistema heredado, la entidad debe comprobar que los datos se transfieren de manera segura y que no se introdujeron vulnerabilidades en el proceso.

4. Identificación de riesgos específicos asociados con sistemas heredados: Las evaluaciones deben enfocarse en riesgos específicos relacionados con los sistemas heredados, tales como:

   - Obsolescencia: Muchos sistemas heredados utilizan hardware y software que ya no reciben soporte del proveedor, lo que dificulta la implementación de actualizaciones de seguridad y el mantenimiento adecuado.

   - Falta de compatibilidad: Los sistemas heredados pueden no ser compatibles con estándares modernos, lo que dificulta su integración con tecnologías actuales y aumenta el riesgo de errores operativos.

   - Vulnerabilidades de seguridad: La falta de soporte o de actualizaciones puede dejar los sistemas expuestos a ciberamenazas, como ataques dirigidos o explotaciones de vulnerabilidades conocidas.

- Rendimiento insuficiente: Los sistemas heredados pueden no ser capaces de manejar las demandas de procesamiento actuales, lo que podría generar interrupciones o retrasos en las operaciones.

En la práctica, estas evaluaciones requieren el uso de herramientas de análisis de vulnerabilidades, simulaciones de carga y pruebas de ciberseguridad para identificar riesgos técnicos, operativos y de seguridad en los sistemas heredados.

5. Medidas de mitigación y decisiones estratégicas: Las evaluaciones de riesgo deben culminar con la adopción de medidas específicas para mitigar los riesgos identificados. Esto puede incluir:

- Actualización de sistemas heredados: En los casos donde sea posible, actualizar el software o el hardware para reducir vulnerabilidades y mejorar la compatibilidad.

- Implementación de controles compensatorios: Utilizar tecnologías o procesos adicionales para mitigar los riesgos de seguridad, como firewalls, sistemas de detección de intrusos o soluciones de cifrado.

- Reemplazo progresivo: En casos donde los riesgos sean demasiado altos o el sistema sea insostenible, desarrollar un plan para reemplazar gradualmente el sistema heredado por una solución moderna.

Por ejemplo, si un sistema de gestión de pagos heredado no puede ser actualizado para cumplir con los estándares de seguridad actuales, la entidad podría implementar controles compensatorios, como monitoreo en tiempo real y segmentación de redes, mientras trabaja en un plan para reemplazar el sistema en el mediano plazo.

6. Documentación y supervisión: Todas las evaluaciones de riesgo realizadas en los sistemas TIC heredados deben ser documentadas de manera adecuada, incluyendo los riesgos identificados, las medidas de mitigación adoptadas y los resultados de las evaluaciones previas y posteriores a las integraciones tecnológicas. Esta documentación no solo es esencial para la gestión interna de riesgos, sino también para demostrar cumplimiento ante las autoridades competentes.

En la práctica, esto implica que las entidades deben mantener un registro centralizado de todas las evaluaciones de riesgo realizadas en sus sistemas heredados, asegurándose de que esta información sea accesible para las funciones de auditoría interna, los órganos de dirección y los supervisores regulatorios.

El incumplimiento de esta disposición puede exponer a las entidades financieras a una serie de riesgos y consecuencias negativas, tales como:

- Exposición a ciberamenazas: La falta de evaluaciones en sistemas heredados puede dejar vulnerabilidades sin abordar, aumentando la probabilidad de ataques dirigidos o explotaciones de brechas de seguridad.
- Interrupciones operativas: La falta de compatibilidad o la inestabilidad en los sistemas heredados puede generar fallos que interrumpan las operaciones críticas de la entidad.
- Sanciones regulatorias: Las autoridades competentes pueden imponer multas o medidas restrictivas a las entidades que no cumplan con sus obligaciones de evaluar y mitigar los riesgos relacionados con los sistemas TIC heredados.
- Impactos reputacionales: Las interrupciones o incidentes relacionados con sistemas heredados pueden dañar la confianza de los clientes y otras partes interesadas en la capacidad de la entidad para gestionar riesgos tecnológicos.

El artículo 7, apartado 7, del Reglamento Europeo 2022/2554 impone a las entidades financieras la obligación de realizar evaluaciones periódicas y específicas de los riesgos asociados con sus sistemas TIC heredados, así como antes y después de conectar nuevas tecnologías, aplicaciones o sistemas. Esta disposición es esencial para abordar los riesgos inherentes a los sistemas antiguos, garantizar su compatibilidad con tecnologías modernas y proteger la resiliencia operativa de las entidades.

Cumplir con esta norma requiere que las entidades implementen procesos estructurados para evaluar los riesgos de sus sistemas heredados, adopten medidas de mitigación específicas y documenten adecuadamente todas las evaluaciones realizadas. Este enfoque no solo fortalece la gestión de riesgos tecnológicos, sino que también contribuye a la estabilidad del sistema financiero y a la confianza de los clientes y las autoridades en la capacidad de la entidad para operar de manera segura y eficiente en un entorno tecnológico en constante evolución.

Artículo 9. Protección y prevención

1. Con el fin de proteger adecuadamente los sistemas de TIC y con vistas a organizar medidas de respuesta, las entidades financieras realizarán un seguimiento y un control permanentes de la seguridad y el funcionamiento de los sistemas y herramientas de TIC y minimizarán las repercusiones en dichos sistemas del ries-

go relacionado con las TIC mediante el despliegue de herramientas, políticas y procedimientos adecuados en materia de seguridad de las TIC.

El artículo 8, apartado 1, del Reglamento Europeo 2022/2554 establece una obligación esencial para las entidades financieras de realizar un seguimiento y control permanente de la seguridad y el funcionamiento de sus sistemas y herramientas de tecnologías de la información y las comunicaciones. Asimismo, exige que se minimicen las repercusiones del riesgo relacionado con las TIC mediante la implementación de herramientas, políticas y procedimientos adecuados en materia de seguridad. Este apartado refleja la importancia de adoptar un enfoque proactivo y continuo para gestionar el riesgo tecnológico, proteger la integridad, disponibilidad y confidencialidad de los sistemas TIC, y garantizar la resiliencia operativa frente a posibles incidentes de seguridad.

El artículo responde al hecho de que las entidades financieras dependen en gran medida de sistemas TIC para la realización de sus operaciones, lo que las convierte en objetivos de ciberamenazas y otros riesgos tecnológicos. El cumplimiento de esta norma no solo permite gestionar y mitigar riesgos específicos, sino que también refuerza la confianza de los clientes, socios y reguladores en la capacidad de las entidades para operar de manera segura en un entorno digitalizado.

1. Seguimiento y control permanente de la seguridad y funcionamiento de los sistemas TIC: El artículo exige que las entidades financieras realicen un monitoreo continuo de la seguridad y el desempeño de sus sistemas y herramientas TIC. Esto implica establecer capacidades de vigilancia tecnológica para detectar, analizar y responder a posibles incidentes de seguridad en tiempo real, asegurando que los sistemas funcionen de manera adecuada y sin interrupciones.

En la práctica, esta obligación requiere la implementación de sistemas avanzados de monitoreo, como Centros de Operaciones de Seguridad (SOC), herramientas de detección y respuesta de amenazas (EDR) y plataformas de gestión de eventos e información de seguridad (SIEM). Estas herramientas permiten a las entidades supervisar continuamente su infraestructura tecnológica, identificar actividades anómalas y responder de manera efectiva a amenazas potenciales.

Por ejemplo, una entidad financiera puede utilizar un SIEM para recopilar y correlacionar datos de múltiples fuentes (como redes, servidores y aplicaciones) con el fin de detectar patrones inusuales que puedan indicar intentos de acceso no autorizado o ciberataques en curso.

2. Minimización de las repercusiones del riesgo relacionado con las TIC: El Reglamento establece que las entidades deben adoptar medidas específicas para minimizar las repercusiones que los riesgos relacionados con las TIC puedan tener en sus sistemas. Esto incluye riesgos derivados de ciberamenazas, fallos técnicos, errores humanos, interrupciones operativas y dependencias de terceros.

   En la práctica, esta obligación implica que las entidades deben:

   - Identificar riesgos específicos: Analizar las amenazas y vulnerabilidades que afectan a sus sistemas TIC.
   - Priorizar riesgos críticos: Identificar y abordar primero aquellos riesgos que puedan tener un impacto significativo en las operaciones de la entidad.
   - Adoptar medidas de mitigación: Implementar controles específicos para proteger los sistemas TIC frente a los riesgos identificados.

Por ejemplo, si una entidad identifica que un servidor crítico está expuesto a vulnerabilidades debido a software desactualizado, debe tomar medidas como instalar actualizaciones de seguridad, implementar controles de acceso más estrictos o trasladar los servicios a una infraestructura más segura.

3. Despliegue de herramientas adecuadas en materia de seguridad TIC: El artículo subraya la necesidad de utilizar herramientas tecnológicas diseñadas para proteger los sistemas TIC frente a ciberamenazas y otros riesgos. Estas herramientas pueden incluir:

   - Sistemas de prevención y detección de intrusos (IDS/IPS): Para detectar y bloquear actividades maliciosas en las redes.
   - Soluciones de gestión de accesos y autenticación: Como autenticación multifactor (MFA) para garantizar que solo los usuarios autorizados accedan a los sistemas.
   - Cifrado de datos: Para proteger la información sensible frente a accesos no autorizados.
   - Sistemas de respaldo y recuperación: Para garantizar que los datos puedan restaurarse rápidamente en caso de incidentes.

En la práctica, estas herramientas deben integrarse en un marco de seguridad holístico que permita a las entidades gestionar de manera efectiva la seguridad de sus sistemas TIC. Por ejemplo, una entidad podría implementar un sistema de cifrado de extremo a extremo para proteger los datos financieros de los clientes, asegurándose de que permanezcan seguros incluso si son interceptados durante su transmisión.

4. Despliegue de políticas adecuadas en materia de seguridad TIC: El artículo también establece que las entidades deben desarrollar y mantener políticas claras y específicas en materia de seguridad TIC. Estas políticas deben abordar aspectos como la gestión de accesos, la protección de datos, la seguridad de redes, la respuesta a incidentes y la capacitación del personal.

   En la práctica, las políticas de seguridad TIC deben:

   - Definir responsabilidades: Especificar las funciones y responsabilidades de cada empleado en relación con la seguridad de los sistemas TIC.
   - Establecer reglas claras: Incluir directrices sobre el uso aceptable de los sistemas tecnológicos, la gestión de contraseñas, la manipulación de datos sensibles y la notificación de incidentes de seguridad.
   - Cumplir con estándares regulatorios: Asegurar que las políticas estén alineadas con los requisitos normativos aplicables.

Por ejemplo, una política de gestión de accesos puede establecer que todos los usuarios deben cambiar sus contraseñas regularmente y que el acceso a sistemas críticos solo se otorgará a empleados con roles específicos.

5. Despliegue de procedimientos en materia de seguridad TIC: Además de políticas, las entidades deben establecer procedimientos operativos para implementar las medidas de seguridad TIC en el día a día. Estos procedimientos deben detallar los pasos necesarios para prevenir, detectar y responder a incidentes relacionados con la seguridad tecnológica.

   En la práctica, los procedimientos pueden incluir:

   - Pruebas regulares de vulnerabilidades: Realizar análisis de seguridad para identificar y abordar vulnerabilidades en los sistemas TIC.
   - Simulaciones de respuesta a incidentes: Organizar ejercicios prácticos para probar la capacidad de la entidad para responder a ciberataques u otros incidentes tecnológicos.

- Gestión de actualizaciones de software: Establecer procedimientos para garantizar que todos los sistemas TIC se actualicen regularmente con parches de seguridad.

Por ejemplo, un procedimiento de respuesta a incidentes puede especificar los pasos a seguir en caso de un ataque de ransomware, incluyendo la desconexión inmediata de los sistemas afectados, la evaluación del alcance del daño y la restauración de los datos desde copias de seguridad.

6. Importancia del enfoque proactivo y continuo: El enfoque continuo y proactivo requerido por este artículo es esencial para gestionar riesgos en un entorno tecnológico dinámico y en constante evolución. Las amenazas cibernéticas evolucionan rápidamente, por lo que las entidades deben estar preparadas para detectar y abordar incidentes antes de que causen daños significativos.

En la práctica, esto significa que las entidades deben implementar un ciclo de mejora continua en su gestión de riesgos TIC, revisando regularmente la eficacia de sus herramientas, políticas y procedimientos, e incorporando lecciones aprendidas de incidentes pasados.

El incumplimiento de esta norma puede tener diversas consecuencias negativas para las entidades financieras:

- Mayor exposición a ciberamenazas: La falta de monitoreo continuo o de medidas adecuadas de seguridad TIC aumenta la probabilidad de sufrir ciberataques o interrupciones operativas.
- Impactos financieros y reputacionales: Los incidentes relacionados con la seguridad TIC pueden generar pérdidas financieras, sanciones regulatorias y daños a la reputación de la entidad.
- Sanciones regulatorias: Las autoridades competentes pueden imponer multas o restricciones operativas a las entidades que no cumplan con sus obligaciones en materia de seguridad TIC.

El artículo 8, apartado 1, del Reglamento Europeo 2022/2554 establece una obligación fundamental para las entidades financieras de realizar un monitoreo continuo de la seguridad y el funcionamiento de sus sistemas TIC, y de minimizar las repercusiones del riesgo relacionado con las TIC mediante el despliegue de herramientas, políticas y procedimientos adecuados. Esta norma refuerza la necesidad de adoptar un enfoque proactivo y holístico para gestionar la seguridad tecnológica y proteger la resiliencia operativa de las entidades.

Cumplir con esta disposición requiere la implementación de tecnologías avanzadas de monitoreo, el desarrollo de políticas y procedimientos específicos, y un compromiso continuo con la mejora de la seguridad TIC. Al hacerlo, las entidades no solo protegen sus operaciones y a sus clientes, sino que también cumplen con sus responsabilidades regulatorias y fortalecen su posición en un entorno financiero cada vez más digitalizado y dependiente de la tecnología.

2. Las entidades financieras diseñarán, adquirirán y aplicarán políticas, procedimientos, protocolos y herramientas en materia de seguridad de las TIC que tengan por objeto asegurar la resiliencia, la continuidad y la disponibilidad de los sistemas de TIC, en particular aquellos que sustentan funciones esenciales o importantes, así como mantener elevados niveles de disponibilidad, autenticidad, integridad y confidencialidad de los datos, con independencia de que estén en reposo, en uso o en tránsito.

El artículo 8, apartado 2, del Reglamento Europeo 2022/2554 impone a las entidades financieras la obligación de diseñar, adquirir y aplicar políticas, procedimientos, protocolos y herramientas específicas en materia de seguridad de las tecnologías de la información y las comunicaciones con el objetivo de garantizar la resiliencia, continuidad y disponibilidad de los sistemas TIC, particularmente de aquellos que sustentan funciones esenciales o importantes. Además, estas medidas deben asegurar elevados niveles de disponibilidad, autenticidad, integridad y confidencialidad de los datos, independientemente de si estos se encuentran en reposo, en uso o en tránsito. Este artículo refuerza la necesidad de una gestión integral y proactiva de la seguridad tecnológica para proteger tanto los sistemas críticos como la información sensible que gestionan las entidades financieras.

La norma reconoce que los sistemas TIC y los datos que manejan son componentes fundamentales de las operaciones financieras y, por tanto, objetivos frecuentes de ciberamenazas y riesgos tecnológicos. Garantizar su seguridad resulta imperativo para la continuidad operativa de las entidades, sino también para la confianza de los clientes, inversores y supervisores regulatorios. Este artículo, al exigir medidas específicas para proteger tanto los sistemas como los datos, establece un marco de actuación que aborda de manera completa los riesgos tecnológicos.

1. Diseño, adquisición y aplicación de medidas de seguridad TIC: El artículo requiere que las entidades diseñen, adquieran y apliquen medidas específicas en forma de políticas, procedimientos, protocolos y herramientas de seguridad TIC. Estas medidas deben ser coherentes con la estructura operativa de cada entidad, ajustándose a su tamaño,

perfil de riesgo y complejidad tecnológica, de acuerdo con el principio de proporcionalidad previsto en el artículo 4 del Reglamento.

En la práctica, el diseño de estas medidas implica desarrollar soluciones personalizadas para abordar los riesgos tecnológicos específicos de la entidad, mientras que la adquisición permite integrar herramientas y servicios tecnológicos de terceros que complementen las capacidades internas. Por ejemplo, una entidad puede desarrollar internamente políticas de gestión de accesos y adquirir herramientas de cifrado de datos o soluciones de autenticación multifactor de proveedores externos.

La implementación efectiva requiere que estas políticas y herramientas se integren en las operaciones diarias de la entidad, lo que puede incluir la formación del personal, la automatización de procesos de seguridad y la supervisión continua para verificar su eficacia.

2. Objetivo de garantizar la resiliencia, continuidad y disponibilidad de los sistemas TIC: El Reglamento subraya que las medidas de seguridad TIC deben garantizar la resiliencia, continuidad y disponibilidad de los sistemas tecnológicos, especialmente de aquellos que sustentan funciones esenciales o importantes. La resiliencia implica que los sistemas puedan resistir y recuperarse rápidamente de incidentes, mientras que la continuidad y disponibilidad aseguran que los sistemas estén operativos en todo momento y puedan prestar los servicios necesarios sin interrupciones.

   En la práctica, esto implica adoptar una serie de medidas técnicas y organizativas, tales como:

   - Redundancia de sistemas: Implementar infraestructuras de respaldo para garantizar la continuidad en caso de fallos, como centros de datos secundarios o sistemas de conmutación por error.
   - Pruebas de recuperación: Realizar simulaciones regulares para evaluar la capacidad de los sistemas TIC para recuperarse de incidentes, como ciberataques o interrupciones operativas.
   - Monitoreo continuo: Implementar herramientas que supervisen en tiempo real el rendimiento y la seguridad de los sistemas, permitiendo detectar y abordar rápidamente cualquier anomalía.

Por ejemplo, una entidad que gestiona servicios de pago en línea puede establecer servidores redundantes en diferentes ubicaciones geográficas y realizar pruebas de recuperación periódicas para garantizar la continuidad del servicio incluso en caso de interrupciones en uno de los centros de datos.

3. Protección de funciones esenciales o importantes: **El** artículo pone un énfasis especial en los sistemas TIC que sustentan funciones esenciales o importantes, dado que su interrupción podría tener impactos significativos en las operaciones de la entidad, la estabilidad financiera o la protección de los clientes. Estas funciones incluyen, entre otras, la gestión de pagos, las operaciones de compensación y liquidación, la custodia de activos y la provisión de servicios de inversión.

En la práctica, esto implica que las entidades deben identificar y priorizar estos sistemas críticos en su marco de gestión de riesgos TIC, adoptando controles más estrictos y medidas específicas para protegerlos. Por ejemplo, los sistemas utilizados para la liquidación de transacciones deben estar protegidos con protocolos avanzados de cifrado, autenticación robusta y monitoreo constante para evitar accesos no autorizados o interrupciones.

4. Elevados niveles de disponibilidad, autenticidad, integridad y confidencialidad de los datos: El Reglamento establece que las medidas de seguridad TIC deben garantizar altos estándares en la gestión de los datos, atendiendo a los principios fundamentales de:

   - Disponibilidad: Asegurar que los datos estén accesibles cuando se necesiten, sin interrupciones ni pérdidas.
   - Autenticidad: Garantizar que los datos provengan de fuentes verificadas y confiables, evitando manipulaciones o suplantaciones.
   - Integridad: Proteger los datos frente a alteraciones no autorizadas, asegurando que se mantengan completos y precisos.
   - Confidencialidad: Prevenir accesos no autorizados a los datos, protegiendo su privacidad y sensibilidad.

   En la práctica, esto implica implementar medidas específicas como:

   - Cifrado de datos: Para garantizar la confidencialidad y proteger los datos tanto en reposo como en tránsito frente a accesos no autorizados.
   - Firmas digitales: Para asegurar la autenticidad de los datos y verificar su origen.

- Controles de acceso basados en roles: Para limitar el acceso a los datos a usuarios autorizados de acuerdo con sus funciones.
- Mecanismos de verificación de integridad: Como hash criptográficos, para detectar cualquier alteración no autorizada en los datos.

Por ejemplo, en el caso de una base de datos que contiene información financiera de clientes, la entidad podría cifrar todos los registros almacenados, implementar autenticación multifactor para los usuarios que acceden a la base de datos y utilizar algoritmos de hash para verificar la integridad de los datos después de cada transacción.

5. Protección de datos en reposo, en uso y en tránsito: El artículo aclara que las medidas de seguridad TIC deben garantizar la protección de los datos en todas sus etapas: en reposo (almacenados en servidores o dispositivos), en uso (procesados por aplicaciones o sistemas) y en tránsito (transmitidos entre sistemas o redes). Este enfoque integral asegura que los datos estén protegidos independientemente de su ubicación o estado.

   En la práctica, esto implica adoptar soluciones específicas para cada etapa, tales como:

- En reposo: Implementar cifrado de disco completo y controles de acceso físico en los centros de datos.
- En uso: Utilizar entornos seguros para el procesamiento de datos sensibles y limitar el acceso a las aplicaciones que gestionan los datos.
- En tránsito: Asegurar las comunicaciones mediante protocolos cifrados, como TLS/SSL, y tecnologías de red segura, como VPN.

Por ejemplo, una entidad que transmite información de pagos entre su aplicación móvil y sus servidores debe garantizar que la conexión esté protegida mediante cifrado TLS y autenticación de certificados.

6. Adaptación y mejora continua: El diseño, adquisición y aplicación de medidas de seguridad TIC no debe considerarse un esfuerzo estático, sino un proceso continuo que evoluciona para enfrentar nuevos riesgos, tecnologías y requisitos regulatorios. Las entidades deben revisar y actualizar regularmente sus políticas, herramientas y procedimientos, incorporando las lecciones aprendidas de incidentes pasados y adaptándose a los avances tecnológicos y normativos.

En la práctica, esto implica realizar auditorías periódicas de seguridad, evaluar la eficacia de las herramientas implementadas y ajustar las políticas y procedimientos en función de las necesidades cambiantes de la entidad y su entorno operativo.

El incumplimiento de esta norma puede generar una serie de consecuencias negativas para las entidades financieras:

- Mayor exposición a riesgos tecnológicos: La falta de medidas adecuadas puede aumentar la vulnerabilidad de los sistemas y datos frente a ciberataques, fallos técnicos o errores operativos.
- Impactos operativos y financieros: La interrupción de funciones esenciales o importantes puede causar pérdidas económicas significativas y afectar la continuidad de los servicios ofrecidos a los clientes.
- Sanciones regulatorias: Las autoridades competentes pueden imponer sanciones económicas o medidas restrictivas a las entidades que no cumplan con los requisitos del Reglamento.
- Deterioro de la confianza: Los incidentes relacionados con la seguridad TIC pueden dañar la reputación de la entidad, afectando la confianza de los clientes y otras partes interesadas.

El artículo 8, apartado 2, del Reglamento Europeo 2022/2554 establece una obligación esencial para las entidades financieras de diseñar, adquirir y aplicar políticas, procedimientos, protocolos y herramientas de seguridad TIC que garanticen la resiliencia, continuidad y disponibilidad de los sistemas críticos, y que protejan los datos en reposo, en uso y en tránsito. Este enfoque integral y proactivo permite a las entidades gestionar eficazmente los riesgos tecnológicos, cumplir con sus responsabilidades regulatorias y proteger tanto sus operaciones como a sus clientes en un entorno cada vez más digitalizado.

Cumplir con esta norma requiere un compromiso continuo con la mejora de la seguridad TIC, la adopción de tecnologías avanzadas y la implementación de controles robustos para garantizar la protección de los sistemas y datos críticos. Este enfoque no solo fortalece la resiliencia operativa de las entidades, sino que también contribuye a la estabilidad y confianza en el sistema financiero en su conjunto.

3. A fin de alcanzar los objetivos mencionados en el apartado 2, las entidades financieras utilizarán soluciones y procesos de TIC que sean adecuados de conformidad con el artículo 4. Dichas soluciones y procesos de TIC deberán:

a) garantizar la seguridad de los medios de transmisión de datos;

b) ***minimizar el riesgo de corrupción o pérdida de datos, acceso no autorizado y defectos técnicos que puedan obstaculizar la actividad empresarial;***

c) ***evitar la falta de disponibilidad, el menoscabo de la autenticidad e integridad, la vulneración de la confidencialidad y la pérdida de datos;***

d) ***garantizar que los datos estén protegidos de riesgos derivados de su gestión, incluidos los debidos a una mala administración, los relacionados con el tratamiento y los errores humanos.***

El artículo 8, apartado 3, del Reglamento Europeo 2022/2554 establece que, para cumplir con los objetivos señalados en el apartado 2, las entidades financieras deberán emplear soluciones y procesos tecnológicos adecuados según lo dispuesto en el artículo 4, que establece el principio de proporcionalidad. Este enfoque garantiza que las medidas adoptadas se ajusten al tamaño, perfil de riesgo y complejidad de cada entidad financiera. Asimismo, las soluciones y procesos tecnológicos deben cumplir con requisitos específicos destinados a garantizar la seguridad de los datos y minimizar los riesgos que puedan afectar su integridad, confidencialidad y disponibilidad, así como protegerlos frente a amenazas técnicas y humanas. Este artículo subraya la necesidad de adoptar un enfoque integral y adaptativo en la gestión de riesgos relacionados con las tecnologías de la información y las comunicaciones (TIC).

La disposición establece requisitos técnicos y organizativos claros para la gestión de riesgos tecnológicos, destacando la importancia de garantizar la protección de los datos en todas las etapas de su ciclo de vida y frente a múltiples amenazas, como errores humanos, fallos técnicos y ciberamenazas. Al requerir el uso de soluciones y procesos adecuados, la norma asegura que las entidades adopten tecnologías robustas y prácticas operativas que refuercen su resiliencia operativa digital.

1. Uso de soluciones y procesos de TIC adecuados conforme al principio de proporcionalidad: El artículo requiere que las entidades financieras seleccionen soluciones y procesos tecnológicos que sean adecuados para sus características específicas, en línea con el principio de proporcionalidad establecido en el artículo 4 del Reglamento. Esto implica que las entidades deben considerar factores como su tamaño, la complejidad de sus operaciones, el volumen de datos manejados, y la criticidad de las funciones empresariales respaldadas por sus sistemas TIC al diseñar e implementar sus medidas de seguridad tecnológica.

En la práctica, esto significa que una pequeña entidad que maneje un volumen limitado de datos y funciones empresariales menos críticas pueden implementar soluciones más simples y económicas, como firewalls básicos y soluciones de respaldo local, mientras que una entidad más grande y compleja deberá recurrir a tecnologías avanzadas, como plataformas de ciberseguridad basadas en inteligencia artificial, sistemas de prevención de intrusos (IPS) y arquitecturas de recuperación ante desastres.

Por ejemplo, un banco con operaciones globales que utiliza plataformas de pago en tiempo real deberá implementar soluciones de alta disponibilidad y monitoreo constante, mientras que una cooperativa de crédito más pequeña puede optar por soluciones menos complejas, pero igualmente robustas para su escala operativa.

2. Garantía de la seguridad de los medios de transmisión de datos (letra a): El artículo establece que las soluciones y procesos deben garantizar la seguridad de los medios de transmisión de datos, protegiendo la información durante su transferencia entre sistemas o redes. Esto incluye proteger los datos contra interceptaciones, manipulaciones o accesos no autorizados durante su tránsito.

En la práctica, esta obligación se traduce en el uso de protocolos de cifrado robustos, como TLS (Transport Layer Security) o VPN (Redes Privadas Virtuales), para proteger las conexiones y garantizar la confidencialidad e integridad de los datos transmitidos. Además, las entidades deben implementar mecanismos de autenticación para verificar que los datos sean recibidos únicamente por los destinatarios autorizados.

Por ejemplo, una entidad que transmite información sensible entre su plataforma de banca en línea y su sistema de gestión interna debe asegurarse de que todas las comunicaciones estén cifradas mediante TLS y que las conexiones sean verificadas mediante certificados digitales válidos.

3. Minimización del riesgo de corrupción o pérdida de datos, accesos no autorizados y defectos técnicos (letra b): El artículo obliga a las entidades a emplear soluciones y procesos que minimicen riesgos como la corrupción o pérdida de datos, accesos no autorizados y fallos técnicos que puedan interrumpir las actividades empresariales. Esto implica implementar controles de seguridad específicos para prevenir y mitigar estos riesgos.

   En la práctica, las entidades deben adoptar medidas como:

- Copia de seguridad periódica: Garantizar que los datos estén respaldados regularmente y almacenados en ubicaciones seguras, con capacidad de recuperación en caso de fallos técnicos o ciberataques.

- Gestión de accesos: Implementar controles de acceso basados en roles para limitar el acceso a los datos únicamente a usuarios autorizados, reduciendo el riesgo de accesos no autorizados.
- Mantenimiento preventivo: Realizar pruebas regulares y mantenimiento de sistemas para identificar y corregir fallos técnicos antes de que se conviertan en problemas críticos.

Por ejemplo, una entidad que gestiona datos financieros debe implementar un sistema de respaldo automático con copias almacenadas en múltiples ubicaciones físicas y virtuales para protegerse contra pérdidas de datos en caso de desastres.

4. Evitar la indisponibilidad, menoscabo de la autenticidad e integridad, vulneración de la confidencialidad y pérdida de datos (letra c): El artículo exige que las soluciones y procesos adoptados por las entidades prevengan fallos o vulnerabilidades que puedan comprometer la disponibilidad, autenticidad, integridad, confidencialidad o la pérdida de datos. Estos principios son esenciales para garantizar que los datos sean accesibles cuando se necesiten, que permanezcan intactos y libres de alteraciones, y que estén protegidos frente a accesos o divulgaciones no autorizadas.

   En la práctica, esto requiere una combinación de medidas técnicas, como:

   - Sistemas de alta disponibilidad: Configuraciones de hardware y software que aseguren la continuidad de los servicios incluso en caso de fallos.
   - Controles de integridad de datos: Uso de algoritmos de hash o firmas digitales para detectar alteraciones no autorizadas en los datos.
   - Sistemas de prevención de fugas de datos (DLP): Soluciones tecnológicas que monitoreen y protejan los datos sensibles contra accesos no autorizados o divulgaciones accidentales.

Por ejemplo, una entidad que administra información de clientes debe implementar sistemas de replicación en tiempo real para garantizar la disponibilidad de los datos y protegerlos frente a fallos en los servidores principales.

5. Protección frente a riesgos derivados de la gestión y errores humanos (letra d): El artículo subraya la importancia de proteger los da-

tos frente a riesgos relacionados con la gestión, incluyendo aquellos derivados de una mala administración, el tratamiento inadecuado de la información y errores humanos. Esto incluye implementar controles organizativos y medidas de capacitación para minimizar la probabilidad de incidentes causados por el factor humano.

En la práctica, las entidades deben establecer:

- Capacitación regular del personal: Formación en buenas prácticas de ciberseguridad, manejo de datos sensibles y respuesta a incidentes.
- Automatización de procesos críticos: Reducción de la dependencia de tareas manuales susceptibles a errores mediante la automatización.
- Procedimientos claros de gestión de datos: Definición de políticas claras para la clasificación, almacenamiento, tratamiento y eliminación de datos.

Por ejemplo, una entidad financiera podría implementar un programa de capacitación anual obligatorio para su personal, enfocado en evitar errores comunes como compartir contraseñas o manipular datos sensibles de manera incorrecta.

6. Importancia de la integración de todas estas medidas: El cumplimiento de este artículo no depende únicamente de la implementación de soluciones tecnológicas específicas, sino también de la integración de estas medidas dentro de un marco de gestión de riesgos coherente y holístico. Esto incluye la supervisión continua de la eficacia de las soluciones y procesos, la realización de auditorías periódicas y la adopción de un enfoque de mejora continua.

El incumplimiento de las obligaciones establecidas en este artículo puede generar una serie de consecuencias negativas para las entidades financieras:

- Exposición a ciberamenazas: La falta de soluciones adecuadas puede aumentar la vulnerabilidad de los sistemas frente a ciberataques, corrupción de datos o accesos no autorizados.
- Interrupciones operativas: Los fallos en la disponibilidad o integridad de los datos pueden interrumpir funciones críticas, afectando las operaciones y servicios al cliente.

- Sanciones regulatorias: Las autoridades competentes pueden imponer multas significativas y restricciones operativas a las entidades que no cumplan con estos requisitos.
- Pérdida de confianza: **Los** incidentes relacionados con la seguridad TIC pueden dañar la reputación de la entidad, afectando la confianza de clientes, inversores y socios comerciales.

El artículo 8, apartado 3, del Reglamento Europeo 2022/2554 establece requisitos claros para garantizar que las entidades financieras utilicen soluciones y procesos de TIC adecuados que protejan los datos y sistemas frente a riesgos tecnológicos y humanos. Estas medidas no solo refuerzan la seguridad, integridad y disponibilidad de los datos, sino que también contribuyen a la resiliencia operativa de las entidades.

Cumplir con esta norma requiere que las entidades adopten tecnologías avanzadas, establezcan controles organizativos robustos y capaciten a su personal en buenas prácticas de gestión de datos y ciberseguridad. Este enfoque integral protege las operaciones de las entidades, garantiza el cumplimiento normativo y fortalece la confianza de los clientes y las partes interesadas en un entorno digital en constante evolución.

4. Como parte del marco de gestión del riesgo relacionado con las TIC a que se refiere el artículo 6, apartado 1, las entidades financieras deberán:

a) elaborar y documentar una política de seguridad de la información que defina normas para proteger la confidencialidad, disponibilidad, integridad o autenticidad de los datos, activos de información y activos de TIC, incluidos los de sus clientes, en su caso;

b) siguiendo un enfoque basado en el riesgo, establecer una estructura de gestión sólida de redes e infraestructuras utilizando técnicas, métodos y protocolos adecuados que puedan incluir la aplicación de mecanismos automatizados para aislar los activos de información afectados en caso de ciberataques;

c) aplicar políticas que limiten el acceso físico o lógico a los activos de información y activos de TIC a lo que sea necesario únicamente para funciones y actividades legítimas y aprobadas, y establecer a tal fin un conjunto de políticas, procedimientos y controles que se centren en los derechos de acceso y garanticen una buena administración de estos;

d) aplicar políticas y protocolos para mecanismos de autenticación fuerte, basados en estándares pertinentes y sistemas de control específicos, y medidas de protección de las claves criptográficas mediante las que se cifran los da-

tos en función de los resultados de los procesos aprobados de clasificación de datos y evaluación de riesgos relacionados con las TIC;

e) ***aplicar políticas, procedimientos y controles documentados para la gestión de los cambios en las TIC, incluidos los cambios en el software, el hardware, los componentes de firmware, los sistemas o los parámetros de seguridad, que se basen en un enfoque de evaluación de riesgos y formen parte integrante del proceso general de gestión de cambios de la entidad financiera, a fin de garantizar que todos los cambios en los sistemas de TIC se registren, sometan a prueba, evalúen, aprueben, apliquen y verifiquen de forma controlada;***

f) ***contar con políticas documentadas adecuadas y globales para los parches y actualizaciones.***

A efectos del párrafo primero, letra b), las entidades financieras diseñarán la infraestructura de conexión a la red de manera que permita su ruptura o segmentación instantánea con el fin de minimizar y prevenir el contagio, especialmente en los procesos financieros interconectados.

A efectos del párrafo primero, letra e), el proceso de gestión de cambios en las TIC será aprobado por los niveles directivos adecuados y dispondrá de protocolos específicos.

El artículo 8, apartado 4, del Reglamento Europeo 2022/2554 establece un conjunto de obligaciones detalladas para las entidades financieras con el objetivo de fortalecer su marco de gestión del riesgo relacionado con las TIC, tal como se define en el artículo 6, apartado 1. Estas obligaciones incluyen la implementación de políticas, procedimientos y controles específicos dirigidos a garantizar la seguridad de la información, la protección de los activos tecnológicos, la gestión de cambios en los sistemas TIC y la adopción de medidas preventivas frente a ciberataques. La norma adopta un enfoque integral, asegurando que las entidades financieras no solo gestionen los riesgos actuales, sino que también se preparen para afrontar amenazas futuras mediante un diseño robusto de su infraestructura tecnológica y la aplicación de estándares avanzados de ciberseguridad.

Este artículo refleja la importancia de una gestión sistemática y documentada de la seguridad de la información en el sector financiero, destacando la necesidad de medidas adaptadas al perfil de riesgo de cada entidad. Al abordar la autenticación, la gestión de accesos, la actualización de sistemas y la respuesta a incidentes, el artículo establece un marco normativo detallado que asegura la protección de datos y la continuidad de las operaciones críticas.

1. Elaboración y documentación de una política de seguridad de la información (letra a): El artículo exige que las entidades financieras desarrollen una política de seguridad de la información que defina normas para proteger la confidencialidad, disponibilidad, integridad y autenticidad de los datos, incluidos los de sus clientes. Esta política debe ser documentada y formar parte integral del marco de gestión del riesgo relacionado con las TIC.

   En la práctica, la política debe:

   - Establecer objetivos claros: Definir metas específicas en materia de seguridad de la información, como garantizar la confidencialidad de los datos sensibles de los clientes o proteger los activos tecnológicos críticos.
   - Alinear estándares: Basarse en marcos reconocidos, como ISO/IEC 27001, para asegurar su conformidad con las mejores prácticas internacionales.
   - Definir roles y responsabilidades: Especificar las funciones de los diferentes actores dentro de la entidad en la implementación y supervisión de la política.

Por ejemplo, una política de seguridad puede incluir reglas claras sobre el manejo de datos sensibles, como restringir el acceso a información financiera de clientes a personal autorizado y exigir cifrado para la transmisión de dichos datos.

2. Estructura de gestión sólida de redes e infraestructuras (letra b): La norma obliga a las entidades a adoptar un enfoque basado en riesgos para diseñar y mantener una estructura robusta de gestión de redes e infraestructuras. Esto incluye la implementación de métodos, técnicas y protocolos que permitan, por ejemplo, aislar automáticamente los activos afectados durante un ciberataque para evitar su propagación.

   En la práctica, esto implica:

   - Segmentación de redes: Dividir la infraestructura en subredes independientes para limitar el impacto de un incidente en una parte del sistema.
   - Herramientas de detección y respuesta: Implementar soluciones de seguridad automatizadas que detecten ataques en tiempo real y aíslen los sistemas comprometidos.

- Pruebas de resistencia: Evaluar periódicamente la capacidad de la red para resistir y responder a ciberataques.

Por ejemplo, una entidad puede configurar sus redes de modo que los sistemas críticos, como las plataformas de pagos, estén aislados de los sistemas de oficina para evitar que un ataque dirigido a empleados comprometa operaciones esenciales.

3. Políticas de gestión de accesos (letra c): El artículo establece que las entidades deben limitar el acceso físico y lógico a los activos de información y TIC exclusivamente a funciones legítimas, mediante políticas, procedimientos y controles que regulen los derechos de acceso. Esto implica implementar medidas para garantizar que solo el personal autorizado pueda interactuar con los sistemas críticos y los datos sensibles.

   En la práctica, esto incluye:

- Gestión basada en roles: Asignar derechos de acceso según las responsabilidades de cada empleado, asegurando que solo tengan acceso a la información necesaria para cumplir con sus funciones.
- Autenticación y registro: Requerir autenticación robusta para acceder a los sistemas y registrar todas las actividades realizadas por los usuarios para garantizar la trazabilidad.
- Revisión periódica: Realizar auditorías regulares de los derechos de acceso para verificar que estén alineados con las funciones actuales de los empleados.

Por ejemplo, un banco podría limitar el acceso al sistema de gestión de cuentas de clientes a personal autorizado del departamento de atención al cliente, utilizando autenticación multifactor y monitoreando el acceso mediante registros de auditoría.

4. Políticas y protocolos de autenticación fuerte (letra d): El artículo exige la implementación de mecanismos de autenticación fuerte basados en estándares relevantes, como la autenticación multifactor, y la adopción de medidas para proteger claves criptográficas utilizadas para cifrar los datos. Estas medidas deben estar alineadas con los resultados de las evaluaciones de riesgos y la clasificación de datos.

   En la práctica, esto implica:

- Uso de autenticación multifactor (MFA): Requerir al menos dos factores de autenticación, como una contraseña y un código enviado al teléfono del usuario.
- Protección de claves criptográficas: Almacenar las claves en módulos de seguridad hardware (HSM) y establecer políticas para su rotación periódica.
- Clasificación de datos: Identificar los datos más sensibles y aplicar controles más estrictos para su protección.

Por ejemplo, una entidad que gestiona transferencias bancarias podría requerir autenticación MFA para autorizar transacciones y cifrar todos los datos relacionados con las transferencias utilizando algoritmos de alto nivel.

5. Gestión de cambios en las TIC (letra e): El artículo establece la obligación de adoptar políticas y procedimientos para gestionar los cambios en los sistemas TIC, incluyendo software, hardware, firmware y parámetros de seguridad. Este proceso debe basarse en una evaluación de riesgos y garantizar que todos los cambios sean registrados, probados, evaluados, aprobados y verificados.

   En la práctica, esto requiere:

   - Control de versiones: Documentar todos los cambios realizados en los sistemas, incluyendo detalles sobre las versiones anteriores y las actualizaciones implementadas.
   - Pruebas previas: Realizar pruebas en entornos controlados antes de implementar los cambios en los sistemas en producción.
   - Aprobación y supervisión: Someter los cambios a la aprobación de los niveles directivos adecuados y monitorear su implementación para detectar posibles problemas.

Por ejemplo, antes de actualizar el software de un sistema de gestión de pagos, una entidad debe probar la nueva versión en un entorno de prueba, documentar los cambios y obtener la aprobación del equipo de seguridad tecnológica.

6. Gestión de parches y actualizaciones (letra f): El artículo requiere que las entidades cuenten con políticas documentadas para la gestión de parches y actualizaciones, asegurando que los sistemas TIC estén protegidos frente a vulnerabilidades conocidas.

   En la práctica, esto implica:

- Monitoreo de vulnerabilidades: Supervisar continuamente los sistemas para identificar actualizaciones de seguridad disponibles.
- Prioridad de parches críticos: Dar prioridad a la instalación de actualizaciones que aborden vulnerabilidades de alto riesgo.
- Automatización: Utilizar herramientas automatizadas para distribuir parches en los sistemas de manera eficiente.

Por ejemplo, una entidad podría configurar un sistema de gestión de parches que automatice la instalación de actualizaciones en servidores y estaciones de trabajo, priorizando aquellas que corrigen vulnerabilidades críticas.

7. Infraestructura diseñada para minimizar el contagio (letra b, párrafo adicional)**:** El artículo establece que las entidades deben diseñar sus redes de manera que permitan una ruptura o segmentación instantánea en caso de ciberataques, especialmente en procesos financieros interconectados, para prevenir el contagio y minimizar el impacto.

   En la práctica, esto incluye:

   - Segmentación de red**:** Implementar firewalls internos y políticas de segmentación que limiten la comunicación entre subredes.
   - Mecanismos de aislamiento: Utilizar herramientas automatizadas para desconectar sistemas afectados en caso de detectar un ataque.

El artículo 8, apartado 4, establece un marco detallado y obligatorio para que las entidades financieras gestionen de manera integral los riesgos relacionados con las TIC. Al implementar políticas documentadas de seguridad de la información, gestión de accesos, autenticación, gestión de cambios y actualizaciones, las entidades refuerzan su capacidad para proteger datos y sistemas críticos, prevenir ciberamenazas y garantizar la continuidad operativa. Cumplir con estas obligaciones no solo asegura la conformidad regulatoria, sino que también contribuye a la estabilidad del sistema financiero y la confianza de los clientes.

Artículo 10. Detección

1. Las entidades financieras dispondrán de mecanismos para detectar rápidamente las actividades anómalas, de conformidad con el artículo 17, incluidos los

problemas de rendimiento de las redes de TIC y los incidentes relacionados con las TIC, y para identificar los posibles puntos únicos de fallo significativos.

Todos los mecanismos de detección mencionados en el párrafo primero se someterán a pruebas periódicas de conformidad con el artículo 25.

El artículo 10, apartado 1, del Reglamento Europeo 2022/2554 establece que las entidades financieras deben contar con mecanismos para detectar rápidamente actividades anómalas en sus sistemas TIC, incluyendo problemas de rendimiento de redes e incidentes relacionados con las TIC. Además, estos mecanismos deben ser capaces de identificar posibles puntos únicos de fallo significativos, lo que implica localizar vulnerabilidades críticas en la infraestructura tecnológica que, si se materializan, podrían comprometer funciones esenciales o importantes de la entidad. La norma también requiere que estos mecanismos sean sometidos a pruebas periódicas, de acuerdo con lo estipulado en el artículo 25, con el fin de garantizar su eficacia y adaptación a las necesidades cambiantes del entorno tecnológico.

El cumplimiento de esta disposición es esencial para fortalecer la capacidad de las entidades financieras de anticiparse y responder a incidentes relacionados con las TIC, minimizar el impacto de interrupciones en sus operaciones y proteger la resiliencia operativa. El enfoque adoptado por esta norma combina la detección proactiva de riesgos con la mejora continua a través de pruebas regulares, lo que subraya la importancia de un monitoreo constante y un control riguroso en la gestión de riesgos tecnológicos.

1. Detección rápida de actividades anómalas: El artículo exige que las entidades financieras implementen mecanismos diseñados para detectar rápidamente cualquier actividad anómala en sus sistemas TIC. Esto incluye comportamientos que puedan indicar intentos de intrusión, fallos de rendimiento, errores de configuración o señales tempranas de ciberataques. La capacidad de detección temprana es determinante para minimizar el tiempo de exposición a amenazas y prevenir daños mayores.

En la práctica, las entidades deben utilizar tecnologías avanzadas de monitoreo, como sistemas de detección y prevención de intrusos (IDS/IPS), plataformas de gestión de eventos e información de seguridad (SIEM) y herramientas de análisis de comportamiento basado en inteligencia artificial (IA). Estas herramientas permiten recopilar y analizar grandes volúmenes de datos en tiempo real para identificar patrones inusuales o actividades sospechosas.

Por ejemplo, una entidad financiera puede utilizar un SIEM para correlacionar eventos provenientes de diversas fuentes, como redes, servidores y aplicaciones, detectando patrones anómalos como intentos repetidos de acceso fallido o tráfico de datos inusualmente alto.

2. Identificación de problemas de rendimiento de redes TIC: El artículo también destaca la necesidad de detectar problemas de rendimiento en las redes TIC, como congestión, interrupciones o fallos en la conectividad. Estos problemas pueden tener un impacto directo en la disponibilidad y continuidad de los servicios ofrecidos por la entidad, afectando tanto a los clientes como a las operaciones internas.

En la práctica, esto requiere implementar herramientas de monitoreo de redes que analicen constantemente parámetros como el uso del ancho de banda, la latencia, la pérdida de paquetes y el tiempo de respuesta. Estas herramientas deben alertar al personal técnico cuando los indicadores de rendimiento se desvíen de los umbrales establecidos.

Por ejemplo, si una plataforma de banca en línea experimenta una latencia inusualmente alta, el sistema de monitoreo debe identificar el problema y generar una alerta que permita al equipo técnico investigar y resolver la causa subyacente antes de que afecte significativamente a los usuarios.

3. Detección de incidentes relacionados con las TIC: Además de problemas de rendimiento, los mecanismos deben ser capaces de detectar incidentes relacionados con las TIC, tales como fallos técnicos, interrupciones operativas o ciberataques. Esta capacidad es esencial para garantizar que las entidades puedan responder de manera rápida y eficaz a eventos que podrían comprometer sus operaciones críticas.

   En la práctica, esto incluye:

   - Supervisión de logs de eventos: Analizar registros generados por sistemas TIC para identificar eventos inusuales o potencialmente dañinos.
   - Análisis de amenazas: Correlacionar eventos detectados con información sobre ciberamenazas conocidas para evaluar el nivel de riesgo.
   - Respuestas automatizadas: Implementar mecanismos que permitan actuar automáticamente frente a ciertos tipos de inciden-

tes, como bloquear un intento de intrusión o desconectar un sistema comprometido de la red.

Por ejemplo, si un sistema detecta un intento de acceso no autorizado desde una ubicación sospechosa, puede bloquear automáticamente la dirección IP y notificar al equipo de seguridad para su análisis.

4. Identificación de puntos únicos de fallo significativos: La norma subraya la importancia de identificar posibles puntos únicos de fallo dentro de la infraestructura tecnológica de la entidad. Un punto único de fallo es cualquier componente cuya interrupción podría causar el fallo completo de un sistema o servicio crítico, lo que representa un riesgo significativo para la continuidad operativa.

En la práctica, esto requiere realizar análisis de dependencia y mapeo de interconexiones en los sistemas TIC para identificar componentes críticos, como servidores, enlaces de red, bases de datos o servicios externos, que representen puntos de vulnerabilidad. Una vez identificados, las entidades deben implementar medidas para mitigar estos riesgos, como redundancia, segmentación o planes de contingencia.

Por ejemplo, un servidor que alberga la base de datos principal de una plataforma de pagos podría ser identificado como un punto único de fallo. Para mitigar este riesgo, la entidad podría implementar un sistema de replicación en tiempo real y configurar un servidor de respaldo en una ubicación separada.

5. Pruebas periódicas de los mecanismos de detección: El artículo exige que los mecanismos de detección sean sometidos a pruebas periódicas, de acuerdo con lo estipulado en el artículo 25, para garantizar su eficacia y adecuación frente a las amenazas actuales. Estas pruebas permiten identificar posibles deficiencias en los mecanismos implementados, evaluar su capacidad para detectar amenazas emergentes y asegurar que se mantengan actualizados.

   En la práctica, esto incluye:

   - Pruebas de penetración: Simular ciberataques para evaluar la capacidad de los mecanismos de detección para identificar y responder a amenazas específicas.
   - Pruebas de estrés: Evaluar cómo responden los sistemas bajo condiciones de alta carga o ante múltiples incidentes simultáneos.

- Revisión de configuraciones: Verificar que las configuraciones de los sistemas de detección estén alineadas con las políticas de seguridad y los riesgos actuales.

Por ejemplo, una entidad podría realizar una prueba de penetración en su red corporativa para verificar si su sistema de detección de intrusos es capaz de identificar intentos de acceso no autorizado desde puntos externos.

6. Mejora continua y adaptación: El enfoque del artículo, que combina detección rápida, identificación de vulnerabilidades críticas y pruebas periódicas, subraya la necesidad de una mejora continua en la gestión de riesgos relacionados con las TIC. Las entidades deben revisar regularmente sus mecanismos de detección y adaptarlos a las condiciones cambiantes del entorno tecnológico y las nuevas amenazas.

Esto implica analizar los resultados de las pruebas y los incidentes detectados, ajustar las configuraciones de los sistemas, incorporar nuevas tecnologías y capacitar al personal para enfrentar desafíos emergentes.

El incumplimiento de esta norma puede exponer a las entidades financieras a diversos riesgos y consecuencias negativas:

- Mayor vulnerabilidad a ciberataques: La falta de detección temprana aumenta el tiempo de exposición a amenazas, lo que puede facilitar la materialización de ataques.
- Impactos operativos: Los problemas de rendimiento no detectados o los puntos únicos de fallo no gestionados pueden provocar interrupciones significativas en los servicios ofrecidos.
- Sanciones regulatorias: Las autoridades competentes pueden imponer multas o medidas correctivas a las entidades que no implementen mecanismos adecuados de detección y control.
- Daño reputacional: Los incidentes de seguridad que afectan funciones críticas o datos sensibles pueden dañar la confianza de los clientes y otras partes interesadas.

El artículo 10, apartado 1, del Reglamento Europeo 2022/2554 refuerza la importancia de implementar mecanismos avanzados de detección de riesgos y actividades anómalas en los sistemas TIC de las entidades financieras. Estas medidas no solo permiten prevenir y mitigar incidentes tecnológicos, sino que también aseguran la continuidad operativa y la protección de funciones críticas.

Para cumplir con esta norma, las entidades deben utilizar herramientas tecnológicas avanzadas, realizar pruebas periódicas y adoptar un enfoque proactivo para identificar puntos únicos de fallo y riesgos emergentes. Este enfoque no solo garantiza el cumplimiento normativo, sino que también fortalece la resiliencia tecnológica y la confianza en el sector financiero frente a un entorno digital en constante evolución.

2. Los mecanismos de detección a que se refiere el apartado 1 permitirán múltiples niveles de control, definirán criterios y umbrales de alerta para activar e iniciar procesos de respuesta a incidentes relacionados con las TIC, incluidos mecanismos automáticos de alerta para el personal responsable de la respuesta a incidentes relacionados con las TIC.

El artículo 9, apartado 2, del Reglamento Europeo 2022/2554 complementa las disposiciones del apartado 1 al establecer requisitos específicos para los mecanismos de detección de actividades anómalas e incidentes relacionados con las tecnologías de la información y las comunicaciones (TIC). En este sentido, dispone que dichos mecanismos deben permitir múltiples niveles de control, definir criterios y umbrales de alerta claros, y activar procesos de respuesta a incidentes relacionados con las TIC. Además, exige la implementación de mecanismos automáticos de alerta que notifiquen al personal responsable de la gestión de incidentes en tiempo real. Este enfoque integral busca fortalecer la capacidad de las entidades financieras para reaccionar de manera rápida, estructurada y eficaz frente a amenazas tecnológicas, minimizando el impacto de los incidentes en sus operaciones críticas.

La norma tiene una importancia particular en un contexto en el que las amenazas cibernéticas son cada vez más sofisticadas y persistentes, requiriendo herramientas avanzadas y procesos bien definidos para gestionar incidentes. La posibilidad de establecer múltiples niveles de control, junto con criterios claros de alerta, asegura que las entidades puedan adaptar sus sistemas de detección a su perfil de riesgo específico, priorizando las amenazas más críticas y permitiendo una escalabilidad eficiente de los procesos de respuesta.

1. Múltiples niveles de control: El Reglamento requiere que los mecanismos de detección implementen múltiples niveles de control, lo que significa que las entidades deben estructurar su capacidad de monitoreo y respuesta en diferentes capas, adaptadas al grado de criticidad de los sistemas supervisados y a la naturaleza de las amenazas potenciales. Estos niveles pueden incluir desde controles básicos para

sistemas menos críticos hasta medidas avanzadas y automatizadas para sistemas que sustentan funciones esenciales o importantes.

En la práctica, esta estructura de múltiples niveles permite a las entidades priorizar los recursos de monitoreo y respuesta en función del impacto potencial de los incidentes. Por ejemplo:

- Primer nivel: Monitoreo general de toda la infraestructura TIC para identificar patrones básicos de actividad anómala.
- Segundo nivel: Supervisión más detallada de sistemas críticos, como plataformas de pago o bases de datos de clientes.
- Tercer nivel: Implementación de controles altamente especializados en funciones esenciales, como detección de intrusos mediante inteligencia artificial o análisis forense en tiempo real.

Por ejemplo, una entidad financiera podría configurar un sistema de monitoreo básico para su red de oficinas y un sistema avanzado de detección de intrusos (IDS) para sus servidores de operaciones bancarias, donde un fallo tendría un impacto mucho mayor.

2. Definición de criterios y umbrales de alerta: La norma establece que los mecanismos de detección deben definir criterios y umbrales de alerta que permitan identificar cuándo una actividad anómala requiere una respuesta. Estos criterios deben basarse en parámetros técnicos y operativos, como el volumen de tráfico en las redes, la frecuencia de intentos de acceso fallidos, la cantidad de datos transmitidos, o la detección de firmas específicas de amenazas conocidas.

En la práctica, esto significa que las entidades deben realizar un análisis detallado de sus operaciones para establecer umbrales adecuados que diferencien entre actividades normales y potenciales incidentes. Los umbrales deben ser configurables para ajustarse a las características específicas de cada sistema o proceso supervisado.

Por ejemplo, un sistema de gestión de accesos podría activar una alerta cuando detecte más de cinco intentos fallidos de inicio de sesión en menos de un minuto, indicando un posible intento de ataque de fuerza bruta. Del mismo modo, un sistema de monitoreo de redes podría generar una alerta si el volumen de tráfico excede un umbral predeterminado, lo que podría indicar un ataque de denegación de servicio (DDoS).

3. Activación de procesos de respuesta a incidentes: El artículo establece que los mecanismos de detección deben estar diseñados para activar procesos de respuesta a incidentes relacionados con las TIC

cuando se alcancen los umbrales definidos. Esto asegura que las entidades puedan reaccionar rápidamente para contener y mitigar el impacto de los incidentes, minimizando las interrupciones operativas y protegiendo los datos y sistemas críticos.

En la práctica, estos procesos de respuesta deben estar claramente documentados y definidos en los planes de respuesta a incidentes de la entidad. Incluyen pasos como la identificación del alcance del incidente, la contención de los sistemas afectados, la comunicación con las partes interesadas, y la restauración de los servicios afectados. Además, las entidades deben prever diferentes niveles de respuesta en función de la criticidad del incidente detectado.

Por ejemplo, un intento de intrusión en un sistema de baja criticidad podría requerir únicamente el bloqueo de la dirección IP sospechosa, mientras que un ataque a una plataforma de pagos podría activar un protocolo de respuesta más amplio que incluya la desconexión del sistema afectado, la notificación al equipo de seguridad y la implementación de medidas de contención adicionales.

4. Mecanismos automáticos de alerta: La norma exige la implementación de mecanismos automáticos que generen alertas y notifiquen al personal responsable de la gestión de incidentes en tiempo real. Esto garantiza que las amenazas detectadas sean abordadas de manera inmediata, evitando retrasos que puedan aumentar su impacto.

En la práctica, las entidades deben configurar sus sistemas de monitoreo para que envíen notificaciones automáticas mediante múltiples canales, como correos electrónicos, mensajes de texto o aplicaciones específicas de gestión de incidentes. Estas alertas deben incluir información detallada sobre el incidente, como su naturaleza, la ubicación del sistema afectado y el nivel de criticidad, para facilitar una respuesta informada y oportuna.

Por ejemplo, un sistema SIEM podría generar una alerta automática cuando detecte actividad anómala en un servidor crítico, enviando un correo electrónico al equipo de seguridad con detalles sobre el incidente, como la dirección IP sospechosa, la hora del evento y las acciones recomendadas.

5. Alineación con el artículo 25 y pruebas periódicas: Los mecanismos de detección deben ser sometidos a pruebas periódicas, según lo dispuesto en el artículo 25 del Reglamento, para garantizar su eficacia y adaptabilidad frente a nuevas amenazas. Estas pruebas son esenciales para identificar posibles deficiencias en los criterios, um-

brales o procesos de respuesta, y para ajustar las configuraciones en función de las lecciones aprendidas.

En la práctica, esto implica:

- Simulaciones de incidentes: Probar los sistemas de detección mediante escenarios ficticios, como intentos de acceso no autorizado o ataques DDoS simulados.
- Evaluaciones de rendimiento: Verificar la capacidad de los sistemas para generar alertas en tiempo real y priorizar incidentes críticos.
- Revisión de configuraciones: Actualizar criterios y umbrales en función de los resultados de las pruebas y la evolución del entorno tecnológico.

Por ejemplo, una entidad podría realizar pruebas de penetración trimestrales para evaluar si sus mecanismos de detección son capaces de identificar intentos de intrusión realizados por un equipo externo simulado.

El incumplimiento de las obligaciones establecidas en este artículo puede generar diversas consecuencias negativas para las entidades financieras:

- Falta de detección temprana: La ausencia de criterios y umbrales adecuados puede retrasar la identificación de incidentes, aumentando su impacto.
- Respuestas ineficaces: Sin mecanismos automáticos de alerta y procesos claros de respuesta, las entidades pueden carecer de la capacidad para reaccionar rápidamente a incidentes críticos.
- Exposición a sanciones regulatorias: Las autoridades competentes pueden imponer multas o restricciones a las entidades que no cumplan con los requisitos de detección y respuesta.
- Deterioro de la confianza: Los clientes y socios pueden perder confianza en la capacidad de la entidad para proteger sus datos y sistemas en caso de incidentes graves.

El artículo 10, apartado 2, del Reglamento Europeo 2022/2554 refuerza la importancia de los mecanismos de detección en la gestión de riesgos relacionados con las TIC, al exigir múltiples niveles de control, criterios y umbrales de alerta claros, y mecanismos automáticos de notificación para incidentes. Estas disposiciones aseguran que las entidades financieras puedan detectar, priorizar y responder eficazmente a las amenazas tecnológicas, protegiendo la continuidad operativa y la integridad de sus sistemas críticos.

Para cumplir con esta norma, las entidades deben implementar tecnologías avanzadas de monitoreo, establecer procesos claros de respuesta a incidentes, realizar pruebas periódicas y ajustar sus configuraciones en función de las lecciones aprendidas. Este enfoque integral no solo garantiza el cumplimiento normativo, sino que también fortalece la resiliencia tecnológica de las entidades y la confianza de sus clientes y partes interesadas.

3. Las entidades financieras dedicarán recursos y capacidades suficientes al seguimiento de la actividad de los usuarios y la aparición de anomalías en las TIC y de incidentes relacionados con las TIC, en particular de ciberataques.

El artículo 9, apartado 3, del Reglamento Europeo 2022/2554 establece que las entidades financieras deben dedicar recursos y capacidades suficientes para el seguimiento de la actividad de los usuarios y la detección de anomalías en las tecnologías de la información y las comunicaciones (TIC), así como de incidentes relacionados con las TIC, con especial énfasis en los ciberataques. Este requisito refuerza la obligación de las entidades de adoptar un enfoque proactivo en la supervisión de sus sistemas tecnológicos, garantizando que cuentan con las herramientas, el personal y los procesos necesarios para detectar y responder a actividades sospechosas o maliciosas que puedan poner en peligro la seguridad operativa o la integridad de sus activos tecnológicos.

El artículo refleja la importancia de contar con recursos suficientes y adecuados para hacer frente a las crecientes amenazas cibernéticas y otros riesgos tecnológicos, considerando que el sector financiero es un objetivo prioritario para actores malintencionados debido a la sensibilidad de los datos y el impacto sistémico de cualquier interrupción en sus servicios. Además, destaca la necesidad de vigilar tanto la actividad de los usuarios como los incidentes tecnológicos, ya que ambos constituyen vectores de riesgo que deben ser gestionados de manera simultánea e integrada.

1. Asignación de recursos suficientes: El artículo exige que las entidades financieras asignen recursos suficientes para llevar a cabo el seguimiento de las actividades de los usuarios y las anomalías en sus sistemas TIC. Esto incluye tanto recursos humanos, como equipos de ciberseguridad y analistas de riesgos tecnológicos, como recursos técnicos, incluyendo herramientas avanzadas de monitoreo, análisis y respuesta a incidentes.

En la práctica, esto implica que las entidades deben realizar evaluaciones periódicas de su capacidad operativa para detectar y gestionar anomalías, asegurándose de que cuentan con:

- Personal capacitado: Equipos especializados en seguridad TIC y gestión de incidentes, con competencias específicas en la identificación y mitigación de ciberamenazas.
- Herramientas tecnológicas: Sistemas de monitoreo en tiempo real, análisis de datos, detección de intrusos y gestión de eventos de seguridad (SIEM).
- Infraestructura adecuada: Redes y sistemas configurados para soportar las demandas operativas de monitoreo continuo y respuesta rápida.

Por ejemplo, una entidad financiera con un alto volumen de transacciones en línea podría asignar un equipo dedicado exclusivamente al monitoreo de estas operaciones, utilizando herramientas avanzadas para detectar actividades sospechosas, como patrones inusuales de transferencia de fondos.

2. Capacidades para el seguimiento de la actividad de los usuarios: El seguimiento de la actividad de los usuarios se refiere al monitoreo de las acciones realizadas por empleados, clientes y otros actores que interactúan con los sistemas TIC de la entidad. Esto incluye la identificación de comportamientos que se desvíen de los patrones normales y que puedan indicar accesos no autorizados, intentos de fraude o errores humanos.

   En la práctica, esto requiere:

   - Registro de actividades: Implementar sistemas que registren todas las acciones de los usuarios, como inicios de sesión, accesos a datos sensibles y cambios en configuraciones críticas.
   - Análisis de patrones: Utilizar herramientas de análisis de comportamiento para identificar desviaciones respecto a los patrones normales de uso.
   - Alertas automatizadas: Configurar alertas para actividades sospechosas, como intentos repetidos de acceso fallido o descargas masivas de datos en horarios no habituales.

Por ejemplo, si un empleado accede repetidamente a registros de clientes fuera de su área de responsabilidad, el sistema de monitoreo debe generar una alerta que permita investigar si se trata de un error o de un intento de acceso indebido.

3. Detección de anomalías en las TIC: La detección de anomalías en los sistemas TIC es esencial para identificar problemas técnicos, vulnerabilidades de seguridad o intentos de intrusión antes de que puedan generar un impacto significativo. Esto incluye la supervisión de redes, servidores, aplicaciones y otros componentes tecnológicos para detectar cualquier desviación respecto a su funcionamiento normal.

   En la práctica, esto implica:

   - Supervisión continua: Monitorear los sistemas TIC en tiempo real para identificar cambios inesperados en el rendimiento, la conectividad o la configuración.
   - Pruebas de integridad: Verificar regularmente que los sistemas y datos no hayan sido alterados de manera no autorizada.
   - Análisis forense: Realizar investigaciones detalladas cuando se detecten anomalías, para determinar su origen y evaluar si representan un riesgo para la seguridad o la continuidad operativa.

Por ejemplo, un sistema de monitoreo podría detectar una reducción repentina en el rendimiento de un servidor crítico y generar una alerta que active una investigación para determinar si se trata de un fallo técnico, una configuración errónea o un intento de ataque.

4. Detección de incidentes relacionados con las TIC: El Reglamento requiere que las entidades tengan la capacidad de identificar y gestionar incidentes relacionados con las TIC, como ciberataques, interrupciones operativas o fallos técnicos. Esta capacidad es esencial para garantizar la resiliencia operativa y proteger los datos y sistemas frente a amenazas internas y externas.

   En la práctica, esto incluye:

   - Gestión de incidentes: Implementar procesos documentados para identificar, clasificar, responder y registrar incidentes tecnológicos.
   - Notificación temprana: Establecer canales de comunicación claros para notificar rápidamente a los equipos responsables y a las autoridades competentes en caso de incidentes graves.

- Lecciones aprendidas: Revisar los incidentes gestionados para identificar mejoras en los procesos y medidas de mitigación.

Por ejemplo, si un sistema detecta un intento de acceso no autorizado a una base de datos de clientes, el equipo de ciberseguridad debe activar un protocolo de respuesta que incluya la contención del incidente, la evaluación de su alcance y la implementación de medidas para prevenir futuros ataques.

5. Énfasis en los ciberataques: El artículo pone especial énfasis en la detección de ciberataques, considerando que estos representan una de las mayores amenazas para las entidades financieras debido a su capacidad para comprometer datos sensibles, interrumpir operaciones críticas y causar pérdidas financieras y reputacionales significativas.

   En la práctica, esto implica:

   - Inteligencia sobre amenazas: Monitorear continuamente las fuentes de información sobre ciberamenazas para identificar patrones, tácticas y técnicas utilizadas por actores malintencionados.
   - Defensas proactivas: Implementar controles preventivos como firewalls, sistemas de detección de intrusos (IDS) y análisis de malware.
   - Simulaciones de ataques: Realizar pruebas periódicas para evaluar la capacidad de la entidad para detectar y responder a ciberataques específicos.

Por ejemplo, una entidad podría realizar simulaciones de phishing dirigidas a sus empleados para evaluar su capacidad de detección y respuesta ante intentos de obtención de credenciales.

6. Garantía de suficiencia en recursos y capacidades: El Reglamento no solo exige que las entidades implementen estos mecanismos, sino que también asegura que dediquen recursos y capacidades suficientes para garantizar su eficacia. Esto significa que las entidades deben evaluar regularmente si los recursos asignados son adecuados para gestionar los riesgos tecnológicos en evolución y realizar ajustes según sea necesario.

   En la práctica, esto incluye:

   - Evaluaciones periódicas: Revisar la suficiencia de los recursos humanos, técnicos y financieros asignados a la seguridad TIC.

- Capacitación continua: Asegurar que el personal asignado a estas funciones reciba formación regular para mantenerse actualizado sobre las últimas amenazas y tecnologías.
- Inversión estratégica: Destinar presupuesto para adquirir nuevas herramientas y mejorar las capacidades existentes en función de las necesidades identificadas.

Por ejemplo, una entidad que experimente un aumento en el volumen de ciberataques podría contratar personal adicional para su equipo de ciberseguridad y adquirir herramientas más avanzadas para la detección y respuesta.

El incumplimiento de esta disposición puede generar graves consecuencias para las entidades financieras, incluyendo:

- Mayor vulnerabilidad: La falta de recursos suficientes puede dificultar la detección temprana de amenazas, aumentando el riesgo de incidentes graves.
- Interrupciones operativas: La incapacidad para gestionar anomalías en las TIC puede generar interrupciones en los servicios críticos, afectando tanto a la entidad como a sus clientes.
- Sanciones regulatorias: Las autoridades competentes pueden imponer multas o medidas correctivas a las entidades que no cumplan con los requisitos de monitoreo y detección.
- Impactos reputacionales: Los incidentes no gestionados adecuadamente pueden dañar la confianza de los clientes y socios comerciales en la capacidad de la entidad para proteger sus datos y operaciones.

El artículo 10, apartado 3, del Reglamento Europeo 2022/2554 subraya la necesidad de que las entidades financieras dediquen recursos y capacidades suficientes al monitoreo de actividades de los usuarios, la detección de anomalías en los sistemas TIC y la gestión de ciberataques. Cumplir con esta obligación implica una combinación de inversión en tecnologías avanzadas, capacitación del personal y adopción de procesos estructurados para garantizar la eficacia de las medidas implementadas.

Este enfoque integral no solo permite a las entidades cumplir con sus obligaciones regulatorias, sino que también fortalece su resiliencia operativa, protege a sus clientes y refuerza su posición en un entorno financiero cada vez más digitalizado y expuesto a riesgos tecnológicos.

4. Los proveedores de servicios de suministro de datos dispondrán además de sistemas que permitan controlar de manera efectiva la exhaustividad de los

informes de operaciones, detectar omisiones y errores manifiestos y solicitar la retransmisión de tales informes.

El artículo 9, apartado 4, del Reglamento Europeo 2022/2554 establece una obligación específica para los proveedores de servicios de suministro de datos, quienes deben implementar sistemas que permitan controlar de manera efectiva la exhaustividad de los informes de operaciones, detectar omisiones y errores manifiestos, y solicitar la retransmisión de dichos informes cuando sea necesario. Este requisito está diseñado para garantizar la precisión, integridad y confiabilidad de los datos operativos en el sector financiero, particularmente aquellos que son fundamentales para el cumplimiento normativo, la supervisión regulatoria y la toma de decisiones empresariales.

La norma subraya la importancia de la calidad de los datos en un entorno financiero cada vez más dependiente de tecnologías avanzadas y análisis de información. Las operaciones financieras, muchas de las cuales están sujetas a estrictos requisitos regulatorios, dependen en gran medida de la precisión y exhaustividad de los informes de datos. Cualquier omisión o error en dichos informes podría generar sanciones regulatorias, distorsionar la información financiera o dar lugar a decisiones comerciales incorrectas.

1. Obligación de disponer de sistemas para controlar la exhaustividad de los informes de operaciones: El artículo exige que los proveedores de servicios de suministro de datos implementen sistemas diseñados para verificar que los informes de operaciones sean completos y contengan toda la información necesaria para cumplir con los requisitos regulatorios o contractuales. Esto incluye verificar que los informes incluyan todos los datos requeridos, como detalles de las transacciones, contrapartes, precios y condiciones.

   En la práctica, esto implica:

   - Automatización del control de exhaustividad: Utilizar herramientas tecnológicas que analicen los informes de manera sistemática para identificar cualquier información que falte o esté incompleta.
   - Estándares de datos: Configurar los sistemas para que cumplan con los estándares de datos establecidos por las autoridades regulatorias o los contratos con clientes, como el formato y contenido de los informes.

- Alertas automáticas: Implementar notificaciones automáticas que alerten al personal responsable cuando se detecten informes incompletos o faltantes.

Por ejemplo, un proveedor que transmite informes de operaciones a una autoridad reguladora debe asegurarse de que cada informe incluya los datos requeridos, como los detalles del comprador, el vendedor, el precio, el volumen y la fecha de la transacción. Si falta alguno de estos elementos, el sistema debe generar una alerta para su corrección inmediata.

2. Capacidad para detectar omisiones y errores manifiestos: La norma requiere que los sistemas implementados puedan identificar no solo la falta de información (omisiones), sino también errores evidentes en los informes, como datos mal ingresados, inconsistencias lógicas o formatos incorrectos. Estos errores pueden comprometer la integridad de los datos y generar problemas en el cumplimiento normativo o la supervisión.

   En la práctica, esto requiere:

   - Validaciones automáticas: Implementar reglas de validación que verifiquen la coherencia y precisión de los datos, como comprobar que las fechas sean válidas, que los valores numéricos estén dentro de rangos razonables o que las contrapartes estén identificadas correctamente.
   - Pruebas de consistencia: Realizar verificaciones cruzadas entre diferentes campos del informe para garantizar que los datos sean coherentes. Por ejemplo, que el precio total de una operación sea consistente con el precio por unidad y la cantidad negociada.
   - Monitoreo continuo: Supervisar los datos en tiempo real para detectar anomalías antes de que los informes sean transmitidos.

Por ejemplo, si un informe de una operación bursátil incluye una fecha futura para una transacción que ya ocurrió, el sistema debe identificar este error como un dato inconsistente y generar una alerta para su corrección.

3. Capacidad para solicitar la retransmisión de informes: El artículo establece que los proveedores deben contar con sistemas que les permitan solicitar la retransmisión de informes cuando se detecten omisiones o errores, asegurando así que los datos sean corregidos y enviados nuevamente en el menor tiempo posible, implicando en la práctica:

- Protocolos para la retransmisión: Establecer procedimientos claros para solicitar la retransmisión de datos a las partes responsables, ya sea clientes, contrapartes o sistemas internos.
- Seguimiento de correcciones: Implementar mecanismos para monitorear el estado de las correcciones y verificar que los informes retransmitidos sean completos y libres de errores.
- Automatización del proceso: Utilizar herramientas que automaticen la solicitud de retransmisión y su seguimiento, reduciendo el tiempo necesario para corregir los informes.

Por ejemplo, si un informe transmitido a un regulador financiero contiene un error en el identificador de una contraparte, el sistema debe generar automáticamente una solicitud al equipo responsable para que corrija el error y retransmita el informe actualizado.

4. Importancia de la calidad de los datos en el sector financiero: La norma refuerza la importancia de la calidad de los datos en el sector financiero, dado que los informes de operaciones son utilizados para diversos fines, como la supervisión regulatoria, la evaluación de riesgos, la transparencia del mercado y el cumplimiento de normas de transparencia y estabilidad financiera. La falta de exhaustividad o los errores en los informes pueden generar consecuencias graves, como:

   - Sanciones regulatorias: Las entidades financieras pueden ser penalizadas si los informes transmitidos a las autoridades no cumplen con los requisitos establecidos.
   - Riesgos de mercado: Los errores en los datos pueden distorsionar las decisiones de inversión o la percepción del mercado sobre el desempeño de una entidad.
   - Pérdida de confianza: Los clientes y contrapartes pueden perder confianza en los servicios del proveedor si se perciben problemas recurrentes en la calidad de los datos transmitidos.

Por ejemplo, un error en los informes de transacciones relacionadas con derivados financieros podría llevar a una evaluación incorrecta del riesgo sistémico, afectando la estabilidad del mercado y exponiendo a la entidad a sanciones regulatorias significativas.

5. Pruebas y supervisión continua de los sistemas: Aunque no se menciona explícitamente en este apartado, es fundamental que los sistemas implementados por los proveedores de servicios de suministro

de datos sean sometidos a pruebas y revisiones periódicas para garantizar su eficacia y capacidad para adaptarse a los cambios en los requisitos regulatorios o las condiciones del mercado.

En la práctica, esto implica:

- Pruebas de estrés: Evaluar cómo los sistemas responden bajo condiciones de alta carga o grandes volúmenes de datos.
- Actualización de reglas de validación: Ajustar las reglas de validación y los estándares de datos en función de las actualizaciones regulatorias o los cambios en los formatos de los informes.
- Auditorías internas: Realizar auditorías regulares para garantizar que los sistemas cumplan con los objetivos de control de calidad establecidos.

Por ejemplo, un proveedor podría realizar simulaciones mensuales para verificar que sus sistemas son capaces de identificar errores y omisiones en un conjunto de datos ficticio diseñado para probar su funcionalidad.

El incumplimiento de las obligaciones establecidas en este artículo puede generar diversas consecuencias negativas para los proveedores de servicios de suministro de datos y sus clientes, tales como:

- Sanciones regulatorias: Las autoridades competentes pueden imponer multas u otras medidas coercitivas si los informes transmitidos contienen errores o no cumplen con los requisitos de exhaustividad.
- Pérdida de confianza del mercado: Los clientes o contrapartes pueden decidir cambiar de proveedor si perciben problemas en la calidad de los datos.
- Impactos operativos: Los errores o las omisiones en los informes pueden generar retrasos en los procesos internos de las entidades financieras, afectando su operativa y toma de decisiones.
- Deterioro de la reputación: La difusión de informes incorrectos puede dañar la reputación del proveedor, afectando su posición en el mercado.

El artículo 9, apartado 4, del Reglamento Europeo 2022/2554 refuerza la importancia de la calidad y confiabilidad de los datos en el sector financiero al exigir a los proveedores de servicios de suministro de datos la implementación de sistemas para controlar la exhaustividad de los informes, detectar errores y omisiones, y gestionar la retransmisión de informes corregidos. Cumplir con estas obligaciones requiere una combinación de tecnología avanzada, procesos estructurados y personal capacitado, asegurando que los informes sean precisos, completos y cumplan con los requisitos regulatorios y contractuales.

Además de garantizar el cumplimiento normativo, estas medidas contribuyen a fortalecer la confianza de clientes y reguladores en los servicios ofrecidos, reducen los riesgos operativos y mejoran la resiliencia del sistema financiero en su conjunto. Las entidades deben considerar estas disposiciones como una oportunidad para optimizar sus procesos de gestión de datos y reforzar su posición en un entorno cada vez más exigente y dependiente de la calidad de la información.

Artículo 11. Respuesta y recuperación

1. Como parte del marco de gestión del riesgo relacionado con las TIC a que se refiere el artículo 6, apartado 1, y sobre la base de los requisitos de identificación establecidos en el artículo 8, las entidades financieras pondrán en práctica una política global de continuidad de la actividad en materia de TIC, que podrá ser adoptada como una política específica propia que forme parte integrante de la política global de continuidad de la actividad de la entidad financiera.

El artículo 11, apartado 1, del Reglamento Europeo 2022/2554 sobre la resiliencia operativa digital establece que las entidades financieras deben desarrollar e implementar una política global de continuidad de la actividad en materia de tecnologías de la información y las comunicaciones (TIC). Esta política debe integrarse dentro del marco de gestión del riesgo relacionado con las TIC, previsto en el artículo 6, apartado 1, y estar basada en los requisitos de identificación establecidos en el artículo 8. Además, el Reglamento permite que esta política de continuidad en materia de TIC pueda adoptarse como una política específica e independiente o como parte de la política general de continuidad de la actividad de la entidad. Esta disposición refuerza la importancia de una planificación detallada y preventiva para garantizar que las entidades financieras estén preparadas para responder y recuperarse eficazmente frente a incidentes que puedan interrumpir sus operaciones críticas.

El enfoque del Reglamento responde al contexto actual, donde el sector financiero depende en gran medida de las TIC para sus funciones esenciales y está cada vez más expuesto a ciberamenazas, interrupciones operativas, fallos técnicos y desastres naturales. La capacidad para mantener la continuidad operativa, incluso frente a eventos disruptivos, es fundamental para proteger la estabilidad del sistema financiero, cumplir con las obligaciones legales y contractuales, y salvaguardar la confianza de los clientes y otras partes interesadas.

1. Requisito de una política global de continuidad de la actividad en materia de TIC: El artículo establece la obligación de implementar una política global específica que aborde todos los aspectos necesarios para garantizar la continuidad operativa en caso de incidentes relacionados con las TIC. Esta política debe identificar los procedimientos, recursos y responsabilidades necesarios para mitigar los impactos de los incidentes, restaurar los sistemas afectados y reanudar las operaciones normales. El objetivo principal es minimizar las interrupciones en las funciones esenciales o importantes de la entidad.

   En la práctica, esta política debe incluir:

   - Metas y objetivos específicos: Establecer objetivos claros y medibles, como reducir el tiempo de inactividad, garantizar la disponibilidad de datos críticos y minimizar las pérdidas financieras derivadas de incidentes relacionados con las TIC.
   - Cobertura integral: La política debe abarcar todos los sistemas TIC, procesos y activos de información que sustenten funciones esenciales o importantes, así como las dependencias con proveedores terceros de servicios TIC.
   - Documentación formal: La política debe estar documentada y mantenerse actualizada, reflejando los cambios en el entorno tecnológico, normativo o de riesgo.

Por ejemplo, una entidad financiera puede establecer en su política que, en caso de un ataque de ransomware, el tiempo máximo permitido para restaurar los sistemas críticos de pagos electrónicos sea de seis horas, utilizando sistemas de respaldo previamente probados.

2. Integración en el marco de gestión del riesgo relacionado con las TIC: El artículo subraya que la política de continuidad debe formar parte del marco general de gestión del riesgo relacionado con las TIC de la entidad. Esto significa que la política debe estar alineada con los principios, estrategias, políticas y procedimientos establecidos en dicho marco, garantizando una gestión coherente y estructurada de los riesgos tecnológicos.

   En la práctica, la integración implica:

- Alineación con la identificación de riesgos: Basar la política en los riesgos identificados en virtud del artículo 8, como vulnerabilidades en sistemas críticos, posibles ciberataques o fallos en la infraestructura tecnológica.
- Interrelación con otras políticas: Asegurar que la política de continuidad esté coordinada con otras políticas relacionadas, como las de ciberseguridad, gestión de accesos y recuperación de desastres.
- Supervisión y control: Establecer mecanismos de monitoreo y revisión dentro del marco de gestión de riesgos para evaluar la eficacia de la política de continuidad y realizar ajustes según sea necesario.

Por ejemplo, si un análisis de riesgos identifica que una interrupción en los servicios de un proveedor tercero de TIC podría afectar la funcionalidad de la banca en línea, la política de continuidad debe incluir medidas específicas para mitigar este riesgo, como contratos de respaldo con otros proveedores o planes de recuperación interna.

3. Opciones de adopción de la política de continuidad: El Reglamento permite a las entidades financieras decidir si adoptan esta política como una política independiente y específica o si la integran dentro de su política general de continuidad de la actividad. Esta flexibilidad permite a las entidades adaptar su enfoque según su tamaño, complejidad, perfil de riesgo y estructura operativa.

   En la práctica:

   - Entidades complejas: Las entidades financieras más grandes y con operaciones internacionales podrían optar por una política específica de continuidad en materia de TIC, debido a la criticidad de sus sistemas tecnológicos y la diversidad de riesgos a los que están expuestas.
   - Entidades más pequeñas: Las entidades con operaciones menos complejas, como microempresas o pequeñas empresas, pueden integrar los elementos de continuidad en materia de TIC dentro de su política general de continuidad operativa.

Por ejemplo, una gran institución financiera con múltiples filiales podría desarrollar una política específica para abordar la recuperación de infraestructuras tecnológicas críticas, como centros de datos y plataformas de comercio electrónico. En cambio, una cooperativa de crédito local podría incluir los procedimientos de continuidad de las TIC como un apartado dentro de su política general de continuidad.

4. Basada en los requisitos de identificación del artículo 8: La política debe estar fundamentada en los requisitos de identificación establecidos en el artículo 8 del Reglamento, lo que significa que debe estar basada en una evaluación exhaustiva de los activos tecnológicos, funciones empresariales, interdependencias y riesgos relacionados con las TIC. Esto garantiza que la política sea específica para las necesidades y vulnerabilidades de la entidad.

   En la práctica, esto incluye:

   - Inventario de activos críticos: Identificar los sistemas, aplicaciones, datos y componentes físicos que son esenciales para las operaciones de la entidad.
   - Evaluación de interdependencias: Analizar las relaciones entre los activos internos y las dependencias con proveedores terceros, identificando puntos únicos de fallo.
   - Clasificación de riesgos: Priorizar los sistemas y procesos que requieren mayores niveles de protección y capacidades de recuperación.

Por ejemplo, si un banco identifica que su sistema de pagos electrónicos depende de un proveedor de servicios en la nube, su política de continuidad debe incluir medidas específicas para garantizar la recuperación rápida en caso de fallos en la nube, como la migración a otro proveedor o el uso de copias de seguridad locales.

5. Respuesta y recuperación frente a incidentes relacionados con las TIC: La política debe detallar los procedimientos y recursos necesarios para responder y recuperarse de incidentes relacionados con las TIC. Esto incluye tanto la capacidad de contener los impactos de los incidentes en curso como la restauración de los sistemas y la reanudación de las operaciones.

   En la práctica, esto requiere:

   - Planes de respuesta a incidentes: Definir los pasos específicos para gestionar diferentes tipos de incidentes, como ciberataques, interrupciones de proveedores o desastres naturales que afecten la infraestructura tecnológica.

- Capacidades de recuperación: Incluir mecanismos para restaurar datos y sistemas, como copias de seguridad, redundancia de infraestructura y pruebas regulares de recuperación.
- Pruebas y simulaciones: Evaluar periódicamente la eficacia de los planes mediante ejercicios prácticos que simulen escenarios reales de incidentes.

Por ejemplo, una entidad podría realizar simulaciones anuales de ciberincidentes, como ataques de ransomware, para evaluar su capacidad de respuesta y ajustar los procedimientos de recuperación en función de los resultados.

6. Beneficios de una política robusta de continuidad de las TIC: Implementar una política sólida y bien estructurada en materia de continuidad de las TIC ofrece beneficios significativos, tales como:
    - Minimización del impacto de incidentes: Reducir las interrupciones en las operaciones críticas y garantizar la prestación continua de servicios a los clientes.
    - Cumplimiento normativo: Cumplir con los requisitos del Reglamento 2022/2554 y otras normativas aplicables.
    - Protección de la reputación: Salvaguardar la confianza de los clientes, socios y partes interesadas al demostrar la capacidad de la entidad para gestionar eficazmente los riesgos tecnológicos.
    - Fortalecimiento de la resiliencia: Preparar a la entidad para adaptarse y recuperarse rápidamente frente a incidentes imprevistos.

El incumplimiento de esta disposición puede generar consecuencias graves, tales como:

- Sanciones regulatorias: Las autoridades competentes pueden imponer multas u otras medidas coercitivas.
- Interrupciones operativas prolongadas: La falta de una política de continuidad puede dificultar la recuperación de sistemas críticos y exacerbar el impacto de los incidentes.
- Pérdida de confianza: Los clientes y socios pueden perder confianza en la capacidad de la entidad para garantizar la continuidad operativa.
- Impactos financieros: Las interrupciones operativas pueden causar pérdidas significativas y aumentar los costos de recuperación.

El artículo 11, apartado 1, del Reglamento Europeo 2022/2554 refuerza la importancia de una planificación proactiva y exhaustiva en materia de continuidad de las TIC. Cumplir con esta norma no solo garantiza la conformidad regulatoria, sino que también protege la resiliencia operativa de las entidades financieras, asegurando que puedan responder y recuperarse de manera eficaz frente a incidentes tecnológicos. La implementación de una política global de continuidad de las TIC, integrada en el marco de gestión de riesgos, es esencial para mitigar riesgos, proteger activos críticos y fortalecer la confianza en el sistema financiero.

2. Las entidades financieras aplicarán la política de continuidad de la actividad en materia de TIC mediante disposiciones, planes, procedimientos y mecanismos específicos, adecuados y documentados destinados a:

- *a)* ***garantizar la continuidad de las funciones esenciales o importantes de la entidad financiera;***
- *b)* ***responder a todos los incidentes relacionados con las TIC y resolverlos rápida, adecuada y eficazmente de manera que se limiten los daños y se dé prioridad a la reanudación de las actividades y a las acciones de recuperación;***
- *c)* ***activar, sin demora, planes específicos que permitan recurrir a medidas de contención, procesos y tecnologías adaptados a cada tipo de incidente relacionado con las TIC y que eviten nuevos daños, así como a procedimientos de respuesta y recuperación adaptados establecidos de conformidad con el artículo 12;***
- *d)* ***estimar con carácter preliminar las repercusiones, daños y pérdidas;***
- *e)* ***definir acciones de comunicación y gestión de crisis que garanticen la transmisión de información actualizada a todo el personal interno y las partes interesadas externas pertinentes de conformidad con el artículo 14, y su notificación a las autoridades competentes de conformidad con el artículo 19.***

El artículo 11, apartado 2, del Reglamento Europeo 2022/2554 establece las obligaciones específicas que las entidades financieras deben cumplir para aplicar su política de continuidad de la actividad en materia de TIC. Esto incluye la implementación de disposiciones, planes, procedimientos y mecanismos adecuados y documentados que garanticen la continuidad operativa, la respuesta eficaz a incidentes relacionados con las TIC y la comunicación efectiva tanto interna como externa durante situaciones de crisis. Este artículo refuerza la importancia de la planificación detallada y estructurada en materia de continuidad y resiliencia operativa digital, subrayando la necesidad de actuar con rapidez y precisión frente a incidentes disruptivos para minimizar el impacto en las funciones esenciales o importantes de las entidades.

La norma busca establecer un estándar de actuación homogéneo en el ámbito de la Unión Europea, asegurando que todas las entidades financieras estén preparadas para gestionar de manera efectiva los riesgos tecnológicos y garantizar la estabilidad del sector financiero. Este enfoque se alinea con los objetivos generales del Reglamento, que busca fortalecer la resiliencia operativa digital en un entorno cada vez más dependiente de las TIC y vulnerable a ciberamenazas y fallos técnicos.

1. Planes, procedimientos y mecanismos específicos, adecuados y documentados: El artículo requiere que las entidades financieras desarrollen y mantengan planes y procedimientos específicos, detallados y bien documentados que sean adecuados a su tamaño, perfil de riesgo y complejidad operativa. Estos planes deben incluir las acciones necesarias para garantizar la continuidad operativa, responder a incidentes y recuperar las funciones afectadas de manera eficiente. La documentación formal asegura la claridad en la asignación de responsabilidades, facilita las auditorías internas y externas, y permite la evaluación continua de los procedimientos.

   En la práctica, esto implica:

   - Planes de continuidad específicos: Documentar procedimientos para responder a diversos escenarios de incidentes, como interrupciones en los servicios de TIC, ciberataques o fallos en proveedores externos.
   - Asignación de responsabilidades: Especificar roles y responsabilidades para el personal involucrado en la implementación de los planes de continuidad.
   - Revisión periódica: Actualizar los planes y procedimientos con regularidad para reflejar cambios en el entorno tecnológico, regulatorio o de riesgo.

Por ejemplo, un plan de continuidad para un sistema de pagos podría incluir un protocolo detallado para restaurar la conectividad con los bancos corresponsales en caso de interrupción, asignando tareas específicas a los equipos de TIC y operaciones.

2. Garantía de continuidad de funciones esenciales o importantes (letra a): El artículo establece que uno de los objetivos de la política de continuidad es garantizar la continuidad de las funciones esenciales o importantes de la entidad, incluso frente a incidentes relaciona-

dos con las TIC. Esto implica identificar previamente las funciones críticas, diseñar estrategias específicas para protegerlas y priorizar su recuperación en caso de interrupciones.

En la práctica, esto incluye:

- Identificación de funciones críticas: Basarse en los análisis realizados en virtud del artículo 8 para identificar las funciones cuya interrupción tendría un impacto significativo en los clientes, la operación de la entidad o la estabilidad financiera.
- Redundancia y respaldo: Implementar soluciones técnicas como sistemas de respaldo, almacenamiento redundante y centros de datos alternativos para garantizar la disponibilidad continua de las funciones críticas.
- Pruebas periódicas: Evaluar la capacidad de los sistemas para mantener las funciones esenciales durante incidentes simulados.

Por ejemplo, una entidad financiera podría garantizar la continuidad de su sistema de gestión de pagos implementando un centro de datos secundario que pueda asumir las operaciones en caso de fallo en el centro principal.

3. Respuesta rápida y eficaz a incidentes (letra b): La norma subraya la necesidad de que las entidades financieras respondan a los incidentes relacionados con las TIC de manera rápida, adecuada y eficaz, priorizando la reanudación de las actividades y las acciones de recuperación. Esto implica establecer procesos claros para identificar, contener y mitigar el impacto de los incidentes.

   En la práctica, esto requiere:

- Protocolos de respuesta a incidentes: Definir pasos específicos para gestionar incidentes, desde la detección inicial hasta la recuperación completa.
- Equipos de respuesta especializados: Designar equipos de respuesta a incidentes con las competencias y recursos necesarios para actuar de manera inmediata.
- Monitoreo en tiempo real: Implementar herramientas de monitoreo continuo para identificar incidentes en sus etapas iniciales.

Por ejemplo, si un ciberataque compromete el sistema de banca en línea, el equipo de respuesta debe aislar los servidores afectados, investigar la naturaleza del ataque, implementar medidas de contención y comunicar las acciones tomadas a las partes interesadas pertinentes.

4. Activación de planes específicos y medidas de contención (letra c): El Reglamento exige que las entidades activen, sin demora, planes específicos que incluyan medidas de contención, tecnologías adaptadas al tipo de incidente y procedimientos de respuesta y recuperación. Esto implica que las entidades deben ser capaces de reaccionar de manera inmediata para limitar los daños y evitar que el incidente se propague o agrave.

   En la práctica, esto implica:

   - Segmentación de redes: Diseñar infraestructuras TIC que permitan aislar sistemas comprometidos para evitar la propagación de incidentes.
   - Tecnologías de contención: Utilizar herramientas avanzadas, como firewalls adaptativos y sistemas de detección de intrusos, para mitigar el impacto de los incidentes.
   - Planes adaptados a diferentes escenarios: Desarrollar planes específicos para distintos tipos de incidentes, como fallos técnicos, ataques de ransomware o interrupciones en los servicios de proveedores.

Por ejemplo, en caso de un ataque de denegación de servicio (DDoS), la entidad podría activar un plan que incluya la implementación de soluciones de mitigación de tráfico y la reconfiguración de los sistemas afectados para mantener la disponibilidad de los servicios esenciales.

5. Estimación preliminar de repercusiones, daños y pérdidas (letra d): El artículo obliga a las entidades a realizar una estimación preliminar de las repercusiones, daños y pérdidas derivadas de un incidente relacionado con las TIC. Este análisis inicial es fundamental para evaluar el impacto del incidente y tomar decisiones informadas sobre las acciones de recuperación y comunicación.

   En la práctica, esto implica:

   - Herramientas de análisis de impacto: Implementar sistemas que permitan evaluar rápidamente el alcance y las consecuencias de un incidente.
   - Clasificación de incidentes: Establecer criterios para clasificar los incidentes según su criticidad y las acciones necesarias para su gestión.

- Informes internos: Elaborar informes preliminares que detallen los daños, las pérdidas y las medidas tomadas, para su evaluación por la alta dirección.

Por ejemplo, tras un fallo técnico en el sistema de transacciones, la entidad podría estimar el número de operaciones afectadas, los ingresos perdidos y los costos asociados a la recuperación.

6. Acciones de comunicación y gestión de crisis (letra e): El Reglamento exige que las entidades definan acciones claras de comunicación y gestión de crisis, asegurando la transmisión de información actualizada tanto al personal interno como a las partes interesadas externas. También deben garantizar que los incidentes graves sean notificados a las autoridades competentes de conformidad con el artículo 19.

   En la práctica, esto requiere:

   - Protocolos de comunicación interna: Establecer canales y procedimientos para informar al personal relevante sobre el estado del incidente y las acciones tomadas.
   - Gestión de la comunicación externa: Diseñar estrategias para comunicar información a los clientes, socios comerciales y otras partes interesadas de manera clara y oportuna.
   - Notificación regulatoria: Implementar mecanismos para garantizar que los incidentes graves sean notificados a las autoridades competentes dentro de los plazos establecidos.

Por ejemplo, en caso de una interrupción en los servicios de pagos, la entidad podría enviar actualizaciones regulares a los clientes afectados mediante correo electrónico y notificar a las autoridades regulatorias sobre las acciones de recuperación emprendidas.

El incumplimiento de las disposiciones de este artículo puede tener graves consecuencias para las entidades financieras, como:

- Interrupciones prolongadas: La falta de planes adecuados puede dificultar la recuperación de las operaciones críticas.
- Sanciones regulatorias: Las autoridades competentes pueden imponer multas o restricciones por no cumplir con las obligaciones de continuidad y comunicación.
- Pérdida de confianza: Los clientes y socios pueden perder confianza en la capacidad de la entidad para gestionar incidentes tecnológicos.

- Daños financieros: Los incidentes mal gestionados pueden generar pérdidas económicas significativas y afectar la reputación de la entidad.

El artículo 11, apartado 2, del Reglamento Europeo 2022/2554 establece un marco exhaustivo para la aplicación de la política de continuidad en materia de TIC, asegurando que las entidades financieras estén preparadas para gestionar incidentes tecnológicos de manera rápida, eficaz y estructurada. Cumplir con esta disposición requiere la implementación de planes detallados, asignación de recursos adecuados y desarrollo de capacidades avanzadas de respuesta y recuperación. Además, la coordinación efectiva de las acciones de comunicación interna y externa es esencial para garantizar la transparencia y minimizar el impacto de los incidentes en las partes interesadas. La correcta aplicación de estas medidas no solo asegura la resiliencia operativa, sino que también protege la reputación de la entidad y fortalece la confianza en el sistema financiero.

3. Como parte del marco de gestión del riesgo relacionado con las TIC a que se refiere el artículo 6, apartado 1, las entidades financieras aplicarán planes conexos de respuesta y recuperación en materia de TIC que, en el caso de entidades financieras que no sean microempresas, estarán sujetos a auditorías internas independientes.

El artículo 11, apartado 3, del Reglamento Europeo 2022/2554 establece que las entidades financieras, como parte del marco de gestión del riesgo relacionado con las TIC descrito en el artículo 6, apartado 1, deben implementar planes conexos de respuesta y recuperación en materia de TIC. Estos planes son fundamentales para garantizar una respuesta rápida, eficaz y estructurada frente a incidentes tecnológicos que puedan comprometer la continuidad operativa o la seguridad de los sistemas críticos de la entidad. Asimismo, el artículo introduce una obligación específica para las entidades financieras que no sean microempresas: someter estos planes a auditorías internas independientes. Esta disposición asegura la calidad, eficacia y adecuación de los planes, permitiendo una supervisión continua y mejoras periódicas en los mecanismos de gestión del riesgo relacionado con las TIC.

La inclusión de las auditorías internas independientes como requisito refuerza la importancia de contar con mecanismos de control y verificación que permitan identificar deficiencias, corregir fallos y adaptar los planes a un entorno tecnológico y de riesgos en constante evolución. Este artículo establece una conexión directa entre los principios de buena gobernanza, la resiliencia operativa y la capacidad de adaptación de las entidades financieras frente a incidentes relacionados con las TIC.

1. Planes conexos de respuesta y recuperación en materia de TIC: El artículo exige que las entidades financieras implementen planes conexos de respuesta y recuperación que formen parte integral del marco de gestión del riesgo relacionado con las TIC. Estos planes deben abordar tanto las acciones inmediatas de respuesta ante incidentes como los procedimientos de recuperación destinados a restaurar los sistemas y reanudar las operaciones normales en el menor tiempo posible. Su carácter "conexo" indica que los planes deben estar interrelacionados con otras políticas, procedimientos y estrategias de resiliencia operativa de la entidad.

   En la práctica, los planes deben incluir:

   - Identificación de escenarios de riesgo: Basarse en evaluaciones previas de riesgos, identificando los incidentes más probables y críticos que puedan afectar a los sistemas TIC.
   - Definición de responsabilidades: Especificar roles y responsabilidades de los equipos de respuesta, incluidos los equipos técnicos, de comunicación y de alta dirección.
   - Fases de respuesta y recuperación: Dividir las acciones en fases claras, como detección, contención, mitigación, recuperación y revisión posterior al incidente.
   - Medidas técnicas y organizativas: Incluir herramientas y procedimientos específicos, como sistemas de respaldo, mecanismos de aislamiento de redes y estrategias de recuperación de datos.

Por ejemplo, un plan de recuperación podría detallar los pasos necesarios para restaurar la funcionalidad de un sistema de pagos electrónicos tras un ciberataque, incluyendo la activación de servidores de respaldo y la comunicación con los clientes afectados.

2. Objetivo de los planes: resiliencia operativa y continuidad de las funciones críticas: Los planes conexos de respuesta y recuperación tienen como objetivo garantizar la continuidad de las funciones esenciales o importantes de la entidad, incluso frente a incidentes graves. Esto incluye minimizar el tiempo de inactividad, proteger los datos críticos y asegurar que los servicios a clientes y contrapartes puedan reanudarse lo antes posible.

   En la práctica, esto implica:

- Priorización de funciones críticas: Identificar y clasificar los sistemas, procesos y datos que deben ser restaurados con mayor urgencia en caso de un incidente.
- Capacidades de recuperación rápida: Implementar medidas para garantizar que los sistemas TIC puedan ser restaurados en plazos previamente definidos (objetivos de tiempo de recuperación, RTO).
- Redundancia y respaldo: Establecer infraestructuras de respaldo, como centros de datos alternativos o soluciones de recuperación en la nube, para garantizar la disponibilidad de sistemas críticos.

Por ejemplo, una entidad financiera puede diseñar su plan de recuperación para asegurar que su plataforma de banca en línea vuelva a estar operativa en un plazo de dos horas tras un fallo técnico, utilizando servidores de respaldo previamente configurados.

3. Auditorías internas independientes en entidades no microempresas: El artículo introduce una obligación adicional para las entidades financieras que no sean microempresas: someter los planes conexos de respuesta y recuperación a auditorías internas independientes. Este requisito busca garantizar que los planes sean revisados periódicamente por auditores internos con suficiente independencia respecto a las áreas responsables de su implementación. Las auditorías deben evaluar la eficacia, integridad y adecuación de los planes, asegurando que cumplan con los objetivos de resiliencia operativa y los requisitos regulatorios.

   En la práctica, las auditorías internas deben:

   - Evaluar la conformidad: Verificar que los planes cumplan con las disposiciones del Reglamento y con las mejores prácticas internacionales, como las establecidas por el estándar ISO/IEC 22301 (sistemas de gestión de continuidad de negocio).
   - Identificar deficiencias: Detectar posibles fallos o lagunas en los planes, como la falta de medidas específicas para ciertos escenarios de riesgo o la ausencia de pruebas regulares.
   - Recomendar mejoras: Proponer ajustes o actualizaciones para fortalecer la eficacia de los planes y adaptarlos a cambios en el entorno tecnológico o en las amenazas identificadas.

- Supervisar la implementación de recomendaciones: Verificar que las mejoras sugeridas sean implementadas en los plazos establecidos.

Por ejemplo, una auditoría interna podría identificar que un plan de respuesta no incluye procedimientos específicos para gestionar interrupciones en los servicios de un proveedor de TIC, recomendando la incorporación de medidas de contingencia específicas para este tipo de incidentes.

4. Independencia de las auditorías internas: La exigencia de que las auditorías internas sean "independientes" implica que deben llevarse a cabo por personal o unidades que no estén involucradas directamente en la implementación o gestión diaria de los planes de respuesta y recuperación. Este principio de independencia es esencial para garantizar objetividad, imparcialidad y una evaluación crítica de los planes.

   En la práctica, esto significa:

   - Segregación de funciones: Separar las responsabilidades de diseño e implementación de los planes de aquellas relacionadas con su auditoría.
   - Competencia de los auditores: Asegurar que los auditores internos cuenten con conocimientos técnicos, experiencia en gestión de riesgos relacionados con las TIC y capacidad para evaluar sistemas y procedimientos complejos.
   - Reporte a la alta dirección: Garantizar que los resultados de las auditorías sean comunicados directamente al órgano de dirección o al comité de auditoría, promoviendo la transparencia y la rendición de cuentas.

Por ejemplo, en una entidad bancaria, el departamento de auditoría interna podría estar encargado de evaluar los planes de recuperación diseñados por el equipo de seguridad TIC, asegurando que la revisión sea independiente y objetiva.

5. Beneficios de las auditorías internas independientes: Someter los planes de respuesta y recuperación a auditorías internas independientes proporciona varios beneficios prácticos, como:

   - Mejora continua: Identificar áreas de mejora y adaptar los planes a las mejores prácticas y lecciones aprendidas de incidentes previos.

- Cumplimiento normativo: Asegurar que los planes cumplan con los requisitos del Reglamento y con otras normativas sectoriales aplicables.
- Fortalecimiento de la resiliencia operativa: Garantizar que los planes sean eficaces frente a los riesgos tecnológicos emergentes y las nuevas amenazas.
- Confianza de las partes interesadas: Demostrar a los reguladores, clientes y socios que la entidad está preparada para gestionar incidentes tecnológicos de manera eficaz.

Por ejemplo, tras una auditoría interna, una entidad podría ajustar sus procedimientos de recuperación para reducir el tiempo de restauración de ciertos sistemas críticos, mejorando su capacidad de respuesta frente a ciberataques.

6. Repercusiones del incumplimiento: El incumplimiento de este artículo puede tener consecuencias significativas para las entidades financieras, incluyendo:

   - Sanciones regulatorias: Las autoridades competentes pueden imponer multas u otras medidas coercitivas por no implementar planes de respuesta y recuperación adecuados o por no someterlos a auditorías independientes en el caso de entidades no microempresas.
   - Impactos operativos: La falta de planes eficaces puede resultar en interrupciones prolongadas y pérdidas financieras significativas en caso de incidentes graves.
   - Deterioro de la reputación: La incapacidad para gestionar y recuperar sistemas críticos puede dañar la confianza de los clientes, socios y otras partes interesadas.
   - Exposición a riesgos legales: Las entidades pueden enfrentarse a litigios si no logran proteger adecuadamente los datos y servicios de sus clientes durante incidentes relacionados con las TIC.

El artículo 11, apartado 3, del Reglamento Europeo 2022/2554 refuerza la importancia de contar con planes conexos de respuesta y recuperación en materia de TIC como parte del marco de gestión del riesgo relacionado con las TIC. Estos planes no solo deben garantizar la capacidad de la entidad para responder eficazmente a incidentes tecnológicos, sino que también deben estar sujetos a auditorías internas independientes en el caso de entidades que no sean microempresas. Esta combinación de planificación estructurada y supervisión independiente asegura la mejora continua de los mecanismos de resiliencia operativa, fortaleciendo la capacidad de las entidades financieras para gestionar riesgos tecnológicos, cumplir con sus obligaciones regulatorias y proteger la estabilidad del sistema financiero.

4. Las entidades financieras establecerán, mantendrán y someterán a prueba periódicamente planes adecuados de continuidad de las actividades de TIC, en particular en lo que se refiere a las funciones esenciales o importantes externalizadas o contratadas mediante acuerdos con proveedores terceros de servicios de TIC.

El artículo 11, apartado 4, del Reglamento Europeo 2022/2554 establece la obligación para las entidades financieras de desarrollar, mantener y someter a prueba de manera periódica planes de continuidad de las actividades relacionadas con las tecnologías de la información y las comunicaciones (TIC). Este deber incluye una especial atención a las funciones esenciales o importantes que han sido externalizadas o gestionadas a través de acuerdos con proveedores terceros de servicios de TIC. Esta disposición subraya la importancia de la preparación y la planificación estratégica en la gestión de riesgos derivados de interrupciones tecnológicas, asegurando que las entidades estén en condiciones de reaccionar rápidamente frente a incidentes que afecten tanto a sistemas internos como a servicios externalizados.

La creciente dependencia de las entidades financieras de proveedores externos para la gestión de funciones críticas, como el alojamiento de datos, la computación en la nube, la ciberseguridad y otros servicios tecnológicos, incrementa su exposición a riesgos de interrupciones, fallos técnicos y ciberataques. Por ello, este apartado del Reglamento pone énfasis en la necesidad de garantizar que estos riesgos estén adecuadamente gestionados mediante planes de continuidad específicos, actualizados y probados regularmente, de modo que la resiliencia operativa no se vea comprometida.

1. Obligación de establecer planes de continuidad de las actividades de TIC: El artículo exige que las entidades financieras desarrollen planes de continuidad de las actividades relacionadas con las TIC que sean adecuados a la naturaleza, escala y complejidad de sus operaciones. Estos planes deben proporcionar un marco estructurado para garantizar la continuidad de los servicios críticos en caso de interrupciones o fallos en los sistemas tecnológicos, tanto internos como externalizados.

   En la práctica, los planes de continuidad deben incluir:

- Identificación de funciones esenciales: Basarse en los análisis realizados en virtud del artículo 8 del Reglamento para identificar las funciones empresariales críticas que dependen de las TIC.
- Análisis de impacto: Evaluar el impacto potencial de la interrupción de cada función crítica para priorizar los recursos y las acciones de recuperación.
- Procedimientos de recuperación: Definir pasos específicos para restaurar las funciones críticas y mitigar el impacto de las interrupciones.

Por ejemplo, un plan de continuidad para un sistema de gestión de pagos electrónicos podría detallar las acciones necesarias para activar un sistema de respaldo en caso de un fallo en los servidores principales, asegurando que las transacciones se procesen sin interrupciones significativas.

2. Mantenimiento de los planes de continuidad: El Reglamento establece que los planes de continuidad no solo deben ser desarrollados, sino también mantenidos de manera regular para asegurar que sigan siendo relevantes y eficaces frente a cambios en el entorno operativo, tecnológico o normativo. Esto incluye la actualización de los planes para reflejar nuevas dependencias tecnológicas, cambios en los proveedores o la incorporación de lecciones aprendidas tras incidentes o pruebas previas.

   En la práctica, el mantenimiento implica:

   - Revisión periódica: Actualizar los planes al menos una vez al año o cuando se produzcan cambios significativos en la infraestructura tecnológica, en los acuerdos con proveedores o en el perfil de riesgos de la entidad.
   - Participación multidisciplinaria: Asegurar la colaboración de diferentes áreas, como TIC, operaciones, Compliance y auditoría interna, en la actualización de los planes.
   - Incorporación de nuevas tecnologías: Adaptar los planes para incluir nuevas soluciones tecnológicas o metodologías que mejoren la capacidad de respuesta y recuperación.

Por ejemplo, si una entidad financiera decide migrar sus sistemas de gestión de datos a una plataforma de computación en la nube, los planes de continuidad deben ser actualizados para reflejar esta nueva dependencia y las acciones necesarias para gestionar interrupciones en el proveedor de nube.

3. Pruebas periódicas de los planes de continuidad: El artículo requiere que los planes de continuidad sean sometidos a pruebas periódicas para verificar su eficacia y garantizar que puedan ser implementados correctamente en caso de un incidente. Estas pruebas permiten identificar posibles deficiencias en los planes, evaluar la preparación del personal y ajustar las estrategias de recuperación según sea necesario.

   En la práctica, las pruebas pueden incluir:

   - Simulaciones de incidentes: Realizar ejercicios prácticos que reproduzcan escenarios de interrupciones reales, como fallos en proveedores externos, ciberataques o desastres naturales.
   - Pruebas de recuperación técnica: Evaluar la capacidad de los sistemas tecnológicos para ser restaurados en los plazos establecidos, verificando la funcionalidad de las copias de seguridad, los servidores de respaldo y las conexiones de red alternativas.
   - Revisión de resultados: Analizar los resultados de las pruebas para identificar áreas de mejora y actualizar los planes en consecuencia.

Por ejemplo, una entidad financiera podría realizar una prueba de recuperación para simular la interrupción de los servicios de su proveedor de almacenamiento en la nube, verificando si los datos pueden ser restaurados desde una copia local en el plazo definido en su objetivo de tiempo de recuperación (RTO).

4. Foco en las funciones esenciales o importantes externalizadas: El artículo pone un énfasis particular en la necesidad de garantizar la continuidad de las funciones esenciales o importantes que han sido externalizadas o gestionadas a través de acuerdos con proveedores terceros de servicios de TIC. Esto se debe a que las interrupciones en los servicios de estos proveedores pueden tener un impacto significativo en la operativa de la entidad, afectando directamente la prestación de servicios a los clientes y el cumplimiento de las obligaciones normativas.

   En la práctica, esto implica:

   - Evaluación de los acuerdos de externalización: Revisar los contratos con los proveedores para asegurarse de que incluyan disposiciones claras sobre la gestión de la continuidad, como tiempos de recuperación garantizados y la obligación de realizar pruebas conjuntas.

- Planes específicos para servicios externalizados: Incluir en los planes de continuidad de la entidad procedimientos específicos para gestionar interrupciones en los servicios externalizados, como la activación de proveedores alternativos o el uso de soluciones internas de respaldo.
- Colaboración con los proveedores: Coordinar con los proveedores externos para realizar pruebas conjuntas de continuidad y asegurar que sus planes sean compatibles con los de la entidad.

Por ejemplo, si una entidad financiera externaliza la gestión de su infraestructura de TI a un proveedor de servicios en la nube, su plan de continuidad debe incluir procedimientos específicos para comunicarse con el proveedor en caso de interrupciones, verificar el estado de los sistemas afectados y, si es necesario, activar un plan de contingencia que permita migrar las operaciones a un proveedor alternativo.

5. Relevancia de la resiliencia operativa en un entorno tecnológico complejo: La creciente dependencia de las TIC y la externalización de servicios críticos hacen que la resiliencia operativa sea un elemento esencial para las entidades financieras. Los planes de continuidad no solo protegen a la entidad frente a interrupciones, sino que también refuerzan la confianza de los clientes, socios y autoridades regulatorias en la capacidad de la entidad para gestionar riesgos tecnológicos y garantizar la prestación continua de servicios.

   En la práctica, los beneficios de implementar planes de continuidad adecuados incluyen:

   - Minimización de interrupciones: Garantizar que las funciones críticas puedan reanudarse rápidamente, reduciendo el impacto en los clientes y la reputación de la entidad.
   - Cumplimiento normativo: Demostrar a las autoridades competentes que la entidad cumple con los requisitos del Reglamento en materia de continuidad y gestión de riesgos tecnológicos.
   - Mejora de la capacidad de recuperación: Fortalecer la capacidad de la entidad para adaptarse y recuperarse frente a inciden-

tes imprevistos, como ciberataques o fallos en los proveedores externos.

6. Repercusiones del incumplimiento: El incumplimiento de las obligaciones establecidas en este artículo puede generar graves consecuencias para las entidades financieras, tales como:
   - Sanciones regulatorias: Las autoridades competentes pueden imponer multas u otras medidas coercitivas por no contar con planes de continuidad adecuados o por no realizar pruebas periódicas.
   - Interrupciones prolongadas: La falta de planes eficaces puede dificultar la recuperación de funciones críticas, afectando la prestación de servicios y generando pérdidas económicas significativas.
   - Deterioro de la confianza: Los clientes y socios comerciales pueden perder confianza en la capacidad de la entidad para gestionar riesgos tecnológicos.
   - Riesgos legales: Las entidades pueden enfrentar demandas de clientes o contrapartes afectadas por interrupciones en los servicios.

El artículo 11, apartado 4, del Reglamento Europeo 2022/2554 refuerza la importancia de desarrollar, mantener y probar regularmente planes de continuidad de las actividades TIC, con especial atención a las funciones esenciales o importantes externalizadas. Estas medidas no solo garantizan la resiliencia operativa de las entidades financieras, sino que también protegen su reputación, fortalecen la confianza de las partes interesadas y aseguran el cumplimiento de las obligaciones regulatorias. Implementar estos planes de manera adecuada requiere un enfoque estratégico que combine análisis de riesgos, planificación detallada, colaboración con proveedores externos y un compromiso continuo con la mejora de la capacidad de recuperación frente a incidentes tecnológicos.

5. Como parte de la política global de continuidad de la actividad, las entidades financieras llevarán a cabo un análisis de impacto en el negocio de sus exposiciones a perturbaciones graves de la actividad. En el marco de dicho análisis, las entidades financieras evaluarán el impacto potencial de las perturbaciones graves de la actividad mediante criterios cuantitativos y cualitativos, utilizando datos internos y externos y análisis de escenarios, según proceda. El análisis de impacto en el negocio tendrá en cuenta el carácter esencial de las funciones empresariales identificadas y cartografiadas, los procesos de apoyo, las dependencias de terce-

ros y los activos de información, así como sus interdependencias. Las entidades financieras garantizarán que los activos de TIC y los servicios de TIC se diseñen y utilicen en plena consonancia con el análisis de impacto en el negocio, en particular en lo que se refiere a garantizar adecuadamente la redundancia de todos los componentes esenciales.

El artículo 11, apartado 5, del Reglamento Europeo 2022/2554 establece la obligación para las entidades financieras de realizar un análisis de impacto en el negocio como parte de su política global de continuidad de la actividad. Este análisis tiene como objetivo evaluar las repercusiones potenciales de perturbaciones graves en las actividades de la entidad, considerando tanto criterios cuantitativos como cualitativos, y utilizando datos internos, externos y análisis de escenarios. El análisis debe abarcar aspectos esenciales como las funciones empresariales críticas, los procesos de apoyo, las dependencias de terceros, los activos de información y sus interdependencias. Asimismo, se exige que los activos y servicios de TIC sean diseñados y utilizados de acuerdo con las conclusiones del análisis, garantizando la redundancia adecuada para los componentes esenciales.

Esta disposición tiene como finalidad fortalecer la resiliencia operativa de las entidades financieras mediante una comprensión integral del impacto que pueden tener las perturbaciones en sus operaciones críticas. Además, asegura que las estrategias de continuidad y los sistemas tecnológicos se alineen con las necesidades específicas de la entidad, minimizando los riesgos derivados de interrupciones operativas.

1. Realización de un análisis de impacto en el negocio: El artículo establece que las entidades financieras deben llevar a cabo un análisis exhaustivo de impacto en el negocio para evaluar su exposición a perturbaciones graves. Este análisis constituye una herramienta indispensable para identificar las funciones críticas y sus dependencias, priorizar los recursos y diseñar estrategias de respuesta y recuperación.

   En la práctica, el análisis de impacto en el negocio implica:

   - Identificación de funciones críticas: Determinar qué funciones empresariales son esenciales para la continuidad operativa y evaluar cómo su interrupción afectaría a los clientes, la estabilidad financiera de la entidad y su cumplimiento normativo.
   - Evaluación de dependencias internas y externas: Analizar las interdependencias entre sistemas, procesos y terceros, como proveedores de servicios TIC.

- Determinación de prioridades: Identificar los procesos y activos que requieren mayores niveles de protección y capacidades de recuperación.

Por ejemplo, un banco podría identificar que su plataforma de banca en línea es una función crítica cuya interrupción tendría un impacto significativo en sus clientes y en su reputación. Como resultado, el análisis recomendaría implementar redundancia en los servidores que soportan esta función.

2. Criterios cuantitativos y cualitativos en la evaluación del impacto: El Reglamento determina que el análisis de impacto se base tanto en criterios cuantitativos como cualitativos para proporcionar una evaluación completa y precisa de las repercusiones potenciales de las perturbaciones.

   En la práctica:

   - Criterios cuantitativos: Incluyen métricas como la pérdida financiera estimada, el tiempo de inactividad máximo permitido (RTO), el volumen de transacciones afectadas y los costos asociados con la recuperación.
   - Criterios cualitativos: Evalúan aspectos intangibles como el impacto en la confianza de los clientes, la reputación de la entidad, las relaciones con los reguladores y las implicaciones legales o contractuales.

Por ejemplo, un análisis cuantitativo podría estimar que una interrupción de tres horas en el sistema de pagos internacionales resultaría en una pérdida de ingresos de 500.000 euros, mientras que un análisis cualitativo podría resaltar el daño reputacional asociado a la falta de disponibilidad de este servicio crítico.

3. Uso de datos internos, externos y análisis de escenarios: El análisis de impacto en el negocio debe basarse en una combinación de datos internos, externos y análisis de escenarios para garantizar su precisión y relevancia.

   En la práctica:

   - Datos internos: Incluyen registros históricos de interrupciones, métricas operativas, resultados de pruebas de continuidad y auditorías internas.

- Datos externos: Incluyen información sobre incidentes ocurridos en otras entidades del sector, estadísticas de ciberamenazas y estudios de mercado sobre riesgos tecnológicos.
- Análisis de escenarios: Simulan situaciones hipotéticas, como ciberataques, fallos técnicos o desastres naturales, para evaluar cómo se verían afectadas las operaciones críticas de la entidad.

Por ejemplo, una entidad podría realizar un análisis de escenario para evaluar el impacto de una interrupción en los servicios de un proveedor externo de computación en la nube, estimando el tiempo necesario para restaurar los sistemas críticos utilizando soluciones de respaldo internas.

4. Consideración del carácter esencial de las funciones empresariales y sus interdependencias: El análisis debe tener en cuenta el carácter esencial de las funciones empresariales identificadas, así como los procesos de apoyo, las dependencias de terceros y las interdependencias entre activos de información y TIC. Esto asegura que todas las conexiones críticas sean identificadas y gestionadas adecuadamente.

   En la práctica, esto implica:

   - Cartografía de dependencias: Crear un mapa detallado que muestre cómo las funciones críticas dependen de sistemas tecnológicos específicos, proveedores externos y procesos internos.
   - Identificación de puntos únicos de fallo: Detectar elementos o proveedores cuya interrupción podría afectar significativamente la continuidad operativa.
   - Análisis de impacto cruzado: Evaluar cómo una interrupción en un activo o función podría afectar a otras áreas de la entidad.

Por ejemplo, un banco podría identificar que una interrupción en su sistema central de procesamiento de datos afectaría no solo a las transacciones en sucursales, sino también a los servicios de banca móvil y las operaciones de cajeros automáticos, lo que requeriría estrategias de recuperación integradas.

5. Diseño y uso de activos y servicios de TIC alineados con el análisis: El Reglamento exige que los activos y servicios de TIC sean diseñados y utilizados en plena consonancia con el análisis de impacto en el negocio, con un énfasis especial en garantizar la redundancia adecuada de los componentes esenciales. Esto implica que las deci-

siones tecnológicas y las estrategias de implementación deben estar fundamentadas en las conclusiones del análisis.

En la práctica, esto requiere:

- Redundancia de componentes críticos: Implementar soluciones como servidores duplicados, sistemas de respaldo en diferentes ubicaciones geográficas y redes alternativas para garantizar la disponibilidad continua de los servicios esenciales.
- Resiliencia en el diseño de sistemas: Incorporar características como segmentación de redes, protección contra ciberataques y recuperación automática de fallos.
- Pruebas regulares de los sistemas: Evaluar periódicamente la capacidad de los sistemas TIC para operar bajo condiciones de estrés o interrupciones simuladas.

Por ejemplo, una entidad podría diseñar su infraestructura de TIC de manera que las bases de datos críticas estén replicadas en tiempo real en un centro de datos secundario ubicado en una región diferente, garantizando su disponibilidad incluso en caso de desastres naturales.

6. Beneficios de un análisis de impacto sólido: La realización de un análisis de impacto en el negocio proporciona varios beneficios prácticos, incluyendo:
   - Priorización efectiva de recursos: Ayuda a asignar recursos de manera eficiente a las áreas más críticas, optimizando los esfuerzos de continuidad y recuperación.
   - Reducción del tiempo de inactividad: Facilita la identificación de los pasos necesarios para restaurar las funciones críticas en el menor tiempo posible.
   - Cumplimiento normativo: Demuestra a las autoridades competentes que la entidad cumple con los requisitos del Reglamento en materia de resiliencia operativa.
   - Protección de la reputación: Reduce el impacto de las interrupciones en los clientes y socios comerciales, fortaleciendo la confianza en la entidad.
7. Repercusiones del incumplimiento: El incumplimiento de esta disposición puede tener graves consecuencias para las entidades financieras, como:

- Sanciones regulatorias: Las autoridades competentes pueden imponer multas u otras medidas coercitivas por no realizar o mantener actualizado el análisis de impacto.
- Interrupciones no gestionadas: La falta de un análisis adecuado puede resultar en tiempos de inactividad prolongados y pérdidas económicas significativas durante incidentes graves.
- Impacto reputacional: Los clientes y socios pueden perder confianza en la capacidad de la entidad para gestionar riesgos y garantizar la continuidad operativa.
- Exposición a riesgos legales: Las entidades pueden enfrentar litigios si no logran proteger adecuadamente los servicios críticos y los datos de los clientes.

El artículo 11, apartado 5, del Reglamento Europeo 2022/2554 refuerza la importancia de un análisis de impacto en el negocio como herramienta fundamental para garantizar la resiliencia operativa de las entidades financieras. Este análisis permite identificar funciones críticas, evaluar el impacto de las perturbaciones y diseñar estrategias de continuidad alineadas con las necesidades de la entidad. Además, asegura que los activos y servicios TIC sean diseñados con redundancia y resiliencia suficientes para minimizar los riesgos tecnológicos. Cumplir con esta disposición no solo garantiza la conformidad normativa, sino que también protege la estabilidad operativa, la confianza de los clientes y la reputación de la entidad en un entorno financiero cada vez más dependiente de las TIC.

6. Como parte de su gestión global del riesgo relacionado con las TIC, las entidades financieras:

a) sometarán a prueba los planes de continuidad de la actividad y los planes de respuesta y recuperación en materia de TIC en relación con los sistemas de TIC que sustenten todas las funciones al menos una vez al año, así como en caso de que se produzca cualquier cambio sustancial en los sistemas de TIC que sustenten funciones esenciales o importantes;

b) someterán a prueba los planes de comunicación en caso de crisis establecidos de conformidad con el artículo 14.

A efectos del párrafo primero, letra a), las entidades financieras que no sean microempresas incluirán, en los planes de pruebas, escenarios de ciberataques y de conmutación entre la infraestructura primaria de TIC y la capacidad redundante, las copias de seguridad y las instalaciones redundantes necesarias para cumplir con las obligaciones establecidas en el artículo 12.

Las entidades financieras revisarán periódicamente su política de continuidad de la actividad en materia de TIC y sus planes de respuesta y recuperación en materia de TIC teniendo en cuenta los resultados de las pruebas realizadas de conformidad con el párrafo primero y las recomendaciones derivadas de los controles de auditoría o las revisiones supervisoras.

El artículo 11, apartado 6, del Reglamento Europeo 2022/2554 establece requisitos específicos sobre la prueba y revisión de los planes de continuidad de la actividad y los planes de respuesta y recuperación en materia de TIC, como parte de la gestión global del riesgo relacionado con las TIC. Este apartado subraya la importancia de verificar la eficacia de estos planes mediante pruebas periódicas y rigurosas que permitan a las entidades financieras evaluar su capacidad para gestionar interrupciones y responder a incidentes tecnológicos. Asimismo, refuerza la obligación de revisar y actualizar estos planes a la luz de los resultados obtenidos en las pruebas, así como de las recomendaciones derivadas de auditorías internas o revisiones por parte de las autoridades supervisoras.

El objetivo del artículo es garantizar que los sistemas de TIC que sustentan las funciones esenciales o importantes sean resilientes, capaces de soportar perturbaciones graves y alineados con las necesidades operativas y normativas de la entidad. Además, introduce requisitos específicos para entidades que no sean microempresas, incluyendo la obligación de probar escenarios de ciberataques y conmutaciones entre infraestructuras TIC primarias y redundantes, lo que refuerza la preparación frente a riesgos tecnológicos avanzados y la capacidad de recuperación ante fallos o ataques.

1. Pruebas periódicas de los planes de continuidad y recuperación (letra a): El artículo exige que las entidades financieras sometan a prueba sus planes de continuidad de la actividad y de respuesta y recuperación en materia de TIC al menos una vez al año, así como cada vez que se produzcan cambios sustanciales en los sistemas de TIC que sustenten funciones esenciales o importantes. Estas pruebas son esenciales para garantizar que los planes sean efectivos y que las entidades estén preparadas para gestionar interrupciones en sus operaciones críticas.

   En la práctica, esto implica:

   - Planificación estructurada de las pruebas: Establecer un calendario anual para realizar pruebas que evalúen la eficacia de los planes en diferentes escenarios, incluidos fallos técnicos, ciberataques y desastres naturales.

- Pruebas tras cambios significativos: Realizar pruebas adicionales cuando se implementen cambios sustanciales en los sistemas de TIC, como la adopción de nuevas tecnologías, la migración de sistemas a la nube o la externalización de funciones críticas a un proveedor tercero.
- Documentación de los resultados: Registrar los resultados de las pruebas para identificar áreas de mejora y justificar las actualizaciones en los planes.

Por ejemplo, una entidad financiera que implementa un nuevo sistema de pagos electrónicos debe realizar una prueba de continuidad para evaluar si el sistema puede ser restaurado desde un servidor de respaldo en caso de interrupción.

2. Pruebas de los planes de comunicación en caso de crisis (letra b): El Reglamento exige que las entidades financieras sometan a prueba sus planes de comunicación en caso de crisis, establecidos de conformidad con el artículo 14. Estas pruebas deben garantizar que los canales y protocolos de comunicación sean eficaces para informar al personal interno, a los clientes, a los socios y a las autoridades competentes durante una crisis.

   En la práctica, esto requiere:

   - Evaluación de los canales de comunicación: Verificar que los canales utilizados, como correos electrónicos, sistemas de notificación automatizados y líneas telefónicas de emergencia, sean operativos y adecuados para la transmisión rápida y clara de información.
   - Pruebas de roles y responsabilidades: Evaluar si el personal designado para gestionar la comunicación en caso de crisis entiende sus responsabilidades y puede actuar de manera efectiva.
   - Simulaciones de crisis: Realizar ejercicios que simulen incidentes graves, como un ciberataque o una interrupción en un proveedor externo, para evaluar la capacidad de la entidad para gestionar la comunicación con todas las partes interesadas.

Por ejemplo, un banco podría simular un ataque de ransomware que afecte a sus sistemas críticos, verificando si los equipos responsables logran notificar a los clientes afectados y a las autoridades regulatorias dentro de los plazos establecidos.

3. Pruebas específicas para entidades que no sean microempresas: El artículo introduce requisitos adicionales para las entidades financieras que no sean microempresas, obligándolas a incluir en sus planes de pruebas escenarios específicos, como ciberataques y conmutaciones entre infraestructuras TIC primarias y redundantes. Esto asegura que las entidades con mayores recursos y complejidad operativa estén preparadas para gestionar incidentes más sofisticados y riesgos tecnológicos avanzados.

   En la práctica, estas pruebas incluyen:

   - Simulaciones de ciberataques: Evaluar cómo responderían los sistemas y el personal frente a ataques específicos, como phishing avanzado, denegación de servicio (DDoS) o ataques dirigidos (APT).
   - Pruebas de conmutación: Simular la transferencia de operaciones desde la infraestructura primaria a sistemas de respaldo, incluyendo la activación de centros de datos secundarios, copias de seguridad y redes redundantes.
   - Evaluación de tiempos de recuperación: Verificar si los sistemas críticos pueden ser restaurados dentro de los tiempos de recuperación establecidos (RTO) y si se cumplen los objetivos de pérdida de datos tolerable (RPO).

Por ejemplo, una gran institución bancaria podría realizar una simulación en la que su centro de datos principal queda inutilizable, evaluando si los sistemas críticos pueden ser restaurados desde un centro de datos secundario dentro de las dos horas definidas en sus objetivos de recuperación.

4. Revisión periódica de los planes y la política de continuidad: El artículo obliga a las entidades financieras a revisar periódicamente tanto sus planes de continuidad y recuperación como su política de continuidad de la actividad en materia de TIC. Estas revisiones deben tener en cuenta los resultados de las pruebas realizadas, así como las recomendaciones derivadas de auditorías internas, controles de auditoría o revisiones por parte de las autoridades supervisoras.

   En la práctica, esto implica:

- Análisis de resultados: Evaluar los resultados de las pruebas para identificar deficiencias, fallos en los procesos o áreas que requieran mejoras.
- Incorporación de recomendaciones externas: Ajustar los planes y la política de continuidad según las observaciones de las auditorías internas o las revisiones supervisoras.
- Adaptación a cambios en el entorno: Actualizar los planes para reflejar nuevos riesgos, cambios en los sistemas tecnológicos o modificaciones en las obligaciones normativas.

Por ejemplo, si una prueba revela que los tiempos de recuperación de un sistema crítico son mayores a lo previsto, la entidad puede revisar su política de continuidad para incluir medidas adicionales, como la adquisición de sistemas más avanzados de respaldo.

5. Beneficios de las pruebas y revisiones periódicas: La implementación de pruebas periódicas y revisiones de los planes de continuidad y recuperación ofrece múltiples beneficios prácticos, incluyendo:
   - Fortalecimiento de la resiliencia operativa: Garantiza que la entidad esté preparada para responder a incidentes tecnológicos y recuperar sus operaciones críticas rápidamente.
   - Cumplimiento normativo: Asegura que los planes de continuidad y recuperación cumplan con los requisitos establecidos en el Reglamento y otras normativas aplicables.
   - Mejora continua: Identifica áreas de mejora y permite a la entidad ajustar sus estrategias y capacidades frente a riesgos emergentes.
   - Protección de la reputación: Demuestra a los clientes, socios y autoridades que la entidad cuenta con mecanismos robustos para gestionar riesgos tecnológicos.
6. Repercusiones del incumplimiento: El incumplimiento de esta disposición puede generar consecuencias significativas, tales como:
   - Sanciones regulatorias: Las autoridades competentes pueden imponer multas u otras medidas coercitivas si las pruebas no se realizan o si los planes no se revisan adecuadamente.
   - Interrupciones prolongadas: La falta de pruebas puede resultar en planes ineficaces que no logren mitigar el impacto de interrupciones graves.

- Pérdida de confianza: Los clientes y socios pueden perder confianza en la capacidad de la entidad para garantizar la continuidad de sus operaciones.
- Impactos financieros: Las interrupciones mal gestionadas pueden generar pérdidas económicas significativas, afectando los resultados operativos de la entidad.

El artículo 11, apartado 6, del Reglamento Europeo 2022/2554 refuerza la importancia de realizar pruebas periódicas y exhaustivas de los planes de continuidad y recuperación en materia de TIC, asegurando que las entidades financieras estén preparadas para gestionar riesgos tecnológicos y mantener la continuidad de sus operaciones críticas. Además, la obligación de revisar y actualizar estos planes a la luz de los resultados obtenidos y las recomendaciones externas garantiza la mejora continua y la alineación con las mejores prácticas y los requisitos normativos. Cumplir con estas disposiciones no solo protege la resiliencia operativa de las entidades, sino que también fortalece la confianza de las partes interesadas y contribuye a la estabilidad general del sistema financiero.

7. Las entidades financieras que no sean microempresas dispondrán de una función de gestión de crisis que, en caso de activación de sus planes de continuidad de la actividad en materia de TIC o de sus planes de respuesta y recuperación en materia de TIC, establecerá, entre otros, procedimientos claros para gestionar las comunicaciones de crisis internas y externas de conformidad con el artículo 14.

El artículo 11, apartado 7, del Reglamento Europeo 2022/2554 establece que las entidades financieras que no sean microempresas deben contar con una función de gestión de crisis, encargada de coordinar las comunicaciones internas y externas en caso de que se activen los planes de continuidad de la actividad en materia de TIC o los planes de respuesta y recuperación en materia de TIC. Esta función es determinante para garantizar una respuesta organizada, eficiente y transparente frente a incidentes tecnológicos que puedan interrumpir las operaciones de la entidad, afectando funciones críticas o esenciales.

La obligación de establecer esta función subraya la importancia de una comunicación clara y estructurada en situaciones de crisis, no solo para coordinar las respuestas internas, sino también para mantener la confianza de clientes, socios, partes interesadas externas y autoridades competentes. Dado que las interrupciones en los sistemas de TIC pueden generar incertidumbre, pérdidas financieras y daños reputacionales, una gestión de crisis bien diseñada y ejecutada constituye un elemento central en el marco de resiliencia operativa digital que promueve este Reglamento.

1. Establecimiento de una función de gestión de crisis: El artículo requiere que las entidades financieras que no sean microempresas dispongan de una función específica para la gestión de crisis, cuya responsabilidad se activa en el momento en que se implementen los planes de continuidad o los planes de respuesta y recuperación en materia de TIC. Esta función debe estar diseñada para actuar de manera inmediata, garantizar la coordinación entre las áreas internas involucradas y gestionar las comunicaciones externas.

   En la práctica, esto implica:

   - Designación de responsables: Identificar a los miembros del personal que formarán parte del equipo de gestión de crisis, asignando roles específicos y asegurándose de que posean la formación adecuada para desempeñar estas funciones.
   - Procedimientos definidos: Establecer protocolos claros para la activación de la función, la toma de decisiones y la coordinación entre las diferentes áreas de la entidad.
   - Recursos necesarios: Proveer al equipo de gestión de crisis con herramientas, infraestructura y acceso a la información necesaria para realizar su labor de manera eficaz.

Por ejemplo, una institución bancaria podría establecer un comité de gestión de crisis compuesto por representantes de las áreas de TIC, cumplimiento normativo, comunicación y operaciones, con el objetivo de coordinar la respuesta a un ciberataque que afecte sus sistemas de banca electrónica.

2. Activación en casos de planes de continuidad o respuesta y recuperación: La función de gestión de crisis se activa cuando la entidad pone en marcha sus planes de continuidad de la actividad o sus planes de respuesta y recuperación en materia de TIC, lo que ocurre generalmente en respuesta a incidentes graves que amenazan la operatividad de funciones críticas o esenciales. Esto asegura que la respuesta a la crisis esté estructurada y guiada por un equipo especializado desde el primer momento.

   En la práctica, esta activación implica:

- Evaluación del incidente: Determinar la magnitud y el impacto del incidente, así como las áreas afectadas, para coordinar las respuestas.
- Coordinación de acciones: Supervisar la implementación de los planes de continuidad y recuperación, asegurándose de que las medidas adoptadas estén alineadas con las estrategias predefinidas.
- Escalado de decisiones: Informar a la alta dirección y, cuando sea necesario, tomar decisiones estratégicas para mitigar el impacto del incidente.

Por ejemplo, tras un fallo en un sistema crítico de procesamiento de pagos, la función de gestión de crisis podría activar el plan de conmutación a servidores redundantes mientras se coordina la comunicación con las partes afectadas.

3. Gestión de las comunicaciones de crisis internas y externas: Un componente esencial de la función de gestión de crisis es el establecimiento de procedimientos claros para las comunicaciones internas y externas durante la crisis, de conformidad con lo dispuesto en el artículo 14 del Reglamento. Estas comunicaciones son fundamentales para garantizar la transparencia, minimizar la confusión y proteger la reputación de la entidad.

   En la práctica, esto incluye:

   - Comunicaciones internas: Informar al personal relevante sobre el estado del incidente, las acciones tomadas y las instrucciones específicas para garantizar la continuidad operativa. Esto puede incluir, por ejemplo, instrucciones para el personal de atención al cliente o directrices para los equipos técnicos.
   - Comunicaciones externas: Informar a los clientes, socios, proveedores y autoridades competentes sobre el incidente y las medidas implementadas para mitigarlo. Las comunicaciones externas deben ser claras, precisas y oportunas para evitar malentendidos o pérdidas de confianza.
   - Preparación de mensajes: Desarrollar mensajes predefinidos para distintos escenarios de crisis, asegurando que la información proporcionada sea coherente y alineada con las normativas de divulgación aplicables.

Por ejemplo, en caso de un ataque de ransomware, la función de gestión de crisis podría emitir un comunicado a los clientes explicando las medidas adoptadas para proteger sus datos y restaurar los servicios, mientras informa a las autoridades regulatorias sobre el alcance del incidente.

4. Procedimientos claros y documentados: El artículo enfatiza la necesidad de que los procedimientos para la gestión de crisis estén claramente definidos y documentados, lo que asegura que todas las partes involucradas entiendan sus roles y responsabilidades, y que la respuesta a la crisis sea consistente y efectiva.

   En la práctica, esto implica:

   - Manual de gestión de crisis: Crear un documento que detalle los pasos a seguir en diferentes escenarios de crisis, incluyendo los protocolos de comunicación, las acciones iniciales y las responsabilidades de cada área.
   - Entrenamiento del personal: Capacitar regularmente a los miembros de la función de gestión de crisis para que estén familiarizados con los procedimientos y puedan actuar con rapidez y eficacia.
   - Pruebas de los procedimientos: Realizar simulaciones y ejercicios prácticos para evaluar la eficacia de los procedimientos y ajustar los protocolos según sea necesario.

Por ejemplo, una entidad financiera podría realizar simulaciones anuales de incidentes graves, como interrupciones en los sistemas TIC o fallos en un proveedor externo, para probar y mejorar los procedimientos de gestión de crisis.

5. Beneficios de una función de gestión de crisis efectiva: La implementación de una función de gestión de crisis bien diseñada y operativa proporciona múltiples beneficios prácticos, tales como:

   - Coordinación eficiente: Facilita la colaboración entre las diferentes áreas de la entidad, asegurando que las respuestas sean rápidas y consistentes.
   - Reducción del impacto: Ayuda a minimizar los daños financieros, operativos y reputacionales asociados a incidentes graves.
   - Cumplimiento normativo: Demuestra a las autoridades competentes que la entidad cuenta con mecanismos robustos para gestionar crisis y mitigar riesgos tecnológicos.

- Protección de la reputación: Refuerza la confianza de los clientes y socios al demostrar que la entidad está preparada para gestionar situaciones adversas.

6. Repercusiones del incumplimiento: El incumplimiento de esta disposición puede generar graves consecuencias para las entidades financieras, incluyendo:

   - Sanciones regulatorias: Las autoridades competentes pueden imponer multas u otras medidas coercitivas si la entidad no cuenta con una función de gestión de crisis adecuada.
   - Interrupciones prolongadas: La falta de coordinación y comunicación durante una crisis puede aumentar la duración e impacto de los incidentes.
   - Pérdida de confianza: Los clientes, socios y otras partes interesadas pueden perder confianza en la capacidad de la entidad para gestionar riesgos y garantizar la continuidad operativa.
   - Impactos financieros: Las interrupciones mal gestionadas pueden resultar en pérdidas económicas significativas y costos adicionales asociados a la recuperación y la reparación del daño reputacional.

El artículo 11, apartado 7, del Reglamento Europeo 2022/2554 establece la importancia de contar con una función de gestión de crisis para las entidades financieras que no sean microempresas, como parte de sus esfuerzos por garantizar la resiliencia operativa digital. Esta función resulta de vital importancia para coordinar la respuesta a incidentes graves relacionados con las TIC, gestionando de manera efectiva las comunicaciones internas y externas y asegurando una respuesta organizada y transparente. Cumplir con esta disposición no solo refuerza la capacidad de la entidad para mitigar los impactos de las crisis, sino que también protege su reputación, fortalece la confianza de las partes interesadas y contribuye a la estabilidad del sistema financiero en su conjunto. La implementación de esta función debe basarse en procedimientos claros, personal capacitado y herramientas adecuadas, acompañados de pruebas periódicas para garantizar su eficacia.

8. Las entidades financieras mantendrán registros fácilmente accesibles de las actividades antes de las perturbaciones y durante estas cuando se activen sus planes de continuidad de la actividad en materia de TIC y sus planes de respuesta y recuperación en materia de TIC.

El artículo 11.8 del Reglamento Europeo 2022/2554 impone una obligación específica y detallada a las entidades financieras de mantener registros accesibles y exhaustivos sobre las actividades realizadas antes y durante las perturbaciones, cuando se activen los planes de continuidad de la actividad y los planes de respuesta y recuperación en materia de TIC. Esta disposición debe interpretarse en el contexto de la resiliencia operativa digital, la cual busca garantizar que las entidades financieras estén adecuadamente preparadas para afrontar incidentes que puedan comprometer la estabilidad del sistema financiero, así como la protección de los consumidores y del interés público. La norma no se limita a exigir la existencia de registros, sino que enfatiza que estos deben ser "fácilmente accesibles", lo que implica que las entidades deben prever procedimientos que aseguren la disponibilidad inmediata de la información en escenarios de alta presión operativa.

La obligación de registrar actividades antes de las perturbaciones requiere que las entidades implementen mecanismos preventivos y proactivos, asegurándose de documentar las acciones que forman parte de los procesos normales de vigilancia y preparación frente a riesgos en materia de TIC. Esto incluye el seguimiento continuo de los sistemas, las pruebas periódicas de los planes de continuidad, los análisis de vulnerabilidades y las auditorías internas realizadas para evaluar la preparación de la entidad ante posibles incidentes. Este enfoque permite establecer un marco documental que evidencia la diligencia previa en la identificación, gestión y mitigación de riesgos, proporcionando una base objetiva para evaluar la eficacia de las medidas adoptadas antes de que se produzcan las perturbaciones.

En lo que respecta a las perturbaciones propiamente dichas, el registro de actividades durante la activación de los planes de continuidad y recuperación en materia de TIC es esencial para garantizar la trazabilidad de las decisiones y acciones emprendidas en tiempo real. La obligación de mantener estos registros incluye aspectos operativos, como las intervenciones técnicas realizadas en los sistemas afectados, las comunicaciones internas y externas, las decisiones estratégicas adoptadas por los responsables de la gestión de crisis, y las interacciones con proveedores externos que participen en la recuperación de los servicios. La trazabilidad debe ser completa, lo que implica que no solo se debe documentar el "qué" y el "cuándo", sino también el "quién" y el "por qué", asegurando que exista una narrativa coherente que permita reconstruir con precisión lo ocurrido.

Desde una perspectiva técnica, esta obligación impone exigencias considerables sobre la infraestructura tecnológica de las entidades financieras. Los sistemas de registro deben contar con capacidades avanzadas para operar de manera continua y segura, incluso en condiciones de estrés extremo o interrupciones generalizadas. Esto puede implicar la necesidad de recurrir a tecnologías redundantes o sistemas de almacenamiento descentralizados que garanticen la integridad de los datos en escenarios de crisis. Además, las entidades deben prever políticas claras sobre el tiempo de conservación de estos registros, de acuerdo con las exigencias legales aplicables, asegurando que la información se mantenga disponible para auditorías y revisiones posteriores, sin comprometer la seguridad ni la confidencialidad de los datos.

En cuanto al ámbito del Compliance, la implementación de esta obligación conlleva la creación de un marco normativo interno que garantice la consistencia y fiabilidad de los procesos de registro. Esto implica la adopción de procedimientos documentados que especifiquen los tipos de datos que deben ser registrados, las responsabilidades individuales y colectivas en la recopilación de la información, y los mecanismos de validación para asegurar su exactitud. También es necesario establecer controles periódicos que permitan identificar y corregir posibles deficiencias en los sistemas de registro, asegurando que estos sean capaces de cumplir con las exigencias regulatorias en todo momento. Asimismo, las entidades deben prever la formación específica del personal involucrado en la gestión de crisis, asegurando que estos comprendan la importancia de los registros no solo desde una perspectiva operativa, sino también como elemento para demostrar la diligencia y cumplimiento de las obligaciones legales.

Por otra parte, desde un punto de vista jurídico, los registros accesibles constituyen un elemento probatorio central para acreditar el cumplimiento de los requisitos establecidos en el Reglamento. En el caso de una inspección o procedimiento sancionador, la incapacidad de proporcionar registros completos o la falta de acceso a estos en tiempo y forma podría interpretarse como una violación de las obligaciones regulatorias, lo que daría lugar a sanciones administrativas o incluso, en ciertos casos, responsabilidad penal de los responsables de la entidad. Además, dichos registros podrían ser requeridos en litigios civiles, ya sea por parte de consumidores, inversores o contrapartes, para determinar si la entidad actuó con la diligencia debida durante una perturbación. De esta manera, los registros no solo son un requisito normativo, sino también una herramienta esencial para proteger a la entidad frente a riesgos legales y reputacionales.

Desde una perspectiva estratégica, esta obligación también tiene implicaciones importantes en la relación de las entidades con terceros, como proveedores de servicios TIC, ya que en muchos casos estos proveedores son responsables de gestionar sistemas críticos que afectan directamente la capacidad de la entidad para cumplir con sus obligaciones de registro. En este sentido, es fundamental que los contratos con proveedores incluyan cláusulas específicas que aseguren su cooperación en la recopilación y almacenamiento de registros, así como su disponibilidad en tiempo real durante una crisis. La supervisión de estos proveedores debe integrarse en el marco general de gestión de riesgos de la entidad, asegurando que su desempeño cumpla con los estándares requeridos por el Reglamento.

En términos prácticos, esta disposición genera una serie de desafíos significativos. Las entidades deben equilibrar la necesidad de cumplir con esta obligación con las limitaciones de recursos humanos, financieros y tecnológicos. El diseño e implementación de los sistemas de registro puede requerir inversiones significativas, especialmente para aquellas entidades que operan con infraestructuras obsoletas o dispersas. Asimismo, existe un riesgo inherente de sobrecarga informativa, lo que significa que, si los registros no se gestionan adecuadamente, la cantidad de datos generados durante una perturbación podría dificultar su análisis posterior. Esto hace necesario invertir en herramientas de análisis de datos que permitan extraer información relevante de manera eficiente, minimizando las dificultades prácticas asociadas al volumen de información recopilada.

El mantenimiento de registros accesibles antes y durante las perturbaciones no es solo un requisito técnico o administrativo, sino una pieza fundamental dentro del marco de resiliencia operativa digital. Las entidades financieras deben adoptar un enfoque integrado que combine tecnología, procesos y recursos humanos para garantizar el cumplimiento de esta obligación, considerando sus implicaciones jurídicas, operativas y estratégicas. Su correcta implementación no solo contribuye a la estabilidad del sistema financiero, sino que también refuerza la capacidad de las entidades para responder eficazmente a incidentes críticos y proteger sus intereses a largo plazo frente a riesgos regulatorios, reputacionales y operativos.

9. Los depositarios centrales de valores facilitarán a las autoridades competentes copias de los resultados de las pruebas de continuidad de la actividad en materia de TIC, o de ejercicios similares.

El artículo 11.9 del Reglamento Europeo 2022/2554 impone a los depositarios centrales de valores la obligación de facilitar a las autoridades competentes copias de los resultados de las pruebas de continuidad de la actividad en materia de TIC, o de ejercicios similares. Esta disposición está intrínsecamente vinculada al objetivo general del Reglamento, que es fortalecer la resiliencia operativa digital de las entidades financieras dentro de la infraestructura del sistema financiero de la Unión Europea. Los depositarios centrales de valores desempeñan un papel estratégico en la custodia y liquidación de valores, por lo que cualquier interrupción en su operativa puede generar efectos sistémicos de gran alcance. Por esta razón, el legislador europeo ha establecido mecanismos específicos que aseguren no solo la preparación de estas entidades para afrontar interrupciones, sino también la supervisión activa por parte de las autoridades regulatorias.

La obligación de proporcionar copias de los resultados de las pruebas de continuidad tiene como finalidad principal garantizar la transparencia en la gestión de riesgos operativos y en la implementación de medidas de resiliencia. Esta transparencia permite a las autoridades competentes evaluar de manera objetiva si las entidades están cumpliendo con los estándares requeridos, si los planes de continuidad son efectivos y si las capacidades operativas son suficientes para garantizar la prestación de servicios críticos en escenarios de crisis. Al mismo tiempo, la entrega de estos resultados genera una dinámica de accountability que obliga a los depositarios centrales a adoptar un enfoque riguroso y sistemático en el diseño, ejecución y evaluación de sus pruebas.

Desde una perspectiva técnica, esta disposición exige que las pruebas de continuidad de los depositarios centrales de valores sean exhaustivas y metodológicamente robustas. Dichas pruebas deben cubrir escenarios realistas y representativos de posibles perturbaciones, incluyendo ciberataques, fallos tecnológicos, interrupciones en la cadena de suministro digital o desastres naturales. Los escenarios deben diseñarse de manera que evalúen no solo los sistemas tecnológicos, sino también los procedimientos operativos, la capacidad de respuesta de los equipos humanos y la eficacia de las estrategias de comunicación interna y externa durante la gestión de incidentes. Además, las pruebas deben integrar aspectos de interoperabilidad con otras entidades, considerando que los depositarios centrales operan en un entorno altamente interconectado donde los fallos en una entidad pueden propagarse rápidamente a través de la infraestructura financiera.

La documentación de los resultados de estas pruebas es un elemento central para el cumplimiento de esta obligación. Los resultados deben incluir un análisis detallado de los tiempos de respuesta, las brechas identificadas, las medidas de mitigación adoptadas y las lecciones aprendidas. La presentación de estos resultados a las autoridades competentes no puede limitarse a una mera compilación de datos; debe proporcionar una narrativa clara y comprensible que permita a las autoridades evaluar el nivel de preparación de la entidad. Asimismo, los resultados deben estructurarse de manera que permitan una comparación longitudinal, es decir, que las autoridades puedan analizar cómo ha evolucionado la resiliencia operativa de la entidad a lo largo del tiempo y si las medidas correctivas implementadas en ejercicios anteriores han tenido un impacto tangible en la mejora de las capacidades de respuesta.

Desde la perspectiva del Compliance, la obligación de entregar los resultados de las pruebas de continuidad refuerza la necesidad de una gobernanza sólida en materia de resiliencia operativa. Los depositarios centrales deben contar con políticas y procedimientos internos que definan claramente las responsabilidades de los diferentes equipos en la planificación, ejecución y documentación de las pruebas. Los responsables de Compliance, en particular, tienen un papel primordial en la supervisión de este proceso, asegurando que las pruebas se lleven a cabo de acuerdo con los requisitos normativos y que los resultados sean presentados de manera oportuna y precisa. Además, deben establecerse controles internos para verificar la calidad de los resultados antes de su entrega a las autoridades, minimizando el riesgo de errores o inconsistencias que puedan comprometer la credibilidad de la entidad frente a los supervisores.

Un aspecto crítico de esta obligación es la necesidad de garantizar la confidencialidad y seguridad de los resultados entregados. Los informes sobre pruebas de continuidad suelen contener información técnica y estratégica altamente sensible, como configuraciones de sistemas, análisis de vulnerabilidades y planes de contingencia detallados. Por lo tanto, los depositarios centrales deben implementar medidas robustas para proteger esta información, incluyendo la encriptación de datos, el uso de canales de comunicación seguros y la verificación de identidad de los receptores. Paralelamente, las autoridades competentes tienen la obligación de manejar esta información con el máximo nivel de protección, evitando cualquier filtración que pueda comprometer la seguridad de los sistemas financieros o proporcionar información estratégica a posibles actores malintencionados.

En términos prácticos, la implementación de esta obligación plantea varios desafíos operativos y estratégicos para los depositarios centrales de valores. En primer lugar, la frecuencia y complejidad de las pruebas necesarias para cumplir con esta disposición pueden requerir inversiones significativas en tecnología, capacitación de personal y consultoría externa. Esto es especialmente relevante para los depositarios que operan con infraestructuras heredadas (legacy systems), las cuales pueden no estar diseñadas para soportar las demandas de pruebas avanzadas de continuidad. En segundo lugar, la necesidad de proporcionar resultados claros y comprensibles puede requerir la adopción de herramientas de análisis y generación de informes que permitan transformar datos técnicos en información útil para la supervisión regulatoria.

Además, la obligación de facilitar resultados a las autoridades introduce una dimensión estratégica en la gestión de las relaciones con los reguladores. Los depositarios centrales deben adoptar un enfoque colaborativo, demostrando proactividad y transparencia en la comunicación con las autoridades. Esto incluye no solo la entrega de los resultados, sino también la disposición para discutirlos, proporcionar aclaraciones y adoptar medidas adicionales si las autoridades identifican deficiencias o riesgos no previstos. En este contexto, los resultados de las pruebas no deben interpretarse como una mera formalidad administrativa, sino como una oportunidad para demostrar el compromiso de la entidad con la resiliencia operativa y con la estabilidad del sistema financiero.

Desde el punto de vista normativo, el incumplimiento de esta obligación puede tener repercusiones graves. La falta de entrega de los resultados o la entrega de información incompleta o inexacta puede ser interpretada como una violación de las disposiciones del Reglamento, lo que podría dar lugar a sanciones administrativas, incluyendo multas significativas, restricciones operativas o incluso la revocación de licencias. Asimismo, el incumplimiento podría afectar la reputación de la entidad, generando pérdida de confianza por parte de los participantes del mercado y las autoridades. Por otro lado, en un contexto de litigios civiles, los resultados de las pruebas también podrían ser requeridos como prueba para determinar si la entidad actuó con la diligencia debida en la gestión de sus riesgos operativos.

Finalmente, la obligación de facilitar los resultados de las pruebas de continuidad tiene implicaciones positivas a largo plazo para la estabilidad y resiliencia del sistema financiero. Al fomentar la transparencia y el escrutinio continuo, esta disposición incentiva a los depositarios centrales de valores a adoptar un enfoque preventivo en la gestión de riesgos operativos, promoviendo la mejora continua de sus sistemas y procesos. Además, la supervisión activa por parte de las autoridades contribuye a identificar y abordar vulnerabilidades sistémicas, fortaleciendo la capacidad del sistema financiero europeo para resistir perturbaciones y proteger los intereses de los inversores y otros participantes del mercado. En este sentido, el artículo

9 no solo impone una obligación regulatoria, sino que también establece un marco para la construcción de un sistema financiero más seguro y resiliente en el ámbito digital.

10. Las entidades financieras que no sean microempresas informarán a las autoridades competentes, si estas lo solicitan, una estimación de los costes y pérdidas anuales agregados causados por incidentes graves relacionados con las TIC.

El artículo 11.10 del Reglamento Europeo 2022/2554 establece que las entidades financieras que no sean microempresas deben proporcionar a las autoridades competentes, cuando estas lo soliciten, una estimación de los costes y pérdidas anuales agregados derivados de incidentes graves relacionados con las tecnologías de la información y la comunicación (TIC). Esta obligación, aunque aparentemente de naturaleza informativa, tiene profundas implicaciones tanto para las entidades sujetas al cumplimiento como para las autoridades de supervisión, en el marco de la resiliencia operativa digital del sector financiero. El propósito subyacente de este requerimiento es permitir a las autoridades competentes evaluar el impacto económico de los incidentes graves en el sistema financiero, identificar tendencias sistémicas y formular estrategias regulatorias y de supervisión más eficaces para mitigar los riesgos asociados a las TIC.

En cuanto a la naturaleza de la información requerida, la estimación de costes y pérdidas anuales agregados abarca múltiples dimensiones. En primer lugar, los costes directos pueden incluir gastos asociados a la recuperación de sistemas, la contratación de servicios externos de ciberseguridad, la reparación de infraestructuras dañadas y las indemnizaciones a clientes afectados. En segundo lugar, los costes indirectos pueden incluir pérdidas por interrupciones operativas, disminución de la confianza de los clientes, impacto reputacional y reducción de ingresos debido a la inactividad o a la pérdida de oportunidades de negocio. Por último, esta estimación también puede incluir aspectos menos tangibles, como las implicaciones financieras de las sanciones regulatorias o los costes derivados de litigios civiles relacionados con el incidente. Dada la complejidad de cuantificar estas variables, las entidades financieras deben adoptar metodologías rigurosas para garantizar la fiabilidad de las cifras reportadas.

La obligación de proporcionar esta información tiene importantes implicaciones prácticas para las entidades financieras. En primer lugar, requiere la implementación de sistemas de monitoreo y registro que permitan recopilar y analizar datos financieros relacionados con incidentes TIC de manera continua y estructurada. Esto incluye la capacidad de registrar, desde el momento en que se detecta un incidente, todos los gastos e impactos asociados, así como los efectos acumulativos que puedan extenderse más allá del corto plazo. Dado que los incidentes graves pueden tener repercusiones prolongadas, es fundamental que las entidades dispongan de herramientas para realizar análisis retrospectivos que incluyan tanto los impactos inmediatos como los efectos a largo plazo.

En segundo lugar, esta obligación implica la necesidad de una estrecha colaboración entre los equipos de gestión de riesgos, finanzas y tecnología, ya que la estimación de los costes y pérdidas derivados de incidentes TIC requiere una visión integral de la operativa de la entidad. Los equipos de tecnología deben proporcionar información sobre la naturaleza y alcance del incidente, mientras que los departamentos de finanzas deben calcular los impactos económicos basándose en esta información. Por su parte, los responsables de Compliance deben garantizar que los procesos de recopilación y reporte de datos cumplan con los estándares regulatorios y que la información proporcionada a las autoridades sea precisa, completa y oportuna.

Desde una perspectiva estratégica, la estimación de los costes y pérdidas asociados a incidentes TIC no solo cumple una función informativa para las autoridades, sino que también puede servir como una herramienta interna para mejorar la gestión de riesgos de la entidad. Al cuantificar los impactos económicos de los incidentes, las entidades pueden identificar áreas de vulnerabilidad financiera y operativa, lo que les permite priorizar inversiones en ciberseguridad y resiliencia operativa. Por ejemplo, si los datos muestran que una proporción significativa de las pérdidas se debe a interrupciones prolongadas en ciertos sistemas críticos, la entidad puede decidir invertir en tecnologías de recuperación más rápidas o en sistemas redundantes que reduzcan el tiempo de inactividad. Del mismo modo, si los costes están asociados principalmente a la pérdida de clientes, la entidad puede implementar estrategias de comunicación más efectivas para mitigar el daño reputacional en futuros incidentes.

En términos jurídicos, el cumplimiento de esta obligación requiere un enfoque riguroso que minimice los riesgos legales asociados a la falta de precisión o completitud en la información reportada. Una estimación incorrecta o incompleta podría interpretarse como un incumplimiento de las disposiciones del Reglamento, lo que podría dar lugar a sanciones administrativas o a la imposición de medidas correctivas por parte de las autoridades. Además, en casos de litigios civiles, la información proporcionada a las autoridades podría ser utilizada como evidencia para determinar la diligencia de la entidad en la gestión de los incidentes y en la mitigación de sus impactos. Por lo tanto, las entidades deben adoptar medidas internas que garanticen la calidad de la información reportada, incluyendo auditorías periódicas de los procesos de estimación y revisión por parte de terceros independientes, si fuera necesario.

Un aspecto particularmente relevante de esta obligación es su impacto en el ámbito de la supervisión. Para las autoridades competentes, la información proporcionada por las entidades financieras constituye una base empírica determinante para evaluar la resiliencia del sector financiero frente a incidentes TIC. Al analizar los costes y pérdidas reportados por múltiples entidades, las autoridades pueden identificar patrones o tendencias comunes, como el aumento de ciertos tipos de ciberataques o la vulnerabilidad de determinados sistemas tecnológicos. Estos datos también pueden ser utilizados para realizar evaluaciones comparativas entre entidades, lo que permite a las autoridades identificar aquellas que presentan mayores riesgos operativos y priorizar su supervisión. Asimismo, esta información puede servir para formular políticas regulatorias más específicas, como la imposición de requisitos adicionales de resiliencia para sectores o actividades particularmente vulnerables.

Desde un punto de vista operativo, la obligación de proporcionar estas estimaciones también plantea ciertos desafíos. En primer lugar, cuantificar los costes y pérdidas derivados de incidentes TIC puede ser complejo debido a la naturaleza multifacética de los impactos. Algunos efectos, como las pérdidas de ingresos por interrupciones operativas, pueden ser relativamente fáciles de calcular, mientras que otros, como el daño reputacional o las pérdidas futuras de clientes, son más difíciles de cuantificar con precisión. Esto requiere que las entidades adopten modelos y metodologías avanzadas para estimar estos impactos, lo que puede implicar la necesidad de recurrir a expertos externos o a herramientas especializadas. En segundo lugar, las entidades deben garantizar que la información financiera relacionada con los incidentes sea recopilada y almacenada de manera segura, respetando las normativas aplicables en materia de protección de datos y confidencialidad.

Por otra parte, esta obligación tiene implicaciones significativas para la gobernanza interna de las entidades. La necesidad de reportar estos datos refuerza la importancia de establecer estructuras de gobernanza robustas que integren la gestión de riesgos operativos y financieros con los objetivos estratégicos de la entidad. Esto incluye la designación de responsables claros para la recopilación y validación de la información, la definición de procesos documentados para la estimación de costes y pérdidas, y la implementación de sistemas de control interno que garanticen la fiabilidad y consistencia de los datos reportados. Además, las entidades deben prever la capacitación de su personal para garantizar que todos los equipos involucrados comprendan los requisitos normativos y las metodologías aplicables para cumplir con esta obligación.

El artículo 11.10 del Reglamento Europeo 2022/2554 establece una obligación que trasciende el mero cumplimiento normativo, al proporcionar un marco para la evaluación de los impactos económicos de los incidentes TIC y para la mejora de la resiliencia operativa en el sector financiero. Si bien su implementación puede generar desafíos técnicos y operativos, también representa una oportunidad para que las entidades refuercen su gestión de riesgos, optimicen sus procesos internos y contribuyan a la estabilidad del sistema financiero europeo. Las entidades deben abordar esta obligación con un enfoque estratégico, asegurando la calidad y utilidad de la información proporcionada y demostrando su compromiso con la transparencia y la mejora continua en la gestión de los riesgos digitales.

11. De conformidad con el artículo 16 del Reglamento (UE) número 1093/2010, el artículo 16 del Reglamento (UE) número 1094/2010 y el artículo 16 del Reglamento (UE) número 1095/2010, las Autoridades Europeas de Supervisión, a través del Comité Mixto, elaborarán, a más tardar el 17 de julio de 2024, directrices comunes sobre la estimación de los costes y pérdidas anuales agregados a que se refiere el apartado 10.

El artículo 11.11 del Reglamento Europeo 2022/2554 dispone que, en virtud de los artículos 16 de los Reglamentos (UE) número 1093/2010, 1094/2010 y 1095/2010, las Autoridades Europeas de Supervisión (EBA, EIOPA y ESMA), actuando a través del Comité Mixto, deben elaborar, antes del 17 de julio de 2024, directrices comunes sobre la estimación de los costes y pérdidas anuales agregados relacionados con incidentes graves en materia de TIC, tal como se establece en el apartado 10 del mismo artículo. Esta obligación refleja un enfoque coordinado y armonizado a nivel europeo, con el objetivo de garantizar una aplicación uniforme de los requisitos establecidos por el Reglamento en todos los Estados miembros y entre las diversas entidades financieras que operan en la Unión Europea.

El mandato otorgado a las Autoridades Europeas de Supervisión bajo este artículo tiene varias implicaciones significativas tanto para los reguladores como para las entidades sujetas a la normativa. Por un lado, las directrices comunes son un instrumento esencial para proporcionar claridad y orientación sobre cómo deben calcularse y reportarse los costes y pérdidas relacionados con incidentes graves de TIC. Por otro lado, estas directrices son fundamentales para garantizar la comparabilidad de los datos reportados por distintas entidades financieras y para permitir a las autoridades competentes realizar análisis más precisos y efectivos sobre el impacto económico de estos incidentes en el sistema financiero europeo.

En términos prácticos, las directrices elaboradas por las Autoridades Europeas de Supervisión probablemente abordarán una serie de aspectos relacionados con la metodología para la estimación de costes y pérdidas. Entre estos aspectos se espera que se incluyan definiciones precisas de lo que constituye un "incidente grave" en materia de TIC, los tipos de costes que deben considerarse (directos e indirectos), los métodos para calcular los impactos financieros en el corto y largo plazo, y los estándares para documentar y reportar esta información. Estas directrices también pueden especificar los plazos y formatos para la presentación de los datos a las autoridades competentes, garantizando una presentación coherente y ordenada de la información.

Desde el punto de vista técnico, uno de los desafíos que estas directrices deberán abordar es la estandarización de las metodologías de cálculo, dado que los impactos de los incidentes TIC pueden variar significativamente entre entidades dependiendo de factores como su tamaño, la naturaleza de sus operaciones, su grado de digitalización y su exposición a riesgos específicos. Por ejemplo, los costes asociados a la pérdida de ingresos debido a una interrupción operativa pueden diferir drásticamente entre una entidad que opera exclusivamente en línea y otra que combina servicios digitales y físicos. Las directrices comunes deberán equilibrar la necesidad de precisión con la aplicabilidad práctica, permitiendo que las metodologías sean suficientemente flexibles para adaptarse a las particularidades de cada entidad, pero sin comprometer la coherencia en la información reportada.

Desde la perspectiva del Compliance, estas directrices impondrán nuevas exigencias a las entidades financieras, que deberán adaptar sus sistemas internos para cumplir con las metodologías y estándares establecidos. Esto incluye la implementación de sistemas de monitoreo y análisis capaces de recopilar datos relevantes sobre los impactos financieros de los incidentes TIC y de realizar cálculos complejos conforme a las directrices. Asimismo, será necesario que las entidades fortalezcan sus políticas y procedimientos internos para garantizar la integridad y fiabilidad de los datos reportados, incluyendo controles de calidad y auditorías internas regulares. Los responsables de Compliance desempeñarán un papel fundamental en este proceso, supervisando la implementación de las directrices, coordinando los esfuerzos entre los departamentos relevantes (tecnología, finanzas, riesgos y legal) y asegurando que la entidad esté preparada para responder de manera efectiva a las solicitudes de información por parte de las autoridades competentes.

En cuanto a las implicaciones estratégicas, las directrices también tendrán un impacto significativo en la forma en que las entidades financieras gestionan los riesgos operativos y tecnológicos. Al establecer un marco uniforme para la estimación de los costes y pérdidas, las directrices incentivarán a las entidades a adoptar un enfoque más estructurado y cuantitativo en la gestión de incidentes TIC. Esto incluye no solo la respuesta inmediata a los incidentes, sino también la planificación y mitigación proactiva de riesgos, con el objetivo de minimizar los impactos financieros y operativos de futuros incidentes. Además, la información generada a través de este proceso puede servir como una base valiosa para la toma de decisiones estratégicas, permitiendo a las entidades priorizar inversiones en ciberseguridad, resiliencia operativa y recuperación ante desastres.

Por parte de las autoridades competentes, las directrices comunes desempeñarán un papel determinante en la supervisión y regulación del sector financiero. Al establecer una metodología estandarizada para la estimación de costes y pérdidas, las directrices facilitarán la recopilación de datos comparables entre distintas entidades y jurisdicciones, lo que permitirá a las autoridades identificar tendencias, evaluar vulnerabilidades sistémicas y diseñar políticas regulatorias más efectivas. Por ejemplo, si los datos muestran un aumento significativo en los costes asociados a ciertos tipos de incidentes TIC, las autoridades podrían considerar la introducción de medidas adicionales, como requisitos específicos de ciberseguridad para las entidades más afectadas o la promoción de iniciativas sectoriales para abordar riesgos comunes.

No obstante, la implementación de estas directrices también plantea desafíos tanto para las autoridades como para las entidades supervisadas. Para las entidades, uno de los principales retos será garantizar la disponibilidad de datos precisos y completos sobre los impactos financieros de los incidentes TIC, especialmente cuando estos impactos sean difíciles de cuantificar o estén distribuidos en el tiempo. Para las autoridades, el desafío será garantizar que las directrices sean suficientemente claras y aplicables para evitar interpretaciones inconsistentes o errores en el reporte de datos. Además, las autoridades deberán contar con los recursos necesarios para procesar y analizar los grandes volúmenes de datos que se generarán a través de este proceso, asegurando que la información recopilada se utilice de manera efectiva para mejorar la resiliencia del sistema financiero.

Desde un punto de vista jurídico, las directrices elaboradas por las Autoridades Europeas de Supervisión tendrán un carácter vinculante en la práctica, ya que se espera que las entidades financieras las implementen de manera estricta para evitar incumplimientos regulatorios. El incumplimiento de las directrices podría interpretarse como una falta de diligencia en la gestión de riesgos y dar lugar a sanciones administrativas o a la imposición de medidas correctivas. Asimismo, las directrices podrían tener implicaciones indirectas en el ámbito de la responsabilidad civil, ya que las metodologías y estándares establecidos podrían ser utilizados como referencia en casos de litigios relacionados con la gestión de incidentes TIC y sus impactos financieros.

El artículo 11.11 del Reglamento 2022/2554 establece un mandato estratégico para la elaboración de directrices comunes que proporcionen claridad, coherencia y uniformidad en la estimación de los costes y pérdidas derivados de incidentes graves relacionados con las TIC. Estas directrices tendrán repercusiones profundas tanto para las entidades financieras, que deberán adaptarse a nuevos estándares y fortalecer sus sistemas internos, como para las autoridades competentes, que podrán utilizar esta información para mejorar la supervisión y la estabilidad del sistema financiero europeo. Su correcta implementación será esencial para garantizar que las entidades estén preparadas para afrontar los riesgos tecnológicos del futuro y que el marco regulatorio continúe evolucionando en respuesta a los desafíos emergentes en el ámbito de la resiliencia operativa digital.

Artículo 12. Políticas y procedimientos de respaldo y procedimientos y métodos de restablecimiento y recuperación

1. Con el fin de garantizar el restablecimiento de los sistemas de TIC y los datos con un tiempo mínimo de inactividad y una perturbación y pérdida limitadas, como parte de su marco de gestión del riesgo relacionado con las TIC, las entidades financieras desarrollarán y documentarán:

a) políticas y procedimientos de respaldo que especifiquen el alcance de los datos objeto de respaldo y la frecuencia mínima de este, en función del carácter esencial de la información o del nivel de confidencialidad de los datos;

b) procedimientos y métodos de restablecimiento y recuperación.

El artículo 12 del Reglamento Europeo 2022/2554 establece la obligación de las entidades financieras de desarrollar y documentar políticas, procedimientos y métodos de respaldo, restablecimiento y recuperación de los sistemas de tecnología de la información y comunicación (TIC) y los datos. Este mandato busca garantizar que, en caso de incidentes graves o interrupciones, las entidades puedan restaurar sus operaciones con un tiempo mínimo de inactividad y con la menor pérdida o perturbación posible, protegiendo así la estabilidad del sistema financiero, la continuidad del negocio y la confianza de los clientes y del mercado. La disposición forma parte del enfoque integral del Reglamento para fortalecer la resiliencia operativa digital de las entidades financieras y exige la incorporación de medidas específicas dentro del marco de gestión del riesgo relacionado con las TIC.

En relación con las políticas y procedimientos de respaldo, la norma establece que las entidades deben definir claramente el alcance de los datos que serán objeto de respaldo, así como la frecuencia mínima con que este debe realizarse. Este requerimiento implica que las entidades deben clasificar y priorizar los datos según su relevancia operativa, esencialidad o nivel de confidencialidad. Los datos considerados críticos para el funcionamiento de la entidad, como los registros financieros, las transacciones de clientes o los datos esenciales para el cumplimiento normativo, deben ser objeto de respaldos más frecuentes y con mayores garantías de seguridad. Del mismo modo, los datos que incluyan información confidencial o sensible, como datos personales protegidos por el Reglamento General de Protección de Datos (RGPD), deben ser tratados con medidas adicionales de seguridad en los procedimientos de respaldo para evitar riesgos de acceso no autorizado o pérdida.

Desde un punto de vista práctico, la implementación de estas políticas y procedimientos requiere que las entidades financieras adopten tecnologías de respaldo que sean tanto robustas como escalables. Esto incluye el uso de sistemas redundantes, almacenamiento en la nube con cifrado avanzado, copias de seguridad automáticas y regulares, así como procesos de verificación para garantizar la integridad y disponibilidad de los datos respaldados. Asimismo, las entidades deben establecer un programa de pruebas periódicas para evaluar la funcionalidad de los sistemas de respaldo y garantizar que puedan cumplir con los objetivos de tiempo de recuperación (RTO, por sus siglas en inglés) y de punto de recuperación (RPO, por sus siglas en inglés) definidos en sus políticas. Estas pruebas son esenciales para detectar posibles fallos o vulnerabilidades en el proceso de respaldo antes de que se produzca un incidente real, asegurando así la capacidad de respuesta efectiva ante perturbaciones.

En cuanto a los procedimientos y métodos de restablecimiento y recuperación, la norma exige que las entidades financieras definan medidas específicas para restaurar los sistemas TIC y los datos afectados tras un incidente. Esto incluye procedimientos detallados para la recuperación de sistemas críticos, la restauración de bases de datos, la reintegración de plataformas tecnológicas y la reanudación de servicios al cliente. Los métodos de recuperación deben incluir protocolos claros que especifiquen los pasos a seguir, los roles y responsabilidades asignados a los equipos de respuesta y los plazos máximos aceptables para cada etapa del proceso. También deben contemplar escenarios específicos que puedan afectar a la entidad, como ciberataques, fallos de hardware, errores humanos o desastres naturales, asegurando que los planes sean suficientemente flexibles y adaptables a las circunstancias particulares de cada incidente.

Desde el punto de vista del Compliance, la obligación de documentar estas políticas y procedimientos adquiere una importancia crítica, ya que esta documentación no solo es necesaria para demostrar el cumplimiento normativo, sino que también sirve como referencia durante la gestión de crisis. Las entidades deben mantener un registro claro y actualizado de todas las políticas y procedimientos relacionados, asegurando que sean fácilmente accesibles para los equipos relevantes en caso de un incidente. Asimismo, es fundamental que los responsables de Compliance supervisen la implementación efectiva de estas medidas y realicen auditorías internas periódicas para garantizar que los procedimientos documentados se correspondan con las prácticas reales de la entidad. Las auditorías también deben evaluar si las políticas y procedimientos están alineados con los estándares y mejores prácticas internacionales, como las recomendaciones del Instituto Nacional de Estándares y Tecnología (NIST) o la norma ISO/IEC 27001 sobre gestión de la seguridad de la información.

Otro aspecto esencial de esta disposición es la necesidad de que las políticas y procedimientos estén integrados en un marco más amplio de gestión del riesgo relacionado con las TIC. Esto significa que las medidas de respaldo, restablecimiento y recuperación no deben considerarse como elementos aislados, sino como componentes interrelacionados que forman parte de una estrategia integral de resiliencia operativa. Este enfoque integrado permite a las entidades identificar interdependencias críticas entre sistemas, priorizar recursos en función del impacto potencial de las interrupciones y coordinar de manera efectiva las respuestas entre diferentes áreas de la organización. Por ejemplo, en el caso de un ciberataque que afecte tanto a los sistemas financieros como a los datos de clientes, las políticas de respaldo garantizarán la disponibilidad de la información necesaria, mientras que los procedimientos de recuperación coordinarán la restauración segura de los servicios y la comunicación con los afectados.

Desde un punto de vista estratégico, la implementación de estas políticas y procedimientos también tiene implicaciones significativas para la relación de las entidades con sus proveedores de servicios TIC. Muchas entidades financieras dependen de proveedores externos para gestionar aspectos críticos de sus sistemas tecnológicos, incluidos los servicios de almacenamiento en la nube, recuperación ante desastres y ciberseguridad. Por lo tanto, es esencial que las políticas de respaldo y recuperación incluyan cláusulas contractuales específicas que exijan a los proveedores cumplir con los estándares establecidos por el Reglamento. Esto incluye garantizar que los proveedores implementen medidas de respaldo y recuperación adecuadas, que participen en pruebas conjuntas de los sistemas y que proporcionen acceso a la documentación necesaria para demostrar su cumplimiento. Las entidades también deben asegurarse de que los acuerdos de nivel de servicio (SLA) incluyan plazos específicos para la recuperación de datos y sistemas críticos, así como mecanismos de resolución de disputas en caso de incumplimiento.

Desde la perspectiva operativa, la correcta implementación de estas políticas y procedimientos plantea ciertos retos, especialmente para entidades más pequeñas o aquellas con infraestructuras tecnológicas obsoletas. La adopción de soluciones avanzadas para respaldo y recuperación puede implicar costos significativos, tanto en términos de inversión inicial como de mantenimiento continuo. Además, garantizar que los procedimientos sean efectivos requiere una capacitación continua del personal, especialmente en roles como los responsables de TIC y los equipos de respuesta ante incidentes. También es fundamental fomentar una cultura organizacional que valore la resiliencia operativa, asegurando que todos los empleados comprendan su papel en la ejecución de los procedimientos de recuperación y en la mitigación de riesgos durante una crisis.

Finalmente, desde una perspectiva jurídica, el incumplimiento de esta disposición podría tener consecuencias graves para las entidades financieras, incluyendo sanciones administrativas por parte de las autoridades competentes y potenciales litigios civiles en caso de que una interrupción resulte en pérdidas significativas para los clientes o contrapartes. Además, la incapacidad de restaurar datos críticos o sistemas esenciales en un plazo razonable podría dañar gravemente la reputación de la entidad, generando desconfianza entre los clientes y reduciendo su competitividad en el mercado. Por estas razones, es esencial que las entidades no solo cumplan con las disposiciones del artículo 12, sino que también adopten un enfoque proactivo para identificar y mitigar los riesgos relacionados con las TIC, fortaleciendo su capacidad de respuesta frente a incidentes y protegiendo la continuidad de sus operaciones en un entorno digital cada vez más complejo y amenazante.

2. Las entidades financieras establecerán sistemas de respaldo que puedan activarse de conformidad con las políticas y procedimientos de respaldo, así como procedimientos y métodos de restablecimiento y recuperación. La activación de sistemas de respaldo no pondrá en peligro la seguridad de las redes y los sistemas de información ni la disponibilidad, autenticidad, integridad o confidencialidad de los datos. Las pruebas de los procedimientos de respaldo y restablecimiento y los procedimientos y métodos de recuperación se llevarán a cabo periódicamente.

El artículo 12.2 del Reglamento Europeo 2022/2554 establece una obligación detallada para las entidades financieras en relación con la implementación de sistemas de respaldo y los procedimientos de restablecimiento y recuperación de sus sistemas y datos TIC. La norma exige no solo la existencia de dichos sistemas y procedimientos, sino que también impone requisitos específicos sobre su seguridad, integridad y eficacia, así como la realización de pruebas periódicas para garantizar su operatividad y fiabilidad. El objetivo principal de esta disposición es reforzar la resiliencia operativa digital, asegurando que las entidades puedan responder eficazmente ante incidentes que comprometan la continuidad de sus operaciones, al mismo tiempo que se protege la seguridad y la integridad de los datos y sistemas financieros.

La obligación de establecer sistemas de respaldo implica que las entidades deben disponer de una infraestructura tecnológica diseñada para garantizar que, en caso de interrupciones o fallos, los datos críticos puedan recuperarse de manera rápida y segura. Estos sistemas deben estar alineados con las políticas y procedimientos previamente definidos por la entidad, tal como establece el apartado 1 del artículo 12, y deben ser activables en el momento en que sea necesario, sin demoras ni riesgos adicionales. Esto requiere que las entidades dispongan de soluciones de respaldo avanzadas que incluyan redundancias, almacenamiento seguro, cifrado de datos y capacidades de restauración inmediata. Además, es fundamental que las entidades consideren la naturaleza de los datos respaldados, priorizando aquellos que son esenciales para la operativa de la entidad, como registros financieros, datos de clientes, transacciones y otros elementos necesarios para la continuidad del negocio.

En cuanto a los requisitos de seguridad, el artículo especifica que la activación de los sistemas de respaldo no debe comprometer la seguridad de las redes y sistemas de información ni afectar negativamente a la disponibilidad, autenticidad, integridad o confidencialidad de los datos. Esto implica que las entidades deben adoptar medidas técnicas y organizativas para prevenir cualquier riesgo que pueda surgir durante el proceso de activación. Por ejemplo, los sistemas de respaldo deben estar protegidos contra accesos no autorizados, ya que un atacante podría intentar aprovechar la activación de los respaldos para introducir vulnerabilidades o comprometer datos sensibles. Asimismo, es esencial que los datos restaurados sean íntegros y auténticos, garantizando que no han sido manipulados durante el proceso de recuperación. Esto requiere el uso de tecnologías avanzadas como firmas digitales, hashes criptográficos y mecanismos de validación de datos.

La confidencialidad de los datos durante la activación de los sistemas de respaldo es especialmente relevante, ya que muchas entidades financieras manejan información altamente sensible, como datos personales protegidos por el Reglamento General de Protección de Datos (RGPD) o información financiera confidencial de clientes e inversores. Por lo tanto, cualquier brecha de seguridad durante este proceso podría no solo generar daños significativos a la reputación de la entidad, sino también resultar en sanciones regulatorias y litigios civiles. Para mitigar estos riesgos, las entidades deben asegurarse de que los procedimientos de respaldo y recuperación cumplan con los estándares internacionales en materia de seguridad de la información, como la norma ISO/IEC 27001, y deben realizar auditorías periódicas para verificar su cumplimiento.

La obligación de realizar pruebas periódicas de los procedimientos de respaldo y restablecimiento, así como de los métodos de recuperación, es un elemento central de esta disposición. Estas pruebas son esenciales para garantizar que los sistemas y procedimientos funcionen según lo previsto y puedan activarse de manera efectiva en situaciones reales de emergencia. Las pruebas deben realizarse bajo diferentes escenarios que simulen posibles incidentes, como ciberataques, fallos de hardware, errores humanos o desastres naturales, para evaluar la capacidad de la entidad para responder ante diversos tipos de perturbaciones. Además, estas pruebas deben incluir la participación de todos los equipos relevantes, incluyendo tecnología, operaciones, riesgos y Compliance, para garantizar una coordinación efectiva y la identificación de posibles deficiencias en los procesos o sistemas.

Desde un punto de vista práctico, las pruebas periódicas también permiten a las entidades identificar áreas de mejora y actualizar sus procedimientos y sistemas de respaldo en función de las lecciones aprendidas. Por ejemplo, una prueba podría revelar que el tiempo de recuperación es más largo de lo esperado, lo que podría llevar a la entidad a invertir en tecnologías de recuperación más rápidas o en la optimización de sus procesos operativos. Las pruebas también proporcionan una oportunidad para evaluar el cumplimiento de los objetivos de tiempo de recuperación (RTO) y de punto de recuperación (RPO), que son métricas para medir la eficacia de los sistemas y procedimientos de resiliencia operativa.

Desde la perspectiva del Compliance, las pruebas periódicas deben ser documentadas de manera exhaustiva, incluyendo los escenarios probados, los resultados obtenidos, las acciones correctivas implementadas y cualquier cambio realizado en los procedimientos o sistemas. Esta documentación no solo es necesaria para demostrar el cumplimiento con las disposiciones del Reglamento, sino que también es una herramienta valiosa para las auditorías internas y externas. Los responsables de Compliance tienen un papel determinante en este proceso, asegurando que las pruebas se realicen conforme a los requisitos normativos y que los resultados se utilicen para fortalecer continuamente la resiliencia operativa de la entidad.

En términos estratégicos, la correcta implementación de los sistemas de respaldo y los procedimientos de recuperación tiene implicaciones significativas para la continuidad del negocio y la confianza del mercado. Las entidades financieras operan en un entorno altamente interconectado donde incluso una interrupción breve en sus servicios puede tener un impacto sistémico, afectando no solo a sus propios clientes, sino también a otras entidades financieras y al sistema financiero en su conjunto. Por lo tanto, la capacidad de recuperar operaciones rápidamente tras un incidente fomenta la estabilidad y la confianza en el sector financiero. Además, las entidades que demuestren una resiliencia operativa robusta pueden obtener una ventaja competitiva en el mercado, diferenciándose de aquellas que tienen una capacidad de respuesta menos desarrollada.

Desde un punto de vista operativo, la implementación de esta disposición puede presentar desafíos significativos, especialmente para las entidades que carecen de recursos tecnológicos avanzados o que operan con infraestructuras heredadas (legacy systems). En estos casos, puede ser necesario realizar inversiones sustanciales en tecnología, capacitación del personal y servicios de consultoría externa para cumplir con los requisitos del Reglamento. Además, garantizar la realización de pruebas periódicas y la actualización continua de los sistemas y procedimientos requiere un compromiso constante de recursos humanos y financieros, lo que puede generar presión sobre las entidades más pequeñas o con márgenes operativos ajustados.

Por último, desde una perspectiva jurídica, el incumplimiento de las disposiciones establecidas en el artículo 12.2 podría resultar en sanciones administrativas por parte de las autoridades competentes, así como en posibles litigios civiles si la falta de sistemas de respaldo efectivos o de procedimientos de recuperación adecuados resulta en daños para los clientes o contrapartes. Además, la incapacidad de demostrar que se han realizado pruebas periódicas o que los sistemas cumplen con los estándares de seguridad exigidos podría interpretarse como una negligencia en la gestión de riesgos, con consecuencias legales y reputacionales graves para la entidad.

El artículo 12.2 impone a las entidades financieras la obligación de establecer sistemas de respaldo y procedimientos de recuperación robustos y seguros, con el objetivo de garantizar la continuidad de sus operaciones frente a incidentes graves relacionados con las TIC. La correcta implementación de estas medidas requiere una combinación de tecnología avanzada, procesos bien definidos, pruebas regulares y una gobernanza efectiva, asegurando no solo el cumplimiento normativo, sino también la capacidad de la entidad para proteger sus activos, mantener la confianza del mercado y garantizar la estabilidad del sistema financiero en un entorno digital cada vez más complejo y desafiante.

3. Al restablecer los datos de seguridad mediante sus propios sistemas, las entidades financieras utilizarán sistemas de TIC que estén separados, física y lógicamente, del sistema de TIC de origen. Los sistemas de TIC estarán protegidos de forma segura contra cualquier acceso no autorizado o corrupción de las TIC y permitirán el rápido restablecimiento de los servicios utilizando los respaldos de los sistemas y los datos que sean necesarios.

En el caso de las entidades de contrapartida central, los planes de recuperación permitirán la recuperación de todas las operaciones en el momento de la perturbación, para que la entidad de contrapartida central pueda seguir operando de manera segura y finalizar la liquidación en la fecha programada.

Los proveedores de servicios de suministro de datos mantendrán además recursos suficientes y dispondrán de instalaciones de respaldo y restablecimiento para ofrecer y mantener sus servicios en todo momento.

El artículo 12.3 del Reglamento Europeo 2022/2554 establece una serie de disposiciones específicas que refuerzan la resiliencia operativa digital de las entidades financieras, centrándose en los sistemas de restablecimiento de datos, la recuperación segura de las operaciones y la garantía de continuidad en los servicios ofrecidos por los proveedores de suministro de datos. Este artículo introduce requisitos técnicos y operativos esenciales, dirigidos a minimizar el impacto de perturbaciones en los sistemas de tecnología de la información y comunicación (TIC) y garantizar la integridad, disponibilidad y seguridad de las operaciones financieras, con especial atención a los riesgos derivados de ciberataques, fallos tecnológicos y otros incidentes graves.

El primer requisito fundamental es que las entidades financieras deben utilizar sistemas TIC que estén separados, tanto física como lógicamente, del sistema de TIC de origen, al momento de restablecer los datos de seguridad mediante sus propios sistemas. Este mandato subraya la necesidad de establecer una clara segregación entre los sistemas operativos primarios y los sistemas de respaldo o recuperación, con el fin de evitar que una perturbación que afecte al sistema original se propague a los sistemas de respaldo. La separación física implica que los datos de respaldo deben almacenarse en ubicaciones geográficas diferentes al sistema de origen, lo que protege los datos contra riesgos localizados, como desastres naturales, cortes de energía o sabotajes físicos. Por otro lado, la separación lógica asegura que, incluso si los sistemas de origen son comprometidos, los respaldos permanezcan inaccesibles para los actores malintencionados, lo cual es especialmente relevante en el caso de ciberataques avanzados, como el ransomware.

Esta exigencia también implica que las entidades financieras deben implementar arquitecturas de sistemas robustas que permitan no solo la separación, sino también la sincronización eficiente entre los sistemas de origen y los sistemas de respaldo. Esto requiere el uso de tecnologías avanzadas como sistemas de replicación en tiempo real, almacenamiento en la nube con aislamiento lógico y protocolos de transferencia segura de datos. Además, los sistemas de TIC utilizados para el restablecimiento deben ser diseñados y mantenidos de manera que cumplan con los más altos estándares de seguridad, incluyendo cifrado de datos, controles de acceso estrictos, autenticación multifactorial y monitorización constante para detectar posibles intentos de acceso no autorizado.

El artículo también establece que los sistemas de respaldo deben permitir el rápido restablecimiento de los servicios necesarios utilizando los respaldos de sistemas y datos. Este requisito pone énfasis en la rapidez y eficacia del proceso de recuperación, subrayando que las entidades financieras deben ser capaces de reanudar sus operaciones en el menor tiempo posible tras un incidente. Esto implica la necesidad de establecer objetivos claros de tiempo de recuperación (RTO) y de punto de recuperación (RPO), así como de diseñar procesos operativos que permitan cumplir con estos objetivos de manera consistente. Por ejemplo, una entidad financiera que gestione transacciones en tiempo real debe garantizar que sus sistemas de respaldo puedan activarse con un retraso mínimo, evitando interrupciones prolongadas que puedan afectar la confianza del mercado o generar pérdidas financieras significativas.

En cuanto a las entidades de contrapartida central (CCPs, por sus siglas en inglés), el artículo introduce un requisito adicional relacionado con sus planes de recuperación. Dichos planes deben permitir la recuperación de todas las operaciones en el momento de la perturbación, asegurando que la CCP pueda seguir operando de manera segura y completar la liquidación de transacciones en la fecha programada. Este mandato responde a la importancia sistémica de las CCPs dentro del sistema financiero, ya que actúan como intermediarios en la compensación y liquidación de operaciones financieras, reduciendo el riesgo de contrapartida y contribuyendo a la estabilidad del mercado. Una interrupción prolongada en los servicios de una CCP podría generar efectos en cascada en el sistema financiero, afectando a múltiples participantes del mercado y comprometiendo la estabilidad económica. Por ello, las CCPs deben garantizar que sus planes de recuperación sean exhaustivos, contemplen múltiples escenarios de perturbación y se basen en sistemas y procesos que sean altamente resilientes y redundantes.

Asimismo, el artículo establece obligaciones específicas para los proveedores de servicios de suministro de datos, quienes desempeñan un papel determinante en la provisión de información esencial para las operaciones financieras, como precios de mercado, índices y datos de referencia. Estos proveedores deben mantener recursos suficientes y disponer de instalaciones de respaldo y restablecimiento que garanticen la continuidad de sus servicios en todo momento. Este requisito refuerza la importancia de que los proveedores externos que operan en la infraestructura financiera también cumplan con los estándares de resiliencia operativa, minimizando el riesgo de interrupciones en los flujos de información que son fundamentales para la toma de decisiones en el mercado. Las entidades financieras que dependen de estos proveedores deben, además, incluir cláusulas específicas en sus contratos para garantizar que los servicios ofrecidos cumplan con los requisitos establecidos por el Reglamento, y deben supervisar regularmente el desempeño de estos proveedores como parte de su marco de gestión de riesgos.

La obligación de proteger los sistemas de respaldo contra cualquier acceso no autorizado o corrupción de las TIC implica que las entidades financieras deben implementar medidas de ciberseguridad avanzadas en todas las fases del proceso de respaldo y recuperación. Esto incluye el uso de firewalls, detección de intrusiones, pruebas de penetración periódicas y análisis continuo de vulnerabilidades. Adicionalmente, las entidades deben garantizar que los sistemas de respaldo estén aislados no solo de posibles ataques externos, sino también de riesgos internos, como errores humanos o accesos indebidos por parte del personal de la propia entidad. Esto requiere la adopción de políticas de control de accesos basadas en el principio de "menor privilegio", así como la monitorización continua de las actividades dentro de los sistemas de respaldo.

La necesidad de realizar pruebas periódicas de los sistemas de respaldo y los procedimientos de recuperación sirven para garantizar que los sistemas funcionen según lo previsto y puedan ser activados de manera efectiva en caso de un incidente real. Las pruebas deben incluir diferentes escenarios de perturbación, como ciberataques, fallos tecnológicos, desastres naturales y errores humanos, para evaluar la eficacia de los planes de recuperación en condiciones variadas. Asimismo, deben involucrar a todos los equipos relevantes dentro de la entidad, desde tecnología y operaciones hasta gestión de riesgos y Compliance, para garantizar una coordinación efectiva y la identificación de posibles áreas de mejora.

Desde una perspectiva operativa, el cumplimiento de esta disposición requiere inversiones significativas en tecnología, formación del personal y recursos dedicados. Las entidades financieras deben asegurarse de que sus sistemas de respaldo y recuperación estén alineados con los estándares internacionales en materia de ciberseguridad y resiliencia operativa, como la norma ISO/IEC 22301 sobre gestión de continuidad del negocio. Además, deben implementar programas de formación continua para su personal, garantizando que todos los empleados involucrados comprendan sus roles y responsabilidades en caso de un incidente y estén capacitados para ejecutar los procedimientos de recuperación de manera efectiva.

En términos jurídicos, el incumplimiento de las disposiciones establecidas en este artículo puede dar lugar a sanciones administrativas por parte de las autoridades competentes, así como a posibles litigios civiles si una interrupción prolongada en los servicios afecta a clientes, inversores u otros participantes del mercado. Además, la incapacidad de proteger adecuadamente los sistemas de respaldo contra accesos no autorizados o corrupción de datos podría ser interpretada como una negligencia en la gestión de riesgos, con consecuencias legales y reputacionales significativas.

El artículo 12.3 refuerza la importancia de contar con sistemas de respaldo y recuperación robustos, seguros y eficaces, no solo para garantizar la continuidad operativa de las entidades financieras, sino también para proteger la estabilidad del sistema financiero en su conjunto. Su correcta implementación requiere un enfoque integral que combine tecnología avanzada, procesos bien definidos, pruebas regulares y una gobernanza sólida, asegurando que las entidades estén preparadas para enfrentar los desafíos operativos y cibernéticos en un entorno financiero cada vez más complejo y dinámico.

4. Las entidades financieras que no sean microempresas mantendrán capacidades de TIC redundantes provistas de recursos, medios y funciones adecuados para satisfacer las necesidades empresariales. Las microempresas evaluarán la necesidad de mantener estas capacidades de TIC redundantes sobre la base de su perfil de riesgo.

El artículo 12.4 del Reglamento Europeo 2022/2554 establece la obligación para las entidades financieras, salvo las microempresas, de mantener capacidades redundantes de tecnología de la información y comunicación (TIC) que estén provistas de los recursos, medios y funciones necesarias para satisfacer las necesidades empresariales. Además, para las microempresas, se prevé una flexibilidad regulatoria que les permite evaluar la necesidad de implementar estas capacidades redundantes en función de su perfil de riesgo. Este enfoque normativo refuerza la importancia de la resiliencia operativa digital como pilar fundamental del funcionamiento del sector financiero, al tiempo que introduce un principio de proporcionalidad en función del tamaño y el nivel de riesgo de las entidades afectadas.

La exigencia de mantener capacidades TIC redundantes tiene como objetivo garantizar que las entidades financieras puedan continuar operando de manera efectiva incluso en caso de que se produzcan fallos o interrupciones en sus sistemas principales. La redundancia, en este contexto, implica la duplicación de sistemas, recursos y procesos críticos para que, si uno de ellos se ve afectado, el otro pueda asumir sus funciones sin interrupciones significativas en los servicios prestados. Este principio es especialmente relevante en el sector financiero, donde la dependencia de los sistemas TIC es alta y donde las interrupciones operativas pueden tener consecuencias sistémicas, incluyendo la pérdida de confianza del mercado, daños reputacionales y riesgos para la estabilidad financiera.

Desde un punto de vista técnico, la implementación de capacidades TIC redundantes requiere que las entidades establezcan infraestructuras tecnológicas diseñadas para soportar fallos o interrupciones, garantizando la disponibilidad continua de los servicios. Esto incluye la utilización de centros de datos secundarios ubicados en diferentes ubicaciones geográficas (centros de datos en espejo), redes de comunicaciones alternativas, servidores redundantes y sistemas de almacenamiento duplicados. Estas infraestructuras deben estar completamente integradas con los sistemas principales de la entidad, permitiendo una transición automática o semiautomática en caso de fallo en los sistemas primarios. Además, es determinante que las entidades realicen pruebas periódicas de sus capacidades redundantes para verificar su eficacia y garantizar que puedan activarse de manera efectiva durante una contingencia real.

La norma también hace hincapié en que estas capacidades redundantes deben estar adecuadamente provistas de recursos, medios y funciones que sean proporcionales a las necesidades empresariales de cada entidad. Esto significa que las entidades financieras deben realizar un análisis exhaustivo de sus operaciones para identificar los sistemas críticos que requieren redundancia, así como los niveles específicos de recursos necesarios para garantizar su operatividad. Por ejemplo, una entidad que gestione grandes volúmenes de transacciones en tiempo real necesitará capacidades redundantes más avanzadas que una entidad cuya actividad principal sea la prestación de servicios de asesoramiento financiero con menor dependencia de los sistemas TIC. Este enfoque permite a las entidades adaptar sus inversiones en redundancia a la naturaleza y complejidad de sus operaciones, optimizando el uso de recursos.

La referencia a las microempresas en el artículo introduce una distinción importante basada en el principio de proporcionalidad. A diferencia de las entidades más grandes, las microempresas no están obligadas a mantener capacidades TIC redundantes de forma automática, sino que se les permite realizar una evaluación basada en su perfil de riesgo. Este enfoque reconoce que las microempresas, debido a su tamaño reducido y a la menor complejidad de sus operaciones, pueden no enfrentar los mismos niveles de riesgo que las entidades más grandes. Por tanto, se les otorga flexibilidad para determinar si las capacidades redundantes son necesarias en su caso particular. Sin embargo, esta evaluación debe ser rigurosa y documentada, considerando factores como la criticidad de los sistemas TIC utilizados, la sensibilidad de los datos manejados, la exposición a riesgos cibernéticos y la dependencia de proveedores externos.

Desde la perspectiva del Compliance, la implementación de esta disposición conlleva la necesidad de establecer políticas y procedimientos claros que definan cómo se mantendrán y gestionarán las capacidades TIC redundantes. Las entidades deben documentar su enfoque para garantizar que estas capacidades sean proporcionales a sus necesidades empresariales y que estén alineadas con los estándares internacionales en materia de resiliencia operativa, como la norma ISO/IEC 22301 sobre gestión de continuidad del negocio. Asimismo, los responsables de Compliance deben supervisar regularmente el cumplimiento de estos requisitos, asegurando que las capacidades redundantes se mantengan operativas, se prueben con la frecuencia necesaria y sean capaces de responder a los riesgos identificados en el perfil de la entidad.

Un aspecto crítico de esta disposición es la realización de pruebas periódicas para garantizar que las capacidades TIC redundantes puedan activarse de manera efectiva en caso de necesidad. Estas pruebas son esenciales para identificar posibles fallos en los sistemas redundantes, así como para evaluar la capacidad de la entidad para gestionar la transición de los sistemas primarios a los sistemas secundarios durante una interrupción. Las pruebas deben incluir escenarios realistas que simulen diferentes tipos de incidentes, como fallos de hardware, ataques cibernéticos, interrupciones en las redes de comunicaciones y desastres naturales. Además, las pruebas deben involucrar a los equipos responsables de TIC, operaciones y gestión de riesgos, garantizando una coordinación efectiva y la identificación de posibles áreas de mejora.

Desde un punto de vista estratégico, la redundancia TIC no solo protege a las entidades financieras frente a interrupciones operativas, sino que también refuerza la confianza de los clientes, inversores y contrapartes en su capacidad para operar de manera segura y fiable. Las entidades que invierten en capacidades TIC redundantes robustas pueden diferenciarse en el mercado, mostrando un compromiso con la resiliencia y la continuidad del negocio. Al mismo tiempo, estas capacidades contribuyen a reducir los riesgos regulatorios y reputacionales, al demostrar que la entidad cumple con los más altos estándares de resiliencia operativa establecidos por el Reglamento.

En cuanto a los retos asociados con la implementación de esta norma, las entidades financieras deben abordar el costo y la complejidad técnica que implica establecer y mantener capacidades TIC redundantes. Esto es particularmente relevante para las entidades de tamaño medio, que pueden enfrentar limitaciones presupuestarias y de recursos técnicos. Para superar estos desafíos, muchas entidades recurren a soluciones de terceros, como servicios de recuperación en la nube y centros de datos gestionados, que ofrecen redundancia TIC como un servicio. Sin embargo, es determinante que las entidades supervisen y evalúen regularmente a estos proveedores para garantizar que cumplan con los requisitos establecidos por el Reglamento y que sus servicios sean capaces de soportar las necesidades empresariales de la entidad.

Desde un punto de vista jurídico, el incumplimiento de la obligación de mantener capacidades TIC redundantes podría dar lugar a sanciones administrativas por parte de las autoridades competentes, especialmente si la falta de redundancia resulta en interrupciones significativas o pérdidas financieras para los clientes. Además, las entidades que no cuenten con capacidades TIC redundantes adecuadas podrían enfrentar riesgos legales adicionales en caso de litigios civiles, ya que los clientes o contrapartes afectados podrían alegar negligencia en la gestión de riesgos operativos.

El artículo 12.4 del Reglamento Europeo 2022/2554 establece una obligación para garantizar la resiliencia operativa digital de las entidades financieras, exigiendo la implementación de capacidades TIC redundantes que sean proporcionales a sus necesidades empresariales y riesgos. La correcta implementación de esta disposición requiere una combinación de inversiones tecnológicas, planificación estratégica, supervisión rigurosa y pruebas regulares, asegurando que las entidades estén preparadas para responder a interrupciones operativas y proteger la continuidad de sus operaciones en un entorno financiero cada vez más dependiente de las TIC. La flexibilidad otorgada a las microempresas también refuerza el principio de proporcionalidad, permitiéndoles adaptar sus medidas de resiliencia a su perfil de riesgo, sin comprometer la estabilidad ni la seguridad del sistema financiero en su conjunto.

5. Los depositarios centrales de valores mantendrán al menos un centro de tratamiento secundario dotado de recursos, capacidades, funciones y personal adecuados para satisfacer las necesidades empresariales.

El centro de proceso secundario deberá:

a) estar situado a una determinada distancia geográfica del centro de proceso primario para garantizar que presente un perfil de riesgo distinto y evitar que se vea afectado por el suceso que haya afectado al centro primario;

b) ser capaz de garantizar la continuidad de las funciones esenciales o importantes del mismo modo que el centro primario, o de prestar el nivel de servicios necesario para garantizar que la entidad financiera realice sus operaciones esenciales dentro de los objetivos de recuperación;

c) ***estar inmediatamente accesible para el personal de la entidad financiera a fin de garantizar la continuidad de las funciones esenciales o importantes en caso de que el centro de proceso primario no esté disponible.***

El artículo 12.5 del Reglamento Europeo 2022/2554 establece una obligación específica para los depositarios centrales de valores, exigiendo que mantengan al menos un centro de tratamiento secundario que cuente con los recursos, capacidades, funciones y personal necesarios para garantizar la continuidad de sus operaciones esenciales. Este requisito está diseñado para fortalecer la resiliencia operativa de estas entidades, las cuales desempeñan un papel fundamental en la infraestructura del mercado financiero al facilitar la custodia, liquidación y compensación de valores. La interrupción de sus servicios podría generar riesgos sistémicos que comprometan la estabilidad financiera global, lo que subraya la importancia de contar con un centro de respaldo sólido y funcional. Esta obligación refleja los principios de redundancia, continuidad y gestión de riesgos que son centrales en el Reglamento.

El requisito de que el centro secundario esté ubicado a una "determinada distancia geográfica" del centro primario tiene como objetivo garantizar que ambos centros no compartan el mismo perfil de riesgo. Esta disposición busca mitigar el riesgo de que un único evento adverso, como un desastre natural, un apagón masivo, un sabotaje o un ciberataque dirigido, pueda comprometer simultáneamente ambos centros. La distancia geográfica debe ser suficiente para garantizar la independencia operativa y física entre ambos centros, pero al mismo tiempo debe permitir una conectividad adecuada para garantizar la sincronización constante de los datos y la funcionalidad operativa. Este equilibrio plantea un desafío técnico y estratégico, ya que implica seleccionar ubicaciones que sean seguras y accesibles sin comprometer la capacidad de respuesta ante emergencias.

En términos prácticos, este requerimiento obliga a los depositarios centrales de valores a realizar un análisis exhaustivo de los riesgos geográficos y operativos asociados a sus centros de tratamiento. Esto incluye la evaluación de riesgos específicos de la ubicación, como la probabilidad de terremotos, inundaciones, incendios u otras amenazas naturales o causadas por el hombre. Adicionalmente, se debe garantizar que las redes de comunicación entre el centro primario y el secundario sean seguras y robustas, minimizando el riesgo de interrupciones o pérdidas de datos durante la transferencia de información. Este nivel de preparación técnica requiere inversiones significativas en infraestructura tecnológica, incluidas redes de fibra óptica dedicadas, almacenamiento de datos en tiempo real y mecanismos de recuperación ante desastres.

El segundo requisito, que exige que el centro secundario garantice la continuidad de las funciones esenciales o importantes del mismo modo que el centro primario, subraya la necesidad de que el centro secundario esté plenamente operativo y capaz de asumir todas las funciones críticas de la entidad en caso de que el centro primario no esté disponible. Esto significa que el centro secundario no debe ser una instalación meramente pasiva o de "respaldo", sino que debe contar con una capacidad equivalente para gestionar las operaciones esenciales de la entidad. Por ejemplo, en el caso de un depósito central de valores, esto incluiría la capacidad de procesar liquidaciones de valores, gestionar sistemas de custodia y proporcionar servicios relacionados con la emisión y el mantenimiento de valores en condiciones normales y de crisis.

Para cumplir con este requisito, el centro secundario debe estar dotado de recursos tecnológicos avanzados, como servidores de alta capacidad, sistemas de almacenamiento redundantes y herramientas de monitoreo en tiempo real. Además, debe estar respaldado por protocolos operativos que aseguren una transición fluida y rápida de las operaciones del centro primario al secundario. Este proceso requiere pruebas periódicas para garantizar que el centro secundario pueda activarse de manera inmediata y eficiente en caso de un incidente. Las pruebas deben incluir simulaciones de escenarios de crisis, como ciberataques, fallos tecnológicos o desastres naturales, para evaluar la capacidad del centro secundario de cumplir con los objetivos de recuperación definidos (Recovery Time Objective - RTO y Recovery Point Objective - RPO).

El tercer requisito establece que el centro secundario debe ser "inmediatamente accesible" para el personal de la entidad financiera, asegurando que las funciones esenciales puedan continuar sin interrupciones significativas. Esto implica que el personal de la entidad debe poder trasladarse al centro secundario en caso de que el acceso al centro primario quede interrumpido. Para cumplir con este requisito, los depositarios centrales de valores deben desarrollar planes logísticos que incluyan rutas de acceso seguras, medios de transporte adecuados y protocolos para garantizar que el personal crítico pueda acceder al centro secundario en cualquier momento. Además, el centro secundario debe estar equipado con las instalaciones necesarias para que el personal pueda trabajar de manera efectiva durante un período prolongado, incluyendo estaciones de trabajo, acceso a datos y herramientas de comunicación.

Desde la perspectiva del Compliance, esta disposición requiere la implementación de políticas y procedimientos que regulen la operación y el mantenimiento del centro secundario, así como la supervisión continua de su eficacia. Los responsables de Compliance deben garantizar que el diseño y la operación del centro secundario cumplan con los requisitos establecidos en el Reglamento y con los estándares internacionales aplicables, como la norma ISO/IEC 22301 sobre gestión de continuidad del negocio y la ISO/IEC 27001 sobre seguridad de la información. Además, deben asegurarse de que se realicen auditorías internas y externas periódicas para evaluar la conformidad del centro secundario con las políticas internas y las exigencias regulatorias.

Un aspecto crítico de la implementación de esta disposición es la coordinación con las autoridades competentes, quienes tienen un interés directo en supervisar la preparación de los depositarios centrales de valores para garantizar la resiliencia del sistema financiero. Los depositarios deben estar preparados para proporcionar a las autoridades información detallada sobre la ubicación, capacidades y funcionamiento del centro secundario, así como los resultados de las pruebas realizadas. La transparencia y la cooperación con las autoridades son esenciales para demostrar el cumplimiento normativo y para generar confianza en la capacidad de la entidad de gestionar riesgos operativos significativos.

Desde una perspectiva estratégica, el establecimiento de un centro de tratamiento secundario robusto no solo es un requisito normativo, sino que también es un componente de la gestión de riesgos y de la continuidad del negocio. Un centro secundario bien diseñado y operado permite a los depositarios centrales de valores garantizar la estabilidad de sus operaciones en un entorno financiero caracterizado por la interdependencia y la creciente complejidad tecnológica. Además, refuerza la confianza de los participantes del mercado en la capacidad de la entidad para cumplir con sus obligaciones incluso en situaciones de crisis, lo que puede traducirse en una ventaja competitiva.

En cuanto a los retos prácticos, la implementación de un centro de tratamiento secundario plantea desafíos significativos en términos de costos, logística y recursos humanos. El establecimiento y mantenimiento de un centro secundario adecuado requiere inversiones sustanciales en infraestructura tecnológica, seguridad física, personal capacitado y sistemas de comunicación. Además, la selección de una ubicación adecuada para el centro secundario puede ser compleja, ya que debe cumplir con los requisitos de distancia geográfica y al mismo tiempo ser accesible para el personal de la organización. Estos desafíos pueden ser especialmente pronunciados para los depositarios centrales más pequeños o para aquellos que operan en jurisdicciones con recursos tecnológicos limitados.

En términos jurídicos, el incumplimiento de las disposiciones de este artículo podría tener consecuencias graves, incluyendo sanciones administrativas, la imposición de medidas correctivas por parte de las autoridades competentes y posibles acciones legales por parte de los clientes o contrapartes afectados. Además, una interrupción operativa que no pueda ser gestionada adecuadamente debido a la falta de un centro secundario funcional podría generar un daño reputacional significativo para la entidad, afectando su posición en el mercado y su relación con los participantes del sistema financiero.

El artículo 12.5 establece requisitos claros y específicos para garantizar que los depositarios centrales de valores dispongan de un centro de tratamiento secundario que sea capaz de asumir las operaciones críticas de la entidad en caso de una interrupción del centro primario. La correcta implementación de esta disposición requiere una planificación estratégica rigurosa, inversiones significativas en infraestructura y tecnología, y un enfoque integral en la gestión de riesgos. Este mandato no solo refuerza la resiliencia operativa de los depositarios centrales, sino que también contribuye a la estabilidad general del sistema financiero, protegiendo a los mercados y a los inversores frente a posibles riesgos sistémicos.

6. Al determinar los objetivos de tiempo y punto de recuperación para cada función, las entidades financieras tendrán en cuenta si se trata de una función esencial o importante y las posibles repercusiones globales en la eficiencia del mercado. Estos objetivos garantizarán que, en situaciones extremas, se alcancen los niveles de servicio acordados.

El artículo 12.6 del Reglamento Europeo 2022/2554 establece la obligación para las entidades financieras de determinar objetivos específicos de tiempo de recuperación (Recovery Time Objective, RTO) y de punto de recuperación (Recovery Point Objective, RPO) para cada función, basándose en su criticidad y en las repercusiones potenciales para la eficiencia del mercado. Esta disposición refuerza la importancia de una planificación operativa basada en la resiliencia, asegurando que las entidades no solo puedan reanudar sus operaciones en plazos aceptables tras un incidente, sino que también puedan garantizar que la información recuperada sea lo más actualizada posible, limitando las pérdidas de datos y los impactos operativos. La norma pone especial énfasis en las funciones esenciales o importantes y en la responsabilidad de las entidades financieras de contribuir a la estabilidad general del sistema financiero.

El concepto de RTO se refiere al tiempo máximo permitido para restaurar una función tras una interrupción, mientras que el RPO establece el intervalo de tiempo máximo permitido entre el último respaldo válido de datos y el momento de la interrupción, determinando así cuántos datos se pueden perder sin afectar de manera desproporcionada a las operaciones. La disposición obliga a las entidades a determinar estos objetivos en función de la importancia de cada función, considerando su impacto potencial en la continuidad del negocio, la estabilidad financiera y la confianza de los clientes. Esto implica que las funciones clasificadas como esenciales o importantes, como la gestión de liquidaciones, el procesamiento de pagos o la custodia de valores, deben contar con objetivos más estrictos que otras funciones menos críticas.

En términos prácticos, para establecer objetivos de RTO y RPO, las entidades financieras deben realizar un análisis detallado de sus operaciones y sistemas. Este análisis debe identificar todas las funciones críticas y evaluar los riesgos asociados a su interrupción, considerando factores como la pérdida de ingresos, el impacto reputacional, la afectación a clientes y contrapartes, y las posibles implicaciones regulatorias. Para las funciones esenciales, los objetivos de RTO deben ser lo suficientemente cortos para garantizar la continuidad operativa con una interrupción mínima, mientras que los objetivos de RPO deben garantizar la recuperación de datos con la menor pérdida posible, especialmente en operaciones que dependan de transacciones en tiempo real.

La norma también destaca la necesidad de que estos objetivos sean capaces de garantizar, incluso en situaciones extremas, el cumplimiento de los niveles de servicio acordados. Esto implica que las entidades deben diseñar y probar sus capacidades de recuperación de manera que puedan operar dentro de estos límites incluso bajo escenarios de crisis significativos, como ciberataques masivos, desastres naturales o fallos tecnológicos generalizados. Para lograr esto, las entidades deben invertir en infraestructuras tecnológicas avanzadas, como sistemas de respaldo en tiempo real, almacenamiento en la nube con replicación geográfica, y arquitecturas redundantes que permitan la recuperación inmediata de funciones críticas.

Desde una perspectiva técnica, la determinación y cumplimiento de los objetivos de RTO y RPO requiere la implementación de sistemas y procesos robustos que respalden la continuidad operativa. Por ejemplo, un sistema de respaldo que utilice tecnología de replicación en tiempo real puede garantizar un RPO cercano a cero para funciones críticas, mientras que la implementación de centros de datos redundantes con capacidad de activación inmediata puede permitir la restauración rápida de servicios dentro de los límites del RTO. Adicionalmente, las entidades deben garantizar que estos sistemas sean probados regularmente mediante simulaciones de incidentes para confirmar que los objetivos definidos pueden cumplirse en la práctica.

Desde la perspectiva del Compliance, el establecimiento de objetivos de RTO y RPO debe estar respaldado por políticas y procedimientos documentados que definan los procesos para su determinación, supervisión y revisión. Los responsables de Compliance tienen la responsabilidad de garantizar que estos objetivos se alineen con los requisitos del Reglamento, así como con los estándares internacionales aplicables, como la norma ISO/IEC 22301 sobre gestión de continuidad del negocio. Además, el cumplimiento de estos objetivos debe ser supervisado mediante auditorías internas y externas periódicas, y las desviaciones deben ser reportadas y corregidas de manera oportuna.

Un aspecto central del artículo es la obligación de considerar las posibles repercusiones globales en la eficiencia del mercado al determinar los objetivos de recuperación. Esto refleja la responsabilidad de las entidades financieras de contribuir a la estabilidad del sistema financiero en su conjunto, reconociendo que una interrupción significativa en sus operaciones puede tener efectos en cadena que afecten a otros participantes del mercado y a la confianza general en el sistema. Por ejemplo, una entidad que actúe como depositario central o procesador de pagos debe establecer objetivos de RTO y RPO especialmente estrictos para garantizar que sus servicios puedan reanudarse rápidamente tras un incidente, minimizando los efectos negativos en la cadena de valor del mercado financiero.

Desde un punto de vista estratégico, el cumplimiento de esta disposición permite a las entidades financieras fortalecer su resiliencia operativa y diferenciarse en el mercado. Los clientes, inversores y contrapartes valoran a las entidades que demuestran un alto nivel de preparación para manejar interrupciones y garantizar la continuidad del servicio. Además, establecer y cumplir objetivos claros de RTO y RPO puede reducir los riesgos regulatorios y legales, protegiendo a las entidades frente a sanciones o litigios derivados de interrupciones prolongadas o pérdidas significativas de datos.

En cuanto a los retos asociados, la implementación de esta disposición puede requerir inversiones significativas en tecnología, personal y procesos. Establecer objetivos de RTO y RPO para cada función implica una evaluación exhaustiva de las operaciones y sistemas de la entidad, así como la integración de soluciones tecnológicas avanzadas para respaldar estos objetivos. Las entidades que operen con infraestructuras tecnológicas obsoletas pueden enfrentar desafíos adicionales para cumplir con estos requisitos, lo que puede requerir actualizaciones costosas o la contratación de servicios de terceros para garantizar la continuidad operativa.

Desde un punto de vista jurídico, el incumplimiento de esta disposición podría dar lugar a sanciones administrativas por parte de las autoridades competentes, así como a posibles litigios civiles si la falta de cumplimiento de los objetivos de recuperación resulta en pérdidas para clientes o contrapartes. Adicionalmente, la incapacidad de cumplir con los niveles de servicio acordados en situaciones extremas podría afectar gravemente la reputación de la entidad, generando desconfianza en sus operaciones y una posible pérdida de competitividad en el mercado.

El artículo 12.6 establece un marco esencial para la determinación de objetivos de recuperación que refuercen la resiliencia operativa de las entidades financieras y protejan la estabilidad del sistema financiero en su conjunto. Su correcta implementación requiere un enfoque integral que combine análisis de riesgos, inversiones tecnológicas, supervisión continua y una cultura organizacional centrada en la resiliencia. Al garantizar que los objetivos de tiempo y punto de recuperación sean proporcionales a la importancia de las funciones y a las posibles repercusiones en el mercado, las entidades financieras pueden minimizar los impactos de las interrupciones y contribuir a la confianza y eficiencia del sistema financiero europeo.

7. Al recuperarse de un incidente relacionado con las TIC, las entidades financieras realizarán las comprobaciones necesarias, incluidas múltiples comprobaciones y conciliaciones, a fin de garantizar que se mantenga el máximo nivel de integridad de los datos. Estas comprobaciones también se llevarán a cabo cuando se reconstruyan datos de partes interesadas externas, a fin de garantizar que todos los datos sean coherentes entre los sistemas.

El artículo 12.7 del Reglamento Europeo 2022/2554 establece la obligación de las entidades financieras de realizar comprobaciones exhaustivas para garantizar la integridad de los datos al recuperarse de un incidente relacionado con las tecnologías de la información y comunicación (TIC). Esta obligación incluye la ejecución de múltiples comprobaciones y conciliaciones destinadas a verificar que los datos restaurados sean coherentes, completos y exactos, especialmente cuando se reconstruyen datos que involucran a partes interesadas externas. La norma responde a la importancia crítica de la integridad de los datos en el sector financiero, donde incluso errores menores en la restauración de información pueden tener consecuencias sistémicas, comprometiendo la confianza de los clientes, la estabilidad de las operaciones y la conformidad regulatoria.

La exigencia de realizar comprobaciones para mantener el máximo nivel de integridad de los datos implica que las entidades financieras deben implementar procesos y controles específicos que permitan validar la calidad y consistencia de los datos tras la recuperación. Esto incluye la verificación de que no se hayan producido pérdidas, corrupciones o alteraciones en la información durante el proceso de restauración. Las entidades deben diseñar procedimientos detallados que cubran cada etapa del proceso de recuperación, desde la restauración inicial de los sistemas hasta la reconciliación final con los datos y transacciones registradas. Además, deben garantizar que estos procedimientos sean suficientemente rigurosos para detectar y corregir cualquier discrepancia antes de que los sistemas y datos recuperados sean reintegrados en las operaciones normales.

Desde una perspectiva técnica, la implementación de esta disposición requiere que las entidades financieras utilicen herramientas avanzadas de monitorización y verificación de datos. Estas herramientas deben ser capaces de realizar comparaciones automáticas entre los datos respaldados y los datos recuperados, identificando discrepancias potenciales en tiempo real. En el caso de transacciones financieras, estas herramientas deben garantizar que todos los datos asociados, como montos, fechas, identificadores de clientes y contrapartes, sean consistentes entre los sistemas. Además, las entidades deben emplear tecnologías de cifrado y mecanismos de control de versiones para prevenir la corrupción de datos durante los procesos de respaldo y recuperación.

Las comprobaciones también deben llevarse a cabo cuando se reconstruyan datos de partes interesadas externas, como proveedores, contrapartes, clientes o entidades de mercado, subrayando la importancia de coordinar y validar la coherencia de los datos no solo dentro de los sistemas internos de la entidad, sino también entre los sistemas de terceros con los que interactúan. Por ejemplo, en el caso de una entidad que opera como depositario central de valores, cualquier discrepancia en los datos de liquidación entre su sistema y el de las contrapartes podría generar disputas, retrasos o incluso riesgos sistémicos en los mercados financieros. Por ello, las entidades deben establecer mecanismos de conciliación que incluyan la validación cruzada de los datos con las partes interesadas externas y la resolución inmediata de cualquier inconsistencia detectada.

Desde el punto de vista del Compliance, la ejecución de estas comprobaciones y conciliaciones requiere la creación de políticas y procedimientos documentados que definan cómo se llevará a cabo el proceso de validación de datos. Estas políticas deben especificar los roles y responsabilidades de los equipos involucrados, las herramientas y métodos utilizados para las comprobaciones, y los plazos dentro de los cuales deben completarse. Los responsables de Compliance deben supervisar la aplicación de estas políticas, asegurando que las comprobaciones se realicen de manera consistente y que cualquier discrepancia identificada sea gestionada adecuadamente. Además, las entidades deben documentar los resultados de estas comprobaciones y conciliaciones como evidencia de su cumplimiento con el Reglamento y para su revisión en auditorías internas y externas.

La realización de múltiples comprobaciones también tiene implicaciones estratégicas en términos de gestión de riesgos. Garantizar la integridad de los datos recuperados no solo protege a la entidad frente a posibles sanciones regulatorias, sino que también refuerza la confianza de los clientes, inversores y contrapartes en la capacidad de la entidad para gestionar incidentes TIC de manera efectiva. Un enfoque riguroso en la validación de datos también puede minimizar el riesgo de errores operativos, como la duplicación de transacciones, la pérdida de información crítica o la generación de informes incorrectos, que podrían afectar la reputación de la entidad y su capacidad para operar de manera competitiva en el mercado.

Desde un punto de vista operativo, la implementación de estas comprobaciones plantea ciertos desafíos. En primer lugar, la complejidad de las operaciones financieras modernas significa que las entidades manejan grandes volúmenes de datos altamente interdependientes, lo que dificulta el proceso de validación. Para abordar este desafío, las entidades deben invertir en sistemas de gestión de datos que integren funciones avanzadas de auditoría, reconciliación y análisis. En segundo lugar, garantizar la coherencia de los datos con las partes interesadas externas puede requerir la implementación de estándares de interoperabilidad y comunicación, especialmente en casos donde las contrapartes utilicen sistemas diferentes o no estén sujetas a las mismas normativas.

Otro aspecto relevante de esta disposición es la necesidad de capacitar al personal encargado de realizar las comprobaciones. Las entidades deben asegurarse de que los equipos técnicos y operativos comprendan los procedimientos de validación y sean capaces de identificar y resolver discrepancias de manera eficaz. Esto incluye la formación en el uso de herramientas de reconciliación, así como en los procedimientos de escalamiento de problemas cuando se detecten inconsistencias significativas. Además, las entidades deben fomentar una cultura de resiliencia operativa que valore la precisión y la integridad de los datos como elementos fundamentales de su gestión de riesgos y cumplimiento normativo.

Desde una perspectiva jurídica, la falta de comprobaciones adecuadas para garantizar la integridad de los datos recuperados podría tener consecuencias graves para las entidades financieras. Un error en la restauración de datos que resulte en pérdidas para los clientes o contrapartes podría dar lugar a litigios civiles, mientras que una deficiencia sistémica en los procesos de validación podría ser interpretada como un incumplimiento de las disposiciones del Reglamento, exponiendo a la entidad a sanciones administrativas. Además, las discrepancias en los datos que afecten a las transacciones con partes interesadas externas podrían generar conflictos contractuales y dañar las relaciones comerciales de la entidad.

En cuanto a los efectos prácticos, esta disposición refuerza la necesidad de que las entidades financieras adopten un enfoque integral para la gestión de la resiliencia operativa y de los datos. Esto incluye no solo la implementación de tecnologías y procesos de recuperación avanzados, sino también la creación de marcos de gobernanza que integren la validación de datos como un componente adicional de la respuesta a incidentes. Asimismo, las entidades deben considerar la posibilidad de establecer acuerdos con terceros, como proveedores de servicios de reconciliación o auditoría, para garantizar la objetividad y la eficacia de sus comprobaciones.

El artículo 12.7 establece un estándar crítico para garantizar la integridad de los datos tras un incidente relacionado con las TIC, reconociendo la importancia de los datos como un activo esencial en el sector financiero. La implementación de esta disposición requiere una combinación de tecnología avanzada, procesos bien definidos, supervisión rigurosa y una coordinación efectiva con las partes interesadas externas. Al garantizar que todos los datos recuperados sean coherentes y fiables, las entidades no solo cumplen con los requisitos del Reglamento, sino que también fortalecen su resiliencia operativa, protegen su reputación y contribuyen a la estabilidad general del sistema financiero.

Artículo 13. Aprendizaje y evolución

1. Las entidades financieras dispondrán de capacidades y de personal para recopilar información sobre vulnerabilidades, ciberamenazas e incidentes relacio-

nados con las TIC, en particular ciberataques, y para analizar las repercusiones que es probable que tengan en su resiliencia operativa digital.

El artículo 13.1 del Reglamento Europeo 2022/2554 establece que las entidades financieras deben contar con capacidades y personal adecuados para recopilar información sobre vulnerabilidades, ciberamenazas e incidentes relacionados con las tecnologías de la información y comunicación (TIC), en particular ciberataques, y para analizar las repercusiones que estos puedan tener en su resiliencia operativa digital. Esta disposición introduce un enfoque preventivo y adaptativo en la gestión de riesgos tecnológicos, exigiendo que las entidades no solo reaccionen a los incidentes cuando ocurren, sino que adopten medidas proactivas para identificar y abordar posibles amenazas antes de que puedan materializarse, fortaleciendo así su capacidad para proteger la continuidad de sus operaciones y la estabilidad del sistema financiero.

La obligación de recopilar información sobre vulnerabilidades y ciberamenazas implica que las entidades financieras deben establecer mecanismos efectivos de monitoreo y vigilancia, tanto internos como externos. En el ámbito interno, esto incluye la realización de evaluaciones periódicas de vulnerabilidades en sus sistemas y redes, utilizando herramientas como análisis automatizados, pruebas de penetración y auditorías de seguridad. Estas evaluaciones deben identificar fallos de configuración, software desactualizado, brechas en los controles de acceso y otros puntos débiles que puedan ser explotados por actores malintencionados. En el ámbito externo, las entidades deben mantenerse informadas sobre las amenazas emergentes en el panorama global de ciberseguridad, incluyendo nuevos tipos de malware, tácticas de ciberataque, vulnerabilidades descubiertas en sistemas de terceros y tendencias generales en actividades maliciosas. Para ello, pueden recurrir a fuentes como proveedores de inteligencia de amenazas, centros de intercambio de información del sector (ISACs) y alertas emitidas por autoridades competentes o cuerpos de seguridad especializados.

La recopilación de información sobre incidentes relacionados con las TIC, y en particular sobre ciberataques, exige que las entidades adopten un enfoque estructurado para documentar todos los eventos que puedan afectar la seguridad o la continuidad de sus operaciones digitales. Esto incluye no solo incidentes graves, sino también eventos menores o intentos fallidos de intrusión, que podrían revelar patrones o tendencias relevantes. Las entidades deben implementar sistemas de registro centralizado (log management) que recopilen y almacenen datos sobre el comportamiento de sus sistemas, incluidas las actividades de red, los accesos a sistemas críticos, las modificaciones en configuraciones y los intentos de acceso no autorizado. Estos registros deben estar protegidos contra alteraciones y accesibles para su análisis en tiempo real, proporcionando una base sólida para la investigación y mitigación de incidentes.

La norma también establece que las entidades deben contar con personal capacitado para analizar la información recopilada y evaluar sus repercusiones en la resiliencia operativa digital. Esto implica que el personal debe tener conocimientos técnicos especializados en áreas como ciberseguridad, análisis de datos y gestión de riesgos. Su labor incluye la identificación de vulnerabilidades y amenazas, la evaluación de su gravedad, y la elaboración de recomendaciones para mitigar los riesgos asociados. Además, el personal debe ser capaz de evaluar el impacto potencial de las ciberamenazas y los incidentes en las funciones críticas de la entidad, considerando factores como la interrupción de operaciones, la pérdida de datos, las implicaciones legales y regulatorias, y los efectos reputacionales.

Desde una perspectiva técnica, el análisis de repercusiones requiere el uso de herramientas avanzadas de análisis de datos y modelado de riesgos, como plataformas de inteligencia de amenazas (Threat Intelligence Platforms), simulaciones de impacto y matrices de evaluación de riesgos. Estas herramientas permiten correlacionar datos internos y externos para identificar patrones, predecir posibles escenarios de ataque y priorizar acciones de mitigación. También es esencial que las entidades utilicen metodologías estandarizadas para evaluar la criticidad de las vulnerabilidades y amenazas, como el sistema de puntuación CVSS (Common Vulnerability Scoring System) o los marcos de gestión de ciberseguridad, como el NIST Cybersecurity Framework.

La implementación de esta disposición tiene implicaciones directas en la gobernanza y estructura organizativa de las entidades financieras. En primer lugar, estas deben establecer equipos dedicados a la gestión de ciberseguridad y resiliencia operativa, asegurando que cuenten con los recursos necesarios para cumplir con sus responsabilidades. Estos equipos pueden incluir analistas de seguridad, ingenieros de ciberseguridad y especialistas en inteligencia de amenazas, quienes deben trabajar en estrecha colaboración con otros departamentos, como tecnología, operaciones, legal y Compliance. En segundo lugar, las entidades deben establecer procesos formales para la recopilación y análisis de información, definiendo roles y responsabilidades claras, así como flujos de comunicación internos para garantizar que la información relevante se comparta de manera oportuna y eficiente.

Desde la perspectiva del Compliance, la correcta implementación de este artículo requiere la adopción de políticas y procedimientos documentados que definan cómo se recopilará, analizará y gestionará la información sobre vulnerabilidades, amenazas e incidentes. Estas políticas deben estar alineadas con los estándares internacionales aplicables, como la norma ISO/IEC 27001 sobre gestión de la seguridad de la información, y deben ser revisadas y actualizadas periódicamente para reflejar los cambios en el panorama de amenazas. Los responsables de Compliance tienen un papel nuclear en la supervisión de estas políticas, asegurando que se apliquen de manera consistente y que los resultados del análisis se utilicen para informar las decisiones estratégicas y operativas de la entidad.

Un aspecto determinante de esta norma es su impacto en la capacidad de las entidades para adaptarse y evolucionar frente a un entorno digital dinámico y en constante cambio. Al recopilar y analizar información de manera continua, las entidades pueden identificar tendencias emergentes, anticiparse a las amenazas y ajustar sus estrategias de seguridad y resiliencia en consecuencia. Por ejemplo, si una entidad detecta un aumento en los intentos de phishing dirigidos a sus empleados, puede implementar medidas proactivas, como campañas de concienciación y la adopción de controles técnicos adicionales, para reducir su exposición a este tipo de ataque. Este enfoque adaptativo no solo refuerza la resiliencia operativa de la entidad, sino que también contribuye a la estabilidad general del sistema financiero al reducir el riesgo de incidentes que puedan tener repercusiones sistémicas.

En cuanto a los retos prácticos, la implementación de esta disposición puede implicar desafíos significativos para las entidades financieras, especialmente para aquellas que no cuentan con recursos técnicos avanzados o personal especializado. Establecer un sistema efectivo de recopilación y análisis de información puede requerir inversiones sustanciales en tecnología, formación del personal y servicios de consultoría externa. Además, las entidades deben garantizar que los datos recopilados sean gestionados de manera segura y cumplan con las normativas aplicables en materia de privacidad y protección de datos, como el Reglamento General de Protección de Datos (RGPD).

Desde un punto de vista jurídico, el incumplimiento de esta disposición podría tener graves consecuencias, incluyendo sanciones administrativas por parte de las autoridades competentes y posibles acciones legales por parte de clientes o contrapartes afectadas por incidentes no gestionados adecuadamente. Además, la falta de un sistema efectivo para recopilar y analizar información sobre vulnerabilidades y amenazas podría interpretarse como una negligencia en la gestión de riesgos, lo que podría afectar la reputación de la entidad y su relación con los reguladores y otras partes interesadas.

El artículo 13.1 establece un marco esencial para que las entidades financieras fortalezcan su capacidad de aprendizaje y adaptación frente a las vulnerabilidades y amenazas relacionadas con las TIC. Su implementación requiere un enfoque integral que combine tecnologías avanzadas, personal especializado, procesos bien definidos y una gobernanza sólida. Al cumplir con esta disposición, las entidades no solo protegen sus operaciones y la confianza de sus clientes, sino que también contribuyen a la resiliencia y estabilidad del sistema financiero en su conjunto, adaptándose de manera continua a un entorno digital en constante evolución.

2. Las entidades financieras llevarán a cabo revisiones tras incidentes relacionados con las TIC después de que un incidente grave relacionado con las TIC perturbe sus actividades principales, analizando sus causas e identificando las mejoras necesarias para las operaciones de TIC o en la política de continuidad de la actividad en materia de TIC a que se refiere el artículo 11.

Las entidades financieras que no sean microempresas comunicarán, previa petición, a las autoridades competentes los cambios que se hayan introducido después de las revisiones tras incidentes relacionados con las TIC a que se refiere el párrafo primero.

Las revisiones tras incidentes relacionados con las TIC a que se refiere el párrafo primero determinarán si se han seguido los procedimientos establecidos y si las medidas adoptadas han sido eficaces, inclusive en relación con lo siguiente:

a) la rapidez a la hora de responder a las alertas de seguridad y determinar las repercusiones de los incidentes relacionados con las TIC y su gravedad;

b) la calidad y rapidez en la realización de un análisis forense, cuando se considere oportuno;

c) la eficacia de la activación de los niveles sucesivos de intervención en caso de incidente dentro de la entidad financiera;

d) la eficacia de la comunicación interna y externa.

El artículo 13.2 del Reglamento Europeo 2022/2554 regula las revisiones que las entidades financieras deben realizar tras la ocurrencia de incidentes graves relacionados con las TIC que perturben sus actividades principales. Este mandato tiene como objetivo garantizar que las entidades analicen en profundidad las causas de los incidentes, evalúen la eficacia de sus medidas de respuesta, identifiquen áreas de mejora y adopten los cambios necesarios en sus operaciones y políticas de continuidad de actividad en materia de TIC. La norma refuerza un enfoque de aprendizaje continuo y evolución proactiva en la gestión del riesgo tecnológico, promoviendo una cultura organizacional que priorice la resiliencia operativa y la mejora continua.

La primera obligación del artículo establece que, tras un incidente grave, las entidades deben analizar sus causas, lo que requiere la realización de un análisis forense completo. Este análisis permite determinar los factores desencadenantes, como vulnerabilidades técnicas, fallos en los controles de seguridad, errores humanos o deficiencias en los sistemas de detección de amenazas. También permite identificar si el incidente fue resultado de un ataque intencionado, como un ciberataque, o de eventos fortuitos, como un fallo técnico o un desastre natural. La información obtenida de este análisis es fundamental para entender las deficiencias subyacentes y diseñar medidas correctivas específicas.

La norma también exige que las entidades identifiquen las mejoras necesarias en sus operaciones de TIC y en sus políticas de continuidad de actividad en materia de TIC. Esto implica evaluar si los procedimientos existentes son suficientes para prevenir incidentes similares en el futuro, o si es necesario ajustarlos. Por ejemplo, si un análisis revela que un incidente fue causado por un fallo en los sistemas de respaldo, la entidad podría decidir invertir en infraestructuras más avanzadas, como centros de datos redundantes geográficamente dispersos. Asimismo, si se detectan fallos en la ejecución de los planes de respuesta, la entidad deberá ajustar sus procedimientos, mejorar la capacitación de su personal o actualizar sus herramientas tecnológicas.

El artículo también establece que las entidades financieras que no sean microempresas deben, previa solicitud, informar a las autoridades competentes sobre los cambios introducidos después de las revisiones de incidentes relacionados con las TIC. Esto refuerza la supervisión regulatoria, asegurando que las entidades no solo analicen los incidentes, sino que también implementen medidas correctivas tangibles para abordar las deficiencias detectadas. Las autoridades competentes pueden utilizar esta información para evaluar la idoneidad de las medidas adoptadas y, en su caso, exigir acciones adicionales si consideran que los cambios no son suficientes para mitigar los riesgos.

Además, las revisiones deben incluir una evaluación detallada de la eficacia de las medidas adoptadas, considerando aspectos específicos enumerados en el artículo. En primer lugar, deben analizar la rapidez con la que la entidad respondió a las alertas de seguridad, determinó las repercusiones del incidente y evaluó su gravedad. Esto implica evaluar si los sistemas de detección y respuesta fueron capaces de identificar el incidente de manera oportuna y si los equipos responsables pudieron actuar con rapidez para minimizar los daños. En segundo lugar, la norma exige evaluar la calidad y rapidez del análisis forense realizado, cuando sea necesario. Esto es especialmente relevante en el caso de ciberataques u otros incidentes complejos, donde un análisis forense efectivo puede proporcionar información crítica sobre las técnicas utilizadas por los atacantes y las vulnerabilidades explotadas.

En tercer lugar, las revisiones deben evaluar la eficacia de la activación de los niveles sucesivos de intervención dentro de la entidad. Esto incluye analizar si los procedimientos de escalamiento fueron activados de manera adecuada y si los diferentes niveles de respuesta, desde los equipos técnicos hasta los altos directivos, participaron de manera eficaz en la gestión del incidente. Por último, las revisiones deben evaluar la eficacia de la comunicación interna y externa. Esto implica analizar si las partes relevantes dentro de la entidad recibieron la información necesaria para coordinar la respuesta y si la comunicación con clientes, contrapartes y reguladores fue adecuada para mitigar los efectos del incidente y mantener la confianza.

El artículo 13.3 complementa estas disposiciones al exigir que las lecciones aprendidas de las revisiones tras incidentes y de las pruebas de resiliencia operativa digital se incorporen al proceso de evaluación del riesgo relacionado con las TIC. Este enfoque asegura que las entidades no solo respondan a incidentes pasados, sino que adapten continuamente su marco de gestión de riesgos para abordar amenazas y vulnerabilidades emergentes. Esto incluye ajustar los componentes relevantes del marco de gestión de riesgos, como las políticas de continuidad de negocio, los controles de seguridad, los procedimientos de respuesta y recuperación, y las estrategias de mitigación de riesgos.

La norma también exige que las entidades consideren los problemas que se hayan planteado al activar sus planes de continuidad y recuperación, así como la información intercambiada con contrapartes y obtenida durante las revisiones supervisoras. Esto fomenta un enfoque colaborativo en la gestión de riesgos, donde las entidades comparten información relevante con otras partes interesadas para fortalecer la resiliencia colectiva del sistema financiero. Por ejemplo, si una entidad identifica una vulnerabilidad crítica explotada por un atacante, puede compartir esta información con sus contrapartes y con los centros de intercambio de información del sector financiero (ISACs) para prevenir incidentes similares en otras organizaciones.

Desde la perspectiva del Compliance, estas disposiciones imponen la necesidad de documentar exhaustivamente las revisiones tras incidentes y las medidas adoptadas en consecuencia. Las entidades deben mantener registros detallados de los análisis realizados, las decisiones tomadas y los cambios implementados, asegurando que esta documentación esté disponible para auditorías internas y externas, así como para inspecciones de las autoridades competentes. Además, los responsables de Compliance deben supervisar el cumplimiento de estas disposiciones, asegurando que las revisiones se realicen de manera oportuna y que los resultados se utilicen para mejorar el marco de gestión de riesgos de la entidad.

Desde un punto de vista operativo, la realización de revisiones tras incidentes requiere la participación de equipos multidisciplinarios que incluyan expertos en tecnología, gestión de riesgos, ciberseguridad, operaciones y comunicación. Estos equipos deben trabajar de manera coordinada para analizar las causas del incidente, evaluar la eficacia de la respuesta y diseñar las medidas correctivas necesarias. Además, las entidades deben garantizar que el personal involucrado esté capacitado para llevar a cabo estas tareas de manera eficaz, incluyendo la realización de análisis forenses, la evaluación de riesgos y la comunicación con las partes interesadas.

En términos estratégicos, la implementación de estas disposiciones permite a las entidades financieras fortalecer su resiliencia operativa, reducir su exposición a riesgos futuros y proteger su reputación. Al demostrar un compromiso proactivo con la mejora continua, las entidades pueden generar confianza entre clientes, inversores y reguladores, diferenciándose en un entorno competitivo. Además, el aprendizaje derivado de las revisiones y las pruebas de resiliencia permite a las entidades anticiparse a amenazas emergentes y adaptarse a un panorama de riesgos en constante evolución.

Desde un punto de vista jurídico, el incumplimiento de estas disposiciones podría dar lugar a sanciones regulatorias y daños reputacionales, especialmente si las deficiencias en las revisiones o en la implementación de medidas correctivas resultan en incidentes repetitivos o en pérdidas significativas para los clientes o contrapartes. Además, las entidades que no implementen cambios adecuados tras un incidente podrían enfrentar litigios civiles por parte de partes afectadas, alegando negligencia en la gestión de riesgos.

El artículo 13.2 y 13.3 refuerzan la importancia de un enfoque sistemático y proactivo en la gestión de incidentes relacionados con las TIC. Al exigir revisiones exhaustivas, análisis forenses, comunicación efectiva y la incorporación de lecciones aprendidas, estas disposiciones promueven la resiliencia operativa y la mejora continua en las entidades financieras. Su correcta implementación no solo protege a las entidades frente a riesgos operativos, regulatorios y reputacionales, sino que también contribuye a la estabilidad general del sistema financiero, fortaleciendo la confianza en un entorno digital cada vez más complejo y desafiante.

3. Las enseñanzas derivadas de las pruebas de resiliencia operativa digital llevadas a cabo de conformidad con los artículos 26 y 27 y de los incidentes reales relacionados con las TIC, en particular los ciberataques, junto con los problemas que se hayan planteado al activar los planes de continuidad de la actividad en materia de TIC y los planes de respuesta y recuperación en materia de TIC, además de la información pertinente intercambiada con las contrapartes y evaluada durante las revisiones supervisoras, se incorporarán debidamente de forma continua al proceso de evaluación del riesgo relacionado con las TIC. Tales hallazgos conformarán la base para las revisiones adecuadas de los componentes pertinentes del marco de gestión del riesgo relacionado con las TIC a que se refiere el artículo 6, apartado 1.

El artículo 13.3 del Reglamento Europeo 2022/2554 establece una obligación fundamental para las entidades financieras en cuanto a la integración de las lecciones aprendidas derivadas de pruebas, incidentes y revisiones supervisoras en su proceso de evaluación del riesgo relacionado con las tecnologías de la información y comunicación (TIC). Esta disposición refuerza el enfoque de mejora continua y aprendizaje adaptativo en la gestión de riesgos tecnológicos, estableciendo que los hallazgos obtenidos en diversos escenarios deben utilizarse como base para revisar y actualizar el marco de gestión del riesgo relacionado con las TIC. Este mandato busca asegurar que las entidades financieras no solo respondan de manera efectiva a incidentes específicos, sino que también fortalezcan su capacidad de prevenir, mitigar y gestionar riesgos futuros en un entorno digital en constante evolución.

La norma exige que las enseñanzas derivadas de las pruebas de resiliencia operativa digital, realizadas conforme a los artículos 26 y 27, sean incorporadas al proceso de evaluación de riesgos. Las pruebas de resiliencia incluyen ejercicios avanzados que simulan incidentes críticos para evaluar la capacidad de la entidad de responder y recuperarse eficazmente. Estas pruebas pueden abarcar simulaciones de ciberataques, interrupciones tecnológicas, fallos en la cadena de suministro digital o desastres naturales. Los resultados de estas pruebas permiten identificar deficiencias en los sistemas, procedimientos y políticas existentes, proporcionando una base para implementar mejoras. Por ejemplo, si una prueba revela que el tiempo de recuperación de un sistema crítico supera los objetivos establecidos, la entidad debe ajustar sus infraestructuras, procesos o recursos para garantizar que cumpla con los objetivos de tiempo de recuperación (RTO) y punto de recuperación (RPO).

Además, el artículo destaca la importancia de incorporar las lecciones aprendidas de los incidentes reales relacionados con las TIC, con especial énfasis en los ciberataques. Este enfoque es determinante porque los incidentes reales proporcionan una oportunidad única para analizar cómo se materializan las amenazas en un entorno operativo real. Al estudiar las causas, impactos y respuestas asociadas a un incidente, las entidades pueden identificar vulnerabilidades específicas, deficiencias en los controles de seguridad o problemas en la coordinación interna y externa. Estas lecciones no solo deben utilizarse para mejorar las capacidades de respuesta y recuperación, sino también para ajustar las medidas de prevención, como el fortalecimiento de los controles de acceso, la actualización de sistemas de detección de intrusiones o la mejora de las capacidades de análisis forense.

La norma también establece que los problemas surgidos al activar los planes de continuidad de la actividad en materia de TIC y los planes de respuesta y recuperación deben ser integrados en el proceso de evaluación de riesgos. Estos problemas pueden incluir demoras en la activación de los planes, fallos en la comunicación interna o externa, falta de claridad en los roles y responsabilidades, o insuficiencia de los recursos asignados para gestionar el incidente. La identificación de estos problemas permite a las entidades ajustar sus planes y procedimientos para garantizar que sean más efectivos en el futuro. Por ejemplo, si una entidad enfrenta dificultades para coordinar su respuesta con un proveedor externo crítico durante un incidente, puede decidir establecer acuerdos más detallados en sus contratos o realizar simulaciones conjuntas para mejorar la coordinación.

La integración de la información pertinente intercambiada con contrapartes y evaluada durante las revisiones supervisoras, promoviendo un enfoque colaborativo en la gestión de riesgos, donde las entidades comparten y reciben información valiosa sobre vulnerabilidades, amenazas y mejores prácticas. Las revisiones supervisoras, por su parte, proporcionan una perspectiva externa sobre la eficacia del marco de gestión de riesgos de la entidad, identificando áreas de mejora que pueden haber pasado desapercibidas internamente. Incorporar estos hallazgos permite a las entidades ajustar sus políticas y procedimientos para alinearse con las expectativas regulatorias y las mejores prácticas del sector.

El mandato de incorporar todas estas lecciones y hallazgos "de forma continua" subraya la importancia de que el proceso de evaluación del riesgo relacionado con las TIC no sea estático, sino dinámico y adaptativo. Esto requiere que las entidades establezcan un mecanismo estructurado para integrar los resultados de pruebas, incidentes y revisiones en su marco de gestión de riesgos. Este mecanismo debe incluir procedimientos documentados para recopilar, analizar y priorizar los hallazgos, así como para implementar y supervisar las acciones correctivas necesarias. Además, debe garantizar que los resultados se comuniquen de manera efectiva a los niveles apropiados de la organización, incluidos los altos directivos y los órganos de gobierno, para que las decisiones estratégicas se basen en una comprensión clara y actualizada de los riesgos tecnológicos.

Desde una perspectiva técnica, la implementación de esta disposición requiere que las entidades utilicen herramientas avanzadas de análisis y gestión de riesgos que permitan integrar datos de múltiples fuentes y generar una visión consolidada del panorama de riesgos. Por ejemplo, las plataformas de gestión de incidentes y vulnerabilidades pueden integrarse con sistemas de análisis de amenazas para proporcionar información en tiempo real sobre la exposición de la entidad a riesgos específicos. Estas herramientas también pueden facilitar el seguimiento de las acciones correctivas y la evaluación de su eficacia, asegurando que las mejoras implementadas aborden las causas subyacentes de los problemas identificados.

Desde el punto de vista del Compliance, la integración de las lecciones aprendidas en el proceso de evaluación de riesgos debe estar respaldada por políticas y procedimientos claros que definan cómo se identificarán, documentarán y aplicarán estos hallazgos. Los responsables de Compliance tienen un criterio fundamental en la supervisión de este proceso, asegurando que se cumplan los requisitos normativos y que las acciones correctivas se implementen de manera oportuna. También deben garantizar que las revisiones del marco de gestión de riesgos estén alineadas con los estándares internacionales aplicables, como la norma ISO/IEC 27001 sobre gestión de la seguridad de la información y la ISO 31000 sobre gestión del riesgo.

En términos estratégicos, esta disposición refuerza la capacidad de las entidades para adaptarse y evolucionar frente a un entorno de riesgos tecnológicos en constante cambio. Al incorporar de manera continua las lecciones aprendidas, las entidades no solo fortalecen su resiliencia operativa, sino que también demuestran un compromiso con la mejora continua, lo que puede generar confianza entre clientes, inversores y reguladores. Además, este enfoque permite a las entidades anticiparse a amenazas emergentes, ajustando sus estrategias de prevención y respuesta antes de que se materialicen los riesgos.

Desde un punto de vista práctico, la implementación de esta disposición puede presentar ciertos retos, especialmente para las entidades que no cuentan con procesos estructurados o recursos suficientes para llevar a cabo un análisis detallado de los incidentes y pruebas. Estas entidades deben invertir en capacidades técnicas, formación del personal y mecanismos de coordinación interna para garantizar que puedan recopilar y analizar información relevante de manera eficaz. También deben garantizar que los hallazgos se traduzcan en acciones concretas, evitando que las revisiones se limiten a un ejercicio teórico sin impacto real en la gestión de riesgos.

Desde un punto de vista jurídico, el incumplimiento de esta disposición podría tener consecuencias graves, incluyendo sanciones administrativas por parte de las autoridades competentes y posibles litigios civiles si la falta de integración de lecciones aprendidas resulta en incidentes repetidos o pérdidas significativas para los clientes. Además, la incapacidad de demostrar un enfoque proactivo y adaptativo en la gestión de riesgos podría afectar la reputación de la entidad y su relación con los reguladores.

El artículo 13.3 establece un marco integral para la mejora continua en la gestión del riesgo relacionado con las TIC, promoviendo la incorporación de las lecciones aprendidas de pruebas, incidentes y revisiones en el proceso de evaluación de riesgos. Su correcta implementación requiere un enfoque estructurado, recursos adecuados y un compromiso organizacional con la resiliencia operativa. Al adoptar este enfoque, las entidades no solo cumplen con los requisitos normativos, sino que también fortalecen su capacidad para prevenir y gestionar riesgos tecnológicos, protegiendo su continuidad operativa y contribuyendo a la estabilidad del sistema financiero en su conjunto.

4. Las entidades financieras harán un seguimiento de la efectividad de la aplicación de su estrategia de resiliencia operativa digital establecida en el artículo 6, apartado 8. Cartografiarán la evolución del riesgo relacionado con las TIC a lo largo del tiempo, analizarán la frecuencia, los tipos, la magnitud y la evolución de los incidentes relacionados con las TIC, en particular los ciberataques y sus patrones, con el fin de comprender el nivel de exposición al riesgo relacionado con

las TIC, en particular por cuanto atañe a funciones esenciales o importantes, y mejorar la madurez y preparación cibernéticas de la entidad financiera.

El artículo 13.4 del Reglamento Europeo 2022/2554 impone a las entidades financieras la obligación de realizar un seguimiento continuo de la efectividad de su estrategia de resiliencia operativa digital, establecida en el artículo 6, apartado 8. Esto incluye la cartografía de la evolución del riesgo relacionado con las tecnologías de la información y comunicación (TIC) a lo largo del tiempo, así como el análisis detallado de los incidentes relacionados con las TIC, en particular los ciberataques. La norma subraya la importancia de una vigilancia constante, basada en datos precisos, para evaluar la exposición al riesgo y fortalecer la preparación cibernética y operativa de las entidades frente a amenazas emergentes, especialmente en lo que respecta a funciones esenciales o importantes.

El seguimiento de la efectividad de la estrategia de resiliencia operativa digital implica que las entidades deben evaluar de forma sistemática si las medidas y controles implementados para proteger sus operaciones frente a riesgos tecnológicos están funcionando según lo previsto. Esto requiere la adopción de métricas y mecanismos de evaluación claros que permitan medir el desempeño de los controles de seguridad, los procesos de recuperación y las capacidades de respuesta frente a incidentes. Por ejemplo, las entidades pueden utilizar indicadores clave de rendimiento (KPIs) y de riesgo (KRIs) relacionados con la frecuencia de incidentes, el tiempo de recuperación (RTO), la pérdida de datos (RPO) y la eficacia de las respuestas a ciberataques. Además, las evaluaciones deben realizarse de manera periódica, con revisiones frecuentes que permitan detectar deficiencias y realizar ajustes antes de que los riesgos se materialicen.

La obligación de cartografiar la evolución del riesgo relacionado con las TIC a lo largo del tiempo implica que las entidades deben recopilar, analizar y documentar información sobre cómo los riesgos tecnológicos cambian y evolucionan en el contexto operativo específico de la organización. Este análisis debe ser dinámico, considerando no solo los riesgos actuales, sino también las amenazas emergentes, los cambios en el panorama regulatorio, la evolución de las tecnologías utilizadas por la entidad y los nuevos patrones de ataque identificados en el sector financiero. Por ejemplo, la creciente sofisticación de los ciberataques dirigidos, como el ransomware avanzado o los ataques de phishing altamente personalizados, debe ser analizada para entender cómo podrían impactar las operaciones críticas y qué medidas adicionales son necesarias para mitigar dichos riesgos.

El análisis de la frecuencia, tipos, magnitud y evolución de los incidentes relacionados con las TIC es un elemento central de esta disposición. Este análisis permite a las entidades identificar tendencias y patrones en los incidentes que enfrentan, lo que puede proporcionar información valiosa para priorizar recursos y esfuerzos en las áreas de mayor riesgo. Por ejemplo, si una entidad observa un aumento en la frecuencia de ataques de denegación de servicio (DDoS), puede decidir invertir en tecnologías de mitigación específicas o reforzar la capacidad de su infraestructura de red. Del mismo modo, si se detecta que los incidentes relacionados con proveedores externos representan una proporción significativa de los riesgos, la entidad podría fortalecer su supervisión de terceros y exigir niveles más altos de resiliencia a sus proveedores críticos.

La referencia específica a los ciberataques y sus patrones subraya la importancia de que las entidades financieras comprendan cómo los atacantes están evolucionando en sus técnicas, tácticas y procedimientos (TTPs). Esto requiere el uso de herramientas avanzadas de inteligencia de amenazas que permitan recopilar y analizar información sobre los ataques dirigidos al sector financiero, así como sobre los métodos utilizados por los actores malintencionados. Este conocimiento es determinante para diseñar controles preventivos más eficaces, mejorar la capacidad de detección y respuesta, y anticipar posibles vectores de ataque. Por ejemplo, al identificar patrones de ataque repetitivos, una entidad puede implementar medidas específicas para fortalecer los controles en las áreas más vulnerables, como el acceso remoto o las interfaces de programación de aplicaciones (APIs).

El objetivo de esta disposición no es solo comprender el nivel de exposición al riesgo relacionado con las TIC, sino también mejorar la madurez y preparación cibernéticas de las entidades financieras. La madurez cibernética se refiere al grado en que una entidad ha implementado y optimizado controles, procesos y tecnologías para gestionar eficazmente los riesgos tecnológicos. Las entidades deben aspirar a alcanzar niveles elevados de madurez, basándose en marcos internacionales como el NIST Cybersecurity Framework o el modelo de madurez CMMI, los cuales proporcionan guías claras para evaluar y mejorar las capacidades de ciberseguridad. Este enfoque permite que las entidades desarrollen una postura cibernética más robusta, capaz de prevenir y responder a incidentes con mayor eficacia.

Desde la perspectiva del Compliance, el cumplimiento de esta disposición requiere la creación de políticas y procedimientos formales que regulen el seguimiento y análisis de la evolución del riesgo relacionado con las TIC. Estas políticas deben definir cómo se recopilará la información sobre incidentes, cómo se analizarán los datos y cómo se utilizarán los resultados para mejorar la estrategia de resiliencia operativa digital. Los responsables de Compliance deben supervisar que estos procesos se realicen de manera consistente y que los resultados se utilicen para informar las decisiones estratégicas y operativas de la entidad. Además, deben garantizar que las revisiones periódicas sean documentadas adecuadamente, proporcionando evidencia para auditorías internas y externas, así como para inspecciones regulatorias.

Desde un punto de vista técnico, la implementación de esta disposición requiere el uso de herramientas avanzadas de análisis y gestión de riesgos. Estas herramientas deben permitir la recopilación automatizada de datos sobre incidentes, la generación de informes analíticos detallados y la visualización de tendencias a lo largo del tiempo. Además, deben integrarse con otras soluciones de ciberseguridad y gestión de riesgos para proporcionar una visión holística de la exposición al riesgo de la entidad. Por ejemplo, una plataforma de gestión de incidentes podría combinar datos sobre frecuencia y tipos de ataques con información sobre vulnerabilidades detectadas en los sistemas, permitiendo una priorización más eficaz de las acciones correctivas.

Las entidades deben prestar especial atención a cómo los riesgos relacionados con las TIC afectan a estas funciones críticas, ya que cualquier interrupción en su operativa puede tener consecuencias graves para la entidad, sus clientes y el sistema financiero en general. Esto implica que las entidades deben realizar análisis específicos para cada función crítica, considerando su nivel de dependencia de los sistemas TIC, su exposición a amenazas y el impacto potencial de los incidentes. Además, deben asegurarse de que las medidas adoptadas para gestionar los riesgos sean proporcionales a la importancia de cada función.

Desde un punto de vista estratégico, el cumplimiento de esta disposición refuerza la capacidad de las entidades financieras para gestionar los riesgos tecnológicos de manera proactiva y adaptativa. Al comprender mejor su nivel de exposición al riesgo, las entidades pueden asignar recursos de manera más eficiente, priorizando las áreas de mayor vulnerabilidad. Además, la capacidad de demostrar que se está llevando a cabo un seguimiento continuo y sistemático de los riesgos puede fortalecer la confianza de los clientes, inversores y reguladores en la entidad, diferenciándola en un mercado altamente competitivo.

En cuanto a los retos prácticos, la implementación de esta disposición puede ser compleja para las entidades que carecen de recursos técnicos o experiencia en la gestión de riesgos tecnológicos. Establecer un sistema eficaz de seguimiento y análisis requiere inversiones en tecnología, personal capacitado y procesos bien definidos. Además, las entidades deben garantizar que la información recopilada sea gestionada de manera segura y cumpla con las normativas aplicables, como el Reglamento General de Protección de Datos (RGPD).

Desde un punto de vista jurídico, el incumplimiento de esta disposición podría dar lugar a sanciones administrativas por parte de las autoridades competentes, así como a posibles litigios civiles si la falta de seguimiento adecuado de los riesgos tecnológicos resulta en incidentes que afecten a los clientes o contrapartes. Además, una supervisión insuficiente del riesgo podría ser interpretada como negligencia en la gestión de riesgos, con consecuencias reputacionales significativas para la entidad.

El artículo 13.4 establece un marco esencial para el seguimiento y análisis de los riesgos relacionados con las TIC, promoviendo una gestión adaptativa y basada en datos que fortalezca la resiliencia operativa de las entidades financieras. Su correcta implementación requiere una combinación de tecnologías avanzadas, procesos estructurados y una cultura organizacional centrada en la mejora continua. Al cumplir con esta disposición, las entidades no solo protegen sus operaciones y la confianza de sus clientes, sino que también contribuyen a la estabilidad y seguridad del sistema financiero en su conjunto.

5. El personal directivo responsable de las TIC informará al menos una vez al año al órgano de dirección de los hallazgos a que se refiere el apartado 3 y formulará recomendaciones.

El artículo 13.5 del Reglamento Europeo 2022/2554 establece la obligación de que el personal directivo responsable de las TIC informe, al menos una vez al año, al órgano de dirección de la entidad sobre los hallazgos derivados de las actividades de evaluación del riesgo relacionadas con las tecnologías de la información y comunicación (TIC), tal como se describe en el artículo 13.3. Además, este informe debe incluir recomendaciones específicas. Esta disposición refuerza el principio de responsabilidad y supervisión en la gestión de los riesgos tecnológicos, asegurando que las decisiones estratégicas y operativas de la entidad sean informadas por un análisis claro y actualizado de su exposición a riesgos relacionados con las TIC y por propuestas concretas para su mitigación.

El requisito de informar anualmente al órgano de dirección subraya la importancia de involucrar a los altos responsables de la entidad en la supervisión y toma de decisiones relacionadas con los riesgos tecnológicos.

Dado que las TIC son una parte integral de las operaciones financieras modernas y que los riesgos asociados, como ciberataques, interrupciones operativas y fallos sistémicos, pueden tener consecuencias significativas para la continuidad del negocio y la estabilidad financiera, es fundamental que los órganos de dirección comprendan plenamente las amenazas a las que se enfrenta la entidad. Este informe anual garantiza que los directivos tengan una visión completa y actualizada de los riesgos y puedan adoptar decisiones informadas sobre las estrategias y recursos necesarios para gestionarlos.

El informe debe abarcar los hallazgos derivados de las revisiones, pruebas y análisis mencionados en el artículo 13.3, incluyendo las lecciones aprendidas de incidentes reales, pruebas de resiliencia operativa digital y problemas identificados al activar los planes de continuidad y recuperación. Esto implica que el personal directivo responsable de las TIC debe consolidar y analizar una amplia variedad de datos, proporcionando al órgano de dirección una visión integrada de la exposición al riesgo de la entidad. Por ejemplo, el informe podría incluir un análisis de tendencias en los ciberataques dirigidos al sector financiero, una evaluación del desempeño de los sistemas de respaldo durante pruebas recientes, o una revisión de los incidentes más relevantes ocurridos en el último año y sus implicaciones para la estrategia de resiliencia de la entidad.

El requisito de formular recomendaciones específicas es un elemento central de esta disposición, ya que asegura que el informe no sea meramente descriptivo, sino que ofrezca propuestas concretas para abordar los riesgos identificados. Estas recomendaciones pueden incluir medidas técnicas, como la actualización de sistemas de detección de intrusiones o la implementación de nuevas herramientas de análisis forense; medidas organizativas, como la mejora de los planes de respuesta a incidentes o la capacitación adicional del personal; o medidas estratégicas, como el aumento de la inversión en ciberseguridad o el fortalecimiento de la supervisión de proveedores externos. Las recomendaciones deben estar respaldadas por un análisis claro y basado en datos, mostrando cómo las acciones propuestas contribuirán a reducir los riesgos y fortalecer la resiliencia operativa de la entidad.

El órgano de dirección tiene la responsabilidad de evaluar las recomendaciones presentadas por el personal directivo responsable de las TIC y de tomar decisiones sobre su implementación. Esto refuerza el principio de responsabilidad compartida, donde la gestión de riesgos tecnológicos no recae únicamente en el departamento de TIC, sino que se convierte en una prioridad estratégica para toda la organización. Además, el proceso de revisión y aprobación de las recomendaciones fomenta un diálogo continuo entre los equipos técnicos y la alta dirección, asegurando que las estrategias de gestión de riesgos estén alineadas con los objetivos de negocio de la entidad.

Desde la perspectiva del Compliance, esta disposición implica que las entidades deben establecer procedimientos formales para la elaboración, presentación y seguimiento de los informes anuales sobre riesgos relacionados con las TIC. Estos procedimientos deben garantizar que los informes sean exhaustivos, precisos y presentados dentro de los plazos establecidos. Los responsables de Compliance tienen un papel estructural en la supervisión de este proceso, asegurando que se cumplan los requisitos normativos y que los informes incluyan toda la información relevante para la toma de decisiones. Además, deben verificar que las recomendaciones aprobadas por el órgano de dirección se implementen de manera efectiva y que su progreso sea monitoreado y documentado.

Desde un punto de vista técnico, la elaboración de estos informes requiere que las entidades utilicen herramientas avanzadas de análisis y gestión de riesgos que permitan consolidar datos de múltiples fuentes y generar informes claros y comprensibles para una audiencia no técnica. Por ejemplo, las plataformas de gestión de incidentes y vulnerabilidades pueden proporcionar datos sobre la frecuencia y gravedad de los incidentes, mientras que los sistemas de inteligencia de amenazas pueden ofrecer información sobre patrones de ataque y tendencias emergentes. Además, las entidades deben garantizar que los responsables de TIC estén capacitados no solo en aspectos técnicos, sino también en la presentación de información de manera clara y estructurada, adaptando el lenguaje y el contenido para que sea comprensible y relevante para los miembros del órgano de dirección.

El proceso de informar y formular recomendaciones también tiene implicaciones estratégicas para la entidad. Al garantizar que los altos directivos estén plenamente informados sobre los riesgos relacionados con las TIC, esta disposición permite a la entidad adoptar un enfoque proactivo y estratégico en la gestión de riesgos tecnológicos. Por ejemplo, si el informe identifica una creciente dependencia de proveedores externos críticos y un aumento en los riesgos asociados, el órgano de dirección puede decidir fortalecer los requisitos contractuales o diversificar su base de proveedores. Del mismo modo, si el informe destaca una brecha significativa en las capacidades de detección de intrusiones, el órgano de dirección puede priorizar la inversión en tecnologías de ciberseguridad avanzadas.

Desde un punto de vista operativo, la presentación de este informe anual requiere la coordinación efectiva entre los diferentes equipos y departamentos de la entidad, incluidos tecnología, riesgos, Compliance y operaciones. Los datos necesarios para elaborar el informe deben recopilarse y analizarse de manera continua a lo largo del año, garantizando que el contenido refleje con precisión el panorama actual de riesgos y las medidas adoptadas para gestionarlos. Además, las entidades deben garantizar que los hallazgos y recomendaciones del informe sean comunicados de manera efectiva a todos los niveles de la organización, fomentando una cultura de resiliencia operativa y de mejora continua.

Desde un punto de vista jurídico, el incumplimiento de esta disposición podría tener consecuencias graves para la entidad, incluyendo sanciones administrativas por parte de las autoridades competentes y posibles litigios si la falta de supervisión por parte del órgano de dirección resulta en incidentes significativos o pérdidas para los clientes. Además, la incapacidad de demostrar que el órgano de dirección está adecuadamente informado sobre los riesgos relacionados con las TIC podría ser interpretada como una falta de diligencia, lo que podría afectar la reputación de la entidad y su relación con los reguladores.

El artículo 13.5 refuerza la importancia de la supervisión y el compromiso de la alta dirección en la gestión de riesgos relacionados con las TIC, estableciendo un mecanismo claro para garantizar que las decisiones estratégicas estén informadas por un análisis detallado y recomendaciones concretas. Su correcta implementación requiere un enfoque estructurado, herramientas avanzadas de análisis, comunicación efectiva y un compromiso organizacional con la resiliencia operativa. Al cumplir con esta disposición, las entidades no solo fortalecen su capacidad para gestionar riesgos tecnológicos, sino que también demuestran un liderazgo sólido y una responsabilidad clara en la protección de sus operaciones, clientes y la estabilidad del sistema financiero en general.

6. Las entidades financieras desarrollarán programas de sensibilización en materia de seguridad de las TIC y formación sobre resiliencia operativa digital, que constituirán módulos obligatorios en sus programas de formación del personal. Esos programas y acciones formativas serán aplicables a todos los empleados y al personal de alta dirección y tendrán un nivel de complejidad acorde con las atribuciones de sus funciones. Cuando proceda, las entidades financieras también

incluirán a proveedores terceros de servicios de TIC en sus planes de formación pertinentes de conformidad con el artículo 30, apartado 2, letra i).

El artículo 13.6 del Reglamento Europeo 2022/2554 establece la obligación de las entidades financieras de desarrollar programas de sensibilización en materia de seguridad de las tecnologías de la información y comunicación (TIC) y formación sobre resiliencia operativa digital. Estos programas deben integrarse como módulos obligatorios en los programas de formación del personal, aplicándose a todos los empleados y al personal de alta dirección. Además, el nivel de complejidad de la formación debe ajustarse a las atribuciones de las funciones específicas de cada individuo dentro de la organización. Asimismo, cuando sea pertinente, las entidades también deben incluir a los proveedores externos de servicios de TIC en sus planes de formación, en cumplimiento de lo dispuesto en el artículo 30.2.i. Esta disposición refuerza la importancia de la capacitación como herramienta central para fortalecer la resiliencia operativa digital, no solo dentro de la entidad, sino también a lo largo de toda la cadena de suministro.

La primera parte de la norma exige que las entidades financieras desarrollen programas de sensibilización y formación obligatorios que aborden tanto la seguridad de las TIC como la resiliencia operativa digital. Este enfoque es fundamental para garantizar que todos los empleados comprendan los riesgos asociados con las TIC y estén preparados para actuar de manera adecuada ante incidentes relacionados con la seguridad cibernética y la continuidad operativa. Los programas de sensibilización deben incluir conceptos básicos sobre ciberseguridad, como la identificación de correos electrónicos de phishing, el manejo seguro de datos, la importancia de las contraseñas robustas y las mejores prácticas para evitar errores humanos que puedan comprometer la seguridad de los sistemas. La formación en resiliencia operativa digital, por otro lado, debe enfocarse en la comprensión de los procedimientos de respuesta a incidentes, las políticas de continuidad del negocio, los planes de recuperación y el papel de cada empleado en la gestión de crisis.

Un aspecto central de esta disposición es la obligatoriedad de la formación para todos los niveles de la organización, incluido el personal de alta dirección. Esto garantiza que la resiliencia operativa digital no sea percibida como una responsabilidad exclusiva de los equipos técnicos o de TIC, sino como una prioridad estratégica que afecta a toda la entidad. El personal de alta dirección, en particular, debe recibir formación sobre los riesgos estratégicos asociados con las TIC, la importancia de la resiliencia operativa para la continuidad del negocio y su papel en la toma de decisiones rápidas y fundamentadas durante incidentes críticos. Esto asegura que los altos directivos estén capacitados para supervisar la implementación de las medidas necesarias y para liderar la respuesta de la organización en caso de crisis.

La norma también establece que el nivel de complejidad de la formación debe ser proporcional a las atribuciones de las funciones de los empleados. Esto implica que la formación debe ser personalizada según las responsabilidades de cada rol dentro de la organización. Por ejemplo, el personal técnico, como administradores de sistemas o ingenieros de redes, debe recibir capacitación avanzada en áreas específicas como la detección y mitigación de ciberamenazas, análisis forense y respuesta a incidentes. Por otro lado, el personal no técnico, como el personal administrativo o de atención al cliente, debe recibir formación enfocada en prácticas generales de ciberseguridad y su papel en la protección de datos sensibles y la detección de posibles amenazas. Este enfoque adaptativo asegura que todos los empleados tengan las competencias necesarias para cumplir con sus responsabilidades en el ámbito de la resiliencia operativa.

Otro aspecto relevante de esta disposición es la inclusión de los proveedores externos de servicios de TIC en los planes de formación, cuando proceda. Esto refleja la interdependencia entre las entidades financieras y sus proveedores en la gestión de riesgos relacionados con las TIC, ya que muchas de las operaciones críticas dependen de servicios externalizados. Los proveedores deben estar alineados con los estándares y requisitos de seguridad de la entidad, lo que incluye comprender los procedimientos de respuesta a incidentes y las políticas de resiliencia operativa que afectan a los servicios que ofrecen. La formación de los proveedores puede incluir módulos específicos sobre los estándares contractuales de seguridad, la protección de datos sensibles y los requisitos regulatorios aplicables. Además, los acuerdos contractuales con los proveedores deben incluir cláusulas que garanticen su participación en estas actividades formativas.

Desde un punto de vista práctico, la implementación de esta norma requiere que las entidades financieras establezcan un marco claro para diseñar, ejecutar y supervisar sus programas de sensibilización y formación. Esto incluye la identificación de las necesidades específicas de formación según los diferentes roles dentro de la organización, la selección de contenidos formativos relevantes, y la programación de sesiones regulares para garantizar que todos los empleados y directivos estén actualizados en las mejores prácticas y las amenazas emergentes. Las entidades también deben considerar el uso de herramientas tecnológicas, como plataformas de aprendizaje en línea (e-learning) y simulaciones de ciberataques, para maximizar el alcance y la efectividad de sus programas de formación.

Desde la perspectiva del Compliance, la implementación de programas de sensibilización y formación debe estar respaldada por políticas y procedimientos documentados que definan los objetivos de la formación, los temas cubiertos, los métodos de entrega y los mecanismos de evaluación. Los responsables de Compliance deben supervisar la aplicación de estos programas, asegurando que todos los empleados y directivos completen los módulos obligatorios y que los registros de formación sean mantenidos adecuadamente para fines de auditoría. Además, los responsables de Compliance deben verificar que los programas de formación cumplan con los requisitos establecidos por el Reglamento y que estén alineados con los estándares internacionales aplicables, como la norma ISO/IEC 27001 sobre seguridad de la información.

La capacitación continua es esencial para garantizar que la entidad esté preparada para enfrentar un panorama de riesgos en constante evolución. Esto incluye actualizar los contenidos formativos para reflejar las nuevas amenazas, como técnicas avanzadas de ciberataque, cambios en las normativas regulatorias o la adopción de nuevas tecnologías dentro de la entidad. Además, las entidades deben realizar evaluaciones periódicas para medir la eficacia de los programas de formación y su impacto en la mejora de la resiliencia operativa. Estas evaluaciones pueden incluir pruebas de conocimiento, encuestas de autoevaluación y simulaciones prácticas que permitan identificar áreas de mejora.

Desde una perspectiva estratégica, los programas de sensibilización y formación contribuyen significativamente a construir una cultura organizacional centrada en la resiliencia y la seguridad. Al capacitar a todos los empleados y directivos, las entidades pueden reducir significativamente los riesgos asociados con errores humanos, que a menudo son un factor determinante en los incidentes de ciberseguridad. Además, la inclusión de los proveedores en estos programas fortalece la colaboración y la alineación en materia de seguridad, minimizando los riesgos derivados de la externalización de servicios críticos.

En cuanto a los retos, la implementación de estos programas puede ser compleja para entidades con una gran plantilla o con operaciones distribuidas en múltiples ubicaciones. La personalización de los contenidos formativos, la programación de sesiones para empleados con diferentes horarios y responsabilidades, y la integración de los proveedores en los programas de formación pueden requerir inversiones significativas en tiempo, recursos y tecnología. Sin embargo, estas inversiones son fundamentales para garantizar el cumplimiento normativo y para proteger a la entidad frente a riesgos operativos, regulatorios y reputacionales.

Desde un punto de vista jurídico, el incumplimiento de esta disposición podría dar lugar a sanciones administrativas por parte de las autoridades competentes, especialmente si una deficiencia en la formación resulta en incidentes que afecten la seguridad o continuidad de las operaciones. Además, la falta de programas de formación adecuados podría interpretarse como una negligencia en la gestión de riesgos, lo que podría generar litigios civiles por parte de clientes o contrapartes afectadas por incidentes prevenibles.

El artículo 13.6 refuerza la importancia de la capacitación como un componente medular de la resiliencia operativa digital en las entidades financieras. Al desarrollar programas de sensibilización y formación obligatorios que sean adaptativos y aplicables a todos los niveles de la organización, incluidas las relaciones con proveedores, las entidades pueden fortalecer su capacidad para prevenir, detectar y responder a riesgos relacionados con las TIC. Su correcta implementación no solo asegura el cumplimiento normativo, sino que también contribuye a crear una cultura organizacional orientada a la seguridad y a la protección de las operaciones críticas, lo que resulta esencial en un entorno financiero cada vez más complejo y digitalizado.

7. Las entidades financieras que no sean microempresas supervisarán continuamente los avances tecnológicos pertinentes, también con vistas a comprender las posibles repercusiones del despliegue de esas nuevas tecnologías en los requisitos de seguridad de las TIC y la resiliencia operativa digital. Se mantendrán al día de los últimos procesos de gestión del riesgo relacionado con las TIC, para luchar efectivamente contra las formas existentes o nuevas de ciberataques.

El artículo 13.7 del Reglamento Europeo 2022/2554 establece que las entidades financieras que no sean microempresas deben supervisar de manera continua los avances tecnológicos pertinentes y mantenerse actualizadas en relación con los últimos procesos de gestión del riesgo relacionado con las tecnologías de la información y comunicación (TIC). Este monitoreo tiene como objetivo garantizar que las entidades comprendan las posibles repercusiones de la implementación de nuevas tecnologías en sus requisitos de seguridad de las TIC y en su resiliencia operativa digital, al tiempo que estén preparadas para enfrentar tanto las formas existentes como emergentes de ciberataques. Este mandato refleja la necesidad de que las entidades adopten un enfoque proactivo y adaptativo frente a un entorno tecnológico y de ciberseguridad en constante cambio, en el que las innovaciones tecnológicas y las amenazas cibernéticas evolucionan de manera paralela y acelerada.

La obligación de supervisar continuamente los avances tecnológicos pertinentes implica que las entidades financieras deben estar atentas a las innovaciones que puedan tener un impacto directo o indirecto en sus operaciones. Esto incluye tecnologías emergentes como inteligencia artificial (IA), machine learning, blockchain, computación cuántica, internet de las cosas (IoT) y herramientas de análisis avanzadas. Estas tecnologías, aunque ofrecen oportunidades significativas para mejorar la eficiencia, reducir costos y habilitar nuevos servicios, también introducen nuevos riesgos y desafíos relacionados con la seguridad y la resiliencia operativa. Por ejemplo, la implementación de inteligencia artificial para detectar fraudes puede ser eficaz, pero también puede ser objeto de explotación si los atacantes descubren cómo manipular los algoritmos. Asimismo, el uso de blockchain puede mejorar la transparencia y trazabilidad de las transacciones, pero requiere medidas específicas para mitigar riesgos como el secuestro de claves privadas o vulnerabilidades en los contratos inteligentes.

Las entidades financieras deben implementar procesos formales para evaluar y comprender las repercusiones de estas tecnologías en sus requisitos de seguridad de las TIC. Esto incluye realizar análisis de impacto que permitan identificar cómo las tecnologías emergentes pueden afectar las vulnerabilidades existentes, los controles de seguridad aplicables y las estrategias de mitigación de riesgos. Por ejemplo, el uso de tecnologías IoT para la recopilación de datos operativos puede aumentar la superficie de ataque al introducir nuevos puntos de entrada para ciberataques, lo que requiere controles adicionales como segmentación de redes, autenticación robusta y monitorización continua. Además, las entidades deben evaluar cómo las tecnologías pueden integrarse de manera segura en sus infraestructuras existentes, garantizando la interoperabilidad sin comprometer los niveles de seguridad.

La disposición también obliga a las entidades a mantenerse actualizadas en los últimos procesos de gestión del riesgo relacionado con las TIC. Esto incluye la adopción de mejores prácticas y estándares reconocidos a nivel internacional, como el marco de ciberseguridad del NIST, la norma ISO/IEC 27001 sobre gestión de la seguridad de la información y las directrices del Foro Económico Mundial en materia de ciberresiliencia. Los procesos de gestión del riesgo deben evolucionar continuamente para abordar tanto las amenazas existentes como las nuevas formas de ciberataques. Esto es especialmente relevante en un contexto en el que los actores malintencionados, como ciberdelincuentes, grupos patrocinados por Estados y hacktivistas, adoptan rápidamente nuevas técnicas y herramientas para superar las defensas tradicionales.

Un componente esencial de la implementación de esta disposición es el monitoreo continuo del panorama de amenazas y vulnerabilidades. Las entidades deben establecer mecanismos para recopilar y analizar información sobre ciberamenazas, incluyendo alertas de vulnerabilidades, incidentes reportados en el sector y tendencias emergentes en las tácticas de los atacantes. Para ello, pueden recurrir a fuentes como centros de intercambio de información y análisis (ISACs), proveedores de inteligencia de amenazas y colaboraciones con otras entidades del sector financiero. Por ejemplo, si se detecta un aumento en el uso de ransomware dirigido a infraestructuras financieras, la entidad debe evaluar su exposición a este tipo de ataque y reforzar las medidas de prevención, detección y recuperación, como la implementación de copias de seguridad inmutables y herramientas avanzadas de detección de malware.

Además, el artículo subraya la necesidad de preparar a las entidades para enfrentar tanto formas existentes como nuevas de ciberataques. Esto requiere un enfoque proactivo en la identificación de riesgos emergentes y la implementación de medidas de seguridad específicas para mitigarlos antes de que puedan materializarse. Por ejemplo, el uso creciente de inteligencia artificial por parte de los atacantes para evadir sistemas de detección puede requerir que las entidades adopten tecnologías igualmente avanzadas para fortalecer sus capacidades de detección y respuesta. Asimismo, la aparición de computadoras cuánticas podría, en el futuro, poner en riesgo los algoritmos de cifrado actuales, lo que obligaría a las entidades a migrar hacia tecnologías de criptografía post-cuántica.

Desde la perspectiva del Compliance, la obligación de supervisar los avances tecnológicos y actualizar los procesos de gestión de riesgos implica que las entidades deben establecer políticas y procedimientos claros para garantizar que este monitoreo se lleve a cabo de manera continua y estructurada. Esto incluye la designación de responsables específicos para identificar, evaluar y priorizar las tecnologías emergentes y sus riesgos asociados, así como para garantizar que los procesos de gestión de riesgos sean revisados y ajustados periódicamente. Los responsables de Compliance deben supervisar la implementación de estas políticas, asegurando que se cumplan los requisitos normativos y que la documentación adecuada esté disponible para auditorías internas y externas.

Desde un punto de vista técnico, la supervisión continua de avances tecnológicos y amenazas requiere la implementación de herramientas avanzadas de análisis y monitoreo. Las entidades pueden utilizar plataformas de inteligencia de amenazas, herramientas de análisis de riesgos y sistemas de detección de intrusiones basados en inteligencia artificial para recopilar y procesar grandes volúmenes de datos sobre tecnologías emergentes y ciberataques. Estas herramientas también pueden integrarse con sistemas de gestión de riesgos existentes para proporcionar una visión consolidada de las amenazas y vulnerabilidades, facilitando la toma de decisiones informadas.

En términos estratégicos, el cumplimiento de esta disposición permite a las entidades no solo mitigar riesgos, sino también aprovechar las oportunidades que ofrecen las tecnologías emergentes para fortalecer su resiliencia operativa y mejorar sus servicios. Por ejemplo, la adopción de tecnologías avanzadas de ciberseguridad, como soluciones basadas en IA para la detección de amenazas en tiempo real, puede aumentar significativamente la capacidad de la entidad para protegerse contra ciberataques sofisticados. Además, al mantenerse a la vanguardia de los avances tecnológicos, las entidades pueden posicionarse como líderes en el sector financiero, generando confianza entre los clientes, inversores y reguladores.

Desde un punto de vista operativo, la implementación de esta disposición requiere la creación de equipos multidisciplinarios que incluyan expertos en TIC, ciberseguridad, gestión de riesgos y operaciones. Estos equipos deben trabajar en estrecha colaboración para evaluar las implicaciones de las tecnologías emergentes y desarrollar estrategias de mitigación específicas. Además, las entidades deben garantizar que todo el personal esté capacitado para comprender los riesgos asociados con las nuevas tecnologías y para implementar las medidas de seguridad necesarias.

En cuanto a los retos, el monitoreo continuo de los avances tecnológicos y las amenazas emergentes puede ser complejo y costoso, especialmente para entidades con recursos limitados. Identificar las tecnologías más relevantes y evaluar sus implicaciones puede requerir la contratación de expertos externos, la inversión en herramientas especializadas y la asignación de tiempo y recursos significativos. Sin embargo, estas inversiones son esenciales para garantizar la resiliencia operativa de la entidad y para cumplir con los requisitos normativos.

Desde un punto de vista jurídico, el incumplimiento de esta disposición podría dar lugar a sanciones administrativas por parte de las autoridades competentes y a litigios civiles en caso de que la falta de supervisión de los avances tecnológicos resulte en incidentes que afecten a los clientes o contrapartes. Además, una supervisión insuficiente podría ser interpretada como una negligencia en la gestión de riesgos, con consecuencias reputacionales significativas.

El artículo 13.7 establece un marco claro para que las entidades financieras supervisen los avances tecnológicos y adapten sus procesos de gestión de riesgos a un entorno de TIC en constante evolución. Su implementación requiere un enfoque proactivo, herramientas avanzadas y una gobernanza sólida, permitiendo a las entidades no solo proteger sus operaciones y clientes frente a amenazas emergentes, sino también aprovechar las oportunidades que ofrecen las nuevas tecnologías para fortalecer su competitividad y resiliencia operativa. Al cumplir con esta disposición, las entidades contribuyen a la estabilidad del sistema financiero y demuestran un compromiso con la innovación y la seguridad en un mundo digital cada vez más complejo.

Artículo 14. Comunicación

1. Como parte del marco de gestión del riesgo relacionado con las TIC a que se refiere el artículo 6, apartado 1, las entidades financieras dispondrán de planes de comunicación de crisis que permitan la divulgación responsable de, al menos, los incidentes graves relacionados con las TIC o las vulnerabilidades importantes a clientes y contrapartes, así como al público, según proceda.

El artículo 14.1 del Reglamento Europeo 2022/2554 exige que las entidades financieras, como parte de su marco de gestión del riesgo relacionado con las tecnologías de la información y comunicación (TIC), desarrollen y mantengan planes de comunicación de crisis que permitan la divulgación responsable de, al menos, los incidentes graves relacionados con las TIC o las vulnerabilidades importantes. Esta divulgación debe dirigirse a clientes, contrapartes y, cuando proceda, al público en general. Esta disposición subraya la importancia de una gestión transparente y coordinada de la información durante situaciones de crisis, reconociendo que una comunicación adecuada es esencial para mitigar los impactos de los incidentes, proteger la confianza de los interesados y contribuir a la estabilidad del sistema financiero.

El requisito de desarrollar planes de comunicación de crisis como parte del marco de gestión del riesgo relacionado con las TIC establece un vínculo claro entre la gestión técnica de incidentes y la gestión estratégica de la comunicación. Los planes de comunicación deben estar diseñados para integrarse con los procesos de respuesta y recuperación ante incidentes, asegurando que la divulgación de información sea oportuna, precisa y adecuada a las circunstancias. Esto implica que las entidades financieras deben establecer procedimientos claros para identificar qué incidentes y vulnerabilidades requieren divulgación, a quién debe dirigirse la comunicación, qué contenido debe incluirse y qué canales de comunicación deben utilizarse.

La obligación de divulgar información sobre incidentes graves relacionados con las TIC responde a la necesidad de proteger los derechos e intereses de los clientes y contrapartes, quienes pueden verse afectados directamente por estos eventos. Por ejemplo, un ciberataque que comprometa datos personales o información financiera confidencial de los clientes exige que estos sean notificados de manera inmediata para que puedan tomar medidas preventivas, como cambiar contraseñas, monitorizar sus cuentas o bloquear tarjetas de pago. La divulgación también es fundamental para garantizar la continuidad operativa y la confianza en las relaciones comerciales con contrapartes, quienes necesitan estar informadas sobre el estado de los servicios y las medidas adoptadas para mitigar los impactos del incidente.

En cuanto a la divulgación de vulnerabilidades importantes, la norma refuerza la responsabilidad de las entidades financieras de informar sobre riesgos que podrían comprometer la seguridad de los sistemas y datos, incluso antes de que se materialicen en incidentes graves. Por ejemplo, si se detecta una vulnerabilidad crítica en un sistema de pago que podría ser explotada por atacantes, la entidad debe comunicar esta situación a las partes interesadas relevantes, junto con las medidas que está implementando para solucionar el problema. Esta divulgación proactiva no solo ayuda a prevenir incidentes mayores, sino que también demuestra el compromiso de la entidad con la transparencia y la gestión responsable de los riesgos tecnológicos.

El artículo también establece que la divulgación debe realizarse "según proceda" al público en general, lo que indica que las entidades deben evaluar caso por caso si la publicación de información más amplia es necesaria o adecuada. Esto podría ser relevante en situaciones en las que un incidente grave o una vulnerabilidad importante tenga un impacto significativo en el mercado financiero o en un gran número de clientes, o cuando exista un interés público claro en conocer los detalles del evento. Sin embargo, al realizar divulgaciones públicas, las entidades deben equilibrar la necesidad de transparencia con la protección de la información confidencial y la seguridad de los sistemas, evitando revelar detalles que puedan ser explotados por actores malintencionados.

Desde la perspectiva operativa, la implementación de planes de comunicación de crisis requiere la definición de roles y responsabilidades dentro de la organización para la gestión de la comunicación durante incidentes relacionados con las TIC. Esto incluye la designación de un equipo de gestión de crisis que coordine las actividades de comunicación y garantice que la información divulgada sea consistente con los hechos y las circunstancias del incidente. Además, los planes deben incluir listas de contacto actualizadas para garantizar que los mensajes lleguen a los destinatarios correctos de manera oportuna. Los canales de comunicación deben ser seguros y confiables, especialmente cuando se transmitan detalles sensibles a clientes o contrapartes.

Desde un punto de vista técnico, los planes de comunicación de crisis deben estar respaldados por sistemas de monitoreo y detección temprana que permitan identificar rápidamente incidentes graves y vulnerabilidades importantes. Estos sistemas deben estar integrados con los procesos de respuesta a incidentes para garantizar que la información necesaria para la comunicación esté disponible de manera inmediata y precisa. Además, las entidades deben contar con herramientas que les permitan rastrear y gestionar las comunicaciones enviadas, asegurando que se cumplan los plazos y los requisitos establecidos por las normativas aplicables.

Desde la perspectiva del Compliance, los planes de comunicación de crisis deben estar alineados con las normativas específicas que rigen la divulgación de incidentes y vulnerabilidades en el sector financiero. Por ejemplo, el Reglamento General de Protección de Datos (RGPD) establece requisitos específicos para la notificación de violaciones de datos personales a las autoridades de protección de datos y a los interesados. Del mismo modo, las autoridades financieras nacionales o europeas pueden tener requisitos adicionales en materia de divulgación que las entidades deben cumplir. Los responsables de Compliance deben supervisar que los planes de comunicación cumplan con estas normativas y que se mantengan registros detallados de todas las comunicaciones realizadas durante una crisis.

Un aspecto estratégico de esta disposición es que la comunicación efectiva durante incidentes relacionados con las TIC puede ser un factor determinante para mantener la confianza de los clientes, inversores y contrapartes. Las entidades que demuestren transparencia y una gestión proactiva de la comunicación pueden fortalecer su reputación y diferenciación en el mercado, incluso en situaciones de crisis. Por el contrario, la falta de comunicación o la divulgación tardía o inadecuada puede agravar los impactos del incidente, generando desconfianza, pérdida de clientes y sanciones regulatorias.

Desde un punto de vista práctico, las entidades financieras deben realizar simulacros y ejercicios periódicos para probar la eficacia de sus planes de comunicación de crisis. Estos ejercicios deben incluir escenarios realistas que simulen diferentes tipos de incidentes relacionados con las TIC, permitiendo a la organización evaluar su capacidad para identificar, coordinar y divulgar información de manera oportuna. Los resultados de estos ejercicios deben utilizarse para ajustar y mejorar los planes de comunicación, asegurando que estén preparados para responder a eventos reales.

La implementación de esta disposición también plantea ciertos desafíos, como la gestión de las expectativas de los diferentes grupos de interés. Los clientes, contrapartes y reguladores pueden tener demandas diferentes en términos de contenido, plazos y nivel de detalle de la información divulgada, lo que requiere que las entidades equilibren estas necesidades de manera cuidadosa. Además, las entidades deben ser conscientes de los riesgos asociados con la divulgación pública, como el impacto en el valor de mercado de la entidad o la posibilidad de que la información sea utilizada por competidores o atacantes.

Desde un punto de vista jurídico, el incumplimiento de esta disposición podría dar lugar a sanciones administrativas por parte de las autoridades competentes, especialmente si la falta de comunicación agrava el impacto de un incidente o vulnerabilidad. Además, los clientes o contrapartes afectados podrían presentar reclamaciones legales si consideran que la falta de información les impidió tomar medidas para proteger sus intereses. Por ello, las entidades deben asegurarse de que sus planes de comunicación cumplan con los estándares regulatorios y que sean ejecutados de manera efectiva durante situaciones de crisis.

El artículo 14.1 establece un marco esencial para la gestión de la comunicación durante incidentes graves relacionados con las TIC y vulnerabilidades importantes. Su correcta implementación requiere un enfoque estructurado, procesos claros y una coordinación efectiva entre los diferentes equipos y niveles de la organización. Al garantizar que las comunicaciones sean oportunas, responsables y alineadas con los intereses de los clientes, contrapartes y el público, las entidades no solo cumplen con los requisitos normativos, sino que también refuerzan su resiliencia operativa y su reputación en un entorno financiero cada vez más complejo y digitalizado.

2. Como parte del marco de gestión del riesgo relacionado con las TIC, las entidades financieras aplicarán políticas de comunicación destinadas al personal interno y a las partes interesadas externas. Las políticas de comunicación destinadas al personal tendrán en cuenta la necesidad de diferenciar entre el personal que participa en la gestión del riesgo relacionado con las TIC, en particular el personal responsable de la respuesta y la recuperación, y el personal al que es necesario informar.

El artículo 14.2 del Reglamento Europeo 2022/2554 establece que las entidades financieras deben implementar políticas de comunicación específicas como parte de su marco de gestión del riesgo relacionado con las tecnologías de la información y comunicación (TIC). Estas políticas deben estar dirigidas tanto al personal interno como a las partes interesadas externas, y en el caso del personal interno, deben distinguir claramente entre los empleados que participan directamente en la gestión del riesgo relacionado con las TIC (incluidos aquellos responsables de la respuesta y recuperación) y aquellos que solo necesitan ser informados. Este mandato subraya la importancia de una gestión comunicativa eficaz, coordinada y adaptada a las diferentes responsabilidades y niveles de conocimiento de las personas involucradas, con el objetivo de garantizar una respuesta eficiente y controlada ante riesgos o incidentes relacionados con las TIC.

El requisito de establecer políticas de comunicación destinadas al personal interno reconoce la diversidad de roles y funciones dentro de una organización financiera, especialmente en el contexto de la gestión del riesgo relacionado con las TIC. La comunicación eficaz durante una crisis o incidente depende de que cada grupo de empleados reciba la información adecuada para desempeñar su rol específico de manera efectiva. Por ejemplo, el personal técnico encargado de la respuesta directa a un ciberataque necesita acceso inmediato a información detallada sobre la naturaleza del ataque, las áreas afectadas y las medidas de mitigación requeridas. En cambio, los empleados que no participan directamente en la gestión del incidente deben recibir comunicaciones que les informen sobre los impactos en sus funciones, las instrucciones operativas específicas y cualquier medida de precaución que deban tomar, evitando sobrecargarles con detalles técnicos irrelevantes para sus responsabilidades.

El artículo también destaca la importancia de diferenciar entre el personal responsable de la respuesta y recuperación, y el personal al que simplemente es necesario informar. Esta distinción es determinante para evitar confusiones, duplicaciones de esfuerzos y posibles errores durante la gestión de incidentes. Para el personal encargado de la respuesta y recuperación, las políticas de comunicación deben incluir protocolos claros para el intercambio de información crítica, como actualizaciones en tiempo real sobre el progreso de las medidas de contención, los análisis de impacto y las decisiones tomadas por los equipos de gestión de crisis. Además, este personal debe estar capacitado para utilizar herramientas seguras de comunicación, como sistemas de mensajería encriptada, que protejan la confidencialidad de la información sensible durante la gestión del incidente.

En cuanto al personal que solo necesita ser informado, las políticas de comunicación deben definir los mensajes que deben transmitirse, los canales adecuados para su distribución y la frecuencia con la que deben actualizarse. Por ejemplo, los empleados de áreas no técnicas deben ser informados sobre los impactos operativos de un incidente, como interrupciones en sistemas críticos o cambios temporales en los procedimientos de trabajo, así como sobre las medidas que deben tomar para minimizar los riesgos. Estas comunicaciones deben ser claras, concisas y adaptadas al nivel de conocimiento técnico de los destinatarios, evitando generar alarmismo o malentendidos.

La disposición también exige que las políticas de comunicación incluyan mecanismos destinados a las partes interesadas externas, como clientes, proveedores, contrapartes y reguladores. La comunicación con estas partes debe ser cuidadosamente gestionada para proteger la confianza en la entidad, garantizar el cumplimiento de las normativas aplicables y mitigar los impactos del incidente en las relaciones comerciales. Por ejemplo, en caso de un ciberataque que afecte a datos de clientes, la entidad debe informarles de manera inmediata y clara sobre la naturaleza del incidente, las acciones que está tomando para solucionarlo y las medidas que los clientes deben adoptar para protegerse. En el caso de los proveedores críticos, las comunicaciones deben centrarse en coordinar acciones conjuntas para garantizar la continuidad del servicio y prevenir posibles impactos adicionales.

Desde un punto de vista técnico, la implementación de estas políticas de comunicación requiere el uso de herramientas y plataformas que faciliten la transmisión de información a diferentes grupos de interés de manera eficiente y segura. Esto incluye sistemas de gestión de comunicaciones de crisis, herramientas de colaboración en línea y canales de notificación automatizada que puedan segmentar los mensajes según los destinatarios. Además, estas herramientas deben ser probadas regularmente para garantizar su disponibilidad y funcionalidad durante incidentes reales.

Desde la perspectiva del Compliance, las políticas de comunicación deben estar documentadas como parte del marco de gestión del riesgo relacionado con las TIC y deben ser revisadas periódicamente para garantizar su eficacia y alineación con los requisitos regulatorios. Los responsables de Compliance tienen un papel determinante en la supervisión de la implementación de estas políticas, asegurando que cumplan con las normativas específicas aplicables al sector financiero, como el Reglamento General de Protección de Datos (RGPD) en el caso de la notificación de incidentes que involucren datos personales. Además, deben garantizar que las políticas incluyan procedimientos claros para registrar y auditar todas las comunicaciones realizadas durante un incidente, proporcionando evidencia de cumplimiento en caso de inspecciones regulatorias o auditorías externas.

Un aspecto estratégico de esta disposición es que una comunicación bien gestionada durante incidentes relacionados con las TIC puede ser un factor determinante para mitigar los impactos negativos en la reputación de la entidad. La transparencia y la claridad en las comunicaciones pueden reforzar la confianza de los clientes, las contrapartes y los reguladores, demostrando que la entidad está preparada para gestionar crisis de manera efectiva. Por el contrario, una comunicación deficiente, tardía o inconsistente puede agravar los impactos del incidente, generando desconfianza, pérdida de clientes y posibles sanciones regulatorias.

En cuanto a los retos prácticos, la implementación de estas políticas puede ser especialmente compleja en organizaciones grandes o con estructuras descentralizadas, donde los flujos de comunicación deben coordinarse entre múltiples departamentos, ubicaciones geográficas y niveles jerárquicos. Además, la necesidad de diferenciar las comunicaciones para diferentes grupos de destinatarios puede requerir la capacitación adicional del personal encargado de la gestión de crisis, así como el desarrollo de mensajes y protocolos específicos adaptados a diversas audiencias.

Desde un punto de vista operativo, las entidades deben realizar simulacros y ejercicios regulares para probar la eficacia de sus políticas de comunicación. Estos ejercicios deben incluir escenarios realistas que simulen incidentes graves relacionados con las TIC, permitiendo a la organización evaluar su capacidad para coordinar y transmitir información de manera oportuna y efectiva. Los resultados de estos ejercicios deben utilizarse para ajustar y mejorar las políticas de comunicación, asegurando que estén preparadas para responder a eventos reales.

Desde un punto de vista jurídico, el incumplimiento de esta disposición podría dar lugar a sanciones administrativas si la falta de políticas de comunicación efectivas resulta en una gestión deficiente de incidentes o en una violación de las normativas aplicables. Además, una comunicación inadecuada con las partes interesadas podría dar lugar a reclamaciones legales, especialmente si los clientes o contrapartes consideran que no fueron informados de manera adecuada sobre los riesgos o impactos de un incidente.

El artículo 14.2 establece la importancia de gestionar las comunicaciones internas y externas como parte integral de la gestión del riesgo relacionado con las TIC. Al implementar políticas claras y diferenciadas, las entidades pueden garantizar que cada grupo de destinatarios reciba la información adecuada para desempeñar su papel de manera efectiva durante incidentes relacionados con las TIC. Su correcta implementación requiere un enfoque estructurado, herramientas avanzadas y una capacitación continua, asegurando que las comunicaciones contribuyan a mitigar los impactos de los incidentes, proteger la confianza de las partes interesadas y cumplir con los requisitos normativos. Al hacerlo, las entidades fortalecen su resiliencia operativa y su capacidad para gestionar riesgos en un entorno financiero cada vez más digitalizado y complejo.

El artículo 14.2 del Reglamento Europeo 2022/2554 establece que las entidades financieras deben implementar políticas de comunicación específicas como parte de su marco de gestión del riesgo relacionado con las tecnologías de la información y comunicación (TIC). Estas políticas deben estar dirigidas tanto al personal interno como a las partes interesadas externas, y en el caso del personal interno, deben distinguir claramente entre los empleados que participan directamente en la gestión del riesgo relacionado con las TIC (incluidos aquellos responsables de la respuesta y recuperación) y aquellos que solo necesitan ser informados. Este mandato subraya la importancia de una gestión comunicativa eficaz, coordinada y adaptada a las diferentes responsabilidades y niveles de conocimiento de las personas involucradas, con el objetivo de garantizar una respuesta eficiente y controlada ante riesgos o incidentes relacionados con las TIC.

El requisito de establecer políticas de comunicación destinadas al personal interno reconoce la diversidad de roles y funciones dentro de una organización financiera, especialmente en el contexto de la gestión del riesgo relacionado con las TIC. La comunicación eficaz durante una crisis o incidente depende de que cada grupo de empleados reciba la información adecuada para desempeñar su rol específico de manera efectiva. Por ejemplo, el personal técnico encargado de la respuesta directa a un ciberataque necesita acceso inmediato a información detallada sobre la naturaleza del ataque, las áreas afectadas y las medidas de mitigación requeridas. En cambio, los empleados que no participan directamente en la gestión del incidente deben recibir comunicaciones que les informen sobre los impactos en sus funciones, las instrucciones operativas específicas y cualquier medida de precaución que deban tomar, evitando sobrecargarles con detalles técnicos irrelevantes para sus responsabilidades.

El artículo también destaca la importancia de diferenciar entre el personal responsable de la respuesta y recuperación, y el personal al que simplemente es necesario informar. Esta distinción es determinante para evitar confusiones, duplicaciones de esfuerzos y posibles errores durante la gestión de incidentes. Para el personal encargado de la respuesta y recuperación, las políticas de comunicación deben incluir protocolos claros para el intercambio de información crítica, como actualizaciones en tiempo real sobre el progreso de las medidas de contención, los análisis de impacto y las decisiones tomadas por los equipos de gestión de crisis. Además, este personal debe estar capacitado para utilizar herramientas seguras de comunicación, como sistemas de mensajería encriptada, que protejan la confidencialidad de la información sensible durante la gestión del incidente.

En cuanto al personal que solo necesita ser informado, las políticas de comunicación deben definir los mensajes que deben transmitirse, los canales adecuados para su distribución y la frecuencia con la que deben actualizarse. Por ejemplo, los empleados de áreas no técnicas deben ser informados sobre los impactos operativos de un incidente, como interrupciones en sistemas críticos o cambios temporales en los procedimientos de trabajo, así como sobre las medidas que deben tomar para minimizar los riesgos. Estas comunicaciones deben ser claras, concisas y adaptadas al nivel de conocimiento técnico de los destinatarios, evitando generar alarmismo o malentendidos.

La disposición también exige que las políticas de comunicación incluyan mecanismos destinados a las partes interesadas externas, como clientes, proveedores, contrapartes y reguladores. La comunicación con estas partes debe ser cuidadosamente gestionada para proteger la confianza en la entidad, garantizar el cumplimiento de las normativas aplicables y mitigar los impactos del incidente en las relaciones comerciales. Por ejemplo, en caso de un ciberataque que afecte a datos de clientes, la entidad debe informarles de manera inmediata y clara sobre la naturaleza del incidente, las acciones que está tomando para solucionarlo y las medidas que los clientes deben adoptar para protegerse. En el caso de los proveedores críticos, las comunicaciones deben centrarse en coordinar acciones conjuntas para garantizar la continuidad del servicio y prevenir posibles impactos adicionales.

Desde un punto de vista técnico, la implementación de estas políticas de comunicación requiere el uso de herramientas y plataformas que faciliten la transmisión de información a diferentes grupos de interés de manera eficiente y segura. Esto incluye sistemas de gestión de comunicaciones de crisis, herramientas de colaboración en línea y canales de notificación automatizada que puedan segmentar los mensajes según los destinatarios. Además, estas herramientas deben ser probadas regularmente para garantizar su disponibilidad y funcionalidad durante incidentes reales.

Desde la perspectiva del Compliance, las políticas de comunicación deben estar documentadas como parte del marco de gestión del riesgo relacionado con las TIC y deben ser revisadas periódicamente para garantizar su eficacia y alineación con los requisitos regulatorios. Los responsables de Compliance tienen un papel determinante en la supervisión de la implementación de estas políticas, asegurando que cumplan con las normativas específicas aplicables al sector financiero, como el Reglamento General de Protección de Datos (RGPD) en el caso de la notificación de incidentes que involucren datos personales. Además, deben garantizar que las políticas incluyan procedimientos claros para registrar y auditar todas las comunicaciones realizadas durante un incidente, proporcionando evidencia de cumplimiento en caso de inspecciones regulatorias o auditorías externas.

Un aspecto estratégico de esta disposición es que una comunicación bien gestionada durante incidentes relacionados con las TIC puede ser un factor significativo para mitigar los impactos negativos en la reputación de la entidad. La transparencia y la claridad en las comunicaciones pueden reforzar la confianza de los clientes, las contrapartes y los reguladores, demostrando que la entidad está preparada para gestionar crisis de manera efectiva. Por el contrario, una comunicación deficiente, tardía o inconsistente puede agravar los impactos del incidente, generando desconfianza, pérdida de clientes y posibles sanciones regulatorias.

En cuanto a los retos prácticos, la implementación de estas políticas puede ser especialmente compleja en organizaciones grandes o con estructuras descentralizadas, donde los flujos de comunicación deben coordinarse entre múltiples departamentos, ubicaciones geográficas y niveles jerárquicos. Además, la necesidad de diferenciar las comunicaciones para diferentes grupos de destinatarios puede requerir la capacitación adicional del personal encargado de la gestión de crisis, así como el desarrollo de mensajes y protocolos específicos adaptados a diversas audiencias.

Desde un punto de vista operativo, las entidades deben realizar simulacros y ejercicios regulares para probar la eficacia de sus políticas de comunicación. Estos ejercicios deben incluir escenarios realistas que simulen incidentes graves relacionados con las TIC, permitiendo a la organización evaluar su capacidad para coordinar y transmitir información de manera oportuna y efectiva. Los resultados de estos ejercicios deben utilizarse para ajustar y mejorar las políticas de comunicación, asegurando que estén preparadas para responder a eventos reales

Desde un punto de vista jurídico, el incumplimiento de esta disposición podría dar lugar a sanciones administrativas si la falta de políticas de comunicación efectivas resulta en una gestión deficiente de incidentes o en una violación de las normativas aplicables. Además, una comunicación inadecuada con las partes interesadas podría dar lugar a reclamaciones legales, especialmente si los clientes o contrapartes consideran que no fueron informados de manera adecuada sobre los riesgos o impactos de un incidente.

El artículo 14.2 establece la importancia de gestionar las comunicaciones internas y externas como parte integral de la gestión del riesgo relacionado con las TIC. Al implementar políticas claras y diferenciadas, las entidades pueden garantizar que cada grupo de destinatarios reciba la información adecuada para desempeñar su papel de manera efectiva durante incidentes relacionados con las TIC. Su correcta implementación requiere un enfoque estructurado, herramientas avanzadas y una capacitación continua, asegurando que las comunicaciones contribuyan a mitigar los impactos de los incidentes, proteger la confianza de las partes interesadas y cumplir con los requisitos normativos. Al hacerlo, las entidades fortalecen su resiliencia operativa y su capacidad para gestionar riesgos en un entorno financiero cada vez más digitalizado y complejo.

3. Al menos una persona de la entidad financiera se encargará de aplicar la estrategia de comunicación sobre incidentes relacionados con las TIC y desempeñará a tal efecto la función de portavoz ante el público y los medios de comunicación.

El artículo 14.3 del Reglamento Europeo 2022/2554 establece que, como parte de la gestión de los incidentes relacionados con las tecnologías de la información y comunicación (TIC), las entidades financieras deben designar al menos a una persona responsable de aplicar la estrategia de comunicación relacionada con dichos incidentes. Esta persona también asumirá la función de portavoz oficial ante el público y los medios de comunicación. Este mandato subraya la importancia de una comunicación centralizada, coordinada y profesional durante incidentes críticos, con el objetivo de garantizar la coherencia en los mensajes, proteger la reputación de la entidad y minimizar el impacto negativo en las partes interesadas.

La obligación de designar a una persona específica para aplicar la estrategia de comunicación reconoce que una respuesta efectiva a incidentes graves relacionados con las TIC no solo depende de medidas técnicas y operativas, sino también de una gestión adecuada de la información que se transmite al exterior. La centralización de esta función en un portavoz evita la dispersión de mensajes y asegura que la entidad hable con una única voz, evitando contradicciones, malentendidos o filtraciones de información sensible que puedan agravar la crisis. La persona designada debe contar con un conocimiento profundo de la estrategia de comunicación de la entidad, así como de los riesgos asociados al incidente, y debe estar capacitada para manejar tanto aspectos técnicos como consideraciones estratégicas y reputacionales.

La función de este portavoz no se limita a emitir comunicados o declaraciones públicas. También incluye la gestión de la relación con los medios de comunicación, la coordinación con los equipos internos responsables de la respuesta al incidente y la garantía de que la información proporcionada sea precisa, clara y coherente con las acciones que está tomando la entidad. Además, el portavoz debe ser capaz de responder a preguntas difíciles, manejar la presión de los medios y del público, y proyectar confianza y transparencia en nombre de la entidad. Por ejemplo, en caso de un ciberataque que afecte datos sensibles de los clientes, el portavoz debe explicar con claridad qué ocurrió, qué medidas se están tomando para mitigar el impacto, y cómo la entidad está trabajando para evitar que un incidente similar se repita en el futuro.

La designación de un portavoz no solo tiene implicaciones prácticas, sino también estratégicas. En un entorno financiero altamente interconectado y dependiente de las TIC, los incidentes graves pueden tener un impacto significativo en la confianza de los clientes, inversores y contrapartes. La capacidad de la entidad para gestionar la comunicación de manera profesional y efectiva puede marcar la diferencia entre preservar su reputación y sufrir un daño reputacional prolongado. Por ejemplo, una respuesta comunicativa adecuada que transmita transparencia, responsabilidad y control puede mitigar el impacto de un incidente, mientras que una comunicación tardía, inconsistente o evasiva puede generar desconfianza y especulaciones negativas en el mercado.

Desde una perspectiva operativa, la implementación de esta disposición requiere que las entidades financieras definan claramente el rol y las responsabilidades del portavoz dentro de sus planes de comunicación de crisis. Esto incluye establecer procedimientos para la aprobación de mensajes, la coordinación con otros equipos internos y la gestión de las solicitudes de información por parte de los medios y el público. Además, la persona designada debe ser apoyada por un equipo de comunicación o relaciones públicas que le proporcione la información, los recursos y la infraestructura necesarios para desempeñar su función de manera efectiva. Este equipo también debe garantizar que el portavoz reciba actualizaciones en tiempo real sobre la evolución del incidente y las medidas adoptadas para gestionarlo, permitiéndole responder con precisión y autoridad.

La formación y preparación del portavoz son elementos fundamentales para garantizar que pueda desempeñar su función de manera eficaz durante un incidente relacionado con las TIC. La persona designada debe recibir capacitación específica en habilidades de comunicación de crisis, manejo de medios y gestión de situaciones de alta presión. Además, debe estar familiarizada con los aspectos técnicos y normativos relacionados con la gestión de incidentes TIC, lo que le permitirá abordar preguntas específicas y garantizar que los mensajes transmitidos cumplan con los requisitos regulatorios aplicables, como los establecidos por el Reglamento General de Protección de Datos (RGPD) en caso de incidentes que involucren datos personales.

Desde la perspectiva del Compliance, la designación de un portavoz y la implementación de una estrategia de comunicación deben estar documentadas como parte del marco de gestión del riesgo relacionado con las TIC de la entidad. Los responsables de Compliance tienen un papel axial en la supervisión de esta estrategia, asegurando que se alinee con las normativas y estándares aplicables, y que las comunicaciones realizadas durante un incidente cumplan con los requisitos de transparencia y responsabilidad establecidos por el Reglamento. Además, deben garantizar que la documentación de las comunicaciones emitidas esté disponible para auditorías internas y externas, así como para inspecciones regulatorias.

Un aspecto importante de esta disposición es la necesidad de equilibrio entre la transparencia y la protección de información sensible. Si bien es esencial que el portavoz proporcione información clara y precisa sobre el incidente, también debe evitar revelar detalles que puedan comprometer la seguridad de los sistemas o ser utilizados por actores malintencionados para explotar vulnerabilidades adicionales. Por ejemplo, al comunicar un incidente de ciberseguridad, el portavoz puede explicar el impacto general y las medidas adoptadas sin entrar en detalles técnicos que podrían ser utilizados por otros atacantes.

En términos estratégicos, la designación de un portavoz también contribuye a fortalecer la percepción de control y responsabilidad de la entidad durante una crisis. Un portavoz que proyecte confianza y competencia puede reducir el impacto negativo del incidente en la percepción pública y en la relación de la entidad con sus clientes, inversores y reguladores. Además, la existencia de una estrategia de comunicación bien definida, encabezada por un portavoz preparado, demuestra el compromiso de la entidad con la gestión profesional y responsable de los riesgos relacionados con las TIC.

Desde un punto de vista operativo, las entidades deben realizar simulacros y ejercicios de comunicación de crisis que incluyan la participación activa del portavoz. Estos ejercicios permiten evaluar la capacidad del portavoz para manejar escenarios realistas, identificar posibles áreas de mejora y ajustar la estrategia de comunicación según sea necesario. Además, las entidades deben establecer protocolos para la selección de un portavoz alternativo en caso de que la persona designada no esté disponible durante un incidente.

Desde un punto de vista jurídico, el incumplimiento de esta disposición podría generar sanciones regulatorias si se considera que la falta de una comunicación adecuada agravó el impacto del incidente o no cumplió con los requisitos de transparencia establecidos por el Reglamento. Además, una gestión deficiente de la comunicación podría dar lugar a litigios por parte de clientes, inversores u otras partes interesadas que se consideren perjudicadas por la falta de información oportuna. Por ello, las entidades deben asegurarse de que su estrategia de comunicación, y en particular el rol del portavoz, cumpla con los más altos estándares de profesionalismo y eficacia.

El artículo 14.3 refuerza la necesidad de una comunicación profesional y centralizada durante incidentes relacionados con las TIC, designando a un portavoz responsable de aplicar la estrategia de comunicación de la entidad. Su correcta implementación requiere una planificación estructurada, capacitación específica y una coordinación efectiva entre los equipos internos. Al garantizar que la comunicación sea clara, coherente y adecuada, las entidades pueden proteger su reputación, mantener la confianza de las partes interesadas y demostrar su compromiso con la gestión responsable de los riesgos tecnológicos en un entorno financiero altamente digitalizado.

Artículo 15. Mayor armonización de las herramientas, métodos, procesos y políticas de gestión del riesgo relacionado con las TIC

Las Autoridades Europeas de Supervisión, a través del Comité Mixto y en consulta con la Agencia de la Unión Europea para la Ciberseguridad (ENISA), desarrollará normas técnicas de regulación comunes a fin de:

a) especificar otros elementos que deban incluirse en las políticas, procedimientos, protocolos y herramientas en materia de seguridad de las TIC a que se refiere el artículo 9, apartado 2, con vistas a garantizar la seguridad de las redes, activar salvaguardias adecuadas contra las intrusiones y el uso indebido de los datos, preservar la disponibilidad, autenticidad, integridad y confidencialidad de los datos, incluidas las técnicas criptográficas, y garantizar una transmisión exacta y rápida de los datos sin perturbaciones importantes ni demoras indebidas;

b) desarrollar nuevos componentes de los controles de los derechos de gestión de accesos a que se refiere el artículo 9, apartado 4, letra c), y la correspondiente política de recursos humanos, especificando los derechos de acceso, los procedimientos de concesión y revocación de derechos, el seguimiento de comportamientos anómalos en relación con los riesgos relacionados con las TIC a través de indicadores adecuados, también para los patrones de

uso de la red, las horas, la actividad informática y los dispositivos desconocidos;

c) desarrollar más detalladamente los mecanismos especificados en el artículo 10, apartado 1, que permitan la rápida detección de actividades anómalas y los criterios establecidos en el artículo 10, apartado 2, que activen los procesos de detección de incidentes relacionados con las TIC y de respuesta a los mismos;

d) especificar más detalladamente los componentes de la política de continuidad de la actividad en materia de TIC a que se refiere el artículo 11, apartado 1;

e) especificar más detalladamente las pruebas de los planes de continuidad de la actividad en materia de TIC a que se refiere el artículo 11, apartado 6, a fin de garantizar que dichas pruebas tengan debidamente en cuenta los escenarios en los que la calidad de la ejecución de una función esencial o importante se deteriore hasta un nivel inaceptable o falle, así como el impacto potencial de la insolvencia u otros fallos de cualquier proveedor tercero de servicios de TIC pertinente y, cuando proceda, los riesgos políticos en los países o territorios de los proveedores de que se trate;

f) especificar más detalladamente los componentes de los planes de respuesta y recuperación en materia de TIC a que se refiere el artículo 11, apartado 3;

g) especificar en mayor medida el contenido y el formato del informe sobre la revisión del marco de gestión del riesgo relacionado con las TIC a que se refiere el artículo 6, apartado 5.

Al desarrollar dichos proyectos de normas técnicas de regulación, las Autoridades Europeas de Supervisión deberán tener en cuenta el tamaño y el perfil de riesgo general de la entidad financiera, así como la naturaleza, la escala y la complejidad de sus servicios, actividades y operaciones, y tener al mismo tiempo debidamente presente cualquier característica específica derivada de la distinta naturaleza de las actividades en los distintos sectores de los servicios financieros.

Las Autoridades Europeas de Supervisión presentarán a la Comisión dichos proyectos de normas técnicas de regulación a más tardar el 17 de enero de 2024.

Se delegan en la Comisión los poderes para completar el presente Reglamento mediante la adopción de las normas técnicas de regulación a que se refiere el párrafo primero de conformidad con los artículos 10 a 14 del Reglamento (UE) número 1093/2010, los artículos 10 a 14 del Reglamento (UE) número 1094/2010 y los artículos 10 a 14 del Reglamento (UE) número 1095/2010.

El artículo 15 del Reglamento Europeo 2022/2554 establece un marco normativo determinante para la armonización y estandarización de herramientas, métodos, procesos y políticas de gestión del riesgo relacionado con las tecnologías de la información y comunicación (TIC) en el sector financiero de la Unión Europea. Esta disposición encomienda a las Autoridades Europeas de Supervisión (AES), en colaboración con la Agencia de la Unión Europea para la Ciberseguridad (ENISA) y el Comité Mixto, la tarea de desarrollar normas técnicas de regulación (RTS) que detallen y fortalezcan los requisitos ya establecidos en el Reglamento. Estas normas tienen como objetivo garantizar la implementación uniforme y efectiva de medidas de ciberseguridad y resiliencia operativa digital en todo el sector financiero, con especial atención a los riesgos emergentes y las amenazas que evolucionan en un entorno digital altamente dinámico. Además, deben tener en cuenta el tamaño, el perfil de riesgo y la complejidad de las entidades financieras, así como las particularidades de cada sector, como la banca, los seguros y los mercados de valores.

El desarrollo de estas normas técnicas responde a la necesidad de una mayor armonización regulatoria en el ámbito de la ciberseguridad, particularmente en un contexto en el que las entidades financieras operan cada vez más a nivel transfronterizo y dependen de infraestructuras digitales interconectadas. La fragmentación regulatoria entre los Estados miembros podría crear lagunas en la protección frente a riesgos tecnológicos, mientras que la aplicación uniforme de estándares robustos contribuye a fortalecer la estabilidad del sistema financiero europeo en su conjunto. Estas normas técnicas están diseñadas para abordar múltiples aspectos críticos del marco de gestión del riesgo relacionado con las TIC, y su alcance específico se detalla en los apartados del artículo 15.

El apartado (a) establece que las normas técnicas deben especificar otros elementos que deben incluirse en las políticas, procedimientos, protocolos y herramientas de seguridad de las TIC. Esto incluye garantizar la seguridad de las redes, la activación de salvaguardias contra intrusiones y el uso indebido de datos, así como la preservación de la disponibilidad, autenticidad, integridad y confidencialidad de la información. Este enfoque refuerza la necesidad de establecer estándares mínimos sobre el diseño, implementación y monitoreo de redes seguras, mecanismos de protección de datos y técnicas criptográficas. Por ejemplo, las normas podrían exigir que todas las entidades financieras implementen protocolos avanzados de cifrado para proteger datos en tránsito y en reposo, así como sistemas de autenticación robusta para prevenir accesos no autorizados. Adicionalmente, las normas podrían detallar requisitos para garantizar la transmisión exacta y rápida de datos críticos, minimizando interrupciones y demoras que puedan afectar la continuidad de los servicios financieros.

El apartado (b) aborda los controles de gestión de accesos y la política de recursos humanos relacionados con las TIC. Este apartado subraya la importancia de definir procedimientos claros para la concesión y revocación de derechos de acceso, asegurando que estos estén alineados con los principios de menor privilegio y segregación de funciones. También establece la necesidad de monitorear comportamientos anómalos en relación con los riesgos tecnológicos mediante el uso de indicadores adecuados. Por ejemplo, las normas podrían detallar la necesidad de implementar herramientas de análisis del comportamiento del usuario (User Behavior Analytics - UBA) para identificar accesos no habituales, como intentos de conexión desde dispositivos desconocidos o actividades fuera de horario laboral. Estos mecanismos deben integrarse con los sistemas de gestión de identidades y accesos (IAM) para garantizar una supervisión continua y la detección temprana de posibles amenazas internas o externas.

El apartado (c) se centra en la detección de actividades anómalas y la activación de procesos de respuesta a incidentes. Aquí se destaca la necesidad de implementar mecanismos avanzados para detectar de manera temprana comportamientos sospechosos que puedan indicar la presencia de ciberamenazas, como ataques de ransomware, accesos no autorizados o intentos de extracción de datos. Las normas técnicas podrían exigir el uso de sistemas de información y eventos de seguridad (SIEM) integrados con tecnologías de inteligencia artificial que permitan correlacionar datos en tiempo real y generar alertas automáticas sobre posibles incidentes. Además, este apartado refuerza la necesidad de establecer criterios específicos para clasificar los incidentes en función de su gravedad, lo que facilita la activación inmediata de los planes de respuesta y recuperación.

El apartado (d) requiere que las normas técnicas especifiquen con mayor detalle los componentes de las políticas de continuidad de actividad en materia de TIC. Estas políticas deben garantizar que las funciones críticas de las entidades puedan mantenerse o restablecerse rápidamente tras una interrupción, minimizando los impactos en los clientes y en el sistema financiero en general. Las normas podrían incluir directrices sobre la implementación de redundancias tecnológicas, como centros de datos secundarios, sistemas de respaldo geográficamente dispersos y capacidades de recuperación en la nube. También podrían establecer requisitos mínimos para los objetivos de tiempo de recuperación (RTO) y punto de recuperación (RPO) de las funciones esenciales.

El apartado (e) introduce un enfoque integral para las pruebas de los planes de continuidad de la actividad en materia de TIC. Estas pruebas deben considerar escenarios extremos, como fallos en funciones críticas o la insolvencia de proveedores de servicios de TIC. Además, deben incluir riesgos geopolíticos que puedan afectar a los proveedores ubicados en jurisdicciones vulnerables. Las normas técnicas podrían requerir que las pruebas incluyan simulaciones realistas de múltiples tipos de interrupciones, como ciberataques complejos o desastres naturales, y que evalúen la capacidad de la entidad para gestionar simultáneamente varias contingencias. También podrían especificar la frecuencia con la que estas pruebas deben realizarse, así como los métodos para documentar y evaluar los resultados.

El apartado (f) se refiere a los planes de respuesta y recuperación en materia de TIC, destacando la necesidad de establecer protocolos detallados para mitigar incidentes, restaurar sistemas afectados y minimizar las interrupciones operativas. Las normas técnicas podrían incluir requisitos sobre los procedimientos de contención, las herramientas de análisis forense necesarias y los criterios para evaluar la efectividad de las medidas adoptadas. Por ejemplo, podrían exigir que las entidades realicen análisis post-incidente para identificar las causas raíz y actualizar sus políticas y procedimientos en consecuencia.

El apartado (g) establece la necesidad de especificar el contenido y formato de los informes sobre la revisión del marco de gestión del riesgo relacionado con las TIC. Esto garantizará que las entidades proporcionen información clara, consistente y comparable sobre sus esfuerzos en materia de ciberseguridad. Las normas técnicas podrían incluir directrices sobre las métricas clave que deben incluirse en estos informes, como el número de incidentes detectados, el tiempo promedio de respuesta, el estado de las pruebas de continuidad y los cambios implementados en las políticas y procedimientos.

Un aspecto determinante del artículo 15 es el principio de proporcionalidad, que requiere que las normas técnicas tengan en cuenta el tamaño, perfil de riesgo, naturaleza, escala y complejidad de las entidades financieras. Esto garantiza que los requisitos sean adaptativos y no impongan cargas desproporcionadas a entidades más pequeñas o menos complejas, mientras se mantienen altos estándares de ciberseguridad y resiliencia para las entidades de mayor escala o riesgo.

Desde la perspectiva del Compliance, este artículo refuerza la necesidad de que las entidades revisen y actualicen sus marcos de gestión del riesgo relacionado con las TIC para alinearse con las normas técnicas desarrolladas. Los responsables de Compliance deben garantizar que los procedimientos y controles implementados cumplan con los estándares detallados y que la documentación necesaria esté disponible para auditorías e inspecciones regulatorias. Además, deben supervisar la integración de estos requisitos en los procesos internos de las entidades, asegurando que sean efectivos y sostenibles a largo plazo.

La implementación de estas normas técnicas también plantea desafíos operativos y financieros para las entidades, especialmente aquellas que carecen de recursos avanzados o experiencia técnica. Adoptar nuevos estándares puede requerir inversiones significativas en tecnología, infraestructura y capacitación del personal. Sin embargo, estas inversiones son esenciales para garantizar la resiliencia operativa y proteger la estabilidad del sistema financiero frente a amenazas tecnológicas crecientes.

El artículo 15 establece un marco integral para la armonización de la gestión del riesgo relacionado con las TIC, promoviendo la creación de normas técnicas que detallan y refuerzan los requisitos del Reglamento. Este enfoque garantiza una protección uniforme frente a riesgos tecnológicos en toda la Unión Europea, mejorando la resiliencia de las entidades financieras y del sistema financiero en general. Su implementación adecuada requiere esfuerzos coordinados entre las entidades financieras, las AES y la Comisión, pero sus beneficios en términos de estabilidad y seguridad justifican plenamente los desafíos asociados. Al adoptar estas normas, las entidades estarán mejor preparadas para enfrentar los riesgos actuales y emergentes en un entorno digital cada vez más complejo y crítico.

Artículo 16. Marco simplificado de gestión del riesgo relacionado con las TIC

1. Los artículos 5 a 15 del presente Reglamento no se aplicarán a las empresas de servicios de inversión pequeñas y no interconectadas ni a las entidades de pago exentas en virtud de la Directiva (UE) 2015/2366; ni a las entidades exentas en virtud de la Directiva 2013/36/UE respecto de las cuales los Estados miembros hayan decidido no aplicar la opción a que se refiere el artículo 2, apartado 4, del presente Reglamento, ni a las entidades de dinero electrónico exentas en virtud de la Directiva 2009/110/CE; ni a los fondos de pensiones de empleo pequeños.

Sin perjuicio de lo dispuesto en el párrafo primero, las entidades enumeradas en el párrafo primero deberán:

a) crear y mantener un marco de gestión sólido y documentado de riesgos relacionados con las TIC en el que se detallen los mecanismos y las medidas encaminados a procurar una gestión rápida, efectiva y global del riesgo

relacionado con las TIC, incluida la protección de las infraestructuras y los componentes físicos pertinentes;

b) supervisar de manera permanente la seguridad y el funcionamiento de todos los sistemas de TIC;

c) minimizar las consecuencias del riesgo relacionado con las TIC mediante el uso de sistemas, protocolos y herramientas de TIC sólidos, resilientes y actualizados que sean apropiados para sustentar el desempeño de sus actividades y la prestación de servicios y para proteger adecuadamente la disponibilidad, autenticidad, integridad y confidencialidad de los datos en las redes y sistemas de información;

d) permitir que las fuentes de riesgo relacionado con las TIC y las anomalías en las redes y sistemas de información se identifiquen y detecten de inmediato y que los incidentes relacionados con las TIC se gestionen con rapidez;

e) identificar dependencias clave de proveedores terceros de servicios de TIC;

f) garantizar la continuidad de las funciones esenciales o importantes mediante planes de continuidad de la actividad y medidas de respuesta y recuperación que incluyan, al menos, medidas de respaldo y restablecimiento de datos;

g) someter a pruebas periódicas los planes y medidas a que se refiere la letra f), así como la eficacia de los controles llevados a cabo de conformidad con las letras a) y c);

h) aplicar, según proceda, las conclusiones operativas pertinentes resultantes de las pruebas a que se refiere la letra g) y de los análisis tras incidentes al proceso de evaluación del riesgo relacionado con las TIC y desarrollar, de acuerdo con las necesidades y el perfil de riesgo de TIC, programas de sensibilización en materia de seguridad de las TIC y formación en materia de resiliencia operativa digital para el personal y la dirección.

El artículo 16, apartado 1, del Reglamento Europeo 2022/2554 sobre resiliencia operativa digital establece un enfoque proporcional y adaptado para ciertas entidades financieras, al excluirlas de la aplicación de los artículos 5 a 15, pero al mismo tiempo imponerles una serie de obligaciones específicas para garantizar un nivel básico de gestión de riesgos relacionados con las tecnologías de la información y las comunicaciones. Estas disposiciones aplican a empresas de servicios de inversión pequeñas y no interconectadas, entidades de pago exentas en virtud de la Directiva (UE) 2015/2366, entidades exentas de la Directiva 2013/36/UE (si los Estados miembros deciden no aplicar la opción del artículo 2, apartado 4, del Reglamento), entidades de dinero electrónico exentas según la Directiva 2009/110/CE, y fondos de pensiones de empleo pequeños. Aunque estas entidades son excluidas de ciertos requisitos más estrictos aplicables a organizaciones más grandes y complejas, no quedan exentas de responsabilidad en la gestión de los riesgos relacionados con las TIC, ya que deben adoptar medidas específicas para mitigar estos riesgos y proteger su resiliencia operativa.

El objetivo central de esta disposición es equilibrar el principio de proporcionalidad con la necesidad de establecer medidas básicas de seguridad para todas las entidades financieras, independientemente de su tamaño o nivel de interconexión. Aunque estas entidades pueden no representar un riesgo sistémico significativo debido a su escala limitada, los riesgos tecnológicos no deben subestimarse, ya que incluso incidentes menores pueden comprometer la continuidad de sus operaciones, la protección de datos de sus clientes y, en última instancia, la confianza en el sector financiero.

La implementación de esta norma implica varias obligaciones específicas para las entidades exentas de los artículos 5 a 15, las cuales deben interpretarse y aplicarse de manera integral y ajustada a sus características y perfil de riesgo.

1. Exclusión de los artículos 5 a 15 del Reglamento: Las entidades enumeradas quedan excluidas de los artículos 5 a 15 del Reglamento, que establecen obligaciones complejas en materia de gobernanza, modelos de control (como las tres líneas de defensa), auditorías internas y estrategias avanzadas de gestión de riesgos TIC. Esta exclusión reconoce que estas entidades, debido a su menor tamaño, simplicidad operativa y limitada interconexión con el sistema financiero, no pueden asumir los mismos requisitos que las entidades más grandes sin generar cargas desproporcionadas. Sin embargo, esto no significa una ausencia total de regulación, ya que estas entidades deben cumplir con las disposiciones específicas establecidas en el mismo artículo 16.

En la práctica, estas exclusiones alivian las cargas regulatorias, permitiendo a las entidades adoptar un enfoque más simplificado, aunque no por ello menos riguroso, para gestionar los riesgos TIC.

2. Creación y mantenimiento de un marco sólido y documentado de riesgos TIC (letra a): Las entidades exentas deben desarrollar y mantener un marco sólido, aunque adaptado, de gestión de riesgos relacionados con las TIC. Este marco debe estar documenta-

do y debe incluir mecanismos y medidas diseñados para gestionar de manera rápida, efectiva y global los riesgos tecnológicos. Además, debe contemplar la protección de infraestructuras y componentes físicos, como redes, servidores, centros de datos y equipos críticos.

En términos prácticos, esto implica que las entidades deben identificar sus activos tecnológicos, realizar evaluaciones regulares de riesgos, y establecer políticas básicas de seguridad y procedimientos de respuesta ante incidentes. Por ejemplo, un fondo de pensiones pequeño podría adoptar medidas básicas, como segmentar sus redes internas para proteger datos sensibles y establecer protocolos claros para responder a interrupciones de servicio.

3. Supervisión permanente de la seguridad y el funcionamiento de los sistemas TIC (letra b): El artículo requiere que las entidades implementen mecanismos para supervisar continuamente la seguridad y el funcionamiento de sus sistemas TIC. Esta supervisión es esencial para detectar anomalías o incidentes de manera temprana y evitar que se conviertan en problemas mayores.

En la práctica, la supervisión puede incluir el uso de herramientas automatizadas de monitoreo de redes, la implementación de sistemas de detección de intrusos (IDS) y la revisión periódica de los registros de actividad para identificar accesos no autorizados o comportamientos sospechosos. Por ejemplo, una empresa de servicios de inversión pequeña puede implementar una solución básica de monitoreo de seguridad que genere alertas cuando se detecten intentos de acceso no autorizado a sus sistemas.

4. Minimización de las consecuencias de los riesgos TIC (letra c): El artículo exige que las entidades utilicen sistemas, protocolos y herramientas TIC que sean resilientes, actualizados y adecuados para garantizar la continuidad de sus actividades y la protección de los datos. Estas herramientas deben salvaguardar la disponibilidad, autenticidad, integridad y confidencialidad de la información.

En términos prácticos, esto puede incluir medidas como la implementación de sistemas de respaldo de datos, el cifrado de información sensible, y la actualización regular de software y firmware para protegerse contra vulnerabilidades conocidas. Por ejemplo, una entidad de pago exenta debe garantizar que sus sistemas de procesamiento de pagos estén protegidos frente a ataques de denegación de servicio (DDoS) o intentos de fraude.

5. Identificación de dependencias clave de proveedores terceros de TIC (letra e): Las entidades deben identificar las dependencias críticas de proveedores externos de servicios TIC y evaluar los riesgos asociados. Esto es especialmente relevante dado que muchas de estas entidades pueden depender significativamente de terceros para servicios como almacenamiento en la nube, procesamiento de datos o mantenimiento de sistemas.

En la práctica, esto implica mantener un registro actualizado de los proveedores críticos, evaluar sus capacidades de seguridad y continuidad operativa, e incluir cláusulas específicas en los contratos que garanticen la protección de los datos y la notificación de incidentes. Por ejemplo, una entidad de dinero electrónico exenta que utilice servicios de nube para almacenar datos de clientes debe asegurarse de que el proveedor cumpla con normativas de protección de datos y tenga medidas de seguridad adecuadas.

6. Planes de continuidad y recuperación (letra f): El artículo exige que las entidades desarrollen planes de continuidad operativa que incluyan medidas de respaldo y restablecimiento de datos. Estos planes son fundamentales para garantizar la capacidad de la entidad para reanudar sus operaciones en caso de un incidente tecnológico significativo.

En términos prácticos, esto puede incluir la realización de copias de seguridad periódicas, el establecimiento de procedimientos para la recuperación de sistemas críticos, y la definición de roles y responsabilidades claras en caso de interrupciones. Por ejemplo, un fondo de pensiones pequeño podría realizar copias de seguridad automáticas de sus bases de datos y definir un plan para restaurarlas en caso de un fallo de hardware.

7. Pruebas periódicas de planes y controles (letra g): El Reglamento determina que las entidades sometan a pruebas sus planes de continuidad y recuperación, así como los controles implementados para gestionar los riesgos TIC. Estas pruebas permiten identificar debilidades y garantizar que las medidas adoptadas sean efectivas.

En la práctica, esto puede incluir simulaciones de interrupciones de servicio, pruebas de recuperación ante desastres y evaluaciones de la capacidad de respuesta del personal ante incidentes. Por ejemplo, una entidad puede realizar un simulacro de pérdida de acceso a su sistema principal para evaluar la eficacia de su plan de respaldo.

8. Incorporación de lecciones aprendidas y formación del personal (letra h): El artículo requiere que las entidades apliquen las conclusiones derivadas de pruebas y análisis de incidentes al proceso de evaluación de riesgos TIC, y que desarrollen programas de formación y sensibilización en seguridad TIC y resiliencia operativa para su personal.

En la práctica, esto implica establecer ciclos de mejora continua, donde las deficiencias identificadas en incidentes o pruebas se aborden de manera proactiva. Además, las entidades deben asegurarse de que su personal reciba formación básica en temas como ciberseguridad, manejo de datos sensibles y respuesta a incidentes.

El incumplimiento de estas obligaciones puede exponer a las entidades a riesgos significativos, incluyendo ciberataques, interrupciones operativas y pérdidas financieras. Además, las autoridades competentes pueden imponer sanciones regulatorias a las entidades que no cumplan con estos requisitos. La falta de medidas adecuadas también puede erosionar la confianza de los clientes y otros actores del mercado, afectando la reputación de la entidad.

El artículo 16, apartado 1, del Reglamento Europeo 2022/2554 establece un marco proporcionado para las entidades más pequeñas o menos interconectadas, eximiéndolas de los requisitos más estrictos aplicables a entidades de mayor escala, pero asegurando que adopten medidas básicas para gestionar los riesgos TIC. Estas obligaciones adaptadas permiten a las entidades garantizar un nivel adecuado de resiliencia operativa sin imponerles cargas desproporcionadas. La implementación efectiva de estas disposiciones requiere un enfoque estructurado y basado en riesgos, así como el compromiso de las entidades para proteger sus activos tecnológicos, operaciones críticas y datos de clientes. Cumplir con estas obligaciones no solo mitiga los riesgos tecnológicos, sino que también refuerza la confianza en el sector financiero en su conjunto.

2. El marco de gestión del riesgo relacionado con las TIC a que se refiere el apartado 1, párrafo segundo, letra a), se documentará y revisará periódicamente y cuando se produzcan incidentes graves relacionados con las TIC, de conformidad con las instrucciones de supervisión. Se mejorará continuamente sobre la base de las enseñanzas derivadas de la aplicación y el seguimiento. Se presentará a la autoridad competente cuando esta lo solicite un informe sobre la revisión del marco de gestión del riesgo relacionado con las TIC.

El artículo 16.2 del Reglamento Europeo 2022/2554 establece requisitos fundamentales para el marco de gestión del riesgo relacionado con las tecnologías de la información y comunicación (TIC) de las entidades financieras, exigiendo que este marco sea documentado, revisado periódicamente y mejorado de manera continua. Asimismo, el artículo estipula que el marco debe ser revisado especialmente tras la ocurrencia de incidentes graves relacionados con las TIC y que las autoridades competentes puedan solicitar un informe detallado sobre dichas previsiones. Este enfoque garantiza que las entidades financieras mantengan una gestión del riesgo relacionada con las TIC adaptativa, dinámica y alineada con los aprendizajes obtenidos en la práctica, fortaleciendo así la resiliencia operativa en un entorno tecnológico caracterizado por la evolución constante de las amenazas.

La obligación de documentar el marco de gestión del riesgo relacionado con las TIC implica que las entidades financieras deben mantener registros completos y actualizados de todos los aspectos relevantes de su gestión de riesgos tecnológicos. Esto incluye las políticas, procedimientos, controles, herramientas, procesos de supervisión, planes de respuesta y recuperación, así como los roles y responsabilidades de los equipos involucrados. La documentación debe ser suficientemente detallada para proporcionar una visión clara y comprensible de cómo la entidad gestiona los riesgos tecnológicos y cómo se asegura la continuidad de sus operaciones en caso de interrupciones. Además, la documentación es esencial para garantizar la transparencia interna y externa, facilitando la supervisión por parte de las autoridades competentes y la realización de auditorías internas o externas.

El requisito de revisar el marco de manera periódica y tras la ocurrencia de incidentes graves subraya la importancia de que las entidades financieras evalúen continuamente la eficacia de sus políticas y controles en materia de gestión de riesgos TIC. Las revisiones periódicas permiten a las entidades identificar y abordar posibles deficiencias antes de que se materialicen en incidentes. Estas revisiones deben incluir evaluaciones detalladas de la infraestructura tecnológica, los sistemas de seguridad, los procesos de monitoreo, las capacidades de respuesta y recuperación, así como la formación del personal. Por otro lado, las revisiones tras incidentes graves son determinantes para incorporar las lecciones aprendidas, identificar las causas subyacentes y tomar medidas correctivas para evitar la repetición de incidentes similares. Por ejemplo, si un ciberataque exitoso revela fallos en los controles de acceso, la entidad debe revisar sus procedimientos de concesión y revocación de derechos, así como implementar herramientas adicionales de monitoreo y autenticación.

El mandato de mejora continua del marco de gestión del riesgo relacionado con las TIC destaca la necesidad de un enfoque adaptativo frente a un panorama de amenazas en constante evolución. Esto implica que las entidades no solo deben reaccionar ante incidentes pasados, sino también anticiparse a riesgos emergentes y ajustar sus políticas, procedimientos y controles en consecuencia. La mejora continua debe basarse en un análisis sistemático de datos e información obtenida a través de la supervisión, las pruebas de resiliencia operativa, los ejercicios de simulación y las revisiones post-incidente. Por ejemplo, si las pruebas de continuidad revelan que los tiempos de recuperación de sistemas críticos no cumplen con los objetivos establecidos (RTO), la entidad debe revisar y optimizar sus capacidades de recuperación para garantizar que puedan cumplir con los estándares requeridos.

La obligación de presentar a la autoridad competente un informe sobre la revisión del marco cuando esta lo solicite tiene varias implicaciones prácticas y jurídicas. En primer lugar, las entidades deben estar preparadas para proporcionar información clara y detallada sobre los resultados de las revisiones realizadas, las medidas correctivas adoptadas y los avances logrados en la mejora continua del marco de gestión del riesgo TIC. Este informe debe incluir, entre otros elementos, un análisis de las causas de cualquier incidente grave, una evaluación de la eficacia de las respuestas implementadas, y un plan de acción para abordar las deficiencias identificadas. La capacidad de demostrar que la entidad está gestionando de manera proactiva y efectiva los riesgos relacionados con las TIC es fundamental para mantener la confianza de las autoridades regulatorias y evitar posibles sanciones.

Desde una perspectiva técnica, la implementación de este artículo requiere que las entidades financieras cuenten con sistemas avanzados de monitoreo, análisis y gestión de riesgos que les permitan recopilar y procesar datos en tiempo real sobre el estado de sus sistemas, las amenazas detectadas y las respuestas implementadas. Además, deben establecer procesos estructurados para la revisión del marco de gestión del riesgo TIC, incluyendo la participación de equipos multidisciplinarios que aporten experiencia en tecnología, ciberseguridad, gestión de riesgos y operaciones. Estos procesos deben estar respaldados por herramientas de análisis que permitan identificar tendencias, correlacionar datos y generar informes detallados para las autoridades competentes.

Desde la perspectiva del Compliance, las revisiones periódicas y post-incidente del marco de gestión del riesgo TIC deben estar alineadas con los requisitos regulatorios y las mejores prácticas internacionales, como las establecidas por la norma ISO/IEC 27001 sobre gestión de la seguridad de la información. Los responsables de Compliance tienen un papel ineludible en la supervisión de estas revisiones, asegurando que se realicen de manera rigurosa y que se documenten adecuadamente. Además, deben garantizar que los informes presentados a las autoridades competentes cumplan con los estándares requeridos y que la entidad esté preparada para responder a posibles solicitudes de información adicional o inspecciones regulatorias.

La mejora continua del marco también requiere que las entidades financieras inviertan en la formación y capacitación de su personal, asegurando que todos los empleados comprendan su papel en la gestión de riesgos TIC y estén preparados para actuar de manera efectiva en caso de incidentes. Además, las entidades deben fomentar una cultura organizacional que valore la resiliencia operativa y la proactividad en la gestión de riesgos, promoviendo la colaboración entre los equipos técnicos, operativos y de gestión.

Un aspecto estratégico de este artículo es que una gestión eficaz del marco de riesgos TIC no solo protege a las entidades frente a interrupciones operativas y pérdidas financieras, sino que también refuerza su reputación y competitividad en el mercado. Las entidades que demuestran un alto nivel de preparación y capacidad para gestionar riesgos tecnológicos pueden generar mayor confianza entre sus clientes, inversores y contrapartes, diferenciándose de sus competidores en un entorno financiero cada vez más dependiente de la tecnología.

En cuanto a los retos prácticos, la implementación de este artículo puede ser especialmente desafiante para entidades con infraestructuras tecnológicas complejas o recursos limitados. La realización de revisiones periódicas y post-incidente requiere tiempo, recursos y experiencia técnica, y puede implicar costos significativos, especialmente si se necesitan actualizaciones importantes en sistemas o procesos. Sin embargo, estas inversiones son esenciales para garantizar la resiliencia operativa y el cumplimiento normativo, y para minimizar los riesgos asociados con las interrupciones tecnológicas y los ciberataques.

Desde un punto de vista jurídico, el incumplimiento de este artículo podría tener consecuencias graves para las entidades financieras, incluyendo sanciones administrativas por parte de las autoridades competentes, daños reputacionales y posibles litigios civiles si la falta de una gestión adecuada del marco de riesgos TIC resulta en pérdidas para los clientes o contrapartes. Además, la incapacidad de demostrar que la entidad está revisando y mejorando continuamente su marco de gestión del riesgo TIC podría ser interpretada como negligencia en la gestión de riesgos, afectando su relación con los reguladores y otros stakeholders.

El artículo 16.2 establece un enfoque integral y dinámico para la gestión del riesgo relacionado con las TIC, destacando la importancia de documentar, revisar y mejorar continuamente el marco correspondiente. Su implementación requiere un compromiso organizacional con la resiliencia operativa, respaldado por procesos estructurados, herramientas avanzadas y una supervisión eficaz. Al cumplir con este artículo, las entidades no solo protegen sus operaciones y la confianza de sus clientes, sino que también contribuyen a la estabilidad del sistema financiero en su conjunto, fortaleciendo su capacidad para enfrentar los desafíos de un entorno tecnológico cada vez más complejo y crítico.

3. Las Autoridades Europeas de Supervisión, a través del Comité Mixto y en consulta con la ENISA, desarrollarán proyectos de normas técnicas de regulación comunes a fin de:

a) ***especificar más detalladamente los elementos que deben incluirse en el marco de gestión del riesgo relacionado con las TIC a que se refiere el apartado 1, párrafo segundo, letra a);***

b) ***especificar más detalladamente los elementos en relación con los sistemas, protocolos y herramientas para minimizar las consecuencias del riesgo relacionado con las TIC a que se refiere el apartado 1, párrafo segundo, letra c), con el fin de garantizar la seguridad de las redes, permitir el establecimiento de salvaguardias adecuadas contra las intrusiones y el uso indebido de los datos y preservar la disponibilidad, autenticidad, integridad y confidencialidad de los datos;***

c) ***especificar más detalladamente los componentes de los planes de continuidad de la actividad en materia de TIC a que se refiere el apartado 1, párrafo segundo, letra f);***

d) ***especificar más detalladamente las normas sobre las pruebas de los planes de continuidad de la actividad y garantizar la efectividad de los controles a que se refiere el apartado 1, párrafo segundo, letra g), y asegurar que estas pruebas tengan debidamente en cuenta escenarios en los que la calidad de la ejecución de una función esencial o importante se deteriore hasta un nivel inaceptable o falle;***

e) ***especificar más detalladamente el contenido y el formato del informe sobre la revisión del marco de gestión del riesgo relacionado con las TIC a que se refiere el apartado 2.***

A la hora de elaborar dichos proyectos de normas técnicas de regulación, las Autoridades Europeas de Supervisión tendrán en cuenta el tamaño y el perfil de riesgo general de la entidad financiera, así como la naturaleza, escala y complejidad de sus servicios, actividades y operaciones.

Las Autoridades Europeas de Supervisión presentarán a la Comisión dichos proyectos de normas técnicas de regulación a más tardar el 17 de enero de 2024.

Se delegan en la Comisión los poderes para completar el presente Reglamento mediante la adopción de las normas técnicas de regulación a que se refiere el párrafo primero de conformidad con los artículos 10 a 14 del Reglamento (UE) número 1093/2010, los artículos 10 a 14 del Reglamento (UE) número 1094/2010 y los artículos 10 a 14 del Reglamento (UE) número 1095/2010.

El artículo 16.3 del Reglamento Europeo 2022/2554 establece un marco detallado para el desarrollo de normas técnicas de regulación (RTS) por parte de las Autoridades Europeas de Supervisión (AES), en colaboración con el Comité Mixto y la Agencia de la Unión Europea para la Ciberseguridad (ENISA). Estas normas técnicas tienen como objetivo especificar, con mayor detalle y precisión, los elementos esenciales del marco de gestión del riesgo relacionado con las tecnologías de la información y comunicación (TIC) que deben implementar las entidades financieras, así como los sistemas, protocolos, herramientas y planes de continuidad que contribuyan a garantizar su resiliencia operativa frente a riesgos tecnológicos. Este artículo tiene como finalidad reforzar la armonización regulatoria en toda la Unión Europea y proporcionar directrices claras para garantizar que las entidades financieras estén adecuadamente preparadas para enfrentar las amenazas relacionadas con las TIC y las interrupciones operativas derivadas de estas.

El desarrollo de estas normas técnicas es una tarea esencial para estandarizar y precisar los requisitos del Reglamento, asegurando que se implementen de manera uniforme y efectiva en todas las jurisdicciones de la Unión Europea. Las AES deben presentar estos proyectos a la Comisión Europea antes del 17 de enero de 2024, lo que establece un marco temporal claro para completar esta labor. Las normas que se adopten tendrán un impacto significativo en las operaciones de las entidades financieras, ya que definirán los detalles técnicos y operativos de las políticas y procedimientos relacionados con la gestión del riesgo TIC, la continuidad del negocio y la ciberseguridad.

El apartado (a) del artículo 16.3 requiere que las AES especifiquen con mayor detalle los elementos que deben incluirse en el marco de gestión del riesgo relacionado con las TIC. Esto incluye, entre otros aspectos, la identificación y evaluación de riesgos, el diseño de políticas y procedimientos, la asignación de responsabilidades, y los procesos de monitoreo y mejora continua. Las normas técnicas podrían, por ejemplo, exigir que las entidades utilicen metodologías específicas para evaluar los riesgos tecnológicos, como análisis de impacto empresarial (BIA) y evaluaciones de vulnerabilidades. Además, podrían establecer directrices claras sobre cómo integrar la gestión del riesgo TIC en el marco general de gestión de riesgos de la entidad, asegurando un enfoque holístico y coordinado.

El apartado (b) se enfoca en los sistemas, protocolos y herramientas necesarios para minimizar las consecuencias del riesgo relacionado con las TIC, con especial atención a la seguridad de las redes, la protección contra intrusiones y el uso indebido de datos, así como la preservación de la disponibilidad, autenticidad, integridad y confidencialidad de los datos. Este enfoque refleja la importancia de implementar medidas técnicas y organizativas avanzadas para proteger los sistemas y la información crítica de las entidades financieras. Las normas técnicas podrían incluir requisitos sobre el uso de firewalls avanzados, sistemas de detección de intrusiones (IDS), encriptación de datos en tránsito y en reposo, y controles de acceso basados en principios de menor privilegio. También podrían especificar estándares mínimos para el monitoreo continuo de la actividad de red y la respuesta automatizada ante incidentes.

El apartado (c) requiere que se especifiquen con mayor detalle los componentes de los planes de continuidad de la actividad en materia de TIC. Estos planes son fundamentales para garantizar que las entidades puedan continuar operando de manera efectiva durante y después de interrupciones relacionadas con las TIC, ya sean provocadas por ciberataques, fallos tecnológicos o desastres naturales. Las normas técnicas podrían incluir directrices específicas sobre cómo diseñar planes de recuperación para funciones críticas, establecer estrategias de redundancia y definir procedimientos claros para la priorización de recursos durante una crisis. Además, podrían exigir que las entidades desarrollen y mantengan capacidades de recuperación en la nube y centros de datos secundarios ubicados en diferentes ubicaciones geográficas.

El apartado (d) aborda la necesidad de especificar normas sobre las pruebas de los planes de continuidad de la actividad, asegurando su efectividad y considerando escenarios extremos. Estas pruebas son esenciales para evaluar la preparación de las entidades para manejar interrupciones graves y garantizar que los planes puedan implementarse de manera efectiva en situaciones reales. Las normas técnicas podrían requerir que las entidades realicen pruebas regulares, como simulacros de ciberataques, interrupciones de proveedores críticos o fallos simultáneos en múltiples sistemas críticos. También podrían detallar los criterios para evaluar el éxito de estas pruebas, incluyendo métricas como el tiempo de recuperación, la comunicación interna y externa, y la capacidad de minimizar el impacto en los clientes y contrapartes.

El apartado (e) establece que las normas técnicas deben especificar el contenido y formato del informe sobre la revisión del marco de gestión del riesgo relacionado con las TIC. Estos informes son fundamentales para garantizar la transparencia y permitir a las autoridades competentes supervisar la eficacia del marco implementado por las entidades. Las normas podrían incluir requisitos sobre las métricas clave que deben reportarse, como el número y gravedad de los incidentes TIC gestionados, los resultados de las pruebas de continuidad y las mejoras implementadas en respuesta a revisiones periódicas o incidentes específicos. Además, podrían establecer formatos estándar para estos informes, facilitando la comparación entre entidades y mejorando la supervisión regulatoria.

Un aspecto determinante del artículo es el principio de proporcionalidad, que exige que las normas técnicas tengan en cuenta el tamaño, perfil de riesgo y complejidad de las entidades financieras. Esto asegura que los requisitos sean adaptativos, evitando imponer cargas innecesarias a entidades más pequeñas o menos complejas, mientras se mantienen estándares rigurosos para entidades de mayor tamaño o con mayores exposiciones a riesgos TIC. Por ejemplo, una entidad financiera de pequeña escala podría estar exenta de ciertos requisitos avanzados, como la implementación de centros de datos redundantes, siempre que su perfil de riesgo no lo justifique.

Desde la perspectiva del Compliance, este artículo refuerza la necesidad de que las entidades financieras ajusten sus marcos de gestión del riesgo TIC para alinearse con las especificaciones detalladas que se desarrollen a través de las normas técnicas. Los responsables de Compliance deberán desempeñar un criterio fundamental en la supervisión de la implementación de estas normas, asegurando que las entidades cumplan con los nuevos requisitos y que los cambios se integren adecuadamente en sus procesos internos. También deberán garantizar que la documentación necesaria esté disponible para auditorías e inspecciones regulatorias, y que los informes sobre las revisiones del marco de gestión del riesgo TIC se presenten de manera oportuna y precisa.

Desde un punto de vista técnico, la implementación de estas normas requerirá que las entidades inviertan en herramientas avanzadas de gestión de riesgos, ciberseguridad y continuidad operativa. Por ejemplo, podrían necesitar implementar soluciones de inteligencia de amenazas que permitan identificar y responder a riesgos emergentes, o tecnologías de automatización para optimizar los procesos de recuperación y monitoreo. Además, las entidades deberán garantizar que su personal reciba la capacitación necesaria para cumplir con los nuevos estándares y operar las herramientas y sistemas requeridos de manera efectiva.

En términos estratégicos, el cumplimiento de las normas técnicas desarrolladas en virtud del artículo 16.3 no solo reforzará la resiliencia operativa de las entidades financieras, sino que también mejorará su competitividad en un entorno financiero cada vez más dependiente de la tecnología. Las entidades que implementen de manera efectiva estos estándares podrán generar mayor confianza entre sus clientes, inversores y contrapartes, diferenciándose en el mercado y reduciendo su exposición a riesgos reputacionales.

Desde un punto de vista jurídico, el incumplimiento de estas normas podría dar lugar a sanciones administrativas significativas por parte de las autoridades competentes, además de dañar la reputación de la entidad y generar posibles litigios en caso de que la falta de cumplimiento resulte en pérdidas para los clientes o contrapartes. Por ello, es esencial que las entidades adopten un enfoque proactivo para implementar las normas técnicas una vez adoptadas, asegurando que sus políticas y procedimientos estén alineados con los requisitos detallados.

El artículo 16.3 refuerza la necesidad de especificar y armonizar el marco de gestión del riesgo relacionado con las TIC, asegurando una implementación uniforme y efectiva en toda la Unión Europea. Al desarrollar estas normas técnicas, las Autoridades Europeas de Supervisión no solo contribuirán a la protección de las entidades financieras frente a riesgos tecnológicos, sino que también fortalecerán la estabilidad y resiliencia del sistema financiero en su conjunto. Su correcta implementación requiere una colaboración estrecha entre reguladores, entidades y expertos técnicos, así como inversiones en tecnología, capacitación y gobernanza organizacional. Al hacerlo, se garantizará que las entidades financieras estén preparadas para enfrentar los desafíos de un entorno digital cada vez más complejo y crítico.

CAPÍTULO III

Gestión, clasificación y notificación de incidentes relacionados con las TIC

Artículo 17. Proceso de gestión de incidentes relacionados con las TIC

1. Las entidades financieras definirán, establecerán y aplicarán un proceso de gestión de incidentes relacionados con las TIC para detectar, gestionar y notificar dichos incidentes.

El artículo 17.1 del Reglamento Europeo 2022/2554 establece que las entidades financieras deben definir, establecer y aplicar un proceso específico de gestión de incidentes relacionados con las tecnologías de la información y comunicación (TIC) que permita detectar, gestionar y notificar dichos incidentes. Esta disposición es un pilar fundamental del marco regulatorio, ya que aborda de manera integral cómo las entidades deben responder a los riesgos y amenazas tecnológicas que puedan afectar la continuidad de sus operaciones, la seguridad de sus datos y la confianza de los clientes, contrapartes y reguladores.

La primera obligación impuesta por esta norma es la de "definir" el proceso de gestión de incidentes relacionados con las TIC. Esto implica que las entidades deben diseñar un proceso estructurado y documentado que contemple todas las etapas críticas de la gestión de incidentes: detección, evaluación, mitigación, recuperación y notificación. En la fase de diseño, la entidad debe identificar los tipos de incidentes que pueden surgir, clasificarlos según su nivel de gravedad e impacto potencial, y establecer los pasos a seguir en cada caso. Por ejemplo, los incidentes pueden clasificarse como menores (fallos internos que no afectan funciones críticas), significativos (como interrupciones temporales en sistemas operativos) o graves (como ciberataques que comprometen datos sensibles o paralizan las operaciones). La definición del proceso debe basarse en estándares internacionales reconocidos, como los proporcionados por la norma ISO/IEC 27035 sobre gestión de incidentes de seguridad de la información.

El proceso debe también incorporar criterios claros para la detección temprana de incidentes relacionados con las TIC. Esto implica que las entidades deben implementar sistemas y herramientas de monitoreo continuo que les permitan identificar señales de alerta, patrones anómalos y comportamientos sospechosos en sus sistemas y redes. Por ejemplo, un sistema de información y eventos de seguridad (SIEM) puede recopilar y analizar datos en tiempo real de diversas fuentes, como registros de acceso, actividad de red y sistemas de detección de intrusiones, para identificar posibles incidentes antes de que puedan causar daños significativos. La capacidad de detección temprana es esencial para minimizar los impactos de los incidentes y permitir una respuesta oportuna.

La obligación de "establecer" un proceso de gestión de incidentes implica que las entidades deben implementar procedimientos específicos para abordar cada fase del ciclo de vida de un incidente. Esto incluye la activación de equipos de respuesta ante incidentes (IRT), la asignación de roles y responsabilidades claras, la ejecución de planes de mitigación, y la comunicación interna y externa durante y después del incidente. Por ejemplo, al activarse un incidente, los equipos técnicos deben analizar y contener rápidamente la amenaza, mientras que los equipos de comunicación deben informar de manera adecuada a las partes interesadas, incluyendo clientes y contrapartes afectadas. Además, los procedimientos deben detallar los pasos necesarios para restaurar los sistemas y garantizar la continuidad de las operaciones una vez mitigado el incidente.

La gestión de los incidentes relacionados con las TIC también debe incluir la evaluación detallada de su impacto. Esto requiere que las entidades analicen cómo el incidente ha afectado la disponibilidad, integridad y confidencialidad de los datos, así como la continuidad de las funciones esenciales o importantes. Por ejemplo, un ciberataque que interrumpa un sistema de pagos críticos podría tener repercusiones significativas no solo para la entidad, sino también para sus clientes y contrapartes. En tales casos, la entidad debe evaluar rápidamente la magnitud del daño, identificar las causas subyacentes y priorizar las acciones correctivas necesarias.

La obligación de "aplicar" el proceso de gestión de incidentes destaca la importancia de que las entidades no solo diseñen procedimientos efectivos, sino que también los implementen de manera rigurosa y consistente. Esto requiere que todo el personal relevante esté capacitado para comprender y ejecutar su papel dentro del proceso de gestión de incidentes. Por ejemplo, el personal técnico debe estar preparado para manejar incidentes cibernéticos, mientras que el personal administrativo debe saber cómo informar de anomalías observadas y cumplir con las políticas internas de seguridad. Además, las entidades deben realizar simulacros y ejercicios regulares para probar la efectividad de sus procesos, identificando posibles áreas de mejora y garantizando que puedan responder adecuadamente en situaciones reales.

La notificación de incidentes es otro componente del proceso de gestión definido por el artículo. Las entidades deben establecer mecanismos para cumplir con los requisitos de notificación tanto internos como externos. A nivel interno, los incidentes deben ser comunicados a los equipos y departamentos relevantes para coordinar las respuestas necesarias. A nivel externo, las entidades deben cumplir con los plazos y formatos de notificación establecidos por las normativas aplicables, como el Reglamento General de Protección de Datos (RGPD) para incidentes que involucren datos personales, o los requisitos específicos de las autoridades competentes en el sector financiero. Por ejemplo, un ciberataque que comprometa datos de clientes podría requerir notificaciones a las autoridades de protección de datos, a los propios clientes afectados y a los reguladores financieros dentro de plazos estrictos, como las 72 horas exigidas por el RGPD.

Desde una perspectiva técnica, la implementación de este artículo requiere que las entidades inviertan en tecnologías avanzadas de gestión de incidentes, como plataformas de orquestación, automatización y respuesta de seguridad (SOAR), que integren datos de múltiples fuentes y automaticen ciertas fases del proceso de gestión de incidentes. Estas herramientas no solo permiten una respuesta más rápida, sino que también facilitan la documentación de todas las acciones realizadas durante el incidente, lo cual es esencial para fines regulatorios y de aprendizaje organizacional.

Desde la perspectiva del Compliance, el proceso de gestión de incidentes debe estar documentado como parte integral del marco de gestión del riesgo relacionado con las TIC de la entidad. Los responsables de Compliance deben supervisar la correcta implementación y aplicación del proceso, asegurando que cumpla con las normativas aplicables y que se mantengan registros detallados de todos los incidentes gestionados. Además, deben garantizar que la entidad informe oportunamente a las autoridades competentes y que los informes cumplan con los requisitos de contenido y formato establecidos.

Un aspecto estratégico del artículo es que un proceso efectivo de gestión de incidentes no solo protege a las entidades de los impactos inmediatos de los incidentes relacionados con las TIC, sino que también fortalece su resiliencia operativa y su reputación a largo plazo. Las entidades que demuestren una capacidad sólida para detectar, gestionar y notificar incidentes estarán mejor posicionadas para mantener la confianza de sus clientes, contrapartes y reguladores, incluso en un entorno caracterizado por riesgos tecnológicos crecientes.

En cuanto a los retos, la implementación de este artículo puede ser especialmente compleja para entidades con infraestructuras tecnológicas dispersas o dependientes de múltiples proveedores externos. Estas entidades deben garantizar que sus procesos de gestión de incidentes incluyan mecanismos claros para coordinar respuestas con terceros, asegurando que las interrupciones en los servicios proporcionados por proveedores no afecten gravemente sus operaciones.

Desde un punto de vista jurídico, el incumplimiento de este artículo podría tener consecuencias graves para las entidades financieras, incluyendo sanciones administrativas, daños reputacionales y posibles litigios. Por ejemplo, si una entidad no detecta ni notifica un incidente grave en el plazo requerido, podría ser acusada de negligencia en la gestión de riesgos, lo que podría derivar en pérdidas financieras significativas y un deterioro en la confianza del mercado.

El artículo 17.1 establece un marco esencial para la gestión de incidentes relacionados con las TIC, exigiendo que las entidades financieras definan, establezcan y apliquen procesos efectivos que cubran todas las etapas críticas de detección, gestión y notificación. Su correcta implementación requiere inversiones en tecnología, capacitación y gobernanza, pero es fundamental para proteger la resiliencia operativa de las entidades, garantizar el cumplimiento normativo y salvaguardar la confianza de los clientes y contrapartes en un entorno digital cada vez más complejo y desafiante.

2. Las entidades financieras registrarán todos los incidentes relacionados con las TIC y las ciberamenazas importantes. Las entidades financieras establecerán los procedimientos y procesos adecuados para que los incidentes relacionados con las TIC sean objeto de un seguimiento, un tratamiento y una respuesta coherentes e integrados, a fin de asegurarse de que se identifiquen, se documenten y se aborden las causas subyacentes para evitar que se produzcan.

El artículo 17.2 del Reglamento Europeo 2022/2554 establece la obligación para las entidades financieras de registrar todos los incidentes relacionados con las tecnologías de la información y comunicación y las ciberamenazas importantes. Además, exige que las entidades establezcan procedimientos y procesos adecuados para garantizar que dichos incidentes sean gestionados de manera coherente e integrada, permitiendo su seguimiento, tratamiento y respuesta. Este mandato tiene como objetivo no solo la resolución de los incidentes en cuestión, sino también la identificación y documentación de sus causas subyacentes para evitar recurrencias en el futuro. Este enfoque subraya la necesidad de gestionar los incidentes de manera estructurada, documentada y orientada a la mejora continua, fortaleciendo así la resiliencia operativa de las entidades frente a los riesgos tecnológicos.

La obligación de registrar todos los incidentes relacionados con las TIC y las ciberamenazas importantes implica que las entidades deben mantener un sistema exhaustivo de registro de incidentes. Esto incluye detalles sobre el tipo de incidente, su impacto, los sistemas y datos afectados, las medidas de respuesta adoptadas, los plazos de resolución y las lecciones aprendidas. El registro no solo sirve como una herramienta operativa para gestionar incidentes individuales, sino también como una fuente de información crítica para identificar patrones, tendencias y vulnerabilidades recurrentes que puedan requerir atención estratégica. Por ejemplo, si los registros muestran un aumento en intentos de phishing dirigidos contra empleados específicos, la entidad puede reforzar las medidas de capacitación en ciberseguridad o implementar controles técnicos adicionales, como filtros avanzados para correos electrónicos.

El requisito de registrar también abarca las "ciberamenazas importantes", lo que incluye intentos de ataque que, aunque no lleguen a materializarse en incidentes, representen riesgos significativos para la entidad. Este enfoque proactivo permite a las entidades anticiparse a posibles amenazas y ajustar sus controles de seguridad en consecuencia. Por ejemplo, si se detecta un intento recurrente de acceso no autorizado desde direcciones IP sospechosas, la entidad puede fortalecer sus controles de acceso, bloquear dichas IP y alertar a las autoridades competentes si se considera necesario.

La norma también exige que las entidades financieras establezcan procedimientos y procesos adecuados para el seguimiento, tratamiento y respuesta de los incidentes relacionados con las TIC. Estos procedimientos deben garantizar que los incidentes sean gestionados de manera coherente e integrada, desde su detección inicial hasta su resolución final. Esto implica definir claramente las responsabilidades y acciones en cada etapa del proceso, asegurando que todos los equipos y departamentos involucrados trabajen de manera coordinada. Por ejemplo, los equipos de tecnología deben encargarse de contener y mitigar los efectos técnicos del incidente, mientras que los equipos legales y de comunicación deben gestionar las notificaciones a clientes, contrapartes y reguladores, según sea necesario.

El seguimiento de los incidentes es un componente fundamental de este proceso, ya que permite a las entidades monitorizar en tiempo real el estado de cada incidente y garantizar que las acciones correctivas se implementen de manera efectiva y dentro de los plazos establecidos. El seguimiento también es esencial para priorizar la atención de los incidentes más críticos, asegurando que los recursos limitados de la entidad se utilicen de manera eficiente. Por ejemplo, un ataque de ransomware que afecta a sistemas críticos debe recibir atención inmediata, mientras que problemas menores, como fallos temporales en sistemas no esenciales, pueden abordarse de manera escalonada.

La obligación de tratar los incidentes de manera coherente e integrada implica que las entidades deben adoptar un enfoque sistemático y documentado para gestionar cada incidente, asegurando que todas las partes relevantes estén informadas y que las acciones adoptadas sean consistentes con los procedimientos establecidos. Esto incluye el uso de herramientas y plataformas que permitan documentar cada paso del proceso, desde la detección inicial hasta la resolución final, generando un registro detallado que pueda ser utilizado para auditorías internas y externas. Además, las entidades deben garantizar que las decisiones tomadas durante la gestión de incidentes estén alineadas con sus políticas de ciberseguridad y con los requisitos regulatorios aplicables.

El artículo 17.2 establece la obligación de identificar, documentar y abordar las causas subyacentes de los incidentes, con el objetivo de prevenir su recurrencia. Esto requiere que las entidades realicen análisis post-incidente exhaustivos para determinar qué factores contribuyeron al incidente y qué medidas pueden implementarse para evitar que se repita. Por ejemplo, si un análisis post-incidente revela que un ciberataque fue facilitado por un fallo en los controles de acceso, la entidad debe revisar y reforzar sus políticas de gestión de accesos, así como implementar tecnologías adicionales, como autenticación multifactorial. Este enfoque no solo fortalece la seguridad de la entidad, sino que también demuestra a las autoridades reguladoras y a las partes interesadas que la entidad está comprometida con la mejora continua.

Desde una perspectiva técnica, la implementación de este artículo requiere que las entidades inviertan en herramientas avanzadas de gestión de incidentes, como sistemas de orquestación, automatización y respuesta de seguridad (SOAR), que permitan registrar, rastrear y gestionar todos los incidentes de manera centralizada. Estas herramientas pueden integrarse con sistemas de monitoreo y detección, como plataformas de información y eventos de seguridad (SIEM), para garantizar que todos los incidentes y ciberamenazas sean detectados y registrados de manera automática y en tiempo real. Además, las herramientas deben permitir generar informes detallados y personalizables que faciliten la supervisión interna y externa.

Desde la perspectiva del Compliance, los registros de incidentes relacionados con las TIC son esenciales para garantizar la trazabilidad y transparencia de las acciones adoptadas por la entidad. Los responsables de Compliance deben supervisar que estos registros se mantengan de manera completa, precisa y actualizada, asegurando que cumplan con los requisitos establecidos por las normativas aplicables, como el Reglamento General de

Protección de Datos (RGPD) en caso de incidentes que involucren datos personales. Además, deben garantizar que las políticas y procedimientos para el seguimiento y tratamiento de incidentes estén alineados con los estándares internacionales, como ISO/IEC 27001 e ISO/IEC 27035.

Un aspecto estratégico del artículo 17.2 es que una gestión efectiva de los incidentes y ciberamenazas no solo protege a la entidad frente a interrupciones operativas y pérdidas financieras, sino que también refuerza su reputación y confianza en el mercado. Las entidades que demuestren un compromiso sólido con la seguridad y la resiliencia operativa estarán mejor posicionadas para atraer y retener clientes, inversores y contrapartes, incluso en un entorno financiero cada vez más expuesto a riesgos tecnológicos.

En cuanto a los retos prácticos, la implementación de este artículo puede ser compleja para entidades con infraestructuras tecnológicas amplias y distribuidas, especialmente si carecen de sistemas integrados para la gestión de incidentes. Además, garantizar que todos los incidentes y ciberamenazas se registren y gestionen de manera coherente puede requerir inversiones significativas en tecnología, capacitación y recursos humanos.

Desde un punto de vista jurídico, el incumplimiento de este artículo podría dar lugar a sanciones administrativas y daños reputacionales, especialmente si la falta de registros o procedimientos adecuados resulta en la repetición de incidentes similares o en pérdidas significativas para los clientes o contrapartes. Además, la ausencia de registros detallados podría dificultar la defensa de la entidad en caso de auditorías regulatorias o litigios.

El artículo 17.2 establece un marco integral para el registro y la gestión de incidentes relacionados con las TIC y ciberamenazas, promoviendo un enfoque estructurado, transparente y orientado a la mejora continua. Su correcta implementación requiere herramientas tecnológicas avanzadas, procedimientos claros y una supervisión eficaz, pero es esencial para garantizar la resiliencia operativa de las entidades financieras y proteger la confianza de sus clientes y contrapartes en un entorno digital en constante evolución. Al adoptar estas prácticas, las entidades no solo cumplen con los requisitos normativos, sino que también fortalecen su capacidad para enfrentar los desafíos tecnológicos y operativos del futuro.

3. El proceso de gestión de incidentes relacionados con las TIC mencionado en el apartado 1:

a) establecerá indicadores de alerta temprana;

b) establecerá procedimientos para identificar, rastrear, registrar, categorizar y clasificar los incidentes relacionados con las TIC en función de su priori-

dad y gravedad y en función del carácter esencial de los servicios perjudicados, conforme a los criterios establecidos en el artículo 18, apartado 1;

c) ***asignará funciones y responsabilidades que deban activarse para los diferentes tipos y escenarios de incidentes relacionados con las TIC;***

d) ***expondrá planes para la comunicación con el personal, las partes interesadas externas y los medios de comunicación de conformidad con el artículo 14, para la notificación a los clientes, para los procedimientos internos de traslado a la instancia jerárquica superior, que abarquen también las reclamaciones de los clientes relacionadas con las TIC, así como para el suministro de información a las entidades financieras que actúen como contraparte, según proceda;***

e) ***garantizará que al menos los incidentes graves relacionados con las TIC se pongan en conocimiento de los altos directivos pertinentes y que se informe de ellos al órgano de dirección, explicando sus repercusiones, las medidas adoptadas como respuesta y los controles adicionales que se prevé implantar como resultado de estos incidentes graves relacionados con las TIC;***

f) ***establecerá procedimientos de respuesta a los incidentes relacionados con las TIC para mitigar sus repercusiones y garantizar que los servicios sean nuevamente operativos y seguros de manera oportuna.***

El artículo 17.3 del Reglamento Europeo 2022/2554 desarrolla con mayor detalle los requisitos que deben cumplir las entidades financieras en relación con el proceso de gestión de incidentes relacionados con las tecnologías de la información y comunicación (TIC). Este apartado regula aspectos fundamentales que aseguran que las entidades estén preparadas para identificar, gestionar, mitigar y aprender de los incidentes relacionados con las TIC, de manera estructurada y efectiva. El artículo establece una serie de obligaciones específicas, que van desde la creación de indicadores de alerta temprana hasta la notificación a altos directivos y la adopción de procedimientos de respuesta. Estas disposiciones tienen un impacto directo en la forma en que las entidades abordan las ciberamenazas, fortaleciendo su resiliencia operativa y su capacidad para proteger las funciones críticas y los intereses de los clientes y contrapartes.

La obligación contenida en el apartado (a), relativa al establecimiento de indicadores de alerta temprana, tiene como objetivo anticipar posibles incidentes antes de que se materialicen o escalonen en problemas más graves. Los indicadores de alerta temprana son señales o métricas diseñadas para identificar anomalías o comportamientos sospechosos que puedan ser señales de un incidente inminente. Por ejemplo, un aumento repentino en los intentos fallidos de inicio de sesión, transferencias inusuales de datos o accesos desde ubicaciones geográficas no reconocidas podrían ser indicadores de un ataque cibernético en curso. La implementación de estos indicadores requiere que las entidades inviertan en herramientas avanzadas de monitoreo y análisis, como sistemas de información y eventos de seguridad (SIEM) y soluciones de inteligencia artificial que analicen grandes volúmenes de datos en tiempo real. La capacidad para actuar rápidamente en respuesta a estos indicadores es determinante para contener incidentes y minimizar su impacto.

El apartado (b) exige que las entidades establezcan procedimientos para identificar, rastrear, registrar, categorizar y clasificar los incidentes relacionados con las TIC en función de su prioridad, gravedad y del carácter esencial de los servicios afectados. Estos procedimientos deben ser lo suficientemente detallados para garantizar que cada incidente sea tratado de acuerdo con su nivel de criticidad. Por ejemplo, un fallo en un sistema secundario podría ser clasificado como un incidente de baja prioridad, mientras que un ciberataque que comprometa datos de clientes o interrumpa un sistema de pagos críticos sería clasificado como un incidente de alta prioridad. Las entidades deben basar esta clasificación en criterios objetivos, como los establecidos en el artículo 18.1, que incluyen factores como el alcance del impacto, la duración de la interrupción y la afectación a funciones esenciales. Este enfoque garantiza que los recursos se asignen de manera eficiente y que los incidentes más críticos reciban atención inmediata.

El apartado (c) establece la obligación de asignar funciones y responsabilidades específicas para los diferentes tipos y escenarios de incidentes relacionados con las TIC. Esto requiere que las entidades definan claramente quién es responsable de cada tarea durante la gestión de un incidente, desde la detección inicial hasta la resolución y análisis posterior. Por ejemplo, los equipos técnicos pueden ser responsables de contener y mitigar el incidente, mientras que los equipos de comunicación gestionan la notificación a clientes y contrapartes. También es esencial que las entidades designen a un líder o coordinador de incidentes que supervise todo el proceso y garantice la coordinación entre los distintos equipos involucrados. Esta asignación de funciones y responsabilidades debe estar documentada y probada regularmente mediante simulacros y ejercicios de respuesta, asegurando que todos los empleados comprendan su rol y puedan actuar de manera efectiva en caso de un incidente real.

El apartado (d) regula los planes de comunicación asociados a los incidentes relacionados con las TIC, que deben incluir estrategias para informar al personal interno, a las partes interesadas externas, a los medios de comunicación, y, cuando corresponda, a los clientes afectados. Además, las entidades deben establecer procedimientos internos para la escalada de los incidentes a los niveles jerárquicos superiores, asegurando que los directivos y el órgano de dirección reciban información adecuada y oportuna sobre los incidentes críticos. Este apartado también contempla la gestión de las reclamaciones de clientes relacionadas con las TIC y la comunicación con contrapartes financieras, según sea aplicable. La eficacia de estos planes de comunicación es fundamental para minimizar los impactos reputacionales y garantizar la transparencia. Por ejemplo, en caso de un ciberataque que comprometa datos personales, la entidad debe notificar a los clientes afectados de manera clara, explicando las medidas adoptadas para proteger sus intereses y restaurar la seguridad.

El apartado (e) establece que los incidentes graves relacionados con las TIC deben ser informados a los altos directivos pertinentes y al órgano de dirección, detallando sus repercusiones, las medidas de respuesta adoptadas y los controles adicionales que se prevé implementar como resultado del incidente. Este requisito subraya la importancia de que la alta dirección esté involucrada en la gestión de incidentes críticos, no solo para garantizar una respuesta adecuada, sino también para supervisar las acciones correctivas y tomar decisiones estratégicas informadas. Por ejemplo, si un incidente grave expone una vulnerabilidad en los sistemas de la entidad, el órgano de dirección debe garantizar que se asignen los recursos necesarios para reforzar las defensas y prevenir incidentes similares en el futuro. Esta notificación también permite a los altos directivos y al órgano de dirección cumplir con sus responsabilidades legales y fiduciarias en relación con la gobernanza de la entidad.

El apartado (f) exige que las entidades establezcan procedimientos de respuesta a los incidentes relacionados con las TIC para mitigar sus repercusiones y garantizar que los servicios afectados sean nuevamente operativos y seguros en el menor tiempo posible. Estos procedimientos deben incluir medidas claras para contener el incidente, restaurar los sistemas afectados y prevenir futuras interrupciones. Por ejemplo, en caso de un ataque de ransomware, la entidad debe contar con procedimientos que incluyan la desconexión inmediata de los sistemas comprometidos, la recuperación de datos a partir de copias de seguridad y la comunicación con las autoridades competentes. Además, los procedimientos deben garantizar que los servicios restaurados sean seguros y cumplan con los estándares de protección requeridos, evitando que el incidente se repita o se agrave.

Desde una perspectiva técnica, la implementación de este artículo requiere que las entidades inviertan en infraestructuras avanzadas de monitoreo, análisis y respuesta a incidentes. Esto incluye tecnologías de automatización y orquestación de la respuesta, herramientas de análisis forense y plataformas de gestión de crisis que faciliten la coordinación entre los equipos involucrados. También es esencial que las entidades establezcan un centro de operaciones de seguridad (SOC) o colaboren con un SOC externo para garantizar una vigilancia continua y una capacidad de respuesta inmediata ante incidentes.

Desde la perspectiva del Compliance, el proceso de gestión de incidentes debe estar documentado en detalle como parte del marco de gestión del riesgo relacionado con las TIC. Los responsables de Compliance deben supervisar que los procedimientos cumplan con las normativas aplicables y que las acciones adoptadas durante la gestión de incidentes estén alineadas con las políticas internas de la entidad. Además, deben garantizar que todos los incidentes graves sean notificados a las autoridades competentes y que los informes presentados cumplan con los requisitos establecidos en términos de contenido y plazos.

Un aspecto estratégico del artículo es que una gestión efectiva de los incidentes relacionados con las TIC no solo protege a las entidades frente a interrupciones y pérdidas, sino que también refuerza su reputación y competitividad. Las entidades que demuestren una capacidad sólida para gestionar incidentes críticos estarán mejor posicionadas para mantener la confianza de sus clientes, contrapartes y reguladores, incluso en un entorno caracterizado por riesgos tecnológicos crecientes.

En cuanto a los retos, la implementación de este artículo puede ser especialmente compleja para entidades con infraestructuras tecnológicas distribuidas o con recursos limitados. La coordinación entre equipos, la asignación de responsabilidades y la comunicación eficaz con todas las partes interesadas requieren una planificación cuidadosa y un entrenamiento continuo. Además, garantizar que los procedimientos de respuesta sean efectivos en escenarios complejos, como ataques dirigidos o interrupciones simultáneas en múltiples sistemas, puede requerir inversiones significativas en tecnología, capacitación y simulacros.

El artículo 17.3 establece un marco integral para la gestión de incidentes relacionados con las TIC, detallando los requisitos necesarios para identificar, clasificar, gestionar y comunicar dichos incidentes de manera efectiva. Su implementación requiere un enfoque coordinado y multidisciplinario, respaldado por tecnologías avanzadas, procedimientos claros y una gobernanza sólida. Al cumplir con estos requisitos, las entidades financieras fortalecen su resiliencia operativa, protegen sus funciones críticas y contribuyen a la estabilidad del sistema financiero en su conjunto.

Artículo 18. Clasificación de los incidentes relacionados con las TIC y las ciberamenazas

1. Las entidades financieras clasificarán los incidentes relacionados con las TIC y determinarán su repercusión con arreglo a los siguientes criterios:

a) número y/o pertinencia de los clientes o las contrapartes financieras afectados y, cuando proceda, la cantidad o el número de transacciones afectadas por el incidente relacionado con las TIC, y si dicho incidente ha repercutido en la reputación;

b) duración del incidente relacionado con las TIC, incluida la duración de la interrupción del servicio;

c) extensión geográfica de las zonas afectadas por el incidente relacionado con las TIC, en especial si afecta a más de dos Estados miembros;

d) pérdidas de datos que el incidente relacionado con las TIC acarree, en relación con la disponibilidad, la autenticidad, la integridad o la confidencialidad de los datos;

e) carácter esencial de los servicios afectados, incluidas las transacciones y operaciones de la entidad financiera;

f) las consecuencias económicas, en particular los costes y las pérdidas directos e indirectos, del incidente relacionado con las TIC, tanto en términos absolutos como relativos.

El artículo 18.1 del Reglamento Europeo 2022/2554 establece un marco para que las entidades financieras clasifiquen los incidentes relacionados con las tecnologías de la información y comunicación (TIC) y las ciberamenazas, determinando su repercusión con base en una serie de criterios objetivos. Este enfoque busca garantizar que los incidentes sean evaluados de manera uniforme y sistemática, permitiendo a las entidades priorizar su respuesta, asignar recursos de manera efectiva y cumplir con las obligaciones de notificación a las autoridades competentes. La clasificación de los incidentes es un paso fundamental en la gestión del riesgo relacionado con las TIC, ya que influye directamente en las decisiones estratégicas y operativas adoptadas durante y después de un incidente.

El criterio establecido en el apartado (a) se centra en el número y la relevancia de los clientes o contrapartes financieras afectadas, así como en la cantidad o número de transacciones impactadas. Este aspecto destaca la importancia de evaluar cómo un incidente afecta a las relaciones comerciales y a la confianza de las partes interesadas. Por ejemplo, un incidente que comprometa los datos de una gran cantidad de clientes o afecte transacciones financieras de alto valor tendrá una repercusión mucho mayor que uno que impacte a un número limitado de usuarios o transacciones de bajo impacto. Además, este criterio incluye una evaluación de la repercusión del incidente en la reputación de la entidad, reconociendo que las consecuencias reputacionales pueden ser tan graves como las pérdidas económicas directas. Un incidente de alto perfil, como la filtración de datos sensibles, puede erosionar significativamente la confianza de los clientes, inversores y contrapartes, afectando la posición competitiva de la entidad en el mercado.

El apartado (b) aborda la duración del incidente, incluyendo el tiempo que dure la interrupción del servicio. La duración es un indicador crítico para evaluar la gravedad de un incidente, ya que cuanto más tiempo permanezcan inactivos los sistemas o servicios críticos, mayor será el impacto en las operaciones de la entidad y en sus clientes. Por ejemplo, una interrupción de pocas horas en un sistema de pagos puede ser manejable, mientras que una interrupción de varios días podría generar pérdidas financieras significativas y dañar la confianza de los usuarios. Este criterio también subraya la importancia de los objetivos de tiempo de recuperación (RTO) establecidos en los planes de continuidad de negocio, que deben ser diseñados para minimizar el tiempo de inactividad y garantizar que los servicios sean restaurados de manera oportuna.

El apartado (c) considera la extensión geográfica de las zonas afectadas por el incidente, prestando especial atención a los casos en que el impacto se extienda a más de dos Estados miembros. Este criterio reconoce la naturaleza transfronteriza de muchas operaciones financieras y la interconexión de las infraestructuras digitales. Un incidente que afecta a múltiples jurisdicciones puede ser particularmente complejo de gestionar debido a las diferencias en las normativas locales, la necesidad de coordinación entre múltiples entidades y autoridades regulatorias, y el impacto potencial en la estabilidad del sistema financiero europeo en su conjunto. Por ejemplo, un ataque cibernético que interrumpa las operaciones de una plataforma de pago utilizada en varios Estados miembros podría requerir una respuesta coordinada a nivel de la Unión Europea.

El apartado (d) aborda las pérdidas de datos asociadas con el incidente, incluyendo la disponibilidad, autenticidad, integridad y confidencialidad de los mismos. Este criterio subraya la importancia de proteger los datos frente a una amplia gama de amenazas, desde la pérdida de acceso hasta la manipulación maliciosa o la divulgación no autorizada. Por ejemplo, un incidente que comprometa la integridad de los datos financieros podría generar errores en las transacciones o en los estados contables, mientras que una violación de la confidencialidad de los datos personales podría dar lugar a sanciones regulatorias significativas en virtud del Reglamento General de Protección de Datos (RGPD). Las entidades deben evaluar no solo el alcance de las pérdidas de datos, sino también su impacto en los clientes y en la capacidad de la entidad para cumplir con sus obligaciones legales y operativas.

El apartado (e) se centra en el carácter esencial de los servicios afectados por el incidente. Este criterio reconoce que no todos los servicios tienen la misma importancia para las operaciones de una entidad financiera o para sus clientes y contrapartes. Por ejemplo, una interrupción en un sistema de pagos de alto valor o en una plataforma de negociación tendrá un impacto mucho mayor que una interrupción en un sistema secundario con funciones no críticas. Las entidades deben identificar y priorizar sus servicios esenciales en sus planes de continuidad de negocio, asegurándose de que los recursos se asignen de manera adecuada para proteger estas funciones clave frente a interrupciones.

El apartado (f) evalúa las consecuencias económicas del incidente, incluyendo los costes y pérdidas tanto directos como indirectos. Esto abarca aspectos como los costes de contención y recuperación, las pérdidas de ingresos derivadas de la interrupción de las operaciones, y las sanciones regulatorias o reclamaciones legales que puedan surgir como resultado del incidente. Las pérdidas indirectas, como el daño reputacional y la pérdida de confianza de los clientes, también deben considerarse, ya que pueden tener un impacto significativo en la posición financiera y competitiva de la entidad a largo plazo. Este criterio requiere que las entidades desarrollen metodologías para cuantificar tanto las pérdidas económicas inmediatas como los impactos a más largo plazo, asegurando una evaluación completa del incidente.

Desde una perspectiva operativa, la implementación de este artículo requiere que las entidades establezcan procedimientos claros para evaluar cada incidente en función de estos criterios y documentar los resultados de manera consistente. Esto incluye el uso de herramientas y sistemas que permitan recopilar y analizar datos relevantes en tiempo real, facilitando la clasificación y priorización de los incidentes. Las entidades también deben capacitar a su personal para que comprenda los criterios y pueda aplicarlos de manera precisa durante la gestión de incidentes.

Desde la perspectiva del Compliance, la clasificación de los incidentes debe estar alineada con las normativas aplicables y debe ser documentada de manera adecuada para fines de supervisión y auditoría. Los responsables de Compliance deben supervisar que las evaluaciones realizadas sean completas y consistentes, y que se mantengan registros detallados que puedan ser presentados a las autoridades competentes si así se solicita. Además, deben garantizar que los incidentes clasificados como graves sean notificados a las autoridades regulatorias dentro de los plazos establecidos.

Un aspecto estratégico de este artículo es que una clasificación precisa de los incidentes permite a las entidades priorizar su respuesta y asignar recursos de manera eficiente, minimizando el impacto operativo, financiero y reputacional. Además, esta clasificación proporciona una base para informar a los altos directivos y al órgano de dirección sobre los riesgos más críticos, permitiéndoles tomar decisiones informadas para fortalecer la resiliencia operativa de la entidad.

En cuanto a los retos, la implementación de este artículo puede ser compleja para entidades con infraestructuras tecnológicas amplias y distribuidas, donde los incidentes pueden afectar múltiples sistemas, servicios y ubicaciones. Garantizar una evaluación precisa y coherente de los incidentes en este contexto requiere herramientas avanzadas de monitoreo y análisis, así como procesos bien definidos y estandarizados.

Desde un punto de vista jurídico, la falta de una clasificación adecuada de los incidentes podría dar lugar a incumplimientos regulatorios, sanciones administrativas y litigios en caso de que la respuesta al incidente sea inadecuada o insuficiente. Además, una clasificación incorrecta podría dificultar la notificación oportuna a las autoridades competentes y las partes afectadas, exacerbando las consecuencias del incidente.

El artículo 18.1 establece un marco esencial para la clasificación de los incidentes relacionados con las TIC y las ciberamenazas, proporcionando criterios claros para evaluar su impacto y gravedad. Su correcta implementación requiere un enfoque estructurado, respaldado por herramientas tecnológicas, procesos bien definidos y una supervisión eficaz. Al cumplir con estos requisitos, las entidades no solo fortalecen su capacidad para gestionar incidentes, sino que también contribuyen a la estabilidad y confianza en el sistema financiero en su conjunto.

2. Las entidades financieras clasificarán las ciberamenazas como importantes en función del carácter esencial de los servicios en situación de riesgo, incluidas las transacciones y operaciones de la entidad financiera, el número y/o la pertinencia de los clientes o de las contrapartes financieras a las que se dirigen las amenazas y la extensión geográfica de las zonas de riesgo.

El artículo 18.2 del Reglamento Europeo 2022/2554 establece los criterios que las entidades financieras deben utilizar para clasificar las ciberamenazas como importantes, teniendo en cuenta tres factores principales: el carácter esencial de los servicios en situación de riesgo, el número y/o la relevancia de los clientes o contrapartes financieras afectadas y la extensión geográfica de las zonas de riesgo. Este artículo complementa las disposiciones relacionadas con la clasificación de los incidentes relacionados con las TIC y subraya la necesidad de que las entidades financieras evalúen no solo los incidentes que ya han ocurrido, sino también las amenazas potenciales que podrían comprometer sus operaciones críticas. La clasificación adecuada de las ciberamenazas permite a las entidades priorizar sus esfuerzos de mitigación y adoptar medidas preventivas más efectivas, fortaleciendo así su resiliencia operativa y minimizando el impacto de posibles incidentes futuros.

El primer criterio destacado en este artículo es el carácter esencial de los servicios en situación de riesgo. Esto implica que las entidades deben identificar los servicios que son críticos para sus operaciones y para la estabilidad del sistema financiero, y evaluar cómo una amenaza específica podría poner en peligro su continuidad. Por ejemplo, los sistemas de pagos, las plataformas de negociación y los sistemas de custodia de activos son servicios esenciales cuya interrupción o compromiso tendría consecuencias significativas no solo para la entidad, sino también para sus clientes, contrapartes y, potencialmente, para el mercado financiero en su conjunto. Una amenaza dirigida a estos sistemas, como un intento de explotación de una vulnerabilidad crítica o un ataque de denegación de servicio (DDoS), debe ser clasificada como importante debido a su potencial para afectar funciones esenciales. Este criterio exige que las entidades mantengan una comprensión clara de cuáles son sus servicios críticos, lo que requiere un análisis regular y exhaustivo de su infraestructura tecnológica y de sus operaciones.

El segundo criterio exige que las entidades evalúen el número y/o la relevancia de los clientes o contrapartes financieras a las que se dirigen las amenazas. Este enfoque reconoce que no todas las ciberamenazas tienen el mismo nivel de gravedad en función de a quién afectan. Por ejemplo, una amenaza dirigida a un número limitado de clientes puede tener un impacto menor, mientras que una amenaza que afecta a una amplia base de clientes o a contrapartes estratégicamente importantes puede generar repercusiones mucho más graves. Asimismo, la relevancia de los clientes o contrapartes también juega un papel determinante en esta evaluación. Por ejemplo, una amenaza dirigida a un cliente institucional, como un banco corresponsal o un gran gestor de activos, podría tener implicaciones desproporcionadamente mayores en términos de confianza, relaciones comerciales y riesgos sistémicos, incluso si el número de clientes afectados es limitado. Este criterio requiere que las entidades no solo evalúen el alcance potencial de la amenaza, sino también la importancia estratégica de las partes afectadas.

El tercer criterio se centra en la extensión geográfica de las zonas de riesgo, subrayando la importancia de evaluar cómo una ciberamenaza podría afectar a diferentes jurisdicciones o mercados. Este aspecto es particularmente relevante en un entorno financiero cada vez más globalizado y digitalizado, donde las operaciones de las entidades suelen abarcar múltiples Estados miembros y, en algunos casos, jurisdicciones fuera de la Unión Europea. Una ciberamenaza que tenga el potencial de impactar simultáneamente en varias regiones geográficas debe ser clasificada como importante debido a la complejidad adicional que representa para la gestión de riesgos y la coordinación de respuestas. Por ejemplo, un ataque dirigido a una plataforma de pagos transfronteriza podría interrumpir operaciones en múltiples mercados, generando un impacto más amplio y dificultando los esfuerzos de recuperación y mitigación. Este criterio exige que las entidades incluyan en su evaluación no solo la ubicación de los sistemas afectados, sino también las posibles repercusiones en las regiones donde operan sus clientes y contrapartes.

La aplicación de estos criterios requiere que las entidades financieras establezcan procedimientos y herramientas específicas para la identificación y clasificación de ciberamenazas. Esto incluye la implementación de sistemas de inteligencia de amenazas (Threat Intelligence) que permitan recopilar, analizar y priorizar información sobre amenazas potenciales en función de su relevancia para la entidad. Por ejemplo, estos sistemas pueden proporcionar información sobre actores de amenazas conocidos, tácticas y técnicas utilizadas en ataques previos, y vulnerabilidades explotadas en el sector financiero. Al combinar esta información con los criterios establecidos en el artículo 18.2, las entidades pueden clasificar de manera más precisa las amenazas y asignar recursos para abordarlas de manera prioritaria.

Desde una perspectiva operativa, las entidades deben garantizar que los equipos responsables de la gestión de riesgos tecnológicos, como los centros de operaciones de seguridad (SOC), estén capacitados para aplicar estos criterios en su evaluación diaria de amenazas. Esto incluye la capacidad de correlacionar datos de múltiples fuentes, como alertas de seguridad, inteligencia de amenazas y análisis de comportamiento, para identificar qué amenazas representan riesgos importantes en función de los servicios críticos afectados, los clientes o contrapartes en riesgo, y la extensión geográfica del impacto potencial. Además, las entidades deben establecer procedimientos claros para escalar las amenazas clasificadas como importantes a los niveles jerárquicos superiores, asegurando que se adopten medidas preventivas o correctivas de manera oportuna.

Desde la perspectiva del Compliance, la clasificación adecuada de las ciberamenazas es fundamental para garantizar que las entidades cumplan con las normativas aplicables y con los requisitos de notificación a las autoridades competentes. Por ejemplo, las ciberamenazas clasificadas como importantes pueden requerir notificaciones preventivas a los reguladores o la activación de procedimientos específicos de comunicación con las partes interesadas, como se establece en el artículo 14 del Reglamento. Los responsables de Compliance deben supervisar que las evaluaciones de las ciberamenazas se realicen de manera consistente y documentada, y que las acciones adoptadas en respuesta a estas amenazas estén alineadas con las políticas internas y los marcos regulatorios.

Un aspecto estratégico de este artículo es que la clasificación de ciberamenazas como importantes permite a las entidades adoptar un enfoque proactivo en la gestión de riesgos tecnológicos, anticipándose a los incidentes antes de que se materialicen. Al priorizar las amenazas más críticas y asignar recursos para mitigarlas, las entidades no solo protegen sus operaciones, sino que también refuerzan su resiliencia operativa y su capacidad para responder de manera efectiva a los desafíos emergentes en el ámbito de la ciberseguridad. Esto, a su vez, contribuye a mantener la confianza de los clientes, contrapartes y reguladores, fortaleciendo la posición competitiva de la entidad en el mercado.

En cuanto a los retos, la implementación de este artículo puede ser compleja, especialmente para entidades con infraestructuras tecnológicas amplias y distribuidas. Identificar y evaluar ciberamenazas en tiempo real requiere inversiones significativas en tecnología, recursos humanos y capacitación. Además, garantizar que los criterios de clasificación se apliquen de manera consistente en toda la organización puede ser un desafío, particularmente en entornos descentralizados donde las operaciones y los sistemas están distribuidos en múltiples ubicaciones.

Desde un punto de vista jurídico, una clasificación incorrecta o insuficiente de las ciberamenazas podría exponer a las entidades a riesgos legales y regulatorios, especialmente si las amenazas no son gestionadas de manera adecuada y resultan en incidentes graves que podrían haberse prevenido. Además, una evaluación deficiente podría dificultar el cumplimiento de las obligaciones de notificación y comunicación establecidas por el Reglamento, lo que podría dar lugar a sanciones administrativas y daños reputacionales.

El artículo 18.2 establece un marco claro para la clasificación de ciberamenazas importantes, basado en criterios objetivos que garantizan una evaluación consistente y orientada a la mitigación de riesgos críticos. Su correcta implementación requiere procedimientos estructurados, herramientas avanzadas y una supervisión eficaz, pero es esencial para proteger las operaciones de las entidades financieras, reforzar su resiliencia operativa y mantener la confianza de sus clientes y contrapartes. Al cumplir con estos requisitos, las entidades no solo fortalecen su capacidad para gestionar ciberamenazas, sino que también contribuyen a la estabilidad del sistema financiero en su conjunto.

3. Las Autoridades Europeas de Supervisión, a través del Comité Mixto y en consulta con el BCE y la ENISA, elaborarán proyectos de normas técnicas de regulación comunes en las que se especificará más detalladamente lo siguiente:

- ***a) los criterios expuestos en el apartado 1, y en concreto los umbrales de importancia relativa para determinar los incidentes graves relacionados con las TIC o, según corresponda, los incidentes operativos o de seguridad graves relacionados con los pagos que son de obligada notificación con arreglo al artículo 19, apartado 1;***
- ***b) los criterios que deberán aplicar las autoridades competentes para evaluar la relevancia de los incidentes graves relacionados con las TIC o, según corresponda, los incidentes operativos o de seguridad graves relacionados con los pagos, para las autoridades competentes pertinentes de otros Estados miembros, y los detalles de las notificaciones de incidentes graves relacionados con las TIC o, según corresponda, incidentes operativos o de seguridad graves relacionados con los pagos, que deberán compartirse con otras autoridades competentes en virtud del artículo 19, apartados 6 y 7;***

c) ***los criterios establecidos en el apartado 2 del presente artículo, incluidos umbrales de importancia relativa elevados para determinar las ciberamenazas importantes.***

El artículo 18.3 del Reglamento Europeo 2022/2554 encarga a las Autoridades Europeas de Supervisión (AES), en colaboración con el Comité Mixto, el Banco Central Europeo (BCE) y la Agencia de la Unión Europea para la Ciberseguridad (ENISA), la elaboración de normas técnicas de regulación (RTS) destinadas a especificar y detallar los criterios necesarios para evaluar y clasificar los incidentes graves relacionados con las tecnologías de la información y comunicación (TIC) y las ciberamenazas importantes. Estas RTS tienen como objetivo garantizar un enfoque uniforme y coherente en toda la Unión Europea, estableciendo criterios claros y umbrales objetivos que permitan a las entidades financieras y a las autoridades competentes evaluar la gravedad de los incidentes y determinar las obligaciones de notificación correspondientes. Este artículo es esencial para fortalecer la coordinación transfronteriza en materia de ciberseguridad y garantizar una respuesta eficaz a los riesgos tecnológicos en un sistema financiero altamente interconectado.

El apartado (a) requiere que las normas técnicas especifiquen con mayor detalle los criterios establecidos en el apartado 1 del artículo 18, con un énfasis particular en la determinación de los “umbrales de importancia relativa” que deben aplicarse para clasificar un incidente como grave. Estos umbrales son fundamentales porque determinan cuándo un incidente alcanza un nivel de severidad que obliga a su notificación a las autoridades competentes, conforme a lo dispuesto en el artículo 19.1. Por ejemplo, un umbral podría definirse en función del número mínimo de clientes afectados, la duración mínima de una interrupción del servicio o el monto económico de las pérdidas directas e indirectas asociadas al incidente. Este enfoque permite una evaluación objetiva y estandarizada, garantizando que los incidentes más críticos sean identificados y gestionados de manera prioritaria. Además, el apartado contempla incidentes operativos o de seguridad graves relacionados con los pagos, subrayando la necesidad de proteger sistemas esenciales como las infraestructuras de pagos, que son fundamentales para la estabilidad del sistema financiero.

El apartado (b) establece la necesidad de especificar los criterios que deberán aplicar las autoridades competentes para evaluar la relevancia de los incidentes graves relacionados con las TIC o de seguridad en los pagos, especialmente cuando puedan tener implicaciones para otras jurisdicciones dentro de la Unión Europea. Este apartado refleja la naturaleza transfronteriza de muchos servicios financieros y la interdependencia de las infraestructuras digitales, que pueden hacer que un incidente en un Estado miembro tenga repercusiones significativas en otros. Por ejemplo, un ciberataque a un proveedor de servicios de pagos transfronterizos podría afectar a entidades financieras y usuarios en múltiples países. Las RTS deberán definir claramente los criterios para evaluar estos impactos transfronterizos, asegurando que las autoridades competentes compartan información relevante de manera oportuna y efectiva con sus homólogos en otros Estados miembros. Esto incluye detalles sobre los tipos de información que deben incluirse en las notificaciones, como el alcance del incidente, los sistemas afectados y las medidas adoptadas para contenerlo y mitigarlo.

El apartado (c) se centra en los criterios establecidos en el apartado 2 del artículo 18, relacionados con la clasificación de ciberamenazas importantes, y exige la definición de "umbrales de importancia relativa elevados" para determinar cuándo una amenaza debe clasificarse como importante. Este enfoque permite una evaluación más rigurosa de las amenazas potenciales, garantizando que solo aquellas que representen un riesgo significativo para los servicios esenciales, los clientes o las contrapartes sean priorizadas como importantes. Por ejemplo, los umbrales podrían incluir el alcance geográfico de la amenaza (como su potencial para afectar a múltiples Estados miembros), el número de clientes o contrapartes en riesgo, o el impacto potencial en servicios críticos, como los sistemas de pagos o las plataformas de negociación. Estos umbrales elevados garantizan que las entidades financieras y las autoridades competentes concentren sus recursos en las amenazas más críticas, sin diluir su enfoque en riesgos menores.

La colaboración de múltiples organismos, incluyendo las AES, el BCE y la ENISA, es fundamental para garantizar que las RTS reflejen las mejores prácticas y estén alineadas con los estándares internacionales de ciberseguridad y gestión de riesgos. Por ejemplo, la ENISA puede aportar su experiencia técnica en la identificación y clasificación de ciberamenazas, mientras que el BCE puede garantizar que las normas técnicas sean coherentes con los marcos ya existentes para la protección de infraestructuras financieras críticas, como TARGET2 y TIPS. Esta cooperación también refuerza la capacidad de la Unión Europea para abordar desafíos tecnológicos de manera coordinada y efectiva, fortaleciendo la estabilidad del sistema financiero europeo.

Desde una perspectiva operativa, las entidades financieras deberán prepararse para implementar los criterios y umbrales establecidos en estas

RTS una vez que sean adoptadas. Esto incluye la actualización de sus procesos internos para garantizar que los incidentes y ciberamenazas sean evaluados y clasificados de acuerdo con los nuevos estándares. Las entidades deberán invertir en herramientas avanzadas de monitoreo y análisis que les permitan recopilar y procesar datos relevantes en tiempo real, facilitando la evaluación de incidentes y amenazas en función de los criterios especificados. Por ejemplo, las entidades podrían necesitar implementar sistemas de inteligencia de amenazas que integren datos de múltiples fuentes, como proveedores de ciberseguridad y organismos regulatorios, para identificar y clasificar ciberamenazas en función de los umbrales definidos.

Desde la perspectiva del Compliance, la adopción de estas RTS implica que las entidades deberán documentar de manera rigurosa sus evaluaciones de incidentes y amenazas, asegurando que los criterios y umbrales establecidos se apliquen de manera consistente. Los responsables de Compliance deberán supervisar que las notificaciones a las autoridades competentes se realicen dentro de los plazos y formatos requeridos, y que incluyan toda la información necesaria para cumplir con las obligaciones regulatorias. Además, deberán garantizar que los procesos internos estén alineados con los nuevos estándares, y que el personal relevante reciba la capacitación necesaria para comprender y aplicar los criterios especificados en las RTS.

Un aspecto estratégico de este artículo es que la estandarización de los criterios y umbrales para la clasificación de incidentes y amenazas fortalece la capacidad de las entidades y las autoridades competentes para gestionar riesgos tecnológicos de manera coherente y coordinada en toda la Unión Europea. Esto no solo mejora la resiliencia operativa de las entidades individuales, sino que también contribuye a la estabilidad del sistema financiero en su conjunto, al garantizar que los incidentes más graves y las amenazas más críticas sean identificados y abordados de manera prioritaria.

En cuanto a los retos, la implementación de estas RTS puede ser compleja, especialmente para entidades con operaciones transfronterizas o con infraestructuras tecnológicas amplias y distribuidas. La recopilación y análisis de datos para cumplir con los nuevos criterios y umbrales requerirá inversiones significativas en tecnología, recursos humanos y capacitación. Además, garantizar que los criterios se apliquen de manera consistente en toda la organización puede ser un desafío, particularmente en entornos descentralizados donde las operaciones y los sistemas están distribuidos en múltiples ubicaciones.

Desde un punto de vista jurídico, el incumplimiento de los criterios y umbrales establecidos en las RTS podría exponer a las entidades a sanciones administrativas y daños reputacionales, especialmente si no clasifican adecuadamente los incidentes o amenazas y no cumplen con sus obligaciones de notificación. Además, una evaluación deficiente podría dificultar la coordinación con otras autoridades competentes y afectar negativamente la capacidad de la entidad para gestionar incidentes de manera efectiva.

El artículo 18.3 establece un marco para la creación de normas técnicas de regulación que detallan los criterios y umbrales necesarios para clasificar incidentes graves y ciberamenazas importantes, así como para garantizar una evaluación coherente y una coordinación efectiva entre las entidades financieras y las autoridades competentes. Su correcta implementación fortalecerá la capacidad de la Unión Europea para abordar riesgos tecnológicos de manera uniforme y efectiva, protegiendo la estabilidad del sistema financiero y garantizando que las entidades estén preparadas para responder a los desafíos emergentes en el ámbito de la ciberseguridad. Al cumplir con estos requisitos, las entidades no solo mitigan riesgos operativos y regulatorios, sino que también refuerzan su posición como actores confiables y resilientes en el mercado financiero global.

4. Cuando elaboren los proyectos de normas técnicas de regulación comunes a que se refiere el apartado 3 del presente artículo, las Autoridades Europeas de Supervisión tendrán en cuenta los criterios establecidos en el artículo 4, apartado 2, así como las normas internacionales, las orientaciones y las especificaciones elaboradas y publicadas por la ENISA, incluidas, cuando proceda, las especificaciones para otros sectores económicos. A efectos de la aplicación de los criterios establecidos en el artículo 4, apartado 2, las Autoridades Europeas de Supervisión tendrán debidamente en cuenta la necesidad de que las microempresas y las pequeñas y medianas empresas movilicen recursos y capacidades suficientes para garantizar una gestión rápida de los incidentes relacionado con las TIC.

Las Autoridades Europeas de Supervisión presentarán a la Comisión dichos proyectos de normas técnicas de regulación comunes a más tardar el 17 de enero de 2024.

Se delegan en la Comisión los poderes para completar el presente Reglamento mediante la adopción de las normas técnicas de regulación a que se refiere el apartado 3 de conformidad con los artículos 10 a 14 del Reglamento (UE) número 1093/2010, los artículos 10 a 14 del Reglamento (UE) número 1094/2010 y los artículos 10 a 14 del Reglamento (UE) número 1095/2010.

El artículo 18.4 del Reglamento Europeo 2022/2554 establece directrices específicas para la elaboración de normas técnicas de regulación (RTS) por parte de las Autoridades Europeas de Supervisión (AES), en colaboración con el Comité Mixto y otros actores relevantes. Estas normas técnicas tienen como objetivo detallar los criterios y procedimientos para la clasificación de incidentes relacionados con las tecnologías de la información y comunicación (TIC) y las ciberamenazas importantes, así como establecer las condiciones para su notificación y gestión. Este artículo subraya la importancia de un enfoque equilibrado y basado en estándares internacionales, teniendo en cuenta las particularidades de las microempresas y pequeñas y medianas empresas (pymes), y establece un plazo claro para la presentación de los proyectos de RTS a la Comisión Europea, fijado para el 17 de enero de 2024.

El mandato de considerar los criterios establecidos en el artículo 4.2 garantiza que las RTS estén alineadas con los principios de proporcionalidad, adaptándose a la naturaleza, escala, complejidad y perfil de riesgo de las entidades financieras. Este enfoque busca evitar la imposición de cargas regulatorias desproporcionadas, especialmente para las microempresas y pymes, mientras se asegura que todas las entidades cumplan con un estándar mínimo adecuado para gestionar los riesgos relacionados con las TIC. Por ejemplo, mientras que una gran institución financiera puede tener la capacidad de implementar sistemas avanzados de monitoreo y respuesta automatizada, una pyme puede optar por soluciones externalizadas o de menor escala que sean igualmente efectivas dentro de su contexto operativo.

La referencia a las normas internacionales, así como a las orientaciones y especificaciones de la ENISA, refuerza la necesidad de que las RTS se alineen con los estándares globales y las mejores prácticas en ciberseguridad. Esto es esencial en un entorno financiero digitalizado e interconectado, donde las amenazas cibernéticas suelen ser transnacionales y donde las soluciones eficaces deben ser compatibles con los marcos regulatorios y técnicos utilizados a nivel global. Por ejemplo, las normas técnicas podrían incorporar principios de la ISO/IEC 27001 sobre sistemas de gestión de seguridad de la información o del marco del NIST para la ciberseguridad, asegurando una base técnica sólida y coherente. La ENISA, como agencia de referencia en ciberseguridad dentro de la Unión Europea, aporta un conocimiento especializado y actualizado sobre las amenazas emergentes y las estrategias de mitigación, lo que permite que las RTS sean técnicamente rigurosas y aplicables en un contexto práctico.

El artículo también reconoce la posibilidad de aprovechar especificaciones desarrolladas para otros sectores económicos, como la energía, la salud o el transporte, que enfrentan desafíos similares en términos de ciberseguridad. Este enfoque fomenta el aprendizaje intersectorial, permitiendo que el sector financiero adopte soluciones ya probadas en otros ámbitos. Por ejemplo, las especificaciones utilizadas en el sector energético para proteger infraestructuras críticas pueden ser adaptadas para proteger sistemas financieros, como plataformas de pagos o sistemas de custodia de activos.

Una consideración fundamental de este artículo es la mención explícita de las microempresas y pymes, destacando la necesidad de que estas puedan movilizar recursos y capacidades suficientes para garantizar una gestión rápida de los incidentes relacionados con las TIC. Este reconocimiento de las limitaciones específicas de las pymes es esencial, ya que estas empresas a menudo carecen de los recursos financieros, técnicos y humanos de las grandes instituciones financieras. Las RTS deberán establecer criterios y requisitos que sean adaptativos, permitiendo que las pymes adopten medidas efectivas sin que esto represente una carga excesiva. Por ejemplo, las RTS podrían recomendar el uso de servicios gestionados de ciberseguridad o soluciones en la nube con controles integrados, que ofrecen un alto nivel de protección sin requerir grandes inversiones iniciales. Asimismo, podrían incluir orientaciones específicas sobre cómo las pymes pueden priorizar sus recursos para proteger las funciones más críticas y cumplir con las obligaciones de notificación y gestión de incidentes.

El artículo también establece un plazo claro para la presentación de los proyectos de RTS, fijado para el 17 de enero de 2024. Este plazo proporciona una hoja de ruta concreta para que las AES trabajen en la elaboración de las normas técnicas, asegurando que las entidades financieras y las autoridades competentes dispongan de directrices detalladas en un tiempo razonable. Este marco temporal refleja la urgencia de abordar los riesgos relacionados con las TIC en el sector financiero, dados los crecientes desafíos que plantea la ciberseguridad en un entorno digital en constante evolución.

El mandato delegado a la Comisión para adoptar las normas técnicas de regulación garantiza que estas tengan un carácter vinculante y uniforme en toda la Unión Europea. Esto es fundamental para evitar disparidades regulatorias entre los Estados miembros y asegurar un nivel de protección consistente en todo el sistema financiero europeo. Los artículos 10 a 14 de los Reglamentos (UE) números 1093/2010, 1094/2010 y 1095/2010, que rigen las funciones de las AES, proporcionan el marco legal para este proceso, estableciendo procedimientos claros para la adopción, implementación y supervisión de las RTS.

Desde una perspectiva operativa, la implementación de este artículo requiere que las AES trabajen de manera coordinada, tanto entre sí como con otras partes interesadas, como el Banco Central Europeo, la ENISA y la Comisión Europea. Esto asegura que las RTS reflejen una visión integrada y se beneficien de la experiencia y los conocimientos técnicos de todos los actores relevantes. Las entidades financieras, por su parte, deberán prepararse para adaptar sus políticas y procedimientos internos a las especificaciones detalladas en las RTS, asegurando que cumplen con los nuevos estándares una vez que estos sean adoptados.

Desde la perspectiva del Compliance, las normas técnicas desarrolladas en virtud de este artículo reforzarán la necesidad de que las entidades financieras establezcan sistemas robustos de gestión de riesgos tecnológicos y ciberseguridad. Los responsables de Compliance deberán garantizar que las políticas y procedimientos internos de las entidades estén alineados con los nuevos requisitos y que se mantengan registros detallados que demuestren el cumplimiento. Además, deberán supervisar que las entidades adopten un enfoque proporcional, especialmente en el caso de las microempresas y pymes, asegurando que las medidas implementadas sean adecuadas para su tamaño y perfil de riesgo.

Un aspecto estratégico de este artículo es que la armonización de las RTS en toda la Unión Europea no solo fortalece la resiliencia operativa del sector financiero, sino que también refuerza la confianza en el mercado único. Al garantizar un enfoque uniforme y alineado con estándares internacionales, las RTS facilitan la cooperación transfronteriza y reducen las brechas regulatorias que podrían ser explotadas por actores malintencionados. Esto es particularmente importante en un entorno en el que las amenazas cibernéticas están en constante evolución y en el que las entidades financieras son objetivos frecuentes debido a la naturaleza crítica de sus operaciones.

En cuanto a los retos, la elaboración e implementación de las RTS pueden enfrentar desafíos relacionados con la diversidad de las entidades financieras, que varían ampliamente en términos de tamaño, complejidad y recursos disponibles. Garantizar que las RTS sean prácticas y aplicables tanto para grandes instituciones como para pequeñas empresas requerirá un enfoque cuidadoso y equilibrado. Además, las AES y otras partes interesadas deberán coordinarse de manera efectiva para garantizar que las normas técnicas sean técnicamente sólidas, prácticas y adaptativas.

Desde un punto de vista jurídico, la adopción de las RTS refuerza la base normativa del Reglamento, proporcionando a las entidades y autoridades competentes directrices claras y detalladas para cumplir con sus obligaciones. Sin embargo, también implica que las entidades financieras deberán estar preparadas para demostrar su cumplimiento con estos nuevos requisitos, tanto en el contexto de auditorías internas como durante inspecciones regulatorias.

El artículo 18.4 establece un marco detallado para la elaboración de normas técnicas de regulación que refuercen la gestión de los riesgos relacionados con las TIC en el sector financiero. Al considerar criterios proporcionados, normas internacionales y las necesidades específicas de las microempresas y pymes, las RTS contribuirán a fortalecer la resiliencia operativa y la seguridad del sistema financiero europeo. Su correcta implementación garantizará una protección consistente y efectiva frente a los riesgos tecnológicos, reforzando la estabilidad del mercado financiero y la confianza de todas las partes interesadas en un entorno digital cada vez más complejo y exigente.

Artículo 19. Notificación de los incidentes graves relacionados con las TIC y notificación voluntaria de las ciberamenazas importantes

1. Las entidades financieras notificarán los incidentes graves relacionados con las TIC a la autoridad competente pertinente a que se refiere el artículo 46, de conformidad con el apartado 4 del presente artículo.

Cuando una entidad financiera sea supervisada por más de una autoridad nacional competente contemplada en el artículo 46, los Estados miembros designarán a una única autoridad competente autoridad competente pertinente responsable del desempeño de las funciones y tareas establecidas en el presente artículo.

Las entidades de crédito clasificadas como significativas de conformidad con el artículo 6, apartado 4, del Reglamento (UE) número 1024/2013 notificarán los incidentes graves relacionados con las TIC a la autoridad nacional competente pertinente designada con arreglo al artículo 4 de la Directiva 2013/36/UE, que transmitirá dicho informe de forma inmediata al BCE.

A los efectos del párrafo primero, tras recopilar y analizar toda la información pertinente, las entidades financieras elaborarán la notificación inicial y los informes a que se refiere el apartado 4 del presente artículo mediante la plantilla a que se refiere el artículo 20 y los presentarán a la autoridad competente. En caso de que un impedimento técnico haga imposible la presentación de la notificación inicial mediante la plantilla, las entidades financieras presentarán la notificación a la autoridad competente por medios alternativos.

La notificación inicial y los informes a que hace referencia el apartado 4 incluirán toda la información necesaria para que la autoridad competente pueda

determinar la importancia del incidente grave relacionado con las TIC y evaluar sus posibles efectos transfronterizos.

Sin perjuicio de la notificación en virtud del párrafo primero por parte de la entidad financiera a la autoridad competente pertinente, los Estados miembros podrán determinar de manera adicional que algunas entidades financieras, o todas ellas, presenten también la notificación inicial y cada uno de los informes a que se refiere el apartado 4 del presente artículo, utilizando las plantillas mencionadas en el artículo 20, a las autoridades competentes o a los equipos de respuesta a incidentes de seguridad informática (CSIRT), designados o establecidos de conformidad con la Directiva (UE) 2022/2555.

El artículo 19.1 del Reglamento Europeo 2022/2554 establece las obligaciones específicas de las entidades financieras en relación con la notificación de incidentes graves relacionados con las tecnologías de la información y comunicación (TIC). Este artículo detalla los requisitos, procedimientos y responsabilidades para garantizar que los incidentes graves sean comunicados de manera oportuna, estructurada y efectiva a las autoridades competentes, con el fin de permitir una evaluación adecuada y la adopción de medidas coordinadas que mitiguen los riesgos y repercusiones del incidente. La norma trata de fomentar la transparencia, la cooperación regulatoria y la respuesta ágil a incidentes en un entorno financiero interconectado y altamente dependiente de las TIC.

En primer lugar, el artículo establece que todas las entidades financieras están obligadas a notificar los incidentes graves relacionados con las TIC a la autoridad competente pertinente de conformidad con lo dispuesto en el artículo 46 y con las directrices específicas del apartado 4 del presente artículo. Esto implica que las entidades deben contar con procedimientos internos sólidos para identificar qué incidentes califican como graves, basándose en los criterios de clasificación establecidos en el artículo 18, como el impacto sobre servicios esenciales, la duración de la interrupción, las pérdidas de datos, o las repercusiones económicas y geográficas. La notificación debe incluir todos los detalles necesarios para permitir a la autoridad competente evaluar la gravedad del incidente, determinar su posible impacto transfronterizo y coordinar las respuestas regulatorias.

Cuando una entidad financiera sea supervisada por más de una autoridad nacional competente, los Estados miembros deben designar una única autoridad competente responsable de recibir la notificación y desempeñar las funciones asociadas a este proceso. Este requisito es especialmente relevante en casos de entidades con operaciones transfronterizas o que están sujetas a múltiples regulaciones nacionales, como sucede con bancos que operan en varios Estados miembros. La designación de una única autoridad responsable reduce la duplicidad en las notificaciones y asegura un enfoque centralizado para la evaluación y gestión de los incidentes, facilitando la coordinación entre las distintas autoridades involucradas. Sin esta disposición, la fragmentación regulatoria podría complicar la respuesta a incidentes graves, aumentando los riesgos de falta de comunicación y de medidas descoordinadas.

Para las entidades de crédito clasificadas como significativas según el artículo 6.4 del Reglamento (UE) n.º 1024/2013, el artículo especifica que deben notificar los incidentes graves relacionados con las TIC a la autoridad nacional competente designada conforme a la Directiva 2013/36/UE, y que esta, a su vez, debe transmitir dicha notificación de forma inmediata al Banco Central Europeo (BCE). Esta disposición asegura que el BCE, como autoridad supervisora central para las entidades de crédito significativas en la Unión Bancaria, reciba información directa sobre incidentes que puedan tener implicaciones significativas para la estabilidad del sistema financiero europeo. Por ejemplo, un ciberataque a un banco de importancia sistémica que afecte sus servicios de pagos transfronterizos debe ser reportado rápidamente al BCE para que pueda coordinarse una respuesta adecuada a nivel supranacional.

El artículo también establece que las entidades financieras deben elaborar y presentar las notificaciones iniciales y los informes requeridos utilizando la plantilla a que se refiere el artículo 20. Estas plantillas estandarizadas garantizan que las notificaciones sean coherentes y contengan toda la información necesaria para que las autoridades competentes evalúen el incidente de manera efectiva. La información requerida incluye detalles sobre el tipo de incidente, los sistemas afectados, la duración de la interrupción, las medidas adoptadas para mitigar sus efectos y cualquier impacto potencial en otras jurisdicciones. En caso de que un impedimento técnico impida el uso de la plantilla, el artículo permite que las notificaciones se presenten por medios alternativos, asegurando que las autoridades competentes reciban la información sin retrasos innecesarios. Este enfoque flexible es especialmente importante en situaciones en las que el incidente en sí podría comprometer las capacidades tecnológicas de la entidad, como en el caso de un ataque que afecte sus sistemas de comunicación.

El artículo subraya que la notificación inicial y los informes deben incluir toda la información necesaria para que la autoridad competente pueda determinar la importancia del incidente y evaluar sus posibles efectos transfronterizos. Esto es determinante en un sistema financiero europeo altamente interconectado, donde los incidentes que afectan a una entidad o jurisdicción pueden tener repercusiones significativas en otras. Por ejemplo, un fallo en una infraestructura de pagos transfronterizos podría interrumpir las transacciones en múltiples Estados miembros, afectando a clientes, contrapartes y mercados financieros en toda la Unión. La información detallada proporcionada en las notificaciones permite a las autoridades competentes coordinar su respuesta y, si es necesario, colaborar con otras jurisdicciones para mitigar el impacto del incidente.

Además, los Estados miembros pueden exigir que algunas o todas las entidades financieras presenten las notificaciones iniciales y los informes también a las autoridades competentes o a los Equipos de Respuesta a Incidentes de Seguridad Informática (CSIRT), designados o establecidos de conformidad con la Directiva (UE) 2022/2555. Esta disposición reconoce que los CSIRT desempeñan un papel fundamental en la gestión técnica de los incidentes de ciberseguridad, proporcionando apoyo operativo y coordinando la respuesta a nivel nacional o sectorial. Por ejemplo, un CSIRT puede analizar la naturaleza del ataque, asesorar a la entidad sobre las medidas de contención y recuperación, y compartir información sobre amenazas similares con otras entidades para prevenir incidentes futuros. Al involucrar a los CSIRT en el proceso de notificación, los Estados miembros refuerzan la cooperación entre los organismos regulatorios y técnicos, mejorando la capacidad de respuesta a incidentes graves.

Desde una perspectiva operativa, la implementación de este artículo requiere que las entidades financieras establezcan sistemas y procedimientos para detectar, clasificar y notificar incidentes graves de manera eficiente. Esto incluye la integración de herramientas de monitoreo y detección de incidentes, la capacitación del personal en la gestión de ciberincidentes y la asignación de responsabilidades claras para la preparación y presentación de las notificaciones. Las entidades también deben asegurarse de que sus sistemas de gestión de incidentes sean capaces de recopilar y estructurar la información requerida para cumplir con las plantillas de notificación especificadas en el artículo 20.

Desde la perspectiva del Compliance, este artículo refuerza la importancia de una supervisión adecuada y de registros exhaustivos en la gestión de incidentes graves relacionados con las TIC. Los responsables de Compliance deben garantizar que las entidades cumplan con los plazos y formatos de notificación establecidos, y que las políticas internas reflejen los requisitos regulatorios en esta área. También deben supervisar que se mantengan registros completos de todos los incidentes notificados, incluidas las decisiones tomadas sobre su clasificación y los detalles proporcionados en las notificaciones.

Un aspecto estratégico del artículo es que fomenta la cooperación y coordinación entre las entidades financieras, las autoridades competentes y los CSIRT, fortaleciendo la capacidad de respuesta colectiva frente a incidentes graves. Esto no solo protege a las entidades individuales, sino que también refuerza la estabilidad del sistema financiero europeo en su conjunto. La estandarización de las plantillas y el enfoque centralizado para la notificación de incidentes también contribuyen a reducir la fragmentación regulatoria y a garantizar una respuesta coherente en toda la Unión Europea.

En cuanto a los retos, la implementación de estas disposiciones puede ser compleja para las entidades con operaciones transfronterizas o aquellas que carecen de capacidades avanzadas para gestionar ciberincidentes. Garantizar que las notificaciones se preparen y presenten de manera oportuna y precisa requerirá inversiones en tecnología, capacitación y procesos internos. Además, la coordinación entre múltiples autoridades competentes en casos de supervisión compartida puede presentar desafíos adicionales, especialmente en incidentes que evolucionan rápidamente.

Desde un punto de vista jurídico, el incumplimiento de las obligaciones de notificación podría dar lugar a sanciones regulatorias, así como a daños reputacionales para las entidades afectadas. Además, la falta de información oportuna podría dificultar la respuesta de las autoridades competentes, exacerbando las consecuencias del incidente tanto para la entidad como para el sistema financiero en general.

El artículo 19.1 establece un marco claro y detallado para la notificación de incidentes graves relacionados con las TIC, subrayando la importancia de la transparencia, la cooperación y la estandarización en la gestión de riesgos tecnológicos. Su correcta implementación requiere una preparación integral por parte de las entidades financieras, así como una coordinación efectiva entre las autoridades competentes y los CSIRT. Al cumplir con estos requisitos, las entidades no solo mitigan los riesgos asociados con los incidentes graves, sino que también contribuyen a la resiliencia y estabilidad del sistema financiero europeo en su conjunto.

2. Las entidades financieras podrán notificar, de manera voluntaria, ciberamenazas importantes a la autoridad competente pertinente cuando consideren que la amenaza es pertinente para el sistema financiero, los usuarios del servicio o los clientes. La autoridad competente pertinente podrá transmitir esta información a otras autoridades pertinentes mencionadas en el apartado 6.

Las entidades de crédito clasificadas como significativas de conformidad con el artículo 6, apartado 4, del Reglamento (UE) número 1024/2013 podrán, de manera voluntaria, notificar las ciberamenazas importantes a la autoridad nacional competente pertinente designada con arreglo al artículo 4 de la Directiva 2013/36/UE, que transmitirá dicho informe de forma inmediata al BCE.

Los Estados miembros podrán determinar que las entidades financieras que notifiquen voluntariamente de conformidad con el párrafo primero puedan también transmitir dicha notificación a los CSIRT designados o establecidos de conformidad con la Directiva (UE) 2022/2555.

El artículo 19.2 del Reglamento Europeo 2022/2554 establece la posibilidad de que las entidades financieras notifiquen, de manera voluntaria, ciberamenazas importantes a las autoridades competentes cuando consideren que estas amenazas son relevantes para el sistema financiero, los usuarios del servicio o los clientes. Esta norma complementa el marco obligatorio de notificación de incidentes graves relacionado con las tecnologías de la información y comunicación (TIC), permitiendo a las entidades adoptar un enfoque proactivo en la comunicación de riesgos y fortaleciendo la capacidad de las autoridades para identificar y gestionar amenazas potenciales que puedan afectar la estabilidad del sistema financiero. Además, incluye disposiciones específicas para las entidades de crédito clasificadas como significativas y la posibilidad de notificar a los equipos de respuesta a incidentes de seguridad informática (CSIRT) designados en virtud de la Directiva (UE) 2022/2555.

La notificación voluntaria de ciberamenazas importantes por parte de las entidades financieras es un mecanismo diseñado para promover la colaboración entre las entidades y las autoridades competentes en la identificación temprana y gestión de riesgos emergentes. Aunque no es obligatorio, este mecanismo permite que las entidades compartan información sobre amenazas que, aunque no se hayan materializado en incidentes, puedan tener un impacto significativo en el sistema financiero o en los clientes. Por ejemplo, una entidad financiera que detecte intentos recurrentes de acceso no autorizado a sus sistemas críticos podría decidir notificar a la autoridad competente para alertar sobre un posible ataque coordinado que podría afectar a otras entidades en el sector. Este enfoque proactivo permite a las autoridades recopilar datos agregados sobre ciberamenazas, identificar patrones de ataque y coordinar respuestas preventivas.

El carácter voluntario de esta notificación refleja la flexibilidad del Reglamento para adaptarse a las circunstancias operativas y estratégicas de las entidades financieras. Sin embargo, esta flexibilidad no exime a las entidades de evaluar cuidadosamente la relevancia de las amenazas detectadas y de considerar si su comunicación a las autoridades es pertinente. La decisión de notificar voluntariamente debe estar fundamentada en criterios objetivos, como la criticidad de los servicios potencialmente afectados, el alcance de la amenaza y el posible impacto en clientes o contrapartes. Por ejemplo, si una amenaza tiene el potencial de comprometer la integridad de un sistema de pagos utilizado por múltiples instituciones financieras, su notificación podría ser determinante para evitar un incidente mayor.

El artículo también establece que las entidades de crédito clasificadas como significativas, conforme al artículo 6.4 del Reglamento (UE) número 1024/2013, pueden notificar voluntariamente ciberamenazas importantes a la autoridad nacional competente designada en virtud de la Directiva 2013/36/UE. Esta notificación debe ser transmitida inmediatamente al Banco Central Europeo (BCE). Este requisito reconoce la importancia sistémica de estas entidades significativas y la necesidad de que el BCE, como autoridad supervisora central en la Unión Bancaria, tenga acceso a información temprana sobre ciberamenazas que puedan impactar la estabilidad del sistema financiero europeo. Por ejemplo, una amenaza dirigida a un banco de importancia sistémica podría tener repercusiones más amplias debido a su papel en la infraestructura financiera y su interconexión con otras instituciones.

Adicionalmente, los Estados miembros tienen la facultad de establecer que las entidades que opten por notificar ciberamenazas importantes a las autoridades competentes puedan también remitir esta información a los CSIRT designados o establecidos en virtud de la Directiva (UE) 2022/2555. Los CSIRT desempeñan un papel técnico determinante en la gestión de ciberamenazas, proporcionando apoyo operativo para contener y mitigar los riesgos asociados. La participación de los CSIRT en el proceso de notificación voluntaria refuerza la capacidad de respuesta coordinada a nivel nacional y sectorial, permitiendo el intercambio de información técnica sobre amenazas y la implementación de medidas preventivas en toda la infraestructura financiera. Por ejemplo, si un CSIRT recibe notificaciones similares de varias entidades financieras sobre un intento de ataque dirigido, puede coordinar una respuesta conjunta, emitir alertas sectoriales y recomendar acciones específicas para mitigar el riesgo.

Desde una perspectiva operativa, este artículo implica que las entidades financieras deben contar con procedimientos internos claros para decidir cuándo y cómo realizar una notificación voluntaria de ciberamenazas importantes. Esto incluye la evaluación de la relevancia de la amenaza, la preparación de la notificación de acuerdo con los formatos establecidos, y la coordinación con las áreas responsables de la gestión de riesgos y la ciberseguridad. Además, las entidades deben asegurarse de que los equipos responsables de estas notificaciones estén capacitados para identificar ciberamenazas importantes y para comunicarlas de manera precisa y completa. Por ejemplo, una amenaza que afecte a un sistema crítico debe ser analizada por equipos especializados en ciberseguridad, que deberán proporcionar detalles técnicos suficientes para que las autoridades competentes comprendan su gravedad y su posible impacto.

Desde la perspectiva del Compliance, la notificación voluntaria introduce un elemento de gestión estratégica de riesgos reputacionales y regulatorios. Aunque no es obligatoria, la falta de notificación de una amenaza importante podría ser cuestionada si posteriormente se materializa en un incidente grave que afecte a terceros o al sistema financiero en general. Por tanto, los responsables de Compliance deben supervisar que las políticas internas de la entidad incluyan criterios claros para evaluar y decidir sobre la notificación voluntaria de ciberamenazas, asegurándose de que las decisiones estén documentadas y sean auditables. Además, deben garantizar que cualquier notificación voluntaria cumpla con los requisitos formales establecidos por las autoridades competentes.

Un aspecto estratégico de este artículo es que fomenta una cultura de cooperación y transparencia en la gestión de ciberamenazas, fortaleciendo la capacidad colectiva del sector financiero para identificar y responder a riesgos emergentes. Las entidades que optan por notificar voluntariamente no solo contribuyen a la seguridad del sistema financiero en su conjunto, sino que también refuerzan su propia posición al demostrar un compromiso con la ciberseguridad y la resiliencia operativa. Este enfoque colaborativo es especialmente importante en un entorno digital donde las amenazas son cada vez más sofisticadas y están dirigidas a múltiples objetivos de manera coordinada.

En cuanto a los retos, la implementación de este artículo puede plantear desafíos relacionados con la determinación de qué ciberamenazas califican como importantes y merecen ser notificadas. Dado que la notificación es voluntaria, las entidades podrían enfrentar incertidumbre sobre cuándo y cómo actuar, especialmente en ausencia de directrices claras o ejemplos prácticos. Además, garantizar que la información proporcionada en la notificación sea precisa, relevante y útil para las autoridades competentes y los CSIRT requerirá una colaboración estrecha entre los equipos técnicos y de cumplimiento normativo de la entidad.

Desde un punto de vista jurídico, aunque la notificación es voluntaria, las entidades deben ser conscientes de que su decisión de no notificar una amenaza importante podría ser revisada retrospectivamente en caso de que la amenaza se materialice en un incidente grave. Esto subraya la importancia de documentar adecuadamente las evaluaciones realizadas y las razones para notificar o no una ciberamenaza.

El artículo 19.2 establece un marco flexible y proactivo para la notificación voluntaria de ciberamenazas importantes, promoviendo la colaboración entre las entidades financieras, las autoridades competentes y los CSIRT en la identificación y gestión de riesgos emergentes. Aunque no es obligatoria, esta notificación representa una herramienta básica para fortalecer la resiliencia operativa del sector financiero y para mejorar la capacidad de respuesta colectiva frente a un panorama de ciberamenazas cada vez más complejo. Las entidades que implementen procedimientos claros para evaluar y notificar voluntariamente estas amenazas estarán mejor posicionadas para proteger sus operaciones, contribuir a la estabilidad del sistema financiero y mantener la confianza de sus clientes, contrapartes y reguladores.

3. Cuando se produzca un incidente grave relacionado con las TIC y tenga consecuencias para los intereses financieros de los clientes, las entidades financieras informarán sin demora indebida de dicho incidente tan pronto como tengan conocimiento del mismo, a sus clientes y les comunicarán todas las medidas que se hayan adoptado para mitigar sus efectos adversos.

En caso de ciberamenaza importante, las entidades financieras informarán, cuando proceda, a aquellos de sus clientes que pudieran verse afectados de cualquier medida de protección adecuada que estos consideren oportuno adoptar.

El artículo 19.3 del Reglamento Europeo 2022/2554 establece la obligación de las entidades financieras de informar a sus clientes cuando se produzca un incidente grave relacionado con las tecnologías de la información y comunicación (TIC) que afecte a sus intereses financieros, así como la posibilidad de comunicar medidas de protección en caso de ciberamenazas importantes que puedan afectarles. Este artículo tiene un enfoque centrado en la protección de los derechos y la confianza de los clientes, garantizando que estos sean informados de manera oportuna y adecuada sobre los riesgos o incidentes que puedan impactar sus activos financieros, así como de las medidas adoptadas por la entidad para mitigar dichos riesgos. La norma subraya la importancia de la transparencia, la comunicación eficaz y la orientación al cliente como elementos de la gestión de riesgos relacionados con las TIC.

La primera obligación impuesta por el artículo es que las entidades financieras deben informar a sus clientes "sin demora indebida" cuando un incidente grave relacionado con las TIC tenga consecuencias para sus intereses financieros. Esto implica que las entidades deben actuar con rapidez una vez que tengan conocimiento del incidente, asegurándose de que los clientes reciban información oportuna que les permita comprender el impacto del incidente y las medidas que la entidad ha adoptado para mitigar sus efectos adversos. Por ejemplo, si un ciberataque compromete la confidencialidad de datos de cuentas bancarias o interrumpe la disponibilidad de un sistema de pagos, los clientes afectados deben ser informados lo antes posible para que puedan tomar medidas adecuadas, como supervisar sus cuentas o cambiar contraseñas.

La expresión "sin demora indebida" introduce un estándar de razonabilidad que permite cierto margen para que las entidades recopilen información suficiente sobre el incidente antes de notificar a los clientes. Esto es importante porque, en los primeros momentos tras la detección de un incidente, puede ser necesario investigar su alcance y naturaleza para proporcionar información precisa y útil. Sin embargo, este margen no debe ser utilizado como excusa para retrasar injustificadamente la notificación, especialmente si los clientes están expuestos a riesgos significativos, como pérdidas económicas, fraudes o usos indebidos de sus datos personales. En consecuencia, las entidades deben contar con procedimientos claros que les permitan evaluar rápidamente los incidentes y determinar cuándo y cómo notificar a los clientes.

La obligación de comunicar "todas las medidas que se hayan adoptado para mitigar los efectos adversos" del incidente es fundamental para preservar la confianza de los clientes y garantizar que estos comprendan cómo la entidad está protegiendo sus intereses. Esto puede incluir medidas técnicas, como la desconexión de sistemas afectados o la implementación de parches de seguridad, así como medidas operativas, como el fortalecimiento de controles de acceso o la supervisión intensiva de actividades sospechosas. Por ejemplo, si un ataque cibernético compromete la integridad de datos financieros, la entidad podría informar a los clientes que ha restaurado los datos a partir de copias de seguridad verificadas y que está supervisando cualquier actividad anómala en sus cuentas.

Además de la obligación de notificar incidentes graves, el artículo establece que, en caso de ciberamenazas importantes, las entidades financieras deben informar, "cuando proceda", a los clientes potencialmente afectados sobre medidas de protección adecuadas que estos puedan adoptar. Este enfoque preventivo es particularmente valioso en un entorno de amenazas cibernéticas crecientes y cada vez más sofisticadas. Por ejemplo, si una entidad detecta una ciberamenaza dirigida a los sistemas de autenticación utilizados por sus clientes, podría recomendarles que habiliten la autenticación multifactorial o que eviten el uso de redes Wi-Fi públicas para acceder a sus cuentas. Este tipo de comunicación proactiva no solo protege a los clientes, sino que también refuerza la posición de la entidad como un actor confiable y comprometido con la seguridad.

La expresión "cuando proceda" introduce flexibilidad en la obligación de notificar ciberamenazas importantes, permitiendo a las entidades evaluar la relevancia y la utilidad de la información antes de comunicarse con los clientes. Esto evita generar alarmas innecesarias o sobrecargar a los clientes con información técnica que pueda ser difícil de comprender. Sin embargo, esta flexibilidad también requiere que las entidades desarrollen criterios claros para determinar en qué casos y de qué manera se debe informar a los clientes sobre ciberamenazas importantes. Por ejemplo, una amenaza que solo afecta a sistemas internos de la entidad y no tiene impacto directo en los clientes probablemente no requerirá comunicación, mientras que una amenaza que pone en riesgo la autenticidad de las transacciones realizadas por los clientes sí lo haría.

Desde una perspectiva técnica, este artículo exige que las entidades financieras establezcan sistemas eficaces de detección, evaluación y gestión de incidentes relacionados con las TIC que incluyan componentes específicos para la comunicación con los clientes. Esto incluye la capacidad de identificar rápidamente qué clientes están afectados por un incidente o una amenaza, así como herramientas para personalizar y enviar notificaciones a gran escala de manera eficiente. Por ejemplo, una entidad podría utilizar sistemas automatizados que envíen alertas personalizadas a los clientes afectados por un incidente de fraude, informándoles de las medidas adoptadas por la entidad y recomendando precauciones específicas.

Desde la perspectiva del Compliance, la obligación de notificar incidentes graves y ciberamenazas importantes refuerza la necesidad de contar con políticas y procedimientos claros y documentados para la gestión de incidentes y la comunicación con los clientes. Los responsables de Compliance deben supervisar que las notificaciones cumplan con los requisitos de precisión, oportunidad y claridad establecidos en el Reglamento, y que se mantengan registros detallados de las comunicaciones realizadas. Además, deben garantizar que las políticas internas reflejen las mejores prácticas y los estándares regulatorios aplicables, y que el personal relevante reciba capacitación adecuada para gestionar estas situaciones de manera profesional y efectiva.

Un aspecto estratégico de este artículo es que la comunicación oportuna y adecuada con los clientes durante incidentes graves o ciberamenazas importantes no solo protege sus intereses financieros, sino que también refuerza la confianza en la entidad. Las entidades que demuestran transparencia y un compromiso claro con la seguridad y la protección del cliente están mejor posicionadas para mantener relaciones sólidas y sostenibles, incluso en situaciones adversas. Además, este enfoque proactivo puede diferenciar a la entidad de sus competidores, destacándola como un líder en ciberseguridad y gestión de riesgos.

En cuanto a los retos, la implementación de este artículo puede ser compleja para entidades que carecen de sistemas avanzados de gestión de incidentes o que operan en entornos tecnológicos distribuidos. Garantizar que las notificaciones a los clientes sean precisas, oportunas y comprensibles puede requerir inversiones significativas en tecnología, personal y capacitación. Además, las entidades deben equilibrar la necesidad de actuar rápidamente con la necesidad de proporcionar información completa y precisa, lo que puede ser difícil en los primeros momentos tras la detección de un incidente.

Desde un punto de vista jurídico, el incumplimiento de las obligaciones de notificación establecidas en este artículo podría dar lugar a sanciones regulatorias, así como a litigios por parte de los clientes afectados. Por ejemplo, si una entidad no informa a sus clientes sobre un incidente que compromete sus datos financieros, podría enfrentarse a reclamaciones por negligencia o incumplimiento de sus obligaciones contractuales. Esto subraya la importancia de que las entidades cumplan rigurosamente con los requisitos de este artículo y documenten adecuadamente sus acciones.

El artículo 19.3 establece un marco esencial para la protección de los intereses financieros de los clientes durante incidentes graves relacionados con las TIC y ciberamenazas importantes. Su correcta implementación requiere sistemas avanzados de gestión de incidentes, criterios claros para la notificación y una comunicación eficaz y proactiva con los clientes. Al cumplir con estos requisitos, las entidades no solo mitigan los riesgos asociados con los incidentes, sino que también fortalecen la confianza de los clientes y refuerzan su resiliencia operativa en un entorno digital cada vez más desafiante.

4. Las entidades financieras presentarán a la autoridad competente pertinente, dentro de los plazos que se establezcan de conformidad con el artículo 20, párrafo primero, letra a), inciso ii), la siguiente información:

a) una notificación inicial;

b) un informe intermedio posterior a la notificación inicial a que se refiere la letra a), tan pronto como la situación del incidente original haya cambia-

do considerablemente o la gestión del incidente grave relacionado con las TIC haya cambiado en función de las últimas informaciones disponibles, seguido, cuando sea necesario, de notificaciones actualizadas cada vez que se disponga de una actualización pertinente de la situación, y siempre que lo solicite expresamente la autoridad competente;

c) ***un informe final, cuando haya concluido el análisis de la causa subyacente, con independencia de que ya se hayan aplicado medidas paliativas, y cuando se disponga de las cifras reales de incidencia para sustituir a las estimaciones.***

El artículo 19.4 del Reglamento Europeo 2022/2554 detalla las obligaciones específicas de las entidades financieras para informar a las autoridades competentes pertinentes sobre incidentes graves relacionados con las tecnologías de la información y comunicación (TIC). Estas obligaciones comprenden la presentación de una **notificación inicial**, un **informe intermedio** y un **informe final**, estableciendo un procedimiento estructurado para garantizar que las autoridades reciban información completa, actualizada y precisa a lo largo del ciclo de vida del incidente. Este artículo es fundamental para asegurar la transparencia y la supervisión adecuada en la gestión de incidentes graves, y contribuye a una respuesta más coordinada y eficaz a nivel regulatorio.

La obligación de presentar una **notificación inicial**, prevista en la letra a), exige que las entidades financieras comuniquen de manera temprana la ocurrencia de un incidente grave relacionado con las TIC tan pronto como se tenga conocimiento del mismo. Este requisito asegura que las autoridades competentes estén informadas desde el principio y puedan evaluar la naturaleza del incidente, su posible impacto y las medidas iniciales adoptadas por la entidad. La notificación inicial, que debe presentarse dentro de los plazos establecidos de conformidad con el artículo 20, párrafo primero, letra a), inciso ii), es esencial para proporcionar una visión preliminar del incidente, aunque no se cuente aún con todos los detalles. Por ejemplo, en el caso de un ataque de ransomware que interrumpa operaciones críticas, la entidad deberá informar de inmediato sobre la naturaleza del incidente, los sistemas afectados, las medidas iniciales de contención y el alcance preliminar del impacto.

La presentación de una notificación inicial plantea desafíos operativos para las entidades financieras, especialmente en los momentos iniciales de un incidente, cuando puede haber incertidumbre sobre su alcance y severidad. Por lo tanto, las entidades deben contar con procedimientos claros y sistemas automatizados para recopilar información básica en tiempo real y preparar la notificación dentro de los plazos establecidos. Esto incluye la implementación de herramientas de monitoreo y detección de incidentes, así como protocolos internos para la escalada de información a los responsables de gestión de crisis y cumplimiento normativo.

El artículo también establece, en la letra b), la obligación de presentar un **informe intermedio** cuando haya cambios significativos en la situación del incidente original o en su gestión, o cuando las autoridades competentes lo soliciten expresamente. Este informe permite que las autoridades mantengan un seguimiento continuo y actualizado del incidente, asegurando que disponen de información relevante a medida que la situación evoluciona. Por ejemplo, si inicialmente se reportó que un incidente afectaba a un sistema secundario, pero posteriormente se descubre que también compromete datos confidenciales de clientes, la entidad deberá emitir un informe intermedio con estas nuevas informaciones y las medidas adoptadas en respuesta al cambio en la situación.

El requisito de presentar informes intermedios también incluye la posibilidad de proporcionar actualizaciones adicionales siempre que se disponga de información relevante. Esto implica que las entidades deben mantener un monitoreo constante del incidente y garantizar la capacidad de reportar rápidamente cualquier cambio en su gravedad, alcance o impacto. Este enfoque iterativo es esencial para garantizar que las autoridades competentes puedan ajustar sus propias evaluaciones y acciones de supervisión, especialmente en incidentes con posibles efectos transfronterizos o implicaciones sistémicas.

La letra c) regula la presentación de un **informe final**, que debe ser emitido una vez que se haya concluido el análisis de la causa subyacente del incidente, independientemente de que ya se hayan implementado medidas paliativas. Este informe debe incluir las cifras reales de incidencia para sustituir cualquier estimación previa, proporcionando un resumen completo del incidente, sus causas, el impacto real y las acciones adoptadas para prevenir futuras recurrencias. Por ejemplo, en el caso de un fallo de seguridad que haya permitido el acceso no autorizado a datos personales, el informe final debe detallar cómo ocurrió el incidente (como una vulnerabilidad en el software), el número exacto de clientes afectados, las pérdidas económicas derivadas y las medidas implementadas para reforzar la seguridad de los sistemas.

La elaboración del informe final requiere que las entidades realicen un análisis exhaustivo de las causas subyacentes del incidente, lo que puede implicar la colaboración con expertos técnicos, auditores internos y proveedores externos de servicios de ciberseguridad. Este análisis es determinante no solo para cumplir con las obligaciones de notificación, sino también para identificar lecciones aprendidas que puedan mejorar la resiliencia operativa de la entidad y prevenir futuros incidentes. Además, el informe final proporciona a las autoridades competentes una base para evaluar la efectividad de la gestión del incidente por parte de la entidad y para emitir recomendaciones regulatorias si fuera necesario.

Desde una perspectiva técnica, la implementación de este artículo requiere que las entidades financieras desarrollen sistemas avanzados de gestión de incidentes que permitan recopilar, analizar y reportar información de manera estructurada y en tiempo real. Esto incluye la capacidad de integrar datos de múltiples fuentes, como herramientas de monitoreo de seguridad, registros de sistemas y bases de datos internas, para proporcionar una visión completa del incidente en cada etapa. Además, las entidades deben establecer equipos multidisciplinarios que incluyan expertos en ciberseguridad, gestión de riesgos, cumplimiento normativo y comunicación, para garantizar que los informes sean técnicamente precisos y cumplan con los requisitos regulatorios.

Desde la perspectiva del Compliance, este artículo refuerza la importancia de establecer procesos claros y documentados para la notificación de incidentes graves, asegurando que las entidades puedan cumplir con los plazos y formatos establecidos por las autoridades competentes. Los responsables de Compliance deben supervisar que las notificaciones iniciales, los informes intermedios y los informes finales sean preparados de manera adecuada, verificando que incluyan toda la información requerida y que sean consistentes con las políticas internas y los marcos regulatorios aplicables. Además, deben garantizar que se mantengan registros detallados de todas las comunicaciones realizadas con las autoridades competentes, incluyendo las decisiones sobre el momento y contenido de cada notificación.

Un aspecto estratégico de este artículo es que la presentación de informes estructurados y actualizados no solo cumple con los requisitos regulatorios, sino que también refuerza la capacidad de las entidades financieras para gestionar incidentes graves de manera efectiva. Al proporcionar información clara y oportuna a las autoridades competentes, las entidades no solo cumplen con sus obligaciones legales, sino que también demuestran un compromiso con la transparencia y la gestión responsable de riesgos, lo que puede fortalecer su reputación y la confianza de clientes, contrapartes y reguladores.

En cuanto a los retos, la implementación de este artículo puede ser compleja, especialmente para entidades con operaciones transfronterizas o infraestructuras tecnológicas amplias y distribuidas. Garantizar la calidad, precisión y puntualidad de los informes puede requerir inversiones significativas en tecnología, personal y capacitación. Además, las entidades deben estar preparadas para gestionar múltiples solicitudes de información por parte de las autoridades competentes, lo que puede ser particularmente desafiante durante incidentes de gran magnitud o con implicaciones internacionales.

Desde un punto de vista jurídico, el incumplimiento de las obligaciones establecidas en este artículo podría dar lugar a sanciones regulatorias, especialmente si la falta de información oportuna dificulta la capacidad de las autoridades competentes para evaluar y gestionar los riesgos asociados con un incidente grave. Además, cualquier discrepancia o inexactitud en los informes presentados podría generar cuestionamientos sobre la efectividad de los controles internos de la entidad y su cumplimiento normativo.

El artículo 19.4 establece un marco claro y detallado para la notificación de incidentes graves relacionados con las TIC, asegurando que las autoridades competentes reciban información completa y actualizada en cada etapa del incidente. Su correcta implementación requiere sistemas avanzados de gestión de incidentes, procedimientos claros y una coordinación efectiva entre los equipos técnicos y de cumplimiento normativo. Al cumplir con estos requisitos, las entidades no solo mitigan los riesgos regulatorios, sino que también contribuyen a la estabilidad del sistema financiero y refuerzan su propia capacidad para gestionar riesgos tecnológicos en un entorno cada vez más complejo y desafiante.

5. Las entidades financieras podrán externalizar, de conformidad con el Derecho sectorial de la Unión y nacional, las obligaciones de información establecidas en el presente artículo a un proveedor tercero de servicios. En el caso de tal externalización, la entidad financiera seguirá siendo plenamente responsable del cumplimiento de los requisitos en materia de notificación de incidentes.

El artículo 19.5 del Reglamento Europeo 2022/2554 permite a las entidades financieras externalizar las obligaciones de notificación de incidentes graves relacionados con las tecnologías de la información y comunicación (TIC) a un proveedor tercero de servicios, siempre que esta externalización cumpla con el Derecho sectorial de la Unión Europea y las normativas nacionales aplicables. Sin embargo, establece de manera inequívoca que la responsabilidad última del cumplimiento de estas obligaciones recae exclusivamente en la entidad financiera, independientemente de que haya delegado dichas funciones en un tercero. Este artículo refleja un enfoque flexible para la gestión de obligaciones regulatorias, pero al mismo tiempo refuerza la necesidad de que las entidades mantengan un control riguroso sobre los procesos externalizados y asuman una responsabilidad total sobre su cumplimiento.

La posibilidad de externalizar las obligaciones de notificación ofrece a las entidades financieras una solución práctica para gestionar estas tareas, especialmente en casos donde no cuentan con los recursos internos necesarios o donde resulta más eficiente delegar dichas funciones en proveedores especializados. Por ejemplo, un proveedor tercero de servicios podría encargarse de recopilar, analizar y presentar la información requerida en las notificaciones iniciales, los informes intermedios y los informes finales establecidos en el artículo 19.4. Este enfoque es particularmente útil para entidades pequeñas o medianas que pueden carecer de infraestructura tecnológica avanzada o equipos especializados en ciberseguridad y gestión de incidentes. Además, la externalización puede permitir a las entidades beneficiarse de la experiencia técnica, las economías de escala y las herramientas avanzadas de los proveedores especializados.

No obstante, la norma deja claro que la externalización no exime a las entidades financieras de su responsabilidad principal. La entidad sigue siendo plenamente responsable de garantizar que las notificaciones se realicen de manera precisa, completa y dentro de los plazos establecidos por la normativa. Esto significa que la entidad debe ejercer un control efectivo sobre el proveedor tercero, supervisando su desempeño y asegurándose de que cumpla con todos los requisitos aplicables. Por ejemplo, si un proveedor tercero no presenta una notificación inicial dentro del plazo establecido debido a un error interno, la responsabilidad recae exclusivamente en la entidad financiera, y esta podría enfrentar sanciones regulatorias por dicho incumplimiento.

Para garantizar el cumplimiento normativo, la entidad financiera debe formalizar la relación con el proveedor tercero a través de un contrato detallado que especifique las responsabilidades, expectativas y estándares de desempeño del proveedor en relación con la gestión y notificación de incidentes. Este contrato debe incluir disposiciones claras sobre los plazos de notificación, los formatos y plantillas que deben utilizarse (conforme a lo establecido en el artículo 20), los procedimientos para la recopilación y análisis de información, y los mecanismos de supervisión y auditoría que la entidad implementará para garantizar el cumplimiento. Por ejemplo, el contrato puede estipular que el proveedor debe informar a la entidad sobre cualquier dificultad técnica que pueda retrasar la presentación de una notificación, para que esta pueda tomar medidas correctivas inmediatas.

Además, la entidad debe realizar una evaluación exhaustiva de los riesgos asociados con la externalización, tanto antes de contratar al proveedor como durante la relación contractual. Esta evaluación debe incluir aspectos como la capacidad técnica del proveedor, su experiencia en la gestión de incidentes relacionados con las TIC, su historial de cumplimiento normativo y su infraestructura de seguridad. Por ejemplo, la entidad debe verificar que el proveedor cuente con sistemas de monitoreo y detección de incidentes adecuados, así como con personal capacitado para gestionar la comunicación con las autoridades competentes. La evaluación también debe considerar la posibilidad de que el proveedor esté sujeto a riesgos propios, como ciberataques o fallos en sus sistemas, que podrían afectar su capacidad para cumplir con las obligaciones externalizadas.

Desde una perspectiva operativa, la externalización de las obligaciones de notificación requiere que la entidad establezca procesos internos claros para supervisar y coordinar las actividades del proveedor tercero. Esto incluye la designación de un equipo o individuo responsable dentro de la entidad para gestionar la relación con el proveedor, revisar los informes y notificaciones preparados por este, y garantizar que toda la información proporcionada a las autoridades competentes sea precisa y esté alineada con los requisitos regulatorios. Por ejemplo, el equipo de supervisión interna podría revisar las notificaciones iniciales y los informes intermedios preparados por el proveedor antes de que estos sean enviados a las autoridades, asegurándose de que cumplen con los criterios establecidos.

Desde la perspectiva del Compliance, la externalización de las obligaciones de notificación impone una serie de responsabilidades adicionales para garantizar que la entidad cumpla con su deber de supervisión y control. Los responsables de Compliance deben verificar que el proveedor tercero esté alineado con las políticas internas de la entidad y con los marcos regulatorios aplicables, y deben supervisar regularmente su desempeño para detectar y abordar posibles incumplimientos. Además, deben garantizar que se mantengan registros detallados de todas las notificaciones realizadas y de las interacciones con el proveedor, para facilitar auditorías internas y demostrar el cumplimiento ante las autoridades regulatorias. Por ejemplo, un registro centralizado podría incluir copias de todos los informes enviados a las autoridades, junto con las comunicaciones internas entre la entidad y el proveedor.

Un aspecto estratégico de este artículo es que, aunque permite la externalización, subraya la importancia de la rendición de cuentas por parte de la entidad financiera. Esto refuerza la confianza de las autoridades competentes y otras partes interesadas en que la entidad mantiene un control efectivo sobre sus obligaciones regulatorias, incluso cuando delega funciones específicas a terceros. Al mismo tiempo, el uso de proveedores especializados puede permitir a las entidades mejorar su capacidad para gestionar incidentes graves de manera eficiente, beneficiándose de la experiencia técnica y las capacidades avanzadas del proveedor.

En cuanto a los retos, la externalización de las obligaciones de notificación puede plantear riesgos significativos si no se gestiona adecuadamente. Por ejemplo, una mala selección de proveedores o una supervisión insuficiente podría resultar en retrasos en las notificaciones, informes inexactos o incumplimientos regulatorios. Además, las entidades deben asegurarse de que los proveedores cumplan con los mismos estándares de confidencialidad y seguridad que serían aplicables si las notificaciones se gestionaran internamente. Esto incluye garantizar que el proveedor tome todas las medidas necesarias para proteger los datos sensibles de los clientes y de la entidad, evitando accesos no autorizados o usos indebidos.

Desde un punto de vista jurídico, cualquier incumplimiento de las obligaciones de notificación, ya sea por parte de la entidad o del proveedor tercero, podría dar lugar a sanciones regulatorias, daños reputacionales y posibles litigios. Por lo tanto, es esencial que las entidades financieras comprendan plenamente los riesgos asociados con la externalización y que implementen controles rigurosos para mitigar estos riesgos. Además, deben asegurarse de que los contratos con los proveedores incluyan cláusulas de responsabilidad y remedios claros en caso de incumplimiento, como sanciones contractuales o la terminación de la relación.

El artículo 19.5 ofrece a las entidades financieras una herramienta flexible para gestionar las obligaciones de notificación de incidentes graves relacionados con las TIC, permitiendo la externalización a proveedores terceros. Sin embargo, también enfatiza que la responsabilidad última del cumplimiento de estas obligaciones recae en la entidad, lo que requiere un enfoque riguroso de supervisión y control. Las entidades deben garantizar que cualquier función externalizada sea gestionada de manera efectiva, manteniendo la transparencia, la calidad y la puntualidad en las notificaciones a las autoridades competentes. Al hacerlo, no solo cumplirán con los requisitos regulatorios, sino que también fortalecerán su capacidad para gestionar incidentes y proteger la estabilidad operativa y la confianza de sus clientes y contrapartes.

6. Una vez reciba la notificación inicial y de cada uno de los informes a que se refiere el apartado 4, la autoridad competente facilitará oportunamente información detallada sobre el incidente grave relacionado con las TIC a los siguientes destinatarios en función, según proceda, de sus competencias respectivas:

a) la ABE, la AEVM o la AESPJ;

b) el BCE en el caso de las entidades financieras a que se refiere el artículo 2, apartado 1, letras a), b) y d);

c) las autoridades competentes, los puntos de contacto únicos o los CSIRT designados o establecidos de conformidad con la Directiva (UE) 2022/2555;

d) las autoridades de resolución a que se refiere el artículo 3 de la Directiva 2014/59/UE, y la Junta Única de Resolución con respecto a las entidades a que se refiere el artículo 7, apartado 2, del Reglamento (UE) número 806/2014 del Parlamento Europeo y del Consejo (37)

(37) Reglamento (UE) número 806/2014 del Parlamento Europeo y del Consejo, de 15 de julio de 2014, por el que se establecen normas y un procedimiento uniformes para la resolución de entidades de crédito y de determinadas empresas de servicios de inversión en el marco de un Mecanismo Único de Resolución y un Fondo Único de Resolución y se modifica el Reglamento (UE) número 1093/2010 (DO L 225 de 30.7.2014, p. 1). y con respecto a las entidades y grupos a que se refiere el artículo 7, apartado 4, letra b), y apartado 5, del Reglamento (UE) número 806/2014 en caso de que dicha información detallada haga referencia a incidentes que suponen un riesgo para garantizar funciones esenciales en el sentido del artículo 2, apartado 1, punto 35, de la Directiva 2014/59/UE, y

e) otras autoridades públicas pertinentes con arreglo al Derecho nacional.

El artículo 19.6 del Reglamento Europeo 2022/2554 establece un marco detallado para la distribución de información sobre incidentes graves relacionados con las tecnologías de la información y comunicación (TIC) entre las autoridades competentes y otras entidades relevantes, dependiendo de sus respectivas competencias. Este artículo tiene como objetivo garantizar que todos los actores con responsabilidades regulatorias, de supervisión, resolución o gestión técnica de incidentes reciban información oportuna y detallada sobre los incidentes graves, con el fin de coordinar esfuerzos y mitigar eficazmente los riesgos. La norma refuerza la cooperación interinstitucional y asegura que las respuestas a los incidentes sean coordinadas, ágiles y adecuadas al contexto específico.

La primera obligación impuesta por el artículo es que la autoridad competente que reciba la notificación inicial y los informes subsiguientes (conforme a lo dispuesto en el artículo 19.4) debe facilitar oportunamente información detallada sobre el incidente a varias entidades y organismos en función de sus competencias respectivas. Esto garantiza que todas las partes interesadas relevantes sean informadas y puedan actuar en el ámbito de sus responsabilidades legales. Esta distribución de información está diseñada para evitar silos de información entre las autoridades y promover una respuesta más integrada y eficaz a los incidentes que puedan tener implicaciones sistémicas o transfronterizas.

El inciso (a) establece que la autoridad competente debe informar a las Autoridades Europeas de Supervisión (AES), es decir, la Autoridad Bancaria Europea (ABE), la Autoridad Europea de Valores y Mercados (AEVM) o la Autoridad Europea de Seguros y Pensiones de Jubilación (AESPJ), según sea aplicable. La inclusión de las AES en este proceso asegura que los supervisores sectoriales de la Unión Europea tengan visibilidad de los incidentes graves que afectan a las entidades financieras bajo su ámbito de supervisión. Por ejemplo, si un incidente afecta a un banco con operaciones transfronterizas, la ABE puede utilizar esta información para evaluar el impacto potencial en la estabilidad financiera de la Unión Europea y coordinar medidas a nivel supranacional. Del mismo modo, la AEVM y la AESPJ pueden tomar medidas similares en los sectores de valores, seguros y pensiones.

El inciso (b) especifica que el Banco Central Europeo (BCE) debe recibir información sobre incidentes que afecten a las entidades financieras enumeradas en el artículo 2.1, letras a), b) y d), que incluyen bancos significativos y otras instituciones supervisadas directamente por el BCE en el marco del Mecanismo Único de Supervisión (MUS). Esta disposición refuerza la capacidad del BCE para supervisar y responder a riesgos que puedan comprometer la estabilidad del sistema financiero europeo. Por ejemplo, si un incidente grave afecta a una entidad de importancia sistémica supervisada por el BCE, este último puede coordinar con las autoridades nacionales competentes y otras partes relevantes para garantizar una respuesta adecuada.

El inciso (c) amplía el alcance de la distribución de información al incluir a las autoridades competentes, puntos de contacto únicos y Equipos de Respuesta a Incidentes de Seguridad Informática (CSIRT) designados o establecidos en virtud de la Directiva (UE) 2022/2555, conocida como la Directiva NIS2. Esto asegura que los equipos técnicos responsables de la gestión de ciberseguridad en los Estados miembros reciban información actualizada sobre los incidentes, permitiéndoles tomar medidas técnicas para contener y mitigar los riesgos asociados. Por ejemplo, un CSIRT nacional podría utilizar esta información para emitir alertas sectoriales, compartir indicadores de compromiso con otras entidades o coordinar medidas técnicas entre distintas partes afectadas.

El inciso (d) requiere que la información sobre incidentes se transmita también a las autoridades de resolución contempladas en el artículo 3 de la Directiva 2014/59/UE (Directiva de Recuperación y Resolución Bancaria, BRRD) y a la Junta Única de Resolución (JUR) para las entidades bajo su ámbito. Esto es particularmente relevante en casos donde un incidente grave podría comprometer las funciones esenciales de una entidad financiera o aumentar el riesgo de inviabilidad. Por ejemplo, un ciberataque que afecte la capacidad de un banco para procesar pagos críticos podría activar la intervención de las autoridades de resolución para garantizar la continuidad de esas funciones esenciales y proteger la estabilidad del sistema financiero. La coordinación con la JUR y las autoridades de resolución nacionales asegura que estas entidades puedan prepararse para intervenir rápidamente si el incidente escala hasta el punto de amenazar la viabilidad de una institución financiera.

El inciso (e) permite que otras autoridades públicas pertinentes, según el Derecho nacional, también reciban información sobre el incidente grave. Esto reconoce que, en algunos casos, las autoridades sectoriales, de protección de datos o de seguridad nacional pueden necesitar involucrarse en la gestión del incidente. Por ejemplo, si un incidente grave incluye una violación de datos personales, la autoridad de protección de datos del Estado miembro correspondiente puede necesitar coordinar acciones con las autoridades financieras y los CSIRT para proteger los derechos de los individuos afectados.

Desde una perspectiva operativa, este artículo implica que las autoridades competentes deben contar con sistemas y procedimientos para recopilar, analizar y distribuir información sobre incidentes graves de manera rápida y eficaz. Esto incluye la implementación de canales de comunicación seguros y protocolos claros para garantizar que la información se transmita a los destinatarios relevantes dentro de los plazos establecidos. Además, las autoridades deben asegurarse de que la información proporcionada sea precisa, completa y útil para los fines de cada destinatario. Por ejemplo, mientras que los CSIRT pueden necesitar detalles técnicos específicos para gestionar el incidente, las autoridades de resolución pueden requerir información sobre el impacto financiero y operativo del incidente.

Desde la perspectiva del Compliance, este artículo refuerza la necesidad de que las entidades financieras proporcionen información completa y precisa en sus notificaciones iniciales e informes, ya que esta información será utilizada por múltiples organismos para tomar decisiones críticas. Los responsables de Compliance deben supervisar que los informes presentados por la entidad cumplan con los requisitos establecidos en el artículo 19.4 y que se mantengan registros detallados de toda la información proporcionada. Además, las entidades deben estar preparadas para responder a solicitudes adicionales de información por parte de las autoridades competentes y otros organismos implicados.

Un aspecto estratégico de este artículo es que promueve una respuesta coordinada y multidimensional a los incidentes graves relacionados con las TIC. Al garantizar que todos los actores relevantes reciban información oportuna, la norma refuerza la resiliencia del sistema financiero europeo y mejora la capacidad de las autoridades para gestionar riesgos que puedan tener implicaciones transfronterizas o sistémicas. Esta coordinación también fortalece la confianza entre las autoridades y las entidades supervisadas, ya que asegura que las medidas adoptadas sean coherentes y complementarias.

En cuanto a los retos, la implementación de este artículo puede ser compleja, especialmente en casos de incidentes de gran escala que involucren a múltiples Estados miembros y organismos. Garantizar la precisión y la puntualidad en la distribución de información puede ser difícil, especialmente si la información inicial proporcionada por la entidad financiera es incompleta o cambia rápidamente. Además, la coordinación entre las distintas autoridades y organismos puede plantear desafíos, particularmente si existen diferencias en las prioridades o enfoques regulatorios entre los Estados miembros.

Desde un punto de vista jurídico, cualquier retraso o error en la distribución de información por parte de las autoridades competentes podría comprometer la efectividad de la respuesta al incidente y generar cuestionamientos sobre su cumplimiento de las obligaciones establecidas en el Reglamento. Por lo tanto, es esencial que las autoridades implementen controles internos sólidos y protocolos claros para garantizar el cumplimiento de este artículo.

El artículo 19.6 refuerza la importancia de la cooperación y la coordinación en la gestión de incidentes graves relacionados con las TIC, estableciendo un marco claro para la distribución de información entre las autoridades competentes, las AES, el BCE, los CSIRT, las autoridades de resolución y otras entidades relevantes. Su correcta implementación requiere sistemas eficientes de comunicación, procesos claros y una colaboración estrecha entre todas las partes implicadas. Al cumplir con estos requisitos, el sistema financiero europeo estará mejor preparado para gestionar los riesgos tecnológicos y proteger la estabilidad del mercado frente a un panorama de ciberamenazas en constante evolución.

7. Una vez recibida la información de conformidad con el apartado 6, la ABE, la AEVM o la AESPJ y el BCE, en consulta con la ENISA y en cooperación con la autoridad competente pertinente, evaluarán si el incidente grave relacionado con las TIC es pertinente para las autoridades competentes de otros Estados miembros. Tras esta evaluación, la ABE, la AEVM o la AESPJ notificarán en consecuencia lo antes posible a las autoridades competentes pertinentes de otros Estados miembros. El BCE notificará las cuestiones pertinentes para el sistema de pagos a los miembros del Sistema Europeo de Bancos Centrales. Basándose en dicha notificación, las autoridades competentes tomarán, en su caso, las medidas necesarias para proteger la estabilidad inmediata del sistema financiero.

El artículo 19.7 del Reglamento Europeo 2022/2554 establece un mecanismo de evaluación y comunicación de los incidentes graves relacionados con las tecnologías de la información y comunicación (TIC) que puedan tener implicaciones transfronterizas o repercusiones sistémicas dentro de la Unión Europea. Este mecanismo involucra a las Autoridades Europeas de Supervisión (ABE, AEVM y AESPJ), al Banco Central Europeo (BCE) y a la Agencia de la Unión Europea para la Ciberseguridad (ENISA), quienes, en cooperación con las autoridades competentes nacionales, evalúan la relevancia del incidente para otros Estados miembros. Basándose en esta evaluación, las autoridades correspondientes notifican a las partes relevantes para coordinar una respuesta adecuada y proteger la estabilidad del sistema financiero.

La obligación inicial establecida en este artículo recae en la ABE, la AEVM, la AESPJ y el BCE, que deben evaluar, en consulta con la ENISA, si un incidente grave relacionado con las TIC tiene relevancia para las autoridades competentes de otros Estados miembros. Esta evaluación se realiza sobre la base de la información proporcionada por la autoridad competente nacional conforme al artículo 19.6. El objetivo es determinar si el incidente tiene un impacto más allá de la jurisdicción de la autoridad que lo notificó, especialmente en casos donde las operaciones transfronterizas, las interconexiones tecnológicas o los mercados integrados puedan propagar el impacto del incidente. Por ejemplo, un ataque cibernético dirigido a una entidad financiera que opera en múltiples Estados miembros podría afectar la disponibilidad de servicios esenciales, como sistemas de pagos o plataformas de negociación, en varias jurisdicciones.

La consulta con la ENISA es un elemento determinante en este proceso, ya que esta agencia cuenta con la experiencia técnica y los recursos para analizar la naturaleza y el impacto potencial de los incidentes relacionados con las TIC. La ENISA puede proporcionar información sobre tendencias de amenazas, metodologías de ataque y vulnerabilidades conocidas, que son esenciales para comprender el alcance del incidente y su posible repercusión. Por ejemplo, si el incidente implica un tipo de malware o vulnerabilidad que ha sido utilizado en otros ataques recientes, la ENISA puede identificar patrones que indiquen un riesgo mayor para otras entidades o sectores en la Unión Europea.

Una vez que la ABE, la AEVM, la AESPJ y el BCE completan su evaluación, el siguiente paso es la notificación a las autoridades competentes de otros Estados miembros si se determina que el incidente tiene relevancia transfronteriza. Esta notificación debe realizarse "lo antes posible", subrayando la necesidad de actuar con urgencia para garantizar que las autoridades pertinentes tengan tiempo suficiente para prepararse y responder. Por ejemplo, si un ataque afecta una infraestructura de pagos transfronterizos, las autoridades en otros Estados miembros pueden necesitar activar sus propios protocolos de ciberseguridad o coordinar con las entidades supervisadas locales para mitigar el impacto.

El BCE, además, tiene la responsabilidad específica de notificar "las cuestiones pertinentes para el sistema de pagos" a los miembros del Sistema Europeo de Bancos Centrales (SEBC). Esto es particularmente importante, ya que el sistema de pagos es una infraestructura crítica para el funcionamiento del sistema financiero europeo. Un incidente que afecte la estabilidad o la seguridad de un sistema de pagos podría tener repercusiones significativas en las transacciones transfronterizas, la liquidez y la confianza en los mercados financieros. Por ejemplo, un ataque cibernético que interrumpa las operaciones de TARGET2, el sistema europeo de pagos de gran valor requeriría una respuesta inmediata y coordinada por parte del SEBC para garantizar la continuidad de las operaciones y minimizar los riesgos sistémicos.

El artículo también establece que, basándose en la notificación recibida, las autoridades competentes de los Estados miembros afectados deben tomar "las medidas necesarias para proteger la estabilidad inmediata del sistema financiero". Esto implica que las autoridades deben estar preparadas para actuar rápidamente en función de la información proporcionada, lo que podría incluir medidas como la activación de planes de contingencia, la supervisión intensiva de las entidades afectadas o la emisión de directrices específicas para el sector. Por ejemplo, si un incidente amenaza la disponibilidad de servicios bancarios críticos en varios Estados miembros, las autoridades podrían coordinar acciones para garantizar el acceso a servicios alternativos o implementar controles temporales para limitar el impacto en los clientes y contrapartes.

Desde una perspectiva operativa, la implementación de este artículo requiere que las autoridades europeas y nacionales establezcan canales de comunicación seguros, protocolos claros y procedimientos eficientes para la evaluación y notificación de incidentes transfronterizos. Esto incluye la capacidad de analizar rápidamente la información proporcionada por las entidades financieras y las autoridades nacionales, determinar la relevancia del incidente para otros Estados miembros y coordinar las notificaciones de manera oportuna. Además, las autoridades deben contar con sistemas tecnológicos avanzados para compartir información de manera segura y en tiempo real, minimizando los riesgos de retrasos o filtraciones.

Desde la perspectiva del Compliance, este artículo refuerza la importancia de que las entidades financieras proporcionen información completa, precisa y oportuna en sus notificaciones iniciales e informes. Esto se debe a que la calidad de la información proporcionada por las entidades afecta directamente la capacidad de las autoridades competentes para evaluar el incidente y coordinar una respuesta transfronteriza. Los responsables de Compliance deben garantizar que los informes presentados por las entidades cumplan con los requisitos establecidos en el artículo 19.4 y que se mantengan registros detallados de toda la información proporcionada y recibida.

Un aspecto estratégico de este artículo es que refuerza la cooperación y la coordinación entre las autoridades nacionales y europeas en la gestión de riesgos relacionados con las TIC. Al establecer un marco claro para la evaluación y notificación de incidentes transfronterizos, el artículo contribuye a la estabilidad del sistema financiero europeo y fortalece la capacidad de respuesta colectiva frente a amenazas tecnológicas crecientes. Esta cooperación también mejora la confianza entre las autoridades y las entidades supervisadas, al demostrar un compromiso conjunto con la resiliencia operativa y la protección de los mercados financieros.

En cuanto a los retos, la implementación de este artículo puede ser compleja debido a la diversidad de actores involucrados y a la necesidad de actuar con rapidez en situaciones de alta presión. Garantizar que las evaluaciones y notificaciones sean precisas y oportunas puede ser difícil, especialmente en incidentes que evolucionan rápidamente o tienen un impacto significativo en múltiples jurisdicciones. Además, la coordinación entre las distintas autoridades y organismos puede ser desafiante, especialmente si existen diferencias en las prioridades, enfoques regulatorios o capacidades técnicas entre los Estados miembros.

Desde un punto de vista jurídico, cualquier retraso o error en la evaluación y notificación de incidentes transfronterizos podría comprometer la capacidad de las autoridades competentes para mitigar los riesgos y proteger la estabilidad del sistema financiero. Esto subraya la importancia de que las autoridades implementen controles internos sólidos y protocolos claros para garantizar el cumplimiento de este artículo.

El artículo 19.7 establece un marco esencial para la evaluación y notificación de incidentes graves relacionados con las TIC que puedan tener repercusiones transfronterizas o sistémicas. Su correcta implementación requiere una colaboración estrecha entre las Autoridades Europeas de Supervisión, el BCE, la ENISA y las autoridades nacionales, así como la capacidad de actuar con rapidez y precisión en respuesta a los riesgos tecnológicos emergentes. Al cumplir con estos requisitos, el sistema financiero europeo estará mejor preparado para gestionar los desafíos de un entorno digital cada vez más complejo, fortaleciendo la resiliencia operativa y la confianza en los mercados financieros.

8. La notificación que debe efectuar la AEVM en virtud del apartado 7 del presente artículo se entiende sin perjuicio de la responsabilidad de la autoridad competente de transmitir urgentemente la información detallada sobre el incidente grave relacionado con las TIC a la autoridad pertinente del Estado miembro de acogida cuando un depositario central de valores tenga una actividad transfronteriza significativa en el Estado miembro de acogida, cuando el incidente grave relacionado con las TIC pueda tener consecuencias graves para los mercados financieros del Estado miembro de acogida y cuando existan acuerdos de cooperación entre las autoridades competentes en relación con la supervisión de las entidades financieras.

El artículo 19.8 del Reglamento Europeo 2022/2554 establece una regla específica para las notificaciones de incidentes graves relacionados con las tecnologías de la información y comunicación (TIC) que afectan a depositarios centrales de valores (DCV) con actividades transfronterizas significativas. Este artículo introduce una obligación adicional para las autoridades competentes de comunicar urgentemente información sobre dichos incidentes a las autoridades pertinentes de los Estados miembros de acogida, en aquellos casos en que el incidente pueda tener repercusiones graves en los mercados financieros de esos Estados. Además, subraya la necesidad de respetar los acuerdos de cooperación existentes entre las autoridades competentes, con el fin de garantizar una supervisión coordinada y eficaz. Esta disposición tiene como objetivo proteger la estabilidad de los mercados financieros en un entorno transfronterizo, donde los incidentes graves en una jurisdicción pueden tener un efecto dominó en otras.

La norma señala que la responsabilidad de transmitir la información al Estado miembro de acogida recae en la autoridad competente del Estado miembro de origen del depositario central de valores, independientemente de las notificaciones que pueda realizar la Autoridad Europea de Valores y Mercados (AEVM) en virtud del artículo 19.7. Esto refuerza el principio de supervisión directa por parte de la autoridad del Estado miembro de origen, mientras se asegura que las autoridades de los Estados miembros de acogida estén debidamente informadas de los riesgos potenciales para sus mercados financieros. Por ejemplo, si un depositario central de valores establecido en un Estado miembro enfrenta un ciberataque que afecta la integridad o disponibilidad de sus sistemas, pero tiene operaciones significativas en otro Estado miembro, como la liquidación de valores o la custodia de activos, la autoridad del Estado miembro de origen debe notificar urgentemente a su homóloga en el Estado miembro de acogida para que esta última pueda tomar medidas de mitigación si es necesario.

El artículo enfatiza que esta obligación de notificación es particularmente relevante cuando concurren tres condiciones: (i) el depositario central de valores tiene una actividad transfronteriza significativa en el Estado miembro de acogida; (ii) el incidente grave relacionado con las TIC puede tener consecuencias graves para los mercados financieros del Estado miembro de acogida; y (iii) existen acuerdos de cooperación entre las autoridades competentes para la supervisión de las entidades financieras. Estas condiciones aseguran que la notificación se realice únicamente en casos donde la conexión transfronteriza y la gravedad del incidente justifiquen una acción urgente, evitando notificaciones innecesarias que puedan sobrecargar a las autoridades con información no relevante.

La referencia a "actividad transfronteriza significativa" implica que no todos los depositarios centrales de valores con operaciones en otros Estados miembros están sujetos a esta norma, sino únicamente aquellos cuya actividad en el Estado miembro de acogida sea lo suficientemente relevante como para justificar la preocupación por el impacto potencial del incidente. Por ejemplo, un depositario que administre una gran parte de la liquidación de valores en un mercado financiero extranjero podría calificar como una entidad con actividad transfronteriza significativa, mientras que otro que solo gestione un volumen menor de transacciones no lo haría. Este enfoque proporciona un criterio práctico para priorizar las notificaciones en función del riesgo real.

El requisito de que el incidente pueda tener "consecuencias graves para los mercados financieros del Estado miembro de acogida" subraya la importancia de evaluar el impacto potencial del incidente antes de realizar la notificación. Esto incluye considerar factores como el alcance del incidente, el tipo de servicios afectados y la importancia de esos servicios para el funcionamiento del mercado financiero del Estado miembro de acogida. Por ejemplo, un incidente que afecte la capacidad de un depositario central de valores para procesar la liquidación de transacciones podría interrumpir el funcionamiento normal de los mercados de capitales y generar riesgos sistémicos, lo que justificaría la notificación urgente.

La referencia a los "acuerdos de cooperación entre las autoridades competentes" destaca la importancia de un marco de supervisión coordinado para gestionar los riesgos transfronterizos. Estos acuerdos, que suelen formalizarse mediante memorandos de entendimiento (MoU), permiten el intercambio de información y la coordinación de acciones entre las autoridades de diferentes Estados miembros. Este marco es esencial para garantizar que las respuestas a los incidentes graves sean consistentes y efectivas, evitando lagunas en la supervisión o duplicación de esfuerzos. Por ejemplo, un acuerdo de cooperación podría especificar los protocolos para la notificación de incidentes, los plazos para el intercambio de información y los procedimientos para coordinar la supervisión o las inspecciones conjuntas.

Desde una perspectiva operativa, este artículo implica que las autoridades competentes deben establecer procedimientos claros para identificar cuándo un incidente grave relacionado con las TIC cumple con los criterios establecidos y requiere una notificación urgente al Estado miembro de acogida. Esto incluye la capacidad de analizar rápidamente el impacto potencial del incidente en los mercados financieros extranjeros y de coordinarse con las autoridades pertinentes a través de los acuerdos de cooperación existentes. Además, las autoridades deben asegurarse de que las notificaciones incluyan toda la información relevante para que el Estado miembro de acogida pueda evaluar la situación y tomar medidas adecuadas. Por ejemplo, una notificación podría incluir detalles técnicos del incidente, los servicios afectados, las medidas de contención adoptadas y el impacto esperado en las operaciones transfronterizas.

Desde la perspectiva del Compliance, este artículo refuerza la necesidad de que las entidades financieras mantengan registros claros y detallados de sus operaciones transfronterizas y de los incidentes que puedan afectar a otras jurisdicciones. Los responsables de Compliance deben garantizar que las políticas internas de la entidad incluyan procedimientos específicos para colaborar con las autoridades competentes en el cumplimiento de las obligaciones de notificación, incluyendo la provisión de información precisa y oportuna. Además, las entidades deben ser conscientes de que cualquier deficiencia en la comunicación de incidentes relevantes podría tener repercusiones regulatorias, tanto en el Estado miembro de origen como en el de acogida.

Un aspecto estratégico de este artículo es que refuerza la cooperación y la confianza entre las autoridades competentes de diferentes Estados miembros, contribuyendo a la estabilidad de los mercados financieros en un entorno transfronterizo. Al garantizar que las autoridades del Estado miembro de acogida reciban información oportuna sobre los riesgos que puedan afectar sus mercados, la norma promueve una supervisión más integrada y una respuesta más efectiva a los incidentes graves relacionados con las TIC. Esto es particularmente importante en el contexto de los depositarios centrales de valores, que desempeñan un papel crítico en la infraestructura financiera europea y cuya interrupción podría tener efectos sistémicos.

En cuanto a los retos, la implementación de este artículo puede ser compleja debido a la necesidad de evaluar rápidamente la relevancia transfronteriza de los incidentes y de coordinarse eficazmente con múltiples autoridades. Además, las diferencias en los marcos regulatorios y las capacidades técnicas entre los Estados miembros pueden dificultar la cooperación, especialmente en casos de incidentes complejos o de gran escala. Por ello, es esencial que las autoridades competentes cuenten con recursos adecuados y con procesos bien definidos para cumplir con estas obligaciones.

Desde un punto de vista jurídico, cualquier retraso o incumplimiento en la notificación al Estado miembro de acogida podría generar cuestionamientos sobre la efectividad de la supervisión y exponer a la autoridad competente del Estado miembro de origen a posibles responsabilidades. Esto subraya la importancia de que las autoridades implementen controles internos sólidos y protocolos claros para garantizar el cumplimiento de este artículo.

El artículo 19.8 establece un marco específico para la notificación de incidentes graves relacionados con las TIC que afecten a depositarios centrales de valores con actividades transfronterizas significativas, subrayando la importancia de la cooperación entre los Estados miembros para proteger la estabilidad de los mercados financieros. Su correcta implementación requiere un enfoque coordinado, recursos adecuados y un compromiso claro con la transparencia y la colaboración. Al cumplir con estas disposiciones, las autoridades y las entidades financieras contribuyen a fortalecer la resiliencia operativa del sistema financiero europeo en un entorno cada vez más interconectado y vulnerable a las amenazas tecnológicas.

Artículo 20. Armonización del contenido de la información y las plantillas para presentarla

Las Autoridades Europeas de Supervisión, a través del Comité Mixto y en consulta con la ENISA y el BCE, elaborarán:

a) proyectos de normas técnicas de regulación comunes a fin de:

i) establecer el contenido de los informes respecto de incidentes graves relacionados con las TIC, a fin de reflejar los criterios establecidos en el artículo 18, apartado 1, e incorporar elementos adicionales, como información detallada para determinar la pertinencia de la información para otros Estados miembros y si constituye o no un incidente operativo o de seguridad grave relacionado con los pagos,

ii) determinar los plazos para la notificación inicial y para cada uno de los informes a que se refiere el artículo 19, apartado 4,

iii) establecer el contenido de la notificación en el caso de las ciberamenazas importantes.

Al elaborar dichos proyectos de normas técnicas de regulación, las Autoridades Europeas de Supervisión tendrán en cuenta el tamaño y el perfil de riesgo general de la entidad financiera, así como la naturaleza, escala y complejidad de sus servicios, actividades y operaciones, en particular con el fin de garantizar que, a los efectos de la letra a), inciso ii), del presente párrafo, se puedan reflejar con plazos diferentes, en su caso, las particularidades de los sectores financieros, sin perjuicio del mantenimiento de un enfoque coherente de la notificación de incidentes rela-

cionados con las TIC en virtud del presente Reglamento y de la Directiva (UE) 2022/2555. Las Autoridades Europeas de Supervisión justificarán, en su caso, las desviaciones de los enfoques adoptados en el contexto de dicha Directiva;

b) proyectos de normas técnicas de ejecución comunes para establecer los formularios, las plantillas y los procedimientos normalizados que deberán aplicar las entidades financieras para informar de un incidente grave relacionado con las TIC y para notificar una ciberamenaza importante.

Las Autoridades Europeas de Supervisión presentarán a la Comisión los proyectos de normas técnicas de regulación comunes a que se refiere el párrafo primero, letra a), y los proyectos de normas técnicas de ejecución comunes a que se refiere el párrafo primero, letra b), a más tardar el 17 de julio de 2024.

Se delegan en la Comisión los poderes para completar el presente Reglamento mediante la adopción de las normas técnicas de regulación a que se refiere el párrafo primero, letra a), del presente artículo de conformidad con los artículos 10 a 14 del Reglamento (UE) número 1093/2010, los artículos 10 a 14 del Reglamento (UE) número 1094/2010 y los artículos 10 a 14 del Reglamento (UE) número 1095/2010.

Se otorgan a la Comisión competencias para adoptar las normas técnicas de ejecución a que se refiere el párrafo primero, letra b), del presente artículo de conformidad con el artículo 15 del Reglamento (UE) número 1093/2010, el artículo 15 del Reglamento (UE) número 1094/2010 y el artículo 15 del Reglamento (UE) número 1095/2010.

El artículo 20 del Reglamento 2022/2554 constituye un pilar fundamental para la armonización de los procedimientos de notificación y reporte de incidentes graves relacionados con las tecnologías de la información y la comunicación (TIC) y ciberamenazas importantes en el sector financiero. Esta disposición regula tanto el contenido como la estructura de la información que las entidades financieras deben presentar a las autoridades competentes, con el objetivo de garantizar una respuesta coordinada y efectiva ante incidentes tecnológicos, al tiempo que se preserva la coherencia normativa a nivel europeo. El artículo otorga a las Autoridades Europeas de Supervisión (AES) –que incluyen la Autoridad Bancaria Europea (EBA), la Autoridad Europea de Seguros y Pensiones de Jubilación (EIOPA) y la Autoridad Europea de Valores y Mercados (ESMA)–, en colaboración con la ENISA (Agencia de Ciberseguridad de la Unión Europea) y el Banco Central Europeo (BCE), la responsabilidad de elaborar normas técnicas de regulación (RTS) y normas técnicas de ejecución (ITS) para unificar los enfoques de notificación de incidentes. Este proceso tiene como objetivo garantizar que las entidades financieras puedan cumplir con sus obligaciones de manera eficiente, con procedimientos claros y uniformes, al tiempo que se dota a las autoridades de herramientas adecuadas para gestionar los riesgos cibernéticos en un sistema financiero altamente interconectado.

El artículo se estructura en torno a dos áreas principales de regulación: la elaboración de normas técnicas de regulación (RTS) destinadas a definir el contenido de los informes y notificaciones, y la creación de normas técnicas de ejecución (ITS) que establezcan los procedimientos, plantillas y formularios estandarizados para la presentación de dicha información. Este marco normativo tiene implicaciones profundas tanto en la operativa de las entidades financieras como en la capacidad de las autoridades supervisoras para gestionar los riesgos cibernéticos de manera eficaz y proactiva.

En primer lugar, en lo que respecta a las normas técnicas de regulación, estas deberán abordar tres aspectos. El primero es el contenido de los informes sobre incidentes graves relacionados con las TIC, que deben alinearse con los criterios establecidos en el artículo 18, apartado 1, e incluir información adicional relevante. Esta información adicional es esencial para determinar la pertinencia del incidente en un contexto transfronterizo y para evaluar si dicho incidente constituye un problema operativo o de seguridad grave relacionado con los pagos. Este nivel de detalle tiene un propósito estratégico, ya que permite a las autoridades nacionales y europeas identificar patrones o tendencias en los incidentes cibernéticos, anticiparse a posibles riesgos sistémicos y coordinar respuestas que mitiguen el impacto de los incidentes en toda la Unión Europea. Por ejemplo, si un incidente afecta a una infraestructura tecnológica compartida por múltiples entidades financieras o tiene el potencial de propagarse a otros Estados miembros, las autoridades podrán adoptar medidas preventivas o correctivas antes de que las consecuencias se magnifiquen.

El segundo aspecto es la determinación de los plazos para la notificación inicial y los informes de seguimiento que exige el artículo 19, apartado 4. Establecer plazos claros y uniformes es determinante para garantizar que la información sobre incidentes críticos llegue a las autoridades de manera oportuna, permitiéndoles tomar decisiones informadas en un periodo de tiempo adecuado. Sin embargo, el artículo también reconoce la diversidad dentro del sector financiero, estableciendo que los plazos podrán adaptarse a las características específicas de las entidades, incluyendo su tamaño, perfil de riesgo, y la naturaleza, escala y complejidad de sus actividades. Este enfoque proporcional evita imponer cargas desproporcionadas a las pequeñas entidades financieras o a aquellas con modelos de negocio menos expuestos a riesgos tecnológicos, al tiempo que asegura que las instituciones más grandes o complejas, que tienen un impacto potencial mayor en la estabilidad financiera, cumplan con requisitos más estrictos.

El tercer aspecto abarca el contenido de las notificaciones sobre ciberamenazas importantes. Este tipo de notificaciones, a diferencia de los informes sobre incidentes ya materializados, tiene un carácter preventivo. Permite que las autoridades y otras entidades financieras reciban alertas tempranas sobre posibles riesgos emergentes, como vulnerabilidades en infraestructuras críticas, tendencias en ciberataques globales, o amenazas específicas identificadas en tiempo real. Esto refuerza la capacidad del sistema financiero para anticiparse a amenazas y adoptar medidas de mitigación antes de que se materialicen en incidentes operativos.

En segundo lugar, las normas técnicas de ejecución tienen como propósito establecer los **formularios, plantillas y procedimientos estandarizados** que las entidades financieras deben utilizar para presentar sus informes y notificaciones. La estandarización es esencial para garantizar que las autoridades reciban información coherente y comparable, independientemente del país o sector financiero de origen. Esto facilita no solo la gestión de los incidentes individuales, sino también el análisis agregado de datos, lo que puede proporcionar una visión más amplia del panorama de riesgos cibernéticos en la Unión Europea. Además, las plantillas estandarizadas reducen las barreras de cumplimiento para las entidades financieras, al proporcionar un marco claro y accesible para cumplir con sus obligaciones de reporte.

Una característica destacable del artículo 20 es la coordinación normativa entre el Reglamento 2022/2554 y la Directiva (UE) 2022/2555 (NIS2), que establece requisitos de ciberseguridad para sectores críticos más allá del financiero. Aunque ambos marcos normativos tienen objetivos específicos, su coherencia es fundamental para evitar duplicidades y garantizar que las entidades que operan en múltiples sectores no enfrenten requisitos contradictorios. Las Autoridades Europeas de Supervisión tienen la obligación de justificar cualquier desviación de los enfoques adoptados en la Directiva NIS2, asegurando así una integración efectiva entre ambos marcos normativos.

El artículo también establece que las normas técnicas deben ser presentadas a la Comisión Europea a más tardar el 17 de julio de 2024, lo que subraya la prioridad de implementar este marco regulador de manera oportuna, dada la creciente frecuencia y gravedad de los incidentes cibernéticos en el sector financiero. Una vez presentadas, la Comisión tiene la responsabilidad de adoptar estas normas mediante los procedimientos establecidos en los Reglamentos (UE) números 1093/2010, 1094/2010 y 1095/2010, que regulan las competencias de las AES.

Desde una perspectiva práctica, la implementación de este artículo tiene implicaciones significativas para las entidades financieras. En primer lugar, deberán revisar y, en muchos casos, actualizar sus sistemas y procesos internos para garantizar la capacidad de cumplir con los nuevos requisitos de notificación. Esto puede incluir la adopción de herramientas tecnológicas avanzadas para la detección, evaluación y reporte de incidentes, así como la capacitación del personal para gestionar estos procesos de manera eficiente. Además, las entidades deberán establecer canales de comunicación efectivos con las autoridades competentes para garantizar que las notificaciones se realicen de manera oportuna y precisa.

Para las autoridades supervisoras, el artículo 20 refuerza su capacidad de supervisión y gestión de riesgos al proporcionar un marco claro y uniforme para la recepción y análisis de información sobre incidentes y ciberamenazas. Esto no solo mejora su capacidad para responder a incidentes específicos, sino que también les permite identificar tendencias sistémicas y coordinar respuestas estratégicas a nivel europeo. La colaboración entre las AES, la ENISA y el BCE es particularmente importante en este contexto, ya que garantiza que las decisiones se basen en una comprensión compartida de los riesgos y las mejores prácticas.

Finalmente, desde una perspectiva estratégica, el artículo 20 refuerza la resiliencia operativa digital del sistema financiero europeo al establecer un marco coherente y coordinado para la gestión de incidentes relacionados con las TIC. Al armonizar los procedimientos de notificación y garantizar la proporcionalidad en los requisitos aplicables a las entidades, el artículo no solo mejora la capacidad de respuesta ante incidentes, sino que también contribuye a fortalecer la confianza de los consumidores, inversores y otras partes interesadas en la seguridad del sistema financiero. En un entorno cada vez más digitalizado y expuesto a riesgos tecnológicos, esta armonización es fundamental para garantizar la estabilidad y sostenibilidad del sector financiero en la Unión Europea. El artículo 20, por lo tanto, representa el esfuerzo del regulador europeo por abordar de manera integral los desafíos asociados a la ciberseguridad y la resiliencia operativa en el ámbito financiero.

Artículo 21. Centralización de la información sobre los incidentes graves relacionados con las TIC

1. Las Autoridades Europeas de Supervisión, a través del Comité Mixto y en consulta con el BCE y la ENISA, prepararán un informe conjunto en el que se eva-

luará la viabilidad de centralizar más la información sobre incidentes mediante la creación de un centro único de la UE para la presentación de información sobre incidentes graves relacionados con las TIC por las entidades financieras. En el informe conjunto se estudiarán maneras de facilitar la circulación de la información sobre incidentes graves relacionados con las TIC, reducir los costes asociados y sustentar análisis temáticos con el fin de mejorar la convergencia de la supervisión.

El artículo 21.1 del Reglamento 2022/2554 introduce un mandato a las Autoridades Europeas de Supervisión (AES), en colaboración con el Comité Mixto y en consulta con el Banco Central Europeo (BCE) y la Agencia de Ciberseguridad de la Unión Europea (ENISA), para la preparación de un informe conjunto que evalúe la viabilidad de centralizar la presentación de información sobre incidentes graves relacionados con las tecnologías de la información y la comunicación (TIC) en un único centro a nivel de la Unión Europea. Este informe también tiene como objetivo estudiar cómo facilitar la circulación de dicha información, reducir los costes asociados al proceso de notificación y sustentar análisis temáticos orientados a mejorar la convergencia de la supervisión en el ámbito financiero. Este mandato refleja la intención del legislador europeo de avanzar hacia un modelo más centralizado, eficiente y colaborativo en la gestión de riesgos tecnológicos, reconociendo la creciente complejidad e interconexión del sistema financiero en un entorno digitalizado.

La elaboración de este informe tiene implicaciones significativas tanto para las entidades financieras como para las autoridades supervisoras. En primer lugar, la idea de centralizar la información en un único centro a nivel de la Unión Europea aborda una de las principales preocupaciones relacionadas con la gestión de incidentes en el ámbito de las TIC: la fragmentación de los procesos de notificación. Actualmente, las entidades financieras están obligadas a informar sobre incidentes graves a múltiples autoridades competentes, tanto a nivel nacional como europeo, dependiendo de la naturaleza y el impacto del incidente. Este enfoque fragmentado puede generar redundancias, inconsistencias y costes innecesarios, además de dificultar la capacidad de las autoridades para obtener una visión integral del panorama de riesgos cibernéticos en el sector financiero. Un centro único de notificación podría resolver estos problemas al consolidar la información en una única plataforma, lo que simplificaría los procedimientos de notificación para las entidades financieras y facilitaría el análisis y la coordinación entre las autoridades supervisoras.

El informe conjunto que deben elaborar las AES también debe considerar cómo facilitar la circulación de la información sobre incidentes graves relacionados con las TIC entre las partes interesadas. Esto incluye no solo a las autoridades nacionales y europeas, sino también a las entidades financieras que pueden beneficiarse de compartir información sobre amenazas, vulnerabilidades y buenas prácticas para gestionar incidentes. La circulación eficiente de la información es esencial para fortalecer la resiliencia colectiva del sector financiero frente a las amenazas tecnológicas, ya que permite a las entidades y autoridades anticiparse a los riesgos emergentes y adoptar medidas preventivas antes de que se materialicen en incidentes graves. Además, un flujo de información más ágil y estructurado puede mejorar significativamente la capacidad de respuesta ante incidentes, especialmente en situaciones donde un ataque cibernético o un fallo tecnológico afecta simultáneamente a múltiples entidades o infraestructuras críticas dentro de la Unión Europea.

Otro de los objetivos destacados en el artículo 21.1 es la **reducción de los costes asociados** a los procesos de notificación de incidentes. Las entidades financieras, particularmente las más pequeñas, enfrentan desafíos significativos en términos de recursos y capacidad para cumplir con las obligaciones de notificación impuestas por el Reglamento. La existencia de múltiples canales de notificación y la necesidad de presentar información a diferentes autoridades pueden generar una carga administrativa considerable, que no siempre está justificada por los beneficios regulatorios o de supervisión. Centralizar la notificación en un único centro a nivel de la Unión Europea podría simplificar estos procesos y reducir los costes tanto para las entidades como para las autoridades, al eliminar redundancias y fomentar la interoperabilidad entre los sistemas utilizados para recopilar y analizar la información sobre incidentes.

El informe también debe analizar cómo un centro único de notificación podría sustentar análisis temáticos destinados a mejorar la convergencia de la supervisión en el ámbito financiero. La centralización de la información permitiría a las AES y otras autoridades relevantes identificar tendencias y patrones en los incidentes relacionados con las TIC a nivel sistémico, facilitando la elaboración de análisis temáticos que ofrezcan una visión más profunda de las amenazas y vulnerabilidades emergentes. Estos análisis podrían ser utilizados para desarrollar directrices de supervisión más coherentes y efectivas, promoviendo la convergencia de las prácticas de supervisión en toda la Unión Europea. Por ejemplo, si los datos recopilados revelan un aumento en los ataques cibernéticos dirigidos a un tipo específico de infraestructura o servicio financiero, las autoridades podrían emitir recomendaciones específicas para mitigar ese riesgo en toda la UE, fortaleciendo así la resiliencia del sistema financiero en su conjunto.

Desde una perspectiva operativa, la creación de un centro único de notificación plantearía varios desafíos y consideraciones prácticas que deben abordarse en el informe. En primer lugar, sería necesario establecer mecanismos claros para garantizar que la información recopilada sea segura, precisa y procesada de manera eficiente. Esto incluye la implementación de sistemas avanzados de protección de datos y ciberseguridad para evitar que la información confidencial sobre incidentes pueda ser comprometida o utilizada de manera indebida. En segundo lugar, sería esencial garantizar que el centro único sea accesible y utilizable para todas las entidades financieras, independientemente de su tamaño, perfil de riesgo o ubicación geográfica. Esto podría requerir la adopción de estándares tecnológicos comunes y la provisión de apoyo técnico para las entidades que carezcan de recursos internos suficientes para cumplir con los nuevos procedimientos.

El informe también deberá abordar el posible impacto en las competencias de las autoridades nacionales y europeas. Si bien la centralización de la información podría mejorar la coordinación y la eficiencia, también podría plantear preocupaciones sobre la redistribución de competencias entre las autoridades nacionales y el centro único. Para evitar conflictos jurisdiccionales, el informe debería proponer un marco claro que defina las responsabilidades y roles de cada autoridad en relación con el centro único, asegurando que se respeten los principios de subsidiariedad y proporcionalidad en la aplicación de las normativas europeas.

Desde una perspectiva estratégica, el desarrollo de un centro único para la notificación de incidentes graves relacionados con las TIC podría posicionar a la Unión Europea como líder global en la gestión de riesgos cibernéticos en el sector financiero. Al establecer un sistema centralizado y coordinado, la UE podría demostrar su capacidad para abordar los desafíos tecnológicos de manera eficaz y proactiva, fortaleciendo la confianza en el sistema financiero europeo tanto a nivel interno como internacional. Además, la centralización de la información podría facilitar la cooperación con terceros países y organizaciones internacionales, mejorando la capacidad de la UE para responder a las amenazas cibernéticas globales que afectan al sector financiero.

El artículo 21.1 del Reglamento 2022/2554 establece un marco ambicioso y visionario para evaluar la viabilidad de centralizar la notificación de incidentes graves relacionados con las TIC mediante la creación de un centro único de la Unión Europea. Este centro podría mejorar significativamente la eficiencia, la coordinación y la calidad de la información utilizada para gestionar riesgos tecnológicos en el sector financiero, al tiempo que reduce los costes administrativos para las entidades financieras y las autoridades competentes. Sin embargo, su implementación requerirá un análisis exhaustivo de las implicaciones prácticas, legales y operativas, así como un compromiso firme de todas las partes interesadas para garantizar que el sistema resultante sea seguro, accesible y alineado con los objetivos estratégicos de la Unión Europea en materia de resiliencia operativa digital. Este artículo refuerza la necesidad de una supervisión más convergente y un enfoque más integrado frente a los desafíos tecnológicos, posicionando a la UE como un referente en la gestión de riesgos cibernéticos en un entorno financiero globalizado y digitalizado.

2. El informe conjunto al que se refiere el apartado 1 incluirá al menos los siguientes elementos:

a) requisitos indispensables para la creación de un centro único de la UE;

b) ventajas, limitaciones y riesgos, incluidos los riesgos asociados a la elevada concentración de información sensible;

c) la capacidad necesaria para garantizar la interoperabilidad con respecto a otros sistemas de notificación pertinentes;

d) elementos de gestión operativa;

e) condiciones de participación;

f) modalidades técnicas de acceso al centro único de la UE para las entidades financieras y las autoridades nacionales competentes;

g) evaluación preliminar de los costes financieros que conllevaría la creación de la plataforma operativa que sustentaría el centro único de la UE, incluidos los conocimientos especializados necesarios.

El artículo 21.2 del Reglamento 2022/2554 establece los elementos mínimos que debe incluir el informe conjunto mencionado en el apartado 1, cuyo objetivo principal es evaluar la viabilidad de la creación de un centro único de la Unión Europea (UE) para la presentación de información sobre incidentes graves relacionados con las tecnologías de la información y la comunicación (TIC). Este informe, encargado a las Autoridades Europeas de Supervisión (AES), en colaboración con el Banco Central Europeo (BCE) y la Agencia de Ciberseguridad de la Unión Europea (ENISA), debe abordar de manera integral los aspectos necesarios para valorar no solo la factibilidad técnica y operativa del proyecto, sino también sus implicaciones estratégicas, regulatorias, financieras y de seguridad. La finalidad última es garantizar que cualquier propuesta para la centralización de la información responda a los principios de eficacia, proporcionalidad y seguridad, al tiempo que contribuye a fortalecer la resiliencia operativa digital del sector financiero europeo.

Uno de los elementos más importantes que debe incluir el informe son los requisitos indispensables para la creación del centro único de la UE. Esto implica identificar las condiciones mínimas necesarias para el diseño, implementación y operatividad del centro, considerando aspectos tecnológicos, regulatorios, de infraestructura y de gobernanza. Por ejemplo, sería necesario definir los estándares tecnológicos y de ciberseguridad que deben adoptarse para garantizar que la plataforma sea resiliente frente a ataques cibernéticos, dado que el centro concentraría información altamente sensible sobre incidentes graves de múltiples entidades financieras en toda la UE. También es determinante establecer los marcos regulatorios y legales que permitan armonizar las competencias de las autoridades nacionales y europeas, asegurando que el centro cumpla con los principios de subsidiariedad y proporcionalidad. Estos requisitos también deben incluir mecanismos claros para la interoperabilidad, la accesibilidad y la protección de datos, considerando el cumplimiento del Reglamento General de Protección de Datos (RGPD) y otras normativas aplicables.

El informe también debe detallar las ventajas, limitaciones y riesgos asociados a la creación de este centro único. Entre las ventajas potenciales se encuentra la simplificación y armonización de los procesos de notificación, que permitirían a las entidades financieras reportar incidentes graves a través de un único canal en lugar de tener que interactuar con múltiples autoridades nacionales y europeas. Esto no solo reduciría la carga administrativa para las entidades, sino que también mejoraría la calidad y coherencia de los datos recopilados, facilitando el análisis temático y la identificación de patrones a nivel sistémico. Sin embargo, también deben analizarse las limitaciones, como la complejidad técnica y organizativa que implica la creación y gestión de una plataforma centralizada, especialmente en términos de garantizar la interoperabilidad con los sistemas existentes y mantener altos niveles de seguridad. Uno de los riesgos más críticos que deben considerarse es el riesgo de concentración de información sensible, ya que centralizar grandes volúmenes de datos relacionados con incidentes de TIC podría convertir al centro en un objetivo atractivo para ciberataques sofisticados. Por ello, sería indispensable implementar medidas avanzadas de ciberseguridad y diseñar estrategias de mitigación para minimizar el impacto de posibles brechas de seguridad.

Otro aspecto clave es la capacidad necesaria para garantizar la interoperabilidad con otros sistemas de notificación pertinentes, tanto a nivel europeo como nacional. Actualmente, las entidades financieras deben reportar incidentes a diferentes autoridades según su naturaleza y alcance, como las autoridades nacionales competentes en materia de supervisión financiera, las autoridades responsables de la Directiva NIS2, o incluso al Banco Central Europeo en el caso de las infraestructuras críticas. La interoperabilidad es esencial para evitar la duplicidad de reportes y garantizar que el centro único pueda integrarse con los sistemas de notificación existentes, respetando las normativas aplicables en cada ámbito. Esto requeriría un diseño técnico basado en estándares comunes que facilite la comunicación fluida entre los sistemas, así como protocolos claros para el intercambio seguro de información entre el centro único y las autoridades nacionales y europeas.

El informe también debe abordar los elementos de gestión operativa del centro único, lo que implica definir cómo se organizarán y administrarán las operaciones del centro, qué entidad o entidades serán responsables de su gobernanza, y cuáles serán los procesos para la recepción, almacenamiento, análisis y circulación de la información. Además, sería necesario establecer mecanismos para garantizar la transparencia y la rendición de cuentas en la gestión del centro, incluyendo auditorías regulares, controles de calidad y la evaluación continua de su efectividad en el cumplimiento de los objetivos regulatorios.

Otro elemento crítico son las condiciones de participación, que determinan quiénes estarían obligados o autorizados a utilizar el centro único y bajo qué términos. Por ejemplo, el informe debe especificar si la participación será obligatoria para todas las entidades financieras supervisadas bajo el Reglamento o si se establecerán excepciones para determinadas categorías de entidades, como las micro entidades o aquellas que operan en sectores con un perfil de riesgo bajo. Asimismo, las condiciones de participación deben incluir las obligaciones de las entidades en términos de presentación de informes, como los plazos para la notificación inicial y las actualizaciones de los incidentes, así como las responsabilidades de las autoridades nacionales y europeas en la gestión y supervisión del centro.

El informe también debe detallar las modalidades técnicas de acceso al centro único tanto para las entidades financieras como para las autoridades nacionales competentes. Esto incluye definir cómo las entidades presentarán la información, ya sea a través de interfaces digitales, APIs o plataformas específicas, así como los estándares de seguridad que deben cumplir para garantizar que el acceso esté restringido únicamente a usuarios autorizados. En el caso de las autoridades nacionales, también deben establecerse mecanismos para garantizar que tengan acceso a la información relevante de manera eficiente y segura, respetando los principios de confidencialidad y proporcionalidad.

Finalmente, el informe debe incluir una evaluación preliminar de los costes financieros asociados a la creación de la plataforma operativa que sustentaría el centro único. Este análisis debe considerar no solo los costes iniciales de diseño e implementación, sino también los costes recurrentes de mantenimiento, actualización y gobernanza a lo largo del tiempo. Además, debe evaluarse la necesidad de conocimientos especializados para gestionar la plataforma, incluyendo personal técnico cualificado en áreas como ciberseguridad, análisis de datos y gestión de riesgos tecnológicos. Es probable que estos costes varíen significativamente dependiendo de factores como el alcance funcional del centro, el grado de automatización que se implemente y el nivel de integración con otros sistemas de notificación existentes.

En términos prácticos, la implementación de los elementos descritos en el artículo 21.2 tiene implicaciones importantes para todas las partes interesadas. Para las entidades financieras, la creación de un centro único podría simplificar significativamente los procesos de notificación, reduciendo la carga administrativa y mejorando la claridad sobre sus obligaciones de reporte. Sin embargo, también podría requerir inversiones iniciales en tecnología y formación para adaptarse a los nuevos procedimientos. Para las autoridades supervisoras, el centro único ofrecería una herramienta valiosa para supervisar y analizar los riesgos tecnológicos de manera más eficiente y coordinada, aunque también implicaría un cambio significativo en la forma en que se gestionan actualmente los informes de incidentes. Desde una perspectiva estratégica, el desarrollo de este centro podría posicionar a la Unión Europea como líder en la gestión de riesgos cibernéticos en el sector financiero, estableciendo un modelo que podría servir como referencia para otros sectores o regiones del mundo.

El artículo 21.2 del Reglamento 2022/2554 establece un marco exhaustivo para la elaboración del informe conjunto sobre la viabilidad de un centro único de la UE para la notificación de incidentes graves relacionados con las TIC. Al abordar aspectos como los requisitos indispensables, los riesgos y ventajas, la interoperabilidad, la gestión operativa, las condiciones de participación, el acceso técnico y los costes financieros, el informe busca proporcionar una evaluación integral que permita a los legisladores y a las autoridades tomar decisiones informadas sobre la creación de este centro. Si bien su implementación plantea desafíos significativos en términos técnicos, organizativos y de seguridad, también ofrece oportunidades únicas para mejorar la resiliencia operativa del sector financiero europeo y promover una mayor convergencia en la supervisión de los riesgos tecnológicos. Este enfoque centralizado tiene el potencial de transformar la gestión de incidentes en la UE, fortaleciendo la confianza en la estabilidad y la seguridad del sistema financiero en un entorno digital cada vez más complejo y desafiante.

3. Las Autoridades Europeas de Supervisión presentarán el informe a que se refiere el apartado 1 al Parlamento Europeo, al Consejo y a la Comisión a más tardar el 17 de enero de 2025.

El artículo 21.3 del Reglamento 2022/2554 establece el plazo límite para que las Autoridades Europeas de Supervisión (AES), en colaboración con el Comité Mixto, el Banco Central Europeo (BCE) y la Agencia de Ciberseguridad de la Unión Europea (ENISA), presenten el informe conjunto al Parlamento Europeo, al Consejo y a la Comisión Europea. Este informe, cuya elaboración es mandatada por el apartado 1 del mismo artículo, deberá ser entregado a más tardar el 17 de enero de 2025, marcando una etapa clave en la implementación de las disposiciones relativas a la gestión de incidentes graves relacionados con las tecnologías de la información y la comunicación en el sector financiero. La presentación de este informe constituye un paso esencial en el proceso regulador europeo, ya que determinará la viabilidad y las condiciones para la creación de un centro único de la Unión Europea para la notificación de incidentes relacionados con las TIC.

La obligación de presentar este informe a tres de las principales instituciones de la Unión Europea –el Parlamento Europeo, el Consejo y la Comisión– refleja el carácter estratégico y transversal de esta iniciativa. La implicación de estas instituciones garantiza un proceso inclusivo y democrático en el desarrollo de políticas regulatorias que afectan a la totalidad del sistema financiero europeo. El Parlamento Europeo, como órgano legislativo representativo, tendrá la oportunidad de analizar los hallazgos del informe, evaluar su impacto en los derechos y obligaciones de las entidades financieras y supervisar que las propuestas sean coherentes con los principios fundamentales de la Unión, como la subsidiariedad y la proporcionalidad. Por su parte, el Consejo, que representa a los Estados miembros, podrá garantizar que las particularidades nacionales y los intereses de las autoridades competentes de cada país sean tenidos en cuenta, especialmente en lo que respecta a la interacción entre el centro único y las infraestructuras de supervisión nacionales. Finalmente, la Comisión, como órgano ejecutivo, será responsable de evaluar las conclusiones del informe en términos de viabilidad técnica, financiera y operativa, y de proponer las acciones necesarias para avanzar en la creación del centro único si se considera factible.

El plazo límite del 17 de enero de 2025 subraya la necesidad de avanzar con celeridad en el desarrollo de un marco normativo y operativo para la gestión de riesgos tecnológicos en el sector financiero. Este calendario refleja la urgencia con la que la Unión Europea busca abordar los riesgos crecientes derivados de la digitalización y la interconexión de los sistemas financieros, así como la creciente sofisticación de las amenazas cibernéticas que afectan al sector. Dado que los incidentes relacionados con las TIC tienen el potencial de generar efectos en cascada que trascienden las fronteras nacionales, la creación de un centro único de notificación podría ser un elemento medular para mejorar la coordinación y la resiliencia del sistema financiero europeo en su conjunto. El informe deberá, por tanto, proporcionar una evaluación integral que permita a las instituciones europeas tomar decisiones informadas y basadas en evidencia sobre la viabilidad de esta propuesta.

La presentación del informe también tiene importantes implicaciones prácticas para las Autoridades Europeas de Supervisión, que son las encargadas de su elaboración. En primer lugar, estas autoridades deberán coordinarse estrechamente con el BCE, la ENISA y otras partes interesadas para recopilar y analizar información relevante sobre los elementos descritos en el apartado 2 del artículo 21. Esto incluye evaluar los requisitos indispensables para la creación del centro único, los riesgos asociados a la concentración de información sensible, las modalidades técnicas para garantizar la interoperabilidad, y los costes financieros y conocimientos especializados necesarios para su implementación. Este trabajo requiere un enfoque multidisciplinario que combine experiencia técnica en ciberseguridad y tecnología de la información con conocimientos regulatorios y financieros, lo que supone un desafío significativo tanto en términos de recursos como de coordinación entre las instituciones implicadas.

Además, las AES tendrán que garantizar que el informe refleje las diversas realidades y necesidades del sector financiero europeo, que abarca desde grandes instituciones financieras con operaciones transfronterizas hasta pequeñas entidades que operan principalmente a nivel nacional. Esto implica adoptar un enfoque proporcional que reconozca las diferencias en términos de tamaño, perfil de riesgo y capacidad tecnológica de las entidades, asegurando que cualquier propuesta para la creación del centro único no genere cargas administrativas desproporcionadas para las entidades más pequeñas o menos complejas. Al mismo tiempo, las AES deberán garantizar que el informe contemple soluciones que sean suficientemente robustas y escalables para gestionar los riesgos tecnológicos asociados con las grandes instituciones financieras y las infraestructuras críticas del mercado.

Desde la perspectiva del sector financiero, la presentación de este informe es un paso hacia la posible creación de un sistema más eficiente y armonizado para la notificación de incidentes graves relacionados con las TIC. Actualmente, las entidades financieras enfrentan importantes desafíos para cumplir con los requisitos de notificación, que a menudo implican reportar incidentes a múltiples autoridades competentes a nivel nacional y europeo, utilizando formatos y plazos que pueden variar considerablemente. Este enfoque fragmentado no solo aumenta los costes administrativos para las entidades, sino que también dificulta la capacidad de las autoridades para obtener una visión integral del panorama de riesgos cibernéticos. Un centro único de notificación, si se considera viable y se implementa adecuadamente, podría simplificar estos procesos, reducir la carga administrativa y mejorar la calidad y coherencia de los datos recopilados.

Por otro lado, la presentación del informe también representa una oportunidad para evaluar y mitigar los posibles riesgos asociados con la centralización de la información sobre incidentes graves. Uno de los riesgos más importantes es el de la concentración de información sensible en una única plataforma, lo que podría convertir al centro único en un objetivo altamente atractivo para actores malintencionados, incluidos ciberdelincuentes y entidades patrocinadas por Estados. Para abordar este riesgo, el informe deberá proponer medidas específicas de ciberseguridad, como el uso de tecnologías avanzadas de cifrado, la segmentación de datos, y la implementación de protocolos de acceso estrictos basados en principios de privilegio mínimo y autenticación multifactorial. Además, será determinante garantizar que el centro único cuente con capacidades avanzadas de detección y respuesta a incidentes, así como con procedimientos claros para gestionar y mitigar los impactos de cualquier posible brecha de seguridad.

Otro aspecto relevante es la viabilidad financiera del proyecto, que debe ser evaluada en términos de los costes asociados con el diseño, implementación y mantenimiento del centro único, así como de los beneficios potenciales que podría generar en términos de eficiencia y mejora de la supervisión. El informe deberá incluir una evaluación preliminar de los recursos necesarios, incluidos los conocimientos técnicos especializados, y proponer posibles modelos de financiación que garanticen la sostenibilidad económica del centro único sin imponer cargas excesivas a las entidades financieras o a los presupuestos nacionales.

Desde una perspectiva estratégica, la presentación del informe al Parlamento Europeo, al Consejo y a la Comisión constituye una oportunidad para consolidar la cooperación entre las instituciones europeas y reforzar la posición de la Unión Europea como líder global en la gestión de riesgos tecnológicos en el sector financiero. Un modelo centralizado de notificación no solo mejoraría la resiliencia operativa digital dentro de la UE, sino que también podría servir como referencia para otras jurisdicciones, promoviendo estándares internacionales más elevados en la gestión de riesgos cibernéticos. Al mismo tiempo, la participación activa de los Estados miembros y las autoridades nacionales en la evaluación y diseño del centro único garantizaría que el sistema resultante sea inclusivo y refleje las necesidades y realidades de todas las partes interesadas.

El artículo 21.3 del Reglamento 2022/2554 establece un plazo claro y concreto para la presentación del informe conjunto sobre la viabilidad de un centro único de la UE para la notificación de incidentes graves relacionados con las TIC. Este informe, que debe entregarse a más tardar el 17 de enero de 2025, representa un paso decisivo en los esfuerzos de la Unión Europea por mejorar la gestión de riesgos tecnológicos en el sector financiero. Al abordar aspectos como los requisitos indispensables, los riesgos asociados, la interoperabilidad, la gestión operativa, las condiciones de participación y los costes financieros, el informe proporcionará una base sólida para evaluar la viabilidad y las implicaciones prácticas de esta iniciativa. Si bien la creación del centro único plantea desafíos significativos, también ofrece oportunidades únicas para fortalecer la resiliencia, la eficiencia y la confianza en el sistema financiero europeo en un entorno digital cada vez más complejo e interconectado.

Artículo 22. Observaciones de las autoridades de supervisión

1. Sin perjuicio de las aportaciones técnicas, el asesoramiento o las medidas correctoras y el seguimiento posterior que puedan facilitar, cuando proceda y de conformidad con el Derecho nacional, los CSIRT con arreglo a la Directiva (UE) 2022/2555, la autoridad competente, tras recibirlos, deberá acusar recibo de la notificación inicial y de cada uno de los informes a que se refiere el artículo 19, apartado 4, podrá, cuando sea posible, proporcionar de forma oportuna a la

entidad financiera observaciones pertinentes y proporcionadas u orientación de alto nivel, en particular poniendo a su disposición cualquier información o inteligencia anonimizadas pertinentes relativas a amenazas similares, y podrá abordar las medidas correctoras aplicadas a nivel de la entidad financiera y las formas de minimizar y mitigar las repercusiones negativas en el sector financiero. Sin perjuicio de las observaciones de las autoridades de supervisión, las entidades financieras seguirán siendo plenamente responsables de la gestión de los incidentes relacionados con las TIC notificados en virtud del artículo 19, apartado 1, así como de sus consecuencias.

El artículo 22 del Reglamento 2022/2554 establece un marco para la interacción entre las autoridades competentes y las entidades financieras en el contexto de la notificación y gestión de incidentes graves relacionados con las tecnologías de la información y la comunicación (TIC). Este artículo subraya la función de las autoridades competentes como interlocutores para supervisar, apoyar y orientar a las entidades financieras tras la notificación de incidentes, garantizando así una respuesta más coordinada, informada y efectiva frente a estos eventos. Al mismo tiempo, el artículo deja claro que la responsabilidad última de la gestión de los incidentes y de sus consecuencias recae sobre las entidades financieras, reafirmando su papel central en la adopción de medidas preventivas, correctivas y de mitigación.

El artículo comienza reconociendo la posible interacción entre las autoridades competentes y los equipos de respuesta a incidentes de seguridad informática (CSIRT, por sus siglas en inglés), establecidos conforme a la Directiva (UE) 2022/2555 (Directiva NIS2). Esta referencia refuerza la idea de que la gestión de incidentes graves relacionados con las TIC es un esfuerzo colaborativo que puede implicar a múltiples actores, incluidos los CSIRT, cuyas funciones principales incluyen proporcionar apoyo técnico, emitir asesoramiento específico y realizar un seguimiento de los incidentes. Sin embargo, el artículo aclara que las responsabilidades y aportaciones de los CSIRT no sustituyen las competencias y obligaciones de las autoridades supervisoras, que actúan como el punto de referencia principal en el marco del Reglamento.

Uno de los elementos de este artículo es la obligación de las autoridades competentes de acusar recibo de las notificaciones iniciales y de los informes de seguimiento presentados por las entidades financieras conforme al artículo 19, apartado 4. Este requisito asegura que las entidades financieras tengan constancia formal de que su notificación ha sido recibida y procesada por la autoridad correspondiente, lo que genera una mayor confianza en el sistema de notificación y establece un canal de comunicación claro y trazable entre las partes. Este proceso también facilita la supervisión de las notificaciones por parte de las autoridades, permitiéndoles priorizar y categorizar los incidentes según su gravedad, impacto potencial y relevancia sectorial.

Además, el artículo otorga a las autoridades competentes la facultad de proporcionar observaciones y orientaciones oportunas a las entidades financieras tras la recepción de las notificaciones de incidentes. Estas observaciones deben ser pertinentes y proporcionadas, lo que implica que deben estar adaptadas al contexto específico del incidente y a las características particulares de la entidad afectada, incluyendo su tamaño, perfil de riesgo y complejidad operativa. Entre las posibles aportaciones de las autoridades se incluye la puesta a disposición de información o inteligencia anonimizadas relacionadas con amenazas similares. Este tipo de intercambio de información es particularmente valioso en un entorno financiero interconectado, ya que permite a las entidades obtener una visión más amplia de las amenazas emergentes, aprender de las experiencias de otras organizaciones y fortalecer sus propias defensas frente a riesgos similares.

Además, las autoridades competentes pueden abordar las medidas correctoras adoptadas por la entidad financiera en respuesta al incidente, proporcionando orientación sobre su adecuación y eficacia para mitigar el impacto del evento. Esto incluye recomendaciones sobre cómo minimizar las repercusiones negativas del incidente no solo en la entidad afectada, sino también en el sistema financiero en su conjunto. Por ejemplo, si un incidente cibernético afecta a una infraestructura crítica utilizada por múltiples entidades, las autoridades pueden coordinar medidas preventivas en todo el sector para evitar la propagación de la amenaza o reducir su impacto en otras organizaciones.

Sin embargo, el artículo también establece un principio fundamental: la responsabilidad plena de la gestión de los incidentes recae sobre las entidades financieras. Esto significa que, aunque las autoridades competentes puedan ofrecer observaciones, orientación y apoyo, las entidades son responsables de implementar las medidas necesarias para gestionar el incidente, restaurar sus operaciones y prevenir futuras recurrencias. Este enfoque es consistente con el principio de gobernanza de riesgos tecnológicos previsto en el Reglamento, que exige a las entidades financieras adoptar un enfoque proactivo y robusto en la gestión de sus riesgos relacionados con las TIC. Este principio también refuerza la importancia de que las entidades cuenten con capacidades internas suficientes para detectar, responder y mitigar incidentes tecnológicos, incluyendo recursos técnicos, procesos claros y personal capacitado.

Desde una perspectiva práctica, el artículo 22 tiene varias implicaciones importantes para las entidades financieras. En primer lugar, estas deben asegurarse de que sus sistemas de notificación estén diseñados no solo para cumplir con las obligaciones de reporte establecidas en el artículo 19, sino también para facilitar la comunicación continua con las autoridades competentes tras la notificación inicial. Esto incluye la capacidad de proporcionar informes de seguimiento que detallen las acciones correctivas tomadas, así como cualquier información adicional solicitada por las autoridades.

En segundo lugar, las entidades deben estar preparadas para recibir y actuar sobre las observaciones y orientaciones proporcionadas por las autoridades. Esto puede requerir la asignación de recursos internos para evaluar y, en su caso, implementar las recomendaciones recibidas, así como para coordinar con las autoridades cualquier medida correctiva o preventiva que pueda ser necesaria. Además, las entidades deben establecer procesos internos claros para integrar la inteligencia y la información anonimizada proporcionada por las autoridades en sus estrategias de gestión de riesgos, asegurándose de que estas aportaciones se utilicen de manera efectiva para mejorar su resiliencia frente a amenazas futuras.

Desde la perspectiva de las autoridades competentes, el artículo 22 refuerza su papel no solo como supervisores, sino también como socios estratégicos en la gestión de riesgos tecnológicos en el sector financiero. Para cumplir con esta función, las autoridades deben contar con la capacidad técnica y organizativa necesaria para analizar las notificaciones de incidentes, proporcionar observaciones de alto nivel y compartir inteligencia relevante con las entidades. Esto incluye la capacidad de procesar grandes volúmenes de datos de manera eficiente, identificar patrones o tendencias en los incidentes reportados y generar información útil que pueda beneficiar a todo el sector. Además, las autoridades deben asegurarse de que sus recomendaciones sean coherentes, proporcionadas y basadas en un conocimiento sólido de los riesgos tecnológicos y del contexto específico de cada incidente.

Desde una perspectiva estratégica, este artículo también fomenta una mayor cooperación y transparencia entre las entidades financieras y las autoridades supervisoras, lo que es esencial para abordar los desafíos asociados a la creciente sofisticación de las amenazas cibernéticas. Al establecer un marco claro para el intercambio de información y la provisión de orientación, el artículo 22 contribuye a mejorar la confianza y la colaboración entre todas las partes interesadas, promoviendo una respuesta más coordinada y eficaz frente a los incidentes relacionados con las TIC. Esto es particularmente importante en un entorno donde los riesgos tecnológicos no solo afectan a entidades individuales, sino que también tienen el potencial de generar impactos sistémicos en todo el sector financiero.

Por último, el artículo refuerza la importancia de adoptar un enfoque basado en la inteligencia en la gestión de incidentes relacionados con las TIC. Al permitir que las autoridades compartan información anonimizada sobre amenazas similares, el Reglamento promueve la creación de un ecosistema de aprendizaje continuo, donde las lecciones extraídas de un incidente puedan ser utilizadas para prevenir o mitigar futuros eventos. Esto no solo beneficia a las entidades individuales, sino que también fortalece la resiliencia general del sistema financiero europeo frente a los riesgos tecnológicos.

El artículo 22 del Reglamento 2022/2554 establece un marco equilibrado y colaborativo para la interacción entre las autoridades competentes y las entidades financieras en la gestión de incidentes graves relacionados con las TIC. Al exigir a las autoridades que acusen recibo de las notificaciones, proporcionen observaciones y compartan inteligencia relevante, este artículo refuerza su papel como facilitadores y supervisores en el proceso de gestión de riesgos tecnológicos. Sin embargo, al mismo tiempo, deja claro que la responsabilidad última de la gestión de los incidentes recae en las entidades, destacando la importancia de que estas cuenten con capacidades internas robustas para gestionar los riesgos relacionados con las TIC. Este enfoque equilibrado no solo mejora la eficiencia y la eficacia de la gestión de incidentes, sino que también contribuye a fortalecer la resiliencia y la estabilidad del sistema financiero en su conjunto frente a las amenazas cibernéticas y tecnológicas en constante evolución.

2. Las Autoridades Europeas de Supervisión, a través del Comité Mixto, informarán anualmente, utilizando datos anonimizados y agregados, sobre los incidentes graves relacionados con las TIC, a cuyo respecto las autoridades competentes facilitarán información detallada de conformidad con el artículo 19, apartado 6, indicando al menos el número de incidentes graves relacionados con las TIC, su naturaleza y su repercusión en las operaciones de las entidades financieras o de los clientes, las medidas correctoras tomadas y los costes soportados.

Las Autoridades Europeas de Supervisión emitirán advertencias y elaborarán estadísticas de alto nivel para apoyar las evaluaciones de las amenazas y las vulnerabilidades que afecten a las TIC.

El artículo 22.2 del Reglamento 2022/2554 establece un mecanismo de reporte anual por parte de las Autoridades Europeas de Supervisión (AES), a través del Comité Mixto, sobre los incidentes graves relacionados con las tecnologías de la información y la comunicación (TIC) que hayan afectado a las entidades financieras bajo su supervisión. Este informe, basado en datos anonimizados y agregados, debe incluir información sobre el número, naturaleza, repercusiones, medidas correctoras y costes asociados a dichos incidentes, sirviendo como base para elaborar estadísticas y advertencias estratégicas que permitan identificar amenazas y vulnerabilidades emergentes en el sector financiero. Este artículo no solo refuerza el papel de las AES como supervisores estratégicos del riesgo tecnológico, sino que también subraya la importancia de un enfoque basado en datos para fortalecer la resiliencia operativa digital del sistema financiero europeo.

La primera obligación destacada en este artículo es la compilación y reporte anual de los datos anonimizados y agregados sobre incidentes graves relacionados con las TIC, que son proporcionados a las AES por las autoridades competentes nacionales en virtud del artículo 19, apartado 6. Esta práctica de anonimización y agregación de datos tiene dos propósitos fundamentales: proteger la confidencialidad y privacidad de las entidades afectadas, evitando la exposición de información sensible, y facilitar una visión global y estructurada del panorama de riesgos tecnológicos en el sector financiero europeo. La anonimización es especialmente importante, ya que cualquier exposición indebida de datos podría afectar la reputación de las entidades afectadas y, en última instancia, comprometer la confianza en el sistema financiero.

El reporte anual debe incluir información detallada sobre varios aspectos críticos de los incidentes graves. En primer lugar, debe indicarse el número de incidentes reportados, lo que permitirá a las AES y a otras partes interesadas evaluar la frecuencia de estos eventos y detectar posibles tendencias en el tiempo. Un aumento en el número de incidentes podría indicar un deterioro en las defensas cibernéticas de las entidades financieras, una mayor sofisticación de los ataques o vulnerabilidades sistémicas que deben ser abordadas. En segundo lugar, el reporte debe detallar la naturaleza de los incidentes, lo que incluye identificar si estos se debieron a ciberataques, fallos técnicos, errores humanos u otras causas. Este desglose es esencial para entender las dinámicas detrás de los incidentes y diseñar estrategias específicas para prevenirlos o mitigarlos.

Otro aspecto importante del reporte es la inclusión de información sobre las repercusiones de los incidentes en las operaciones de las entidades financieras o de los clientes. Esto implica evaluar cómo los incidentes han afectado la continuidad operativa de las entidades, su capacidad para prestar servicios financieros esenciales, y la confianza de los clientes en dichas entidades. Por ejemplo, un ataque que interrumpa los sistemas de pago durante varias horas puede tener un impacto significativo no solo en la entidad afectada, sino también en el sistema financiero en su conjunto, especialmente si la entidad presta servicios críticos a otras instituciones financieras o a una amplia base de clientes. Estas repercusiones deben analizarse no solo desde una perspectiva operativa, sino también en términos de sus implicaciones para la estabilidad y la seguridad del sector financiero en general.

El reporte también debe incluir información sobre las medidas correctoras adoptadas por las entidades afectadas para gestionar los incidentes y prevenir su recurrencia. Estas medidas pueden incluir la actualización de software, la implementación de nuevas políticas de ciberseguridad, la contratación de servicios externos de respuesta a incidentes o la realización de auditorías internas. Al recopilar y analizar esta información, las AES pueden identificar buenas prácticas que puedan ser compartidas con otras entidades financieras, promoviendo un enfoque colectivo para mejorar la resiliencia operativa digital en toda la Unión Europea.

Además, el informe debe proporcionar información sobre los costes soportados por las entidades financieras en relación con los incidentes graves. Estos costes pueden incluir gastos directos, como los asociados a la reparación de los sistemas afectados, la contratación de servicios de respuesta a incidentes o el pago de multas regulatorias, así como costes indirectos, como la pérdida de ingresos debido a interrupciones operativas, la disminución de la confianza de los clientes o el impacto negativo en la reputación de la entidad. Este análisis es fundamental para comprender el impacto económico de los incidentes graves en el sector financiero y para sensibilizar a las entidades sobre la importancia de invertir en medidas preventivas y de mitigación.

Otro aspecto del artículo es la obligación de las AES de emitir advertencias y elaborar estadísticas de alto nivel basadas en los datos recopilados. Estas advertencias y estadísticas tienen un valor estratégico significativo, ya que proporcionan a las entidades financieras, a las autoridades supervisoras y a otras partes interesadas una visión clara de las amenazas y vulnerabilidades emergentes que afectan a las TIC en el sector financiero. Por ejemplo, si los datos indican un aumento en los ataques de ransomware dirigidos a pequeñas entidades financieras, las AES pueden emitir advertencias específicas para alertar a estas entidades sobre el riesgo y recomendar medidas preventivas concretas. Además, las estadísticas de alto nivel pueden servir como base para diseñar políticas regulatorias más efectivas y adaptadas a las realidades del panorama de riesgos.

Desde una perspectiva práctica, este artículo tiene varias implicaciones para las autoridades supervisoras nacionales, las entidades financieras y las AES. En primer lugar, las autoridades nacionales deben garantizar que los datos sobre los incidentes reportados por las entidades financieras sean recopilados y procesados de manera eficiente, asegurando que la información sea completa, precisa y proporcionada dentro de los plazos establecidos. Esto requiere la implementación de sistemas de información robustos que permitan gestionar grandes volúmenes de datos y garantizar su anonimización antes de compartirlos con las AES.

Para las entidades financieras, el artículo subraya la importancia de mantener registros detallados y actualizados de los incidentes relacionados con las TIC y de las medidas adoptadas para gestionarlos. Además de cumplir con sus obligaciones de notificación en virtud del artículo 19, las entidades deben estar preparadas para proporcionar información adicional que pueda ser solicitada por las autoridades competentes para alimentar el proceso de reporte y análisis anual. Este enfoque no solo mejora la supervisión, sino que también ayuda a las entidades a identificar oportunidades para fortalecer sus propias capacidades de resiliencia.

Desde la perspectiva de las AES, este artículo refuerza su papel como coordinadores y analistas estratégicos en la gestión de riesgos tecnológicos. La emisión de advertencias y estadísticas basadas en datos reales permite a las AES actuar de manera proactiva, identificando tendencias y vulnerabilidades antes de que se conviertan en riesgos sistémicos. Esto también refuerza su capacidad para proporcionar orientación y apoyo a las entidades financieras y a las autoridades nacionales, mejorando la resiliencia colectiva del sistema financiero frente a las amenazas cibernéticas.

Desde un punto de vista estratégico, este artículo también promueve la transparencia y el aprendizaje colectivo en la gestión de riesgos tecnológicos. Al compartir estadísticas y advertencias basadas en datos anonimizados, las AES facilitan la creación de un ecosistema en el que las lecciones aprendidas de un incidente puedan ser utilizadas para prevenir o mitigar futuros eventos en otras entidades o jurisdicciones. Esto es particularmente importante en un entorno financiero altamente interconectado, donde los riesgos tecnológicos pueden propagarse rápidamente de una entidad o país a otro.

El artículo 22.2 del Reglamento 2022/2554 establece un marco sólido y basado en datos para la supervisión, análisis y gestión de incidentes graves relacionados con las TIC en el sector financiero europeo. Al exigir un reporte anual detallado, la emisión de advertencias y la elaboración de estadísticas de alto nivel, este artículo refuerza la capacidad de las AES para identificar y abordar amenazas y vulnerabilidades de manera proactiva. Al mismo tiempo, promueve una mayor colaboración, transparencia y aprendizaje colectivo, contribuyendo a mejorar la resiliencia operativa digital del sistema financiero en su conjunto. Este enfoque no solo responde a las necesidades regulatorias actuales, sino que también prepara al sector para enfrentar los desafíos tecnológicos y cibernéticos del futuro en un entorno global cada vez más complejo y dinámico.

Artículo 23. Incidentes operativos o de seguridad relacionados con los pagos que atañen a entidades de crédito, entidades de pago, proveedores de servicios de información sobre cuentas y entidades de dinero electrónico

Los requisitos establecidos en el presente Capítulo se aplicarán también a los incidentes operativos o de seguridad, graves o no, relacionados con los pagos cuando atañan a entidades de crédito, entidades de pago, proveedores de servicios de información sobre cuentas y entidades de dinero electrónico.

El artículo 23 del Reglamento 2022/2554 extiende la aplicación de los requisitos establecidos en el Capítulo sobre la gestión de incidentes relacionados con las tecnologías de la información y la comunicación (TIC) a los incidentes operativos o de seguridad, graves o no, que se produzcan en el ámbito de los pagos y que afecten a entidades de crédito, entidades de pago, proveedores de servicios de información sobre cuentas y entidades de dinero electrónico. Esta disposición refuerza la coherencia normativa y amplía el alcance del marco regulador a un aspecto crítico del sector financiero: los pagos electrónicos, que son una infraestructura esencial tanto para los consumidores como para las empresas en la economía digital.

La referencia explícita a los pagos electrónicos como un ámbito cubierto por los requisitos del Reglamento subraya la importancia de garantizar la seguridad y resiliencia de este sector en particular. Los pagos digitales son un componente determinante de la economía moderna y, debido a su volumen de transacciones y a su conexión con múltiples sistemas financieros, son especialmente vulnerables a incidentes tecnológicos y de ciberseguridad. Por ejemplo, un fallo técnico en los sistemas de una entidad de pago podría interrumpir las transacciones de miles de clientes, mientras que un ciberataque podría comprometer la confidencialidad y la integridad de datos sensibles, como las credenciales de los usuarios o los detalles de las transacciones financieras.

Este artículo refuerza la idea de que no solo los incidentes graves, sino también aquellos de menor relevancia deben ser gestionados de acuerdo con los requisitos del Reglamento. Esto amplía el alcance de las obligaciones de notificación y gestión de incidentes, destacando que incluso los incidentes aparentemente menores pueden tener repercusiones significativas si no se abordan adecuadamente. Por ejemplo, un pequeño incidente que no afecta inmediatamente a la operación global de una entidad podría ser una señal temprana de una vulnerabilidad que, si no se mitiga, podría ser explotada posteriormente para causar daños mayores. Por lo tanto, el enfoque del artículo es preventivo, asegurando que todos los incidentes, independientemente de su gravedad inicial, sean tratados con el debido rigor.

Desde el punto de vista práctico, este artículo armoniza las obligaciones regulatorias para las entidades financieras involucradas en el sector de pagos, incluyendo a las entidades de crédito, las entidades de pago, los proveedores de servicios de información sobre cuentas y las entidades de dinero electrónico. Estas entidades ya están sujetas a marcos normativos específicos, como la Directiva (UE) 2015/2366 sobre servicios de pago en el mercado interior (PSD2), que establece requisitos de seguridad y notificación para incidentes operativos y de seguridad en los servicios de pago. Sin embargo, el artículo 23 del Reglamento 2022/2554 amplía estas obligaciones al alinearlas con los estándares de resiliencia operativa digital definidos en el Reglamento, creando un marco más cohesivo que unifica las exigencias de gestión de incidentes y fomenta una mayor consistencia en la supervisión de riesgos tecnológicos.

Una de las implicaciones más relevantes de este artículo es que exige a las entidades mencionadas que adopten un enfoque más estructurado y exhaustivo para gestionar tanto los incidentes relacionados con las TIC como los incidentes específicos del ámbito de los pagos. Esto incluye la implementación de sistemas robustos para la detección temprana de incidentes, la notificación oportuna a las autoridades competentes, la mitigación efectiva de riesgos y la comunicación clara con los clientes y otras partes interesadas afectadas. Por ejemplo, una entidad de pago que detecte un incidente técnico que interrumpa las transacciones de sus usuarios debe no solo resolver el problema técnico, sino también evaluar su impacto potencial en la confianza de los clientes y en la seguridad del sistema en general.

El artículo 23 también subraya la importancia de la cooperación entre las autoridades competentes para garantizar una supervisión eficaz de los incidentes en el ámbito de los pagos. Dado que muchas de estas entidades operan a nivel transfronterizo, es fundamental que las autoridades nacionales y europeas coordinen sus esfuerzos para evitar lagunas regulatorias y asegurar que los incidentes se gestionen de manera coherente en toda la Unión Europea. Por ejemplo, un incidente que afecte a un proveedor de servicios de pago con operaciones en varios Estados miembros podría tener implicaciones transfronterizas que requieran una respuesta coordinada entre las autoridades supervisoras de diferentes jurisdicciones.

Desde el punto de vista operativo, este artículo plantea varios desafíos para las entidades afectadas. Por un lado, estas deben asegurarse de que sus sistemas y procesos internos sean capaces de cumplir con las obligaciones de notificación y gestión de incidentes establecidas en el Reglamento. Esto incluye la capacidad de recopilar y analizar datos sobre incidentes en tiempo real, de manera que puedan evaluar su gravedad e impacto de manera precisa y oportuna. Además, las entidades deben garantizar que sus empleados estén adecuadamente formados para responder a incidentes operativos o de seguridad en el ámbito de los pagos, incluyendo la capacidad de coordinar con las autoridades competentes y comunicar eficazmente con los clientes afectados.

Por otro lado, este artículo también implica que las entidades de pago, los proveedores de servicios de información sobre cuentas y las entidades de dinero electrónico deben adoptar un enfoque proactivo para identificar y mitigar los riesgos operativos y de seguridad antes de que se materialicen en incidentes. Esto incluye la realización de evaluaciones periódicas de riesgos, la implementación de controles técnicos y organizativos robustos, y la participación en ejercicios de simulación de incidentes para probar y mejorar su capacidad de respuesta. Por ejemplo, una entidad de dinero electrónico que almacene datos sensibles de los clientes en la nube debe asegurarse de que sus proveedores de servicios en la nube cumplan con estándares estrictos de seguridad y resiliencia, y debe tener planes de contingencia claros para gestionar interrupciones en los servicios de la nube.

Desde una perspectiva estratégica, la inclusión explícita de los incidentes relacionados con los pagos en el ámbito del Reglamento 2022/2554 refuerza la importancia de este sector como una infraestructura crítica dentro del sistema financiero. Los pagos electrónicos no solo son esenciales para la actividad económica diaria, sino que también desempeñan un papel central en la confianza del público en el sistema financiero. Por lo tanto, garantizar la resiliencia operativa y la seguridad de las entidades involucradas en los pagos es una prioridad estratégica para las autoridades supervisoras y para la Unión Europea en su conjunto.

Además, este artículo tiene implicaciones directas para la confianza y la experiencia de los clientes. En un entorno donde los consumidores confían cada vez más en los pagos digitales y las transacciones en línea, cualquier interrupción o incidente de seguridad puede tener un impacto negativo significativo en su confianza. Por lo tanto, las entidades afectadas deben no solo abordar los incidentes de manera efectiva, sino también comunicarse de manera transparente con los clientes para minimizar el impacto reputacional y garantizar que los usuarios mantengan la confianza en sus servicios.

El artículo 23 del Reglamento 2022/2554 amplía la aplicación de los requisitos de gestión de incidentes a los incidentes operativos y de seguridad relacionados con los pagos, asegurando que las entidades de crédito, las entidades de pago, los proveedores de servicios de información sobre cuentas y las entidades de dinero electrónico gestionen estos incidentes de acuerdo con los estándares de resiliencia operativa digital establecidos en el Reglamento. Este artículo refuerza la coherencia normativa, promueve la cooperación entre las autoridades competentes y subraya la importancia de un enfoque preventivo y estructurado para gestionar los riesgos operativos y de seguridad en el ámbito de los pagos. Al mismo tiempo, plantea desafíos prácticos para las entidades financieras, que deben adaptar sus sistemas y procesos para cumplir con estas obligaciones, y refuerza la confianza del público en la seguridad y resiliencia de los servicios de pago en un entorno digital cada vez más complejo e interconectado.

CAPÍTULO IV

Pruebas de resiliencia operativa digital

Artículo 24. Requisitos generales para la realización de pruebas de resiliencia operativa digital

1. A fin de evaluar el estado de preparación para gestionar incidentes relacionados con las TIC, o de detectar debilidades, deficiencias y carencias en materia de resiliencia operativa digital y de aplicar sin demora medidas correctoras, las entidades financieras que no sean microempresas establecerán, mantendrán y revisarán, teniendo en cuenta los criterios establecidos en el artículo 4, apartado 2, un programa de pruebas de resiliencia operativa digital sólido y completo que forme parte del marco de gestión del riesgo relacionado con las TIC a que se refiere el artículo 6.

El artículo 24 del Reglamento Europeo 2022/2554 establece una serie de obligaciones concretas para las entidades financieras con el propósito de garantizar la evaluación continua de su capacidad para gestionar incidentes relacionados con las tecnologías de la información y las comunicaciones (TIC) y para detectar debilidades en su resiliencia operativa digital. Estas disposiciones exigen que las entidades financieras, excluyendo a las microempresas, diseñen, mantengan y actualicen un programa de pruebas de resiliencia operativa digital que sea integral, robusto y adecuadamente adaptado a los riesgos específicos derivados del uso de las TIC en sus operaciones. Este programa debe integrarse plenamente dentro del marco de gestión de riesgos TIC de la entidad, el cual ya está regulado por el artículo 6 del Reglamento.

Desde una perspectiva práctica, la implementación de dicho programa exige que las entidades establezcan procedimientos sistemáticos y estructurados para someter sus sistemas, procesos y controles tecnológicos a pruebas regulares. Estas pruebas no solo deben enfocarse en la identificación de vulnerabilidades técnicas, sino también en aspectos organizativos, como la capacidad de respuesta ante incidentes y la eficacia de los protocolos de continuidad del negocio. Además, el programa debe ser revisado y actualizado de manera periódica, considerando los criterios de proporcionalidad, materialidad y relevancia especificados en el artículo 4, apartado 2 del Reglamento. Esto implica que las entidades deben ajustar la frecuencia y el alcance de las pruebas en función de su tamaño, modelo de negocio, nivel de exposición a los riesgos TIC y dependencia de terceros proveedores.

En términos de cumplimiento normativo, la falta de un programa de pruebas adecuado podría derivar en sanciones regulatorias, especialmente en caso de que se detecten incumplimientos durante una inspección por parte de las autoridades competentes. Asimismo, las entidades deben documentar de manera exhaustiva los resultados de estas pruebas, así como las medidas correctoras implementadas para mitigar las vulnerabilidades detectadas. Este enfoque tiene una doble finalidad: por un lado, garantiza la trazabilidad de los esfuerzos realizados en materia de resiliencia operativa digital y, por otro, facilita la demostración de cumplimiento en caso de auditorías o requerimientos de información por parte de las autoridades.

Cabe destacar que este artículo también tiene repercusiones prácticas en la gestión de relaciones con terceros proveedores de TIC, ya que muchas de las pruebas de resiliencia podrían requerir la colaboración activa de estos terceros. Por lo tanto, es esencial que las entidades incluyan cláusulas contractuales que aseguren dicha colaboración y permitan la realización de auditorías y pruebas específicas en los sistemas o servicios externalizados. Además, la implementación de estas pruebas debe respetar los principios de confidencialidad y seguridad de la información, a fin de evitar que los propios ejercicios de prueba expongan a la entidad a riesgos adicionales, como el acceso no autorizado a información sensible.

En términos operativos, la integración de este programa dentro del marco de gestión de riesgos TIC exige que las entidades financieras adopten un enfoque interdepartamental, involucrando tanto a los equipos de TI como a los responsables de cumplimiento normativo y gestión de riesgos. Este enfoque integrado permite alinear los objetivos de las pruebas con las estrategias globales de gestión de riesgos, garantizando una respuesta coordinada y efectiva frente a los incidentes. Por último, es relevante señalar que este artículo refuerza la importancia de establecer una cultura corporativa orientada a la resiliencia, promoviendo la capacitación continua del personal y fomentando la incorporación de buenas prácticas internacionales en el diseño y ejecución de estas pruebas.

2. El programa de pruebas de resiliencia operativa digital incluirá una serie de evaluaciones, pruebas, métodos, prácticas y herramientas que se aplicarán de conformidad con los artículos 25 y 26.

El apartado 2 del artículo 24 del Reglamento Europeo 2022/2554 establece que el programa de pruebas de resiliencia operativa digital debe integrar un conjunto amplio y diversificado de evaluaciones, pruebas, métodos, prácticas y herramientas que sean consistentes con las disposiciones contenidas en los artículos 25 y 26. Esta exigencia tiene como finalidad garantizar que las entidades financieras puedan evaluar de manera exhaustiva y efectiva su capacidad para resistir, responder y recuperarse frente a incidentes relacionados con las tecnologías de la información y las comunicaciones (TIC).

En la práctica, esto significa que las entidades deben diseñar un programa estructurado que combine diferentes enfoques de prueba, adaptados a los riesgos y características específicas de sus operaciones. Entre los métodos comúnmente empleados, se pueden incluir pruebas de vulnerabilidad, simulaciones de ciberataques (como los ejercicios de "red teaming"), pruebas de contingencia y recuperación ante desastres, así como evaluaciones de penetración (penetration testing). Estas metodologías permiten identificar fallos tanto a nivel técnico como organizativo, asegurando que se aborden las posibles carencias desde una perspectiva integral.

La referencia a los artículos 25 y 26 indica que las pruebas deben cumplir con criterios específicos, tanto en términos de cobertura como de frecuencia, dependiendo de la criticidad de los activos TIC evaluados. Este enfoque implica que las entidades financieras deben priorizar la realización de pruebas más rigurosas sobre los sistemas que soportan funciones críticas o que presentan una mayor exposición a riesgos externos, como ciberataques o interrupciones operativas. Al mismo tiempo, deben emplear herramientas que estén en línea con estándares internacionales reconocidos, asegurando así la calidad y fiabilidad de los resultados obtenidos.

Desde un punto de vista de compliance, este requerimiento subraya la necesidad de documentar detalladamente todos los aspectos relacionados con la ejecución del programa de pruebas. Esto incluye no solo los procedimientos utilizados, sino también los resultados obtenidos, las conclusiones extraídas y las medidas correctoras aplicadas para mitigar las vulnerabilidades identificadas. La ausencia de un registro adecuado o la falta de coherencia en la aplicación de las pruebas podría ser interpretada como un incumplimiento normativo, exponiendo a la entidad a sanciones regulatorias o incluso a riesgos reputacionales.

Un aspecto operativo relevante es la coordinación interna entre las distintas áreas involucradas en la ejecución de las pruebas. La colaboración entre los equipos de tecnología, los responsables de gestión de riesgos y los profesionales de cumplimiento normativo es esencial para garantizar que el programa de pruebas sea exhaustivo y que los resultados obtenidos se traduzcan en acciones concretas. Además, el artículo exige que estas pruebas se realicen de forma periódica, lo que implica la necesidad de establecer calendarios específicos que permitan a la entidad evaluar de manera continua su resiliencia operativa digital y ajustarse a las exigencias regulatorias.

Otro punto de impacto práctico está relacionado con la dependencia de las entidades respecto de terceros proveedores. La correcta implementación del programa de pruebas puede requerir la participación activa de estos proveedores, especialmente cuando se trata de evaluar la resiliencia de servicios externalizados o basados en la nube. Por ello, es fundamental que los contratos con dichos terceros incluyan disposiciones que permitan realizar las evaluaciones y pruebas necesarias sin restricciones, al mismo tiempo que se garantiza la protección de la información confidencial de la entidad.

Finalmente, el cumplimiento de este apartado contribuye a fomentar una cultura organizacional basada en la proactividad frente a los riesgos TIC. Esto no solo implica la realización de pruebas técnicas, sino también la capacitación continua del personal en escenarios prácticos de resiliencia y la adopción de buenas prácticas internacionales que permitan a la entidad mejorar continuamente su preparación ante incidentes digitales. El artículo 24, apartado 2, refleja un enfoque reglamentario centrado en la prevención, la mitigación de riesgos y la mejora continua, exigiendo a las entidades un nivel elevado de diligencia en la gestión de su resiliencia operativa digital.

3. Al llevar a cabo el programa de pruebas de resiliencia operativa digital a que se refiere el apartado 1 del presente artículo, las entidades financieras que no sean microempresas seguirán un enfoque basado en el riesgo que tengan en cuenta los criterios establecidos en el artículo 4, apartado 2, considerando debidamente el panorama cambiante del riesgo relacionado con las TIC, todo riesgo específico al que la entidad financiera de que se trate esté o pueda estar expuesta, el carácter esencial de los activos de información y de los servicios prestados, así como cualquier otro factor que la entidad financiera considere apropiado.

El apartado 3 del artículo 24 del Reglamento Europeo 2022/2554 dispone que, al ejecutar el programa de pruebas de resiliencia operativa digital, las entidades financieras que no sean microempresas deben adoptar un enfoque basado en el riesgo. Este enfoque exige una evaluación meticulosa de diversos elementos relacionados con las tecnologías de la información y las comunicaciones (TIC), teniendo en cuenta criterios de proporcionalidad, materialidad y relevancia establecidos en el artículo 4, apartado 2. Esto implica que las pruebas deben adaptarse a las particularidades de cada entidad, considerando no solo el contexto operativo y los riesgos actuales, sino también los riesgos potenciales derivados de la evolución constante de las amenazas digitales.

En términos prácticos, la aplicación de un enfoque basado en el riesgo exige que las entidades prioricen sus esfuerzos en aquellos activos de información y servicios que sean esenciales para la continuidad de sus operaciones. Esto incluye identificar y clasificar los sistemas, datos y procesos críticos, así como evaluar las posibles consecuencias de interrupciones o incidentes que puedan afectar dichos elementos. Este análisis debe ser dinámico, ya que el panorama de riesgos relacionado con las TIC evoluciona constantemente debido a factores como el avance tecnológico, la sofisticación creciente de los ciberataques, la transformación digital y las interdependencias con terceros proveedores.

Un aspecto fundamental de este enfoque es la evaluación específica de los riesgos a los que está expuesta la entidad. Esto requiere la realización de análisis detallados que consideren tanto amenazas internas como externas, incluyendo vulnerabilidades inherentes a los sistemas tecnológicos utilizados, posibles fallos humanos, riesgos derivados de la dependencia de terceros y riesgos emergentes asociados a la innovación tecnológica. Al mismo tiempo, las entidades deben anticiparse a riesgos potenciales, adoptando una perspectiva prospectiva que les permita identificar tendencias y preparar respuestas adecuadas ante escenarios adversos.

Desde la perspectiva del cumplimiento normativo, este apartado refuerza la necesidad de documentar y justificar las decisiones adoptadas en relación con el programa de pruebas. Esto incluye, por ejemplo, la selección de los activos sometidos a prueba, los métodos utilizados y la frecuencia con la que se llevan a cabo las evaluaciones. La documentación debe reflejar que estas decisiones se basaron en un análisis de riesgos detallado y alineado con los requisitos reglamentarios, lo que facilita la rendición de cuentas ante las autoridades competentes y reduce el riesgo de sanciones por incumplimiento.

Otro elemento práctico relevante es la obligación de considerar factores adicionales que puedan ser relevantes para la entidad. Este mandato otorga flexibilidad a las entidades para adaptar el programa de pruebas a sus necesidades específicas, pero también exige un alto grado de diligencia para identificar y evaluar estos factores de manera adecuada. Por ejemplo, una entidad que opere en múltiples jurisdicciones puede tener en cuenta las diferentes normativas locales aplicables, mientras que una entidad con una alta dependencia de proveedores de servicios en la nube debe prestar especial atención a los riesgos asociados a dichos proveedores.

En el ámbito operativo, este enfoque también implica que las entidades deben mantener actualizadas sus matrices de riesgos TIC y sus inventarios de activos críticos, integrando los resultados obtenidos en el programa de pruebas en su gestión general de riesgos. Esto no solo garantiza la coherencia entre las pruebas realizadas y las estrategias de gestión de riesgos, sino que también permite una respuesta más ágil y efectiva ante posibles incidentes. Además, fomenta una mayor colaboración entre los responsables de tecnología, cumplimiento y gestión de riesgos, promoviendo un enfoque transversal e interdisciplinario en la implementación del programa.

Por último, la consideración del carácter cambiante del panorama de riesgos requiere que las entidades adopten un enfoque de mejora continua, revisando y ajustando regularmente sus estrategias de prueba en función de las lecciones aprendidas y de los cambios detectados en el entorno operativo y regulatorio. Este enfoque permite a las entidades no solo cumplir con las exigencias del Reglamento, sino también fortalecer su capacidad de anticipación y respuesta frente a un entorno digital cada vez más complejo y desafiante.

4. Las entidades financieras que no sean microempresas garantizarán que las pruebas sean realizadas por partes independientes, ya sean internas o externas. Cuando un probador interno se encargue de realizar las pruebas, las entidades financieras dedicarán recursos suficientes y garantizarán que se evitan los conflictos de intereses durante todas las fases de constitución y ejecución de las pruebas.

El apartado 4 del artículo 24 del Reglamento Europeo 2022/2554 establece la obligación de que las entidades financieras que no sean microempresas garanticen la independencia de las pruebas de resiliencia operativa digital, tanto si son realizadas por partes internas como externas. Esta disposición tiene como objetivo asegurar la objetividad, imparcialidad y calidad de las pruebas, evitando cualquier influencia que pueda comprometer los resultados o la eficacia del programa.

En la práctica, cuando las pruebas son realizadas por partes externas, las entidades deben seleccionar proveedores o consultores que cuenten con la experiencia técnica y profesional adecuada para llevar a cabo evaluaciones confiables y rigurosas. Esto implica verificar credenciales, historial de cumplimiento y la capacidad del tercero para actuar con independencia respecto de la entidad. Además, las entidades deben asegurarse de que los términos contractuales incluyan cláusulas que garanticen la confidencialidad, el acceso necesario a los sistemas sometidos a prueba y la protección de datos sensibles. La selección de un tercero externo no solo refuerza la credibilidad del programa de pruebas ante las autoridades competentes, sino que también puede aportar una perspectiva externa que complemente el conocimiento interno.

Cuando las pruebas son realizadas por partes internas, las entidades tienen la responsabilidad de dedicar recursos suficientes para garantizar que los probadores cuenten con la formación, herramientas y capacidades necesarias para llevar a cabo evaluaciones exhaustivas. Asimismo, deben implementarse medidas específicas para prevenir conflictos de intereses que puedan surgir a lo largo del proceso. Estas medidas pueden incluir la separación funcional de los probadores internos respecto de los equipos responsables del diseño, mantenimiento o gestión de los sistemas evaluados, así como la adopción de protocolos claros para la supervisión y auditoría independiente de los resultados obtenidos.

Desde la perspectiva de cumplimiento normativo, este apartado introduce una obligación adicional que las entidades deben abordar con rigor, dado que la falta de independencia o la existencia de conflictos de intereses en las pruebas podría derivar en sanciones regulatorias. Además, los informes y resultados de las pruebas deben documentarse de forma transparente, indicando claramente las medidas adoptadas para garantizar la imparcialidad de los probadores y, en su caso, detallando los motivos que llevaron a optar por probadores internos en lugar de externos. Este nivel de documentación es esencial no solo para cumplir con las exigencias regulatorias, sino también para demostrar a los auditores o supervisores que las pruebas fueron realizadas de forma adecuada y con la debida diligencia.

Un aspecto práctico clave es la gestión de los conflictos de intereses. En el caso de los probadores internos, esto puede requerir una planificación cuidadosa de los recursos humanos, asegurando que las funciones de evaluación no recaigan en personas que puedan tener incentivos para influir en los resultados. Las entidades pueden establecer líneas jerárquicas separadas o recurrir a auditores internos con una función específica en la validación de las pruebas. En el caso de los probadores externos, el conflicto de intereses también puede surgir si el tercero mantiene relaciones contractuales previas o simultáneas con la entidad que puedan comprometer su objetividad. Por ello, las entidades deben incluir cláusulas de declaración de independencia en los contratos y realizar verificaciones periódicas para confirmar que no existen conflictos.

Este apartado también tiene repercusiones operativas en la gestión de los costos y recursos de las pruebas de resiliencia. Si bien recurrir a probadores externos puede generar costos adicionales, también puede resultar en una mayor confianza en la calidad e independencia de los resultados. Por el contrario, optar por probadores internos puede ser más eficiente desde el punto de vista económico, pero requiere inversiones significativas en capacitación, herramientas y protocolos de independencia. En cualquier caso, las entidades deben considerar estos factores al diseñar su estrategia de pruebas y garantizar que el enfoque elegido cumpla con las expectativas del Reglamento.

Finalmente, este requisito refuerza la necesidad de establecer una cultura organizacional basada en la transparencia y la rendición de cuentas. La implementación de pruebas independientes no solo fortalece la resiliencia operativa digital de la entidad, sino que también contribuye a mejorar su reputación y la confianza de los clientes, reguladores y demás partes interesadas. Al garantizar que las pruebas se realicen sin sesgos ni influencias indebidas, las entidades pueden identificar y abordar con mayor eficacia las vulnerabilidades, cumpliendo tanto con las disposiciones del Reglamento como con los estándares internacionales en materia de gestión del riesgo TIC.

5. Las entidades financieras que no sean microempresas establecerán procedimientos y políticas para ordenar por prioridades, clasificar y corregir todos los problemas descubiertos durante la realización de las pruebas y establecerán métodos de validación internos para asegurarse de que todas las debilidades, deficiencias o carencias sean tratadas de manera exhaustiva.

El apartado 5 del artículo 24 del Reglamento Europeo 2022/2554 impone a las entidades financieras que no sean microempresas la obligación de desarrollar procedimientos y políticas específicas para gestionar los problemas identificados durante la realización de las pruebas de resiliencia operativa digital. Esta disposición tiene como objetivo asegurar que las debilidades, deficiencias o carencias detectadas sean abordadas de forma estructurada y exhaustiva, garantizando así la eficacia del programa de pruebas y fortaleciendo la resiliencia operativa de la entidad.

En la práctica, el establecimiento de estos procedimientos y políticas implica que las entidades deben implementar un sistema formalizado para identificar, evaluar y priorizar los problemas descubiertos. Este sistema debe basarse en un análisis del riesgo que cada problema representa para la entidad, considerando factores como la criticidad del activo afectado, la probabilidad de explotación de la vulnerabilidad y el impacto potencial en la continuidad del negocio, la confidencialidad de los datos o el cumplimiento normativo. Este enfoque permite a la entidad asignar recursos de manera eficiente, atendiendo primero aquellos problemas que representan un riesgo más significativo.

La clasificación y priorización de problemas también requiere la implementación de un marco metodológico claro, que puede incluir escalas de severidad o matrices de riesgos. Estas herramientas ayudan a establecer criterios uniformes para evaluar la gravedad de las vulnerabilidades identificadas y definir los plazos para su corrección. Además, las políticas deben incluir responsabilidades específicas para los equipos o departamentos encargados de implementar las medidas correctoras, asegurando la rendición de cuentas y evitando la dilación en la resolución de los problemas.

Desde la perspectiva de compliance, el cumplimiento de este apartado requiere que las entidades documenten todos los pasos del proceso, desde la identificación inicial de las vulnerabilidades hasta la validación final de las medidas correctoras. Esta documentación debe incluir registros detallados de los problemas descubiertos, las decisiones adoptadas en cuanto a su priorización, las acciones correctivas realizadas y las validaciones internas que confirmen que dichas acciones han sido efectivas. La ausencia de una documentación adecuada podría ser interpretada por las autoridades como una falta de diligencia en la gestión de riesgos, exponiendo a la entidad a sanciones regulatorias.

Un aspecto operativo relevante es la necesidad de establecer métodos internos de validación que verifiquen que todas las debilidades, deficiencias o carencias hayan sido tratadas de manera exhaustiva. Estos métodos pueden incluir la realización de pruebas adicionales, revisiones independientes o auditorías internas, que permitan confirmar que las medidas implementadas han eliminado el riesgo asociado o lo han reducido a niveles aceptables. Las entidades deben garantizar que estos métodos de validación sean rigurosos y estén alineados con estándares reconocidos, para evitar la reaparición de problemas o la persistencia de riesgos no mitigados.

El establecimiento de procedimientos y políticas también debe contemplar mecanismos de retroalimentación que permitan incorporar las lecciones aprendidas durante el proceso en la mejora continua del programa de pruebas. Esto implica revisar y actualizar periódicamente los procedimientos y criterios utilizados para clasificar y priorizar problemas, así como ajustar las políticas a medida que cambian las amenazas, los riesgos y el entorno regulatorio. Este enfoque dinámico asegura que las entidades puedan responder de manera efectiva a un panorama de riesgos TIC en constante evolución.

Otro aspecto importante es la coordinación entre los diferentes equipos y áreas de la entidad involucrados en la identificación y corrección de problemas. Los equipos de tecnología, cumplimiento normativo, gestión de riesgos y auditoría interna deben trabajar de manera conjunta para garantizar una respuesta integral y coordinada. Esto incluye establecer canales claros de comunicación y mecanismos de escalamiento que permitan abordar con rapidez y eficacia los problemas más críticos.

Por último, este apartado refuerza la importancia de fomentar una cultura de gestión proactiva del riesgo dentro de la organización. La implementación de políticas claras para abordar los problemas identificados no solo cumple con los requisitos del Reglamento, sino que también contribuye a fortalecer la confianza de clientes, reguladores y otras partes interesadas en la capacidad de la entidad para gestionar sus riesgos de manera eficaz. Al priorizar y corregir de forma sistemática las vulnerabilidades, las entidades no solo cumplen con su obligación de resiliencia operativa digital, sino que también fortalecen su posición competitiva en un entorno financiero cada vez más dependiente de las TIC.

6. Las entidades financieras que no sean microempresas garantizarán, al menos una vez al año, que se efectúen las pruebas apropiadas de todos los sistemas y aplicaciones de TIC que sustenten funciones esenciales o importantes.

El apartado 6 del artículo 24 del Reglamento Europeo 2022/2554 establece la obligación para las entidades financieras que no sean microempresas de realizar, como mínimo una vez al año, pruebas adecuadas en todos los sistemas y aplicaciones de tecnologías de la información y las comunicaciones (TIC) que soporten funciones esenciales o importantes. Esta disposición busca garantizar una evaluación periódica y rigurosa de la resiliencia operativa digital de los sistemas críticos de las entidades, con el fin de identificar vulnerabilidades y adoptar las medidas necesarias para mitigar los riesgos relacionados con las TIC.

En la práctica, esta obligación implica que las entidades deben identificar de manera precisa y actualizada cuáles de sus sistemas y aplicaciones son esenciales o importantes. Según el Reglamento, se consideran esenciales o importantes aquellos sistemas que, en caso de fallo, podrían generar un impacto significativo en la continuidad del negocio, la prestación de servicios, el cumplimiento normativo, la protección de datos sensibles o la estabilidad del mercado financiero. Este ejercicio de identificación requiere un análisis detallado de los procesos y operaciones de la entidad, incluyendo tanto sus infraestructuras internas como los servicios externalizados, con el fin de determinar cuáles de ellos deben someterse a estas pruebas anuales.

Las pruebas deben ser "apropiadas", lo que exige que las metodologías utilizadas estén alineadas con los riesgos inherentes y específicos de cada sistema o aplicación evaluados. Por ejemplo, sistemas críticos que gestionen grandes volúmenes de datos confidenciales o que sean particularmente vulnerables a ciberataques pueden requerir pruebas de penetración avanzadas o simulaciones de ataques bajo condiciones realistas. Asimismo, aplicaciones utilizadas en la prestación de servicios esenciales pueden requerir pruebas de carga o de resistencia para evaluar su capacidad de respuesta frente a picos de demanda o interrupciones inesperadas. Esto implica que las entidades deben diseñar un plan de pruebas que sea personalizado, detallado y basado en el riesgo, para garantizar que las evaluaciones sean tanto exhaustivas como efectivas.

Desde la perspectiva del cumplimiento normativo, el requisito de periodicidad anual introduce la necesidad de mantener un cronograma bien definido y documentado que refleje la planificación y ejecución de las pruebas. La documentación debe incluir los resultados obtenidos, las vulnerabilidades detectadas, las medidas correctoras adoptadas y los seguimientos realizados para verificar la eficacia de dichas medidas. Este nivel de trazabilidad es fundamental no solo para satisfacer los requisitos del Reglamento, sino también para facilitar la rendición de cuentas frente a las autoridades de supervisión y otros auditores externos. El incumplimiento de esta obligación podría derivar en sanciones regulatorias, así como en un aumento del riesgo reputacional para la entidad.

Un aspecto operativo crucial es la coordinación de los recursos internos y externos necesarios para llevar a cabo estas pruebas. Dado que los sistemas y aplicaciones sometidos a evaluación suelen ser los más críticos para la entidad, es esencial que las pruebas se realicen de manera planificada, minimizando cualquier posible interrupción en las operaciones. Esto puede requerir la realización de las pruebas fuera del horario laboral, en entornos simulados o en sistemas de respaldo, asegurando al mismo tiempo que los resultados obtenidos sean representativos de las condiciones reales de operación.

En el caso de que los sistemas y aplicaciones estén gestionados por terceros proveedores, esta obligación también exige que las entidades incluyan en los acuerdos contractuales cláusulas que les permitan realizar pruebas periódicas, o bien solicitar informes de pruebas realizadas por los propios proveedores. Esto subraya la importancia de gestionar adecuadamente las relaciones con terceros y de garantizar que estos cumplen con los mismos estándares de resiliencia operativa exigidos por el Reglamento.

La periodicidad anual también plantea retos relacionados con la evolución constante de las amenazas digitales y la rápida obsolescencia de las tecnologías. Por lo tanto, las entidades deben complementar estas pruebas anuales con mecanismos de monitorización continua de sus sistemas y aplicaciones críticas, para detectar y responder a posibles vulnerabilidades de manera proactiva. Asimismo, deben actualizar sus planes de prueba en función de los cambios en el entorno operativo, los avances tecnológicos y las nuevas amenazas identificadas, asegurándose de que las evaluaciones sean siempre relevantes y actualizadas.

Por último, esta obligación tiene un impacto significativo en la cultura de gestión del riesgo dentro de la organización. Al realizar pruebas periódicas de los sistemas y aplicaciones más críticos, las entidades no solo cumplen con los requisitos del Reglamento, sino que también fortalecen su capacidad de anticiparse y responder a incidentes, mejorando la confianza de los clientes, los reguladores y otras partes interesadas. Este enfoque proactivo refuerza la resiliencia operativa digital, al tiempo que reduce la probabilidad de interrupciones graves y contribuye a la estabilidad del sector financiero en su conjunto.

Artículo 25. Pruebas de las herramientas y los sistemas de TIC

1. El programa de pruebas de resiliencia operativa digital a que se refiere el artículo 24 dispondrá, de conformidad con los criterios establecidos en el artículo 4, apartado 2, la ejecución de las pruebas adecuadas, como evaluaciones y exploraciones de vulnerabilidad, análisis del software de código abierto, evaluaciones de seguridad de la red, análisis de carencias, exámenes de la seguridad física, cuestionarios y soluciones de software de detección, revisiones del código fuente cuando sea posible, pruebas basadas en escenarios, pruebas de compatibilidad, pruebas de rendimiento, pruebas de extremo a extremo y pruebas de penetración.

El artículo 25, apartado 1, del Reglamento Europeo 2022/2554 establece que el programa de pruebas de resiliencia operativa digital debe incluir la ejecución de pruebas adecuadas que abarquen diversas metodologías y enfoques técnicos. Este mandato se alinea con los criterios del artículo 4, apartado 2, que requieren proporcionalidad, materialidad y un enfoque basado en el riesgo para garantizar que las pruebas sean pertinentes y efectivas según las características y exposición de cada entidad financiera. La inclusión de una variedad de pruebas permite abordar de manera integral los riesgos asociados a los sistemas y herramientas TIC, evaluando tanto su fortaleza técnica como su capacidad para soportar incidentes de distinta naturaleza.

En la práctica, las evaluaciones y exploraciones de vulnerabilidad son herramientas fundamentales para identificar debilidades en los sistemas antes de que puedan ser explotadas por actores malintencionados. Estas evaluaciones suelen realizarse mediante herramientas automatizadas que inspeccionan el entorno tecnológico en busca de configuraciones incorrectas, parches faltantes o vulnerabilidades conocidas. El análisis del software de código abierto también es crítico, especialmente considerando la creciente dependencia de bibliotecas y herramientas de este tipo. Este análisis permite detectar vulnerabilidades ocultas en componentes de terceros que podrían comprometer la seguridad general del sistema.

Las evaluaciones de seguridad de la red y los análisis de carencias son esenciales para garantizar la robustez de las infraestructuras de comunicación, que son a menudo objetivos prioritarios de los ciberataques. Estas pruebas evalúan la configuración de los firewalls, las reglas de acceso, la segmentación de la red y otros elementos que protegen los sistemas internos. Del mismo modo, los exámenes de seguridad física complementan estas evaluaciones al garantizar que las instalaciones que albergan los sistemas TIC están protegidas contra accesos no autorizados, sabotajes o desastres físicos que puedan interrumpir las operaciones.

Los cuestionarios y soluciones de software de detección ofrecen enfoques alternativos que permiten a las entidades recopilar información clave sobre posibles vulnerabilidades mediante consultas dirigidas o herramientas especializadas que monitorean el entorno en busca de comportamientos anómalos o configuraciones riesgosas. Las revisiones del código fuente, cuando son posibles, constituyen una metodología altamente efectiva para identificar errores o puertas traseras introducidas de manera intencionada o accidental en el desarrollo de software. Sin embargo, su viabilidad depende de que la entidad tenga acceso al código fuente, lo cual puede ser un desafío en casos de software propietario o servicios externalizados.

Las pruebas basadas en escenarios son especialmente útiles para evaluar la capacidad de respuesta ante incidentes específicos, como ciberataques, fallos en los sistemas críticos o interrupciones en la cadena de suministro digital. Estas pruebas permiten simular situaciones reales y medir la eficacia de los planes de contingencia y recuperación. Por otro lado, las pruebas de compatibilidad y de rendimiento evalúan la capacidad de los sistemas para interactuar correctamente entre sí y operar de manera eficiente bajo condiciones de carga máxima o situaciones de estrés, respectivamente. Estas pruebas son especialmente relevantes en entornos donde los sistemas TIC se integran con tecnologías externas o soportan grandes volúmenes de transacciones.

Las pruebas de extremo a extremo se centran en evaluar la funcionalidad y la resiliencia de los procesos completos que abarcan múltiples sistemas o aplicaciones, asegurando que todas las interacciones funcionan como se espera. Finalmente, las pruebas de penetración, que simulan ataques reales realizados por actores maliciosos, son críticas para identificar y remediar vulnerabilidades explotables en el entorno TIC. Estas pruebas deben ser realizadas de manera controlada y por especialistas cualificados para garantizar su eficacia y seguridad.

Desde la perspectiva de cumplimiento normativo, el diseño y la ejecución de este amplio espectro de pruebas requiere que las entidades documenten de manera detallada cada una de las metodologías aplicadas, los resultados obtenidos, las vulnerabilidades detectadas y las medidas correctoras adoptadas. Además, la elección de los tipos de pruebas debe estar claramente justificada, basándose en un análisis de riesgos exhaustivo que considere la criticidad de los sistemas evaluados, la probabilidad de incidentes y el impacto potencial de dichos incidentes en la operación de la entidad.

Este apartado también tiene importantes implicaciones operativas. La ejecución de un programa tan diversificado de pruebas requiere una planificación rigurosa y la asignación de recursos suficientes, incluyendo personal cualificado, herramientas especializadas y la colaboración de terceros cuando sea necesario. Las entidades deben garantizar que las pruebas se realicen de manera regular y con el menor impacto posible en las operaciones diarias, especialmente en el caso de pruebas que involucren sistemas críticos o sensibles.

Por último, el cumplimiento de este requisito fortalece la capacidad de las entidades para prevenir y mitigar los riesgos relacionados con las TIC, al tiempo que demuestra a las autoridades supervisoras y a las partes interesadas que la entidad adopta un enfoque proactivo y exhaustivo en la gestión de su resiliencia operativa digital. Además, al adoptar una gama tan amplia de pruebas, las entidades no solo cumplen con las exigencias reglamentarias, sino que también fortalecen su preparación frente a un entorno de riesgos tecnológicos en constante evolución, contribuyendo a la estabilidad general del sector financiero.

2. Los depositarios centrales de valores y las entidades de contrapartida central realizarán evaluaciones de vulnerabilidad antes de implantar o reimplantar aplicaciones y componentes de infraestructuras y servicios de TIC que sustenten funciones esenciales o importantes de la entidad financiera nuevos o ya existentes.

El artículo 25, apartado 2, del Reglamento Europeo 2022/2554 impone una obligación específica para los depositarios centrales de valores y las entidades de contrapartida central, al establecer que dichas entidades deben realizar evaluaciones de vulnerabilidad antes de implementar o reimplementar aplicaciones, componentes de infraestructuras y servicios TIC que soporten funciones esenciales o importantes. Esta disposición refuerza la importancia de la resiliencia operativa digital en estas instituciones, dado su papel fundamental en la estabilidad del sistema financiero y en la gestión de operaciones críticas para los mercados.

En la práctica, la realización de evaluaciones de vulnerabilidad previas a la puesta en marcha o reintegración de componentes tecnológicos tiene como objetivo identificar posibles deficiencias de seguridad o configuraciones incorrectas que puedan comprometer la funcionalidad o la protección de los sistemas críticos de la entidad. Este análisis debe ser exhaustivo y abarcar tanto vulnerabilidades conocidas como posibles fallos en las aplicaciones y servicios que podrían ser explotados tras su implementación.

Por ejemplo, una aplicación nueva puede contener errores de programación que podrían ser utilizados para acceder a datos sensibles, mientras que la reimplementación de un componente puede introducir problemas si no se consideran las dependencias o compatibilidades con otros sistemas existentes.

El alcance de esta obligación abarca tanto aplicaciones nuevas como aquellas ya existentes, pero que se vuelven a instalar o actualizar. En el caso de aplicaciones nuevas, las evaluaciones permiten verificar que los controles de seguridad son suficientes antes de que entren en producción. Para componentes existentes que se reimplanten, estas pruebas son fundamentales para garantizar que no se introducen vulnerabilidades adicionales debido a cambios en el entorno, ajustes en la configuración o la actualización de software. Este enfoque preventivo busca evitar que incidentes relacionados con las TIC afecten la continuidad de las funciones esenciales o importantes de estas entidades.

Desde la perspectiva de Compliance, este apartado introduce una exigencia clave que debe estar integrada en el marco de gestión del riesgo TIC de la entidad. Las evaluaciones de vulnerabilidad deben ser realizadas siguiendo metodologías reconocidas y herramientas especializadas que permitan identificar y clasificar las vulnerabilidades detectadas. Además, los resultados de estas evaluaciones deben documentarse rigurosamente, incluyendo los pasos seguidos para mitigar los riesgos identificados y la validación de que dichas mitigaciones han sido efectivas. Este nivel de trazabilidad es fundamental para demostrar el cumplimiento ante las autoridades de supervisión y para garantizar que se ha cumplido con el principio de diligencia debida.

Desde un punto de vista operativo, el cumplimiento de esta norma requiere una estrecha coordinación entre los equipos responsables de desarrollo, tecnología, cumplimiento normativo y gestión de riesgos. Por ejemplo, el equipo técnico debe asegurarse de realizar las evaluaciones utilizando herramientas adecuadas, mientras que los responsables de cumplimiento deben garantizar que el proceso cumple con los estándares regulatorios aplicables. También es esencial contar con procedimientos claros que establezcan en qué momento del ciclo de vida de un componente tecnológico deben llevarse a cabo estas evaluaciones, evitando demoras en la implementación o riesgos innecesarios asociados con la puesta en marcha de componentes no evaluados.

La periodicidad de esta obligación, que se activa cada vez que se implementan o reimplementan aplicaciones o componentes tecnológicos, exige que las entidades desarrollen una capacidad operativa robusta para realizar evaluaciones de manera recurrente y eficiente. Esto puede incluir la adquisición de herramientas especializadas, la contratación de expertos en ciberseguridad o la colaboración con terceros proveedores que puedan realizar las evaluaciones según las mejores prácticas internacionales. Además, el enfoque debe ser proporcional al nivel de criticidad del componente evaluado, lo que significa que los sistemas que soporten funciones más esenciales o importantes requerirán evaluaciones más exhaustivas.

Un desafío práctico relevante es garantizar que estas evaluaciones se realicen sin generar interrupciones significativas en las operaciones diarias de la entidad. Para ello, puede ser necesario establecer entornos de prueba o utilizar simulaciones que reproduzcan las condiciones reales en las que operará el componente evaluado. Además, las entidades deben prever tiempo suficiente para abordar las vulnerabilidades identificadas antes de proceder con la implementación o reimplementación, lo que subraya la importancia de una planificación adecuada en los proyectos tecnológicos.

Esta obligación refleja el alto nivel de exigencia que el Reglamento impone a los depositarios centrales de valores y las entidades de contrapartida central, dado su rol crítico en la infraestructura del mercado financiero. Al garantizar que las aplicaciones y componentes tecnológicos que soportan funciones esenciales o importantes sean evaluados de manera preventiva, estas entidades no solo cumplen con las disposiciones regulatorias, sino que también refuerzan su capacidad para prevenir interrupciones operativas, proteger la confidencialidad e integridad de los datos y mantener la confianza del mercado. Este enfoque proactivo es esencial para asegurar la estabilidad y la resiliencia del sistema financiero en su conjunto.

3. Las microempresas realizarán las pruebas a que se refiere el apartado 1 mediante la combinación de un enfoque basado en el riesgo con una planificación estratégica de las pruebas de TIC, teniendo debidamente en cuenta la necesidad de mantener un planteamiento equilibrado entre la dimensión de los recursos y el tiempo que se asigne a las pruebas de TIC previstas en el presente artículo, por una parte, y la urgencia, el tipo de riesgo, el carácter esencial de los activos de información y de los servicios prestados, así como cualquier otro factor pertinente, incluida la capacidad de la entidad financiera para asumir riesgos calculados, por otra.

El apartado 3 del artículo 25 del Reglamento Europeo 2022/2554 establece un régimen específico para las microempresas en relación con la ejecución de las pruebas de resiliencia operativa digital. Este apartado introduce un enfoque adaptado a la escala y capacidades de estas entidades, permitiendo que las microempresas combinen un enfoque basado en el riesgo con una planificación estratégica para llevar a cabo las pruebas de TIC, teniendo en cuenta la proporcionalidad entre sus recursos y el esfuerzo necesario para cumplir con las obligaciones establecidas en el Reglamento.

En la práctica, esta norma reconoce las limitaciones inherentes a las microempresas en términos de recursos humanos, financieros y tecnológicos, por lo que las faculta a adoptar un planteamiento más flexible y ajustado. Esto no implica una relajación de los estándares de seguridad, sino más bien un enfoque pragmático que equilibre la realización de las pruebas con la capacidad operativa de la entidad. El uso de un enfoque basado en el riesgo implica que las microempresas deben identificar y priorizar los activos de información y servicios más críticos dentro de sus operaciones, evaluando el impacto que tendría un posible incidente sobre estos activos esenciales. De este modo, las pruebas pueden concentrarse en los sistemas y aplicaciones que soportan funciones esenciales, optimizando los recursos disponibles.

La planificación estratégica de las pruebas exige que las microempresas diseñen un cronograma de evaluación que tenga en cuenta no solo las exigencias regulatorias, sino también las necesidades específicas de la entidad en función de su exposición al riesgo. Este enfoque permite a las microempresas asignar tiempo y recursos de manera eficiente, considerando factores como la urgencia y el tipo de riesgo. Por ejemplo, en situaciones donde se detecte una amenaza inminente, las pruebas deberán priorizarse para abordar dicha vulnerabilidad de manera inmediata. Por el contrario, si los riesgos identificados tienen menor probabilidad de materializarse o menor impacto, las pruebas podrían programarse para momentos en los que los recursos estén más disponibles.

El Reglamento también exige que las microempresas evalúen su capacidad para asumir riesgos calculados, lo cual introduce un componente de flexibilidad adicional. Esto significa que las microempresas pueden, en ciertos casos, aceptar niveles moderados de riesgo en función de su tolerancia al mismo y de los recursos que estarían dispuestas a asignar para mitigarlo. No obstante, esta decisión debe estar respaldada por un análisis riguroso y documentado que justifique por qué el nivel de riesgo aceptado es considerado manejable y no compromete la operación esencial de la entidad.

Desde la perspectiva de compliance, esta norma no exime a las microempresas de su responsabilidad de llevar a cabo pruebas de TIC, sino que les permite adaptarlas a sus capacidades. Esto implica que las microempresas deben documentar claramente las decisiones adoptadas en cuanto a la planificación, alcance y frecuencia de las pruebas, asegurándose de que estas decisiones estén basadas en un análisis razonable de riesgos y prioridades. La falta de justificación adecuada podría interpretarse como un incumplimiento normativo, incluso si la entidad ha realizado ciertas pruebas, ya que el Reglamento exige que estas estén diseñadas estratégicamente y de manera proporcional a los riesgos que enfrenta la microempresa.

Un desafío práctico que enfrentan las microempresas es la posible falta de personal especializado o de herramientas avanzadas para ejecutar las pruebas de TIC. Para mitigar este problema, muchas microempresas recurren a la externalización de estas actividades mediante la contratación de terceros especializados que puedan realizar evaluaciones específicas, como pruebas de vulnerabilidad o análisis de seguridad. Sin embargo, esta estrategia debe implementarse cuidadosamente, asegurándose de que los proveedores contratados cumplan con los estándares de seguridad exigidos y que los términos del contrato incluyan garantías de confidencialidad y protección de datos.

Otro aspecto operativo relevante es la necesidad de garantizar que las pruebas realizadas sean efectivas a pesar de las limitaciones de recursos. Esto requiere priorizar metodologías que sean más relevantes para la naturaleza de los riesgos que enfrenta la microempresa, como evaluaciones de vulnerabilidades y pruebas básicas de seguridad de red, en lugar de enfoques más complejos que podrían no ser proporcionales a su tamaño o necesidades operativas. Además, las microempresas deben considerar el uso de soluciones tecnológicas accesibles, como herramientas de código abierto o servicios en la nube que puedan facilitar la realización de estas pruebas a costos reducidos.

Por último, este apartado subraya la importancia de mantener un equilibrio entre la ejecución de las pruebas y la continuidad operativa de la microempresa. Dado que estas entidades suelen tener recursos limitados, cualquier interrupción significativa en sus actividades podría tener consecuencias desproporcionadas. Por ello, las pruebas deben planificarse cuidadosamente para minimizar su impacto en las operaciones cotidianas, utilizando horarios no laborables o entornos de prueba cuando sea posible.

En conclusión, esta disposición permite a las microempresas cumplir con los requisitos del Reglamento de manera proporcional a sus recursos y capacidades, pero sin comprometer la seguridad y la resiliencia de sus sistemas críticos. Al adoptar un enfoque estratégico y basado en el riesgo, estas entidades pueden fortalecer su preparación frente a incidentes relacionados con las TIC, al tiempo que gestionan eficazmente las limitaciones operativas que enfrentan. Este enfoque flexible también contribuye a mantener un equilibrio adecuado entre el cumplimiento normativo y la sostenibilidad operativa de las microempresas.

Artículo 26. Pruebas avanzadas de las herramientas, los sistemas y los procesos de TIC basadas en pruebas de penetración basadas en amenazas

1. Las entidades financieras distintas de las contempladas en el artículo 16, apartado 1, párrafo primero, y distintas de microempresas, determinadas de conformidad con el apartado 8, párrafo tercero, del presente artículo, llevarán a cabo al menos cada tres años pruebas avanzadas consistentes en pruebas de penetración basadas en amenazas. A partir del perfil de riesgo de la entidad financiera y teniendo en cuenta las circunstancias operativas, la autoridad competente podrá, en caso necesario, solicitar a la entidad financiera que reduzca o aumente esta frecuencia.

El artículo 26, apartado 1, del Reglamento Europeo 2022/2554 establece la obligación para las entidades financieras, salvo las microempresas y las entidades exentas bajo el artículo 16, de realizar pruebas avanzadas de sus herramientas, sistemas y procesos TIC basadas en pruebas de penetración orientadas por amenazas específicas. Estas pruebas deben realizarse, como norma general, al menos cada tres años, aunque la frecuencia puede ser ajustada por la autoridad competente en función del perfil de riesgo de la entidad y sus circunstancias operativas. Este requisito tiene como objetivo reforzar la resiliencia operativa digital mediante la simulación de ciberataques reales, permitiendo a las entidades identificar vulnerabilidades críticas y mejorar su capacidad para prevenir, detectar y responder a incidentes.

En términos prácticos, estas pruebas, comúnmente conocidas como "Threat-Led Penetration Testing" (TLPT), implican simular ciberataques sofisticados que reproducen técnicas, tácticas y procedimientos utilizados por actores malintencionados, como hackers, grupos criminales o incluso amenazas estatales. Este enfoque basado en amenazas permite a las entidades no solo identificar debilidades técnicas en sus sistemas, sino también evaluar la eficacia de sus controles operativos, procedimientos de detección y capacidad de respuesta frente a ataques dirigidos. La especificidad de estas pruebas, centrada en riesgos concretos, las diferencia de otras evaluaciones genéricas y les otorga un carácter estratégico en la gestión del riesgo TIC.

La periodicidad de al menos tres años, salvo indicaciones contrarias de la autoridad competente, permite equilibrar la profundidad y complejidad de estas pruebas con los recursos y costos asociados. Sin embargo, el Reglamento otorga discrecionalidad a las autoridades competentes para modificar esta frecuencia en función del perfil de riesgo de la entidad. Por ejemplo, una entidad con alta exposición a ciberamenazas o con un historial reciente de incidentes podría ser requerida a realizar estas pruebas con mayor frecuencia, mientras que una entidad con un perfil de riesgo bajo y un historial de cumplimiento robusto podría mantener el intervalo de tres años o incluso ampliarlo.

Desde una perspectiva de compliance, este requisito refuerza la importancia de mantener un enfoque proactivo en la gestión de la seguridad TIC. Las entidades deben garantizar que las pruebas sean diseñadas y ejecutadas por proveedores especializados con competencias técnicas avanzadas y una comprensión detallada del panorama de amenazas al que está expuesta la entidad. Esto incluye la selección de empresas externas certificadas o equipos internos altamente cualificados para llevar a cabo los ejercicios de penetración. Además, los resultados de las pruebas deben ser documentados exhaustivamente, incluyendo un informe detallado de las vulnerabilidades identificadas, las recomendaciones para mitigarlas y las acciones correctivas implementadas. Este nivel de trazabilidad es fundamental para demostrar cumplimiento ante las autoridades regulatorias y para facilitar la mejora continua.

Un aspecto operativo crítico es la necesidad de preparar a la organización para la realización de estas pruebas avanzadas, ya que su alcance y nivel de detalle pueden generar interrupciones en los sistemas evaluados si no se gestionan adecuadamente. Esto exige una planificación minuciosa que defina los activos que serán evaluados, las condiciones bajo las cuales se realizarán las pruebas y los procedimientos para manejar cualquier impacto operativo inesperado. También es esencial garantizar la confidencialidad y seguridad de la información generada durante las pruebas, dado que los informes pueden incluir detalles sensibles sobre vulnerabilidades específicas de los sistemas de la entidad.

La coordinación con la autoridad competente es otro elemento clave. Las entidades deben notificar previamente la realización de estas pruebas y, en algunos casos, pueden necesitar la aprobación del alcance y la metodología a emplear. Además, los resultados de las pruebas pueden ser objeto de supervisión directa por parte de la autoridad, lo que subraya la necesidad de realizar estas evaluaciones con el mayor rigor y profesionalismo posible.

El costo asociado a estas pruebas avanzadas puede ser significativo, especialmente para entidades con infraestructuras TIC complejas o una alta exposición al riesgo. Sin embargo, dicho costo debe ser considerado como una inversión en la prevención de incidentes graves que podrían generar pérdidas económicas mucho mayores, así como sanciones regulatorias o daños reputacionales irreparables. Asimismo, la realización de pruebas basadas en amenazas proporciona un conocimiento profundo y actualizado sobre las debilidades de la entidad, lo que permite priorizar las inversiones en seguridad de manera más eficiente.

Finalmente, este requisito no solo refuerza la seguridad de las entidades individuales, sino que también contribuye a la estabilidad y confianza del sistema financiero en su conjunto. Al exigir pruebas avanzadas orientadas por amenazas, el Reglamento asegura que las entidades estén preparadas para enfrentar un entorno de ciberseguridad cada vez más desafiante y sofisticado. Este enfoque proactivo fortalece la resiliencia operativa digital, minimiza la probabilidad de interrupciones significativas en las operaciones financieras críticas y fomenta una mayor colaboración entre las entidades y las autoridades regulatorias para abordar amenazas emergentes de manera coordinada.

2. Cada una de las pruebas de penetración basadas en amenazas abarcará algunas o todas las funciones esenciales o importantes de una entidad financiera y se realizarán sobre los sistemas de producción activos que sustenten esas funciones.

Las entidades financieras determinarán todos los sistemas, procesos y tecnologías de TIC pertinentes subyacentes que sustenten funciones esenciales o importantes y servicios de TIC, incluidos aquellos que sustenten los servicios y funciones esenciales o importantes externalizados o contratados a proveedores terceros de servicios de TIC.

Las entidades financieras evaluarán qué funciones esenciales o importantes es necesario incluir en las pruebas de penetración basadas en amenazas. El resultado de esta evaluación determinará el alcance exacto de las pruebas de penetración basadas en amenazas y será validado por las autoridades competentes.

El apartado 2 del artículo 26 del Reglamento Europeo 2022/2554 establece directrices específicas sobre el alcance y los objetivos de las pruebas de penetración basadas en amenazas para las entidades financieras. Este apartado subraya que dichas pruebas deben enfocarse en algunas o todas las funciones esenciales o importantes de la entidad y deben llevarse a cabo directamente sobre los sistemas de producción activos que sustentan esas funciones. Además, impone a las entidades la obligación de identificar los sistemas, procesos y tecnologías TIC subyacentes, incluidos aquellos externalizados o gestionados por terceros, y de determinar cuáles de estas funciones críticas deben someterse a prueba. Este análisis previo también debe ser validado por las autoridades competentes, lo que añade un elemento de supervisión y control externo.

Desde una perspectiva práctica, la realización de pruebas en sistemas de producción activos supone un reto significativo, ya que estos son los entornos operativos reales donde se desarrollan las funciones más críticas de la entidad. Si bien esta exigencia maximiza la relevancia y eficacia de las pruebas, también introduce riesgos potenciales, como interrupciones temporales en los servicios o impactos sobre la operatividad diaria. Para mitigar estos riesgos, las entidades deben planificar cuidadosamente la ejecución de las pruebas, asegurando que se lleven a cabo en momentos estratégicos, como períodos de menor actividad, y utilizando controles estrictos para evitar efectos adversos no deseados.

La obligación de incluir tanto los sistemas internos como los servicios externalizados en el alcance de las pruebas requiere que las entidades mantengan un conocimiento actualizado y completo de todos los elementos que sustentan sus funciones esenciales o importantes. Esto incluye la identificación de dependencias con terceros proveedores de servicios TIC, quienes deben ser incluidos en las pruebas cuando sus sistemas o servicios sean relevantes para las funciones críticas de la entidad. Para garantizar la colaboración de estos proveedores, las entidades deben haber establecido previamente cláusulas contractuales que permitan realizar evaluaciones de seguridad sobre los sistemas externalizados y que aseguren el acceso necesario para llevar a cabo las pruebas.

El proceso de evaluación del alcance de las pruebas exige que las entidades realicen un análisis detallado de las funciones esenciales o importantes, identificando aquellos elementos que presentan mayores riesgos o vulnerabilidades. Este análisis debe tener en cuenta factores como el impacto potencial de un incidente sobre la continuidad del negocio, la exposición a amenazas externas, la sensibilidad de los datos gestionados y el nivel de criticidad de los servicios prestados. Este enfoque basado en el riesgo garantiza que las pruebas de penetración se centren en los sistemas y procesos más relevantes, optimizando así los recursos disponibles y maximizando la eficacia de las pruebas.

Desde la perspectiva de cumplimiento normativo, este apartado impone la obligación de documentar de manera exhaustiva tanto el análisis realizado para determinar el alcance de las pruebas como los resultados obtenidos. Las autoridades competentes tienen un papel activo en la validación de dicho alcance, lo que significa que las entidades deben proporcionar informes claros y detallados que justifiquen las decisiones adoptadas y que demuestren que el alcance definido es adecuado en relación con los riesgos identificados. La falta de una evaluación sólida o de una documentación adecuada podría dar lugar a cuestionamientos por parte de las autoridades y, en última instancia, a sanciones regulatorias.

Otro aspecto clave es la integración de los resultados de las pruebas en el marco general de gestión del riesgo TIC de la entidad. Los hallazgos obtenidos durante las pruebas deben ser utilizados para identificar vulnerabilidades, implementar medidas correctivas y mejorar los controles existentes. Este proceso no solo refuerza la seguridad operativa, sino que también demuestra el compromiso de la entidad con la mejora continua de su resiliencia operativa digital.

Un desafío operativo adicional radica en coordinar las pruebas con los equipos internos, los proveedores externos y las autoridades competentes. Esto implica una comunicación clara y continua entre todas las partes involucradas, así como una planificación rigurosa para garantizar que las pruebas se realicen de manera eficiente y con el menor impacto posible en las operaciones de la entidad. Además, las entidades deben asegurarse de que los probadores externos contratados para llevar a cabo las pruebas cuenten con las certificaciones y habilidades necesarias, y de que operen bajo estrictos acuerdos de confidencialidad para proteger la información sensible.

En conclusión, este apartado refuerza la necesidad de que las pruebas de penetración basadas en amenazas sean específicas, relevantes y estratégicamente dirigidas a los sistemas y procesos más críticos de la entidad. Al exigir la validación del alcance por parte de las autoridades competentes, el Reglamento asegura que las pruebas no solo cumplan con los requisitos técnicos, sino que también sean coherentes con el perfil de riesgo y las prioridades regulatorias de la entidad. Esto contribuye a fortalecer la resiliencia operativa del sector financiero en su conjunto, al tiempo que promueve un enfoque proactivo y coordinado para mitigar los riesgos relacionados con las TIC.

3. Cuando haya proveedores terceros de servicios de TIC incluidos en el ámbito de cobertura de las pruebas de penetración basadas en amenazas, la enti-

dad financiera tomará las medidas y salvaguardias necesarias para asegurar la participación de estos proveedores terceros de servicios de TIC en las pruebas de penetración basadas en amenazas y mantendrá en todo momento la plena responsabilidad de garantizar el cumplimiento del presente Reglamento.

El artículo 26, apartado 3, del Reglamento Europeo 2022/2554 regula la participación de proveedores terceros de servicios de TIC en las pruebas de penetración basadas en amenazas, cuando estos se encuentren incluidos dentro del ámbito de dichas pruebas. Esta disposición subraya que, aunque los servicios de TIC sean proporcionados por terceros, la entidad financiera sigue siendo plenamente responsable de garantizar el cumplimiento del Reglamento y, por tanto, debe tomar todas las medidas necesarias para asegurar la colaboración de estos proveedores en las pruebas. Este requisito refuerza el principio de responsabilidad última de la entidad financiera sobre la seguridad y resiliencia operativa de sus sistemas, independientemente de los acuerdos de externalización que tenga en vigor.

En términos prácticos, la implicación de proveedores terceros en las pruebas de penetración introduce una capa adicional de complejidad, ya que estos proveedores gestionan servicios, infraestructuras o aplicaciones críticas que sustentan funciones esenciales o importantes de la entidad. Para asegurar su participación efectiva, las entidades financieras deben incluir en los contratos con estos proveedores cláusulas específicas que permitan realizar pruebas de seguridad sobre los sistemas externalizados, incluidas las pruebas de penetración basadas en amenazas. Estas cláusulas deben contemplar aspectos como el acceso a los sistemas, la confidencialidad de los resultados, la colaboración técnica necesaria y las limitaciones sobre el alcance de las pruebas para evitar interrupciones o afectaciones a otros clientes del proveedor.

La ausencia de disposiciones contractuales adecuadas podría dificultar la participación del proveedor en las pruebas, exponiendo a la entidad financiera a riesgos regulatorios y operativos. Por ello, las entidades deben revisar y, en su caso, renegociar los contratos existentes con terceros para garantizar que cumplen con los requisitos del Reglamento. En contratos futuros, estas obligaciones deben estar claramente definidas desde el inicio, estableciendo un marco legal que facilite la realización de las pruebas sin conflictos o retrasos.

Otro aspecto clave es la gestión de la relación con el proveedor durante el proceso de pruebas. Las entidades financieras deben adoptar un enfoque colaborativo, comunicando de manera transparente el propósito, alcance y metodología de las pruebas, así como las salvaguardias que se implementarán para proteger la seguridad y la integridad de los sistemas y datos gestionados por el proveedor. Esto incluye establecer procedimientos claros para gestionar cualquier interrupción que pueda derivarse de las pruebas, así como definir canales de comunicación efectivos para resolver problemas en tiempo real. La falta de coordinación con el proveedor podría comprometer la eficacia de las pruebas y, potencialmente, generar tensiones contractuales o reputacionales.

Desde una perspectiva de compliance, este apartado refuerza el principio de que la responsabilidad sobre el cumplimiento del Reglamento recae en la entidad financiera, incluso cuando se externalizan funciones críticas. Esto significa que, aunque el proveedor participe en las pruebas, la entidad es la única responsable de garantizar que estas se lleven a cabo de conformidad con los requisitos normativos y de supervisar que los resultados de las pruebas se utilicen para implementar las medidas correctivas necesarias. Para cumplir con esta obligación, las entidades deben documentar de manera exhaustiva todos los aspectos relacionados con la participación del proveedor en las pruebas, incluidos los acuerdos contractuales, las comunicaciones previas y los resultados obtenidos.

La plena responsabilidad de la entidad también implica que debe garantizar la confidencialidad y seguridad de los datos manejados durante las pruebas. Esto es especialmente relevante cuando las pruebas involucran sistemas externalizados que pueden contener datos de múltiples clientes del proveedor. Las entidades deben asegurarse de que los probadores externos o internos que ejecuten las pruebas operen bajo estrictos acuerdos de confidencialidad y de que se utilicen medidas técnicas para minimizar los riesgos, como la segmentación de entornos o el uso de datos anonimizados siempre que sea posible.

Desde un punto de vista operativo, el cumplimiento de este apartado requiere una planificación rigurosa que incluya la identificación de todos los sistemas y servicios externalizados que están dentro del alcance de las pruebas, la coordinación con los proveedores para garantizar su participación efectiva y la implementación de salvaguardias para mitigar cualquier impacto operativo. Este proceso también debe integrar las pruebas en el marco general de gestión de riesgos de la entidad, asegurando que los resultados obtenidos contribuyan a reforzar la seguridad y resiliencia de los sistemas críticos.

Finalmente, este apartado refuerza la importancia de que las entidades financieras mantengan un control integral sobre todos los aspectos de su resiliencia operativa digital, incluso en contextos donde existe una fuerte dependencia de terceros proveedores. Al garantizar la participación de los proveedores en las pruebas de penetración basadas en amenazas, las entidades no solo cumplen con los requisitos regulatorios, sino que también fortalecen su capacidad para identificar y mitigar riesgos relacionados con los servicios externalizados. Esto no solo es esencial para proteger la continuidad de las operaciones, sino también para salvaguardar la confianza de los clientes, los reguladores y otras partes interesadas en la capacidad de la entidad para gestionar de manera efectiva los riesgos asociados a su ecosistema digital.

4. Sin perjuicio de lo dispuesto en el apartado 2, párrafos primero y segundo, cuando quepa esperar razonablemente que la participación de un proveedor tercero de servicios de TIC en las pruebas de penetración basadas en amenazas a que se refiere el apartado 3 tenga una repercusión negativa en la calidad o la seguridad de los servicios prestados por el proveedor tercero de servicios de TIC a clientes que sean entidades excluidas del ámbito de aplicación del presente Reglamento, o en la confidencialidad de los datos relacionados con dichos servicios, la entidad financiera y el proveedor tercero de servicios de TIC podrán acordar por escrito que el proveedor tercero de servicios de TIC celebre directamente un acuerdo contractual con un probador externo, a efectos de llevar a cabo, bajo la dirección de una entidad financiera designada, una prueba de penetración basada en amenazas conjunta en la que participen varias entidades financieras (prueba conjunta) a las que el proveedor tercero de servicios de TIC preste servicios de TIC.

Dicha prueba conjunta abarcará la gama pertinente de servicios de TIC que sustenten funciones esenciales o importantes contratadas por las entidades financieras al proveedor tercero de servicios de TIC en cuestión. Se considerará que la prueba conjunta es una prueba de penetración basada en amenazas realizada por las entidades financieras que participen en ella.

El número de entidades financieras que participen en la prueba conjunta se calibrará debidamente teniendo en cuenta la complejidad y los tipos de servicios de que se trate.

El apartado 4 del artículo 26 del Reglamento Europeo 2022/2554 introduce una disposición específica para situaciones en las que la participación de un proveedor tercero de servicios de TIC en pruebas de penetración basadas en amenazas pueda generar riesgos para otros clientes que no estén sujetos al Reglamento, o comprometer la confidencialidad de los datos relacionados con dichos servicios. En estos casos, se permite que el proveedor tercero y la entidad financiera acuerden, por escrito, que el proveedor contrate directamente a un probador externo para realizar una prueba de penetración conjunta, bajo la dirección de una entidad financiera designada. Esta prueba conjunta deberá incluir los servicios de TIC relevantes que sustentan las funciones esenciales o importantes contratadas por todas las entidades financieras participantes.

Esta norma aborda un problema práctico importante en la realización de pruebas de penetración sobre sistemas externalizados, ya que los proveedores de servicios de TIC suelen gestionar infraestructuras compartidas que soportan múltiples clientes, algunos de los cuales no están sujetos al Reglamento. Las pruebas de penetración en dichos entornos podrían afectar negativamente la calidad o seguridad de los servicios prestados a otros clientes, o incluso poner en riesgo la confidencialidad de datos relacionados con servicios no cubiertos por las disposiciones regulatorias. Por ello, este apartado establece una solución colaborativa mediante la organización de pruebas conjuntas que permitan evaluar los riesgos de manera más eficiente y coordinada.

En la práctica, la ejecución de una prueba conjunta requiere una planificación meticulosa que integre los intereses y obligaciones de todas las partes involucradas. La entidad financiera debe asegurarse de que el acuerdo contractual entre el proveedor y el probador externo incluya disposiciones específicas que garanticen que las pruebas se realicen de manera efectiva y alineada con los requisitos del Reglamento. Esto incluye la definición del alcance de las pruebas, los servicios TIC cubiertos, las responsabilidades de cada parte y las salvaguardias para proteger la calidad y la seguridad de los servicios, así como la confidencialidad de los datos.

El alcance de la prueba conjunta debe cubrir todos los servicios de TIC que sustentan funciones esenciales o importantes contratadas por las entidades participantes. Esto exige una coordinación estrecha entre las entidades financieras y el proveedor tercero para identificar los sistemas, procesos y servicios críticos que deben someterse a evaluación. Además, el Reglamento subraya que la participación en la prueba debe ser proporcional a la complejidad y los tipos de servicios de TIC de que se trate. Esto implica que el número de entidades financieras involucradas debe ajustarse cuidadosamente, evitando que un exceso de participantes dificulte la ejecución de las pruebas o comprometa la calidad de los resultados.

Desde una perspectiva de compliance, esta disposición impone la obligación de documentar y justificar adecuadamente la decisión de llevar a cabo una prueba conjunta. Esto incluye la evaluación de los riesgos asociados a la participación del proveedor tercero en pruebas individuales, los acuerdos establecidos para la prueba conjunta y los resultados obtenidos. Las entidades participantes deben asegurarse de que la prueba conjunta cumpla con los estándares de seguridad y calidad establecidos en el Reglamento y de que los hallazgos se traduzcan en medidas correctivas efectivas para mitigar las vulnerabilidades identificadas.

Un desafío práctico importante es la necesidad de garantizar la transparencia y la colaboración efectiva entre todas las entidades financieras participantes en la prueba conjunta. Esto incluye establecer una entidad financiera designada que actúe como coordinadora del proceso, facilitando la comunicación entre los participantes, el proveedor tercero y el probador externo. Esta figura es esencial para garantizar que las pruebas se realicen de manera coherente y que los resultados sean útiles para todas las partes involucradas.

Otro aspecto operativo relevante es la contratación del probador externo. Este debe contar con experiencia y competencias técnicas suficientes para realizar pruebas de penetración basadas en amenazas en entornos complejos y compartidos. Además, debe operar bajo estrictos acuerdos de confidencialidad y de protección de datos, dada la sensibilidad de la información a la que tendrá acceso durante las pruebas. Las entidades financieras y el proveedor tercero deben supervisar de cerca el trabajo del probador externo para garantizar que cumple con los requisitos establecidos en el acuerdo contractual y en el Reglamento.

Por último, este apartado refuerza la importancia de la colaboración en el sector financiero para abordar los riesgos asociados a los servicios externalizados. Las pruebas conjuntas no solo permiten optimizar los recursos y minimizar los riesgos para otros clientes del proveedor, sino que también fomentan un enfoque coordinado y estratégico para fortalecer la resiliencia operativa digital de las entidades participantes. Al garantizar que las pruebas se lleven a cabo de manera eficiente y alineada con los requisitos del Reglamento, las entidades financieras y los proveedores terceros pueden mejorar su capacidad para gestionar los riesgos relacionados con los servicios TIC externalizados, protegiendo al mismo tiempo la estabilidad y la confianza en el sistema financiero en su conjunto.

5. Las entidades financieras, con la cooperación de los proveedores terceros de servicios de TIC y otras partes involucradas, incluidos los probadores pero con exclusión de las autoridades competentes, aplicarán controles efectivos de gestión del riesgo para mitigar los riesgos de cualquier posible repercusión en los datos, daño de los activos y perturbación de funciones, servicios u operaciones esenciales o importantes en la propia entidad financiera, en sus contrapartes o en el sector financiero.

El artículo 26, apartado 5, del Reglamento Europeo 2022/2554 impone a las entidades financieras la obligación de implementar controles efectivos de gestión del riesgo durante la realización de las pruebas de penetración basadas en amenazas. Estos controles tienen como finalidad mitigar cualquier posible impacto negativo en los datos, activos, funciones, servicios u operaciones esenciales o importantes de la propia entidad, así como evitar perturbaciones que puedan extenderse a sus contrapartes o al sector financiero en general. La norma establece que este proceso debe llevarse a cabo con la cooperación de los proveedores terceros de servicios de TIC y otras partes involucradas, incluidos los probadores, pero excluye explícitamente la intervención de las autoridades competentes en esta etapa.

En la práctica, esta disposición subraya la importancia de una planificación y ejecución rigurosas de las pruebas para garantizar que estas se lleven a cabo de manera segura y controlada. Las pruebas de penetración basadas en amenazas, al simular ataques reales en entornos de producción activos, presentan un riesgo inherente de provocar interrupciones no deseadas o afectar la integridad y confidencialidad de los datos. Por ello, las entidades financieras deben diseñar y aplicar controles preventivos, detectivos y correctivos que minimicen dichos riesgos. Estos controles deben incluir salvaguardias técnicas, organizativas y procedimentales que permitan llevar a cabo las pruebas sin comprometer la operación normal de los sistemas evaluados ni generar impactos adversos en otras partes del ecosistema financiero.

Uno de los controles clave es la delimitación clara del alcance de las pruebas. Esto implica identificar y definir con precisión los sistemas, procesos y funciones que serán evaluados, garantizando que los probadores no accedan a áreas o componentes no incluidos en el alcance autorizado. Este control debe documentarse en un plan de pruebas que sea comunicado y acordado con todas las partes involucradas, incluidos los proveedores terceros de servicios de TIC y los probadores externos. Además, se deben establecer procedimientos de autorización para cualquier cambio en el alcance durante la ejecución de las pruebas, evitando acciones no planificadas que puedan generar perturbaciones.

Otro control esencial es la gestión de los datos y la confidencialidad durante las pruebas. Las entidades financieras deben garantizar que los probadores no accedan a datos sensibles o personales sin las debidas medidas de protección, como la anonimización, la encriptación o el uso de entornos de prueba segmentados. También es fundamental que se implementen acuerdos de confidencialidad estrictos con los probadores y proveedores terceros para evitar la divulgación no autorizada de información relacionada con las pruebas, los sistemas evaluados o las vulnerabilidades identificadas.

En cuanto a la integridad de los activos y la continuidad de los servicios, las entidades deben diseñar mecanismos que permitan detener las pruebas de manera inmediata si se detectan riesgos imprevistos o impactos operativos significativos. Esto puede incluir la implementación de sistemas de monitoreo en tiempo real que alerten sobre perturbaciones durante las pruebas y la designación de un equipo de respuesta rápida para gestionar cualquier incidencia. Adicionalmente, es importante que las pruebas se realicen en horarios estratégicos que minimicen el impacto en las operaciones, como fuera del horario laboral o durante períodos de baja actividad.

Desde una perspectiva de cumplimiento normativo, este apartado refuerza la responsabilidad de las entidades financieras de gestionar adecuadamente los riesgos asociados a las pruebas, incluso cuando estas se realicen con la participación de proveedores terceros o probadores externos. Aunque las autoridades competentes no intervienen directamente en la ejecución de las pruebas, las entidades deben estar preparadas para justificar ante dichas autoridades los controles implementados y las medidas adoptadas para mitigar los riesgos identificados. La falta de controles adecuados no solo podría resultar en incumplimiento normativo, sino que también podría exponer a la entidad a sanciones financieras, daños reputacionales y pérdida de confianza por parte de sus clientes y contrapartes.

El apartado también destaca la necesidad de colaboración con los proveedores terceros de servicios de TIC y los probadores. Dado que los proveedores pueden ser responsables de gestionar servicios críticos o infraestructuras compartidas, su cooperación es esencial para implementar controles efectivos. Esto puede requerir acuerdos contractuales que definan las responsabilidades de los proveedores en la preparación y ejecución de las pruebas, así como en la aplicación de medidas de mitigación de riesgos. Además, los probadores externos deben operar bajo directrices claras proporcionadas por la entidad financiera para garantizar que su trabajo se realice de manera controlada y alineada con los objetivos de seguridad establecidos.

Finalmente, este apartado resalta la responsabilidad de las entidades financieras de prevenir efectos colaterales en sus contrapartes o en el sector financiero en general. Esto es especialmente relevante en el caso de entidades que operan en redes interconectadas o en infraestructuras críticas compartidas, donde una perturbación en una entidad podría tener un efecto dominó en otras. Por ello, los controles de riesgo deben ser diseñados no solo para proteger los sistemas y datos propios de la entidad, sino también para salvaguardar la estabilidad del ecosistema financiero en su conjunto. Este enfoque proactivo no solo cumple con las exigencias del Reglamento, sino que también refuerza la resiliencia operativa y la confianza en el sistema financiero.

6. Al finalizar la prueba, y una vez que se hayan aprobado los informes y los planes correctores, la entidad financiera y, en su caso, los probadores externos facilitarán a la autoridad, designada de conformidad con los apartados 9 o 10, un resumen de los hallazgos pertinentes, los planes correctores y la documentación que demuestre que la prueba de penetración basada en amenazas se ha realizado conforme a los requisitos.

El artículo 26, apartado 6, del Reglamento Europeo 2022/2554 establece la obligación de que, al concluir una prueba de penetración basada en amenazas, la entidad financiera facilite a la autoridad competente designada un resumen de los hallazgos relevantes, los planes correctores adoptados y la documentación que demuestre que la prueba se ha llevado a cabo en conformidad con los requisitos establecidos por el Reglamento. En su caso, los probadores externos también deben participar en este proceso de comunicación, en coordinación con la entidad financiera. Este apartado subraya la necesidad de asegurar la transparencia y trazabilidad del proceso, al tiempo que refuerza el papel de la supervisión regulatoria en la evaluación y control de la resiliencia operativa digital de las entidades financieras.

En términos prácticos, esta obligación implica que, una vez finalizada la prueba, la entidad debe consolidar los resultados obtenidos en un informe claro y detallado que identifique las vulnerabilidades detectadas, analice su gravedad y explique cómo se gestionarán. Este informe debe incluir un resumen de los hallazgos relevantes, priorizando aquellos que puedan tener un impacto significativo en la seguridad de los sistemas TIC, en la continuidad de las funciones esenciales o importantes, o en la integridad y confidencialidad de los datos. Los hallazgos deben clasificarse según su nivel de riesgo, basándose en criterios objetivos que reflejen su criticidad y probabilidad de explotación.

El resumen también debe detallar los planes correctores diseñados para mitigar las vulnerabilidades detectadas. Estos planes deben incluir medidas específicas, plazos definidos para su implementación y las responsabilidades asignadas a los equipos internos o externos encargados de ejecutarlas.

Además, es fundamental que los planes estén alineados con los estándares de seguridad aplicables y que consideren tanto las prioridades operativas de la entidad como la proporcionalidad en el uso de los recursos. Las medidas correctoras deben ser eficaces y, en la medida de lo posible, verificadas mediante pruebas de validación para garantizar que las vulnerabilidades han sido resueltas de manera adecuada.

En cuanto a la documentación requerida, la entidad debe proporcionar pruebas de que la prueba de penetración basada en amenazas se ha realizado de acuerdo con los requisitos del Reglamento. Esto incluye el alcance definido de la prueba, las metodologías empleadas, las medidas de control de riesgos aplicadas durante su ejecución y la participación de los probadores externos, si corresponde. La documentación debe ser exhaustiva y estar preparada para su revisión por la autoridad competente, demostrando que la prueba fue diseñada y ejecutada con rigor, siguiendo un enfoque basado en el riesgo y cumpliendo con las normativas aplicables.

Desde la perspectiva de cumplimiento normativo, este apartado refuerza la importancia de documentar y justificar todas las etapas del proceso de prueba. La entidad financiera debe ser capaz de demostrar no solo que las pruebas se llevaron a cabo conforme a los requisitos del Reglamento, sino también que las acciones correctoras derivadas de los hallazgos se implementarán de manera efectiva. Una documentación deficiente o incompleta podría ser interpretada como un incumplimiento y, en consecuencia, exponer a la entidad a sanciones regulatorias, así como a riesgos reputacionales.

Un aspecto crítico de esta norma es la interacción con la autoridad competente. La autoridad designada, en virtud de los apartados 9 o 10, tiene un papel clave en la supervisión y validación de los resultados de las pruebas y de los planes correctores. Por ello, las entidades financieras deben garantizar que la información proporcionada a la autoridad sea clara, precisa y puntual. Esto implica no solo cumplir con los plazos establecidos para la presentación del resumen y la documentación, sino también mantener una comunicación abierta y proactiva con la autoridad, respondiendo a cualquier solicitud de aclaración o información adicional que pueda surgir.

Desde un punto de vista operativo, esta obligación requiere una coordinación interna eficaz entre los equipos responsables de realizar las pruebas, los gestores de riesgos y los departamentos de cumplimiento normativo. También puede implicar la colaboración con probadores externos, quienes, en su caso, deben proporcionar su análisis técnico de los hallazgos y la validación de los resultados obtenidos. La entidad debe gestionar este proceso de manera eficiente, asegurándose de que los distintos actores involucrados cumplan con sus responsabilidades en la preparación del resumen y la documentación.

Otro aspecto relevante es la necesidad de alinear los planes correctores con las prioridades estratégicas de la entidad y garantizar que su implementación no genere riesgos operativos adicionales. Esto puede implicar realizar un análisis de impacto antes de aplicar ciertas medidas y coordinar la ejecución de los planes con otros proyectos tecnológicos o de seguridad en curso.

Por último, este apartado refuerza la cultura de la mejora continua en la gestión de riesgos relacionados con las TIC. Al requerir que los hallazgos y las acciones correctoras sean compartidos con las autoridades competentes, el Reglamento fomenta un enfoque estructurado y sistemático para identificar y mitigar vulnerabilidades. Además, la supervisión de las autoridades contribuye a garantizar que las entidades mantengan altos estándares de seguridad y resiliencia operativa, promoviendo la estabilidad del sistema financiero en su conjunto. Este proceso de evaluación y corrección no solo mejora la preparación de las entidades frente a incidentes, sino que también fortalece la confianza de las partes interesadas, incluidas las autoridades regulatorias, los clientes y las contrapartes, en la capacidad de la entidad para gestionar sus riesgos digitales de manera eficaz.

7. Las autoridades proporcionarán a las entidades financieras un informe de validación que confirme que la prueba se efectuó de conformidad con los requisitos según constan en la documentación, con el fin de permitir el reconocimiento mutuo de las pruebas de penetración basadas en amenazas entre las autoridades competentes. La entidad financiera notificará a la autoridad competente pertinente la validación, el resumen de los hallazgos pertinentes y los planes correctores.

Sin perjuicio de dicha validación, las entidades financieras seguirán siendo plenamente responsables en todo momento de las repercusiones de las pruebas a que se refiere el apartado 4.

El artículo 26, apartado 7, del Reglamento Europeo 2022/2554 introduce una disposición clave para garantizar la coherencia, transparencia y eficacia de las pruebas de penetración basadas en amenazas realizadas por las entidades financieras. Este apartado establece que las autoridades competentes emitirán un informe de validación que confirme que las pruebas se llevaron a cabo conforme a los requisitos establecidos, basándose en la documentación proporcionada por la entidad financiera. Este informe de validación permite el reconocimiento mutuo de las pruebas de penetración entre diferentes autoridades competentes, reduciendo la necesidad de duplicar evaluaciones en situaciones donde una entidad opera en múltiples jurisdicciones o está sometida a supervisión de diferentes autoridades. No obstante, la norma subraya que la entidad financiera sigue siendo plenamente responsable de las repercusiones derivadas de dichas pruebas.

En términos prácticos, esta disposición tiene múltiples implicaciones para las entidades financieras. En primer lugar, la obligación de recibir un informe de validación por parte de la autoridad competente implica que las entidades deben garantizar que las pruebas de penetración y la documentación asociada cumplen con los estándares del Reglamento. Esto requiere que las entidades presenten informes claros y detallados, incluyendo un resumen de los hallazgos pertinentes, los planes correctores previstos y cualquier otra información relevante que demuestre que la prueba se realizó de manera adecuada y conforme a los requisitos regulatorios. La calidad de esta documentación es esencial, ya que será la base sobre la cual la autoridad evaluará y validará las pruebas.

El reconocimiento mutuo de las pruebas por parte de las autoridades competentes es un elemento importante desde la perspectiva de la eficiencia regulatoria. Esta disposición beneficia especialmente a las entidades que operan en varios Estados miembros de la Unión Europea, ya que evita la duplicidad de pruebas de penetración basadas en amenazas en distintas jurisdicciones. Una vez validada una prueba por una autoridad competente, las demás autoridades pueden reconocer dicha validación como cumplimiento suficiente, reduciendo la carga administrativa y operativa para las entidades financieras. Sin embargo, este reconocimiento mutuo depende de la calidad y exhaustividad de la documentación presentada, lo que refuerza la importancia de realizar las pruebas de manera rigurosa y documentarlas adecuadamente.

Desde la perspectiva de cumplimiento normativo, la emisión del informe de validación no exime a las entidades financieras de su plena responsabilidad sobre las repercusiones de las pruebas, tal como se establece explícitamente en este apartado. Esto significa que, aunque la autoridad valide la conformidad de las pruebas con los requisitos, la entidad sigue siendo responsable de gestionar cualquier impacto adverso que pueda surgir durante o después de la realización de las pruebas, incluidos los efectos en sus propios sistemas, en sus contrapartes o en el sector financiero en general. Esta disposición refuerza el principio de que la responsabilidad última en la gestión de los riesgos operativos y de seguridad recae en la entidad financiera.

Un aspecto operativo importante es la necesidad de establecer mecanismos de comunicación eficientes con la autoridad competente durante todo el proceso. Esto incluye la notificación de los resultados de las pruebas, el resumen de hallazgos relevantes y los planes correctores previstos. La entidad debe garantizar que esta información sea presentada de manera oportuna y conforme a los formatos y procedimientos requeridos por la autoridad. Una falta de comunicación adecuada podría retrasar la emisión del informe de validación o generar cuestionamientos por parte de las autoridades, lo que a su vez podría impactar en la capacidad de la entidad para demostrar su cumplimiento normativo.

La disposición también refuerza la necesidad de que las entidades financieras mantengan un control estricto sobre la ejecución de las pruebas, incluso cuando estas involucren a probadores externos o proveedores terceros de servicios de TIC. Dado que la validación de la autoridad se basa en la documentación proporcionada, es fundamental que la entidad supervise todas las etapas de las pruebas, asegurándose de que se ejecuten conforme a los planes definidos y cumpliendo con las medidas de control de riesgos aplicables. Esto incluye garantizar que los probadores externos operen dentro del alcance autorizado y que la confidencialidad de los datos y sistemas evaluados sea protegida en todo momento.

Otro aspecto relevante es que la disposición subraya la importancia de los planes correctores derivados de las pruebas. Aunque el informe de validación confirme la conformidad de la prueba con los requisitos, el enfoque debe estar en garantizar que las vulnerabilidades detectadas se aborden de manera efectiva y dentro de los plazos establecidos. Las autoridades competentes pueden monitorear la implementación de estos planes correctores, lo que implica que las entidades deben mantener registros actualizados sobre el progreso de las medidas adoptadas y estar preparadas para demostrar su cumplimiento continuo.

En conclusión, este apartado del Reglamento combina elementos de supervisión, eficiencia regulatoria y responsabilidad operativa. La emisión del informe de validación por parte de la autoridad competente refuerza la transparencia y coherencia del proceso, al tiempo que facilita el reconocimiento mutuo de las pruebas en múltiples jurisdicciones, lo que reduce la carga regulatoria para las entidades transfronterizas. Sin embargo, la plena responsabilidad de la entidad financiera sobre las repercusiones de las pruebas subraya la importancia de una planificación y ejecución rigurosas, así como de una gestión efectiva de los riesgos asociados. Este enfoque contribuye a fortalecer la resiliencia operativa digital de las entidades financieras y a promover la estabilidad y confianza en el sistema financiero europeo.

8. Las entidades financieras contratarán, de conformidad con el artículo 27, a probadores a efectos de la realización de pruebas de penetración basadas en amenazas. Cuando las entidades financieras recurran a probadores internos para realizar pruebas de penetración basadas en amenazas, contratarán a probadores externos cada tres pruebas.

Las entidades de crédito clasificadas como significativas de conformidad con el artículo 6, apartado 4, del Reglamento (UE) n.o 1024/2013 solo recurrirán a probadores externos de conformidad con el artículo 27, apartado 1, letras a) a e), del presente Reglamento.

Las autoridades competentes determinarán qué entidades financieras deberán realizar pruebas de penetración basadas en amenazas teniendo en cuenta los criterios establecidos en el artículo 4, apartado 2, basándose en la evaluación de:

a). factores relacionados con la repercusión, en particular la medida en que los servicios prestados y las actividades realizadas por la entidad financiera repercuten en el sector financiero;

b) posibles problemas de estabilidad financiera, incluido el carácter sistémico de la entidad financiera a escala de la Unión o nacional, según proceda;

c) el perfil de riesgo relacionado con las TIC específico, el nivel de madurez de las TIC de la entidad financiera o las características tecnológicas presentes.

El artículo 26, apartado 8, del Reglamento Europeo 2022/2554 establece disposiciones específicas para la contratación de probadores en relación con las pruebas de penetración basadas en amenazas, determinando cuándo deben ser contratados probadores externos, regulando su recurrencia y definiendo criterios para que las autoridades competentes determinen qué entidades están obligadas a realizar dichas pruebas. Estas disposiciones refuerzan el rigor técnico, la objetividad y la proporcionalidad en la implementación de estas evaluaciones, al tiempo que aseguran que las entidades más relevantes o con mayor exposición al riesgo TIC sean sometidas a un escrutinio más estricto.

El apartado especifica que las entidades financieras, en general, pueden recurrir tanto a probadores internos como externos para la realización de pruebas de penetración basadas en amenazas, pero introduce una regla de alternancia: cada tres pruebas realizadas por probadores internos, la siguiente debe ser realizada por probadores externos. Este requisito garantiza que, periódicamente, los sistemas críticos de la entidad sean evaluados por especialistas externos con una perspectiva independiente, minimizando los riesgos de sesgo o conflictos de interés que podrían surgir con equipos internos. La intervención de probadores externos refuerza la objetividad de las pruebas y asegura la incorporación de enfoques y metodologías más avanzados, especialmente si el equipo externo aporta experiencia en amenazas emergentes o técnicas novedosas de ciberataque.

Sin embargo, en el caso de las entidades de crédito clasificadas como significativas de acuerdo con el Reglamento (UE) n.º 1024/2013, el apartado impone la obligación de recurrir exclusivamente a probadores externos. Esta distinción se basa en el impacto potencial de estas entidades en el sistema financiero europeo, dado su tamaño, complejidad y carácter sistémico. Las pruebas realizadas por probadores externos en estas entidades aseguran un escrutinio riguroso de su resiliencia operativa digital, con metodologías avanzadas que cumplen con los estándares exigidos en el artículo 27, apartado 1, letras a) a e). Este enfoque es coherente con la necesidad de prevenir riesgos significativos para la estabilidad financiera de la Unión Europea derivados de la interrupción o fallo de una entidad sistémica.

Además, el apartado otorga a las autoridades competentes la responsabilidad de determinar qué entidades financieras deben realizar pruebas de penetración basadas en amenazas, basándose en criterios establecidos en el artículo 4, apartado 2, y en una evaluación de varios factores. Entre estos factores, se incluye la repercusión de las actividades de la entidad en el sector financiero, posibles problemas de estabilidad financiera y el carácter sistémico de la entidad, tanto a nivel nacional como europeo. Este enfoque permite a las autoridades adaptar la aplicación de los requisitos del Reglamento a las características específicas de cada entidad, priorizando aquellas cuya interrupción o fallo tendría mayores consecuencias para el sistema financiero en general.

El primer criterio relevante para esta evaluación es el impacto que los servicios y actividades de la entidad financiera tienen en el sector financiero. Esto incluye aspectos como la interdependencia de la entidad con otras instituciones financieras, su rol en la infraestructura crítica del mercado y la importancia de los servicios que proporciona, especialmente si estos son esenciales para la continuidad del negocio en el ecosistema financiero. Las autoridades deben considerar la capacidad de la entidad para influir en la operatividad de contrapartes, clientes u otros actores en caso de un incidente relacionado con las TIC.

El segundo criterio se enfoca en posibles problemas de estabilidad financiera, particularmente el carácter sistémico de la entidad. Esto incluye evaluar si la entidad desempeña un papel clave en la economía o si su interrupción podría desencadenar un efecto dominó en el sistema financiero. Las entidades sistémicas, ya sea a nivel nacional o europeo, están sujetas a mayores expectativas regulatorias debido a su capacidad para amplificar riesgos en caso de vulnerabilidades no mitigadas.

El tercer criterio considera el perfil de riesgo relacionado con las TIC, el nivel de madurez tecnológica de la entidad y las características tecnológicas presentes. Esto implica evaluar la complejidad de las infraestructuras tecnológicas, el nivel de dependencia de sistemas automatizados o tecnologías emergentes, y la exposición a amenazas cibernéticas específicas. También incluye valorar la capacidad de la entidad para gestionar los riesgos relacionados con las TIC, en términos de controles implementados, recursos asignados y estrategias de mitigación.

Desde una perspectiva práctica, este artículo tiene implicaciones significativas para las entidades financieras. En primer lugar, las entidades deben planificar cuidadosamente la contratación de probadores, asegurándose de cumplir con la regla de alternancia y de documentar la participación de probadores externos según los intervalos establecidos. Esto incluye establecer acuerdos claros con los probadores externos que cumplan con los requisitos del artículo 27, como certificaciones adecuadas, competencias técnicas avanzadas y garantías de confidencialidad.

En el caso de entidades significativas, la obligación de recurrir exclusivamente a probadores externos impone un mayor estándar de diligencia en la selección y supervisión de estos especialistas. Dado que estas pruebas pueden ser más complejas y costosas, las entidades deben integrar esta exigencia en su planificación presupuestaria y operativa, asegurando que los recursos asignados sean proporcionales a los riesgos y al impacto potencial de sus sistemas críticos.

Desde el punto de vista del cumplimiento normativo, la responsabilidad de las autoridades competentes para determinar qué entidades deben realizar pruebas basadas en amenazas implica que las entidades deben estar preparadas para justificar su nivel de riesgo relacionado con las TIC y la madurez de sus controles tecnológicos. Esto requiere una evaluación interna continua y la preparación de documentación que respalde su capacidad para gestionar los riesgos, incluso antes de ser requeridas por la autoridad para realizar pruebas de penetración.

Finalmente, esta disposición fortalece la supervisión regulatoria y promueve un enfoque basado en el riesgo para la realización de pruebas avanzadas. Al exigir la alternancia entre probadores internos y externos, y al priorizar a las entidades más relevantes o con mayores riesgos, el Reglamento asegura que los recursos regulatorios y operativos se utilicen de manera eficiente para proteger la resiliencia operativa digital del sistema financiero europeo. Este enfoque contribuye a reducir los riesgos sistémicos y a garantizar que las entidades financieras estén adecuadamente preparadas frente a un panorama de amenazas TIC en constante evolución.

9. Los Estados miembros podrán designar a una única autoridad pública en el sector financiero responsable de las cuestiones relacionadas con las pruebas de penetración basadas en amenazas en el sector financiero a escala nacional y le confiarán todas las competencias y tareas a tal efecto.

El artículo 26, apartado 9, del Reglamento Europeo 2022/2554 otorga a los Estados miembros la posibilidad de designar una única autoridad pública en el sector financiero que sea responsable de las cuestiones relacionadas con las pruebas de penetración basadas en amenazas a nivel nacional. Esta autoridad concentraría todas las competencias y tareas relacionadas con estas pruebas, lo que incluye la validación, supervisión y coordinación de las actividades asociadas. Esta disposición busca establecer un marco coherente y centralizado para la regulación y supervisión de estas pruebas avanzadas, reduciendo la fragmentación y facilitando la coordinación en el ámbito nacional.

En términos prácticos, la designación de una única autoridad centralizada tiene varias implicaciones. Por un lado, se busca crear un punto único de contacto y referencia para las entidades financieras en relación con las pruebas de penetración basadas en amenazas. Esto podría simplificar los procedimientos administrativos y operativos para las entidades, ya que tendrían que interactuar únicamente con una autoridad en lugar de varias, especialmente en jurisdicciones donde las responsabilidades regulatorias están actualmente fragmentadas entre diferentes organismos supervisores. Además, la centralización de competencias permite a la autoridad designada desarrollar una especialización técnica en esta materia, lo que podría mejorar la calidad y consistencia de las validaciones y supervisiones.

Desde la perspectiva regulatoria, esta disposición permite a los Estados miembros adaptar su estructura institucional en función de sus características nacionales. Por ejemplo, en algunos países, ya existe una autoridad centralizada que supervisa el sector financiero en su conjunto, y esta podría asumir la responsabilidad sobre las pruebas de penetración. En otros países, donde estas competencias se distribuyen entre diferentes autoridades (como bancos centrales, supervisores de mercados o agencias de ciberseguridad), la implementación de esta norma podría requerir una reorganización institucional para consolidar dichas competencias en una única entidad.

Un beneficio clave de esta centralización es la capacidad de garantizar un enfoque uniforme en la aplicación de los requisitos del Reglamento dentro de un Estado miembro. La autoridad designada podría establecer directrices nacionales claras sobre cómo deben llevarse a cabo las pruebas, cuáles son los criterios de validación y cómo deben gestionarse los hallazgos y los planes correctores. Esto no solo proporciona mayor claridad a las entidades financieras, sino que también facilita la supervisión y evaluación por parte de la autoridad, al contar con un conjunto homogéneo de normas y procedimientos.

Desde el punto de vista operativo, la designación de una única autoridad también puede tener un impacto significativo en la coordinación de las pruebas conjuntas que involucren a múltiples entidades financieras o proveedores terceros de servicios de TIC. Una autoridad centralizada estaría en mejor posición para organizar, supervisar y validar estas pruebas conjuntas, asegurando que se lleven a cabo de manera eficiente y alineada con los objetivos del Reglamento. Esto es particularmente relevante en escenarios donde un proveedor de TIC presta servicios críticos a varias entidades dentro del mismo Estado miembro, lo que requiere un enfoque coordinado para evitar duplicidades o conflictos en la planificación de las pruebas.

Sin embargo, la implementación de este modelo centralizado también presenta desafíos. La autoridad designada deberá contar con los recursos técnicos, humanos y financieros necesarios para asumir estas competencias de manera efectiva. Esto incluye disponer de expertos en ciberseguridad capaces de evaluar los resultados de las pruebas de penetración basadas en amenazas, validar los planes correctores y garantizar que las entidades cumplen con los requisitos del Reglamento. Además, la autoridad deberá establecer mecanismos de cooperación con otros supervisores nacionales e internacionales, especialmente en casos donde las entidades supervisadas operen en múltiples jurisdicciones o estén sujetas a supervisión transfronteriza.

Otro desafío es la coordinación entre las entidades financieras y la autoridad designada. Aunque la centralización busca simplificar los procedimientos, también puede generar cuellos de botella si la autoridad no es capaz de gestionar eficientemente el volumen de validaciones y supervisiones requeridas. Para evitar este riesgo, los Estados miembros deberán garantizar que la autoridad tenga la capacidad de procesar las solicitudes de validación de manera oportuna y de proporcionar orientaciones claras a las entidades financieras.

Desde la perspectiva de Compliance, la existencia de una autoridad centralizada también implica que las entidades financieras deberán adaptarse a las directrices y procedimientos establecidos por dicha autoridad. Esto podría incluir la presentación de documentación específica, la notificación de los resultados de las pruebas y la implementación de medidas correctoras dentro de los plazos establecidos. Además, las entidades deberán asegurarse de que sus procesos internos y sus contrataciones de probadores (internos o externos) cumplan con los estándares establecidos por la autoridad designada.

Finalmente, este modelo también refuerza la capacidad de los Estados miembros para colaborar a nivel europeo en el contexto del Reglamento 2022/2554. Una autoridad centralizada puede actuar como punto de contacto nacional para facilitar el reconocimiento mutuo de las pruebas de penetración basadas en amenazas entre diferentes Estados miembros, promoviendo una mayor coherencia en la aplicación del Reglamento a nivel de la Unión Europea. Esto es particularmente relevante en un entorno financiero cada vez más interconectado, donde los riesgos relacionados con las TIC no respetan fronteras nacionales y requieren un enfoque coordinado para su gestión y mitigación.

El artículo 26, apartado 9, establece una base para la centralización de competencias relacionadas con las pruebas de penetración basadas en amenazas en los Estados miembros, con el objetivo de promover la uniformidad, eficiencia y especialización en su supervisión. Si bien esta disposición presenta claros beneficios en términos de simplificación y coherencia regulatoria, su implementación práctica requerirá una planificación cuidadosa, recursos adecuados y un enfoque estratégico para garantizar que la autoridad designada cumpla eficazmente con sus responsabilidades sin generar retrasos ni obstáculos para las entidades financieras. Este modelo puede contribuir significativamente a reforzar la resiliencia operativa digital del sector financiero tanto a nivel nacional como europeo.

10. A falta de designación de conformidad con el apartado 9 del presente artículo, y sin perjuicio de la competencia para determinar las entidades financieras que están obligadas a llevar a cabo pruebas de penetración basadas en amenazas, una autoridad competente podrá delegar el ejercicio de todas o algunas de las

tareas a que se refieren el presente artículo y el artículo 27 en otra autoridad nacional del sector financiero.

El artículo 26, apartado 10, del Reglamento Europeo 2022/2554 contempla la posibilidad de que, en ausencia de una autoridad única designada conforme al apartado 9, una autoridad competente pueda delegar total o parcialmente las tareas relacionadas con las pruebas de penetración basadas en amenazas a otra autoridad nacional del sector financiero. Este mecanismo de delegación permite una mayor flexibilidad en la implementación del Reglamento, garantizando que las responsabilidades se distribuyan de manera eficiente entre las distintas autoridades nacionales, especialmente en los Estados miembros donde no se haya optado por un modelo centralizado.

En términos prácticos, esta disposición tiene como objetivo evitar lagunas en la supervisión y garantizar que las tareas vinculadas a las pruebas de penetración basadas en amenazas, así como las previstas en el artículo 27, sean realizadas por una autoridad con las competencias y recursos necesarios. Estas tareas pueden incluir la validación de los resultados de las pruebas, la supervisión de los planes correctores, la determinación de los probadores externos autorizados y la coordinación de pruebas conjuntas entre entidades financieras. La delegación permite que las autoridades adapten la asignación de estas responsabilidades a las particularidades de su estructura institucional y capacidades operativas.

Este modelo de delegación es particularmente útil en Estados miembros donde las competencias sobre supervisión financiera y ciberseguridad están distribuidas entre múltiples organismos. Por ejemplo, en algunos países, los bancos centrales son responsables de supervisar la estabilidad financiera, mientras que las autoridades de mercados financieros supervisan otras actividades específicas. En este contexto, la delegación permite que una autoridad transfiera tareas específicas relacionadas con las pruebas de penetración a otro organismo con mayor especialización técnica o capacidad operativa en el ámbito de las TIC o la ciberseguridad.

Desde una perspectiva operativa, la autoridad que delega debe establecer un marco claro para dicha delegación, definiendo las tareas específicas transferidas, los límites de la delegación y los mecanismos de supervisión y coordinación entre ambas autoridades. Esto incluye acuerdos formales que especifiquen cómo se compartirán la información y los resultados de las pruebas, cómo se coordinarán las decisiones y cómo se garantizará la coherencia en la aplicación del Reglamento. Además, la autoridad que delega sigue siendo responsable de garantizar que las tareas delegadas se realicen conforme a los requisitos establecidos por el Reglamento, lo que implica la necesidad de un sistema de seguimiento y supervisión eficaz.

Un aspecto importante es que esta delegación no afecta a la competencia de las autoridades para determinar qué entidades financieras están obligadas a realizar pruebas de penetración basadas en amenazas, de acuerdo con los criterios del artículo 4, apartado 2. La decisión de someter a una entidad a estas pruebas sigue siendo una prerrogativa de las autoridades competentes, incluso si se han delegado otras tareas relacionadas. Esto refuerza la responsabilidad de la autoridad inicial para garantizar que las entidades más relevantes, en función de su perfil de riesgo y su impacto en la estabilidad financiera, estén sujetas a las evaluaciones necesarias.

Desde el punto de vista de cumplimiento normativo, la delegación de tareas puede introducir un mayor nivel de complejidad para las entidades financieras, ya que podría requerir que interactúen con múltiples autoridades en lugar de una sola. Por ejemplo, una entidad podría estar obligada a presentar documentación a una autoridad para la validación de las pruebas, mientras que otra autoridad podría estar a cargo de supervisar los planes correctores o coordinar pruebas conjuntas. Para minimizar este impacto, es fundamental que las autoridades involucradas establezcan procedimientos de comunicación claros y coordinados que eviten la duplicidad de solicitudes o requisitos inconsistentes.

Un desafío operativo asociado a la delegación es garantizar que la autoridad receptora de las tareas cuente con los recursos, experiencia y capacidad técnica necesarios para llevarlas a cabo de manera efectiva. Esto es particularmente relevante en el caso de tareas que requieren un alto grado de especialización, como la evaluación de los resultados de pruebas de penetración avanzadas o la validación de planes correctores frente a vulnerabilidades críticas. Los Estados miembros deberán evaluar cuidadosamente la idoneidad de las autoridades receptoras antes de proceder con la delegación y, de ser necesario, reforzar sus capacidades mediante capacitación, recursos adicionales o colaboración con expertos externos.

Otro aspecto relevante es la necesidad de garantizar la coherencia en la aplicación del Reglamento, incluso en casos donde las tareas sean realizadas por diferentes autoridades. Esto implica que las autoridades deben coordinarse no solo a nivel nacional, sino también en el ámbito de la Unión Europea, para asegurar que las decisiones y los procedimientos aplicados en un Estado miembro sean reconocidos y respetados en otros. Este principio es especialmente importante en el contexto del reconocimiento mutuo de pruebas de penetración basadas en amenazas entre jurisdicciones, que depende de la calidad y consistencia de la supervisión realizada por las autoridades nacionales.

Finalmente, este modelo de delegación refuerza la flexibilidad del Reglamento para adaptarse a las diferentes estructuras institucionales de los Estados miembros, al tiempo que garantiza que las responsabilidades clave relacionadas con la resiliencia operativa digital se cumplan de manera efectiva. Aunque la delegación introduce un nivel adicional de complejidad administrativa, también ofrece oportunidades para aprovechar la especialización técnica y la capacidad operativa de diferentes organismos, mejorando así la calidad de las supervisiones y la eficacia de las pruebas de penetración basadas en amenazas. Este enfoque flexible contribuye a reforzar la preparación y resiliencia del sistema financiero frente a los riesgos relacionados con las TIC, al tiempo que promueve una mayor cooperación y coordinación entre las autoridades nacionales.

11. Las Autoridades Europeas de Supervisión desarrollarán, de acuerdo con el BCE proyectos de normas técnicas de regulación comunes de conformidad con el marco TIBER-EU para especificar más detalladamente:

a) los criterios utilizados a efectos de la aplicación del apartado 8, párrafo segundo;

b) los requisitos y normas que rigen el recurso a probadores internos;

c) los requisitos en relación con:

i) el alcance de las pruebas de penetración basadas en amenazas a que se refiere el apartado 2,

ii) la metodología y el enfoque de realización de pruebas que deberán seguirse en cada fase específica del proceso de prueba,

iii) las fases de resultados, conclusión y adopción de medidas correctoras del proceso de prueba;

d) el tipo de cooperación en materia de supervisión y otros tipos de cooperación pertinente necesarios para llevar a cabo pruebas de penetración basadas en amenazas, así como la facilitación del reconocimiento mutuo de dichas pruebas, en el contexto de entidades financieras que operen en más de un Estado miembro, para permitir un nivel adecuado de participación de los supervisores y una ejecución flexible que tenga en cuenta las características específicas de subsectores financieros o mercados financieros locales.

Al elaborar dichos proyectos de normas técnicas de regulación, las Autoridades Europeas de Supervisión tendrán debidamente en cuenta cualquier característica

específica derivada de la distinta naturaleza de las actividades en los distintos sectores de los servicios financieros.

Las Autoridades Europeas de Supervisión presentarán a la Comisión dichos proyectos de normas técnicas de regulación a más tardar el 17 de julio de 2024.

Se delegan en la Comisión los poderes para completar el presente Reglamento mediante la adopción de las normas técnicas de regulación a que se refiere el párrafo primero de conformidad con los artículos 10 a 14 del Reglamento (UE) número 1093/2010, los artículos 10 a 14 del Reglamento (UE) número 1094/2010 y los artículos 10 a 14 del Reglamento (UE) número 1095/2010.

El artículo 11, apartado 7, del Reglamento Europeo 2022/2554 establece que las entidades financieras que no sean microempresas deben contar con una función de gestión de crisis, encargada de coordinar las comunicaciones internas y externas en caso de que se activen los planes de continuidad de la actividad en materia de TIC o los planes de respuesta y recuperación en materia de TIC. Esta función es crucial para garantizar una respuesta organizada, eficiente y transparente frente a incidentes tecnológicos que puedan interrumpir las operaciones de la entidad, afectando funciones críticas o esenciales.

La obligación de establecer esta función subraya la importancia de una comunicación clara y estructurada en situaciones de crisis, no solo para coordinar las respuestas internas, sino también para mantener la confianza de clientes, socios, partes interesadas externas y autoridades competentes. Dado que las interrupciones en los sistemas de TIC pueden generar incertidumbre, pérdidas financieras y daños reputacionales, una gestión de crisis bien diseñada y ejecutada constituye un elemento central en el marco de resiliencia operativa digital que promueve este Reglamento.

1. Establecimiento de una función de gestión de crisis.

   El artículo requiere que las entidades financieras que no sean microempresas dispongan de una función específica para la gestión de crisis, cuya responsabilidad se activa en el momento en que se implementen los planes de continuidad o los planes de respuesta y recuperación en materia de TIC. Esta función debe estar diseñada para actuar de manera inmediata, garantizar la coordinación entre las áreas internas involucradas y gestionar las comunicaciones externas.

   En la práctica, esto implica:

- Designación de responsables: Identificar a los miembros del personal que formarán parte del equipo de gestión de crisis, asignando roles específicos y asegurándose de que posean la formación adecuada para desempeñar estas funciones.

- Procedimientos definidos: Establecer protocolos claros para la activación de la función, la toma de decisiones y la coordinación entre las diferentes áreas de la entidad.
- Recursos necesarios: Proveer al equipo de gestión de crisis con herramientas, infraestructura y acceso a la información necesaria para realizar su labor de manera eficaz.

Por ejemplo, una institución bancaria podría establecer un comité de gestión de crisis compuesto por representantes de las áreas de TIC, cumplimiento normativo, comunicación y operaciones, con el objetivo de coordinar la respuesta a un ciberataque que afecte sus sistemas de banca electrónica.

2. Activación en casos de planes de continuidad o respuesta y recuperación.

   La función de gestión de crisis se activa cuando la entidad pone en marcha sus planes de continuidad de la actividad o sus planes de respuesta y recuperación en materia de TIC, lo que ocurre generalmente en respuesta a incidentes graves que amenazan la operatividad de funciones críticas o esenciales. Esto asegura que la respuesta a la crisis esté estructurada y guiada por un equipo especializado desde el primer momento.

   En la práctica, esta activación implica:

   - Evaluación del incidente: Determinar la magnitud y el impacto del incidente, así como las áreas afectadas, para coordinar las respuestas.
   - Coordinación de acciones: Supervisar la implementación de los planes de continuidad y recuperación, asegurándose de que las medidas adoptadas estén alineadas con las estrategias predefinidas.
   - Escalado de decisiones: Informar a la alta dirección y, cuando sea necesario, tomar decisiones estratégicas para mitigar el impacto del incidente.

Por ejemplo, tras un fallo en un sistema crítico de procesamiento de pagos, la función de gestión de crisis podría activar el plan de conmutación a servidores redundantes mientras se coordina la comunicación con las partes afectadas.

3. Gestión de las comunicaciones de crisis internas y externas.

   Un componente esencial de la función de gestión de crisis es el establecimiento de procedimientos claros para las comunicaciones internas y externas durante la crisis, de conformidad con lo dispuesto en el artículo 14 del Reglamento. Estas comunicaciones son fundamentales para garantizar la transparencia, minimizar la confusión y proteger la reputación de la entidad.

   En la práctica, esto incluye:

   - Comunicaciones internas: Informar al personal relevante sobre el estado del incidente, las acciones tomadas y las instrucciones específicas para garantizar la continuidad operativa. Esto puede incluir, por ejemplo, instrucciones para el personal de atención al cliente o directrices para los equipos técnicos.
   - Comunicaciones externas: Informar a los clientes, socios, proveedores y autoridades competentes sobre el incidente y las medidas implementadas para mitigarlo. Las comunicaciones externas deben ser claras, precisas y oportunas para evitar malentendidos o pérdidas de confianza.
   - Preparación de mensajes clave: Desarrollar mensajes predefinidos para distintos escenarios de crisis, asegurando que la información proporcionada sea coherente y alineada con las normativas de divulgación aplicables.

Por ejemplo, en caso de un ataque de ransomware, la función de gestión de crisis podría emitir un comunicado a los clientes explicando las medidas adoptadas para proteger sus datos y restaurar los servicios, mientras informa a las autoridades regulatorias sobre el alcance del incidente.

4. Procedimientos claros y documentados.

   El artículo enfatiza la necesidad de que los procedimientos para la gestión de crisis estén claramente definidos y documentados, lo que asegura que todas las partes involucradas entiendan sus roles y responsabilidades, y que la respuesta a la crisis sea consistente y efectiva.

   En la práctica, esto implica:

- Manual de gestión de crisis: Crear un documento que detalle los pasos a seguir en diferentes escenarios de crisis, incluyendo los protocolos de comunicación, las acciones iniciales y las responsabilidades de cada área.
- Entrenamiento del personal: Capacitar regularmente a los miembros de la función de gestión de crisis para que estén familiarizados con los procedimientos y puedan actuar con rapidez y eficacia.
- Pruebas de los procedimientos: Realizar simulaciones y ejercicios prácticos para evaluar la eficacia de los procedimientos y ajustar los protocolos según sea necesario.

Por ejemplo, una entidad financiera podría realizar simulaciones anuales de incidentes graves, como interrupciones en los sistemas TIC o fallos en un proveedor externo, para probar y mejorar los procedimientos de gestión de crisis.

5. Beneficios de una función de gestión de crisis efectiva.

   La implementación de una función de gestión de crisis bien diseñada y operativa proporciona múltiples beneficios prácticos, tales como:

   - Coordinación eficiente: Facilita la colaboración entre las diferentes áreas de la entidad, asegurando que las respuestas sean rápidas y consistentes.
   - Reducción del impacto: Ayuda a minimizar los daños financieros, operativos y reputacionales asociados a incidentes graves.
   - Cumplimiento normativo: Demuestra a las autoridades competentes que la entidad cuenta con mecanismos robustos para gestionar crisis y mitigar riesgos tecnológicos.
   - Protección de la reputación: Refuerza la confianza de los clientes y socios al demostrar que la entidad está preparada para gestionar situaciones adversas.

6. Repercusiones del incumplimiento.

   El incumplimiento de esta disposición puede generar graves consecuencias para las entidades financieras, incluyendo:

   - Sanciones regulatorias: Las autoridades competentes pueden imponer multas u otras medidas coercitivas si la entidad no cuenta con una función de gestión de crisis adecuada.

- Interrupciones prolongadas: La falta de coordinación y comunicación durante una crisis puede aumentar la duración e impacto de los incidentes.
- Pérdida de confianza: Los clientes, socios y otras partes interesadas pueden perder confianza en la capacidad de la entidad para gestionar riesgos y garantizar la continuidad operativa.
- Impactos financieros: Las interrupciones mal gestionadas pueden resultar en pérdidas económicas significativas y costos adicionales asociados a la recuperación y la reparación del daño reputacional.

El artículo 11, apartado 7, del Reglamento Europeo 2022/2554 establece la importancia de contar con una función de gestión de crisis para las entidades financieras que no sean microempresas, como parte de sus esfuerzos por garantizar la resiliencia operativa digital. Esta función es clave para coordinar la respuesta a incidentes graves relacionados con las TIC, gestionando de manera efectiva las comunicaciones internas y externas y asegurando una respuesta organizada y transparente. Cumplir con esta disposición no solo refuerza la capacidad de la entidad para mitigar los impactos de las crisis, sino que también protege su reputación, fortalece la confianza de las partes interesadas y contribuye a la estabilidad del sistema financiero en su conjunto. La implementación de esta función debe basarse en procedimientos claros, personal capacitado y herramientas adecuadas, acompañados de pruebas periódicas para garantizar su eficacia.

Artículo 27. Requisitos aplicables a los probadores para la realización de pruebas de penetración basadas en amenazas

1. Para la realización de pruebas de penetración basadas en amenazas, las entidades financieras solo recurrirán a probadores que:

a) tengan el más alto grado de idoneidad y prestigio;

b) posean capacidades técnicas y organizativas y demuestren conocimientos especializados en inteligencia sobre amenazas, pruebas de penetración y pruebas de equipo rojo;

c) estén acreditados por un órgano de certificación de un Estado miembro o se adhieran a códigos de conducta o marcos éticos oficiales;

d) proporcionen una garantía independiente o un informe de auditoría que acrediten la buena gestión de los riesgos asociados con la realización de pruebas de penetración basadas en amenazas, incluidas la protección de-

bida de la información confidencial de la entidad financiera y medidas de reparación en caso de riesgos empresariales para ella;

e) ***estén debida y completamente cubiertos por los seguros pertinentes de responsabilidad civil profesional, también frente a los riesgos de falta intencionada y negligencia.***

El artículo 27, apartado 1, del Reglamento Europeo 2022/2554 establece requisitos estrictos para la selección de probadores externos encargados de realizar pruebas de penetración basadas en amenazas (Threat-Led Penetration Testing, o TLPT) en las entidades financieras. Estas pruebas, que suelen incluir simulaciones avanzadas de ciberataques mediante el uso de equipos rojos (red teaming), son un pilar clave del marco de resiliencia operativa digital, ya que permiten a las entidades identificar vulnerabilidades en sus sistemas tecnológicos y mejorar sus defensas frente a ciberamenazas reales. La norma busca garantizar que los probadores seleccionados sean altamente competentes, actúen con ética y responsabilidad y cumplan con estándares elevados de seguridad, minimizando cualquier riesgo derivado del proceso de prueba.

Este apartado refleja la preocupación del legislador por establecer un marco riguroso para la realización de estas pruebas, dada la naturaleza altamente sensible de las actividades que implican: acceso a sistemas críticos, manipulación de datos confidenciales y exposición a riesgos derivados de fallos de seguridad o comportamientos negligentes por parte de los probadores.

1. Requisito de idoneidad y prestigio (letra a).

   El artículo exige que los probadores externos a los que se recurra para la realización de estas pruebas tengan "el más alto grado de idoneidad y prestigio". Este requisito se traduce en la obligación de seleccionar empresas o profesionales que cuenten con un historial comprobado de excelencia en la realización de pruebas de penetración y que sean reconocidos por su integridad y profesionalismo.

   En la práctica, esto implica:

   - Evaluación previa de antecedentes: Las entidades financieras deben investigar y verificar el historial profesional de los probadores, incluyendo referencias de trabajos previos en el sector financiero u otros sectores con altos estándares de seguridad.

- Criterios de selección estrictos: Adoptar procedimientos claros y documentados para garantizar que la selección de los probadores se basa en criterios objetivos y comprobables.
- Contratos con empresas consolidadas: Preferir empresas reconocidas y con experiencia en pruebas de penetración en entidades de tamaño o complejidad similar.

Por ejemplo, una entidad bancaria que recurra a un proveedor externo deberá verificar que dicho proveedor ha trabajado con otras instituciones financieras, demostrando capacidad para gestionar proyectos complejos en entornos altamente regulados.

2. Capacidades técnicas, organizativas y conocimientos especializados (letra b).

   La norma requiere que los probadores seleccionados posean capacidades técnicas y organizativas avanzadas, así como conocimientos especializados en áreas clave, como inteligencia sobre amenazas, pruebas de penetración y pruebas de equipo rojo. Este requisito asegura que las pruebas sean realizadas por profesionales altamente cualificados, capaces de simular ciberataques sofisticados y adaptados a las amenazas reales que enfrenta la entidad.

   En la práctica, esto requiere:

   - Certificaciones técnicas: Exigir que los probadores cuenten con certificaciones reconocidas en ciberseguridad y pruebas de penetración, como Certified Ethical Hacker (CEH), Offensive Security Certified Professional (OSCP) o CREST Threat Intelligence Analyst.
   - Experiencia práctica: Verificar que los probadores tengan experiencia previa en la realización de pruebas de equipo rojo, incluyendo la capacidad para emular tácticas, técnicas y procedimientos (TTP) de actores malintencionados.
   - Capacidades organizativas: Garantizar que los probadores cuenten con un equipo multidisciplinario y procesos internos que permitan una planificación, ejecución y reporte estructurados de las pruebas.

Por ejemplo, una entidad financiera puede incluir en sus requisitos de selección la presentación de casos de estudio o ejemplos de pruebas previas realizadas por el probador, demostrando su capacidad técnica y organizativa.

3. Acreditación por órganos de certificación o adhesión a códigos éticos (letra c).

   El artículo establece que los probadores deben estar acreditados por un órgano de certificación de un Estado miembro de la Unión Europea o adherirse a códigos de conducta o marcos éticos oficiales. Esto garantiza que los probadores operen bajo estándares reconocidos de calidad, seguridad y ética profesional.

   En la práctica, esto implica:

   - Acreditaciones formales: Verificar que los probadores estén certificados por organismos como CREST, CHECK o equivalentes nacionales en los Estados miembros.
   - Códigos de conducta: Exigir que los probadores cumplan con códigos éticos establecidos en la industria de ciberseguridad, asegurando que actúen con profesionalismo y responsabilidad.
   - Cumplimiento normativo: Confirmar que los probadores cumplen con las normativas locales y europeas aplicables, como el RGPD en el manejo de datos personales.

Por ejemplo, un probador acreditado por CREST demuestra que ha sido evaluado rigurosamente en términos de competencias técnicas, prácticas éticas y seguridad en el manejo de datos confidenciales.

4. Garantía independiente o informe de auditoría (letra d).

   El Reglamento exige que los probadores proporcionen una garantía independiente o un informe de auditoría que demuestre su capacidad para gestionar los riesgos asociados con las pruebas de penetración basadas en amenazas. Esto incluye la protección de la información confidencial de la entidad financiera y la capacidad de implementar medidas de reparación en caso de que las pruebas causen daños empresariales.

   En la práctica, esto incluye:

   - Demostración de controles internos: Solicitar al probador evidencias de que cuenta con procesos sólidos para proteger la confidencialidad y la integridad de la información de la entidad durante las pruebas.
   - Gestión de riesgos: Verificar que los probadores tienen planes claros para mitigar riesgos, incluyendo la recuperación ante po-

sibles interrupciones o impactos negativos en los sistemas probados.

- Informes detallados: Exigir un informe post-prueba que detalle los hallazgos, las vulnerabilidades detectadas y las recomendaciones, garantizando que la información se maneje de manera segura y precisa.

Por ejemplo, un informe de auditoría independiente podría incluir una evaluación de los controles implementados por el probador para evitar la filtración de datos sensibles durante las pruebas.

5. Cobertura de seguros de responsabilidad civil profesional (letra e).

   El artículo también exige que los probadores estén cubiertos por seguros de responsabilidad civil profesional, incluyendo cobertura frente a riesgos de falta intencionada y negligencia. Este requisito busca proteger a las entidades financieras frente a posibles daños derivados de la actuación del probador.

   En la práctica, esto implica:

- Verificación de pólizas de seguro: Solicitar al probador documentación que demuestre que cuenta con un seguro de responsabilidad civil profesional adecuado, incluyendo cobertura específica para actividades relacionadas con pruebas de penetración.
- Evaluación de cobertura: Asegurarse de que el seguro cubra posibles daños financieros, legales o reputacionales derivados de errores, negligencias o acciones intencionadas durante las pruebas.
- Cláusulas contractuales: Incluir en los contratos disposiciones que requieran al probador mantener la cobertura de seguro durante toda la duración del proyecto.

Por ejemplo, un probador podría estar asegurado por un monto suficiente para cubrir los costos asociados a la reparación de sistemas críticos en caso de una interrupción causada durante la prueba.

Beneficios de los requisitos establecidos en el artículo 27.

El cumplimiento de estos requisitos garantiza que las pruebas de penetración basadas en amenazas sean realizadas de manera profesional, segura y ética, aportando beneficios como:

- Identificación de vulnerabilidades: Detectar debilidades en los sistemas TIC antes de que sean explotadas por actores malintencionados.
- Fortalecimiento de la resiliencia: Mejorar las defensas de la entidad frente a ciberataques reales.
- Protección de datos confidenciales: Minimizar los riesgos de filtración o mal uso de la información durante las pruebas.
- Cumplimiento normativo: Demostrar a las autoridades regulatorias que la entidad está adoptando medidas avanzadas para gestionar riesgos tecnológicos.

El incumplimiento de estas disposiciones puede tener graves consecuencias, tales como:

- Sanciones regulatorias: Las autoridades competentes pueden imponer multas por no seleccionar probadores que cumplan con los requisitos establecidos.
- Riesgos de seguridad: La elección de probadores inadecuados puede dar lugar a filtraciones de datos sensibles o fallos en los sistemas probados.
- Impactos reputacionales: Las interrupciones o errores durante las pruebas pueden afectar la confianza de los clientes y socios comerciales.
- Responsabilidad legal: Las entidades pueden enfrentar litigios por daños causados a terceros o por incumplimientos normativos derivados de pruebas mal gestionadas.

El artículo 27, apartado 1, del Reglamento Europeo 2022/2554 establece un marco riguroso para la selección de probadores externos en pruebas de penetración basadas en amenazas, garantizando que estas actividades se realicen de manera segura, ética y profesional. Cumplir con estos requisitos protege la resiliencia operativa de las entidades financieras, asegurando que las vulnerabilidades sean identificadas y gestionadas de manera efectiva, sin comprometer la confidencialidad o la seguridad de los sistemas probados. La correcta implementación de esta norma no solo fortalece las capacidades de defensa de las entidades frente a ciberamenazas, sino que también refuerza la confianza en la industria financiera y su capacidad para operar en un entorno digital seguro.

2. En caso de recurrir a probadores internos, las entidades financieras garantizarán que se cumplan, además de todos los requisitos establecidos en el apartado 1, todas las condiciones siguientes:

a) el recurso a los probadores ha sido autorizado por la autoridad competente correspondiente o por la autoridad pública única designada de conformidad con el artículo 26, apartados 9 y 10;

b) la autoridad competente correspondiente ha verificado que la entidad financiera dispone de recursos específicos suficientes y ha garantizado que se eviten los conflictos de intereses durante todas las fases de constitución y ejecución de las pruebas, y

c). el proveedor de inteligencia sobre amenazas es externo con respecto a la entidad financiera.

El artículo 27, apartado 2, del Reglamento Europeo 2022/2554 regula las condiciones bajo las cuales las entidades financieras pueden recurrir a probadores internos para la realización de pruebas de penetración basadas en amenazas. Aunque esta opción puede ser preferida por algunas entidades para mantener el control interno sobre los procesos, el Reglamento establece requisitos adicionales estrictos para garantizar que dichas pruebas se realicen con la misma calidad, seguridad y objetividad que aquellas realizadas por probadores externos. Además, se imponen salvaguardias específicas para evitar conflictos de intereses y asegurar la independencia de ciertos componentes críticos, como el uso de proveedores externos de inteligencia sobre amenazas.

Esta disposición busca equilibrar la flexibilidad operativa de las entidades financieras con la necesidad de garantizar la eficacia y seguridad de las pruebas, particularmente dado el acceso que estas implican a los sistemas más sensibles de la entidad. Las condiciones adicionales impuestas reflejan la complejidad y los riesgos asociados a confiar estas tareas a recursos internos, destacando la importancia de supervisión y control por parte de las autoridades competentes.

1. Cumplimiento de los requisitos generales del apartado 1.

   Las entidades financieras que opten por utilizar probadores internos deben asegurarse de que estos cumplan con todos los requisitos establecidos en el apartado 1 del artículo 27. Esto incluye que los probadores sean altamente idóneos y prestigiosos, posean capacidades técnicas avanzadas, estén acreditados por órganos de certificación, proporcionen garantías independientes y cuenten con cobertura de seguros de responsabilidad civil profesional.

En la práctica, esto significa:

- Capacitación y certificación: Asegurar que el personal interno encargado de las pruebas posea certificaciones avanzadas en pruebas de penetración, como Offensive Security Certified Professional (OSCP) o Certified Ethical Hacker (CEH).
- Acreditación formal: Demostrar que los probadores internos cumplen con los estándares exigidos por los órganos de certificación de ciberseguridad reconocidos.
- Gestión de riesgos: Implementar controles internos para garantizar que las pruebas no comprometan la seguridad de los sistemas ni la confidencialidad de los datos.

Por ejemplo, una entidad financiera que utilice un equipo interno para pruebas de penetración debe proporcionar formación continua y garantizar que sus probadores internos mantengan un nivel técnico equivalente al de los probadores externos certificados.

2. Autorización de la autoridad competente (letra a).

   El recurso a probadores internos debe ser previamente autorizado por la autoridad competente correspondiente o, en su defecto, por la autoridad pública única designada según los artículos 26.9 y 26.10. Este requisito asegura que la decisión de utilizar probadores internos sea revisada y aprobada por un organismo externo que evalúe los riesgos y garantías asociados a esta elección.

   En la práctica, esto implica:

   - Presentación de documentación: La entidad financiera debe presentar un expediente completo a la autoridad competente, detallando la idoneidad de los probadores internos, sus certificaciones, su experiencia previa y las medidas de control establecidas.
   - Justificación de la elección: Explicar por qué se opta por utilizar recursos internos en lugar de recurrir a probadores externos, señalando beneficios específicos y cómo se garantiza la calidad de las pruebas.
   - Aprobación formal: No se podrá proceder con las pruebas internas hasta que se reciba la autorización formal de la autoridad competente.

Por ejemplo, un banco que planea realizar pruebas de penetración internas podría argumentar que su equipo interno tiene un conocimiento más profundo de los sistemas específicos de la entidad, pero deberá demostrar que cuenta con controles suficientes para garantizar la independencia y la eficacia de las pruebas.

3. Verificación por parte de la autoridad competente de recursos y conflictos de interés (letra b).

   La autoridad competente debe verificar que la entidad financiera dispone de recursos específicos suficientes para realizar las pruebas y que se han establecido mecanismos adecuados para evitar conflictos de interés en todas las fases de la planificación, ejecución y revisión de las pruebas. Esto asegura que los probadores internos puedan realizar su trabajo de manera objetiva y sin interferencias.

   En la práctica, esto incluye:

   - Evaluación de recursos internos: Demostrar que la entidad cuenta con personal capacitado, herramientas tecnológicas avanzadas y procedimientos claros para realizar las pruebas.
   - Separación de funciones: Garantizar que los probadores internos no tengan conflictos de interés relacionados con los sistemas o procesos que están probando. Por ejemplo, los probadores no deben formar parte de los equipos responsables de diseñar o gestionar los sistemas que están siendo evaluados.
   - Supervisión interna: Establecer un marco de control interno que supervise las actividades de los probadores y garantice la independencia de sus acciones.

Por ejemplo, en una entidad que utilice probadores internos, el equipo de pruebas debe depender de una función organizativa independiente, como el departamento de auditoría interna, para evitar conflictos con las áreas responsables de la gestión de los sistemas TIC.

4. Uso de un proveedor externo de inteligencia sobre amenazas (letra c).

   El Reglamento establece que, incluso cuando se recurra a probadores internos, la inteligencia sobre amenazas utilizada para diseñar y realizar las pruebas debe ser proporcionada por un proveedor externo. Este requisito garantiza la objetividad e independencia en la selección de escenarios de prueba y refuerza la calidad de la simulación de ciberataques.

En la práctica, esto implica:

- Contratación de proveedores especializados: Recurrir a empresas externas reconocidas en inteligencia sobre amenazas, que puedan proporcionar análisis actualizados sobre tácticas, técnicas y procedimientos (TTP) utilizados por actores malintencionados reales.
- Integración de información externa: Incorporar la inteligencia proporcionada por el proveedor externo en los planes de prueba, asegurando que los escenarios sean relevantes y alineados con las amenazas actuales.
- Verificación de la independencia: Asegurar que el proveedor externo no tenga vínculos comerciales o jerárquicos con los probadores internos, para evitar posibles sesgos.

Por ejemplo, una entidad financiera podría contratar a un proveedor de inteligencia sobre amenazas para identificar los riesgos específicos asociados a su sector o región, utilizando esa información para diseñar pruebas que simulen ataques dirigidos reales.

5. Beneficios del uso de probadores internos con garantías adicionales.

   Permitir a las entidades financieras utilizar probadores internos bajo las condiciones establecidas en este artículo ofrece ciertos beneficios prácticos, tales como:

   - Mayor conocimiento interno: Los probadores internos pueden tener un entendimiento más profundo de los sistemas, procesos y vulnerabilidades específicas de la entidad.
   - Reducción de costos: Puede ser más económico recurrir a personal interno, evitando los costos asociados a la contratación de proveedores externos.
   - Flexibilidad operativa: Permite a las entidades realizar pruebas más frecuentes y adaptadas a sus necesidades específicas.

Sin embargo, estos beneficios solo pueden materializarse si se cumplen estrictamente los requisitos del Reglamento, garantizando la independencia, la calidad y la objetividad de las pruebas.

6. Repercusiones del incumplimiento.

   El incumplimiento de las disposiciones de este artículo puede generar graves consecuencias, como:

- Sanciones regulatorias: Las autoridades competentes pueden imponer multas u otras medidas coercitivas si se utilizan probadores internos sin autorización o sin cumplir con los requisitos establecidos.
- Riesgos de seguridad: Las pruebas mal gestionadas pueden generar falsas conclusiones sobre la resiliencia de los sistemas, dejando a la entidad vulnerable a ataques reales.
- Pérdida de confianza: Los clientes, socios y reguladores pueden cuestionar la capacidad de la entidad para gestionar sus riesgos tecnológicos si no se garantizan altos estándares en las pruebas.
- Conflictos de interés: La falta de independencia en las pruebas puede comprometer su credibilidad y utilidad para mejorar la seguridad de la entidad.

El artículo 27, apartado 2, del Reglamento Europeo 2022/2554 establece un marco claro y exigente para el uso de probadores internos en pruebas de penetración basadas en amenazas, imponiendo salvaguardias específicas para garantizar la calidad, independencia y seguridad de estas actividades. Cumplir con estas disposiciones requiere una planificación cuidadosa, una supervisión adecuada por parte de las autoridades competentes y el uso de inteligencia sobre amenazas proporcionada por terceros. Si bien el uso de probadores internos puede ofrecer ventajas prácticas, las entidades financieras deben garantizar que estos cumplen con los mismos estándares que los probadores externos, protegiendo así la resiliencia operativa y la confianza en sus sistemas.

3. Las entidades financieras se asegurarán de que los contratos con probadores externos exijan una buena gestión de los resultados de las pruebas de penetración basadas en amenazas y de que ningún tratamiento de datos del que sean objeto, incluido cualquier proceso de generación, almacenamiento, agregación, redacción, notificación, comunicación o destrucción cree riesgos para la entidad financiera.

El artículo 27, apartado 3, del Reglamento Europeo 2022/2554 impone a las entidades financieras la obligación de garantizar que los contratos celebrados con probadores externos para la realización de pruebas de penetración basadas en amenazas incluyan disposiciones claras y estrictas que aseguren la correcta gestión de los resultados obtenidos durante dichas pruebas. Además, exige que cualquier tratamiento de datos derivado de estas actividades, como su generación, almacenamiento, agregación, redacción, notificación, comunicación o destrucción, no genere riesgos adicionales para la entidad financiera. Este apartado refleja la sensibilidad y el valor crítico de la información manejada en las pruebas, ya que estas involucran el acceso a sistemas tecnológicos, activos de información y datos confidenciales que, de ser mal gestionados, podrían exponer a la entidad a riesgos operativos, regulatorios, legales o reputacionales.

La correcta gestión contractual y técnica de los resultados de las pruebas no solo protege a las entidades financieras frente a potenciales fugas de información, uso indebido o malintencionado, sino que también asegura la alineación de los servicios prestados por los probadores externos con las exigencias de seguridad, confidencialidad y cumplimiento normativo propias del sector financiero.

Aspectos clave del artículo 27, apartado 3, y sus implicaciones prácticas

1. Inclusión de cláusulas específicas en los contratos con probadores externos.

   El artículo exige que los contratos con probadores externos incluyan disposiciones específicas que aseguren la gestión adecuada de los resultados de las pruebas de penetración basadas en amenazas. Esto implica que las entidades financieras deben prestar especial atención al diseño y redacción de los contratos para cubrir todos los aspectos relacionados con la seguridad y el manejo de los datos sensibles.

   En la práctica, esto implica:

   - Definición clara de responsabilidades: Establecer en los contratos las responsabilidades de los probadores externos respecto a la generación, almacenamiento, transmisión y destrucción de los resultados de las pruebas.
   - Políticas de confidencialidad: Incorporar cláusulas que prohíban la divulgación de información obtenida durante las pruebas sin el consentimiento previo de la entidad financiera.
   - Protección de la información: Establecer medidas técnicas y organizativas para proteger los resultados de accesos no autorizados, incluyendo el cifrado de datos y controles de acceso.

Por ejemplo, un contrato podría especificar que los resultados de las pruebas deben ser almacenados en servidores seguros y cifrados, y que solo personal autorizado de la entidad y del probador externo podrá acceder a ellos.

2. Gestión de los resultados de las pruebas.

El Reglamento exige una "buena gestión" de los resultados de las pruebas, lo que incluye su tratamiento en todas las fases: generación, almacenamiento, agregación, redacción, notificación, comunicación y destrucción. Esto asegura que los resultados sean manejados de forma segura y que no se conviertan en una fuente de vulnerabilidades para la entidad.

En la práctica, esto incluye:

- Generación de resultados: Garantizar que los informes y datos generados durante las pruebas sean precisos, completos y claramente identificables para evitar errores o interpretaciones erróneas.
- Almacenamiento seguro: Establecer políticas claras sobre dónde y cómo se almacenarán los resultados, asegurando que los sistemas utilizados cumplan con estándares de seguridad como ISO/IEC 27001.
- Destrucción de datos: Incluir procedimientos específicos para la eliminación segura de los resultados una vez que hayan cumplido su propósito, evitando que puedan ser recuperados o utilizados indebidamente.

Por ejemplo, una entidad financiera podría exigir que los resultados de las pruebas sean eliminados de forma irrecuperable tras un período definido (por ejemplo, 12 meses), siguiendo métodos como el borrado seguro conforme a estándares internacionales.

3. Prevención de riesgos derivados del tratamiento de datos.

   El artículo destaca la importancia de que ninguna etapa del tratamiento de los datos genere riesgos adicionales para la entidad financiera. Esto incluye evitar fugas de información, accesos no autorizados, alteraciones en los datos o cualquier otro tipo de vulnerabilidad que pueda ser explotada por terceros malintencionados.

   En la práctica, esto requiere:

   - Cifrado de datos sensibles: Asegurar que todos los datos sensibles, incluidos los resultados de las pruebas, estén cifrados tanto en tránsito como en reposo.
   - Gestión de accesos: Implementar controles estrictos de acceso para garantizar que solo las personas autorizadas puedan acceder a los resultados.

- Pruebas de seguridad en el tratamiento de datos: Exigir que los probadores externos sometan sus sistemas y procesos a auditorías de seguridad regulares para garantizar su capacidad para proteger los datos de la entidad.

Por ejemplo, un probador externo que almacene resultados en la nube deberá demostrar que utiliza servicios de almacenamiento cifrado, autenticación multifactor y monitoreo continuo de accesos.

4. Mitigación de riesgos a través de medidas contractuales y técnicas.

   Las disposiciones contractuales deben complementarse con medidas técnicas y organizativas específicas que permitan a la entidad financiera supervisar y auditar la gestión de los resultados por parte de los probadores externos. Esto refuerza la capacidad de la entidad para garantizar el cumplimiento de las obligaciones y detectar posibles desviaciones.

   En la práctica, esto incluye:

- Derecho de auditoría: Incluir en los contratos cláusulas que otorguen a la entidad financiera el derecho de auditar los sistemas y procesos del probador externo relacionados con la gestión de los resultados.
- Reportes periódicos: Exigir al probador externo que proporcione informes periódicos sobre cómo se están gestionando los resultados y qué medidas de seguridad están implementando.
- Planes de contingencia: Establecer en el contrato planes de respuesta específicos para incidentes relacionados con el tratamiento de los datos, como fugas de información o accesos no autorizados.

Por ejemplo, un contrato podría incluir una cláusula que requiera al probador externo notificar a la entidad financiera cualquier incidente de seguridad relacionado con los resultados de las pruebas en un plazo de 24 horas, junto con un plan detallado de remediación.

5. Relevancia del cumplimiento normativo.

   El cumplimiento de este apartado del Reglamento tiene implicaciones significativas para la conformidad de las entidades financieras con otras normativas relevantes, como el Reglamento General de Protección de Datos. Los resultados de las pruebas de penetración pueden incluir datos personales o sensibles que, de no gestionarse adecuadamente, podrían dar lugar a incumplimientos legales.

En la práctica, esto requiere:

- Evaluaciones de impacto sobre la protección de datos (DPIA): Realizar evaluaciones para identificar y mitigar los riesgos asociados al tratamiento de datos durante las pruebas.
- Protección de datos personales: Garantizar que cualquier dato personal manejado durante las pruebas sea tratado conforme a los principios del RGPD, incluyendo la minimización y el propósito limitado.
- Notificación de brechas: Asegurar que los probadores externos cumplan con las obligaciones de notificación en caso de brechas de datos.

Por ejemplo, si un probador externo accede a información personal de empleados o clientes durante una prueba, la entidad financiera debe asegurarse de que dicha información sea tratada de acuerdo con el RGPD y que no se conserve más allá del tiempo necesario.

6. Beneficios de una gestión adecuada de los resultados.

   Garantizar la correcta gestión de los resultados de las pruebas de penetración aporta múltiples beneficios, tales como:

   - Reducción de riesgos: Minimiza la posibilidad de fugas de información, accesos no autorizados o alteraciones en los resultados.
   - Cumplimiento normativo: Demuestra a las autoridades competentes que la entidad cumple con los requisitos del Reglamento y otras normativas aplicables.
   - Protección de la reputación: Evita incidentes que puedan dañar la confianza de los clientes y socios comerciales.
   - Optimización de recursos: Asegura que los resultados sean útiles para mejorar la resiliencia operativa sin generar riesgos adicionales.

7. Repercusiones del incumplimiento.

   El incumplimiento de este apartado puede generar consecuencias graves, como:

- Sanciones regulatorias: Las autoridades competentes pueden imponer multas significativas si los contratos no incluyen las disposiciones requeridas o si los resultados no son gestionados adecuadamente.
- Riesgos de seguridad: La filtración o mal manejo de los resultados puede exponer vulnerabilidades críticas a actores malintencionados.
- Impactos reputacionales: La mala gestión de los resultados puede dañar la confianza de los clientes y socios, afectando la imagen de la entidad.
- Responsabilidad legal: Las entidades pueden enfrentar litigios si la gestión inadecuada de los resultados causa daños a terceros.

El artículo 27, apartado 3, del Reglamento Europeo 2022/2554 establece un marco claro para la gestión adecuada de los resultados de las pruebas de penetración basadas en amenazas, destacando la importancia de incluir cláusulas específicas en los contratos con probadores externos y de adoptar medidas técnicas y organizativas para proteger la información generada. Cumplir con estas disposiciones no solo fortalece la resiliencia operativa de las entidades financieras, sino que también asegura su conformidad con las normativas de seguridad y protección de datos, reduciendo riesgos y fortaleciendo la confianza de las partes interesadas. Las entidades financieras deben implementar controles sólidos y adoptar un enfoque preventivo para garantizar que el tratamiento de los resultados no genere riesgos adicionales.

CAPÍTULO V

Gestión del riesgo relacionado con las TIC derivado de terceros

Sección I

Principios fundamentales de una buena gestión del riesgo relacionado con las TIC derivado de terceros

Artículo 28. Principios generales

1. Las entidades financieras gestionarán el riesgo relacionado con las TIC derivado de terceros como un elemento integrante del riesgo relacionado con las TIC

dentro de su marco de gestión del riesgo relacionado con las TIC a que se refiere el artículo 6, apartado 1, y de conformidad con los principios siguientes:

a) ***las entidades financieras que tengan acuerdos contractuales en vigor para utilizar servicios de TIC en el funcionamiento de sus operaciones comerciales serán, en todo momento, plenamente responsables del cumplimiento y observancia de todas las obligaciones con arreglo al presente Reglamento y al Derecho aplicable en materia de servicios financieros;***

b). ***las entidades financieras gestionarán el riesgo relacionado con las TIC derivado de terceros con arreglo al principio de proporcionalidad, teniendo en cuenta:***

i) ***la naturaleza, la escala, la complejidad y la importancia de las dependencias con respecto a las TIC,***

ii) ***los riesgos derivados de los acuerdos contractuales sobre el uso de servicios de TIC celebrados con proveedores terceros de servicios de TIC, teniendo en cuenta el carácter esencial o la importancia del servicio, el proceso o la función de que se trate, y la repercusión potencial en la continuidad y la disponibilidad de las actividades y los servicios financieros, a escala particular y de grupo.***

El Artículo 28 recoge los principios generales y establece un marco normativo clave para la gestión del riesgo relacionado con las Tecnologías de la Información y la Comunicación (TIC) en el ámbito de las entidades financieras. Esta norma es especialmente relevante en un contexto en el que las entidades financieras dependen cada vez más de sistemas tecnológicos y de servicios prestados por terceros, lo que amplifica los riesgos asociados al uso de las TIC y hace esencial una gestión proactiva y efectiva de dichos riesgos.

El primer punto del artículo subraya que las entidades financieras deben considerar el riesgo relacionado con las TIC derivado de terceros como una parte integrante del riesgo general de las TIC en sus marcos de gestión del riesgo. Esto implica que no se debe tratar de manera aislada, sino como un componente esencial dentro de un enfoque global y holístico de gestión de riesgos, conforme a lo establecido en el artículo 6, apartado 1, del mismo reglamento. Esta integración es fundamental para garantizar que todos los aspectos relacionados con las TIC, incluidos aquellos derivados de relaciones contractuales con terceros, sean evaluados y gestionados de manera coherente y efectiva.

El artículo establece dos principios fundamentales. El primero, recogido en el apartado a), establece que las entidades financieras son plenamente responsables del cumplimiento de todas las obligaciones normativas y contractuales, incluso cuando recurren a terceros para la prestación de servicios TIC. Esto significa que la externalización de servicios no exime a las entidades de sus responsabilidades legales. Este principio tiene un impacto directo en la relación entre las entidades financieras y sus proveedores de servicios TIC, ya que refuerza la obligación de supervisar y controlar adecuadamente los riesgos asociados a estos contratos. Las entidades deben asegurarse de que los terceros cumplan con las normativas aplicables en materia de servicios financieros, ya que, en última instancia, son las entidades las responsables ante los reguladores. Este principio enfatiza la importancia de establecer acuerdos contractuales claros y detallados, que incluyan cláusulas específicas relacionadas con la gestión de riesgos TIC, la supervisión continua y las responsabilidades de los proveedores.

El segundo principio, recogido en el apartado b), se basa en el principio de proporcionalidad, que debe guiar la gestión del riesgo TIC derivado de terceros. Este principio implica que las medidas adoptadas por las entidades financieras para gestionar este tipo de riesgos deben ser proporcionales a ciertos factores clave, que el artículo detalla en dos subapartados. En el subapartado i), se establece que la proporcionalidad debe considerar la naturaleza, la escala, la complejidad y la importancia de las dependencias tecnológicas de la entidad. Esto significa que no todas las entidades financieras enfrentarán los mismos riesgos TIC, ni tendrán las mismas necesidades en términos de gestión de estos riesgos. Por ejemplo, una entidad de menor tamaño con una infraestructura tecnológica menos compleja tendrá un enfoque de gestión de riesgos diferente al de un gran banco que opera a nivel internacional y depende de múltiples proveedores de servicios TIC críticos.

El subapartado ii) destaca la importancia de evaluar los riesgos asociados a los acuerdos contractuales con terceros, teniendo en cuenta el carácter esencial o crítico de los servicios proporcionados por estos terceros. Este aspecto es crucial porque no todos los servicios TIC tienen la misma relevancia o impacto en las operaciones de una entidad financiera. Por ejemplo, un proveedor que gestiona sistemas de procesamiento de pagos o plataformas de negociación tendrá un impacto potencial mucho mayor en la continuidad y disponibilidad de los servicios financieros que un proveedor de soporte técnico general. Por ello, la gestión del riesgo debe priorizar los acuerdos que impliquen servicios esenciales o críticos, garantizando que estos cuenten con controles robustos, planes de contingencia y medidas adecuadas para garantizar la continuidad operativa.

Desde una perspectiva práctica, este artículo tiene varias repercusiones importantes. En primer lugar, obliga a las entidades financieras a desarrollar marcos de gestión de riesgos TIC integrales, que no solo aborden los riesgos internos relacionados con la infraestructura tecnológica de la entidad, sino que también incluyan un análisis exhaustivo de los riesgos asociados a la dependencia de terceros. Este enfoque requiere que las entidades realicen evaluaciones continuas de los riesgos, revisen periódicamente los acuerdos contractuales y supervisen activamente el desempeño de los proveedores de servicios TIC. Además, las entidades deberán garantizar que cuentan con personal capacitado para evaluar y gestionar estos riesgos, así como con sistemas de monitoreo y auditoría que permitan identificar y mitigar posibles vulnerabilidades.

En segundo lugar, este artículo refuerza la necesidad de establecer acuerdos contractuales sólidos con los proveedores de servicios TIC. Estos acuerdos deben incluir disposiciones específicas sobre la gestión del riesgo, como cláusulas de confidencialidad, requisitos de cumplimiento normativo, protocolos para la notificación de incidentes de seguridad y responsabilidades en caso de interrupciones del servicio. Asimismo, es fundamental que las entidades incluyan en estos contratos mecanismos de supervisión y control, como auditorías periódicas o la obligación de proporcionar informes sobre el desempeño y la seguridad de los servicios.

Otro aspecto relevante es la necesidad de adoptar un enfoque basado en el principio de proporcionalidad, lo que implica que las entidades deben priorizar los recursos y esfuerzos en función de la criticidad de los servicios TIC y del impacto potencial de los riesgos. Esto tiene especial importancia en un entorno en el que los recursos son limitados y las entidades deben optimizar su capacidad de gestión. Por ejemplo, las entidades financieras deben centrarse en los proveedores que gestionan servicios críticos, como sistemas de pagos, plataformas de negociación o servicios de almacenamiento en la nube, ya que cualquier interrupción o fallo en estos servicios podría tener consecuencias graves para la continuidad del negocio y la estabilidad del sistema financiero.

Por último, este artículo tiene implicaciones regulatorias significativas. Al establecer que las entidades financieras son plenamente responsables del cumplimiento normativo incluso cuando recurren a terceros, refuerza la importancia de la supervisión regulatoria sobre la externalización de servicios TIC. Los reguladores podrán exigir a las entidades que demuestren que han implementado medidas adecuadas para gestionar estos riesgos, lo que podría incluir la presentación de informes de auditoría, la realización de inspecciones y la evaluación de los acuerdos contractuales con terceros. Esto también implica que las entidades deberán estar preparadas para responder de manera proactiva a cualquier incidente relacionado con los servicios TIC, ya que serán responsables de garantizar la continuidad operativa y la seguridad de los servicios financieros.

En conclusión, el artículo 28 establece un marco robusto y detallado para la gestión del riesgo relacionado con las TIC derivado de terceros en el ámbito de las entidades financieras. Este marco se basa en principios como la responsabilidad total de las entidades, la integración de los riesgos TIC en el marco global de gestión de riesgos y la aplicación del principio de proporcionalidad. Las repercusiones prácticas de este artículo incluyen la necesidad de desarrollar marcos integrales de gestión de riesgos, establecer acuerdos contractuales sólidos, priorizar los riesgos críticos y garantizar el cumplimiento normativo en todas las relaciones con terceros. En un entorno financiero cada vez más dependiente de las tecnologías, este artículo refuerza la importancia de gestionar eficazmente los riesgos TIC para garantizar la estabilidad operativa y la confianza en el sistema financiero.

2. Como parte de su marco de gestión del riesgo relacionado con las TIC, las entidades financieras distintas de las entidades contempladas en el artículo 16, apartado 1, párrafo primero, y distintas de microempresas adoptarán una estrategia, que revisarán periódicamente, sobre el riesgo relacionado con las TIC derivado de terceros, teniendo en cuenta la estrategia de múltiples proveedores a que se refiere el artículo 6, apartado 9, cuando proceda. Esa estrategia relativa al riesgo relacionado con las TIC derivado de terceros incluirá una política sobre el uso de servicios de TIC que sustenten funciones esenciales o importantes prestados por proveedores terceros de servicios de TIC y se aplicará a título particular y, cuando proceda, de forma subconsolidada y consolidada. El órgano de dirección, a partir de una evaluación del perfil de riesgo general de la entidad financiera y la escala y la complejidad de los servicios empresariales, revisará periódicamente los riesgos detectados por lo que respecta a los acuerdos contractuales relativos al uso de servicios de TIC que sustenten funciones esenciales o importantes.

El apartado 2 de este artículo 28 establece un marco normativo robusto y específico para que las entidades financieras (exceptuando las microempresas y aquellas contempladas en el artículo 16, apartado 1, párrafo primero) gestionen de forma estratégica y proactiva los riesgos relacionados con las Tecnologías de la Información y la Comunicación (TIC) derivados de terceros. Este precepto subraya la importancia de que estas entidades no solo implementen controles, sino que adopten una estrategia formal y estructurada, revisada periódicamente, para abordar estos riesgos en consonancia con sus necesidades y complejidades específicas.

Uno de los elementos principales que introduce esta norma es la estrategia relativa al riesgo relacionado con las TIC derivado de terceros, que debe ser parte integral del marco general de gestión de riesgos relacionado con las TIC. La norma especifica que dicha estrategia debe incluir una política clara sobre el uso de servicios de TIC que sustenten funciones esenciales o importantes. Este enfoque reconoce que no todos los servicios de TIC tienen el mismo impacto operativo en las entidades financieras; por lo tanto, la gestión de riesgos debe priorizar aquellos servicios que son críticos para la continuidad del negocio y el cumplimiento de las obligaciones regulatorias. Esto incluye servicios como plataformas de pago, sistemas de negociación o almacenamiento de datos críticos en la nube.

El requisito de revisión periódica de esta estrategia pone de relieve la necesidad de que las entidades financieras mantengan un enfoque dinámico y adaptativo en la gestión de riesgos TIC. El entorno tecnológico y los riesgos asociados evolucionan constantemente debido a factores como avances tecnológicos, cambios regulatorios y la aparición de nuevas amenazas cibernéticas. Por lo tanto, una revisión regular permite a las entidades ajustar su estrategia para responder eficazmente a estos cambios, garantizando que sus controles y políticas sigan siendo pertinentes y eficaces.

Un aspecto clave es la necesidad de incorporar en la estrategia la perspectiva de múltiples proveedores cuando proceda, tal como se menciona en el artículo 6, apartado 9. Este enfoque fomenta la diversificación en la dependencia de proveedores terceros de servicios de TIC, evitando concentraciones excesivas que podrían aumentar el riesgo en caso de fallo o interrupción de un proveedor único. La estrategia de múltiples proveedores es particularmente relevante para funciones esenciales o importantes, ya que garantiza la resiliencia operativa al distribuir los riesgos entre diferentes proveedores y reducir la vulnerabilidad ante interrupciones críticas.

El artículo también establece que esta estrategia debe aplicarse no solo a nivel particular, sino también, cuando proceda, de forma subconsolidada y consolidada. Esto es especialmente relevante en grupos empresariales que operan a través de múltiples entidades jurídicas o filiales, ya que asegura una gestión coherente y coordinada de los riesgos TIC en todas las partes del grupo. Este enfoque holístico garantiza que las medidas adoptadas sean consistentes en todas las entidades y que los riesgos no queden desatendidos en niveles específicos de la organización.

Otro aspecto crucial que aborda la norma es la responsabilidad del órgano de dirección en la revisión periódica de los riesgos identificados en los acuerdos contractuales relacionados con los servicios TIC. Esta disposición refuerza el principio de gobernanza, asignando al órgano de dirección un papel clave en la supervisión de los riesgos TIC derivados de terceros. La revisión debe basarse en una evaluación del perfil de riesgo general de la entidad financiera, así como en la escala y complejidad de los servicios empresariales. Esto implica que el órgano de dirección no solo debe ser informado de los riesgos actuales, sino que también debe evaluar proactivamente cómo estos riesgos se alinean con la tolerancia al riesgo de la entidad y su capacidad para gestionar interrupciones o incidentes relacionados con las TIC.

El artículo tiene implicaciones prácticas significativas para las entidades financieras. En primer lugar, exige que estas desarrollen una estrategia formal documentada que no solo identifique los riesgos derivados de los servicios de TIC prestados por terceros, sino que también establezca políticas claras para su gestión. Esta estrategia debe incluir criterios específicos para evaluar la criticidad de los servicios TIC y los riesgos asociados a ellos, lo que implica un análisis detallado de las dependencias tecnológicas y de los proveedores.

En segundo lugar, la revisión periódica de la estrategia y los acuerdos contractuales con terceros refuerza la necesidad de implementar procesos de monitoreo continuo. Las entidades deben establecer mecanismos para supervisar activamente el desempeño de los proveedores de servicios TIC y garantizar que cumplan con los estándares de seguridad y calidad acordados. Esto incluye auditorías periódicas, evaluaciones de cumplimiento y la revisión de indicadores clave de rendimiento (KPI) relacionados con la continuidad del servicio y la protección de datos.

El principio de diversificación de proveedores mencionado en la norma también tiene implicaciones operativas. Las entidades financieras deben diseñar su infraestructura tecnológica y sus acuerdos contractuales de manera que eviten concentraciones excesivas de riesgo en un solo proveedor o conjunto limitado de proveedores. Esto puede implicar costos adicionales en términos de establecer relaciones con múltiples proveedores o implementar sistemas redundantes, pero contribuye significativamente a la resiliencia operativa.

Además, la norma subraya la importancia de evaluar los riesgos no solo desde una perspectiva técnica, sino también desde una perspectiva estratégica y empresarial. Por ejemplo, la interrupción de un servicio TIC esencial puede tener un impacto no solo en la continuidad operativa de la entidad, sino también en su reputación, en el cumplimiento normativo y en la confianza de los clientes. Por lo tanto, la estrategia de gestión de riesgos TIC debe ser integral y considerar estos aspectos multidimensionales.

Desde el punto de vista de gobernanza, la implicación del órgano de dirección en la revisión de los riesgos asociados a los acuerdos contractuales refuerza la responsabilidad de la alta dirección en la supervisión de los riesgos TIC. Esto implica que el órgano de dirección debe contar con información clara, precisa y oportuna sobre los riesgos identificados, así como con las capacidades necesarias para evaluar la eficacia de las medidas de mitigación adoptadas. Además, el órgano de dirección debe asegurarse de que la estrategia de riesgos TIC esté alineada con los objetivos generales de la entidad y con su marco de tolerancia al riesgo.

En términos regulatorios, la norma refuerza la obligación de las entidades financieras de cumplir con altos estándares de gestión de riesgos TIC, lo que es especialmente relevante en un entorno en el que los reguladores están aumentando su supervisión sobre la externalización de servicios tecnológicos. Las entidades deben estar preparadas para demostrar que han implementado estrategias adecuadas, que supervisan activamente a sus proveedores y que han tomado medidas para garantizar la continuidad operativa y la protección de los datos de los clientes.

En conclusión, esta norma establece un marco detallado y exigente para la gestión de los riesgos TIC derivados de terceros, exigiendo a las entidades financieras que adopten una estrategia formal y proactiva, revisada periódicamente, para abordar estos riesgos. Al integrar este enfoque en su marco general de gestión de riesgos, las entidades pueden garantizar una mayor resiliencia operativa, reducir su exposición a incidentes relacionados con las TIC y cumplir con las crecientes expectativas regulatorias. La norma también refuerza la importancia de la gobernanza y la supervisión por parte del órgano de dirección, asegurando que la alta dirección desempeñe un papel activo en la gestión de estos riesgos críticos.

3. Como parte de su marco de gestión del riesgo relacionado con las TIC, las entidades financieras mantendrán y actualizarán a nivel de la entidad, y a nivel subconsolidado y consolidado, un registro de información en relación con todos los acuerdos contractuales sobre el uso de servicios de TIC prestados por proveedores terceros de servicios de TIC.

Los acuerdos contractuales a que se refiere el párrafo primero se documentarán adecuadamente, distinguiendo entre los que comprendan servicios de TIC que sustentan funciones esenciales o importantes y los que no.

Las entidades financieras comunicarán al menos una vez al año a las autoridades competentes información sobre el número de nuevos acuerdos relativos al uso de servicios de TIC, las categorías de proveedores terceros de servicios de TIC, el tipo de acuerdos contractuales y los servicios y funciones prestados en materia de TIC.

Las entidades financieras pondrán a disposición de la autoridad competente que lo solicite el registro completo de información o, cuando así se solicite, secciones específicas de este, junto con toda información que se considere necesaria para permitir la supervisión efectiva de la entidad financiera.

Las entidades financieras informarán oportunamente a la autoridad competente cuando se propongan celebrar cualquier acuerdo contractual para el uso de servicios de TIC que sustenten funciones esenciales o importantes y cuando una función se haya convertido en esencial o importante.

El artículo 28.3 establece un conjunto de obligaciones específicas para las entidades financieras en relación con la gestión del riesgo derivado de los servicios de Tecnologías de la Información y la Comunicación (TIC) prestados por proveedores terceros. Este precepto tiene como objetivo reforzar la transparencia, la supervisión y la capacidad de respuesta de las autoridades competentes frente a los riesgos relacionados con los servicios de TIC que sustentan las operaciones financieras, especialmente aquellos considerados esenciales o importantes. El artículo establece requisitos detallados que deben cumplir las entidades financieras en términos de registro, documentación, supervisión y comunicación de acuerdos contractuales relacionados con estos servicios.

Una de las disposiciones fundamentales de este artículo es la obligación de las entidades financieras de mantener y actualizar un registro completo de todos los acuerdos contractuales relacionados con servicios de TIC prestados por terceros. Este registro debe mantenerse no solo a nivel de la entidad individual, sino también a nivel subconsolidado y consolidado, en el caso de grupos empresariales. Esto garantiza que las entidades financieras tengan una visión integral de sus dependencias tecnológicas y de los riesgos asociados en toda la estructura organizativa. Este enfoque holístico es esencial en un contexto en el que las operaciones financieras dependen cada vez más de múltiples sistemas tecnológicos interconectados y de una diversidad de proveedores externos.

El registro debe documentar adecuadamente cada acuerdo contractual, diferenciando entre los servicios de TIC que sustentan funciones esenciales o importantes y aquellos que no lo hacen. Esta distinción es crucial porque los servicios considerados esenciales o importantes tienen un impacto potencial mucho mayor en la continuidad operativa, la seguridad de la información y la estabilidad del sistema financiero en caso de interrupciones. Por ejemplo, los servicios esenciales pueden incluir sistemas de procesamiento de pagos, plataformas de negociación, gestión de datos críticos o servicios en la nube que soportan funciones clave. Al categorizar los acuerdos de esta manera, las entidades pueden priorizar la supervisión y la mitigación de riesgos en función de la criticidad de los servicios prestados.

La norma también establece la obligación de las entidades financieras de comunicar anualmente a las autoridades competentes información sobre los acuerdos contractuales relacionados con servicios de TIC. Esta información debe incluir, como mínimo, el número de nuevos acuerdos celebrados durante el período, las categorías de proveedores terceros de servicios de TIC, el tipo de acuerdos contractuales y los servicios y funciones prestados. Esta disposición permite a las autoridades supervisar de manera efectiva las dependencias tecnológicas de las entidades financieras y evaluar el nivel de riesgo asociado a estas dependencias. Además, al proporcionar información regular, se facilita la identificación de tendencias o patrones que puedan requerir una atención regulatoria adicional, como la concentración de proveedores en un área crítica o la dependencia excesiva de determinados servicios.

La norma refuerza la supervisión al exigir que las entidades financieras pongan a disposición de las autoridades competentes el registro completo de información o, cuando se solicite, secciones específicas del mismo. Esto incluye toda la información adicional que las autoridades consideren necesaria para llevar a cabo una supervisión efectiva. Este requisito subraya la importancia de que las entidades financieras mantengan un registro preciso, actualizado y accesible, que pueda ser auditado o revisado en cualquier momento por los reguladores. La capacidad de las autoridades para acceder a esta información de manera oportuna es fundamental para evaluar la resiliencia operativa de las entidades financieras y garantizar que cumplen con las normativas aplicables en materia de gestión de riesgos TIC.

Un aspecto particularmente significativo de este artículo es la obligación de informar oportunamente a las autoridades competentes cuando una entidad financiera se proponga celebrar un acuerdo contractual para el uso de servicios de TIC que sustenten funciones esenciales o importantes, o cuando una función previamente no esencial pase a considerarse esencial o importante. Este requisito tiene implicaciones prácticas importantes, ya que obliga a las entidades financieras a evaluar continuamente la criticidad de sus funciones y a notificar a las autoridades sobre cualquier cambio relevante en su perfil de riesgos. Por ejemplo, si un servicio de TIC inicialmente considerado no esencial pasa a ser esencial debido a cambios en las operaciones de la entidad o en el entorno regulatorio, la entidad debe informar de este cambio a las autoridades y tomar medidas para garantizar que los riesgos asociados sean gestionados adecuadamente.

Las repercusiones prácticas de este artículo son significativas. En primer lugar, la obligación de mantener y actualizar un registro completo de acuerdos contractuales exige que las entidades financieras implementen sistemas y procesos robustos para recopilar, organizar y actualizar la información relacionada con sus dependencias tecnológicas. Esto incluye no solo los términos contractuales, sino también datos relevantes sobre los proveedores, los servicios prestados y la criticidad de las funciones soportadas. La implementación de estos sistemas puede implicar inversiones en herramientas de gestión de contratos, sistemas de monitoreo de riesgos y capacitación del personal encargado de estas tareas.

En segundo lugar, la diferenciación entre servicios esenciales o importantes y servicios no esenciales requiere que las entidades realicen un análisis detallado de sus operaciones para identificar las funciones críticas y evaluar los riesgos asociados. Esto implica que las entidades deben contar con metodologías claras y criterios bien definidos para clasificar los servicios de TIC y priorizar los recursos en función de su impacto potencial en la continuidad operativa y la seguridad de la información. Este análisis también debe revisarse periódicamente para adaptarse a cambios en el entorno operativo o en las normativas aplicables.

La obligación de comunicar anualmente información sobre los acuerdos contractuales relacionados con servicios de TIC añade una capa adicional de supervisión regulatoria. Las entidades financieras deben establecer procesos internos para recopilar y consolidar esta información de manera sistemática, asegurando que los datos presentados a las autoridades sean precisos, completos y consistentes. Además, la obligación de notificar oportunamente los nuevos acuerdos relacionados con funciones esenciales o importantes implica que las entidades deben integrar estas notificaciones en sus procesos de aprobación y gestión de contratos, de modo que las autoridades sean informadas de manera inmediata sobre cualquier cambio relevante.

Desde la perspectiva de las autoridades competentes, este artículo refuerza su capacidad para supervisar de manera efectiva las dependencias tecnológicas de las entidades financieras y evaluar los riesgos asociados. La información proporcionada por las entidades permite a los reguladores identificar posibles concentraciones de riesgos, evaluar la idoneidad de los acuerdos contractuales y garantizar que las entidades están gestionando adecuadamente sus dependencias tecnológicas. Además, la capacidad de acceder al registro completo de información en cualquier momento permite a las autoridades llevar a cabo auditorías o inspecciones detalladas cuando sea necesario.

En términos regulatorios, este artículo también destaca la creciente importancia de la resiliencia operativa en el sector financiero. La dependencia de los servicios de TIC prestados por terceros plantea riesgos significativos, como interrupciones del servicio, fallos en la seguridad de la información o incumplimientos normativos por parte de los proveedores. Este artículo aborda estos riesgos al exigir que las entidades financieras adopten un enfoque proactivo y transparente para gestionar sus dependencias tecnológicas, garantizando que los servicios críticos sean supervisados y protegidos adecuadamente.

En conclusión, el artículo 28.3 establece un marco exhaustivo y detallado para la gestión de los riesgos relacionados con los servicios de TIC prestados por terceros. Al exigir que las entidades financieras mantengan un registro completo de acuerdos contractuales, informen regularmente a las autoridades competentes y notifiquen oportunamente sobre cambios relevantes, este artículo refuerza la transparencia, la supervisión y la capacidad de respuesta ante los riesgos tecnológicos. Las entidades financieras deben adoptar sistemas y procesos robustos para cumplir con estas obligaciones, garantizando que sus dependencias tecnológicas sean gestionadas de manera eficaz y que los servicios críticos estén protegidos frente a interrupciones y amenazas. Este marco contribuye no solo a la estabilidad operativa de las entidades financieras, sino también a la confianza en el sistema financiero en su conjunto.

4. Antes de celebrar un acuerdo contractual sobre el uso de servicios de TIC, las entidades financieras:

a). evaluarán si el acuerdo contractual se refiere al uso de servicios de TIC que sustenten una función esencial o importante;

b). evaluarán si se cumplen las condiciones de supervisión para la contratación;

c). determinarán y evaluarán todos los riesgos pertinentes en relación con el acuerdo contractual, incluida la posibilidad de que dicho acuerdo pueda contribuir a reforzar el riesgo de concentración de TIC a que se refiere el artículo 29;

d). llevarán a cabo todas las comprobaciones debidas con respecto a los posibles proveedores terceros de servicios de TIC y se asegurarán, a través de los procesos de selección y evaluación, de la idoneidad de dichos proveedores;

e). determinarán y evaluarán los conflictos de intereses que el acuerdo contractual pueda causar.

El artículo 28.4 del Reglamento 2022/2554 establece una serie de requisitos previos que las entidades financieras deben cumplir antes de celebrar cualquier acuerdo contractual relacionado con el uso de servicios de tecnologías de la información y la comunicación (TIC). Estos requisitos tienen como objetivo garantizar que las entidades financieras realicen un análisis exhaustivo y estructurado de los riesgos asociados a dichos acuerdos, minimizando las posibles vulnerabilidades operativas, regulatorias y de ciberseguridad. Al mismo tiempo, refuerza la capacidad de las entidades para gestionar de manera efectiva sus relaciones con proveedores terceros de servicios de TIC, lo que resulta crucial en un contexto donde la externalización tecnológica se ha convertido en una práctica común en el sector financiero.

El primer requisito exige a las entidades financieras evaluar si el acuerdo contractual se refiere al uso de servicios de TIC que sustenten una función esencial o importante. Este análisis es fundamental porque, en caso de que el servicio en cuestión sea crítico para la operación de la entidad, su interrupción o mal funcionamiento podría comprometer la prestación de servicios financieros esenciales, la estabilidad operativa de la entidad o incluso la estabilidad del sistema financiero en general. Según lo dispuesto en el Reglamento, una función se considera esencial o importante cuando su fallo puede generar un impacto significativo en la capacidad de la entidad para cumplir con sus obligaciones legales, operativas o contractuales. Por lo tanto, las entidades deben realizar una evaluación exhaustiva de cada acuerdo para determinar la criticidad del servicio y, en consecuencia, aplicar los controles y supervisión adecuados.

El segundo requisito establece que las entidades deben evaluar si se cumplen las condiciones de supervisión para la contratación. Esto implica verificar que el proveedor tercero cumpla con los requisitos legales y regulatorios aplicables, incluyendo los estándares de ciberseguridad, privacidad de datos y continuidad operativa. Las entidades financieras deben asegurarse de que, en el marco del acuerdo contractual, podrán ejercer un control adecuado sobre el proveedor y supervisar de manera efectiva su desempeño. Este control incluye garantizar el acceso a información relevante, la posibilidad de realizar auditorías y la capacidad de intervenir o rescindir el contrato si el proveedor incumple sus obligaciones o representa un riesgo inaceptable. En este contexto, la supervisión no solo es un mecanismo de cumplimiento, sino también una herramienta clave para mitigar riesgos que podrían comprometer la resiliencia operativa de la entidad.

El tercer requisito obliga a las entidades a determinar y evaluar todos los riesgos pertinentes en relación con el acuerdo contractual, con especial atención a la posibilidad de que dicho acuerdo contribuya al riesgo de concentración de TIC, tal como se define en el artículo 29 del Reglamento. El riesgo de concentración se produce cuando una entidad, o varias entidades del sector financiero, dependen en gran medida de un número limitado de proveedores terceros para servicios esenciales de TIC. Esta dependencia excesiva puede aumentar la exposición del sistema financiero a incidentes tecnológicos o cibernéticos, especialmente si el proveedor en cuestión sufre una interrupción importante. Por ejemplo, un proveedor global de servicios en la nube que gestione datos críticos de múltiples entidades financieras podría convertirse en un punto único de fallo si experimenta un ataque cibernético masivo o un fallo técnico significativo. Para mitigar este riesgo, las entidades deben evaluar cuidadosamente el impacto potencial de cada acuerdo contractual en su perfil general de concentración de riesgos y considerar estrategias como la diversificación de proveedores o el establecimiento de planes de contingencia.

El cuarto requisito exige a las entidades que lleven a cabo todas las comprobaciones debidas respecto a los posibles proveedores terceros de servicios de TIC. Esto implica realizar un proceso de diligencia debida que incluya la evaluación de la idoneidad y la capacidad del proveedor para cumplir con los estándares técnicos, de seguridad y de resiliencia exigidos. En este sentido, las entidades deben considerar factores como la experiencia del proveedor, su historial de desempeño, su capacidad para gestionar riesgos tecnológicos y cibernéticos, y su cumplimiento con las normativas aplicables, incluidas las relativas a la protección de datos personales y la ciberseguridad. Además, el proceso de selección debe incluir una evaluación de las infraestructuras del proveedor, sus capacidades para garantizar la continuidad del servicio en caso de incidentes y su capacidad de recuperación frente a fallos o ataques. Esta evaluación es especialmente importante cuando los proveedores están ubicados en terceros países, ya que pueden existir riesgos adicionales relacionados con jurisdicciones legales y normativas diferentes.

El quinto requisito establece que las entidades deben determinar y evaluar los conflictos de intereses que el acuerdo contractual pueda causar.

Este análisis tiene como objetivo identificar y gestionar cualquier circunstancia en la que los intereses del proveedor puedan entrar en conflicto con los de la entidad financiera o sus clientes. Por ejemplo, un conflicto de intereses podría surgir si el proveedor presta servicios simultáneamente a competidores directos de la entidad, comprometiendo la confidencialidad de la información o generando riesgos relacionados con la integridad de los datos. Otro posible conflicto podría surgir si el proveedor pertenece a un grupo empresarial con intereses en el sector financiero, lo que podría influir en la imparcialidad de sus servicios o en su capacidad para actuar en el mejor interés de la entidad contratante. Para mitigar estos riesgos, las entidades deben establecer cláusulas contractuales claras que definan las expectativas en términos de confidencialidad, independencia y resolución de conflictos.

Desde una perspectiva práctica, los requisitos establecidos en el artículo 28.4 tienen varias implicaciones significativas para las entidades financieras. En primer lugar, exigen un enfoque proactivo y estructurado para la gestión de las relaciones con proveedores terceros de TIC, lo que puede requerir la implementación de políticas y procedimientos internos específicos para cumplir con estas obligaciones. Esto incluye la creación de equipos multidisciplinarios encargados de evaluar los riesgos, negociar los términos contractuales y supervisar el desempeño de los proveedores. También implica la necesidad de invertir en herramientas tecnológicas que permitan a las entidades realizar un seguimiento continuo de las operaciones de los proveedores y garantizar su conformidad con los acuerdos establecidos.

En segundo lugar, estos requisitos refuerzan la necesidad de integrar la gestión de riesgos de TIC en el marco general de gobernanza y cumplimiento de las entidades financieras. Esto significa que los órganos de administración y la alta dirección deben estar directamente involucrados en la supervisión de los acuerdos contractuales con proveedores de TIC, asegurándose de que se adopten medidas adecuadas para proteger los intereses de la entidad y de sus clientes. Además, la gestión de riesgos de TIC debe ser parte integral del proceso de planificación estratégica de las entidades, considerando factores como la innovación tecnológica, la transformación digital y las tendencias emergentes en el panorama de riesgos cibernéticos.

En tercer lugar, estos requisitos tienen implicaciones regulatorias importantes. Las entidades financieras deben estar preparadas para demostrar a las autoridades competentes que han cumplido con las evaluaciones y comprobaciones exigidas antes de celebrar cualquier acuerdo contractual. Esto incluye la capacidad de proporcionar documentación detallada sobre los análisis de riesgos realizados, los procesos de selección de proveedores y las medidas adoptadas para gestionar los riesgos identificados. La falta de cumplimiento con estas obligaciones podría resultar en sanciones regulatorias o en la imposición de medidas correctivas por parte de las autoridades.

Desde una perspectiva estratégica, los requisitos del artículo 28.4 también fomentan una mayor resiliencia operativa digital en el sector financiero, al exigir a las entidades que adopten un enfoque preventivo y basado en el riesgo para la gestión de sus relaciones con proveedores terceros de TIC. Este enfoque no solo mejora la capacidad de las entidades para gestionar riesgos tecnológicos y cibernéticos, sino que también fortalece la confianza de los clientes, los reguladores y otras partes interesadas en la capacidad del sector financiero para operar de manera segura y fiable en un entorno digital cada vez más complejo e interconectado.

En conclusión, el artículo 28.4 del Reglamento 2022/2554 establece un marco exhaustivo para la evaluación de riesgos y la selección de proveedores terceros de servicios de TIC, que refuerza la capacidad de las entidades financieras para gestionar sus relaciones contractuales de manera efectiva y minimizar los riesgos asociados. Estos requisitos no solo promueven la seguridad y la resiliencia operativa de las entidades, sino que también contribuyen a la estabilidad y la confianza en el sistema financiero en su conjunto. Sin embargo, su implementación requiere un compromiso significativo por parte de las entidades, que deben adoptar un enfoque estructurado, proactivo y basado en el riesgo para garantizar el cumplimiento de estas obligaciones regulatorias.

5. Las entidades financieras únicamente podrán celebrar acuerdos contractuales con proveedores terceros de servicios de TIC que cumplan estándares adecuados en materia de seguridad de la información. Cuando tales acuerdos contractuales se refieran a funciones esenciales o importantes, las entidades financieras, antes de celebrarlos, prestarán la debida consideración a la aplicación, por parte de proveedores terceros de servicios de TIC, de los estándares en materia de seguridad de la información más actualizados y estrictos en términos de calidad.

El artículo 28.5 del Reglamento 2022/2554 establece un requisito esencial para las entidades financieras al celebrar acuerdos contractuales con proveedores terceros de servicios de tecnologías de la información y la comunicación (TIC), al exigir que dichos proveedores cumplan con estándares adecuados de seguridad de la información. Este requisito es particularmente relevante cuando los acuerdos contractuales implican la externalización de funciones esenciales o importantes, dado que estas funciones son críticas para la operación, la continuidad y la estabilidad de las entidades financieras, así como para la protección de los clientes y la confianza en el sistema financiero. El artículo refuerza la obligación de las entidades de garantizar que los proveedores seleccionados implementen medidas de seguridad robustas, actualizadas y alineadas con los estándares más altos y recientes del sector, con el fin de mitigar riesgos operativos, tecnológicos y cibernéticos.

El primer aspecto central del artículo es la exigencia de que las entidades financieras solo celebren acuerdos contractuales con proveedores que cumplan con estándares adecuados de seguridad de la información. Esto implica que las entidades deben realizar una evaluación rigurosa de las políticas, procedimientos y controles de seguridad implementados por los proveedores antes de establecer cualquier relación contractual. Los estándares adecuados de seguridad incluyen, entre otros, la protección de la confidencialidad, integridad y disponibilidad de los datos y sistemas tecnológicos de la entidad. Por ejemplo, los proveedores deben garantizar la implementación de medidas como el cifrado de datos, la gestión segura de accesos, la protección contra ataques cibernéticos, y la existencia de planes de recuperación ante desastres. Este requisito refuerza la necesidad de que las entidades financieras adopten un enfoque basado en el riesgo, evaluando de manera detallada las capacidades de los proveedores en relación con la gestión de riesgos tecnológicos y cibernéticos.

Un aspecto crítico de este artículo es su aplicación reforzada a los acuerdos contractuales que afectan funciones esenciales o importantes. Estas funciones se caracterizan por ser aquellas cuya interrupción o fallo puede tener un impacto significativo en la operación de la entidad financiera, en el servicio a los clientes o en la estabilidad del sistema financiero en general. En estos casos, el Reglamento exige que las entidades presten una atención especial a la aplicación, por parte de los proveedores, de los estándares más actualizados y estrictos en materia de seguridad de la información. Esto no solo implica que los proveedores deban cumplir con estándares básicos, sino que también se espera que implementen medidas de calidad avanzada y que demuestren un compromiso continuo con la mejora de sus controles de seguridad, adaptándose a la evolución de las amenazas tecnológicas y cibernéticas.

Desde una perspectiva operativa, este artículo impone a las entidades financieras una responsabilidad activa en la selección y supervisión de los proveedores terceros de servicios de TIC. Antes de celebrar un contrato, las entidades deben llevar a cabo procesos de diligencia debida exhaustivos para verificar que los estándares de seguridad aplicados por el proveedor cumplen con los requisitos del Reglamento. Esto incluye revisar auditorías de terceros, certificaciones de seguridad (como ISO/IEC 27001), informes de cumplimiento normativo y otras evidencias que demuestren que el proveedor ha implementado controles robustos y efectivos en términos de ciberseguridad. Además, las entidades deben evaluar no solo la situación actual del proveedor, sino también su capacidad para mantener y actualizar sus estándares de seguridad en el futuro, considerando la naturaleza dinámica de las amenazas tecnológicas.

El artículo también tiene implicaciones directas en la redacción de los acuerdos contractuales entre las entidades financieras y los proveedores. Los contratos deben incluir cláusulas específicas que obliguen al proveedor a cumplir con estándares de seguridad adecuados durante toda la vigencia del contrato, así como a notificar de manera oportuna cualquier cambio en su capacidad para cumplir con dichos estándares. También es recomendable que los acuerdos incluyan disposiciones que permitan a las entidades realizar auditorías periódicas o solicitar informes de cumplimiento para verificar que los estándares de seguridad continúan siendo aplicados de manera efectiva. En caso de incumplimiento, las entidades deben contar con mecanismos contractuales claros que les permitan exigir correcciones, renegociar los términos del contrato o, si es necesario, rescindir la relación contractual.

Desde una perspectiva estratégica, el cumplimiento de este artículo es fundamental para garantizar la resiliencia operativa digital del sector financiero europeo. En un entorno donde la externalización de servicios de TIC es cada vez más común, las entidades financieras dependen en gran medida de la capacidad de sus proveedores para mantener la seguridad de los datos y sistemas tecnológicos. Un fallo en los controles de seguridad de un proveedor puede tener consecuencias graves, como la interrupción de servicios críticos, el acceso no autorizado a datos sensibles o la propagación de ciberataques. Al exigir estándares estrictos y actualizados de seguridad, el artículo 28.5 busca minimizar estos riesgos, no solo para las entidades individuales, sino también para el sistema financiero en su conjunto.

Desde el punto de vista de los proveedores terceros, este artículo eleva significativamente el nivel de exigencia para operar en el sector financiero. Los proveedores deben demostrar no solo su capacidad técnica para prestar servicios de TIC, sino también su compromiso con la seguridad y la resiliencia. Esto puede implicar inversiones significativas en infraestructura tecnológica, formación de personal, certificaciones y auditorías externas para cumplir con las expectativas de sus clientes financieros. Además, los proveedores deben estar preparados para colaborar con las entidades financieras en la implementación de controles específicos que sean necesarios para cumplir con los requisitos regulatorios.

El artículo también tiene implicaciones regulatorias importantes para las entidades financieras. En caso de que las autoridades competentes detecten que una entidad ha celebrado un acuerdo contractual con un proveedor que no cumple con los estándares adecuados de seguridad, podrían imponer sanciones, exigir medidas correctivas o incluso suspender la relación contractual. Por lo tanto, las entidades deben asegurarse de que sus procesos de diligencia debida y selección de proveedores estén documentados de manera clara y que puedan demostrar a las autoridades que han cumplido con sus obligaciones bajo el Reglamento.

Otra implicación práctica de este artículo es la necesidad de adoptar un enfoque dinámico para la gestión de los riesgos de TIC. Dado que las amenazas tecnológicas evolucionan constantemente, las entidades deben asegurarse de que los estándares de seguridad aplicados por los proveedores sean revisados y actualizados periódicamente. Esto incluye la capacidad de identificar y abordar nuevas vulnerabilidades, implementar parches de seguridad y adaptar los controles a las mejores prácticas emergentes en el sector. Por ejemplo, los proveedores que no adopten medidas avanzadas de protección contra ciberamenazas emergentes, como los ataques de ransomware o la explotación de vulnerabilidades en la inteligencia artificial, podrían representar un riesgo significativo para las entidades financieras que dependen de sus servicios.

Además, el artículo refuerza la necesidad de que las entidades financieras consideren la proporcionalidad en la aplicación de los estándares de seguridad. Esto significa que, aunque todos los proveedores deben cumplir con estándares adecuados, el nivel de rigor aplicado debe ser proporcional a la criticidad de los servicios prestados. Por ejemplo, un proveedor que gestione una función esencial, como la infraestructura de pagos, estará sujeto a controles más estrictos que un proveedor que ofrezca servicios auxiliares de menor impacto. Este enfoque proporcional no solo asegura una asignación eficiente de recursos, sino que también permite a las entidades priorizar los riesgos más significativos.

En conclusión, el artículo 28.5 del Reglamento 2022/2554 establece un marco normativo claro para garantizar que las entidades financieras solo celebren acuerdos contractuales con proveedores terceros de servicios de

TIC que cumplan con estándares adecuados, estrictos y actualizados de seguridad de la información. Este requisito tiene como objetivo mitigar los riesgos asociados a la externalización tecnológica y reforzar la resiliencia operativa digital del sector financiero. Su implementación requiere que las entidades adopten un enfoque proactivo y estructurado en la selección, evaluación y supervisión de los proveedores, al tiempo que aseguran que los acuerdos contractuales incluyan disposiciones claras para garantizar el cumplimiento continuo de los estándares de seguridad. Aunque estos requisitos plantean desafíos operativos y regulatorios tanto para las entidades como para los proveedores, también representan una oportunidad para fortalecer la confianza, la estabilidad y la seguridad en un sistema financiero cada vez más digitalizado e interconectado.

6. Al ejercer los derechos de acceso, inspección y auditoría sobre el proveedor tercero de servicios de TIC, las entidades financieras determinarán previamente, con arreglo a un enfoque basado en el riesgo, la frecuencia de las auditorías e inspecciones y los ámbitos que deben auditarse, según normas de auditoría comúnmente aceptadas en consonancia con las instrucciones de supervisión sobre el uso y la incorporación de dichas normas de auditoría.

Cuando los acuerdos contractuales relativos al uso de servicios de TIC celebrados con proveedores terceros de servicios de TIC impliquen una gran complejidad técnica, la entidad financiera verificará que los auditores, ya sean internos, externos o un grupo de auditores, posean las capacidades y los conocimientos adecuados para llevar a cabo efectivamente las auditorías y evaluaciones pertinentes.

El artículo 28.6 del Reglamento 2022/2554 regula de manera específica el ejercicio de los derechos de acceso, inspección y auditoría que las entidades financieras deben llevar a cabo sobre los proveedores terceros de servicios de tecnologías de la información y la comunicación (TIC). Este artículo establece requisitos claros y detallados sobre cómo las entidades deben planificar, ejecutar y gestionar estas auditorías, adoptando un enfoque basado en el riesgo y asegurando que los auditores cuenten con la cualificación técnica adecuada para evaluar entornos tecnológicos complejos. Este marco normativo subraya la importancia de la supervisión activa y estructurada de los proveedores, particularmente en un contexto de creciente externalización de servicios TIC críticos, que puede incrementar la exposición de las entidades financieras a riesgos operativos, tecnológicos y cibernéticos.

El primer aspecto relevante de este artículo es la obligación de las entidades financieras de determinar previamente la frecuencia y los ámbitos de las auditorías e inspecciones, siguiendo un enfoque basado en el riesgo.

Este enfoque implica que las auditorías no deben ser realizadas de manera arbitraria o uniforme, sino que deben adaptarse a las características específicas de los riesgos asociados al proveedor y a los servicios contratados. Factores como la criticidad del servicio prestado, la dependencia de la entidad respecto al proveedor, el historial de incidentes relacionados con las TIC, y la ubicación geográfica del proveedor deben ser tomados en cuenta para establecer la periodicidad y el alcance de las auditorías. Por ejemplo, un proveedor que gestione datos sensibles de clientes o servicios esenciales, como los sistemas de pago o las infraestructuras de banca en línea, requerirá auditorías más frecuentes y detalladas que un proveedor que ofrezca servicios auxiliares de menor impacto.

El artículo también requiere que las auditorías e inspecciones se realicen según normas de auditoría comúnmente aceptadas, alineadas con las instrucciones de supervisión relativas a la incorporación y el uso de dichas normas. Este requisito asegura que las auditorías se lleven a cabo de manera profesional, consistente y conforme a estándares reconocidos, como los establecidos por organismos internacionales como el Instituto de Auditores Internos (IIA) o el Comité de Organizaciones Patrocinadoras de la Comisión Treadway (COSO). Al utilizar estándares comúnmente aceptados, las entidades financieras garantizan que las auditorías sean exhaustivas, imparciales y comparables, lo que facilita la supervisión por parte de las autoridades competentes y la coordinación con otros actores del sector financiero.

Otro aspecto central del artículo es la obligación de las entidades de verificar que los auditores posean las capacidades y conocimientos adecuados para llevar a cabo evaluaciones efectivas, especialmente cuando los acuerdos contractuales implican una gran complejidad técnica. Esto refleja la creciente sofisticación de los entornos tecnológicos y cibernéticos en los que operan los proveedores de servicios de TIC. Por ejemplo, en casos donde los proveedores gestionan infraestructuras en la nube, inteligencia artificial, tecnologías blockchain o sistemas de datos en tiempo real, las auditorías pueden requerir conocimientos especializados en áreas como ciberseguridad avanzada, análisis forense digital, criptografía o gestión de bases de datos distribuidas. Las entidades financieras deben garantizar que los auditores, ya sean internos, externos o grupos mixtos, estén capacitados para entender y evaluar estas tecnologías, identificar vulnerabilidades y formular recomendaciones efectivas. Este requisito también aplica a la selección de auditores externos, que deben demostrar experiencia y certificaciones relevantes, como Certified Information Systems Auditor (CISA) o Certified Information Security Manager (CISM).

En términos prácticos, este artículo tiene varias implicaciones operativas para las entidades financieras. En primer lugar, las entidades deben establecer políticas y procedimientos claros para la planificación y ejecución de auditorías e inspecciones. Esto incluye definir los criterios para seleccionar a los proveedores que serán auditados, establecer calendarios de auditorías basados en el riesgo, y garantizar que los resultados de las auditorías sean documentados, revisados y, cuando sea necesario, utilizados para exigir medidas correctivas al proveedor. Las auditorías también deben incluir una evaluación de los controles de seguridad implementados por el proveedor, su capacidad para garantizar la continuidad del servicio en caso de incidentes y su cumplimiento con las obligaciones contractuales y normativas.

En segundo lugar, las entidades financieras deben contar con los recursos internos necesarios para realizar auditorías efectivas, lo que puede incluir la creación o fortalecimiento de equipos de auditoría interna con experiencia específica en riesgos tecnológicos y cibernéticos. Alternativamente, las entidades pueden optar por contratar auditores externos especializados, asegurándose de que estos cumplan con los estándares de calidad y profesionalismo requeridos. En casos donde la complejidad técnica del proveedor sea particularmente alta, las entidades también pueden considerar la creación de equipos mixtos que combinen las capacidades internas con la experiencia externa para garantizar una evaluación más completa.

Desde una perspectiva contractual, este artículo refuerza la necesidad de incluir cláusulas específicas en los contratos con los proveedores terceros de TIC que permitan a las entidades financieras ejercer plenamente sus derechos de acceso, inspección y auditoría. Estas cláusulas deben garantizar que los proveedores cooperen con las auditorías, proporcionen acceso a instalaciones, sistemas y datos relevantes, y respondan de manera oportuna a las solicitudes de información. También es recomendable que los contratos incluyan disposiciones que permitan a las entidades recurrir a terceros independientes para realizar auditorías en caso de que los auditores internos no cuenten con las capacidades necesarias.

El artículo también tiene implicaciones regulatorias, ya que las autoridades competentes pueden exigir a las entidades financieras que demuestren que han cumplido con sus obligaciones en materia de auditoría y supervisión de proveedores. Esto incluye la capacidad de presentar informes de auditoría detallados, evidencia de las medidas correctivas adoptadas en respuesta a las observaciones de las auditorías, y documentación que respalde el proceso de selección y evaluación de los auditores. En este contexto, la falta de cumplimiento con las disposiciones del artículo 28.6 podría dar lugar a sanciones regulatorias o a la imposición de medidas correctivas por parte de las autoridades supervisoras.

Desde una perspectiva estratégica, este artículo refuerza la responsabilidad de las entidades financieras en la gestión de los riesgos asociados a la externalización tecnológica. Al exigir un enfoque basado en el riesgo, el Reglamento asegura que las entidades prioricen los recursos y esfuerzos de auditoría en los proveedores y servicios que representan los mayores riesgos para su operación y estabilidad. Esto no solo protege a las entidades individuales, sino que también contribuye a la resiliencia operativa del sistema financiero en su conjunto, al garantizar que los riesgos asociados a los proveedores de servicios de TIC sean identificados, evaluados y mitigados de manera efectiva.

Otro aspecto estratégico relevante es que este artículo fomenta la transparencia y la rendición de cuentas en las relaciones entre las entidades financieras y sus proveedores. Al establecer auditorías regulares y detalladas, las entidades pueden monitorear el desempeño de los proveedores y asegurarse de que cumplen con sus obligaciones contractuales y normativas. Esto también fortalece la confianza entre las partes, al demostrar un compromiso mutuo con la seguridad, la resiliencia y el cumplimiento normativo.

En conclusión, el artículo 28.6 del Reglamento 2022/2554 establece un marco robusto para el ejercicio de los derechos de acceso, inspección y auditoría de las entidades financieras sobre sus proveedores terceros de servicios de TIC. Este marco, basado en un enfoque de gestión del riesgo, garantiza que las auditorías sean proporcionales, efectivas y realizadas por auditores cualificados, con el objetivo de identificar y mitigar riesgos tecnológicos y cibernéticos de manera oportuna. Su implementación requiere un enfoque estructurado por parte de las entidades financieras, que deben invertir en recursos internos y externos, establecer procedimientos claros y garantizar que los acuerdos contractuales respalden sus derechos de supervisión. Al mismo tiempo, este artículo refuerza la resiliencia operativa del sector financiero en su conjunto, promoviendo una supervisión activa y continua de los proveedores de TIC y contribuyendo a la seguridad y estabilidad del sistema financiero europeo frente a un panorama de riesgos cada vez más complejo y dinámico.

7. Las entidades financieras garantizarán la posibilidad de terminar los acuerdos contractuales sobre el uso de servicios de TIC en cualquiera de los siguientes casos:

a) ***incumplimiento importante por parte del proveedor tercero de servicios de TIC de las disposiciones legales o reglamentarias o las cláusulas contractuales aplicables;***

b) ***circunstancias observadas durante el seguimiento del riesgo relacionado con las TIC derivado de terceros que se considere que pueden alterar el desempeño de las funciones prestadas en virtud del acuerdo contractual, incluidos cambios importantes que afecten al acuerdo o a la situación del proveedor tercero de servicios de TIC;***

c) ***debilidades manifiestas del proveedor tercero de servicios de TIC en cuanto a su gestión global del riesgo relacionado con las TIC y, en particular, a la forma en que garantiza la disponibilidad, la autenticidad, la integridad y la confidencialidad de los datos, ya sean personales o sensibles en cualquier otro sentido, o no personales;***

d) ***cuando la autoridad competente haya dejado de poder supervisar efectivamente a la entidad financiera como resultado de las condiciones del acuerdo contractual de que se trate o las circunstancias relacionadas con él.***

El artículo 28.7 del Reglamento 2022/2554 establece una obligación para las entidades financieras de garantizar la posibilidad de terminar los acuerdos contractuales relacionados con el uso de servicios de tecnologías de la información y la comunicación (TIC) en una serie de situaciones específicas. Esta norma refuerza el principio de gobernanza proactiva en la gestión de riesgos relacionados con la externalización de servicios TIC y subraya la importancia de que las entidades financieras mantengan un control efectivo sobre las funciones externalizadas, especialmente cuando estas son esenciales o importantes para su operativa o para la estabilidad del sistema financiero. La posibilidad de rescindir un contrato bajo las circunstancias descritas en este artículo no solo protege a la entidad, sino que también minimiza los riesgos para los clientes, los mercados financieros y otras partes interesadas.

El primer caso en el que se permite la terminación contractual es el incumplimiento importante por parte del proveedor tercero de servicios de TIC de las disposiciones legales, reglamentarias o las cláusulas contractuales aplicables. Este supuesto incluye tanto el incumplimiento de las obligaciones legales derivadas de normativas como el Reglamento General de Protección de Datos o las leyes de ciberseguridad, como el incumplimiento de términos contractuales específicos que el proveedor haya aceptado cumplir. Por ejemplo, si un proveedor no respeta los acuerdos relativos a la confidencialidad de los datos o a la implementación de medidas de seguridad adecuadas, esto puede dar lugar a la terminación del contrato. Este caso refuerza la importancia de incluir cláusulas claras y específicas en los acuerdos contractuales que definan las obligaciones del proveedor y las consecuencias en caso de incumplimiento. Desde un punto de vista práctico, las entidades deben realizar un seguimiento continuo del cumplimiento de estas obligaciones por parte de sus proveedores, utilizando auditorías y mecanismos de supervisión para detectar posibles incumplimientos de manera oportuna.

El segundo supuesto contempla la terminación del contrato en circunstancias observadas durante el seguimiento del riesgo relacionado con las TIC derivado de terceros que puedan alterar el desempeño de las funciones contratadas, incluidos cambios importantes en el acuerdo o en la situación del proveedor. Este apartado refleja la naturaleza dinámica de los riesgos tecnológicos y la necesidad de que las entidades financieras sean flexibles y adaptables frente a situaciones imprevistas. Por ejemplo, un cambio significativo en la estructura corporativa del proveedor, como una fusión o adquisición, podría generar riesgos adicionales si la nueva entidad no cumple con los estándares de seguridad requeridos o si cambia las condiciones del servicio de manera perjudicial para la entidad financiera. De manera similar, problemas financieros o de solvencia del proveedor podrían comprometer su capacidad para garantizar la continuidad del servicio. En estos casos, el artículo refuerza la obligación de las entidades de monitorear continuamente a sus proveedores y evaluar cómo estos cambios pueden afectar los servicios externalizados.

El tercer supuesto permite la terminación del contrato en caso de debilidades manifiestas del proveedor en cuanto a su gestión global del riesgo relacionado con las TIC, incluyendo deficiencias en la disponibilidad, autenticidad, integridad y confidencialidad de los datos gestionados. Este apartado destaca la necesidad de que los proveedores terceros implementen sistemas sólidos de gestión de riesgos tecnológicos que garanticen no solo la prestación continua del servicio, sino también la protección adecuada de los datos sensibles o críticos que gestionan. Por ejemplo, si un proveedor sufre múltiples incidentes de seguridad, como violaciones de datos o fallos técnicos significativos, esto puede ser indicativo de una falta de controles efectivos y, por tanto, justificar la rescisión del contrato. Este supuesto subraya la importancia de que las entidades financieras realicen evaluaciones periódicas de los sistemas y controles de los proveedores, además de establecer cláusulas contractuales que les permitan actuar rápidamente en caso de que estas debilidades se detecten.

El cuarto supuesto regula la terminación del contrato cuando la autoridad competente ya no pueda supervisar efectivamente a la entidad financiera debido a las condiciones del acuerdo contractual o a las circunstancias relacionadas con él. Este escenario pone de manifiesto la importancia de que los acuerdos contractuales no obstaculicen la capacidad de las autoridades regulatorias para llevar a cabo su labor de supervisión, ya sea en términos de acceso a información, capacidad de auditar los servicios prestados o evaluación de los riesgos asociados. Por ejemplo, si un contrato con un proveedor ubicado en una jurisdicción fuera de la Unión Europea limita el acceso de las autoridades a los datos o sistemas necesarios para la supervisión, esto podría ser motivo suficiente para terminar el acuerdo. Este supuesto refuerza la obligación de las entidades de incluir en sus contratos disposiciones que garanticen el cumplimiento de los requisitos regulatorios y la plena cooperación con las autoridades competentes.

Desde una perspectiva práctica, este artículo tiene importantes implicaciones operativas para las entidades financieras. En primer lugar, las entidades deben asegurarse de que todos sus acuerdos contractuales con proveedores de servicios de TIC incluyan cláusulas claras que establezcan los derechos y condiciones de terminación, incluyendo los supuestos específicos enumerados en este artículo. Esto no solo facilita el cumplimiento normativo, sino que también protege a las entidades frente a posibles disputas legales con los proveedores en caso de rescisión del contrato. Además, las entidades deben prever mecanismos de transición o planes de contingencia que les permitan gestionar de manera efectiva el impacto de la terminación del contrato, garantizando la continuidad de las funciones externalizadas a través de otros proveedores o mediante la reinternalización de los servicios.

En segundo lugar, este artículo refuerza la necesidad de que las entidades financieras mantengan un sistema robusto de gestión de riesgos de proveedores terceros. Esto implica realizar evaluaciones periódicas del desempeño y cumplimiento de los proveedores, monitorear cambios en su situación operativa o financiera, y mantener un diálogo continuo con ellos para identificar y mitigar riesgos de manera proactiva. Las auditorías regulares, los análisis de datos y el seguimiento de indicadores clave de desempeño (KPI) pueden ser herramientas valiosas en este sentido.

Desde el punto de vista de la gobernanza, este artículo subraya la responsabilidad de la alta dirección y los órganos de administración de las entidades financieras en la supervisión de los acuerdos contractuales con proveedores. La decisión de terminar un contrato en los supuestos establecidos por este artículo debe estar respaldada por un análisis detallado de los riesgos y una justificación sólida, y debe ser comunicada de manera adecuada tanto a los reguladores como a las partes interesadas relevantes.

Desde una perspectiva estratégica, la posibilidad de terminar acuerdos contractuales en los supuestos descritos por este artículo refuerza la autonomía y el control de las entidades financieras sobre las funciones externalizadas. Este control es especialmente importante en un entorno donde la dependencia de proveedores terceros de servicios de TIC está en aumento, y donde los riesgos tecnológicos y cibernéticos son cada vez más sofisticados. Al establecer un marco claro para la rescisión de contratos, el artículo también fomenta una mayor responsabilidad por parte de los proveedores, que deben garantizar que cumplen con los estándares de calidad y seguridad requeridos para evitar la terminación de sus relaciones contractuales.

En términos regulatorios, este artículo refuerza la importancia de que las autoridades competentes supervisen no solo a las entidades financieras, sino también las condiciones y riesgos asociados a sus acuerdos con proveedores terceros. Esto incluye la posibilidad de exigir a las entidades que terminen contratos que no cumplan con los requisitos legales o que comprometan la capacidad de las autoridades para supervisar de manera efectiva a la entidad.

En conclusión, el artículo 28.7 del Reglamento 2022/2554 establece un marco claro y exhaustivo para la terminación de acuerdos contractuales con proveedores terceros de servicios de TIC, garantizando que las entidades financieras puedan actuar rápidamente en casos de incumplimiento, riesgos operativos, debilidades en la gestión de riesgos o interferencias con la supervisión regulatoria. Este marco no solo protege a las entidades y a sus clientes frente a riesgos tecnológicos y cibernéticos, sino que también refuerza la estabilidad y la resiliencia del sistema financiero en su conjunto. Su implementación requiere un enfoque proactivo por parte de las entidades, que deben establecer cláusulas contractuales adecuadas, monitorear continuamente a sus proveedores y garantizar que cuentan con planes de contingencia efectivos para gestionar la terminación de contratos cuando sea necesario.

8. En el caso de los servicios de TIC que sustenten funciones esenciales o importantes, las entidades financieras establecerán estrategias de salida. Las estrategias de salida tendrán en cuenta los riesgos que puedan surgir en relación con los proveedores terceros de servicios de TIC, en particular un posible fallo por su

parte, un deterioro de la calidad de los servicios de TIC prestados, cualquier perturbación de la actividad debida a una falta de prestación de servicios de TIC o a una prestación inadecuada, o cualquier riesgo sustancial que pueda plantearse en relación con el ejercicio adecuado y continuo del servicio de TIC correspondiente, o la terminación de los acuerdos contractuales con proveedores terceros de servicios de TIC en cualquiera de las circunstancias enumeradas en el apartado 7.

Las entidades financieras se asegurarán de poder abandonar los acuerdos contractuales sin:

a). perturbación de sus operaciones comerciales;

b). limitación del cumplimiento de los requisitos reglamentarios;

c). perjuicio para la continuidad y la calidad de los servicios prestados a los clientes.

Los planes de salida serán globales, estarán documentados y, de conformidad con los criterios establecidos en el artículo 4, apartado 2, se someterán a suficientes pruebas y se revisarán periódicamente.

Las entidades financieras hallarán soluciones alternativas y elaborarán planes de transición que les permitan recuperar los servicios de TIC contratados y los datos pertinentes del proveedor tercero de servicios de TIC y transferirlos de forma segura e íntegra a proveedores alternativos o reincorporarlos internamente.

Las entidades financieras dispondrán de medidas de contingencia adecuadas para mantener la continuidad de la actividad en caso de que se den las circunstancias mencionadas en el párrafo primero.

El artículo 28.8 del Reglamento 2022/2554 establece la obligación para las entidades financieras de desarrollar estrategias de salida en relación con los servicios de tecnologías de la información y la comunicación (TIC) que sustenten funciones esenciales o importantes. Esta disposición responde a la necesidad de garantizar que las entidades financieras puedan gestionar de forma controlada y efectiva la terminación de sus acuerdos contractuales con proveedores terceros de servicios de TIC, minimizando cualquier impacto negativo sobre sus operaciones, el cumplimiento normativo o la calidad del servicio ofrecido a los clientes. Las estrategias de salida constituyen un elemento central de la gestión del riesgo operativo y de la resiliencia operativa digital, al permitir que las entidades estén preparadas para responder a situaciones imprevistas que puedan comprometer la continuidad de los servicios externalizados.

El primer aspecto fundamental de este artículo es la definición de las circunstancias que las estrategias de salida deben tener en cuenta, que incluyen: un posible fallo por parte del proveedor, el deterioro de la calidad de los servicios prestados, la interrupción o prestación inadecuada de los servicios, o cualquier riesgo sustancial que pueda afectar el ejercicio adecuado y continuo de la función externalizada. También se incluyen las circunstancias específicas enumeradas en el apartado 7 del mismo artículo, como el incumplimiento contractual, cambios adversos en la situación del proveedor o interferencias con la supervisión por parte de las autoridades competentes. Estas circunstancias reflejan la naturaleza dinámica y a menudo impredecible de los riesgos asociados a la externalización de servicios TIC, así como la importancia de que las entidades financieras adopten un enfoque proactivo y preventivo para gestionar estos riesgos.

El artículo refuerza la obligación de que las estrategias de salida permitan a las entidades financieras terminar los acuerdos contractuales sin que ello provoque perturbaciones en sus operaciones comerciales, limite el cumplimiento de los requisitos reglamentarios o perjudique la continuidad y la calidad de los servicios prestados a los clientes. Este requisito subraya el principio de continuidad operativa, que es esencial para mantener la confianza de los clientes y la estabilidad del sistema financiero. Por ejemplo, en caso de que un proveedor de servicios en la nube sufra una interrupción prolongada o no cumpla con sus obligaciones contractuales, la entidad financiera debe ser capaz de transferir sus datos y servicios a otro proveedor o gestionarlos internamente sin interrupciones significativas en sus operaciones.

Otro aspecto clave del artículo es la obligación de que los planes de salida sean globales, estén documentados, se sometan a pruebas y sean revisados periódicamente. Esto significa que las estrategias de salida deben abarcar todos los aspectos relevantes para garantizar una transición fluida, incluyendo los procedimientos para recuperar los datos y servicios del proveedor, los planes de transición a otros proveedores o la reinternalización de los servicios, y las medidas de contingencia para gestionar interrupciones en el proceso. La documentación de estos planes es esencial para garantizar la transparencia y la rendición de cuentas, y para facilitar la supervisión por parte de las autoridades competentes. Además, la exigencia de realizar pruebas periódicas asegura que los planes de salida sean efectivos y estén actualizados, teniendo en cuenta la evolución de los riesgos tecnológicos, las capacidades de los proveedores y los requisitos normativos.

Un aspecto central del artículo es la obligación de las entidades financieras de encontrar soluciones alternativas y elaborar planes de transición que permitan recuperar los servicios y datos contratados y transferirlos de forma segura e íntegra a proveedores alternativos o reincorporarlos internamente. Este requisito tiene importantes implicaciones prácticas. Por un lado, las entidades deben garantizar que los acuerdos contractuales con los proveedores incluyan cláusulas que les otorguen derechos claros para acceder y recuperar los datos y servicios en caso de rescisión del contrato. Por otro lado, las entidades deben contar con los recursos técnicos, operativos y financieros necesarios para implementar estas soluciones alternativas y llevar a cabo la transición de manera efectiva. Por ejemplo, una entidad que externaliza servicios esenciales como la gestión de transacciones bancarias debe tener la capacidad de migrar estas funciones a otro proveedor o integrarlas en su propia infraestructura tecnológica sin comprometer la seguridad, la integridad o la disponibilidad de los datos.

El artículo también exige que las medidas de contingencia sean adecuadas para mantener la continuidad de la actividad en caso de que se materialicen las circunstancias previstas. Estas medidas de contingencia pueden incluir, por ejemplo, la utilización de proveedores de respaldo, el almacenamiento redundante de datos en infraestructuras alternativas, la capacidad de activar sistemas internos de emergencia y la implementación de procedimientos manuales para garantizar la continuidad operativa en caso de fallos tecnológicos. La implementación de estas medidas requiere una planificación cuidadosa y la asignación de recursos adecuados, pero es fundamental para garantizar que las entidades puedan mantener sus operaciones incluso en escenarios adversos.

Desde una perspectiva práctica, este artículo tiene implicaciones significativas para las entidades financieras. En primer lugar, las entidades deben integrar la planificación de las estrategias de salida en su proceso general de gestión de riesgos relacionados con las TIC y los proveedores terceros. Esto incluye realizar evaluaciones periódicas de los riesgos asociados a los acuerdos contractuales, monitorear la capacidad y el desempeño de los proveedores, y garantizar que las estrategias de salida sean proporcionales a la criticidad de los servicios externalizados. Por ejemplo, los planes de salida para un proveedor que gestiona servicios auxiliares pueden ser menos exigentes que aquellos aplicables a un proveedor que gestiona funciones esenciales como la banca en línea o los sistemas de pago.

En segundo lugar, las entidades deben asegurarse de que los acuerdos contractuales con los proveedores terceros incluyan disposiciones específicas que faciliten la implementación de las estrategias de salida. Esto incluye cláusulas que otorguen derechos de acceso a los datos y sistemas del proveedor, que regulen los términos para la transferencia segura de los servicios y datos, y que establezcan los requisitos para la cooperación del proveedor durante el proceso de transición. Las entidades también deben incluir en los contratos disposiciones que obliguen a los proveedores a mantener copias de respaldo actualizadas y a garantizar la compatibilidad de los datos y sistemas con otros proveedores o con las infraestructuras internas de la entidad.

Desde una perspectiva estratégica, este artículo refuerza la resiliencia operativa digital de las entidades financieras al exigirles que estén preparadas para gestionar escenarios adversos relacionados con la externalización de servicios TIC. La implementación de estrategias de salida efectivas no solo protege a las entidades frente a los riesgos asociados a la dependencia de proveedores, sino que también contribuye a la estabilidad del sistema financiero en su conjunto. En un entorno donde la externalización de servicios TIC es cada vez más común, este enfoque preventivo es esencial para garantizar que las entidades puedan adaptarse rápidamente a situaciones cambiantes y mantener la continuidad de sus operaciones.

Desde el punto de vista de la supervisión, este artículo también tiene importantes implicaciones regulatorias. Las autoridades competentes pueden exigir a las entidades financieras que demuestren que han desarrollado y probado sus estrategias de salida, y que estas son efectivas para gestionar los riesgos asociados a los proveedores terceros de TIC. Esto incluye la capacidad de presentar documentación detallada sobre los planes de salida, las pruebas realizadas y las revisiones periódicas, así como evidencia de que los acuerdos contractuales con los proveedores incluyen disposiciones que respaldan la implementación de estas estrategias. La falta de cumplimiento con estas obligaciones podría dar lugar a sanciones regulatorias o a la imposición de medidas correctivas.

En conclusión, el artículo 28.8 del Reglamento 2022/2554 establece un marco exhaustivo para la planificación, implementación y supervisión de estrategias de salida relacionadas con los servicios de TIC que sustenten funciones esenciales o importantes en las entidades financieras. Este marco no solo protege a las entidades frente a los riesgos asociados a la externalización, sino que también refuerza la continuidad operativa, la seguridad de los datos y el cumplimiento normativo. Su implementación requiere un enfoque estructurado, que incluya la integración de estas estrategias en la gestión general de riesgos, la negociación de cláusulas contractuales adecuadas y la realización de pruebas y revisiones periódicas. Al mismo tiempo, este artículo contribuye a la resiliencia del sistema financiero en su conjunto, al garantizar que las entidades estén preparadas para responder de manera efectiva a escenarios adversos relacionados con los proveedores terceros de TIC.

9. Las Autoridades Europeas de Supervisión, a través del Comité Mixto, elaborarán proyectos de normas técnicas de ejecución a fin de establecer las plantillas normalizadas para el registro de información a que se refiere el apartado 3, incluyendo la información común a todos los acuerdos contractuales relativa al uso de servicios de TIC. Las Autoridades Europeas de Supervisión presentarán a la Comisión dichos proyectos de normas técnicas de ejecución a más tardar el 17 de enero de 2024.

Se otorgan a la Comisión competencias para adoptar las normas técnicas de ejecución a que se refiere el párrafo primero de conformidad con el artículo 15 del Reglamento (UE) número 1093/2010, el artículo 15 del Reglamento (UE) número 1094/2010 y el artículo 15 del Reglamento (UE) número 1095/2010.

El artículo 28.9 del Reglamento 2022/2554 establece la obligación para las Autoridades Europeas de Supervisión (AES) –que incluyen la Autoridad Bancaria Europea (EBA), la Autoridad Europea de Seguros y Pensiones de Jubilación (EIOPA) y la Autoridad Europea de Valores y Mercados (ESMA)–, de desarrollar, a través del Comité Mixto, proyectos de normas técnicas de ejecución (ITS, por sus siglas en inglés) destinadas a estandarizar las plantillas que las entidades financieras deben utilizar para registrar la información relativa a sus acuerdos contractuales con proveedores terceros de servicios de tecnologías de la información y la comunicación (TIC). Estas plantillas tienen como objetivo garantizar un enfoque homogéneo y coherente en la recopilación, estructuración y reporte de la información sobre estos acuerdos, lo que es fundamental para mejorar la supervisión y gestión de los riesgos asociados a la externalización de servicios TIC.

El artículo dispone que estas normas técnicas de ejecución deben ser presentadas por las AES a la Comisión Europea a más tardar el 17 de enero de 2024, otorgando a la Comisión las competencias necesarias para adoptar dichas normas de conformidad con el artículo 15 de los Reglamentos 1093/2010, 1094/2010 y 1095/2010, que regulan el funcionamiento de las tres autoridades de supervisión europeas. Este cronograma refleja la importancia que la Unión Europea otorga a la implementación rápida y efectiva de un marco normativo armonizado que refuerce la resiliencia operativa digital en el sector financiero, al proporcionar herramientas claras y precisas para el registro y monitoreo de las relaciones contractuales con proveedores de TIC.

Uno de los aspectos más relevantes de este artículo es su vínculo directo con el apartado 3 del mismo artículo 28, que establece la obligación de las entidades financieras de mantener un registro detallado de sus acuerdos contractuales con proveedores terceros de TIC. Este registro, que debe estar disponible para las autoridades competentes, incluye información clave sobre cada acuerdo, como la identificación del proveedor, los servicios prestados, las funciones esenciales o importantes externalizadas y los riesgos asociados. La elaboración de plantillas estandarizadas para este registro busca garantizar que la información se recopile de manera uniforme en toda la Unión Europea, facilitando tanto el cumplimiento por parte de las entidades como la supervisión por parte de las autoridades competentes.

La normalización de estas plantillas tiene múltiples beneficios prácticos. En primer lugar, facilita la comparabilidad de los datos entre distintas entidades financieras y jurisdicciones, lo que es esencial para identificar tendencias, patrones y riesgos sistémicos asociados a la externalización de servicios TIC. Por ejemplo, las autoridades supervisoras podrían utilizar los datos recopilados para analizar el grado de concentración de riesgos en ciertos proveedores de TIC, evaluar el impacto potencial de fallos o interrupciones en servicios críticos, o monitorear el cumplimiento general de los requisitos regulatorios en el sector financiero.

En segundo lugar, la estandarización reduce la carga administrativa para las entidades financieras, ya que proporciona un marco claro y estructurado para cumplir con las obligaciones de registro. Esto es especialmente importante para las entidades que operan en múltiples jurisdicciones dentro de la Unión Europea, ya que les permite utilizar un formato único y reconocido para reportar información a las distintas autoridades nacionales competentes. Al mismo tiempo, las plantillas normalizadas contribuyen a mejorar la calidad y la consistencia de los datos recopilados, al minimizar el riesgo de errores o interpretaciones divergentes en el proceso de registro.

Otro aspecto central de este artículo es la implicación de las Autoridades Europeas de Supervisión en el diseño de estas normas técnicas, a través de su colaboración en el Comité Mixto. Esta colaboración asegura que las plantillas reflejen una perspectiva integrada y multilateral, teniendo en cuenta las especificidades de los diferentes sectores financieros regulados por la EBA, la EIOPA y la ESMA. Por ejemplo, mientras que el sector bancario puede tener un mayor enfoque en los riesgos asociados a los sistemas de pagos y la infraestructura de transacciones, el sector de seguros podría priorizar la seguridad de los datos sensibles relacionados con pólizas y reclamaciones. La participación conjunta de las tres autoridades garantiza que las plantillas sean suficientemente flexibles para adaptarse a las particularidades de cada sector, pero también lo suficientemente coherentes para promover un enfoque armonizado a nivel europeo.

Desde el punto de vista de las entidades financieras, este artículo refuerza la importancia de implementar sistemas internos robustos para la gestión de sus relaciones con proveedores terceros de TIC. Estos sistemas deben ser capaces de recopilar, almacenar y actualizar de manera continua la información requerida por las plantillas estandarizadas, asegurando que el registro esté completo, preciso y alineado con los requisitos regulatorios. Esto puede implicar la necesidad de invertir en tecnología, formación del personal y procesos internos que faciliten el cumplimiento de estas obligaciones. Por ejemplo, una entidad que gestione múltiples acuerdos con proveedores de TIC debe asegurarse de que todos estos contratos estén documentados de manera adecuada y que la información clave esté fácilmente disponible para su inclusión en las plantillas requeridas.

En términos estratégicos, este artículo también refuerza la capacidad de las autoridades supervisoras para gestionar riesgos relacionados con los proveedores terceros de TIC de manera más efectiva. Al disponer de un conjunto de datos estandarizados y comparables, las autoridades podrán llevar a cabo análisis más profundos y tomar decisiones más informadas sobre las medidas regulatorias necesarias para mitigar los riesgos operativos y tecnológicos en el sector financiero. Además, la posibilidad de detectar riesgos sistémicos, como una concentración excesiva de servicios críticos en un número limitado de proveedores, permite a las autoridades adoptar medidas preventivas antes de que estos riesgos se materialicen en incidentes que puedan comprometer la estabilidad del sistema financiero.

Otro aspecto relevante del artículo es el proceso de adopción de las normas técnicas de ejecución por parte de la Comisión Europea. Este proceso asegura que las normas sean el resultado de una consulta y deliberación adecuada entre las autoridades supervisoras, los reguladores europeos y las partes interesadas, incluyendo las entidades financieras y los proveedores de TIC. La implicación de la Comisión también garantiza que las normas técnicas estén alineadas con los objetivos estratégicos más amplios de la Unión Europea en materia de digitalización, ciberseguridad y resiliencia operativa, así como con otras normativas relevantes, como el Reglamento General de Protección de Datos y la Directiva NIS2.

Desde una perspectiva práctica, el cumplimiento de las obligaciones establecidas en este artículo requerirá que las entidades financieras adapten sus procedimientos internos de acuerdo con las plantillas estandarizadas que se desarrollen. Esto incluye garantizar que los datos recopilados sean consistentes, estén correctamente estructurados y se mantengan actualizados de manera continua. Además, las entidades deberán estar preparadas para proporcionar acceso a este registro a las autoridades competentes en caso de inspecciones, auditorías o solicitudes específicas, lo que refuerza la importancia de contar con un sistema de gestión de datos eficiente y fiable.

En conclusión, el artículo 28.9 del Reglamento 2022/2554 establece un marco normativo claro para la creación de plantillas estandarizadas destinadas al registro de información sobre los acuerdos contractuales de servicios de TIC. Este marco no solo facilita el cumplimiento por parte de las entidades financieras, sino que también refuerza la capacidad de las autoridades supervisoras para identificar, analizar y mitigar riesgos asociados a la externalización de servicios TIC en el sector financiero. La implicación de las AES y de la Comisión Europea en el desarrollo y adopción de estas normas técnicas garantiza que las plantillas sean consistentes, prácticas y alineadas con los objetivos estratégicos de la Unión Europea en materia de resiliencia operativa digital. Su implementación requiere un esfuerzo conjunto por parte de las entidades financieras y los supervisores, pero ofrece beneficios significativos en términos de eficiencia, transparencia y gestión de riesgos en un entorno cada vez más digitalizado y complejo.

10. Las Autoridades Europeas de Supervisión, a través del Comité Mixto, elaborarán proyectos de normas técnicas de regulación a fin de especificar en más profundidad el contenido detallado de la política a que se refiere el apartado 2 en relación con los acuerdos contractuales sobre el uso de servicios de TIC que sustenten funciones esenciales o importantes prestados por proveedores terceros de servicios de TIC.

A la hora de elaborar dichos proyectos de normas técnicas de regulación, las Autoridades Europeas de Supervisión tendrán en cuenta el tamaño y el perfil de riesgo general de la entidad financiera, así como la naturaleza, escala y complejidad de sus servicios, actividades y operaciones. Las Autoridades Europeas de Supervisión presentarán a la Comisión dichos proyectos de normas técnicas de regulación a más tardar el 17 de enero de 2024.

Se delegan en la Comisión los poderes para completar el presente Reglamento mediante la adopción de las normas técnicas de regulación a que se refiere el párrafo primero de conformidad con los artículos 10 a 14 del Reglamento (UE) número 1093/2010, los artículos 10 a 14 del Reglamento (UE) número 1094/2010 y los artículos 10 a 14 del Reglamento (UE) número 1095/2010.

El artículo 28.10 del Reglamento 2022/2554 dispone la obligación de las Autoridades Europeas de Supervisión (AES) –la Autoridad Bancaria Europea (EBA), la Autoridad Europea de Seguros y Pensiones de Jubilación

(EIOPA) y la Autoridad Europea de Valores y Mercados (ESMA)– de elaborar, a través del Comité Mixto, proyectos de normas técnicas de regulación (RTS) destinadas a especificar en mayor detalle el contenido de la política que deben adoptar las entidades financieras en relación con los acuerdos contractuales sobre el uso de servicios de tecnologías de la información y la comunicación (TIC) que sustenten funciones esenciales o importantes. Esta disposición busca garantizar que las políticas adoptadas por las entidades sean uniformes, proporcionales y efectivas, promoviendo una gestión rigurosa y coherente de los riesgos asociados a la externalización de servicios TIC críticos. Las normas técnicas de regulación deben ser presentadas a la Comisión Europea a más tardar el 17 de enero de 2024, otorgándose a esta última las competencias para adoptarlas de conformidad con los Reglamentos fundacionales de las AES (Reglamentos 1093/2010, 1094/2010 y 1095/2010).

Uno de los aspectos clave de este artículo es el mandato para que las AES elaboren normas que especifiquen en profundidad el contenido detallado de la política requerida en el apartado 2 del artículo 28, que establece que las entidades financieras deben adoptar una política clara, comprensible y documentada para la gestión de sus acuerdos contractuales con proveedores terceros de servicios de TIC. Esta política debe abordar aspectos como la evaluación de riesgos, la selección de proveedores, las cláusulas contractuales y la supervisión continua de los acuerdos. El desarrollo de normas técnicas de regulación asegura que los requisitos sean concretos y aplicables, evitando ambigüedades en su interpretación e implementación.

Al elaborar las normas, las AES deberán tener en cuenta una serie de factores clave, entre ellos el tamaño y el perfil de riesgo general de la entidad financiera, así como la naturaleza, escala y complejidad de sus servicios, actividades y operaciones. Este enfoque basado en la proporcionalidad garantiza que las políticas requeridas sean ajustadas a las características específicas de cada entidad financiera, evitando la imposición de cargas desproporcionadas sobre las pequeñas entidades o aquellas que gestionan riesgos menos significativos. Por ejemplo, una gran entidad bancaria con operaciones transfronterizas y una alta dependencia de servicios TIC complejos estará sujeta a requisitos más rigurosos que una pequeña cooperativa de crédito que externalice servicios auxiliares de bajo impacto. Este enfoque permite una aplicación más eficaz del Reglamento, alineando las obligaciones con el perfil de riesgo y los recursos de cada entidad.

Desde una perspectiva práctica, este artículo refuerza la importancia de que las entidades financieras adopten políticas robustas y detalladas para la gestión de sus acuerdos con proveedores terceros de TIC, especialmente cuando estos servicios sustentan funciones esenciales o importantes. Estas políticas deben ser un elemento central de la estrategia de gobernanza y gestión de riesgos tecnológicos de la entidad, garantizando que los riesgos asociados a la externalización se identifiquen, evalúen, mitiguen y supervisen de manera continua. Por ejemplo, una política eficaz debe incluir procedimientos para realizar evaluaciones de diligencia debida antes de seleccionar un proveedor, criterios claros para negociar cláusulas contractuales que protejan los intereses de la entidad y sus clientes, y mecanismos para monitorear el desempeño del proveedor y gestionar posibles incumplimientos.

El artículo también tiene implicaciones importantes para las Autoridades Europeas de Supervisión y la Comisión Europea. La elaboración de las normas técnicas de regulación requiere un análisis detallado de las mejores prácticas existentes en el sector financiero, así como consultas con las partes interesadas relevantes, incluidos reguladores nacionales, entidades financieras y proveedores de TIC. Este proceso garantiza que las normas sean prácticas, equilibradas y alineadas con las necesidades del sector. Además, la implicación de la Comisión Europea en la adopción de estas normas asegura que estén integradas en el marco normativo general de la Unión Europea y alineadas con otros objetivos estratégicos, como la resiliencia digital, la protección de datos y la supervisión financiera efectiva.

Desde el punto de vista de la supervisión, la adopción de normas técnicas específicas proporciona a las autoridades competentes una base clara para evaluar el cumplimiento de las entidades financieras con las obligaciones del Reglamento. Esto no solo facilita la identificación de deficiencias en la gestión de riesgos relacionados con la externalización de servicios TIC, sino que también promueve una supervisión más coherente y uniforme en toda la Unión Europea. Por ejemplo, las autoridades competentes podrían utilizar las normas técnicas para revisar las políticas adoptadas por las entidades y evaluar si estas cumplen con los estándares establecidos, identificando áreas de mejora y aplicando medidas correctivas cuando sea necesario.

Para las entidades financieras, este artículo implica la necesidad de prepararse para cumplir con las normas técnicas una vez sean adoptadas. Esto puede requerir una revisión y actualización de las políticas existentes, así como la implementación de nuevos procedimientos y controles para garantizar el cumplimiento. Por ejemplo, si las normas técnicas especifican requisitos adicionales para la evaluación de riesgos o la supervisión de proveedores, las entidades deberán adaptar sus sistemas y procesos internos para cumplir con estos requisitos. Además, las entidades deben asegurarse de que su personal esté adecuadamente capacitado para implementar y gestionar las políticas de manera efectiva.

Desde una perspectiva estratégica, este artículo refuerza la importancia de la gobernanza y la resiliencia operativa digital en el sector financiero. Al exigir políticas claras y detalladas para la gestión de acuerdos contractuales con proveedores de TIC, el Reglamento garantiza que las entidades financieras estén mejor preparadas para enfrentar los riesgos tecnológicos y cibernéticos asociados a la externalización. Esto no solo protege a las entidades individuales, sino que también contribuye a la estabilidad del sistema financiero en su conjunto, al minimizar el impacto potencial de fallos tecnológicos o interrupciones en servicios críticos.

Además, este artículo fomenta una mayor transparencia y responsabilidad en las relaciones entre las entidades financieras y sus proveedores terceros de TIC. Las políticas requeridas deben incluir cláusulas contractuales que definan claramente las obligaciones y responsabilidades de ambas partes, así como mecanismos para gestionar conflictos, resolver disputas y garantizar el cumplimiento. Esto no solo fortalece la capacidad de las entidades para gestionar riesgos, sino que también mejora la confianza en la relación contractual, promoviendo una mayor colaboración y alineación de intereses entre las partes.

En conclusión, el artículo 28.10 del Reglamento 2022/2554 establece un marco claro y detallado para el desarrollo de normas técnicas de regulación destinadas a especificar el contenido de las políticas que las entidades financieras deben adoptar para la gestión de sus acuerdos contractuales con proveedores terceros de TIC. Estas normas, que serán elaboradas por las Autoridades Europeas de Supervisión y adoptadas por la Comisión Europea, garantizarán un enfoque armonizado, proporcionado y efectivo en la gestión de riesgos relacionados con la externalización de servicios TIC críticos. Su implementación requiere un esfuerzo significativo tanto por parte de las entidades financieras como de las autoridades supervisoras, pero ofrece beneficios importantes en términos de resiliencia operativa, supervisión eficaz y estabilidad del sistema financiero europeo. Al mismo tiempo, refuerza la capacidad de las entidades para gestionar de manera proactiva los riesgos tecnológicos y cibernéticos, alineándose con los objetivos estratégicos de la Unión Europea en materia de digitalización y seguridad financiera.

Artículo 29 Evaluación preliminar del riesgo de concentración de TIC a nivel de la entidad

1. Al llevar a cabo la determinación y evaluación de los riesgos a que se refiere el artículo 28, apartado 4, letra c), las entidades financieras también tendrán en cuenta si la celebración prevista de un acuerdo contractual en relación con los servicios de TIC que sustenten funciones esenciales o importantes podría dar lugar a alguna de las siguientes circunstancias:

a) la celebración de un contrato con un proveedor tercero de servicios de TIC que no sea fácilmente sustituible, o

b) la coexistencia de múltiples acuerdos contractuales en relación con la prestación de servicios de TIC que sustenten funciones esenciales o importantes con el mismo proveedor tercero de servicios de TIC o con proveedores terceros de servicios de TIC estrechamente relacionados.

Las entidades financieras ponderarán los beneficios y los costes de soluciones alternativas, como el recurso a distintos proveedores terceros de servicios de TIC, considerando si las soluciones contempladas se ajustan a las necesidades y objetivos empresariales establecidos en su estrategia de resiliencia digital y de qué manera.

El artículo 29 del Reglamento 2022/2554 establece la obligación de las entidades financieras de llevar a cabo una evaluación preliminar del riesgo de concentración de tecnologías de la información y la comunicación (TIC) al determinar y evaluar los riesgos asociados a la externalización de servicios TIC que sustenten funciones esenciales o importantes. Este artículo subraya la importancia de identificar, valorar y mitigar posibles riesgos derivados de la dependencia excesiva de un único proveedor o de un grupo de proveedores interrelacionados, reforzando así la resiliencia operativa digital y reduciendo las vulnerabilidades que puedan afectar a la continuidad operativa de las entidades y a la estabilidad del sistema financiero en su conjunto.

Un aspecto central del artículo es que obliga a las entidades financieras a considerar dos escenarios específicos al evaluar los riesgos de concentración relacionados con la externalización de servicios TIC críticos. El primero de ellos, en el apartado a), exige analizar si el proveedor tercero con el que se planea celebrar un acuerdo contractual no es fácilmente sustituible. Este riesgo surge en casos donde la dependencia de un único proveedor resulta tan significativa que la interrupción de sus servicios o su incapacidad para cumplir con las obligaciones contractuales podría tener graves repercusiones para la entidad. Por ejemplo, en los casos en que un proveedor ofrezca servicios altamente especializados o exclusivos, como la gestión de una infraestructura crítica en la nube o el almacenamiento de datos sensibles, la falta de alternativas disponibles podría dificultar o retrasar la transición hacia otro proveedor, incrementando el riesgo de interrupciones operativas.

El segundo escenario, en el apartado b), se refiere a la coexistencia de múltiples acuerdos contractuales con el mismo proveedor o con proveedores estrechamente relacionados, lo que amplifica el riesgo de concentración. Esto sucede cuando una entidad depende excesivamente de un único proveedor o de un grupo de proveedores que tienen vínculos estrechos entre sí, ya sea por pertenecer al mismo grupo empresarial o por compartir infraestructuras o recursos tecnológicos clave. Por ejemplo, una entidad financiera que externalice varios servicios esenciales –como la banca en línea, la gestión de pagos y el almacenamiento de datos– a un único proveedor o a proveedores interrelacionados podría exponerse a un punto único de fallo, lo que incrementa la probabilidad de que un incidente afecte simultáneamente a múltiples funciones críticas.

El artículo también establece que, como parte de la evaluación del riesgo de concentración, las entidades financieras deben ponderar los beneficios y los costes de soluciones alternativas, considerando si estas alternativas se ajustan a los objetivos y necesidades empresariales establecidos en su estrategia de resiliencia operativa digital. Esta ponderación implica realizar un análisis de coste-beneficio para evaluar si es preferible diversificar los proveedores de servicios TIC o mantener una relación más centralizada con uno o pocos proveedores. Por ejemplo, optar por trabajar con múltiples proveedores puede aumentar los costes operativos y administrativos, pero podría reducir significativamente el riesgo de interrupciones en caso de que uno de los proveedores falle. Por el contrario, mantener la dependencia de un único proveedor puede ser más eficiente desde el punto de vista económico, pero incrementa los riesgos operativos en caso de incidentes.

Desde una perspectiva práctica, este artículo tiene implicaciones significativas para las entidades financieras. En primer lugar, exige que las entidades integren la evaluación del riesgo de concentración de TIC en sus procesos de gobernanza y gestión de riesgos. Esto incluye desarrollar procedimientos específicos para identificar posibles puntos de concentración en sus relaciones con proveedores y evaluar el impacto de dichos riesgos en su operativa. Por ejemplo, una entidad debe ser capaz de identificar si un proveedor es crítico para múltiples funciones esenciales y, de ser así, evaluar si esta situación es sostenible o si es necesario implementar medidas para diversificar los riesgos.

En segundo lugar, el artículo refuerza la importancia de que las entidades financieras consideren la resiliencia digital como un objetivo estratégico al tomar decisiones sobre la externalización de servicios TIC. Esto implica no solo analizar los riesgos de concentración, sino también asegurarse de que cualquier decisión sobre la selección de proveedores y la configuración de acuerdos contractuales esté alineada con una estrategia más amplia de fortalecimiento de la resiliencia operativa. Por ejemplo, una entidad que externaliza servicios críticos debe garantizar que los acuerdos con proveedores incluyan cláusulas que faciliten la transición a otros proveedores en caso de rescisión del contrato o interrupción de los servicios, reduciendo así el impacto de un posible fallo.

Otro aspecto práctico de este artículo es la necesidad de que las entidades financieras desarrollen capacidades internas para realizar evaluaciones detalladas del riesgo de concentración. Esto puede implicar la implementación de herramientas de análisis que permitan mapear las relaciones con proveedores, identificar dependencias críticas y evaluar el impacto de posibles fallos. Además, las entidades deben contar con personal capacitado para interpretar los resultados de estas evaluaciones y tomar decisiones informadas sobre cómo gestionar los riesgos identificados.

Desde una perspectiva contractual, este artículo subraya la importancia de incluir en los acuerdos con proveedores cláusulas que aborden el riesgo de concentración. Por ejemplo, las entidades pueden requerir a los proveedores que garanticen la interoperabilidad de sus sistemas con los de otros proveedores, lo que facilita la transición en caso de que sea necesario diversificar o cambiar de proveedor. Asimismo, los contratos pueden incluir disposiciones relacionadas con la disponibilidad de datos y la continuidad del servicio, incluso en escenarios de rescisión contractual o fallo del proveedor.

Desde el punto de vista de la supervisión, este artículo refuerza la capacidad de las autoridades competentes para evaluar cómo las entidades financieras gestionan el riesgo de concentración de TIC. Las autoridades pueden solicitar a las entidades información sobre sus evaluaciones de riesgo, exigir medidas correctivas en caso de que se detecten vulnerabilidades significativas y, en última instancia, intervenir para garantizar que las decisiones sobre externalización estén alineadas con los requisitos del Reglamento. Este enfoque proactivo por parte de los supervisores no solo protege a las entidades individuales, sino que también contribuye a la estabilidad y resiliencia del sistema financiero en su conjunto.

Estratégicamente, este artículo fomenta una mayor diversificación y redundancia en el ecosistema de proveedores de servicios TIC, lo que es esencial para reducir los riesgos sistémicos asociados a la dependencia excesiva de un pequeño número de actores clave en el mercado. Este enfoque es especialmente relevante en el contexto de la creciente concentración del sector tecnológico, donde un número limitado de grandes proveedores domina servicios críticos como el almacenamiento en la nube y las plataformas de ciberseguridad. Al exigir a las entidades que evalúen los riesgos de concentración y consideren soluciones alternativas, el Reglamento promueve un entorno más competitivo y resiliente.

En conclusión, el artículo 29 del Reglamento 2022/2554 establece un marco robusto para la evaluación del riesgo de concentración de TIC, exigiendo a las entidades financieras que consideren tanto la falta de sustituibilidad de los proveedores como la coexistencia de múltiples acuerdos con un mismo proveedor o con proveedores relacionados. Al requerir un análisis de coste-beneficio de las soluciones alternativas, el artículo garantiza que las decisiones sobre externalización estén alineadas con los objetivos estratégicos de resiliencia digital de las entidades. Su implementación requiere un enfoque estructurado y proactivo por parte de las entidades, incluyendo la integración de estas evaluaciones en sus procesos de gestión de riesgos, el desarrollo de capacidades internas para identificar y mitigar riesgos, y la adopción de prácticas contractuales que reduzcan las vulnerabilidades. Al mismo tiempo, este artículo refuerza la capacidad de supervisión de las autoridades competentes y promueve un ecosistema financiero más resiliente y diversificado, alineado con los objetivos generales del Reglamento.

2. Cuando el acuerdo contractual sobre el uso de servicios de TIC que sustenten funciones esenciales o importantes incluya la posibilidad de que un proveedor tercero de servicios de TIC subcontrate a su vez servicios de TIC que sustenten una función esencial o importante a otros proveedores terceros de servicios de TIC, las entidades financieras ponderarán los beneficios y los riesgos que puedan derivarse de esa posible subcontratación, en particular cuando se trate de un subcontratista de TIC establecido en un tercer país.

Cuando el acuerdo contractual afecte a servicios de TIC que sustenten funciones esenciales o importantes, las entidades financieras ponderarán debidamente las disposiciones legislativas en materia de insolvencia que se aplicarían en caso de quiebra del proveedor tercero de servicios de TIC, así como cualquier restric-

ción que pueda surgir y que afecte a la recuperación urgente de los datos de la entidad financiera.

Cuando se celebren acuerdos contractuales sobre el uso de servicios de TIC que sustenten funciones esenciales o importantes con un proveedor tercero de servicios de TIC establecido en un tercer país, las entidades financieras tendrán en consideración, además de lo mencionado el párrafo segundo, el cumplimiento de la normativa en materia de protección de datos de la Unión y la aplicación efectiva del Derecho en ese tercer país.

Cuando el acuerdo contractual sobre el uso de servicios de TIC que sustenten funciones esenciales o importantes contemple la subcontratación, las entidades financieras evaluarán si las cadenas de subcontratación potencialmente largas o complejas pueden afectar a su capacidad para efectuar un seguimiento completo de las funciones contratadas y a la capacidad de la autoridad competente para supervisar efectivamente a la entidad financiera a este respecto, y de qué manera.

El artículo 29.2 del Reglamento 2022/2554 aborda las implicaciones de los acuerdos contractuales que incluyen la posibilidad de subcontratación de servicios de TIC por parte de los proveedores terceros, específicamente cuando estos servicios sustentan funciones esenciales o importantes de las entidades financieras. Este artículo establece un marco claro para la evaluación de los riesgos y beneficios asociados a dicha subcontratación, especialmente cuando involucra a proveedores establecidos en terceros países. La norma destaca la importancia de garantizar que la subcontratación no comprometa la resiliencia operativa de la entidad ni la capacidad de las autoridades competentes para supervisar los riesgos relacionados con los servicios externalizados. Este enfoque busca prevenir vulnerabilidades derivadas de cadenas de subcontratación largas o complejas que puedan dificultar el seguimiento y control de los riesgos tecnológicos, regulatorios y operativos.

Uno de los aspectos centrales del artículo es la exigencia de que las entidades financieras ponderen los beneficios y riesgos derivados de la subcontratación de servicios de TIC críticos. Esto implica realizar un análisis detallado de cómo la subcontratación puede afectar la continuidad, seguridad y calidad de las funciones externalizadas. Entre los riesgos más significativos se encuentran la pérdida de control sobre las operaciones, la disminución de la transparencia en la prestación de servicios, el aumento de las dificultades para supervisar a los subcontratistas, y la posible exposición a marcos regulatorios o legislativos menos estrictos, especialmente cuando el subcontratista opera desde un tercer país. Por ejemplo, si un proveedor de servicios en la nube subcontrata parte de su infraestructura a otro proveedor fuera de la Unión Europea, esto podría generar riesgos adicionales en términos de protección de datos, cumplimiento normativo y recuperación en caso de fallos o incidentes.

El artículo también exige que, en el caso de subcontratistas establecidos en terceros países, las entidades financieras consideren los riesgos adicionales asociados a esta situación. Esto incluye evaluar las implicaciones de los marcos legislativos y regulatorios aplicables en el país de origen del subcontratista, particularmente en lo que respecta a la protección de datos y la continuidad operativa. Por ejemplo, en un tercer país donde las normativas de ciberseguridad o protección de datos sean menos estrictas que en la Unión Europea, existe un riesgo significativo de que los datos de la entidad financiera o de sus clientes puedan estar expuestos a vulnerabilidades o accesos no autorizados. Las entidades deben garantizar que los acuerdos contractuales con los proveedores principales incluyan disposiciones que permitan a las entidades y a las autoridades competentes tener una supervisión adecuada sobre los subcontratistas, incluso cuando operen desde jurisdicciones extranjeras.

Otro aspecto crítico del artículo es la obligación de las entidades financieras de ponderar las disposiciones legislativas en materia de insolvencia aplicables al proveedor principal de servicios de TIC, así como las posibles restricciones que puedan surgir para la recuperación urgente de datos en caso de quiebra del proveedor. Esto tiene implicaciones directas para la seguridad y continuidad de las operaciones de la entidad, ya que un proveedor insolvente podría no ser capaz de garantizar el acceso rápido y seguro a los datos o sistemas externalizados. Por ejemplo, si los datos de una entidad financiera se almacenan en servidores controlados por un proveedor en un tercer país que entra en proceso de insolvencia, podrían surgir obstáculos legales o técnicos que dificulten la transferencia de estos datos a otro proveedor o su recuperación interna. Para mitigar este riesgo, las entidades deben asegurarse de que los acuerdos contractuales incluyan cláusulas específicas que garanticen el acceso a los datos y su integridad, incluso en escenarios de quiebra.

El artículo también exige que las entidades financieras consideren el cumplimiento de la normativa de protección de datos de la Unión Europea, particularmente cuando los acuerdos contractuales involucran proveedores o subcontratistas establecidos en terceros países. Este requisito está estrechamente relacionado con el Reglamento General de Protección de Datos, que establece normas estrictas para la transferencia de datos personales fuera de la Unión Europea. Las entidades deben garantizar que cualquier transferencia de datos a un tercer país se realice en conformidad con los requisitos del RGPD, lo que incluye la evaluación de las garantías ofrecidas por el proveedor o subcontratista y la existencia de decisiones de adecuación, cláusulas contractuales estándar o mecanismos equivalentes. Además, deben considerar si el marco legal del tercer país permite la aplicación efectiva del Derecho de la Unión, especialmente en lo que respecta a la protección de datos y la supervisión de los riesgos.

Un aspecto adicional que este artículo regula es la evaluación de las cadenas de subcontratación largas o complejas y su impacto en la capacidad de las entidades financieras para supervisar y controlar los riesgos asociados a los servicios externalizados. Las cadenas de subcontratación que involucran múltiples niveles de proveedores pueden generar opacidad en las operaciones y dificultar el seguimiento completo de las funciones externalizadas. Por ejemplo, una entidad financiera que subcontrate servicios de TIC a un proveedor que a su vez subcontrata a otros proveedores puede enfrentar dificultades para verificar si todos los subcontratistas cumplen con los estándares de seguridad y calidad exigidos. Además, estas cadenas complejas pueden comprometer la capacidad de las autoridades competentes para supervisar efectivamente los riesgos relacionados, ya que las responsabilidades y los controles pueden diluirse a lo largo de la cadena. Por ello, las entidades deben garantizar que sus acuerdos contractuales incluyan disposiciones que permitan un seguimiento adecuado y continuo, así como la posibilidad de realizar auditorías a lo largo de toda la cadena de subcontratación.

Desde una perspectiva práctica, este artículo refuerza la necesidad de que las entidades financieras desarrollen procedimientos internos robustos para evaluar y gestionar los riesgos asociados a la subcontratación de servicios TIC críticos. Esto incluye la implementación de procesos de diligencia debida que permitan identificar y evaluar los riesgos en cada nivel de la cadena de subcontratación, así como la negociación de cláusulas contractuales que garanticen la supervisión y el cumplimiento normativo. Por ejemplo, las entidades pueden requerir que los proveedores principales garanticen que cualquier subcontratista cumpla con los mismos estándares de seguridad, resiliencia y protección de datos que se aplican al proveedor principal.

Desde una perspectiva contractual, este artículo subraya la importancia de incluir cláusulas específicas en los acuerdos con los proveedores principales que regulen la subcontratación. Estas cláusulas deben establecer condiciones claras para la aprobación de subcontratistas, garantizar el acceso a información relevante sobre la cadena de subcontratación y prever mecanismos para rescindir el contrato en caso de que los subcontratistas no cumplan con los estándares exigidos. Además, los contratos deben incluir disposiciones para garantizar que la entidad financiera pueda recuperar sus datos de manera segura e íntegra en caso de fallos en la cadena de subcontratación.

Desde el punto de vista estratégico, este artículo refuerza la autonomía y control de las entidades financieras sobre las funciones externalizadas, incluso en casos donde se permita la subcontratación. Al exigir un análisis detallado de los riesgos asociados, incluyendo los relacionados con la ubicación de los subcontratistas, la insolvencia de los proveedores y las cadenas de subcontratación complejas, el Reglamento garantiza que las entidades puedan tomar decisiones informadas y proactivas para proteger sus operaciones y la seguridad de los datos. Este enfoque es especialmente relevante en un contexto donde la globalización de los servicios TIC ha incrementado la complejidad de las cadenas de suministro y ha introducido nuevos riesgos regulatorios, operativos y de seguridad.

En conclusión, el artículo 29.2 del Reglamento 2022/2554 establece un marco exhaustivo para la gestión de los riesgos asociados a la subcontratación de servicios de TIC que sustenten funciones esenciales o importantes. Al exigir que las entidades financieras evalúen los beneficios y riesgos, incluidas las implicaciones de la subcontratación en terceros países y las cadenas de subcontratación complejas, la norma refuerza la capacidad de las entidades para supervisar y controlar los servicios externalizados. Su implementación requiere un enfoque estructurado que combine procesos de diligencia debida, cláusulas contractuales robustas y sistemas de monitoreo continuo, garantizando así la resiliencia operativa y el cumplimiento normativo en un entorno cada vez más interconectado y globalizado. Al mismo tiempo, el artículo fortalece la capacidad de las autoridades competentes para supervisar los riesgos relacionados con la externalización y asegura que las decisiones sobre subcontratación estén alineadas con los objetivos estratégicos de resiliencia digital y estabilidad financiera.

Artículo 30. Cláusulas contractuales fundamentales

1. Los derechos y obligaciones de la entidad financiera y del proveedor tercero de servicios de TIC estarán claramente asignados y establecidos por escrito. El contrato completo incluirá los acuerdos de nivel de servicio y se formalizará en un documento escrito que estará a disposición de las partes en papel, o en un documento en otro formato descargable, duradero y accesible.

El artículo 30.1 del Reglamento 2022/2554 establece que los derechos y obligaciones de las entidades financieras y de los proveedores terceros de servicios de tecnologías de la información y la comunicación (TIC) deben estar claramente definidos y formalizados por escrito. Este requisito implica la necesidad de que los contratos entre las partes sean precisos, exhaustivos y documentados en un formato duradero, accesible y fácilmente recuperable, lo que es esencial para garantizar la seguridad jurídica, la claridad en la ejecución de las obligaciones y la capacidad de supervisión por parte de las autoridades competentes. Este artículo refuerza la gobernanza contractual y es una piedra angular en la gestión de los riesgos asociados a la externalización de servicios TIC.

El requisito de que los contratos incluyan acuerdos de nivel de servicio (SLA, por sus siglas en inglés) es particularmente importante. Los SLA especifican los estándares mínimos de calidad, disponibilidad, rendimiento y seguridad que el proveedor debe cumplir al prestar los servicios. Por ejemplo, un SLA puede establecer un tiempo máximo de recuperación en caso de interrupciones, garantizar una disponibilidad del servicio del 99.9 % o incluir métricas específicas para la resolución de incidencias. Estos acuerdos son fundamentales para alinear las expectativas de las partes, mitigar riesgos operativos y proporcionar mecanismos claros para evaluar el desempeño del proveedor y exigir responsabilidades en caso de incumplimiento.

Desde una perspectiva práctica, el artículo refuerza la necesidad de que las entidades financieras adopten un enfoque estructurado y riguroso en la negociación y redacción de los contratos con proveedores terceros de servicios de TIC. La formalización por escrito de los derechos y obligaciones es una herramienta clave para evitar ambigüedades y disputas, asegurando que ambas partes comprendan plenamente el alcance de sus responsabilidades y compromisos. Por ejemplo, el contrato debe detallar las obligaciones específicas del proveedor en áreas críticas como la protección de datos, la ciberseguridad, la continuidad del servicio, y la cooperación con las auditorías y supervisiones llevadas a cabo por las entidades financieras o las autoridades competentes.

El artículo también establece que el contrato completo debe estar disponible en un formato duradero, accesible y descargable, lo que garantiza que las partes puedan acceder al documento en cualquier momento y en un formato que no sea susceptible de alteraciones. Este requisito es especialmente relevante en contextos donde los contratos pueden ser objeto de revisión por parte de las autoridades supervisoras o utilizados como referencia en caso de disputas legales. Por ejemplo, un contrato formalizado en un sistema electrónico con capacidades de trazabilidad y almacenamiento seguro asegura que las partes puedan demostrar el contenido del acuerdo y su cumplimiento en cualquier momento.

Desde la perspectiva de las entidades financieras, este artículo subraya la importancia de incluir en los contratos cláusulas claras y detalladas que aborden los principales riesgos asociados a la externalización de servicios TIC. Estas cláusulas deben abarcar aspectos clave como la protección de datos sensibles, la responsabilidad del proveedor en caso de incidentes de seguridad o fallos del servicio, los procedimientos para gestionar cambios en los términos del contrato, y las disposiciones para la terminación del contrato y la recuperación de datos en caso de rescisión. Además, los contratos deben prever mecanismos para gestionar situaciones de incumplimiento, como la imposición de penalizaciones o la posibilidad de renegociar o rescindir el acuerdo si el proveedor no cumple con sus obligaciones.

Desde el punto de vista regulatorio, el artículo 30.1 refuerza la capacidad de las autoridades competentes para supervisar los acuerdos contractuales entre entidades financieras y proveedores terceros de TIC. Al exigir que los contratos estén documentados por escrito y sean accesibles, este artículo facilita la labor de las autoridades al permitirles evaluar si las disposiciones contractuales cumplen con los requisitos del Reglamento y si son adecuadas para mitigar los riesgos asociados a la externalización. Por ejemplo, las autoridades pueden revisar los SLA para verificar que incluyen métricas específicas y razonables en términos de disponibilidad y calidad del servicio, o analizar las cláusulas de protección de datos para garantizar que se ajusten a los estándares establecidos en el Reglamento General de Protección de Datos.

Desde una perspectiva estratégica, la formalización escrita de los derechos y obligaciones en los contratos también promueve la transparencia y la rendición de cuentas en las relaciones entre las entidades financieras y los proveedores terceros de TIC. Esto es especialmente relevante en un contexto donde los servicios TIC son cada vez más críticos para la operativa diaria de las entidades financieras y donde los riesgos tecnológicos y cibernéticos son cada vez más sofisticados. Al establecer contratos claros y completos, las entidades pueden minimizar las incertidumbres y garantizar que los proveedores asuman plena responsabilidad por el cumplimiento de sus obligaciones.

Este artículo también tiene implicaciones significativas en la gestión del ciclo de vida del contrato, desde su negociación inicial hasta su supervisión continua y eventual terminación. Las entidades deben implementar procesos internos para garantizar que los contratos reflejen adecuadamente sus necesidades y riesgos, y que sean revisados y actualizados de manera periódica para adaptarse a cambios en las circunstancias operativas, regulatorias o tecnológicas. Además, deben asegurarse de que el cumplimiento de los contratos sea monitoreado de manera continua, utilizando los SLA y otras disposiciones contractuales como base para evaluar el desempeño del proveedor y tomar medidas correctivas si es necesario.

En términos operativos, este artículo también destaca la importancia de la colaboración interdisciplinaria dentro de las entidades financieras durante la negociación y formalización de los contratos. Los equipos de gestión de riesgos, tecnología, legal y cumplimiento deben trabajar juntos para identificar los riesgos asociados al servicio externalizado, garantizar que los contratos incluyan disposiciones adecuadas para mitigar estos riesgos, y asegurarse de que las obligaciones contractuales estén alineadas con los requisitos normativos aplicables.

En conclusión, el artículo 30.1 del Reglamento 2022/2554 establece un marco normativo claro para la formalización escrita de los derechos y obligaciones en los acuerdos contractuales entre entidades financieras y proveedores terceros de servicios de TIC. Este marco garantiza que los contratos sean claros, completos y accesibles, y que incluyan disposiciones detalladas, como acuerdos de nivel de servicio, para mitigar los riesgos asociados a la externalización. Su implementación requiere un enfoque estructurado y colaborativo por parte de las entidades, que deben asegurarse de que los contratos reflejen adecuadamente sus necesidades y riesgos, y que estén diseñados para proteger tanto sus operaciones como los intereses de sus clientes. Al mismo tiempo, este artículo refuerza la capacidad de las autoridades para supervisar y evaluar los acuerdos contractuales, promoviendo un entorno más seguro, transparente y resiliente para la prestación de servicios TIC en el sector financiero.

2. Los acuerdos contractuales sobre el uso de servicios de TIC incluirán, como mínimo, los elementos siguientes:

a) ***una descripción clara y completa de todas las funciones y los servicios de TIC que deba prestar el proveedor tercero de servicios de TIC en la que se indique si está permitida la subcontratación de un servicio de TIC que sustente una función esencial o importante, o partes sustanciales de ellas, y, en caso afirmativo, las condiciones aplicables a dicha subcontratación;***

b). ***los lugares, en concreto, las regiones o países, en los que deberán proporcionarse las funciones y los servicios de TIC contratados o subcontratados y en***

los que deberán tratarse los datos, incluido el lugar de almacenamiento, y el requisito de que el proveedor tercero de servicios de TIC notifique por adelantado a la entidad financiera cualquier cambio previsto de dichos lugares;

c) ***disposiciones sobre disponibilidad, autenticidad, integridad y confidencialidad en relación con la protección de los datos, incluidos los datos personales;***

d) ***disposiciones sobre las garantías de la entidad financiera de poder acceder a los datos personales y no personales tratados y de poder recuperarlos y que le sean devueltos en un formato fácilmente accesible en caso de insolvencia, resolución o interrupción de las operaciones comerciales del proveedor tercero de servicios de TIC o en caso de terminación de los acuerdos contractuales;***

e) ***descripciones del nivel de servicio, incluidas sus actualizaciones y revisiones;***

f) ***la obligación del proveedor tercero de servicios de TIC de prestar asistencia a la entidad financiera sin coste adicional, o a un coste determinado con anterioridad, cuando se produzca un incidente de TIC relacionado con el servicio de TIC prestado a la entidad financiera;***

g) ***la obligación del proveedor tercero de servicios de TIC de cooperar plenamente con las autoridades competentes y las autoridades de resolución de la entidad financiera, incluidas las personas nombradas por ellas;***

h) ***los derechos de terminación y los correspondientes plazos mínimos de notificación para la terminación de los acuerdos contractuales, conforme a las expectativas de las autoridades competentes y las autoridades de resolución;***

i). ***las condiciones para la participación de proveedores terceros de servicios de TIC en los programas de sensibilización en materia de seguridad de las TIC y en las actividades de formación sobre resiliencia operativa digital de las entidades financieras, de conformidad con el artículo 13, apartado 6.***

El artículo 30.2 del Reglamento 2022/2554 establece los elementos mínimos que deben incluirse en los acuerdos contractuales entre las entidades financieras y los proveedores terceros de servicios de TIC, especialmente cuando dichos servicios sustenten funciones esenciales o importantes. Este artículo busca garantizar que los contratos reflejen de manera clara y exhaustiva todas las condiciones necesarias para proteger los intereses de la entidad financiera, garantizar la resiliencia operativa y la continuidad de las funciones externalizadas, y mitigar los riesgos asociados a la prestación de servicios TIC. La inclusión de estas cláusulas mínimas también fortalece la supervisión por parte de las autoridades competentes, asegurando que los contratos sean transparentes, proporcionales y alineados con los objetivos de resiliencia digital del sistema financiero.

El apartado a) establece que los acuerdos contractuales deben incluir una descripción clara y completa de todas las funciones y servicios de TIC que deberá prestar el proveedor. Esto implica especificar el alcance y las características de los servicios contratados, incluyendo si está permitida la subcontratación de funciones esenciales o partes sustanciales de estas. En caso de que se autorice la subcontratación, deben definirse las condiciones aplicables, como los requisitos de notificación previa, el cumplimiento normativo por parte de los subcontratistas y la supervisión que la entidad financiera podrá ejercer sobre estos. Este requisito es crucial para garantizar que las entidades mantengan control sobre las funciones externalizadas y que los riesgos asociados a la subcontratación sean adecuadamente gestionados.

El apartado b) exige que los contratos especifiquen los lugares donde se prestarán los servicios de TIC, se tratarán los datos y se almacenarán, indicando regiones o países concretos. También requiere que el proveedor notifique con antelación cualquier cambio en estos lugares. Esto es especialmente relevante para la protección de datos y la ciberseguridad, ya que los riesgos pueden variar dependiendo de la ubicación geográfica y del marco normativo aplicable. Por ejemplo, el almacenamiento de datos en países fuera de la Unión Europea podría requerir garantías adicionales para cumplir con el Reglamento General de Protección de Datos. Este apartado asegura que las entidades financieras puedan evaluar y mitigar los riesgos asociados a la transferencia o el almacenamiento de datos en lugares con normativas menos estrictas o mayores riesgos geopolíticos.

El apartado c) regula las disposiciones sobre la disponibilidad, autenticidad, integridad y confidencialidad de los datos, incluidos los datos personales. Estas cláusulas son esenciales para proteger tanto los datos operativos de la entidad como la información confidencial de sus clientes. Por ejemplo, el contrato debe incluir requisitos específicos para el cifrado de datos, controles de acceso, mecanismos de autenticación y procedimientos para garantizar la integridad de los datos en tránsito y en reposo. Además, estas disposiciones refuerzan la obligación del proveedor de cumplir con los estándares más altos de ciberseguridad y protección de datos, alineados con las normativas aplicables en la Unión Europea.

El apartado d) establece que los contratos deben incluir garantías que permitan a la entidad financiera acceder, recuperar y recibir sus datos en un formato fácilmente accesible en caso de insolvencia, resolución, interrupción de las operaciones comerciales del proveedor o terminación del contrato. Esto es fundamental para garantizar la continuidad operativa de la entidad financiera y mitigar los riesgos relacionados con la pérdida de datos o la falta de acceso a estos en escenarios adversos. Por ejemplo, el contrato puede incluir cláusulas que obliguen al proveedor a proporcionar copias de seguridad regulares y actualizadas, así como a garantizar la interoperabilidad de los datos con otros sistemas o proveedores.

El apartado e) regula la inclusión de descripciones del nivel de servicio (SLA), incluidas sus actualizaciones y revisiones. Los SLA deben definir métricas específicas y objetivos claros para evaluar el desempeño del proveedor, como tiempos de respuesta, disponibilidad del servicio, resolución de incidentes y calidad del soporte técnico. Estas descripciones son fundamentales para garantizar que los servicios prestados cumplan con los estándares exigidos por la entidad financiera y para establecer mecanismos claros de evaluación y sanción en caso de incumplimientos.

El apartado f) obliga al proveedor a prestar asistencia a la entidad financiera en caso de incidentes de TIC relacionados con los servicios contratados, ya sea sin coste adicional o con un coste previamente acordado. Esta asistencia es crucial para gestionar de manera efectiva los incidentes tecnológicos y minimizar su impacto en las operaciones de la entidad. Por ejemplo, el proveedor podría estar obligado a proporcionar soporte técnico en tiempo real, colaborar en la identificación y mitigación de vulnerabilidades, o participar en la recuperación de sistemas afectados.

El apartado g) establece la obligación del proveedor de cooperar plenamente con las autoridades competentes y las autoridades de resolución de la entidad financiera. Esto incluye permitir el acceso a información relevante, participar en auditorías y responder a solicitudes de información o documentación. Este requisito refuerza la capacidad de supervisión de las autoridades y garantiza que las entidades puedan cumplir con sus obligaciones regulatorias, incluso en situaciones de crisis o incumplimiento por parte del proveedor.

El apartado h) regula los derechos de terminación y los plazos de notificación para la rescisión del contrato, asegurando que estos derechos sean claros, razonables y conformes con las expectativas de las autoridades competentes. Esto incluye la posibilidad de rescindir el contrato en casos de incumplimiento grave, cambios significativos en las condiciones del proveedor o riesgos para la continuidad operativa de la entidad. Por ejemplo, el contrato podría establecer plazos mínimos de notificación para garantizar una transición ordenada y evitar interrupciones en los servicios esenciales.

El apartado i) introduce la obligación de incluir condiciones para la participación de los proveedores en programas de sensibilización en materia de seguridad de las TIC y en actividades de formación sobre resiliencia operativa digital organizados por las entidades financieras. Este requisito refuerza la colaboración entre las partes y garantiza que los proveedores estén alineados con las políticas y estrategias de seguridad de las entidades. Por ejemplo, un proveedor que gestione sistemas críticos para la entidad podría participar en simulaciones de ciberataques o en sesiones de formación sobre protocolos de respuesta a incidentes.

Desde una perspectiva práctica, este artículo tiene varias implicaciones importantes. En primer lugar, exige que las entidades financieras adopten un enfoque meticuloso en la negociación, redacción y supervisión de los contratos con proveedores terceros de TIC. Esto incluye garantizar que todos los elementos enumerados en el artículo se incluyan en el contrato y que se adapten a las características específicas de los servicios externalizados y los riesgos asociados. Además, las entidades deben desarrollar capacidades internas para monitorear el cumplimiento de estas disposiciones contractuales, utilizando herramientas como auditorías periódicas, evaluaciones de desempeño basadas en SLA y revisiones de los planes de contingencia.

Desde una perspectiva estratégica, este artículo refuerza la resiliencia operativa digital de las entidades financieras al garantizar que los contratos con proveedores terceros sean herramientas efectivas para mitigar riesgos tecnológicos, operativos y regulatorios. Al establecer requisitos mínimos claros y detallados, el artículo promueve un marco uniforme de gestión de riesgos en toda la Unión Europea, protegiendo tanto a las entidades como a sus clientes frente a incidentes o interrupciones en los servicios TIC.

En términos regulatorios, este artículo facilita la supervisión efectiva por parte de las autoridades competentes al garantizar que los contratos incluyan disposiciones que permitan evaluar y controlar los riesgos asociados a los servicios externalizados. Por ejemplo, las autoridades pueden utilizar estas disposiciones como criterios para evaluar la adecuación de los contratos durante inspecciones o auditorías, y para exigir correcciones en caso de deficiencias.

En conclusión, el artículo 30.2 del Reglamento 2022/2554 establece un marco detallado para la gestión contractual de los servicios de TIC externalizados, garantizando que los contratos incluyan cláusulas esenciales para proteger los intereses de las entidades financieras y promover la resiliencia operativa. Su implementación requiere un enfoque estructurado por parte de las entidades, que deben garantizar que los contratos reflejen todos los requisitos establecidos en el artículo, y deben desarrollar sistemas y procesos para supervisar y hacer cumplir estas disposiciones de manera efectiva.

Al mismo tiempo, el artículo refuerza la capacidad de las autoridades competentes para supervisar los riesgos relacionados con la externalización, contribuyendo a la estabilidad y seguridad del sistema financiero en un entorno digital cada vez más complejo e interconectado.

3. Además de los elementos a que se refiere el apartado 2, los acuerdos contractuales sobre el uso de servicios de TIC que sustenten funciones esenciales o importantes incluirán por lo menos lo siguiente:

a) ***descripciones completas del nivel de servicio, incluidas sus actualizaciones y revisiones, con objetivos precisos de rendimiento cuantitativos y cualitativos dentro de los niveles de servicio acordados, de modo que la entidad financiera pueda realizar un seguimiento efectivo de los servicios de TIC y que se puedan adoptar sin demora indebida las medidas correctoras adecuadas cuando no se alcancen los niveles de servicio acordados;***

b). ***plazos de notificación y obligaciones de información del proveedor tercero de servicios de TIC a la entidad financiera, incluida la notificación de cualquier hecho que pueda afectar considerablemente a la capacidad del proveedor tercero de servicios de TIC para prestar de forma efectiva los servicios de TIC que sustentan funciones esenciales o importantes de conformidad con los niveles de servicio acordados;***

c). ***requisitos para que el proveedor tercero de servicios de TIC aplique y someta apruebe los planes de contingencia empresarial y disponga de medidas, herramientas y políticas de seguridad de las TIC que proporcionen un nivel adecuado de seguridad para la prestación de servicios por parte de la entidad financiera en consonancia con su marco regulador;***

d). ***la obligación de que el proveedor tercero de servicios de TIC participe y coopere plenamente en las pruebas de penetración basadas en amenazas de la entidad financiera a que se refieren los artículos 26 y 27;***

e). ***el derecho a realizar un seguimiento continuo de la actuación del proveedor tercero de servicios de TIC, lo que implica lo siguiente:***

i). ***derechos ilimitados de acceso, inspección y auditoría por la entidad financiera o un tercero designado, y por la autoridad competente, y el derecho a hacer copias de la documentación pertinente in situ si son esenciales para las operaciones del proveedor tercero de servicios de TIC, cuyo ejercicio efectivo no se vea obstaculizado o limitado por otros acuerdos contractuales o políticas de aplicación,***

ii) ***el derecho a pactar niveles de garantía alternativos si se ven afectados los derechos de otros clientes,***

iii) la obligación de que el proveedor tercero de servicios de TIC coopere plenamente durante las inspecciones y las auditorías in situ realizadas por las autoridades competentes, el supervisor principal, la entidad financiera o un tercero designado, y

iv) la obligación de proporcionar detalles sobre el alcance, los procedimientos que deben seguirse y la frecuencia de tales inspecciones y auditorías;

f) estrategias de salida, en particular el establecimiento de un período transitorio suficiente obligatorio:

i). durante el cual el proveedor tercero de servicios de TIC seguirá proporcionando las funciones o los servicios de TIC de que se trate con el fin de reducir el riesgo de perturbación en la entidad financiera o de garantizar su resolución y reestructuración efectivas,

ii) que permita a la entidad financiera migrar a otro proveedor tercero de servicios de TIC o adoptar soluciones internas coherentes con la complejidad del servicio prestado.

Como excepción a lo dispuesto en la letra e), el proveedor tercero de servicios de TIC y la entidad financiera que sea una microempresa podrán acordar que se puedan delegar los derechos de acceso, inspección y auditoría de la entidad financiera en un tercero independiente, designado por el proveedor tercero de servicios de TIC, y que la entidad financiera pueda solicitar al tercero en cualquier momento información y garantías sobre la actuación del proveedor tercero de servicios de TIC.

El artículo 30.3 del Reglamento 2022/2554 amplía y detalla los elementos esenciales que deben incluir los acuerdos contractuales entre las entidades financieras y los proveedores terceros de servicios de tecnologías de la información y la comunicación (TIC), específicamente cuando dichos servicios sustenten funciones esenciales o importantes. Este artículo añade requisitos específicos y avanzados para garantizar que los contratos no solo establezcan los términos básicos de la prestación de servicios, sino que también prevean mecanismos claros para la supervisión, la gestión de riesgos, la continuidad operativa y la resiliencia digital. Los aspectos abordados en este artículo son fundamentales para mitigar los riesgos asociados a la externalización de funciones críticas, garantizar la calidad de los servicios prestados y proteger tanto a las entidades financieras como al sistema financiero en su conjunto.

En el apartado a), se exige que los contratos incluyan descripciones completas de los niveles de servicio (SLA), con objetivos precisos tanto cuantitativos como cualitativos, y que prevean actualizaciones y revisiones periódicas. Estas descripciones permiten a las entidades financieras realizar un seguimiento efectivo del desempeño del proveedor, asegurando que los servicios cumplan con los estándares acordados. Los SLA deben incluir métricas detalladas como tiempos de disponibilidad, plazos de resolución de incidencias, capacidad de respuesta, y calidad del soporte técnico. Además, se establece la necesidad de prever medidas correctoras que puedan implementarse sin demora en caso de incumplimiento de los niveles de servicio, lo que refuerza la capacidad de las entidades para gestionar incidentes de manera efectiva y evitar interrupciones en funciones esenciales.

En el apartado b), se establecen los plazos de notificación y las obligaciones de información del proveedor, incluyendo la obligación de informar a la entidad financiera sobre cualquier hecho que pueda afectar significativamente su capacidad para prestar los servicios contratados. Esto incluye incidentes de seguridad, problemas operativos, riesgos tecnológicos, cambios en la estructura empresarial del proveedor, o cualquier situación que pueda comprometer la continuidad del servicio. Estas disposiciones permiten a las entidades anticiparse a posibles riesgos y tomar decisiones informadas para proteger sus operaciones y a sus clientes. Por ejemplo, si un proveedor sufre un ataque cibernético o una interrupción técnica, debe informar inmediatamente a la entidad financiera para que esta pueda activar sus planes de contingencia.

El apartado c) exige que el proveedor implemente y mantenga planes de contingencia empresarial, medidas y políticas de seguridad de las TIC alineados con el marco regulador de la entidad financiera. Esto incluye garantizar un nivel adecuado de seguridad en la prestación de los servicios, implementando herramientas y procedimientos que minimicen riesgos como ataques cibernéticos, fallos técnicos o interrupciones operativas. Por ejemplo, el proveedor debe demostrar que cuenta con sistemas de respaldo, protocolos de recuperación ante desastres, y medidas para proteger la confidencialidad, integridad y disponibilidad de los datos. Estas disposiciones son esenciales para garantizar que el proveedor esté preparado para gestionar incidentes y mantener la continuidad de los servicios en escenarios adversos.

El apartado d) establece la obligación del proveedor de participar y cooperar plenamente en las pruebas de penetración basadas en amenazas realizadas por la entidad financiera, conforme a los artículos 26 y 27 del Reglamento. Estas pruebas permiten evaluar la resistencia de los sistemas y servicios del proveedor frente a ciberamenazas, identificando vulnerabilidades que puedan ser explotadas y asegurando que los controles implementados son efectivos. La cooperación del proveedor en estas pruebas es fundamental para garantizar que la entidad financiera pueda cumplir con sus propios requisitos de resiliencia operativa digital y proteger sus funciones críticas.

El apartado e) regula los derechos de seguimiento continuo, acceso, inspección y auditoría que deben incluirse en los contratos. Este derecho incluye varias dimensiones: en primer lugar, las entidades financieras deben tener derechos ilimitados de acceso, inspección y auditoría, lo que les permite supervisar la actuación del proveedor y hacer copias de la documentación relevante in situ. Esto es crucial para garantizar la transparencia y el cumplimiento de los términos contractuales. En segundo lugar, los contratos deben prever la posibilidad de acordar niveles de garantía alternativos si otros clientes del proveedor limitan estos derechos. En tercer lugar, el proveedor debe cooperar plenamente con las auditorías realizadas por las autoridades competentes, la entidad financiera o terceros designados. Finalmente, los contratos deben detallar el alcance, los procedimientos y la frecuencia de estas inspecciones, asegurando que las entidades puedan ejercer estos derechos de manera efectiva y sin restricciones.

El apartado f) aborda las estrategias de salida que deben incluirse en los contratos para garantizar una transición ordenada en caso de terminación del acuerdo. Estas estrategias deben prever un período transitorio durante el cual el proveedor continuará prestando los servicios para evitar interrupciones en las operaciones de la entidad financiera. También deben permitir a la entidad migrar los servicios a otro proveedor o implementar soluciones internas, asegurando la continuidad operativa y minimizando los riesgos para los clientes y el sistema financiero. Por ejemplo, el contrato puede establecer plazos específicos para la entrega de datos y la cooperación del proveedor durante la transición.

El artículo también introduce una excepción para microempresas, que pueden acordar con el proveedor que los derechos de acceso, inspección y auditoría sean delegados en un tercero independiente designado por el proveedor. En este caso, la microempresa puede solicitar al tercero información y garantías sobre el desempeño del proveedor en cualquier momento. Esta disposición busca equilibrar la carga regulatoria para entidades de menor tamaño, permitiendo una supervisión efectiva sin imponerles requisitos desproporcionados.

Desde una perspectiva práctica, este artículo tiene varias implicaciones importantes para las entidades financieras. En primer lugar, deben garantizar que todos los elementos establecidos en el artículo se incluyan en los contratos con proveedores terceros de TIC. Esto requiere un enfoque meticuloso en la negociación y redacción de los contratos, asegurando que reflejen tanto las necesidades específicas de la entidad como los requisitos del Reglamento. Además, las entidades deben desarrollar procesos internos para supervisar el cumplimiento de estas disposiciones, utilizando herramientas como auditorías, revisiones de SLA y pruebas de penetración.

Desde el punto de vista estratégico, este artículo refuerza la resiliencia operativa digital de las entidades financieras al garantizar que los contratos incluyan cláusulas detalladas para mitigar riesgos operativos, tecnológicos y regulatorios. Esto no solo protege a las entidades frente a fallos del proveedor, sino que también contribuye a la estabilidad del sistema financiero al garantizar la continuidad de las funciones esenciales en escenarios adversos.

En términos regulatorios, este artículo facilita la supervisión efectiva por parte de las autoridades competentes, ya que establece un marco claro para evaluar la adecuación de los contratos y garantizar que cumplen con los requisitos del Reglamento. Por ejemplo, las autoridades pueden utilizar las disposiciones sobre auditorías, SLA y estrategias de salida como criterios para evaluar si las entidades están gestionando adecuadamente los riesgos relacionados con la externalización.

En conclusión, el artículo 30.3 del Reglamento 2022/2554 establece un marco detallado y exigente para los contratos con proveedores terceros de servicios de TIC, asegurando que incluyan disposiciones claras y robustas para la supervisión, la continuidad operativa y la gestión de riesgos. Su implementación requiere que las entidades adopten un enfoque estructurado y proactivo en la negociación y supervisión de los contratos, garantizando que estos reflejen tanto los requisitos normativos como las necesidades específicas de la entidad. Al mismo tiempo, este artículo refuerza la capacidad de las autoridades para supervisar los riesgos asociados a la externalización, contribuyendo a la estabilidad y seguridad del sistema financiero en un entorno cada vez más digital e interconectado.

4. Al negociar acuerdos contractuales, las entidades financieras y los proveedores terceros de servicios de TIC considerarán el uso de cláusulas contractuales tipo elaboradas por las autoridades públicas para servicios específicos.

El artículo 30.4 del Reglamento 2022/2554 introduce la recomendación de que las entidades financieras y los proveedores terceros de servicios de tecnologías de la información y la comunicación (TIC) consideren el uso de cláusulas contractuales tipo elaboradas por las autoridades públicas al negociar acuerdos contractuales. Este enfoque tiene como objetivo estandarizar y armonizar ciertos aspectos clave de los contratos, especialmente aquellos relacionados con servicios específicos de TIC que sustentan funciones esenciales o importantes en el sector financiero. La norma no obliga a adoptar estas cláusulas tipo, pero sugiere su consideración como una herramienta útil para garantizar que los contratos cumplan con los requisitos regulatorios, ofrezcan claridad jurídica y refuercen la gestión de los riesgos relacionados con la externalización de servicios TIC.

El uso de cláusulas contractuales tipo presenta múltiples beneficios prácticos tanto para las entidades financieras como para los proveedores. Estas cláusulas, al ser desarrolladas por las autoridades públicas, como las Autoridades Europeas de Supervisión (AES) o los reguladores nacionales, suelen reflejar las mejores prácticas del sector y estar diseñadas para cumplir con los requisitos legales y regulatorios aplicables, incluidas las normativas sobre ciberseguridad, resiliencia operativa y protección de datos. Esto reduce la incertidumbre jurídica y asegura que los contratos incluyan disposiciones que mitiguen adecuadamente los riesgos relacionados con la prestación de servicios TIC.

Desde la perspectiva de las entidades financieras, el uso de estas cláusulas tipo facilita la negociación y formalización de los acuerdos contractuales, al proporcionar un marco predefinido que puede ser adaptado a las necesidades específicas del contrato. Por ejemplo, las cláusulas tipo pueden incluir disposiciones estándar sobre acceso a datos, auditorías, medidas de seguridad, plazos de notificación y mecanismos de resolución de disputas, lo que reduce la necesidad de diseñar estas disposiciones desde cero en cada negociación. Esto no solo ahorra tiempo y recursos, sino que también mejora la calidad y consistencia de los contratos, minimizando el riesgo de omitir cláusulas críticas o de redactarlas de manera ambigua.

Además, las cláusulas tipo fomentan la armonización en el sector financiero, al garantizar que las entidades financieras adopten enfoques coherentes para la gestión de los riesgos asociados a la externalización de servicios TIC. Por ejemplo, al usar cláusulas tipo relacionadas con auditorías, todas las entidades podrían exigir un nivel uniforme de acceso y cooperación por parte de los proveedores, lo que facilita la supervisión por parte de las autoridades competentes y reduce las disparidades entre contratos. Esto también puede beneficiar a los proveedores, ya que los estándares armonizados reducen la complejidad y las inconsistencias entre los contratos que gestionan con diferentes entidades financieras.

Un aspecto importante de las cláusulas contractuales tipo es que pueden estar específicamente diseñadas para abordar servicios de TIC críticos o particularmente complejos, como los relacionados con la gestión de datos en la nube, la ciberseguridad, o la continuidad operativa en caso de incidentes. Estas cláusulas pueden incluir, por ejemplo, disposiciones para garantizar la interoperabilidad de los sistemas del proveedor con los de otros proveedores o con las infraestructuras internas de la entidad financiera, lo que facilita la migración de servicios en caso de rescisión del contrato. También pueden abordar requisitos específicos para garantizar el cumplimiento con normativas como el Reglamento General de Protección de Datos, especialmente cuando los servicios de TIC implican la transferencia de datos personales a terceros países.

Otro beneficio clave es que las cláusulas tipo suelen estar alineadas con las expectativas de las autoridades competentes, lo que facilita el cumplimiento normativo por parte de las entidades financieras. Por ejemplo, las cláusulas desarrolladas por las Autoridades Europeas de Supervisión pueden incluir disposiciones específicas para garantizar que los contratos permitan a las autoridades realizar auditorías, supervisar la prestación de servicios y acceder a información crítica sobre el proveedor. Esto refuerza la capacidad de las entidades para demostrar a los supervisores que han adoptado medidas adecuadas para gestionar los riesgos asociados a la externalización.

Desde la perspectiva de los proveedores terceros de TIC, el uso de cláusulas tipo también puede ofrecer ventajas significativas. Estas cláusulas proporcionan claridad sobre las expectativas regulatorias y contractuales, reduciendo la posibilidad de disputas o incumplimientos derivados de ambigüedades en los contratos. Además, al ser utilizadas de manera uniforme por múltiples entidades financieras, las cláusulas tipo facilitan la estandarización de los términos y condiciones que los proveedores deben cumplir, lo que simplifica la gestión de sus obligaciones contractuales.

Sin embargo, es importante destacar que el uso de cláusulas tipo no exime a las entidades financieras y a los proveedores de su responsabilidad de personalizar los contratos para que reflejen las características específicas del servicio externalizado, los riesgos asociados y las necesidades particulares de la entidad. Aunque las cláusulas tipo proporcionan una base sólida, los contratos deben adaptarse a factores como la naturaleza del servicio, la criticidad de la función externalizada, el perfil del proveedor, y las normativas locales aplicables. Por ejemplo, un contrato para la gestión de infraestructura en la nube requerirá disposiciones más específicas y detalladas que un contrato para servicios auxiliares de menor impacto.

Desde una perspectiva estratégica, este artículo refuerza la transparencia y la confianza en las relaciones entre las entidades financieras y los proveedores terceros de TIC, al establecer un marco contractual claro y alineado con las mejores prácticas del sector. Esto no solo protege a las entidades frente a riesgos operativos y regulatorios, sino que también promueve una mayor colaboración y alineación de intereses entre las partes. Además, las cláusulas tipo pueden contribuir a la estabilidad y resiliencia del sistema financiero en su conjunto, al garantizar que los riesgos asociados a la externalización de servicios TIC críticos sean gestionados de manera coherente y efectiva en todo el sector.

Desde el punto de vista de las autoridades competentes, este artículo facilita la supervisión de los riesgos relacionados con la externalización, al fomentar la adopción de disposiciones contractuales armonizadas que reflejen las expectativas regulatorias. Por ejemplo, las cláusulas tipo pueden incluir requisitos específicos para garantizar que las entidades y los proveedores cooperen plenamente con las auditorías e inspecciones realizadas por los supervisores, lo que refuerza la capacidad de las autoridades para monitorear y mitigar los riesgos sistémicos asociados a los servicios TIC.

En conclusión, el artículo 30.4 del Reglamento 2022/2554 promueve el uso de cláusulas contractuales tipo como una herramienta clave para mejorar la calidad, consistencia y cumplimiento de los acuerdos contractuales entre entidades financieras y proveedores terceros de TIC. Aunque no es obligatorio, el uso de estas cláusulas proporciona una base sólida para negociar contratos que reflejen las mejores prácticas del sector y cumplan con las expectativas regulatorias. Su implementación facilita la gestión de riesgos, reduce las cargas administrativas, y promueve la armonización en el sector financiero, al tiempo que refuerza la capacidad de supervisión de las autoridades competentes. No obstante, es fundamental que las entidades y los proveedores adapten estas cláusulas a las características específicas de cada contrato, asegurando que aborden de manera efectiva los riesgos y necesidades particulares asociados a los servicios externalizados.

5. Las Autoridades Europeas de Supervisión, a través del Comité Mixto, elaborarán proyectos de normas técnicas de regulación para especificar más detalladamente los elementos a que se refiere el apartado 2, letra a), que una entidad financiera debe determinar y evaluar a la hora de subcontratar servicios de TIC que sustenten funciones esenciales o importantes.

A la hora de elaborar dichos proyectos de normas técnicas de regulación, las Autoridades Europeas de Supervisión tendrán en cuenta el tamaño y el perfil de

riesgo general de la entidad financiera, así como la naturaleza, escala y complejidad de sus servicios, actividades y operaciones.

Las Autoridades Europeas de Supervisión presentarán a la Comisión dichos proyectos de normas técnicas de regulación a más tardar el 17 de julio de 2024.

Se delegan en la Comisión los poderes para completar el presente Reglamento mediante la adopción de las normas técnicas de regulación a que se refiere el párrafo primero de conformidad con los artículos 10 a 14 del Reglamento (UE) número 1093/2010, los artículos 10 a 14 del Reglamento (UE) número 1094/2010 y los artículos 10 a 14 del Reglamento (UE) número 1095/2010.

El artículo 30.5 del Reglamento 2022/2554 establece la obligación de las Autoridades Europeas de Supervisión (AES) –que incluyen la Autoridad Bancaria Europea (EBA), la Autoridad Europea de Seguros y Pensiones de Jubilación (EIOPA) y la Autoridad Europea de Valores y Mercados (ESMA)– de elaborar proyectos de normas técnicas de regulación (RTS) destinadas a especificar en mayor detalle los elementos que las entidades financieras deben determinar y evaluar al subcontratar servicios de tecnologías de la información y la comunicación (TIC) que sustenten funciones esenciales o importantes. Este artículo busca proporcionar directrices más concretas y armonizadas para garantizar que las entidades gestionen los riesgos relacionados con la subcontratación de manera adecuada, proporcional y alineada con su perfil de riesgo, el tamaño de sus operaciones y la naturaleza de los servicios externalizados. Las AES tienen como plazo hasta el 17 de julio de 2024 para presentar estos proyectos de normas técnicas a la Comisión Europea, quien adoptará dichas normas de conformidad con los procedimientos establecidos en los Reglamentos fundacionales de las AES.

Un aspecto clave de este artículo es que reconoce que la subcontratación de servicios TIC críticos presenta riesgos operativos, tecnológicos y regulatorios significativos, especialmente en un entorno donde las funciones esenciales de las entidades financieras dependen cada vez más de proveedores externos. Por ello, las normas técnicas de regulación tienen como objetivo estandarizar y clarificar los criterios que las entidades deben aplicar al evaluar la idoneidad de los acuerdos de subcontratación, así como los riesgos asociados. Estas normas incluirán detalles específicos sobre la evaluación inicial y continua del proveedor, las condiciones para permitir la subcontratación, y las medidas necesarias para garantizar la supervisión efectiva y la resiliencia operativa de las funciones externalizadas.

Desde una perspectiva práctica, este artículo implica que las entidades financieras deberán adoptar un enfoque estructurado y riguroso en la gestión de la subcontratación de servicios TIC que sustenten funciones esenciales o importantes. Las normas técnicas de regulación proporcionarán directrices claras sobre los elementos que deben evaluarse, como la solvencia del proveedor, su capacidad técnica, los controles de seguridad implementados, y su capacidad para cumplir con los requisitos regulatorios y contractuales. Por ejemplo, una entidad que externaliza la gestión de una infraestructura crítica en la nube deberá evaluar no solo la calidad técnica del servicio, sino también la capacidad del proveedor para garantizar la protección de datos, la recuperación ante desastres y la continuidad del servicio en caso de incidentes.

Otro aspecto relevante del artículo es que las normas técnicas de regulación serán diseñadas teniendo en cuenta el tamaño y el perfil de riesgo de las entidades financieras, así como la naturaleza, escala y complejidad de sus servicios, actividades y operaciones. Este enfoque basado en la proporcionalidad garantiza que las obligaciones impuestas por las normas sean adecuadas y equilibradas, evitando cargas desproporcionadas para las entidades más pequeñas o aquellas con perfiles de riesgo menos complejos. Por ejemplo, una gran entidad bancaria con operaciones transfronterizas y alta dependencia de servicios TIC críticos estará sujeta a requisitos más rigurosos que una pequeña cooperativa de crédito que externalice funciones auxiliares de bajo impacto. Este enfoque también permite que las normas técnicas sean aplicables de manera uniforme a diferentes sectores del sistema financiero, como la banca, los seguros y los mercados de capitales.

La elaboración de las normas técnicas por parte de las AES, a través del Comité Mixto, garantiza que las disposiciones sean consistentes y armonizadas en toda la Unión Europea. Esto es especialmente importante en un mercado financiero donde muchas entidades operan a nivel transfronterizo y dependen de proveedores globales de servicios TIC. Las normas técnicas promoverán un enfoque común para gestionar los riesgos relacionados con la subcontratación, evitando diferencias significativas en los requisitos aplicados por los distintos Estados miembros y fortaleciendo la supervisión transnacional. Por ejemplo, las normas podrían establecer requisitos uniformes sobre la diligencia debida previa a la contratación de un proveedor, las condiciones para la subcontratación a terceros países, y los derechos de auditoría e inspección que las entidades deben garantizar en sus contratos.

Desde una perspectiva estratégica, este artículo refuerza la importancia de que las entidades financieras adopten políticas y procedimientos claros para la gestión de la subcontratación, asegurando que las decisiones sobre externalización estén alineadas con sus estrategias de resiliencia operativa digital. Esto incluye no solo la evaluación inicial del proveedor, sino también el seguimiento continuo de su desempeño y la capacidad de responder a cambios en sus condiciones operativas o financieras. Por ejemplo, las entidades deben ser capaces de identificar y gestionar riesgos asociados a la concentración excesiva de proveedores, la dependencia de subcontratistas en terceros países, y la falta de transparencia en las cadenas de subcontratación.

El artículo también tiene implicaciones significativas para las autoridades competentes y su capacidad para supervisar los riesgos relacionados con la subcontratación de servicios TIC. Las normas técnicas de regulación proporcionarán criterios claros que las autoridades pueden utilizar para evaluar si las entidades están cumpliendo con sus obligaciones y gestionando adecuadamente los riesgos asociados. Por ejemplo, las autoridades podrán revisar los procesos de diligencia debida realizados por las entidades, los términos de los contratos con proveedores, y las medidas implementadas para garantizar la supervisión continua de los servicios externalizados. Esto no solo fortalece la supervisión individual de las entidades, sino que también contribuye a la estabilidad del sistema financiero al abordar riesgos sistémicos relacionados con la externalización.

Desde el punto de vista de los proveedores terceros de TIC, este artículo refuerza la necesidad de que se alineen con los estándares exigidos por las entidades financieras y las normas regulatorias aplicables. Por ejemplo, los proveedores deberán demostrar que cuentan con controles de seguridad sólidos, planes de contingencia efectivos, y capacidad para cooperar con auditorías e inspecciones realizadas tanto por las entidades financieras como por las autoridades competentes. Además, los proveedores deberán garantizar que sus propios subcontratistas cumplan con los mismos estándares, especialmente cuando se trate de funciones esenciales o importantes. Esto puede requerir inversiones significativas en infraestructura tecnológica, procesos internos y formación del personal para cumplir con las expectativas del Reglamento.

El plazo establecido para la presentación de los proyectos de normas técnicas a la Comisión, fijado para el 17 de julio de 2024, refleja la importancia de implementar estas disposiciones de manera oportuna y efectiva. Una vez adoptadas por la Comisión, las normas técnicas proporcionarán un marco detallado y vinculante que complementará las disposiciones generales del Reglamento, asegurando que las entidades financieras y los proveedores gestionen los riesgos de subcontratación de manera consistente y proporcional.

El artículo 30.5 del Reglamento 2022/2554 establece un marco claro para la elaboración de normas técnicas de regulación destinadas a especificar los elementos que las entidades financieras deben determinar y evaluar al subcontratar servicios TIC críticos. Estas normas, desarrolladas por las Autoridades Europeas de Supervisión, garantizarán un enfoque armonizado y proporcional para gestionar los riesgos asociados a la externalización, teniendo en cuenta el tamaño, perfil de riesgo, y complejidad de las entidades. Su implementación requerirá que las entidades adopten procesos estructurados de diligencia debida, supervisión y gestión de riesgos, mientras que los proveedores deberán alinearse con los estándares exigidos. Al mismo tiempo, las normas fortalecerán la capacidad de las autoridades competentes para supervisar estos riesgos y garantizar la resiliencia operativa del sistema financiero europeo en un entorno digital cada vez más complejo.

Sección II
Marco de supervisión de los proveedores terceros esenciales de servicios de TIC

Artículo 31. Designación de proveedores terceros esenciales de servicios de TIC

1. Las Autoridades Europeas de Supervisión, a través del Comité Mixto y por recomendación del Foro de Supervisión establecido en virtud del artículo 32, apartado 1, deberán:

a) designar a los proveedores terceros de servicios de TIC que sean esenciales para las entidades financieras, tras una evaluación que tenga en cuenta los criterios especificados en el apartado 2;

b) nombrar como supervisor principal para cada proveedor tercero esencial de servicios de TIC a la Autoridad Europea de Supervisión que sea responsable, de conformidad con los Reglamentos (UE) número 1093/2010, (UE) número1094/2010 o (UE) número 1095/2010, para las entidades financieras que tengan conjuntamente la parte más grande de activos totales del valor de activos totales de todas las entidades financieras que utilizan los servicios del proveedor tercero esencial de servicios de TIC pertinente, según conste en la suma de los balances particulares de dichas entidades financieras.

El artículo 31 del Reglamento 2022/2554 establece el marco normativo para la designación de proveedores terceros esenciales de servicios de TIC y la determinación de un supervisor principal encargado de su supervisión, en función de su relevancia estratégica para las entidades financieras. Este artículo reconoce la importancia crítica que algunos proveedores de servicios TIC tienen para la continuidad operativa del sector financiero, al desempeñar un papel central en la prestación de servicios esenciales o en la gestión de funciones clave. A través de este mecanismo, se busca garantizar una supervisión coordinada, efectiva y proporcional de estos proveedores, minimizando los riesgos tecnológicos y cibernéticos asociados a su operación, y asegurando la resiliencia operativa del sistema financiero europeo.

El artículo, en su apartado 1, dispone que las Autoridades Europeas de Supervisión (AES) –la Autoridad Bancaria Europea (EBA), la Autoridad Europea de Seguros y Pensiones de Jubilación (EIOPA) y la Autoridad Europea de Valores y Mercados (ESMA)– deben, a través del Comité Mixto, designar a los proveedores terceros de servicios de TIC que sean esenciales para las entidades financieras. Este proceso se realiza sobre la base de una evaluación detallada que utiliza los criterios establecidos en el apartado 2 del mismo artículo. La designación de estos proveedores como "esenciales" tiene importantes implicaciones, ya que reconoce su papel fundamental en el funcionamiento del sistema financiero, y activa un marco de supervisión más exhaustivo para garantizar que los riesgos asociados a su operación estén adecuadamente gestionados.

Desde una perspectiva práctica, esta disposición subraya la necesidad de establecer un enfoque sistemático para identificar a los proveedores que cumplen los criterios de esencialidad. La evaluación no solo debe considerar la criticidad de los servicios prestados, sino también la posible dependencia de múltiples entidades financieras en el mismo proveedor, lo que podría generar riesgos de concentración o efectos en cascada en caso de interrupciones o fallos. Por ejemplo, un proveedor que ofrezca servicios en la nube ampliamente utilizados para la gestión de datos, transacciones financieras o ciberseguridad podría ser designado como esencial debido a su relevancia estratégica para el sector.

El nombramiento de un supervisor principal para cada proveedor esencial es otro elemento clave del artículo 31. Según el apartado 1, letra b), el supervisor principal será designado entre las AES, y su selección dependerá de cuál de estas autoridades sea responsable de las entidades financieras que tengan conjuntamente la mayor proporción de activos totales gestionados utilizando los servicios del proveedor en cuestión. Esta metodología para determinar el supervisor principal es práctica y proporcional, ya que asegura que la autoridad con mayor relevancia en términos del impacto agregado del proveedor en el sector financiero sea la encargada de liderar la supervisión.

La designación de un supervisor principal tiene importantes implicaciones operativas y estratégicas para la supervisión de los proveedores esenciales. Este supervisor actuará como el punto central de contacto entre el proveedor y las entidades financieras que utilizan sus servicios, y será responsable de coordinar la supervisión a nivel europeo. Esto incluye la realización de evaluaciones de riesgos, la implementación de medidas correctivas cuando sea necesario, y la facilitación del intercambio de información entre las AES, las entidades financieras y las autoridades nacionales competentes. Por ejemplo, si un proveedor esencial experimenta un incidente cibernético significativo, el supervisor principal coordinará la respuesta, asegurándose de que se implementen medidas correctivas efectivas y de que las entidades afectadas reciban la información necesaria para gestionar el impacto.

Desde una perspectiva estratégica, este artículo promueve la coherencia y la eficacia en la supervisión de los riesgos tecnológicos y cibernéticos asociados a los proveedores esenciales, evitando duplicidades o inconsistencias en las medidas aplicadas por distintas autoridades. Esto es particularmente importante en un contexto donde muchos de estos proveedores operan a nivel transfronterizo, prestando servicios a múltiples entidades financieras en distintos Estados miembros. Al centralizar la supervisión en un supervisor principal, el Reglamento facilita una supervisión más uniforme y coordinada, lo que es esencial para abordar riesgos sistémicos que podrían afectar al sector financiero en su conjunto.

Además, la disposición del artículo fomenta una mayor transparencia y responsabilidad por parte de los proveedores esenciales. Al ser designados como esenciales, estos proveedores estarán sujetos a mayores expectativas regulatorias y a un marco de supervisión más riguroso. Esto incluye la obligación de cooperar plenamente con las AES y de garantizar que implementan medidas adecuadas para gestionar los riesgos relacionados con la prestación de sus servicios. Por ejemplo, un proveedor esencial podría estar obligado a demostrar que cuenta con planes de contingencia efectivos, controles de ciberseguridad avanzados y la capacidad de garantizar la continuidad operativa incluso en escenarios adversos.

Desde el punto de vista de las entidades financieras, la designación de proveedores esenciales y la supervisión centralizada por un supervisor principal refuerzan la seguridad y la resiliencia de los servicios externalizados. Al garantizar que estos proveedores están sujetos a una supervisión rigurosa, las entidades pueden confiar en que los riesgos asociados a la externalización de funciones críticas están siendo gestionados de manera efectiva. Esto es especialmente relevante en casos donde múltiples entidades dependen del mismo proveedor para servicios clave, como la gestión de pagos, el almacenamiento de datos o la infraestructura tecnológica.

En términos regulatorios, este artículo también refuerza la capacidad de las AES para identificar y abordar riesgos de concentración asociados a los proveedores esenciales. Por ejemplo, si un único proveedor domina el mercado para un tipo específico de servicio TIC, las AES pueden utilizar los resultados de la evaluación para implementar medidas que reduzcan la dependencia del sector financiero en ese proveedor, promoviendo la diversificación y la competencia. Además, el artículo permite que las AES adopten un enfoque preventivo, identificando riesgos emergentes antes de que se materialicen en incidentes que puedan comprometer la estabilidad del sistema financiero.

Desde una perspectiva operativa, la implementación de este artículo requerirá la creación de procedimientos claros y transparentes para la evaluación de proveedores y la designación de supervisores principales. Esto incluye la colaboración estrecha entre las AES, el Foro de Supervisión mencionado en el artículo 32, y las autoridades nacionales competentes, asegurando que las evaluaciones se basen en datos precisos y actualizados sobre la criticidad de los servicios prestados por los proveedores y su impacto en el sector financiero. Además, las AES deberán desarrollar metodologías claras para determinar qué autoridad actúa como supervisor principal, garantizando que esta decisión sea objetiva y alineada con los criterios establecidos en el artículo.

En conclusión, el artículo 31 del Reglamento 2022/2554 establece un marco robusto para la identificación, supervisión y gestión de los riesgos asociados a los proveedores terceros esenciales de servicios TIC. Al designar a estos proveedores y asignarles un supervisor principal, el artículo garantiza que los riesgos tecnológicos y cibernéticos asociados a sus operaciones sean gestionados de manera coordinada, efectiva y proporcionada. Este enfoque no solo refuerza la resiliencia operativa de las entidades financieras individuales, sino que también contribuye a la estabilidad del sistema financiero en su conjunto, al abordar riesgos sistémicos asociados a la dependencia de proveedores clave. Su implementación requiere un esfuerzo significativo por parte de las AES, las autoridades nacionales competentes y los proveedores esenciales, pero ofrece beneficios claros en términos de seguridad, transparencia y confianza en los servicios externalizados.

2. La designación a que se refiere el apartado 1, letra a), se basará en todos los criterios siguientes en relación con los servicios de TIC prestados por el proveedor tercero de servicios de TIC:

a) el impacto sistémico en la estabilidad, la continuidad o la calidad de la prestación de servicios financieros en caso de un posible fallo operativo a gran

escala del proveedor tercero de servicios de TIC de que se trate que afecte a la prestación de sus servicios, teniendo en cuenta el número de entidades financieras y el valor total de los activos de las entidades financieras a las que presta servicios el proveedor tercero de servicios de TIC de que se trate;

b) *el carácter o la importancia sistémicos de las entidades financieras que dependen del proveedor tercero de servicios de TIC de que se trate, evaluados con arreglo a los parámetros siguientes:*

   i) *el número de entidades de importancia sistémica mundial (EISM) u otras entidades de importancia sistémica (OEIS) que dependen del proveedor tercero de servicios de TIC correspondiente,*

   ii) *la interdependencia entre las EISM u OEIS a que se refiere el inciso i) y otras entidades financieras, incluidas las situaciones en las que las EISM u OEIS prestan servicios de infraestructura financiera a otras entidades financieras;*

c) *la dependencia de las entidades financieras respecto de los servicios prestados por el proveedor tercero de servicios de TIC pertinente en relación con funciones esenciales o importantes de entidades financieras que, en última instancia, impliquen al mismo proveedor tercero de servicios de TIC, con independencia de que las entidades financieras recurran a dichos servicios directa o indirectamente, a través de acuerdos de subcontratación;*

d) *el grado de sustituibilidad del proveedor tercero de servicios de TIC, teniendo en cuenta los parámetros siguientes:*

   i) *la falta de alternativas reales, siquiera parciales, debido al número limitado de proveedores terceros de servicios de TIC activos en un mercado específico, o a la cuota de mercado del proveedor tercero de servicios de TIC de que se trate, o a la complejidad o dificultad técnica existente, entre otras cosas en relación con tecnologías protegidas por derechos, o a las características específicas de la organización o la actividad del proveedor tercero de servicios de TIC,*

   ii) *las dificultades relacionadas con la migración parcial o total de los datos y cargas de trabajo pertinentes del proveedor tercero de servicios de TIC en cuestión a otro, al ser considerables los costes financieros, el tiempo u otros recursos que el proceso de migración podría implicar, o debido al aumento del riesgo de TIC o de otros riesgos operativos a los que podría verse expuesta la entidad financiera a través de dicha migración.*

El artículo 31.2 del Reglamento 2022/2554 establece los criterios clave que deben considerarse al designar a un proveedor tercero de servicios de

TIC como esencial para las entidades financieras. Este proceso de designación es fundamental para identificar a los proveedores cuya operativa tiene un impacto significativo en la estabilidad, continuidad y calidad de los servicios financieros en la Unión Europea, y para garantizar que estén sujetos a un marco de supervisión riguroso y coordinado. La inclusión de criterios detallados y específicos refuerza el enfoque estructurado y objetivo del Reglamento para abordar los riesgos tecnológicos y cibernéticos asociados a estos proveedores. Los elementos contemplados en este artículo no solo identifican los riesgos potenciales derivados de un fallo o interrupción de los servicios prestados por un proveedor esencial, sino que también buscan prevenir riesgos sistémicos que puedan afectar a todo el sector financiero.

El apartado a) establece como criterio principal el impacto sistémico que un fallo operativo a gran escala del proveedor podría tener sobre la estabilidad, continuidad o calidad de la prestación de servicios financieros. Este criterio considera factores como el número de entidades financieras que dependen del proveedor y el valor total de los activos de dichas entidades. Este enfoque reconoce que algunos proveedores de TIC operan como puntos críticos dentro del sistema financiero, debido a la alta dependencia de las entidades financieras en sus servicios. Por ejemplo, un proveedor de servicios en la nube que aloje plataformas de pagos transfronterizos para múltiples bancos importantes tendría un impacto significativo en caso de fallo, con posibles consecuencias en cascada que afectarían la estabilidad del sistema financiero en su conjunto. La evaluación de este impacto debe incluir tanto las posibles interrupciones técnicas como los riesgos asociados a la pérdida de confianza de los clientes o el mercado.

El apartado b) introduce la evaluación del carácter o importancia sistémica de las entidades financieras que dependen del proveedor. Este criterio se enfoca particularmente en las Entidades de Importancia Sistémica Mundial (EISM) y otras Entidades de Importancia Sistémica (OEIS), que desempeñan un papel central en el sistema financiero global y europeo. El inciso i) considera el número de EISM u OEIS que dependen del proveedor, mientras que el inciso ii) analiza la interdependencia entre estas entidades y otras instituciones financieras. Por ejemplo, una EISM que dependa de un proveedor para la gestión de su infraestructura de liquidación de pagos puede generar riesgos significativos no solo para sus operaciones, sino también para las instituciones que dependen de sus servicios. Este criterio subraya la importancia de evaluar no solo la relación directa entre las entidades y el proveedor, sino también las redes de interdependencia que pueden amplificar el impacto de un fallo o interrupción.

El apartado c) aborda la dependencia de las entidades financieras respecto de los servicios prestados por el proveedor tercero, incluyendo tanto las relaciones directas como las indirectas a través de subcontrataciones. Este criterio reconoce que, en muchos casos, las entidades financieras pueden depender del mismo proveedor a través de múltiples canales, lo que aumenta el riesgo de concentración y reduce la capacidad del sistema financiero para diversificar o mitigar los riesgos asociados. Por ejemplo, si varias entidades subcontratan servicios de infraestructura a diferentes proveedores que, a su vez, dependen de un mismo proveedor mayorista de servicios en la nube, esto puede generar una dependencia sistémica de ese proveedor mayorista, incluso si las entidades no lo contratan directamente. Este enfoque integral permite identificar riesgos que de otro modo podrían pasar desapercibidos y subraya la importancia de monitorear las cadenas de subcontratación dentro del ecosistema de proveedores TIC.

El apartado d) introduce el criterio de sustituibilidad del proveedor tercero, considerando dos factores clave: la falta de alternativas reales y las dificultades relacionadas con la migración de datos o cargas de trabajo a otro proveedor. El inciso i) analiza las barreras para la sustitución, como la limitada cantidad de proveedores en el mercado, la cuota de mercado dominante del proveedor, la complejidad técnica asociada a sus tecnologías, y las características específicas de su organización o actividad. Por ejemplo, si un proveedor utiliza tecnologías patentadas o exclusivas que no son compatibles con las de otros proveedores, las entidades financieras pueden enfrentar barreras técnicas significativas para migrar a otro proveedor. El inciso ii) considera las dificultades prácticas y los costos asociados con la migración, incluyendo los riesgos adicionales que este proceso puede generar. Por ejemplo, la transferencia de grandes volúmenes de datos sensibles entre proveedores puede implicar no solo altos costos financieros y de tiempo, sino también riesgos adicionales relacionados con la seguridad de los datos y la continuidad operativa.

La evaluación de estos criterios tiene implicaciones prácticas significativas tanto para las entidades financieras como para los proveedores terceros de servicios de TIC. Desde la perspectiva de las entidades financieras, este artículo subraya la importancia de realizar evaluaciones exhaustivas de los riesgos asociados a la dependencia de proveedores críticos. Esto incluye no solo evaluar la calidad y resiliencia de los servicios prestados, sino también considerar la sostenibilidad a largo plazo de la relación con el proveedor, incluidas las opciones de sustitución y los riesgos de concentración. Por ejemplo, las entidades deben desarrollar estrategias para mitigar los riesgos asociados a proveedores esenciales, como diversificar sus proveedores, implementar planes de contingencia y garantizar que los contratos incluyan disposiciones claras para la recuperación de datos y la continuidad operativa.

Para los proveedores terceros de servicios de TIC, la designación como proveedor esencial implica estar sujetos a un mayor escrutinio y supervisión por parte de las autoridades competentes. Esto incluye la obligación de demostrar que cuentan con los recursos, controles y capacidades necesarias para garantizar la seguridad, resiliencia y continuidad de los servicios que prestan a las entidades financieras. Además, los proveedores deben estar preparados para cooperar plenamente con las auditorías y evaluaciones realizadas por las autoridades, y para implementar las medidas correctivas necesarias en caso de que se identifiquen deficiencias en su gestión de riesgos. Por ejemplo, un proveedor designado como esencial puede estar obligado a realizar pruebas regulares de ciberseguridad, desarrollar planes detallados de recuperación ante desastres y demostrar la capacidad de garantizar la continuidad del servicio incluso en escenarios de interrupción significativa.

Desde una perspectiva estratégica, este artículo refuerza la capacidad de las Autoridades Europeas de Supervisión para identificar y gestionar riesgos sistémicos asociados a los proveedores críticos. Al establecer criterios detallados y específicos, el Reglamento proporciona un marco claro para evaluar la importancia de los proveedores dentro del sistema financiero y para implementar medidas proporcionales de supervisión y mitigación de riesgos. Esto es especialmente relevante en un entorno donde los servicios TIC están cada vez más concentrados en un número limitado de grandes proveedores globales, lo que aumenta los riesgos de dependencia y vulnerabilidad sistémica.

En términos regulatorios, este artículo también facilita la coordinación entre las autoridades competentes, al proporcionar un marco uniforme para evaluar los riesgos asociados a los proveedores esenciales y para implementar medidas de supervisión coherentes en toda la Unión Europea. Esto no solo mejora la capacidad de las autoridades para supervisar los riesgos individuales y sistémicos, sino que también contribuye a la estabilidad del sistema financiero en su conjunto al garantizar que los riesgos asociados a los proveedores críticos sean gestionados de manera coordinada y efectiva.

En conclusión, el artículo 31.2 del Reglamento 2022/2554 establece un marco exhaustivo y detallado para evaluar y designar a los proveedores terceros de servicios de TIC como esenciales, basándose en criterios que reflejan su impacto sistémico, la dependencia del sector financiero y su sustituibilidad. Estos criterios permiten identificar de manera objetiva a los proveedores cuya operativa es crítica para la estabilidad y continuidad del sistema financiero, y aseguran que estén sujetos a una supervisión rigurosa y coordinada. Su implementación requiere un enfoque estructurado y colaborativo entre las entidades financieras, los proveedores y las autoridades competentes, pero ofrece beneficios claros en términos de resiliencia operativa, seguridad y confianza en los servicios externalizados.

3. Cuando el proveedor tercero de servicios de TIC pertenezca a un grupo, los criterios a que se refiere el apartado 2 se tendrán en cuenta en relación con los servicios de TIC prestados por el grupo en su conjunto.

El artículo 31.3 del Reglamento 2022/2554 establece que, en el proceso de evaluación para designar a un proveedor tercero de servicios de tecnologías de la información y la comunicación (TIC) como esencial, los criterios establecidos en el apartado 2 deben considerarse en relación con los servicios TIC prestados por el grupo empresarial en su conjunto, en lugar de limitarse exclusivamente al proveedor individual dentro de dicho grupo. Este enfoque refleja el reconocimiento de que muchos proveedores de servicios TIC pertenecen a grandes conglomerados o grupos multinacionales, cuyas actividades están interrelacionadas y cuyo impacto en el sector financiero no puede evaluarse de manera aislada. En consecuencia, este artículo garantiza que la evaluación de la criticidad y los riesgos asociados tenga en cuenta la totalidad de las operaciones del grupo, lo que es esencial para abordar riesgos sistémicos y garantizar una supervisión más eficaz y completa.

La referencia al grupo en su conjunto implica que no solo se analizarán las operaciones directas del proveedor específico que interactúa con las entidades financieras, sino también cómo los servicios, recursos y capacidades de otras empresas dentro del grupo pueden afectar a la prestación de los servicios TIC. Esto incluye aspectos como la interdependencia operativa entre las diferentes entidades del grupo, la centralización o compartición de recursos tecnológicos y de infraestructura, la gestión compartida de datos y la dependencia de entidades del grupo en actividades críticas como ciberseguridad, almacenamiento en la nube o redes de telecomunicaciones. Por ejemplo, si un proveedor individual depende de una infraestructura tecnológica operada por otra empresa dentro del grupo, cualquier fallo en esa infraestructura tendría un impacto en cascada sobre los servicios prestados a las entidades financieras, lo que hace esencial incluir esta consideración en la evaluación.

Este artículo también permite abordar de manera más eficaz el riesgo de concentración en el sector financiero cuando múltiples entidades financieras dependen de servicios prestados por diferentes empresas dentro del mismo grupo. Aunque las entidades financieras pueden creer que están diversificando sus proveedores al contratar con diferentes empresas del grupo, en la práctica pueden seguir estando expuestas a los mismos riesgos si las empresas del grupo comparten infraestructuras, sistemas o recursos clave. Por ejemplo, un grupo que opera varias empresas que ofrecen servicios TIC en diferentes sectores puede gestionar una única infraestructura centralizada de servidores o un sistema común de almacenamiento de datos. Si este sistema centralizado falla, todas las entidades financieras que dependan de cualquiera de las empresas del grupo podrían verse afectadas, amplificando el impacto potencial de un incidente.

Desde una perspectiva práctica, este artículo refuerza la necesidad de realizar una evaluación integral y exhaustiva de los riesgos asociados a la prestación de servicios TIC por parte de grupos empresariales. Esto incluye no solo analizar los servicios prestados por la empresa contratada directamente por la entidad financiera, sino también evaluar cómo las interdependencias dentro del grupo pueden influir en la capacidad del proveedor para cumplir con sus obligaciones contractuales. Por ejemplo, si una empresa del grupo es responsable de la ciberseguridad, pero no cuenta con controles adecuados, un ataque cibernético dirigido a esa empresa podría comprometer los servicios prestados por otras entidades del grupo, incluidas aquellas que interactúan directamente con las entidades financieras.

Este enfoque también tiene implicaciones importantes para la supervisión y gestión de riesgos por parte de las entidades financieras. Las entidades deben asegurarse de que sus evaluaciones de diligencia debida y sus políticas de gestión de riesgos incluyan un análisis del grupo empresarial al que pertenece el proveedor. Esto podría incluir evaluar la estabilidad financiera del grupo, su historial en la prestación de servicios TIC, los controles de seguridad implementados en todas las entidades del grupo, y los posibles riesgos de concentración o dependencia. Además, las entidades deben garantizar que sus acuerdos contractuales con los proveedores incluyan cláusulas que reflejen estas consideraciones, como la obligación de proporcionar información sobre la estructura y las interdependencias del grupo, o la capacidad de auditar a otras entidades del grupo si estas tienen un impacto directo en los servicios prestados.

Desde la perspectiva de los proveedores terceros de servicios de TIC, este artículo implica la necesidad de garantizar que la gestión de riesgos y las operaciones dentro del grupo estén alineadas y sean coherentes con los estándares exigidos por el Reglamento. Los grupos empresariales deben asegurarse de que todas sus entidades implementen controles y medidas de seguridad equivalentes, especialmente si comparten recursos, sistemas o infraestructuras. Por ejemplo, si una empresa del grupo gestiona los servidores utilizados por otras entidades para prestar servicios a las entidades financieras, debe garantizar que estos servidores cumplen con los estándares de ciberseguridad, resiliencia y disponibilidad requeridos por el Reglamento. Además, los grupos deben estar preparados para proporcionar información completa y transparente sobre sus operaciones y su estructura organizativa durante las evaluaciones realizadas por las Autoridades Europeas de Supervisión (AES) o las autoridades nacionales competentes.

Desde una perspectiva estratégica, este artículo fortalece la capacidad de las Autoridades Europeas de Supervisión para identificar y gestionar riesgos sistémicos asociados a grandes grupos empresariales que operan como proveedores de servicios TIC. Al considerar al grupo en su conjunto, las autoridades pueden obtener una visión más completa del papel que desempeñan estos proveedores en el sector financiero y de los riesgos que su actividad puede generar. Esto es particularmente relevante en un entorno donde un pequeño número de grandes grupos globales domina el mercado de servicios TIC, como los proveedores de servicios en la nube o las empresas de ciberseguridad. Este enfoque permite a las autoridades adoptar medidas coordinadas para mitigar riesgos de concentración, garantizar la resiliencia operativa y promover la estabilidad del sistema financiero.

El enfoque grupal también facilita la coordinación de la supervisión entre las distintas autoridades competentes y las AES. Al considerar al grupo en su totalidad, las autoridades pueden identificar interdependencias y riesgos compartidos que podrían no ser evidentes al analizar solo a las empresas individuales dentro del grupo. Esto permite una supervisión más eficaz y una mejor planificación de las medidas correctivas en caso de incidentes. Por ejemplo, si un grupo empresarial es designado como proveedor esencial, el supervisor principal designado puede coordinar con las autoridades competentes para supervisar todas las entidades del grupo que tienen un impacto en la prestación de servicios a las entidades financieras, garantizando una supervisión coherente y efectiva.

Desde el punto de vista regulatorio, este artículo refuerza la importancia de la transparencia y la cooperación por parte de los proveedores terceros de servicios de TIC y sus grupos empresariales. Los grupos deben estar preparados para proporcionar información detallada sobre su estructura organizativa, las interdependencias entre sus entidades, y los controles implementados para gestionar los riesgos compartidos. Esto incluye la obligación de cooperar plenamente con las auditorías y evaluaciones realizadas por las autoridades competentes, y de implementar medidas correctivas cuando se identifiquen deficiencias en su gestión de riesgos.

En conclusión, el artículo 31.3 del Reglamento 2022/2554 establece que la designación de proveedores terceros de servicios de TIC como esenciales debe basarse en una evaluación que considere los servicios prestados por el grupo empresarial en su conjunto. Este enfoque integral permite identificar y gestionar de manera más efectiva los riesgos sistémicos y las interdependencias dentro de los grupos, reforzando la resiliencia operativa del sector financiero y promoviendo la estabilidad del sistema en su conjunto. Su implementación requiere que las entidades financieras realicen evaluaciones de riesgos exhaustivas que incluyan al grupo empresarial del proveedor, y que los proveedores garanticen la alineación y coherencia de sus operaciones y controles a nivel grupal. Al mismo tiempo, este artículo fortalece la capacidad de las autoridades competentes para supervisar estos riesgos de manera coordinada y efectiva, contribuyendo a un marco regulatorio más robusto y resiliente en el contexto de la creciente dependencia de los servicios TIC en el sector financiero.

4. Los proveedores terceros esenciales de servicios de TIC que formen parte de un grupo designarán a una persona jurídica como punto de coordinación para garantizar una representación y una comunicación adecuadas con el supervisor principal.

El artículo 31.4 del Reglamento 2022/2554 establece que los proveedores terceros esenciales de servicios de tecnologías de la información y la comunicación (TIC) que formen parte de un grupo empresarial deben designar a una persona jurídica como punto de coordinación para garantizar una representación y comunicación adecuadas con el supervisor principal. Esta disposición tiene como objetivo centralizar y estructurar las interacciones entre los proveedores esenciales y las autoridades de supervisión, facilitando la supervisión efectiva de los riesgos asociados a sus operaciones y fortaleciendo la cooperación y la transparencia entre las partes. En este contexto, el punto de coordinación actúa como un intermediario clave, asegurando que las autoridades competentes puedan supervisar de manera eficiente las actividades del proveedor dentro del grupo empresarial y que las medidas regulatorias o correctivas puedan implementarse de manera uniforme y coordinada.

La designación de una persona jurídica como punto de coordinación aporta claridad y estructura a las relaciones entre el supervisor principal y el grupo empresarial del proveedor esencial. En lugar de que las autoridades tengan que interactuar con múltiples entidades del grupo, lo que podría generar duplicidades, incoherencias o retrasos en la comunicación, este modelo establece un único interlocutor que representa a todo el grupo. Este enfoque simplifica los procesos de supervisión y garantiza que la información relevante fluya de manera eficiente, tanto desde las autoridades hacia el proveedor como en sentido inverso. Por ejemplo, en caso de que el supervisor principal solicite información sobre las operaciones del grupo, el punto de coordinación será responsable de recopilar, consolidar y transmitir esa información, eliminando la fragmentación y garantizando la calidad y coherencia de los datos proporcionados.

Desde una perspectiva práctica, este artículo implica que los proveedores terceros esenciales deben identificar dentro de su grupo empresarial la entidad jurídica más adecuada para asumir el papel de punto de coordinación. Esta entidad debe tener acceso a información completa y actualizada sobre las operaciones del grupo, así como la capacidad técnica y organizativa para cumplir con las demandas de supervisión. Por ejemplo, una empresa matriz dentro del grupo podría ser una opción adecuada, ya que normalmente tiene una visión global de las actividades del grupo y puede coordinar de manera efectiva las respuestas a las solicitudes de las autoridades. Alternativamente, si la empresa matriz no tiene la capacidad operativa para desempeñar este papel, el grupo podría designar a otra entidad que actúe como punto de coordinación, siempre que esta tenga la autoridad y los recursos necesarios para cumplir con las responsabilidades asignadas.

El punto de coordinación no solo facilita la comunicación, sino que también asegura la coherencia en las respuestas y acciones del grupo frente a los requisitos regulatorios. Esto es especialmente importante en situaciones donde diferentes entidades del grupo prestan servicios a múltiples entidades financieras bajo diferentes marcos contractuales o reguladores. Al centralizar la representación y la comunicación, el punto de coordinación puede garantizar que las acciones del grupo sean consistentes y alineadas con las expectativas del supervisor principal. Por ejemplo, en caso de que el supervisor principal solicite información sobre las medidas de ciberseguridad implementadas por el grupo, el punto de coordinación puede garantizar que las respuestas proporcionadas reflejen de manera precisa las políticas y prácticas aplicadas en todas las entidades del grupo, evitando contradicciones o lagunas en la información.

Además, este artículo refuerza la responsabilidad del grupo empresarial en su conjunto, al garantizar que haya una entidad claramente identificada para representar sus intereses y responder a los requisitos regulatorios. Esto es particularmente relevante en casos donde las operaciones del grupo están altamente interconectadas o dependen de una infraestructura común. Por ejemplo, si un incidente de TIC afecta a una entidad dentro del grupo, el punto de coordinación será responsable de garantizar que el supervisor principal reciba información completa y oportuna sobre el incidente, incluidas sus causas, el impacto en otras entidades del grupo y las medidas adoptadas para mitigar el riesgo.

Desde una perspectiva estratégica, la designación de un punto de coordinación también beneficia a los proveedores terceros esenciales al proporcionarles un canal claro y estructurado para interactuar con el supervisor principal. Esto no solo mejora la eficiencia de las comunicaciones, sino que también les permite anticiparse y responder de manera más efectiva a los requisitos regulatorios. Por ejemplo, si el supervisor principal introduce nuevas directrices o expectativas para los proveedores esenciales, el punto de coordinación puede asegurarse de que estas se implementen de manera uniforme en todo el grupo, evitando inconsistencias que puedan generar conflictos o sanciones regulatorias.

Para las autoridades competentes, este artículo facilita la supervisión al establecer un único punto de contacto dentro del grupo empresarial. Esto reduce la complejidad de la supervisión, especialmente en grupos grandes o multinacionales que operan en múltiples jurisdicciones y que podrían estar sujetos a diferentes marcos regulatorios. Además, permite a las autoridades concentrar sus esfuerzos en la evaluación de riesgos y la adopción de medidas correctivas, en lugar de dedicar recursos a coordinarse con múltiples entidades dentro del mismo grupo. Por ejemplo, si el supervisor principal necesita auditar las operaciones del grupo, puede coordinar el proceso a través del punto de coordinación, garantizando que la auditoría sea eficiente y que se obtenga toda la información necesaria.

Desde un punto de vista regulatorio, la designación de un punto de coordinación fortalece la transparencia y la rendición de cuentas dentro del grupo empresarial del proveedor esencial. Al garantizar que haya una entidad claramente identificada para representar al grupo, las autoridades pueden responsabilizar a este punto de coordinación de cualquier incumplimiento de las obligaciones regulatorias o de las medidas correctivas impuestas. Esto también fomenta una mayor cooperación por parte de los proveedores esenciales, ya que saben que las autoridades tienen un único interlocutor para monitorear y evaluar su cumplimiento.

Además, este artículo tiene implicaciones importantes para la gestión interna de los riesgos y la gobernanza dentro del grupo empresarial. El punto de coordinación debe contar con los recursos, la experiencia y la autoridad necesarios para garantizar que las políticas y prácticas del grupo estén alineadas con los requisitos del Reglamento. Esto incluye la capacidad de monitorear las operaciones del grupo, identificar posibles riesgos regulatorios u operativos, y coordinar la implementación de medidas correctivas en todas las entidades del grupo. Por ejemplo, si el supervisor principal identifica deficiencias en las prácticas de gestión de riesgos de una entidad del grupo, el punto de coordinación debe ser capaz de garantizar que estas deficiencias se aborden de manera efectiva y coherente en todo el grupo.

En conclusión, el artículo 31.4 del Reglamento 2022/2554 introduce un requisito clave para los proveedores terceros esenciales de servicios de TIC que forman parte de un grupo empresarial, al exigirles que designen una persona jurídica como punto de coordinación. Este enfoque centraliza la representación y la comunicación con el supervisor principal, facilitando la supervisión efectiva de los riesgos asociados a sus operaciones y promoviendo la transparencia y la coherencia en las interacciones con las autoridades competentes. Su implementación requiere que los grupos empresariales identifiquen una entidad adecuada para asumir este rol, asegurándose de que cuente con los recursos y la autoridad necesarios para cumplir con sus responsabilidades. Al mismo tiempo, este artículo beneficia tanto a las autoridades como a los proveedores al simplificar las comunicaciones, mejorar la supervisión y fortalecer la capacidad del grupo para gestionar riesgos y cumplir con las expectativas regulatorias. En última instancia, esta disposición contribuye a reforzar la resiliencia operativa del sistema financiero al garantizar que los riesgos asociados a los proveedores esenciales sean gestionados de manera eficiente y coordinada.

5. El supervisor principal notificará al proveedor tercero de servicios de TIC el resultado de la evaluación previa a la designación a que se refiere el apartado 1, letra a). En el plazo de seis semanas a partir de la fecha de la notificación, el proveedor tercero de servicios de TIC podrá presentar al supervisor principal una declaración motivada con cualquier información pertinente a efectos de la evaluación. El supervisor principal considerará la declaración motivada y podrá solicitar que se presente información adicional en un plazo de treinta días naturales a partir de la recepción de dicha declaración.

Tras designar a un proveedor tercero de servicios de TIC como esencial, las Autoridades Europeas de Supervisión, a través del Comité Mixto, notificarán al proveedor tercero de servicios de TIC dicha designación y la fecha de inicio a partir de la cual será efectivamente objeto de actividades de supervisión. Dicha fecha de inicio no será posterior en más de un mes a la notificación. El proveedor tercero de servicios de TIC notificará a las entidades financieras a las que presta servicios su designación como esencial.

El artículo 31.5 del Reglamento 2022/2554 establece el procedimiento para la designación de un proveedor tercero de servicios de TIC como esencial, incluyendo las etapas de notificación, el derecho del proveedor a presentar una declaración motivada, el plazo para aportar información adicional, y las obligaciones de comunicación asociadas a la designación. Este procedimiento busca garantizar transparencia, participación y claridad tanto para el proveedor como para las entidades financieras y las autoridades competentes. El proceso también asegura que los proveedores tengan la oportunidad de expresar sus puntos de vista o aportar información que pueda ser relevante para la evaluación antes de que la designación sea definitiva.

El procedimiento comienza con la notificación inicial que realiza el supervisor principal al proveedor tercero de servicios de TIC, informándole del resultado de la evaluación previa a la designación como proveedor esencial. Esta notificación tiene un doble propósito: en primer lugar, comunica formalmente al proveedor la evaluación realizada por el supervisor, asegurando que este último tenga conocimiento completo del proceso en curso; en segundo lugar, abre una oportunidad para que el proveedor participe activamente en el proceso presentando información adicional o aclaraciones, a través de una declaración motivada. Este derecho a la participación es un elemento clave que refuerza la transparencia y el principio de cooperación entre las autoridades y los proveedores.

El plazo de seis semanas otorgado al proveedor para presentar una declaración motivada permite que este evalúe en detalle los resultados de la evaluación y prepare una respuesta fundamentada. Esta declaración puede incluir información adicional que no haya sido considerada durante la evaluación inicial, como detalles sobre su capacidad operativa, controles de seguridad, redundancias en su infraestructura, planes de contingencia o cualquier otra evidencia que demuestre su capacidad para gestionar los riesgos asociados a sus servicios. Por ejemplo, si el proveedor considera que la evaluación ha sobreestimado su impacto sistémico o ha pasado por alto elementos que mitigan los riesgos, puede presentar argumentos detallados en su declaración.

El supervisor principal, tras recibir la declaración motivada, debe considerarla de manera exhaustiva y objetiva. Además, tiene la facultad de solicitar información adicional al proveedor en un plazo de treinta días naturales, lo que permite una revisión más profunda y asegura que la decisión final esté basada en una evaluación completa y precisa. Este paso refuerza el equilibrio entre la necesidad de garantizar una supervisión efectiva de los riesgos y el derecho del proveedor a proporcionar información que pueda influir en la decisión. Por ejemplo, el supervisor puede requerir documentación adicional sobre cómo el proveedor gestiona los riesgos de concentración, implementa medidas de ciberseguridad o garantiza la continuidad operativa de los servicios prestados a entidades financieras.

Una vez que se ha tomado la decisión final de designar al proveedor como esencial, las Autoridades Europeas de Supervisión (AES), a través del Comité Mixto, notifican formalmente al proveedor sobre dicha designación y sobre la fecha de inicio de las actividades de supervisión. Este aspecto es fundamental, ya que establece con claridad el momento en el que las obligaciones de supervisión comienzan a aplicarse al proveedor. La disposición también establece que la fecha de inicio no podrá ser posterior a un mes desde la notificación, asegurando un marco temporal razonable para que el proveedor se prepare para cumplir con las expectativas regulatorias asociadas a la designación.

Un aspecto práctico de esta disposición es que el proveedor tercero de servicios de TIC tiene la obligación de notificar su designación como esencial a las entidades financieras a las que presta servicios. Esto tiene implicaciones significativas tanto para el proveedor como para las entidades financieras. Para el proveedor, esta obligación asegura que sus clientes estén plenamente informados sobre su estatus regulatorio, lo que puede generar confianza en su capacidad para cumplir con las expectativas regulatorias y gestionar los riesgos asociados. Para las entidades financieras, la notificación les permite evaluar cómo esta designación puede afectar su relación con el proveedor, sus propias obligaciones regulatorias y su gestión de riesgos operativos. Por ejemplo, las entidades pueden revisar sus acuerdos contractuales con el proveedor para asegurarse de que incluyen cláusulas que permitan la supervisión efectiva por parte de las autoridades competentes.

Desde una perspectiva práctica, el procedimiento descrito en este artículo tiene varias implicaciones importantes para los proveedores terceros de servicios de TIC. En primer lugar, deben establecer mecanismos internos robustos para responder de manera oportuna y efectiva a las solicitudes de información del supervisor principal. Esto incluye la capacidad de recopilar y consolidar datos relevantes, preparar argumentos detallados y coordinar la presentación de declaraciones motivadas. Por ejemplo, un proveedor que sea notificado de una posible designación debe estar preparado para demostrar cómo sus controles operativos y técnicos mitigan los riesgos identificados por el supervisor.

En segundo lugar, los proveedores deben asegurarse de que tienen los recursos necesarios para cumplir con las obligaciones asociadas a la designación como esencial una vez que esta se haga efectiva. Esto puede incluir la implementación de controles adicionales, la participación en auditorías más frecuentes, la cooperación con las autoridades de supervisión y la mejora de la resiliencia operativa de sus servicios. Por ejemplo, un proveedor esencial podría ser requerido para realizar pruebas regulares de sus planes de contingencia o para garantizar la interoperabilidad de sus sistemas con los de sus clientes financieros.

Desde la perspectiva de las entidades financieras, este artículo refuerza la necesidad de realizar un seguimiento continuo de sus proveedores críticos. La notificación por parte del proveedor de su designación como esencial permite a las entidades evaluar el impacto potencial de esta designación en su relación contractual y en su gestión de riesgos. Por ejemplo, las entidades pueden necesitar revisar sus contratos para garantizar que incluyen disposiciones relacionadas con los derechos de auditoría, la continuidad del servicio y la cooperación con las autoridades competentes.

Para las autoridades competentes, el procedimiento descrito en este artículo proporciona un marco estructurado y transparente para la designación de proveedores esenciales. Esto refuerza la credibilidad y legitimidad del proceso, asegurando que las decisiones se basen en una evaluación completa y en la consideración de todos los puntos de vista relevantes. Además, el plazo establecido para la fecha de inicio de las actividades de supervisión permite a las autoridades planificar y coordinar sus esfuerzos de supervisión, asegurando que los proveedores esenciales sean monitoreados de manera efectiva desde el inicio.

Desde una perspectiva estratégica, este artículo contribuye a la resiliencia operativa del sistema financiero al garantizar que los proveedores esenciales estén sujetos a una supervisión más rigurosa y que las decisiones sobre su designación se basen en un proceso transparente y participativo. Al mismo tiempo, refuerza la cooperación entre las autoridades, los proveedores y las entidades financieras, lo que es esencial para abordar los riesgos sistémicos asociados a los servicios TIC en un entorno cada vez más digitalizado e interconectado.

En conclusión, el artículo 31.5 del Reglamento 2022/2554 establece un procedimiento claro y detallado para la notificación, revisión y designación de proveedores terceros de servicios de TIC como esenciales. Este procedimiento refuerza la transparencia y la participación, asegurando que los proveedores tengan la oportunidad de aportar información relevante y que las decisiones finales se basen en una evaluación completa y equilibrada. Al mismo tiempo, las disposiciones del artículo fortalecen la supervisión de los riesgos asociados a los proveedores esenciales, promueven la cooperación entre las partes involucradas y contribuyen a la estabilidad y resiliencia del sistema financiero en su conjunto.

6. Se otorgan a la Comisión los poderes para adoptar un acto delegado, de conformidad con el artículo 57, para completar el presente Reglamento especificando con más detalle los criterios mencionados en el apartado 2 del presente artículo, a más tardar el 17 de julio de 2024.

El artículo 31.6 del Reglamento 2022/2554 otorga a la Comisión Europea los poderes necesarios para adoptar un acto delegado con el fin de completar el Reglamento especificando con mayor detalle los criterios mencionados en el apartado 2 del mismo artículo. Dichos criterios son fundamentales para determinar cuándo un proveedor tercero de servicios de tecnologías de la información y la comunicación (TIC) debe ser designado como proveedor esencial para las entidades financieras. La fecha límite para la adopción de este acto delegado se establece como el 17 de julio de 2024, lo que refleja la importancia de establecer un marco normativo claro y detallado dentro de un plazo razonable para garantizar la implementación efectiva del Reglamento.

La delegación de poderes a la Comisión tiene como objetivo garantizar flexibilidad y adaptabilidad en el desarrollo y aplicación del Reglamento, permitiendo que los criterios de designación se detallen de manera específica y técnica sin necesidad de modificar directamente el texto del Reglamento. Esto es especialmente relevante en un contexto donde la dependencia de las entidades financieras de los proveedores de servicios TIC evoluciona rápidamente, y donde los riesgos asociados a estos proveedores están influenciados por factores como el avance tecnológico, el aumento de las ciberamenazas y los cambios en el mercado global de servicios TIC. Al permitir a la Comisión ajustar y detallar los criterios a través de un acto delegado, se asegura que el marco normativo pueda responder a estos cambios de manera ágil y efectiva.

El acto delegado que la Comisión está facultada para adoptar tiene como objetivo principal proporcionar una mayor claridad y especificidad a los criterios establecidos en el apartado 2 del artículo 31. Estos criterios, que incluyen aspectos como el impacto sistémico del proveedor, la importancia de las entidades financieras que dependen de sus servicios, la dependencia respecto de sus servicios, y el grado de sustituibilidad del proveedor, son fundamentales para evaluar cuándo un proveedor tercero debe ser considerado esencial. Sin embargo, el texto del Reglamento deja margen para que estos criterios se desarrollen y detallen más a fondo, asegurando que su aplicación sea coherente y proporcional en toda la Unión Europea.

Uno de los aspectos más significativos de esta disposición es que permite a la Comisión abordar posibles lagunas o ambigüedades en la interpretación de los criterios establecidos en el apartado 2. Por ejemplo, mientras que el apartado 2 menciona el "impacto sistémico" de un proveedor, el acto delegado podría especificar cómo debe medirse este impacto, qué indicadores cuantitativos o cualitativos deben utilizarse, y cómo deben evaluarse los escenarios de fallo operativo a gran escala. Del mismo modo, el acto delegado podría proporcionar orientaciones más detalladas sobre cómo evaluar la "sustituibilidad" de un proveedor, considerando factores como los costes de migración, las barreras técnicas y la disponibilidad de alternativas en el mercado.

Desde una perspectiva práctica, este acto delegado será esencial para garantizar la armonización en la evaluación y designación de proveedores esenciales en toda la Unión Europea. Sin un desarrollo detallado de los criterios, existe el riesgo de que las interpretaciones varíen entre las distintas autoridades competentes, lo que podría generar incoherencias en la aplicación del Reglamento y desigualdades en el tratamiento de los proveedores. Por ejemplo, un proveedor que opera en varios Estados miembros podría ser designado como esencial en un país pero no en otro, lo que complicaría su supervisión y podría generar incertidumbre tanto para el proveedor como para las entidades financieras que dependen de sus servicios. Al detallar los criterios a través de un acto delegado, la Comisión puede garantizar que se adopte un enfoque uniforme y coherente en toda la Unión Europea.

Desde la perspectiva de las entidades financieras, este acto delegado proporcionará una mayor claridad sobre las condiciones bajo las cuales sus proveedores críticos pueden ser designados como esenciales. Esto les permitirá anticiparse a los posibles impactos de dicha designación y ajustar sus estrategias de gestión de riesgos en consecuencia. Por ejemplo, si el acto delegado detalla cómo se evalúa la dependencia de un proveedor, las entidades financieras podrían utilizar esta información para diversificar sus proveedores o para fortalecer sus planes de contingencia en caso de interrupciones en los servicios. Además, un marco claro y detallado reduce la incertidumbre para las entidades financieras, permitiéndoles planificar con mayor eficacia sus relaciones con proveedores terceros.

Para los proveedores terceros de servicios de TIC, el acto delegado tendrá un impacto directo en su preparación y cumplimiento normativo. Los proveedores deberán asegurarse de que comprenden completamente los criterios detallados y de que implementan las medidas necesarias para demostrar su capacidad para gestionar los riesgos asociados a sus servicios. Por ejemplo, si el acto delegado especifica que la evaluación del impacto sistémico incluye una revisión de los planes de recuperación ante desastres y de los controles de ciberseguridad, los proveedores deberán garantizar que estas medidas están documentadas y son auditables. Además, el acto delegado podría incluir requisitos específicos relacionados con la transparencia y la cooperación con las autoridades de supervisión, lo que requeriría que los proveedores ajusten sus procesos internos para cumplir con estas expectativas.

Desde la perspectiva de las Autoridades Europeas de Supervisión (AES) y las autoridades nacionales competentes, el acto delegado proporcionará un marco más claro para realizar evaluaciones y tomar decisiones sobre la designación de proveedores esenciales. Esto no solo facilita el trabajo de las autoridades, sino que también mejora la credibilidad y la legitimidad de sus decisiones al basarse en criterios detallados y uniformes. Por ejemplo, las AES podrán utilizar las orientaciones del acto delegado para garantizar que las evaluaciones realizadas por diferentes supervisores sean comparables y coherentes, incluso cuando se trate de proveedores que operan en múltiples jurisdicciones.

Desde un punto de vista estratégico, este artículo refuerza el papel de la Comisión Europea como coordinadora del marco normativo para garantizar la resiliencia operativa digital en el sector financiero. La adopción de un acto delegado permite a la Comisión abordar no solo las necesidades actuales, sino también anticipar desafíos futuros, asegurando que los criterios para la designación de proveedores esenciales se mantengan actualizados y relevantes. Esto es particularmente importante en un contexto donde los avances tecnológicos y las ciberamenazas evolucionan rápidamente, y donde los proveedores de TIC desempeñan un papel cada vez más crítico en el funcionamiento del sistema financiero.

La adopción del acto delegado también refuerza la flexibilidad y adaptabilidad del marco normativo, permitiendo ajustes sin necesidad de modificar el Reglamento directamente. Esto es esencial para abordar situaciones emergentes o cambios en el mercado, como la aparición de nuevos modelos de negocio, la consolidación de proveedores globales, o el desarrollo de tecnologías disruptivas que puedan alterar el panorama de riesgos en el sector financiero.

En conclusión, el artículo 31.6 del Reglamento 2022/2554 otorga a la Comisión Europea los poderes necesarios para adoptar un acto delegado que detalle los criterios para la designación de proveedores terceros esenciales de servicios de TIC. Este acto delegado desempeñará un papel crucial en la implementación del Reglamento, proporcionando claridad, armonización y coherencia en la aplicación de los criterios en toda la Unión Europea. Al mismo tiempo, permitirá a las autoridades competentes y a las entidades financieras gestionar de manera más efectiva los riesgos asociados a los proveedores esenciales, mientras que los proveedores obtendrán una guía más clara para cumplir con las expectativas regulatorias. En última instancia, este enfoque contribuye a fortalecer la resiliencia operativa del sistema financiero europeo, abordando de manera proactiva los desafíos asociados a la dependencia de los servicios TIC en un entorno cada vez más digitalizado y globalizado.

7. La designación a que se refiere el apartado 1, letra a), no se utilizará hasta que la Comisión haya adoptado un acto delegado de conformidad con el apartado 6.

El artículo 31.7 del Reglamento 2022/2554 establece que la designación de un proveedor tercero de servicios de tecnologías de la información y la comunicación (TIC) como esencial, prevista en el apartado 1, letra a), no podrá hacerse efectiva ni utilizarse hasta que la Comisión Europea adopte el acto delegado mencionado en el apartado 6. Este requisito tiene como objetivo garantizar que las decisiones sobre la designación de proveedores esenciales estén basadas en criterios detallados, uniformes y específicos, previamente establecidos por la Comisión, lo que refuerza la transparencia, la coherencia y la legitimidad del proceso. Este enfoque proporciona una base sólida para las designaciones, evitando interpretaciones inconsistentes o prematuras que podrían generar incertidumbre o dificultades prácticas tanto para las autoridades competentes como para los proveedores y las entidades financieras.

El artículo asegura que la designación como proveedor esencial no se aplique de manera anticipada o bajo criterios que todavía no han sido completamente desarrollados. Al requerir que la Comisión adopte el acto delegado antes de que se utilice la designación, el Reglamento establece un marco normativo sólido y bien definido, alineado con los objetivos de proporcionar claridad y uniformidad en la evaluación de los proveedores de TIC. Esto es especialmente importante dada la complejidad de los criterios establecidos en el apartado 2, que incluyen factores como el impacto sistémico, la importancia de las entidades financieras que dependen del proveedor, la dependencia de los servicios prestados y el grado de sustituibilidad del proveedor. Sin un acto delegado que detalle estos aspectos, podrían surgir problemas de interpretación que comprometerían la eficacia del marco regulatorio.

Desde una perspectiva práctica, este artículo tiene importantes implicaciones tanto para las Autoridades Europeas de Supervisión (AES) como para las autoridades nacionales competentes, las cuales no podrán proceder a la designación formal de proveedores esenciales hasta que el acto delegado haya sido adoptado. Esto significa que, durante el período previo a la adopción del acto delegado, las autoridades deben centrar sus esfuerzos en prepararse para la implementación de las disposiciones, incluyendo la recopilación de datos, el desarrollo de metodologías de evaluación preliminar y la colaboración con la Comisión para garantizar que el acto delegado refleje las necesidades y desafíos del sector financiero. Por ejemplo, las AES pueden comenzar a analizar los mercados de servicios TIC, identificar posibles riesgos de concentración o dependencia, y recopilar información sobre los proveedores que podrían ser designados como esenciales una vez que el acto delegado esté en vigor.

Para los proveedores terceros de servicios de TIC, este artículo les otorga un período de preparación adicional antes de que puedan ser designados como esenciales y, por tanto, estar sujetos a las obligaciones y supervisión más rigurosas asociadas a dicha designación. Durante este tiempo, los proveedores tienen la oportunidad de revisar sus operaciones, fortalecer sus controles internos, desarrollar planes de contingencia y asegurarse de que cumplen con los estándares necesarios para gestionar los riesgos asociados a la prestación de servicios críticos. Por ejemplo, un proveedor que identifique que sus servicios son esenciales para una gran cantidad de entidades financieras podría utilizar este período para implementar mejoras en su infraestructura de ciberseguridad, desarrollar planes de recuperación ante desastres y establecer procesos internos para cooperar con las autoridades de supervisión una vez que la designación sea efectiva.

Desde la perspectiva de las entidades financieras, este artículo les brinda un margen adicional para evaluar sus relaciones con los proveedores de servicios TIC y prepararse para el impacto potencial de la designación de algunos de ellos como esenciales. Una vez que el acto delegado sea adoptado y las designaciones comiencen a aplicarse, las entidades financieras deberán ajustar sus políticas y procedimientos de gestión de riesgos para reflejar los requisitos adicionales asociados a trabajar con proveedores esenciales. Por ejemplo, podrían necesitar revisar sus contratos para incluir disposiciones específicas relacionadas con la supervisión, la auditoría y la continuidad operativa, así como reforzar sus planes de contingencia en caso de interrupciones en los servicios prestados por estos proveedores.

Desde un punto de vista estratégico, este artículo destaca la importancia del acto delegado como un instrumento normativo clave para garantizar que las decisiones sobre la designación de proveedores esenciales se basen en criterios detallados y uniformes. Al establecer que la designación no se aplicará hasta que el acto delegado esté en vigor, el Reglamento asegura que todas las partes involucradas, incluidas las autoridades, los proveedores y las entidades financieras, operen dentro de un marco normativo claro y predecible. Esto reduce la incertidumbre y minimiza el riesgo de conflictos o malentendidos en torno a las obligaciones y expectativas asociadas a la designación.

Este enfoque también refuerza la legitimidad del proceso de designación, ya que asegura que las decisiones se basen en un marco normativo que haya sido desarrollado con la debida consideración de los riesgos y desafíos específicos del sector financiero. La participación de la Comisión en la elaboración del acto delegado garantiza que los criterios sean consistentes con los objetivos generales del Reglamento, como la mejora de la resiliencia operativa digital del sistema financiero y la mitigación de los riesgos asociados a la dependencia de servicios TIC críticos. Además, el acto delegado permite ajustar y detallar los criterios establecidos en el apartado 2 para reflejar mejor la evolución del mercado y los avances tecnológicos, asegurando que el marco normativo siga siendo relevante y eficaz a lo largo del tiempo.

Desde el punto de vista regulatorio, este artículo refuerza la necesidad de colaboración y coordinación entre la Comisión, las AES y las autoridades nacionales competentes para garantizar una transición fluida hacia la implementación de las disposiciones sobre proveedores esenciales. Esto incluye no solo el desarrollo del acto delegado, sino también la preparación de las autoridades para aplicar los criterios detallados y supervisar de manera efectiva a los proveedores designados como esenciales. Por ejemplo, las AES podrían comenzar a desarrollar herramientas y procedimientos para realizar evaluaciones de riesgos consistentes, así como para coordinar las actividades de supervisión entre los diferentes Estados miembros una vez que las designaciones sean efectivas.

En conclusión, el artículo 31.7 del Reglamento 2022/2554 establece que la designación de proveedores terceros de servicios de TIC como esenciales no podrá hacerse efectiva hasta que la Comisión haya adoptado un acto delegado que detalle los criterios mencionados en el apartado 2. Esta disposición garantiza que las decisiones sobre la designación estén basadas en un marco normativo claro, detallado y uniforme, lo que refuerza la transparencia, la coherencia y la legitimidad del proceso. Al mismo tiempo, proporciona a las autoridades, los proveedores y las entidades financieras un período de preparación para ajustarse a las disposiciones y requisitos asociados a la designación. Este enfoque contribuye a la implementación efectiva del Reglamento, asegurando que el marco regulatorio sea robusto, predecible y capaz de abordar los riesgos asociados a los proveedores de servicios TIC en un entorno financiero digitalizado e interconectado.

8. La designación a que se refiere el apartado 1, letra a), no se aplicará a:

i) las entidades financieras que presten servicios de TIC a otras entidades financieras,

ii) los proveedores terceros de servicios de TIC que estén sujetos a marcos de supervisión establecidos en apoyo de las tareas a que se refiere el artículo 127, apartado 2, del TFUE,

iii) los proveedores intragrupo de servicios de TIC,

iv) los proveedores terceros de servicios de TIC que presten servicios de TIC únicamente en un Estado miembro a entidades financieras que operan exclusivamente en ese Estado miembro.

El artículo 31.8 del Reglamento 2022/2554 establece las exclusiones específicas en la aplicación de la designación como proveedores terceros esenciales de servicios de TIC, tal como se prevé en el apartado 1, letra a). Estas exclusiones son fundamentales para delimitar el ámbito de aplicación de la designación y garantizar que los recursos regulatorios y de supervisión se concentren en los proveedores que realmente representan riesgos sistémicos a nivel transnacional o en el conjunto del sistema financiero de la Unión Europea. La exclusión de ciertos tipos de proveedores responde a la naturaleza específica de sus operaciones, el alcance de su impacto y las estructuras de supervisión ya existentes, asegurando que no se dupliquen esfuerzos o se impongan cargas regulatorias innecesarias.

El inciso i) establece que la designación no se aplicará a las entidades financieras que presten servicios de TIC a otras entidades financieras. Esta exclusión reconoce que muchas entidades financieras, como bancos y aseguradoras, a menudo proporcionan servicios de TIC a otras entidades del sector como parte de sus operaciones comerciales o mediante acuerdos de colaboración. Sin embargo, dado que estas entidades ya están sujetas a estrictos marcos de supervisión financiera y operativa en virtud de otras normativas de la Unión Europea, no es necesario designarlas como proveedores esenciales de servicios de TIC en el contexto de este Reglamento. Por ejemplo, un banco que presta servicios tecnológicos a otra entidad financiera a través de una plataforma de pagos o una solución de banca digital ya está supervisado por las autoridades competentes bajo normativas como la Directiva 2013/36/UE (CRD IV) o el Reglamento 575/2013 (CRR), lo que mitiga los riesgos asociados.

El inciso ii) excluye a los proveedores terceros de servicios de TIC que estén sujetos a marcos de supervisión establecidos en apoyo de las tareas mencionadas en el artículo 127, apartado 2, del Tratado de Funcionamiento de la Unión Europea (TFUE). Este artículo del TFUE asigna al Sistema Europeo de Bancos Centrales (SEBC) la responsabilidad de mantener la estabilidad de los precios, apoyar las políticas económicas generales de la Unión y garantizar el buen funcionamiento de los sistemas de pago. La exclusión se aplica, por ejemplo, a los proveedores tecnológicos que operan bajo el marco de supervisión del Banco Central Europeo (BCE) en el contexto de las infraestructuras de mercado financiero, como TARGET2 o TIPS, los cuales ya están sometidos a controles estrictos para garantizar su resiliencia operativa. Al estar supervisados directamente por el BCE o las autoridades nacionales en el marco de estas funciones, estos proveedores no requieren una supervisión adicional bajo las disposiciones del Reglamento 2022/2554.

El inciso iii) excluye a los proveedores intragrupo de servicios de TIC, es decir, aquellos que prestan servicios tecnológicos exclusivamente a otras entidades dentro del mismo grupo empresarial. Esta exclusión reconoce que los riesgos asociados a los proveedores intragrupo son inherentemente diferentes de los que presentan los proveedores externos. Los proveedores intragrupo no operan en el mercado abierto y su relación con las entidades del grupo está gobernada por estructuras corporativas internas, lo que facilita una mayor supervisión y control directo por parte del grupo empresarial. Por ejemplo, un banco que utiliza una filial interna para gestionar su infraestructura tecnológica tiene una capacidad mucho mayor para controlar los riesgos asociados a esos servicios que si contratara a un proveedor externo. Además, los proveedores intragrupo están sujetos a las mismas políticas y estrategias de gestión de riesgos del grupo, lo que reduce la necesidad de aplicarles un marco de supervisión adicional bajo este Reglamento.

El inciso iv) excluye a los proveedores terceros de servicios de TIC que presten servicios exclusivamente en un Estado miembro a entidades financieras que operan únicamente en ese mismo Estado miembro. Esta exclusión tiene como objetivo limitar el alcance del Reglamento a los proveedores que tienen un impacto transnacional o europeo, y evitar la imposición de requisitos desproporcionados a proveedores locales que operan dentro de un ámbito limitado. Por ejemplo, un proveedor de servicios de TIC que solo opera en un país y presta servicios a un pequeño número de entidades financieras nacionales no presenta los mismos riesgos sistémicos que un proveedor global que opera en múltiples Estados miembros. Estos proveedores locales siguen estando sujetos a la supervisión de las autoridades nacionales competentes, lo que asegura que los riesgos asociados a sus servicios sean gestionados adecuadamente dentro del marco regulatorio del Estado miembro.

Desde una perspectiva práctica, estas exclusiones tienen importantes implicaciones tanto para los proveedores de servicios de TIC como para las entidades financieras y las autoridades de supervisión. En primer lugar, permiten a las autoridades concentrar sus recursos y esfuerzos de supervisión en los proveedores que tienen un impacto más significativo en la resiliencia operativa del sistema financiero europeo. Al excluir a ciertos tipos de proveedores, el Reglamento evita la duplicación de esfuerzos y la imposición de cargas regulatorias innecesarias, especialmente en casos donde los riesgos ya están mitigados a través de otros marcos de supervisión o estructuras de gobernanza interna.

Para los proveedores de servicios de TIC, estas exclusiones proporcionan claridad sobre el ámbito de aplicación del Reglamento y reducen la incertidumbre regulatoria. Los proveedores que cumplen con los criterios de exclusión pueden operar con la certeza de que no estarán sujetos a las obligaciones adicionales asociadas a la designación como proveedor esencial, como la cooperación con un supervisor principal o la implementación de controles adicionales. Por ejemplo, un proveedor intragrupo puede centrarse en cumplir con las políticas y estándares internos del grupo empresarial sin necesidad de someterse a una supervisión externa bajo este Reglamento.

Para las entidades financieras, las exclusiones también tienen implicaciones significativas. Por ejemplo, aquellas que dependen de proveedores intragrupo pueden confiar en que la gestión de los riesgos asociados a estos servicios seguirá siendo responsabilidad del grupo empresarial, sin la intervención de un supervisor externo. Del mismo modo, las entidades que utilizan proveedores locales en un solo Estado miembro pueden continuar operando bajo el marco regulatorio nacional sin verse afectadas por las disposiciones transnacionales del Reglamento.

Desde el punto de vista de las autoridades competentes, estas exclusiones permiten una mejor focalización de los esfuerzos de supervisión. Al excluir a los proveedores que ya están supervisados bajo otros marcos normativos o que operan en un ámbito limitado, las autoridades pueden concentrar sus recursos en aquellos proveedores que realmente presentan riesgos sistémicos a nivel europeo. Esto es especialmente importante en un contexto donde los recursos regulatorios son limitados y donde la supervisión efectiva de los proveedores esenciales requiere un enfoque coordinado y detallado.

Desde una perspectiva estratégica, estas exclusiones también reflejan el objetivo del Reglamento de adoptar un enfoque proporcional y basado en el riesgo para la supervisión de los proveedores de servicios de TIC. Al limitar el alcance de la designación a los proveedores que realmente tienen un impacto significativo en la estabilidad y resiliencia del sistema financiero, el Reglamento asegura que las medidas regulatorias sean proporcionales al nivel de riesgo presentado. Esto refuerza la legitimidad del marco normativo y evita imponer cargas innecesarias tanto a los proveedores como a las entidades financieras.

En conclusión, el artículo 31.8 del Reglamento 2022/2554 establece exclusiones específicas para garantizar que la designación como proveedor tercero esencial de servicios de TIC se aplique únicamente a aquellos proveedores que presentan riesgos sistémicos significativos a nivel europeo. Estas exclusiones reflejan un enfoque proporcional y basado en el riesgo, asegurando que los recursos regulatorios se concentren donde más se necesitan y que no se dupliquen esfuerzos en casos donde los riesgos ya están mitigados a través de otros marcos normativos o estructuras internas. Al mismo tiempo, proporcionan claridad y certeza tanto para los proveedores como para las entidades financieras, permitiéndoles operar dentro de un marco normativo predecible y razonable. Este enfoque contribuye a fortalecer la resiliencia operativa del sistema financiero europeo sin imponer cargas regulatorias innecesarias o desproporcionadas.

9. Las Autoridades Europeas de Supervisión, a través del Comité Mixto, establecerán, publicarán y actualizarán anualmente la lista de proveedores terceros esenciales de servicios de TIC a escala de la Unión.

El artículo 31.9 del Reglamento 2022/2554 establece que las Autoridades Europeas de Supervisión (AES), a través del Comité Mixto, tienen la responsabilidad de establecer, publicar y actualizar anualmente una lista de proveedores terceros esenciales de servicios de TIC a escala de la Unión Europea. Esta disposición tiene como objetivo proporcionar claridad y transparencia respecto a los proveedores designados como esenciales, al mismo tiempo que asegura una supervisión y gestión de riesgos coordinadas y uniformes en toda la Unión. La creación de esta lista no solo permite a las entidades financieras y a las autoridades competentes identificar a los proveedores clave que representan un impacto sistémico en el sistema financiero, sino que también refuerza la rendición de cuentas y fomenta una mayor alineación con los objetivos regulatorios del Reglamento.

La elaboración de la lista es el resultado del proceso de designación de proveedores esenciales descrito en los apartados anteriores del artículo 31, donde las AES evalúan a los proveedores terceros de servicios de TIC utilizando los criterios especificados en el apartado 2. Estos criterios incluyen el impacto sistémico de los proveedores, la importancia de las entidades financieras que dependen de sus servicios, la dependencia de los servicios prestados y la capacidad de sustituibilidad del proveedor. Una vez finalizado este proceso y designado un proveedor como esencial, su nombre y demás detalles pertinentes se incluirán en esta lista, que será accesible públicamente.

La publicación de la lista tiene importantes repercusiones prácticas. En primer lugar, aporta una mayor transparencia al sector financiero, permitiendo a todas las partes interesadas, incluidas las entidades financieras, los proveedores de servicios de TIC y las autoridades de supervisión, identificar claramente qué proveedores han sido designados como esenciales y, por ende, están sujetos a un mayor nivel de supervisión. Esto beneficia a las entidades financieras, que pueden utilizar esta información para evaluar los riesgos asociados a los proveedores esenciales con los que contratan, y para asegurarse de que cumplen con los requisitos específicos aplicables a estas relaciones. Por ejemplo, una entidad financiera que utilice los servicios de un proveedor esencial deberá revisar sus acuerdos contractuales para incluir disposiciones que permitan la supervisión por parte de las autoridades competentes, así como evaluar la resiliencia operativa y los planes de contingencia del proveedor.

Desde la perspectiva de los proveedores terceros de servicios de TIC, la inclusión en esta lista tiene un impacto significativo. Si bien la designación como proveedor esencial implica mayores obligaciones y supervisión, también ofrece una oportunidad para destacar la importancia y la confiabilidad del proveedor en el mercado financiero. Ser incluido en la lista puede interpretarse como un reconocimiento de la criticidad de sus servicios y de su capacidad para operar en un entorno altamente regulado. Sin embargo, también significa que el proveedor debe estar preparado para cumplir con los estándares regulatorios más estrictos establecidos en el Reglamento, como la cooperación con el supervisor principal, la realización de pruebas de resiliencia operativa y la implementación de controles avanzados de ciberseguridad. Además, los proveedores deben garantizar que tienen los recursos y la infraestructura necesarios para gestionar los riesgos asociados a sus operaciones, ya que estarán bajo un escrutinio constante por parte de las autoridades competentes.

El requisito de actualización anual de la lista es otro elemento clave de este artículo. Este proceso asegura que la lista refleje los cambios en el panorama de los proveedores de servicios de TIC y en la dependencia del sector financiero de dichos proveedores. Por ejemplo, un proveedor que no cumpliera inicialmente con los criterios para ser designado como esencial podría ser añadido a la lista si, posteriormente, su base de clientes financieros se expande significativamente o si los servicios que ofrece se vuelven críticos para funciones esenciales o importantes en el sector financiero. Del mismo modo, un proveedor que pierda relevancia sistémica o ya no cumpla con los criterios establecidos podría ser eliminado de la lista. Este enfoque dinámico permite a las AES adaptarse a los cambios en el mercado y garantizar que la supervisión se enfoque en los proveedores que representan los mayores riesgos sistémicos.

Desde una perspectiva estratégica, la publicación de la lista también refuerza la coordinación y coherencia a nivel de la Unión Europea en la supervisión de los proveedores esenciales. Al ser elaborada y actualizada por las AES a través del Comité Mixto, la lista garantiza que todos los Estados miembros adopten un enfoque uniforme para la gestión de los riesgos asociados a estos proveedores. Esto es especialmente importante en un contexto donde muchos proveedores de servicios de TIC operan a nivel transnacional, prestando servicios a entidades financieras en múltiples jurisdicciones. La existencia de una lista única a escala de la Unión evita fragmentaciones en la supervisión y asegura que todos los proveedores esenciales estén sujetos a los mismos estándares y expectativas regulatorias, independientemente de dónde operen.

Además, la publicación de la lista puede facilitar la colaboración entre las entidades financieras y los proveedores esenciales, ya que establece una base común para discutir y gestionar los riesgos relacionados con la externalización de servicios TIC. Por ejemplo, una entidad financiera que utilice los servicios de un proveedor esencial puede utilizar la información de la lista como punto de partida para evaluar su relación con el proveedor y garantizar que cumple con los requisitos del Reglamento, como la inclusión de cláusulas contractuales que permitan la supervisión efectiva por parte de las autoridades competentes.

Desde el punto de vista de las autoridades de supervisión, la lista proporciona una herramienta centralizada para monitorear y gestionar los riesgos asociados a los proveedores esenciales. Al tener acceso a una lista única y actualizada, las autoridades pueden coordinar sus actividades de supervisión, compartir información relevante y adoptar medidas correctivas cuando sea necesario. Por ejemplo, si se identifica un problema significativo en un proveedor esencial, el supervisor principal puede utilizar la lista como base para coordinar su respuesta con las autoridades nacionales competentes y las demás AES, asegurando que todas las partes afectadas estén informadas y puedan tomar las medidas adecuadas.

Un aspecto adicional relevante es que la publicación de la lista también puede servir como un mecanismo de alerta temprana para el sector financiero. Al identificar públicamente a los proveedores esenciales, las AES pueden sensibilizar a las entidades financieras y a otras partes interesadas sobre los riesgos sistémicos asociados a estos proveedores, promoviendo una mayor conciencia y preparación en el sector. Esto es particularmente importante en el contexto de la creciente digitalización del sistema financiero y el aumento de las ciberamenazas, donde los fallos o interrupciones en los servicios de un proveedor esencial podrían tener un impacto significativo en la estabilidad del sistema financiero.

En conclusión, el artículo 31.9 del Reglamento 2022/2554 establece un marco claro para la creación, publicación y actualización anual de una lista de proveedores terceros esenciales de servicios de TIC a escala de la Unión Europea. Este mecanismo refuerza la transparencia, facilita la supervisión coordinada y asegura que las entidades financieras y las autoridades competentes puedan gestionar de manera efectiva los riesgos asociados a estos proveedores. Al mismo tiempo, proporciona a los proveedores esenciales una oportunidad para demostrar su relevancia y confiabilidad en el sector, mientras se preparan para cumplir con las obligaciones adicionales asociadas a su designación. La actualización anual de la lista garantiza que el marco regulatorio sea dinámico y responda a los cambios en el mercado y en la criticidad de los servicios TIC, contribuyendo así a la resiliencia operativa y la estabilidad del sistema financiero europeo.

10. A efectos de lo dispuesto en el apartado 1, letra a), las autoridades competentes transmitirán anualmente y de forma agregada los informes a que se refiere el artículo 28, apartado 3, párrafo tercero, al Foro de Supervisión establecido en virtud del artículo 32. El Foro de Supervisión evaluará las dependencias de terceros en el ámbito de las TIC de las entidades financieras basándose en la información recibida de las autoridades competentes.

El artículo 31.10 del Reglamento 2022/2554 establece un mecanismo de comunicación y análisis clave para evaluar las dependencias de terceros en el ámbito de las TIC que afectan a las entidades financieras en la Unión Europea. Este mecanismo se articula a través de la transmisión de información por parte de las autoridades competentes al Foro de Supervisión, el cual tiene la responsabilidad de analizar dicha información y evaluar las dependencias estructurales y los riesgos asociados a los proveedores terceros de servicios de TIC en el sector financiero. Este artículo refuerza la coordinación, la transparencia y la supervisión efectiva de los riesgos sistémicos que surgen de la creciente externalización de servicios TIC esenciales en el sistema financiero europeo.

El primer elemento destacado de este artículo es que las autoridades competentes deben transmitir anualmente, y de forma agregada, los informes recopilados conforme al artículo 28, apartado 3, párrafo tercero, al Foro de Supervisión establecido en virtud del artículo 32. Estos informes se centran en los acuerdos contractuales que las entidades financieras tienen con proveedores terceros de servicios de TIC, y contienen información clave sobre el alcance y la naturaleza de estos acuerdos, las funciones esenciales o importantes que dependen de estos servicios, y cualquier riesgo identificado en relación con dichos proveedores. Al requerir que la información sea transmitida de forma agregada, el Reglamento garantiza que se preserve la confidencialidad de los datos individuales de las entidades financieras, al tiempo que proporciona al Foro de Supervisión una visión amplia y completa de las dependencias del sector financiero en su conjunto.

La transmisión de esta información tiene importantes implicaciones prácticas para las autoridades competentes. En primer lugar, requiere que las autoridades implementen mecanismos efectivos para recopilar, consolidar y analizar los datos proporcionados por las entidades financieras en relación con sus acuerdos con proveedores de servicios TIC. Esto incluye garantizar que las entidades cumplan con los requisitos de registro y notificación establecidos en el artículo 28, y que la información transmitida sea precisa, completa y oportuna. Por ejemplo, una autoridad competente podría desarrollar sistemas de registro digitalizados para facilitar la recopilación de información sobre los contratos de externalización y su relevancia para las funciones esenciales o importantes de las entidades financieras bajo su supervisión.

El segundo elemento clave de este artículo es la responsabilidad del Foro de Supervisión de evaluar las dependencias de terceros en el ámbito de las TIC basándose en la información recibida de las autoridades competentes. Este análisis tiene como objetivo identificar patrones, tendencias y riesgos emergentes asociados a la dependencia del sector financiero de proveedores terceros, especialmente en lo que respecta a los servicios que sustentan funciones esenciales o importantes. Por ejemplo, el Foro de Supervisión podría identificar concentraciones excesivas de dependencias en un número limitado de proveedores globales de servicios en la nube, lo que podría generar riesgos de concentración o vulnerabilidades sistémicas en caso de fallos operativos o ciberataques.

El análisis realizado por el Foro de Supervisión también permite evaluar la resiliencia del sistema financiero frente a posibles interrupciones en los servicios TIC, identificar riesgos de concentración en proveedores específicos y detectar posibles brechas en los controles o en las capacidades de mitigación de riesgos implementadas por las entidades financieras y los proveedores. Este enfoque holístico proporciona a las Autoridades Europeas de Supervisión (AES) y a las autoridades nacionales competentes una base sólida para priorizar sus actividades de supervisión, desarrollar medidas regulatorias específicas y coordinar respuestas a nivel europeo en caso de incidentes significativos.

Desde una perspectiva estratégica, este artículo refuerza la importancia de una supervisión basada en datos y en el análisis de riesgos. Al requerir que las autoridades competentes transmitan información detallada sobre las dependencias de terceros, el Reglamento asegura que las decisiones regulatorias y las medidas de supervisión se basen en una comprensión completa de los riesgos reales y potenciales que enfrenta el sistema financiero. Por ejemplo, si el análisis del Foro de Supervisión revela una dependencia excesiva del sector financiero europeo en un proveedor específico, como un proveedor global de servicios en la nube, las AES podrían recomendar medidas para mitigar este riesgo, como fomentar la diversificación de proveedores o fortalecer los requisitos de resiliencia operativa para dicho proveedor.

Desde el punto de vista de las entidades financieras, este artículo refuerza la importancia de mantener registros completos y precisos de sus acuerdos contractuales con proveedores de servicios TIC, así como de cumplir con los requisitos de notificación establecidos en el Reglamento. Las entidades deben estar preparadas para proporcionar a las autoridades competentes toda la información necesaria sobre sus dependencias de terceros, incluyendo detalles sobre las funciones esenciales o importantes que dependen de estos proveedores, los riesgos asociados y las medidas implementadas para gestionar dichos riesgos. Además, las entidades deben ser conscientes de que la información proporcionada puede ser utilizada por el Foro de Supervisión para identificar riesgos sistémicos, lo que podría dar lugar a medidas regulatorias o supervisión adicional en caso de que se identifiquen problemas significativos.

Para los proveedores terceros de servicios de TIC, este artículo implica que sus relaciones con las entidades financieras estarán sujetas a un escrutinio adicional por parte de las autoridades competentes y el Foro de Supervisión. Esto refuerza la necesidad de que los proveedores mantengan altos estándares de resiliencia operativa, ciberseguridad y cumplimiento regulatorio, ya que cualquier deficiencia identificada podría resultar en medidas correctivas o en cambios en la forma en que las entidades financieras gestionan su relación con dichos proveedores. Por ejemplo, si el análisis del Foro de Supervisión destaca riesgos significativos asociados a un proveedor específico, las entidades financieras podrían verse incentivadas a diversificar sus dependencias o a renegociar sus acuerdos contractuales para incluir cláusulas que fortalezcan la supervisión y el control de riesgos.

Desde la perspectiva de las Autoridades Europeas de Supervisión, este artículo fortalece su capacidad para coordinar la supervisión de los riesgos relacionados con la externalización de servicios TIC en el sistema financiero europeo. Al centralizar la recopilación y el análisis de información a través del Foro de Supervisión, las AES pueden obtener una visión integral de las dependencias del sector financiero, identificar riesgos transnacionales y desarrollar medidas de política y supervisión que aborden estos riesgos de manera efectiva. Además, este enfoque coordinado facilita la cooperación entre las AES y las autoridades nacionales competentes, asegurando que las actividades de supervisión se alineen con las prioridades identificadas a nivel europeo.

En conclusión, el artículo 31.10 del Reglamento 2022/2554 establece un mecanismo clave para evaluar las dependencias de terceros en el ámbito de las TIC en el sistema financiero europeo. Al requerir que las autoridades competentes transmitan anualmente información detallada al Foro de Supervisión, y al asignar a este último la responsabilidad de analizar dicha información, el Reglamento refuerza la capacidad de las autoridades para identificar y gestionar los riesgos asociados a la externalización de servicios TIC esenciales. Este enfoque no solo mejora la transparencia y la coordinación a nivel europeo, sino que también proporciona a las entidades financieras y a los proveedores de servicios TIC una base clara para gestionar sus riesgos y cumplir con las expectativas regulatorias. Al mismo tiempo, permite que las decisiones regulatorias y las medidas de supervisión se basen en datos sólidos y en un análisis integral de los riesgos, contribuyendo así a la resiliencia operativa y la estabilidad del sistema financiero europeo.

11. Los proveedores terceros de servicios de TIC que no estén incluidos en la lista a que se refiere el apartado 9 podrán solicitar ser designados como esenciales de conformidad con el apartado 1, letra a).

A efectos de lo dispuesto en el párrafo primero, el proveedor tercero de servicios de TIC presentará una solicitud motivada a la ABE, la AEVM o la AESPJ que, a través del Comité Mixto, decidirán si lo designan o no como esencial de conformidad con el apartado 1, letra a).

La decisión a que se refiere el párrafo segundo se adoptará y notificará al proveedor tercero de servicios de TIC en un plazo de seis meses a partir de la recepción de la solicitud.

El artículo 31.11 del Reglamento 2022/2554 introduce una disposición que permite a los proveedores terceros de servicios de TIC que no hayan sido incluidos en la lista de proveedores esenciales, establecida en el apartado 9, solicitar voluntariamente su designación como esenciales de conformidad con el apartado 1, letra a). Esta disposición reconoce que algunos proveedores pueden, por iniciativa propia, considerar estratégicamente beneficioso ser incluidos en esta categoría y someterse al marco regulatorio y de supervisión establecido para los proveedores esenciales. Este mecanismo no solo refuerza la flexibilidad del sistema, sino que también fomenta una mayor colaboración y transparencia entre los proveedores y las autoridades supervisoras, fortaleciendo la resiliencia operativa del sector financiero en su conjunto.

La posibilidad de que un proveedor solicite voluntariamente ser designado como esencial plantea importantes repercusiones estratégicas y prácticas. Desde una perspectiva comercial, un proveedor puede optar por esta designación para mejorar su posición competitiva en el mercado, dado que la designación como esencial puede ser percibida como una garantía de su importancia estratégica y de su capacidad para cumplir con los estándares regulatorios más estrictos. Esta percepción puede fortalecer la confianza de las entidades financieras en el proveedor, aumentando su atractivo como socio para la externalización de funciones críticas o importantes. Por ejemplo, un proveedor global de servicios en la nube que aspire a consolidar su presencia en el mercado financiero europeo podría buscar esta designación para destacar su resiliencia operativa, seguridad y cumplimiento normativo frente a otros competidores.

Para que un proveedor solicite su designación como esencial, debe presentar una solicitud motivada a una de las Autoridades Europeas de Supervisión (AES): la Autoridad Bancaria Europea (ABE), la Autoridad Europea de Valores y Mercados (AEVM) o la Autoridad Europea de Seguros y Pensiones de Jubilación (AESPJ), según corresponda. La solicitud debe incluir argumentos claros y bien fundamentados sobre por qué el proveedor considera que debería ser designado como esencial. Esto podría incluir información sobre la criticidad de los servicios que presta, la dependencia de las entidades financieras respecto a esos servicios, y las medidas de resiliencia y mitigación de riesgos que ha implementado. Por ejemplo, un proveedor podría argumentar que presta servicios a múltiples entidades de importancia sistémica mundial (EISM) o que su tecnología es fundamental para la operación de infraestructuras clave en el sistema financiero, como plataformas de liquidación de pagos o sistemas de intercambio de información financiera.

La decisión sobre si designar al proveedor como esencial será tomada por la ABE, la AEVM o la AESPJ, actuando a través del Comité Mixto, lo que garantiza un enfoque coordinado y uniforme en la evaluación de estas solicitudes. Este proceso es crucial para asegurar que la designación se basa en un análisis exhaustivo y en criterios objetivos, alineados con los principios y objetivos del Reglamento. Las AES deberán evaluar cuidadosamente la información proporcionada por el proveedor, considerando los criterios establecidos en el apartado 2 del artículo 31, como el impacto sistémico, la dependencia de las entidades financieras y la sustituibilidad del proveedor. Además, las AES pueden solicitar información adicional si consideran que la solicitud inicial no es suficiente para tomar una decisión informada.

Un aspecto clave de este artículo es el plazo de seis meses establecido para que las AES adopten y notifiquen su decisión al proveedor. Este límite temporal asegura que el proceso de evaluación sea eficiente y que los proveedores reciban una respuesta en un plazo razonable, evitando retrasos que puedan generar incertidumbre o afectar sus operaciones comerciales. Durante este período, las AES deberán coordinarse para evaluar la solicitud, realizar cualquier consulta adicional necesaria y tomar una decisión fundamentada. Por ejemplo, si un proveedor solicita la designación, pero no cumple claramente con los criterios de impacto sistémico o dependencia establecidos en el Reglamento, las AES pueden denegar la solicitud, proporcionando una justificación clara al proveedor.

Desde la perspectiva de los proveedores terceros de servicios de TIC, esta disposición representa una oportunidad estratégica para fortalecer su relación con el sector financiero y mejorar su competitividad. Sin embargo, también implica una mayor responsabilidad y un compromiso con las obligaciones regulatorias asociadas a la designación como esencial. Por ejemplo, los proveedores designados deberán cooperar plenamente con las autoridades competentes y el supervisor principal, someterse a auditorías más frecuentes y garantizar que sus operaciones cumplen con altos estándares de seguridad, resiliencia y gestión de riesgos. Por lo tanto, los proveedores interesados en esta designación deberán evaluar cuidadosamente los beneficios y las obligaciones asociadas antes de presentar una solicitud.

Desde la perspectiva de las entidades financieras, la posibilidad de que los proveedores soliciten voluntariamente ser designados como esenciales podría ser beneficiosa, ya que aumenta la transparencia y la supervisión sobre los proveedores que prestan servicios críticos o importantes. Las entidades podrían preferir trabajar con proveedores que han sido designados como esenciales, ya que esto ofrece garantías adicionales sobre su capacidad para gestionar riesgos y cumplir con las expectativas regulatorias. Sin embargo, también deberán estar preparadas para ajustar sus relaciones contractuales y operativas con estos proveedores, asegurando que sus acuerdos incluyen disposiciones que faciliten la supervisión y el cumplimiento de los requisitos establecidos en el Reglamento.

Desde el punto de vista de las Autoridades Europeas de Supervisión, este artículo refuerza la importancia de mantener un enfoque riguroso y transparente en la evaluación de las solicitudes de designación. Esto incluye garantizar que los criterios establecidos en el Reglamento se apliquen de manera coherente y que las decisiones sean objetivas y estén justificadas. Además, la posibilidad de que los proveedores soliciten voluntariamente ser designados como esenciales puede contribuir a mejorar la cooperación entre los proveedores y las autoridades, fortaleciendo la supervisión del ecosistema de servicios TIC en el sector financiero.

En términos estratégicos, este artículo también promueve un modelo de supervisión más colaborativo, donde los proveedores tienen la oportunidad de participar activamente en el proceso regulatorio y demostrar su compromiso con la resiliencia operativa y la estabilidad del sistema financiero. Este enfoque no solo beneficia a los proveedores, sino que también fortalece el sistema financiero en su conjunto, al garantizar que los servicios TIC esenciales sean prestados por proveedores que cumplen con altos estándares regulatorios.

En conclusión, el artículo 31.11 del Reglamento 2022/2554 introduce una disposición innovadora al permitir que los proveedores terceros de servicios de TIC soliciten voluntariamente ser designados como esenciales. Esta opción brinda a los proveedores una oportunidad estratégica para destacar su relevancia y confiabilidad en el sector financiero, mientras que refuerza la transparencia, la cooperación y la supervisión en el ámbito de los servicios TIC. Al mismo tiempo, el proceso establecido garantiza que las decisiones sobre estas solicitudes se basen en criterios objetivos y en un análisis exhaustivo de los riesgos y beneficios asociados. Este enfoque colaborativo contribuye a fortalecer la resiliencia operativa del sistema financiero europeo, promoviendo un marco normativo flexible, inclusivo y alineado con los objetivos del Reglamento.

12. Las entidades financieras solo recurrirán a los servicios de un proveedor tercero de servicios de TIC establecido en un tercer país y que haya sido designado como esencial de conformidad con el apartado 1, letra a), si este último ha establecido una filial en la Unión en los 12 meses siguientes a la designación.

El artículo 31.12 del Reglamento 2022/2554 establece una limitación fundamental para las entidades financieras en relación con el uso de servicios prestados por proveedores terceros de servicios de TIC establecidos en terceros países que hayan sido designados como esenciales de conformidad con el apartado 1, letra a). Según esta norma, las entidades financieras únicamente podrán contratar los servicios de dichos proveedores si estos han establecido una filial en la Unión Europea dentro de un plazo de 12 meses desde su designación como esenciales. Este requisito tiene como finalidad fortalecer la supervisión regulatoria, garantizar la resiliencia operativa y mitigar los riesgos asociados a la dependencia de proveedores ubicados fuera del ámbito jurídico y regulatorio de la Unión.

Esta disposición busca abordar los riesgos regulatorios y operativos inherentes al uso de proveedores establecidos en terceros países, que incluyen problemas relacionados con el acceso limitado a supervisión efectiva, la jurisdicción legal aplicable, y posibles conflictos en materia de protección de datos, ciberseguridad y resiliencia operativa. Al requerir la creación de una filial dentro de la Unión Europea, el Reglamento asegura que las autoridades competentes puedan supervisar efectivamente a los proveedores esenciales y aplicar las normativas pertinentes. Esto es especialmente relevante en el contexto de proveedores globales de servicios TIC, como empresas de almacenamiento en la nube o plataformas de ciberseguridad, cuyos servicios pueden ser críticos para el funcionamiento de las entidades financieras, pero que operan desde jurisdicciones con marcos regulatorios menos estrictos o incompatibles con las normativas de la Unión.

Desde una perspectiva práctica, esta disposición impone una obligación directa para los proveedores esenciales establecidos en terceros países. Una vez designados como esenciales, deberán tomar medidas proactivas para establecer una filial en la Unión Europea dentro del plazo de 12 meses. La creación de una filial implica el cumplimiento de una serie de requisitos legales, administrativos y operativos, incluyendo el registro de la entidad, la contratación de personal, la implementación de infraestructuras locales y el establecimiento de sistemas que permitan la supervisión efectiva por parte de las autoridades competentes. Por ejemplo, la filial debe estar en condiciones de cooperar plenamente con las autoridades supervisoras de la Unión, proporcionando acceso a datos relevantes, garantizando la continuidad operativa y permitiendo auditorías e inspecciones conforme a los estándares establecidos en el Reglamento.

El establecimiento de una filial también tiene implicaciones significativas para la gestión de riesgos operativos y de resiliencia. La filial actuaría como una representación jurídica dentro de la Unión, lo que facilita la aplicación efectiva de las medidas regulatorias y el cumplimiento de las obligaciones relacionadas con la supervisión, ciberseguridad y protección de datos. Por ejemplo, en caso de que ocurra un incidente grave relacionado con las TIC que afecte a los servicios prestados por el proveedor, las autoridades competentes podrán interactuar directamente con la filial para abordar el incidente y garantizar la continuidad operativa de las entidades financieras afectadas. Esto es particularmente importante en situaciones donde la distancia geográfica o las barreras legales pueden dificultar la cooperación con una entidad ubicada en un tercer país.

Desde la perspectiva de las entidades financieras, esta disposición impone una obligación de diligencia adicional al seleccionar proveedores terceros de servicios de TIC establecidos en terceros países. Las entidades deberán asegurarse de que cualquier proveedor designado como esencial haya cumplido con el requisito de establecer una filial en la Unión antes de contratar sus servicios. Esto implica la necesidad de realizar una supervisión continua de los proveedores y de incluir cláusulas contractuales que permitan rescindir el acuerdo si el proveedor no cumple con el requisito en el plazo establecido. Por ejemplo, si una entidad financiera contrata a un proveedor que no establece una filial dentro del período de 12 meses, podría enfrentar riesgos regulatorios significativos, incluyendo sanciones o restricciones impuestas por las autoridades competentes.

Además, las entidades financieras deben considerar los impactos prácticos y estratégicos de depender de proveedores establecidos en terceros países, incluso si estos cumplen con el requisito de establecer una filial en la Unión. Por ejemplo, aunque la creación de una filial facilita la supervisión, no elimina completamente los riesgos asociados a la gobernanza y el control centralizado que estos proveedores suelen mantener desde sus países de origen. Las entidades financieras deberán evaluar cuidadosamente cómo estas dinámicas afectan su resiliencia operativa y su capacidad para garantizar la continuidad de los servicios en caso de interrupciones.

Desde la perspectiva de las autoridades competentes y de supervisión, esta disposición refuerza su capacidad para ejercer un control efectivo sobre los proveedores esenciales que operan en la Unión, incluso si su sede principal está ubicada en un tercer país. La filial establecida dentro de la Unión actúa como un punto de contacto directo para las autoridades, permitiéndoles realizar auditorías, inspecciones y evaluaciones de riesgos sin las barreras legales o logísticas que pueden surgir al tratar con una entidad fuera de su jurisdicción. Además, la filial permite a las autoridades imponer medidas correctivas o sanciones en caso de incumplimientos, lo que sería más difícil de implementar si el proveedor operara únicamente desde un tercer país.

Desde un punto de vista estratégico, esta disposición también contribuye a reforzar la soberanía digital de la Unión Europea y a mitigar los riesgos de dependencia excesiva de proveedores extranjeros en sectores críticos como los servicios financieros. Al requerir que los proveedores esenciales establecidos en terceros países tengan presencia física dentro de la Unión, el Reglamento promueve una mayor autonomía y resiliencia del sistema financiero europeo frente a riesgos externos. Esto es particularmente relevante en un contexto global de creciente tensión geopolítica y aumento de ciberamenazas, donde la dependencia de proveedores extranjeros puede generar vulnerabilidades adicionales.

El plazo de 12 meses establecido para el cumplimiento del requisito de establecer una filial es también significativo, ya que proporciona un marco temporal razonable para que los proveedores esenciales cumplan con esta obligación. Sin embargo, es importante que las autoridades competentes monitoreen activamente el progreso de los proveedores designados durante este período y adopten medidas adecuadas en caso de incumplimiento. Por ejemplo, si un proveedor no cumple con el requisito dentro del plazo establecido, las entidades financieras que utilicen sus servicios podrían estar obligadas a migrar a otro proveedor, lo que podría generar interrupciones operativas y costes adicionales.

En términos regulatorios, esta disposición refuerza la coherencia y uniformidad del marco normativo de la Unión Europea, al garantizar que todos los proveedores esenciales, independientemente de su lugar de origen, estén sujetos a los mismos estándares de supervisión y resiliencia operativa. Esto también contribuye a nivelar el campo de juego para los proveedores establecidos dentro de la Unión, asegurando que no se enfrenten a desventajas competitivas frente a proveedores extranjeros que operen sin cumplir con las mismas obligaciones regulatorias.

En conclusión, el artículo 31.12 del Reglamento 2022/2554 establece un requisito crucial para los proveedores terceros de servicios de TIC establecidos en terceros países que sean designados como esenciales, al obligarlos a establecer una filial en la Unión dentro de un plazo de 12 meses. Este requisito refuerza la supervisión regulatoria, mitiga los riesgos asociados a la dependencia de proveedores extranjeros y contribuye a la resiliencia operativa del sistema financiero europeo. Su implementación tiene importantes implicaciones prácticas para los proveedores, las entidades financieras y las autoridades competentes, asegurando que los servicios críticos prestados por proveedores esenciales estén sujetos a los estándares regulatorios más estrictos y alineados con los objetivos de estabilidad y seguridad de la Unión Europea.

13.El proveedor tercero esencial de servicios de TIC a que se refiere el apartado 12 notificará al supervisor principal cualquier cambio en la estructura de la dirección de la filial establecida en la Unión.

El artículo 31.13 del Reglamento 2022/2554 establece la obligación de los proveedores terceros esenciales de servicios de TIC, que hayan establecido una filial en la Unión Europea conforme al artículo 31.12, de notificar al supervisor principal cualquier cambio en la estructura de la dirección de dicha filial. Este requisito refuerza el marco de supervisión y control sobre los proveedores esenciales, asegurando que las autoridades competentes tengan conocimiento actualizado de las modificaciones en la gobernanza y en los responsables clave de las operaciones de la filial. Este enfoque permite a las autoridades evaluar si estos cambios podrían afectar la capacidad del proveedor para cumplir con sus obligaciones regulatorias, garantizar la resiliencia operativa y mitigar los riesgos que podrían impactar a las entidades financieras dependientes de sus servicios.

El requisito de notificación refleja la importancia de la transparencia y supervisión constante en la relación entre los proveedores esenciales y las autoridades supervisoras. La dirección de la filial, al ser la representación formal del proveedor tercero esencial dentro de la Unión Europea, desempeña un papel crucial en la gestión de las operaciones locales y en la interacción con las autoridades competentes. Cualquier cambio en la estructura de la dirección puede tener implicaciones significativas para la supervisión, especialmente si los nuevos responsables no cuentan con la experiencia, las capacidades o los conocimientos necesarios para cumplir con las exigencias regulatorias. Por ejemplo, si un proveedor esencial reemplaza a un director clave de la filial con una persona que carece de experiencia en la gestión de riesgos relacionados con las TIC o en el cumplimiento normativo del sector financiero, esto podría generar preocupaciones sobre la capacidad de la filial para operar de manera efectiva y cumplir con las expectativas regulatorias.

Desde una perspectiva práctica, la obligación de notificación exige que el proveedor esencial implemente mecanismos internos sólidos para identificar y comunicar los cambios en la dirección de la filial de manera oportuna. Esto incluye establecer procesos internos claros para registrar y reportar las modificaciones en los puestos clave de la filial, como los directores ejecutivos, responsables de ciberseguridad o cualquier otro cargo con relevancia estratégica o regulatoria. La notificación debe ser realizada directamente al supervisor principal, quien es la autoridad responsable de coordinar la supervisión del proveedor esencial y de garantizar que cumple con los requisitos del Reglamento.

El supervisor principal, al recibir la notificación, evaluará el impacto de los cambios en la dirección de la filial sobre la resiliencia operativa y la capacidad de cumplimiento normativo del proveedor. Por ejemplo, el supervisor puede revisar si los nuevos responsables cuentan con las competencias necesarias para gestionar adecuadamente los riesgos relacionados con las TIC, garantizar la continuidad operativa y cooperar con las autoridades competentes en caso de incidentes graves. Si se identifican deficiencias en los nombramientos o en la estructura de la dirección, el supervisor podría requerir medidas correctivas por parte del proveedor, como la contratación de personal adicional, la realización de formaciones específicas o incluso la sustitución de ciertos responsables.

Desde la perspectiva de los proveedores terceros esenciales de servicios de TIC, este artículo refuerza la necesidad de contar con una estructura de gobernanza robusta y alineada con los estándares regulatorios de la Unión Europea. La filial establecida en la Unión no solo debe cumplir con las normativas locales aplicables, sino que también debe garantizar que su dirección está capacitada para interactuar con las autoridades supervisoras, responder a las solicitudes de información y gestionar los riesgos operativos y de ciberseguridad asociados a la prestación de servicios críticos. Por ejemplo, un proveedor esencial que designe a un director con experiencia limitada en el sector financiero podría enfrentar un escrutinio adicional por parte del supervisor principal, lo que podría afectar su reputación y su relación con las entidades financieras.

Además, los proveedores deben considerar que la transparencia en la gestión y la notificación oportuna de los cambios en la dirección son fundamentales para mantener la confianza de las autoridades y de las entidades financieras que dependen de sus servicios. Un incumplimiento en la notificación de los cambios, o la designación de responsables que no cumplan con los estándares esperados, podría dar lugar a sanciones regulatorias, restricciones en sus operaciones o incluso a la pérdida de la designación como proveedor esencial, lo que tendría consecuencias significativas tanto en términos comerciales como reputacionales.

Desde la perspectiva de las entidades financieras, este artículo contribuye a garantizar que los proveedores esenciales con los que contratan estén sujetos a un control riguroso y continuo por parte de las autoridades competentes. Al requerir que los proveedores notifiquen los cambios en la dirección de la filial, el Reglamento refuerza la supervisión de los responsables clave de los servicios que sustentan funciones esenciales o importantes en el sector financiero. Esto proporciona a las entidades financieras una mayor tranquilidad respecto a la gobernanza y la capacidad operativa de los proveedores esenciales, reduciendo los riesgos asociados a la externalización de servicios TIC.

Desde la perspectiva de las autoridades competentes, este artículo refuerza su capacidad para supervisar de manera efectiva a los proveedores esenciales y para tomar medidas preventivas en caso de que los cambios en la dirección de la filial puedan comprometer su capacidad de cumplir con las obligaciones regulatorias. Por ejemplo, si el supervisor principal detecta que la nueva dirección carece de los conocimientos necesarios para gestionar riesgos relacionados con las TIC, podría exigir al proveedor que implemente un plan de acción para corregir estas deficiencias, asegurando así que los riesgos para el sistema financiero se mantengan bajo control.

Desde un punto de vista estratégico, este artículo refleja el compromiso del Reglamento con un enfoque de supervisión basado en la gobernanza y en la gestión de riesgos. Al requerir que los proveedores esenciales notifiquen los cambios en la dirección de la filial, el Reglamento asegura que las autoridades tengan visibilidad sobre los responsables clave de las operaciones del proveedor dentro de la Unión Europea y que puedan evaluar de manera continua su capacidad para cumplir con las expectativas regulatorias. Esto es particularmente importante en un contexto donde los servicios TIC son cada vez más críticos para el funcionamiento del sistema financiero, y donde cualquier interrupción o fallo en la prestación de estos servicios podría tener un impacto significativo en la estabilidad del sistema.

Además, esta disposición contribuye a fortalecer la cooperación entre los proveedores esenciales y las autoridades competentes, promoviendo una relación basada en la transparencia y la confianza mutua. Al mantener a las autoridades informadas sobre los cambios en la dirección, los proveedores demuestran su compromiso con el cumplimiento normativo y con la resiliencia operativa, lo que puede beneficiar su reputación y su relación con las entidades financieras.

En conclusión, el artículo 31.13 del Reglamento 2022/2554 establece un requisito crucial para los proveedores terceros esenciales de servicios de TIC, al obligarlos a notificar al supervisor principal cualquier cambio en la estructura de la dirección de la filial establecida en la Unión Europea. Este requisito refuerza la transparencia, la supervisión y la gobernanza de los proveedores esenciales, asegurando que las autoridades competentes puedan monitorear de manera continua la capacidad de la filial para cumplir con sus obligaciones regulatorias y garantizar la resiliencia operativa. Su implementación tiene implicaciones significativas tanto para los proveedores como para las entidades financieras y las autoridades, fortaleciendo la estabilidad y la seguridad del sistema financiero europeo en un entorno cada vez más digitalizado y dependiente de los servicios TIC.

Artículo 32 Estructura del marco de supervisión

1. El Comité Mixto, de conformidad con el artículo 57, apartado 1, del Reglamento (UE) número 1093/2010, el artículo 57, apartado 1, del Reglamento (UE) número 1094/2010 y el artículo 57, apartado 1, del Reglamento (UE) número 1095/2010, establecerá el Foro de Supervisión como subcomité encargado de apoyar el trabajo del Comité Mixto y del supervisor principal a que se refiere

el artículo 31, apartado 1, letra b), en materia de riesgo relacionado con las TIC derivado de terceros en los distintos sectores financieros. El Foro de Supervisión elaborará los proyectos de posiciones conjuntas y de actos comunes del Comité Mixto en este ámbito.

El Foro de Supervisión debatirá periódicamente las novedades pertinentes en materia de riesgos y vulnerabilidades en materia de TIC y promoverá un enfoque coherente de seguimiento de los riesgos relacionados con las TIC derivados de terceros a escala de la Unión.

El artículo 32.1 del Reglamento 2022/2554 establece la estructura del marco de supervisión para los riesgos relacionados con las TIC derivados de terceros en el sector financiero, disponiendo la creación de un Foro de Supervisión como un subcomité especializado dentro del Comité Mixto de las Autoridades Europeas de Supervisión (AES). Este Foro tiene como objetivo principal apoyar tanto al Comité Mixto como al supervisor principal designado para cada proveedor tercero esencial de servicios de TIC, asegurando un enfoque coordinado, eficaz y uniforme en la supervisión de estos riesgos a nivel de la Unión Europea. Este artículo detalla la función, las competencias y las responsabilidades del Foro de Supervisión, destacando su papel como un pilar esencial en la gobernanza del riesgo operativo digital dentro del sistema financiero.

El establecimiento del Foro de Supervisión como un subcomité dentro del Comité Mixto refuerza la necesidad de una coordinación intersectorial entre las tres AES: la Autoridad Bancaria Europea (ABE), la Autoridad Europea de Seguros y Pensiones de Jubilación (AESPJ) y la Autoridad Europea de Valores y Mercados (AEVM). Este enfoque es fundamental para abordar los riesgos derivados de los proveedores terceros de servicios de TIC, que suelen operar de manera transversal en distintos sectores financieros. Por ejemplo, un proveedor de servicios en la nube podría prestar servicios tanto a bancos como a aseguradoras y empresas de inversión, lo que hace necesario un marco de supervisión que contemple la interconexión entre estos sectores y las posibles implicaciones sistémicas de un fallo en dichos servicios. El Foro de Supervisión asegura que los esfuerzos de supervisión sean consistentes y estén alineados con las mejores prácticas y estándares regulatorios en toda la Unión.

Entre las principales funciones del Foro de Supervisión está la elaboración de proyectos de posiciones conjuntas y de actos comunes del Comité Mixto en relación con los riesgos de las TIC derivados de terceros. Esto implica desarrollar guías, recomendaciones y enfoques regulatorios que sean aplicables de manera uniforme en todos los sectores financieros. Por ejemplo, el Foro podría proponer estándares comunes para evaluar la criticidad de los servicios prestados por proveedores terceros, criterios uniformes para la designación de proveedores esenciales o lineamientos para la realización de auditorías conjuntas por parte de las autoridades nacionales competentes. Estos proyectos de posiciones conjuntas y actos comunes son esenciales para evitar discrepancias en la supervisión entre los Estados miembros y garantizar un marco regulatorio cohesivo que proteja la estabilidad del sistema financiero en su conjunto.

El artículo también asigna al Foro de Supervisión la tarea de discutir periódicamente las novedades en materia de riesgos y vulnerabilidades relacionados con las TIC. Esto implica realizar un monitoreo continuo del panorama de amenazas cibernéticas, la evolución tecnológica, los cambios en el mercado de proveedores de TIC y los incidentes significativos que puedan impactar al sector financiero. Por ejemplo, el Foro podría analizar los efectos de nuevos tipos de ataques cibernéticos dirigidos a infraestructuras críticas de TIC, evaluar cómo estos riesgos afectan a los proveedores esenciales y recomendar medidas preventivas o correctivas para mitigar su impacto. Este enfoque proactivo permite identificar riesgos emergentes antes de que se materialicen y coordinar respuestas a nivel de la Unión Europea, fortaleciendo la resiliencia operativa del sector financiero.

Otra función clave del Foro de Supervisión es la promoción de un enfoque coherente de seguimiento de los riesgos relacionados con las TIC derivados de terceros en toda la Unión. Este objetivo es crucial para evitar fragmentaciones en la supervisión y asegurar que todas las entidades financieras, independientemente de su ubicación o sector, estén sujetas a estándares equivalentes en la gestión de riesgos asociados a proveedores terceros de servicios de TIC. Por ejemplo, el Foro podría desarrollar métricas comunes para evaluar el riesgo de concentración en proveedores terceros, establecer procedimientos uniformes para la notificación de incidentes graves relacionados con las TIC y proponer estrategias conjuntas para abordar las vulnerabilidades sistémicas detectadas en los servicios prestados por estos proveedores.

Desde una perspectiva práctica, el trabajo del Foro de Supervisión tiene implicaciones significativas para las autoridades nacionales competentes, las entidades financieras y los proveedores terceros de servicios de TIC. Para las autoridades nacionales, el Foro proporciona una plataforma para compartir información, coordinar esfuerzos y adoptar enfoques consistentes en la supervisión de riesgos relacionados con las TIC. Esto es particularmente importante en casos donde los proveedores esenciales operan en múltiples jurisdicciones, lo que requiere una cooperación estrecha entre las autoridades nacionales y las AES para garantizar una supervisión efectiva y evitar duplicidades o lagunas en la regulación.

Para las entidades financieras, la labor del Foro de Supervisión contribuye a proporcionar claridad y predictibilidad en las expectativas regulatorias relacionadas con los riesgos derivados de terceros. Al desarrollar guías y estándares comunes, el Foro asegura que las entidades financieras puedan adoptar prácticas consistentes en la selección, evaluación y gestión de sus proveedores de servicios TIC, reduciendo la incertidumbre y facilitando el cumplimiento normativo. Por ejemplo, las entidades financieras podrían beneficiarse de recomendaciones conjuntas sobre cómo diversificar sus dependencias en proveedores esenciales o cómo fortalecer sus planes de continuidad operativa en caso de interrupciones en los servicios prestados por estos proveedores.

Para los proveedores terceros de servicios de TIC, el trabajo del Foro tiene un impacto directo en las expectativas regulatorias y en la supervisión a la que están sujetos. El Foro proporciona un marco claro para que los proveedores entiendan los estándares que deben cumplir y las obligaciones que deben asumir como proveedores esenciales. Además, el monitoreo continuo y la coordinación promovida por el Foro ayudan a garantizar que los riesgos asociados a los proveedores esenciales sean gestionados de manera uniforme en toda la Unión, lo que beneficia a los proveedores al reducir las inconsistencias regulatorias entre los Estados miembros.

Desde una perspectiva estratégica, el establecimiento del Foro de Supervisión fortalece la capacidad de la Unión Europea para abordar los riesgos sistémicos derivados de la digitalización y la externalización de servicios TIC en el sector financiero. Al centralizar el análisis y la coordinación de los riesgos relacionados con las TIC, el Foro permite a las AES y a las autoridades nacionales competentes anticiparse a los desafíos emergentes y responder de manera coordinada a incidentes significativos. Este enfoque es esencial para proteger la estabilidad del sistema financiero en un entorno cada vez más interconectado y dependiente de la tecnología.

Además, el Foro de Supervisión contribuye a reforzar la soberanía digital de la Unión Europea, al promover estándares regulatorios robustos y garantizar que los proveedores terceros de servicios de TIC cumplan con los más altos niveles de resiliencia y seguridad operativa. Esto es particularmente relevante en el contexto de la creciente dependencia de proveedores globales de servicios en la nube y otras infraestructuras TIC, donde los riesgos de concentración y las vulnerabilidades cibernéticas pueden tener un impacto significativo en la estabilidad del sistema financiero europeo.

En conclusión, el artículo 32.1 del Reglamento 2022/2554 establece una estructura de supervisión sólida y coordinada para abordar los riesgos relacionados con las TIC derivados de terceros en el sector financiero. Al crear el Foro de Supervisión como un subcomité del Comité Mixto, el Reglamento garantiza un enfoque intersectorial y coherente en la gestión de estos riesgos, promoviendo la estabilidad y la resiliencia operativa a nivel de la Unión Europea. Las funciones del Foro, que incluyen la elaboración de posiciones conjuntas, el monitoreo de riesgos y la promoción de enfoques uniformes, benefician a las autoridades competentes, las entidades financieras y los proveedores terceros, fortaleciendo la capacidad del sistema financiero para enfrentar los desafíos de un entorno digital cada vez más complejo e interdependiente.

2. El Foro de Supervisión llevará a cabo anualmente una evaluación colectiva de los resultados y las conclusiones de las actividades de supervisión realizadas para todos los proveedores terceros esenciales de servicios de TIC y promoverá medidas de coordinación para incrementar la resiliencia operativa digital de las entidades financieras, fomentar buenas prácticas para hacer frente al riesgo de concentración de TIC y estudiar medidas de mitigación de la transferencia de riesgos entre sectores.

El artículo 32.2 del Reglamento 2022/2554 dispone que el Foro de Supervisión, como parte del marco de supervisión establecido para abordar los riesgos relacionados con las tecnologías de la información y la comunicación (TIC) derivados de terceros, deberá llevar a cabo anualmente una evaluación colectiva de los resultados y conclusiones de las actividades de supervisión realizadas para todos los proveedores terceros esenciales de servicios de TIC. Además, se asignan al Foro responsabilidades clave, como la promoción de medidas de coordinación destinadas a aumentar la resiliencia operativa digital de las entidades financieras, fomentar buenas prácticas para mitigar los riesgos de concentración de TIC y analizar estrategias para abordar la transferencia de riesgos entre sectores. Esta disposición refuerza la importancia de una supervisión integral, colaborativa y estratégica en el contexto de los riesgos sistémicos asociados a los servicios TIC críticos.

La evaluación colectiva anual por parte del Foro de Supervisión tiene como objetivo consolidar y analizar los resultados obtenidos de las actividades de supervisión llevadas a cabo por los supervisores principales para cada proveedor tercero esencial. Este proceso permite identificar patrones comunes, riesgos emergentes y posibles áreas de mejora en la supervisión de estos proveedores. La evaluación colectiva es esencial para garantizar que las actividades de supervisión no se realicen de manera aislada, sino que contribuyan a una visión integral y coordinada de los riesgos relacionados con los proveedores esenciales en toda la Unión Europea. Por ejemplo, si un fallo operativo significativo afecta a varios proveedores esenciales, la evaluación anual podría revelar causas comunes, como vulnerabilidades en los sistemas de ciberseguridad o dependencias excesivas en tecnologías específicas, permitiendo a las autoridades proponer soluciones conjuntas para abordar estos problemas.

Esta evaluación colectiva también facilita un enfoque más estructurado para priorizar los riesgos que requieren atención inmediata y para desarrollar estrategias regulatorias y operativas a largo plazo. Por ejemplo, si se identifica que un proveedor esencial presenta un riesgo elevado debido a su falta de diversificación geográfica o a su excesiva dependencia de un solo centro de datos, el Foro podría recomendar medidas correctivas específicas, como la adopción de políticas de redundancia operativa. Asimismo, este enfoque permite identificar áreas donde se necesitan mejoras en los estándares de supervisión o donde sería beneficioso desarrollar directrices adicionales para fortalecer la resiliencia de los proveedores esenciales.

El Foro de Supervisión también tiene la responsabilidad de promover medidas de coordinación que incrementen la resiliencia operativa digital de las entidades financieras. Esta función destaca la necesidad de que las autoridades supervisen no solo a los proveedores terceros esenciales, sino también las interacciones y dependencias de las entidades financieras con estos proveedores. Las medidas de coordinación pueden incluir la elaboración de guías conjuntas sobre cómo las entidades financieras deben abordar los riesgos asociados a la externalización de servicios TIC, la promoción de simulacros conjuntos para probar la resiliencia de las cadenas de suministro digitales y la implementación de estrategias de comunicación para gestionar incidentes de manera eficiente. Por ejemplo, el Foro podría coordinar simulacros transfronterizos de ciberseguridad que involucren a proveedores esenciales y entidades financieras, permitiendo a las partes evaluar sus capacidades para responder a ataques cibernéticos y garantizar la continuidad operativa.

Un aspecto fundamental de este artículo es la promoción de buenas prácticas para hacer frente al riesgo de concentración de TIC, un problema crítico en el ecosistema financiero actual debido a la creciente dependencia de un número reducido de proveedores globales de servicios TIC, como plataformas en la nube, proveedores de ciberseguridad o sistemas de procesamiento de datos. El riesgo de concentración se produce cuando múltiples entidades financieras dependen de los servicios de un único proveedor o de un grupo reducido de proveedores, lo que aumenta la vulnerabilidad del sistema financiero en caso de interrupciones. Por ejemplo, si un proveedor global de servicios en la nube experimenta una caída significativa en su infraestructura, podría impactar simultáneamente a múltiples bancos, aseguradoras y gestores de activos que dependen de sus servicios. El Foro, a través de su evaluación colectiva, puede identificar estas concentraciones de riesgo y fomentar prácticas para mitigarlas, como diversificar proveedores, adoptar soluciones híbridas o desarrollar capacidades internas para reducir la dependencia externa.

El artículo también menciona la necesidad de estudiar medidas de mitigación de la transferencia de riesgos entre sectores. Este aspecto es especialmente relevante en un entorno donde los proveedores terceros de servicios de TIC suelen prestar servicios no solo al sector financiero, sino también a otros sectores críticos, como telecomunicaciones, energía o sanidad. La transferencia de riesgos puede ocurrir cuando un incidente que afecta a un proveedor en un sector, como un ciberataque a un proveedor de infraestructura de telecomunicaciones, tiene repercusiones en otros sectores, incluido el financiero. Por ejemplo, un fallo en la infraestructura de un proveedor de servicios en la nube podría interrumpir simultáneamente los sistemas de pago de un banco y los sistemas de gestión de emergencias de un hospital, generando un impacto en cascada. El Foro, a través de sus análisis, puede identificar estas interdependencias y proponer medidas para reducirlas, como el desarrollo de planes de contingencia multisectoriales o la cooperación intersectorial en la supervisión de proveedores críticos.

Desde la perspectiva de las entidades financieras, este artículo refuerza la importancia de participar activamente en la implementación de buenas prácticas y medidas de mitigación de riesgos promovidas por el Foro de Supervisión. Las entidades deben monitorear de cerca sus dependencias en proveedores esenciales, diversificar sus cadenas de suministro digitales y adoptar planes de continuidad operativa robustos para gestionar interrupciones en los servicios TIC. Por ejemplo, un banco que depende de un proveedor esencial para sus operaciones de banca en línea podría implementar soluciones de respaldo internas o establecer acuerdos con proveedores alternativos para garantizar la continuidad del servicio en caso de interrupciones.

Desde la perspectiva de los proveedores terceros esenciales de servicios de TIC, este artículo refuerza la importancia de cooperar plenamente con los supervisores principales y de implementar medidas para gestionar los riesgos identificados durante las actividades de supervisión. Los proveedores deben garantizar que sus sistemas y operaciones cumplan con los más altos estándares de resiliencia operativa, ciberseguridad y gestión de riesgos, ya que cualquier deficiencia identificada durante la evaluación colectiva podría dar lugar a medidas regulatorias adicionales o afectar su reputación en el mercado financiero. Además, los proveedores deben estar preparados para participar en iniciativas de coordinación promovidas por el Foro, como pruebas conjuntas de resiliencia o simulacros de incidentes.

Desde la perspectiva de las autoridades competentes, la evaluación colectiva anual proporciona una base sólida para coordinar sus esfuerzos de supervisión y para desarrollar políticas regulatorias basadas en datos y análisis integrales. Al compartir los resultados de las actividades de supervisión con el Foro, las autoridades pueden identificar áreas donde se necesitan medidas adicionales y asegurarse de que sus enfoques estén alineados con las prioridades estratégicas de la Unión Europea. Además, la promoción de buenas prácticas y la mitigación de riesgos de concentración y transferencia entre sectores fortalecen la capacidad de las autoridades para proteger la estabilidad del sistema financiero frente a riesgos sistémicos.

En conclusión, el artículo 32.2 del Reglamento 2022/2554 establece un mecanismo integral para la supervisión de los proveedores terceros esenciales de servicios de TIC y la promoción de medidas para fortalecer la resiliencia operativa digital del sistema financiero. Al llevar a cabo una evaluación colectiva anual, el Foro de Supervisión asegura una visión holística de los riesgos relacionados con las TIC y fomenta la cooperación entre las autoridades competentes, las entidades financieras y los proveedores esenciales. La promoción de buenas prácticas para mitigar los riesgos de concentración y la transferencia de riesgos entre sectores refuerza la estabilidad del sistema financiero en un entorno cada vez más digitalizado e interconectado. Este enfoque contribuye significativamente a la protección de la estabilidad financiera y a la mejora de la confianza en el sector financiero europeo.

3. El Foro de Supervisión presentará índices de referencia exhaustivos para los proveedores terceros esenciales de servicios de TIC, que el Comité Mixto adoptará como posiciones conjuntas de las Autoridades Europeas de Supervisión de conformidad con el artículo 56, apartado 1, del Reglamento (UE) n.o 1093/2010,

el artículo 56, apartado 1, del Reglamento (UE) n.o 1094/2010 y el artículo 56, apartado 1, del Reglamento (UE) n.o 1095/2010.

El artículo 32.3 del Reglamento 2022/2554 establece que el Foro de Supervisión será responsable de presentar índices de referencia exhaustivos para los proveedores terceros esenciales de servicios de TIC. Estos índices serán posteriormente adoptados como posiciones conjuntas por el Comité Mixto de las Autoridades Europeas de Supervisión (AES), en virtud de los artículos 56, apartado 1, de los Reglamentos fundacionales de la Autoridad Bancaria Europea (ABE), la Autoridad Europea de Seguros y Pensiones de Jubilación (AESPJ) y la Autoridad Europea de Valores y Mercados (AEVM). Este mecanismo tiene como objetivo proporcionar un marco común y detallado para la evaluación, supervisión y gestión de los riesgos relacionados con los proveedores terceros esenciales, asegurando una mayor coherencia en la supervisión a nivel de la Unión Europea.

El desarrollo y la adopción de estos índices de referencia representan un paso clave en la armonización de la supervisión de los riesgos derivados de los proveedores terceros de servicios de TIC. Estos índices funcionarán como herramientas normativas y operativas que permitirán a las autoridades competentes y a las entidades financieras evaluar de manera consistente y uniforme la calidad, fiabilidad y resiliencia de los servicios prestados por los proveedores esenciales. Los índices incluirán probablemente criterios específicos, métricas y estándares que aborden aspectos clave como la disponibilidad de los servicios, la ciberseguridad, la capacidad de recuperación ante incidentes, la gestión de riesgos y la transparencia operativa. Por ejemplo, un índice podría contener indicadores relacionados con los tiempos máximos de interrupción permitidos, los controles de acceso a datos sensibles o los procedimientos de respuesta ante incidentes.

Desde una perspectiva práctica, la presentación de estos índices por parte del Foro de Supervisión implica un trabajo técnico y colaborativo significativo. El Foro deberá recopilar y analizar información relevante, considerando las mejores prácticas internacionales, las normativas aplicables y los datos derivados de las actividades de supervisión realizadas para los proveedores esenciales. Además, el Foro deberá garantizar que los índices sean aplicables de manera transversal a los distintos sectores financieros, teniendo en cuenta las particularidades de cada uno. Por ejemplo, un índice que evalúe la resiliencia de un proveedor de servicios en la nube deberá ser aplicable tanto a bancos como a aseguradoras y empresas de inversión, asegurando que los criterios utilizados sean relevantes y proporcionales para cada sector.

El hecho de que los índices de referencia sean adoptados como posiciones conjuntas por el Comité Mixto refuerza su legitimidad y aplicabilidad en toda la Unión Europea. Estas posiciones conjuntas actuarán como guías y estándares comunes que las autoridades nacionales competentes deberán seguir al supervisar a los proveedores terceros esenciales. Esto es especialmente importante en un contexto donde los proveedores esenciales suelen operar en múltiples Estados miembros y prestar servicios a entidades financieras de distintos sectores. La adopción de índices de referencia unificados asegura que todas las autoridades competentes evalúen a los proveedores esenciales utilizando los mismos criterios, evitando inconsistencias y fragmentaciones en la supervisión.

Desde la perspectiva de las entidades financieras, los índices de referencia proporcionarán transparencia y previsibilidad en relación con las expectativas regulatorias aplicables a los proveedores terceros esenciales. Las entidades podrán utilizar estos índices como una herramienta para evaluar a los proveedores con los que contratan y para asegurarse de que cumplen con los estándares exigidos. Por ejemplo, si un índice incluye métricas sobre la capacidad de un proveedor para garantizar la continuidad operativa en caso de interrupciones, una entidad financiera podrá utilizar esta información para seleccionar proveedores que cumplan con dichos criterios o para renegociar acuerdos contractuales que incluyan cláusulas específicas sobre continuidad operativa.

Para los proveedores terceros esenciales de servicios de TIC, los índices de referencia actúan como un marco claro para entender las expectativas regulatorias y los estándares que deben cumplir. Esto les permite alinear sus operaciones, controles internos y procesos de gestión de riesgos con los requisitos establecidos en los índices. Por ejemplo, si un índice incluye criterios sobre el tiempo máximo permitido para la restauración de servicios tras un incidente, los proveedores podrán adaptar sus planes de recuperación ante desastres y sus infraestructuras tecnológicas para cumplir con estos estándares. Además, el cumplimiento con los índices de referencia puede ser un factor competitivo, ya que demuestra el compromiso del proveedor con la resiliencia operativa y el cumplimiento normativo, fortaleciendo su posición en el mercado financiero.

Desde la perspectiva de las autoridades competentes, los índices de referencia proporcionan una herramienta valiosa para realizar evaluaciones consistentes y comparables de los proveedores esenciales. Esto facilita la identificación de riesgos y vulnerabilidades comunes, la implementación de medidas correctivas y la priorización de esfuerzos de supervisión en áreas críticas. Por ejemplo, si un índice revela que varios proveedores esenciales presentan deficiencias similares en sus controles de ciberseguridad, las autoridades podrán coordinar esfuerzos para abordar estas deficiencias de manera conjunta, promoviendo la resiliencia del sistema financiero en su conjunto.

Un aspecto clave de esta disposición es que los índices de referencia serán exhaustivos, lo que implica que abordarán de manera integral los diferentes aspectos de la prestación de servicios por parte de los proveedores esenciales. Esto incluye no solo la evaluación técnica de los servicios, sino también aspectos relacionados con la gobernanza, la transparencia y la cooperación con las autoridades supervisoras. Por ejemplo, un índice podría evaluar la capacidad del proveedor para cooperar con las auditorías realizadas por las autoridades competentes, así como la calidad de la información que proporciona sobre su estructura operativa y los riesgos asociados.

Desde un punto de vista estratégico, los índices de referencia también tienen el potencial de impulsar mejoras en los estándares de la industria al establecer un punto de referencia claro para todos los proveedores de servicios de TIC, independientemente de si han sido designados como esenciales. Esto fomenta una mayor profesionalización y madurez en el sector, promoviendo la adopción de mejores prácticas y aumentando la confianza en los servicios TIC utilizados por las entidades financieras.

En términos de gobernanza, la presentación de los índices por parte del Foro de Supervisión y su adopción como posiciones conjuntas por el Comité Mixto refuerza el carácter colaborativo y coordinado del marco de supervisión. Este enfoque asegura que las decisiones y estándares adoptados reflejen una perspectiva amplia e intersectorial, considerando las particularidades de los diferentes sectores financieros y las necesidades de las autoridades competentes en toda la Unión.

En conclusión, el artículo 32.3 del Reglamento 2022/2554 establece un marco robusto para la creación y adopción de índices de referencia exhaustivos para los proveedores terceros esenciales de servicios de TIC. Estos índices, presentados por el Foro de Supervisión y adoptados como posiciones conjuntas del Comité Mixto, actúan como herramientas fundamentales para armonizar la supervisión, mejorar la transparencia y garantizar que los proveedores esenciales cumplan con los estándares más altos de resiliencia operativa y gestión de riesgos. Al mismo tiempo, proporcionan a las entidades financieras y a las autoridades competentes un marco claro para evaluar y gestionar los riesgos asociados a los servicios TIC críticos, contribuyendo así a la estabilidad y seguridad del sistema financiero europeo. Este enfoque refuerza la confianza en el sector financiero y promueve un entorno operativo más seguro y resiliente frente a los desafíos de la digitalización y las ciberamenazas.

4. El Foro de Supervisión estará integrado por:

a) ***los presidentes de las Autoridades Europeas de Supervisión;***

b) ***un representante de alto nivel del personal en plantilla de la autoridad competente pertinente a que se refiere el artículo 46 de cada Estado miembro;***

c) ***los respectivos directores ejecutivos de cada Autoridad Europea de Supervisión y un representante de la Comisión, de la JERS, del BCE y de la ENISA en calidad de observadores;***

d) ***en su caso, un representante adicional de una autoridad competente a que se refiere el artículo 46 de cada Estado miembro, en calidad de observador;***

e) ***cuando proceda, un representante de las autoridades competentes designadas o establecidas de conformidad con la Directiva (UE) 2022/2555 responsable, en calidad de observador, de la supervisión de una entidad esencial o importante sujeta a dicha Directiva, que haya sido designada proveedor tercero esencial de servicios de TIC.***

Cuando proceda, el Foro de Supervisión podrá solicitar el asesoramiento de expertos independientes nombrados de conformidad con el apartado 6.

El artículo 32.4 del Reglamento 2022/2554 detalla la composición del Foro de Supervisión, un órgano clave en la supervisión de los riesgos derivados de los proveedores terceros esenciales de servicios de TIC en el ámbito financiero. Este Foro, integrado por representantes de alto nivel de las Autoridades Europeas de Supervisión (AES), autoridades competentes de los Estados miembros y diversas instituciones y organismos europeos, está diseñado para garantizar una colaboración interinstitucional, promover un enfoque unificado y armonizado en la supervisión, y proporcionar un marco técnico y estratégico para abordar los riesgos asociados a la externalización de servicios TIC críticos. La inclusión de una amplia variedad de actores, junto con la posibilidad de contar con observadores y expertos independientes, refuerza el carácter multidisciplinar e intersectorial de este órgano, asegurando que se aborden de manera integral las complejidades y los desafíos de la supervisión en un entorno digitalizado.

El apartado a) establece que los presidentes de las AES (la Autoridad Bancaria Europea, la Autoridad Europea de Seguros y Pensiones de Jubilación, y la Autoridad Europea de Valores y Mercados) formarán parte del

Foro. Esto garantiza un liderazgo claro y una representación al más alto nivel de las autoridades responsables de la supervisión de los diferentes sectores financieros. Su participación asegura la alineación de las actividades del Foro con las prioridades estratégicas de las AES, y refuerza la capacidad del Foro para actuar de manera coordinada en la supervisión de riesgos que trascienden las fronteras sectoriales y nacionales. Por ejemplo, la participación de los presidentes de las AES es fundamental para garantizar que las recomendaciones del Foro se integren en las estrategias más amplias de supervisión y regulación de la Unión Europea.

El apartado b) establece que cada Estado miembro estará representado por un representante de alto nivel de su autoridad competente designada para la supervisión de riesgos relacionados con las TIC. Esto asegura que las perspectivas nacionales se incorporen al trabajo del Foro y que las decisiones y recomendaciones del mismo se adapten a las realidades y particularidades de cada Estado miembro. Por ejemplo, un Estado miembro con una alta concentración de proveedores TIC globales podría aportar conocimientos especializados sobre los riesgos de concentración, mientras que otro con un mercado más fragmentado podría destacar la importancia de la supervisión de proveedores locales. Este enfoque inclusivo permite que el Foro tenga una visión amplia y representativa de los riesgos en toda la Unión Europea.

El apartado c) incluye a los directores ejecutivos de las AES, así como a representantes de la Comisión Europea, del BCE, de la Junta Europea de Riesgo Sistémico (JERS) y de la Agencia de la Unión Europea para la Ciberseguridad (ENISA) en calidad de observadores. La presencia de estos organismos aporta una dimensión técnica y estratégica adicional al Foro. Por ejemplo, la ENISA, como agencia especializada en ciberseguridad, puede proporcionar conocimientos técnicos sobre amenazas cibernéticas y mejores prácticas en materia de seguridad de las TIC. Por su parte, el BCE y la JERS aportan perspectivas macroprudenciales, asegurando que las decisiones del Foro consideren el impacto de los riesgos de los proveedores TIC en la estabilidad del sistema financiero en su conjunto. La participación de la Comisión Europea también es clave para garantizar la coherencia entre las actividades del Foro y las políticas más amplias de la Unión en áreas como la digitalización, la protección de datos y la resiliencia cibernética.

El apartado d) permite que, cuando sea necesario, un segundo representante de las autoridades competentes de cada Estado miembro participe en calidad de observador. Esto otorga flexibilidad al Foro para adaptar su composición según las necesidades específicas de supervisión. Por ejemplo, si un tema discutido afecta de manera particular a ciertos Estados miembros, la inclusión de un segundo representante puede reforzar la calidad y profundidad de las discusiones, asegurando que todas las perspectivas relevantes se tomen en cuenta.

El apartado e) permite la participación de un representante de las autoridades competentes designadas de conformidad con la Directiva (UE) 2022/2555, que supervisen entidades esenciales o importantes bajo dicha Directiva, cuando estas hayan sido designadas como proveedores terceros esenciales de servicios de TIC. Esto refuerza la coordinación entre los marcos normativos establecidos por el Reglamento 2022/2554 y la Directiva (UE) 2022/2555, conocida como la Directiva NIS2, que regula la ciberseguridad de operadores esenciales en sectores críticos. Por ejemplo, si un proveedor esencial de TIC presta servicios tanto a entidades financieras como a infraestructuras críticas en otros sectores, la participación de estas autoridades garantiza que los riesgos intersectoriales se aborden de manera adecuada y coordinada.

Un aspecto adicional destacado en este artículo es la posibilidad del Foro de solicitar el asesoramiento de expertos independientes, conforme al apartado 6. Esto permite al Foro complementar su conocimiento con la experiencia técnica y especializada de profesionales externos en áreas como la ciberseguridad, la gestión de riesgos, o la regulación de mercados digitales. Por ejemplo, el Foro podría recurrir a un experto en infraestructura de servicios en la nube para evaluar los riesgos asociados a la concentración de proveedores o para analizar los impactos potenciales de una interrupción en los servicios prestados por un proveedor global.

Desde una perspectiva práctica, esta disposición tiene implicaciones significativas para la gobernanza, la coordinación y la efectividad del marco de supervisión. La composición diversa y multidisciplinar del Foro garantiza que las decisiones y recomendaciones se basen en una comprensión integral y bien informada de los riesgos, incorporando tanto perspectivas sectoriales como nacionales e internacionales. Por ejemplo, la interacción entre las AES, las autoridades nacionales y organismos como la ENISA permite identificar riesgos sistémicos que podrían pasar desapercibidos en una supervisión más fragmentada o sectorial.

Para las entidades financieras, la estructura del Foro de Supervisión proporciona garantías de que los riesgos relacionados con los proveedores terceros de TIC se supervisan de manera coherente y uniforme en toda la Unión Europea. Esto reduce la incertidumbre regulatoria y fomenta la adopción de buenas prácticas comunes en la gestión de riesgos. Por ejemplo, las entidades pueden confiar en que las guías y recomendaciones emitidas por el Foro estarán alineadas con las prioridades regulatorias de las AES y con las expectativas de las autoridades nacionales competentes.

Desde la perspectiva de los proveedores terceros esenciales de servicios de TIC, la composición del Foro asegura que las decisiones y recomendaciones relacionadas con su supervisión se basen en un análisis integral y en la colaboración entre diferentes organismos y sectores. Esto también proporciona un marco claro y consistente para que los proveedores comprendan las expectativas regulatorias y adapten sus operaciones en consecuencia. Por ejemplo, un proveedor esencial que opera en varios Estados miembros puede confiar en que los estándares y criterios de supervisión serán consistentes, lo que facilita su cumplimiento normativo y reduce los costos administrativos asociados.

En términos estratégicos, el diseño del Foro refuerza el enfoque de la Unión Europea hacia una supervisión basada en la cooperación interinstitucional y en la armonización de los estándares regulatorios. Esto es particularmente importante en un entorno donde los riesgos relacionados con las TIC son cada vez más complejos y transversales, y donde la supervisión efectiva requiere la colaboración entre diferentes actores. Por ejemplo, un incidente de ciberseguridad que afecte a un proveedor esencial podría tener implicaciones tanto para el sistema financiero como para otros sectores críticos, lo que hace necesario un enfoque coordinado que tenga en cuenta estas interdependencias.

En conclusión, el artículo 32.4 del Reglamento 2022/2554 establece una estructura inclusiva, multidisciplinar y flexible para el Foro de Supervisión, garantizando una representación equilibrada de las AES, las autoridades nacionales competentes y otros organismos clave. Esta composición permite al Foro abordar de manera integral los riesgos relacionados con los proveedores terceros esenciales de servicios de TIC, promoviendo la coherencia en la supervisión, la adopción de buenas prácticas y la resiliencia del sistema financiero europeo. Al mismo tiempo, refuerza la cooperación intersectorial y asegura que las decisiones y recomendaciones del Foro se basen en un análisis exhaustivo y bien fundamentado, contribuyendo así a la estabilidad y seguridad del sistema financiero en un entorno digitalizado e interconectado.

5. Cada Estado miembro designará a la autoridad competente pertinente a cuyo personal pertenecerá el representante de alto nivel a que se refiere el apartado 4, párrafo primero, letra b), e informará de ello al supervisor principal.

Las Autoridades Europeas de Supervisión publicarán en su sitio web la lista de representantes de alto nivel del personal en plantilla de la autoridad competente pertinente, designados por los Estados miembros.

El artículo 32.5 del Reglamento 2022/2554 establece una obligación para los Estados miembros de designar a la autoridad competente pertinente que representará al país en el Foro de Supervisión, así como la publicación por parte de las Autoridades Europeas de Supervisión (AES) de una lista de los representantes de alto nivel designados por cada Estado miembro. Esta norma refuerza el marco de gobernanza del Foro de Supervisión al garantizar que todos los Estados miembros estén debidamente representados en el mismo, con el fin de abordar de manera coordinada y uniforme los riesgos relacionados con los proveedores terceros esenciales de servicios de TIC en el ámbito financiero.

El primer aspecto clave de esta disposición es la designación de la autoridad competente por parte de cada Estado miembro. Cada país deberá identificar qué organismo o entidad nacional será responsable de supervisar los riesgos relacionados con las TIC en el contexto del Reglamento, y más específicamente, quién participará en el Foro de Supervisión en representación de dicho organismo. Esto asegura que el Foro esté compuesto por expertos de alto nivel que cuenten con la experiencia, conocimientos técnicos y capacidad para contribuir efectivamente al análisis, monitoreo y gestión de los riesgos derivados de los proveedores esenciales de servicios de TIC. Por ejemplo, en un país donde el supervisor financiero principal también regula los riesgos tecnológicos en los bancos y aseguradoras, es probable que dicho supervisor designe al representante en el Foro. Sin embargo, en otros países donde las responsabilidades están divididas entre distintas entidades, será crucial determinar cuál autoridad tiene el mandato más adecuado para participar.

La referencia a "representante de alto nivel" en el artículo implica que los Estados miembros deben seleccionar a personas con competencias relevantes y suficiente autoridad para participar en las discusiones y decisiones del Foro de Supervisión. Esto incluye un conocimiento profundo sobre la gestión de riesgos relacionados con las TIC, la ciberseguridad, la supervisión financiera y el marco normativo aplicable. Un representante con estas características no solo podrá contribuir de manera significativa a las deliberaciones del Foro, sino que también garantizará que las decisiones tomadas reflejen las prioridades y necesidades específicas del Estado miembro que representa.

El requisito de que los Estados miembros informen al supervisor principal sobre la designación de su autoridad competente y del representante es una medida importante para asegurar la transparencia y la coordinación en la gobernanza del Foro de Supervisión. El supervisor principal, como autoridad designada para liderar la supervisión de un proveedor tercero esencial, debe conocer la composición del Foro para garantizar una colaboración efectiva y una comunicación fluida entre las distintas partes involucradas. Por ejemplo, el supervisor principal puede necesitar coordinar acciones con los representantes nacionales para abordar riesgos específicos relacionados con un proveedor esencial que opera en múltiples jurisdicciones.

Otro aspecto destacado de este artículo es la publicación de la lista de representantes de alto nivel por parte de las AES en sus sitios web. Esta disposición tiene múltiples implicaciones prácticas. En primer lugar, asegura la transparencia en la composición del Foro de Supervisión, permitiendo que las partes interesadas, incluidas las entidades financieras y los proveedores de servicios de TIC, conozcan quiénes son los responsables de supervisar los riesgos relacionados con los proveedores esenciales. Por ejemplo, una entidad financiera puede utilizar esta información para identificar a los responsables en su jurisdicción y coordinar con ellos sobre cuestiones específicas relacionadas con la gestión de riesgos o incidentes de TIC.

La publicación de esta lista también refuerza la responsabilidad y la rendición de cuentas de los representantes nacionales, ya que su participación en el Foro será visible y estará sujeta al escrutinio público. Esto fomenta la selección de candidatos altamente cualificados y asegura que los Estados miembros asignen recursos adecuados para cumplir con sus responsabilidades en el marco del Reglamento. Por ejemplo, un representante que no cumpla con las expectativas o que no participe activamente en las actividades del Foro podría ser cuestionado, lo que incentivará a los Estados miembros a designar a personas altamente capacitadas y comprometidas.

Desde la perspectiva de las Autoridades Europeas de Supervisión, la publicación de la lista también facilita la coordinación interna y externa. Al contar con una lista clara y actualizada de los representantes nacionales, las AES pueden coordinar de manera más eficiente las actividades del Foro de Supervisión, garantizar una comunicación efectiva entre las distintas partes y facilitar la organización de reuniones, intercambios de información y otros eventos relacionados con la supervisión de los riesgos TIC. Además, la lista permite a las AES identificar posibles vacíos en la representación y trabajar con los Estados miembros para asegurar una participación completa y efectiva.

Desde la perspectiva de las entidades financieras, este artículo contribuye a proporcionar claridad sobre la estructura de supervisión a nivel nacional e internacional. Las entidades pueden utilizar la lista publicada por las AES para identificar a las autoridades responsables de supervisar sus relaciones con proveedores terceros esenciales de TIC y para coordinar acciones en caso de incidentes operativos graves o riesgos sistémicos. Por ejemplo, un banco que dependa de un proveedor esencial designado podría ponerse en contacto con su autoridad nacional representada en el Foro para recibir orientación o informar sobre problemas relacionados con los servicios prestados por el proveedor.

Desde la perspectiva de los proveedores terceros esenciales de servicios de TIC, este artículo refuerza la importancia de establecer relaciones efectivas con las autoridades competentes de los Estados miembros en los que operan. La publicación de la lista facilita a los proveedores identificar a las autoridades responsables de supervisar sus actividades y coordinar con ellas para garantizar el cumplimiento de los requisitos regulatorios aplicables. Por ejemplo, un proveedor esencial podría utilizar esta información para organizar reuniones con los representantes nacionales y discutir cómo mejorar su resiliencia operativa o abordar riesgos específicos relacionados con la prestación de servicios a entidades financieras.

En términos estratégicos, esta disposición también contribuye a fortalecer la coherencia y la uniformidad en la supervisión a nivel de la Unión Europea. Al garantizar que todos los Estados miembros estén representados en el Foro de Supervisión y que dicha representación sea pública, el Reglamento fomenta un enfoque coordinado y alineado para abordar los riesgos relacionados con los proveedores esenciales. Esto es particularmente importante en un contexto donde los riesgos tecnológicos y cibernéticos suelen tener un carácter transfronterizo y afectan a múltiples jurisdicciones de manera simultánea. Por ejemplo, una interrupción en los servicios de un proveedor esencial global podría tener implicaciones para entidades financieras en varios Estados miembros, lo que hace necesario un enfoque de supervisión coordinado y eficiente.

En conclusión, el artículo 32.5 del Reglamento 2022/2554 refuerza el marco de gobernanza del Foro de Supervisión al establecer la obligación de los Estados miembros de designar a las autoridades competentes pertinentes y al exigir la publicación de una lista de representantes de alto nivel. Estas disposiciones garantizan la transparencia, la representación adecuada y la coordinación efectiva en la supervisión de los riesgos relacionados con los proveedores terceros esenciales de servicios de TIC. Al mismo tiempo, promueven la rendición de cuentas y la participación activa de los Estados miembros en el Foro, contribuyendo a un enfoque armonizado y robusto para la gestión de los riesgos tecnológicos en el sector financiero europeo. Este enfoque fortalece la resiliencia operativa del sistema financiero y asegura que los riesgos asociados a la digitalización y la externalización se gestionen de manera efectiva y coordinada a nivel de la Unión Europea.

6. Los expertos independientes a que se refiere el apartado 4, párrafo segundo, serán nombrados por el Foro de Supervisión, que los elegirá de entre un grupo de expertos seleccionados tras un proceso de presentación de candidaturas público y transparente.

Los expertos independientes serán nombrados en atención a sus conocimientos especializados en materia de estabilidad financiera, resiliencia operativa digital y seguridad de las TIC. Actuarán con independencia y objetividad en interés exclusivo del conjunto de la Unión y no pedirán ni aceptarán instrucción alguna de las instituciones u órganos de la Unión, de ningún Gobierno de un Estado miembro ni de ninguna otra entidad pública o privada.

El artículo 32.6 del Reglamento 2022/2554 regula el procedimiento y los principios aplicables al nombramiento de expertos independientes que podrán asesorar al Foro de Supervisión en cuestiones relacionadas con la estabilidad financiera, la resiliencia operativa digital y la seguridad de las TIC. Esta norma establece un mecanismo claro, público y transparente para la selección de estos expertos, garantizando que aporten conocimientos especializados y perspectivas técnicas independientes al trabajo del Foro. Su inclusión refuerza la capacidad del Foro para abordar de manera efectiva los desafíos técnicos y estratégicos que plantean los riesgos relacionados con los proveedores terceros esenciales de servicios de TIC en el sector financiero de la Unión Europea.

El primer elemento destacado de este artículo es el proceso de selección de los expertos independientes. El Foro de Supervisión es responsable de elegir a estos expertos de entre un grupo previamente seleccionado mediante un proceso de presentación de candidaturas público y transparente. Esto implica que la convocatoria para presentar candidaturas será abierta y accesible, con criterios claros de selección publicados de antemano. Este enfoque asegura que el proceso sea inclusivo, que se atraiga a los mejores candidatos disponibles y que se minimicen riesgos de favoritismo o parcialidad. Por ejemplo, la convocatoria podría incluir requisitos específicos relacionados con la experiencia profesional de los candidatos en áreas como la gestión de riesgos tecnológicos, la ciberseguridad o la supervisión financiera. Además, la transparencia en el proceso fortalece la confianza de las partes interesadas en la objetividad y la imparcialidad del Foro.

La mención específica a la independencia y objetividad de los expertos seleccionados es otro aspecto clave de este artículo. Los expertos actuarán exclusivamente en interés del conjunto de la Unión y no podrán recibir ni aceptar instrucciones de ninguna institución, gobierno, entidad pública o privada. Esto asegura que sus contribuciones al Foro no estén influenciadas por intereses particulares, lo que refuerza la credibilidad y legitimidad de las decisiones y recomendaciones del Foro. Por ejemplo, si un experto estuviera vinculado a un proveedor tercero de servicios de TIC o a una entidad financiera dependiente de estos servicios, su capacidad para actuar de manera objetiva podría ser cuestionada. Por ello, el Reglamento exige una separación clara entre los expertos y cualquier posible influencia externa.

La experiencia técnica y profesional de los expertos es un criterio central para su selección. El artículo especifica que deben contar con conocimientos especializados en áreas críticas como la estabilidad financiera, la resiliencia operativa digital y la seguridad de las TIC. Estos ámbitos son fundamentales para abordar los riesgos derivados de los proveedores esenciales de servicios de TIC, dado que su actividad puede impactar tanto en la continuidad operativa de las entidades financieras como en la estabilidad del sistema financiero en su conjunto. Por ejemplo, un experto en resiliencia operativa digital podría asesorar al Foro sobre las mejores prácticas para mitigar riesgos asociados a interrupciones en los servicios de TIC, mientras que un experto en estabilidad financiera podría evaluar cómo un fallo significativo en un proveedor esencial podría generar efectos sistémicos en el sector financiero.

Desde una perspectiva práctica, los expertos independientes desempeñarán un papel crucial en el apoyo al Foro de Supervisión al proporcionar análisis técnicos detallados y recomendaciones informadas sobre cuestiones complejas y altamente especializadas. Por ejemplo, podrían participar en la elaboración de índices de referencia para los proveedores esenciales de servicios de TIC, en la evaluación de los riesgos de concentración o en la identificación de vulnerabilidades en las infraestructuras críticas de TIC. Al actuar como asesores técnicos, los expertos independientes complementan el conocimiento y la experiencia de los miembros del Foro, asegurando que las decisiones se basen en un análisis riguroso y en las mejores prácticas disponibles.

La referencia a que los expertos actuarán en interés exclusivo del conjunto de la Unión también tiene implicaciones estratégicas importantes. Este enfoque asegura que su trabajo no se limite a los intereses de un sector o Estado miembro específico, sino que contribuya al fortalecimiento del sistema financiero europeo en su conjunto. Por ejemplo, un experto podría asesorar sobre cómo desarrollar estándares comunes de resiliencia operativa digital que sean aplicables a todas las entidades financieras y proveedores esenciales de TIC en la Unión, promoviendo así una mayor armonización y coherencia regulatoria.

La posibilidad de contar con expertos independientes también beneficia directamente a las entidades financieras y a los proveedores terceros esenciales de servicios de TIC, dado que las decisiones y recomendaciones del Foro estarán respaldadas por análisis técnicos sólidos y actualizados. Esto proporciona mayor claridad y predictibilidad en las expectativas regulatorias, permitiendo a las entidades financieras y proveedores alinear sus estrategias y operaciones con los estándares y criterios definidos por el Foro. Por ejemplo, si un experto identifica vulnerabilidades comunes en los planes de recuperación ante desastres de los proveedores esenciales, las recomendaciones del Foro podrían incluir mejoras específicas que beneficiarán a todas las partes involucradas.

Desde la perspectiva de las Autoridades Europeas de Supervisión (AES) y las autoridades nacionales competentes, el nombramiento de expertos independientes fortalece la capacidad técnica del Foro para abordar los riesgos relacionados con las TIC y formular políticas efectivas. Los expertos pueden aportar perspectivas y conocimientos que complementen la experiencia de los supervisores, mejorando la calidad de las decisiones y recomendaciones. Por ejemplo, en el caso de incidentes transfronterizos complejos que involucren a múltiples proveedores y entidades financieras, el asesoramiento técnico de los expertos puede ser crucial para desarrollar respuestas coordinadas y efectivas.

Desde una perspectiva más amplia, esta disposición también refleja el compromiso del Reglamento con un enfoque basado en la excelencia técnica y la transparencia. Al garantizar que los expertos sean seleccionados mediante un proceso público y que actúen con independencia y objetividad, el Reglamento refuerza la confianza en el marco de supervisión y en la capacidad del Foro para abordar de manera efectiva los riesgos asociados a la digitalización y la externalización de servicios TIC en el sector financiero.

En conclusión, el artículo 32.6 del Reglamento 2022/2554 establece un mecanismo robusto para la selección y el nombramiento de expertos independientes que contribuirán al trabajo del Foro de Supervisión en áreas críticas como la estabilidad financiera, la resiliencia operativa digital y la seguridad de las TIC. La inclusión de estos expertos garantiza que las decisiones del Foro se basen en análisis técnicos rigurosos y en las mejores prácticas disponibles, promoviendo un enfoque armonizado y efectivo para la supervisión de los proveedores terceros esenciales de servicios de TIC. Al actuar con independencia y en interés exclusivo del conjunto de la Unión, los expertos fortalecen la legitimidad y la calidad del trabajo del Foro, contribuyendo así a la estabilidad y resiliencia del sistema financiero europeo en un entorno digital cada vez más complejo y desafiante.

7. De conformidad con el artículo 16 del Reglamento (UE) número 1093/2010, el artículo 16 del Reglamento (UE) número 1094/2010 y el artículo 16 del Reglamento (UE) número 1095/2010, las Autoridades Europeas de Supervisión emitirán, a más tardar el 17 de julio de 2024, a efectos de lo dispuesto en la presente sección, directrices sobre la cooperación entre ellas y las autoridades competentes que incluyan procedimientos y condiciones detallados de distribución y ejecución de tareas entre las autoridades competentes y las Autoridades Europeas de Supervisión, así como los pormenores sobre los intercambios de información necesarios para que las autoridades competentes garanticen el seguimiento de las recomendaciones formuladas en virtud del artículo 35, apartado 1, letra d), dirigidas a los proveedores terceros esenciales de servicios de TIC.

El artículo 32.7 del Reglamento 2022/2554 establece una obligación para las Autoridades Europeas de Supervisión (AES) de emitir, antes del 17 de julio de 2024, directrices específicas destinadas a regular la cooperación entre las propias AES y las autoridades nacionales competentes en relación con la supervisión de los proveedores terceros esenciales de servicios de TIC. Este mandato tiene como objetivo crear un marco normativo detallado y armonizado que permita la correcta distribución y ejecución de tareas entre las autoridades implicadas, así como la definición de procedimientos para el intercambio de información necesarios para garantizar el seguimiento adecuado de las recomendaciones dirigidas a dichos proveedores, tal como establece el artículo 35, apartado 1, letra d) del Reglamento.

El desarrollo de estas directrices por parte de las AES es esencial para garantizar un enfoque coherente, coordinado y eficaz en la supervisión de los riesgos relacionados con las TIC en el sector financiero. Las AES involucradas —la Autoridad Bancaria Europea (ABE), la Autoridad Europea de Seguros y Pensiones de Jubilación (AESPJ) y la Autoridad Europea de

Valores y Mercados (AEVM)— actúan como coordinadoras a nivel de la Unión Europea y desempeñan un papel clave en la armonización de los requisitos de supervisión. A través de estas directrices, se pretende evitar inconsistencias, redundancias o conflictos en la distribución de responsabilidades entre las autoridades nacionales y europeas, lo que resulta particularmente importante dada la naturaleza transfronteriza de muchos de los proveedores esenciales de servicios de TIC y la interdependencia de las entidades financieras que dependen de ellos.

Uno de los aspectos clave de estas directrices será la definición de los procedimientos y condiciones detallados para la distribución y ejecución de tareas entre las autoridades competentes y las AES. Esto significa que las directrices deberán especificar claramente qué responsabilidades corresponden a cada nivel de supervisión y cómo deben llevarse a cabo. Por ejemplo, las AES podrían asumir la responsabilidad de coordinar la evaluación de riesgos transfronterizos o emitir recomendaciones estratégicas a los proveedores esenciales, mientras que las autoridades nacionales competentes podrían centrarse en la supervisión operativa directa de los proveedores en su jurisdicción y en la implementación de las medidas necesarias para garantizar el cumplimiento. Esta división de tareas es esencial para garantizar la eficiencia y la eficacia en la supervisión, evitando duplicidades de esfuerzos o lagunas regulatorias.

Otro componente esencial de las directrices será la regulación de los pormenores sobre los intercambios de información entre las autoridades competentes y las AES. Dado que la supervisión de los proveedores terceros esenciales implica el manejo de datos sensibles relacionados con incidentes cibernéticos, vulnerabilidades operativas y riesgos estratégicos, las directrices deberán establecer mecanismos claros para garantizar que la información relevante se comparta de manera segura, oportuna y eficiente. Por ejemplo, en caso de que un proveedor esencial sufra un incidente grave relacionado con las TIC, las autoridades nacionales deberán informar a las AES y coordinar con ellas las medidas de seguimiento necesarias, como la evaluación del impacto del incidente en otras entidades financieras o sectores críticos.

El intercambio de información también será crucial para garantizar el seguimiento efectivo de las recomendaciones formuladas en virtud del artículo 35, apartado 1, letra d), que se dirigen a los proveedores terceros esenciales. Estas recomendaciones pueden incluir medidas específicas para mejorar la resiliencia operativa, abordar vulnerabilidades detectadas o cumplir con los estándares de seguridad requeridos. Las directrices deberán detallar cómo las autoridades nacionales competentes recopilarán información sobre la implementación de estas recomendaciones por parte de los proveedores y cómo esta información será transmitida a las AES para su análisis y evaluación. Por ejemplo, si un proveedor esencial no cumple con una recomendación crítica relacionada con la protección de datos sensibles, las autoridades nacionales deberán informar a las AES para que se puedan tomar las medidas correctivas necesarias a nivel europeo.

Desde una perspectiva práctica, la emisión de estas directrices tendrá importantes repercusiones para las autoridades nacionales competentes, que deberán adaptar sus procedimientos y recursos para cumplir con los requisitos establecidos. Esto incluye el desarrollo de capacidades técnicas para recopilar y compartir información de manera efectiva, así como la implementación de sistemas de comunicación seguros que permitan el intercambio de datos sensibles con las AES. Además, las autoridades nacionales deberán asegurarse de que su personal esté adecuadamente capacitado para ejecutar las tareas asignadas en virtud de las directrices, lo que podría implicar la necesidad de formación adicional en áreas como la ciberseguridad, la gestión de riesgos tecnológicos o la supervisión de servicios en la nube.

Para las AES, la emisión de estas directrices refuerza su papel como coordinadoras principales en la supervisión de los riesgos relacionados con las TIC. Además de proporcionar orientación estratégica, las AES deberán garantizar que las autoridades nacionales implementen las directrices de manera uniforme, promoviendo un enfoque armonizado en toda la Unión Europea. Esto es particularmente importante en un contexto donde los proveedores esenciales de servicios de TIC suelen operar en múltiples jurisdicciones, lo que requiere una supervisión coherente y coordinada para abordar eficazmente los riesgos transfronterizos.

Desde la perspectiva de los proveedores terceros esenciales de servicios de TIC, estas directrices proporcionarán claridad sobre cómo las autoridades supervisarán su cumplimiento con las recomendaciones emitidas en virtud del artículo 35. Esto incluye detalles sobre qué autoridades estarán directamente involucradas en su supervisión, cómo se coordinarán estas autoridades y qué procedimientos se seguirán en caso de incumplimiento. Por ejemplo, si un proveedor esencial no implementa medidas correctivas relacionadas con su resiliencia operativa, las directrices deberían especificar si será una autoridad nacional o una AES la encargada de adoptar las acciones necesarias y cómo se comunicará esta información entre las autoridades relevantes.

Desde la perspectiva de las entidades financieras, estas directrices tienen un impacto indirecto pero significativo. Garantizan que los proveedores esenciales de servicios de TIC estén sujetos a un marco de supervisión robusto, coherente y armonizado, lo que a su vez reduce los riesgos asociados a la externalización de servicios críticos. Por ejemplo, las entidades financieras pueden confiar en que las medidas adoptadas por los proveedores para cumplir con las recomendaciones de las AES serán supervisadas y evaluadas de manera efectiva, lo que refuerza la resiliencia operativa del sistema financiero en su conjunto.

En términos estratégicos, la emisión de estas directrices también contribuye a la armonización normativa y operativa a nivel europeo, reforzando el compromiso de la Unión Europea con un enfoque coordinado para abordar los riesgos tecnológicos y cibernéticos. Esto es particularmente relevante en un entorno donde la digitalización y la interconexión de los sistemas financieros hacen que los riesgos relacionados con las TIC sean cada vez más complejos y transnacionales. Al establecer procedimientos claros para la cooperación y el intercambio de información, las directrices promueven una supervisión más eficaz y eficiente, fortaleciendo la capacidad de la Unión para proteger la estabilidad y la resiliencia de su sistema financiero.

En conclusión, el artículo 32.7 del Reglamento 2022/2554 representa un paso clave hacia la armonización y coordinación de la supervisión de los proveedores terceros esenciales de servicios de TIC en la Unión Europea. La obligación de las AES de emitir directrices claras y detalladas garantiza que las autoridades nacionales y europeas puedan trabajar juntas de manera eficiente, compartiendo información y distribuyendo responsabilidades de manera coherente. Estas directrices no solo refuerzan la capacidad de supervisión de las autoridades, sino que también proporcionan claridad y predictibilidad para los proveedores y las entidades financieras, contribuyendo a un sistema financiero más seguro, resiliente y preparado para enfrentar los desafíos de la digitalización y las ciberamenazas.

8. Los requisitos establecidos en la presente sección se entenderán sin perjuicio de la aplicación de la Directiva (UE) 2022/2555 y de otras normas de la Unión sobre supervisión aplicables a los proveedores de servicios de computación en nube.

El artículo 32.8 del Reglamento 2022/2554 establece que los requisitos previstos en la sección correspondiente del Reglamento se aplicarán sin perjuicio de la Directiva (UE) 2022/2555, también conocida como Directiva NIS2, y de otras normas de la Unión relacionadas con la supervisión de los proveedores de servicios de computación en la nube. Esta disposición tiene como objetivo garantizar la coherencia normativa y la compatibilidad entre los distintos marcos regulatorios aplicables, evitando conflictos, duplicidades o lagunas en la supervisión de los proveedores terceros esenciales de servicios de TIC, en particular aquellos que prestan servicios de computación en la nube, que son cada vez más críticos para el sector financiero y otros sectores clave.

La referencia explícita a la Directiva NIS2 refleja la estrecha relación entre este Reglamento y el marco regulatorio más amplio de la Unión Europea en materia de ciberseguridad. La Directiva NIS2 establece requisitos mínimos para la gestión de riesgos relacionados con la ciberseguridad y obligaciones de notificación de incidentes para las entidades esenciales e importantes, incluidas aquellas que prestan servicios de computación en la nube. Por tanto, los proveedores de servicios de TIC que sean designados como esenciales en virtud del Reglamento 2022/2554 estarán sujetos no solo a las disposiciones específicas de este Reglamento, sino también a las obligaciones más generales de ciberseguridad previstas en la Directiva NIS2.

Esta disposición implica que las entidades financieras y los proveedores de servicios de TIC deben considerar y cumplir con ambos marcos regulatorios de manera simultánea. Por ejemplo, mientras que el Reglamento 2022/2554 establece requisitos específicos para la supervisión y gestión de riesgos relacionados con las TIC en el sector financiero, la Directiva NIS2 aborda un espectro más amplio de riesgos cibernéticos aplicables a múltiples sectores críticos, incluidos aquellos no estrictamente financieros. Esto significa que un proveedor de computación en la nube designado como esencial en virtud del Reglamento deberá cumplir con requisitos específicos de resiliencia operativa financiera y, al mismo tiempo, adoptar medidas generales de ciberseguridad bajo la Directiva NIS2, como la implementación de controles de acceso, gestión de vulnerabilidades y protocolos de respuesta a incidentes.

Desde el punto de vista práctico, el artículo 32.8 subraya la importancia de garantizar la coordinación y alineación entre las diferentes normativas de la Unión para evitar solapamientos o inconsistencias en la supervisión de los proveedores terceros esenciales de TIC. Por ejemplo, si un proveedor de servicios en la nube es supervisado tanto bajo el Reglamento 2022/2554 como bajo la Directiva NIS2, será crucial que las autoridades responsables de cada marco regulatorio coordinen sus actividades de supervisión, intercambien información relevante y adopten un enfoque armonizado para evaluar el cumplimiento del proveedor. Esto no solo reduce la carga administrativa para el proveedor, sino que también mejora la eficacia de la supervisión al evitar duplicidades en las inspecciones, auditorías o solicitudes de información.

Para las autoridades competentes, esta disposición implica la necesidad de establecer mecanismos de cooperación y coordinación con las autoridades responsables de la implementación de la Directiva NIS2 y otras normativas aplicables. Por ejemplo, las autoridades financieras responsables de supervisar a los proveedores terceros esenciales bajo el Reglamento deberán trabajar en estrecha colaboración con las autoridades nacionales de ciberseguridad designadas bajo la Directiva NIS2 para garantizar que los riesgos relacionados con las TIC se aborden de manera integral. Esto puede incluir el intercambio de información sobre incidentes cibernéticos, la realización de evaluaciones conjuntas de riesgos o la adopción de enfoques coordinados para abordar vulnerabilidades específicas identificadas en los servicios prestados por los proveedores.

Desde la perspectiva de los proveedores de servicios de computación en la nube, esta disposición refuerza la importancia de adoptar un enfoque proactivo y holístico para el cumplimiento normativo. Los proveedores deberán asegurarse de que sus políticas, procesos y controles internos cumplan simultáneamente con las exigencias específicas del Reglamento 2022/2554, como las relacionadas con la resiliencia operativa digital y la cooperación con las autoridades financieras, y con los requisitos generales de ciberseguridad previstos en la Directiva NIS2. Por ejemplo, un proveedor que implemente medidas para garantizar la continuidad operativa de los servicios financieros críticos bajo el Reglamento también deberá cumplir con los requisitos de gestión de riesgos cibernéticos y notificación de incidentes establecidos en la Directiva NIS2.

Asimismo, esta disposición tiene implicaciones estratégicas importantes para la armonización normativa a nivel de la Unión Europea. Al destacar la compatibilidad entre el Reglamento 2022/2554 y la Directiva NIS2, el artículo 32.8 refuerza el compromiso de la Unión de adoptar un enfoque coherente y coordinado para abordar los riesgos digitales en todos los sectores críticos. Esto es especialmente relevante en un contexto donde las infraestructuras TIC, como los servicios de computación en la nube, son utilizadas por múltiples sectores, incluidos el financiero, el energético, el sanitario y el de transporte. Un fallo o incidente cibernético que afecte a estas infraestructuras puede tener repercusiones en cascada en toda la economía, lo que hace necesario que los distintos marcos regulatorios trabajen de manera conjunta para prevenir, mitigar y gestionar estos riesgos.

Desde la perspectiva de las entidades financieras, esta disposición subraya la importancia de considerar los riesgos cibernéticos y de TIC en un contexto más amplio que incluye no solo los requisitos específicos del sector financiero, sino también las obligaciones generales aplicables a los sectores críticos bajo la Directiva NIS2. Por ejemplo, una entidad financiera que dependa de un proveedor de servicios en la nube deberá asegurarse de que dicho proveedor cumpla tanto con los requisitos de supervisión financiera establecidos en el Reglamento como con las exigencias de ciberseguridad general aplicables bajo la Directiva NIS2. Esto puede implicar la inclusión de cláusulas específicas en los acuerdos contractuales con los proveedores que aborden ambas normativas, así como la realización de auditorías periódicas para verificar el cumplimiento de las mismas.

En conclusión, el artículo 32.8 del Reglamento 2022/2554 garantiza la coherencia y compatibilidad entre este Reglamento y la Directiva (UE) 2022/2555, así como otras normas de la Unión aplicables a los proveedores de servicios de computación en la nube. Esta disposición refuerza la necesidad de adoptar un enfoque coordinado y armonizado en la supervisión de los riesgos relacionados con las TIC, asegurando que las distintas normativas trabajen juntas para abordar de manera integral los desafíos de la digitalización y la ciberseguridad. Su implementación requiere una estrecha colaboración entre las autoridades competentes, los proveedores de servicios de TIC y las entidades financieras, así como un compromiso por parte de todos los actores para cumplir con los requisitos específicos y generales establecidos por los diferentes marcos regulatorios. Este enfoque contribuye a fortalecer la resiliencia operativa digital del sector financiero y a proteger la estabilidad y seguridad del sistema financiero europeo frente a los riesgos digitales y cibernéticos en un entorno cada vez más interconectado e interdependiente.

9. Las Autoridades Europeas de Supervisión, a través del Comité Mixto y basándose en los trabajos preparatorios realizados por el Foro de Supervisión, presentarán anualmente al Parlamento Europeo, al Consejo y a la Comisión un informe sobre la aplicación de la presente sección.

El artículo 32.9 del Reglamento 2022/2554 establece la obligación de las Autoridades Europeas de Supervisión (AES), actuando a través del Comité Mixto y en colaboración con el Foro de Supervisión, de presentar un informe anual al Parlamento Europeo, al Consejo y a la Comisión Europea sobre la aplicación de la sección correspondiente del Reglamento. Este informe constituye una herramienta esencial para garantizar la transparencia, el control democrático y la rendición de cuentas en la supervisión de los riesgos relacionados con los proveedores terceros esenciales de servicios de TIC en el sector financiero.

La exigencia de presentar un informe anual refleja la importancia de realizar un seguimiento constante y sistemático de las actividades de supervisión relacionadas con los proveedores terceros esenciales, así como de la implementación de las medidas establecidas en el Reglamento. Este mecanismo permite identificar avances, retos y áreas de mejora en la supervisión de los riesgos relacionados con las TIC, promoviendo una gobernanza más robusta y efectiva a nivel de la Unión Europea. Al incluir a las principales instituciones de la Unión, como el Parlamento y el Consejo, en el proceso de revisión, se garantiza que estas actividades de supervisión estén alineadas con los objetivos estratégicos y políticos de la Unión y que los recursos asignados a estas tareas se utilicen de manera eficiente.

Desde una perspectiva práctica, el informe anual proporcionará una visión completa y detallada sobre la aplicación de las disposiciones del Reglamento relativas a los proveedores terceros esenciales de servicios de TIC. Este informe incluirá información sobre aspectos clave como el cumplimiento por parte de los proveedores esenciales con las recomendaciones emitidas por las AES, las actividades de supervisión llevadas a cabo por las autoridades nacionales competentes y el Foro de Supervisión, y los avances en la mitigación de los riesgos relacionados con las TIC en el sector financiero. Por ejemplo, el informe podría detallar el número de proveedores esenciales supervisados, los incidentes graves relacionados con las TIC reportados durante el año, las medidas correctivas adoptadas por los proveedores y las áreas donde persisten desafíos significativos.

El papel del Foro de Supervisión en la preparación de este informe es crucial, ya que dicho órgano actúa como el principal encargado de recopilar, analizar y evaluar la información relevante sobre los riesgos relacionados con las TIC y las actividades de supervisión en toda la Unión. El Foro, como parte del Comité Mixto, proporciona una plataforma para la colaboración entre las Autoridades Europeas de Supervisión, las autoridades nacionales competentes y otros organismos relevantes, asegurando que el informe anual se base en datos precisos y en una evaluación integral de los riesgos y desafíos. Por ejemplo, el Foro puede identificar tendencias emergentes en ciberseguridad, evaluar los impactos sistémicos de los incidentes operativos relacionados con las TIC y proponer medidas para fortalecer la resiliencia del sistema financiero.

Desde la perspectiva de las Autoridades Europeas de Supervisión, el informe anual es una herramienta clave para demostrar su rendición de cuentas y para reforzar su papel como coordinadoras principales de la supervisión de los riesgos relacionados con las TIC en el sector financiero. Al presentar este informe al Parlamento, al Consejo y a la Comisión, las AES aseguran que sus actividades estén sujetas a un control democrático y que las decisiones tomadas en el marco del Reglamento sean consistentes con las prioridades estratégicas de la Unión. Además, el informe permite a las AES identificar posibles lagunas en el marco normativo o en las capacidades de supervisión, lo que podría dar lugar a propuestas de ajustes legislativos o a la adopción de nuevas directrices o medidas técnicas.

Para las autoridades nacionales competentes, el informe anual también tiene implicaciones prácticas significativas, ya que deben proporcionar al Foro de Supervisión la información necesaria para la elaboración del informe. Esto incluye datos sobre las actividades de supervisión realizadas a nivel nacional, los incidentes relacionados con las TIC reportados por las entidades supervisadas y las medidas adoptadas para garantizar el cumplimiento con las disposiciones del Reglamento. Por ejemplo, una autoridad nacional podría informar sobre las auditorías realizadas a los proveedores esenciales en su jurisdicción, las deficiencias detectadas en estas auditorías y las acciones correctivas implementadas para abordar dichas deficiencias.

Desde la perspectiva de los proveedores terceros esenciales de servicios de TIC, el informe anual actúa como una herramienta de evaluación y monitoreo, ya que refleja cómo están cumpliendo con sus obligaciones en virtud del Reglamento y cómo sus actividades son percibidas por las autoridades supervisoras. Por ejemplo, un proveedor esencial que haya implementado con éxito las recomendaciones de las AES podría beneficiarse de una evaluación positiva en el informe, lo que a su vez podría reforzar su reputación y credibilidad en el mercado. Por el contrario, un proveedor que haya sido objeto de críticas o medidas correctivas podría enfrentarse a mayores exigencias regulatorias y a un escrutinio más intenso por parte de las autoridades competentes.

Para las entidades financieras, el informe anual proporciona una visión clara sobre el estado de la supervisión de los proveedores esenciales de los que dependen para sus operaciones. Esto les permite evaluar la confiabilidad y resiliencia de sus proveedores y ajustar sus estrategias de gestión de riesgos en consecuencia. Por ejemplo, si el informe identifica problemas recurrentes con un proveedor esencial específico, una entidad financiera podría considerar diversificar sus relaciones con otros proveedores o reforzar sus propios controles internos para mitigar posibles riesgos.

Desde una perspectiva estratégica, la presentación del informe anual también tiene un impacto significativo en la armonización normativa y operativa en toda la Unión Europea. Al incluir una evaluación detallada de las actividades de supervisión y de los avances en la mitigación de riesgos, el informe permite a las autoridades identificar mejores prácticas y promover su adopción en todos los Estados miembros. Por ejemplo, si un enfoque particular para supervisar a los proveedores esenciales ha demostrado ser efectivo en un Estado miembro, el informe podría recomendar su implementación en otras jurisdicciones, fortaleciendo así la coherencia y eficacia del marco de supervisión en toda la Unión.

El hecho de que el informe se presente al Parlamento Europeo, al Consejo y a la Comisión asegura que las instituciones políticas de la Unión estén plenamente informadas sobre la aplicación del Reglamento y puedan adoptar las medidas necesarias para abordar cualquier deficiencia identificada. Por ejemplo, si el informe revela que ciertos Estados miembros enfrentan desafíos significativos para implementar las disposiciones del Reglamento, el Parlamento y el Consejo podrían considerar la adopción de medidas adicionales, como la asignación de recursos adicionales o la emisión de directrices más específicas para abordar estos desafíos.

El artículo 32.9 del Reglamento 2022/2554 refuerza la transparencia, la rendición de cuentas y la gobernanza efectiva en la supervisión de los proveedores terceros esenciales de servicios de TIC en el sector financiero. Al requerir que las AES presenten un informe anual sobre la aplicación de esta sección, el Reglamento garantiza que las actividades de supervisión sean monitoreadas de manera continua, que se identifiquen áreas de mejora y que las decisiones tomadas estén alineadas con las prioridades estratégicas de la Unión. Este informe no solo beneficia a las autoridades y a los proveedores esenciales, sino que también contribuye a fortalecer la confianza de las entidades financieras y de los ciudadanos en la capacidad de la Unión Europea para gestionar los riesgos relacionados con las TIC y garantizar la estabilidad y resiliencia del sistema financiero europeo en un entorno cada vez más digitalizado e interconectado.

Artículo 33. Tareas del supervisor principal

1. El supervisor principal, nombrado de conformidad con el artículo 31, apartado 1, letra b), llevará a cabo la supervisión de los proveedores terceros esenciales de servicios de TIC asignados y será, a efectos de todos los asuntos relacionados

con la supervisión, el punto de contacto principal para dichos proveedores terceros esenciales de servicios de TIC.

El artículo 33.1 del Reglamento 2022/2554 establece las responsabilidades y funciones del supervisor principal en la supervisión de los proveedores terceros esenciales de servicios de TIC. Este supervisor, designado conforme a lo dispuesto en el artículo 31, apartado 1, letra b), se erige como la autoridad principal encargada de la supervisión directa de los proveedores esenciales asignados, actuando como punto de contacto central para todos los asuntos relacionados con su supervisión. Esta disposición resulta clave para garantizar un enfoque coordinado, eficiente y centralizado en la supervisión de estos proveedores, quienes desempeñan un papel crítico en la infraestructura operativa digital del sector financiero.

La asignación de un supervisor principal para cada proveedor esencial responde a la necesidad de abordar la complejidad y naturaleza transfronteriza de las actividades de estos proveedores, muchos de los cuales operan en múltiples Estados miembros y prestan servicios a entidades financieras de diversos sectores. En este contexto, un enfoque de supervisión fragmentado o descoordinado podría dar lugar a inconsistencias, duplicaciones de esfuerzos y dificultades en la implementación de medidas correctivas. Al establecer un supervisor principal como punto de contacto único, el Reglamento asegura que las actividades de supervisión sean centralizadas, lo que facilita la comunicación con los proveedores esenciales y mejora la eficacia de las intervenciones regulatorias.

El rol del supervisor principal como punto de contacto principal implica que este será responsable de liderar todas las interacciones con el proveedor esencial asignado, incluidas las relativas a la supervisión, el cumplimiento normativo y la implementación de medidas correctoras. Por ejemplo, si un proveedor esencial enfrenta problemas relacionados con el incumplimiento de una recomendación emitida por las Autoridades Europeas de Supervisión (AES) o las autoridades nacionales competentes, el supervisor principal será el encargado de coordinar las acciones necesarias para resolver la situación, incluyendo la recopilación de información, la evaluación del impacto del incumplimiento y la comunicación de las medidas correctivas requeridas. Esto permite una supervisión más fluida y reduce la carga administrativa tanto para las autoridades como para los proveedores esenciales.

Desde una perspectiva práctica, la figura del supervisor principal agiliza las interacciones entre las autoridades competentes y los proveedores esenciales, dado que estos últimos no tendrán que tratar con múltiples autoridades en diferentes jurisdicciones para resolver cuestiones relacionadas con la supervisión. Esto es particularmente importante para proveedores esenciales de gran escala que operan en varios Estados miembros, ya que les permite contar con un único punto de referencia para todas las cuestiones regulatorias y de cumplimiento, reduciendo la complejidad operativa y los costos asociados. Por ejemplo, un proveedor de servicios en la nube que preste servicios a bancos y aseguradoras en toda la Unión Europea puede coordinarse directamente con el supervisor principal para abordar los requisitos de resiliencia operativa, en lugar de interactuar con las autoridades nacionales de cada Estado miembro.

El alcance de las funciones del supervisor principal abarca todos los asuntos relacionados con la supervisión del proveedor esencial asignado, lo que incluye, entre otros, la evaluación de riesgos, la realización de auditorías, el seguimiento del cumplimiento de las recomendaciones emitidas por las AES y la coordinación con otras autoridades nacionales y europeas. Por ejemplo, el supervisor principal podría ser responsable de realizar evaluaciones regulares del cumplimiento del proveedor esencial con los estándares de seguridad de las TIC, así como de coordinar auditorías conjuntas con otras autoridades para verificar la implementación de planes de contingencia o estrategias de salida en caso de interrupciones en los servicios.

La centralización de la supervisión en la figura del supervisor principal también facilita el cumplimiento de los requisitos de intercambio de información y coordinación establecidos en otras disposiciones del Reglamento. Por ejemplo, el supervisor principal será responsable de recopilar y compartir información relevante con el Foro de Supervisión, las AES y las autoridades nacionales competentes, asegurando que todos los actores involucrados en la supervisión estén informados sobre los riesgos, incidentes y medidas correctivas relacionadas con el proveedor esencial. Esto es especialmente importante en casos de incidentes graves relacionados con las TIC que puedan tener impactos transfronterizos o sistémicos, donde la coordinación y el intercambio oportuno de información son fundamentales para mitigar los riesgos y garantizar la continuidad operativa.

Desde la perspectiva de las Autoridades Europeas de Supervisión, la figura del supervisor principal fortalece el marco de supervisión al proporcionar un mecanismo claro y estructurado para garantizar la coherencia en la implementación de las normas y recomendaciones del Reglamento. Por ejemplo, el supervisor principal puede actuar como intermediario entre las AES y los proveedores esenciales para garantizar que las recomendaciones emitidas por estas últimas sean implementadas de manera efectiva y uniforme en todas las jurisdicciones donde opera el proveedor. Asimismo, el supervisor principal puede proporcionar información valiosa a las AES sobre la efectividad de las medidas adoptadas por los proveedores esenciales, lo que a su vez puede informar la elaboración de directrices y estándares adicionales.

Desde la perspectiva de las autoridades nacionales competentes, la figura del supervisor principal permite una mejor asignación de responsabilidades y recursos, ya que estas autoridades pueden concentrar sus esfuerzos en la supervisión de las entidades financieras que operan en sus jurisdicciones, mientras que el supervisor principal se encarga de coordinar la supervisión de los proveedores esenciales. No obstante, las autoridades nacionales también desempeñan un papel importante en apoyar al supervisor principal, especialmente cuando se requiere la implementación de medidas específicas a nivel local, como la realización de inspecciones in situ o la evaluación del impacto de los riesgos relacionados con las TIC en entidades financieras específicas.

Para los proveedores terceros esenciales de servicios de TIC, la figura del supervisor principal proporciona claridad y simplifica sus relaciones con las autoridades supervisoras. En lugar de interactuar con múltiples autoridades nacionales o europeas, los proveedores pueden coordinar todas sus actividades relacionadas con la supervisión a través del supervisor principal, lo que facilita el cumplimiento normativo y reduce la carga administrativa. Además, el supervisor principal actúa como un canal directo para resolver cuestiones regulatorias o de cumplimiento, lo que puede acelerar la implementación de medidas correctivas y mejorar la eficiencia operativa del proveedor.

Desde la perspectiva de las entidades financieras, la existencia de un supervisor principal fortalece la supervisión de los proveedores esenciales, lo que a su vez contribuye a mejorar la resiliencia operativa y la seguridad de los servicios de los que dependen estas entidades. Por ejemplo, al garantizar que los proveedores esenciales cumplan con los requisitos del Reglamento, el supervisor principal ayuda a mitigar los riesgos asociados a la externalización de servicios TIC críticos, protegiendo así la continuidad operativa y la estabilidad del sistema financiero en su conjunto.

En términos estratégicos, el establecimiento de un supervisor principal para cada proveedor esencial refuerza el enfoque de la Unión Europea hacia una supervisión centralizada y coordinada, promoviendo la armonización normativa y operativa en toda la Unión. Esto es particularmente importante en un entorno donde los riesgos relacionados con las TIC son cada vez más complejos y transnacionales, y donde la supervisión efectiva requiere un enfoque integrado que abarque múltiples jurisdicciones y sectores.

En conclusión, el artículo 33.1 del Reglamento 2022/2554 establece un marco robusto para la supervisión de los proveedores terceros esenciales de servicios de TIC mediante la designación de un supervisor principal como punto de contacto central. Este enfoque centralizado mejora la eficiencia y eficacia de la supervisión, facilita la coordinación entre las autoridades competentes y los proveedores, y refuerza la capacidad de la Unión Europea para abordar los riesgos relacionados con las TIC de manera coherente y armonizada. Al mismo tiempo, proporciona claridad y previsibilidad tanto para los proveedores esenciales como para las entidades financieras, contribuyendo a la resiliencia operativa del sector financiero y a la estabilidad del sistema financiero europeo en un entorno digital cada vez más interdependiente.

2. A efectos de lo dispuesto en el apartado 1, el supervisor principal evaluará si cada proveedor tercero esencial de servicios de TIC ha establecido normas, procedimientos, mecanismos y disposiciones completos, sólidos y efectivos para gestionar el riesgo relacionado con las TIC que pueda plantear a las entidades financieras.

El artículo 33.2 del Reglamento 2022/2554 establece que el supervisor principal, designado conforme al artículo 31, tiene la obligación de evaluar si cada proveedor tercero esencial de servicios de TIC cuenta con normas, procedimientos, mecanismos y disposiciones completos, sólidos y efectivos para gestionar los riesgos relacionados con las TIC que puedan afectar a las entidades financieras. Este artículo refuerza el marco de supervisión al detallar las responsabilidades clave del supervisor principal y su papel central en garantizar que los proveedores esenciales gestionen de manera adecuada los riesgos tecnológicos, minimizando las amenazas potenciales a la estabilidad y resiliencia operativa del sector financiero.

La obligación de realizar esta evaluación se centra en asegurar que los proveedores terceros esenciales hayan implementado un sistema integral de gestión de riesgos relacionado con las TIC. Esto incluye una evaluación profunda de los controles internos, las políticas de seguridad, los mecanismos de respuesta a incidentes y las estrategias de continuidad del negocio que los proveedores tienen en marcha para gestionar los riesgos tecnológicos inherentes a sus servicios. Por ejemplo, un proveedor de servicios de computación en la nube que gestiona datos críticos de múltiples entidades financieras deberá demostrar que tiene medidas robustas para proteger la confidencialidad, integridad y disponibilidad de dichos datos, así como la capacidad de recuperarse rápidamente en caso de una interrupción.

Desde la perspectiva del supervisor principal, esta evaluación implica llevar a cabo un análisis detallado y regular de las prácticas de gestión de riesgos de los proveedores esenciales, asegurando que estén alineadas con los estándares de seguridad y resiliencia operativa requeridos por el Reglamento. Esto incluye evaluar la capacidad del proveedor para identificar, mitigar y gestionar riesgos relacionados con ciberataques, fallos tecnológicos, interrupciones en los servicios y cualquier otro riesgo que pueda afectar a las entidades financieras que dependen de sus servicios. Por ejemplo, el supervisor principal podría exigir al proveedor que proporcione evidencia documental de sus auditorías internas, pruebas de penetración y revisiones periódicas de ciberseguridad para garantizar que sus sistemas sean resilientes frente a amenazas emergentes.

La referencia a "normas, procedimientos, mecanismos y disposiciones completos, sólidos y efectivos" subraya que la gestión del riesgo relacionado con las TIC no debe ser superficial ni fragmentada, sino integral y sistemática. Esto significa que los proveedores esenciales deben tener un enfoque estructurado que abarque todas las etapas del ciclo de vida del riesgo, desde su identificación y evaluación hasta su mitigación, monitoreo continuo y respuesta en caso de incidentes. Por ejemplo, un proveedor esencial debe contar con políticas claras para gestionar las vulnerabilidades detectadas en sus sistemas, procedimientos definidos para responder a incidentes de seguridad en tiempo real y mecanismos efectivos para garantizar la recuperación de los servicios en caso de una interrupción.

Desde una perspectiva práctica, esta evaluación tiene un impacto directo en la supervisión y el cumplimiento. El supervisor principal debe asegurarse de que las entidades financieras que dependen de estos proveedores no estén expuestas a riesgos excesivos debido a deficiencias en la gestión de riesgos tecnológicos por parte de los proveedores. Por ejemplo, si un proveedor esencial no cuenta con medidas adecuadas para prevenir ataques de ransomware, las entidades financieras que utilizan sus servicios podrían enfrentar interrupciones significativas en sus operaciones, lo que a su vez podría tener un impacto sistémico en el sector financiero. En este sentido, la evaluación realizada por el supervisor principal actúa como una salvaguarda para proteger la estabilidad del sistema financiero en su conjunto.

El artículo también tiene implicaciones para los proveedores terceros esenciales de servicios de TIC, quienes deben asegurarse de que sus sistemas y procesos de gestión de riesgos cumplan con los estándares exigidos por el Reglamento. Esto implica adoptar un enfoque proactivo para evaluar y mejorar continuamente sus prácticas de gestión de riesgos, identificando posibles vulnerabilidades y adoptando medidas para abordarlas antes de que puedan convertirse en amenazas. Por ejemplo, un proveedor esencial podría implementar sistemas avanzados de detección de intrusiones, realizar evaluaciones regulares de riesgos en colaboración con expertos externos y capacitar a su personal en las mejores prácticas de ciberseguridad para garantizar que su organización esté preparada para enfrentar riesgos tecnológicos complejos y en evolución.

Desde la perspectiva de las entidades financieras, esta disposición fortalece su confianza en la capacidad de los proveedores esenciales para gestionar adecuadamente los riesgos tecnológicos que puedan impactar en la prestación de servicios. Las entidades financieras dependen cada vez más de proveedores terceros de TIC para funciones críticas, como la gestión de datos, los servicios en la nube y la seguridad cibernética, lo que aumenta su exposición a riesgos derivados de estos proveedores. Al exigir que el supervisor principal evalúe la gestión de riesgos de los proveedores esenciales, el Reglamento asegura que las entidades financieras estén protegidas frente a posibles fallos o vulnerabilidades en los sistemas de los proveedores. Por ejemplo, un banco que externaliza sus servicios de banca en línea a un proveedor esencial puede confiar en que el supervisor principal verificará que dicho proveedor cumpla con los estándares de seguridad y continuidad operativa exigidos por el Reglamento.

Desde el punto de vista de las Autoridades Europeas de Supervisión (AES) y el Foro de Supervisión, esta disposición refuerza la necesidad de un enfoque armonizado en la supervisión de los proveedores esenciales en toda la Unión Europea. El supervisor principal, al realizar estas evaluaciones, debe coordinarse con las AES y otras autoridades competentes para garantizar que los resultados de las evaluaciones se compartan y se utilicen para identificar tendencias comunes, riesgos emergentes y posibles áreas de mejora en el marco regulatorio. Por ejemplo, si varios supervisores principales identifican deficiencias similares en la gestión de riesgos de diferentes proveedores esenciales, las AES podrían emitir directrices adicionales o ajustar los estándares de supervisión para abordar estas deficiencias de manera más efectiva.

El artículo también destaca la importancia de la resiliencia operativa digital como un elemento central de la estabilidad financiera en un entorno cada vez más digitalizado e interconectado. Al exigir que los proveedores esenciales adopten medidas sólidas para gestionar los riesgos relacionados con las TIC, el Reglamento contribuye a proteger no solo a las entidades financieras individuales, sino también a la integridad y la estabilidad del sistema financiero en su conjunto. Por ejemplo, al garantizar que los proveedores esenciales estén preparados para enfrentar interrupciones en sus servicios, el Reglamento ayuda a prevenir efectos en cascada que podrían afectar a múltiples entidades financieras y sectores críticos de la economía.

En términos estratégicos, este artículo refuerza el enfoque preventivo del Reglamento, centrándose en garantizar que los riesgos relacionados con las TIC se gestionen de manera efectiva antes de que puedan materializarse en incidentes significativos. Esto refleja una evolución en la supervisión financiera, que tradicionalmente se ha centrado en la respuesta a incidentes, hacia un enfoque más proactivo y orientado a la resiliencia. Al exigir evaluaciones regulares y exhaustivas de los sistemas de gestión de riesgos de los proveedores esenciales, el Reglamento contribuye a fortalecer la capacidad del sector financiero para operar de manera segura y confiable en un entorno digital dinámico y desafiante.

En conclusión, el artículo 33.2 del Reglamento 2022/2554 establece una función crítica para el supervisor principal, quien debe garantizar que los proveedores terceros esenciales de servicios de TIC cuenten con sistemas robustos y efectivos para gestionar los riesgos relacionados con las TIC. Esta evaluación no solo protege a las entidades financieras que dependen de estos proveedores, sino que también refuerza la resiliencia operativa del sistema financiero en su conjunto. Al exigir un enfoque integral, sistemático y proactivo para la gestión de riesgos tecnológicos, este artículo contribuye a fortalecer la estabilidad y la confianza en el sector financiero europeo, asegurando que esté preparado para enfrentar los desafíos de la digitalización y las ciberamenazas.

3. La evaluación a que se refiere el párrafo primero se centrará principalmente en los servicios de TIC prestados por el proveedor tercero esencial de servicios de TIC que sustenten funciones esenciales o importantes de las entidades financieras. Cuando sea necesario para abordar todos los riesgos pertinentes, dicha evaluación abarcará además los servicios de TIC que sustenten funciones distintas de aquellas que son esenciales o importantes.

La evaluación a la que se refiere el apartado 2 abarcará:

a). los requisitos en materia de TIC para garantizar, en particular, la seguridad, la disponibilidad, la continuidad, la escalabilidad y la calidad de los servicios que el proveedor tercero esencial de servicios de TIC presta a las entidades financieras, así como la capacidad para mantener en todo mo-

mento unos niveles elevados de disponibilidad, autenticidad, integridad o confidencialidad de los datos;

b) la seguridad física que contribuye a garantizar la seguridad de las TIC, incluida la seguridad de los locales, instalaciones y centros de datos;

c) los procesos de gestión de riesgos, incluidas las políticas de gestión del riesgo relacionado con las TIC, la política de continuidad de la actividad en materia de TIC y los planes de respuesta y recuperación en materia de TIC;

d) los mecanismos de gobernanza, incluida una estructura organizativa con líneas de responsabilidad claras, transparentes y coherentes y normas de rendición de cuentas que permitan la gestión eficaz del riesgo relacionado con las TIC;

e) la determinación, el seguimiento y la rápida notificación a las entidades financieras de los incidentes importantes relacionados con las TIC, la gestión y la resolución de dichos incidentes, en particular de los ciberataques;

f) los mecanismos para la portabilidad de los datos y la portabilidad e interoperabilidad de las aplicaciones, que garanticen el ejercicio efectivo de los derechos de terminación por las entidades financieras;

g) la prueba de los sistemas, las infraestructuras y los controles de TIC;

h) las auditorías de TIC;

i) la aplicación de las normas nacionales e internacionales pertinentes en materia de prestación de sus servicios de TIC a las entidades financieras.

El artículo 33.3 del Reglamento 2022/2554 detalla el alcance de la evaluación que el supervisor principal debe realizar sobre los proveedores terceros esenciales de servicios de TIC, centrándose tanto en los servicios que sustenten funciones esenciales o importantes de las entidades financieras como, cuando sea necesario, en aquellos servicios que no estén directamente relacionados con dichas funciones pero que puedan implicar riesgos relevantes. Este artículo establece un marco exhaustivo para evaluar la capacidad de los proveedores terceros de garantizar la seguridad, continuidad y calidad de los servicios TIC que prestan a las entidades financieras, así como su capacidad para mitigar y gestionar los riesgos relacionados con las TIC de manera efectiva.

El principal enfoque de la evaluación es asegurar que los proveedores esenciales cuenten con medidas adecuadas para proteger y garantizar la resiliencia operativa de los servicios que son fundamentales para las operaciones de las entidades financieras. Esto incluye servicios que sustentan funciones esenciales, como los sistemas de pago, la gestión de activos, la banca en línea o la custodia de datos, cuya interrupción podría tener un impacto significativo no solo en las entidades financieras, sino también en la estabilidad del sistema financiero en su conjunto. Sin embargo, el artículo también contempla la evaluación de servicios no esenciales cuando sea necesario para abordar todos los riesgos pertinentes, lo que demuestra un enfoque integral que reconoce que los riesgos relacionados con las TIC pueden extenderse más allá de las funciones directamente críticas.

El apartado a) establece que la evaluación debe considerar los requisitos en materia de TIC necesarios para garantizar la seguridad, disponibilidad, continuidad, escalabilidad y calidad de los servicios proporcionados. Este punto enfatiza la importancia de que los proveedores esenciales mantengan en todo momento altos estándares de disponibilidad, autenticidad, integridad y confidencialidad de los datos. Esto es especialmente crítico para las entidades financieras, que dependen de estos servicios para proteger información sensible de los clientes, garantizar la continuidad de las operaciones y evitar interrupciones en servicios críticos. Por ejemplo, el supervisor principal debe evaluar si el proveedor tiene redundancias en sus infraestructuras, como centros de datos distribuidos geográficamente, que garanticen la continuidad del servicio en caso de fallos técnicos o desastres naturales.

El apartado b) se centra en la seguridad física de los proveedores, incluidas las instalaciones, los locales y los centros de datos. La seguridad física es un componente esencial de la seguridad de las TIC, ya que vulnerabilidades en esta área pueden comprometer directamente la integridad de los sistemas y los datos. Por ejemplo, el supervisor principal debe verificar que los centros de datos del proveedor cuenten con medidas de seguridad física adecuadas, como controles de acceso biométricos, vigilancia 24/7, sistemas contra incendios y redundancia energética, para prevenir accesos no autorizados, sabotajes o interrupciones operativas.

El apartado c) aborda los procesos de gestión de riesgos, incluidas las políticas de gestión de riesgos relacionados con las TIC, los planes de continuidad de la actividad y las estrategias de recuperación ante desastres. El supervisor principal debe evaluar si el proveedor tiene un marco robusto para identificar, analizar y mitigar los riesgos relacionados con las TIC, y si estos procesos están alineados con las mejores prácticas internacionales. Por ejemplo, se debe comprobar si el proveedor realiza análisis de riesgos periódicos, dispone de planes de contingencia específicos y lleva a cabo simulacros de recuperación ante incidentes, como ciberataques o fallos en infraestructuras críticas.

El apartado d) requiere que el supervisor principal evalúe los mecanismos de gobernanza del proveedor, incluidas su estructura organizativa, líneas de responsabilidad claras y normas de rendición de cuentas. Una estructura de gobernanza eficaz es fundamental para garantizar que los riesgos relacionados con las TIC sean gestionados de manera proactiva y que las decisiones críticas sean tomadas por responsables capacitados y debidamente informados. Por ejemplo, el supervisor debe verificar si el proveedor cuenta con un comité de riesgos de TIC, responsables dedicados a la ciberseguridad y una cultura organizativa que priorice la resiliencia operativa y el cumplimiento normativo.

El apartado e) trata sobre la capacidad del proveedor para identificar, notificar y gestionar incidentes relacionados con las TIC, incluidos ciberataques. El supervisor principal debe asegurarse de que el proveedor tenga procesos claros para identificar incidentes importantes en tiempo real, notificar a las entidades financieras afectadas y resolver dichos incidentes de manera rápida y efectiva. Por ejemplo, el proveedor debe ser capaz de implementar medidas de contención ante un ataque de ransomware y proporcionar actualizaciones en tiempo real a las entidades afectadas, minimizando el impacto en sus operaciones.

El apartado f) exige que se evalúen los mecanismos de portabilidad de datos y aplicaciones, que permiten a las entidades financieras ejercer sus derechos de terminación en caso de rescisión de contratos. Esto incluye garantizar que las entidades financieras puedan migrar fácilmente sus datos a otro proveedor o reintegrarlos en su propia infraestructura sin interrupciones operativas significativas ni pérdida de datos. Por ejemplo, el supervisor debe verificar que el proveedor ofrezca herramientas de migración estandarizadas y soporte técnico durante los procesos de transición.

El apartado g) obliga al supervisor principal a evaluar las pruebas de sistemas, infraestructuras y controles de TIC realizadas por el proveedor. Esto incluye pruebas de penetración, auditorías de vulnerabilidades y ejercicios de simulación para identificar debilidades en los sistemas y procesos del proveedor. Por ejemplo, el supervisor debe revisar los resultados de las pruebas realizadas y evaluar si las medidas correctivas implementadas por el proveedor son suficientes para abordar las vulnerabilidades detectadas.

El apartado h) aborda las auditorías de TIC, que son esenciales para verificar el cumplimiento normativo y la eficacia de los controles internos del proveedor. El supervisor principal debe asegurarse de que el proveedor se somete regularmente a auditorías internas y externas realizadas por entidades independientes y que los resultados de dichas auditorías se utilizan para mejorar continuamente los procesos y sistemas del proveedor.

El apartado i) requiere la evaluación de la aplicación de normas nacionales e internacionales relevantes en la prestación de servicios TIC. Esto asegura que el proveedor cumple con estándares reconocidos, como ISO/IEC 27001 para la gestión de la seguridad de la información o ISO/IEC 22301 para la continuidad del negocio. Por ejemplo, el supervisor debe comprobar si el proveedor ha obtenido certificaciones relevantes y si estas se mantienen actualizadas mediante auditorías regulares.

En términos prácticos, esta disposición fortalece la confianza de las entidades financieras en los proveedores esenciales, al garantizar que están sujetos a un escrutinio exhaustivo por parte del supervisor principal. Esto reduce el riesgo de interrupciones operativas o incidentes de ciberseguridad que puedan impactar negativamente en la continuidad de las operaciones financieras. Para los proveedores terceros esenciales, esta evaluación les obliga a implementar medidas robustas y transparentes para gestionar los riesgos relacionados con las TIC, lo que puede requerir inversiones significativas en infraestructura, personal y procesos. Asimismo, fomenta la adopción de mejores prácticas internacionales, mejorando su competitividad y reputación en el mercado.

Desde una perspectiva estratégica, este artículo refuerza el enfoque preventivo del Reglamento, priorizando la identificación y mitigación de riesgos antes de que se materialicen en incidentes graves. Esto contribuye a la estabilidad del sistema financiero europeo y fortalece la resiliencia operativa en un entorno digital cada vez más complejo e interconectado. En conclusión, el artículo 33.3 establece un marco detallado y exhaustivo para la evaluación de los proveedores esenciales, asegurando que cumplan con los más altos estándares de seguridad, continuidad y calidad en la prestación de servicios TIC a las entidades financieras.

4. Sobre la base de la evaluación a que se refiere el apartado 2, y en coordinación con la Red de Supervisión Conjunta a que se refiere el artículo 34, apartado 1, el supervisor principal adoptará un plan de supervisión particular claro, detallado y motivado en el que se describan los objetivos anuales de supervisión y las principales acciones de supervisión previstas para cada proveedor tercero esencial de servicios de TIC. Dicho plan se comunicará cada año al proveedor tercero esencial de servicios de TIC.

Antes de la adopción del plan de supervisión, el supervisor principal comunicará el proyecto de plan de supervisión al proveedor tercero esencial de servicios de TIC.

Cuando reciba el proyecto de plan de supervisión, el proveedor tercero esencial de servicios de TIC podrá presentar una declaración motivada en un plazo de quince días naturales en la que se exponga el efecto esperado en los clientes que sean entidades excluidas del ámbito de aplicación del presente Reglamento y en la que se planteen, en su caso, soluciones para mitigar los riesgos.

El artículo 33.4 del Reglamento 2022/2554 establece un procedimiento detallado para que el supervisor principal, en coordinación con la Red de Supervisión Conjunta mencionada en el artículo 34, diseñe y adopte un plan de supervisión particular para cada proveedor tercero esencial de servicios de TIC. Este plan de supervisión es un instrumento fundamental para garantizar que las actividades de supervisión se realicen de manera estructurada, con objetivos anuales claros y acciones específicas que permitan abordar los riesgos relacionados con las TIC asociados a cada proveedor esencial. Además, el artículo introduce mecanismos para asegurar la participación del proveedor en el proceso de elaboración del plan, promoviendo un enfoque equilibrado y colaborativo.

El propósito principal del plan de supervisión es garantizar que la supervisión de los proveedores esenciales sea eficaz, transparente y adaptada a las particularidades de cada proveedor y los servicios que presta. Al basarse en la evaluación realizada conforme al artículo 33.2, el plan debe reflejar una comprensión profunda de los riesgos específicos asociados al proveedor y establecer prioridades claras para abordarlos durante el año. Por ejemplo, si un proveedor esencial muestra deficiencias en la seguridad física de sus centros de datos o en sus procedimientos de notificación de incidentes, el plan de supervisión debe incluir acciones específicas para evaluar y mitigar estos riesgos.

La obligación de coordinar el plan de supervisión con la Red de Supervisión Conjunta garantiza un enfoque armonizado y coherente en la supervisión de los proveedores esenciales a nivel de la Unión Europea. Esta coordinación es particularmente importante para los proveedores que operan en múltiples Estados miembros, ya que asegura que las acciones de supervisión sean consistentes y no se dupliquen innecesariamente. Por ejemplo, la Red de Supervisión Conjunta podría identificar riesgos transfronterizos específicos que deban abordarse en el plan de supervisión, como la dependencia de infraestructuras críticas ubicadas en un tercer país o la prestación de servicios a entidades financieras en varias jurisdicciones.

El requisito de que el plan de supervisión sea claro, detallado y motivado subraya la importancia de la transparencia y la rendición de cuentas en el proceso de supervisión. Esto significa que el plan debe incluir una descripción precisa de los objetivos anuales de supervisión, las acciones específicas que se llevarán a cabo (como auditorías, inspecciones o revisiones de políticas) y las razones que justifican estas acciones. Por ejemplo, si el supervisor principal decide priorizar una auditoría exhaustiva de los sistemas de ciberseguridad del proveedor, el plan debe explicar cómo esta acción se relaciona con los riesgos identificados en la evaluación previa y cómo contribuye a fortalecer la resiliencia operativa del proveedor.

La comunicación del plan de supervisión al proveedor esencial cada año asegura que este esté informado de las expectativas regulatorias y pueda prepararse adecuadamente para cumplir con las mismas. Esta transparencia también permite al proveedor ajustar sus estrategias internas y asignar recursos suficientes para cumplir con los objetivos establecidos en el plan. Por ejemplo, si el plan incluye la realización de pruebas de interoperabilidad de sistemas, el proveedor podría necesitar coordinar con sus equipos técnicos y sus clientes para garantizar que las pruebas se realicen de manera efectiva y dentro de los plazos previstos.

El artículo también establece un proceso previo a la adopción del plan, en el cual el proyecto de plan de supervisión se comunica al proveedor esencial, permitiéndole presentar una declaración motivada en un plazo de quince días naturales. Este mecanismo tiene dos objetivos principales: en primer lugar, garantizar que el proveedor tenga la oportunidad de expresar sus preocupaciones sobre el impacto del plan, especialmente en clientes que no están sujetos al ámbito del Reglamento; y en segundo lugar, fomentar una colaboración constructiva entre el supervisor y el proveedor, en la que se puedan plantear soluciones alternativas para mitigar los riesgos identificados.

La posibilidad de que el proveedor presente una declaración motivada refuerza el carácter dialogante y equilibrado del proceso de supervisión. Por ejemplo, si el proveedor considera que una acción específica del plan podría tener un impacto negativo en sus clientes que no están sujetos al Reglamento (como empresas no financieras), podría proponer alternativas que logren los mismos objetivos de supervisión sin causar perjuicios innecesarios. Esto no solo protege los intereses de los clientes excluidos del Reglamento, sino que también asegura que las acciones de supervisión sean proporcionadas y efectivas.

Desde una perspectiva práctica, la adopción de un plan de supervisión anual tiene varias implicaciones importantes para las partes interesadas. Para el supervisor principal, el plan proporciona una hoja de ruta clara para organizar sus actividades de supervisión y priorizar los riesgos más críticos asociados al proveedor esencial. Esto permite un uso más eficiente de los recursos de supervisión y asegura que las acciones se centren en las áreas de mayor impacto. Por ejemplo, si un proveedor esencial tiene un historial de incidentes cibernéticos significativos, el plan de supervisión podría priorizar auditorías en esta área y la implementación de medidas correctivas.

Para los proveedores terceros esenciales de servicios de TIC, el plan de supervisión ofrece claridad y previsibilidad sobre las expectativas regulatorias y las acciones que deberán afrontar durante el año. Esto les permite prepararse de manera proactiva, asegurando que cuentan con los recursos, procesos y políticas necesarias para cumplir con las exigencias del plan. Además, el proceso de comunicación y la posibilidad de presentar una declaración motivada promueven una relación más colaborativa con el supervisor, lo que puede facilitar la resolución de conflictos y la implementación de mejoras.

Desde la perspectiva de las entidades financieras, el plan de supervisión refuerza la confianza en la capacidad del supervisor principal para garantizar que los proveedores esenciales gestionen adecuadamente los riesgos relacionados con las TIC. Al establecer objetivos anuales claros y acciones específicas para abordar los riesgos identificados, el plan contribuye a mejorar la resiliencia operativa y la seguridad de los servicios TIC de los que dependen las entidades financieras. Por ejemplo, una entidad financiera puede beneficiarse directamente de las mejoras implementadas por un proveedor esencial en respuesta a las acciones de supervisión descritas en el plan.

En términos estratégicos, la adopción de planes de supervisión anuales también refuerza la armonización y la coordinación a nivel europeo en la supervisión de los proveedores terceros esenciales. Al coordinar la elaboración del plan con la Red de Supervisión Conjunta, el supervisor principal asegura que las prioridades y acciones de supervisión estén alineadas con los objetivos generales de la Unión Europea en materia de resiliencia operativa digital y estabilidad financiera. Esto es particularmente importante en un entorno donde los riesgos relacionados con las TIC son cada vez más complejos y transnacionales.

En conclusión, el artículo 33.4 del Reglamento 2022/2554 establece un proceso claro y estructurado para la adopción de planes de supervisión particulares para los proveedores terceros esenciales de servicios de TIC. Este enfoque no solo garantiza una supervisión eficaz y adaptada a los riesgos específicos de cada proveedor, sino que también promueve la transparencia, la colaboración y la rendición de cuentas. Al combinar la evaluación exhaustiva de riesgos, la coordinación con la Red de Supervisión Conjunta y la participación activa de los proveedores, el artículo refuerza la capacidad de la Unión Europea para gestionar los riesgos relacionados con las TIC de manera eficaz y proteger la estabilidad y la resiliencia del sistema financiero en un entorno digital cada vez más desafiante.

5. Una vez que los planes de supervisión anuales a que se refiere el apartado 4 hayan sido adoptados y notificados a los proveedores terceros esenciales de servicios de TIC, las autoridades competentes podrán adoptar medidas en relación con dichos proveedores solo de acuerdo con el supervisor principal.

El artículo 33.5 del Reglamento 2022/2554 establece que, una vez adoptados y notificados los planes de supervisión anuales a los proveedores terceros esenciales de servicios de TIC, las autoridades competentes nacionales solo podrán adoptar medidas relacionadas con estos proveedores en coordinación y con el acuerdo del supervisor principal. Esta disposición tiene implicaciones significativas para la supervisión de los proveedores esenciales, ya que refuerza el papel central del supervisor principal como autoridad de referencia en todas las cuestiones relacionadas con la supervisión de estos proveedores, promoviendo la coherencia, la coordinación y la eficiencia en el marco regulatorio de la Unión Europea.

El propósito principal de esta norma es evitar la fragmentación y los enfoques descoordinados en la supervisión de los proveedores esenciales, especialmente en el caso de aquellos que operan en múltiples Estados miembros y prestan servicios a entidades financieras en diferentes jurisdicciones. Dado que los riesgos relacionados con las TIC suelen tener un carácter transnacional, la centralización de las decisiones sobre las medidas de supervisión en el supervisor principal garantiza un enfoque armonizado y coherente, reduciendo la posibilidad de duplicidades o conflictos entre las autoridades nacionales y el supervisor principal. Por ejemplo, si un proveedor esencial enfrenta un incidente cibernético significativo que afecta a entidades financieras en varios Estados miembros, el supervisor principal coordinará las medidas necesarias para abordar el incidente, evitando que las autoridades nacionales adopten medidas contradictorias o descoordinadas.

El requisito de que las autoridades competentes solo puedan actuar con el acuerdo del supervisor principal también refuerza la eficiencia del proceso de supervisión, ya que asegura que todas las medidas adoptadas estén alineadas con los objetivos y prioridades establecidos en el plan de supervisión anual. Este plan, como se detalla en el artículo 33.4, se basa en una evaluación exhaustiva de los riesgos específicos asociados al proveedor esencial y define las acciones prioritarias para mitigar dichos riesgos. Al requerir la coordinación con el supervisor principal, el Reglamento asegura que las autoridades nacionales no adopten medidas que puedan desviarse de estas prioridades o interferir con las acciones planificadas. Por ejemplo, si el plan de supervisión prioriza una auditoría exhaustiva de los sistemas de ciberseguridad del proveedor, una autoridad nacional no debería llevar a cabo inspecciones no planificadas sin el consentimiento del supervisor principal, ya que esto podría duplicar esfuerzos o generar cargas innecesarias para el proveedor.

Desde la perspectiva de las autoridades nacionales competentes, esta disposición implica que deben actuar como colaboradores del supervisor principal, aportando su conocimiento local y sus capacidades de supervisión para implementar las medidas acordadas en el plan de supervisión. Por ejemplo, si un proveedor esencial tiene instalaciones o centros de datos en un Estado miembro, la autoridad nacional correspondiente podría ser responsable de realizar inspecciones in situ, pero siempre en coordinación con el supervisor principal. Este enfoque asegura que las autoridades nacionales desempeñen un papel activo en la supervisión, pero dentro de un marco estructurado y centralizado que garantiza la coherencia a nivel de la Unión.

Desde la perspectiva del supervisor principal, esta norma refuerza su papel como la autoridad central y coordinadora en todas las cuestiones relacionadas con la supervisión de los proveedores esenciales asignados. Esto le otorga la responsabilidad de asegurarse de que todas las medidas adoptadas por las autoridades nacionales estén alineadas con el plan de supervisión y contribuyan al logro de los objetivos establecidos. Por ejemplo, el supervisor principal puede coordinar con las autoridades nacionales para realizar inspecciones conjuntas o recopilar información adicional necesaria para evaluar el cumplimiento del proveedor con los estándares de seguridad y resiliencia operativa. Este enfoque centralizado también facilita la comunicación y la toma de decisiones, ya que el proveedor esencial tiene un único punto de contacto para todas las cuestiones relacionadas con la supervisión.

Para los proveedores terceros esenciales de servicios de TIC, esta disposición proporciona claridad y predictibilidad en el proceso de supervisión, ya que asegura que todas las medidas adoptadas por las autoridades nacionales estén coordinadas a través del supervisor principal. Esto reduce la carga administrativa y evita situaciones en las que el proveedor deba lidiar con solicitudes contradictorias o duplicadas de diferentes autoridades nacionales. Por ejemplo, si el proveedor opera en varios Estados miembros, no deberá responder a múltiples inspecciones no coordinadas, sino que solo estará sujeto a las acciones previamente definidas y autorizadas en el marco del plan de supervisión.

Desde la perspectiva de las entidades financieras, este enfoque centralizado refuerza la confianza en la eficacia del marco de supervisión, ya que garantiza que los riesgos relacionados con los proveedores esenciales sean gestionados de manera coherente y coordinada. Al evitar enfoques fragmentados o contradictorios, el Reglamento reduce la posibilidad de que las deficiencias en la supervisión de los proveedores esenciales tengan un impacto negativo en las operaciones de las entidades financieras. Por ejemplo, si un proveedor esencial enfrenta problemas de cumplimiento en un Estado miembro, el supervisor principal podrá coordinar una respuesta adecuada que considere el impacto en todas las entidades financieras afectadas, independientemente de su ubicación geográfica.

Este enfoque también tiene repercusiones estratégicas para la armonización y la estabilidad del sistema financiero europeo. La centralización de las decisiones sobre las medidas de supervisión en el supervisor principal asegura que los riesgos relacionados con las TIC se aborden de manera uniforme en toda la Unión Europea, lo que es esencial para proteger la resiliencia operativa del sistema financiero en un entorno digital cada vez más interconectado. Además, al coordinar las acciones de las autoridades nacionales, el supervisor principal puede identificar tendencias comunes, riesgos sistémicos y mejores prácticas que pueden informar el desarrollo de políticas y normas adicionales a nivel de la Unión.

En términos prácticos, este artículo también fomenta la eficiencia operativa al garantizar que los recursos de supervisión se utilicen de manera efectiva y se centren en las áreas de mayor riesgo. Al coordinar las medidas de supervisión a través del supervisor principal, las autoridades nacionales pueden evitar duplicidades de esfuerzos y concentrar sus recursos en las actividades más críticas. Por ejemplo, si un proveedor esencial está sujeto a una auditoría exhaustiva de ciberseguridad, el supervisor principal puede asegurarse de que los recursos de las autoridades nacionales se utilicen para apoyar esta auditoría en lugar de llevar a cabo actividades paralelas que no estén alineadas con los objetivos del plan de supervisión.

En conclusión, el artículo 33.5 del Reglamento 2022/2554 refuerza el papel del supervisor principal como la autoridad central y coordinadora en la supervisión de los proveedores terceros esenciales de servicios de

TIC. Al requerir que las autoridades nacionales solo adopten medidas con el acuerdo del supervisor principal, el Reglamento garantiza un enfoque coherente, eficiente y armonizado para abordar los riesgos relacionados con las TIC en toda la Unión Europea. Este enfoque centralizado beneficia a todas las partes interesadas: proporciona claridad y previsibilidad para los proveedores esenciales, mejora la eficacia de la supervisión para las autoridades nacionales y refuerza la confianza en la resiliencia operativa del sistema financiero para las entidades financieras. Al mismo tiempo, contribuye a la estabilidad y la seguridad del sistema financiero europeo en un entorno digital cada vez más complejo y desafiante.

Artículo 34. Coordinación operativa entre supervisores principales

1. A fin de garantizar un enfoque coherente de las actividades de supervisión y con vistas a posibilitar estrategias generales de supervisión coordinadas y enfoques operativos y metodologías de trabajo coherentes, los tres supervisores principales nombrados de conformidad con el artículo 31, apartado 1, letra b), crearán una Red de Supervisión Conjunta a fin de coordinarse entre sí en las fases preparatorias y de coordinar la realización de las actividades de supervisión de sus proveedores terceros esenciales de servicios de TIC respectivos, así como en el curso de cualquier línea de actuación que pueda ser necesaria en virtud del artículo 42.

El artículo 34.1 del Reglamento 2022/2554 establece la creación de una Red de Supervisión Conjunta integrada por los tres supervisores principales designados de acuerdo con el artículo 31, apartado 1, letra b). Esta red tiene como objetivo principal garantizar la coordinación operativa entre los supervisores principales, promover la coherencia en las actividades de supervisión y facilitar la adopción de estrategias generales de supervisión que sean armonizadas, eficaces y adaptadas a los riesgos asociados a los proveedores terceros esenciales de servicios de TIC en toda la Unión Europea. Este artículo es esencial para abordar los desafíos inherentes a la supervisión transfronteriza y la complejidad de los servicios de TIC que son fundamentales para la resiliencia operativa del sector financiero.

El artículo subraya que los supervisores principales deben coordinarse entre sí en las fases preparatorias y durante la realización de las actividades de supervisión, garantizando así un enfoque alineado desde el inicio del proceso hasta la implementación de medidas concretas. Esta coordinación es especialmente relevante considerando que muchos proveedores esenciales operan en múltiples Estados miembros y prestan servicios a entidades financieras en diferentes jurisdicciones, lo que genera riesgos transnacionales y exige una supervisión unificada. Por ejemplo, si un proveedor esencial presta servicios de TIC a bancos y aseguradoras en varios países, los supervisores principales deben coordinarse para asegurar que los riesgos asociados a esos servicios sean abordados de manera uniforme y que las actividades de supervisión sean complementarias, evitando duplicidades o contradicciones.

La Red de Supervisión Conjunta también desempeña un papel crucial en la definición de estrategias generales de supervisión y en el establecimiento de metodologías de trabajo coherentes. Esto significa que los supervisores principales deben trabajar juntos para desarrollar enfoques comunes que garanticen la aplicación uniforme de los requisitos del Reglamento a los proveedores esenciales. Por ejemplo, la red podría acordar criterios estándar para evaluar la capacidad de los proveedores en términos de seguridad de las TIC, continuidad operativa, portabilidad de datos y gestión de incidentes. Estas metodologías comunes no solo mejoran la coherencia en la supervisión, sino que también proporcionan mayor claridad y predictibilidad a los proveedores esenciales, quienes pueden alinear sus prácticas internas con las expectativas regulatorias unificadas.

El artículo también menciona que la Red de Supervisión Conjunta coordinará cualquier línea de actuación necesaria en virtud del artículo 42 del Reglamento, que regula las medidas correctivas que pueden imponerse a los proveedores terceros esenciales de servicios de TIC en caso de incumplimiento. Esto significa que, si un proveedor esencial no cumple con los requisitos establecidos en el Reglamento, los supervisores principales trabajarán conjuntamente para coordinar las medidas correctivas de manera proporcional, eficaz y coherente. Por ejemplo, si un proveedor esencial enfrenta problemas relacionados con la seguridad de sus infraestructuras críticas, la red podría coordinar una respuesta conjunta que incluya la realización de auditorías adicionales, la imposición de sanciones o incluso la restricción temporal de ciertos servicios, dependiendo de la gravedad del incumplimiento.

Desde una perspectiva práctica, la creación de la Red de Supervisión Conjunta tiene múltiples implicaciones operativas y beneficios para las partes interesadas. Para los supervisores principales, la red proporciona una plataforma estructurada para compartir información, experiencias y mejores prácticas, lo que facilita una supervisión más eficaz y coordinada. Por ejemplo, un supervisor principal que haya identificado una vulnerabilidad específica en un proveedor esencial puede compartir esta información con los otros supervisores principales, permitiendo que adopten medidas preventivas en sus respectivas áreas de supervisión. Esto no solo mejora la calidad de la supervisión, sino que también refuerza la capacidad de la Unión Europea para identificar y mitigar riesgos sistémicos relacionados con las TIC.

Desde la perspectiva de las entidades financieras, la Red de Supervisión Conjunta refuerza la confianza en la capacidad del marco regulatorio de la Unión Europea para proteger la resiliencia operativa y la seguridad de los servicios de TIC de los que dependen. Al garantizar un enfoque coordinado y armonizado en la supervisión de los proveedores esenciales, la red reduce la probabilidad de que las deficiencias en la supervisión o los riesgos asociados a los proveedores se traduzcan en interrupciones operativas o incidentes cibernéticos que puedan afectar a las entidades financieras y sus clientes. Por ejemplo, si un proveedor esencial falla en implementar medidas adecuadas para mitigar un ciberataque, la coordinación entre los supervisores principales puede garantizar una respuesta rápida y eficaz para limitar el impacto en las entidades financieras afectadas.

Para los proveedores terceros esenciales de servicios de TIC, la Red de Supervisión Conjunta proporciona un punto centralizado de coordinación que facilita el cumplimiento normativo y reduce la carga administrativa asociada a la supervisión en múltiples jurisdicciones. En lugar de enfrentarse a enfoques divergentes o inconsistentes por parte de diferentes supervisores, los proveedores esenciales pueden beneficiarse de un marco de supervisión unificado y predecible. Por ejemplo, si un proveedor esencial recibe recomendaciones o instrucciones de un supervisor principal, puede estar seguro de que estas serán coherentes con las expectativas de los otros supervisores principales, lo que facilita la implementación de las medidas necesarias.

Desde una perspectiva estratégica, la creación de la Red de Supervisión Conjunta refuerza el enfoque preventivo y armonizado del Reglamento 2022/2554, permitiendo una supervisión más proactiva y efectiva de los riesgos relacionados con las TIC en el sector financiero. Esto es particularmente importante en un entorno donde los servicios de TIC son cada vez más complejos e interconectados, y donde los riesgos relacionados con las TIC pueden tener efectos en cascada en todo el sistema financiero. Al coordinar las estrategias y metodologías de supervisión, la red contribuye a proteger la estabilidad financiera de la Unión Europea y a promover la confianza en los servicios digitales.

El artículo también refuerza la coherencia normativa y operativa a nivel de la Unión Europea, asegurando que los proveedores esenciales sean supervisados de manera uniforme, independientemente de dónde operen o a qué entidades financieras presten servicios. Esto es especialmente relevante para los proveedores globales que ofrecen servicios de TIC a grandes entidades financieras de diferentes Estados miembros, ya que garantiza que estén sujetos a los mismos estándares y requisitos en toda la Unión. Además, la coordinación operativa entre los supervisores principales también permite identificar tendencias emergentes, riesgos sistémicos y áreas donde pueden ser necesarias nuevas medidas regulatorias o de supervisión.

En conclusión, el artículo 34.1 del Reglamento 2022/2554 establece un marco sólido para la coordinación operativa entre los supervisores principales mediante la creación de la Red de Supervisión Conjunta. Este enfoque coordinado y armonizado fortalece la capacidad de la Unión Europea para supervisar eficazmente a los proveedores terceros esenciales de servicios de TIC, garantiza la coherencia en la aplicación del Reglamento y refuerza la resiliencia operativa del sistema financiero. La red no solo beneficia a los supervisores y a los proveedores esenciales, sino que también protege a las entidades financieras y a sus clientes frente a los riesgos relacionados con las TIC, contribuyendo así a la estabilidad y seguridad del sector financiero en un entorno digital cada vez más complejo e interdependiente.

2. A efectos del apartado 1, los supervisores principales elaborarán un protocolo común de supervisión en el que se especifiquen los procedimientos detallados que deberán seguirse para llevar a cabo la coordinación cotidiana y para garantizar intercambios y reacciones rápidos. El protocolo se revisará periódicamente para reflejar las necesidades operativas, en particular la evolución de las disposiciones prácticas de supervisión.

El artículo 34.2 del Reglamento 2022/2554 establece que los supervisores principales elaborarán un protocolo común de supervisión con el objetivo de especificar los procedimientos detallados necesarios para garantizar una coordinación cotidiana eficaz, así como para asegurar intercambios y reacciones rápidas en la supervisión de los proveedores terceros esenciales de servicios de TIC. Este protocolo es un elemento fundamental para la operatividad de la Red de Supervisión Conjunta, ya que proporciona un marco normativo y práctico para coordinar las actividades de supervisión de manera coherente y ágil. Además, el artículo subraya la necesidad de que el protocolo sea revisado periódicamente, lo que asegura su adaptación a las necesidades operativas cambiantes y a la evolución del entorno digital y regulatorio.

La elaboración de un protocolo común de supervisión tiene como principal finalidad garantizar que los supervisores principales trabajen de forma coordinada y uniforme en la supervisión de los proveedores esenciales, lo que resulta esencial en un contexto donde muchos de estos proveedores operan a escala transfronteriza y prestan servicios a entidades financieras en diferentes Estados miembros. Este protocolo permitirá definir de manera clara las responsabilidades y roles de cada supervisor principal en relación con los proveedores esenciales asignados, así como establecer mecanismos claros para el intercambio de información, la toma de decisiones conjuntas y la implementación de medidas correctivas. Por ejemplo, el protocolo puede especificar cómo los supervisores principales deben coordinar las auditorías de seguridad de TIC o responder a incidentes graves relacionados con los servicios prestados por un proveedor esencial.

Desde un punto de vista operativo, el protocolo común de supervisión abordará aspectos clave como los procedimientos para el intercambio de información, los mecanismos para la coordinación de actividades de supervisión y los criterios para priorizar las acciones en función de los riesgos identificados. Esto incluye la implementación de herramientas tecnológicas que permitan compartir información de manera segura y en tiempo real, como bases de datos comunes o sistemas de alerta temprana para notificar incidentes cibernéticos que puedan tener repercusiones en varias jurisdicciones. Por ejemplo, si un proveedor esencial enfrenta un ciberataque que afecta a bancos en varios Estados miembros, el protocolo debe prever procedimientos claros para que los supervisores principales compartan información sobre el alcance del ataque y coordinen una respuesta conjunta.

El énfasis en garantizar "intercambios y reacciones rápidas" refleja la necesidad de que los supervisores principales estén preparados para responder de manera ágil y efectiva a eventos críticos o emergencias relacionadas con los riesgos tecnológicos. Dado que los incidentes relacionados con las TIC, como los ciberataques o las interrupciones en los servicios de TIC, pueden escalar rápidamente y tener efectos significativos en las operaciones de las entidades financieras, el protocolo debe incluir procedimientos claros para la notificación inmediata de incidentes, la asignación de responsabilidades y la activación de medidas correctivas. Por ejemplo, el protocolo podría establecer que, en caso de un incidente grave, el supervisor principal del proveedor esencial afectado debe informar inmediatamente a los otros supervisores principales y coordinar una evaluación conjunta del impacto y las acciones necesarias para mitigar el riesgo.

El artículo también destaca la importancia de que el protocolo sea revisado periódicamente, lo que asegura que este se mantenga actualizado y refleje las necesidades operativas y los cambios en el entorno regulatorio o tecnológico. Este enfoque dinámico es fundamental, dado que los riesgos relacionados con las TIC evolucionan rápidamente, impulsados por factores como el desarrollo de nuevas tecnologías, el aumento de la sofisticación de los ciberataques y la creciente dependencia de los servicios de TIC en el sector financiero. Por ejemplo, si se identifica una nueva amenaza cibernética que afecta a múltiples proveedores esenciales, los supervisores principales pueden revisar el protocolo para incluir procedimientos específicos para abordar este tipo de riesgo.

Desde una perspectiva práctica, el protocolo también tiene implicaciones importantes para la eficiencia y efectividad de la supervisión. Al proporcionar un marco común para la coordinación y el intercambio de información, el protocolo reduce la posibilidad de duplicidades o inconsistencias en las actividades de supervisión y asegura que los recursos de los supervisores principales se utilicen de manera óptima. Por ejemplo, si varios supervisores principales necesitan realizar auditorías en un proveedor esencial que opera en múltiples jurisdicciones, el protocolo puede establecer procedimientos para llevar a cabo auditorías conjuntas, minimizando la carga para el proveedor y maximizando el impacto de las actividades de supervisión.

Para los proveedores terceros esenciales de servicios de TIC, el protocolo común de supervisión proporciona claridad y predictibilidad sobre cómo se llevará a cabo su supervisión y qué pueden esperar de las interacciones con los supervisores principales. Esto incluye procedimientos claros para la comunicación, la notificación de incidentes y la implementación de medidas correctivas. Por ejemplo, un proveedor esencial puede utilizar el protocolo para entender cómo los supervisores principales coordinarán sus actividades y qué criterios se utilizarán para evaluar su cumplimiento con los requisitos del Reglamento. Esto no solo facilita el cumplimiento normativo, sino que también reduce la incertidumbre y los costos asociados con la supervisión.

Desde la perspectiva de las entidades financieras, el protocolo fortalece la confianza en el marco de supervisión, al garantizar que los riesgos asociados a los proveedores esenciales se gestionen de manera coordinada y eficaz. Esto es particularmente importante para las entidades que dependen de proveedores que operan a escala transfronteriza, ya que asegura que los riesgos se aborden de manera uniforme en todas las jurisdicciones. Por ejemplo, si un proveedor esencial enfrenta un problema de seguridad en sus sistemas, el protocolo asegura que los supervisores principales trabajen juntos para mitigar el riesgo, protegiendo así a las entidades financieras afectadas.

Desde un punto de vista estratégico, el protocolo también refuerza la armonización y coherencia normativa a nivel de la Unión Europea, asegurando que los supervisores principales adopten enfoques alineados en la supervisión de los proveedores esenciales. Esto es esencial para proteger la estabilidad del sistema financiero europeo, dado que los riesgos relacionados con las TIC pueden tener efectos sistémicos y transnacionales. Además, al establecer procedimientos claros para la coordinación cotidiana y la respuesta rápida, el protocolo contribuye a mejorar la resiliencia operativa del sector financiero frente a los riesgos tecnológicos.

En conclusión, el artículo 34.2 del Reglamento 2022/2554 establece la necesidad de elaborar un protocolo común de supervisión como herramienta clave para garantizar la coordinación operativa, la coherencia metodológica y la capacidad de reacción en la supervisión de los proveedores terceros esenciales de servicios de TIC. Este protocolo no solo mejora la eficiencia y efectividad de las actividades de supervisión, sino que también proporciona claridad y predictibilidad tanto para los supervisores como para los proveedores esenciales y las entidades financieras. Al ser revisado periódicamente, el protocolo se adapta a las necesidades operativas cambiantes y refuerza la capacidad de la Unión Europea para abordar los desafíos asociados a los riesgos relacionados con las TIC en un entorno digital dinámico y complejo. Este enfoque coordinado y adaptable fortalece la resiliencia operativa del sistema financiero y contribuye a la estabilidad y seguridad del sector financiero en su conjunto.

3. Los supervisores principales podrán, de forma ad hoc, pedir al BCE y a la ENISA que proporcionen asesoramiento técnico, compartan experiencias prácticas o se sumen a determinadas reuniones de coordinación de la Red de Supervisión Conjunta.

El artículo 34.3 del Reglamento 2022/2554 establece la posibilidad de que los supervisores principales, en el marco de la Red de Supervisión Conjunta, soliciten de forma ad hoc la participación del Banco Central Europeo (BCE) y de la Agencia de la Unión Europea para la Ciberseguridad (ENISA) con el objetivo de recibir asesoramiento técnico, compartir experiencias prácticas o participar en determinadas reuniones de coordinación. Este artículo refuerza la capacidad de la Red de Supervisión Conjunta para abordar los complejos riesgos relacionados con las TIC y garantiza que las decisiones tomadas en el ámbito de la supervisión se basen en la mejor información técnica y en un enfoque colaborativo entre las instituciones clave de la Unión Europea.

La inclusión del BCE y la ENISA como actores que pueden ser llamados a colaborar en la supervisión refleja la naturaleza interdisciplinaria y técnica de los riesgos relacionados con las TIC. Por un lado, el BCE, como institución responsable de la supervisión macroprudencial y la estabilidad financiera en la zona euro, tiene un conocimiento profundo sobre los riesgos sistémicos que pueden surgir de las disrupciones en los servicios de TIC que sustentan funciones esenciales en el sector financiero. Por otro lado, la ENISA aporta experiencia técnica especializada en ciberseguridad, incluyendo la evaluación de amenazas cibernéticas, la gestión de riesgos tecnológicos y el diseño de medidas para mitigar las vulnerabilidades. Al permitir que estas instituciones participen en las actividades de la Red de Supervisión Conjunta, el Reglamento asegura que los supervisores principales tengan acceso a los mejores recursos técnicos y analíticos disponibles.

La posibilidad de solicitar la participación del BCE y la ENISA de forma ad hoc permite a los supervisores principales actuar con flexibilidad y adaptarse a las necesidades específicas de cada situación. Esto es especialmente importante en un entorno donde los riesgos relacionados con las TIC evolucionan rápidamente y pueden surgir amenazas inesperadas que requieren una respuesta inmediata y bien informada. Por ejemplo, en caso de un ciberataque a gran escala que afecte a un proveedor tercero esencial y que pueda tener implicaciones transfronterizas o sistémicas, los supervisores principales podrían solicitar al BCE un análisis del impacto potencial en la estabilidad financiera y a la ENISA una evaluación técnica de las vulnerabilidades explotadas y las medidas de mitigación necesarias. Esta flexibilidad asegura que la Red de Supervisión Conjunta pueda responder de manera ágil y eficaz a eventos críticos.

El asesoramiento técnico del BCE y la ENISA también es clave para garantizar que las decisiones de supervisión se basen en un conocimiento profundo de los riesgos y las mejores prácticas. Por ejemplo, la ENISA podría proporcionar orientación sobre los estándares técnicos que los proveedores terceros esenciales deben cumplir para garantizar la seguridad de sus infraestructuras y servicios de TIC, mientras que el BCE podría asesorar sobre cómo los riesgos relacionados con las TIC deben integrarse en las evaluaciones de riesgo sistémico y en los planes de contingencia del sector financiero. Este tipo de contribuciones no solo mejora la calidad de las decisiones de supervisión, sino que también promueve la armonización de los enfoques técnicos y operativos en toda la Unión Europea.

La participación del BCE y la ENISA en las reuniones de coordinación de la Red de Supervisión Conjunta también tiene un valor estratégico, ya que facilita el intercambio de información y la alineación de esfuerzos entre los diferentes actores involucrados en la supervisión de los riesgos relacionados con las TIC. Por ejemplo, en una reunión de la red, la ENI-

SA podría compartir las últimas tendencias en ciberamenazas o presentar los resultados de una evaluación de riesgos reciente, lo que permitiría a los supervisores principales ajustar sus estrategias de supervisión en consecuencia. Del mismo modo, el BCE podría proporcionar información sobre cómo las interrupciones en los servicios de TIC podrían afectar a la infraestructura del mercado financiero o a las entidades de importancia sistémica, ayudando a los supervisores principales a priorizar sus acciones y a coordinar su respuesta.

Desde una perspectiva práctica, la capacidad de los supervisores principales para solicitar el asesoramiento del BCE y la ENISA refuerza la eficacia y eficiencia de la supervisión de los proveedores terceros esenciales de servicios de TIC. Al aprovechar el conocimiento especializado y los recursos técnicos de estas instituciones, los supervisores principales pueden abordar de manera más eficaz los riesgos complejos asociados a los servicios de TIC, mejorar la calidad de las auditorías y evaluaciones, y garantizar que las medidas correctivas sean proporcionales y adecuadas a las circunstancias. Por ejemplo, si un proveedor esencial enfrenta problemas recurrentes en la gestión de incidentes cibernéticos, la ENISA podría proporcionar orientación específica sobre cómo mejorar sus capacidades de respuesta y recuperación, mientras que el BCE podría analizar cómo estas deficiencias impactan en las operaciones de las entidades financieras que dependen de dicho proveedor.

Para los proveedores terceros esenciales de servicios de TIC, la posibilidad de que el BCE y la ENISA participen en la supervisión proporciona un valor añadido en términos de orientación técnica y evaluación de riesgos. La experiencia técnica de la ENISA, por ejemplo, puede ayudar a los proveedores a identificar y abordar vulnerabilidades en sus sistemas, mientras que el análisis del BCE puede proporcionarles una mejor comprensión de cómo sus servicios impactan en el sistema financiero en su conjunto. Esta colaboración también refuerza la transparencia y la previsibilidad en el proceso de supervisión, ya que los proveedores saben que las decisiones de los supervisores principales estarán respaldadas por el asesoramiento de las principales instituciones técnicas y financieras de la Unión.

Desde la perspectiva de las entidades financieras, la colaboración entre los supervisores principales, el BCE y la ENISA fortalece la resiliencia operativa del sistema financiero al garantizar que los riesgos relacionados con las TIC se gestionen de manera coordinada y basada en el conocimiento especializado. Por ejemplo, si un proveedor esencial enfrenta un problema técnico que podría afectar a los servicios críticos de varias entidades financieras, la participación de la ENISA y el BCE en la Red de Supervisión

Conjunta asegura que las medidas de supervisión sean rápidas, efectivas y alineadas con las necesidades del sector financiero.

En términos estratégicos, este artículo refuerza el enfoque colaborativo e interdisciplinario del Reglamento 2022/2554, al reconocer que la gestión eficaz de los riesgos relacionados con las TIC requiere la cooperación de múltiples actores con experiencia y competencias complementarias. La inclusión del BCE y la ENISA en las actividades de la Red de Supervisión Conjunta no solo mejora la calidad de la supervisión, sino que también promueve la armonización y coherencia en la supervisión de los riesgos tecnológicos en toda la Unión Europea. Esto es particularmente importante en un entorno donde los servicios de TIC son cada vez más críticos para la estabilidad financiera y donde los riesgos asociados pueden tener efectos transfronterizos y sistémicos.

En conclusión, el artículo 34.3 del Reglamento 2022/2554 refuerza la capacidad de la Red de Supervisión Conjunta para gestionar los riesgos relacionados con las TIC mediante la incorporación de la experiencia técnica y analítica del BCE y la ENISA. Este enfoque colaborativo garantiza que los supervisores principales puedan abordar los riesgos de manera informada, ágil y coordinada, mejorando la calidad de las decisiones de supervisión y promoviendo la resiliencia operativa del sistema financiero europeo. Al facilitar el intercambio de conocimientos y la alineación de esfuerzos, el artículo contribuye a la estabilidad y seguridad del sector financiero, al tiempo que refuerza la confianza de las entidades financieras y los proveedores esenciales en el marco regulatorio de la Unión Europea.

Artículo 35. Facultades del supervisor principal

1. A efectos del desempeño de las funciones establecidas en la presente sección, el supervisor principal dispondrá de las siguientes facultades por lo que respecta a los proveedores terceros esenciales de servicios de TIC:

- ***a) solicitar toda la información y la documentación pertinentes de conformidad con el artículo 37;***
- ***b) llevar a cabo investigaciones generales e inspecciones de conformidad con los artículos 38 y 39, respectivamente;***
- ***c) una vez finalizadas las actividades de supervisión, solicitar informes en los que se especifiquen las medidas adoptadas o las medidas correctoras aplicadas por los proveedores terceros esenciales de servicios de TIC en relación con las recomendaciones a que se refiere la letra d) del presente apartado;***

d) *formular recomendaciones sobre los ámbitos a los que se refiere el artículo 33, apartado 3, en particular en relación con lo siguiente:*

i) *la aplicación de requisitos o procesos específicos de seguridad y calidad de las TIC, en particular en relación con la instalación de parches, actualizaciones, cifrado y otras medidas de seguridad que el supervisor principal considere pertinentes para garantizar la seguridad, desde el punto de vista de las TIC, de los servicios prestados a las entidades financieras,*

ii) *la aplicación de condiciones, incluida su ejecución técnica, a las que deba ajustarse la prestación de servicios de TIC a las entidades financieras por los proveedores terceros esenciales de servicios de TIC, y que el supervisor principal considere pertinentes para impedir que se generen o se amplíen puntos únicos de fallo, o para minimizar el posible impacto sistémico en el sector financiero de la Unión en caso de riesgo de concentración de TIC,*

iii) *cualquier subcontratación prevista, en caso de que el supervisor principal considere que toda ulterior subcontratación, incluidos los acuerdos de subcontratación que los proveedores terceros esenciales de servicios de TIC prevean celebrar con proveedores terceros de servicios de TIC o con subcontratistas de TIC establecidos en un tercer país, puede ocasionar riesgos para la prestación de servicios por la entidad financiera, o riesgos para la estabilidad financiera, basándose en el examen de la información recabada de conformidad con los artículos 37 y 38,*

iv) *abstenerse de celebrar un acuerdo adicional de subcontratación, cuando se cumplan todas las condiciones siguientes:*

— *que el subcontratista previsto sea un proveedor tercero de servicios de TIC o un subcontratista de TIC establecido en un tercer país,*

— *que la subcontratación se refiera a las funciones esenciales o importantes de la entidad financiera, y*

— *que el supervisor principal considere que el recurso a tal subcontratación plantea un riesgo claro y grave para la estabilidad financiera de la Unión o para las entidades financieras, también para la capacidad de estas últimas de cumplir los requisitos de supervisión.*

A efectos del inciso iv) de la presente letra, los proveedores terceros de servicios de TIC, utilizando la plantilla a que se refiere el artículo 41, apartado 1, letra b), transmitirán la información relativa a la subcontratación al supervisor principal.

El artículo 35.1 del Reglamento 2022/2554 establece las facultades del supervisor principal respecto a los proveedores terceros esenciales de servicios de TIC, definiendo un marco de supervisión exhaustivo y detallado que tiene como objetivo garantizar la seguridad, resiliencia y estabilidad del sistema financiero europeo frente a los riesgos asociados a las TIC. Estas facultades abarcan desde la solicitud de información y la realización de inspecciones hasta la formulación de recomendaciones específicas sobre la gestión de riesgos tecnológicos y la subcontratación. Este marco dota al supervisor principal de herramientas efectivas para llevar a cabo su labor, al tiempo que refuerza la protección del sistema financiero de la Unión contra fallos sistémicos o incidentes graves relacionados con los proveedores esenciales.

La facultad descrita en el apartado a), que permite al supervisor principal solicitar información y documentación pertinente de los proveedores esenciales, es fundamental para establecer un control efectivo. Esto incluye documentación técnica, reportes de cumplimiento, auditorías internas, planes de recuperación ante desastres y otros elementos que permitan evaluar si el proveedor cumple con los estándares de seguridad y calidad exigidos. Por ejemplo, el supervisor puede requerir información detallada sobre las políticas de ciberseguridad del proveedor, como los mecanismos de cifrado implementados o las estrategias de detección y respuesta a incidentes, con el fin de garantizar que estén alineadas con los requisitos regulatorios.

El apartado b) otorga al supervisor la facultad de llevar a cabo investigaciones generales e inspecciones, conforme a los artículos 38 y 39 del Reglamento. Estas actividades permiten al supervisor evaluar de manera directa y proactiva las prácticas y sistemas del proveedor esencial, ya sea mediante visitas in situ, auditorías de sistemas o entrevistas con los responsables técnicos. Las inspecciones son especialmente importantes para identificar riesgos ocultos o emergentes que no puedan ser detectados a través de la mera revisión de documentación. Por ejemplo, una inspección podría revelar vulnerabilidades en la infraestructura física de un centro de datos o deficiencias en la capacitación del personal en ciberseguridad, permitiendo al supervisor tomar medidas correctivas.

El apartado c) permite al supervisor principal solicitar informes sobre las medidas adoptadas o las correctivas aplicadas por el proveedor esencial en respuesta a recomendaciones previas. Esto garantiza que las acciones correctivas no solo se planifiquen, sino que también se implementen de manera efectiva, con resultados tangibles. Por ejemplo, si el supervisor recomienda la instalación de parches de seguridad para mitigar vulnerabilidades críticas, puede exigir un informe detallado que demuestre que los parches han sido implementados, verificados y que han solucionado efectivamente las vulnerabilidades detectadas.

El apartado d) es particularmente relevante, ya que detalla las facultades del supervisor para formular recomendaciones en áreas críticas relacionadas con la seguridad de las TIC y la gestión de riesgos. Estas recomendaciones incluyen, entre otras, lo siguiente:

En el inciso i), el supervisor puede recomendar la implementación de medidas específicas de seguridad, como actualizaciones de software, instalación de parches, uso de cifrado avanzado u otras medidas técnicas necesarias para proteger los servicios de TIC prestados a las entidades financieras. Por ejemplo, si el proveedor esencial utiliza software obsoleto o que ya no recibe soporte técnico, el supervisor podría exigir que este sea actualizado o reemplazado para evitar vulnerabilidades que puedan ser explotadas por atacantes.

En el inciso ii), el supervisor puede imponer condiciones técnicas y operativas para garantizar que los servicios prestados no generen puntos únicos de fallo o riesgos de concentración de TIC que puedan comprometer la estabilidad del sistema financiero. Esto incluye medidas para diversificar proveedores, asegurar redundancias en infraestructuras críticas y evitar dependencias excesivas de un único proveedor o sistema. Por ejemplo, si el proveedor esencial concentra una gran parte de los servicios de TIC utilizados por los principales bancos de la Unión, el supervisor podría recomendar la adopción de soluciones de respaldo con otros proveedores para mitigar el impacto de posibles fallos.

En el inciso iii), el supervisor evalúa las subcontrataciones previstas por el proveedor esencial para determinar si estas generan riesgos adicionales para las entidades financieras o la estabilidad del sistema financiero. La subcontratación es un área crítica, ya que puede introducir vulnerabilidades adicionales si los subcontratistas no cumplen con los mismos estándares de seguridad y resiliencia que el proveedor principal. Por ejemplo, si un proveedor esencial planea subcontratar servicios a un tercero establecido en un país con estándares de ciberseguridad más bajos, el supervisor puede exigir garantías adicionales o incluso recomendar que se reconsidere la subcontratación.

En el inciso iv), el supervisor puede recomendar que el proveedor esencial se abstenga de celebrar acuerdos adicionales de subcontratación, siempre que se cumplan tres condiciones específicas: que el subcontratista esté establecido en un tercer país, que la subcontratación se refiera a funciones esenciales o importantes de las entidades financieras, y que esta subcontratación represente un riesgo claro y grave para la estabilidad financiera de la Unión o para el cumplimiento de los requisitos regulatorios por parte de las entidades financieras. Por ejemplo, si un subcontratista en un tercer país no ofrece garantías suficientes sobre la protección de datos o la resiliencia de sus infraestructuras, el supervisor podría intervenir para evitar que se formalice el acuerdo, protegiendo así tanto a las entidades financieras como al sistema financiero en general.

La última disposición del apartado d) establece que los proveedores terceros esenciales deben transmitir información relativa a la subcontratación al supervisor principal utilizando plantillas normalizadas, conforme al artículo 41. Esto facilita la evaluación por parte del supervisor y asegura que toda la información relevante esté estructurada y sea fácilmente accesible. Por ejemplo, el proveedor debe detallar en estas plantillas aspectos como la identidad del subcontratista, los servicios que se subcontratarán, las medidas de seguridad aplicadas y las posibles implicaciones para las funciones esenciales de las entidades financieras.

Desde una perspectiva práctica, las facultades otorgadas al supervisor principal en este artículo tienen múltiples repercusiones significativas. Para los proveedores terceros esenciales de servicios de TIC, estas facultades establecen un marco claro de supervisión que exige altos estándares de seguridad, resiliencia y cumplimiento normativo. Esto puede requerir inversiones importantes en infraestructura, personal y procesos para garantizar que los riesgos relacionados con las TIC sean gestionados adecuadamente. Por ejemplo, un proveedor esencial podría necesitar implementar sistemas avanzados de ciberseguridad, realizar auditorías externas regulares y reforzar sus procedimientos de subcontratación para cumplir con las expectativas del supervisor.

Para las entidades financieras, este artículo proporciona una capa adicional de protección al garantizar que los proveedores esenciales que sustentan sus funciones críticas sean supervisados de manera rigurosa y proactiva. Esto reduce los riesgos de interrupciones operativas, incidentes de seguridad y otros eventos que podrían impactar negativamente en la prestación de servicios a los clientes. Por ejemplo, un banco que externaliza sus servicios de pago a un proveedor esencial puede confiar en que el supervisor principal garantizará que este proveedor cumpla con los estándares necesarios para proteger la seguridad y continuidad de los servicios.

Desde un punto de vista estratégico, este artículo refuerza la resiliencia operativa del sistema financiero europeo, asegurando que los riesgos asociados a los proveedores esenciales sean gestionados de manera efectiva y que las posibles vulnerabilidades no se conviertan en amenazas sistémicas. Al dotar al supervisor principal de facultades amplias y específicas, el Reglamento permite una supervisión más eficaz y adaptable a las complejidades del entorno digital. En conclusión, el artículo 35.1 establece un marco robusto para la supervisión de los proveedores terceros esenciales de servicios de TIC, fortaleciendo la resiliencia del sector financiero frente a los riesgos tecnológicos en un entorno cada vez más interconectado y dependiente de los servicios digitales.

2. En el ejercicio de las facultades a que se refiere el presente artículo, el supervisor principal:

a) garantizará una coordinación periódica en el seno de la Red de Supervisión Conjunta y, en particular, perseguirá enfoques coherentes, según proceda, por lo que respecta a la supervisión de los proveedores terceros esenciales de servicios de TIC;

b) tendrá debidamente en cuenta el marco establecido por la Directiva (UE) 2022/2555 y, cuando sea necesario, consultará a las autoridades competentes pertinentes designadas o establecidas de conformidad con dicha Directiva, con el fin de evitar la duplicación de medidas técnicas y organizativas que podrían aplicarse a los proveedores terceros esenciales de servicios de TIC en virtud de dicha Directiva;

c) tratará de minimizar, en la medida de lo posible, el riesgo de perturbación de los servicios prestados por proveedores terceros esenciales de servicios de TIC a clientes que sean entidades excluidas del ámbito de aplicación del presente Reglamento.

El artículo 35.2 del Reglamento 2022/2554 establece las obligaciones específicas del supervisor principal en el ejercicio de sus facultades para supervisar a los proveedores terceros esenciales de servicios de TIC. Este artículo introduce principios clave que rigen la actuación del supervisor principal, promoviendo la coordinación, coherencia y eficiencia en las actividades de supervisión. Además, establece la necesidad de minimizar los riesgos asociados tanto a la duplicación de medidas como a las perturbaciones en los servicios, especialmente para clientes que no están cubiertos por el ámbito del Reglamento. Esta disposición tiene importantes implicaciones prácticas y regulatorias en el contexto de la supervisión de los riesgos tecnológicos.

El apartado a) exige que el supervisor principal garantice una coordinación periódica dentro de la Red de Supervisión Conjunta y promueva enfoques coherentes en la supervisión de los proveedores terceros esenciales de servicios de TIC. Esto asegura que los supervisores principales de toda la Unión trabajen de manera alineada, evitando enfoques divergentes o inconsistentes que puedan comprometer la eficacia de la supervisión. Por ejemplo, si un proveedor esencial presta servicios a entidades financieras en varios Estados miembros, el supervisor principal debe coordinar sus actividades con otros supervisores para garantizar que las medidas adoptadas sean coherentes y no generen cargas innecesarias para el proveedor. Esta coordinación también incluye la implementación de metodologías comunes, como el uso de estándares uniformes para evaluar la resiliencia operativa o la gestión de riesgos relacionados con las TIC.

La coherencia en los enfoques de supervisión es especialmente importante en un entorno digital altamente interconectado, donde los riesgos asociados a los proveedores esenciales pueden tener repercusiones transnacionales y afectar a múltiples entidades financieras. Por ejemplo, si un proveedor esencial experimenta un fallo en sus servicios de TIC, la respuesta coordinada entre los supervisores principales puede mitigar el impacto del incidente en toda la Unión Europea. Además, esta coordinación periódica dentro de la Red de Supervisión Conjunta permite identificar tendencias emergentes y riesgos sistémicos que pueden requerir medidas regulatorias adicionales o ajustes en las estrategias de supervisión.

El apartado b) establece que el supervisor principal debe tener en cuenta el marco establecido por la Directiva (UE) 2022/2555 (también conocida como la Directiva NIS2, sobre la seguridad de las redes y los sistemas de información) y coordinarse con las autoridades competentes designadas conforme a dicha Directiva para evitar la duplicación de medidas técnicas y organizativas aplicables a los proveedores esenciales. Esto es crucial, ya que tanto el Reglamento 2022/2554 como la Directiva NIS2 imponen obligaciones a los proveedores de servicios de TIC, y la falta de coordinación podría generar cargas administrativas duplicadas o conflictos en las medidas exigidas.

Por ejemplo, la Directiva NIS2 establece requisitos para garantizar la ciberseguridad de las infraestructuras críticas, como la adopción de planes de continuidad operativa y la realización de evaluaciones de riesgos. Si el supervisor principal exigiera medidas adicionales o diferentes sin coordinación con las autoridades designadas bajo la Directiva NIS2, los proveedores esenciales podrían enfrentarse a requisitos contradictorios que dificultarían su cumplimiento. Al garantizar la consulta con estas autoridades y evitar la duplicación de medidas, el supervisor principal promueve un enfoque eficiente y armonizado que beneficia tanto a los proveedores como al sistema financiero en general.

El apartado c) introduce una obligación para el supervisor principal de minimizar, en la medida de lo posible, el riesgo de perturbación de los servicios prestados por los proveedores terceros esenciales de TIC a clientes que no estén cubiertos por el Reglamento. Esto reconoce que muchos proveedores esenciales no solo prestan servicios a entidades financieras, sino también a otros clientes, como empresas no financieras o entidades públicas, cuya operatividad podría verse afectada por las medidas de supervisión.

Por ejemplo, si el supervisor principal solicita una auditoría exhaustiva de un proveedor esencial que requiere cambios significativos en su infraestructura tecnológica, esto podría tener repercusiones en los servicios prestados a otros clientes. En este contexto, el supervisor debe asegurarse de que las medidas de supervisión sean proporcionales y no generen interrupciones innecesarias en los servicios. Esto puede incluir la coordinación con el proveedor para programar las auditorías en momentos que minimicen el impacto en los servicios o la adopción de medidas correctivas que sean compatibles con las operaciones actuales del proveedor.

Desde una perspectiva práctica, estas disposiciones tienen importantes implicaciones regulatorias y operativas. Para los supervisores principales, el artículo 35.2 refuerza la necesidad de adoptar un enfoque coordinado, eficiente y basado en el diálogo con otras autoridades competentes y con los propios proveedores esenciales. Esto implica no solo la participación activa en la Red de Supervisión Conjunta, sino también la consulta regular con las autoridades designadas bajo la Directiva NIS2 para garantizar la alineación de las medidas. Por ejemplo, si ambas normativas exigen la realización de pruebas de penetración en los sistemas de un proveedor esencial, el supervisor principal podría coordinarse con las autoridades de la Directiva NIS2 para realizar una única prueba que cumpla con los requisitos de ambas normativas.

Para los proveedores terceros esenciales de servicios de TIC, estas disposiciones proporcionan claridad y previsibilidad sobre cómo se llevarán a cabo las actividades de supervisión, al tiempo que limitan el riesgo de enfrentarse a requisitos contradictorios o excesivos. La coordinación entre el supervisor principal y las autoridades de la Directiva NIS2 reduce las cargas administrativas y permite a los proveedores centrarse en la implementación de medidas que sean realmente efectivas para mitigar los riesgos relacionados con las TIC. Además, la obligación del supervisor de minimizar las perturbaciones en los servicios protege los intereses comerciales de los proveedores y garantiza que puedan seguir prestando servicios de alta calidad a todos sus clientes, no solo a las entidades financieras.

Desde la perspectiva de las entidades financieras, estas disposiciones refuerzan la confianza en el marco de supervisión, al garantizar que las actividades del supervisor principal sean coherentes, bien coordinadas y basadas en un análisis riguroso de los riesgos. La alineación entre el Reglamento 2022/2554 y la Directiva NIS2 asegura que los riesgos relacionados con las TIC se gestionen de manera integral y armonizada, lo que contribuye a la resiliencia operativa del sistema financiero y reduce las posibilidades de interrupciones en los servicios críticos.

Desde un punto de vista estratégico, el artículo 35.2 también contribuye a la armonización normativa y operativa en toda la Unión Europea, promoviendo un enfoque eficiente y coordinado para la supervisión de los riesgos tecnológicos. Esto es especialmente relevante en un entorno donde los servicios de TIC son fundamentales para la estabilidad financiera y donde los riesgos asociados pueden tener repercusiones transfronterizas. Al garantizar la coordinación entre los supervisores principales y las autoridades de la Directiva NIS2, el Reglamento refuerza la capacidad de la Unión para responder de manera efectiva a los desafíos asociados a la digitalización y la ciberseguridad.

En conclusión, el artículo 35.2 del Reglamento 2022/2554 establece un marco claro y detallado para el ejercicio de las facultades del supervisor principal, promoviendo la coordinación, la coherencia y la eficiencia en la supervisión de los proveedores terceros esenciales de servicios de TIC. Al exigir la alineación con la Directiva NIS2 y la minimización de las perturbaciones en los servicios, el artículo refuerza la confianza en el marco regulatorio de la Unión, beneficia a los proveedores esenciales al reducir las cargas administrativas y protege a las entidades financieras y otros clientes frente a los riesgos relacionados con las TIC. Este enfoque colaborativo y armonizado contribuye a la resiliencia operativa y a la estabilidad del sistema financiero en un entorno digital cada vez más complejo e interconectado.

3. El supervisor principal consultará al Foro de Supervisión antes de ejercer las facultades a que se refiere el apartado 1.

Antes de formular recomendaciones de conformidad con el apartado 1, letra d), el supervisor principal brindará al proveedor tercero de servicios de TIC la

oportunidad de facilitar, en un plazo de treinta días naturales, información pertinente que exponga el efecto previsto en los clientes que sean entidades excluidas del ámbito de aplicación del presente Reglamento y, cuando proceda, que plantee soluciones para mitigar los riesgos.

El artículo 35.3 del Reglamento 2022/2554 establece un procedimiento fundamental para garantizar que las facultades del supervisor principal, ejercidas en virtud del artículo 35.1, se lleven a cabo de manera transparente, equilibrada y consultiva. Este procedimiento tiene dos aspectos principales: la consulta previa al Foro de Supervisión y la obligación de ofrecer al proveedor tercero esencial de servicios de TIC la oportunidad de presentar información pertinente antes de que se formulen recomendaciones en virtud del apartado 1, letra d). Estas disposiciones refuerzan el enfoque colaborativo y la proporcionalidad en la supervisión de los riesgos relacionados con las TIC, al tiempo que minimizan el impacto negativo de las decisiones regulatorias en los clientes que quedan fuera del ámbito de aplicación del Reglamento.

La primera obligación establecida en el artículo es que el supervisor principal debe consultar al Foro de Supervisión antes de ejercer las facultades enumeradas en el artículo 35.1. Esta consulta garantiza que las decisiones del supervisor principal se alineen con un enfoque coordinado y armonizado en toda la Unión Europea y evita la adopción de medidas descoordinadas o contradictorias que puedan comprometer la eficacia de la supervisión. El Foro de Supervisión, como subcomité del Comité Mixto de las Autoridades Europeas de Supervisión, tiene un papel esencial en la supervisión de los riesgos tecnológicos derivados de terceros y actúa como un mecanismo de control y coordinación para asegurar que las acciones de los supervisores principales se ajusten a las prioridades generales de la Unión y a las mejores prácticas.

La consulta al Foro de Supervisión también permite incorporar una visión colectiva y multidisciplinar en las decisiones del supervisor principal. Por ejemplo, si el supervisor principal considera necesario formular recomendaciones a un proveedor esencial para reforzar la seguridad de sus sistemas de TIC, el Foro puede aportar conocimientos adicionales sobre las mejores prácticas en ciberseguridad, evaluar el impacto potencial de dichas recomendaciones en el sistema financiero o señalar posibles alternativas para lograr los mismos objetivos. Este enfoque colaborativo no solo mejora la calidad de las decisiones, sino que también refuerza la coherencia en la aplicación del Reglamento a nivel europeo.

La segunda obligación del supervisor principal es brindar al proveedor tercero esencial de servicios de TIC la oportunidad de presentar información pertinente antes de formular recomendaciones en virtud del artículo 35.1, letra d). Esto incluye un período de treinta días naturales para que el proveedor facilite información sobre el impacto previsto en sus clientes que no están cubiertos por el Reglamento, así como, cuando sea posible, propuestas de soluciones para mitigar los riesgos. Este procedimiento garantiza que las decisiones del supervisor sean proporcionadas, equilibradas y respetuosas de los intereses legítimos del proveedor y de sus clientes.

La posibilidad de que el proveedor aporte información tiene varios objetivos importantes. En primer lugar, asegura que las recomendaciones del supervisor se basen en una comprensión completa de las circunstancias y los riesgos asociados. Por ejemplo, si el supervisor principal considera necesario imponer requisitos adicionales sobre la infraestructura tecnológica de un proveedor, este último puede explicar cómo dichos requisitos podrían afectar la calidad o la continuidad de los servicios prestados a clientes no financieros, como empresas tecnológicas o entidades públicas, y proponer alternativas que logren los mismos objetivos regulatorios sin perjudicar a esos clientes.

En segundo lugar, este proceso promueve un enfoque dialogante y cooperativo entre el supervisor principal y el proveedor esencial, lo que puede facilitar la implementación efectiva de las medidas recomendadas. Por ejemplo, el proveedor podría proponer soluciones técnicas o medidas compensatorias que reduzcan los riesgos identificados por el supervisor sin necesidad de imponer requisitos excesivamente restrictivos. Este enfoque no solo beneficia al proveedor, sino que también mejora la eficiencia y eficacia de la supervisión, al permitir que las medidas adoptadas sean prácticas y viables.

Además, el requisito de evaluar el impacto en los clientes excluidos del ámbito del Reglamento demuestra un compromiso con la protección de los intereses legítimos de todas las partes afectadas, incluso aquellas que no están directamente sujetas al Reglamento. Esto es especialmente relevante en el caso de proveedores esenciales que prestan servicios a una amplia variedad de clientes, más allá del sector financiero. Por ejemplo, si un proveedor esencial presta servicios de TIC tanto a bancos como a empresas de comercio electrónico, las decisiones del supervisor principal deben considerar cómo las recomendaciones afectarán a ambos grupos de clientes, asegurando que las medidas no generen interrupciones innecesarias en los servicios ni aumenten los costos de manera desproporcionada.

Desde una perspectiva práctica, el proceso establecido en el artículo 35.3 tiene varias implicaciones significativas. Para los supervisores principales, la consulta al Foro de Supervisión garantiza que sus decisiones estén alineadas con las prioridades generales de la Unión y que incorporen las perspectivas y conocimientos de otros supervisores y expertos. Esto reduce el riesgo de adoptar medidas descoordinadas o ineficaces y refuerza la legitimidad de las decisiones adoptadas. Además, el diálogo con el proveedor esencial proporciona al supervisor información clave que puede mejorar la calidad y la viabilidad de sus recomendaciones.

Para los proveedores terceros esenciales de servicios de TIC, este procedimiento asegura que sus intereses y los de sus clientes sean considerados en las decisiones regulatorias. La oportunidad de presentar información y proponer soluciones permite a los proveedores influir en las medidas adoptadas, asegurando que sean proporcionadas y compatibles con sus operaciones comerciales. Por ejemplo, un proveedor podría explicar cómo un requisito de redundancia en su infraestructura de TIC podría afectar la continuidad de los servicios y proponer alternativas, como la implementación de sistemas de respaldo en etapas, que logren los mismos objetivos sin interrumpir sus operaciones.

Para las entidades financieras, el enfoque colaborativo y consultivo del supervisor principal refuerza la confianza en el marco de supervisión, al garantizar que las medidas adoptadas sean efectivas para mitigar los riesgos relacionados con las TIC sin generar interrupciones innecesarias en los servicios críticos. Además, al considerar el impacto en los clientes no financieros, el Reglamento asegura que las medidas de supervisión no generen efectos colaterales que puedan afectar indirectamente a las entidades financieras, como interrupciones en las cadenas de suministro o aumentos en los costos de los servicios de TIC.

Desde una perspectiva estratégica, este artículo refuerza el enfoque transparente, participativo y armonizado del Reglamento 2022/2554, promoviendo un equilibrio adecuado entre la protección del sistema financiero y la minimización de los impactos negativos en los proveedores y sus clientes. La consulta al Foro de Supervisión asegura que las decisiones del supervisor principal se alineen con las prioridades europeas, mientras que el diálogo con el proveedor esencial refuerza la cooperación público-privada en la gestión de los riesgos tecnológicos.

En conclusión, el artículo 35.3 del Reglamento 2022/2554 establece un marco claro y equilibrado para el ejercicio de las facultades del supervisor principal, promoviendo la coordinación, la proporcionalidad y la transparencia en la supervisión de los proveedores terceros esenciales de servicios de TIC. Al garantizar la consulta al Foro de Supervisión y al permitir que los proveedores aporten información antes de que se formulen recomendaciones, el artículo refuerza la legitimidad y eficacia del proceso de supervisión, protegiendo los intereses de todas las partes involucradas y contribuyendo a la estabilidad y resiliencia del sistema financiero en un entorno digital cada vez más complejo e interconectado.

4. El supervisor principal informará a la Red de Supervisión Conjunta del resultado del ejercicio de las facultades a que se refiere el apartado 1, letras a) y b). El supervisor principal transmitirá, sin demora indebida, los informes a que se refiere el apartado 1, letra c), a la Red de Supervisión Conjunta y a las autoridades competentes de las entidades financieras que utilicen los servicios de TIC de dicho proveedor tercero esencial de servicios de TIC.

El artículo 35.4 del Reglamento 2022/2554 establece las obligaciones del supervisor principal en cuanto a la comunicación de los resultados y los informes relacionados con el ejercicio de sus facultades, específicamente las mencionadas en las letras a) y b) del apartado 1, y la transmisión de los informes recogidos en la letra c) del mismo apartado. Este artículo refuerza los principios de transparencia, coordinación y eficiencia en la supervisión de los proveedores terceros esenciales de servicios de TIC y tiene implicaciones prácticas importantes tanto para el sistema de supervisión como para las entidades financieras y los propios proveedores.

La primera obligación del supervisor principal es informar a la Red de Supervisión Conjunta sobre los resultados de las facultades ejercidas bajo las letras a) y b) del apartado 1 del artículo 35. Estas facultades incluyen la solicitud de información y documentación pertinente (letra a) y la realización de investigaciones generales e inspecciones (letra b). Esta comunicación a la Red de Supervisión Conjunta garantiza que todos los supervisores principales tengan acceso a información relevante sobre las actividades de supervisión realizadas y los hallazgos obtenidos, fomentando un enfoque coordinado y armonizado en la supervisión de los proveedores esenciales.

Por ejemplo, si el supervisor principal realiza una inspección en un proveedor esencial y detecta deficiencias en sus sistemas de ciberseguridad, como la falta de actualización de parches críticos o vulnerabilidades en la infraestructura de red, estos hallazgos deben ser comunicados a la Red de Supervisión Conjunta. Esto permite que otros supervisores principales que supervisen al mismo proveedor, o a proveedores con características similares, estén informados de estos riesgos y puedan ajustar sus propias estrategias de supervisión en consecuencia. Además, esta coordinación reduce la posibilidad de duplicar esfuerzos o imponer requisitos contradictorios, beneficiando tanto a los supervisores como al proveedor esencial.

La segunda obligación es que el supervisor principal debe transmitir sin demora indebida los informes mencionados en la letra c) del apartado 1 tanto a la Red de Supervisión Conjunta como a las autoridades competentes de las entidades financieras que utilizan los servicios del proveedor esencial supervisado. Estos informes son los que especifican las medidas adoptadas o las medidas correctoras aplicadas por el proveedor en respuesta a las recomendaciones formuladas por el supervisor. La transmisión rápida y efectiva de estos informes es fundamental para garantizar que todas las partes interesadas estén al tanto de las acciones emprendidas por el proveedor esencial para mitigar los riesgos identificados y cumplir con las recomendaciones del supervisor principal.

Por ejemplo, si el supervisor principal ha formulado recomendaciones al proveedor esencial para mejorar sus políticas de gestión de incidentes cibernéticos y el proveedor presenta un informe detallando las medidas implementadas, como la adopción de nuevas tecnologías de detección de amenazas o la capacitación del personal, este informe debe ser compartido con las autoridades competentes y la Red de Supervisión Conjunta. Esto asegura que las autoridades de las entidades financieras afectadas puedan evaluar cómo estas medidas impactan en la seguridad y resiliencia de los servicios prestados a dichas entidades y, si es necesario, coordinar acciones adicionales para proteger los intereses de sus supervisados.

Desde una perspectiva operativa, este artículo tiene varias implicaciones prácticas. Para el supervisor principal, la obligación de informar y transmitir informes refuerza la necesidad de establecer mecanismos internos efectivos para recopilar, analizar y compartir información de manera oportuna. Esto incluye el desarrollo de procedimientos claros para documentar los resultados de las inspecciones, preparar informes comprensibles y garantizar que estos sean transmitidos rápidamente a los destinatarios pertinentes. Por ejemplo, el supervisor principal podría establecer un sistema digital seguro para compartir información con la Red de Supervisión Conjunta y las autoridades competentes, asegurando que los datos sean accesibles de manera eficiente y protegidos contra posibles riesgos de seguridad.

Para la Red de Supervisión Conjunta, la recepción de información y resultados por parte del supervisor principal es esencial para cumplir con su función de coordinar y armonizar la supervisión de los proveedores esenciales a nivel de la Unión Europea. Esto incluye identificar patrones comunes de riesgo, desarrollar estrategias conjuntas para abordar problemas sistémicos y garantizar que los proveedores esenciales sean supervisados de manera coherente en todos los Estados miembros. Por ejemplo, si varios supervisores principales detectan problemas similares en diferentes proveedores esenciales, la Red de Supervisión Conjunta puede recomendar la adopción de medidas regulatorias o técnicas específicas para abordar estos riesgos de manera más amplia.

Desde la perspectiva de las autoridades competentes de las entidades financieras, la transmisión de los informes les permite evaluar cómo los riesgos identificados en los proveedores esenciales afectan a las entidades bajo su supervisión y tomar medidas para proteger sus operaciones y la continuidad de los servicios críticos. Por ejemplo, si un proveedor esencial implementa medidas correctoras para mejorar la redundancia de sus sistemas de TIC, las autoridades competentes pueden verificar cómo estas medidas impactan en la resiliencia operativa de las entidades financieras que dependen de dichos sistemas y, si es necesario, ajustar sus propias expectativas de supervisión.

Para los proveedores terceros esenciales de servicios de TIC, este artículo refuerza la importancia de mantener un diálogo transparente y proactivo con el supervisor principal. La obligación del supervisor de transmitir los informes a las autoridades competentes y a la Red de Supervisión Conjunta asegura que las medidas implementadas por el proveedor sean visibles y reconocidas por todas las partes interesadas, lo que puede fortalecer su reputación como un socio confiable y alineado con los estándares regulatorios. Sin embargo, también implica que los proveedores deben asegurarse de que sus informes sean completos, precisos y presentados dentro de los plazos establecidos, ya que cualquier deficiencia podría tener repercusiones en su relación con las entidades financieras y en su cumplimiento normativo.

Desde una perspectiva estratégica, este artículo refuerza los principios de transparencia, coordinación y rendición de cuentas en la supervisión de los riesgos relacionados con las TIC. La obligación de informar a la Red de Supervisión Conjunta y a las autoridades competentes asegura que todas las partes relevantes estén al tanto de los riesgos identificados y de las medidas adoptadas para mitigarlos, lo que contribuye a la estabilidad y resiliencia del sistema financiero. Además, al promover un enfoque coordinado y armonizado, el artículo minimiza la posibilidad de duplicidades o inconsistencias en las actividades de supervisión, lo que beneficia tanto a los supervisores como a los proveedores esenciales.

En conclusión, el artículo 35.4 del Reglamento 2022/2554 establece un marco claro para la comunicación y el intercambio de información en el contexto de la supervisión de los proveedores terceros esenciales de servicios de TIC. Al exigir que el supervisor principal informe a la Red de Supervisión Conjunta sobre los resultados de sus actividades y transmita informes relevantes a las autoridades competentes, el artículo refuerza la coordinación, la transparencia y la eficacia en la gestión de los riesgos relacionados con las TIC. Este enfoque no solo beneficia a los supervisores y las entidades financieras, sino que también fortalece la confianza en el marco regulatorio de la Unión Europea y contribuye a la resiliencia operativa del sistema financiero en su conjunto.

5. Los proveedores terceros esenciales de servicios de TIC cooperarán de buena fe con el supervisor principal y lo asistirán en el desempeño de sus tareas.

El artículo 35.5 del Reglamento 2022/2554 establece una obligación fundamental para los proveedores terceros esenciales de servicios de TIC: la cooperación de buena fe con el supervisor principal y la prestación de asistencia en el desempeño de sus tareas. Este artículo refuerza el principio de colaboración público-privada en la gestión de los riesgos relacionados con las TIC, reconociendo que la supervisión efectiva de estos proveedores depende no solo de las facultades de las autoridades de supervisión, sino también de la disposición de los proveedores a colaborar activamente en los procesos regulatorios. Este enfoque busca garantizar la transparencia, la eficiencia y la efectividad en la supervisión de los riesgos tecnológicos que afectan al sistema financiero de la Unión Europea.

La cooperación de buena fe implica que los proveedores esenciales deben actuar con transparencia, honestidad y disposición proactiva en sus interacciones con el supervisor principal. Esto incluye proporcionar información completa, precisa y en tiempo oportuno cuando se les solicite, facilitar el acceso a sus instalaciones y sistemas para auditorías o inspecciones, y responder de manera diligente a las recomendaciones o requerimientos formulados por el supervisor. Por ejemplo, si el supervisor principal solicita información sobre las medidas de ciberseguridad implementadas por el proveedor, este debe asegurarse de proporcionar toda la documentación relevante, incluidos detalles técnicos sobre los controles de acceso, las políticas de actualización de software y las estrategias de gestión de incidentes.

La asistencia al supervisor principal va más allá de la mera cooperación pasiva e implica una participación activa del proveedor en los procesos de supervisión. Esto puede incluir, por ejemplo, la preparación de informes detallados sobre el cumplimiento de los requisitos reglamentarios, la participación en reuniones o consultas con el supervisor principal, y la implementación de medidas correctoras recomendadas por este último. También puede incluir la colaboración en actividades específicas, como pruebas de penetración o ejercicios de simulación de incidentes cibernéticos, que el supervisor principal pueda considerar necesarios para evaluar la resiliencia operativa del proveedor. Por ejemplo, si el supervisor principal requiere una prueba de estrés sobre la capacidad del proveedor para manejar un ciberataque masivo, el proveedor debe proporcionar los recursos técnicos y humanos necesarios para llevar a cabo dicha prueba de manera efectiva.

Esta obligación de cooperación tiene múltiples implicaciones prácticas. Para los proveedores terceros esenciales de servicios de TIC, implica la necesidad de establecer procedimientos internos claros para gestionar las interacciones con el supervisor principal. Esto incluye designar puntos de contacto específicos dentro de la organización que sean responsables de coordinar las respuestas a las solicitudes del supervisor, mantener registros actualizados sobre el cumplimiento normativo y garantizar que los empleados clave estén capacitados para cumplir con los requisitos regulatorios. Por ejemplo, un proveedor podría designar a un equipo de cumplimiento especializado en riesgos relacionados con las TIC para actuar como enlace con el supervisor principal y garantizar que todas las solicitudes de información o documentación se manejen de manera eficiente.

Desde la perspectiva del supervisor principal, la cooperación de buena fe de los proveedores esenciales es crucial para el desempeño eficaz de sus funciones. La supervisión de los riesgos tecnológicos requiere acceso a información técnica compleja y una comprensión detallada de los sistemas y procesos internos del proveedor, lo que solo es posible si este último colabora plenamente. Por ejemplo, si el supervisor principal necesita evaluar los controles de acceso físico y lógico de un centro de datos operado por el proveedor esencial, dependerá de la cooperación del proveedor para acceder a las instalaciones, revisar la documentación y entrevistar al personal responsable.

La falta de cooperación o la cooperación insuficiente por parte del proveedor esencial podría tener consecuencias significativas tanto para el propio proveedor como para el sistema financiero en general. Desde el punto de vista del cumplimiento, la falta de cooperación puede ser vista como una infracción del Reglamento, lo que podría llevar a la imposición de sanciones o medidas correctivas adicionales por parte del supervisor principal. Por ejemplo, si un proveedor esencial se niega a proporcionar información clave sobre sus políticas de subcontratación, el supervisor principal podría adoptar medidas más estrictas, como la realización de inspecciones in situ o la restricción de ciertas actividades del proveedor hasta que se resuelva la situación.

Además, la falta de cooperación puede socavar la confianza de las entidades financieras que dependen de los servicios del proveedor esencial. Estas entidades necesitan tener la certeza de que los proveedores con los que trabajan están comprometidos con el cumplimiento normativo y la gestión efectiva de los riesgos relacionados con las TIC. Si un proveedor esencial no coopera con el supervisor principal, las entidades financieras podrían reconsiderar su relación con dicho proveedor, especialmente si esto pone en riesgo su propia capacidad para cumplir con los requisitos regulatorios o garantizar la continuidad de sus operaciones.

Desde una perspectiva estratégica, la cooperación de buena fe también refuerza la confianza mutua y el diálogo constructivo entre los sectores público y privado en la gestión de los riesgos tecnológicos. Los proveedores terceros esenciales de servicios de TIC desempeñan un papel crítico en la infraestructura del sistema financiero, y su disposición a colaborar con los supervisores es fundamental para garantizar la resiliencia operativa y la estabilidad financiera. Esta relación de colaboración no solo beneficia al sistema financiero, sino que también permite a los proveedores demostrar su compromiso con la excelencia operativa y la seguridad, lo que puede mejorar su reputación y competitividad en el mercado.

La disposición de los proveedores a cooperar también facilita la identificación temprana de riesgos y la implementación de medidas preventivas, lo que reduce la probabilidad de incidentes graves relacionados con las TIC. Por ejemplo, si un proveedor esencial informa proactivamente al supervisor principal sobre una vulnerabilidad recién identificada en sus sistemas, el supervisor puede trabajar con el proveedor para implementar medidas de mitigación antes de que la vulnerabilidad sea explotada por actores maliciosos. Esto no solo protege al proveedor y a sus clientes, sino que también contribuye a la estabilidad del sistema financiero en su conjunto.

En términos prácticos, esta obligación de cooperación también implica que los proveedores esenciales deben adoptar una cultura corporativa orientada al cumplimiento y la transparencia. Esto incluye la implementación de políticas internas que promuevan la colaboración con los supervisores, la capacitación regular del personal sobre los requisitos regulatorios y la adopción de tecnologías y procesos que faciliten la supervisión. Por ejemplo, un proveedor esencial podría invertir en sistemas de gestión de cumplimiento que permitan generar informes detallados sobre la resiliencia operativa y compartir esta información con el supervisor principal de manera eficiente.

En conclusión, el artículo 35.5 del Reglamento 2022/2554 refuerza la importancia de la colaboración activa entre los proveedores terceros esenciales de servicios de TIC y el supervisor principal como una condición indispensable para garantizar la supervisión efectiva de los riesgos relacionados con las TIC. La cooperación de buena fe y la asistencia al supervisor principal no solo son requisitos legales, sino también una práctica esencial para promover la transparencia, la resiliencia operativa y la estabilidad financiera. Este enfoque colaborativo beneficia a todas las partes interesadas: permite al supervisor principal desempeñar sus funciones de manera eficiente, asegura que los proveedores esenciales cumplan con los estándares regulatorios y refuerza la confianza de las entidades financieras en la seguridad y continuidad de los servicios críticos que sustentan sus operaciones.

6. En caso de incumplimiento total o parcial de las medidas cuya adopción se exigió en virtud del ejercicio de las facultades con arreglo al apartado 1, letras a), b) y c), y tras la expiración de un plazo de al menos treinta días naturales a partir de la fecha en que el proveedor tercero esencial de servicios de TIC haya recibido la notificación de las medidas de que se trate, el supervisor principal adoptará una decisión por la que se imponga una multa coercitiva para empujar al proveedor tercero esencial de servicios de TIC a cumplir dichas medidas.

El artículo 35.6 del Reglamento 2022/2554 establece una herramienta coercitiva clave para garantizar el cumplimiento por parte de los proveedores terceros esenciales de servicios de TIC de las medidas exigidas por el supervisor principal en el ejercicio de sus facultades. Este artículo introduce la posibilidad de imponer multas coercitivas en caso de que el proveedor esencial incumpla total o parcialmente las medidas exigidas, una vez expirado un plazo de al menos treinta días desde la notificación de dichas medidas. Esta disposición refuerza el carácter obligatorio de las recomendaciones, inspecciones y solicitudes del supervisor principal, otorgándole la capacidad de garantizar su cumplimiento efectivo en un marco legal sólido.

La facultad de imponer multas coercitivas es un mecanismo esencial dentro del régimen de supervisión, ya que busca garantizar la eficacia de las medidas impuestas para gestionar los riesgos relacionados con las TIC. Estas multas tienen un carácter preventivo y disuasorio, en lugar de ser puramente sancionadoras. Su propósito principal es incentivar al proveedor esencial a adoptar las medidas requeridas para corregir deficiencias o mitigar riesgos identificados por el supervisor. Por ejemplo, si un proveedor esencial no implementa una política adecuada de gestión de incidentes cibernéticos a pesar de haber recibido instrucciones claras del supervisor, la imposición de una multa coercitiva actúa como una presión adicional para garantizar que cumpla con los requisitos en un plazo razonable.

El artículo establece un plazo mínimo de treinta días naturales desde la notificación de las medidas antes de que el supervisor principal pueda imponer la multa coercitiva. Este plazo es importante, ya que otorga al proveedor esencial un período razonable para cumplir con las exigencias o, en su caso, para justificar cualquier dificultad legítima que pueda impedir el cumplimiento. Durante este plazo, el proveedor tiene la oportunidad de trabajar activamente en la implementación de las medidas requeridas, lo que refuerza el principio de proporcionalidad y evita que las multas coercitivas se utilicen de manera arbitraria o desproporcionada. Por ejemplo, si el proveedor enfrenta dificultades técnicas o de recursos para implementar una medida específica, puede comunicar estas circunstancias al supervisor dentro del plazo establecido y buscar una solución alternativa o una extensión razonable del tiempo.

La naturaleza coercitiva de las multas se distingue claramente de las sanciones tradicionales, ya que su objetivo no es castigar el incumplimiento pasado, sino forzar el cumplimiento futuro. Esto tiene importantes implicaciones prácticas, ya que permite al supervisor principal actuar de manera proactiva para mitigar riesgos en tiempo real. Por ejemplo, si el incumplimiento del proveedor esencial genera un riesgo inmediato para la seguridad de los servicios de TIC que presta a las entidades financieras, la multa coercitiva puede ser una herramienta eficaz para garantizar que las medidas correctoras se implementen rápidamente, minimizando así el impacto potencial en el sistema financiero.

Desde una perspectiva operativa, la imposición de multas coercitivas requiere que el supervisor principal adopte un enfoque metódico y basado en el debido proceso. Esto incluye garantizar que las medidas exigidas sean claras, específicas y razonables, y que la notificación al proveedor contenga detalles suficientes sobre las acciones requeridas, los plazos para su cumplimiento y las posibles consecuencias del incumplimiento. Por ejemplo, si el supervisor principal exige que el proveedor esencial implemente una infraestructura de respaldo para garantizar la continuidad de los servicios en caso de fallo, la notificación debe especificar los estándares técnicos que deben cumplirse, el plazo para la implementación y cómo se evaluará el cumplimiento.

Además, el proceso para imponer una multa coercitiva debe ser transparente y bien documentado, lo que implica que el supervisor principal debe justificar la decisión de imponer la multa basándose en pruebas claras de incumplimiento por parte del proveedor esencial. Esto incluye demostrar que el proveedor no adoptó las medidas requeridas dentro del plazo estipulado y que la imposición de la multa es necesaria para garantizar el cumplimiento. Por ejemplo, el supervisor podría recopilar evidencia de que el proveedor no actualizó sus sistemas de seguridad conforme a las instrucciones recibidas, a pesar de haber tenido los recursos y el tiempo suficientes para hacerlo.

La posibilidad de imponer multas coercitivas también tiene importantes implicaciones prácticas para los proveedores terceros esenciales de servicios de TIC. Estos proveedores deben ser conscientes de que el incumplimiento de las medidas impuestas por el supervisor principal no solo puede dar lugar a sanciones económicas, sino también afectar su reputación y su relación con las entidades financieras que dependen de sus servicios. Por ejemplo, si un proveedor esencial se retrasa en la implementación de medidas correctoras para abordar una vulnerabilidad crítica en sus sistemas, las entidades financieras que utilizan sus servicios podrían reconsiderar su relación contractual debido al riesgo operativo asociado.

Para evitar el riesgo de multas coercitivas, los proveedores esenciales deben adoptar un enfoque proactivo para el cumplimiento normativo, lo que incluye establecer procedimientos internos sólidos para gestionar las solicitudes y recomendaciones del supervisor principal, asignar recursos adecuados para la implementación de medidas correctoras y garantizar una comunicación efectiva con el supervisor durante todo el proceso. Por ejemplo, un proveedor podría designar un equipo especializado para coordinar la respuesta a las solicitudes del supervisor, asegurándose de que las medidas requeridas se implementen de manera oportuna y conforme a los estándares regulatorios.

Desde la perspectiva de las entidades financieras, la posibilidad de imponer multas coercitivas refuerza la confianza en el marco de supervisión, ya que asegura que los proveedores esenciales que sustentan funciones críticas sean supervisados de manera rigurosa y estén obligados a cumplir con los requisitos necesarios para garantizar la seguridad y continuidad de los servicios. Esto es especialmente importante en un entorno donde las interrupciones en los servicios de TIC pueden tener efectos significativos en la operatividad de las entidades financieras y en la estabilidad del sistema financiero en general.

Desde un punto de vista estratégico, la facultad de imponer multas coercitivas también contribuye a la resiliencia operativa del sistema financiero al garantizar que los riesgos relacionados con las TIC se gestionen de manera efectiva y oportuna. Esto es especialmente relevante en el contexto de los proveedores terceros esenciales, cuyos servicios son críticos para el funcionamiento de las entidades financieras y cuya interrupción podría tener consecuencias sistémicas. Por ejemplo, si un proveedor esencial que presta servicios de procesamiento de pagos no cumple con las medidas requeridas para reforzar la seguridad de su infraestructura, la imposición de una multa coercitiva puede ser la herramienta necesaria para garantizar que adopte las acciones correctoras antes de que se produzca un incidente grave.

En conclusión, el artículo 35.6 del Reglamento 2022/2554 refuerza el régimen de supervisión al proporcionar al supervisor principal una herramienta coercitiva para garantizar el cumplimiento de las medidas impuestas a los proveedores terceros esenciales de servicios de TIC. La posibilidad de imponer multas coercitivas no solo promueve el cumplimiento normativo, sino que también protege la resiliencia operativa del sistema financiero y refuerza la confianza en el marco regulatorio. Para los supervisores principales, este artículo subraya la importancia de adoptar un enfoque metódico y basado en el debido proceso en la supervisión, mientras que para los proveedores esenciales, destaca la necesidad de priorizar el cumplimiento normativo y la colaboración proactiva con las autoridades de supervisión. Este enfoque equilibrado y orientado a resultados contribuye a la estabilidad y seguridad del sector financiero en un entorno digital cada vez más interconectado y complejo.

7. La multa coercitiva a que se refiere el apartado 6 se impondrá diariamente hasta que se logre el cumplimiento y por un período máximo de seis meses a partir de la notificación de la decisión de imponer una multa coercitiva al proveedor tercero esencial de servicios de TIC.

El artículo 35.7 del Reglamento 2022/2554 regula las características de las multas coercitivas establecidas en el artículo 35.6, determinando su naturaleza acumulativa diaria, su duración limitada a un máximo de seis meses y su propósito de garantizar el cumplimiento efectivo de las medidas impuestas por el supervisor principal. Este artículo refuerza el carácter coercitivo y disuasorio de las multas, asegurando que los proveedores terceros esenciales de servicios de TIC actúen con diligencia para cumplir con los requerimientos regulatorios en tiempo y forma, y garantiza al mismo tiempo un equilibrio adecuado entre la presión ejercida por las multas y la proporcionalidad de su aplicación.

La disposición establece que la multa coercitiva se impondrá diariamente mientras persista el incumplimiento del proveedor esencial, lo que significa que la sanción económica se acumula de manera continua hasta que el proveedor adopte las medidas exigidas. Este mecanismo introduce un incentivo económico claro para que los proveedores cumplan lo antes posible, ya que cada día de retraso en la implementación de las medidas impuestas incrementa el coste financiero que deben asumir. Por ejemplo, si el supervisor principal exige al proveedor esencial reforzar sus sistemas de ciberseguridad mediante la instalación de parches críticos y el proveedor no lo hace en el plazo estipulado, la multa se aplicará diariamente hasta que estos parches sean instalados y verificados como adecuados.

El hecho de que la multa coercitiva se aplique de forma diaria también permite reflejar con precisión el impacto del incumplimiento en términos de tiempo, ya que cada día de incumplimiento representa un mayor riesgo para las entidades financieras que dependen de los servicios del proveedor esencial. Esto es especialmente importante en el contexto de los servicios críticos de TIC, donde los riesgos relacionados con las interrupciones operativas, los ciberataques o las vulnerabilidades no resueltas pueden escalar rápidamente y tener efectos sistémicos significativos. Por ejemplo, una demora de varios días en la implementación de medidas correctoras podría aumentar exponencialmente el riesgo de un ataque cibernético exitoso que afecte a las entidades financieras y, por extensión, al sistema financiero en su conjunto.

Sin embargo, el artículo también establece un límite temporal máximo de seis meses para la imposición de la multa coercitiva, lo que garantiza que esta herramienta no se utilice de manera indefinida o desproporcionada. Este límite temporal introduce un equilibrio entre la necesidad de incentivar el cumplimiento y la obligación de respetar el principio de proporcionalidad en la aplicación de medidas coercitivas. Si tras seis meses el proveedor esencial no ha cumplido con las medidas impuestas, el supervisor principal puede necesitar recurrir a otras herramientas o sanciones previstas en el marco regulatorio, como sanciones administrativas o medidas adicionales para proteger a las entidades financieras afectadas. Por ejemplo, el supervisor podría decidir restringir temporalmente las actividades del proveedor o recomendar a las entidades financieras que busquen alternativas para los servicios prestados.

Desde una perspectiva operativa, la aplicación diaria de la multa coercitiva requiere que el supervisor principal adopte un enfoque meticuloso y transparente para el cálculo y la notificación de las multas. Esto incluye establecer un mecanismo claro y verificable para registrar cada día de incumplimiento, calcular el importe acumulado de la multa y notificar periódicamente al proveedor sobre el estado de su incumplimiento y las sanciones económicas resultantes. Por ejemplo, el supervisor podría enviar informes semanales al proveedor esencial detallando el importe acumulado de la multa hasta la fecha, junto con recordatorios de las acciones necesarias para cesar la aplicación de la sanción.

La naturaleza acumulativa de la multa también refuerza la importancia de que los proveedores terceros esenciales de servicios de TIC adopten un enfoque proactivo y diligente para el cumplimiento normativo. Esto incluye no solo implementar las medidas requeridas dentro de los plazos establecidos, sino también comunicar cualquier dificultad o retraso al supervisor principal de manera anticipada. Por ejemplo, si un proveedor enfrenta obstáculos técnicos que dificultan la implementación de una medida específica, debe informar al supervisor de estas dificultades y proponer soluciones alternativas o un cronograma revisado para su cumplimiento. Este tipo de diálogo puede ayudar a evitar la imposición de multas coercitivas o reducir su duración.

Para las entidades financieras que dependen de los servicios del proveedor esencial, este artículo refuerza la confianza en el marco regulatorio al garantizar que el incumplimiento de los requisitos por parte de los proveedores esenciales no sea tolerado y que existan mecanismos efectivos para incentivar el cumplimiento. Esto es particularmente importante en el contexto de los servicios de TIC críticos, donde el incumplimiento de un proveedor puede tener consecuencias significativas para la operatividad, la seguridad y la continuidad de las entidades financieras. Por ejemplo, si un proveedor esencial no cumple con las medidas necesarias para mitigar una vulnerabilidad crítica, las entidades financieras que dependen de sus servicios pueden enfrentar riesgos operativos o de seguridad que podrían afectar a sus clientes y a la estabilidad del mercado.

Desde la perspectiva estratégica, este artículo subraya el enfoque riguroso y proporcional del Reglamento 2022/2554 en la supervisión de los riesgos relacionados con las TIC. La imposición de multas coercitivas diarias hasta un máximo de seis meses refleja un compromiso con la protección del sistema financiero frente a los riesgos tecnológicos, al tiempo que respeta el principio de proporcionalidad al limitar la duración de las sanciones. Este enfoque también permite que el supervisor principal actúe con flexibilidad y escalabilidad, ajustando las medidas coercitivas en función de la gravedad y la duración del incumplimiento.

Además, la herramienta de las multas coercitivas tiene un efecto disuasorio importante, ya que envía un mensaje claro a todos los proveedores terceros esenciales de que el incumplimiento de los requisitos regulatorios no será tolerado y que existen consecuencias económicas significativas para aquellos que no cumplan con sus obligaciones. Esto incentiva a los proveedores a priorizar el cumplimiento normativo y a invertir en las capacidades necesarias para gestionar los riesgos relacionados con las TIC de manera efectiva.

En términos prácticos, los proveedores terceros esenciales de servicios de TIC deben prepararse para cumplir con las medidas impuestas por el supervisor principal dentro de los plazos establecidos, asegurándose de que cuentan con los recursos técnicos, financieros y humanos necesarios para hacerlo. Esto incluye establecer procedimientos internos para monitorear el cumplimiento de las medidas regulatorias y responder de manera rápida y efectiva a las solicitudes del supervisor. Por ejemplo, un proveedor podría implementar sistemas de seguimiento interno para garantizar que las medidas correctoras exigidas se implementen de manera oportuna y conforme a los estándares regulatorios.

En conclusión, el artículo 35.7 del Reglamento 2022/2554 refuerza el carácter coercitivo y disuasorio de las multas coercitivas al establecer su aplicación diaria hasta que se logre el cumplimiento de las medidas impuestas por el supervisor principal, con un límite máximo de seis meses. Este mecanismo garantiza que los proveedores terceros esenciales de servicios de TIC actúen con diligencia para cumplir con sus obligaciones regulatorias, minimizando los riesgos asociados al incumplimiento y protegiendo la resiliencia operativa del sistema financiero. Al mismo tiempo, la limitación temporal de las multas refleja un enfoque proporcionado y equilibrado que respeta los derechos de los proveedores y asegura la eficacia del marco regulatorio. Este enfoque contribuye significativamente a la estabilidad y seguridad del sector financiero en un entorno digital complejo y en rápida evolución.

8. El importe de la multa coercitiva, calculado a partir de la fecha establecida en la decisión por la que se imponga dicha multa, será de hasta un 1 % del volumen de negocios diario medio a escala mundial del proveedor tercero esencial de servicios de TIC en el ejercicio precedente. Al determinar el importe de la multa

coercitiva, el supervisor principal tendrá en cuenta los siguientes criterios en relación con el incumplimiento de las medidas a que se refiere el apartado 6:

a) ***la gravedad y la duración del incumplimiento;***

b) ***si el incumplimiento ha sido cometido intencionadamente o por negligencia;***

c) ***el nivel de cooperación del proveedor tercero de servicios de TIC con el supervisor principal.***

A efectos del párrafo primero el supervisor principal entablará consultas en el seno de la Red de Supervisión Conjunta a fin de garantizar un enfoque coherente.

El artículo 35.8 del Reglamento 2022/2554 establece los criterios para determinar el importe de la multa coercitiva que puede imponerse a un proveedor tercero esencial de servicios de TIC en caso de incumplimiento de las medidas exigidas por el supervisor principal. Este artículo aporta un marco detallado para garantizar que la imposición de multas sea proporcional, razonable y ajustada a las circunstancias específicas del incumplimiento, reforzando la eficacia de la supervisión al tiempo que se preservan los principios de equidad y consistencia en toda la Unión Europea.

El importe de la multa coercitiva se fija en hasta un 1 % del volumen de negocios diario medio a escala mundial del proveedor esencial durante el ejercicio precedente, calculado a partir de la fecha establecida en la decisión de imposición. Este cálculo vincula directamente el importe de la multa a la capacidad económica del proveedor, asegurando que la sanción tenga un impacto significativo sin ser excesiva ni desproporcionada. Por ejemplo, un proveedor esencial con un volumen de negocios global sustancial enfrentará una multa más elevada en términos absolutos, lo que incentiva de manera efectiva el cumplimiento, mientras que un proveedor con menor capacidad económica recibirá una multa ajustada a su tamaño.

El uso del volumen de negocios diario medio a escala mundial como base para calcular la multa refleja una consideración práctica y estratégica, ya que garantiza que la sanción sea proporcional al tamaño y alcance global del proveedor. Esto es particularmente importante en el caso de los proveedores de servicios de TIC que operan a gran escala y tienen una posición de mercado significativa, ya que el incumplimiento de sus obligaciones podría tener repercusiones amplias y graves en el sistema financiero. Por ejemplo, un gran proveedor esencial que no implemente medidas para corregir vulnerabilidades críticas en sus servicios podría poner en riesgo la seguridad operativa de múltiples entidades financieras en varios Estados miembros.

El artículo también establece que, al determinar el importe específico de la multa coercitiva, el supervisor principal debe considerar los siguientes criterios clave:

a) La gravedad y la duración del incumplimiento. Este criterio asegura que las multas sean proporcionales al impacto y la persistencia del incumplimiento. Por ejemplo, si el incumplimiento implica una falta grave en los controles de seguridad de las TIC que podría exponer a las entidades financieras a riesgos importantes, la multa será mayor en comparación con un incumplimiento menor, como un retraso técnico que no tenga implicaciones significativas para la seguridad o la continuidad operativa. Además, cuanto más tiempo persista el incumplimiento, mayor será la multa, ya que un retraso prolongado en la implementación de las medidas correctoras incrementa los riesgos para el sistema financiero.

b) Si el incumplimiento ha sido cometido intencionadamente o por negligencia. Este criterio introduce una distinción importante entre los casos en los que el proveedor esencial actúa de manera deliberada para evitar el cumplimiento y aquellos en los que el incumplimiento se debe a una falta de diligencia o a errores involuntarios. Por ejemplo, si un proveedor esencial se niega deliberadamente a implementar medidas requeridas para mejorar la resiliencia operativa, el supervisor principal podría imponer una multa más severa para sancionar este comportamiento intencional y disuadir futuras infracciones. Por el contrario, si el incumplimiento se debe a una negligencia técnica o administrativa, como un error en la planificación de recursos, el importe de la multa podría ajustarse en función de las circunstancias atenuantes.

c) El nivel de cooperación del proveedor tercero de servicios de TIC con el supervisor principal. Este criterio recompensa la cooperación activa y transparente del proveedor con el supervisor principal, incluso si no logra cumplir completamente las medidas requeridas dentro del plazo estipulado. Por ejemplo, si un proveedor esencial informa proactivamente al supervisor principal sobre los obstáculos que enfrenta para implementar las medidas exigidas y colabora en la búsqueda de soluciones alternativas, el supervisor podría reducir el importe de la multa en reconocimiento de este nivel de cooperación. Por el contrario, si el proveedor adopta una actitud obstruccionista o no proporciona información relevante al supervisor, la multa podría incrementarse para reflejar la falta de voluntad de colaborar.

Además, el artículo exige que el supervisor principal entable consultas con la Red de Supervisión Conjunta al determinar el importe de la multa coercitiva, con el objetivo de garantizar un enfoque coherente en toda la Unión Europea. Esta consulta asegura que los supervisores principales adopten criterios uniformes para la imposición de multas, evitando discrepancias significativas entre Estados miembros y promoviendo la equidad en el tratamiento de los proveedores esenciales. Por ejemplo, si varios supervisores principales están gestionando casos similares de incumplimiento por parte de diferentes proveedores esenciales, las consultas en la Red de Supervisión Conjunta permitirán comparar enfoques y garantizar que las multas sean coherentes en términos de gravedad y proporcionalidad.

Desde una perspectiva práctica, el proceso de cálculo y determinación de las multas coercitivas tiene implicaciones importantes tanto para los supervisores principales como para los proveedores esenciales. Para los supervisores principales, este artículo establece la necesidad de adoptar un enfoque meticuloso y basado en evidencias para justificar el importe de las multas. Esto incluye la recopilación de información detallada sobre el volumen de negocios del proveedor, la naturaleza y la gravedad del incumplimiento, y el nivel de cooperación del proveedor durante el proceso de supervisión. Por ejemplo, el supervisor debe documentar claramente cómo la duración del incumplimiento ha afectado a la seguridad y la continuidad operativa de los servicios prestados por el proveedor, y cómo este impacto se refleja en el importe de la multa.

Para los proveedores terceros esenciales de servicios de TIC, este artículo refuerza la importancia de cumplir con las medidas impuestas por el supervisor principal de manera oportuna y cooperativa. La posibilidad de enfrentar multas diarias basadas en un porcentaje de su volumen de negocios global subraya la necesidad de priorizar el cumplimiento normativo y de establecer procedimientos internos efectivos para responder rápidamente a las solicitudes del supervisor. Por ejemplo, un proveedor esencial debe asegurarse de que cuenta con equipos especializados y recursos suficientes para implementar las medidas correctoras dentro de los plazos establecidos, evitando así la acumulación de multas coercitivas significativas.

Desde la perspectiva de las entidades financieras, la existencia de multas coercitivas vinculadas al volumen de negocios de los proveedores esenciales refuerza la confianza en el marco regulatorio, ya que asegura que los proveedores estarán incentivados económicamente para cumplir con las medidas requeridas. Esto es especialmente importante para las entidades financieras que dependen de los servicios de TIC prestados por proveedores esenciales, ya que un incumplimiento prolongado podría afectar directamente su capacidad para operar de manera segura y eficiente.

Desde un punto de vista estratégico, el artículo 35.8 también promueve un enfoque proporcional y equitativo en la supervisión de los riesgos relacionados con las TIC. Al establecer criterios claros para el cálculo de las multas coercitivas y requerir consultas dentro de la Red de Supervisión Conjunta, el artículo asegura que la imposición de multas se lleve a cabo de manera transparente y alineada con los principios fundamentales del Reglamento. Esto contribuye a la estabilidad y la resiliencia del sistema financiero, al tiempo que protege los derechos de los proveedores esenciales y fomenta la confianza en el marco regulatorio de la Unión Europea.

En conclusión, el artículo 35.8 del Reglamento 2022/2554 proporciona un marco robusto y equilibrado para la imposición de multas coercitivas, asegurando que estas sean proporcionales al impacto del incumplimiento, respeten los principios de proporcionalidad y fomenten la cooperación entre los proveedores esenciales y los supervisores principales. Este enfoque contribuye a garantizar la seguridad, la resiliencia y la continuidad operativa de los servicios de TIC en el sistema financiero europeo, fortaleciendo así la estabilidad del sector en un entorno digital cada vez más complejo y dinámico.

9. Las multas coercitivas serán de carácter administrativo y tendrán fuerza ejecutiva. La ejecución forzosa se regirá por las normas de procedimiento civil vigentes en el Estado miembro en cuyo territorio se lleven a cabo las inspecciones y el acceso. Los órganos jurisdiccionales del Estado miembro de que se trate serán competentes para conocer de las denuncias relacionadas con irregularidades en la ejecución. Los importes de las multas coercitivas se asignarán al presupuesto general de la Unión Europea.

El artículo 35.9 del Reglamento 2022/2554 establece aspectos fundamentales sobre la naturaleza, ejecución y destino de las multas coercitivas impuestas por el supervisor principal a los proveedores terceros esenciales de servicios de TIC. Este artículo introduce elementos procedimentales clave, asegurando que las multas tengan fuerza ejecutiva y se integren en un marco legal que respalde su aplicación efectiva, al tiempo que detalla el papel de las normas nacionales de procedimiento civil y el destino final de los importes recaudados. Esta disposición es esencial para garantizar la eficacia del régimen de supervisión y para subrayar el carácter vinculante de las obligaciones impuestas a los proveedores esenciales.

En primer lugar, las multas coercitivas se califican como sanciones administrativas con fuerza ejecutiva, lo que significa que no dependen de procesos judiciales previos para su imposición y pueden ser ejecutadas directamente por las autoridades competentes conforme a las disposiciones legales aplicables. Esto refuerza su efectividad como herramienta coercitiva, ya que permite que el supervisor principal actúe de manera ágil y sin demoras innecesarias. Por ejemplo, una vez que se impone una multa coercitiva debido al incumplimiento de un proveedor esencial, esta se convierte en una obligación exigible, y el proveedor debe pagarla sin necesidad de una sentencia judicial que ratifique su aplicación.

La ejecución forzosa de las multas coercitivas se rige por las normas de procedimiento civil del Estado miembro donde se lleven a cabo las inspecciones o el acceso relacionado con el incumplimiento. Esto implica que, aunque las multas se impongan en el marco de un reglamento de la Unión Europea, su cobro efectivo se lleva a cabo de acuerdo con los procedimientos legales nacionales de cada Estado miembro. Este enfoque respeta el principio de subsidiariedad y permite que las autoridades locales, familiarizadas con sus propias normativas procesales, gestionen la ejecución de las sanciones. Por ejemplo, si un proveedor esencial establecido en un Estado miembro no paga la multa coercitiva dentro del plazo estipulado, las autoridades nacionales de ese Estado pueden iniciar procedimientos civiles para su cobro, como el embargo de bienes o cuentas bancarias.

El artículo también otorga a los órganos jurisdiccionales nacionales la competencia para conocer de las denuncias relacionadas con irregularidades en la ejecución de las multas coercitivas. Esto asegura que los proveedores esenciales tengan acceso a mecanismos judiciales para cuestionar la legalidad o la proporcionalidad de las sanciones impuestas, garantizando así el respeto a sus derechos fundamentales y al principio de legalidad. Por ejemplo, si un proveedor esencial considera que una multa coercitiva se ha calculado incorrectamente o que su imposición no cumple con los requisitos del Reglamento, puede recurrir a los tribunales del Estado miembro correspondiente para buscar una revisión judicial. Esto refuerza el equilibrio entre la efectividad del régimen de supervisión y la protección de los derechos de los proveedores.

Un aspecto importante del artículo es la disposición sobre el destino de los importes recaudados a través de las multas coercitivas. Estos importes se asignan al presupuesto general de la Unión Europea, lo que asegura que los recursos generados a partir de las sanciones se utilicen para financiar actividades que beneficien al conjunto de los Estados miembros. Este enfoque también evita cualquier percepción de que las multas coercitivas se imponen con fines recaudatorios por parte de las autoridades nacionales o del supervisor principal, reforzando su carácter estrictamente administrativo y regulatorio. Por ejemplo, los fondos recaudados podrían ser utilizados para financiar programas relacionados con la ciberseguridad, la resiliencia operativa digital o la mejora de la supervisión en el ámbito de los servicios de TIC.

Desde una perspectiva práctica, este artículo tiene varias implicaciones significativas. Para los supervisores principales, asegura que disponen de una herramienta efectiva y ejecutable para garantizar el cumplimiento de las medidas impuestas, al tiempo que los libera de la necesidad de iniciar procesos judiciales prolongados para hacer cumplir las multas coercitivas. Esto les permite centrarse en su función principal de supervisión, sin verse obstaculizados por demoras administrativas o legales. Sin embargo, también implica la necesidad de coordinarse estrechamente con las autoridades nacionales responsables de la ejecución forzosa, asegurando que estas entiendan el contexto y la importancia de las multas coercitivas en el marco del Reglamento.

Para los proveedores terceros esenciales de servicios de TIC, este artículo refuerza la importancia de cumplir con las medidas impuestas por el supervisor principal, ya que las multas coercitivas no solo son exigibles de manera inmediata, sino que también están respaldadas por un marco legal sólido que garantiza su ejecución. Además, el hecho de que las multas coercitivas sean administrativas significa que los proveedores no pueden ignorarlas o retrasarlas indefinidamente mediante tácticas judiciales, lo que los incentiva a cumplir de manera proactiva con sus obligaciones. Por ejemplo, un proveedor que no implemente medidas correctoras dentro del plazo establecido podría enfrentarse no solo a sanciones económicas significativas, sino también a acciones legales inmediatas en su jurisdicción nacional para el cobro de la multa.

Desde la perspectiva de las entidades financieras, el carácter ejecutable de las multas coercitivas refuerza la confianza en el marco regulatorio, asegurando que los proveedores esenciales que no cumplan con sus obligaciones sean sancionados de manera efectiva y que se tomen medidas concretas para mitigar los riesgos asociados. Esto es especialmente importante en casos donde el incumplimiento de un proveedor esencial podría afectar directamente la seguridad o la continuidad de los servicios críticos utilizados por las entidades financieras.

Desde un punto de vista estratégico, este artículo subraya la coherencia y eficiencia del marco regulatorio europeo, al integrar las multas coercitivas en los sistemas nacionales de procedimiento civil y garantizar que su ejecución se lleve a cabo de manera uniforme en todos los Estados miembros. Esto evita discrepancias o lagunas legales que podrían ser explotadas por los proveedores esenciales para eludir sus responsabilidades. Además, al asignar los ingresos de las multas al presupuesto general de la Unión Europea, el artículo refuerza la dimensión comunitaria del Reglamento y asegura que los recursos generados por las sanciones se utilicen para apoyar objetivos de interés común, como la mejora de la resiliencia operativa y la estabilidad del sistema financiero.

En conclusión, el artículo 35.9 del Reglamento 2022/2554 establece un marco sólido y bien estructurado para la ejecución de las multas coercitivas, asegurando su carácter administrativo, su fuerza ejecutiva y su integración en los sistemas legales nacionales. Este enfoque refuerza la efectividad del régimen de supervisión, incentiva el cumplimiento por parte de los proveedores terceros esenciales de servicios de TIC y protege los derechos de las partes implicadas mediante mecanismos de revisión judicial. Al mismo tiempo, la asignación de los ingresos de las multas al presupuesto general de la Unión Europea garantiza que los recursos generados se utilicen para fines que beneficien a toda la comunidad, fortaleciendo así la confianza en el marco regulatorio y en la capacidad de la Unión para gestionar los riesgos relacionados con las TIC de manera efectiva y coordinada.

10. El supervisor principal hará públicas todas las multas coercitivas que se impongan, a menos que dicha divulgación ponga en grave riesgo los mercados financieros o cause un perjuicio desproporcionado a las partes implicadas.

El artículo 35.10 del Reglamento 2022/2554 establece la obligación del supervisor principal de hacer públicas todas las multas coercitivas impuestas a los proveedores terceros esenciales de servicios de TIC, salvo en casos en que dicha divulgación pueda poner en grave riesgo los mercados financieros o causar un perjuicio desproporcionado a las partes implicadas. Este artículo subraya el principio de transparencia como un pilar fundamental del marco regulatorio, al tiempo que reconoce la necesidad de preservar la estabilidad financiera y proteger los derechos e intereses legítimos de los proveedores y otras partes afectadas.

La publicación de las multas coercitivas tiene como objetivo principal promover la rendición de cuentas y la confianza en el régimen de supervisión. Al hacer públicas estas sanciones, el supervisor principal envía un mensaje claro tanto a los proveedores esenciales como a las entidades financieras y al público en general de que las violaciones de las obligaciones regulatorias no son toleradas y que existen consecuencias tangibles para los incumplimientos. Esto refuerza la legitimidad del marco normativo y contribuye a disuadir futuros incumplimientos. Por ejemplo, si un proveedor esencial recibe una multa coercitiva por no implementar medidas críticas de ciberseguridad, la publicación de la multa no solo incentiva a otros proveedores a cumplir con sus obligaciones, sino que también alerta a las entidades financieras sobre posibles riesgos asociados a dicho proveedor.

Sin embargo, la excepción prevista en el artículo reconoce que, en determinadas circunstancias, la publicación de las multas coercitivas puede generar consecuencias negativas no deseadas. La primera excepción se aplica cuando la divulgación de la multa pueda poner en grave riesgo los mercados financieros. Esto es especialmente relevante en casos donde la publicación de una multa pueda desencadenar una pérdida de confianza en un proveedor esencial que desempeña un papel crítico en la infraestructura financiera. Por ejemplo, si un proveedor esencial está siendo sancionado por problemas relacionados con la continuidad operativa de sus servicios, la publicación de esta información podría generar alarma entre las entidades financieras y los inversores, lo que a su vez podría llevar a una retirada masiva de servicios o a una interrupción en las operaciones del mercado.

La segunda excepción considera si la divulgación de la multa podría causar un perjuicio desproporcionado a las partes implicadas, incluidas tanto el proveedor sancionado como las entidades financieras que dependen de sus servicios. Esto busca equilibrar la necesidad de transparencia con la protección de los derechos e intereses legítimos de las partes afectadas. Por ejemplo, si un proveedor esencial está en proceso de implementar medidas correctoras para abordar el incumplimiento y la publicación de la multa podría dañar injustificadamente su reputación o su posición comercial, el supervisor principal podría optar por no divulgar la sanción para evitar consecuencias desproporcionadas.

Desde una perspectiva operativa, este artículo implica que el supervisor principal debe realizar una evaluación cuidadosa antes de decidir si publica una multa coercitiva. Esta evaluación debe considerar factores como la naturaleza del incumplimiento, el impacto potencial de la publicación en los mercados financieros y las partes implicadas, y la proporcionalidad de los efectos esperados. Por ejemplo, si un incumplimiento se relaciona con cuestiones técnicas menores que no tienen un impacto significativo en la resiliencia operativa o la estabilidad financiera, el supervisor principal podría determinar que la publicación de la multa no es necesaria o apropiada.

La decisión de publicar o no una multa coercitiva también requiere que el supervisor principal mantenga un equilibrio entre los principios de transparencia y proporcionalidad. Esto incluye justificar claramente cualquier decisión de no publicar una multa, asegurando que esta decisión esté basada en un análisis sólido y documentado. Por ejemplo, si el supervisor decide no publicar una multa debido a un riesgo potencial para los mercados financieros, debería ser capaz de demostrar cómo dicha publicación podría desencadenar efectos adversos significativos y por qué estos riesgos superan los beneficios de la divulgación.

Desde la perspectiva de los proveedores terceros esenciales de servicios de TIC, este artículo refuerza la importancia de cumplir con las medidas impuestas por el supervisor principal para evitar no solo sanciones económicas, sino también el posible impacto reputacional asociado con la publicación de las multas. La divulgación pública de una multa coercitiva puede dañar la confianza de las entidades financieras y otros clientes en el proveedor, lo que podría resultar en la pérdida de contratos o en la necesidad de realizar inversiones adicionales para restaurar su reputación. Por ejemplo, si un proveedor esencial recibe una multa por no implementar medidas adecuadas de protección de datos, las entidades financieras podrían reconsiderar su relación contractual debido a preocupaciones sobre la seguridad de los servicios prestados.

Para las entidades financieras, la publicación de multas coercitivas proporciona un nivel adicional de información sobre los riesgos potenciales asociados con los proveedores terceros esenciales de servicios de TIC. Esto permite a las entidades financieras tomar decisiones más informadas sobre su relación con dichos proveedores, incluyendo la evaluación de posibles alternativas o la adopción de medidas internas para mitigar los riesgos. Por ejemplo, si un proveedor esencial es sancionado por no cumplir con los requisitos de resiliencia operativa, las entidades financieras que utilizan sus servicios podrían implementar medidas de contingencia, como diversificar sus proveedores de TIC o fortalecer sus propios sistemas de respaldo.

Desde un punto de vista estratégico, la publicación de multas coercitivas también contribuye a la armonización y coherencia del régimen de supervisión a nivel de la Unión Europea. Al divulgar estas sanciones, el supervisor principal refuerza la percepción de que las normas del Reglamento se aplican de manera uniforme y que los incumplimientos son tratados con la misma seriedad en todos los Estados miembros. Esto fomenta la confianza en el marco regulatorio europeo y asegura que todos los proveedores esenciales estén sujetos a estándares equivalentes, independientemente de su ubicación o ámbito de operación.

En términos prácticos, este artículo también plantea desafíos relacionados con la gestión de la comunicación por parte del supervisor principal.

La publicación de multas coercitivas debe realizarse de manera que se minimicen los riesgos de interpretaciones erróneas o alarmas innecesarias, asegurando al mismo tiempo que la información divulgada sea precisa y completa. Esto puede incluir la preparación de comunicados de prensa claros que expliquen el contexto de la multa, las medidas adoptadas para abordar el incumplimiento y el impacto esperado en las entidades financieras y los mercados. Por ejemplo, si la multa está relacionada con una vulnerabilidad técnica específica, el comunicado podría destacar las acciones correctivas implementadas por el proveedor para mitigar el riesgo y restaurar la confianza en sus servicios.

En conclusión, el artículo 35.10 del Reglamento 2022/2554 establece un equilibrio crucial entre la transparencia y la proporcionalidad en la supervisión de los proveedores terceros esenciales de servicios de TIC. Al exigir la publicación de las multas coercitivas, este artículo refuerza la rendición de cuentas y disuade el incumplimiento, mientras que las excepciones previstas aseguran que la divulgación no genere consecuencias negativas desproporcionadas o riesgos innecesarios para los mercados financieros. Este enfoque contribuye a la estabilidad y la resiliencia del sistema financiero, al tiempo que protege los derechos e intereses legítimos de las partes implicadas y refuerza la confianza en el marco regulatorio de la Unión Europea.

11. Antes de imponer una multa coercitiva de conformidad con el apartado 6, el supervisor principal ofrecerá a los representantes del proveedor tercero esencial de servicios de TIC objeto del procedimiento la oportunidad de ser oídos en relación con las conclusiones y basará sus decisiones únicamente en las conclusiones acerca de las cuales el proveedor tercero esencial de servicios de TIC objeto del procedimiento haya tenido la oportunidad de formular observaciones.

Los derechos de defensa de las personas objeto del procedimiento estarán garantizados plenamente en el curso del procedimiento. El proveedor tercero esencial de servicios de TIC objeto del procedimiento tendrá derecho a acceder al expediente, a reserva del interés legítimo de otras personas por lo que respecta a la protección de sus secretos comerciales. El derecho de acceso al expediente no se extenderá a la información confidencial ni a los documentos preparatorios internos del supervisor principal.

El artículo 35.11 del Reglamento 2022/2554 establece un procedimiento garantista que debe seguir el supervisor principal antes de imponer una multa coercitiva a un proveedor tercero esencial de servicios de TIC. Este artículo subraya la importancia de garantizar los derechos de defensa del proveedor objeto del procedimiento y proporciona un marco que asegura la transparencia, la imparcialidad y el respeto de los principios fundamentales del debido proceso en la toma de decisiones administrativas.

En primer lugar, el artículo dispone que antes de imponer una multa coercitiva de conformidad con el artículo 35.6, el supervisor principal debe ofrecer al proveedor esencial la oportunidad de ser oído en relación con las conclusiones que sustentan la posible imposición de la multa. Esto implica que el proveedor debe ser informado con suficiente antelación de las conclusiones preliminares alcanzadas por el supervisor principal, así como de las razones específicas por las cuales se considera que ha incumplido las medidas impuestas. Por ejemplo, si el incumplimiento se relaciona con la falta de implementación de políticas de ciberseguridad requeridas, el supervisor debe proporcionar detalles sobre las deficiencias identificadas y cómo estas afectan a la seguridad o continuidad de los servicios prestados.

La oportunidad de ser oído garantiza que el proveedor esencial pueda presentar sus argumentos, observaciones o pruebas en su defensa antes de que se adopte una decisión definitiva. Este derecho de audiencia es esencial para evitar decisiones unilaterales y asegura que el supervisor principal tome en cuenta todos los elementos relevantes antes de imponer una sanción. Por ejemplo, el proveedor podría presentar evidencia que demuestre que ha implementado parcialmente las medidas requeridas o que existen circunstancias excepcionales que justifican el incumplimiento temporal, como limitaciones técnicas o problemas de acceso a recursos.

Además, el artículo establece que el supervisor principal deberá basar su decisión únicamente en las conclusiones sobre las que el proveedor haya tenido oportunidad de formular observaciones, lo que refuerza el carácter garantista del procedimiento. Esto significa que el supervisor no puede introducir nuevas alegaciones o motivos que no hayan sido comunicados previamente al proveedor durante el proceso, evitando así decisiones sorpresivas o arbitrarias. Por ejemplo, si las conclusiones preliminares se refieren únicamente a deficiencias en los controles de acceso físico, el supervisor no podría fundamentar la multa en fallos relacionados con la gestión de datos si estos no fueron incluidos previamente en las observaciones notificadas al proveedor.

El artículo también garantiza plenamente los derechos de defensa del proveedor tercero esencial de servicios de TIC durante todo el procedimiento. Entre estos derechos, destaca el acceso al expediente, que permite al proveedor revisar toda la documentación relevante utilizada por el supervisor principal para fundamentar sus conclusiones. Este acceso es crucial para que el proveedor pueda preparar una defensa efectiva y para asegurar la transparencia del procedimiento. Sin embargo, este derecho no es absoluto, ya que está sujeto a la protección de los secretos comerciales y a la confidencialidad de ciertos documentos. Por ejemplo, el proveedor no tendrá acceso a información que pueda revelar secretos comerciales de otras entidades o a documentos preparatorios internos del supervisor principal, como análisis preliminares o deliberaciones internas.

La restricción del acceso a información confidencial y documentos preparatorios internos del supervisor principal busca preservar la integridad del proceso administrativo y proteger los intereses legítimos de terceros o del propio supervisor. Sin embargo, estas restricciones deben ser aplicadas de manera proporcional, asegurando que no se limite injustificadamente el derecho del proveedor a defenderse. Por ejemplo, si un documento confidencial es esencial para entender las razones detrás de una conclusión específica, el supervisor podría ofrecer una versión redactada o resumida que permita al proveedor comprender los aspectos clave sin comprometer la confidencialidad.

Desde una perspectiva práctica, este artículo tiene varias implicaciones importantes tanto para los supervisores principales como para los proveedores esenciales. Para los supervisores principales, establece la obligación de desarrollar procedimientos claros y estructurados para garantizar que todos los derechos de defensa del proveedor sean respetados en cada etapa del proceso. Esto incluye notificar oportunamente las conclusiones preliminares, proporcionar acceso adecuado al expediente y permitir al proveedor presentar sus observaciones antes de tomar una decisión final. Por ejemplo, el supervisor principal podría establecer un plazo estándar para la presentación de observaciones, garantizando que el proveedor tenga tiempo suficiente para preparar su respuesta.

Para los proveedores terceros esenciales de servicios de TIC, este artículo refuerza la importancia de participar activamente en el proceso y de utilizar las oportunidades disponibles para presentar sus argumentos y pruebas. Esto implica mantener una comunicación abierta con el supervisor principal, proporcionar explicaciones detalladas sobre cualquier incumplimiento y, cuando sea necesario, proponer soluciones o medidas correctoras. Por ejemplo, un proveedor podría utilizar la oportunidad de ser oído para explicar cómo está implementando progresivamente las medidas requeridas y solicitar una extensión razonable del plazo antes de la imposición de la multa.

Desde la perspectiva de las entidades financieras que dependen de los servicios de los proveedores esenciales, este artículo garantiza que las multas coercitivas solo se impongan tras un proceso riguroso y justo, lo que refuerza la confianza en la imparcialidad del régimen de supervisión. Esto también incentiva a los proveedores a cumplir con sus obligaciones de manera proactiva y a evitar retrasos o disputas prolongadas que puedan afectar la calidad y continuidad de los servicios prestados a las entidades financieras.

En términos estratégicos, el artículo 35.11 también refuerza el compromiso del Reglamento con los principios de transparencia, proporcionalidad y buena administración, asegurando que las decisiones del supervisor principal sean justas y estén fundamentadas en un análisis completo y equilibrado de todos los hechos relevantes. Esto fortalece la legitimidad del régimen regulatorio y reduce el riesgo de impugnaciones judiciales, ya que los proveedores tienen garantizado un proceso claro y transparente para defenderse antes de la imposición de sanciones.

Además, este enfoque garantista también contribuye a la armonización del régimen de supervisión a nivel de la Unión Europea, estableciendo estándares comunes para el respeto de los derechos de defensa en todos los Estados miembros. Esto asegura que todos los proveedores esenciales estén sujetos a las mismas garantías procesales, independientemente de su ubicación o del supervisor principal responsable de su supervisión.

En conclusión, el artículo 35.11 del Reglamento 2022/2554 establece un marco robusto para garantizar que las multas coercitivas solo se impongan tras un procedimiento justo, transparente y respetuoso de los derechos de defensa de los proveedores terceros esenciales de servicios de TIC. Este enfoque equilibrado asegura que las decisiones del supervisor principal estén fundamentadas en un análisis completo de los hechos y refuerza la confianza en el marco regulatorio tanto para los proveedores como para las entidades financieras que dependen de sus servicios. Al mismo tiempo, subraya la importancia de la cooperación entre los supervisores y los proveedores, promoviendo un cumplimiento proactivo y eficaz que contribuya a la resiliencia operativa y la estabilidad del sistema financiero de la Unión Europea.

Artículo 36. Ejercicio de las facultades del supervisor principal fuera de la Unión

1. Cuando los objetivos de supervisión no puedan alcanzarse mediante una interacción con la filial establecida a efectos del artículo 31, apartado 12, o mediante el ejercicio de actividades de supervisión en locales situados en la Unión, el supervisor principal podrá ejercer las facultades a que se refieren las disposiciones siguientes en cualquier local situado en un tercer país que sea propiedad de un proveedor tercero

esencial de servicios de TIC o este utilice de cualquier modo para prestar servicios a entidades financieras de la Unión, en relación con sus operaciones, funciones o servicios comerciales, incluidos cualquier oficina, local, terreno, edificio u otra propiedad, de naturaleza administrativa comercial u operativa:

a) el artículo 35, apartado 1, letra a), y

b) el artículo 35, apartado 1, letra b), de conformidad con el artículo 38, apartado 2, letras a), b) y d), y el artículo 39, apartado 1 y apartado 2, letra a).

Las facultades a que se refiere el párrafo primero podrán ejercerse siempre que se cumplan todas las condiciones siguientes:

i) el supervisor principal considera necesaria la realización de una inspección en un tercer país para poder desempeñar plena y eficazmente sus funciones con arreglo al presente Reglamento,

ii) la inspección en un tercer país está directamente relacionada con la prestación de servicios de TIC a entidades financieras de la Unión,

iii) el proveedor tercero esencial de servicios de TIC afectado consiente en que se lleve a cabo una inspección en un tercer país, y

iv) la autoridad pertinente del tercer país de que se trate ha sido oficialmente informada por el supervisor principal y no ha formulado objeciones al respecto.

El artículo 36 del Reglamento 2022/2554 regula el ejercicio de las facultades del supervisor principal fuera de la Unión Europea, estableciendo un marco legal que permite realizar actividades de supervisión en locales situados en terceros países que sean propiedad de proveedores terceros esenciales de servicios de TIC, o que estos utilicen para prestar servicios a entidades financieras de la Unión. Este artículo aborda un aspecto crucial del Reglamento, ya que reconoce la naturaleza transfronteriza de las operaciones de muchos proveedores esenciales y establece las condiciones específicas bajo las cuales el supervisor principal puede ejercer su autoridad más allá de las fronteras de la Unión.

El artículo está diseñado para garantizar que los objetivos de supervisión puedan cumplirse incluso en situaciones en las que los recursos, funciones u operaciones de un proveedor esencial se encuentren físicamente fuera de la Unión Europea. Esto es particularmente relevante en un contexto en el que los proveedores de servicios de TIC, especialmente los de carácter global, suelen tener operaciones, centros de datos, oficinas administrativas o instalaciones técnicas en terceros países que son críticos para la prestación de servicios a las entidades financieras de la Unión. Por ejemplo, un proveedor esencial con un centro de datos situado en un tercer país puede estar gestionando información o procesos clave para entidades financieras de la Unión, lo que justifica la necesidad de supervisión directa en esos locales si las actividades en cuestión afectan a la resiliencia operativa digital del sistema financiero europeo.

En cuanto a las facultades que el supervisor principal puede ejercer fuera de la Unión, el artículo hace referencia específicamente a las establecidas en el artículo 35, apartado 1, letras a) y b), lo que incluye la solicitud de información y documentación relevantes y la realización de investigaciones generales e inspecciones. Estas actividades se desarrollan bajo las disposiciones del artículo 38, apartado 2, letras a), b) y d), que regulan las solicitudes de documentos y registros, las entrevistas al personal, y el acceso a cualquier información relacionada con la prestación de servicios de TIC, así como el artículo 39, apartado 1 y apartado 2, letra a), que establecen las reglas sobre la realización de inspecciones in situ. Este marco asegura que las actividades de supervisión se ajusten a normas claras y que las facultades del supervisor principal se ejerzan de manera proporcionada y justificada.

Sin embargo, el ejercicio de estas facultades fuera de la Unión está sujeto al cumplimiento de cuatro condiciones acumulativas que garantizan el respeto a la soberanía del tercer país en cuestión y a los derechos del proveedor esencial:

i) El supervisor principal debe considerar necesaria la inspección para desempeñar sus funciones de manera plena y eficaz. Esto implica que la inspección fuera de la Unión debe ser un recurso de último recurso, utilizado únicamente cuando no sea posible alcanzar los objetivos de supervisión mediante interacciones con la filial establecida en la Unión o mediante actividades dentro de los locales situados en territorio de la Unión. Por ejemplo, si un proveedor esencial tiene un centro de datos en un tercer país que alberga información crítica para las operaciones de una entidad financiera de la Unión, y esta información no puede ser revisada desde la filial establecida en la Unión, el supervisor principal puede determinar que una inspección in situ en el tercer país es necesaria.

ii) La inspección debe estar directamente relacionada con la prestación de servicios de TIC a entidades financieras de la Unión. Este requisito asegura que las actividades de supervisión se centren exclusivamente en las operaciones que tienen un impacto directo en las entidades financieras reguladas por el Reglamento. Por ejemplo, si un proveedor esencial utiliza un centro de datos en un tercer país para procesar transacciones financieras de entidades de la Unión, la inspección puede llevarse a cabo en ese local, pero no en otras instalaciones que no estén relacionadas con los servicios prestados a la Unión.

iii) El proveedor tercero esencial debe consentir la inspección. Este requisito introduce un elemento de cooperación voluntaria por parte del proveedor esencial, lo que refuerza el principio de colaboración público-privada en el ámbito del cumplimiento normativo. El consentimiento del proveedor es fundamental para garantizar que las inspecciones se lleven a cabo de manera fluida y con acceso adecuado a los recursos necesarios para la supervisión. Por ejemplo, un proveedor esencial podría cooperar facilitando el acceso a instalaciones, personal clave o sistemas relevantes para la inspección.

iv) La autoridad pertinente del tercer país debe ser informada oficialmente y no formular objeciones. Este requisito respeta la soberanía del tercer país y asegura que las actividades de supervisión se lleven a cabo en un marco de cooperación internacional. Si la autoridad del tercer país formula objeciones, el supervisor principal no puede proceder con la inspección, lo que subraya la necesidad de establecer acuerdos de cooperación entre la Unión y terceros países en el ámbito de la supervisión de proveedores de servicios de TIC. Por ejemplo, un acuerdo bilateral entre la Unión y un tercer país podría facilitar el acceso a locales situados en ese país para actividades de supervisión.

Desde una perspectiva práctica, este artículo tiene varias implicaciones importantes. Para el supervisor principal, establece un marco claro y estructurado para ejercer sus facultades en terceros países, lo que requiere una planificación cuidadosa y una coordinación estrecha con el proveedor esencial y las autoridades locales del tercer país. Esto incluye la necesidad de desarrollar procedimientos claros para solicitar el consentimiento del proveedor, notificar a las autoridades pertinentes y garantizar que las inspecciones se lleven a cabo de manera profesional y respetuosa. Por ejemplo, el supervisor principal podría trabajar con la Red de Supervisión Conjunta para desarrollar protocolos específicos para inspecciones en terceros países, asegurando la coherencia y la eficacia en su implementación.

Para los proveedores terceros esenciales de servicios de TIC, este artículo refuerza la importancia de mantener un enfoque de cumplimiento proactivo y transparente, incluso en sus operaciones situadas fuera de la Unión. Los proveedores deben estar preparados para cooperar con las inspecciones, proporcionando acceso a locales, sistemas y personal relevante cuando sea necesario. Esto podría incluir la designación de equipos de cumplimiento dedicados a gestionar las solicitudes del supervisor principal y garantizar que todas las operaciones relacionadas con entidades financieras de la Unión cumplan con los estándares regulatorios. Por ejemplo, un proveedor esencial con operaciones en un tercer país podría implementar medidas internas para garantizar que los registros y datos relevantes estén disponibles de manera oportuna para su revisión durante una inspección.

Desde la perspectiva de las entidades financieras, este artículo asegura que los servicios críticos de TIC que contratan, incluso cuando se prestan desde terceros países, están sujetos a un marco de supervisión riguroso que protege sus intereses y garantiza la resiliencia operativa. Esto refuerza la confianza en los proveedores esenciales y en el marco regulatorio de la Unión, al tiempo que incentiva a las entidades financieras a evaluar cuidadosamente la ubicación y las condiciones de los servicios de TIC que contratan.

En términos estratégicos, este artículo también subraya la necesidad de cooperación internacional en la supervisión de los riesgos relacionados con las TIC, dado que muchas operaciones de los proveedores esenciales trascienden las fronteras de la Unión. Esto podría implicar la negociación de acuerdos de cooperación específicos con terceros países para facilitar las inspecciones y garantizar que los proveedores esenciales cumplan con los estándares regulatorios de la Unión, independientemente de la ubicación de sus operaciones.

En conclusión, el artículo 36 del Reglamento 2022/2554 establece un marco legal robusto para el ejercicio de las facultades del supervisor principal fuera de la Unión, garantizando que los riesgos relacionados con las TIC sean supervisados de manera efectiva, incluso cuando las operaciones de los proveedores esenciales se ubiquen en terceros países. Este enfoque equilibra la necesidad de supervisión con el respeto a la soberanía de los terceros países y la cooperación voluntaria de los proveedores esenciales, contribuyendo a la resiliencia operativa y la estabilidad del sistema financiero de la Unión. Al mismo tiempo, resalta la importancia de establecer acuerdos internacionales y fomentar una colaboración efectiva entre todas las partes interesadas en la gestión de los riesgos transfronterizos.

2. Sin perjuicio de las competencias respectivas de las instituciones de la Unión y de los Estados miembros, a efectos del apartado 1, la ABE, la AEVM o la AESPJ, celebrarán acuerdos de cooperación administrativa con la autoridad pertinente del tercer país a fin de que las inspecciones en el tercer país de que se trate por parte del supervisor principal y su equipo designado para su misión en ese tercer país se puedan realizar de manera fluida. Dichos acuerdos de cooperación no crearán obligaciones jurídicas para la Unión y sus Estados miembros ni impedirán a los

Estados miembros y a sus autoridades competentes celebrar acuerdos bilaterales o multilaterales con dichos terceros países y sus autoridades pertinentes.

En dichos acuerdos de cooperación se especificarán, como mínimo, los siguientes elementos:

a). ***los procedimientos para la coordinación de las actividades de supervisión llevadas a cabo con arreglo al presente Reglamento y de cualquier seguimiento análogo del riesgo de terceros relacionado con las TIC en el sector financiero efectuado por la autoridad pertinente del tercer país de que se trate, incluidos los detalles para transmitir el acuerdo de esta última que permita la realización, por parte del supervisor principal y su equipo designado, de las investigaciones generales y las inspecciones in situ a que se refiere el apartado 1, párrafo primero, en el territorio bajo su jurisdicción;***

b) ***el mecanismo para la transmisión de cualquier información pertinente entre la ABE, la AEVM o la AESPJ y la autoridad pertinente del tercer país de que se trate, en particular en relación con la información que el supervisor principal puede solicitar en virtud del artículo 37;***

c) ***los mecanismos para la rápida notificación, por parte de la autoridad pertinente del tercer país de que se trate, a la ABE, la AEVM o la AESPJ, de los casos en que se considere que un proveedor tercero de servicios de TIC establecido en un tercer país y designado como esencial de conformidad con el artículo 31, apartado 1, letra a), ha incumplido los requisitos que está obligado a cumplir en virtud del Derecho aplicable del tercer país de que se trate a la hora de prestar servicios a entidades financieras de dicho tercer país, así como de las medidas correctoras y las sanciones aplicadas;***

d) ***la transmisión periódica de información actualizada sobre la evolución en materia de regulación o supervisión en relación con el seguimiento del riesgo de terceros relacionado con las TIC de las entidades financieras del tercer país de que se trate;***

e) ***los detalles para permitir, en caso necesario, la participación de un representante de la autoridad pertinente del tercer país en las inspecciones realizadas por el supervisor principal y el equipo designado.***

El artículo 36.2 y 36.3 del Reglamento 2022/2554 aborda las disposiciones relativas a la supervisión de proveedores terceros esenciales de servicios de TIC situados en terceros países, haciendo especial énfasis en la necesidad de cooperación internacional y en las limitaciones prácticas que pueden surgir en la supervisión fuera de la Unión Europea. Este artículo subraya la importancia de establecer acuerdos de cooperación administrativa con las autoridades de terceros países y, al mismo tiempo, prevé mecanismos para mitigar las posibles restricciones a la supervisión en aquellos casos en los que dichas actividades no puedan llevarse a cabo plenamente.

El apartado 2 establece que la ABE, la AEVM o la AESPJ deben celebrar acuerdos de cooperación administrativa con las autoridades pertinentes de los terceros países donde operan los proveedores esenciales, a fin de facilitar las inspecciones e investigaciones que el supervisor principal y su equipo necesiten llevar a cabo en dichos territorios. Estos acuerdos tienen como objetivo garantizar la fluidez y eficacia de las actividades de supervisión, pero también aclaran que no crean obligaciones jurídicas vinculantes para la Unión Europea ni para los Estados miembros, dejando abierta la posibilidad de que los Estados miembros celebren acuerdos bilaterales o multilaterales adicionales con terceros países. Esto refleja un enfoque equilibrado que combina la cooperación institucional a nivel de la Unión con la flexibilidad para que los Estados miembros aborden las particularidades de su relación con terceros países.

En cuanto a su contenido, el apartado 2 detalla los elementos mínimos que deben incluirse en los acuerdos de cooperación administrativa, lo que garantiza su uniformidad y eficacia:

a) Procedimientos para la coordinación de actividades de supervisión. Los acuerdos deben especificar los procedimientos que permitirán coordinar las actividades del supervisor principal con las actividades de la autoridad del tercer país, incluyendo los pasos necesarios para obtener el consentimiento de dicha autoridad para llevar a cabo inspecciones e investigaciones in situ. Esto asegura que las inspecciones del supervisor principal sean compatibles con las normativas locales y se lleven a cabo con la colaboración de las autoridades locales. Por ejemplo, un acuerdo podría detallar el proceso para notificar a la autoridad del tercer país sobre la visita planificada del equipo de supervisión, así como los requisitos para acceder a instalaciones específicas.

b) Mecanismos para el intercambio de información. Los acuerdos deben incluir un mecanismo claro para la transmisión de información entre la autoridad pertinente del tercer país y las Autoridades Europeas de Supervisión, especialmente en lo que respecta a los datos que el supervisor principal puede solicitar en virtud del artículo 37. Esto es crucial para garantizar que el supervisor principal tenga acceso a toda la información relevante para evaluar la conformidad del proveedor esencial con los requisitos del Reglamento, incluso cuando dicha información se encuentre bajo el control de una autoridad local en el tercer país.

c) Notificación de incumplimientos. Los acuerdos deben prever que la autoridad del tercer país notifique rápidamente a las Autoridades Europeas de Supervisión cualquier incumplimiento de los requisitos locales por parte del proveedor esencial, así como las medidas correctoras y sanciones aplicadas. Esto permite al supervisor principal monitorear no solo el cumplimiento del proveedor con el Reglamento 2022/2554, sino también con las normativas locales que puedan tener un impacto en su capacidad para prestar servicios de manera segura y eficiente a las entidades financieras de la Unión.

d) Transmisión periódica de información regulatoria y de supervisión. Los acuerdos deben incluir disposiciones para la transmisión de actualizaciones sobre el entorno regulatorio y de supervisión del tercer país, particularmente en lo que respecta al seguimiento del riesgo relacionado con las TIC. Esto asegura que las Autoridades Europeas de Supervisión estén al tanto de cualquier cambio en las normativas locales que pueda afectar a los proveedores esenciales o a las actividades de supervisión.

e) Participación de representantes locales en inspecciones. Los acuerdos deben detallar los procedimientos que permitirán, cuando sea necesario, la participación de representantes de la autoridad del tercer país en las inspecciones realizadas por el supervisor principal. Esto no solo fomenta la cooperación, sino que también garantiza que las actividades de supervisión se lleven a cabo de manera transparente y respetuosa con las normativas locales.

El apartado 3 del artículo aborda los casos en los que, a pesar de los esfuerzos realizados, no es posible llevar a cabo actividades de supervisión fuera de la Unión. En tales situaciones, el supervisor principal deberá adoptar un enfoque alternativo que minimice las consecuencias de esta incapacidad y garantice que las decisiones se tomen con base en la mejor información disponible.

a) Ejercicio de facultades con la información disponible. Cuando no se pueda realizar la supervisión in situ, el supervisor principal debe basarse en todos los datos y documentos de los que disponga para ejercer sus facultades. Esto podría incluir información recopilada a través de la filial del proveedor esencial en la Unión, datos proporcionados por el proveedor de manera remota o información obtenida a través de acuerdos de cooperación previos con la autoridad del tercer país. Por ejemplo, si no es posible realizar una inspección in situ en un centro de datos en un tercer país, el supervisor principal podría revisar documentación técnica, políticas de seguridad y registros de auditoría proporcionados por el proveedor.

b) Documentación y explicación de las consecuencias de la incapacidad de supervisión. El supervisor principal debe documentar y explicar cualquier consecuencia derivada de la imposibilidad de realizar las actividades de supervisión previstas. Esto asegura la transparencia del proceso y permite que las entidades financieras y otras partes interesadas comprendan las limitaciones que enfrentó el supervisor principal y cómo estas afectan las recomendaciones o decisiones adoptadas.

Las recomendaciones formuladas por el supervisor principal en virtud del artículo 35, apartado 1, letra d), deben tener en cuenta las posibles consecuencias de no haber podido realizar actividades de supervisión en un tercer país. Esto refleja un enfoque práctico y equilibrado, ya que reconoce las limitaciones que pueden surgir en la supervisión transfronteriza y permite ajustar las recomendaciones para reflejar estas circunstancias. Por ejemplo, si la imposibilidad de realizar inspecciones in situ plantea dudas sobre la seguridad de los servicios de TIC prestados por el proveedor esencial, el supervisor principal podría recomendar medidas adicionales de mitigación de riesgos, como auditorías más estrictas o la diversificación de proveedores.

Desde una perspectiva práctica, este artículo tiene varias implicaciones significativas. Para las Autoridades Europeas de Supervisión, subraya la importancia de establecer acuerdos de cooperación efectivos con terceros países, lo que requiere esfuerzos diplomáticos y técnicos sustanciales. Estos acuerdos no solo deben abordar los aspectos operativos de las actividades de supervisión, sino también garantizar que las normativas locales y los intereses de los terceros países se respeten plenamente.

Para los proveedores terceros esenciales de servicios de TIC, este artículo refuerza la importancia de colaborar tanto con las Autoridades Europeas de Supervisión como con las autoridades locales de los países donde operan. Esto podría incluir la provisión de acceso adecuado a información y recursos, así como la facilitación de inspecciones y auditorías. Los proveedores también deben estar preparados para enfrentar posibles recomendaciones adicionales si las limitaciones en la supervisión generan dudas sobre su cumplimiento.

Desde la perspectiva de las entidades financieras, este artículo refuerza la confianza en el marco regulatorio al garantizar que los riesgos relacionados con los servicios de TIC prestados desde terceros países sean supervisados de manera rigurosa, incluso frente a limitaciones operativas. Esto incentiva a las entidades financieras a seleccionar proveedores que demuestren un alto nivel de cooperación y transparencia en el cumplimiento normativo.

En conclusión, los apartados 2 y 3 del artículo 36 proporcionan un marco robusto para abordar la supervisión de proveedores esenciales en terceros países, equilibrando la necesidad de cooperación internacional con la flexibilidad para adaptarse a limitaciones prácticas. Este enfoque garantiza la protección de la resiliencia operativa digital en la Unión Europea, incluso en un entorno globalizado y complejo, y refuerza la importancia de la colaboración entre las Autoridades Europeas de Supervisión, las autoridades de terceros países y los proveedores esenciales.

3. Cuando no pueda llevar a cabo fuera de la Unión las actividades de supervisión a que se refieren los apartados 1 y 2, el supervisor principal deberá:

a) ejercer sus facultades con arreglo al artículo 35 basándose en todos los datos y documentos de que disponga;

b) documentar y explicar cualquier consecuencia de su incapacidad para llevar a cabo las actividades de supervisión previstas a que se refiere el presente artículo.

En las recomendaciones del supervisor principal formuladas en virtud del artículo 35, apartado 1, letra d), se tendrán en cuenta las posibles consecuencias a que se refiere la letra b) del presente apartado.

El artículo 36.3 del Reglamento 2022/2554 establece un marco legal para situaciones en las que el supervisor principal no pueda llevar a cabo actividades de supervisión fuera de la Unión Europea, según lo previsto en los apartados 1 y 2 del mismo artículo. Este precepto ofrece una solución operativa para mitigar las limitaciones prácticas que pueden surgir en la supervisión de los proveedores terceros esenciales de servicios de TIC situados en terceros países, garantizando que las obligaciones de supervisión se cumplan, en la medida de lo posible, mediante métodos alternativos. Además, refuerza la necesidad de transparencia y responsabilidad en las decisiones adoptadas en estas circunstancias.

La primera disposición, recogida en el apartado 3.a, exige que el supervisor principal ejerza sus facultades con base en todos los datos y documentos disponibles, aun cuando no pueda llevar a cabo inspecciones o actividades de supervisión in situ en el tercer país correspondiente. Este enfoque permite al supervisor principal maximizar el uso de los recursos disponibles para cumplir con sus obligaciones de supervisión, mitigando, en la medida de lo posible, las limitaciones derivadas de la imposibilidad de realizar actividades presenciales. Por ejemplo, si un proveedor esencial opera un centro de datos en un tercer país y las autoridades locales no autorizan una inspección in situ, el supervisor principal puede basarse en información proporcionada por el proveedor, como registros de auditorías internas, documentación técnica, certificaciones de ciberseguridad o incluso información recopilada a través de su filial en la Unión.

Esta disposición subraya la importancia de los mecanismos de transparencia y cooperación entre los proveedores esenciales y el supervisor principal. Para garantizar que esta supervisión basada en documentos sea efectiva, el proveedor esencial debe facilitar de manera proactiva toda la información relevante y asegurarse de que sea precisa, completa y esté actualizada. La falta de cooperación o la presentación de información incompleta puede dificultar la capacidad del supervisor principal para evaluar los riesgos relacionados con las TIC y tomar decisiones informadas.

El apartado 3.b obliga al supervisor principal a documentar y explicar las consecuencias de su incapacidad para llevar a cabo las actividades de supervisión previstas en el tercer país. Este requisito de documentación tiene como objetivo proporcionar un registro claro y transparente de las limitaciones enfrentadas, así como de las implicaciones que estas puedan tener en la evaluación de los riesgos relacionados con las TIC y en la capacidad del proveedor esencial para cumplir con los estándares del Reglamento. Por ejemplo, si la imposibilidad de realizar una inspección in situ impide verificar directamente la seguridad física de un centro de datos en un tercer país, el supervisor debe documentar este hecho y explicar cómo afecta su capacidad para evaluar la resiliencia operativa del proveedor.

Este enfoque de documentación exhaustiva también es crucial para garantizar la rendición de cuentas y la confianza en el marco regulatorio. Permite a las entidades financieras, las autoridades competentes y otras partes interesadas comprender las limitaciones que enfrentó el supervisor principal y cómo estas influyen en sus recomendaciones o decisiones. Además, establece una base sólida para futuras acciones regulatorias o ajustes en el marco de supervisión, en caso de que las limitaciones identificadas persistan o se agraven.

El último párrafo del artículo establece que las recomendaciones formuladas por el supervisor principal en virtud del artículo 35, apartado 1, letra d) deben tener en cuenta las posibles consecuencias derivadas de la incapacidad para llevar a cabo actividades de supervisión en el tercer país. Este enfoque asegura que las recomendaciones del supervisor principal reflejen una comprensión completa y realista de los riesgos involucrados, ajustando las medidas propuestas a las limitaciones identificadas. Por ejemplo, si no es posible verificar in situ la capacidad de un proveedor esencial para gestionar incidentes relacionados con las TIC, el supervisor podría recomendar medidas adicionales, como auditorías externas más frecuentes o la implementación de controles adicionales por parte de las entidades financieras que utilizan sus servicios.

Desde una perspectiva práctica, este artículo tiene varias implicaciones importantes. En primer lugar, subraya la importancia de que el supervisor principal cuente con protocolos bien definidos para recopilar, analizar y verificar información de los proveedores esenciales cuando no sea posible realizar actividades de supervisión in situ. Esto podría incluir el desarrollo de herramientas estandarizadas para solicitar información, como plantillas de informes, cuestionarios de autoevaluación o requisitos específicos de documentación técnica. También pone de relieve la necesidad de aprovechar al máximo los recursos disponibles dentro de la Unión, como la cooperación con la filial del proveedor esencial establecida en territorio europeo.

Para los proveedores terceros esenciales de servicios de TIC, este artículo refuerza la necesidad de mantener una actitud de transparencia y colaboración con el supervisor principal, especialmente en situaciones en las que las actividades de supervisión in situ no puedan llevarse a cabo. Esto incluye proporcionar acceso oportuno y completo a los documentos, registros y datos solicitados por el supervisor principal, así como adoptar medidas internas para garantizar que esta información sea confiable y esté alineada con los requisitos regulatorios. La falta de cooperación en estas circunstancias podría dar lugar a sanciones adicionales o afectar negativamente la relación del proveedor con las entidades financieras que utilizan sus servicios.

Desde la perspectiva de las entidades financieras, este artículo refuerza la confianza en el marco regulatorio al garantizar que los riesgos relacionados con las TIC sean monitoreados y evaluados incluso en situaciones desafiantes. Sin embargo, también destaca la importancia de que las entidades financieras realicen sus propias evaluaciones de riesgo al seleccionar proveedores esenciales, especialmente aquellos con operaciones significativas en terceros países. Por ejemplo, una entidad financiera podría exigir a sus proveedores de TIC que implementen medidas de seguridad adicionales o que proporcionen garantías específicas sobre la disponibilidad y la seguridad de los servicios prestados desde terceros países.

Desde un punto de vista estratégico, este artículo también pone de manifiesto la necesidad de fortalecer la cooperación internacional en materia de supervisión de los riesgos relacionados con las TIC. La incapacidad para realizar actividades de supervisión in situ en terceros países puede limitar la efectividad del marco regulatorio y aumentar los riesgos para el sistema financiero de la Unión. Por lo tanto, es crucial que las Autoridades Europeas de Supervisión trabajen en estrecha colaboración con las autoridades de terceros países para negociar acuerdos de cooperación que faciliten las actividades de supervisión y mitiguen las barreras prácticas.

En términos de política regulatoria, este artículo subraya la importancia de adoptar un enfoque flexible y pragmático en la supervisión transfronteriza, equilibrando la necesidad de proteger la resiliencia operativa del sistema financiero con las limitaciones prácticas y legales inherentes a la supervisión fuera de la Unión. Esto incluye no solo la adaptación de las recomendaciones del supervisor principal a las limitaciones identificadas, sino también la consideración de medidas estructurales a largo plazo, como la promoción de normas internacionales en materia de ciberseguridad y resiliencia operativa que puedan ser adoptadas por los terceros países donde operan los proveedores esenciales.

En conclusión, el artículo 36.3 del Reglamento 2022/2554 establece un marco robusto para abordar las limitaciones en la supervisión fuera de la Unión Europea, asegurando que el supervisor principal pueda cumplir con sus obligaciones utilizando todos los recursos disponibles y documentando de manera transparente las consecuencias de estas limitaciones. Este enfoque garantiza la continuidad y la efectividad de la supervisión, al tiempo que refuerza la confianza en el marco regulatorio y promueve la cooperación entre todas las partes interesadas en la gestión de los riesgos relacionados con las TIC. Asimismo, destaca la importancia de adoptar medidas preventivas y proactivas para mitigar los riesgos derivados de la supervisión limitada en terceros países.

Artículo 37. Solicitud de información

1. El supervisor principal, mediante simple solicitud o mediante decisión, podrá exigir a los proveedores terceros esenciales de servicios de TIC que faciliten cuanta información le sea necesaria para desempeñar sus funciones con arreglo al presente Reglamento, incluidos todos los documentos comerciales u operativos, contratos, pólizas, documentación, informes de auditorías de seguridad de las TIC e informes sobre incidentes relacionados con las TIC pertinentes, así como cualquier información relativa a las partes a las que el proveedor tercero esencial de servicios de TIC haya externalizado funciones o actividades operativas.

El artículo 37 del Reglamento 2022/2554 establece el marco legal que otorga al supervisor principal la facultad de solicitar información a los proveedores terceros esenciales de servicios de TIC, ya sea mediante una simple solicitud o a través de una decisión formal, con el objetivo de garantizar la supervisión efectiva de estos proveedores y el cumplimiento de las disposiciones del Reglamento. Este artículo es esencial para asegurar la transparencia y el acceso a la información crítica necesaria para evaluar los riesgos relacionados con las TIC que puedan afectar la resiliencia operativa digital de las entidades financieras de la Unión Europea.

El supervisor principal puede requerir cualquier información necesaria para el desempeño de sus funciones, lo que abarca una amplia gama de documentos e información operativa relacionados con los servicios de TIC prestados a entidades financieras. Esta potestad incluye, entre otros, la solicitud de documentos comerciales u operativos, contratos, pólizas, informes de auditorías de seguridad de las TIC, informes sobre incidentes relacionados con las TIC y, además, información sobre las partes subcontratadas a las que el proveedor esencial haya externalizado funciones o actividades operativas. Esta amplitud refleja la intención del legislador de otorgar al supervisor principal un acceso integral a toda la información que pueda ser relevante para evaluar la gestión de riesgos, la calidad de los servicios y el cumplimiento normativo por parte del proveedor.

La posibilidad de solicitar esta información por parte del supervisor principal responde a una necesidad crítica en la supervisión de los proveedores esenciales, dado el papel fundamental que desempeñan estos actores en la infraestructura digital del sistema financiero de la Unión. Los servicios de TIC ofrecidos por los proveedores esenciales suelen sustentar funciones operativas cruciales, como el procesamiento de datos, la gestión de ciberseguridad, la continuidad del negocio y la recuperación frente a desastres. Por lo tanto, la capacidad del supervisor principal para obtener información completa y actualizada permite identificar vulnerabilidades, gestionar riesgos y garantizar la resiliencia operativa de las entidades financieras.

La facultad de solicitar información puede ejercerse mediante dos mecanismos principales: solicitud simple o decisión formal. La solicitud simple implica una comunicación menos formal que espera la cooperación voluntaria del proveedor esencial. Este enfoque puede ser útil para obtener información rutinaria o en situaciones donde no exista resistencia o incumplimiento por parte del proveedor. Por ejemplo, si el supervisor necesita un informe reciente de auditoría de seguridad de las TIC como parte de una evaluación anual, una solicitud simple podría ser suficiente. Sin embargo, si el proveedor no coopera o se niega a proporcionar la información solicitada, el supervisor principal puede emitir una decisión formal, que tiene carácter vinculante y obliga legalmente al proveedor a cumplir con la solicitud. Esta estructura escalonada garantiza que el supervisor pueda recurrir a medidas más firmes solo cuando sea necesario, evitando una intervención excesiva o innecesaria.

La capacidad del supervisor principal para exigir información también incluye el acceso a documentos relacionados con la subcontratación de funciones o actividades operativas por parte del proveedor esencial. Esto es particularmente relevante en casos en los que los proveedores subcontraten servicios críticos a terceros, ya que estos acuerdos pueden generar riesgos adicionales, como la falta de supervisión directa, problemas de calidad del servicio o vulnerabilidades en la seguridad de las TIC. Por ejemplo, si un proveedor esencial subcontrata el almacenamiento de datos financieros críticos a otro proveedor situado en un tercer país, el supervisor principal podría solicitar información detallada sobre ese acuerdo, incluyendo las condiciones de seguridad, los mecanismos de recuperación de datos y la capacidad de supervisión del proveedor principal sobre el subcontratista.

Desde una perspectiva práctica, este artículo tiene implicaciones importantes para todas las partes involucradas. Para el supervisor principal, la amplitud de las facultades otorgadas por el artículo 37 refuerza su capacidad para realizar una supervisión efectiva y exhaustiva de los proveedores esenciales. Sin embargo, también implica la necesidad de establecer procedimientos claros y consistentes para gestionar las solicitudes de información, asegurando que estas sean razonables, proporcionadas y específicas en su alcance. Por ejemplo, el supervisor debe asegurarse de que las solicitudes de información no impongan cargas excesivas o innecesarias a los proveedores, especialmente cuando se trate de información que ya haya sido proporcionada previamente.

Para los proveedores terceros esenciales de servicios de TIC, este artículo refuerza la importancia de mantener una gestión documental adecuada y de estar preparados para responder de manera oportuna y completa a las solicitudes de información del supervisor principal. Esto incluye la implementación de sistemas internos para garantizar que todos los documentos relevantes estén disponibles, actualizados y en cumplimiento con los requisitos regulatorios. Además, los proveedores deben ser conscientes de que la falta de cooperación o el suministro de información incompleta o inexacta podría dar lugar a sanciones administrativas u otras medidas por parte del supervisor principal. Por ejemplo, un proveedor que no presente un informe sobre un incidente grave relacionado con las TIC en el plazo requerido podría enfrentar multas coercitivas o restricciones adicionales en su operación.

Desde la perspectiva de las entidades financieras, este artículo garantiza que los riesgos relacionados con las TIC que afectan a sus operaciones sean monitoreados de manera efectiva por el supervisor principal. Al proporcionar acceso a información crítica sobre los proveedores esenciales, este marco regulatorio permite al supervisor identificar y abordar posibles vulnerabilidades antes de que estas afecten la continuidad o la calidad de los servicios financieros. Además, incentiva a los proveedores a mantener altos estándares de seguridad y calidad en sus operaciones, lo que beneficia a las entidades financieras y, en última instancia, a sus clientes.

En términos de política regulatoria, el artículo 37 refuerza el principio de transparencia y cooperación como base para la supervisión de los proveedores esenciales. Al exigir la provisión de información completa y detallada, el supervisor principal puede garantizar que las evaluaciones de riesgo se basen en datos precisos y actualizados, lo que contribuye a una toma de decisiones informada y efectiva. Este enfoque también subraya la importancia de la proporcionalidad, asegurando que las solicitudes de información se ajusten a las necesidades específicas de supervisión y no impongan cargas desproporcionadas a los proveedores.

Desde un punto de vista estratégico, este artículo también subraya la necesidad de una armonización regulatoria a nivel de la Unión Europea, asegurando que las solicitudes de información se gestionen de manera coherente en todos los Estados miembros. Esto evita discrepancias en la aplicación del Reglamento y garantiza que todos los proveedores esenciales estén sujetos a las mismas expectativas en términos de transparencia y cooperación. Por ejemplo, un proveedor que opera en varios Estados miembros debe poder responder a solicitudes de información de manera uniforme, sin enfrentarse a requisitos divergentes o duplicados.

En conclusión, el artículo 37 del Reglamento 2022/2554 es un pilar fundamental del marco de supervisión de los proveedores terceros esenciales de servicios de TIC, otorgando al supervisor principal las facultades necesarias para acceder a información crítica y garantizar la seguridad y resiliencia del sistema financiero de la Unión Europea. Este artículo equilibra la necesidad de transparencia con el respeto por los principios de proporcionalidad y cooperación, promoviendo un entorno en el que los proveedores esenciales puedan ser supervisados de manera efectiva sin enfrentar cargas innecesarias. Al mismo tiempo, refuerza la confianza en el marco regulatorio al garantizar que los riesgos relacionados con las TIC sean monitoreados y gestionados de manera proactiva, beneficiando tanto a las entidades financieras como a sus clientes.

2. Cuando envíe una simple solicitud de información con arreglo al apartado 1, el supervisor principal:

a) hará referencia al presente artículo como base jurídica de la solicitud;

b) indicará el propósito de la solicitud;

c) especificará la información requerida;

d) fijará el plazo en el que habrá de serle facilitada la información;

e) informará al representante del proveedor tercero esencial de servicios de TIC a quien se solicite la información de que, si bien no está obligado a facilitar esa información, en caso de que responda voluntariamente a la solicitud, la información que facilite no deberá ser incorrecta ni engañosa.

El artículo 37.2 del Reglamento 2022/2554 regula los aspectos formales y sustantivos que debe cumplir una simple solicitud de información realizada por el supervisor principal a un proveedor tercero esencial de servicios de TIC. Este apartado tiene como objetivo garantizar que las solicitudes de información sean transparentes, específicas, proporcionadas y, a la vez, respetuosas de los principios fundamentales del debido proceso y los derechos de los proveedores esenciales. La disposición detalla los elementos obligatorios que debe incluir la solicitud, subrayando la importancia de la claridad y precisión en la interacción entre el supervisor y los proveedores esenciales.

En primer lugar, el supervisor principal debe referirse expresamente al artículo 37 como la base jurídica de la solicitud. Este requisito garantiza que el proveedor tercero esencial esté plenamente informado de la fuente legal que legitima la solicitud, lo cual es fundamental para evitar ambigüedades o posibles objeciones sobre la autoridad del supervisor. Al citar este artículo, el supervisor principal deja claro que la solicitud se realiza dentro del marco regulatorio del Reglamento 2022/2554 y que responde a la necesidad de supervisar los riesgos relacionados con las TIC que puedan afectar a la resiliencia operativa digital de las entidades financieras de la Unión. Por ejemplo, una solicitud de información relacionada con incidentes recientes de ciberseguridad deberá incluir la referencia explícita a este artículo para que el proveedor entienda su obligación de responder conforme a los términos establecidos en el Reglamento.

El supervisor también debe indicar el propósito de la solicitud, lo que implica explicar de manera clara y detallada el motivo por el cual se solicita la información. Este aspecto es clave para garantizar la transparencia y para que el proveedor esencial comprenda cómo se utilizarán los datos proporcionados. Por ejemplo, si el supervisor requiere información sobre auditorías de seguridad de las TIC, deberá especificar que dicha información es necesaria para evaluar el cumplimiento del proveedor con los estándares de seguridad exigidos por el Reglamento y para identificar posibles riesgos que puedan afectar a las entidades financieras que utilizan sus servicios.

Asimismo, el supervisor principal tiene la obligación de especificar claramente la información requerida, evitando formular solicitudes genéricas o vagas que puedan dar lugar a confusiones o interpretaciones ambiguas por parte del proveedor esencial. Esto incluye detallar los documentos o datos específicos que deben ser proporcionados, así como el formato o nivel de detalle esperado. Por ejemplo, si el supervisor solicita información sobre un incidente relacionado con las TIC, deberá especificar si se requiere un informe completo del incidente, registros técnicos, medidas correctoras implementadas o una combinación de estos elementos.

El supervisor también debe establecer un plazo razonable para que el proveedor esencial facilite la información solicitada. Este plazo debe ser proporcional a la naturaleza y la complejidad de la información requerida, garantizando que el proveedor tenga tiempo suficiente para recopilar y proporcionar los datos solicitados de manera adecuada. Por ejemplo, si se solicita información sobre políticas de continuidad del negocio, el plazo podría ser más amplio que en el caso de un simple informe de incidentes recientes. Este aspecto asegura que las solicitudes sean realistas y factibles, al tiempo que se respetan los principios de proporcionalidad y colaboración.

Finalmente, el supervisor principal debe informar al proveedor esencial de que, aunque no está legalmente obligado a responder a la solicitud de información voluntaria, cualquier información que facilite debe ser precisa, veraz y no engañosa. Este punto subraya el principio de buena fe en las relaciones entre el supervisor y los proveedores esenciales. Si el proveedor decide responder a la solicitud, asume la responsabilidad de garantizar que la información proporcionada sea correcta y no contenga errores o falsedades que puedan distorsionar la evaluación del supervisor. Por ejemplo, si el proveedor presenta un informe sobre un incidente relacionado con las TIC, este debe reflejar con exactitud los hechos, el impacto del incidente y las medidas correctoras adoptadas, evitando omisiones o tergiversaciones.

Desde una perspectiva práctica, este artículo tiene implicaciones significativas tanto para el supervisor principal como para los proveedores terceros esenciales de servicios de TIC. Para el supervisor, el cumplimiento de los requisitos formales establecidos en el artículo 37.2 asegura que las solicitudes de información sean claras, específicas y legítimas, lo que reduce la probabilidad de objeciones o disputas por parte del proveedor esencial. También refuerza la confianza y la cooperación entre las partes, ya que los proveedores tienen la seguridad de que las solicitudes se realizan dentro del marco regulatorio y con un propósito claro.

Para los proveedores esenciales, este artículo destaca la importancia de mantener una actitud proactiva y transparente en su relación con el supervisor principal. Aunque la respuesta a una solicitud de información voluntaria no es obligatoria, el proveedor debe tener en cuenta que cualquier información incorrecta o engañosa puede tener consecuencias graves, incluyendo posibles sanciones administrativas o una pérdida de confianza por parte del supervisor. Por lo tanto, los proveedores deben asegurarse de que sus sistemas internos de gestión documental y sus procesos de recopilación de información sean robustos y permitan responder con precisión a las solicitudes del supervisor.

Además, este artículo refuerza la importancia de la cooperación voluntaria como un elemento clave del marco regulatorio. Aunque la solicitud no impone una obligación legal directa de responder, la colaboración por parte del proveedor esencial demuestra su compromiso con el cumplimiento normativo y con la seguridad y resiliencia del sistema financiero de la Unión. Esto puede ser particularmente importante en casos en los que el proveedor esencial quiera demostrar que está adoptando medidas proactivas para gestionar los riesgos relacionados con las TIC y garantizar la continuidad de los servicios que presta a las entidades financieras.

Desde la perspectiva de las entidades financieras, este artículo asegura que el supervisor principal pueda acceder a información crítica sobre los proveedores esenciales de manera eficiente, lo que refuerza la capacidad del supervisor para identificar y mitigar riesgos que puedan afectar la resiliencia operativa de las entidades financieras. Esto, a su vez, beneficia a las entidades financieras al garantizar que los proveedores esenciales cumplan con los estándares de seguridad y calidad establecidos en el Reglamento.

En términos de armonización regulatoria, este artículo garantiza que las solicitudes de información realizadas por los supervisores principales sean consistentes y cumplan con un estándar uniforme en toda la Unión Europea. Esto evita disparidades en la forma en que se aplican las disposiciones del Reglamento en diferentes Estados miembros y asegura que todos los proveedores esenciales estén sujetos a las mismas expectativas y requisitos en cuanto a la provisión de información.

En conclusión, el artículo 37.2 del Reglamento 2022/2554 establece un marco detallado y garantista para las solicitudes de información realizadas por el supervisor principal a los proveedores terceros esenciales de servicios de TIC. Este enfoque equilibra la necesidad de acceso a información crítica para la supervisión con el respeto a los derechos de los proveedores y el principio de proporcionalidad. Al garantizar que las solicitudes sean claras, específicas y fundamentadas, este artículo promueve la transparencia y la cooperación entre el supervisor y los proveedores, contribuyendo a la resiliencia operativa del sistema financiero de la Unión y reforzando la confianza en el marco regulatorio.

3. Cuando exija mediante decisión que se facilite información con arreglo al apartado 1, el supervisor principal:

- ***a) hará referencia al presente artículo como base jurídica de la solicitud;***
- ***b) indicará el propósito de la solicitud;***
- ***c) especificará la información requerida;***
- ***d) fijará el plazo en el que habrá de serle facilitada la información;***
- ***e) indicará las multas coercitivas previstas en el artículo 35, apartado 6, en caso de que no se facilite toda la información exigida o de que tal información no se facilite en el plazo a que se refiere la letra d) del presente apartado;***
- ***f) hará constar el derecho de recurrir la decisión ante la Sala de Recurso de la Autoridad Europea de Supervisión y ante el Tribunal de Justicia de la Unión Europea (en lo sucesivo, «Tribunal de Justicia»), de conformidad con los artículos 60 y 61 del Reglamento (UE) número 1093/2010, los artículos 60 y 61 del Reglamento (UE) número 1094/2010 y los artículos 60 y 61 del Reglamento (UE) número 1095/2010.***

El artículo 37.3 del Reglamento 2022/2554 establece los requisitos y garantías que deben cumplirse cuando el supervisor principal emite una decisión formal para exigir información a los proveedores terceros esenciales de servicios de TIC. Este artículo asegura que el proceso de solicitud de información, cuando se formaliza mediante una decisión, sea transparente, claro y plenamente respetuoso con los derechos de defensa de los proveedores esenciales. Además, se establece un marco detallado para evitar arbitrariedades y garantizar que las solicitudes se realicen dentro del marco legal y conforme a los principios de proporcionalidad y debido proceso.

El supervisor principal puede emitir una decisión formal en los casos en que el proveedor esencial no haya respondido de manera adecuada o completa a una solicitud simple de información, o cuando sea necesario garantizar el cumplimiento obligatorio de la solicitud debido a la importancia crítica de la información requerida. La decisión formal tiene un carácter vinculante y se refuerza con la posibilidad de imponer multas coercitivas, lo que la convierte en una herramienta clave para asegurar la cooperación de los proveedores esenciales en la supervisión.

Para garantizar la legitimidad y transparencia de estas decisiones, el artículo detalla los elementos esenciales que deben incluirse en la decisión formal:

En primer lugar, el supervisor principal debe hacer referencia al artículo 37 como base jurídica de la solicitud, lo que legitima el uso de esta facultad y asegura que el proveedor esencial esté plenamente informado del marco legal aplicable. Este requisito refuerza la transparencia del proceso y evita posibles malentendidos sobre la autoridad del supervisor para emitir la decisión. Por ejemplo, al citar este artículo, el proveedor entiende que la solicitud está fundamentada en el Reglamento y no en un criterio subjetivo o arbitrario.

El supervisor principal también debe indicar el propósito de la solicitud, explicando claramente por qué se necesita la información y cómo será utilizada en el contexto de la supervisión. Este requisito garantiza que la solicitud sea específica y esté alineada con los objetivos del Reglamento, como la evaluación de los riesgos relacionados con las TIC o la verificación del cumplimiento normativo. Por ejemplo, si se requiere información sobre subcontrataciones a terceros, el supervisor debe especificar que el propósito es evaluar posibles riesgos de concentración o falta de control sobre funciones esenciales.

Además, la decisión formal debe especificar la información requerida, proporcionando detalles claros sobre los documentos, datos o registros que deben ser entregados. Esto evita ambigüedades y asegura que el proveedor esencial comprenda exactamente qué se le solicita. Por ejemplo, si se requiere un informe sobre incidentes de ciberseguridad, la decisión debe indicar si se espera un análisis técnico detallado, un resumen de los incidentes ocurridos en un período específico o ambos.

La decisión también debe fijar un plazo claro y razonable para que el proveedor esencial facilite la información. Este plazo debe ser proporcional a la complejidad de la información solicitada y tener en cuenta la capacidad del proveedor para recopilar y proporcionar los datos requeridos.

Por ejemplo, para un informe técnico detallado sobre la seguridad de un sistema de TIC, el supervisor puede establecer un plazo más amplio que para una solicitud de contratos existentes.

Un aspecto clave de las decisiones formales es que deben indicar las multas coercitivas previstas en el artículo 35.6 en caso de incumplimiento. Estas multas actúan como un mecanismo de presión para garantizar la cooperación y evitar retrasos en la entrega de la información. El importe de estas multas, que puede alcanzar hasta el 1 % del volumen de negocios diario medio del proveedor, subraya la importancia de cumplir con las solicitudes dentro de los plazos establecidos. Este aspecto tiene un impacto significativo en los proveedores esenciales, ya que refuerza la necesidad de priorizar las solicitudes del supervisor principal y garantizar su cumplimiento oportuno.

La decisión formal también debe informar al proveedor esencial de su derecho a recurrir ante la Sala de Recurso de la Autoridad Europea de Supervisión y, posteriormente, ante el Tribunal de Justicia de la Unión Europea (TJUE), de conformidad con los Reglamentos que rigen a las Autoridades Europeas de Supervisión. Este derecho de recurso es una garantía fundamental que refuerza los derechos de defensa del proveedor y asegura que cualquier disputa sobre la solicitud de información pueda ser revisada por instancias independientes. Por ejemplo, si un proveedor considera que la solicitud es desproporcionada o que el plazo es irrazonable, puede recurrir la decisión para buscar una revisión de su validez.

Desde una perspectiva práctica, este artículo tiene implicaciones significativas tanto para el supervisor principal como para los proveedores terceros esenciales de servicios de TIC. Para el supervisor, establece un marco detallado y garantista que asegura que las decisiones formales se emitan de manera transparente y en cumplimiento de los principios de legalidad y proporcionalidad. Esto incluye la necesidad de justificar adecuadamente cada decisión, asegurándose de que esté respaldada por un propósito claro y una necesidad legítima de información.

Para los proveedores esenciales, este artículo refuerza la importancia de mantener una actitud de cooperación con el supervisor principal y de responder a las solicitudes de información de manera adecuada y oportuna. La posibilidad de enfrentar multas coercitivas y el carácter vinculante de las decisiones formales subraya la necesidad de priorizar estas solicitudes y garantizar que los sistemas internos de gestión documental sean suficientemente robustos para cumplir con los requisitos del Reglamento. Por ejemplo, los proveedores deben asegurarse de que sus registros operativos, contratos y políticas de seguridad estén organizados y fácilmente accesibles para responder a las solicitudes del supervisor.

Desde la perspectiva de las entidades financieras, este artículo garantiza que los proveedores esenciales estén sujetos a un marco de supervisión efectivo y riguroso, lo que refuerza la confianza en la resiliencia operativa de los servicios de TIC que contratan. Al garantizar que el supervisor principal pueda acceder a información crítica, el Reglamento protege a las entidades financieras de posibles riesgos asociados con la falta de supervisión de los proveedores esenciales.

En términos de armonización regulatoria, el artículo 37.3 asegura que las decisiones formales emitidas por los supervisores principales en toda la Unión Europea sigan un estándar uniforme, evitando discrepancias en la aplicación del Reglamento y garantizando un trato equitativo para todos los proveedores esenciales. Esto refuerza la coherencia del marco regulatorio y contribuye a un entorno más predecible para los proveedores de servicios de TIC.

Desde un punto de vista estratégico, este artículo también subraya la necesidad de equilibrar la eficacia de la supervisión con el respeto a los derechos de los proveedores esenciales. Al incluir garantías como el derecho de recurso y la obligación de justificar cada solicitud, el Reglamento asegura que las decisiones formales sean proporcionadas y respetuosas de los principios del Estado de derecho. Esto refuerza la legitimidad del marco regulatorio y fomenta la cooperación entre los supervisores y los proveedores esenciales.

En conclusión, el artículo 37.3 del Reglamento 2022/2554 establece un marco robusto y garantista para la emisión de decisiones formales por parte del supervisor principal, asegurando que las solicitudes de información sean claras, legítimas y respetuosas de los derechos de los proveedores esenciales de servicios de TIC. Este enfoque equilibra la necesidad de supervisión efectiva con el respeto al debido proceso, promoviendo un entorno de transparencia y cooperación que beneficia tanto a las entidades financieras como a la resiliencia operativa del sistema financiero de la Unión Europea.

4. Los representantes de los proveedores terceros esenciales de servicios de TIC facilitarán la información solicitada. Los abogados debidamente habilitados podrán facilitar la información en nombre de sus representados. El proveedor tercero esencial de servicios de TIC seguirá siendo plenamente responsable si la información suministrada es incompleta, incorrecta o engañosa.

El artículo 37.4 del Reglamento 2022/2554 establece las obligaciones de los representantes de los proveedores terceros esenciales de servicios de TIC en cuanto a la provisión de información solicitada por el supervisor principal. Este artículo regula tanto quién puede suministrar la información como la responsabilidad última del proveedor respecto a la exactitud, integridad y veracidad de los datos facilitados. Esta disposición es fundamental para garantizar la transparencia, la precisión y la responsabilidad en el cumplimiento de las obligaciones de supervisión, elementos esenciales para proteger la resiliencia operativa digital de las entidades financieras de la Unión.

En primer lugar, el artículo impone una obligación clara y directa a los representantes de los proveedores esenciales de facilitar la información requerida por el supervisor principal en virtud del artículo 37. Esta obligación asegura que los proveedores no puedan eludir o retrasar sus responsabilidades bajo el Reglamento, reafirmando el carácter obligatorio de las solicitudes de información. Es importante destacar que esta obligación aplica tanto a las solicitudes simples como a las decisiones formales de información, lo que refuerza el compromiso de los proveedores esenciales con la supervisión efectiva de sus operaciones.

Además, el artículo permite que los abogados debidamente habilitados presenten la información en nombre de los proveedores esenciales. Esta disposición reconoce la posibilidad de delegar la gestión de las solicitudes de información a profesionales jurídicos, lo que puede ser especialmente útil en situaciones complejas o cuando la información solicitada tiene implicaciones legales o técnicas significativas. Por ejemplo, en el caso de solicitudes relacionadas con incidentes de ciberseguridad o acuerdos de subcontratación, los abogados pueden garantizar que la información se presente de manera adecuada y en conformidad con las obligaciones legales y contractuales del proveedor. Sin embargo, la posibilidad de que los abogados actúen en nombre de los proveedores no exime a estos últimos de su responsabilidad final, como se detalla posteriormente en el mismo artículo.

El elemento más crítico de este artículo es la disposición que establece que el proveedor tercero esencial de servicios de TIC sigue siendo plenamente responsable de la información suministrada, incluso cuando esta sea facilitada por un representante o abogado. Esto implica que el proveedor no puede transferir ni delegar su responsabilidad por la exactitud, integridad o veracidad de los datos proporcionados. Si la información suministrada resulta incompleta, incorrecta o engañosa, el proveedor esencial será responsable de las consecuencias que se deriven de ello, lo que podría incluir multas coercitivas, medidas correctoras o incluso la pérdida de confianza por parte del supervisor principal. Por ejemplo, si un proveedor proporciona información incompleta sobre un incidente de ciberseguridad, omitiendo detalles clave sobre las medidas correctoras adoptadas, podría enfrentar sanciones significativas por parte del supervisor principal.

Desde una perspectiva práctica, este artículo tiene varias implicaciones importantes. Para los proveedores terceros esenciales de servicios de TIC, subraya la importancia de implementar sistemas internos robustos para garantizar que toda la información facilitada al supervisor principal sea precisa, completa y actualizada. Esto incluye establecer procesos claros para la recopilación, revisión y validación de la información solicitada, así como mantener una comunicación efectiva entre los diferentes departamentos responsables de generar la información requerida. Por ejemplo, el equipo de ciberseguridad, el departamento legal y la alta dirección deben colaborar estrechamente para garantizar que los informes de incidentes relacionados con las TIC cumplan con los estándares requeridos.

Además, los proveedores deben asegurarse de que sus representantes y abogados estén debidamente informados sobre las especificidades de la información requerida y sobre las consecuencias legales de suministrar datos incorrectos o incompletos. Aunque el abogado puede actuar como intermediario en la presentación de la información, la responsabilidad última recae en el proveedor, lo que significa que este debe realizar un control riguroso de los datos antes de enviarlos. Esto también implica que los proveedores deben seleccionar cuidadosamente a sus representantes y asegurarse de que estos cuenten con los conocimientos técnicos y legales necesarios para cumplir con las solicitudes del supervisor principal.

Desde la perspectiva del supervisor principal, este artículo refuerza su capacidad para obtener información precisa y confiable de los proveedores esenciales, al tiempo que establece un marco claro de responsabilidad para garantizar que los proveedores no evadan sus obligaciones. Además, al permitir que los abogados actúen en nombre de los proveedores, el artículo facilita la interacción entre el supervisor y los proveedores, especialmente en casos en los que la información requerida sea compleja o sensible. Sin embargo, el supervisor principal debe seguir evaluando críticamente la calidad y veracidad de la información proporcionada, y estar preparado para tomar medidas en caso de que detecte inconsistencias, errores u omisiones.

Desde el punto de vista de las entidades financieras que dependen de los servicios de los proveedores esenciales, este artículo refuerza la confianza en el marco regulatorio, ya que garantiza que los proveedores sean plenamente responsables de la información que proporcionan al supervisor principal. Esto es particularmente importante para las entidades financieras, ya que cualquier inexactitud o error en la información suministrada podría generar riesgos operativos o de seguridad para sus propias operaciones.

En términos de armonización regulatoria, este artículo asegura que los estándares de responsabilidad y cooperación se apliquen de manera uniforme a todos los proveedores terceros esenciales de servicios de TIC en la Unión Europea. Esto evita discrepancias en la aplicación del Reglamento y garantiza que todos los proveedores estén sujetos a las mismas expectativas y requisitos en cuanto a la provisión de información.

Desde una perspectiva estratégica, este artículo también subraya la importancia de la transparencia y la responsabilidad como principios fundamentales del marco de supervisión establecido por el Reglamento 2022/2554. Al establecer que el proveedor esencial es plenamente responsable de la información suministrada, el artículo incentiva a los proveedores a adoptar una actitud proactiva y diligente en el cumplimiento de sus obligaciones regulatorias. Esto, a su vez, contribuye a la resiliencia operativa del sistema financiero de la Unión, ya que asegura que los supervisores principales tengan acceso a información precisa y confiable para tomar decisiones informadas.

En conclusión, el artículo 37.4 del Reglamento 2022/2554 establece un marco claro y garantista para la provisión de información por parte de los proveedores terceros esenciales de servicios de TIC, subrayando la importancia de la transparencia, la precisión y la responsabilidad. Al permitir que los abogados actúen en nombre de los proveedores, pero mantener la responsabilidad última en estos últimos, el artículo asegura un equilibrio entre la flexibilidad operativa y el cumplimiento de las obligaciones regulatorias. Este enfoque contribuye a una supervisión efectiva y refuerza la confianza en el marco regulatorio, beneficiando tanto a las entidades financieras como a la resiliencia operativa del sistema financiero en su conjunto.

5. El supervisor principal remitirá sin demora una copia de la decisión de facilitar información a las autoridades competentes de las entidades financieras que utilicen los servicios de los proveedores terceros esenciales de servicios de TIC pertinentes y a la Red de Supervisión Conjunta.

El artículo 37.5 del Reglamento 2022/2554 establece la obligación del supervisor principal de remitir una copia de la decisión formal de requerimiento de información a las autoridades competentes de las entidades financieras que utilicen los servicios del proveedor tercero esencial de servicios de TIC correspondiente, así como a la Red de Supervisión Conjunta. Esta disposición busca garantizar la transparencia, la cooperación interinstitucional y la coordinación efectiva en el marco de la supervisión de los proveedores esenciales, especialmente en lo que respecta al acceso a información relevante para la gestión de los riesgos relacionados con las TIC.

La obligación de enviar esta copia se deriva de la importancia crítica que tienen los proveedores terceros esenciales de servicios de TIC en el funcionamiento del sistema financiero de la Unión. Las decisiones del supervisor principal relacionadas con la solicitud de información no solo afectan directamente al proveedor esencial, sino que también pueden tener un impacto significativo en las entidades financieras que dependen de sus servicios. Por lo tanto, es fundamental que las autoridades competentes de estas entidades financieras y la Red de Supervisión Conjunta estén informadas de dichas decisiones para garantizar un enfoque coherente y coordinado en la supervisión.

El hecho de que el supervisor principal deba remitir sin demora una copia de la decisión subraya la importancia de la rapidez y la oportunidad en la comunicación. Esto es especialmente relevante cuando la información requerida al proveedor esencial está relacionada con incidentes graves relacionados con las TIC o con riesgos críticos que puedan comprometer la resiliencia operativa de las entidades financieras. Por ejemplo, si el supervisor principal emite una decisión para obtener información sobre un fallo importante en los sistemas de TIC de un proveedor esencial, es crucial que las autoridades competentes de las entidades financieras afectadas sean informadas rápidamente para que puedan tomar las medidas necesarias para mitigar posibles riesgos o interrupciones en sus operaciones.

El envío de la decisión a las autoridades competentes de las entidades financieras cumple varios objetivos. En primer lugar, garantiza que estas autoridades tengan acceso a la información necesaria para supervisar adecuadamente a las entidades financieras bajo su jurisdicción, especialmente en lo que respecta a su dependencia de los servicios de TIC proporcionados por el proveedor esencial. En segundo lugar, permite a las autoridades competentes evaluar si la solicitud de información del supervisor principal podría revelar riesgos adicionales o vulnerabilidades específicas en las operaciones de las entidades financieras. Por ejemplo, si la decisión del supervisor principal está relacionada con problemas de seguridad cibernética en los servicios del proveedor esencial, las autoridades competentes podrían recomendar a las entidades financieras que refuercen sus controles internos de seguridad mientras se aclaran los detalles del incidente.

El envío de la decisión a la Red de Supervisión Conjunta también es un componente crítico de este artículo. La Red de Supervisión Conjunta, como foro establecido para coordinar las actividades de supervisión de los proveedores terceros esenciales de servicios de TIC, desempeña un papel clave en la promoción de un enfoque armonizado y en la identificación de posibles riesgos sistémicos a escala de la Unión. Al recibir una copia de la decisión, la Red puede garantizar que los supervisores principales de otros proveedores esenciales tengan conocimiento de las acciones tomadas y puedan ajustar sus propias estrategias de supervisión si identifican riesgos similares en los servicios de sus respectivos proveedores esenciales. Además, este intercambio de información permite a la Red identificar tendencias o patrones que puedan requerir medidas de supervisión coordinadas, como recomendaciones conjuntas o ajustes en los protocolos de supervisión.

Desde una perspectiva práctica, este artículo refuerza la necesidad de una gestión eficiente de la información y la cooperación entre los diferentes actores involucrados en la supervisión de los proveedores esenciales. Para el supervisor principal, implica la responsabilidad de garantizar que las decisiones de requerimiento de información sean comunicadas de manera clara, completa y oportuna a las autoridades competentes y a la Red de Supervisión Conjunta. Esto incluye detallar el contexto de la decisión, el propósito de la solicitud de información y cualquier plazo relevante para el cumplimiento de la misma. Por ejemplo, si la decisión está relacionada con la subcontratación de funciones esenciales por parte del proveedor, el supervisor principal debe informar a las autoridades competentes sobre los posibles riesgos asociados con dicha subcontratación, como el aumento de la dependencia de terceros o la falta de control directo sobre las operaciones críticas.

Para las autoridades competentes de las entidades financieras, recibir una copia de la decisión permite reforzar su capacidad para supervisar adecuadamente los riesgos que puedan afectar a las entidades bajo su jurisdicción. Esto es especialmente importante en sectores financieros altamente interconectados, donde los problemas en un proveedor esencial pueden tener un efecto en cascada sobre múltiples entidades financieras y, en última instancia, sobre la estabilidad del sistema financiero. Las autoridades competentes también pueden utilizar la información proporcionada en la decisión para orientar a las entidades financieras sobre cómo responder a posibles riesgos o para coordinarse con el supervisor principal en la implementación de medidas correctoras.

Desde la perspectiva de las entidades financieras, este artículo refuerza la confianza en el marco regulatorio al garantizar que las autoridades competentes y la Red de Supervisión Conjunta estén plenamente informadas de las acciones tomadas por el supervisor principal en relación con los proveedores esenciales. Esto proporciona una capa adicional de supervisión y coordinación que beneficia a las entidades financieras al asegurar que los riesgos relacionados con las TIC sean monitoreados de manera efectiva y que se tomen medidas oportunas para mitigar cualquier impacto potencial.

En términos de armonización regulatoria, este artículo refuerza la coherencia del marco de supervisión en toda la Unión Europea al garantizar que las decisiones de los supervisores principales se comuniquen de manera sistemática a las autoridades competentes y a la Red de Supervisión Conjunta. Esto evita la fragmentación en la aplicación del Reglamento y asegura que todos los actores relevantes tengan acceso a la misma información, lo que es esencial para una supervisión coordinada y efectiva.

Desde un punto de vista estratégico, este artículo subraya la importancia de la transparencia y la cooperación interinstitucional en la supervisión de los riesgos relacionados con las TIC. Al establecer un proceso claro para la comunicación de decisiones, el Reglamento refuerza la capacidad de los supervisores principales, las autoridades competentes y la Red de Supervisión Conjunta para trabajar juntos en la identificación y gestión de riesgos. Esto no solo contribuye a la resiliencia operativa del sistema financiero de la Unión, sino que también refuerza la confianza de las entidades financieras y de sus clientes en el marco regulatorio.

En conclusión, el artículo 37.5 del Reglamento 2022/2554 establece una disposición clave para garantizar la transparencia, la coordinación y la cooperación en la supervisión de los proveedores terceros esenciales de servicios de TIC. Al requerir que las decisiones formales del supervisor principal sean remitidas a las autoridades competentes y a la Red de Supervisión Conjunta, este artículo asegura que todos los actores relevantes estén informados y puedan actuar de manera coherente y coordinada para gestionar los riesgos relacionados con las TIC. Este enfoque promueve un sistema financiero más resiliente y seguro, al tiempo que refuerza la confianza en el marco regulatorio y en las medidas de supervisión adoptadas.

Artículo 38. Investigaciones generales

1. A fin de desempeñar sus funciones con arreglo al presente Reglamento, el supervisor principal, asistido por el equipo conjunto de examinadores a que se refiere el artículo 40, apartado 1, podrá, cuando sea necesario, llevar a cabo investigaciones de proveedores terceros esenciales de servicios de TIC.

El artículo 38.1 del Reglamento 2022/2554 otorga al supervisor principal la facultad de llevar a cabo investigaciones generales sobre los proveedores terceros esenciales de servicios de TIC, con el propósito de garantizar el cumplimiento de las disposiciones del Reglamento y evaluar la gestión de los riesgos relacionados con las TIC que puedan afectar a las entidades financieras de la Unión. Este precepto se enmarca dentro del conjunto de medidas establecidas para supervisar de manera eficaz a estos proveedores, cuya infraestructura y servicios son críticos para la resiliencia operativa del sistema financiero de la Unión Europea.

El artículo establece que el supervisor principal estará asistido por el equipo conjunto de examinadores a que se refiere el artículo 40. Este equipo, compuesto por expertos en supervisión y representantes de diversas autoridades competentes y organismos pertinentes, asegura que las investigaciones se lleven a cabo de manera coordinada y con el nivel adecuado de experiencia técnica y operativa. La colaboración entre el supervisor principal y el equipo conjunto permite realizar investigaciones más exhaustivas y efectivas, especialmente en contextos donde los servicios de TIC implican alta complejidad técnica o interdependencias significativas entre sectores financieros.

El objetivo principal de las investigaciones generales es proporcionar al supervisor principal una visión integral del cumplimiento del proveedor tercero esencial con las obligaciones establecidas en el Reglamento, así como evaluar la gestión de los riesgos relacionados con las TIC. Estas investigaciones pueden cubrir diversos aspectos, como la seguridad de las redes y sistemas de información, la capacidad del proveedor para responder a incidentes de TIC, la idoneidad de sus políticas de gestión del riesgo relacionado con las TIC, y la eficacia de sus medidas de continuidad del negocio. Por ejemplo, el supervisor podría llevar a cabo una investigación para evaluar si un proveedor esencial está implementando medidas de seguridad adecuadas para prevenir ciberataques o si sus planes de recuperación ante desastres cumplen con los estándares necesarios para garantizar la continuidad de los servicios a las entidades financieras.

La facultad de llevar a cabo investigaciones generales está condicionada por el principio de necesidad, lo que significa que estas solo se realizarán cuando sean estrictamente necesarias para el desempeño de las funciones del supervisor principal. Este principio asegura que las investigaciones no se utilicen de manera arbitraria o excesiva, respetando así el equilibrio entre las necesidades de supervisión y la carga que las investigaciones puedan suponer para los proveedores esenciales. Por ejemplo, una investigación general podría considerarse necesaria si el supervisor principal identifica indicios de deficiencias graves en la seguridad de los sistemas de TIC de un proveedor esencial que podrían poner en riesgo la estabilidad del sistema financiero.

Desde una perspectiva práctica, las investigaciones generales tienen implicaciones significativas para todas las partes involucradas. Para el supervisor principal, esta facultad le permite acceder directamente a información y documentación crítica que puede no estar disponible a través de solicitudes formales de información, especialmente en casos donde se sospecha que el proveedor esencial no está cumpliendo plenamente con sus obligaciones. Además, la capacidad de realizar investigaciones generales permite al supervisor identificar y abordar de manera proactiva los riesgos relacionados con las TIC, en lugar de limitarse a reaccionar ante incidentes o problemas una vez que ya han ocurrido. Sin embargo, el supervisor debe asegurarse de que las investigaciones se realicen de manera proporcional, objetiva y con el debido respeto a los derechos del proveedor esencial.

Para los proveedores terceros esenciales de servicios de TIC, este artículo subraya la importancia de estar preparados para posibles investigaciones por parte del supervisor principal. Esto implica mantener sistemas internos de gestión documental y operativa que permitan proporcionar acceso rápido y transparente a la información requerida durante una investigación. Los proveedores también deben asegurarse de que sus políticas y procedimientos internos cumplan con los estándares establecidos en el Reglamento, ya que cualquier deficiencia identificada durante una investigación podría resultar en medidas correctoras o sanciones por parte del supervisor principal. Por ejemplo, si un proveedor esencial no cuenta con un plan adecuado de respuesta ante incidentes de TIC, el supervisor principal podría exigir la implementación de dicho plan como medida correctora.

Desde la perspectiva de las entidades financieras, este artículo refuerza la confianza en el marco regulatorio, ya que garantiza que los proveedores esenciales estén sujetos a un nivel riguroso de supervisión y que los riesgos relacionados con las TIC sean monitoreados y gestionados de manera efectiva. Esto es particularmente importante dado que muchas entidades financieras dependen de los servicios de estos proveedores para llevar a cabo funciones críticas, como el procesamiento de transacciones, la gestión de datos y la seguridad cibernética. Al garantizar que los proveedores esenciales cumplen con los estándares regulatorios, las investigaciones generales contribuyen a la resiliencia operativa de las entidades financieras y, en última instancia, a la estabilidad del sistema financiero en su conjunto.

En términos de coordinación interinstitucional, la participación del equipo conjunto de examinadores asegura que las investigaciones generales sean llevadas a cabo con un enfoque armonizado y coherente, aprovechando la experiencia y los recursos de diferentes autoridades competentes y organismos de supervisión. Esto es especialmente relevante en casos donde un proveedor esencial presta servicios a múltiples entidades financieras en diferentes Estados miembros, ya que garantiza que las investigaciones se realicen de manera coordinada y evitan duplicidades o inconsistencias en la aplicación del Reglamento.

Desde el punto de vista de la política regulatoria, este artículo refuerza el principio de vigilancia proactiva, al proporcionar al supervisor principal las herramientas necesarias para identificar y abordar riesgos antes de que se materialicen en incidentes graves. Al mismo tiempo, establece salvaguardias para garantizar que las investigaciones se realicen de manera proporcionada y con respeto a los derechos de los proveedores esenciales, lo que equilibra las necesidades de supervisión con las preocupaciones legítimas de los proveedores.

En términos estratégicos, la capacidad de realizar investigaciones generales también subraya la importancia de la cooperación y transparencia entre los proveedores esenciales y el supervisor principal. Para evitar conflictos o interrupciones innecesarias, los proveedores deben adoptar una actitud colaborativa y garantizar que toda la información requerida durante una investigación esté disponible de manera oportuna y precisa. Por ejemplo, un proveedor esencial podría designar a un equipo interno específicamente responsable de coordinar con el supervisor principal durante una investigación, asegurando así una comunicación fluida y efectiva.

En conclusión, el artículo 38.1 del Reglamento 2022/2554 establece una facultad clave para el supervisor principal al permitirle llevar a cabo investigaciones generales sobre los proveedores terceros esenciales de servicios de TIC. Estas investigaciones son fundamentales para garantizar el cumplimiento normativo, evaluar la gestión de los riesgos relacionados con las TIC y proteger la resiliencia operativa del sistema financiero de la Unión Europea. Al mismo tiempo, el artículo asegura que las investigaciones se realicen de manera necesaria y proporcionada, respetando los derechos de los proveedores esenciales y fomentando la cooperación y la transparencia entre todas las partes involucradas. Este enfoque equilibrado contribuye a fortalecer la confianza en el marco regulatorio y a promover un sistema financiero más seguro y resiliente.

2. El supervisor principal estará facultado para:

a) ***examinar los registros, datos, procedimientos y cualquier otra documentación pertinente para la realización de su cometido, independientemente del medio utilizado para almacenarlos;***

b) ***hacer u obtener copias certificadas o extractos de dichos registros, datos, procedimientos documentados y cualquier otra documentación;***

c) ***convocar a los representantes del proveedor tercero esencial de servicios de TIC para que den explicaciones orales o escritas sobre los hechos o documentos que guarden relación con el objeto y el propósito de la investigación, y registrar las respuestas;***

d) ***entrevistar a cualquier otra persona física o jurídica que acepte ser entrevistada a fin de recabar información relacionada con el objeto de una investigación;***

e) ***requerir una relación de comunicaciones telefónicas y tráfico de datos.***

El artículo 38.2 del Reglamento 2022/2554 establece las facultades específicas del supervisor principal en el contexto de las investigaciones generales dirigidas a los proveedores terceros esenciales de servicios de TIC. Estas facultades tienen como propósito principal garantizar que el supervisor pueda llevar a cabo una supervisión exhaustiva y efectiva, asegurando el cumplimiento normativo y la identificación de riesgos relacionados con las TIC que puedan impactar a las entidades financieras y, en última instancia, a la estabilidad del sistema financiero de la Unión Europea. Las disposiciones de este artículo abarcan una amplia gama de herramientas de supervisión, que se detallan y analizan a continuación junto con sus repercusiones prácticas.

En primer lugar, el supervisor principal está facultado para examinar registros, datos, procedimientos y cualquier otra documentación pertinente para el objeto de la investigación, independientemente del medio en que se almacenen (artículo 38.2, letra a). Este poder asegura que el supervisor tenga acceso completo a la información necesaria para evaluar la conformidad del proveedor esencial con los requisitos establecidos en el Reglamento. La referencia explícita a los medios de almacenamiento subraya que esta facultad incluye tanto documentos físicos como electrónicos, lo que es crucial en el contexto de la supervisión de proveedores de TIC, cuya operación generalmente depende de sistemas digitales complejos. Por ejemplo, el supervisor puede revisar registros de seguridad cibernética, auditorías internas o políticas de continuidad del negocio almacenadas en servidores o en sistemas en la nube. Desde un punto de vista práctico, los proveedores esenciales deben asegurarse de que sus sistemas de gestión documental estén organizados y permitan un acceso rápido y ordenado a toda la documentación pertinente.

En segundo lugar, el supervisor tiene la capacidad de hacer u obtener copias certificadas o extractos de los registros, datos y procedimientos documentados (artículo 38.2, letra b). Esta disposición es fundamental para garantizar que el supervisor pueda conservar evidencia tangible para su análisis posterior, especialmente en investigaciones que involucren grandes volúmenes de información o que requieran documentación para respaldar hallazgos preliminares. Las copias certificadas garantizan la integridad y autenticidad de los documentos obtenidos, lo cual es particularmente relevante si los resultados de la investigación conducen a recomendaciones o sanciones. Para los proveedores esenciales, esto implica la necesidad de implementar sistemas que faciliten la extracción y certificación de documentos en tiempo real, minimizando posibles retrasos o interrupciones.

El artículo también autoriza al supervisor a convocar a los representantes del proveedor esencial para que proporcionen explicaciones orales o escritas sobre hechos o documentos relevantes para la investigación, con la posibilidad de registrar las respuestas (artículo 38.2, letra c). Este poder permite al supervisor obtener clarificaciones directamente de los responsables de la gestión o de las operaciones del proveedor, asegurando que cualquier ambigüedad o laguna en la información documentada pueda ser aclarada. Por ejemplo, si se identifican discrepancias en los informes de incidentes relacionados con las TIC, el supervisor puede requerir a los representantes del proveedor que expliquen las causas de dichas discrepancias y las medidas adoptadas para corregirlas. Desde la perspectiva de los proveedores, este requerimiento subraya la importancia de contar con representantes bien preparados y con conocimiento profundo de las operaciones y políticas del proveedor.

Además, el supervisor principal está facultado para entrevistar a cualquier otra persona física o jurídica que acepte ser entrevistada con el propósito de recabar información adicional (artículo 38.2, letra d). Esta disposición amplía significativamente el alcance de las investigaciones, ya que permite al supervisor consultar con terceros, como empleados del proveedor, subcontratistas o expertos técnicos que puedan proporcionar información relevante. Este enfoque es especialmente útil en casos donde la información proporcionada por el proveedor sea insuficiente o donde las operaciones subcontratadas impliquen riesgos adicionales. Por ejemplo, si un proveedor esencial ha externalizado funciones críticas a un tercero, el supervisor podría entrevistar a representantes del subcontratista para evaluar la seguridad y la gestión de los riesgos relacionados con dichas operaciones.

Finalmente, el artículo permite al supervisor requerir una relación de comunicaciones telefónicas y tráfico de datos (artículo 38.2, letra e). Esta facultad es particularmente relevante en investigaciones que involucren incidentes de ciberseguridad, como ataques coordinados, acceso no autorizado a datos o fallos en los sistemas críticos. El acceso a los registros de comunicaciones y tráfico de datos puede proporcionar información valiosa sobre las actividades que llevaron a un incidente o sobre la eficacia de las medidas de respuesta adoptadas por el proveedor. Sin embargo, el ejercicio de esta facultad debe respetar las normativas de protección de datos y privacidad, lo que subraya la necesidad de equilibrar el acceso a información crítica con el respeto a los derechos fundamentales.

Desde una perspectiva práctica, estas facultades tienen implicaciones significativas para los proveedores esenciales. En primer lugar, los proveedores deben asegurarse de que sus sistemas y procedimientos estén diseñados para cumplir con los estándares regulatorios establecidos en el Reglamento. Esto incluye la implementación de sistemas de gestión de la información que permitan el acceso rápido a documentos, registros y datos relevantes para la supervisión. Además, los proveedores deben establecer políticas claras para la gestión de las solicitudes de información y entrevistas por parte del supervisor, garantizando que los responsables designados estén debidamente capacitados para interactuar con las autoridades de supervisión

Desde la perspectiva del supervisor principal, estas facultades le proporcionan herramientas esenciales para llevar a cabo investigaciones exhaustivas y efectivas. Sin embargo, su uso debe ser proporcional, transparente y enfocado exclusivamente en el cumplimiento de los objetivos del Reglamento. Por ejemplo, al requerir acceso a comunicaciones o entrevistas, el supervisor debe asegurarse de que estas solicitudes estén justificadas y sean relevantes para la investigación en curso, evitando solicitudes excesivas o innecesarias que puedan generar conflictos o tensiones con el proveedor.

Desde el punto de vista de las entidades financieras, estas facultades refuerzan la confianza en el marco regulatorio, ya que garantizan que los proveedores esenciales estén sujetos a un escrutinio riguroso y que cualquier incumplimiento o deficiencia sea identificado y abordado de manera oportuna. Esto es especialmente importante dado el impacto potencial que los fallos en los servicios de los proveedores esenciales pueden tener en la continuidad operativa y la seguridad de las entidades financieras.

En términos de armonización regulatoria, estas disposiciones aseguran que los supervisores principales en toda la Unión Europea cuenten con un conjunto uniforme de herramientas para llevar a cabo investigaciones generales, lo que contribuye a un enfoque coherente en la supervisión de los proveedores esenciales. Esto evita discrepancias entre los Estados miembros y garantiza que todos los proveedores estén sujetos a las mismas expectativas y requisitos.

En conclusión, el artículo 38.2 del Reglamento 2022/2554 dota al supervisor principal de un conjunto amplio y robusto de facultades para realizar investigaciones generales sobre los proveedores terceros esenciales de servicios de TIC. Estas facultades son esenciales para garantizar una supervisión efectiva, identificar riesgos y asegurar el cumplimiento normativo en el ámbito de la resiliencia operativa digital. Al mismo tiempo, el artículo establece salvaguardias implícitas, como la necesidad de proporcionalidad y relevancia en las solicitudes, que equilibran las necesidades de supervisión con los derechos de los proveedores. Este enfoque integral refuerza la confianza en el sistema regulatorio y contribuye a la resiliencia del sistema financiero de la Unión Europea.

3. Los agentes y demás personas acreditadas por el supervisor principal para realizar la investigación a que se refiere el apartado 1 ejercerán sus facultades previa presentación de una autorización escrita que especifique el objeto y el propósito de la investigación.

Dicha autorización indicará asimismo las multas coercitivas previstas en el artículo 35, apartado 6, cuando los registros, datos, procedimientos documentados o cualquier otra documentación exigida, o las respuestas a las preguntas formuladas a los representantes del proveedor tercero de servicios de TIC, no se faciliten o sean incompletos.

El artículo 38.3 del Reglamento 2022/2554 establece los procedimientos y garantías que deben cumplir los agentes y demás personas acreditadas por el supervisor principal al realizar investigaciones sobre los proveedores terceros esenciales de servicios de TIC. Este artículo es clave para garantizar que las investigaciones se lleven a cabo de manera legítima, transparente y conforme a los principios de proporcionalidad y debido proceso, asegurando al mismo tiempo que los proveedores esenciales cooperen plenamente con los requerimientos de los supervisores. A través de esta disposición, se regula tanto la formalización de las investigaciones como la advertencia de las consecuencias legales en caso de incumplimiento por parte del proveedor investigado.

El artículo requiere que los agentes encargados de realizar las investigaciones presenten una autorización escrita emitida por el supervisor principal, la cual debe incluir una descripción clara y específica del objeto y propósito de la investigación. Este requisito asegura que las investigaciones se realicen dentro del marco legal y que el proveedor investigado tenga pleno conocimiento de las razones detrás de la inspección. Por ejemplo, si la investigación está motivada por un incidente grave relacionado con las TIC, la autorización debe detallar los hechos que justifican la investigación, los aspectos específicos que se examinarán (como los registros de seguridad o los planes de contingencia) y los objetivos que se buscan alcanzar. Este nivel de especificidad proporciona claridad tanto para el proveedor como para los agentes encargados, reduciendo la posibilidad de disputas sobre el alcance o la legitimidad de la investigación.

La obligación de especificar el objeto y propósito en la autorización también refuerza el principio de proporcionalidad, asegurando que las investigaciones se limiten únicamente a los aspectos necesarios para cumplir con los objetivos de supervisión establecidos en el Reglamento. Esto evita investigaciones arbitrarias o excesivamente intrusivas que puedan generar cargas innecesarias para los proveedores esenciales. Desde una perspectiva práctica, los proveedores deben asegurarse de que sus equipos internos estén preparados para responder a solicitudes relacionadas con el objeto de la investigación, garantizando que la información y documentación pertinente esté organizada y sea fácilmente accesible.

Otro aspecto clave de la autorización escrita es que debe incluir una advertencia explícita sobre las multas coercitivas previstas en el artículo 35, apartado 6, que pueden imponerse en caso de incumplimiento por parte del proveedor. Estas multas coercitivas, que pueden alcanzar hasta el 1 % del volumen de negocios diario medio a escala mundial del proveedor, actúan como un mecanismo de presión para asegurar la cooperación plena del proveedor durante la investigación. La inclusión de esta advertencia en la autorización escrita subraya la seriedad del proceso de supervisión y destaca las posibles consecuencias legales del incumplimiento. Por ejemplo, si un proveedor se niega a facilitar acceso a registros clave o proporciona información incompleta o inexacta, estaría expuesto a la imposición de estas multas coercitivas.

El artículo también menciona explícitamente que las multas coercitivas aplican tanto en casos de negativa a facilitar información como en situaciones donde las respuestas proporcionadas sean incompletas. Esto implica que los proveedores esenciales no solo tienen la obligación de cooperar formalmente con los investigadores, sino también de hacerlo de manera sustancial, asegurándose de que la información proporcionada sea precisa, completa y relevante. Desde una perspectiva práctica, los proveedores deben implementar controles internos rigurosos para verificar la calidad y precisión de la información que se entrega durante una investigación. Esto incluye establecer procesos claros para recopilar, validar y presentar la documentación solicitada, así como designar a representantes capacitados para interactuar con los agentes acreditados.

Para el supervisor principal, este artículo refuerza la legitimidad y eficacia de las investigaciones al establecer un procedimiento claro y detallado para su ejecución. La obligación de emitir una autorización escrita con una descripción específica del objeto y propósito de la investigación no solo proporciona transparencia, sino que también protege al supervisor contra posibles acusaciones de arbitrariedad o abuso de poder. Además, la inclusión de una advertencia sobre las multas coercitivas en la autorización fortalece la posición del supervisor al dejar claro que cualquier incumplimiento tendrá consecuencias legales, lo que disuade conductas obstruccionistas por parte de los proveedores.

Desde la perspectiva de las entidades financieras, este artículo garantiza que las investigaciones sobre los proveedores esenciales se realicen de manera estructurada y respetando las salvaguardias legales necesarias. Esto es especialmente importante dado que muchas entidades financieras dependen de los servicios de estos proveedores para funciones críticas, como la gestión de datos, la seguridad cibernética y la continuidad operativa. Al asegurar que las investigaciones sean transparentes y efectivas, el Reglamento protege a las entidades financieras de los riesgos relacionados con proveedores que no cumplan con los estándares regulatorios o que gestionen de manera inadecuada los riesgos relacionados con las TIC.

En términos de armonización regulatoria, este artículo contribuye a garantizar que las investigaciones realizadas por los supervisores principales en toda la Unión Europea sigan un procedimiento uniforme y estandarizado, evitando diferencias en la aplicación del Reglamento entre los Estados miembros. Esto asegura un trato equitativo para todos los proveedores esenciales y refuerza la coherencia del marco regulatorio a nivel de la Unión.

Desde un punto de vista estratégico, este artículo también subraya la importancia de la cooperación y la transparencia en el marco de supervisión establecido por el Reglamento 2022/2554. Para evitar conflictos o sanciones, los proveedores esenciales deben adoptar una actitud proactiva y colaborar plenamente con los agentes encargados de realizar las investigaciones. Esto incluye no solo facilitar el acceso a la información requerida, sino también demostrar un compromiso claro con la gestión efectiva de los riesgos relacionados con las TIC y con el cumplimiento de los estándares regulatorios.

En conclusión, el artículo 38.3 del Reglamento 2022/2554 establece un procedimiento robusto y garantista para la ejecución de investigaciones generales por parte del supervisor principal. Al requerir una autorización escrita que especifique el objeto y propósito de la investigación, así como las posibles sanciones en caso de incumplimiento, este artículo asegura la transparencia y legitimidad del proceso de supervisión, protegiendo los derechos de los proveedores esenciales mientras se refuerza la capacidad del supervisor para garantizar el cumplimiento normativo. Este enfoque equilibrado contribuye a la resiliencia operativa del sistema financiero de la Unión Europea, promoviendo la confianza en el marco regulatorio y fomentando una cultura de cumplimiento entre los proveedores terceros esenciales de servicios de TIC.

4. Los representantes de los proveedores terceros esenciales de servicios de TIC estarán obligados a someterse a las investigaciones sobre la base de una decisión del supervisor principal. La decisión precisará el objeto y el propósito de la investigación, las multas coercitivas previstas en el artículo 35, apartado 6, las vías de recurso posibles con arreglo a los Reglamentos (UE) número 1093/2010, (UE) número 1094/2010 y (UE) número 1095/2010, así como el derecho a recurrir la decisión ante el Tribunal de Justicia.

El artículo 38.4 del Reglamento 2022/2554 establece las obligaciones específicas de los representantes de los proveedores terceros esenciales de servicios de TIC respecto a su sometimiento a las investigaciones ordenadas por el supervisor principal. Este artículo tiene como finalidad garantizar la obligatoriedad de la cooperación de los proveedores esenciales en los procedimientos de supervisión y asegurar que estos comprendan plenamente las bases legales, las consecuencias de su incumplimiento y los derechos que les asisten durante el proceso. Su diseño normativo equilibra el cumplimiento obligatorio con la protección de las garantías procesales del proveedor investigado, promoviendo un marco regulatorio justo, transparente y efectivo.

En primer lugar, el artículo establece que los representantes de los proveedores esenciales están obligados a someterse a las investigaciones siempre que estas se realicen en virtud de una decisión formal del supervisor principal. Este punto subraya el carácter vinculante de las investigaciones cuando son ordenadas mediante una decisión formal, diferenciándolas de las solicitudes informales o voluntarias que podrían ser realizadas en otros contextos. La naturaleza obligatoria de esta disposición tiene como objetivo evitar cualquier resistencia u obstrucción a las actividades de supervisión, asegurando que el supervisor principal pueda llevar a cabo sus funciones de manera efectiva. Por ejemplo, si un proveedor esencial se negara a proporcionar acceso a registros operativos relevantes, el supervisor podría emitir una decisión formal para garantizar el cumplimiento de esta obligación.

La decisión formal emitida por el supervisor principal debe incluir varios elementos esenciales, comenzando con una precisión clara del objeto y propósito de la investigación. Este requisito asegura que el proveedor tenga una comprensión completa y específica de las razones detrás de la investigación y los aspectos concretos que serán examinados. Por ejemplo, si la investigación está relacionada con incidentes de ciberseguridad, la decisión debe detallar si se examinarán políticas de seguridad, registros de incidentes o procedimientos de respuesta ante amenazas. Este nivel de especificidad no solo proporciona claridad al proveedor, sino que también limita el alcance de la investigación, garantizando que sea proporcional y relevante para los objetivos del Reglamento.

Otro elemento fundamental que debe incluirse en la decisión es la advertencia sobre las multas coercitivas previstas en el artículo 35, apartado 6, en caso de incumplimiento. Estas multas, que pueden ascender hasta el 1 % del volumen de negocios diario medio a escala mundial del proveedor, actúan como una herramienta disuasoria para garantizar la cooperación del proveedor. La inclusión de esta advertencia en la decisión refuerza su carácter vinculante y subraya la importancia de cumplir con las obligaciones de supervisión. Por ejemplo, un proveedor que intente retrasar deliberadamente el proceso de investigación al proporcionar información incompleta o incorrecta podría enfrentarse a sanciones significativas. Este mecanismo de coerción asegura que los proveedores comprendan la gravedad de su obligación de colaborar plenamente con las autoridades de supervisión.

El artículo también exige que la decisión formal mencione las vías de recurso disponibles para el proveedor, de conformidad con los Reglamentos

(UE) n.º 1093/2010, 1094/2010 y 1095/2010, que regulan las Autoridades Europeas de Supervisión. Esto incluye el derecho a recurrir la decisión ante la Sala de Recurso de dichas autoridades, así como ante el Tribunal de Justicia de la Unión Europea (TJUE). Este reconocimiento explícito de los derechos de recurso refuerza las garantías procesales del proveedor, asegurando que cualquier disputa sobre la legalidad, proporcionalidad o contenido de la decisión pueda ser revisada por una autoridad independiente. Por ejemplo, si un proveedor considera que la investigación solicitada excede el mandato del supervisor principal o que los plazos establecidos son irrazonables, puede presentar un recurso para buscar una revisión imparcial.

Desde una perspectiva práctica, esta disposición tiene implicaciones importantes tanto para los proveedores esenciales como para el supervisor principal. Para los proveedores terceros esenciales de servicios de TIC, el artículo subraya la necesidad de prepararse para cumplir con las decisiones formales de investigación de manera oportuna y completa. Esto incluye establecer sistemas internos para recopilar, organizar y proporcionar acceso a la información requerida, así como designar a representantes capacitados que puedan interactuar eficazmente con el supervisor y responder a sus preguntas. Además, los proveedores deben ser conscientes de las posibles sanciones en caso de incumplimiento y del impacto que esto podría tener en su reputación y en sus relaciones comerciales con las entidades financieras.

Para el supervisor principal, este artículo proporciona una base sólida para garantizar el cumplimiento de las decisiones de investigación, al tiempo que asegura que estas decisiones cumplan con altos estándares de transparencia y debido proceso. Esto incluye proporcionar una justificación clara y detallada de la investigación en la decisión formal, así como asegurarse de que los proveedores comprendan plenamente sus derechos y obligaciones. Por ejemplo, al mencionar las vías de recurso disponibles, el supervisor no solo cumple con un requisito legal, sino que también refuerza la legitimidad y la aceptación del proceso de supervisión por parte de los proveedores.

Desde la perspectiva de las entidades financieras, este artículo refuerza la confianza en el marco regulatorio al garantizar que los proveedores esenciales sean objeto de un escrutinio riguroso y que cualquier incumplimiento sea abordado de manera efectiva. Esto es especialmente importante dado el papel crítico que desempeñan los proveedores esenciales en la resiliencia operativa de las entidades financieras, ya que cualquier fallo en los servicios proporcionados podría tener consecuencias significativas para la continuidad del negocio y la estabilidad financiera.

En términos de armonización regulatoria, el artículo 38.4 asegura que las investigaciones realizadas por los supervisores principales en toda la Unión Europea sigan un procedimiento estandarizado, lo que evita discrepancias en la aplicación del Reglamento entre los Estados miembros. Esto garantiza que todos los proveedores esenciales estén sujetos a las mismas expectativas y requisitos, promoviendo un enfoque coherente de supervisión que beneficie a todo el sistema financiero de la Unión.

Desde una perspectiva estratégica, este artículo también refuerza la importancia de la cooperación y la transparencia entre los proveedores esenciales y el supervisor principal. Al proporcionar claridad sobre el objeto de la investigación, las posibles sanciones y los derechos de recurso, el artículo fomenta un entorno de confianza mutua y colaboración, lo que es fundamental para garantizar la eficacia del marco de supervisión.

En conclusión, el artículo 38.4 del Reglamento 2022/2554 establece un marco claro, transparente y garantista para las investigaciones formales realizadas por el supervisor principal sobre los proveedores terceros esenciales de servicios de TIC. Al combinar la obligatoriedad del cumplimiento con la protección de los derechos procesales, este artículo asegura que las investigaciones se lleven a cabo de manera legítima y efectiva, promoviendo la resiliencia operativa del sistema financiero de la Unión Europea y fortaleciendo la confianza en el marco regulatorio. Este enfoque equilibrado contribuye a la estabilidad financiera y refuerza la cooperación entre los actores clave del sector.

5. Con suficiente antelación antes del comienzo de la investigación, el supervisor principal informará de la investigación prevista y de la identidad de las personas acreditadas a las autoridades competentes de las entidades financieras que utilicen los servicios de TIC de dicho proveedor tercero esencial de servicios de TIC.

El supervisor principal comunicará a la Red de Supervisión Conjunta toda la información transmitida en virtud del párrafo primero.

El artículo 38.5 del Reglamento 2022/2554 establece un mecanismo de comunicación previa y coordinación en el contexto de las investigaciones generales que el supervisor principal lleva a cabo sobre los proveedores terceros esenciales de servicios de TIC. Este artículo refuerza los principios de transparencia, previsibilidad y cooperación interinstitucional, al garantizar que las autoridades competentes de las entidades financieras afectadas y la

Red de Supervisión Conjunta sean informadas de manera oportuna sobre las investigaciones previstas. Esto permite una supervisión coordinada y alineada con los intereses de todas las partes involucradas en la gestión de los riesgos relacionados con las TIC.

En primer lugar, el artículo exige que el supervisor principal informe con suficiente antelación a las autoridades competentes de las entidades financieras que utilizan los servicios del proveedor tercero esencial sobre la investigación que se llevará a cabo. Esta notificación previa es fundamental para que dichas autoridades estén preparadas para cualquier posible repercusión derivada de la investigación, como interrupciones operativas, riesgos identificados o medidas correctoras que puedan afectar a las entidades financieras bajo su supervisión. Por ejemplo, si una investigación implica una revisión exhaustiva de los sistemas de seguridad de TIC de un proveedor esencial, las autoridades competentes podrían necesitar evaluar si las entidades financieras dependientes de dicho proveedor deben adoptar medidas adicionales para mitigar riesgos potenciales durante el curso de la investigación.

La referencia a "suficiente antelación" subraya la importancia de una planificación adecuada por parte del supervisor principal, asegurando que las autoridades competentes tengan tiempo suficiente para analizar la información proporcionada y, si es necesario, coordinar acciones preventivas o de mitigación. Esta anticipación también refuerza la confianza en el marco regulatorio, ya que demuestra un compromiso con la gestión proactiva de riesgos y la transparencia en las actividades de supervisión. Por ejemplo, si una investigación está relacionada con incidentes graves de TIC que podrían tener implicaciones sistémicas, una comunicación previa permite a las autoridades competentes evaluar rápidamente el impacto potencial en el sector financiero y coordinarse con las entidades afectadas.

El artículo también especifica que el supervisor principal debe informar a las autoridades competentes sobre la identidad de las personas acreditadas para llevar a cabo la investigación. Este detalle es esencial para garantizar la legitimidad del proceso de investigación y evitar posibles disputas sobre la validez de las acciones emprendidas. Al proporcionar esta información, el supervisor principal refuerza la transparencia y permite a las autoridades competentes verificar que las personas encargadas de la investigación están debidamente autorizadas y calificadas. Además, esto contribuye a proteger los derechos del proveedor tercero esencial al garantizar que las investigaciones sean realizadas exclusivamente por agentes acreditados, reduciendo el riesgo de irregularidades o abusos.

El segundo párrafo del artículo exige que el supervisor principal comunique a la Red de Supervisión Conjunta toda la información transmitida a las autoridades competentes en virtud del primer párrafo. Este requisito asegura que la Red de Supervisión Conjunta, como órgano encargado de coordinar las actividades de supervisión entre los supervisores principales y las autoridades competentes, esté plenamente informada de todas las investigaciones en curso. La comunicación a la Red de Supervisión Conjunta tiene varias implicaciones prácticas importantes. En primer lugar, permite a la Red evaluar si las investigaciones realizadas por diferentes supervisores principales sobre distintos proveedores esenciales están alineadas con un enfoque coherente y armonizado a nivel de la Unión Europea. Esto es particularmente relevante en casos donde un proveedor esencial presta servicios a múltiples entidades financieras en diferentes Estados miembros, ya que garantiza que las investigaciones no se lleven a cabo de manera aislada o inconsistente.

Además, la notificación a la Red de Supervisión Conjunta facilita la identificación de tendencias o patrones sistémicos que podrían requerir una respuesta coordinada a nivel de la Unión. Por ejemplo, si varias investigaciones revelan problemas recurrentes relacionados con la gestión del riesgo de subcontratación por parte de los proveedores esenciales, la Red podría recomendar acciones regulatorias adicionales o ajustes en los estándares de supervisión. Esto refuerza el enfoque preventivo del Reglamento y contribuye a la resiliencia operativa del sistema financiero en su conjunto.

Desde una perspectiva práctica, este artículo tiene implicaciones significativas para todas las partes involucradas. Para el supervisor principal, el artículo impone la responsabilidad de planificar y comunicar las investigaciones de manera efectiva, asegurando que las autoridades competentes y la Red de Supervisión Conjunta estén plenamente informadas. Esto incluye preparar comunicaciones claras y detalladas que expliquen el objeto de la investigación, los plazos previstos y cualquier impacto potencial en las entidades financieras que dependen de los servicios del proveedor investigado. Por ejemplo, si la investigación implica un análisis exhaustivo de las políticas de continuidad operativa del proveedor, el supervisor principal debe informar a las autoridades competentes sobre cómo esta actividad podría afectar la disponibilidad de los servicios de TIC para las entidades financieras durante el curso de la investigación.

Para las autoridades competentes de las entidades financieras, este artículo refuerza su capacidad para supervisar adecuadamente los riesgos relacionados con las TIC que puedan surgir durante las investigaciones. Al ser informadas con antelación, las autoridades competentes tienen tiempo para coordinarse con las entidades bajo su supervisión, evaluar el impacto potencial de la investigación y, si es necesario, implementar medidas de mitigación. Por ejemplo, podrían recomendar a las entidades financieras que refuercen sus controles de seguridad o desarrollen planes de contingencia para gestionar posibles interrupciones en los servicios de TIC.

Desde la perspectiva de los proveedores terceros esenciales de servicios de TIC, este artículo subraya la importancia de mantener una comunicación fluida y transparente con el supervisor principal y las autoridades competentes. Aunque el artículo no exige que los proveedores sean notificados directamente sobre la investigación en esta etapa, es fundamental que estén preparados para cooperar plenamente con el supervisor principal y garantizar que la información solicitada durante la investigación esté disponible de manera oportuna. Esto incluye designar representantes internos responsables de coordinar con el supervisor y de responder a cualquier pregunta o solicitud de información que pueda surgir durante la investigación.

Desde el punto de vista de la armonización regulatoria, este artículo refuerza el enfoque coordinado de la supervisión a nivel de la Unión Europea, asegurando que todas las investigaciones sean transparentes, planificadas y comunicadas de manera consistente. Esto evita discrepancias entre los Estados miembros en la aplicación del Reglamento y refuerza la confianza en el marco regulatorio.

En términos estratégicos, la notificación previa y la comunicación a la Red de Supervisión Conjunta también refuerzan el principio de transparencia en el marco de supervisión establecido por el Reglamento. Al garantizar que todas las partes relevantes estén informadas sobre las investigaciones, este artículo contribuye a un entorno de supervisión más confiable y predecible, fortaleciendo la confianza tanto en los supervisores como en los proveedores esenciales.

En conclusión, el artículo 38.5 del Reglamento 2022/2554 establece un marco claro y transparente para la comunicación previa de las investigaciones realizadas por el supervisor principal, asegurando que las autoridades competentes y la Red de Supervisión Conjunta estén plenamente informadas y puedan coordinarse de manera efectiva. Esta disposición refuerza la confianza en el marco regulatorio, promueve la cooperación interinstitucional y contribuye a la resiliencia operativa del sistema financiero de la Unión Europea. Al garantizar que las investigaciones se realicen de manera planificada y coordinada, este artículo fortalece la capacidad del sistema financiero para gestionar los riesgos relacionados con las TIC de manera proactiva y eficaz.

Artículo 39 Inspecciones

1. A efectos del desempeño de sus funciones de conformidad con el presente Reglamento, el supervisor principal, asistido por los equipos conjuntos de examinadores a que se refiere el artículo 40, apartado 1, podrá acceder a cualesquiera locales de uso profesional, terrenos o propiedades de los proveedores terceros de servicios de TIC, como sedes centrales, centros de operaciones y locales secundarios, y realizar en ellos, como fuera de ellos, cuantas inspecciones sean necesarias.

A efectos del ejercicio de las facultades a que se refiere el párrafo primero, el supervisor principal consultará a la Red de Supervisión Conjunta.

El artículo 39.1 del Reglamento 2022/2554 establece la facultad del supervisor principal para realizar inspecciones en los locales de los proveedores terceros esenciales de servicios de TIC, con el propósito de supervisar eficazmente el cumplimiento de las disposiciones normativas y la gestión de los riesgos relacionados con las TIC que puedan afectar a las entidades financieras y, en última instancia, al sistema financiero de la Unión Europea. Este artículo refuerza el marco de supervisión, proporcionando una herramienta clave para evaluar, de manera directa y en tiempo real, la operativa, los controles, y los sistemas del proveedor esencial, garantizando que cumpla con los estándares de seguridad, continuidad y resiliencia exigidos.

En primer lugar, el artículo otorga al supervisor principal, asistido por los equipos conjuntos de examinadores mencionados en el artículo 40.1, la capacidad de acceder a los locales de uso profesional, terrenos o propiedades de los proveedores esenciales. Esto incluye sedes centrales, centros de operaciones, locales secundarios, y cualquier otra instalación que sea relevante para la prestación de servicios de TIC a las entidades financieras. Esta disposición subraya la amplitud del acceso permitido, asegurando que el supervisor pueda inspeccionar no solo las instalaciones principales, sino también cualquier infraestructura o ubicación secundaria que desempeñe un papel en la prestación de servicios críticos. Por ejemplo, si un proveedor utiliza un centro de datos externo o un local dedicado a la gestión de ciberseguridad, estos también pueden ser objeto de inspección.

El acceso directo a los locales permite al supervisor principal verificar de manera más efectiva los sistemas, procesos y controles implementados por el proveedor esencial. Por ejemplo, el supervisor puede inspeccionar in situ los sistemas de seguridad física y cibernética, los planes de continuidad operativa, las políticas de gestión del riesgo relacionado con las TIC, y las medidas de respuesta ante incidentes. Este enfoque proporciona una evaluación más detallada y precisa de la capacidad del proveedor para garantizar la resiliencia operativa de las entidades financieras que dependen de sus servicios.

El artículo también aclara que las inspecciones pueden realizarse tanto dentro como fuera de los locales del proveedor esencial. Esto incluye inspecciones virtuales o remotas, lo que es particularmente relevante en el contexto de los servicios de TIC modernos, que a menudo dependen de infraestructuras distribuidas, como servicios en la nube o sistemas interconectados. Por ejemplo, el supervisor podría revisar remotamente el acceso a sistemas críticos o verificar la implementación de medidas de ciberseguridad en plataformas en la nube. Esta flexibilidad permite que el supervisor adapte sus métodos de inspección a la naturaleza específica de los servicios del proveedor y a las tecnologías utilizadas.

Otro aspecto relevante del artículo es la referencia explícita a la necesidad de que las inspecciones sean "necesarias". Esto implica que las inspecciones deben estar justificadas y orientadas exclusivamente a cumplir con los objetivos del Reglamento, evitando cualquier abuso de esta facultad. Por ejemplo, una inspección podría considerarse necesaria si existen indicios de deficiencias en los controles internos del proveedor esencial, como la falta de medidas adecuadas de protección de datos o incidentes recurrentes de ciberseguridad. Este principio de necesidad también refuerza el carácter proporcional de las inspecciones, asegurando que se limiten a lo estrictamente necesario para abordar los riesgos identificados.

El artículo subraya la importancia de la coordinación con la Red de Supervisión Conjunta, exigiendo que el supervisor principal consulte a este órgano antes de ejercer sus facultades de inspección. Esta consulta tiene varias implicaciones prácticas y estratégicas. En primer lugar, asegura que las inspecciones se lleven a cabo de manera coherente y armonizada con las actividades de supervisión en otros Estados miembros, evitando duplicidades o conflictos entre diferentes supervisores principales. Por ejemplo, si un proveedor esencial presta servicios a entidades financieras en varios países, la Red de Supervisión Conjunta puede coordinar las inspecciones para garantizar que se cubran todos los aspectos relevantes sin superposiciones innecesarias.

En segundo lugar, la consulta a la Red de Supervisión Conjunta permite aprovechar la experiencia y los conocimientos técnicos de sus miembros, fortaleciendo la calidad y efectividad de las inspecciones. Por ejemplo, la

Red podría proporcionar orientación sobre las mejores prácticas para evaluar la seguridad de los sistemas de TIC o sobre cómo abordar problemas específicos relacionados con la subcontratación de servicios críticos por parte del proveedor esencial. Esta colaboración también contribuye a la identificación de riesgos sistémicos que puedan requerir una respuesta coordinada a nivel de la Unión.

Desde una perspectiva práctica, este artículo tiene implicaciones significativas para todas las partes involucradas. Para el supervisor principal, establece un marco claro para realizar inspecciones, asegurando que estas se lleven a cabo de manera planificada, coordinada y dentro de los límites del principio de necesidad. Esto incluye definir los objetivos específicos de cada inspección, preparar al equipo conjunto de examinadores, y garantizar que se cumplan los procedimientos establecidos en el Reglamento. Por ejemplo, antes de realizar una inspección, el supervisor principal debe asegurarse de que los agentes acreditados cuenten con las autorizaciones necesarias y con un conocimiento detallado de los aspectos técnicos que serán evaluados.

Para los proveedores terceros esenciales de servicios de TIC, este artículo refuerza la necesidad de estar preparados para inspecciones, tanto físicas como remotas. Esto incluye mantener sus instalaciones y sistemas en conformidad con los estándares regulatorios, así como designar representantes internos responsables de coordinar con el supervisor principal durante las inspecciones. Además, los proveedores deben garantizar que toda la documentación, registros y procedimientos relevantes estén organizados y disponibles para su revisión durante la inspección. Por ejemplo, un proveedor que gestiona servicios en la nube debe estar listo para demostrar cómo garantiza la seguridad, disponibilidad e integridad de los datos alojados en sus sistemas.

Desde la perspectiva de las entidades financieras, este artículo proporciona una garantía adicional de que los proveedores esenciales están sujetos a un nivel riguroso de supervisión, lo que contribuye a la resiliencia operativa del sistema financiero. Al permitir inspecciones directas, el Reglamento refuerza la capacidad de los supervisores para identificar y abordar riesgos antes de que se materialicen en incidentes graves. Por ejemplo, una inspección podría revelar deficiencias en los sistemas de respuesta ante ciberataques, permitiendo que el proveedor tome medidas correctoras antes de que dichas deficiencias afecten a las entidades financieras que dependen de sus servicios.

En términos de armonización regulatoria, este artículo contribuye a garantizar que las inspecciones de los proveedores esenciales se realicen de manera uniforme en toda la Unión Europea, promoviendo un enfoque coherente y equitativo. Esto es especialmente importante en un contexto donde los proveedores esenciales suelen operar a nivel transfronterizo, prestando servicios a múltiples entidades financieras en diferentes Estados miembros.

En conclusión, el artículo 39.1 del Reglamento 2022/2554 establece un marco robusto para las inspecciones realizadas por el supervisor principal sobre los proveedores terceros esenciales de servicios de TIC. Al otorgar acceso directo a instalaciones clave y exigir la consulta a la Red de Supervisión Conjunta, este artículo refuerza la capacidad de los supervisores para garantizar el cumplimiento normativo y gestionar los riesgos relacionados con las TIC de manera efectiva. Al mismo tiempo, asegura que las inspecciones se realicen de manera coordinada, proporcionada y transparente, contribuyendo a la resiliencia operativa del sistema financiero de la Unión Europea y promoviendo la confianza en el marco regulatorio.

2. Los agentes del supervisor principal y demás personas acreditadas por él para llevar a cabo una inspección in situ estarán facultados para:

a) acceder a cualquiera de dichos locales, terrenos o propiedades de uso profesional, y

b) precintar cualesquiera de dichos locales de uso profesional, libros o registros durante el tiempo y en la medida necesarios para la inspección.

Los agentes y demás personas acreditadas por el supervisor principal ejercerán sus facultades previa presentación de una autorización escrita en la que se especifiquen el objeto y el propósito de la inspección, así como las multas coercitivas establecidas en el artículo 35, apartado 6, en el supuesto de que los representantes de los proveedores terceros esenciales de servicios de TIC de que se trate no se sometan a la inspección.

El artículo 39.2 del Reglamento 2022/2554 regula las facultades específicas otorgadas a los agentes del supervisor principal y demás personas acreditadas para llevar a cabo inspecciones in situ en los locales de los proveedores terceros esenciales de servicios de TIC. Estas disposiciones son fundamentales para garantizar la capacidad del supervisor principal de verificar el cumplimiento normativo y evaluar la gestión de los riesgos relacionados con las TIC de manera directa y efectiva. El artículo también establece salvaguardias importantes, como la presentación de una autorización escrita que respalde las acciones de inspección, lo que garantiza transparencia y respeto al debido proceso.

En primer lugar, se otorgan a los agentes facultades de acceso pleno a los locales, terrenos y propiedades de uso profesional del proveedor tercero esencial de servicios de TIC, de conformidad con la letra a). Este acceso incluye cualquier instalación que sea relevante para la prestación de los servicios contratados por las entidades financieras, como oficinas principales, centros de operaciones, centros de datos o instalaciones dedicadas a la ciberseguridad. La amplitud de esta disposición asegura que ninguna área operativa crítica quede fuera del alcance de la inspección. Por ejemplo, si un proveedor esencial administra sistemas en un centro de datos externo, el supervisor principal tendrá derecho a inspeccionar dicho centro para evaluar si los controles de seguridad y continuidad cumplen con las exigencias regulatorias. Este acceso integral permite al supervisor identificar riesgos potenciales que podrían no ser evidentes a partir de la documentación o reportes proporcionados por el proveedor.

Además, el artículo confiere a los agentes del supervisor principal la facultad de precintar locales de uso profesional, libros o registros durante el tiempo y en la medida necesarios para llevar a cabo la inspección, de conformidad con la letra b). Esta facultad es particularmente significativa, ya que permite al supervisor principal tomar medidas preventivas para asegurar la integridad de la información y evitar su manipulación o destrucción durante el curso de la inspección. Por ejemplo, si se detecta una discrepancia en los registros relacionados con incidentes de seguridad cibernética, los agentes podrían precintar dichos documentos para su análisis detallado, asegurando que no sean alterados. Esta medida también puede ser aplicada a sistemas digitales, como servidores o bases de datos, en los que se almacenen registros relevantes.

El precintado de locales, libros o registros tiene un impacto directo en la capacidad del supervisor principal para llevar a cabo investigaciones exhaustivas y confiables, pero también debe ejercerse con proporcionalidad. El artículo implícitamente exige que esta facultad se utilice únicamente cuando sea estrictamente necesaria para la inspección y limitada en alcance y duración. Esto asegura que las medidas no interfieran de manera desproporcionada con las operaciones del proveedor esencial ni generen interrupciones innecesarias en los servicios prestados a las entidades financieras.

El artículo también exige que los agentes acreditados presenten una autorización escrita que especifique claramente el objeto y propósito de la inspección. Esto refuerza el principio de transparencia y garantiza que el proveedor esencial entienda plenamente las razones detrás de la inspección y su alcance. La autorización debe incluir información específica sobre qué aspectos serán objeto de inspección, como políticas de ciberseguridad, controles de acceso o gestión de incidentes relacionados con las TIC. Por ejemplo, si la inspección está motivada por una notificación de un incidente grave, la autorización podría detallar que el objetivo es revisar las respuestas operativas del proveedor a dicho incidente. Este requisito protege al proveedor frente a posibles abusos y asegura que la inspección se limite a los aspectos necesarios para cumplir los objetivos regulatorios.

Adicionalmente, la autorización escrita debe incluir una advertencia explícita sobre las multas coercitivas establecidas en el artículo 35, apartado 6, en caso de que el proveedor no se someta a la inspección. Estas multas coercitivas, que pueden alcanzar hasta el 1 % del volumen de negocios diario medio del proveedor, actúan como un mecanismo disuasorio para garantizar la cooperación plena del proveedor durante el proceso de inspección. La inclusión de esta advertencia en la autorización refuerza el carácter vinculante de las inspecciones y asegura que el proveedor comprenda las posibles consecuencias legales de su incumplimiento. Por ejemplo, si un proveedor se niega a permitir el acceso a un centro de datos clave o retrasa deliberadamente la entrega de registros, estaría expuesto a sanciones significativas.

Desde una perspectiva práctica, este artículo tiene importantes implicaciones para los proveedores terceros esenciales de servicios de TIC. En primer lugar, los proveedores deben estar preparados para responder de manera inmediata y adecuada a las inspecciones in situ, asegurándose de que sus instalaciones y sistemas cumplan con los estándares regulatorios aplicables. Esto incluye mantener registros completos y organizados, implementar medidas de seguridad física y cibernética robustas, y garantizar que las áreas críticas estén siempre accesibles para el supervisor principal. Además, los proveedores deben designar a representantes internos responsables de coordinar con los agentes acreditados y garantizar que la inspección se desarrolle de manera fluida y conforme a los requisitos establecidos.

Para el supervisor principal, este artículo proporciona herramientas clave para evaluar la conformidad de los proveedores esenciales de manera directa y efectiva. Sin embargo, también impone la obligación de actuar con proporcionalidad y de garantizar que las inspecciones se realicen dentro de los límites establecidos por la autorización escrita. Por ejemplo, los agentes del supervisor deben asegurarse de que el precintado de locales o registros no interfiera de manera innecesaria con las operaciones del proveedor ni con los servicios prestados a las entidades financieras. La presentación de una autorización clara y detallada también fortalece la legitimidad del proceso de inspección y protege al supervisor frente a posibles reclamaciones de abuso de poder.

Desde la perspectiva de las entidades financieras, este artículo refuerza la confianza en el marco regulatorio al garantizar que los proveedores esenciales estén sujetos a un escrutinio riguroso y que los riesgos relacionados con las TIC sean monitoreados y gestionados de manera efectiva. Esto es especialmente importante dado que muchas entidades financieras dependen de los servicios de estos proveedores para funciones críticas, como la gestión de datos y la seguridad cibernética. Al garantizar que los supervisores puedan realizar inspecciones detalladas y directas, el Reglamento protege a las entidades financieras de posibles interrupciones o vulnerabilidades en los servicios de TIC.

En términos de armonización regulatoria, este artículo asegura que las inspecciones realizadas por los supervisores principales sigan un procedimiento uniforme y estandarizado en toda la Unión Europea. Esto evita discrepancias en la aplicación del Reglamento entre los Estados miembros y garantiza que todos los proveedores esenciales estén sujetos a las mismas expectativas y requisitos, promoviendo un enfoque coherente y equitativo.

En conclusión, el artículo 39.2 del Reglamento 2022/2554 establece un marco claro y robusto para las inspecciones in situ realizadas por el supervisor principal sobre los proveedores terceros esenciales de servicios de TIC. Al otorgar facultades amplias, como el acceso a locales y el precintado de registros, y al exigir la presentación de una autorización escrita que detalle el objeto, propósito y consecuencias de la inspección, este artículo garantiza la transparencia, la legitimidad y la efectividad de las actividades de supervisión. Este enfoque equilibrado contribuye a la resiliencia operativa del sistema financiero de la Unión Europea, refuerza la confianza en el marco regulatorio y fomenta una cultura de cumplimiento entre los proveedores esenciales.

3. El supervisor principal informará con suficiente antelación antes del comienzo de la inspección a las autoridades competentes de las entidades financieras que recurran a ese proveedor tercero de servicios de TIC.

El artículo 39.3 del Reglamento 2022/2554 establece la obligación del supervisor principal de informar con suficiente antelación a las autoridades competentes de las entidades financieras que utilizan los servicios del proveedor tercero esencial de TIC antes de proceder con una inspección. Esta disposición subraya el principio de transparencia y la necesidad de coordinación entre las distintas autoridades implicadas en la supervisión, asegurando que las inspecciones no se lleven a cabo de forma aislada, sino en un marco de comunicación y colaboración que permita a las autoridades competentes tomar medidas adecuadas para gestionar cualquier impacto potencial en las entidades financieras bajo su supervisión.

La exigencia de informar con suficiente antelación refuerza la previsibilidad del proceso de supervisión y permite a las autoridades competentes prepararse adecuadamente para cualquier repercusión que pudiera derivarse de la inspección del proveedor. Esta previsión resulta particularmente importante en el caso de proveedores que prestan servicios críticos a un gran número de entidades financieras, ya que cualquier hallazgo durante la inspección, como deficiencias en la seguridad de las TIC o riesgos relacionados con la continuidad del servicio, podría requerir la adopción de medidas inmediatas por parte de dichas entidades para mitigar los riesgos. Por ejemplo, si el supervisor principal identifica problemas relacionados con la disponibilidad o integridad de los servicios prestados, las autoridades competentes podrían necesitar evaluar el impacto en las entidades bajo su supervisión y coordinar acciones correctivas con ellas.

El término "suficiente antelación" no se define específicamente en el artículo, lo que implica que el supervisor principal debe ejercer un juicio razonable basado en la complejidad y el alcance de la inspección prevista, así como en la naturaleza de los servicios proporcionados por el proveedor. En la práctica, esto significa que la notificación debe otorgar a las autoridades competentes el tiempo necesario para analizar la información proporcionada, evaluar posibles riesgos y coordinarse con las entidades financieras afectadas si fuera necesario. Por ejemplo, en el caso de una inspección que aborde problemas relacionados con la seguridad cibernética, podría ser necesario que las autoridades competentes revisen previamente los planes de contingencia de las entidades financieras para garantizar su eficacia en caso de interrupciones.

Desde una perspectiva práctica, la obligación de notificación también fomenta una mayor cooperación interinstitucional. Al informar a las autoridades competentes, el supervisor principal no solo las mantiene al tanto de las actividades de supervisión en curso, sino que también crea una oportunidad para que estas compartan información relevante o planteen preocupaciones que podrían ser consideradas durante la inspección. Por ejemplo, si una autoridad competente tiene conocimiento de incidentes previos relacionados con el proveedor que afectaron a las entidades bajo su supervisión, podría informar al supervisor principal para que estos incidentes sean abordados específicamente durante la inspección.

El objetivo de esta disposición es garantizar que las inspecciones realizadas por el supervisor principal no solo sean exhaustivas y efectivas, sino también que estén alineadas con las prioridades y necesidades de las autoridades competentes en los Estados miembros. Este enfoque coordinado es particularmente importante en el contexto de la supervisión transfronteriza, donde los proveedores terceros esenciales de TIC a menudo prestan servicios a entidades financieras en múltiples países. Por ejemplo, un proveedor que opera en diferentes jurisdicciones podría estar sujeto a diversas normativas nacionales, y la coordinación entre el supervisor principal y las autoridades competentes de esos países es esencial para evitar conflictos regulatorios y garantizar un enfoque armonizado.

Desde el punto de vista de las autoridades competentes, esta notificación previa les permite cumplir mejor con sus propias responsabilidades de supervisión. Al estar informadas con antelación, pueden evaluar el impacto potencial de la inspección en las entidades bajo su supervisión y, si es necesario, implementar medidas de mitigación para minimizar riesgos. Por ejemplo, si se anticipa que la inspección podría interrumpir temporalmente ciertos servicios proporcionados por el proveedor, las autoridades competentes podrían recomendar a las entidades financieras que refuercen sus medidas de continuidad operativa o que implementen controles adicionales para gestionar posibles vulnerabilidades. Este tipo de medidas proactivas es fundamental para preservar la resiliencia operativa del sistema financiero durante el curso de la inspección.

Además, la notificación a las autoridades competentes también contribuye a fortalecer la confianza en el marco regulatorio. Al garantizar que estas autoridades estén plenamente informadas y participen, aunque sea indirectamente, en el proceso de inspección, el Reglamento refuerza la percepción de que los proveedores terceros esenciales están sujetos a un nivel riguroso de supervisión. Esto no solo beneficia a las autoridades competentes, sino también a las entidades financieras y a sus clientes, ya que garantiza que los riesgos relacionados con las TIC se gestionen de manera efectiva.

Desde la perspectiva del supervisor principal, la obligación de informar con suficiente antelación a las autoridades competentes refuerza la necesidad de una planificación cuidadosa de las inspecciones. Esto incluye preparar comunicaciones claras y detalladas que expliquen el objeto y propósito de la inspección, así como cualquier impacto potencial en las entidades financieras que dependen de los servicios del proveedor. Además, la consulta con las autoridades competentes también podría proporcionar al supervisor principal información valiosa que podría influir en el enfoque y las prioridades de la inspección. Por ejemplo, si las autoridades competentes informan sobre incidentes recientes que afectaron a las entidades bajo su supervisión, el supervisor principal podría decidir centrarse en esos aspectos durante la inspección.

En términos de armonización regulatoria, este artículo refuerza el enfoque coordinado de supervisión que subyace en el Reglamento 2022/2554. Al garantizar que las autoridades competentes estén informadas de las inspecciones realizadas por el supervisor principal, el Reglamento promueve una supervisión coherente y uniforme en toda la Unión Europea. Esto es particularmente importante en un entorno donde los riesgos relacionados con las TIC, como los ciberataques o las interrupciones de servicios, no respetan fronteras nacionales y pueden tener implicaciones sistémicas a nivel de la Unión.

Desde una perspectiva estratégica, la notificación previa también refuerza el principio de transparencia en el marco de supervisión, fortaleciendo la confianza entre los supervisores, las autoridades competentes y las entidades financieras. Al garantizar que las inspecciones sean planificadas y comunicadas de manera efectiva, el artículo 39.3 contribuye a un entorno regulatorio más predecible y colaborativo, lo que es fundamental para garantizar la resiliencia operativa del sistema financiero.

En conclusión, el artículo 39.3 del Reglamento 2022/2554 establece una disposición clave para garantizar la transparencia y la coordinación en el contexto de las inspecciones realizadas por el supervisor principal. Al exigir la notificación previa a las autoridades competentes, este artículo asegura que dichas autoridades estén preparadas para gestionar cualquier impacto potencial en las entidades financieras bajo su supervisión y que las inspecciones se realicen de manera coherente y alineada con las prioridades regulatorias a nivel de la Unión Europea. Este enfoque refuerza la resiliencia operativa del sistema financiero y promueve la confianza en el marco regulatorio, beneficiando a todas las partes interesadas.

4. Las inspecciones abarcarán todo el conjunto de sistemas, redes, dispositivos, información y datos de TIC pertinentes utilizados para la prestación de servicios de TIC a las entidades financieras o que contribuyan a ella.

El artículo 39.4 del Reglamento 2022/2554 establece el alcance de las inspecciones que el supervisor principal puede realizar en relación con los proveedores terceros esenciales de servicios de TIC. Este artículo amplía la capacidad de supervisión al permitir que las inspecciones abarquen la totalidad de los sistemas, redes, dispositivos, información y datos de TIC que son relevantes para la prestación de servicios a las entidades financieras o que contribuyen a dicha prestación. La amplitud del alcance definido en este artículo refuerza la capacidad del supervisor principal para realizar evaluaciones integrales de la seguridad, la continuidad y la resiliencia operativa de los servicios de TIC, asegurando que se identifiquen y mitiguen todos los riesgos potenciales que puedan afectar al sistema financiero.

En primer lugar, la disposición asegura que las inspecciones no se limiten a una parte específica de los sistemas o a un subconjunto de actividades del proveedor, sino que permitan una revisión exhaustiva de todos los elementos tecnológicos que influyen directa o indirectamente en la prestación de servicios a las entidades financieras. Esto incluye, por ejemplo, los sistemas de gestión de datos, los dispositivos utilizados para garantizar la conectividad, las redes internas y externas que soportan la infraestructura de TIC, así como la información y los datos procesados o almacenados por el proveedor. Este enfoque integral es esencial dado el carácter interdependiente y distribuido de las infraestructuras tecnológicas modernas. Por ejemplo, un fallo en un dispositivo aparentemente periférico, como un sistema de respaldo de datos, podría generar interrupciones significativas en la continuidad operativa de las entidades financieras que dependen de los servicios del proveedor.

El alcance amplio de las inspecciones permite también abordar riesgos emergentes relacionados con la complejidad tecnológica y la subcontratación de servicios de TIC. En muchas ocasiones, los proveedores esenciales no gestionan todos los sistemas o componentes directamente, sino que subcontratan partes de sus servicios a otros proveedores, lo que añade capas de riesgo y dependencia. Al abarcar todo el conjunto de sistemas y datos pertinentes, las inspecciones pueden evaluar cómo se gestionan estas relaciones de subcontratación, incluyendo la supervisión de terceros y los mecanismos para garantizar la continuidad y seguridad de los servicios. Por ejemplo, si un proveedor esencial subcontrata el almacenamiento de datos a un tercero, el supervisor principal puede incluir estos sistemas en el alcance de la inspección para verificar si se cumplen los estándares de seguridad y privacidad aplicables.

Otro aspecto clave del artículo es la referencia explícita a la información y los datos de TIC pertinentes. Esto subraya la importancia de evaluar no solo los sistemas físicos y virtuales que soportan los servicios, sino también la gestión y protección de la información que fluye a través de ellos. En un contexto financiero, los datos procesados por los proveedores esenciales suelen incluir información confidencial o sensible, como datos personales de los clientes, transacciones financieras o estrategias comerciales de las entidades financieras. Las inspecciones permiten al supervisor principal verificar que estos datos están protegidos adecuadamente mediante medidas como cifrado, control de acceso, monitoreo de actividad y sistemas de recuperación ante desastres. Por ejemplo, un proveedor esencial que no implemente controles adecuados para prevenir accesos no autorizados a datos sensibles podría exponer a las entidades financieras a riesgos de violación de datos, con consecuencias significativas en términos de cumplimiento normativo, reputación y posibles sanciones.

Desde una perspectiva práctica, el alcance de las inspecciones definido en este artículo también refuerza la capacidad del supervisor principal para identificar y abordar riesgos sistémicos. En el contexto de los servicios de TIC, los riesgos no siempre están limitados a un solo sistema o componente, sino que pueden surgir de la interacción entre múltiples elementos tecnológicos. Por ejemplo, una configuración incorrecta en una red puede generar vulnerabilidades que afecten a los sistemas de datos, comprometiendo tanto la seguridad como la disponibilidad de los servicios. Al incluir todos los sistemas, redes, dispositivos y datos relevantes en el alcance de las inspecciones, el supervisor principal puede identificar estas interdependencias y proponer medidas correctoras que aborden los riesgos de manera holística.

El artículo también tiene implicaciones significativas para los proveedores terceros esenciales de servicios de TIC, ya que les exige garantizar que todos sus sistemas y datos relevantes estén preparados para ser sometidos a inspección en cualquier momento. Esto incluye mantener registros actualizados, implementar controles robustos de seguridad y continuidad, y garantizar que todos los componentes tecnológicos sean trazables y auditables. Por ejemplo, un proveedor que gestiona redes distribuidas o utiliza servicios en la nube debe asegurarse de que puede proporcionar acceso al supervisor principal para inspeccionar estos sistemas, incluso si están ubicados en diferentes jurisdicciones o son administrados por terceros.

Para el supervisor principal, el artículo establece una base sólida para realizar inspecciones completas y detalladas que aborden todos los aspectos relevantes de los servicios de TIC. Sin embargo, también implica la necesidad de contar con equipos de inspección técnicamente capacitados que puedan evaluar sistemas complejos y distribuidos. Esto podría incluir expertos en seguridad cibernética, redes, almacenamiento de datos y otros campos especializados. Además, el supervisor principal debe garantizar que las inspecciones se realicen de manera proporcional y respetando los principios de necesidad y minimización del impacto en las operaciones del proveedor. Por ejemplo, si una inspección requiere el acceso a un centro de datos crítico, el supervisor debe coordinar con el proveedor para minimizar interrupciones en los servicios prestados a las entidades financieras.

Desde la perspectiva de las entidades financieras, este artículo refuerza la confianza en el marco regulatorio al garantizar que los proveedores esenciales están sujetos a un escrutinio riguroso que abarca todos los aspectos relevantes de su operativa. Esto es especialmente importante en un entorno donde las entidades financieras dependen cada vez más de servicios externos de TIC para funciones críticas, como la gestión de datos y la ciberseguridad. Al garantizar que las inspecciones aborden todos los sistemas y datos pertinentes, el Reglamento protege a las entidades financieras frente a posibles interrupciones, fallos de seguridad o incumplimientos normativos por parte de los proveedores.

En términos de armonización regulatoria, el alcance definido en este artículo contribuye a garantizar que las inspecciones realizadas en toda la Unión Europea sean uniformes y coherentes. Esto evita discrepancias entre los Estados miembros en la interpretación de qué sistemas o datos son relevantes para la supervisión, promoviendo un enfoque armonizado que beneficie tanto a los proveedores como a las entidades financieras.

En conclusión, el artículo 39.4 del Reglamento 2022/2554 establece un marco claro y completo para las inspecciones realizadas por el supervisor principal sobre los proveedores terceros esenciales de servicios de TIC. Al abarcar todo el conjunto de sistemas, redes, dispositivos, información y datos relevantes, este artículo refuerza la capacidad del supervisor para evaluar y mitigar riesgos de manera integral, protegiendo la resiliencia operativa del sistema financiero de la Unión Europea. Este enfoque amplio y detallado no solo garantiza la seguridad y continuidad de los servicios prestados, sino que también fortalece la confianza en el marco regulatorio y promueve la cooperación entre los supervisores, las entidades financieras y los proveedores esenciales.

5. Antes de cualquier inspección in situ prevista, el supervisor principal avisará con antelación razonable a los proveedores terceros esenciales de servicios de TIC, a menos que dicho aviso no sea posible debido a una situación de emergencia o de crisis, o que conduzca a una situación en la que la inspección o la auditoría dejarían de ser eficaces.

El artículo 39.5 del Reglamento 2022/2554 establece un requisito general de avisar con antelación razonable a los proveedores terceros esenciales de servicios de TIC antes de realizar una inspección in situ. Esta disposición tiene como objetivo garantizar un equilibrio entre el derecho de los proveedores a prepararse para una inspección y la necesidad de que el supervisor principal pueda desempeñar sus funciones de supervisión de manera efectiva, incluso en circunstancias excepcionales en las que el aviso previo podría comprometer los objetivos de la inspección. Este artículo incorpora principios fundamentales como la proporcionalidad, la previsibilidad y la flexibilidad en el ejercicio de las facultades de supervisión.

En primer lugar, el aviso con antelación razonable refuerza el principio de transparencia en el marco de supervisión. Al informar previamente a los proveedores esenciales, el supervisor principal garantiza que estos puedan preparar adecuadamente sus instalaciones, sistemas y personal para colaborar plenamente en la inspección. Esto es particularmente importante dado que las inspecciones suelen implicar la revisión de sistemas tecnológicos complejos, documentación extensa y procedimientos operativos que podrían requerir tiempo y recursos para ser organizados y puestos a disposición del equipo de inspección. Por ejemplo, si el supervisor planea inspeccionar los sistemas de ciberseguridad del proveedor, este último necesitará garantizar que el personal responsable esté disponible para responder a preguntas técnicas y proporcionar acceso a los sistemas relevantes.

El término "antelación razonable" no se define específicamente en el artículo, lo que otorga al supervisor principal un margen de discreción para determinar el tiempo adecuado en función de las circunstancias particulares de cada inspección. Esto permite al supervisor principal ajustar el período de preaviso en función de factores como el alcance y la complejidad de la inspección, la naturaleza de los servicios proporcionados por el proveedor y el grado de urgencia asociado a los riesgos identificados. Por ejemplo, una inspección rutinaria podría justificar un aviso con varias semanas de antelación, mientras que una inspección motivada por un incidente grave relacionado con las TIC podría requerir un aviso más breve para abordar rápidamente los riesgos asociados.

No obstante, el artículo también establece excepciones claras al requisito de aviso previo, lo que refleja la necesidad de flexibilidad en situaciones excepcionales. Estas excepciones incluyen circunstancias en las que el aviso no sea posible debido a una situación de emergencia o crisis, o cuando el aviso comprometería la eficacia de la inspección o auditoría. En este contexto, las situaciones de emergencia o crisis podrían incluir eventos como ciberataques significativos, fallos operativos graves o amenazas inmediatas a la seguridad de las entidades financieras que dependen de los servicios del proveedor. En tales casos, el supervisor principal podría considerar que la urgencia de la situación justifica una inspección sin previo aviso para proteger la estabilidad operativa del sistema financiero.

La segunda excepción se refiere a situaciones en las que el aviso previo podría comprometer la eficacia de la inspección. Por ejemplo, si el supervisor principal tiene motivos para creer que el proveedor podría alterar o destruir pruebas relevantes, como registros de incidentes o configuraciones de sistemas, un aviso previo podría dar lugar a la manipulación de información clave y socavar los objetivos de la inspección. En tales casos, el supervisor principal estaría facultado para proceder sin aviso previo para garantizar que la inspección pueda llevarse a cabo de manera efectiva y sin interferencias.

Desde una perspectiva práctica, este artículo tiene implicaciones importantes tanto para el supervisor principal como para los proveedores terceros esenciales de servicios de TIC. Para el supervisor principal, la obligación de avisar con antelación razonable implica la necesidad de planificar cuidadosamente las inspecciones, asegurándose de que se proporcione suficiente información al proveedor sobre el objeto y el propósito de la inspección, así como los requisitos logísticos y técnicos asociados. Al mismo tiempo, el supervisor principal debe estar preparado para justificar cualquier decisión de omitir el aviso previo, especialmente en situaciones donde se alegue una emergencia o la posibilidad de comprometer la eficacia de la inspección. Esta justificación es esencial para garantizar que las inspecciones se realicen de manera proporcional y dentro de los límites legales establecidos por el Reglamento.

Para los proveedores terceros esenciales de servicios de TIC, el requisito de aviso previo proporciona una oportunidad para prepararse adecuadamente para la inspección, lo que incluye garantizar que los sistemas, datos y registros relevantes estén disponibles y accesibles para el equipo de inspección. Además, el proveedor puede designar representantes internos que faciliten la comunicación y coordinen la inspección, minimizando interrupciones en las operaciones diarias. Sin embargo, los proveedores también deben estar preparados para situaciones en las que no se dé aviso previo, lo que refuerza la importancia de mantener un nivel constante de cumplimiento normativo y preparación operativa. Esto incluye garantizar que los sistemas de TIC, la documentación y los procedimientos estén siempre en conformidad con los requisitos del Reglamento.

Desde la perspectiva de las entidades financieras, este artículo contribuye a garantizar que las inspecciones se lleven a cabo de manera efectiva y oportuna, protegiendo la resiliencia operativa de los servicios críticos que dependen de los proveedores terceros esenciales. En situaciones de emergencia o crisis, la posibilidad de realizar inspecciones sin previo aviso es particularmente importante para abordar rápidamente riesgos que podrían tener un impacto significativo en las operaciones de las entidades financieras o en la estabilidad del sistema financiero en su conjunto. Por ejemplo, si un proveedor esencial sufre un ciberataque que pone en riesgo los datos o servicios de las entidades financieras, una inspección inmediata podría ser crucial para identificar y mitigar las vulnerabilidades explotadas por los atacantes.

Desde un punto de vista estratégico, la disposición que permite omitir el aviso previo en casos de emergencia o cuando podría comprometer la eficacia de la inspección también refuerza la capacidad del supervisor principal para abordar riesgos sistémicos de manera proactiva. En el contexto de los servicios de TIC, donde los riesgos pueden evolucionar rápidamente y tener implicaciones transfronterizas, esta flexibilidad es esencial para garantizar una supervisión efectiva y oportuna. Al mismo tiempo, el requisito general de aviso previo promueve la confianza entre los supervisores y los proveedores esenciales, asegurando que las inspecciones se realicen de manera justa y respetando los derechos de todas las partes.

En términos de armonización regulatoria, este artículo contribuye a establecer un enfoque coherente para las inspecciones en toda la Unión Europea, al tiempo que permite adaptaciones a las circunstancias específicas de cada caso. Esto asegura que las inspecciones realizadas en diferentes Estados miembros sigan principios comunes, como la transparencia y la proporcionalidad, mientras que las excepciones al requisito de aviso previo garantizan que los supervisores puedan responder eficazmente a riesgos emergentes o situaciones críticas.

En conclusión, el artículo 39.5 del Reglamento 2022/2554 establece un marco equilibrado para las inspecciones in situ realizadas por el supervisor principal sobre los proveedores terceros esenciales de servicios de TIC. Al requerir un aviso previo en la mayoría de los casos, este artículo promueve la transparencia y permite a los proveedores prepararse adecuadamente para las inspecciones. Sin embargo, las excepciones previstas para situaciones de emergencia o crisis, o cuando el aviso podría comprometer la eficacia de la inspección, garantizan que el supervisor principal pueda actuar de manera rápida y efectiva cuando sea necesario para proteger la resiliencia operativa del sistema financiero. Este enfoque flexible y equilibrado refuerza la confianza en el marco regulatorio y contribuye a la supervisión eficiente de los riesgos relacionados con las TIC en toda la Unión Europea.

6. El proveedor tercero esencial de servicios de TIC se someterá a las inspecciones in situ ordenadas mediante decisión del supervisor principal. La decisión especificará el objeto y el propósito de la inspección, fijará la fecha de comienzo de la inspección e indicará las multas coercitivas previstas en el artículo 35, apartado 6, las vías de recurso posibles con arreglo a los Reglamentos (UE) número 1093/2010, (UE) número 1094/2010 y (UE) número 1095/2010, así como el derecho a recurrir la decisión ante el Tribunal de Justicia.

El artículo 39.6 del Reglamento 2022/2554 establece la obligación de los proveedores terceros esenciales de servicios de TIC de someterse a las inspecciones in situ ordenadas mediante decisión del supervisor principal. Este precepto regula de manera detallada los elementos formales que debe contener la decisión del supervisor principal, así como los derechos y recursos disponibles para los proveedores esenciales, promoviendo un equilibrio entre las facultades del supervisor para garantizar una supervisión efectiva y los derechos de los proveedores para defenderse frente a posibles abusos o errores en el ejercicio de esas facultades.

En primer lugar, el artículo refuerza el carácter vinculante de las inspecciones, exigiendo que los proveedores terceros esenciales de servicios de TIC cumplan con la orden del supervisor principal. Esto significa que el proveedor está obligado a facilitar el acceso a sus instalaciones, sistemas, documentación y cualquier otro elemento relevante para que el supervisor principal pueda evaluar el cumplimiento de las disposiciones normativas y la gestión de los riesgos relacionados con las TIC. Este cumplimiento obligatorio es esencial para asegurar que las inspecciones puedan llevarse a cabo de manera efectiva y sin interferencias, especialmente en situaciones en las que se sospeche la existencia de incumplimientos o riesgos significativos. Por ejemplo, si el proveedor ha sido objeto de repetidos incidentes graves relacionados con las TIC, una inspección in situ podría ser necesaria para verificar que se están implementando medidas correctoras adecuadas.

El artículo también establece que la decisión del supervisor principal debe especificar el objeto y el propósito de la inspección, lo que garantiza que el proveedor tenga claridad sobre las razones de la misma y los aspectos que serán evaluados. Esta exigencia de especificidad contribuye al principio de transparencia y asegura que las inspecciones sean proporcionales al objetivo que se persigue. Por ejemplo, si la inspección está motivada por preocupaciones sobre la seguridad de los datos procesados por el proveedor, la decisión debería detallar que el objetivo es evaluar los controles de ciberseguridad y las políticas de protección de datos implementadas por el proveedor. Esto permite al proveedor preparar adecuadamente los sistemas, datos y personal relevantes para la inspección.

Además, la decisión debe incluir la fecha de comienzo de la inspección, lo que proporciona al proveedor un marco temporal claro para organizarse y garantizar que todo esté listo para facilitar el trabajo del equipo de inspección. Este detalle es particularmente importante en el caso de inspecciones complejas que involucren múltiples instalaciones o sistemas distribuidos, ya que permite al proveedor coordinar recursos internos y designar responsables que acompañen al equipo de inspección. Sin embargo, esta previsibilidad no excluye la posibilidad de que el supervisor principal actúe sin previo aviso en situaciones de emergencia, como se establece en el artículo 39.5.

Un aspecto central del artículo es la mención a las multas coercitivas previstas en el artículo 35, apartado 6, en caso de que el proveedor no cumpla con la orden de inspección. Estas multas coercitivas, que pueden alcanzar hasta el 1 % del volumen de negocios diario medio del proveedor, tienen un carácter disuasorio y refuerzan el cumplimiento obligatorio de las decisiones del supervisor principal. Al incluir esta advertencia en la decisión, el supervisor principal asegura que el proveedor esté plenamente consciente de las consecuencias legales y financieras de cualquier intento de obstruir o ignorar la inspección. Por ejemplo, si un proveedor niega el acceso a una instalación crítica o retrasa deliberadamente la entrega de documentos requeridos, podría enfrentarse a sanciones significativas que afecten tanto a su reputación como a su viabilidad financiera.

El artículo también garantiza el derecho de defensa del proveedor tercero esencial de servicios de TIC, estableciendo que la decisión debe detallar las vías de recurso posibles y el derecho a recurrir ante el Tribunal de Justicia de la Unión Europea. Esto incluye la posibilidad de apelar ante la Sala de Recurso de la Autoridad Europea de Supervisión correspondiente, como la ABE, la AEVM o la AESPJ, de conformidad con los Reglamentos (UE) n.º 1093/2010, 1094/2010 y 1095/2010. Esta disposición refuerza los principios de legalidad y proporcionalidad, garantizando que el proveedor pueda cuestionar la decisión si considera que esta es desproporcionada, injustificada o que excede las competencias del supervisor principal. Por ejemplo, un proveedor podría argumentar que la inspección es innecesaria porque ya ha implementado medidas correctoras adecuadas tras una notificación previa de incidentes.

Desde una perspectiva práctica, este artículo tiene implicaciones importantes tanto para los supervisores principales como para los proveedores terceros esenciales de servicios de TIC. Para el supervisor principal, la obligación de emitir una decisión detallada implica la necesidad de preparar cuidadosamente cada inspección, asegurándose de que el objeto y el propósito estén claramente definidos y que las razones de la inspección puedan justificarse en caso de ser impugnadas. Esto también incluye garantizar que las inspecciones sean proporcionadas al nivel de riesgo identificado, evitando cualquier percepción de arbitrariedad en el ejercicio de las facultades de supervisión.

Para los proveedores terceros esenciales de servicios de TIC, el artículo subraya la importancia de estar preparados en todo momento para someterse a inspecciones, manteniendo registros organizados, sistemas en conformidad con los estándares normativos y personal capacitado para cooperar con el equipo de inspección. Además, los proveedores deben ser conscientes de las posibles sanciones asociadas al incumplimiento de una orden de inspección y del proceso legal disponible para impugnar decisiones que consideren injustas. Por ejemplo, si un proveedor considera que una inspección se ha ordenado sin una base adecuada, podría recurrir la decisión mientras garantiza el cumplimiento de la misma para evitar multas coercitivas.

Desde la perspectiva de las entidades financieras, este artículo refuerza la confianza en el marco regulatorio al garantizar que los proveedores esenciales están sujetos a un escrutinio riguroso y que cualquier resistencia a las inspecciones puede ser abordada de manera efectiva mediante sanciones y mecanismos de ejecución. Esto es particularmente importante en un contexto donde las entidades financieras dependen de los servicios de TIC para funciones críticas y necesitan asegurarse de que los proveedores cumplan con los estándares de seguridad, continuidad y resiliencia operativa.

En términos de armonización regulatoria, este artículo contribuye a garantizar un enfoque uniforme en toda la Unión Europea, estableciendo un procedimiento claro y detallado para las inspecciones in situ. Esto evita discrepancias en la aplicación del Reglamento entre los Estados miembros y asegura que todos los proveedores esenciales estén sujetos a las mismas expectativas y derechos, promoviendo un entorno de supervisión justo y equitativo.

En conclusión, el artículo 39.6 del Reglamento 2022/2554 establece un marco detallado y equilibrado para las inspecciones in situ ordenadas por el supervisor principal. Al exigir que los proveedores esenciales se sometan a estas inspecciones, especificando el objeto y propósito de las mismas, y garantizando el derecho de defensa de los proveedores, este artículo refuerza tanto la efectividad de las actividades de supervisión como la protección de los derechos de las partes implicadas. Este enfoque contribuye a la resiliencia operativa del sistema financiero de la Unión Europea y promueve la confianza en el marco regulatorio, asegurando que los riesgos relacionados con las TIC se gestionen de manera transparente, proporcional y eficiente.

7. En caso de que los agentes y demás personas acreditadas por el supervisor principal constaten que un proveedor tercero esencial de servicios de TIC se opone a una inspección ordenada en virtud del presente artículo, el supervisor principal informará al proveedor tercero esencial de servicios de TIC de las consecuencias de dicha oposición, entre ellas la posibilidad de que las autoridades competentes de las entidades financieras pertinentes obliguen a las entidades financieras a poner fin a los acuerdos contractuales celebrados con dicho proveedor.

El artículo 39.7 del Reglamento 2022/2554 establece un mecanismo contundente para gestionar los casos en los que un proveedor tercero esencial de servicios de TIC se oponga a una inspección ordenada por el supervisor principal. La norma no solo refuerza la obligatoriedad de someterse a las inspecciones, sino que también introduce una medida disuasoria significativa, al prever la posibilidad de que las autoridades competentes obliguen a las entidades financieras a poner fin a los acuerdos contractuales con el proveedor que obstaculice el cumplimiento de esta obligación. Este enfoque refuerza la autoridad del supervisor principal y protege la integridad del marco de supervisión establecido por el Reglamento, garantizando que los riesgos relacionados con las TIC sean supervisados de manera adecuada y efectiva.

En primer lugar, el artículo se ocupa de un escenario en el que el proveedor tercero esencial de servicios de TIC se opone activamente a una inspección ordenada. Esta oposición podría manifestarse de diversas formas, como negar el acceso a las instalaciones, no facilitar los documentos o registros solicitados, o no cooperar con los agentes acreditados. Dicha conducta constituye un incumplimiento grave del Reglamento, ya que dificulta la capacidad del supervisor principal para evaluar si el proveedor está gestionando adecuadamente los riesgos relacionados con las TIC que puedan afectar a las entidades financieras y, en última instancia, al sistema financiero de la Unión. Por ejemplo, si un proveedor se niega a permitir el acceso a un centro de datos donde se almacenan los registros de incidentes de ciberseguridad, el supervisor principal no podrá verificar si los protocolos implementados son suficientes para proteger la resiliencia operativa de las entidades financieras.

El artículo obliga al supervisor principal a informar al proveedor esencial de los efectos legales y contractuales de su oposición. Esta obligación de notificación es importante, ya que asegura que el proveedor esté plenamente consciente de las consecuencias inmediatas y a largo plazo de su comportamiento. Entre estas consecuencias, el artículo destaca la posibilidad de que las autoridades competentes de las entidades financieras pertinentes puedan obligar a dichas entidades a rescindir sus contratos con el proveedor esencial. Esta medida no solo pone en riesgo la relación comercial del proveedor con las entidades financieras afectadas, sino que también podría tener un impacto significativo en su reputación y posición en el mercado. Por ejemplo, un proveedor que pierda múltiples contratos debido a su oposición a una inspección podría enfrentarse a una pérdida considerable de ingresos, además de un daño reputacional que afecte su capacidad para atraer nuevos clientes en el sector financiero.

La posibilidad de terminación de los acuerdos contractuales es una medida de último recurso, pero también es un mecanismo disuasorio poderoso. Desde la perspectiva del proveedor, la amenaza de perder contratos con entidades financieras clave puede motivarlo a cooperar plenamente con las inspecciones, incluso si considera que estas son innecesarias o invasivas. Esto refuerza el principio de cumplimiento obligatorio que subyace en el Reglamento y protege la capacidad del supervisor principal para llevar a cabo su mandato sin interferencias.

Para las entidades financieras, la medida prevista en este artículo tiene implicaciones importantes. Si las autoridades competentes obligan a una entidad financiera a rescindir su contrato con un proveedor esencial, esto podría generar desafíos operativos significativos, especialmente si el proveedor presta servicios críticos como almacenamiento de datos, ciberseguridad o gestión de redes. Por ejemplo, la rescisión de un contrato con un proveedor que administre funciones esenciales podría obligar a la entidad financiera a buscar rápidamente un proveedor alternativo o a internalizar las funciones subcontratadas, lo que podría implicar costos elevados, interrupciones operativas y riesgos de transición. Para mitigar estos riesgos, las entidades financieras deben asegurarse de tener estrategias de salida adecuadas, como lo exige el Reglamento en otros artículos, y contar con planes de contingencia que les permitan reaccionar rápidamente en caso de que se vean obligadas a finalizar una relación contractual con un proveedor.

Desde una perspectiva regulatoria, este artículo refuerza la interdependencia entre el marco de supervisión del proveedor tercero esencial y las entidades financieras que utilizan sus servicios. Al establecer un vínculo directo entre el incumplimiento del proveedor y las obligaciones de las entidades financieras, el Reglamento asegura que ambos actores estén alineados en términos de cumplimiento normativo. Esto crea un incentivo adicional para que los proveedores esenciales mantengan una relación de cooperación con el supervisor principal, ya que cualquier incumplimiento no solo afecta a su propia posición, sino que también genera riesgos y complicaciones para sus clientes financieros.

El artículo también tiene implicaciones importantes para las autoridades competentes de las entidades financieras. Estas autoridades deben evaluar cuidadosamente los impactos de cualquier orden de rescisión contractual en la resiliencia operativa de las entidades bajo su supervisión. Por ejemplo, si un proveedor tercero esencial presta servicios a múltiples entidades financieras en un Estado miembro, la rescisión simultánea de contratos podría tener implicaciones sistémicas, afectando la continuidad de los servicios financieros en ese mercado. En tales casos, las autoridades competentes deben trabajar en estrecha colaboración con el supervisor principal para garantizar que cualquier decisión se implemente de manera ordenada y que se minimicen los riesgos para el sistema financiero.

Desde el punto de vista del supervisor principal, este artículo refuerza su autoridad al otorgarle un mecanismo para gestionar situaciones de oposición, pero también implica una responsabilidad significativa. Antes de informar a un proveedor sobre las consecuencias de su oposición, el supervisor principal debe asegurarse de que la inspección ordenada esté plenamente justificada y que se hayan agotado todos los esfuerzos razonables para lograr la cooperación del proveedor. Esto incluye proporcionar información clara sobre el propósito y alcance de la inspección, así como garantizar que las medidas propuestas sean proporcionales al nivel de riesgo identificado. Además, el supervisor principal debe coordinarse con la Red de Supervisión Conjunta y con las autoridades competentes de las entidades financieras afectadas para evaluar las implicaciones de cualquier posible rescisión contractual.

Desde la perspectiva de la armonización normativa, este artículo refuerza la coherencia en la aplicación del Reglamento en toda la Unión Europea. Al establecer consecuencias claras y uniformes para los proveedores que se opongan a las inspecciones, el Reglamento asegura que todos los actores, independientemente del Estado miembro en el que operen, estén sujetos a las mismas expectativas y sanciones. Esto crea un marco de supervisión más equitativo y predecible, fortaleciendo la confianza en el sistema financiero de la Unión.

En conclusión, el artículo 39.7 del Reglamento 2022/2554 establece un mecanismo claro y efectivo para abordar la oposición de los proveedores terceros esenciales de servicios de TIC a las inspecciones ordenadas por el supervisor principal. Al prever la posibilidad de que las autoridades competentes obliguen a las entidades financieras a rescindir sus contratos con proveedores incumplidores, este artículo refuerza el cumplimiento obligatorio, protege la capacidad del supervisor principal para desempeñar su mandato y promueve la cooperación entre todos los actores implicados. Este enfoque equilibrado garantiza la resiliencia operativa del sistema financiero, fomenta el cumplimiento normativo y fortalece la confianza en el marco regulatorio de la Unión Europea.

Artículo 40. Supervisión permanente

1. Cuando lleve a cabo actividades de supervisión, en particular investigaciones generales o inspecciones, el supervisor principal estará asistido por un equipo conjunto de examinadores establecido para cada proveedor tercero esencial de servicios de TIC.

El artículo establece que el supervisor principal, al realizar actividades de supervisión como investigaciones generales o inspecciones dirigidas a proveedores terceros esenciales de servicios de TIC, contará con la asistencia de un equipo conjunto de examinadores. Esta disposición es determinante para garantizar un enfoque multidisciplinar, coordinado y eficiente en el seguimiento de los riesgos relacionados con las TIC derivados de terceros.

El establecimiento de equipos conjuntos de examinadores implica una colaboración estrecha entre el supervisor principal y las autoridades competentes de los Estados miembros, así como con las Autoridades Europeas de Supervisión. Estos equipos pueden incluir expertos en ciberseguridad, tecnología de la información, derecho financiero y supervisión regulatoria, asegurando así que todas las perspectivas relevantes se aborden durante las actividades de supervisión. La inclusión de expertos especializados permite un análisis técnico y jurídico más profundo de los riesgos asociados con los proveedores terceros esenciales de servicios de TIC, mejorando la calidad y precisión de las evaluaciones.

Desde una perspectiva práctica, el trabajo de estos equipos conjuntos permite identificar y evaluar de manera más efectiva las vulnerabilidades de los sistemas de TIC gestionados por los proveedores terceros esenciales, así como los riesgos de concentración que puedan surgir debido a la dependencia excesiva de un número limitado de proveedores. Las investigaciones e inspecciones pueden abarcar la evaluación de la infraestructura tecnológica, los planes de contingencia, las políticas de ciberseguridad, y el cumplimiento de los estándares contractuales y normativos establecidos en el presente Reglamento.

Para los proveedores terceros esenciales de servicios de TIC, esta supervisión estructurada proporciona claridad sobre las expectativas regulatorias y refuerza su obligación de mantener altos niveles de seguridad, disponibilidad e integridad en los servicios prestados a las entidades financieras. Además, fomenta la cooperación entre estos proveedores y las autoridades, asegurando que las auditorías y controles sean rigurosos, pero no disruptivos para las operaciones del proveedor.

Para las entidades financieras que dependen de estos proveedores, la supervisión efectiva mejora su confianza en la resiliencia y seguridad de los servicios contratados, reduciendo el riesgo de interrupciones operativas significativas que podrían afectar a la continuidad de sus actividades o comprometer datos sensibles.

A nivel sistémico, el enfoque basado en equipos conjuntos de examinadores promueve la coherencia y armonización en la supervisión de los riesgos tecnológicos a lo largo de la Unión. Esto es particularmente importante dado que los proveedores terceros esenciales suelen operar en múltiples jurisdicciones, lo que podría complicar la supervisión si cada autoridad actuara de manera independiente. La colaboración entre expertos de diferentes sectores y Estados miembros facilita una visión integral y reduce el riesgo de lagunas en la supervisión, mejorando así la capacidad de la Unión Europea para responder colectivamente a ciberincidentes o fallos tecnológicos con repercusiones transfronterizas.

Por último, esta estructura permite al supervisor principal aprovechar los recursos, competencias y conocimientos especializados disponibles a nivel nacional y europeo, optimizando la eficacia de las actividades de supervisión y asegurando que los proveedores terceros esenciales cumplan con los altos estándares exigidos por el Reglamento. La participación de equipos conjuntos de examinadores también refuerza la legitimidad y transparencia del proceso de supervisión, proporcionando una base sólida para la evaluación y gestión de los riesgos tecnológicos en el sector financiero de la Unión.

2. El equipo conjunto de examinadores a que se refiere el apartado 1 estará compuesto por miembros del personal de:

a) ***las Autoridades Europeas de Supervisión;***

b) ***las autoridades competentes pertinentes que supervisen a las entidades financieras a las que preste servicios de TIC el proveedor tercero esencial de servicios de TIC;***

c) ***con carácter voluntario, la autoridad nacional competente a que se refiere el artículo 32, apartado 4, letra e);***

d) ***con carácter voluntario, una autoridad nacional competente del Estado miembro en el que esté establecido el proveedor tercero esencial de servicios de TIC.***

Los miembros del equipo conjunto de examinadores deberán tener conocimientos especializados en cuestiones del ámbito de las TIC y en materia de riesgo operativo. El equipo conjunto de examinadores trabajará bajo la coordinación de un miembro designado del personal del supervisor principal («coordinador del supervisor principal»).

El artículo define la composición y las competencias técnicas del equipo conjunto de examinadores encargado de asistir al supervisor principal en las actividades de supervisión dirigidas a proveedores terceros esenciales de servicios de TIC. Este equipo, integrado por personal de diferentes organismos y autoridades, combina conocimientos especializados en TIC y riesgo operativo, garantizando un enfoque interdisciplinario y coordinado para evaluar y gestionar los riesgos asociados a los servicios prestados por estos proveedores.

La inclusión de miembros de las Autoridades Europeas de Supervisión (AES) refuerza la dimensión supranacional del marco de supervisión, asegurando que las actividades se alineen con los estándares europeos y promuevan la coherencia en la supervisión a nivel de la Unión. Este enfoque también facilita la armonización de criterios, procedimientos y metodologías en la evaluación de riesgos tecnológicos, reduciendo disparidades entre jurisdicciones y promoviendo la estabilidad financiera en el mercado único.

La participación de las autoridades competentes nacionales pertinentes es esencial, ya que estas supervisan directamente a las entidades financieras que dependen de los servicios de los proveedores terceros esenciales. Su conocimiento específico sobre las operaciones locales y las características particulares de las entidades bajo su jurisdicción enriquece la evaluación del equipo y asegura que los riesgos específicos de cada entidad financiera se tengan en cuenta de manera adecuada.

La posibilidad de participación voluntaria de otras autoridades nacionales, incluidas las del Estado miembro donde esté establecido el proveedor tercero esencial, refuerza el enfoque inclusivo del marco. Estas autoridades pueden aportar información contextual adicional sobre el entorno regulatorio local, la infraestructura tecnológica del proveedor y otros factores relevantes para la evaluación del riesgo. Esto es particularmente útil cuando el proveedor presta servicios a múltiples jurisdicciones, ya que asegura una visión completa y matizada de su impacto potencial en el sistema financiero.

El requisito de que los miembros del equipo conjunto tengan conocimientos especializados en TIC y riesgo operativo es un componente fundamental. Los riesgos tecnológicos son complejos y en constante evolución, y su correcta evaluación requiere experiencia técnica avanzada en ciberseguridad, arquitectura de sistemas, gestión de riesgos tecnológicos y normativa financiera. La especialización del equipo fortalece la capacidad del supervisor principal para identificar vulnerabilidades críticas, evaluar la adecuación de los controles implementados por el proveedor y proponer medidas correctoras efectivas.

La coordinación centralizada del equipo conjunto por parte de un miembro designado del personal del supervisor principal asegura un liderazgo claro y una gestión eficiente de las actividades de supervisión. El coordinador actúa como punto focal para la planificación, ejecución y seguimiento de las inspecciones e investigaciones, garantizando la alineación de los esfuerzos de los distintos miembros del equipo y facilitando la comunicación con el supervisor principal. Además, este rol es determinante para evitar duplicidades, conflictos de competencias o enfoques fragmentados en las actividades de supervisión.

Desde un punto de vista práctico, este modelo de equipo conjunto aporta varios beneficios. Permite una supervisión más robusta y eficaz de los proveedores terceros esenciales de servicios de TIC, optimizando el uso de los recursos disponibles en las AES y las autoridades nacionales. Al combinar la experiencia técnica y regulatoria de diferentes organismos, el equipo puede abordar tanto los riesgos operativos específicos como las cuestiones de cumplimiento normativo, logrando un enfoque integral y multidimensional.

Asimismo, este enfoque favorece la cooperación y confianza entre las autoridades nacionales y europeas, estableciendo un marco colaborativo que puede extenderse a otras áreas del sistema financiero. También beneficia a las entidades financieras al garantizar que los riesgos tecnológicos que podrían impactar su resiliencia operativa se aborden de manera sistemática y coordinada, reduciendo la posibilidad de incidentes graves relacionados con las TIC.

Finalmente, este sistema contribuye a mejorar la seguridad y estabilidad del sistema financiero de la Unión, al garantizar que los proveedores terceros esenciales cumplan con los estándares más altos en términos de seguridad, disponibilidad e integridad de los servicios de TIC que prestan a las entidades financieras. La estructura interdisciplinaria y multinivel del equipo conjunto refuerza la capacidad de la Unión Europea para gestionar los riesgos tecnológicos en un entorno financiero cada vez más digital e interconectado.

3. En los tres meses siguientes a la conclusión de una investigación o una inspección, el supervisor principal, previa consulta al Foro de Supervisión, adoptará las recomendaciones que se remitirán al proveedor tercero esencial de servicios de TIC en virtud de las facultades a que se refiere el artículo 35.

El artículo establece un marco temporal y procedimental para que el supervisor principal emita recomendaciones tras la conclusión de una investigación o inspección dirigida a un proveedor tercero esencial de servicios de TIC. Esta disposición refuerza la diligencia y eficiencia del proceso de supervisión, garantizando que las recomendaciones sean emitidas en un plazo razonable y basadas en una evaluación consultada y coordinada.

El plazo de tres meses permite al supervisor principal realizar un análisis exhaustivo de los hallazgos derivados de la investigación o inspección, asegurando que las recomendaciones estén fundamentadas en evidencia sólida y alineadas con las normativas aplicables. Este periodo también da margen para evaluar el impacto potencial de las recomendaciones en las operaciones del proveedor tercero esencial y en las entidades financieras que dependen de sus servicios.

La consulta previa al Foro de Supervisión introduce un mecanismo de control y validación que promueve la consistencia y calidad de las recomendaciones. El Foro de Supervisión, compuesto por representantes de las Autoridades Europeas de Supervisión y otros actores, aporta una perspectiva interdisciplinaria y multisectorial. Esto resulta determinante para garantizar que las recomendaciones aborden de manera equilibrada los riesgos tecnológicos detectados, respeten las competencias regulatorias de los diferentes actores y consideren las implicaciones sistémicas de los riesgos relacionados con las TIC.

Las recomendaciones adoptadas por el supervisor principal tienen implicaciones prácticas significativas para los proveedores terceros esenciales de servicios de TIC y las entidades financieras que dependen de ellos. Estas recomendaciones pueden abarcar medidas correctivas para abordar vulnerabilidades detectadas, ajustes en los controles tecnológicos y operativos, o cambios en los acuerdos contractuales para mejorar la resiliencia operativa. También pueden incluir acciones para mitigar riesgos sistémicos derivados de la concentración o dependencia excesiva de ciertos servicios de TIC.

Para los proveedores terceros esenciales, estas recomendaciones representan una guía para alinearse con los estándares regulatorios y fortalecer su capacidad para gestionar riesgos relacionados con las TIC. Cumplir con dichas recomendaciones no solo garantiza el cumplimiento normativo, sino que también mejora la confianza de las entidades financieras en la seguridad y fiabilidad de los servicios prestados, lo que puede consolidar su posición en el mercado.

Para las entidades financieras, el proceso de recomendación contribuye a reducir su exposición a riesgos tecnológicos, al garantizar que los servicios contratados cumplan con altos estándares de resiliencia y seguridad. Esto es especialmente importante en un entorno financiero altamente interconectado, donde los fallos de los proveedores de TIC pueden tener efectos adversos significativos y generalizados.

Desde una perspectiva sistémica, este mecanismo refuerza la capacidad de la Unión Europea para gestionar de manera efectiva los riesgos tecnológicos en el sector financiero. La emisión de recomendaciones bien fundamentadas y consultadas fomenta un enfoque preventivo y proactivo en la supervisión, reduciendo la probabilidad de ciberincidentes o interrupciones operativas graves. Además, la coordinación entre el supervisor principal y el Foro de Supervisión asegura que las acciones recomendadas sean coherentes con las estrategias regulatorias y operativas de la Unión, fortaleciendo la estabilidad financiera y la integridad del mercado único.

Este proceso también establece un marco de rendición de cuentas para el supervisor principal, al requerir que las recomendaciones sean emitidas dentro de un plazo definido y tras un proceso de consulta. Esto promueve la transparencia y confianza en el sistema de supervisión, beneficiando a todos los actores involucrados y contribuyendo al fortalecimiento de la resiliencia digital del sector financiero europeo.

4. Las recomendaciones a las que se refiere el apartado 3 se comunicarán inmediatamente al proveedor tercero esencial de servicios de TIC y a las autoridades competentes de las entidades financieras a las que preste servicios de TIC.

Para llevar a cabo las actividades de supervisión, el supervisor principal podrá tener en cuenta cualesquiera certificaciones de terceros e informes de auditoría interna o externa de proveedores terceros de TIC pertinentes facilitados por el proveedor tercero esencial de servicios de TIC.

El artículo establece un procedimiento claro para la comunicación de las recomendaciones adoptadas por el supervisor principal, asegurando que tanto el proveedor tercero esencial de servicios de TIC como las autoridades competentes de las entidades financieras involucradas sean informados de manera inmediata. Esto garantiza la transparencia y facilita la implementación efectiva de las recomendaciones en un marco de coordinación entre los actores relevantes.

La comunicación inmediata al proveedor tercero esencial permite que este tome medidas correctivas o de mejora sin demora, reduciendo el tiempo de exposición a riesgos relacionados con las TIC y mitigando posibles impactos adversos. Esta inmediatez también contribuye a mantener la confianza de las entidades financieras en los servicios prestados por el proveedor, especialmente en casos donde se detecten vulnerabilidades críticas o se requieran ajustes significativos en los sistemas de TIC.

El envío simultáneo de las recomendaciones a las autoridades competentes de las entidades financieras asegura que estas puedan supervisar y verificar el cumplimiento por parte del proveedor tercero esencial. Las autoridades competentes están en una posición axial para garantizar que las medidas adoptadas por el proveedor alineen su desempeño con los estándares regulatorios y no comprometan la resiliencia operativa de las entidades financieras a las que presta servicios.

La posibilidad de que el supervisor principal tenga en cuenta certificaciones de terceros e informes de auditoría interna o externa en sus actividades de supervisión introduce un enfoque pragmático y eficiente. Estas certificaciones e informes, si son pertinentes y están debidamente acreditados, pueden proporcionar información valiosa sobre los controles de seguridad, la gestión del riesgo tecnológico y el cumplimiento normativo del proveedor tercero esencial. Esto reduce la necesidad de duplicar esfuerzos de supervisión y permite centrar los recursos en áreas de riesgo que puedan no estar cubiertas en las certificaciones o auditorías previas.

Para los proveedores terceros esenciales, la consideración de certificaciones y auditorías externas por parte del supervisor principal representa una oportunidad para demostrar su compromiso con los estándares más altos de seguridad y resiliencia digital. Al mantener certificaciones válidas y realizar auditorías periódicas, los proveedores pueden facilitar la labor del supervisor y, al mismo tiempo, fortalecer su posición en el mercado al ofrecer garantías adicionales de su cumplimiento normativo.

Para las entidades financieras, esta disposición refuerza la seguridad en los servicios contratados. Al confiar en proveedores que cumplen con certificaciones reconocidas y están sujetos a auditorías externas rigurosas, las entidades pueden reducir su exposición a riesgos tecnológicos y mejorar la resiliencia operativa de sus operaciones.

A nivel sistémico, esta práctica fomenta la convergencia hacia estándares internacionales y sectoriales de calidad en la gestión de riesgos tecnológicos. Al integrar certificaciones de terceros y auditorías en el proceso de supervisión, se promueve la adopción de mejores prácticas en todo el sector financiero de la Unión, aumentando la seguridad y estabilidad del sistema financiero en su conjunto. Además, esta integración permite una supervisión más ágil y basada en riesgos, enfocando los esfuerzos regulatorios en áreas críticas y asegurando que los recursos disponibles se utilicen de manera eficiente.

En conjunto, el artículo refuerza la capacidad de respuesta del marco regulador frente a los riesgos relacionados con las TIC, mejorando tanto la transparencia como la cooperación entre los supervisores, los proveedores terceros esenciales y las entidades financieras, y fortaleciendo la confianza en la infraestructura tecnológica que sustenta el sistema financiero de la Unión.

Artículo 41. Armonización de las condiciones que permiten llevar a cabo las actividades de supervisión

1. Las Autoridades Europeas de Supervisión, a través del Comité Mixto, elaborarán proyectos de normas técnicas de regulación para especificar:

- ***a) la información que debe facilitar un proveedor tercero de servicios de TIC en la solicitud de inclusión voluntaria para ser designado como esencial con arreglo al artículo 31, apartado 11;***
- ***b) el contenido, la estructura y el formato de la información que los proveedores terceros de servicios de TIC deben presentar, divulgar o notificar en virtud del artículo 35, apartado 1, incluida la plantilla para informar sobre los acuerdos de subcontratación;***
- ***c) los criterios para determinar la composición del equipo conjunto de examinadores, garantizando una participación equilibrada de los miembros del personal de las Autoridades Europeas de Supervisión y de las autoridades***

competentes pertinentes, así como su designación, tareas y modalidades de trabajo;

d) ***los pormenores de la evaluación por las autoridades competentes de las medidas adoptadas por los proveedores terceros esenciales de servicios de TIC en aplicación de las recomendaciones del supervisor principal en virtud del artículo 42, apartado 3.***

El artículo establece un marco normativo detallado para la armonización de las condiciones necesarias para llevar a cabo actividades de supervisión en el contexto de los proveedores terceros esenciales de servicios de TIC. Su implementación práctica está orientada a asegurar la coherencia, eficacia y transparencia en la supervisión a nivel de la Unión Europea, mediante la elaboración de normas técnicas de regulación que aborden aspectos clave del proceso de supervisión.

La función asignada a las Autoridades Europeas de Supervisión, operando a través del Comité Mixto, es esencial para garantizar que las normas técnicas propuestas reflejen un enfoque coordinado y alineado entre las distintas autoridades y sectores financieros. Esto fomenta una supervisión uniforme y evita la fragmentación regulatoria en la Unión.

El primer punto se refiere a la especificación de la información que un proveedor tercero de servicios de TIC debe incluir en su solicitud de inclusión voluntaria como esencial. Este aspecto es fundamental para garantizar que los proveedores interesados presenten datos completos y relevantes, lo que permite una evaluación informada de su idoneidad. Para los proveedores, este procedimiento aporta claridad sobre los requisitos a cumplir, mientras que para los supervisores facilita una revisión estructurada y objetiva de las solicitudes.

El segundo punto aborda el contenido, estructura y formato de la información que los proveedores deben presentar o notificar, incluyendo plantillas específicas para reportar acuerdos de subcontratación. Este enfoque estandarizado mejora la transparencia y la comparabilidad de la información, permitiendo a los supervisores analizar de manera más eficiente los riesgos asociados a las operaciones de los proveedores. La plantilla para acuerdos de subcontratación es especialmente relevante en un entorno donde la externalización puede generar riesgos adicionales, como la pérdida de control sobre funciones esenciales o importantes.

El tercer punto establece los criterios para determinar la composición del equipo conjunto de examinadores, asegurando una participación equilibrada de miembros de las Autoridades Europeas de Supervisión y de las autoridades competentes nacionales. Esta disposición promueve la colaboración interinstitucional y garantiza que las actividades de supervisión se beneficien de una amplia gama de conocimientos técnicos y regulatorios. Además, la especificación de tareas y modalidades de trabajo del equipo conjunto refuerza la claridad y la eficacia operativa, evitando duplicidades y conflictos en el ejercicio de sus funciones.

El cuarto punto detalla los aspectos relacionados con la evaluación por las autoridades competentes de las medidas adoptadas por los proveedores terceros esenciales en respuesta a las recomendaciones del supervisor principal. Esta evaluación es un paso determinante para verificar la implementación efectiva de las recomendaciones y para garantizar que los riesgos identificados sean mitigados adecuadamente. Al establecer los pormenores de esta evaluación, el artículo asegura que las autoridades competentes tengan un marco claro para realizar su labor de control, promoviendo la coherencia y efectividad de las medidas correctoras.

En términos prácticos, la adopción de estas normas técnicas de regulación tiene varias repercusiones significativas. Para los proveedores terceros esenciales de servicios de TIC, aporta claridad y previsibilidad en las expectativas regulatorias, facilitando el cumplimiento y reduciendo el riesgo de sanciones. Para las entidades financieras, asegura que los proveedores terceros esenciales operen bajo estándares elevados de supervisión y mitigación de riesgos, fortaleciendo la resiliencia operativa del sector financiero. A nivel sistémico, la armonización de las condiciones de supervisión contribuye a la estabilidad financiera de la Unión Europea al reducir los riesgos tecnológicos y operativos que podrían afectar a múltiples jurisdicciones.

Finalmente, el énfasis en la consulta y coordinación entre las autoridades europeas y nacionales refuerza la confianza en el marco regulador de la Unión, asegurando una supervisión robusta y unificada que aborda de manera integral los desafíos asociados a la creciente dependencia de servicios de TIC en el sector financiero.

2. Las Autoridades Europeas de Supervisión presentarán a la Comisión dichos proyectos de normas técnicas de regulación a más tardar el 17 de julio de 2024.

Se delegan en la Comisión los poderes para completar el presente Reglamento mediante la adopción de las normas técnicas de regulación a que se refiere el apartado 1 del presente artículo de conformidad con el procedimiento establecido en los artículos 10 a 14 del Reglamento (UE) número 1093/2010, los artículos 10 a 14 del Reglamento (UE) número 1094/2010 y los artículos 10 a 14 del Reglamento (UE) número 1095/2010.

El artículo establece un plazo y un marco procesal claros para la elaboración, presentación y adopción de normas técnicas de regulación destinadas a completar el Reglamento en materia de resiliencia operativa digital. Al fijar como fecha límite el 17 de julio de 2024 para que las Autoridades Europeas de Supervisión (AES) presenten los proyectos de normas técnicas a la Comisión, se asegura un cronograma definido que promueve la responsabilidad y eficiencia en el desarrollo normativo.

El plazo estipulado ofrece a las AES tiempo suficiente para consultar con las partes interesadas, analizar las mejores prácticas y garantizar que las normas técnicas reflejen las necesidades específicas del sector financiero, al tiempo que se alinean con las directrices regulatorias de la Unión. Estas normas técnicas son fundamentales para especificar los requisitos prácticos relacionados con la gestión del riesgo tecnológico, la supervisión de proveedores terceros de servicios de TIC y otros aspectos previstos en el Reglamento.

La delegación de poderes en la Comisión para adoptar dichas normas técnicas de regulación refuerza la armonización del marco normativo, asegurando que las disposiciones técnicas sean coherentes con los objetivos estratégicos del Reglamento. Este enfoque también permite que las normas técnicas se beneficien de la supervisión y experiencia de la Comisión, lo que aumenta su legitimidad y aplicabilidad en toda la Unión.

El procedimiento para la adopción de estas normas técnicas de regulación, que se basa en los artículos 10 a 14 de los Reglamentos (UE) n.º 1093/2010, 1094/2010 y 1095/2010, garantiza un proceso inclusivo y transparente. Este procedimiento permite la participación de expertos nacionales y otras partes interesadas en las etapas de desarrollo, lo que refuerza la calidad y aceptación de las normas técnicas adoptadas.

En términos prácticos, la adopción de estas normas técnicas tendrá un impacto significativo en diversos aspectos del sistema financiero de la Unión. Para las entidades financieras, las normas técnicas proporcionarán orientaciones claras y detalladas sobre cómo cumplir los requisitos del Reglamento, lo que facilita la implementación y reduce el riesgo de incumplimiento. Para los supervisores nacionales y europeos, estas normas ofrecerán herramientas uniformes para evaluar la adecuación de los controles tecnológicos y la gestión del riesgo de las entidades supervisadas.

Además, las normas técnicas tendrán implicaciones importantes para los proveedores terceros de servicios de TIC, ya que establecerán requisitos específicos relacionados con la supervisión, las auditorías, los informes y las certificaciones necesarias para operar dentro del marco regulador de la

Unión. Esto refuerza la transparencia y fiabilidad de los servicios prestados, aumentando la confianza del sector financiero en estos proveedores.

Desde una perspectiva más amplia, la fijación de un plazo y la delegación de poderes en la Comisión para completar el Reglamento mediante normas técnicas aseguran que el marco regulador evolucione de manera ágil y coordinada, adaptándose a las dinámicas cambiantes del panorama tecnológico y financiero. Este enfoque no solo refuerza la resiliencia operativa del sector, sino que también contribuye a la estabilidad e integridad del mercado financiero único.

Artículo 42. Seguimiento por las autoridades competentes

1. En el plazo de sesenta días naturales a partir de la recepción de las recomendaciones emitidas por el supervisor principal en virtud del artículo 35, apartado 1, letra d), los proveedores terceros esenciales de servicios de TIC notificarán al supervisor principal si tienen intención de seguir dichas recomendaciones o facilitarán una explicación razonada de los motivos por los que no lo van a hacer. El supervisor principal transmitirá inmediatamente esta información a las autoridades competentes de las entidades financieras de que se trate.

El artículo establece un procedimiento claro para garantizar el seguimiento y cumplimiento de las recomendaciones emitidas por el supervisor principal hacia los proveedores terceros esenciales de servicios de TIC, reforzando la supervisión y la rendición de cuentas en el ámbito de la resiliencia operativa digital.

Al requerir que los proveedores terceros esenciales respondan en un plazo de 60 días naturales desde la recepción de las recomendaciones, se asegura un marco temporal razonable para que evalúen su viabilidad y adopten medidas concretas, o bien proporcionen una justificación razonada en caso de no aceptación. Este requisito refuerza la obligación de responder de manera transparente y oportuna, lo cual es esencial para gestionar los riesgos relacionados con las TIC de manera efectiva.

La obligación de notificación incluye la posibilidad de que los proveedores expliquen razonadamente las razones para no seguir las recomendaciones. Esto permite un diálogo entre el proveedor y el supervisor principal, lo que puede dar lugar a ajustes en las recomendaciones o medidas alternativas que logren los mismos objetivos regulatorios. Esta flexibilidad es particularmente importante en casos donde las recomendaciones puedan implicar costos significativos, complejidad operativa o discrepancias con las políticas internas de los proveedores.

El supervisor principal tiene la responsabilidad de transmitir la información recibida a las autoridades competentes de las entidades financieras afectadas. Esto asegura una coordinación estrecha y eficaz, permitiendo que las autoridades competentes supervisen las implicaciones de las decisiones del proveedor en sus jurisdicciones y evalúen si las medidas adoptadas son suficientes para proteger la resiliencia operativa de las entidades financieras dependientes.

En términos prácticos, esta disposición tiene implicaciones relevantes para todas las partes involucradas. Para los proveedores terceros esenciales, representa un incentivo para abordar las recomendaciones de manera seria y fundamentada, ya que su respuesta será examinada tanto por el supervisor principal como por las autoridades competentes de las entidades financieras. Esto refuerza su compromiso con la seguridad y confiabilidad de los servicios prestados.

Para las entidades financieras, el mecanismo de comunicación garantiza transparencia respecto a la manera en que los proveedores gestionan los riesgos relacionados con las TIC y cumplen con las recomendaciones del supervisor. Las autoridades competentes tienen la oportunidad de actuar, si fuera necesario, para mitigar riesgos residuales que puedan afectar la continuidad o calidad de los servicios de TIC prestados a las entidades financieras bajo su supervisión.

A nivel sistémico, este enfoque promueve una supervisión más cohesionada y efectiva, reduciendo las brechas en la gestión de riesgos y fortaleciendo la estabilidad del sistema financiero de la Unión. Además, fomenta la creación de un entorno regulador que combina el cumplimiento estricto con la flexibilidad necesaria para adaptarse a circunstancias específicas, lo que es vital en un entorno tecnológico en rápida evolución.

2. Cuando un proveedor tercero esencial de servicios de TIC no presente su notificación al supervisor principal de conformidad con el apartado 1 o cuando la explicación facilitada por el proveedor tercero esencial de servicios de TIC no se considere suficiente, el supervisor principal lo divulgará públicamente. La información publicada revelará la identidad del proveedor tercero esencial de servicios de TIC, así como información sobre el tipo y la naturaleza del incumplimiento. Dicha información se limitará a lo que sea pertinente y proporcionado para garantizar la concienciación del público, a menos que dicha divulgación causare un perjuicio desproporcionado a las partes implicadas o pueda comprometer gravemente el correcto funcionamiento y la integridad de los mercados financieros o la estabilidad del conjunto o de una parte del sistema financiero de la Unión.

El supervisor principal notificará dicha divulgación pública al proveedor tercero de servicios de TIC.

El artículo establece un mecanismo de presión pública como medida para fomentar el cumplimiento por parte de los proveedores terceros esenciales de servicios de TIC con las recomendaciones del supervisor principal. Al prever la posibilidad de divulgar públicamente los incumplimientos de estos proveedores, se refuerza la responsabilidad y la transparencia en la gestión de los riesgos relacionados con las TIC en el sector financiero.

Cuando un proveedor tercero esencial no presenta su notificación dentro del plazo establecido o su explicación se considera insuficiente, el supervisor principal está facultado para hacer pública esta situación, incluyendo la identidad del proveedor, así como el tipo y la naturaleza del incumplimiento. Este enfoque tiene varias repercusiones prácticas. Por un lado, sirve como un fuerte incentivo para que los proveedores cumplan con sus obligaciones, ya que la divulgación de su identidad y la naturaleza de su incumplimiento puede afectar negativamente su reputación y relaciones comerciales. Por otro lado, permite a las entidades financieras y otras partes interesadas conocer los riesgos asociados con los proveedores que no están cumpliendo con los estándares regulatorios, lo que refuerza la transparencia en el mercado.

La limitación de la divulgación a información pertinente y proporcionada busca equilibrar el interés público en conocer los riesgos con la protección de las partes involucradas frente a posibles perjuicios desproporcionados. Esta salvaguarda es determinante, ya que una divulgación mal gestionada podría tener consecuencias negativas amplias, como la pérdida de confianza en un proveedor que podría afectar la prestación de servicios esenciales, o incluso generar riesgos sistémicos si se trata de un proveedor de múltiples entidades financieras

La previsión de que el supervisor principal pueda abstenerse de divulgar la información si dicha acción puede comprometer gravemente el funcionamiento de los mercados financieros o la estabilidad del sistema financiero refleja un enfoque prudente. Esta cláusula protege contra efectos colaterales indeseados que podrían magnificar los riesgos que el propio Reglamento busca mitigar, como una pérdida de confianza generalizada o interrupciones críticas en los servicios financieros.

La obligación de notificar al proveedor la decisión de divulgar públicamente la información asegura un mínimo de procedimiento justo, permitiendo que el proveedor esté informado de las acciones tomadas en su contra y, potencialmente, presente una respuesta adicional o medidas correctoras rápidas. Esto también refuerza la transparencia en el proceso regulatorio y asegura que las decisiones del supervisor principal sean comunicadas de manera oportuna y clara.

Desde una perspectiva práctica, esta disposición fortalece el sistema de gobernanza y supervisión al establecer un mecanismo de responsabilidad adicional para los proveedores terceros esenciales de servicios de TIC. También protege a las entidades financieras y a los usuarios finales al proporcionarles información crítica sobre posibles incumplimientos que puedan impactar en la continuidad y calidad de los servicios recibidos. Finalmente, promueve la confianza en el marco regulador al garantizar que las medidas de supervisión no solo se implementen, sino que también sean efectivas en el cumplimiento de sus objetivos de resiliencia operativa digital.

3. Las autoridades competentes informarán a las entidades financieras pertinentes acerca de los riesgos señalados en las recomendaciones a los proveedores terceros esenciales de servicios de TIC de conformidad con el artículo 35, apartado 1, letra d).

Al gestionar el riesgo de terceros relacionado con las TIC, las entidades financieras tendrán en cuenta los riesgos a que se refiere el párrafo primero.

El artículo establece un procedimiento mediante el cual las autoridades competentes informan a las entidades financieras sobre los riesgos identificados en las recomendaciones emitidas por el supervisor principal a los proveedores terceros esenciales de servicios de TIC. Este mecanismo refuerza la conexión entre la supervisión de los proveedores y la gestión de riesgos por parte de las entidades financieras que dependen de sus servicios.

La comunicación de estos riesgos permite a las entidades financieras adoptar medidas proactivas y específicas en la gestión del riesgo relacionado con las TIC. Al contar con información detallada sobre los riesgos identificados por el supervisor principal, las entidades financieras pueden evaluar de manera más precisa la exposición y vulnerabilidad asociada a los servicios prestados por los proveedores terceros esenciales. Esto contribuye a una mayor capacidad de respuesta frente a potenciales fallos operativos o ciberincidentes, y a una mayor resiliencia general del sistema financiero.

La obligación de las entidades financieras de considerar estos riesgos al gestionar el riesgo relacionado con las TIC implica que deben integrar dicha información en sus propios marcos de gestión de riesgos. Esto incluye ajustar sus evaluaciones de riesgos, revisar acuerdos contractuales con los proveedores afectados, implementar controles adicionales y, en casos extremos, considerar estrategias de mitigación, como diversificación de proveedores o el desarrollo de capacidades internas para reducir la dependencia. Este enfoque dinámico asegura que las entidades financieras no solo confíen en las acciones de los supervisores, sino que también asuman un papel activo en la protección de sus operaciones y servicios.

Desde la perspectiva regulatoria, este procedimiento fomenta una mayor coherencia y coordinación entre las diferentes autoridades y entidades implicadas en la supervisión y uso de servicios de TIC. Al garantizar que las entidades financieras estén plenamente informadas sobre los riesgos relacionados con los proveedores terceros esenciales, se fortalece la capacidad colectiva para abordar los desafíos de la resiliencia operativa digital.

En términos prácticos, esta disposición mejora la capacidad de las entidades financieras para tomar decisiones informadas sobre la gestión de riesgos, ya que permite que anticipen posibles interrupciones y tomen medidas para minimizar su impacto. Además, fomenta la colaboración entre las autoridades competentes y las entidades financieras, creando un sistema de supervisión más robusto y reactivo ante los riesgos tecnológicos que puedan comprometer la estabilidad del sistema financiero de la Unión. La implementación eficaz de esta medida también puede contribuir a la confianza de los consumidores y de otros participantes en el mercado financiero, al mostrar un compromiso continuo con la seguridad y la estabilidad en un entorno digital altamente interconectado.

4. Cuando una autoridad competente considere que una entidad financiera no tiene en cuenta o no aborda suficientemente en su gestión del riesgo de terceros relacionado con las TIC los riesgos específicos señalados en las recomendaciones, notificará a la entidad financiera la posibilidad de adoptar una decisión, en el plazo de sesenta días naturales a partir de la recepción de dicha notificación, en virtud del apartado 6, en ausencia de disposiciones contractuales adecuadas destinadas a hacer frente a dichos riesgos.

El artículo establece un mecanismo de control para garantizar que las entidades financieras aborden adecuadamente los riesgos identificados en las recomendaciones del supervisor principal relacionadas con los proveedores terceros esenciales de servicios de TIC. Este procedimiento introduce una supervisión activa por parte de las autoridades competentes para asegurar que las entidades financieras cumplan con sus responsabilidades en la gestión de riesgos relacionados con las TIC.

Cuando una autoridad competente detecta que una entidad financiera no ha considerado o abordado suficientemente los riesgos señalados en las recomendaciones, tiene la obligación de notificar a la entidad dicha deficiencia. Esta notificación representa un paso formal en el proceso de supervisión y tiene como objetivo proporcionar a la entidad financiera una oportunidad para corregir su enfoque antes de que se adopten medidas adicionales. Al conceder un plazo de sesenta días naturales, se otorga a la entidad un margen razonable para evaluar sus políticas, modificar acuerdos contractuales con los proveedores involucrados y adoptar medidas correctivas destinadas a mitigar los riesgos.

La referencia a "disposiciones contractuales adecuadas" enfatiza la importancia de que las entidades financieras establezcan acuerdos claros y efectivos con sus proveedores terceros esenciales de servicios de TIC. Estos acuerdos deben incluir salvaguardias específicas para abordar los riesgos identificados, tales como cláusulas relacionadas con la seguridad de los datos, la continuidad del servicio, la notificación de incidentes y la cooperación con las autoridades competentes.

Desde un punto de vista práctico, esta medida tiene varias repercusiones. En primer lugar, obliga a las entidades financieras a mantener un alto nivel de diligencia en la evaluación y gestión de riesgos derivados de sus relaciones con proveedores terceros. En segundo lugar, refuerza el marco de supervisión al permitir que las autoridades competentes intervengan de manera efectiva si consideran que los riesgos no están siendo gestionados adecuadamente.

Este enfoque también fomenta una mayor cooperación y comunicación entre las autoridades competentes y las entidades financieras. Al notificar formalmente las deficiencias y proporcionar un plazo para su resolución, las autoridades crean un canal estructurado para abordar problemas específicos, lo que contribuye a mejorar la resiliencia operativa digital de las entidades financieras y del sistema financiero en general.

Finalmente, la disposición también tiene implicaciones para los proveedores terceros esenciales de servicios de TIC, ya que los ajustes en las disposiciones contractuales pueden requerir una revisión de sus prácticas y una mayor alineación con las expectativas regulatorias. Esto subraya la necesidad de que los proveedores terceros participen activamente en la gestión del riesgo relacionado con las TIC y mantengan una colaboración estrecha con las entidades financieras a las que prestan servicios.

5. Cuando se reciban los informes a que se refiere el artículo 35, apartado 1, letra c), y antes de tomar la decisión a que se refiere el apartado 6 del presente artículo, las autoridades competentes podrán, de forma voluntaria, consultar a las autoridades competentes designadas o establecidas de conformidad con la Di-

rectiva (UE) 2022/2555, responsables de la supervisión de una entidad esencial o importante sujeta a dicha Directiva, que haya sido designada como proveedor tercero esencial de servicios de TIC.

El artículo introduce un mecanismo de consulta voluntaria entre las autoridades competentes del marco de supervisión del presente Reglamento y las autoridades designadas conforme a la Directiva (UE) 2022/2555. Esta interacción tiene lugar específicamente cuando se reciben los informes relativos a los proveedores terceros esenciales de servicios de TIC, antes de que se adopte una decisión formal conforme al apartado 6 del presente artículo. Este mecanismo refuerza la coordinación intersectorial y garantiza una supervisión más coherente y efectiva en situaciones que involucran tanto a entidades financieras como a entidades esenciales o importantes supervisadas bajo la citada Directiva.

La posibilidad de consultar a las autoridades competentes responsables de entidades designadas como esenciales o importantes en virtud de la Directiva (UE) 2022/2555 busca aprovechar las sinergias entre distintos marcos regulatorios, particularmente en casos donde un proveedor tercero esencial de servicios de TIC también esté vinculado a sectores cubiertos por la Directiva (UE) 2022/2555. Esto permite compartir información y enfoques sobre la gestión de riesgos relacionados con las TIC, lo que resulta particularmente valioso en situaciones de interdependencia crítica entre sectores financieros y no financieros.

En términos prácticos, esta disposición fomenta una mayor coherencia en la supervisión de riesgos derivados de proveedores terceros esenciales, reduciendo el riesgo de enfoques fragmentados que puedan comprometer la estabilidad operativa. También ayuda a evitar duplicidades en la supervisión y promueve una mayor claridad en las responsabilidades regulatorias, lo que beneficia tanto a las entidades financieras como a los propios proveedores terceros esenciales de servicios de TIC.

El carácter voluntario de la consulta refleja un enfoque flexible que permite a las autoridades competentes evaluar la necesidad y utilidad de dicha coordinación caso por caso. Esto evita imponer cargas administrativas innecesarias y permite centrar los recursos en situaciones donde la consulta pueda aportar un valor significativo.

Desde una perspectiva operativa, la interacción entre autoridades bajo distintos marcos regulatorios fortalece la respuesta conjunta frente a riesgos sistémicos derivados de la interconexión digital y la dependencia de servicios tecnológicos. Además, permite que las autoridades competentes responsables de supervisar las entidades financieras tengan una visión más completa de los riesgos asociados con los proveedores terceros esenciales, tomando en consideración aspectos que puedan estar fuera de su ámbito inmediato de control. Esto facilita la adopción de decisiones informadas que aborden de manera integral los riesgos relacionados con las TIC y que contribuyan a la resiliencia operativa tanto del sector financiero como de otros sectores críticos.

6. Como último recurso, tras la notificación y, si procede, tras la consulta establecidas en los apartados 4 y 5 del presente artículo, las autoridades competentes podrán, de conformidad con el artículo 50, tomar la decisión de exigir a las entidades financieras que suspendan temporalmente, de manera parcial o total, el uso o la implantación de un servicio prestado por el proveedor tercero esencial de servicios de TIC hasta que se hayan abordado los riesgos mencionados en las recomendaciones dirigidas a los proveedores terceros esenciales de servicios de TIC. En caso necesario, podrán exigir a las entidades financieras que pongan fin, en parte o en su totalidad, a los acuerdos contractuales pertinentes celebrados con los proveedores terceros esenciales de servicios de TIC.

El artículo otorga a las autoridades competentes la facultad de tomar medidas drásticas como último recurso, cuando las entidades financieras no hayan gestionado adecuadamente los riesgos relacionados con las TIC señalados en las recomendaciones dirigidas a los proveedores terceros esenciales de servicios de TIC. Estas medidas incluyen la suspensión temporal, parcial o total, del uso o la implantación de servicios prestados por el proveedor tercero esencial, o incluso la finalización, parcial o total, de los acuerdos contractuales correspondientes.

Esta disposición destaca la importancia de garantizar la resiliencia operativa digital de las entidades financieras y proteger la estabilidad del sistema financiero de la Unión. Al otorgar a las autoridades la capacidad de intervenir directamente en las relaciones contractuales y operativas entre las entidades financieras y sus proveedores, se refuerza el enfoque preventivo frente a los riesgos tecnológicos y operativos.

En términos prácticos, la suspensión temporal o la terminación de los acuerdos contractuales con proveedores terceros esenciales puede tener implicaciones significativas para las operaciones de las entidades financieras, incluyendo interrupciones en la prestación de servicios y posibles impactos reputacionales. Por ello, el artículo subraya que estas medidas deben tomarse únicamente como último recurso, tras haberse agotado las notificaciones y consultas previstas en los apartados 4 y 5. Este enfoque garantiza que las entidades financieras y los proveedores terceros esenciales tengan la oportunidad de corregir las deficiencias identificadas antes de que se adopten medidas más severas.

La disposición también refuerza la importancia de que las entidades financieras mantengan acuerdos contractuales sólidos que incluyan cláusulas que prevean la gestión de situaciones de este tipo, como estrategias de salida o alternativas para garantizar la continuidad operativa. Además, exige a los proveedores terceros esenciales de servicios de TIC un nivel elevado de diligencia en la gestión de los riesgos relacionados con las TIC y en la cooperación con las autoridades competentes.

Desde una perspectiva regulatoria, esta facultad de las autoridades competentes subraya su papel central en la supervisión y control de los riesgos sistémicos. Permite una respuesta coordinada y efectiva frente a riesgos que podrían comprometer no solo a una entidad financiera, sino al sistema financiero en su conjunto. Al mismo tiempo, exige una evaluación cuidadosa por parte de las autoridades para equilibrar la necesidad de mitigar riesgos con la protección de la estabilidad y continuidad de las operaciones de las entidades financieras.

En última instancia, esta disposición refuerza la confianza en el marco regulatorio y en la capacidad de las autoridades para salvaguardar la integridad del sistema financiero frente a los crecientes desafíos que presentan las dependencias tecnológicas y los ciberamenazas.

7. Cuando un proveedor tercero esencial de servicios de TIC se niegue a seguir las recomendaciones sobre la base de un enfoque distinto del recomendado por el supervisor principal y dicho enfoque pueda repercutir negativamente en un gran número de entidades financieras o en una parte considerable del sector financiero, y las advertencias individuales emitidas por las autoridades competentes no hayan dado lugar a enfoques sistemáticos que mitiguen el posible riesgo para la estabilidad financiera, el supervisor principal podrá, previa consulta al Foro de Supervisión, emitir dictámenes no vinculantes y no públicos a las autoridades competentes, a fin de promover medidas de seguimiento en materia de supervisión sistemáticas y convergentes, según proceda.

El artículo aborda una situación crítica en la que un proveedor tercero esencial de servicios de TIC opta por no acatar las recomendaciones emitidas por el supervisor principal, basándose en un enfoque alternativo que podría tener repercusiones negativas significativas en el sector financiero. En tales casos, el supervisor principal cuenta con la facultad de emitir dictámenes no vinculantes y no públicos a las autoridades competentes, tras consultar al Foro de Supervisión, con el objetivo de promover acciones de supervisión sistemáticas y convergentes que mitiguen el posible riesgo para la estabilidad financiera.

Esta disposición refleja un equilibrio entre la autonomía de los proveedores terceros esenciales de servicios de TIC para gestionar riesgos según sus propios criterios y la responsabilidad del supervisor principal y las autoridades competentes de garantizar que tales enfoques no comprometan la estabilidad del sistema financiero. Aunque los dictámenes emitidos no son vinculantes, proporcionan una guía clara y fundamentada a las autoridades competentes, fomentando una acción supervisora coordinada y eficaz.

Desde el punto de vista práctico, este mecanismo refuerza la necesidad de que los proveedores terceros esenciales cooperen activamente con las autoridades y mantengan una gestión transparente de los riesgos relacionados con las TIC. La resistencia sistemática a seguir las recomendaciones podría generar desconfianza en su capacidad para apoyar las funciones críticas del sector financiero, lo que podría tener consecuencias reputacionales y operativas.

Para las autoridades competentes, los dictámenes no vinculantes representan una herramienta de coordinación que puede ser determinante en casos donde un enfoque fragmentado en la supervisión pueda debilitar la capacidad de respuesta frente a riesgos sistémicos. Estos dictámenes, aunque no públicos, desempeñan un papel importante en la alineación de estrategias supervisores a nivel nacional y en la promoción de la convergencia en la implementación de medidas de seguimiento.

El artículo también subraya la relevancia del Foro de Supervisión como espacio de consulta y deliberación estratégica en el marco de supervisión. La participación del Foro refuerza la legitimidad de las decisiones del supervisor principal y garantiza que las medidas propuestas sean consistentes con los objetivos generales del presente Reglamento.

En términos regulatorios, la introducción de esta facultad subraya la importancia de un enfoque preventivo y colaborativo en la gestión de riesgos relacionados con las TIC. Permite que las autoridades actúen de manera coordinada para abordar riesgos potencialmente significativos antes de que se materialicen, sin recurrir necesariamente a medidas públicas o coercitivas que podrían generar inestabilidad. Esto fortalece la capacidad del marco regulatorio para gestionar riesgos tecnológicos en un entorno financiero cada vez más interdependiente.

8. Cuando se reciban los informes a que se refiere el artículo 35, apartado 1, letra c), las autoridades competentes, al tomar la decisión a que se refiere el apartado 6 del presente artículo, tendrán en cuenta el tipo y la magnitud del riesgo no

abordado por el proveedor tercero esencial de servicios de TIC, así como la gravedad del incumplimiento, considerando los siguientes criterios:

a) la gravedad y la duración del incumplimiento;

b) si el incumplimiento ha puesto de manifiesto deficiencias graves en los procedimientos, los sistemas de gestión, la gestión de riesgos y los controles internos del proveedor tercero esencial de servicios de TIC;

c) si el incumplimiento ha facilitado o provocado la comisión de un delito financiero o este último le es imputable de cualquier otro modo;

d) si el incumplimiento ha sido cometido intencionadamente o por negligencia;

e) si la suspensión o la terminación de los acuerdos contractuales supone un riesgo para la continuidad de las operaciones comerciales de la entidad financiera, pese a los esfuerzos de esta por evitar perturbaciones en la prestación de sus servicios;

f) cuando proceda, el dictamen, solicitado voluntariamente de conformidad con el apartado 5 del presente artículo, de las autoridades competentes designadas o establecidas de conformidad con la Directiva (UE) 2022/2555, responsables de la supervisión de una entidad esencial o importante sujeta a dicha Directiva, que haya sido designada como proveedor tercero esencial de servicios de TIC.

Las autoridades competentes concederán a las entidades financieras el tiempo necesario para que puedan adaptar los acuerdos contractuales con proveedores terceros esenciales de servicios de TIC a fin de evitar efectos perjudiciales en su resiliencia operativa digital y que puedan implantar las estrategias de salida y los planes de transición a que se refiere el artículo 28.

El artículo establece un marco detallado para que las autoridades competentes evalúen y tomen decisiones sobre la suspensión o terminación de los acuerdos contractuales entre las entidades financieras y los proveedores terceros esenciales de servicios de TIC. Esta disposición está orientada a garantizar que cualquier medida tomada frente a incumplimientos por parte de los proveedores de servicios de TIC sea proporcionada y considere el impacto tanto en la resiliencia operativa digital de las entidades financieras como en la estabilidad del sistema financiero en general.

La lista de criterios específicos que deben tener en cuenta las autoridades competentes asegura un enfoque meticuloso y equilibrado al evaluar los riesgos no abordados y los incumplimientos por parte de los proveedores. La gravedad y duración del incumplimiento (criterio a) son factores esenciales para determinar la urgencia y la magnitud de las medidas necesarias. Un incumplimiento prolongado o recurrente podría indicar problemas estructurales en el proveedor que requieren medidas correctivas significativas.

El criterio b) permite a las autoridades identificar deficiencias críticas en los sistemas internos del proveedor tercero de servicios de TIC, como en la gestión de riesgos o controles internos, que puedan comprometer la capacidad del proveedor para garantizar servicios confiables y seguros. Este análisis contribuye a discernir si las deficiencias son circunstanciales o representan un riesgo inherente para las entidades financieras dependientes.

El criterio c) aborda situaciones en las que el incumplimiento está vinculado con delitos financieros, destacando la importancia de que los proveedores mantengan estándares éticos y regulatorios elevados. Por otra parte, el criterio d) evalúa la intención o negligencia en el incumplimiento, reconociendo que el grado de culpabilidad influye en la evaluación de la responsabilidad del proveedor y en la naturaleza de las medidas correctivas que deben implementarse.

El criterio e) se enfoca en evitar impactos adversos en la continuidad de las operaciones comerciales de las entidades financieras, incluso en escenarios de suspensión o terminación de acuerdos. Este enfoque preventivo requiere que las autoridades equilibren la necesidad de sancionar incumplimientos con la protección de la operatividad del sistema financiero y la prestación de servicios críticos.

El criterio f) introduce la posibilidad de que las autoridades consulten a las autoridades competentes establecidas bajo la Directiva (UE) 2022/2555 para obtener una perspectiva adicional en casos de proveedores designados como esenciales bajo ambas normativas. Esto refuerza la coherencia entre marcos regulatorios y mejora la coordinación supervisora en la gestión de riesgos tecnológicos.

La previsión de tiempo suficiente para que las entidades financieras adapten los acuerdos contractuales con proveedores terceros esenciales de servicios de TIC refleja el principio de proporcionalidad y la necesidad de facilitar transiciones ordenadas. Esto incluye la implementación de estrategias de salida y planes de transición descritos en el artículo 28, lo cual mitiga el impacto de las decisiones regulatorias en la resiliencia operativa digital de las entidades financieras y en la continuidad de sus servicios.

Este enfoque regulatorio fomenta la gestión proactiva de los riesgos relacionados con las TIC y fortalece la estabilidad financiera al proporcionar un marco sólido y estructurado para abordar incumplimientos significativos de los proveedores terceros esenciales. La combinación de análisis detallado consulta con otras autoridades competentes y tiempo de adaptación para las entidades financieras asegura que las medidas tomadas sean eficaces, equilibradas y alineadas con los objetivos generales del Reglamento.

9. La decisión a que se refiere el apartado 6 del presente artículo se notificará a los miembros del Foro de Supervisión a que se refiere el artículo 32, apartado 4, letras a), b) y c), y a la Red de Supervisión Conjunta.

Los proveedores terceros esenciales de servicios de TIC afectados por las decisiones establecidas en el apartado 6 cooperarán plenamente con las entidades financieras perjudicadas, en particular en el contexto del proceso de suspensión o terminación de sus acuerdos contractuales.

El artículo establece un procedimiento de notificación y cooperación en el contexto de decisiones regulatorias tomadas en virtud del apartado 6, que pueden incluir la suspensión o terminación de acuerdos contractuales entre las entidades financieras y los proveedores terceros esenciales de servicios de TIC. La notificación de estas decisiones a los miembros del Foro de Supervisión y a la Red de Supervisión Conjunta busca garantizar la transparencia y la coordinación entre las distintas autoridades y organismos responsables del seguimiento de los riesgos relacionados con las TIC. Este proceso refuerza la coherencia en la aplicación de las decisiones regulatorias y permite un enfoque colectivo y estructurado para abordar las repercusiones de dichas decisiones.

La obligación impuesta a los proveedores terceros esenciales de servicios de TIC de cooperar plenamente con las entidades financieras afectadas subraya la importancia de la colaboración para minimizar el impacto operativo y financiero que pueda derivarse de la suspensión o terminación de los acuerdos contractuales. Esta cooperación es particularmente crítica en los procesos de transición, en los que las entidades financieras deben implementar estrategias de salida y adoptar medidas para garantizar la continuidad de los servicios esenciales que dependen de dichos proveedores.

En términos prácticos, la cooperación requerida incluye la prestación de asistencia técnica y operativa para asegurar una transición ordenada y eficaz, lo cual puede implicar la transferencia de datos, la restitución de infraestructuras y la colaboración en la integración de nuevos proveedores o soluciones internas. Este mandato de cooperación también refuerza la responsabilidad de los proveedores terceros esenciales de servicios de TIC en la mitigación de riesgos y la preservación de la resiliencia operativa digital de las entidades financieras.

El proceso de notificación a los miembros del Foro de Supervisión y a la Red de Supervisión Conjunta también asegura un flujo de información eficiente y actualizado sobre las medidas adoptadas, facilitando un enfoque supervisado y coordinado que contribuye a identificar buenas prácticas, lecciones aprendidas y posibles ajustes regulatorios futuros. La implicación de estos organismos en la recepción de las notificaciones también fomenta una supervisión más robusta y proactiva de las medidas impuestas a los proveedores terceros esenciales, alineándose con el objetivo de reforzar la estabilidad del sistema financiero de la Unión.

La integración de estas disposiciones refuerza la capacidad de las autoridades para actuar con eficacia frente a los riesgos operativos y de ciberseguridad derivados de la relación contractual entre entidades financieras y proveedores de servicios esenciales. Además, establece un mecanismo claro para gestionar las implicaciones de decisiones regulatorias significativas, preservando la integridad del mercado y protegiendo tanto a las entidades financieras como a los consumidores finales de potenciales interrupciones en los servicios financieros.

10. Las autoridades competentes informarán periódicamente al supervisor principal sobre los enfoques y las medidas adoptados en el desempeño de sus tareas de supervisión en relación con las entidades financieras, así como sobre los acuerdos contractuales celebrados por las entidades financieras cuando los proveedores terceros esenciales de servicios de TIC no hayan refrendado en parte o en su totalidad las recomendaciones que les hayan sido formuladas por el supervisor principal.

El artículo establece un mecanismo de retroalimentación constante entre las autoridades competentes y el supervisor principal en relación con las medidas de supervisión aplicadas a las entidades financieras y sus acuerdos contractuales con proveedores terceros esenciales de servicios de TIC. Este flujo de información es fundamental para garantizar que el supervisor principal mantenga una visión integral y actualizada del impacto y la eficacia de sus recomendaciones, especialmente en los casos en que los proveedores esenciales no las hayan adoptado parcial o totalmente.

La obligación de informar periódicamente permite al supervisor principal evaluar el grado de cumplimiento de las entidades financieras respecto de los riesgos relacionados con las TIC derivados de terceros. Además, facilita la identificación de patrones o tendencias recurrentes en la gestión de dichos riesgos, lo que podría indicar áreas de mejora o la necesidad de ajustes en las directrices emitidas. Este proceso asegura una supervisión más dinámica y adaptativa, fortaleciendo la capacidad del sistema regulador para responder a nuevos desafíos.

Desde una perspectiva práctica, la información proporcionada por las autoridades competentes también ayuda al supervisor principal a comprender cómo las entidades financieras manejan los riesgos en situaciones donde los proveedores terceros esenciales no han refrendado las recomendaciones. Esto puede incluir el análisis de estrategias alternativas de mitigación de riesgos adoptadas por las entidades financieras y la efectividad de estas en mantener la resiliencia operativa digital.

El artículo también implica un nivel de transparencia que fomenta la rendición de cuentas entre todas las partes involucradas. Las autoridades competentes deben justificar sus enfoques y decisiones al tratar con las entidades financieras, particularmente en relación con los acuerdos contractuales que puedan estar expuestos a riesgos no abordados adecuadamente por los proveedores de TIC. Esto refuerza la supervisión en múltiples niveles, alineando los objetivos nacionales con los estándares de la Unión.

Además, al compartir esta información, se crea una base de datos común que puede ser utilizada para diseñar políticas más robustas, tanto a nivel nacional como a nivel de la Unión, sobre la gestión del riesgo relacionado con las TIC y la supervisión de proveedores esenciales. Este enfoque también fomenta la coherencia y la armonización de las prácticas de supervisión, reduciendo la fragmentación normativa y fortaleciendo la estabilidad y la seguridad del sistema financiero en su conjunto.

La periodicidad del intercambio de información asegura que las decisiones y medidas regulatorias estén respaldadas por datos recientes y relevantes, mejorando la calidad del proceso de supervisión. Esto no solo beneficia a las entidades financieras al proporcionarles directrices claras y actualizadas, sino que también contribuye a proteger a los consumidores y a preservar la confianza en el sistema financiero.

11. El supervisor principal podrá, previa solicitud, proporcionar aclaraciones adicionales acerca de las recomendaciones formuladas para orientar a las autoridades competentes sobre las medidas de seguimiento.

El artículo establece una disposición que refuerza la colaboración y el entendimiento mutuo entre el supervisor principal y las autoridades competentes mediante la posibilidad de solicitar aclaraciones adicionales sobre las recomendaciones emitidas. Esta disposición tiene como objetivo asegurar que las medidas de seguimiento adoptadas por las autoridades competentes estén alineadas con los objetivos específicos de las recomendaciones y que se implementen de manera coherente y efectiva.

La capacidad del supervisor principal para proporcionar estas aclaraciones es esencial en un contexto en el que las recomendaciones pueden implicar interpretaciones técnicas o estratégicas complejas relacionadas con el riesgo asociado a los proveedores terceros esenciales de servicios de TIC. Esto resulta especialmente relevante en situaciones en las que las autoridades competentes se enfrentan a escenarios de riesgo multifacéticos o a decisiones sobre cómo implementar medidas correctivas en las entidades financieras.

En términos prácticos, esta facultad del supervisor principal fomenta una supervisión coordinada y armónica, reduciendo el riesgo de interpretaciones divergentes o inconsistentes entre distintas autoridades nacionales. Además, ayuda a garantizar que las medidas adoptadas sean proporcionales al nivel de riesgo identificado y efectivas para abordar los problemas señalados en las recomendaciones. Esto resulta especialmente importante para evitar decisiones que puedan generar cargas innecesarias para las entidades financieras o provocar respuestas regulatorias desproporcionadas.

Desde el punto de vista de las entidades financieras, esta disposición refuerza la claridad y la previsibilidad del entorno regulador. La orientación adicional proporcionada por el supervisor principal puede servir para establecer un marco más estructurado en la relación entre las autoridades competentes y las entidades supervisadas, lo que facilita la implementación de cambios en los acuerdos contractuales o en las estrategias de gestión de riesgos de TIC.

Asimismo, el artículo tiene implicaciones positivas para la estabilidad del sistema financiero en su conjunto. Una supervisión más coherente y basada en interpretaciones alineadas entre el supervisor principal y las autoridades competentes contribuye a mitigar riesgos sistémicos derivados de la falta de coordinación o de enfoques dispares. También refuerza la confianza en la capacidad de los reguladores para gestionar los riesgos relacionados con las TIC de manera eficaz y oportuna.

El mecanismo de aclaración previsto también destaca la importancia del diálogo continuo entre las partes involucradas en el proceso de supervisión. Al fomentar un flujo de información abierto y oportuno, se sientan las bases para una mejor toma de decisiones, una mayor capacidad de respuesta ante emergencias y una implementación más eficiente de las medidas necesarias para abordar riesgos específicos.

Artículo 43. Tasas de supervisión

1. El supervisor principal, de conformidad con el acto delegado a que se refiere el apartado 2 del presente artículo, cobrará a los proveedores terceros esenciales de servicios de TIC unas tasas que cubran por completo los gastos que deba asumir el supervisor principal para la realización de las tareas de supervisión en virtud del presente Reglamento, incluido el reembolso de cualquier coste que pueda derivarse del trabajo realizado por el equipo conjunto de examinadores a que se refiere el artículo 40, así como los costes del asesoramiento facilitado por los expertos independientes a que se refiere el artículo 32, apartado 4, párrafo segundo, en relación con los asuntos que forman parte del ámbito de competencia de las actividades directas de supervisión.

El importe de las tasas cobradas a un proveedor tercero esencial de servicios de TIC cubrirá todos los costes derivados de la ejecución de las obligaciones establecidas en la presente sección y será proporcional a su volumen de negocios.

El artículo establece un sistema de tasas de supervisión a ser recaudadas por el supervisor principal de los proveedores terceros esenciales de servicios de TIC, con el propósito de financiar completamente las actividades de supervisión contempladas en el Reglamento. Este enfoque tiene varias repercusiones prácticas y jurídicas que afectan tanto a los supervisores como a los proveedores de servicios de TIC y al sistema financiero en general.

El sistema de tasas garantiza que los costes asociados a las tareas de supervisión, incluidas las investigaciones, inspecciones y evaluaciones realizadas por los equipos conjuntos de examinadores, sean sufragados por los proveedores terceros esenciales de servicios de TIC. Esto incluye también el reembolso de costes relacionados con asesoramiento de expertos independientes. La inclusión de todos los gastos relacionados con las actividades de supervisión asegura que el marco sea financieramente sostenible y reduce la carga fiscal sobre las entidades públicas y los Estados miembros.

El cálculo de las tasas en función del volumen de negocios del proveedor tercero esencial de servicios de TIC introduce un principio de proporcionalidad. Este enfoque busca equilibrar la carga financiera de manera equitativa, evitando imponer costes desproporcionados sobre proveedores más pequeños o con menor capacidad económica. Sin embargo, también exige un análisis detallado y transparente del volumen de negocios de los proveedores, lo que podría implicar mayores demandas administrativas tanto para los proveedores como para el supervisor principal.

Desde la perspectiva del cumplimiento normativo, las tasas crean un incentivo para que los proveedores mantengan altos estándares de cumplimiento y cooperatividad en las actividades de supervisión. Los proveedores podrían verse motivados a gestionar eficientemente los riesgos relacionados con las TIC para minimizar la frecuencia o intensidad de las intervenciones del supervisor, reduciendo así sus costes indirectos relacionados con la supervisión.

Para las entidades financieras que dependen de estos proveedores, el sistema de tasas puede repercutir indirectamente en los costes de los servicios de TIC. Los proveedores podrían trasladar parte de los costes asociados a la supervisión a las entidades financieras mediante ajustes en las tarifas de sus servicios. Esto subraya la importancia de que las entidades financieras evalúen con cuidado sus acuerdos contractuales y las posibles implicaciones económicas derivadas de la supervisión a los proveedores terceros esenciales de servicios de TIC.

En cuanto al impacto sistémico, el mecanismo asegura que los recursos necesarios para la supervisión estén disponibles sin depender de presupuestos públicos, lo que refuerza la independencia y sostenibilidad del marco de supervisión. Sin embargo, también requiere una coordinación rigurosa para evitar posibles duplicaciones en las cargas económicas impuestas a los proveedores y garantizar que las tasas sean justificadas y razonables.

Finalmente, este enfoque fortalece la transparencia en el proceso de supervisión al vincular directamente los costes de supervisión con las actividades realizadas por el supervisor principal. Esto refuerza la rendición de cuentas tanto del supervisor como de los proveedores terceros esenciales de servicios de TIC, promoviendo una supervisión más eficiente y efectiva en el sector financiero.

2. Se otorgan a la Comisión los poderes para adoptar un acto delegado con arreglo al artículo 57 por el que se complete el presente Reglamento mediante la determinación del importe de las tasas y las modalidades de pago, a más tardar el 17 de julio de 2024.

El artículo otorga a la Comisión Europea la facultad de adoptar un acto delegado destinado a completar el Reglamento mediante la determinación de dos aspectos esenciales: el importe de las tasas a recaudar de los proveedores terceros esenciales de servicios de TIC y las modalidades específicas para su pago. Este desarrollo normativo debe concretarse antes del 17 de julio de 2024, estableciendo un marco claro para financiar las actividades de supervisión previstas en el Reglamento.

Este mandato tiene implicaciones prácticas significativas. La capacidad de la Comisión para establecer el importe de las tasas permite garantizar que los costes asociados a las tareas de supervisión sean cubiertos de manera proporcional y equitativa por los proveedores terceros esenciales de servicios de TIC, evitando que recaigan sobre otras partes interesadas, como las entidades financieras o los Estados miembros. Esto también refuerza el principio de que los actores supervisados contribuyan directamente al mantenimiento del marco de supervisión.

La fijación del importe de las tasas requiere un análisis detallado de los costes relacionados con las actividades de supervisión, incluyendo investigaciones, inspecciones, asesoramiento de expertos y la participación de equipos conjuntos de examinadores. Este análisis debe garantizar que las tasas sean proporcionales al volumen de negocios de cada proveedor tercero esencial de servicios de TIC, conforme al principio de proporcionalidad que rige el Reglamento. Al mismo tiempo, la determinación de tasas debe ser transparente para evitar cargas injustificadas y promover la aceptación por parte de los proveedores.

En lo relativo a las modalidades de pago, la Comisión deberá especificar cómo y cuándo los proveedores terceros esenciales de servicios de TIC deben efectuar sus pagos. Esto incluye cuestiones como la frecuencia de las contribuciones (por ejemplo, anual o semestral), los mecanismos de recaudación y las posibles penalizaciones por incumplimientos. Un diseño adecuado de estas modalidades es determinante para garantizar un flujo constante de financiación para las actividades de supervisión, evitando interrupciones operativas y facilitando la planificación presupuestaria tanto para el supervisor principal como para los proveedores.

Desde una perspectiva de gobernanza, el acto delegado refuerza el papel de la Comisión en la implementación del marco regulatorio, al tiempo que requiere consultas con las partes interesadas, incluidas las Autoridades Europeas de Supervisión y los proveedores terceros esenciales de servicios de TIC. Este proceso participativo es necesario para asegurar que las decisiones tomadas sean equilibradas, reflejen las realidades del sector y sean viables desde el punto de vista técnico y operativo.

El plazo límite del 17 de julio de 2024 otorga un marco temporal claro para la adopción del acto delegado, lo que proporciona previsibilidad tanto a los proveedores como a los supervisores. No obstante, la Comisión debe actuar con celeridad y rigor para garantizar que las tasas y modalidades de pago estén definidas a tiempo, permitiendo que el marco de supervisión comience a operar plenamente según lo previsto en el Reglamento. Esta tarea también conlleva el desafío de coordinarse con los Estados miembros y otros actores relevantes para garantizar una implementación uniforme y eficaz en toda la Unión.

Artículo 44. Cooperación internacional

1. Sin perjuicio de lo dispuesto en el artículo 36, la ABE, la AEVM y la AESPJ podrán, de conformidad con el artículo 33 del Reglamento (UE) número 1093/2010, el artículo 33 del Reglamento (UE) número 1095/2010 y el artículo 33 del Reglamento (UE) número 1094/2010, celebrar acuerdos administrativos con las autoridades de regulación y supervisión de terceros países para fomentar la cooperación internacional en materia de riesgo de terceros relacionado con las TIC en diferentes sectores financieros, en particular mediante el desarrollo de buenas prácticas para la evaluación de los procedimientos y controles en materia de gestión del riesgo relacionado con las TIC, las medidas paliativas y las respuestas a los incidentes.

El artículo establece la posibilidad de que las Autoridades Europeas de Supervisión (ABE, AEVM y AESPJ) celebren acuerdos administrativos con autoridades de regulación y supervisión de terceros países, con el objetivo de fomentar la cooperación internacional en la gestión de los riesgos relacionados con las TIC en los distintos sectores financieros. Esta disposición se realiza sin perjuicio de lo dispuesto en el artículo 36 del Reglamento, que regula la interacción con autoridades nacionales y organismos internacionales en el marco de supervisión.

La habilitación para estos acuerdos tiene repercusiones prácticas relevantes, ya que permite a las Autoridades Europeas de Supervisión desarrollar mecanismos coordinados para abordar riesgos relacionados con las TIC que trascienden las fronteras de la Unión Europea. Dado que los riesgos cibernéticos no tienen limitaciones geográficas y los proveedores de servicios de TIC a menudo operan a escala global, una cooperación efectiva con terceros países es esencial para abordar incidentes, compartir información y mitigar vulnerabilidades.

Las Autoridades Europeas de Supervisión pueden colaborar con sus homólogas en terceros países para desarrollar estándares comunes en áreas como la evaluación de procedimientos y controles relacionados con las TIC, la adopción de medidas paliativas y la respuesta a incidentes. Esto fomenta la convergencia normativa y facilita una respuesta coordinada ante ciberamenazas globales, reforzando la resiliencia operativa tanto dentro como fuera de la Unión Europea.

Los acuerdos administrativos también pueden servir como un marco para el intercambio de información sobre incidentes relacionados con las TIC, análisis de amenazas y vulnerabilidades, y datos sobre la efectividad de las medidas de mitigación adoptadas. Este intercambio puede mejorar la capacidad de las entidades financieras para anticiparse a riesgos emergentes y responder con mayor eficacia a los incidentes.

La celebración de estos acuerdos plantea desafíos prácticos y jurídicos, como garantizar que el intercambio de información respete los principios de protección de datos de la Unión Europea y los requisitos de confidencialidad, así como evitar solapamientos con otros marcos internacionales existentes. Además, es fundamental que las Autoridades Europeas de Supervisión aseguren que estos acuerdos no comprometan su independencia operativa ni la soberanía regulatoria de la Unión.

Desde el punto de vista de los Estados miembros, los acuerdos internacionales pueden tener un impacto positivo al reducir las asimetrías regulatorias con terceros países. Sin embargo, es importante que las Autoridades Europeas de Supervisión coordinen sus actividades con los Estados miembros para evitar conflictos de competencias y garantizar que las medidas adoptadas sean coherentes con el marco normativo de la Unión.

Este artículo refuerza la dimensión internacional de la supervisión del riesgo relacionado con las TIC, subrayando la importancia de una acción conjunta en un entorno digital cada vez más interconectado y globalizado.

2. Las Autoridades Europeas de Supervisión, a través del Comité Mixto, presentarán cada cinco años al Parlamento Europeo, al Consejo y a la Comisión un informe confidencial conjunto en el que se resuman las conclusiones de los debates pertinentes mantenidos con las autoridades de terceros países a que se refiere el apartado 1, centrándose en la evolución del riesgo de terceros relacionado con las TIC y sus implicaciones para la estabilidad financiera, la integridad del mercado, la protección de los inversores y el funcionamiento del mercado interior.

El artículo establece la obligación de que las Autoridades Europeas de Supervisión (ABE, AEVM y AESPJ) presenten cada cinco años, a través del Comité Mixto, un informe confidencial conjunto dirigido al Parlamento Europeo, al Consejo y a la Comisión. Este informe debe resumir las conclusiones de los debates pertinentes mantenidos con autoridades de terceros países sobre el riesgo de terceros relacionado con las TIC, destacando sus implicaciones para la estabilidad financiera, la integridad del mercado, la protección de los inversores y el funcionamiento del mercado interior.

Este requisito tiene varias repercusiones prácticas. En primer lugar, permite a las instituciones de la Unión Europea recibir una evaluación periódica y actualizada sobre los riesgos derivados de la dependencia de servicios de TIC proporcionados por terceros países. Esta información es esencial para formular políticas efectivas que refuercen la resiliencia operativa digital de las entidades financieras de la Unión, identificando tendencias emergentes y áreas de vulnerabilidad que requieran atención prioritaria.

El carácter confidencial del informe asegura que la información sensible y estratégica no se haga pública, protegiendo tanto a las entidades financieras como a los proveedores de servicios de TIC involucrados. Esto resulta determinante en el contexto de riesgos cibernéticos, donde la divulgación indebida de datos podría ser explotada por actores malintencionados.

Además, al centrarse en materias como la estabilidad financiera, la integridad del mercado y la protección de los inversores, el informe actúa como una herramienta de evaluación integral. Permite a las instituciones de la Unión Europea identificar posibles amenazas sistémicas derivadas del riesgo de terceros relacionado con las TIC y adoptar medidas regulatorias o de supervisión específicas para mitigarlas. Esto contribuye a mantener la confianza de los inversores y usuarios en el sistema financiero de la Unión, garantizando su correcto funcionamiento incluso en un entorno de creciente dependencia de servicios tecnológicos.

El requisito de presentar este informe cada cinco años asegura un seguimiento continuo y a largo plazo de la evolución del riesgo relacionado con las TIC. Esto es especialmente relevante dado el carácter dinámico y en constante cambio de las amenazas cibernéticas, así como la rápida evolución tecnológica. A través de este mecanismo, las instituciones de la Unión Europea pueden ajustar sus estrategias de resiliencia operativa digital y sus marcos normativos para responder a los nuevos desafíos de manera oportuna y efectiva.

Por último, el informe fomenta una mayor cooperación internacional al consolidar el diálogo con autoridades de terceros países. Esto no solo contribuye a la convergencia regulatoria a nivel global, sino que también refuerza la capacidad colectiva para abordar riesgos transfronterizos relacionados con las TIC, promoviendo un enfoque coordinado y armonizado en la supervisión de riesgos cibernéticos que afecta al sector financiero.

CAPÍTULO VI

Acuerdos de intercambio de información

Artículo 45. Acuerdos de intercambio de información en relación con información e inteligencia sobre ciberamenazas

1. Las entidades financieras podrán intercambiar entre sí información e inteligencia sobre ciberamenazas, incluidos indicadores de compromiso, tácticas, técni-

cas y procedimientos, alertas de ciberseguridad y herramientas de configuración, en la medida en que dicho intercambio de información e inteligencia:

a) ***tenga por objeto mejorar la resiliencia operativa digital de las entidades financieras, en particular mediante la concienciación en relación con las ciberamenazas, la limitación o la desactivación de la capacidad de propagación de las ciberamenazas, el apoyo a las capacidades defensivas, las técnicas de detección de amenazas, las estrategias de mitigación o las fases de respuesta y recuperación;***

b) ***tenga lugar dentro de comunidades de entidades financieras de confianza;***

c) ***se realice mediante acuerdos de intercambio de información que protejan el carácter potencialmente sensible de la información compartida y se rijan por normas de conducta que respeten plenamente el secreto comercial, la protección de los datos personales de conformidad con el Reglamento (UE) 2016/679 y las directrices sobre política de competencia.***

El artículo regula la posibilidad de que las entidades financieras intercambien información e inteligencia sobre ciberamenazas, estableciendo parámetros específicos para garantizar que dicho intercambio se realice de manera segura, confidencial y alineada con los principios regulatorios de la Unión. Este intercambio tiene el propósito de fortalecer la resiliencia operativa digital de las entidades financieras, promoviendo una respuesta coordinada frente a las ciberamenazas.

El intercambio de información busca mejorar la concienciación sobre las ciberamenazas y optimizar las capacidades defensivas de las entidades financieras. Entre los elementos que pueden compartirse se incluyen indicadores de compromiso, tácticas, técnicas, procedimientos, alertas de ciberseguridad y herramientas de configuración. Esto tiene un impacto positivo directo en la capacidad de las entidades para identificar, mitigar y responder a incidentes cibernéticos, además de limitar la propagación de las amenazas en el sistema financiero.

El requisito de que este intercambio tenga lugar dentro de comunidades de confianza establece un marco que minimiza los riesgos asociados con la divulgación de información sensible. Esto fomenta la creación de redes seguras donde las entidades financieras puedan compartir datos sin temor a exposiciones indebidas o a su uso malintencionado por parte de terceros. Al mismo tiempo, asegura que la información compartida sea precisa y relevante, fortaleciendo la eficacia de las estrategias colectivas de defensa.

Los acuerdos de intercambio de información son fundamentales para estructurar estas actividades, ya que definen las normas de conducta aplicables y las salvaguardas necesarias para proteger el carácter sensible de la información compartida. Estos acuerdos deben incluir disposiciones claras sobre el respeto al secreto comercial, la confidencialidad y la protección de los datos personales, conforme al Reglamento General de Protección de Datos (Reglamento (UE) 2016/679). Asimismo, deben alinearse con las directrices sobre política de competencia, evitando que el intercambio de información se utilice para restringir o distorsionar la competencia en el mercado financiero.

La implementación de estos acuerdos tiene varias repercusiones prácticas. En primer lugar, fortalece la colaboración entre las entidades financieras, creando un frente común contra ciberamenazas que podrían afectar la estabilidad del sistema financiero en su conjunto. En segundo lugar, facilita una respuesta más rápida y coordinada ante incidentes cibernéticos, lo que es esencial para mitigar los efectos de estos en un entorno financiero cada vez más interconectado y dependiente de tecnologías digitales. Finalmente, fomenta una cultura de confianza y cooperación en el sector, lo que contribuye a la creación de un ecosistema financiero más seguro y resiliente.

En resumen, el artículo establece una base normativa clara para el intercambio de información e inteligencia sobre ciberamenazas entre entidades financieras, promoviendo un enfoque estratégico y colaborativo que refuerza la protección del sector frente a los riesgos cibernéticos.

2. A efectos de lo dispuesto en el apartado 1, letra c), en los acuerdos de intercambio de información se definirán las condiciones de participación y, en su caso, se establecerán los detalles relativos a la participación de las autoridades públicas y a la calidad en la que estas podrán asociarse a dichos acuerdos, los detalles relativos a la participación de los proveedores terceros de servicios de TIC y los relativos a los elementos operativos, incluido el uso de plataformas informáticas especializadas.

El apartado establece las disposiciones específicas que deben incluirse en los acuerdos de intercambio de información sobre ciberamenazas, con un enfoque en la claridad, la organización y la inclusión de todas las partes interesadas. Estas disposiciones son esenciales para garantizar que los acuerdos se estructuren de manera efectiva y cumplan con los objetivos de mejorar la resiliencia operativa digital de las entidades financieras.

El requisito de definir las condiciones de participación es un aspecto central. Esto implica que los acuerdos deben detallar quiénes pueden formar parte de estas iniciativas y bajo qué criterios. La claridad en este punto asegura que las entidades participantes comprendan sus roles, responsabilidades y beneficios al integrarse en estos acuerdos, evitando confusiones o interpretaciones contradictorias.

La inclusión, en su caso, de las autoridades públicas dentro de los acuerdos permite que estas puedan participar de manera estructurada y efectiva. Se requiere que se especifique la calidad en la que las autoridades públicas se asocian a los acuerdos, lo que puede variar desde un rol activo en el intercambio hasta un rol consultivo o de observación. Este enfoque asegura que las autoridades públicas aporten su experiencia y conocimientos sin interferir en el carácter privado de los intercambios cuando sea inapropiado.

La mención de los proveedores terceros de servicios de TIC en los acuerdos de intercambio reconoce su importancia dentro del ecosistema digital de las entidades financieras. Estos proveedores, al estar en el núcleo de los servicios tecnológicos, poseen información crítica sobre amenazas y vulnerabilidades que puede ser compartida para beneficio de las entidades participantes. Sin embargo, también es fundamental establecer límites y salvaguardas para proteger la información sensible y evitar conflictos de interés.

Los elementos operativos, incluyendo el uso de plataformas informáticas especializadas, representan un componente práctico de los acuerdos. Estas plataformas facilitan la logística del intercambio de información, garantizando que sea seguro, rápido y eficiente. Al definir previamente las herramientas y metodologías que se utilizarán, se eliminan incertidumbres técnicas y se asegura una base tecnológica común que respalde el flujo de información de manera segura.

En términos prácticos, estos acuerdos permiten que las entidades financieras y sus socios colaboren más estrechamente, generando sinergias en la lucha contra ciberamenazas. Además, al incluir autoridades públicas y proveedores de servicios de TIC bajo parámetros claramente definidos, se crea un ecosistema inclusivo y coordinado, fortaleciendo la protección del sector financiero en su conjunto frente a incidentes cibernéticos. Finalmente, el enfoque en elementos operativos y plataformas especializadas subraya la importancia de las herramientas técnicas como facilitadoras esenciales para alcanzar estos objetivos.

3. Las entidades financieras notificarán a las autoridades competentes su participación en los acuerdos de intercambio de información a que se refiere el apartado 1 en el momento en que se valide su incorporación a ellos o, en su caso, el cese de su participación, una vez que se haga efectivo.

El artículo establece una obligación específica para las entidades financieras de notificar a las autoridades competentes sobre su participación en acuerdos de intercambio de información relativos a ciberamenazas. Este requisito es relevante para garantizar la supervisión y el control adecuados de las actividades de intercambio de información, así como para fomentar la transparencia en dichas iniciativas.

La notificación inicial al momento de la validación de la incorporación de una entidad financiera a un acuerdo asegura que las autoridades competentes sean informadas oportunamente sobre la implicación de las entidades en estas iniciativas. Esto permite a las autoridades evaluar si la participación se alinea con los requisitos legales, las mejores prácticas y los objetivos de resiliencia operativa digital establecidos por el marco normativo. Asimismo, proporciona un registro oficial que facilita el monitoreo continuo de las actividades de intercambio de información en el sector financiero.

La obligación de notificar el cese de la participación una vez que se haga efectivo es igualmente importante. Esta disposición asegura que las autoridades competentes dispongan de información actualizada sobre los cambios en las actividades de intercambio de información de las entidades financieras. Tal información puede ser determinante en situaciones donde la retirada de una entidad pueda implicar riesgos específicos, como la pérdida de acceso a inteligencia crítica sobre ciberamenazas.

Desde una perspectiva práctica, este artículo refuerza la rendición de cuentas y la supervisión regulatoria en el ámbito del intercambio de información. Al tener conocimiento de las entidades participantes, las autoridades competentes pueden identificar patrones de colaboración, evaluar riesgos asociados y proporcionar orientación o intervenciones en caso de que se detecten irregularidades o riesgos sistémicos.

Además, el requisito de notificación subraya la importancia de una comunicación fluida entre las entidades financieras y las autoridades competentes. Este flujo de información permite a las autoridades tener una visión integral de cómo las entidades están colaborando para mejorar la resiliencia operativa digital, contribuyendo a una estrategia colectiva contra las ciberamenazas en el sector financiero. Finalmente, esta práctica también puede disuadir cualquier participación en acuerdos que no cumplan con los estándares de seguridad, confidencialidad o legalidad exigidos por el marco normativo.

CAPÍTULO VII

Autoridades competentes

Artículo 46. Autoridades competentes

Sin perjuicio de las disposiciones relativas al marco de supervisión de los proveedores terceros esenciales de servicios de TIC a que se refiere el Capítulo V,

sección II, del presente Reglamento, el cumplimiento del presente Reglamento será garantizado por las siguientes autoridades competentes de conformidad con las facultades otorgadas por los respectivos actos jurídicos:

a) en lo que respecta a las entidades de crédito y a las entidades exentas en virtud de la Directiva 2013/36/UE, la autoridad competente designada de conformidad con el artículo 4 de dicha Directiva, y en lo que respecta a las entidades de crédito consideradas como significativas de conformidad con el artículo 6, apartado 4, del Reglamento (UE) número 1024/2013, el BCE de conformidad con las competencias y funciones conferidas por dicho Reglamento;

El artículo 46 del Reglamento establece las autoridades competentes responsables de garantizar su cumplimiento en el ámbito de las entidades de crédito, distinguiendo entre las entidades significativas y las no significativas según las normas sectoriales aplicables. Esta disposición es fundamental para delimitar claramente las responsabilidades de supervisión y garantizar una aplicación eficaz y coordinada del marco normativo en el sector financiero.

Respecto a las entidades de crédito no significativas y exentas en virtud de la Directiva 2013/36/UE, se asigna la responsabilidad de supervisión a la autoridad competente designada por cada Estado miembro según el artículo 4 de dicha Directiva. Esto asegura que las autoridades nacionales, que están familiarizadas con las especificidades locales y el funcionamiento de las entidades bajo su jurisdicción, puedan supervisar de manera eficiente el cumplimiento del Reglamento.

Por otro lado, para las entidades de crédito significativas, se otorga la responsabilidad al Banco Central Europeo (BCE) en virtud del Reglamento (UE) n.º 1024/2013. Esto reconoce la naturaleza sistémica de estas entidades y su potencial impacto en la estabilidad financiera de la Unión Europea. La supervisión centralizada por el BCE permite un enfoque más armonizado y riguroso, particularmente para instituciones que operan a gran escala o en múltiples jurisdicciones dentro de la Unión. Esta asignación también refuerza la coherencia en la implementación del Reglamento para entidades con influencia transfronteriza.

En términos prácticos, esta distribución de responsabilidades tiene varias implicaciones. Primero, asegura que las entidades financieras sean supervisadas por autoridades con competencias y recursos adecuados para evaluar el cumplimiento de las normas sobre resiliencia operativa digital. Segundo, fomenta la colaboración entre las autoridades nacionales y el BCE, especialmente en casos donde las actividades de las entidades supervisadas puedan tener repercusiones más allá de las fronteras nacionales.

Adicionalmente, al diferenciar entre entidades significativas y no significativas, se establece un enfoque proporcionado en la supervisión, asignando mayor rigor y recursos al seguimiento de las entidades de mayor relevancia sistémica. Esto es esencial para mitigar riesgos que puedan comprometer la estabilidad del sistema financiero de la Unión Europea en su conjunto.

Por último, al remitir la responsabilidad de supervisión a las autoridades ya establecidas por la normativa sectorial, el artículo garantiza una transición fluida hacia el cumplimiento del presente Reglamento sin crear estructuras administrativas redundantes. Este enfoque integrado reduce la complejidad regulatoria para las entidades financieras, asegurando al mismo tiempo que las autoridades competentes cuenten con los mecanismos necesarios para exigir y verificar el cumplimiento normativo de manera efectiva.

b) en lo que respecta a las entidades de pago, también las entidades de pago exentas en virtud de la Directiva (UE) 2015/2366, las entidades de dinero electrónico, también las exentas en virtud de la Directiva 2009/110/CE y los proveedores de servicios de información sobre cuentas a que se refiere el artículo 33, apartado 1, de la Directiva (UE) 2015/2366, la autoridad competente designada de conformidad con el artículo 22 de la Directiva (UE) 2015/2366;

El apartado b) del artículo 46 asigna la supervisión del cumplimiento del Reglamento, en lo que respecta a ciertas entidades del sector financiero, a las autoridades competentes designadas conforme al artículo 22 de la Directiva (UE) 2015/2366, conocida como la Directiva sobre servicios de pago (PSD2). Este marco incluye a las entidades de pago, las entidades de dinero electrónico, y los proveedores de servicios de información sobre cuentas, abarcando también aquellas exentas en virtud de las normativas aplicables.

La inclusión de entidades de pago y entidades de dinero electrónico refleja su importancia creciente en el ecosistema financiero, especialmente debido a su papel medular en la prestación de servicios esenciales relacionados con los pagos digitales. La supervisión por parte de las autoridades competentes según la PSD2 asegura una coherencia en la aplicación de las normas, dado que estas entidades ya están sujetas a control bajo este marco normativo. Al incluir tanto a entidades autorizadas como a exentas, se busca garantizar un enfoque uniforme y completo, abarcando el conjunto de actores en el mercado.

Para los proveedores de servicios de información sobre cuentas, que operan en un ámbito tecnológico específico y gestionan datos sensibles relacionados con los usuarios finales, la supervisión adecuada es fundamental para mitigar riesgos de seguridad en las tecnologías de la información y para proteger la integridad de los sistemas de pago. Esta disposición refuerza la necesidad de que estos actores cumplan con los requisitos del Reglamento en materia de resiliencia operativa digital.

La designación de las autoridades previstas en la PSD2 tiene diversas repercusiones prácticas. En primer lugar, facilita una integración eficiente del presente Reglamento en el marco regulatorio ya existente, evitando duplicidades normativas y simplificando la supervisión. Las entidades supervisadas ya están familiarizadas con las autoridades designadas, lo que reduce la carga administrativa y mejora la efectividad del cumplimiento.

En segundo lugar, permite un enfoque coordinado para abordar los riesgos relacionados con las TIC, particularmente en un entorno de pagos digitales cada vez más expuesto a ciberamenazas. Esto es determinante dado el impacto potencial que los incidentes relacionados con las TIC podrían tener en la confianza de los consumidores y en la estabilidad del sistema financiero.

Por último, al incluir a las entidades exentas dentro del alcance de la supervisión, se mitigan posibles lagunas regulatorias. Esto asegura que incluso aquellas entidades que operan bajo umbrales específicos de actividad o tamaño sean responsables de mantener un nivel adecuado de resiliencia operativa digital. Este enfoque refuerza la integridad y la estabilidad del ecosistema de servicios de pago y dinero electrónico dentro de la Unión.

c) en lo que respecta a las empresas de servicios de inversión, la autoridad competente designada de conformidad con el artículo 4 de la Directiva (UE) 2019/2034 del Parlamento Europeo y del Consejo;

El apartado c) del artículo 46 establece que la supervisión del cumplimiento del Reglamento en relación con las empresas de servicios de inversión estará a cargo de las autoridades competentes designadas conforme al artículo 4 de la Directiva (UE) 2019/2034, conocida como la Directiva sobre los requisitos prudenciales de las empresas de inversión (IFD). Esta disposición implica una clara asignación de competencias a las autoridades ya responsables de supervisar a dichas empresas en el marco de la normativa prudencial aplicable.

La elección de las autoridades designadas bajo la IFD tiene un fundamento sólido, ya que estas entidades están familiarizadas con las características operativas, los riesgos y las estructuras específicas de las empresas de servicios de inversión. Este marco regulatorio permite una supervisión eficaz y contextualizada de los riesgos relacionados con las tecnologías de la información y la comunicación (TIC), al alinearse con las normas de resiliencia operativa digital establecidas en el presente Reglamento.

Desde una perspectiva práctica, esta designación tiene varias implicaciones importantes. En primer lugar, facilita la integración del Reglamento en el marco normativo existente, minimizando la duplicación de funciones entre las autoridades y garantizando una supervisión eficiente. Las empresas de servicios de inversión ya interactúan con estas autoridades competentes para el cumplimiento de requisitos prudenciales, lo que reduce la carga administrativa adicional que podría generar un nuevo órgano de supervisión.

En segundo lugar, refuerza la supervisión de los riesgos relacionados con las TIC en el sector de servicios de inversión. Estas empresas son cada vez más dependientes de soluciones tecnológicas avanzadas, tanto para la ejecución de órdenes como para la gestión de carteras y la comunicación con los clientes. La falta de una resiliencia operativa digital adecuada podría exponerlas a ciberamenazas significativas, con impactos potenciales en la confianza de los inversores y la estabilidad del mercado.

Por último, al asignar esta responsabilidad a las autoridades ya designadas bajo la IFD, se asegura un enfoque coherente y uniforme en la supervisión de las empresas de servicios de inversión. Esto permite abordar los riesgos de manera coordinada y fomentar la convergencia regulatoria en toda la Unión, fortaleciendo la estabilidad y la integridad del sistema financiero.

d) en lo que respecta a los proveedores de servicios de criptoactivos autorizados en virtud del Reglamento relativo a los mercados de criptoactivos y los emisores de fichas referenciadas a activos, la autoridad competente designada de conformidad con las disposiciones pertinentes de dicho Reglamento;

El apartado d) del artículo 46 establece que la supervisión del cumplimiento del Reglamento en relación con los proveedores de servicios de criptoactivos autorizados y los emisores de fichas referenciadas a activos recaerá en las autoridades competentes designadas conforme a las disposiciones pertinentes del Reglamento relativo a los mercados de criptoactivos (MiCA). Este marco normativo pretende abordar los riesgos específicos asociados a los criptoactivos y garantizar la estabilidad del mercado y la protección de los consumidores.

La asignación de competencias a las autoridades responsables bajo el MiCA es coherente con la especialización requerida para supervisar los riesgos tecnológicos y operativos de los actores del mercado de criptoactivos. Dichos actores presentan características únicas, como una alta dependencia de infraestructuras digitales descentralizadas y una mayor exposición a ciberamenazas, lo que exige una supervisión técnica y rigurosa.

Desde un punto de vista práctico, esta disposición tiene varias implicaciones relevantes. En primer lugar, integra las disposiciones del Reglamento en el marco normativo existente, evitando conflictos normativos o duplicidades en la supervisión. Esto resulta fundamental para una regulación eficiente de un sector en crecimiento y con una alta complejidad técnica.

En segundo lugar, reconoce las particularidades de los proveedores de servicios de criptoactivos y los emisores de fichas referenciadas a activos, que operan en un ecosistema caracterizado por la innovación rápida y una dependencia significativa de las TIC. Este enfoque especializado asegura que la supervisión de los riesgos relacionados con las TIC se realice con la experiencia adecuada, abordando cuestiones como la vulnerabilidad de los contratos inteligentes, las claves criptográficas y los riesgos de interoperabilidad entre plataformas.

Además, al asignar la supervisión a las autoridades designadas bajo el MiCA, se garantiza una aplicación uniforme de las normas de resiliencia operativa digital en toda la Unión. Esto fomenta la confianza en los mercados de criptoactivos, protegiendo tanto a los inversores como a las entidades participantes frente a los impactos negativos de incidentes relacionados con las TIC.

Por último, esta disposición refuerza la cooperación entre los marcos normativos de MiCA y el Reglamento sobre resiliencia operativa digital, promoviendo un enfoque holístico y coordinado para abordar los riesgos en un sector financiero altamente interconectado. Esto es determinante para mitigar los riesgos sistémicos derivados de la dependencia tecnológica y la creciente importancia económica de los criptoactivos en los mercados financieros de la Unión Europea.

e) en lo que respecta a los depositarios centrales de valores, la autoridad competente designada de conformidad con el artículo 11 del Reglamento (UE) número 909/2014;

El apartado e) del artículo 46 asigna la supervisión del cumplimiento del Reglamento a las autoridades competentes designadas de conformidad con el artículo 11 del Reglamento (UE) n.º 909/2014, conocido como Reglamento CSDR, en lo que respecta a los depositarios centrales de valores (CSD, por sus siglas en inglés). Este marco normativo regula la actividad de los

CSD, que desempeñan un papel determinante en el sistema financiero al garantizar la liquidación eficiente y segura de las operaciones con valores.

La asignación específica de esta responsabilidad a las autoridades del CSDR tiene importantes repercusiones prácticas. Los CSD son infraestructuras críticas para los mercados financieros, ya que actúan como intermediarios centrales en el proceso de compensación y liquidación de valores. Su función exige una alta resiliencia operativa digital debido a la complejidad y la criticidad de los sistemas de TIC que sustentan sus actividades, que incluyen la gestión de registros, la custodia de valores y la facilitación de la liquidación.

Desde la perspectiva de la resiliencia operativa digital, esta disposición es fundamental para garantizar que los CSD implementen medidas robustas de ciberseguridad, sistemas de continuidad operativa y planes de recuperación ante desastres. Los CSD son objetivos potenciales de ciberataques debido al volumen de transacciones que procesan y a su papel en la estabilidad del mercado. Por tanto, su supervisión debe incluir un seguimiento constante de su capacidad para detectar, prevenir y mitigar incidentes relacionados con las TIC.

La designación de las autoridades bajo el CSDR también asegura una aplicación coherente de las normas de resiliencia operativa digital en todos los depositarios centrales de valores de la Unión. Esto es esencial para evitar desequilibrios regulatorios y garantizar un nivel uniforme de protección frente a riesgos operativos digitales, lo que contribuye a la estabilidad del sistema financiero.

Además, esta asignación promueve una integración efectiva entre el Reglamento sobre resiliencia operativa digital y el marco regulatorio existente para los CSD. Dado que las autoridades designadas bajo el CSDR ya están familiarizadas con la operativa y los riesgos específicos de los CSD, su rol en la supervisión de la resiliencia operativa digital mejora la capacidad para identificar y abordar riesgos sistémicos en un sector altamente interconectado.

Por último, esta disposición refuerza la coordinación entre las diferentes normativas de la Unión Europea, facilitando la implementación de medidas proporcionales y específicas para garantizar que los CSD puedan operar de manera segura en un entorno financiero dinámico y digitalizado, al tiempo que se minimizan los riesgos asociados a la dependencia de infraestructuras tecnológicas avanzadas. Esto es especialmente relevante para preservar la confianza de los participantes del mercado y la estabilidad general del sistema financiero de la Unión.

f) en lo que respecta a las entidades de contrapartida central, la autoridad competente designada de conformidad con el artículo 22 del Reglamento (UE) número 648/2012;

El apartado f) del artículo 46 establece que la supervisión del cumplimiento del Reglamento recae en las autoridades competentes designadas conforme al artículo 22 del Reglamento (UE) n.º 648/2012, conocido como EMIR, en lo relativo a las entidades de contrapartida central (ECC). Las ECC desempeñan un papel esencial en los mercados financieros al interponerse entre las partes de una operación con instrumentos financieros, garantizando el cumplimiento de las obligaciones contractuales y reduciendo el riesgo de contraparte.

La atribución de responsabilidades a las autoridades del EMIR para supervisar la resiliencia operativa digital de las ECC tiene repercusiones significativas, dado el papel sistémico de estas entidades en la estabilidad financiera. Las ECC gestionan un volumen considerable de operaciones financieras y están expuestas a riesgos operativos y tecnológicos que, si no se gestionan adecuadamente, pueden tener repercusiones sistémicas en los mercados financieros. Su supervisión bajo el marco del presente Reglamento complementa las disposiciones del EMIR al introducir requisitos específicos relacionados con la resiliencia operativa digital, como la gestión del riesgo relacionado con las TIC y la capacidad de respuesta ante incidentes cibernéticos.

Desde el punto de vista práctico, esta designación garantiza que las autoridades encargadas de supervisar las ECC, que ya cuentan con experiencia en la evaluación de riesgos de mercado, liquidez y crédito, puedan integrar la resiliencia operativa digital como un componente central de su vigilancia. Este enfoque coordinado asegura que las ECC implementen sistemas tecnológicos robustos y medidas de seguridad cibernética alineadas con los estándares más avanzados, preservando su capacidad para operar incluso en escenarios de estrés extremo o ataques cibernéticos.

Además, las ECC están en el centro de redes financieras complejas e interconectadas, lo que aumenta su exposición a riesgos derivados de terceros proveedores de TIC y dependencias tecnológicas. La supervisión bajo este marco promueve la adopción de prácticas de gobernanza y gestión de riesgos tecnológicos que mitiguen el impacto potencial de interrupciones operativas, protejan los datos procesados y garanticen la continuidad de las operaciones críticas.

La designación también contribuye a una mayor coherencia regulatoria, evitando solapamientos y duplicidades en las responsabilidades de supervisión. Dado que las ECC están sujetas a requisitos técnicos y operativos complejos bajo EMIR, la incorporación de disposiciones específicas sobre resiliencia digital en su marco de supervisión permite una evaluación integral de todos los riesgos relevantes, desde los financieros hasta los tecnológicos.

Finalmente, esta supervisión tiene un impacto directo en la confianza de los participantes del mercado, quienes dependen de la estabilidad y la fiabilidad de las ECC para realizar sus operaciones. Al garantizar que las ECC cumplen con los estándares más altos en resiliencia operativa digital, se refuerza la integridad del sistema financiero de la Unión Europea y se protege contra posibles crisis derivadas de fallos tecnológicos o ciberataques.

g) en lo que respecta a los centros de negociación y los proveedores de servicios de suministro de datos, la autoridad competente designada de conformidad con el artículo 67 de la Directiva 2014/65/UE y la autoridad competente según se define en el artículo 2, apartado 1, punto 18, del Reglamento (UE) número 600/2014;

El apartado g) del artículo 46 atribuye la supervisión del cumplimiento del Reglamento a las autoridades competentes designadas de conformidad con el artículo 67 de la Directiva 2014/65/UE (MiFID II) y el artículo 2, apartado 1, punto 18, del Reglamento (UE) n.º 600/2014 (MiFIR) en lo relativo a los centros de negociación y los proveedores de servicios de suministro de datos. Estas entidades desempeñan un papel determinante en el funcionamiento de los mercados financieros al proporcionar plataformas para la ejecución de operaciones y servicios relacionados con la transparencia y el acceso a información del mercado.

La supervisión de los centros de negociación, que incluyen mercados regulados, sistemas multilaterales de negociación (MTF) y sistemas organizados de negociación (OTF), es esencial, dado su impacto directo en la eficiencia y la estabilidad del mercado. Al estar sujetas al presente Reglamento, estas entidades deben garantizar una resiliencia operativa digital robusta que proteja la infraestructura crítica que facilita el comercio de valores, derivados y otros instrumentos financieros. Esto implica la adopción de medidas específicas para gestionar riesgos tecnológicos, proteger contra ciberataques y asegurar la continuidad de sus operaciones en escenarios de interrupción.

En el caso de los proveedores de servicios de suministro de datos, como los aprobados como mecanismos de publicación (APA), los mecanismos consolidados de información (CTP) y los mecanismos de notificación de transacciones (ARM), su rol en la agregación, publicación y reporte de datos del mercado los hace especialmente vulnerables a riesgos relacionados con las TIC. Este Reglamento refuerza la exigencia de que estas entidades implementen sistemas tecnológicos avanzados para garantizar la integridad, precisión y seguridad de la información financiera procesada y distribuida, que es fundamental para la transparencia y la toma de decisiones de los participantes del mercado.

Desde una perspectiva práctica, la supervisión específica bajo este marco normativo asegura una integración adecuada de las exigencias de resiliencia digital en las estrategias operativas y de gestión de riesgos de estas entidades. Esto incluye requisitos relacionados con la identificación, prevención, detección y respuesta a incidentes relacionados con las TIC, así como la adopción de pruebas de resiliencia digital periódicas y la evaluación de las dependencias tecnológicas con terceros proveedores.

Además, la designación de autoridades competentes que ya supervisan a estas entidades bajo MiFID II y MiFIR garantiza un enfoque coordinado y eficiente. Estas autoridades están familiarizadas con la estructura operativa y los riesgos inherentes de los centros de negociación y los proveedores de servicios de datos, lo que facilita la incorporación de los nuevos requisitos del Reglamento sin duplicar esfuerzos regulatorios ni generar cargas administrativas innecesarias.

Por otra parte, la obligación de estas entidades de notificar incidentes relacionados con las TIC y garantizar la cooperación con las autoridades competentes promueve una mayor transparencia y una respuesta más ágil ante eventos que puedan afectar el funcionamiento del mercado. Esto resulta determinante para evitar interrupciones significativas en las operaciones del mercado y para mantener la confianza de los inversores en la infraestructura financiera de la Unión.

En última instancia, la regulación específica de la resiliencia operativa digital en este contexto refuerza la estabilidad y la integridad del sistema financiero, protegiendo tanto a los intermediarios como a los usuarios finales de los servicios financieros de las consecuencias adversas de fallos tecnológicos o ciberamenazas.

h) en lo que respecta a los registros de operaciones, la autoridad competente designada de conformidad con el artículo 22 del Reglamento (UE) número 648/2012;

El apartado h) del artículo 46 establece que los registros de operaciones serán supervisados en cuanto al cumplimiento del Reglamento por la autoridad competente designada de conformidad con el artículo 22 del Reglamento (UE) n.º 648/2012 (EMIR). Los registros de operaciones desempeñan un papel determinante en el sistema financiero al actuar como repositorios centrales para el reporte de datos de operaciones de derivados, proporcionando transparencia y facilitando la supervisión del riesgo sistémico en los mercados financieros.

Esta disposición refuerza la necesidad de una sólida resiliencia operativa digital en los registros de operaciones, dada la naturaleza crítica de los servicios que prestan. Estas entidades manejan grandes volúmenes de datos sensibles y su actividad está intrínsecamente relacionada con la integridad y la estabilidad del mercado financiero. Los riesgos asociados al uso de tecnología de la información y las comunicaciones (TIC), como los ciberataques, las interrupciones operativas y la pérdida de integridad de los datos, tienen el potencial de generar consecuencias significativas a nivel sistémico.

La designación de la autoridad competente para la supervisión bajo este Reglamento permite la implementación de requisitos armonizados para la gestión del riesgo relacionado con las TIC, lo que incluye la adopción de marcos de gestión de riesgos que garanticen la protección contra amenazas cibernéticas, la continuidad de las operaciones y la recuperación frente a incidentes. Al estar bajo el ámbito de EMIR, estas autoridades ya poseen experiencia en la evaluación de riesgos operativos y de cumplimiento normativo en registros de operaciones, lo que facilita la integración de las nuevas disposiciones relativas a la resiliencia digital.

En términos prácticos, el Reglamento exige a los registros de operaciones implementar sistemas tecnológicos avanzados y políticas específicas que garanticen la seguridad, accesibilidad e integridad de los datos almacenados y procesados. Esto incluye requisitos relacionados con la redundancia de sistemas, las pruebas periódicas de resiliencia operativa digital y la capacidad de notificar incidentes significativos a las autoridades competentes. Estas medidas aseguran que los registros puedan seguir operando de manera segura incluso en escenarios de interrupción grave, lo que es fundamental para la estabilidad del mercado y la confianza de los participantes.

Además, la supervisión bajo este marco normativo promueve una mayor transparencia en la gestión de riesgos y fortalece la cooperación entre los registros de operaciones y las autoridades reguladoras. Esto incluye el intercambio de información sobre incidentes relacionados con las TIC y la evaluación continua de las dependencias tecnológicas con terceros proveedores de servicios de TIC, garantizando que los riesgos derivados de estas relaciones se gestionen de manera eficaz.

Por último, la inclusión de los registros de operaciones bajo este Reglamento destaca la importancia de abordar los riesgos tecnológicos en todas las entidades del ecosistema financiero. Al hacerlo, se protege no solo la funcionalidad individual de los registros, sino también la estabilidad y la integridad del sistema financiero de la Unión Europea.

i) en lo que respecta a los gestores de fondos de inversión alternativos, la autoridad competente designada de conformidad con el artículo 44 de la Directiva 2011/61/UE;

El apartado i) del artículo 46 establece que la supervisión de los gestores de fondos de inversión alternativos (GFIA) en relación con el cumplimiento del Reglamento corresponderá a la autoridad competente designada de conformidad con el artículo 44 de la Directiva 2011/61/UE (Directiva sobre gestores de fondos de inversión alternativos, AIFMD). Esta disposición vincula directamente a los GFIA con las obligaciones de resiliencia operativa digital previstas en el Reglamento, integrando la gestión de riesgos relacionados con las TIC en su marco de supervisión habitual.

Los gestores de fondos de inversión alternativos desempeñan un papel significativo en los mercados financieros, gestionando inversiones en una amplia gama de activos alternativos, como capital privado, bienes inmuebles y fondos de cobertura. Su actividad implica la utilización de tecnologías avanzadas y plataformas digitales para la toma de decisiones de inversión, la interacción con los inversores y el manejo de datos confidenciales. La dependencia de las TIC los expone a riesgos operativos y cibernéticos que pueden afectar no solo a la integridad de sus operaciones, sino también a la confianza de los inversores y al funcionamiento eficiente del mercado.

La designación de una autoridad competente bajo el marco de la AIFMD para supervisar el cumplimiento del Reglamento asegura que los gestores de fondos implementen sistemas y políticas robustos para mitigar los riesgos asociados con las TIC. Esto incluye medidas como la evaluación continua de los sistemas tecnológicos, la notificación de incidentes graves relacionados con las TIC, y la adopción de planes de contingencia y recuperación que garanticen la continuidad de sus operaciones en caso de interrupciones.

En términos prácticos, los GFIA estarán obligados a establecer marcos de gestión del riesgo relacionados con las TIC que aborden áreas como la protección de datos, la ciberseguridad, y la gestión de las relaciones con terceros proveedores de servicios tecnológicos. Esto incluye la implementación de controles específicos para garantizar la seguridad de los sistemas, realizar pruebas de resiliencia digital y responder de manera efectiva a incidentes que puedan poner en peligro sus operaciones.

La supervisión de los GFIA bajo este Reglamento facilita la armonización de las normas de resiliencia digital en todo el sector financiero, promoviendo un enfoque uniforme en la gestión de riesgos tecnológicos. Esto es particularmente relevante para los GFIA que operan a nivel transfronterizo, ya que garantiza que las prácticas y requisitos sean consistentes en toda la Unión, reduciendo la fragmentación regulatoria y facilitando el cumplimiento normativo.

Por otro lado, la naturaleza específica de las actividades de los GFIA y su exposición a diversos riesgos operativos hace esencial una supervisión adaptada a sus características particulares. Las autoridades competentes designadas bajo la AIFMD deberán evaluar de manera proporcional las medidas adoptadas por los GFIA, considerando su tamaño, la complejidad de sus operaciones y su perfil de riesgo general, en línea con los principios de proporcionalidad establecidos en el Reglamento.

Finalmente, la supervisión de los GFIA bajo este marco normativo refuerza la protección de los inversores y la estabilidad del mercado, asegurando que estas entidades sean capaces de operar de manera segura y resiliente frente a los desafíos tecnológicos y cibernéticos que caracterizan el entorno financiero actual.

j) en lo que respecta a las sociedades de gestión, la autoridad competente designada de conformidad con el artículo 97 de la Directiva 2009/65/CE;

El apartado j) del artículo 46 asigna la responsabilidad de supervisar el cumplimiento de las disposiciones del Reglamento a las autoridades competentes designadas conforme al artículo 97 de la Directiva 2009/65/CE (Directiva sobre organismos de inversión colectiva en valores mobiliarios, UCITS) en lo que respecta a las sociedades de gestión. Este artículo integra a dichas sociedades en el marco normativo de resiliencia operativa digital, ampliando sus responsabilidades para incluir la gestión eficaz del riesgo relacionado con las TIC.

Las sociedades de gestión desempeñan un papel fundamental en la administración de fondos UCITS, gestionando carteras de inversión para una amplia base de inversores. Estas actividades implican un uso intensivo de sistemas tecnológicos para la administración, toma de decisiones de inversión, comunicación con inversores y cumplimiento normativo. La dependencia de tecnologías avanzadas y el manejo de datos confidenciales las exponen a riesgos relacionados con las TIC, como ciberataques, fallos operativos y vulnerabilidades tecnológicas.

Bajo este marco, las autoridades competentes designadas deben garantizar que las sociedades de gestión implementen sistemas de gestión de riesgos relacionados con las TIC que cumplan con los estándares establecidos por el Reglamento. Esto incluye la adopción de medidas para prevenir, detectar, mitigar y responder a incidentes relacionados con las TIC que puedan afectar la continuidad de sus operaciones o la seguridad de los datos de los inversores.

En términos prácticos, las sociedades de gestión deben:

1. Evaluar y gestionar los riesgos relacionados con las TIC: Identificar vulnerabilidades en sus sistemas tecnológicos y establecer controles efectivos para mitigar los riesgos, incluidas las pruebas de resiliencia operativa digital.

2. Notificar incidentes graves relacionados con las TIC: Cumplir con los requisitos de notificación oportuna de incidentes que puedan afectar la estabilidad del mercado o los intereses de los inversores.

3. Colaborar con terceros proveedores de servicios tecnológicos: Garantizar que los contratos con proveedores externos incluyan cláusulas que permitan la supervisión y gestión de riesgos relacionados con las TIC derivados de terceros.

4. Diseñar planes de contingencia y recuperación: Prepararse para interrupciones operativas mediante planes detallados que garanticen la continuidad del negocio en caso de incidentes graves.

La supervisión de estas actividades por parte de las autoridades competentes es determinante para mantener la confianza de los inversores en los fondos UCITS, un vehículo de inversión colectiva en la Unión Europea. La armonización de las normas de resiliencia operativa digital también asegura que las sociedades de gestión operen bajo estándares consistentes, lo cual es particularmente importante en el caso de aquellas que operan en múltiples Estados miembros.

Además, la inclusión de las sociedades de gestión en este marco normativo refuerza la estabilidad del sistema financiero al mitigar los riesgos sistémicos asociados con los ciberataques y las interrupciones tecnológicas. Al garantizar la preparación y la capacidad de respuesta ante incidentes tecnológicos, el Reglamento protege tanto a los inversores como a los mercados financieros en general.

La supervisión específica por parte de las autoridades designadas conforme al artículo 97 de la Directiva UCITS asegura que las medidas adoptadas sean proporcionadas al tamaño, complejidad y perfil de riesgo de cada sociedad de gestión. Esto evita imponer cargas regulatorias desproporcionadas, permitiendo que las sociedades más pequeñas o menos complejas cumplan con las disposiciones de manera ajustada a sus capacidades.

En suma, el apartado j) asegura que las sociedades de gestión estén sujetas a un marco de resiliencia operativa digital robusto y armonizado, alineado con los principios de protección de inversores y estabilidad del mercado que rigen la Directiva UCITS.

k) en lo que respecta a las empresas de seguros y de reaseguros, la autoridad competente designada de conformidad con el artículo 30 de la Directiva 2009/138/CE;

El apartado k) del artículo 46 establece que las empresas de seguros y de reaseguros estarán sujetas a la supervisión de las autoridades competentes designadas conforme al artículo 30 de la Directiva 2009/138/CE (conocida como Directiva Solvencia II). Esta disposición integra a dichas entidades en el marco normativo de resiliencia operativa digital del Reglamento, adaptando sus obligaciones en materia de gestión de riesgos relacionados con las TIC a las particularidades del sector asegurador.

Las empresas de seguros y reaseguros son actores esenciales en el sistema financiero, desempeñando un papel estructural en la gestión de riesgos económicos y sociales. Su actividad implica el procesamiento masivo de datos personales sensibles, cálculos actuariales complejos, gestión de pólizas y liquidación de siniestros, todo ello sustentado por tecnologías de la información. Esta dependencia de los sistemas tecnológicos, combinada con la creciente sofisticación de las ciberamenazas, las expone a riesgos significativos relacionados con las TIC, como ciberataques, interrupciones operativas y fallos tecnológicos.

En virtud de este artículo, las autoridades designadas deben garantizar que las empresas de seguros y reaseguros cumplan con los requisitos del Reglamento, que incluyen:

1. Gestión del riesgo relacionado con las TIC: Las empresas deben implementar un marco sólido para identificar, evaluar y mitigar los riesgos tecnológicos que puedan afectar a su operativa y a la protección de los datos de sus asegurados. Esto incluye la realización de pruebas regulares de resiliencia operativa digital para detectar vulnerabilidades.

2. Notificación de incidentes graves: Las empresas están obligadas a informar de forma oportuna a las autoridades competentes sobre cualquier incidente significativo relacionado con las TIC que pueda afectar su capacidad para cumplir con sus compromisos o que represente un riesgo para la estabilidad del sector.
3. Gestión de proveedores externos: Dado el uso frecuente de terceros para servicios tecnológicos, las empresas deben establecer acuerdos contractuales que incluyan cláusulas específicas para la supervisión de riesgos relacionados con las TIC derivados de estos proveedores.
4. Planes de continuidad de negocio: Deben desarrollar y mantener actualizados planes de contingencia que permitan la recuperación rápida ante interrupciones operativas significativas, protegiendo así tanto a los asegurados como la estabilidad del mercado.

La supervisión por parte de las autoridades competentes designadas conforme a la Directiva Solvencia II asegura que las medidas de resiliencia digital estén alineadas con los principios de prudencia y solvencia que rigen el sector asegurador. Esto es fundamental, dado que cualquier interrupción en los servicios de seguros o reaseguros podría tener un impacto sistémico, afectando a múltiples sectores económicos y a la confianza de los asegurados.

La aplicación de estas disposiciones tiene varias repercusiones prácticas. En primer lugar, fomenta un enfoque preventivo frente a los riesgos tecnológicos, incentivando a las empresas a fortalecer sus sistemas de TIC antes de que ocurra un incidente. En segundo lugar, mejora la confianza de los asegurados y del mercado en la capacidad de las empresas para operar de manera resiliente frente a ciberamenazas. En tercer lugar, permite una respuesta más rápida y coordinada a nivel regulador en caso de incidentes tecnológicos graves, gracias a la centralización de la supervisión en las autoridades designadas.

Además, la armonización de los requisitos de resiliencia operativa digital en toda la Unión Europea asegura un nivel uniforme de protección frente a riesgos relacionados con las TIC, beneficiando tanto a los asegurados como a los mercados financieros. Esto es especialmente relevante para las empresas de seguros y reaseguros que operan en múltiples Estados miembros, al reducir la fragmentación regulatoria y las cargas administrativas asociadas.

En última instancia, esta supervisión específica fortalece la capacidad del sector asegurador para enfrentar desafíos tecnológicos complejos, contribuyendo a la estabilidad y la integridad del sistema financiero en su conjunto.

l) en lo que respecta a los intermediarios de seguros, de reaseguros y de seguros complementarios, la autoridad competente designada de conformidad con el artículo 12 de la Directiva (UE) 2016/97;

El artículo se refiere a la designación de la autoridad competente para supervisar el cumplimiento del Reglamento en relación con los intermediarios de seguros, reaseguros y seguros complementarios, remitiéndose al artículo 12 de la Directiva (UE) 2016/97, conocida como la Directiva de Distribución de Seguros (IDD, por sus siglas en inglés). La inclusión específica de esta categoría de intermediarios dentro del marco regulatorio del Reglamento responde a la necesidad de garantizar que todos los actores involucrados en el sector de seguros, independientemente de su papel como distribuidores, cumplan con los requisitos de resiliencia operativa digital.

La designación de la autoridad competente tiene importantes repercusiones prácticas, tanto para los intermediarios como para el sistema regulatorio en su conjunto. En primer lugar, al establecer que la supervisión recaerá en la autoridad designada conforme a la IDD, se asegura la coherencia entre las disposiciones del Reglamento y el marco jurídico existente para la distribución de seguros. Esto evita solapamientos regulatorios y facilita la integración de los requisitos de resiliencia digital en los procesos de supervisión ya existentes, optimizando así los recursos tanto de los supervisores como de los intermediarios.

En segundo lugar, la inclusión de los intermediarios de seguros, reaseguros y seguros complementarios como sujetos obligados bajo el presente Reglamento reconoce la importancia de su papel en el sector financiero, no solo como distribuidores de productos aseguradores, sino también como usuarios y gestores de sistemas de tecnologías de la información y comunicación (TIC). Los intermediarios, especialmente aquellos que manejan grandes volúmenes de datos personales y financieros, deben implementar controles robustos para proteger la información de los asegurados y garantizar la continuidad operativa frente a ciberamenazas o interrupciones tecnológicas.

Además, la remisión a la autoridad designada conforme a la IDD tiene un efecto directo en la aplicación práctica del Reglamento, ya que esta autoridad debe adaptar sus métodos de supervisión para incluir la evaluación de los riesgos relacionados con las TIC y verificar el cumplimiento de las medidas de resiliencia digital por parte de los intermediarios. Esto incluye la capacidad de las autoridades para supervisar incidentes graves relacionados con las TIC, exigir planes de continuidad operativa y garantizar que los intermediarios cuenten con sistemas tecnológicos actualizados y seguros.

Por otra parte, la inclusión de los intermediarios de seguros complementarios subraya la intención del legislador europeo de abarcar de manera amplia a todos los actores del sector asegurador, independientemente de su tamaño o relevancia sistémica. Esto plantea desafíos particulares para los intermediarios de menor tamaño, que podrían enfrentar dificultades para cumplir con los requisitos del Reglamento. Sin embargo, la referencia a la autoridad competente designada bajo la IDD sugiere que las medidas de supervisión deben aplicarse de manera proporcionada, considerando las características específicas de los intermediarios, como su escala de operaciones y su perfil de riesgo general.

Finalmente, la coordinación entre la autoridad competente designada conforme al artículo 12 de la IDD y las demás autoridades mencionadas en el Reglamento es fundamental para garantizar la coherencia y la efectividad del marco regulatorio. Esto es especialmente importante en situaciones transfronterizas, donde los intermediarios pueden operar en múltiples jurisdicciones. En estos casos, la colaboración entre autoridades nacionales y europeas es esencial para evitar lagunas regulatorias y asegurar una supervisión eficaz de los riesgos relacionados con las TIC que puedan afectar la resiliencia operativa del sector asegurador.

m) en lo que respecta a los fondos de pensiones de empleo, la autoridad competente designada de conformidad con el artículo 47 de la Directiva (UE) 2016/2341;

El artículo establece que la autoridad competente encargada de supervisar el cumplimiento del Reglamento en lo relativo a los fondos de pensiones de empleo será la designada de conformidad con el artículo 47 de la Directiva (UE) 2016/2341, conocida como la Directiva sobre Fondos de Pensiones de Empleo (IORP II). Esta remisión normativa asegura la coherencia entre los distintos marcos legales aplicables a los fondos de pensiones de empleo, integrando los requisitos de resiliencia operativa digital en las disposiciones ya establecidas para la supervisión de estos fondos.

Los fondos de pensiones de empleo desempeñan un papel determinante en el sistema financiero al gestionar importantes volúmenes de activos destinados a garantizar las pensiones de los trabajadores. Su inclusión en el ámbito de aplicación del Reglamento refleja la importancia de proteger este sector de los riesgos operativos digitales, considerando el impacto potencial que un fallo sistémico o un ciberincidente podría tener en los beneficiarios, las entidades empleadoras y, en última instancia, en la estabilidad del sistema financiero.

El hecho de designar como autoridad supervisora a la entidad ya competente conforme a la Directiva IORP II tiene implicaciones prácticas significativas. En primer lugar, facilita la integración de los requisitos del Reglamento dentro de las estructuras de supervisión existentes, optimizando los recursos regulatorios y minimizando duplicidades. Las autoridades competentes deberán ampliar su ámbito de supervisión para incluir el seguimiento de los riesgos relacionados con las TIC en los fondos de pensiones de empleo, asegurando que estos implementen medidas adecuadas de resiliencia operativa, incluyendo planes de continuidad de negocio, protección contra ciberamenazas y sistemas tecnológicos robustos.

La referencia a la autoridad designada según la Directiva IORP II también asegura que las particularidades del sector de fondos de pensiones de empleo sean consideradas en la aplicación del Reglamento. Estos fondos presentan características específicas, como estructuras operativas diversificadas y relaciones contractuales con múltiples empleadores, lo que puede complicar la gestión de los riesgos relacionados con las TIC. Por ello, las autoridades supervisores deben adoptar un enfoque proporcionado que tenga en cuenta la naturaleza, escala y complejidad de las operaciones de cada fondo, así como su perfil de riesgo general.

Desde una perspectiva práctica, la implementación de los requisitos del Reglamento por parte de los fondos de pensiones de empleo puede generar ciertos desafíos, especialmente para aquellos de menor tamaño o que operen en jurisdicciones con menores capacidades tecnológicas. Estos fondos podrían enfrentarse a dificultades para adaptar sus sistemas y procesos tecnológicos a los estándares de resiliencia digital exigidos. No obstante, la supervisión proporcionada y el apoyo normativo brindado por las autoridades competentes pueden mitigar estos desafíos, promoviendo una transición gradual y eficaz hacia el cumplimiento de las disposiciones del Reglamento.

En términos de coordinación, la interacción entre las autoridades nacionales responsables de los fondos de pensiones de empleo y otras entidades supervisoras del Reglamento será esencial para evitar lagunas regulatorias, especialmente en casos de fondos con actividades transfronterizas. Esto incluye la necesidad de compartir información sobre incidentes graves relacionados con las TIC y asegurar la coherencia en la aplicación de las medidas correctivas en toda la Unión Europea. Además, el papel de las autoridades nacionales designadas conforme a la Directiva IORP II será fundamental para fomentar la cooperación entre los supervisores de diferentes sectores financieros, fortaleciendo así la resiliencia operativa digital del sistema financiero en su conjunto.

n) en lo que respecta a las agencias de calificación crediticia, la autoridad competente designada de conformidad con el artículo 21 del Reglamento (CE) número 1060/2009;

El artículo establece que la supervisión de las agencias de calificación crediticia, en lo relativo al cumplimiento del Reglamento sobre la resiliencia operativa digital, corresponde a la autoridad competente designada de conformidad con el artículo 21 del Reglamento (CE) n.º 1060/2009. Este último Reglamento regula la autorización y supervisión de las agencias de calificación crediticia en la Unión Europea, encargando tales tareas a la Autoridad Europea de Valores y Mercados (AEVM).

Este enfoque garantiza la coherencia y eficiencia en la supervisión, ya que la AEVM posee experiencia específica en la regulación y monitoreo de estas entidades, que desempeñan un papel determinante en los mercados financieros al evaluar la calidad crediticia de emisores, instrumentos financieros y países. La integración de las disposiciones del Reglamento sobre resiliencia operativa digital dentro del marco supervisado por la AEVM implica que esta autoridad debe ampliar su enfoque para incluir el seguimiento del riesgo relacionado con las tecnologías de la información y la comunicación (TIC) en las operaciones de las agencias de calificación crediticia.

Las agencias de calificación están expuestas a riesgos operativos digitales que podrían tener implicaciones sistémicas significativas. Por ejemplo, una interrupción o fallo en sus sistemas de TIC podría afectar la capacidad de emitir calificaciones precisas y en tiempo real, lo que podría generar incertidumbre y volatilidad en los mercados financieros. Además, la confidencialidad y la integridad de los datos manejados por estas agencias son especialmente sensibles, dado el impacto que una posible filtración o alteración podría tener en los emisores y en la confianza del mercado.

Desde una perspectiva práctica, las agencias de calificación crediticia deben adaptar sus estructuras internas para cumplir con los requisitos de resiliencia operativa digital establecidos en el Reglamento. Esto incluye implementar medidas de ciberseguridad robustas, desarrollar planes de continuidad del negocio, establecer mecanismos de respuesta ante incidentes graves relacionados con las TIC y garantizar la protección adecuada de los datos confidenciales que manejan. Al ser entidades con operaciones globales, deben también asegurar que sus estrategias de resiliencia digital se armonicen con los requisitos de la Unión Europea, incluso en las actividades realizadas fuera de su jurisdicción.

Para la AEVM, la incorporación de las disposiciones de resiliencia operativa digital en su ámbito de supervisión puede requerir una ampliación de sus recursos y capacidades, en particular en lo que respecta al monitoreo de los riesgos tecnológicos y la evaluación de la conformidad de las agencias con las nuevas exigencias. Esta autoridad también tendrá un papel fundamental en la evaluación y notificación de incidentes graves relacionados con las TIC que afecten a estas agencias, promoviendo una respuesta coordinada con otras autoridades nacionales y europeas.

En términos de cooperación internacional, la supervisión de las agencias de calificación crediticia plantea desafíos adicionales, ya que muchas de estas entidades operan a nivel global. La AEVM deberá trabajar estrechamente con otras autoridades de supervisión fuera de la Unión Europea para garantizar un enfoque coherente y evitar posibles lagunas en la regulación de los riesgos operativos digitales. Esto es especialmente relevante para abordar posibles interdependencias tecnológicas y riesgos de concentración derivados del uso de los mismos proveedores terceros de servicios de TIC.

En última instancia, la supervisión del cumplimiento de los requisitos de resiliencia operativa digital por parte de las agencias de calificación crediticia no solo refuerza su capacidad para operar de manera segura y continua, sino que también contribuye a la estabilidad y confianza en los mercados financieros de la Unión, al minimizar el impacto potencial de los riesgos operativos digitales en este sector crítico.

o) en lo que respecta a los administradores de índices de referencia determinantes, la autoridad competente designada de conformidad con los artículos 40 y 41 del Reglamento (UE) 2016/1011;

El artículo establece que la supervisión del cumplimiento de las disposiciones del Reglamento sobre resiliencia operativa digital en relación con los administradores de índices de referencia determinantes corresponde a la autoridad competente designada de conformidad con los artículos 40 y 41 del Reglamento (UE) 2016/1011. Este Reglamento, conocido como Reglamento sobre índices de referencia (BMR, por sus siglas en inglés), regula la administración de índices que sirven como referencia en instrumentos y contratos financieros, asignando competencias específicas a las autoridades nacionales competentes, así como funciones adicionales de coordinación a la Autoridad Europea de Valores y Mercados (AEVM).

La designación de estas autoridades como responsables para la supervisión de los administradores de índices de referencia determinantes en el ámbito de la resiliencia operativa digital tiene implicaciones significativas para la estabilidad del sistema financiero. Los índices de referencia determinantes, como el Euribor o el Eonia, tienen un impacto masivo en los mercados financieros, ya que se utilizan para establecer precios en una amplia gama de instrumentos financieros y contratos. Una interrupción en la disponibilidad o integridad de estos índices debido a un fallo relacionado con las TIC podría causar perturbaciones en los mercados globales, afectando tanto a instituciones financieras como a inversores.

Para los administradores de índices de referencia determinantes, esta asignación implica una responsabilidad ampliada en términos de garantizar la resiliencia digital de sus operaciones. Deberán adoptar medidas sólidas para gestionar riesgos relacionados con las TIC, incluyendo la implementación de controles de ciberseguridad, la realización de pruebas de penetración, el desarrollo de planes de recuperación ante desastres y la garantía de la continuidad del negocio. Además, deben asegurarse de que sus sistemas sean capaces de manejar de manera segura grandes volúmenes de datos y cálculos complejos, manteniendo al mismo tiempo la integridad y la confidencialidad de la información.

La supervisión por parte de las autoridades competentes deberá enfocarse en evaluar el cumplimiento de estas medidas, especialmente en lo que respecta a la protección contra ciberamenazas y la capacidad de los administradores para responder a incidentes graves relacionados con las TIC. Esto incluye la supervisión de la infraestructura tecnológica utilizada por los administradores y la evaluación de la solidez de los acuerdos con terceros proveedores de servicios de TIC que sean esenciales para la generación y publicación de los índices de referencia.

En la práctica, la coordinación entre las autoridades nacionales y la AEVM garantiza un enfoque armonizado en la supervisión de la resiliencia digital de los administradores de índices de referencia determinantes, evitando discrepancias regulatorias que puedan comprometer la estabilidad del sistema financiero de la Unión Europea. Asimismo, dado que muchos de estos índices tienen un alcance global, la cooperación con otras jurisdicciones será fundamental para abordar posibles riesgos operativos que puedan tener implicaciones transfronterizas.

El marco de supervisión también deberá contemplar la comunicación efectiva de incidentes graves relacionados con las TIC que puedan afectar a los índices de referencia determinantes, garantizando que las autoridades y los participantes del mercado estén debidamente informados para mitigar posibles efectos adversos en el sistema financiero. Además, la interoperabilidad de los sistemas tecnológicos y la robustez frente a ataques cibernéticos serán áreas de especial atención, dada la dependencia crítica del mercado financiero de estos índices.

En conjunto, estas disposiciones refuerzan la capacidad del sistema financiero para manejar riesgos relacionados con las TIC, asegurando que los índices de referencia determinantes puedan seguir cumpliendo su función en condiciones seguras, confiables y continuas, incluso frente a amenazas digitales emergentes o incidentes operativos significativos.

p) en lo que respecta a los proveedores de servicios de financiación participativa, la autoridad competente designada de conformidad con el artículo 29 del Reglamento (UE) 2020/1503;

El artículo establece que la supervisión del cumplimiento de las disposiciones del Reglamento sobre resiliencia operativa digital para los proveedores de servicios de financiación participativa corresponde a la autoridad competente designada de conformidad con el artículo 29 del Reglamento (UE) 2020/1503. Este Reglamento regula los servicios de financiación participativa (crowdfunding) en la Unión Europea, estableciendo un marco común para las plataformas que facilitan la conexión entre inversores y promotores de proyectos. La asignación de competencias a la autoridad designada asegura que los riesgos relacionados con las TIC sean gestionados adecuadamente dentro de este sector emergente.

La financiación participativa, caracterizada por su alta dependencia de plataformas digitales, plantea retos particulares en términos de resiliencia operativa digital. Las plataformas de crowdfunding actúan como intermediarias tecnológicas, lo que las convierte en objetivos potenciales de ciberataques, fallos técnicos y otros incidentes relacionados con las TIC. Estos riesgos pueden afectar tanto a la seguridad de los datos de los inversores y promotores como a la disponibilidad y funcionalidad de las plataformas.

Las autoridades competentes deben garantizar que los proveedores de servicios de financiación participativa implementen sistemas de gestión de riesgos robustos para abordar amenazas relacionadas con las TIC. Esto incluye la adopción de medidas de ciberseguridad, pruebas regulares de resiliencia operativa, planes de respuesta a incidentes y estrategias de recuperación. Además, deberán verificar que estas plataformas cumplan con los requisitos específicos del Reglamento, como la protección de datos personales y la seguridad de las transacciones electrónicas.

Desde la perspectiva de los proveedores, esta disposición implica la necesidad de realizar inversiones significativas en tecnologías de seguridad y recursos humanos especializados en TIC. Las plataformas deberán desarrollar marcos de gobernanza claros para gestionar los riesgos relacionados con las TIC y establecer procesos de comunicación para notificar incidentes graves a las autoridades competentes. También será fundamental garantizar la integridad y confidencialidad de los datos almacenados y procesados en sus sistemas, así como la capacidad de operar sin interrupciones.

La supervisión por parte de la autoridad designada debe centrarse en evaluar la preparación de estas plataformas frente a posibles ciberincidentes y su capacidad para mitigar los riesgos asociados. En este sentido, es probable que las autoridades también fomenten el cumplimiento de estándares internacionales y mejores prácticas en ciberseguridad y gestión de riesgos.

En términos prácticos, estas disposiciones también tienen implicaciones para los inversores y promotores que utilizan estas plataformas. La existencia de un marco de supervisión sólido genera confianza en la seguridad y fiabilidad de las plataformas, lo que puede fomentar la participación en el mercado de financiación participativa. Asimismo, una gestión adecuada de los riesgos relacionados con las TIC contribuye a prevenir posibles pérdidas económicas derivadas de interrupciones en los servicios o incidentes de seguridad.

Por último, dado el carácter transfronterizo de muchas plataformas de financiación participativa, la coordinación entre las autoridades nacionales será esencial para garantizar un enfoque armonizado y eficaz en la supervisión de la resiliencia digital en este sector. Esto no solo ayuda a proteger a los usuarios de las plataformas, sino que también refuerza la estabilidad y la confianza en el mercado único de servicios financieros de la Unión Europea.

q) en lo que respecta a los registros de titulizaciones, la autoridad competente designada de conformidad con el artículo 10 y el artículo 14, apartado 1, del Reglamento (UE) 2017/2402.

El artículo establece que la supervisión del cumplimiento del Reglamento en relación con los registros de titulizaciones corresponde a la autoridad competente designada conforme al artículo 10 y al artículo 14, apartado 1, del Reglamento (UE) 2017/2402. Este Reglamento se centra en la armonización del marco aplicable a las titulizaciones dentro de la Unión Europea, con énfasis en las prácticas simples, transparentes y estandarizadas (STS). Los registros de titulizaciones desempeñan un papel determinante al actuar como repositorios centrales de datos sobre las actividades de titulización, garantizando la transparencia, la accesibilidad y la supervisión de estos instrumentos financieros.

En el contexto del Reglamento de resiliencia operativa digital, la supervisión de los registros de titulizaciones tiene implicaciones relevantes para la estabilidad y el funcionamiento del mercado financiero. Dado el carácter altamente tecnológico de los registros, que dependen de sistemas TIC avanzados para recopilar, procesar y divulgar información de manera segura y eficiente, garantizar su resiliencia digital es fundamental para evitar interrupciones operativas que podrían tener repercusiones sistémicas.

Las autoridades competentes deben asegurarse de que los registros de titulizaciones implementen medidas adecuadas para gestionar los riesgos relacionados con las TIC, que incluyen ciberataques, fallos técnicos, pérdida de datos y accesos no autorizados. Entre estas medidas deben encontrarse protocolos de ciberseguridad, planes de respuesta y recuperación ante incidentes y mecanismos para garantizar la continuidad del servicio, incluso en situaciones adversas. Además, es esencial que las autoridades supervisen regularmente la implementación de estas medidas mediante auditorías y pruebas de resiliencia.

Desde el punto de vista de los registros, este marco regulatorio implica la necesidad de establecer sistemas de gestión de riesgos robustos y procedimientos internos que cumplan con los estándares establecidos. También deben implementar tecnologías avanzadas de protección y monitoreo para garantizar la integridad, disponibilidad y confidencialidad de los datos almacenados y compartidos. La interoperabilidad de estos sistemas con las plataformas utilizadas por las entidades que participan en actividades de titulización es otro aspecto relevante, ya que los flujos de datos deben mantenerse seguros y fiables en todo momento.

La correcta supervisión y el cumplimiento de los requisitos establecidos también son fundamentales para los participantes en los mercados de titulización, incluidos originadores, inversores y supervisores. La seguridad y la fiabilidad de los registros de titulizaciones son esenciales para mantener la confianza de los inversores y garantizar la estabilidad del mercado financiero. Además, la transparencia proporcionada por los registros permite una evaluación más precisa de los riesgos asociados con las titulizaciones, lo que contribuye a la estabilidad del sistema financiero en su conjunto.

Por otra parte, la supervisión de los riesgos relacionados con las TIC en los registros de titulizaciones tiene un impacto directo en la protección de datos sensibles. Estos registros contienen información detallada sobre los activos titulizados, los flujos de pago y otras características financieras, por lo que cualquier incidente relacionado con las TIC podría comprometer datos personales y tener repercusiones legales y financieras significativas.

Finalmente, dado el carácter transfronterizo de muchas titulizaciones, la coordinación entre las autoridades competentes de diferentes Estados miembros será esencial para garantizar un enfoque armonizado y eficaz en la supervisión de los registros. La existencia de normas claras y uniformes permite a las autoridades adoptar medidas consistentes, reducir riesgos sistémicos y facilitar el funcionamiento eficaz del mercado único de servicios financieros en la Unión Europea.

Artículo 47. Cooperación con las estructuras y autoridades establecidas por la Directiva (UE) 2022/2555

1. A fin de fomentar la cooperación y permitir los intercambios en materia de supervisión entre las autoridades competentes designadas de conformidad con el presente Reglamento y el Grupo de Cooperación establecido por el artículo 14 de la Directiva (UE) 2022/2555, las Autoridades Europeas de Supervisión y las autoridades competentes podrán participar en las actividades del Grupo de Cooperación en asuntos que atañan a sus actividades en materia de supervisión en relación con las entidades financieras. Las Autoridades Europeas de Supervisión y las autoridades competentes podrán solicitar ser invitadas a participar en las actividades del Grupo de Cooperación en asuntos relativos a las entidades esenciales o importantes sujetas a la Directiva (UE) 2022/2555 que también hayan sido designadas como proveedores terceros esenciales de servicios de TIC en virtud del artículo 31 del presente Reglamento.

El artículo establece un marco de cooperación entre las autoridades competentes designadas por el Reglamento de resiliencia operativa digital (DORA) y el Grupo de Cooperación establecido bajo la Directiva (UE) 2022/2555 (Directiva NIS2), que aborda la seguridad de las redes y sistemas de información en la Unión Europea. Este enfoque integrado permite el intercambio de información y la colaboración en materia de supervisión, especialmente en relación con las entidades financieras y los proveedores terceros esenciales de servicios de TIC que estén sujetos a ambas normativas.

La participación de las Autoridades Europeas de Supervisión (EBA, ESMA y EIOPA) y las autoridades nacionales competentes en el Grupo de Cooperación promueve una visión holística y coordinada en la gestión de riesgos relacionados con las TIC. Esto es particularmente relevante para las entidades financieras que también son consideradas esenciales o importantes bajo la Directiva NIS2, lo que puede implicar obligaciones superpuestas en términos de ciberseguridad y resiliencia operativa digital. La cooperación facilita la alineación de estrategias regulatorias y evita duplicidades en la supervisión, optimizando recursos y garantizando un enfoque coherente.

Desde el punto de vista práctico, este marco de cooperación puede mejorar significativamente la respuesta a ciberamenazas y la gestión de incidentes relacionados con las TIC. Al permitir que las autoridades financieras participen en el Grupo de Cooperación, se fomenta el intercambio de inteligencia sobre ciberamenazas, mejores prácticas y medidas correctivas que pueden ser aplicadas tanto a nivel sectorial como transfronterizo. Esto es determinante dado el carácter interconectado del sistema financiero y su dependencia de proveedores de servicios de TIC, lo que aumenta el riesgo de propagación de ciberincidentes.

Además, esta cooperación puede facilitar una supervisión más efectiva de los proveedores terceros esenciales de servicios de TIC designados conforme al artículo 31 de DORA. Al involucrar al Grupo de Cooperación, las autoridades financieras obtienen acceso a un foro consolidado de expertos en ciberseguridad y supervisión técnica que pueden aportar conocimientos adicionales para evaluar y mitigar los riesgos relacionados con las TIC de manera más integral.

El artículo también aborda la posibilidad de que las Autoridades Europeas de Supervisión y las autoridades competentes soliciten participar en actividades específicas del Grupo de Cooperación. Esta disposición permite a estas entidades involucrarse activamente en debates y proyectos relevantes para el sector financiero, fortaleciendo la coordinación intersectorial y promoviendo un enfoque armonizado en la implementación de medidas de resiliencia operativa digital. Asimismo, la participación en el Grupo de Cooperación promueve la identificación de riesgos emergentes, tendencias en ciberamenazas y áreas de mejora en las políticas regulatorias.

En términos prácticos, esta sinergia puede contribuir a reducir las cargas administrativas para las entidades financieras al evitar la duplicación de obligaciones y auditorías. Por ejemplo, las entidades sujetas a ambas normativas podrían beneficiarse de mecanismos de notificación únicos y conjuntos, reduciendo el esfuerzo necesario para cumplir con múltiples marcos regulatorios. Además, la cooperación entre las autoridades fomenta un enfoque más uniforme en la evaluación del cumplimiento y la aplicación de sanciones, eliminando posibles inconsistencias regulatorias entre Estados miembros.

En un contexto más amplio, esta integración refleja un esfuerzo por fortalecer la resiliencia operativa digital del sistema financiero europeo y garantizar la estabilidad del mercado único, al tiempo que se abordan las crecientes amenazas cibernéticas de manera más coordinada y efectiva. La combinación de los enfoques sectorial (DORA) y horizontal (NIS2) refuerza la capacidad de la Unión Europea para proteger sus infraestructuras críticas y fomentar la confianza en la economía digital.

2. En su caso, las autoridades competentes podrán consultar y compartir información con los puntos de contacto únicos y los CSIRT designados o establecidos de conformidad con la Directiva (UE) 2022/2555.

El artículo aborda la posibilidad de que las autoridades competentes consulten y compartan información con los puntos de contacto únicos y los Equipos de Respuesta ante Incidentes de Seguridad Informática (CSIRT) designados en virtud de la Directiva (UE) 2022/2555 (Directiva NIS2). Este mecanismo refuerza la integración y la cooperación entre los diferentes organismos encargados de gestionar y mitigar los riesgos relacionados con las TIC, especialmente en lo que respecta a la ciberseguridad y la resiliencia operativa digital.

La consulta y el intercambio de información entre las autoridades competentes bajo el Reglamento de Resiliencia Operativa Digital (DORA) y los puntos de contacto únicos y los CSIRT establecidos bajo la Directiva NIS2 presentan varias ventajas. En primer lugar, permite una mejor coordinación y alineación en la respuesta a incidentes de ciberseguridad, especialmente cuando estos tienen un impacto transfronterizo o afectan simultáneamente a múltiples sectores críticos, incluido el financiero. Esta colaboración puede acelerar el tiempo de respuesta ante incidentes, mejorar la calidad de las medidas correctivas y minimizar el daño potencial tanto para las entidades financieras como para la economía en general.

En términos prácticos, los puntos de contacto únicos y los CSIRT son recursos nucleares en la gestión de incidentes relacionados con las TIC. Los puntos de contacto únicos facilitan la comunicación y coordinación entre los Estados miembros y las entidades afectadas, mientras que los CSIRT proporcionan capacidades técnicas avanzadas para identificar, mitigar y prevenir incidentes de ciberseguridad. Al permitir que las autoridades competentes bajo DORA accedan a estos recursos, se refuerza la capacidad de supervisión y respuesta de las autoridades financieras, optimizando su eficacia en la gestión del riesgo relacionado con las TIC.

Este intercambio de información es particularmente relevante en el contexto de los incidentes graves relacionados con las TIC, que pueden afectar a la estabilidad del sistema financiero y requerir una respuesta rápida y coordinada a nivel nacional y europeo. Al compartir información con los CSIRT, las autoridades financieras pueden beneficiarse de análisis técnicos detallados, inteligencia sobre amenazas y recomendaciones específicas para mitigar el impacto del incidente. Del mismo modo, los CSIRT pueden obtener información determinante de las autoridades financieras sobre vulnerabilidades específicas del sector o riesgos emergentes, lo que mejora su capacidad para abordar amenazas en tiempo real.

Desde una perspectiva de gobernanza, este mecanismo fomenta la cooperación intersectorial e interinstitucional, promoviendo un enfoque más integrado y armonizado para abordar los riesgos relacionados con las TIC. Además, refuerza la capacidad de las autoridades para identificar tendencias y patrones en ciberamenazas, lo que es esencial para el desarrollo de políticas regulatorias más efectivas y adaptadas a un panorama de riesgos en constante evolución.

La posibilidad de compartir información también tiene implicaciones positivas en términos de transparencia y confianza entre los actores involucrados. Facilita la creación de un ecosistema de seguridad colaborativo en el que las entidades financieras y los organismos de ciberseguridad trabajan juntos para proteger las infraestructuras críticas y los intereses de los usuarios finales. Sin embargo, es fundamental garantizar que este intercambio de información respete plenamente las normativas aplicables en materia de confidencialidad, protección de datos personales y secreto comercial, evitando así cualquier riesgo de exposición indebida de información sensible.

Este mecanismo también puede ser particularmente útil para las pequeñas y medianas entidades financieras que carecen de recursos internos avanzados para gestionar incidentes de ciberseguridad. Al tener acceso indirecto a los conocimientos y capacidades técnicas de los CSIRT, estas entidades pueden mejorar significativamente su capacidad para gestionar riesgos relacionados con las TIC y cumplir con los requisitos establecidos en el marco normativo.

En un contexto más amplio, este enfoque contribuye a la resiliencia del sistema financiero y a la estabilidad económica de la Unión Europea, promoviendo una respuesta colectiva y coordinada a las ciberamenazas. Asimismo, refuerza la integración de las políticas sectoriales y horizontales en materia de ciberseguridad, alineando los objetivos de DORA y la Directiva NIS2 para garantizar un nivel elevado de seguridad y continuidad operativa en toda la Unión.

3. En su caso, las autoridades competentes podrán solicitar cualquier tipo de asesoramiento y asistencia técnicos pertinentes a las autoridades competentes designadas o establecidas de conformidad con la Directiva (UE) 2022/2555 y establecer acuerdos de cooperación para hacer posible el establecimiento de mecanismos de coordinación eficaces y rápidos.

El artículo establece la posibilidad de que las autoridades competentes bajo el Reglamento de Resiliencia Operativa Digital (DORA) soliciten asesoramiento y asistencia técnica a las autoridades designadas conforme a la Directiva (UE) 2022/2555 (Directiva NIS2). Asimismo, permite la creación de acuerdos de cooperación destinados a fomentar una coordinación eficaz y rápida. Este mecanismo tiene implicaciones prácticas significativas para la gestión del riesgo relacionado con las TIC, la ciberseguridad y la resiliencia operativa digital en el sector financiero.

La capacidad de solicitar asesoramiento técnico a las autoridades competentes bajo la Directiva NIS2 representa una oportunidad para las autoridades financieras de aprovechar conocimientos y capacidades especializadas desarrolladas en otros sectores críticos. Las autoridades NIS2 están específicamente preparadas para gestionar incidentes relacionados con la ciberseguridad en sectores estratégicos, y su experiencia puede enriquecer la comprensión y respuesta ante riesgos relacionados con las TIC en el ámbito financiero. Este intercambio de conocimientos fomenta la adopción de mejores prácticas y estrategias más sofisticadas para identificar, mitigar y prevenir incidentes relacionados con las TIC.

La asistencia técnica que puede solicitarse bajo este artículo abarca múltiples áreas, incluyendo la evaluación de vulnerabilidades, el análisis de amenazas, la respuesta a incidentes y la recuperación de sistemas afectados. Estas capacidades son particularmente útiles en casos de ciberincidentes graves que podrían tener repercusiones significativas no solo para las entidades financieras, sino también para la estabilidad del sistema financiero y de otros sectores interconectados. Al recurrir a la asistencia técnica de las autoridades NIS2, las autoridades financieras pueden reforzar su capacidad de respuesta y garantizar una gestión más eficiente de los riesgos operativos digitales.

El establecimiento de acuerdos de cooperación entre las autoridades bajo DORA y NIS2 refuerza la integración intersectorial y fomenta la creación de mecanismos de coordinación más rápidos y efectivos. Esta colaboración es esencial para abordar la naturaleza transfronteriza y sistémica de las ciberamenazas, que a menudo afectan simultáneamente a múltiples sectores y jurisdicciones. La creación de tales acuerdos permite una mejor coordinación en la notificación de incidentes, la evaluación de impactos y la implementación de medidas correctivas, reduciendo así los tiempos de reacción y minimizando los daños potenciales.

Desde una perspectiva práctica, estos acuerdos de cooperación pueden incluir protocolos para el intercambio de información sensible, procedimientos conjuntos para la gestión de incidentes y directrices para la asignación de responsabilidades durante una crisis, garantizando una respuesta coherente y alineada entre los diferentes actores involucrados, evitando duplicidades y conflictos en la gestión de incidentes. Además, los acuerdos pueden facilitar la organización de simulacros conjuntos y actividades de formación, mejorando así el nivel general de preparación frente a ciberamenazas.

El artículo también tiene implicaciones importantes para el fortalecimiento de la resiliencia operativa digital de las entidades financieras. Al contar con el respaldo técnico y estratégico de las autoridades NIS2, las autoridades financieras pueden desarrollar políticas más efectivas y adaptadas al panorama actual de ciberamenazas. Esto, a su vez, beneficia a las entidades supervisadas, que reciben orientaciones más claras y específicas para gestionar sus propios riesgos relacionados con las TIC.

Por otro lado, la implementación de este mecanismo debe garantizar que se respeten plenamente las normativas aplicables en materia de confidencialidad, protección de datos y secreto comercial. Dado que el intercambio de información entre las autoridades DORA y NIS2 puede involucrar datos sensibles sobre vulnerabilidades y amenazas, es fundamental establecer salvaguardias adecuadas para evitar cualquier riesgo de exposición indebida o mal uso de la información.

En un nivel más amplio, este artículo refuerza la cooperación y la integración entre los marcos regulatorios de DORA y NIS2, contribuyendo a la construcción de un ecosistema de ciberseguridad más robusto y coherente a nivel de la Unión Europea. Esto no solo beneficia a las entidades financieras, sino también a otros sectores críticos que dependen de la estabilidad y seguridad de los servicios financieros. La colaboración efectiva entre las autoridades competentes de ambos marcos regulatorios es determinante para garantizar un enfoque unificado y proactivo frente a los riesgos digitales en un contexto de creciente interdependencia tecnológica y económica.

4. Los acuerdos a que se refiere el apartado 3 del presente artículo podrán, entre otros aspectos, especificar los procedimientos para la coordinación de las actividades de supervisión y vigilancia en relación con las entidades esenciales o

importantes sujetas a la Directiva (UE) 2022/2555 que hayan sido designadas proveedores terceros esenciales de servicios de TIC en virtud del artículo 31 del presente Reglamento, también en lo relativo a la realización, con arreglo al Derecho nacional, de investigaciones e inspecciones in situ, así como a los mecanismos para el intercambio de información entre las autoridades competentes con arreglo al presente Reglamento y las autoridades competentes designadas o establecidas de conformidad con dicha Directiva, que incluye el acceso a la información solicitada por estas últimas.

El artículo establece la posibilidad de que los acuerdos de cooperación entre las autoridades competentes bajo el Reglamento de Resiliencia Operativa Digital (DORA) y las designadas conforme a la Directiva (UE) 2022/2555 (Directiva NIS2) incluyan disposiciones específicas sobre la coordinación en actividades de supervisión y vigilancia. Este enfoque es particularmente relevante para las entidades esenciales o importantes que son tanto sujetos de la Directiva NIS2 como proveedores terceros esenciales de servicios de TIC bajo el Reglamento DORA. La regulación detalla, además, que estos acuerdos podrán cubrir aspectos relacionados con investigaciones e inspecciones in situ realizadas conforme al Derecho nacional, así como el intercambio efectivo de información entre las autoridades involucradas.

Este marco coordinado tiene importantes implicaciones prácticas. En primer lugar, la especificación de procedimientos para la coordinación de las actividades de supervisión y vigilancia refuerza la coherencia en la gestión de los riesgos operativos digitales asociados con entidades que tienen una doble designación. Dado que estas entidades desempeñan un papel crítico tanto en el sector financiero como en otros sectores esenciales, garantizar que las actividades de supervisión estén alineadas es fundamental para evitar solapamientos o conflictos entre los requisitos normativos de ambos marcos regulatorios. Este enfoque integrado facilita un uso más eficiente de los recursos regulatorios y supervisores, al tiempo que minimiza la carga administrativa para las entidades supervisadas.

La mención a la realización de investigaciones e inspecciones in situ conforme al Derecho nacional refleja la necesidad de adaptar las actividades de supervisión a las particularidades legales y operativas de cada Estado miembro. Estas actividades permiten a las autoridades competentes evaluar directamente la capacidad de los proveedores terceros esenciales de servicios de TIC para gestionar los riesgos relacionados con las TIC, garantizar la continuidad de los servicios y mitigar las amenazas de ciberseguridad. Al incluir estas inspecciones en los acuerdos de cooperación, se asegura que las autoridades involucradas puedan planificar y coordinar sus intervenciones de manera efectiva, evitando duplicidades y fortaleciendo la calidad de la supervisión.

El establecimiento de mecanismos para el intercambio de información entre las autoridades competentes bajo DORA y las designadas por la Directiva NIS2 a través del intercambio de información resulta determinante en el contexto de incidentes que pueden tener repercusiones transversales, afectando simultáneamente al sector financiero y a otros sectores esenciales. La posibilidad de compartir datos relevantes, como vulnerabilidades identificadas, indicadores de compromiso o estrategias de mitigación, permite a las autoridades responder de manera más ágil y efectiva a las amenazas. Además, el acceso a información solicitada por las autoridades bajo la Directiva NIS2 contribuye a que estas puedan realizar evaluaciones más completas sobre las dependencias críticas de terceros en el ámbito de las TIC.

Desde una perspectiva práctica, estos acuerdos de cooperación podrían incluir protocolos detallados para el intercambio de datos, asegurando que este se realice de manera segura y en cumplimiento con las normativas aplicables, como el Reglamento General de Protección de Datos (RGPD). Asimismo, podrían establecerse criterios para determinar la información relevante que debe ser compartida, garantizando que las autoridades tengan acceso a los datos necesarios sin comprometer la confidencialidad o la seguridad de la información sensible.

El artículo también tiene implicaciones en términos de la resiliencia del sistema financiero y de los sectores esenciales. Al coordinar las actividades de supervisión y facilitar el intercambio de información, se crea un marco más robusto para identificar y gestionar riesgos que puedan comprometer la continuidad de los servicios críticos. Esto es particularmente importante en un entorno de ciberamenazas cada vez más sofisticado y persistente, donde las dependencias de terceros pueden convertirse en vectores significativos de riesgo sistémico.

En última instancia, esta disposición refuerza la alineación entre DORA y NIS2, fomentando una supervisión más integrada y efectiva de las entidades que operan en sectores críticos. Esto no solo beneficia a las entidades supervisadas, que enfrentan requisitos más claros y coherentes, sino también a los supervisores, que pueden desarrollar estrategias más completas y coordinadas para abordar los riesgos operativos digitales. Al mismo tiempo, se protege la estabilidad del mercado y se asegura la confianza de los consumidores en la capacidad del sistema financiero y de otros sectores esenciales para resistir y recuperarse de incidentes relacionados con las TIC.

Artículo 48. Cooperación entre autoridades

1. Las autoridades competentes cooperarán estrechamente entre ellas y, cuando proceda, con el supervisor principal.

El artículo 48 establece la obligación de cooperación estrecha entre las autoridades competentes y, en los casos pertinentes, con el supervisor principal. Este mandato refuerza el principio de coordinación y colaboración como eje central del marco regulatorio establecido por el Reglamento de Resiliencia Operativa Digital (DORA), en particular en relación con la supervisión y gestión de riesgos asociados a los proveedores terceros esenciales de servicios de TIC y las entidades financieras. La cooperación entre las autoridades competentes es esencial para abordar los desafíos que plantea el entorno digital interconectado, en el que los riesgos derivados de las TIC tienen un impacto que trasciende las fronteras nacionales y las divisiones sectoriales.

En términos prácticos, esta disposición tiene varias implicaciones. En primer lugar, asegura que las autoridades competentes compartan información y recursos de manera eficiente, evitando solapamientos y duplicidades en sus actividades de supervisión. Esto resulta especialmente importante cuando se trata de supervisar a proveedores terceros esenciales de servicios de TIC que operan en múltiples jurisdicciones o prestan servicios a diferentes sectores financieros. La falta de cooperación podría dar lugar a inconsistencias en la supervisión o, peor aún, a la omisión de riesgos críticos que podrían comprometer la resiliencia operativa digital del sector financiero en su conjunto.

La referencia al supervisor principal destaca su papel central en la supervisión de los proveedores terceros esenciales de servicios de TIC designados. La colaboración con las autoridades competentes es fundamental para que el supervisor principal pueda cumplir eficazmente sus funciones, como la emisión de recomendaciones, la evaluación de riesgos y la realización de inspecciones. Al trabajar en conjunto, las autoridades pueden garantizar que los riesgos derivados de las TIC se gestionen de manera coherente y sistemática, alineándose con los objetivos del Reglamento de mantener la estabilidad del sistema financiero y la confianza en los servicios financieros.

Además, la cooperación entre las autoridades competentes permite abordar la complejidad y la naturaleza cambiante de las ciberamenazas.

Dado que los incidentes relacionados con las TIC pueden propagarse rápidamente a través de las interdependencias del sistema financiero, un enfoque fragmentado en la supervisión podría limitar la capacidad de las autoridades para responder de manera efectiva. En cambio, la cooperación estrecha facilita una respuesta coordinada y oportuna a los incidentes, mejorando la capacidad del sistema para resistir y recuperarse de las perturbaciones.

Desde la perspectiva de las entidades supervisadas, esta cooperación puede reducir la carga administrativa y garantizar que las directrices y los requisitos regulatorios sean consistentes, incluso cuando operan en varias jurisdicciones o están sujetas a la supervisión de diferentes autoridades. Esto es particularmente relevante en el caso de los grandes grupos financieros o los proveedores terceros esenciales de servicios de TIC que ofrecen servicios transfronterizos. Una supervisión fragmentada podría generar costos adicionales y dificultar el cumplimiento normativo, mientras que un enfoque cooperativo reduce estos riesgos y facilita la aplicación de estrategias de cumplimiento unificadas.

Asimismo, la cooperación entre las autoridades competentes puede incluir el intercambio de mejores prácticas y conocimientos especializados, especialmente en áreas técnicas como la ciberseguridad, la evaluación de riesgos y las medidas de resiliencia operativa. Esto fortalece la capacidad de las autoridades para abordar los desafíos emergentes y garantizar que el marco regulatorio se mantenga adaptado a las necesidades del entorno digital en constante evolución.

En última instancia, la cooperación descrita en este artículo es un componente esencial para lograr los objetivos del Reglamento. Fomenta la coherencia regulatoria, mejora la efectividad de la supervisión y contribuye a un entorno más seguro y resiliente para las entidades financieras y los proveedores terceros esenciales de servicios de TIC, en beneficio tanto del sector financiero como de los consumidores y la economía en general.

2. Las autoridades competentes y el supervisor principal compartirán oportunamente toda la información pertinente relativa a los proveedores terceros esenciales de servicios de TIC que sea necesaria para el desempeño de sus respectivas obligaciones con arreglo al presente Reglamento, en particular en relación con los riesgos detectados, los enfoques y las medidas adoptadas como parte de las tareas de supervisión del supervisor principal.

El artículo 48.2 establece un mandato claro para el intercambio oportuno y eficaz de información entre las autoridades competentes y el supervisor principal respecto de los proveedores terceros esenciales de servicios de TIC, a fin de garantizar el cumplimiento de las obligaciones derivadas del Reglamento de Resiliencia Operativa Digital (DORA). Este intercambio incluye información relacionada con los riesgos identificados, los enfoques de supervisión y las medidas adoptadas en el marco de las actividades de supervisión, subrayando la importancia de una colaboración estrecha y fluida para abordar de manera eficaz los riesgos relacionados con las TIC en el sector financiero.

Esta disposición tiene implicaciones significativas en el ámbito de la supervisión regulatoria. En primer lugar, asegura que tanto las autoridades competentes como el supervisor principal cuenten con una visión completa y actualizada de la situación de los proveedores terceros esenciales de servicios de TIC. Esto es determinante en un entorno digital altamente interconectado, donde los riesgos derivados de las TIC pueden evolucionar rápidamente y propagarse a través de las múltiples interdependencias del sistema financiero. El acceso oportuno a información relevante permite a las autoridades anticipar, mitigar y responder a las amenazas de manera coordinada, evitando duplicidades y mejorando la eficacia de las medidas adoptadas.

Desde una perspectiva práctica, este intercambio de información facilita la identificación de patrones de riesgo que podrían no ser evidentes en un análisis aislado. Por ejemplo, si el supervisor principal detecta problemas recurrentes en la prestación de servicios de un proveedor tercero esencial de TIC, esta información puede ser utilizada por las autoridades competentes para evaluar el impacto en las entidades financieras supervisadas y tomar medidas proactivas. De igual forma, las autoridades competentes pueden alertar al supervisor principal sobre problemas específicos relacionados con un proveedor tercero esencial que afecten a sus entidades supervisadas, promoviendo así una supervisión más integral y efectiva.

El intercambio de información también refuerza la capacidad de las autoridades para adoptar enfoques supervisores coherentes, tanto a nivel nacional como en el contexto de la Unión. Esto resulta particularmente relevante en situaciones en las que un proveedor tercero esencial de TIC presta servicios a entidades financieras en diferentes jurisdicciones. En ausencia de un flujo de información oportuno y coordinado, podrían surgir inconsistencias en la supervisión, lo que a su vez podría generar inseguridad jurídica para las entidades financieras y los propios proveedores de servicios. Al compartir información de manera eficiente, se minimizan estos riesgos y se garantiza una supervisión más uniforme.

Otro aspecto importante es la naturaleza específica de la información compartida. Al centrarse en los riesgos detectados, los enfoques supervisores y las medidas adoptadas, el artículo refuerza un enfoque basado en riesgos que prioriza la atención en los problemas más significativos para la estabilidad operativa y financiera. Esto permite que las autoridades dirijan sus recursos y esfuerzos hacia áreas de mayor impacto, optimizando así la eficiencia de las tareas de supervisión.

Desde el punto de vista de los proveedores terceros esenciales de TIC, este artículo también tiene implicaciones prácticas. Si bien refuerza las expectativas de transparencia y cooperación con las autoridades, también subraya la necesidad de que estos proveedores adopten medidas sólidas de gestión del riesgo, dado que la información sobre sus operaciones será objeto de análisis tanto por las autoridades competentes como por el supervisor principal. Esto puede incentivar a los proveedores a implementar mejores prácticas en la gestión de riesgos relacionados con las TIC y en su relación contractual con las entidades financieras, mejorando en última instancia la calidad y estabilidad de los servicios prestados.

En términos de impacto general, el artículo refuerza la resiliencia operativa del sistema financiero al promover una supervisión coordinada y basada en información actualizada. Esto no solo beneficia a las entidades financieras al proporcionarles un entorno más seguro para sus operaciones, sino que también protege a los consumidores y refuerza la confianza en la integridad del sistema financiero en su conjunto. La disposición también tiene el potencial de establecer un estándar en el intercambio de información supervisora en otros sectores relacionados con las TIC, promoviendo una mayor convergencia en las prácticas regulatorias dentro y fuera de la Unión.

Artículo 49. Ejercicios, comunicación y cooperación intersectoriales en el ámbito financiero

1. Las Autoridades Europeas de Supervisión, a través del Comité Mixto y en colaboración con las autoridades competentes, las autoridades de resolución a que se refiere el artículo 3 de la Directiva 2014/59/UE, el BCE, la Junta Única de Resolución con respecto a la información relativa a las entidades incluidas en el ámbito de aplicación del Reglamento (UE) número 806/2014, la JERS y la ENISA, en su caso, podrán establecer mecanismos que permitan compartir prácticas eficaces entre todos los sectores financieros a fin de mejorar la conciencia situacional y detectar las vulnerabilidades y los riesgos cibernéticos comunes a los diversos sectores.

Podrán organizar ejercicios de gestión de crisis y contingencia que incluyan escenarios de ciberataques con el fin de desarrollar los canales de comunicación y hacer posible gradualmente una respuesta coordinada eficaz a escala de la Unión

en caso de que se produzca un incidente grave relacionado con las TIC de alcance transfronterizo o una amenaza conexa que tenga un impacto sistémico en el sector financiero de la Unión en su conjunto.

Dichos ejercicios también podrán someter a prueba, en su caso, las dependencias del sector financiero con respecto a otros sectores económicos.

El artículo 49 establece un marco para ejercicios intersectoriales, comunicación y cooperación en el ámbito financiero con el propósito de fortalecer la preparación y la capacidad de respuesta frente a ciberataques y riesgos relacionados con las TIC que puedan tener un impacto sistémico en el sector financiero de la Unión Europea. La implicación de múltiples organismos y autoridades refleja el carácter interconectado de los riesgos cibernéticos y la necesidad de una respuesta coordinada a nivel europeo.

La disposición tiene varias repercusiones prácticas. En primer lugar, al permitir el establecimiento de mecanismos para compartir prácticas eficaces entre sectores financieros, fomenta la creación de un conocimiento común y la adopción de estrategias integradas para abordar vulnerabilidades compartidas. Este enfoque ayuda a reducir los riesgos de silos de información y promueve la implementación de medidas preventivas basadas en experiencias probadas, beneficiando tanto a las entidades financieras como a los consumidores y al sistema financiero en general.

La posibilidad de organizar ejercicios de gestión de crisis y contingencia basados en escenarios de ciberataques es particularmente relevante en el contexto actual, caracterizado por un aumento en la frecuencia y sofisticación de los ciberincidentes. Estos ejercicios no solo permiten identificar posibles lagunas en los protocolos de respuesta, sino que también fortalecen los canales de comunicación entre las entidades financieras y las autoridades responsables, lo que es determinante en situaciones de crisis. Además, estos simulacros ayudan a preparar al sector financiero para gestionar incidentes transfronterizos que podrían tener implicaciones significativas en múltiples jurisdicciones.

El enfoque en incidentes graves relacionados con las TIC de alcance transfronterizo y su impacto sistémico subraya la necesidad de abordar los riesgos de manera proactiva y coordinada. Esto es particularmente importante dado que los ciberataques no respetan fronteras y pueden propagarse rápidamente, afectando a entidades en diferentes Estados miembros y sectores económicos. La inclusión de autoridades como la Junta Única de Resolución, el BCE y la ENISA refuerza la colaboración interinstitucional y asegura que las estrategias de respuesta sean integrales y coherentes.

Una de las características destacadas del artículo es su capacidad para extender los ejercicios de ciberseguridad a las dependencias del sector financiero con respecto a otros sectores económicos. Esto refleja un entendimiento profundo de que el sector financiero no opera en aislamiento y que su resiliencia depende en gran medida de la estabilidad de infraestructuras críticas en sectores como energía, telecomunicaciones y transporte. Por tanto, someter a prueba estas interdependencias mediante ejercicios específicos permite a las autoridades identificar vulnerabilidades que podrían no ser evidentes en un análisis sectorial aislado y desarrollar planes de contingencia más efectivos.

La mención a la mejora de la "conciencia situacional" y la detección de riesgos cibernéticos comunes resalta la importancia de la vigilancia constante y de un enfoque basado en inteligencia para mitigar las amenazas. Esto tiene implicaciones directas en la planificación estratégica de las entidades financieras, que deberán participar activamente en estos ejercicios y ajustar sus políticas internas en función de los resultados obtenidos. Asimismo, el artículo fomenta la colaboración público-privada, ya que requiere la participación tanto de actores financieros como de organismos reguladores y expertos técnicos.

Finalmente, el impacto de este artículo va más allá de la preparación operativa, al contribuir también al fortalecimiento de la confianza pública en la estabilidad del sistema financiero. Un sector financiero preparado y capaz de responder eficazmente a ciberamenazas inspira confianza tanto en los mercados como en los consumidores. Al mismo tiempo, este marco ofrece a las autoridades una herramienta para cumplir con sus mandatos de supervisión y garantizar la integridad y estabilidad del sistema financiero europeo.

2. Las autoridades competentes, las Autoridades Europeas de Supervisión y el BCE cooperarán estrechamente entre sí e intercambiarán información para el desempeño de sus obligaciones en virtud de los artículos 47 a 54. Coordinarán estrechamente sus actividades de supervisión con el fin de detectar y reparar las infracciones del presente Reglamento, establecer y promover buenas prácticas, facilitar la colaboración, fomentar la coherencia en la interpretación y proporcionar evaluaciones entre países y territorios en caso de desacuerdo.

El artículo establece un marco de cooperación estrecha entre las autoridades competentes, las Autoridades Europeas de Supervisión (ABE, AEVM y AESPJ) y el Banco Central Europeo (BCE) para garantizar la correcta aplicación y cumplimiento del Reglamento en lo relativo a los artículos 47 a 54. Este enfoque colaborativo tiene implicaciones significativas tanto en términos operativos como estratégicos, promoviendo la eficacia y consistencia en la supervisión y gestión de los riesgos relacionados con las TIC.

La obligación de cooperar e intercambiar información entre estas instituciones tiene como objetivo principal asegurar que las autoridades cuenten con los datos necesarios para desempeñar sus tareas de supervisión de manera integral y coordinada. Este intercambio resulta esencial para abordar las complejidades del ecosistema financiero de la Unión Europea, en el que las entidades financieras operan a menudo en múltiples jurisdicciones con marcos normativos específicos. Al permitir un flujo continuo de información, se facilita la identificación temprana de posibles infracciones y se reducen las duplicaciones en los esfuerzos de supervisión.

La coordinación estrecha en actividades de supervisión es particularmente importante para abordar la fragmentación regulatoria y evitar incoherencias en la interpretación y aplicación del Reglamento. La promoción de buenas prácticas y la armonización en los enfoques de supervisión son esenciales para garantizar un nivel de cumplimiento uniforme en toda la Unión. Esto beneficia no solo a las autoridades y al sector financiero, sino también a los consumidores y a la estabilidad general del sistema financiero.

El mandato de reparar infracciones del Reglamento subraya la necesidad de adoptar un enfoque proactivo y resolutivo ante posibles incumplimientos. La coordinación entre las autoridades también permite una respuesta más ágil y efectiva ante situaciones que requieran medidas correctivas, evitando demoras que puedan agravar las consecuencias de los incumplimientos. Este enfoque reduce el riesgo de que las infracciones individuales se conviertan en problemas sistémicos.

El establecimiento y promoción de buenas prácticas buscan fomentar un marco de gobernanza robusto y resiliente. Al compartir conocimientos y experiencias, las autoridades pueden identificar y replicar estrategias efectivas en distintas jurisdicciones, asegurando que todas las entidades financieras operen bajo estándares consistentes y elevados. Esto también contribuye a una mejora continua en la calidad de la supervisión y en las capacidades de las autoridades competentes.

La mención explícita de la necesidad de proporcionar evaluaciones entre países y territorios en caso de desacuerdo es especialmente relevante en el contexto transfronterizo de muchas entidades financieras. Este mecanismo fomenta la resolución de conflictos de manera estructurada y coordinada, evitando posibles lagunas regulatorias o interpretaciones contradictorias que puedan generar incertidumbre jurídica. La implicación del BCE y las Autoridades Europeas de Supervisión en estas evaluaciones aporta un nivel adicional de rigor y neutralidad en la resolución de disputas.

En términos prácticos, este artículo refuerza la base para la construcción de un ecosistema de supervisión integrado en la Unión Europea, promoviendo la coherencia normativa y operativa. Al fomentar la colaboración entre las diferentes autoridades y organismos, el Reglamento minimiza el riesgo de enfoques divergentes que puedan obstaculizar el cumplimiento efectivo. Asimismo, facilita la creación de un entorno financiero más seguro y resiliente frente a los riesgos relacionados con las TIC, que son por naturaleza globales e interconectados.

En última instancia, este marco de cooperación tiene un impacto positivo en la confianza del mercado y en la estabilidad financiera, al garantizar que las actividades de supervisión sean consistentes, transparentes y basadas en los mejores estándares disponibles. Además, el artículo promueve una supervisión eficiente y centrada en los resultados, lo que fortalece la capacidad de las autoridades para gestionar riesgos complejos y proteger el sistema financiero de la Unión Europea frente a amenazas emergentes.

Artículo 50. Sanciones administrativas y medidas correctoras

1. Las autoridades competentes dispondrán de todas las facultades de supervisión, investigación y sanción necesarias para cumplir sus obligaciones con arreglo al presente Reglamento.

El artículo establece que las autoridades competentes deben contar con un conjunto completo de facultades de supervisión, investigación y sanción para garantizar el cumplimiento efectivo de las disposiciones del Reglamento. Este mandato refleja la necesidad de dotar a las autoridades de herramientas sólidas y suficientes para abordar de manera integral y eficiente los desafíos regulatorios, especialmente en un contexto tan dinámico y técnicamente exigente como el de los riesgos relacionados con las TIC en el sector financiero.

La amplitud de las facultades otorgadas a las autoridades competentes asegura que estas puedan intervenir en todas las etapas del proceso de supervisión, desde la identificación temprana de riesgos o incumplimientos hasta la imposición de sanciones y medidas correctoras cuando sea necesario. Esto incluye la capacidad de realizar investigaciones exhaustivas sobre incidentes relacionados con las TIC, supervisar la implementación de los marcos de resiliencia operativa digital en las entidades financieras y evaluar el cumplimiento de los requisitos establecidos en el Reglamento.

La referencia explícita a las "sanciones administrativas y medidas correctoras" enfatiza la importancia de una capacidad reactiva efectiva frente a incumplimientos. Esto permite a las autoridades no solo penalizar a las entidades que vulneren las disposiciones del Reglamento, sino también ordenar medidas concretas para mitigar los riesgos identificados y prevenir que se materialicen en futuros incidentes. El equilibrio entre sanción y corrección trata de garantizar tanto la rendición de cuentas de las entidades como la continuidad y estabilidad del sistema financiero.

En términos prácticos, estas facultades abarcan un espectro que incluye desde requerimientos para la entrega de información específica, la realización de inspecciones in situ y la revisión de acuerdos contractuales con proveedores terceros de servicios de TIC, hasta la emisión de órdenes vinculantes o la aplicación de sanciones financieras significativas. Este enfoque multidimensional permite a las autoridades adaptar sus intervenciones a la gravedad y naturaleza de las infracciones detectadas, promoviendo una supervisión proporcionada y eficaz.

La implementación de estas facultades también tiene un impacto directo en la credibilidad y confianza en el marco regulador. Las entidades supervisadas son conscientes de que las autoridades tienen la capacidad de actuar de manera decisiva y, por ende, están incentivadas a mantener altos niveles de cumplimiento. A su vez, los consumidores, los inversores y otras partes interesadas pueden confiar en que existen mecanismos robustos para proteger la integridad del sistema financiero frente a los riesgos relacionados con las TIC.

El artículo también refleja la importancia de la armonización y coherencia a nivel de la Unión Europea. Al dotar a las autoridades nacionales de competencias homogéneas, se busca evitar disparidades en la aplicación del Reglamento entre los Estados miembros, promoviendo un nivel de protección uniforme en todo el mercado interior. Esto es especialmente relevante dado el carácter transfronterizo de muchas operaciones financieras y la interconexión inherente de los sistemas de TIC.

Desde una perspectiva práctica, las sanciones y medidas correctoras se convierten en herramientas disuasorias esenciales para abordar conductas negligentes o intencionales que puedan comprometer la resiliencia operativa digital de las entidades financieras. Estas herramientas permiten a las autoridades actuar con celeridad frente a incumplimientos graves, minimizando su impacto potencial en la estabilidad del sistema financiero y garantizando la aplicación efectiva del Reglamento. Además, fomentan una cultura de cumplimiento y mejora continua entre las entidades supervisadas, alineando sus prácticas con los objetivos del marco regulatorio.

En última instancia, la previsión de estas facultades refuerza la posición de las autoridades competentes como garantes del cumplimiento y promotores de la resiliencia operativa digital en el sector financiero, asegurando que puedan responder con eficacia a los desafíos derivados de un entorno tecnológico en constante evolución. Esto subraya el compromiso de la Unión Europea con la protección de su sistema financiero frente a riesgos cada vez más complejos e interconectados.

2. Las facultades a que se refiere el apartado 1 incluirán, como mínimo, las siguientes facultades para:

- ***a) tener acceso a cualquier documento o a los datos bajo cualquier forma que la autoridad competente considere pertinentes para el ejercicio de sus funciones y recibir o procurarse copia de los mismos;***
- ***b) realizar investigaciones o inspecciones in situ, en las que se llevarán a cabo, entre otras, las siguientes actividades:***
  - ***i) convocar a los representantes de las entidades financieras para que den explicaciones orales o escritas sobre los hechos o documentos que guarden relación con el objeto y el propósito de la investigación, y registrar las respuestas,***
  - ***ii) entrevistar a cualquier otra persona física o jurídica que acepte ser entrevistada a fin de recabar información relacionada con el objeto de una investigación;***
- ***c) exigir medidas correctoras y reparadoras en caso de incumplimiento de los requisitos del presente Reglamento.***

El apartado 2 del artículo en análisis establece un conjunto mínimo de facultades que las autoridades competentes deben poseer para garantizar el cumplimiento efectivo de las disposiciones del Reglamento. Estas facultades son fundamentales para permitir que dichas autoridades actúen con eficacia en la supervisión, investigación y sanción de las entidades financieras en relación con la gestión de riesgos relacionados con las TIC y la resiliencia operativa digital.

El acceso a documentos y datos en cualquier forma garantiza que las autoridades puedan obtener toda la información necesaria para cumplir con sus funciones de supervisión. Esto incluye no solo la documentación explícitamente relacionada con el cumplimiento del Reglamento, sino también cualquier dato complementario que pueda ser relevante para evaluar las prácticas de las entidades financieras. La posibilidad de obtener copias asegura que las autoridades puedan realizar análisis más detallados y disponer de un registro permanente que respalde sus evaluaciones, decisiones y medidas de seguimiento.

La capacidad para realizar investigaciones o inspecciones in situ refuerza el control directo y la capacidad de verificación de las autoridades. Estas inspecciones son esenciales para evaluar de manera objetiva la implementación de medidas de resiliencia operativa digital y la adecuación de los marcos de gestión de riesgos relacionados con las TIC. Al realizar estas inspecciones, las autoridades pueden identificar deficiencias en tiempo real, lo que permite una reacción más rápida para corregir problemas que podrían comprometer la estabilidad del sistema financiero.

La facultad de convocar a representantes de las entidades financieras para obtener explicaciones sobre hechos o documentos específicos tiene como finalidad obtener información contextual y detalles que no siempre son evidentes en los registros documentales. Esto incluye la posibilidad de registrar respuestas, lo que crea un historial verificable que puede ser útil tanto para la supervisión continua como para eventuales procedimientos sancionadores.

La entrevista a otras personas físicas o jurídicas que puedan tener conocimiento de hechos relevantes es una facultad complementaria que amplía el alcance de las investigaciones. Aunque está supeditada al consentimiento de los entrevistados, permite a las autoridades acceder a perspectivas adicionales, especialmente en casos donde la información podría residir fuera de la entidad supervisada, como en proveedores terceros de servicios de TIC.

La capacidad para exigir medidas correctoras y reparadoras en caso de incumplimiento otorga a las autoridades una herramienta directa para abordar irregularidades detectadas. Estas medidas permiten no solo la remediación de incumplimientos específicos, sino también la adopción de acciones preventivas que fortalezcan el marco de resiliencia operativa digital de las entidades financieras. Esto asegura que los riesgos detectados no se materialicen o se repitan, lo cual es esencial para preservar la integridad del sistema financiero.

En la práctica, estas facultades son fundamentales para garantizar que las autoridades puedan cumplir con su rol de supervisión de manera eficiente y efectiva. Permiten una supervisión dinámica y adaptable que responde a la complejidad del entorno digital en el que operan las entidades financieras. Además, subrayan la importancia de la transparencia y la cooperación por parte de las entidades supervisadas, ya que estas están obligadas a proporcionar acceso completo a la información requerida.

Desde la perspectiva de cumplimiento, estas disposiciones refuerzan el mensaje de que las entidades financieras deben mantener altos estándares de documentación, control interno y preparación para cooperar con las autoridades. Asimismo, aseguran que las autoridades tienen la capacidad técnica y legal para abordar de manera integral los riesgos relacionados con las TIC, contribuyendo así a la estabilidad del sistema financiero en su conjunto.

3. Sin perjuicio del derecho de los Estados miembros a imponer sanciones penales de conformidad con el artículo 52, los Estados miembros establecerán normas que prevean sanciones administrativas y medidas correctoras adecuadas en caso de infracción del presente Reglamento y garantizarán su aplicación efectiva.

Dichas sanciones y medidas serán eficaces, proporcionadas y disuasorias.

El apartado 3 establece la obligación de los Estados miembros de prever y aplicar sanciones administrativas y medidas correctoras adecuadas para garantizar el cumplimiento efectivo del Reglamento. Aunque este artículo no excluye la posibilidad de imponer sanciones penales, refuerza la importancia de contar con un marco sancionador administrativo como una herramienta fundamental para abordar las infracciones de manera ágil y efectiva.

La previsión de sanciones administrativas y medidas correctoras adecuadas refleja un principio de flexibilidad y proporcionalidad que permite a los Estados miembros adaptar las consecuencias de las infracciones a las características específicas del incumplimiento y al entorno normativo nacional. Esto incluye tanto la naturaleza de las sanciones, como multas o la suspensión de actividades, como las medidas correctoras, que pueden incluir requisitos de rectificación inmediata de deficiencias o la adopción de planes de acción concretos para mitigar riesgos.

La eficacia de estas sanciones y medidas es un elemento esencial, ya que asegura que el marco sancionador tenga un impacto real en la corrección de las conductas infractoras y en la prevención de futuros incumplimientos. Para lograrlo, las sanciones deben aplicarse de manera coherente y oportuna, sin que existan demoras o ineficiencias que diluyan su efecto. Esto fomenta un entorno de cumplimiento robusto, en el que las entidades financieras perciben que las infracciones tienen consecuencias inmediatas y significativas.

El principio de proporcionalidad exige que las sanciones y medidas correctoras se ajusten a la gravedad de la infracción, considerando factores como el daño potencial o real causado, la intencionalidad o negligencia detrás de la conducta infractora, y las circunstancias específicas de la entidad financiera infractora, como su tamaño, perfil de riesgo y capacidad operativa. Este enfoque evita penalizaciones desproporcionadas que podrían afectar negativamente la continuidad operativa de las entidades financieras, especialmente en el caso de las microempresas o pequeñas entidades.

La disuasión, como tercer principio, busca garantizar que las sanciones no solo impacten en la entidad que incurre en una infracción, sino que también envíen un mensaje claro al sector financiero en general sobre las consecuencias de incumplir con el Reglamento. Las sanciones deben ser lo suficientemente significativas para que las entidades prioricen la adopción de medidas preventivas y refuercen su marco de gestión de riesgos relacionados con las TIC y resiliencia operativa digital. La disuasión también contribuye a mantener la confianza de los consumidores, inversores y otras partes interesadas en la integridad y estabilidad del sistema financiero.

Desde una perspectiva práctica, este artículo obliga a los Estados miembros a desarrollar marcos sancionadores específicos que se alineen con los objetivos del Reglamento, asegurando al mismo tiempo una interpretación y aplicación coherente en toda la Unión Europea. Esto requiere que los Estados miembros coordinen sus enfoques y colaboren con las Autoridades Europeas de Supervisión y otras entidades relevantes para evitar disparidades que puedan generar confusión o desigualdades en la aplicación de las sanciones.

Para las entidades financieras, este artículo refuerza la necesidad de mantener un nivel constante de cumplimiento, implementando controles internos sólidos y asegurando que sus prácticas operativas se alineen con las disposiciones del Reglamento. Asimismo, subraya la importancia de la cooperación con las autoridades competentes en caso de investigaciones o procedimientos sancionadores, para mitigar posibles sanciones mediante la demostración de esfuerzos correctivos adecuados.

En términos generales, este apartado consolida la estructura sancionadora como un pilar fundamental para garantizar la efectividad del Reglamento y su aplicación uniforme, promoviendo un entorno financiero más seguro y resiliente frente a los riesgos relacionados con las TIC.

4. Los Estados miembros conferirán a las autoridades competentes la facultad de aplicar al menos las siguientes sanciones administrativas o medidas correctoras en caso de infracción del presente Reglamento:

a) emitir un requerimiento dirigido a la persona física o jurídica que esté infringiendo el presente Reglamento para que ponga fin a su conducta y se abstenga de repetirla;

b) exigir el cese provisional o definitivo de toda práctica o conducta que la autoridad competente considere contraria a las disposiciones del presente Reglamento e impedir la repetición de dicha práctica o conducta;

c) adoptar cualquier tipo de medida, también de carácter pecuniario, para garantizar que las entidades financieras sigan cumpliendo los requisitos legales;

d) exigir, en la medida en que lo permita el Derecho nacional, los registros de tráfico de datos existentes que obren en poder de un operador de telecomunicaciones, cuando existan sospechas fundadas de infracción del presente Reglamento y cuando tales registros puedan ser pertinentes para una investigación de infracciones del presente Reglamento, y

e) publicar avisos, incluidas declaraciones públicas, en las que se indique la identidad de la persona física o jurídica y la naturaleza de la infracción.

El artículo detalla un marco sancionador que los Estados miembros deben conferir a las autoridades competentes para abordar y corregir las infracciones del Reglamento, garantizando su cumplimiento efectivo. Este enfoque se fundamenta en la dotación de herramientas sancionadoras específicas y diversas, adaptadas a diferentes tipos y grados de incumplimientos. Cada medida prevista refleja una finalidad concreta en la supervisión y regulación del riesgo relacionado con las TIC, asegurando una respuesta proporcional y efectiva frente a conductas infractoras.

El requerimiento para cesar la conducta infractora, recogido en el literal a), permite a las autoridades actuar de manera directa para ordenar la interrupción inmediata de prácticas que contravengan el Reglamento, así como la abstención de repetirlas. Esta medida es particularmente útil en situaciones en las que la infracción tiene un impacto inmediato en la resiliencia operativa digital de las entidades financieras o en la estabilidad del sistema financiero. Su aplicación preventiva busca contener posibles daños y fomentar un entorno de cumplimiento.

La posibilidad de exigir el cese provisional o definitivo de prácticas infractoras, prevista en el literal b), permite a las autoridades adoptar medidas decisivas para frenar conductas que, por su gravedad o persistencia, representen un riesgo significativo. Esta facultad es especialmente relevante cuando se detectan incumplimientos sistemáticos o prácticas que comprometen la seguridad de las infraestructuras de TIC. Su eficacia radica en la capacidad de las autoridades de impedir la continuidad de actividades que podrían agravar los riesgos operativos o afectar negativamente a terceros.

El literal c) introduce la potestad de imponer medidas correctoras, incluidas sanciones pecuniarias, para garantizar el cumplimiento de los requisitos legales. Estas medidas no solo actúan como mecanismo coercitivo, sino también como incentivo para que las entidades financieras adopten controles internos sólidos y prácticas conformes con el Reglamento. La imposición de sanciones económicas puede tener un efecto disuasorio significativo, especialmente cuando se calibran en función de la gravedad de la infracción y la capacidad económica de la entidad infractora.

La facultad de exigir registros de tráfico de datos en poder de operadores de telecomunicaciones, conforme al literal d), introduce una herramienta de investigación avanzada que refuerza la capacidad de las autoridades para rastrear y documentar infracciones del Reglamento. Sin embargo, su aplicación está supeditada al Derecho nacional, lo que puede generar disparidades en su uso entre Estados miembros. Esta medida requiere un equilibrio cuidadoso entre la efectividad de la supervisión y el respeto a los derechos fundamentales, como la privacidad y la protección de datos.

Por último, el literal e) contempla la publicación de avisos y declaraciones públicas, destacando tanto la identidad de los infractores como la naturaleza de la infracción. Este mecanismo no solo promueve la transparencia, sino que también actúa como un incentivo para el cumplimiento, dado el posible impacto reputacional para las entidades financieras y otros actores involucrados. No obstante, su aplicación debe gestionarse con prudencia para evitar perjuicios desproporcionados o injustificados a las partes implicadas.

En términos prácticos, estas facultades otorgan a las autoridades competentes una amplia gama de herramientas para abordar diferentes tipos de incumplimientos y garantizar la efectividad del Reglamento. La diversidad de medidas permite una aplicación flexible y adaptada a las circunstancias específicas de cada caso, favoreciendo la proporcionalidad y el enfoque preventivo en el cumplimiento normativo. Al mismo tiempo, su implementación requiere una coordinación efectiva entre las autoridades nacionales y las Autoridades Europeas de Supervisión para garantizar la coherencia en la aplicación de estas sanciones y medidas en toda la Unión Europea. Esto resulta especialmente relevante para evitar arbitrariedades y asegurar un entorno regulatorio equilibrado y predecible.

5. Cuando el apartado 2, letra c), y el apartado 4 se apliquen a personas jurídicas, los Estados miembros conferirán a las autoridades competentes la facultad de aplicar las sanciones administrativas y las medidas correctoras, según las condiciones que establezca el Derecho nacional, a los miembros del órgano de dirección y a las demás personas físicas que, conforme al Derecho nacional, sean responsables de la infracción.

El artículo establece un enfoque de responsabilidad que amplía el alcance de las sanciones administrativas y medidas correctoras, permitiendo su imposición no solo a las personas jurídicas infractoras, sino también a los individuos que forman parte de los órganos de dirección o que tengan responsabilidad directa o indirecta en la infracción, conforme al Derecho nacional. Esta disposición busca garantizar una rendición de cuentas efectiva y disuadir la tolerancia o participación de individuos en conductas contrarias al Reglamento.

La facultad conferida a las autoridades competentes para sancionar a miembros del órgano de dirección refuerza la importancia de la gobernanza corporativa en el cumplimiento normativo. Los directivos tienen un papel central en la implementación y supervisión de los sistemas de control interno y las políticas de gestión del riesgo relacionado con las TIC, por lo que se espera que ejerzan su responsabilidad de forma diligente. La amenaza de sanciones personales fomenta una mayor atención a estas responsabilidades, promoviendo una cultura de cumplimiento desde los niveles más altos de la organización.

Además, la inclusión de "otras personas físicas responsables" amplía la capacidad sancionadora a empleados o agentes que, aunque no formen parte del órgano de dirección, hayan tenido un papel activo o negligente en la comisión de la infracción. Este enfoque integral es especialmente relevante en organizaciones donde las decisiones operativas en materia de TIC o resiliencia digital puedan ser delegadas a gerentes o responsables técnicos. Esto asegura que la responsabilidad no se diluya en estructuras corporativas complejas y que las conductas infractoras puedan ser abordadas de manera adecuada.

En la práctica, la aplicación de sanciones a personas físicas presenta retos importantes. Los Estados miembros deben establecer claramente en sus legislaciones nacionales las condiciones bajo las cuales los miembros del órgano de dirección y otras personas responsables pueden ser sancionados. Esto implica definir con precisión los niveles de negligencia o dolo necesarios para imputar responsabilidad, así como garantizar que las sanciones sean proporcionales al grado de implicación de cada individuo.

Asimismo, es determinante que las autoridades competentes dispongan de procedimientos investigativos robustos que permitan identificar y atribuir la responsabilidad personal de manera justa y basada en pruebas.

Otra repercusión práctica significativa radica en la posible afectación reputacional para los individuos sancionados, lo que puede impactar en su carrera profesional y en la percepción pública de la entidad financiera. Por ello, la implementación de estas medidas debe realizarse con un alto grado de transparencia y garantizar el respeto de los derechos de defensa y debido proceso de los individuos implicados.

En términos de cumplimiento, esta disposición también puede motivar a los órganos de dirección a invertir en sistemas de gestión de riesgos relacionados con las TIC más avanzados y a reforzar las capacidades de supervisión interna, al reconocer que la negligencia o la falta de supervisión podrían tener consecuencias personales significativas. Sin embargo, este enfoque requiere un equilibrio para evitar que las responsabilidades individuales excesivas disuadan a los talentos cualificados de asumir posiciones de liderazgo en el sector financiero. Para ello, los Estados miembros deben garantizar que las normas nacionales ofrezcan claridad y previsibilidad en la atribución de responsabilidades, reduciendo la incertidumbre en la aplicación de estas sanciones.

6. Los Estados miembros garantizará que cualquier decisión de imponer sanciones administrativas o medidas correctivas con arreglo al apartado 2, letra c), esté debidamente motivada y pueda ser objeto de recurso.

El artículo establece la obligación de los Estados miembros de garantizar que las decisiones adoptadas por las autoridades competentes al imponer sanciones administrativas o medidas correctivas sean motivadas y puedan ser recurridas. Esta disposición refuerza los principios fundamentales del debido proceso y la tutela judicial efectiva, pilares esenciales en el Estado de Derecho y en cualquier sistema jurídico que aspire a la legitimidad y justicia en la aplicación de las normas.

El requisito de motivación asegura que toda decisión sancionadora o correctiva cuente con una justificación clara y detallada que explique los fundamentos de hecho y de derecho en los que se basa. Esto permite a las entidades financieras o individuos afectados comprender plenamente las razones detrás de la decisión, evaluar su legalidad y preparar una defensa adecuada si deciden impugnarla. Además, la motivación actúa como un mecanismo de control interno, obligando a las autoridades competentes a fundamentar sus decisiones de manera coherente, lo que reduce el riesgo de arbitrariedad o abuso de poder.

La previsión de que las decisiones puedan ser objeto de recurso tiene implicaciones significativas tanto para las entidades financieras como para los sistemas de supervisión. Este derecho a recurrir garantiza que las partes afectadas dispongan de una vía para cuestionar las decisiones ante una autoridad superior o un órgano judicial. Esto no solo protege los derechos de las entidades sancionadas, sino que también promueve la calidad y rigor de las decisiones administrativas, dado que las autoridades competentes saben que sus resoluciones estarán sujetas a escrutinio.

En la práctica, esta disposición obliga a los Estados miembros a establecer procedimientos claros y accesibles para interponer recursos contra las sanciones o medidas correctivas. Estos procedimientos deben incluir plazos razonables para presentar el recurso, la posibilidad de presentar pruebas y argumentos adicionales, y la garantía de que el órgano revisor sea independiente e imparcial. Asimismo, debe asegurarse que las entidades sancionadas tengan acceso a los medios necesarios para ejercer su derecho de defensa, incluyendo el acceso a la información y documentación relevante utilizada para adoptar la decisión.

La capacidad de recurrir decisiones también tiene un efecto preventivo. Al saber que sus resoluciones pueden ser revisadas, las autoridades competentes se ven incentivadas a actuar con mayor cautela, asegurándose de que sus actuaciones estén respaldadas por evidencias sólidas y ajustadas al marco normativo aplicable. Esto refuerza la confianza en el sistema de supervisión y sanción, tanto para las entidades financieras como para el público en general.

Sin embargo, el ejercicio del derecho a recurrir también puede plantear desafíos prácticos, como la posible dilación en la implementación de sanciones o medidas correctivas mientras se resuelven los recursos. Para abordar este aspecto, los Estados miembros deben equilibrar el derecho de defensa con la necesidad de mantener la eficacia en la aplicación de las normas, por ejemplo, estableciendo mecanismos que permitan la ejecución provisional de ciertas medidas, siempre que ello no cause un perjuicio irreparable a las partes implicadas.

En términos de impacto sobre las entidades financieras, la posibilidad de recurrir proporciona un importante alivio frente a decisiones que puedan considerarse injustas o desproporcionadas, especialmente en un entorno normativo complejo como el regulado por el presente Reglamento. Sin embargo, también implica una responsabilidad adicional, ya que las entidades deben estar preparadas para ejercer este derecho de manera eficaz, lo que puede requerir recursos legales y administrativos significativos.

Esto refuerza la importancia de contar con equipos jurídicos y de cumplimiento robustos que puedan gestionar adecuadamente estas situaciones.

Artículo 51. Ejercicio de la facultad de imponer sanciones administrativas y medidas correctoras

1. Las autoridades competentes ejercerán las facultades de imponer las sanciones administrativas y las medidas correctoras a que se refiere el artículo 50 de conformidad con sus ordenamientos jurídicos nacionales, en su caso, de la siguiente manera:

a) directamente;

b) en colaboración con otras autoridades;

c) bajo su responsabilidad, mediante delegación en otras autoridades, o

d) mediante solicitud dirigida a las autoridades judiciales competentes.

El artículo 51 establece el marco para el ejercicio de las facultades de las autoridades competentes en relación con la imposición de sanciones administrativas y medidas correctoras, otorgándoles flexibilidad para adaptarse a los ordenamientos jurídicos nacionales. Este enfoque permite que las autoridades desempeñen sus funciones de manera eficaz dentro de los límites de sus respectivas jurisdicciones, asegurando al mismo tiempo que el cumplimiento del Reglamento sea consistente en toda la Unión Europea.

El artículo contempla cuatro formas en que las autoridades competentes pueden ejercer sus facultades sancionadoras. La opción de actuar directamente asegura una intervención rápida y decisiva por parte de las autoridades en caso de incumplimientos, lo que es determinante en un entorno como el de la resiliencia operativa digital, donde las vulnerabilidades y los riesgos pueden propagarse rápidamente. Este método permite a las autoridades tomar medidas inmediatas, como la imposición de multas, requerimientos o la suspensión de actividades.

La posibilidad de actuar en colaboración con otras autoridades subraya la importancia de la cooperación interinstitucional, especialmente en casos donde los incumplimientos tienen implicaciones transfronterizas o afectan a múltiples sectores. Dado el carácter interconectado de los sistemas financieros y las infraestructuras digitales, esta opción permite aprovechar el conocimiento y las competencias específicas de diferentes autoridades, como las de supervisión financiera, protección de datos o ciberseguridad. En la práctica, esta colaboración puede incluir la coordinación en investigaciones conjuntas o el intercambio de información crítica para abordar riesgos complejos.

El ejercicio de facultades mediante delegación en otras autoridades refleja un enfoque pragmático en situaciones donde una autoridad puede carecer de los recursos técnicos o especializados necesarios para abordar ciertos aspectos del cumplimiento. Por ejemplo, en casos relacionados con la seguridad de las TIC, las autoridades competentes podrían delegar en organismos especializados en ciberseguridad para llevar a cabo auditorías o evaluaciones técnicas. No obstante, el artículo asegura que la responsabilidad última recae en la autoridad delegante, lo que refuerza la rendición de cuentas y la supervisión de los procedimientos.

La opción de actuar mediante solicitud dirigida a las autoridades judiciales competentes reconoce que ciertos ordenamientos jurídicos nacionales limitan la capacidad de las autoridades administrativas para imponer sanciones directamente. Este mecanismo es particularmente relevante en sistemas donde las sanciones significativas, como la imposición de multas elevadas o la suspensión de actividades, requieren la intervención de un tribunal. Si bien este enfoque puede introducir retrasos en la aplicación de las medidas, también proporciona una capa adicional de escrutinio judicial, lo que refuerza las garantías legales para las partes implicadas.

Desde una perspectiva práctica, el artículo subraya la necesidad de que los Estados miembros doten a las autoridades competentes de los recursos legales, técnicos y humanos necesarios para ejercer estas facultades de manera eficaz. Esto incluye asegurar la existencia de marcos legales claros para la colaboración interinstitucional y la delegación, así como procedimientos ágiles para interactuar con las autoridades judiciales. Al mismo tiempo, la flexibilidad ofrecida por estas disposiciones permite a los Estados miembros adaptar la aplicación del Reglamento a las particularidades de sus sistemas jurídicos, fomentando así una implementación más efectiva en toda la Unión.

Para las entidades financieras, esta disposición implica la necesidad de prepararse para interactuar con múltiples tipos de autoridades y de adaptarse a procedimientos que pueden variar según el Estado miembro. Esto resalta la importancia de implementar sistemas robustos de cumplimiento normativo que puedan responder eficazmente a las investigaciones, inspecciones y sanciones, independientemente de la modalidad a través de la cual se ejerzan. Además, enfatiza la necesidad de que las entidades comprendan plenamente las obligaciones y riesgos legales que enfrentan bajo los marcos nacionales específicos en los que operan.

2. Al determinar el tipo y el nivel de una sanción administrativa o medida correctora impuesta de conformidad con el artículo 50, las autoridades competentes tendrán en cuenta si la infracción es intencionada o es consecuencia de una negligencia y cualesquiera otras circunstancias pertinentes, entre ellas, en su caso, las siguientes:

a) la importancia, la gravedad y la duración de la infracción;

b) el grado de responsabilidad de la persona física o jurídica responsable de la infracción;

c) la solidez financiera de la persona física o jurídica responsable;

d) la importancia de los beneficios obtenidos o las pérdidas evitadas por la persona física o jurídica responsable, en la medida en que puedan determinarse;

e) las pérdidas causadas a terceros por la infracción, en la medida en que puedan determinarse;

f) el grado de cooperación de la persona física o jurídica responsable con la autoridad competente, sin perjuicio de la obligación de que dicha persona física o jurídica restituya las ganancias obtenidas o las pérdidas evitadas;

g) las infracciones anteriores de la persona física o jurídica responsable.

El artículo establece los criterios que las autoridades competentes deben considerar al determinar el tipo y nivel de sanción administrativa o medida correctora que impongan en caso de infracción del Reglamento. Este enfoque busca garantizar proporcionalidad, equidad y efectividad en la aplicación de sanciones, al tiempo que se fomenta la transparencia y la consistencia en los procesos sancionadores en toda la Unión Europea. La inclusión de factores específicos que deben ser evaluados permite una adaptación adecuada a las particularidades de cada caso, evitando una aplicación mecánica o descontextualizada de las sanciones.

Uno de los elementos que se menciona es la intención o negligencia detrás de la infracción. Este aspecto es fundamental para diferenciar las conductas dolosas, donde existe una intención deliberada de incumplir la normativa, de aquellas que son consecuencia de errores o falta de diligencia. La intencionalidad suele justificar sanciones más severas, mientras que la negligencia podría ser considerada menos grave, siempre que se evidencie un esfuerzo por subsanar las deficiencias.

Entre los factores enumerados, la importancia, gravedad y duración de la infracción destaca como un criterio esencial para calibrar la sanción.

Las infracciones que generan un impacto significativo en la estabilidad financiera, la seguridad operativa o los derechos de terceros merecen una respuesta más contundente. Asimismo, la duración prolongada de una infracción puede denotar falta de controles internos adecuados o desinterés por corregir el incumplimiento.

El grado de responsabilidad de la persona física o jurídica responsable refleja la necesidad de analizar la implicación directa de las partes en la infracción. Este criterio permite distinguir entre los casos donde una entidad tiene responsabilidad directa por un fallo sistémico y aquellos donde el incumplimiento es atribuible a factores externos o subordinados que escapan al control de la entidad.

La solidez financiera de la persona o entidad responsable es relevante para garantizar que la sanción tenga un efecto disuasorio. Una multa significativa para una pequeña entidad puede ser devastadora, mientras que la misma cuantía podría resultar intrascendente para una gran institución. Este criterio asegura que la sanción sea proporcional y mantenga su propósito correctivo y preventivo.

El criterio sobre los beneficios obtenidos o pérdidas evitadas debido a la infracción resalta la importancia de eliminar cualquier ventaja económica derivada del incumplimiento, asegurando que las entidades no se beneficien de conductas contrarias a la normativa. Este enfoque también puede incluir la restitución de ganancias o la reparación de perjuicios económicos causados a terceros.

La evaluación de las pérdidas causadas a terceros permite considerar el impacto directo de la infracción en otras partes interesadas, como clientes, proveedores o el sistema financiero en su conjunto. Este criterio enfatiza la importancia de proteger los derechos de los afectados y puede influir en la determinación de medidas correctoras adicionales, como compensaciones.

El grado de cooperación del infractor con la autoridad competente es otro factor que puede atenuar la severidad de la sanción. La cooperación activa, incluyendo la presentación de pruebas, la implementación de medidas correctoras inmediatas y la transparencia en la investigación, puede ser vista como un esfuerzo por minimizar el daño causado y cumplir con la normativa en el futuro.

Las infracciones anteriores de la persona o entidad responsable permiten evaluar el comportamiento recurrente. La reincidencia suele justificar sanciones más severas, ya que evidencia una falta de compromiso con el cumplimiento normativo. Por el contrario, un historial sin antecedentes podría considerarse un atenuante.

Este enfoque holístico refuerza la eficacia del marco sancionador, ya que adapta las sanciones a la gravedad del incumplimiento, las características del infractor y el impacto generado. Al mismo tiempo, fomenta un comportamiento más proactivo y cooperativo por parte de las entidades financieras, incentivando una gestión del riesgo más sólida y alineada con los objetivos del Reglamento.

Artículo 52. Sanciones penales

1. Los Estados miembros podrán decidir no establecer normas que prevean sanciones administrativas o medidas correctoras para las infracciones que estén sujetas a sanciones penales con arreglo a su Derecho nacional.

El artículo 52 reconoce la facultad de los Estados miembros de optar por no establecer sanciones administrativas o medidas correctoras en aquellos casos donde las infracciones al Reglamento estén sujetas a sanciones penales conforme a sus ordenamientos jurídicos nacionales. Este enfoque introduce flexibilidad en la implementación del régimen sancionador, permitiendo a los Estados adaptar las consecuencias legales a la gravedad de las infracciones y a sus marcos legales específicos.

La posibilidad de imponer sanciones penales en lugar de administrativas está justificada en situaciones en las que las infracciones revisten una gravedad significativa, como en casos de dolo o fraude que afecten la estabilidad del sistema financiero, la integridad de los mercados o la seguridad operativa de los servicios financieros. El recurso a sanciones penales subraya la seriedad del incumplimiento y refuerza el efecto disuasorio de las medidas legales, ya que las penas penales suelen conllevar mayores consecuencias, tanto para las personas jurídicas como para las físicas responsables.

En la práctica, esta disposición requiere que los Estados miembros evalúen cuidadosamente qué infracciones deben ser consideradas como delitos penales y definan con precisión los tipos de conductas que justifiquen este nivel de sanción. Es determinante garantizar que la coexistencia de regímenes administrativos y penales no genere vacíos legales ni inconsistencias que puedan ser explotadas por los infractores. Por ello, los Estados deben coordinar las competencias de las autoridades administrativas y judiciales para asegurar una transición fluida y evitar duplicidades o conflictos de jurisdicción.

Este enfoque también plantea retos prácticos. Por un lado, la implementación de sanciones penales requiere procedimientos judiciales que suelen ser más prolongados y complejos que los administrativos, lo que puede retrasar la imposición de medidas correctoras necesarias para mitigar riesgos relacionados con las TIC. Por otro lado, las sanciones penales exigen un estándar de prueba más riguroso, lo que puede dificultar la imputación de responsabilidades en casos de infracciones complejas que involucren múltiples actores o tecnologías avanzadas.

Desde una perspectiva de cumplimiento, la amenaza de sanciones penales puede incentivar a las entidades financieras a fortalecer sus sistemas de control interno y adoptar medidas proactivas para gestionar los riesgos relacionados con las TIC. Sin embargo, también puede generar una mayor carga administrativa para estas entidades, que podrían verse obligadas a implementar procesos adicionales para evitar la exposición a posibles procedimientos penales.

En cuanto a las autoridades de supervisión, el uso de sanciones penales podría limitar su capacidad de imponer medidas correctoras rápidas y adaptadas a la situación. Esto podría ser problemático en casos donde las infracciones generan un riesgo inmediato para la resiliencia operativa digital o la estabilidad financiera, ya que la intervención penal puede no ser lo suficientemente ágil para abordar tales contingencias de manera eficaz.

La decisión de priorizar sanciones penales sobre administrativas también refleja diferencias culturales y legales entre los Estados miembros en cuanto al enfoque hacia la regulación financiera. Algunos sistemas legales pueden tener una tradición más arraigada en el uso de sanciones penales para garantizar el cumplimiento normativo, mientras que otros pueden preferir soluciones administrativas que permitan una mayor flexibilidad y eficiencia en la aplicación.

En última instancia, este artículo refuerza el principio de subsidiariedad al permitir que los Estados miembros adapten las medidas sancionadoras a sus contextos legales y regulatorios específicos, asegurando al mismo tiempo que las infracciones graves reciban un tratamiento proporcional a su impacto potencial en el sistema financiero de la Unión. No obstante, su aplicación práctica requiere una coordinación efectiva entre los regímenes sancionadores administrativos y penales para evitar lagunas normativas y garantizar que las sanciones, sean del tipo que sean, sean eficaces, proporcionadas y disuasorias.

2. Los Estados miembros que opten por establecer sanciones penales por infracciones del presente Reglamento se asegurarán de que se hayan adoptado las medidas adecuadas para que las autoridades competentes dispongan de todas las facultades necesarias a fin de ponerse en contacto con las autoridades judiciales

o las responsables de la fiscalía o de la justicia penal dentro de su jurisdicción, con el fin de obtener información específica relacionada con las investigaciones o procesos penales iniciados por infracciones del presente Reglamento, y de facilitar información del mismo tenor a otras autoridades competentes y a la ABE, la AEVM o la AESPJ, en cumplimiento de su obligación de cooperar a los efectos del presente Reglamento.

El apartado 2 del presente artículo establece una coordinación esencial entre las autoridades competentes y las judiciales o de fiscalía en aquellos Estados miembros que decidan aplicar sanciones penales para infracciones del Reglamento. Este enfoque busca garantizar que, incluso en un marco donde prevalezcan las medidas penales, las obligaciones de supervisión, cooperación e intercambio de información entre las autoridades administrativas y judiciales se mantengan operativas, efectivas y orientadas al cumplimiento del Reglamento.

La disposición contempla dos aspectos fundamentales: el primero, relativo a la obligación de las autoridades competentes de entablar contacto y coordinarse con las autoridades judiciales o fiscales nacionales para obtener información específica sobre investigaciones o procesos penales relacionados con el Reglamento; y el segundo, relacionado con la facultad de compartir dicha información con otras autoridades competentes y organismos europeos, como la ABE, la AEVM o la AESPJ, en el marco de sus funciones de cooperación y supervisión.

Desde un punto de vista práctico, esta disposición garantiza que el marco de supervisión administrativa no quede aislado de las actuaciones judiciales en caso de que se opte por sanciones penales. La integración de ambas esferas permite que las autoridades competentes sigan teniendo acceso a información crítica sobre incidentes o riesgos relacionados con las TIC, incluso cuando el caso se traslade al ámbito judicial. Esto es determinante para mantener una supervisión continua, identificar patrones de riesgo y ajustar las estrategias de prevención o mitigación a la evolución de las amenazas detectadas.

Al mismo tiempo, esta coordinación refuerza la cooperación internacional y la consistencia entre los Estados miembros, al permitir el flujo de información hacia las autoridades europeas de supervisión y, potencialmente, hacia otros Estados miembros afectados por las mismas amenazas o riesgos. Este enfoque es particularmente relevante en el contexto del Reglamento, donde las amenazas relacionadas con las TIC tienen un potencial transfronterizo significativo y pueden propagarse rápidamente en un mercado único integrado.

La implementación efectiva de este artículo plantea desafíos operativos y jurídicos. Desde una perspectiva operativa, los Estados miembros deben establecer protocolos claros y eficientes para el intercambio de información entre las autoridades administrativas y judiciales, respetando al mismo tiempo los límites legales y procesales propios de cada jurisdicción. Esto incluye abordar cuestiones relacionadas con la confidencialidad, la protección de datos personales y el uso adecuado de la información compartida.

Desde un punto de vista jurídico, la disposición exige que los Estados miembros adopten medidas legislativas o normativas específicas que habiliten a las autoridades competentes para cumplir con esta función, lo que podría requerir modificaciones en los marcos legales nacionales. Además, el cumplimiento de este artículo implica garantizar que el intercambio de información no comprometa la independencia del poder judicial ni vulnere los derechos fundamentales de los investigados, como el derecho a un juicio justo y la presunción de inocencia.

Otro aspecto relevante es el impacto en la cooperación europea. La obligación de compartir información con la ABE, la AEVM o la AESPJ permite que estas entidades mantengan una visión global de las infracciones relacionadas con el Reglamento y refuercen sus capacidades para emitir directrices, formular recomendaciones y coordinar acciones a nivel de la Unión. Esto es especialmente importante para abordar riesgos sistémicos que trascienden las fronteras nacionales y requieren respuestas coordinadas y estandarizadas.

En términos de cumplimiento y enforcement, esta disposición aumenta la presión sobre las entidades financieras para que implementen medidas robustas de gestión de riesgos relacionados con las TIC. La posibilidad de enfrentarse a sanciones penales, combinada con la supervisión continua por parte de las autoridades competentes, refuerza el incentivo para que las entidades cumplan con los requisitos establecidos en el Reglamento y minimicen su exposición a posibles infracciones.

En definitiva, este artículo destaca la importancia de un enfoque integrado y cooperativo entre las autoridades administrativas y judiciales, asegurando que la elección de sanciones penales no obstaculice la aplicación efectiva del Reglamento ni comprometa los objetivos de resiliencia operativa digital en el sector financiero de la Unión.

Artículo 53. Obligaciones de notificación

Los Estados miembros notificarán las disposiciones legales, reglamentarias y administrativas de aplicación de lo dispuesto en el presente Capítulo, incluidas

cualesquiera disposiciones pertinentes de Derecho penal, a la Comisión, la AEVM, la ABE y la AESPJ a más tardar el 17 de enero de 2025. Los Estados miembros notificarán sin demora indebida cualquier modificación ulterior de dichas disposiciones a la Comisión, la AEVM, la ABE y la AESPJ.

El artículo 53 establece una obligación fundamental de notificación para los Estados miembros en relación con las disposiciones legales, reglamentarias y administrativas adoptadas para la aplicación de las disposiciones del Capítulo correspondiente del Reglamento, incluyendo cualquier normativa de carácter penal que pueda estar relacionada con el cumplimiento del mismo. Este deber de notificación tiene como objetivo principal garantizar la transparencia, la uniformidad en la aplicación del Reglamento y la coordinación entre los Estados miembros y las instituciones de la Unión Europea.

La obligación de notificación incluye dos elementos esenciales. En primer lugar, los Estados miembros deben informar a la Comisión, la AEVM, la ABE y la AESPJ sobre las disposiciones nacionales adoptadas para implementar el Capítulo del Reglamento antes de la fecha límite del 17 de enero de 2025. Esto permite a las instituciones europeas realizar un seguimiento detallado de las medidas adoptadas en cada Estado miembro, evaluar su conformidad con el Reglamento y garantizar que no existan discrepancias que puedan afectar la coherencia del marco regulador en la Unión. En segundo lugar, se impone a los Estados miembros la obligación de informar sin demora indebida sobre cualquier modificación posterior de estas disposiciones. Este requisito asegura que las instituciones europeas mantengan un conocimiento actualizado y preciso del panorama normativo en cada jurisdicción.

En la práctica, este artículo tiene varias implicaciones significativas. En primer lugar, fomenta la armonización normativa, ya que los Estados miembros están sujetos a un escrutinio europeo sobre las disposiciones adoptadas para implementar el Reglamento. Esto ayuda a evitar divergencias que podrían generar desigualdades en la supervisión o el cumplimiento entre los Estados miembros, especialmente en un ámbito tan crítico como la resiliencia operativa digital.

Además, la obligación de notificación también tiene un impacto sobre la transparencia y la cooperación. Al compartir información sobre las disposiciones nacionales, los Estados miembros facilitan un entendimiento común entre las autoridades de supervisión y reguladores europeos. Este intercambio de información permite identificar mejores prácticas, abordar posibles lagunas en la implementación y coordinar estrategias para fortalecer la resiliencia operativa digital en el sector financiero a nivel de la Unión.

Desde un punto de vista práctico, los Estados miembros deben establecer procedimientos claros y eficaces para recopilar, consolidar y comunicar la información pertinente a las instituciones europeas. Esto implica la colaboración entre diferentes organismos nacionales, como ministerios, autoridades regulatorias y entidades judiciales, para garantizar que se proporcionen todos los detalles necesarios sobre las disposiciones nacionales adoptadas.

Otra repercusión relevante es el impacto sobre los marcos normativos nacionales. Los Estados miembros deben revisar y, en su caso, adaptar sus legislaciones existentes para cumplir con las disposiciones del Reglamento. Esto incluye la evaluación de normas penales, reglamentarias y administrativas para garantizar su coherencia con los objetivos del Reglamento. Además, deben prever mecanismos para actualizar dichas normas y comunicar las modificaciones de manera oportuna a las instituciones europeas, lo que refuerza la necesidad de sistemas normativos flexibles y adaptables.

La interacción entre las disposiciones nacionales notificadas y las directrices emitidas por las Autoridades Europeas de Supervisión (AEVM, ABE y AESPJ) pretende que las instituciones europeas pueden utilizar la información notificada para desarrollar orientaciones adicionales, formular recomendaciones específicas o incluso proponer ajustes al Reglamento en el futuro, en función de las prácticas observadas en los Estados miembros.

Finalmente, el requisito de notificación tiene un efecto positivo sobre la gobernanza en el ámbito financiero y tecnológico. Garantiza que los avances en la regulación nacional sean accesibles para las partes interesadas, incluyendo otras jurisdicciones, entidades financieras y proveedores de servicios tecnológicos. Este nivel de apertura contribuye a fortalecer la confianza en el marco regulatorio y fomenta un entorno de cumplimiento más sólido y eficiente en toda la Unión.

Artículo 54. Publicación de las sanciones administrativas

1. Las autoridades competentes publicarán en sus sitios web oficiales, sin demora indebida, toda decisión por la que se imponga una sanción administrativa contra la que no haya lugar a recurso tras la notificación de dicha decisión al destinatario de la sanción.

El artículo 54 establece la obligación de las autoridades competentes de publicar en sus sitios web oficiales las decisiones relativas a sanciones administrativas que hayan adquirido firmeza tras la notificación al destinatario y respecto de las cuales no sea posible interponer recurso. Esta disposición tiene como objetivo reforzar la transparencia y la disuasión en la aplicación de las normas del Reglamento, al tiempo que fomenta la confianza en el marco regulador al garantizar que las decisiones sancionadoras sean accesibles al público.

La obligación de publicar dichas sanciones sin demora indebida implica que las autoridades deben actuar con celeridad y eficacia en la divulgación de la información, asegurando que la misma esté disponible en un tiempo razonable después de que la decisión sea definitiva. Este requisito busca equilibrar la necesidad de una administración ágil con los derechos del destinatario de la sanción, quien debe haber agotado las vías de recurso antes de la publicación. Además, al establecer que la sanción debe ser publicada únicamente cuando ya no sea recurrible, se protege el principio de presunción de inocencia y se evita cualquier perjuicio indebido al sancionado mientras aún pueda estar en disputa la legalidad de la medida impuesta.

En la práctica, esta disposición tiene varias implicaciones relevantes. Por un lado, fomenta la rendición de cuentas de las autoridades reguladoras, al obligarlas a hacer públicas las medidas adoptadas y, por ende, a justificar sus decisiones sancionadoras frente a la sociedad y los agentes del mercado. Por otro lado, la publicación de estas sanciones actúa como un mecanismo disuasorio, ya que las entidades reguladas, conscientes de la posible publicidad de las infracciones y sanciones, estarán más incentivadas a cumplir con las disposiciones del Reglamento para evitar la exposición de sus incumplimientos.

Desde una perspectiva operativa, las autoridades competentes deben establecer procedimientos internos claros para garantizar que las publicaciones cumplan con los requisitos legales y se realicen de manera uniforme. Esto incluye la verificación de que la decisión sancionadora ha adquirido firmeza, la preparación de un texto de publicación adecuado y comprensible, y la inclusión de elementos esenciales como la descripción de la infracción, la naturaleza de la sanción impuesta y las razones para su imposición. Asimismo, deben asegurarse de que la publicación sea accesible y fácil de encontrar en sus sitios web oficiales.

La publicación de sanciones administrativas también genera repercusiones sobre la reputación de las entidades sancionadas, dado que esta información es de acceso público y puede influir en la percepción que tienen los consumidores, inversores y otras partes interesadas sobre la entidad infractora. En este sentido, las entidades financieras tienen un incentivo adicional para mantener altos estándares de cumplimiento y evitar prácticas que puedan derivar en sanciones publicadas.

Por otro lado, es importante considerar la protección de datos personales y la confidencialidad. Aunque el artículo no lo menciona explícitamente, en la práctica, las autoridades deben equilibrar la necesidad de transparencia con el respeto a los derechos fundamentales de las personas involucradas, especialmente cuando se trate de datos personales. Esto puede implicar, por ejemplo, la omisión o anonimización de ciertos detalles en la publicación, siempre que no afecte a los objetivos de disuasión y transparencia.

La publicación de sanciones también tiene un valor educativo para el mercado, ya que las decisiones sancionadoras pueden proporcionar orientación práctica sobre las expectativas regulatorias y los criterios utilizados para determinar el cumplimiento o incumplimiento de las normas. De este modo, no solo se sanciona a quienes infringen, sino que también se contribuye a una mayor comprensión de las obligaciones legales y regulatorias por parte de otras entidades supervisadas.

Finalmente, la disposición refuerza la coherencia y credibilidad del marco regulador al establecer un estándar uniforme para la publicación de sanciones en toda la Unión, lo que evita disparidades significativas entre los Estados miembros en la divulgación de información sancionadora. Esto es especialmente relevante en el contexto de un mercado financiero interconectado, donde la transparencia y la confianza en las instituciones supervisoras son esenciales para la estabilidad y el funcionamiento eficiente del sistema financiero.

2. La publicación a que se refiere el apartado 1 incluirá información sobre el tipo y la naturaleza de la infracción, la identidad de las personas responsables y las sanciones impuestas.

El apartado 2 establece que la publicación de las sanciones administrativas, conforme al apartado 1, debe incluir información detallada sobre tres aspectos fundamentales: el tipo y la naturaleza de la infracción cometida, la identidad de las personas responsables y las sanciones impuestas. Este nivel de detalle refuerza los principios de transparencia y rendición de cuentas en el marco del Reglamento, al proporcionar al público un panorama claro y comprensible de las conductas sancionadas y de las medidas adoptadas por las autoridades competentes.

La inclusión del tipo y la naturaleza de la infracción permite a las entidades reguladas, al público en general y a otros actores del mercado financiero comprender de manera precisa cuáles fueron las acciones u omisiones que constituyeron el incumplimiento. Esto tiene un efecto educativo, ya que proporciona ejemplos concretos de conductas contrarias a las disposiciones regulatorias y permite a las demás entidades aprender de las experiencias negativas para evitar cometer infracciones similares. Además, delimitar claramente el tipo y la naturaleza de la infracción asegura que la comunicación sea proporcional y evite interpretaciones equívocas que puedan generar un impacto reputacional desmedido en las entidades sancionadas.

La publicación de la identidad de las personas responsables persigue múltiples finalidades. En primer lugar, individualiza la responsabilidad de los actores implicados, contribuyendo a destacar la importancia de las responsabilidades individuales en el cumplimiento normativo. Esto es especialmente relevante en un contexto en el que las decisiones tomadas por miembros de la alta dirección o personal específico pueden derivar en incumplimientos regulatorios. En segundo lugar, refuerza la disuasión, ya que las personas responsables de una infracción enfrentarán una exposición pública que puede afectar su reputación personal y profesional, incentivando a los individuos a actuar con diligencia y cumplimiento.

Incluir información sobre las sanciones impuestas aporta claridad y coherencia en la aplicación de las medidas correctoras, permitiendo evaluar si las sanciones son proporcionadas a la gravedad de la infracción y contribuyendo a la percepción de justicia en el sistema regulatorio. La especificación de las sanciones puede disuadir a otras entidades o personas de incurrir en conductas similares, pues pone de manifiesto las consecuencias concretas de los incumplimientos. Además, al detallar las sanciones, se refuerza la credibilidad de las autoridades supervisoras, ya que evidencia que estas están cumpliendo con su deber de velar por la aplicación efectiva del marco normativo.

En cuanto a las implicaciones prácticas, las autoridades competentes deben garantizar que la información publicada cumpla con los requisitos de exhaustividad y precisión establecidos en este apartado. Es fundamental que los detalles proporcionados sean suficientes para cumplir con los objetivos de disuasión y transparencia, pero sin exceder los límites que podrían afectar de manera desproporcionada los derechos de las personas implicadas, especialmente en lo que respecta a la protección de datos personales y la confidencialidad.

Por otro lado, las entidades financieras y sus responsables deben considerar que esta medida amplifica las consecuencias reputacionales de una infracción. La exposición pública de las sanciones puede influir significativamente en la percepción de los clientes, inversores y otros actores del mercado, lo que refuerza la importancia de implementar controles internos efectivos y programas de cumplimiento robustos para evitar sanciones. Asimismo, las entidades deben ser conscientes de que la publicación de esta información también puede ser utilizada por terceros, como competidores o medios de comunicación, para interpretar las sanciones desde una perspectiva estratégica o crítica, lo que subraya la relevancia de gestionar adecuadamente las consecuencias de cualquier sanción.

Por último, la publicación de información detallada sobre sanciones administrativas se alinea con las mejores prácticas internacionales en materia de regulación y supervisión financiera, donde la transparencia y la rendición de cuentas son pilares fundamentales para fomentar la confianza en el sistema financiero. Al establecer este nivel de detalle en las publicaciones, el Reglamento promueve una mayor uniformidad en la aplicación de las normas dentro de la Unión Europea, lo que contribuye a una supervisión más efectiva y coherente a nivel transfronterizo.

3. Cuando la autoridad competente, tras una evaluación de cada caso, considere que la publicación de la identidad, cuando se trate de personas jurídicas, o de la identidad y los datos personales, cuando se trate de personas físicas, sería desproporcionada, incluidos los riesgos relacionados con la protección de los datos de carácter personal, pondría en peligro la estabilidad de los mercados financieros o la continuación de una investigación penal en curso, o causaría a la persona afectada daños desproporcionados, en la medida en que estos puedan determinarse, adoptará una de las siguientes soluciones con respecto a la decisión por la que se imponga una sanción administrativa:

a) aplazar su publicación hasta que dejen de existir todos los motivos para no publicarla;

b) publicarla de forma anónima, de conformidad con el Derecho nacional, o

c) abstenerse de publicarla, si las opciones enunciadas en las letras a) y b) se consideran insuficientes para garantizar que la estabilidad de los mercados financieros no corra peligro, o cuando dicha publicación no sea proporcionada con respecto a la moderación de la sanción impuesta.

El artículo establece que, en casos excepcionales, las autoridades competentes pueden adoptar medidas alternativas o abstenerse de publicar la identidad de las personas sancionadas, ya sean jurídicas o físicas, si la divulgación de dicha información pudiera resultar desproporcionada o tener efectos adversos significativos. La disposición contempla tres alternativas: aplazar la publicación, anonimizar la información publicada o abstenerse de realizar la publicación. Estas medidas están diseñadas para equilibrar el principio de transparencia con la protección de los derechos individuales y la preservación de la estabilidad de los mercados financieros.

La evaluación de proporcionalidad es central en este artículo, pues implica un análisis detallado de varios factores antes de decidir sobre la publicación. En primer lugar, la autoridad debe considerar si la publicación afecta de manera desproporcionada los derechos de las personas implicadas, en particular respecto a la protección de datos personales. Esto es especialmente relevante para las personas físicas, dado que la divulgación de su identidad puede tener consecuencias negativas significativas en su vida personal y profesional. En segundo lugar, debe evaluarse si la publicación pudiera poner en peligro la estabilidad de los mercados financieros, lo cual podría derivarse, por ejemplo, de la pérdida de confianza en una entidad financiera. Finalmente, también se contempla la posibilidad de que la publicación interfiera con investigaciones penales en curso, un aspecto determinante para no entorpecer procesos judiciales y garantizar su éxito.

Las tres soluciones propuestas ofrecen flexibilidad a las autoridades competentes para manejar situaciones excepcionales. Aplazar la publicación hasta que desaparezcan los riesgos señalados permite preservar la estabilidad del mercado o proteger la privacidad de las personas mientras se mantienen los principios de transparencia a largo plazo. La publicación anónima, por su parte, garantiza que el público pueda conocer la infracción y la sanción sin exponer innecesariamente a las personas involucradas. La abstención total de publicar la sanción se reserva para casos extremos, donde las otras opciones no sean suficientes para evitar daños desproporcionados o riesgos significativos para los mercados financieros.

En términos prácticos, esta disposición requiere que las autoridades competentes desarrollen procedimientos claros y bien definidos para llevar a cabo la evaluación de cada caso, asegurando un equilibrio entre la transparencia y la protección de los derechos y los intereses públicos y privados. Este proceso debe incluir criterios objetivos para determinar la proporcionalidad de la publicación, la gravedad de la infracción y la magnitud de los riesgos implicados.

Desde la perspectiva de las entidades financieras y las personas sancionadas, este artículo proporciona una salvaguardia importante contra posibles daños reputacionales desproporcionados o injustificados. No obstante, también implica que las entidades deben estar preparadas para enfrentar la incertidumbre sobre la publicación de sanciones y las posibles consecuencias derivadas de decisiones discrecionales de las autoridades. Esto subraya la importancia de contar con una estrategia de comunicación de crisis bien definida y de mantener altos estándares de cumplimiento para minimizar el riesgo de infracciones.

En cuanto al sistema financiero en general, esta disposición refuerza la confianza en el marco regulador al garantizar que las decisiones de publicación sean ponderadas y no se adopten de manera automática o sin consideración de sus efectos. Al mismo tiempo, contribuye a evitar efectos adversos en los mercados que podrían surgir de la divulgación de información sensible en contextos inapropiados.

Por último, este artículo exige una alineación con otras normativas, en particular las relacionadas con la protección de datos personales, como el Reglamento General de Protección de Datos (RGPD), y con los principios de cooperación internacional en materia de supervisión financiera, dado que los riesgos y las decisiones relacionadas con la publicación de sanciones pueden tener implicaciones transfronterizas.

4. En caso de que se decida publicar una sanción administrativa de forma anónima como se establece en el apartado 3, letra b), podrá aplazarse la publicación de los datos pertinentes.

El presente apartado regula la posibilidad de aplazar la publicación de los datos pertinentes relacionados con una sanción administrativa que se decida publicar de forma anónima, tal como se contempla en el apartado 3, letra b). Esta disposición permite a las autoridades competentes manejar con mayor flexibilidad la divulgación de información sobre sanciones, teniendo en cuenta las particularidades de cada caso y equilibrando los principios de transparencia y protección de los derechos afectados.

El aplazamiento en la publicación de datos pertinentes está diseñado para abordar situaciones en las que, incluso bajo la anonimización, la divulgación inmediata pueda causar consecuencias negativas, como comprometer investigaciones en curso, amenazar la estabilidad de los mercados financieros o exponer indirectamente a las personas implicadas. Esto implica una evaluación caso por caso de los riesgos asociados con la divulgación, asegurando que la publicación se lleve a cabo solo cuando dichos riesgos hayan sido mitigados adecuadamente.

En términos prácticos, esta disposición refuerza el enfoque basado en la proporcionalidad y la precaución en la gestión de sanciones administrativas. Las autoridades competentes deben contar con procedimientos claros para determinar cuándo es apropiado aplazar la publicación, estableciendo criterios objetivos que consideren factores como la gravedad de la infracción, el impacto potencial en los mercados financieros, la privacidad de las personas implicadas y la posible interferencia con investigaciones o procesos judiciales.

El aplazamiento de la publicación anónima también introduce un componente temporal en la transparencia regulatoria. Esto puede ser beneficioso para las entidades financieras, ya que evita la exposición inmediata a información que podría generar impactos negativos en su reputación o en sus relaciones comerciales, especialmente en contextos donde la infracción es menor o donde las medidas correctoras ya han sido adoptadas. Sin embargo, este enfoque también requiere que las autoridades mantengan un equilibrio adecuado, evitando que el aplazamiento prolongado de la publicación limite la capacidad de los mercados y del público en general para conocer las acciones regulatorias y evaluar los riesgos asociados.

Desde la perspectiva de cumplimiento normativo, este artículo subraya la importancia de que las entidades financieras mantengan una comunicación constante y transparente con las autoridades competentes. En caso de estar involucradas en una sanción, resulta fundamental demostrar proactividad en la implementación de medidas correctoras y colaborar plenamente con las investigaciones para facilitar decisiones favorables en relación con la publicación.

El aplazamiento también tiene repercusiones prácticas en la supervisión y coordinación internacional. Dado que las sanciones pueden involucrar entidades con operaciones transfronterizas, es fundamental que los criterios para aplazar la publicación sean consistentes con las normativas y mejores prácticas internacionales, garantizando la coherencia en la aplicación de las normas en diferentes jurisdicciones. Esto adquiere relevancia en el contexto de la cooperación entre autoridades, ya que la información sobre las sanciones podría compartirse con organismos internacionales o super visores de otros países.

En última instancia, esta disposición refuerza la flexibilidad del marco regulador para manejar sanciones administrativas de manera sensible a los contextos específicos. Al permitir el aplazamiento en la publicación de datos, incluso cuando se opte por la anonimización, se crea un espacio para que las autoridades adapten su enfoque en función de los riesgos y las circunstancias, preservando al mismo tiempo la integridad y la efectividad del régimen de sanciones administrativas.

5. Cuando una autoridad competente publique una decisión que imponga una sanción administrativa que pueda recurrirse ante las autoridades judiciales per-

tinentes, las autoridades competentes añadirán de forma inmediata en su sitio web oficial dicha información y, con posterioridad, cualquier información ulterior relacionada sobre el resultado del recurso. Se publicará asimismo cualquier resolución judicial que anule una decisión que imponga una sanción administrativa.

A través del presente apartado se establece la obligación de las autoridades competentes de garantizar una transparencia total en la publicación de sanciones administrativas que sean recurribles ante las autoridades judiciales, así como de proporcionar actualizaciones oportunas respecto al resultado de dichos recursos y de publicar cualquier resolución judicial que anule una sanción administrativa previamente impuesta. Este enfoque refuerza la rendición de cuentas y asegura que la información pública sea completa y actualizada, respetando tanto el derecho de defensa de las personas sancionadas como el interés público en conocer la evolución de los casos sancionadores.

La publicación inmediata de la información sobre la recurribilidad de una sanción administrativa en el sitio web oficial de la autoridad competente tiene varias implicaciones prácticas. En primer lugar, garantiza que todas las partes interesadas, incluyendo otras entidades financieras, inversores y consumidores, puedan acceder a información precisa sobre la situación jurídica de la sanción. Esto permite que se evalúe con mayor objetividad el impacto de la sanción en la reputación y el cumplimiento normativo de la entidad sancionada, evitando malentendidos o percepciones incorrectas sobre su situación.

Asimismo, la publicación de actualizaciones relacionadas con los resultados de los recursos y la inclusión de cualquier resolución judicial que anule una sanción fomenta la transparencia y la confianza en el sistema regulatorio y judicial. La posibilidad de que una sanción sea anulada en una instancia judicial pone de relieve el carácter no definitivo de las decisiones administrativas y subraya la importancia de respetar el debido proceso legal. Esto también protege a las entidades financieras de posibles perjuicios reputacionales indebidos en caso de que finalmente se determine que la sanción fue infundada.

Desde la perspectiva operativa, las autoridades competentes deben establecer procedimientos claros para la actualización constante de la información publicada en sus plataformas digitales. Esto incluye el mantenimiento de registros precisos sobre el estado de los recursos, la notificación de los cambios a las partes interesadas y la eliminación o corrección oportuna de información incorrecta o desactualizada. Además, deben asegurar que la publicación de información cumpla con las normativas aplicables de protección de datos, evitando divulgar información sensible o desproporcionada que pudiera afectar los derechos de las personas implicadas.

Este artículo también destaca la importancia de la colaboración entre las autoridades administrativas y judiciales. Las autoridades competentes deben contar con mecanismos de comunicación ágiles y eficientes con los tribunales, de manera que puedan recibir y transmitir rápidamente información sobre los resultados de los recursos y las resoluciones judiciales. Esto es esencial para garantizar la coherencia y la integridad del marco regulador, especialmente en contextos donde las decisiones administrativas son revisadas por órganos judiciales especializados.

Además, la publicación de información sobre recursos y resoluciones judiciales refuerza la función pedagógica del régimen sancionador, ya que proporciona un registro público de cómo se interpretan y aplican las normas en casos concretos. Esto puede servir como referencia para otras entidades financieras y operadores del mercado, ayudándoles a ajustar sus prácticas y prevenir infracciones similares. También fomenta una cultura de cumplimiento más robusta al demostrar que el sistema regula de manera justa y consistente.

Por último, este mecanismo refuerza la confianza de los participantes en el mercado y del público general en la imparcialidad y efectividad del marco regulatorio. Al garantizar que todas las decisiones sean transparentes y sujetas a revisión judicial cuando corresponda, se mitiga la percepción de arbitrariedad en la imposición de sanciones y se asegura que las mismas estén alineadas con los principios del Estado de derecho y la protección de los derechos fundamentales.

6. Las autoridades competentes garantizarán que toda publicación a que se hace referencia en los apartados 1 a 4 permanezca en su sitio web oficial únicamente durante el período de tiempo necesario a los efectos del presente artículo. Este período no excederá de cinco años a partir de su publicación.

El artículo establece una limitación temporal para la publicación de sanciones administrativas en los sitios web oficiales de las autoridades competentes, fijando un máximo de cinco años desde su publicación inicial. Este enfoque tiene como objetivo equilibrar la transparencia y la rendición de cuentas con el derecho de las personas físicas y jurídicas sancionadas a no verse afectadas indefinidamente por la divulgación de información que podría tener repercusiones negativas en su reputación y actividad económica.

La obligación de garantizar que las publicaciones permanezcan en línea solo durante el tiempo necesario a efectos del artículo refleja un principio de proporcionalidad en la gestión de la información sancionadora. Este período debe ser suficiente para cumplir con los objetivos de disuasión, concienciación pública y promoción del cumplimiento normativo, sin prolongar innecesariamente la exposición de las sanciones más allá de lo estrictamente necesario. En este sentido, las autoridades competentes deben establecer criterios claros para determinar cuándo una publicación ya no es necesaria desde el punto de vista regulatorio o público.

Desde una perspectiva operativa, la implementación de esta disposición requiere que las autoridades competentes mantengan un control riguroso sobre la información publicada en sus plataformas digitales. Esto implica desarrollar sistemas automatizados o manuales que permitan identificar las publicaciones cuyo plazo de cinco años está próximo a expirar, para retirarlas oportunamente. Además, se deben implementar medidas que garanticen que las actualizaciones o correcciones a las publicaciones originales no reinicien indebidamente el cómputo del período establecido, salvo que exista una justificación legal o normativa.

La limitación temporal también plantea cuestiones prácticas relacionadas con el acceso histórico a información sobre sanciones administrativas. Una vez transcurrido el plazo de cinco años, la información retirada del sitio web oficial puede seguir siendo relevante para ciertos fines, como la investigación académica, las evaluaciones de cumplimiento histórico o los análisis de riesgos por parte de entidades financieras. En este contexto, las autoridades competentes podrían considerar establecer sistemas alternativos de archivo o acceso restringido para preservar dicha información con fines específicos, garantizando al mismo tiempo que no se haga un uso indebido de la misma.

La duración máxima de cinco años tiene implicaciones significativas para las entidades sancionadas. Por un lado, establece un límite temporal claro a la exposición pública de las infracciones, lo que puede facilitar la recuperación reputacional y la reintegración de las entidades en el mercado tras demostrar un compromiso renovado con el cumplimiento normativo. Por otro lado, la naturaleza pública de la información durante este período puede motivar a las entidades a adoptar medidas correctivas más rápidas y efectivas, ya que su reputación estará en juego mientras dure la publicación.

Para el público y otros actores del mercado, la limitación temporal asegura que las sanciones publicadas en los sitios oficiales reflejen únicamente información reciente y relevante, reduciendo la posibilidad de que se tomen decisiones basadas en datos desactualizados. Esto refuerza la fiabilidad de los sitios oficiales como fuente de información precisa y actualizada sobre el cumplimiento normativo en el sector financiero.

El establecimiento de un período límite también tiene implicaciones legales y éticas en cuanto a la protección de datos personales. En el caso de sanciones que involucren a personas físicas, la eliminación oportuna de la publicación ayuda a mitigar los efectos prolongados sobre su privacidad y derechos fundamentales. Esto es particularmente relevante en contextos donde la publicación de datos personales podría tener consecuencias duraderas, como la dificultad para acceder a oportunidades laborales o la estigmatización social.

La disposición busca equilibrar los intereses de transparencia y disuasión con la protección de los derechos individuales y la proporcionalidad en la exposición pública de las sanciones. Para las autoridades competentes, esto implica desarrollar políticas y procedimientos efectivos para gestionar el ciclo de vida de las publicaciones sancionadoras, asegurando su cumplimiento con los plazos establecidos y promoviendo una gestión responsable de la información regulatoria.

Artículo 55. Secreto profesional

1. Toda información confidencial recibida, intercambiada o transmitida en virtud del presente Reglamento estará sujeta a las condiciones de secreto profesional establecidas en el apartado 2.

El artículo 55 establece un marco esencial de protección para la información confidencial relacionada con la implementación y cumplimiento del Reglamento. Al disponer que dicha información estará sujeta a condiciones de secreto profesional, se refuerza la integridad de los procesos de supervisión, investigación y aplicación de medidas regulatorias en el sector financiero. Este enfoque es determinante para garantizar que las entidades financieras y las autoridades implicadas puedan compartir información de manera segura y sin temor a exposiciones indebidas que puedan compro meter la confianza en el sistema regulatorio.

La referencia a las condiciones de secreto profesional en el apartado 2 implica que el manejo de la información confidencial se regirá por estándares específicos que protejan su carácter sensible. Esto incluye restricciones sobre su divulgación a personas no autorizadas, límites claros para su uso exclusivo en el marco de las funciones establecidas por el Reglamento y garantías contra su utilización con fines distintos a los previstos. Estas medidas salvaguardan los derechos de las entidades financieras y otras partes interesadas, al tiempo que aseguran que las autoridades regulatorias puedan realizar su labor de manera eficaz.

El establecimiento de estas condiciones también promueve un entorno de colaboración entre las autoridades competentes, las entidades supervisadas y otras partes implicadas, ya que fomenta un intercambio de información basado en la confianza. Sin esta protección, podría surgir una resistencia a la cooperación o una reticencia a compartir información crítica, lo que limitaría la capacidad de las autoridades para identificar y abordar riesgos relacionados con las TIC en el sector financiero. Además, al asegurar que la información confidencial no sea divulgada de manera indiscriminada, se refuerza la reputación del marco regulatorio como un sistema robusto y respetuoso con los derechos de los participantes del mercado.

Desde una perspectiva práctica, esta disposición exige que las autoridades competentes implementen medidas estrictas de gestión de la información para cumplir con las condiciones de secreto profesional. Esto incluye la capacitación adecuada de su personal, el uso de tecnologías seguras para el intercambio y almacenamiento de datos, y el establecimiento de procedimientos claros para autorizar el acceso a la información confidencial. Asimismo, las entidades financieras y otros actores regulados deberán asegurarse de que su propia gestión de la información confidencial esté alineada con los requisitos del Reglamento.

La confidencialidad de la información también tiene un impacto directo en la estabilidad y confianza en el sistema financiero. La divulgación no autorizada de información sensible podría generar perjuicios significativos, como la exposición de vulnerabilidades de las TIC, lo que aumentaría el riesgo de ciberataques o pondría en peligro la continuidad de las operaciones de una entidad financiera. Asimismo, la violación del secreto profesional podría afectar negativamente la percepción pública de la fiabilidad del marco regulatorio, con posibles repercusiones en la estabilidad del mercado y la confianza de los inversores.

El marco de secreto profesional también desempeña un criterio fundamental en el contexto del intercambio de información entre jurisdicciones o entre diferentes autoridades dentro de la Unión Europea. La existencia de estándares uniformes en relación con la confidencialidad garantiza que la información compartida mantenga su carácter protegido, independientemente del ámbito en el que se utilice. Esto es particularmente relevante en casos transfronterizos, donde la cooperación efectiva entre autoridades depende en gran medida de la confianza en el manejo adecuado de la información sensible.

En términos legales, el cumplimiento de las condiciones de secreto profesional implica también una responsabilidad significativa para las autoridades competentes. Estas podrían enfrentarse a sanciones o repercusiones legales si no garantizan la protección adecuada de la información confidencial bajo su custodia. Asimismo, las disposiciones sobre secreto profesional deben armonizarse con otras normativas aplicables, como las relacionadas con la protección de datos personales o el acceso a la información pública, asegurando que no existan conflictos entre diferentes marcos legales.

El artículo 55 refuerza la base sobre la que se asienta la confianza y la eficacia del sistema regulatorio en relación con la resiliencia operativa digital, garantizando un manejo responsable y seguro de la información confidencial, y promoviendo un entorno de cooperación sólida entre las entidades reguladas y las autoridades competentes.

2. La obligación de secreto profesional se aplicará a todas las personas que trabajen o hayan trabajado para las autoridades competentes en virtud del presente Reglamento o para cualquier otra autoridad u organismo del mercado o persona física o jurídica en los que aquellas hayan delegado sus facultades, incluidos los auditores y expertos contratados por ellas.

El apartado 2 establece la extensión de la obligación de secreto profesional a todas las personas que trabajen o hayan trabajado para las autoridades competentes, así como a cualquier otra autoridad, organismo del mercado o persona física o jurídica en la que dichas autoridades hayan delegado sus facultades. Esto incluye auditores y expertos contratados para apoyar la implementación y supervisión de las disposiciones del Reglamento. La amplitud de esta obligación refleja un compromiso integral con la confidencialidad, esencial para mantener la integridad de los procedimientos regulatorios y la confianza de las partes interesadas en el sistema financiero.

La obligación de secreto profesional abarca tanto a las personas en funciones como a aquellas que ya no tienen relación activa con las autoridades competentes. Esto asegura que la confidencialidad de la información se mantenga a lo largo del tiempo, protegiendo datos sensibles incluso después de la finalización de las funciones o contratos. Este enfoque previene posibles filtraciones de información que puedan comprometer la seguridad operativa de las entidades financieras o la efectividad del marco regulatorio.

La inclusión de auditores y expertos contratados subraya la importancia de garantizar que los terceros involucrados en actividades de supervisión cumplan con los mismos estándares de confidencialidad que las autoridades competentes. Esto es especialmente relevante dado que estos profesionales pueden tener acceso a información detallada sobre la infraestructura de las TIC, riesgos operativos, incidentes o estrategias de las entidades financieras. El incumplimiento de estas obligaciones por parte de auditores o expertos podría generar vulnerabilidades significativas, tanto para las entidades supervisadas como para el sistema financiero en su conjunto.

Desde una perspectiva práctica, esta disposición exige que las autoridades competentes adopten medidas rigurosas para garantizar el cumplimiento de las obligaciones de secreto profesional por parte de todas las personas involucradas en el ejercicio de sus facultades. Esto incluye la formalización de acuerdos de confidencialidad, la implementación de políticas internas que regulen el manejo de información sensible y la capacitación continua en temas relacionados con la protección de datos. Además, las autoridades deben establecer mecanismos de supervisión y auditoría para verificar que se cumplan estas obligaciones.

El alcance de esta norma también implica que las entidades financieras deben tener la certeza de que la información proporcionada a las autoridades o a terceros autorizados será manejada de manera confidencial. Esto fomenta una mayor colaboración y un intercambio más transparente de información crítica, que es fundamental para evaluar y mitigar los riesgos relacionados con las TIC. Si las entidades perciben un riesgo de divulgación no autorizada, podrían volverse reticentes a compartir información completa, lo que comprometería los objetivos del Reglamento.

La protección ofrecida por la obligación de secreto profesional tiene repercusiones significativas en la estabilidad del sistema financiero y en la confianza del público en el marco regulatorio. Una violación de esta confidencialidad podría dar lugar a pérdidas reputacionales, daños financieros o incluso a ataques cibernéticos si la información sensible se utiliza indebidamente. Asimismo, podría afectar la percepción pública de la capacidad de las autoridades para gestionar de manera segura y efectiva los riesgos relacionados con las TIC.

En términos legales, la obligación de secreto profesional podría estar respaldada por sanciones en caso de incumplimiento, lo que refuerza su carácter obligatorio y disuasorio. Además, esta disposición debe coordinarse con otras normativas aplicables, como las relativas a la protección de datos personales o la confidencialidad en el ámbito laboral. Esto asegura que no existan conflictos normativos que puedan debilitar el cumplimiento efectivo de estas obligaciones.

En síntesis, la obligación de secreto profesional establecida en este apartado pretende proteger la integridad de los procesos de supervisión y garantizar la seguridad de la información sensible manejada en el contexto del Reglamento. Su aplicación a una amplia gama de personas y entidades refuerza un marco integral de protección que es esencial para el funcionamiento efectivo y confiable del sistema financiero.

3. La información sujeta al secreto profesional, incluido el intercambio de información entre las autoridades competentes con arreglo al presente Reglamento y las autoridades competentes designadas o establecidas de conformidad con la Directiva (UE) 2022/2555, no se divulgará a ninguna otra persona o autoridad, salvo en virtud del Derecho de la Unión o nacional.

El apartado 3 establece un principio fundamental para el manejo de la información sujeta a secreto profesional, especificando que esta solo puede ser divulgada a personas o autoridades distintas de las designadas en el presente Reglamento o en la Directiva (UE) 2022/2555 cuando dicha divulgación esté expresamente prevista en el Derecho de la Unión o nacional. Este precepto refuerza el marco de confidencialidad en las actividades de supervisión y gestión del riesgo relacionado con las TIC, garantizando que la información intercambiada entre las autoridades competentes sea manejada con estricta reserva.

La disposición delimita claramente las circunstancias bajo las cuales puede compartirse información confidencial, lo que contribuye a proteger la privacidad de las entidades financieras, la seguridad de sus sistemas y la confianza en el marco regulatorio. En el contexto práctico, esto implica que las autoridades competentes deben evaluar cuidadosamente cada solicitud de divulgación, asegurándose de que cumpla con los requisitos legales aplicables. La ausencia de autorización explícita en el Derecho de la Unión o nacional hace que cualquier divulgación de este tipo sea ilícita y potencialmente sujeta a sanciones.

Esta norma adquiere especial relevancia en situaciones donde se maneja información altamente sensible, como incidentes relacionados con las TIC, vulnerabilidades específicas de las entidades financieras o estrategias de mitigación de riesgos. La divulgación indebida de esta información podría comprometer la estabilidad operativa de las entidades afectadas, facilitar ciberataques o generar daños reputacionales y financieros significativos. Por ende, el principio establecido actúa como un salvaguarda frente a posibles brechas de confidencialidad.

En el ámbito de la cooperación entre autoridades, esta disposición también asegura que la información compartida en el marco de las actividades de supervisión conserve su carácter confidencial incluso cuando sea transmitida a diferentes jurisdicciones o entidades reguladoras. Esto es esencial para fomentar una colaboración eficaz entre las autoridades de distintos

Estados miembros y entre los diferentes sectores regulados. Al mismo tiempo, garantiza que la información se maneje de manera uniforme y con estándares de seguridad adecuados en todos los niveles de la supervisión.

El vínculo con la Directiva (UE) 2022/2555 subraya la importancia de la coordinación intersectorial en la gestión de riesgos relacionados con las TIC. Dado que esta directiva establece disposiciones específicas sobre la ciberseguridad en sectores esenciales, como los servicios financieros, la interoperabilidad entre ambos marcos normativos exige que las autoridades competentes respeten el principio de secreto profesional al compartir información. Esto fortalece la confianza mutua entre las autoridades y asegura que la información solo se use para los fines previstos por la normativa aplicable.

Desde un punto de vista práctico, esta norma requiere que las autoridades competentes implementen procedimientos internos claros para manejar las solicitudes de divulgación de información. Estos procedimientos deben incluir criterios objetivos para verificar la legalidad de las solicitudes, mecanismos de registro de las decisiones de divulgación y medidas para garantizar que solo las personas autorizadas tengan acceso a la información sujeta a secreto profesional. Además, las autoridades deben formar a su personal en la correcta aplicación de estos procedimientos para minimizar el riesgo de errores o incumplimientos.

La restricción establecida también tiene implicaciones legales significativas. En caso de divulgación indebida, tanto las autoridades como las personas involucradas podrían enfrentarse a sanciones administrativas, civiles o penales, dependiendo del marco jurídico aplicable. Esto subraya la necesidad de un estricto cumplimiento de la normativa y de una supervisión efectiva de las prácticas relacionadas con el manejo de información confidencial.

En resumen, la prohibición de divulgar información sujeta a secreto profesional salvo en virtud del Derecho de la Unión o nacional fortalece la protección de datos sensibles en el ámbito de la supervisión financiera. Al limitar las circunstancias bajo las cuales puede compartirse esta información, la norma no solo garantiza la integridad y seguridad de los datos, sino que también refuerza la confianza en el marco regulatorio y en las autoridades responsables de su aplicación. Este enfoque equilibrado es esencial para preservar la estabilidad del sistema financiero y proteger a las entidades supervisadas frente a riesgos derivados de la exposición indebida de información.

4. Toda la información intercambiada por las autoridades competentes en virtud del presente Reglamento y referida a las condiciones comerciales u operativas,

así como a otros asuntos de tipo económico o personal, se considerará confidencial y estará amparada por el secreto profesional, salvo cuando la autoridad competente declare, en el momento de su comunicación, que la información puede ser revelada o esta revelación resulte necesaria en el marco de un procedimiento judicial.

El artículo establece un marco claro y estricto para la confidencialidad de la información intercambiada entre las autoridades competentes en virtud del Reglamento, abarcando aspectos relativos a las condiciones comerciales, operativas, económicas o personales. La norma recalca que toda esta información estará amparada por el secreto profesional, salvo en dos excepciones: cuando la autoridad competente que la comunica autorice expresamente su divulgación en el momento de la transmisión o cuando dicha divulgación sea necesaria en el contexto de un procedimiento judicial. Este enfoque busca equilibrar la necesidad de confidencialidad con los requerimientos legales y operativos que puedan surgir en casos específicos.

El principio de confidencialidad protege la sensibilidad de los datos intercambiados, asegurando que no se utilicen indebidamente ni se divulguen sin una base legítima. Esta protección es fundamental en el sector financiero, donde la información compartida puede incluir datos estratégicos sobre la operativa de las entidades financieras, vulnerabilidades relacionadas con riesgos tecnológicos o económicos, o incluso detalles personales de los implicados. La confidencialidad es determinante para mantener la confianza entre las autoridades competentes y las entidades supervisadas, al garantizar que la información se maneja con el grado de reserva requerido.

Desde un punto de vista práctico, la disposición exige que las autoridades competentes adopten medidas organizativas y técnicas para garantizar que la información recibida en virtud del Reglamento esté debidamente protegida. Esto incluye la implementación de sistemas de gestión de información que limiten el acceso únicamente a las personas autorizadas, la capacitación del personal en la gestión segura de datos confidenciales y la adopción de políticas internas que regulen el intercambio de información. Además, las autoridades deben contar con procedimientos claros para evaluar y autorizar, en su caso, la divulgación de información bajo las excepciones previstas.

En relación con las excepciones, se otorga a las autoridades competentes que comunican la información un control significativo sobre su posible divulgación, al poder declarar expresamente si la información compartida puede ser revelada a terceros. Este control ayuda a prevenir un uso no autorizado o inapropiado de los datos, al tiempo que asegura que las autoridades remitentes tengan plena conciencia de las posibles implicaciones de su divulgación. No obstante, esta facultad también implica una responsabilidad adicional, ya que las autoridades que autorizan la divulgación deben considerar cuidadosamente las posibles consecuencias legales y reputacionales.

La otra excepción, que permite la divulgación de información en el contexto de procedimientos judiciales, subraya la importancia de garantizar que el cumplimiento de la normativa no obstruya la administración de justicia. Sin embargo, esta excepción debe interpretarse y aplicarse de manera restrictiva para evitar un abuso que pueda comprometer la confidencialidad general que protege el Reglamento. Las autoridades competentes deben tener procedimientos claros para determinar cuándo una solicitud judicial justifica la divulgación y garantizar que dicha divulgación sea estrictamente limitada al alcance necesario para el procedimiento.

El artículo también tiene implicaciones importantes para los procedimientos judiciales relacionados con la supervisión financiera o incidentes relacionados con las TIC. La disposición asegura que, en tales contextos, las autoridades puedan proporcionar la información necesaria sin infringir el principio general de confidencialidad, pero siempre dentro de un marco controlado. Esto refuerza la efectividad de las acciones legales relacionadas con el Reglamento, al tiempo que preserva la confianza en la confidencialidad del sistema supervisión.

En términos más amplios, el artículo fomenta un entorno de cooperación eficaz entre las autoridades competentes, al proporcionar un marco claro para el intercambio de información. La garantía de confidencialidad minimiza el riesgo de reticencias a compartir datos críticos, lo cual es esencial para la identificación y gestión de riesgos transfronterizos y para la supervisión integral del sistema financiero de la Unión. Al mismo tiempo, la norma reconoce las necesidades operativas y legales específicas, introduciendo excepciones cuidadosamente delimitadas que permiten responder a situaciones extraordinarias sin comprometer la confidencialidad general del sistema.

En síntesis, la disposición refuerza la importancia de la confidencialidad en el manejo de información sensible entre autoridades competentes, establece salvaguardias para evitar el uso indebido de datos y regula de manera adecuada las excepciones, equilibrando los intereses de la protección de datos con las exigencias de justicia y eficacia operativa.

Artículo 56. Protección de datos

1. Las Autoridades Europeas de Supervisión y las autoridades competentes solo estarán autorizadas a tratar datos personales cuando sea necesario para el cumplimiento de sus respectivas obligaciones y funciones en virtud del presente Reglamento, en particular en lo que respecta a la investigación, inspección, solicitud de información, comunicación, publicación, evaluación, verificación, evaluación y elaboración de planes de supervisión. Los datos personales serán tratados de conformidad con el Reglamento (UE) 2016/679 o con el Reglamento (UE) 2018/1725, según corresponda.

El artículo establece un marco normativo claro para el tratamiento de datos personales por parte de las Autoridades Europeas de Supervisión y las autoridades competentes, limitando dicho tratamiento a aquellos casos en que sea estrictamente necesario para el cumplimiento de sus funciones y obligaciones bajo el Reglamento. Esto incluye actividades como investigación, inspección, solicitud de información, comunicación, publicación, evaluación, verificación y la elaboración de planes de supervisión, lo que subraya el carácter funcional y específico del tratamiento permitido.

La mención expresa al Reglamento (UE) 2016/679 (Reglamento General de Protección de Datos) y al Reglamento (UE) 2018/1725 (aplicable a las instituciones, órganos y organismos de la Unión) asegura que todo tratamiento de datos personales se alinee con los estándares más elevados de protección de datos en la Unión. Esto incluye principios como la minimización de datos, limitación de la finalidad, proporcionalidad y la garantía de derechos de los interesados, como el acceso, rectificación o supresión de sus datos.

Desde una perspectiva práctica, la norma impone a las autoridades competentes una serie de obligaciones organizativas y técnicas. Estas incluyen la necesidad de establecer procedimientos internos que aseguren que los datos personales se recojan y traten exclusivamente en los contextos definidos por el Reglamento, evitando cualquier uso fuera del ámbito autorizado. Asimismo, deberán garantizarse medidas de seguridad adecuadas para proteger los datos contra accesos no autorizados, alteraciones, divulgaciones o pérdidas.

El cumplimiento del Reglamento (UE) 2016/679 o del Reglamento (UE) 2018/1725 según corresponda tiene repercusiones en la gestión diaria de los datos por parte de las autoridades. Estas deben designar un Delegado de Protección de Datos (DPD), garantizar la transparencia en el tratamiento mediante la publicación de políticas de privacidad específicas y llevar a cabo evaluaciones de impacto relativas a la protección de datos (DPIA) cuando el tratamiento pueda implicar un alto riesgo para los derechos y libertades de los interesados. Además, cualquier brecha de seguridad en el tratamiento de los datos personales deberá notificarse de conformidad con los requisitos legales.

La disposición también tiene implicaciones relevantes en el contexto de la supervisión de entidades financieras y proveedores terceros de servicios de TIC. En las investigaciones o inspecciones, los datos personales pueden ser necesarios para evaluar el cumplimiento normativo. Sin embargo, la inclusión de estas actividades dentro del ámbito del tratamiento autorizado asegura que las autoridades actúen con un marco definido que respalde la legitimidad del uso de dichos datos. Esto otorga una mayor seguridad jurídica a las entidades supervisadas y a los individuos cuyos datos puedan estar involucrados.

Por otra parte, el requisito de cumplir con los Reglamentos aplicables en materia de protección de datos garantiza que las actividades supervisadas también se lleven a cabo con respeto a los derechos fundamentales de las personas. Esto resulta particularmente importante en el ámbito de la publicación o comunicación de información derivada de investigaciones o inspecciones, donde el equilibrio entre la transparencia y la privacidad es esencial.

El artículo también tiene repercusiones en la colaboración y el intercambio de información entre autoridades competentes y otros organismos. Dado que estos procesos pueden implicar la transferencia de datos personales, se requiere que dichas transferencias se realicen bajo estrictas condiciones de seguridad y conforme a los principios de protección de datos, incluyendo la evaluación previa de su necesidad y proporcionalidad.

Finalmente, al remitir a los Reglamentos (UE) 2016/679 y (UE) 2018/1725, el artículo asegura la coherencia normativa y facilita la supervisión y aplicación por parte de las autoridades de protección de datos. Esto refuerza la confianza en el sistema de supervisión financiera y operativa, asegurando que las actividades relacionadas con la resiliencia digital y la gestión de riesgos tecnológicos se lleven a cabo con pleno respeto a los derechos de los individuos.

2. Salvo cuando se disponga otra cosa en otros actos sectoriales, los datos personales a que se refiere el apartado 1 se conservarán hasta el cumplimiento de las obligaciones aplicables en materia de supervisión y, en cualquier caso, durante un período máximo de quince años, salvo en caso de procedimientos judiciales pendientes que requieran conservar dichos datos durante más tiempo.

El segundo apartado establece un límite claro y definido para la conservación de datos personales relacionados con las actividades de supervisión, fijando un período máximo de quince años, salvo que existan procedimientos judiciales pendientes que requieran su conservación durante un período más prolongado. Esta disposición responde a los principios de limitación del almacenamiento y minimización del tratamiento establecidos en el Reglamento General de Protección de Datos (RGPD) y en el Reglamento (UE) 2018/1725.

Desde un punto de vista operativo, el artículo impone una responsabilidad significativa sobre las autoridades encargadas de la supervisión, que deberán implementar sistemas de gestión de datos capaces de garantizar que estos se eliminen de manera segura una vez alcanzado el límite temporal, a menos que persistan causas legales que justifiquen su retención. Esto requiere una planificación cuidadosa en términos de recursos tecnológicos y humanos, incluyendo la adopción de herramientas automatizadas para la eliminación y la actualización de los procedimientos internos de gestión documental.

El cumplimiento de la obligación de conservación de datos durante un período prolongado implica también la implementación de medidas de seguridad adecuadas para protegerlos contra accesos no autorizados, alteraciones, pérdida o cualquier otra forma de tratamiento ilícito. Dado el período máximo establecido, las autoridades deberán garantizar que estas medidas se mantengan efectivas durante todo el tiempo de conservación.

El límite de quince años tiene implicaciones prácticas en la supervisión y en la relación con las entidades supervisadas. Por un lado, permite que las autoridades mantengan acceso a datos relevantes durante un período razonable para evaluar el cumplimiento normativo y abordar posibles infracciones. Por otro lado, la disposición también introduce una carga administrativa en las entidades financieras y proveedores terceros de servicios de TIC, que deberán colaborar con las autoridades en la recopilación y tratamiento de estos datos mientras aseguran su protección y confidencialidad.

La excepción relacionada con los procedimientos judiciales pendientes proporciona flexibilidad, permitiendo que los datos necesarios para defender intereses legales o participar en procesos judiciales continúen siendo accesibles. Esto refuerza la capacidad de las autoridades y de las partes implicadas para cumplir con las exigencias de los procedimientos legales y judiciales. Sin embargo, este supuesto también plantea desafíos para definir criterios claros sobre cuándo un procedimiento judicial justifica la prolongación del período de conservación, lo que podría dar lugar a interpretaciones divergentes.

Además, la regla general de quince años podría generar tensiones en la interacción con otros actos sectoriales que prevean requisitos diferentes para la conservación de datos. En tales casos, será necesario realizar análisis detallados para determinar qué normativa prevalece y cómo armonizar las obligaciones divergentes, particularmente en sectores como los servicios financieros donde los actos normativos especializados pueden establecer plazos distintos.

La disposición también tiene relevancia en términos de derechos individuales. Los interesados cuyos datos se conserven durante largos períodos pueden solicitar información sobre su tratamiento, lo que exige que las autoridades mantengan sistemas actualizados para gestionar solicitudes de acceso, rectificación o eliminación. Asimismo, el artículo garantiza a los interesados que sus datos no se conservarán más allá de lo necesario, fortaleciendo la protección de su privacidad y confianza en el sistema regulador.

En términos generales, el límite temporal de quince años equilibra la necesidad de las autoridades de supervisión de conservar datos relevantes durante un período prolongado con las exigencias de proteger los derechos de los individuos y garantizar un tratamiento proporcional. La excepción para procedimientos judiciales introduce la flexibilidad necesaria para abordar casos específicos, pero requiere un marco normativo claro y procedimientos internos efectivos para evitar abusos o interpretaciones arbitrarias.

CAPÍTULO VIII
Actos delegados

Artículo 57. Ejercicio de la delegación

1. Se otorgan a la Comisión los poderes para adoptar actos delegados en las condiciones establecidas en el presente artículo.

El artículo 57 otorga a la Comisión Europea la facultad de adoptar actos delegados bajo condiciones específicas, alineándose con el marco normativo establecido en el artículo 290 del Tratado de Funcionamiento de la Unión Europea (TFUE). Esta disposición permite que la Comisión modifique o complemente ciertos elementos no esenciales del presente Reglamento, como las normas técnicas o criterios operativos, sin necesidad de recurrir al proceso legislativo ordinario. Este mecanismo busca garantizar la flexibilidad normativa necesaria para abordar cuestiones técnicas y operativas que pueden evolucionar con el tiempo y requerir ajustes rápidos y específicos.

La delegación de poderes a la Comisión refleja una estrategia regulatoria basada en la especialización técnica y la capacidad de reacción ante cambios en el entorno digital y operativo de las entidades financieras. Esto es especialmente relevante en el contexto de la resiliencia operativa digital, un ámbito caracterizado por su dinamismo y por la necesidad de responder a ciberamenazas emergentes y avances tecnológicos. Permitir que la Comisión adapte los aspectos técnicos del Reglamento sin recurrir a procesos legislativos prolongados asegura una mayor eficacia y agilidad en la implementación de las normas.

El otorgamiento de esta facultad no es absoluto, ya que debe ejercerse dentro de los límites y condiciones definidos en el Reglamento. Este enfoque equilibra la necesidad de dotar a la Comisión de flexibilidad con el principio de control democrático, asegurando que la delegación respete los objetivos y límites establecidos por el legislador. En este sentido, el artículo subraya que los actos delegados deben respetar el contenido esencial del Reglamento, sin alterar su naturaleza o propósito general.

La inclusión de este artículo tiene repercusiones prácticas significativas para las entidades financieras y los proveedores terceros de servicios de TIC. Al permitir ajustes normativos rápidos, las partes interesadas pueden enfrentar cambios en los requisitos de cumplimiento que deberán implementar de manera eficiente. Esto exige que las entidades supervisadas mantengan una vigilancia constante sobre los desarrollos normativos y que adapten sus sistemas y procesos a posibles actualizaciones en las normas técnicas o en los criterios de evaluación.

Para los Estados miembros y las autoridades competentes, el artículo implica la necesidad de un seguimiento continuo de los actos delegados adoptados por la Comisión y su integración en los marcos regulatorios nacionales. Esto refuerza la importancia de contar con sistemas de coordinación entre las autoridades nacionales y la Comisión para garantizar una aplicación uniforme y coherente de las disposiciones modificadas o complementadas.

El otorgamiento de poderes delegados también tiene implicaciones en términos de transparencia y rendición de cuentas. Aunque la Comisión actúa en el marco de su mandato, el Parlamento Europeo y el Consejo conservan la facultad de revocar la delegación o de oponerse a los actos delegados adoptados, lo que garantiza un nivel adecuado de control político y jurídico. Este sistema de control también exige que la Comisión lleve a cabo consultas adecuadas durante la preparación de los actos delegados, asegurando la participación de expertos y partes interesadas, lo que contribuye a la calidad y aceptación de las normas adoptadas.

En términos de cumplimiento, las entidades afectadas deberán asegurarse de que sus políticas, procedimientos y sistemas puedan adaptarse a los actos delegados en cuanto entren en vigor. Este aspecto destaca la importancia de una planificación adecuada de los recursos y de la implementación de sistemas de gestión de cumplimiento que puedan responder de manera ágil a cambios regulatorios. Para el sector financiero, esta capacidad de adaptación será determinante para minimizar los riesgos de incumplimiento y garantizar la continuidad de sus operaciones en un entorno regulatorio en constante evolución.

El artículo, al conferir esta delegación de poderes, refuerza la capacidad del marco normativo para mantenerse actualizado y eficaz frente a los desafíos dinámicos asociados a la resiliencia operativa digital. Esto contribuye a garantizar un equilibrio entre la estabilidad normativa y la flexibilidad necesaria para abordar las especificidades técnicas y operativas que pueden surgir en el tiempo.

2. Los poderes para adoptar los actos delegados a que se refieren el artículo 31, apartado 6, y el artículo 43, apartado 2, se otorgan a la Comisión por un período de cinco años a partir del 17 de enero de 2024. La Comisión elaborará un informe sobre la delegación de poderes a más tardar nueve meses antes de que finalice el período de cinco años. La delegación de poderes se prorrogará tácitamente por períodos de idéntica duración, excepto si el Parlamento Europeo o el Consejo se oponen a dicha prórroga a más tardar tres meses antes del final de cada período.

El presente apartado establece un marco temporal y procesal para la delegación de poderes a la Comisión en relación con la adopción de actos delegados en virtud del artículo 31, apartado 6, y del artículo 43, apartado 2. Este esquema de delegación tiene un plazo inicial de cinco años, comenzando el 17 de enero de 2024, con la posibilidad de renovarse automáticamente por períodos iguales, salvo oposición expresa del Parlamento Europeo o del Consejo.

El plazo inicial de cinco años refleja un equilibrio entre la necesidad de dotar a la Comisión de un marco estable para ejercer sus poderes delegados y el control político necesario por parte de las instituciones legislativas. Este control se materializa en la obligación de la Comisión de elaborar un informe sobre la delegación antes de que finalice cada período de cinco años. Dicho informe permite al Parlamento y al Consejo evaluar el uso de los poderes delegados y decidir sobre su prórroga, fomentando la rendición de cuentas y la transparencia en la adopción de actos delegados.

La prórroga tácita introduce una medida de eficiencia administrativa al evitar procedimientos innecesarios siempre que el Parlamento y el Consejo no se opongan. Sin embargo, también otorga a estas instituciones un mecanismo claro para revocar o modificar la delegación si consideran que la Comisión no ha actuado conforme a los objetivos y límites del Reglamento o si el marco regulatorio necesita ajustes estructurales. Este aspecto garantiza un equilibrio entre la autonomía técnica de la Comisión y el control político democrático.

Desde una perspectiva práctica, la temporalidad de la delegación requiere que la Comisión ejerza sus poderes de manera eficaz y oportuna dentro de cada período de cinco años, atendiendo a los plazos y objetivos establecidos. Las partes interesadas, incluidas las entidades financieras y los proveedores terceros de servicios de TIC, deberán estar atentas a los actos delegados adoptados durante estos períodos, ya que podrían introducir cambios significativos en sus obligaciones normativas.

El informe obligatorio que la Comisión debe presentar antes del final del período de delegación tiene un papel determinante en la evaluación de la eficacia y pertinencia de los poderes delegados. Este informe puede incluir un análisis del impacto de los actos delegados en la práctica, identificar áreas de mejora y proponer modificaciones al esquema normativo, asegurando que el marco regulador se mantenga actualizado y relevante.

Para las entidades supervisadas, la continuidad o modificación de los poderes delegados tiene implicaciones directas. La posible adopción de nuevos actos delegados o la falta de renovación de la delegación podrían generar incertidumbre regulatoria o cambios en las normativas aplicables. Por tanto, resulta esencial mantener un diálogo constante entre los supervisores, los regulados y las instituciones encargadas de la adopción de dichos actos.

La regulación de la delegación mediante períodos definidos también resalta la importancia de la previsibilidad y la planificación a largo plazo en el diseño de marcos regulatorios complejos como los relacionados con la resiliencia operativa digital. Al garantizar que las revisiones periódicas se integren en el esquema normativo, el artículo fortalece el principio de gobernanza regulatoria efectiva, promoviendo la adaptación del marco a los desafíos emergentes sin comprometer su estabilidad ni coherencia.

3. La delegación de poderes mencionada en el artículo 31, apartado 6, y en el artículo 43, apartado 2, podrá ser revocada en cualquier momento por el Parlamento Europeo o por el Consejo. La decisión de revocación pondrá término a la delegación de los poderes que en ella se especifiquen. La decisión surtirá efecto el día siguiente al de su publicación en el Diario Oficial de la Unión Europea o en

una fecha posterior indicada en ella. No afectará a la validez de los actos delegados que ya estén en vigor.

El artículo establece la posibilidad de que el Parlamento Europeo o el Consejo revoquen en cualquier momento la delegación de poderes concedida a la Comisión en virtud del artículo 31, apartado 6, y el artículo 43, apartado 2, del Reglamento. Esta disposición garantiza un control político continuo y efectivo sobre la delegación, reflejando el principio de equilibrio institucional en el marco de gobernanza de la Unión Europea. La revocación de poderes permite que las instituciones legislativas retomen el control en caso de que consideren que la Comisión no ha actuado en consonancia con los objetivos del Reglamento o que las circunstancias han cambiado, lo que subraya la importancia de la supervisión democrática en el ejercicio de los poderes delegados.

El procedimiento de revocación especifica que la decisión será efectiva al día siguiente de su publicación en el Diario Oficial de la Unión Europea o en una fecha posterior que se indique en la decisión. Este marco proporciona claridad temporal y asegura que no haya ambigüedad respecto al momento en que los poderes delegados cesan, contribuyendo a la seguridad jurídica. Además, el hecho de que la revocación no afecte a la validez de los actos delegados previamente adoptados protege la estabilidad normativa y evita cualquier vacío legal que pudiera surgir de la terminación de la delegación.

Desde una perspectiva práctica, la revocación de poderes puede tener un impacto significativo en las entidades reguladas y en los proveedores terceros de servicios de TIC. Estos actores deben estar atentos a cualquier indicio de que el Parlamento o el Consejo puedan ejercer esta facultad, ya que podría afectar las iniciativas normativas en curso o alterar las expectativas sobre la implementación de medidas regulatorias futuras. La validez de los actos delegados existentes garantiza que las disposiciones ya adoptadas sigan siendo aplicables, pero también puede requerir que las entidades revisen sus planes de cumplimiento si la revocación conlleva un cambio en la dirección regulatoria.

La posibilidad de revocación también incentiva a la Comisión a actuar dentro de los límites establecidos por el Reglamento y a mantener una comunicación transparente y efectiva con el Parlamento y el Consejo. Esto fomenta un enfoque equilibrado y consensuado en la elaboración de los actos delegados, promoviendo la confianza entre las instituciones y los interesados. Además, el proceso de publicación y los plazos claramente definidos para la efectividad de la revocación contribuyen a una transición ordenada en caso de que se tome dicha decisión.

El artículo también refuerza el marco de gobernanza de la Unión Europea al permitir una corrección oportuna de la delegación de poderes si se considera necesario, sin comprometer la seguridad jurídica ni la coherencia normativa. Este equilibrio entre flexibilidad y estabilidad es esencial para gestionar un ámbito regulatorio tan dinámico como la resiliencia operativa digital y los riesgos relacionados con las TIC, donde la capacidad de adaptación y la supervisión política son fundamentales para responder a los desafíos emergentes.

4. Antes de la adopción de un acto delegado, la Comisión consultará a los expertos designados por cada Estado miembro de conformidad con los principios establecidos en el Acuerdo interinstitucional de 13 de abril de 2016 sobre la mejora de la legislación.

El artículo establece la obligación de la Comisión Europea de consultar a expertos designados por los Estados miembros antes de la adopción de un acto delegado, asegurando así un enfoque inclusivo y representativo en el proceso de elaboración normativa. Esta disposición refuerza el compromiso de la Unión Europea con los principios de transparencia, cooperación y buena gobernanza establecidos en el Acuerdo interinstitucional de 13 de abril de 2016 sobre la mejora de la legislación. Dicho acuerdo promueve una colaboración eficaz entre las instituciones de la UE, así como la participación activa de los Estados miembros en la preparación de actos delegados, lo que resulta fundamental para garantizar la calidad normativa y la coherencia con los marcos legales nacionales.

Desde una perspectiva práctica, este mecanismo de consulta permite a los Estados miembros expresar sus preocupaciones, proporcionar información técnica relevante y garantizar que los actos delegados reflejen las realidades nacionales y las diferencias específicas entre jurisdicciones. Además, la consulta a expertos nacionales fomenta un intercambio técnico valioso que puede contribuir a la precisión y viabilidad de las medidas adoptadas, especialmente en un ámbito tan complejo como la gestión de riesgos relacionados con las TIC en el sector financiero.

La inclusión de expertos nacionales también refuerza la legitimidad de los actos delegados, ya que los Estados miembros tienen la oportunidad de influir en su contenido antes de su adopción formal. Esto puede mitigar posibles tensiones entre las instituciones de la UE y los Estados miembros al reducir la percepción de que las decisiones se toman unilateralmente por la Comisión, promoviendo un sentido de corresponsabilidad en la implementación del Reglamento.

En términos de repercusiones para las entidades financieras y los proveedores terceros de servicios de TIC, esta obligación de consulta puede traducirse en un mayor alineamiento de las normas con las necesidades prácticas del mercado y una implementación más fluida a nivel nacional. Los expertos nacionales pueden identificar desafíos específicos de aplicación o destacar áreas donde sea necesario un enfoque más matizado, lo que ayuda a minimizar posibles conflictos entre el Reglamento y la legislación nacional o prácticas establecidas.

Asimismo, el proceso de consulta puede extender los plazos para la adopción de actos delegados, lo que, aunque aporta más tiempo para deliberaciones técnicas, puede generar incertidumbre temporal para las partes interesadas. Sin embargo, esta incertidumbre se ve compensada por la mejora en la calidad normativa y la previsibilidad que resulta de un proceso más inclusivo y consultivo.

Desde el punto de vista de las autoridades nacionales y las instituciones europeas, este enfoque asegura que la elaboración de los actos delegados se realice con un conocimiento amplio y actualizado del entorno regulatorio y operativo. También fomenta un sentido de coherencia y unidad en la aplicación del Reglamento, al tiempo que permite a los Estados miembros tener una voz activa en cuestiones que afectan directamente a sus jurisdicciones. Esto es particularmente relevante en contextos donde la armonización de normas es esencial para garantizar la resiliencia operativa digital y la estabilidad financiera en toda la Unión.

5. En cuanto la Comisión adopte un acto delegado lo notificará simultáneamente al Parlamento Europeo y al Consejo.

El artículo establece la obligación de la Comisión Europea de notificar de manera simultánea al Parlamento Europeo y al Consejo la adopción de un acto delegado, lo que garantiza la transparencia y la coordinación entre las instituciones legislativas de la Unión Europea. Este procedimiento se alinea con los principios establecidos en el artículo 290 del Tratado de Funcionamiento de la Unión Europea, que otorga al Parlamento Europeo y al Consejo el derecho a supervisar y, si es necesario, revocar los actos delegados.

Desde una perspectiva jurídica, esta notificación simultánea asegura que ambas instituciones dispongan de la misma oportunidad de revisar, objetar o aceptar el acto delegado dentro del plazo estipulado. Esto refuerza el equilibrio institucional al evitar que una institución reciba la notificación con antelación respecto a la otra, lo que podría interpretarse como una ventaja procesal. La igualdad en el acceso a la información permite a ambas instituciones ejercer de manera efectiva sus prerrogativas de control, asegurando que los actos delegados sean conformes con el mandato establecido en el Reglamento base.

En términos prácticos, esta obligación de notificación fomenta la coherencia en el proceso legislativo y reduce la posibilidad de discrepancias o interpretaciones divergentes entre el Parlamento y el Consejo. Al recibir la notificación de manera simultánea, ambas instituciones pueden coordinar sus procedimientos internos de revisión y garantizar una respuesta oportuna y alineada. Esto es particularmente relevante en contextos donde los actos delegados tienen implicaciones inmediatas para sectores regulados, como el financiero, donde la implementación de medidas específicas puede ser crítica para abordar riesgos emergentes.

Desde la perspectiva de los operadores afectados, como las entidades financieras y los proveedores terceros de servicios de TIC, este proceso contribuye a la previsibilidad normativa. La notificación simultánea y el consiguiente proceso de supervisión por parte del Parlamento y el Consejo brindan una garantía adicional de que los actos delegados serán revisados cuidadosamente antes de entrar en vigor. Esto puede generar mayor confianza en la adecuación y proporcionalidad de las medidas adoptadas, minimizando incertidumbres sobre la aplicación práctica de las mismas.

Para las autoridades nacionales y los supervisores financieros, esta práctica refuerza la confianza en que las medidas adoptadas a nivel europeo estarán alineadas con los principios del Reglamento base y serán objeto de un escrutinio adecuado por parte de las instituciones legislativas. Esto es fundamental en un contexto donde la coordinación y armonización de las normas son esenciales para garantizar la resiliencia operativa digital y la estabilidad del sistema financiero de la Unión Europea.

Finalmente, la obligación de notificación simultánea refleja el compromiso de la Unión Europea con un proceso legislativo inclusivo y transparente. La supervisión efectiva de los actos delegados por parte del Parlamento y el Consejo es una salvaguardia determinante para garantizar que las medidas adoptadas mediante delegación no excedan los límites del mandato otorgado a la Comisión. Esto fortalece la legitimidad de las decisiones normativas y asegura un equilibrio adecuado entre la eficiencia en la implementación de las políticas y la supervisión democrática de las mismas.

6. Los actos delegados adoptados en virtud del artículo 31, apartado 6, y del artículo 43, apartado 2, entrarán en vigor únicamente si, en un plazo de tres

meses a partir de su notificación al Parlamento Europeo y al Consejo, ninguna de estas instituciones formula objeciones o si, antes del vencimiento de dicho plazo, ambas informan a la Comisión de que no las formularán. El plazo se prorrogará tres meses a iniciativa del Parlamento Europeo o del Consejo.

El artículo establece un mecanismo claro para la entrada en vigor de los actos delegados adoptados en virtud de las disposiciones del artículo 31, apartado 6, y del artículo 43, apartado 2, del Reglamento. Dicho mecanismo se fundamenta en el control legislativo ejercido por el Parlamento Europeo y el Consejo, quienes disponen de un plazo inicial de tres meses para formular objeciones tras la notificación de la adopción del acto delegado. Este plazo puede ser prorrogado por otros tres meses a solicitud de cualquiera de estas instituciones, reforzando así su capacidad de supervisión.

Desde una perspectiva jurídica, este procedimiento refuerza el equilibrio de poderes entre las instituciones europeas al proporcionar al Parlamento y al Consejo la oportunidad de evaluar si el acto delegado respeta los límites del mandato otorgado a la Comisión. Al permitir que estas instituciones bloqueen la entrada en vigor de un acto delegado mediante la formulación de objeciones, el artículo actúa como una salvaguardia frente a posibles excesos regulatorios o desviaciones del propósito legislativo original. Este control es especialmente relevante en el contexto del Reglamento, dado el impacto significativo que las normas delegadas pueden tener en la regulación del sector financiero y en la resiliencia operativa digital.

En la práctica, este sistema introduce un periodo de espera antes de que los actos delegados puedan entrar en vigor, lo cual ofrece tiempo suficiente para que los actores interesados, incluidos los legisladores y las partes afectadas, analicen su contenido y posibles implicaciones. Esto puede facilitar una mejor preparación por parte de las entidades financieras y los proveedores terceros de servicios de TIC, quienes podrían necesitar ajustar sus operaciones o cumplir con nuevos requisitos derivados de los actos delegados. Al mismo tiempo, la posibilidad de extender el plazo inicial otorga flexibilidad a las instituciones legislativas para abordar cuestiones particularmente complejas o sensibles que puedan requerir un análisis más detallado.

Para las autoridades competentes y los supervisores nacionales, este proceso de revisión legislativa puede servir como un indicador preliminar de la aceptabilidad y viabilidad de las medidas previstas en los actos delegados. Si el Parlamento Europeo o el Consejo expresan reservas, ello podría anticipar la necesidad de ajustes normativos o aclaraciones antes de que las medidas se implementen plenamente. Además, este procedimiento fomenta una alineación más estrecha entre las políticas adoptadas a nivel europeo y las prioridades de los Estados miembros, minimizando el riesgo de conflictos o resistencias en su aplicación.

Desde la perspectiva de los objetivos del Reglamento, el proceso descrito contribuye a garantizar que las medidas delegadas estén en consonancia con la finalidad general de promover una elevada resiliencia operativa digital en el sector financiero. Este enfoque estructurado para la entrada en vigor de los actos delegados subraya la importancia de la colaboración y el consenso en la gobernanza regulatoria de la Unión Europea. Asimismo, refuerza la confianza en el sistema normativo al asegurar que las normas adoptadas no solo sean técnicamente sólidas, sino también políticamente respaldadas.

Finalmente, este procedimiento ejemplifica un modelo de gobernanza que combina eficacia en la adopción de normas con un control democrático robusto. Este equilibrio es esencial en un ámbito tan estratégico como el regulatorio, donde las decisiones tienen repercusiones tanto para la estabilidad financiera como para la competitividad y la innovación en el mercado interior.

CAPÍTULO IX

Disposiciones transitorias y finales

Sección I

Artículo 58. Cláusula de revisión

1. A más tardar el 17 de enero de 2028, la Comisión, previa consulta a las Autoridades Europeas de Supervisión y la JERS, en su caso, llevará a cabo una revisión y presentará al Parlamento Europeo y al Consejo un informe, acompañado, en su caso, de una propuesta legislativa. La revisión incluirá, como mínimo, lo siguiente:

- *a)* ***los criterios para la designación de proveedores terceros esenciales de servicios de TIC de conformidad con el artículo 31, apartado 2;***
- *b)* ***el carácter voluntario de la notificación de ciberamenazas importantes a que se refiere el artículo 19;***
- *c)* ***el régimen a que se refiere el artículo 31, apartado 12, y las competencias del supervisor principal previstas en el artículo 35, apartado 1, letra d), inciso iv), primer guion, con vistas a evaluar la eficacia de dichas disposiciones en lo que respecta a garantizar una supervisión eficaz de los proveedores terceros esenciales de servicios de TIC establecidos en un tercer país, y la necesidad de establecer una filial en la Unión.***

A efectos del párrafo primero de la presente letra, la revisión incluirá un análisis del régimen a que se refiere el artículo 31, apartado 12, también en términos de acceso de las entidades financieras de la Unión a los servicios de terceros países y la disponibilidad de dichos servicios en el mercado de la Unión, y tendrá en cuenta la evolución ulterior de los mercados de los servicios cubiertos por el presente Reglamento, la experiencia práctica de las entidades financieras y los supervisores financieros en relación con la aplicación y, en su caso, la supervisión de dicho régimen, así como cualquier novedad pertinente en materia de regulación y supervisión que se produzca a escala internacional;

d) ***la conveniencia de incluir en el ámbito de aplicación del presente Reglamento a las entidades financieras a que se refiere el artículo 2, apartado 3, letra e), que hagan uso de sistemas automatizados de venta, a la luz de la futura evolución del mercado en lo relativo al uso de dichos sistemas;***

e) ***el funcionamiento y la eficacia de la Red de Supervisión Conjunta a la hora de apoyar la homogeneidad de la supervisión y la eficiencia del intercambio de información en el marco de supervisión.***

El artículo 58 establece la obligación de la Comisión Europea de realizar una revisión exhaustiva del Reglamento a más tardar el 17 de enero de 2028, previa consulta a las Autoridades Europeas de Supervisión y a la Junta Europea de Riesgo Sistémico (JERS). Este proceso tiene como objetivo evaluar la eficacia y adecuación de ciertos aspectos inherentes del Reglamento y determinar la necesidad de ajustes normativos mediante la presentación de un informe al Parlamento Europeo y al Consejo, que puede ir acompañado de una propuesta legislativa. Este enfoque garantiza que el marco regulador evolucione en consonancia con las necesidades del mercado y los desafíos emergentes en el ámbito de la resiliencia operativa digital.

Uno de los elementos principales objeto de revisión son los criterios para la designación de proveedores terceros esenciales de servicios de TIC. Este análisis es esencial para asegurar que las entidades designadas bajo esta categoría reflejen con precisión su relevancia sistémica y el impacto potencial de sus servicios en la estabilidad financiera de la Unión. La revisión permitirá evaluar si los criterios actuales son adecuados o si requieren modificaciones para abordar las posibles lagunas regulatorias o adaptarse a cambios en las dependencias del sector financiero.

El artículo también aborda la voluntariedad de la notificación de ciberamenazas importantes, lo cual representa un aspecto crítico para fomentar la cooperación y el intercambio de información entre las entidades financieras. La revisión permitirá valorar si este enfoque voluntario ha resultado eficaz para aumentar la resiliencia colectiva frente a ciberamenazas o si fuera más apropiado adoptar un enfoque obligatorio que garantice una notificación más amplia y sistemática.

En relación con los proveedores terceros de servicios de TIC establecidos en terceros países, se realizará un análisis del régimen aplicable y de la exigencia de establecer una filial en la Unión. Este examen incluye una evaluación de cómo estas disposiciones afectan tanto a la supervisión como al acceso de las entidades financieras de la Unión Europea a servicios de proveedores de terceros países. Es fundamental equilibrar la supervisión eficaz con la garantía de un mercado competitivo y accesible, evitando restricciones innecesarias que puedan limitar la oferta de servicios o encarecer su acceso.

Otro aspecto relevante de la revisión es la posibilidad de incluir en el ámbito del Reglamento a las entidades financieras que utilicen sistemas automatizados de venta, en función de la evolución del mercado. Dado que el uso de estos sistemas está creciendo rápidamente, su inclusión podría ser necesaria para abordar los riesgos específicos asociados con el uso de tecnologías automatizadas en las transacciones financieras.

Por último, la revisión evaluará el funcionamiento y la eficacia de la Red de Supervisión Conjunta. Este mecanismo es esencial para garantizar la homogeneidad en la supervisión y un intercambio eficiente de información. Analizar su desempeño permitirá identificar áreas de mejora, optimizar la colaboración entre autoridades y reforzar la coherencia de las acciones supervisoras en toda la Unión.

En conjunto, esta cláusula de revisión subraya la naturaleza dinámica del marco regulador, diseñado para adaptarse a las realidades cambiantes del mercado y las tecnologías. También refuerza la transparencia y la rendición de cuentas al implicar un análisis sistemático de los aspectos más críticos del Reglamento, garantizando que continúe cumpliendo su propósito de promover una resiliencia operativa digital robusta en el sector financiero.

2. En el contexto de la revisión de la Directiva (UE) 2015/2366, la Comisión evaluará la necesidad de aumentar la ciberresiliencia de los sistemas de pago y las actividades de procesamiento de pagos, así como la conveniencia de ampliar el ámbito de aplicación del presente Reglamento a los operadores de sistemas de pago y a las entidades que participen en actividades de procesamiento de pagos. A la luz de esta evaluación, la Comisión presentará, como parte de la revisión de la Directiva (UE) 2015/2366, un informe al Parlamento Europeo y al Consejo a más tardar el 17 de julio de 2023.

A partir de dicho informe de revisión, y previa consulta a las Autoridades Europeas de Supervisión, el BCE y la JERS, la Comisión podrá presentar, en su caso y como parte de la propuesta legislativa que podrá adoptar en virtud del artículo 108, párrafo segundo, de la Directiva (UE) 2015/2366, una propuesta para garantizar que todos los operadores de sistemas de pago y entidades que participen en actividades de procesamiento de pagos estén sujetos a una supervisión adecuada, teniendo en cuenta al mismo tiempo la supervisión existente por parte de los bancos centrales.

El artículo establece un mandato para que la Comisión Europea evalúe, en el contexto de la revisión de la Directiva (UE) 2015/2366, conocida como la Segunda Directiva de Servicios de Pago (PSD2), la necesidad de reforzar la ciberresiliencia en los sistemas de pago y las actividades de procesamiento de pagos. Este análisis incluye la posibilidad de extender el ámbito de aplicación del Reglamento sobre Resiliencia Operativa Digital a los operadores de sistemas de pago y entidades que desempeñen funciones relacionadas con el procesamiento de pagos. La Comisión tiene la obligación de presentar un informe al Parlamento Europeo y al Consejo antes del 17 de julio de 2023, como parte de esta revisión.

Este enfoque tiene implicaciones significativas en el ámbito regulador, dado que los sistemas de pago y las actividades de procesamiento de pagos constituyen elementos críticos en el ecosistema financiero de la Unión Europea. Estos sistemas no solo facilitan las transacciones financieras esenciales, sino que también están estrechamente interconectados con otros sectores económicos. Por lo tanto, cualquier vulnerabilidad en su ciberresiliencia puede tener efectos en cadena que comprometan la estabilidad financiera y económica general.

La evaluación encargada a la Comisión debe abordar la capacidad de los sistemas de pago y de las entidades de procesamiento para resistir y recuperarse de incidentes relacionados con las tecnologías de la información y la comunicación (TIC). Esto incluye el análisis de las amenazas cibernéticas, que han demostrado ser especialmente disruptivas en los últimos años, y la identificación de medidas necesarias para mitigar riesgos operativos significativos. La revisión debe considerar si las medidas existentes en el marco de la PSD2 son suficientes o si es necesario complementarlas con requisitos más estrictos en el marco del Reglamento sobre Resiliencia Operativa Digital.

El artículo también resalta la importancia de la consulta previa con las Autoridades Europeas de Supervisión, el Banco Central Europeo y la Junta Europea de Riesgo Sistémico antes de presentar cualquier propuesta legislativa. Esto asegura que cualquier cambio en el marco regulador se base en un análisis técnico y experto, reflejando las necesidades del mercado y las mejores prácticas internacionales. Asimismo, se subraya la necesidad de coordinar esta supervisión con los bancos centrales, que ya ejercen funciones específicas de supervisión sobre los sistemas de pago, evitando duplicidades regulatorias y garantizando una supervisión coherente y eficiente.

Una posible propuesta legislativa derivada de esta evaluación podría incluir la ampliación del ámbito del Reglamento para abarcar a los operadores de sistemas de pago y entidades de procesamiento que actualmente no están sujetos a supervisión directa en el marco de este Reglamento. Esto proporcionaría un marco más integrado y uniforme para la gestión de los riesgos operativos digitales en todo el ecosistema financiero, asegurando que todos los actores relevantes cumplan con los mismos estándares de ciberresiliencia.

La disposición también destaca la necesidad de equilibrar la seguridad y la ciberresiliencia con la continuidad de los servicios esenciales de pago. Esto significa que cualquier cambio normativo debe considerar no solo la mitigación de riesgos, sino también evitar la imposición de cargas excesivas que puedan desincentivar la innovación o afectar negativamente a la competitividad del mercado de servicios de pago en la Unión Europea.

3. A más tardar el 17 de enero de 2026, la Comisión, previa consulta a las Autoridades Europeas de Supervisión y a la Comisión de Organismos Europeos de Supervisión de Auditores, llevará a cabo una revisión y presentará al Parlamento Europeo y al Consejo un informe, acompañado, en su caso, de una propuesta legislativa, sobre la conveniencia de reforzar los requisitos para los auditores legales y sociedades de auditoría en lo relativo a la resiliencia operativa digital, mediante la inclusión en el ámbito de aplicación del presente Reglamento de los auditores legales y las sociedades de auditoría o mediante la modificación de la Directiva 2006/43/CE del Parlamento Europeo y del Consejo.

El artículo establece una obligación para que la Comisión Europea, en coordinación con las Autoridades Europeas de Supervisión y la Comisión de Organismos Europeos de Supervisión de Auditores, lleve a cabo una revisión integral sobre la idoneidad de incluir a los auditores legales y las sociedades de auditoría en el marco regulatorio del Reglamento sobre Resiliencia Operativa Digital. Esta revisión, que debe completarse antes del 17 de enero de 2026, tiene como objetivo evaluar si es necesario reforzar los requisitos de resiliencia operativa digital aplicables a este sector, ya sea mediante su incorporación al ámbito del Reglamento o mediante la modificación de la Directiva 2006/43/CE, conocida como la Directiva de Auditoría.

El mandato refleja el reconocimiento de que los auditores legales y las sociedades de auditoría desempeñan un papel crítico en la confianza y estabilidad del sistema financiero, particularmente en la validación de estados financieros y la evaluación de riesgos para las entidades supervisadas. Estas actividades los convierten en actores relevantes en la cadena de valor de la resiliencia operativa digital, dado que un fallo en sus procesos o sistemas TIC podría comprometer la calidad de las auditorías, generar riesgos sistémicos o facilitar incidentes cibernéticos.

La consulta con las Autoridades Europeas de Supervisión y la Comisión de Organismos Europeos de Supervisión de Auditores asegura que el análisis se fundamentará en una perspectiva multidisciplinar y en las mejores prácticas internacionales. Esto es esencial para evaluar no solo las necesidades específicas del sector de la auditoría, sino también la compatibilidad de cualquier cambio regulatorio con el marco normativo existente. Asimismo, cualquier modificación deberá alinearse con los principios de proporcionalidad, evitando imponer cargas innecesarias mientras se garantiza un nivel adecuado de protección contra riesgos operativos y cibernéticos.

Desde una perspectiva práctica, la inclusión de los auditores legales y las sociedades de auditoría en el ámbito del Reglamento sobre Resiliencia Operativa Digital podría conllevar la imposición de requisitos específicos en áreas como la gestión del riesgo TIC, la notificación de incidentes, y la realización de pruebas de resiliencia operativa. Alternativamente, si se opta por modificar la Directiva 2006/43/CE, estos requisitos podrían integrarse en el marco específico de regulación de auditoría, adaptándose mejor a las características del sector.

Una revisión de este tipo también tiene implicaciones importantes para la interoperabilidad y coordinación en el ámbito europeo. Dado que las auditorías tienen un impacto transfronterizo en la Unión, cualquier refuerzo de los requisitos debe garantizar una aplicación armonizada en todos los Estados miembros para evitar fragmentaciones regulatorias. Además, este enfoque también podría fortalecer la confianza de los mercados financieros en la capacidad de las auditorías para identificar y mitigar riesgos operativos y tecnológicos.

La evaluación deberá considerar el impacto económico y operativo que tendría la implementación de medidas adicionales para los auditores, así como las posibles ventajas en términos de resiliencia sistémica. Este balance será fundamental para determinar si el marco actual resulta suficiente o si es necesario introducir modificaciones significativas que aseguren que los auditores legales y las sociedades de auditoría estén mejor preparados para enfrentar las amenazas digitales actuales y futuras.

Sección II
Modificaciones

Artículo 59. Modificaciones del Reglamento (CE) número 1060/2009

El Reglamento (CE) número 1060/2009 se modifica como sigue:

1) En el anexo I, sección A, punto 4, el párrafo primero se sustituye por el texto siguiente:

«Las agencias de calificación crediticia dispondrán de procedimientos administrativos y contables adecuados, mecanismos de control interno, técnicas eficaces de valoración del riesgo y mecanismos eficaces de control y salvaguardia para gestionar sus sistemas de TIC de conformidad con el Reglamento (UE) 2022/2554 del Parlamento Europeo y del Consejo, de 14 de diciembre de 2022, sobre la resiliencia operativa digital del sector financiero y por el que se modifican los Reglamentos (CE) número 1060/2009, (UE) número 648/2012, (UE) número 600/2014, (UE) número 909/2014 y (UE) número 2016/1011.»

2) En el anexo III, el punto 12 se sustituye por el texto siguiente:

«12. Infringe el artículo 6, apartado 2, leído en relación con el anexo I, sección A, punto 4, la agencia de calificación crediticia que no disponga de procedimientos administrativos o contables adecuados, mecanismos de control interno, técnicas eficaces de evaluación del riesgo o mecanismos eficaces de control o salvaguardia para gestionar sus sistemas de TIC de conformidad con el Reglamento (UE) 2022/2554, o que no aplique o mantenga procedimientos de adopción de decisiones o estructuras organizativas según lo prescrito en dicho punto.».

El artículo 59 establece modificaciones al Reglamento (CE) número 1060/2009, que regula las agencias de calificación crediticia en la Unión Europea, para alinearlo con las disposiciones del Reglamento (UE) 2022/2554 sobre resiliencia operativa digital del sector financiero. Estas modificaciones tienen el objetivo de integrar los requisitos específicos relativos a la gestión de los riesgos relacionados con las TIC en el marco normativo de las agencias de calificación crediticia. Las enmiendas introducidas afectan tanto a los procedimientos operativos internos como a las disposiciones sancionadoras aplicables en caso de incumplimiento.

La sustitución del texto en el anexo I, sección A, punto 4, establece la obligación de que las agencias de calificación crediticia adopten y mantengan procedimientos administrativos y contables, mecanismos de control interno, técnicas de evaluación del riesgo y sistemas de salvaguarda para gestionar sus sistemas de TIC, de conformidad con el Reglamento (UE) 2022/2554. Esto implica que estas entidades deben integrar en su marco operativo interno los estándares armonizados sobre resiliencia digital, incluidas las disposiciones relativas a la identificación, protección, detección, respuesta y recuperación frente a incidentes relacionados con las TIC.

Desde una perspectiva práctica, esta modificación refuerza la capacidad de las agencias de calificación crediticia para prevenir y mitigar los riesgos cibernéticos, asegurando la continuidad operativa y la confianza en las calificaciones crediticias que emiten. Esto es especialmente relevante debido al papel crítico que desempeñan estas agencias en los mercados financieros, donde cualquier disrupción podría tener repercusiones sistémicas significativas.

El cambio en el anexo III, punto 12, establece que la falta de implementación de los mecanismos requeridos en materia de gestión de TIC, o el incumplimiento de las disposiciones organizativas relacionadas, constituirá una infracción al Reglamento (CE) número 1060/2009. Esto refuerza el enfoque sancionador al vincular las obligaciones específicas del Reglamento 2022/2554 con las disposiciones ya existentes en materia de infracciones. Desde un punto de vista práctico, esta incorporación asegura que las agencias de calificación crediticia enfrenten consecuencias claras y proporcionales en caso de incumplimiento, incentivando un comportamiento proactivo en la gestión del riesgo digital.

La conexión entre el Reglamento (UE) 2022/2554 y el marco regulatorio de las agencias de calificación crediticia subraya la importancia de un enfoque integrado para abordar los riesgos cibernéticos y operativos en el sector financiero. Además, garantiza la uniformidad en la aplicación de las normas de resiliencia operativa digital en diferentes sectores financieros, promoviendo la estabilidad y confianza en el sistema financiero de la Unión. La aplicación práctica de estas modificaciones requerirá que las agencias revisen y ajusten sus políticas internas, procesos de gestión de riesgos y estructuras organizativas, incluyendo la adopción de herramientas tecnológicas avanzadas y la capacitación continua de su personal en aspectos relacionados con las TIC.

Artículo 60. Modificaciones del Reglamento (UE) número 648/2012

El Reglamento (UE) número 648/2012 se modifica como sigue:

1) El artículo 26 se modifica como sigue:

a) el apartado 3 se sustituye por el texto siguiente:

*«3. Las ECC mantendrán y aplicarán una estructura organizativa que garantice la continuidad y el correcto funcionamiento de la prestación de sus servicios y la realización de sus actividades. Emplearán sistemas, recursos y procedimientos adecuados y proporcionados, incluidos sistemas de TIC gestionados de conformidad con el Reglamento (UE) 2022/2554 del Parlamento Europeo y del Consejo (*2).*

*(*2) Reglamento (UE) 2022/2554 del Parlamento Europeo y del Consejo, de 14 de diciembre de 2022, sobre la resiliencia operativa digital del sector financiero y por el que se modifican los Reglamentos (CE) número 1060/2009, (UE) número 648/2012, (UE) número 600/2014, (UE) número 909/2014 y (UE) 2016/1011 (DO L 333 de 27.12.2022, p. 1).»;"*

b) se suprime el apartado 6.

2) El artículo 34 se modifica como sigue:

a) el apartado 1 se sustituye por el texto siguiente:

«1. Las ECC establecerán, aplicarán y mantendrán una política adecuada de continuidad de la actividad y un plan de recuperación en caso de catástrofe, que incluirán una política de continuidad de la actividad en materia de TIC y planes de respuesta y recuperación en materia de TIC establecidos e implantados de conformidad con el Reglamento (UE) 2022/2554, destinados a garantizar la preservación de sus funciones, la oportuna recuperación de las operaciones y el cumplimiento de sus obligaciones.»;

b) en el apartado 3, el párrafo primero se sustituye por el texto siguiente:

«3. A fin de garantizar la aplicación coherente del presente artículo, la AEVM, previa consulta a los miembros del SEBC, elaborará proyectos de normas técnicas reglamentarias en las que se especifiquen el contenido y los requisitos mínimos de la política de continuidad de la actividad y del plan de recuperación en caso de catástrofe, que excluirán la política de continuidad de la actividad y los planes de recuperación en caso de catástrofe en materia de TIC.».

3) En el artículo 56, apartado 3, el párrafo primero se sustituye por el texto siguiente:

«3. A fin de garantizar la aplicación coherente del presente artículo, la AEVM elaborará proyectos de normas técnicas de regulación en las que se especifiquen los pormenores, que no sean los relativos a los requisitos relacionados con la gestión del riesgo relacionado con las TIC, de la solicitud de inscripción a que se refiere el apartado 1.».

4) En el artículo 79, los apartados 1 y 2 se sustituyen por el texto siguiente:

«1. Los registros de operaciones detectarán las fuentes de riesgo operativo y las reducirán al mínimo también mediante el desarrollo de sistemas, controles y procedimientos adecuados, incluidos sistemas de TIC gestionados de conformidad con el Reglamento (UE) 2022/2554.

2. Los registros de operaciones establecerán, aplicarán y mantendrán una política adecuada de continuidad de la actividad y un plan de recuperación en caso de catástrofe, que incluirán una política de continuidad de la actividad en materia de TIC y planes de respuesta y recuperación en materia de TIC establecidos de conformidad con el Reglamento (UE) 2022/2554, destinados a garantizar el mantenimiento de sus funciones, la oportuna recuperación de las operaciones y el cumplimiento de sus obligaciones.».

5) En el artículo 80, se suprime el apartado 1.

6) En el anexo I, la sección II se modifica como sigue:

a) las letras a) y b) se sustituyen por el texto siguiente:

«a) infringe el artículo 79, apartado 1, el registro de operaciones que no detecta las fuentes de riesgo operativo o no reduce al mínimo dicho riesgo mediante el desarrollo de sistemas, controles y procedimientos adecuados, incluidos sistemas de TIC gestionados de conformidad con el Reglamento (UE) 2022/2554;

b) infringe el artículo 79, apartado 2, el registro de operaciones que no establece aplica y mantiene una política adecuada de continuidad de la actividad y un plan de recuperación en caso de catástrofe establecidos de conformidad con el Reglamento (UE) 2022/2554, destinados a garantizar el mantenimiento de sus funciones, la oportuna recuperación de las operaciones y el cumplimiento de sus obligaciones;»;

b) se suprime la letra c).

7) El anexo III se modifica como sigue:

a) la sección II se modifica como sigue:

i) la letra c) se sustituye por el texto siguiente:

«c) infringe el artículo 26, apartado 3, la ECC de nivel 2 que no mantiene o aplica una estructura organizativa que garantice la continuidad y el correcto funcionamiento de la prestación de sus servicios y la realización de sus actividades, o que no utiliza sistemas, recursos o procedimientos adecuados y proporcionados, incluidos los sistemas de TIC gestionados de conformidad con el Reglamento (UE) 2022/2554;»,

ii) se suprime la letra f);

b) en la sección III, la letra a) se sustituye por el texto siguiente:

«a) infringe el artículo 34, apartado 1, la ECC de nivel 2 que no establece, aplica o mantiene una política adecuada de continuidad de la actividad y un plan de respuesta y recuperación establecidos con arreglo al Reglamento (UE) 2022/2554, destinados a garantizar la preservación de sus funciones, la oportuna recuperación de las operaciones y el cumplimiento de sus obligaciones, y que permita como mínimo la recuperación de todas las operaciones en el momento de la perturbación, con objeto de que la ECC pueda seguir operando de manera segura y finalizar la liquidación en la fecha programada;».

El artículo 60 introduce modificaciones significativas en el Reglamento (UE) número 648/2012, también conocido como EMIR, para alinear sus disposiciones con el Reglamento (UE) 2022/2554 sobre resiliencia operativa digital del sector financiero. Estas enmiendas refuerzan la integración de los requisitos de gestión de riesgos relacionados con las TIC en las prácticas operativas de las entidades de contrapartida central (ECC) y los registros de operaciones, esenciales para la estabilidad del sistema financiero.

La modificación del artículo 26 obliga a las ECC a mantener una estructura organizativa que garantice la continuidad y correcto funcionamiento de sus servicios mediante sistemas de TIC gestionados conforme al Reglamento 2022/2554. Esto refuerza la necesidad de adoptar procedimientos sólidos de gobernanza y control sobre las infraestructuras tecnológicas, esenciales para evitar disrupciones en la liquidación de transacciones. La supresión del apartado 6 elimina redundancias en las obligaciones.

En el artículo 34, la actualización del apartado 1 exige que las ECC incorporen políticas específicas de continuidad operativa y planes de recuperación centrados en las TIC, en línea con los principios del Reglamento 2022/2554. Esto mejora la capacidad de las ECC para responder y recuperarse frente a incidentes cibernéticos o interrupciones tecnológicas, asegurando el cumplimiento de sus obligaciones. La exclusión de los aspectos TIC de las normas técnicas mencionadas en el apartado 3 garantiza que dichos elementos se aborden exclusivamente bajo el nuevo marco normativo, evitando duplicidades regulatorias.

El artículo 79 incorpora explícitamente la gestión de los riesgos TIC en las operaciones de los registros de operaciones. Además, se refuerzan las políticas de continuidad operativa y recuperación en caso de catástrofes, centradas en garantizar la resiliencia de los registros frente a incidentes que podrían afectar la transparencia y seguridad del mercado financiero. La eliminación del apartado 1 del artículo 80 elimina disposiciones redundantes o superfluas.

Las modificaciones a los anexos I y III clarifican y especifican las infracciones relacionadas con el incumplimiento de los requisitos de gestión de riesgos operativos, incluyendo los sistemas de TIC y las políticas de continuidad. Esto permite una aplicación más uniforme y efectiva de las sanciones en caso de incumplimiento, subrayando la importancia crítica de la gestión adecuada de los riesgos tecnológicos para la estabilidad operativa.

En términos prácticos, estas modificaciones obligan a las ECC y registros de operaciones a revisar y adaptar sus marcos de gestión de riesgos, políticas de continuidad y estrategias de recuperación en relación con las TIC. Estas medidas aumentarán la inversión en infraestructuras tecnológicas y personal especializado en ciberseguridad y resiliencia operativa. Asimismo, la AEVM deberá garantizar una supervisión efectiva y armonizada de estas disposiciones, desarrollando normas técnicas que alineen las prácticas de las entidades supervisadas con los nuevos requisitos normativos.

La incorporación de estas modificaciones refuerza el enfoque integral de la resiliencia operativa digital en el sector financiero de la Unión Europea, mejorando la capacidad de respuesta ante riesgos cibernéticos y operativos que puedan tener un impacto sistémico. Esto beneficia tanto a las entidades supervisadas como a la estabilidad general del mercado financiero.

Artículo 61. Modificaciones del Reglamento (UE) número 909/2014

El artículo 45 del Reglamento (UE) número 909/2014 se modifica como sigue:

1) El apartado 1 se sustituye por el texto siguiente:

«1. Los DCV detectarán las fuentes de riesgo operativo, tanto internas como externas, y minimizarán su repercusión también mediante la implantación de herramientas, procesos y políticas en materia de TIC adecuados, establecidos y gestionados de conformidad con el Reglamento (UE) 2022/2554 del Parlamento Europeo y del Consejo (*3), así como mediante cualesquiera otros instrumentos, controles y procedimientos adecuados y pertinentes para otros tipos de riesgo operativo, asimismo en relación con todos los sistemas de liquidación de valores que operen.

(*3) Reglamento (UE) 2022/2554 del Parlamento Europeo y del Consejo, de 14 de diciembre de 2022, sobre la resiliencia operativa digital del sector financiero y por el que se modifican los Reglamentos (CE) número 1060/2009, (UE) número 648/2012, (UE) número 600/2014, (UE) número 909/2014 y (UE) 2016/1011 (DO L 333 de 27.12.2022, p. 1).».”

2) Se suprime el apartado 2.

3) Los apartados 3 y 4 se sustituyen por el texto siguiente:

«3. En lo que respecta a los servicios que presten, y en relación con cada sistema de liquidación de valores que exploten, los DCV establecerán, aplicarán y mantendrán una política adecuada de continuidad de la actividad y un plan de recuperación en caso de catástrofe, que incluirá una política de continuidad de la actividad en materia de TIC y planes de respuesta y recuperación en materia de TIC, establecidos de conformidad con el Reglamento (UE) 2022/2554, a fin de garantizar el mantenimiento de sus servicios, la oportuna recuperación de las operaciones y el cumplimiento de las obligaciones del DCV ante acontecimientos que supongan un riesgo importante de perturbación de las operaciones.

4. El plan a que se refiere el apartado 3 deberá prever la recuperación de todas las operaciones y posiciones de los participantes en el momento de la perturbación, con objeto de que los participantes del DCV puedan seguir operando con certeza y finalizar la liquidación en la fecha programada, para lo cual el plan deberá garantizar, en particular, que los sistemas informáticos esenciales puedan reanudar las operaciones a partir del momento de la perturbación, según lo establecido en el artículo 12, apartados 5 y 7, del Reglamento (UE) 2022/2554.».

4) El apartado 6 se sustituye por el texto siguiente:

«6. Los DCV determinarán, controlarán y gestionarán los riesgos que los participantes más importantes de los sistemas de liquidación de valores que gestionan, así como los prestadores de servicios y otros DCV u otras infraestructuras del mercado puedan suponer para su funcionamiento. Facilitarán a las autoridades competentes y pertinentes, a petición de estas, información sobre todo riesgo de este tipo que se detecte. Informarán asimismo sin demora a las autoridades competentes y las autoridades pertinentes de todo incidente operativo que no guarde relación con el riesgo relacionado con las TIC, resultante de tales riesgos.».

5) En el apartado 7, el párrafo primero se sustituye por el texto siguiente:

«7. La AEVM, en estrecha cooperación con los miembros del SEBC, elaborará proyectos de normas técnicas de regulación que especifiquen los riesgos operativos a que se refieren los apartados 1 y 6, que no sean riesgos relacionados con las TIC, los métodos para someter a prueba, afrontar o minimizar tales riesgos, incluidas las políticas de continuidad de la actividad y los planes de recuperación en caso de catástrofe a que se refieren los apartados 3 y 4, y los correspondientes métodos de evaluación.».

El artículo 61 introduce enmiendas al Reglamento (UE) n.º 909/2014, conocido como CSDR, que regula los depositarios centrales de valores (DCV), con el objetivo de incorporar los requisitos de resiliencia operativa digital establecidos en el Reglamento (UE) 2022/2554. Estas modificaciones refuerzan las exigencias en materia de gestión de riesgos operativos, con un enfoque particular en los riesgos tecnológicos y de continuidad del negocio, adaptando las obligaciones de los DCV al entorno digital y a los desafíos asociados.

La sustitución del apartado 1 del artículo 45 obliga a los DCV a identificar las fuentes internas y externas de riesgo operativo y minimizarlas mediante herramientas, procesos y políticas TIC gestionados de conformidad con el Reglamento 2022/2554. Esta disposición resalta la necesidad de implementar sistemas tecnológicos robustos para garantizar la seguridad y continuidad de las operaciones de liquidación de valores. Al eliminar el apartado 2, se simplifica el marco normativo, consolidando los requisitos operativos bajo los nuevos estándares.

Los apartados 3 y 4 sustituidos refuerzan la importancia de contar con políticas de continuidad operativa y planes de recuperación que incluyan explícitamente estrategias relacionadas con las TIC. Estos planes deben garantizar que las operaciones y posiciones de los participantes se recuperen tras una interrupción, asegurando la continuidad de la liquidación en la fecha programada. La alineación con los requisitos de recuperación establecidos en el Reglamento 2022/2554 proporciona un marco uniforme que prioriza la resiliencia tecnológica, especialmente frente a perturbaciones importantes.

El apartado 6 enmendado amplía la responsabilidad de los DCV para gestionar los riesgos que sus participantes más relevantes, proveedores de servicios y otras infraestructuras de mercado puedan representar para su operativa. También establece la obligación de informar a las autoridades competentes sobre incidentes operativos no relacionados con riesgos TIC, manteniendo así un enfoque integral de gestión de riesgos y comunicación con los supervisores.

El nuevo texto del apartado 7 asigna a la AEVM la tarea de elaborar normas técnicas de regulación que aborden los riesgos operativos no relacionados con las TIC. Esto garantiza una supervisión coherente de estos riesgos, además de proporcionar orientación sobre los métodos para probar, gestionar o mitigar dichos riesgos, incluyendo la continuidad operativa y los planes de recuperación. Al excluir los riesgos TIC de este ámbito, las normas se alinean con el marco especializado del Reglamento 2022/2554.

En términos prácticos, estas modificaciones obligan a los DCV a reevaluar y reforzar sus sistemas de gestión de riesgos y continuidad operativa, invirtiendo en infraestructuras TIC resilientes y personal cualificado en ciberseguridad. Además, la obligación de informar a las autoridades sobre incidentes no relacionados con TIC fomenta una supervisión más exhaustiva y una respuesta regulatoria más rápida. Las normas técnicas que desarrollará la AEVM proporcionarán un marco más detallado y específico para implementar estas disposiciones, facilitando la armonización de prácticas entre los DCV de la Unión Europea y reduciendo los riesgos sistémicos asociados a las operaciones de liquidación de valores.

Artículo 62. Modificaciones del Reglamento (UE) número 600/2014

El Reglamento (UE) número 600/2014 se modifica como sigue:

1) El artículo 27 octies se modifica como sigue:

a) el apartado 4 se sustituye por el texto siguiente:

«4. Los APA cumplirán los requisitos relativos a la seguridad de las redes y los sistemas de información establecidos en el Reglamento (UE) 2022/2554 del Parlamento Europeo y del Consejo (*4).

(*4) Reglamento (UE) 2022/2554 del Parlamento Europeo y del Consejo, de 14 de diciembre de 2022, sobre la resiliencia operativa digital del sector financiero y por el que se modifican los Reglamentos (CE) número 1060/2009, (UE) número 648/2012, (UE) número 600/2014, (UE) número 909/2014 y (UE) número 2016/1011 (DO L 333 de 27.12.2022, p. 1).»;"

b) en el apartado 8, la letra c) se sustituye por el texto siguiente:

«c) los requisitos concretos de organización establecidos en los apartados 3 y 5.».

2) El artículo 27 nonies se modifica como sigue:

a) el apartado 5 se sustituye por el texto siguiente:

«5. Los PIC cumplirán los requisitos relativos a la seguridad de las redes y los sistemas de información establecidos en el Reglamento (UE) 2022/2554.»;

b) en el apartado 8, la letra e) se sustituye por el texto siguiente:

«e) los requisitos concretos de organización establecidos en el apartado 4.».

3) El artículo 27 decies se modifica como sigue:

a) el apartado 3 se sustituye por el texto siguiente:

«3. Los SIA cumplirán los requisitos relativos a la seguridad de las redes y los sistemas de información establecidos en el Reglamento (UE) 2022/2554.»;

b) en el apartado 5, la letra b) se sustituye por el texto siguiente:

«b) los requisitos concretos de organización establecidos en los apartados 2 y 4.».

El artículo 62 introduce modificaciones al Reglamento (UE) n.º 600/2014, conocido como MiFIR, que regula diversos aspectos de los mercados financieros en la Unión Europea. Estas modificaciones están destinadas a garantizar que los mecanismos de publicación autorizados (APA), los proveedores de información consolidada (PIC) y los sistemas internos organizados (SIA) cumplan con los requisitos de resiliencia operativa digital establecidos en el Reglamento (UE) 2022/2554. Esto refuerza la seguridad de las redes y sistemas de información utilizados por estos actores críticos para el funcionamiento de los mercados financieros.

La modificación del artículo 27 octies, en su apartado 4, obliga a los APA a cumplir con las exigencias del Reglamento 2022/2554 en materia de seguridad de las redes y sistemas de información. Esto implica implementar medidas robustas para gestionar los riesgos relacionados con las TIC, como la ciberseguridad, la continuidad del negocio y la recuperación frente a incidentes. Esta disposición eleva el estándar de seguridad para estos operadores, garantizando la estabilidad y fiabilidad de la publicación de datos en los mercados financieros. Además, la actualización en el apartado 8, letra c), aclara los requisitos organizativos específicos, asegurando una alineación con las nuevas normas de resiliencia operativa digital.

En el caso de los PIC, el artículo 27 nonies modificado en su apartado 5 también establece la obligación de cumplir con el Reglamento 2022/2554 en términos de seguridad de las redes y sistemas de información. Dado que los PIC consolidan y distribuyen información esencial del mercado, cualquier interrupción en sus operaciones podría tener un impacto significativo en la transparencia y el funcionamiento eficiente de los mercados. La modificación en el apartado 8, letra e), refuerza la estructura organizativa necesaria para cumplir con estos estándares, garantizando que los PIC sean capaces de gestionar los riesgos operativos y tecnológicos de manera eficaz.

Finalmente, el artículo 27 decies, que regula los SIA, introduce en su apartado 3 el requisito de adherirse a los estándares del Reglamento 2022/2554 para la seguridad de las redes y sistemas de información. Dado el papel de los SIA en facilitar la ejecución de órdenes de negociación dentro de la propia organización, el cumplimiento de estos requisitos es esencial para prevenir interrupciones que puedan afectar la integridad y estabilidad de las operaciones de mercado. La modificación del apartado 5, letra b), asegura que los SIA implementen los requisitos organizativos necesarios para mantener la resiliencia operativa.

Estas modificaciones tienen repercusiones prácticas significativas para los operadores de infraestructura de mercado regulados por MiFIR. Deberán revisar y actualizar sus sistemas de gestión de riesgos, políticas de seguridad de las TIC y planes de recuperación operativa para alinearse con el Reglamento 2022/2554. Esto probablemente implicará inversiones en tecnología, capacitación y auditorías periódicas para garantizar el cumplimiento. Desde una perspectiva regulatoria, estas medidas fortalecen la supervisión de las autoridades competentes sobre la resiliencia operativa de los actores del mercado, contribuyendo a la estabilidad general del sistema financiero de la Unión Europea.

Artículo 63. Modificaciones del Reglamento (UE) 2016/1011

En el artículo 6 del Reglamento (UE) 2016/1011 se añade el apartado siguiente:

«6. En lo relativo a los índices de referencia determinantes, el administrador dispondrá de procedimientos administrativos y contables adecuados, mecanismos de control interno, técnicas eficaces de valoración del riesgo y mecanismos eficaces de control y salvaguardia para gestionar sus sistemas de TIC de conformidad con el Reglamento (UE) 2022/2554 del Parlamento Europeo y del Consejo.

El artículo 63 introduce una enmienda al Reglamento (UE) 2016/1011, conocido como el Reglamento sobre índices de referencia (BMR), añadiendo un nuevo apartado que establece requisitos específicos en relación con los sistemas de TIC utilizados por los administradores de índices de referencia determinantes. Este cambio alinea las obligaciones de los administradores con los estándares establecidos en el Reglamento (UE) 2022/2554 sobre resiliencia operativa digital, garantizando que dichos índices sean gestionados con un enfoque robusto en materia de ciberseguridad y continuidad operativa.

La disposición exige que los administradores implementen procedimientos administrativos y contables adecuados, así como mecanismos de control interno y de gestión de riesgos diseñados específicamente para proteger y gestionar eficazmente sus sistemas de TIC. Estos mecanismos deben incluir salvaguardias que permitan mitigar los riesgos tecnológicos y operativos inherentes a la actividad de administración de índices de referencia determinantes. Esta categoría de índices, debido a su carácter sistémico y al impacto que su mal funcionamiento podría tener en los mercados financieros y la economía en general, requiere estándares particularmente altos de resiliencia y seguridad.

Desde una perspectiva práctica, esta enmienda refuerza la importancia de que los administradores de índices determinantes adopten medidas tecnológicas avanzadas y procesos operativos sólidos para proteger sus sistemas contra incidentes cibernéticos y operativos. Esto incluye la implementación de políticas de continuidad de negocio, planes de recuperación ante desastres, sistemas de monitoreo continuo y pruebas regulares para garantizar que las infraestructuras digitales sean capaces de resistir perturbaciones. Además, los administradores deberán coordinar con sus proveedores de servicios TIC para asegurarse de que las mismas normas de seguridad sean respetadas a lo largo de la cadena de suministro.

La inclusión explícita de los requisitos relacionados con la TIC en el BMR tiene implicaciones importantes tanto para los reguladores como para los supervisores. Las autoridades competentes tendrán la responsabilidad de verificar que los administradores de índices determinantes cumplen con estas nuevas exigencias, lo que podría dar lugar a inspecciones más rigurosas y auditorías focalizadas en los aspectos tecnológicos. Por su parte, los administradores tendrán que documentar y demostrar el cumplimiento de estos requisitos, lo que puede requerir recursos adicionales y una mayor atención en la gobernanza tecnológica.

En términos de impacto sistémico, estas medidas contribuyen a mitigar los riesgos asociados con los fallos en los índices de referencia determinantes, evitando interrupciones en la valoración de activos financieros, la gestión de riesgos de las instituciones y la fijación de precios en los mercados. Al incorporar estándares uniformes de resiliencia digital, esta modificación también fomenta una mayor confianza en la estabilidad del sistema financiero de la Unión Europea, asegurando que los índices de referencia determinantes sigan siendo herramientas confiables en la operativa financiera global.

Artículo 64. Entrada en vigor y aplicación

El presente Reglamento entrará en vigor a los veinte días de su publicación en el Diario Oficial de la Unión Europea.

Será aplicable a partir del 17 de enero de 2025.

El presente Reglamento será obligatorio en todos sus elementos y directamente aplicable en cada Estado miembro.

El artículo 64 establece las disposiciones sobre la entrada en vigor, aplicación y alcance obligatorio del Reglamento (UE) 2022/2554, subrayando su carácter vinculante y uniforme en todo el territorio de la Unión Europea. Este tipo de cláusula es típica de los Reglamentos de la Unión, los cuales no requieren transposición al derecho nacional, lo que garantiza su aplicación homogénea y directa desde la fecha estipulada.

La entrada en vigor a los veinte días de su publicación en el Diario Oficial de la Unión Europea asegura que los Estados miembros y las entidades afectadas tengan conocimiento oficial del Reglamento y comiencen los preparativos necesarios para su implementación. Sin embargo, su aplicabilidad diferida al 17 de enero de 2025 otorga un período de adaptación significativo para las entidades financieras, los proveedores terceros de servicios de TIC y las autoridades competentes. Este lapso temporal es fundamental dada la complejidad de los requisitos introducidos, particularmente en lo relacionado con la gestión de riesgos operativos digitales y las exigencias de supervisión.

La obligatoriedad del Reglamento en todos sus elementos y su aplicabilidad directa en los Estados miembros elimina cualquier posibilidad de divergencia normativa a nivel nacional, asegurando la uniformidad regulatoria en el mercado financiero de la Unión Europea. Este enfoque es particularmente relevante para la regulación de la resiliencia operativa digital, ya que las ciberamenazas y riesgos tecnológicos no respetan fronteras geográficas. Una aplicación consistente reduce la fragmentación normativa, refuerza la seguridad colectiva y permite a las entidades operar bajo estándares comunes sin enfrentar requisitos contradictorios en diferentes jurisdicciones.

Desde una perspectiva práctica, este marco temporal y obligatorio implica que las entidades financieras y otros actores del sector deben utilizar el tiempo previo a la aplicabilidad del Reglamento para realizar evaluaciones internas de conformidad, ajustar sus procesos y sistemas, establecer políticas de resiliencia operativa digital y, cuando sea necesario, negociar o renegociar acuerdos con proveedores terceros de servicios de TIC. De igual forma, las autoridades competentes deben desarrollar las capacidades necesarias para llevar a cabo las tareas de supervisión y garantizar la aplicación efectiva del Reglamento, lo que incluye la formación de personal especializado y la creación de estructuras organizativas que soporten estas nuevas responsabilidades.

El establecimiento de esta fecha también tiene implicaciones para los proveedores de servicios de TIC, en particular aquellos que puedan ser designados como proveedores terceros esenciales. Estos deben preparar sus sistemas y procesos para cumplir con los estándares de supervisión y los requisitos específicos de gestión de riesgos relacionados con las TIC, asegurando la compatibilidad con las exigencias de las entidades financieras de la Unión.

Finalmente, el enfoque de armonización adoptado por el Reglamento refleja un esfuerzo por parte de la Unión Europea de liderar en la creación de un entorno financiero resiliente frente a los desafíos tecnológicos y cibernéticos, marcando un precedente para otros marcos regulatorios internacionales. Esta uniformidad también fomenta la estabilidad y confianza en el mercado único, esencial para la competitividad global de la economía europea.

4. *Bibliografía*

Unión Europea. Resiliencia operativa digital del sector financiero https://eur-lex.europa.eu/ES/legal-content/summary/digital-operational-resilience-for-the-financial-sector.html

Onetrust. "Analizando el Reglamento DORA: Implicaciones de DORA en la gestión de riesgos de terceros" https://www.onetrust.com/es/resources/understanding-dora-implications-of-the-digital-operational-resilience-act-for-third-party-risk-management-ebook/

Factum 15. Regulación Dora. https://www.factum.es/libros-blancos/dora-al-detalle/

Dirección General de Seguros y Fondos de Pensiones. Información Reglamento Dora. https://dgsfp.mineco.gob.es/es/Entidades/Paginas/Información-Reglamento-DORA.aspx

Consejo Europeo. Consejo de la Unión Europea. Finanzas digitales: el Consejo adopta el Reglamento sobre la resiliencia operativa digital. 22 de noviembre de 2022. https://www.consilium.europa.eu/es/press/press-releases/2022/11/28/digital-finance-council-adopts-digital-operational-resilience-act/

Cuatrecasas. Reglamento Dora: Aspectos regulatorios y contractuales. 25 de noviembre de 2024 https://www.cuatrecasas.com/es/spain/eventos/Reglamento-dora-aspectos-regulatorios-y-contractuales-1-sesion-1 https://www.cuatrecasas.com/es/spain/propiedad-intelectual/art/Reglamento-dora-aspectos-regulatorios-y-contractuales-2a-sesion

Universidad Complutense de Madrid. Alberto. J Tapia Hermida. Los 20 principios básicos de la ley europea de resiliencia Operativa Digital del Sector Financiero (DORA). 2023 https://produccioncientifica.ucm.es/documentos/643841e3cd47bb6af696cad8?lang=ca

IBM. ¿Qué es la Ley de Resiliencia Operativa Digital (DORA)? https://www.ibm.com/es-es/topics/digital-operational-resilience-act

Bureau Veritas. REGULACIÓN DORA https://www.bureauveritas.es/certificacion/ciberseguridad-y-proteccion-de-datos/Reglamento-dora

Portal de la Administración Electrónica. El Consejo de la UE adopta el Reglamento sobre la resiliencia operativa digital. https://administracionelectronica.gob.es/pae_Home/pae_Actualidad/pae_Noticias/Anio2022/Noviembre/Noticia-2022-11-29-Consejo-UE-Reglamento-resiliencia-operativa-digital.html

Revista de Transformación Digital. ¿Qué es el Reglamento DORA? https://www.revistatransformaciondigital.com/2024/06/02/que-es-el-Reglamento-dora/

Legal Today. El Reglamento sobre la resiliencia operativa digital del sector financiero (Reglamento "DORA") https://www.legaltoday.com/practica-juridica/derecho-internacional/internacional/el-Reglamento-sobre-la-resiliencia-operativa-digital-del-sector-financiero-Reglamento-dora-2023-06-16/

CMS. Garcia Lobato, Raquel y Plasencia, Ricardo. Se aplican obligaciones del Reglamento DORA a diferentes operadores y procesadores de pagos en España https://cms.law/es/esp/publication/se-aplican-obligaciones-del-Reglamento-dora-a-diferentes-operadores-y-procesadores-de-pagos-en-espana

Funds Society. Seis preguntas para entender cómo funciona el Reglamento DORA y su impacto en las entidades financieras en España. 27 de noviembre de 2024. https://www.fundssociety.com/es/noticias/normativa/seis-preguntas-para-entender-como-funciona-el-Reglamento-dora-y-su-impacto-en-las-entidades-financieras-en-espana/

Innovación y cualificación. Ley DORA, el Reglamento de Resiliencia Operativa Digital que entra en vigor en 2025 https://www.innovacionycualificacion.com/iconsejos/ley-dora-el-Reglamento-de-resiliencia-operativa-digital-que-entra-en-vigor-en-2025-2024/

Anexo. Reglamento (UE) 2022/2554 del Parlamento Europeo y del Consejo de 14 de diciembre de 2022 sobre la resiliencia operativa digital del sector financiero y por el que se modifican los Reglamentos (CE) número 1060/2009, (UE) número 648/2012, (UE) número 600/2014, (UE) números 909/2014 y (UE) 2016/1011

ANÁLISIS

- Rango: Reglamento
- Fecha de disposición: 14/12/2022
- Fecha de publicación: 27/12/2022
- Fecha de entrada en vigor: 16/01/2023
- Aplicable desde el 17 de enero de 2023.
- Permalink ELI EUR-Lex: https://data.europa.eu/eli/reg/2022/2554/spa

Referencias posteriores

Criterio de ordenación: por contenido por fecha

- SE COMPLETA:
  - por Reglamento 2024/1774, de 13 de marzo de 2024 (Ref. DOUE-L-2024-80962).

- por Reglamento 2024/1773, de 13 de marzo de 2024 (Ref. DOUE-L-2024-80961).
- por Reglamento 2024/1772, de 13 de marzo de 2024 (Ref. DOUE-L-2024-80960).
- por Reglamento 2024/1505, de 22 de febrero (Ref. DOUE-L-2024-80825).
- por Reglamento 2024/1502, de 22 de febrero (Ref. DOUE-L-2024-80822).

Referencias anteriores

- MODIFICA:
  - el art. 6 del Reglamento 2016/1011, de 8 de junio (Ref. DOUE-L-2016-81132).
  - el art. 45 del Reglamento 909/2014, de 23 de julio (Ref. DOUE-L-2014-81821).
  - los arts. 27octies, 27nonies y 27decies del Reglamento 600/2014, de 15 de mayo (Ref. DOUE-L-2014-81281).
  - los anexos I y III del Reglamento 1060/2009, de 16 de septiembre (Ref. DOUE-L-2009-82164).
  - determinados preceptos del Reglamento 648/2012, de 4 de julio (Ref. DOUE-L-2012-81340).

Materias

- Auditoría de Cuentas
- Autoridad Europea de Valores y Mercados
- Contabilidad
- Control financiero
- Entidades de certificación
- Mercado de Valores
- Procedimiento sancionador
- Productos financieros derivados
- Riesgos
- Sistema financiero

- Títulos valores

TEXTO ORIGINAL

EL PARLAMENTO EUROPEO Y EL CONSEJO DE LA UNIÓN EUROPEA,

Visto el Tratado de Funcionamiento de la Unión Europea, y en particular su artículo 114,

Vista la propuesta de la Comisión Europea,

Previa transmisión del proyecto de acto legislativo a los Parlamentos nacionales,

Visto el dictamen del Banco Central Europeo (1),

Visto el dictamen del Comité Económico y Social Europeo (2),

De conformidad con el procedimiento legislativo ordinario (3),

Considerando lo siguiente:

(1) En la era digital, las tecnologías de la información y la comunicación (TIC) son el soporte de sistemas complejos utilizados en actividades cotidianas. Mantienen nuestras economías en marcha en sectores clave como el sector financiero, y mejoran el funcionamiento del mercado interior. El aumento de la digitalización y la interconexión también amplifica el riesgo relacionado con las TIC, y hace que la sociedad en su conjunto, y el sistema financiero en particular, sea más vulnerable a las ciberamenazas o a las perturbaciones de las TIC. Si bien el uso generalizado de los sistemas de TIC y la alta digitalización y conectividad son hoy en día características fundamentales de las actividades de las entidades financieras de la Unión, sigue siendo necesario abordar e integrar mejor su resiliencia digital en sus marcos operativos más amplios.

(2) El uso de las TIC ha adquirido en las últimas décadas un papel fundamental en la prestación de servicios financieros, hasta el punto de que ahora tiene una importancia fundamental en la ejecución de las funciones cotidianas típicas de todas las entidades financieras. La digitalización abarca ahora, por ejemplo, los pagos, para los que se utilizan, cada vez más, soluciones digitales, en vez de métodos basados en efectivo y papel, así como la compensación y liquidación de valores, la negociación electrónica y algorítmica, las operaciones de préstamo y financiación, la financiación entre particulares, la calificación crediticia, la gestión de siniestros y las operaciones administrativas. El uso de las TIC tam-

bién ha transformado el sector de los seguros, desde la aparición de intermediarios de seguros que ofrecen sus servicios en línea y desarrollan su actividad con tecnología aplicada al sector de los seguros (InsurTech) hasta la suscripción de seguros por medios digitales. No solo se ha digitalizado en gran medida todo el sector financiero, sino que la digitalización también ha profundizado las interconexiones y las dependencias tanto dentro del sector financiero como en relación con proveedores terceros de infraestructuras y servicios.

(3) La Junta Europea de Riesgo Sistémico (JERS) reafirmó en un informe de 2020 sobre el ciberriesgo sistémico que el elevado nivel actual de interconexión entre entidades financieras, mercados financieros e infraestructuras de los mercados financieros, y en particular las interdependencias de sus sistemas de TIC, podría constituir una vulnerabilidad sistémica, ya que desde cualquiera de las aproximadamente 22 000 entidades financieras de la Unión podrían propagarse rápidamente a todo el sistema financiero ciberincidentes localizados, sin que los límites geográficos supongan un obstáculo. Las vulneraciones graves relacionadas con las TIC que tienen lugar en el sector financiero no afectan únicamente a las entidades financieras de forma aislada. También allanan el camino para la propagación de vulnerabilidades localizadas a través de los canales de transmisión financieros y pueden provocar consecuencias negativas para la estabilidad del sistema financiero de la Unión, por ejemplo, fugas de liquidez y una pérdida general de confianza en los mercados financieros.

(4) En los últimos años, los responsables políticos, los reguladores y los organismos de normalización internacionales, de la Unión y nacionales han abordado el riesgo relacionado con las TIC, en un intento de aumentar la resiliencia digital, establecer normas y coordinar el trabajo de regulación o supervisión. A escala internacional, el Comité de Supervisión Bancaria de Basilea, el Comité de Pagos e Infraestructuras del Mercado, el Consejo de Estabilidad Financiera y el Instituto de Estabilidad Financiera, así como el G7 y el G20, procuran proporcionar a las autoridades competentes y a los operadores del mercado de varias jurisdicciones herramientas para reforzar la resiliencia de sus sistemas financieros. Esta labor también se ha visto impulsada por la necesidad de tener debidamente en cuenta el riesgo relacionado con las TIC en el contexto de un sistema financiero mundial alta-

mente interconectado y de tratar de reforzar la coherencia de las mejores prácticas pertinentes.

(5) A pesar de las iniciativas estratégicas y legislativas específicas de la Unión y nacionales, el riesgo relacionado con las TIC sigue representando un desafío para la resiliencia operativa, el rendimiento y la estabilidad del sistema financiero de la Unión. Las reformas que siguieron a la crisis financiera de 2008 reforzaron fundamentalmente la resiliencia financiera del sector financiero de la Unión y tuvieron por objeto salvaguardar la competitividad y la estabilidad de la Unión desde los puntos de vista económico, prudencial y de conducta del mercado. Pese a que la resiliencia digital y la seguridad de las TIC forman parte del riesgo operativo, han recibido menos atención en la agenda normativa posterior a la crisis financiera y se han desarrollado únicamente en algunos ámbitos de la política y el panorama normativo de la Unión en el ámbito de los servicios financieros, o solo en unos pocos Estados miembros.

(6) En su Comunicación de 8 de marzo de 2018 titulada «Plan de acción en materia de tecnología financiera: por un sector financiero europeo más competitivo e innovador», la Comisión puso de relieve la importancia capital de hacer que el sector financiero de la Unión sea más resiliente, también desde una perspectiva operativa, para garantizar su seguridad tecnológica y su buen funcionamiento, así como su rápida recuperación de los incidentes y vulneraciones relacionadas con las TIC, lo que permitirá en última instancia que los servicios financieros se presten de manera eficaz y fluida en toda la Unión, también en situaciones de tensión, al tiempo que se preserva la confianza de los consumidores y del mercado.

(7) En abril de 2019, la Autoridad Europea de Supervisión (Autoridad Bancaria Europea, ABE) creada mediante el Reglamento (UE) número 1093/2010 del Parlamento Europeo y del Consejo (4), la Autoridad Europea de Supervisión (Autoridad Europea de Seguros y Pensiones de Jubilación, AESPJ) creada mediante el Reglamento (UE) número 1094/2010 del Parlamento Europeo y del Consejo (5) y la Autoridad Europea de Supervisión (Autoridad Europea de Valores y Mercados, AEVM) creada mediante el Reglamento (UE) número 1095/2010 del Parlamento Europeo y del Consejo (6) (conocidas colectivamente como «Autoridades Europeas de Supervisión») emitieron conjuntamente dictáme-

nes técnicos en los que pedían un enfoque coherente del riesgo relacionado con las TIC en el ámbito financiero y recomendaban reforzar, de manera proporcionada, la resiliencia operativa digital del sector de los servicios financieros a través de una iniciativa sectorial de la Unión.

(8) El sector financiero de la Unión está regulado por un código normativo único y regido por un sistema europeo de supervisión financiera. No obstante, las disposiciones que abordan la resiliencia operativa digital y la seguridad de las TIC no están todavía plena o coherentemente armonizadas, pese a que la resiliencia operativa digital es vital para garantizar la estabilidad financiera y la integridad del mercado en la era digital y no es menos importante que, por ejemplo, las normas comunes prudenciales o de conducta de mercado. Por consiguiente, deben desarrollarse el código normativo único y el sistema de supervisión para que abarquen también la resiliencia operativa digital, reforzando los mandatos de las autoridades competentes para que puedan supervisar la gestión del riesgo relacionado con las TIC en el sector financiero con el objetivo de proteger la integridad y la eficiencia del mercado interior y facilitar su correcto funcionamiento.

(9) Las disparidades legislativas y unos enfoques de regulación o de supervisión nacionales desiguales por lo que respecta al riesgo relacionado con las TIC generan obstáculos al funcionamiento del mercado interior de los servicios financieros, lo que dificulta el correcto ejercicio de la libertad de establecimiento y la prestación de servicios por parte de las entidades financieras que operan a escala transfronteriza. La competencia entre el mismo tipo de entidades financieras que operan en diferentes Estados miembros también podría verse falseada. Esto sucede, en particular, en ámbitos en los que la armonización a escala de la Unión ha sido muy limitada (como las pruebas de resiliencia operativa digital) o inexistente (como el seguimiento del riesgo de relacionado con las TIC derivado de terceros). Las disparidades derivadas de la evolución prevista a escala nacional podrían generar nuevos obstáculos al funcionamiento del mercado interior en detrimento de los participantes en el mercado y la estabilidad financiera.

(10) Actualmente, dado que las disposiciones sobre el riesgo relacionado con las TIC se han abordado solo parcialmente a escala de la Unión, existen lagunas o solapamientos en ámbitos impor-

tantes, como la notificación de incidentes relacionados con las TIC y las pruebas de resiliencia operativa digital, e incoherencias provocadas por la aparición de normas nacionales divergentes o la aplicación ineficaz a efecto de los costes de normas que se solapan. Esto es especialmente perjudicial para quienes hacen un uso intensivo de las TIC, como es el caso del sector financiero, ya que los riesgos tecnológicos no tienen fronteras y el sector financiero ofrece sus servicios a escala ampliamente transfronteriza dentro y fuera de la Unión. Las entidades financieras que operan a escala transfronteriza o que poseen varias autorizaciones (por ejemplo, una misma entidad financiera puede tener una licencia bancaria, una licencia de empresa de servicios de inversión y una licencia de entidad de pago, cada una expedida por una autoridad competente diferente en uno o varios Estados miembros) se enfrentan a retos operativos a la hora de abordar el riesgo relacionado con las TIC y mitigar las repercusiones negativas de los incidentes relacionados con las TIC de manera autónoma, coherente y eficaz en términos de costes.

(11) Dado que el código normativo único no ha ido acompañado de un marco global del riesgo operativo o relacionado con las TIC, es necesaria una mayor armonización de los requisitos clave de resiliencia operativa digital para todas las entidades financieras. El desarrollo de las capacidades en materia de TIC y la resiliencia general por las entidades financieras, sobre la base de estos requisitos clave, con vistas a hacer frente a las interrupciones operativas, contribuiría a preservar la estabilidad e integridad de los mercados financieros de la Unión y, de este modo, a garantizar un elevado nivel de protección de los inversores y consumidores de la Unión. Puesto que el objetivo del presente Reglamento es contribuir al buen funcionamiento del mercado interior, debe basarse en las disposiciones del artículo 114 del Tratado de Funcionamiento de la Unión Europea (TFUE), interpretadas de conformidad con la jurisprudencia reiterada del Tribunal de Justicia de la Unión Europea (en lo sucesivo, «Tribunal de Justicia»).

(12) El presente Reglamento tiene por objeto consolidar y actualizar los requisitos relativos al riesgo relacionado con las TIC como parte de los requisitos en materia de riesgo operativo que se han abordado hasta la fecha por separado en distintos actos jurídicos de la Unión. Si bien esos actos abarcaron las principales categorías de riesgo financiero (por ejemplo, riesgo de crédito, riesgo

de mercado, riesgo de crédito de contraparte y riesgo de liquidez, riesgo de conducta de mercado), no abordaron de manera global, en el momento de su adopción, todos los componentes de la resiliencia operativa. Las normas en materia de riesgo operativo, cuando se desarrollaron más en estos actos jurídicos de la Unión, a menudo se decantaron por un enfoque cuantitativo tradicional para abordar el riesgo (a saber, establecer un requisito de capital para cubrir el riesgo relacionado con las TIC) en vez de por normas cualitativas específicas con respecto a las capacidades de protección, detección, contención, recuperación y reparación frente a incidentes relacionados con las TIC o en lo relativo a las capacidades de notificación y relativas a las pruebas digitales. El objetivo principal de dichos actos era recoger y actualizar normas esenciales sobre supervisión prudencial, integridad del mercado o conducta. La consolidación y la actualización de las distintas normas sobre el riesgo relacionado con las TIC deben permitir reunir por primera vez de manera coherente en un único acto legislativo todas las disposiciones que abordan el riesgo digital en el sector financiero. Así pues, el presente Reglamento colma las lagunas o subsana las incoherencias de algunos de los actos jurídicos anteriores, también en relación con la terminología utilizada en ellos, y hace referencia explícita al riesgo relacionado con las TIC a través de normas específicas sobre las capacidades de gestión de este riesgo, la notificación de incidentes, las pruebas de resiliencia operativa y el seguimiento del riesgo relacionado con las TIC derivado de terceros. Por consiguiente, el presente Reglamento debe también sensibilizar respecto al riesgo relacionado con las TIC y reconocer que los incidentes relacionados con las TIC y la falta de resiliencia operativa pueden poner en peligro la solidez de las entidades financieras.

(13) Las entidades financieras deben seguir el mismo enfoque y las mismas normas basadas en principios a la hora de abordar el riesgo relacionado con las TIC teniendo en cuenta su tamaño y su perfil de riesgo general, así como la naturaleza, escala y complejidad de sus servicios, actividades y operaciones. La coherencia contribuye a aumentar la confianza en el sistema financiero y a preservar su estabilidad, especialmente en tiempos de elevada dependencia de los sistemas, plataformas e infraestructuras de TIC, que conlleva un mayor riesgo digital. El respeto de una ciberhigiene básica también debe evitar la imposición de costes elevados

a la economía a través de la minimización de las repercusiones y los costes de las perturbaciones de las TIC.

(14) Un Reglamento contribuye a reducir la complejidad normativa, fomenta la convergencia en materia de supervisión y aumenta la seguridad jurídica y, además, contribuye a limitar los costes de cumplimiento, especialmente para las entidades financieras que operan a escala transfronteriza, y a reducir los falseamientos de la competencia. Por lo tanto, elegir un Reglamento para el establecimiento de un marco común para la resiliencia operativa digital de las entidades financieras es la manera más adecuada de garantizar una aplicación homogénea y coherente de todos los componentes de la gestión del riesgo relacionado con las TIC por parte del sector financiero de la Unión.

(15) La Directiva (UE) 2016/1148 del Parlamento Europeo y del Consejo (7) fue el primer marco horizontal de ciberseguridad establecido a escala de la Unión, y se aplica también a tres tipos de entidades financieras, a saber, las entidades de crédito, los centros de negociación y las entidades de contrapartida central. Sin embargo, dado que la Directiva (UE) 2016/1148 estableció un mecanismo de identificación a escala nacional de los operadores de servicios esenciales, solo determinadas entidades de crédito, centros de negociación y entidades de contrapartida central que han sido identificados por los Estados miembros, han entrado, en la práctica, en su ámbito de aplicación, y se les ha exigido por lo tanto que cumplan los requisitos de notificación de incidentes y seguridad relacionados con las TIC establecidos en dicha Directiva. La Directiva (UE) 2022/2555 del Parlamento Europeo y del Consejo (8) establece un criterio uniforme para determinar qué entidades entran en su ámbito de aplicación (norma sobre el tamaño máximo), al tiempo que mantiene los tres tipos de entidades financieras en su ámbito de aplicación.

(16) No obstante, dado que el presente Reglamento eleva el nivel de armonización de los distintos componentes de la resiliencia digital mediante la introducción de requisitos en materia de gestión del riesgo relacionado con las TIC y de notificación de incidentes relacionados con las TIC más estrictos que los establecidos en el Derecho vigente de la Unión en materia de servicios financieros, este nivel más elevado constituye una mayor armonización también en comparación con los requisitos establecidos en la Directiva (UE) 2022/2555. Por consiguiente, el presente Reglamen-

to constituye una lex specialis con respecto a la Directiva (UE) 2022/2555. Al mismo tiempo, es fundamental mantener una estrecha relación entre el sector financiero y el marco horizontal de ciberseguridad de la Unión tal como se establece actualmente en la Directiva (UE) 2022/2555 para garantizar la coherencia con las estrategias de ciberseguridad adoptadas por los Estados miembros y para permitir que los supervisores financieros tengan conocimiento de los ciberincidentes que afecten a otros sectores cubiertos por dicha Directiva.

(17) De conformidad con el artículo 4, apartado 2, del Tratado de la Unión Europea, y sin perjuicio del control judicial por parte del Tribunal de Justicia, el presente Reglamento no debe afectar a la responsabilidad de los Estados miembros relativa a las funciones esenciales del Estado que afectan a la seguridad pública, la defensa y la salvaguardia de la seguridad nacional, por ejemplo, en casos en los que facilitar información sería contrario a la salvaguardia de la seguridad nacional.

(18) Para permitir el aprendizaje intersectorial y aprovechar eficazmente las experiencias de otros sectores a la hora de hacer frente a las ciberamenazas, las entidades financieras a que se refiere la Directiva (UE) 2022/2555 deben seguir formando parte del «ecosistema» de dicha Directiva [por ejemplo, el Grupo de Cooperación y los equipos de respuesta a incidentes de seguridad informática (CSIRT)]. Las Autoridades Europeas de Supervisión y las autoridades nacionales competentes deben poder participar en los debates estratégicos y en los trabajos técnicos del Grupo de Cooperación con arreglo a dicha Directiva e intercambiar información y seguir cooperando con los puntos de contacto únicos designados o establecidos de conformidad con dicha Directiva. Las autoridades competentes con arreglo al presente Reglamento deben consultar a los CSIRT y cooperar con ellos. Las autoridades competentes también deben poder solicitar dictámenes técnicos a las autoridades competentes designadas o establecidas de conformidad con la Directiva (UE) 2022/2555 y establecer acuerdos de cooperación encaminados a garantizar unos mecanismos de coordinación eficaces y rápidos.

(19) Habida cuenta de las fuertes interrelaciones entre la resiliencia digital y la resiliencia física de las entidades financieras, el presente Reglamento y la Directiva (UE) 2022/2557 del Parlamento Europeo y del Consejo (9) deben adoptar un enfoque coherente

por lo que respecta a la resiliencia de las entidades críticas. Dado que las obligaciones de gestión del riesgo relacionado con las TIC y de notificación contempladas en el presente Reglamento abordan de manera global la resiliencia física de las entidades financieras, las obligaciones establecidas en los Capítulos III y IV de la Directiva (UE) 2022/2557 no deben aplicarse a las entidades financieras que entran en el ámbito de aplicación de dicha Directiva.

(20) Los proveedores de servicios de computación en nube son una categoría de infraestructura digital cubierta por la Directiva (UE) 2022/2555. El marco de supervisión de la Unión (en lo sucesivo, «marco de supervisión») establecido por el presente Reglamento se aplica a todos los proveedores terceros esenciales de servicios de TIC, incluidos los proveedores de servicios de computación en nube que prestan servicios de TIC a entidades financieras, y debe considerarse complementario de la supervisión en virtud de la Directiva (UE) 2022/2555. Además, en ausencia de un marco horizontal de la Unión que establezca una autoridad de supervisión digital, el marco de supervisión establecido por el presente Reglamento debe abarcar a los proveedores de servicios de computación en nube.

(21) Para mantener el pleno control del riesgo relacionado con las TIC, las entidades financieras necesitan disponer de capacidades globales para permitir una gestión del riesgo relacionado con las TIC sólida y eficaz, así como de mecanismos y políticas específicos para gestionar todos los incidentes relacionados con las TIC y notificar los incidentes graves relacionados con estas. Del mismo modo, las entidades financieras deben contar con políticas para la realización de pruebas de sistemas, controles y procesos relacionados con las TIC, así como para gestionar el riesgo relacionado con las TIC derivado de terceros. Debe elevarse el nivel de referencia en cuanto a la resiliencia operativa digital para las entidades financieras, al tiempo que se permite una aplicación proporcionada de los requisitos para determinadas entidades financieras, en particular las microempresas, así como las entidades financieras sujetas a un marco simplificado de gestión del riesgo relacionado con las TIC. Para facilitar un control eficaz de los fondos de pensiones de empleo que sea proporcionado y responda a la necesidad de reducir las cargas administrativas de las autoridades competentes, las disposiciones nacionales pertinentes en materia de control aplicables

a dichas entidades financieras deben tener en cuenta el tamaño y el perfil de riesgo general de estas, así como la naturaleza, escala y complejidad de sus servicios, actividades y operaciones, también cuando se superen los umbrales pertinentes establecidos en el artículo 5 de la Directiva (UE) 2016/2341 del Parlamento Europeo y del Consejo (10). En particular, las actividades de control deben centrarse principalmente en la necesidad de abordar los riesgos graves asociados a la gestión del riesgo relacionado con las TIC de una entidad concreta.

Asimismo, las autoridades competentes deben llevar a cabo de manera atenta pero proporcionada la supervisión de los fondos de pensiones de empleo que, de conformidad con el artículo 31 de la Directiva (UE) 2016/2341, externalizan a proveedores de servicios una parte considerable de su actividad principal, como la gestión de activos, los cálculos actuariales, la contabilidad y la gestión de datos.

(22) Los umbrales de notificación y las taxonomías de incidentes relacionados con las TIC varían considerablemente a escala nacional. Si bien es cierto que se puede alcanzar una base común mediante la labor pertinente emprendida por la Agencia de la Unión Europea para la Ciberseguridad (ENISA) establecida por el Reglamento (UE) 2019/881 del Parlamento Europeo y del Consejo (11) y el Grupo de Cooperación a las que se aplica la Directiva (UE) 2022/2555, para las demás entidades financieras todavía existen, o pueden surgir, enfoques divergentes sobre el establecimiento de los umbrales y el uso de taxonomías. Debido a dichas divergencias, existen múltiples requisitos que deben cumplir las entidades financieras, especialmente cuando operan en varios Estados miembros y cuando forman parte de un grupo financiero. Además, tales divergencias pueden obstaculizar la creación de nuevos mecanismos uniformes o centralizados de la Unión que aceleren el proceso de notificación y apoyen un intercambio rápido y fluido de información entre las autoridades competentes, lo cual es determinante para hacer frente al riesgo relacionado con las TIC en caso de ataques a gran escala con posibles consecuencias sistémicas.

(23) A fin de reducir la carga administrativa y las obligaciones de notificación que podrían constituir una duplicación para determinadas entidades financieras, la obligación de notificar incidentes

en virtud de la Directiva (UE) 2015/2366 del Parlamento Europeo y del Consejo (12) debe dejar de aplicarse a los proveedores de servicios de pago que entran en el ámbito de aplicación del presente Reglamento. Por consiguiente, las entidades de crédito, las entidades de dinero electrónico, las entidades de pago y los proveedores de servicios de información sobre cuentas a que se refiere el artículo 33, apartado 1, de dicha Directiva deben notificar a partir de la fecha de aplicación del presente Reglamento, en virtud del presente Reglamento, todos los incidentes operativos o de seguridad relacionados con los pagos que se hayan notificado previamente en virtud de dicha Directiva, con independencia de que dichos incidentes estén o no relacionados con las TIC.

(24) Para que las autoridades competentes puedan desempeñar funciones de control obteniendo una perspectiva completa de la naturaleza, frecuencia, importancia y repercusiones de los incidentes relacionados con las TIC y a fin de mejorar el intercambio de información entre las autoridades públicas pertinentes, incluidas las autoridades policiales y las autoridades de resolución, el presente Reglamento debe establecer un régimen de notificación de incidentes relacionados con las TIC que sea sólido y cuyos requisitos pertinentes colmen las lagunas que actualmente existen en el Derecho en materia de servicios financieros y eliminen los solapamientos y duplicaciones existentes para reducir los costes. Es esencial armonizar el régimen de notificación de incidentes relacionados con las TIC exigiendo a todas las entidades financieras que informen a sus autoridades competentes a través del marco simplificado único que se establece en el presente Reglamento. Además, las Autoridades Europeas de Supervisión deben estar facultadas para especificar en mayor medida los elementos pertinentes para el marco de notificación de incidentes relacionados con las TIC, como la taxonomía, los plazos, los conjuntos de datos, las plantillas y los umbrales aplicables. Para garantizar la plena coherencia con la Directiva (UE) 2022/2555, las entidades financieras deben poder notificar, de manera voluntaria, ciberamenazas importantes a la autoridad competente pertinente cuando consideren que la ciberamenaza es relevante para el sistema financiero, los usuarios del servicio o los clientes.

(25) Los requisitos de las pruebas de resiliencia operativa digital se han desarrollado en determinados subsectores financieros y establecen marcos que no siempre están plenamente armonizados.

Esto da lugar a una posible duplicación de costes para las entidades financieras transfronterizas y hace que el reconocimiento mutuo de los resultados de las pruebas de resiliencia operativa digital sea complejo, lo que, a su vez, puede fragmentar el mercado interior.

(26) Además, cuando no se requieren pruebas de TIC, las vulnerabilidades no se detectan y acaban exponiendo a la entidad financiera al riesgo relacionado con las TIC y, en última instancia, engendran un riesgo mayor para la estabilidad y la integridad del sector financiero. Sin la intervención de la Unión, las pruebas de resiliencia operativa digital seguirían siendo incoherentes y carecerían de un sistema de reconocimiento mutuo de los resultados de las pruebas de TIC en diferentes países y territorios. Asimismo, dado que es poco probable que otros subsectores financieros adopten sistemas de pruebas a una escala significativa, desaprovecharían las ventajas potenciales de un marco de pruebas en cuanto a la revelación de vulnerabilidades y riesgos relacionados con las TIC y la prueba de las capacidades de defensa y la continuidad de la actividad, el cual contribuye a aumentar la confianza de los clientes, los proveedores y los socios comerciales. Para poner remedio a esos solapamientos, divergencias y lagunas, es necesario establecer normas con el fin de coordinar el régimen de pruebas y facilitar así el reconocimiento mutuo de pruebas avanzadas para las entidades financieras que cumplen los criterios establecidos en el presente Reglamento.

(27) La dependencia del uso de servicios de TIC por parte de las entidades financieras se debe en parte a su necesidad de adaptarse a una economía mundial digital competitiva emergente, de aumentar su eficiencia empresarial y de satisfacer la demanda de los consumidores. La naturaleza y el alcance de dicha dependencia han estado en constante evolución en los últimos años, haciendo bajar los costes de la intermediación financiera, permitiendo expandirse a las empresas y ampliar las actividades financieras, y ofreciendo al mismo tiempo una amplia gama de herramientas de TIC para gestionar procesos internos complejos.

(28) Ese amplio uso de los servicios de TIC se pone de manifiesto en acuerdos contractuales complejos, reflejo de las dificultades que a menudo encuentran las entidades financieras a la hora de negociar condiciones contractuales adaptadas a las normas pruden-

ciales u otros requisitos reglamentarios a los que están sujetas, o a la hora de hacer valer derechos específicos, como los derechos de acceso o auditoría, aun cuando estos últimos estén consagrados en sus acuerdos contractuales. Además, muchos de dichos acuerdos contractuales no ofrecen suficientes salvaguardias que permitan el seguimiento completo de los procesos de subcontratación, privando así a la entidad financiera de su capacidad para evaluar los riesgos asociados. Por otra parte, dado que los proveedores terceros de servicios de TIC a menudo prestan servicios estándar a distintos tipos de clientes, tales acuerdos contractuales no siempre satisfacen adecuadamente las necesidades particulares o específicas de los agentes del sector financiero.

(29) Aunque el Derecho de la Unión en materia de servicios financieros contiene determinadas normas generales sobre externalización, el seguimiento de la dimensión contractual no está plenamente establecido en el Derecho de la Unión. A falta de normas claras y específicas de la Unión aplicables a los acuerdos contractuales celebrados con los proveedores terceros de servicios de TIC, no se aborda de manera global la fuente externa de riesgo relacionado con las TIC. Por consiguiente, es necesario establecer determinados principios clave para orientar la gestión por parte de las entidades financieras del riesgo relacionado con las TIC derivado de terceros, que son de especial importancia cuando las entidades financieras recurren a proveedores terceros de servicios de TIC para sustentar funciones esenciales o importantes. Dichos principios deben ir acompañados de un conjunto de derechos contractuales básicos en relación con varios elementos de la ejecución y terminación de acuerdos contractuales, con vistas a ofrecer determinadas salvaguardias mínimas con el fin de reforzar la capacidad de las entidades financieras de hacer efectivamente un seguimiento de todos los riesgos relacionados con las TIC que surjan en el nivel de los proveedores terceros de servicios. Dichos principios son complementarios al Derecho sectorial aplicable a la externalización.

(30) En la actualidad es evidente cierta falta de homogeneidad y convergencia en lo relativo al seguimiento del riesgo relacionado con las TIC derivado de terceros y a las dependencias de terceros en el ámbito de las TIC. A pesar de los esfuerzos para abordar la externalización, como las Directrices sobre externalización de la ABE de 2019 y las Directrices sobre la externalización de servi-

cios a proveedores de servicios en nube de la AEVM de 2021, el Derecho de la Unión no aborda de forma suficiente la cuestión más amplia de contrarrestar el riesgo sistémico que puede desencadenar la exposición del sector financiero a un número limitado de proveedores terceros esenciales de servicios de TIC. La falta de normas a escala de la Unión se ve agravada por la ausencia de normas nacionales sobre mandatos e instrumentos que permitan a los supervisores financieros adquirir una buena comprensión de las dependencias de terceros en el ámbito de las TIC y hacer un seguimiento adecuado de los riesgos derivados de la concentración de las dependencias de terceros en el ámbito de las TIC.

(31) Teniendo en cuenta el posible riesgo sistémico que suponen el aumento de las prácticas de externalización y la concentración de terceros en el sector de las TIC, así como la insuficiencia de los mecanismos nacionales a la hora de ofrecer a los supervisores financieros instrumentos adecuados para cuantificar, calificar y corregir las consecuencias de los riesgos relacionados con las TIC derivados de proveedores terceros esenciales de servicios de TIC, es necesario establecer un marco de supervisión adecuado que permita hacer un seguimiento continuo de las actividades de los proveedores terceros de servicios de TIC que sean esenciales para las entidades financieras, garantizando al mismo tiempo la confidencialidad y seguridad de los clientes que no sean entidades financieras. Si bien la prestación intragrupo de servicios de TIC conlleva riesgos y beneficios específicos, no debe considerarse automáticamente menos arriesgada que la prestación de servicios de TIC por parte de proveedores ajenos a un grupo financiero y debe por lo tanto estar sujeta al mismo marco normativo. Sin embargo, cuando los servicios de TIC se prestan dentro del mismo grupo financiero, las entidades financieras podrían tener un mayor nivel de control sobre los proveedores intragrupo, lo que debería tenerse en cuenta en la evaluación global de riesgos.

(32) Dado que el riesgo relacionado con las TIC es cada vez más y más complejo y sofisticado, la eficacia de las medidas de detección y prevención de dicho riesgo depende en gran medida del intercambio periódico de información sobre amenazas y vulnerabilidades entre las entidades financieras. El intercambio de información contribuye a una mayor concienciación sobre las ciberamenazas. Esto mejora, a su vez, la capacidad de las entidades financieras para evitar que las ciberamenazas se conviertan en

incidentes reales relacionados con las TIC y les permite contener de forma más eficaz las repercusiones de tales incidentes y recuperarse con más rapidez. A falta de orientaciones a escala de la Unión, varios factores parecen haber impedido ese intercambio de información, en particular la incertidumbre sobre su compatibilidad con las normas de protección de datos, de defensa de la competencia y de responsabilidad.

(33) Además, las dudas sobre el tipo de información que puede compartirse con otros participantes en el mercado o con autoridades que no son responsables de controlar (como la ENISA, en el caso de la información analítica, o Europol, con fines policiales) hacen que no se comparta información útil. Así pues, en la actualidad, el intercambio de información sigue estando limitado y fragmentado en términos cualitativos y cuantitativos, ya que los intercambios en la materia son principalmente locales (a través de iniciativas nacionales) y no existen acuerdos sistemáticos de intercambio de información a escala de la Unión adaptados a las necesidades de un sistema financiero integrado. Por lo tanto, es importante reforzar esos canales de comunicación.

(34) Debe alentarse a las entidades financieras a intercambiar entre ellas información e inteligencia sobre ciberamenazas y a aprovechar colectivamente sus conocimientos particulares y su experiencia práctica a nivel estratégico, táctico y operativo, con el fin de mejorar sus capacidades para evaluar y hacer un seguimiento de las ciberamenazas, defenderse de ellas y responder a las mismas, todo ello de forma adecuada, participando en acuerdos de intercambio de información. Por lo tanto, es necesario permitir la aparición a escala de la Unión de mecanismos para los acuerdos voluntarios de intercambio de información que, cuando se apliquen en entornos de confianza, ayuden a la comunidad del sector financiero a prevenir las ciberamenazas y responder colectivamente a las mismas limitando rápidamente la propagación del riesgo relacionado con las TIC e impidiendo el posible contagio a través de los canales financieros. Esos mecanismos deben respetar las normas aplicables del Derecho de la competencia de la Unión que se establecen en la Comunicación de la Comisión de 14 de enero de 2011«Directrices sobre la aplicabilidad del artículo 101 del Tratado de Funcionamiento de la Unión Europea a los acuerdos de cooperación horizontal», así como las normas de la Unión en materia de protección de datos, en particular el

Reglamento (UE) 2016/679 del Parlamento Europeo y del Consejo (13). Deben funcionar partiendo del uso de una o varias de las bases jurídicas que se establecen en el artículo 6 de dicho Reglamento, como en el contexto del tratamiento de datos personales que es necesario para la satisfacción de intereses legítimos perseguidos por el responsable del tratamiento o por un tercero, tal como se contempla en su artículo 6, apartado 1, letra f), así como en el contexto del tratamiento de datos personales que es necesario para el cumplimiento de una obligación legal aplicable al responsable del tratamiento o que es necesario para el cumplimiento de una misión realizada en interés público o en el ejercicio de poderes públicos conferidos al responsable del tratamiento, tal como se contempla en el artículo 6, apartado 1, letras c) y e), respectivamente, de dicho Reglamento.

(35) A fin de mantener un elevado nivel de resiliencia operativa digital para todo el sector financiero y, al mismo tiempo, seguir el ritmo de los avances tecnológicos, el presente Reglamento debe abordar los riesgos derivados de todos los tipos de servicios de TIC. A tal fin, la definición de servicios de TIC en el contexto del presente Reglamento debe entenderse de una manera amplia, que abarque los servicios digitales y de datos prestados a través de sistemas de TIC a uno o varios usuarios internos o externos de forma continua. Esa definición debe incluir, por ejemplo, los denominados servicios de transmisión libre, que entran dentro de la categoría de servicios de comunicaciones electrónicas. Debe excluir únicamente la categoría limitada de servicios telefónicos analógicos tradicionales que se clasifican como servicios de red telefónica pública conmutada (RTPC), servicios de línea terrestre, servicios de telefonía convencional (POTS) o servicios de telefonía fija.

(36) No obstante la amplia cobertura prevista en el presente Reglamento, en la aplicación de las normas de resiliencia operativa digital se deben tener en cuenta las importantes diferencias que existen entre entidades financieras por cuanto se refiere a su tamaño y perfil de riesgo general. Como principio general, al distribuir recursos y capacidades para la aplicación del marco de gestión de riesgos relacionados con las TIC, las entidades financieras deben buscar un equilibrio adecuado entre sus necesidades en materia de TIC y su tamaño y perfil de riesgo general, así como la naturaleza, escala y complejidad de sus servicios, actividades

y operaciones, mientras que las autoridades competentes deben seguir evaluando y revisando el enfoque de dicha distribución.

(37) Los proveedores de servicios de información sobre cuentas a que se refiere el artículo 33, apartado 1, de la Directiva (UE) 2015/2366 están explícitamente incluidos en el ámbito de aplicación del presente Reglamento, teniendo en cuenta la naturaleza específica de sus actividades y los riesgos derivados de ellas. Además, las entidades de dinero electrónico y las entidades de pago exentas en virtud del artículo 9, apartado 1, de la Directiva 2009/110/CE del Parlamento Europeo y del Consejo (14) y del artículo 32, apartado 1, de la Directiva (UE) 2015/2366 están incluidas en el ámbito de aplicación del presente Reglamento, aunque no hayan recibido autorización de conformidad con la Directiva 2009/110/CE para emitir dinero electrónico, o si no han recibido autorización de conformidad con la Directiva (UE) 2015/2366 para prestar y ejecutar servicios de pago. Sin embargo, las instituciones de giro postal a que se refiere el artículo 2, apartado 5, punto 3, de la Directiva 2013/36/UE del Parlamento Europeo y del Consejo (15) quedan excluidas del ámbito de aplicación del presente Reglamento. La autoridad competente de las entidades de pago exentas en virtud de la Directiva (UE) 2015/2366, las entidades de dinero electrónico exentas en virtud de la Directiva 2009/110/CE y los proveedores de servicios de información sobre cuentas a que se refiere el artículo 33, apartado 1, de la Directiva (UE) 2015/2366 debe ser la autoridad competente designada de conformidad con el artículo 22 de la Directiva (UE) 2015/2366.

(38) Dado que las entidades financieras de mayor tamaño podrían disponer de recursos más amplios y movilizar rápidamente fondos para desarrollar estructuras de gobernanza y establecer diversas estrategias empresariales, solo las entidades financieras que no sean microempresas en el sentido del presente Reglamento deben estar obligadas a establecer mecanismos de gobernanza más complejos. Dichas entidades están mejor preparadas, en particular, para establecer funciones de gestión específicas encaminadas a supervisar los acuerdos con proveedores terceros de servicios de TIC o a abordar la gestión de crisis, para organizar su gestión de riesgos relacionados con las TIC con arreglo al modelo de tres líneas de defensa o para establecer un modelo interno de control

y gestión de riesgos, y para someter a auditorías internas su marco de gestión de riesgos relacionados con las TIC.

(39) Algunas entidades financieras se benefician de exenciones o están sujetas a un marco regulador poco estricto con arreglo al Derecho sectorial pertinente de la Unión. Entre esas entidades financieras se encuentran los gestores de fondos de inversión alternativos a que se refiere el artículo 3, apartado 2, de la Directiva 2011/61/UE del Parlamento Europeo y del Consejo (16), las empresas de seguros y reaseguros a que se refiere el artículo 4 de la Directiva 2009/138/CE del Parlamento Europeo y del Consejo (17), y los fondos de pensiones de empleo que gestionen planes de pensiones que, en conjunto, no tengan más de quince partícipes en total. A la luz de esas exenciones, sería desproporcionado incluir a dichas entidades financieras en el ámbito de aplicación del presente Reglamento. Además, el presente Reglamento reconoce las especificidades de la estructura del mercado de la intermediación de seguros, con la consecuencia de que los intermediarios de seguros, los intermediarios de reaseguros y los intermediarios de seguros complementarios considerados microempresas o pequeñas o medianas empresas no deben estar sujetos al presente Reglamento.

(40) Dado que las entidades a que se refiere el artículo 2, apartado 5, puntos 4 a 23, de la Directiva 2013/36/UE están excluidas del ámbito de aplicación de dicha Directiva, los Estados miembros deben poder optar por eximir de la aplicación del presente Reglamento a dichas entidades situadas en sus respectivos territorios.

(41) Del mismo modo, a fin de adaptar el presente Reglamento al ámbito de aplicación de la Directiva 2014/65/UE del Parlamento Europeo y del Consejo (18), también conviene excluir del ámbito de aplicación del presente Reglamento a las personas físicas y jurídicas a que se refieren los artículos 2 y 3 de dicha Directiva que estén autorizadas a prestar servicios de inversión sin tener que obtener una autorización con arreglo a la Directiva 2014/65/UE. No obstante, el artículo 2 de la Directiva 2014/65/UE también excluye del ámbito de aplicación de dicha Directiva a las entidades que puedan considerarse entidades financieras a efectos del presente Reglamento, como los depositarios centrales de valores, las instituciones de inversión colectiva o las empresas de seguros y de reaseguros. La exclusión del ámbito de aplicación

del presente Reglamento de las personas y entidades a que se refieren los artículos 2 y 3 de dicha Directiva no debe abarcar a esos depositarios centrales de valores, instituciones de inversión colectiva o empresas de seguros y de reaseguros.

(42) Con arreglo al Derecho sectorial de la Unión, algunas entidades financieras están sujetas a requisitos o exenciones menos estrictos por motivos relacionados con su tamaño o con los servicios que prestan. Entre esta categoría de entidades financieras se encuentran las empresas de servicios de inversión pequeñas y no interconectadas, los fondos de pensiones de empleo pequeños que pueden quedar excluidos con arreglo a la Directiva (UE) 2016/2341 en las condiciones establecidas en el artículo 5 de dicha Directiva por el Estado miembro de que se trate y que gestionan planes de pensiones que, en conjunto, no tengan más de cien partícipes, así como las entidades exentas en virtud de la Directiva 2013/36/UE. Por consiguiente, de conformidad con el principio de proporcionalidad y con el fin de preservar el espíritu del Derecho sectorial de la Unión, también conviene someter a dichas entidades financieras a un marco simplificado de gestión del riesgo relacionado con las TIC con arreglo al presente Reglamento. El carácter proporcionado del marco de gestión del riesgo relacionado con las TIC que abarca a esas entidades financieras no debe verse alterado por las normas técnicas de regulación que deben desarrollar las Autoridades Europeas de Supervisión. Además, de conformidad con el principio de proporcionalidad, conviene someter también a las entidades de pago a que se refiere el artículo 32, apartado 1, de la Directiva (UE) 2015/2366 y a las entidades de dinero electrónico a que se refiere el artículo 9 de la Directiva 2009/110/CE, exentas de conformidad con el Derecho nacional por el que se transpongan estos actos jurídicos de la Unión a un marco simplificado de gestión del riesgo relacionado con las TIC con arreglo al presente Reglamento, mientras que las entidades de pago y las entidades de dinero electrónico que no hayan sido eximidas de conformidad con su respectivo Derecho nacional por el que se transponga el Derecho sectorial de la Unión deben cumplir el marco general establecido en el presente Reglamento.

(43) De modo similar, las entidades financieras que se consideran microempresas o que están sujetas al marco simplificado de gestión del riesgo relacionado con las TIC con arreglo al presente Reglamento no deben estar obligadas a crear un cargo para el

seguimiento de los acuerdos celebrados con proveedores terceros de servicios de TIC sobre el uso de servicios de TIC; a designar a un miembro de la alta dirección para que sea responsable de supervisar la exposición al riesgo correspondiente y la documentación pertinente; a asignar la responsabilidad de la gestión y supervisión del riesgo relacionado con las TIC a una función de control y garantizar un nivel adecuado de independencia de dicha función de control para evitar conflictos de intereses; a documentar y revisar al menos una vez al año el marco de gestión del riesgo relacionado con las TIC; a someter a auditoría interna periódicamente el marco de gestión del riesgo relacionado con las TIC; a llevar a cabo evaluaciones exhaustivas tras cambios importantes en los procesos y las infraestructuras de su red y sistemas de información; a realizar periódicamente análisis de riesgos sobre los sistemas de TIC heredados; a someter a auditorías internas independientes la ejecución de los planes de respuesta y recuperación en materia de TIC; a disponer de una función de gestión de crisis; a ampliar las pruebas sobre los planes de continuidad de la actividad y de respuesta y recuperación para reflejar los escenarios de conmutación entre la infraestructura primaria de TIC y las instalaciones redundantes; a comunicar a las autoridades competentes que lo soliciten una estimación de los costes y pérdidas anuales agregados provocados por incidentes graves relacionados con las TIC, a mantener capacidades de TIC redundantes; a comunicar a las autoridades nacionales competentes los cambios ejecutados a raíz de revisiones realizadas tras incidentes relacionados con las TIC; a hacer un seguimiento continuo de los avances tecnológicos pertinentes; a establecer un programa completo de pruebas de resiliencia operativa digital como parte integrante del marco de gestión del riesgo relacionado con las TIC establecido en el presente Reglamento, o a adoptar y revisar periódicamente una estrategia relativa al riesgo relacionado con las TIC derivado de terceros. Además, se debe obligar a las microempresas a que evalúen la necesidad de mantener estas capacidades de TIC redundantes únicamente sobre la base de su perfil de riesgo. Las microempresas deben beneficiarse de un régimen más flexible en lo que respecta a los programas de pruebas de resiliencia operativa digital. A la hora de considerar el tipo y la frecuencia de las pruebas que han de realizarse, deben buscar un equilibrio adecuado entre el objetivo de mantener una elevada resiliencia operativa digital, los recursos disponibles y su perfil de riesgo general. Las microempresas y las entidades financieras sujetas al marco simplificado de gestión del riesgo relacionado con las TIC con arreglo al presente Reglamento deben quedar exentas del requisito de realizar pruebas avanzadas de herramientas, sistemas y procesos de TIC sobre la base de pruebas de penetración basadas en amenazas, ya que solo las entidades financieras que cumplen los criterios establecidos en el presente Reglamento deben estar obligadas a llevar a cabo dichas pruebas. Habida cuenta de sus limitadas capacidades, las microempresas deben poder acordar con el proveedor tercero de servicios de TIC la delegación de los derechos de acceso, inspección y auditoría de la entidad financiera en un tercero independiente, que nombrará el proveedor tercero de servicios de TIC, siempre que la entidad financiera pueda solicitar, en cualquier momento, toda la información y garantías pertinentes sobre el rendimiento del proveedor tercero de servicios de TIC al tercero independiente respectivo.

(44) Dado que solo las entidades financieras identificadas a efectos de las pruebas avanzadas de resiliencia digital deben estar obligadas a llevar a cabo pruebas de penetración basadas en amenazas, los procesos administrativos y los costes financieros derivados de la realización de dichas pruebas deben recaer en un pequeño porcentaje de entidades financieras.

(45) Para garantizar la plena armonización y la coherencia general entre las estrategias empresariales de las entidades financieras, por una parte, y la gestión del riesgo relacionado con las TIC, por otra, debe exigirse a los órganos de dirección de las entidades financieras que desempeñen un papel central y activo en la dirección y adaptación del marco de gestión del riesgo relacionado con las TIC y de la estrategia de resiliencia digital general. El enfoque que adopten los órganos de dirección no solo debe centrarse en los medios para garantizar la resiliencia de los sistemas de TIC, sino que también debe abarcar a las personas y los procesos a través de un conjunto de políticas que promuevan, en cada nivel corporativo y para todo el personal, una fuerte concienciación sobre los riesgos de ciberseguridad y el compromiso de respetar una estricta ciberhigiene a todos los niveles. La responsabilidad última del órgano de dirección en la gestión del riesgo relacionado con las TIC de una entidad financiera debe ser un principio fundamental de ese enfoque global, que se traducirá además en

la implicación continua del órgano de dirección en el control del seguimiento de la gestión del riesgo relacionado con las TIC.

(46) Además, el principio de la responsabilidad plena y última del órgano de dirección sobre la gestión del riesgo relacionado con las TIC de la entidad financiera va acompañado de la necesidad de garantizar un nivel de inversiones relacionadas con las TIC y un presupuesto global para la entidad financiera que permita que esta alcance un elevado nivel de resiliencia operativa digital.

(47) Inspirándose en las pertinentes buenas prácticas, directrices, recomendaciones y enfoques internacionales, nacionales y sectoriales en relación con la gestión del riesgo cibernético, el presente Reglamento promueve una serie de principios que facilitan la estructura general de la gestión del riesgo relacionado con las TIC. Por consiguiente, mientras las principales capacidades que las entidades financieras ponen en práctica aborden las distintas funciones de la gestión del riesgo relacionado con las TIC (identificación, protección y prevención, detección, respuesta y recuperación, aprendizaje y evolución y comunicación) establecidas en el presente Reglamento, las entidades financieras deben seguir teniendo libertad para utilizar modelos de gestión del riesgo relacionado con las TIC que se enmarquen o categoricen de manera diferente.

(48) Para seguir el ritmo de la evolución del panorama de las ciberamenazas, las entidades financieras deben mantener sistemas de TIC actualizados que sean fiables y capaces, no solo de garantizar el tratamiento de datos necesario para sus servicios, sino también de asegurar una resiliencia tecnológica suficiente que les permita ocuparse adecuadamente de las necesidades de tratamiento adicionales debidas al tensionamiento del mercado o a otras situaciones adversas.

(49) Son necesarios planes eficientes de continuidad de la actividad y de recuperación para que las entidades financieras puedan resolver pronta y rápidamente los incidentes relacionados con las TIC, en particular los ciberataques, limitando los daños y dando prioridad a la reanudación de las actividades y a las acciones de recuperación de conformidad con sus políticas de respaldo. No obstante, dicha reanudación no debe en modo alguno poner en peligro la integridad y la seguridad de las redes y los sistemas de información ni la disponibilidad, autenticidad, integridad o confidencialidad de los datos.

(50) Si bien el presente Reglamento permite a las entidades financieras determinar de manera flexible sus objetivos de tiempo de recuperación y punto de recuperación y, por tanto, fijar tales objetivos teniendo plenamente en cuenta la naturaleza y el carácter esencial de las funciones pertinentes y cualesquiera necesidades empresariales específicas, al determinar dichos objetivos les debe exigir, no obstante, la realización de una evaluación del posible impacto global en la eficiencia del mercado.

(51) Los propagadores de ciberataques tienden a perseguir la obtención de beneficios financieros directamente en la fuente, exponiendo así a las entidades financieras a consecuencias importantes. Para impedir que los sistemas de TIC pierdan integridad o dejen de estar disponibles y evitar así que se vulneren datos y que sufran daños las infraestructuras físicas de TIC, debe mejorarse y racionalizarse significativamente la notificación de incidentes graves relacionados con las TIC por parte de las entidades financieras. La notificación de incidentes relacionados con las TIC debe armonizarse mediante la introducción del requisito de que todas las entidades financieras informen directamente a sus autoridades competentes pertinentes. Cuando una entidad financiera esté sujeta a la supervisión de más de una autoridad nacional competente, los Estados miembros deben designar a una única autoridad competente como destinataria de dicha información. Las entidades de crédito clasificadas como significativas de conformidad con el artículo 6, apartado 4, del Reglamento (UE) número 1024/2013 del Consejo (19) deben presentar dicha información a las autoridades nacionales competentes, que deben transmitir posteriormente el informe al Banco Central Europeo (BCE).

(52) La notificación directa debe posibilitar que los supervisores financieros tengan acceso inmediato a información sobre incidentes graves relacionados con las TIC. Los supervisores financieros deben a su vez transmitir los detalles de incidentes graves relacionados con las TIC a las autoridades no financieras públicas (como las autoridades competentes y los puntos de contacto únicos con arreglo a la Directiva (UE) 2022/2555, las autoridades nacionales de protección de datos y las autoridades policiales en caso de incidentes graves relacionados con las TIC que tengan carácter delictivo) a fin de mejorar el conocimiento que dichas autoridades tienen de tales incidentes y, en el caso de los equipos de respuesta a incidentes de seguridad informática, facilitar la asistencia rápida

que pueda prestarse a las entidades financieras, según proceda. Además, los Estados miembros deben poder determinar que las propias entidades financieras faciliten dicha información a las autoridades públicas fuera del ámbito de los servicios financieros. Dichos flujos de información deben permitir a las entidades financieras beneficiarse rápidamente de cualquier aportación técnica pertinente, asesoramiento sobre medidas correctoras y seguimiento posterior por parte de dichas autoridades. La información sobre incidentes graves relacionados con las TIC debe comunicarse recíprocamente: los supervisores financieros deben proporcionar a la entidad financiera todas las observaciones u orientaciones necesarias, mientras que las Autoridades Europeas de Supervisión deben compartir datos anonimizados sobre ciberamenazas y vulnerabilidades relacionadas con un determinado incidente, con el fin de contribuir a una defensa colectiva más amplia.

(53) Aunque debe exigirse a todas las entidades financieras que notifiquen los incidentes, no se espera que todas ellas se vean afectadas de la misma manera por este requisito. En efecto, los umbrales de importancia relativa, así como los plazos de notificación, deben ajustarse debidamente en el contexto de los actos delegados basados en las normas técnicas de regulación que deben desarrollar las Autoridades Europeas de Supervisión, con el fin de cubrir únicamente los incidentes graves relacionados con las TIC. Además, deben tenerse en cuenta las particularidades de las entidades financieras a la hora de establecer plazos para las obligaciones de notificación.

(54) El presente Reglamento debe exigir a las entidades de crédito, a las entidades de pago, a los proveedores de servicios de información sobre cuentas y a las entidades de dinero electrónico que notifiquen todos los incidentes operativos o de seguridad relacionados con los pagos -previamente notificados con arreglo a la Directiva (UE) 2015/2366- con independencia de si la naturaleza del incidente está relacionada con las TIC.

(55) Debe encargarse a las Autoridades Europeas de Supervisión que evalúen la viabilidad y las condiciones para una posible centralización de los informes de incidentes relacionados con las TIC a escala de la Unión. Dicha centralización puede consistir en un centro único de la UE para la notificación de incidentes graves relacionados con las TIC que reciba directamente los informes pertinentes

y los notifique automáticamente a las autoridades nacionales competentes, o que simplemente centralice los informes pertinentes transmitidos por las autoridades nacionales competentes y desempeñe de este modo una función de coordinación. Debe encargarse a las Autoridades Europeas de Supervisión que elaboren, en consulta con el BCE y la ENISA, un informe conjunto en el que se estudie la viabilidad de crear un centro único de la UE.

(56) Con el fin de lograr un nivel elevado de resiliencia operativa digital, y en consonancia tanto con las normas internacionales pertinentes (por ejemplo, los Elementos Fundamentales del G7 para las pruebas de penetración basadas en amenazas) como con los marcos aplicados en la Unión, como el TIBER-EU, las entidades financieras deben someter a pruebas periódicas a sus sistemas de TIC y a su personal con responsabilidades relacionadas con las TIC en lo que respecta a la efectividad de sus capacidades de prevención, detección, respuesta y recuperación, a fin de descubrir y abordar posibles vulnerabilidades de las TIC. Para reflejar las diferencias que existen entre los distintos subsectores financieros y dentro de ellos en relación con el nivel de preparación de las entidades financieras en materia de ciberseguridad, las pruebas deben incluir una amplia variedad de herramientas y acciones, que van desde la evaluación de los requisitos básicos (por ejemplo, evaluaciones y exploraciones de vulnerabilidad, análisis del código abierto, evaluaciones de la seguridad de la red, análisis de carencias, revisiones de seguridad física, cuestionarios y soluciones de software de exploración, revisiones del código fuente cuando sea posible, pruebas basadas en escenarios, pruebas de compatibilidad, pruebas de rendimiento o pruebas de extremo a extremo) hasta pruebas más avanzadas a través de pruebas de penetración basadas en amenazas. Estas pruebas avanzadas solo deben exigirse a las entidades financieras que sean suficientemente maduras desde la perspectiva de las TIC para llevarlas a cabo razonablemente. Las pruebas de resiliencia operativa digital exigidas por el presente Reglamento deben, por tanto, ser más exigentes para las entidades financieras significativas (como grandes entidades de crédito, bolsas de valores, depositarios centrales de valores, entidades de contrapartida central, etc.) que para otras entidades financieras. Al mismo tiempo, las pruebas de resiliencia operativa digital por medio de pruebas de penetración basadas en amenazas deben ser más pertinentes para las entidades

financieras que operen en subsectores esenciales de los servicios financieros y que desempeñen un papel sistémico (por ejemplo, pagos, banca, compensación y liquidación) y menos pertinentes para otros subsectores (por ejemplo, gestores de activos, agencias de calificación crediticia, etc.).

(57) Las entidades financieras que participen en actividades transfronterizas y que ejerzan la libertad de establecimiento o prestación de servicios en la Unión deben cumplir un único conjunto de requisitos de pruebas avanzadas (por ejemplo, pruebas de penetración basadas en amenazas) en su Estado miembro de origen, el cual debe incluir las infraestructuras de TIC en todos los países o territorios en los que el grupo financiero transfronterizo opere dentro de la Unión, permitiendo así que los grupos financieros transfronterizos solo soporten los costes de las pruebas relacionadas con las TIC en un país o territorio.

(58) A fin de aprovechar los conocimientos especializados ya adquiridos por determinadas autoridades competentes, en particular en lo que se refiere a la aplicación del marco TIBER-EU, el presente Reglamento debe permitir que los Estados miembros designen a una única autoridad pública como responsable en el sector financiero, a escala nacional, para todas las cuestiones relacionadas con las pruebas de penetración basadas en amenazas, o que las autoridades competentes deleguen, a falta de dicha designación, el ejercicio de las tareas relacionadas con las pruebas de penetración basadas en amenazas en otra autoridad financiera nacional competente.

(59) Dado que el presente Reglamento no exige que las entidades financieras abarquen todas las funciones esenciales o importantes en una única prueba de penetración basada en amenazas, las entidades financieras deben tener libertad para determinar las funciones esenciales o importantes que deben incluirse en el ámbito de aplicación de tal prueba y cuántas de dichas funciones.

(60) Se autorizan las pruebas conjuntas en el sentido del presente Reglamento -en las que varias entidades financieras participan en una prueba de penetración basada en amenazas y para las cuales un proveedor tercero de servicios de TIC puede celebrar directamente acuerdos contractuales con un probador externo- solo en aquellos casos en los que cabe esperar razonablemente que se vean afectadas negativamente la calidad o la seguridad de los

servicios prestados por el proveedor tercero de servicios de TIC a clientes que son entidades excluidas del ámbito de aplicación del presente Reglamento, o la confidencialidad de los datos relacionados con tales servicios. Las pruebas conjuntas también deben estar sujetas a salvaguardias (dirección a cargo de una entidad financiera designada, determinación del número de entidades financieras participantes) a fin de garantizar el rigor de la prueba para que las entidades financieras implicadas cumplan los objetivos de la prueba de penetración basada en amenazas en virtud del presente Reglamento.

(61) Con el fin de aprovechar los recursos internos disponibles a escala corporativa, el presente Reglamento debe permitir el recurso a probadores internos para llevar a cabo pruebas de penetración basadas en amenazas, siempre que se cuente con la aprobación de las autoridades de control, no existan conflictos de interés y se alterne periódicamente el recurso a probadores internos y externos (cada tres pruebas), al tiempo que se exige que el proveedor de inteligencia sobre amenazas en dichas pruebas de penetración sea siempre externo a la entidad financiera. La responsabilidad de llevar a cabo las pruebas de penetración basadas en amenazas debe seguir recayendo plenamente en la entidad financiera. Las validaciones proporcionadas por las autoridades deben tener como única finalidad el reconocimiento mutuo y no deben impedir ninguna acción de seguimiento necesaria para abordar el riesgo en materia de TIC al que esté expuesta la entidad financiera, ni deben considerarse como una confirmación por parte de las autoridades de control de las capacidades de gestión y mitigación del riesgo de TIC de una entidad financiera.

(62) Para garantizar un seguimiento sólido del riesgo relacionado con las TIC derivado de terceros en el sector financiero, es necesario establecer un conjunto de normas basadas en principios para orientar a las entidades financieras a la hora de hacer un seguimiento de los riesgos que surgen en el contexto de las funciones externalizadas a proveedores terceros de servicios de TIC, en particular para servicios de TIC que den apoyo a funciones esenciales o importantes, así como, de manera más general, en el contexto de todas las dependencias de terceros relacionadas con las TIC.

(63) Para abordar la complejidad de las diversas fuentes de riesgo relacionado con las TIC, teniendo en cuenta al mismo tiempo la

multitud y diversidad de proveedores de soluciones tecnológicas que hacen posible una prestación fluida de los servicios financieros, el presente Reglamento debe abarcar una amplia variedad de proveedores terceros de servicios de TIC, incluidos los proveedores de servicios de computación en nube, software, servicios de análisis de datos y los proveedores de servicios de centros de datos. Del mismo modo, dado que las entidades financieras deben determinar y gestionar de manera efectiva y coherente todos los tipos de riesgo, también en el contexto de los servicios de TIC adquiridos dentro de un grupo financiero, debe aclararse que las empresas que forman parte de un grupo financiero y prestan servicios de TIC principalmente a su sociedad matriz, o a filiales o sucursales de su empresa matriz, así como las entidades financieras que prestan servicios de TIC a otras entidades financieras, también deben considerarse proveedores terceros de servicios de TIC de conformidad con el presente Reglamento. Por último, a la luz de la evolución del mercado de servicios de pago, cada vez más dependiente de soluciones técnicas complejas, y en vista de los nuevos tipos de servicios de pago y soluciones relacionadas con los pagos, los participantes en el ecosistema de servicios de pago que presten actividades de procesamiento de pagos o gestionen infraestructuras también deben considerarse proveedores terceros de servicios de TIC con arreglo al presente Reglamento, a excepción de los bancos centrales cuando gestionen sistemas de pago o de liquidación de valores y las autoridades públicas cuando presten servicios relacionados con las TIC en el contexto del desempeño de funciones estatales.

(64) Una entidad financiera debe seguir siendo en todo momento plenamente responsable del cumplimiento de las obligaciones que respecto de ella se establecen en el presente Reglamento. Las entidades financieras deben aplicar un enfoque proporcionado al seguimiento de los riesgos que surjan a nivel de los proveedores terceros de servicios de TIC teniendo debidamente en cuenta la naturaleza, la escala, la complejidad y la importancia de sus dependencias relacionadas con las TIC, el carácter esencial o la importancia de los servicios, procesos o funciones sujetos a los acuerdos contractuales y, en última instancia, sobre la base de una evaluación cuidadosa de cualquier posible consecuencia para la continuidad y calidad de los servicios financieros a escala particular y de grupo, según proceda.

(65) La realización de dicho seguimiento debe seguir un enfoque estratégico para el riesgo relacionado con las TIC derivado de terceros formalizado mediante la adopción por parte del órgano de dirección de la entidad financiera de una estrategia de riesgos relacionados con las TIC derivados de terceros específica, basada en un examen continuo de todas las dependencias de terceros relacionadas con las TIC. Para aumentar la sensibilización entre las autoridades de control sobre las dependencias de terceros en el sector de las TIC, y con vistas a apoyar en mayor medida el trabajo desarrollado en el contexto del marco de supervisión establecido por el presente Reglamento, debe exigirse a todas las entidades financieras que mantengan un registro de información con todos los acuerdos contractuales relativos al uso de servicios de TIC prestados por proveedores terceros de servicios de TIC. Los supervisores financieros deben poder solicitar el registro completo o solicitar secciones específicas de este, y así obtener información esencial para adquirir una mayor comprensión de las dependencias relacionadas con las TIC de las entidades financieras.

(66) La celebración formal de acuerdos contractuales debe fundarse e ir precedida de un análisis exhaustivo previo a la contratación, centrado en particular en elementos como el carácter esencial o la importancia de los servicios cubiertos por el contrato de TIC previsto, las aprobaciones de las autoridades de control necesarias u otras condiciones, el posible riesgo de concentración que conlleva, aplicando asimismo la diligencia debida en el proceso de selección y evaluación de los proveedores terceros de servicios de TIC y evaluando los posibles conflictos de intereses. En lo que respecta a los acuerdos contractuales relativos a funciones esenciales o importantes, las entidades financieras deben tener en cuenta el uso por parte de los proveedores terceros de servicios de TIC de los estándares más actualizados y estrictos en materia de seguridad de la información. La terminación de los contratos puede estar motivada como mínimo, por una serie de circunstancias que pongan de manifiesto deficiencias a nivel del proveedor tercero de servicios de TIC, en particular incumplimientos importantes de leyes o de cláusulas contractuales, circunstancias que revelen una posible alteración en el desempeño de las funciones contempladas en el contrato, pruebas de deficiencias del proveedor tercero de servicios de TIC en su gestión global de riesgos de TIC, o circunstancias que indiquen la incapacidad de

la autoridad competente pertinente para supervisar eficazmente la entidad financiera.

(67) Para abordar las repercusiones sistémicas del riesgo de concentración de terceros en el ámbito de las TIC, el presente Reglamento promueve una solución equilibrada mediante la adopción de un enfoque flexible y gradual en lo que respecta a dicho riesgo de concentración, ya que la imposición de unos techos rígidos o unas limitaciones estrictas podría obstaculizar la actividad empresarial y restringir la libertad contractual. Las entidades financieras deben evaluar exhaustivamente los acuerdos contractuales que tienen previstos para determinar la probabilidad de que aparezca dicho riesgo, también mediante análisis en profundidad de los acuerdos de subcontratación, en particular cuando se celebren con proveedores terceros de servicios de TIC establecidos en un tercer país. En esta fase, y con el fin de lograr un equilibrio justo entre el imperativo de preservar la libertad contractual y el de garantizar la estabilidad financiera, no se considera apropiado establecer normas sobre techos y límites estrictos a las exposiciones frente a terceros en el ámbito de las TIC. En el contexto del marco de supervisión, un supervisor principal nombrado en virtud del presente Reglamento debe, en relación con los proveedores terceros esenciales de servicios de TIC, prestar especial atención a comprender plenamente la magnitud de las interdependencias, descubrir los casos específicos en los que un alto grado de concentración de proveedores terceros esenciales de servicios de TIC en la Unión pueda poner bajo presión la estabilidad e integridad del sistema financiero de la Unión y mantener un diálogo con los proveedores terceros esenciales de servicios de TIC cuando se detecte ese riesgo específico.

(68) Para evaluar y controlar periódicamente la capacidad del proveedor tercero de servicios de TIC para prestar servicios de forma segura a la entidad financiera sin que ello produzca efectos adversos para la capacidad de resiliencia operativa digital de esta, deben armonizarse varios elementos contractuales fundamentales con los proveedores terceros de servicios de TIC. Dicha armonización debe cubrir ámbitos mínimos que son determinantes para que la entidad financiera pueda hacer un seguimiento completo de los riesgos que podrían derivarse del proveedor tercero de servicios de TIC desde la perspectiva de la necesidad de una entidad financiera de garantizar su resiliencia digital por depender en gran

medida de la estabilidad, la funcionalidad, la disponibilidad y la seguridad de los servicios de TIC recibidos.

(69) Al renegociar los acuerdos contractuales para conformarlos con los requisitos establecidos en el presente Reglamento, las entidades financieras y los proveedores terceros de servicios de TIC deben garantizar que quedan cubiertas las cláusulas contractuales fundamentales contempladas en el presente Reglamento.

(70) La definición de «función esencial o importante» establecida en el presente Reglamento engloba la definición de «funciones esenciales» del artículo 2, apartado 1, punto 35, de la Directiva 2014/59/UE del Parlamento Europeo y del Consejo (20). De este modo, las funciones que se consideran esenciales en virtud de la citada Directiva se incluyen en la definición de funciones esenciales o importantes en el sentido del presente Reglamento.

(71) Independientemente del carácter esencial o de la importancia de la función sustentada por los servicios de TIC, los acuerdos contractuales deben especificar, en particular, las descripciones completas de las funciones y servicios, de los lugares en los que se presten tales funciones y en los que se procesarán los datos, así como una indicación de las descripciones de los niveles de servicio. Otros elementos esenciales para permitir el seguimiento por parte de la entidad financiera del riesgo relacionado con las TIC derivado de terceros son las disposiciones contractuales que especifiquen el modo en que el proveedor tercero de servicios de TIC garantiza la accesibilidad, la disponibilidad, la integridad, la seguridad y la protección de los datos personales; las disposiciones que establecen las garantías pertinentes para permitir el acceso, la recuperación y la restitución de los datos en caso de insolvencia, resolución o interrupción de las operaciones comerciales del proveedor tercero de servicios de TIC, así como las disposiciones que obligan al proveedor tercero de servicios de TIC a prestar asistencia en caso de incidentes relacionados con las TIC vinculados a los servicios prestados, sin coste adicional o con un coste determinado con anterioridad; las disposiciones relativas a la obligación del proveedor tercero de servicios de TIC de cooperar plenamente con las autoridades competentes y las autoridades de resolución de la entidad financiera; y las disposiciones relativas a los derechos de terminación y los correspondientes plazos mínimos de notificación para la terminación de

los acuerdos contractuales, con arreglo a las expectativas de las autoridades competentes y de las autoridades de resolución.

(72) Además de estas disposiciones contractuales, y con vistas a garantizar que las entidades financieras mantengan el pleno control de todos los acontecimientos que se produzcan a nivel de terceros que puedan perjudicar su seguridad en materia de TIC, los contratos para la prestación de servicios de TIC que sustenten funciones esenciales o importantes también deben establecer lo siguiente: la especificación de las descripciones completas del nivel de servicio, con objetivos de rendimiento cuantitativos y cualitativos precisos, para permitir, sin demora indebida, la adopción de medidas correctoras adecuadas cuando no se alcancen los niveles de servicio acordados; los plazos de notificación y las obligaciones de información pertinentes de los proveedores terceros de servicios de TIC en caso de cambios que puedan tener consecuencias importantes para la capacidad del proveedor tercero de servicios de TIC de prestar efectivamente sus servicios de TIC respectivos; la obligación para el proveedor tercero de servicios de TIC de aplicar y someter a prueba los planes de contingencia empresariales y disponer de medidas, herramientas y políticas de seguridad de las TIC que permitan la prestación segura de servicios, y de participar y cooperar plenamente en la prueba de penetración basada en amenazas llevada a cabo por la entidad financiera.

(73) Los contratos para la prestación de servicios de TIC que sustenten funciones esenciales o importantes deben contener también disposiciones que estipulen derechos de acceso, inspección y auditoría por parte de la entidad financiera o de un tercero designado, y el derecho de hacer copias, como instrumentos determinantes para las entidades financieras a la hora de hacer un seguimiento permanente del rendimiento del proveedor tercero de servicios de TIC, junto con la plena cooperación de este último durante las inspecciones. Del mismo modo, la autoridad competente de la entidad financiera debe tener el derecho de inspeccionar y auditar, previa notificación, al proveedor tercero de servicios de TIC, a reserva de la protección de la información confidencial.

(74) Dichos acuerdos contractuales deben estipular también estrategias específicas de salida que permitan establecer, en particular

períodos transitorios obligatorios durante los cuales los proveedores terceros de servicios de TIC deben seguir proporcionando los servicios pertinentes con vistas a reducir el riesgo de perturbaciones a nivel de la entidad financiera, o para permitir que esta última cambie de modo efectivo de proveedores terceros de servicios de TIC o, alternativamente, opte por soluciones internas, en consonancia con la complejidad del servicio de TIC prestado. Además, las entidades financieras incluidas en el ámbito de aplicación de la Directiva 2014/59/UE deben garantizar que los contratos de servicios de TIC pertinentes sean sólidos y plenamente aplicables en caso de resolución de dichas entidades financieras. Por consiguiente, en consonancia con las expectativas de las autoridades de resolución, estas entidades financieras deben garantizar que los contratos de servicios de TIC correspondientes sean resilientes a las resoluciones. Mientras sigan cumpliendo sus obligaciones de pago, estas entidades financieras deben garantizar, entre otros requisitos, que los contratos pertinentes de servicios de TIC contengan cláusulas de no terminación, no suspensión y no modificación por motivos de reestructuración o resolución.

(75) Además, la inclusión voluntaria de cláusulas contractuales tipo desarrolladas por autoridades públicas o instituciones de la Unión, en particular la inclusión de cláusulas contractuales desarrolladas por la Comisión para los servicios de computación en nube, puede ofrecer mayor confianza a las entidades financieras y a los proveedores terceros de servicios de TIC al aumentar su nivel de seguridad jurídica en lo concerniente al uso de servicios de computación en nube en el sector financiero, respetando plenamente los requisitos y expectativas establecidos en el Derecho de la Unión en materia de servicios financieros. El desarrollo de cláusulas contractuales tipo se basa en las medidas ya previstas en el Plan de Acción en materia de Tecnología Financiera de 2018, que anunciaba la intención de la Comisión de fomentar y facilitar el desarrollo de cláusulas contractuales tipo para la externalización de servicios de computación en nube por parte de las entidades financieras, basándose en los esfuerzos intersectoriales de las partes interesadas del ámbito de los servicios de computación en nube, que la Comisión ha facilitado con la ayuda de la participación del sector financiero.

(76) Los proveedores terceros esenciales de servicios de TIC deben estar sujetos a un marco de supervisión con vistas a promover la

convergencia y la eficiencia en relación con los enfoques de supervisión a la hora de afrontar el riesgo relacionado con las TIC derivado de terceros en el sector financiero, así como para reforzar la resiliencia operativa digital de las entidades financieras que dependen de proveedores terceros esenciales de servicios de TIC para la prestación de servicios de TIC que sustentan la prestación de servicios financieros, y contribuir así a preservar la estabilidad del sistema financiero de la Unión y la integridad del mercado único de servicios financieros. Si bien el establecimiento del marco de supervisión se justifica por el valor añadido de la adopción de medidas a escala de la Unión y por el papel inherente y las especificidades del uso de los servicios de TIC en la prestación de servicios financieros, debe recordarse, al mismo tiempo, que esta solución parece adecuada únicamente en el contexto del presente Reglamento, que aborda específicamente la resiliencia operativa digital en el sector financiero. No obstante, este marco de supervisión no debe considerarse como un nuevo modelo para la supervisión por la Unión en otros ámbitos de los servicios y actividades financieros.

(77) El marco de supervisión debe aplicarse únicamente a los proveedores terceros esenciales de servicios de TIC. Por consiguiente, debe existir un mecanismo de designación que tenga en cuenta la dimensión y la naturaleza de la dependencia del sector financiero de dichos proveedores terceros de servicios de TIC. Dicho mecanismo debe comportar un conjunto de criterios cuantitativos y cualitativos para establecer los parámetros para determinar el carácter esencial como base para la inclusión en el marco de supervisión. A fin de garantizar la exactitud de dicha evaluación, y con independencia de la estructura corporativa del proveedor tercero de servicios de TIC, tales criterios, en el caso de un proveedor tercero de servicios de TIC que forme parte de un grupo más amplio, deben tener en cuenta toda la estructura del grupo del proveedor tercero de servicios de TIC. Por una parte, los proveedores terceros esenciales de servicios de TIC que no sean designados automáticamente en virtud de la aplicación de estos criterios deben tener la posibilidad de participar voluntariamente en el marco de supervisión, mientras que, por otra parte, los proveedores terceros de servicios de TIC que ya estén sujetos a marcos del mecanismo de supervisión que apoyan el desempeño de las tareas del Sistema Europeo de Bancos Centrales a que se refiere el artículo 127, apartado 2, del TFUE, deben quedar exentos.

(78) Del mismo modo, las entidades financieras que prestan servicios de TIC a otras entidades financieras, aunque pertenezcan a la categoría de proveedores terceros de servicios de TIC con arreglo al presente Reglamento, también deben quedar exentas del marco de supervisión, puesto que ya están sujetas a mecanismos de control establecidos por el Derecho de la Unión aplicable en materia de servicios financieros. Cuando proceda, las autoridades competentes deben tener en cuenta, en el contexto de sus actividades de control, el riesgo relacionado con las TIC que plantean para las entidades financieras las entidades financieras que prestan servicios de TIC. Del mismo modo, debido a los mecanismos de seguimiento de riesgos existentes a escala de grupo, debe introducirse la misma exención para los proveedores terceros de servicios de TIC que presten servicios predominantemente a las entidades de su propio grupo. Los proveedores terceros de servicios de TIC que presten servicios de TIC únicamente en un Estado miembro a entidades financieras que solo operen en ese Estado también deben quedar exentos del mecanismo de designación debido al carácter limitado de sus actividades y a la ausencia de consecuencias transfronterizas.

(79) La transformación digital experimentada en los servicios financieros ha dado lugar a un nivel de uso y dependencia de los servicios de TIC que no tiene precedentes. Dado que hoy en día resulta inconcebible prestar servicios financieros sin el uso de servicios de computación en nube, soluciones de software y servicios relacionados con datos, el ecosistema financiero de la Unión ha pasado a ser intrínsecamente codependiente de determinados servicios de TIC prestados por proveedores de servicios de TIC. Algunos de estos proveedores, innovadores en el desarrollo y la aplicación de tecnologías basadas en las TIC, desempeñan un papel importante en la prestación de servicios financieros o se han integrado en la cadena de valor de los servicios financieros. Por lo tanto, se han convertido en fundamentales para la estabilidad y la integridad del sistema financiero de la Unión. Esta dependencia generalizada de los servicios prestados por proveedores terceros esenciales de servicios de TIC, combinada con la interdependencia de los sistemas de información de diversos operadores del mercado, crea un riesgo directo y potencialmente grave para el sistema de servicios financieros de la Unión y para la continuidad de la prestación de servicios financieros en caso de que los pro-

veedores terceros esenciales de servicios de TIC se vean afectados por perturbaciones operativas o por ciberincidentes graves. Los ciberincidentes tienen una capacidad particular para multiplicarse y propagarse por todo el sistema financiero a un ritmo considerablemente más rápido que otros tipos de riesgos sujetos a seguimiento en el sector financiero y pueden extenderse a otros sectores y más allá de las fronteras geográficas. Tienen el potencial de dar lugar a una crisis sistémica, en la que la confianza en el sistema financiero se vea erosionada debido a la perturbación de las funciones que dan apoyo a la economía real, o a pérdidas financieras sustanciosas, alcanzando un nivel que el sistema financiero no pueda soportar o que requiera el despliegue de medidas importantes de amortiguación de choques. Para evitar que se produzcan estos escenarios, que ponen en peligro la estabilidad financiera y la integridad de la Unión, es fundamental lograr la convergencia de las prácticas de supervisión sobre los riesgos relacionados con las TIC derivados de terceros en el sector financiero, en particular mediante nuevas normas que permitan la supervisión por parte de la Unión de los proveedores terceros esenciales de servicios de TIC.

(80) El marco de supervisión depende en gran medida del grado de colaboración entre el supervisor principal y el proveedor tercero esencial de servicios de TIC que presta a entidades financieras servicios que afectan a la prestación de servicios financieros. El éxito de la supervisión depende, entre otras cosas, de la capacidad del supervisor principal para llevar a cabo efectivamente misiones e inspecciones de seguimiento a fin de evaluar las normas, los controles y los procesos utilizados por los proveedores terceros esenciales de servicios de TIC, así como para evaluar el posible efecto acumulado de sus actividades en la estabilidad financiera y la integridad del sistema financiero. Al mismo tiempo, es fundamental que los proveedores terceros esenciales de servicios de TIC sigan las recomendaciones del supervisor principal y atiendan sus preocupaciones. Dado que una falta de cooperación por parte de un proveedor tercero esencial de servicios de TIC que preste servicios que afecten a la prestación de servicios financieros, como la negativa a conceder acceso a sus locales o a facilitar información, privaría en definitiva al supervisor principal de sus herramientas esenciales para evaluar el riesgo relacionado con las TIC derivado de terceros y podría afectar negativamente

a la estabilidad financiera y a la integridad del sistema financiero, es necesario también establecer un régimen sancionador acorde.

(81) En este contexto, la necesidad de que el supervisor principal imponga multas coercitivas para obligar a los proveedores terceros esenciales de servicios de TIC a cumplir las obligaciones en materia de transparencia y acceso establecidas en el presente Reglamento no debe verse comprometida por las dificultades planteadas por la ejecución de dichas multas coercitivas en relación con los proveedores terceros esenciales de servicios de TIC establecidos en terceros países. A fin de garantizar que puedan ejecutarse dichas multas y que se implanten rápidamente procedimientos que respeten los derechos de defensa de los proveedores terceros esenciales de servicios de TIC en el contexto del mecanismo de designación y la formulación de recomendaciones, debe exigirse a dichos proveedores terceros esenciales de servicios de TIC que prestan servicios a entidades financieras que afectan a la prestación de servicios financieros que mantengan una presencia empresarial adecuada en la Unión. Debido a la naturaleza de la supervisión y a la ausencia de mecanismos comparables en otros países o territorios, no existe ningún otro mecanismo adecuado que garantice este objetivo mediante una cooperación eficaz con los supervisores financieros de terceros países en lo relativo al seguimiento de la repercusión de los riesgos operativos digitales planteados por proveedores terceros sistémicos de servicios de TIC considerados proveedores terceros esenciales de servicios de TIC establecidos en terceros países. Por tanto, para continuar prestando servicios de TIC a las entidades financieras en la Unión, un proveedor tercero de servicios de TIC establecido en un tercer país designado como esencial con arreglo al presente Reglamento debe tomar, en un plazo de 12 meses a partir de dicha designación, todas las medidas necesarias para garantizar su constitución como sociedad en la Unión mediante el establecimiento de una empresa filial, tal como se define en todo el acervo de la Unión, en concreto en la Directiva 2013/34/UE del Parlamento Europeo y del Consejo (21).

(82) El requisito de establecer una empresa filial en la Unión no debe impedir que el proveedor tercero esencial de servicios de TIC preste servicios de TIC y asistencia técnica relacionada con estos desde instalaciones e infraestructuras situadas fuera de la Unión. El presente Reglamento no impone una obligación en materia

de localización de datos, ya que no exige que el almacenamiento o el tratamiento de los datos se realice en la Unión.

(83) Los proveedores terceros esenciales de servicios de TIC deben poder prestar servicios de TIC desde cualquier lugar del mundo, no deben necesariamente estar ubicados en la Unión ni prestar servicios únicamente desde locales situados en la Unión. Las actividades de supervisión deben llevarse a cabo en primer lugar en locales situados en la Unión e interactuando con entidades situadas en la Unión, incluidas las empresas filiales establecidas por proveedores terceros esenciales de servicios de TIC con arreglo al presente Reglamento. Sin embargo, estas acciones en la Unión podrían ser insuficientes para que el supervisor principal pueda desempeñar plena y eficazmente sus funciones con arreglo al presente Reglamento. El supervisor principal debe, por lo tanto, poder ejercer sus competencias de supervisión pertinentes en terceros países. El ejercicio de dichas competencias en terceros países debe permitir al supervisor principal examinar las instalaciones desde las que el proveedor tercero esencial de servicios de TIC presta o gestiona realmente servicios de TIC o servicios de asistencia técnica, y debe brindarle un conocimiento completo y operativo de la gestión del riesgo relacionado con las TIC del proveedor tercero esencial de servicios de TIC. La posibilidad de que el supervisor principal, como agencia de la Unión, ejerza sus competencias fuera del territorio de la Unión debe estar debidamente enmarcada con las condiciones pertinentes, en particular el consentimiento del proveedor tercero esencial de servicios de TIC de que se trate. Del mismo modo, las autoridades pertinentes del tercer país deben ser informadas del ejercicio en su propio territorio de las actividades del supervisor principal y no deben haberse opuesto a ello. No obstante, para garantizar una aplicación eficaz, y sin perjuicio de las potestades respectivas de las instituciones de la Unión y de los Estados miembros, dichas competencias también deben estar firmemente establecidas mediante la celebración de acuerdos de cooperación administrativa con las autoridades pertinentes del tercer país de que se trate. Por tanto, el presente Reglamento debe permitir a las Autoridades Europeas de Supervisión celebrar acuerdos de cooperación administrativa con las autoridades pertinentes de terceros países que no deben crear de ningún otro modo obligaciones jurídicas con respecto a la Unión y sus Estados miembros.

(84) A fin de facilitar la comunicación con el supervisor principal y garantizar una representación adecuada, los proveedores terceros esenciales de servicios de TIC que formen parte de un grupo deben designar a una persona jurídica como su punto de coordinación.

(85) El marco de supervisión debe entenderse sin perjuicio de la potestad de los Estados miembros para llevar a cabo sus propias misiones de supervisión o seguimiento con respecto a los proveedores terceros de servicios de TIC no designados como esenciales con arreglo al presente Reglamento, pero considerados importantes a escala nacional.

(86) Para aprovechar la arquitectura institucional de múltiples niveles en el ámbito de los servicios financieros, el Comité Mixto de las Autoridades Europeas de Supervisión debe seguir garantizando la coordinación intersectorial general en relación con todos los asuntos relativos al riesgo relacionado con las TIC, de conformidad con sus funciones en materia de ciberseguridad. Debe contar con el apoyo de un nuevo subcomité (Foro de Supervisión) que lleve a cabo trabajos preparatorios tanto para decisiones particulares dirigidas a proveedores terceros esenciales de servicios de TIC como para la formulación de recomendaciones colectivas, en particular en relación con la evaluación comparativa de los programas de supervisión de proveedores terceros esenciales de servicios de TIC, y que determine las buenas prácticas para abordar las cuestiones relativas al riesgo de concentración de TIC.

(87) A fin de garantizar que los proveedores terceros esenciales de servicios de TIC sean objeto de una supervisión apropiada y efectiva a escala de la Unión el presente Reglamento establece que cualquiera de las tres Autoridades Europeas de Supervisión podría ser designada como supervisor principal. La asignación particular de un proveedor tercero esencial de servicios de TIC a una de las tres Autoridades Europeas de Supervisión debe ser el resultado de una evaluación de la preponderancia de las entidades financieras que operan en los sectores financieros sobre los que dicha Autoridad Europea de Supervisión tiene responsabilidades. Este enfoque debe conducir a una distribución equilibrada de tareas y responsabilidades entre las tres Autoridades Europeas de Supervisión en el contexto del ejercicio de las funciones de supervisión y debe hacer el mejor uso posible de los recursos humanos y los

conocimientos técnicos especializados disponibles en cada una de ellas.

(88) Deben otorgarse a los supervisores principales las competencias necesarias para llevar a cabo investigaciones, para realizar inspecciones in situ y fuera de locales y ubicaciones de proveedores terceros esenciales de servicios de TIC, y para obtener información completa y actualizada. Dichas competencias deben permitir al supervisor principal hacerse una idea precisa del tipo, la dimensión y la repercusión del riesgo relacionado con las TIC derivado de terceros al que se enfrentan las entidades financieras y, en última instancia, el sistema financiero de la Unión. Encomendar a las Autoridades Europeas de Supervisión la función de supervisión principal es un requisito indispensable para comprender y abordar la dimensión sistémica del riesgo relacionado con las TIC en el ámbito financiero. La repercusión de los proveedores terceros esenciales de servicios de TIC en el sector financiero y los problemas que puede ocasionar el consiguiente riesgo de concentración de TIC exigen un enfoque colectivo aplicado a escala de la Unión. El ejercicio simultáneo de varios derechos de acceso y auditorías, desarrollado por separado por numerosas autoridades competentes con una coordinación escasa o nula, impediría a los supervisores financieros obtener una visión general completa y exhaustiva del riesgo relacionado con las TIC derivado de terceros en la Unión, al tiempo que también crearía redundancias, cargas y complejidad para los proveedores terceros esenciales de servicios de TIC en caso de ser objeto de numerosas solicitudes de seguimiento e inspección.

(89) Debido a la importante repercusión que tiene la designación como esencial, el presente Reglamento debe garantizar que los derechos de los proveedores terceros esenciales de servicios de TIC se respeten en toda la aplicación del marco de supervisión. Antes de ser designados como esenciales, dichos proveedores deben, por ejemplo, tener derecho a presentar al supervisor principal una declaración motivada que contenga cualquier información pertinente a efectos de la evaluación relacionada con esa designación. Dado que el supervisor principal debe estar facultado para presentar recomendaciones sobre cuestiones relativas al riesgo relacionado con las TIC y medidas correctoras adecuadas, entre ellas la potestad de oponerse a determinados acuerdos contractuales que afecten en última instancia a la estabilidad de la

entidad financiera o del sistema financiero, debe darse asimismo a los proveedores terceros esenciales de servicios de TIC la oportunidad de presentar, antes de ultimar dichas recomendaciones, explicaciones sobre el efecto esperado de las soluciones previstas en las recomendaciones para los clientes que sean entidades excluidas en el ámbito de aplicación del presente Reglamento, así como de plantear soluciones para mitigar los riesgos. Los proveedores terceros esenciales de servicios de TIC que no estén de acuerdo con las recomendaciones también deben presentar una explicación razonada de su intención de no refrendar la recomendación. Si dicha explicación razonada no se presenta o se considera insuficiente, el supervisor principal debe publicar un aviso en el que se describa brevemente el incumplimiento.

(90) Las autoridades competentes deben incluir debidamente la tarea de verificar el cumplimiento material de las recomendaciones formuladas por el supervisor principal entre sus funciones en relación con la supervisión prudencial de las entidades financieras. Las autoridades competentes deben poder exigir a las entidades financieras que adopten medidas adicionales para hacer frente a los riesgos señalados en las recomendaciones del supervisor principal y, a su debido tiempo, deben emitir notificaciones a tal efecto. Cuando el supervisor principal dirija recomendaciones a proveedores terceros esenciales de servicios de TIC supervisados con arreglo a la Directiva (UE) 2022/2555, las autoridades competentes deben poder consultar, de forma voluntaria y antes de adoptar medidas adicionales, a las autoridades competentes con arreglo a dicha Directiva a fin de propiciar un enfoque coordinado con respecto al tratamiento de los proveedores terceros esenciales de servicios de TIC en cuestión.

(91) El ejercicio de la supervisión debe guiarse por tres principios operativos que buscan garantizar: a) una estrecha coordinación entre las Autoridades Europeas de Supervisión en sus funciones de supervisor principal, mediante una Red de Supervisión Conjunta; b) la coherencia con el marco establecido por la Directiva (UE) 2022/2555 (mediante una consulta voluntaria de los organismos con arreglo a dicha Directiva para evitar la duplicación de las medidas dirigidas a proveedores terceros esenciales de servicios de TIC), y c) la aplicación de medidas de diligencia para reducir al mínimo el posible riesgo de perturbación de los servicios prestados por los proveedores terceros esenciales de servicios de

TIC a clientes que sean entidades excluidas del ámbito de aplicación del presente Reglamento.

(92) El marco de supervisión no debe sustituir, en modo alguno ni en ninguna parte, al requisito de que las entidades financieras gestionen ellas mismas los riesgos que entraña el recurso a proveedores terceros de servicios de TIC, incluida la obligación de mantener un seguimiento permanente de los acuerdos contractuales celebrados con proveedores terceros esenciales de servicios de TIC. Asimismo, el marco de supervisión no debe afectar a la plena responsabilidad de las entidades financieras en el cumplimiento y la liberación de todas las obligaciones establecidas en el presente Reglamento y en el Derecho aplicable en materia de servicios financieros.

(93) Para evitar duplicaciones y solapamientos, las autoridades competentes deben abstenerse de adoptar a título particular cualquier medida destinada a hacer un seguimiento de los riesgos de los proveedores terceros esenciales de servicios de TIC y, a ese respecto, deben basarse en la evaluación del supervisor principal correspondiente. Toda medida debe, en cualquier caso, coordinarse y acordarse previamente con el supervisor principal en el contexto de la ejecución de las tareas en el marco de supervisión.

(94) A fin de promover la convergencia a nivel internacional por cuanto se refiere al recurso a las buenas prácticas en la revisión y el seguimiento de la gestión de riesgos digitales por parte de proveedores terceros de servicios de TIC, debe alentarse a las Autoridades Europeas de Supervisión a que celebren acuerdos de cooperación con las autoridades pertinentes de terceros países en materia de supervisión y regulación.

(95) Para aprovechar las competencias, capacidades técnicas y conocimientos específicos del personal especializado en riesgos operativos y relacionados con las TIC de las autoridades competentes, las tres Autoridades Europeas de Supervisión y, a título voluntario, las autoridades competentes con arreglo a la Directiva (UE) 2022/2555, el supervisor principal debe servirse de las capacidades y conocimientos nacionales en materia de supervisión y crear equipos de examinadores para cada proveedor tercero esencial de servicios de TIC, agrupando equipos multidisciplinares para apoyar tanto la preparación como la ejecución de las actividades de supervisión, incluidas las investigaciones generales y las ins-

pecciones de proveedores terceros esenciales de servicios de TIC, así como para cualquier seguimiento que sea necesario.

(96) Mientras que los costes derivados de las tareas de supervisión se financiarían íntegramente con las tasas cobradas a los proveedores terceros esenciales de servicios de TIC, es probable, sin embargo, que las Autoridades Europeas de Supervisión incurran, antes del inicio del marco de supervisión, en gastos para la implantación de sistemas de TIC específicos en apoyo a la próxima supervisión, ya que sería necesario desarrollar y poner en marcha de antemano sistemas de TIC específicos. Por lo tanto, el presente Reglamento establece un modelo de financiación híbrido, en virtud del cual el marco de supervisión como tal se financiaría íntegramente con las tasas, mientras que el desarrollo de los sistemas de TIC de las Autoridades Europeas de Supervisión se financiaría con las contribuciones de la Unión y de las autoridades nacionales competentes.

(97) Las autoridades competentes deben disponer de todas las competencias en materia de supervisión, investigación y sanción requeridas para garantizar el correcto ejercicio de sus obligaciones con arreglo al presente Reglamento. En principio, deben publicar los anuncios de las sanciones administrativas que impongan. Dado que las entidades financieras y los proveedores terceros de servicios de TIC pueden estar establecidos en diferentes Estados miembros y ser controlados por diferentes autoridades competentes, la aplicación del presente Reglamento debe facilitarse, por una parte, mediante una estrecha cooperación entre las autoridades competentes pertinentes, incluido el BCE en relación con las tareas específicas que le encomienda el Reglamento (UE) número 1024/2013, y, por otra parte, mediante la consulta con las Autoridades Europeas de Supervisión a través del intercambio recíproco de información y la prestación de asistencia en el contexto de las actividades de control pertinentes.

(98) A fin de cuantificar y calificar en mayor medida los criterios de designación a proveedores terceros de servicios de TIC como esenciales y de armonizar las tasas de supervisión, deben delegarse en la Comisión los poderes para adoptar actos con arreglo al artículo 290 del TFUE para completar el presente Reglamento mediante una mayor especificación de la repercusión sistémica que un fallo o una interrupción operativa de un proveedor ter-

cero de servicios de TIC podría tener en las entidades financieras a las que presta servicios de TIC, el número de entidades de importancia sistémica mundial (EISM) u otras entidades de importancia sistémica (OEIS) que dependen del proveedor tercero de servicios de TIC correspondiente, el número de proveedores terceros de servicios de TIC activos en un mercado dado, los costes de migración de datos y cargas de trabajo de TIC a otros proveedores terceros de servicios de TIC, así como la cuantía de las tasas de supervisión y las modalidades de pago. Reviste especial importancia que la Comisión lleve a cabo las consultas oportunas durante la fase preparatoria, también a nivel de expertos, y que esas consultas se realicen de conformidad con los principios establecidos en el Acuerdo interinstitucional de 13 de abril de 2016 sobre la mejora de la legislación (22). En particular, a fin de garantizar una participación equitativa en la preparación de los actos delegados, el Parlamento Europeo y el Consejo deben recibir toda la documentación al mismo tiempo que los expertos de los Estados miembros, y sus expertos deben tener acceso sistemáticamente a las reuniones de los grupos de expertos de la Comisión que se ocupen de la preparación de actos delegados.

(99) Debe garantizarse una armonización coherente de los requisitos establecidos en el presente Reglamento mediante normas técnicas de regulación. Como parte de su función como organismos dotados de conocimientos altamente especializados, las Autoridades Europeas de Supervisión deben elaborar proyectos de normas técnicas de regulación que no conlleven opciones estratégicas, para su presentación a la Comisión. Deben elaborarse normas técnicas de regulación en los ámbitos de la gestión del riesgo relacionado con las TIC, la notificación de incidentes graves relacionados con las TIC, la realización de pruebas, así como en lo relativo a los requisitos clave para un seguimiento adecuado del riesgo relacionado con las TIC derivado de terceros. La Comisión y las Autoridades Europeas de Supervisión deben garantizar que todas las entidades financieras puedan aplicar esas normas y esos requisitos de manera proporcionada a su tamaño y perfil de riesgo general, así como a la naturaleza, escala y complejidad de sus servicios, actividades y operaciones. Se deben otorgar a la Comisión poderes para adoptar dichas normas técnicas de regulación mediante actos delegados con arreglo al artículo 290 del TFUE y de conformidad con los artículos 10 a 14 del Reglamento (UE) número 1093/2010,

los artículos 10 a 14 del Reglamento (UE) número 1094/2010 y los artículos 10 a 14 del Reglamento (UE) número 1095/2010.

(100) A fin de facilitar la comparabilidad de las notificaciones sobre incidentes graves relacionados con las TIC e incidentes operativos o de seguridad graves relacionados con los pagos, así como de garantizar la transparencia de los acuerdos contractuales para el uso de servicios de TIC prestados por proveedores terceros de servicios de TIC, las Autoridades Europeas de Supervisión deben elaborar proyectos de normas técnicas de ejecución que establezcan plantillas, formularios y procedimientos normalizados para la notificación por las entidades financieras de incidentes graves relacionados con las TIC y de incidentes graves operativos o de seguridad relacionados con los pagos, así como plantillas normalizadas para el registro de información. A la hora de elaborar dichas normas, las Autoridades Europeas de Supervisión deben tener en cuenta el tamaño y el perfil de riesgo general de la entidad financiera, así como la naturaleza, escala y complejidad de sus servicios, actividades y operaciones. Deben conferirse a la Comisión competencias para adoptar dichas normas técnicas de ejecución mediante actos de ejecución con arreglo al artículo 291 del TFUE y de conformidad con el artículo 15 del Reglamento (UE) número 1093/2010, el artículo 15 del Reglamento (UE) número 1094/2010 y el artículo 15 del Reglamento (UE) número 1095/2010.

(101) Dado que ya se han especificado requisitos adicionales mediante actos delegados y de ejecución basados en normas técnicas de regulación y de ejecución en virtud de los Reglamentos (CE) número 1060/2009 (23), (UE) número 648/2012 (24), (UE) número 600/2014 (25) y (UE) número 909/2014 (26) del Parlamento Europeo y del Consejo, procede encomendar a las Autoridades Europeas de Supervisión que presenten a la Comisión, ya sea a título particular o conjuntamente a través del Comité Mixto, normas técnicas de regulación y de ejecución para la adopción de actos delegados y de ejecución que incorporen y actualicen las actuales normas de gestión del riesgo relacionado con las TIC.

(102) Dado que el presente Reglamento, junto con la Directiva (UE) 2022/2556 del Parlamento Europeo y del Consejo (27), implica una consolidación de las disposiciones en materia de gestión del riesgo relacionado con las TIC de varios Reglamentos y directivas del acervo de la Unión sobre servicios financieros, incluidos los

Reglamentos (CE) número 1060/2009, (UE) número 648/2012, (UE) número 600/2014 y (UE) número 909/2014 y el Reglamento (UE) 2016/1011 del Parlamento Europeo y del Consejo (28), con el fin de garantizar la plena coherencia se deben modificar dichos Reglamentos para aclarar que el presente Reglamento establece las disposiciones aplicables en materia de riesgo relacionado con las TIC.

(103) Por consiguiente, debe delimitarse el ámbito de aplicación de los artículos pertinentes relacionados con el riesgo operativo en virtud de los cuales se encomendaban la adopción de actos delegados y de ejecución en las habilitaciones establecidas en los Reglamentos (CE) número 1060/2009, (UE) número 648/2012, (UE) número 600/2014, (UE) número 909/2014 y (UE) 2016/1011, con el fin de incorporar al presente Reglamento todas las disposiciones relativas a los aspectos de la resiliencia operativa digital que forman actualmente parte de dichos Reglamentos.

(104) El posible riesgo de ciberseguridad sistémico asociado al uso de infraestructuras de TIC que permiten el funcionamiento de los sistemas de pago y la realización de actividades de procesamiento de pagos debe abordarse debidamente a escala de la Unión mediante normas armonizadas en materia de resiliencia digital. A tal efecto, la Comisión debe evaluar rápidamente la necesidad de revisar el ámbito de aplicación del presente Reglamento, ajustando al mismo tiempo dicha revisión al resultado de la evaluación completa que se contempla con arreglo a la Directiva (UE) 2015/2366. Numerosos ataques a gran escala durante el último decenio demuestran hasta qué punto los sistemas de pago han quedado expuestos a ciberamenazas. Situados en el centro de la cadena de servicios de pago e interconectados firmemente con el sistema financiero general, los sistemas de pago y las actividades de procesamiento de pagos han adquirido una importancia determinante para el funcionamiento de los mercados financieros de la Unión. Los ciberataques a estos sistemas pueden provocar perturbaciones graves de la actividad con repercusiones directas en funciones económicas clave, como la facilitación de los pagos, y efectos indirectos en los procesos económicos conexos. Hasta que se establezcan a escala de la Unión un régimen armonizado y la supervisión de los operadores de sistemas de pago y entidades de procesamiento, los Estados miembros, con vistas a aplicar

prácticas de mercado similares, podrán inspirarse en los requisitos de resiliencia operativa digital establecidos en el presente Reglamento al aplicar normas a los operadores de sistemas de pago y a las entidades de procesamiento controlados en sus propias jurisdicciones.

(105) Dado que el objetivo del presente Reglamento, a saber, conseguir un alto nivel de resiliencia operativa digital para las entidades financieras reguladas, no puede ser alcanzado de manera suficiente por los Estados miembros, pues requiere la armonización de algunas normas diferentes del Derecho de la Unión y nacional, sino que, debido a su dimensión y efectos, puede alcanzarse mejor a escala de la Unión, esta última puede adoptar medidas de acuerdo con el principio de subsidiariedad establecido en el artículo 5 del Tratado de la Unión Europea. De conformidad con el principio de proporcionalidad establecido en ese mismo artículo, el presente Reglamento no excede de lo necesario para alcanzar dicho objetivo.

(106) El Supervisor Europeo de Protección de Datos, al que se consultó de conformidad con el artículo 42, apartado 1, del Reglamento (UE) 2018/1725 del Parlamento Europeo y del Consejo (29), emitió su dictamen el 10 de mayo de 2021 (30).

HAN ADOPTADO EL PRESENTE REGLAMENTO:

CAPÍTULO I

Disposiciones generales

Artículo 1. Objeto

1. A fin de lograr un elevado nivel común de resiliencia operativa digital, el presente Reglamento establece requisitos uniformes relativos a la seguridad de las redes y los sistemas de información que sustentan los procesos empresariales de las entidades financieras como sigue:

a) requisitos aplicables a las entidades financieras en relación con:

i) la gestión del riesgo en el ámbito de las tecnologías de la información y la comunicación (TIC),

ii) la notificación a las autoridades competentes de incidentes graves relacionados con las TIC y, con carácter voluntario, de ciberamenazas importantes,

iii) la notificación a las autoridades competentes de incidentes operativos o de seguridad graves relacionados con los pagos por parte de las entidades financieras a las que se hace referencia en el artículo 2, apartado 1, letras a) a d),

iv) las pruebas de resiliencia operativa digital,

v) el intercambio de información e inteligencia en relación con las ciberamenazas y las vulnerabilidades cibernéticas,

vi) las medidas para la buena gestión del riesgo relacionado con las TIC derivado de terceros;

b) requisitos en relación con los acuerdos contractuales celebrados entre proveedores terceros de servicios de TIC y entidades financieras;

c) normas para el establecimiento y aplicación del marco de supervisión de los proveedores terceros esenciales de servicios de TIC cuando presten servicios a entidades financieras;

d) normas sobre cooperación entre autoridades competentes y normas sobre control y ejecución por parte de las autoridades competentes en relación con todos los asuntos cubiertos por el presente Reglamento.

2. En relación con las entidades financieras identificadas como entidades esenciales o importantes en virtud de las normas nacionales de transposición del artículo 3 de la Directiva (UE) 2022/2555, el presente Reglamento se considerará un acto jurídico sectorial de la Unión a efectos del artículo 4 de dicha Directiva.

3. El presente Reglamento se entenderá sin perjuicio de la responsabilidad de los Estados miembros en lo concerniente a las funciones esenciales del Estado que afectan a la seguridad pública, la defensa y la seguridad nacional de conformidad con el Derecho de la Unión.

Artículo 2. Ámbito de aplicación

1. Sin perjuicio de lo dispuesto en los apartados 3 y 4, el presente Reglamento se aplicará a las siguientes entidades:

a) entidades de crédito;

b) entidades de pago, incluidas las entidades de pago exentas en virtud de la Directiva (UE) 2015/2366;

c) proveedores de servicios de información sobre cuentas;

d) entidades de dinero electrónico, incluidas las entidades de dinero electrónico exentas en virtud de la Directiva 2009/110/CE;

e) empresas de servicios de inversión;

f) proveedores de servicios de criptoactivos autorizados en virtud de un Reglamento del Parlamento Europeo y del Consejo relativo a los mercados de criptoactivos y por el que se modifican los Reglamentos (UE) número 1093/2010 y (UE) número 1095/2010 y las Directivas 2013/36/UE y (UE) 2019/1937 (en lo sucesivo, «Reglamento relativo a los mercados de criptoactivos»), y emisores de fichas referenciadas a activos;

g) depositarios centrales de valores;

h) entidades de contrapartida central;

i) centros de negociación;

j) registros de operaciones;

k) gestores de fondos de inversión alternativos;

l) sociedades de gestión;

m) proveedores de servicios de suministro de datos;

n) empresas de seguros y de reaseguros;

o) intermediarios de seguros, intermediarios de reaseguros e intermediarios de seguros complementarios;

p) fondos de pensiones de empleo;

q) agencias de calificación crediticia;

r) administradores de índices de referencia determinantes;

s) proveedores de servicios de financiación participativa;

t) registros de titulizaciones;

u) proveedores terceros de servicios de TIC.

2. A efectos del presente Reglamento, las entidades a que se refiere el apartado 1, letras a) a t), se denominarán colectivamente «entidades financieras».

3. El presente Reglamento no se aplicará a:

a) los gestores de fondos de inversión alternativos tal como se contemplan en el artículo 3, apartado 2, de la Directiva 2011/61/UE;

b) las empresas de seguros y de reaseguros tal como se contemplan en el artículo 4 de la Directiva 2009/138/CE;

c) los fondos de pensiones de empleo que gestionen planes de pensiones que, en conjunto, no tengan más de quince partícipes en total;

d) las personas físicas o jurídicas exentas en virtud de los artículos 2 y 3 de la Directiva 2014/65/UE;

e) los intermediarios de seguros, los intermediarios de reaseguros y los intermediarios de seguros complementarios que sean microempresas o pequeñas o medianas empresas;

f) las oficinas de cheques postales tal como se contemplan en el artículo 2, apartado 5, punto 3, de la Directiva 2013/36/UE.

4. Los Estados miembros podrán excluir del ámbito de aplicación del presente Reglamento a las entidades a que se refiere el artículo 2, apartado 5, puntos 4 a 23, de la Directiva 2013/36/UE que estén situadas en sus respectivos territorios. Cuando un Estado miembro haga uso de esta posibilidad, informará de ello a la Comisión, así como de cualquier modificación posterior al respecto. La Comisión hará pública esta información en su sitio web o por otros medios fácilmente accesibles.

Artículo 3. Definiciones

A efectos del presente Reglamento, se entenderá por:

1) «resiliencia operativa digital»: la capacidad de una entidad financiera para construir, asegurar y revisar su integridad y fiabilidad operativas asegurando, directa o indirectamente mediante el uso de servicios prestados por proveedores terceros de servicios de TIC, toda la gama de capacidades relacionadas con las TIC necesarias para preservar la seguridad de las redes y los sistemas de información que utiliza una entidad financiera y que sustentan la prestación continuada de servicios financieros y su calidad, incluso en caso de perturbaciones;

2) «red y sistema de información»: una red y un sistema de información según se definen en el artículo 6, punto 1, de la Directiva (UE) 2022/2555;

3) «sistema de TIC heredado»: un sistema de TIC que ha alcanzado el final de su ciclo de vida (final de vida útil) y que por razones tecnológicas o comerciales no admite actualizaciones o correcciones, o para el que su proveedor o un proveedor tercero de

servicios de TIC ya no presta asistencia técnica, pero que sigue utilizándose y sustenta las funciones de la entidad financiera;

4) «seguridad de las redes y sistemas de información»: la seguridad de las redes y sistemas de información según se define en el artículo 6, punto 2, de la Directiva (UE) 2022/2555;

5) «riesgo relacionado con las TIC»: cualquier circunstancia razonablemente identificable en relación con el uso de redes y sistemas de información que, si se materializa, puede comprometer la seguridad de las redes y sistemas de información, de cualquier herramienta o proceso dependiente de la tecnología, de las operaciones y los procesos o de la prestación de servicios, al provocar efectos adversos en el entorno digital o físico;

6) «activo de información»: un compendio de información, tangible o intangible, que conviene proteger;

7) «activo de TIC»: un activo de software o hardware en las redes y sistemas de información utilizados por la entidad financiera;

8) «incidente relacionado con las TIC»: un único suceso o una serie de sucesos interrelacionados no previstos por la entidad financiera que pone en peligro la seguridad de las redes y sistemas de información y tiene repercusiones negativas en la disponibilidad, autenticidad, integridad o confidencialidad de los datos o en los servicios prestados por la entidad financiera;

9) «incidente operativo o de seguridad relacionado con los pagos»: un único suceso o una serie de sucesos interrelacionados no previstos por las entidades financieras a que se refiere el artículo 2, apartado 1, letras a) a d), estén o no relacionados con las TIC, que tiene repercusiones negativas en la confidencialidad, disponibilidad, integridad o autenticidad de los datos relacionados con los pagos o en los servicios relacionados con los pagos prestados por la entidad financiera;

10) «incidente grave relacionado con las TIC»: un incidente relacionado con las TIC con graves repercusiones negativas en las redes y sistemas de información que sustentan funciones esenciales o importantes de la entidad financiera;

11) «incidente operativo o de seguridad grave relacionado con los pagos»: un incidente operativo o de seguridad relacionado con los pagos con graves repercusiones negativas en los servicios relacionados con los pagos prestados;

12) «ciberamenaza»: una ciberamenaza tal como se define en el artículo 2, punto 8, del Reglamento (UE) 2019/881;

13) «ciberamenaza importante»: una ciberamenaza cuyas características técnicas indican que podría dar lugar a un incidente grave relacionado con las TIC o a un incidente operativo o de seguridad grave relacionado con los pagos;

14) «ciberataque»: un incidente malintencionado relacionado con las TIC provocado mediante una tentativa, perpetrada por cualquier agente de riesgo, de destruir, revelar, alterar, desactivar o robar un activo, de obtener acceso no autorizado a ese activo o de hacer uso no autorizado de él;

15) «inteligencia sobre amenazas»: información que se ha agregado, transformado, analizado, interpretado o enriquecido para proporcionar el contexto necesario para la toma de decisiones y permitir una comprensión pertinente y suficiente para mitigar las repercusiones de un incidente relacionado con las TIC o de una ciberamenaza, incluidos los detalles técnicos de un ciberataque, los responsables del ataque, su modus operandi y sus motivaciones;

16) «vulnerabilidad»: una debilidad, susceptibilidad o defecto de un activo, sistema, proceso o control que puede ser explotado;

17) «pruebas de penetración basadas en amenazas»: un marco que imita las tácticas, técnicas y procedimientos de agentes de amenazas reales que se considera presentan una auténtica ciberamenaza, que permite someter a prueba (equipo rojo) de forma controlada, a medida y en función de la inteligencia los sistemas de producción activos esenciales de la entidad financiera;

18) «riesgo relacionado con las TIC derivado de terceros»: el riesgo relacionado con las TIC al que puede verse expuesta una entidad financiera en razón de su uso de servicios de TIC prestados por proveedores terceros de servicios de TIC o por subcontratistas de estos últimos, a través, entre otros, de acuerdos de externalización;

19) «proveedor tercero de servicios de TIC»: una empresa que presta servicios de TIC;

20) «proveedor intragrupo de servicios de TIC»: una empresa que forma parte de un grupo financiero y presta principalmente ser-

vicios de TIC a entidades financieras del mismo grupo o a entidades financieras que pertenecen al mismo sistema institucional de protección, también a sus sociedades matrices, filiales o sucursales o a otras entidades que compartan propiedad o control;

21) «servicios de TIC»: los servicios digitales y de datos prestados a través de los sistemas de TIC a uno o varios usuarios internos o externos de forma continua, incluidos el hardware como servicio y los servicios de hardware que incluyen la prestación de asistencia técnica a través de actualizaciones de software o firmware por parte del proveedor de hardware y excluidos los servicios telefónicos analógicos tradicionales;

22) «función esencial o importante»: una función cuya perturbación afectaría significativamente al rendimiento financiero de una entidad financiera o a la solidez o continuidad de sus servicios y actividades o cuya interrupción o ejecución defectuosa o fallida afectaría significativamente al cumplimiento continuado de una entidad financiera con las condiciones y obligaciones de su autorización, o con sus demás obligaciones con arreglo al Derecho aplicable en materia de servicios financieros;

23) «proveedor tercero esencial de servicios de TIC»: un proveedor tercero de servicios de TIC designado como esencial de conformidad con el artículo 31;

24) «proveedor tercero de servicios de TIC establecido en un tercer país»: un proveedor tercero de servicios de TIC que sea una persona jurídica establecida en un tercer país que haya celebrado un acuerdo contractual con una entidad financiera para la prestación de servicios de TIC;

25) «filial»: una empresa filial en el sentido del artículo 2, punto 10, y del artículo 22 de la Directiva 2013/34/UE;

26) «grupo»: un grupo tal como se define en el artículo 2, punto 11, de la Directiva 2013/34/UE;

27) «sociedad matriz»: una sociedad matriz en el sentido del artículo 2, punto 9, y del artículo 22 de la Directiva 2013/34/UE;

28) «subcontratista de TIC establecido en un tercer país»: un subcontratista de TIC que sea una persona jurídica establecida en un tercer país y que haya celebrado un acuerdo contractual con un

proveedor tercero de servicios de TIC o con un proveedor tercero de servicios de TIC establecido en un tercer país;

29) «riesgo de concentración de TIC»: una exposición a uno o múltiples proveedores terceros esenciales de servicios de TIC relacionados que cree tal grado de dependencia de dichos proveedores que la indisponibilidad, fallo u otro tipo de deficiencia de estos últimos pueda poner en peligro la capacidad de una entidad financiera para desempeñar funciones esenciales o importantes o causarle otro tipo de efectos adversos, incluidas grandes pérdidas, o poner en peligro la estabilidad financiera de la Unión en su conjunto;

30) «órgano de dirección»: un órgano de dirección tal como se define en el artículo 4, apartado 1, punto 36, de la Directiva 2014/65/UE, el artículo 3, apartado 1, punto 7, de la Directiva 2013/36/UE, el artículo 2, apartado 1, letra s), de la Directiva 2009/65/CE del Parlamento Europeo y del Consejo (31), el artículo 2, apartado 1, punto 45, del Reglamento (UE) número 909/2014, el artículo 3, apartado 1, punto 20, del Reglamento (UE) 2016/1011 y las disposiciones pertinentes del Reglamento relativo a los mercados de criptoactivos, o las personas equivalentes que dirijan efectivamente la entidad o desempeñen funciones clave de conformidad con el Derecho de la Unión o nacional pertinente;

31) «entidad de crédito»: una entidad de crédito tal como se define en el artículo 4, apartado 1, punto 1, del Reglamento (UE) número 575/2013 del Parlamento Europeo y del Consejo (32);

32) «entidad exenta en virtud de la Directiva 2013/36/UE»: una entidad a que se refiere el artículo 2, apartado 5, puntos 4 a 23, de la Directiva 2013/36/UE;

33) «empresa de servicios de inversión»: una empresa de servicios de inversión tal como se define en el artículo 4, apartado 1, punto 1, de la Directiva 2014/65/UE;

34) «empresa de servicios de inversión pequeña y no interconectada»: una empresa de servicios de inversión que cumple las condiciones establecidas en el artículo 12, apartado 1, del Reglamento (UE) 2019/2033 del Parlamento Europeo y del Consejo (33);

35) «entidad de pago»: una entidad de pago tal como se define en el artículo 4, punto 4, de la Directiva (UE) 2015/2366;

36) «entidad de pago exenta en virtud de la Directiva (UE) 2015/2366»: una entidad de pago exenta en virtud del artículo 32, apartado 1, de la Directiva (UE) 2015/2366;

37) «proveedor de servicios de información sobre cuentas»: un proveedor de servicios de información sobre cuentas a que se refiere el artículo 33, apartado 1, de la Directiva (UE) 2015/2366;

38) «entidad de dinero electrónico»: una entidad de dinero electrónico tal como se define en el artículo 2, punto 1, de la Directiva 2009/110/CE;

39) «entidad de dinero electrónico exenta en virtud de la Directiva 2009/110/CE»: una entidad de dinero electrónico que se beneficia de una exención a tenor del artículo 9, apartado 1, de la Directiva 2009/110/CE;

40) «entidad de contrapartida central»: una entidad de contrapartida central tal como se define en el artículo 2, punto 1, del Reglamento (UE) número 648/2012;

41) «registro de operaciones»: un registro de operaciones tal como se define en el artículo 2, punto 2, del Reglamento (UE) número 648/2012;

42) «depositario central de valores»: un depositario central de valores tal como se define en el artículo 2, apartado 1, punto 1, del Reglamento (UE) número 909/2014;

43) «centro de negociación»: un centro de negociación tal como se define en el artículo 4, apartado 1, punto 24, de la Directiva 2014/65/UE;

44) «gestor de fondos de inversión alternativos»: un gestor de fondos de inversión alternativos tal como se define en el artículo 4, apartado 1, letra b), de la Directiva 2011/61/UE;

45) «sociedad de gestión»: una sociedad de gestión tal como se define en el artículo 2, apartado 1, letra b), de la Directiva 2009/65/CE;

46) «proveedor de servicios de suministro de datos»: un proveedor de servicios de suministro de datos en el sentido del Reglamento (UE) número 600/2014, a que se refiere su artículo 2, apartado 1, puntos 34 a 36;

47) «empresa de seguros»: una empresa de seguros tal como se define en el artículo 13, punto 1, de la Directiva 2009/138/CE;

48) «empresa de reaseguros»: una empresa de reaseguros tal como se define en el artículo 13, punto 4, de la Directiva 2009/138/CE;

49) «intermediario de seguros»: un intermediario de seguros tal como se define en el artículo 2, apartado 1, punto 3, de la Directiva (UE) 2016/97 del Parlamento Europeo y del Consejo (34);

50) «intermediario de seguros complementarios»: un intermediario de seguros complementarios tal como se define en el artículo 2, apartado 1, punto 4, de la Directiva (UE) 2016/97;

51) «intermediario de reaseguros»: un intermediario de reaseguros tal como se define en el artículo 2, apartado 1, punto 5, de la Directiva (UE) 2016/97;

52) «fondo de pensiones de empleo»: un fondo de pensiones de empleo tal como se define en el artículo 6, punto 1, de la Directiva (UE) 2016/2341;

53) «fondo de pensiones de empleo pequeño»: un fondo de pensiones de empleo que gestiona planes de pensiones que cuentan con menos de 100 partícipes en total;

54) «agencia de calificación crediticia»: una agencia de calificación crediticia tal como se define en el artículo 3, apartado 1, letra b), del Reglamento (CE) número 1060/2009;

55) «proveedor de servicios de criptoactivos»: un proveedor de servicios de criptoactivos tal como se define en las disposiciones pertinentes del Reglamento relativo a los mercados de criptoactivos;

56) «emisor de fichas referenciadas a activos»: un emisor de fichas referenciadas a activos tal como se definen en las disposiciones pertinentes del Reglamento relativo a los mercados de criptoactivos;

57) «administrador de índices de referencia determinantes»: un administrador de «índices de referencia determinantes» tal como se definen en el artículo 3, apartado 1, punto 25, del Reglamento (UE) 2016/1011;

58) «proveedor de servicios de financiación participativa»: un proveedor de servicios de financiación participativa tal como se define en el artículo 2, apartado 1, letra e), del Reglamento (UE) 2020/1503 del Parlamento Europeo y del Consejo (35);

59) «registro de titulizaciones»: un registro de titulizaciones tal como se define en el artículo 2, punto 23, del Reglamento (UE) 2017/2402 del Parlamento Europeo y del Consejo (36);

60) «microempresa»: una entidad financiera distinta de un centro de negociación, una entidad de contrapartida central, un registro de operaciones o un depositario central de valores, que emplea a menos de diez personas y cuyo volumen de negocios o balance anuales total es igual o inferior a 2 millones EUR;

61) «supervisor principal»: la Autoridad Europea de Supervisión nombrada de conformidad con el artículo 31, apartado 1, letra b), del presente Reglamento;

62) «Comité Mixto»: el comité a que se refiere el artículo 54 del Reglamento (UE) número 1093/2010, el artículo 54 del Reglamento (UE) número 1094/2010 y el artículo 54 del Reglamento (UE) número 1095/2010;

63) «pequeña empresa»: una entidad financiera que emplea a 10 o más personas, pero menos de 50 y cuyo volumen de negocios o balance anuales total es superior a 2 millones EUR, pero igual o inferior a 10 millones EUR;

64) «mediana empresa»: una entidad financiera distinta de una pequeña empresa, que emplea a menos de 250 personas y cuyo volumen de negocios anual es igual o inferior a 50 millones EUR o cuyo balance anual es igual o inferior a 43 millones EUR;

65) «autoridad pública»: cualquier gobierno u otra entidad de la administración pública, incluidos los bancos centrales nacionales.

Artículo 4. Principio de proporcionalidad

1. Las entidades financieras aplicarán las normas establecidas en el Capítulo II de conformidad con el principio de proporcionalidad, teniendo en cuenta su tamaño y perfil de riesgo general, así como la naturaleza, escala y complejidad de sus servicios, actividades y operaciones.

2. Además, la aplicación por parte de las entidades financieras de los Capítulos III y IV y el Capítulo V, sección I, será proporcional a su tamaño y perfil de riesgo general, así como a la naturaleza, escala y complejidad de sus servicios, actividades y operaciones, tal como se establece específicamente en las normas pertinentes de dichos Capítulos.

3. Las autoridades competentes tendrán en cuenta la aplicación del principio de proporcionalidad por parte de las entidades financieras al revisar la coherencia del marco de gestión del riesgo relacionado con las TIC a partir de los informes presentados a petición de las autorida-

des competentes en virtud del artículo 6, apartado 5, y al artículo 16, apartado 2.

CAPÍTULO II

Gestión del riesgo relacionado con las TIC

Sección I

Artículo 5. Gobernanza y organización

1. A fin lograr un nivel elevado de resiliencia operativa digital, las entidades financieras dispondrán de un marco interno de gobernanza y control que garantice una gestión efectiva y prudente del riesgo relacionado con las TIC, de conformidad con el artículo 6, apartado 4.

2. El órgano de dirección de la entidad financiera definirá, aprobará y supervisará todas las disposiciones relacionadas con el marco de gestión del riesgo relacionado con las TIC a que se refiere el artículo 6, apartado 1, y será responsable de su aplicación.

A efectos del párrafo primero, el órgano de dirección:

a) asumirá la responsabilidad última de gestionar el riesgo relacionado con las TIC de la entidad financiera;

b) adoptará políticas encaminadas a garantizar el mantenimiento de unos niveles elevados de disponibilidad, autenticidad, integridad y confidencialidad de los datos;

c) definirá claramente los cometidos y responsabilidades por lo que respecta a todas las funciones relacionadas con las TIC y establecerá mecanismos de gobernanza adecuados para garantizar una comunicación, cooperación y coordinación efectivas y oportunas entre dichas funciones;

d) asumirá la responsabilidad general de establecer y aprobar la estrategia de resiliencia operativa digital a que se refiere el artículo 6, apartado 8, lo que incluye determinar el nivel adecuado de tolerancia al riesgo relacionado con las TIC de la entidad financiera a que se refiere el artículo 6, apartado 8, letra b);

e) aprobará, supervisará y revisará periódicamente la aplicación de la política de continuidad de la actividad en materia de TIC y de los planes de respuesta y recuperación en materia de TIC de la entidad financiera a que se refiere, respectivamente, el artículo 11 apartados

1 y 3, que podrán ser adoptados como una política específica que forme parte integrante de la política global de continuidad de la actividad y del plan de respuesta y recuperación de la entidad financiera;

f) aprobará y revisará periódicamente los planes de auditoría internos de TIC y las auditorías de TIC de la entidad financiera, así como sus modificaciones significativas;

g) asignará y revisará periódicamente el presupuesto adecuado para satisfacer las necesidades de resiliencia operativa digital de la entidad financiera con respecto a todos los tipos de recursos, incluidos los programas de sensibilización en materia de seguridad de las TIC y las actividades de formación sobre resiliencia operativa digital pertinentes a que se refiere el artículo 13, apartado 6, y las capacidades en materia de TIC para todo el personal;

h) aprobará y revisará periódicamente la política de la entidad financiera sobre los acuerdos relativos al uso de servicios de TIC prestados por proveedores terceros de servicios de TIC;

i) establecerá, a escala corporativa, canales de comunicación que le permitan estar debidamente informado de lo siguiente:

   i) de los acuerdos celebrados con proveedores terceros de servicios de TIC sobre el uso de servicios de TIC,

   ii) de cualquier cambio sustancial pertinente previsto en relación con los proveedores terceros de servicios de TIC,

   iii) de las posibles repercusiones de tales cambios en las funciones esenciales o importantes reguladas por dichos acuerdos, incluido un resumen del análisis de riesgos para evaluar las repercusiones de dichos cambios, y al menos de los incidentes graves relacionados con las TIC y sus repercusiones, así como de las medidas de respuesta, recuperación y corrección.

3. Las entidades financieras que no sean microempresas crearán un cargo para el seguimiento de los acuerdos celebrados con proveedores terceros de servicios de TIC sobre el uso de servicios de TIC o designarán a un miembro de la alta dirección como responsable de supervisar la exposición al riesgo correspondiente y la documentación pertinente.

4. Los miembros del órgano de dirección de la entidad financiera mantendrán al día de manera activa conocimientos y capacidades suficientes

para comprender y evaluar el riesgo relacionado con las TIC y sus repercusiones en las operaciones de la entidad financiera, también siguiendo periódicamente una formación específica que sea acorde al riesgo relacionado con las TIC que se esté gestionando.

Sección II

Artículo 6. Marco de gestión del riesgo relacionado con las TIC

1. Las entidades financieras contarán con un marco de gestión del riesgo relacionado con las TIC sólido, completo y bien documentado como parte de su sistema global de gestión de riesgos, que les permita hacer frente al riesgo relacionado con las TIC de forma rápida, eficiente y exhaustiva y asegurar un alto nivel de resiliencia operativa digital.

2. El marco de gestión del riesgo relacionado con las TIC incluirá al menos las estrategias, las políticas, los procedimientos, y los protocolos y herramientas de TIC que sean necesarios para proteger debida y adecuadamente todos los activos de información y activos de TIC, incluidos el software, el hardware y los servidores, así como para proteger todos los componentes e infraestructuras físicos pertinentes, como locales, centros de datos y zonas sensibles designadas, a fin de garantizar que todos los activos de información y activos de TIC estén adecuadamente protegidos de los riesgos, incluidos los daños y el acceso o uso no autorizados.

3. De conformidad con el marco de gestión del riesgo relacionado con las TIC, las entidades financieras minimizarán las consecuencias de dicho riesgo mediante el despliegue de estrategias, políticas, procedimientos, protocolos y herramientas de TIC adecuados. Proporcionarán a las autoridades competentes que lo soliciten información completa y actualizada sobre el riesgo relacionado con las TIC y sobre su marco de gestión de dicho riesgo.

4. Las entidades financieras que no sean microempresas encomendarán a una función de control la gestión y la supervisión del riesgo relacionado con las TIC y garantizarán un nivel adecuado de independencia de dicha función para evitar conflictos de intereses. Las entidades financieras garantizarán una separación e independencia adecuadas de las funciones de gestión del riesgo relacionado con las TIC, las funciones de control y las funciones de auditoría interna, con arreglo al modelo de tres líneas de defensa o a un modelo interno de gestión y control de riesgos.

5. El marco de gestión del riesgo relacionado con las TIC se documentará y revisará al menos una vez al año, o periódicamente en el caso de las microempresas, así como cuando se produzcan incidentes graves relacionados con las TIC, y siguiendo las instrucciones de supervisión o conclusiones derivadas de los procesos pertinentes de prueba o auditoría de la resiliencia operativa digital. Se mejorará continuamente sobre la base de las enseñanzas derivadas de la aplicación y el seguimiento. Se presentará a la autoridad competente que lo solicite un informe sobre la revisión del marco de gestión del riesgo relacionado con las TIC.

6. El marco de gestión del riesgo relacionado con las TIC de las entidades financieras que no sean microempresas será objeto de auditoría interna llevada a cabo por auditores con carácter periódico en consonancia con el plan de auditoría de las entidades financieras. Dichos auditores poseerán conocimientos, capacidades y pericia suficientes en materia de riesgo relacionado con las TIC, y gozarán de la independencia adecuada. La frecuencia y el enfoque de las auditorías de TIC serán acordes con el riesgo relacionado con las TIC de la entidad financiera.

7. A partir de las conclusiones de la auditoría interna, las entidades financieras establecerán un proceso formal de seguimiento que incluirá normas para la oportuna verificación y corrección de los resultados problemáticos de la auditoría de TIC.

8. El marco de gestión del riesgo relacionado con las TIC incluirá una estrategia de resiliencia operativa digital que establezca cómo se aplicará el marco. A tal fin, la estrategia de resiliencia operativa digital incluirá métodos para hacer frente al riesgo relacionado con las TIC y alcanzar los objetivos específicos en materia de TIC, para lo cual:

a) explicará cómo apoya el marco de gestión del riesgo relacionado con las TIC la estrategia y los objetivos empresariales de la entidad financiera;

b) establecerá el nivel de tolerancia al riesgo relacionado con las TIC, de acuerdo con la propensión al riesgo de la entidad financiera, y analizará la tolerancia al impacto de las perturbaciones de las TIC;

c) establecerá objetivos claros en materia de seguridad de la información, incluidos indicadores clave de rendimiento y parámetros clave de medición del riesgo;

d) explicará la arquitectura de referencia de TIC y cualquier cambio necesario para alcanzar objetivos empresariales específicos;

e) esbozará los diferentes mecanismos establecidos para detectar incidentes relacionados con las TIC, prevenir su impacto y protegerse de sus efectos;

f) hará constar la situación actual de la resiliencia operativa digital sobre la base del número de incidentes graves relacionados con las TIC notificados y la eficacia de las medidas preventivas;

g) efectuará pruebas de resiliencia operativa digital, de conformidad con el Capítulo IV del presente Reglamento;

h) esbozará una estrategia de comunicación en caso de aquellos incidentes relacionados con las TIC que sea obligatorio divulgar conformidad con el artículo 14.

9. Las entidades financieras podrán, en el contexto de la estrategia de resiliencia operativa digital a que se refiere el apartado 8, definir una estrategia global multiproveedor en materia de TIC a nivel de grupo o entidad, que muestre las dependencias clave de los proveedores terceros de servicios de TIC y explique los motivos subyacentes a la contratación de una combinación de proveedores terceros de servicios de TIC.

10. Las entidades financieras podrán externalizar, de conformidad con el Derecho sectorial de la Unión y nacional, a empresas externas o de su mismo grupo las tareas de verificación del cumplimiento de los requisitos de gestión del riesgo relacionado con las TIC. En los casos en que se produzca tal externalización, la entidad financiera seguirá siendo plenamente responsable de la verificación del cumplimiento de los requisitos en materia de gestión del riesgo relacionado con las TIC.

Artículo 7. Sistemas, protocolos y herramientas de TIC

Con el fin de abordar y gestionar los riesgos relacionados con las TIC, las entidades financieras utilizarán y mantendrán actualizados sistemas, protocolos y herramientas de TIC que:

a) sean adecuados a la magnitud de las operaciones que sustentan la realización de sus actividades, de conformidad con el principio de proporcionalidad a que se refiere el artículo 4;

b) sean fiables;

c) dispongan de capacidad suficiente para tratar con exactitud los datos necesarios para llevar a cabo las actividades y prestar los servicios a tiempo, y para hacer frente a los volúmenes máximos de pedidos, mensajes u operaciones, según sea necesario, también en caso de introducción de nuevas tecnologías;

d) sean tecnológicamente resilientes a fin de hacer frente adecuadamente a las necesidades adicionales de tratamiento de la información que surjan en condiciones de tensión del mercado u otras situaciones adversas.

Artículo 8. Identificación

1. Como parte del marco de gestión del riesgo relacionado con las TIC a que se refiere el artículo 6, apartado 1, las entidades financieras identificarán, clasificarán y documentarán adecuadamente todas las funciones, cometidos y responsabilidades empresariales sustentados por las TIC, los activos de información y activos de TIC que sustenten dichas funciones, y sus cometidos y dependencias en relación con el riesgo relacionado con las TIC. Las entidades financieras revisarán en caso necesario, y al menos una vez al año, la idoneidad de esta clasificación y de cualquier documentación pertinente.

2. Las entidades financieras identificarán de forma continua todas las fuentes de riesgo relacionado con las TIC, en particular la exposición al riesgo para con otras entidades financieras y derivada de otras entidades financieras, y evaluarán las ciberamenazas y vulnerabilidades en materia de TIC pertinentes para sus funciones empresariales sustentadas por TIC, activos de información y activos de TIC. Las entidades financieras revisarán periódicamente, y al menos una vez al año, los escenarios de riesgo que les afecten.

3. Las entidades financieras que no sean microempresas llevarán a cabo una evaluación del riesgo cada vez que se produzca un cambio importante en la infraestructura de las redes y los sistemas de información, en los procesos o procedimientos que afecten a sus funciones empresariales sustentadas por TIC, activos de información o activos de TIC.

4. Las entidades financieras identificarán todos los activos de información y activos de TIC, incluidos los que se encuentren en emplazamientos remotos, recursos de red y equipos de hardware, y cartografiarán aquellos considerados esenciales. Cartografiarán la configuración de los activos de información y activos de TIC y los vínculos e interdependencias entre los distintos activos de información y activos de TIC.

5. Las entidades financieras identificarán y documentarán todos los procesos que dependan de proveedores terceros de servicios de TIC, e iden-

tificarán las interconexiones con proveedores terceros de servicios de TIC que presten servicios que sustenten funciones esenciales o importantes.

6. A los efectos de los apartados 1, 4 y 5, las entidades financieras mantendrán los inventarios pertinentes y los actualizarán periódicamente y cada vez que se produzcan los cambios importantes a que se refiere el apartado 3.

7. Las entidades financieras que no sean microempresas llevarán a cabo periódicamente, y al menos una vez al año, una evaluación específica del riesgo relacionado con las TIC en todos los sistemas de TIC heredados y, en cualquier caso, antes y después de conectar tecnologías, aplicaciones o sistemas.

Artículo 9. Protección y prevención

1. Con el fin de proteger adecuadamente los sistemas de TIC y con vistas a organizar medidas de respuesta, las entidades financieras realizarán un seguimiento y un control permanentes de la seguridad y el funcionamiento de los sistemas y herramientas de TIC y minimizarán las repercusiones en dichos sistemas del riesgo relacionado con las TIC mediante el despliegue de herramientas, políticas y procedimientos adecuados en materia de seguridad de las TIC.

2. Las entidades financieras diseñarán, adquirirán y aplicarán políticas, procedimientos, protocolos y herramientas en materia de seguridad de las TIC que tengan por objeto asegurar la resiliencia, la continuidad y la disponibilidad de los sistemas de TIC, en particular aquellos que sustentan funciones esenciales o importantes, así como mantener elevados niveles de disponibilidad, autenticidad, integridad y confidencialidad de los datos, con independencia de que estén en reposo, en uso o en tránsito.

3. A fin de alcanzar los objetivos mencionados en el apartado 2, las entidades financieras utilizarán soluciones y procesos de TIC que sean adecuados de conformidad con el artículo 4. Dichas soluciones y procesos de TIC deberán:

a) garantizar la seguridad de los medios de transmisión de datos;

b) minimizar el riesgo de corrupción o pérdida de datos, acceso no autorizado y defectos técnicos que puedan obstaculizar la actividad empresarial;

c) evitar la falta de disponibilidad, el menoscabo de la autenticidad e integridad, la vulneración de la confidencialidad y la pérdida de datos;

d) garantizar que los datos estén protegidos de riesgos derivados de su gestión, incluidos los debidos a una mala administración, los relacionados con el tratamiento y los errores humanos.

4. Como parte del marco de gestión del riesgo relacionado con las TIC a que se refiere el artículo 6, apartado 1, las entidades financieras deberán:

a) elaborar y documentar una política de seguridad de la información que defina normas para proteger la confidencialidad, disponibilidad, integridad o autenticidad de los datos, activos de información y activos de TIC, incluidos los de sus clientes, en su caso;

b) siguiendo un enfoque basado en el riesgo, establecer una estructura de gestión sólida de redes e infraestructuras utilizando técnicas, métodos y protocolos adecuados que puedan incluir la aplicación de mecanismos automatizados para aislar los activos de información afectados en caso de ciberataques;

c) aplicar políticas que limiten el acceso físico o lógico a los activos de información y activos de TIC a lo que sea necesario únicamente para funciones y actividades legítimas y aprobadas, y establecer a tal fin un conjunto de políticas, procedimientos y controles que se centren en los derechos de acceso y garanticen una buena administración de estos;

d) aplicar políticas y protocolos para mecanismos de autenticación fuerte, basados en estándares pertinentes y sistemas de control específicos, y medidas de protección de las claves criptográficas mediante las que se cifran los datos en función de los resultados de los procesos aprobados de clasificación de datos y evaluación de riesgos relacionados con las TIC;

e) aplicar políticas, procedimientos y controles documentados para la gestión de los cambios en las TIC, incluidos los cambios en el software, el hardware, los componentes de firmware, los sistemas o los parámetros de seguridad, que se basen en un enfoque de evaluación de riesgos y formen parte integrante del proceso general de gestión de cambios de la entidad financiera, a fin de garantizar que todos los cambios en los sistemas de TIC se registren, sometan a prueba, evalúen, aprueben, apliquen y verifiquen de forma controlada;

f) contar con políticas documentadas adecuadas y globales para los parches y actualizaciones.

A efectos del párrafo primero, letra b), las entidades financieras diseñarán la infraestructura de conexión a la red de manera que permita su ruptura o segmentación instantánea con el fin de minimizar y prevenir el contagio, especialmente en los procesos financieros interconectados.

A efectos del párrafo primero, letra e), el proceso de gestión de cambios en las TIC será aprobado por los niveles directivos adecuados y dispondrá de protocolos específicos.

Artículo 10. Detección

1. Las entidades financieras dispondrán de mecanismos para detectar rápidamente las actividades anómalas, de conformidad con el artículo 17, incluidos los problemas de rendimiento de las redes de TIC y los incidentes relacionados con las TIC, y para identificar los posibles puntos únicos de fallo significativos.

Todos los mecanismos de detección mencionados en el párrafo primero se someterán a pruebas periódicas de conformidad con el artículo 25.

2. Los mecanismos de detección a que se refiere el apartado 1 permitirán múltiples niveles de control, definirán criterios y umbrales de alerta para activar e iniciar procesos de respuesta a incidentes relacionados con las TIC, incluidos mecanismos automáticos de alerta para el personal responsable de la respuesta a incidentes relacionados con las TIC.

3. Las entidades financieras dedicarán recursos y capacidades suficientes al seguimiento de la actividad de los usuarios y la aparición de anomalías en las TIC y de incidentes relacionados con las TIC, en particular de ciberataques.

4. Los proveedores de servicios de suministro de datos dispondrán además de sistemas que permitan controlar de manera efectiva la exhaustividad de los informes de operaciones, detectar omisiones y errores manifiestos y solicitar la retransmisión de tales informes.

Artículo 11. Respuesta y recuperación

1. Como parte del marco de gestión del riesgo relacionado con las TIC a que se refiere el artículo 6, apartado 1, y sobre la base de los requisitos de identificación establecidos en el artículo 8, las entidades financieras pondrán en práctica una política global de continuidad de la actividad en materia de TIC, que podrá ser adoptada como una política específica

propia que forme parte integrante de la política global de continuidad de la actividad de la entidad financiera.

2. Las entidades financieras aplicarán la política de continuidad de la actividad en materia de TIC mediante disposiciones, planes, procedimientos y mecanismos específicos, adecuados y documentados destinados a:

a) garantizar la continuidad de las funciones esenciales o importantes de la entidad financiera;

b) responder a todos los incidentes relacionados con las TIC y resolverlos rápida, adecuada y eficazmente de manera que se limiten los daños y se dé prioridad a la reanudación de las actividades y a las acciones de recuperación;

c) activar, sin demora, planes específicos que permitan recurrir a medidas de contención, procesos y tecnologías adaptados a cada tipo de incidente relacionado con las TIC y que eviten nuevos daños, así como a procedimientos de respuesta y recuperación adaptados establecidos de conformidad con el artículo 12;

d) estimar con carácter preliminar las repercusiones, daños y pérdidas;

e) definir acciones de comunicación y gestión de crisis que garanticen la transmisión de información actualizada a todo el personal interno y las partes interesadas externas pertinentes de conformidad con el artículo 14, y su notificación a las autoridades competentes de conformidad con el artículo 19.

3. Como parte del marco de gestión del riesgo relacionado con las TIC a que se refiere el artículo 6, apartado 1, las entidades financieras aplicarán planes conexos de respuesta y recuperación en materia de TIC que, en el caso de entidades financieras que no sean microempresas, estarán sujetos a auditorías internas independientes.

4. Las entidades financieras establecerán, mantendrán y someterán a prueba periódicamente planes adecuados de continuidad de las actividades de TIC, en particular en lo que se refiere a las funciones esenciales o importantes externalizadas o contratadas mediante acuerdos con proveedores terceros de servicios de TIC.

5. Como parte de la política global de continuidad de la actividad, las entidades financieras llevarán a cabo un análisis de impacto en el negocio de sus exposiciones a perturbaciones graves de la actividad. En el marco de dicho análisis, las entidades financieras evaluarán el impacto potencial de

las perturbaciones graves de la actividad mediante criterios cuantitativos y cualitativos, utilizando datos internos y externos y análisis de escenarios, según proceda. El análisis de impacto en el negocio tendrá en cuenta el carácter esencial de las funciones empresariales identificadas y cartografiadas, los procesos de apoyo, las dependencias de terceros y los activos de información, así como sus interdependencias. Las entidades financieras garantizarán que los activos de TIC y los servicios de TIC se diseñen y utilicen en plena consonancia con el análisis de impacto en el negocio, en particular en lo que se refiere a garantizar adecuadamente la redundancia de todos los componentes esenciales.

6. Como parte de su gestión global del riesgo relacionado con las TIC, las entidades financieras:

a) someterán a prueba los planes de continuidad de la actividad y los planes de respuesta y recuperación en materia de TIC en relación con los sistemas de TIC que sustenten todas las funciones al menos una vez al año, así como en caso de que se produzca cualquier cambio sustancial en los sistemas de TIC que sustenten funciones esenciales o importantes;

b) someterán a prueba los planes de comunicación en caso de crisis establecidos de conformidad con el artículo 14.

A efectos del párrafo primero, letra a), las entidades financieras que no sean microempresas incluirán, en los planes de pruebas, escenarios de ciberataques y de conmutación entre la infraestructura primaria de TIC y la capacidad redundante, las copias de seguridad y las instalaciones redundantes necesarias para cumplir con las obligaciones establecidas en el artículo 12.

Las entidades financieras revisarán periódicamente su política de continuidad de la actividad en materia de TIC y sus planes de respuesta y recuperación en materia de TIC teniendo en cuenta los resultados de las pruebas realizadas de conformidad con el párrafo primero y las recomendaciones derivadas de los controles de auditoría o las revisiones supervisoras.

7. Las entidades financieras que no sean microempresas dispondrán de una función de gestión de crisis que, en caso de activación de sus planes de continuidad de la actividad en materia de TIC o de sus planes de respuesta y recuperación en materia de TIC, establecerá, entre otros, procedimientos claros para gestionar las comunicaciones de crisis internas y externas de conformidad con el artículo 14.

8. Las entidades financieras mantendrán registros fácilmente accesibles de las actividades antes de las perturbaciones y durante estas cuando se

activen sus planes de continuidad de la actividad en materia de TIC y sus planes de respuesta y recuperación en materia de TIC.

9. Los depositarios centrales de valores facilitarán a las autoridades competentes copias de los resultados de las pruebas de continuidad de la actividad en materia de TIC, o de ejercicios similares.

10. Las entidades financieras que no sean microempresas informarán a las autoridades competentes, si estas lo solicitan, una estimación de los costes y pérdidas anuales agregados causados por incidentes graves relacionados con las TIC.

11. De conformidad con el artículo 16 del Reglamento (UE) número 1093/2010, el artículo 16 del Reglamento (UE) número 1094/2010 y el artículo 16 del Reglamento (UE) número 1095/2010, las Autoridades Europeas de Supervisión, a través del Comité Mixto, elaborarán, a más tardar el 17 de julio de 2024, directrices comunes sobre la estimación de los costes y pérdidas anuales agregados a que se refiere el apartado 10.

Artículo 12. Políticas y procedimientos de respaldo y procedimientos y métodos de restablecimiento y recuperación

1. Con el fin de garantizar el restablecimiento de los sistemas de TIC y los datos con un tiempo mínimo de inactividad y una perturbación y pérdida limitadas, como parte de su marco de gestión del riesgo relacionado con las TIC, las entidades financieras desarrollarán y documentarán:

a) políticas y procedimientos de respaldo que especifiquen el alcance de los datos objeto de respaldo y la frecuencia mínima de este, en función del carácter esencial de la información o del nivel de confidencialidad de los datos;

b) procedimientos y métodos de restablecimiento y recuperación.

2. Las entidades financieras establecerán sistemas de respaldo que puedan activarse de conformidad con las políticas y procedimientos de respaldo, así como procedimientos y métodos de restablecimiento y recuperación. La activación de sistemas de respaldo no pondrá en peligro la seguridad de las redes y los sistemas de información ni la disponibilidad, autenticidad, integridad o confidencialidad de los datos. Las pruebas de los procedimientos de respaldo y restablecimiento y los procedimientos y métodos de recuperación se llevarán a cabo periódicamente.

3. Al restablecer los datos de seguridad mediante sus propios sistemas, las entidades financieras utilizarán sistemas de TIC que estén separados,

física y lógicamente, del sistema de TIC de origen. Los sistemas de TIC estarán protegidos de forma segura contra cualquier acceso no autorizado o corrupción de las TIC y permitirán el rápido restablecimiento de los servicios utilizando los respaldos de los sistemas y los datos que sean necesarios.

En el caso de las entidades de contrapartida central, los planes de recuperación permitirán la recuperación de todas las operaciones en el momento de la perturbación, para que la entidad de contrapartida central pueda seguir operando de manera segura y finalizar la liquidación en la fecha programada.

Los proveedores de servicios de suministro de datos mantendrán además recursos suficientes y dispondrán de instalaciones de respaldo y restablecimiento para ofrecer y mantener sus servicios en todo momento.

4. Las entidades financieras que no sean microempresas mantendrán capacidades de TIC redundantes provistas de recursos, medios y funciones adecuados para satisfacer las necesidades empresariales. Las microempresas evaluarán la necesidad de mantener estas capacidades de TIC redundantes sobre la base de su perfil de riesgo.

5. Los depositarios centrales de valores mantendrán al menos un centro de tratamiento secundario dotado de recursos, capacidades, funciones y personal adecuados para satisfacer las necesidades empresariales.

El centro de proceso secundario deberá:

a) estar situado a una determinada distancia geográfica del centro de proceso primario para garantizar que presente un perfil de riesgo distinto y evitar que se vea afectado por el suceso que haya afectado al centro primario;

b) ser capaz de garantizar la continuidad de las funciones esenciales o importantes del mismo modo que el centro primario, o de prestar el nivel de servicios necesario para garantizar que la entidad financiera realice sus operaciones esenciales dentro de los objetivos de recuperación;

c) estar inmediatamente accesible para el personal de la entidad financiera a fin de garantizar la continuidad de las funciones esenciales o importantes en caso de que el centro de proceso primario no esté disponible.

6. Al determinar los objetivos de tiempo y punto de recuperación para cada función, las entidades financieras tendrán en cuenta si se trata de una función esencial o importante y las posibles repercusiones globales en la

eficiencia del mercado. Estos objetivos garantizarán que, en situaciones extremas, se alcancen los niveles de servicio acordados.

7. Al recuperarse de un incidente relacionado con las TIC, las entidades financieras realizarán las comprobaciones necesarias, incluidas múltiples comprobaciones y conciliaciones, a fin de garantizar que se mantenga el máximo nivel de integridad de los datos. Estas comprobaciones también se llevarán a cabo cuando se reconstruyan datos de partes interesadas externas, a fin de garantizar que todos los datos sean coherentes entre los sistemas.

Artículo 13. Aprendizaje y evolución

1. Las entidades financieras dispondrán de capacidades y de personal para recopilar información sobre vulnerabilidades, ciberamenazas e incidentes relacionados con las TIC, en particular ciberataques, y para analizar las repercusiones que es probable que tengan en su resiliencia operativa digital.

2. Las entidades financieras llevarán a cabo revisiones tras incidentes relacionados con las TIC después de que un incidente grave relacionado con las TIC perturbe sus actividades principales, analizando sus causas e identificando las mejoras necesarias para las operaciones de TIC o en la política de continuidad de la actividad en materia de TIC a que se refiere el artículo 11.

Las entidades financieras que no sean microempresas comunicarán, previa petición, a las autoridades competentes los cambios que se hayan introducido después de las revisiones tras incidentes relacionados con las TIC a que se refiere el párrafo primero.

Las revisiones tras incidentes relacionados con las TIC a que se refiere el párrafo primero determinarán si se han seguido los procedimientos establecidos y si las medidas adoptadas han sido eficaces, inclusive en relación con lo siguiente:

a) la rapidez a la hora de responder a las alertas de seguridad y determinar las repercusiones de los incidentes relacionados con las TIC y su gravedad;

b) la calidad y rapidez en la realización de un análisis forense, cuando se considere oportuno;

c) la eficacia de la activación de los niveles sucesivos de intervención en caso de incidente dentro de la entidad financiera;

d) la eficacia de la comunicación interna y externa.

3. Las enseñanzas derivadas de las pruebas de resiliencia operativa digital llevadas a cabo de conformidad con los artículos 26 y 27 y de los incidentes reales relacionados con las TIC, en particular los ciberataques, junto con los problemas que se hayan planteado al activar los planes de continuidad de la actividad en materia de TIC y los planes de respuesta y recuperación en materia de TIC, además de la información pertinente intercambiada con las contrapartes y evaluada durante las revisiones supervisoras, se incorporarán debidamente de forma continua al proceso de evaluación del riesgo relacionado con las TIC. Tales hallazgos conformarán la base para las revisiones adecuadas de los componentes pertinentes del marco de gestión del riesgo relacionado con las TIC a que se refiere el artículo 6, apartado 1.

4. Las entidades financieras harán un seguimiento de la efectividad de la aplicación de su estrategia de resiliencia operativa digital establecida en el artículo 6, apartado 8. Cartografiarán la evolución del riesgo relacionado con las TIC a lo largo del tiempo, analizarán la frecuencia, los tipos, la magnitud y la evolución de los incidentes relacionados con las TIC, en particular los ciberataques y sus patrones, con el fin de comprender el nivel de exposición al riesgo relacionado con las TIC, en particular por cuanto atañe a funciones esenciales o importantes, y mejorar la madurez y preparación cibernéticas de la entidad financiera.

5. El personal directivo responsable de las TIC informará al menos una vez al año al órgano de dirección de los hallazgos a que se refiere el apartado 3 y formulará recomendaciones.

6. Las entidades financieras desarrollarán programas de sensibilización en materia de seguridad de las TIC y formación sobre resiliencia operativa digital, que constituirán módulos obligatorios en sus programas de formación del personal. Esos programas y acciones formativas serán aplicables a todos los empleados y al personal de alta dirección y tendrán un nivel de complejidad acorde con las atribuciones de sus funciones. Cuando proceda, las entidades financieras también incluirán a proveedores terceros de servicios de TIC en sus planes de formación pertinentes de conformidad con el artículo 30, apartado 2, letra i).

7. Las entidades financieras que no sean microempresas supervisarán continuamente los avances tecnológicos pertinentes, también con vistas a comprender las posibles repercusiones del despliegue de esas nuevas tecnologías en los requisitos de seguridad de las TIC y la resiliencia operativa digital. Se mantendrán al día de los últimos procesos de gestión del riesgo

relacionado con las TIC, para luchar efectivamente contra las formas existentes o nuevas de ciberataques.

Artículo 14. Comunicación

1. Como parte del marco de gestión del riesgo relacionado con las TIC a que se refiere el artículo 6, apartado 1, las entidades financieras dispondrán de planes de comunicación de crisis que permitan la divulgación responsable de, al menos, los incidentes graves relacionados con las TIC o las vulnerabilidades importantes a clientes y contrapartes, así como al público, según proceda.

2. Como parte del marco de gestión del riesgo relacionado con las TIC, las entidades financieras aplicarán políticas de comunicación destinadas al personal interno y a las partes interesadas externas. Las políticas de comunicación destinadas al personal tendrán en cuenta la necesidad de diferenciar entre el personal que participa en la gestión del riesgo relacionado con las TIC, en particular el personal responsable de la respuesta y la recuperación, y el personal al que es necesario informar.

3. Al menos una persona de la entidad financiera se encargará de aplicar la estrategia de comunicación sobre incidentes relacionados con las TIC y desempeñará a tal efecto la función de portavoz ante el público y los medios de comunicación.

Artículo 15. Mayor armonización de las herramientas, métodos, procesos y políticas de gestión del riesgo relacionado con las TIC

Las Autoridades Europeas de Supervisión, a través del Comité Mixto y en consulta con la Agencia de la Unión Europea para la Ciberseguridad (ENISA), desarrollará normas técnicas de regulación comunes a fin de:

a) especificar otros elementos que deban incluirse en las políticas, procedimientos, protocolos y herramientas en materia de seguridad de las TIC a que se refiere el artículo 9, apartado 2, con vistas a garantizar la seguridad de las redes, activar salvaguardias adecuadas contra las intrusiones y el uso indebido de los datos, preservar la disponibilidad, autenticidad, integridad y confidencialidad de los datos, incluidas las técnicas criptográficas, y garantizar una transmisión exacta y rápida de los datos sin perturbaciones importantes ni demoras indebidas;

b) desarrollar nuevos componentes de los controles de los derechos de gestión de accesos a que se refiere el artículo 9, apartado 4, letra c), y la correspondiente política de recursos humanos, especificando los derechos de acceso, los procedimientos de concesión y revocación de derechos, el seguimiento de comportamientos anómalos en relación con los riesgos relacionados con las TIC a través de indicadores adecuados, también para los patrones de uso de la red, las horas, la actividad informática y los dispositivos desconocidos;

c) desarrollar más detalladamente los mecanismos especificados en el artículo 10, apartado 1, que permitan la rápida detección de actividades anómalas y los criterios establecidos en el artículo 10, apartado 2, que activen los procesos de detección de incidentes relacionados con las TIC y de respuesta a los mismos;

d) especificar más detalladamente los componentes de la política de continuidad de la actividad en materia de TIC a que se refiere el artículo 11, apartado 1;

e) especificar más detalladamente las pruebas de los planes de continuidad de la actividad en materia de TIC a que se refiere el artículo 11, apartado 6, a fin de garantizar que dichas pruebas tengan debidamente en cuenta los escenarios en los que la calidad de la ejecución de una función esencial o importante se deteriore hasta un nivel inaceptable o falle, así como el impacto potencial de la insolvencia u otros fallos de cualquier proveedor tercero de servicios de TIC pertinente y, cuando proceda, los riesgos políticos en los países o territorios de los proveedores de que se trate;

f) especificar más detalladamente los componentes de los planes de respuesta y recuperación en materia de TIC a que se refiere el artículo 11, apartado 3;

g) especificar en mayor medida el contenido y el formato del informe sobre la revisión del marco de gestión del riesgo relacionado con las TIC a que se refiere el artículo 6, apartado 5.

Al desarrollar dichos proyectos de normas técnicas de regulación, las Autoridades Europeas de Supervisión deberán tener en cuenta el tamaño y el perfil de riesgo general de la entidad financiera, así como la naturaleza, la escala y la complejidad de sus servicios, actividades y operaciones, y tener al mismo tiempo debidamente presente cualquier característica específica derivada de la distinta naturaleza de las actividades en los distintos sectores de los servicios financieros.

Las Autoridades Europeas de Supervisión presentarán a la Comisión dichos proyectos de normas técnicas de regulación a más tardar el 17 de enero de 2024.

Se delegan en la Comisión los poderes para completar el presente Reglamento mediante la adopción de las normas técnicas de regulación a que se refiere el párrafo primero de conformidad con los artículos 10 a 14 del Reglamento (UE) número 1093/2010, los artículos 10 a 14 del Reglamento (UE) número 1094/2010 y los artículos 10 a 14 del Reglamento (UE) número 1095/2010.

Artículo 16. Marco simplificado de gestión del riesgo relacionado con las TIC

1. Los artículos 5 a 15 del presente Reglamento no se aplicarán a las empresas de servicios de inversión pequeñas y no interconectadas ni a las entidades de pago exentas en virtud de la Directiva (UE) 2015/2366; ni a las entidades exentas en virtud de la Directiva 2013/36/UE respecto de las cuales los Estados miembros hayan decidido no aplicar la opción a que se refiere el artículo 2, apartado 4, del presente Reglamento, ni a las entidades de dinero electrónico exentas en virtud de la Directiva 2009/110/CE; ni a los fondos de pensiones de empleo pequeños.

Sin perjuicio de lo dispuesto en el párrafo primero, las entidades enumeradas en el párrafo primero deberán:

a) crear y mantener un marco de gestión sólido y documentado de riesgos relacionados con las TIC en el que se detallen los mecanismos y las medidas encaminados a procurar una gestión rápida, efectiva y global del riesgo relacionado con las TIC, incluida la protección de las infraestructuras y los componentes físicos pertinentes;

b) supervisar de manera permanente la seguridad y el funcionamiento de todos los sistemas de TIC;

c) minimizar las consecuencias del riesgo relacionado con las TIC mediante el uso de sistemas, protocolos y herramientas de TIC sólidos, resilientes y actualizados que sean apropiados para sustentar el desempeño de sus actividades y la prestación de servicios y para proteger adecuadamente la disponibilidad, autenticidad, integridad y confidencialidad de los datos en las redes y sistemas de información;

d) permitir que las fuentes de riesgo relacionado con las TIC y las anomalías en las redes y sistemas de información se identifiquen y detecten de inmediato y que los incidentes relacionados con las TIC se gestionen con rapidez;

e) identificar dependencias clave de proveedores terceros de servicios de TIC;

f) garantizar la continuidad de las funciones esenciales o importantes mediante planes de continuidad de la actividad y medidas de respuesta y recuperación que incluyan, al menos, medidas de respaldo y restablecimiento de datos;

g) someter a pruebas periódicas los planes y medidas a que se refiere la letra f), así como la eficacia de los controles llevados a cabo de conformidad con las letras a) y c);

h) aplicar, según proceda, las conclusiones operativas pertinentes resultantes de las pruebas a que se refiere la letra g) y de los análisis tras incidentes al proceso de evaluación del riesgo relacionado con las TIC y desarrollar, de acuerdo con las necesidades y el perfil de riesgo de TIC, programas de sensibilización en materia de seguridad de las TIC y formación en materia de resiliencia operativa digital para el personal y la dirección.

2. El marco de gestión del riesgo relacionado con las TIC a que se refiere el apartado 1, párrafo segundo, letra a), se documentará y revisará periódicamente y cuando se produzcan incidentes graves relacionados con las TIC, de conformidad con las instrucciones de supervisión. Se mejorará continuamente sobre la base de las enseñanzas derivadas de la aplicación y el seguimiento. Se presentará a la autoridad competente cuando esta lo solicite un informe sobre la revisión del marco de gestión del riesgo relacionado con las TIC.

3. Las Autoridades Europeas de Supervisión, a través del Comité Mixto y en consulta con la ENISA, desarrollarán proyectos de normas técnicas de regulación comunes a fin de:

a) especificar más detalladamente los elementos que deben incluirse en el marco de gestión del riesgo relacionado con las TIC a que se refiere el apartado 1, párrafo segundo, letra a);

b) especificar más detalladamente los elementos en relación con los sistemas, protocolos y herramientas para minimizar las consecuencias del riesgo relacionado con las TIC a que se refiere el apartado 1, párrafo segundo, letra c), con el fin de garantizar la seguridad de las redes, permitir el establecimiento de salvaguardias adecuadas contra las intrusiones y el uso indebido de los datos y preservar la disponibilidad, autenticidad, integridad y confidencialidad de los datos;

c) especificar más detalladamente los componentes de los planes de continuidad de la actividad en materia de TIC a que se refiere el apartado 1, párrafo segundo, letra f);

d) especificar más detalladamente las normas sobre las pruebas de los planes de continuidad de la actividad y garantizar la efectividad de los controles a que se refiere el apartado 1, párrafo segundo, letra g), y asegurar que estas pruebas tengan debidamente en cuenta escenarios en los que la calidad de la ejecución de una función esencial o importante se deteriore hasta un nivel inaceptable o falle;

e) especificar más detalladamente el contenido y el formato del informe sobre la revisión del marco de gestión del riesgo relacionado con las TIC a que se refiere el apartado 2.

A la hora de elaborar dichos proyectos de normas técnicas de regulación, las Autoridades Europeas de Supervisión tendrán en cuenta el tamaño y el perfil de riesgo general de la entidad financiera, así como la naturaleza, escala y complejidad de sus servicios, actividades y operaciones.

Las Autoridades Europeas de Supervisión presentarán a la Comisión dichos proyectos de normas técnicas de regulación a más tardar el 17 de enero de 2024.

Se delegan en la Comisión los poderes para completar el presente Reglamento mediante la adopción de las normas técnicas de regulación a que se refiere el párrafo primero de conformidad con los artículos 10 a 14 del Reglamento (UE) número 1093/2010, los artículos 10 a 14 del Reglamento (UE) número 1094/2010 y los artículos 10 a 14 del Reglamento (UE) número 1095/2010.

CAPÍTULO III

Gestión, clasificación y notificación de incidentes relacionados con las TIC

Artículo 17. Proceso de gestión de incidentes relacionados con las TIC

1. Las entidades financieras definirán, establecerán y aplicarán un proceso de gestión de incidentes relacionados con las TIC para detectar, gestionar y notificar dichos incidentes.

2. Las entidades financieras registrarán todos los incidentes relacionados con las TIC y las ciberamenazas importantes. Las entidades financieras establecerán los procedimientos y procesos adecuados para que los incidentes relacionados con las TIC sean objeto de un seguimiento, un trata-

miento y una respuesta coherentes e integrados, a fin de asegurarse de que se identifiquen, se documenten y se aborden las causas subyacentes para evitar que se produzcan.

3. El proceso de gestión de incidentes relacionados con las TIC mencionado en el apartado 1:

a) establecerá indicadores de alerta temprana;

b) establecerá procedimientos para identificar, rastrear, registrar, categorizar y clasificar los incidentes relacionados con las TIC en función de su prioridad y gravedad y en función del carácter esencial de los servicios perjudicados, conforme a los criterios establecidos en el artículo 18, apartado 1;

c) asignará funciones y responsabilidades que deban activarse para los diferentes tipos y escenarios de incidentes relacionados con las TIC;

d) expondrá planes para la comunicación con el personal, las partes interesadas externas y los medios de comunicación de conformidad con el artículo 14, para la notificación a los clientes, para los procedimientos internos de traslado a la instancia jerárquica superior, que abarquen también las reclamaciones de los clientes relacionadas con las TIC, así como para el suministro de información a las entidades financieras que actúen como contraparte, según proceda;

e) garantizará que al menos los incidentes graves relacionados con las TIC se pongan en conocimiento de los altos directivos pertinentes y que se informe de ellos al órgano de dirección, explicando sus repercusiones, las medidas adoptadas como respuesta y los controles adicionales que se prevé implantar como resultado de estos incidentes graves relacionados con las TIC;

f) establecerá procedimientos de respuesta a los incidentes relacionados con las TIC para mitigar sus repercusiones y garantizar que los servicios sean nuevamente operativos y seguros de manera oportuna.

Artículo 18. Clasificación de los incidentes relacionados con las TIC y las ciberamenazas

1. Las entidades financieras clasificarán los incidentes relacionados con las TIC y determinarán su repercusión con arreglo a los siguientes criterios:

a) número y/o pertinencia de los clientes o las contrapartes financieras afectados y, cuando proceda, la cantidad o el número de transacciones afectadas por el incidente relacionado con las TIC, y si dicho incidente ha repercutido en la reputación;

b) duración del incidente relacionado con las TIC, incluida la duración de la interrupción del servicio;

c) extensión geográfica de las zonas afectadas por el incidente relacionado con las TIC, en especial si afecta a más de dos Estados miembros;

d) pérdidas de datos que el incidente relacionado con las TIC acarree, en relación con la disponibilidad, la autenticidad, la integridad o la confidencialidad de los datos;

e) carácter esencial de los servicios afectados, incluidas las transacciones y operaciones de la entidad financiera;

f) las consecuencias económicas, en particular los costes y las pérdidas directos e indirectos, del incidente relacionado con las TIC, tanto en términos absolutos como relativos.

2. Las entidades financieras clasificarán las ciberamenazas como importantes en función del carácter esencial de los servicios en situación de riesgo, incluidas las transacciones y operaciones de la entidad financiera, el número y/o la pertinencia de los clientes o de las contrapartes financieras a las que se dirigen las amenazas y la extensión geográfica de las zonas de riesgo.

3. Las Autoridades Europeas de Supervisión, a través del Comité Mixto y en consulta con el BCE y la ENISA, elaborarán proyectos de normas técnicas de regulación comunes en las que se especificará más detalladamente lo siguiente:

a) los criterios expuestos en el apartado 1, y en concreto los umbrales de importancia relativa para determinar los incidentes graves relacionados con las TIC o, según corresponda, los incidentes operativos o de seguridad graves relacionados con los pagos que son de obligada notificación con arreglo al artículo 19, apartado 1;

b) los criterios que deberán aplicar las autoridades competentes para evaluar la relevancia de los incidentes graves relacionados con las TIC o, según corresponda, los incidentes operativos o de seguridad graves relacionados con los pagos, para las autoridades competentes pertinentes de otros Estados miembros, y los detalles de las notificaciones de incidentes graves relacionados con las TIC o, según corresponda, incidentes operativos o de seguridad graves relacionados con los pagos, que deberán compartirse con otras autoridades competentes en virtud del artículo 19, apartados 6 y 7;

c) los criterios establecidos en el apartado 2 del presente artículo, incluidos umbrales de importancia relativa elevados para determinar las ciberamenazas importantes.

4. Cuando elaboren los proyectos de normas técnicas de regulación comunes a que se refiere el apartado 3 del presente artículo, las Autoridades Europeas de Supervisión tendrán en cuenta los criterios establecidos en el artículo 4, apartado 2, así como las normas internacionales, las orientaciones y las especificaciones elaboradas y publicadas por la ENISA, incluidas, cuando proceda, las especificaciones para otros sectores económicos. A efectos de la aplicación de los criterios establecidos en el artículo 4, apartado 2, las Autoridades Europeas de Supervisión tendrán debidamente en cuenta la necesidad de que las microempresas y las pequeñas y medianas empresas movilicen recursos y capacidades suficientes para garantizar una gestión rápida de los incidentes relacionado con las TIC.

Las Autoridades Europeas de Supervisión presentarán a la Comisión dichos proyectos de normas técnicas de regulación comunes a más tardar el 17 de enero de 2024.

Se delegan en la Comisión los poderes para completar el presente Reglamento mediante la adopción de las normas técnicas de regulación a que se refiere el apartado 3 de conformidad con los artículos 10 a 14 del Reglamento (UE) número 1093/2010, los artículos 10 a 14 del Reglamento (UE) número 1094/2010 y los artículos 10 a 14 del Reglamento (UE) número 1095/2010.

Artículo 19. Notificación de los incidentes graves relacionados con las TIC y notificación voluntaria de las ciberamenazas importantes

1. Las entidades financieras notificarán los incidentes graves relacionados con las TIC a la autoridad competente pertinente a que se refiere el artículo 46, de conformidad con el apartado 4 del presente artículo.

Cuando una entidad financiera sea supervisada por más de una autoridad nacional competente contemplada en el artículo 46, los Estados miembros designarán a una única autoridad competente autoridad competente pertinente responsable del desempeño de las funciones y tareas establecidas en el presente artículo.

Las entidades de crédito clasificadas como significativas de conformidad con el artículo 6, apartado 4, del Reglamento (UE) número 1024/2013 notificarán los incidentes graves relacionados con las TIC a la autoridad nacional competente pertinente designada con arreglo al artículo 4 de la Directiva 2013/36/UE, que transmitirá dicho informe de forma inmediata al BCE.

A los efectos del párrafo primero, tras recopilar y analizar toda la información pertinente, las entidades financieras elaborarán la notificación inicial y los informes a que se refiere el apartado 4 del presente artículo mediante la plantilla a que se refiere el artículo 20 y los presentarán a la autoridad competente. En caso de que un impedimento técnico haga imposible la presentación de la notificación inicial mediante la plantilla, las entidades financieras presentarán la notificación a la autoridad competente por medios alternativos.

La notificación inicial y los informes a que hace referencia el apartado 4 incluirán toda la información necesaria para que la autoridad competente pueda determinar la importancia del incidente grave relacionado con las TIC y evaluar sus posibles efectos transfronterizos.

Sin perjuicio de la notificación en virtud del párrafo primero por parte de la entidad financiera a la autoridad competente pertinente, los Estados miembros podrán determinar de manera adicional que algunas entidades financieras, o todas ellas, presenten también la notificación inicial y cada uno de los informes a que se refiere el apartado 4 del presente artículo, utilizando las plantillas mencionadas en el artículo 20, a las autoridades competentes o a los equipos de respuesta a incidentes de seguridad informática (CSIRT), designados o establecidos de conformidad con la Directiva (UE) 2022/2555.

2. Las entidades financieras podrán notificar, de manera voluntaria, ciberamenazas importantes a la autoridad competente pertinente cuando consideren que la amenaza es pertinente para el sistema financiero, los usuarios del servicio o los clientes. La autoridad competente pertinente podrá transmitir esta información a otras autoridades pertinentes mencionadas en el apartado 6.

Las entidades de crédito clasificadas como significativas de conformidad con el artículo 6, apartado 4, del Reglamento (UE) número 1024/2013 podrán, de manera voluntaria, notificar las ciberamenazas importantes a la autoridad nacional competente pertinente designada con arreglo al artículo 4 de la Directiva 2013/36/UE, que transmitirá dicho informe de forma inmediata al BCE.

Los Estados miembros podrán determinar que las entidades financieras que notifiquen voluntariamente de conformidad con el párrafo primero puedan también transmitir dicha notificación a los CSIRT designados o establecidos de conformidad con la Directiva (UE) 2022/2555.

3. Cuando se produzca un incidente grave relacionado con las TIC y tenga consecuencias para los intereses financieros de los clientes, las entidades financieras informarán sin demora indebida de dicho incidente tan pronto como tengan conocimiento del mismo, a sus clientes y les comunicarán todas las medidas que se hayan adoptado para mitigar sus efectos adversos.

En caso de ciberamenaza importante, las entidades financieras informarán, cuando proceda, a aquellos de sus clientes que pudieran verse afectados de cualquier medida de protección adecuada que estos consideren oportuno adoptar.

4. Las entidades financieras presentarán a la autoridad competente pertinente, dentro de los plazos que se establezcan de conformidad con el artículo 20, párrafo primero, letra a), inciso ii), la siguiente información:

a) una notificación inicial;

b) un informe intermedio posterior a la notificación inicial a que se refiere la letra a), tan pronto como la situación del incidente original haya cambiado considerablemente o la gestión del incidente grave relacionado con las TIC haya cambiado en función de las últimas informaciones disponibles, seguido, cuando sea necesario, de notificaciones actualizadas cada vez que se disponga de una actualización pertinente de la situación, y siempre que lo solicite expresamente la autoridad competente;

c) un informe final, cuando haya concluido el análisis de la causa subyacente, con independencia de que ya se hayan aplicado medidas paliativas, y cuando se disponga de las cifras reales de incidencia para sustituir a las estimaciones.

5. Las entidades financieras podrán externalizar, de conformidad con el Derecho sectorial de la Unión y nacional, las obligaciones de información establecidas en el presente artículo a un proveedor tercero de servicios. En el caso de tal externalización, la entidad financiera seguirá siendo plenamente responsable del cumplimiento de los requisitos en materia de notificación de incidentes.

6. Una vez reciba la notificación inicial y de cada uno de los informes a que se refiere el apartado 4, la autoridad competente facilitará oportunamente información detallada sobre el incidente grave relacionado con las TIC a los siguientes destinatarios en función, según proceda, de sus competencias respectivas:

a) la ABE, la AEVM o la AESPJ;

b) el BCE en el caso de las entidades financieras a que se refiere el artículo 2, apartado 1, letras a), b) y d);

c) las autoridades competentes, los puntos de contacto únicos o los CSIRT designados o establecidos de conformidad con la Directiva (UE) 2022/2555;

d) las autoridades de resolución a que se refiere el artículo 3 de la Directiva 2014/59/UE, y la Junta Única de Resolución con respecto a las entidades a que se refiere el artículo 7, apartado 2, del Reglamento (UE) número 806/2014 del Parlamento Europeo y del Consejo (37) y con respecto a las entidades y grupos a que se refiere el artículo 7, apartado 4, letra b), y apartado 5, del Reglamento (UE) n. o 806/2014 en caso de que dicha información detallada haga referencia a incidentes que suponen un riesgo para garantizar funciones esenciales en el sentido del artículo 2, apartado 1, punto 35, de la Directiva 2014/59/UE, y

e) otras autoridades públicas pertinentes con arreglo al Derecho nacional.

7. Una vez recibida la información de conformidad con el apartado 6, la ABE, la AEVM o la AESPJ y el BCE, en consulta con la ENISA y en cooperación con la autoridad competente pertinente, evaluarán si el incidente grave relacionado con las TIC es pertinente para las autoridades competentes de otros Estados miembros. Tras esta evaluación, la ABE, la AEVM o la AESPJ notificarán en consecuencia lo antes posible a las autoridades competentes pertinentes de otros Estados miembros. El BCE notificará las cuestiones pertinentes para el sistema de pagos a los miembros del Sistema Europeo de Bancos Centrales. Basándose en dicha notificación, las autoridades competentes tomarán, en su caso, las medidas necesarias para proteger la estabilidad inmediata del sistema financiero.

8. La notificación que debe efectuar la AEVM en virtud del apartado 7 del presente artículo se entiende sin perjuicio de la responsabilidad de la autoridad competente de transmitir urgentemente la información detallada sobre el incidente grave relacionado con las TIC a la autoridad pertinente del Estado miembro de acogida cuando un depositario central de valores tenga una actividad transfronteriza significativa en el Estado miembro de acogida, cuando el incidente grave relacionado con las TIC pueda tener consecuencias graves para los mercados financieros del Estado miembro de acogida y cuando existan acuerdos de cooperación entre las autoridades competentes en relación con la supervisión de las entidades financieras.

Artículo 20. Armonización del contenido de la información y las plantillas para presentarla

Las Autoridades Europeas de Supervisión, a través del Comité Mixto y en consulta con la ENISA y el BCE, elaborarán:

a) proyectos de normas técnicas de regulación comunes a fin de:

   i) establecer el contenido de los informes respecto de incidentes graves relacionados con las TIC, a fin de reflejar los criterios establecidos en el artículo 18, apartado 1, e incorporar elementos adicionales, como información detallada para determinar la pertinencia de la información para otros Estados miembros y si constituye o no un incidente operativo o de seguridad grave relacionado con los pagos,

   ii) determinar los plazos para la notificación inicial y para cada uno de los informes a que se refiere el artículo 19, apartado 4,

   iii) establecer el contenido de la notificación en el caso de las ciberamenazas importantes.

   Al elaborar dichos proyectos de normas técnicas de regulación, las Autoridades Europeas de Supervisión tendrán en cuenta el tamaño y el perfil de riesgo general de la entidad financiera, así como la naturaleza, escala y complejidad de sus servicios, actividades y operaciones, en particular con el fin de garantizar que, a los efectos de la letra a), inciso ii), del presente párrafo, se puedan reflejar con plazos diferentes, en su caso, las particularidades de los sectores financieros, sin perjuicio del mantenimiento de un enfoque coherente de la notificación de incidentes relacionados con las TIC en virtud del presente Reglamento y de la Directiva (UE) 2022/2555. Las Autoridades Europeas de Supervisión justificarán, en su caso, las desviaciones de los enfoques adoptados en el contexto de dicha Directiva;

b) proyectos de normas técnicas de ejecución comunes para establecer los formularios, las plantillas y los procedimientos normalizados que deberán aplicar las entidades financieras para informar de un incidente grave relacionado con las TIC y para notificar una ciberamenaza importante.

Las Autoridades Europeas de Supervisión presentarán a la Comisión los proyectos de normas técnicas de regulación comunes a que se refiere el párrafo primero, letra a), y los proyectos de normas técnicas de ejecución comunes a que se refiere el párrafo primero, letra b), a más tardar el 17 de julio de 2024.

Se delegan en la Comisión los poderes para completar el presente Reglamento mediante la adopción de las normas técnicas de regulación a que se refiere el párrafo primero, letra a), del presente artículo de conformidad con los artículos 10 a 14 del Reglamento (UE) número 1093/2010, los artículos 10 a 14 del Reglamento (UE) número 1094/2010 y los artículos 10 a 14 del Reglamento (UE) número 1095/2010.

Se otorgan a la Comisión competencias para adoptar las normas técnicas de ejecución a que se refiere el párrafo primero, letra b), del presente artículo de conformidad con el artículo 15 del Reglamento (UE) número 1093/2010, el artículo 15 del Reglamento (UE) número 1094/2010 y el artículo 15 del Reglamento (UE) número 1095/2010.

Artículo 21. Centralización de la información sobre los incidentes graves relacionados con las TIC

1. Las Autoridades Europeas de Supervisión, a través del Comité Mixto y en consulta con el BCE y la ENISA, prepararán un informe conjunto en el que se evaluará la viabilidad de centralizar más la información sobre incidentes mediante la creación de un centro único de la UE para la presentación de información sobre incidentes graves relacionados con las TIC por las entidades financieras. En el informe conjunto se estudiarán maneras de facilitar la circulación de la información sobre incidentes graves relacionados con las TIC, reducir los costes asociados y sustentar análisis temáticos con el fin de mejorar la convergencia de la supervisión.

2. El informe conjunto al que se refiere el apartado 1 incluirá al menos los siguientes elementos:

a) requisitos indispensables para la creación de un centro único de la UE;

b) ventajas, limitaciones y riesgos, incluidos los riesgos asociados a la elevada concentración de información sensible;

c) la capacidad necesaria para garantizar la interoperabilidad con respecto a otros sistemas de notificación pertinentes;

d) elementos de gestión operativa;

e) condiciones de participación;

f) modalidades técnicas de acceso al centro único de la UE para las entidades financieras y las autoridades nacionales competentes;

g) evaluación preliminar de los costes financieros que conllevaría la creación de la plataforma operativa que sustentaría el centro único de la UE, incluidos los conocimientos especializados necesarios.

3. Las Autoridades Europeas de Supervisión presentarán el informe a que se refiere el apartado 1 al Parlamento Europeo, al Consejo y a la Comisión a más tardar el 17 de enero de 2025.

Artículo 22. Observaciones de las autoridades de supervisión

1. Sin perjuicio de las aportaciones técnicas, el asesoramiento o las medidas correctoras y el seguimiento posterior que puedan facilitar, cuando proceda y de conformidad con el Derecho nacional, los CSIRT con arreglo a la Directiva (UE) 2022/2555, la autoridad competente, tras recibirlos, deberá acusar recibo de la notificación inicial y de cada uno de los informes a que se refiere el artículo 19, apartado 4, podrá, cuando sea posible, proporcionar de forma oportuna a la entidad financiera observaciones pertinentes y proporcionadas u orientación de alto nivel, en particular poniendo a su disposición cualquier información o inteligencia anonimizadas pertinentes relativas a amenazas similares, y podrá abordar las medidas correctoras aplicadas a nivel de la entidad financiera y las formas de minimizar y mitigar las repercusiones negativas en el sector financiero. Sin perjuicio de las observaciones de las autoridades de supervisión, las entidades financieras seguirán siendo plenamente responsables de la gestión de los incidentes relacionados con las TIC notificados en virtud del artículo 19, apartado 1, así como de sus consecuencias.

2. Las Autoridades Europeas de Supervisión, a través del Comité Mixto, informarán anualmente, utilizando datos anonimizados y agregados, sobre los incidentes graves relacionados con las TIC, a cuyo respecto las autoridades competentes facilitarán información detallada de conformidad con el artículo 19, apartado 6, indicando al menos el número de incidentes graves relacionados con las TIC, su naturaleza y su repercusión en las operaciones de las entidades financieras o de los clientes, las medidas correctoras tomadas y los costes soportados.

Las Autoridades Europeas de Supervisión emitirán advertencias y elaborarán estadísticas de alto nivel para apoyar las evaluaciones de las amenazas y las vulnerabilidades que afecten a las TIC.

Artículo 23. Incidentes operativos o de seguridad relacionados con los pagos que atañen a entidades de crédito, entidades de pago, proveedores de servicios de información sobre cuentas y entidades de dinero electrónico

Los requisitos establecidos en el presente Capítulo se aplicarán también a los incidentes operativos o de seguridad, graves o no, relacionados con los pagos cuando atañan a entidades de crédito, entidades de pago, proveedores de servicios de información sobre cuentas y entidades de dinero electrónico.

CAPÍTULO IV

Pruebas de resiliencia operativa digital

Artículo 24. Requisitos generales para la realización de pruebas de resiliencia operativa digital

1. A fin de evaluar el estado de preparación para gestionar incidentes relacionados con las TIC, o de detectar debilidades, deficiencias y carencias en materia de resiliencia operativa digital y de aplicar sin demora medidas correctoras, las entidades financieras que no sean microempresas establecerán, mantendrán y revisarán, teniendo en cuenta los criterios establecidos en el artículo 4, apartado 2, un programa de pruebas de resiliencia operativa digital sólido y completo que forme parte del marco de gestión del riesgo relacionado con las TIC a que se refiere el artículo 6.

2. El programa de pruebas de resiliencia operativa digital incluirá una serie de evaluaciones, pruebas, métodos, prácticas y herramientas que se aplicarán de conformidad con los artículos 25 y 26.

3. Al llevar a cabo el programa de pruebas de resiliencia operativa digital a que se refiere el apartado 1 del presente artículo, las entidades financieras que no sean microempresas seguirán un enfoque basado en el riesgo que tengan en cuenta los criterios establecidos en el artículo 4, apartado 2, considerando debidamente el panorama cambiante del riesgo relacionado con las TIC, todo riesgo específico al que la entidad financiera de que se trate esté o pueda estar expuesta, el carácter esencial de los activos de información y de los servicios prestados, así como cualquier otro factor que la entidad financiera considere apropiado.

4. Las entidades financieras que no sean microempresas garantizarán que las pruebas sean realizadas por partes independientes, ya sean internas o externas. Cuando un probador interno se encargue de realizar las pruebas, las entidades financieras dedicarán recursos suficientes y garantizarán que se evitan los conflictos de intereses durante todas las fases de constitución y ejecución de las pruebas.

5. Las entidades financieras que no sean microempresas establecerán procedimientos y políticas para ordenar por prioridades, clasificar y corregir todos los problemas descubiertos durante la realización de las pruebas y establecerán métodos de validación internos para asegurarse de que todas

las debilidades, deficiencias o carencias sean tratadas de manera exhaustiva.

6. Las entidades financieras que no sean microempresas garantizarán, al menos una vez al año, que se efectúen las pruebas apropiadas de todos los sistemas y aplicaciones de TIC que sustenten funciones esenciales o importantes.

Artículo 25. Pruebas de las herramientas y los sistemas de TIC

1. El programa de pruebas de resiliencia operativa digital a que se refiere el artículo 24 dispondrá, de conformidad con los criterios establecidos en el artículo 4, apartado 2, la ejecución de las pruebas adecuadas, como evaluaciones y exploraciones de vulnerabilidad, análisis del software de código abierto, evaluaciones de seguridad de la red, análisis de carencias, exámenes de la seguridad física, cuestionarios y soluciones de software de detección, revisiones del código fuente cuando sea posible, pruebas basadas en escenarios, pruebas de compatibilidad, pruebas de rendimiento, pruebas de extremo a extremo y pruebas de penetración.

2. Los depositarios centrales de valores y las entidades de contrapartida central realizarán evaluaciones de vulnerabilidad antes de implantar o reimplantar aplicaciones y componentes de infraestructuras y servicios de TIC que sustenten funciones esenciales o importantes de la entidad financiera nuevos o ya existentes.

3. Las microempresas realizarán las pruebas a que se refiere el apartado 1 mediante la combinación de un enfoque basado en el riesgo con una planificación estratégica de las pruebas de TIC, teniendo debidamente en cuenta la necesidad de mantener un planteamiento equilibrado entre la dimensión de los recursos y el tiempo que se asigne a las pruebas de TIC previstas en el presente artículo, por una parte, y la urgencia, el tipo de riesgo, el carácter esencial de los activos de información y de los servicios prestados, así como cualquier otro factor pertinente, incluida la capacidad de la entidad financiera para asumir riesgos calculados, por otra.

Artículo 26. Pruebas avanzadas de las herramientas, los sistemas y los procesos de TIC basadas en pruebas de penetración basadas en amenazas

1. Las entidades financieras distintas de las contempladas en el artículo 16, apartado 1, párrafo primero, y distintas de microempresas, determinadas de conformidad con el apartado 8, párrafo tercero, del presente artículo, llevarán a cabo al menos cada tres años pruebas avanzadas consis-

tentes en pruebas de penetración basadas en amenazas. A partir del perfil de riesgo de la entidad financiera y teniendo en cuenta las circunstancias operativas, la autoridad competente podrá, en caso necesario, solicitar a la entidad financiera que reduzca o aumente esta frecuencia.

2. Cada una de las pruebas de penetración basadas en amenazas abarcará algunas o todas las funciones esenciales o importantes de una entidad financiera y se realizarán sobre los sistemas de producción activos que sustenten esas funciones.

Las entidades financieras determinarán todos los sistemas, procesos y tecnologías de TIC pertinentes subyacentes que sustenten funciones esenciales o importantes y servicios de TIC, incluidos aquellos que sustenten los servicios y funciones esenciales o importantes externalizados o contratados a proveedores terceros de servicios de TIC.

Las entidades financieras evaluarán qué funciones esenciales o importantes es necesario incluir en las pruebas de penetración basadas en amenazas. El resultado de esta evaluación determinará el alcance exacto de las pruebas de penetración basadas en amenazas y será validado por las autoridades competentes.

3. Cuando haya proveedores terceros de servicios de TIC incluidos en el ámbito de cobertura de las pruebas de penetración basadas en amenazas, la entidad financiera tomará las medidas y salvaguardias necesarias para asegurar la participación de estos proveedores terceros de servicios de TIC en las pruebas de penetración basadas en amenazas y mantendrá en todo momento la plena responsabilidad de garantizar el cumplimiento del presente Reglamento.

4. Sin perjuicio de lo dispuesto en el apartado 2, párrafos primero y segundo, cuando quepa esperar razonablemente que la participación de un proveedor tercero de servicios de TIC en las pruebas de penetración basadas en amenazas a que se refiere el apartado 3 tenga una repercusión negativa en la calidad o la seguridad de los servicios prestados por el proveedor tercero de servicios de TIC a clientes que sean entidades excluidas del ámbito de aplicación del presente Reglamento, o en la confidencialidad de los datos relacionados con dichos servicios, la entidad financiera y el proveedor tercero de servicios de TIC podrán acordar por escrito que el proveedor tercero de servicios de TIC celebre directamente un acuerdo contractual con un probador externo, a efectos de llevar a cabo, bajo la dirección de una entidad financiera designada, una prueba de penetración basada en amenazas conjunta en la que participen varias entidades finan-

cieras (prueba conjunta) a las que el proveedor tercero de servicios de TIC preste servicios de TIC.

Dicha prueba conjunta abarcará la gama pertinente de servicios de TIC que sustenten funciones esenciales o importantes contratadas por las entidades financieras al proveedor tercero de servicios de TIC en cuestión. Se considerará que la prueba conjunta es una prueba de penetración basada en amenazas realizada por las entidades financieras que participen en ella.

El número de entidades financieras que participen en la prueba conjunta se calibrará debidamente teniendo en cuenta la complejidad y los tipos de servicios de que se trate.

5. Las entidades financieras, con la cooperación de los proveedores terceros de servicios de TIC y otras partes involucradas, incluidos los probadores pero con exclusión de las autoridades competentes, aplicarán controles efectivos de gestión del riesgo para mitigar los riesgos de cualquier posible repercusión en los datos, daño de los activos y perturbación de funciones, servicios u operaciones esenciales o importantes en la propia entidad financiera, en sus contrapartes o en el sector financiero.

6. Al finalizar la prueba, y una vez que se hayan aprobado los informes y los planes correctores, la entidad financiera y, en su caso, los probadores externos facilitarán a la autoridad, designada de conformidad con los apartados 9 o 10, un resumen de los hallazgos pertinentes, los planes correctores y la documentación que demuestre que la prueba de penetración basada en amenazas se ha realizado conforme a los requisitos.

7. Las autoridades proporcionarán a las entidades financieras un informe de validación que confirme que la prueba se efectuó de conformidad con los requisitos según constan en la documentación, con el fin de permitir el reconocimiento mutuo de las pruebas de penetración basadas en amenazas entre las autoridades competentes. La entidad financiera notificará a la autoridad competente pertinente la validación, el resumen de los hallazgos pertinentes y los planes correctores.

Sin perjuicio de dicha validación, las entidades financieras seguirán siendo plenamente responsables en todo momento de las repercusiones de las pruebas a que se refiere el apartado 4.

8. Las entidades financieras contratarán, de conformidad con el artículo 27, a probadores a efectos de la realización de pruebas de penetración basadas en amenazas. Cuando las entidades financieras recurran a probadores internos para realizar pruebas de penetración basadas en amenazas, contratarán a probadores externos cada tres pruebas.

Las entidades de crédito clasificadas como significativas de conformidad con el artículo 6, apartado 4, del Reglamento (UE) número 1024/2013 solo recurrirán a probadores externos de conformidad con el artículo 27, apartado 1, letras a) a e), del presente Reglamento.

Las autoridades competentes determinarán qué entidades financieras deberán realizar pruebas de penetración basadas en amenazas teniendo en cuenta los criterios establecidos en el artículo 4, apartado 2, basándose en la evaluación de:

a) factores relacionados con la repercusión, en particular la medida en que los servicios prestados y las actividades realizadas por la entidad financiera repercuten en el sector financiero;

b) posibles problemas de estabilidad financiera, incluido el carácter sistémico de la entidad financiera a escala de la Unión o nacional, según proceda;

c) el perfil de riesgo relacionado con las TIC específico, el nivel de madurez de las TIC de la entidad financiera o las características tecnológicas presentes.

9. Los Estados miembros podrán designar a una única autoridad pública en el sector financiero responsable de las cuestiones relacionadas con las pruebas de penetración basadas en amenazas en el sector financiero a escala nacional y le confiarán todas las competencias y tareas a tal efecto.

10. A falta de designación de conformidad con el apartado 9 del presente artículo, y sin perjuicio de la competencia para determinar las entidades financieras que están obligadas a llevar a cabo pruebas de penetración basadas en amenazas, una autoridad competente podrá delegar el ejercicio de todas o algunas de las tareas a que se refieren el presente artículo y el artículo 27 en otra autoridad nacional del sector financiero.

11. Las Autoridades Europeas de Supervisión desarrollarán, de acuerdo con el BCE proyectos de normas técnicas de regulación comunes de conformidad con el marco TIBER-EU para especificar más detalladamente:

a) los criterios utilizados a efectos de la aplicación del apartado 8, párrafo segundo;

b) los requisitos y normas que rigen el recurso a probadores internos;

c) los requisitos en relación con:

   i) el alcance de las pruebas de penetración basadas en amenazas a que se refiere el apartado 2,

ii) la metodología y el enfoque de realización de pruebas que deberán seguirse en cada fase específica del proceso de prueba,

iii) las fases de resultados, conclusión y adopción de medidas correctoras del proceso de prueba;

d) el tipo de cooperación en materia de supervisión y otros tipos de cooperación pertinente necesarios para llevar a cabo pruebas de penetración basadas en amenazas, así como la facilitación del reconocimiento mutuo de dichas pruebas, en el contexto de entidades financieras que operen en más de un Estado miembro, para permitir un nivel adecuado de participación de los supervisores y una ejecución flexible que tenga en cuenta las características específicas de subsectores financieros o mercados financieros locales.

Al elaborar dichos proyectos de normas técnicas de regulación, las Autoridades Europeas de Supervisión tendrán debidamente en cuenta cualquier característica específica derivada de la distinta naturaleza de las actividades en los distintos sectores de los servicios financieros.

Las Autoridades Europeas de Supervisión presentarán a la Comisión dichos proyectos de normas técnicas de regulación a más tardar el 17 de julio de 2024.

Se delegan en la Comisión los poderes para completar el presente Reglamento mediante la adopción de las normas técnicas de regulación a que se refiere el párrafo primero de conformidad con los artículos 10 a 14 del Reglamento (UE) número 1093/2010, los artículos 10 a 14 del Reglamento (UE) número 1094/2010 y los artículos 10 a 14 del Reglamento (UE) número 1095/2010.

Artículo 27. Requisitos aplicables a los probadores para la realización de pruebas de penetración basadas en amenazas

1. Para la realización de pruebas de penetración basadas en amenazas, las entidades financieras solo recurrirán a probadores que:

a) tengan el más alto grado de idoneidad y prestigio;

b) posean capacidades técnicas y organizativas y demuestren conocimientos especializados en inteligencia sobre amenazas, pruebas de penetración y pruebas de equipo rojo;

c) estén acreditados por un órgano de certificación de un Estado miembro o se adhieran a códigos de conducta o marcos éticos oficiales;

d) proporcionen una garantía independiente o un informe de auditoría que acrediten la buena gestión de los riesgos asociados con la realización de pruebas de penetración basadas en amenazas, incluidas la protección debida de la información confidencial de la entidad financiera y medidas de reparación en caso de riesgos empresariales para ella;

e) estén debida y completamente cubiertos por los seguros pertinentes de responsabilidad civil profesional, también frente a los riesgos de falta intencionada y negligencia.

2. En caso de recurrir a probadores internos, las entidades financieras garantizarán que se cumplan, además de todos los requisitos establecidos en el apartado 1, todas las condiciones siguientes:

a) el recurso a los probadores ha sido autorizado por la autoridad competente correspondiente o por la autoridad pública única designada de conformidad con el artículo 26, apartados 9 y 10;

b) la autoridad competente correspondiente ha verificado que la entidad financiera dispone de recursos específicos suficientes y ha garantizado que se eviten los conflictos de intereses durante todas las fases de constitución y ejecución de las pruebas, y

c) el proveedor de inteligencia sobre amenazas es externo con respecto a la entidad financiera.

3. Las entidades financieras se asegurarán de que los contratos con probadores externos exijan una buena gestión de los resultados de las pruebas de penetración basadas en amenazas y de que ningún tratamiento de datos del que sean objeto, incluido cualquier proceso de generación, almacenamiento, agregación, redacción, notificación, comunicación o destrucción cree riesgos para la entidad financiera.

CAPÍTULO V

Gestión del riesgo relacionado con las TIC derivado de terceros

Sección I

Principios fundamentales de una buena gestión del riesgo relacionado con las TIC derivado de terceros

Artículo 28. Principios generales

1. Las entidades financieras gestionarán el riesgo relacionado con las TIC derivado de terceros como un elemento integrante del riesgo relacio-

nado con las TIC dentro de su marco de gestión del riesgo relacionado con las TIC a que se refiere el artículo 6, apartado 1, y de conformidad con los principios siguientes:

a) las entidades financieras que tengan acuerdos contractuales en vigor para utilizar servicios de TIC en el funcionamiento de sus operaciones comerciales serán, en todo momento, plenamente responsables del cumplimiento y observancia de todas las obligaciones con arreglo al presente Reglamento y al Derecho aplicable en materia de servicios financieros;

b) las entidades financieras gestionarán el riesgo relacionado con las TIC derivado de terceros con arreglo al principio de proporcionalidad, teniendo en cuenta:

   i) la naturaleza, la escala, la complejidad y la importancia de las dependencias con respecto a las TIC,

   ii) los riesgos derivados de los acuerdos contractuales sobre el uso de servicios de TIC celebrados con proveedores terceros de servicios de TIC, teniendo en cuenta el carácter esencial o la importancia del servicio, el proceso o la función de que se trate, y la repercusión potencial en la continuidad y la disponibilidad de las actividades y los servicios financieros, a escala particular y de grupo.

2. Como parte de su marco de gestión del riesgo relacionado con las TIC, las entidades financieras distintas de las entidades contempladas en el artículo 16, apartado 1, párrafo primero, y distintas de microempresas adoptarán una estrategia, que revisarán periódicamente, sobre el riesgo relacionado con las TIC derivado de terceros, teniendo en cuenta la estrategia de múltiples proveedores a que se refiere el artículo 6, apartado 9, cuando proceda. Esa estrategia relativa al riesgo relacionado con las TIC derivado de terceros incluirá una política sobre el uso de servicios de TIC que sustenten funciones esenciales o importantes prestados por proveedores terceros de servicios de TIC y se aplicará a título particular y, cuando proceda, de forma consolidada. El órgano de dirección, a partir de una evaluación del perfil de riesgo general de la entidad financiera y la escala y la complejidad de los servicios empresariales, revisará periódicamente los riesgos detectados por lo que respecta a los acuerdos contractuales relativos al uso de servicios de TIC que sustenten funciones esenciales o importantes.

3. Como parte de su marco de gestión del riesgo relacionado con las TIC, las entidades financieras mantendrán y actualizarán a nivel de la en-

tidad, y a nivel consolidado y consolidado, un registro de información en relación con todos los acuerdos contractuales sobre el uso de servicios de TIC prestados por proveedores terceros de servicios de TIC.

Los acuerdos contractuales a que se refiere el párrafo primero se documentarán adecuadamente, distinguiendo entre los que comprendan servicios de TIC que sustentan funciones esenciales o importantes y los que no.

Las entidades financieras comunicarán al menos una vez al año a las autoridades competentes información sobre el número de nuevos acuerdos relativos al uso de servicios de TIC, las categorías de proveedores terceros de servicios de TIC, el tipo de acuerdos contractuales y los servicios y funciones prestados en materia de TIC.

Las entidades financieras pondrán a disposición de la autoridad competente que lo solicite el registro completo de información o, cuando así se solicite, secciones específicas de este, junto con toda información que se considere necesaria para permitir la supervisión efectiva de la entidad financiera.

Las entidades financieras informarán oportunamente a la autoridad competente cuando se propongan celebrar cualquier acuerdo contractual para el uso de servicios de TIC que sustenten funciones esenciales o importantes y cuando una función se haya convertido en esencial o importante.

4. Antes de celebrar un acuerdo contractual sobre el uso de servicios de TIC, las entidades financieras:

a) evaluarán si el acuerdo contractual se refiere al uso de servicios de TIC que sustenten una función esencial o importante;

b) evaluarán si se cumplen las condiciones de supervisión para la contratación;

c) determinarán y evaluarán todos los riesgos pertinentes en relación con el acuerdo contractual, incluida la posibilidad de que dicho acuerdo pueda contribuir a reforzar el riesgo de concentración de TIC a que se refiere el artículo 29;

d) llevarán a cabo todas las comprobaciones debidas con respecto a los posibles proveedores terceros de servicios de TIC y se asegurarán, a través de los procesos de selección y evaluación, de la idoneidad de dichos proveedores;

e) determinarán y evaluarán los conflictos de intereses que el acuerdo contractual pueda causar.

5. Las entidades financieras únicamente podrán celebrar acuerdos contractuales con proveedores terceros de servicios de TIC que cumplan estándares adecuados en materia de seguridad de la información. Cuando tales acuerdos contractuales se refieran a funciones esenciales o importantes, las entidades financieras, antes de celebrarlos, prestarán la debida consideración a la aplicación, por parte de proveedores terceros de servicios de TIC, de los estándares en materia de seguridad de la información más actualizados y estrictos en términos de calidad.

6. Al ejercer los derechos de acceso, inspección y auditoría sobre el proveedor tercero de servicios de TIC, las entidades financieras determinarán previamente, con arreglo a un enfoque basado en el riesgo, la frecuencia de las auditorías e inspecciones y los ámbitos que deben auditarse, según normas de auditoría comúnmente aceptadas en consonancia con las instrucciones de supervisión sobre el uso y la incorporación de dichas normas de auditoría.

Cuando los acuerdos contractuales relativos al uso de servicios de TIC celebrados con proveedores terceros de servicios de TIC impliquen una gran complejidad técnica, la entidad financiera verificará que los auditores, ya sean internos, externos o un grupo de auditores, posean las capacidades y los conocimientos adecuados para llevar a cabo efectivamente las auditorías y evaluaciones pertinentes.

7. Las entidades financieras garantizarán la posibilidad de terminar los acuerdos contractuales sobre el uso de servicios de TIC en cualquiera de los siguientes casos:

a) incumplimiento importante por parte del proveedor tercero de servicios de TIC de las disposiciones legales o reglamentarias o las cláusulas contractuales aplicables;

b) circunstancias observadas durante el seguimiento del riesgo relacionado con las TIC derivado de terceros que se considere que pueden alterar el desempeño de las funciones prestadas en virtud del acuerdo contractual, incluidos cambios importantes que afecten al acuerdo o a la situación del proveedor tercero de servicios de TIC;

c) debilidades manifiestas del proveedor tercero de servicios de TIC en cuanto a su gestión global del riesgo relacionado con las TIC y, en particular, a la forma en que garantiza la disponibilidad, la autenticidad, la integridad y la confidencialidad de los datos, ya sean personales o sensibles en cualquier otro sentido, o no personales;

d) cuando la autoridad competente haya dejado de poder supervisar efectivamente a la entidad financiera como resultado de las condiciones del acuerdo contractual de que se trate o las circunstancias relacionadas con él.

8. En el caso de los servicios de TIC que sustenten funciones esenciales o importantes, las entidades financieras establecerán estrategias de salida. Las estrategias de salida tendrán en cuenta los riesgos que puedan surgir en relación con los proveedores terceros de servicios de TIC, en particular un posible fallo por su parte, un deterioro de la calidad de los servicios de TIC prestados, cualquier perturbación de la actividad debida a una falta de prestación de servicios de TIC o a una prestación inadecuada, o cualquier riesgo sustancial que pueda plantearse en relación con el ejercicio adecuado y continuo del servicio de TIC correspondiente, o la terminación de los acuerdos contractuales con proveedores terceros de servicios de TIC en cualquiera de las circunstancias enumeradas en el apartado 7.

Las entidades financieras se asegurarán de poder abandonar los acuerdos contractuales sin:

a) perturbación de sus operaciones comerciales;

b) limitación del cumplimiento de los requisitos reglamentarios;

c) perjuicio para la continuidad y la calidad de los servicios prestados a los clientes.

Los planes de salida serán globales, estarán documentados y, de conformidad con los criterios establecidos en el artículo 4, apartado 2, se someterán a suficientes pruebas y se revisarán periódicamente.

Las entidades financieras hallarán soluciones alternativas y elaborarán planes de transición que les permitan recuperar los servicios de TIC contratados y los datos pertinentes del proveedor tercero de servicios de TIC y transferirlos de forma segura e íntegra a proveedores alternativos o reincorporarlos internamente.

Las entidades financieras dispondrán de medidas de contingencia adecuadas para mantener la continuidad de la actividad en caso de que se den las circunstancias mencionadas en el párrafo primero.

9. Las Autoridades Europeas de Supervisión, a través del Comité Mixto, elaborarán proyectos de normas técnicas de ejecución a fin de establecer las plantillas normalizadas para el registro de información a que se refiere el apartado 3, incluyendo la información común a todos los acuerdos contractuales relativa al uso de servicios de TIC. Las Autoridades Europeas de

Supervisión presentarán a la Comisión dichos proyectos de normas técnicas de ejecución a más tardar el 17 de enero de 2024.

Se otorgan a la Comisión competencias para adoptar las normas técnicas de ejecución a que se refiere el párrafo primero de conformidad con el artículo 15 del Reglamento (UE) número 1093/2010, el artículo 15 del Reglamento (UE) número 1094/2010 y el artículo 15 del Reglamento (UE) número 1095/2010.

10. Las Autoridades Europeas de Supervisión, a través del Comité Mixto, elaborarán proyectos de normas técnicas de regulación a fin de especificar en más profundidad el contenido detallado de la política a que se refiere el apartado 2 en relación con los acuerdos contractuales sobre el uso de servicios de TIC que sustenten funciones esenciales o importantes prestados por proveedores terceros de servicios de TIC.

A la hora de elaborar dichos proyectos de normas técnicas de regulación, las Autoridades Europeas de Supervisión tendrán en cuenta el tamaño y el perfil de riesgo general de la entidad financiera, así como la naturaleza, escala y complejidad de sus servicios, actividades y operaciones. Las Autoridades Europeas de Supervisión presentarán a la Comisión dichos proyectos de normas técnicas de regulación a más tardar el 17 de enero de 2024.

Se delegan en la Comisión los poderes para completar el presente Reglamento mediante la adopción de las normas técnicas de regulación a que se refiere el párrafo primero de conformidad con los artículos 10 a 14 del Reglamento (UE) número 1093/2010, los artículos 10 a 14 del Reglamento (UE) número 1094/2010 y los artículos 10 a 14 del Reglamento (UE) número 1095/2010.

Artículo 29. Evaluación preliminar del riesgo de concentración de TIC a nivel de la entidad

1. Al llevar a cabo la determinación y evaluación de los riesgos a que se refiere el artículo 28, apartado 4, letra c), las entidades financieras también tendrán en cuenta si la celebración prevista de un acuerdo contractual en relación con los servicios de TIC que sustenten funciones esenciales o importantes podría dar lugar a alguna de las siguientes circunstancias:

a) la celebración de un contrato con un proveedor tercero de servicios de TIC que no sea fácilmente sustituible, o

b) la coexistencia de múltiples acuerdos contractuales en relación con la prestación de servicios de TIC que sustenten funciones esenciales o importantes con el mismo proveedor tercero de servicios de TIC o con proveedores terceros de servicios de TIC estrechamente relacionados.

Las entidades financieras ponderarán los beneficios y los costes de soluciones alternativas, como el recurso a distintos proveedores terceros de servicios de TIC, considerando si las soluciones contempladas se ajustan a las necesidades y objetivos empresariales establecidos en su estrategia de resiliencia digital y de qué manera.

2. Cuando el acuerdo contractual sobre el uso de servicios de TIC que sustenten funciones esenciales o importantes incluya la posibilidad de que un proveedor tercero de servicios de TIC subcontrate a su vez servicios de TIC que sustenten una función esencial o importante a otros proveedores terceros de servicios de TIC, las entidades financieras ponderarán los beneficios y los riesgos que puedan derivarse de esa posible subcontratación, en particular cuando se trate de un subcontratista de TIC establecido en un tercer país.

Cuando el acuerdo contractual afecte a servicios de TIC que sustenten funciones esenciales o importantes, las entidades financieras ponderarán debidamente las disposiciones legislativas en materia de insolvencia que se aplicarían en caso de quiebra del proveedor tercero de servicios de TIC, así como cualquier restricción que pueda surgir y que afecte a la recuperación urgente de los datos de la entidad financiera.

Cuando se celebren acuerdos contractuales sobre el uso de servicios de TIC que sustenten funciones esenciales o importantes con un proveedor tercero de servicios de TIC establecido en un tercer país, las entidades financieras tendrán en consideración, además de lo mencionado el párrafo segundo, el cumplimiento de la normativa en materia de protección de datos de la Unión y la aplicación efectiva del Derecho en ese tercer país.

Cuando el acuerdo contractual sobre el uso de servicios de TIC que sustenten funciones esenciales o importantes contemple la subcontratación, las entidades financieras evaluarán si las cadenas de subcontratación potencialmente largas o complejas pueden afectar a su capacidad para efectuar un seguimiento completo de las funciones contratadas y a la capacidad de la autoridad competente para supervisar efectivamente a la entidad financiera a este respecto, y de qué manera.

Artículo 30. Cláusulas contractuales fundamentales

1. Los derechos y obligaciones de la entidad financiera y del proveedor tercero de servicios de TIC estarán claramente asignados y establecidos por

escrito. El contrato completo incluirá los acuerdos de nivel de servicio y se formalizará en un documento escrito que estará a disposición de las partes en papel, o en un documento en otro formato descargable, duradero y accesible.

2. Los acuerdos contractuales sobre el uso de servicios de TIC incluirán, como mínimo, los elementos siguientes:

a) una descripción clara y completa de todas las funciones y los servicios de TIC que deba prestar el proveedor tercero de servicios de TIC en la que se indique si está permitida la subcontratación de un servicio de TIC que sustente una función esencial o importante, o partes sustanciales de ellas, y, en caso afirmativo, las condiciones aplicables a dicha subcontratación;

b) los lugares, en concreto, las regiones o países, en los que deberán proporcionarse las funciones y los servicios de TIC contratados o subcontratados y en los que deberán tratarse los datos, incluido el lugar de almacenamiento, y el requisito de que el proveedor tercero de servicios de TIC notifique por adelantado a la entidad financiera cualquier cambio previsto de dichos lugares;

c) disposiciones sobre disponibilidad, autenticidad, integridad y confidencialidad en relación con la protección de los datos, incluidos los datos personales;

d) disposiciones sobre las garantías de la entidad financiera de poder acceder a los datos personales y no personales tratados y de poder recuperarlos y que le sean devueltos en un formato fácilmente accesible en caso de insolvencia, resolución o interrupción de las operaciones comerciales del proveedor tercero de servicios de TIC o en caso de terminación de los acuerdos contractuales;

e) descripciones del nivel de servicio, incluidas sus actualizaciones y revisiones;

f) la obligación del proveedor tercero de servicios de TIC de prestar asistencia a la entidad financiera sin coste adicional, o a un coste determinado con anterioridad, cuando se produzca un incidente de TIC relacionado con el servicio de TIC prestado a la entidad financiera;

g) la obligación del proveedor tercero de servicios de TIC de cooperar plenamente con las autoridades competentes y las autoridades de resolución de la entidad financiera, incluidas las personas nombradas por ellas;

h) los derechos de terminación y los correspondientes plazos mínimos de notificación para la terminación de los acuerdos contractuales, conforme a las expectativas de las autoridades competentes y las autoridades de resolución;

i) las condiciones para la participación de proveedores terceros de servicios de TIC en los programas de sensibilización en materia de seguridad de las TIC y en las actividades de formación sobre resiliencia operativa digital de las entidades financieras, de conformidad con el artículo 13, apartado 6.

3. Además de los elementos a que se refiere el apartado 2, los acuerdos contractuales sobre el uso de servicios de TIC que sustenten funciones esenciales o importantes incluirán por lo menos lo siguiente:

a) descripciones completas del nivel de servicio, incluidas sus actualizaciones y revisiones, con objetivos precisos de rendimiento cuantitativos y cualitativos dentro de los niveles de servicio acordados, de modo que la entidad financiera pueda realizar un seguimiento efectivo de los servicios de TIC y que se puedan adoptar sin demora indebida las medidas correctoras adecuadas cuando no se alcancen los niveles de servicio acordados;

b) plazos de notificación y obligaciones de información del proveedor tercero de servicios de TIC a la entidad financiera, incluida la notificación de cualquier hecho que pueda afectar considerablemente a la capacidad del proveedor tercero de servicios de TIC para prestar de forma efectiva los servicios de TIC que sustentan funciones esenciales o importantes de conformidad con los niveles de servicio acordados;

c) requisitos para que el proveedor tercero de servicios de TIC aplique y someta apruebe los planes de contingencia empresarial y disponga de medidas, herramientas y políticas de seguridad de las TIC que proporcionen un nivel adecuado de seguridad para la prestación de servicios por parte de la entidad financiera en consonancia con su marco regulador;

d) la obligación de que el proveedor tercero de servicios de TIC participe y coopere plenamente en las pruebas de penetración basadas en amenazas de la entidad financiera a que se refieren los artículos 26 y 27;

e) el derecho a realizar un seguimiento continuo de la actuación del proveedor tercero de servicios de TIC, lo que implica lo siguiente:

i) derechos ilimitados de acceso, inspección y auditoría por la entidad financiera o un tercero designado, y por la autoridad competente, y el derecho a hacer copias de la documentación pertinente in situ si son esenciales para las operaciones del proveedor tercero de servicios de TIC, cuyo ejercicio efectivo no se vea obstaculizado o limitado por otros acuerdos contractuales o políticas de aplicación,

ii) el derecho a pactar niveles de garantía alternativos si se ven afectados los derechos de otros clientes,

iii) la obligación de que el proveedor tercero de servicios de TIC coopere plenamente durante las inspecciones y las auditorías in situ realizadas por las autoridades competentes, el supervisor principal, la entidad financiera o un tercero designado, y

iv) la obligación de proporcionar detalles sobre el alcance, los procedimientos que deben seguirse y la frecuencia de tales inspecciones y auditorías;

f) estrategias de salida, en particular el establecimiento de un período transitorio suficiente obligatorio:

i) durante el cual el proveedor tercero de servicios de TIC seguirá proporcionando las funciones o los servicios de TIC de que se trate con el fin de reducir el riesgo de perturbación en la entidad financiera o de garantizar su resolución y reestructuración efectivas,

ii) que permita a la entidad financiera migrar a otro proveedor tercero de servicios de TIC o adoptar soluciones internas coherentes con la complejidad del servicio prestado.

Como excepción a lo dispuesto en la letra e), el proveedor tercero de servicios de TIC y la entidad financiera que sea una microempresa podrán acordar que se puedan delegar los derechos de acceso, inspección y auditoría de la entidad financiera en un tercero independiente, designado por el proveedor tercero de servicios de TIC, y que la entidad financiera pueda solicitar al tercero en cualquier momento información y garantías sobre la actuación del proveedor tercero de servicios de TIC.

4. Al negociar acuerdos contractuales, las entidades financieras y los proveedores terceros de servicios de TIC considerarán el uso de cláusulas contractuales tipo elaboradas por las autoridades públicas para servicios específicos.

5. Las Autoridades Europeas de Supervisión, a través del Comité Mixto, elaborarán proyectos de normas técnicas de regulación para especificar más detalladamente los elementos a que se refiere el apartado 2, letra a), que una entidad financiera debe determinar y evaluar a la hora de subcontratar servicios de TIC que sustenten funciones esenciales o importantes.

A la hora de elaborar dichos proyectos de normas técnicas de regulación, las Autoridades Europeas de Supervisión tendrán en cuenta el tamaño y el perfil de riesgo general de la entidad financiera, así como la naturaleza, escala y complejidad de sus servicios, actividades y operaciones.

Las Autoridades Europeas de Supervisión presentarán a la Comisión dichos proyectos de normas técnicas de regulación a más tardar el 17 de julio de 2024.

Se delegan en la Comisión los poderes para completar el presente Reglamento mediante la adopción de las normas técnicas de regulación a que se refiere el párrafo primero de conformidad con los artículos 10 a 14 del Reglamento (UE) número 1093/2010, los artículos 10 a 14 del Reglamento (UE) número 1094/2010 y los artículos 10 a 14 del Reglamento (UE) número 1095/2010.

Sección II

Marco de supervisión de los proveedores terceros esenciales de servicios de TIC

Artículo 31. Designación de proveedores terceros esenciales de servicios de TIC

1. Las Autoridades Europeas de Supervisión, a través del Comité Mixto y por recomendación del Foro de Supervisión establecido en virtud del artículo 32, apartado 1, deberán:

a) designar a los proveedores terceros de servicios de TIC que sean esenciales para las entidades financieras, tras una evaluación que tenga en cuenta los criterios especificados en el apartado 2;

b) nombrar como supervisor principal para cada proveedor tercero esencial de servicios de TIC a la Autoridad Europea de Supervisión que sea responsable, de conformidad con los Reglamentos (UE) número 1093/2010, (UE) número 1094/2010 o (UE) número 1095/2010, para las entidades financieras que tengan conjuntamente la parte más grande de activos totales del valor de activos totales de todas las entidades financieras que utilizan los servicios del proveedor tercero esencial de servicios de TIC pertinente, según conste en la suma de los balances particulares de dichas entidades financieras.

2. La designación a que se refiere el apartado 1, letra a), se basará en todos los criterios siguientes en relación con los servicios de TIC prestados por el proveedor tercero de servicios de TIC:

a) el impacto sistémico en la estabilidad, la continuidad o la calidad de la prestación de servicios financieros en caso de un posible fallo operativo a gran escala del proveedor tercero de servicios de TIC de que se trate de que afecte a la prestación de sus servicios, teniendo en cuenta el número de entidades financieras y el valor total de los activos de las entidades financieras a las que presta servicios el proveedor tercero de servicios de TIC de que se trate;

b) el carácter o la importancia sistémicos de las entidades financieras que dependen del proveedor tercero de servicios de TIC de que se trate, evaluados con arreglo a los parámetros siguientes:

i) el número de entidades de importancia sistémica mundial (EISM) u otras entidades de importancia sistémica (OEIS) que dependen del proveedor tercero de servicios de TIC correspondiente,

ii) la interdependencia entre las EISM u OEIS a que se refiere el inciso i) y otras entidades financieras, incluidas las situaciones en las que las EISM u OEIS prestan servicios de infraestructura financiera a otras entidades financieras;

c) la dependencia de las entidades financieras respecto de los servicios prestados por el proveedor tercero de servicios de TIC pertinente en relación con funciones esenciales o importantes de entidades financieras que, en última instancia, impliquen al mismo proveedor tercero de servicios de TIC, con independencia de que las entidades financieras recurran a dichos servicios directa o indirectamente, a través de acuerdos de subcontratación;

d) el grado de sustituibilidad del proveedor tercero de servicios de TIC, teniendo en cuenta los parámetros siguientes:

i) la falta de alternativas reales, siquiera parciales, debido al número limitado de proveedores terceros de servicios de TIC activos en un mercado específico, o a la cuota de mercado del proveedor tercero de servicios de TIC de que se trate, o a la complejidad o dificultad técnica existente, entre otras cosas en relación con tecnologías protegidas por derechos, o a las características específicas de la organización o la actividad del proveedor tercero de servicios de TIC,

ii) las dificultades relacionadas con la migración parcial o total de los datos y cargas de trabajo pertinentes del proveedor tercero de servicios de TIC en cuestión a otro, al ser considerables los costes financieros, el tiempo u otros recursos que el proceso de migración podría implicar, o debido al aumento del riesgo de TIC o de otros riesgos operativos a los que podría verse expuesta la entidad financiera a través de dicha migración.

3. Cuando el proveedor tercero de servicios de TIC pertenezca a un grupo, los criterios a que se refiere el apartado 2 se tendrán en cuenta en relación con los servicios de TIC prestados por el grupo en su conjunto.

4. Los proveedores terceros esenciales de servicios de TIC que formen parte de un grupo designarán a una persona jurídica como punto de coordinación para garantizar una representación y una comunicación adecuadas con el supervisor principal.

5. El supervisor principal notificará al proveedor tercero de servicios de TIC el resultado de la evaluación previa a la designación a que se refiere el apartado 1, letra a). En el plazo de seis semanas a partir de la fecha de la notificación, el proveedor tercero de servicios de TIC podrá presentar al supervisor principal una declaración motivada con cualquier información pertinente a efectos de la evaluación. El supervisor principal considerará la declaración motivada y podrá solicitar que se presente información adicional en un plazo de treinta días naturales a partir de la recepción de dicha declaración.

Tras designar a un proveedor tercero de servicios de TIC como esencial, las Autoridades Europeas de Supervisión, a través del Comité Mixto, notificarán al proveedor tercero de servicios de TIC dicha designación y la fecha de inicio a partir de la cual será efectivamente objeto de actividades de supervisión. Dicha fecha de inicio no será posterior en más de un mes a la notificación. El proveedor tercero de servicios de TIC notificará a las entidades financieras a las que presta servicios su designación como esencial.

6. Se otorgan a la Comisión los poderes para adoptar un acto delegado, de conformidad con el artículo 57, para completar el presente Reglamento especificando con más detalle los criterios mencionados en el apartado 2 del presente artículo, a más tardar el 17 de julio de 2024.

7. La designación a que se refiere el apartado 1, letra a), no se utilizará hasta que la Comisión haya adoptado un acto delegado de conformidad con el apartado 6.

8. La designación a que se refiere el apartado 1, letra a), no se aplicará a:

i) las entidades financieras que presten servicios de TIC a otras entidades financieras,

ii) los proveedores terceros de servicios de TIC que estén sujetos a marcos de supervisión establecidos en apoyo de las tareas a que se refiere el artículo 127, apartado 2, del TFUE,

iii) los proveedores intragrupo de servicios de TIC,

iv) los proveedores terceros de servicios de TIC que presten servicios de TIC únicamente en un Estado miembro a entidades financieras que operan exclusivamente en ese Estado miembro.

9. Las Autoridades Europeas de Supervisión, a través del Comité Mixto, establecerán, publicarán y actualizarán anualmente la lista de proveedores terceros esenciales de servicios de TIC a escala de la Unión.

10. A efectos de lo dispuesto en el apartado 1, letra a), las autoridades competentes transmitirán anualmente y de forma agregada los informes a que se refiere el artículo 28, apartado 3, párrafo tercero, al Foro de Supervisión establecido en virtud del artículo 32. El Foro de Supervisión evaluará las dependencias de terceros en el ámbito de las TIC de las entidades financieras basándose en la información recibida de las autoridades competentes.

11. Los proveedores terceros de servicios de TIC que no estén incluidos en la lista a que se refiere el apartado 9 podrán solicitar ser designados como esenciales de conformidad con el apartado 1, letra a).

A efectos de lo dispuesto en el párrafo primero, el proveedor tercero de servicios de TIC presentará una solicitud motivada a la ABE, la AEVM o la AESPJ que, a través del Comité Mixto, decidirán si lo designan o no como esencial de conformidad con el apartado 1, letra a).

La decisión a que se refiere el párrafo segundo se adoptará y notificará al proveedor tercero de servicios de TIC en un plazo de seis meses a partir de la recepción de la solicitud.

12. Las entidades financieras solo recurrirán a los servicios de un proveedor tercero de servicios de TIC establecido en un tercer país y que haya sido designado como esencial de conformidad con el apartado 1, letra a), si este último ha establecido una filial en la Unión en los 12 meses siguientes a la designación.

13. El proveedor tercero esencial de servicios de TIC a que se refiere el apartado 12 notificará al supervisor principal cualquier cambio en la estructura de la dirección de la filial establecida en la Unión.

Artículo 32. Estructura del marco de supervisión

1. El Comité Mixto, de conformidad con el artículo 57, apartado 1, del Reglamento (UE) número 1093/2010, el artículo 57, apartado 1, del Reglamento (UE) número 1094/2010 y el artículo 57, apartado 1, del Reglamento (UE) número 1095/2010, establecerá el Foro de Supervisión como subcomité encargado de apoyar el trabajo del Comité Mixto y del supervisor principal a que se refiere el artículo 31, apartado 1, letra b), en materia de riesgo relacionado con las TIC derivado de terceros en los distintos sectores financieros. El Foro de Supervisión elaborará los proyectos de posiciones conjuntas y de actos comunes del Comité Mixto en este ámbito.

El Foro de Supervisión debatirá periódicamente las novedades pertinentes en materia de riesgos y vulnerabilidades en materia de TIC y promoverá un enfoque coherente de seguimiento de los riesgos relacionados con las TIC derivados de terceros a escala de la Unión.

2. El Foro de Supervisión llevará a cabo anualmente una evaluación colectiva de los resultados y las conclusiones de las actividades de supervisión realizadas para todos los proveedores terceros esenciales de servicios de TIC y promoverá medidas de coordinación para incrementar la resiliencia operativa digital de las entidades financieras, fomentar buenas prácticas para hacer frente al riesgo de concentración de TIC y estudiar medidas de mitigación de la transferencia de riesgos entre sectores.

3. El Foro de Supervisión presentará índices de referencia exhaustivos para los proveedores terceros esenciales de servicios de TIC, que el Comité Mixto adoptará como posiciones conjuntas de las Autoridades Europeas de Supervisión de conformidad con el artículo 56, apartado 1, del Reglamento (UE) número 1093/2010, el artículo 56, apartado 1, del Reglamento (UE) número 1094/2010 y el artículo 56, apartado 1, del Reglamento (UE) número 1095/2010.

4. El Foro de Supervisión estará integrado por:

a) los presidentes de las Autoridades Europeas de Supervisión;

b) un representante de alto nivel del personal en plantilla de la autoridad competente pertinente a que se refiere el artículo 46 de cada Estado miembro;

c) los respectivos directores ejecutivos de cada Autoridad Europea de Supervisión y un representante de la Comisión, de la JERS, del BCE y de la ENISA en calidad de observadores;

d) en su caso, un representante adicional de una autoridad competente a que se refiere el artículo 46 de cada Estado miembro, en calidad de observador;

e) cuando proceda, un representante de las autoridades competentes designadas o establecidas de conformidad con la Directiva (UE) 2022/2555 responsable, en calidad de observador, de la supervisión de una entidad esencial o importante sujeta a dicha Directiva, que haya sido designada proveedor tercero esencial de servicios de TIC.

Cuando proceda, el Foro de Supervisión podrá solicitar el asesoramiento de expertos independientes nombrados de conformidad con el apartado 6.

5. Cada Estado miembro designará a la autoridad competente pertinente a cuyo personal pertenecerá el representante de alto nivel a que se refiere el apartado 4, párrafo primero, letra b), e informará de ello al supervisor principal.

Las Autoridades Europeas de Supervisión publicarán en su sitio web la lista de representantes de alto nivel del personal en plantilla de la autoridad competente pertinente, designados por los Estados miembros.

6. Los expertos independientes a que se refiere el apartado 4, párrafo segundo, serán nombrados por el Foro de Supervisión, que los elegirá de entre un grupo de expertos seleccionados tras un proceso de presentación de candidaturas público y transparente.

Los expertos independientes serán nombrados en atención a sus conocimientos especializados en materia de estabilidad financiera, resiliencia operativa digital y seguridad de las TIC. Actuarán con independencia y objetividad en interés exclusivo del conjunto de la Unión y no pedirán ni aceptarán instrucción alguna de las instituciones u órganos de la Unión, de ningún Gobierno de un Estado miembro ni de ninguna otra entidad pública o privada.

7. De conformidad con el artículo 16 del Reglamento (UE) número 1093/2010, el artículo 16 del Reglamento (UE) número 1094/2010 y el artículo 16 del Reglamento (UE) número 1095/2010, las Autoridades Europeas de Supervisión emitirán, a más tardar el 17 de julio de 2024, a efectos de lo dispuesto en la presente sección, directrices sobre la cooperación

entre ellas y las autoridades competentes que incluyan procedimientos y condiciones detallados de distribución y ejecución de tareas entre las autoridades competentes y las Autoridades Europeas de Supervisión, así como los pormenores sobre los intercambios de información necesarios para que las autoridades competentes garanticen el seguimiento de las recomendaciones formuladas en virtud del artículo 35, apartado 1, letra d), dirigidas a los proveedores terceros esenciales de servicios de TIC.

8. Los requisitos establecidos en la presente sección se entenderán sin perjuicio de la aplicación de la Directiva (UE) 2022/2555 y de otras normas de la Unión sobre supervisión aplicables a los proveedores de servicios de computación en nube.

9. Las Autoridades Europeas de Supervisión, a través del Comité Mixto y basándose en los trabajos preparatorios realizados por el Foro de Supervisión, presentarán anualmente al Parlamento Europeo, al Consejo y a la Comisión un informe sobre la aplicación de la presente sección.

Artículo 33. Tareas del supervisor principal

1. El supervisor principal, nombrado de conformidad con el artículo 31, apartado 1, letra b), llevará a cabo la supervisión de los proveedores terceros esenciales de servicios de TIC asignados y será, a efectos de todos los asuntos relacionados con la supervisión, el punto de contacto principal para dichos proveedores terceros esenciales de servicios de TIC.

2. A efectos de lo dispuesto en el apartado 1, el supervisor principal evaluará si cada proveedor tercero esencial de servicios de TIC ha establecido normas, procedimientos, mecanismos y disposiciones completos, sólidos y efectivos para gestionar el riesgo relacionado con las TIC que pueda plantear a las entidades financieras.

La evaluación a que se refiere el párrafo primero se centrará principalmente en los servicios de TIC prestados por el proveedor tercero esencial de servicios de TIC que sustenten funciones esenciales o importantes de las entidades financieras. Cuando sea necesario para abordar todos los riesgos pertinentes, dicha evaluación abarcará además los servicios de TIC que sustenten funciones distintas de aquellas que son esenciales o importantes.

3. La evaluación a la que se refiere el apartado 2 abarcará:

a) los requisitos en materia de TIC para garantizar, en particular, la seguridad, la disponibilidad, la continuidad, la escalabilidad y la calidad de los servicios que el proveedor tercero esencial de servicios de TIC presta a las entidades financieras, así como la capacidad para mantener en todo momento unos niveles elevados de disponibilidad, autenticidad, integridad o confidencialidad de los datos;

b) la seguridad física que contribuye a garantizar la seguridad de las TIC, incluida la seguridad de los locales, instalaciones y centros de datos;

c) los procesos de gestión de riesgos, incluidas las políticas de gestión del riesgo relacionado con las TIC, la política de continuidad de la actividad en materia de TIC y los planes de respuesta y recuperación en materia de TIC;

d) los mecanismos de gobernanza, incluida una estructura organizativa con líneas de responsabilidad claras, transparentes y coherentes y normas de rendición de cuentas que permitan la gestión eficaz del riesgo relacionado con las TIC;

e) la determinación, el seguimiento y la rápida notificación a las entidades financieras de los incidentes importantes relacionados con las TIC, la gestión y la resolución de dichos incidentes, en particular de los ciberataques;

f) los mecanismos para la portabilidad de los datos y la portabilidad e interoperabilidad de las aplicaciones, que garanticen el ejercicio efectivo de los derechos de terminación por las entidades financieras;

g) la prueba de los sistemas, las infraestructuras y los controles de TIC;

h) las auditorías de TIC;

i) la aplicación de las normas nacionales e internacionales pertinentes en materia de prestación de sus servicios de TIC a las entidades financieras.

4. Sobre la base de la evaluación a que se refiere el apartado 2, y en coordinación con la Red de Supervisión Conjunta a que se refiere el artículo 34, apartado 1, el supervisor principal adoptará un plan de supervisión particular claro, detallado y motivado en el que se describan los objetivos anuales de supervisión y las principales acciones de supervisión previstas para cada proveedor tercero esencial de servicios de TIC. Dicho plan se comunicará cada año al proveedor tercero esencial de servicios de TIC.

Antes de la adopción del plan de supervisión, el supervisor principal comunicará el proyecto de plan de supervisión al proveedor tercero esencial de servicios de TIC.

Cuando reciba el proyecto de plan de supervisión, el proveedor tercero esencial de servicios de TIC podrá presentar una declaración motivada en un plazo de quince días naturales en la que se exponga el efecto esperado en los clientes que sean entidades excluidas del ámbito de aplicación del presente Reglamento y en la que se planteen, en su caso, soluciones para mitigar los riesgos.

5. Una vez que los planes de supervisión anuales a que se refiere el apartado 4 hayan sido adoptados y notificados a los proveedores terceros esenciales de servicios de TIC, las autoridades competentes podrán adoptar medidas en relación con dichos proveedores solo de acuerdo con el supervisor principal.

Artículo 34. Coordinación operativa entre supervisores principales

1. A fin de garantizar un enfoque coherente de las actividades de supervisión y con vistas a posibilitar estrategias generales de supervisión coordinadas y enfoques operativos y metodologías de trabajo coherentes, los tres supervisores principales nombrados de conformidad con el artículo 31, apartado 1, letra b), crearán una Red de Supervisión Conjunta a fin de coordinarse entre sí en las fases preparatorias y de coordinar la realización de las actividades de supervisión de sus proveedores terceros esenciales de servicios de TIC respectivos, así como en el curso de cualquier línea de actuación que pueda ser necesaria en virtud del artículo 42.

2. A efectos del apartado 1, los supervisores principales elaborarán un protocolo común de supervisión en el que se especifiquen los procedimientos detallados que deberán seguirse para llevar a cabo la coordinación cotidiana y para garantizar intercambios y reacciones rápidos. El protocolo se revisará periódicamente para reflejar las necesidades operativas, en particular la evolución de las disposiciones prácticas de supervisión.

3. Los supervisores principales podrán, de forma ad hoc, pedir al BCE y a la ENISA que proporcionen asesoramiento técnico, compartan experiencias prácticas o se sumen a determinadas reuniones de coordinación de la Red de Supervisión Conjunta.

Artículo 35. Facultades del supervisor principal

1. A efectos del desempeño de las funciones establecidas en la presente sección, el supervisor principal dispondrá de las siguientes facultades por lo que respecta a los proveedores terceros esenciales de servicios de TIC:

a) solicitar toda la información y la documentación pertinentes de conformidad con el artículo 37;

b) llevar a cabo investigaciones generales e inspecciones de conformidad con los artículos 38 y 39, respectivamente;

c) una vez finalizadas las actividades de supervisión, solicitar informes en los que se especifiquen las medidas adoptadas o las medidas correctoras aplicadas por los proveedores terceros esenciales de servicios de TIC en relación con las recomendaciones a que se refiere la letra d) del presente apartado;

d) formular recomendaciones sobre los ámbitos a los que se refiere el artículo 33, apartado 3, en particular en relación con lo siguiente:

   i) la aplicación de requisitos o procesos específicos de seguridad y calidad de las TIC, en particular en relación con la instalación de parches, actualizaciones, cifrado y otras medidas de seguridad que el supervisor principal considere pertinentes para garantizar la seguridad, desde el punto de vista de las TIC, de los servicios prestados a las entidades financieras,

   ii) la aplicación de condiciones, incluida su ejecución técnica, a las que deba ajustarse la prestación de servicios de TIC a las entidades financieras por los proveedores terceros esenciales de servicios de TIC, y que el supervisor principal considere pertinentes para impedir que se generen o se amplíen puntos únicos de fallo, o para minimizar el posible impacto sistémico en el sector financiero de la Unión en caso de riesgo de concentración de TIC,

   iii) cualquier subcontratación prevista, en caso de que el supervisor principal considere que toda ulterior subcontratación, incluidos los acuerdos de subcontratación que los proveedores terceros esenciales de servicios de TIC prevean celebrar con proveedores terceros de servicios de TIC o con subcontratistas de TIC establecidos en un tercer país, puede ocasionar riesgos para la prestación de servicios por la entidad financiera, o riesgos para la estabilidad financiera, basándose en el examen de la información recabada de conformidad con los artículos 37 y 38,

   iv) abstenerse de celebrar un acuerdo adicional de subcontratación, cuando se cumplan todas las condiciones siguientes:

      - que el subcontratista previsto sea un proveedor tercero de servicios de TIC o un subcontratista de TIC establecido en un tercer país,
      - que la subcontratación se refiera a las funciones esenciales o importantes de la entidad financiera, y

- que el supervisor principal considere que el recurso a tal subcontratación plantea un riesgo claro y grave para la estabilidad financiera de la Unión o para las entidades financieras, también para la capacidad de estas últimas de cumplir los requisitos de supervisión.

A efectos del inciso iv) de la presente letra, los proveedores terceros de servicios de TIC, utilizando la plantilla a que se refiere el artículo 41, apartado 1, letra b), transmitirán la información relativa a la subcontratación al supervisor principal.

2. En el ejercicio de las facultades a que se refiere el presente artículo, el supervisor principal:

a) garantizará una coordinación periódica en el seno de la Red de Supervisión Conjunta y, en particular, perseguirá enfoques coherentes, según proceda, por lo que respecta a la supervisión de los proveedores terceros esenciales de servicios de TIC;

b) tendrá debidamente en cuenta el marco establecido por la Directiva (UE) 2022/2555 y, cuando sea necesario, consultará a las autoridades competentes pertinentes designadas o establecidas de conformidad con dicha Directiva, con el fin de evitar la duplicación de medidas técnicas y organizativas que podrían aplicarse a los proveedores terceros esenciales de servicios de TIC en virtud de dicha Directiva;

c) tratará de minimizar, en la medida de lo posible, el riesgo de perturbación de los servicios prestados por proveedores terceros esenciales de servicios de TIC a clientes que sean entidades excluidas del ámbito de aplicación del presente Reglamento.

3. El supervisor principal consultará al Foro de Supervisión antes de ejercer las facultades a que se refiere el apartado 1.

Antes de formular recomendaciones de conformidad con el apartado 1, letra d), el supervisor principal brindará al proveedor tercero de servicios de TIC la oportunidad de facilitar, en un plazo de treinta días naturales, información pertinente que exponga el efecto previsto en los clientes que sean entidades excluidas del ámbito de aplicación del presente Reglamento y, cuando proceda, que plantee soluciones para mitigar los riesgos.

4. El supervisor principal informará a la Red de Supervisión Conjunta del resultado del ejercicio de las facultades a que se refiere el apartado 1, letras a) y b). El supervisor principal transmitirá, sin demora indebida, los infor-

mes a que se refiere el apartado 1, letra c), a la Red de Supervisión Conjunta y a las autoridades competentes de las entidades financieras que utilicen los servicios de TIC de dicho proveedor tercero esencial de servicios de TIC.

5. Los proveedores terceros esenciales de servicios de TIC cooperarán de buena fe con el supervisor principal y lo asistirán en el desempeño de sus tareas.

6. En caso de incumplimiento total o parcial de las medidas cuya adopción se exigió en virtud del ejercicio de las facultades con arreglo al apartado 1, letras a), b) y c), y tras la expiración de un plazo de al menos treinta días naturales a partir de la fecha en que el proveedor tercero esencial de servicios de TIC haya recibido la notificación de las medidas de que se trate, el supervisor principal adoptará una decisión por la que se imponga una multa coercitiva para empujar al proveedor tercero esencial de servicios de TIC a cumplir dichas medidas.

7. La multa coercitiva a que se refiere el apartado 6 se impondrá diariamente hasta que se logre el cumplimiento y por un período máximo de seis meses a partir de la notificación de la decisión de imponer una multa coercitiva al proveedor tercero esencial de servicios de TIC.

8. El importe de la multa coercitiva, calculado a partir de la fecha establecida en la decisión por la que se imponga dicha multa, será de hasta un 1 % del volumen de negocios diario medio a escala mundial del proveedor tercero esencial de servicios de TIC en el ejercicio precedente. Al determinar el importe de la multa coercitiva, el supervisor principal tendrá en cuenta los siguientes criterios en relación con el incumplimiento de las medidas a que se refiere el apartado 6:

a) la gravedad y la duración del incumplimiento;

b) si el incumplimiento ha sido cometido intencionadamente o por negligencia;

c) el nivel de cooperación del proveedor tercero de servicios de TIC con el supervisor principal.

A efectos del párrafo primero el supervisor principal entablará consultas en el seno de la Red de Supervisión Conjunta a fin de garantizar un enfoque coherente.

9. Las multas coercitivas serán de carácter administrativo y tendrán fuerza ejecutiva. La ejecución forzosa se regirá por las normas de procedimiento civil vigentes en el Estado miembro en cuyo territorio se lleven a cabo las inspecciones y el acceso. Los órganos jurisdiccionales del Estado miembro

de que se trate serán competentes para conocer de las denuncias relacionadas con irregularidades en la ejecución. Los importes de las multas coercitivas se asignarán al presupuesto general de la Unión Europea.

10. El supervisor principal hará públicas todas las multas coercitivas que se impongan, a menos que dicha divulgación ponga en grave riesgo los mercados financieros o cause un perjuicio desproporcionado a las partes implicadas.

11. Antes de imponer una multa coercitiva de conformidad con el apartado 6, el supervisor principal ofrecerá a los representantes del proveedor tercero esencial de servicios de TIC objeto del procedimiento la oportunidad de ser oídos en relación con las conclusiones y basará sus decisiones únicamente en las conclusiones acerca de las cuales el proveedor tercero esencial de servicios de TIC objeto del procedimiento haya tenido la oportunidad de formular observaciones.

Los derechos de defensa de las personas objeto del procedimiento estarán garantizados plenamente en el curso del procedimiento. El proveedor tercero esencial de servicios de TIC objeto del procedimiento tendrá derecho a acceder al expediente, a reserva del interés legítimo de otras personas por lo que respecta a la protección de sus secretos comerciales. El derecho de acceso al expediente no se extenderá a la información confidencial ni a los documentos preparatorios internos del supervisor principal.

Artículo 36. Ejercicio de las facultades del supervisor principal fuera de la Unión

1. Cuando los objetivos de supervisión no puedan alcanzarse mediante una interacción con la filial establecida a efectos del artículo 31, apartado 12, o mediante el ejercicio de actividades de supervisión en locales situados en la Unión, el supervisor principal podrá ejercer las facultades a que se refieren las disposiciones siguientes en cualquier local situado en un tercer país que sea propiedad de un proveedor tercero esencial de servicios de TIC o este utilice de cualquier modo para prestar servicios a entidades financieras de la Unión, en relación con sus operaciones, funciones o servicios comerciales, incluidos cualquier oficina, local, terreno, edificio u otra propiedad, de naturaleza administrativa comercial u operativa:

a) el artículo 35, apartado 1, letra a), y

b) el artículo 35, apartado 1, letra b), de conformidad con el artículo 38, apartado 2, letras a), b) y d), y el artículo 39, apartado 1 y apartado 2, letra a).

Las facultades a que se refiere el párrafo primero podrán ejercerse siempre que se cumplan todas las condiciones siguientes:

i) el supervisor principal considera necesaria la realización de una inspección en un tercer país para poder desempeñar plena y eficazmente sus funciones con arreglo al presente Reglamento,

ii) la inspección en un tercer país está directamente relacionada con la prestación de servicios de TIC a entidades financieras de la Unión,

iii) el proveedor tercero esencial de servicios de TIC afectado consiente en que se lleve a cabo una inspección en un tercer país, y

iv) la autoridad pertinente del tercer país de que se trate ha sido oficialmente informada por el supervisor principal y no ha formulado objeciones al respecto.

2. Sin perjuicio de las competencias respectivas de las instituciones de la Unión y de los Estados miembros, a efectos del apartado 1, la ABE, la AEVM o la AESPJ, celebrarán acuerdos de cooperación administrativa con la autoridad pertinente del tercer país a fin de que las inspecciones en el tercer país de que se trate por parte del supervisor principal y su equipo designado para su misión en ese tercer país se puedan realizar de manera fluida. Dichos acuerdos de cooperación no crearán obligaciones jurídicas para la Unión y sus Estados miembros ni impedirán a los Estados miembros y a sus autoridades competentes celebrar acuerdos bilaterales o multilaterales con dichos terceros países y sus autoridades pertinentes.

En dichos acuerdos de cooperación se especificarán, como mínimo, los siguientes elementos:

a) los procedimientos para la coordinación de las actividades de supervisión llevadas a cabo con arreglo al presente Reglamento y de cualquier seguimiento análogo del riesgo de terceros relacionado con las TIC en el sector financiero efectuado por la autoridad pertinente del tercer país de que se trate, incluidos los detalles para transmitir el acuerdo de esta última que permita la realización, por parte del supervisor principal y su equipo designado, de las investigaciones generales y las inspecciones in situ a que se refiere el apartado 1, párrafo primero, en el territorio bajo su jurisdicción;

b) el mecanismo para la transmisión de cualquier información pertinente entre la ABE, la AEVM o la AESPJ y la autoridad pertinente del tercer país de que se trate, en particular en relación con la información que el supervisor principal puede solicitar en virtud del artículo 37;

c) los mecanismos para la rápida notificación, por parte de la autoridad pertinente del tercer país de que se trate, a la ABE, la AEVM o la AESPJ, de los casos en que se considere que un proveedor tercero de servicios de TIC establecido en un tercer país y designado como esencial de conformidad con el artículo 31, apartado 1, letra a), ha incumplido los requisitos que está obligado a cumplir en virtud del Derecho aplicable del tercer país de que se trate a la hora de prestar servicios a entidades financieras de dicho tercer país, así como de las medidas correctoras y las sanciones aplicadas;

d) la transmisión periódica de información actualizada sobre la evolución en materia de regulación o supervisión en relación con el seguimiento del riesgo de terceros relacionado con las TIC de las entidades financieras del tercer país de que se trate;

e) los detalles para permitir, en caso necesario, la participación de un representante de la autoridad pertinente del tercer país en las inspecciones realizadas por el supervisor principal y el equipo designado.

3. Cuando no pueda llevar a cabo fuera de la Unión las actividades de supervisión a que se refieren los apartados 1 y 2, el supervisor principal deberá:

a) ejercer sus facultades con arreglo al artículo 35 basándose en todos los datos y documentos de que disponga;

b) documentar y explicar cualquier consecuencia de su incapacidad para llevar a cabo las actividades de supervisión previstas a que se refiere el presente artículo.

En las recomendaciones del supervisor principal formuladas en virtud del artículo 35, apartado 1, letra d), se tendrán en cuenta las posibles consecuencias a que se refiere la letra b) del presente apartado.

Artículo 37. Solicitud de información

1. El supervisor principal, mediante simple solicitud o mediante decisión, podrá exigir a los proveedores terceros esenciales de servicios de TIC que faciliten cuanta información le sea necesaria para desempeñar sus funciones con arreglo al presente Reglamento, incluidos todos los documentos comerciales u operativos, contratos, pólizas, documentación, informes de auditorías de seguridad de las TIC e informes sobre incidentes relacionados con las TIC pertinentes, así como cualquier información relativa a las partes a las que el proveedor tercero esencial de servicios de TIC haya externalizado funciones o actividades operativas.

2. Cuando envíe una simple solicitud de información con arreglo al apartado 1, el supervisor principal:

a) hará referencia al presente artículo como base jurídica de la solicitud;

b) indicará el propósito de la solicitud;

c) especificará la información requerida;

d) fijará el plazo en el que habrá de serle facilitada la información;

e) informará al representante del proveedor tercero esencial de servicios de TIC a quien se solicite la información de que, si bien no está obligado a facilitar esa información, en caso de que responda voluntariamente a la solicitud, la información que facilite no deberá ser incorrecta ni engañosa.

3. Cuando exija mediante decisión que se facilite información con arreglo al apartado 1, el supervisor principal:

a) hará referencia al presente artículo como base jurídica de la solicitud;

b) indicará el propósito de la solicitud;

c) especificará la información requerida;

d) fijará el plazo en el que habrá de serle facilitada la información;

e) indicará las multas coercitivas previstas en el artículo 35, apartado 6, en caso de que no se facilite toda la información exigida o de que tal información no se facilite en el plazo a que se refiere la letra d) del presente apartado;

f) hará constar el derecho de recurrir la decisión ante la Sala de Recurso de la Autoridad Europea de Supervisión y ante el Tribunal de Justicia de la Unión Europea (en lo sucesivo, «Tribunal de Justicia»), de conformidad con los artículos 60 y 61 del Reglamento (UE) número 1093/2010, los artículos 60 y 61 del Reglamento (UE) número 1094/2010 y los artículos 60 y 61 del Reglamento (UE) número 1095/2010.

4. Los representantes de los proveedores terceros esenciales de servicios de TIC facilitarán la información solicitada. Los abogados debidamente habilitados podrán facilitar la información en nombre de sus representados. El proveedor tercero esencial de servicios de TIC seguirá siendo plenamente responsable si la información suministrada es incompleta, incorrecta o engañosa.

5. El supervisor principal remitirá sin demora una copia de la decisión de facilitar información a las autoridades competentes de las entidades financieras que utilicen los servicios de los proveedores terceros esenciales de servicios de TIC pertinentes y a la Red de Supervisión Conjunta.

Artículo 38. Investigaciones generales

1. A fin de desempeñar sus funciones con arreglo al presente Reglamento, el supervisor principal, asistido por el equipo conjunto de examinadores a que se refiere el artículo 40, apartado 1, podrá, cuando sea necesario, llevar a cabo investigaciones de proveedores terceros esenciales de servicios de TIC.

2. El supervisor principal estará facultado para:

a) examinar los registros, datos, procedimientos y cualquier otra documentación pertinente para la realización de su cometido, independientemente del medio utilizado para almacenarlos;

b) hacer u obtener copias certificadas o extractos de dichos registros, datos, procedimientos documentados y cualquier otra documentación;

c) convocar a los representantes del proveedor tercero esencial de servicios de TIC para que den explicaciones orales o escritas sobre los hechos o documentos que guarden relación con el objeto y el propósito de la investigación, y registrar las respuestas;

d) entrevistar a cualquier otra persona física o jurídica que acepte ser entrevistada a fin de recabar información relacionada con el objeto de una investigación;

e) requerir una relación de comunicaciones telefónicas y tráfico de datos.

3. Los agentes y demás personas acreditadas por el supervisor principal para realizar la investigación a que se refiere el apartado 1 ejercerán sus facultades previa presentación de una autorización escrita que especifique el objeto y el propósito de la investigación.

Dicha autorización indicará asimismo las multas coercitivas previstas en el artículo 35, apartado 6, cuando los registros, datos, procedimientos documentados o cualquier otra documentación exigida, o las respuestas a las preguntas formuladas a los representantes del proveedor tercero de servicios de TIC, no se faciliten o sean incompletos.

4. Los representantes de los proveedores terceros esenciales de servicios de TIC estarán obligados a someterse a las investigaciones sobre la base de una decisión del supervisor principal. La decisión precisará el objeto y el propósito de la investigación, las multas coercitivas previstas en el artículo 35, apartado 6, las vías de recurso posibles con arreglo a los Reglamentos (UE) número 1093/2010, (UE) número 1094/2010 y (UE) número 1095/2010, así como el derecho a recurrir la decisión ante el Tribunal de Justicia.

5. Con suficiente antelación antes del comienzo de la investigación, el supervisor principal informará de la investigación prevista y de la identidad de las personas acreditadas a las autoridades competentes de las entidades financieras que utilicen los servicios de TIC de dicho proveedor tercero esencial de servicios de TIC.

El supervisor principal comunicará a la Red de Supervisión Conjunta toda la información transmitida en virtud del párrafo primero.

Artículo 39. Inspecciones

1. A efectos del desempeño de sus funciones de conformidad con el presente Reglamento, el supervisor principal, asistido por los equipos conjuntos de examinadores a que se refiere el artículo 40, apartado 1, podrá acceder a cualesquiera locales de uso profesional, terrenos o propiedades de los proveedores terceros de servicios de TIC, como sedes centrales, centros de operaciones y locales secundarios, y realizar en ellos, como fuera de ellos, cuantas inspecciones sean necesarias.

A efectos del ejercicio de las facultades a que se refiere el párrafo primero, el supervisor principal consultará a la Red de Supervisión Conjunta.

2. Los agentes del supervisor principal y demás personas acreditadas por él para llevar a cabo una inspección in situ estarán facultados para:

a) acceder a cualquiera de dichos locales, terrenos o propiedades de uso profesional, y

b) precintar cualesquiera de dichos locales de uso profesional, libros o registros durante el tiempo y en la medida necesarios para la inspección.

Los agentes y demás personas acreditadas por el supervisor principal ejercerán sus facultades previa presentación de una autorización escrita en la que se especifiquen el objeto y el propósito de la inspección, así como las multas coercitivas establecidas en el artículo 35, apartado 6, en el supuesto de que los representantes de los proveedores terceros esenciales de servicios de TIC de que se trate no se sometan a la inspección.

3. El supervisor principal informará con suficiente antelación antes del comienzo de la inspección a las autoridades competentes de las entidades financieras que recurran a ese proveedor tercero de servicios de TIC.

4. Las inspecciones abarcarán todo el conjunto de sistemas, redes, dispositivos, información y datos de TIC pertinentes utilizados para la prestación de servicios de TIC a las entidades financieras o que contribuyan a ella.

5. Antes de cualquier inspección in situ prevista, el supervisor principal avisará con antelación razonable a los proveedores terceros esenciales de servicios de TIC, a menos que dicho aviso no sea posible debido a una situación de emergencia o de crisis, o que conduzca a una situación en la que la inspección o la auditoría dejarían de ser eficaces.

6. El proveedor tercero esencial de servicios de TIC se someterá a las inspecciones in situ ordenadas mediante decisión del supervisor principal. La decisión especificará el objeto y el propósito de la inspección, fijará la fecha de comienzo de la inspección e indicará las multas coercitivas previstas en el artículo 35, apartado 6, las vías de recurso posibles con arreglo a los Reglamentos (UE) número 1093/2010, (UE) número 1094/2010 y (UE) número 1095/2010, así como el derecho a recurrir la decisión ante el Tribunal de Justicia.

7. En caso de que los agentes y demás personas acreditadas por el supervisor principal constaten que un proveedor tercero esencial de servicios de TIC se opone a una inspección ordenada en virtud del presente artículo, el supervisor principal informará al proveedor tercero esencial de servicios de TIC de las consecuencias de dicha oposición, entre ellas la posibilidad de que las autoridades competentes de las entidades financieras pertinentes obliguen a las entidades financieras a poner fin a los acuerdos contractuales celebrados con dicho proveedor.

Artículo 40. Supervisión permanente

1. Cuando lleve a cabo actividades de supervisión, en particular investigaciones generales o inspecciones, el supervisor principal estará asistido por un equipo conjunto de examinadores establecido para cada proveedor tercero esencial de servicios de TIC.

2. El equipo conjunto de examinadores a que se refiere el apartado 1 estará compuesto por miembros del personal de:

a) las Autoridades Europeas de Supervisión;

b) las autoridades competentes pertinentes que supervisen a las entidades financieras a las que preste servicios de TIC el proveedor tercero esencial de servicios de TIC;

c) con carácter voluntario, la autoridad nacional competente a que se refiere el artículo 32, apartado 4, letra e);

d) con carácter voluntario, una autoridad nacional competente del Estado miembro en el que esté establecido el proveedor tercero esencial de servicios de TIC.

Los miembros del equipo conjunto de examinadores deberán tener conocimientos especializados en cuestiones del ámbito de las TIC y en materia de riesgo operativo. El equipo conjunto de examinadores trabajará bajo la coordinación de un miembro designado del personal del supervisor principal («coordinador del supervisor principal»).

3. En los tres meses siguientes a la conclusión de una investigación o una inspección, el supervisor principal, previa consulta al Foro de Supervisión, adoptará las recomendaciones que se remitirán al proveedor tercero esencial de servicios de TIC en virtud de las facultades a que se refiere el artículo 35.

4. Las recomendaciones a las que se refiere el apartado 3 se comunicarán inmediatamente al proveedor tercero esencial de servicios de TIC y a las autoridades competentes de las entidades financieras a las que preste servicios de TIC.

Para llevar a cabo las actividades de supervisión, el supervisor principal podrá tener en cuenta cualesquiera certificaciones de terceros e informes de auditoría interna o externa de proveedores terceros de TIC pertinentes facilitados por el proveedor tercero esencial de servicios de TIC.

Artículo 41. Armonización de las condiciones que permiten llevar a cabo las actividades de supervisión

1. Las Autoridades Europeas de Supervisión, a través del Comité Mixto, elaborarán proyectos de normas técnicas de regulación para especificar:

a) la información que debe facilitar un proveedor tercero de servicios de TIC en la solicitud de inclusión voluntaria para ser designado como esencial con arreglo al artículo 31, apartado 11;

b) el contenido, la estructura y el formato de la información que los proveedores terceros de servicios de TIC deben presentar, divulgar o notificar en virtud del artículo 35, apartado 1, incluida la plantilla para informar sobre los acuerdos de subcontratación;

c) los criterios para determinar la composición del equipo conjunto de examinadores, garantizando una participación equilibrada de los miembros del personal de las Autoridades Europeas de Supervisión y de las autoridades competentes pertinentes, así como su designación, tareas y modalidades de trabajo;

d) los pormenores de la evaluación por las autoridades competentes de las medidas adoptadas por los proveedores terceros esenciales de servicios de TIC en aplicación de las recomendaciones del supervisor principal en virtud del artículo 42, apartado 3.

2. Las Autoridades Europeas de Supervisión presentarán a la Comisión dichos proyectos de normas técnicas de regulación a más tardar el 17 de julio de 2024.

Se delegan en la Comisión los poderes para completar el presente Reglamento mediante la adopción de las normas técnicas de regulación a que se refiere el apartado 1 del presente artículo de conformidad con el procedimiento establecido en los artículos 10 a 14 del Reglamento (UE) número 1093/2010, los artículos 10 a 14 del Reglamento (UE) número 1094/2010 y los artículos 10 a 14 del Reglamento (UE) número 1095/2010.

Artículo 42. Seguimiento por las autoridades competentes

1. En el plazo de sesenta días naturales a partir de la recepción de las recomendaciones emitidas por el supervisor principal en virtud del artículo 35, apartado 1, letra d), los proveedores terceros esenciales de servicios de TIC notificarán al supervisor principal si tienen intención de seguir dichas recomendaciones o facilitarán una explicación razonada de los motivos por los que no lo van a hacer. El supervisor principal transmitirá inmediatamente esta información a las autoridades competentes de las entidades financieras de que se trate.

2. Cuando un proveedor tercero esencial de servicios de TIC no presente su notificación al supervisor principal de conformidad con el apartado 1 o cuando la explicación facilitada por el proveedor tercero esencial de servicios de TIC no se considere suficiente, el supervisor principal lo divulgará públicamente. La información publicada revelará la identidad del proveedor tercero esencial de servicios de TIC, así como información sobre el tipo y la naturaleza del incumplimiento. Dicha información se limitará a lo que sea pertinente y proporcionado para garantizar la concienciación

del público, a menos que dicha divulgación causare un perjuicio desproporcionado a las partes implicadas o pueda comprometer gravemente el correcto funcionamiento y la integridad de los mercados financieros o la estabilidad del conjunto o de una parte del sistema financiero de la Unión.

El supervisor principal notificará dicha divulgación pública al proveedor tercero de servicios de TIC.

3. Las autoridades competentes informarán a las entidades financieras pertinentes acerca de los riesgos señalados en las recomendaciones a los proveedores terceros esenciales de servicios de TIC de conformidad con el artículo 35, apartado 1, letra d).

Al gestionar el riesgo de terceros relacionado con las TIC, las entidades financieras tendrán en cuenta los riesgos a que se refiere el párrafo primero.

4. Cuando una autoridad competente considere que una entidad financiera no tiene en cuenta o no aborda suficientemente en su gestión del riesgo de terceros relacionado con las TIC los riesgos específicos señalados en las recomendaciones, notificará a la entidad financiera la posibilidad de adoptar una decisión, en el plazo de sesenta días naturales a partir de la recepción de dicha notificación, en virtud del apartado 6, en ausencia de disposiciones contractuales adecuadas destinadas a hacer frente a dichos riesgos.

5. Cuando se reciban los informes a que se refiere el artículo 35, apartado 1, letra c), y antes de tomar la decisión a que se refiere el apartado 6 del presente artículo, las autoridades competentes podrán, de forma voluntaria, consultar a las autoridades competentes designadas o establecidas de conformidad con la Directiva (UE) 2022/2555, responsables de la supervisión de una entidad esencial o importante sujeta a dicha Directiva, que haya sido designada como proveedor tercero esencial de servicios de TIC.

6. Como último recurso, tras la notificación y, si procede, tras la consulta establecidas en los apartados 4 y 5 del presente artículo, las autoridades competentes podrán, de conformidad con el artículo 50, tomar la decisión de exigir a las entidades financieras que suspendan temporalmente, de manera parcial o total, el uso o la implantación de un servicio prestado por el proveedor tercero esencial de servicios de TIC hasta que se hayan abordado los riesgos mencionados en las recomendaciones dirigidas a los proveedores terceros esenciales de servicios de TIC. En caso necesario, podrán exigir a las entidades financieras que pongan fin, en parte o en su totalidad, a los acuerdos contractuales pertinentes celebrados con los proveedores terceros esenciales de servicios de TIC.

7. Cuando un proveedor tercero esencial de servicios de TIC se niegue a seguir las recomendaciones sobre la base de un enfoque distinto del recomendado por el supervisor principal y dicho enfoque pueda repercutir negativamente en un gran número de entidades financieras o en una parte considerable del sector financiero, y las advertencias individuales emitidas por las autoridades competentes no hayan dado lugar a enfoques sistemáticos que mitiguen el posible riesgo para la estabilidad financiera, el supervisor principal podrá, previa consulta al Foro de Supervisión, emitir dictámenes no vinculantes y no públicos a las autoridades competentes, a fin de promover medidas de seguimiento en materia de supervisión sistemáticas y convergentes, según proceda.

8. Cuando se reciban los informes a que se refiere el artículo 35, apartado 1, letra c), las autoridades competentes, al tomar la decisión a que se refiere el apartado 6 del presente artículo, tendrán en cuenta el tipo y la magnitud del riesgo no abordado por el proveedor tercero esencial de servicios de TIC, así como la gravedad del incumplimiento, considerando los siguientes criterios:

a) la gravedad y la duración del incumplimiento;

b) si el incumplimiento ha puesto de manifiesto deficiencias graves en los procedimientos, los sistemas de gestión, la gestión de riesgos y los controles internos del proveedor tercero esencial de servicios de TIC;

c) si el incumplimiento ha facilitado o provocado la comisión de un delito financiero o este último le es imputable de cualquier otro modo;

d) si el incumplimiento ha sido cometido intencionadamente o por negligencia;

e) si la suspensión o la terminación de los acuerdos contractuales supone un riesgo para la continuidad de las operaciones comerciales de la entidad financiera, pese a los esfuerzos de esta por evitar perturbaciones en la prestación de sus servicios;

f) cuando proceda, el dictamen, solicitado voluntariamente de conformidad con el apartado 5 del presente artículo, de las autoridades competentes designadas o establecidas de conformidad con la Directiva (UE) 2022/2555, responsables de la supervisión de una entidad esencial o importante sujeta a dicha Directiva, que haya sido designada como proveedor tercero esencial de servicios de TIC.

Las autoridades competentes concederán a las entidades financieras el tiempo necesario para que puedan adaptar los acuerdos contractuales con proveedores terceros esenciales de servicios de TIC a fin de evitar efectos perjudiciales en su resiliencia operativa digital y que puedan implantar las estrategias de salida y los planes de transición a que se refiere el artículo 28.

9. La decisión a que se refiere el apartado 6 del presente artículo se notificará a los miembros del Foro de Supervisión a que se refiere el artículo 32, apartado 4, letras a), b) y c), y a la Red de Supervisión Conjunta.

Los proveedores terceros esenciales de servicios de TIC afectados por las decisiones establecidas en el apartado 6 cooperarán plenamente con las entidades financieras perjudicadas, en particular en el contexto del proceso de suspensión o terminación de sus acuerdos contractuales.

10. Las autoridades competentes informarán periódicamente al supervisor principal sobre los enfoques y las medidas adoptados en el desempeño de sus tareas de supervisión en relación con las entidades financieras, así como sobre los acuerdos contractuales celebrados por las entidades financieras cuando los proveedores terceros esenciales de servicios de TIC no hayan refrendado en parte o en su totalidad las recomendaciones que les hayan sido formuladas por el supervisor principal.

11. El supervisor principal podrá, previa solicitud, proporcionar aclaraciones adicionales acerca de las recomendaciones formuladas para orientar a las autoridades competentes sobre las medidas de seguimiento.

Artículo 43. Tasas de supervisión

1. El supervisor principal, de conformidad con el acto delegado a que se refiere el apartado 2 del presente artículo, cobrará a los proveedores terceros esenciales de servicios de TIC unas tasas que cubran por completo los gastos que deba asumir el supervisor principal para la realización de las tareas de supervisión en virtud del presente Reglamento, incluido el reembolso de cualquier coste que pueda derivarse del trabajo realizado por el equipo conjunto de examinadores a que se refiere el artículo 40, así como los costes del asesoramiento facilitado por los expertos independientes a que se refiere el artículo 32, apartado 4, párrafo segundo, en relación con los asuntos que forman parte del ámbito de competencia de las actividades directas de supervisión.

El importe de las tasas cobradas a un proveedor tercero esencial de servicios de TIC cubrirá todos los costes derivados de la ejecución de las obligaciones establecidas en la presente sección y será proporcional a su volumen de negocios.

2. Se otorgan a la Comisión los poderes para adoptar un acto delegado con arreglo al artículo 57 por el que se complete el presente Reglamento mediante la determinación del importe de las tasas y las modalidades de pago, a más tardar el 17 de julio de 2024.

Artículo 44. Cooperación internacional

1. Sin perjuicio de lo dispuesto en el artículo 36, la ABE, la AEVM y la AESPJ podrán, de conformidad con el artículo 33 del Reglamento (UE) número 1093/2010, el artículo 33 del Reglamento (UE) número 1095/2010 y el artículo 33 del Reglamento (UE) número 1094/2010, celebrar acuerdos administrativos con las autoridades de regulación y supervisión de terceros países para fomentar la cooperación internacional en materia de riesgo de terceros relacionado con las TIC en diferentes sectores financieros, en particular mediante el desarrollo de buenas prácticas para la evaluación de los procedimientos y controles en materia de gestión del riesgo relacionado con las TIC, las medidas paliativas y las respuestas a los incidentes.

2. Las Autoridades Europeas de Supervisión, a través del Comité Mixto, presentarán cada cinco años al Parlamento Europeo, al Consejo y a la Comisión un informe confidencial conjunto en el que se resuman las conclusiones de los debates pertinentes mantenidos con las autoridades de terceros países a que se refiere el apartado 1, centrándose en la evolución del riesgo de terceros relacionado con las TIC y sus implicaciones para la estabilidad financiera, la integridad del mercado, la protección de los inversores y el funcionamiento del mercado interior.

CAPÍTULO VI

Acuerdos de intercambio de información

Artículo 45. Acuerdos de intercambio de información en relación con información e inteligencia sobre ciberamenazas

1. Las entidades financieras podrán intercambiar entre sí información e inteligencia sobre ciberamenazas, incluidos indicadores de compromiso, tácticas, técnicas y procedimientos, alertas de ciberseguridad y herramientas de configuración, en la medida en que dicho intercambio de información e inteligencia:

a) tenga por objeto mejorar la resiliencia operativa digital de las entidades financieras, en particular mediante la concienciación en relación con las ciberamenazas, la limitación o la desactivación de la capacidad de propagación de las ciberamenazas, el apoyo a las capacidades defensivas, las técnicas de detección de amenazas, las estrategias de mitigación o las fases de respuesta y recuperación;

b) tenga lugar dentro de comunidades de entidades financieras de confianza;

c) se realice mediante acuerdos de intercambio de información que protejan el carácter potencialmente sensible de la información compartida y se rijan por normas de conducta que respeten plenamente el secreto comercial, la protección de los datos personales de conformidad con el Reglamento (UE) 2016/679 y las directrices sobre política de competencia.

2. A efectos de lo dispuesto en el apartado 1, letra c), en los acuerdos de intercambio de información se definirán las condiciones de participación y, en su caso, se establecerán los detalles relativos a la participación de las autoridades públicas y a la calidad en la que estas podrán asociarse a dichos acuerdos, los detalles relativos a la participación de los proveedores terceros de servicios de TIC y los relativos a los elementos operativos, incluido el uso de plataformas informáticas especializadas.

3. Las entidades financieras notificarán a las autoridades competentes su participación en los acuerdos de intercambio de información a que se refiere el apartado 1 en el momento en que se valide su incorporación a ellos o, en su caso, el cese de su participación, una vez que se haga efectivo.

CAPÍTULO VII

Autoridades competentes

Artículo 46. Autoridades competentes

Sin perjuicio de las disposiciones relativas al marco de supervisión de los proveedores terceros esenciales de servicios de TIC a que se refiere el Capítulo V, sección II, del presente Reglamento, el cumplimiento del presente Reglamento será garantizado por las siguientes autoridades competentes de conformidad con las facultades otorgadas por los respectivos actos jurídicos:

a) en lo que respecta a las entidades de crédito y a las entidades exentas en virtud de la Directiva 2013/36/UE, la autoridad competente designada de conformidad con el artículo 4 de dicha Directiva, y en lo que respecta a las entidades de crédito consideradas como significativas de conformidad con el artículo 6, apartado 4, del Reglamento (UE) número 1024/2013, el BCE de conformidad con las competencias y funciones conferidas por dicho Reglamento;

b) en lo que respecta a las entidades de pago, también las entidades de pago exentas en virtud de la Directiva (UE) 2015/2366, las entidades de dinero electrónico, también las exentas en virtud de la Directiva 2009/110/CE y los proveedores de servicios de información sobre cuentas a que se refiere el artículo 33, apartado 1, de la Directiva (UE) 2015/2366, la autoridad competente designada de conformidad con el artículo 22 de la Directiva (UE) 2015/2366;

c) en lo que respecta a las empresas de servicios de inversión, la autoridad competente designada de conformidad con el artículo 4 de la Directiva (UE) 2019/2034 del Parlamento Europeo y del Consejo (38);

d) en lo que respecta a los proveedores de servicios de criptoactivos autorizados en virtud del Reglamento relativo a los mercados de criptoactivos y los emisores de fichas referenciadas a activos, la autoridad competente designada de conformidad con las disposiciones pertinentes de dicho Reglamento;

e) en lo que respecta a los depositarios centrales de valores, la autoridad competente designada de conformidad con el artículo 11 del Reglamento (UE) número 909/2014;

f) en lo que respecta a las entidades de contrapartida central, la autoridad competente designada de conformidad con el artículo 22 del Reglamento (UE) número 648/2012;

g) en lo que respecta a los centros de negociación y los proveedores de servicios de suministro de datos, la autoridad competente designada de conformidad con el artículo 67 de la Directiva 2014/65/UE y la autoridad competente según se define en el artículo 2, apartado 1, punto 18, del Reglamento (UE) número 600/2014;

h) en lo que respecta a los registros de operaciones, la autoridad competente designada de conformidad con el artículo 22 del Reglamento (UE) número 648/2012;

i) en lo que respecta a los gestores de fondos de inversión alternativos, la autoridad competente designada de conformidad con el artículo 44 de la Directiva 2011/61/UE;

j) en lo que respecta a las sociedades de gestión, la autoridad competente designada de conformidad con el artículo 97 de la Directiva 2009/65/CE;

k) en lo que respecta a las empresas de seguros y de reaseguros, la autoridad competente designada de conformidad con el artículo 30 de la Directiva 2009/138/CE;

l) en lo que respecta a los intermediarios de seguros, de reaseguros y de seguros complementarios, la autoridad competente designada de conformidad con el artículo 12 de la Directiva (UE) 2016/97;

m) en lo que respecta a los fondos de pensiones de empleo, la autoridad competente designada de conformidad con el artículo 47 de la Directiva (UE) 2016/2341;

n) en lo que respecta a las agencias de calificación crediticia, la autoridad competente designada de conformidad con el artículo 21 del Reglamento (CE) número 1060/2009;

o) en lo que respecta a los administradores de índices de referencia determinantes, la autoridad competente designada de conformidad con los artículos 40 y 41 del Reglamento (UE) 2016/1011;

p) en lo que respecta a los proveedores de servicios de financiación participativa, la autoridad competente designada de conformidad con el artículo 29 del Reglamento (UE) 2020/1503;

q) en lo que respecta a los registros de titulizaciones, la autoridad competente designada de conformidad con el artículo 10 y el artículo 14, apartado 1, del Reglamento (UE) 2017/2402.

Artículo 47. Cooperación con las estructuras y autoridades establecidas por la Directiva (UE) 2022/2555

1. A fin de fomentar la cooperación y permitir los intercambios en materia de supervisión entre las autoridades competentes designadas de conformidad con el presente Reglamento y el Grupo de Cooperación establecido por el artículo 14 de la Directiva (UE) 2022/2555, las Autoridades Europeas de Supervisión y las autoridades competentes podrán participar en las actividades del Grupo de Cooperación en asuntos que atañan a sus actividades en materia de supervisión en relación con las entidades financieras. Las Autoridades Europeas de Supervisión y las autoridades competentes podrán solicitar ser invitadas a participar en las actividades del Grupo de Cooperación en asuntos relativos a las entidades esenciales o importantes sujetas a la Directiva (UE) 2022/2555 que también hayan sido designadas como proveedores terceros esenciales de servicios de TIC en virtud del artículo 31 del presente Reglamento.

2. En su caso, las autoridades competentes podrán consultar y compartir información con los puntos de contacto únicos y los CSIRT designados o establecidos de conformidad con la Directiva (UE) 2022/2555.

3. En su caso, las autoridades competentes podrán solicitar cualquier tipo de asesoramiento y asistencia técnicos pertinentes a las autoridades competentes designadas o establecidas de conformidad con la Directiva (UE) 2022/2555 y establecer acuerdos de cooperación para hacer posible el establecimiento de mecanismos de coordinación eficaces y rápidos.

4. Los acuerdos a que se refiere el apartado 3 del presente artículo podrán, entre otros aspectos, especificar los procedimientos para la coordinación de las actividades de supervisión y vigilancia en relación con las entidades esenciales o importantes sujetas a la Directiva (UE) 2022/2555 que hayan sido designadas proveedores terceros esenciales de servicios de TIC en virtud del artículo 31 del presente Reglamento, también en lo relativo a la realización, con arreglo al Derecho nacional, de investigaciones e inspecciones in situ, así como a los mecanismos para el intercambio de información entre las autoridades competentes con arreglo al presente Reglamento y las autoridades competentes designadas o establecidas de conformidad con dicha Directiva, que incluye el acceso a la información solicitada por estas últimas.

Artículo 48. Cooperación entre autoridades

1. Las autoridades competentes cooperarán estrechamente entre ellas y, cuando proceda, con el supervisor principal.

2. Las autoridades competentes y el supervisor principal compartirán oportunamente toda la información pertinente relativa a los proveedores terceros esenciales de servicios de TIC que sea necesaria para el desempeño de sus respectivas obligaciones con arreglo al presente Reglamento, en particular en relación con los riesgos detectados, los enfoques y las medidas adoptadas como parte de las tareas de supervisión del supervisor principal.

Artículo 49. Ejercicios, comunicación y cooperación intersectoriales en el ámbito financiero

1. Las Autoridades Europeas de Supervisión, a través del Comité Mixto y en colaboración con las autoridades competentes, las autoridades de resolución a que se refiere el artículo 3 de la Directiva 2014/59/UE, el BCE, la Junta Única de Resolución con respecto a la información relativa a las entidades incluidas en el ámbito de aplicación del Reglamento (UE) número

806/2014, la JERS y la ENISA, en su caso, podrán establecer mecanismos que permitan compartir prácticas eficaces entre todos los sectores financieros a fin de mejorar la conciencia situacional y detectar las vulnerabilidades y los riesgos cibernéticos comunes a los diversos sectores.

Podrán organizar ejercicios de gestión de crisis y contingencia que incluyan escenarios de ciberataques con el fin de desarrollar los canales de comunicación y hacer posible gradualmente una respuesta coordinada eficaz a escala de la Unión en caso de que se produzca un incidente grave relacionado con las TIC de alcance transfronterizo o una amenaza conexa que tenga un impacto sistémico en el sector financiero de la Unión en su conjunto.

Dichos ejercicios también podrán someter a prueba, en su caso, las dependencias del sector financiero con respecto a otros sectores económicos.

2. Las autoridades competentes, las Autoridades Europeas de Supervisión y el BCE cooperarán estrechamente entre sí e intercambiarán información para el desempeño de sus obligaciones en virtud de los artículos 47 a 54. Coordinarán estrechamente sus actividades de supervisión con el fin de detectar y reparar las infracciones del presente Reglamento, establecer y promover buenas prácticas, facilitar la colaboración, fomentar la coherencia en la interpretación y proporcionar evaluaciones entre países y territorios en caso de desacuerdo.

Artículo 50. Sanciones administrativas y medidas correctoras

1. Las autoridades competentes dispondrán de todas las facultades de supervisión, investigación y sanción necesarias para cumplir sus obligaciones con arreglo al presente Reglamento.

2. Las facultades a que se refiere el apartado 1 incluirán, como mínimo, las siguientes facultades para:

a) tener acceso a cualquier documento o a los datos bajo cualquier forma que la autoridad competente considere pertinentes para el ejercicio de sus funciones y recibir o procurarse copia de los mismos;

b) realizar investigaciones o inspecciones in situ, en las que se llevarán a cabo, entre otras, las siguientes actividades:

   i) convocar a los representantes de las entidades financieras para que den explicaciones orales o escritas sobre los hechos o documentos que guarden relación con el objeto y el propósito de la investigación, y registrar las respuestas,

ii) entrevistar a cualquier otra persona física o jurídica que acepte ser entrevistada a fin de recabar información relacionada con el objeto de una investigación;

c) exigir medidas correctoras y reparadoras en caso de incumplimiento de los requisitos del presente Reglamento.

3. Sin perjuicio del derecho de los Estados miembros a imponer sanciones penales de conformidad con el artículo 52, los Estados miembros establecerán normas que prevean sanciones administrativas y medidas correctoras adecuadas en caso de infracción del presente Reglamento y garantizarán su aplicación efectiva.

Dichas sanciones y medidas serán eficaces, proporcionadas y disuasorias.

4. Los Estados miembros conferirán a las autoridades competentes la facultad de aplicar al menos las siguientes sanciones administrativas o medidas correctoras en caso de infracción del presente Reglamento:

a) emitir un requerimiento dirigido a la persona física o jurídica que esté infringiendo el presente Reglamento para que ponga fin a su conducta y se abstenga de repetirla;

b) exigir el cese provisional o definitivo de toda práctica o conducta que la autoridad competente considere contraria a las disposiciones del presente Reglamento e impedir la repetición de dicha práctica o conducta;

c) adoptar cualquier tipo de medida, también de carácter pecuniario, para garantizar que las entidades financieras sigan cumpliendo los requisitos legales;

d) exigir, en la medida en que lo permita el Derecho nacional, los registros de tráfico de datos existentes que obren en poder de un operador de telecomunicaciones, cuando existan sospechas fundadas de infracción del presente Reglamento y cuando tales registros puedan ser pertinentes para una investigación de infracciones del presente Reglamento, y

e) publicar avisos, incluidas declaraciones públicas, en las que se indique la identidad de la persona física o jurídica y la naturaleza de la infracción.

5. Cuando el apartado 2, letra c), y el apartado 4 se apliquen a personas jurídicas, los Estados miembros conferirán a las autoridades competentes

la facultad de aplicar las sanciones administrativas y las medidas correctoras, según las condiciones que establezca el Derecho nacional, a los miembros del órgano de dirección y a las demás personas físicas que, conforme al Derecho nacional, sean responsables de la infracción.

6. Los Estados miembros garantizará que cualquier decisión de imponer sanciones administrativas o medidas correctivas con arreglo al apartado 2, letra c), esté debidamente motivada y pueda ser objeto de recurso.

Artículo 51. Ejercicio de la facultad de imponer sanciones administrativas y medidas correctoras

1. Las autoridades competentes ejercerán las facultades de imponer las sanciones administrativas y las medidas correctoras a que se refiere el artículo 50 de conformidad con sus ordenamientos jurídicos nacionales, en su caso, de la siguiente manera:

a) directamente;

b) en colaboración con otras autoridades;

c) bajo su responsabilidad, mediante delegación en otras autoridades, o

d) mediante solicitud dirigida a las autoridades judiciales competentes.

2. Al determinar el tipo y el nivel de una sanción administrativa o medida correctora impuesta de conformidad con el artículo 50, las autoridades competentes tendrán en cuenta si la infracción es intencionada o es consecuencia de una negligencia y cualesquiera otras circunstancias pertinentes, entre ellas, en su caso, las siguientes:

a) la importancia, la gravedad y la duración de la infracción;

b) el grado de responsabilidad de la persona física o jurídica responsable de la infracción;

c) la solidez financiera de la persona física o jurídica responsable;

d) la importancia de los beneficios obtenidos o las pérdidas evitadas por la persona física o jurídica responsable, en la medida en que puedan determinarse;

e) las pérdidas causadas a terceros por la infracción, en la medida en que puedan determinarse;

f) el grado de cooperación de la persona física o jurídica responsable con la autoridad competente, sin perjuicio de la obligación de que dicha persona física o jurídica restituya las ganancias obtenidas o las pérdidas evitadas;

g) las infracciones anteriores de la persona física o jurídica responsable.

Artículo 52. Sanciones penales

1. Los Estados miembros podrán decidir no establecer normas que prevean sanciones administrativas o medidas correctoras para las infracciones que estén sujetas a sanciones penales con arreglo a su Derecho nacional.

2. Los Estados miembros que opten por establecer sanciones penales por infracciones del presente Reglamento se asegurarán de que se hayan adoptado las medidas adecuadas para que las autoridades competentes dispongan de todas las facultades necesarias a fin de ponerse en contacto con las autoridades judiciales o las responsables de la fiscalía o de la justicia penal dentro de su jurisdicción, con el fin de obtener información específica relacionada con las investigaciones o procesos penales iniciados por infracciones del presente Reglamento, y de facilitar información del mismo tenor a otras autoridades competentes y a la ABE, la AEVM o la AESPJ, en cumplimiento de su obligación de cooperar a los efectos del presente Reglamento.

Artículo 53. Obligaciones de notificación

Los Estados miembros notificarán las disposiciones legales, reglamentarias y administrativas de aplicación de lo dispuesto en el presente Capítulo, incluidas cualesquiera disposiciones pertinentes de Derecho penal, a la Comisión, la AEVM, la ABE y la AESPJ a más tardar el 17 de enero de 2025. Los Estados miembros notificarán sin demora indebida cualquier modificación ulterior de dichas disposiciones a la Comisión, la AEVM, la ABE y la AESPJ.

Artículo 54. Publicación de las sanciones administrativas

1. Las autoridades competentes publicarán en sus sitios web oficiales, sin demora indebida, toda decisión por la que se imponga una sanción administrativa contra la que no haya lugar a recurso tras la notificación de dicha decisión al destinatario de la sanción.

2. La publicación a que se refiere el apartado 1 incluirá información sobre el tipo y la naturaleza de la infracción, la identidad de las personas responsables y las sanciones impuestas.

3. Cuando la autoridad competente, tras una evaluación de cada caso, considere que la publicación de la identidad, cuando se trate de personas jurídicas, o de la identidad y los datos personales, cuando se trate de personas

físicas, sería desproporcionada, incluidos los riesgos relacionados con la protección de los datos de carácter personal, pondría en peligro la estabilidad de los mercados financieros o la continuación de una investigación penal en curso, o causaría a la persona afectada daños desproporcionados, en la medida en que estos puedan determinarse, adoptará una de las siguientes soluciones con respecto a la decisión por la que se imponga una sanción administrativa:

a) aplazar su publicación hasta que dejen de existir todos los motivos para no publicarla;

b) publicarla de forma anónima, de conformidad con el Derecho nacional, o

c) abstenerse de publicarla, si las opciones enunciadas en las letras a) y b) se consideran insuficientes para garantizar que la estabilidad de los mercados financieros no corra peligro, o cuando dicha publicación no sea proporcionada con respecto a la moderación de la sanción impuesta.

4. En caso de que se decida publicar una sanción administrativa de forma anónima como se establece en el apartado 3, letra b), podrá aplazarse la publicación de los datos pertinentes.

5. Cuando una autoridad competente publique una decisión que imponga una sanción administrativa que pueda recurrirse ante las autoridades judiciales pertinentes, las autoridades competentes añadirán de forma inmediata en su sitio web oficial dicha información y, con posterioridad, cualquier información ulterior relacionada sobre el resultado del recurso. Se publicará asimismo cualquier resolución judicial que anule una decisión que imponga una sanción administrativa.

6. Las autoridades competentes garantizarán que toda publicación a que se hace referencia en los apartados 1 a 4 permanezca en su sitio web oficial únicamente durante el período de tiempo necesario a los efectos del presente artículo. Este período no excederá de cinco años a partir de su publicación.

Artículo 55. Secreto profesional

1. Toda información confidencial recibida, intercambiada o transmitida en virtud del presente Reglamento estará sujeta a las condiciones de secreto profesional establecidas en el apartado 2.

2. La obligación de secreto profesional se aplicará a todas las personas que trabajen o hayan trabajado para las autoridades competentes en virtud

del presente Reglamento o para cualquier otra autoridad u organismo del mercado o persona física o jurídica en los que aquellas hayan delegado sus facultades, incluidos los auditores y expertos contratados por ellas.

3. La información sujeta al secreto profesional, incluido el intercambio de información entre las autoridades competentes con arreglo al presente Reglamento y las autoridades competentes designadas o establecidas de conformidad con la Directiva (UE) 2022/2555, no se divulgará a ninguna otra persona o autoridad, salvo en virtud del Derecho de la Unión o nacional.

4. Toda la información intercambiada por las autoridades competentes en virtud del presente Reglamento y referida a las condiciones comerciales u operativas, así como a otros asuntos de tipo económico o personal, se considerará confidencial y estará amparada por el secreto profesional, salvo cuando la autoridad competente declare, en el momento de su comunicación, que la información puede ser revelada o esta revelación resulte necesaria en el marco de un procedimiento judicial.

Artículo 56. Protección de datos

1. Las Autoridades Europeas de Supervisión y las autoridades competentes solo estarán autorizadas a tratar datos personales cuando sea necesario para el cumplimiento de sus respectivas obligaciones y funciones en virtud del presente Reglamento, en particular en lo que respecta a la investigación, inspección, solicitud de información, comunicación, publicación, evaluación, verificación, evaluación y elaboración de planes de supervisión. Los datos personales serán tratados de conformidad con el Reglamento (UE) 2016/679 o con el Reglamento (UE) 2018/1725, según corresponda.

2. Salvo cuando se disponga otra cosa en otros actos sectoriales, los datos personales a que se refiere el apartado 1 se conservarán hasta el cumplimiento de las obligaciones aplicables en materia de supervisión y, en cualquier caso, durante un período máximo de quince años, salvo en caso de procedimientos judiciales pendientes que requieran conservar dichos datos durante más tiempo.

CAPÍTULO VIII

Actos delegados

Artículo 57. Ejercicio de la delegación

1. Se otorgan a la Comisión los poderes para adoptar actos delegados en las condiciones establecidas en el presente artículo.

2. Los poderes para adoptar los actos delegados a que se refieren el artículo 31, apartado 6, y el artículo 43, apartado 2, se otorgan a la Comisión por un período de cinco años a partir del 17 de enero de 2024. La Comisión elaborará un informe sobre la delegación de poderes a más tardar nueve meses antes de que finalice el período de cinco años. La delegación de poderes se prorrogará tácitamente por períodos de idéntica duración, excepto si el Parlamento Europeo o el Consejo se oponen a dicha prórroga a más tardar tres meses antes del final de cada período.

3. La delegación de poderes mencionada en el artículo 31, apartado 6, y en el artículo 43, apartado 2, podrá ser revocada en cualquier momento por el Parlamento Europeo o por el Consejo. La decisión de revocación pondrá término a la delegación de los poderes que en ella se especifiquen. La decisión surtirá efecto el día siguiente al de su publicación en el Diario Oficial de la Unión Europea o en una fecha posterior indicada en ella. No afectará a la validez de los actos delegados que ya estén en vigor.

4. Antes de la adopción de un acto delegado, la Comisión consultará a los expertos designados por cada Estado miembro de conformidad con los principios establecidos en el Acuerdo interinstitucional de 13 de abril de 2016 sobre la mejora de la legislación.

5. En cuanto la Comisión adopte un acto delegado lo notificará simultáneamente al Parlamento Europeo y al Consejo.

6. Los actos delegados adoptados en virtud del artículo 31, apartado 6, y del artículo 43, apartado 2, entrarán en vigor únicamente si, en un plazo de tres meses a partir de su notificación al Parlamento Europeo y al Consejo, ninguna de estas instituciones formula objeciones o si, antes del vencimiento de dicho plazo, ambas informan a la Comisión de que no las formularán. El plazo se prorrogará tres meses a iniciativa del Parlamento Europeo o del Consejo.

CAPÍTULO IX

Disposiciones transitorias y finales

Sección I

Artículo 58. Cláusula de revisión

1. A más tardar el 17 de enero de 2028, la Comisión, previa consulta a las Autoridades Europeas de Supervisión y la JERS, en su caso, llevará a cabo una revisión y presentará al Parlamento Europeo y al Consejo un informe, acompañado, en su caso, de una propuesta legislativa. La revisión incluirá, como mínimo, lo siguiente:

a) los criterios para la designación de proveedores terceros esenciales de servicios de TIC de conformidad con el artículo 31, apartado 2;

b) el carácter voluntario de la notificación de ciberamenazas importantes a que se refiere el artículo 19;

c) el régimen a que se refiere el artículo 31, apartado 12, y las competencias del supervisor principal previstas en el artículo 35, apartado 1, letra d), inciso iv), primer guion, con vistas a evaluar la eficacia de dichas disposiciones en lo que respecta a garantizar una supervisión eficaz de los proveedores terceros esenciales de servicios de TIC establecidos en un tercer país, y la necesidad de establecer una filial en la Unión.

A efectos del párrafo primero de la presente letra, la revisión incluirá un análisis del régimen a que se refiere el artículo 31, apartado 12, también en términos de acceso de las entidades financieras de la Unión a los servicios de terceros países y la disponibilidad de dichos servicios en el mercado de la Unión, y tendrá en cuenta la evolución ulterior de los mercados de los servicios cubiertos por el presente Reglamento, la experiencia práctica de las entidades financieras y los supervisores financieros en relación con la aplicación y, en su caso, la supervisión de dicho régimen, así como cualquier novedad pertinente en materia de regulación y supervisión que se produzca a escala internacional;

d) la conveniencia de incluir en el ámbito de aplicación del presente Reglamento a las entidades financieras a que se refiere el artículo 2, apartado 3, letra e), que hagan uso de sistemas automatizados de venta, a la luz de la futura evolución del mercado en lo relativo al uso de dichos sistemas;

e) el funcionamiento y la eficacia de la Red de Supervisión Conjunta a la hora de apoyar la homogeneidad de la supervisión y la eficiencia del intercambio de información en el marco de supervisión.

2. En el contexto de la revisión de la Directiva (UE) 2015/2366, la Comisión evaluará la necesidad de aumentar la ciberresiliencia de los sistemas de pago y las actividades de procesamiento de pagos, así como la conveniencia de ampliar el ámbito de aplicación del presente Reglamento a los operadores de sistemas de pago y a las entidades que participen en actividades de procesamiento de pagos. A la luz de esta evaluación, la Comisión presentará, como parte de la revisión de la Directiva (UE) 2015/2366, un informe al Parlamento Europeo y al Consejo a más tardar el 17 de julio de 2023.

A partir de dicho informe de revisión, y previa consulta a las Autoridades Europeas de Supervisión, el BCE y la JERS, la Comisión podrá presentar, en su caso y como parte de la propuesta legislativa que podrá adoptar en virtud del artículo 108, párrafo segundo, de la Directiva (UE) 2015/2366, una propuesta para garantizar que todos los operadores de sistemas de pago y entidades que participen en actividades de procesamiento de pagos estén sujetos a una supervisión adecuada, teniendo en cuenta al mismo tiempo la supervisión existente por parte de los bancos centrales.

3. A más tardar el 17 de enero de 2026, la Comisión, previa consulta a las Autoridades Europeas de Supervisión y a la Comisión de Organismos Europeos de Supervisión de Auditores, llevará a cabo una revisión y presentará al Parlamento Europeo y al Consejo un informe, acompañado, en su caso, de una propuesta legislativa, sobre la conveniencia de reforzar los requisitos para los auditores legales y sociedades de auditoría en lo relativo a la resiliencia operativa digital, mediante la inclusión en el ámbito de aplicación del presente Reglamento de los auditores legales y las sociedades de auditoría o mediante la modificación de la Directiva 2006/43/CE del Parlamento Europeo y del Consejo (39).

Sección II

Modificaciones

Artículo 59. Modificaciones del Reglamento (CE) número 1060/2009

El Reglamento (CE) número 1060/2009 se modifica como sigue:

1) En el anexo I, sección A, punto 4, el párrafo primero se sustituye por el texto siguiente:

«Las agencias de calificación crediticia dispondrán de procedimientos administrativos y contables adecuados, mecanismos de control interno, técnicas eficaces de valoración del riesgo y mecanismos eficaces de control y salvaguardia para gestionar sus sistemas de TIC de conformidad con el Reglamento (UE) 2022/2554 del Parlamento Europeo y del Consejo (*1).

(*1) Reglamento (UE) 2022/2554 del Parlamento Europeo y del Consejo, de 14 de diciembre de 2022, sobre la resiliencia operativa digital del sector financiero y por el que se modifican los Reglamentos (CE) número 1060/2009, (UE) número 648/2012, (UE) número 600/2014, (UE) número 909/2014 y (UE) 2016/1011 (DO L 333 de 27.12.2022, p. 1).».”

2) En el anexo III, el punto 12 se sustituye por el texto siguiente:

«12. Infringe el artículo 6, apartado 2, leído en relación con el anexo I, sección A, punto 4, la agencia de calificación crediticia que no disponga de procedimientos administrativos o contables adecuados, mecanismos de control interno, técnicas eficaces de evaluación del riesgo o mecanismos eficaces de control o salvaguardia para gestionar sus sistemas de TIC de conformidad con el Reglamento (UE) 2022/2554, o que no aplique o mantenga procedimientos de adopción de decisiones o estructuras organizativas según lo prescrito en dicho punto.».

Artículo 60. Modificaciones del Reglamento (UE) número 648/2012

El Reglamento (UE) número 648/2012 se modifica como sigue:

1) El artículo 26 se modifica como sigue:

a) el apartado 3 se sustituye por el texto siguiente:

«3. Las ECC mantendrán y aplicarán una estructura organizativa que garantice la continuidad y el correcto funcionamiento de la prestación de sus servicios y la realización de sus actividades. Emplearán sistemas, recursos y procedimientos adecuados y proporcionados, incluidos sistemas de TIC gestionados de conformidad con el Reglamento (UE) 2022/2554 del Parlamento Europeo y del Consejo (*2).

(*2) Reglamento (UE) 2022/2554 del Parlamento Europeo y del Consejo, de 14 de diciembre de 2022, sobre la resiliencia operativa digital del sector financiero y por el que se modifican los Reglamentos (CE) número 1060/2009, (UE) número 648/2012, (UE) número 600/2014, (UE) número 909/2014 y (UE) 2016/1011 (DO L 333 de 27.12.2022, p. 1).»;"

b) se suprime el apartado 6.

2) El artículo 34 se modifica como sigue:

a) el apartado 1 se sustituye por el texto siguiente:

«1. Las ECC establecerán, aplicarán y mantendrán una política adecuada de continuidad de la actividad y un plan de recuperación en caso de catástrofe, que incluirán una política de continuidad de la actividad en materia de TIC y planes de respuesta y recuperación en materia de TIC establecidos e implantados de conformidad con el Reglamento (UE) 2022/2554, destinados a garantizar la preservación de sus funciones, la oportuna recuperación de las operaciones y el cumplimiento de sus obligaciones.»;

b) en el apartado 3, el párrafo primero se sustituye por el texto siguiente:

«3. A fin de garantizar la aplicación coherente del presente artículo, la AEVM, previa consulta a los miembros del SEBC, elaborará proyectos de normas técnicas reglamentarias en las que se especifiquen el contenido y los requisitos mínimos de la política de continuidad de la actividad y del plan de recuperación en caso de catástrofe, que excluirán la política de continuidad de la actividad y los planes de recuperación en caso de catástrofe en materia de TIC.».

3) En el artículo 56, apartado 3, el párrafo primero se sustituye por el texto siguiente:

«3. A fin de garantizar la aplicación coherente del presente artículo, la AEVM elaborará proyectos de normas técnicas de regulación en las que se especifiquen los pormenores, que no sean los relativos a los requisitos relacionados con la gestión del riesgo relacionado con las TIC, de la solicitud de inscripción a que se refiere el apartado 1.».

4) En el artículo 79, los apartados 1 y 2 se sustituyen por el texto siguiente:

«1. Los registros de operaciones detectarán las fuentes de riesgo operativo y las reducirán al mínimo también mediante el desarrollo de sistemas, controles y procedimientos adecuados, incluidos sistemas de TIC gestionados de conformidad con el Reglamento (UE) 2022/2554.

2. Los registros de operaciones establecerán, aplicarán y mantendrán una política adecuada de continuidad de la actividad y un plan de recuperación en caso de catástrofe, que incluirán una política de continuidad de la actividad en materia de TIC y planes de respuesta y recuperación en materia de TIC establecidos de conformidad con el Reglamento (UE) 2022/2554, destinados a garantizar el mantenimiento de sus funciones, la oportuna recuperación de las operaciones y el cumplimiento de sus obligaciones.».

5) En el artículo 80, se suprime el apartado 1.

6) En el anexo I, la sección II se modifica como sigue:

a) las letras a) y b) se sustituyen por el texto siguiente:

«a) infringe el artículo 79, apartado 1, el registro de operaciones que no detecta las fuentes de riesgo operativo o no reduce al mínimo dicho riesgo mediante el desarrollo de sistemas, controles y procedimientos adecuados, incluidos sistemas de TIC gestionados de conformidad con el Reglamento (UE) 2022/2554;

b) infringe el artículo 79, apartado 2, el registro de operaciones que no establece aplica y mantiene una política adecuada de continuidad de la actividad y un plan de recuperación en caso de catástrofe establecidos de conformidad con el Reglamento (UE) 2022/2554, destinados a garantizar el mantenimiento de sus funciones, la oportuna recuperación de las operaciones y el cumplimiento de sus obligaciones;»;

b) se suprime la letra c).

7) El anexo III se modifica como sigue:

a) la sección II se modifica como sigue:

i) la letra c) se sustituye por el texto siguiente:

«c) infringe el artículo 26, apartado 3, la ECC de nivel 2 que no mantiene o aplica una estructura organizativa que garantice la continuidad y el correcto funcionamiento de la prestación de sus servicios y la realización de sus actividades, o que no utiliza sistemas, recursos o procedimientos adecuados y proporcionados, incluidos los sistemas de TIC gestionados de conformidad con el Reglamento (UE) 2022/2554;»,

ii) se suprime la letra f);

b) en la sección III, la letra a) se sustituye por el texto siguiente:

«a) infringe el artículo 34, apartado 1, la ECC de nivel 2 que no establece, aplica o mantiene una política adecuada de continuidad de la actividad y un plan de respuesta y recuperación establecidos con arreglo al Reglamento (UE) 2022/2554, destinados a garantizar la preservación de sus funciones, la oportuna recuperación de las operaciones y el cumplimiento de sus obligaciones, y que permita como mínimo la recuperación de todas las operaciones en el momento de la perturbación, con objeto de que la ECC pueda seguir operando de manera segura y finalizar la liquidación en la fecha programada;».

Artículo 61. Modificaciones del Reglamento (UE) número 909/2014

El artículo 45 del Reglamento (UE) número 909/2014 se modifica como sigue:

1) El apartado 1 se sustituye por el texto siguiente:

«1. Los DCV detectarán las fuentes de riesgo operativo, tanto internas como externas, y minimizarán su repercusión también mediante la implantación de herramientas, procesos y políticas en materia de TIC adecuados, establecidos y gestionados de conformidad con el Reglamento (UE) 2022/2554 del Parlamento Europeo y del Consejo (*3), así como mediante cualesquiera otros instrumentos, controles y procedimientos adecuados y pertinentes para otros tipos de riesgo operativo, asimismo en relación con todos los sistemas de liquidación de valores que operen.

(*3) Reglamento (UE) 2022/2554 del Parlamento Europeo y del Consejo, de 14 de diciembre de 2022, sobre la resiliencia operativa digital del sector financiero y por el que se modifican los Reglamentos (CE) número 1060/2009, (UE) número 648/2012, (UE) número 600/2014, (UE) número 909/2014 y (UE) 2016/1011 (DO L 333 de 27.12.2022, p. 1).».”

2) Se suprime el apartado 2.

3) Los apartados 3 y 4 se sustituyen por el texto siguiente:

«3. En lo que respecta a los servicios que presten, y en relación con cada sistema de liquidación de valores que exploten, los DCV establecerán, aplicarán y mantendrán una política adecuada de continuidad de la actividad y un plan de recuperación en caso de catástrofe, que incluirá una política de continuidad de la actividad en materia de TIC y planes de respuesta y recuperación en materia de TIC, establecidos de conformidad con el Reglamento (UE) 2022/2554, a fin de garantizar el mantenimiento de sus servicios, la oportuna recuperación de las operaciones y el cumplimiento de las obligaciones del DCV ante acontecimientos que supongan un riesgo importante de perturbación de las operaciones.

4. El plan a que se refiere el apartado 3 deberá prever la recuperación de todas las operaciones y posiciones de los participantes en el momento de la perturbación, con objeto de que los participantes del DCV puedan seguir operando con certeza y finalizar la liquidación en la fecha programada, para lo cual el plan deberá garantizar, en particular, que los sistemas informáticos esenciales puedan reanudar las operaciones a partir del momento de la perturbación, según lo establecido en el artículo 12, apartados 5 y 7, del Reglamento (UE) 2022/2554.».

4) El apartado 6 se sustituye por el texto siguiente:

«6. Los DCV determinarán, controlarán y gestionarán los riesgos que los participantes más importantes de los sistemas de liquidación de valores que gestionan, así como los prestadores de servicios y otros DCV u otras infraestructuras del mercado puedan suponer para su funcionamiento. Facilitarán a las autoridades competentes y pertinentes, a petición de estas, información sobre todo riesgo de este tipo que se detecte. Informarán asimismo sin demora a las autoridades competentes y las autoridades pertinentes de todo incidente operativo que no guarde relación con el riesgo relacionado con las TIC, resultante de tales riesgos.».

5) En el apartado 7, el párrafo primero se sustituye por el texto siguiente:

«7. La AEVM, en estrecha cooperación con los miembros del SEBC, elaborará proyectos de normas técnicas de regulación que especifiquen los riesgos operativos a que se refieren los apartados 1 y 6, que no sean riesgos relacionados con las TIC, los métodos para someter a prueba, afrontar o minimizar tales riesgos, incluidas las políticas de continuidad de la actividad y los planes de recuperación en caso de catástrofe a que se refieren los apartados 3 y 4, y los correspondientes métodos de evaluación.».

Artículo 62. Modificaciones del Reglamento (UE) número 600/2014

El Reglamento (UE) número 600/2014 se modifica como sigue:

1) El artículo 27 octies se modifica como sigue:

a) el apartado 4 se sustituye por el texto siguiente:

«4. Los APA cumplirán los requisitos relativos a la seguridad de las redes y los sistemas de información establecidos en el Reglamento (UE) 2022/2554 del Parlamento Europeo y del Consejo (*4).

(*4) Reglamento (UE) 2022/2554 del Parlamento Europeo y del Consejo, de 14 de diciembre de 2022, sobre la resiliencia operativa digital del sector financiero y por el que se modifican los Reglamentos (CE) número 1060/2009, (UE) número 648/2012, (UE) número 600/2014, (UE) número 909/2014 y (UE) 2016/1011 (DO L 333 de 27.12.2022, p. 1).»;"

b) en el apartado 8, la letra c) se sustituye por el texto siguiente:

«c) los requisitos concretos de organización establecidos en los apartados 3 y 5.».

2) El artículo 27 nonies se modifica como sigue:

a) el apartado 5 se sustituye por el texto siguiente:

«5. Los PIC cumplirán los requisitos relativos a la seguridad de las redes y los sistemas de información establecidos en el Reglamento (UE) 2022/2554.»;

b) en el apartado 8, la letra e) se sustituye por el texto siguiente:

«e) los requisitos concretos de organización establecidos en el apartado 4.».

3) El artículo 27 decies se modifica como sigue:

a) el apartado 3 se sustituye por el texto siguiente:

«3. Los SIA cumplirán los requisitos relativos a la seguridad de las redes y los sistemas de información establecidos en el Reglamento (UE) 2022/2554.»;

b) en el apartado 5, la letra b) se sustituye por el texto siguiente:

«b) los requisitos concretos de organización establecidos en los apartados 2 y 4.».

Artículo 63. Modificaciones del Reglamento (UE) 2016/1011

En el artículo 6 del Reglamento (UE) 2016/1011 se añade el apartado siguiente:

«6. En lo relativo a los índices de referencia determinantes, el administrador dispondrá de procedimientos administrativos y contables adecuados, mecanismos de control interno, técnicas eficaces de valoración del riesgo y mecanismos eficaces de control y salvaguardia para gestionar sus sistemas de TIC de conformidad con el Reglamento (UE) 2022/2554 del Parlamento Europeo y del Consejo (*5).

Artículo 64. Entrada en vigor y aplicación

El presente Reglamento entrará en vigor a los veinte días de su publicación en el Diario Oficial de la Unión Europea.

Será aplicable a partir del 17 de enero de 2025.

El presente Reglamento será obligatorio en todos sus elementos y directamente aplicable en cada Estado miembro.

Hecho en Estrasburgo, el 14 de diciembre de 2022.

Por el Parlamento Europeo

La Presidenta
R. METSOLA

Por el Consejo

El Presidente
M. BEK

(1) DO C 343 de 26.8.2021, p. 1.

(2) DO C 155 de 30.4.2021, p. 38.

(3) Posición del Parlamento Europeo de 10 de noviembre de 2022 (pendiente de publicación en el Diario Oficial) y Decisión del Consejo de 28 de noviembre de 2022.

(4) Reglamento (UE) número 1093/2010 del Parlamento Europeo y del Consejo, de 24 de noviembre de 2010, por el que se crea una Autoridad Europea de Supervisión (Autoridad Bancaria

Europea), se modifica la Decisión número 716/2009/CE y se deroga la Decisión 2009/78/CE de la Comisión (DO L 331 de 15.12.2010, p. 12).

(5) Reglamento (UE) número 1094/2010 del Parlamento Europeo y del Consejo, de 24 de noviembre de 2010, por el que se crea una Autoridad Europea de Supervisión (Autoridad Europea de Seguros y Pensiones de Jubilación), se modifica la Decisión número 716/2009/CE y se deroga la Decisión 2009/79/CE de la Comisión (DO L 331 de 15.12.2010, p. 48).

(6) Reglamento (UE) número 1095/2010 del Parlamento Europeo y del Consejo, de 24 de noviembre de 2010, por el que se crea una Autoridad Europea de Supervisión (Autoridad Europea de Valores y Mercados), se modifica la Decisión número 716/2009/CE y se deroga la Decisión 2009/77/CE de la Comisión (DO L 331 de 15.12.2010, p. 84).

(7) Directiva (UE) 2016/1148 del Parlamento Europeo y del Consejo, de 6 de julio de 2016, relativa a las medidas destinadas a garantizar un elevado nivel común de seguridad de las redes y sistemas de información en la Unión (DO L 194 de 19.7.2016, p. 1).

(8) Directiva (UE) 2022/2555 del Parlamento Europeo y del Consejo, de 14 de diciembre de 2022, relativa a las medidas destinadas a garantizar un elevado nivel común de ciberseguridad en toda la Unión, por la que se modifican el Reglamento (UE) número 910/2014 y la Directiva (UE) 2018/1972 y se deroga la Directiva (UE) 2016/1148 (Directiva SRI 2) (véase la página 80 del presente Diario Oficial).

(9) Directiva (UE) 2022/2557 del Parlamento Europeo y del Consejo, de 14 de diciembre de 2022, relativa a la resiliencia de las entidades críticas y por la que se deroga la Directiva 2008/114/CE del Consejo (véase la página 164 del presente Diario Oficial).

(10) Directiva (UE) 2016/2341 del Parlamento Europeo y del Consejo, de 14 de diciembre de 2016, relativa a las actividades y la supervisión de los fondos de pensiones de empleo (FPE) (DO L 354 de 23.12.2016, p. 37).

(11) Reglamento (UE) 2019/881 del Parlamento Europeo y del Consejo, de 17 de abril de 2019, relativo a ENISA (Agencia de la Unión Europea para la Ciberseguridad) y a la certificación de la ciberseguridad de las tecnologías de la información y la co-

municación y por el que se deroga el Reglamento (UE) número 526/2013 («Reglamento sobre la Ciberseguridad») (DO L 151 de 7.6.2019, p. 15).

(12) Directiva (UE) 2015/2366 del Parlamento Europeo y del Consejo, de 25 de noviembre de 2015, sobre servicios de pago en el mercado interior y por la que se modifican las Directivas 2002/65/CE, 2009/110/CE y 2013/36/UE y el Reglamento (UE) número 1093/2010 y se deroga la Directiva 2007/64/CE (DO L 337 de 23.12.2015, p. 35).

(13) Reglamento (UE) 2016/679 del Parlamento Europeo y del Consejo, de 27 de abril de 2016, relativo a la protección de las personas físicas en lo que respecta al tratamiento de datos personales y a la libre circulación de estos datos y por el que se deroga la Directiva 95/46/CE (Reglamento general de protección de datos) (DO L 119 de 4.5.2016, p. 1).

(14) Directiva 2009/110/CE del Parlamento Europeo y del Consejo, de 16 de septiembre de 2009, sobre el acceso a la actividad de las entidades de dinero electrónico y su ejercicio, así como sobre la supervisión prudencial de dichas entidades, por la que se modifican las Directivas 2005/60/CE y 2006/48/CE y se deroga la Directiva 2000/46/CE (DO L 267 de 10.10.2009, p. 7).

(15) Directiva 2013/36/UE del Parlamento Europeo y del Consejo, de 26 de junio de 2013, relativa al acceso a la actividad de las entidades de crédito y a la supervisión prudencial de las entidades de crédito y las empresas de inversión, por la que se modifica la Directiva 2002/87/CE y se derogan las Directivas 2006/48/CE y 2006/49/CE (DO L 176 de 27.6.2013, p. 338).

(16) Directiva 2011/61/UE del Parlamento Europeo y del Consejo, de 8 de junio de 2011, relativa a los gestores de fondos de inversión alternativos y por la que se modifican las Directivas 2003/41/CE y 2009/65/CE y los Reglamentos (CE) número 1060/2009 y (UE) número 1095/2010 (DO L 174 de 1.7.2011, p. 1).

(17) Directiva 2009/138/CE del Parlamento Europeo y del Consejo, de 25 de noviembre de 2009, sobre el acceso a la actividad de seguro y de reaseguro y su ejercicio (Solvencia II) (DO L 335 de 17.12.2009, p. 1).

(18) Directiva 2014/65/UE del Parlamento Europeo y del Consejo, de 15 de mayo de 2014, relativa a los mercados de instrumentos

financieros y por la que se modifican la Directiva 2002/92/CE y la Directiva 2011/61/UE (DO L 173 de 12.6.2014, p. 349).

(19) Reglamento (UE) número 1024/2013 del Consejo, de 15 de octubre de 2013, que encomienda al Banco Central Europeo tareas específicas respecto de políticas relacionadas con la supervisión prudencial de las entidades de crédito (DO L 287 de 29.10.2013, p. 63).

(20) Directiva 2014/59/UE del Parlamento Europeo y del Consejo, de 15 de mayo de 2014, por la que se establece un marco para la recuperación y la resolución de entidades de crédito y empresas de servicios de inversión, y por la que se modifican la Directiva 82/891/CEE del Consejo, y las Directivas 2001/24/CE, 2002/47/CE, 2004/25/CE, 2005/56/CE, 2007/36/CE, 2011/35/UE, 2012/30/UE y 2013/36/UE, y los Reglamentos (UE) número 1093/2010 y (UE) número 648/2012 del Parlamento Europeo y del Consejo (DO L 173 de 12.6.2014, p. 190).

(21) Directiva 2013/34/UE del Parlamento Europeo y del Consejo, de 26 de junio de 2013, sobre los estados financieros anuales, los estados financieros consolidados y otros informes afines de ciertos tipos de empresas, por la que se modifica la Directiva 2006/43/CE del Parlamento Europeo y del Consejo y se derogan las Directivas 78/660/CEE y 83/349/CEE del Consejo (DO L 182 de 29.6.2013, p. 19).

(22) DO L 123 de 12.5.2016, p. 1.

(23) Reglamento (CE) número 1060/2009 del Parlamento Europeo y del Consejo, de 16 de septiembre de 2009, sobre las agencias de calificación crediticia (DO L 302 de 17.11.2009, p. 1).

(24) Reglamento (UE) número 648/2012 del Parlamento Europeo y del Consejo, de 4 de julio de 2012, relativo a los derivados extrabursátiles, las entidades de contrapartida central y los registros de operaciones (DO L 201 de 27.7.2012, p. 1).

(25) Reglamento (UE) número 600/2014 del Parlamento Europeo y del Consejo, de 15 de mayo de 2014, relativo a los mercados de instrumentos financieros y por el que se modifica el Reglamento (UE) número 648/2012 (DO L 173 de 12.6.2014, p. 84).

(26) Reglamento (UE) número 909/2014 del Parlamento Europeo y del Consejo, de 23 de julio de 2014, sobre la mejora de la liquidación de valores en la Unión Europea y los depositarios centrales

de valores y por el que se modifican las Directivas 98/26/CE y 2014/65/UE y el Reglamento (UE) número 236/2012 (DO L 257 de 28.8.2014, p. 1).

(27) Directiva (UE) 2022/2556 del Parlamento Europeo y del Consejo, de 14 de diciembre de 2022, por la que se modifican las Directivas 2009/65/CE, 2009/138/CE, 2011/61/UE, 2013/36/UE, 2014/59/UE, 2014/65/UE, (UE) 2015/2366 y (UE) 2016/2341 en lo relativo a la resiliencia operativa digital del sector financiero (véase la página 153 del presente Diario Oficial).

(28) Reglamento (UE) 2016/1011 del Parlamento Europeo y del Consejo, de 8 de junio de 2016, sobre los índices utilizados como referencia en los instrumentos financieros y en los contratos financieros o para medir la rentabilidad de los fondos de inversión, y por el que se modifican las Directivas 2008/48/CE y 2014/17/UE y el Reglamento (UE) número 596/2014 (DO L 171 de 29.6.2016, p. 1).

(29) Reglamento (UE) 2018/1725 del Parlamento Europeo y del Consejo, de 23 de octubre de 2018, relativo a la protección de las personas físicas en lo que respecta al tratamiento de datos personales por las instituciones, órganos y organismos de la Unión, y a la libre circulación de esos datos, y por el que se derogan el Reglamento (CE) número 45/2001 y la Decisión número 1247/2002/CE (DO L 295 de 21.11.2018, p. 39).

(30) DO C 229 de 15.6.2021, p. 16.

(31) Directiva 2009/65/CE del Parlamento Europeo y del Consejo, de 13 de julio de 2009, por la que se coordinan las disposiciones legales, reglamentarias y administrativas sobre determinados organismos de inversión colectiva en valores mobiliarios (OICVM) (DO L 302 de 17.11.2009, p. 32).

(32) Reglamento (UE) número 575/2013 del Parlamento Europeo y del Consejo, de 26 de junio de 2013, sobre los requisitos prudenciales de las entidades de crédito, y por el que se modifica el Reglamento (UE) número 648/2012 (DO L 176 de 27.6.2013, p. 1).

(33) Reglamento (UE) 2019/2033 del Parlamento Europeo y del Consejo, de 27 de noviembre de 2019, relativo a los requisitos prudenciales de las empresas de servicios de inversión, y por el que se modifican los Reglamentos (UE) número 1093/2010, (UE)

número 575/2013, (UE) número 600/2014 y (UE) número 806/2014 (DO L 314 de 5.12.2019, p. 1).

(34) Directiva (UE) 2016/97 del Parlamento Europeo y del Consejo, de 20 de enero de 2016, sobre la distribución de seguros (DO L 26 de 2.2.2016, p. 19).

(35) Reglamento (UE) 2020/1503 del Parlamento Europeo y del Consejo, de 7 de octubre de 2020, relativo a los proveedores europeos de servicios de financiación participativa para empresas, y por el que se modifican el Reglamento (UE) 2017/1129 y la Directiva (UE) 2019/1937 (DO L 347 de 20.10.2020, p. 1).

(36) Reglamento (UE) 2017/2402 del Parlamento Europeo y del Consejo, de 12 de diciembre de 2017, por el que se establece un marco general para la titulización y se crea un marco específico para la titulización simple, transparente y normalizada, y por el que se modifican las Directivas 2009/65/CE, 2009/138/CE y 2011/61/UE y los Reglamentos (CE) número 1060/2009 y (UE) número 648/2012 (DO L 347 de 28.12.2017, p. 35).

(37) Reglamento (UE) número 806/2014 del Parlamento Europeo y del Consejo, de 15 de julio de 2014, por el que se establecen normas y un procedimiento uniformes para la resolución de entidades de crédito y de determinadas empresas de servicios de inversión en el marco de un Mecanismo Único de Resolución y un Fondo Único de Resolución y se modifica el Reglamento (UE) número 1093/2010 (DO L 225 de 30.7.2014, p. 1).

(38) Directiva (UE) 2019/2034 del Parlamento Europeo y del Consejo, de 27 de noviembre de 2019, relativa a la supervisión prudencial de las empresas de servicios de inversión, y por la que se modifican las Directivas 2002/87/CE, 2009/65/CE, 2011/61/UE, 2013/36/UE, 2014/59/UE y 2014/65/UE (DO L 314 de 5.12.2019, p. 64).

(39) Directiva 2006/43/CE del Parlamento Europeo y del Consejo, de 17 de mayo de 2006, relativa a la auditoría legal de las cuentas anuales y de las cuentas consolidadas, por la que se modifican las Directivas 78/660/CEE y 83/349/CEE del Consejo y se deroga la Directiva 84/253/CEE del Consejo (DO L 157 de 9.6.2006, p. 87).

Inteligencia jurídica
en expansión

Trabajamos para
mejorar el día a día
del **operador jurídico**

Adéntrese en el universo
de **soluciones jurídicas**

atencionalcliente@tirantonline.com

prime.tirant.com/es/